김건호 헌법

비교불가
헌법
기출지문 OX

헌법 일반이론 **1**

PREFACE

1. 들어가며

안녕하세요. 대한민국 헌법 대표강사 김건호입니다.

수험생 여러분이 너무나 기다리시던 '2024 김건호 비교불가 헌법 기출지문 OX(비헌기)'가 드디어 출간되었습니다.

이 교재는 2019년 '헌법 핵심지문 총정리 OX'라는 이름으로 처음 출간되어 '객관식 헌법의 치트키'라는 별칭이 붙을 만큼 수많은 단기 합격생을 배출한 교재입니다.

몇 차례 개정을 거쳐, '2024 김건호 비헌기 OX'는 수험에 빠지는 내용은 없지만 불필요한 지문은 최대한 삭제하여 컨텐츠의 내실화 및 수험생들의 공부 분량을 최소화하는 방향으로 개정하였습니다.

성의 없이 1년간 추가된 지문만 넣는 건 적어도 단기합격을 목표로 하는 수험생들을 위한 것이 아니라고 생각했고, 그렇게 책 매출을 올리기 위해 그럴싸하게 적당히 구색만 갖춘 교재를 출간한다는 것은 대한민국 헌법 1타로서의 자존심이 허락하지 않는 일입니다.

그래서 이번 교재는 지문 재배치, 중복지문 삭제, 최신 해설로 교체, 모든 오답 지문에 간단한 해설 추가 등 한땀한땀 거의 새로운 교재를 제작하는 정도의 노력을 기울였습니다.

1년 내 단기합격을 목표로 한다면 헌법에 쏟을 만한 시간이 많지 않습니다.

반드시 출제될 만한 핵심지문에서부터 다소 지엽적인 지문까지, 적어도 합격이 목표라면 알아야 할 내용들을 여러 교재를 볼 필요 없이 한 권의 교재로 커버할 수 있도록 하였습니다.

수험생 스스로 기출지문을 분석 정리하는 수고를 최대한 줄이고자 했습니다. 수험생은 기출지문이 제대로 정리된 교재로 공부만 하시면 됩니다.

헌법 공부는 비헌기로 최대한 가성비 있게 공부하시고 타과목에 시간을 투자하세요.

2. 『비교불가 헌법 기출지문 OX』의 특징

첫째, 최근 10년 간 출제된 모든 시행처, 모든 기출지문을 분석정리 하였습니다.

『2024 김건호 비교불가 헌법 기출지문 OX』 수록 시행처 및 수록연도

국가직 7급	2007~2023	소방간부	2019~2024
지방직 7급	2010~2023	법무사	2013~2023
서울시 7급	2013~2019	법원직 9급	2010~2023
변호사	2013~2024	국회직 8급	2010~2023
입법고시	2017~2024	국회직 9급	2010~2023
경정승진	2015~2024	5급 공채	2017~2024
경찰간부	2023~2024	경찰경채	2022~2023
경찰	2022~2024 1차	해양경찰	2022~2023
		해양간부	2022~2023

이 교재는 최근 10년 기출문제를 바탕으로 만들어졌습니다. 객관식 수험 헌법의 처음과 끝은 기출지문의 분석과 정리입니다. 기출지문을 분석해서 **어떠한 방식으로 출제되는지, 어떤 부분이 중점적으로 나오는지, 출제 포인트는 어디인지를 정확하게 정리하는 것이 합격으로 가는 가장 빠른 길이 되기 때문입니다.**

그러나 수험생 여러분들은 기출문제집만을 가지고 기출된 지문을 제대로 분석하기 힘드실 것입니다. 기출문제집은 같은 출제 포인트의 유사한 지문들이 묶여 있는 것이 아니라, 서로 다른 논점의 지문들이 한데 섞여있기 때문입니다.

공부하는 시간에 비해 점수가 오르지 않는다면 제대로 된 지문별 분석을 하지 못하고, 출제 포인트를 놓친 채로 학습하고 있을 가능성이 높습니다. 낱낱의 지문을 바탕으로 하여 출제 포인트를 확인하고 분석하는 과정인 비헌기 OX 문제풀이는 여러분의 점수를 빠르게 합격권으로 만들어 놓을 것입니다.

둘째, 출제 포인트가 같은 지문을 모아 어떻게 오답 지문이 만들어지는지 확인할 수 있습니다.

객관식 헌법 시험은 최신판례나 개정법령을 제외하고, 소위 말하는 '갑툭튀' 지문은 거의 없습니다. 기존에 출제된 기출지문과 같거나 거의 유사하거나, 살짝 변형하여 출제하는 패턴입니다. 출제포인트가 같은 지문, 혼동되기 쉬운 지문을 한데 모아놓은 '비교불가 헌법 기출지문 OX'를 통해 오답지문이 어떻게 만들어지는지 확인해보십시오.

PREFACE

셋째, 출제포인트가 같은 중복지문은 삭제하고 해설을 최신트렌드에 맞췄습니다.

이번 교재에서 가장 심혈을 기울인 작업은 **중복지문을 최대한 삭제**를 했다는 것입니다. 헌법자체가 양이 많기 때문에 두꺼운 책을 봐야 하는 건 어쩔 수 없지만 그럼에도 불구하고 양을 줄이기 위한 노력을 기울였습니다.

그리고 지금 헌법 출제 트렌드와 맞지 않는 해석은 모두 재작성했습니다. 매년 헌법재판소에서는 2000여개의 판례가 나오고 있고 시대상황, 정치상황에 따라 판례문구가 바뀌고 있기 때문에 과거 판례지문을 학습하는 건 위험하기 때문입니다.

넷째, 해설에 출제 포인트는 밑줄 처리, 키워드는 형광펜 처리를 하여 가독성을 높였습니다.

이 교재 한권으로 헌법을 정리할 수 있도록 지문마다 **최대한 상세하고 풍부한 해설**을 담았습니다. 추가해설이 필요한 부분은 '보충설명'을 통해 알기 쉽게 풀어썼고, 관련 판례와 법령을 충실히 수록하였습니다. 해설에서 빠르게 논점을 파악할 수 있도록 답의 근거가 되는 부분은 **밑줄로 처리**하였고, 키워드는 **형광펜 처리**를 하였습니다. 처음부터 해설을 꼼꼼하게 읽을 필요없이 형광펜 부분만 숙지하더라도 이해하고 내용을 정리하는 데 충분할 것입니다. 밑줄과 형광펜 처리는 여러분이 기출을 분석하며 출제포인트를 정리하는 데 큰 도움이 될 것입니다.

추가로 2024 비헌기 OX에는 **모든 오답 지문에 간단한 해설**을 수록하였습니다.
이를 통해 지문에서 **어디가 틀렸는지를 한 눈에 파악**할 수 있으며, 강의 수강 후 혼자 비헌기를 회독하는 때에도 큰 도움이 될 것입니다.

다섯째, 헌법 찐합격노트와 같은 순서의 목차와 지문으로 유기적인 학습이 가능합니다.

'비교불가 헌법 기출지문 OX'의 목차와 지문 순서는 찐합격노트와 거의 일치합니다. 수험생 여러분들은 찐합격노트로 개념 학습 후 복습용으로 '비교불가 헌법 기출지문 OX'를 통해 자신의 실력을 점검해볼 수 있습니다. 찐합격노트에서 위첨자로 해당 지문이 몇 번 출제되었는지를 확인할 수 있다면, '비교불가 헌법 기출지문 OX'에서는 실제로 해당 지문이 10년 동안 몇 번, 어떤 형태로 출제되어왔는지 확인할 수 있을 것입니다.

여섯째, 빈출된 POINT와 지문에 우선순위를 두고 학습에 임할 수 있습니다.

기출지문이라고 모두 같은 비중으로 숙지를 해야 하는 것이 아니라 우선순위를 두고 접근할 필요가 있습니다. 그래야 단기간에 합격권 점수로 올라갈 수 있습니다. '비교불가 헌법 기출지문 OX'를 통해 해당 지문이 얼마나 반복되어 출제되어 왔는지 체감해보십시오. 이번 2024년 '비교불가 헌법 기출지문 OX'는 **기출 횟수를 전부 기재**하였기 때문에 중요도는 그대로 체감하면서도 중복 논점의 지문을 삭제하였기 때문에 빠르게 기출지문을 회독할 수 있습니다. 목차 또한 빈출도에 따라 SABC로 나눠놨으니, 꼭 **빈출된 POINT와 지문에 우선순위를 두고 학습**에 임하시기를 바랍니다.

빈출도 등급	SS	S	A	B	C
출제 횟수	08번 이상	06~07번	05번	04번	02~03번

3. 마치며

저도 수험생활을 해보았기에 지금 여러분이 겪는 이 시기가 얼마나 어려운 시기인지 잘 알고 있습니다. 수험생분들 모두 짧고 굵게 수험생활을 마치길 바라고, 저도 여러분들의 합격을 위해 제가 가진 모든 역량과 재능을 쏟아 붓겠습니다.

늘 성실한 자세로 최선을 다해 준 문지연 연구실장, 합격생 김수정, 김준범에게 감사드립니다. 그리고 계속되는 요구에도 묵묵히 지원을 아끼지 않으신 메가스터디교육 출판사업부 관계자 여러분, 편집자님 등 모두에게 감사드립니다.

2024년 4월
대방동 연구실에서

김건호 드림

CONTENTS

Part I 헌법 일반이론

CHAPTER 01 헌법과 헌법학

POINT 001	헌법의 개념과 역사적 발전과정	C	16
POINT 002	성문헌법과 관습헌법	B	17
POINT 003	경성헌법과 연성헌법	C	21
POINT 004	헌법의 특성과 해석	C	21
POINT 005	합헌적 법률해석	B	23

CHAPTER 02 헌법의 변동과 보호

POINT 006	헌법의 개정	S	30
POINT 007	헌법개정의 한계	S	35
POINT 008	헌법개정절차의 헌정사	A	38
POINT 009	헌법변천	C	40

CHAPTER 03 헌정사

POINT 010	대한민국 헌법의 제정과 개정	S	42
POINT 011	헌법의 보호와 국가긴급권	C	74
POINT 012	긴급명령권	A	75
POINT 013	긴급재정경제처분·명령권	S	77
POINT 014	계엄선포권	S	81
POINT 015	저항권	A	86

CHAPTER 04 대한민국

POINT 016	국민	C	90
POINT 017	선천적 국적취득	A	92
POINT 018	후천적 국적취득과 외국국적포기	S	94
POINT 019	복수국적자의 국적선택의무	S	102
POINT 020	우리 국적의 상실	B	107
POINT 021	국적법상 신고·신청	C	109
POINT 022	재외국민 보호의무	A	110
POINT 023	영토	B	112
POINT 024	주권	C	116

CHAPTER 05 헌법의 기본원리

| POINT 025 | 헌법전문 | S | 117 |
| POINT 026 | 헌법기본원리 | C | 127 |

CHAPTER 06 국민주권주의와 민주주의

| POINT 027 | 국민주권주의와 민주주의 | C | 128 |

CHAPTER 07 법치주의

POINT 028	법치주의	C	132
POINT 029	행정입법	C	133
POINT 030	법률유보원칙	B	138
POINT 031	포괄위임입법금지	S	142
POINT 032	법률우위원칙과 재위임	B	156
POINT 033	행정입법에 대한 통제	C	159
POINT 034	신뢰보호원칙	S	161
POINT 035	소급입법금지	S	174
POINT 036	부진정소급입법	A	179
POINT 037	시혜적 소급입법	B	184
POINT 038	체계정당성원리	B	185

CHAPTER 08 사회·경제·문화국가원리

POINT 039	사회국가원리	C	187
POINT 040	사회적 시장경제질서	S	189
POINT 041	사회적 시장경제질서 구체화	A	198
POINT 042	문화국가원리	B	204

CHAPTER 09 국제법 존중주의

POINT 043	조약	B	210
POINT 044	국제법규	C	215
POINT 045	외국인 지위 보장	C	216
POINT 046	평화통일주의	B	217

CHAPTER 10 제도적 보장

| POINT 047 | 제도적 보장 | C | 221 |

CHAPTER 11 정당설립의 자유와 정당제도

POINT 048	정당제도	B	223
POINT 049	정당설립의 자유	S	224
POINT 050	정당등록·취소	A	230
POINT 051	정당의 당원	A	234
POINT 052	정당의 특권과 정치자금	C	239
POINT 053	국고보조금	C	244
POINT 054	위헌정당강제해산제도	S	246

CHAPTER 12 선거제도

POINT 055	선거와 선거권	A	260
POINT 056	보통선거의 원칙	A	264
POINT 057	재외선거제도	B	270
POINT 058	피선거권	B	274
POINT 059	후보자	C	276
POINT 060	기탁금 납부 및 반환	C	279
POINT 061	예비후보자	C	281
POINT 062	평등선거의 원칙	B	284
POINT 063	선거구획정	B	286
POINT 064	직접선거의 원칙	C	288
POINT 065	비밀선거의 원칙	C	290
POINT 066	자유선거의 원칙	C	291
POINT 067	공무원의 선거중립의무	C	294
POINT 068	선거운동의 기간제한	C	297
POINT 069	선거운동의 인적제한	C	299
POINT 070	선거운동의 방법제한	C	302
POINT 071	대통령선거	S	304
POINT 072	국회의원선거 및 지방선거	A	307
POINT 073	투표	C	312
POINT 074	선거공영제와 선거범죄	C	314
POINT 075	선거쟁송	B	316

CHAPTER 13 직업공무원제도와 공무담임권

| POINT 076 | 직업공무원제도 | A | 319 |
| POINT 077 | 공무담임권 | S | 325 |

CHAPTER 14 지방자치제도

POINT 078	지방자치제도	C	343
POINT 079	지방자치단체	A	344
POINT 080	지방자치단체의 사무와 지방자치권	B	349

CONTENTS

POINT 081	조례제정권	A ⋯	353
POINT 082	지방의회	C ⋯	358
POINT 083	지방자치단체의 장	B ⋯	360
POINT 084	주민자치	C ⋯	362
POINT 085	주민투표제	C ⋯	364
POINT 086	주민소환제	B ⋯	366
POINT 087	국가의 지도·감독	B ⋯	369

Part Ⅱ 국민의 권리와 의무

CHAPTER 01 기본권 일반이론

POINT 088	기본권주체 (자연인)	S ⋯	378
POINT 089	기본권주체 (사법인)	S ⋯	387
POINT 090	기본권주체 (공법인)	S ⋯	392
POINT 091	기본권제한의 일반적 법률유보	C ⋯	398
POINT 092	기본권제한의 명확성원칙	A ⋯	400
POINT 093	기본권제한의 과잉금지원칙과 본질적 내용 침해금지	B ⋯	403
POINT 094	기본권경합	B ⋯	408
POINT 095	기본권충돌	S ⋯	412
POINT 096	기본권보호의무	S ⋯	420
POINT 097	국가인권위원회	C ⋯	430

CHAPTER 02 포괄적 기본권

POINT 098	헌법에 열거되지 않은 기본권	C ⋯	433
POINT 099	인간의 존엄과 가치	C ⋯	434
POINT 100	일반적 인격권	S ⋯	436
POINT 101	행복추구권	B ⋯	447
POINT 102	일반적 행동자유권	S ⋯	450
POINT 103	인격의 자유로운 발현권	C ⋯	469
POINT 104	자기결정권	A ⋯	471
POINT 105	계약의 자유	C ⋯	480

CHAPTER 03 평등권

POINT 106	평등원칙 및 평등권	A ⋯	483
POINT 107	평등여부위반 심사	B ⋯	487

POINT 108	자의금지원칙	A … 489
POINT 109	비례원칙	A … 499
POINT 110	평등권 관련판례	S … 505

CHAPTER 04 자유권

POINT 111	생명권	C … 533
POINT 112	신체의 자유	C … 535
POINT 113	죄형법정주의	C … 536
POINT 114	형벌불소급원칙	B … 540
POINT 115	죄형법정주의의 명확성원칙	C … 545
POINT 116	명확성원칙 관련판례	S … 549
POINT 117	책임과 형벌의 비례원칙	A … 563
POINT 118	이중처벌금지	B … 575
POINT 119	연좌제금지	B … 581
POINT 120	신체의 자유 관련판례	A … 587
POINT 121	적법절차원칙	A … 593
POINT 122	적법절차원칙 관련판례	B … 598
POINT 123	영장주의	S … 605
POINT 124	진술거부권	C … 620
POINT 125	변호인의 조력을 받을 권리	A … 622
POINT 126	변호인의 조력을 받을 권리 내용	S … 626
POINT 127	기타 형사절차상 적법절차	C … 636
POINT 128	무죄추정원칙	A … 637
POINT 129	주거의 자유	C … 644
POINT 130	사생활의 비밀과 자유	S … 647
POINT 131	개인정보자기결정권	S … 659
POINT 132	통신의 비밀	S … 680
POINT 133	양심의 자유	S … 694
POINT 134	양심의 자유 관련판례	A … 704
POINT 135	종교의 자유	A … 710
POINT 136	국교부인과 정교분리원칙	C … 719
POINT 137	학문과 예술의 자유	C … 721
POINT 138	언론·출판의 자유	B … 723
POINT 139	사전검열금지	S … 729
POINT 140	표현의 자유의 제한	C … 738
POINT 141	표현의 자유 관련판례	A … 740
POINT 142	언론기관의 자유	B … 752
POINT 143	알 권리	A … 758
POINT 144	집회의 자유	S … 766
POINT 145	집회허가금지와 집회의 제한	B … 772
POINT 146	집회신고제	B … 777
POINT 147	집시법상 옥외집회·시위의 제한	A … 782
POINT 148	결사의 자유	B … 790
POINT 149	거주·이전의 자유	B … 794
POINT 150	직업선택의 자유	S … 800
POINT 151	직업의 자유의 제한	S … 808
POINT 152	직업선택의 자유 관련판례	A … 820
POINT 153	직업수행의 자유 관련판례	S … 832
POINT 154	재산권	S … 843
POINT 155	재산권의 내용 형성과 제한	C … 857
POINT 156	토지재산권	C … 860
POINT 157	재산권 관련판례	A … 866
POINT 158	공용침해와 손실보상	B … 881

CHAPTER 05 참정권 (정치권)

| POINT 159 | 국민투표제도와 국민투표권 | B … 889 |
| POINT 160 | 중요정책 국민투표 | A … 892 |

CONTENTS

> **CHAPTER 06 사회적 기본권**

POINT 161　사회적 기본권　　　　　　C ⋯ 897
POINT 162　인간다운 생활을 할 권리　　A ⋯ 897
POINT 163　사회보장수급권　　　　　　A ⋯ 904
POINT 164　국가의 사회보장·사회복지 의무 C ⋯ 912
POINT 165　교육을 받을 권리　　　　　A ⋯ 913
POINT 166　부모의 자녀교육권　　　　　B ⋯ 920
POINT 167　학생의 학습의 자유와 교사의 수업권
　　　　　　　　　　　　　　　　　　C ⋯ 926
POINT 168　의무교육　　　　　　　　　B ⋯ 927
POINT 169　교육의 자주성·전문성·정치적 중립성 및
　　　　　　대학의 자율성　　　　　　B ⋯ 933
POINT 170　교육제도·교원지위 법정주의　C ⋯ 941
POINT 171　근로의 권리　　　　　　　　S ⋯ 944
POINT 172　근로3권　　　　　　　　　　C ⋯ 955
POINT 173　단결권·단체교섭권 및 단체행동권
　　　　　　　　　　　　　　　　　　A ⋯ 957
POINT 174　공무원 등의 근로3권　　　　B ⋯ 963
POINT 175　근로3권의 제한　　　　　　C ⋯ 967
POINT 176　환경권　　　　　　　　　　B ⋯ 972
POINT 177　혼인과 가족에 관한 권리　　S ⋯ 977
POINT 178　모성보호 및 보건에 관한 권리 C ⋯ 988

> **CHAPTER 07 청구권**

POINT 179　청원권　　　　　　　　　　S ⋯ 991
POINT 180　재판청구권　　　　　　　　S ⋯ 1001
POINT 181　신속·공개재판을 받을 권리　C ⋯ 1012
POINT 182　재판청구권 관련판례　　　　A ⋯ 1014
POINT 183　공정한 재판을 받을 권리　　B ⋯ 1021
POINT 184　재판절차진술권　　　　　　C ⋯ 1026
POINT 185　군사재판　　　　　　　　　B ⋯ 1028
POINT 186　행정심판　　　　　　　　　C ⋯ 1030
POINT 187　국민참여재판　　　　　　　C ⋯ 1032
POINT 188　형사보상청구권　　　　　　A ⋯ 1035
POINT 189　국가배상청구권　　　　　　B ⋯ 1044
POINT 190　범죄피해자구조청구권　　　B ⋯ 1052

> **CHAPTER 08 국민의 기본의무**

POINT 191　국민의 기본의무　　　　　　C ⋯ 1057

Part III 정치제도

CHAPTER 01 정치제도 일반이론

POINT 192	대의제도	C … 1064
POINT 193	권력분립원칙	A … 1064
POINT 194	정부형태론	C … 1069

CHAPTER 02 국회

POINT 195	국회의장·부의장	S … 1071
POINT 196	위원회제도	C … 1077
POINT 197	상임위원회	S … 1078
POINT 198	특별위원회	C … 1084
POINT 199	국회위원회 운영	B … 1088
POINT 200	교섭단체	C … 1092
POINT 201	국회의 운영	S … 1093
POINT 202	의사공개원칙	B … 1097
POINT 203	의사공개원칙의 예외	B … 1100
POINT 204	회기계속원칙	B … 1104
POINT 205	다수결원칙	S … 1105
POINT 206	일사부재의	C … 1114
POINT 207	법률안 제출	B … 1116
POINT 208	위원회 심사	S … 1119
POINT 209	본회의 심의·의결	S … 1127
POINT 210	정부이송	S … 1134
POINT 211	조세법률주의	A … 1139
POINT 212	조세평등주의	C … 1147
POINT 213	부담금	C … 1148
POINT 214	예산과 법률	C … 1150
POINT 215	예산심의·확정권	S … 1152
POINT 216	준예산, 계속비·예비비 및 추가경정예산	A … 1157
POINT 217	기채 사전동의권 및 결산심사권	C … 1160
POINT 218	국정감사·조사권	S … 1160
POINT 219	국정감사·조사권의 행사	B … 1167
POINT 220	헌법기관 구성권 (인사권)	B … 1169
POINT 221	탄핵소추 (국회)	S … 1173
POINT 222	탄핵심판 (헌법재판소)	S … 1182
POINT 223	해임건의	B … 1190
POINT 224	출석요구권 및 기타 국정통제권	B … 1192
POINT 225	국회의원의 지위	B … 1194
POINT 226	국회의원의 권한 (심의·표결권)	S … 1198
POINT 227	국회의원의 면책특권	S … 1213
POINT 228	국회의원의 불체포특권	S … 1217
POINT 229	국회의원의 의무	B … 1220
POINT 230	국회자율권	C … 1224
POINT 231	국회의원 자격심사·징계	A … 1225

CHAPTER 03 정부

POINT 232	대통령의 지위	C … 1229
POINT 233	불소추특권	C … 1233
POINT 234	대통령의 의무	C … 1235
POINT 235	사면권	S … 1237
POINT 236	일반사면	C … 1241
POINT 237	특별사면	A … 1243
POINT 238	감형·복권	C … 1247
POINT 239	기타 대통령의 권한과 권한의 통제	B … 1248
POINT 240	자문회의	B … 1250

CONTENTS

POINT 241	국무총리	S … 1252
POINT 242	국무위원	B … 1258
POINT 243	국무회의	A … 1261
POINT 244	국무회의 심의사항	C … 1263
POINT 245	행정각부	C … 1266
POINT 246	감사원	S … 1270
POINT 247	감사원의 권한	A … 1275
POINT 248	선거관리위원회	S … 1280

CHAPTER 04 법원

POINT 249	사법권	C … 1289
POINT 250	통치행위	S … 1290
POINT 251	대법원	C … 1293
POINT 252	대법원장·대법관과 일반법관	A … 1294
POINT 253	임기제와 정년제	S … 1298
POINT 254	대법원의 권한	A … 1302
POINT 255	법원의 독립	C … 1307
POINT 256	법관의 재판상 독립 (물적독립)	A … 1309
POINT 257	법관의 신분보장 (인적독립)	S … 1315
POINT 258	각급법원	C … 1320
POINT 259	군사법원	C … 1322
POINT 260	법원의 권한	B … 1325
POINT 261	재판 관련 제도	C … 1327

Part IV 헌법재판소

CHAPTER 01 헌법재판소 일반이론

| POINT 262 | 헌법재판소의 구성과 운영 | S … 1332 |

CHAPTER 02 헌법재판소의 일반심판절차

POINT 263	일반심판절차	S … 1338
POINT 264	가처분	B … 1347
POINT 265	종국결정 및 결정의 효력	B … 1351
POINT 266	헌법재판의 재심	C … 1355

CHAPTER 03 위헌법률심판

POINT 267	위헌법률심판제청	S … 1358
POINT 268	위헌제청의 대상	S … 1364
POINT 269	재판의 전제성	S … 1375
POINT 270	위헌법률심판의 종국결정	C … 1384
POINT 271	위헌결정의 효력 발생시기	S … 1387
POINT 272	변형결정	C … 1393

CHAPTER 04 헌법소원심판

POINT 273	위헌심사형 헌법소원	S … 1398
POINT 274	권리구제형 헌법소원	A … 1407
POINT 275	헌법소원심판의 대상	C … 1412
POINT 276	헌법소원심판의 대상 (국회)	B … 1414
POINT 277	헌법소원심판의 대상 (행정부)	S … 1417
POINT 278	헌법소원심판의 대상 (행정기관의 행위)	S … 1428

POINT 279	헌법소원심판의 대상 (검사의 처분)	B … 1437
POINT 280	헌법소원심판의 대상(사법작용)과 원행정처분	B … 1440
POINT 281	헌법소원심판의 청구권자	C … 1445
POINT 282	자기관련성	S … 1447
POINT 283	헌법소원의 현재성과 청구기간	A … 1459
POINT 284	직접성	A … 1465
POINT 285	헌법소원심판의 보충성	A … 1472
POINT 286	보충성의 예외	B … 1476
POINT 287	헌법소원심판의 권리보호이익	B … 1480
POINT 288	종국결정	C … 1485

CHAPTER 05 권한쟁의심판

POINT 289	권한쟁의심판	C … 1486
POINT 290	권한쟁의심판의 당사자	S … 1488
POINT 291	피청구인의 처분 또는 부작위	B … 1495
POINT 292	헌법 또는 법률상 권한의 침해 또는 침해할 현저한 위험	A … 1498
POINT 293	권한쟁의심판의 심리 등	B … 1503
POINT 294	권한쟁의심판의 결정	B … 1505

PART

I

헌법 일반이론

CHAPTER	01	헌법과 헌법학
CHAPTER	02	헌법의 변동과 보호
CHAPTER	03	헌정사
CHAPTER	04	대한민국
CHAPTER	05	헌법의 기본원리
CHAPTER	06	국민주권주의와 민주주의
CHAPTER	07	법치주의
CHAPTER	08	사회·경제·문화국가원리
CHAPTER	09	국제법 존중주의
CHAPTER	10	제도적 보장
CHAPTER	11	정당설립의 자유와 정당제도
CHAPTER	12	선거제도
CHAPTER	13	직업공무원제도와 공무담임권
CHAPTER	14	지방자치제도

Chapter 01 헌법과 헌법학

POINT 001 헌법의 개념과 역사적 발전과정

01 실질적 의미의 헌법과 형식적 의미의 헌법

0001 실질적 의미의 헌법과 형식적 의미의 헌법은 입법기술적으로나 헌법정책적 이유로 인하여 일치할 수 없다. 23 경채   O | X

실질적 의미의 헌법이란 법의 존재형식에 구애되지 않고 **국가의 기본적 조직과 작용**에 관한 사항이나 **국민의 기본권**에 관한 사항을 정하고 있는 법규범을 말한다. 형식적 의미의 헌법이란 문서화된 헌법전을 말한다. 실질적 의미의 헌법과 형식적 의미의 헌법은 일치시키는 것이 바람직하나 **양자는 일치할 수 없다.** 왜냐하면 ⓐ **입법기술적으로 실질적 의미의 헌법을 전부 성문화하는 것은 불가능**하고, ⓑ **헌법정책적**으로 실질적 의미의 헌법사항이 아니라 하더라도 **헌법전에 포함시키거나**, 실질적 의미의 헌법사항이라도 **빈번한 개정의 가능성이나 필요성이 예상**되는 경우 **헌법전에 규정하지 않을 수 있기 때문이다.**

02 헌법의 역사적 발전과정

0002 근대 이전의 헌법개념은 국가최고기관의 조직과 구성이라는 조직법적 개념이었다. 11 국회 9   O | X

고유한 의미의 헌법이란 "국가의 최고기관을 조직, 구성하고, 이들 기관의 행위의 방법, 권력기관 상호관계·활동범위를 규정하는 것"이므로 근대입헌주의를 전제로 하지 않은 헌법이다. 따라서 근대 이전의 헌법개념은 **국가최고기관의 조직과 구성**이라는 **조직법적 개념**이었다.

0003 기본권보장 규범으로서의 헌법개념은 근대에 비로소 성립되었다. 11 국회 9   O | X

근대 입헌주의 헌법이란 개인의 자유와 권리를 보장하고, 권력분립에 의하여 국가권력의 남용을 억제하는 것을 내용으로 하는 헌법을 말한다. **기본권보장 규범으로서의 헌법개념은 근대에 비로소 성립**되었다.

0004 입헌주의적 헌법은 국민의 기본권 보장을 그 이념으로 하고 그것을 위한 권력분립과 법치주의를 그 수단으로 한다. 17 입시   O | X

입헌주의적 헌법은 **국민의 기본권 보장을 그 이념**으로 하고 그것을 위한 **권력분립과 법치주의를 그 수단**으로 하기 때문에 국가권력은 언제나 헌법의 테두리 안에서 헌법에 규정된 절차에 따라 발동되지 않으면 안된다(헌재 1994. 6. 30. 92헌가18).

0005 생존권적 기본권의 보장은 현대복지국가 헌법의 내용이다. 13 국회 9   O | X

0005-1 실질적 평등의 보장을 위한 국가작용의 강화, 확대는 현대복지국가 헌법의 내용이다. 13 국회 9
O | X

0005-2 사회적 정의의 실현을 위한 국민경제의 규제, 조정은 현대복지국가 헌법의 내용이다. 13 국회 9
O | X

정답 1. O 2. O 3. O 4. O 5. O 5-1. O 5-2. O

현대사회복지국가 헌법은 근대입헌주의 헌법의 내용과 형식상 특성을 유지하면서, **사회국가원리**에 입각하여 **생존권적 기본권**(**사회적 기본권**)의 보장, 실질적 평등의 보장을 위한 국가작용의 강화·확대 및 사회적 정의의 실현을 위한 국민경제의 규제·조정 등 채택하였다.

0006 20세기 이후 세계 각국의 헌법전에는 국가적 조직이나 제도 이외에 경제제도나 정당제도와 같은 내용도 추가되고 있다. 11 국회 9   O | X

0006-1 정당제도의 헌법상 수용과 정당기능의 확대는 현대복지국가 헌법의 내용이다. 13 국회 9   O | X

현대사회복지국가 헌법은 국가적 조직이나 제도 이외에 경제제도나 정당제도와 같은 내용도 추가되고 있다. 국민주권주의의 실질화를 위하여 **정당제도의 헌법상 수용**과 **정당기능의 확대**를 규정하고 있으며, 사회국가원리에 입각하여 **사회적 시장경제질서**를 채택함으로써 사회정의의 실현을 도모하고 있다.

0007 현대에는 수도(首都) 이외에 국기(國旗), 국가(國歌) 같은 내용도 헌법전의 내용에 포함될 수 있다고 한다. 11 국회 9   O | X

현대 헌법에는 **국가의 정체성**에 관한 **수도**(首都) 이외에 **국기**(國旗), **국가**(國歌) 같은 내용도 헌법전의 내용에 포함될 수 있다고 한다.

POINT 002 성문헌법과 관습헌법   Ⓑ

0008 우리나라는 성문헌법을 가진 나라로서 기본적으로 우리 헌법전이 헌법의 법원(法源)이 된다. 22 경정
O | X

우리나라는 **성문헌법을 가진 나라로서** 기본적으로 우리 **헌법전(憲法典)이 헌법의 법원(法源)**이 된다. 그러나 성문헌법이라고 하여도 그 속에 모든 헌법사항을 빠짐없이 완전히 규율하는 것은 불가능하고 또한 헌법은 국가의 기본법으로서 간결성과 함축성을 추구하기 때문에 형식적 헌법전에는 기재되지 아니한 사항이라도 이를 불문헌법(不文憲法) 내지 관습헌법으로 인정할 소지가 있다(헌재 2004. 10. 21. 2004헌마554 등).

0009 성문헌법이라고 하여도 그 속에 모든 헌법사항을 빠짐없이 완전히 규율하는 것은 불가능하고 또한 헌법은 국가의 기본법으로서 간결성과 함축성을 추구하기 때문에 형식적 헌법전에는 기재되지 아니한 사항이라도 이를 불문헌법 내지 관습헌법으로 인정할 소지가 있다. 23 해간, 23 경찰 1차, 22 경정, 22 경채
O | X

우리나라는 성문헌법을 가진 나라로서 기본적으로 우리 헌법전(憲法典)이 헌법의 법원(法源)이 된다. 그러나 **성문헌법이라고 하여도 그 속에 모든 헌법사항**을 빠짐없이 완전히 규율하는 것은 **불가능**하고 또한 헌법은 국가의 기본법으로서 **간결성과 함축성을 추구**하기 때문에 형식적 헌법전에는 기재되지 아니한 사항이라도 이를 **불문헌법(不文憲法) 내지 관습헌법으로 인정할 소지가 있다**(헌재 2004. 10. 21. 2004헌마554 등).

정답 6. O 6-1. O 7. O 8. O 9. O

0010 헌법 제1조 제2항에 따라 국민이 대한민국의 주권자이며, 국민은 최고의 헌법제정권력이기 때문에 성문헌법의 제·개정에 참여할 뿐만 아니라 헌법전에 포함되지 아니한 헌법사항을 필요에 따라 관습의 형태로 직접 형성할 수 있다. 22 경정 O | X

0010-1 국민은 성문헌법의 제·개정에는 직접 참여하지만, 헌법전에 포함되지 아니한 헌법사항을 필요에 따라 관습의 형태로 직접 형성할 수 없다. 23 경간 O | X

헌법 제1조 제2항은 '대한민국의 주권은 국민에게 있고, 모든 권력은 국민으로부터 나온다.'고 규정한다. 이와 같이 국민이 대한민국의 주권자이며, 국민은 최고의 헌법제정권력이기 때문에 성문헌법의 제·개정에 참여할 뿐만 아니라 헌법전에 포함되지 아니한 헌법사항을 필요에 따라 관습의 형태로 직접 형성할 수 있다(헌재 2004. 10. 21. 2004헌마554 등).

0011 관습헌법도 성문헌법과 마찬가지로 주권자인 국민의 헌법적 결단의 의사표현이며 성문헌법과 동일한 효력을 가진다고 보아야 한다. 23 해간 O | X

0011-1 관습헌법이란 실질적 의미의 헌법사항이 관습으로 규율되고 있다는 것을 뜻할 뿐이며, 관습헌법이라고 해서 성문헌법과 똑같은 효력이 인정된다고 볼 근거가 없다. 22 경채 O | X

0011-2 관습헌법도 성문헌법과 마찬가지로 주권자인 국민의 헌법적 결단의 의사 표현이나, 성문헌법과 동등한 효력을 가진다고 볼 수는 없고, 보충적으로 효력을 가진다고 보아야 한다. 22 경정 O | X

헌법사항에 관하여 형성되는 관행 내지 관례가 전부 관습헌법이 되는 것은 아니고 강제력이 있는 헌법규범으로서 인정되려면 엄격한 요건들이 충족되어야만 하며, 이러한 요건이 충족된 관습만이 관습헌법으로서 성문의 헌법과 동일한 법적 효력을 가진다. … 관습헌법도 성문헌법과 마찬가지로 주권자인 국민의 헌법적 결단의 의사의 표현이며 성문헌법과 동등한 효력을 가진다고 보아야 한다. 국민주권주의는 성문이든 관습이든 실정법 전체의 정립에의 국민의 참여를 요구한다고 할 것이며, 국민에 의하여 정립된 관습헌법은 입법권자를 구속하며 헌법으로서의 효력을 가진다(헌재 2004. 10. 21. 2004헌마554 등).

0012 국민주권주의는 성문이든 관습이든 실정법 전체의 정립에 국민의 참여를 요구한다고 할 것이며, 국민에 의하여 정립된 관습헌법은 입법권자를 구속하며 헌법으로서 효력을 가진다. 24 경간 O | X

관습헌법도 성문헌법과 마찬가지로 주권자인 국민의 헌법적 결단의 의사의 표현이며 성문헌법과 동등한 효력을 가진다고 보아야 한다. 국민주권주의는 성문이든 관습이든 실정법 전체의 정립에의 국민의 참여를 요구한다고 할 것이며, 국민에 의하여 정립된 관습헌법은 입법권자를 구속하며 헌법으로서의 효력을 가진다(헌재 2004. 10. 21. 2004헌마554 등).

0013 관습헌법이 성립하기 위하여서는 관습이 성립하는 사항이 단지 법률로 정할 사항이 아니라 반드시 헌법에 의하여 규율되어 법률에 대하여 효력상 우위를 가져야 할 만큼 헌법적으로 중요한 기본적 사항이 되어야 한다. 24 경간, 23 경찰 1차 O | X

관습헌법이 성립하기 위하여서는 관습이 성립하는 사항이 단지 법률로 정할 사항이 아니라 반드시 헌법에 의하여 규율되어 법률에 대하여 효력상 우위를 가져야 할 만큼 헌법적으로 중요한 기본적 사항이 되어야 한다. 일반적으로 실질적인 헌법사항이라고 함은 널리 국가의 조직에 관한 사항이나 국가기관의 권한 구성에 관한 사항 혹은 개인의 국가권력에 대한 지위를 포함하여 말하는 것이지만, 관습헌법은 이와 같은 일반적인 헌법사항에 해당하는 내용 중에서도 특히 국가의 기본적이고 핵심적인 사항으로서 법률에 의하여 규율하는 것이 적합하지 아니한 사항을 대상으로 한다(헌재 2004. 10. 21. 2004헌마554 등).

정답 10. O 10-1. X [관습의 형태로 직접 형성 可] 11. O 11-1. X [성문헌법과 동등한 효력을 가짐] 11-2. X [성문헌법과 동등한 효력을 가짐] 12. O 13. O

0014 관습헌법은 일반적인 헌법사항에 해당하는 내용 중에서도 특히 국가의 기본적이고 핵심적인 사항으로서 법률에 의하여 규율하는 것이 적합하지 아니한 사항을 대상으로 한다. 22 경채 O│X

관습헌법이 성립하기 위하여서는 관습이 성립하는 사항이 단지 법률로 정할 사항이 아니라 반드시 헌법에 의하여 규율되어 법률에 대하여 효력상 우위를 가져야 할 만큼 헌법적으로 중요한 기본적 사항이 되어야 한다. 일반적으로 **실질적인 헌법사항**이라고 함은 널리 **국가의 조직**에 관한 사항이나 **국가기관의 권한 구성**에 관한 사항 혹은 **개인의 국가권력에 대한 지위**를 포함하여 말하는 것이지만, **관습헌법은 이와 같은 일반적인 헌법사항에 해당하는 내용 중에서도 특히 국가의 기본적이고 핵심적인 사항으로서 법률에 의하여 규율하는 것이 적합하지 아니한 사항**을 대상으로 한다(헌재 2004. 10. 21. 2004헌마554 등).

0015 일반적인 헌법사항 중 과연 어디까지가 기본적이고 핵심적인 헌법사항에 해당하는지 여부는 일반추상적인 기준을 설정하여 재단할 수는 없고, 개별적 문제사항에서 헌법적 원칙성과 중요성 및 헌법원리를 통하여 평가하는 구체적 판단에 의하여 확정하여야 한다. 23 경찰 1차 O│X

일반적인 헌법사항 중 과연 어디까지가 이러한 **기본적이고 핵심적인 헌법사항**에 해당하는지 여부는 **일반추상적인 기준**을 설정하여 **재단할 수는 없는** 것이고, 개별적 문제사항에서 헌법적 원칙성과 중요성 및 헌법원리를 통하여 평가하는 **구체적 판단**에 의하여 **확정하여야 한다**(헌재 2004. 10. 21. 2004헌마554 등).

0016 관습헌법도 헌법의 일부로서 성문헌법의 경우와 동일한 효력을 가지기 때문에 그 법규범은 최소한 헌법 제130조에 의거한 헌법개정의 방법에 의하여 개정될 수 있다. 18 서울 7(추), 16 경정 O│X

어느 법규범이 관습헌법으로 인정된다면 그 개정가능성을 가지게 된다. **관습헌법도 헌법의 일부로서 성문헌법의 경우와 동일한 효력을 가지기 때문에 그 법규범은 최소한 헌법 제130조에 의거한 헌법개정의 방법에 의하여만 개정될 수 있다.** 따라서 재적의원 3분의 2 이상의 찬성에 의한 국회의 의결을 얻은 다음(헌법 제130조 제1항) 국민투표에 붙여 국회의원 선거권자 과반수의 투표와 투표자 과반수의 찬성을 얻어야 한다(헌법 제130조 제3항)(헌재 2004. 10. 21. 2004헌마554 등).

0017 관습헌법규범은 헌법전에 그에 상반하는 법규범을 첨가함에 의하여 폐지하게 된다. 23 경간 O│X

어느 법규범이 관습헌법으로 인정된다면 그 개정가능성을 가지게 된다. 관습헌법도 헌법의 일부로서 성문헌법의 경우와 동일한 효력을 가지기 때문에 그 법규범은 최소한 헌법 제130조에 의거한 헌법개정의 방법에 의하여만 개정될 수 있다. … 다만 이 **경우 관습헌법규범은 헌법전에 그에 상반하는 법규범을 첨가함에 의하여 폐지하게 되는** 점에서, 헌법전으로부터 관계되는 헌법조항을 삭제함으로써 폐지되는 성문헌법규범과는 구분된다(헌재 2004. 10. 21. 2004헌마554 등).

0018 관습헌법은 그것을 지탱하고 있는 국민적 합의성을 상실하더라도 법적 효력을 상실하는 것은 아니다. 23 해간, 10 지방 7 O│X

형식적인 헌법개정 외에도, 관습헌법은 그것을 지탱하고 있는 **국민적 합의성을 상실**함에 의하여 **법적 효력을 상실**할 수 있다. 관습헌법은 주권자인 국민에 의하여 유효한 헌법규범으로 인정되는 동안에만 존속하는 것이며, 관습법의 존속요건의 하나인 국민적 합의성이 소멸되면 관습헌법으로서의 법적 효력도 상실하게 된다. 관습헌법의 요건들은 그 성립의 요건일 뿐만 아니라 효력 유지의 요건이다(헌재 2004. 10. 21. 2004헌마554 등).

● 정답 14. ○ 15. ○ 16. ○ 17. ○ 18. ✕ [법적 효력을 상실함]

0019 관습헌법은 주권자인 국민에 의하여 유효한 헌법규범으로 인정되는 동안에만 존속한다. 23 경간

O | X

0019-1 관습헌법은 주권자인 국민에 의하여 유효한 헌법규범으로 인정되는 동안에만 존속하는 것이고, 관습법의 존속요건의 하나인 국민적 합의성이 소멸하면 관습헌법으로서의 법적효력도 상실하게 되므로, 관습헌법의 요건들은 성립의 요건이 아니라 효력 유지의 요건이다. 18 경정

O | X

0019-2 관습헌법도 성문헌법과 마찬가지로 주권자인 국민의 헌법적 결단의 의사 표현이고 성문헌법과 동등한 효력을 가지며, 관습헌법의 요건들은 그 성립의 요건일 뿐 효력 유지의 요건은 아니다. 23 경찰 1차

O | X

관습헌법도 성문헌법과 마찬가지로 주권자인 국민의 헌법적 결단의 의사의 표현이며 **성문헌법과 동등한 효력**을 가진다고 보아야 한다. 국민주권주의는 성문이든 관습이든 실정법 전체의 정립에의 국민의 참여를 요구한다고 할 것이며, 국민에 의하여 정립된 관습헌법은 입법권자를 구속하며 헌법으로서의 효력을 가진다. … **관습헌법은 주권자인 국민에 의하여 유효한 헌법규범으로 인정되는 동안**에만 **존속**하는 것이며, 관습법의 존속요건의 하나인 **국민적 합의성이 소멸되면 관습헌법으로서의 법적 효력도 상실**하게 된다. **관습헌법의 요건들은 그 성립의 요건일** 뿐만 아니라 **효력 유지의 요건인 것이다**(헌재 2004. 10. 21. 2004헌마554 등).

0020 우리나라와 같은 성문의 경성헌법 체제에서 인정되는 관습헌법 사항은 하위규범형식인 법률에 의하여 개정될 수 없다. 22 경채

O | X

우리나라와 같은 성문의 경성헌법 체제에서 인정되는 관습헌법사항은 하위규범형식인 법률에 의하여 개정될 수 없다. … 이와 같이 헌법의 개정절차와 법률의 개정절차를 준별하고 헌법의 개정절차를 엄격히 한 우리 헌법의 체제 내에서 만약 관습헌법을 법률에 의하여 개정할 수 있다고 한다면 이는 관습헌법을 더 이상 '헌법'으로 인정한 것이 아니고 단지 관습'법률'로 인정하는 것이며, 결국 관습헌법의 존재를 부정하는 것이 된다. 이러한 결과는 성문헌법체제하에서도 관습헌법을 인정하는 대전제와 논리적으로 모순된 것이므로 우리 헌법체제상 수용될 수 없다(헌재 2004. 10. 21. 2004헌마544 등).

0021 우리 헌법은 제128조 내지 제130조에서 일반법률의 개정절차와는 다른 엄격한 헌법개정절차를 정하고 있으며 헌법개정절차의 대상을 단지 '헌법'이라고만 하고 있으므로, 관습헌법도 헌법에 해당하는 이상 여기서 말하는 헌법개정의 대상인 헌법에 포함된다고 보아야 한다. 24 경찰 1차

O | X

우리 헌법의 경우 헌법 제10장 제128조 내지 제130조는 일반법률의 개정절차와는 다른 엄격한 헌법개정절차를 정하고 있으며, 동 **헌법개정절차의 대상을** 단지 '**헌법**'이라고만 하고 있다. 따라서 **관습헌법도** 헌법에 해당하는 이상 여기서 말하는 **헌법개정의 대상인 헌법**에 포함된다고 보아야 한다(헌재 2004. 10. 21. 2004헌마554 등).

0022 우리나라의 수도가 서울이라는 점에 대한 관습헌법을 폐지하기 위해서는 헌법이 정한 절차에 따른 헌법개정이 이루어져야 한다. 23 해간

O | X

우리나라의 수도가 서울이라는 점에 대한 **관습헌법을 폐지**하기 위해서는 **헌법이 정한 절차**에 따른 **헌법개정**이 이루어져야 한다. 이 경우 성문의 조항과 다른 것은 성문의 수도조항이 존재한다면 이를 삭제하는 내용의 개정이 필요하겠지만 관습헌법은 이에 반하는 내용의 새로운 수도설정조항을 헌법에 넣는 것만으로 그 폐지가 이루어지는 점에 있다. … 따라서 우리나라의 수도가 서울인 것은 우리 헌법상 관습헌법으로 정립된 사항이며 여기에는 아무런 사정의 변화도 없다고 할 것이므로 이를 폐지하기 위해서는 반드시 헌법개정의 절차에 의하여야 한다(헌재 2004. 10. 21. 2004헌마554 등).

정답 19. O 19-1. X [성립의 요건이자 효력 유지의 요건] 19-2. X [성립의 요건이자 효력 유지의 요건] 20. O 21. O 22. O

POINT 003 경성헌법과 연성헌법

0023 헌법 개정 절차의 난이에 따라 경성헌법과 연성헌법으로 나눌 수 있으며, 경성헌법은 개정 절차에서 국민투표를 필수적으로 요구한다. 15 지방 7   O | X

연성헌법이란 헌법개정절차가 일반법률의 개정절차와 동일하여 쉽게 개정될 수 있는 헌법이다. 반면에 경성헌법은 헌법의 개정을 일반 법률의 제정·개정절차보다 더 어렵게 만든 헌법이다. 경성헌법도 필수적 국민투표를 거쳐야 하는 **강한 경성헌법**과 선택적 국민투표를 거치거나 아예 국민투표를 거치지 아니하고도 개정될 수 있는 **약한 경성헌법**이 있다.

0024 헌법의 안정성과 헌법에 대한 존중이라는 요청 때문에 우리 헌법의 개정은 제한적으로 인정되며, 일반법률과는 다른 엄격한 요건과 절차가 요구된다. 20 국가 7   O | X

0024-1 우리 헌법은 헌법의 개정이 통상의 법률개정보다 까다로운 절차와 방법을 요구하는 연성헌법에 속한다. 23 경채   O | X

헌법은 개정절차의 난이에 따라 경성헌법과 연성헌법으로 분류된다. 경성헌법은 헌법의 개정이 통상의 법률개정보다 까다로운 절차와 방법을 요구하는 헌법이고, 연성헌법은 헌법의 개정이 통상의 법률과 동일한 절차와 방법으로 개정될 수 있는 헌법이다. **우리 헌법**은 헌법의 개정이 **국민투표**를 통하여만 가능하도록 규정하고 있어 **강한 경성헌법**에 속한다.

> **관련판례** **우리 헌법**의 경우 헌법 제10장 제128조 내지 제130조는 **일반법률의 개정절차와는 다른 엄격한 헌법개정절차를 정하고 있으며**, 동 헌법개정절차의 대상을 단지 '헌법'이라고만 하고 있다. 따라서 관습헌법도 헌법에 해당하는 이상 여기서 말하는 헌법개정의 대상인 헌법에 포함된다고 보아야 한다(헌재 2004. 10. 21. 2004헌마554 등).

POINT 004 헌법의 특성과 해석

01 헌법의 특성

0025 헌법은 국민적 합의에 의해 제정된 국민생활의 최고 도덕규범이며 정치생활의 가치규범으로서 정치와 사회질서의 지침을 제공하고 있기 때문에 민주사회에서는 헌법의 규범을 준수하고 그 권위를 보존하는 것을 기본으로 한다. 23 경채   O | X

헌법은 **국민적 합의**에 의해 제정된 **국민생활의 최고 도덕규범**이며 **정치생활의 가치규범**으로서 **정치와 사회질서의 지침**을 제공하고 있기 때문에 민주사회에서는 **헌법의 규범을 준수**하고 그 **권위를 보존**하는 것을 기본으로 한다(헌재 1989. 9. 8. 88헌가6).

●정답 23. X [필수적 국민투표 X]   24. O   24-1. X [연성 X → 경성 O]   25. O

0026 국민의 기본권의 강화·확대라는 헌법의 역사성, 헌법재판소의 헌법해석은 헌법이 내포하고 있는 특정한 가치를 탐색·확인하고 이를 규범적으로 관철하는 작업인 점 등에 비추어, 헌법재판소가 행하는 구체적 규범통제의 심사기준은 원칙적으로 헌법재판을 할 당시에 규범적 효력을 가지는 헌법이다.
18 변호사
O | X

0026-1 헌법재판소가 행하는 구체적 규범통제의 심사기준은 헌법재판을 할 당시에 규범적 효력을 가지는 헌법이므로 유신헌법하의 긴급조치에 대한 위헌 여부의 심사기준 역시 유신헌법이 아니라 현행헌법이다.
15 국가 7
O | X

0026-2 헌법재판소의 헌법해석은 헌법이 내포하고 있는 특정한 가치를 탐색·확인하고 이를 규범적으로 관철하는 작업인 점에 비추어, 헌법재판소가 행하는 구체적 규범통제의 심사기준은 원칙적으로 법률제정 당시에 규범적 효력을 가지는 헌법이다.
23 경간
O | X

이 사건 긴급조치들이 유신헌법을 근거로 하여 발령된 것이긴 하나 그렇다고 하여 이미 폐기된 **유신헌법에 따라 이 사건 긴급조치들의 위헌 여부를 판단**하는 것은, 유신헌법 일부 조항과 긴급조치 등이 기본권을 지나치게 침해하고 자유민주적 기본질서를 훼손하는 데에 대한 반성에 기초하여 헌법 개정을 결단한 **주권자인 국민의 의사**와 기본권 강화와 확대라는 **헌법의 역사성**에 반하는 것으로 허용할 수 없다. 한편 헌법재판소의 헌법 해석은 헌법이 내포하고 있는 특정한 가치를 탐색·확인하고 이를 규범적으로 관철하는 작업이므로, 헌법재판소가 행하는 **구체적 규범통제의 심사기준은** 원칙적으로 **헌법재판을 할 당시에 규범적 효력을 가지는 헌법**이라 할 것이다. 그러므로 이 사건 긴급조치들의 위헌성을 심사하는 준거규범은 유신헌법이 아니라 현행헌법이라고 봄이 타당하다(헌재 2013. 3. 21. 2010헌바132 등).

02 헌법해석의 해석

0027 헌법의 해석은 헌법이 담고 추구하는 이상과 이념에 따른 역사적, 사회적 요구를 올바르게 수용하여 헌법적 방향을 제시하는 헌법의 창조적 기능을 수행하여 국민적 욕구와 의식에 알맞는 실질적 국민주권의 실현을 보장하는 것이어야 한다.
24 경찰 1차
O | X

헌법의 해석은 헌법이 담고 추구하는 이상과 이념에 따른 역사적, 사회적 요구를 올바르게 수용하여 **헌법적 방향을 제시**하는 **헌법의 창조적 기능을 수행**하여 국민적 욕구와 의식에 알맞는 **실질적 국민주권의 실현을 보장**하는 것이어야 한다. 그러므로 헌법의 해석과 헌법의 적용이 우리 헌법이 지향하고 추구하는 방향에 부합하는 것이 아닐 때에는, 헌법적용의 방향제시와 헌법적 지도로써 정치적 불안과 사회적 혼란을 막는 가치관을 설정하여야 한다(헌재 1989. 9. 8. 88헌가6).

0028 헌법의 해석과 헌법의 적용이 우리 헌법이 지향하고 추구하는 방향에 부합하는 것이 아닐 때에는, 헌법적용의 방향제시와 헌법적 지도로써 정치적 불안과 사회적 혼란을 막는 가치관을 설정하여야 한다.
15 지방 7
O | X

헌법의 해석은 헌법이 담고 추구하는 이상과 이념에 따른 역사적, 사회적 요구를 올바르게 수용하여 헌법적 방향을 제시하는 헌법의 창조적 기능을 수행하여 국민적 욕구와 의식에 알맞는 실질적 국민주권의 실현을 보장하는 것이어야 한다. 그러므로 **헌법의 해석과 헌법의 적용**이 우리 헌법이 지향하고 추구하는 방향에 부합하는 것이 아닐 때에는, **헌법적용의 방향제시와 헌법적 지도**로써 정치적 불안과 사회적 혼란을 막는 **가치관을 설정**하여야 한다(헌재 1989. 9. 8. 88헌가6).

● 정답 26. O 26-1. O 26-2. X [헌법재판 당시에 규범적 효력을 가지는 헌법임] 27. O 28. O

0029 헌법의 제규정 가운데는 헌법의 근본가치를 보다 추상적으로 선언한 것도 있고, 이를 보다 구체적으로 표현한 것도 있으므로 이념적·논리적으로는 규범상호간의 우열을 인정할 수 있는 것이 사실이다. 17 입시 O | X

0029-1 헌법은 전문과 각 개별조항이 서로 밀접한 관련을 맺으면서 하나의 통일된 가치 체계를 이루고 있는 것으로서, 헌법의 제규정 가운데는 헌법의 근본가치를 보다 추상적으로 선언한 것도 있고 이를 보다 구체적으로 표현한 것도 있을 수 있으나, 이념적·논리적으로는 규범상호간의 우열을 인정할 수는 없다. 23 경정, 21 입시 O | X

> 헌법은 전문과 각 개별조항이 서로 밀접한 관련을 맺으면서 **하나의 통일된 가치 체계**를 이루고 있는 것으로서, 헌법의 제규정 가운데는 헌법의 근본가치를 보다 추상적으로 선언한 것도 있고, 이를 보다 구체적으로 표현한 것도 있으므로 **이념적·논리적으로는 규범상호간의 우열을 인정**할 수 있는 것이 사실이다. 그러나, 이때 인정되는 규범상호간의 우열은 추상적 가치규범의 구체화에 따른 것으로 헌법의 통일적 해석에 있어서는 유용할 것이지만, 그것이 헌법의 어느 특정규정이 다른 규정의 효력을 전면적으로 부인할 수 있을 정도의 개별적 헌법규정상호간에 효력상의 차등을 의미하는 것이라고는 볼 수 없다(헌재 1995. 12. 28. 95헌바3).

0030 헌법은 전문과 각 개별조항이 서로 밀접한 관련을 맺으면서 하나의 통일된 가치 체계를 이루고 있는 것으로서, 이념적·논리적으로 규범 상호간의 우열을 인정할 수 있다 하더라도, 그것이 헌법의 어느 특정규정이 다른 규정의 효력을 전면적으로 부인할 수 있을 정도의 개별적 헌법규정 상호간에 효력상의 차등을 의미하는 것이라고는 볼 수 없다. 23 법원 9 O | X

0030-1 헌법의 제규정 가운데는 헌법의 근본가치를 보다 추상적으로 선언한 것도 있고 이를 보다 구체적으로 표현한 것도 있으므로, 헌법의 어느 특정규정이 다른 규정의 효력을 전면 부인할 수 있는 정도로 개별적 헌법규정 상호간의 효력상의 차등을 인정할 수 있다. 18 변호사 O | X

> 헌법은 전문과 각 개별조항이 서로 밀접한 관련을 맺으면서 **하나의 통일된 가치 체계**를 이루고 있는 것으로서, 헌법의 제규정 가운데는 헌법의 근본가치를 보다 추상적으로 선언한 것도 있고, 이를 보다 구체적으로 표현한 것도 있으므로 **이념적·논리적으로는 규범상호간의 우열을 인정**할 수 있는 것이 사실이다. 그러나, 이때 인정되는 규범상호간의 우열은 추상적 가치규범의 구체화에 따른 것으로 헌법의 통일적 해석에 있어서는 유용할 것이지만, 그것이 헌법의 어느 특정규정이 다른 규정의 효력을 전면적으로 부인할 수 있을 정도의 **개별적 헌법규정상호간에 효력상의 차등**을 의미하는 것이라고는 볼 수 **없다**(헌재 1995. 12. 28. 95헌바3).

POINT 005 합헌적 법률해석 Ⓑ

01 개념

0031 어떤 법률의 개념이 다의적이고 그 어의의 테두리 안에서 여러 가지 해석이 가능할 때, 헌법을 최고법규로 하는 통일적인 법질서의 형성을 위하여 헌법에 합치되는 해석, 즉 합헌적인 해석을 택하여야 하며, 이에 의하여 위헌적인 결과가 될 해석은 배제하면서 합헌적이고 긍정적인 면은 살려야 한다는 것이 헌법의 일반법리이다. 19 법무사, 18 경정, 14 변호사 O | X

0031-1 법률에 대한 헌법합치적 해석이란 어떠한 법률이 다의적으로 해석될 가능성이 있을 경우, 위헌적 해석가능성은 배제하고, 합헌적 해석가능성을 택하여 법률의 효력을 유지시키는 해석방법이다. 23 국회 8 O | X

◆ 정답 29. O 29-1. X [이념적·논리적으로는 우열 인정 可] 30. O 30-1. X [효력상의 차등 인정 不可] 31. O 31-1. O

어떤 법률의 개념이 다의적이고 그 어의의 테두리 안에서 **여러 가지 해석이 가능할** 때, 헌법을 최고법규로 하는 통일적인 법질서의 형성을 위하여 헌법에 합치되는 해석 즉 **합헌적인 해석**을 택하여야 하며, 이에 의하여 **위헌적인 결과가 될 해석은 배제하면서 합헌적이고 긍정적인 면은 살려야 한다는 것**이 헌법의 일반법리이다(헌재 1990. 4. 2. 89헌가113).

0032 합헌적 법률해석이란 어떤 법률이 한 가지 해석방법에 의하면 헌법에 위배되는 것처럼 보이더라도 다른 해석방법에 의하면 헌법에 합치되는 것으로 볼 수 있다면 합헌으로 해석하여야 한다는 사법소극주의적인 법률 해석기술이다. 15 지방 7   O | X

0032-1 합헌적 법률해석이란 법률이 외형상 위헌적으로 보일 경우라도 그것이 헌법의 정신에 맞도록 해석될 여지가 조금이라도 있는 한 이를 쉽사리 위헌이라고 판단해서는 안 된다는 헌법의 해석 지침을 말한다. 17 경정   O | X

합헌적 법률해석이란 어떤 법률이 **한 가지 해석방법에 의하면 헌법에 위배되는 것처럼 보이더라도 다른 해석방법에 의하면 헌법에 합치되는** 것으로 볼 수 있을 때 즉 어떤 법률에 대한 여러 갈래의 해석이 가능할 때 이를 위헌이라고 해석할 것이 아니라 **합헌으로 해석하여야 한다는 사법소극주의적인 법률의 해석기술**이다.

0033 합헌적 법률해석은 헌법재판소가 헌법과 법률을 해석 적용함에 있어서 입법자의 입법취지대로 해석하여야 한다는 것으로 민주주의와 권력분립원칙의 관점에서 입법자의 입법권에 대한 존중과 규범유지의 원칙에 의하여 정당화된다. 20 경정   O | X

0033-1 합헌적 법률해석은 헌법해석의 일종으로 민주주의와 권력분립 원칙의 관점에서 입법자의 입법권에 대한 존중과 규범유지의 원칙에 의하여 정당화된다. 23 경정   O | X

합헌적 법률해석은 헌법재판소가 헌법과 법률을 해석 적용함에 있어서 입법자의 입법취지대로 해석하여야 한다는 것이 아니라 **법률을 해석함에 있어서 헌법에 합치**하여야 한다는 것이다.

02 이론적 근거

0034 법률의 합헌적 해석은 헌법의 최고규범성에서 나오는 법질서의 통일성에 바탕을 두고, 법률이 헌법에 조화하여 해석될 수 있는 경우에는 위헌으로 판단하여서는 아니된다는 것을 뜻하는 것으로서 권력분립과 입법권을 존중하는 정신에 그 뿌리를 두고 있다. 21 입시, 19 법무사   O | X

법률의 합헌적 해석은 **헌법의 최고규범성**에서 나오는 **법질서의 통일성**에 바탕을 두고, 법률이 헌법에 조화하여 해석될 수 있는 경우에는 위헌으로 판단하여서는 아니된다는 것을 뜻하는 것으로서 **권력분립과 입법권을 존중하는** 정신에 그 뿌리를 두고 있다(헌재 1989. 7. 14. 88헌가5 등).

● 정답 32. O   32-1. X [헌법의 해석 지침 X → 법률의 해석 지침 O]   33. X [헌법을 해석 적용 X, 입법취지대로 해석 X]   33-1. X [헌법해석의 일종 X]   34. O

0035 합헌적 법률해석은 헌법을 최고법규로 하는 통일적 법질서 형성과 법적 안정성 유지를 위한 것이다.
15 국회 9
O | X

0035-1 법적 안정성의 요청에 의한 규범 유지의 필요성 및 법률의 추정적 효력은 합헌적 법률해석의 근거이다.
14 서울 7
O | X

0035-2 헌법재판소는 법률에 대한 헌법합치적 해석의 근거로 권력분립원리, 민주주의 원리의 관점에서 입법자의 존중, 법질서의 통일성 및 법적 안정성을 들고 있다. 23 국회 8
O | X

합헌한정해석은 헌법을 최고법규로 하는 **통일적인 법질서의 형성**을 위해서나 입법부가 제정한 법률을 위헌이라고 하여 전면폐기하기보다는 그 효력을 되도록 유지하는 것이 **권력분립의 정신**에 합치하고 **민주주의적 입법기능을 최대한 존중**하는 것이 되며, 일부 위헌요소 때문에 전면위헌을 선언하는데서 초래될 충격을 방지하고 **법적 안정성**을 갖추기 위하여서도 필요하다 할 것이다(헌재 1990. 6. 25. 90헌가11).

03 적용영역

0036 구체적 사건에서의 법률의 해석·적용권한은 사법권의 본질적 내용을 이루는 것으로서, 합헌적 법률해석은 대법원을 정점으로 하는 일반법원이 하여야 하는 임무이고, 법률의 위헌심사를 맡는 헌법재판소의 임무는 아니다. 19 법무사
O | X

구체적 사건에서의 **법률의 해석·적용권한**은 사법권의 본질적 내용을 이루는 것임이 분명하다. 그러나 법률에 대한 위헌심사는 당연히 당해 법률 또는 법률조항에 대한 해석이 전제되는 것이고, 헌법재판소의 한정위헌의 결정은 단순히 법률을 구체적인 사실관계에 적용함에 있어서 그 법률의 의미와 내용을 밝히는 것이 아니라 법률에 대한 위헌성심사의 결과로서 법률조항이 특정의 적용영역에서 제외되는 부분은 위헌이라는 것을 뜻한다. 따라서 헌법재판소의 **한정위헌결정**은 결코 법률의 해석에 대한 헌법재판소의 단순한 견해가 아니라, 헌법에 정한 권한에 속하는 법률에 대한 **위헌심사의 한 유형**인 것이다(헌재 1997. 12. 24. 96헌마172 등).

0037 합헌적 법률해석은 법률에 대한 특정한 해석방법을 위헌적인 것으로 배제함으로써 실질적으로 '해석에 의한 법률의 부분적 폐지'를 의미하므로, 법률에 대하여 실질적인 일부위헌선언을 함으로써 법률을 수정하는 권한은 규범통제에 관한 독점적인 권한을 부여받은 헌법재판소에 유보되어야 한다. 23 소간
O | X

합헌적 법률해석은 법률에 대한 특정한 해석방법을 위헌적인 것으로 배제함으로써 실질적으로 '해석에 의한 법률의 부분적 폐지'를 의미하므로, **법률에 대하여 실질적인 일부위헌선언을 함으로써 법률을 수정하는 권한**은 규범통제에 관한 독점적인 권한을 부여받은 **헌법재판소에 유보되어야 한다.** 물론 사법기능을 담당하는 국가기관은 가능한 한 입법자의 입법권을 존중하여 입법자가 제정한 규범이 계속 존속하고 효력이 유지될 수 있도록 해석해야 한다는 점에서, 합헌적 법률해석은 헌법재판소뿐이 아니라 법원에 부과된 의무이지만, 헌법상의 권력분립원칙에 비추어 볼 때 법률의 구속을 받는 법집행기관인 법원이 스스로 법률을 수정할 권한은 합헌적 법률해석에 관한 헌법재판소의 최종적인 결정권에 의하여 제한되고 통제되어야 함은 당연하다(헌재 2003. 4. 24. 2001헌마386).

정답 35. O 35-1. O 35-2. O 36. X [일반법원의 임무이자 헌재의 임무] 37. O

0038 과세관청이 기존에는 존재하였으나 실효되어 더이상 존재한다고 볼 수 없는 법률조항을 여전히 유효한 것으로 해석·적용한 것에, 명백한 입법의 공백을 방지하고 형평성의 왜곡을 시정하고자 하는 특별한 목적이 있었다면, 설령 법률해석을 통해 과세의 근거를 창설하였더라도 헌법상 권력분립원칙에 반하지 않는다. 24 경정 O | X

형벌조항이나 조세법의 해석에 있어서는 헌법상의 죄형법정주의, 조세법률주의의 원칙상 엄격하게 법문을 해석하여야 하고 합리적인 이유 없이 확장해석하거나 유추해석할 수는 없는바, '유효한' 법률조항의 불명확한 의미를 논리적·체계적 해석을 통해 합리적으로 보충하는 데에서 더 나아가, 해석을 통하여 **전혀 새로운 법률상의 근거를 만들어 내거나**, 기존에는 존재하였으나 **실효되어 더 이상 존재한다고 볼 수 없는 법률조항을 여전히 '유효한' 것으로 해석**한다면, 이는 법률해석의 한계를 벗어나 '법률의 부존재'로 말미암아 형벌의 부과나 과세의 근거가 될 수 없는 것을 **법률해석을 통하여 창설해 내는 일종의 '입법행위'**로서 헌법상의 **권력분립원칙, 죄형법정주의, 조세법률주의의 원칙에 반한다**(헌재 2012. 5. 31. 2009헌바123 등).

0039 헌법정신에 맞도록 법률의 내용을 해석·보충하거나 정정하는 '헌법합치적 법률해석' 역시 '유효한' 법률조항의 의미나 문구를 대상으로 하는 것이지, 이를 넘어 이미 실효된 법률조항을 대상으로 하여 헌법합치적인 법률해석을 할 수는 없는 것이어서, 유효하지 않은 법률조항을 유효한 것으로 해석하는 결과에 이르는 것은 '헌법합치적 법률해석'을 이유로도 정당화될 수 없다. 23 경정, 18 경정 O | X

0039-1 조세법률주의가 지배하는 조세법의 영역에서 경과규정의 미비라는 명백한 입법의 공백을 방지하고 형평성의 왜곡을 시정하기 위해 실효된 법률조항을 유효한 것으로 해석하는 것은 헌법정신에 맞도록 법률의 내용을 해석·보충하거나 정정하는 '헌법합치적 법률해석'에 따른 해석이다. 24 경찰 1차 O | X

헌법정신에 맞도록 법률의 내용을 해석·보충하거나 정정하는 '헌법합치적 법률해석' 역시 **'유효한' 법률조항의 의미나 문구**를 대상으로 하는 것이지, 이를 넘어 이미 **실효된 법률조항을 대상으로** 하여 헌법합치적인 법률해석을 할 수는 없는 것이어서, **유효하지 않은 법률조항을 유효한 것으로** 해석하는 결과에 이르는 것은 '**헌법합치적 법률해석**'을 이유로도 **정당화될 수 없다** 할 것이다(헌재 2012. 5. 31. 2009헌바123 등).

0040 조세법률주의가 지배하는 조세법의 영역에서는 경과규정의 미비라는 명백한 입법의 공백을 방지하고 형평성의 왜곡을 시정하는 것은 원칙적으로 입법자의 권한이고 책임이지 법문의 한계 안에서 법률을 해석·적용하는 법원이나 과세관청의 몫은 아니다. 17 국가 7 O | X

0040-1 조세법의 영역에서는 경과규정의 미비라는 명백한 입법의 공백을 방지하고 형평성의 왜곡을 시정하는 것은 원칙적으로 법률조항의 법문의 한계 안에서 법률을 해석·적용하여야 하는 법원이나 과세관청의 의무에 해당한다. 22 법원 9 O | X

과세요건법정주의 및 과세요건명확주의를 포함하는 조세법률주의가 지배하는 조세법의 영역에서는 **경과규정의 미비라는 명백한 입법의 공백**을 방지하고 형평성의 왜곡을 시정하는 것은 원칙적으로 **입법자의 권한이고 책임**이지 법문의 한계 안에서 **법률을 해석·적용하는 법원이나 과세관청의 몫은 아니다**(헌재 2012. 5. 31. 2009헌바123 등).

● 정답 38. X [권력분립원칙에 반함]   39. O   39-1. X [실효된 법률조항: 헌법합치적 법률해석 불가]   40. O   40-1. X [법원이나 과세관청의 의무 X, 입법자의 권한이자 책임 O]

0041 관련 당사자가 공평에 반하는 이익을 얻을 가능성이 있어 세무서장이 이미 실효된 법률조항을 유효한 것으로 해석하여 과세의 근거로 삼는 것은 헌법상 권력분립원칙과 조세법률주의의 원칙에 반하지 않는다. 21 경정   O | X

0041-1 이미 실효된 법률조항을 유효한 것으로 의제하여 과세의 근거로 삼는다고 하더라도 이를 두고 권력분립원칙과 조세법률주의의 원칙에 근본적으로 반한다고 볼 수 없다. 23 입시   O | X

0041-2 실효된 법률조항을 유효한 것으로 해석하여 과세의 근거로 삼는 것은 관련 당사자가 공평에 반하는 이익을 얻을 가능성을 막기 위한 것으로 헌법상 권력분립원칙과 조세법률주의의 원칙에 반하지 않는다. 19 5급   O | X

0041-3 조세에 관하여 입법의 공백이 있는 경우 이로 인하여 당사자가 공평에 반하는 이익을 얻을 가능성이 있고, 실효되긴 하였으나 그 동안 시행되어 온 법률조항이 있는 경우, 이를 근거로 과세를 하는 것은 법치주의에서 중대한 흠이 되는 입법의 공백을 방지하기 위한 적절한 해석으로서 조세법률주의에 반하지 않는다. 18 국회 8   O | X

구체적 타당성을 이유로 법률에 대한 유추해석 내지 보충적 해석을 해야 하는 경우에도 그것은 어디까지나 '유효한' 법률조항을 대상으로 그 의미와 내용을 분명히 하기 위한 것이지, 이미 실효된 법률조항은 그러한 해석의 대상이 될 수 없음은 명백하다. 그러므로 **관련 당사자가 공평에 반하는 이익을 얻을 가능성**이 있다 하여 **이미 실효된 법률조항을 유효한 것으로 의제하여 과세의 근거로 삼는 것**은 과세근거의 창설을 국회가 제정하는 법률에 맡기고 있는 **헌법상의 권력분립원칙과 조세법률주의의 원칙에 근본적으로 반하는 것**이다(헌재 2012. 5. 31. 2009헌바123 등).

0042 법률의 합헌적 해석은 그 법률이 위헌으로도 해석되고 합헌으로도 해석되는 경우에 가능한 것이지, 법률의 위헌성이 분명한 경우에는 반드시 위헌선언을 하여야 한다. 21 입시   O | X

법률의 합헌적 해석은 그 법률이 위헌으로도 해석되고 합헌으로도 해석되는 경우에 가능한 것이지 **법률의 위헌성이 분명한 경우**에는 헌법재판소로서는 **반드시 위헌선언을** 하여야 하는 것이다(헌재 1990. 6. 25. 90헌가11, 반대의견).

04 한계

0043 법률 또는 법률의 조항은 원칙적으로 가능한 범위안에서 합헌적으로 해석함이 마땅하나 그 해석은 법의 문구와 목적에 따른 한계가 있다. 즉, 법률의 조항의 문구가 간직하고 있는 말의 뜻을 넘어서 말의 뜻이 완전히 다른 의미로 변질되지 아니하는 범위내이어야 한다는 문의적 한계와 입법권자가 그 법률의 제정으로써 추구하고자 하는 입법자의 명백한 의지와 입법의 목적을 헛되게 하는 내용으로 해석할 수 없다고 하는 법목적에 따른 한계가 바로 그것이다. 23 국회 8   O | X

0043-1 입법권자가 그 법률의 제정으로써 추구하고자 하는 입법자의 명백한 의지와 입법의 목적을 헛되게 하는 내용으로 법률조항을 해석할 수 없다는 '법 목적에 따른 한계'는 사법적 헌법해석기관에 의한 최종적 헌법해석권을 형해화할 수 있으므로 인정될 수 없다. 20 경정   O | X

0043-2 입법자의 명백한 의지와 입법의 목적을 헛되게 하는 내용으로 법률을 해석할 수 없으나, 오직 공공의 이익을 증진하는 경우에는 예외가 인정된다. 19 소간   O | X

◆ 정답 41. X [위반됨]   41-1. X [근본적으로 반함]   41-2. X [위반됨]   41-3. X [위반됨]   42. O   43. O   43-1. X ['법 목적의 따른 한계' 인정]   43-2. X [예외 없이 불가]

법률 또는 법률의 위 조항은 원칙적으로 가능한 범위안에서 합헌적으로 해석함이 마땅하나 그 해석은 **법의 문구와 목적에 따른 한계**가 있다. 즉, 법률의 조항의 문구가 간직하고 있는 **말의 뜻**을 넘어서 말의 뜻이 완전히 다른 의미로 변질되지 아니하는 범위 내이어야 한다는 **문의적 한계**와 입법권자가 그 법률의 제정으로써 추구하고자 하는 **입법자의 명백한 의지와 입법의 목적**을 헛되게 하는 내용으로 해석할 수 없다는 **법목적에 따른 한계**가 바로 그것이다. 왜냐하면, 그러한 범위를 벗어난 합헌적 해석은 그것이 바로 실질적 의미에서의 입법작용을 뜻하게 되어 결과적으로 입법권자의 입법권을 침해하는 것이 되기 때문이다(헌재 1989. 7. 14. 88헌가5 등).

0044 합헌적 법률해석은 어디까지나 법률조항의 문언과 목적에 비추어 가능한 범위 안에서의 해석을 전제로 하는 것이고, 법률조항의 문구 및 그로부터 추단되는 입법자의 명백한 의사에도 불구하고 문언상 가능한 해석의 범위를 넘어 다른 의미로 해석할 수는 없다. 23 소간   O | X

합헌적 법률해석은 어디까지나 **법률조항의 문언과 목적**에 비추어 가능한 범위 안에서의 해석을 전제로 하는 것이고, 법률조항의 **문구** 및 그로부터 추단되는 입법자의 **명백한 의사**에도 불구하고 **문언상 가능한 해석의 범위를 넘어 다른 의미로 해석할 수는 없다**(헌재 2007. 11. 29. 2005헌가10).

0045 법률 또는 법률 조항은 원칙적으로 가능한 범위 안에서 합헌적으로 해석하여야 하나 그 해석은 문의적 한계와 법목적에 따른 한계가 있다. 이러한 한계를 벗어난 합헌적 해석은 그것이 바로 실질적 의미에서의 입법작용을 뜻하게 되어 결과적으로 입법권자의 입법권을 침해하는 것이 된다. 24 경찰 1차   O | X

법률 또는 법률의 위 조항은 원칙적으로 가능한 범위안에서 합헌적으로 해석함이 마땅하나 그 해석은 법의 문구와 목적에 따른 한계가 있다. 즉, 법률의 조항의 문구가 간직하고 있는 말의 뜻을 넘어서 말의 뜻이 완전히 다른 의미로 변질되지 아니하는 범위내이어야 한다는 문의적 한계와 입법권자가 그 법률의 제정으로써 추구하고자 하는 입법자의 명백한 의지와 입법의 목적을 헛되게 하는 내용으로 해석할 수 없다는 법목적에 따른 한계가 바로 그것이다. 왜냐하면, 그러한 범위를 벗어난 합헌적 해석은 그것이 바로 **실질적 의미에서의 입법작용**을 뜻하게 되어 결과적으로 **입법권자의 입법권을 침해**하는 것이 되기 때문이다(헌재 1989. 7. 14. 88헌가5 등).

05 관련판례

0046 군인사법 제48조 제4항 후단의 '무죄의 선고를 받은 때'의 의미와 관련하여, 형식상 무죄판결뿐 아니라 공소기각재판을 받았다 하더라도 그와 같은 공소기각의 사유가 없었더라면 무죄가 선고될 현저한 사유가 있는 이른바 내용상 무죄재판의 경우도 이에 포함된다고 해석하는 것은 법률의 문의적 한계를 벗어난 것으로서 합헌적 법률해석에 부합하지 아니한다. 18 경정, 14 변호사   O | X

군인사법 제48조 제4항 후단의 '**무죄의 선고를 받은 때**'의 의미와 관련하여, **형식상 무죄판결**뿐 아니라 **공소기각재판**을 받았다 하더라도 그와 같은 공소기각의 사유가 없었더라면 무죄가 선고될 현저한 사유가 있는 이른바 내용상 무죄재판의 경우도 이에 포함된다고 **확대 해석함**이 법률의 **문의적(文義的)** 한계 내의 **합헌적 법률해석에 부합한다**(대판 2004. 8. 20. 2004다22377).

정답   44. O   45. O   46. X [합헌적 법률해석에 부합함]

0047 부실경영에 책임이 없는 임원이나 금고경영에 영향력을 행사하지 않은 과점주주에 대해서도 상호신용금고의 채무에 대하여 연대변제책임을 부과하도록 한 구 「상호신용금고법」 조항은 입법목적을 달성하기 위하여 필요한 범위를 넘는 과도한 제한이다. 16 경정 O|X

0047-1 임원과 과점주주에게 연대책임을 부과하는 구 상호신용금고법 제37조의3이 부실경영에 책임이 없는 임원과 과점주주에 대해서까지 책임을 묻는 것으로 해석될 경우에는 위헌이다. 하지만 동 조항을 단순위헌으로 선언할 경우 임원과 과점주주가 금고의 채무에 대하여 단지 상법상의 책임만을 지는 결과가 발생하고 이로써 예금주인 금고의 채권자의 이익이 충분히 보호될 수 없기 때문에 헌법재판소는 합헌적 법률해석에 따라 '부실경영의 책임이 없는 임원'과 '금고의 경영에 영향력을 행사하여 부실의 결과를 초래한 자 이외의 과점주주'에 대해서도 연대채무를 부담하게 하는 범위 내에서 헌법에 위반된다고 한정위헌결정을 내렸다. 14 변호사 O|X

부실경영을 방지하는 다른 수단에 대하여 부가적으로 민사상의 책임을 강화하는 이 사건 법률조항은 원칙적으로 '최소침해의 원칙'에 부합하나, **부실경영에 아무런 관련이 없는 임원이나 과점주주에 대해서도 연대변제책임을 부과**하는 것은 입법목적을 달성하기 위하여 필요한 범위를 넘는 **과도한 제한이다.** … 위 상호신용금고법 제37조의3을 단순위헌으로 선언할 경우 임원과 과점주주가 금고의 채무에 대하여 단지 상법상의 책임만을 지는 결과가 발생하고 이로써 예금주인 금고의 채권자의 이익이 충분히 보호될 수 없기 때문에, 가급적이면 위 법규정의 효력을 유지하는 쪽으로 이를 해석하는 것이 바람직하다. 따라서 이 사건 법률조항은 '**부실경영의 책임이 없는 임원**'과 '**금고의 경영에 영향력을 행사하여 부실의 결과를 초래한 자 이외의 과점주주**'에 대해서도 **연대채무를 부담하게 하는 범위 내에서 헌법에 위반**된다(헌재 2002. 8. 29. 2000헌가5 등).

0048 구 사회보호법 제5조 제1항("보호대상자가 다음 각호의 1에 해당하는 때에는 10년의 보호감호에 처한다. 다만, 보호대상자가 50세 이상인 때에는 7년의 보호감호에 처한다.")은 그 요건에 해당하는 경우에는 법원으로 하여금 감호청구의 이유 유무, 즉 재범의 위험성 유무를 불문하고 반드시 감호의 선고를 하도록 한 것임이 위 조항의 문의임은 물론 입법권자의 의지임을 알 수 있으므로 위 조항에 대한 합헌적 해석은 문의의 한계를 벗어난 것이다. 14 변호사 O|X

법 제5조 제1항의 요건에 해당되는 경우에는 법원으로 하여금 감호청구의 이유 유무 즉, 재범의 위험성의 유무를 불문하고 **반드시 감호의 선고를 하도록** 강제한 것임이 위 **법률의 조항의 문의임은** 물론 **입법권자의 의지임**을 알 수 있으므로 위 조항에 대한 **합헌적 해석은 문의의 한계를 벗어난 것**이라 할 것이다(헌재 1989. 7. 14. 88헌가5 등).

정답 47. O 47-1. O 48. O

Chapter 02 헌법의 변동과 보호

POINT 006 헌법의 개정

01 국민의 권리

0049 헌법을 개정하는 것은 주권자인 국민이 보유하는 가장 기본적인 권리로서 가장 강력하게 보호되어야 할 권리 중의 권리이지만, 헌법을 폐지하고 다른 내용의 헌법을 모색하는 것은 국민에게 허용되지 않는 권리이다. 24 경찰 1차   O | X

> 헌법을 개정하거나 폐지하고 다른 내용의 헌법을 모색하는 것은 주권자인 국민이 보유하는 가장 기본적인 권리로서, 가장 강력하게 보호되어야 할 권리 중의 권리에 해당한다. 무릇 집권세력의 정책과 도덕성, 혹은 정당성에 대하여 정치적인 반대의사를 표시하는 것은 헌법이 보장하는 정치적 자유의 가장 핵심적인 부분이기 때문이다(헌재 2013. 3. 21. 2010헌바132 등).

02 헌법개정절차

1 제안과 공고

0050 헌법개정은 국회재적의원 과반수 또는 대통령의 발의로 제안된다. 23 국회 9, 23 법원 9, 23 5급, 23 경정, 22 법무사 등   O | X

0050-1 현행 헌법상 대통령과 일정수의 국회의원만이 헌법개정안을 발의할 수 있으며 국민이 직접 헌법개정안을 발의할 수는 없다. 10 지방 7   O | X

0050-2 헌법개정은 국회재적의원 3분의 1 이상 또는 대통령의 발의로 제안된다. 20 5급, 19 서울 7(추)   O | X

0050-3 헌법개정은 국회재적의원 3분의 2 이상 또는 대통령의 발의로 제안된다. 14 법원 9   O | X

0050-4 헌법개정은 국회재적의원 300명 중 150명 이상의 발의로 제안될 수 있다. 22 변호사   O | X

0050-5 헌법개정은 국회재적의원 과반수 또는 국회의원선거권자 50만인 이상의 발의로 제안된다. 15 지방 7   O | X

0050-6 우리 헌법상 대통령은 헌법개정에 대한 발의권이 없다. 17 법원 9   O | X

> 헌법 제128조 ① 헌법개정은 **국회재적의원 과반수** 또는 **대통령**의 **발의**로 **제안**된다.

◆ 정답 49. X [기본적인 권리임] 50. O 50-1. O 50-2. X [국회재적의원 과반수 발의] 50-3. X [국회재적의원 과반수 발의] 50-4. X [국회재적의원 과반수(151명 이상) 발의] 50-5. X [국회의원선거권자는 헌법개정 발의권 없음] 50-6. X [대통령 헌법개정 발의권 인정]

0051 대통령이 헌법개정안을 발의하기 위해서는 국무회의의 심의를 거쳐야 한다. 24 5급 　O | X

0051-1 대통령이 헌법개정안을 발의하려면 국회재적의원 과반수의 찬성을 얻어야 한다. 24 소간　O | X

> 헌법 제89조 다음 사항은 **국무회의의 심의**를 거쳐야 한다.
> 3. **헌법개정안**·국민투표안·조약안·법률안 및 대통령령안
>
> 헌법 제128조 ① 헌법개정은 **국회재적의원 과반수** 또는 **대통령**의 **발의**로 **제안**된다.

0052 헌법개정은 국회재적의원 과반수 또는 대통령의 발의로 제안되며, 제안된 헌법개정안은 대통령이 20일 이상의 기간 이를 공고하여야 한다. 22 경찰 1차, 22 입시, 17 법원 9　O | X

0052-1 국회는 헌법개정안을 20일 이상 공고하여야 한다. 24 입시　O | X

0052-2 대통령의 발의로 제안된 헌법개정안은 국회의장이 20일 이상의 기간 이를 공고하여야 하며, 국회는 헌법개정안이 공고된 날로부터 60일 이내에 의결하여야 한다. 18 국가 7　O | X

0052-3 헌법개정안은 국회재적의원 과반수 또는 대통령의 발의로 제안되며, 제안된 헌법개정안은 대통령이 30일 이상의 기간 이를 공고하여야 한다. 23 국회 8　O | X

> 헌법 제128조 ① 헌법개정은 **국회재적의원 과반수** 또는 **대통령**의 **발의**로 **제안**된다.
> 헌법 제129조 제안된 헌법개정안은 **대통령이 20일 이상의 기간** 이를 **공고**하여야 한다.
> 헌법 제130조 ① 국회는 헌법개정안이 **공고된** 날로부터 **60일 이내**에 **의결**하여야 하며, 국회의 의결은 재적의원 3분의 2 이상의 찬성을 얻어야 한다.

0053 헌법개정안 공고문의 전문에는 대통령 또는 국회 재적의원 과반수가 발의한 사실을 적고, 대통령이 서명한 후 대통령인을 찍고 그 공고일을 명기하여 국무총리와 각 국무위원이 부서한다. 16 지방 7
　O | X

> 법령 등 공포에 관한 법률 제3조(헌법개정안) 헌법개정안 공고문의 전문에는 **대통령** 또는 **국회 재적의원 과반수가** 발의**(發議)**한 사실을 적고, **대통령이** 서명한 후 **대통령인(大統領印)**을 찍고 그 공고일을 명기**(明記)**하여 **국무총리와 각 국무위원이** 부서**(副署)**한다.

정답 51. O　51-1. X [국회재적의원 과반수 찬성 X → 국무회의 심의 O]　52. O　52-1. X [대통령이 공고함]　52-2. X [대통령이 공고함]　52-3. X [30일 이상 X → 20일 이상 O]　53. O

2 국회의결

0054 국회는 헌법개정안이 공고된 날로부터 60일 이내에 의결하여야 하며, 국회의 의결은 재적의원 3분의 2 이상의 찬성을 얻어야 한다. 23 법원 9, 23 5급, 23 경정, 21 경정, 20 5급, 19 서울 7(추), 18 법무사, 15 지방 7 등 O│X

0054-1 국회는 헌법개정안이 공고된 날로부터 60일 이내에 의결하여야 하며, 국회의 의결은 국회재적의원 300명 중 200명 이상의 찬성을 얻어야 한다. 22 변호사 O│X

0054-2 국회는 헌법개정안이 제안된 날로부터 60일 이내에 의결하여야 하며, 국회의 의결은 재적의원 3분의 2 이상의 찬성을 얻어야 한다. 20 소간 O│X

0054-3 국회는 헌법개정안의 공고기간이 만료된 날로부터 60일 이내에 의결하여야 하며 국회의 의결은 재적의원 3분의 2 이상의 찬성을 얻어야 한다. 24 5급, 23 경찰 1차 O│X

0054-4 헌법개정은 국회재적의원 과반수 또는 대통령의 발의로 제안되고, 제안된 헌법개정안은 대통령이 20일 이상의 기간 이를 공고하여야 한다. 국회는 공고기간 경과 후 60일 이내에 재적의원 3분의 2 이상의 찬성으로 이를 의결한다. 10 법원 9 O│X

0054-5 대통령이 헌법개정을 발의하고 제안된 헌법개정안을 공고하면 국회는 공고된 날로부터 90일 이내에 의결하여야 하며, 국회의 의결은 재적의원 3분의 2 이상의 찬성을 얻어야 한다. 22 해간, 22 해경 O│X

0054-6 현행 헌법상 헌법개정의 제안은 대통령과 국회 재적의원 과반수이며, 대통령은 제안된 헌법개정안을 20일 이상의 기간 동안 공고하여야 하고, 국회는 헌법개정안이 공고된 날로부터 70일 이내에 이를 의결하여야 한다. 10 국가 7 O│X

0054-7 국회는 헌법개정안이 공고된 날로부터 30일 이내에 의결하여야 한다. 17 5급 O│X

0054-8 헌법개정안에 대한 국회의 의결은 출석의원 3분의 2 이상의 찬성을 얻어야 한다. 23 국회 9 O│X

> 헌법 제128조 ① 헌법개정은 **국회재적의원 과반수** 또는 **대통령**의 발의로 **제안**된다.
> 헌법 제129조 제안된 헌법개정안은 **대통령이 20일 이상의 기간** 이를 **공고**하여야 한다.
> 헌법 제130조 ① 국회는 헌법개정안이 **공고된 날로부터 60일 이내에 의결**하여야 하며, 국회의 의결은 **재적의원 3분의 2 이상의 찬성**을 얻어야 한다.

0055 헌법개정안에 대한 국회의 의결은 재적의원 3분의 2 이상의 찬성을 얻어야 하며, 이 경우 기명투표로 표결한다. 20 입시 O│X

0055-1 국회는 헌법개정안이 공고된 날로부터 60일 이내에 의결하여야 하며, 국회의 의결은 무기명투표로 한다. 22 경정 O│X

> 헌법 제130조 ① 국회는 헌법개정안이 **공고된 날로부터 60일 이내에 의결**하여야 하며, 국회의 의결은 **재적의원 3분의 2 이상의** 찬성을 얻어야 한다.
> 국회법 제112조(표결방법) ④ 헌법개정안은 **기명투표로** 표결한다.

◆ 정답 ▶ 54. O 54-1. O 54-2. X[제안된 날부터 X → 공고된 날부터 O] 54-3. X[공고기간이 만료된 날 X → 공고된 날부터 O] 54-4. X[공고기간 경과 후 X → 공고된 날부터 O] 54-5. X[60일 이내에 의결 O] 54-6. X[60일 이내 의결] 54-7. X[60일 이내 의결] 54-8. X[출석의원 3분의 2 이상 X → 재적의원 3분의 2 이상 O] 55. O 55-1. X

3 국민투표

0056 헌법개정안은 국회가 의결한 후 30일 이내에 국민투표에 붙여 국회의원선거권자 과반수의 투표와 투표자 과반수의 찬성을 얻어야 한다. 24 5급, 24 입시, 23 국회 9, 23 국회 8, 23 경찰 1차, 23 5급, 23 입시, 23 경정, 22 소간, 22 변호사, 20 입시, 20 소간, 20 5급, 19 서울 7(추), 18 법무사 O | X

0056-1 헌법개정안은 대통령이 공고한 후 30일 이내에 국민투표에 붙여 국회의원선거권자 과반수의 투표와 투표자 과반수의 찬성을 얻어야 한다. 17 경정, 11 국가 7 O | X

0056-2 헌법개정안은 국회가 의결한 후 20일 이내에 국민투표에 붙여져 국회의원선거권자 과반수의 투표와 투표자 과반수의 찬성을 얻으면 헌법개정은 확정된다. 21 경정, 18 서울 7(추) O | X

0056-3 헌법개정안은 국회가 의결한 후 60일 이내에 국민투표에 붙여 국회의원선거권자 과반수의 투표와 투표자 과반수의 찬성을 얻어야 한다. 21 국가 7 O | X

0056-4 헌법개정안은 국회가 의결한 후 30일 이내에 국민투표에 붙여 국회의원선거권자 과반수의 찬성을 얻어야 한다. 23 법원 9 O | X

0056-5 헌법개정안은 국회가 의결한 후 20일 이상의 공고기간을 거쳐 국민투표에 붙여진다. 24 소간 O | X

> 헌법 제130조 ① 국회는 헌법개정안이 **공고된 날로부터 60일 이내에** 의결하여야 하며, 국회의 의결은 **재적의원 3분의 2 이상의** 찬성을 얻어야 한다.
> ② **헌법개정안은 국회가** 의결한 후 **30일 이내에 국민투표에 붙여 국회의원선거권자 과반수의 투표와 투표자 과반수의 찬성을** 얻어야 한다.
> ③ 헌법개정안이 제2항의 **찬성을 얻은 때에는 헌법개정은 확정되며, 대통령은** 즉시 이를 **공포**하여야 한다.

0057 헌법개정안은 국회가 의결한 후 30일 이내에 국민투표에 붙여 국회의원선거권자 과반수의 투표와 투표자 과반수의 찬성을 얻어야 하고, 이 찬성을 얻은 때에 헌법개정은 확정되며, 대통령은 즉시 이를 공포하여야 한다. 20 국가 7 O | X

0057-1 헌법개정안은 헌법이 정한 기간 내에 국민투표에 붙여 헌법이 정한 수의 찬성을 얻은 때에 헌법으로 확정되는 것이지 대통령이 공포함으로써 확정되는 것은 아니다. 15 지방 7 O | X

0057-2 헌법개정안에 대한 국회의 의결은 재적의원 3분의 2 이상의 찬성을 얻어 확정되고, 대통령은 국회의 의결을 거친 즉시 이를 공포하여야 한다. 22 법무사 O | X

0057-3 헌법개정안이 국회에서 의결된 후 60일 이내에 국민투표에 붙여 국회의원선거권자 과반수의 투표와 투표자 과반수의 찬성을 얻으면 헌법개정은 확정되며, 국회의장은 즉시 이를 공포하여야 한다. 22 경찰 1차 O | X

0057-4 헌법개정안이 확정되면 대통령은 15일 이내에 이를 공포하여야 한다. 14 법원 9 O | X

정답 56. O 56-1. X [국회가 의결한 후 30일 이내] 56-2. X [국회가 의결한 후 30일 이내] 56-3. X [국회가 의결한 후 30일 이내] 56-4. X [과반수 찬성 X → 과반수의 투표와 투표자 과반수의 찬성 O] 56-5. X [국회가 의결한 후 20일 이상 공고 X → 의결한 후 30일 이내 국민투표] 57. O 57-1. O 57-2. X [국민투표로 확정. 확정 즉시 대통령 공포] 57-3. X [30일 이내 국민투표, 대통령이 공포] 57-4. X [즉시 공포하여야 함]

> 헌법 제130조 ① 국회는 헌법개정안이 공고된 날로부터 60일 이내에 의결하여야 하며, **국회의 의결은 재적의원 3분의 2 이상의 찬성을** 얻어야 한다.
> ② 헌법개정안은 **국회가 의결한 후 30일 이내에 국민투표에 붙여 국회의원선거권자 과반수의 투표와 투표자 과반수의 찬성을** 얻어야 한다.
> ③ 헌법개정안이 제2항의 **찬성을 얻은 때에는 헌법개정은 확정**되며, **대통령은 즉시 이를 공포**하여야 한다.

03 국민투표무효소송

0058 국민투표의 효력에 관하여 이의가 있는 투표인은 투표인 10만인 이상의 찬성을 얻어 중앙선거관리위원회위원장을 피고로 하여 투표일로부터 20일 이내에 대법원에 제소할 수 있다.
23 경찰 1차, 18 법원 9, 11 국가 7, 11 국회 8   O | X

0058-1 국민투표의 효력에 관하여 이의가 있는 투표인은 투표인 10만인 이상의 찬성을 얻어 국민투표를 부의한 대통령을 피고로 하여 투표일로부터 20일 이내에 대법원에 제소할 수 있다. 13 법무사   O | X

0058-2 국민투표의 효력에 관하여 이의가 있는 투표인은 투표인 10만인 이상의 찬성을 얻어 국회의장을 피고로 하여 투표일로부터 20일 이내에 대법원에 제소할 수 있다. 17 경정   O | X

0058-3 국민투표의 효력에 관하여 이의가 있는 투표인은 투표인 10만인 이상의 찬성을 얻어 중앙선거관리위원회위원장을 피고로 하여 투표일로부터 30일 이내에 대법원에 제소할 수 있다. 16 지방 7   O | X

0058-4 헌법개정국민투표의 효력에 관하여 이의가 있는 투표인은 중앙선거관리위원회위원장을 피고로 하여 헌법재판소에 제소할 수 있다. 13 서울 7   O | X

0058-5 헌법개정에 관한 국민투표의 효력에 관하여 이의가 있는 투표인은 투표인 10만인 이상의 찬성을 얻어 중앙선거관리위원회에 이의를 제기할 수 있다. 20 법원 9   O | X

> **국민투표법 제92조(국민투표무효의 소송)** 국민투표의 효력에 관하여 이의가 있는 투표인은 **투표인 10만인 이상의 찬성을** 얻어 중앙선거관리위원회위원장을 피고로 하여 **투표일로부터 20일 이내에 대법원에 제소**할 수 있다.

0059 대법원은 국민투표에 관하여 「국민투표법」 또는 동법에 의하여 발하는 명령에 위반하는 사실이 있는 경우라도 국민투표의 결과에 영향을 미쳤다고 인정하는 때에 한하여 국민투표의 전부 또는 일부의 무효를 판결한다. 20 경정   O | X

0059-1 대법원은 국민투표무효의 소송에서 국민투표에 관하여 「국민투표법」에 위반하는 사실이 있는 경우 국민투표의 결과에 영향을 미치지 않았더라도 국민투표의 전부 또는 일부의 무효를 판결할 수 있다.
14 국가 7   O | X

0059-2 대법원은 국민투표에 관하여 국민투표법 또는 국민투표법에 의하여 발하는 명령에 위반하는 사실이 있는 경우라도 국민투표의 결과에 영향을 미쳤다고 인정하는 때에 한하여 국민투표 무효의 판결을 하여야 하며, 국민투표의 일부의 무효를 판결할 수는 없다. 18 법원 9   O | X

정답 58. O 58-1. X [중선위장을 피고로 함] 58-2. X [중선위장을 피고로 함] 58-3. X [20일 이내] 58-4. X [대법원에 제소] 58-5. X [중선위장을 피고로 하여 대법원에 제소] 59. O 59-1. X [국민투표 결과에 영향을 미쳤다고 인정하는 때에 한하여 무효 판결 可] 59-2. X [일부 무효판결 可]

국민투표법 제93조(국민투표무효의 판결) 대법원은 제92조의 규정에 의한 소송에 있어서 국민투표에 관하여 이 법 또는 이 법에 의하여 발하는 명령에 **위반하는 사실**이 있는 경우라도 **국민투표의 결과에 영향이 미쳤다고 인정**하는 때에 한하여 **국민투표의 전부 또는 일부의 무효를 판결**한다.

POINT 007 헌법개정의 한계

01 절차상 한계

0060 국회의 의결절차를 거치지 아니한 채, 헌법 제72조의 중요정책에 관한 국민투표만으로 헌법을 개정하는 것은 위헌이다. 13 서울 7 　　　　　　　　　　　　　　　　　　　　　　　　　O | X

0060-1 대통령은 헌법 제72조의 국민투표부의권을 행사하여 국회의 의결을 거치지 않고 헌법을 개정할 수 있다. 11 법원 9 　　　　　　　　　　　　　　　　　　　　　　　　　O | X

헌법 개정은 헌법 제128조 내지 제130조의 개정절차에 따라 이루어져야 하며, 국회의 의결을 거치지 않고 **헌법 제72조의 국민투표부의권을 행사하여 헌법을 개정할 수 없다**. 국민투표부의권을 통한 헌법개정은 **위헌적**으로 보아야 한다.

02 실정법상 한계

0061 1954년 제2차 개정헌법은 민주공화국, 국민주권, 주권의 제약 또는 영토의 변경을 가져올 국가안위에 관한 중대사항에 대한 국민투표 규정은 개폐할 수 없다고 명시하였다. 18 입시 　　　O | X

0061-1 1954년 헌법, 1960년 6월 헌법 및 1960년 11월 헌법에서는 일부 조항의 개정을 금지하는 규정을 둔 바 있다. 19 지방 7 　　　　　　　　　　　　　　　　　　　　　　　　　O | X

제2차 개정헌법(1954년)·제3차 개정헌법(1960년 6월)·제4차 개정헌법(1960년 11월)
제98조 ⑥ 제1조(**민주공화국**), 제2조(**국민주권**)와 제7조의 2(**국민투표**)의 규정은 **개폐할 수 없다**.
제1조 대한민국은 **민주공화국**이다.
제2조 대한민국의 **주권**은 **국민**에게 있고 모든 권력은 국민으로부터 나온다.
제7조의2 대한민국의 주권의 제약 또는 영토의 변경을 가져올 국가안위에 관한 중대사항은 국회의 가결을 거친 후에 **국민투표**에 부하여 민의원의원선거권자 3분지 2 이상의 투표와 유효투표 3분지 2 이상의 찬성을 얻어야 한다.

0062 우리나라는 1954년 제2차 개정헌법에서 일부 조항의 개폐를 명시적으로 금지한 바 있지만, 현행 헌법에서는 그러한 규정을 두고 있지 않다. 18 서울 7 　　　　　　　　　　　　　　　O | X

0062-1 현행 헌법과 마찬가지로 역대 헌법은 헌법개정의 실정법적 한계를 인정하지 않았다. 11 국회 9, 09 국가 7 　　　　　　　　　　　　　　　　　　　　　　　　　　　　　　　　　　　　　O | X

우리나라 현행헌법에는 **헌법개정의 한계에 관한 명문의 규정을 두고 있지 않다**. 다만, 제2차 개정헌법(1954년)에서는 "민주공화국, 국민주권, 국민투표에 관한 규정은 개폐할 수 없다."고 규정한 바 있다.

정답 60. ○　60-1. ✕ [헌법 제72조의 국민투표로 헌법개정 불가]　61. ○　61-1. ○　62. ○　62-1. ✕ [제2차 개정헌법은 헌법개정 한계에 관한 명문규정을 둠]

0063 대통령의 임기연장 또는 중임변경을 위한 헌법개정은 그 헌법개정 제안 당시의 대통령에 대하여는 효력이 없다. 24 5급, 20 5급, 20 소간, 19 서울 7(추), 18 법무사, 17 법원 9 등   O | X

0063-1 대통령의 임기연장 또는 중임변경을 위한 헌법개정은 그 헌법개정 제안 당시의 대통령에 대하여도 효력이 있다. 23 국가 7, 21 경정, 18 경정   O | X

0063-2 대통령의 임기연장 또는 중임변경을 위한 헌법개정은 그 헌법개정 공고 당시의 대통령에 대하여는 효력이 없다. 23 경채   O | X

> 헌법 제128조 ② 대통령의 임기연장 또는 중임변경을 위한 헌법개정은 그 헌법개정 **제안 당시의 대통령**에 대하여는 **효력이 없다.**

0064 현행 헌법상 대통령의 임기연장 또는 중임변경을 위한 헌법개정은 허용되지만, 제안 당시의 대통령에게는 그 효력이 미치지 아니한다. 14 국회 9   O | X

0064-1 대통령의 임기를 4년으로 하고 중임을 허용하는 내용의 헌법개정은 가능하지만 그러한 헌법개정 제안 당시의 대통령에 대하여는 효력이 없다. 22 해간, 22 해경, 18 서울 7(추)   O | X

0064-2 현행 헌법은 대통령의 임기연장 또는 중임변경을 위한 헌법개정은 할 수 없다고 규정하고 있다. 24 소간   O | X

0064-3 헌법은 대통령의 임기연장이나 중임변경을 위한 헌법개정을 금지하고 있다. 19 소간   O | X

"대통령의 임기연장이나 중임변경을 위한 헌법개정은 그 헌법개정 제안 당시의 대통령에 대하여는 효력이 없다"는 헌법 제128조 제2항은 헌법개정의 한계조항이 아니라, 헌법개정 제안 당시의 대통령에 대해서만 효력이 배제되는 헌법개정의 효력에 관한 소급적 용제한(적용대상 제한 또는 한계) 규정이다. 따라서 현행 헌법상 대통령의 임기연장 또는 중임변경을 위한 헌법개정은 허용되지만, 제안 당시의 대통령에게는 그 효력이 미치지 아니한다.

0065 헌법 제128조 제2항은 헌법개정의 한계를 규정한 조항이 아니라 헌법개정의 허용을 전제로 한 헌법개정의 효력을 제한하는 '헌법개정효력의 한계' 규정이다. 23 국회 8   O | X

"대통령의 임기연장이나 중임변경을 위한 헌법개정은 그 헌법개정 제안 당시의 대통령에 대하여는 효력이 없다"는 헌법 제128조 제2항은 **헌법개정의 한계조항이 아니라**, 헌법개정 제안 당시의 대통령에 대해서만 효력이 배제되는 헌법개정의 효력에 관한 소급적 용제한(**헌법개정 효력의 한계**) 규정이다. 따라서 현행 헌법상 대통령의 임기연장 또는 중임변경을 위한 헌법개정은 허용되지만, 제안 당시의 대통령에게는 그 효력이 미치지 아니한다.

정답 63. O 63-1. X [제안 당시의 대통령은 효력 없음] 63-2. X [공고 당시 X → 제안 당시 O] 64. O 64-1. O 64-2. X [개정할 수 있으나 제안 당시 대통령에 효력 없음] 64-3. X [대통령 임기연장 or 중임변경 위한 헌법개정 허용] 65. O

03 이론상 한계

0066 헌법개정의 한계에 관한 규정을 직접 두고 있지 않는 우리 헌법체계에서는 어떤 규정이 헌법핵 내지는 헌법제정규범으로서 상위규범이고 어떤 규정이 단순한 헌법개정규범으로서 하위규범인지를 구별하는 것이 가능하지 아니하며, 달리 헌법의 각 개별규정 사이에 그 효력상의 차이를 인정하여야 할 아무런 근거도 찾을 수 없다. 23 경채   O | X

0066-1 우리 헌법은 헌법개정의 한계에 관한 규정을 두고 있으며, 헌법의 개정을 법률의 개정과는 달리 국민투표에 의하여 이를 확정하도록 규정하고 있다. 22 경정   O | X

> **헌법개정의 한계에 관한 규정을 두지 아니하고 헌법의 개정을 법률의 개정과는 달리 국민투표에 의하여 이를 확정하도록 규정하고 있는**(헌법 제130조 제2항) 현행의 우리헌법상으로는 과연 어떤 규정이 **헌법핵 내지는 헌법제정규범으로서 상위규범**이고 어떤 규정이 **단순한 헌법개정규범으로서 하위규범인지를 구별하는 것이 가능하지 아니하며**, 달리 헌법의 각 개별규정 사이에 그 효력상의 차이를 인정하여야 할 아무런 근거도 찾을 수 없다(헌재 1996. 6. 13. 94헌마118 등).

0067 우리 헌법의 각 개별규정 가운데 무엇이 헌법제정규정이고 무엇이 헌법개정규정인지를 구분하는 것이 가능하지도 아니할 뿐 아니라, 각 개별규정에 그 효력상의 차이를 인정하여야 할 형식적인 이유를 찾을 수 없다. 23 해간, 22 경찰 1차, 18 입시   O | X

0067-1 우리나라의 헌법은 제헌헌법 이래 그간 각 헌법의 개정절차조항 자체가 여러 번 개정된 적이 있으며, 형식적으로도 전문을 포함한 전면개정도 이루어졌던 점을 볼 때, 우리 헌법의 각 개별규정 가운데 무엇이 헌법제정규정이고 무엇이 헌법개정규정인지를 구분하는 것은 가능하다. 19 변호사   O | X

0067-2 우리 헌법의 각 개별규정 가운데 무엇이 헌법제정규정이고 무엇이 헌법개정규정인지를 구분하는 것이 가능할 뿐만 아니라, 그 효력상의 차이도 인정할 수 있다. 22 경정   O | X

> **우리나라의 헌법은** 제헌헌법이 초대국회에 의하여 제정된 반면 그후의 제5차, 제7차, 제8차 및 현행의 제9차 헌법 개정에 있어서는 국민투표를 거친 바 있고, 그간 각 헌법의 **개정절차조항 자체**가 여러 번 개정된 적이 있으며, 형식적으로도 부분개정이 아니라 **전문까지를 포함한 전면개정**이 이루어졌던 점과 우리의 현행 헌법이 독일기본법 제79조 제3항과 같은 헌법개정의 한계에 관한 규정을 두고 있지 아니하고, 독일기본법 제79조 제1항 제1문과 같이 헌법의 개정을 법률의 형식으로 하도록 규정하고 있지도 아니한 점 등을 감안할 때, **우리 헌법의 각 개별규정 가운데 무엇이 헌법제정규정**이고 무엇이 **헌법개정규정인지를 구분하는 것이 가능하지 아니할 뿐 아니라**, 각 개별규정에 그 **효력상의 차이**를 인정하여야 할 형식적인 이유를 찾을 수 **없다**(헌재 1995. 12. 28. 95헌바3).

0068 우리 헌법재판소는 헌법제정권과 헌법개정권의 구별론을 헌법의 개별규정에 대하여 위헌심사를 할 수 있다는 논거로 원용할 수 있다는 입장이다. 18 서울 7   O | X

0068-1 헌법재판소는 헌법의 개별규정에 대하여 위헌심사를 함에 있어 헌법개정한계론을 원용하는 태도를 보이고 있다. 17 경정   O | X

> 우리 헌법의 각 개별규정 가운데 무엇이 헌법제정규정이고 무엇이 헌법개정규정인지를 구분하는 것이 가능하지 아니할 뿐 아니라, 각 개별규정에 그 효력상의 차이를 인정하여야 할 형식적인 이유를 찾을 수 없다. 이러한 점과 앞에서 검토한 현행 헌법 및 헌법재판소법의 명문의 규정취지에 비추어, **헌법제정권과 헌법개정권의 구별론**이나 **헌법개정한계론**은 그 자체로서의 이론적 타당성 여부와 상관없이 우리 헌법재판소가 **헌법의 개별규정에 대하여 위헌심사를 할 수 있다는 논거로 원용될 수 있는 것이 아니다**(헌재 1995. 12. 28. 95헌바3).

● **정답** 66. O 66-1. X [헌법개정 한계에 관한 명문규정 無] 67. O 67-1. X [구분 불가능] 67-2. X [구분 불가, 효력상 차이 부정] 68. X [원용할 수 없다는 입장] 68-1. X [원용할 수 없다는 입장]

POINT 008   헌법개정절차의 헌정사

0069   제헌헌법에 따르면 헌법개정은 국회재적의원 3분의 1 이상의 동의로 제안될 수 없다. 17 국회 8
O | X

> 제헌헌법(1948년) 제98조 헌법개정의 제안은 **대통령** 또는 **국회의 재적의원 3분지 1 이상의 찬성**으로써 한다.

0070   1954년 제2차 개정헌법은 민의원선거권자 50만명 이상의 찬성으로도 헌법개정을 제안할 수 있다고 규정하였다. 19 국회 8
O | X

0070-1   제2차 개정헌법에 따르면 민의원선거권자 50만명 이상은 헌법개정을 제안할 수 없다. 17 국회 8
O | X

> 제2차 개정헌법(1954년) 제98조 ① 헌법개정의 제안은 **대통령**, **민의원 또는 참의원의 재적의원 3분지 1 이상** 또는 **민의원의원 선거권자 50만인 이상의 찬성**으로써 한다.

0071   1962년 개정헌법은 국회 재적의원 3분의 1 이상 또는 국회의원선거권자 50만인 이상의 찬성으로 헌법개정의 제안을 하도록 규정함으로써, 1948년 헌법부터 유지되고 있던 대통령의 헌법개정제안권을 삭제했다. 20 국가 7
O | X

0071-1   우리나라 역대 헌법 중에는 대통령에게 헌법개정 제안권을 부여하지 않은 경우도 있었다. 18 법원 9
O | X

0071-2   제3차 개정헌법에 따르면 대통령은 헌법개정을 제안할 수 없다. 17 국회 8
O | X

0071-3   1962년 헌법 및 1969년 헌법은 대통령뿐만 아니라 국회의원선거권자 50만인 이상의 국민에게도 헌법개정의 제안을 인정하였다. 19 지방 7
O | X

> 제5차(1962년)·제6차(1969년) 개정헌법 제119조 ① 헌법개정의 제안은 **국회의 재적의원 3분의 1 이상** 또는 **국회의원선거권자 50만인 이상의 찬성**으로써 한다.
>
> 📎 보충설명   제5차 개정헌법(1962년)에서부터 제6차 개정헌법(1969년)까지 대통령에게 헌법개정의 발의권을 인정하지 않았다.

0072   1948년 헌법에서부터 현행 헌법에 이르기까지 헌법개정의 발의권은 국회와 대통령에게만 부여되어 그 권한이 인정되어 오고 있다. 18 경정, 16 서울 7
O | X

> 제2차 개정헌법(1954년)에서부터 제6차 개정헌법(제1969년)까지 **국민들에게 헌법개정의 발의권을 부여**하였으며, 제5차 개정헌법(1962년)에서부터 제6차 개정헌법(1969년)까지 **대통령에게 헌법개정의 발의권을 인정하지 않았다.**

정답   69. X [있음]   70. O   70-1. X [있음]   71. O   71-1. O   71-2. X [제5차~제6차 개정헌법]   71-3. X [대통령의 헌법개정 제안권 부정]   72. X [제2차~제6차 : 국민의 헌법개정 발의권 인정, 제5차~제6차 : 대통령의 헌법개정 발의권 부정]

0073 헌법개정의 제안에 국회재적의원 과반수의 발의가 요구된 것은 1972년 헌법부터이다. 19 지방 7
O | X

0073-1 제7차 개정헌법에 따르면 헌법개정은 국회재적의원 3분의 1 이상의 발의로 제안될 수 있다. 17 국회 8
O | X

> 제7차 개정헌법(1972년) 제124조 ① 헌법의 개정은 대통령 또는 **국회재적의원 과반수의 발의**로 제안된다.
>
> 🖉 보충설명 제헌헌법에서부터 국회재적의원 3분의 1의 발의가 요구되었으나 제7차 개정헌법에서 과반수로 상향되었다.

0074 1972년 제7차 개정헌법은 개헌안의 공고기간을 30일에서 20일로 단축하였다. 19 국회 8
O | X

0074-1 1948년 헌법부터 유신헌법에 이르기까지 헌법개정안을 30일 이상 공고하도록 하였으나, 1980년 헌법개정에 의하여 그 공고기간이 20일 이상으로 단축되었다. 16 서울 7
O | X

> 제7차 개정헌법(1972년) 제125조 ① 국회에 제안된 헌법개정안은 **20일 이상의 기간 이를 공고**하여야 하며, 공고된 날로부터 60일 이내에 의결하여야 한다.
>
> 🖉 보충설명 제헌헌법(1948년)에서 제6차 개정헌법(1969년)까지 30일 이상 헌법개정안을 공고하도록 하였으나, 유신체제를 출범시킨 제7차 개정헌법(1972년) 이래 현재까지 20일 이상으로 단축되어 있다.

0075 1962년 제5차 개정헌법은 헌법개정안에 대한 국민투표제를 도입하였다. 19 입시
O | X

0075-1 1960년 제3차 개정헌법에서는 헌법개정에 대한 국민투표를 최초로 규정하였다. 22 입시
O | X

0075-2 1960년 제4차 개정헌법에서 헌법개정안에 대한 국민투표가 처음으로 규정되었다. 19 5급
O | X

> 제5차 개정헌법(1962년) 제121조 ① **헌법개정안**은 국회가 의결한 후 60일 이내에 국민투표에 붙여 **국회의원선거권자 과반수의 투표와 투표자 과반수의 찬성**을 얻어야 한다.
>
> 🖉 보충설명 제5차 개정헌법(1962년)에서 헌법개정안에 대한 국민투표가 처음으로 규정되었다.

0076 1972년 헌법은 대통령이 제안한 헌법개정안은 국민투표로 확정되며, 국회의원이 제안한 헌법개정안은 국회의 의결을 거쳐 통일주체국민회의의 의결로 확정된다고 규정함으로써 헌법개정절차를 이원화하였다. 19 변호사, 18 국가 7
O | X

0076-1 유신헌법 하에서의 헌법개정안은 대통령 또는 국회재적의원 과반수의 발의로 제안되어 국민투표로 확정되었다. 14 국회 9
O | X

0076-2 1972년 헌법은 대통령과 국회가 제안한 헌법개정안이 국회의 의결을 거쳐 통일주체국민회의의 의결로 확정되는 방식을 취하였다. 16 서울 7
O | X

● 정답 73. O 73-1. X [국회재적의원 과반수 발의] 74. O 74-1. X [1972년 헌법개정에 의하여 공고기간 단축] 75. O 75-1. X [제5차 개정헌법(1962년)에서 최초 규정] 75-2. X [제5차 개정헌법(1962년)에서 최초 규정] 76. O 76-1. X [대통령 제안 : 국민투표로 확정, 국회의원 제안 : 국회 의결 → 통일주체국민회의 의결로 확정] 76-2. X [대통령 제안 : 국민투표로 확정]

> 제7차 개정헌법(1972년) 제124조 ② 대통령이 제안한 헌법개정안은 국민투표로 확정되며, 국회의원이 제안한 헌법개정안은 국회의 의결을 거쳐 **통일주체국민회의의 의결로 확정**된다.

🖉 보충설명 | 제7차 개정헌법은 헌법개정을 이원화하여 대통령이 제안한 헌법개정안은 국회의 의결 없이 바로 국민투표에 회부하여 확정하였고, 국회의원이 제안한 헌법개정안은 국회의 의결을 거쳐 통일주체국민회의에서 의결하도록 하였다.

0077 대통령의 임기연장 또는 중임변경을 위한 헌법개정은 그 헌법개정제안 당시의 대통령에 대해서는 효력이 없다는 헌법조항은 제9차 개정헌법에 처음 규정되었다. 24 입시   O | X

> 제8차 개정헌법(1980년) 제129조 ② **대통령의 임기연장 또는 중임변경**을 위한 헌법개정은 그 헌법개정제안 당시의 대통령에 대하여는 **효력이 없다.**

🖉 보충설명 | 제8차 개정헌법(1980년)에서 임기연장 또는 중임변경 헌법개정안의 제안 당시 대통령에 대한 효력 부정 조항이 처음으로 규정되었다.

POINT 009 헌법변천

01 헌법변천

0078 헌법변천이란 헌법이 예정한 헌법개정절차와 방법에 의하지 아니하고 헌법규범을 달리 적용함으로써 헌법의 의미와 내용에 실질적인 변화를 초래하게 되는 것을 말한다. 14 국회 9   O | X

0078-1 헌법변천은 실정헌법의 조문은 그대로 존속하는 상태에서 그 의미 또는 내용이 실질적으로 변화하는 것을 의미한다. 15 지방 7   O | X

헌법규범이 헌법현실과 괴리되어 그 실효성을 담보할 수 없는 경우가 불가피하게 발생한다. 이러한 상황에서 헌법이 예정한 헌법개정절차와 방법에 의하지 아니하고 **헌법규범을 달리 적용함으로써 헌법의 의미와 내용에 실질적인 변화를 초래하게 되는 것**을 헌법변천이라고 한다. 즉 헌법변천은 실정헌법의 특정 조항의 조문은 **그대로 존속하는 상태에서 그 의미 또는 내용이 종전과 다르게 실질적으로 변화**하는 것을 일컫는다.

0079 헌법개정이나 헌법변천 모두 헌법에 규정된 개정절차에 따르는 헌법변경이라는 점에서 동일하다. 11 국회 9   O | X

헌법이 예정한 헌법개정절차와 방법에 의하지 아니하고 헌법규범을 달리 적용함으로써 헌법의 의미와 내용에 실질적인 변화를 초래하게 되는 것을 헌법변천이라고 한다. 따라서 헌법변천은 헌법에 규정된 **개정절차**에 따르는 헌법변경이 **아니다.**

●정답 77. X [제9차 X → 제8차 O]   78. O   78-1. O   79. X [헌법변천은 헌법에 규정된 개정절차를 따르지 않음]

02 헌법변천의 사례

0080 미국 연방대법원의 위헌법률심사권이나 일본의 자위대를 통한 전력 보유는 헌법변천의 예로 설명될 수 있다. 15 지방 7   O | X

미국에서는 1803년 마버리 대 매디슨(Marbury v. Madison) 사건을 통하여 세계에서 최초로 위헌법률심사를 실시하였는데, 이는 명문의 헌법규정이 아니라 연방대법원의 판례를 통하여 정립되었다. 이러한 **미국 연방대법원의 위헌법률심사권**은 헌법변천의 예로 설명될 수 있다. 1946년에 제정된 일본 헌법은 제9조에서 전력(戰力) 보유금지를 명시하고 있지만 1950년에 경찰예비대가 창설된 이후 1954년에는 자위대로 탈바꿈하여 사실상의 군대로서 그 규모는 계속 확대되고 있다. 이러한 **일본의 자위대를 통한 전력 보유**는 헌법변천의 예로 설명될 수 있다.

03 헌법변천의 한계

0081 헌법변천을 한계없이 인정할 경우 사실상 관철된 헌법현실 또는 심지어 위헌적인 헌법현실이 정당화되는 결과가 발생된다. 15 지방 7   O | X

헌법변천은 헌법의 규범력을 높이기 위한 수단이지만 헌법변천을 한계없이 인정할 경우 **사실상 관철된 헌법현실** 또는 심지어 **위헌적인 헌법현실**이 **정당화되는 결과**가 발생된다. 따라서 핵심적인 부분의 변천, 권력제한규범으로서의 헌법의 기능훼손, 헌법보장을 위협하는 헌법변천은 허용되지 않는 한계가 있다.

0082 경성헌법의 원리를 중시하면 헌법변천은 헌법해석과 헌법개정의 한계를 초월할 수 있다. 15 지방 7   O | X

헌법은 정치·경제·사회적인 현실상황과 유리될 수 없으며, 현실변화에 적응할 수 있어야 참된 헌법규정으로 자리 잡을 수 있으므로 헌법변천은 불가피한 측면이 있으나, **경성헌법의 원리**를 중시할 경우 **헌법변천은 제한적**일 수밖에 없다. 헌법변천은 **헌법해석을 최대한 존중**하는 방향으로 이루어져야 하며, **헌법개정의 한계 내**에서만 가능하다.

정답 80. O   81. O   82. X [초월할 수 없음]

Chapter 03 헌정사

POINT 010 대한민국 헌법의 제정과 개정

01 정치제도 헌정사

1 제1공화국 (제헌헌법~제2차 개정헌법)

0083 제헌헌법은 국회의 의결만으로 제정되었고 국민투표로 확정된 것이 아니다. 18 입시 O│X

0083-1 1948년 제헌헌법은 국회 의결을 거쳐 국민투표로 확정되었다. 23 입시 O│X

0083-2 우리 국민은 1948년 7월 12일 헌법제정권력을 직접 행사하여 건국헌법을 제정하였다. 13 서울 7
O│X

> 1948년 5월 10일 남한에서 총선거를 실시하여 198명의 국회의원들로 구성된 제헌국회가 성립되었다. 제헌국회에서 작성한 헌법초안은 1948년 7월 12일 국회를 통과하여 7월 17일 국회의장이 서명공포함으로써 시행되었다. **제헌헌법은 국회의 의결만으로 제정**되었고 국민투표로 확정된 것은 아니다. 1948년 제헌헌법의 전문에는 "우리들 대한국민은 … 우리들의 정당 또 자유로이 선거된 대표로서 구성된 국회에서 … 이 헌법을 제정한다"라고 하여 **대한국민**이 한국헌법의 **제헌권자**이며 국민의 대표기관인 **국회에서 헌법을 제정**하였음을 분명히 하고 있다.

0084 건국헌법은 임기 4년의 대통령과 부통령을 1차에 한하여 중임할 수 있도록 하였고, 대통령과 부통령을 국회에서 무기명투표로써 각각 선거하도록 규정하였다. 21 국회 8. 18 경정. 14 지방 7
O│X

0084-1 제헌헌법은 대통령간선제를 채택하였다. 15 변호사. 13 국회 9 O│X

> **제헌헌법(1948년) 제53조** 대통령과 부통령은 국회에서 무기명투표로써 각각 선거한다.
> **제헌헌법(1948년) 제55조** 대통령과 부통령의 임기는 4년으로 한다. 단, 재선에 의하여 1차중임할 수 있다.

0085 1948년 제헌헌법은 대통령과 부통령을 국회에서 각각 선거하도록 하고 1차에 한하여 중임하도록 하였으며, 국무총리는 대통령이 임명하고 국회의 승인을 얻도록 규정하였다. 19 변호사 O│X

0085-1 현행 헌법상 국무총리는 국회의 동의를 얻어 대통령이 임명하도록 하고 있으나, 제헌헌법에서는 대통령이 임명하고 국회의 승인을 얻도록 하였다. 09 국가 7 O│X

> **제헌헌법(1948년) 제53조** 대통령과 부통령은 국회에서 무기명투표로써 각각 선거한다.
> **제헌헌법(1948년) 제55조** 대통령과 부통령의 임기는 4년으로 한다. 단, 재선에 의하여 1차중임할 수 있다.
> **제헌헌법(1948년) 제69조** 국무총리는 대통령이 임명하고 국회의 승인을 얻어야 한다. 국회의원총선거후 신국회가 개회되었을 때에는 국무총리임명에 대한 승인을 다시 얻어야 한다.

정답 83. O   83-1. X [국민투표로 확정되지 않음]   83-2. X [헌법제정권력 직접 행사 X]   84. O   84-1. O   85. O   85-1. O

0086 1948년 건국헌법에서는 대통령, 부통령, 국무총리를 모두 두고 있었다. 15 경정, 10 국회 8   O | X

0086-1 1948년 제헌헌법은 대통령, 부통령, 국무총리를 모두 두었으며 대통령 궐위시 부통령이 지위를 승계한다고 규정하였다. 23 경간   O | X

0086-2 제헌헌법은 국무총리제를 두지 않고 부통령제를 두었다. 15 법원 9   O | X

> 제헌헌법(1948년) 제53조 **대통령과 부통령**은 **국회**에서 **무기명투표**로써 각각 **선거**한다.
> 제헌헌법(1948년) 제56조 **대통령** 또는 부통령이 **궐위**된 때에는 즉시 **그 후임자를 선거**한다.
> 제헌헌법(1948년) 제69조 **국무총리**는 **대통령이 임명**하고 **국회의 승인**을 얻어야 한다. 국회의원총선거후 신국회가 개회되었을 때에는 국무총리임명에 대한 승인을 다시 얻어야 한다.

📎 보충설명 대통령 궐위시 즉시 후임자를 선거하도록 규정하였다.

0087 건국헌법(1948년)은 대통령과 국무총리 기타 국무위원으로 조직되는 국무원을 의결기관으로 설치하였고, 대통령과 부통령을 국회에서 선출하며, 국무총리는 대통령이 임명하고 국회의 승인을 얻도록 하였다. 18 지방 7   O | X

> 제헌헌법(1948년) 제53조 **대통령과 부통령**은 **국회**에서 **무기명투표**로써 각각 **선거**한다.
> 제헌헌법(1948년) 제68조 **국무원**은 대통령과 국무총리 기타의 국무위원으로 조직되는 합의체로서 **대통령의 권한에 속한 중요국책을 의결**한다.
> 제헌헌법(1948년) 제69조 **국무총리**는 **대통령이 임명**하고 **국회의 승인**을 얻어야 한다. 국회의원총선거후 신국회가 개회되었을 때에는 국무총리임명에 대한 승인을 다시 얻어야 한다.

0088 제헌헌법에서는 의결기관인 국무원을 두었으며, 대통령이 국무원의 의장이었다. 18 입시   O | X

0088-1 제헌헌법에서는 심의기관인 국무원을 두었으며, 대통령이 국무원의 의장이었다. 17 경정, 12 국회 8   O | X

> 제1공화국헌법 하에서는 대통령중심제를 취하면서 대통령을 견제하기 위하여 의결기관으로서의 국무회의에 해당하는 국무원을 두었다. 국무원은 대통령·국무총리·국무위원으로 구성되며 대통령의 권한에 속하는 중요정책을 심의하고 결정하는 **의결기관**이었다.
> 제헌헌법(1948년) 제68조 **국무원**은 대통령과 국무총리 기타의 국무위원으로 조직되는 합의체로서 **대통령의 권한에 속한 중요국책을 의결**한다.
> 제헌헌법(1948년) 제70조 **대통령**은 **국무회의의 의장**이 된다.

🔑 정답 86. O   86-1. X [즉시 후임자 선거]   86-2. X [국무총리, 부통령 모두 규정]   87. O   88. O   88-1. X [국무원은 의결기관]

0089 1948년 제헌헌법에서는 대통령 국회간선제, 국회단원제, 국무총리제, 국정감사제도를 규정하였다. 21 입시 O|X

0089-1 1948년 제헌헌법은 기본적으로 대통령제를 채택하였으나 국무총리를 두고 국무원을 의결기관으로 하였으며, 단원제국회와 사기업 근로자의 이익분배균점권을 인정하였다. 14 국회 9 O|X

0089-2 1948년 헌법은 대통령제를 채택하였으며, 국회는 양원제를 실시하였다. 17 입시 O|X

> 제헌헌법(1948년) 제32조 국회는 보통, 직접, 평등, 비밀선거에 의하여 공선된 의원으로써 조직한다.
> 제헌헌법(1948년) 제43조 국회는 국정을 감사하기 위하여 필요한 서류를 제출케 하며 증인의 출석과 증언 또는 의견의 진술을 요구할 수 있다.
> 제헌헌법(1948년) 제53조 대통령과 부통령은 국회에서 무기명투표로써 각각 선거한다.
> 제헌헌법(1948년) 제68조 국무원은 대통령과 국무총리 기타의 국무위원으로 조직되는 합의체로서 대통령의 권한에 속한 중요 국책을 의결한다.
> 제헌헌법(1948년) 제69조 국무총리는 대통령이 임명하고 국회의 승인을 얻어야 한다. 국회의원총선거후 신국회가 개회되었을 때에는 국무총리임명에 대한 승인을 다시 얻어야 한다.
> 제헌헌법(1948년) 제18조 영리를 목적으로 하는 사기업에 있어서는 근로자는 법률의 정하는 바에 의하여 이익의 분배에 균점할 권리가 있다.

0090 1948년 제헌헌법에서 국회의원의 임기와 국회에서 선거되는 대통령의 임기는 모두 4년으로 규정되었다. 20 국가 7 O|X

> 제헌헌법(1948년) 제33조 국회의원의 임기는 4년으로 한다.
> 제헌헌법(1948년) 제55조 대통령과 부통령의 임기는 4년으로 한다. 단, 재선에 의하여 1차중임할 수 있다.

0091 1948년 제헌헌법에서는 정부의 법률안 제출권을 헌법에 규정하지 않았다. 20 입시 O|X

> 제헌헌법(1948년) 제39조 국회의원과 정부는 법률안을 제출할 수 있다.

0092 제헌헌법에서는 위헌법률심사권을 가진 헌법위원회와 탄핵심판을 담당하는 탄핵재판소를 따로 규정하였다. 12 국회 8 O|X

0092-1 1948년 제헌헌법의 헌법위원회는 부통령을 위원장으로 하고 대법관 5인과 국회의원 5인의 위원으로 구성되었으며, 그 권한은 법률의 위헌 여부에 대한 결정에 한정되어 있었다. 17 국가 7 O|X

> 제헌헌법(1948년) 제32조 국회는 보통, 직접, 평등, 비밀선거에 의하여 공선된 의원으로써 조직한다.
> 제헌헌법(1948년) 제81조 법률이 헌법에 위반되는 여부가 재판의 전제가 되는 때에는 법원은 헌법위원회에 제청하여 그 결정에 의하여 재판한다.
> 헌법위원회는 부통령을 위원장으로 하고 대법관 5인과 국회의원 5인의 위원으로 구성한다.
> 제헌헌법(1948년) 제47조 탄핵사건을 심판하기 위하여 법률로써 탄핵재판소를 설치한다.

정답 89. O 89-1. O 89-2. X [제헌헌법 국회 단원제] 90. O 91. X [정부의 법률안 제출권 인정] 92. O 92-1. O

0093 탄핵제도는 건국헌법에서 처음 채택된 이래 현재까지 유지되고 있다. 10 국회 8   O | X

0093-1 탄핵심판은 고위공직자에 의한 헌법침해로부터 헌법을 보호하기 위한 헌법재판제도로서, 제5차 개정헌법에서 최초 도입된 이래로 존속되어 온 제도이다. 21 5급   O | X

> 탄핵제도는 고위공직자에 의한 헌법침해로부터 헌법을 보호하기 위한 헌법재판제도로서 **1948년 제헌헌법**에서 **처음 채택**된 이래 탄핵발의권자와 탄핵심판기관, 탄핵의 대상인 공무원의 범위는 조금씩 달라졌지만, **현행 헌법까지 유지**되고 있다.

0094 1948년 헌법은 탄핵사건을 심판하기 위하여 탄핵재판소를 설치하도록 규정했는데, 대통령과 부통령을 심판하는 경우 외에는 부통령이 재판장의 직무를 행한다고 정하고 있다. 18 서울 7(추)   O | X

0094-1 제헌헌법은 탄핵사건을 심판하기 위하여 법률로써 헌법위원회를 설치하도록 규정하였다. 22 국회 8   O | X

> **제헌헌법(1948년) 제47조** 탄핵사건을 **심판**하기 위하여 법률로써 **탄핵재판소**를 설치한다.
> 탄핵재판소는 **부통령이 재판장의 직무**를 행하고 **대법관 5인**과 **국회의원 5인**이 심판관이 된다. 단, **대통령과 부통령을 심판할 때에는 대법원장이 재판장의 직무**를 행한다.

0095 1차 헌법개정은 정부안과 야당안을 발췌·절충한 개헌안을 대상으로 하여 헌법개정절차인 공고절차를 그대로 따랐다. 20 국가 7   O | X

0095-1 제1차 헌법개정(1952.7.)은 헌법이 정하는 공고절차를 거치지 아니하였으나, 국민투표에 의하여 확정되었다. 11 국가 7   O | X

0095-2 제2차 개헌(1954년)은 여당의 개헌안과 야당의 개헌안을 발췌하여 개헌안을 제안하였다. 15 국회 9   O | X

> **제1차 개정헌법(1952년)**은 **정부측의 대통령직선제** 개헌안과 **야당측의 국무원불신임** 개헌안을 **발췌·절충한 개헌안**을 대상으로 비상계엄이 선포되고 국회가 완전히 포위된 상태에서 국회의원의 자유로운 토론이 원천 봉쇄된 가운데 기립투표로 통과되었다. 헌법이 정하는 **공고** 절차를 거치지 **아니**하였고, **국민투표**에 의하여 확정되지도 **않았다.**

0096 1952년 제1차 개정헌법에서는 국회의 구조와 관련하여 양원제를 최초로 규정하였다. 22 입시   O | X

0096-1 양원제를 규정하고 실제로는 실시하지 않았던 적이 있다. 11 국회 9   O | X

0096-2 1960년 제3차 개정헌법에서 최초로 양원제를 규정하였다. 23 입시   O | X

> **제1차 개정헌법(1952년) 제31조** 국회는 **민의원**과 **참의원**으로써 구성한다.

> 📝 **보충설명** 제1차 개정헌법(1952년)은 국회의 양원제를 최초로 규정하였으나, 실제로는 참의원을 두지 아니하여 단원제로 운영되었다.

● 정답 93. O   93-1. X [제헌헌법에서 최초 도입]   94. O   94-1. X [탄핵사건: 탄핵재판소 관할]   95. X [공고절차를 따르지 않음]   95-1. X [국민투표로 확정 X]   95-2. X [제2차 X → 제1차 O]   96. O   96-1. O   96-2. X [제1차 개헌(1952년) 양원제 최초 규정]

0097 제1차 개정헌법은 국회양원제, 국무원불신임제, 대통령 직선제 등을 규정하였다. 14 서울 7   O│X

0097-1 제1차 개정헌법(1952년)은 야당안과 정부안을 발췌하여 절충한 것으로 국회 양원제를 규정하고, 대통령과 부통령의 국민 직선제를 채택하였다. 13 지방 7   O│X

0097-2 제2차 개헌으로 대통령과 부통령 직선제 및 양원제 도입, 국회의 국무원에 대한 불신임제도를 신설하였다. 14 지방 7   O│X

> 제1차 개정헌법(1952년)은 정부측의 대통령직선제 개헌안과 야당측의 국무원불신임 개헌안을 발췌·절충한 개헌안을 대상으로 비상계엄이 선포되고 국회가 완전히 포위된 상태에서 국회의원의 자유로운 토론이 원천 봉쇄된 가운데 기립투표로 통과되었다.
>
> > 제1차 개정헌법(1952년) 제31조 국회는 민의원과 참의원으로써 구성한다.
> > 제1차 개정헌법(1952년) 제53조 대통령과 부통령은 국민의 보통, 평등, 직접, 비밀투표에 의하여 각각 선거한다.
> > 제1차 개정헌법(1952년) 제70조의2 민의원에서 국무원불신임결의를 하였거나 민의원의원총선거후 최초에 집회된 민의원에서 신임결의를 얻지 못한 때에는 국무원은 총사직을 하여야 한다.

0098 1952년 헌법은 국회의원의 자유로운 토론이 봉쇄된 가운데 기립투표로 통과되었으며 양원제 국회, 국회의 국무원불신임제, 국무위원 임명 시 국무총리제청권을 규정하였다. 20 국회 8   O│X

0098-1 제1차 개정헌법(1952년 개헌)에서는 국무위원과 행정각부장관은 국무총리의 제청으로 대통령이 임면하도록 하고 국무원 불신임결의권을 국회(민의원)에 부여하였다. 24 변호사   O│X

0098-2 1952년 제1차 헌법개정에서 단원제 국회가 규정되었고, 국무위원은 국무총리의 제청에 의하여 대통령이 임면한다고 규정하였다. 23 국가 7   O│X

0098-3 1952년 제1차 개정헌법은 국회의 양원제를 규정하여 민의원과 참의원이 운영되었으며 국무위원에 대한 개별적 불신임제를 채택하였다. 23 경간   O│X

> 제1차 개정헌법(1952년)은 정부측의 대통령직선제 개헌안과 야당측의 국무원불신임 개헌안을 발췌·절충한 개헌안을 대상으로 비상계엄이 선포되고 국회가 완전히 포위된 상태에서 국회의원의 자유로운 토론이 원천 봉쇄된 가운데 기립투표로 통과되었다. 제1차 개정헌법(1952년)은 국회의 양원제를 최초로 규정하였으나, 실제로는 참의원을 두지 아니하여 단원제로 운영되었다. 제1차 개정헌법(1952년)에는 국무원불신임제를 두었고, 제2차 개정헌법(1954년)에서 국무위원에 대한 개별적 불신임제를 채택하였다.
>
> > 제1차 개정헌법(1952년) 제31조 국회는 민의원과 참의원으로써 구성한다.
> > 제1차 개정헌법(1952년) 제70조의2 민의원에서 국무원불신임결의를 하였거나 민의원의원총선거후 최초에 집회된 민의원에서 신임결의를 얻지 못한 때에는 국무원은 총사직을 하여야 한다.
> > 제1차 개정헌법(1952년) 제69조 국무위원은 국무총리의 제청에 의하여 대통령이 임면한다.
> > 제2차 개정헌법(1954년) 제70조의2 민의원에서 국무위원에 대하여 불신임결의를 하였을 때에는 당해 국무위원은 즉시 사직하여야 한다.

● 정답 97. O   97-1. O   97-2. X [제2차 X → 제1차 O]   98. O   98-1. O   98-2. X [단원제 국회 X → 양원제 국회 O]   98-3. X [실제로는 단원제로 운영, 국무위원 개별적 불신임제 X]

0099 1952년 제1차 개정헌법에서는 국무총리와 국무위원은 국회에 대하여 국무원의 권한에 속하는 일반 국무에 관하여는 연대책임을 지고 각자의 행위에 관하여는 개별책임을 진다고 규정하였다. 23 경찰 2차

O | X

> 제1차 개정헌법(1952년) 제70조 ③ 국무총리와 국무위원은 국회에 대하여 국무원의 권한에 속하는 **일반국무에 관하여는 연대 책임**을 지고 **각자의 행위에 관하여는 개별책임**을 진다.

0100 역대 헌법은 권력분립제도 및 견제와 균형제도를 규정하여 1948년 헌법에서는 대통령이 국무총리를 임명 후 국회의 승인을 얻어야 했으며, 1952년 헌법에서는 민의원의 국무원 불신임권이 인정되었다. 15 국가 7

O | X

> 제헌헌법(1948년) 제69조 **국무총리는 대통령이 임명**하고 **국회의 승인**을 얻어야 한다. 국회의원총선거 후 신국회가 개회되었을 때에는 국무총리임명에 대한 승인을 다시 얻어야 한다.
>
> 제1차 개정헌법(1952년) 제70조의2 민의원에서 **국무원 불신임결의**를 하였거나 민의원의원총선거후 최초에 집회된 민의원에서 신임결의를 얻지 못한 때에는 **국무원은 총사직**을 하여야 한다.

0101 1954년 헌법개정안에 대한 표결결과 민의원 재적의원 203명 중 135명이 찬성하여 헌법개정에 필요한 의결정족수인 3분의 2 이상의 찬성이라는 기준에 한 표가 모자랐지만 이른바 사사오입(四捨五入)이 라는 계산법을 적용하여 부결선포를 번복하고 가결로 선포하였다. 16 국가 7

O | X

1954년 헌법개정안에 대한 표결결과 민의원 재적의원 203명 중 135명이 찬성하여 헌법개정에 필요한 의결정족수인 3분의 2 이상의 찬성이라는 기준에 한 표가 모자랐지만 이른바 **사사오입(四捨五入)이라는 계산법을** 적용하여 **부결선포를 번복하고 가결로 선포**하였다. **제2차 개정헌법(1954년)은** 헌법상의 **의결정족수규정에** 위반되었음은 물론 **적법절차에도 위반되는** 비민주적 개헌이었다.

0102 제2차 개정헌법은 초대 대통령에 한하여 중임제한 규정을 적용하지 않도록 하여 초대 대통령에게 영 구집권의 가능성을 열어 주었다. 16 국회 9

O | X

> 제2차 개정헌법(1954년) 제55조 대통령과 부통령의 임기는 4년으로 한다. 단 재선에 의하여 **1차 중임**할 수 있다. 대통령이 궐위된 때에는 부통령이 대통령이 되고 잔임기간중 재임한다.
>
> 제2차 개정헌법(1954년) 부칙 이 **헌법공포당시의 대통령**에 대하여는 제55조제1항 단서의 **제한을 적용하지 아니한다.**

0103 한국헌정사에서 국무총리제는 제2차 개헌(1954)때 폐지된 바 있다. 21 국회 9

O | X

0103-1 제8차 개헌(1980년)에서 국무총리제를 폐지하였다. 15 국회 9

O | X

제2차 개정헌법(1954년)은 유일하게 **국무총리가 폐지**되었던 시기이며, 대통령 궐위 시 국무총리가 아니라 부통령이 대통령이 되고 잔임기간 중 재임하도록 명문화하였다.

> 제2차 개정헌법(1954년) 제55조 대통령과 부통령의 임기는 4년으로 한다. 단 재선에 의하여 **1차 중임**할 수 있다. **대통령이 궐위된 때에는 부통령이 대통령**이 되고 **잔임기간중 재임**한다.

정답 99. O 100. O 101. O 102. O 103. O 103-1. X [제8차 → 제2차]

0104 1954년 헌법은 대통령이 사고로 인하여 직무를 수행할 수 없을 때에는 부통령이 그 권한을 대행하고, 대통령·부통령 모두 사고로 인하여 그 직무를 수행할 수 없을 때에는 국무총리가 그 권한을 대행하도록 규정하였다. 23 변호사 O | X

0104-1 1954년 개정헌법(제2차 개헌)은 같은 헌법 공포 당시의 대통령에 한하여 중임제한을 철폐하고, 대통령의 궐위시에는 국무총리가 그 지위를 계승하도록 하였다. 20 경정 O | X

> 제2차 개정헌법(1954년) 제52조 대통령이 사고로 인하여 직무를 수행할 수 없을 때에는 부통령이 그 권한을 대행하고 대통령, 부통령 모두 사고로 인하여 그 직무를 수행할 수 없을 때에는 법률이 정하는 순위에 따라 국무위원이 그 권한을 대행한다.
>
> 제2차 개정헌법(1954년) 제55조 대통령과 부통령의 임기는 4년으로 한다. 단 재선에 의하여 1차 중임할 수 있다. 대통령이 궐위된 때에는 부통령이 대통령이 되고 잔임기간중 재임한다.
>
> 제2차 개정헌법(1954년) 부칙 이 헌법공포당시의 대통령에 대하여는 제55조제1항 단서의 제한을 적용하지 아니한다.

0105 제2차 개정헌법은 초대 대통령의 중임제한 폐지, 국무총리제 폐지, 국민소환제 등을 규정하였다. 14 서울 7 O | X

> 제2차 개정헌법(1954년)은 초대 대통령의 중임제한을 폐지하여 영구집권도 가능하도록 무제한 입후보를 허용하였으며, 우리 헌법사에서 유일하게 국무총리제를 폐지하였다. 우리 헌법사에서 국민소환제를 규정한 적은 없다.

0106 1954년 제2차 개정헌법은 국무총리제를 폐지하고, 헌법개정안에 대한 국민발안제도와 주권제약·영토 변경에 대한 국민투표제도를 두었다. 23 입시, 19 서울 7(추) O | X

> 제2차 개정헌법(1954년) 제7조의2 대한민국의 주권의 제약 또는 영토의 변경을 가져올 국가안위에 관한 중대사항은 국회의 가결을 거친 후에 국민투표에 부하여 민의원의원선거권자 3분지 2 이상의 투표와 유효투표 3분지 2 이상의 찬성을 얻어야 한다.
>
> 제2차 개정헌법(1954년) 제98조 ① 헌법개정의 제안은 대통령, 민의원 또는 참의원의 재적의원 3분지 1 이상 또는 민의원의원선거권자 50만인 이상의 찬성으로써 한다.

0107 국무총리제도는 1954년 제2차 개정헌법에서 폐지된 바 있고, 이때 국무위원에 대한 개별적 불신임제를 채택하였다. 18 변호사 O | X

0107-1 1952년 헌법에는 국무총리제를 폐지하고 국무위원에 대한 개별적 불신임제를 채택하였다. 17 경정 O | X

0107-2 1952년 개정헌법(제1차 개헌)의 주요 개정내용은 주권의 제약·영토변경을 위한 개헌에 대한 국민투표제와 국무위원에 대한 개별적 불신임제의 도입, 자유경제체제로의 경제체제전환 등이다. 19 변호사 O | X

◆ 정답 | 104. X [대통령·부통령 모두 사고 시 법률이 정하는 순위에 따라 국무위원이 권한을 대행] 104-1. X [대통령 궐위 시 부통령이 대통령이 되어 잔임기간 재임] 105. X [헌법에 국민소환제가 규정된 적은 없음] 106. O 107. O 107-1. X [1954년 개정헌법(제2차 개헌)에 대한 설명] 107-2. X [1954년 개정헌법(제2차 개헌)에 대한 설명]

제2차 개정헌법(1954년)은 **국무총리제를 폐지**하고 **국무위원에 대한 개별적 불신임제**를 도입하였으며, 주권제약·영토 변경에 대한 **국민투표제도**를 두었다. 제2차 개정헌법은 제헌헌법 제88조의 '중요기업 및 공공성 기업의 국·공유화' 규정을 삭제하였고, '사영기업의 국·공유 이전'도 법률로 특별히 정한 경우에 한정하도록 하여, 경제적 평등보다 경제적 자유를 중시하는 **자유경제체제로의 경제체제전환**을 주요 내용으로 한다.

> 제2차 개정헌법(1954년) 제70조의2 민의원에서 **국무위원에 대하여 불신임결의**를 하였을 때에는 당해 **국무위원은 즉시 사직**하여야 한다.

2 제2공화국 (제3차 개정헌법~제4차 개정헌법)

0108 1960년 6월의 제3차 개정헌법(제2공화국)은 여야 합의에 의한 헌법개정이었다. 11 국회 8 O|X

1960년 4·19 혁명으로 이승만 대통령이 하야하고, 허정 과도정부가 설립되면서 의원내각제 정부형태인 **제3차 개정헌법**이 제1공화국 국회에서 **여야 합의로 통과**되었다. <u>1960년 6월의 **제3차 개정헌법**(제2공화국)은 여야 합의에 의한 헌법개정</u>이었다.

0109 제3차 개정헌법은 의원내각제, 대통령 국회간선제, 헌법재판소의 설치 등을 규정하였다. 14 서울 7 O|X

0109-1 제6차 개헌(1969년)에서 정부형태를 대통령제에서 의원내각제로 바꾸었다. 15 국회 9 O|X

제3차 개정헌법(1960년)은 정부형태를 **의원내각제**로 규정하였고, 우리나라 헌정사상 최초로 **헌법재판소**를 도입하여 **법률의 위헌여부 심사**, 헌법에 관한 최종적 해석, 국가기관간의 권한쟁의, 정당의 해산, **탄핵재판**, 대통령·대법원장과 대법관의 선거에 관한 소송을 관장하도록 규정하였지만 **구성되지는 못하였다**.

0110 1960년 제3차 개헌에 따라 윤보선 대통령은 국민의 직접선거가 아니라 양원합동회의에서 간선되었다. 14 국회 9 O|X

0110-1 1960년 개정헌법에서는 국회가 단원제였으며, 재적국회의원 3분지 1 이상의 투표로 대통령을 선출하고, 대통령이 지명한 국무총리에 대한 동의권을 가진다고 규정하였다. 23 경채 O|X

> 제3차 개정헌법(1960년) 제31조 입법권은 국회가 행한다. **국회는 민의원**과 **참의원**으로써 구성한다.
> 제3차 개정헌법(1960년) 제53조 **대통령은 양원합동회의에서 선거**하고 **재적국회의원 3분지 2 이상**의 투표를 얻어 당선된다.
> 제3차 개정헌법(1960년) 제69조 **국무총리는 대통령이 지명**하여 **민의원의 동의**를 얻어야 한다.

0111 1960년 6월의 제3차 개정헌법 하에서 대통령은 국회에서 간선되었으며, 의결기관인 국무원을 두었고 국무총리가 국무원의 의장이었으며, 국무원은 민의원해산권을 가지고 있었다. 12 국회 8 O|X

0111-1 우리 헌정사에서 1960년 6월 개정헌법은 의원내각제를 채택한 헌법으로서, 국가의 원수이며 의례상 국가를 대표하는 대통령이 민의원해산권을 행사하도록 규정하였다. 20 국가 7 O|X

정답 108. O 109. O 109-1. X [제6차 개헌 → 제3차 개헌(1960년)] 110. O 110-1. X [단원제 X → 양원제 O / 3분지 1 이상 X → 3분지 2 이상 O / 국회가 국무총리에 대한 동의권 X → 민의원이 국무총리에 대한 동의권 O] 111. O 111-1. X [국무원이 민의원 해산권 가짐]

> 제3차 개정헌법(1960년) 제53조 **대통령은 양원합동회의에서 선거**하고 재적국회의원 3분지 2 이상의 투표를 얻어 당선된다.
> 제3차 개정헌법(1960년) 제70조 **국무총리**는 국무회의를 소집하고 **의장**이 된다.
> 제3차 개정헌법(1960년) 제71조 **국무원**은 민의원에서 국무원에 대한 불신임결의안을 가결한 때에는 10일 이내에 **민의원해산을 결의**하지 않는 한 총사직하여야 한다.
> 제3차 개정헌법(1960년) 제72조 좌의 사항은 **국무회의의 의결**을 경하여야 한다.

> 🖉 **보충설명** 제2공화국헌법은 권력구조에 있어서 **고전적 의원내각제원리**에 입각하면서 **국회는 양원제**를 채택하고 있다. 의결기관인 국무원을 두었고 **국무총리가 국무원의 의장**이었으며, **국무원(정부)은 민의원 해산권**을 가지고 있었다.

0112 제3차 개정헌법(1960년)은 국회는 양원제로 하고 헌법재판기관으로 헌법재판소를 두었다. 13 국회 8
O | X

0112-1 1960년 제3차 개헌에서는 양원제 국회를 처음으로 규정하며 의원내각제 정부형태를 채택하였다. 23 지방 7
O | X

0112-2 제3차 개정헌법(1960년)은 대법원장과 대법관 선거제를 두었으며, 위헌법률심판을 담당하는 헌법재판소를 두었고, 정당조항을 신설하였으며, 국회 단원제 조항을 두었다. 13 지방 7
O | X

> 제3차 개정헌법(1960년) 제13조 **정당**은 법률의 정하는 바에 의하여 국가의 보호를 받는다. 단, 정당의 목적이나 활동이 헌법의 민주적 기본질서에 위배될 때에는 정부가 대통령의 승인을 얻어 소추하고 **헌법재판소가 판결로써 그 정당의 해산**을 명한다.
> 제3차 개정헌법(1960년) 제31조 국회는 **민의원**과 **참의원**으로써 구성한다.
> 제3차 개정헌법(1960년) 제78조 **대법원장과 대법관**은 **법관의 자격이 있는 자**로써 조직되는 **선거인단**이 이를 **선거**하고 **대통령이 확인**한다.
> 제3차 개정헌법(1960년) 제83조의3 **헌법재판소**는 다음 각호의 사항을 관장한다.
> 1. **법률의 위헌여부 심사**
> 4. **정당의 해산**
> 5. **탄핵재판**

0113 1960년 헌법(제3차 개정헌법)은 대법원장과 대법관을 법관의 자격이 있는 자로 조직되는 선거인단이 선거하고 대통령이 이를 확인하며, 그 외의 법관은 대법관회의의 결의에 따라 대법원장이 임명하도록 하였다. 21 국회 8, 20 변호사
O | X

> 제3차 개정헌법(1960년) 제78조 **대법원장과 대법관**은 **법관의 자격이 있는 자**로써 조직되는 **선거인단**이 이를 **선거**하고 **대통령이 확인**한다.
> ② 제1항 **이외의 법관은 대법관회의의 결의에 따라 대법원장이 임명**한다.

정답 112. ○ 112-1. ×[제1차 개정헌법(1952년)에서 양원제 국회 처음 규정] 112-2. ×[국회 단원제 × → 양원제 ○] 113. ○

0114 1960년 개정헌법(제3차 개헌)은 헌법재판소제도를 도입하여 법률의 위헌여부 심사, 헌법에 관한 최종적 해석, 국가기관간의 권한쟁의, 정당의 해산, 탄핵재판, 대통령·대법원장과 대법관의 선거에 관한 소송을 관장하도록 규정하였다. 19 변호사 O|X

0114-1 1960년 제3차 개정헌법에서는 헌법재판소를 최초로 규정하였다. 21 입시 O|X

0114-2 1960년 제3차 개정헌법에서는 구체적 규범통제, 권한쟁의심판, 탄핵심판, 정당해산심판, 헌법소원심판에 대한 관할권을 가진 헌법재판소가 도입되었으나 실제로 설치되지는 못하였다. 17 국가 7(추) O|X

제3차 개정헌법(1960년) 제83조의3 **헌법재판소**는 다음 각호의 사항을 관장한다.
1. **법률의 위헌여부 심사**
2. 헌법에 관한 최종적 해석
3. 국가기관간의 권한쟁의
4. **정당의 해산**
5. **탄핵재판**
6. 대통령, 대법원장과 대법관의 선거에 관한 소송

0115 1962년 제5차 개정헌법은 헌법재판소에서 탄핵재판을 담당하도록 했는데, 탄핵판결은 심판관 9인 중 6인 이상의 찬성이 있어야 한다고 규정했다. 18 서울 7(추) O|X

제3차 개정헌법(1960년) 제83조의3 **헌법재판소**는 다음 각호의 사항을 관장한다.
5. **탄핵재판**
제3차 개정헌법(1960년) 제83조의4 헌법재판소의 **심판관은 9인**으로 한다.
법률의 위헌판결과 **탄핵판결은 심판관 6인 이상의 찬성**이 있어야 한다.

0116 1960년 헌법은 대법원장과 대법관의 선거제 및 지방자치단체장의 직선제를 채택하고, 헌법재판소를 우리나라 헌정사상 최초로 규정하였다. 20 국회 8 O|X

제3차 개정헌법(1960년) 제78조 **대법원장과 대법관은 법관의 자격이 있는 자로써** 조직되는 **선거인단**이 이를 선거하고 **대통령이 확인**한다.
제3차 개정헌법(1960년) 제83조의3 **헌법재판소**는 다음 각호의 사항을 관장한다.
제3차 개정헌법(1960년) 제97조 ② **지방자치단체의 장**의 선임방법은 법률로써 정하되 적어도 **시, 읍, 면의 장은 그 주민이 직접 이를 선거**한다.

정답 114. O 114-1. O 114-2. X [헌법소원 X] 115. X [제5차 X → 제3차 O] 116. O

0117 제3차 개정헌법은 정당 조항과 헌법재판소 조항을 처음으로 규정하면서 정당해산을 헌법재판소의 결정에 따르게 하였다. 17 5급 O|X

0117-1 1960년 제3차 개정헌법은 처음으로 정당에 대한 보호조항을 두었다. 15 변호사 O|X

0117-2 제3차 개정헌법은 정당에 관한 규정을 처음으로 두었고, 정당이 민주적 기본질서에 위배되는 경우에 헌법위원회의 결정에 의하여 해산될 수 있도록 하였다. 16 국회 9 O|X

0117-3 정당해산심판 조항은 제3차 개정헌법(1960년 헌법)에서 최초로 규정된 이래 제7차 개정헌법(1972년 헌법)에서 삭제되었다가 현행 헌법에서 부활되었다. 18 국회 9 O|X

> 제3차 개정헌법(1960년) 제13조 **정당**은 법률의 정하는 바에 의하여 **국가의 보호**를 받는다. 단, 정당의 목적이나 활동이 헌법의 민주적 기본질서에 위배될 때에는 정부가 대통령의 승인을 얻어 소추하고 **헌법재판소**가 판결로써 그 **정당의 해산을 명한다.**

> **보충설명** 정당해산심판조항은 제3차 개정헌법(1960년)에서 최초로 규정된 이래 삭제된 적 없이 현행헌법에 이르고 있다.

0118 중앙선거관리위원회가 처음 도입된 것은 1960년 제3차 개정헌법이다. 18 입시 O|X

0118-1 1972년 제7차 개정헌법은 중앙선거관리위원회를 헌법기관으로 처음 도입하였다. 22 5급 O|X

0118-2 제3차 개정헌법(1960년 헌법)에서는 3·15 부정선거에 대한 반성으로 중앙선거관리위원회와 각급 선거관리위원회를 처음 규정하였다. 18 국회 9 O|X

> 제3차 개정헌법(1960년) 제75조의2 선거의 관리를 공정하게 하기 위하여 **중앙선거위원회**를 둔다. 중앙선거위원회는 대법관 중에서 호선한 3인과 정당에서 추천한 6인의 위원으로 조직하고 위원장은 대법관인 위원 중에서 호선한다. 중앙선거위원회의 조직, 권한 기타 필요한 사항은 법률로써 정한다.
> 제5차 개정헌법(1962년) 제107조 ⑦ **각급선거관리위원회**의 조직·직무범위 기타 필요한 사항은 법률로 정한다.

> **보충설명** 제헌헌법은 선거관리를 행정부의 권한으로 하고 별도로 독립된 선거관리기구를 두지 않았다. 이후 **제3차 개정헌법(1960년)**에서는 3·15 부정선거에 대한 반성으로 **중앙선거관리위원회**를 별도로 처음 규정하였다. **각급선거관리위원회**는 **제5차 개정헌법(1962년)**에 규정하였다.

0119 제4차 개정헌법(1960년 개헌)에서는 부칙에 대통령, 부통령 선거에 관련하여 부정행위를 한 자를 처벌하기 위한 특별법 또는 특정지위에 있음을 이용하여 현저한 반민주행위를 한 자의 공민권을 제한하기 위한 특별법을 제정할 수 있는 소급입법의 근거를 두었다. 24 변호사 O|X

0119-1 헌법부칙에 반민주행위자처벌을 위한 소급입법의 근거를 마련한 것은 1962년의 제5차 개정 헌법의 내용이다. 23 국회 9 O|X

> 제4차 개정헌법(1960년) 부칙 이 헌법 시행당시의 국회는 단기 4293년 3월 15일에 실시된 **대통령, 부통령선거에 관련하여 부정행위를 한 자**와 그 부정행위에 항의하는 국민에 대하여 살상 기타의 부정행위를 한 자를 처벌 또는 단기 4293년 4월 26일 이전에 특정지위에 있음을 이용하여 현저한 **반민주행위를 한 자의 공민권을 제한**하기 위한 **특별법을 제정**할 수 있으며 단기 4293년 4월 26일 이전에 지위 또는 권력을 이용하여 부정한 방법으로 **재산을 축적한 자**에 대한 행정상 또는 형사상의 처리를 하기 위하여 **특별법을 제정**할 수 있다.

정답 117. O 117-1. O 117-2. ×[헌법재판소의 판결로 해산] 117-3. ×[제3차 개헌 도입 이후 현행헌법까지 유지] 118. O 118-1. ×[제3차 개헌(1960년)에서 최초 도입] 118-2. ×[각급선관위 : 제5차 개헌(1962년) 도입] 119. O 119-1. ×[제4차 개정헌법]

3 제3공화국 (제5차 개정헌법~제6차 개정헌법)

0120 1962년의 제5차 개헌은 국회의 의결 없이 국가재건최고회의가 의결하였으며 국민투표로 확정하였다. 이것은 제2공화국 헌법의 헌법개정절차에 따른 개정이 아니었다. 17 경정, 12 국회 8 O | X

1961년 5월 16일 박정희를 중심으로 한 정치군인들이 쿠데타를 일으켜 3권을 장악하였다. 제2공화국 헌법(1960년)은 국민투표 없이 양원 각각 재적 3분의 2 이상의 찬성으로 헌법을 개정하도록 규정하였으나, 박정희 정부는 헌법심의위원회를 발족시켜 헌법개정을 준비하게 하고, 제2공화국 헌법개정절차를 거치지 않고 국가재건비상조치법에 따라 헌법을 개정하기로 하여, 제5차 개정안은 국가재건최고회의 의결을 거쳐 국민투표에 의하여 확정되고, 1962년 12월 26일에 공포되었다. 이것은 제2공화국 헌법의 헌법개정절차에 따른 개정이 아니었다.

0121 제5차 헌법개정(1962년 헌법)에서는 정부형태가 의원내각제에서 대통령제로 환원되었으며, 인간존엄성 규정이 신설되었다. 23 국회 8 O | X

> 제5차 개정헌법(1962년) 제8조 모든 국민은 인간으로서의 존엄과 가치를 가지며, 이를 위하여 국가는 국민의 기본적 인권을 최대한으로 보장할 의무를 진다.
> 제5차 개정헌법(1962년) 제64조 ① 대통령은 국민의 보통·평등·직접·비밀선거에 의하여 선출한다. 다만, 대통령이 궐위된 경우에 잔임 기간이 2년 미만인 때에는 국회에서 선거한다.

0122 1962년 헌법은 헌정사상 처음으로 국민투표를 통해 확정된 헌법으로 위헌법률심판권을 대법원에 부여하였고, 국무총리제도와 국무총리·국무위원해임건의제도를 두어 의원내각제적 요소를 가미하였다. 20 국회 8 O | X

제5차 개정헌법(1962년)은 1962년 12월 6일 국가재건최고회의 의결을 거쳐 12월 17일 국민투표를 통해 확정되었고, 헌정사상 처음으로 국민투표를 통해 확정된 헌법이다. 제5차 개정헌법은 대통령은 4년 중임제로 하였고, 국회는 단원제를 채택하였으며, 위헌법률심판권은 대법원에 부여하고 있었다. 그러나 국무총리제도와 국무총리·국무위원 해임건의제도를 두고 있어 의원내각제적 요소도 동시에 내포하고 있다.

> 제5차 개정헌법(1962년) 제59조 ① 국회는 국무총리 또는 국무위원의 해임을 대통령에게 건의할 수 있다.
> 제5차 개정헌법(1962년) 제84조 ① 국무총리는 대통령이 임명하고, 국무위원은 국무총리의 제청으로 대통령이 임명한다.
> 제5차 개정헌법(1962년) 제102조 ① 법률이 헌법에 위반되는 여부가 재판의 전제가 된 때에는 대법원은 이를 최종적으로 심사할 권한을 가진다.

정답 120. O 121. O 122. O

0123 제5차 개정헌법은 대통령제, 국회단원제, 대법원의 위헌법률심사권 등을 규정하였다. 14 서울 7   O|X

0123-1 제5차 개정헌법(1962년 개헌)에서는 국민이 4년 임기의 대통령을 선거하고, 대통령은 1차에 한하여 중임할 수 있도록 하였으며, 위헌법률심사권을 대법원의 권한으로 하였다. 24 변호사   O|X

> 제5차 개정헌법(1962년) 제36조 ② 국회의원의 수는 150인 이상 200인 이하의 범위안에서 법률로 정한다.
> 제5차 개정헌법(1962년) 제64조 ① 대통령은 국민의 보통·평등·직접·비밀선거에 의하여 선출한다. 다만, 대통령이 궐위된 경우에 잔임 기간이 2년 미만인 때에는 국회에서 선거한다.
> 제5차 개정헌법(1962년) 제69조 ① 대통령의 임기는 4년으로 한다.
> ③ 대통령은 1차에 한하여 중임할 수 있다.
> 제5차 개정헌법(1962년) 제102조 ① 법률이 헌법에 위반되는 여부가 재판의 전제가 된 때에는 대법원은 이를 최종적으로 심사할 권한을 가진다.

0124 제3공화국의 대통령은 임기 4년의 직선제 선출기관이었음에도 부통령은 두지 않았으며, 잔임기간 2년 미만의 궐위 시에는 국회에서 후임대통령을 선출하고 잔임기간만 재임하도록 하였다. 14 지방 7   O|X

0124-1 1962년 개정헌법은 국민의 보통·평등·직접·비밀선거에 의하여 대통령을 선출하고, 대통령이 궐위된 경우 잔임기간이 2년 미만인 때에는 국회에서 선거하도록 규정하였다. 21 국회 8   O|X

> 제5차 개정헌법(1962년) 제64조 ① 대통령은 국민의 보통·평등·직접·비밀선거에 의하여 선출한다. 다만, 대통령이 궐위된 경우에 잔임 기간이 2년 미만인 때에는 국회에서 선거한다.
> 제5차 개정헌법(1962년) 제69조 ① 대통령의 임기는 4년으로 한다.
> ② 대통령이 궐위된 경우의 후임자는 전임자의 잔임기간 중 재임한다.

0125 1962년 제5차 개정헌법은 국회의원 정수의 하한뿐 아니라 상한도 설정하였다. 19 국회 8   O|X

> 제5차 개정헌법(1962년) 제36조 ② 국회의원의 수는 150인 이상 200인 이하의 범위안에서 법률로 정한다.

0126 1962년 제3공화국헌법은 위헌법률심사와 정당해산심판을 대법원이 담당하도록 하였고, 탄핵심판은 탄핵심판위원회가 담당하게 하였다. 10 국가 7   O|X

0126-1 1962년 제5차 개정헌법에서는 헌법재판소가 위헌법률심사를 담당하였다. 22 국회 9   O|X

> 제5차 개정헌법(1962년) 제7조 ③ 정당은 국가의 보호를 받는다. 다만, 정당의 목적이나 활동이 민주적 기본질서에 위배될 때에는 정부는 대법원에 그 해산을 제소할 수 있고, 정당은 대법원의 판결에 의하여 해산된다.
> 제5차 개정헌법(1962년) 제102조 ① 법률이 헌법에 위반되는 여부가 재판의 전제가 된 때에는 대법원은 이를 최종적으로 심사할 권한을 가진다.
> 제5차 개정헌법(1962년) 제62조 ① 탄핵사건을 심판하기 위하여 탄핵심판위원회를 둔다.

정답 123. O 123-1. O 124. O 124-1. O 125. O 126. O 126-1. X [헌법재판소 → 대법원]

0127 1962년 개정헌법(제5차 개헌)은 대통령 직선제를 규정하는 동시에 국무총리·국무위원 해임건의제도를 두어, 국무총리·국무위원에 대한 국회의 해임건의가 있을 때에는 대통령은 특별한 사유가 없는 한 이에 응하도록 규정하였다. 19 변호사 O|X

> 제5차 개정헌법(1962년) 제59조 ① **국회는 국무총리 또는 국무위원의 해임을 대통령에게 건의할 수 있다.**
> ③ 제1항과 제2항에 의한 건의가 있을 때에는 **대통령은** 특별한 사유가 없는 한 이에 **응하여야 한다.**
> 제5차 개정헌법(1962년) 제64조 ① **대통령은** 국민의 보통·평등·**직접**·비밀선거에 의하여 **선출**한다. 다만, **대통령이 궐위된** 경우에 **잔임 기간이 2년 미만인** 때에는 **국회에서 선거**한다.

0128 1960년 제3차 개정헌법에서 정당조항을 신설하였고, 1962년 제5차 개정헌법은 대통령과 국회의원의 입후보에 소속정당의 추천을 받도록 규정하였다. 18 경정 O|X

> 제3차 개정헌법(1960년) 제13조 **정당**은 법률의 정하는 바에 의하여 국가의 보호를 받는다. 단, 정당의 목적이나 활동이 헌법의 민주적 기본질서에 위배될 때에는 정부가 대통령의 승인을 얻어 소추하고 헌법재판소가 판결로써 그 정당의 해산을 명한다.
> 제5차 개정헌법(1962년) 제36조 ③ **국회의원 후보**가 되려하는 자는 **소속정당의 추천**을 받아야 한다.
> 제5차 개정헌법(1962년) 제64조 ③ **대통령후보**가 되려 하는 자는 **소속정당의 추천**을 받아야 한다.

0129 1962년 제5차 개정헌법에서는 국회의원 후보가 되려 하는 자는 소속 정당의 추천을 받아야 하며, 국회의원이 임기 중 당적을 이탈하거나 변경한 때 또는 소속 정당이 해산된 때에는 그 자격이 상실되지만 합당 또는 제명으로 소속이 달라지는 경우에는 예외로 한다고 규정하였다. 23 경찰 2차 O|X

0129-1 1962년의 제5차 개정헌법에서는 대통령과 국회의원의 입후보에 소속정당의 추천을 받도록 하고, 국회의원의 당적이탈·변경 또는 정당 해산 시 의원직을 상실하도록 규정했다. 13 국회 8 O|X

0129-2 1980년 제8차 개정헌법은 대통령선거 및 국회의원선거에서 후보자가 필수적으로 정당의 추천을 받도록 하는 조항을 추가하였다. 19 국회 8 O|X

> 제5차 개정헌법(1962년) 제36조 ③ **국회의원 후보**가 되려하는 자는 **소속정당의 추천**을 받아야 한다.
> 제5차 개정헌법(1962년) 제38조 **국회의원은** 임기중 **당적을 이탈**하거나 **변경**한 때 또는 **소속정당이 해산**된 때에는 그 **자격이 상실**된다. 다만, **합당 또는 제명**으로 소속이 달라지는 경우에는 **예외**로 한다.
> 제5차 개정헌법(1962년) 제64조 ③ **대통령후보**가 되려 하는 자는 **소속정당의 추천**을 받아야 한다.

보충설명 제5차 개정헌법은 대통령과 국회의원 입후보에 정당의 추천을 요하도록 하며, 국회의원 당적변경의 경우 의원직을 상실토록 하는 극단적인 정당국가를 지향하였다.

정답 127. O   128. O   129. O   129-1. O   129-2. ×[1980년 제8차 개정헌법 → 1962년 제5차 개정헌법]

0130 제5차 개정헌법(1962년)은 헌법기관으로 법관추천회의를 두고, 모든 법관을 법관추천회의의 제청을 거쳐 임명하도록 하였다. 15 국회 8   O | X

> **제5차 개정헌법(1962년) 제99조** ① **대법원장인 법관**은 **법관추천회의의 제청**에 의하여 **대통령이 국회의 동의를 얻어 임명**한다. 대통령은 법관추천회의의 제청이 있으면 국회에 동의를 요청하고, 국회의 동의를 얻으면 임명하여야 한다.
> ② **대법원판사인 법관**은 **대법원장이 법관추천회의의 동의를 얻어 제청**하고 **대통령이 임명**한다. 이 경우에 제청이 있으면 대통령은 이를 임명하여야 한다.
> ③ **대법원장과 대법원판사가 아닌 법관**은 대법원판사회의 의결을 거쳐 **대법원장이 임명**한다.

🖉 보충설명 대법원장인 법관만 법관추천회의 제청에 의하여 대통령이 국회의 동의를 얻어 임명한다.

0131 1962년 제5차 헌법개정에서 중앙선거관리위원회는 대통령이 임명하는 2인, 국회에서 선출하는 2인과 대법원 판사회의에서 선출하는 5인의 위원으로 구성하고, 위원장은 위원 중에서 호선한다고 규정하였다. 23 국가 7   O | X

제3차 개정헌법(1960년)에서 선거관리를 전담하는 기관으로서 행정부로부터 완전히 독립된 중앙선거관리위원회를 별도로 설치하였다. 제5차 개정헌법(1962년)에서 중앙선거관리위원회를 입법부, 집행부, 사법부가 공동으로 구성하게 하되 사법부의 비중을 강화하였다.

> **제5차 개정헌법(1962년) 제107조** ② **중앙선거관리위원회**는 대통령이 임명하는 2인, 국회에서 선출하는 2인과 **대법원 판사회의에서 선출하는 5인**의 위원으로 구성한다. 위원장은 **위원중에서 호선**한다.

0132 제5차 개정헌법은 탄핵사건을 심판하기 위하여 탄핵심판위원회를 두도록 규정하였다. 22 국회 8   O | X

0132-1 1972년 제7차 개정헌법은 탄핵심판위원회를 두었는데, 탄핵결정은 공직으로부터 파면함에 그치도록 규정했다. 18 서울 7   O | X

> **제5차 개정헌법(1962년) 제62조** ① 탄핵사건을 심판하기 위하여 **탄핵심판위원회를 둔다**.
> ④ 탄핵결정은 **공직으로부터 파면함**에 그친다. 그러나, 이에 의하여 민사상이나 형사상의 책임이 면제되지는 아니한다.

0133 1969년 제6차 개정헌법에서 대통령의 임기는 4년으로 하고, 1차에 한하여 중임할 수 있도록 규정하였다. 23 입시   O | X

0133-1 1969년 제6차 개헌에서는 "그 헌법 개정 제안 당시의 대통령에 한해서 계속 재임은 3기로 한다."고 규정하였다. 23 지방 7   O | X

1967년 대통령선거에서 헌법상 임기 4년 중임제한에 이르게 된 박정희 대통령은 제6차 개정헌법(1969년)을 단행하여 대통령의 3선재임을 가능하도록 하였다.

> **제6차 개정헌법(1969년) 제69조** ① 대통령의 임기는 4년으로 한다.
> ③ 대통령의 **계속 재임은 3기**에 한한다.

정답 130. X [모든 법관 X → 대법원장인 법관만]   131. O   132. O   132-1. X [제7차 X → 제5차 O]   133. X [계속 재임 3기까지 가능]
133-1. X [헌법 개정 제안 당시의 대통령에 한해서 X]

0134 1969년 제6차 개정헌법은 대통령에 대한 탄핵소추요건을 제5차 개정헌법과 다르게 규정하였다.
19 국회 8
O | X

> 제5차 개정헌법(1962년) 제61조 ① 대통령·국무총리·국무위원·행정각부의 장·법관·중앙선거관리위원회위원·감사위원 기타 법률에 정한 공무원이 그 직무집행에 있어서 헌법이나 법률을 위배한 때에는 국회는 탄핵의 소추를 의결할 수 있다.
> ② 전항의 탄핵소추는 **국회의원 30인 이상의 발의**가 있어야 하며, 그 **의결은 재적의원 과반수의 찬성**이 있어야 한다.
> 제6차 개정헌법(1969년) 제61조 ① 대통령·국무총리·국무위원·행정각부의 장·법관·중앙선거관리위원회위원·감사위원 기타 법률에 정한 공무원이 그 직무집행에 있어서 헌법이나 법률을 위배한 때에는 국회는 탄핵의 소추를 의결할 수 있다.
> ② 전항의 탄핵소추는 **국회의원 30인 이상의 발의**가 있어야 하며, 그 **의결은 재적의원 과반수의 찬성**이 있어야 한다.
> 다만, **대통령에 대한 탄핵소추는 국회의원 50인 이상의 발의와 재적의원 3분의 2 이상의 찬성**이 있어야 한다.

🔖 **보충설명** 제6차 개정헌법은 대통령에 대한 탄핵발의 및 의결정족수를 가중시켰다.

4 제4공화국 (제7차 개정헌법)

0135 1971년에는 「국가보위에 관한 특별조치법」이 제정되었고, 이듬해에는 유신헌법이 공포되었다. 17 입시
O | X

1971년 국가비상사태에서 국가의 안전과 관련되는 내정·외교 및 국방상의 조처를 사전에 취할 수 있도록 비상대권을 대통령에게 부여하기 위하여 「**국가보위에 관한 특별조치법**」이 제정되었고, 이 법률의 제정 이듬해인 1972년 **유신헌법이 공포**되었다.

0136 제7차 헌법개정(1972년 헌법)에서는 조국의 평화적 통일을 추진하기 위하여 온 국민의 총의에 의한 국민적 조직체로서 조국통일의 신성한 사명을 가진 국민의 주권적 수임기관으로서 통일주체국민회의를 설치하였다. 24 경간
O | X

0136-1 제7차 개정헌법(1972년 개헌)에서는 5년 임기의 통일주체국민회의 대의원을 국민의 직접선거에 의하여 선출하고, 통일주체국민회의는 국회의원 정수 2분의 1에 해당하는 수의 국회의원을 선거하였다.
24 변호사
O | X

> 제7차 개정헌법(1972년) 제35조 **통일주체국민회의**는 조국의 평화적 통일을 추진하기 위한 온 국민의 총의에 의한 국민적 조직체로서 조국통일의 신성한 사명을 가진 **국민의 주권적 수임기관**이다.
> 제7차 개정헌법(1972년) 제36조 ① **통일주체국민회의는 국민의 직접선거**에 의하여 **선출된 대의원**으로 구성한다.
> 제7차 개정헌법(1972년) 제37조 ④ **통일주체국민회의 대의원의 임기는 6년**으로 한다.
> 제7차 개정헌법(1972년) 제40조 ① **통일주체국민회의는 국회의원 정수의 3분의 1에 해당하는 수의 국회의원을 선거**한다.

정답 134. ○ 135. ○ 136. ○ 136-1. ✕ [대의원 임기 5년 ✕ → 6년 ○ / 국회의원 정수 2분의 1 ✕ → 3분의 1 ○]

0137 1972년 헌법(제7차 개정헌법)은 대통령의 임기를 5년으로 하고, 통일주체국민회의에서 대통령을 토론 없이 기명투표로 선거하도록 하였으며, 통일주체국민회의에서 재적대의원 과반수의 찬성을 얻은 자를 대통령당선자로 하도록 규정하였다. 20 변호사   O | X

0137-1 간접선거에 의한 임기 6년의 대통령제는 1962년의 제5차 개정헌법의 내용이다. 23 국회 9   O | X

0137-2 1972년 제7차 개정헌법은 대통령에게 국회의원 3분의 1의 추천권을 부여하였고 헌법개정 절차를 이원화하였으며, 대통령의 임기를 1980년 제8차 개정헌법 때의 대통령의 임기보다 더 길게 규정하였다. 19 서울 7(추)   O | X

> 제7차 개정헌법(1972년) 제39조 ① 대통령은 통일주체국민회의에서 토론없이 무기명투표로 선거한다.
> ② 통일주체국민회의에서 재적대의원 과반수의 찬성을 얻은 자를 대통령당선자로 한다.
> 제7차 개정헌법(1972년) 제40조 ① 통일주체국민회의는 국회의원 정수의 3분의 1에 해당하는 수의 국회의원을 선거한다.
> 제7차 개정헌법(1972년) 제47조 대통령의 임기는 6년으로 한다.
> 제7차 개정헌법(1972년) 제124조 ② 대통령이 제안한 헌법개정안은 국민투표로 확정되며, 국회의원이 제안한 헌법개정안은 국회의 의결을 거쳐 통일주체국민회의의 의결로 확정된다.
> 제8차 개정헌법(1980년) 제45조 대통령의 임기는 7년으로 하며, 중임할 수 없다.

▶ 보충설명 제7차 개정헌법(1972년)은 대통령의 임기를 6년으로 규정하였고, 제8차 개정헌법(1980년)은 대통령의 임기를 7년으로 규정하였다.

0138 1972년 제7차 개정헌법은 대통령이 제안한 헌법개정안이 통일주체국민회의의 의결로 확정하도록 규정하였고 대통령에게 국회의원 정수 3분의 2의 추천권을 부여하였다. 23 경간   O | X

0138-1 제7차 개정헌법(1972년)에서는 대통령에게 국회의원 정수의 2분의 1의 추천권을 부여하였다. 21 경정   O | X

0138-2 제7차 개정헌법(1972년)은 대통령에게 국회해산권과 국회의원 3분의 1의 선출권을 부여하였다. 13 국회 8   O | X

> 제7차 개정헌법(1972년) 제40조 ① 통일주체국민회의는 국회의원 정수의 3분의 1에 해당하는 수의 국회의원을 선거한다.
> ② 제1항의 국회의원의 후보자는 대통령이 일괄 추천하며, 후보자 전체에 대한 찬반을 투표에 붙여 재적대의원 과반수의 출석과 출석대의원 과반수의 찬성으로 당선을 결정한다.
> 제7차 개정헌법(1972년) 제59조 ① 대통령은 국회를 해산할 수 있다.
> 제7차 개정헌법(1972년) 제124조 ② 대통령이 제안한 헌법개정안은 국민투표로 확정되며, 국회의원이 제안한 헌법개정안은 국회의 의결을 거쳐 통일주체국민회의의 의결로 확정된다.

▶ 보충설명 제7차 개정헌법(1972년)에서는 대통령에게 국회의원 정수의 3분의 1의 추천권을 부여하였고, 통일주체국민회의가 선출권을 보유하였다.

● 정답 137. X [대통령 임기 6년, 무기명투표] 137-1. X [제7차 개정헌법] 137-2. X [제7차(6년) < 제8차(7년)] 138. X [대통령 제안 개헌안은 국민투표로 확정, 국회의원 정수 3분의 1의 추천권] 138-1. X [국회의원 정수의 3분의 1의 추천권] 138-2. X [선출권 X → 추천권 O]

0139 1972년 제7차 개정헌법에서는 대통령은 통일주체국민회의에서 토론없이 무기명투표로 선거하고, 국회의원 정수의 3분의 1에 해당하는 수의 국회의원도 통일주체국민회의에서 선거하도록 규정하였다. 23 경찰 2차 O | X

0139-1 1972년 헌법은 국민의 주권적 수임기관으로 통일주체국민회의를 설치하고, 통일주체국민회의에서 대통령과 국회의원 정수의 2분의 1에 해당하는 수의 국회의원을 선출하도록 규정하였다. 23 변호사 O | X

0139-2 1980년 개정헌법에서는 주권적 수임기관인 통일주체국민회의가 토론없이 무기명투표로 대통령을 선거하며, 국회의원 정수의 3분의 1에 해당하는 수의 국회의원을 선거한다고 규정하였다. 23 경채 O | X

> 제7차 개정헌법(1972년) 제35조 **통일주체국민회의**는 조국의 평화적 통일을 추진하기 위한 온 국민의 총의에 의한 국민적 조직체로서 조국통일의 신성한 사명을 가진 **국민의 주권적 수임기관**이다.
> 제7차 개정헌법(1972년) 제39조 ① 대통령은 **통일주체국민회의에서 토론없이 무기명투표로 선거**한다.
> 제7차 개정헌법(1972년) 제40조 ① **통일주체국민회의는 국회의원 정수의 3분의 1에 해당하는 수의 국회의원을 선거**한다.

0140 1972년 헌법은 구속적부심 및 국정감사제를 폐지하였고, 국회의 회기를 단축하였으며 대법원장을 비롯한 모든 법관을 대통령이 임명하도록 규정하였다. 20 국회 8 O | X

> **제7차 개정헌법**(1972년)은 대통령의 긴급조치권, 대통령중임제한 삭제, **국회의 회기 단축**과 **국정감사제의 폐지**, **대법원장을 비롯한 모든 법관의 대통령임명제** 등을 규정하였다. 그 밖에도 기본권제한의 사유로서 국가안전보장이 추가되고 자유와 권리의 본질적 내용을 침해할 수 없다는 조항이 삭제되고, **구속적부심이 삭제**되는 등 기본권의 후퇴를 가져왔다.

0141 제7차 개정헌법(1972년)과 제8차 개정헌법(1980년)도 현행 헌법에서와 마찬가지로 국무총리 또는 국무위원에 대한 해임건의권을 규정하였다. 15 국회 8 O | X

> 제7차 개정헌법(1972년) 제97조 ① 국회는 **국무총리 또는 국무위원**에 대하여 개별적으로 그 **해임을 의결할 수 있다.**
> ③ 제2항의 의결이 있을 때에는 대통령은 국무총리 또는 당해 국무위원을 **해임하여야 한다.** 다만, 국무총리에 대한 해임의결이 있을 때에는 대통령은 국무총리와 국무위원 전원을 해임하여야 한다.
> 제8차 개정헌법(1980년) 제99조 ① 국회는 **국무총리 또는 국무위원**에 대해서 개별적으로 그 **해임을 의결할 수 있다.** 다만, 국무총리에 대한 해임의결은 국회가 임명동의를 한 후 1년 이내에는 할 수 없다.
> ③ 제2항의 의결이 있을 때에는 대통령은 국무총리 또는 당해 국무위원을 **해임하여야 한다.** 다만, 국무총리에 대한 해임의결이 있을 때에는 대통령은 국무총리와 국무위원 전원을 해임하여야 한다.

정답 139. O 139-1. X [국회의원 정수의 2분의 1 → 국회의원 정수의 3분의 1] 139-2. X [1980년 X → 1972년 O] 140. O 141. X [해임의결권을 규정함]

0142 1962년 제5차 개정헌법에서는 헌법재판소를 폐지하고 대법원에 최종적인 위헌법률심사권을 부여하였고, 1972년 제7차 개정헌법에 규정된 헌법위원회는 위헌법률심판권, 탄핵심판권, 정당해산심판권을 가졌다. 17 국가 7(추)   O|X

0142-1 1972년 제7차 개정헌법에서는 대법원이 위헌법률심사와 정당해산심판을 담당하였다. 22 국회 9   O|X

0142-2 1960년 제3차 개정헌법은 헌법위원회에서 탄핵을 심판하도록 규정했는데, 헌법위원회의 위원장을 대통령이 임명하도록 했다. 18 서울 7(추)   O|X

> 제5차 개정헌법(1962년) 제102조 ① **법률**이 헌법에 위반되는 여부가 **재판의 전제**가 된 때에는 **대법원**은 이를 **최종적**으로 **심사**할 권한을 가진다.
>
> 제7차 개정헌법(1972년) 제109조 ① **헌법위원회**는 다음 사항을 심판한다.
> 1. 법원의 제청에 의한 **법률의 위헌여부**
> 2. **탄핵**
> 3. **정당의 해산**
> ④ **헌법위원회의 위원장**은 위원중에서 **대통령이 임명**한다.

0143 제7차 개정헌법(1972년)은 부칙에서 지방의회를 조국통일이 이루어질 때까지 구성하지 않는다고 규정하였다. 15 국회 8   O|X

0143-1 최초의 지방의회가 구성된 것은 제1공화국 기간이었던 1950년이었고, 지방의회를 조국통일이 이루어질 때까지 구성하지 아니한다는 것을 헌법 부칙에 규정한 것은 1980년 제8차 개정 헌법에서였다. 17 변호사   O|X

> **1948년 제헌헌법**은 지방자치를 **규정**하였으며, **1952년에 지방의회가 처음으로 구성**되었다. 그러나 1961년 박정희 정부에 의해 지방의회가 해산되었고, 지방자치에관한임시조치법에 의해 이 법에 저촉되는 지방자치법의 적용이 중단되었다. 이후 **제7차 개정헌법(1972년헌법)**은 부칙에 '**지방의회의 구성을 조국의 통일까지 유예**한다'라는 규정을 두었으며, **제8차 개정헌법(1980년)**은 부칙에 '지방의회의 구성을 지방자치단체의 **재정자립도를 감안**하여 순차적으로 하되 그 구성시기는 법률로 정한다'라고 규정하였다. 현행헌법은 지방자치에 대한 부칙을 모두 폐지하였고 그에 따라 1991년 지방의회의 구성이 이루어졌으며, 1995년 지방자치단체장의 선거가 실시됨으로써 현실에서 지방자치의 면모를 갖추게 되었다.
>
> 제7차 개정헌법(1972년) 부칙 제10조 이 헌법에 의한 지방의회는 **조국통일**이 이루어질 때까지 **구성하지 아니한다.**

5 제5공화국 (제8차 개정헌법)

0144 제8차 개정헌법(1980년)에서 대통령은 대통령선거인단에서 무기명투표로 선거하였으며, 대통령의 임기는 7년이었다. 15 국회 8   O|X

0144-1 1980년 제8차 개정헌법에서는 대통령 직선제를 채택하였다. 22 국회 9   O|X

0144-2 1972년 개정헌법은 대통령은 대통령선거인단에서 무기명투표로 선출하고, 대통령에 입후보하려는 자는 정당의 추천 또는 법률이 정하는 수의 대통령선거인의 추천을 받도록 규정하였다. 21 국회 8   O|X

정답 142. O   142-1. X [대법원 → 헌법위원회]   142-2. X [제3차 X → 제7차 O]   143. O   143-1. X [지방의회 최초 구성 : 1952년 / 지방의회 유예 조항 : 1972년 제7차 개헌]   144. O   144-1. X [대통령선거인단에서 간선]   144-2. X [1972년 개정헌법 → 1980년 개정헌법]

> 제8차 개정헌법(1980년) 제39조 ① 대통령은 **대통령선거인단**에서 **무기명투표로 선거**한다.
> ② 대통령에 입후보하려는 자는 **정당의 추천** 또는 법률이 정하는 수의 **대통령선거인의 추천**을 받아야 한다.
> 제8차 개정헌법(1980년) 제45조 **대통령의 임기**는 7년으로 하며, **중임할 수 없다.**

0145 1980년 개정헌법(제8차 개헌)은 임기 7년의 대통령을 국회에서 무기명투표로 선거하도록 하고 1차에 한하여 중임을 허용하였으며, 위헌법률심판과 탄핵심판을 담당하는 헌법위원회를 규정하였다. 19 변호사
O | X

0145-1 제8차 개정헌법은 대법원이 탄핵, 정당의 해산, 법률의 위헌여부를 심판하도록 규정하였다. 22 국회 8
O | X

0145-2 1980년 제8차 개정헌법에서 법원의 제청에 의한 법률의 위헌여부 심판, 탄핵의 심판, 정당의 해산심판 및 법률이 정하는 헌법소원에 관한 심판을 헌법위원회가 관장하도록 규정하였다. 23 입시
O | X

> 제8차 개정헌법(1980년) 제39조 ① 대통령은 **대통령선거인단**에서 **무기명투표로 선거**한다.
> 제8차 개정헌법(1980년) 제45조 **대통령의 임기**는 7년으로 하며, **중임할 수 없다.**
> 제8차 개정헌법(1980년) 제112조 ① **헌법위원회**는 다음 사항을 심판한다.
> 1. **법원의 제청에 의한 법률의 위헌여부**
> 2. **탄핵**
> 3. **정당의 해산**

0146 1980년 개정헌법은 국회가 국무총리에 대하여 해임을 의결할 경우, 대통령은 국무총리와 국무위원 전원을 해임하여야 한다고 규정하였다. 21 국회 8
O | X

0146-1 제8차 개헌에 의한 정부형태에서는 대통령이 국회해산권을 갖는 대신 국회는 국무총리와 국무위원에 대한 개별적인 해임의결권을 가지되 국무총리에 대한 해임의결은 전체 국무위원의 연대책임을 초래하였다. 14 지방 7
O | X

0146-2 1980년 헌법은 국회가 국무총리 또는 국무위원에 대하여 개별적으로 그 해임을 건의할 수 있으나, 국무총리에 대한 해임건의는 국회가 임명동의를 한 후 1년 이내에는 할 수 없도록 규정하였다. 23 변호사
O | X

> 제8차 개정헌법(1980년) 제57조 ① 대통령은 국가의 안정 또는 국민전체의 이익을 위하여 필요하다고 판단할 상당한 이유가 있을 때에는 국회의장의 자문 및 국무회의의 심의를 거친 후 그 사유를 명시하여 **국회를 해산할 수 있다.** 다만, 국회가 구성된 후 1년 이내에는 해산할 수 없다.
> 제8차 개정헌법(1980년) 제99조 ① **국회**는 국무총리 또는 국무위원에 대하여 **개별적으로 그 해임을 의결**할 수 있다. 다만, 국무총리에 대한 해임의결은 **국회가 임명동의를 한 후 1년 이내에는 할 수 없다.**
> ③ 제2항의 **의결이 있을 때에는 대통령은** 국무총리 또는 당해 국무위원을 **해임하여야 한다.** 다만, **국무총리에 대한 해임의결**이 있을 때에는 **대통령은 국무총리와 국무위원 전원을 해임하여야** 한다.

정답 145. ✕ [대통령선거인단에서 간선, 중임 불가]　145-1. ✕ [대법원 ✕ → 헌법위원회 O]　145-2. ✕ [헌법소원은 현행헌법에 최초 규정]
146. O　146-1. O　146-2. ✕ [해임건의 ✕ → 해임의결 O]

6 현행헌법

0147 1987년 개정헌법은 여야합의에 의해 제안된 헌법개정안을 국회가 의결한 후 국민투표로 확정된 것이다. 20 국가 7 ○|×

현행 헌법은 여야합의에 의하여 8인 정치회담에서 성안한 **대통령직선제**를 중심으로 하는 헌법개정안이 **국회 발의의결**을 거쳐 1987년 10월 27일에 **국민투표를 통하여** 확정됨으로써 성립되었다. 현행헌법인 **제9차 개정헌법(1987년)**은 **여야합의**에 의해 제안된 헌법개정안을 **국회가 의결**한 후 **국민투표로 확정**된 것이다.

0148 현행 헌법(1987년)은 전문, 본문 10개장 130개조, 부칙 6개조로 구성되어 있으며, 제9차 헌법개정으로 탄생하였다. 17 5급 ○|×

현행 헌법(1987년)은 **전문, 본문 10개장 130개조, 부칙 6개조**로 구성되어 있으며, **제9차 헌법개정**으로 탄생하였다.

0149 제9차 헌법개정에서는 대통령직선제로 변경하면서 5년 단임제를 채택하였고, 대통령의 국회해산권은 폐지하였다. 23 해간 ○|×

현행 헌법(1987년)은 **대통령직선제**로 변경하면서 **5년 단임제**를 채택하였고, **대통령의 국회해산권은** 폐지하였다.

0150 제9차 개헌(1987년)에서 대통령 직선제를 도입하고 헌법재판소에 관한 규정을 두었다. 15 국회 9 ○|×

현행헌법(1987년)은 6월항쟁의 결과 **대통령직선제**를 주요내용으로 하는 헌법개정안이 국회에서 의결되어 국민투표로 확정되었으며, **헌법재판소**가 부활하여 처음으로 구성되었다.

0151 1987년 제9차 개정헌법은 재외국민보호를 의무화하고 국군의 정치적 중립성 준수 규정을 두었으며, 국정조사권 및 국정감사권을 부활하였다. 19 서울 7(추) ○|×

현행헌법인 제9차 개정헌법(1987년)은 **재외국민에 대한 국가의 보호의무**와 **국군의 정치적 중립성 준수**를 명시하였다. 우리 헌법사에서 **국정감사제도**는 **제헌헌법(1948년)**에서부터 존재하였으며, 제7차 개정헌법(1972년)과 제8차 개정헌법(1980년)에서는 폐지되었다가 현행헌법(1987년)에서 다시 부활하였다. **국정조사제도**는 **제8차 개정헌법(1980년)**에서 최초로 헌법에 명시하였다.

● 정답 147. ○ 148. ○ 149. ○ 150. ○ 151. ×[국정조사권 : 제8차 개헌(1980년) 최초 규정]

0152 국정감사는 1948년 제헌헌법에 규정된 후 1972년 개정헌법에서 폐지되었다가 현행헌법에서 부활하였으며, 국정조사는 1980년 개정헌법에 신설되었다. 18 서울 7(추) O | X

0152-1 우리 헌법사에서 국정조사제도는 1948년 헌법부터 존재하였으며, 1972년 헌법과 1980년 헌법에서는 폐지되었다가 1987년 헌법에서 다시 부활하였다. 14 국회 8, 12 국가 7 O | X

0152-2 국회의 국정감사권은 제헌헌법에서부터 규정되어 오다가 1962년 제5차 개정헌법에서 폐지되었으나 현행헌법에서 다시 규정되었다. 15 변호사 O | X

0152-3 국정감사제도는 제헌헌법에 규정되었다가 1972년 헌법(제7차 개정헌법)에서 폐지되었으나 1980년 헌법(제8차 개정헌법)에서 다시 도입되었다. 17 지방 7 O | X

> 우리 헌법사에서 **국정감사제도는 제헌헌법(1948년)**에서 부터 **존재**하였으며, **제7차 개정헌법(1972년)**과 **제8차 개정헌법(1980년)**에서는 **폐지**되었다가 **현행헌법(1987년)**에서 다시 **부활**하였다. **국정조사제도는 제8차 개정헌법(1980년)**에서 최초로 헌법에 명시하였다.

0153 현행 헌법(1987년)은 국회의 국정조사권과 국정감사권을 모두 인정하고 있다. 16 경정 O | X

> 헌법 제61조 ① 국회는 **국정을 감사**하거나 **특정한 국정사안에 대하여 조사**할 수 있으며, 이에 필요한 서류의 제출 또는 증인의 출석과 증언이나 의견의 진술을 요구할 수 있다.

> 🔖 **보충설명** 제9차 개정헌법(1987년)은 제8차 개정헌법(1980년)의 국정조사제도를 그대로 유지하면서, 제7차 개정헌법(1972년)에서 폐지했던 국정감사제도를 부활시켰다. 따라서 현행헌법은 **국정감사와 국정조사를 모두 규정**하고 있다.

7 종합

0154 1952년 제1차 헌법개정은 사전공고절차를 결여하였음은 물론 독회·토론도 없이 의결한 점에서, 1954년 제2차 헌법개정은 의결정족수의 미달인 점에서, 1962년 제5차 헌법개정은 민의원 및 참의원에서의 의결을 거치지 않은 채 「국가재건비상조치법」상의 국민투표로만 개정하였다는 점에서 모두 위헌적인 요소를 가지고 있다. 16 국회 8 O | X

> **제1차 헌법개정(1952년)**은 정부의 대통령·부통령 국민직선제 개헌안과 야당의 국회 양원제 개헌안을 **발췌하여 절충한 개헌**으로 발췌개헌안 자체에 대하여 **공고절차가 없었고, 국회에서의 토론도 생략**되는 등 헌법개정절차가 무시된 개헌이었다. **제2차 개정헌법(1954년)**은 개헌을 위한 **정족수에 미달**하였음에도 사사오입의 논리를 적용하여 이를 가결시킴으로써 헌법상의 의결정족수규정에 위반되었음은 물론 적법절차에도 위반되는 비민주적 개헌이었다. **제5차 개정헌법(1962년)**은 국회가 해산된 상태에서 「**국가재건비상조치법**」에 따라 국회의 권한을 대신 행사하는 **국가재건최고회의의 의결**을 거친 후 **국민투표로 확정**된 것이어서 국회의 의결을 거치지 않았다는 점에서 위헌적인 개헌이었다.

정답 152. O 152-1. X [국정조사 X → 국정감사 O] 152-2. X [제5차 X → 제7차 O] 152-3. X [제8차 X → 제9차 O] 153. O 154. O

0155 1954년 헌법에서는 대통령, 민의원 또는 참의원의 재적의원 3분의 1 이상 또는 민의원 의원선거권자 50만인 이상의 찬성으로 헌법개정을 제안할 수 있도록 하였으며, 1960년 제3차 헌법개정에서 선거의 공정한 관리를 위하여 독립된 헌법기관으로서 중앙선거관리위원회를 처음 규정하였다. 16 국가 7

O | X

> **제2차 개정헌법(1954년) 제98조** ① 헌법개정의 제안은 **대통령, 민의원 또는 참의원**의 재적의원 3분지 1 이상 또는 **민의원 의원선거권자 50만인 이상**의 찬성으로써 한다.
>
> **제3차 개정헌법(1960년) 제75조의2** 선거의 관리를 공정하게 하기 위하여 **중앙선거위원회**를 둔다. 중앙선거위원회는 대법관 중에서 호선한 3인과 정당에서 추천한 6인의 위원으로 조직하고 위원장은 대법관인 위원 중에서 호선한다. 중앙선거위원회의 조직, 권한 기타 필요한 사항은 법률로써 정한다.

0156 대의제를 보완하는 직접민주주의 요소로서 우리 헌법은 국민투표만을 규정하였을 뿐 우리 헌정사상 국민발안제나 국민소환제를 채택한 적은 없다. 21 5급

O | X

> 우리 헌정사상 국민소환제를 채택한 적은 없으나, **제2~6차 개정헌법**은 헌법개정안에 대해 **국민발안제**를 채택한 적이 있다.
>
> **제2차 개정헌법(1954년)~제4차 개정헌법(1960년) 제98조** ① **헌법개정의 제안**은 대통령, 민의원 또는 참의원의 재적의원 3분지 1 이상 또는 **민의원의원선거권자 50만인 이상**의 **찬성**으로써 한다.
>
> **제5차 개정헌법(1962년)~제6차 개정헌법(1969년) 제119조** ① **헌법개정의 제안**은 국회의 재적의원 3분의 1 이상 또는 **국회의원선거권자 50만인 이상**의 **찬성**으로써 한다.

0157 대통령을 간접선거로 선출하였던 사례로는 국회에 의한 간선과 통일주체국민회의에 의한 간선 두 가지가 있다. 11 국회 9

O | X

> **제헌헌법(1948년) 제53조** 대통령과 부통령은 국회에서 **무기명투표로써** 각각 선거한다.
>
> **제3차 개정헌법(1960년) 제53조** 대통령은 **양원합동회의에서** 선거하고 재적국회의원 3분지 2 이상의 투표를 얻어 당선된다.
>
> **제7차 개정헌법(1972년) 제39조** ① **대통령**은 통일주체국민회의에서 **토론없이 무기명투표로** 선거한다.
>
> **제8차 개정헌법(1980년) 제39조** ① **대통령**은 **대통령선거인단에서 무기명투표로** 선거한다.

정답 155. O   156. X [제2차~제6차 개헌 국민발안제 인정]   157. X [+ 양원합동회의, 대통령선거인단]

02 기본권 등 헌정사

1 제1공화국 (제헌헌법~제2차 개정헌법)

0158 1948년 제헌헌법은 근로자의 단결, 단체교섭과 단체행동의 자유를 법률의 범위 내에서 보장하도록 하였으며, 노령, 질병 기타 근로능력의 상실로 인하여 생활유지의 능력이 없는 자는 법률의 정하는 바에 의하여 국가의 보호를 받도록 하였다. 20 변호사   O | X

0158-1 제헌헌법(1948년)에서 법률이 정하는 바에 따라 근로자는 이익의 분배에 대하여 균점할 권리가 있다는 규정을 두었다. 15 국회 9   O | X

0158-2 1948년 헌법은 평등권, 신체의 자유 및 직업의 자유를 비롯한 고전적 기본권을 보장하였을 뿐만 아니라, 근로3권과 사기업에 있어서 근로자의 이익분배균점권, 생활무능력자의 보호, 혼인의 순결과 가족의 건강의 특별한 보호 등 일련의 사회적 기본권까지 규정하여 사회주의적 요소를 가미하였다. 16 국가 7   O | X

> 제헌헌법(1948년) 제18조 근로자의 **단결, 단체교섭**과 단체행동의 자유는 **법률의 범위내**에서 보장된다.
> 영리를 목적으로 하는 **사기업에 있어서는 근로자**는 법률의 정하는 바에 의하여 **이익의 분배에 균점할 권리**가 있다.
> 제헌헌법(1948년) 제19조 노령, 질병 기타 근로능력의 상실로 인하여 **생활유지의 능력이 없는 자**는 법률의 정하는 바에 의하여 **국가의 보호**를 받는다.
> 제헌헌법(1948년) 제20조 **혼인은 남녀동권**을 기본으로 하며 **혼인의 순결과 가족의 건강**은 국가의 특별한 보호를 받는다.

보충설명 직업선택의 자유는 제5차 개정헌법(1962년)에서 신설하였다.

0159 제헌헌법은 중요한 운수, 통신, 금융, 보험, 전기, 수리, 수도, 가스 및 공공성을 가진 기업을 국영 혹은 공영으로 하도록 하였다. 16 국회 9   O | X

> 제헌헌법(1948년) 제87조 중요한 운수, 통신, 금융, 보험, 전기, 수리, 수도, 가스 및 공공성을 가진 **기업은 국영 또는 공영으로** 한다. 공공필요에 의하여 사영을 특허하거나 또는 그 특허를 취소함은 법률의 정하는 바에 의하여 행한다. 대외무역은 국가의 통제하에 둔다.

0160 1948년 제헌헌법에서 대한민국의 경제질서는 모든 국민에게 생활의 기본적 수요를 충족할 수 있게 하는 사회정의의 실현과 균형있는 국민경제의 발전을 기함을 기본으로 하며, 각인의 경제상 자유는 이 한계 내에서 보장된다고 규정하였다. 24 경간   O | X

0160-1 1948년 제헌헌법은 '경제'의 장과 '재정'의 장을 별도로 둠으로써 경제와 재정의 의미를 강조하였으며, 개인의 경제활동의 자유를 우선적으로 보장하되, 모든 국민에게 생활의 기본적 수요를 충족할 수 있게 하는 사회정의의 실현과 국민경제의 발전을 위해 국가의 보충적 관여를 허용하고 있었다. 14 변호사   O | X

정답 158. O   158-1. O   158-2. X [직업의 자유 : 제5차 개헌(1962년) 신설]   159. O   160. O   160-1. X [사회정의의 실현과 국민경제의 발전을 기본으로 하여 각인의 경제상 자유 보장 (우선적 보장 X)]

제헌헌법(1948년)은 '경제'의 장과 '재정'의 장을 별도로 둠으로써 경제와 재정의 의미를 강조하였다. 제헌헌법은 개인의 경제상 자유와 창의를 기본으로 하면서 균형 있는 국민경제의 발전을 위해 경제에 대한 규제와 조정을 할 수 있는 현행 헌법의 경제질서와 비교할 때 '**원칙과 예외**'에 있어 차이가 있다. 제헌헌법은 사회정의의 실현과 균형있는 국민경제의 발전을 기본으로 하면서 각인의 경제상 자유가 보장된다고 규정하였다.

> 제헌헌법(1948년) 제84조 대한민국의 경제질서는 모든 국민에게 생활의 기본적 수요를 충족할 수 있게 하는 **사회정의의 실현과 균형있는 국민경제의 발전**을 기함을 기본으로 삼는다. **각인의 경제상 자유는 이 한계내에서 보장된다.**

0161 1948년 헌법은 지방자치에 관한 장과 재정에 관한 장을 별도로 두었다. 19 입시 ○│×

0161-1 1948년 제헌헌법부터 지방자치제도에 관한 헌법규정이 존재하였다. 19 5급 ○│×

> 제헌헌법(1948년) 제7장 재정 제90조 **조세**의 종목과 세율은 법률로써 정한다.
> 제헌헌법(1948년) 제8장 지방자치 제96조 **지방자치단체**는 법령의 범위내에서 그 자치에 관한 행정사무와 국가가 위임한 행정사무를 처리하며 재산을 관리한다.

0162 1954년 헌법은 대한민국의 주권의 제약 또는 영토의 변경을 가져올 국가안위에 관한 중대사항은 국회의 가결을 거친 후에 국민투표에 부하여 민의원의원선거권자 3분의 2 이상의 투표와 유효투표 3분의 2 이상의 찬성을 얻어야 한다고 규정하였다. 18 국가 7 ○│×

0162-1 제3차 헌법개정(1960년 6월 헌법)에서는 대한민국의 주권의 제약 또는 영토의 변경을 가져올 국가안위에 관한 중대사항은 국회의 가결을 거친 후에 국민투표에 부하여 민의원의원 선거권자 3분지 2 이상의 투표와 유효투표 3분지 2 이상의 찬성을 얻어야 한다고 처음으로 규정하였다. 24 경간 ○│×

> 제2차 개정헌법(1954년) 제7조의2 대한민국의 주권의 제약 또는 영토의 변경을 가져올 **국가안위에 관한 중대사항**은 **국회의 가결**을 거친 후에 **국민투표**에 부하여 **민의원 의원선거권자 3분지 2 이상의 투표**와 **유효투표 3분지 2 이상의 찬성**을 얻어야 한다. 전항의 국민투표의 발의는 국회의 가결이 있은 후 1개월 이내에 민의원 의원선거권자 50만인 이상의 찬성으로써 한다. 국민투표에서 찬성을 얻지 못할 때에는 제1항의 국회의 가결사항은 소급하여 효력을 상실한다. 국민투표의 절차에 관한 사항은 법률로써 정한다.

0163 제2차 개정헌법(1954년)은 주권의 제약이나 영토변경의 경우에 국민투표를 거치게 하였으며, 헌법개정에 관하여 국민발안제를 채택하고, 헌법개정 시 개폐할 수 없는 조항을 명시하였다. 13 지방 7
○│×

> 제2차 개정헌법(1954년) 제7조의2 대한민국의 주권의 제약 또는 영토의 변경을 가져올 **국가안위에 관한 중대사항**은 **국회의 가결**을 거친 후에 **국민투표**에 부하여 **민의원 의원선거권자 3분지 2 이상의 투표**와 **유효투표 3분지 2 이상의 찬성**을 얻어야 한다. 전항의 국민투표의 발의는 국회의 가결이 있은 후 1개월 이내에 민의원 의원선거권자 50만인 이상의 찬성으로써 한다. 국민투표에서 찬성을 얻지 못할 때에는 제1항의 국회의 가결사항은 소급하여 효력을 상실한다. 국민투표의 절차에 관한 사항은 법률로써 정한다.
> 제2차 개정헌법(1954년) 제98조 ① **헌법개정의 제안**은 대통령, 민의원 또는 참의원의 재적의원 3분지 1 이상 또는 **민의원의원 선거권자 50만인 이상의 찬성**으로써 한다.
> 제2차 개정헌법(1954년) 제98조 ⑥ 제1조(민주공화국), 제2조(국민주권)와 제7조의 2(국민투표)의 규정은 **개폐할 수 없다.**

정답 161. ○ 161-1. ○ 162. ○ 162-1. ×[제3차 개정헌법 × → 제2차 개정헌법 ○] 163. ○

0164 1960년 6월의 제3차 개정헌법(제2공화국)은 경제질서에 자유시장경제적 요소를 최초로 도입하였다. 11 국회 8

O | X

> 제2차 개정헌법(1954년)은 제헌헌법 제87조의 '중요기업 및 공공성 기업의 국·공유화' 규정을 삭제하였고, '사영기업의 국·공유 이전'도 법률로 특별히 정한 경우에 한정하도록 하여, **경제질서에 자유시장경제적 요소를 최초로 도입하였다.**

2 제2공화국 (제3차 개정헌법~제4차 개정헌법)

0165 언론·출판에 대한 허가·검열의 금지는 제3공화국 헌법에서 처음으로 명시하였다. 18 국회 9   O | X

0165-1 1972년 제7차 개정헌법에서 최초로 언론·출판에 대한 허가·검열의 금지조항을 두었다. 15 경정

O | X

> **제3차 개정헌법(1960년)**에서 언론·출판·집회·결사의 자유에 대한 사전허가 내지 검열의 금지를 헌법에서 **처음 명시**하였다. **제7차 개정헌법(1972년)**에서 언론·출판에 대한 허가나 검열을 금지하는 조항 등을 **모두 삭제**하였으며 **현행헌법**인 제9차 개정헌법(1987년)에서 제7차 개정헌법에서 삭제되었던 **언론·출판에 대한 허가와 검열금지조항**이 **부활**했다.

0166 1960년 제3차 개정헌법은 공무원의 정치적 중립성 조항과 헌법재판소 조항을 처음으로 규정하였고, 1962년 제5차 개정헌법은 인간의 존엄과 가치에 대한 규정과 기본권의 본질적 내용 침해금지에 관한 규정을 처음으로 두었다. 19 서울 7

O | X

0166-1 제5차 개헌(1962년)에서 기본권의 본질적 내용에 대한 침해를 금지하는 규정을 신설하는 한편 헌법재판소에 관한 규정을 두었다. 15 국회 9

O | X

0166-2 제7차 개헌(1972년)에서 기본권의 본질적 내용의 침해금지조항을 신설하였다. 15 국회 9   O | X

> **제3차 헌법개정**은 기본권제한에 대한 일반적 법률유보조항을 두었으며, **기본권의 본질적 내용을 침해할 수 없다는 조항**을 두었다. 공무원의 신분 및 **정치적 중립성**을 보장하였고, 경찰의 중립을 보장하는 규정을 두었다. 헌법에 관한 최종적 해석권을 가진 **헌법재판소를 신설**하였다. <u>1962년 헌법</u>은 기본권의 보장에서 <u>인간의 존엄성 존중 조항</u>이 신설되었다.
>
> 🔖 **보충설명** 기본권의 본질적 내용 침해금지는 제3차 개정헌법(1960년)에 처음 규정되었고 인간의 존엄과 가치는 제5차 개정헌법(1962년)에 처음 규정되었다.

0167 1960년 제3차 개정헌법은 기본권의 본질적 내용 침해금지 조항을 신설하였으며 선거권 연령을 법률로 위임하지 않고 헌법에서 직접 규정하였다. 23 경간

O | X

> 제3차 개정헌법(1960년) 제25조 **모든 국민은 20세에** 달하면 법률의 정하는 바에 의하여 **공무원을 선거할 권리**가 있다.
> 제3차 개정헌법(1960년) 제28조 ② **국민의 모든 자유와 권리**는 질서유지와 공공복리를 위하여 필요한 경우에 한하여 법률로써 제한할 수 있다. 단, 그 **제한은** 자유와 권리의 **본질적인 내용을 훼손하여서는 아니**되며 언론, 출판에 대한 허가나 검열과 집회, 결사에 대한 허가를 규정할 수 없다.

정답 164. X [제2차 개헌(1954년)에서 최초 도입] 165. X [제3공화국 헌법 → 제3차 개헌(1960년)] 165-1. X [제3차 개헌(1960년) 신설]
166. X [기본권의 본질적 내용 침해금지: 제3차 개헌(1960년) 신설] 166-1. X [제5차 개헌(1962년) → 제3차 개헌(1960년)] 166-2. X [제7차 개헌(1972년) → 제3차 개헌(1960년)] 167. O

3 제3공화국 (제5차 개정헌법~제6차 개정헌법)

0168 1962년 제5차 개정헌법은 인간으로서의 존엄과 가치 조항을 신설하고, 위헌법률심사권을 법원의 권한으로 규정하였다. 18 경정   O | X

0168-1 1972년 개정헌법에서는 인간의 존엄과 가치에 관한 규정을 처음 도입하였다. 23 경채   O | X

0168-2 1980년 제8차 개정헌법은 인간의 존엄과 가치를 최초로 규정하였다. 22 5급   O | X

> 제5차 개정헌법(1962년) 제8조 모든 국민은 인간으로서의 존엄과 가치를 가지며, 이를 위하여 국가는 국민의 기본적 인권을 최대한으로 보장할 의무를 진다.
>
> 제5차 개정헌법(1962년) 제102조 ① 법률이 헌법에 위반되는 여부가 재판의 전제가 된 때에는 대법원은 이를 최종적으로 심사할 권한을 가진다.

0169 우리 헌법사에서 직업의 자유는 1960년 제3차 개정헌법에서부터 명문화되었다. 15 지방 7   O | X

> 제5차 개정헌법(1962년) 제13조 모든 국민은 직업선택의 자유를 가진다.
>
> 🖉 보충설명 우리 헌법사에서 직업의 자유는 '직업선택의 자유'라는 표현으로 제5차 개정헌법(1962년)에서부터 명문화되었다.

0170 1962년 제5차 개정헌법에서는 인간다운 생활을 할 권리를 최초로 규정하였다. 22 입시   O | X

> 제5차 개정헌법(1962년) 제30조 ① 모든 국민은 인간다운 생활을 할 권리를 가진다.

4 제4공화국헌법 (제7차 개정헌법)

0171 1972년 제7차 개정헌법에서는 언론·출판의 허가나 검열금지조항을 폐지하였다. 21 입시   O | X

제3차 개정헌법(1960년)에서 언론·출판·집회·결사의 자유에 대한 사전허가 내지 검열의 금지를 헌법에서 처음 명시하였다. 제7차 개정헌법(1972년)에서 언론·출판에 대한 허가나 검열을 금지하는 조항 등을 모두 삭제하였으며 현행헌법인 제9차 개정헌법(1987년)에서 제7차 개정헌법에서 삭제되었던 언론·출판에 대한 허가와 검열금지조항이 부활했다.

0172 기본권 제한의 사유로 국가안전보장을 추가한 것은 1962년의 제5차 개정 헌법의 내용이다. 23 국회 9   O | X

> 제7차 개정헌법(1972년) 제32조 ② 국민의 자유와 권리를 제한하는 법률의 제정은 국가안전보장·질서유지 또는 공공복리를 위하여 필요한 경우에 한한다.

정답 168. O   168-1. X [1972년 X → 1962년 O]   168-2. X [제5차 개헌(1962년) 최초 규정]   169. X [제5차 개헌(1962년)부터 명문화]   170. O   171. O   172. X [제7차 개정헌법]

0173 제7차 헌법개정(1972년 헌법)에서는 대통령 직선제가 폐지되고, 기본권의 본질적 내용의 침해금지 규정이 삭제되었다. 23 국회 8   O|X

> 제3차 개정헌법(1960년)에서 기본권의 본질적 내용침해금지를 **처음 명문화**하였고, **제7차 개정헌법(1972년)에서 폐지**되었다가 **제8차 개정헌법(1980년)에서 다시 규정**되었다.
>
> 제7차 개정헌법(1972년) 제39조 ① 대통령은 **통일주체국민회의에서 토론없이 무기명투표로 선거**한다.
> ② 통일주체국민회의에서 **재적대의원 과반수의 찬성**을 얻은 자를 **대통령당선자**로 한다.

0174 1972년 헌법은 종전 헌법보다 정당국가적 경향이 약화되었다. 10 국회 8   O|X

> 제5차 개정헌법(1962년)이 극단적인 정당국가를 지향한데 비해 **제7차 개정헌법(1972년)은 정당국가제를 탈피**하면서 **무소속입후보를 허용**하였고, 당적 보유를 하지 않더라도 **국회의원직 유지**가 가능하도록 하였다.

0175 1972년 제7차 개정헌법은 대통령에게 평화적 통일을 위한 성실한 의무를 규정하였다. 19 입시   O|X

> 제7차 개정헌법(1972년) 제43조 ③ **대통령**은 조국의 **평화적 통일을 위한 성실한 의무**를 진다.

5   제5공화국헌법 (제8차 개정헌법)

0176 헌법에서 재외국민에 대한 국가의 보호를 처음으로 명시한 것은 제5공화국 헌법(제8차 개헌)이다. 24 경간   O|X

> 제8차 개정헌법(1980년) 제2조 ② **재외국민**은 **국가의 보호**를 받는다.

0177 헌법에서 정당조항이 처음 채택된 것은 1960년 제2공화국 헌법(제3차 개헌)이며, 제5공화국 헌법(제8차 개헌)에서 정당에 대한 국고보조금 조항을 신설하였다. 24 경간   O|X

0177-1 1980년 제8차 헌법개정에서 국가는 법률이 정하는 바에 의하여 정당의 운영에 필요한 자금을 보조할 수 있다고 규정하였다. 23 국가 7   O|X

0177-2 1972년 제7차 개헌에서는 정당운영자금의 국고보조조항을 신설하였다. 23 지방 7   O|X

> 정당 운영자금의 국고보조는 **제8차 개정헌법(1980년)에서 최초로 채택**한 것으로 이는 정당에 대한 정치자금의 적정한 제공을 보장하여 정당의 자금조달과정과 결부된 정치적 부패를 방지하며, 정당의 보호육성을 도모하는 데에 그 의의가 있다.
>
> 제3차 개정헌법(1960년) 제13조 **정당**은 법률의 정하는 바에 의하여 국가의 보호를 받는다. 단, 정당의 목적이나 활동이 헌법의 민주적 기본질서에 위배될 때에는 정부가 대통령의 승인을 얻어 소추하고 헌법재판소가 판결로써 그 정당의 해산을 명한다.
> 제8차 개정헌법(1980년) 제7조 ③ 정당은 법률이 정하는 바에 의하여 **국가의 보호**를 받으며, 국가는 법률이 정하는 바에 의하여 **정당의 운영에 필요한 자금을 보조**할 수 있다.

● 정답   173. O   174. O   175. O   176. O   177. O   177-1. O   177-2. X [제8차 개정헌법(1980년)에서 신설]

0178 우리나라의 경우 제8차 개정 헌법(제5공화국 헌법)에서 행복추구권을 처음으로 이를 규정하였다. 22 해간 O|X

0178-1 제1차 개헌(1952년)에서 헌법상의 기본권으로서 행복추구권을 명문화하였다. 15 국회 9 O|X

0178-2 1962년 헌법은 인간의 존엄과 가치를 명시하고, 행복추구권을 기본권으로 신설하였다. 18 국가 7 O|X

0178-3 행복추구권은 현행 헌법인 제6공화국 헌법에서 최초로 규정되었다. 15 법원 9 O|X

1980년 제5공화국헌법은 통일주체국민회의를 폐지하였으며, **행복추구권**, 사생활의 비밀과 자유, 무죄추정의 원칙, **환경권**, 적정임금의 보장 등을 헌법상의 기본권으로 새로이 규정하였다.

0179 1980년 제8차 헌법개정에서 모든 국민은 깨끗한 환경에서 생활할 권리를 가지며, 국가와 국민은 환경보전을 위하여 노력하여야 한다고 규정하였다. 23 국가 7 O|X

0179-1 제8차 개정헌법(1980년)에서는 깨끗한 환경에서 생활할 권리인 환경권을 처음으로 규정하였다. 21 경정 O|X

제8차 개정헌법(1980년)에서 '깨끗한' 환경에서 생활할 권리로서 기본권으로서 환경권이 명문화되었고, 현행헌법(1987년)에서 '건강하고 쾌적한' 환경에서 살아갈 권리로 변경되었다.

> 제8차 개정헌법(1980년) 제33조 모든 국민은 깨끗한 환경에서 생활할 권리를 가지며, 국가와 국민은 환경보전을 위하여 노력하여야 한다.

0180 사생활의 비밀과 자유가 우리 헌법에 처음으로 규정된 것은 1980년 제5공화국 헌법에서부터이다. 21 소간 O|X

우리 헌법은 1980년 제5공화국 헌법에서 **사생활의 비밀과 자유**를 헌법의 기본권으로 처음 명문화하였다.

0181 1980년 제8차 개정헌법에서는 적정임금보장에 대해 규정하였다. 20 입시 O|X

0181-1 제9차 헌법개정에서는 국가의 적정임금보장 규정을 신설하였다. 23 해간 O|X

> 제8차 개정헌법(1980년) 제30조 ① 모든 국민은 근로의 권리를 가진다. 국가는 사회적·경제적 방법으로 근로자의 고용의 증진과 **적정임금의 보장**에 노력하여야 한다.
> 제8차 개정헌법(1980년) 제97조 **국회는** 특정한 **국정사안에 관하여 조사**할 수 있으며, 그에 직접 관련된 서류의 제출, 증인의 출석과 증언이나 의견의 진술을 요구할 수 있다. 다만, 재판과 진행중인 범죄수사·소추에 간섭할 수 없다.

🖉 **보충설명** 제8차 개정헌법(1980년) 제30조는 적정임금의 보장 노력 조항을 추가하였다.

0182 1980년 제8차 개정헌법은 형사피고인의 무죄추정원칙을 처음으로 명문화하였다. 24 경정 O|X

제8차 개정헌법(1980년)은 형사피고인의 **무죄추정원칙**을 처음으로 명문화하였다.

정답 178. O 178-1. X [제1차 X → 제8차 O] 178-2. X [행복추구권: 제8차 개헌(1980년)] 178-3. X [제5공화국(1980년) 최초 규정]
179. O 179-1. O 180. O 181. O 181-1. X [적정임금: 제8차 개헌(1980년)] 182. O

0183 1980년 제5공화국헌법은 통일주체국민회의를 폐지하였으며, 행복추구권, 사생활의 비밀과 자유, 무죄추정의 원칙, 환경권, 적정임금의 보장 등을 헌법상의 기본권으로 새로이 규정하였다. 14 변호사 O | X

0183-1 제8차 개정헌법(1980년 개헌)에서는 행복추구권, 연좌제 금지, 사생활의 비밀과 자유의 불가침, 환경권 등을 신설하였다. 24 변호사 O | X

> 1980년 제5공화국헌법은 통일주체국민회의를 폐지하였으며, 행복추구권, 연좌제 금지, 사생활의 비밀과 자유, 무죄추정의 원칙, 환경권, 적정임금의 보장 등을 헌법상의 기본권으로 새로이 규정하였다.

0184 1980년 개정헌법은 행복추구권, 친족의 행위로 인하여 불이익한 처우의 금지 및 범죄피해자구조청구권을 새로 도입하였다. 20 국가 7 O | X

> 제8차 개정헌법(1980년) 제9조 모든 국민은 인간으로서의 존엄과 가치를 가지며, 행복을 추구할 권리를 가진다. 국가는 개인이 가지는 불가침의 기본적 인권을 확인하고 이를 보장할 의무를 진다.
> 제8차 개정헌법(1980년) 제12조 ③ 모든 국민은 자기의 행위가 아닌 친족의 행위로 인하여 불이익한 처우를 받지 아니한다.
> 현행 헌법(1987년) 제30조 타인의 범죄행위로 인하여 생명·신체에 대한 피해를 받은 국민은 법률이 정하는 바에 의하여 국가로부터 구조를 받을 수 있다.
>
> 📝 보충설명 1980년 제5공화국헌법에서 행복추구권과 연좌제금지를 최초로 규정하였으나, 범죄피해자조청구권은 현행헌법인 1987년 헌법에서 최초로 규정되었다.

0185 1980년 제8차 개정헌법은 기본권에 대한 본질적 내용의 침해금지 조항을 두었다. 19 입시 O | X

> 제8차 개정헌법(1980년) 제35조 ② 국민의 모든 자유와 권리는 국가안전보장·질서유지 또는 공공복리를 위하여 필요한 경우에 한하여 법률로써 제한할 수 있으며, 제한하는 경우에도 자유와 권리의 본질적인 내용을 침해할 수 없다.

0186 1980년 헌법(제8차 개정헌법)은 국가의 사회보장·사회복지 증진 노력의무, 중소기업의 사업활동 보호·육성, 소비자보호운동의 보장 등을 규정하였다. 20 변호사 O | X

0186-1 1980년 제8차 개정헌법에서 소비자보호가 처음으로 규정되었다. 19 5급 O | X

> 제8차 개정헌법(1980년) 제32조 ② 국가는 사회보장·사회복지의 증진에 노력할 의무를 진다.
> 제8차 개정헌법(1980년) 제124조 ② 국가는 중소기업의 사업활동을 보호·육성하여야 한다.
> 제8차 개정헌법(1980년) 제125조 국가는 건전한 소비행위를 계도하고 생산품의 품질향상을 촉구하기 위한 소비자보호운동을 법률이 정하는 바에 의하여 보장한다.

0187 1980년 제8차 개정헌법에서는 평생교육에 관한 권리를 최초로 규정하였다. 22 입시 O | X

제8차 개정헌법(1980년)에서 국가가 국민의 평생교육을 진흥하기 위한 의무를 가지고 있다는 점이 최초로 규정되었다.

> 제8차 개정헌법(1980년) 제29조 ⑤ 국가는 평생교육을 진흥하여야 한다.

● 정답 183. O   183-1. O   184. X [범죄피해자구조청구권 : 현행헌법 최초 도입]   185. O   186. O   186-1. O   187. O

6 현행헌법

0188 제9차 개정헌법은 자유민주적 기본질서에 입각한 평화적 통일정책의 수립·추진규정을 신설하였다. 18 국가 7 O | X

0188-1 1980년 헌법은 행복추구권·형사피고인의 무죄추정·사생활의 비밀과 자유의 불가침 등 국민의 자유와 권리보장 조항을 강화하고 평화통일조항을 최초로 규정하였다. 20 국회 8 O | X

제7차 개정헌법(1972년)은 '평화적 통일'을 헌법전문에 처음 규정하였고, <u>현행헌법(1987년)</u>에서 '자유민주적 기본질서에 입각한 <u>평화적 통일정책의 수립·추진</u>' 규정을 신설하였다. 1980년 제5공화국헌법은 <u>행복추구권·형사피고인의 무죄추정</u>·연좌제 금지·<u>사생활의 비밀과 자유의 불가침</u>·근로자의 적정임금의 보장·환경권을 신설하고, 기본적 인권의 자연권성을 강조하였다.

0189 군대의 정치적 중립성을 규정한 헌법 제5조 제2항은 제6공화국 헌법에서 최초로 도입된 조항이다. 10 법원 9 O | X

0189-1 국군의 정치적 중립성에 관한 사항은 1960년 제3차 헌법개정을 통해 처음으로 헌법에 규정되었다. 24 5급 O | X

0189-2 국군의 정치적 중립성 준수에 관한 규정은 군의 정치개입 폐단을 방지하려는 의지를 천명한 것으로서, 1980년 제8차 개정헌법에서 처음으로 규정하였다. 18 입시 O | X

국군의 정치적 중립성 준수에 관한 규정은 군의 정치개입 폐단을 방지하려는 의지를 천명한 것으로서 <u>1987년 헌법</u>에서 문민정치와 국가의 중립성을 실질적으로 보장하기 위하여 국군의 <u>정치적 중립성 준수를 명시</u>하기에 이르렀다.

0190 1987년 제9차 개헌에서는 재외국민보호의무를 신설하고 대법관 임명에 국회 동의를 요하도록 하였으며, 형사보상청구권을 피의자까지 확대 인정하였다. 19 서울 7 O | X

현행헌법(1987년)은 적법절차, 형사피해자의 재판절차진술권, 범죄피해자구조청구권, <u>형사보상청구권을 피의자까지 확대 인정</u>, 국가가 최저임금제를 시행할 의무, <u>재외국민보호의무</u> 등을 규정하였다.

0191 1987년 제9차 개정헌법은 적법절차원칙을 처음으로 명문화하였다. 24 경정 O | X

0191-1 제8차 헌법개정(1980년 헌법)에서는 행복추구권과 무죄추정의 원리 그리고 적법절차 조항이 도입되었다. 23 국회 8 O | X

<u>적법절차 조항</u>은 현행헌법인 <u>제9차 개정헌법(1987년)</u>에서 도입되었다. <u>1980년 제5공화국헌법</u>은 통일주체국민회의를 폐지하였으며, <u>행복추구권</u>, 사생활의 비밀과 자유, <u>무죄추정의 원칙</u>, 환경권, 적정임금의 보장 등을 헌법상의 기본권으로 새로이 규정하였다.

0192 1987년 제9차 개헌에서는 근로자의 적정임금보장, 재외국민 보호의무 규정을 신설하고 형사보상청구권을 피의자까지 확대 인정하였다. 22 해간, 22 국회 9, 17 경정 O | X

현행헌법인 <u>제9차 개정헌법(1987년)</u>에서 <u>재외국민보호의무 규정</u>을 신설하고 <u>형사보상청구권을 피의자까지 확대</u> 인정하였다. 근로자의 <u>적정임금보장</u>이 규정된 헌법은 <u>제8차 개정헌법(1980년)</u>이다.

정답 188. O 188-1. X [평화통일조항 : 현행헌법] 189. O 189-1. X [제3차 X → 제9차 O] 189-2. X [제8차 X → 제9차 O] 190. O 191. O 191-1. X [적법절차 조항은 현행헌법에서 도입됨] 192. X [적정임금 : 제8차 개헌(1980년)]

0193 1962년 헌법은 인간의 존엄성에 관한 규정을, 1980년 헌법은 국가가 근로자의 적정임금의 보장에 노력하여야 할 의무와 환경권을, 그리고 현행 헌법인 1987년 헌법은 국가가 최저임금제를 시행할 의무를 규정하였다. 16 국가 7, 16 국회 8   O | X

제5차 개정헌법(1962년)은 인간의 존엄과 가치, 직업선택의 자유 조항을 신설하였다. 제8차 개정헌법(1980년)은 행복추구권, 환경권, 국가가 근로자의 적정임금의 보장에 노력해야 할 의무, 재외국민보호 등을 처음 규정하였다. 현행헌법(1987년)은 적법절차, 형사피해자의 재판절차진술권, 범죄피해자구조청구권, 형사보상청구권을 피의자까지 확대 인정, 국가가 최저임금제를 시행할 의무, 재외국민보호의무 등을 규정하였다.

0194 1987년 제9차 개정헌법에서는 환경권과 국가의 최저임금제 시행의무를 최초로 규정하였다. 21 입시   O | X

제8차 개정헌법(1980년)은 행복추구권, 환경권, 국가가 근로자의 적정임금의 보장에 노력해야 할 의무, 재외국민보호 등을 처음 규정하였다. 현행헌법(1987년)은 적법절차, 형사피해자의 재판절차진술권, 범죄피해자구조청구권, 형사보상청구권을 피의자까지 확대 인정, 국가가 최저임금제를 시행할 의무, 재외국민보호의무 등을 규정하였다.

0195 1987년 헌법은 체포·구속 시 이유고지 및 가족통지제도를 추가하였고, 범죄피해자구조청구권을 기본권으로 새로 규정하였다. 18 국가 7   O | X

1987년 헌법은 체포·구속 시 이유고지 및 가족통지제도를 추가하였고, 범죄피해자구조청구권을 기본권으로 새로 규정하였다.

0196 1987년 제9차 개정헌법에서 범죄피해자구조청구권이 처음으로 규정되었다. 19 5급, 18 입시   O | X

범죄피해자구조청구권은 현행헌법인 1987년 헌법에서 최초로 규정되었다.

> 헌법 제30조 타인의 범죄행위로 인하여 생명·신체에 대한 피해를 받은 국민은 법률이 정하는 바에 의하여 국가로부터 구조를 받을 수 있다.

0197 1987년 제9차 개정헌법에서 언론·출판에 대한 허가나 검열과 집회·결사에 대한 허가는 인정되지 않는다는 조항이 부활되었다. 19 법무사   O | X

0197-1 제8차 개정헌법(1980년 헌법)에서는 행복추구권, 사생활의 비밀과 자유 등을 기본권으로 새로이 규정하였으며, 언론·출판에 대한 허가나 검열이 인정되지 않는다는 조항을 부활하였다. 18 국회 9   O | X

제3차 개정헌법(1960년)에서 언론·출판·집회·결사의 자유에 대한 사전허가 내지 검열의 금지를 헌법에서 처음 명시하였다. 제7차 개정헌법(1972년)에서 언론·출판에 대한 허가나 검열을 금지하는 조항 등을 모두 삭제하였으며 현행헌법인 제9차 개정헌법(1987년)에서 제7차 개정헌법에서 삭제되었던 언론·출판에 대한 허가와 검열금지조항이 부활했다.

정답 193. O   194. X [환경권 : 제8차 개헌(1980년) 도입]   195. O   196. O   197. O   197-1. X [언론·출판 허가/검열 금지 : 제3차 도입 → 제7차 삭제 → 제9차 부활]

0198 현행헌법(1987년 헌법)에서는 헌법재판소제도가 부활하고, 1972년에 폐지된 표현의 자유에 대한 허가와 검열금지 규정이 부활하였다. 23 국회 8 O | X

0198-1 1987년 제9차 개정헌법에서 헌법재판제도는 현행 헌법에 최초로 규정된 것이 아니다. 19 법무사 O | X

(1) 우리나라의 헌법재판제도는 **제헌헌법 이래** 지금까지 많은 변화를 겪었다. 헌법재판권이 법원에 주어지기도 하였고 법원과 독립된 헌법재판소에 주어지기도 하였으며, 헌법재판기관이 미국식과 독일식 및 프랑스식의 절충형이라고도 할 수 있는 형태를 나타내기도 하였다. **현행헌법(1987년)**은 6월항쟁의 결과 대통령직선제를 주요내용으로 하는 헌법개정안이 국회에서 의결되어 국민투표로 확정되었으며, **헌법재판소가 부활하여 처음으로 구성**되었다.

(2) **제3차 개정헌법(1960년)**에서 언론·출판·집회·결사의 자유에 대한 사전허가 내지 검열의 금지를 헌법에서 처음 명시하였다. 제7차 개정헌법(1972년)에서 언론·출판에 대한 허가나 검열을 금지하는 조항 등을 **모두 삭제**하였으며 현행헌법인 **제9차 개정헌법(1987년)**에서 제7차 개정헌법에서 삭제되었던 **언론·출판에 대한 허가와 검열금지조항이** 부활했다.

POINT 011 헌법의 보호와 국가긴급권

01 국가긴급권

0199 국가긴급권은 헌법보장의 한 수단이지만 입헌주의 그 자체를 파괴하는 위험을 초래하게 된다. 14 서울 7 O | X

국가긴급권은 국가의 존립이나 헌법질서를 위태롭게 하는 **비상사태가 발생**한 경우에 국가를 보전하고 헌법질서를 유지하기 위한 **헌법보장의 한 수단**이다. 그러나 국가긴급권의 인정은 국가권력에 대한 헌법상의 제약을 해제하여 주는 것이 되므로 국가긴급권의 인정은 일면 국가의 위기를 극복하여야 한다는 필요성 때문이기는 하지만 그것은 동시에 권력의 집중과 입헌주의의 일시적 정지로 말미암아 **입헌주의 그 자체를 파괴할 위험**을 초래하게 된다(헌재 1994. 6. 30. 92헌가18).

0200 현대 민주국가의 헌법은 일반적으로 국가긴급권의 발동의 조건, 내용 그리고 그 한계 등에 관하여 상세히 규정함으로써, 그 오용과 남용의 소지를 줄이고 있다. 13 서울 7 O | X

0200-1 대통령의 국가긴급권은 헌법보호의 비상수단이라고 할 수 있다. 14 국회 9 O | X

헌법에서 **국가긴급권의 발동기준과 내용 그리고 그 한계**에 관해서 **상세히 규정**함으로써 그 남용 또는 악용의 소지를 줄이고 심지어는 국가긴급권의 과잉행사 때는 저항권을 인정하는 등 필요한 제동장치도 함께 마련해 두는 것이 **현대의 민주적인 헌법국가의 일반적인 태도**이다. 우리 헌법도 국가긴급권을 대통령의 권한으로 규정하면서도 국가긴급권의 내용과 효력 통제와 한계를 분명히 함으로써 그 남용과 악용을 막아 **국가긴급권**이 **헌법보호의 비상수단**으로서 제기능을 나타내도록 하고 있다(헌재 1994. 6. 30. 92헌가18).

02 국가긴급권의 발동요건과 한계

0201 국가긴급권의 행사는 헌법질서에 대한 중대한 위기상황의 극복을 위한 것이기 때문에, 본질적으로 위기상황의 직접적인 원인을 제거하는데 필수불가결한 최소한도 내에서만 행사되어야 한다는 목적상 한계가 있지만, 그 본질상 일시적·잠정적으로만 행사되어야 한다는 시간적 한계는 인정되지 않는다. 20 경정, 15 법무사 O | X

● 정답 198. ○ 198-1. ○ 199. ○ 200. ○ 200-1. ○ 201. ×[시간적 한계 인정됨]

국가긴급권의 행사는 헌법질서에 대한 중대한 위기상황의 극복을 위한 것이기 때문에, 본질적으로 **위기상황의 직접적인 원인을 제거**하는데 **필수불가결한 최소한도 내에서만 행사**되어야 한다는 **목적상 한계**가 있다. 또한 국가긴급권은 비상적인 위기상황을 극복하고 헌법질서를 수호하기 위해 **헌법질서에 대한 예외**를 허용하는 것이기 때문에 그 본질상 **일시적·잠정적으로만 행사**되어야 한다는 **시간적 한계**가 있다(헌재 2015. 3. 26. 2014헌가5).

0202 대통령의 긴급명령·긴급재정경제처분 및 명령 또는 계엄과 그 해제는 국무회의의 심의를 거쳐야 한다. 22 소간   O│X

0202-1 긴급명령, 긴급재정경제명령, 계엄은 본질적으로 국가의 중대한 위기상황에서 긴급하게 행해지는 것이므로 사전에 국회의 승인이나 국무회의의 심의를 거칠 것을 요구할 수 없다. 17 법원 9   O│X

> 헌법 제89조 다음 사항은 **국무회의의 심의**를 거쳐야 한다.
> 5. 대통령의 **긴급명령·긴급재정경제처분 및 명령** 또는 **계엄과 그 해제**

🖉 보충설명 │ 사전에 국회의 승인을 거치지는 않으나 국무회의 심의는 거쳐야 한다.

POINT 012 긴급명령권

01 긴급명령권

0203 대통령은 국가의 안위에 관계되는 중대한 교전상태에 있어서 국가를 보위하기 위하여 긴급한 조치가 필요하고 국회의 집회가 불가능한 때에 한하여 법률의 효력을 가지는 명령을 발할 수 있다.
23 지방 7, 23 변호사, 22 소간, 21 국회 8, 20 국회 8   O│X

0203-1 대통령은 국가의 안위에 관계되는 중대한 교전상태에 있어서 국가를 보위하기 위하여 긴급한 조치가 필요하고 국회의 집회를 기다릴 여유가 없는 때에 한하여 법률의 효력을 가지는 명령을 발할 수 있다.
21 국회 9, 21 지방 7, 20 5급, 17 법원 9 등   O│X

> 헌법 제76조 ① 대통령은 **내우·외환·천재·지변** 또는 **중대한 재정·경제상의 위기**에 있어서 국가의 안전보장 또는 공공의 안녕질서를 유지하기 위하여 긴급한 조치가 필요하고 **국회의 집회를 기다릴 여유가 없을 때**에 한하여 최소한으로 필요한 **재정·경제상의 처분**을 하거나 이에 관하여 **법률의 효력을 가지는 명령**을 발할 수 있다.
> ② 대통령은 국가의 안위에 관계되는 **중대한 교전상태**에 있어서 국가를 보위하기 위하여 긴급한 조치가 필요하고 **국회의 집회가 불가능한 때**에 한하여 **법률의 효력을 가지는 명령**을 발할 수 있다.

🖉 보충설명 │ 긴급명령은 국회의 집회가 불가능한 때 한하여 발령할 수 있고, 긴급재정경제명령은 국회의 집회를 기다릴 여유가 없을 때 발령할 수 있다.

0204 대통령이 긴급명령을 발하기 위해서는 국무회의의 심의를 거쳐야 한다. 20 5급   O│X

> 헌법 제89조 다음 사항은 **국무회의의 심의**를 거쳐야 한다.
> 5. 대통령의 **긴급명령·긴급재정경제처분 및 명령** 또는 **계엄과 그 해제**

◆ 정답 202. O   202-1. X [국무회의 심의 거쳐야 함]   203. O   203-1. X [국회의 집회를 기다릴 여유가 없는 때 → 국회의 집회가 불가능한 때]
204. O

02 법률의 효력

0205 헌법상 긴급명령은 법률의 효력을 갖는다. 14 국회 9   O | X

0205-1 대통령의 긴급명령은 국가원수인 대통령이 발령하므로 일반법률보다 그 효력이 우위에 있다. 24 입시   O | X

0205-2 긴급명령은 국회가 의결한 법률을 통하여 개정·폐지될 수 있다. 14 서울 7   O | X

> **헌법 제76조** ② 대통령은 국가의 안위에 관계되는 **중대한 교전상태**에 있어서 국가를 보위하기 위하여 긴급한 조치가 필요하고 **국회의 집회가 불가능한 때**에 한하여 **법률의 효력을 가지는 명령**을 발할 수 있다.

> 📎 **보충설명** 긴급명령은 법률의 효력을 가지는 명령이므로 국회가 의결한 법률을 통하여 개정·폐지될 수 있다.

0206 대통령이 발한 긴급명령이 헌법이나 법률에 위반되는지 여부에 관하여는 대법원이 최종적으로 심사할 권한을 가진다. 15 서울 7   O | X

> 헌법이 **법률과 동일한 효력**을 가진다고 규정한 **긴급재정경제명령**(제76조 제1항) 및 **긴급명령**(제76조 제2항)은 물론, 헌법상 형식적 의미의 법률은 아니지만 국내법과 동일한 효력이 인정되는 '헌법에 의하여 체결·공포된 조약과 일반적으로 승인된 국제법규'(제6조)의 위헌 여부의 심사권한도 **헌법재판소에 전속**된다고 보아야 한다(헌재 2013. 3. 21. 2010헌바70 등).

03 국회의 승인

0207 헌법 제76조의 국가긴급권을 행사한 때에는 지체없이 국회에 보고하여 그 승인을 얻어야 하며, 승인을 얻지 못한 때에는 그 처분 또는 명령은 그때부터 효력을 상실한다. 14 국회 9   O | X

0207-1 대통령이 긴급명령권을 발동하려면 국회의 사전동의를 얻어야 하며, 동의를 얻지 못한 때에는 그 명령은 폐기된다. 20 국회 9   O | X

0207-2 대통령은 국가의 안위에 관계되는 중대한 교전상태에 있어서 국가를 보위하기 위하여 긴급한 조치가 필요하고 국회의 집회가 불가능한 때에 한하여 법률의 효력을 가지는 명령을 발할 수 있는데, 이 경우 지체없이 국회에 보고하여 그 승인을 얻어야 하며, 승인을 얻지 못한 때에는 그 명령은 소급하여 효력을 상실한다. 24 경정   O | X

0207-3 헌법상 대통령이 발한 긴급명령에 대하여 국회의 승인을 얻지 못한 경우 그 명령은 소급하여 효력을 상실한다. 17 5급   O | X

0207-4 대통령이 발한 긴급명령이 국회의 승인을 얻지 못한 경우에는 애초에 그 효력을 가질 수 없다. 18 국회 9   O | X

> **헌법 제76조** ③ 대통령은 제1항과 제2항의 **처분 또는 명령**을 한 때에는 지체없이 **국회에 보고하여 그 승인**을 얻어야 한다.
> ④ 제3항의 **승인을 얻지 못한 때**에는 그 처분 또는 명령은 **그때부터 효력을 상실한다**. 이 경우 그 명령에 의하여 **개정 또는 폐지되었던 법률**은 그 명령이 승인을 얻지 못한 때부터 **당연히 효력을 회복**한다.

> 📎 **보충설명** 긴급명령이 국회의 승인을 얻지 못한 때에는 그 명령은 소급하여 효력을 상실하는 것이 아니라 그때부터 효력을 상실한다.

정답 205. O   205-1. X [일반법률보다 효력 우위 X → 법률의 효력 O]   205-2. O   206. X [대법원 X → 헌법재판소 O]   207. O   207-1. X [사전동의 X → 사후보고 및 승인 O]   207-2. X [소급하여 X → 그때부터 O]   207-3. X [소급하여 X → 그때부터 O]   207-4. X [애초에 X → 그때부터 실효 O]

0208 대통령이 긴급명령에 관하여 국회의 승인을 얻지 못한 경우 동 명령은 그때부터 효력을 상실하고, 그 명령에 의하여 개폐되었던 법률은 그 명령이 승인을 얻지 못한 때부터 당연히 효력을 회복한다. 19 경정, 13 국가 7 ○ | ×

0208-1 긴급명령과 긴급재정경제명령이 국회의 승인을 얻지 못한 때에는 그 명령은 명령이 발하여진 때로 소급하여 효력을 상실한다. 이 경우 그 명령에 의하여 개정 또는 폐지되었던 법률은 소급하여 효력을 회복한다. 22 소간 ○ | ×

> 헌법 제76조 ④ 제3항의 **승인을 얻지 못한 때**에는 그 처분 또는 명령은 **그때부터 효력을 상실**한다. 이 경우 그 명령에 의하여 개정 또는 폐지되었던 **법률**은 그 명령이 **승인을 얻지 못한 때부터 당연히 효력을 회복**한다.

POINT 013 긴급재정경제처분 · 명령권

01 긴급재정경제명령

1 발동요건

0209 대통령은 내우·외환·천재·지변 또는 중대한 재정·경제상의 위기에 있어서 국가의 안전보장 또는 공공의 안녕질서를 유지하기 위하여 긴급한 조치가 필요하고 국회의 집회를 기다릴 여유가 없을 때에 한하여 최소한으로 필요한 재정·경제상의 처분을 하거나 이에 관하여 법률의 효력을 가지는 명령을 발할 수 있다. 23 지방 7, 22 소간, 20 국회 8 ○ | ×

> 헌법 제76조 ① 대통령은 **내우·외환·천재·지변** 또는 **중대한 재정·경제상의 위기**에 있어서 국가의 안전보장 또는 공공의 안녕질서를 유지하기 위하여 긴급한 조치가 필요하고 **국회의 집회를 기다릴 여유가 없을 때**에 한하여 최소한으로 필요한 **재정·경제상의 처분**을 하거나 이에 관하여 **법률의 효력을 가지는 명령**을 발할 수 있다.

0210 긴급재정경제명령은 중대한 재정·경제상의 위기가 현실적으로 발생한 경우에 한하여 발할 수 있으므로, 이러한 위기가 발생할 우려가 있다는 이유로 사전적·예방적으로 발할 수는 없다. 21 입시 ○ | ×

0210-1 긴급재정경제명령은 내우·외환·천재지변 또는 중대한 재정·경제상의 위기가 현실적으로 발생한 경우뿐만 아니라 그러한 위기가 발생할 우려가 있는 경우 사전적·예방적으로 발할 수 있다. 22 변호사 ○ | ×

0210-2 긴급재정경제명령은 정상적인 재정운용·경제운용이 불가능한 재정·경제상의 위기가 현실적 또는 잠재적으로 발생하여 긴급한 조치가 필요한 경우를 전제로 한다. 18 국가 7 ○ | ×

> **긴급재정경제명령**은 정상적인 재정운용·경제운용이 불가능한 중대한 재정·경제상의 위기가 **현실적으로 발생**하여(그러므로 **위기가 발생할 우려**가 있다는 이유로 **사전적·예방적으로 발할 수는 없다**) 긴급한 조치가 필요함에도 국회의 폐회 등으로 국회가 현실적으로 집회될 수 없고 국회의 집회를 기다려서는 그 목적을 달할 수 없는 경우에 이를 사후적으로 수습함으로써 기존질서를 유지·회복하기 위하여(그러므로 공공복지의 증진과 같은 적극적 목적을 위하여는 발할 수 없다) 위기의 직접적 원인의 제거에 필수불가결한 최소의 한도내에서 헌법이 정한 절차에 따라 행사되어야 한다(헌재 1996. 2. 29. 93헌마186).

정답 208. ○ 208-1. ×[소급하여 효력을 상실 × → 승인을 얻지 못한 때부터 법률의 효력을 회복 ○] 209. ○ 210. ○ 210-1. ×[사전적·예방적 발동 불가] 210-2. ×[잠재적 발생은 해당 없음]

0211 긴급재정경제명령은 중대한 재정·경제상의 위기가 발생한 경우에 이를 사후적으로 수습함으로써 기존질서를 유지·회복하기 위한 것이므로 공공복리의 증진과 같은 적극적인 목적을 위하여는 발동할 수 없다. 11 지방 7 O | X

0211-1 긴급재정경제명령은 국가의 안전보장이나 공공의 안녕질서라는 소극적 목적뿐만 아니라 공공복지의 증진과 같은 적극적 목적을 위해서도 발할 수 있다. 22 변호사 O | X

> **긴급재정경제명령**은 정상적인 재정운용·경제운용이 불가능한 **중대한 재정·경제상의 위기가 현실적으로 발생**하여(그러므로 위기가 발생할 우려가 있다는 이유로 사전적·예방적으로 발할 수는 없다) 긴급한 조치가 필요함에도 국회의 폐회 등으로 국회가 현실적으로 집회될 수 없고 국회의 집회를 기다려서는 그 목적을 달할 수 없는 경우에 이를 사후적으로 수습함으로써 **기존질서를 유지·회복**하기 위하여(그러므로 **공공복지의 증진과 같은 적극적 목적**을 위하여는 발할 수 **없다**) 위기의 직접적 원인의 제거에 필수불가결한 최소의 한도내에서 헌법이 정한 절차에 따라 행사되어야 한다(헌재 1996. 2. 29. 93헌마186).

0212 대통령은 내우·외환·천재·지변 또는 중대한 재정·경제상의 위기에 있어서 국가의 안전보장 또는 공공의 안녕질서를 유지하기 위하여 긴급한 조치가 필요하고 국회의 집회가 불가능한 때에 한하여 최소한으로 필요한 재정·경제상의 처분을 하거나 이에 관하여 법률의 효력을 가지는 명령을 발할 수 있다. 19 국회 8, 19 경정 O | X

> **헌법 제76조** ① 대통령은 **내우·외환·천재·지변** 또는 **중대한 재정·경제상의 위기**에 있어서 국가의 안전보장 또는 공공의 안녕질서를 유지하기 위하여 긴급한 조치가 필요하고 **국회의 집회를 기다릴 여유가 없을 때**에 한하여 최소한으로 필요한 **재정·경제상의 처분**을 하거나 이에 관하여 **법률의 효력을 가지는 명령**을 발할 수 있다.
> ② 대통령은 국가의 안위에 관계되는 **중대한 교전상태**에 있어서 국가를 보위하기 위하여 긴급한 조치가 필요하고 **국회의 집회가 불가능한 때**에 한하여 **법률의 효력을 가지는 명령**을 발할 수 있다.

> **보충설명** 긴급명령이 국회의 집회가 불가능할 때이고 긴급재정경제명령은 국회의 집회를 기다릴 여유가 없을 때이다.

0213 긴급명령의 경우 국회의 집회가 불가능한 때에 한하여 발할 수 있는 반면, 긴급재정경제명령의 경우 국회의 집회가 불가능하지 않더라도 국회의 집회를 기다릴 여유가 없을 때는 발할 수 있다. 20 경정, 17 법원 9 O | X

> **헌법 제76조** ① 대통령은 **내우·외환·천재·지변** 또는 **중대한 재정·경제상의 위기**에 있어서 국가의 안전보장 또는 공공의 안녕질서를 유지하기 위하여 긴급한 조치가 필요하고 **국회의 집회를 기다릴 여유가 없을 때**에 한하여 최소한으로 필요한 **재정·경제상의 처분**을 하거나 이에 관하여 **법률의 효력을 가지는 명령**을 발할 수 있다.
> ② 대통령은 국가의 안위에 관계되는 **중대한 교전상태**에 있어서 국가를 보위하기 위하여 긴급한 조치가 필요하고 **국회의 집회가 불가능한 때**에 한하여 **법률의 효력을 가지는 명령**을 발할 수 있다.

> **보충설명** 긴급명령이 국회의 집회가 불가능할 때이고 긴급재정경제명령은 국회의 집회를 기다릴 여유가 없을 때이다.

정답 211. O 211-1. X [적극적 목적 위해 발동 불가] 212. X [국회의 집회가 불가능한 때 → 국회의 집회를 기다릴 여유가 없을 때]
213. O

2 효력

0214 헌법상 긴급재정경제명령은 대통령령의 효력을 갖는다. 14 국회 9   O|X

> 헌법 제76조 ① 대통령은 **내우·외환·천재·지변** 또는 **중대한 재정·경제상의 위기**에 있어서 국가의 안전보장 또는 공공의 안녕질서를 유지하기 위하여 긴급한 조치가 필요하고 **국회의 집회를 기다릴 여유가 없을 때**에 한하여 최소한으로 필요한 **재정·경제상의 처분**을 하거나 이에 관하여 **법률의 효력을 가지는 명령**을 발할 수 있다.

0215 대통령의 긴급재정경제명령이 유효하게 성립하였다 하더라도 그 발동의 원인이 된 내우·외환·천재·지변 또는 중대한 재정·경제상의 위기가 사라진 경우에는 곧바로 그 효력이 상실된다. 16 지방 7   O|X

국회의 승인으로 대통령의 긴급재정경제명령이 유효하게 성립하였다면 그 발동의 원인이 된 내우·외환·천재·지변 또는 중대한 재정·경제상의 위기가 사라진 경우라도 곧바로 그 효력이 상실되는 것이 아니다. 이러한 경우 국회는 법률을 제정하여 긴급재정경제명령의 내용을 변경하거나 이를 폐지할 수 있다.

3 국회의 승인

0216 대통령은 내우·외환·천재·지변 또는 중대한 재정·경제상의 위기에 있어서 국가의 안전보장 또는 공공의 안녕질서를 유지하기 위하여 긴급한 조치가 필요하고 국회의 집회를 기다릴 여유가 없을 때에 한하여 최소한으로 필요한 재정·경제상의 처분을 하거나 이에 관하여 법률의 효력을 가지는 명령을 발할 수 있으며, 이 경우 국회가 폐회 중일 때에는 대통령은 지체 없이 국회에 집회를 요구하여야 한다. 19 국가 7   O|X

> 헌법 제76조 ① 대통령은 내우·외환·천재·지변 또는 중대한 재정·경제상의 위기에 있어서 국가의 안전보장 또는 공공의 안녕질서를 유지하기 위하여 긴급한 조치가 필요하고 국회의 집회를 기다릴 여유가 없을 때에 한하여 최소한으로 필요한 재정·경제상의 처분을 하거나 이에 관하여 법률의 효력을 가지는 명령을 발할 수 있다.
> ③ 대통령은 제1항과 제2항의 **처분 또는 명령을 한 때**에는 지체없이 **국회에 보고하여 그 승인**을 얻어야 한다.
> ④ 제3항의 **승인을 얻지 못한 때**에는 그 처분 또는 명령은 **그때부터 효력을 상실**한다. 이 경우 그 명령에 의하여 **개정 또는 폐지되었던 법률**은 그 명령이 승인을 얻지 못한 때부터 **당연히 효력을 회복**한다.

보충설명 헌법은 대통령이 긴급재정경제명령·처분을 한 때에는 지체없이 국회에 보고하여 승인을 얻도록 규정하고 있으나, 국회가 폐회 중일 때에 대통령이 국회의 집회를 요구하여야 하는 것은 아니다.

0217 대통령은 긴급재정경제명령을 한 때에는 지체 없이 국회에 보고하여 승인을 얻어야 하며, 승인을 얻지 못한 때에는 그 명령은 그때부터 효력을 상실한다. 22 변호사   O|X

0217-1 대통령의 긴급재정경제처분권과 긴급재정경제명령권은 지체없이 국회에 보고를 하여 그 승인을 얻어야 하고, 승인을 얻지 못한 때에는 그 처분 또는 명령은 소급하여 그 효력을 상실한다. 23 국회 8   O|X

정답 214. X [법률의 효력을 가짐] 215. X [곧바로 효력 상실 X] 216. X [폐회 시 집회 요구 의무 없음] 217. O 217-1. X [소급하여 효력 상실 X → 그때부터 효력 상실 O]

> 헌법 제76조 ③ 대통령은 제1항과 제2항의 **처분 또는 명령을** 한 때에는 지체없이 **국회에 보고하여** 그 **승인을 얻어야** 한다.
> ④ 제3항의 **승인을 얻지 못한 때에는** 그 처분 또는 **명령은 그때부터 효력을 상실**한다. 이 경우 그 명령에 의하여 **개정 또는 폐지되었던 법률은** 그 명령이 **승인을 얻지 못한 때부터 당연히 효력을 회복**한다.

🖉 보충설명 | 긴급재정·경제처분권과 긴급재정·경제명령권이 국회의 승인을 얻지 못하면 그 처분 또는 명령을 발한 때까지 소급하여 효력을 상실하는 것이 아니라 승인을 얻지 못한 그때부터 효력을 상실한다.

02 사법심사

0218 대통령의 긴급재정경제명령은 국가긴급권의 일종으로서 고도의 정치적 결단에 의하여 발동되는 행위이고, 그 결단을 존중하여야 할 필요성이 있는 행위라는 의미에서 통치행위에 속하지만, 그것이 국민의 기본권 침해와 직접 관련되는 경우에는 헌법재판소의 심판대상이 된다. 15 법무사   O | X

0218-1 금융실명거래 및 비밀보장에 관한 대통령의 긴급재정경제명령은 국가긴급권의 일종으로서 고도의 정치적 결단에 의하여 발동되는 행위이지만, 그것이 국민의 기본권 침해와 직접 관련되는 경우에는 헌법재판소의 심판대상이 된다. 13 지방 7   O | X

0218-2 대통령이 발한 긴급재정경제명령은 국가긴급권의 일종으로서 고도의 정치적 결단에 의하여 발동되는 행위이므로 사법심사가 불가능하다. 15 서울 7   O | X

0218-3 대통령이 긴급재정경제명령으로 금융실명제를 도입하는 것은 경제제도에 관한 긴급한 조치에 불과하여 기본권에 직접 영향을 주지 않으므로 헌법소원의 대상이 될 수 없다. 13 변호사   O | X

대통령의 긴급재정경제명령은 국가긴급권의 일종으로서 **고도의 정치적 결단**에 의하여 발동되는 행위이고 그 결단을 존중하여야 할 필요성이 있는 행위라는 의미에서 이른바 **통치행위**에 속한다고 할 수 있으나, 통치행위를 포함하여 모든 국가작용은 국민의 기본권적 가치를 실현하기 위한 수단이라는 한계를 반드시 지켜야 하는 것이고, 헌법재판소는 헌법의 수호와 국민의 기본권 보장을 사명으로 하는 국가기관이므로 비록 고도의 정치적 결단에 의하여 행해지는 국가작용이라고 할지라도 그것이 **국민의 기본권 침해와 직접 관련**되는 경우에는 당연히 **헌법재판소의 심판대상이 된다**(헌재 1996. 2. 29. 93헌마186).

0219 긴급재정경제명령이 헌법 제76조 소정의 요건과 한계에 부합하는 것이라면 그 자체로 목적의 정당성, 수단의 적정성, 피해의 최소성, 법익의 균형성이라는 기본권제한의 한계로서의 과잉금지원칙을 준수하는 것이 되는 것이다. 18 법원 9   O | X

0219-1 긴급재정경제명령은 평상시의 헌법 질서에 따른 권력행사방법으로서는 대처할 수 없는 재정·경제상의 국가위기 상황에 처하여 이를 극복하기 위하여 발동되는 비상입법조치라는 속성상 기본권제한의 한계로서의 과잉금지원칙의 준수가 요구되지 않는다. 23 경찰 2차   O | X

대통령의 긴급재정경제명령은 평상시의 헌법 질서에 따른 권력행사방법으로서는 대처할 수 없는 **재정·경제상의 국가위기 상황**에 처하여 이를 극복하기 위하여 발동되는 **비상입법조치**라는 속성으로부터 일시적이긴 하나 다소간 권력분립의 원칙과 개인의 기본권에 대한 침해를 가져오는 것은 어쩔 수 없는 것이다. … 즉 긴급재정경제명령이 아래에서 보는 바와 같은 **헌법 제76조 소정의 요건과 한계에 부합**하는 것이라면 그 자체로 목적의 정당성, 수단의 적정성, 피해의 최소성, 법익의 균형성이라는 기본권제한의 한계로서의 **과잉금지원칙을 준수**하는 것이 되는 것이다. 그러므로 이 사건 긴급명령이 헌법 제76조가 정하고 있는 요건과 한계에 부합하는 것인지 살펴본다(헌재 1996. 2. 29. 93헌마186).

● 정답 | 218. O   218-1. O   218-2. X [기본권 침해와 관련될 시 심사 可]   218-3. X [기본권에 영향 有 → 헌소대상이 됨]   219. O   219-1. X [긴급재정경제명령도 과잉금지원칙을 준수해야 함]

03 긴급재정경제처분

0220 대통령의 긴급재정경제처분은 처분으로서의 효력을 갖는 데 지나지 않으므로 국회의 승인을 요하지는 않으나 각급 법원에 의한 심사대상이 된다. 15 지방 7   O | X

> 헌법 제76조 ③ 대통령은 제1항과 제2항의 **처분 또는 명령을 한 때**에는 지체없이 **국회에 보고**하여 그 **승인**을 얻어야 한다.

📎 보충설명 대통령의 긴급재정경제처분도 지체 없이 국회에 보고하고 승인을 얻어야 한다.

POINT 014 계엄선포권

01 계엄선포권

0221 대통령은 전시·사변 또는 이에 준하는 국가비상사태에 있어서 병력으로써 군사상의 필요에 응하거나 공공의 안녕질서를 유지할 필요가 있을 때에는 법률이 정하는 바에 의하여 계엄을 선포할 수 있다.
20 국회 8, 19 변호사, 18 국회 9   O | X

0221-1 헌법상 대통령의 계엄선포권은 '국가의 안위에 관계되는 중대한 교전상태'를 발동요건으로 한다.
17 5급   O | X

0221-2 대통령은 전시·사변 또는 이에 준하는 국가비상사태에 있어서 병력으로써 군사상의 필요에 응하거나 공공의 안녕질서를 유지할 필요가 있고 국회의 집회가 불가능한 때에 한하여 계엄을 선포할 수 있다.
23 지방 7   O | X

> 헌법 제77조 ① 대통령은 **전시·사변** 또는 이에 준하는 **국가비상사태**에 있어서 **병력으로써** 군사상의 필요에 응하거나 안녕질서를 유지할 필요가 있을 때에는 **법률이 정하는** 바에 의하여 **계엄을 선포**할 수 있다.

📎 보충설명 긴급명령은 '국회집회 불가능, 중대한 교전상태'시에 발령할 수 있고, 계엄은 국가비상사태에 선포할 수 있다.

0222 헌법 제77조 제1항이 규정한 계엄의 발동요건은 비상계엄은 물론 경비계엄에도 적용된다. 18 국회 9   O | X

"대통령은 전시·사변 또는 이에 준하는 국가비상사태에 있어서 병력으로써 군사상의 필요에 응하거나 공공의 안녕질서를 유지할 필요가 있을 때"라는 헌법 제77조 제1항이 규정한 **계엄의 발동요건은 비상계엄은 물론 경비계엄에도 적용**된다.

◆ 정답 220. X [국회의 승인을 요함]   221. O   221-1. X [긴급명령의 발동요건]   221-2. X [국회의 집회가 불가능한 때에 한하여 X (계엄 : 국회 집회 요건 없음)]   222. O

0223 「계엄법」상 대통령은 전시·사변 또는 이에 준하는 국가비상사태 시 사회질서가 교란되어 일반 행정기관만으로는 치안을 확보할 수 없는 경우에 공공의 안녕질서를 유지하기 위하여 비상계엄을 선포한다. 22 지방 7 O|X

> 계엄법 제2조(계엄의 종류와 선포 등) ② **비상계엄**은 대통령이 전시·사변 또는 이에 준하는 국가비상사태 시 **적과 교전(交戰) 상태**에 있거나 **사회질서가 극도로 교란(攪亂)**되어 행정 및 **사법(司法)** 기능의 수행이 현저히 곤란한 경우에 군사상 필요에 따르거나 공공의 안녕질서를 유지하기 위하여 선포한다.
> ③ **경비계엄**은 대통령이 전시·사변 또는 이에 준하는 국가비상사태 시 **사회질서가 교란**되어 일반 **행정기관만으로는 치안**을 확보할 수 **없는** 경우에 공공의 안녕질서를 유지하기 위하여 선포한다.

0224 계엄선포는 국무회의의 필수적 심의사항이다. 18 국회 9 O|X

0224-1 계엄을 선포할 때에는 국무회의의 심의를 거쳐야 하나, 계엄을 해제할 때에는 국무회의의 심의를 거치지 않아도 된다. 21 국가 7 O|X

0224-2 대통령이 계엄을 선포할 때에는 국무회의의 심의를 거쳐야 하나, 계엄을 변경하고자 할 때에는 국무회의의 심의를 거칠 필요가 없다. 18 지방 7 O|X

> 헌법 제89조 다음 사항은 **국무회의의 심의**를 거쳐야 한다.
> 5. 대통령의 긴급명령·긴급재정경제처분 및 명령 또는 **계엄과 그 해제**
> 계엄법 제2조(계엄의 종류와 선포 등) ⑤ 대통령이 **계엄을 선포**하거나 **변경**하고자 할 때에는 **국무회의의 심의**를 거쳐야 한다.
> 계엄법 제11조(계엄의 해제) ② 대통령이 제1항에 따라 **계엄을 해제**하려는 경우에는 **국무회의의 심의**를 거쳐야 한다.

0225 계엄사령관은 계엄의 시행에 관하여 국방부장관의 지휘·감독을 받는다. 다만, 전국을 계엄지역으로 하는 경우와 대통령이 직접 지휘·감독을 할 필요가 있는 경우에는 대통령의 지휘·감독을 받는다. 20 지방 7 O|X

> 계엄법 제6조(계엄사령관에 대한 지휘·감독) ① **계엄사령관**은 계엄의 시행에 관하여 **국방부장관의 지휘·감독**을 받는다. 다만, **전국을 계엄지역**으로 하는 경우와 **대통령이 직접 지휘·감독**을 할 필요가 있는 경우에는 대통령의 지휘·감독을 받는다.

0226 비상계엄의 선포와 동시에 계엄사령관은 계엄지역 안의 모든 행정사무와 사법사무를 관장한다. 10 국가 7 O|X

> 계엄법 제7조(계엄사령관의 관장사항) ① 비상계엄의 선포와 동시에 **계엄사령관**은 계엄지역의 **모든 행정사무와 사법사무**를 관장한다.

정답 223. X [비상계엄 → 경비계엄] 224. O 224-1. X [계엄해제 시 국무회의 심의 거쳐야 함] 224-2. X [계엄 변경 시 국무회의 심의 거쳐야 함] 225. O 226. O

0227 대통령은 계엄을 선포한 경우 계엄지역의 행정사무와 사법사무를 관장하며, 계엄사령관을 직접 지휘·감독한다. 20 국회 9   O | X

> **계엄법 제6조(계엄사령관에 대한 지휘·감독)** ① 계엄사령관은 계엄의 시행에 관하여 **국방부장관의 지휘·감독**을 받는다. 다만, **전국을 계엄지역으로** 하는 경우와 **대통령이 직접 지휘·감독을 할 필요**가 있는 경우에는 대통령의 지휘·감독을 받는다.
> **계엄법 제7조(계엄사령관의 관장사항)** ① **비상계엄**의 선포와 동시에 **계엄사령관**은 계엄지역의 **모든 행정사무와 사법사무**를 관장한다.
> ② **경비계엄**의 선포와 동시에 **계엄사령관**은 계엄지역의 **군사에 관한 행정사무와 사법사무**를 관장한다.

🔖 **보충설명** 비상계엄의 선포와 동시에 계엄사령관은 계엄지역의 모든 행정사무와 사법사무를 관장하며, 계엄사령관은 계엄의 시행에 관하여 국방부장관의 지휘·감독을 받는다.

02 비상계엄 시 특별한 조치

0228 비상계엄이 선포된 때에는 법률이 정하는 바에 의하여 영장제도, 언론·출판·집회·결사의 자유, 정부나 법원의 권한에 관하여 특별한 조치를 할 수 있다. 23 5급, 21 국가 7, 18 지방 7, 18 법원 9, 17 5급 등   O | X

0228-1 헌법상 비상계엄이 선포된 때에는 법률이 정하는 바에 의하여 영장제도, 거주·이전·언론·출판·집회·결사의 자유, 정부나 법원의 권한에 관하여 특별한 조치를 할 수 있다. 14 법원 9   O | X

> **헌법 제77조** ③ **비상계엄**이 선포된 때에는 법률이 정하는 바에 의하여 **영장제도, 언론·출판·집회·결사의 자유, 정부나 법원의 권한**에 관하여 **특별한 조치**를 할 수 있다.
> **계엄법 제9조(계엄사령관의 특별조치권)** ① **비상계엄지역**에서 **계엄사령관**은 군사상 필요할 때에는 **체포·구금(拘禁)·압수·수색·거주·이전·언론·출판·집회·결사 또는 단체행동**에 대하여 **특별한 조치**를 할 수 있다. 이 경우 계엄사령관은 그 조치내용을 미리 공고하여야 한다.

🔖 **보충설명** 헌법에는 거주·이전에 대한 특별한 조치를 규정하고 있지 않으나 계엄법에서 규정하고 있다.

0229 대통령은 비상계엄을 선포한 경우 법률이 정하는 바에 의하여 영장제도, 언론·출판·집회·결사의 자유, 정부나 국회의 권한에 관하여 특별한 조치를 할 수 있다. 10 지방 7   O | X

0229-1 대통령은 비상계엄이 선포된 때에는 국회나 법원의 권한에 대하여 특별한 조치를 할 수 있다. 13 서울 7   O | X

> **헌법 제77조** ③ **비상계엄**이 선포된 때에는 법률이 정하는 바에 의하여 **영장제도, 언론·출판·집회·결사의 자유, 정부나 법원의 권한**에 관하여 **특별한 조치**를 할 수 있다.

🔖 **보충설명** 국회의 계엄해제요구권 보장을 위해 국회의 권한에 관하여 특별한 조치를 할 수 없다.

정답 227. ✗ [계엄사령관이 행정·사법사무 관장, 원칙상 국방부장관의 지휘·감독을 받음] 228. ○ 228-1. ✗ [거주·이전 제한은 계엄법상 규정임] 229. ✗ [국회에 특별한 조치 불가] 229-1. ✗ [국회에 특별한 조치 불가]

0230 경비계엄이 선포된 경우 구속영장의 발부절차를 간소화하는 특별한 조치를 법률로 정할 경우 헌법에 위반된다. 11 국가 7   O | X

0230-1 경비계엄이 선포된 때에는 법률이 정하는 바에 의하여 영장제도, 언론·출판·집회·결사의 자유, 정부나 법원의 권한에 관하여 특별한 조치를 할 수 있다. 19 경정   O | X

> **헌법 제77조** ③ **비상계엄**이 선포된 때에는 법률이 정하는 바에 의하여 **영장제도, 언론·출판·집회·결사의 자유, 정부나 법원의 권한**에 관하여 **특별한 조치**를 할 수 있다.

> 🖉 **보충설명** 경비계엄이 선포된 때에는 특별한 조치를 할 수 없다.

0231 비상계엄지역 내에서 계엄사령관은 법률이 정하는 바에 따라 동원 또는 징발할 수 있으며, 작전상 부득이한 경우에는 국민의 재산을 파괴 또는 소각할 수 있다. 08 국가 7   O | X

> **계엄법 제9조(계엄사령관의 특별조치권)** ② **비상계엄지역**에서 **계엄사령관**은 법률에서 정하는 바에 따라 **동원(動員) 또는 징발**을 할 수 있으며, 필요한 경우에는 군수(軍需)로 제공할 물품의 **조사·등록과 반출금지**를 명할 수 있다.
> ③ **비상계엄지역**에서 **계엄사령관**은 작전상 부득이한 경우에는 국민의 **재산을 파괴 또는 소각(燒却)**할 수 있다.

03 국회의 통제

0232 계엄을 선포한 때에는 대통령은 지체없이 국회에 통고하여야 한다. 23 5급, 22 소간   O | X

0232-1 계엄을 선포한 때에는 대통령은 지체없이 국회에 보고하여 승인을 얻어야 하며, 국회의 승인을 얻지 못한 때에는 계엄은 그때부터 효력을 상실한다. 23 국가 7   O | X

0232-2 계엄을 선포한 경우 대통령은 지체없이 국회에 통고하여 국회의 승인을 얻어야 한다. 14 서울 7   O | X

0232-3 대통령이 계엄을 선포할 때에는 미리 국회의 동의를 얻어야 하며, 국회가 재적의원 과반수의 찬성으로 계엄의 해제를 요구한 때에는 대통령은 이를 해제하여야 한다. 24 소간   O | X

> **헌법 제77조** ① **대통령**은 **전시·사변** 또는 이에 준하는 **국가비상사태**에 있어서 병력으로써 **군사상의 필요**에 응하거나 **공공의 안녕질서를 유지**할 필요가 있을 때에는 법률이 정하는 바에 의하여 **계엄을 선포**할 수 있다.
> ④ 계엄을 선포한 때에는 **대통령**은 지체없이 **국회에 통고**하여야 한다.
> ⑤ 국회가 **재적의원 과반수의 찬성**으로 **계엄의 해제를 요구**한 때에는 대통령은 이를 **해제하여야 한다**.

0233 대통령이 계엄을 선포하였을 때에는 지체 없이 국회에 통고하여야 하며, 국회가 폐회 중일 때에는 대통령은 지체 없이 국회에 집회를 요구하여야 한다. 21 변호사   O | X

0233-1 대통령이 계엄을 선포하였을 때에는 지체 없이 국회에 통고하여야 하는데, 이 때 국회가 폐회 중인 경우에는 대통령이 국회에 집회를 요구하지 않아도 된다. 18 지방 7   O | X

🔑 **정답** 230. O 230-1. X [경비계엄은 특별한 조치 불가] 231. O 232. O 232-1. X [보고하여 승인 X → 국회에 통고 O / 미승인 시 효력 상실 규정 無] 232-2. X [국회의 승인 X] 232-3. X [미리 국회 동의 X → 국무회의 심의 O] 233. O 233-1. X [요구하여야 함]

> 계엄법 제4조(계엄 선포의 통고) ① 대통령이 **계엄을 선포**하였을 때에는 **지체 없이 국회에 통고(通告)**하여야 한다.
> ② 제1항의 경우에 **국회가 폐회 중일 때**에는 대통령은 **지체 없이 국회에 집회(集會)를 요구**하여야 한다.

0234 대통령은 계엄을 선포한 때에는 지체없이 국회에 통고하여야 하며, 국회가 재적의원 과반수의 찬성으로 계엄의 해제를 요구한 때에는 대통령은 이를 해제하여야 한다. 22 국가 7, 21 입시 O|X

0234-1 계엄을 선포한 때에는 대통령은 지체없이 국회에 통고하여야 하며, 국회가 재적의원 과반수의 출석과 출석의원 과반수의 찬성으로 계엄의 해제를 요구한 때에는 이를 해제하여야 한다. 19 경정 O|X

> 헌법 제77조 ④ **계엄을 선포**한 때에는 대통령은 지체없이 **국회에 통고**하여야 한다.
> ⑤ 국회가 **재적의원 과반수의 찬성**으로 **계엄의 해제를 요구**한 때에는 대통령은 이를 **해제하여야 한다**.

📎 보충설명 국회의 계엄해제정족수는 재적의원 과반수이다.

0235 국회가 재적의원 과반수의 찬성으로 계엄의 해제를 요구한 때에는 대통령은 이를 해제하여야 하는데, 이때 대통령은 계엄의 해제에 관하여 국무회의의 심의를 거쳐야 한다. 17 국가 7 O|X

0235-1 국회가 재적의원 과반수의 찬성으로 계엄의 해제를 요구한 때에는 대통령은 반드시 이를 해제하여야 하므로 국무회의의 심의를 별도로 거칠 필요가 없다. 17 법원 9 O|X

> 헌법 제77조 ⑤ 국회가 **재적의원 과반수의 찬성**으로 **계엄의 해제를 요구**한 때에는 대통령은 이를 **해제하여야 한다**.
> 계엄법 제11조(계엄의 해제) ② 대통령이 제1항에 따라 **계엄을 해제하려는 경우**에는 **국무회의의 심의**를 거쳐야 한다.

📎 보충설명 계엄을 해제하기 위해서는 국무회의의 심의를 거쳐야 한다.

04 사법심사

0236 사법기관인 법원이 고도의 정치적·군사적 성격을 띠는 대통령 계엄선포행위의 요건 구비나 그 선포의 당·부당을 심사하는 것은 적절하지 않다고 보아야 한다. 14 서울 7 O|X

<u>대통령의 계엄선포행위는 고도의 정치적, 군사적 성격을 띠는 행위라고 할 것이어서, 그 선포의 당, 부당을 판단할 권한은 헌법상 계엄의 해제요구권이 있는 국회만이 가지고 있다 할 것이고 그 선포가 당연무효의 경우라면 모르되, 사법기관인 법원이 계엄선포의 요건 구비여부나, 선포의 당, 부당을 심사하는 것은 사법권의 내재적인 본질적 한계를 넘어서는 것이 되어 적절한 바가 못 된다</u>(대판 1979. 12. 7. 79초70).

0237 대통령의 비상계엄의 선포나 확대 행위는 고도의 정치적·군사적 성격을 지니고 있는 행위라 할 것이므로, 그것이 누구에게도 일견하여 헌법이나 법률에 위반되는 것으로서 명백하게 인정될 수 있는 경우라면 몰라도, 그러하지 아니한 이상 그 계엄선포의 요건 구비 여부나 선포의 당·부당을 판단할 권한이 사법부에는 없다고 할 것이나, 비상계엄의 선포나 확대가 국헌문란의 목적을 달성하기 위하여 행하여진 경우에는 법원은 그 자체가 범죄행위에 해당하는지의 여부에 관하여 심사할 수 있다. 14 변호사 O|X

정답 234. O   234-1. X [재적의원 과반수의 찬성]   235. O   235-1. X [국무회의 심의 거쳐야 함]   236. O   237. O

대통령의 비상계엄의 선포나 확대 행위는 고도의 정치적·군사적 성격을 지니고 있는 행위라 할 것이므로, 그것이 누구에게도 일견하여 헌법이나 법률에 위반되는 것으로서 명백하게 인정될 수 있는 등 특별한 사정이 있는 경우라면 몰라도, 그러하지 아니한 이상 그 **계엄선포의 요건 구비 여부나 선포의 당·부당을 판단할 권한이 사법부에는 없다**고 할 것이나, 이 사건과 같이 비상계엄의 선포나 확대가 **국헌문란의 목적**을 달성하기 위하여 행하여진 경우에는 법원은 **그 자체가 범죄행위에 해당하는지의 여부에 관하여 심사할 수 있다**고 할 것이고, 이 사건 비상계엄의 전국확대조치가 내란죄에 해당함은 앞서 본 바와 같다(대판 1997. 4. 17. 96도3376).

0238 군사반란 및 내란행위에 의하여 정권을 장악한 후 국민투표로 헌법개정을 하였다면 그 군사반란 및 내란행위는 고도의 정치적 행위로서 법원이 사법적으로 심사하기에 부적합하다. 12 국가 7   O | X

군사반란과 내란을 통하여 폭력으로 헌법에 의하여 설치된 국가기관의 권능행사를 사실상 불가능하게 하고 **정권을 장악**한 후 **국민투표를 거쳐 헌법을 개정**하고 개정된 헌법에 따라 **국가를 통치**하여 왔다고 하더라도 그 군사반란과 내란을 통하여 새로운 법질서를 수립한 것이라고 할 수는 없으며, 우리나라의 헌법질서 아래에서는 헌법에 정한 민주적 절차에 의하지 아니하고 폭력에 의하여 헌법기관의 권능행사를 불가능하게 하거나 정권을 장악하는 행위는 어떠한 경우에도 용인될 수 없다. 따라서 그 **군사반란과 내란행위는 처벌의 대상이 된다**(대판 1997. 4. 17. 96도3376).

0239 계엄선포 행위는 통치행위로서 사법심사가 불가능하기 때문에 계엄선포 이후 내려진 계엄당국의 개별적 포고령이나 구체적 집행행위 역시 사법심사의 대상이 될 수 없다. 18 국회 9   O | X

계엄선포 이후 내려진 계엄당국의 개별적 포고령이나 구체적 집행행위는 사법심사의 대상이 될 수 있다.

> **관련판례** 구 계엄법 제15조에서 정하고 있는 '제13조의 규정에 의하여 취한 계엄사령관의 조치'는 유신헌법 제54조 제3항, 구 계엄법 제13조에서 계엄사령관에게 국민의 기본권 제한과 관련한 특별한 조치를 할 수 있는 권한을 부여한 데 따른 것으로서 구 계엄법 제13조, 제15조의 내용을 보충하는 기능을 하고 그와 결합하여 대외적으로 구속력이 있는 법규명령으로서 효력을 가진다. 그러므로 **법원은 현행 헌법 제107조 제2항에 따라서 위와 같은 특별한 조치로서 이루어진 계엄포고 제1호에 대한 위헌·위법 여부를 심사할 권한을 가진다**(대판 2018. 11. 29. 2016도14781).

POINT 015   저항권

01 개념

0240 헌법재판소는 저항권이란 국가권력에 의하여 헌법의 기본원리에 대한 중대한 침해가 행하여지고 그 침해가 헌법의 존재 자체를 부인하는 경우 다른 합법적인 구제수단으로는 목적을 달성할 수 없을 때에 국민이 자기의 권리 또는 자유를 지키기 위하여 실력으로 저항하는 권리라고 개념정의하고 있다.
18 경정, 14 국회 8   O | X

0240-1 국가권력 행사의 불법이 객관적으로 명백하고 민주적 기본질서를 중대하게 침해하고 헌법의 존재 자체를 부인하는 경우에만 국민은 시민불복종운동을 행사할 수 있다. 14 서울 7   O | X

저항권은 국가권력에 의하여 헌법의 기본원리에 대한 중대한 침해가 행하여지고 그 침해가 **헌법의 존재 자체를 부인하는 것**으로서 다른 합법적인 구제수단으로는 목적을 달성할 수 없을 때에 **국민이 자기의 권리·자유를 지키기 위하여 실력으로 저항하는 권리**이기 때문이다(헌재 1997. 9. 25. 97헌가4).

정답 238. ✕ [심사 가능]   239. ✕ [사법심사의 대상 ○]   240. ○   240-1. ✕ [시민불복종 ✕ → 저항권 ○]

0241 저항권은 공권력의 행사자가 민주적 기본질서를 침해하거나 파괴하려는 경우 이를 회복하기 위하여 국민이 공권력에 대하여 폭력·비폭력, 적극적·소극적으로 저항할 수 있는 국민의 권리이자 헌법수호제도를 의미한다. 17 법무사   O | X

저항권은 공권력의 행사자가 민주적 기본질서를 침해하거나 파괴하려는 경우 이를 회복하기 위하여 국민이 공권력에 대하여 폭력·비폭력, 적극적·소극적으로 저항할 수 있다는 국민의 권리이자 헌법수호제도를 의미한다(헌재 2014. 12. 19. 2013헌다1).

02 연혁·근거·법적성격

0242 저항권은 고대 그리스 도시국가에서 참주에 대한 국외추방제도나 고대 중국의 사상가인 맹자(孟子)의 역성혁명론에서 그 사상적 기원을 찾을 수 있다. 17 법무사   O | X

저항권 사상은 고대 그리스 도시국가에 있었던 참주(tyrant)에 대한 국외추방제도에서도 그 단초를 찾을 수 있을 정도로 민주주의와 깊은 관계를 맺고 있을 뿐만 아니라, 맹자의 역성혁명론과 같이 동양의 폭군방벌론의 사상에서 공통적으로 전개되어 왔다.

0243 저항권은 자연권으로 발전되었고, 영국의 대헌장, 미국의 독립선언서, 프랑스의 1789년 인권선언에서 실정화되었으나, 대한민국의 헌법에는 저항권이 명문으로 규정되어 있지는 않다. 17 법무사   O | X

저항권은 자연권으로 발전된 것이었는데 이를 성문화한 것으로는 영국의 1215년의 대헌장(Magna Carta)에서 초기의 모습을 볼 수 있다. 미합중국에서는 1776년의 독립선언서나 여러 state의 권리선언에서 저항권을 정하였고, 프랑스에서는 1789년 인간과 시민의 권리선언, 1791년헌법, 1793년헌법에서 실정화하였다. 우리나라에서는 9차례 개헌이 있었으나 저항권을 실정 헌법에 명문화한 경우는 없다.

0244 대법원은 저항권이 실정법에 근거를 두지 못하고 오직 자연법에만 근거하고 있는 한, 법관은 이를 재판규범으로 원용할 수 없다고 판시하였다. 15 경정   O | X

0244-1 대법원은 저항권이 일종의 자연법상의 권리로서 이를 인정하는 것이 타당하다 할 것이고 저항권이 인정된다면 재판규범으로서의 기능을 배제할 근거가 없다는 입장을 가지고 있다. 14 서울 7   O | X

현대 입헌 자유민주주의 국가의 헌법이론상 자연법에서 우러나온 자연권으로서의 소위 저항권이 헌법 기타 실정법에 규정되어 있든 없든 간에 엄존하는 권리로 인정되어야 한다는 논지가 시인된다 하더라도 그 저항권이 실정법에 근거를 두지 못하고 오직 자연법에만 근거하고 있는 한 법관은 이를 재판규범으로 원용할 수 없다고 할 것인바, 헌법 및 법률에 저항권에 관하여 아무런 규정없는 우리나라의 현 단계에서는 저항권이론을 재판의 근거규범으로 채용, 적용할 수 없다(대판 1980. 5. 20. 80도306).

03 요건·행사

0245 국가기관이나 지방자치단체와 같은 공법인도 저항권의 주체가 될 수 있다. 17 서울 7   O | X

저항권은 불법적인 국가권력의 행사에 대하여 저항하는 권리로서, 입헌주의적 헌법질서를 침해하거나 파괴하려는 국가기관이나 공권력담당자에 대하여 주권자로서 개개국민 또는 그 집단이 헌법질서를 유지·회복시키기 위하여 최후의 무기로서 행사할 수 있는 헌법보장수단이다. 저항권은 국민만 주체가 될 수 있다.

정답 241. O 242. O 243. O 244. O 244-1. X [재판규범으로 원용할 수 없다는 입장] 245. X [없음]

0246 저항권은 공권력의 행사에 대한 실력적 저항이어서 그 본질상 질서교란의 위험이 수반되므로, 저항권의 행사에는 개별 헌법조항에 대한 단순한 위반이 아닌 민주적 기본질서라는 전체적 질서에 대한 중대한 침해가 있거나 이를 파괴하려는 시도가 있어야 하고, 이미 유효한 구제수단이 남아 있지 않아야 한다는 보충성의 요건이 적용된다. 17 법무사   O | X

저항권은 공권력의 행사자가 민주적 기본질서를 침해하거나 파괴하려는 경우 이를 회복하기 위하여 국민이 공권력에 대하여 폭력·비폭력, 적극적·소극적으로 저항할 수 있다는 국민의 권리이자 헌법수호제도를 의미한다. 하지만 저항권은 공권력의 행사에 대한 '실력적' 저항이어서 그 본질상 질서교란의 위험이 수반되므로, 저항권의 행사에는 개별 헌법조항에 대한 단순한 위반이 아닌 민주적 기본질서라는 전체적 질서에 대한 중대한 침해가 있거나 이를 파괴하려는 시도가 있어야 하고, 이미 유효한 구제수단이 남아 있지 않아야 한다는 보충성의 요건이 적용된다. 또한 그 행사는 민주적 기본질서의 유지, 회복이라는 소극적인 목적에 그쳐야 하고 정치적, 사회적, 경제적 체제를 개혁하기 위한 수단으로 이용될 수 없다(헌재 2014. 12. 19. 2013헌다1).

0247 저항권은 사회·경제적 체제개혁이라는 적극적 목적을 위하여 행사될 수 없으며, 평화적인 방법으로만 행사되어야 한다. 11 지방 7   O | X

저항권의 행사는 원칙적으로 평화적이고 비실력적인 방법으로 행사되어야 하나, 불가피한 경우에는 폭력적인 방법이 동원될 수도 있다.

> **관련판례** 저항권은 공권력의 행사자가 민주적 기본질서를 침해하거나 파괴하려는 경우 이를 회복하기 위하여 국민이 공권력에 대하여 폭력·비폭력, 적극적·소극적으로 저항할 수 있다는 국민의 권리이자 헌법수호제도를 의미한다. … 또한 그 행사는 민주적 기본질서의 유지, 회복이라는 소극적인 목적에 그쳐야 하고 정치적, 사회적, 경제적 체제를 개혁하기 위한 수단으로 이용될 수 없다(헌재 2014. 12. 19. 2013헌다1).

0248 저항권은 민주적 기본질서의 유지, 회복을 목적으로 저항할 수 있을 뿐, 기존의 위헌적인 정권을 물러나게 하기 위한 목적으로는 행사할 수 없다. 17 법무사   O | X

이러한 주장을 헌법상 인정될 수 있는 이른바 저항권적 상황에서 저항권의 행사에 의하여 기존의 위헌적인 정권을 물러나게 함으로써 민주적 기본질서를 회복하고 그 이후에 민주적인 방법에 의한 집권을 하겠다는 취지로 해석할 여지가 없지는 않다(헌재 2014. 12. 19. 2013헌다1).

04 관련판례

0249 국회법 소정의 협의 없는 개의시간의 변경과 회의일시를 통지하지 아니한 입법과정의 하자는 저항권 행사의 대상이 되지 아니한다. 18 경정, 16 경정, 14 국회 8   O | X

저항권은 국가권력에 의하여 헌법의 기본원리에 대한 중대한 침해가 행하여지고 그 침해가 헌법의 존재 자체를 부인하는 것으로서 다른 합법적인 구제수단으로는 목적을 달성할 수 없을 때에 국민이 자기의 권리·자유를 지키기 위하여 실력으로 저항하는 권리이므로, 국회법 소정의 협의 없는 개의시간의 변경과 회의일시를 통지하지 아니한 입법과정의 하자는 저항권 행사의 대상이 되지 아니한다(헌재 1997. 9. 25. 97헌가4).

정답 246. O 247. X [폭력 가능] 248. X [여지가 없지는 않음] 249. O

0250 대법원은 낙선운동을 저항권의 한 형태로 인정하고 있다. 16 경정, 14 국회 8   O | X

대법원은 낙선운동을 저항권이나 시민불복종의 한 형태로 인정하는 것이 아니라 공직선거법의 적용을 받는 선거운동으로 보고 있다.

> **관련판례** 시민단체의 특정 후보자에 대한 **낙선운동**이 **시민불복종운동**으로서 정당행위 또는 긴급피난에 해당한다고 볼 수 **없다**
> (대판 2004. 11. 12. 2003다52227).

05 구별개념

0251 저항권은 국민적 정당성에 기초해 있다는 점에서 혁명과 동일하지만, 혁명의 목적이 새로운 헌법질서의 창출에 있다면, 저항권의 목적은 기존 헌법질서의 수호에 있다. 17 서울 7   O | X

저항권은 국민적 정당성에 기초해 있다는 점에서 혁명과 동일하지만, 혁명의 목적이 <u>새로운 헌법질서의 창출</u>에 있다면, 저항권의 목적은 <u>기존 헌법질서의 수호</u>에 있다.

0252 소수의 특수집단을 중심으로 헌정체제의 변화를 유발하는 쿠데타는 혁명이나 저항권과 같이 국민적 정당성을 확보한다고 볼 수 있다. 14 서울 7   O | X

<u>소수의 특수집단을 중심으로 헌정체제의 변화를 유발하는 **쿠데타**는 **국민적 정당성**을 확보한다고 볼 수 **없다**.</u> 혁명이나 저항권은 국민적 정당성에 기초해 있다는 점에서 국민적 정당성을 상실한 채 자행되는 쿠데타와 구별되어야 한다.

0253 저항권은 실정법 질서를 부정하는 폭력적 방법으로도 정당화될 수 있지만, 시민불복종은 비폭력적 방법으로 행사되어야 한다. 17 서울 7   O | X

저항권이나 혁명권의 행사는 실정법 질서를 부정하는 **폭력적 방법으로도** 정당화될 수 있지만, **시민불복종**은 **비폭력적 방법**으로 행사되어야 한다.

정답 250. X [저항권 X → 선거운동 O]   251. O   252. X [정당성 확보 X]   253. O

Chapter 04 대한민국

POINT 016 국민

01 국민

0254 현행 헌법은 입법자에게 대한민국의 국민이 되는 요건을 법률로 정할 것을 위임하고 있다. 22 법무사 ○|×

0254-1 헌법은 국적취득 요건을 정하는 것을 입법자에게 위임하고 있으므로 입법자는 누가, 어떠한 요건 하에서 대한민국 국민이 될 수 있는지를 정할 수 있다. 11 국회 8 ○|×

> **헌법 제2조** ① 대한민국의 **국민이 되는 요건**은 **법률**로 정한다.
>
> **관련판례** 헌법 제2조 제1항은 "대한민국의 국민이 되는 요건은 법률로 정한다"고 하여 기본권의 주체인 **국민에 관한 내용을 입법자가** 형성하도록 하고 있다. 이는 대한민국 국적의 '취득'뿐만 아니라 국적의 유지, 상실을 둘러싼 전반적인 법률관계를 법률에 규정하도록 위임하고 있는 것으로 풀이할 수 있다(헌재 2014. 6. 26. 2011헌마502).

0255 헌법 제2조 제1항은 '대한민국의 국민이 되는 요건은 법률로 정한다'고 하여 대한민국 국적의 취득에 관하여 위임하고 있으나, 국적의 유지나 상실을 둘러싼 전반적인 법률관계를 법률에 규정하도록 위임하고 있는 것으로 풀이할 수는 없다. 18 지방 7 ○|×

헌법 제2조 제1항은 "대한민국의 국민이 되는 요건은 법률로 정한다"고 하여 기본권의 주체인 국민에 관한 내용을 입법자가 형성하도록 하고 있다. 이는 **대한민국 국적의 '취득'**뿐만 아니라 **국적의 유지, 상실**을 둘러싼 **전반적인 법률관계**를 법률에 **규정하도록 위임**하고 있는 것으로 풀이할 수 있다(헌재 2014. 6. 26. 2011헌마502).

0256 국적은 국가의 생성과 더불어 발생하지만, 국가의 소멸이 바로 국적의 상실 사유가 되는 것은 아니다. 18 5급 ○|×

국적은 국가와 그의 구성원 간의 법적유대(法的紐帶)이고 보호와 복종관계를 뜻하므로 이를 분리하여 생각할 수 없다. 즉 국적은 **국가의 생성과 더불어 발생**하고 **국가의 소멸**은 바로 **국적의 상실 사유**인 것이다. 국적은 성문의 법령을 통해서가 아니라 국가의 생성과 더불어 존재하는 것이므로, 헌법의 위임에 따라 국적법이 제정되나 그 내용은 국가의 구성요소인 국민의 범위를 구체화, 현실화하는 헌법사항을 규율하고 있는 것이다(헌재 2000. 8. 31. 97헌가12).

정답 254. ○ 254-1. ○ 255. ×[풀이할 수 있음] 256. ×[국가 소멸 = 국적 상실 사유]

0257 국적은 성문의 법령을 통해서가 아니라 국가의 생성과 더불어 존재하는 것이므로, 헌법의 위임에 따라 국적법이 제정되나 그 내용은 국가의 구성요소인 국민의 범위를 구체화, 현실화하는 헌법사항을 규율하고 있는 것이다. 17 법무사   O | X

0257-1 국적은 국가의 생성과 더불어 당연히 존재하는 것이 아니라 성문의 법령을 통하여 비로소 존재하게 된다. 12 국회 9   O | X

국적은 국가와 그의 구성원 간의 법적유대(法的紐帶)이고 보호와 복종관계를 뜻하므로 이를 분리하여 생각할 수 없다. 즉 국적은 국가의 생성과 더불어 발생하고 국가의 소멸은 바로 국적의 상실 사유인 것이다. 국적은 **성문의 법령**을 통해서가 아니라 **국가의 생성과 더불어 존재**하는 것이므로, **헌법의 위임에 따라 국적법이 제정**되나 그 내용은 국가의 구성요소인 국민의 범위를 구체화, 현실화하는 **헌법사항을 규율**하고 있는 것이다(헌재 2000. 8. 31. 97헌가12).

0258 국민은 항구적 소속원이므로 어느 곳에 있든지 그가 속하는 국가의 통치권에 복종할 의무를 부담하고, 국외에 있을 때에는 예외적으로 거주국의 통치권에 복종하여야 한다. 15 서울 7   O | X

국민은 영토, 주권과 더불어 국가의 3대 구성요소 중의 하나이다. 국적은 국민이 되는 자격·신분을 의미하므로 국민이 아닌 자는 외국인(외국국적자, 이중국적자, 무국적자 포함. 이하 같다)이라고 한다. 국민은 **항구적 소속원**이므로 어느 곳에 있던지 그가 속하는 **국가의 통치권에 복종할 의무**를 부담하고, 국외에 있을 때에는 예외적으로 **거주국의 통치권에 복종**하여야 한다(헌재 2000. 8. 31. 97헌가12).

02 국적선택권

0259 1948년 세계인권선언 제15조 제2항이 '누구를 막론하고 불법하게 그 국적을 박탈당하지 아니하여야 하며 그 국적변경의 권리가 거부되어서는 아니 된다.'는 규정을 두고 있으나, '이중국적자의 국적선택권'이라는 개념은 별론으로 하더라도, 일반적으로 외국인인 개인이 특정한 국가의 국적을 선택할 권리가 자연권으로서 또는 우리 헌법상 당연히 인정된다고는 할 수 없다. 17 법무사   O | X

0259-1 국적선택권은 내외국민을 불문하고 자연권으로서 또는 우리 헌법상 당연히 인정되는 권리이다. 12 법원 9   O | X

천부인권(天賦人權) 사상은 국민주권을 기반으로 하는 자유민주주의 헌법을 낳았고 이 헌법은 인간의 존엄과 가치를 존중하므로, 개인은 자신의 운명에 지대한 영향을 미치는 정치적 공동체인 국가를 선택할 수 있는 권리, 즉 국적선택권을 기본권으로 인식하기에 이르렀다. **세계인권선언**(1948. 12. 10.)이 제15조에서 "① 사람은 누구를 막론하고 국적을 가질 권리를 가진다. ② 누구를 막론하고 불법하게 그 국적을 박탈당하지 아니하여야 하며 그 국적변경의 권리가 거부되어서는 아니된다."는 규정을 둔 것은 이를 뒷받침하는 좋은 예다. 그러나 개인의 국적선택에 대하여는 나라마다 그들의 국내법에서 많은 제약을 두고 있는 것이 현실이므로, 국적은 아직도 자유롭게 선택할 수 있는 권리에는 이르지 못하였다고 할 것이다. 그러므로 "이중국적자의 국적선택권"이라는 개념은 별론으로 하더라도, 일반적으로 **외국인인 개인이 특정한 국가의 국적을 선택할 권리가 자연권으로서 또는 우리 헌법상 당연히 인정**된다고는 **할 수 없다고** 할 것이다(헌재 2006. 3. 30. 2003헌마806).

정답 257. O   257 1. X [국가의 생성과 더불어 당연히 존재함]   258. O   259. O   259-1. X [외국인 국적선택권 자연권 아님, 당연히 인정 X]

POINT 017 선천적 국적취득

01 부모양계혈통주의

0260 헌법의 인적 적용범위와 관련하여 우리나라는 부모양계혈통주의에 기초한 속인주의를 원칙으로 하면서 속지주의를 보충적으로 채택하고 있다. 14 국회 8   O | X

0260-1 국적법은 부모양계혈통주의를 원칙으로 하고 출생지주의를 예외적으로 인정하고 있다. 22 법원 9   O | X

0260-2 출생 당시에 부(父) 또는 모(母)가 대한민국의 국민인 자, 부모가 모두 분명하지 아니한 경우나 국적이 없는 경우에는 대한민국에서 출생한 자는 출생과 동시에 대한민국 국적(國籍)을 취득한다. 16 법무사   O | X

> **국적법 제2조(출생에 의한 국적 취득)** ① 다음 각 호의 어느 하나에 해당하는 자는 **출생과 동시에 대한민국 국적(國籍)을 취득**한다.
> 1. 출생 당시에 **부(父)또는 모(母)가 대한민국의 국민**인 자
> 2. 출생하기 전에 **부가 사망**한 경우에는 그 **사망 당시에 부가 대한민국의 국민**이었던 자
> 3. **부모가 모두 분명하지 아니한 경우나 국적이 없는 경우에는 대한민국에서 출생**한 자

0261 우리나라의 국적법은 종래 부계혈통주의를 채택한 적이 있다. 22 법무사   O | X

0261-1 우리나라가 선천적 국적취득에 관하여 부계혈통주의에서 부모양계혈통주의로 개정한 것은 가족생활에 있어서 양성의 평등원칙에 부합한다. 22 경찰 2차   O | X

우리나라는 1998년 국적법 개정 전에는 국민인 부의 혈통이 국적 취득의 토대가 되는 **부계혈통주의**였으나, 1998년 국적법의 개정으로 부계혈통주의에서 **부모양계혈통주의로 전환**함으로써 그 때부터 **가족생활에 있어서 양성평등이 실현**되었다.

> **⑩ 관련판례** **부계혈통주의 원칙**을 채택한 구법조항은 출생한 당시의 자녀의 국적을 부의 국적에만 맞추고 모의 국적은 단지 보충적인 의미만을 부여하는 차별을 하고 있다. 이렇게 한국인 부와 외국인 모 사이의 자녀와 한국인 모와 외국인 부 사이의 자녀를 차별취급하는 것은, 모가 한국인인 자녀와 그 모에게 불리한 영향을 끼치므로 헌법 제11조 제1항의 **남녀평등원칙에 어긋난다**(헌재 2000. 8. 31. 97헌가12).

0262 출생 당시에 부 또는 모가 대한민국의 국민인 자는 출생과 동시에 대한민국 국적을 취득한다. 22 해경, 19 5급, 16 법원 9   O | X

0262-1 출생당시 부가 외국인이더라도 모가 대한민국 국민인 경우에는 대한민국의 국적을 취득한다. 10 법원 9   O | X

0262-2 우리나라의 「국적법」은 속인주의를 택하면서 아버지를 중심으로 하는 부계혈통주의를 원칙으로 하고 예외적으로 모계혈통주의를 택하고 있다. 11 국회 8   O | X

0262-3 출생 당시에 부(父)가 대한민국의 국민인 자만 출생과 동시에 대한민국 국적을 취득한다. 20 지방 7   O | X

● 정답 260. O 260-1. O 260-2. O 261. O 261-1. O 262. O 262-1. O 262-2. X [부모양계혈통주의 원칙] 262-3. X [부 또는 모가 대한민국의 국민인 자]

> 국적법 제2조(출생에 의한 국적 취득) ① 다음 각 호의 어느 하나에 해당하는 자는 **출생과 동시에 대한민국 국적(國籍)**을 취득한다.
> 1. 출생 당시에 **부(父)또는 모(母)가 대한민국의 국민**인 자
>
> 📎 보충설명 국적법은 부모양계혈통주의를 규정하고 있기 때문에 출생 당시에 부(父)가 대한민국의 국민인 자뿐만 아니라 모(母)가 대한민국의 국민인 자도 출생과 동시에 대한민국 국적(國籍)을 취득한다.

0263 출생하기 전에 부(父)가 사망한 경우에는 그 사망 당시에 부(父)가 대한민국의 국민이었던 자는 출생과 동시에 대한민국 국적을 취득한다. 16 국회 9   O│X

> 국적법 제2조(출생에 의한 국적 취득) ① 다음 각 호의 어느 하나에 해당하는 자는 **출생과 동시에 대한민국 국적(國籍)**을 취득한다.
> 2. 출생하기 전에 **부가 사망**한 경우에는 그 **사망 당시에 부가 대한민국의 국민**이었던 자

02 속지주의 보충

0264 부모가 모두 분명하지 아니한 경우 대한민국에서 출생한 자는 출생과 동시에 대한민국 국적을 취득한다. 20 소간, 19 입시, 18 5급   O│X

0264-1 「국적법」상 부모가 모두 국적이 없는 경우라도 대한민국에서 출생한 사람은 대한민국 국적을 취득한다. 24 경정   O│X

0264-2 「국적법」상 부모가 모두 국적이 없는 경우에는 대한민국에서 출생하더라도 대한민국의 국적을 취득할 수 없다. 15 서울 7   O│X

0264-3 부모 중 어느 한쪽이 국적이 없는 경우에 대한민국에서 출생한 자는 대한민국 국적을 취득한다. 22 해경, 19 5급   O│X

> 국적법 제2조(출생에 의한 국적 취득) ① 다음 각 호의 어느 하나에 해당하는 자는 **출생과 동시에 대한민국 국적(國籍)**을 취득한다.
> 1. 출생 당시에 **부(父)또는 모(母)가 대한민국의 국민**인 자
> 3. **부모가 모두 분명하지 아니한 경우**나 **국적이 없는 경우**에는 **대한민국에서 출생**한 자

0265 대한민국에서 발견된 기아(棄兒)는 대한민국에서 출생한 것으로 추정한다. 22 해경, 20 소간, 19 5급, 16 국회 9   O│X

0265-1 대한민국에서 발견된 기아는 대한민국에서 출생한 것으로 간주한다. 21 경정   O│X

> 국적법 제2조(출생에 의한 국적 취득) ② **대한민국에서 발견된 기아(棄兒)**는 **대한민국에서 출생**한 것으로 **추정**한다.

정답 263. O   264. O   264-1. O   264-2. ×[취득함]   264-3. ×[부모 모두 국적이 없는 경우이어야 함]   265. O   265-1. ×[간주 × → 추정 O]

03 관련판례

0266 부계혈통주의 원칙은 출생한 당시 자녀의 국적을 부의 국적에만 맞추고 모의 국적은 단지 보충적인 의미만을 부여하는 차별을 의미하므로 위헌이다. 22 국회 9, 18 입시   O | X

> **부계혈통주의 원칙**을 채택한 구법조항은 출생한 당시의 자녀의 국적을 부의 국적에만 맞추고 모의 국적은 단지 보충적인 의미만을 부여하는 차별을 하고 있다. 이렇게 한국인 부와 외국인 모 사이의 자녀와 한국인 모와 외국인 부 사이의 자녀를 차별취급하는 것은, 모가 한국인인 자녀와 그 모에게 불리한 영향을 끼치므로 헌법 제11조 제1항의 **남녀평등원칙에 어긋난다**(헌재 2000. 8. 31. 97헌가12).

0267 1978. 6. 14.부터 1998. 6. 13. 사이에 태어난 모계출생자가 대한민국 국적을 취득할 수 있는 특례를 두면서 2004. 12. 31.까지 국적 취득신고를 한 경우에만 대한민국 국적을 취득하도록 한 것은, 특례의 적용을 받는 모계출생자가 그 권리를 조속히 행사하도록 하여 위 모계출생자가 권리를 남용할 가능성을 억제하기 위한 것으로 합리적 이유있는 차별이다. 20 경정, 18 입시   O | X

0267-1 1978. 6. 14.부터 1998. 6. 13. 사이에 태어난 모계출생자가 대한민국 국적을 취득할 수 있도록 특례를 두면서 2004. 12. 31.까지 국적 취득신고를 한 경우에만 대한민국 국적을 취득하도록 한 국적법 조항은 평등원칙에 위배된다. 18 경정   O | X

> 심판대상조항은 특례의 적용을 받는 모계출생자가 그 권리를 조속히 행사하도록 하여 위 모계출생자의 국적·법률관계를 조속히 확정하고, 국가기관의 행정상 부담을 줄일 수 있도록 하며, 위 모계출생자가 권리를 남용할 가능성을 억제하기 위하여 특례기간을 2004. 12. 31.까지로 한정하고 있는바, 이를 **불합리하다고 볼 수 없다**. … 심판대상조항은 특례의 적용을 받는 모계출생자와 출생으로 대한민국 국적을 취득하는 모계출생자를 합리적 사유 없이 차별하고 있다고 볼 수 없고, 따라서 **평등원칙에 위배되지 않는다**(헌재 2015. 11. 26. 2014헌바211).

POINT 018 후천적 국적취득과 외국국적포기

01 순수외국인

0268 국적을 후천적으로 취득하는 방법으로 인지나 귀화 등이 있다. 22 해경, 19 5급   O | X

> **국적법 제3조(인지에 의한 국적 취득)** ① 대한민국의 국민이 아닌 자(이하 "**외국인**"이라 한다)로서 대한민국의 국민인 부 또는 모에 의하여 **인지(認知)**된 자가 다음 각 호의 요건을 모두 갖추면 **법무부장관에게 신고함으로써 대한민국 국적을 취득**할 수 있다.
> **국적법 제4조(귀화에 의한 국적 취득)** ① 대한민국 국적을 취득한 사실이 없는 **외국인**은 법무부장관의 **귀화허가(歸化許可)**를 받아 **대한민국 국적을 취득**할 수 있다.

정답 266. ○ 267. ○ 267-1. ×[위배 ×] 268. ○

1 인지 (신고)

0269 대한민국의 국민이 아닌 자로서 대한민국의 국민인 부 또는 모에 의하여 인지된 자가 대한민국의「민법」상 미성년자이면서 출생 당시에 부 또는 모가 대한민국의 국민이었을 경우에는 법무부장관에게 신고함으로써 대한민국 국적을 취득할 수 있다. 23 경찰 2차 O | X

0269-1 사실혼 관계에 있는 한국인 아버지와 외국인 어머니 사이에서 출생한 미성년인 자는 한국인 생부(生父)가 인지하여야 대한민국 국적을 취득할 수 있다. 이 때에 인지를 하는 한국인 생부는 자의 출생 당시에 대한민국의 국민이어야 한다. 11 국회 8 O | X

0269-2 만 18세의 외국인은 출생 당시 대한민국 국민인 부 또는 모가 인지하는 경우에 법무부장관의 허가를 받아 대한민국 국적을 취득할 수 있다. 19 입시 O | X

0269-3 대한민국의「민법」상 미성년인 대한민국의 국민이 아닌 자는 대한민국 국민인 부 또는 모에 의하여 인지되고, 출생 당시에 그 부 또는 모가 대한민국 국민이라는 요건을 모두 갖춘 때에 대한민국의 국적을 취득한다. 23 국회 8 O | X

> **국적법 제3조(인지에 의한 국적 취득)** ① 대한민국의 국민이 아닌 자(이하 "외국인"이라 한다)로서 대한민국의 국민인 부 또는 모에 의하여 인지(認知)된 자가 다음 각 호의 요건을 모두 갖추면 법무부장관에게 신고함으로써 대한민국 국적을 취득할 수 있다.
> 1. 대한민국의「민법」상 미성년일 것
> 2. 출생 당시에 부 또는 모가 대한민국의 국민이었을 것

2 귀화허가 (특허)

0270 대한민국 국적을 취득한 사실이 없는 외국인은 법무부장관의 귀화허가를 받아 대한민국 국적을 취득할 수 있다. 20 소간, 19 국가 7 O | X

> **국적법 제4조(귀화에 의한 국적 취득)** ① 대한민국 국적을 취득한 사실이 없는 외국인은 법무부장관의 귀화허가(歸化許可)를 받아 대한민국 국적을 취득할 수 있다.

0271 대한민국 국적을 취득한 사실이 없는 외국인은 법무부장관의 귀화허가를 받아 대한민국 국적을 취득할 수 있으며, 법무부장관 앞에서 국민선서를 하고 귀화증서를 수여받은 때에 대한민국 국적을 취득한다. 23 국회 8 O | X

0271-1 「국적법」에 따라 귀화허가를 받은 사람은 법무부장관 앞에서 국민선서를 하고 귀화증서를 수여받은 때에 대한민국 국적을 취득하며, 법무부장관은 연령, 신체적·정신적 장애 등으로 국민선서의 의미를 이해할 수 없거나 이해한 것을 표현할 수 없다고 인정되는 사람에게는 국민선서를 면제할 수 있다. 19 국가 7 O | X

정답 269. O 269-1. O 269-2. X [허가 X → 신고 O] 269-3. X [법무부장관에게 신고함으로써 국적 취득함] 270. O 271. O 271-1. O

국적법 제4조(귀화에 의한 국적 취득) ① 대한민국 국적을 취득한 사실이 없는 **외국인**은 법무부장관의 **귀화허가(歸化許可)**를 받아 **대한민국 국적을 취득**할 수 있다.
③ 제1항에 따라 귀화허가를 받은 사람은 법무부장관 앞에서 **국민선서**를 하고 **귀화증서를 수여**받은 때에 **대한민국 국적을 취득**한다. 다만, 법무부장관은 연령, 신체적·정신적 장애 등으로 국민선서의 의미를 이해할 수 없거나 이해한 것을 표현할 수 없다고 인정되는 사람에게는 **국민선서를 면제**할 수 있다.

0272 국적법상 일반귀화 요건은 '5년 이상 계속하여 대한민국에 주소가 있을 것, 대한민국에서 영주할 수 있는 체류자격을 가지고 있을 것, 대한민국의 민법상 성년일 것, 품행이 단정할 것, 자신의 자산(資産)이나 기능(技能)에 의하거나 생계를 같이하는 가족에 의존하여 생계를 유지할 능력이 있을 것, 국어능력과 대한민국의 풍습에 대한 이해 등 대한민국 국민으로서의 기본 소양(素養)을 갖추고 있을 것'이다. 16 법무사(변형) O | X

0272-1 일반귀화는 대한민국에서 영주할 수 있는 체류자격을 가지고 3년 이상 대한민국에 주소를 가지는 것 등의 요건을 갖추어야 한다. 19 서울 7(추) O | X

국적법 제5조(일반귀화 요건) 외국인이 귀화허가를 받기 위하여서는 제6조나 제7조에 해당하는 경우 외에는 다음 각 호의 요건을 갖추어야 한다.
1. **5년 이상 계속**하여 **대한민국에 주소**가 있을 것
1의2. 대한민국에서 **영주할 수 있는 체류자격**을 가지고 있을 것
2. 대한민국의 「**민법**」상 **성년**일 것
3. 법령을 준수하는 등 법무부령으로 정하는 **품행 단정**의 요건을 갖출 것
4. 자신의 자산(資産)이나 기능(技能)에 의하거나 생계를 같이하는 가족에 의존하여 **생계를 유지할 능력**이 있을 것
5. 국어능력과 대한민국의 풍습에 대한 이해 등 **대한민국 국민으로서의 기본 소양(素養)**을 갖추고 있을 것
6. 귀화를 허가하는 것이 국가안전보장·질서유지 또는 공공복리를 해치지 아니한다고 법무부장관이 인정할 것

0273 '품행이 단정할 것'이라는 외국인의 귀화허가 요건은 귀화신청자를 대한민국의 새로운 구성원으로 받아들이는 데 지장이 없을 만한 품성과 행실을 갖춘 것을 의미하므로 명확성원칙에 위배되지 않는다. 23 변호사 O | X

0273-1 외국인이 귀화허가를 받기 위해서는 '품행이 단정할 것'의 요건을 갖추도록 한 구 「국적법」 제5조 제3호는 귀화신청자의 성별, 연령, 직업, 가족, 경력, 전과관계 등 여러 사정을 종합적으로 고려하여 판단하는 것이 자의적일 수 있어 명확성원칙에 위배된다. 23 경찰 2차 O | X

심판대상조항은 외국인에게 대한민국 국적을 부여하는 '귀화'의 요건을 정한 것인데, '품행', '단정' 등 용어의 사전적 의미가 명백하고, 심판대상조항의 입법취지와 용어의 사전적 의미 및 법원의 일반적인 해석 등을 종합해 보면, '**품행이 단정할 것**'은 '귀화신청자를 대한민국의 새로운 구성원으로서 받아들이는 데 지장이 없을 만한 **품성과 행실을 갖춘 것**'을 의미하고, 구체적으로 이는 귀화신청자의 성별, 연령, 직업, 가족, 경력, 전과관계 등 여러 사정을 종합적으로 고려하여 판단될 것임을 예측할 수 있다. 따라서 **심판대상조항은 명확성원칙에 위배되지 아니한다**(헌재 2016. 7. 28. 2014헌바421).

정답 272. O 272-1. X [5년 이상] 273. O 273-1. X [명확성원칙에 위배 X]

0274 부 또는 모가 대한민국의 국민이었던 외국인이 대한민국에 3년 이상 계속하여 주소가 있는 경우에는 간이귀화허가를 받을 수 있다. 20 국회 8, 14 법무사 O|X

0274-1 부(父) 또는 모(母)가 대한민국의 국민이었던 외국인은 대한민국에 일정기간 거주하지 않아도 귀화허가를 받을 수 있다. 16 국회 9 O|X

> **국적법 제6조(간이귀화 요건)** ① 다음 각 호의 어느 하나에 해당하는 외국인으로서 **대한민국에 3년 이상 계속하여 주소가 있는 사람**은 제5조제1호 및 제1호의2의 요건을 갖추지 아니하여도 **귀화허가**를 받을 수 있다.
> 1. **부 또는 모가 대한민국의 국민이었던 사람**

0275 대한민국에서 출생한 사람으로서 부 또는 모가 대한민국에서 출생한 외국인은 대한민국에 3년 이상 계속하여 주소가 있는 경우 간이귀화허가를 받을 수 있다. 19 경정 O|X

0275-1 대한민국에서 출생한 자로서 부 또는 모가 대한민국에서 출생한 자에 해당하는 외국인이 대한민국에 1년 이상 계속하여 주소가 있는 때에는 귀화허가를 받을 수 있다. 18 국회 8 O|X

> **국적법 제6조(간이귀화 요건)** ① 다음 각 호의 어느 하나에 해당하는 외국인으로서 **대한민국에 3년 이상 계속하여 주소가 있는 사람**은 제5조제1호 및 제1호의2의 요건을 갖추지 아니하여도 **귀화허가**를 받을 수 있다.
> 2. **대한민국에서 출생한 자로서 부 또는 모가 대한민국에서 출생**한 사람

0276 대한민국 국민의 양자로서 입양 당시 대한민국의 「민법」상 성년이었던 외국인으로서 대한민국에 2년간 계속하여 주소가 있는 자는 5년 이상 계속하여 대한민국에 주소가 없고 대한민국에 영주할 수 있는 체류자격이 없더라도 귀화허가를 받을 수 있다. 23 국회 8 O|X

> **국적법 제6조(간이귀화 요건)** ① 다음 각 호의 어느 하나에 해당하는 외국인으로서 **대한민국에 3년 이상 계속하여 주소가 있는 사람**은 제5조제1호 및 제1호의2의 요건을 갖추지 아니하여도 **귀화허가**를 받을 수 있다.
> 3. **대한민국 국민의 양자(養子)로서 입양 당시 대한민국의 「민법」상 성년**이었던 사람

0277 혼인과 동시에 대한민국 국적을 당연히 취득하는 것은 아니며 일정 기간이 경과한 후 귀화의 방법에 의한다. 10 국회 8 O|X

0277-1 외국인이 대한민국 국민과 혼인하면 자동으로 대한민국 국적을 취득한다. 22 법무사 O|X

외국인이 대한민국 국민과 혼인하면 자동으로 대한민국 국적을 취득하는 것이 아니라 간이귀화허가를 받아 우리 국적을 취득할 수 있다.

> **국적법 제6조(간이귀화 요건)** ② 배우자가 대한민국의 국민인 외국인으로서 다음 각 호의 어느 하나에 해당하는 사람은 제5조제1호 및 제1호의2의 요건을 갖추지 아니하여도 **귀화허가**를 받을 수 있다.
> 1. 그 배우자와 **혼인한 상태로 대한민국에 2년 이상 계속하여 주소가 있는 사람**
> 2. 그 배우자와 **혼인한 후 3년이 지나고 혼인한 상태로 대한민국에 1년 이상 계속하여 주소가 있는 사람**

정답 274. O 274-1. X [3년 이상 대한민국에 주소가 있어야 함] 275. O 275-1. X [3년 이상 계속하여] 276. X [2년간 계속하여 주소 X · 3년간 계속하여 주소 O] 277. O 277-1. X [간이귀화허가를 받아 국적 취득]

0278 배우자가 대한민국 국민인 외국인으로서 그 배우자와 혼인한 후 3년이 지나고 혼인한 상태로 대한민국에 1년 이상 계속하여 주소가 있는 자는 귀화허가를 받을 수 있다. 18 국회 8   O | X

0278-1 외국인이 대한민국 국민인 배우자와 적법하게 혼인한 후 3년이 지나더라도 혼인한 상태로 대한민국에 1년 이상 계속하여 주소가 없는 경우에는 간이귀화의 허가요건을 충족하지 못한다. 17 경정, 14 법무사   O | X

0278-2 배우자가 대한민국의 국민인 외국인으로서 그 배우자와 혼인한 후 2년이 지나고 혼인한 상태로 대한민국에 1년 이상 계속하여 주소가 있는 자는 귀화허가를 받을 수 있다. 13 법원 9   O | X

> **국적법 제6조(간이귀화 요건)** ② 배우자가 대한민국의 국민인 외국인으로서 다음 각 호의 어느 하나에 해당하는 사람은 제5조제1호 및 제1호의2의 요건을 갖추지 아니하여도 **귀화허가**를 받을 수 있다.
> 2. 그 배우자와 **혼인한 후 3년**이 지나고 **혼인한 상태로 대한민국에 1년 이상 계속하여 주소가 있는 사람**

0279 한국인과 혼인한 외국인이 임신한 후 국적을 취득하지 못한 채 배우자와 이혼하였을 때, 갑은 자신에게 이혼의 책임이 있더라도 그 배우자와의 혼인에 따라 출생한 미성년의 자를 양육하고 있을 경우, 귀화에 필요한 기간을 채우고 법무부장관이 상당하다고 인정하면 귀화허가를 받을 수 있다. 10 국회 8   O | X

> **국적법 제6조(간이귀화 요건)** ② 배우자가 대한민국의 국민인 **외국인**으로서 다음 각 호의 어느 하나에 해당하는 사람은 제5조제1호 및 제1호의2의 요건을 갖추지 아니하여도 **귀화허가**를 받을 수 있다.
> 3. 제1호나 제2호의 기간을 채우지 못하였으나, 그 배우자와 **혼인한 상태로 대한민국에 주소를 두고** 있던 중 그 배우자의 **사망이나 실종** 또는 그 밖에 **자신에게 책임이 없는 사유로 정상적인 혼인 생활을 할 수 없었던 사람**으로서 제1호나 제2호의 **잔여기간**을 채웠고 **법무부장관이 상당(相當)**하다고 인정하는 사람
> 4. 제1호나 제2호의 요건을 충족하지 못하였으나, 그 배우자와의 혼인에 따라 출생한 **미성년의 자(子)를 양육**하고 있거나 **양육하여야 할** 자로서 제1호나 제2호의 **기간**을 채웠고 **법무부장관이 상당하다고 인정**하는 사람

> **보충설명** 미성년의 자를 양육하고 있거나 양육하여야 할 자는 기간은 채워야 하나 주소에 관계없이 귀화허가를 받을 수 있다.

0280 외국인 여자가 한국인 남자와의 혼인으로 인하여 한국의 국적을 취득하고 동시에 해당국가의 국적을 상실한 뒤 한국인 남자와 이혼하였다고 하여 한국 국적을 상실하고 본래국적을 당연히 다시 취득하는 것은 아니다. 11 국회 8   O | X

> 일본인 여자가 **한국인 남자와의 혼인**으로 인하여 **한국의 국적을 취득**하는 동시에 일본의 국적을 상실한 뒤 **한국인 남자와 이혼**하였다 하여 **한국 국적을 상실**하고 **일본 국적을 다시 취득**하는 것은 아니고 동녀가 일본국에 복적할 때까지는 여전히 한국의 국적을 그대로 유지한다(대판 1976. 4. 23. 73마1051).

정답 278. O   278-1. O   278-2. ×[혼인한 후 2년 → 혼인한 후 3년]   279. O   280. O

0281 대한민국에 특별한 공로가 있는 외국인은 대한민국에 주소가 있는 경우 특별귀화허가를 받을 수 있다. 19 경정 O | X

0281-1 '대한민국에 특별한 공로가 있는 자'나 '과학·경제·문화·체육 등 특정 분야에서 매우 우수한 능력을 보유한 자로서 대한민국의 국익에 기여할 것으로 인정되는 자'는 대한민국에 주소가 없어도 귀화허가를 받을 수 있다. 16 법무사 O | X

> **국적법 제7조(특별귀화 요건)** ① 다음 각 호의 어느 하나에 해당하는 **외국인으로서 대한민국에 주소가 있는 사람**은 제5조제1호·제1호의2·제2호 또는 제4호의 요건을 갖추지 아니하여도 **귀화허가**를 받을 수 있다.
> 1. **부 또는 모가 대한민국의 국민**인 사람. 다만, 양자로서 대한민국의 「민법」상 성년이 된 후에 입양된 사람은 제외한다.
> 2. 대한민국에 **특별한 공로**가 있는 사람
> 3. 과학·경제·문화·체육 등 특정 분야에서 **매우 우수한 능력을 보유**한 사람으로서 **대한민국의 국익에 기여**할 것으로 인정되는 사람

> 🔎 **보충설명** 특별귀화의 경우에도 대한민국에 주소가 있어야 한다.

0282 귀화허가는 외국인에게 대한민국 국적을 부여함으로써 국민으로서의 법적 지위를 포괄적으로 설정하는 행위이고, 국적법 등 관계 법령 어디에도 외국인에게 대한민국의 국적을 취득할 권리를 부여하였다고 볼 만한 규정이 없기 때문에 법무부장관은 귀화신청인이 귀화 요건을 갖추었다하더라도 귀화를 허가할 것인지 여부에 관한 재량권을 가진다. 14 법무사 O | X

> 국적은 국민의 자격을 결정짓는 것이고, 이를 취득한 사람은 국가의 주권자가 되는 동시에 국가의 속인적 통치권의 대상이 되므로, 귀화허가는 외국인에게 **대한민국 국적을 부여**함으로써 국민으로서의 법적 지위를 포괄적으로 **설정하는 행위**에 해당한다. 한편, 국적법 등 관계 법령 어디에도 외국인에게 **대한민국의 국적을 취득할 권리를 부여**하였다고 볼 만한 규정이 **없다**. 이와 같은 귀화허가의 근거 규정의 형식과 문언, 귀화허가의 내용과 특성 등을 고려해 보면, **법무부장관**은 귀화신청인이 귀화 요건을 갖추었다 하더라도 귀화를 허가할 것인지 여부에 관하여 **재량권을 가진다**고 보는 것이 타당하다(대판 2010. 10. 28. 2010두6496).

3 수반 취득

0283 외국인의 자(子)로서 대한민국의 「민법」상 미성년인 사람은 부 또는 모가 귀화허가를 신청할 때 함께 국적 취득을 신청할 수 있고, 이에 따라 국적 취득을 신청한 사람은 부 또는 모가 대한민국 국적을 취득한 때에 함께 대한민국 국적을 취득한다. 18 지방 7 O | X

0283-1 외국인의 자(子)로서 대한민국 「민법」상 성년인 사람은 부(父) 또는 모(母)가 귀화허가를 신청할 때 함께 국적 취득을 신청할 수 있다. 23 해간 O | X

> **국적법 제8조(수반 취득)** ① **외국인의 자(子)**로서 대한민국의 「민법」상 **미성년**인 사람은 부 또는 모가 귀화허가를 신청할 때 함께 **국적 취득을 신청**할 수 있다.
> ② 제1항에 따라 **국적 취득을 신청한 사람**은 부 또는 모가 대한민국 국적을 취득한 때에 함께 대한민국 국적을 취득한다.

정답 281. O 281-1. X [주소 필요] 282. O 283. O 283-1. X [미성년이어야 함]

02 국민이었던 자 : 국적회복허가

0284 대한민국 국적을 취득한 사실이 없는 외국인은 법무부장관의 귀화허가를 받아 대한민국 국적을 취득할 수 있는 반면, 대한민국의 국민이었던 외국인은 법무부장관의 국적회복허가를 받아 대한민국 국적을 취득할 수 있다. 22 국회 9, 20 국회 9   O│X

> 국적법 제4조(귀화에 의한 국적 취득) ① 대한민국 국적을 취득한 사실이 없는 외국인은 법무부장관의 귀화허가(歸化許可)를 받아 대한민국 국적을 취득할 수 있다.
> 국적법 제9조(국적회복에 의한 국적 취득) ① 대한민국의 국민이었던 외국인은 법무부장관의 국적회복허가(國籍回復許可)를 받아 대한민국 국적을 취득할 수 있다.

0285 대한민국 국민이었던 외국인은 법무부장관의 국적회복허가를 받아 대한민국 국적을 취득할 수 있는데, 병역을 기피할 목적으로 대한민국 국적을 상실하였거나 이탈하였던 사람은 제외된다. 22 법무사   O│X

0285-1 병역을 기피할 목적으로 대한민국 국적을 상실하였거나 이탈하였던 자에 대한 법무부장관의 국적회복허가는 재량사항이다. 14 법무사   O│X

> 국적법 제9조(국적회복에 의한 국적 취득) ① 대한민국의 국민이었던 외국인은 법무부장관의 국적회복허가(國籍回復許可)를 받아 대한민국 국적을 취득할 수 있다.
> ② 법무부장관은 국적회복허가 신청을 받으면 심사한 후 다음 각 호의 어느 하나에 해당하는 사람에게는 국적회복을 허가하지 아니한다.
> 1. 국가나 사회에 위해(危害)를 끼친 사실이 있는 사람
> 2. 품행이 단정하지 못한 사람
> 3. 병역을 기피할 목적으로 대한민국 국적을 상실하였거나 이탈하였던 사람

0286 국적회복과 귀화는 모두 외국인이 후천적으로 법무부장관의 허가라는 주권적 행정절차를 통하여 대한민국 국적을 취득하는 제도라는 점에서 동일하나, 귀화는 대한민국 국적을 취득한 사실이 없는 순수한 외국인이 법무부장관의 허가를 받아 대한민국 국적을 취득할 수 있도록 하는 절차인데 비해, 국적회복허가는 한 때 대한민국 국민이었던 자를 대상으로 한다는 점, 귀화는 일정한 요건을 갖춘 사람에게만 허가할 수 있는 반면, 국적회복허가는 일정한 사유에 해당하는 사람에 대해서만 국적회복을 허가하지 아니한다는 점에서 차이가 있다. 22 경찰 2차   O│X

> 국적회복과 귀화는 모두 외국인이 후천적으로 법무부장관의 허가라는 주권적 행정절차를 통하여 대한민국 국적을 취득하는 제도라는 점에서 동일하나, 귀화는 대한민국 국적을 취득한 사실이 없는 순수한 외국인이 법무부장관의 허가를 받아 대한민국 국적을 취득할 수 있도록 하는 절차인데 비해(국적법 제4조 내지 제7조), 국적회복허가는 한 때 대한민국 국민이었던 자를 대상으로 한다는 점, 귀화는 일정한 요건을 갖춘 사람에게만 허가할 수 있는 반면(국적법 제5조 내지 제7조), 국적회복허가는 일정한 사유에 해당하는 사람에 대해서만 국적회복을 허가하지 아니한다는 점(국적법 제9조 제2항)에서 차이가 있다. 국적법이 이처럼 귀화제도와 국적회복 제도를 구분하고 있는 것은 과거 대한민국 국민이었던 자의 국적취득절차를 간소화함으로써 국적취득상의 편의를 증진시키고자 하는 것이다(헌재 2020. 2. 27. 2017헌바434).

정답 284. O   285. O   285-1. X [재량사항 X, 국적회복허가 불가]   286. O

03 대한민국 국적취득자의 외국국적 포기의무

0287 대한민국 국적을 취득한 외국인으로서 외국 국적을 가지고 있는 자는 대한민국 국적을 취득한 날부터 1년 내에 그 외국 국적을 포기하여야 한다. 22 국회 9, 21 경정, 16 국회 9, 13 법원 9   O | X

0287-1 대한민국 국적을 취득한 외국인으로서 외국 국적을 가지고 있는 자는 대한민국 국적을 취득한 날부터 2년 내에 그 외국 국적을 포기하여야 하며 이를 이행하지 아니한 자는 그 기간이 지난 때에 대한민국 국적을 상실한다. 14 지방 7   O | X

0287-2 대한민국 국적을 취득한 외국인으로서 외국 국적을 가지고 있는 자는 대한민국 국적을 취득한 날부터 그 외국 국적을 상실한다. 20 국회 9   O | X

> **국적법 제10조(국적 취득자의 외국 국적 포기 의무)** ① 대한민국 국적을 취득한 외국인으로서 외국 국적을 가지고 있는 자는 대한민국 국적을 취득한 날부터 **1년** 내에 그 **외국 국적을 포기**하여야 한다.
> ③ 제1항 또는 제2항을 이행하지 아니한 자는 그 기간이 지난 때에 **대한민국 국적을 상실(喪失)**한다.

> 📝 **보충설명** 외국 국적 포기는 대한민국 국적을 취득한 날부터 1년 내에 하여야 한다.

0288 대한민국의 「민법」상 성년이 되기 전에 외국인에게 입양된 후 외국 국적을 취득하고 외국에서 계속 거주하다가 「국적법」 제9조에 따라 국적회복허가를 받은 자는 대한민국 국적을 취득한 날부터 1년 내에 외국 국적을 포기하거나 법무부장관이 정하는 바에 따라 대한민국에서 외국 국적을 행사하지 아니하겠다는 뜻을 법무부장관에게 서약하여야 한다. 23 소간   O | X

0288-1 대한민국 국민이었다가 만 17세에 외국인에게 입양되어 외국 국적을 취득하고 외국에서 계속 거주하다가 국적회복허가를 받은 사람은 대한민국 국적을 취득한 날부터 1년 내에 법무부장관이 정하는 바에 따라 대한민국에서 외국 국적을 행사하지 아니하겠다는 뜻을 법무부장관에게 서약함으로써 외국 국적을 유지할 수 있다. 19 국회 8   O | X

> **국적법 제10조(국적 취득자의 외국 국적 포기 의무)** ② 제1항에도 불구하고 다음 각 호의 어느 하나에 해당하는 자는 대한민국 국적을 취득한 날부터 **1년** 내에 **외국 국적을 포기**하거나 법무부장관이 정하는 바에 따라 대한민국에서 외국 국적을 행사하지 아니하겠다는 뜻을 **법무부장관에게 서약**하여야 한다.
> 3. 대한민국의 「민법」상 **성년**이 되기 전에 외국인에게 **입양**된 후 **외국 국적을 취득**하고 외국에서 계속 거주하다가 제9조에 따라 **국적회복허가**를 받은 자

정답 287. O   287-1. X [1년 내에 포기해야 함]   287-2. X [대한민국 국적을 취득한 날부터 상실 X]   288. O   288-1. O

0289 대한민국의 국적을 취득한 외국인으로서 외국 국적을 가지고 있는 자는 대한민국의 국적을 취득한 날부터 1년 내에 그 외국 국적을 포기하여야 하며, 이를 이행하지 아니하여 대한민국의 국적을 상실한 자가 그 후 1년 내에 그 외국 국적을 포기하면 법무부장관에게 신고함으로써 대한민국의 국적을 재취득할 수 있다. 18 경정 O│X

0289-1 대한민국 국적을 취득한 외국인으로서 외국 국적을 가지고 있는 자가 대한민국 국적을 취득한 날로부터 1년 내에 그 외국 국적을 포기하지 않아 국적을 상실한 경우 상실한 이후 2년 내에 그 외국 국적을 포기하면 대한민국 국적을 재취득할 수 있다. 23 국회 8 O│X

0289-2 외국 국적 포기의무를 이행하지 아니하여 대한민국 국적을 상실한 자가 그 후 1년 내에 그 외국 국적을 포기하면 법무부장관의 허가를 받아 대한민국 국적을 재취득할 수 있다. 20 국회 8, 17 경정 O│X

> **국적법 제10조(국적 취득자의 외국 국적 포기 의무)** ① 대한민국 국적을 취득한 외국인으로서 외국 국적을 가지고 있는 자는 대한민국 국적을 취득한 날부터 1년 내에 그 외국 국적을 포기하여야 한다.
> ③ 제1항 또는 제2항을 이행하지 아니한 자는 그 기간이 지난 때에 대한민국 국적을 상실(喪失)한다.
> **국적법 제11조(국적의 재취득)** ① 제10조제3항에 따라 대한민국 국적을 상실한 자가 그 후 1년 내에 그 외국 국적을 포기하면 법무부장관에게 신고함으로써 대한민국 국적을 재취득할 수 있다.

> **보충설명** 국적의 재취득은 법무부장관의 허가가 아니라 신고함으로써 대한민국 국적을 취득한다.

0290 외국인이 복수국적을 누릴 자유는 우리 헌법상 행복추구권에 의하여 보호되는 기본권이라고 보기 어렵다. 22 경찰 2차 O│X

> 일반적으로 외국인이 특정한 국가의 국적을 선택할 권리가 자연권으로서 또는 우리 헌법상 당연히 인정될 수는 없는 것이어서 외국인이 **복수국적을 누릴 자유**가 우리 헌법상 행복추구권에 의하여 보호되는 **기본권이라고 보기 어려우므로**, 국적법 제10조 제1항에 의하여 청구인 설○혁등의 재산권, 행복추구권이 침해될 가능성은 없다(헌재 2014. 6. 26. 2011헌마502).

POINT 019 복수국적자의 국적선택의무

01 복수국적자의 처우와 복수국적을 누릴 자유

0291 출생이나 그 밖에 「국적법」에 따라 대한민국 국적과 외국 국적을 함께 가지게 된 사람으로서 대통령령으로 정하는 사람은 대한민국의 법령 적용에서 대한민국 국민으로만 처우한다. 23 경찰 2차 O│X

0291-1 「국적법」은 출생이나 그 밖에 「국적법」에 따라 대한민국 국적과 외국 국적을 함께 가지게 된 자, 즉 복수국적자는 대한민국의 법령 적용에 있어서 대한민국 국민과 외국 국민으로 처우한다. 14 국회 8 O│X

> **국적법 제11조의2(복수국적자의 법적 지위 등)** ① 출생이나 그 밖에 이 법에 따라 대한민국 국적과 외국 국적을 함께 가지게 된 사람으로서 대통령령으로 정하는 사람[이하 "**복수국적자**"(複數國籍者)라 한다]는 대한민국의 법령 적용에서 **대한민국 국민으로만 처우**한다.

정답 289. O 289-1. X [2년 내 X → 1년 내 O] 289-2. X [허가 X → 신고 O] 290. O 291. O 291-1. X [대한민국 국민으로만 처우]

0292 중앙행정기관의 장이 복수국적자를 외국인과 동일하게 처우하는 내용으로 법령을 제정 또는 개정하려는 경우에는 미리 법무부장관과 협의하여야 한다. 23 소간   O | X

0292-1 중앙행정기관의 장이 복수국적자를 외국인과 동일하게 처우하는 내용으로 법령을 제정 또는 개정하려는 경우, 미리 법무부장관과 협의할 필요는 없다. 20 국회 9   O | X

0292-2 중앙행정기관의 장이 복수국적자를 외국인과 동일하게 처우하는 내용으로 법령을 제정 또는 개정하려는 경우에는 미리 법무부장관에게 통보하여야 한다. 19 국회 8   O | X

> 국적법 제11조의2(복수국적자의 법적 지위 등) ③ 중앙행정기관의 장이 **복수국적자를 외국인과 동일하게 처우**하는 내용으로 **법령을 제정 또는 개정**하려는 경우에는 미리 **법무부장관과 협의**하여야 한다.

02 국적선택기간

0293 만 20세가 되기 전에 복수국적자가 된 자는 만 22세가 되기 전까지, 만 20세가 된 후에 복수국적자가 된 자는 그 때부터 2년 내에 「국적법」이 정한 절차에 따라 하나의 국적을 선택하여야 한다. 다만, 동법에 따라 법무부장관에게 대한민국에서 외국 국적을 행사하지 아니하겠다는 뜻을 서약한 복수국적자는 제외한다. 24 변호사   O | X

0293-1 출생에 의하여 이중국적자가 된 자는 대한민국의 「민법」에 의하여 성년이 되기 전까지 하나의 국적을 선택하여야 한다. 10 법원 9   O | X

> 국적법 제12조(복수국적자의 국적선택의무) ① **만 20세가 되기 전에 복수국적자가 된 자는 만 22세가 되기 전까지, 만 20세가 된 후에 복수국적자가 된 자는 그 때부터 2년 내에** 제13조와 제14조에 따라 **하나의 국적을 선택**하여야 한다. 다만, 제10조(국적취득자의 외국 국적 포기 의무)제2항에 따라 법무부장관에게 대한민국에서 외국 국적을 행사하지 아니하겠다는 뜻을 **서약한 복수국적자는 제외**한다.

정답 292. O 292-1. X [법무부장관과 협의 필요] 292-2. X [법무부장관과 협의] 293. O 293-1. X [성년(19세) X → 만 22세 O]

03 국적선택의무

0294 복수국적자가 대한민국 국적을 선택하기 위해서는 외국 국적을 포기하거나, 외국 국적을 행사하지 아니하겠다는 서약을 하는 방식으로 대한민국 국적을 선택할 수 있다. 단, 출생 당시 어머니가 자녀에게 외국 국적을 취득하게 할 목적으로 외국에 체류한 사실이 인정된 경우에는 복수 국적으로 유지할 수 없다. 11 국회 8   O│X

0294-1 출생 당시에 모가 자녀에게 외국 국적을 취득하게 할 목적으로 외국에서 체류 중이었던 사실이 인정되는 자는 외국 국적을 포기한 경우에만 대한민국 국적을 선택한다는 뜻을 신고할 수 있다. 23 경간, 22 국회 9, 15 국회 8, 13 국회 8   O│X

0294-2 출생 당시 모가 자녀에게 외국 국적을 취득하게 할 목적으로 외국에서 체류 중이었던 사실이 인정되는 자는 대한민국에서 외국 국적을 행사하지 않겠다는 서약을 한 후 대한민국 국적을 선택한다는 뜻을 신고할 수 있다. 20 경정, 18 국회 8   O│X

0294-3 출생 당시에 모(母)가 자녀에게 외국 국적을 취득하게 할 목적으로 외국에서 체류 중이었던 사실이 인정되는 자는 외국 국적을 포기하더라도 대한민국 국적을 선택할 수 없다. 23 해양경찰   O│X

> **국적법 제13조(대한민국 국적의 선택 절차)** ① 복수국적자로서 제12조제1항 본문에 규정된 기간 내에 **대한민국 국적을 선택**하려는 자는 **외국 국적을 포기**하거나 법무부장관이 정하는 바에 따라 **대한민국에서 외국 국적을 행사하지 아니하겠다는 뜻을 서약**하고 **법무부장관에게 대한민국 국적을 선택한다는 뜻을 신고**할 수 있다.
> ③ 제1항 및 제2항 단서에도 불구하고 **출생 당시에 모가 자녀에게 외국 국적을 취득하게 할 목적으로 외국에서 체류 중이었던** 사실이 인정되는 자는 **외국 국적을 포기한 경우에만 대한민국 국적을 선택한다는 뜻을 신고**할 수 있다.

0295 복수국적자로서 외국 국적을 선택하려는 자는 외국에 주소가 있는 경우에만 주소지 관할 재외공관의 장을 거쳐 법무부장관에게 대한민국 국적을 이탈한다는 뜻을 신고할 수 있다. 23 경간, 15 국회 8, 13 국회 8   O│X

0295-1 복수국적자로서 외국 국적을 선택하려는 자는 외국에 주소가 없어도 법무부장관에게 대한민국 국적을 이탈한다는 뜻을 신고할 수 있다. 13 국회 8   O│X

> **국적법 제14조(대한민국 국적의 이탈 요건 및 절차)** ① 복수국적자로서 **외국 국적을 선택**하려는 자는 **외국에 주소가 있는 경우에만 주소지 관할 재외공관의 장을 거쳐 법무부장관에게 대한민국 국적을 이탈**한다는 뜻을 신고할 수 있다. 다만, 제12조제2항 본문 또는 같은 조 제3항에 해당하는 자는 그 기간 이내에 또는 해당 사유가 발생한 때부터만 신고할 수 있다.

0296 「국적법」 조항 중 "외국에 주소가 있는 경우"는 입법취지 및 사전적 의미 등을 고려할 때 다른 나라에 생활근거가 있는 경우를 뜻함이 명확하므로 명확성원칙에 위배되지 아니한다. 23 국가 7   O│X

0296-1 복수국적자가 외국에 주소가 있는 경우에만 국적이탈을 신고할 수 있도록 정한 「국적법」 조항은 복수국적자에게 과도한 불이익을 발생시켜 과잉금지원칙에 위배되어 국적이탈의 자유를 침해한다. 23 국가 7   O│X

정답 294. O 294-1. O 294-2. X [서약 불가, 외국 국적 포기해야 함] 294-3. X [외국 국적 포기하면 대한민국 국적 선택 가] 295. O 295-1. X [외국에 주소가 있어야 함] 296. O 296-1. X [국적이탈의 자유 침해 X]

(1) 국적법 제14조 제1항 본문의 '외국에 주소가 있는 경우'라는 표현은 입법취지 및 그에 사용된 단어의 사전적 의미 등을 고려할 때 **다른 나라에 생활근거가 있는 경우**를 뜻함이 명확하므로 **명확성원칙에 위배되지 아니한다**(헌재 2023. 2. 23. 2020헌바603).

(2) 심판대상조항은 국가 공동체의 운영원리를 보호하고자 복수국적자의 기회주의적 국적이탈을 방지하기 위한 것으로, 더 완화된 대안을 찾아보기 어려운 점, 외국에 생활근거 없이 주로 국내에서 생활하며 대한민국과 유대관계를 형성한 자가 단지 법률상 외국 국적을 지니고 있다는 사정을 빌미로 국적을 이탈하려는 행위를 제한한다고 하여 과도한 불이익이 발생한다고 보기도 어려운 점 등을 고려할 때 심판대상조항은 과잉금지원칙에 위배되어 **국적이탈의 자유를 침해하지 아니한다**(헌재 2023. 2. 23. 2020헌바603).

0297 직계존속이 외국에서 영주할 목적 없이 체류한 상태에서 출생한 자는 병역의무 이행과 관련하여 병역면제처분을 받은 경우 국적이탈신고를 할 수 있다. 17 경정   O | X

> 국적법 제12조(복수국적자의 국적선택의무) ③ **직계존속(直系尊屬)**이 **외국**에서 **영주(永住)할 목적 없이** 체류한 상태에서 **출생**한 자는 **병역의무의 이행**과 관련하여 다음 각 호의 어느 하나에 해당하는 경우에만 제14조에 따른 **국적이탈신고**를 할 수 있다.
> 1. 현역·상근예비역·보충역 또는 대체역으로 **복무를 마치거나 마친 것으로 보게 되는 경우**
> 2. **전시근로역**에 편입된 경우
> 3. **병역면제처분**을 받은 경우

0298 직계존속이 외국에서 영주할 목적 없이 체류한 상태에서 출생한 자는 병역의무를 해소한 경우에만 국적이탈을 신고할 수 있도록 하는 구「국적법」제12조 제3항은 혈통주의에 따라 출생과 동시에 대한민국 국적을 취득하게 되므로 병역의무를 해소해야만 국적이탈을 허용하게 되는 결과를 가져오지만, 과잉금지원칙에 위배되지 아니하므로 국적이탈의 자유를 침해하지 않는다. 23 경찰 2차   O | X

심판대상조항은 공평한 병역의무 분담에 관한 국민적 신뢰를 확보하려는 것으로, 장차 대한민국과 유대관계가 형성되기 어려울 것으로 예상되는 사람에 대해서는 병역의무 해소 없는 국적이탈을 허용함으로써 국적이탈의 자유에 대한 제한을 조화롭게 최소화하고 있는 점, 병역기피 목적의 국적이탈에 대하여 사후적 제재를 가하거나 생활근거에 따라 국적이탈을 제한하는 방법으로는 입법목적을 충분히 달성할 수 있다고 보기 어려운 점, 심판대상조항으로 제한받는 사익은 그에 해당하는 사람이 국적이탈을 하려는 경우 모든 대한민국 남성에게 두루 부여된 병역의무를 해소하도록 요구받는 것에 지나지 않는 반면 심판대상조항으로 달성하려는 공익은 대한민국이 국가 공동체로서 존립하기 위해 공평한 병역분담에 대한 국민적 신뢰를 보호하여 국방역량이 훼손되지 않도록 하려는 것으로 매우 중요한 국익인 점 등을 감안할 때 심판대상조항은 과잉금지원칙에 위배되어 **국적이탈의 자유를 침해하지 아니한다**(헌재 2023. 2. 23. 2019헌바462).

0299 대한민국과 미국의 이중국적을 가지고 있는데, 구체적인 병역의무가 발생하는 때로부터 3개월 이내에 미국 국적을 선택하지 않으면 병역의무를 해소한 후에야 미국 국적을 선택할 수 있도록 하는 경우, 국적이탈의 자유를 제한받은 것이다. 21 국회 8   O | X

대한민국 남성인 복수국적자는 만 18세가 된 해의 1월 1일이 되기 전 국적을 취득한 경우 같은 해 3월 31일 이전에, 위 일자 이후 국적을 취득한 경우 그 취득일부터 3개월 이내에 각 대한민국 국적으로부터 자진하여 이탈한다는 뜻을 신고하지 않는 이상, 병역의무가 해소되기 전에는 대한민국 국적에서 이탈할 수 없다. … 심판대상 법률조항은 대한민국 남성인 복수국적자에 대하여 국적선택 의무를 부과하면서 그 기간을 제한하여 대한민국 국적으로부터 자유롭게 벗어날 수 있는 **'국적이탈의 자유'를 제한**하고 있다. … 심판대상 법률조항은 과잉금지원칙에 위배되어 청구인의 **국적이탈의 자유를 침해한다**(헌재 2020. 9. 24. 2016헌마889).

정답 297. O 298. O 299. O

0300 복수국적자가 「병역법」 제8조에 따라 병역준비역에 편입된 때부터 3개월 이내에 하나의 국적을 선택하여야 하고, 이 기간이 지나면 병역의무가 해소되기 전에는 국적이탈 신고를 할 수 없도록 한 「국적법」 조항은 국적이탈의 자유를 침해한다. 24 변호사 O | X

0300-1 병역준비역에 편입된 사람이 그 이후 국적이탈이라는 방법을 통해서 병역의무에서 벗어날 수 없도록 국적이탈이 가능한 기간을 제한하는 것은 병역의무 이행의 공평성 확보라는 목적을 달성하는 데 적합한 수단이다. 22 변호사 O | X

0300-2 복수국적자에 대하여 병역준비역에 편입된 날부터 3개월 이내에 대한민국 국적을 이탈하지 않으면 병역의무를 해소한 후에야 이를 가능하도록 한 「국적법」 조항은 국적선택제도를 통하여 병역의무를 면탈하지 못하게 하려는 것으로 복수국적자의 국적이탈의 자유를 침해한다고 볼 수 없다. 22 변호사 O | X

> 심판대상 법률조항의 입법목적은 병역준비역에 편입된 사람이 병역의무를 면탈하기 위한 수단으로 국적을 이탈하는 것을 제한하여 병역의무 이행의 공평을 확보하려는 것이다. … 병역의무의 이행에 공평을 확보하려는 심판대상 법률조항의 **입법목적은 정당**하다. … 또한, 심판대상 법률조항은 위와 같이 국적이탈이 가능한 기간을 제한함으로써 병역준비역에 편입된 사람이 그 이후 국적이탈이라는 방법을 통해서는 병역의무에서 벗어날 수 없도록 하므로, **병역의무 이행의 공평성 확보라는 목적을 달성하는 데 적합한 수단**이다. … 이처럼 '병역의무의 공평성 확보'라는 입법목적을 훼손하지 않으면서도 기본권을 덜 침해하는 방법이 있는데도 심판대상 법률조항은 그러한 예외를 전혀 두지 않고 일률적으로 병역의무 해소 전에는 국적이탈을 할 수 없도록 하는바, 이는 **피해의 최소성 원칙에 위배**된다. … 복수국적자는 **제1국민역에 편입된 날부터 3개월 이내**에 대한민국 국적을 이탈하지 않으면 **병역의무를 해소한 후에야 국적이탈이 가능**하도록 한 것은 과잉금지원칙에 위반하여 복수국적자의 **국적이탈의 자유를 침해**한다(헌재 2020. 9. 24. 2016헌마889).
>
> **보충설명** 목적의 정당성, 수단의 적합성은 인정되나, 피해의 최소성, 법익의 균형성에 위배되어 국적이탈의 자유를 침해한다.

0301 국적이탈 신고자에게 신고서에 '가족관계기록사항에 관한 증명서'를 첨부하여 제출하도록 규정한 「국적법 시행규칙」 제12조제2항제1호는 명확성원칙에 위배되고, 과잉금지원칙에 위배되어 국적이탈의 자유를 침해한다. 23 국회 8 O | X

> 심판대상 시행규칙조항이 규정하는 '**가족관계기록사항에 관한 증명서**'가 어떠한 서류를 의미하는지 다른 법령에도 명시되어 있지는 않으나, 대한민국 정부는 다양한 방법으로 이를 소개, 안내하고 있으며, 설사 신고자가 이를 이해하지 못하여 기본증명서 등을 제출하지 않았다고 하더라도, 실무상 신고서만 접수되면 일단 국적이탈의 신고가 된 것으로 보고, 첨부서류는 추후 다시 보완할 수 있도록 안내하므로, 이 과정에서 **청구인은 이 서류가 무엇을 지칭하는지 알 수 있다**. 이러한 사정을 종합하면 **심판대상 시행규칙조항은 명확성원칙에 위배되지 않는다**. … 심판대상 시행규칙조항은 과잉금지원칙에 위배되어 청구인의 **국적이탈의 자유를 침해하지 않는다**(헌재 2020. 9. 24. 2016헌마889).

0302 복수국적자가 「국적법」에서 정한 기간 내에 국적을 선택하지 아니한 경우에 법무부장관은 1년 내에 하나의 국적을 선택할 것을 명하여야 한다. 20 경정, 18 입시 O | X

> 국적법 제14조의3(복수국적자에 대한 국적선택명령) ① **법무부장관**은 **복수국적자**로서 제12조 제1항 또는 제2항에서 정한 **기간 내에 국적을 선택하지 아니한 자**에게 **1년 내에 하나의 국적을 선택할 것을 명하여야 한다**.

정답 300. O 300-1. O 300-2. X [침해함] 301. X [명확성원칙 위배 X, 국적이탈의 자유 침해 X] 302. O

POINT 020　우리 국적의 상실

01　국적선택명령과 국적상실결정

0303　「국적법」에 따라 대한민국에서 외국 국적을 행사하지 아니하겠다는 뜻을 서약한 복수국적자가 그 뜻에 현저히 반하는 행위를 한 경우에 법무부장관은 6개월 내에 하나의 국적을 선택할 것을 명할 수 있다. 18 입시　O | X

0303-1　복수국적자로서 대한민국에서 외국 국적을 행사하지 아니하겠다는 뜻을 서약한 자가 그 뜻에 현저히 반하는 행위를 한 경우 법무부장관은 청문을 거쳐 대한민국 국적의 상실을 결정할 수 있다. 13 국회 8　O | X

> 국적법 제14조의3(복수국적자에 대한 국적선택명령) ② **법무부장관**은 복수국적자로서 제10조제2항, 제13조제1항 또는 같은 조 제2항 단서에 따라 **대한민국에서 외국 국적을 행사하지 아니하겠다는 뜻을 서약한 자가 그 뜻에 현저히 반하는 행위**를 한 경우에는 **6개월 내에 하나의 국적을 선택할 것을 명할 수 있다.**

0304　법무부장관은 출생에 의하여 대한민국 국적을 취득한 복수국적자에 대해서는 그가 대한민국의 국익에 반하는 행위를 하여 대한민국 국적을 보유함이 현저히 부적합하다고 인정하는 경우에도 해당 복수국적자의 국적 상실을 결정할 수 없다. 23 변호사　O | X

> 국적법 제14조의4(대한민국 국적의 상실결정) ① **법무부장관**은 **복수국적자**가 다음 각 호의 어느 하나의 사유에 해당하여 **대한민국의 국적을 보유함이 현저히 부적합**하다고 인정하는 경우에는 청문을 거쳐 대한민국 **국적의 상실을 결정**할 수 있다. 다만, **출생에 의하여 대한민국 국적을 취득한 자는** 제외한다.
> 1. 국가안보, 외교관계 및 국민경제 등에 있어서 **대한민국의 국익에 반하는 행위를 하는 경우**
> 2. 대한민국의 사회질서 유지에 상당한 지장을 초래하는 행위로서 대통령령으로 정하는 경우

02　외국 국적 취득에 따른 국적상실

0305　대한민국의 국민으로서 자진하여 외국 국적을 취득한 자는 그 외국 국적을 취득한 때에 대한민국의 국적을 상실한다. 24 경정, 20 소간, 10 법원 9　O | X

0305-1　대한민국 국민으로서 자진하여 외국 국적을 취득한 자는 그 외국 국적을 취득한 때부터 6개월이 지난 때에 대한민국 국적을 상실한다. 23 해간, 20 지방 7　O | X

0305-2　대한민국의 국민으로서 자진하여 외국 국적을 취득한 자는 그 외국 국적 취득신고를 한 때에 대한민국 국적을 상실한다. 18 지방 7　O | X

> 국적법 제15조(외국 국적 취득에 따른 국적 상실) ① 대한민국의 국민으로서 **자진하여 외국 국적을 취득**한 자는 **그 외국 국적을 취득한 때**에 **대한민국 국적을 상실**한다.

정답 303. O　303-1. X [6개월 내 국적선택명령]　304. O　305 O　305-1. X [그 외국 국적을 취득한 때에 상실]　305-2. X [취득신고 X → 취득한 때에 상실 O]

CHAPTER 04 대한민국　107

0306 대한민국 국민이 자진하여 외국 국적을 취득한 경우 대한민국 국적을 상실하도록 한 국적법 조항은 청구인의 거주·이전의 자유 및 행복추구권을 침해하지 않는다. 18 경정, 18 5급 O|X

> 국적에 관한 사항은 당해 국가가 역사적 전통과 정치·경제·사회·문화 등 제반사정을 고려하여 결정할 문제인바, 자발적으로 외국 국적을 취득한 자에게 대한민국 국적도 함께 보유할 수 있게 허용한다면, 출입국·체류관리가 어려워질 수 있고, 각 나라에서 권리만 행사하고 병역·납세와 같은 의무는 기피하는 등 복수국적을 악용할 우려가 있으며, 복수국적자로 인하여 외교적 보호권이 중첩되는 등의 문제가 발생할 여지도 있다. … 따라서 국적법 제15조 제1항이 대한민국 국민인 청구인의 거주·이전의 자유 및 행복추구권을 침해한다고 볼 수 없다(헌재 2014. 6. 26. 2011헌마502).

0307 대한민국의 국민으로서 외국인에게 입양되어 그 양부의 국적을 취득하게 된 자는 그 외국 국적을 취득한 때부터 1년 내에 법무부장관에게 대한민국 국적을 보유할 의사가 있다는 뜻을 신고하지 아니하면 그 외국 국적을 취득한 때로 소급하여 대한민국 국적을 상실한 것으로 본다. 19 국회 8 O|X

0307-1 외국인과의 혼인으로 그 배우자의 국적을 취득하게 된 대한민국의 국민은 그 외국 국적을 취득한 때부터 6개월 내에 대한민국 국적을 보유할 의사가 없다는 뜻을 법무부장관에게 신고하고 이를 법무부장관이 인정하면 신고시부터 대한민국 국적을 상실한다. 24 변호사 O|X

> 국적법 제15조(외국 국적 취득에 따른 국적 상실) ② 대한민국의 국민으로서 다음 각 호의 어느 하나에 해당하는 자는 그 외국 국적을 취득한 때부터 6개월 내에 법무부장관에게 대한민국 국적을 보유할 의사가 있다는 뜻을 신고하지 아니하면 그 외국 국적을 취득한 때로 소급(遡及)하여 대한민국 국적을 상실한 것으로 본다.
> 1. 외국인과의 혼인으로 그 배우자의 국적을 취득하게 된 자
> 2. 외국인에게 입양되어 그 양부 또는 양모의 국적을 취득하게 된 자

0308 대한민국 국적을 상실한 자는 국적을 상실한 때부터 대한민국의 국민만이 누릴 수 있는 권리를 향유할 수 없으며, 이들 권리 중 대한민국의 국민이었을 때 취득한 것으로서 양도할 수 있는 것은 그 권리와 관련된 법령에서 따로 정한 바가 없으면 3년 내에 대한민국의 국민에게 양도하여야 한다. 20 지방 7, 17 경정 O|X

0308-1 대한민국의 국민만이 누릴 수 있는 권리 중 대한민국의 국민이었을 때 취득한 것으로서 양도할 수 있는 것은 그 권리와 관련된 법령에서 따로 정한 바가 없으면 2년 내에 대한민국의 국민에게 양도하여야 한다. 21 경정 O|X

> 국적법 제18조(국적상실자의 권리 변동) ① 대한민국 국적을 상실한 자는 국적을 상실한 때부터 대한민국의 국민만이 누릴 수 있는 권리를 누릴 수 없다.
> ② 제1항에 해당하는 권리 중 대한민국의 국민이었을 때 취득한 것으로서 양도(讓渡)할 수 있는 것은 그 권리와 관련된 법령에서 따로 정한 바가 없으면 3년 내에 대한민국의 국민에게 양도하여야 한다.

정답 306. O 307. X [1년 내 → 6개월 내] 307-1. X [보유 의사 없다는 신고로 상실 X → 외국 국적 취득 6개월 내 우리 국적 보유 의사 미신고 시 외국국적 취득 시로 소급 상실 O] 308. O 308-1. X [2년 내 → 3년 내]

POINT 021 국적법상 신고·신청

0309 법무부장관은 거짓이나 그 밖의 부정한 방법으로 귀화허가를 받은 자에 대하여 그 허가를 취소할 수 있으며, 법무부장관의 취소권 행사기간은 귀화허가를 한 날로부터 6개월 이내이다. 19 국가 7   O | X

> **국적법 제21조(허가 등의 취소)** ① 법무부장관은 거짓이나 그 밖의 부정한 방법으로 귀화허가, 국적회복허가, 국적의 이탈 허가 또는 국적보유판정을 받은 자에 대하여 그 허가 또는 판정을 취소할 수 있다.

🔎 **보충설명** 국적법은 취소권 행사기간을 따로 정하고 있지 않다.

0310 「국적법」 조항 중 거짓이나 그 밖의 부정한 방법으로 국적회복허가를 받은 사람에 대하여 그 허가를 취소할 수 있도록 규정한 부분은 과잉금지원칙에 위배하여 거주·이전의 자유 및 행복추구권을 침해하지 아니한다. 23 국가 7   O | X

심판대상조항은 국적 취득에 있어 진실성을 담보하고 사회구성원 사이의 신뢰를 확보하며 나아가 국가질서를 유지하기 위한 것으로 입법목적의 정당성이 인정되며, 하자 있는 국적회복허가를 취소하도록 하는 것은 위와 같은 입법목적을 달성하기 위한 적합한 방법이다. … 따라서 심판대상조항은 과잉금지원칙에 위배하여 거주·이전의 자유 및 행복추구권을 침해하지 아니한다(헌재 2020. 2. 27. 2017헌바434).

0311 법무부장관으로 하여금 거짓이나 그 밖의 부정한 방법으로 귀화허가를 받은 자에 대하여 그 허가를 취소할 수 있도록 규정하면서도 그 취소권의 행사기간을 따로 정하고 있지 아니한 「국적법」 조항은 귀화허가가 취소되는 당사자의 거주·이전의 자유를 침해하지 아니한다. 24 경정   O | X

0311-1 법무부장관으로 하여금 거짓이나 그 밖의 부정한 방법으로 귀화허가를 받은 자에 대하여 그 허가를 취소할 수 있도록 규정하면서도 그 취소권의 행사기간을 따로 정하고 있지 아니한 「국적법」 조항은 귀화허가취소의 기준·절차와 그 밖의 필요한 사항을 모두 하위법령에 위임하고 있어 시행령의 내용을 종합적으로 살펴보더라도 취소권의 행사기간을 전혀 예측할 수 없으므로 포괄위임입법금지원칙에 위반된다. 19 국회 8   O | X

청구인의 주장 자체에 의하더라도 이 사건 법률조항에는 귀화허가취소권의 행사기간의 제한이 없고, 시행령에 그 행사기간이 위임된 바도 없으므로, 명확성원칙 및 포괄위임입법금지원칙은 문제되지 않고, 청구인의 위 주장은 결국 이 사건 법률조항이 기간의 제한 없이 귀화허가를 취소할 수 있도록 규정한 것이 과잉금지원칙에 위반하여 청구인의 거주·이전의 자유 및 행복추구권을 침해하였다는 것이므로, 그에 대한 판단 외에는 별도로 살피지 아니한다. … 이 사건 법률조항이 귀화허가 취소권의 행사기간을 제한하지 않았다고 하더라도 침해의 최소성원칙에 위배되지 아니한다. 한편, 귀화허가가 취소되는 경우 국적을 상실하게 됨에 따른 불이익을 받을 수 있으나, 국적 관련 행정의 적법성 확보라는 공익이 훨씬 더 크므로 법익균형성의 원칙에도 위배되지 아니한다. 따라서 이 사건 법률조항은 거주·이전의 자유 및 행복추구권을 침해하지 아니한다(헌재 2015. 9. 24. 2015헌마26).

🔎 **보충설명** 국적법은 귀화허가취소의 기준·절차와 그 밖의 필요한 사항을 하위법령에 위임하고 있지 않다.

정답 309. X [취소권 행사기간에 제한 없음]   310. O   311. O   311-1. X [위반 X]

POINT 022   재외국민 보호의무

01 재외국민

0312 법률이 정하는 일정한 재외국민에게는 대통령선거권, 국회의원선거권, 지방의원 및 단체의 장 선거권, 국민투표권, 주민투표권을 부여하고 있다. 19 서울 7(추)   O│X

재외국민은 대통령선거권, 비례대표 국회의원선거권 및 국민투표권을 가지고, 국내거주 재외국민은 모든 선거권과 투표권을 가진다.

구분	선거권				투표권	
	대통령	비례대표 국회의원	지역구 국회의원	지방의원, 지자체 장	국민투표권	주민투표권
재외국민	O	O	X	X	O	X
국내거주 재외국민	O	O	O	O	O	O

0313 "이민"은 우리 국민이 생업에 종사하기 위하여 외국에 이주하거나 외국인과 혼인 및 연고관계로 인하여 이주하는 자를 의미하는데, 「국적법」제12조 소정의 사유에 의하여 국적을 상실하지 않는 한 대한민국 재외국민으로서 기본권을 향유한다. 24 경간   O│X

0313-1 외국의 영주권을 취득한 재외국민은 대한민국 국민만이 향유할 수 있는 권리를 행사할 수 없다. 20 국회 9   O│X

'이민'이라 함은 우리 나라 국민이 **생업에 종사하기 위하여 외국에 이주하거나 외국인과의 혼인 및 연고관계로 인하여 이주하는 자를 의미하는데**(해외이주법 제2조 제1항) 실제는 국외에서 직장을 구하여 외화를 벌어들이기 위하여 편의상 이민의 절차를 밟는 경우가 적지 아니하며 이러한 경우에는 국적법 제12조 소정의 사유에 의하여 국적을 상실하지 않는 한, **대한민국의 재외국민으로서의 기본권을 의연 향유**한다(헌재 1993. 12. 23. 89헌마189, 반대의견).

02 재외국민 보호의무

0314 국가의 재외국민 보호의무는 재외국민이 조약 기타 일반적으로 승인된 국제법규와 거류국의 법령에 의하여 누릴 수 있는 모든 분야에서 정당한 대우를 받도록 거류국과의 관계에서 국가가 외교적 보호를 행하는 것과 국외 거주 국민에 대하여 정치적인 고려에서 특별히 법률로써 정하여 베푸는 법률·문화· 교육 기타 제반영역에서의 지원을 의미한다. 22 법원 9   O│X

헌법 제2조 제2항에서 정한 **국가의 재외국민 보호의무**에 의하여 재외국민이 거류국에 있는 동안 받게 되는 보호는, **조약 기타 일반적으로 승인된 국제법규와 당해 거류국의 법령**에 의하여 누릴 수 있는 **모든 분야에서 정당한 대우**를 받도록 거류국과의 관계에서 **국가가 하는 외교적 보호**와 국외 거주 국민에 대하여 정치적인 고려에서 특별히 법률로써 정하여 베푸는 **법률·문화·교육 기타 제반영역에서의 지원**을 뜻하는 것이다(헌재 2010. 7. 29. 2009헌가13).

정답 312. O   313. O   313-1. X [행사 可]   314. O

03 관련판례

0315 주민투표권 행사를 위한 요건으로 그 지방자치단체의 관할 구역에 주민등록이 되어 있을 것을 요구함으로써 국내거소신고만 할 수 있고 주민등록을 할 수 없는 국내거주 재외국민에 대하여 주민투표권을 인정하지 않은 「주민투표법」 조항은 위와 같은 국내거주 재외국민의 평등권을 침해한다. 15 변호사

O | X

0315-1 지방자치법상의 주민투표권은 헌법상 기본권이 아닌 법률상의 권리에 해당하므로, '당해 지방자치단체의 관할구역에 주민등록이 되어 있는 자'와 '주민등록을 할 수 없는 재외국민'을 차별하는 것은 헌법상 기본권인 평등권을 침해하는 것은 아니다. 10 지방 7

O | X

이 사건 법률조항 부분은 **주민등록만을 요건으로 주민투표권의 행사 여부가 결정되도록** 함으로써 '주민등록을 할 수 없는 국내거주 재외국민'을 '**주민등록이 된 국민인 주민**'에 비해 차별하고 있고, 나아가 '**주민투표권이 인정되는 외국인**'과의 관계에서도 차별을 행하고 있는바, 그와 같은 차별에 아무런 합리적 근거도 인정될 수 없으므로 **국내거주 재외국민의 헌법상 기본권인 평등권을 침해하는 것으로 위헌**이다(헌재 2007. 6. 28. 2004헌마643).

0316 주민투표권은 헌법상의 열거되지 아니한 권리 등 그 명칭의 여하를 불문하고 헌법상의 기본권성이 부정된다. 그러나 비교집단 상호간에 주민투표권의 차별이 존재할 경우 헌법상의 평등권 심사가 가능하다. 14 변호사

O | X

0316-1 주민투표권은 법률상 권리에 불과하나, 당해 지방자치단체의 관할구역에 주민등록 되어 있는 자에 한해 주민투표권을 인정함으로써 결과적으로 주민등록을 할 수 없는 재외국민인 주민을 다르게 취급한 경우에는 헌법상 평등권 심사의 대상이 된다. 22 법원 9

O | X

(1) **주민투표권**은 헌법상의 열거되지 아니한 권리 등 그 명칭의 여하를 불문하고 **헌법상의 기본권성이 부정**된다는 것이 우리 재판소의 일관된 입장이라 할 것인데, 이 사건에서 그와 달리 보아야 할 아무런 근거를 발견할 수 없다. 그렇다면 이 사건 심판청구는 헌법재판소법 제68조 제1항의 헌법소원을 통해 그 침해 여부를 다툴 수 있는 기본권을 대상으로 하고 있는 것이 아니므로 그러한 한에서 이유 없다. 하지만 주민투표권이 헌법상 기본권이 아닌 법률상의 권리에 해당한다 하더라도 **비교집단 상호간에 차별이 존재할 경우에 헌법상의 평등권 심사까지 배제되는 것은 아니다**(헌재 2007. 6. 28. 2004헌마643).
(2) **주민투표권**이 헌법상 기본권이 아닌 **법률상의 권리**에 해당한다 하더라도 비교집단 상호간에 차별이 존재할 경우에 헌법상의 **평등권 심사까지 배제되는 것은 아니다.** … 이 사건 법률조항 부분은 주민등록만을 요건으로 주민투표권의 행사 여부가 결정되도록 함으로써 '주민등록을 할 수 없는 국내거주 재외국민'을 '주민등록이 된 국민인 주민'에 비해 차별하고 있고, 나아가 '주민투표권이 인정되는 외국인'과의 관계에서도 차별을 행하고 있는바, 그와 같은 차별에 아무런 합리적 근거도 인정될 수 없으므로 **국내거주 재외국민의 헌법상 기본권인 평등권을 침해하는 것으로 위헌**이다(헌재 2007. 6. 28. 2004헌마643).

0317 대한민국 국적을 가지고 있는 영유아 중에서 재외국민인 영유아를 보육료·양육수당의 지원대상에서 제외함으로써, 청구인들과 같이 국내에 거주하면서 재외국민인 영유아를 양육하는 부모를 차별하는 보건복지부지침은 청구인들의 평등권을 침해한다. 23 지방 7

O | X

0317-1 「주민등록법」상 재외국민으로 등록·관리되고 있는 영유아를 보육료·양육수당의 지원대상에서 제외한 규정은 국가의 재정능력에 비추어 보았을 때 국내에 거주하면서 재외국민인 영유아를 양육하는 부모를 차별하고 있더라도 평등권을 침해하지는 않는다. 18 국가 7

O | X

> 정답 315. O 315-1. X [평등권 침해함] 316. O 316-1. O 317. O 317-1. X [평등권 침해함]

단순한 단기체류가 아니라 **국내에 거주하는 재외국민**, 특히 외국의 영주권을 보유하고 있으나 상당한 기간 국내에서 계속 거주하고 있는 자들은 주민등록법상 재외국민으로 등록·관리될 뿐 '**국민인 주민**'이라는 점에서는 **다른 일반 국민과 실질적으로 동일**하므로, **단지 외국의 영주권을 취득한 재외국민**이라는 이유로 달리 취급할 아무런 이유가 없어 위와 같은 차별은 청구인들의 **평등권을 침해한다**(헌재 2018. 1. 25. 2015헌마1047).

0318 정부수립 이전에 국외로 이주한 구 소련 거주동포와 중국 거주동포를 「재외동포의 출입국과 법적 지위에 관한 법률」의 수혜 대상에서 배제한 것은 평등의 원칙에 위배된다. 23 해경   O | X

0318-1 정부수립이전이주동포를 「재외동포의 출입국과 법적 지위에 관한 법률」의 적용대상에서 제외함으로써 정부수립이후이주동포와 차별하는 것은 평등원칙에 위배되지 않는다. 24 경간   O | X

정부수립이후이주동포와 정부수립이전이주동포는 이미 대한민국을 떠나 그들이 거주하고 있는 외국의 국적을 취득한 우리의 동포라는 점에서 같고, 국외로 이주한 시기가 대한민국 정부수립 이전인가 이후인가는 결정적인 기준이 될 수 없는데, … 이 사건 심판대상 규정이 청구인들과 같은 **정부수립이전이주동포**를 재외동포법의 **적용대상에서 제외**한 것은 합리적 이유없이 정부수립이전이주동포를 **차별하는 자의적인 입법**이어서 헌법 제11조의 **평등원칙에 위배된다**(헌재 2001. 11. 29. 99헌마494).

0319 「대일항쟁기 강제동원 피해조사 및 국외강제동원 희생자 등 지원에 관한 특별법」은 국민이 부담하는 세금을 재원으로 하여 국외 강제동원 희생자와 그 유족에게 위로금 등을 지급함으로써 그들의 고통과 희생을 위로해 주기 위한 법으로서 국가가 유족에게 일방적인 시혜를 베푸는 것이므로, 그 수혜 범위에서 외국인인 유족을 배제하고 대한민국 국민인 유족만을 대상으로 한 것은 평등원칙에 위배되지 않는다. 19 국회 9   O | X

국외강제동원자지원법은 국민이 부담하는 세금을 재원으로 하여 국외강제동원 희생자와 그 유족에게 위로금 등을 지급함으로써 그들의 고통과 희생을 위로해 주기 위한 법으로서 국가가 유족에게 일방적인 시혜를 베푸는 것이므로, 그 수혜 범위에서 외국인인 유족을 배제하고 대한민국 국민인 유족만을 대상으로 한 것이다. 따라서 청구인과 같이 **자발적으로 외국 국적을 취득**하여 결과적으로 대한민국 국민으로서의 법적 지위와 권리·의무를 스스로 포기한 유족을 **위로금 지급 대상에서 제외**하였다고 하여 이를 현저히 자의적이거나 불합리한 것으로서 **평등원칙에 위배된다고 볼 수 없다**(헌재 2015. 12. 23. 2011헌바139).

POINT 023 영토

01 영토

0320 독도 등을 중간수역으로 정한 「대한민국과 일본국 간의 어업에 관한 협정」은 배타적 경제수역을 직접 규정한 것이 아니고, 독도의 영유권 문제나 영해 문제와는 직접적인 관련을 가지지 아니하기 때문에 헌법상 영토조항에 위반되지 않는다. 16 국가 7, 14 국회 8   O | X

0320-1 독도 등을 중간수역으로 정한 '대한민국과 일본국 간의 어업에 관한 협정'의 해당 조항은 배타적 경제수역을 직접 규정한 것이고, 영해문제와 직접적인 관련을 가지므로 헌법상 영토조항을 위반한 것이다. 24 경간   O | X

이 사건 협정조항은 **어업에 관한 협정**으로서 배타적경제수역을 직접 규정한 것이 아니고, 이러한 점들은 이 사건 협정에서의 이른바 중간수역에 대해서도 동일하다고 할 것이어서 독도가 중간수역에 속해 있다 할지라도 **독도의 영유권문제나 영해문제와는 직접적인 관련을 가지지 아니하므로**, 이 사건 협정조항이 **헌법상 영토조항을 위반하였다고 할 수 없다**(헌재 2009. 2. 26. 2007헌바35).

정답 318. O   318-1. ×[평등원칙 위배]   319. O   320. O   320-1. ×[영토조항 위반 아님]

02 기본권성

0321 국민의 개별적 기본권이 아니라 할지라도 기본권보장의 실질화를 위하여는, 영토조항만을 근거로 하여 독자적으로 헌법소원을 청구할 수 있다. 14 국회 9   O│X

0321-1 영토는 국가 구성요소에 해당하므로 영토조항만을 근거로 하여 국민의 개별적 기본권을 인정하는 것은 가능하다. 10 지방 7   O│X

> 국민의 개별적 기본권이 아니라 할지라도 기본권보장의 실질화를 위하여서는, **영토조항만을 근거로 하여 독자적으로는 헌법소원을 청구할 수 없다** 할지라도, 모든 국가권능의 정당성의 근원인 국민의 기본권 침해에 대한 권리구제를 위하여 그 전제조건으로서 영토에 관한 권리를, 이를테면 영토권이라 구성하여, 이를 헌법소원의 대상인 기본권의 하나로 간주하는 것은 가능한 것으로 판단된다(헌재 2001. 3. 21. 99헌마139 등).

0322 국민의 기본권 침해에 대한 권리구제를 위하여 그 전제조건으로서 영토에 관한 권리를 영토권이라 구성하여, 이를 헌법소원의 대상인 기본권으로 간주하는 것은 가능하다. 22 해간, 22 경정   O│X

0322-1 국민의 기본권 침해에 대한 권리구제를 위한 전제조건으로서 영토에 관한 권리를 영토권이라 구성하여 기본권의 하나로 간주하는 것은 불가능하다. 24 경간   O│X

> 국민의 개별적 기본권이 아니라 할지라도 기본권보장의 실질화를 위하여서는, 영토조항만을 근거로 하여 독자적으로는 헌법소원을 청구할 수 없다 할지라도, 모든 국가권능의 정당성의 근원인 국민의 기본권 침해에 대한 권리구제를 위하여 그 전제조건으로서 **영토에 관한 권리**를, 이를테면 **영토권**이라 구성하여, 이를 헌법소원의 대상인 **기본권의 하나로 간주하는 것은 가능**한 것으로 판단된다(헌재 2001. 3. 21. 99헌마139 등).

03 북한지역

0323 우리 헌법이 "대한민국의 영토는 한반도와 그 부속도서로 한다"는 영토조항(제3조)을 두고 있는 이상 대한민국의 헌법은 북한지역을 포함한 한반도 전체에 그 효력이 미치고 따라서 북한지역은 당연히 대한민국의 영토가 된다. 22 경정   O│X

> 우리 헌법이 "대한민국의 영토는 한반도와 그 부속도서로 한다"는 영토조항(제3조)을 두고 있는 이상 대한민국의 헌법은 **북한지역을 포함한 한반도 전체에 그 효력**이 미치고 따라서 **북한지역은 당연히 대한민국의 영토**가 되므로, 북한을 법 소정의 "외국"으로, 북한의 주민 또는 법인 등을 "비거주자"로 바로 인정하기는 어렵지만, 개별 법률의 적용 내지 준용에 있어서는 남북한의 특수관계적 성격을 고려하여 북한지역을 외국에 준하는 지역으로, 북한주민 등을 외국인에 준하는 지위에 있는 자로 규정할 수 있다고 할 것이다(헌재 2005. 6. 30. 2003헌바114).

● 정답 321. X [헌법소원 청구 불가]   321-1. X [영토조항만으로 기본권 도출 불가]   322. O   322-1. X [기본권의 하나로 간주하는 것은 가능함]   323. O

0324 「저작권법」의 효력은 헌법 제3조에도 불구하고 대한민국의 주권 범위 밖에 있는 북한지역에 미치지 않는다. 24 경간   O│X

타인의 저작물을 복제, 배포, 발행함에 **필요한 요건**과 **저작재산권의 존속기간**을 규정한 저작권법 제36조 제1항, 제41조, 제42조, 제47조 제1항의 **효력**은 대한민국 헌법 제3조에 의하여 여전히 **대한민국의 주권범위내**에 있는 **북한지역에도 미치는 것**이므로 6.25사변 전후에 납북되거나 월북한 문인들이 저작한 작품들을 발행하려면, 아직 그 저작재산권의 존속기간이 만료되지 아니하였음이 역수상 명백한 만큼, 동인들이나 그 상속인들로부터 저작재산권의 양수 또는 저작물이용 허락을 받거나 문화부장관의 승인을 얻어야 하고 이를 인정할 자료가 없는 이상 원고는 위 작품들의 출판 및 판매금지처분의 부존재확인을 구할 법률상 지위에 있는 자라고 할 수 없고, 헌법상 국민에게 부여된 출판의 자유로부터도 확인을 구할 법률상의 지위가 부여된다고 볼 수 없다(대판 1990. 9. 28. 89누6396).

0325 북한이 국제사회에서 하나의 주권국가로 존속하고 있고, 우리 정부가 북한 당국자의 명칭을 쓰면서 정상회담 등을 제의하였다 하여 북한이 대한민국의 영토고권을 침해하는 반국가단체가 아니라고 단정할 수 없다. 24 경간   O│X

헌법 제3조는 "대한민국의 영토는 한반도와 그 부속도서로 한다"고 규정하고 있어 법률상 이 지역에서는 대한민국의 주권과 부딪치는 어떠한 국가단체도 인정할 수가 없는 것이므로 비록 **북한**이 국제사회에서 하나의 **주권국가**로 존속하고 있고, 우리 정부가 북한 당국자의 명칭을 쓰면서 **정상회담 등을 제의**하였다 하여 북한이 대한민국의 영토고권을 침해하는 **반국가단체가 아니라고 단정할 수 없다**(대판 1990. 9. 25. 90도1451).

04 북한주민

0326 헌법상 영토조항에 따라 북한지역도 대한민국의 영토에 속하는 한반도의 일부를 이루는 것이어서 대한민국의 주권이 미치고, 북한주민도 대한민국 국적을 취득·유지하는 데 아무런 영향이 없다. 17 법무사   O│X

우리 헌법은 제헌헌법 이래로 "대한민국의 영토는 한반도와 그 부속도서로 한다"(제헌헌법 제4조, 현행헌법 제3조)는 규정을 두고 있다. 대법원은 이를 근거로 하여 북한지역도 **대한민국의 영토**에 속하는 한반도의 일부를 이루는 것이어서 **대한민국의 주권**이 미치고 북한주민도 대한민국 국적을 취득·유지하는 데 아무런 영향이 없는 것으로 해석하고 있다(헌재 2000. 8. 31. 97헌가12).

0327 남북은 국제연합(UN)에 2개의 국가로 동시 가입하였으므로 북한주민은 별도의 국적취득절차를 거쳐야 대한민국 국민이 된다. 19 입시   O│X

비록 남·북이 **유엔(U.N)에 동시가입**하였다고 하더라도, 이는 "유엔헌장"이라는 다변조약(多邊條約)에의 가입을 의미하는 것으로서 유엔헌장 제4조 제1항의 해석상 신규가맹국이 "유엔(U.N)"이라는 국제기구에 의하여 국가로 승인받는 효과가 발생하는 것은 별론으로 하고, 그것만으로 곧 다른 가맹국과의 관계에 있어서도 **당연히 상호간에 국가승인이 있었다고는 볼 수 없다**는 것이 현실 국제정치상의 관례이고 국제법상의 통설적인 입장이다(헌재 1997. 1. 16. 92헌바6 등).

🖉 **보충설명** 국제연합(UN)에 동시가입하였다고 하더라도 국가승인이 있었다고 볼 수 없으며, 북한주민은 별도의 국적취득절차를 거치지 않는다.

정답 324. ×[주권 범위 내에 있는 북한지역에도 미침] 325. O 326. O 327. ×[별도의 국적취득절차 불요]

0328 조선인을 부친으로 하여 출생한 자는 설사 그가 북한국적을 취득하였다고 하더라도 대한민국의 국적을 취득한 것으로 인정할 수 있다. 15 서울 7   O | X

0328-1 북한법의 규정에 따라 북한국적을 취득하여 중국 주재 북한대사관으로부터 북한의 해외공민증을 발급받은 자라 하더라도, 그가 대한민국 국적을 취득하고 이를 유지함에 있어 아무런 영향이 없다. 14 국회 9   O | X

> 조선인을 부친으로 하여 출생한 자는 남조선과도정부법률 제11호 국적에관한임시조례의 규정에 따라 조선국적을 취득하였다가 제헌헌법의 공포와 동시에 대한민국 국적을 취득하였다 할 것이고, 설사 그가 북한법의 규정에 따라 북한국적을 취득하여 중국 주재 북한대사관으로부터 북한의 해외공민증을 발급받은 자라 하더라도 북한지역 역시 대한민국의 영토에 속하는 한반도의 일부를 이루는 것이어서 대한민국의 주권이 미칠 뿐이고, 대한민국의 주권과 부딪치는 어떠한 국가단체나 주권을 법리상 인정할 수 없는 점에 비추어 볼 때, 그러한 사정은 그가 대한민국 국적을 취득하고 이를 유지함에 있어 아무런 영향을 끼칠 수 없다(대판 1996. 11. 12. 96누1221).

0329 북한주민 역시 일반적으로 대한민국 국민에 포함된다. 22 법무사   O | X

0329-1 북한주민은 「대일항쟁기 강제동원 피해조사 및 국외강제동원 희생자 등 지원에 관한 특별법」상 위로금 지급 제외대상인 '대한민국 국적을 갖지 아니한 사람'에 해당한다. 16 국가 7   O | X

> 우리 헌법이 대한민국의 영토는 한반도와 그 부속도서로 한다는 영토조항을 두고 있는 이상 대한민국 헌법은 북한 지역을 포함한 한반도 전체에 효력이 미치므로 북한 지역도 당연히 대한민국의 영토가 되고, 북한주민 역시 일반적으로 대한민국 국민에 포함되는 점, … 등을 종합하면, 북한주민은 강제동원조사법상 위로금 지급 제외대상인 '대한민국 국적을 갖지 아니한 사람'에 해당하지 않는다(대판 2016. 1. 28. 2011두24675).

05 개별법률상 북한주민의 법적지위

0330 「북한이탈주민의 보호 및 정착지원에 관한 법률」상 북한이탈주민이란 군사분계선 이북지역에 주소, 직계가족, 배우자, 직장 등을 두고 있는 사람으로서 북한을 벗어난 후 외국 국적을 취득한 사람과 외국 국적을 취득하지 않은 사람을 모두 포함한다. 14 지방 7   O | X

> **북한이탈주민의 보호 및 정착지원에 관한 법률 제2조(정의)** 이 법에서 사용하는 용어의 뜻은 다음과 같다.
> 1. "**북한이탈주민**"이란 군사분계선 이북지역(이하 "**북한**"이라 한다)에 주소, 직계가족, 배우자, 직장 등을 두고 있는 사람으로서 **북한을 벗어난 후 외국 국적을 취득하지 아니한 사람**을 말한다.
>
> 보충설명 북한을 벗어난 후 외국 국적을 취득한 사람은 북한이탈주민이 아니다.

0331 탈북의료인에게 국내 의료면허를 부여할 것인지 여부는 북한의 의학교육 실태와 탈북의료인의 의료수준, 탈북의료인의 자격증명방법 등을 고려하여 입법자가 그의 입법형성권의 범위 내에서 규율할 사항이지, 헌법조문이나 헌법해석에 의하여 바로 입법자에게 국내 의료면허를 부여할 입법 의무가 발생한다고 볼 수는 없다. 23 해간   O | X

0331-1 북한주민은 대한민국 국민이므로 헌법 해석상 탈북의료인에게도 국내 의료면허를 부여할 입법의무가 발생한다. 20 국회 9   O | X

정답 328. O   328-1. O   329. O   329-1. X [해당 X]   330. X [북한을 벗어난 후 외국 국적을 취득한 사람은 북한이탈주민 아님]   331. O   331-1. X [입법의무 無]

청구인과 같은 **탈북의료인**에게 **국내 의료면허를 부여**할 것인지 여부는 북한의 의학교육 실태와 탈북의료인의 의료수준, 탈북의료인의 자격증명방법 등을 고려하여 입법자가 그의 **입법형성권**의 범위 내에서 규율할 사항이지, 헌법조문이나 헌법해석에 의하여 바로 입법자에게 국내 의료면허를 부여할 **입법의무가 발생**한다고 볼 수는 **없다**(헌재 2006. 11. 30. 2006헌마679).

0332 마약거래범죄자인 북한이탈주민을 보호대상자로 결정하지 않을 수 있도록 규정한 「북한이탈주민의 보호 및 정책지원에 관한 법률」 제9조 제1항은 마약거래범죄자인 북한이탈주민의 인간다운 생활을 할 권리를 침해한다. 19 입시   O|X

0332-1 마약거래범죄자인 북한이탈주민을 보호대상자로 결정하지 않을 수 있도록 규정한 「북한이탈주민의 보호 및 정착지원에 관한 법률」 규정은 마약거래범죄자인 북한이탈주민의 행복추구권을 침해한다고 볼 수 없다. 22 국회 9. 21 소간   O|X

(1) 마약거래범죄자라는 이유로 보호대상자로 결정되지 못한 북한이탈주민도 정착지원시설 보호, 거주지 보호, 학력 및 자격 인정, 국민연금 특례 등의 보호 및 지원을 받을 수 있고, 일정한 요건 아래 '국민기초생활 보장법'에 따른 급여, 의료급여법에 따른 의료급여, '주택공급에 관한 규칙'에 따른 국민임대주택 수급자격 등을 부여받을 수 있다. 이러한 점에 비추어 보면 보호대상자가 아닌 북한이탈주민에 대하여도 인간다운 생활을 위한 객관적인 최소한의 보장은 이루어지고 있는 것이라고 할 수 있다. 따라서 심판대상조항이 마약거래범죄자인 북한이탈주민의 **인간다운 생활을 할 권리를** 침해한다고 볼 수 **없다**(헌재 2014. 3. 27. 2012헌바192).
(2) 심판대상조항이 마약거래범죄자인 북한이탈주민의 **행복추구권을** 침해한다고 볼 수 **없다**(헌재 2014. 3. 27. 2012헌바192).

POINT 024 주권 C

0333 헌법은 대한민국의 국가형태와 주권의 소재를 명시하고 있다. 19 입시   O|X

헌법 제1조 ① 대한민국은 **민주공화국**이다.
② 대한민국의 **주권은 국민**에게 있고, 모든 권력은 국민으로부터 나온다.

정답 332. X [침해 X] 332-1. O 333. O

Chapter 05 헌법의 기본원리

POINT 025 헌법전문

01 헌법전문

0334 헌법전문이란 헌법전(憲法典)의 일부를 구성하는 헌법서문을 말하지만, 성문헌법의 필수적 구성요소는 아니다. 18 법원 9 O | X

헌법의 전문이란 헌법이 제정된 유래 또는 헌법이 채택하고 있는 기본원리와 기본가치 등을 정하고 있는 헌법의 본문 앞에 위치한 문장으로서 헌법전(憲法典)의 일부를 구성하는 헌법서문을 말한다. 많은 헌법이 전문을 정하고 있으나, 전문을 정하고 있지 아니한 헌법도 있다. 헌법을 제정함에 있어 전문을 반드시 두어야 하는 것은 아니며, 성문헌법의 필수적 구성요소는 아니다.

02 법적성격

0335 헌법전문은 헌법의 제정과 개정과정에 관한 역사적 서술 외에도 대한민국의 국가적 이념과 국가질서를 지배하는 지도이념과 지도원리 등이 구체적으로 규정되어 있다. 18 국회 8 O | X

우리 헌법도 전문을 두어 헌법제정의 유래, 헌법의 근본이념, 기본적 가치질서, 헌법의 제정주체 등을 개괄적으로 천명하고 있다. 이로써 헌법 전문은 본문의 헌법규정에서 나타나는 규범적 내용의 연혁적·이념적 기초로서의 성격을 가진다.

0336 헌법전문은 헌법규범의 일부로서 헌법으로서의 규범적 효력을 나타내기 때문에 구체적으로는 헌법소송에서의 재판규범이 된다. 17 5급 O | X

0336-1 헌법전문은 법령의 해석기준이면서 입법의 지침일 뿐만 아니라, 구체적 소송에서 적용될 수 있는 재판규범으로서 위헌법률심사의 기준이 되는 헌법규범이기도 하다. 18 국회 8 O | X

헌법 전문은 헌법의 이념 내지 가치를 제시하고 있는 헌법규범의 일부로서 헌법으로서의 규범적 효력을 나타내기 때문에 구체적으로는 헌법소송에서의 재판규범인 동시에 헌법이나 법률해석에서의 해석기준이 되고, 입법형성권 행사의 한계와 정책결정의 방향을 제시하며, 나아가 모든 국가기관과 국민이 존중하고 지켜가야 하는 최고의 가치규범이다(헌재 2006. 3. 30. 2003헌마806).

0337 헌법전문은 입법형성권 행사의 한계와 정책결정의 방향을 제시한다. 15 법원 9 O | X

헌법 전문은 헌법의 이념 내지 가치를 제시하고 있는 헌법규범의 일부로서 헌법으로서의 규범적 효력을 나타내기 때문에 구체적으로는 헌법소송에서의 재판규범인 동시에 헌법이나 법률해석에서의 해석기준이 되고, 입법형성권 행사의 한계와 정책결정의 방향을 제시하며, 나아가 모든 국가기관과 국민이 존중하고 지켜가야 하는 최고의 가치규범이다(헌재 2006. 3. 30. 2003헌마806).

정답 334. O 335. O 336. O 336-1. O 337. O

03 전문내용

0338 헌법전문에 기재된 3·1정신은 우리나라 헌법의 연혁적·이념적 기초로서 헌법이나 법률해석에서의 해석기준으로 작용한다고 할 수 있지만, 그에 기하여 곧바로 국민의 개별적 기본권성을 도출해낼 수는 없다고 할 것이므로, 헌법소원의 대상인 헌법상 보장된 기본권에 해당하지 아니한다.
21 경정, 18 경정, 17 변호사, 18 국회 8   O | X

0338-1 헌법 전문에 기재된 3·1정신은 우리 헌법의 연혁적·이념적 기초로서 헌법이나 법률해석의 기준으로 작용하므로 이에 기하여 국민의 개별적 기본권을 도출해 낼 수 있다. 18 입시   O | X

"**헌법전문에 기재된 3·1정신**"은 우리나라 헌법의 연혁적·이념적 기초로서 **헌법이나 법률해석에서의 해석기준**으로 작용한다고 할 수 있지만, 그에 기하여 곧바로 국민의 **개별적 기본권성을 도출해낼 수는 없다**고 할 것이므로, 헌법소원의 대상인 "**헌법상 보장된 기본권**"에 해당하지 **아니한다**(헌재 2001. 3. 21. 99헌마139 등).

0339 헌법 전문에서 "3.1운동으로 건립된 대한민국임시정부의 법통을 계승"한다고 선언하고 있는데 이는 대한민국이 일제에 항거한 독립운동가의 공헌과 희생을 바탕으로 이룩된 것임을 선언한 것이고, 그렇다면 국가는 일제로부터 조국의 자주독립을 위하여 공헌한 독립유공자와 그 유족에 대하여는 응분의 예우를 하여야 할 헌법적 의무를 지닌다. 23 경찰 1차   O | X

0339-1 국가는 일제로부터 조국의 자주독립을 위하여 공헌한 독립유공자와 그 유족에 대하여 응분의 예우를 하여야 할 법률상의 의무를 지닐 뿐 헌법적 의무를 지닌다고 보기는 어렵다. 21 5급   O | X

0339-2 현행 헌법은 전문에서 "3·1운동으로 건립된 대한민국임시정부의 법통을 계승"한다고 선언하고 있으나, 이는 추상적 프로그램적 규정일 뿐이고 이로부터 국민의 구체적인 기본권이나 국가의 헌법적 의무가 도출되는 것은 아니다. 18 법원 9   O | X

헌법은 전문(前文)에서 "3·1운동으로 건립된 대한민국임시정부의 법통을 계승"한다고 선언하고 있다. 이는 대한민국이 일제에 항거한 **독립운동가의 공헌과 희생**을 바탕으로 이룩된 것임을 선언한 것이고, 그렇다면 국가는 일제로부터 조국의 자주독립을 위하여 공헌한 **독립유공자와 그 유족에 대하여는 응분의 예우를 하여야 할 헌법적 의무를 지닌다**고 보아야 할 것이다(헌재 2005. 6. 30. 2004헌마859).

0340 독립유공자와 그 유가족에 대한 예우의무는 독립유공자 인정절차를 마련하고 독립유공자에 대한 기본적 예우를 해야 한다는 것을 뜻할 뿐, 특정인을 반드시 독립유공자로 인정해야 하는 것은 아니다. 18 입시   O | X

0340-1 헌법 전문에서 '3·1운동으로 건립된 대한민국임시정부의 법통을 계승'한다고 선언하고 있는바, 국가는 일제로부터 조국의 자주독립을 위하여 공헌한 독립유공자와 그 유족에 대하여는 응분의 예우를 하여야 할 헌법적 의무를 지니며, 이러한 헌법적 의무는 당사자가 주장하는 특정인을 독립유공자로 인정해야 한다는 것을 뜻한다. 21 지방 7   O | X

● 정답 338. O   338-1. X [기본권 도출 불가]   339. O   339-1. X [헌법적 의무 지님]   339-2. X [헌법적 의무 도출됨]   340. O   340-1. X [특정인을 독립유공자로 인정 X]

헌법은 전문(前文)에서 "3·1운동으로 건립된 대한민국임시정부의 법통을 계승"한다고 선언하고 있다. 이는 대한민국이 일제에 항거한 독립운동가의 공헌과 희생을 바탕으로 이룩된 것임을 선언한 것이고, 그렇다면 국가는 일제로부터 조국의 자주독립을 위하여 공헌한 독립유공자와 그 유족에 대하여는 응분의 예우를 하여야 할 헌법적 의무를 지닌다고 보아야 할 것이다. 다만 그러한 의무는 국가가 독립유공자의 인정절차를 합리적으로 마련하고 독립유공자에 대한 기본적 예우를 해주어야 한다는 것을 뜻할 뿐이며, 당사자가 주장하는 특정인을 반드시 독립유공자로 인정하여야 하는 것을 뜻할 수는 없다(헌재 2005. 6. 30. 2004헌마859).

0341 우리 헌법이 제정되기 전의 일이라 할지라도 국가가 국민의 안전과 생명을 보호하여야 할 가장 기본적인 의무를 수행하지 못한 일제강점기에 일본군위안부로 강제 동원되어 인간의 존엄과 가치가 말살된 상태에서 장기간 비극적인 삶을 영위하였던 피해자들의 훼손된 인간의 존엄과 가치를 회복시켜야 할 의무는 대한민국임시정부의 법통을 계승한 지금의 정부가 국민에 대하여 부담하는 가장 근본적인 보호의무에 속한다. 23 경찰 1차   O|X

0341-1 우리 헌법은 전문에서 "3·1운동으로 건립된 대한민국 임시정부의 법통"의 계승을 천명하고 있지만, 우리 헌법의 제정 전의 일인 일제강점기에 일본군위안부로 강제동원된 피해자들의 인간의 존엄과 가치를 회복시켜야 할 의무는 입법자에 의해 구체적으로 형성될 내용이고 헌법에서 유래하는 작위의무라고 할 수 없다. 18 변호사   O|X

우리 헌법은 전문에서 "3·1운동으로 건립된 대한민국임시정부의 법통"의 계승을 천명하고 있는바, 비록 우리 헌법이 제정되기 전의 일이라 할지라도 국가가 국민의 안전과 생명을 보호하여야 할 가장 기본적인 의무를 수행하지 못한 일제강점기에 일본군위안부로 강제 동원되어 인간의 존엄과 가치가 말살된 상태에서 장기간 비극적인 삶을 영위하였던 피해자들의 훼손된 인간의 존엄과 가치를 회복시켜야 할 의무는 대한민국임시정부의 법통을 계승한 지금의 정부가 국민에 대하여 부담하는 가장 근본적인 보호의무에 속한다고 할 것이다(헌재 2011. 8. 30. 2006헌마788).

0342 '3·1운동으로 건립된 대한민국임시정부의 법통'의 계승을 천명하고 있는 헌법전문에 비추어 외교부장관은 일본군 위안부 피해자들의 일본에 대한 배상청구권 실현을 위해 적극적으로 노력할 구체적 작위의무가 있다. 19 서울 7   O|X

우리 정부가 직접 일본군위안부 피해자들의 기본권을 침해하는 행위를 한 것은 아니지만, 위 피해자들의 일본에 대한 배상청구권의 실현 및 인간으로서의 존엄과 가치의 회복을 하는 데 있어서 현재의 장애상태가 초래된 것은 우리 정부가 청구권의 내용을 명확히 하지 않고 '모든 청구권'이라는 포괄적 개념을 사용하여 이 사건 협정을 체결한 것에도 책임이 있다는 점에 주목한다면, 피청구인에게 그 장애상태를 제거하는 행위로 나아가야 할 구체적 작위의무가 있음을 부인하기 어렵다(헌재 2011. 8. 30. 2006헌마788).

0343 우리 헌법이 제정되기 전의 일이라도 일제강점기에 징병과 징용으로 일제에 의해 강제이주 당하여 원폭피해를 당한 상태에서 장기간 방치됨으로써 심각하게 훼손된 피해자들의 인간으로서의 존엄과 가치를 회복시켜야 할 의무는 대한민국임시정부의 법통을 계승한 지금의 정부가 국민에 대하여 부담한다. 18 입시   O|X

우리 헌법은 전문에서 "3·1운동으로 건립된 대한민국임시정부의 법통"의 계승을 천명하고 있는바, 비록 우리 헌법이 제정되기 전의 일이라 할지라도 국가가 국민의 안전과 생명을 보호하여야 할 가장 기본적인 의무를 수행하지 못한 일제강점기에 징병과 징용으로 일제에 의해 강제이주 당하여 전쟁수행의 도구로 활용되다가 원폭피해를 당한 상태에서 장기간 방치됨으로써 심각하게 훼손된 청구인들의 인간으로서의 존엄과 가치를 회복시켜야 할 의무는 대한민국임시정부의 법통을 계승한 지금의 정부가 국민에 대하여 부담하는 가장 근본적인 보호의무에 속한다고 할 것이다(헌재 2011. 8. 30. 2008헌마648).

● 정답 341. O   341-1. X [작위의무 있음]   342. O   343. O

0344 헌법 전문에서 '대한민국은 3·1운동으로 건립된 대한민국임시정부의 법통을 계승하(였다)'라고 규정되어 있지만, 특정 토지에 대한 보상이라는 작위의무가 헌법에서 유래하는 작위의무로 특별히 구체적으로 규정되어 있다거나 해석상 도출된다고 볼 수 없다. 21 지방 7   O | X

헌법 전문에서 '대한민국은 3·1운동으로 건립된 대한민국임시정부의 법통을 계승하(였다)'라고 규정되어 있지만, 위 내용만으로 국가가 독립유공자의 후손인 청구인에게 일본제국주의의 각종 통치기구 등으로부터 수탈당한 청구인 조상들의 강릉 일대의 특정 토지에 관하여 보상을 해주어야 할 작위의무가 헌법에서 유래하는 작위의무로 특별히 구체적으로 규정되어 있다거나 해석상 도출된다고 볼 수 없다(헌재 2019. 7. 2. 2019헌마647).

0345 헌법은 전문에서 유구한 역사와 전통에 빛나는 우리 대한국민은 3·1운동으로 건립된 대한민국 임시정부의 법통을 계승한다고 규정하고 있음에도 불구하고 일제강점기 일본의 한반도 지배는 규범적인 관점에서 불법적인 강점에 지나지 않는다고 할 수는 없다. 23 소간   O | X

현행헌법도 그 전문에 "유구한 역사와 전통에 빛나는 우리 대한국민은 3·1운동으로 건립된 대한민국임시정부의 법통과 불의에 항거한 4·19 민주이념을 계승하고"라고 규정하고 있다. 이러한 대한민국 헌법의 규정에 비추어 볼 때, 일제강점기 일본의 한반도 지배는 규범적인 관점에서 불법적인 강점(强占)에 지나지 않고, 일본의 불법적인 지배로 인한 법률관계 중 대한민국의 헌법정신과 양립할 수 없는 것은 그 효력이 배제된다고 보아야 한다(대판 2012. 5. 24. 2009다22549).

0346 태평양전쟁 전후 일제에 의한 강제동원으로 피해를 입은 자에 대한 위로금 지급에 있어 대한민국 국적을 갖고 있지 않은 유족을 위로금 지급대상에서 제외하는 것은 정의·인도와 동포애로써 민족의 단결을 공고히 할 것을 규정한 헌법 전문에 비추어 헌법에 위반된다. 22 변호사   O | X

사할린 지역 강제동원 희생자의 범위를 1990. 9. 30.까지 사망 또는 행방불명된 사람으로 제한하고, 대한민국 국적을 갖고 있지 않은 유족을 위로금 지급대상에서 제외한 것은 합리적 이유가 있어 입법재량의 범위를 벗어난 것으로 볼 수 없으므로, 심판대상조항이 '정의·인도와 동포애로써 민족의 단결을 공고히' 할 것을 규정한 헌법 전문의 정신에 위반된다고 볼 수 없다(헌재 2015. 12. 23. 2013헌바11).

04 전문의 명문규정

0347 '우리 대한민국', '조국의 민주개혁', '세계평화와 인류공영'은 모두 현행 헌법 전문(前文)에 규정된 내용이다. 23 경간   O | X

'우리 대한민국'이 아니라 '우리 대한국민'으로 규정되어 있다.

헌법전문 유구한 역사와 전통에 빛나는 우리 대한국민은 3·1운동으로 건립된 대한민국임시정부의 법통과 불의에 항거한 4·19 민주이념을 계승하고, 조국의 민주개혁과 평화적 통일의 사명에 입각하여 정의·인도와 동포애로써 민족의 단결을 공고히 하고, 모든 사회적 폐습과 불의를 타파하며, 자율과 조화를 바탕으로 자유민주적 기본질서를 더욱 확고히 하여 정치·경제·사회·문화의 모든 영역에 있어서 각인의 기회를 균등히 하고, 능력을 최고도로 발휘하게 하며, 자유와 권리에 따르는 책임과 의무를 완수하게 하여, 안으로는 국민생활의 균등한 향상을 기하고 밖으로는 항구적인 세계평화와 인류공영에 이바지함으로써 우리들과 우리들의 자손의 안전과 자유와 행복을 영원히 확보할 것을 다짐하면서 1948년 7월 12일에 제정되고 8차에 걸쳐 개정된 헌법을 이제 국회의 의결을 거쳐 국민투표에 의하여 개정한다.

정답 344. O 345. X [불법적인 강점(强占)임] 346. X [위반 X] 347. X ['우리 대한민국' X → '우리 대한국민' O]

0348 '3・1운동으로 건립된 대한민국임시정부의 법통'은 대한민국헌법 전문(前文)에 규정된 내용이다. 22 소간   O|X

> **헌법전문** 유구한 역사와 전통에 빛나는 우리 대한국민은 **3・1운동으로 건립된 대한민국임시정부의 법통**과 불의에 항거한 4・19 민주이념을 계승하고, 조국의 민주개혁과 평화적 통일의 사명에 입각하여 정의・인도와 동포애로써 민족의 단결을 공고히 하고, 모든 사회적 폐습과 불의를 타파하며, 자율과 조화를 바탕으로 자유민주적 기본질서를 더욱 확고히 하여 정치・경제・사회・문화의 모든 영역에 있어서 각인의 기회를 균등히 하고, 능력을 최고도로 발휘하게 하며, 자유와 권리에 따르는 책임과 의무를 완수하게 하여, 안으로는 국민생활의 균등한 향상을 기하고 밖으로는 항구적인 세계평화와 인류공영에 이바지함으로써 우리들과 우리들의 자손의 안전과 자유와 행복을 영원히 확보할 것을 다짐하면서 1948년 7월 12일에 제정되고 8차에 걸쳐 개정된 헌법을 이제 국회의 의결을 거쳐 국민투표에 의하여 개정한다.

0349 '4・19민주이념'은 대한민국헌법 전문(前文)에 규정된 내용이다. 22 소간   O|X

0349-1 헌법전문에서 대한민국임시정부의 법통과 불의에 항거한 4・19민주이념의 계승 및 조국의 민주개혁의 사명을 명시하였다. 17 5급   O|X

제5차 개정헌법(1962년)은 최초로 헌법전문을 개정하여 "4・19의거와 5・16혁명의 이념에 입각"한다고 선언하였고, 현행헌법 전문에서는 '불의에 항거한 4・19 민주이념'을 계승하도록 처음으로 규정하였다.

> **헌법전문** 유구한 역사와 전통에 빛나는 우리 대한국민은 3・1운동으로 건립된 **대한민국임시정부의 법통과 불의에 항거한 4・19 민주이념을 계승**하고, **조국의 민주개혁**과 **평화적 통일의 사명**에 입각하여 정의・인도와 동포애로써 민족의 단결을 공고히 하고, 모든 사회적 폐습과 불의를 타파하며, 자율과 조화를 바탕으로 자유민주적 기본질서를 더욱 확고히 하여 정치・경제・사회・문화의 모든 영역에 있어서 각인의 기회를 균등히 하고, 능력을 최고도로 발휘하게 하며, 자유와 권리에 따르는 책임과 의무를 완수하게 하여, 안으로는 국민생활의 균등한 향상을 기하고 밖으로는 항구적인 세계평화와 인류공영에 이바지함으로써 우리들과 우리들의 자손의 안전과 자유와 행복을 영원히 확보할 것을 다짐하면서 1948년 7월 12일에 제정되고 8차에 걸쳐 개정된 헌법을 이제 국회의 의결을 거쳐 국민투표에 의하여 개정한다.

0350 조국의 민주개혁과 평화적 통일의 사명은 헌법전문의 내용이다. 14 법원 9   O|X

> **헌법전문** 유구한 역사와 전통에 빛나는 우리 대한국민은 3・1운동으로 건립된 대한민국임시정부의 법통과 불의에 항거한 4・19 민주이념을 계승하고, **조국의 민주개혁**과 **평화적 통일의 사명**에 입각하여 정의・인도와 동포애로써 민족의 단결을 공고히 하고, 모든 사회적 폐습과 불의를 타파하며, 자율과 조화를 바탕으로 자유민주적 기본질서를 더욱 확고히 하여 정치・경제・사회・문화의 모든 영역에 있어서 각인의 기회를 균등히 하고, 능력을 최고도로 발휘하게 하며, 자유와 권리에 따르는 책임과 의무를 완수하게 하여, 안으로는 국민생활의 균등한 향상을 기하고 밖으로는 항구적인 세계평화와 인류공영에 이바지함으로써 우리들과 우리들의 자손의 안전과 자유와 행복을 영원히 확보할 것을 다짐하면서 1948년 7월 12일에 제정되고 8차에 걸쳐 개정된 헌법을 이제 국회의 의결을 거쳐 국민투표에 의하여 개정한다.

0351 우리 헌법은 전문에서 모든 사회적 폐습과 불의를 타파한다고 규정하고 있다. 21 5급   O|X

0351-1 자유민주적 기본질서는 헌법전문의 내용이다. 14 법원 9   O|X

0351-2 현행 헌법 전문은 각인(各人)의 기회 균등을 명시적으로 규정하고 있다. 21 국회 9   O|X

● 정답 348. O   349. O   349-1. O   350. O   351. O   351-1. O   351-2. O

헌법전문 유구한 역사와 전통에 빛나는 우리 대한국민은 3·1운동으로 건립된 대한민국임시정부의 법통과 불의에 항거한 4·19민주이념을 계승하고, 조국의 민주개혁과 평화적 통일의 사명에 입각하여 정의·인도와 동포애로써 민족의 단결을 공고히 하고, **모든 사회적 폐습과 불의를 타파**하며, 자율과 조화를 바탕으로 **자유민주적 기본질서**를 더욱 확고히 하여 정치·경제·사회·문화의 모든 영역에 있어서 **각인의 기회를 균등**히 하고, 능력을 최고도로 발휘하게 하며, 자유와 권리에 따르는 책임과 의무를 완수하게 하여, 안으로는 국민생활의 균등한 향상을 기하고 밖으로는 항구적인 세계평화와 인류공영에 이바지함으로써 우리들과 우리들의 자손의 안전과 자유와 행복을 영원히 확보할 것을 다짐하면서 1948년 7월 12일에 제정되고 8차에 걸쳐 개정된 헌법을 이제 국회의 의결을 거쳐 국민투표에 의하여 개정한다.

0352 현행 헌법 전문은 자유와 권리에 따르는 책임과 의무의 완수를 명시적으로 규정하고 있다. 21 국회 9

O | X

헌법전문 유구한 역사와 전통에 빛나는 우리 대한국민은 3·1운동으로 건립된 대한민국임시정부의 법통과 불의에 항거한 4·19민주이념을 계승하고, 조국의 민주개혁과 평화적 통일의 사명에 입각하여 정의·인도와 동포애로써 민족의 단결을 공고히 하고, 모든 사회적 폐습과 불의를 타파하며, 자율과 조화를 바탕으로 자유민주적 기본질서를 더욱 확고히 하여 정치·경제·사회·문화의 모든 영역에 있어서 각인의 기회를 균등히 하고, 능력을 최고도로 발휘하게 하며, **자유와 권리에 따르는 책임과 의무를 완수**하게 하여, 안으로는 국민생활의 균등한 향상을 기하고 밖으로는 항구적인 세계평화와 인류공영에 이바지함으로써 우리들과 우리들의 자손의 안전과 자유와 행복을 영원히 확보할 것을 다짐하면서 1948년 7월 12일에 제정되고 8차에 걸쳐 개정된 헌법을 이제 국회의 의결을 거쳐 국민투표에 의하여 개정한다.

0353 현행 헌법 전문은 국민생활의 균등한 향상을 명시적으로 규정하고 있다. 21 국회 9

O | X

헌법전문 유구한 역사와 전통에 빛나는 우리 대한국민은 3·1운동으로 건립된 대한민국임시정부의 법통과 불의에 항거한 4·19민주이념을 계승하고, 조국의 민주개혁과 평화적 통일의 사명에 입각하여 정의·인도와 동포애로써 민족의 단결을 공고히 하고, 모든 사회적 폐습과 불의를 타파하며, 자율과 조화를 바탕으로 자유민주적 기본질서를 더욱 확고히 하여 정치·경제·사회·문화의 모든 영역에 있어서 각인의 기회를 균등히 하고, 능력을 최고도로 발휘하게 하며, 자유와 권리에 따르는 책임과 의무를 완수하게 하여, 안으로는 **국민생활의 균등한 향상**을 기하고 밖으로는 항구적인 세계평화와 인류공영에 이바지함으로써 우리들과 우리들의 자손의 안전과 자유와 행복을 영원히 확보할 것을 다짐하면서 1948년 7월 12일에 제정되고 8차에 걸쳐 개정된 헌법을 이제 국회의 의결을 거쳐 국민투표에 의하여 개정한다.

0354 '민족의 단결', '국민생활의 균등한 향상', '대한민국 임시정부의 법통'은 모두 현행 헌법 전문(前文)에 규정된 내용이다. 23 경간

O | X

헌법전문 유구한 역사와 전통에 빛나는 우리 대한국민은 3·1운동으로 건립된 **대한민국임시정부의 법통**과 불의에 항거한 4·19민주이념을 계승하고, 조국의 민주개혁과 평화적 통일의 사명에 입각하여 정의·인도와 동포애로써 **민족의 단결**을 공고히 하고, 모든 사회적 폐습과 불의를 타파하며, 자율과 조화를 바탕으로 자유민주적 기본질서를 더욱 확고히 하여 정치·경제·사회·문화의 모든 영역에 있어서 각인의 기회를 균등히 하고, 능력을 최고도로 발휘하게 하며, 자유와 권리에 따르는 책임과 의무를 완수하게 하여, 안으로는 **국민생활의 균등한 향상**을 기하고 밖으로는 항구적인 세계평화와 인류공영에 이바지함으로써 우리들과 우리들의 자손의 안전과 자유와 행복을 영원히 확보할 것을 다짐하면서 1948년 7월 12일에 제정되고 8차에 걸쳐 개정된 헌법을 이제 국회의 의결을 거쳐 국민투표에 의하여 개정한다.

정답 352. O   353. O   354. O

0355 '항구적인 세계평화와 인류공영'은 대한민국헌법 전문(前文)에 규정된 내용이다. 22 소간   O | X

> **헌법전문** 유구한 역사와 전통에 빛나는 우리 대한국민은 3·1운동으로 건립된 대한민국임시정부의 법통과 불의에 항거한 4·19 민주이념을 계승하고, 조국의 민주개혁과 평화적 통일의 사명에 입각하여 정의·인도와 동포애로써 민족의 단결을 공고히 하고, 모든 사회적 폐습과 불의를 타파하며, 자율과 조화를 바탕으로 자유민주적 기본질서를 더욱 확고히 하여 정치·경제·사회·문화의 모든 영역에 있어서 각인의 기회를 균등히 하고, 능력을 최고도로 발휘하게 하며, 자유와 권리에 따르는 책임과 의무를 완수하게 하여, 안으로는 국민생활의 균등한 향상을 기하고 밖으로는 **항구적인 세계평화와 인류공영**에 이바지함으로써 우리들과 우리들의 자손의 안전과 자유와 행복을 영원히 확보할 것을 다짐하면서 1948년 7월 12일에 제정되고 8차에 걸쳐 개정된 헌법을 이제 국회의 의결을 거쳐 국민투표에 의하여 개정한다.

0356 현행 헌법 전문에는 '조국의 민주개혁', '국민생활의 균등한 향상', '세계평화와 인류공영에 이바지함' 등이 규정되어 있다. 21 경정   O | X

> **헌법전문** 유구한 역사와 전통에 빛나는 우리 대한국민은 3·1운동으로 건립된 대한민국임시정부의 법통과 불의에 항거한 4·19 민주이념을 계승하고, **조국의 민주개혁**과 평화적 통일의 사명에 입각하여 정의·인도와 동포애로써 민족의 단결을 공고히 하고, 모든 사회적 폐습과 불의를 타파하며, 자율과 조화를 바탕으로 자유민주적 기본질서를 더욱 확고히 하여 정치·경제·사회·문화의 모든 영역에 있어서 각인의 기회를 균등히 하고, 능력을 최고도로 발휘하게 하며, 자유와 권리에 따르는 책임과 의무를 완수하게 하여, 안으로는 **국민생활의 균등한 향상**을 기하고 밖으로는 항구적인 **세계평화와 인류공영**에 이바지함으로써 우리들과 우리들의 자손의 안전과 자유와 행복을 영원히 확보할 것을 다짐하면서 1948년 7월 12일에 제정되고 8차에 걸쳐 개정된 헌법을 이제 국회의 의결을 거쳐 국민투표에 의하여 개정한다.

0357 현행 대한민국헌법 전문(前文)은 국회의 의결을 거쳐 국민투표에 의하여 개정함을 명백히 밝히고 있다. 22 법무사   O | X

0357-1 '1948년 7월 12일에 제정되고 8차에 걸쳐 개정된 헌법'은 헌법 전문에서 명시적으로 규정하고 있다. 22 해경   O | X

0357-2 현행 헌법 전문은 "1948년 7월 12일에 제정되고 9차에 걸쳐 개정된 헌법을 이제 국회의 의결을 거쳐 국민투표에 의하여 개정한다"라고 규정하고 있다. 21 경정, 18 경정, 17 국가 7   O | X

> **헌법전문** 유구한 역사와 전통에 빛나는 우리 대한국민은 3·1운동으로 건립된 대한민국임시정부의 법통과 불의에 항거한 4·19 민주이념을 계승하고, 조국의 민주개혁과 평화적 통일의 사명에 입각하여 정의·인도와 동포애로써 민족의 단결을 공고히 하고, 모든 사회적 폐습과 불의를 타파하며, 자율과 조화를 바탕으로 자유민주적 기본질서를 더욱 확고히 하여 정치·경제·사회·문화의 모든 영역에 있어서 각인의 기회를 균등히 하고, 능력을 최고도로 발휘하게 하며, 자유와 권리에 따르는 책임과 의무를 완수하게 하여, 안으로는 국민생활의 균등한 향상을 기하고 밖으로는 항구적인 세계평화와 인류공영에 이바지함으로써 우리들과 우리들의 자손의 안전과 자유와 행복을 영원히 확보할 것을 다짐하면서 **1948년 7월 12일**에 제정되고 **8차에 걸쳐 개정된 헌법**을 이제 **국회의 의결**을 거쳐 **국민투표에 의하여 개정**한다.

● 정답 355. O 356. O 357. O 357-1. O 357-2. X [9차에 걸쳐 → 8차에 걸쳐]

0358 헌법제정 및 개정의 주체, 건국이념과 대한민국의 정통성, 자유민주주의적 기본질서의 확립, 평화통일과 국제평화주의의 지향은 물론 대한민국이 민주공화국이고 모든 권력이 국민으로부터 나온다는 사실도 헌법전문에 선언되어 있다. 18 국회 8 O|X

> **헌법 제1조** ① 대한민국은 **민주공화국**이다.
> ② 대한민국의 **주권은 국민**에게 있고, **모든 권력은 국민**으로부터 나온다.

0359 자유민주적 기본질서에 입각한 평화통일은 현행 헌법전문에 규정된 사항이다. 13 서울 7 O|X

> **헌법 제4조** 대한민국은 통일을 지향하며, **자유민주적 기본질서**에 입각한 **평화적 통일 정책**을 수립하고 이를 추진한다.

0360 복수정당제의 보장은 현행 헌법전문에 규정된 사항이다. 13 서울 7 O|X

> **헌법 제8조** ① 정당의 설립은 자유이며, **복수정당제는 보장**된다.

0361 '8차에 걸쳐 개정된 헌법', '개인의 존엄과 양성의 평등', '전통문화의 계승·발전'은 모두 현행 헌법 전문(前文)에 규정된 내용이다. 23 경간 O|X

'개인의 존엄과 양성평등'은 본문 제36조 제1항에 규정되어 있고, '전통문화의 계승·발전'은 본문 제9조에 규정되어 있다.

> **헌법 제9조** 국가는 **전통문화의 계승·발전**과 민족문화의 창달에 노력하여야 한다.
> **헌법 제36조** ① **혼인과 가족생활**은 개인의 존엄과 **양성의 평등**을 기초로 성립되고 유지되어야 하며, 국가는 이를 보장한다.

0362 '민족문화의 창달'은 헌법 전문에서 명시적으로 규정하고 있다. 22 해경 O|X

> **헌법 제9조** 국가는 **전통문화의 계승·발전**과 **민족문화의 창달**에 노력하여야 한다.

📝 **보충설명** '전통문화의 계승·발전'과 '민족문화의 창달'은 현행 헌법 전문이 아니라 본문 제9조에서 명시적으로 규정하고 있다.

0363 경제의 민주화는 현행 우리 헌법의 전문(前文)에서 명시적으로 언급하고 있다. 16 법원 9 O|X

> **헌법 제119조** ② 국가는 균형있는 국민경제의 성장 및 안정과 적정한 소득의 분배를 유지하고, 시장의 지배와 경제력의 남용을 방지하며, 경제주체간의 조화를 통한 **경제의 민주화**를 위하여 경제에 관한 규제와 조정을 할 수 있다.

● **정답** 358. ×[대한민국이 민주공화국이고 모든 권력이 국민으로부터 나온다는 사실: 본문 제1조 1항 및 2항에 규정] 359. ×[본문 제4조 규정] 360. ×[본문 제8조 제1항 규정] 361. ×['개인의 존엄과 양성의 평등', '전통문화의 계승·발전': 본문 규정] 362. ×[본문 제9조 규정] 363. ×[본문 제119조 제2항 규정]

0364 5.16 혁명이념 계승은 현행 헌법전문에 규정된 사항이다. 13 서울 7 O│X

5.16 혁명이념 계승은 제7차 개정헌법(1972년)에 규정되었다가 제8차 개정헌법(1980년)에서 삭제되었다. 5.16 혁명이념 계승은 현행 헌법전문에 규정된 사항이 아니다.

> **제7차 개정헌법(1972년) 전문** 유구한 역사와 전통에 빛나는 우리 대한국민은 3·1운동의 숭고한 독립정신과 4·19의거 및 **5·16혁명의 이념을 계승**하고 조국의 평화적 통일의 역사적 사명에 입각하여 자유민주적 기본질서를 더욱 공고히 하는 새로운 민주공화국을 건설함에 있어서 … 1948년 7월 12일에 제정되고 1962년 12월 26일에 개정된 헌법을 이제 국민투표에 의하여 개정한다.

0365 '5·18 민주화운동의 이념', '자유민주적 기본질서', '평화적 통일의 사명'은 모두 현행 헌법 전문(前文)에 규정된 내용이다. 23 경간 O│X

'5·18 민주화운동의 이념'은 규정되어 있지 않다.

> **헌법전문** 유구한 역사와 전통에 빛나는 **우리 대한국민**은 3·1운동으로 건립된 대한민국임시정부의 법통과 불의에 항거한 4·19 민주이념을 계승하고, **조국의 민주개혁**과 **평화적 통일의 사명**에 입각하여 정의·인도와 동포애로써 민족의 단결을 공고히 하고, 모든 사회적 폐습과 불의를 타파하며, 자율과 조화를 바탕으로 **자유민주적 기본질서**를 더욱 확고히 하여 정치·경제·사회·문화의 모든 영역에 있어서 각인의 기회를 균등히 하고, 능력을 최고도로 발휘하게 하며, 자유와 권리에 따르는 책임과 의무를 완수하게 하여, 안으로는 국민생활의 균등한 향상을 기하고 밖으로는 항구적인 **세계평화와 인류공영**에 이바지함으로써 우리들과 우리들의 자손의 안전과 자유와 행복을 영원히 확보할 것을 다짐하면서 1948년 7월 12일에 제정되고 8차에 걸쳐 개정된 헌법을 이제 국회의 의결을 거쳐 국민투표에 의하여 개정한다.

0366 권력분립은 헌법전문의 내용이다. 14 법원 9 O│X

권력분립은 헌법전문이나 본문에 **규정되어 있지 않다**.

05 전문의 헌정사

0367 1948년 헌법 전문에는 3·1운동으로 건립된 대한민국임시정부의 법통과 독립정신을 규정하고 있으며, 안으로는 국민생활의 균등한 향상을 기하고 밖으로는 국제평화의 유지에 노력할 것을 언급하고 있다. 17 국가 7 O│X

> **제헌헌법(1948년) 전문** 유구한 역사와 전통에 빛나는 우리들 대한국민은 **기미 삼일운동**으로 대한민국을 건립하여 세계에 선포한 위대한 **독립정신을 계승**하여 이제 민주독립국가를 재건함에 있어서 … 안으로는 **국민생활의 균등한 향상**을 기하고 밖으로는 항구적인 **국제평화의 유지에** 노력하여 우리들과 우리들의 자손의 안전과 자유와 행복을 영원히 확보할 것을 결의하고 우리들의 정당 또 자유로이 선거된 대표로써 구성된 국회에서 단기 4281년 7월 12일 이 헌법을 제정한다.

● 정답 364. X [현행헌법 규정 X] 365. X ['5·18 민주화운동의 이념' 규정 X] 366. X [권력분립 : 헌법 규정 無] 367. X [3·1운동으로 건립된 대한민국임시정부의 법통 : 현행헌법 전문에 최초 규정]

0368 제5차 헌법개정(1962년 헌법)에서는 헌법전문(前文)을 최초로 개정하여 4·19 이념을 명문화하였다. 22 국가 7

O | X

0368-1 제헌헌법부터 존재하던 헌법전문은 1972년 제7차 헌법개정에서 최초로 개정이 이루어졌다. 17 5급

O | X

> 제5차 개정헌법(1962년)은 최초로 헌법전문을 개정하여 "4·19의거와 5·16혁명의 이념에 입각"한다고 선언하였다.
>
> **제5차 개정헌법(1962년) 전문** 유구한 역사와 전통에 빛나는 우리 대한국민은 3·1운동의 숭고한 독립정신을 계승하고 4·19의거와 5·16혁명의 이념에 입각하여 새로운 민주공화국을 건설함에 있어서, … 1948년 7월 12일에 제정된 헌법을 이제 국민투표에 의하여 개정한다.

0369 1972년 제7차 개정헌법의 전문에서는 3·1운동의 숭고한 독립정신과 4·19의거 및 5·16혁명의 이념을 계승한다고 규정하였으나, 1980년 제8차 개정헌법의 전문에서는 3·1운동의 숭고한 독립정신을 계승한다고 규정하였다. 17 변호사

O | X

> **제7차 개정헌법(1972년) 전문** 유구한 역사와 전통에 빛나는 우리 대한국민은 3·1운동의 숭고한 독립정신과 4·19의거 및 5·16혁명의 이념을 계승하고 조국의 평화적 통일의 역사적 사명에 입각하여 자유민주적 기본질서를 더욱 공고히 하는 새로운 민주공화국을 건설함에 있어서 … 1948년 7월 12일에 제정되고 1962년 12월 26일에 개정된 헌법을 이제 국민투표에 의하여 개정한다.
>
> **제8차 개정헌법(1980년) 전문** 유구한 민족사, 빛나는 문화, 그리고 평화애호의 전통을 자랑하는 우리 대한국민은 3·1운동의 숭고한 독립정신을 계승하고 조국의 평화적 통일과 민족중흥의 역사적 사명에 입각한 제5민주공화국의 출발에 즈음하여 … 1948년 7월 12일에 제정되고 1960년 6월 15일, 1962년 12월 26일과 1972년 12월 27일에 개정된 헌법을 이제 국민투표에 의하여 개정한다.

0370 제7차 개정헌법 전문(前文)은 평화통일에 관하여 규정하고 있으며, 이것은 현행헌법까지 이어지고 있다. 14 국가 7

O | X

> **제7차 개정헌법(1972년) 전문** 유구한 역사와 전통에 빛나는 우리 대한국민은 3·1운동의 숭고한 독립정신과 4·19의거 및 5·16혁명의 이념을 계승하고 **조국의 평화적 통일의 역사적 사명**에 입각하여 자유민주적 기본질서를 더욱 공고히 하는 새로운 민주공화국을 건설함에 있어서 … 1948년 7월 12일에 제정되고 1962년 12월 26일에 개정된 헌법을 이제 국민투표에 의하여 개정한다.

0371 1987년 제9차 개정헌법에서 대한민국임시정부의 법통 계승이 처음 규정되었다. 19 법무사

O | X

> 대한민국임시정부의 법통계승은 현행헌법 전문에 처음으로 명문화되었다.

0372 1987년 헌법 전문에서는 불의에 항거한 4·19 민주이념을 계승하도록 처음으로 규정하였다. 16 국회 8

O | X

> 제5차 개정헌법(1962년)은 최초로 헌법전문을 개정하여 "4·19의거와 5·16혁명의 이념에 입각"한다고 선언하였고, 현행헌법 전문에서는 '불의에 항거한 4·19 민주이념'을 계승하도록 처음으로 규정하였다.

정답 368. O 368-1. X [헌법전문 최초 개정 : 제5차 개헌(1962년)] 369. O 370. O 371. O 372. O

POINT 026　헌법기본원리

0373　우리 헌법의 전문과 본문의 전체에 담겨있는 최고 이념은 국민주권주의와 자유민주주의에 입각한 입헌민주헌법의 본질적 기본원리에 기초하고 있다. 23 경찰 1차　O | X

우리 헌법의 전문과 본문의 전체에 담겨있는 최고 이념은 **국민주권주의**와 **자유민주주의**에 입각한 **입헌민주헌법의 본질적 기본원리에 기초**하고 있다. 기타 헌법상의 제원칙도 여기에서 연유되는 것이므로 이는 헌법전을 비롯한 모든 법령해석의 기준이 되고, 입법형성권 행사의 한계와 정책결정의 방향을 제시하며, 나아가 모든 국가기관과 국민이 존중하고 지켜가야 하는 최고의 가치규범이다(헌재 1989. 9. 8. 88헌가6).

0374　헌법의 기본원리는 헌법의 이념적 기초인 동시에 헌법을 지배하는 지도원리로서 입법이나 정책결정의 방향을 제시하며 공무원을 비롯한 모든 국민·국가기관이 헌법을 존중하고 수호하도록 하는 지침이고 법률조항의 위헌 여부를 심사할 때 해석기준으로 삼을 수도 있다. 24 경찰 1차　O | X

0374-1　헌법의 기본원리는 헌법의 이념적 기초인 동시에 헌법을 지배하는 지도원리로서, 구체적 기본권을 도출하는 근거로 될 수는 없으나 기본권의 해석 및 기본권제한입법의 합헌성 심사에 있어 해석기준의 하나로서 작용한다. 24 소간　O | X

0374-2　헌법의 기본원리는 헌법의 이념적 기초인 동시에 헌법을 지배하는 지도원리로서 입법이나 정책결정의 방향을 제시하며 공무원을 비롯한 모든 국민과 국가기관이 헌법을 존중하고 수호하도록 하는 지침이 되며, 구체적 기본권을 도출하는 근거로 될 수 있다. 23 법원 9, 18 법원 9, 18 변호사, 17 법무사　O | X

0374-3　헌법의 기본원리는 헌법의 이념적 기초인 동시에 헌법을 지배하는 지도원리로서 입법이나 정책결정의 방향을 제시하며 공무원을 비롯한 모든 국민·국가기관이 헌법을 존중하고 수호하도록 하는 지침이 되며, 구체적 기본권을 도출하는 근거가 될 수 있으나 기본권의 해석 및 기본권제한입법의 합헌성 심사에 있어 해석 기준의 하나로서 작용하지는 못한다. 23 경정　O | X

헌법의 기본원리는 헌법의 이념적 기초인 동시에 헌법을 지배하는 지도원리로서 **입법이나 정책결정의 방향을 제시**하며 공무원을 비롯한 모든 국민·국가기관이 **헌법을 존중하고 수호하도록 하는 지침**이 되며, **구체적 기본권을 도출하는 근거로 될 수는 없으나** 기본권의 해석 및 기본권제한입법의 합헌성 심사에 있어 **해석기준의 하나로서 작용**한다(헌재 1996. 4. 25. 92헌바47).

0375　통일정신, 국민주권원리 등은 우리나라 헌법의 연혁적·이념적 기초로서 헌법이나 법률해석에서의 해석기준으로 작용한다고 할 수 있으나, 그에 기하여 곧바로 국민의 개별적 기본권성을 도출해내기는 어렵다. 23 경간　O | X

0375-1　통일정신, 국민주권원리 등은 우리나라 헌법의 연혁적·이념적 기초로서 헌법이나 법률해석에서의 해석기준으로 작용하므로 그에 기하여 곧바로 국민의 개별적 기본권성을 도출해 낼 수 있다. 21 입시　O | X

통일정신, 국민주권원리 등은 우리나라 헌법의 연혁적·이념적 기초로서 **헌법이나 법률해석에서의 해석기준**으로 작용한다고 할 수 있지만 그에 기하여 곧바로 **국민의 개별적 기본권성을 도출**해내기는 **어려우며**, 헌법전문에 기재된 대한민국 임시정부의 법통을 계승하는 부분에 위배된다는 점이 청구인들의 법적지위에 현실적이고 구체적인 영향을 미친다고 볼 수도 없다(헌재 2008. 11. 27. 2008헌마517).

●정답　373. O　374. O　374-1. O　374-2. X [구체적 기본권 도출 근거 X]　374-3. X [헌법의 기본원리에서 구체적 기본권 도출 불가, 합헌성 심사의 해석기준으로 작용함]　375. O　375-1. X [개별적 기본권성 도출 어려움]

Chapter 06 국민주권주의와 민주주의

POINT 027 국민주권주의와 민주주의

01 국민주권주의

0376 민주국가에서의 국민주권의 원리는 무엇보다도 대의기관의 선출을 의미하는 선거와 일정사항에 대한 국민의 직접적 결단을 의미하는 국민투표에 의하여 실현된다. ^{17 5급, 14 서울 7}   O | X

헌법은 제1조 제2항에서 "대한민국의 주권은 국민에게 있고, 모든 권력은 국민으로부터 나온다."고 규정함으로써 국민주권의 원리를 천명하고 있다. 민주국가에서의 국민주권의 원리는 무엇보다도 **대의기관의 선출을 의미하는 선거**와 일정사항에 대한 **국민의 직접적 결정을 의미하는 국민투표에 의하여 실현**된다(헌재 1999. 5. 27. 98헌마214).

0377 국민주권주의를 구현하기 위하여 헌법은 국가의 의사결정방식으로 대의제를 채택하고, 이를 가능하게 하는 선거 제도를 규정함과 아울러 선거권, 피선거권을 기본권으로 보장하며, 대의제를 보완하기 위한 방법으로 직접민주제 방식의 하나인 국민투표제도를 두고 있다. ^{24 경정, 10 국회 9}   O | X

국민주권주의를 구현하기 위하여 헌법은 국가의 의사결정 방식으로 **대의제를 채택**하고, 이를 가능하게 하는 **선거 제도를 규정**함과 아울러 **선거권, 피선거권을 기본권으로 보장**하며, 대의제를 보완하기 위한 방법으로 **직접민주제 방식의 하나인 국민투표제도를 두고 있다**(헌재 2009. 3. 26. 2007헌마843).

0378 국민주권주의는 국가권력의 민주적 정당성을 요구하는 것이므로, 국민전체가 직접 국가기관으로서 통치권을 행사하여야 한다는 것을 의미한다. ^{23 5급}   O | X

국민주권주의는 국가권력의 민주적 정당성을 의미하는 것이기는 하나, 그렇다고 하여 **국민전체가 직접 국가기관으로서 통치권을 행사하여야 한다는 것은 아니**므로 주권의 소재와 통치권의 담당자가 언제나 같을 것을 요구하는 것이 아니고, 예외적으로 국민이 주권을 직접 행사하는 경우 이외에는 국민의 의사에 따라 통치권의 담당자가 정해짐으로써 국가권력의 행사도 궁극적으로 국민의 의사에 의하여 정당화될 것을 요구하는 것이다(헌재 2009. 3. 26. 2007헌마843).

0379 국민주권의 원리는 공권력의 구성·행사·통제를 지배하는 우리 통치질서의 기본원리이므로, 공권력의 일종인 지방자치권과 국가교육권도 이 원리에 따른 국민적 정당성기반을 갖추어야만 한다. ^{24 소간}   O | X

국민주권의 원리는 공권력의 구성·행사·통제를 지배하는 **우리 통치질서의 기본원리**이므로, 공권력의 일종인 **지방자치권과 국가교육권**(교육입법권·교육행정권·교육감독권 등)도 이 원리에 따른 **국민적 정당성기반을 갖추어야만 한다**(헌재 2000. 3. 30. 99헌바113).

0380 국회의원과 대통령에 대한 선거권을 비롯한 국민의 참정권은 국민주권의 원칙을 실현하기 위한 가장 기본적이고 필수적인 권리이다. ^{21 소간}   O | X

● 정답 376. O   377. O   378. X [직접 통치권 행사 아님]   379. O   380. O

국민의 선거권 행사는 국민주권의 현실적 행사수단으로서 한편으로는 국민의 의사를 국정에 반영할 수 있는 중요한 통로로서 기능하며, 다른 한편으로는 주기적 선거를 통하여 국가권력을 통제하는 수단으로서의 기능도 수행한다. **국회의원과 대통령에 대한 선거권을 비롯한 국민의 참정권**이 **국민주권의 원칙을 실현**하기 위한 **가장 기본적이고 필수적인 권리**로서 다른 기본권에 대하여 우월한 지위를 갖는 것으로 평가되는 것도 바로 그러한 이유 때문이다(헌재 2007. 6. 28. 2004헌마644 등).

0381 대의민주주의를 원칙으로 하는 오늘날의 민주정치 아래에서의 선거는 국민의 참여가 필수적이고, 주권자인 국민이 자신의 정치적 의사를 자유로이 결정하고 표명하여 선거에 참여함으로써 민주사회를 구성하고 움직이게 하는 것이다. 17 국회 8   O | X

민주정치는 주권자인 국민이 되도록 정치과정에 참여하는 기회가 폭 넓게 보장될 것을 요구한다. 이는 국민주권의 원리로부터 나오는 당연한 요청이다. 특히 **대의민주주의를 원칙으로 하는** 오늘날의 민주정치 아래에서의 **선거는 국민의 참여가 필수적이고, 주권자인 국민이 자신의 정치적 의사를 자유로이 결정하고 표명하여 선거에 참여함으로써 민주사회를 구성하고 움직이게 하는 것이다**(헌재 1994. 7. 29. 93헌가4 등).

0382 우리 헌법상 자유위임은 국민대표가 자신을 선출한 국민의 의사에 종속되지 않고, 국민전체의 이익을 위하여 직무상 양심에 기속됨을 근거로 한다. 16 경정, 14 국가 7   O | X

0382-1 대의민주주의에서 국민과 대표자의 관계는 본질적으로 기속위임으로 이해된다. 10 국회 9   O | X

대의민주주의에서 국민과 대표자는 명령적 위임관계에 있는 것이 아니라 **자유위임관계**에 있다. 우리 헌법상 우리 헌법상 자유위임은 국민대표가 자신을 선출한 국민의 의사에 종속되지 않고, **국민전체의 이익**을 위하여 **직무상 양심에 기속됨**을 근거로 한다.

0383 헌법의 기본원리인 대의제 민주주의하에서 국회의원 선거권은 국민의 대표자인 국회의원을 선출하는 권리뿐만 아니라, 개별 유권자 혹은 집단으로서의 국민의 의사를 선출된 국회의원이 그대로 대리하여 줄 것을 요구할 수 있는 권리를 포함한다. 24 소간   O | X

헌법의 기본원리인 대의제 민주주의하에서 **국회의원 선거권**이란 것은 국회의원을 보통·평등·직접·비밀선거에 의하여 국민의 대표자인 **국회의원을 선출하는 권리**에 그치고, 개별 유권자 혹은 집단으로서의 국민의 의사를 선출된 **국회의원이 그대로 대리하여 줄 것을 요구할 수 있는 권리까지 포함하는 것은 아니다**(헌재 1998. 10. 29. 96헌마186).

0384 국민의 국회의원 선거권은 국회의원을 보통·평등·직접·비밀선거에 의하여 국민의 대표자로 선출하는 권리에 그치는 것이기 때문에 유권자가 설정한 국회의석분포에 국회의원들을 기속시키는 것은 대의제도의 본질에 반하는 것이다. 21 5급   O | X

0384-1 국회구성권이란 유권자가 설정한 국회의석분포에 국회의원들을 기속시키고자 하는 것이며, 이는 오늘날 대의제도의 본질에 반하는 것으로 헌법상 기본권으로 인정될 여지가 없다. 16 경정, 14 국가 7   O | X

0384-2 헌법 제41조 제1항의 "국회는 국민의 보통·평등·직접·비밀선거에 의하여 선출된 국회의원으로 구성한다."라는 규정은 단순히 국회의원을 국민의 직접선거에 의하여 선출한다는 의미를 넘어 국민의 직접선거에 의하여 무소속을 포함한 국회의 정당 간의 의석분포를 결정하는 권리까지 포함한다. 15 국가 7   O | X

정답 381. O 382. O 382-1. X [기속위임 X → 자유위임 O] 383. X [대리요구권 포함 안 됨] 384. O 384-1. O 384-2. X [포함하지 않음]

대의제 민주주의하에서 국민의 **국회의원 선거권**이란 국회의원을 보통·평등·직접·비밀선거에 의하여 **국민의 대표자로 선출하는 권리**에 그치며, 국민과 국회의원은 명령적 위임관계에 있는 것이 아니라 자유위임관계에 있으므로, 유권자가 설정한 **국회의석분포**에 국회의원들을 기속시키고자 하는 내용의 "**국회구성권**"이라는 기본권은 오늘날 이해되고 있는 **대의제도의 본질에 반하는** 것이어서 헌법상 인정될 여지가 없고, 청구인들 주장과 같은 대통령에 의한 여야 의석분포의 인위적 조작행위로 국민주권주의라든지 복수정당제도가 훼손될 수 있는지의 여부는 별론으로 하고 그로 인하여 바로 헌법상 보장된 청구인들의 구체적 기본권이 침해당하는 것은 아니다(헌재 1998. 10. 29. 96헌마186).

0385 당론과 다른 견해를 가진 소속 국회의원을 당해 교섭단체의 필요에 따라 다른 상임위원회로 전임(사임·보임)하는 조치는 특별한 사정이 없는 한 헌법상 용인될 수 있는 정당 내부의 사실상 강제의 범위 내에 해당한다. 18 경정, 13 지방 7 O | X

0385-1 당론과 다른 견해를 가진 소속 국회의원을 당해 교섭단체의 필요에 따라 다른 상임위원회로 전임(사·보임)하는 조치는 특별한 사정이 없는 한 헌법상 용인될 수 없다. 21 국회 9 O | X

국회의원의 국민대표성을 중시하는 입장에서도 특정 정당에 소속된 국회의원이 정당기속 내지는 교섭단체의 결정(소위 '당론')에 위반하는 정치활동을 한 이유로 제재를 받는 경우, 국회의원 신분을 상실하게 할 수는 없으나 "정당내부의 사실상의 강제" 또는 소속 "정당으로부터의 제명"은 가능하다고 보고 있다. 그렇다면, **당론과 다른 견해를 가진 소속 국회의원을 당해 교섭단체의 필요에 따라 다른 상임위원회로 전임(사·보임)하는 조치**는 특별한 사정이 없는 한 **헌법상 용인될 수 있는 "정당내부의 사실상 강제"**의 범위내에 해당한다고 할 것이다(헌재 2003. 10. 30. 2002헌라1).

02 민주주의

0386 민주주의 원리는 개인의 자율적 판단능력을 존중하고 사회의 자율적인 의사결정이 궁극적으로 올바른 방향으로 전개될 것이라는 신뢰를 바탕으로 하고 있다. 23 해간 O | X

민주주의 원리는 개인의 자율적 판단능력을 존중하고 사회의 자율적인 의사결정이 궁극적으로 올바른 방향으로 전개될 것이라는 신뢰를 바탕으로 하고 있다. 이 신뢰는 국민들이 공동체의 최종적인 정치적 의사를 책임질 수 있다는, 즉 국민들이 주권자로서의 충분한 능력과 자격을 동등하게 가진다는 규범적 판단에 기초한다(헌재 2014. 12. 19. 2013헌다1).

0387 자유민주적 기본질서란 모든 폭력적 지배와 자의적 지배, 즉 반국가단체의 일인독재 내지 일당독재를 배제하고 다수의 의사에 의한 국민의 자치, 자유·평등의 기본원칙에 의한 법치주의적 통치질서를 말한다. 구체적으로는 기본적 인권의 존중, 권력분립, 의회제도, 복수정당제도, 선거제도, 사유재산과 시장경제를 골간으로 한 경제질서 및 사법권의 독립 등을 의미한다. 21 법무사 O | X

우리 헌법은 **자유민주적 기본질서**의 보호를 그 최고의 가치로 인정하고 있고, 그 내용은 모든 폭력적 지배와 자의적 지배 즉 **반국가단체의 일인독재 내지 일당독재를 배제**하고 다수의 의사에 의한 국민의 자치, 자유·평등의 기본원칙에 의한 **법치주의적 통치질서**를 말한다. 구체적으로는 기본적 인권의 존중, 권력분립, 의회제도, 복수정당제도, 선거제도, 사유재산과 시장경제를 골간으로 한 경제질서 및 사법권의 독립 등을 의미한다(헌재 2001. 9. 27. 2000헌마238 등).

정답 385. O 385-1. X [용인됨] 386. O 387. O

0388 자유민주적 기본질서에 위해를 준다 함은 모든 폭력적 지배와 자의적 지배, 즉 반국가단체의 일인독재 내지 일당독재를 배제하고 다수의 의사에 의한 국민의 자치, 자유·평등의 기본원칙에 의한 법치주의적 통치질서의 유지를 어렵게 만드는 것이다. 23 해간, 22 입시   O│X

> 자유민주적 기본질서에 위해를 준다 함은 모든 폭력적 지배와 자의적 지배 즉 반국가단체의 일인독재 내지 일당독재를 배제하고 다수의 의사에 의한 국민의 자치, 자유·평등의 기본원칙에 의한 법치주의적 통치질서의 유지를 어렵게 만드는 것으로서 구체적으로는 기본적 인권의 존중, 권력분립, 의회제도, 복수정당제도, 선거제도, 사유재산과 시장경제를 골간으로 한 경제질서 및 사법권의 독립 등 우리의 내부체재를 파괴·변혁시키려는 것이다(헌재 1990. 4. 2. 89헌가113).

0389 '중대사고'에 대한 평가를 제외하는 '원자력이용시설 방사선환경영향평가서 작성 등에 관한 규정' 조항은 국민들이 원전과 관련하여 정확하고 공정한 여론을 형성하는 것을 방해하므로 민주주의 원리에 위반된다. 23 경간   O│X

> 이 사건 각 고시조항에서 평가서 초안 및 평가서 작성시 '중대사고'에 대한 평가를 제외하도록 하였다고 하여, 국가가 국민의 생명·신체의 안전을 보호하는 데 적절하고 효율적인 최소한의 조치조차 취하지 아니한 것이라고 보기는 어렵다. … 청구인들은, 이 사건 각 고시조항이 국민들의 정확하고 공정한 여론 형성을 방해하므로 민주주의 원리에도 위반된다고 주장한다. 민주주의 원리의 한 내용인 국민주권주의는 모든 **국가권력이 국민의 의사에 기초해야 한다**는 의미일 뿐 **국민이 정치적 의사결정에 관한 모든 정보를 제공받고 직접 참여**하여야 한다는 의미는 아니므로, 청구인들의 이 부분 주장 역시 **이유 없다**(헌재 2016. 10. 27. 2012헌마121).

정답 388. O   389. X [민주주의 원리 위반 X]

Chapter 07 법치주의

POINT 028 법치주의

0390 법치국가의 원리는 국가작용이 법에 의해 이루어져야 한다는 것을 의미한다. 17 법무사   O | X

법치국가원리는 법우선의 원칙에 의하여 국가작용이 법에 의하여 이루어져야 한다는 것을 의미한다.

0391 현행 헌법상 법치주의를 선언하고 있는 명문의 규정은 없으나, 법치주의는 헌법의 기본원리로 인정된다. 17 5급   O | X

헌법은 법치주의를 그 기본원리의 하나로 하고 있으며, 법치주의는 행정작용에 국회가 제정한 형식적 법률의 근거가 요청된다는 법률유보를 그 핵심적 내용의 하나로 하고 있다. 현행 헌법상 법치주의를 선언하고 있는 명문의 규정은 없으나, 법치주의는 헌법의 기본원리로 인정된다.

0392 기본적 인권, 국가권력의 법률기속, 권력분립 등의 관념들은 자유주의의 요청에 해당하며, 우리 헌법상에는 '법치주의 원리'로 반영되어 있다. 23 5급   O | X

기본적 인권, 국가권력의 법률기속, 권력분립 등의 관념들은 자유주의의 요청에 해당하며, 우리 헌법상에는 '법치주의 원리'로 반영되어 있다(헌재 2014. 12. 19. 2013헌다1).

0393 근대의 입헌적 민주주의 체제는 사회의 공적 자율성에 기한 정치적 의사결정을 추구하는 민주주의 원리와, 국가권력이나 다수의 정치적 의사로부터 개인의 권리, 즉 개인의 사적 자율성을 보호해 줄 수 있는 법치주의 원리라는 두 가지 주요한 원리에 따라 구성되고 운영된다. 23 해간, 22 소간   O | X

근대의 입헌적 민주주의 체제는 사회의 공적 자율성에 기한 정치적 의사결정을 추구하는 민주주의 원리와, 국가권력이나 다수의 정치적 의사로부터 개인의 권리, 즉 개인의 사적 자율성을 보호해 줄 수 있는 법치주의 원리라는 두 가지 주요한 원리에 따라 구성되고 운영된다(헌재 2014. 12. 19. 2013헌다1).

0394 자유민주적 법치국가는 모든 국민에게 사상의 자유와 법질서에 대하여 비판할 수 있는 자유를 보장하고 정당한 절차에 의하여 헌법과 법률을 개정할 수 있는 장치를 마련하고 있는 만큼 그에 상응하여 다른 한편으로 국민의 국법질서에 대한 자발적인 참여와 복종을 그 존립의 전제로 하고 있다. 23 해간, 22 소간   O | X

자유민주적 법치국가는 모든 국민에게 사상의 자유와 법질서에 대하여 비판할 수 있는 자유를 보장하고 정당한 절차에 의하여 헌법과 법률을 개정할 수 있는 장치를 마련하고 있는 만큼 그에 상응하여 다른 한편으로 국민의 국법질서에 대한 자발적인 참여와 복종을 그 존립의 전제로 하고 있다(헌재 2002. 4. 25. 98헌마425 등).

정답 390. O 391. O 392. O 393. O 394. O

POINT 029 행정입법

01 행정입법

0395 오늘날 의회의 입법독점주의에서 입법중심주의로 전환하여 일정한 범위 안에서 행정입법을 허용하게 된 동기는 사회적 변화에 대응한 입법수요의 급증과 종래의 형식적 권력분립주의로는 현대사회에 대응할 수 없다는 기능적 권력분립론에 있다. 16 변호사 ○|✕

> 오늘날 의회의 입법독점주의에서 입법중심주의로 전환하여 일정한 범위 내에서 **행정입법을 허용하게 된 동기**는 사회적 변화에 대응한 입법수요의 급증 및 종래의 형식적 권력분립주의로는 현대사회에 대응할 수 없다는 **기능적 권력분립론**에 있다고 할 수 있다. 이를 감안하여 헌법 제40조와 헌법 제75조, 제95조의 의미를 살펴보면, 입법자는 규율의 형식을 선택할 수 있고, 입법기관이 아닌 행정기관은 국회에서 법률 등으로 구체적인 범위를 정하여 위임한 사항에 관하여 법정립의 권한을 갖게 된다 할 것이다(헌재 2012. 2. 23. 2009헌마318).

02 대통령령 · 총리령 · 부령

0396 대통령은 법률에서 구체적으로 범위를 정하여 위임받은 사항과 법률을 집행하기 위하여 필요한 사항에 관하여 대통령령을 발할 수 있다. 23 지방 7, 21 소간, 18 서울 7, 18 법원 9 ○|✕

> **헌법 제75조** 대통령은 **법률**에서 **구체적으로 범위**를 정하여 **위임받은 사항**과 **법률을 집행**하기 위하여 **필요한 사항**에 관하여 **대통령령**을 발할 수 있다.

0397 국무총리 또는 행정각부의 장은 소관사무에 관하여 법률이나 대통령령의 위임 또는 직권으로 총리령 또는 부령을 발할 수 있다. 20 법무사, 17 국회 9 ○|✕

0397-1 행정각부의 장은 소관사무에 관하여 법률이나 대통령령의 위임으로 부령을 발할 수 있으나, 직권으로 부령을 발할 수는 없다. 18 5급 ○|✕

> **헌법 제95조** **국무총리 또는 행정각부의 장**은 소관사무에 관하여 **법률이나 대통령령의 위임** 또는 **직권으로 총리령 또는 부령**을 발할 수 있다.

0398 입법자는 법률에서 구체적으로 범위를 정하기만 한다면, 대통령령뿐 아니라 부령에도 입법사항을 위임할 수 있다. 17 경정 ○|✕

0398-1 입법자는 법률에서 구체적으로 범위를 정하여 대통령령에 입법사항을 위임할 수 있을 뿐 부령에 직접 입법사항을 위임할 수는 없다. 21 지방 7 ○|✕

> 헌법 제75조는 대통령에 대한 입법권한의 위임에 관한 규정이지만, 국무총리나 행정각부의 장으로 하여금 법률의 위임에 따라 총리령 또는 부령을 발할 수 있도록 하고 있는 헌법 제95조의 취지에 비추어 볼 때, 입법자는 **법률에서 구체적으로 범위를 정하기만 한다면 대통령령** 뿐만 아니라 **부령에 입법사항을 위임할 수도 있다**(헌재 1998. 2. 27. 97헌마64).

정답 395. ○ 396. ○ 397. ○ 397-1. ✕ [직권으로 발할 수 있음] 398. ○ 398-1. ✕ [위임할 수 있음]

0399 대통령령, 총리령 및 부령은 특별한 규정이 없으면 공포한 날부터 30일이 경과함으로써 효력을 발생한다. 18 5급   O | X

> 법령 등 공포에 관한 법률 제13조(시행일) 대통령령, 총리령 및 부령은 특별한 규정이 없으면 공포한 날부터 20일이 경과함으로써 효력을 발생한다.
> 법령 등 공포에 관한 법률 제13조의2(법령의 시행유예기간) 국민의 권리 제한 또는 의무 부과와 직접 관련되는 법률, 대통령령, 총리령 및 부령은 긴급히 시행하여야 할 특별한 사유가 있는 경우를 제외하고는 공포일부터 적어도 30일이 경과한 날부터 시행되도록 하여야 한다.

03 법규명령

0400 대통령은 법률에서 구체적으로 범위를 정하여 위임받은 사항에 관하여 위임명령을 발할 수 있으며, 이 경우 법률에서 위임받은 사항에 관하여는 국민의 권리·의무에 관해서도 규율할 수 있다. 10 지방 7   O | X

위임명령은 법률에서 구체적으로 범위를 정하여 위임받은 사항에 관하여 규율하는 법규명령을 말한다. 대통령은 법률에서 구체적으로 범위를 정하여 위임받은 사항에 관하여 위임명령을 발할 수 있으며, 이 경우 법률에서 위임받은 사항에 관하여는 국민의 권리·의무에 관해서도 규율할 수 있다.

0401 행정규칙이 아닌 시행령은 법률에 의한 위임이 없더라도 법률이 규정한 개인의 권리·의무에 관한 내용을 보충하거나 법률에 규정되지 아니한 새로운 추가적 내용을 규정할 수 있다. 22 변호사   O | X

0401-1 대통령령은 법률의 위임이 없어도 법률에 위반되지 않는 범위 내에서 국민의 권리·의무에 관한 사항을 규율할 수 있다. 21 법무사   O | X

대통령은 법률에서 구체적으로 범위를 정하여 위임받은 사항과 법률을 집행하기 위하여 필요한 사항에 관하여만 대통령령을 발할 수 있으므로, 법률의 시행령은 모법인 법률에 의하여 위임받은 사항이나 법률이 규정한 범위 내에서 법률을 현실적으로 집행하는 데 필요한 세부적인 사항만을 규정할 수 있을 뿐, 법률에 의한 위임이 없는 한 법률이 규정한 개인의 권리·의무에 관한 내용을 변경·보충하거나 법률에 규정되지 아니한 새로운 내용을 규정할 수는 없다(대판 2020. 9. 3. 2016두32992).

0402 「법무사법」 제4조제2항이 대법원규칙으로 정하도록 위임한 이른바 '법무사시험의 실시에 관하여 필요한 사항'이란 시험과목·합격기준·시험실시시기·실시횟수 등 시험실시에 관한 구체적인 방법과 절차를 말하는 것이지 시험의 실시 여부까지도 대법원 규칙으로 정하라는 말은 아니다. 21 국회 8   O | X

법무사법 제4조 제1항 제2호에서 법무사시험에 합격한 자에게 법무사의 자격을 인정하는 것은 법무사시험이 합리적인 방법으로 반드시 실시되어야 함을 전제로 하는 것이고, 따라서 법무사법 제4조 제2항이 대법원규칙으로 정하도록 위임한 이른바 "법무사시험의 실시에 관하여 필요한 사항"이란 시험과목·합격기준·시험실시방법·시험실시시기·실시횟수 등 시험실시에 관한 구체적인 방법과 절차를 말하는 것이지 시험의 실시여부까지도 대법원규칙으로 정하라는 말은 아니다(헌재 1990. 10. 15. 89헌마178).

정답 399. X [20일 경과]   400. O   401. X [규정 불가]   401-1. X [위임 있어야 규율 可]   402. O

0403 일반적으로 법률의 위임에 따라 효력을 갖는 법규명령의 경우에 위임의 근거가 없어 무효였더라도 나중에 법 개정으로 위임의 근거가 부여되면 그때부터는 유효한 법규명령으로 볼 수 있다. 24 입시

O | X

일반적으로 **법률의 위임에 따라 효력을 갖는 법규명령**의 경우에 위임의 근거가 없어 무효였더라도 나중에 법 개정으로 위임의 근거가 부여되면 **그때부터는 유효한 법규명령으로 볼 수 있다**. 그러나 법규명령이 개정된 법률에 규정된 내용을 함부로 유추·확장하는 내용의 해석규정이어서 위임의 한계를 벗어난 것으로 인정될 경우에는 법규명령은 여전히 무효이다(대판 2017. 4. 20. 2015두45700).

0404 집행명령은 법률을 집행하기 위하여 필요한 사항만 정할 수 있을 뿐이고 법률에서 규정하지 않은 새로운 사항을 규정할 수 없다. 13 지방 7

O | X

0404-1 집행명령은 특정한 법률이나 상위 법령을 시행하기 위하여 필요한 구체적 절차와 방법 등을 규정하는 것이므로 새로운 입법사항도 규정할 수 있다. 09 국가 7

O | X

집행명령은 법률을 집행하기 위하여 필요한 사항에 관하여 규율하는 법규명령을 말한다. **집행명령은 특정한 법률이나 상위 법령을 시행하기 위하여 필요한 구체적 절차와 방법 등을 규정**할 수 있을 뿐 법률에서 규정하지 않은 **새로운 사항을 규정할 수 없다.**

0405 사법시험 제2차 시험의 합격결정에 관하여 과락 제도를 정하는 구 「사법시험령」의 규정은 사법시험의 실시를 집행하기 위한 시행과 절차에 관한 것이지, 새로운 법률사항을 정한 것이라고 보기 어려우므로, 모법의 수권 없이 규정하였다거나 집행명령의 한계를 일탈하였다고 볼 수 없다. 23 해간

O | X

사법시험령 제15조 제2항은 사법시험의 제2차시험의 합격결정에 있어서는 매과목 4할 이상 득점한 자 중에서 합격자를 결정한다는 취지의 과락제도를 규정하고 있는바, 이는 그 규정내용에서 알 수 있다시피 **사법시험 제2차시험의 합격자를 결정하는 방법을 규정하고 있을 뿐이어서 사법시험의 실시를 집행하기 위한 시행과 절차에 관한 것이지, 새로운 법률사항**을 정한 것이라고 보기 **어렵다**. 따라서 사법시험령 제15조 제2항에서 규정하고 있는 사항이 국민의 기본권을 제한하는 것임에도 불구하고, **모법의 수권 없이 규정하였다거나** 새로운 법률사항에 해당하는 것을 규정하여 **집행명령의 한계를 일탈**하였다고 **볼 수 없으므로**, 헌법 제37조 제2항, 제75조, 행정규제기본법 제4조 등을 위반하여 **무효라 할 수 없다**(대판 2007. 1. 11. 2004두10432).

0406 집행명령은 근거법령인 상위법령이 폐지되면 특별한 규정이 없는 이상 실효된다 할 것이나, 상위법령이 개정됨에 그친 경우에는 개정법령과 성질상 모순, 저촉되지 아니하고 개정된 상위법령의 시행에 필요한 사항을 규정하고 있는 이상 그 집행명령은 상위법령의 개정에도 불구하고 당연히 실효되지 아니하고 개정법령의 시행을 위한 집행명령이 제정, 발효될 때까지는 여전히 그 효력을 유지하는 것이라고 할 것이다. 20 국가 7

O | X

집행명령은 근거법령인 **상위법령이 폐지**되면 특별한 규정이 없는 이상 **실효**되는 것이나, **상위법령이 개정**됨에 그친 경우에는 개정법령과 성질상 모순, 저촉되지 아니하고 개정된 상위법령의 시행에 필요한 사항을 규정하고 있는 이상 그 **집행명령은 상위법령의 개정에도 불구하고 당연히 실효되지 아니하고 개정법령의 시행을 위한 집행명령이 제정, 발효될 때까지는 여전히 그 효력을 유지한다**(대판 1989. 9. 12. 88누6962).

● 정답 403. ○ 404. ○ 404-1. X [새로운 사항 규정 불가] 405. ○ 406. ○

04 행정규칙 (행정명령)

0407 법령에서 행정처분의 요건 중 일부 사항을 부령으로 정할 것을 위임한 데 따라 시행규칙 등 부령에서 이를 정한 경우에 그 부령의 규정은 국민에 대해서도 구속력이 있는 법규명령에 해당한다고 할 것이지만, 법령의 위임이 없음에도 법령에 규정된 처분 요건에 해당하는 사항을 부령에서 변경하여 규정한 경우에는 그 부령의 규정은 행정청 내부의 사무처리 기준 등을 정한 것으로서 행정조직 내에서 적용되는 행정명령의 성격을 지닐 뿐 국민에 대한 대외적 구속력은 없다. 17 변호사   O | X

법령에서 행정처분의 요건 중 일부 사항을 부령으로 정할 것을 위임한 데 따라 시행규칙 등 부령에서 이를 정한 경우에 그 부령의 규정은 국민에 대해서도 구속력이 있는 법규명령에 해당한다고 할 것이지만, **법령의 위임이 없음에도** 법령에 규정된 처분 요건에 해당하는 사항을 **부령에서 변경하여 규정**한 경우에는 그 부령의 규정은 행정청 내부의 사무처리 기준 등을 정한 것으로서 행정조직 내에서 적용되는 **행정명령의 성격**을 지닐 뿐 국민에 대한 **대외적 구속력은 없다**고 보아야 한다(대판 2013. 9. 12. 2011두10584).

05 법령보충규칙

0408 국회가 행정기관에 입법권을 위임하는 경우에는 규율의 형식도 선택할 수 있으므로 헌법이 규정하고 있는 위임입법의 형식은 예시적인 것으로 보아야 한다. 19 국회 9   O | X

국회가 입법으로 행정기관에게 구체적인 범위를 정하여 위임한 사항에 관하여는 당해 행정기관이 법 정립의 권한을 갖게 되고, 이때 **입법자가** 그 **규율의 형식도 선택**할 수 있다고 보아야 하므로, 헌법이 인정하고 있는 **위임입법의 형식은 예시적인 것으로 보아야 한다**(헌재 2016. 3. 31. 2014헌바382).

0409 헌법이 인정하고 있는 위임입법의 형식은 예시적인 것으로 보아야 할 것이고, 법률이 입법사항을 고시와 같은 행정규칙의 형식으로 위임하더라도 그 행정규칙은 위임된 사항만을 규율할 수 있으므로, 국회입법원칙과 상치되지 않는다. 23 입시, 20 변호사   O | X

0409-1 헌법은 국회입법의 원칙을 천명하면서 법규명령인 대통령령, 총리령과 부령, 대법원규칙, 헌법재판소규칙, 중앙선거관리위원회규칙에 대한 위임입법을 한정적으로 열거하고 있으므로 행정기관의 고시 등과 같은 행정규칙에 입법사항을 위임할 수 없다. 14 변호사   O | X

0409-2 헌법이 인정하고 있는 위임입법의 형식은 한정적 열거적인 것으로 보아야 하므로, 법률이 입법사항을 고시와 같은 행정규칙의 형식으로 위임하는 것은 법률유보원칙에 위배된다. 18 서울 7   O | X

헌법 제40조와 헌법 제75조, 제95조의 의미를 살펴보면, 국회입법에 의한 수권이 입법기관이 아닌 행정기관에게 법률 등으로 구체적인 범위를 정하여 위임한 사항에 관하여는 당해 행정기관에게 법정립의 권한을 갖게 되고, 입법자가 규율의 형식도 선택할 수도 있다 할 것이므로, 헌법이 인정하고 있는 **위임입법의 형식은 예시적**인 것으로 보아야 할 것이고, 그것은 **법률이 행정규칙에 위임**하더라도 그 행정규칙은 위임된 사항만을 규율할 수 있으므로, **국회입법의 원칙과 상치되지도 않는다**(헌재 2004. 10. 28. 99헌바91).

정답 407. O   408. O   409. O   409-1. X [위임입법의 형식은 예시적 → 행정규칙에 위임 可]   409-2. X [위임입법의 형식은 예시적, 행정규칙 위임 법률유보 위배 아님]

0410 기본권을 제한하는 내용의 입법을 위임할 때에는 법규명령에 위임하는 것이 원칙이고, 고시와 같은 형식으로 입법위임을 할 때에는 법령이 전문적·기술적 사항이나 경미한 사항으로서 업무의 성질상 위임이 불가피한 사항에 한정된다. 23 입시, 21 국가 7, 16 지방 7 O|X

0410-1 법령에서 전문적·기술적인 사항이나 경미한 사항으로서 업무의 성질상 불가피한 사항에 관하여 구체적으로 범위를 정하여 위임한 경우에는 고시 등으로 정할 수 있다. 15 경정, 11 국가 7 O|X

행정규칙은 법규명령과 같은 엄격한 제정 및 개정절차를 필요로 하지 아니하므로, 기본권을 제한하는 내용의 입법을 위임할 때에는 법규명령에 위임하는 것이 원칙이고, 고시와 같은 형식으로 입법위임을 할 때에는 법령이 전문적·기술적 사항이나 경미한 사항으로서 업무의 성질상 위임이 불가피한 사항에 한정된다(헌재 2014. 7. 24. 2013헌바183 등).

0411 법령의 직접적인 위임에 따라 수임행정기관이 그 법령을 시행하는 데 필요한 구체적 사항을 정한 것이면, 그 제정형식은 비록 법규명령이 아닌 고시, 훈령, 예규 등과 같은 행정규칙이더라도, 그것이 상위법령의 위임한계를 벗어나지 아니하는 한, 상위법령과 결합하여 대외적인 구속력을 갖는 법규명령으로서 기능하게 된다고 보아야 한다. 23 법원 9, 19 지방 7 O|X

법령의 직접적인 위임에 따라 수임행정기관이 그 법령을 시행하는데 필요한 구체적 사항을 정한 것이면, 그 제정형식은 비록 법규명령이 아닌 고시, 훈령, 예규 등과 같은 행정규칙이더라도, 그것이 상위법령의 위임한계를 벗어나지 아니하는 한, 상위법령과 결합하여 대외적인 구속력을 갖는 법규명령으로서 기능하게 된다고 보아야 한다(헌재 1992. 6. 26. 91헌마25).

0412 법령보충적 행정규칙은 그 자체로서 직접적으로 대외적인 구속력을 갖는 것은 아니며, 상위법령과 결합하여 일체가 되는 한도 내에서 상위법령의 일부가 됨으로써 대외적 구속력이 발생하는 것이다. 13 지방 7 O|X

법령보충적 행정규칙이라도 그 자체로서 직접적으로 대외적인 구속력을 갖는 것은 아니다. 즉, 상위법령과 결합하여 일체가 되는 한도 내에서 상위법령의 일부가 됨으로써 대외적 구속력이 발생되는 것일 뿐 그 행정규칙 자체는 대외적 구속력을 갖는 것은 아니라 할 것이다(헌재 2004. 10. 28. 99헌바91).

0413 법령의 규정이 특정 행정기관에게 법령 내용의 구체적 사항을 정할 수 있는 권한을 부여하면서 권한행사의 절차나 방법을 특정하지 아니한 경우, 수임 행정기관은 행정규칙이나 규정 형식으로 법령 내용이 될 사항을 구체적으로 정할 수 있다. 22 5급, 14 국가 7 O|X

법령의 규정이 특정 행정기관에게 법령 내용의 구체적 사항을 정할 수 있는 권한을 부여하면서 권한행사의 절차나 방법을 특정하지 아니한 경우에는 수임 행정기관은 행정규칙이나 규정 형식으로 법령 내용이 될 사항을 구체적으로 정할 수 있다. 이 경우 행정규칙 등은 당해 법령의 위임한계를 벗어나지 않는 한 대외적 구속력이 있는 법규명령으로서 효력을 가지게 되지만, 이는 행정규칙이 갖는 일반적 효력이 아니라 행정기관에 법령의 구체적 내용을 보충할 권한을 부여한 법령 규정의 효력에 근거하여 예외적으로 인정되는 것이다(대판 2012. 7. 5. 2010다72076).

정답 410. ◯ 410-1. ◯ 411. ◯ 412. ◯ 413. ◯

0414 행정규칙 등은 당해 법령의 위임한계를 벗어나지 않는 한 대외적 구속력이 있는 법규명령으로서 효력을 가질 수 있는데, 이는 행정규칙이 갖는 일반적 효력이 아니라 행정기관에 법령의 구체적 내용을 보충할 권한을 부여한 법령 규정의 효력에 근거하여 예외적으로 인정되는 것이다. 14 국가 7 O|X

법령의 규정이 특정 행정기관에게 법령 내용의 구체적 사항을 정할 수 있는 권한을 부여하면서 권한행사의 절차나 방법을 특정하지 아니한 경우에는 수임 행정기관은 행정규칙이나 규정 형식으로 법령 내용이 될 사항을 구체적으로 정할 수 있다. 이 경우 행정규칙 등은 당해 법령의 위임한계를 벗어나지 않는 한 **대외적 구속력이 있는 법규명령으로서 효력**을 가지게 되지만, 이는 행정규칙이 갖는 일반적 효력이 아니라 행정기관에 법령의 구체적 내용을 보충할 권한을 부여한 **법령 규정의 효력에 근거하여 예외적으로 인정되는 것이다**(대판 2012. 7. 5. 2010다72076).

0415 행정규칙이 행정기관에 법령의 구체적 내용을 보충할 권한을 부여한 법령 규정의 효력에 근거하여 예외적으로 대외적 구속력이 인정되는 경우에도 행정규칙이나 규정의 '내용'이 상위법령의 위임범위를 벗어난 경우뿐만 아니라 상위법령의 위임규정에서 특정하여 정한 권한 행사의 '절차'나 '방식'에 위배되는 경우에는 대외적 구속력을 가지는 법규명령으로서 효력이 인정될 수 없다. 22 5급 O|X

이 경우 행정규칙 등은 당해 법령의 위임한계를 벗어나지 않는 한 **대외적 구속력이 있는 법규명령으로서 효력**을 가지게 되지만, 이는 행정규칙이 갖는 일반적 효력이 아니라 **행정기관에 법령의 구체적 내용을 보충할 권한을 부여한 법령 규정의 효력**에 근거하여 **예외적으로 인정**되는 것이다. 따라서 그 행정규칙이나 규정이 상위법령의 위임범위를 벗어난 경우에는 법규명령으로서 대외적 구속력을 인정할 여지는 없다. 이는 행정규칙이나 규정 '**내용**'이 위임범위를 벗어난 경우뿐 아니라 상위법령의 위임규정에서 특정하여 정한 권한행사의 '**절차**'나 '**방식**'에 위배되는 경우도 마찬가지이므로, 상위법령에서 세부사항 등을 시행규칙으로 정하도록 위임하였음에도 이를 고시 등 행정규칙으로 정하였다면 그 역시 대외적 구속력을 가지는 법규명령으로서 효력이 인정될 수 없다(대판 2012. 7. 5. 2010다72076).

POINT 030   법률유보원칙   B

01 행정입법에 대한 통제

0416 정치적·행정적 수요에 발맞추어 위임입법을 허용하되 그와 함께 권력분립의 원리를 구현하기 위하여나 법치주의의 원리를 수호하기 위하여 위임입법에 대한 통제도 필요하다. 14 법원 9 O|X

위임입법의 양적 증대와 질적 고도화라고 하는 정치수요의 현대적 변용에 대한 제도적 대응이 불가피하다고 하더라도, 권력분립이라는 헌법상의 기본원리와의 조정 또한 불가피하다. 따라서 위와 같은 정치적·행정적 수요에 발맞추어 **위임입법을 허용**하되 그와 함께 **권력분립의 원리를 구현**하기 위하여나 **법치주의의 원리를 수호**하기 위하여 **위임입법에 대한 통제도 필요하다**(헌재 1998. 5. 28. 96헌가1).

02 의회유보원칙

0417 법률유보원칙은 단순히 행정작용이 법률에 근거를 두기만 하면 충분한 것이 아니라, 국가공동체와 그 구성원에게 기본적이고도 중요한 의미를 갖는 영역, 특히 국민의 기본권 실현에 관련된 영역에 있어서는 행정에 맡길 것이 아니라 국민의 대표자인 입법자 스스로 그 본질적 사항에 대해 결정하여야 한다는 요구까지 내포한다. 23 경찰 2차 O|X

0417-1 법률유보원칙과 의회유보원칙은 서로 다른 별개의 원리로서 법률유보원칙이 의회유보원칙을 포함하는 것은 아니다. 21 법무사 O|X

● 정답 414. ◯   415. ◯   416. ◯   417. ◯   417-1. ✕ [의회유보원칙 ⊂ 법률유보원칙]

오늘날 법률유보원칙은 단순히 **행정작용이 법률에 근거**를 두기만 하면 충분한 것이 아니라, 국가공동체와 그 구성원에게 기본적이고 중요한 의미를 갖는 영역, 특히 **국민의 기본권실현에 관련된 영역**에 있어서는 행정에 맡길 것이 아니라 국민의 대표자인 **입법자 스스로 그 본질적 사항에 대하여 결정**하여야 한다는 요구까지 내포하는 것으로 이해하여야 한다(이른바 **의회유보원칙**)(헌재 1999. 5. 27. 98헌바70).

0418 국민의 권리와 의무의 형성에 관한 사항을 비롯하여 국가의 통치조직과 작용에 관한 기본적이고 본질적인 사항은 반드시 국회가 정하여야 한다. 20 국회 9   O | X

법률이 자치적인 사항을 정관에 위임할 경우 원칙적으로 헌법상의 포괄위임입법금지원칙이 적용되지 않는다 하더라도, 그 사항이 국민의 권리·의무에 관련되는 것일 경우에는, 적어도 **국민의 권리와 의무의 형성에 관한 사항을 비롯하여 국가의 통치조직과 작용에 관한 기본적이고 본질적인 사항은 반드시 국회가 정하여야 한다**(헌재 2006. 3. 30. 2005헌바31).

0419 오늘날 일정한 범위 내에서 행정입법을 허용하게 된 동기가 사회적 변화에 대응한 입법수요의 급증과 종래의 형식적 권력분립주의로는 현대사회에 대응할 수 없다는 기능적 권력분립론에 있다는 점 등을 감안하더라도 입법의 본질사항은 의회에 유보되어야 한다. 16 국회 9   O | X

오늘날의 법률유보원칙은 단순히 행정작용이 법률에 근거를 두기만 하면 충분한 것이 아니라, 국가공동체와 그 구성원에게 기본적이고 중요한 의미를 갖는 영역, 특히 국민의 기본권 실현에 관련된 영역에 있어서는 행정에 맡길 것이 아니라 국민의 대표자인 **입법자 스스로 그 본질적 사항**에 대하여 결정하여야 한다는 요구, 즉 **의회유보원칙**까지 내포하는 것으로 이해되고 있다. … 오늘날 의회의 입법독점주의에서 입법중심주의로 전환하여 일정한 범위 안에서 **행정입법을 허용하게 된 동기는** 사회적 변화에 대응한 **입법수요의 급증**과 종래의 형식적 권력분립주의로는 현대사회에 대응할 수 없다는 **기능적 권력분립론**에 있다(헌재 2016. 3. 31. 2014헌바38).

0420 국민의 헌법상 기본권 및 기본의무와 관련한 중요한 사항이나 본질적인 내용에 대한 정책형성기능은 원칙적으로 주권자인 국민에 의하여 선출된 대표자들로 구성되는 입법부가 담당하여 법률의 형식으로써 이를 수행하여야 하고, 입법화된 정책을 집행하거나 적용함을 임무로 하는 행정부나 사법부에 그 기능이 넘겨져서는 안된다. 21 소간   O | X

국민주권주의, 권력분립주의 및 법치주의를 기본원리로 채택하고 있는 우리 헌법상 **국민의 헌법상 기본권 및 기본의무와 관련된 중요한 사항 내지 본질적인 내용**에 대한 원칙적으로 주권자인 국민에 의하여 선출된 대표자들로 구성되는 **입법부가 담당**하여 **법률의 형식으로써 이를 수행**하여야 하고, 이와 같이 입법화된 정책을 집행하거나 적용함을 임무로 하는 **행정부나 사법부에 그 기능을 넘겨서는 아니된다**(헌재 1999. 1. 28. 97헌가8).

0421 국민의 권리와 의무에 관한 중요한 사항은 입법부에 의하여 법률의 형식으로 결정되어야 한다는 의회주의 원리는 입법부가 그 입법권한을 행정부 내지 사법부에 위임하는 것을 금지함을 내포하고 있다. 18 국회 9   O | X

우리 헌법은 권력분립주의에 입각하여 **국민의 권리와 의무**에 관한 중요한 사항은 주권자인 국민에 의하여 선출된 대표자들로 구성되는 **국회에 의하여 법률의 형식으로 결정**하도록 하고 있다. 이러한 **의회주의 내지 법치주의의 기본원리는 입법부가 그 입법의 권한을 행정부 내지 사법부에 위임하는 것을 금지**함을 내포하고 있다(헌재 2011. 9. 29. 2010헌가93).

정답 418. O   419. O   420. O   421. O

0422 입법자가 형식적 법률로 스스로 규율하여야 하는 사항이 어떤 것인가는 일률적으로 획정할 수 없고, 구체적 사례에서 관련된 이익 내지 가치의 중요성, 규제 내지 침해의 정도와 방법 등을 고려하여 개별적으로 결정할 수 있을 뿐이다. 22 소간 O|X

0422-1 입법자가 형식적 법률로 스스로 규율하여야 하는 사항이 어떤 것인지는 일률적으로 획정되어야 한다. 21 법무사 O|X

> 입법자가 형식적 법률로 스스로 규율하여야 하는 사항이 어떤 것인가는 일률적으로 획정할 수 없고 구체적인 사례에서 관련된 이익 내지 가치의 중요성, 규제 내지 침해의 정도와 방법 등을 고려하여 개별적으로 결정할 수 있을 뿐이나 적어도 헌법상 보장된 국민의 자유나 권리를 제한한 때에는 그 제한의 본질적인 사항에 관한 한 입법자가 법률로써 스스로 규율하여야 할 것이다(헌재 2009. 10. 29. 2007헌바63).

0423 규율대상이 기본권적 중요성을 가질수록, 그리고 그에 관한 공개적 토론의 필요성 내지 상충하는 이익 간 조정의 필요성이 클수록, 그것이 국회의 법률에 의해 직접 규율될 필요성 및 그 규율밀도의 요구 정도는 그만큼 더 증대되는 것으로 보아야 한다. 23 경간, 16 법원 9 O|X

> 일반국민과 야당의 비판을 허용하고 그들의 참여가능성을 개방하고 있다는 점에서 전문관료들만에 의하여 이루어지는 행정입법절차와는 달리 공익의 발견과 상충하는 이익간의 정당한 조정에 보다 적합한 민주적 과정이라 할 수 있다. 그리고 이러한 견지에서, 규율대상이 기본권적 중요성을 가질수록 그리고 그에 관한 공개적 토론의 필요성 내지 상충하는 이익간 조정의 필요성이 클수록, 그것이 국회의 법률에 의해 직접 규율될 필요성 및 그 규율밀도의 요구정도는 그만큼 더 증대되는 것으로 보아야 한다(헌재 2004. 3. 25. 2001헌마882).

03 관련판례

0424 텔레비전방송수신료는 대다수 국민의 재산권 보장의 측면이나 한국방송공사에게 보장된 방송자유 측면에서 국민의 기본권 실현에 관련된 영역에 속한다. 19 서울 7(추) O|X

0424-1 수신료금액의 결정은 납부의무자의 범위, 징수절차 등과 함께 수신료에 관한 본질적이고도 중요한 사항이므로, 수신료금액의 결정은 입법자인 국회 스스로 해야 한다. 16 법원 9 O|X

0424-2 텔레비전방송수신료금액의 결정은 납부의무자의 범위 등과 함께 수신료에 관한 본질적인 중요한 사항이라고 보기 어려우므로 「한국방송공사법」 제36조 제1항이 국회의 결정이나 관여를 배제하고 한국방송공사로 하여금 수신료금액을 결정해서 문화관광부장관의 승인을 얻도록 하더라도 법률유보원칙에 위반되지 않는다. 22 경정 O|X

> 텔레비전방송수신료는 대다수 국민의 재산권 보장의 측면이나 한국방송공사에게 보장된 방송자유의 측면에서 국민의 기본권실현에 관련된 영역에 속하고, 수신료금액의 결정은 납부의무자의 범위 등과 함께 수신료에 관한 본질적인 중요한 사항이므로 국회가 스스로 행하여야 하는 사항에 속하는 것임에도 불구하고 한국방송공사법 제36조 제1항에서 국회의 결정이나 관여를 배제한 채 한국방송공사로 하여금 수신료금액을 결정해서 문화관광부장관의 승인을 얻도록 한 것은 법률유보원칙에 위반된다(헌재 1999. 5. 27. 98헌바70).

정답 422. O   422-1. X [일률적 획정 불가]   423. O   424. O   424-1. O   424-2. X [위반됨]

0425 일정한 권리에 관하여 법률이 규정한 존속기간을 뜻하는 제척기간은 권리관계를 조속히 확정시키기 위하여 권리의 행사에 중대한 제한을 가하는 것이므로 모법인 법률에 의한 위임이 없는 한 시행령이 함부로 제척기간을 규정할 수는 없다. 16 변호사 O|X

법률에 의한 위임이 없는 한 법률이 규정한 개인의 권리·의무에 관한 내용을 변경·보충하거나 법률에 규정되지 아니한 새로운 내용을 규정할 수는 없다고 할 것인바, 일정한 권리에 관하여 법률이 규정한 존속기간을 뜻하는 **제척기간은 권리관계를 조속히 확정시키기 위하여 권리의 행사에 중대한 제한을 가하는 것이므로, 모법인 법률에 의한 위임이 없는 한 시행령이 함부로 제척기간을 규정할 수는 없다**고 할 것이다(대판 1990. 9. 28. 89누2493).

0426 법률에서 안마사업은 누구나 종사할 수 있는 업종이 아니라 행정청에 의해 자격인정을 받아야만 종사할 수 있는 직역이라고 규정하고 그 자격인정 요건을 정할 수 있는 권한을 행정부에 위임하는 것은 의회유보 원칙을 준수한 것으로 볼 수 있다. 16 법원 9 O|X

입법자는 일단 **법률에서 안마사업은 누구나 종사할 수 있는 업종이 아니라 행정청에 의해 자격인정을 받아야만 종사할 수 있는 직역이라고 규정**하고 그 자격인정 요건을 정할 수 있는 권한을 **행정부에 위임**하는 것으로서 **의회유보 원칙을 준수**했다고 할 수 있는 것이다(헌재 2003. 6. 26. 2002헌가16).

0427 '무시험 추첨배정에 의한 고등학교 입학전형제도'를 포괄적으로 교육감에 위임하고 있는 「초·중등교육법」 제47조 제2항은 의회유보의 원칙에 위반되지 않는다. 16 국회 9 O|X

초·중등교육법 제47조 제2항은 학생의 수요와 고등학교의 공급을 조절할 필요성의 정도, 해당 지역 주민들과 교육청의 의사 등을 고려하여 고교평준화지역의 고등학교의 입학방법 및 절차를 교육과학기술부령으로 정하도록 한 것으로 보아야 하므로, 이 사건 조항의 법적 근거가 되며, 이 사건 조항은 교육감이 학생의 수요와 고등학교의 공급을 조절할 필요성의 정도, 해당 지역 주민들과 교육청의 의사 등을 고려하여 학생의 수요와 고등학교의 공급을 조절하여 교육시설을 효율적으로 활용할 수 있도록 하기 위한 것이라는 점에서 수권법률의 위임취지에 부합한다. … 따라서 이 사건 조항은 **법률유보의 원칙에 반하지 않을 뿐만 아니라**, 수권법률의 위임범위를 일탈하지도 않았다(헌재 2009. 4. 30. 2005헌마514).

0428 「의료사고 피해구제 및 의료분쟁 조정 등에 관한 법률」 규정상 보상의 전제가 되는 의료사고에 관한 사항들은 의학의 발전 수준 등에 따라 변할 수 있으므로, 분담금 납부의무자의 범위와 보상재원의 분담비율을 반드시 법률에서 정해야 한다고 보기는 어렵다. 20 국가 7 O|X

보상의 전제가 되는 의료사고에 관한 사항들은 의학의 발전 수준이나 의료 환경 등에 따라 변할 수 있으므로, 보상이 필요한 의료사고인지, 보상의 범위를 어느 수준으로 할지, 그 재원을 누가 부담할지 등은 당시의 의료사고 현황이나 관련자들의 비용부담 능력 등을 종합적으로 고려하여 결정해야 할 것이다. 따라서 **분담금 납부의무자의 범위와 보상재원의 분담비율을 반드시 법률에서 직접 정해야 한다고 보기는 어렵고**, 이를 **대통령령에 위임**하였다고 하여 그 자체로 **법률유보원칙에 위배된다고 할 수는 없다**(헌재 2018. 4. 26. 2015헌가13).

0429 「지방계약법」상 수의계약의 체결에 있어서 수의계약상대자의 선정과 관련한 사항을 규율함에 있어서는 국회의 법률로써 이를 직접 규율하여야 할 필요성 또는 그 규율밀도의 요구 정도가 상대적으로 약하다. 19 국회 9 O|X

수의계약은 위와 같이 제한적·보충적으로 이루어지는 것이므로 경쟁입찰계약과 달리 본질상 계약상대방의 결정에 일정한 재량이 인정될 필요가 있는 점을 고려하면, **수의계약상대자의 선정과 관련한 사항을 규율함에 있어서는 국회의 법률로써 이를 직접 규율하여야 할 필요성 또는 그 규율밀도의 요구 정도가 상대적으로 약하다**고 볼 수 있다(헌재 2018. 5. 31. 2015헌마853).

정답 425. O 426. O 427. O 428. O 429. O

0430 「노인장기요양보험법」은 요양급여의 실시와 그에 따른 급여비용 지급에 관한 기본적이고도 핵심적인 사항을 이미 법률로 규정하고 있으므로, '시설 급여비용의 구체적인 산정방법 및 항목 등에 관하여 필요한 사항'을 보건복지부령에 위임하였다고 하여 그 자체로 법률유보원칙에 반한다고 볼 수는 없다. 24 경간 O | X

급여비용을 정함에 있어서는 요양보험의 재정 수준, 가입자의 보험료 및 본인부담금 등 부담수준, 요양급여의 수요와 요구되는 요양급여의 수준 등을 종합적으로 고려하여 정하여야 할 것이고 이러한 요소들은 사회적·경제적 여건에 따라 변화할 수 있다. 따라서 요양급여비용의 구체적인 산정방법 및 항목 등을 미리 법률에 상세하게 규정하는 것은 입법기술상 매우 어렵다. 노인장기요양보험법(이하 '법'이라 한다)은 요양급여의 실시와 그에 따른 급여비용 지급에 관한 기본적이고도 핵심적인 사항을 <u>이미 법률로 규정</u>하고 있다. 따라서 '<u>시설 급여비용의 구체적인 산정방법 및 항목 등에 관하여 필요한 사항</u>'을 반드시 법률에서 직접 정해야 한다고 보기는 어렵고, 이를 <u>보건복지부령에 위임</u>하였다고 하여 그 자체로 <u>법률유보원칙에 반한다고 볼 수는 없다</u>(헌재 2021. 8. 31. 2019헌바73).

0431 입주자들이 국가나 사업주체의 관여없이 자치활동의 일환으로 구성한 입주자대표회의는 사법상의 단체로서, 그 구성에 필요한 사항을 대통령령에 위임하도록 한 것은 법률유보원칙에 위반되지 않는다. 21 국가 7 O | X

입주자대표회의는 공법상의 단체가 아닌 **사법상의 단체**로서, 이러한 특정 단체의 구성원이 될 수 있는 자격을 제한하는 것이 국가적 차원에서 형식적 법률로 규율되어야 할 본질적 사항이라고 보기 어렵다. 또한, 입주자대표회의의 구성에 있어서 본질적인 부분은 입주자들이 국가나 사업주체의 관여 없이 자치활동의 일환으로 입주자대표회의를 구성할 수 있다는 것인데, 주택법 제43조 제3항은 입주자가 입주자대표회의를 구성할 수 있다고 규정하고 있어 이미 본질적인 부분이 입법되어 있으므로 입주자대표회의의 구성원인 동별 대표자가 될 수 있는 자격이 반드시 법률로 규율하여야 하는 사항이라고 볼 수 없다. 따라서 <u>심판대상조항은 **법률유보원칙을 위반하지 아니한다**</u>(헌재 2016. 7. 28. 2014헌바158 등).

POINT 031 포괄위임입법금지

01 포괄위임입법금지

0432 위임입법이란 형식적 의미의 법률(국회입법)에는 속하지 않지만 실질적으로는 행정에 의한 입법으로서 법률과 같은 성질을 갖는 법규의 정립이기 때문에 권력분립주의 내지 법치주의 원리에 비추어 반드시 구체적이며 명확한 법률의 위임을 요한다. 23 국회 8 O | X

0432-1 법률이 위임의 사항과 범위를 구체적으로 확정하지 아니하고 특정한 행정기관에게 입법권을 일반적·포괄적으로 위임하는 것도 허용된다. 09 국가 7 O | X

위임입법이란 법률 또는 상위명령에서 구체적으로 범위를 정하여 위임받은 사항에 관하여 법규로서의 성질을 가지는 일반적·추상적 규범을 정립하는 것을 의미하는 것으로서 형식적 의미의 법률(국회입법)에는 속하지 않지만 실질적으로는 행정에 의한 입법으로서 **법률과 같은 성질을 갖는 법규의 정립**이기 때문에 권력분립주의 내지 법치주의 원리에 비추어 그 요건이 엄격할 수밖에 없으니 **법규적 효력을 가지는 행정입법의 제정**에는 반드시 **구체적이며 명확한 법률의 위임을 요하는 것이다**(헌재 1993. 5. 13. 92헌마80).

정답 430. O   431. O   432. O   432-1. X [허용 X]

0433 헌법 제75조는 위임입법의 근거조문임과 동시에 그 범위와 한계를 제시하고 있는바, 여기서 "법률에서 구체적인 범위를 정하여 위임받은 사항"이란 법률에 이미 대통령령으로 규정될 내용 및 범위의 기본사항이 구체적으로 규정되어 있어서 누구라도 당해 법률로부터 대통령령에 규정될 내용의 대강을 예측할 수 있어야 함을 의미한다. 12 법원 9   O | X

0433-1 법률이 대통령령으로 위임하는 경우 규정될 내용 및 범위의 기본사항이 구체적이고 명확하게 규정되어 있지 않더라도 관련 분야의 평균인이 볼 때 당해 법률로부터 대통령령에 규정될 내용의 대강을 예측할 수 있으면 위임입법의 한계를 넘은 것이 아니다. 17 지방 7   O | X

0433-2 대통령령은 법률에서 구체적으로 범위를 정하여 위임받은 사항에 관하여 제정될 수 있는데, 이는 법률에 이미 대통령령으로 규정될 내용 및 범위의 기본사항이 구체적으로 규정되어 있어서 누구라도 대통령령에 규정될 내용의 상세한 사항을 예측할 수 있어야 함을 의미한다. 21 소간   O | X

> 헌법 제75조는 위임입법의 근거조문임과 동시에 그 범위와 한계를 제시하고 있는바, 여기서 '법률에서 구체적인 범위를 정하여 위임받은 사항'이란 법률에 이미 대통령령으로 규정될 내용 및 범위의 기본사항이 구체적으로 규정되어 있어서 누구라도 당해 법률로부터 대통령령에 규정될 내용의 대강을 예측할 수 있어야 함을 의미한다(헌재 2013. 6. 27. 2011헌바386).

0434 위임입법의 구체성·명확성의 유무는 당해 특정조항 하나만이 아니라 관련 법조항 전체를 유기적·체계적으로 종합하여 판단하여야 하고, 그것도 위임된 사항의 성질에 따라 구체적·개별적으로 검토하여야 한다. 19 경정   O | X

0434-1 포괄위임입법금지원칙에 대한 판단기준인 예측가능성 유무는 당해 특정조항을 기준으로 판단하여야 하고, 당해 조항이 아닌 다른 조항까지 함께 고려하여 판단하게 되면 예측가능성의 인정범위가 지나치게 넓어지므로 허용될 수 없다. 17 경정   O | X

> 위임의 구체성·명확성 내지 예측가능성의 유무는 당해 특정 조항 하나만을 가지고 판단할 것이 아니라 관련 법조항 전체를 유기적·체계적으로 종합하여 판단하여야 하고 위임된 사항의 성질에 따라 구체적·개별적으로 검토하여야 한다(헌재 2013. 6. 27. 2011헌바386).

0435 헌법 제75조는 일반적이고 포괄적인 위임입법이 허용되지 않음을 명백히 밝히고 있으나, 위임조항 자체에서 위임의 구체적 범위를 명확히 규정하고 있지 않더라도 당해 법률의 전반적 체계와 관련규정에 비추어 위임조항의 내재적인 위임의 범위나 한계를 객관적으로 분명히 확정할 수 있다면 이를 일반적이고 포괄적인 백지위임에 해당하는 것으로 볼 수 없다. 20 국가 7   O | X

> 헌법 제75조는 일반적이고 포괄적인 위임입법이 허용되지 않음을 명백히 밝히고 있으나, 위임조항 자체에서 위임의 구체적 범위를 명확히 규정하고 있지 않더라도 당해 법률의 전반적 체계와 관련규정에 비추어 위임조항의 내재적인 위임의 범위나 한계를 객관적으로 분명히 확정할 수 있다면 이를 일반적이고 포괄적인 백지위임에 해당하는 것으로 볼 수 없다(헌재 1996. 10. 31. 93헌바14).

● 정답 433. O 433-1. X [관련 분야의 평균인 X → 누구라도 O] 433-2. X [상세한 사항 X → 대강 O] 434. O 434-1. X [관련 법조항 종합적으로 판단해야 함] 435. O

0436 헌법 제75조는 위임입법의 근거를 마련함과 동시에, 위임은 구체적으로 범위를 정하여 하도록 하여 그 한계를 제시하며 행정부에 입법을 위임하는 수권법률의 명확성 원칙에 관한 것으로서, 법률의 명확성 원칙이 행정입법에 관하여 구체화된 특별규정이라고 할 수 있다. 22 5급 O | X

헌법 제75조는 "대통령은 법률에서 구체적으로 범위를 정하여 위임받은 사항에 관하여 대통령령을 발할 수 있다."고 규정하여 위임입법의 헌법상 근거를 마련함과 동시에 위임은 구체적으로 범위를 정하여 하도록 하여 그 한계를 제시하고 있다. 이는 행정부에 입법을 위임하는 수권법률의 명확성원칙에 관한 것으로서 법률의 명확성원칙이 행정입법에 관하여 구체화된 특별규정이다(헌재 2011. 2. 24. 2009헌바13 등).

0437 포괄위임금지원칙은 법률의 명확성원칙이 위임입법에 관하여 구체화된 특별규정이므로, 수권법률조항의 명확성 원칙 위반 여부는 헌법 제75조의 포괄위임금지원칙 위반여부에 대한 심사로써 충족된다. 18 서울 7 O | X

포괄위임금지의 원칙은 행정부에 입법을 위임하는 수권법률의 명확성원칙에 관한 것으로서 법률의 명확성 원칙이 위임입법에 관하여 구체화된 특별규정이라고 할 수 있다. 따라서 수권법률조항의 명확성원칙 위배 여부는 헌법 제75조의 포괄위임금지의 원칙의 위반 여부에 대한 심사로써 충족된다(헌재 2011. 2. 24. 2009헌바13 등).

0438 법률에서 사용된 추상적 용어가 하위법령에 규정될 내용과는 별도로 독자적인 규율 내용을 정하기 위한 것이라면 별도로 명확성 원칙이 문제될 수 있으나, 그 추상적 용어가 하위법령에 규정될 내용의 범위를 구체적으로 정해주기 위한 역할을 하는 경우라면 명확성의 문제는 결국 포괄위임입법금지원칙 위반의 문제로 포섭될 것이다. 18 국가 7 O | X

0438-1 위임입법에서 사용하고 있는 추상적 용어가 하위법령에 규정될 내용의 범위를 구체적으로 정해주기 위한 역할을 하는지, 아니면 그와는 별도로 독자적인 규율 내용을 정하기 위한 것인지 여부에 따라 별도로 명확성원칙 위반의 문제가 나타날 수도 있고, 그렇지 않을 수도 있게 된다. 20 국가 7 O | X

법률에서 사용된 추상적 용어가 하위법령에 규정될 내용과는 별도로 독자적인 규율 내용을 정하기 위한 것이라면 별도로 명확성원칙이 문제될 수 있으나, 그 추상적 용어가 하위법령에 규정될 내용의 범위를 구체적으로 정해주기 위한 역할을 하는 경우라면 명확성의 문제는 결국 포괄위임입법금지원칙 위반의 문제로 포섭될 것이다(헌재 2015. 7. 30. 2013헌바204).

02 위임의 구체성의 정도

0439 위임의 구체성, 명확성의 요구 정도는 그 규율대상의 종류와 성격에 따라 달라진다. 12 법원 9 O | X

0439-1 행정부에 입법권을 위임하는 수권법률의 명확성 판단의 심사기준은 규율의 효과 및 규율 대상의 특성에 따라 달라져야 한다. 11 국회 8 O | X

헌법재판소는 "위임의 구체성·명확성의 요구 정도는 규제대상의 종류와 성격에 따라서 달라진다. …… 기본권 침해영역에서는 급부행정영역에서 보다는 구체성의 요구가 강화되고, 다양한 사실관계를 규율하거나 사실관계가 수시로 변화될 것이 예상될 때에는 위임의 명확성요건이 완화되어야 한다."고 판시하여 행정부에 입법권을 위임하는 수권법률의 명확성을 판단함에 있어서 규율대상의 특성에 따라 심사의 엄격성이 달라져야 한다는 것을 밝혔다(헌재 2003. 7. 24. 2002헌바82).

정답 436. O 437. O 438. O 438-1. O 439. O 439-1. O

0440 행정기관에 입법권을 위임하는 수권법률 자체도 명확성의 원칙을 준수해야 하며 침해적 행정입법에 대한 수권의 경우에는 급부적 행정입법에 대한 경우보다 명확성의 원칙이 보다 엄격하게 요구된다. 13 국회 9 O | X

헌법 제75조는 행정부에 입법을 위임하는 **수권법률의 명확성원칙**에 관한 것으로서, 법률의 명확성원칙이 행정입법에 관하여 구체화된 특별규정이다. 위임에 의하여 제정된 행정입법이 국민의 기본권을 침해하는 성격이 강할수록 보다 명확한 수권이 요구되며, **침해적 행정입법**에 대한 수권의 경우에는 **급부적 행정입법**에 대한 수권의 경우보다 **그 수권이 보다 명확해야 한다**(헌재 2003. 7. 24. 2002헌바82).

0441 처벌법규나 조세법규 등 국민의 기본권을 직접적으로 제한하거나 침해할 소지가 있는 법규에서는 일반적인 급부 행정법규에서와는 달리, 그 위임의 요건과 범위가 보다 엄격하고 제한적으로 규정되어야 한다. 20 법원 9 O | X

0441-1 처벌법규나 조세법규, 일반적인 급부행정에 관한 법규의 경우 요구되는 위임의 구체성, 명확성의 정도는 동일하다. 15 경정, 12 법원 9 O | X

위임의 구체성·명확성의 요구 정도는 그 규율대상의 종류와 성격에 따라 달라질 것이지만 특히 **처벌법규나 조세법규**와 같이 국민의 기본권을 직접적으로 제한하거나 침해할 소지가 있는 법규에서는 **구체성·명확성의 요구가 강화**되어 그 위임의 요건과 범위가 **일반적인 급부행정의 경우보다 더 엄격하게 제한적으로 규정**되어야 하는 반면에, 규율대상이 지극히 다양하거나 수시로 변화하는 성질의 것일 때에는 위임의 구체성·명확성의 요건이 완화되어야 할 것이다(헌재 1999. 2. 25. 97헌바63).

0442 사회보장적인 급여와 같은 급부행정의 영역에서 위임입법에 있어 위임의 구체성이나 명확성의 요구 정도는 기본권침해의 영역보다 다소 약화될 수 있다. 16 서울 7 O | X

위임입법에 있어 위임의 구체성이나 명확성의 요구의 정도는 규제 대상의 종류와 성격에 따라서 달라질 수 있고, 특히 **사회보장적인 급여와 같은 급부행정의 영역**에서는 **기본권침해의 영역**보다 **구체성을 요구하는 정도가 다소 약화될 수 있을 것이다**(헌재 2007. 10. 25. 2005헌바68).

0443 위임의 구체성·명확성의 요구 정도는 규제대상의 종류와 성격에 따라서 달라지는데, 다양한 사실관계를 규율하거나 사실관계가 수시로 변화될 것이 예상될 때에는 위임의 명확성의 요건이 완화되어야 한다. 12 국회 9 O | X

위임의 구체성·명확성의 요구 정도는 규제대상의 종류와 성격에 따라서 달라진다. 기본권침해영역에서는 급부행정영역에서 보다는 구체성의 요구가 강화되고, **다양한 사실관계를 규율하거나 사실관계가 수시로 변화될 것이 예상될 때에는 위임의 명확성의 요건이 완화되어야 한다**(헌재 1991. 2. 11. 90헌가27).

정답 440. O   441. O   441-1. X [처벌법규나 조세법규가 엄격]   442. O   443. O

03 적용 대상

0444 헌법 제75조, 제95조의 문리해석상 및 법리해석상 포괄적인 위임입법의 금지는 법규적 효력을 가지는 행정입법의 제정을 그 주된 대상으로 하고 있다. 18 경정   O | X

헌법 제75조, 제95조의 문리해석상 및 법리해석상 **포괄적인 위임입법의 금지는 법규적 효력을 가지는 행정입법의 제정을 그 주된 대상으로 하고 있다.** 위임입법을 엄격한 헌법적 한계 내에 두는 이유는 무엇보다도 권력분립의 원칙에 따라 국민의 자유와 권리에 관계되는 사항은 국민의 대표기관이 정하는 것이 원칙이라는 법리에 기인한 것이다. 즉, 행정부에 의한 법규사항의 제정은 입법부의 권한 내지 의무를 침해하고 자의적인 시행령 제정으로 국민들의 자유와 권리를 침해할 수 있기 때문에 엄격한 헌법적 기속을 받게 하는 것이다(헌재 2006. 3. 30. 2005헌바31).

0445 행정각부의 장은 소관사무에 관하여 법률이나 대통령령의 위임 또는 직권으로 부령을 발할 수 있는데, 법률이 부령에 입법을 위임하는 경우 대통령령에 위임하는 경우와 마찬가지로 '구체적으로 범위를 정하여' 하여야 한다. 21 변호사   O | X

0445-1 헌법 제95조는 부령에의 위임근거를 마련하면서 헌법 제75조와 같이 '구체적으로 범위를 정하여'라는 문구를 사용하고 있지 않기 때문에, 포괄위임금지원칙은 부령에 위임하는 경우에는 적용되지 않는다. 18 국회 9   O | X

헌법 제75조는 위임입법의 근거를 마련하는 한편 대통령령으로 입법할 수 있는 사항을 법률에서 구체적으로 범위를 정하여 위임받은 사항으로 한정함으로써 위임입법의 범위와 한계를 제시하고 있다. 그리고 헌법 제95조는 부령에의 위임근거를 마련하면서 **구체적으로 범위를 정하여**'라는 문구를 사용하고 있지는 않지만, 법률의 위임에 의한 대통령령에 가해지는 헌법상의 제한은 당연히 법률의 위임에 의한 **부령의 경우에도 적용**된다(헌재 2013. 2. 28. 2012헌가3).

0446 행정규칙은 법규명령과 같은 엄격한 제정 및 개정절차를 필요로 하지 아니하므로, 기본권을 제한하는 내용의 입법을 위임할 때에는 법규명령에 위임하는 것이 원칙이고, 고시와 같은 형식으로 입법위임을 할 때에는 법령이 전문적·기술적 사항이나 경미한 사항으로서 업무의 성질상 위임이 불가피한 사항에 한정되나, 이때 법률의 위임은 반드시 구체적·개별적으로 한정된 사항에 대해 행하여져야 하는 것은 아니다. 22 5급   O | X

행정규칙은 법규명령과 같은 엄격한 제정 및 개정절차를 필요로 하지 아니하므로, 기본권을 제한하는 내용의 입법을 위임할 때에는 법규명령에 위임하는 것이 원칙이고, 고시와 같은 형식으로 입법위임을 할 때에는 **법령이 전문적·기술적 사항**이나 경미한 사항으로서 업무의 성질상 위임이 불가피한 사항에 한정된다. 그리고 그러한 사항이라 하더라도 포괄위임금지원칙상 법률의 위임은 반드시 **구체적·개별적으로 한정된 사항**에 대하여 행하여져야 한다(헌재 2014. 7. 24. 2013헌바183 등).

정답 444. O   445. O   445-1. X [부령의 경우에도 적용]   446. X [구체적·개별적 한정된 사항에 행하여져야 함]

0447 대법원규칙에 위임하는 경우에도 수권법률은 헌법 제75조에 근거한 포괄위임금지원칙을 준수해야 한다. 24 입시
O | X

0447-1 헌법 제75조에서 근거한 포괄위임금지원칙은 법률에 이미 대통령령 등 하위법규에 규정될 내용 및 범위의 기본사항이 구체적으로 규정되어 있어서 누구라도 당해 법률로부터 하위법규에 규정될 내용의 대강을 예측할 수 있어야 함을 의미하는데, 위임입법이 대법원규칙인 경우에는 수권법률에 포괄위임금지원칙이 적용되지 않는다. 21 경정, 15 지방 7
O | X

0447-2 법률에 명시적인 위임규정이 없더라도 대법원규칙에는 법률에 저촉되지 않는 한 소송절차에 관한 행위나 권리를 제한하는 규정을 둘 수 있다. 따라서 수권법률에 대해서는 포괄위임금지원칙 위반 여부를 심사할 필요가 없다. 20 법원 9
O | X

대법원은 헌법 제108조에 근거하여 입법권의 위임을 받아 규칙을 제정할 수 있다 할 것이고, 헌법 제75조에 근거한 포괄위임금지원칙은 법률에 이미 하위법규에 규정될 내용 및 범위의 기본사항이 구체적으로 규정되어 있어서 누구라도 당해 법률로부터 하위법규에 규정될 내용의 대강을 예측할 수 있어야 함을 의미하므로, 위임입법이 <u>대법원규칙</u>인 경우에도 <u>수권법률에서 이 원칙을 준수</u>하여야 함은 마찬가지이다(헌재 2016. 6. 30. 2013헌바27).

0448 위임입법이 대법원 규칙인 경우에도 수권법률에서 헌법 제75조에 근거한 포괄위임금지원칙을 준수하여야 하나, 대법원 규칙으로 규율될 내용들은 법원의 전문적이고 기술적인 사무에 관한 것이 대부분일 것이므로 수권법률에서의 위임의 구체성·명확성의 정도는 다른 규율 영역에 비해 완화될 수 있다. 17 지방 7
O | X

헌법 제75조에 근거한 포괄위임금지원칙은 … <u>위임입법이 대법원규칙인 경우에도 **수권법률에서 이 원칙을 준수**하여야 하는 것은 마찬가지이다.</u> 다만, 대법원규칙으로 규율될 내용들은 소송에 관한 절차와 같이 **법원의 전문적이고 기술적인 사무**에 관한 것이 대부분일 것인바, 법원의 축적된 지식과 실제적 경험의 활용, 규칙의 현실적 적응성과 적시성의 확보라는 측면에서 수권법률에서의 <u>위임의 구체성·명확성의 정도</u>는 다른 규율 영역에 비해 <u>완화</u>될 수 있을 것이다(헌재 2016. 6. 30. 2013헌바370 등).

04 포괄위임금지 미적용

0449 조례의 제정권자인 지방의회는 선거를 통해서 그 지역적인 민주적 정당성을 지니고 있는 주민의 대표기관이고 헌법이 지방자치단체에 포괄적인 자치권을 보장하고 있는 취지로 볼 때, 조례에 대한 법률의 위임은 법규명령에 대한 법률의 위임과 같이 반드시 구체적으로 범위를 정하여 할 필요가 없으며 포괄적인 것으로 족하다. 23 경정
O | X

0449-1 조례제정권에 대한 지나친 제약은 바람직하지 않으므로 조례에 대한 법률의 위임은 법규명령에 대한 법률의 위임과 같이 반드시 구체적으로 범위를 정하여 할 필요는 없으며 포괄적인 것으로 족하다. 16 국회 9
O | X

0449-2 지방의회가 선거를 통해서 그 지역적인 민주적 정당성을 지니고 있는 주민의 대표기관이라 하더라도 조례를 통하여 주민의 권리의무에 관한 사항을 규율하는 경우에는 법률의 위임이 있어야 하고 조례에 대한 법률의 위임은 법규명령에 대한 법률의 위임과 같이 반드시 구체적으로 범위를 정하여야 한다. 17 변호사
O | X

정답 447. O 447-1. X [대법원규칙에도 포괄위임금지원칙 적용됨] 447-2. X [포괄위임금지원칙 준수 여부 심사함] 448. O 449. O 449-1. O 449-2. X [조례 : 포괄위임 가능]

조례의 제정권자인 지방의회는 선거를 통해서 그 지역적인 민주적 정당성을 지니고 있는 주민의 대표기관이고 헌법이 지방자치단체에 포괄적인 자치권을 보장하고 있는 취지로 볼 때, **조례에 대한 법률의 위임은** 법규명령에 대한 법률의 위임과 같이 반드시 구체적으로 범위를 정하여 할 필요가 없으며 **포괄적인 것으로 족하다**(헌재 1995. 4. 20. 92헌마264 등).

0450 지방자치단체는 헌법상 자치입법권이 인정되고, 법령의 범위 안에서 그 권한에 속하는 모든 사무에 관하여 조례를 제정할 수 있다는 점과 조례는 선거를 통하여 선출된 그 지역의 지방의원으로 구성된 주민의 대표기관인 지방의회에서 제정되므로 지역적인 민주적 정당성까지 갖고 있다는 점을 고려하면, 조례에 위임할 사항은 헌법 제75조 소정의 행정입법에 위임할 사항보다 더 포괄적이어도 헌법에 반하지 않는다. 22 소간   O | X

0450-1 법률에서 조례에 위임할 사항이 헌법 제75조 소정의 행정입법에 위임할 사항보다 더 포괄적이라면 헌법에 위반된다. 23 변호사   O | X

지방자치단체는 헌법상 자치입법권이 인정되고, 법령의 범위 안에서 그 권한에 속하는 모든 사무에 관하여 조례를 제정할 수 있다는 점과 조례는 선거를 통하여 선출된 그 지역의 지방의원으로 구성된 주민의 대표기관인 지방의회에서 제정되므로 지역적인 민주적 정당성까지 갖고 있다는 점을 고려하면, **조례에 위임할 사항은** 헌법 제75조 소정의 행정입법에 위임할 사항보다 더 **포괄적이어도 헌법에 반하지 않는다**고 할 것이다(헌재 2004. 9. 23. 2002헌바76).

0451 포괄적인 위임입법의 금지는 법규적 효력을 가지는 행정입법에는 적용되나, 법률이 행정부가 아니거나 행정부에 속하지 않는 공법적 기관의 정관에 자치적인 사항을 위임한 경우에는 원칙적으로 적용되지 않는다. 21 경정   O | X

0451-1 포괄위임금지는 법규적 효력을 가지는 행정입법의 자의적인 제정으로 국민들의 자유와 권리를 침해할 수 있는 가능성을 방지하고자 엄격한 헌법적 기속을 받게 하는 것을 요구하므로 법률이 정관에 자치법적 사항을 위임한 경우에도 포괄위임입법금지의 원칙이 적용되어야 한다. 23 국회 8   O | X

헌법 제75조, 제95조의 문리해석상 및 법리해석상 **포괄적인 위임입법의 금지는 법규적 효력을 가지는 행정입법의 제정을** 그 주된 **대상으로 하고 있다.** 위임입법을 엄격한 헌법적 한계 내에 두는 이유는 무엇보다도 권력분립의 원칙에 따라 국민의 자유와 권리에 관계되는 사항은 국민의 대표기관이 정하는 것이 원칙이라는 법리에 기인한 것이다. 즉, 행정부에 의한 법규사항의 제정은 입법부의 권한 내지 의무를 침해하고 자의적인 시행령 제정으로 국민들의 자유와 권리를 침해할 수 있기 때문에 엄격한 헌법적 기속을 받게 하는 것이다. 그런데 법률이 **행정부가 아니거나 행정부에 속하지 않는 공법적 기관의 정관에** 특정 사항을 정할 수 있다고 **위임하는 경우에는** 그러한 권력분립의 원칙을 훼손할 여지가 없다. 이는 자치입법에 해당되는 영역이므로 자치적으로 정하는 것이 바람직하다. 따라서 **법률이 정관에 자치법적 사항을 위임**한 경우에는 헌법 제75조, 제95조가 정하는 **포괄적인 위임입법의 금지는 원칙적으로 적용되지 않는다**고 봄이 상당하다(헌재 2006. 3. 30. 2005헌바31).

0452 헌법 제75조, 제95조가 정하는 포괄적인 위임입법의 금지는, 그 문리해석상 정관에 위임한 경우까지 그 적용 대상으로 하고 있지 않고, 또 권력분립의 원칙을 침해할 우려가 없다는 점 등을 볼 때, 법률이 정관에 자치법적 사항을 위임한 경우에는 원칙적으로 적용되지 않는다. 23 경정   O | X

0452-1 헌법 제75조와 제95조가 정하는 포괄적인 위임입법의 금지는 그 문리해석상 정관에 위임한 경우까지 그 적용 대상으로 하고 있으므로 법률이 정관에 자치법적 사항을 위임한 경우에도 적용된다. 22 경정   O | X

정답 450. O 450-1. X [헌법에 반하지 않음] 451. O 451-1. X [정관에 자치법적 사항 위임 시 포괄위임입법금지원칙 적용 X] 452. O 452-1. X [정관: 포괄위임 가능]

헌법 제75조, 제95조가 정하는 **포괄적인 위임입법의 금지**는, 그 문리해석상 **정관에 위임**한 경우까지 그 적용 대상으로 하고 있지 않고, 또 권력분립의 원칙을 침해할 우려가 없다는 점 등을 볼 때, **법률이 정관에 자치법적 사항을 위임한 경우에는 원칙적으로 적용되지 않는다**(헌재 2001. 4. 26. 2000헌마122).

0453 「국가유공자 등 단체설립에 관한 법률」의 조항이 상이군경회를 비롯한 각 국가유공자단체의 대의원 선출에 관한 사항을 정관에 위임하는 형식을 갖추었다 하더라도, 이는 본래 정관에서 자치적으로 규율하여야 할 사항을 정관규정사항으로 남겨둔 것에 불과하고, 헌법 또는 다른 법률에서 이를 법률규율사항으로 정한 바도 없기 때문에 그 위헌심사에는 헌법상 포괄위임입법금지원칙이 적용되지 않는다. 14 변호사 O | X

이 사건 **법률조항**이 상이군경회를 비롯한 각 국가유공자 단체의 대의원 선출에 관한 사항을 정관에 위임하는 형식을 갖추었다 하더라도 이는 본래 정관에서 **자치적으로 규율하여야** 할 사항을 정관규정사항으로 남겨둔 것에 불과하고, 헌법 또는 다른 법률에서 이를 **법률규율사항으로 정한 바도 없는바** 그 위헌심사에는 헌법상 **포괄위임입법금지원칙이 적용되지 않는다**(헌재 2006. 3. 30. 2005헌바31).

05 관련판례

0454 식품접객영업자 등 대통령령으로 정하는 영업자'는 '영업의 위생관리와 질서유지, 국민의 보건위생 증진을 위하여 총리령으로 정하는 사항'을 지켜야 한다고 규정한 구「식품위생법」 조항은, 수범자와 준수사항을 모두 하위법령에 위임하면서도 위임될 내용에 대해 구체화하고 있지 아니하여 그 내용들을 전혀 예측할 수 없게 하고 있으므로 포괄위임금지원칙에 위반된다. 22 경정, 20 변호사 O | X

0454-1 구「식품위생법」 제44조 제1항 '식품접객영업자 등 대통령령으로 정하는 영업자와 그 종업원은 영업의 위생관리와 질서유지, 국민의 보건위생 증진을 위하여 총리령으로 정하는 사항을 지켜야 한다'는 부분은 수범자와 준수사항을 하위법령에 위임하면서 위임될 내용에 대해 구체화하고 있고, 그 내용도 예측이 가능하므로 포괄위임금지원칙에 위반되지 않는다. 17 경정 O | X

심판대상조항은 식품접객업자를 제외한 어떠한 영업자가 하위법령에서 **수범자로 규정될 것인지**에 대하여 아무런 기준을 정하고 있지 않다. 비록 수범자 부분이 다소 광범위하더라도 준수사항이 구체화되어 있다면 준수사항의 내용을 통해 수범자 부분을 예측하는 것이 가능할 수 있는데, **'영업의 위생관리와 질서유지', '국민의 보건위생 증진'**은 매우 추상적이고 포괄적인 개념이어서 이를 위하여 준수하여야 할 사항이 구체적으로 어떠한 것인지 그 행위태양이나 내용을 예측하기 어렵다. … 결국 심판대상조항은 **수범자**와 **준수사항**을 모두 **하위법령에 위임**하면서도 위임될 내용에 대해 구체화하고 있지 아니하여 그 내용들을 전혀 예측할 수 없게 하고 있으므로, **포괄위임금지원칙에 위반**된다(헌재 2016. 11. 24. 2014헌가6 등).

0455 의료보험요양기관의 지정취소사유 등을 법률에서 직접 규정하지 아니하고 보건복지부령에 위임하고 있는 (구)「공무원 및 사립학교 교직원 의료보험법」 제34조 제1항은 위임입법의 한계를 일탈한 것이다. 20 경정, 19 서울 7(추), 16 국회 8 O | X

이 사건 **법률조항**은 단지 보험자가 **보건복지부령이 정하는 바에 따라** 요양기관의 지정을 취소할 수 있다고 규정하고 있을 뿐, 보건복지부령에 정하여질 **요양기관지정취소 사유**를 짐작하게 하는 어떠한 기준도 제시하고 있지 않으므로 이는 헌법상 **위임입법의 한계를 일탈**한 것으로서 헌법 제75조 및 제95조에 위반되고, 나아가 우리 헌법상의 기본원리인 권력분립의 원리, 법치주의 원리, 의회입법의 원칙 등에 위배된다(헌재 2002. 6. 27. 2001헌가30).

정답 453. ○   454. ○   454-1. ×[포괄위임금지원칙에 위반]   455. ○

0456 법률 자체에서 공익법인 이사의 취임승인 취소사유의 대강을 정한 후 나머지 세부적인 취소사유나 절차에 대한 아무런 기준을 제시하지 않고 대통령령에 취소사유를 규정하도록 백지위임한 것은 포괄위임금지의 원칙을 위반한 것이다. 19 국회 9   O | X

이 사건 법률조항 이외에 관련 법조항 전체를 유기적, 체계적으로 보더라도 법인설립목적(학자금, 장학금 또는 연구비의 보조나 지급, 학술·자선에 관한 사업을 목적으로 함)에 어긋나는 행위와 관련하여 주무관청의 감독권이 행사되리라는 점을 예측할 수는 있다고 하더라도 이와 관련하여 **구체적으로 어떠한 행위**에 대하여 주무관청이 공익법인의 이사의 **취임승인을 취소**할 것인지는 **명확하지 않다.** … 따라서 공익법인의 이사의 취임승인취소로 인하여 침해당하는 직업수행의 자유가 직업결정의 자유에 비하여 상대적으로 침해의 범위가 작고, 공공복리 등 공익상의 목적에 의하여 비교적 넓은 규제가 가능하다고 하더라도 이 **사건 법률조항과 같이 포괄적으로 취임승인취소사유를 백지위임**하는 것은 **허용될 수 없다**(헌재 2004. 7. 15. 2003헌가2).

0457 공공의 안녕질서 또는 미풍양속을 해하는 것으로 인정되는 통신의 대상 등을 대통령령으로 정하도록 한 「전기통신사업법」 제53조 제2항은 포괄위임입법금지원칙에 위배된다. 21 국회 9   O | X

0457-1 「전기통신사업법」 규정 중 '공공의 안녕질서'나 '미풍양속'의 개념은 추상적이고 불명확하여, 수범자인 국민으로 하여금 어떤 내용들이 대통령령에 정하여질지 그 기준과 대강을 예측할 수도 없게 되어 있고, 행정입법자에게도 적정한 지침을 제공하지 못한다. 23 해간   O | X

전기통신사업법 제53조 제2항은 "제1항의 규정에 의한 **공공의 안녕질서** 또는 **미풍양속**을 해하는 것으로 인정되는 **통신의 대상 등은 대통령령으로 정한다**"고 규정하고 있는바 이는 **포괄위임입법금지원칙에 위배된다.** 왜냐하면, 위에서 본 바와 같이 "**공공의 안녕질서**"나 "**미풍양속**"의 개념은 대단히 **추상적이고 불명확**하여, **수범자인 국민**으로 하여금 어떤 내용들이 대통령령에 정하여질지 그 기준과 대강을 **예측할 수도 없게** 되어 있고, **행정입법자**에게도 **적정한 지침을 제공하지 못함**으로써 그로 인한 행정입법을 제대로 통제하는 기능을 수행하지 못한다(헌재 2002. 6. 27. 99헌마480).

0458 의료기기 판매업자의 「의료기기법」 위반행위 등에 대하여 보건복지가족부령이 정하는 기간 이내의 범위에서 업무정지를 명할 수 있도록 규정한 「의료기기법」 조항은 그 위임사항이 업무정지기간의 범위에 불과하고 형벌에 해당하지 않으므로 위임의 정도가 완화되어 포괄위임금지원칙에 위배되지 아니한다. 19 경정, 14 국가 7   O | X

업무정지기간은 국민의 직업의 자유와 관련된 중요한 사항으로서 업무정지의 사유 못지않게 업무정지처분의 핵심적·본질적 요소라 할 것이고, … **최소한 그 상한만**은 법률의 형식으로 이를 명확하게 규정하여야 할 것인데, 이 사건 법률조항은 업무정지기간의 범위에 관하여 **아무런 규정을 두고 있지 아니하고**, … 특히 상한이 어떠할지를 예측할 수 없으므로 헌법 제75조의 **포괄위임금지원칙에 위배된다**(헌재 2011. 9. 29. 2010헌가93).

0459 「국가를 당사자로 하는 계약에 관한 법률」 제27조 제1항 중 '입찰참가자격의 제한기간을 대통령령이 정하는 일정기간으로 규정하고 있는 부분'은 명확성의 원칙에 위배된다. 13 국회 8   O | X

입찰참가자격 제한기간은 제한사유 못지않게 자격제한의 핵심적·본질적 요소라고 할 것임에도 이 사건 법률조항은 **그 상한**을 전혀 규정하지 않음으로써 자격제한사유에 해당하는 자로 하여금 이 조항의 내용만으로는 자격제한의 기간을 **전혀 예측할 수 없게** 하고 동시에 국가기관의 **자의적인 집행**을 **가능**하게 하므로 이 사건 법률조항은 **명확성의 원칙에 위반된다**(헌재 2005. 6. 30. 2005헌가1).

정답 456. O   457. O   457-1. O   458. X [포괄위임금지원칙에 위반]   459. O

0460 구 「고용보험법」 제35조 제1항은 지원금의 부당수령자에 대한 제재의 목적으로 '이미 지원된 것의 반환'과는 별도로 '지원을 제한'하도록 하고 있는데, 이러한 지원 제한에 대하여 제한의 범위나 기간 등에 관하여 기본적 사항도 법률에 규정하지 아니한 채 대통령령에 포괄적으로 위임하고 있으므로 포괄위임금지원칙에 위반된다. 17 변호사   O | X

이 사건 법률조항에서는 지원금의 부당수령자에 대한 제재의 목적으로 '이미 지원된 것의 반환'과는 별도로 '지원을 제한'하도록 하고 있는데, 이러한 **지원 제한**에 대하여 **제한의 범위나 기간** 등에 관하여 기본적 사항도 법률에 규정하지 아니한 채 **대통령령에 포괄적으로 위임**하고 있으므로 **포괄위임금지원칙에 위반**된다(헌재 2013. 8. 29. 2011헌바390).

0461 구 「법인세법」 제32조 제5항은 위임입법의 주제에 관하여 '익금(益金)에 산입한 금액의 처분'이라는 점만을 제시하고 있을 뿐 수임자가 따라야 할 기준인 소득의 성격과 내용 및 그 귀속자에 관하여 아무런 규정을 두고 있지 아니하여, 납세의무의 성부 및 범위와 직접 관계있는 소득처분에 관련된 과세 요건을 정함에 있어서 아무런 기준을 제시함이 없이 하위법규인 대통령령에 포괄적으로 위임하여 위임입법의 한계를 위반하였다. 21 국회 9   O | X

구 법인세법 제32조 제5항은 위임입법의 주제(主題)에 관하여 **'익금에 산입한 금액의 처분'**이라는 점만을 제시하고 있을 뿐 수임자가 따라야 할 기준인 **소득의 성격과 내용 및 그 귀속자**에 관하여 아무런 규정을 두고 있지 아니하여, 결국 **납세의무의 성부 및 범위와 직접 관계있는 소득처분에 관련된 과세 요건**을 정함에 있어서 아무런 기준을 제시함이 없이 **하위법규인 대통령령에 포괄적으로 위임**하였으므로, **조세법률주의와 위임입법의 한계를 위반**하였다(헌재 1995. 11. 30. 93헌바32).

0462 과세표준인 토지초과이득을 산출하는 데 근거로 삼을 기준시가의 산정방법을 대통령령에 위임한 것은 포괄적 위임에 해당한다. 21 국회 9   O | X

이와 같은 기준시가는 토초세의 과세대상 및 과세표준이 되는 토지초과이득의 존부와 범위를 결정하는 지표가 된다는 점에서, 국민의 납세의무의 성부 및 범위와 직접적인 관계를 가지고 있는 중요한 사항이므로, **기준시가의 산정기준이나 방법 등**을 하위법규에 백지위임하지 아니하고 그 대강이라도 토초세법 자체에서 직접 규정해 두는 것이, 국민생활의 법적 안정성과 예측가능성을 도모한다는 측면에서 보아 보다 더 합리적이고도 신중한 입법태도일 것이다. … 그럼에도 불구하고 토초세법 제11조 제2항이 **지가를 산정하는 기준과 방법**을 직접 규정하지 아니하고 이를 **전적으로 대통령령에 위임**하고 있는 것은, 헌법 제38조 및 제59조가 천명하고 있는 **조세법률주의 혹은 위임입법의 범위를 구체적으로 정할 것을 지시하고 있는 헌법 제75조에 반하는 것**이다(헌재 1994. 7. 29. 92헌바49 등).

0463 제1종 특수면허 없이 자동차를 운전한 경우 무면허운전죄로 처벌하면서 제1종 특수면허로 운전할 수 있는 차의 종류를 행정안전부령에 위임하고 있는 도로교통법 조항은 포괄위임금지 원칙에 위배된다. 18 경정   O | X

도로교통법상 운전면허를 취득하여야 하는 자동차 및 건설기계의 종류는 매우 다양하고 어떤 운전면허로 어떤 자동차 또는 건설기계를 운전할 수 있도록 할지를 정하는 작업에는 전문적이고 기술적인 지식이 요구되므로, 제1종 특수면허로 운전할 수 있는 차의 종류를 **하위법령에 위임할 필요성이 인정**된다. 또한, 자동차 운전자로서는 자동차관리법상 특수자동차의 일종인 트레일러와 레커의 용도와 조작방법 등의 특성을 감안할 때 이를 운전하기 위해서는 제1종 특수면허를 취득하여야 한다는 점도 충분히 예측할 수 있으므로, **심판대상조항이 포괄위임금지원칙에 위배된다고 할 수 없다**(헌재 2015. 1. 29. 2013헌바173).

정답 460. O   461. O   462. O   463. X [포괄위임금지원칙 위배 X]

0464 뇌물죄의 적용에 있어 공무원으로 의제되는 정부출연연구기관의 직원을 직접 법률에 열거하여 규정하지 않은 것은 포괄위임에 해당하여 죄형법정주의에 반한다. 17 법원 9   O | X

입법자가 입법취지 및 사회적·경제적·기술적 상황, 형사정책적 요소를 고려하여 그 대강만을 정하고 그 구체적인 규율은 국회제정의 형식적 법률에 비하여 더 탄력성이 있는 대통령령 등 하위법규에 이를 위임할 입법기술상의 필요성이 인정된다. … 따라서 이 사건 법률조항이 뇌물죄의 적용에 있어 공무원으로 의제되는 정부출연연구기관의 직원을 직접 법률에 열거하여 규정하지 않았다는 이유만으로 포괄위임에 해당되어 죄형법정주의 위반이라 볼 수는 없다(헌재 2006. 11. 30. 2004헌바86 등).

0465 새마을금고의 임원이 동일인에게 대출한도를 초과하여 대출하는 것을 처벌하는 규정을 두면서, 대출한도를 대통령령으로 정하도록 위임하고 있는 구 「새마을금고법」 제66조 제2항 제6호의 '제26조의 규정에 의한 명령' 중에서 '대출의 한도' 부분은 포괄위임입법금지원칙에 위배되지 않는다. 17 경정   O | X

법 제26조 제3항에서 "대출의 한도"라는 구체적 범위를 정하여 이를 대통령으로 정하도록 위임하면서 그 상한을 정하지 않았다고 하더라도, 위와 같이 대출한도에 관한 제한의 필요성 및 일정정도의 위임의 불가피성이라는 측면, 그리고 수범자의 예측가능성이라는 측면에서 보아 위임입법의 한계를 벗어난 것이라고 할 수 없다(헌재 2004. 8. 26. 2004헌바14).

0466 의료인이 의약품 제조자 등으로부터 판매촉진을 목적으로 제공되는 금전 등 경제적 이익을 받는 행위를 처벌하는 「의료법」 조항이 예외적 허용사유의 구체적 범위를 하위법령에 위임한 것은 포괄위임금지원칙에 위배되지 않는다. 22 경정   O | X

심판대상조항 본문이 경제적 이익의 수수를 원칙적으로 금지하고, 그 단서에서는 예외적으로 허용되는 사유를 열거하면서 그 구체적 범위만을 보건복지부령으로 정하도록 위임하였고, 그 방법도 '견본품 제공, 학술대회 지원, 임상시험 지원, 제품설명회, 대금결제조건에 따른 할인비용, 시판 후 조사 등의 행위로서 보건복지부령으로 정하는 범위 안의 경제적 이익등인 경우'라고 규정하여 하위법령에서 규정될 내용 및 범위의 기본사항을 구체적으로 규정하고 있으므로 심판대상조항은 포괄위임금지원칙에 위배되지 않는다(헌재 2015. 2. 26. 2013헌바374).

0467 자산의 양도차익을 계산함에 있어서 그 취득시기 및 양도시기에 관하여 대통령령으로 정하도록 규정한 (구) 「소득세법」 제98조는 조세법률주의 및 포괄위임입법금지원칙에 위배된다. 16 국회 9   O | X

자산의 양도, 즉 자산의 사실상 유상이전이 발생할 수 있는 거래는 다양한 양상으로 나타날 수 있고 경제 상황 등에 의해 수시로 변할 수 있으므로, 경제현실의 변화나 전문적인 기술 발달 등에 유연한 대응을 하기 위해서는 자산의 취득시기 및 양도시기의 구체적인 내용을 하위법령에 위임할 필요성이 인정된다. … 그렇다면 이 사건 법률조항은 조세법률주의 및 포괄위임입법금지원칙에 위배되지 아니한다(헌재 2015. 7. 30. 2013헌바204).

0468 양도소득세가 면제되는 '1세대 1주택' 양도의 구체적 범위를 대통령령에 위임한 것은 포괄위임금지원칙에 위배되지 않는다. 12 국회 8   O | X

이 사건 규정은 그 입법목적이나 위임배경 등을 참작하여 양도소득세가 면제되는 "1세대 1주택"의 범위만을 구체적으로 정하도록 대통령령에 위임하고 있어서 대통령령으로 정하여질 사항은 주택의 보유기간이나 일시적인 다주택소유의 문제 등 투기적 목적의 인정 여부와 관계되는 사항이 될 것임을 쉽게 예측할 수 있으므로 이 사건 규정이 포괄적 위임에 해당한다고는 볼 수 없다(헌재 1997. 2. 20. 95헌바27).

정답 464. X [포괄위임 X, 죄형법정주의 위반 X] 465. O 466. O 467. X [위배 X] 468. O

0469 취득세의 과세표준이 되는 가액, 가격 또는 연부 금액의 범위와 취득시기에 관하여 대통령령으로 정하도록 한 (구)「지방세법」 제111조 제7항은 위임입법의 한계를 일탈한 것이다. 19 서울 7(추), 16 국회 8

O | X

취득물건의 종류와 취득행위 개념이 다기·다양하므로 가액산정의 원칙과 주요한 경우의 산정방식을 제시한 이상, 그 틀안에서 보다 세부적이고 기술적인 산정방식을 탄력적 규율이 가능한 행정입법에 위임하는 것이 필요하다는 점을 보태어 보면 구 지방세법 제111조 제7항이 조세법률주의나 포괄위임입법금지원칙에 위배된다고 볼 수 없다(헌재 2002. 3. 28. 2001헌바32).

0470 등록세 중과세의 대상이 되는 부동산등기의 지역적 범위에 관하여 대통령령으로 정하는 대도시라고 규정한 (구)「지방세법」 제138조 제1항은 위임입법의 한계를 일탈한 것이다. 20 경정, 19 서울 7(추), 16 국회 8

O | X

등록세 중과세의 대상이 되는 부동산등기의 지역적 범위에 관하여 대통령령으로 정하는 대도시라고 규정한 (구)「지방세법」 제138조 제1항은 중과세되는 부동산등기의 지역적 범위에 관한 기본사항을 정한 다음 단지 세부적, 기술적 사항만을 대통령령에 위임한 것이라 할 것이므로 조세법률주의나 포괄위임입법금지원칙에 위반되지 아니한다(헌재 2002. 3. 28. 2001헌바24 등).

0471 개발비용으로 계상되는 세액의 범위를 대통령령에 위임한 구「개발이익환수에 관한 법률」은 헌법에 위반된다. 17 국회 8

O | X

위와 같은 법률 규정으로부터 납부의무자는 대통령령에 규정될 내용이 토지의 양도시기, 즉 부과종료시점 이전인지 이후인지에 따라 개발비용으로 계상되는 양도소득세의 세액 범위와, 개발비용으로 계상되는 세액의 산정 방법 등이 될 것임을 쉽게 예측할 수 있다고 할 것이므로 법 제12조 제2항이 조세법률주의에 준하는 원칙과 포괄위임입법금지의 원칙에 위반된다고 할 수 없다(헌재 2009. 12. 29. 2008헌바171).

0472 보험재정에 관한 사실관계는 매우 다양하고 수시로 변화될 것이 예상되기 때문에, 보험료 산정기준이 되는 보험료부과점수나 보험료율을 탄력적으로 규율할 필요가 있으므로, '보험료부과점수의 산정방법·기준 그 밖에 필요한 사항'을 대통령령에 위임하더라도 그 내용의 범위와 한계가 객관적으로 충분히 예측 가능하여 포괄위임금지원칙에 위반되지 않는다. 14 지방 7

O | X

보험재정에 관한 사실관계는 매우 다양하고 수시로 변화될 것이 예상되는바, 이처럼 그때그때의 사회·경제적 상황에 따라 수시로 변화될 것이 예상되는 건강보험의 특성상 보험료를 탄력적으로 규율할 필요성이 크고, … 이 사건 위임조항이 보험료부과점수와 보험료율 등의 규율을 대통령령에 위임하였다 하더라도 법률유보원칙 내지 포괄위임입법금지원칙에 반한다고 볼 수 없다(헌재 2013. 7. 25. 2010헌바51).

0473 사업시행자에 의하여 개발된 토지 등의 처분계획의 내용·처분방법·절차·가격기준 등에 관하여 필요한 사항을 대통령령으로 정할 수 있도록 위임한 「산업입지 및 개발에 관한 법률」 제38조 제2항은 위임입법의 한계를 일탈한 것이다. 20 경정, 19 서울 7(추), 16 국회 8

O | X

개발된 산업입지의 처분가격등 처분조건, 처분 방법이나 절차등에 관하여 산업단지의 개발목적, 수요실태등 다양한 조건들을 반영하면서 위와같은 입법목적을 가장 효율적으로 실현하는 내용이 될 것이라고 객관적으로 예측할 수 있다고 보인다. … 따라서 이 사건 법률조항은 헌법 제75조에서 정한 위임입법의 한계 내에 있다고 보아야 할 것이다(헌재 2002. 12. 18. 2001헌바52).

정답 469. X [위임입법의 한계 일탈 X]　470. X [위임입법의 한계 일탈 X]　471. X [합헌임]　472. O　473. X [위임입법의 한계 일탈 X]

0474 일반건설업 또는 전문건설업의 등록기준이 되는 기술능력·자본금·시설 및 장비와 기타 필요한 사항을 대통령령으로 정하도록 규정한 구「건설산업기본법」제10조는 포괄위임금지원칙에 위배되지 않는다. 17 경정   O | X

이 사건 법률조항은 처벌법규와 같이 법률전속적 요구가 강한 규율영역에는 해당하지 아니한다는 점, 사회변화 등에 따른 건설업 등록기준의 가변성을 고려할 때 위임의 구체성·명확성의 요구는 완화된다. 한편 건설산업기본법의 여러 규정들을 종합하면 건설업의 등록기준으로 건설업자의 사업수행을 위한 자본금의 유지 및 보증에 관한 사항이 규정될 수 있음을 예측할 수 있다고 할 것이므로 이 사건 법률조항은 포괄위임금지원칙에 위배되지 않는다(헌재 2008. 4. 24. 2004헌바48).

0475 국가전문자격시험을 운영함에 있어 시험과목 및 시험실시에 관한 구체적인 사항을 어떻게 정할 것인가는 법률에서 반드시 직접 정하여야 하는 사항이라고 보기 어렵고, 전문자격시험에서 요구되는 기량을 갖추었는지 여부를 어떠한 방법으로 평가할 것인지 정하는 것뿐만 아니라 평가 그 자체도 전문적·기술적인 영역에 해당하므로, 시험과목 및 시험실시 등에 관한 사항을 대통령령에 위임할 필요성이 인정된다. 20 변호사   O | X

국가전문자격시험을 운영함에 있어 **시험과목 및 시험실시에 관한 구체적인 사항**을 어떻게 정할 것인가는 법률에서 반드시 직접 정하여야만 하는 사항이라고 보기 어렵고, 입법자는 시험과목 및 시험실시에 관한 내용을 직접 법률에서 정할지 이를 대통령령에 위임할 것인지를 자유롭게 선택할 수 있다고 봄이 상당하다. … 전문자격시험에서 요구되는 기량을 갖추었는지 여부를 **어떠한 방법으로 평가할 것인지** 정하는 것뿐만 아니라 **평가 그 자체도 전문적·기술적인 영역**에 해당하므로, 이러한 사항을 법률로 일일이 세부적인 것까지 규정하는 것은 입법기술상 적절하지 않다. 따라서 **시험과목 및 시험실시 등**에 관한 사항을 **대통령령에 위임할 필요성이 인정된다**(헌재 2019. 5. 30. 2018헌마1208 등).

0476 상시 4명 이하의 근로자를 사용하는 사업 또는 사업장에 대하여 대통령령으로 정하는 바에 따라「근로기준법」의 일부 규정을 적용할 수 있도록 위임한「근로기준법」조항은, 종전에는「근로기준법」을 전혀 적용하지 않던 4인 이하 사업장에 대하여「근로기준법」을 일부나마 적용하는 것으로 범위를 점차 확대해 나간 동법 시행령의 연혁 등을 종합적으로 고려하여 볼 때, 사용자의 부담이 그다지 문제되지 않으면서 동시에 근로자의 보호필요성의 측면에서 우선적으로 적용될 수 있는「근로기준법」의 범위를 선별하여 적용할 것을 대통령령에 위임한 것으로 볼 수 있고, 그러한「근로기준법」조항들이 4인 이하 사업장에 적용되리라 예측할 수 있다. 20 변호사   O | X

심판대상조항은 사용자의 부담이 그다지 문제되지 않으면서 동시에 근로자의 보호필요성의 측면에서 우선적으로 적용될 수 있는 근로기준법의 범위를 선별하여 적용할 것을 대통령령에 위임한 것으로 볼 수 있고, 그러한 근로기준법 조항들이 **4인 이하 사업장에 적용되리라 예측**할 수 있다. 따라서 **심판대상조항은 포괄위임금지원칙에 위배되지 아니한다**(헌재 2019. 4. 11. 2013헌바112).

0477 가해학생에 대한 조치별 적용 기준의 기본적인 내용을 법률에서 직접 규정하고 있으며, 사건 조치별 적용기준 위임규정에 따라 대통령령에 규정될 내용은 세부적인 기준에 관한 내용이 될 것임을 충분히 예측할 수 있으므로, 사건 조치별 적용기준 위임규정은 포괄위임금지원칙에 위배되지 않는다. 23 경채   O | X

정답 474. O 475. O 476. O 477. O

가해학생에 대한 각 조치별 적용기준을 학교폭력의 태양이나 심각성, 피해학생의 피해 정도나 가해학생에 미치는 교육적 효과 등 여러 가지 요소를 종합적으로 고려하여 정하는 것이 피해학생의 보호와 가해학생의 선도 및 교육에 보다 효과적인 방법이 될 수 있으므로, **대통령령에 위임할 필요성이 인정**된다. 또한, 구 학교폭력예방법 제17조는 가해학생에 대한 조치의 경중 및 각 조치의 병과 여부 등 조치별 적용 기준의 **기본적인 내용을 법률에서 직접 규정**하고 있으므로, 이 사건 조치별 적용기준 위임규정에 따라 대통령령에 규정될 내용은 자치위원회가 가해학생에 대한 조치의 내용을 정함에 있어 고려해야 할 학교폭력의 태양이나 정도, 피해학생의 피해 정도나 피해 회복 여부, 가해학생의 태도 등 **세부적인 기준에 관한 내용**이 될 것임을 **충분히 예측**할 수 있다. 따라서 이 사건 **조치별 적용기준 위임규정은 포괄위임금지원칙에 위배되지 않는다**(헌재 2023. 2. 23. 2019헌바93 등).

0478 군인사법 제47조의2는 헌법이 대통령에게 부여한 군통수권을 실질적으로 존중한다는 차원에서 군인의 복무에 관한 사항을 규율할 권한을 대통령령에 위임한 것이라 할 수 있고, 대통령령으로 규정될 내용 및 범위에 관한 기본적인 사항을 다소 광범위하게 위임하였다 하더라도 포괄위임금지원칙에 위배된다고 볼 수 없다. 18 경정 O | X

군인사법 제47조의2는 헌법이 **대통령에게 부여한 군통수권을 실질적으로 존중**한다는 차원에서 **군인의 복무에 관한 사항을 규율할 권한을 대통령령에 위임**한 것이라 할 수 있고, 대통령령으로 **규정될 내용 및 범위에 관한 기본적인 사항을 다소 광범위하게 위임**하였다 하더라도 **포괄위임금지원칙에 위배된다고 볼 수 없다**(헌재 2010. 10. 28. 2008헌마638).

0479 교정시설의 장이 마약류사범에 대하여는 시설의 안전과 질서유지를 위하여 필요한 범위에서 다른 수용자와의 접촉을 차단하거나 계호를 엄중히 하는 등 법무부령으로 정하는바에 따라 다른 수용자와 달리 관리할 수 있도록 한 것에서 '시설의 안전과 질서유지를 위하여 필요한 범위' 내에서 '다른 수용자와의 접촉을 차단하거나 계호를 엄중히 하는 등'의 규정은, 마약류의 중독성 및 높은 재범률 등 마약류사범의 특성에 대한 전문적 이해를 필요로 하고, 규율되는 범위나 방법이 어느 정도인지를 누구라도 쉽게 예측할 수 있어 포괄위임금지원칙에 위배되지 않는다. 14 지방 7 O | X

마약류사범에 대한 다른 처우는 마약류에 대한 중독성 및 높은 재범률 등 마약류사범의 특성에 대한 전문적 이해를 필요로 하므로 **하위 법령에 위임할 필요성이 인정**되고, 그 요건으로서 '**시설의 안전과 질서유지를 위하여 필요한 범위**'라 함은 마약류사범에 의한 교정시설 내 마약류 반입 및 이로 인한 교정사고의 발생을 차단하기 위한 범위를 의미하며, … **충분히 예측**할 수 있으므로, **이 사건 법률조항은 포괄위임금지원칙에 위배되지 아니한다**(헌재 2013. 7. 25. 2012헌바63).

0480 사법부 스스로 판사의 근무성적평정에 관한 사항을 정하도록 대법원규칙에 위임할 필요성이 인정되고, 근무성적평정에 관한 사항이 직무능력, 자질 등과 같은 평가사항 등에 관한 사항임을 충분히 예측할 수 있으므로 판사의 근무성적평정에 관한 사항을 대법원규칙으로 정하도록 위임한 구「법원조직법」조항은 포괄위임금지원칙에 위배되지 않는다. 17 변호사 O | X

0480-1 법원의 근무성적평정에 관한 사항을 대법원규칙으로 위임한 것은 포괄위임입법금지의 원칙에 위반된다. 21 국회 8 O | X

입법권이 사법권에 간섭하는 것을 최소화하여 사법의 자주성과 독립성을 보장한다는 측면과 사법권의 적절한 행사에 요구되는 판사의 근무와 관련하여 내용적·절차적 사항에 관해 전문성을 가지고 재판 실무에 정통한 사법부 스스로 근무성적평정에 관한 사항을 정하도록 할 필요성에 비추어 보면, 판사의 근무성적평정에 관한 사항을 하위법규인 **대법원규칙에 위임할 필요성**을 인정할 수 있다. 또한 관련조항의 해석과 판사에 대한 연임제 및 근무성적평정제도의 취지 등을 고려할 때, 이 사건 근무평정조항에서 말하는 '근무성적평정에 관한 사항'이란 판사의 연임 등 인사관리에 반영시킬 수 있는 것으로 사법기능 및 업무의 효율성을 위하여 판사의 직무수행에 요구되는 것, 즉 **직무능력과 자질 등과 같은 평가사항**, 평정권자 및 평가방법 등에 관한 사항임을 **충분히 예측**할 수 있으므로 이 사건 근무평정조항은 **포괄위임금지원칙에 위배된다고 볼 수 없다**(헌재 2016. 9. 29. 2015헌바331).

정답 478. O   479. O   480. O   480-1. X [포괄위임금지원칙 위반 X]

0481 구 「공직선거법」이 관련 조항에서 허용하는 수당·실비 기타 이익을 제공하는 행위 이외의 금품 제공 행위를 처벌하면서, 선거사무관계자에게 지급이 허용되는 수당과 실비의 종류와 금액을 중앙선거관리위원회가 정하도록 규정하는 것은 그 내용이 예측가능하여 포괄위임금지원칙에 위배되지 아니한다. 16 변호사 O|X

공직선거법 제135조 제2항은 제공이 허용되는 수당과 실비의 종류와 금액을 **중앙선거관리위원회 규칙**에 위임할 필요성과 예측가능성을 인정할 수 있으므로, 그에 해당하지 않는 선거사무관계자에 대한 수당·실비를 제공하는 행위를 처벌하는 심판대상조항은 범죄의 구성요건을 규율함에 있어 **포괄위임입법금지원칙에 위배되지 아니한다**(헌재 2015. 4. 30. 2013헌바55).

0482 신문판매업자가 독자에게 1년 동안 제공하는 무가지와 경품류를 합한 가액이 같은 기간 동안에 당해 독자로부터 받은 유료신문대금의 20퍼센트를 초과하는 경우, 동 무가지와 경품류의 제공행위가 「공정거래법」 소정의 불공정거래행위에 해당하는 것으로 규정한 「공정거래위원회 신문고시」 제3조 제1항 제2호는 위임입법의 한계를 일탈하였다. 20 경정, 16 국회 8 O|X

0482-1 신문판매업자가 독자에게 1년 동안 제공하는 무가지와 경품류를 합한 가액이 같은 기간에 당해 독자로부터 받는 유료신문대금의 20%를 초과하는 경우 동 무가지와 경품류의 제공행위를 불공정거래행위로서 금지하는 것은 헌법 제119조 제1항에 정한 자유경제질서에 반한다. 08 국가 7 O|X

(1) 불공정거래행위는 각종의 경쟁적 거래에서 복잡다양하게 이루어지며 또한 그 형태도 부단히 변동되고 있음에 비추어 그 행위 형태와 기준에 관한 규정도 이에 맞추어 시기적절하게 효과적으로 대처할 수 있어야 할 것인바 … 이 사건 위임사항이 이러한 의미의 불공정거래행위의 기준과 유형을 한계지우는 내용이 될 것임은 무리없이 예측할 수 있으므로 이 사건 조항인 **신문고시** 제3조 제1항 제2호는 동 수권사항을 위임받은 범위내에서 이를 구체화하고 있을 뿐이어서 **위임입법의 헌법적 한계를 초과하지 아니한다**(헌재 2002. 7. 18. 2001헌마605).
(2) 신문판매업자의 무가지 경품류를 유료신문대금의 20%내로 제한하는 제2호는 시장의 지배와 경제력의 남용을 방지하기 위하여 국가가 경제에 대한 규제와 조정을 할 수 있다는 헌법 제119조제2항에 근거한 독점규제와 공정한 거래유지라는 정당한 공익을 실현하려는 것으로서 그 공익이 사적 가치보다 크므로 **자유시장경제질서와 과잉금지원칙에 위반되지 않는다**(헌재 2002. 7. 18. 2001헌마605).

POINT 032 법률우위원칙과 재위임

01 법률우위원칙

0483 위임입법의 한계의 법리는 헌법의 근본원리인 권력분립주의와 의회주의 내지 법치주의에 바탕을 두는 것이기 때문에 행정부에서 제정된 대통령령에서 규정한 내용이 정당한지 여부와는 직접적으로 관계가 없다. 15 지방 7 O|X

0483-1 위임입법의 원리는 헌법의 근본원리인 권력분립주의와 의회주의 내지 법치주의에 바탕을 두는 것으로 대통령령에서 규정한 내용의 정당성 여부와 위임의 적법성은 직접 관련되는 것이다. 17 경정 O|X

위임입법의 한계의 법리는 헌법의 근본원리인 권력분립주의와 의회주의 내지 법치주의에 바탕을 두는 것이기 때문에 행정부에서 제정된 **대통령령에서 규정한** 내용이 정당한지 여부와는 **직접적으로 관계가 없다**고 하여야 할 것이다. 즉 대통령령에서 규정한 내용이 헌법에 위반될 경우 그 대통령령의 규정이 위헌일 것은 물론이지만, 반대로 하위법규인 대통령령의 내용이 합헌적이라고 하여 수권법률의 합헌성까지를 의미하는 것은 아니다(헌재 1995. 11. 30. 94헌바14).

● 정답 481. O 482. X [위임입법의 한계 일탈 X] 482-1. X [헌법상 자유경제질서 위반 X] 483. O 483-1. X [직접적으로 관계 없음]

0484 대통령령에서 규정한 내용이 헌법에 위반될 경우 그 대통령령의 규정이 위헌인 것은 물론이지만, 반대로 하위법규인 대통령령의 내용이 합헌적이라고 하여 수권법률의 합헌성까지를 의미하는 것은 아니다. 18 국가 7, 15 지방 7   O | X

위임입법의 한계의 법리는 헌법의 근본원리인 권력분립주의와 의회주의 내지 법치주의에 바탕을 두는 것이기 때문에 행정부에서 제정된 대통령령에서 규정한 내용이 정당한지 여부와는 직접적으로 관계가 없다고 하여야 할 것이다. 즉 **대통령령에서 규정한 내용이 헌법에 위반될 경우 그 대통령령의 규정이 위헌**일 것은 물론이지만, 반대로 하위법규인 **대통령령의 내용이 합헌**적이라고 하여 **수권법률의 합헌성까지를 의미하는 것은 아니다**(헌재 1995. 11. 30. 94헌바14).

0485 대통령령에서 규정한 내용이 정당한 것인지 여부와 위임의 적법성 사이에는 직접적인 관계가 없으므로, 대통령령으로 규정한 내용이 헌법에 위반될 경우라도 그 대통령령의 규정이 위헌으로 되는 것은 별론으로 하고, 그로 인하여 정당하고 적법하게 입법권을 위임한 수권법률 조항까지도 위헌으로 되는 것은 아니다. 18 경정   O | X

0485-1 법률의 위임을 받아 행정입법이 제정되었으나 그 내용이 헌법에 위반되어 헌법재판소가 위헌선언을 하는 경우에는 입법권을 위임한 수권법률의 조항도 동시에 위헌으로 선언된다. 18 국회 9   O | X

위임입법의 법리는 헌법의 근본원리인 권력분립주의와 의회주의 내지 법치주의에 바탕을 두는 것이기 때문에 행정부에서 제정된 **대통령령에서 규정한 내용이 정당한 것인지 여부와 위임의 적법성에는 직접적인 관계가 없다.** 따라서 **대통령령으로 규정한 내용이 헌법에 위반될 경우라도** 그 대통령령의 규정이 위헌으로 되는 것은 별론으로 하고 그로 인하여 정당하고 적법하게 입법권을 위임한 **수권법률 조항까지도 위헌으로 되는 것은 아니다**(헌재 1996. 6. 26. 93헌바2).

0486 법률이 구체적인 사항을 대통령령에 위임하고 있고, 그 대통령령에 규정되거나 제외된 부분의 위헌성이 문제되는 경우, 헌법의 근본원리인 권력분립주의와 의회주의 내지 법치주의의 원리상, 법률조항의 위임에 따라 대통령령으로 규정한 내용이 헌법에 위반될 경우라도 그로 인하여 정당하고 적법하게 입법권을 위임한 수권법률조항까지도 위헌으로 되는 것은 아니다. 22 지방 7   O | X

법률이 구체적인 사항을 **대통령령에 위임**하고 있고, 그 **대통령령에 규정되거나 제외된 부분의 위헌성이 문제**되는 경우, 헌법의 근본원리인 권력분립주의와 의회주의 내지 법치주의의 원리상, 법률조항의 위임에 따라 **대통령령으로 규정한 내용**이 헌법에 위반될 경우라도 그 **대통령령의 규정이 위헌**으로 되는 것은 별론으로 하고, 그로 인하여 정당하고 적법하게 입법권을 위임한 **수권법률조항까지도 위헌으로 되는 것은 아니라고 할 것**이다(헌재 2019. 2. 28. 2017헌바245).

정답 484. O 485. O 485-1. X [수권법률 조항까지 위헌으로 되지 않음] 486. O

02 재위임의 한계

0487 부령의 제정·개정절차가 대통령령에 비하여 보다 용이한 점을 고려할 때 재위임에 의한 부령의 경우에도 위임에 의한 대통령령에 가해지는 헌법상의 제한이 당연히 적용되어야 할 것이다. 14 변호사 O | X

0487-1 부령의 제정·개정절차가 대통령령에 비하여 보다 용이한 점을 고려할 때, 대통령령이 법률에서 위임받은 사항을 전혀 규정하지 아니하고 그대로 부령에 재위임하는 것은 허용되지 않는다.
19 경정, 17 국가 7(추), 09 국가 7 O | X

0487-2 헌법 제95조는 "국무총리 또는 행정각부의 장은 소관사무에 관하여 법률이나 대통령령의 위임 또는 직권으로 총리령 또는 부령을 발할 수 있다."라고 규정하여 재위임의 근거를 마련하고 있지만, 헌법 제75조에서 정하고 있는 대통령령의 경우와는 달리 '구체적으로 범위를 정하여'라는 제한을 규정하고 있지 아니하므로 대통령령으로 위임받은 사항을 그대로 재위임할 수 있다. 14 변호사 O | X

> 법률에서 위임받은 사항을 전혀 규정하지 않고 재위임하는 것은 이위임금지(履委任禁止)의 법리에 반할 뿐 아니라 수권법의 내용변경을 초래하는 것이 되고, **부령의 제정·개정절차가 대통령령에 비하여 보다 용이한 점을 고려할 때 재위임에 의한 부령의 경우에도 위임에 의한 대통령령에 가해지는 헌법상의 제한이 당연히 적용되어야 할 것이므로 법률에서 위임받은 사항을 전혀 규정하지 아니하고 그대로 재위임**하는 것은 **허용되지 않으며** 위임받은 사항에 관하여 대강을 정하고 그 중의 특정사항을 범위를 정하여 하위법령에 다시 위임하는 경우에만 재위임이 허용된다(헌재 2002. 7. 18. 2001헌마605).

0488 법률에서 위임받은 사항을 전혀 규정하지 아니하고 그대로 하위의 법규명령에 재위임하는 것은 허용되지 않으며 위임받은 사항에 관하여 대강(大綱)을 정하고 그 중의 특정사항을 범위를 정하여 하위의 법규명령에 다시 위임하는 경우에만 재위임이 허용된다. 21 지방 7 O | X

0488-1 법률에서 위임받은 사항을 전혀 규정하지 아니하고 그대로 재위임하는 것은 당연히 허용되지 않으며, 위임받은 사항에 관하여 대강을 정하고 그 중 특정사항을 범위를 정하여 하위법령에 다시 위임하는 것도 허용되지 않는다. 11 국회 8 O | X

0488-2 긴급한 필요가 있거나 미리 법률로써 자세히 정할 수 없는 부득이한 사정이 있는 경우에는 법률에서 위임받은 사항을 전혀 규정하지 않고 그대로 재위임하는 것도 허용된다. 08 국가 7 O | X

> 법률에서 위임받은 사항을 전혀 규정하지 않고 모두 재위임하는 것은 '위임받은 권한을 그대로 다시 위임할 수 없다'는 복위임금지의 법리에 반할 뿐 아니라 수권법의 내용변경을 초래하는 것이 되고, 대통령령 이외의 법규명령의 제정·개정절차가 대통령령에 비하여 보다 용이한 점을 고려할 때 하위의 법규명령에 대한 재위임의 경우에도 대통령령에의 위임에 가하여지는 헌법상의 제한이 마땅히 적용되어야 할 것이다. 따라서 **법률에서 위임받은 사항을 전혀 규정하지 아니하고 그대로 하위의 법규명령에 재위임하는 것은 허용되지 않으며** 위임받은 사항에 관하여 **대강(大綱)**을 정하고 그 중의 **특정사항을 범위**를 정하여 하위의 **법규명령에 다시 위임**하는 경우에만 **재위임이 허용**된다(헌재 2002. 10. 31. 2001헌라1).

● 정답 487. O   487-1. O   487-2. X [그대로 재위임 : 불허]   488. O   488-1. X [허용됨]   488-2. X [그대로 재위임 : 불허]

POINT 033 　행정입법에 대한 통제

01 행정부 내부 통제

0489 대통령이 대통령령을 발하기 위해서는 국무회의의 심의를 거쳐서 국무총리와 관계 국무위원이 부서한 문서로써 한다. 18 5급 O|X

> 헌법 제89조 다음 사항은 **국무회의의 심의**를 거쳐야 한다.
> 3. 헌법개정안·국민투표안·조약안·법률안 및 **대통령령안**
>
> 헌법 제82조 대통령의 국법상 행위는 **문서로써** 하며, 이 문서에는 **국무총리와 관계 국무위원이 부서**한다. 군사에 관한 것도 또한 같다.

0490 대통령령안은 국무회의의 심의를 거쳐야 하지만, 총리령안은 국무회의의 심의를 반드시 거쳐야 하는 것은 아니다. 20 소간 O|X

> 헌법 제89조 다음 사항은 **국무회의의 심의**를 거쳐야 한다.
> 3. 헌법개정안·국민투표안·조약안·법률안 및 **대통령령안**

02 국회의 통제

0491 중앙행정기관의 장은 법률에서 위임한 사항이나 법률을 집행하기 위하여 필요한 사항을 규정한 대통령령·총리령·부령·훈령·예규·고시 등이 제정·개정 또는 폐지된 때에는 10일 이내에 이를 국회 소관상임위원회에 제출하여야 한다. 21 변호사, 21 경정, 19 국가 7, 19 지방 7 등 O|X

> 국회법 제98조의2(대통령령등의 제출등) ① 중앙행정기관의 장은 **법률에서 위임**한 사항이나 **법률을 집행**하기 위하여 필요한 사항을 규정한 **대통령령·총리령·부령·훈령·예규·고시** 등이 **제정·개정 또는 폐지**되었을 때에는 **10일** 이내에 이를 **국회 소관 상임위원회에 제출**하여야 한다. 다만, **대통령령의 경우**에는 **입법예고**를 할 때(입법예고를 생략하는 경우에는 법제처장에게 심사를 요청할 때를 말한다)에도 그 입법예고안을 **10일 이내에 제출**하여야 한다.

0492 대통령령을 입법예고를 하는 때(입법예고를 생략하는 경우에는 법제처장에게 심사를 요청하는 때를 말함)에는 그 입법예고안을 10일 이내에 국회 소관상임위원회에 제출하여야 한다. 16 지방 7, 12 국가 7 O|X

0492-1 중앙행정기관의 장은 법률에서 위임한 사항이나 법률을 집행하기 위하여 필요한 사항을 규정한 대통령령·총리령·부령·훈령·예규·고시 등이 입법예고·제정·개정 또는 폐지된 때에는 10일 이내에 이를 국회 소관 상임위원회에 제출하여야 한다. 15 국가 7 O|X

●정답 489. ○　490. ○　491. ○　492. ○　492-1. ×[대통령령만 입법예고 제출]

> 국회법 제98조의2(대통령령등의 제출등) ① 중앙행정기관의 장은 **법률에서 위임**한 사항이나 **법률을 집행**하기 위하여 필요한 사항을 규정한 **대통령령·총리령·부령·훈령·예규·고시** 등이 제정·개정 또는 폐지되었을 때에는 **10일 이내**에 이를 **국회 소관 상임위원회**에 제출하여야 한다. 다만, **대통령령**의 경우에는 **입법예고**를 할 때(입법예고를 생략하는 경우에는 법제처장에게 심사를 요청할 때를 말한다)에도 그 입법예고안을 **10일 이내**에 제출하여야 한다.

🔎 **보충설명** 대통령령의 경우에만 입법예고를 할 때에도 그 입법예고안을 10일 이내에 국회 소관상임위원회에 제출하여야 한다.

0493 상임위원회는 위원회 또는 상설소위원회를 정기적으로 개회하여 그 소관 중앙행정기관이 제출한 대통령령·총리령 및 부령의 법률 위반 여부 등을 검토하여야 한다. 21 국가 7 O|X

> 국회법 제98조의2(대통령령등의 제출등) ③ **상임위원회는 위원회 또는 상설소위원회를 정기적으로 개회**하여 그 소관 중앙행정기관이 제출한 **대통령령·총리령 및 부령**(이하 이 조에서 "대통령령등"이라 한다)의 **법률 위반 여부 등을 검토**하여야 한다.

0494 국회 상임위원회는 소관중앙행정기관의 장이 제출한 대통령령 또는 총리령이 법률의 취지 또는 내용에 합치되지 아니한다고 판단되는 경우 소관 중앙행정기관의 장에게 그 내용을 통보할 수 있다. 18 5급(변형) O|X

> 국회법 제98조의2(대통령령등의 제출등) ③ **상임위원회는 위원회 또는 상설소위원회를 정기적으로 개회**하여 그 소관 중앙행정기관이 제출한 **대통령령·총리령 및 부령**(이하 이 조에서 "대통령령등"이라 한다)의 **법률 위반 여부 등을 검토**하여야 한다.
> ④ 상임위원회는 제3항에 따른 검토 결과 **대통령령 또는 총리령이 법률의 취지 또는 내용에 합치되지 아니한다고 판단되는 경우**에는 검토의 경과와 처리 의견 등을 기재한 **검토결과보고서를 의장에게 제출**하여야 한다.
> ⑤ 의장은 제4항에 따라 제출된 **검토결과보고서를 본회의에 보고**하고, **국회는 본회의 의결로 이를 처리**하고 **정부에 송부**한다.

🔎 **보충설명** 대통령령·총리령의 경우 국회는 본회의 의결로 검토보고서를 처리하고 정부에 송부하며, 부령의 경우 상임위원회가 소관 중앙행정기관의 장에게 내용을 통보한다.

0495 상임위원회는 위원회 또는 상설소위원회를 정기적으로 개회하여 그 소관 중앙행정기관이 제출한 부령의 법률 위반 여부 등을 검토하여 검토 결과 부령이 법률의 취지 또는 내용에 합치되지 아니한다고 판단되는 경우에는 소관 중앙행정기관의 장에게 그 내용을 통보할 수 있다. 16 국회 9(변형) O|X

0495-1 국회 상임위원회는 검토 결과 부령이 법률의 취지 또는 내용에 합치되지 아니한다고 판단되는 경우에는 소관 중앙행정기관의 장에게 수정·변경을 요구할 수 있다. 16 국회 9(변형) O|X

> 국회법 제98조의2(대통령령등의 제출등) ③ **상임위원회는 위원회 또는 상설소위원회를 정기적으로 개회**하여 그 소관 중앙행정기관이 제출한 **대통령령·총리령 및 부령**(이하 이 조에서 "대통령령등"이라 한다)의 **법률 위반 여부 등을 검토**하여야 한다.
> ⑦ 상임위원회는 제3항에 따른 검토 결과 **부령이 법률의 취지 또는 내용에 합치되지 아니한다고 판단되는 경우**에는 **소관 중앙행정기관의 장**에게 **그 내용을 통보**할 수 있다.

🔎 **보충설명** 국회 상임위원회가 소관 행정기관의 장에게 수정변경을 요구할 수 있는 것이 아니다.

정답 493. O 494. X [검토결과보고서 의장 제출 → 본회의 의결 → 정부 송부] 495. O 495-1. X [수정·변경 요구 X → 통보 O]

POINT 034 신뢰보호원칙

01 신뢰보호원칙

0496 신뢰보호원칙은 법치국가원리에 근거를 두고 있는 헌법상 원칙으로서, 특정한 법률에 의하여 발생한 법률관계는 그 법에 따라 파악되고 판단되어야 하고 과거의 사실관계가 그 뒤에 생긴 새로운 법률의 기준에 따라 판단되지 않는다는 국민의 신뢰를 보호하기 위한 것이다. _{22 경찰 2차, 22 소간, 18 지방 7} O | X

> 신뢰보호원칙은 법치국가원리에 근거를 두고 있는 헌법상 원칙으로서, **특정한 법률에 의하여 발생한 법률관계는 그 법에 따라 파악되고 판단되어야** 하고 과거의 사실관계가 그 뒤에 생긴 **새로운 법률의 기준에 따라 판단되지 않는다는 국민의 신뢰를 보호**하기 위한 것이다(헌재 2012. 11. 29. 2011헌마786 등).

0497 법적 안정성의 객관적 측면은 한번 제정된 법규범은 원칙적으로 존속력을 갖고 자신의 행위기준으로 작용하리라는 개인의 신뢰를 보호하는 것이다. _{17 경정} O | X

0497-1 법적 안정성의 객관적 요소로서 신뢰보호원칙은 한번 제정된 법규범은 원칙적으로 존속력을 갖고 자신의 행위기준으로 작용하리라는 헌법상 원칙이다. _{22 해간, 08 국가 7} O | X

0497-2 신뢰보호원칙은 객관적 요소로서 법질서의 신뢰성·항구성·법적 투명성과 법적 평화를 의미하고, 이와 내적인 상호 연관 관계에 있는 법적 안정성은 한번 제정된 법규범은 원칙적으로 존속력을 갖고 자신의 행위기준으로 작용하리라는 개인의 주관적 기대이다. _{22 경찰 1차} O | X

> **법적 안정성은 객관적 요소로서 법질서의 신뢰성·항구성·법적 투명성과 법적 평화를** 의미하고, 이와 내적인 상호연관관계에 있는 **법적 안정성의 주관적 측면은** 한번 제정된 법규범은 원칙적으로 존속력을 갖고 자신의 행위기준으로 작용하리라는 개인의 **신뢰보호 원칙**이다(헌재 1996. 2. 16. 96헌가2 등).

0498 법률의 제정이나 개정 시 구법질서에 대한 당사자의 신뢰가 합리적이고도 정당하며 법률의 제정이나 개정으로 야기되는 당사자의 손해가 극심하여 새로운 입법으로 달성하고자 하는 공익적 목적이 그러한 당사자의 신뢰의 파괴를 정당화할 수 없다면, 그러한 새로운 입법은 허용될 수 없다.
_{21 국가 7, 19 국가 7, 15 국회 8} O | X

> 신뢰보호의 원칙은 헌법상 **법치국가의 원칙으로부터 도출**되는데, 그 내용은 법률의 제정이나 개정시 **구법질서에 대한 당사자의 신뢰가 합리적이고도 정당**하며 법률의 제정이나 개정으로 야기되는 **당사자의 손해가 극심**하여 새로운 입법으로 달성하고자 하는 **공익적 목적**이 그러한 당사자의 **신뢰의 파괴를 정당화할 수 없다면**, 그러한 **새로운 입법**은 신뢰보호의 원칙상 **허용될 수 없다**는 것이다(헌재 2002. 11. 28. 2002헌바45).

정답 496. ○ 497. ×[객관적 × → 주관적 측면 ○] 497-1. ×[객관적 × → 주관적 측면 ○] 497-2. ×[법적 안정성의 주관적 측면이 신뢰보호 원칙] 498. ○

0499 신뢰보호의 원칙은 법률이나 그 하위법규뿐만 아니라 국가관리의 입시제도와 같이 국·공립대학의 입시전형을 구속하여 국민의 권리에 직접 영향을 미치는 제도운영지침의 개폐에도 적용된다. 20 국회 9, 19 지방 7, 16 서울 7, 15 변호사 ○|×

0499-1 헌법상 법치국가원리의 파생원칙인 신뢰보호의 원칙은 국민이 법률적 규율이 장래에도 지속할 것이라는 합리적인 신뢰를 바탕으로 이에 적응하여 개인의 법적 지위를 형성해 왔을 때에는 국가로 하여금 그와 같은 국민의 신뢰를 되도록 보호할 것을 요구하는 것으로, 법률이나 그 하위법규에 적용되는 것이지 국가관리의 입시제도와 같은 제도운영지침의 개폐에 적용되는 것은 아니다. 24 경찰 1차 ○|×

헌법상의 법치국가원리의 파생원칙인 신뢰보호의 원칙은 … **이 원칙은 법률**이나 그 **하위법규** 뿐만 아니라 국가관리의 입시제도와 같이 **국·공립대학의 입시전형**을 구속하여 국민의 권리에 직접 영향을 미치는 **제도운영지침의 개폐에도 적용**되는 것이다(헌재 1997. 7. 16. 97헌마38).

02 신뢰보호원칙 위반여부 판단

0500 입법자는 새로운 인식을 수용하고 변화한 현실에 적절하게 대처해야 하기 때문에, 국민은 현재의 법적 상태가 항상 지속되리라는 것을 원칙적으로 신뢰할 수 없다. 19 경정 ○|×

입법자는 새로운 인식을 수용하고 **변화한 현실에 적절하게 대처해야 하기 때문에, 국민은 현재의 법적 상태가 항상 지속되리라는 것을 원칙적으로 신뢰할 수 없다.** 법률의 존속에 대한 개인의 신뢰는 법적 상태의 변화를 예측할 수 있는 정도에 따라서 달라지므로, 신뢰보호가치의 정도는 개인이 어느 정도로 법률개정을 예측할 수 있었는가에 따라서 결정된다(헌재 2003. 10. 30. 2001헌마700 등).

0501 조세에 관한 법규·제도는 신축적으로 변할 수밖에 없다는 점에서 납세의무자로서는 구법질서에 의거한 신뢰를 바탕으로 적극적으로 새로운 법률관계를 형성하였다든지 하는 특별한 사정이 없는 한 원칙적으로 세율 등 현재의 세법이 변함없이 유지되리라고 기대하거나 신뢰할 수는 없다. 23 해경 ○|×

조세법의 영역에 있어서는 국가가 조세·재정정책을 탄력적·합리적으로 운용할 필요성이 매우 큰 만큼, **조세에 관한 법규·제도는 신축적**으로 변할 수밖에 없다는 점에서 납세의무자로서는 구법질서에 의거한 신뢰를 바탕으로 적극적으로 새로운 법률관계를 형성하였다든지 하는 특별한 사정이 없는 한 원칙적으로 세율 등 **현재의 세법이 변함없이 유지되리라고** 기대하거나 **신뢰할 수는 없다**(헌재 2002. 2. 28. 99헌바4).

0502 국민들의 국가의 공권력행사에 관하여 가지는 모든 기대 내지 신뢰가 절대적인 권리로서 보호되는 것은 아니다. 20 소간 ○|×

0502-1 사회환경이나 경제여건의 변화에 따른 정책적인 필요에 의하여 공권력행사의 내용은 신축적으로 바뀔 수밖에 없고, 그 바뀐 공권력행사에 의하여 발생된 새로운 법질서와 기존의 법질서와의 사이에는 어느 정도 이해관계의 상충이 불가피하다고 하더라도, 국민들의 국가의 공권력행사에 관하여 가지는 모든 기대 내지 신뢰는 절대적인 권리로서 어떠한 경우에도 보호되어야 한다. 22 경채 ○|×

사회환경이나 경제여건의 변화에 따른 정책적인 필요에 의하여 **공권력행사의 내용은 신축적**으로 바뀔 수 밖에 없고, 그 바뀐 공권력행사에 의하여 발생된 새로운 법질서와 기존의 법질서와의 사이에는 어느 정도 **이해관계의 상충이 불가피**하므로 국민들의 국가의 공권력행사에 관하여 가지는 **모든 기대 내지 신뢰가 절대적인 권리로서 보호되는 것은 아니라고 할 것**이다(헌재 1996. 4. 25. 94헌마119).

● 정답 499. ○ 499-1. ×[제도운영지침의 개폐에도 적용] 500. ○ 501. ○ 502. ○ 502-1. ×[모든 기대 내지 신뢰가 보호되는 것은 아님]

0503 사회환경이나 경제여건의 변화에 따른 필요성에 의하여 법률은 신축적으로 변할 수밖에 없고 변경된 새로운 법질서와 기존의 법질서 사이에는 이해관계의 상충이 불가피하므로, 국민이 가지는 모든 기대 내지 신뢰가 헌법상 권리로서 보호될 것은 아니다. 21 국가 7   O | X

0503-1 사회환경이나 경제여건의 변화에 따른 필요성에 의하여 법률이 신축적으로 변할 수 있고, 변경된 새로운 법질서와 기존의 법질서 사이에 이해관계의 상충이 불가피하더라도 국민이 가지는 모든 기대 내지 신뢰는 헌법상 권리로서 보호되어야 한다. 20 국가 7, 16 변호사   O | X

사회환경이나 경제여건의 변화에 따른 필요성에 의하여 **법률은 신축적**으로 변할 수밖에 없고, 변경된 새로운 법질서와 기존의 법질서 사이에는 **이해관계의 상충이 불가피**하므로, 국민이 가지는 **모든 기대 내지 신뢰가 헌법상 권리로서 보호될 것은 아니고**, 신뢰의 근거 및 종류, 상실된 이익의 중요성, 침해의 방법 등에 의하여 개정된 법규·제도의 존속에 대한 개인의 신뢰가 합리적이어서 권리로서 보호할 필요성이 인정되어야 한다(헌재 2019. 8. 29. 2017헌바496).

0504 개정된 법규·제도의 존속에 대한 개인의 신뢰가 합리적이어서 권리로서 보호할 필요성이 인정되어야 그 신뢰가 헌법상 권리로서 보호될 것이다. 19 경정   O | X

사회환경이나 경제여건의 변화에 따른 필요성에 의하여 법률은 신축적으로 변할 수밖에 없고, 변경된 새로운 법질서와 기존의 법질서 사이에는 이해관계의 상충이 불가피하므로, 국민이 가지는 모든 기대 내지 신뢰가 헌법상 권리로서 보호될 것은 아니고, 신뢰의 근거 및 종류, 상실된 이익의 중요성, 침해의 방법 등에 의하여 **개정된 법규·제도의 존속**에 대한 개인의 **신뢰가 합리적**이어서 **권리로서 보호할 필요성**이 인정되어야 한다(헌재 2019. 8. 29. 2017헌바496).

0505 신뢰보호원칙의 위반 여부는 한편으로는 침해받은 신뢰이익의 보호가치, 침해의 중한 정도, 신뢰침해의 방법 등과 다른 한편으로는 새 입법을 통해 실현하고자 하는 공익목적을 종합적으로 비교형량하여 판단하여야 한다. 19 경정, 18 국가 7, 13 지방 7   O | X

신뢰보호원칙의 위반 여부는 한편으로는 **침해되는 이익**의 보호가치, 침해의 정도, 신뢰의 손상 정도, 신뢰 침해의 방법 등과 또 **다른 한편**으로는 새로운 입법을 통하여 실현하고자 하는 **공익적 목적** 등을 **종합적으로 형량하여 판단**하여야 한다(헌재 2015. 12. 23. 2013헌바259).

03 신뢰이익의 보호가치의 판단

0506 개인의 신뢰이익에 대한 보호가치는 법령에 따른 개인의 행위가 국가에 의하여 일정방향으로 유인된 신뢰의 행사인지, 아니면 단지 법률이 부여한 기회를 활용한 것으로서 원칙적으로 사적 위험부담의 범위에 속하는 것인지 여부에 따라 달라진다. 19 변호사   O | X

0506-1 개인의 신뢰이익에 대한 보호가치는 법령에 따른 개인의 행위가 국가에 의하여 일정방향으로 유인된 신뢰의 행사인지, 아니면 단지 법률이 부여한 기회를 활용한 것으로서 원칙적으로 사적 위험부담의 범위에 속하는 것인지 여부에 따라 달라지는 것은 아니다. 14 국가 7   O | X

개인의 신뢰이익에 대한 보호가치는 ① 법령에 따른 개인의 행위가 국가에 의하여 일정방향으로 **유인된 신뢰의 행사**인지, ② 아니면 단지 **법률이 부여한 기회를 활용**한 것으로서 원칙적으로 사적 위험부담의 범위에 속하는 것인지 여부에 따라 **달라진다**. 만일 법률에 따른 개인의 행위가 단지 법률이 반사적으로 부여하는 기회의 활용을 넘어서 국가에 의하여 일정 방향으로 유인된 것이라면 특별히 보호가치가 있는 신뢰이익이 인정될 수 있고, 원칙적으로 개인의 신뢰보호가 국가의 법률개정이익에 우선된다고 볼 여지가 있다(헌재 2002. 11. 28. 2002헌바45).

정답 503. O   503-1. X [모든 기대 내지 신뢰가 보호되는 것은 아님]   504. O   505. O   506. O   506-1. X [달라짐]

0507 법률에 따른 개인의 행위가 단지 법률이 반사적으로 부여하는 기회의 활용을 넘어서 국가에 의하여 일정 방향으로 유인된 것이라면 특별히 보호가치가 있는 신뢰이익이 인정될 수 있고, 이러한 경우 원칙적으로 개인의 신뢰보호가 국가의 법률개정이익에 우선된다고 볼 여지가 있다. 21 경정, 15 변호사

O | X

0507-1 법률에 따른 개인의 행위가 단지 법률이 반사적으로 부여하는 기회의 활용을 넘어서 국가에 의하여 일정 방향으로 유인된 것이라 하더라도 개인의 신뢰보호가 국가의 법률개정이익에 우선된다고 볼 여지는 없다. 21 국가 7

O | X

0507-2 법률에 따른 개인의 행위가 단지 법률이 반사적으로 부여하는 기회의 활용을 넘어서 국가에 의하여 일정 방향으로 유인된 것이라면, 원칙적으로 국가의 법률개정이익이 개인의 신뢰보호에 우선된다고 볼 여지가 있다. 24 경찰 1차

O | X

개인의 신뢰이익에 대한 보호가치는 ① 법령에 따른 개인의 행위가 국가에 의하여 일정방향으로 유인된 신뢰의 행사인지, ② 아니면 단지 법률이 부여한 기회를 활용한 것으로서 원칙적으로 사적 위험부담의 범위에 속하는 것인지 여부에 따라 달라진다. 만일 법률에 따른 개인의 행위가 단지 법률이 반사적으로 부여하는 기회의 활용을 넘어서 **국가에 의하여 일정 방향으로 유인된** 것이라면 **특별히 보호가치가 있는 신뢰이익**이 인정될 수 있고, 원칙적으로 **개인의 신뢰보호가 국가의 법률개정이익에 우선**된다고 볼 **여지가 있다**(헌재 2002. 11. 28. 2002헌바45).

0508 법령에 따른 개인의 행위가 국가에 의해서 일정방향으로 유인된 신뢰의 행사라고 볼 수 있어 특별히 보호가치가 있는 신뢰이익이 인정된다면, 아무리 법적 상태의 변화에 대한 개인의 예측가능성이 있더라도 그 개인의 신뢰는 언제나 보호되어야 한다. 17 법무사

O | X

유인된 신뢰의 행사라도 법적 상태의 변화에 대한 개인의 예측가능성이 있는 경우에는 신뢰이익이 인정되지 않을 수 있다.

> **관련판례** 법적 상태의 존속에 대한 개인의 신뢰는 그가 어느 정도로 **법적 상태의 변화를 예측할 수 있는지, 혹은 예측하였어야 하는지** 여부에 따라서도 영향을 받을 수 있는데, 청구인들과 같이 사법시험을 준비하는 자로서는 사회의 변화에 따라 시험과목이 달라질 수 있음을 받아들여야 할 것이고, 자신이 공부해 오던 과목으로 계속하여 응시할 수 있다는 **기대와 신뢰가 절대적인 것이라고 볼 수는 없다**(헌재 2007. 4. 26. 2003헌마947 등).

0509 입법자가 반복하여 음주운전을 하는 자를 총포소지허가의 결격사유로 규제하지 않을 것이라는 데 대한 신뢰가 보호가치 있는 신뢰라고 보기 어렵다. 22 지방 7

O | X

총포의 소지는 원칙적으로 금지되고 예외적으로 허가되는 것이므로, 그 **결격사유 또한 새로이 규정, 시행**될 수 있다. 따라서 이에 대한 청구인의 신뢰는 보호가치 있는 신뢰라고 보기 어려운 반면, 총기 안전사고를 예방하여 공공의 안전을 확보하는 것은 가능한 조속히 달성해야 하는 것으로서 그 **공익적 가치가 중대**하다. 심판대상조항은 신뢰보호원칙에 반하여 직업의 자유 및 일반적 행동의 자유를 침해한다고 할 수 없다(헌재 2018. 4. 26. 2017헌바341).

정답 507. O 507-1. X [여지가 있음] 507-2. X [개인의 신뢰보호가 우선됨] 508. X [예측가능성 있다면 보호되지 않을 수 있음] 509. O

0510 구 「매장 및 묘지 등에 관한 법률」이 「장사 등에 관한 법률」로 전부개정되면서 그 부칙에서 종전의 법령에 따라 설치된 봉안시설을 신법에 의하여 설치된 봉안시설로 보도록 함으로써 구법에 따라 설치허가를 받은 봉안시설 설치·관리인의 기존의 법상태에 대한 신뢰는 이미 보호되었다고 할 것이므로, 더 나아가 신법시행 후 추가로 설치되는 부분에 대해서까지 기존의 법상태에 대한 보호가치 있는 신뢰가 있다고 보기 어렵다. 22 경찰 2차 O | X

> 구 매장법이 장사법으로 전부개정되면서 그 부칙 제3조에서 종전의 법령에 따라 설치된 봉안시설을 장사법에 의하여 설치된 봉안시설로 보도록 함으로써 구 매장법에 따라 설치허가를 받은 봉안시설 설치·관리인의 기존의 법상태에 대한 신뢰는 이미 보호되었다. 더 나아가 **장사법 시행 후 추가로 설치되는 부분**에 대해서까지 기존의 법상태에 대한 **보호가치 있는 신뢰가 있다고 보기 어렵다.** 따라서 심판대상조항은 **신뢰보호원칙에 위반되지 아니한다**(헌재 2021. 8. 31. 2019헌바453).

04 신뢰보호원칙 관련판례

1 유예기간이 없는 경우

0511 국세관련 경력공무원에 대한 세무사자격 부여제도를 폐지와 관련, 경력공무원의 세무사자격 부여에 대한 신뢰는 보호할 필요성이 있는 합리적이고도 정당한 신뢰라 할 것이고, 개정법 제3조 등의 개정으로 말미암아 경력공무원이 입게 된 불이익의 정도, 즉 신뢰이익의 침해 정도는 중대하다고 아니할 수 없는 반면, 경력공무원의 신뢰이익을 침해함으로써 일반응시자와의 형평을 제고한다는 공익은 위와 같은 신뢰이익 제한을 헌법적으로 정당화할만한 사유라고 보기 어렵다. 14 변호사 O | X

0511-1 국세 관련 경력공무원에 대한 세무사자격 부여제도를 폐지와 관련, 현재 자격부여요건을 충족한 자와 그렇지 못한 자 사이에는 단지 근무기간에 있어서의 양적인 차이만 존재할 뿐 본질적인 차이는 없고, 세무사자격 부여제도의 폐지와 관련된 조항의 시행일만을 2001. 1. 1.로 늦추어 1년의 유예기간을 두고 있는 것 자체가 합리적 근거 없는 자의적 조치이므로, 위 부칙조항은 합리적인 이유 없이, 자의적으로 설정된 기준을 토대로 위 부칙조항의 적용대상자와 그렇지 못한 자를 차별취급하는 것으로서 평등의 원칙에 위반된다. 14 변호사 O | X

> (1) 청구인들의 **세무사자격 부여에 대한 신뢰**는 보호할 필요성이 있는 **합리적이고도 정당한 신뢰**라 할 것이고, 개정법 제3조 등의 개정으로 말미암아 청구인들이 입게 된 불이익의 정도, 즉 신뢰이익의 침해정도는 중대하다고 아니할 수 없는 반면, 청구인들의 신뢰이익을 침해함으로써 **일반응시자와의 형평을 제고한다는** 공익은 위와 같은 신뢰이익 제한을 헌법적으로 **정당화할 만한 사유라고 보기 어렵다.** 그러므로 기존 **국세관련 경력공무원 중 일부에게만 구법 규정을 적용하여 세무사자격이 부여되도록 규정한 위 세무사법 부칙 제3항은** 충분한 공익적 목적이 인정되지 아니함에도 청구인들의 **기대가치 내지 신뢰이익을 과도하게 침해한 것으로서 헌법에 위반된다**(헌재 2001. 9. 27. 2000헌마152).
>
> (2) 2000. 12. 31. 현재 자격부여요건을 충족한 자와 그렇지 못한 청구인들 사이에는 단지 근무기간에 있어서의 양적인 차이만 존재할 뿐, 본질적인 차이는 없고, 세무사자격 부여제도의 폐지와 관련된 조항의 시행일만을 2001. 1. 1.로 늦추어 1년의 유예기간을 두고 있는 것 자체가 합리적 근거 없는 자의적 조치이므로, **위 부칙조항은** 합리적인 이유 없이, 자의적으로 설정된 기준을 토대로 **위 부칙조항의 적용대상자와 청구인들을 차별취급**하는 것으로서 **평등의 원칙에도 위반된다**(헌재 2001. 9. 27. 2000헌마152).

정답 510. ○   511. ○   511-1. ○

0512 국세관련 경력공무원에 대한 세무사자격 부여제도를 폐지한 것은 경력공무원에 대한 특혜시비를 완화하면서 아울러 일반응시자들과의 형평을 도모하려는 공익적인 목적을 갖는 것으로서 그 목적의 정당성은 인정된다 할 것이다. 14 변호사 ○ | ×

0512-1 구법상의 자격부여요건을 갖춘 세무공무원 경력자는 국세업무전반에 걸친 폭넓은 이해와 세무법률관계에 관한 실무적·이론적 지식을 갖추고 있으며, 이들이 갖추고 있는 능력과 지식은 행정실무적 능력뿐 아니라 법률제도에 대한 기본적인 소양이나 세법에 대한 이론적인 지식이 필요한 세무사업무의 수행에 적합하다는 점에서 세무사자격을 부여하는 데에 합리적인 이유가 있으므로 이를 고려하지 않고 국세관련 경력공무원에 대하여 세무사자격을 부여하지 않도록 개정된 세무사법 제3조는 과잉금지원칙에 위배되어 직업선택의 자유를 침해한다. 14 변호사 ○ | ×

이 사건 법률조항에 의하여 국세관련 경력공무원에 대한 세무사자격 부여제도를 폐지한 것은 경력공무원에 대한 특혜시비를 완화하면서 아울러 일반응시자들과의 형평을 도모하려는 공익적인 목적을 갖는 것으로서 그 **목적의 정당성은 인정**된다 할 것이다. … 이 사건 법률조항이 국세관련 경력공무원에게 세무사자격을 부여하지 않는 것이 반드시 재량의 범위를 넘어 명백히 불합리하다고 할 수는 없으므로, 이 사건 법률조항은 청구인들의 **직업선택의 자유를 침해하는 것이 아니다**(헌재 2001. 9. 27. 2000헌마152).

0513 특허청 경력공무원에 대하여 변리사자격을 부여해왔던 「변리사법」을 개정하여, 기존 특허청 공무원 중 일부에게만 구법을 적용하여 변리사자격을 부여하도록 한 「변리사법」 부칙 제3항은 신뢰보호원칙에 위배된다. 13 법원 9 ○ | ×

기존 특허청 경력공무원 중 **일부에게만 구법 규정을 적용하여 변리사자격이 부여되도록** 규정한 「변리사법」 부칙 제3항은 충분한 공익적 목적이 인정되지 아니함에도 청구인들의 **기대가치 내지 신뢰이익을 과도하게 침해**한 것으로서 헌법에 위반된다(헌재 2001. 9. 27. 2000헌마208).

0514 사법연수원의 소정 과정을 마치더라도 바로 판사임용자격을 취득할 수 없고 일정 기간 이상의 법조경력을 갖추어야 판사로 임용될 수 있도록 한 「법원조직법」 개정조항의 시행일 및 그 경과조치에 관한 부칙은, 동법 개정 시점에 이미 사법연수원에 입소하여 사법연수생의 신분을 가지고 있었던 자가 사법연수원을 수료하는 해의 판사 임용에 지원하는 경우에 적용되는 한 신뢰보호의 원칙에 위반된다. 22 경정 ○ | ×

0514-1 판사임용요건으로서 10년 이상의 법조경력을 요구하는 개정 법원조직법 제42조 제2항에 관한 경과조치 규정인 부칙 제2조가 법 개정 당시 이미 사법연수원에 입소한 사람들에게 적용되는 것은 신뢰보호의 원칙에 반하여 공무담임권을 침해한다. 17 법원 9 ○ | ×

이 사건 심판대상 조항은 이 사건 법원조직법 개정 시점인 2011. 7. 18. 당시에 **이미 사법연수원에 입소**하여 사법연수생의 신분을 가지고 있었던 자가 사법연수원을 수료하는 해의 **판사 임용에 지원하는 경우에 적용되는** 한 **신뢰보호원칙에 반하여 청구인들의 공무담임권을 침해한다**(헌재 2012. 11. 29. 2011헌마786 등).

0515 지방고시의 최종시험일을 예년과 달리 연도말로 정함으로써 전년도 공무원 채용을 위한 제1차 시험에 합격한 청구인의 연령이 응시상한연령을 5일 초과하게 하여 청구인이 2차 시험에 응시할 수 있는 자격을 박탈한 것은 청구인의 정당한 신뢰를 해한 것이다. 17 국회 9 ○ | ×

● 정답 512. ○   512-1. ×[직업선택의 자유 침해 ×]   513. ○   514. ○   514-1. ○   515. ○

1998년도 제4회 지방고등고시 제1차 시험에 합격한 청구인은 1965. 12. 10.생으로서 1999년도 제5회 지방고등고시에는 그 응시 상한연령(33세)에 달하게 되나 과거에 한 번도 연말에 최종시험이 실시된 적이 없어 제5회 지방고등고시 제2차 시험의 응시자격이 있을 것으로 신뢰한 것은 정당하다고 할 것이므로, 피청구인이 제5회 지방고등고시 시행계획을 공고하면서 그 최종시험시행일을 **예년과 달리 연도말인 1999. 12. 14.로 정함으로써** 청구인의 연령이 **응시상한연령을 5일 초과**하게 하여 청구인이 **제2차 시험에 응시할 수 있는 자격을 박탈**한 것은 청구인의 **정당한 신뢰를 해한 것일 뿐** 아니라, 법치주의의 한 요청인 예측가능성의 보장을 위반 하여 청구인의 공무담임권을 침해한 것에 해당한다(헌재 2000. 1. 27. 99헌마123).

0516 변리사 제1, 2차 시험을 종전의 '절대평가제'에서 '상대평가제'로 전환하는 내용의 변리사법 시행령 조항을 즉시 시행함으로 인한 수험생들의 신뢰이익 침해는 공익적 목적을 고려하더라도 정당화될 수 없을 정도로 과도하므로, 위 조항을 즉시 2002년의 변리사 제1차 시험에 대하여 시행하도록 그 시행시기를 정한 개정 시행령 부칙 부분은 헌법에 위반되어 무효이다. 20 법원 9   O | X

합리적이고 정당한 신뢰에 기하여 절대평가제가 요구하는 합격기준에 맞추어 시험준비를 한 수험생들은 <U>제1차 시험 실시를 불과 2개월밖에 남겨놓지 않은 시점에서 개정 시행령의 즉시 시행으로 합격기준이 변경됨으로 인하여 시험준비에 막대한 차질을 입게 되어 위 신뢰가 크게 손상되었고, 특히 절대평가제에 의한 합격기준인 매 과목 40점 및 전과목 평균 60점 이상을 득점하고도 불합격 처분을 받은 수험생들의 신뢰이익은 그 침해된 정도가 극심하며, … 결국 개정 시행령의 즉시 시행으로 인한 수험생들의 신뢰이익 침해는 개정 시행령의 즉시 시행에 의하여 달성하려는 공익적 목적을 고려하더라도 정당화될 수 없을 정도로 과도하다.</U> … 따라서 변리사 제1차 시험의 **상대평가제를 규정한 개정 시행령 제4조 제1항**을 2002년의 제1차 시험에 시행하는 것은 헌법상 신뢰보호의 원칙에 비추어 허용될 수 없으므로, 개정 시행령 부칙 중 제4조 제1항을 **즉시 2002년의 변리사 제1차 시험에 대하여 시행하도록 그 시행시기를 정한 부분**은 헌법에 위반되어 **무효**이다(대판 2006. 11. 16. 2003두12899).

0517 「택지소유상한에 관한 법률」이 택지를 소유하게 된 경우나 그 목적 여하에 관계 없이 법 시행 이전부터 택지를 소유하고 있는 개인에 대하여 일률적으로 소유상한을 적용하도록 한 것은, 입법목적을 달성하기 위하여 필요한 정도를 넘어 과도하게 침해하는 것이자 신뢰보호의 원칙 및 평등원칙에 위반되는 것이다.
18 국회 8   O | X

0517-1 특별시·광역시에 있어서 택지의 소유상한을 200평으로 정한 것은 비례성의 원칙에 위반된다. 09 국가 7   O | X

택지는 소유자의 주거장소로서 그의 행복추구권 및 인간의 존엄성의 실현에 불가결하고 중대한 의미를 가지는 경우에는 단순히 부동 산투기의 대상이 되는 경우와는 헌법적으로 달리 평가되어야 하고, 신뢰보호의 기능을 수행하는 재산권 보장의 원칙에 의하여 보다 더 강한 보호를 필요로 하는 것이므로, 택지를 소유하게 된 경우나 그 목적 여하에 관계 없이 **법 시행 이전부터 택지를 소유**하고 있는 개인에 대하여 **일률적으로 소유상한을 적용**하도록 한 것은, 입법목적을 달성하기 위하여 필요한 정도를 넘는 **과도한 침해**이자 **신뢰보호의 원칙 및 평등원칙에 위반**된다(헌재 1999. 4. 29. 94헌바37 등).

0518 토양오염관리대상시설을 양수한 자를 양수시기에 관계없이 오염원인자로 보도록 한 구「토양환경보 전법」 제10조의3 제3항 제3호는 신뢰보호원칙에 위배된다. 17 입시   O | X

이 사건 오염원인자조항은 예측하기 곤란한 중대한 제약을 사후적으로 가하고 있으면서도, 그로 인한 침해를 최소화 할 다른 제도적 수단을 마련하고 있지 않으므로, 이 사건 오염원인자조항이 2002. 1. 1. 이전에 이루어진 토양오염관리대상시설의 양수에 대해서 **무제한적으로 적용되는 경우**에는 이 사건 오염원인자조항이 추구하는 공익만으로는 **신뢰이익에 대한 침해를 정당화하기 어렵다**(헌재 2012. 8. 23. 2010헌바28).

●정답 516. ○ 517. ○ 517-1. ○ 518. ○

0519 공무원의 퇴직연금 지급개시연령을 제한한 구 공무원연금법은 현재 공무원으로 재직 중인 자가 퇴직하는 경우 장차 받게 될 퇴직연금의 지급시기를 변경한 것으로서 입법목적으로 달성하고자 하는 연금재정 안정 등의 공익이 손상되는 신뢰에 비해 우월하다고 할 것이므로 신뢰보호원칙에 위배된다고 볼 수 없다. 18 경정 O│X

이 사건 법률조항들은 현재 공무원으로 재직 중인 자가 퇴직하는 경우 장차 받게 될 퇴직연금의 지급시기를 변경한 것으로, 아직 완성되지 아니한 사실 또는 법률관계를 규율대상으로 하는 부진정소급입법에 해당되는 것이어서 원칙적으로 허용되고, 입법목적으로 달성하고자 하는 연금재정 안정 등의 공익이 손상되는 신뢰에 비하여 우월하다고 할 것이어서 신뢰보호원칙에 위배된다고 볼 수 없다. 따라서 이 사건 법률조항들은 공무원의 재산권을 침해하지 아니한다(헌재 2015. 12. 23. 2013헌바259).

0520 「군인연금법」상 퇴역연금 등의 급여액 산정의 기초를 종전의 '퇴직 당시의 보수월액'에서 '평균보수월액'으로 변경한 경우 신뢰보호원칙에 위배된다. 13 법원 9 O│X

종래의 법적 상태의 존속을 신뢰한 청구인들에 대한 신뢰보호만이 문제될 뿐인데, 퇴역연금의 산정을 평균보수월액에 기초하도록 개정한 것은 종국적으로 군인연금재정의 악화를 개선하여 연금제도의 유지·존속을 도모하려는 데에 목적이 있고, 그와 같은 입법목적의 공익적 가치는 매우 크다고 하지 않을 수 없으므로 신뢰보호의 원칙에 위배된다고 보기 어렵다(헌재 2003. 9. 25. 2001헌마94).

0521 「군인연금법」상 퇴역연금 수급권자가 「사립학교교직원 연금법」 제3조의 학교기관으로부터 보수 기타 급여를 지급받는 경우에는 대통령령이 정하는 바에 따라 퇴역연금의 전부 또는 일부의 지급을 정지할 수 있도록 하는 것은 신뢰보호원칙에 위반되지 않는다. 20 경정, 18 지방 7 O│X

이 사건 정지조항을 통하여 기존의 연금수급자들에 대한 퇴역연금의 지급을 정지함으로써 달성하려는 공익은 군인연금 재정의 악화를 개선하여 이를 유지·존속하려는 데에 있는 것으로, 그와 같은 공익적인 가치는 매우 크다 하지 않을 수 없다. … 그렇다면 보호해야 할 연금수급자의 신뢰의 가치는 그리 크지 않은 반면, 군인연금 재정의 파탄을 막고 군인연금제도를 건실하게 유지하려는 공익적 가치는 긴급하고 또한 중요한 것이므로, 이 사건 정지조항이 헌법상 신뢰보호의 원칙에 위반된다고 할 수 없다(헌재 2007. 10. 25. 2005헌바68).

0522 무기징역의 집행 중에 있는 자의 가석방 요건을 종전의 '10년 이상'에서 '20년 이상' 형 집행 경과로 강화한 개정 「형법」 조항을 「형법」 개정 당시에 이미 수용 중인 사람에게도 적용하는 「형법」 부칙 규정은 신뢰보호원칙에 위배되지 아니한다. 22 지방 7, 20 국회 9 O│X

0522-1 무기징역의 집행 중에 있는 자의 가석방 요건을 종전의 '10년 이상'에서 '20년 이상' 형 집행 경과로 강화한 개정 「형법」 조항을 「형법」 개정 시에 이미 수용 중인 사람에게도 적용하는 것은 가석방을 기대하고 있던 수형자가 국가 공권력에 대해 가지고 있던 적법한 신뢰를 보호하지 않는 것으로서 신뢰보호의 원칙에 위반된다. 22 경정 O│X

수형자가 형법에 규정된 형 집행경과기간 요건을 갖춘 것만으로 가석방을 요구할 권리를 취득하는 것은 아니므로, 10년간 수용되어 있으면 가석방 적격심사 대상자로 선정될 수 있었던 구 형법 제72조 제1항에 대한 청구인의 신뢰를 헌법상 권리로 보호할 필요성이 있다고 할 수 없다. … 그렇다면 죄질이 더 무거운 무기징역형을 선고받은 수형자를 가석방할 수 있는 형 집행 경과기간이 개정 형법 시행 후에 유기징역형을 선고받은 수형자의 경우와 같거나 오히려 더 짧게 되는 불합리한 결과를 방지하고, 사회를 방위하기 위한 이 사건 부칙조항이 신뢰보호원칙에 위배되어 청구인의 신체의 자유를 침해한다고 볼 수 없다(헌재 2013. 8. 29. 2011헌마408).

정답 519. O   520. X [신뢰보호원칙 위배 X]   521. O   522. O   522-1. X [신뢰보호원칙 위배 X]

0523 전부개정된 「성폭력범죄의 처벌에 관한 특례법」 시행 전에 행하여졌으나 아직 공소시효가 완성되지 아니한 성폭력범죄에 대해서도 공소시효의 정지·배제조항을 적용하는 「성폭력범죄의 처벌에 관한 특례법」 조항은 신뢰보호원칙에 위반되지 않는다. 23 경간   O | X

제2심판대상조항은 대처능력이 현저히 미약하여 범행대상이 되기 쉽고 범행에 따른 피해의 정도도 더 큰 13세 미만의 사람에 대한 강제추행 등 죄질이 매우 나쁜 성폭력범죄에 대해서는 가해자가 살아있는 한 처벌할 수 있도록 하고, 미성년자에 대한 성폭력범죄에 대해서도 그 특수성을 고려하여 피해자인 미성년자가 성년이 되었을 때부터 공소시효를 진행하게 하는 조항을 그 시행 전에 이루어진 사건에도 적용하여 형사처벌의 가능성을 연장함으로써, 그 범죄로 인해 훼손된 불법적인 상태를 바로잡아 실체적 정의를 실현하는 것을 그 목적으로 한다. 제2심판대상조항이 형사소송법의 공소시효에 관한 조항의 적용을 배제하고 새롭게 규정된 조항을 적용하도록 하였다고 하더라도, 이로 인하여 제한되는 <u>성폭력 가해자의 신뢰이익</u>이 공익에 우선하여 특별히 헌법적으로 보호해야 할 가치나 <u>필요성이 있다고 보기 어렵다.</u> 따라서 제2심판대상조항은 <u>신뢰보호원칙에 반한다고 할 수 없다</u>(헌재 2021. 6. 24. 2018헌바457).

0524 세무당국에 사업자등록을 하고 운전교습업을 영위해오던 운전교습업자라도 「도로교통법」상의 운전학원으로 등록하지 아니하면 운전교육행위를 할 수 없도록 한 것은 신뢰보호의 원칙에 위배되지 않는다. 20 국회 9   O | X

0524-1 세무당국에 사업자등록을 하고 운전교습에 종사해 왔음에도 불구하고, 자동차운전학원으로 등록한 경우에만 자동차운전교습업을 영위할 수 있도록 법률을 개정하는 것은 신뢰보호의 원칙에 반하여 헌법에 위배된다. 15 경정   O | X

이 사건 법률조항은 일정한 직업과 행위를 금지하거나 제한하는 것일 뿐, 이러한 직업활동의 수행이나 행위로 인하여 얻은 구체적인 재산에 대한 사용·수익 및 처분권한을 제한하는 것은 결코 아니라고 할 것이고, 청구인들이 비록 세무당국에 사업자등록을 하고 운전교습업에 종사하였다고 하더라도, <u>사업자등록은 과세행정상의 편의를 위하여 납세자의 인적사항 등을 공부에 등재하는 행위에 불과하므로 운전교습업의 계속에 대하여 국가가 신뢰를 부여하였다고 보기도 어렵다.</u> … 따라서 신뢰보호의 전제가 되는 선행하는 법적 상태에 대한 신뢰 자체를 인정할 수 없는 <u>이 사건에 있어 신뢰보호원칙에 위배하여 청구인들의 재산권과 직업의 자유를 침해하였다는 청구인들의 주장 역시, 더 나아가 살필 필요도 없이 이유없다</u>(헌재 2003. 9. 25. 2001헌마447 등).

0525 외국에서 치과대학을 졸업한 대한민국 국민이 국내 치과의사 면허시험에 응시하기 위해서는 기존의 응시요건에 추가하여 새로이 예비시험에 합격할 것을 요건으로 규정한 「의료법」의 '예비시험' 조항은 외국에서 치과대학을 졸업한 국민들이 가지는 합리적 기대를 저버리는 것으로서 신뢰보호의 원칙상 허용되지 아니한다. 22 경정   O | X

이러한 사정들과 국민의 건강보호를 위하여 외국대학 졸업자의 지적·임상적 능력에 대한 최소한의 검증과 평가가 필요하다는 공익상의 이유가 존재하는 점, 예비시험의 구체적인 내용이 국가시험의 범위와 정도를 넘지 않고 외국대학 졸업자의 국내 적응능력을 검증하는 정도의 수준에 머무르는 점, 통계적인 결과이기는 하지만 외국대학 졸업자가 국가시험에 약 4.32회 응시하면 충분히 합격할 수 있는 점 등을 종합적으로 고려할 때, 청구인들에게 주어진 3년의 유예기간은 법률의 개정으로 인한 상황변화에 적절히 대처하기에 지나치게 짧은 것이라고 볼 수 없으므로 이 사건 법률조항은 청구인들의 신뢰이익을 충분히 고려하고 있다고 볼 것이다. … 그렇다면 <u>이 사건 법률조항은 청구인들의 신뢰이익을 충분히 고려하고 있다고 할 것이므로 신뢰보호원칙에 위배된다고 할 수 없다</u>(헌재 2006. 4. 27. 2005헌마406).

정답 523. O 524. O 524-1. X [신뢰보호원칙 위반 X] 525. X [신뢰보호원칙 위배 X]

0526 '개성공단의 정상화를 위한 합의서'에는 국내법과 동일한 법적 구속력을 인정하기 어렵고, 과거 사례 등에 비추어 개성공단의 중단 가능성은 충분히 예상할 수 있었으므로, 개성공단 전면 중단 조치는 신뢰보호원칙을 위반하여 개성공단 투자기업인 청구인들의 영업의 자유와 재산권을 침해하지 아니한다. 22 경찰 2차 O|X

0526-1 개성공단 전면중단 조치는 공익 목적을 위하여 개별적·구체적으로 형성된 구체적인 재산권의 이용을 제한하는 공용 제한이므로, 이에 대한 정당한 보상이 지급되지 않았다면, 그 조치는 헌법 제23조 제3항을 위반하여 개성공단 투자기업인들의 재산권을 침해한 것이다. 24 입시 O|X

(1) '개성공단의 정상화를 위한 합의서'에는 국내법과 동일한 법적 구속력을 인정하기 어렵고, 과거 사례 등에 비추어 개성공단의 중단 가능성은 충분히 예상할 수 있었으므로, 개성공단 전면중단 조치는 신뢰보호원칙을 위반하여 개성공단 투자기업인 청구인들의 영업의 자유와 재산권을 침해하지 아니한다(헌재 2022. 1. 27. 2016헌마364).

(2) 개성공단 전면중단 조치는 공익 목적을 위하여 개별적·구체적으로 형성된 구체적인 재산권의 이용을 제한하는 공용 제한이 아니므로, 이에 대한 정당한 보상이 지급되지 않았다고 하더라도, 그 조치가 헌법 제23조 제3항을 위반하여 개성공단 투자기업인 청구인들의 재산권을 침해한 것으로 볼 수 없다(헌재 2022. 1. 27. 2016헌마364).

0527 위법건축물에 대하여 이행강제금을 부과하도록 하면서 이행강제금제도 도입 전의 위법건축물에 대하여도 이행강제금제도 적용의 예외를 두지 아니한 것은 신뢰보호원칙에 위반되지 않는다. 23 경간 O|X

0527-1 위법건축물에 대하여 이행강제금을 부과하도록 하면서 이행강제금제도 도입 전의 위법건축물에 대하여도 이행강제금제도 적용의 예외를 두지 아니한 것은 신뢰보호원칙에 위배된다. 23 해경, 16 서울 7 O|X

위법건축물에 대하여 종전처럼 과태료만이 부과될 것이라고 기대한 신뢰는 제도상의 공백에 따른 반사적인 이익에 불과하여 그 보호가치가 그리 크지 않은데다가, 이미 이행강제금 도입으로 인한 국민의 혼란이나 부담도 많이 줄어든 상태인 반면, 이행강제금제도 도입 전의 위법건축물이라 하더라도 이행강제금을 부과함으로써 위법상태를 치유하여 건축물의 안전, 기능, 미관을 증진하여야 한다는 공익적 필요는 중대하다 할 것이다. 따라서 이 사건 부칙조항은 신뢰보호원칙에 위배된다고 볼 수 없다(헌재 2015. 10. 21. 2013헌바248).

0528 실종기간이 구법 시행기간 중에 만료되는 때에도 그 실종이 개정「민법」시행일 후에 선고된 때에는 상속에 관하여 개정「민법」의 규정을 적용하도록 한「민법」부칙의 조항은 재산권 보장에 관한 신뢰보호원칙에 위배된다고 볼 수 없다. 22 경찰 1차 O|X

상속제도나 상속권의 내용은 입법 정책적으로 결정하여야 할 사항으로서 원칙적으로 입법형성의 영역에 속하고, 부재자의 참여 없이 진행되는 실종선고 심판절차에서 법원으로서는 실종 여부나 실종이 된 시기 등에 대하여 청구인의 주장과 청구인이 제출한 소명자료를 기초로 실종 여부나 실종기간의 기산일을 판단하게 되는 측면이 있는바, 이로 인하여 발생할 수 있는 상속인의 범위나 상속분 등의 변경에 따른 법률관계의 불안정을 제거하여 법적 안정성을 추구하고, 실질적으로 남녀 간 공평한 상속이 가능하도록 개정된 민법상의 상속규정을 개정민법 시행 후 실종이 선고되는 부재자에게까지 확대 적용함으로써 얻는 공익이 매우 크므로, 심판대상조항은 신뢰보호원칙에 위배하여 재산권을 침해하지 아니한다(헌재 2016. 10. 27. 2015헌바203 등).

정답 526. O   526-1. X [공용 제한 아님, 재산권 침해 아님]   527. O   527-1. X [신뢰보호원칙 위배 X]   528. O

0529 광명시가 고등학교 비평준화 지역으로 남아 있을 것이라는 신뢰는 헌법상 보호하여야 할 가치나 필요성이 있다고 보기 어려우며, 교육감이 추첨에 의하여 고등학교를 배정하는 지역에 광명시를 포함시킨 것은 신뢰보호원칙에 위반되지 아니한다. 16 국가 7 O | X

한 지역의 고교평준화 여부는 그 지역의 실정과 주민의 의사에 따라 탄력적으로 운용할 필요성이 있어 광명시가 비평준화 지역으로 남아 있을 것이라는 청구인들의 신뢰는 헌법상 보호하여야 할 가치나 필요성이 있다고 보기 어렵고, … 청구인들의 신뢰가 공익보다 크다고 볼 수도 없으므로, 이 사건 조례조항은 <u>신뢰보호의 원칙에 위반되지 아니하며</u> 청구인들의 학교선택권을 침해한다고 할 수 없다(헌재 2012. 11. 29. 2011헌마827).

0530 종합생활기록부에 의하여 절대평가와 상대평가를 병행, 활용하도록 한 교육부장관 지침(종합생활기록부제도개선보완시행지침, 1996. 8. 7.)은 교육개혁위원회의 교육개혁방안에 따라 절대평가가 이루어질 것으로 믿고 특수목적고등학교에 입학한 학생들의 신뢰이익을 침해하였다고 볼 수 없다. 22 해경. 17 경정 O | X

청구인들이 이른바 특수목적고등학교인 외국어고등학교에 입학하기 위하여 원서를 제출할 당시 시행되었던 종합생활기록부 제도는 처음부터 절대평가와 상대평가를 예정하고 있었고, 대학입학전형에 있어서 학생부를 절대평가방법으로 활용할 것인가 상대평가방법으로 활용할 것인가 등 그 반영방법도 대학의 자율에 일임되어 있었다. 따라서 그 이후 공표된 이 사건 제도개선보완시행지침은 1999학년도까지 대입전형자료로 절대평가와 상대평가를 병행하도록 하고 다만 종전 종합생활기록부제도의 문제점을 보완하기 위하여 과목별 석차의 기록방법 등 세부적인 사항을 개선, 변경한 데 불과하므로 <u>이로 인하여 청구인들의 헌법상 보호할 가치가 있는 신뢰가 침해되었다고 볼 수 없다</u>(헌재 1997. 7. 16. 97헌마38).

0531 의무사관후보생의 병적에서 제외된 사람의 징집면제연령을 31세에서 36세로 상향 조정한 「병역법」 규정은 신뢰보호원칙에 위반되는 것이다. 15 서울 7 O | X

입법자는 병무행정에서의 형평성 논란 등을 불식시키고 궁극적으로 국군의 적정한 전투력 유지에 악영향을 미칠 수 있는 요소를 제거하기 위하여 위와 같이 법률을 개정한 것으로 보이고, 따라서 법률의 개정으로 인하여 달성하려는 공익은 이로 인하여 받을 청구인의 불이익에 비하여 훨씬 더 크다고 할 것이다. 이상 살펴본 바와 같이 청구인과 같이 종전 법률의 적용을 받던 개인의 신뢰이익의 보호가치, 그 신뢰이익의 침해정도, 신뢰이익의 보호를 고려한 경과조치의 존재, 법률 개정을 통하여 실현하고자 하는 공익목적의 중요성 등을 종합적으로 고려할 때 이 사건 법률조항은 <u>헌법상의 신뢰보호원칙에 위배된다고 볼 수 없다</u>(헌재 2002. 11. 28. 2002헌바45).

0532 1953년부터 시행된 "교사의 신규채용에 있어서는 국립 또는 공립 교육대학·사범대학의 졸업자를 우선하여 채용하여야 한다."라는 「교육공무원법」 조항에 대한 헌법재판소의 위헌결정에도 불구하고 헌법재판소의 위헌결정 당시의 국·공립사범대학 등의 재학생과 졸업자의 신뢰는 보호되어야 하므로, 입법자가 위헌법률에 기초한 이들의 신뢰이익을 보호하기 위한 법률을 제정하지 않은 부작위는 헌법에 위배된다. 20 경정. 19 변호사 O | X

이러한 신뢰이익은 위헌적 법률의 존속에 관한 것에 불과하여 위헌인 상태를 제거해야 할 법치국가적 공익과 비교형량해 보면 공익이 신뢰이익에 대하여 원칙적인 우위를 차지하기 때문에 합헌인 법률에 기초한 신뢰이익과 동일한 정도의 보호, 즉 "헌법에서 유래하는 국가의 보호의무"까지는 요청할 수는 없다. 즉 미임용자들이, 위헌적 법률에 기초한 신뢰이익이 보호되지 않는다는 이유를 들어 교육공무원의 공개전형을 통한 선발을 규정한 <u>현행 교육공무원법을 위헌</u>이라고 하거나, 위헌적 법률에 기초한 신뢰이익을 보장하기 위한 <u>법률을 제정하지 않은 부작위를 위헌</u>이라고 주장할 수는 <u>없는 것이다</u>(헌재 2006. 3. 30. 2005헌마598).

● 정답 529. O   530. O   531. X [신뢰보호원칙 위반 X]   532. X [헌법에 위배 X]

2 유예기간이 있는 경우

0533 수급권자 자신이 종전에 지급받던 평균임금을 기초로 산정된 장해보상연금을 수령하고 있던 수급권자에게, 실제의 평균임금이 노동부장관이 고시한 한도금액 이상일 경우 그 한도금액을 실제임금으로 의제하는 내용으로 신설된 최고보상제도를, 2년 6개월의 유예기간 후 적용하는 「산업재해보상보험법」 부칙 조항이 신뢰보호원칙에 위배된다. 15 변호사 O|X

0533-1 「산업재해보상보험법」 개정을 통하여 최고보상제도를 신설하고, 개정법 시행 전에 장해사유가 발생하여 이미 장해보상연금을 수령하고 있던 수급권자에게도 감액된 보상연금을 지급하도록 하더라도, 2년 6개월의 경과기간 동안 구법을 적용한 후 일률적이고 전면적으로 최고보상제도를 적용하도록 하였다면 신뢰보호원칙에 위배되지 않는다. 24 경찰 1차 O|X

장해급여제도에 사회보장 수급권으로서의 성격도 있는 이상 소득재분배의 도모나 새로운 산재보상사업의 확대를 위한 자금마련의 목적으로 최고보상제를 도입하는 것 자체는 입법자의 결단으로서 형성적 재량권의 범위 내에 있다고 보더라도, 그러한 입법자의 결단은 **최고보상제도 시행 이후에 산재를 입는 근로자들**부터 적용될 수 있을 뿐, **제도 시행 이전에 이미 재해를 입고 산재보상수급권이 확정적으로 발생**한 청구인들에 대하여 그 수급권의 내용을 일시에 급격히 변경하여 가면서까지 **적용할 수 있는 것은 아니라고 보아야 할 것**이다. 따라서, 심판대상조항은 **신뢰보호의 원칙에 위배**하여 청구인들의 재산권을 침해하는 것으로서 헌법에 위반된다(헌재 2009. 5. 28. 2005헌바20 등).

0534 1년 이상의 유예기간을 두고 기존에 자유업종이었던 인터넷컴퓨터게임시설제공업에 대하여 등록제를 도입하고 등록하지 않으면 영업을 할 수 없도록 하는 것은 신뢰보호의 원칙에 위배된다고 할 수 없다. 13 변호사 O|X

이 사건 법률조항을 시행함에 있어 청구인들에게 주어진 2007. 4. 20.부터 2008. 5. 17.까지 **1년 이상의 유예기간**은 법개정으로 인한 상황변화에 적절히 대처하기에 지나치게 짧은 것이라고 할 수 없다. 따라서 '게임산업진흥에 관한 법률'은 부칙의 경과규정을 통하여 종전부터 PC방 영업을 영위하여 온 청구인들을 비롯한 인터넷컴퓨터게임시설제공업자의 **신뢰이익을 충분히 고려**하고 있으므로, 이 사건 법률조항이 **신뢰보호의 원칙에 위배된다고 할 수 없다**(헌재 2009. 9. 24. 2009헌바28).

0535 폐기물재생처리업을 허가제로 하도록 법률을 개정하면서 종전 규정에 의하여 폐기물재생처리 신고를 한 자는 이 법 시행일로부터 1년 이내에 허가를 받도록 한 것은 신뢰보호를 위한 경과조치를 규정하고 있고 그 유예기간이 지나치게 짧은 것이라 할 수 없으므로 신뢰보호위반이 아니다. 17 국회 9 O|X

위 법률조항은 종전의 규정에 의한 폐기물재생처리신고업자가 법개정으로 인한 상황변화에 적절히 대처할 수 있도록 상당한 유예기간을 두고 있고, 그 기간은 2000. 7. 1. 대통령령 제16891호로 개정된 도시계획법시행령 부칙 제3조에 의하여 도시계획결정에 관한 새로운 유예기간이 추가된 점에 비추어 볼 때 지나치게 짧은 것이라고 할 수 없으므로, **위 법률조항은 종전의 규정에 의한 폐기물재생처리신고업자의 신뢰이익을 충분히 보호**하고 있는 것으로서 과잉금지의 원칙에 위반하여 청구인들의 직업결정의 자유를 침해하는 것이라고 볼 수 없다(헌재 2000. 7. 20. 99헌마452).

정답 533. O 533-1. X [신뢰보호원칙 위배] 534. O 535. O

0536 PC방 전체를 금연구역으로 지정하고 부칙조항을 통해 공포 후 2년이 경과한 날부터 시행하도록 유예한 「국민건강증진법」은 신뢰보호원칙에 위반되지 아니한다. 16 국가 7 O|X

0536-1 PC방 전체를 금연구역으로 지정하도록 한 「국민건강증진법」 제9조 제4항 제23호 중 인터넷컴퓨터게임시설제공업소 부분 및 2년의 유예기간을 규정한 부칙 제1조 단서는 신뢰보호원칙에 위배된다. 17 입시 O|X

청구인들은 현재 시행되고 있는 금연·흡연구역의 분리가 지속적으로 유지되지 아니하고 언젠가는 전면금연구역으로 전환되리라는 것을 예측할 수 있었다고 보이고, … 이 사건 부칙조항이 이 사건 금연구역조항의 시행을 유예한 2년의 기간은 법 개정으로 인해 변화된 상황에 적절히 대처하는 데 있어 지나치게 짧은 기간이라 볼 수 없으므로, 이 사건 금연구역조항과 부칙조항은 **신뢰보호원칙에 위배되지 않는다**(헌재 2013. 6. 27. 2011헌마315 등).

0537 한약사제도를 신설하면서 그 이전부터 한약을 조제해온 약사들의 한약조제를 금지하면서 향후 2년간만 한약을 제조할 수 있도록 한 「약사법」의 경과규정은 신뢰보호원칙에 위배된다. 13 법원 9 O|X

한약사제도를 신설하면서 그 이전부터 **한약을 조제하여 온 약사**에게 **향후 2년간만 한약을 조제**할 수 있도록 하고 있는 「약사법」 부칙 규정은 **신뢰보호원칙에 위배되지 않는다**(헌재 1997. 11. 27. 97헌바10).

0538 「교육공무원법」에 의해 대학에서 복수전공이나 부전공과 같이 2 이상의 전공을 한 사람에게 교육공무원의 채용에서 가산점을 주던 제도를 폐지하면서 차후 적용시한을 3년으로 정한 것은 신뢰보호원칙에 위반되지 않는다. 12 지방 7 O|X

이 사건 부칙조항에 의한 청구인들의 신뢰이익의 침해 정도가 과중하다고 볼 수 없다. 그렇다면 응시자의 신뢰이익을 보호하기 위하여 가산점을 부여하되, 혜택을 받지 못하는 응시자들의 기본권을 보호하기 위하여 그 **적용시한을 규정**하고 있는 이 사건 부칙조항이 헌법상의 **신뢰보호원칙을 위배하였다고 볼 수 없다**(헌재 2009. 10. 29. 2008헌바77 등).

0539 종전의 법령에 따라 「학교보건법」의 학교환경위생정화구역(이하 '정화구역'이라 함) 내에서 노래연습장 영업을 적법하게 하였는데, 시행령의 변경으로 이미 설치되어 있던 노래연습장시설을 5년 이내에 폐쇄 또는 이전하도록 하는 것은 시행령 개정 이전부터 정화구역 내에서 노래연습장 영업을 적법하게 한 국민들의 신뢰를 해치는 것으로 이와 같은 시행령 조항은 법적 안정성과 신뢰보호원칙에 위배된다. 19 변호사 O|X

이 사건 시행령조항은, 위와 같은 청소년 학생의 보호라는 공익상의 필요에 의하여 학교환경위생정화구역 안에서의 노래연습장의 시설 영업을 금지하고서 이미 설치된 노래연습장시설을 폐쇄 또는 이전하도록 하면서 경제적 손실을 최소화할 수 있도록 1998. 12. 31.까지 약 5년간의 유예기간을 주는 한편 1994. 8. 31.까지 교육감 등의 인정을 받아 계속 영업을 할 수 있도록 경과조치를 하여, 청구인들의 법적 안정성과 신뢰보호를 위하여 상당한 배려를 하고 있으므로, **법적 안정성과 신뢰보호의 원칙에 어긋난다고 할 수 없다**(헌재 1999. 7. 22. 98헌마480 등).

정답 536. O　536-1. X [신뢰보호원칙 위배 X]　537. X [신뢰보호원칙 위배 X]　538. O　539. X [신뢰보호원칙 위배 X]

POINT 035 소급입법금지

01 진정소급입법 : 원칙 금지

0540 모든 국민은 소급입법에 의하여 참정권의 제한을 받거나 재산권을 박탈당하지 아니한다. 23 해간
O | X

0540-1 헌법 제13조 제2항에 의하면 모든 국민은 소급입법에 의하여 재산권의 제한을 받거나 참정권을 박탈당하지 아니한다. 23 경간
O | X

0540-2 모든 국민은 소급입법에 의하여 참정권의 제한을 받거나 재산권을 제한당하지 아니한다. 20 소간
O | X

> 헌법 제13조 ② 모든 국민은 **소급입법**에 의하여 **참정권의 제한**을 받거나 **재산권을 박탈**당하지 아니한다.

0541 과거의 사실관계 또는 법률관계를 규율하기 위한 소급입법의 태양에는 이미 과거에 완성된 사실·법률관계를 규율의 대상으로 하는 이른바 진정소급효의 입법과 이미 과거에 시작하였으나 아직 완성되지 아니하고 진행과정에 있는 사실·법률관계를 규율의 대상으로 하는 이른바 부진정소급효의 입법이 있다. 15 경정, 14 법원 9
O | X

과거의 사실관계 또는 법률관계를 규율하기 위한 소급입법의 태양에는 **이미 과거에 완성된 사실·법률관계를 규율의 대상으로 하는** 이른바 **진정소급효의 입법**과 이미 과거에 시작하였으나 **아직 완성되지 아니하고 진행과정에 있는 사실·법률관계를 규율의 대상으로 하는** 이른바 **부진정소급효의 입법**이 있다(헌재 1999. 4. 29. 94헌바37 등).

0542 소급입법은 신법이 이미 종료된 사실관계에 작용하는지 아니면 현재 진행중에 있는 사실관계에 작용하는지에 따라 '진정소급입법'과 '부진정소급입법'으로 구분되며, 헌법 제13조 제2항이 금지하고 있는 소급입법은 진정소급효를 가지는 법률만을 의미한다. 23 입시
O | X

0542-1 헌법 제13조 제2항이 금하고 있는 소급입법은, 이미 과거에 완성된 사실·법률관계를 규율의 대상으로 하는 이른바 진정소급효의 입법과 이미 과거에 시작하였으나 아직 완성되지 아니하고 진행과정에 있는 사실·법률관계를 규율의 대상으로 하는 이른바 부진정소급효의 입법을 모두 의미한다. 20 법원 9
O | X

헌법 제13조 제2항에서 "모든 국민은 소급입법에 의하여 …… 재산권을 박탈당하지 아니한다."라고 하여 소급입법에 의한 재산권의 박탈을 금지하고 있다. 과거의 사실관계 또는 법률관계를 규율하기 위한 소급입법의 태양에는 이미 과거에 완성된 사실·법률관계를 규율의 대상으로 하는 진정소급효의 입법과 이미 과거에 시작하였으나 아직 완성되지 아니하고 진행과정에 있는 사실·법률관계를 규율의 대상으로 하는 부진정소급효의 입법이 있다. **헌법 제13조 제2항이 금하고 있는 소급입법은 전자, 즉 진정소급효를 가지는 법률만을 의미**하며, 이에 반하여 후자, 즉 **부진정소급효의 입법은 원칙적으로 허용**된다(헌재 2008. 11. 27. 2005헌마161 등).

● 정답 540. O   540-1. X [재산권 ↔ 참정권 위치 바뀜]   540-2. X [재산권을 박탈]   541. O   542. O   542-1. X [소급입법금지 : 진정소급효 입법만 금지]

0543 일반적으로 소급입법의 태양에는 이미 과거에 완성된 사실 또는 법률관계를 규율의 대상으로 하는 진정소급입법과 이미 과거에 시작되었으나 아직 완성되지 아니하고 진행과정에 있는 사실 또는 법률관계를 규율대상으로 하는 부진정소급입법이 있고, 헌법 제13조 제2항에 의하여 소급입법에 의한 재산권의 박탈이 금지되는 것은 진정소급입법이다. 23 법무사 O | X

0543-1 소급입법에 의한 재산권의 박탈은 진정소급효의 입법, 부진정소급효의 입법 등 소급입법의 태양에 관계없이 원칙적으로 금지되고, 예외적으로 헌법적 정당성이 있는 경우에만 허용된다. 21 소간 O | X

일반적으로 소급입법의 태양에는 이미 과거에 완성된 사실 또는 법률관계를 규율의 대상으로 하는 **진정소급효의 입법**과 이미 과거에 시작되었으나 아직 완성되지 아니하고 진행과정에 있는 사실 또는 법률관계를 규율대상으로 하는 **부진정소급입법**이 있으며, **소급입법에 의한 재산권의 박탈이 금지**되는 것은 **진정소급효의 입법**이다(헌재 2016. 10. 27. 2015헌바203 등).

0544 헌법 제13조 제2항은 "모든 국민은 소급입법에 의하여 … 재산권을 박탈당하지 아니한다."라고 규정하고 있는 바, 새로운 입법으로 이미 종료된 사실관계 또는 법률관계에 작용하도록 하는 진정소급입법은 개인의 신뢰보호와 법적 안정성을 내용으로 하는 법치국가원리에 의하여 특단의 사정이 없는 한 헌법상 허용되지 않는 것이 원칙이다. 15 변호사 O | X

기존의 법에 의하여 형성되어 이미 굳어진 개인의 법적 지위를 사후입법을 통하여 박탈하는 것 등을 내용으로 하는 **진정소급입법**은 개인의 **신뢰보호와 법적 안정성**을 내용으로 하는 법치국가원리에 의하여 특단의 사정이 없는 한 **헌법적으로 허용되지 아니하는 것이 원칙**이고, 다만 일반적으로 국민이 소급입법을 예상할 수 있었거나 법적 상태가 불확실하고 혼란스러워 보호할 만한 신뢰이익이 적은 경우와 소급입법에 의한 당사자의 손실이 없거나 아주 경미한 경우 그리고 신뢰보호의 요청에 우선하는 심히 중대한 공익상의 사유가 소급입법을 정당화하는 경우 등에는 예외적으로 진정소급입법이 허용된다(헌재 1999. 7. 22. 97헌바76 등).

0545 부당 환급받은 세액을 징수하는 근거 규정인 개정조항을 개정된 법 시행 후 최초로 환급세액을 징수하는 분부터 적용하도록 규정한「법인세법」부칙조항은 헌법 제13조 제2항에 따라 원칙적으로 금지되는 이미 완성된 사실·법률관계를 규율하는 진정소급입법에 해당한다. 23 경간 O | X

0545-1 부당 환급받은 세액을 징수하는 근거규정인 개정조항을 개정된 법 시행 후 최초로 환급세액을 징수하는 분부터 적용하도록 규정한「법인세법」부칙 조항은 이미 완성된 사실·법률관계를 규율하는 진정소급입법에 해당하나, 이를 허용하지 아니하면 위 개정조항과 같이 법인세 부과처분을 통하여 효율적으로 환수하지 못하고 부당이득 반환 등 복잡한 절차를 거칠 수밖에 없어 중대한 공익상 필요에 의하여 예외적으로 허용된다. 20 경정, 19 5급 O | X

심판대상조항은 개정 후 법인세법의 시행 이전에 결손금 소급공제 대상 중소기업이 아닌 법인이 결손금 소급공제로 법인세를 환급받은 경우에도 이 사건 개정조항을 적용할 수 있도록 규정하고 있으므로, 이는 이미 종결한 과세요건사실에 소급하여 적용할 수 있도록 하는 것이다. 따라서 심판대상조항은 청구인이 이 사건 개정조항이 **시행되기 전 환급세액을 수령한 부분까지 사후적으로 소급하여 적용**되는 것으로서 헌법 제13조 제2항에 따라 원칙적으로 금지되는 이미 완성된 사실·법률관계를 규율하는 **진정소급입법에 해당**한다. … 결국, 법인세를 부당 환급받은 법인은 소급입법을 통하여 이자상당액을 포함한 조세채무를 부담할 것이라고 예상할 수 없었고, 환급세액과 이자상당액을 법인세로서 납부하지 않을 것이라는 신뢰는 보호할 필요가 있으며 신뢰의 이익이 적은 경우라거나 소급입법에 의한 당사자의 손실이 가벼운 경우라고 할 수 없다. 나아가 개정 전 법인세법 아래에서도 환급세액을 부당이득 반환청구를 통하여 환수할 수 있었으므로, 신뢰보호의 요청에 우선하여 **진정소급입법을 하여야 할 매우 중대한 공익상 이유가 있다고 볼 수도 없다**(헌재 2014. 7. 24. 2012헌바105).

●정답 543. ○   543-1. X [부진정소급효의 입법 : 원칙 허용]   544. ○   545. ○   545-1. X [공익상 이유 없음, 허용 X]

0546 헌법불합치결정으로 구법 조항이 실효되어 이미 전액 지급된 공무원 퇴직연금의 일부를 다시 환수할 수 있도록 규정한 부칙조항은 진정소급입법으로서 국회가 개선입법을 하지 않은 것에 기인함에도 불구하고, 법집행의 책임을 퇴직공무원들에게 전가하는 것으로 소급입법금지원칙에 위반된다. 15 국가 7
O | X

0546-1 공무원이 '직무와 관련 없는 과실로 인한 경우' 및 '소속상관의 정당한 직무상의 명령에 따르다가 과실로 인한 경우'를 제외하고 재직 중의 사유로 금고 이상의 형을 받은 경우, 퇴직급여 등을 감액하도록 2009. 12. 31. 개정된 감액조항을 2009. 1. 1.까지 소급하여 적용하도록 규정한「공무원연금법」부칙조항은 소급입법금지원칙에 위반하지 않는다. 21 소간
O | X

헌법재판소의 위 헌법불합치결정에 따라 개선입법이 이루어질 것이 미리 예정되어 있기는 하였으나 그 결정이 내려진 2007. 3. 29.부터 잠정적용시한인 2008. 12. 31.까지 상당한 시간적 여유가 있었는데도 국회에서 개선입법이 이루어지지 아니하였다. 그에 따라 청구인들이 2009. 1. 1.부터 2009. 12. 31.까지 **퇴직연금을 전부 지급**받았는데 이는 전적으로 또는 상당 부분 **국회가 개선입법을 하지 않은 것에 기인한** 것이다. … 따라서 이 사건 부칙조항은 **헌법 제13조 제2항에서 금지하는 소급입법에 해당**하며 예외적으로 소급입법이 허용되는 경우에도 해당하지 아니하므로, **소급입법금지원칙에 위반**하여 청구인들의 재산권을 침해한다(헌재 2013. 8. 29. 2010헌바354 등).

02 진정소급입법 : 예외 허용

0547 진정소급입법의 경우는 개인의 신뢰보호와 법적 안정성을 내용으로 하는 법치국가원리에 의하여 헌법적으로 허용되지 아니하는 것이 원칙이나, 특단의 사정이 있는 경우에는 예외적으로 허용될 수 있다. 19 5급
O | X

0547-1 진정소급입법은 국민이 소급입법을 예상할 수 있었거나, 법적 상태가 불확실하고 혼란스러웠거나 하여 보호할 만한 신뢰의 이익이 적은 경우와 소급입법에 의한 당사자의 손실이 없거나 아주 경미한 경우, 신뢰보호의 요청에 우선하는 심히 중대한 공익상의 사유가 소급입법을 정당화하는 경우에는 예외적으로 허용될 수 있다. 20 법원 9
O | X

0547-2 기존의 법에 의하여 형성되어 이미 굳어진 개인의 법적 지위를 사후입법을 통하여 박탈하는 것 등을 내용으로 하는 진정소급입법은 개인의 신뢰보호와 법적 안정성을 내용으로 하는 법치국가원리에 의하여 헌법적으로 허용되지 않기 때문에 어떠한 경우라도 허용될 수 없다. 22 입시
O | X

기존의 법에 의하여 형성되어 이미 굳어진 개인의 법적 지위를 사후입법을 통하여 박탈하는 것 등을 내용으로 하는 **진정소급입법**은 개인의 **신뢰보호와 법적 안정성**을 내용으로 하는 법치국가원리에 의하여 특단의 사정이 없는 한 **헌법적으로 허용되지 아니하는 것이 원칙**이고, 다만 일반적으로 **국민이 소급입법을 예상할 수 있었거나** 법적 상태가 불확실하고 혼란스러워 **보호할 만한 신뢰이익이 적은 경우**와 소급입법에 의한 당사자의 **손실이 없거나 아주 경미한 경우** 그리고 **신뢰보호의 요청에 우선하는 심히 중대한 공익상의 사유가 소급입법을 정당화하는 경우** 등에는 예외적으로 **진정소급입법이 허용**된다(헌재 1999. 7. 22. 97헌바76 등).

정답 546. O   546-1. X [소급입법금지원칙 위반]   547. O   547-1. O   547-2. X [일정 요건 충족 시 예외적 허용 가능]

0548 친일재산을 그 취득·증여 등 원인행위시에 국가의 소유로 하도록 규정한 친일반민족행위자 재산의 국가귀속에 관한 특별법 조항은 진정소급입법에 해당하나 헌법 제13조 제2항에 반하지 않는다. 20 법원 9   O|X

0548-1 친일재산의 취득 경위에 내포된 민족배반적 성격, 대한민국임시정부의 법통 계승을 선언한 헌법 전문 등에 비추어 친일반민족행위자측으로서는 친일재산의 소급적 박탈을 충분히 예상할 수 있었고, 친일재산 환수 문제는 그 시대적 배경에 비추어 역사적으로 매우 이례적인 공동체적 과업이므로 이러한 소급입법의 합헌성을 인정한다고 하더라도 이를 계기로 진정소급입법이 빈번하게 발생할 것이라는 우려는 충분히 불식될 수 있다. 23 국회 9   O|X

0548-2 친일재산의 소급적 박탈은 일반적으로 소급입법을 예상할 수 있었던 이례적인 경우에 해당하며, 그로 인해 발생되는 법적 신뢰의 침해는 우리 헌법의 이념 속에서 용인될 수 있다. 21 소간   O|X

0548-3 친일재산을 그 취득·증여 등 원인행위 시에 국가의 소유로 하도록 규정한 「친일반민족행위자 재산의 국가귀속에 관한 특별법」 조항은 진정소급입법에 해당하지 않는다. 23 해간   O|X

0548-4 친일재산을 그 취득·증여 등 원인행위시에 국가의 소유로 하도록 규정한 「친일반민족행위자 재산의 국가귀속에 관한 특별법」 조항은 현재 진행 중인 사실관계 또는 법률관계에 작용하는 부진정소급입법에 해당한다. 23 경간   O|X

0548-5 친일재산을 그 취득·증여 등 원인행위시에 국가의 소유로 하도록 규정한 「친일반민족행위자 재산의 국가귀속에 관한 특별법」 조항은 진정소급입법에 해당하며, 친일반민족행위자의 재산권을 일률적·소급적으로 박탈하는 것을 정당화할 수 있는 특단의 사정이 존재한다고 볼 수 없으므로 소급입법금지원칙에 위배된다. 18 변호사   O|X

0548-6 친일재산을 그 취득·증여 등 원인행위시에 국가의 소유로 하도록 규정한 「친일반민족행위자 재산의 국가귀속에 관한 특별법」 제3조 제1항 본문은 진정소급입법에 해당하여 신뢰보호원칙에 위반된다. 18 국회 8   O|X

이 사건 귀속조항은 **진정소급입법에 해당**하지만, 진정소급입법이라 할지라도 예외적으로 국민이 소급입법을 예상할 수 있었던 경우와 같이 소급입법이 정당화되는 경우에는 허용될 수 있다. 친일재산의 취득 경위에 내포된 민족배반적 성격, 대한민국임시정부의 법통 계승을 선언한 헌법 전문 등에 비추어 친일반민족행위자측으로서는 **친일재산의 소급적 박탈을 충분히 예상**할 수 있었고, 친일재산 환수 문제는 그 시대적 배경에 비추어 **역사적으로 매우 이례적인 공동체적 과업**이므로 이러한 소급입법의 합헌성을 인정한다고 하더라도 이를 계기로 진정소급입법이 빈번하게 발생할 것이라는 우려는 충분히 불식될 수 있다. 따라서 이 사건 귀속조항은 **진정소급입법에 해당하나 헌법 제13조 제2항에 반하지 않는다.** … 친일재산의 소급적 박탈은 일반적으로 **소급입법을 예상**할 수 있었던 이례적인 경우에 해당하며, 그로 인해 발생되는 법적 신뢰의 침해는 우리 헌법의 이념 속에서 **용인될 수 있다**고 보인다. … 이 사건 귀속조항이 **진정소급입법**이라는 이유만으로 **위헌이라 할 수 없다**(헌재 2011. 3. 31. 2008헌바141 등).

정답 548. O   548-1. O   548-2. O   548-3. X [진정소급입법에 해당]   548-4. X [진정소급입법에 해당]   548-5. X [소급입법금지원칙 위배 X]   548-6. X [신뢰보호원칙 위반 X]

0549 종전의 「친일재산귀속법」상 친일반민족행위자에 해당하지 않는다는 이유로 그 재산이 국가귀속의 대상이 되지 아니할 것이라고 신뢰하였더라도 그러한 신뢰는 「친일반민족행위자재산의 국가귀속에 관한 특별법」과 「일제강점하 반민족행위 진상규명에 관한 특별법」의 제정경위 및 입법목적에 비추어 확고한 것이라고 인정하기 어려워 그 재산을 국가에 귀속시키는 것은 신뢰보호원칙에 위배되지 않는다. 15 국가 7 O | X

0549-1 재산이 국가에 귀속되는 대상이 되는 친일반민족행위자 가운데 '한일합병의 공으로 작위를 받거나 계승한 자'를 '일제로부터 작위를 받거나 계승한 자'로 개정한 「친일반민족행위자 재산의 국가귀속에 관한 특별법」 제2조 제1호 나목은 신뢰보호원칙에 위배된다. 17 입시 O | X

일제로부터 작위를 받았다고 하더라도 **'한일합병의 공으로'** **작위를 받지 아니한 자**는 종전의 친일재산귀속법에 의하여 그 재산이 국가 귀속의 대상이 되지 아니할 것이라고 믿은 제청신청인의 신뢰는 친일재산귀속법의 제정경위 및 입법목적 등에 비추어 확고한 것이라거나 보호가치가 크다고 할 수 없는 반면, 이 사건 법률조항에 의하여 달성되는 **공익은 매우 중대**하므로 이 사건 법률조항은 **신뢰보호원칙에 위반되지 아니한다**(헌재 2013. 7. 25. 2012헌가1).

0550 1945. 9. 25. 및 1945. 12. 6. 각각 공포된 재조선미국육군사령부군정청 법령 중, 1945. 8. 9. 이후 일본인 소유의 재산에 대하여 성립된 거래를 전부 무효로 한 조항과 그 대상이 되는 재산을 1945. 9. 25.로 소급하여 전부 미군정청의 소유가 되도록 한 조항은 모두 소급입법금지원칙에 대한 예외에 해당하므로 헌법에 위반되지 않는다. 24 변호사 O | X

심판대상조항은 **진정소급입법에 해당**하지만 진정소급입법이라 할지라도 예외적으로 법적 상태가 불확실하고 혼란스러웠거나 하여 **보호할 만한 신뢰의 이익이 적은 경우**나 **신뢰보호의 요청에 우선하는 심히 중대한 공익상의 사유가** **소급입법을 정당화하는 경우**에는 허용될 수 있다. 1945. 8. 9.은 일본의 패망이 기정사실화된 시점으로, 그 이후 남한 내에 미군정이 수립되고 일본인의 사유재산에 대한 동결 및 귀속조치가 이루어지기까지 법적 상태는 매우 불확실하고 혼란스러웠으므로 1945. 8. 9. 이후 조선에 남아 있던 일본인들이 일본의 패망과 미군정의 수립에도 불구하고 그들이 한반도 내에서 소유하거나 관리하던 재산을 자유롭게 거래하거나 처분할 수 있다고 신뢰하였다 하더라도 그러한 신뢰가 헌법적으로 보호할 만한 가치가 있는 신뢰라고 보기 어렵다. 일본인들이 불법적인 한일병합조약을 통하여 조선 내에서 축적한 재산을 1945. 8. 9. 상태 그대로 일괄 동결시키고 그 산일과 훼손을 방지하여 향후 수립될 대한민국에 이양한다는 공익은, 한반도 내의 사유재산을 자유롭게 처분하고 일본 본토로 철수하고자 하였던 일본인이나, 일본의 패망 직후 일본인으로부터 재산을 매수한 한국인들에 대한 신뢰보호의 요청보다 훨씬 더 중대하다. 심판대상조항은 **소급입법금지원칙에 대한 예외로서 헌법 제13조 제2항에 위반되지 아니한다**(헌재 2021. 1. 28. 2018헌바88).

정답 549. O 549-1. X [신뢰보호원칙 위배 X] 550. O

POINT 036 부진정소급입법

01 부진정소급입법

0551 과거에 완성된 사실 또는 법률관계를 규율하는 진정소급입법은 특단의 사정이 없는 한 구법에서 이미 얻은 자격 또는 권리를 존중해야 하나, 이미 과거에 시작되었으나 아직 완성되지 아니하고 진행과정에 있는 사실관계 또는 법률관계를 규율하는 부진정소급입법의 경우에는 특단의 사정이 없는 한 구법관계 내지 구법상의 기대이익을 존중하여야 할 입법의무가 없다. 17 법무사   O | X

0551-1 부진정소급입법의 경우 입법권자의 입법형성권보다 당사자가 구법질서에 기대했던 신뢰보호의 견지에서 그리고 법적 안정성을 도모하기 위해 특단의 사정이 없는 한 구법에 의하여 이미 얻은 자격 또는 권리를 새 입법을 하는 마당에 그대로 존중할 의무가 있다고 할 것이나, 진정소급입법의 경우에는 구법질서에 대하여 기대했던 당사자의 신뢰보호보다는 광범위한 입법권자의 입법형성권을 경시해서는 안 될 일이므로 특단의 사정이 없는 한 새 입법을 하면서 구법관계 내지 구법상의 기대이익을 존중하여야 할 의무가 발생하지는 않는다. 22 경찰 2차   O | X

> 전자(**진정소급입법**)의 경우에는 입법권자의 입법형성권보다도 당사자가 구법질서에 기대했던 신뢰보호의 견지에서 그리고 법적안정성을 도모하기 위해 **특단의 사정이 없는 한 구법에 의하여 이미 얻은 자격 또는 권리를** 새 입법을 하는 마당에 **그대로 존중할 의무가 있다**고 할 것이나, 후자(**부진정소급입법**)의 경우에는 구법질서에 대하여 기대했던 당사자의 신뢰보호보다는 광범위한 입법권자의 입법형성권을 경시해서는 안될 일이므로 **특단의 사정이 없는 한 새 입법을 하면서 구법관계 내지 구법상의 기대이익을 존중하여야 할 의무가 발생하지는 않는다**고 할 것이다(헌재 1989. 3. 17. 88헌마1).

0552 법령불소급의 원칙은 법령의 효력발생 전에 완성된 요건 사실에 대하여 당해 법령을 적용할 수 없다는 의미일 뿐, 계속 중인 사실이나 그 이후에 발생한 요건 사실에 대한 법령적용까지를 제한하는 것은 아니다. 14 국가 7   O | X

> 법령불소급의 원칙은 법령의 효력발생 전에 **완성된 요건 사실에 대하여 당해 법령을 적용할 수 없다는** 의미일 뿐, **계속 중인 사실이나 그 이후에 발생한 요건 사실에 대한 법령적용까지를 제한하는 것은 아니다**(대판 2014. 4. 24. 2013두26552).

02 부진정소급입법과 신뢰보호원칙

0553 진정소급입법은 허용되지 않는 것이 원칙이며 특단의 사정이 있는 경우에만 예외적으로 허용될 수 있는 반면, 부진정소급입법은 원칙적으로 허용되지만 소급효를 요구하는 공익과 신뢰보호의 요청 사이의 교량과정에서 신뢰보호의 관점이 입법자의 형성권에 제한을 가하게 된다. 15 경정, 18 지방 7   O | X

0553-1 부진정소급입법에 있어서는 소급효를 요구하는 공익상의 사유와 신뢰보호의 요청 사이의 교량과정에서 신뢰보호의 관점이 입법자의 형성권에 제한을 가하게 되므로 원칙적으로 허용되지 않는다. 23 경정   O | X

0553-2 진정소급입법은 원칙적으로 허용되지만 소급효를 요구하는 공익상의 사유와 신뢰보호의 요청 사이의 교량과정에서 신뢰보호의 관점이 입법자의 형성권에 제한을 가하게 된다. 23 경채   O | X

0553-3 부진정소급입법은 원칙적으로 허용되지 않고, 법치국가의 원리에 의하여 특단의 사정이 있는 경우에만 예외적으로 허용될 수 있다. 18 경정   O | X

● 정답 551. O   551-1. X [진정소급입법과 부진정소급입법이 반대로 설명됨]   552. O   553. O   553-1. X [원칙적으로 허용]   553-2. X [진정소급입법 X → 부진정소급입법 O]   553-3. X [부진정소급입법 X → 진정소급입법 O]

새로운 입법으로 이미 종료된 사실관계에 작용케 하는 **진정소급입법**은 헌법적으로 **허용되지 않는** 것이 **원칙**이며 특단의 사정이 있는 경우에만 **예외적으로 허용**될 수 있는 반면, 현재 진행 중인 사실관계에 작용케 하는 **부진정소급입법**은 **원칙적으로 허용**되지만 소급효를 요구하는 공익상의 사유와 신뢰보호의 요청 사이의 교량과정에서 **신뢰보호의 관점이 입법자의 형성권에 제한**을 가하게 된다(헌재 1998. 11. 26. 97헌바58).

0554 부진정소급입법에 의한 문제는 종래의 법적 상태에서 새로운 법적 상태로 이행하는 과정에서 불가피하게 발생하는 법치국가적 문제, 구체적으로 신뢰보호의 문제이므로 일반적으로는 신뢰보호원칙 위반 여부의 판단에 포섭된다. 15 국회 9   O | X

여기서 발생하는 문제(**부진정소급입법**)는 종래의 법적 상태에서 새로운 법적 상태로 이행하는 과정에서 불가피하게 발생하는 법치국가적 문제, 구체적으로 **신뢰보호의 문제**이므로 이러한 청구인의 주장은 위 **신뢰보호원칙 위반 여부의 판단에 포섭**된다 할 것이다(헌재 2009. 9. 24. 2007헌마872).

0555 부진정소급입법의 경우에도 신뢰보호의 필요성과 개정법률로 달성하려는 공익을 비교형량하여 종합적으로 판단하여야 한다. 21 소간   O | X

부진정 소급입법에 속하는 입법에 대해서는 일반적으로 과거에 시작된 구성요건 사항에 대한 신뢰는 더 보호될 가치가 있다고 할 것이기 때문에 신뢰보호의 원칙에 대한 심사가 장래입법에 비해서보다는 일반적으로 더 강화되어야 할 것이다. 우리재판소는 **신뢰보호의 원칙의 판단은 신뢰보호의 필요성과 개정법률로 달성하려는 공익을 비교형량하여 종합적으로 판단하여야** 한다고 하였는바, 이러한 판시는 **부진정 소급입법의 경우에도 당연히 적용**되어야 할 것이다(헌재 1995. 10. 26. 94헌바12).

0556 부진정소급입법의 경우, 일반적으로 과거에 시작된 구성요건사항에 대한 신뢰는 더 보호될 가치가 있는 것이므로, 신뢰보호의 원칙에 대한 심사는 장래 입법의 경우보다 일반적으로 더 강화되어야 한다. 14 국가 7   O | X

부진정소급입법의 경우, 일반적으로 **과거에 시작된 구성요건사항에 대한 신뢰**는 더 보호될 가치가 있는 것이므로, **신뢰보호의 원칙에 대한 심사**는 장래 입법의 경우보다 **일반적으로 더 강화되어야** 한다(헌재 1995. 10. 26. 94헌바12).

03 관련판례

0557 법률 시행 당시 개발이 진행 중인 사업에 대하여 장차 개발이 완료되면 개발부담금을 부과하려는 것은 이른바 부진정소급입법에 해당하는 것이어서 원칙적으로 헌법상 허용되는 것이다. 18 서울 7(추), 12 국가 7   O | X

0557-1 「개발이익환수에 관한 법률」 시행 전에 개발에 착수하였지만 아직 개발을 완료하지 아니한 사업, 즉 개발이 진행 중인 사업에 개발부담금을 부과하는 「개발이익환수에 관한 법률」 부칙 제2조는 소급입법금지의 원칙과 신뢰보호 원칙에 위반되지 않는다. 18 국회 8   O | X

이는 아직 완성되지 아니하여 진행과정에 있는 사실관계 또는 법률관계를 규율대상으로 하는 이른바 **부진정소급입법에 해당**하는 것이어서 **원칙적으로 헌법상 허용되는 것이다.** … 동법 시행전에 개발사업에 착수한 사업시행자에 대하여도 개발부담금을 부과함으로써 그러한 사업자가 지니고 있던 개발부담금의 미부과에 대한 신뢰가 손상된다 하여도 **그 손상의 정도 및 손해는 비교적 크지 않음에 반하여 이로써 달성하려고 하는 공익은 훨씬 크므로 이와 같은 신뢰의 손상은 신뢰보호의 원칙에 위배되는 것이 아니다**(헌재 2001. 2. 22. 98헌바19).

정답 554. O 555. O 556. O 557. O 557-1. O

0558 종래 보수연동제에 의하여 연금액의 조정을 받아오던 기존의 연금수급자에게 법률개정을 통해 물가연동제에 의한 연금액조정방식을 적용하도록 하는 것은 헌법에 위배되지 않는다. 16 경정, 13 국회 8

O | X

0558-1 공무원 퇴직연금의 연금액 조정기준을 '보수월액의 변동'에서 향후 특정시점부터 '전전년도와 대비한 전년도 전국소비자물가변동률'으로 변경하면서, 이를 기존의 퇴직연금수급권자에게도 적용하도록 규정하는 것은 진정소급입법에 해당한다. 23 입시

O | X

0558-2 공무원보수 인상률 방식에 의하여 공무원연금액을 조정하던 것을 전국 소비자물가 변동률을 기준으로 하여 연금액을 조정한 「공무원연금법」 조항은 연금재정의 파탄을 막고 공무원연금제도를 유지하려는 공익의 가치보다 구법에 대한 퇴직연금수급자의 신뢰가치가 크므로 신뢰보호원칙에 위반된다. 15 국회 8

O | X

(1) 공무원연금법 부칙 제9조 제1항은 2000. 12. 31. 현재 연금수급자의 연금액은 2000. 12. 31. 현재의 연금액을 기준으로 법 제43조의2 제1항에 의한 물가연동제가 적용되도록 하고 있는바, 이는 퇴직연금수급권의 기초가 되는 요건사실이 이미 충족된 후에 이를 대상으로 규율하는 것이지만, 그 퇴직연금수급권의 내용은 일정기간 계속적으로 이행기가 도래하는 급부의무의 계속적 급부를 목적으로 하는 것인데, 이 사건 조정규정 및 경과규정은 개정법이 발효된 이후의 법률관계 즉, **장래 이행기가 도래하는 퇴직연금수급권의 내용을 변경함에** 불과하므로 이를 헌법 제13조 제2항이 금하고 있는, **진정소급효를 가지는 법률**에 해당한다고 **할 수 없다**(헌재 2005. 6. 30. 2004헌바42).

(2) 보호해야 할 **퇴직연금수급자의 신뢰**의 **가치**는 크지 않고 **신뢰의 손상** 또한 연금액의 상대적인 감소로서 그 정도가 심하지 않은 반면, 연금재정의 파탄을 막고 **공무원연금제도를 건실하게 유지**하는 것은 긴급하고도 대단히 중요한 공익이므로 이 사건 경과규정이 헌법상 **신뢰보호의 원칙에 위배된다고는 볼 수 없다**(헌재 2005. 6. 30. 2004헌바42).

0559 이미 발생하여 이행기에 도달한 퇴직연금 수급권의 내용을 변경하지 않고 부칙조항 시행이후에 장래 이행기가 도래하는 퇴직연금 수급권의 내용을 변경하는 것은 진정소급입법이 아닌 부진정소급입법에 해당한다. 13 지방 7

O | X

0559-1 법 시행일 이후에 이행기가 도래하는 퇴직연금에 대하여 소득과 연계하여 그 일부의 지급을 정지할 수 있도록 한 「공무원연금법」 조항을 이미 확정적으로 연금수급권을 취득한 자에게도 적용하도록 한 것은, 이미 종료된 과거의 사실관계 또는 법률관계에 새로운 법률이 소급적으로 적용되어 과거를 법적으로 새로이 평가하는 진정소급입법에 해당한다. 18 변호사

O | X

0559-2 퇴직연금 수급자가 퇴직 후에 사업소득이나 근로소득을 얻게 될 경우 소득심사제에 의하여 퇴직연금 중 일부의 지급을 정지하는 것은 신뢰보호 원칙에 위반된다. 20 국회 9

O | X

(1) 이 사건 심판대상조항은 이미 발생하여 이행기에 도달한 퇴직연금 수급권의 내용을 변경함이 없이 이 사건 심판대상조항 시행 이후의 법률관계, 다시 말해 **장래 이행기가 도래하는 퇴직연금 수급권의 내용을 변경함**에 불과하므로, 이미 종료된 과거의 사실관계 또는 법률관계에 새로운 법률이 소급적으로 적용되어 과거를 법적으로 새로이 평가하는 **진정소급입법에는 해당하지 아니한다**(헌재 2008. 2. 28. 2005헌마872 등).

(2) 이 사건 심판대상조항은 기존의 퇴직연금 수급자에게 전년도 평균임금월액을 초과한 소득월액이 있는 경우에만 그 초과 액수에 따라 퇴직연금 중 일부(1/2 범위 내)의 지급을 정지할 뿐이다. 즉 퇴직한 공무원이 평균임금월액을 초과한 소득월액을 얻는 경우는 드물 것이어서 지급정지 대상자 자체가 소수일 수밖에 없고 평균적인 지급정지액 역시 적은 액수에 그칠 것으로 보이므로, 이 사건 심판대상조항에 의하여 퇴직연금 수급자들이 입는 불이익은 그다지 크지 않다 할 것이다. 따라서 보호해야 할 퇴직연금 수급자의 **신뢰의 가치는 그리 크지 않은 반면**, 공무원연금 재정의 파탄을 막고 공무원연금제도를 건실하게 유지하려는 **공익적 가치는 긴급하고 또한 중요한** 것이므로, 이 사건 심판대상조항이 헌법상 **신뢰보호의 원칙에 위반된다고 할 수 없다**(헌재 2008. 2. 28. 2005헌마872 등).

정답 558. O 558-1. X [진정소급입법에 해당되지 않음] 558-2. X [신뢰보호원칙 위반 X] 559. O 559-1. X [진정소급입법 X]
559-2. X [신뢰보호원칙 위반 X]

0560 공무원이 '직무와 관련 없는 과실로 인한 경우' 및 '소속상관의 정당한 직무상의 명령에 따르다가 과실로 인한 경우'를 제외하고 재직 중의 사유로 금고 이상의 형을 받은 경우, 퇴직급여 등을 감액하도록 규정한 구「공무원연금법」조항을 다음 해부터 적용하도록 규정한 동법 부칙조항은 진정소급입법에 해당하지 않는다. 24 변호사 O | X

이 사건 부칙조항은 이미 발생하여 이행기에 도달한 퇴직연금수급권의 내용을 변경함이 없이 이 사건 부칙조항의 시행 이후의 법률관계, 다시 말해 장래에 이행기가 도래하는 퇴직연금수급권의 내용을 변경함에 불과하므로, **진정소급입법에는 해당하지 아니한다.** 따라서 소급입법에 의한 재산권 침해는 문제될 여지가 없다(헌재 2016. 6. 30. 2014헌바365).

0561 의료기관의 시설 또는 부지의 일부를 분할·변경 또는 개수하여 약국을 개설한 자가「약사법」개정으로 시행일 후 1년 뒤에는 기존 약국을 더 이상 운영할 수 없도록 한 부칙규정은 이미 개설 등록된 기존 약국의 효력이나 이제까지의 약국 영업과 관련한 사법상의 법률효과를 소급하여 부인하는 것이 아니므로, 헌법 제13조 제2항에서 의미하는 소급입법에 해당되지 아니한다. 18 국가 7 O | X

0561-1 의료기관 시설에서의 약국개설을 금지하는 입법을 하면서 1년의 유예기간을 두어 법 시행 후 1년 뒤에는 기존의 약국을 더 이상 운영할 수 없게 되는 경우 신뢰보호원칙에 위배된다. 13 법원 9 O | X

0561-2 의료기관시설의 일부를 변경하여 약국을 개설하는 것을 금지하는 조항을 신설하면서, 이에 해당하는 기존 약국 영업을 개정법 시행일로부터 1년까지만 허용하고 유예기간 경과 후에는 약국을 폐쇄하도록 한「약사법」부칙조항은 기존 약국개설등록자의 직업행사의 자유를 침해하는 것이다. 14 국회 9 O | X

(1) 이 사건 법률조항들이 종전 약사법에 의하여 약국개설 등록을 받은 장소에서 법 시행 후 1년 뒤에는 청구인들의 기존 약국을 더 이상 운영할 수 없도록 한 것은, 이미 개설 등록된 청구인들의 기존 약국의 효력이나 이제까지의 약국영업과 관련한 사법상의 법률효과를 소급하여 부인하는 것이 아니므로, 헌법 제13조 제2항에서 의미하는 **소급입법에 해당되지 아니한다**(헌재 2003. 10. 30. 2001헌마700 등).

(2) 청구인들이 가지는 신뢰이익과 그 침해는 크지 않은 반면에, 법 시행 이전에 이미 개설하여 운영중인 약국을 폐쇄해야 할 공적인 필요성이 매우 크고 입법목적의 달성을 통해서 얻게 되는 국민보건의 향상이라는 공적 이익이 막중하므로, 이 사건 법률조항들이 청구인들의 **기존 약국을 폐쇄토록 규정한 것은 비례의 원칙**이나 **신뢰보호의 원칙에 위반되지 않으므로** 청구인들의 **직업행사의 자유를 침해하지 않는다**(헌재 2003. 10. 30. 2001헌마700 등).

0562 상가건물 임차인의 계약갱신요구권 행사 기간을 5년에서 10년으로 연장한「상가건물 임대차보호법」조항을 개정법 시행 이전에 체결되었더라도 개정법 시행 이후 갱신되는 임대차에 적용하도록 한 동법 부칙조항은 진정소급입법에 해당하여 소급입법금지원칙에 위배된다. 24 변호사 O | X

0562-1 임차인의 계약갱신요구권 행사 기간을 10년으로 규정한「상가건물 임대차보호법」의 개정법 조항을 개정법 시행 후 갱신되는 임대차에 대하여도 적용하도록 규정한 동법 부칙의 규정은 신뢰보호원칙에 위배되어 임대인의 재산권을 침해한다고 볼 수 없다. 22 경찰 1차 O | X

0562-2 상가건물 임차인의 계약갱신요구권 행사 기간을 10년으로 연장한 개정법 조항의 시행 이전에 체결되었더라도 개정법 시행 이후 갱신되는 임대차의 경우에 개정법 조항의 연장된 기간을 적용하는「상가건물임대차 보호법」부칙조항은 신뢰보호원칙에 위반된다. 23 경간 O | X

정답 560. O 561. O 561-1. X [위배 X] 561-2. X [직업행사의 자유 침해 X] 562. X [진정소급입법 X] 562-1. O 562-2. X [신뢰보호원칙 위반 X]

(1) 개정법조항은 구 '상가건물 임대차보호법' 제10조 제2항에서 5년으로 정하고 있던 임차인의 계약갱신요구권 행사 기간을 10년으로 연장하였고, 이 사건 부칙조항은 개정법조항을 개정법 시행 후 갱신되는 임대차에도 적용한다. '개정법 시행 후 갱신되는 임대차'에는 구법조항에 따른 의무임대차기간이 경과하여 임대차가 갱신되지 않고 기간만료 등으로 종료되는 경우는 제외되고 구법조항에 따르더라도 여전히 갱신될 수 있는 경우만 포함되므로, 이 사건 부칙조항은 아직 진행과정에 있는 사안을 규율대상으로 한다. 따라서 헌법 제13조 제2항이 말하는 소급입법에 의한 재산권 침해는 문제되지 않는다(헌재 2021. 10. 28. 2019헌마106 등).

(2) 임차인의 계약갱신요구권 행사 기간이 앞으로도 계속하여 5년으로 유지될 것이라고 기대했던 임대인의 기대 내지 신뢰가 존재했다 하더라도 이를 확정적이거나 절대적인 기대 내지 신뢰라고 보기는 어려우므로, 그것이 어느 정도 보호될 수 있는지는 신뢰의 침해 정도 및 계약갱신요구권 행사 기간의 변경을 통해 달성하고자 하는 공익의 중대성에 따라 달라질 수 있다. … 따라서 이 사건 부칙조항은 신뢰보호원칙에 위배되어 임대인인 청구인들의 재산권을 침해한다고 볼 수 없다(헌재 2021. 10. 28. 2019헌마106 등).

0563 과거에 소멸한 저작인접권을 회복시키는 저작권법 조항은 과거의 음원 사용 행위에 대한 것이 아니라 개정된 법률 시행 이후에 음원을 사용하는 행위를 규율하고 있으므로, 헌법 제13조 제2항이 금지하는 소급입법에 의한 재산권 박탈에 해당하지 아니한다. 18 경정   O | X

0563-1 저작인접권이 소멸된 음원을 무상으로 이용하여 음반을 제작·판매하는 방식으로 영업을 해오던 사업자가 소멸한 저작인접권을 회복시키는 입법으로 인하여 이를 할 수 없게 되었더라도, 2년의 유예기간을 두어 음반 제작·판매업자로서의 이익을 보호하는 것은 신뢰보호원칙에 위반되지 아니한다. 16 국가 7   O | X

(1) 심판대상조항은 개정된 저작권법이 시행되기 전에 있었던 과거의 음원 사용 행위에 대한 것이 아니라 개정된 법률 시행 이후에 음원을 사용하는 행위를 규율하고 있으므로 진정소급입법에 해당하지 않으며, 저작인접권이 소멸된 음원을 무상으로 사용하는 것은 저작인접권자의 권리가 소멸함으로 인하여 얻을 수 있는 반사적 이익에 불과할 뿐이므로, 심판대상조항은 헌법 제13조 제2항이 금지하는 소급입법에 의한 재산권 박탈에 해당하지 아니한다(헌재 2013. 11. 28. 2012헌마770).

(2) 청구인이 가졌던 기존 보호기간에 대한 신뢰에 비하여 위에서 본 바와 같이 저작인접권을 보호하고자 하는 공익은 중대한 반면, 투자회수를 위하여 2년간 기존 음반을 자유로이 판매할 수 있는 등 충분한 유예기간을 두고 있으므로, … 따라서 심판대상조항은 청구인의 신뢰이익을 충분히 고려하고 있는 것으로서 과잉금지원칙을 위반하여 청구인의 직업수행의 자유를 침해한다고 할 수 없다(헌재 2013. 11. 28. 2012헌마770).

0564 선불식 할부거래업자에게 개정 법률이 시행되기 전에 체결된 선불식 할부계약에 대하여도 소비자피해보상보험계약 등을 체결할 의무를 부과한 할부거래에 관한 법률 조항은 소급입법금지원칙에 위반되지 아니한다. 18 경정   O | X

선불식 할부계약이 체결되고 선수금이 지급되었다고 하더라도 그 계약에 따른 선불식 할부거래업자의 재화 또는 용역 제공 의무는 여전히 남아 있게 된다. 따라서 선수금보전의무조항은 현재 진행 중인 사실관계에 적용되는 것이어서 진정소급입법에 해당된다고 볼 수 없으므로 소급입법금지원칙에 위배되지 아니한다(헌재 2017. 7. 27. 2015헌바240).

정답 563. O 563-1. O 564. O

POINT 037　시혜적 소급입법

0565 신법이 피적용자에게 유리한 경우에는 이른바 시혜적인 소급입법이 가능하지만 이를 입법자의 의무라고는 할 수 없고, 그러한 소급입법을 할 것인지의 여부는 입법재량의 문제로서 그 판단은 일차적으로 입법기관에 맡겨져 있으며, 이와 같은 시혜적 조치를 할 것인가 하는 문제는 국민의 권리를 제한하거나 새로운 의무를 부과하는 경우와는 달리 입법자에게 보다 광범위한 입법형성의 자유가 인정된다. 23 경정　　O | X

0565-1 신법이 피적용자에게 유리하게 개정된 경우 이른바 시혜적인 소급입법이 가능하므로 이를 피적용자에게 유리하게 적용하는 것은 입법자의 의무이다. 18 국회 9　　O | X

0565-2 법치주의로부터 도출되는 신뢰보호의 원칙상 모든 법규범은 현재와 장래에 한하여 효력을 가지기 때문에 시혜적 소급입법은 금지된다. 17 5급　　O | X

0565-3 개정된 신법이 피적용자에게 유리한 경우에 이른바 시혜적인 소급입법을 하여야 한다는 입법자의 의무가 헌법상의 원칙들로부터 도출되지는 아니한다. 이러한 소급입법을 할 것인가를 결정함에 있어서 입법자의 입법재량범위는 국민의 권리를 제한하거나 새로운 의무를 부과하는 경우와 달리 판단할 것은 아니다. 10 지방 7　　O | X

신법이 피적용자에게 유리한 경우에는 이른바 **시혜적인 소급입법이 가능**하지만 이를 **입법자의 의무라고는 할 수 없고**, 그러한 소급입법을 할 것인지의 여부는 **입법재량의 문제로서 그 판단은 일차적으로 입법기관**에 맡겨져 있으며, 이와 같은 시혜적 조치를 할 것인가 하는 문제는 국민의 권리를 제한하거나 새로운 의무를 부과하는 경우와는 달리 입법자에게 보다 광범위한 입법형성의 자유가 인정된다고 할 것이다(헌재 1995. 12. 28. 95헌마196).

0566 신법이 피적용자에게 유리한 경우에는 이른바 시혜적인 소급입법이 가능하지만, 그러한 소급입법을 할 것인가의 여부는 그 일차적인 판단이 입법기관에 맡겨져 있으므로 입법자는 입법목적, 사회실정이나 국민의 법감정, 법률의 개정이유나 경위 등을 참작하여 시혜적 소급입법을 할 것인가 여부를 결정할 수 있고 그 판단은 존중되어야 하며, 그 결정이 합리적 재량의 범위를 벗어나 현저하게 불합리하고 불공정한 것이 아닌 한 헌법에 위반된다고 할 수 없다. 13 변호사　　O | X

0566-1 시혜적 소급입법은 수익적인 것이어서 헌법상 보장된 기본권을 침해할 여지가 없어 위헌 여부가 문제되지 않는다. 16 경정, 14 법원 9　　O | X

신법이 피적용자에게 유리한 경우에는 이른바 **시혜적인 소급입법이 가능**하지만, 그러한 소급입법을 할 것인가의 여부는 그 일차적인 판단이 입법기관에 맡겨져 있으므로 입법자는 입법목적, 사회실정이나 국민의 법감정, 법률의 개정이유나 경위 등을 참작하여 **시혜적 소급입법을 할 것인가 여부를 결정**할 수 있고, 그 **판단은 존중**되어야 하며, 그 결정이 합리적 재량의 범위를 벗어나 **현저하게 불합리하고 불공정한** 것이 아닌 한 **헌법에 위반된다고 할 수는 없다**(헌재 2012. 8. 23. 2011헌바169).

정답 565. O　565-1. X [입법자의 의무 아님]　565-2. X [입법재량의 문제]　565-3. X [보다 광범위한 입법형성의 자유가 인정]　566. O　566-1. X [평등권 침해 가능성 존재]

0567 「공무원연금법」이 개정되어 소방공무원이 재난·재해현장에서 화재진압이나 인명구조작업 중 입은 위해뿐만 아니라 그 업무 수행을 위한 긴급한 출동·복귀 및 부수활동 중 위해에 의하여 사망한 경우까지 그 유족에게 순직공무원보상을 하여 주는 제도를 도입하면서 개정 법률 부칙에 신법을 소급하는 경과규정을 두지 않았다고 하더라도 이를 입법재량의 범위를 벗어난 불합리한 차별이라고 할 수 없다. 22 경채   O | X

0567-1 신법이 피적용자에게 유리한 경우에는 시혜적인 소급입법을 하여야 하므로, 순직공무원의 적용범위를 확대한 개정 「공무원연금법」을 소급하여 적용하지 아니하도록 한 개정 법률 부칙은 평등의 원칙에 위배된다. 20 경정   O | X

소방공무원이 재난·재해현장에서 화재진압이나 인명구조작업 중 입은 위해뿐만 아니라 그 업무수행을 위한 긴급한 출동·복귀 및 부수활동 중 위해에 의하여 사망한 경우까지 그 유족에게 순직공무원보상을 하여 주는 제도를 도입하면서 **이 사건 부칙조항이 신법을 소급하는 경과규정을 두지 않았다**고 하더라도 소급적용에 따른 국가의 재정부담, 법적 안정성 측면 등을 종합적으로 고려하여 입법정책적으로 정한 것이므로 입법재량의 범위를 벗어나 **불합리한 차별이라고 할 수 없다**(헌재 2012. 8. 23. 2011헌바169).

POINT 038 체계정당성원리 Ⓑ

0568 체계정당성의 원리는 동일 규범 내에서 또는 상이한 규범간에 그 규범의 구조나 내용 또는 규범의 근거가 되는 원칙면에서 상호 배치되거나 모순되어서는 안된다는 하나의 헌법적 요청이며, 국가공권력에 대한 통제와 이를 통한 국민의 자유와 권리의 보장을 이념으로 하는 법치주의원리로부터 도출된다. 21 소간   O | X

체계정당성의 원리는 동일 규범 내에서 또는 상이한 규범 간에 그 **규범의 구조나 내용** 또는 **규범의 근거가 되는** 원칙면에서 **상호 배치되거나 모순되어서는 안된다**는 하나의 헌법적 요청이며, 국가공권력에 대한 통제와 이를 통한 국민의 자유와 권리의 보장을 이념으로 하는 **법치주의원리로부터 도출**되는데, 이러한 체계정당성 위반은 비례의 원칙이나 평등의 원칙 등 일정한 헌법의 규정이나 원칙을 위반하여야만 **비로소 위헌**이 되며, 체계정당성의 위반을 정당화할 합리적인 사유의 존재에 대하여는 입법 재량이 인정된다(헌재 2004. 11. 25. 2002헌바66).

0569 규범 상호 간의 체계정당성을 요구하는 이유는 입법자의 자의를 금지하여 규범의 명확성, 예측가능성 및 규범에 대한 신뢰와 법적 안정성을 확보하기 위한 것이고 이는 국가공권력에 대한 통제와 이를 통한 국민의 자유와 권리의 보장을 이념으로 하는 법치주의원칙으로부터 도출되는 것이라고 할 수 있다. 20 국회 8   O | X

0569-1 체계정당성의 원리는 동일 규범 내에서 또는 상이한 규범 간에 그 규범의 구조나 내용 또는 규범의 근거가 되는 원칙 면에서 상호 배치되거나 모순되어서는 아니 된다는 헌법적 요청이지만 입법자를 기속하는 원리라고는 볼 수 없다. 23 해간   O | X

체계정당성의 원리라는 것은 동일 규범 내에서 또는 상이한 규범 간에 그 규범의 구조나 내용 또는 규범의 근거가 되는 원칙면에서 상호 배치되거나 모순되어서는 아니된다는 하나의 헌법적 요청이다. 즉 이는 규범 상호간의 구조와 내용 등이 모순됨이 없이 체계와 균형을 유지하도록 **입법자를 기속하는 헌법적 원리**라고 볼 수 있다. 이처럼 규범 상호간의 체계정당성을 요구하는 이유는 **입법자의 자의를 금지**하여 규범의 명확성, 예측가능성 및 규범에 대한 신뢰와 법적 안정성을 확보하기 위한 것이고 이는 국가공권력에 대한 통제와 이를 통한 국민의 자유와 권리의 보장을 이념으로 하는 **법치주의원리로부터 도출**되는 것이라고 할 수 있다(헌재 2010. 6. 24. 2007헌바101 등).

●정답 567. O   567-1. X [시혜적 소급입법 의무 X, 평등원칙 위배 X]   568. O   569. O   569-1. X [입법자를 기속함]

0570 일반적으로 일정한 공권력작용이 체계정당성에 위반한다고 해서 곧 위헌이 되는 것은 아니다. 즉 체계정당성 위반 자체가 바로 위헌이 되는 것은 아니고 이는 비례의 원칙이나 평등원칙위반 내지 입법의 자의금지위반 등의 위헌성을 시사하는 하나의 징후일 뿐이다. 20 국회 8   O | X

'체계정당성'(Systemgerechtigkeit)의 원리라는 것은 동일 규범 내에서 또는 상이한 규범간에 (수평적 관계이건 수직적 관계이건) 그 규범의 구조나 내용 또는 규범의 근거가 되는 원칙면에서 상호 배치되거나 모순되어서는 안된다는 하나의 헌법적 요청(Verfassungspostulat)이다. … 이는 국가공권력에 대한 통제와 이를 통한 국민의 자유와 권리의 보장을 이념으로 하는 법치주의원리로부터 도출되는 것이라고 할 수 있다. … 즉 체계정당성 위반(Systemwidrigkeit) 자체가 바로 위헌이 되는 것은 아니고 이는 비례의 원칙이나 평등원칙위반 내지 입법의 자의금지위반 등의 위헌성을 시사하는 하나의 징후일 뿐이다(헌재 2004. 11. 25. 2002헌바66).

0571 체계정당성의 원리는 동일 규범 내에서 또는 상이한 규범간에 그 규범의 구조나 내용 또는 규범의 근거가 되는 원칙면에서 상호 배치되거나 모순되어서는 안 된다는 하나의 헌법적 요청이고, 이러한 체계정당성 위반은 비례의 원칙이나 평등의 원칙 등 일정한 헌법의 규정이나 원칙을 위반하여야만 비로소 위헌이 된다. 23 경찰 2차   O | X

0571-1 체계정당성의 원리는 규범 상호간의 구조와 내용 등이 모순됨이 없이 체계와 균형을 유지하도록 입법자를 기속하는 헌법적 원리라고 볼 수 있다. 따라서 일반적으로 일정한 공권력작용이 체계정당성을 위반하였다면 곧바로 그 자체가 위헌이 된다. 22 해경   O | X

체계정당성의 원리는 동일 규범 내에서 또는 상이한 규범 간에 그 규범의 구조나 내용 또는 규범의 근거가 되는 원칙면에서 상호 배치되거나 모순되어서는 안된다는 하나의 헌법적 요청이며, 국가공권력에 대한 통제와 이를 통한 국민의 자유와 권리의 보장을 이념으로 하는 법치주의원리로부터 도출되는데, 이러한 체계정당성 위반은 비례의 원칙이나 평등의 원칙 등 일정한 헌법의 규정이나 원칙을 위반하여야만 비로소 위헌이 되며, 체계정당성의 위반을 정당화할 합리적인 사유의 존재에 대하여는 입법 재량이 인정된다(헌재 2004. 11. 25. 2002헌바66).

0572 입법의 체계정당성위반과 관련하여 그러한 위반을 허용할 공익적인 사유가 존재한다면 그 위반은 정당화될 수 있고 따라서 입법상의 자의금지원칙을 위반한 것이라고 볼 수 없다. 20 국회 8   O | X

입법의 체계정당성위반과 관련하여 그러한 위반을 허용할 공익적인 사유가 존재한다면 그 위반은 정당화될 수 있고 따라서 입법상의 자의금지원칙을 위반한 것이라고 볼 수 없다(헌재 2004. 11. 25. 2002헌바66).

0573 체계정당성의 위반을 정당화할 합리적인 사유의 존재에 대하여는 입법의 재량이 인정되어야 한다. 다양한 입법의 수단 가운데서 어느 것을 선택할 것인가 하는 것은 원래 입법의 재량에 속하기 때문이다. 20 국회 8   O | X

체계정당성의 위반을 정당화할 합리적인 사유의 존재에 대하여는 입법의 재량이 인정되어야 한다. 다양한 입법의 수단 가운데서 어느 것을 선택할 것인가 하는 것은 원래 입법의 재량에 속하기 때문이다. 그러므로 이러한 점에 관한 입법의 재량이 현저히 한계를 일탈한 것이 아닌 한 위헌의 문제는 생기지 않는다고 할 것이다(헌재 2004. 11. 25. 2002헌바66).

● 정답 570. O   571. O   571-1. X [체계정당성에 위반한다고 해서 위헌 아님]   572. O   573. O

Chapter 08 사회 · 경제 · 문화국가원리

POINT 039 사회국가원리

01 사회국가원리

0574 사회국가란 사회정의의 이념을 헌법에 수용한 국가, 사회현상에 대하여 방관적인 국가가 아니라 경제·사회·문화의 모든 영역에서 정의로운 사회질서의 형성을 위하여 사회현상에 관여하고 간섭하고 분배하고 조정하는 국가이며, 궁극적으로는 국민 각자가 실제로 자유를 행사할 수 있는 실질적 조건을 마련해 줄 의무가 있는 국가이다. 21 국회 8, 21 법무사 O|X

0574-1 사회국가란 사회정의의 이념을 헌법에 수용한 국가로 경제·사회·문화의 모든 영역에서 사회현상에 관여하고 간섭하고 분배하고 조정하는 국가를 말하지만 국가에게 국민 각자가 실제로 자유를 행사할 수 있는 그 실질적 조건을 마련해 줄 의무까지 부여하는 것은 아니다. 22 국가 7 O|X

> **사회국가**란 **사회정의의 이념을 헌법에 수용한 국가**, 사회현상에 대하여 방관적인 국가가 아니라 경제·사회·문화의 모든 영역에서 정의로운 사회질서의 형성을 위하여 **사회현상에 관여하고 간섭하고 분배하고 조정하는 국가**이며, 궁극적으로는 국민 각자가 실제로 자유를 행사할 수 있는 그 **실질적 조건을 마련해 줄 의무가 있는 국가**를 의미한다(헌재 2004. 10. 28. 2002헌마328).

0575 우리 헌법은 사회국가원리를 명문으로 규정하고 있지는 않지만, 헌법의 전문, 사회적 기본권의 보장, 경제 영역에서 적극적으로 계획하고 유도하고 재분배하여야 할 국가의 의무를 규정하는 경제에 관한 조항 등과 같이 사회국가원리의 구체화된 여러 표현을 통하여 사회국가원리를 수용하고 있다. 24 소간, 23 해간 O|X

0575-1 우리 헌법은 사회국가원리를 명문으로 규정하면서 이를 구체화하고 있는데, 이 중 헌법 제119조 제2항에 규정된 '경제주체간의 조화를 통한 경제민주화'의 이념은 경제영역에서 정의로운 사회질서를 형성하기 위하여 추구할 수 있는 국가목표일 뿐, 개인의 기본권을 제한하는 국가행위를 정당화하는 헌법규범은 아니다. 24 경정 O|X

> (1) 우리 헌법은 **사회국가원리를 명문으로 규정**하고 있지는 **않지만**, 헌법의 **전문, 사회적 기본권의 보장**(헌법 제31조 내지 제36조), 경제 영역에서 적극적으로 계획하고 유도하고 재분배하여야 할 국가의 의무를 규정하는 **경제에 관한 조항**(헌법 제119조 제2항 이하) 등과 같이 사회국가원리의 구체화된 여러 표현을 통하여 사회국가원리를 수용하였다(헌재 2002. 12. 18. 2002헌마52).
> (2) 헌법 제119조 제2항에 규정된 '**경제주체간의 조화를 통한 경제민주화**'의 이념은 경제영역에서 정의로운 사회질서를 형성하기 위하여 추구할 수 있는 국가목표로서 **개인의 기본권을 제한하는 국가행위를 정당화하는 헌법규범**이다(헌재 2003. 11. 27. 2001헌바35).

● 정답 574. ○ 574-1. ×[실질적 조건 마련 의무가 부여됨] 575. ○ 575-1. ×[사회국가원리 명문규정 無, 기본권 제한 정당화 헌법규범임]

0576 국가는 복지국가를 실현하기 위하여 가능한 수단을 동원할 책무를 진다고 할 것이나 가능한 여러 가지 수단들 가운데 구체적으로 어느 것을 선택할 것인가는 기본적으로 입법자의 재량에 속한다. 22 국가 7

O | X

국가는 이러한 **복지국가를 실현**하기 위하여 **가능한 수단을 동원할 책무**를 진다고 할 것이다. 그러나, 가능한 여러 가지 수단들 가운데 **구체적으로 어느 것을 선택할 것인가**는 기본적으로 **입법자의 재량**에 속하는 것이고, 따라서 입법자는 그 목적을 추구함에 있어 그에게 부여된 입법재량권을 남용하였거나 그 한계를 일탈하여 명백히 불공정 또는 불합리하게 자의적으로 입법형성권을 행사하였다는 등 특별한 사정이 없는 한 헌법위반의 문제는 야기되지 아니한다고 할 것이다(헌재 2001. 1. 18. 2000헌바7).

0577 자유민주주의국가에서는 국가는 예외적으로 꼭 필요한 경우에 한하여 보충하는 정도로만 개입할 수 있고, 헌법상의 보충의 원리가 국민의 경제생활영역에도 적용됨은 물론이므로 사적 자치의 존중이 자유민주주의국가에서 존중되어야 할 대원칙임은 부인할 수 없다. 12 국회 9

O | X

자유민주주의 국가에서는 각 개인의 인격을 존중하고 그 자유와 창의를 최대한으로 존중해 주는 것을 그 이상으로 하고 있는 만큼 기본권 주체의 활동은 일차적으로 그들의 자결권과 자율성에 입각하여 보장되어야 하고 국가는 예외적으로 꼭 필요한 경우에 한하여 **이를 보충하는 정도로만 개입할 수 있고**, 이러한 **헌법상의 보충의 원리**가 국민의 경제생활 영역에도 적용됨은 물론이므로 **사적자치의 존중**이 자유민주주의 국가에서 극히 존중되어야 할 **대원칙임은 부인할 수 없다**(헌재 1989. 12. 22. 88헌가13).

0578 헌법에서 채택하고 있는 사회국가의 원리는 자유민주적 기본질서의 범위 내에서 이루어져야 하고, 국민 개인의 자유와 창의를 보완하는 범위내에서 이루어지는 내재적 한계를 지니고 있다. 22 경찰 1차

O | X

사회국가의 원리는 **자유민주적 기본질서의 범위내**에서 이루어져야 하고, **국민 개인의 자유와 창의를 보완하는 범위**내에서 이루어지는 **내재적 한계를 지니고 있다** 할 것이다. 우리 재판소도 "우리 헌법은 자유민주적 기본질서 및 시장경제질서를 기본으로 하면서 위 질서들에 수반되는 모순을 제거하기 위하여 사회국가원리를 수용하여 실질적인 자유와 평등을 아울러 달성하려는 근본이념을 가지고 있다"라고 판시한 것은 이러한 맥락에서 이루어 진 것이다(헌재 2001. 9. 27. 2000헌마238 등).

02 사회국가원리의 구현

0579 조세나 보험료와 같은 공과금의 부과에 있어서 사회국가원리는 입법자의 결정이 자의적인가를 판단하는 하나의 중요한 기준을 제공하며 일반적으로 입법자의 결정을 정당화하는 헌법적 근거로서 작용한다. 15 국회 9

O | X

조세나 보험료와 같은 공과금의 부과에 있어서 사회국가원리는 입법자의 결정이 자의적인가를 판단하는 하나의 **중요한 기준을 제공**하며, 일반적으로 **입법자의 결정을 정당화하는 헌법적 근거로서 작용한다**. 특히 경제적 약자나 중소기업에 대한 조세감면혜택 등과 같이 사회정책적 고려에 기초한 차별대우가 자의적인가를 판단하는 경우에 사회국가원리는 입법자의 형성권을 정당화하는 하나의 헌법적 가치결정을 의미한다(헌재 2000. 6. 29. 99헌마289).

0580 국가는 납세자가 자신과 가족의 기본적인 생계유지를 위하여 꼭 필요로 하는 소득을 제외한 잉여소득 부분에 대해서만 납세의무를 부과할 수 있는 것은 아니므로, 소득에 대한 과세는 원칙적으로 최저생계비를 초과하는 소득에 대해서만 가능하다고 볼 수는 없다. 23 법원 9

O | X

정답 576. O 577. O 578. O 579. O 580. X [잉여소득만 납세의무 부과 가능 / 소득과세는 최저생계비 초과 소득만 가능]

헌법은 국민 각자가 자신의 생활을 스스로 경제적으로 형성한다는 것을 전제로 하고 있으므로, 국가는 납세자가 자신과 가족의 기본적인 생계유지를 위하여 꼭 필요로 하는 소득을 제외한 잉여소득 부분에 대해서만 납세의무를 부과할 수 있다. 따라서 소득에 대한 과세는 원칙적으로 최저생계비를 초과하는 소득에 대해서만 가능하다. 이는 국민에게 인간다운 생활을 할 최소한의 조건을 마련해 주어야 한다는 사회국가원리의 관점에서 요청되는 것이다(헌재 2006. 11. 30. 2006헌마489).

0581 사회연대의 원칙은 사회보험체계 내에서의 소득의 재분배를 정당화하는 근거이며, 사회보험에의 강제가입의무를 정당화하고 재정구조가 취약한 보험자와 재정구조가 건전한 보험자 사이의 재정조정을 가능하게 한다. 19 입시   O | X

0581-1 사회국가원리에서 도출되는 사회연대의 원칙은 사회보험에의 강제가입의무를 정당화하며, 재정구조가 취약한 보험자와 재정구조가 건전한 보험자 사이의 재정조정을 가능하게 한다. 12 국가 7   O | X

사회보험은 사회국가원리를 실현하기 위한 중요한 수단이라는 점에서, 사회연대의 원칙은 국민들에게 최소한의 인간다운 생활을 보장해야 할 국가의 의무를 부과하는 사회국가원리에서 나온다. 보험료의 형성에 있어서 사회연대의 원칙은 보험료와 보험급여 사이의 개별적 등가성의 원칙에 수정을 가하는 원리일 뿐만 아니라, 사회보험체계 내에서의 소득의 재분배를 정당화하는 근거이며, 보험의 급여수혜자가 아닌 제3자인 사용자의 보험료 납부의무(소위 '이질부담')를 정당화하는 근거이기도 하다. 또한 사회연대의 원칙은 사회보험에의 강제가입의무를 정당화하며, 재정구조가 취약한 보험자와 재정구조가 건전한 보험자 사이의 재정조정을 가능하게 한다(헌재 2000. 6. 29. 99헌마289).

0582 휴직자에게 직장가입자의 자격을 유지시켜 휴직전월의 표준보수월액을 기준으로 보험료를 부과하는 것은 사회국가원리에 위배되지 않는다. 16 경정   O | X

국민건강보험법 제63조 제2항이 휴직자도 직장가입자의 자격을 유지함을 전제로 기존의 보험료 부담을 그대로 지우고 있는 것은 일시적·잠정적 근로관계의 중단에 불과한 휴직제도의 본질, 휴직자에 대한 보험급여의 필요성, 별도의 직장가입자인 배우자 등이 있는 휴직자와 그렇지 않은 휴직자간의 형평성, 보험공단의 재정부담 등 여러 가지 사정을 고려한 것으로서, 입법형성의 범위 내에서 합리적으로 결정한 것이라 볼 수 있으므로 사회국가원리에 어긋난다거나 휴직자의 사회적 기본권 내지 평등권 등을 침해한다고 볼 수 없다(헌재 2003. 6. 26. 2001헌마699).

POINT 040 사회적 시장경제질서

01 사회적 시장경제질서

0583 헌법 제119조는 자유시장 경제질서를 기본으로 하면서 사회국가원리를 수용하여 실질적인 자유와 평등을 아울러 달성하려는 것을 근본이념으로 한다. 23 입시   O | X

헌법 제119조는 제1항에서 "대한민국의 경제질서는 개인과 기업의 경제상의 자유와 창의를 존중함을 기본으로 한다"고 규정하여 자유시장 경제질서를 기본으로 하고 있음을 선언하고 있으나, 한편 그 제2항에서 "국가는 균형있는 국민경제의 성장 및 안정과 적정한 소득의 분배를 유지하고, 시장의 지배와 경제력의 남용을 방지하며 경제주체간의 조화를 통한 경제의 민주화를 위하여 경제에 관한 규제와 조정을 할 수 있다"고 규정하여, 우리 헌법이 자유시장 경제질서를 기본으로 하면서 사회국가원리를 수용하여 실질적인 자유와 평등을 아울러 달성하려는 것을 근본이념으로 하고 있음을 밝히고 있다(헌재 2003. 2. 27. 2002헌바4).

정답   581. O   581-1. O   582. O   583. O

0584 우리 헌법의 경제질서는 사유재산제를 바탕으로 하고 자유경쟁을 존중하는 자유시장경제질서를 기본으로 하면서도 이에 수반되는 갖가지 모순을 제거하고 사회복지·사회정의를 실현하기 위하여 국가적 규제와 조정을 용인하는 사회적 시장경제질서로서의 성격을 띠고 있다.
_{24 5급, 21 국회 8, 21 법무사, 20 5급, 18 법원 9, 17 법무사, 15 법무사} O│X

0584-1 우리나라 헌법상의 경제질서는 사유재산제를 바탕으로 하고 자유경쟁을 존중하는 자유시장경제질서를 근간으로 하는 것이므로, 사회정의를 실현하기 위하여 국가적 규제와 조정을 용인하는 사회적 시장경제질서와는 양립할 수 없다. _{22 국회 8} O│X

우리 헌법은 전문 및 제119조 이하의 경제에 관한 장에서 균형있는 국민경제의 성장과 안정, 적정한 소득의 분배, 시장의 지배와 경제력남용의 방지, 경제주체간의 조화를 통한 경제의 민주화, 균형있는 지역경제의 육성, 중소기업의 보호육성, 소비자보호 등 경제영역에서의 국가목표를 명시적으로 규정함으로써, **우리 헌법의 경제질서는 사유재산제를 바탕으로 하고 자유경쟁을 존중하는 자유시장경제질서를 기본**으로 하면서도 이에 수반되는 갖가지 모순을 제거하고 사회복지·사회정의를 실현하기 위하여 **국가적 규제와 조정을 용인**하는 **사회적 시장경제질서**로서의 성격을 띠고 있다(헌재 2001. 6. 28. 2001헌마132).

0585 자유민주적 기본질서 및 시장경제원리는 헌법의 지배원리로서 모든 법령의 해석기준이 된다.
_{23 경채, 15 국회 9} O│X

결국 우리 국민들의 정치적 결단인 **자유민주적 기본질서 및 시장경제원리**에 대한 깊은 신념과 준엄한 원칙은 현재뿐 아니라 과거와 미래를 통틀어 일관되게 우리 헌법을 관류하는 **지배원리로서 모든 법령의 해석기준**이 되므로 이 법의 해석 및 적용도 이러한 틀안에서 이루어져야 할 것이다(헌재 2001. 9. 27. 2000헌마238 등).

0586 헌법 제119조는 헌법상 경제질서에 관한 일반조항으로서 국가의 경제정책에 대한 하나의 헌법적 지침일 뿐, 그 자체가 기본권의 성질을 가진다거나 독자적인 위헌심사의 기준이 된다고 할 수 없다.
_{23 국가 7} O│X

0586-1 헌법 제119조는 헌법상 경제질서에 관한 일반조항으로서 국가의 경제정책에 대한 하나의 헌법적 지침이 됨과 동시에 경제에 관한 기본권의 성질도 포함하고 있으므로 독자적인 위헌심사의 기준이 될 수 있다. _{22 국회 9, 21 입시} O│X

헌법 제119조는 헌법상 경제질서에 관한 일반조항으로서 국가의 경제정책에 대한 하나의 **헌법적 지침**일 뿐 그 자체가 **기본권의 성질을 가진다거나 독자적인 위헌심사의 기준이 된다고 할 수 없으므로**, 청구인들의 이러한 주장에 대하여는 더 나아가 살펴보지 않는다(헌재 2017. 7. 27. 2015헌바278 등).

02 개인과 기업의 경제상의 자유와 창의 (헌법 제119조 제1항)

0587 헌법 제119조 제1항은 사유재산제도와 사적자치의 원칙을 기초로 하는 자유시장경제질서를 기본으로 하고 있다. _{19 경정} O│X

헌법 제23조 제1항 전문은 "모든 국민의 재산권은 보장된다."라고 규정하고, 제119조 제1항은 "대한민국의 경제질서는 개인과 기업의 경제상의 자유와 창의를 존중함을 기본으로 한다."고 규정함으로써, 우리 헌법이 **사유재산제도**와 경제활동에 관한 **사적자치의 원칙**을 기초로 하는 **자본주의 시장경제질서를 기본으로 하고 있음을 선언하고 있는 것이다**(헌재 1997. 8. 21. 94헌바19 등).

● 정답 584. O   584-1. X [사회적 시장경제질서와 양립함]   585. O   586. O   586-1. X [기본권 X, 독자적 위헌심사의 기준 X]   587. O

0588 헌법 제119조 제1항은 기업의 생성·발전·소멸은 어디까지나 기업의 자율에 맡긴다는 기업자유의 표현이며 국가의 공권력은 특단의 사정이 없는 한 이에 대한 불개입을 원칙으로 한다는 뜻이다. 16 경정, 14 국가 7   O | X

헌법 제119조 제1항은 대한민국의 경제질서는 개인과 기업의 경제상의 자유와 창의를 존중함을 기본으로 한다고하여 시장경제의 원리에 입각한 경제체제임을 천명하였는바, 이는 기업의 생성·발전·소멸은 어디까지나 기업의 자율에 맡긴다는 **기업자유의 표현**이며 국가의 공권력은 특단의 사정이 없는 한 이에 대한 **불개입을 원칙**으로 한다는 뜻이다(헌재 1993. 7. 29. 89헌마31).

0589 헌법 제119조 제1항은 헌법상 경제질서에 관한 일반조항으로서 국가의 경제정책에 대한 하나의 헌법적 지침이고, 동 조항이 언급하는 경제적 자유와 창의는 직업의 자유, 재산권의 보장, 근로3권과 같은 경제에 관한 기본권 및 비례의 원칙과 같은 법치국가원리에 의하여 비로소 헌법적으로 구체화된다. 20 국가 7   O | X

헌법은 제119조에서 개인의 경제적 자유를 보장하면서 사회정의를 실현하기 위한 경제질서를 선언하고 있다. 이 규정은 헌법상 경제질서에 관한 일반조항으로서 국가의 경제정책에 대한 하나의 **헌법적 지침**이고, 동 조항이 언급하는 '**경제적 자유와 창의**'는 **직업의 자유, 재산권의 보장, 근로3권과 같은 경제에 관한 기본권 및 비례의 원칙과 같은 법치국가원리**에 의하여 비로소 **헌법적으로 구체화된다.** 따라서 이 사건에서 청구인들이 헌법 제119조 제1항과 관련하여 주장하는 내용은 구체화된 헌법적 표현인 경제적 기본권을 기준으로 심사되어야 한다(헌재 2002. 10. 31. 99헌바76 등).

0590 고의나 과실로 타인에게 손해를 가한 경우에만 그 손해에 대한 배상책임을 가해자가 부담한다는 과실책임 원칙은 헌법 제119조 제1항의 자유시장 경제질서에서 파생된 것이다. 19 변호사   O | X

고의나 과실로 타인에게 손해를 가한 경우에만 그 손해에 대한 배상책임을 가해자가 부담한다는 **과실책임 원칙은 헌법 제119조 제1항의 자유시장 경제질서에서 파생**된 것으로 오늘날 민사책임의 기본원리이다(헌재 2015. 3. 26. 2014헌바202).

0591 특수한 불법행위책임에 관하여 위험책임의 원리를 수용하는 것은 입법정책에 관한 사항으로서 입법자의 재량에 속한다고 할 것이므로 자동차손해배상보장법 조항이 운행자의 재산권을 본질적으로 제한하거나 평등의 원칙에 위반되지 아니하는 이상 위험책임의 원리에 기하여 무과실책임을 지운 것만으로 헌법 제119조 제1항의 자유시장 경제질서에 위반된다고 할 수 없다. 22 국가 7   O | X

0591-1 「자동차손해배상보장법」이 위험책임의 원리에 기하여 무과실책임을 지운 것은 사회국가원리를 수용한 헌법이념에 따른 것이다. 17 경정, 10 국회 8   O | X

0591-2 자유시장 경제질서를 기본으로 하면서도 사회국가원리를 수용하고 있는 우리 헌법의 이념에 비추어 볼 때, 일반불법행위책임에 관하여 과실책임의 원리를 기본원칙으로 하면서도 일정한 영역의 특수한 불법행위책임에 관하여 위험책임의 원리를 수용하는 것은 헌법에 의해 직접적으로 부과되는 명령이므로, 입법자의 재량에 속한다고 볼 수 없다. 10 지방 7   O | X

자유시장 경제질서를 기본으로 하면서도 사회국가원리를 수용하고 있는 우리 헌법의 이념에 비추어, **일반불법행위책임에 관하여는 과실책임의 원리를 기본원칙으로 하면서** 이 사건 법률조항과 같은 **특수한 불법행위책임에 관하여 위험책임의 원리를 수용**하는 것은 입법정책에 관한 사항으로서 **입법자의 재량**에 속한다고 할 것이므로, 이 사건 법률조항이 위험책임의 원리에 기하여 **무과실책임을** 지운 것만으로 **자유시장 경제질서에 위반된다고 할 수 없다**(헌재 1998. 5. 28. 96헌가4).

● 정답 588. O 589. O 590. O 591. O 591-1. O 591-2. X [입법자의 재량에 속함]

03 국가의 규제와 조정 (헌법 제119조 제2항)

0592 국가는 균형있는 국민경제의 성장 및 안정과 적정한 소득의 분배를 유지하고, 시장의 지배와 경제력의 남용을 방지하며, 경제주체간의 조화를 통한 경제의 민주화를 위하여 경제에 관한 규제와 조정을 할 수 있다. 21 법원 9, 19 경정, 13 국가 7   O | X

> 헌법 제119조 ② 국가는 균형있는 국민경제의 성장 및 안정과 적정한 소득의 분배를 유지하고, 시장의 지배와 경제력의 남용을 방지하며, 경제주체간의 조화를 통한 경제의 민주화를 위하여 경제에 관한 규제와 조정을 할 수 있다.

0593 헌법 제119조 제2항에 규정된 '경제주체 간의 조화를 통한 경제민주화'의 이념은 경제영역에서 정의로운 사회질서를 형성하기 위하여 추구할 수 있는 국가목표로서 개인의 기본권을 제한하는 국가행위를 정당화하는 헌법규범이다. 23 해간, 23 입시, 22 국회 8, 18 법무사, 18 국회 9, 17 경정   O | X

0593-1 헌법 제119조 제2항에 규정된 '경제주체 간의 조화를 통한 경제민주화' 이념은 경제영역에서 정의로운 사회질서를 형성하기 위하여 추구할 수 있는 국가목표일 뿐 개인의 기본권을 제한하는 국가행위를 정당화하는 헌법규범은 아니다. 23 경간, 22 국회 9, 20 법원 9, 19 지방 7, 14 법무사   O | X

> 헌법 제119조 제2항에 규정된 **경제주체간의 조화를 통한 경제민주화**'의 이념은 경제영역에서 정의로운 사회질서를 형성하기 위하여 추구할 수 있는 국가목표로서 개인의 기본권을 제한하는 **국가행위를 정당화하는 헌법규범**이다(헌재 2003. 11. 27. 2001헌바35).

0594 헌법 제119조 제2항은 국가가 경제영역에서 실현하여야 할 목표의 하나로서 '적정한 소득의 분배'를 들고 있지만, 이로부터 반드시 소득에 대하여 누진세율에 따른 종합과세를 시행하여야 할 구체적인 헌법적 의무가 조세입법자에게 부과되는 것이라고 할 수 없다. 22 지방 7, 20 법원 9   O | X

0594-1 헌법 제119조 제2항은 국가가 경제영역에서 실현하여야 할 목표의 하나로서 '적정한 소득의 분배'를 들고 있으므로, 이로부터 소득에 대하여 누진세율에 따른 종합과세를 시행하여야 할 구체적인 헌법적 의무가 조세입법자에게 부과되는 것이다. 23 해간   O | X

> 헌법 제119조 제2항은 국가가 경제영역에서 실현하여야 할 목표의 하나로서 **"적정한 소득의 분배"**를 들고 있지만, 이로부터 반드시 소득에 대하여 누진세율에 따른 종합과세를 시행하여야 할 **구체적인 헌법적 의무가 조세입법자에게 부과되는 것이라고 할 수 없다**. 오히려 입법자는 사회·경제정책을 시행함에 있어서 소득의 재분배라는 관점만이 아니라 서로 경쟁하고 충돌하는 여러 목표, 예컨대 "균형있는 국민경제의 성장 및 안정", "고용의 안정" 등을 함께 고려하여 서로 조화시키려고 시도하여야 하고, 끊임없이 변화하는 사회·경제상황에 적응하기 위하여 정책의 우선순위를 정할 수도 있다(헌재 1999. 11. 25. 98헌마55).

정답 592. O 593. O 593-1. X [기본권 제한 정당화 헌법규범임] 594. O 594-1. X [누진세 입법 의무 부과 아님]

0595 헌법 제119조 제2항이 국가가 경제영역에서 실현해야 할 목표의 하나로서 '적정한 소득의 분배'를 들고 있으므로 입법자는 사회·경제정책을 시행함에 있어서 이에 대하여 정책적으로 항상 최우선적인 배려를 해야 한다. 16 경정 O│X

헌법 제119조 제2항은 국가가 경제영역에서 실현하여야 할 목표의 하나로서 "적정한 소득의 분배"를 들고 있지만, 이로부터 반드시 소득에 대하여 누진세율에 따른 종합과세를 시행하여야 할 구체적인 헌법적 의무가 **조세입법자에게 부과되는 것이라고 할 수 없다**. 오히려 입법자는 사회·경제정책을 시행함에 있어서 소득의 재분배라는 관점만이 아니라 서로 경쟁하고 충돌하는 여러 목표, 예컨대 "균형있는 국민경제의 성장 및 안정", "고용의 안정" 등을 함께 고려하여 서로 조화시키려고 시도하여야 하고, 끊임없이 변화하는 사회·경제상황에 적응하기 위하여 정책의 우선순위를 정할 수도 있다. 그러므로 **"적정한 소득의 분배"를 무조건적으로 실현할 것을 요구**한다거나 **정책적으로 항상 최우선적인 배려를 하도록 요구**하는 것은 **아니라 할 것**이다(헌재 1999. 11. 25. 98헌마55).

0596 입법자는 경제영역에서의 국가목표를 이루기 위하여 가능한 여러 정책 중 필요하다고 판단되는 경제정책을 선택할 수 있고, 입법자의 그러한 정책판단과 선택은 경제에 관한 국가적 규제·조정 권한의 행사로서 존중되어야 하는 것이 원칙이다. 23 변호사 O│X

입법자는 경제현실의 역사와 미래에 대한 전망, 목적달성에 소요되는 경제적·사회적 비용, 당해 경제문제에 관한 국민 내지 이해관계인의 인식 등 제반 사정을 두루 감안하여 시장의 지배와 경제력의 남용 방지, 경제의 민주화 달성 등의 **경제영역에서의 국가목표를 이루기 위하여 가능한 여러 정책 중 필요하다고 판단되는 경제정책을 선택할 수 있고**, 입법자의 그러한 정책판단과 선택은 그것이 현저히 합리성을 결여한 것이라고 볼 수 없는 한 경제에 관한 국가적 규제·조정권한의 행사로서 **존중되어야 한다**(헌재 2018. 6. 28. 2016헌바77 등).

0597 우리 헌법에서 추구하고 있는 경제질서는 개인과 기업의 경제상의 자유와 창의를 최대한도로 존중·보장하는 자본주의에 바탕을 둔 시장경제질서이므로, 국가적인 규제와 통제를 가하는 것도 보충의 원칙에 입각하여 자본주의 내지 시장경제질서의 기초라고 할 수 있는 사유재산제도와 아울러 사적자치의 원칙이 존중되는 범위내에서만 허용될 뿐이다. 18 변호사 O│X

우리 헌법이 추구하고 있는 경제질서는 개인과 기업의 경제상의 자유와 창의를 최대한도로 존중·보장하는 자본주의에 바탕을 둔 시장경제질서이므로 이에 대하여 **국가적인 규제와 통제**를 가하는 것은 **보충의 원칙에 입각**하여 어디까지나 자본주의 내지 시장경제질서의 기초라고 할 수 있는 **사유재산제도**와 아울러 경제행위에 대한 **사적자치의 원칙이 존중되는 범위내에서만 허용될 뿐이다**(헌재 1999. 7. 22. 98헌가3).

0598 헌법 제119조 제1항에 비추어 보더라도, 개인의 사적 거래에 대한 공법적 규제는 되도록 사전적·일반적 규제보다는 사후적·구체적 규제방식을 택하여 국민의 거래자유를 최대한 보장하여야 할 것이다. 19 변호사 O│X

0598-1 헌법 제119조 제1항에 비추어볼 때 개인의 사적 거래에 대한 공법적 규제는 사후적·구체적 규제보다는 사전적·일반적 규제방식을 택하여 국민의 거래자유를 최대한 보장하여야 한다. 23 경간 O│X

"대한민국의 경제질서는 개인과 기업의 경제상의 자유와 창의를 존중함을 기본으로 한다."고 규정한 **헌법 제119조 제1항**에 비추어 보더라도, 개인의 사적 거래에 대한 공법적 규제는 되도록 **사전적·일반적 규제**보다는, **사후적·구체적 규제방식**을 택하여 국민의 거래자유를 최대한 보장하여야 할 것이다(헌재 2012. 8. 23. 2010헌가65).

정답 595. X [항상 최우선적인 배려를 하도록 요구 X] 596. O 597. O 598. O 598-1. X [되도록 사후적·구체적 규제방식을 택하여야 함]

0599 헌법 제119조 제2항은 독과점규제라는 경제정책적 목표를 개인의 경제적 자유를 제한할 수 있는 정당한 공익의 하나로 명문화하고 있는데, 독과점규제의 목적이 경쟁의 회복에 있다면 이 목적을 실현하는 수단 또한 자유롭고 공정한 경쟁을 가능하게 하는 방법이어야 한다. 23 국가 7   O | X

헌법 제119조 제2항은 **독과점규제라는 경제정책적 목표**를 개인의 경제적 자유를 제한할 수 있는 **정당한 공익의 하나로 명문화**하고 있다. 독과점규제의 목적이 **경쟁의 회복**에 있다면 이 목적을 실현하는 **수단 또한 자유롭고 공정한 경쟁을 가능하게 하는 방법**이어야 한다(헌재 1996. 12. 26. 96헌가18).

0600 헌법 제119조 이하의 경제에 관한 장은 경제영역에서의 국가목표를 명시적으로 언급함으로써 국가가 경제정책을 통하여 달성하여야 할 '공익'을 구체화하고, 동시에 헌법 제37조 제2항의 기본권 제한을 위한 법률유보에서의 '공공복리'를 구체화하고 있다. 12 국가 7   O | X

우리 헌법은 **헌법 제119조 이하의 경제에 관한 장**에서 "균형있는 국민경제의 성장과 안정, 적정한 소득의 분배, 시장의 지배와 경제력남용의 방지, 경제주체간의 조화를 통한 경제의 민주화, 균형있는 지역경제의 육성, 중소기업의 보호육성, 소비자보호 등"의 경제영역에서의 **국가목표를 명시적으로 규정**함으로써 국가가 경제정책을 통하여 달성하여야 할 "**공익**"을 **구체화**하고, 동시에 헌법 제37조 제2항의 **기본권제한**을 위한 일반법률유보에서의 "**공공복리**"를 **구체화**하고 있다(헌재 1996. 12. 26. 96헌가18).

0601 경제적 기본권의 제한을 정당화하는 공익이 헌법에 명시적으로 규정된 목표에만 제한되는 것은 아니고, 헌법은 단지 국가가 실현하려고 의도하는 전형적인 경제목표를 예시적으로 구체화하고 있을 뿐이므로 기본권의 침해를 정당화할 수 있는 모든 공익을 아울러 고려하여 법률의 합헌성 여부를 심사하여야 한다. 20 법원 9   O | X

0601-1 경제적 기본권을 제한하는 법률의 합헌성 여부를 심사하는 경우, 그 법률을 정당화하는 공익은 헌법에 명시적으로 규정된 목표에만 제한된다. 22 지방 7   O | X

경제적 기본권의 제한을 정당화하는 공익이 **헌법에 명시적으로 규정된 목표**에만 제한되는 것은 아니고, **헌법**은 단지 국가가 실현하려고 의도하는 전형적인 경제목표를 **예시적으로 구체화**하고 있을 뿐이므로 **기본권의 침해**를 정당화할 수 있는 **모든 공익을 아울러 고려**하여 **법률의 합헌성 여부를 심사**하여야 한다(헌재 1996. 12. 26. 96헌가18).

04 관련판례

0602 특정의료기관이나 특정의료인의 기능·진료방법에 관한 광고를 금지하는 것은 새로운 의료인들에게 자신의 기능이나 기술 혹은 진단 및 치료방법에 관한 광고와 선전을 할 기회를 배제함으로써 기존의 의료인과의 경쟁에서 불리한 결과를 초래하므로, 자유롭고 공정한 경쟁을 추구하는 헌법상의 시장경제질서에 부합되지 않는다. 23 해간, 22 국회 8   O | X

0602-1 의료인의 기능과 진료방법에 대한 광고를 금지하고 이에 대하여 벌금형에 처하도록 한 「의료법」 규정은 입법목적을 달성하기 위하여 필요한 범위를 넘어선 것이므로 표현의 자유를 침해한다. 15 지방 7   O | X

정답 599. O   600. O   601. O   601-1. X [헌법에 명시적으로 규정된 목표에만 제한 X]   602. O   602-1. O

(1) 이 사건 조항에 의한 의료광고의 금지는 새로운 의료인들에게 자신의 기능이나 기술 혹은 진단 및 치료방법에 관한 광고와 선전을 할 기회를 배제함으로써, 기존의 의료인과의 경쟁에서 불리한 결과를 초래할 수 있는데, 이는 자유롭고 공정한 경쟁을 추구하는 헌법상의 **시장경제질서에 부합되지 않는다**(헌재 2005. 10. 27. 2003헌가3).

(2) 이 사건 조항이 보호하고자 하는 공익의 달성 여부는 불분명한 것인 반면, 이 사건 조항은 의료인에게 자신의 기능과 진료방법에 관한 광고와 선전을 할 기회를 박탈함으로써 표현의 자유를 제한하고, 다른 의료인과의 영업상 경쟁을 효율적으로 수행하는 것을 방해함으로써 직업수행의 자유를 제한하고 있고, 소비자의 의료정보에 대한 알 권리를 제약하게 된다. 따라서 보호하고자 하는 공익보다 제한되는 사익이 더 중하다고 볼 것이므로 이 사건 조항은 '법익의 균형성' 원칙에도 위배된다. 결국 이 사건 조항은 헌법 제37조 제2항의 비례의 원칙에 위배하여 **표현의 자유와 직업수행의 자유를 침해**하는 것이다(헌재 2005. 10. 27. 2003헌가3).

0603 이른바 '자도소주 구입명령제도'는 소주판매업자의 직업의 자유를 지나치게 침해하는 위헌적인 규정이다. 15 국회 8   O I X

0603-1 소주판매업자에게 자도소주구입을 강제하는 자도소주구입명령제도는 독과점을 방지하고, 중소기업을 보호한다는 공익적 목적달성을 위한 적합한 수단이므로 소주판매업자의 직업의 자유를 침해하지 않는다. 22 해경, 19 5급   O I X

0603-2 소주도매업자로 하여금 그 영업장소 소재지에서 생산되는 자도소주를 의무적으로 총 구입액의 100분의 50 이상을 구입하도록 하는 자도소주구입명령제도는 소비자가 자신의 의사에 따라 자유롭게 상품을 선택하는 자기결정권을 제한한다. 22 경찰 2차   O I X

0603-3 정부가 1976년부터 자도소주구입제도를 시행한 것을 고려할 때, 주류판매업자로 하여금 매월 소주류 총구입액의 100분의 50 이상을 당해 주류판매업자의 판매장이 소재하는 지역과 같은 지역에 소재하는 제조장으로부터 구입하도록 명하는 자도소주구입명령제도에 대한 소주제조업자의 강한 신뢰보호이익이 인정되지만, 이러한 신뢰보호도 "능력경쟁의 실현"이라는 보다 우월한 공익에 직면하여 종래의 법적 상태의 존속을 요구할 수는 없다. 19 변호사   O I X

(1) 이 사건 법률조항이 규정한 구입명령제도는 소주판매업자에게 자도소주의 구입의무를 부과함으로써, 어떤 소주제조업자로부터 얼마만큼의 소주를 구입하는가를 결정하는 직업활동의 방법에 관한 자유를 제한하는 것이므로 **소주판매업자의 "직업행사의 자유"를 제한**하는 규정이다. 또한 구입명령제도는 비록 직접적으로는 소주판매업자에게만 구입의무를 부과하고 있으나 실질적으로는 구입명령제도가 능력경쟁을 통한 시장의 점유를 억제함으로써 **소주제조업자의 "기업의 자유" 및 "경쟁의 자유"를 제한**하고, 소비자가 자신의 의사에 따라 자유롭게 상품을 선택하는 것을 제약함으로써 **소비자의 행복추구권에서 파생되는 "자기결정권"도 제한**하고 있다(헌재 1996. 12. 26. 96헌가18).

(2) 주세법의 구입명령제도는 전국적으로 자유경쟁을 배제한 채 지역할거주의로 자리잡게 되고 그로써 지역 독과점현상의 고착화를 초래하므로, 독과점규제란 공익을 달성하기에 적정한 조치로 보기 어렵다. … 따라서 구입명령제도는 **소주판매업자의 직업의 자유**는 물론 **소주제조업자의 경쟁 및 기업의 자유**, 즉 직업의 자유와 **소비자의 행복추구권에서 파생된 자기결정권**을 지나치게 침해하는 **위헌적인 규정**이다(헌재 1996. 12. 26. 96헌가18).

(3) 이 사건의 경우 국가가 장기간에 걸쳐 추진된 주정배정제도, 1도1사원칙에 의한 통폐합정책 및 자도소주구입명령제도를 통하여 신뢰의 근거를 제공하고 국가가 의도하는 일정한 방향으로 소주제조업자의 의사결정을 유도하려고 계획하였으므로, 자도소주구입명령제도에 대한 **소주제조업자의 강한 신뢰보호이익이 인정**된다. 그러나 이러한 신뢰보호도 법률개정을 통한 **"능력경쟁의 실현"**이라는 보다 우월한 공익에 직면하여 **종래의 법적 상태의 존속을 요구할 수는 없다** 할 것이고, 다만 개인의 신뢰는 적절한 경과규정을 통하여 고려되기를 요구할 수 있는데 지나지 않는다 할 것이다(헌재 1996. 12. 26. 96헌가18).

정답 603. O   603-1. X [적합한 수단 X, 직업의 자유 침해함]   603-2. O   603-3. O

0604 탁주(막걸리)의 공급구역제한제도는 국민보건·탁주제조업체 과당경쟁 방지 등의 측면에서 위헌이라고 볼 수 없다. 15 국회 8   O | X

0604-1 장기보존이 가능한 탁주를 제외한 탁주의 공급구역을 주류제조장 소재지의 시·군의 행정구역으로 제한하는 것에 대하여 탁주제조업자나 판매업자의 직업의 자유와 소비자의 자기결정권을 침해하지 않는다고 하였다가 탁주제조업자나 판매업자의 직업의 자유와 소비자의 자기결정권을 침해한다고 하였다. 19 국가 7   O | X

> 탁주의 공급구역제한제도는 국민보건위생을 보호하고, 탁주제조업체간의 과당경쟁을 방지함으로써 중소기업보호·지역경제육성이라는 헌법상의 경제목표를 실현한다는 정당한 입법목적을 가진 것으로서 그 입법목적을 달성하기에 이상적인 제도라고까지는 할 수 없을 지라도 전혀 부적합한 것이라고 단정할 수 없고, 탁주의 공급구역제한제도가 비록 탁주제조업자나 판매업자의 **직업의 자유 내지 영업의 자유를 다소 제한**한다고 하더라도 그 정도가 지나치게 과도하여 입법형성권의 범위를 **현저히 일탈한 것이라고 볼 수는 없다**(헌재 1999. 7. 22. 98헌가5).

0605 허가받지 않은 지역의 의료기관이 더 가까운 경우에도 허가받은 지역의 의료기관으로 환자를 이송할 수밖에 없도록 강제하고 있는「응급의료에 관한 법률」조항은 응급환자이송업체사이의 자유경쟁을 막아 헌법상 경제질서에 위배된다. 19 변호사   O | X

0605-1 허가받은 지역 밖에서의 이송업의 영업을 금지하고 처벌하는「응급의료에 관한 법률」조항은 영업의 일반적 의미와 위 법률의 관련 규정을 유기적·체계적으로 종합하여 보더라도 허가받은 지역 밖에서 할 수 없는 이송업에 환자 이송 과정에서 부득이 다른 지역을 지나가는 경우 또는 허가받지 아니한 지역에서 실시되는 운동경기·행사를 위하여 부근에서 대기하는 경우 등도 포함되는지 여부가 불명확하여 명확성원칙에 위배된다. 20 변호사   O | X

> (1) 청구인 회사는 영업의 자유와 일반적 행동의 자유도 침해되고 **헌법상 경제질서**에도 위배된다고 주장하지만, 심판대상조항과 가장 밀접한 관계에 있는 **직업수행의 자유 침해 여부를 판단하는 이상** 이 부분 주장에 대해서는 **별도로 판단하지 아니한다**. … 국민의 생명과 건강에 직결되는 응급이송체계를 적정하게 확립한다는 공익의 중요성에 비추어 영업지역의 제한에 따라 침해되는 이송업자의 사익이 크다고 보기는 어려우므로 법익의 균형성도 인정된다. 따라서 심판대상조항은 과잉금지원칙을 위반하여 **직업수행의 자유를 침해한다고 볼 수 없다**(헌재 2018. 2. 22. 2016헌바100).
> (2) **영업**의 일반적 의미와 응급의료법의 관련 규정을 유기적·체계적으로 종합하여 보면, 심판대상조항의 수범자인 이송업자는 처벌조항이 처벌하고자 하는 행위가 무엇이고 그에 대한 형벌이 어떤 것인지 예견할 수 있으며, 심판대상조항의 합리적인 해석이 가능하므로, 심판대상조항은 죄형법정주의의 **명확성원칙에 위배되지 아니한다**(헌재 2018. 2. 22. 2016헌바100).

0606 법령에 의한 인·허가 없이 장래의 경제적 손실을 금전 또는 유가증권으로 보전해 줄 것을 약정하고 회비 등의 명목으로 금전을 수입하는 행위를 금지하고 이에 위반 시 형사처벌하는 법률 조항은 경제주체 간의 부조화를 방지하고 금융시장의 공정성을 확보하기 위한 것으로 우리 헌법의 경제질서에 위배되는 것이라 할 수 없다. 13 국회 8   O | X

0606-1 법령에 의한 인·허가 없이 장래의 경제적 손실을 금전 또는 유가증권으로 보전해 줄 것을 약정하고 회비 등의 명목으로 금전을 수입하는 행위를 금지하는 것은 사인 간의 사적 자치, 경제상의 자유와 창의를 존중함을 기본으로 하는 헌법 제119조 제1항의 경제질서에 어긋난다. 23 변호사   O | X

정답 604. O 604-1. X [직업의 자유·자기결정권 침해 X] 605. X [헌법상 경제질서 판단안함] 605-1. X [명확성원칙 위배 X] 606. O 606-1. X [경제질서에 어긋나지 않음]

어떤 분야의 경제활동을 사인간의 사적 자치에 완전히 맡길 경우 심각한 사회적 폐해가 예상되는데도 국가가 아무런 관여를 하지 않는다면 오히려 공정한 경쟁질서가 깨어지고 경제주체간의 부조화가 일어나게 되어 헌법상의 경제질서에 반하는 결과가 초래될 것이다. 이와 같은 관점에서 볼 때, **경제주체간의 부조화를 방지**하고 **금융시장의 공정성을 확보**하기 위하여 마련된 이 사건 법률조항은 그 정당성이 헌법 제119조 제2항에 의하여 뒷받침될 수 있으며, 따라서 우리 헌법의 **경제질서에 반하는 것이라 할 수 없다**(헌재 2003. 2. 27. 2002헌바4).

0607 토지거래허가제는 헌법이 정하고 있는 경제질서와도 충돌이 없다고 할 것이므로 이를 사적자치의 원칙이나 헌법상의 보충의 원리에 위배된다고 할 수 없다. 13 국회 8   O|X

0607-1 토지거래허가제는 위헌이다. 16 국회 9   O|X

국토이용관리법 제21조의3 제1항의 **토지거래허가제**는 사유재산제도의 부정이 아니라 그 제한의 한 형태이고 토지의 투기적 거래의 억제를 위하여 그 처분을 제한함은 부득이한 것이므로 재산권의 본질적인 침해가 아니며, 헌법상의 경제조항에도 위배되지 아니하고 현재의 상황에서 이러한 제한수단의 선택이 **헌법상의 비례의 원칙이나 과잉금지의 원칙에 위배된다고 할 수도 없다**(헌재 1989. 12. 22. 88헌가13).

0608 국가에 대하여 경제에 관한 규제와 조정을 할 수 있도록 규정한 헌법 제119조 제2항이 보유세 부과 그 자체를 금지하는 취지로 보이지 아니하므로 주택 등에 보유세인 종합부동산세를 부과하는 그 자체를 헌법 제119조에 위반된다고 보기 어렵다. 20 변호사   O|X

국가에 대하여 경제에 관한 규제와 조정을 할 수 있도록 규정한 헌법 제119조 제2항이 보유세 부과 그 자체를 금지하는 취지로 보이지 아니하므로 **주택 등에 보유세인 종합부동산세를 부과**하는 그 자체를 **헌법 제119조에 위반된다고 보기 어렵다**(헌재 2008. 11. 13. 2006헌바112 등).

0609 우리 헌법의 경제질서 원칙에 비추어 보면, 사회보험방식에 의하여 재원을 조성하여 반대급부로 노후생활을 보장하는 강제저축프로그램으로서의 국민연금제도는 상호부조의 원리에 입각한 사회연대성에 기초하여 고소득계층에서 저소득계층으로, 근로세대에서 노년세대로, 현재세대에서 미래세대로 국민간의 소득재분배 기능을 함으로써 오히려 사회적 시장경제질서에 부합하는 제도이다. 21 국회 8   O|X

0609-1 국민연금제도는 상호부조의 원리에 입각한 사회연대성에 기초하여 소득재분배의 기능을 함으로써 사회적 시장경제질서에 부합하는 제도이므로, 국민연금에 가입을 강제하는 법률 조항은 헌법의 시장경제질서에 위배되지 않는다. 18 법무사, 15 국회 8, 13 국회 8   O|X

우리 헌법의 경제질서 원칙에 비추어 보면, 사회보험방식에 의하여 재원을 조성하여 반대급부로 노후생활을 보장하는 **강제저축 프로그램으로서의 국민연금제도**는 상호부조의 원리에 입각한 **사회연대성에 기초**하여 고소득계층에서 저소득층으로, 근로세대에서 노년세대로, 현재세대에서 다음세대로 **국민간에 소득재분배의 기능**을 함으로써 오히려 위 **사회적 시장경제질서에 부합**하는 제도라 할 것이므로, 국민연금제도는 헌법상의 **시장경제질서에 위배되지 않는다**(헌재 2001. 2. 22. 99헌마365).

정답   607. O   607-1. ×[합헌]   608. O   609. O   609-1. O

0610 도시개발구역에 있는 국가나 지방자치단체 소유의 재산으로서 도시개발사업에 필요한 재산에 대한 우선 매각 대상자를 도시개발사업의 시행자로 한정하고 국공유지의 점유자에게 우선 매수 자격을 부여하지 않는 「도시개발법」 관련 규정은 사적자치의 원칙을 기초로 한 자본주의 시장경제질서를 규정한 헌법 제119조 제1항에 위반되지 않는다. 15 국가 7 O|X

도시개발사업의 경우에는 개발계획에 따른 도시개발사업의 원활한 추진을 위하여 도시개발구역에 있는 국공유지를 일괄하여 시행자에게 처분할 필요성이 강하게 요청된다고 할 것이다. 그렇다면, '도시 및 주거환경정비법' 제66조 제4항이 정비구역 안에 있는 국공유지의 점유자에게 수의계약에 의한 우선 매수 또는 임차 자격을 부여함에 대하여 이 사건 법률조항이 도시개발구역에 있는 국공유지의 점유자에게 우선 매수 자격을 부여하지 않고 있다고 하더라도, 그러한 차별취급에는 합리적인 이유가 있으므로, 이를 두고 자의적인 차별로서 평등권을 침해하였다고 하기 어렵고, 또한 이 사건 법률조항은 **시장경제질서를 규정한 헌법 제119조 제1항에도 위반되지 아니한다**(헌재 2009. 11. 26. 2008헌마711).

POINT 041 사회적 시장경제질서 구체화

01 국토와 자원

0611 광물 기타 중요한 지하자원·수산자원·수력과 경제상 이용할 수 있는 자연력은 법률이 정하는 바에 의하여 일정한 기간 그 채취·개발 또는 이용을 특허할 수 있다. 24 소간, 23 입시, 20 소간, 19 소간 O|X

0611-1 수력(水力)은 법률이 정하는 바에 의하여 일정한 기간 그 이용을 특허할 수 있다. 20 경정, 18 법무사, 07 국가 7
O|X

헌법 제120조 ① 광물 기타 중요한 **지하자원·수산자원·수력**과 경제상 이용할 수 있는 **자연력**은 법률이 정하는 바에 의하여 일정한 기간 **채취·개발 또는 이용**을 **특허**할 수 있다.

0612 국토와 자원은 국가의 보호를 받으며, 국가는 그 균형 있는 개발과 이용을 위하여 필요한 계획을 수립한다. 10 국가 7 O|X

헌법 제120조 ② **국토와 자원은 국가의 보호**를 받으며, 국가는 그 **균형있는 개발과 이용**을 위하여 필요한 **계획을 수립**한다.

02 농지제도

0613 국가는 농지에 관하여 경자유전의 원칙이 달성될 수 있도록 노력하여야 하며, 농지의 소작제도는 금지된다. 23 해경 O|X

헌법 제121조 ① 국가는 농지에 관하여 **경자유전의 원칙**이 달성될 수 있도록 노력하여야 하며, **농지의 소작제도는 금지**된다.

정답 610. O 611. O 611-1. O 612. O 613. O

0614 농지의 소작제도는 금지되나 농업생산성의 제고와 농지의 합리적인 이용을 위하거나 불가피한 사정으로 발생하는 농지의 임대차와 위탁경영은 법률이 정하는 바에 의하여 인정된다. 10 국가 7   O | X

0614-1 농업생산성의 제고와 농지의 합리적인 이용을 위하거나 불가피한 사정으로 발생하는 농지의 소작과 위탁경영은 법률이 정하는 바에 의하여 인정된다. 23 5급   O | X

0614-2 국가는 농지에 관하여 경자유전의 원칙이 달성될 수 있도록 노력하여야 하며, 농지의 임대차나 위탁경영은 허용될 수 없다. 24 소간   O | X

0614-3 지방자치단체는 조례로 농지의 임대차와 위탁경영에 관하여 규정할 수 있다. 07 국가 7   O | X

> 헌법 제121조 ① 국가는 농지에 관하여 **경자유전의 원칙**이 달성될 수 있도록 노력하여야 하며, **농지의 소작제도는 금지**된다.
> ② **농업생산성의 제고와 농지의 합리적인 이용**을 위하거나 불가피한 사정으로 발생하는 **농지의 임대차와 위탁경영은 법률**이 정하는 바에 의하여 **인정**된다.

0615 자경농지의 양도소득세 면제대상자를 '농지소재지에 거주하는 거주자'로 제한하는 것은 외지인의 농지투기를 방지하고 조세부담을 덜어주어 농업과 농촌을 활성화하기 위한 것이므로 경자유전의 원칙에 위배되지 않는다. 18 법무사, 15 국가 7   O | X

0615-1 자경농지의 양도소득세면제의 요건으로 농지소재지 거주요건을 둔 것은 거주·이전의 자유를 침해하는 것이 아니다. 23 해간, 18 국회 9   O | X

> (1) 위 규정의 입법목적이 외지인의 농지투기를 방지하고 조세부담을 덜어주어 농업·농촌을 활성화하는 데 있음을 고려하면 위 규정은 **경자유전의 원칙을 실현**하기 위한 것으로 볼 것이지 **경자유전의 원칙에 위배된다고 볼 것은 아니라 할 것**이다(헌재 2003. 11. 27. 2003헌바2).
> (2) 위 규정은 자경농민이 농지소재지로부터 거주를 이전하는 것을 직접적으로 제한하는 내용의 규정이라고 볼 수 없고, 다만 8년 이상 농지를 자경한 농민이 농지소재지에 거주하는 경우 양도소득세를 면제함으로써 농지소재지 거주자가 농지에서 이탈되는 것이 억제될 것을 기대하는 범위 내에서 간접적으로 제한되는 측면이 있을 뿐이며, 따라서 **양도세의 부담을 감수하기만 한다면 자유롭게 거주를 이전**할 수 있는 것이므로 **거주·이전의 자유를** 형해화할 정도로 **침해하는 것은 아니라 할 것이다**(헌재 2003. 11. 27. 2003헌바2).

0616 농지소유자가 농지를 농업경영에 이용하지 아니하여 농지처분명령을 받았음에도 불구하고 정당한 사유 없이 이를 이행하지 아니하는 경우, 당해 농지가액의 100분의 20에 상당하는 이행강제금을 그 처분명령이 이행될 때까지 매년 1회 부과할 수 있도록 한 것은 합헌이다. 20 지방 7   O | X

> 농지를 취득한 이후에도 계속 농지를 농업경영에 이용할 의무를 부과하고, 이에 위반하여 농지소유자격이 없는 자에 대하여 농지를 처분할 의무를 부과하고 이행강제금을 부과하는 것은 입법목적을 달성하기 위한 적절한 수단이다. … 그렇다면 이 사건 **법률조항들은 과잉금지원칙에 위반되거나 기본권의 본질적 내용을 침해하지 아니하므로, 청구인의 재산권을 침해하지 아니한다**(헌재 2010. 2. 25. 2010헌바39 등).

● 정답 614. O   614-1. X [소작제도는 설대 금지]   614-2. X [임대차나 위탁경영 X → 소작제도 O]   614-3. X [조례 X → 법률 O]   615. O   615-1. O   616. O

03 국토의 이용·개발·보전

0617 국가는 국민 모두의 생산 및 생활의 기반이 되는 국토의 효율적이고 균형있는 이용·개발과 보전을 위하여 법률이 정하는 바에 의하여 그에 관한 필요한 제한과 의무를 과할 수 있다. 24 5급, 23 5급, 20 소간, 12 법원 9 　O I X

> 헌법 제122조 국가는 국민 모두의 생산 및 생활의 기반이 되는 **국토의 효율적이고 균형있는 이용·개발과 보전**을 위하여 법률이 정하는 바에 의하여 그에 관한 **필요한 제한과 의무**를 과할 수 있다.

04 농어민과 중소기업의 보호육성

0618 국가는 지역간의 균형있는 발전을 위하여 지역경제를 육성할 의무를 진다. 24 소간　O I X

0618-1 중소기업의 보호·육성은 현행 헌법이 명문으로 규정하고 있다. 15 법원 9　O I X

0618-2 국가는 지역간의 균형있는 발전을 위하여 지역경제를 육성할 의무를 지나, 중소기업을 보호·육성하여야 할 의무를 지지 아니한다. 20 5급　O I X

> 헌법 제123조 ② 국가는 **지역간의 균형있는 발전**을 위하여 **지역경제를 육성할 의무**를 진다.
> ③ 국가는 **중소기업을 보호·육성**하여야 한다.

0619 국가는 농수산물의 수급균형과 유통구조의 개선에 노력하여 가격안정을 도모함으로써 농·어민의 이익을 보호한다. 20 5급　O I X

0619-1 국가는 농수산물의 수급균형과 유통구조의 개선에 노력하여 가격안정을 도모함으로써 소비자의 이익을 보호한다. 20 소간　O I X

> 헌법 제123조 ④ 국가는 **농수산물의 수급균형과 유통구조의 개선**에 노력하여 **가격안정을 도모**함으로써 **농·어민의 이익**을 보호한다.

0620 국가는 농·어민과 중소기업의 자조조직을 육성하여야 하며, 그 자율적 활동과 발전을 보장한다. 23 5급　O I X

> 헌법 제123조 ⑤ 국가는 **농·어민과 중소기업의 자조조직을 육성**하여야 하며, 그 **자율적 활동과 발전을 보장**한다.

정답 617. O　618. O　618-1. O　618-2. X[중소기업 보호·육성 의무 有]　619. O　619-1. X[소비자의 이익 X → 농·어민의 이익 O]　620. O

0621 헌법 제123조 제5항은 국가에게 '농·어민의 자조조직을 육성할 의무'와 '자조조직의 자율적 활동과 발전을 보장할 의무'를 아울러 규정하고 있는데, 조직이 제대로 기능하지 못하는 경우에는 단순히 그 조직의 자율성을 보장하는 것에 그쳐서는 안 되고, 적극적으로 이를 육성하여야 할 의무까지도 수행하여야 한다. 15 국회 8   O│X

0621-1 헌법 제123조 제5항은 국가에게 '농·어민의 자조조직을 육성할 의무'와 '자조조직의 자율적 활동과 발전을 보장할 의무'를 아울러 규정하고 있는데, 국가가 농·어민의 자조조직을 적극적으로 육성하여야 할 의무까지도 수행하여야 한다고 볼 수 없다. 20 5급   O│X

> 헌법 제123조 제5항은 국가에게 **"농·어민의 자조조직을 육성할 의무"**와 **"자조조직의 자율적 활동과 발전을 보장할 의무"**를 아울러 규정하고 있는데, 이러한 국가의 의무는 자조조직이 제대로 활동하고 기능하는 시기에는 그 조직의 자율성을 침해하지 않도록 하는 후자의 소극적 의무를 다하면 된다고 할 수 있지만, 그 조직이 제대로 기능하지 못하고 향후의 전망도 불확실한 경우라면 단순히 그 조직의 자율성을 보장하는 것에 그쳐서는 아니 되고, 적극적으로 이를 육성하여야 할 전자의 의무까지도 수행하여야 한다(헌재 2000. 6. 1. 99헌마553).

0622 의약품 도매상 허가를 받기 위해 필요한 창고면적의 최소기준을 규정하고 있는 「약사법」 조항들은 국가의 중소기업 보호·육성의무를 위반하였다. 20 지방 7   O│X

> 이 사건 면적조항이 규정한 264제곱미터라는 창고면적 기준은 과거 의약품 도매상 창고면적에 대한 기준이 있었던 때에 시행되었던 것과 같은 것으로, 이러한 시설기준이 지나치게 과도하다는 사정을 찾을 수 없으므로 이에 대한 입법자의 정책적 판단은 존중되어야 한다. … 이 사건 법률조항들의 입법취지는 중소기업을 대상으로 하여 그 영업을 규제하려는 것이 아니며, 그 내용도 중소기업에 대해 제한을 가하는 것이 아니므로, 헌법 제123조 제3항에 규정된 **국가의 중소기업 보호·육성의무를 위반하였다고 볼 수 없다**(헌재 2014. 4. 24. 2012헌마811).

05 소비자보호운동의 보장

0623 국가는 건전한 소비행위를 계도하고 생산품의 품질향상을 촉구하기 위한 소비자보호운동을 법률이 정하는 바에 의하여 보장한다. 23 해경, 23 5급, 20 5급, 17 5급   O│X

0623-1 헌법은 건전한 소비행위를 계도하기 위한 소비자보호운동을 법률과 조례로써 제한할 수 있음을 명시하고 있다. 07 국가 7   O│X

> 헌법 제124조 국가는 **건전한 소비행위를 계도**하고 **생산품의 품질향상을 촉구**하기 위한 **소비자보호운동을 법률이 정하는 바에** 의하여 보장한다.

0624 현행 헌법은 소비자의 권리를 소비자보호운동의 보장 차원에서 규정하고 있을 뿐 기본권으로 명시하고 있지는 않다. 17 경정   O│X

> 헌법규정인 제124조는 "국가는 건전한 소비행위를 계도하고 생산품의 품질향상을 촉구하기 위한 소비자 보호운동을 법률이 정하는 바에 의하여 보장한다."라고 하여 **소비자권리의 문제를 단지 소비자보호운동의 차원에서 규정**하고 있을 뿐 **소비자권리의 보장**에 관하여는 **직접적으로 규정하고 있지 아니하다**(헌재 1995. 7. 21. 94헌마136).

◆ 정답 621. O 621-1. X [적극적 육성의무 有] 622. X [중소기업 보호·육성의무 위반 X] 623. O 623-1. X [법률과 조례로써 제한 X, 법률로 보호] 624. O

0625 헌법이 보장하는 소비자보호운동은 소비자의 제반 권익을 증진할 목적으로 이루어지는 구체적 활동을 의미하고, 단체를 조직하고 이를 통하여 활동하는 형태, 즉 근로자의 단결권이나 단체행동권에 유사한 활동뿐만 아니라, 하나 또는 그 이상의 소비자가 동일한 목표로 함께 의사를 합치하여 벌이는 운동이면 모두 이에 포함된다. 18 국가 7   O|X

0625-1 현행 헌법이 보장하는 소비자보호운동이란 '공정한 가격으로 양질의 상품 또는 용역을 적절한 유통구조를 통해 적절한 시기에 안전하게 구입하거나 사용할 소비자의 제반 권익을 증진할 목적으로 이루어지는 구체적 활동'을 의미하므로, 소비자 권익의 증진을 위한 단체를 조직하고 이를 통하여 활동하는 형태에 이르지 않으면 소비자보호운동에 포함되지 않는다. 20 변호사   O|X

현행 헌법이 보장하는 **소비자보호운동**이란 '공정한 가격으로 양질의 상품 또는 용역을 적절한 유통구조를 통해 적절한 시기에 안전하게 구입하거나 사용할 소비자의 제반 권익을 증진할 목적으로 이루어지는 구체적 활동'을 의미하고, **단체를 조직하고 이를 통하여 활동하는 형태, 즉 근로자의 단결권이나 단체행동권에 유사한 활동뿐만 아니라, 하나 또는 그 이상의 소비자가 동일한 목표로 함께 의사를 합치하여 벌이는 운동이면 모두 이에 포함된다** 할 것이다(헌재 2011. 12. 29. 2010헌바54).

0626 소비자불매운동이란 하나 또는 그 이상의 운동주도세력이 소비자의 권익을 향상시킬 목적으로 개별 소비자들로 하여금 시장에서 특정 상품의 구매를 억지하거나 제3자로 하여금 그렇게 하도록 설득하는 조직화된 행위를 의미한다. 17 서울 7   O|X

헌법적으로 보장되어 있는 소비자보호운동 중 구매력을 무기로 소비자가 자신의 선호를 시장에 실질적으로 반영하고자 하는 시도로서의 **소비자불매운동**이란, '하나 또는 그 이상의 운동주도세력이 **소비자의 권익을 향상**시킬 목적으로 개별 소비자들로 하여금 시장에서 **특정 상품의 구매를 억지**하거나 **제3자로 하여금 그렇게 하도록 설득**하는 조직화된 행위'를 의미한다(헌재 2011. 12. 29. 2010헌바54 등).

0627 불매운동의 목표로서의 '소비자의 권익'이란 원칙적으로 사업자가 제공하는 물품이나 용역의 소비생활과 관련된 것으로서 상품의 질이나 가격, 유통구조, 안전성 등 시장적 이익에 국한된다. 20 경정, 20 지방 7   O|X

불매운동의 목표로서의 '**소비자의 권익**'이란 원칙적으로 사업자가 제공하는 물품이나 용역의 **소비생활과 관련된 것**으로서 상품의 질이나 가격, 유통구조, 안전성 등 **시장적 이익에 국한**된다(헌재 2011. 12. 29. 2010헌바54 등).

0628 소비자불매운동은 모든 경우에 있어서 그 정당성이 인정될 수는 없고, 헌법이나 법률의 규정에 비추어 정당하다고 평가되는 범위에 해당하는 경우에만 형사책임이나 민사책임이 면제된다. 16 경정, 14 국가 7   O|X

0628-1 소비자불매운동은 헌법이나 법률의 규정에 비추어 정당하다고 평가되는 범위를 벗어날 경우에는 형사책임이나 민사책임을 피할 수 없다. 17 서울 7   O|X

0628-2 소비자불매운동은 헌법이나 법률의 규정에 비추어 정당하게 평가되는 경우에만 법적 책임이 면제되므로, 물품 등의 공급자나 사업자 이외의 제3자를 상대로 하는 불매운동은 제3자의 권리를 부당하게 침해하지 않더라도 형사책임이나 민사책임이 면제되지 않는다. 23 변호사   O|X

● 정답 625. O   625-1. X [단체 조직에 이르지 않아도 소비자보호운동에 포함]   626. O   627. O   628. O   628-1. O   628-2. X [제3자의 권리를 부당하게 침해하지 않는다면 형사책임이나 민사책임이 면제됨]

소비자보호운동의 일환으로서, 구매력을 무기로 소비자가 자신의 선호를 시장에 실질적으로 반영하려는 시도인 **소비자불매운동**은 모든 경우에 있어서 그 정당성이 인정될 수는 없고, **헌법이나 법률의 규정에 비추어 정당하다고 평가되는** 범위에 해당하는 경우에만 **형사책임이나 민사책임이 면제**된다고 할 수 있다. 우선, ⅰ) 객관적으로 진실한 사실을 기초로 행해져야 하고, ⅱ) 소비자불매운동에 참여하는 소비자의 의사결정의 자유가 보장되어야 하며, ⅲ) 불매운동을 하는 과정에서 폭행, 협박, 기물파손 등 위법한 수단이 동원되지 않아야 하고, ⅳ) 특히 물품 등의 공급자나 사업자 이외의 **제3자를 상대로 불매운동**을 벌일 경우 그 경위나 과정에서 제3자의 영업의 자유 등 **권리를 부당하게 침해하지 않을 것**이 요구된다(헌재 2011. 12. 29. 2010헌바54 등).

0629 소비자불매운동은 원칙적으로 '공정한 가격으로 양질의 상품 또는 용역을 적절한 유통구조를 통해 적절한 시기에 안전하게 구입하거나 사용할 소비자의 제반 권익을 증진할 목적'에서 행해지는 소비자보호운동의 일환으로서 헌법 제124조를 통하여 제도로서 보장된다. 17 서울 7   O | X

소비자가 구매력을 무기로 상품이나 용역에 대한 자신들의 선호를 시장에 실질적으로 반영하기 위한 집단적 시도인 **소비자불매운동**은 본래 '공정한 가격으로 양질의 상품 또는 용역을 적절한 유통구조를 통해 적절한 시기에 안전하게 구입하거나 사용할 **소비자의 제반 권익을 증진할 목적**'에서 행해지는 **소비자보호운동의 일환**으로서 **헌법 제124조를 통하여 제도로서 보장**된다(대판 2013. 3. 14. 2010도410).

0630 특정한 사회·경제적 또는 정치적 대의나 가치를 주장·옹호하거나 이를 진작시키기 위한 수단으로 선택한 소비자불매운동은 헌법상 보호를 받을 수 없다. 20 경정, 17 서울 7   O | X

일반 시민들이 **특정한 사회, 경제적 또는 정치적 대의나 가치를 주장·옹호하거나 이를 진작시키기 위한 수단으로서 소비자불매운동을 선택**하는 경우도 있을 수 있고, 이러한 소비자불매운동 역시 반드시 헌법 제124조는 아니더라도 **헌법 제21조에 따라 보장되는 정치적 표현의 자유**나 헌법 제10조에 내재된 **일반적 행동의 자유**의 관점 등에서 보호받을 가능성이 있으므로, … 단정하여서는 아니 된다(대판 2013. 3. 14. 2010도410).

06 사영기업의 국·공유화

0631 국방상 또는 국민경제상 긴절한 필요로 인하여 법률이 정하는 경우를 제외하고는, 사영기업을 국유 또는 공유로 이전하거나 그 경영을 통제 또는 관리할 수 없다. 23 해경, 23 입시, 22 국회 8, 20 지방 7, 19 소간, 17 5급

O | X

0631-1 국방상 또는 국민경제상 긴절한 필요로 인하여 법률이 정하는 경우에는, 사영기업을 국유 또는 공유로 이전하거나 그 경영을 통제 또는 관리할 수 있다. 20 5급, 20 소간   O | X

0631-2 우리 헌법은 경제주체의 경제상의 자유와 창의를 존중함을 기본으로 하므로 국민경제상 긴절한 필요가 있어 법률로 규정하더라도 사영기업을 국유 또는 공유로 이전하는 것은 인정되지 않는다. 18 법무사

O | X

> **헌법 제126조** 국방상 또는 국민경제상 긴절한 필요로 인하여 법률이 정하는 경우를 제외하고는, **사영기업을 국유 또는 공유로 이전하거나 그 경영을 통제 또는 관리할 수 없다.**

● 정답   629. O   630. X [헌법 제10조, 제21조에 의해 보호됨]   631. O   631-1. O   631-2. X [국민경제상 긴절한 필요 → 법률로 국·공유 이전 가능]

0632 '사영기업의 국유 또는 공유로의 이전'은 일반적으로 공법적 수단에 의하여 사기업에 대한 소유권을 국가나 기타 공법인에 귀속시키고 사회정책적·국민경제적 목표를 실현할 수 있도록 그 재산권의 내용을 변형하는 것을 말하며, 또 사기업의 '경영에 대한 통제 또는 관리'라 함은 비록 기업에 대한 소유권의 보유주체에 대한 변경은 이루어지지 않지만 사기업 경영에 대한 국가의 광범위하고 강력한 감독과 통제 또는 관리의 체계를 의미한다고 할 것이다. 23 국가 7

O | X

헌법 제126조는 국방상 또는 국민경제상 긴절한 필요로 인하여 법률이 정하는 경우를 제외하고는, 사영기업을 국유 또는 공유로 이전하거나 그 경영을 통제 또는 관리할 수 없다고 규정하고 있다. 여기서 '**사영기업의 국유 또는 공유로의 이전**'은 일반적으로 공법적 수단에 의하여 **사기업에 대한 소유권을 국가나 기타 공법인에 귀속**시키고 사회정책적·국민경제적 목표를 실현할 수 있도록 그 **재산권의 내용을 변형**하는 것을 말하며, 또 사기업의 '**경영에 대한 통제 또는 관리**'라 함은 비록 기업에 대한 소유권의 보유주체에 대한 변경은 이루어지지 않지만 사기업 경영에 대한 **국가의 광범위하고 강력한 감독과 통제 또는 관리의 체계를 의미한다고 할 것이다**(헌재 1998. 10. 29. 97헌마345).

0633 택시운송사업자에게 운송수입금 전액 수납의무를 부과하는 것은 헌법 제126조에 의하여 원칙적으로 금지되는 기업 경영과 관련한 국가의 광범위한 감독과 통제 또는 관리에 해당되지 않는다. 23 변호사

O | X

0633-1 「자동차운수사업법」상의 운송수입금 전액관리제로 인하여 사기업은 그 본연의 목적을 포기할 것을 강요받을 뿐만 아니라, 기업경영과 관련하여 국가의 광범위한 감독과 통제 및 관리를 받게 되므로, 위 전액관리제는 헌법 제126조의 '사영 기업을 국유 또는 공유로 이전'하는 것에 해당한다. 20 변호사

O | X

이 사건 법률조항들이 규정하는 **운송수입금 전액관리제**로 인하여 청구인들이 기업경영에 있어서 영리추구라고 하는 사기업 본연의 목적을 포기할 것을 강요받거나 전적으로 사회·경제정책적 목표를 달성하는 방향으로 기업활동의 목표를 전환해야 하는 것도 아니고, 그 기업경영과 관련하여 국가의 광범위한 감독과 통제 또는 관리를 받게 되는 것도 **아니며**, 더구나 청구인들 소유의 기업에 대한 재산권이 박탈되거나 통제를 받게 되어 그 기업이 사회의 공동재산의 형태로 변형된 것도 아니므로, 이 사건 법률조항들이 **헌법 제126조에 위반된다고 볼 수 없다**(헌재 1998. 10. 29. 97헌마345).

POINT 042 문화국가원리 Ⓑ

01 문화국가원리와 문화정책

0634 헌법은 제9조에서 "문화의 영역에 있어서 각인의 기회를 균등히" 할 것을 선언하고 있을 뿐 아니라, 국가에게 전통문화의 계승 발전과 민족문화의 창달을 위하여 노력할 의무를 지우고 있다. 23 국가 7

O | X

우리나라는 건국헌법 이래 문화국가의 원리를 헌법의 기본원리로 채택하고 있다. **우리 현행 헌법은 전문**에서 "**문화의 … 영역에 있어서 각인의 기회를 균등히**" 할 것을 선언하고 있을 뿐 아니라, 국가에게 **전통문화의 계승 발전과 민족문화의 창달**을 위하여 노력할 의무를 지우고 있다(**제9조**)(헌재 2004. 5. 27. 2003헌가1 등).

정답 632. O 633. O 633-1. X [사영기업 국·공유 이전에 해당 X] 634. X [문화의 영역에 있어서 각인의 기회를 균등히 : 헌법 전문에 규정]

0635 우리나라는 건국헌법 이래 문화국가의 원리를 헌법의 기본원리로 채택하고 있다. 24 경간, 23 국가 7

O | X

우리나라는 **건국헌법 이래** 문화국가의 원리를 헌법의 기본원리로 채택하고 있다. 우리 현행 헌법은 전문에서 "문화의 … 영역에 있어서 각인의 기회를 균등히" 할 것을 선언하고 있을 뿐 아니라, 국가에게 전통문화의 계승 발전과 민족문화의 창달을 위하여 노력할 의무를 지우고 있다(제9조)(헌재 2004. 5. 27. 2003헌가1 등).

0636 우리나라는 제9차 개정헌법에서 문화국가원리를 헌법의 기본원리로 처음 채택하였으며, 문화국가원리는 국가의 문화국가실현에 관한 과제 또는 책임을 통하여 실현된다. 21 국가 7

O | X

우리나라는 **제헌헌법 이래** 문화국가의 원리를 헌법의 기본원리로 채택하고 있다. 문화국가원리는 국가의 **문화국가실현에 관한 과제 또는 책임**을 통하여 실현되는바, 국가의 문화정책과 밀접 불가분의 관계를 맺고 있다(헌재 2020. 12. 23. 2017헌마416).

0637 헌법은 문화국가를 실현하기 위하여 보장되어야 할 정신적 기본권으로 양심과 사상의 자유, 종교의 자유, 언론·출판의 자유, 학문과 예술의 자유 등을 규정하고 있는바, 이들 기본권은 견해와 사상의 다양성을 그 본질로 하는 문화국가원리의 불가결의 조건이라고 할 것이다. 22 5급

O | X

우리나라는 건국헌법 이래 문화국가의 원리를 헌법의 기본원리로 채택하고 있다. 우리 현행 헌법은 전문에서 "문화의 … 영역에 있어서 각인의 기회를 균등히" 할 것을 선언하고 있을 뿐 아니라, 국가에게 전통문화의 계승 발전과 민족문화의 창달을 위하여 노력할 의무를 지우고 있다(제9조). 또한 헌법은 문화국가를 실현하기 위하여 보장되어야 할 **정신적 기본권으로 양심과 사상의 자유, 종교의 자유, 언론·출판의 자유, 학문과 예술의 자유** 등을 규정하고 있는바, 개별성·고유성·다양성으로 표현되는 문화는 사회의 자율영역을 바탕으로 한다고 할 것이고, 이들 기본권은 견해와 사상의 다양성을 본질로 하는 **문화국가원리의 불가결의 조건**이라고 할 것이다(헌재 2004. 5. 27. 2003헌가1 등).

0638 우리 헌법상 문화국가원리는 견해와 사상의 다양성을 그 본질로 하며, 이를 실현하는 국가의 문화정책은 불편부당의 원칙에 따라야 하는바, 모든 국민은 정치적 견해 등에 관계없이 문화 표현과 활동에서 차별을 받지 않아야 한다. 22 5급

O | X

0638-1 우리 헌법상 문화국가원리는 견해와 사상의 다양성을 그 본질로 하지만, 이를 실현하는 국가의 문화정책이 국가가 어떤 문화현상에 대하여도 이를 선호하거나 우대하는 경향을 보이지 않는 불편부당의 원칙을 따라야 하는 것은 아니다. 21 국가 7

O | X

우리 헌법상 문화국가원리는 **견해와 사상의 다양성**을 그 본질로 하며, 이를 실현하는 **국가의 문화정책은 불편부당의 원칙**에 따라야 하는바, 모든 국민은 정치적 견해 등에 관계없이 **문화 표현과 활동**에서 **차별을 받지 않아야 한다**(헌재 2020. 12. 23. 2017헌마416).

0639 정부는 문화국가실현에 관한 과제를 수행함에 있어 문화의 다양성, 자율성, 창조성이 조화롭게 실현될 수 있도록 중립성을 지키면서 문화에 대한 지원 및 육성을 하도록 유의하여야 한다. 24 경찰 1차

O | X

아직까지 국가지원에의 의존도가 높은 우리나라 문화예술계 환경을 고려할 때, 정부는 **문화국가실현에 관한 과제**를 수행함에 있어 과거 문화간섭정책에서 벗어나 **문화의 다양성, 자율성, 창조성**이 조화롭게 실현될 수 있도록 **중립성**을 지키면서 **문화에 대한 지원 및 육성**을 하도록 유의하여야 한다(헌재 2020. 12. 23. 2017헌마416).

정답 635. O 636. X [제헌헌법부터 채택함] 637. O 638. O 638-1. X [불편부당의 원칙을 따라야 함] 639. O

0640 오늘날 문화국가에서의 문화정책은 그 초점이 문화 그 자체에 있는 것이 아니라 문화가 생겨날 수 있는 문화풍토를 조성하는 데 두어야 한다. 23 경채   O | X

0640-1 문화국가원리는 국가의 문화정책과 밀접 불가분의 관계를 맺고 있는바, 오늘날 문화국가에서의 문화정책은 문화풍토의 조성이 아니라 문화 그 자체에 초점을 두어야 한다. 23 지방 7   O | X

> 문화국가원리는 국가의 문화국가실현에 관한 과제 또는 책임을 통하여 실현되는바, 국가의 문화정책과 밀접 불가분의 관계를 맺고 있다. 과거 국가절대주의사상의 국가관이 지배하던 시대에는 국가의 적극적인 문화간섭정책이 당연한 것으로 여겨졌다. 그러나 오늘날에 와서는 국가가 어떤 문화현상에 대하여도 이를 선호하거나, 우대하는 경향을 보이지 않는 불편부당의 원칙이 가장 바람직한 정책으로 평가받고 있다. 오늘날 문화국가에서의 문화정책은 그 초점이 문화 그 자체에 있는 것이 아니라 문화가 생겨날 수 있는 문화풍토를 조성하는 데 두어야 한다(헌재 2004. 5. 27. 2003헌가1 등).

0641 문화국가의 원리는 문화의 개방성 내지 다원성의 표지와 연결되는데, 국가의 문화 육성의 대상에는 원칙적으로 모든 사람에게 문화창조의 기회를 부여한다는 의미에서 모든 문화가 포함되므로 엘리트 문화뿐만 아니라 서민문화, 대중문화도 그 가치를 인정하고 정책적인 배려의 대상으로 한다. 23 경간   O | X

0641-1 오늘날 문화국가에서의 문화정책은 그 초점이 문화 그 자체에 있는 것이 아니라 문화가 생겨날 수 있는 문화풍토를 조성하는 데 두어야 하므로 국가는 엘리트문화뿐만 아니라 서민문화, 대중문화도 그 가치를 인정하고 정책적인 배려의 대상으로 하여야 한다. 22 변호사   O | X

0641-2 국가의 문화육성은 국민에게 문화창조의 기회를 부여한다는 의미에서 서민문화, 대중문화는 그 가치를 인정하고 정책적인 배려의 대상으로 하여야 하지만, 엘리트문화는 이에 포함되지 않는다. 23 지방 7   O | X

> 오늘날 문화국가에서의 문화정책은 그 초점이 문화 그 자체에 있는 것이 아니라 문화가 생겨날 수 있는 문화풍토를 조성하는 데 두어야 한다. 문화국가원리의 이러한 특성은 문화의 개방성 내지 다원성의 표지와 연결되는데, 국가의 문화육성의 대상에는 원칙적으로 모든 사람에게 문화창조의 기회를 부여한다는 의미에서 모든 문화가 포함된다. 따라서 엘리트문화뿐만 아니라 서민문화, 대중문화도 그 가치를 인정하고 정책적인 배려의 대상으로 하여야 한다(헌재 2004. 5. 27. 2003헌가1 등).

02 전통문화의 계승·발전

0642 문화는 사회의 자율영역을 바탕으로 하지만, 이를 근거로 혼인과 가족의 보호가 헌법이 지향하는 자유민주적 문화국가의 필수적인 전제조건이라 하기는 어렵다. 24 경간   O | X

> 혼인과 가족의 보호는 헌법이 지향하는 자유민주적 문화국가의 필수적인 전제조건이다. 개별성·고유성·다양성으로 표현되는 문화는 사회의 자율영역을 바탕으로 하고, 사회의 자율영역은 무엇보다도 바로 가정으로부터 출발하기 때문이다. 헌법은 가족제도를 특별히 보장함으로써, 양심의 자유, 종교의 자유, 언론의 자유, 학문과 예술의 자유와 같이 문화국가의 성립을 위하여 불가결한 기본권의 보장과 함께, 견해와 사상의 다양성을 그 본질로 하는 문화국가를 실현하기 위한 필수적인 조건을 규정한 것이다. 따라서 헌법은 제36조 제1항에서 혼인과 가정생활을 보장함으로써 가족의 자율영역이 국가의 간섭에 의하여 획일화·평준화되고 이념화되는 것으로부터 보호하고자 하는 것이다(헌재 2000. 4. 27. 98헌가16 등).

● 정답   640. O   640-1. X [문화 그 자체 X → 문화풍토 조성에 초점 O]   641. O   641-1. O   641-2. X [엘리트문화도 포함 O]   642. X [필수적인 전제조건임]

0643 헌법 제9조의 정신에 따라 우리가 진정으로 계승·발전시켜야 할 전통문화는 이 시대의 제반 사회·경제적 환경에 맞고 또 오늘날에 있어서도 보편타당한 전통윤리 내지 도덕관념이라 할 것이다.
23 지방 7   O | X

헌법 제9조의 정신에 따라 우리가 진정으로 계승·발전시켜야 할 **전통문화**는 이 시대의 제반 사회·경제적 환경에 맞고 또 오늘날에 있어서도 **보편타당한 전통윤리 내지 도덕관념**이라 할 것이다(헌재 1997. 7. 16. 95헌가6 등).

0644 헌법은 국가사회의 최고규범이므로 가족제도가 비록 역사적·사회적 산물이라는 특성을 지니고 있다 하더라도 헌법의 우위로부터 벗어날 수 없으며, 가족법이 헌법이념의 실현에 장애를 초래하고, 헌법규범과 현실과의 괴리를 고착시키는데 일조하고 있다면 그러한 가족법은 수정되어야 한다.
23 법원 9. 14 법무사   O | X

헌법은 국가사회의 최고규범이므로 **가족제도**가 비록 역사적·사회적 산물이라는 특성을 지니고 있다 하더라도 **헌법의 우위**로부터 벗어날 수 없으며, 가족법이 헌법이념의 실현에 장애를 초래하고, 헌법규범과 현실과의 괴리를 고착시키는데 일조하고 있다면 그러한 **가족법은 수정되어야 한다**(헌재 2005. 2. 3. 2001헌가9 등).

0645 헌법은 제정 당시부터 평등원칙과 남녀평등을 일반적으로 천명하는 것에 덧붙여 특별히 혼인의 남녀동권(男女同權)을 헌법적 혼인질서의 기초로 선언하였다. 22 법원 9   O | X

0645-1 우리 헌법은 제정 당시부터 특별히 혼인의 남녀동권을 헌법적 혼인질서의 기초로 선언함으로써 우리 사회 전래의 가부장적인 봉건적 혼인질서를 더 이상 용인하지 않겠다는 헌법적 결단을 표현하였다.
14 법무사   O | X

헌법제정 당시부터 평등원칙과 남녀평등을 일반적으로 천명하는 것(제헌헌법 제8조)에 덧붙여 특별히 **혼인의 남녀동권을 헌법적 혼인질서의 기초로 선언**한 것은 우리 사회 전래의 혼인·가족제도는 인간의 존엄과 남녀평등을 기초로 하는 혼인·가족제도라고 보기 어렵다는 판단 하에 근대적·시민적 입헌국가를 건설하려는 마당에 종래의 **가부장적인 봉건적 혼인질서를 더 이상 용인하지 않겠다는 헌법적 결단의 표현**으로 보아야 할 것이다(헌재 2005. 2. 3. 2001헌가9 등).

0646 헌법 전문(前文)과 헌법 제9조에서 말하는 '전통', '전통문화'란 역사성과 시대성을 띤 개념으로 이해하여야 하므로, 과거의 어느 일정 시점에서 역사적으로 존재하였다는 사실만으로도 헌법의 보호를 받는 전통이 되는 것이다. 17 국가 7   O | X

헌법 전문과 헌법 제9조에서 말하는 '**전통**', '**전통문화**'란 **역사성과 시대성**을 띤 개념으로 이해하여야 한다. 과거의 어느 일정 시점에서 **역사적으로 존재**하였다는 사실만으로 모두 헌법의 보호를 받는 **전통이 되는 것은 아니다**. 전통이란 과거와 현재를 다 포함하고 있는 문화적 개념이다(헌재 2005. 2. 3. 2001헌가9 등).

0647 헌법 전문에서 말하는 전통이란 역사성과 시대성을 띤 개념이므로 오늘날의 의미로 포착하여야 한다.
22 법무사   O | X

헌법 전문과 헌법 제9조에서 말하는 "**전통**", "**전통문화**"란 역사성과 시대성을 띤 개념으로서 헌법의 가치질서, 인류의 보편가치, 정의와 인도정신 등을 고려하여 **오늘날의 의미로 포착**하여야 하며, 가족제도에 관한 전통·전통문화란 적어도 그것이 가족제도에 관한 헌법이념인 개인의 존엄과 양성의 평등에 반하는 것이어서는 안 된다는 한계가 도출되므로, 전래의 어떤 가족제도가 헌법 제36조 제1항이 요구하는 개인의 존엄과 양성평등에 반한다면 헌법 제9조를 근거로 그 헌법적 정당성을 주장할 수는 없다(헌재 2005. 2. 3. 2001헌가9 등).

●정답 643. O 644. O 645. O 645-1. O 646. X [역사적 존재사실만으로 헌법의 보호를 받는 전통 X] 647. O

0648 헌법 제9조에서 말하는 전통이란 역사성과 시대성을 띤 개념으로서 가족제도에 관한 전통·전통문화란 적어도 그것이 가족제도에 관한 헌법이념인 개인의 존엄과 양성의 평등에 반하는 것이어서는 안 된다는 한계가 있으므로, 전래의 어떤 가족제도가 헌법 제36조 제1항이 요구하는 개인의 존엄과 양성평등에 반한다면 헌법 제9조에서의 전통을 근거로 헌법적 정당성을 주장할 수 없다. 11 법원 9   O | X

0648-1 전래의 어떤 가족제도가 헌법 제36조 제1항이 요구하는 양성평등에 반한다고 할지라도, 헌법 제9조의 전통문화와 규범조화적으로 해석하여 그 헌법적 정당성이 인정될 수도 있다. 18 국가 7   O | X

> 헌법 전문과 헌법 제9조에서 말하는 "전통", "전통문화"란 역사성과 시대성을 띤 개념으로서 헌법의 가치질서, 인류의 보편가치, 정의와 인도정신 등을 고려하여 오늘날의 의미로 포착하여야 하며, 가족제도에 관한 전통·전통문화란 적어도 그것이 가족제도에 관한 헌법이념인 개인의 존엄과 양성의 평등에 반하는 것이어서는 안 된다는 한계가 도출되므로, 전래의 어떤 가족제도가 헌법 제36조 제1항이 요구하는 개인의 존엄과 양성평등에 반한다면 헌법 제9조를 근거로 그 헌법적 정당성을 주장할 수는 없다(헌재 2005. 2. 3. 2001헌가9 등).

0649 호주제는 남계혈통을 중심으로 인위적 가족집단인 가를 구성하고 이를 승계한다는 것이 그 본질로서, 성에 따라 아버지와 어머니를, 남편과 아내를, 아들과 딸을, 즉 남녀를 차별하는 것인데, 이러한 차별을 정당화할 만한 사유가 없다. 10 지방 7   O | X

0649-1 호주제는 당사자의 의사나 복리와 무관하게 남계혈통 중심의 가의 유지와 계승이라는 관념에 뿌리박은 특정한 가족관계의 형태를 일방적으로 규정·강요함으로써 개인을 가족 내에서 존엄한 인격체로 존중하는 것이 아니라 가의 유지와 계승을 위한 도구적 존재로 취급하고 있는데, 이는 혼인·가족생활을 어떻게 꾸려나갈 것인지에 관한 개인과 가족의 자율적 결정권을 존중하라는 헌법 제36조 제1항에 부합하지 않는다. 16 법무사   O | X

> (1) 호주제는 남계혈통을 중심으로 인위적 가족집단인 가를 구성하고 이를 승계한다는 것이 그 본질임은 위에서 본바와 같다. 인위적 가족집단인 가를 구성·유지하는 것이 정당한지 여부를 차치하고서, 남계혈통 위주로 가를 구성하고 승계한다는 것은 성에 따라 아버지와 어머니를, 남편과 아내를, 아들과 딸을, 즉 남녀를 차별하는 것인데, 이러한 차별을 정당화할 만한 사유가 없다(헌재 2005. 2. 3. 2001헌가9 등).
> (2) 호주제는 당사자의 의사나 복리와 무관하게 남계혈통 중심의 가의 유지와 계승이라는 관념에 뿌리박은 특정한 가족관계의 형태를 일방적으로 규정·강요함으로써 개인을 가족 내에서 존엄한 인격체로 존중하는 것이 아니라 가의 유지와 계승을 위한 도구적 존재로 취급하고 있는데, 이는 혼인·가족생활을 어떻게 꾸려나갈 것인지에 관한 개인과 가족의 자율적 결정권을 존중하라는 헌법 제36조 제1항에 부합하지 않는다(헌재 2005. 2. 3. 2001헌가9 등).

03 민족문화의 창달

0650 헌법 제9조의 규정취지와 민족문화유산의 본질에 비추어 볼 때, 국가가 민족문화유산을 보호하고자 하는 경우 이에 관한 헌법적 보호법익은 '민족문화유산의 존속' 그 자체를 보장하는 것이고, 원칙적으로 민족문화유산의 훼손등에 관한 가치보상이 있는지 여부는 이러한 헌법적 보호법익과 직접적인 관련이 없다. 23 국가 7   O | X

0650-1 헌법 제9조의 규정취지와 민족문화유산의 본질에 비추어 볼 때, 국가가 민족문화유산을 보호하고자 하는 경우 이에 관한 헌법적 보호법익은 '민족문화유산의 존속' 그 자체를 보장하는 것에 그치지 않고, 민족문화유산의 훼손등에 관한 가치보상이 있는지 여부도 이러한 헌법적 보호법익과 직접적인 관련이 있다. 17 국가 7   O | X

● 정답 648. O   648-1. X [헌법적 정당성이 부정됨]   649. O   649-1. O   650. O   650-1. X [가치보상 여부 관련 없음]

헌법 제9조의 규정취지와 민족문화유산의 본질에 비추어 볼 때, 국가가 민족문화유산을 보호하고자 하는 경우 이에 관한 헌법적 보호법익은 '**민족문화유산의 존속**' 그 자체를 보장하는 것이고, 원칙적으로 민족문화유산의 훼손등에 관한 **가치보상**이 있는지 여부는 이러한 헌법적 보호법익과 **직접적인 관련이 없다**(헌재 2003. 1. 30. 2001헌바64).

04 관련판례

0651 개인의 정치적 견해를 기준으로 청구인들을 문화예술계 정부지원사업에서 배제되도록 차별취급한 것은 헌법상 문화국가원리에 반하는 자의적인 것으로 정당화될 수 없다. 21 국가 7   O | X

0651-1 정부에 대한 반대 견해나 비판에 대하여 합리적인 홍보와 설득으로 대처하는 것이 아니라 비판적 견해를 가졌다는 이유만으로 국가의 지원에서 일방적으로 배제함으로써 정치적 표현의 자유를 제재하는 공권력의 행사는 헌법의 근본원리인 국민주권주의와 자유민주적 기본질서에 반하는 것으로 그 목적의 정당성을 인정할 수 없다. 22 5급   O | X

0651-2 야당 후보 지지나 정부 비판적 정치 표현행위에 동참한 전력이 있는 문화예술인이나 단체를 정부의 문화예술 지원사업에서 배제하도록 지시한 행위는 목적의 정당성이 부인되지 않는다. 23 경정   O | X

(1) 아직까지 국가지원에의 의존도가 높은 우리나라 문화예술계 환경을 고려할 때, 정부는 문화국가실현에 관한 과제를 수행함에 있어 과거 문화간섭정책에서 벗어나 문화의 다양성, 자율성, 창조성이 조화롭게 실현될 수 있도록 중립성을 지키면서 문화에 대한 지원 및 육성을 하도록 유의하여야 한다. 그럼에도 불구하고 피청구인들이 이러한 중립성을 보장하기 위하여 법률에서 정하고 있는 제도적 장치를 무시하고 **정치적 견해를 기준으로 청구인들을 문화예술계 정부지원사업에서 배제되도록 차별취급**한 것은 헌법상 **문화국가원리와 법률유보원칙에 반하는 자의적인 것으로 정당화될 수 없다**(헌재 2020. 12. 23. 2017헌마416).

(2) 정부에 대한 반대 견해나 비판에 대하여 합리적인 홍보와 설득으로 대처하는 것이 아니라 **비판적 견해를 가졌다**는 이유만으로 국가의 지원에서 일방적으로 배제함으로써 **정치적 표현의 자유를 제재**하는 공권력의 행사는 헌법의 근본원리인 국민주권주의와 자유민주적 기본질서에 반하는 것으로 그 **목적의 정당성을 인정할 수 없다.** 따라서 피청구인들의 이 사건 지원배제 지시는 더 나아가 살필 필요 없이 과잉금지원칙에 위반된다(헌재 2020. 12. 23. 2017헌마416).

0652 일부 지나친 고액과외교습을 방지하기 위하여 모든 학생으로 하여금 오로지 학원에서만 사적으로 배울 수 있도록 규율한다는 것은 어디에도 그 예를 찾아볼 수 없는 것일 뿐만 아니라 자기결정과 자기책임을 생활의 기본원칙으로 하는 헌법의 인간상이나 개성과 창의성, 다양성을 지향하는 문화국가원리에도 위반된다. 18 법무사   O | X

단지 일부 지나친 고액과외교습을 방지하기 위하여 모든 학생으로 하여금 오로지 학원에서만 사적으로 배울 수 있도록 규율한다는 것은 어디에도 그 예를 찾아볼 수 없는 것일 뿐만 아니라 자기결정과 자기책임을 생활의 기본원칙으로 하는 헌법의 인간상이나 개성과 창의성, 다양성을 지향하는 **문화국가원리에도 위반되는** 것이다(헌재 2000. 4. 27. 98헌가16 등).

0653 문화창달을 위하여 문화예술 공연관람자 등에게 예술감상에 의한 정신적 풍요의 대가로 문화예술진흥기금을 납입하게 하는 것은 헌법의 문화국가이념에 반하는 것이 아니다. 22 경찰 2차   O | X

문예진흥기금이 **공연관람자 등의 집단적 이익**을 위해서 사용되는 것도 아니다. 현실적으로 문예진흥기금은 **문예진흥을 위한 다양한 용도로 사용**되고 있지만, 그것이 곧바로 공연관람자들의 집단적 이익을 위한 사용이라고 말할 수는 없는 것이다. 공연 등을 보는 국민이 예술적 감상의 기회를 가진다고 하여 이것을 집단적 효용성으로 평가하는 것도 무리이다. 공연관람자 등이 예술감상에 의한 정신적 풍요를 느낀다면 그것은 헌법상의 문화국가원리에 따라 국가가 적극 장려할 일이지, 이것을 일정한 집단에 의한 수익으로 인정하여 그들에게 경제적 부담을 지우는 것은 헌법의 **문화국가이념(제9조)에 역행하는 것**이다(헌재 2003. 12. 18. 2002헌가2).

정답 651. O   651-1. O   651-2. X [목적의 정당성 부인됨]   652. O   653. X [문화국가이념에 반함]

Chapter 09 국제법 존중주의

POINT 043 조약

01 조약

0654 헌법에 의하여 체결·공포된 조약과 일반적으로 승인된 국제법규는 국내법과 같은 효력을 가진다. 21 지방 7, 20 소간 O│X

> 헌법 제6조 ① 헌법에 의하여 **체결·공포된 조약**과 **일반적으로 승인된 국제법규**는 **국내법과 같은 효력**을 가진다.

0655 조약은 국가·국제기구 등 국제법 주체 사이에 권리의무관계를 창출하기 위하여 서면 형식으로 체결되고 국제법에 의하여 규율되는 합의라고 할 수 있다. 22 입시 O│X

0655-1 조약은 '국가·국제기구 등 국제법 주체 사이에 권리의무관계를 창출하기 위하여 서면 또는 구두 형식으로 체결되고 국제법에 의하여 규율되는 합의'라고 할 수 있다. 17 국가 7 O│X

조약은 '국가·국제기구 등 국제법 주체 사이에 권리의무관계를 창출하기 위하여 **서면형식으로 체결**되고 국제법에 의하여 규율되는 **합의**'인데, 이러한 조약의 체결·비준에 관하여 헌법은 대통령에게 전속적인 권한을 부여하면서(헌법 제73조), 조약을 체결·비준함에 앞서 국무회의 심의를 거쳐야 하고(헌법 제89조 제3호), 특히 중요한 사항에 관한 조약의 체결·비준은 사전에 국회의 동의를 얻도록 하는 한편(헌법 제60조 제1항), 국회는 헌법 제60조 제1항에 규정된 일정한 조약에 대해서만 체결·비준에 대한 동의권을 가진다(헌재 2008. 3. 27. 2006헌라4).

0656 국제법적으로, 조약은 국제법 주체들이 일정한 법률효과를 발생시키기 위하여 체결한 국제법의 규율을 받는 국제적 합의를 말하며 서면에 의한 경우가 대부분이지만 예외적으로 구두합의도 조약의 성격을 가질 수 있다. 23 해간, 23 경간, 21 지방 7 O│X

국제법적으로, **조약**은 국제법 주체들이 일정한 법률효과를 발생시키기 위하여 체결한 국제법의 규율을 받는 **국제적 합의**를 말하며 **서면에 의한 경우가 대부분이지만 예외적으로 구두합의도 조약의 성격**을 가질 수 있다(헌재 2019. 12. 27. 2016헌마253).

🖉 **보충설명** 조약은 서면형식으로 체결되는 것이 원칙이나 최근 판례에 의하면 예외적으로 구두합의도 조약의 성격을 가질 수 있다고 본다.

0657 조약과 비구속적 합의를 구분함에 있어서는 합의의 명칭, 합의가 서면으로 이루어졌는지 여부 등과 같은 형식적 측면 외에도 합의의 과정과 내용·표현에 비추어 법적 구속력을 부여하려는 당사자의 의도가 인정되는지 여부 등 실체적 측면을 종합적으로 고려하여야 한다. 21 지방 7 O│X

조약과 비구속적 합의를 구분함에 있어서는 합의의 **명칭**, 합의가 **서면**으로 이루어졌는지 여부, 국내법상 요구되는 **절차**를 거쳤는지 여부와 같은 **형식적 측면** 외에도 합의의 과정과 내용·표현에 비추어 **법적 구속력을 부여하려는 당사자의 의도**가 인정되는지 여부, 법적 효과를 부여할 수 있는 **구체적인 권리·의무를 창설**하는지 여부 등 **실체적 측면을 종합적으로 고려하여야 한다**(헌재 2019. 12. 27. 2016헌마253).

정답 654. ○ 655. ○ 655-1. ×[조약은 서면체결이 원칙 (예외적 구두합의 가능)] 656. ○ 657. ○

02 헌법에 의하여 체결·공포된 조약

0658 헌법에 의하여 체결·공포된 조약이란 헌법상의 규정과 절차에 따른 조약을 말하며, 헌법상 조약의 체결권은 대통령에게 있다. 17 국회 9 ○│×

0658-1 조약의 체결권한은 대통령에게 있고, 비준권은 국회에 속한다. 17 법무사 ○│×

> 헌법 제73조 대통령은 **조약을 체결·비준**하고, 외교사절을 신임·접수 또는 파견하며, 선전포고와 강화를 한다.

0659 조약안은 국무회의의 심의를 거쳐야 한다. 18 5급 ○│×

0659-1 모든 조약안에 대해서 국무회의 심의를 거쳐야 하는 것은 아니고 국회의 동의를 요하는 조약안에 대해서만 국무회의 심의를 거치면 된다. 19 소간 ○│×

> 헌법 제89조 다음 사항은 **국무회의의 심의를** 거쳐야 한다.
> 3. 헌법개정안·국민투표안·**조약안**·법률안 및 대통령령안

> 📌 보충설명 국회의 동의를 요하는 조약안 뿐만 아니라 모든 조약안은 국무회의의 심의를 거쳐야 한다.

0660 대통령은 조약을 체결·비준할 권한을 가지며, 국회는 상호원조 또는 안전보장에 관한 조약, 중요한 국제조직에 관한 조약, 우호통상항해조약, 주권의 제약에 관한 조약, 강화조약, 국가나 국민에게 중대한 재정적 부담을 지우는 조약 또는 입법사항에 관한 조약의 체결·비준에 대한 동의권을 가진다. 16 변호사 ○│×

0660-1 조약의 체결권은 대통령에게 있으나, 체결·비준에 앞서 국무회의의 심의를 거쳐야 하며, 중요한 사항은 체결·비준에 앞서 국회 동의를 얻어야 한다. 12 법원 9 ○│×

> 헌법 제60조 ① **국회는** 상호원조 또는 안전보장에 관한 조약, 중요한 국제조직에 관한 조약, **우호통상항해조약**, 주권의 제약에 관한 조약, 강화조약, 국가나 국민에게 중대한 재정적 부담을 지우는 조약 또는 입법사항에 관한 **조약의 체결·비준에 대한 동의권**을 가진다.
> 헌법 제73조 대통령은 **조약을 체결·비준**하고, 외교사절을 신임·접수 또는 파견하며, 선전포고와 강화를 한다.
> 헌법 제89조 다음 사항은 **국무회의의 심의를** 거쳐야 한다.
> 3. 헌법개정안·국민투표안·**조약안**·법률안 및 대통령령안

0661 국회는 상호원조 또는 안전보장에 관한 조약, 중요한 국제조직에 관한 조약, 우호통상항해조약, 주권의 제약에 관한 조약, 강화조약, 국가나 국민에게 중대한 재정적 부담을 지우는 조약 또는 입법사항에 관한 조약의 체결·비준에 대한 동의권을 가진다. 22 입시 21 경정. 20 법무사. 16 국가 7 ○│×

0661-1 주권의 제약에 관한 조약은 체결할 수 없다. 18 5급 ○│×

> 헌법 제60조 ① **국회는** 상호원조 또는 안전보장에 관한 조약, 중요한 국제조직에 관한 조약, **우호통상항해조약**, 주권의 제약에 관한 조약, 강화조약, 국가나 국민에게 중대한 재정적 부담을 지우는 조약 또는 입법사항에 관한 **조약의 체결·비준에 대한 동의권**을 가진다.

정답 658. ○ 658-1. ×[체결권과 비준권 모두 대통령 전속] 659. ○ 659-1. ×[모든 조약안 국무회의 심의 거쳐야 함] 660. ○ 660-1. ○ 661. ○ 661-1. ×[체결 可]

0662 국회는 상호원조 또는 안전보장에 관한 조약, 중요한 국제조직에 관한 조약, 우호통상항해조약, 어업조약, 주권의 제약에 관한 조약, 강화조약, 국가나 국민에게 중대한 재정적 부담을 지우는 조약 또는 입법사항에 관한 조약의 체결·비준에 대한 동의권을 가진다. 12 국회 8 O | X

0662-1 1980년 제8차 개정헌법에서는 국회가 상호원조 또는 안전보장에 관한 조약, 국제조직에 관한 조약, 통상조약, 주권의 제약에 관한 조약, 강화조약, 국가나 국민에게 중대한 재정적 부담을 지우는 조약 또는 입법사항에 관한 조약의 체결·비준에 대한 동의권을 가진다고 규정하였다. 23 경찰 2차 O | X

> **제7차 개정헌법(1972년) 제95조** ① 국회는 **상호원조** 또는 **안전보장**에 관한 조약, **국제조직**에 관한 조약, **통상조약**, **어업조약**, **강화조약**, 국가나 국민에게 **재정적 부담**을 지우는 조약, 외국군대의 지위에 관한 조약 또는 **입법사항**에 관한 조약의 체결·비준에 대한 동의권을 가진다.
>
> **제8차 개정헌법(1980년) 제96조** ① 국회는 **상호원조** 또는 **안전보장**에 관한 조약, 중요한 **국제조직**에 관한 조약, **우호통상항해조약**, **주권의 제약**에 관한 조약, **강화조약**, 국가나 국민에게 **중대한 재정적 부담**을 지우는 조약 또는 **입법사항**에 관한 조약의 체결·비준에 대한 **동의권**을 가진다.

> 🔖 **보충설명** 어업조약은 제5차 개정헌법(1962년)에서 제7차 개정헌법(1972년)까지 규정하고 있었지만 현행헌법에는 규정되어 있지 않으며, 제헌헌법(1948년)에서부터 규정된 통상조약은 제8차 개정헌법(1980년)에서 우호통상항해조약으로 개정되어 현행헌법까지 이어지고 있다.

0663 중요 조약의 국회동의를 규정한 헌법 제60조 제1항 자체로부터 개별적인 국민들의 특정한 주관적 권리의 보장을 이끌어낼 수는 없다. 17 입시 O | X

모든 국가작용의 합리성과 정당성을 갖춘 적정한 것인지를 판단하기 위한 일반적인 헌법원칙의 하나인 적법절차원칙이나 국회와 대통령의 권한의 분배로서 조약의 국회동의 및 대통령의 비준을 규정한 헌법 제60조 제1항과 제70조 또는 권력분립원칙이 그 자체로 청구인들에게 어떠한 주관적인 권리를 보장한다고 보기는 어렵다(헌재 2004. 12. 16. 2002헌마579).

03 조약의 효력

0664 우리 헌법은 어떠한 조약에 대해서도 헌법과 동일한 효력을 인정하지 않는다. 15 서울 7 O | X

> **헌법 제6조** ① 헌법에 의하여 **체결·공포된 조약**과 **일반적으로 승인된 국제법규**는 **국내법과 같은 효력**을 가진다.

0665 헌법 제6조 제1항의 국제법존중주의는 우리나라가 가입한 조약과 일반적으로 승인된 국제법규가 국내법과 같은 효력을 가진다는 것으로서 조약이나 국제법규가 국내법에 우선한다는 것은 아니다. 23 해경, 22 입시 O | X

0665-1 헌법 제6조 제1항의 국제법 존중주의에 따라 조약과 일반적으로 승인된 국제법규는 국내법에 우선한다. 16 국가 7 O | X

헌법 제6조 제1항의 **국제법 존중주의**는 우리나라가 가입한 조약과 일반적으로 승인된 국제법규가 **국내법과 같은 효력**을 가진다는 것으로서 **조약이나 국제법규가 국내법에 우선한다는 것은 아니다**(헌재 2001. 4. 26. 99헌가13).

정답 662. X [어업조약 X] 662-1. X [통상조약 X → 우호통상항해조약 O] 663. O 664. O 665. O 665-1. X [국내법과 같은 효력]

0666 적법하게 체결되어 공포된 조약은 국내법과 같은 효력을 갖는 것이어서 그로 인하여 새로운 범죄를 구성하거나 범죄자에 대한 처벌이 가중된다고 하더라도 이것은 국내법에 의하여 형사처벌을 가중한 것과 같은 효력을 갖게 된다. 12 국회 8   O | X

0666-1 마라케쉬협정은 적법하게 체결되어 공포된 조약이므로 국내법과 같은 효력을 갖는 것이어서, 마라케쉬협정에 의하여 관세법위반자의 처벌이 가중된다고 하더라도 이를 들어 법률에 의하지 아니한 형사처벌이라고 할 수 없다. 15 변호사   O | X

0666-2 우루과이라운드의 협상결과 체결된 마라케쉬 협정은 적법하게 체결되어 공포된 조약이다. 21 경정   O | X

0666-3 헌법에 따라 적법하게 체결되어 공포된 조약은 국내법과 동일한 효력을 갖지만, 죄형법정주의원칙상 조약으로 새로운 범죄를 구성하거나 범죄자에 대한 처벌을 가중할 수 없다. 23 변호사   O | X

> 마라케쉬협정도 적법하게 체결되어 공포된 조약이므로 **국내법과 같은 효력**을 갖는 것이어서 그로 인하여 **새로운 범죄를 구성**하거나 **범죄자에 대한 처벌이 가중**된다고 하더라도 이것은 **국내법에 의하여 형사처벌을 가중한 것과 같은 효력**을 갖게 되는 것이다. 따라서 마라케쉬협정에 의하여 관세법위반자의 처벌이 가중된다고 하더라도 이를 들어 **법률에 의하지 아니한 형사처벌**이라거나 행위시의 법률에 의하지 아니한 형사처벌이라고 할 수 **없다**(헌재 1998. 11. 26. 97헌바65).

0667 '한미주둔군지위협정(SOFA)'은 그 명칭이 협정으로 되어 있어 국회의 관여 없이 체결되는 행정협정처럼 보이기도 하나 우리나라의 입장에서 볼 때에는 외국 군대의 지위에 관한 것이고, 국가에 재정적 부담을 지우는 내용과 입법사항을 포함하고 있으므로 국회의 동의를 요하는 조약으로 취급되어야 한다. 23 해경   O | X

0667-1 이른바 한미주둔군지위협정(SOFA)은 비록 그 내용이 외국군대의 지위에 관한 것이고 국민에게 재정적 부담을 지우는 입법사항을 포함하고 있다 하더라도, 그 명칭이 협정으로 되어 있어 국회의 동의 없이 체결될 수 있는 행정협정에 해당한다. 23 변호사   O | X

> 이 사건 조약은 그 명칭이 "**협정**"으로 되어 있어 국회의 관여없이 체결되는 행정협정처럼 보이기도 하나 우리나라의 입장에서 볼 때에는 **외국군대의 지위**에 관한 것이고, 국가에게 **재정적 부담**을 지우는 내용과 **입법사항을 포함**하고 있으므로 **국회의 동의를 요하는 조약으로 취급되어야 한다**(헌재 1999. 4. 29. 97헌가14).

0668 「대한민국과일본국간의어업에관한협정」은 우리나라 정부가 일본 정부와의 사이에서 어업에 관해 체결·공포한 조약으로서 헌법 제6조 제1항에 의하여 국내법과 같은 효력을 가진다. 17 경정, 08 국가 7   O | X

0668-1 '대한민국과 일본국간의 어업에 관한 협정'은 한일간 행정협정에 불과하여 국내법과 같은 효력을 가지는 조약에 해당되지 않는다. 17 법무사   O | X

> 이 사건 협정은 우리나라 정부가 일본 정부와의 사이에서 **어업에 관해 체결·공포한 조약**(조약 제1477호)으로서 헌법 제6조 제1항에 의하여 **국내법과 같은 효력**을 가지므로, 그 체결행위는 고권적 행위로서 '공권력의 행사'에 해당한다(헌재 2001. 3. 21. 99헌마139 등).

●**정답** 666. O 666-1. O 666-2. O 666-3. X [새로운 범죄 구성 or 가중처벌 허용] 667. O 667-1. X [행정협정 X → 국회의 동의를 요하는 조약 O] 668. O 668-1. X [행정협정 X → 국내법과 같은 효력을 가지는 조약 O]

0669 「국제통화기금협정」은 국회의 동의를 얻어 체결된 것이므로 헌법 제6조 제1항에 따라 국내법적 효력을 가지지만, 그 효력의 정도는 대통령령에 준하는 효력이다. 08 국가 7 ○ | ×

「국제통화기금협정」 제9조제3항 등은 각 **국회의 동의를 얻어 체결**된 것으로서, 헌법 제6조 제1항에 따라 국내법적, **법률적 효력을 가지는 바**, 가입국의 재판권 면제에 관한 것이므로 성질상 국내에 바로 적용될 수 있는 법규범으로서 위헌법률심판의 대상이 된다(헌재 2001. 9. 27. 2000헌바20).

0670 지급거절될 것을 예견하고 수표를 발행한 사람이 그 수표의 지급제시기일에 수표금이 지급되지 아니하게 한 경우 수표의 발행인을 처벌하는 것은, 계약상 의무의 이행불능만을 이유로 구금하는 것을 금지한 「시민적 및 정치적 권리에 관한 국제규약」에 정면으로 배치되지 않아 국제법 존중주의에 위배되지 않는다. 23 변호사 ○ | ×

이 사건 **법률조항**에서 규정하고 있는 부정수표 발행행위는 지급제시될 때에 지급거절될 것을 예견하면서도 수표를 발행하여 지급거절에 이르게 하는 것이다. 따라서 이 사건 법률조항은 수표의 지급증권성에 대한 일반공중의 신뢰를 배반하는 행위를 처벌하는 것으로 그 보호법익은 수표거래의 공정성인 것이고 나아가 소지인 내지 일반 공중의 신뢰를 이용하여 수표를 발행한다는 점에서 그 죄질에 있어 사기의 요소도 있다 하여 처벌하는 것이다. 결코 '계약상 의무의 이행불능만을 이유로 구금' 되는 것이 아니므로 **국제법 존중주의**에 입각한다 하더라도 위 규약 제11조의 명문에 **정면으로 배치되는 것이 아니다**(헌재 2001. 4. 26. 99헌가13).

0671 우리나라가 가입한 개정 교토협약이 국내법과 같은 효력을 가진다고 하더라도, 곧 헌법적 효력을 갖는 것이라고 볼 만한 근거는 없는바, 동 협약이 법률조항의 위헌성 심사척도가 될 수는 없다. 21 변호사 ○ | ×

우리나라는 2003. 2. 개정교토협약에 가입하였고, 2006. 2.부터 개정교토협약이 발효된 이상 국내법과 마찬가지로 이를 준수할 의무가 있다고 할 것이다. 그러나 **개정교토협약**이 **국내법과 같은 효력을 가진다고 하더라도, 곧 헌법적 효력을 갖는 것이라고 볼 만한 근거는 없는바**, 이 사건 법률조항의 위헌성 심사의 척도가 될 수는 없다(헌재 2015. 6. 25. 2013헌바193).

0672 한미동맹 동반자관계를 위한 전략대화 출범에 관한 공동성명은 구체적인 법적 권리·의무를 창설하는 내용을 포함하고 있지 아니하므로, 조약에 해당된다고 볼 수 없다. 15 서울 7 ○ | ×

0672-1 대통령이 외교통상부장관에게 위임하여 미합중국 국무장관과 발표한 '동맹 동반자 관계를 위한 전략대화 출범에 관한 공동성명'은 구체적인 법적 권리·의무를 창설하는 내용이 포함되어 있으므로 조약에 해당한다. 23 해간 ○ | ×

이 사건 공동성명은 한국과 미합중국이 상대방의 입장을 존중한다는 내용만 담고 있을 뿐, **구체적인 법적 권리·의무를 창설하는 내용을 전혀 포함하고 있지 아니**하므로, **조약에 해당된다고 볼 수 없으므로** 그 내용이 헌법 제60조 제1항의 조약에 해당되는지 여부를 따질 필요도 없이 이 사건 공동성명에 대하여 국회가 동의권을 가진다거나 국회의원인 청구인이 심의표결권을 가진다고 볼 수 없다(헌재 2008. 3. 27. 2006헌라4).

정답 669. ×[법률적 효력 ○] 670. ○ 671. ○ 672. ○ 672-1. ×[구체적인 법적 권리·의무를 창설하는 내용 불포함 → 조약 아님]

0673 특정의 외국 농산물의 긴급수입제한조치를 더 이상 연장하지 않겠다는 취지의 대한민국정부와 외국과의 합의는 헌법 제6조 제1항의 조약에 해당하므로 조약 공포의 방법으로 국민에게 공개되어야 한다. 12 국회 8   O | X

한국이 이미 행한 3년간의 중국산 마늘에 대한 긴급수입제한 조치를 그 이후에는 다시 연장하지 않겠다는 **방침을 선언**한 것으로 **집행적인 성격이 강하고**, 특히 긴급수입제한조치의 연장은 중국과의 합의로 그 연장여부가 최종적으로 결정된 것으로 볼 수 없는 점에 비추어 헌법적으로 정부가 반드시 공포하여 **국내법과 같은 효력을 부여해야 한다고 단정할 수 없다**(헌재 2004. 12. 16. 2002헌마579).

POINT 044 국제법규

01 일반적으로 승인된 국제법규

0674 헌법에 의하여 체결·공포된 조약과 달리 일반적으로 승인된 국제법규는 헌법절차에 의해서 승인되었다고 볼 수 없으므로 국내법과 같은 효력을 갖지 않는다. 23 변호사   O | X

> 헌법 제6조 ① 헌법에 의하여 **체결·공포된 조약**과 **일반적으로 승인된 국제법규**는 **국내법과 같은 효력**을 가진다.

02 일반적으로 승인된 국제법규성 부정 사례

0675 강제노동의 폐지에 관한 국제노동기구(ILO)의 제105호 조약은 우리나라가 비준한 바가 없고, 헌법 제6조 제1항에서 말하는 일반적으로 승인된 국제법규로서 헌법적 효력을 갖는다고 볼 수도 없기 때문에 위헌성 심사의 척도가 될 수 없다. 16 국가 7   O | X

0675-1 강제노동의 폐지에 관한 국제노동기구(ILO)의 제105호 조약은 일반적으로 승인된 국제법규성이 인정된다. 15 변호사   O | X

강제노동의 폐지에 관한 국제노동기구(ILO)의 제105호 조약은 우리나라가 비준한 바가 없고, 헌법 제6조 제1항에서 말하는 **일반적으로 승인된 국제법규로서 헌법적 효력**을 갖는 것이라고 볼 만한 근거도 **없으므로** 이 사건 심판대상 규정의 **위헌성 심사의 척도가 될 수 없다**(헌재 1998. 7. 16. 97헌바23).

0676 국제노동기구 산하 '결사의 자유위원회'의 권고는 국내법과 같은 효력이 있거나 일반적으로 승인된 국제법규라고 볼 수 없다. 15 변호사   O | X

국제노동기구의 '결사의 자유위원회'나 국제연합의 '경제적·사회적 및 문화적 권리위원회' 및 경제협력개발기구(OECD)의 '노동조합자문위원회' 등의 국제기구들이 우리나라에 대하여 가능한 한 빨리 모든 영역의 공무원들에게 근로3권을 보장할 것을 **권고**하고 있다고 하더라도 그것만으로 위 법률조항이 위헌으로서 당연히 효력을 상실하는 것은 **아니라 할 것이다**(헌재 2005. 10. 27. 2003헌바50 등).

● 정답 673. X [조약에 해당 X, 공개의무 無]   674. X [일반적으로 승인된 국제법규 역시 국내법과 같은 효력을 가짐]   675. O   675-1. X [인정 X]   676. O

0677 자유권규약위원회는 자유권규약의 이행을 위해 만들어진 조약상의 기구이므로, 규약의 당사국은 그 견해를 존중하여야 하며, 우리 입법자는 자유권규약위원회의 견해의 구체적인 내용에 구속되어 그 모든 내용을 그대로 따라야 하는 의무를 부담한다. 21 지방 7   O | X

'시민적 및 정치적 권리에 관한 국제규약'의 조약상 기구인 **자유권규약위원회의 견해**는 규약을 해석함에 있어 중요한 참고기준이 되고, **규약 당사국은 그 견해를 존중**하여야 한다. … 또한, 자유권규약위원회의 견해가 규약 당사국의 국내법 질서와 충돌할 수 있고, 그 이행을 위해서는 각 당사국의 역사적, 사회적, 정치적 상황 등이 충분히 고려될 필요가 있으므로, 우리 입법자가 **자유권규약위원회의 견해**(Views)의 구체적인 내용에 구속되어 그 모든 내용을 그대로 따라야만 하는 **의무를 부담한다고 볼 수는 없다**(헌재 2018. 7. 26. 2011헌마306).

△05 0678 국제연합(UN)의 "인권에 관한 세계선언" 각 조항이 바로 보편적인 법적 구속력을 가지거나 국제법적 효력을 갖는 것으로 볼 것은 아니다. 23 5급   O | X

0678-1 국제연합(UN)의 '인권에 관한 세계선언' 및 국제연합교육과학문화기구와 국제노동기구가 채택한 '교원의 지위에 관한 권고'는 일반적으로 승인된 국제법규성이 인정되므로 국내법적 효력이 인정된다. 15 변호사   O | X

(1) 먼저 국제연합의 "**인권에 관한 세계선언**"에 관하여 보면, … 그 선언내용인 각 조항이 바로 **보편적인 법적구속력**을 가지거나 **국제법적 효력**을 갖는 것으로 볼 것은 **아니다**(헌재 1991. 7. 22. 89헌가106).
(2) 위 "**교원의지위에관한권고**"는 … 우리사회의 교육적 전통과 현실, 그리고 국민의 법감정과의 조화를 이룩하면서 국민적 합의에 의하여 우리 현실에 적합한 교육제도를 단계적으로 실시·발전시켜 나갈 것을 그 취지로 하는 교육제도의 법정주의와 반드시 배치되는 것이 아니고, 또한 직접적으로 **국내법적인 효력**을 가지는 것이라고도 할 수 **없다**(헌재 1991. 7. 22. 89헌가106).

0679 양심적 병역거부권을 명문으로 인정한 국제인권조약은 아직 없으며 양심적 병역거부권의 보장에 관한 국제관습법이 형성된 것도 아니어서 양심적 병역거부는 우리가 수용할 수 있는 일반적으로 승인된 국제법규라고 할 수 없다. 20 소간   O | X

유럽 등의 일부국가에서 양심적 병역거부권이 보장된다고 하더라도 전 세계적으로 **양심적 병역거부권의 보장에 관한 국제관습법**이 형성되었다고 할 수 없어 양심적 병역거부가 **일반적으로 승인된 국제법규**로서 우리나라에 수용될 수는 **없으므로**, 이 사건 법률조항에 의하여 양심적 병역거부자를 형사처벌한다고 하더라도 국제법 존중의 원칙을 선언하고 있는 헌법 제6조 제1항에 위반된다고 할 수 없다(헌재 2011. 8. 30. 2007헌가12 등).

POINT 045 외국인 지위 보장   C

0680 헌법은 헌법상 국제법과 조약에 따른 외국인의 지위 보장에 대하여 밝히고 있다. 19 입시   O | X

> 헌법 제6조 ② **외국인**은 **국제법과 조약**이 정하는 바에 의하여 **그 지위가 보장**된다.

정답 677. X [구속 X, 구속 의무 無]   678. O   678-1. X [일반적으로 승인된 국제법규 X, 국내법적 효력 부정]   679. O   680. O

0681 헌법은 외국인에 대하여 국제법과 조약이 정하는 바에 의하여 그 지위를 보장하도록 하고 있고, 이것은 상호주의를 존중하겠다는 뜻을 밝힌 것이다. 14 국가 7   O|X

외국인의 법적 지위에 관해서 각국 헌법에서는 상호주의 또는 평등주의를 채택하고 있다. 우리 헌법은 외국인에 대하여 **국제법과 조약이 정하는 바에 의하여 그 지위를 보장**하도록 하고 있고, 이것은 **상호주의를 존중하겠다는 뜻을 밝힌 것이다**.

0682 소송비용담보제공명령에 관한 법률규정은, 우리나라에 효력이 있는 국제법과 조약 중 국내에 주소 등을 두고 있지 아니한 외국인이 소를 제기한 경우에 소송비용담보제공명령을 금지하는 것을 찾아볼 수 없으므로, 헌법 제6조 제2항에 위배되지 아니한다. 21 변호사   O|X

헌법 제6조 제2항에 의하면 외국인은 국제법과 조약이 정하는 바에 의하여 그 지위가 보장되는데, 우리나라에 효력이 있는 국제법과 조약 중 국내에 주소 등을 두고 있지 아니한 외국인이 소를 제기한 경우에 **소송비용담보제공명령을 금지하는 국제법이나 조약을 찾아볼 수 없고**, 이 사건 법률조항은 그 적용대상을 외국인으로 한정하고 있지 아니할 뿐만 아니라 외국인을 포함하여 국내에 주소 등을 두고 있지 아니한 원고의 재판청구권을 침해한다고 볼 수 없으므로, **이 사건 법률조항은 헌법 제6조 제2항에 위배되지 아니한다**(헌재 2011. 12. 29. 2011헌바57).

POINT 046 평화통일주의

01 평화통일주의

0683 우리 헌법에서 지향하는 통일은 대한민국의 존립과 안전을 부정하는 것이 아니고, 자유민주적 기본질서에 바탕을 둔 정치체제적 의미뿐만 아니라 사유재산과 시장경제를 골간으로 한 경제질서까지도 포함된 것이다. 16 경정, 14 지방 7   O|X

통일은 대한민국의 존립과 안전을 부정하는 것은 아니고 또 자유민주적 기본질서에 위해를 주는 것도 아니며 오히려 그에 바탕을 둔 통일인 것이다. 우리 헌법에서 지향하는 통일은 대한민국의 **존립과 안전을 부정하는 것이 아니고, 자유민주적 기본질서에 바탕을 둔 정치체제적 의미뿐만 아니라 사유재산과 시장경제를 골간으로 한 경제질서까지도 포함**된 것이다.

0684 헌법상의 여러 통일 관련 조항들은 국가의 통일의무를 선언한 것이기는 하지만, 그로부터 국민 개개인의 통일에 대한 기본권, 특히 국가기관에 대하여 통일과 관련된 구체적인 행동을 요구하거나 일정한 행동을 할 수 있는 권리가 도출된다고 볼 수 없다. 23 해간   O|X

0684-1 헌법상의 여러 통일관련 조항들은 국가의 통일의무를 선언한 것이므로, 그로부터 국민 개개인의 통일에 대한 기본권, 특히 국가기관에 대하여 통일과 관련된 구체적인 행위를 요구하거나 일정한 행동을 할 수 있는 권리도 도출된다. 21 국가 7   O|X

헌법상의 여러 **통일관련 조항들은 국가의 통일의무를 선언**한 것이기는 하지만, 그로부터 **국민 개개인의 통일에 대한 기본권, 특히** 국가기관에 대하여 통일과 관련된 구체적인 행위를 요구하거나 일정한 행동을 할 수 있는 **권리가 도출된다고 볼 수는 없다**(헌재 2000. 7. 20. 98헌바63).

정답 681. O 682. O 683. O 684. O 684-1. X [도출 X]

02 북한의 법적지위

0685 북한은 조국의 평화적 통일을 위한 대화와 협력의 동반자임과 동시에, 대남적화노선을 고수하며 우리의 자유민주체제 전복을 획책하는 반국가단체라는 이중적 성격을 함께 가진다. 23 해간, 16 경정, 14 지방 7

O|X

0685-1 현 단계에 있어서의 북한은 대남적화노선을 고수하면서 대한민국 자유민주주의체제의 전복을 획책하고 있는 반국가단체라는 성격만을 가지므로, 한반도의 이북지역을 불법적으로 점유하고 있는 불법단체에 불과하다. 10 국회 8

O|X

현단계에 있어서의 **북한**은 조국의 평화적 통일을 위한 **대화와 협력의 동반자**임과 동시에 대남적화노선을 고수하면서 우리 자유민주주의체제의 전복을 획책하고 있는 **반국가단체라는 성격**도 함께 갖고 있음이 엄연한 현실인 점에 비추어, … 위 두 법률은 상호 그 입법목적과 규제대상을 달리하고 있는 것이므로 남북교류협력에관한법률 등이 공포·시행되었다 하여 국가보안법의 필요성이 소멸되었다거나 북한의 반국가단체성이 소멸되었다고는 할 수 없다(헌재 1997. 1. 16. 92헌바6 등).

03 남북관계의 특수성

0686 남북관계는 나라와 나라 사이의 관계가 아닌 통일을 지향하는 과정에서 잠정적으로 형성되는 특수관계이다. 14 국회 9

O|X

소위 남북합의서는 **남북관계를 "나라와 나라 사이의 관계가 아닌 통일을 지향하는 과정에서 잠정적으로 형성되는 특수관계"**임을 전제로 하여 이루어진 합의문서인바, 이는 한민족공동체 내부의 특수관계를 바탕으로 한 당국간의 합의로서 남북당국의 성의있는 이행을 상호 약속하는 일종의 공동성명 또는 신사협정에 준하는 성격을 가짐에 불과하다(헌재 1997. 1. 16. 92헌바6 등).

0687 남북합의서는 남북관계를 '나라와 나라 사이의 관계가 아닌 통일을 지향하는 과정에서 잠정적으로 형성되는 특수관계'임을 전제로 하여 이루어진 합의문서인바, 이는 한민족공동체 내부의 특수관계를 바탕으로 한 당국 간의 합의로서 남북당국의 성의 있는 이행을 상호 약속하는 일종의 공동성명 또는 신사협정에 준하는 성격을 가진다. 21 국가 7

O|X

0687-1 '남북사이의화해와불가침및교류협력에관한합의서'는 일종의 공동성명 또는 신사협정에 준하는 성격을 가짐에 불과하여 법률이 아님은 물론 국내법과 동일한 효력이 있는 조약이나 이에 준하는 것으로 볼 수 없다. 23 5급

O|X

0687-2 1992년 발효된 「남북사이의화해와불가침및교류협력에관한합의서」는 남북한 당국이 각기 정치적인 책임을 지고 상호간에 그 성의 있는 이행을 약속한 것이므로, 국내법과 동일한 효력이 있는 조약이나 이에 준하는 것으로 보아야 한다. 22 국회 8

O|X

남북합의서는 남북관계를 '나라와 나라 사이의 관계가 아닌 통일을 지향하는 과정에서 잠정적으로 형성되는 특수관계'임을 전제로 하여 이루어진 합의문서인바, 이는 한민족공동체 내부의 특수관계를 바탕으로 한 당국간의 합의로서 남북당국의 성의있는 이행을 상호 약속하는 일종의 **공동성명 또는 신사협정**에 준하는 성격을 가짐에 불과하다. … 1992. 2. 19. 발효된 '남북사이의화해와불가침및교류협력에관한합의서'는 일종의 공동성명 또는 신사협정에 준하는 성격을 가짐에 불과하여 **법률이 아님**은 물론 국내법과 동일한 효력이 있는 **조약이나 이에 준하는 것으로 볼 수 없다**(헌재 2000. 7. 20. 98헌바63).

정답 685. O   685-1. X [대화와 협력의 동반자인 동시에 반국가단체]   686. O   687. O   687-1. O   687-2. X [조약 or 준하는 것으로 볼 수 없음]

0688 헌법재판소는 남북합의서를 한민족공동체 내부의 특수관계를 기초로 하여 합의된 공동성명이나 신사협정에 준하는 것으로 보아, 남북합의서의 채택·발효가 북한을 하나의 국가로 인정한 것으로 볼 수 없다고 하였다. 14 국회 8 ○|×

소위 남북합의서는 남북관계를 "나라와 나라 사이의 관계가 아닌 통일을 지향하는 과정에서 잠정적으로 형성되는 특수관계"임을 전제로 하여 이루어진 합의문서인바, 이는 한민족공동체 내부의 특수관계를 바탕으로 한 당국간의 합의로서 남북당국의 성의있는 이행을 상호 약속하는 일종의 **공동성명 또는 신사협정**에 준하는 성격을 가짐에 불과하다. 따라서 남북합의서의 채택·발효 후에도 북한이 여전히 적화통일의 목표를 버리지 않고 각종 도발을 자행하고 있으며 남·북한의 정치, 군사적 대결이나 긴장관계가 조금도 해소되지 않고 있음이 엄연한 현실인 이상, **북한의 반국가단체성**이나 국가보안법의 필요성에 관하여는 아무런 상황변화가 있었다고 할 수 없다(헌재 1997. 1. 16. 92헌바6 등).

0689 1990년에 「남북교류협력에 관한 법률」이 제정되었다고 하더라도, '남한과 북한의 주민'이라는 행위주체 사이에 '투자 기타 경제에 관한 협력사업'이라는 행위를 할 경우에는 이 법이 다른 법률보다 우선적으로 적용되는 것은 아니다. 22 국회 8 ○|×

남한과 북한의 주민(법인, 단체 포함) 사이의 투자 기타 경제에 관한 협력사업 및 이에 수반되는 거래에 대하여는 우선적으로 남북교류법과 동법시행령 및 위 외국환관리지침이 적용되며, 관련 범위 내에서 외국환거래법이 준용된다. 즉, '**남한과 북한의 주민**'이라는 행위 주체 사이에 '**투자 기타 경제에 관한 협력사업**'이라는 행위를 할 경우에는 **남북교류법이 다른 법률보다 우선적으로 적용**되고, 필요한 범위 내에서 외국환거래법 등이 준용되는 것이다(헌재 2005. 6. 30. 2003헌바114).

0690 통상조약의 체결 절차 및 이행과정에서 남한과 북한 간의 거래는 「남북교류협력에 관한 법률」 제12조에 따라 국가 간의 거래가 아닌 민족내부의 거래로 본다. 19 소간, 17 국가 7 ○|×

남북교류협력에 관한 법률 제12조(남북한 거래의 원칙) 남한과 북한 간의 거래는 국가 간의 거래가 아닌 **민족내부의 거래로 본다.**

0691 북한을 법 소정의 "외국"으로, 북한의 주민 또는 법인 등을 "비거주자"로 바로 인정하기는 어렵지만, 개별 법률의 적용 내지 준용에 있어서는 남북한의 특수관계적 성격을 고려하여 북한지역을 외국에 준하는 지역으로, 북한주민 등을 외국인에 준하는 지위에 있는 자로 규정할 수 있다. 22 국회 8 ○|×

0691-1 영토조항을 두고 있는 이상 대한민국의 헌법은 북한을 포함한 한반도 전체에 효력이 미치고, 따라서 북한지역은 대한민국의 영토가 되어, 북한은 「외국환거래법」 소정의 '대한민국'으로 인정되고 북한주민은 '거주자'로 인정된다. 14 지방 7 ○|×

0691-2 우리 헌법이 '대한민국의 영토는 한반도와 그 부속도서로 한다'는 영토조항을 두고 있는 이상 북한지역은 당연히 대한민국의 영토가 되며, 개별 법률의 적용에서 북한지역을 외국에 준하는 지역으로, 북한의 주민 또는 법인 등을 외국인에 준하는 지위에 있는 자로 규정하는 것은 헌법상 영토조항에 위반되어 허용될 수 없다. 17 법무사 ○|×

● 정답 688. ○   689. ×[우선적으로 적용됨]   690. ○   691. ○   691-1. ×[「외국환거래법」상 북한 : 외국에 준하는 지역, 북한주민 : 외국인에 준하는 지위]   691-2. ×[영토조항 위반 × → 허용됨]

우리 헌법이 "대한민국의 영토는 한반도와 그 부속도서로 한다"는 영토조항(제3조)을 두고 있는 이상 대한민국의 헌법은 **북한지역을 포함한 한반도 전체에 그 효력**이 미치고 따라서 **북한지역은 당연히 대한민국의 영토가 되므로**, 북한을 법 소정의 **"외국"**으로, 북한의 주민 또는 법인 등을 **"비거주자"**로 바로 인정하기는 어렵지만, 개별 법률의 적용 내지 준용에 있어서는 남북한의 특수관계적 성격을 고려하여 **북한지역을 외국에 준하는 지역**으로, **북한주민 등을 외국인에 준하는 지위**에 있는 자로 규정할 수 있다고 할 것이다(헌재 2005. 6. 30. 2003헌바114).

0692 외국환거래의 일방 당사자가 북한의 주민일 경우 그는 「남북교류협력에 관한 법률」상 '북한의 주민'에 해당하는 것이므로, 북한의 조선아시아태평양위원회가 「외국환거래법」 제15조에서 말하는 '거주자'나 '비거주자'에 해당하는지 또는 「남북교류협력에 관한 법률」상 '북한의 주민'에 해당하는지 여부는 법률해석의 문제에 불과한 것이고, 헌법 제3조의 영토조항과는 관련이 없다. 22 해간, 22 경정   O | X

외국환거래의 일방 당사자가 북한의 주민일 경우 그는 이 사건 법률조항의 '거주자' 또는 '비거주자'가 아니라 남북교류법의 '북한의 주민'에 해당하는 것이다. 그러므로, 당해 사건에서 아태위원회가 법 제15조 제3항에서 말하는 '거주자'나 '비거주자'에 해당하는지 또는 남북교류법상 '북한의 주민'에 해당하는지 여부는 위에서 본 바와 같은 **법률해석의 문제에 불과한 것이고**, 헌법 제3조의 **영토조항과는 관련이 없는 것**이다(헌재 2005. 6. 30. 2003헌바114).

0693 남북교류협력에 관한 법률과 국가보안법의 상호관계에 대해서, 헌법재판소는 양 법률의 규제대상이 동일한 점을 들어 일반법과 특별법의 관계로 파악하고 있다. 16 경정. 14 법무사   O | X

'남북교류협력에 관한 법률'과 '국가보안법'은 입법취지와 규제대상을 달리하고 있으므로 전혀 다른 법체계로 보는 것이 헌법재판소 다수견해이다. 다만 소수의견은 특별법과 일반법의 관계에 있다고 본다.

> 관련판례 **국가보안법**은 국가의 안정을 위태롭게 하는 **반국가활동을 규제함**으로써 국가의 안전과 국민의 생존 및 자유를 확보함을 목적으로 하여 제정된 법률이고 **남북교류협력에관한법률**은 남한과 북한과의 **상호교류와 협력을 촉진**하기 위하여 필요한 사항을 규정함을 목적으로 하여 제정된 법률로서 상호 그 **입법취지와 규제대상**을 달리하고 있을 뿐만 아니라, … 양자는 그 **구성요건을 달리한다**(헌재 1993. 7. 29. 92헌바48).

0694 국가의 안전과 자유민주적 기본질서를 보장하고 국민의 안전을 확보하는 가운데 평화적 통일을 이루기 위한 기반을 조성하기 위하여 북한주민 등과의 접촉에 관하여 남북관계의 전문기관인 통일부장관에게 그 승인권을 준 「남북교류협력에 관한 법률」 제9조 제3항은 평화통일의 사명을 천명한 헌법 전문 등 헌법상의 통일 관련 조항에 위반된다. 23 소간   O | X

국가의 안전과 자유민주적 기본질서를 보장하고 국민의 안전을 확보하는 가운데 평화적 통일을 이루기 위한 기반을 조성하기 위하여 북한주민 등과의 접촉에 관하여 남북관계의 전문기관인 **통일부장관에게 그 승인권을 준** 이 사건 법률조항은 평화통일의 사명을 천명한 헌법 전문이나 평화통일원칙을 규정한 헌법 제4조, 대통령의 평화통일의무에 관하여 규정한 헌법 제66조 제3항의 규정 및 기타 헌법상의 통일관련조항에 **위반된다고 볼 수 없다**(헌재 2000. 7. 20. 98헌바63).

0695 북한을 반국가단체로 보고 있는 「국가보안법」은 우리 헌법이 규정하고 있는 국제평화주의나 평화통일의 원칙에 모순되지 않는다. 15 법원 9   O | X

국가의 존립·안전과 국민의 생존 및 자유를 수호하기 위하여 **국가보안법**의 해석·적용상 **북한을 반국가단체**로 보고 이에 동조하는 반국가활동을 규제하는 것 자체가 헌법이 규정하는 **국제평화주의나 평화통일의 원칙에 위반**된다고 할 수 **없다**(헌재 1997. 1. 16. 92헌바6 등).

정답 692. O   693. X [전혀 다른 법체계로 간주]   694. X [통일 관련 조항에 위반 X]   695. O

Chapter 10 제도적 보장

POINT 047 제도적 보장

01 제도적 보장

0696 제도적 보장은 객관적 제도를 헌법에 규정하여 당해 제도의 본질을 유지하려는 것으로서 헌법제정권자가 특히 중요하고도 가치가 있다고 인정되고 헌법적으로도 보장할 필요가 있다고 생각하는 국가제도를 헌법에 규정함으로써 장래의 법 발전, 법 형성의 방침과 범주를 미리 규율하려는 데 있다. 22 경찰 2차 O | X

제도적 보장은 객관적 제도를 헌법에 규정하여 당해 제도의 본질을 유지하려는 것으로서 헌법제정권자가 특히 중요하고도 가치가 있다고 인정되고 헌법적으로도 보장할 필요가 있다고 생각하는 국가제도를 헌법에 규정함으로써 장래의 법발전, 법형성의 방침과 범주를 미리 규율하려는데 있다(헌재 1997. 4. 24. 95헌바48).

0697 직업공무원제도, 지방자치제도, 복수정당제도, 혼인제도 등이 제도적 보장에 해당한다. 12 국회 9 O | X

직업공무원제도는 지방자치제도, 복수정당제도, 혼인제도 등과 함께 "제도보장"의 하나로서 이는 일반적인 법에 의한 폐지나 제도본질의 침해를 금지한다는 의미의 "최소보장"의 원칙이 적용되는바, 이는 기본권의 경우 헌법 제37조 제2항의 과잉금지의 원칙에 따라 필요한 경우에 한하여 "최소한으로 제한"되는 것과 대조되는 것이다(헌재 2014. 7. 24. 2011헌바275).

02 법적성격

0698 제도적 보장은 주관적 권리가 아닌 객관적 법규범이라는 점에서 기본권과 구별되기는 하지만 헌법에 의하여 일정한 제도가 보장되면 입법자는 그 제도를 설정하고 유지할 입법의무를 지게 될 뿐만 아니라 헌법에 규정되어 있기 때문에 법률로써 이를 폐지할 수 없고, 비록 내용을 제한하더라도 그 본질적 내용을 침해할 수 없다. 22 경찰 2차 O | X

0698-1 제도적 보장은 주관적 권리가 아닌 객관적 법규범이라는 점에서 기본권과 구별되며, 헌법에 의하여 일정한 제도가 보장되더라도 입법자는 그 제도를 설정하고 유지할 입법의무를 지는 것은 아니다. 18 국가 7 O | X

이러한 제도적 보장은 주관적 권리가 아닌 객관적 범규범이라는 점에서 기본권과 구별되기는 하지만 헌법에 의하여 일정한 제도가 보장되면 입법자는 그 제도를 설정하고 유지할 입법의무를 지게될 뿐만 아니라 헌법에 규정되어 있기 때문에 법률로써 이를 폐지할 수 없고, 비록 내용을 제한하더라도 그 본질적 내용을 침해할 수 없다(헌재 1997. 4. 24. 95헌바48).

● 정답 696. O 697. O 698. O 698-1. X [입법의무를 지게 됨]

0699 제도는 국법질서에 의하여 국가 내에서 인정되는 객관적 법규범인 동시에 재판규범으로 기능하며, 기본권과 달리 최대한의 보장을 내용으로 한다. 15 서울 7   O | X

0699-1 제도적 보장에도 헌법 제37조가 적용되므로 기본권 보장과 같이 최대보장의 원칙에 의하여 보장하여야 한다. 12 국회 9   O | X

제도적 보장은 주관적 권리가 아닌 **객관적 법규범**이라는 점에서 기본권과 구별되기는 하지만 헌법에 의하여 일정한 제도가 보장되면 입법자는 그 제도를 설정하고 유지할 입법의무를 지게될 뿐만 아니라 헌법에 규정되어 있기 때문에 법률로써 이를 폐지할 수 없고, 비록 내용을 제한하더라도 그 본질적 내용을 침해할 수 없다. 그러나 **기본권 보장**은 "**최대한 보장의 원칙**"이 적용됨에 반하여, **제도적 보장**은 그 본질적 내용을 침해하지 아니하는 범위 안에서 입법자에게 제도의 구체적 내용과 형태의 형성권을 폭넓게 인정한다는 의미에서 "**최소한 보장의 원칙**"이 적용될 뿐이다(헌재 1997. 4. 24. 95헌바48).

0700 제도보장도 재판규범으로서의 성격을 가진다. 12 국회 9   O | X

0700-1 기본권이 입법권·집행권·사법권을 구속하는 법규범인데 반하여, 제도적 보장은 프로그램적 규정으로서 재판규범으로서의 기능을 하지 못한다. 18 국가 7   O | X

제도적 보장도 기본권과 마찬가지로 입법권·집행권·사법권을 직접적으로 구속하는 **법규범**이다. 따라서 **제도적 보장**은 프로그램적 규정이 아니라 **재판규범으로서의 성격을 가진다.** 그러나 제도보장은 권리보장규범이 아니기 때문에 제도보장 그 자체만을 근거로 소를 제기할 수는 없다.

● 정답 699. X [기본권과 달리 최소한 보장의 원칙 적용]   699-1. X [최소한 보장의 원칙에 의하여 보장]   700. O   700-1. X [프로그램적 규정 X → 재판규범 O]

Chapter 11 정당설립의 자유와 정당제도

POINT 048 정당제도

0701 정당은 국민 일반이 정치나 국가작용에 영향력을 행사하는 매개체의 구실과 같은 중요한 공적 기능을 수행한다. 18 입시   O | X

정치적 결사로서의 정당은 국민의 정치적 의사를 적극적으로 형성하고 각계 각층의 이익을 대변하며, 정부를 비판하고 정책적 대안을 제시할 뿐만 아니라, 국민 일반이 정치나 국가작용에 영향력을 행사하는 매개체의 역할을 수행하는 등 현대의 대의제민주주의에 없어서는 안될 중요한 공적 기능을 수행하고 있으므로 그 설립과 활동의 자유가 보장되고(헌법 제8조 제1항) 국가의 보호를 받는다(같은 조 제3항)(헌재 1996. 3. 28. 96헌마18 등).

0702 정당은 오늘날 대중민주주의에 있어서 국민의 정치의사형성의 담당자이며 매개자이자 민주주의에 있어서 필수불가결한 요소이기 때문에, 정당의 자유로운 설립과 활동은 민주주의 실현의 전제조건이라고 할 수 있다. 14 변호사   O | X

정당은 국민과 국가의 중개자로서 정치적 도관(導管)의 기능을 수행하여 주체적·능동적으로 국민의 다원적 정치의사를 유도·통합함으로써 국가정책의 결정에 직접 영향을 미칠 수 있는 규모의 정치적 의사를 형성하고 있다. 이와 같이, 정당은 오늘날 대중민주주의에 있어서 국민의 정치의사형성의 담당자이며 매개자이자 민주주의에 있어서 필수불가결한 요소이기 때문에, 정당의 자유로운 설립과 활동은 민주주의 실현의 전제조건이라고 할 수 있다(헌재 2004. 3. 25. 2001헌마710).

0703 헌법 및 정당법상 정당의 개념적 징표로서는 ㉠ 국가와 자유민주주의 또는 헌법질서를 긍정할 것, ㉡ 공익의 실현에 노력할 것, ㉢ 선거에 참여할 것, ㉣ 정강이나 정책을 가질 것, ㉤ 국민의 정치적 의사형성에 참여할 것, ㉥ 구성원들이 당원이 될 수 있는 자격을 구비할 것을 들 수 있다. 따라서 독일의 경우와는 달리 '상당한 기간 또는 계속해서', '상당한 지역에서'라는 개념표지는 요구되지 않는다. 14 변호사   O | X

우리 헌법 및 정당법상 정당의 개념적 징표로서는 ① 국가와 자유민주주의 또는 헌법질서를 긍정할 것, ② 공익의 실현에 노력할 것, ③ 선거에 참여할 것, ④ 정강이나 정책을 가질 것, ⑤ 국민의 정치적 의사형성에 참여할 것, ⑥ 계속적이고 공고한 조직을 구비할 것, ⑦ 구성원들이 당원이 될 수 있는 자격을 구비할 것 등을 들 수 있다. 즉, 정당은 정당법 제2조에 의한 정당의 개념표지 외에 예컨대 독일의 정당법(제2조)이 규정하고 있는 바와 같이 "상당한 기간 또는 계속해서", "상당한 지역에서" 국민의 정치적 의사형성에 참여해야 한다는 개념표지가 요청된다고 할 것이다(헌재 2006. 3. 30. 2004헌마246).

0704 정당의 법적 지위는 적어도 그 소유재산의 귀속관계에 있어서는 법인격 없는 사단(社團)으로 보아야 하고, 중앙당과 지구당과의 복합적 구조에 비추어 정당의 지구당은 단순한 중앙당의 하부조직이 아니라 어느 정도의 독자성을 가진 단체로서 역시 법인격 없는 사단에 해당한다. 23 국가 7   O | X

0704-1 정당의 법적 지위는 적어도 그 소유재산의 귀속재산의 귀속관계에 있어서는 법인격 없는 사단으로 보아야 하지만, 중앙당과 지구당과의 구조에 비추어 볼 때 정당의 지구당은 단순한 중앙당의 하부조직에 불과하므로 법인격 없는 사단에 해당하지 않는다. 15 법무사   O | X

● 정답   701. O   702. O   703. X [요구됨]   704. O   704-1. X [지구당은 법인격 없는 사단 O]

정당의 법적 지위는 적어도 그 소유재산의 귀속관계에 있어서는 법인격 없는 사단(社團)으로 보아야 하고, 중앙당과 지구당과의 복합적 구조에 비추어 정당의 지구당은 단순한 중앙당의 하부조직이 아니라 어느 정도의 독자성을 가진 단체로서 역시 법인격 없는 사단에 해당한다고 보아야 할 것이다(헌재 1993. 7. 29. 92헌마262).

0705 정당은 그 법적 성격이 사적·정치적 결사 내지는 법인격 없는 사단이므로 공권력 행사의 주체가 될 수 없다. 10 국회 8 O | X

0705-1 정당은 직접 헌법규정에 따라 결성된 조직체이며, 집권정당의 의사는 곧 국가의사를 의미하므로 정당은 헌법기관이다. 12 국회 8 O | X

정당은 국민의 자발적 조직으로, 그 법적 성격은 일반적으로 사적·정치적 결사 내지는 법인격 없는 사단으로서 공권력의 행사 주체로서 국가기관의 지위를 갖는다고 볼 수 없다(헌재 2020. 5. 27. 2019헌라6 등).

0706 정당의 법적 성격은 일반적으로 사적·정치적 결사 내지는 법인격 없는 사단으로 파악되고, 정당의 법률관계에는 「정당법」의 관계 조문 이외에 일반 사법(私法) 규정이 적용된다. 24 경간 O | X

정당은 국민의 이익을 위하여 책임 있는 정치적 주장이나 정책을 추진하고 공직선거의 후보자를 추천 또는 지지함으로써 국민의 정치적 의사형성에 참여함을 목적으로 하는 국민의 자발적 조직으로(정당법 제2조), 그 법적 성격은 일반적으로 사적·정치적 결사 내지는 법인격 없는 사단으로 파악되고 있고, 이러한 정당의 법률관계에 대하여는 정당법의 관계 조문 이외에 일반 사법 규정이 적용되므로, 정당은 공권력 행사의 주체가 될 수 없다(헌재 2007. 10. 30. 2007헌마1128).

0707 정당의 대통령선거 후보선출은 단순히 자발적 조직 내부의 의사결정에 그치는 것이 아니라 공직선거인 대통령선거와 관련된 행위이므로, 대통령선거 후보경선과정에서 여론조사 결과를 반영한 것은 헌법소원심판의 대상이 되는 공권력의 행사에 해당한다. 15 법무사 O | X

정당은 … 그 법적 성격은 일반적으로 사적·정치적 결사 내지는 법인격 없는 사단으로 파악되고 있고, 이러한 정당의 법률관계에 대하여는 정당법의 관계 조문 이외에 일반 사법 규정이 적용되므로, 정당은 공권력 행사의 주체가 될 수 없다. 정당이 공권력 행사의 주체가 아니고, 정당의 대통령선거 후보선출은 자발적 조직 내부의 의사결정에 지나지 아니하므로, 청구인들 주장과 같이 한나라당이 대통령선거 후보경선과정에서 여론조사 결과를 반영한 것을 일컬어 헌법소원심판의 대상이 되는 공권력의 행사에 해당한다 할 수 없다(헌재 2007. 10. 30. 2007헌마1128).

POINT 049 정당설립의 자유

01 정당설립의 자유

0708 정당의 설립은 자유이며, 복수정당제는 보장된다. 14 서울 7, 13 법원 9 O | X

헌법 제8조 ① 정당의 설립은 자유이며, 복수정당제는 보장된다.

정답 705. O 705-1. X [직접 헌법규정 X → 자발적 조직 O / 헌법기관 X] 706. O 707. X [공권력의 행사에 해당 X] 708. O

0709 오늘날 대의민주주의에서 차지하는 정당의 기능을 고려하여, 헌법 제8조 제1항은 국민 누구나가 원칙적으로 국가의 간섭을 받지 아니하고 정당을 설립할 권리를 기본권으로 보장함과 아울러 복수정당제를 제도적으로 보장하고 있다. 16 국회 9 O | X

0709-1 정당의 설립은 자유이나 복수정당제는 헌법상 바로 보장되는 것은 아니고, 구체적인 법률의 규정이 존재하여야 비로소 보장된다. 23 해경, 22 경정 O | X

> 오늘날 대의민주주의에서 차지하는 정당의 이러한 의의와 기능을 고려하여, **헌법 제8조 제1항은** 국민 누구나가 **원칙적으로 국가의 간섭을 받지 아니하고 정당을 설립할 권리를 기본권으로 보장**함과 아울러 **복수정당제를 제도적으로 보장**하고 있다(헌재 2014. 1. 28. 2012헌마431 등).

0710 우리 헌법은 정당을 일반적인 결사의 자유로부터 분리하여 제8조에 독자적으로 규율함으로써, 정당의 특별한 지위를 강조하고 있다. 21 법무사 O | X

> 헌법은 **정당을** 일반적인 결사의 자유로부터 분리하여 **제8조에 독자적으로 규율**함으로써 오늘날 의회민주주의에서 정당이 가지는 중요한 의미와 헌법질서 내에서 **정당의 특별한 지위를 강조**하고 있다(헌재 2014. 3. 27. 2011헌바42).

0711 헌법 제8조 제1항 전단의 '정당설립의 자유'는 헌법 제21조 제1항의 '결사의 자유'의 특별규정이다. 21 입시 O | X

0711-1 헌법 제21조는 결사의 자유를 보장하고 있으나, 정당을 만들고 정당이 정치활동을 할 수 있는 자유는 일반적으로 결사의 자유와 성격을 달리하는 것이므로 정당은 헌법 제21조에 의해 보장되는 결사로서 보장되는 것이 아니라 헌법이 대표민주제를 채용하고 있다는 헌법전체의 원리나 정신에서 그 근거를 찾을 수 있다. 11 국회 8 O | X

> 이 사건 법률조항은 '누구나 국가의 간섭을 받지 아니하고 자유롭게 정당을 설립하고 가입할 수 있는 자유'를 제한하는 규정이다. 정당에 관한 한, **헌법 제8조는** 일반결사에 관한 **헌법 제21조에 대한 특별규정**이므로, 정당의 자유에 관하여는 **헌법 제8조 제1항이 우선적으로 적용**된다(헌재 1999. 12. 23. 99헌마135).

02 정당설립의 자유의 주체

0712 헌법 제8조 제1항은 정당설립의 자유, 정당조직의 자유, 정당활동의 자유 등을 포괄하는 정당의 자유를 보장하고 있다. 이러한 정당의 자유는 국민이 개인적으로 갖는 기본권일 뿐만 아니라, 단체로서의 정당이 가지는 기본권이기도 하다. 19 국회 8 O | X

0712-1 헌법 제8조 제1항은 정당설립의 자유, 정당조직의 자유, 정당활동의 자유 등을 포괄하는 정당의 자유를 보장하는 규정이므로, 국민이 개인적으로 가지는 기본권이 아니라 정당이 단체로서 가지는 기본권이다. 24 경정 O | X

> 헌법 제8조 제1항은 정당설립의 자유, 정당조직의 자유, 정당활동의 자유 등을 포괄하는 **정당의 자유를** 보장하고 있다. 이러한 **정당의 자유는 국민이 개인적으로 갖는 기본권일** 뿐만 아니라, **단체로서의 정당이 가지는 기본권**이기도 하다(헌재 2004. 12. 16. 2004헌마456).

정답 709. O 709-1. X [헌법상 바로 보장됨] 710. O 711. O 711-1. X [헌법 전체의 원리나 정신 X → 정당의 자유는 헌법 제8조 제1항에서 보장 O] 712. O 712-1. X [국민이 개인적으로 가지는 기본권이기도 함]

0713 정당설립의 자유는 헌법 제8조 제1항 전단에 규정되어 있지만, 국민 개인과 정당 그리고 권리능력 없는 사단의 실체를 가지고 있는 등록취소된 정당에게 인정되는 기본권이다. 18 지방 7   O|X

정당설립의 자유는 헌법 제8조 제1항 전단에 규정되어 있지만, 국민 개인과 정당 그리고 '권리능력 없는 사단'의 실체를 가지고 있는 등록취소된 정당에게 인정되는 '기본권'이다(헌재 2014. 1. 28. 2012헌마431 등).

0714 정당이 등록이 취소된 이후에도 '등록정당'에 준하는 '권리능력 없는 사단'으로서의 실질을 유지하고 있다고 볼 수 있으면 헌법소원의 청구인능력을 인정할 수 있다. 24 입시, 22 국가 7   O|X

0714-1 정당설립의 자유는 정당으로서의 명칭을 사용하고 정치활동을 하며 당헌에 따라 계속적인 조직을 두고 있는 등 등록정당에 준하는 권리능력 없는 사단의 실질을 가지고 있는 정치적 결사에게도 인정되는 기본권이다. 12 국회 8   O|X

0714-2 정당의 헌법소원청구인 능력은 「정당법」상의 등록요건을 구비함으로써 생기는 것이 아니고, 그 법적 성격이 권리능력 없는 사단이라는 점에서 인정되는 것이다. 13 지방 7   O|X

0714-3 「정당법」상 정당등록은 정당의 성립요건이자 존속요건이므로, 정당등록이 취소된 정당이 정당등록 요건을 다투기 위하여 청구한 헌법소원심판은 청구인능력이 없어 부적법하다. 23 변호사   O|X

0714-4 정당설립의 자유는 등록된 정당에게만 인정되는 기본권이므로 등록이 취소되어 권리능력 없는 사단의 실체만을 가지고 있는 정당에게는 인정되지 않는다. 23 경정, 22 국회 9, 18 경정   O|X

청구인(사회당)은 등록이 취소된 이후에도, 취소 전 사회당의 명칭을 사용하면서 대외적인 정치활동을 계속하고 있고, 대내외 조직 구성과 선거에 참여할 것을 전제로 하는 당헌과 대내적 최고의사결정기구로서 당대회와, 대표단 및 중앙위원회, 지역조직으로 시·도 위원회를 두는 등 계속적인 조직을 구비하고 있는 사실 등에 비추어 보면, 청구인은 등록이 취소된 이후에도 '등록정당'에 준하는 '권리능력 없는 사단'으로서의 실질을 유지하고 있다고 볼 수 있으므로 이 사건 헌법소원의 청구인능력을 인정할 수 있다. … 또한, 정당설립의 자유는 그 성질상 등록된 정당에게만 인정되는 기본권이 아니라 청구인과 같이 등록정당은 아니지만 권리능력 없는 사단의 실체를 가지고 있는 정당에게도 인정되는 기본권이라고 할 수 있고, … 심판청구의 이익을 인정할 수 있다(헌재 2006. 3. 30. 2004헌마246).

03 정당설립의 자유의 내용

0715 헌법 제8조 제1항 전단은 단지 정당설립의 자유만을 명시적으로 규정하고 있지만, 정당설립의 자유는 당연히 정당존속의 자유와 정당활동의 자유를 포함하는 것이다. 16 국회 9   O|X

0715-1 헌법 제8조 제1항 정당설립의 자유는 헌법 제8조 전체의 규정 속에서 유기적으로 해석되어야 한다. 헌법 제8조 제4항에서 정당해산제도를 규정하고 있으므로 정당설립의 자유에 정당존속의 자유와 정당활동의 자유가 당연히 포함된다고 할 수 없다. 22 국회 9   O|X

헌법 제8조 제1항은 정당설립의 자유만을 명시적으로 규정하고 있지만, 정당설립의 자유만이 아니라 누구나 국가의 간섭을 받지 아니하고 자유롭게 정당에 가입하고 정당으로부터 탈퇴할 수 있는 자유를 함께 보장한다. 정당의 설립만이 보장될 뿐 설립된 정당이 언제든지 다시 금지될 수 있거나 정당의 활동이 임의로 제한될 수 있다면, 정당설립의 자유는 사실상 아무런 의미가 없기 때문이다. 따라서 정당설립의 자유는 당연히 정당의 존속과 정당활동의 자유도 보장하는 것이다(헌재 2006. 3. 30. 2004헌마246).

정답 713. O   714. O   714-1. O   714-2. O   714-3. ×[등록 취소된 정당에게도 헌법소원심판의 청구인능력이 인정됨]   714-4. ×[등록취소된 정당에게도 인정됨]   715. O   715-1. ×[정당존속 및 활동의 자유 포함]

0716 정당의 명칭은 그 정당의 정책과 정치적 신념을 나타내는 대표적인 표지에 해당하므로, 정당설립의 자유는 자신들이 원하는 명칭을 사용하여 정당을 설립하거나 정당활동을 할 자유도 포함한다.
23 경찰 2차, 22 경채, 21 입시, 20 법원 9, 19 경정, 16 지방 7, 16 국회 9   O | X

헌법 제8조 제1항 전단은 단지 정당설립의 자유만을 명시적으로 규정하고 있지만, 정당의 설립만이 보장될 뿐 설립된 정당이 언제든지 해산될 수 있거나 정당의 활동이 임의로 제한될 수 있다면 정당설립의 자유는 사실상 아무런 의미가 없게 되므로, 정당설립의 자유는 당연히 정당존속의 자유와 정당활동의 자유를 포함하는 것이다. 한편, **정당의 명칭**은 그 정당의 정책과 정치적 신념을 나타내는 대표적인 표지에 해당하므로, **정당설립의 자유는 자신들이 원하는 명칭을 사용하여 정당을 설립하거나 정당활동을 할 자유도 포함**한다고 할 것이다(헌재 2014. 1. 28. 2012헌마431 등).

0717 헌법 제8조 제1항이 명시하는 정당설립의 자유는 설립할 정당의 조직형태를 어떠한 내용으로 할 것인가에 관한 정당조직 선택의 자유 및 그와 같이 선택된 조직을 결성할 자유를 포괄하는 '정당조직의 자유'를 포함한다. 19 경정   O | X

헌법 제8조 제1항이 명시하는 정당설립의 자유는 설립할 정당의 조직형태를 어떠한 내용으로 할 것인가에 관한 **정당조직 선택의 자유** 및 그와 같이 **선택된 조직을 결성할 자유를 포괄하는 '정당조직의 자유'를 포함**한다. … 헌법 제8조 제1항은 정당활동의 자유도 보장하고 있기 때문에 위 조항은 결국 **정당설립의 자유, 정당조직의 자유, 정당활동의 자유** 등을 포괄하는 **정당의 자유를 보장**하고 있다(헌재 2004. 12. 16. 2004헌마456).

0718 헌법 제8조 제1항이 명시하는 정당의 자유에는 정당설립의 자유, 정당조직의 자유, 정당활동의 자유 등이 포함된다. 18 입시   O | X

0718-1 헌법 제8조 제1항이 명시하는 정당설립의 자유는 설립할 정당의 조직형태를 어떠한 내용으로 할 것인지에 관한 정당조직 선택의 자유 및 그와 같이 선택된 조직을 결성할 자유를 포함하지만 정당활동의 자유는 포함하지 않는다. 22 입시   O | X

헌법 제8조 제1항이 명시하는 **정당설립의 자유는** 설립할 정당의 조직형태를 어떠한 내용으로 할 것인가에 관한 정당조직 선택의 자유 및 그와 같이 선택된 조직을 결성할 자유를 포괄하는 '**정당조직의 자유**'를 포함한다. … 헌법 제8조 제1항은 정당활동의 자유도 보장하고 있기 때문에 위 조항은 결국 **정당설립의 자유, 정당조직의 자유, 정당활동의 자유** 등을 포괄하는 **정당의 자유를 보장**하고 있다(헌재 2004. 12. 16. 2004헌마456).

0719 헌법 제8조 제1항 전단의 정당설립의 자유는 정당설립의 자유만이 아니라 누구나 국가의 간섭을 받지 아니하고 자유롭게 정당에 가입하고 정당으로부터 탈퇴할 수 있는 자유를 함께 보장한다. 21 법무사   O | X

헌법 제8조 제1항 전단의 정당설립의 자유는 **정당설립의 자유만**이 아니라 누구나 국가의 간섭을 받지 아니하고 자유롭게 **정당에 가입**하고 **정당으로부터 탈퇴할 수 있는 자유**를 함께 보장한다(헌재 2006. 3. 30. 2004헌마246).

정답 716. O 717. O 718. O 718-1. X [정당활동의 자유를 포함 O] 719. O

0720 정당의 자유는 개개인의 자유로운 정당설립 및 정당가입의 자유, 조직형식 내지 법형식 선택의 자유, 정당해산의 자유, 합당의 자유, 분당의 자유뿐만 아니라, 개인이 정당 일반 또는 특정 정당에 가입하지 아니할 자유, 가입했던 정당으로부터 탈퇴할 자유 등 소극적 자유도 포함한다. 19 입시 O | X

0720-1 헌법 제8조 제1항의 정당설립의 자유는 설립에 대응하는 정당해산의 자유, 합당의 자유, 분당의 자유도 포함한다. 10 국회 8 O | X

0720-2 정당설립의 자유는 개인이 정당 일반 또는 특정 정당에 가입하지 아니할 자유, 가입했던 정당으로부터 탈퇴할 자유 등 소극적 자유도 포함한다. 22 해간, 22 5급, 18 법무사, 17 입시 O | X

> 헌법 제8조 제1항 전단의 정당설립의 자유는 정당설립의 자유만이 아니라 누구나 국가의 간섭을 받지 아니하고 자유롭게 정당에 가입하고 정당으로부터 탈퇴할 수 있는 자유를 함께 보장한다. 구체적으로 **정당의 자유는 개개인의 자유로운 정당설립 및 정당가입의 자유, 조직형식 내지 법형식 선택의 자유를 포함한다.** 또한 정당설립의 자유는 설립에 대응하는 **정당해산의 자유, 합당의 자유, 분당의 자유도 포함한다.** 뿐만 아니라 정당설립의 자유는 개인이 **정당 일반 또는 특정 정당에 가입하지 아니할 자유, 가입했던 정당으로부터 탈퇴할 자유 등 소극적 자유도 포함한다**(헌재 2006. 3. 30. 2004헌마246).

04 정당설립의 자유의 제한

0721 정당은 그 목적·조직과 활동이 민주적이어야 하며, 국민의 정치적 의사형성에 참여하는데 필요한 조직을 가져야 한다. 20 5급, 18 법무사 O | X

0721-1 정당은 그 목적·조직과 활동 및 강령이 민주적이면 족하고, 국민의 정치적 의사형성에 참여하는데 필요한 조직을 반드시 가져야 하는 것은 아니다. 22 경정 O | X

> 헌법 제8조 ② 정당은 그 **목적·조직과 활동**이 **민주적**이어야 하며, **국민의 정치적 의사형성에 참여**하는데 필요한 **조직**을 가져야 한다.

0722 "정당은 그 목적·조직과 활동이 민주적이어야 하며, 국민의 정치적 의사형성에 참여하는데 필요한 조직을 가져야 한다"는 헌법 제8조 제2항은 정당에 대하여 정당의 자유의 한계를 부과함과 동시에 입법자에 대하여 그에 필요한 입법을 해야 할 의무를 부과하고 있으나, 정당의 자유의 헌법적 근거를 제공하는 근거규범으로서 기능하는 것은 아니다. 18 경정, 13 국가 7 O | X

0722-1 헌법 제8조 제2항에서 "정당은 그 목적·조직과 활동이 민주적이어야 하며, 국민의 정치적 의사형성에 참여하는데 필요한 조직을 가져야 한다."는 것은 정당조직의 자유를 직접적으로 규정한 것으로서, 정당의 자유의 헌법적 근거를 제공하는 근거규범으로서 기능한다. 19 경정 O | X

> 헌법 제8조제2항은 헌법 제8조제1항에 의하여 정당의 자유가 보장됨을 전제로 하여, 그러한 자유를 누리는 정당의 목적·조직·활동이 민주적이어야 한다는 요청, 그리고 그 조직이 국민의 정치적 의사형성에 참여하는데 필요한 조직이어야 한다는 요청을 내용으로 하는 것으로서, 정당에 대하여 **정당의 자유의 한계를 부과하는** 것임과 동시에 **입법자에 대하여 그에 필요한 입법을 해야 할 의무를 부과하고 있다.** 그러나 이에 나아가 정당의 자유의 헌법적 근거를 제공하는 근거규범으로서 기능한다고는 할 수 없다(헌재 2004. 12. 16. 2004헌마456).

정답 720. ○ 720-1. ○ 720-2. ○ 721. ○ 721-1. ×[강령 ×, 조직을 반드시 가져야 함] 722. ○ 722-1. ×[헌법 제8조 제2항: 정당의 자유의 근거 ×, 정당의 자유에 한계 부과 ○]

0723 입법자는 정당설립의 자유를 최대한 보장하는 방향으로 입법하여야 하고, 헌법재판소는 정당설립의 자유를 제한하는 법률의 합헌성을 심사할 때에 헌법 제37조 제2항에 따라 엄격한 비례심사를 하여야 한다. 23 경정, 18 지방 7, 17 지방 7, 18 5급 O|X

0723-1 헌법재판소가 정당설립의 자유를 제한하는 법률의 합헌성을 심사하는 경우 제도보장의 법리에 따라 합리성 기준에 따른 심사를 하여야 한다. 14 국회 8 O|X

> 오늘날 대의민주주의에서 차지하는 정당의 이러한 의의와 기능을 고려하여, 헌법 제8조 제1항은 국민 누구나가 원칙적으로 국가의 간섭을 받지 아니하고 정당을 설립할 권리를 기본권으로 보장함과 아울러 복수정당제를 제도적으로 보장하고 있다. 따라서 **입법자는 정당설립의 자유를 최대한 보장하는 방향으로 입법**하여야 하고, 헌법재판소는 정당설립의 자유를 제한하는 법률의 합헌성을 심사할 때에 **헌법 제37조 제2항에 따라 엄격한 비례심사를 하여야 한다**(헌재 2014. 1. 28. 2012헌마431 등).

05 정당허가제와 설립금지의 금지

0724 정당설립에 대한 국가의 간섭은 원칙적으로 허용되지 아니하며, 입법자가 정당설립에 대해 형식적 요건을 설정하는 것은 금지된다. 13 법원 9 O|X

0724-1 정당설립은 자유이므로, 법률로써 정당설립을 허가제로 하는 것은 절대 허용되지 아니한다. 10 지방 7 O|X

> 입법자가 정당으로 하여금 헌법상 부여된 기능을 이행하도록 하기 위하여 그에 필요한 절차적·형식적 요건을 규정함으로써 정당의 자유를 구체적으로 형성하고 동시에 제한하는 경우를 제외한다면, **정당설립에 대한 국가의 간섭이나 침해는 원칙적으로 허용되지 아니한다**. 이는 곧 입법자가 정당설립과 관련하여 **형식적 요건**을 설정할 수는 있으나(「정당법」 제16조), 일정한 내용적 요건을 구비해야만 정당을 설립할 수 있다는 소위 '**허가절차**'는 **헌법적으로 허용되지 아니한다**는 것을 뜻한다(헌재 1999. 12. 23. 99헌마135).

0725 민주적 의사형성과정의 개방성을 보장하기 위하여 정당설립의 자유를 최대한으로 보호하려는 헌법 제8조의 정신에 비추어, 정당의 설립 및 가입을 금지하는 법률조항은 이를 정당화하는 사유의 중대성에 있어서 적어도 '민주적 기본질서에 대한 위반'에 버금가는 것이어야 한다. 14 변호사 O|X

> 민주적 의사형성과정의 개방성을 보장하기 위하여 정당설립의 자유를 최대한으로 보호하려는 헌법 제8조의 정신에 비추어, **정당의 설립 및 가입을 금지하는 법률조항**은 이를 정당화하는 사유의 중대성에 있어서 적어도 '**민주적 기본질서에 대한 위반**'에 **버금가는 것이어야** 한다고 판단된다(헌재 1999. 12. 23. 99헌마135).

0726 '위헌적인 정당을 금지해야 할 공익'도 정당설립의 자유에 대한 입법적 제한을 정당화하지 못하도록 규정한 것이 헌법의 객관적인 의사라면, 입법자가 그 외의 공익적 고려에 의하여 정당설립금지조항을 도입하는 것은 원칙적으로 헌법에 위반된다. 15 국회 8 O|X

> 오늘날의 의회민주주의가 정당의 존재없이는 기능할 수 없다는 점에서 심지어 '**위헌적인 정당을 금지해야 할 공익**'도 정당설립의 자유에 대한 입법적 제한을 정당화하지 못하도록 규정한 것이 헌법의 객관적인 의사라면, **입법자가 그외의 공익적 고려**에 의하여 **정당설립금지조항을 도입**하는 것은 **원칙적으로 헌법에 위반된다**(헌재 1999. 12. 23. 99헌마135).

정답 723. O 723-1. X [엄격한 비례심사를 하여야 함] 724. X [정당설립에 대한 절차적·형식적 요건 규정은 허용됨] 724-1. O 725. O 726. O

POINT 050　정당등록·취소

01 정당의 등록과 합당

0727 정당의 창당준비위원회는 중앙당의 경우에는 200명 이상의, 시·도당의 경우에는 100명 이상의 발기인으로 구성한다. 19 국가 7　　O | X

> **정당법 제6조(발기인)** 창당준비위원회는 **중앙당**의 경우에는 **200명 이상**의, **시·도당**의 경우에는 **100명 이상**의 **발기인**으로 구성한다.

0728 정당은 5 이상의 시·도당을 가져야 하며, 시·도당은 1천인 이상의 당원을 가져야 한다. 21 국회 8　　O | X

0728-1 정당은 수도에 소재하는 중앙당과 특별시·광역시·도에 각각 소재하는 시·도당(이하 '시·도당'이라 한다)으로 구성하는데 정당은 5 이상의 시·도당을 가져야 하고 시·도당은 2천인 이상의 당원을 가져야 한다. 18 법원 9　　O | X

> **정당법 제3조(구성)** 정당은 수도에 소재하는 **중앙당**과 특별시·광역시·도에 각각 소재하는 **시·도당**(이하 "시·도당"이라 한다)으로 구성한다.
> **정당법 제17조(법정시·도당수)** 정당은 **5 이상의 시·도당**을 가져야 한다.
> **정당법 제18조(시·도당의 법정당원수)** ① 시·도당은 **1천인 이상의 당원**을 가져야 한다.

0729 등록신청을 받은 관할 선거관리위원회는 형식적 요건을 구비하는 한 이를 거부하지 못한다. 다만, 형식적 요건을 구비하지 못한 때에는 상당한 기간을 정하여 그 보완을 명하고, 2회 이상 보완을 명하여도 응하지 아니할 때에는 그 신청을 각하할 수 있다. 23 국회 8　　O | X

> **정당법 제15조(등록신청의 심사)** **등록신청**을 받은 관할 선거관리위원회는 **형식적 요건**을 구비하는 한 이를 **거부하지 못한다.** 다만, **형식적 요건**을 **구비하지 못한 때**에는 상당한 **기간**을 정하여 그 **보완**을 명하고, **2회 이상 보완**을 명하여도 응하지 아니할 때에는 그 신청을 **각하할 수 있다.**

0730 정당의 등록요건으로 '5 이상의 시·도당과 각 시·도당 1천인 이상의 당원'을 요구하는 것은 국민의 정당설립의 자유에 어느 정도 제한을 가하지만, 이러한 제한은 '상당한 기간 또는 계속해서', '상당한 지역에서' 국민의 정치적 의사형성과정에 참여해야 한다는 정당의 개념표지를 구현하기 위한 합리적인 제한이다. 18 변호사　　O | X

0730-1 정당의 등록요건으로서 5개 이상의 시·도당 및 각 시·도당마다 1,000명 이상의 당원을 갖출 것을 요구하는 것은 정당설립의 자유를 침해하기 때문에 위헌이다. 15 법원 9　　O | X

0730-2 정당의 시·도당은 1천인 이상의 당원을 가져야 한다고 규정한 「정당법」 조항은 과잉금지원칙에 위배되어 정당 조직 및 활동의 자유를 침해한다. 23 국회 8　　O | X

◆ **정답** 727. O　728. O　728-1. X [시·도당은 1천인 이상 당원 가져야 함]　729. O　730. O　730-1. X [정당설립의 자유 침해 X]
730-2. X [정당 조직 및 활동의 자유 침해 X]

이 사건 법률조항이 비록 정당으로 등록되기에 필요한 요건으로서 5개 이상의 시·도당 및 각 시·도당마다 1,000명 이상의 당원을 갖출 것을 요구하고 있기 때문에 국민의 **정당설립의 자유에 어느 정도 제한**을 가하는 점이 있는 것은 사실이나, 이러한 제한은 "**상당한 기간 또는 계속해서**", "**상당한 지역에서**" 국민의 정치적 의사형성 과정에 참여해야 한다는 헌법상 정당의 개념표지를 구현하기 위한 **합리적인 제한**이라고 할 것이므로, 그러한 제한은 **헌법적으로 정당화된다**고 할 것이다(헌재 2006. 3. 30. 2004헌마246).

0731 정당의 조직 중 기존의 지구당과 당연락소를 강제적으로 폐지하고 이후 지구당을 설립하거나 당연락소를 설치하는 것을 금지하는 규정은 정당조직의 자유 및 정당활동의 자유를 제한하는 것으로서 정당의 자유의 본질적 내용을 침해한다. 18 국가 7   O│X

정당의 조직 중 기존의 **지구당과 당연락소를 강제적으로 폐지**하고 이후 **지구당을 설립하거나 당연락소를 설치하는 것을 금지**하는 것은 정당으로 하여금 그 핵심적인 기능과 임무를 전혀 수행하지 못하도록 하거나 이를 수행하더라도 전혀 비민주적인 과정을 통할 수밖에 없도록 하는 것이라면 정당의 자유의 본질적 내용을 침해하는 것이 되지만, **지구당이나 당연락소가 없더라도** 이러한 기능과 임무를 수행하는 것이 불가능하지 아니하고 특히 교통, 통신, 대중매체가 발달한 오늘날 지구당의 통로로서의 의미가 상당부분 완화되었기 때문에, **본질적 내용을 침해한다고 할 수 없다**(헌재 2004. 12. 16. 2004헌마456).

0732 정당의 시·도당 하부조직의 운영을 위하여 당원협의회 등의 사무소를 두는 것을 금지한 「정당법」 조항은 고비용 저효율의 정당구조를 개선하기 위한 것으로 정당활동의 자유를 침해하지 않는다. 21 입시   O│X

정당의 시·도당 하부조직의 운영을 위하여 당원협의회 등의 **사무소를 두는 것을 금지**한 정당법 제37조 제3항은 **임의기구인 당원협의회를 둘 수 있도록 하되**, 과거 지구당 제도의 폐해가 되풀이되는 것을 방지하고 고비용 저효율의 정당구조를 개선하기 위해 **사무소를 설치할 수 없도록 하는 것**이므로 그 입법목적은 정당하고, 수단의 적절성도 인정된다. … 심판대상조항으로 인해 침해되는 사익은 당원협의회 사무소를 설치하지 못하는 불이익에 불과한 반면, 심판대상조항이 달성하고자 하는 고비용 저효율의 정당구조 개선이라는 공익은 위와 같은 불이익에 비하여 결코 작다고 할 수 없어 심판대상조항은 법익균형성도 충족되었다. 따라서 심판대상조항은 제청신청인의 **정당활동의 자유를 침해하지 아니한다**(헌재 2016. 3. 31. 2013헌가22).

0733 정당이 새로운 당명으로 합당하거나 다른 정당에 합당될 때에는 합당을 하는 정당들의 대의기관이나 그 수임기관의 합동회의의 결의로써 합당할 수 있다. 20 지방 7   O│X

정당법 제19조(합당) ① 정당이 새로운 당명으로 합당(이하 "**신설합당**"이라 한다)하거나 다른 정당에 합당(이하 "**흡수합당**"이라 한다)될 때에는 합당을 하는 정당들의 **대의기관이나** 그 **수임기관의 합동회의의 결의로써** 합당할 수 있다.

02 정당의 등록취소와 자진해산

0734 정당이 최근 4년간 임기만료에 의한 국회의원선거 또는 임기만료에 의한 지방자치단체의 장선거나 시·도의회의원선거에 참여하지 아니한 때에는 당해 선거관리위원회는 그 등록을 취소한다.
22 5급, 21 국회 8, 13 법원 9   O│X

0734-1 공직선거 참여 여부는 정당의 등록취소와는 상관없으나, 공직선거에 참여하지 않은 정당은 국고보조금을 배분받지 못한다. 17 경정   O│X

정답 731. ✕[정당의 자유의 본질적 내용 침해 ✕]   732. ○   733. ○   734. ○   734-1. ✕[최근 4년간 선거불참 시 정당 등록 취소]

> **정당법 제44조(등록의 취소)** ① 정당이 다음 각 호의 어느 하나에 해당하는 때에는 당해 선거관리위원회는 그 **등록을 취소**한다.
> 1. 제17조(**법정시·도당수**) 및 제18조(**시·도당의 법정당원수**)의 요건을 구비하지 못하게 된 때. 다만, 요건의 흠결이 공직선거의 선거일 전 3월 이내에 생긴 때에는 선거일 후 3월까지, 그 외의 경우에는 요건흠결시부터 3월까지 그 취소를 유예한다.
> 2. **최근 4년간** 임기만료에 의한 **국회의원선거** 또는 임기만료에 의한 **지방자치단체의 장선거나 시·도의회의원선거**에 참여하지 아니한 때

0735 임기만료에 의한 국회의원선거에 참여하여 의석을 얻지 못하고 유효투표총수의 100분의 2 이상을 득표하지 못한 때 정당의 등록을 취소하도록 규정한 것은 과잉금지원칙에 위반되어 정당설립의 자유를 침해하는 것이다. 22 국회 9, 18 변호사   O | X

0735-1 국회의원선거에 참여하여 의석을 얻지 못하고 유효투표총수의 100분의 2 이상을 득표하지 못한 정당에 대해 그 등록을 취소하도록 하는 「정당법」 조항은 정당설립의 자유를 침해하는 것은 아니다. 16 국회 9, 16 법무사   O | X

정당등록취소조항은 어느 정당이 대통령선거나 지방자치선거에서 아무리 좋은 성과를 올리더라도 국회의원선거에서 일정 수준의 지지를 얻는 데 실패하면 등록이 취소될 수밖에 없어 불합리하고, 신생·군소정당으로 하여금 국회의원선거에의 참여 자체를 포기하게 할 우려도 있어 법익의 균형성 요건도 갖추지 못하였다. 따라서 정당등록취소조항은 **과잉금지원칙에 위반**되어 청구인들의 **정당설립의 자유를 침해한다**(헌재 2014. 1. 28. 2012헌마431 등).

0736 헌법 제8조 제1항의 정당설립의 자유와 헌법 제8조 제4항의 입법취지를 고려하여 볼 때, 단지 일정 수준의 정치적 지지를 얻지 못한 군소정당이라는 이유만으로 정당을 국민의 정치적 의사형성과정에서 배제하기 위한 입법은 헌법상 허용될 수 없다. 19 입시   O | X

헌법 제8조 제1항의 정당설립의 자유와 헌법 제8조 제4항의 입법취지를 고려하여 볼 때, 입법자가 정당으로 하여금 헌법상 부여된 기능을 이행하도록 하기 위하여 그에 필요한 절차적·형식적 요건을 규정함으로써 정당설립의 자유를 구체적으로 형성하고 동시에 제한하는 경우를 제외한다면 정당설립에 대한 국가의 간섭이나 침해는 원칙적으로 허용되지 않는다. 따라서 단지 국민으로부터 일정 수준의 정치적 지지를 얻지 못한 **군소정당**이라는 이유만으로 **정당을 국민의 정치적 의사형성과정에서 배제하기 위한 입법은 헌법상 허용될 수 없다**(헌재 2014. 1. 28. 2012헌마431 등).

0737 「정당법」 규정에 의하여 등록취소된 정당의 명칭과 같은 명칭은 정당의 명칭으로 다시 사용하지 못한다. 12 국회 8   O | X

0737-1 위헌정당으로 강제해산된 경우와 달리 등록이 취소된 경우에는 정당의 명칭을 곧바로 다시 사용할 수 있다. 13 서울 7   O | X

> **정당법 제41조(유사명칭 등의 사용금지)** ④ 제44조제1항의 규정에 의하여 **등록취소된 정당의 명칭과 같은 명칭**은 등록취소된 날부터 최초로 실시하는 임기만료에 의한 **국회의원선거의 선거일까지 정당의 명칭**으로 사용할 수 없다.

> 🔖 **보충설명** 등록취소된 정당의 명칭은 다음 국회의원 선거일까지만 사용할 수 없고, 선거일 이후에는 사용할 수 있다.

정답 735. O   735-1. X [정당설립의 자유를 침해 O]   736. O   737. X [다음 총선 이후 사용 가능]   737-1. X [곧바로 X → 다음 총선 이후 사용 가능]

0738 국회의원선거에서 의석을 얻지 못하고 유효투표총수의 100분의 2 이상도 득표하지 못하여 등록취소된 정당 및 헌법재판소의 결정에 의하여 해산된 정당의 명칭과 같은 명칭은 정당의 명칭으로 다시 사용하지 못한다. 20 경정 O|X

0738-1 정당등록취소조항에 의하여 등록취소된 정당의 명칭과 같은 명칭을 등록취소된 날부터 최초로 실시하는 임기만료에 의한 국회의원선거의 선거일까지 정당의 명칭으로 사용할 수 없도록 한 「정당법」 조항은 정당활동과 무관하여 정당설립의 자유를 침해하지 않는다. 21 소간 O|X

> **정당등록취소조항**은 입법목적의 정당성과 수단의 적합성이 인정될 수 있지만 침해의 최소성과 법익의 균형성이 인정되지 않으므로 과잉금지원칙에 위배되어 청구인들의 **정당설립의 자유를 침해한다**. **정당명칭사용금지조항**은 **정당등록취소조항**에 의하여 등록이 취소된 정당의 명칭을 등록취소된 날부터 최초로 실시하는 임기만료에 의한 국회의원선거의 선거일까지 정당의 명칭으로 사용할 수 없게 하는 조항인바, 이는 앞서 본 **정당등록취소조항을 전제**로 하고 있으므로 같은 이유에서 **정당설립의 자유를 침해**한다고 할 것이다(헌재 2014. 1. 28. 2012헌마431 등).

> 🔖 **보충설명** 임기만료에 의한 국회의원선거에 참여하여 의석을 얻지 못하고 유효투표총수의 100분의 2 이상을 득표하지 못한 때 정당의 등록을 취소하는 정당등록취소조항은 정당설립의 자유를 침해하고, 이와 같은 정당등록취소조항에 의하여 등록취소된 정당의 명칭과 같은 명칭을 등록취소된 날부터 최초로 실시하는 임기만료에 의한 국회의원선거의 선거일까지 정당의 명칭으로 사용할 수 없도록 한 정당명칭사용금지 조항 부분도 정당설립의 자유를 침해한다는 입장이다.

0739 정당은 그 대의기관의 결의로써 해산할 수 있으며, 정당이 해산한 때에는 그 대표자는 지체 없이 그 뜻을 국회에 신고하여야 한다. 19 국가 7, 18 지방 7 O|X

> **정당법 제45조(자진해산)** ① 정당은 **그 대의기관의 결의로써 해산**할 수 있다.
> ② 제1항의 규정에 의하여 **정당이 해산한 때에는** 그 대표자는 지체 없이 그 뜻을 **관할 선거관리위원회에 신고**하여야 한다.

0740 등록이 취소된 정당과 자진해산한 정당의 잔여재산은 당헌이 정하는 바에 따라 처분한다. 24 경정 O|X

0740-1 등록이 취소되거나 자진해산한 정당의 잔여재산 및 헌법재판소의 해산결정에 의하여 해산된 정당의 잔여재산은 국고에 귀속한다. 23 국회 8 O|X

0740-2 위헌정당으로 제소된 정당이 헌법재판소의 종국 결정전에 자진해산하였다 하더라도 그 잔여재산은 「정당법」에 따라 국고에 귀속된다. 15 국회 8 O|X

> **정당법 제48조(해산된 경우 등의 잔여재산 처분)** ① 정당이 제44조제1항의 규정에 의하여 **등록이 취소**되거나 제45조의 규정에 의하여 **자진해산**한 때에는 그 **잔여재산은 당헌이 정하는 바에 따라 처분**한다.
> ② 제1항의 규정에 의하여 **처분되지 아니한 정당의 잔여재산 및 헌법재판소의 해산결정에 의하여 해산된 정당의 잔여재산은 국고에 귀속**한다.

> 🔖 **보충설명** 우선 당헌이 정하는 바에 따라 처분하고, 처분되지 아니한 잔여재산은 국고에 귀속한다.

정답 738. X [정당등록취소조항에 의한 정당명칭사용금지 : 위헌] 738-1. X [정당설립의 자유 침해 O] 739. X [국회 X → 관할 선관위 O]
740. O 740-1. X [등록 취소 or 자진해산 시 우선 당헌에 따라 처분함] 740-2. X [당헌에 따라 처분 후 국고 귀속 순서임]

POINT 051 정당의 당원

01 정당의 당원

0741 18세 미만의 국민은 정당의 발기인 및 당원이 될 수 없다. 23 국회 8   O│X

> **정당법 제22조(발기인 및 당원의 자격)** ① **16세 이상의 국민**은 공무원 그 밖에 그 신분을 이유로 정당가입이나 정치활동을 금지하는 다른 법령의 규정에 불구하고 누구든지 **정당의 발기인 및 당원**이 될 수 있다. 다만, 다음 각 호의 어느 하나에 해당하는 자는 그러하지 아니하다.

0742 주 미국 대한민국 대사는 현행법상 정당의 당원이 될 수 없다. 15 국회 9   O│X

0742-1 지방법원 판사는 현행법상 정당의 당원이 될 수 없다. 15 국회 9   O│X

> **정당법 제22조(발기인 및 당원의 자격)** ① **16세 이상의 국민**은 공무원 그 밖에 그 신분을 이유로 정당가입이나 정치활동을 금지하는 다른 법령의 규정에 불구하고 누구든지 **정당의 발기인 및 당원**이 될 수 있다. 다만, 다음 각 호의 어느 하나에 해당하는 자는 그러하지 아니하다.
> 1. 「국가공무원법」 제2조(공무원의 구분) 또는 「지방공무원법」 제2조(공무원의 구분)에 규정된 **공무원**. 다만, **대통령, 국무총리, 국무위원, 국회의원, 지방의회의원**, 선거에 의하여 취임하는 **지방자치단체의 장**, 국회 부의장의 수석비서관·비서관·비서·행정보조요원, 국회 상임위원회·예산결산특별위원회·윤리특별위원회 위원장의 행정보조요원, 국회의원의 보좌관·비서관·비서, 국회 교섭단체대표의원의 행정비서관, 국회 교섭단체의 정책연구위원·행정보조요원과 **「고등교육법」** 제14조(교직원의 구분)제1항·제2항에 따른 **교원은 제외한다.**

0743 직업공무원의 정치적 중립성을 확보하기 위해 국·공립학교의 초·중등교원의 정당가입은 금지된다. 23 국회 9   O│X

국·공립학교의 초·중등교원은 공무원이므로 정당가입이 금지된다.

> **정당법 제22조(발기인 및 당원의 자격)** ① **16세 이상의 국민**은 공무원 그 밖에 그 신분을 이유로 정당가입이나 정치활동을 금지하는 다른 법령의 규정에 불구하고 **누구든지** 정당의 발기인 및 당원이 될 수 있다. 다만, 다음 각 호의 어느 하나에 해당하는 자는 **그러하지 아니하다.**
> 1. 「국가공무원법」 제2조(공무원의 구분) 또는 「지방공무원법」 제2조(공무원의 구분)에 규정된 **공무원**. 다만, 대통령, 국무총리, 국무위원, 국회의원, 지방의회의원, 선거에 의하여 취임하는 지방자치단체의 장, 국회 부의장의 수석비서관·비서관·비서·행정보조요원, 국회 상임위원회·예산결산특별위원회·윤리특별위원회 위원장의 행정보조요원, 국회의원의 보좌관·비서관·비서, 국회 교섭단체대표의원의 행정비서관, 국회 교섭단체의 정책연구위원·행정보조요원과 「고등교육법」 제14조(교직원의 구분)제1항·제2항에 따른 교원은 제외한다.
> 2. 「고등교육법」 제14조제1항·제2항에 따른 교원을 제외한 **사립학교의 교원**

정답 741. X [18세 미만 X → 16세 미만 O]   742. O   742-1. O   743. O

0744 공무원은 정당의 발기인 및 당원이 될 수 없으나, 예외적으로 대통령, 국무총리, 국무위원, 국회의원, 지방의회의원, 선거에 의하여 취임하는 지방자치단체의 장이나 교육감에게는 이를 허용하고 있다. 23 법무사 ○|×

0744-1 국무총리는 현행법상 정당의 당원이 될 수 없다. 15 국회 9 ○|×

0744-2 국무위원은 현행법상 정당의 당원이 될 수 없다. 18 법원 9 ○|×

교육감은 정당의 발기인 및 당원이 될 수 없다.

> **정당법 제22조(발기인 및 당원의 자격)** ① **16세 이상의 국민**은 공무원 그 밖에 그 신분을 이유로 정당가입이나 정치활동을 금지하는 다른 법령의 규정에 불구하고 누구든지 **정당의 발기인 및 당원**이 될 수 있다. 다만, 다음 각 호의 어느 하나에 해당하는 자는 그러하지 아니하다.
> 1. 「국가공무원법」제2조(공무원의 구분) 또는 「지방공무원법」제2조(공무원의 구분)에 규정된 **공무원**. 다만, **대통령, 국무총리, 국무위원, 국회의원, 지방의회의원**, 선거에 의하여 취임하는 **지방자치단체의 장**, 국회 부의장의 수석비서관·비서관·비서·행정보조요원, 국회 상임위원회·예산결산특별위원회·윤리특별위원회 위원장의 행정보조요원, 국회의원의 보좌관·비서관·비서, 국회 교섭단체대표의원의 행정비서관, 국회 교섭단체의 정책연구위원·행정보조요원과 **고등교육법** 제14조(교직원의 구분)제1항·제2항에 따른 **교원**은 **제외한다**.

0745 국립대학 교수는 현행법상 정당의 당원이 될 수 없다. 18 법원 9, 15 국회 9 ○|×

> **정당법 제22조(발기인 및 당원의 자격)** ① **16세 이상의 국민**은 공무원 그 밖에 그 신분을 이유로 정당가입이나 정치활동을 금지하는 다른 법령의 규정에 불구하고 누구든지 **정당의 발기인 및 당원**이 될 수 있다. 다만, 다음 각 호의 어느 하나에 해당하는 자는 그러하지 아니하다.
> 1. 「국가공무원법」제2조(공무원의 구분) 또는 「지방공무원법」제2조(공무원의 구분)에 규정된 **공무원**. 다만, **대통령, 국무총리, 국무위원, 국회의원, 지방의회의원**, 선거에 의하여 취임하는 **지방자치단체의 장**, 국회 부의장의 수석비서관·비서관·비서·행정보조요원, 국회 상임위원회·예산결산특별위원회·윤리특별위원회 위원장의 행정보조요원, 국회의원의 보좌관·비서관·비서, 국회 교섭단체대표의원의 행정비서관, 국회 교섭단체의 정책연구위원·행정보조요원과 **고등교육법** 제14조(교직원의 구분)제1항·제2항에 따른 **교원**은 **제외한다**.

0746 사립대학교 교수는 현행법상 정당의 당원이 될 수 없다. 18 법원 9 ○|×

0746-1 사립대학 총장은 현행법상 정당의 당원이 될 수 없다. 15 국회 9 ○|×

> **정당법 제22조(발기인 및 당원의 자격)** ① **16세 이상의 국민**은 공무원 그 밖에 그 신분을 이유로 정당가입이나 정치활동을 금지하는 다른 법령의 규정에 불구하고 누구든지 **정당의 발기인 및 당원**이 될 수 있다. 다만, 다음 각 호의 어느 하나에 해당하는 자는 그러하지 아니하다.
> 2. **고등교육법** 제14조제1항·제2항에 따른 **교원을 제외한 사립학교의 교원**

0747 사립중학교 교사는 현행법상 정당의 당원이 될 수 없다. 18 법원 9, 15 국회 9 ○|×

◆ 정답 744. ×[교육감 제외]   744-1. ×[당원이 될 수 있음]   744-2. ×[당원이 될 수 있음]   745. ×[당원이 될 수 있음]   746. ×[당원이 될 수 있음]   746-1. ×[당원이 될 수 있음]   747. ○

> 정당법 제22조(발기인 및 당원의 자격) ① 16세 이상의 국민은 공무원 그 밖에 그 신분을 이유로 정당가입이나 정치활동을 금지하는 다른 법령의 규정에 불구하고 누구든지 정당의 발기인 및 당원이 될 수 있다. 다만, 다음 각 호의 어느 하나에 해당하는 자는 그러하지 아니하다.
> 2. 「고등교육법」 제14조제1항·제2항에 따른 교원을 제외한 사립학교의 교원

0748 「공직선거법」상 법원의 판결에 의하여 선거일 현재 선거권이 정지된 18세 국민이라도 「정당법」에 따른 정당의 발기인은 될 수 있다. 22 해간, 22 5급   O│X

「공직선거법」상 법원의 판결에 의하여 선거일 현재 선거권이 정지된 자는 「정당법」에 따른 정당의 발기인은 될 수 없다.

> 정당법 제22조(발기인 및 당원의 자격) ① 16세 이상의 국민은 공무원 그 밖에 그 신분을 이유로 정당가입이나 정치활동을 금지하는 다른 법령의 규정에 불구하고 누구든지 정당의 발기인 및 당원이 될 수 있다. 다만, 다음 각 호의 어느 하나에 해당하는 자는 그러하지 아니하다.
> 4. 「공직선거법」 제18조(선거권이 없는 자)제1항에 따른 선거권이 없는 사람
> 공직선거법 제18조(선거권이 없는 자) ① 선거일 현재 다음 각 호의 어느 하나에 해당하는 사람은 선거권이 없다.
> 4. 법원의 판결 또는 다른 법률에 의하여 선거권이 정지 또는 상실된 자

0749 대한민국 국민이 아닌 자는 당원이 될 수 없다. 13 국가 7   O│X

0749-1 정당의 발기인과 당원이 될 수 있는 자격은 동일하며, 대한민국 국민이 아닌 자도 당원이 될 수 있다. 16 지방 7   O│X

0749-2 외국인인 사립대학의 교원은 정당의 발기인이나 당원이 될 수 있다. 22 입시, 18 변호사   O│X

> 정당법 제22조(발기인 및 당원의 자격) ② 대한민국 국민이 아닌 자는 당원이 될 수 없다.

0750 대한민국 국민이 아닌 자는 정당의 당원이 될 수 없으며, 누구든지 2 이상의 정당의 당원이 되지 못한다. 23 경찰 2차   O│X

> 정당법 제22조(발기인 및 당원의 자격) ② 대한민국 국민이 아닌 자는 당원이 될 수 없다.
> 정당법 제42조(강제입당 등의 금지) ② 누구든지 2 이상의 정당의 당원이 되지 못한다.

0751 "누구든지 2 이상의 정당의 당원이 되지 못한다."라고 규정하고 있는 「정당법」 조항은 정당의 정체성을 보존하고 정당 간의 위법·부당한 간섭을 방지함으로써 정당정치를 보호·육성하기 위한 것으로서, 정당 당원의 정당 가입·활동의 자유를 침해한다고 할 수 없다. 23 국가 7   O│X

0751-1 복수당적 보유를 금지하는 「정당법」 조항은 과잉금지원칙에 위배되어 정당 가입 및 활동의 자유를 침해한다. 23 국회 8   O│X

정답 748. X [선거권 정지된 자 불가]   749. O   749-1. X [당원이 될 수 없음]   749-2. X [외국인은 당원·발기인이 될 수 없음]   750. O   751. O   751-1. X [정당 가입 및 활동의 자유 침해 X]

심판대상조항은 정당의 정체성을 보존하고 정당 간의 위법·부당한 간섭을 방지함으로써 정당정치를 보호·육성하기 위한 것으로 볼 수 있다. 이러한 입법목적은 국민의 정치적 의사형성에 중대한 영향을 미치는 정당의 헌법적 기능을 보호하기 위한 것으로 정당하고, 복수 당적 보유를 금지하는 것은 입법목적 달성을 위한 적합한 수단에 해당한다. … 따라서 심판대상조항이 정당의 당원인 청구인들의 **정당 가입·활동의 자유를 침해한다고 할 수 없다**(헌재 2022. 3. 31. 2020헌마1729).

02 관련판례

0752 검찰총장 퇴임 후 2년 이내에는 모든 공직에의 임명을 금지하는 것은 공무담임권을 침해하는 것이다.
12 국회 9   O | X

0752-1 퇴직한 검찰총장은 현행법상 정당의 당원이 될 수 없다. 18 법원 9, 15 국회 9   O | X

(1) 「검찰청법」 제12조제4항은 검찰총장 퇴임후 2년 이내에는 법무부장관과 내무부장관직 뿐만 아니라 모든 공직에의 임명을 금지하고 있으므로 심지어 국·공립대학교 총·학장, 교수 등 학교의 경영과 학문연구직에의 임명도 받을 수 없게 되어 있다. 그 입법목적에 비추어 보면 그 제한은 필요 최소한의 범위를 크게 벗어나 **직업선택의 자유와 공무담임권을 침해**하는 것으로서 헌법상 허용될 수 없다(헌재 1997. 7. 16. 97헌마26).

(2) 검찰총장 퇴직후 일정기간 동안 **정당의 발기인이나 당원이 될 수 없도록 하는** 검찰청법 제12조 제5항, 부칙 제2항은 과거의 특정신분만을 이유로 한 개별적 기본권제한으로서 그 차별의 합리성을 인정하기 어렵고, 검찰권 행사의 정치적 중립이라는 입법목적을 얼마나 달성할 수 있을지 그 효과에 있어서도 의심스러우므로, 결국 검찰총장에서 퇴직한지 2년이 지나지 아니한 자의 **정치적 결사의 자유**와 참정권(선거권과 피선거권) 등 우월적 지위를 갖는 기본권을 **과잉금지원칙에 위반되어 침해**하고 있다고 아니 할 수 없다(헌재 1997. 7. 16. 97헌마26).

0753 경찰청장이 퇴직일로부터 2년 이내에는 정당의 발기인이 되거나 당원이 될 수 없도록 하는 것은 헌법의 정당설립 및 가입의 자유를 침해한다. 13 변호사, 11 법원 9   O | X

0753-1 경찰청장 퇴임 후 2년 간 정당의 발기인이 되거나 당원이 될 수 없도록 한 것이 정당설립 및 가입의 자유를 침해하였다고 볼 수 없다. 23 해경   O | X

0753-2 경찰청장으로 하여금 퇴직 후 2년간 정당의 설립과 가입을 금지하는 것은 경찰청장의 정당설립의 자유와 피선거권 및 직업의 자유를 침해하는 것이다. 19 국가 7   O | X

(1) 경찰청장이 퇴임후 공직선거에 입후보하는 경우 당적취득금지의 형태로써 정당의 추천을 배제하고자 하는 이 사건 법률조항이 어느 정도로 입법목적인 '경찰청장 직무의 정치적 중립성'을 확보할 수 있을지 그 실효성이 의문시된다. 따라서 이 사건 법률조항은 정당의 자유를 제한함에 있어서 갖추어야 할 적합성의 엄격한 요건을 충족시키지 못한 것으로 판단되므로 이 사건 법률조항은 **정당설립 및 가입의 자유를 침해**하는 조항이다(헌재 1999. 12. 23. 99헌마135).

(2) 경찰청장으로 하여금 퇴직 후 2년간 정당의 설립과 가입을 금지하는 이 사건 법률조항은, '누구나 국가의 간섭을 받지 아니하고 자유롭게 정당을 설립하고 가입할 수 있는 자유'를 국민의 기본권으로서 보장하는 **'정당의 자유'(헌법 제8조 제1항 및 제21조 제1항)를 제한하는 규정이다**(헌재 1999. 12. 23. 99헌마135).

(3) 피선거권에 대한 제한은 이 사건 법률조항이 가져오는 간접적이고 부수적인 효과에 지나지 아니하므로 헌법 제25조의 **공무담임권(피선거권)**은 이 사건 법률조항에 의하여 제한되는 청구인들의 기본권이 아니다. 또한 청구인들은 직업의 자유도 침해되었다고 주장하나, 공무원직에 관한 한 공무담임권은 직업의 자유에 우선하여 적용되는 특별법적 규정이고, 위에서 밝힌 바와 같이 공무담임권(피선거권)은 이 사건 법률조항에 의하여 제한되는 청구인들의 기본권이 아니므로, **직업의 자유** 또한 이 사건 법률조항에 의하여 **제한되는 기본권으로서 고려되지 아니한다**(헌재 1999. 12. 23. 99헌마135).

🔍 **보충설명** 경찰청장의 정당설립의 자유는 침해하나 피선거권 및 직업의 자유는 제한되는 기본권이 아니다.

정답 752. O   752-1. X [당원이 될 수 있음]   753. O   753-1. X [정당 설립 및 가입의 자유 침해함]   753-2. X [피선거권, 직업의 자유 제한 X]

0754 인권위원이 퇴직 후 2년간 교육공무원이 아닌 공무원으로 임명되거나 공직선거 및 선거부정방지법에 의한 선거에 출마할 수 없도록 규정한 국가인권위원회법 제11조는 인권위원의 참정권 등 기본권을 제한함에 있어서 준수하여야 할 과잉금지원칙에 위배된다. 18 경정 O | X

0754-1 국가인권위원회의 인권위원은 퇴직 후 2년간 교육공무원이 아닌 공무원으로 임명되거나 (구)「공직선거 및 선거부정방지법」에 의한 선거에 출마할 수 없도록 규정한 (구)「국가인권위원회법」제11조는 인권위원을 합리적 이유 없이 다른 공직자와 차별대우하는 것으로 평등의 원칙에 위배된다. 09 국가 7 O | X

(1) 이 사건 법률조항은 위원의 직무상의 공정성과 염결성을 확보하기 위한 입법목적을 가진 것이지만 그 효과와 입법목적 사이의 연관성이 객관적으로 명확하지 아니하여 국민생활에 기초가 되는 중요한 기본권인 참정권과 직업선택의 자유를 제한함에 있어서 갖추어야 할 수단의 적합성이 결여되었고, 위 기본권 제한으로 인한 피해도 최소화되지 못하였으며, 동 피해가 중대한 데 반하여 이 사건 법률조항을 통하여 달성하려는 공익적 효과는 상당히 불확실한 것으로서 과잉금지의 원칙에 위배된다(헌재 2004. 1. 29. 2002헌마788).

(2) 이 사건 법률 규정이 유독 국가인권위원회 위원에 대해서만 퇴직한 뒤 일정기간 공직에 임명되거나 선거에 출마할 수 없도록 제한한 것은 아무런 합리적 근거 없이 동 위원이었던 자만을 차별하는 것으로서 평등의 원칙에도 위배된다(헌재 2004. 1. 29. 2002헌마788).

0755 공무원의 정당가입이 허용된다면, 공무원의 정치적 행위가 직무 내의 것인지 직무 외의 것인지 구분하기 어려운 경우가 많고, 설사 공무원이 근무시간 외에 혹은 직무와 관련 없이 정당과 관련한 정치적 표현행위를 한다 하더라도 공무원의 정치적 중립성에 대한 국민의 기대와 신뢰는 유지되기 어렵다. 23 법원 9, 21 변호사, 16 지방 7 O | X

0755-1 초·중등 교원인 교육공무원에 대하여 정당의 결성에 관여하거나 이에 가입하는 것을 전면적으로 금지함으로써 얻어지는 공무원의 정치적 중립성 또는 교육의 정치적 중립성은 명백하거나 구체적이지 못한 반면, 그로 인하여 초·중등 교원인 교육공무원이 받게 되는 정당설립의 자유, 정당가입의 자유에 대한 제약과 민주적 의사형성과정의 개방성 및 이를 통한 민주주의의 발전이라는 공익에 발생하는 피해는 매우 크므로, 법익의 균형성을 인정할 수 없다. 21 변호사 O | X

(1) 이 사건 정당가입 금지조항은 공무원의 정당가입의 자유를 원천적으로 금지하고 있다. 그러나 공무원의 정당가입이 허용된다면, 공무원의 정치적 행위가 직무 내의 것인지 직무 외의 것인지 구분하기 어려운 경우가 많고, 설사 공무원이 근무시간 외에 혹은 직무와 관련 없이 정당과 관련한 정치적 표현행위를 한다 하더라도 공무원의 정치적 중립성에 대한 국민의 기대와 신뢰는 유지되기 어렵다. … 이러한 점에서 볼 때 이 사건 정당가입 금지조항은 침해의 최소성 원칙에 반하지 아니한다(헌재 2014. 3. 27. 2011헌바42).

(2) 이 사건 정당가입 금지조항이 청구인들과 같은 초·중등학교 교원의 정당가입 자유를 금지함으로써 정치적 기본권을 제한하는 측면이 있는 것은 사실이나, 감수성과 모방성, 그리고 수용성이 왕성한 초·중등학교 학생들에게 교원이 미치는 영향은 매우 크고, 교원의 활동은 근무시간 내외를 불문하고 학생들의 인격 및 기본생활습관 형성 등에 큰 영향을 끼치는 잠재적 교육과정의 일부분인 점을 고려하고, 교원의 정치활동은 교육수혜자인 학생으로서는 수업권의 침해로 받아들여질 수 있다는 점에서 현시점에서는 국민의 교육기본권을 더욱 보장함으로써 얻을 수 있는 공익을 우선시해야 할 것이다. 이러한 점을 두루 고려할 때, 이 사건 정당가입 금지조항이 달성하려는 공익은 그로 말미암아 제한받는 사익에 비해 결코 작다고 할 수 없으므로 법익의 균형성 또한 인정된다(헌재 2014. 3. 27. 2011헌바42).

정답 754. O   754-1. O   755. O   755-1. X [법익의 균형성 인정 O]

0756 정당설립의 자유를 최대한으로 보호하려는 헌법 제8조의 정신에 비추어 볼 때, 정당의 설립 및 가입을 금지하는 법률조항은 이를 정당화하는 사유의 중대성에 있어서 적어도 민주적 기본질서에 대한 위반에 버금가는 것이어야 하므로, 지방공무원의 정당가입을 금지하는 입법은 헌법에 위반된다. 19 입시

O | X

심판대상조항은 지방공무원이 정당에 가입하는 것을 금지함으로써, 공무원의 정치적 중립성을 확보하여 공무원의 국민 전체에 대한 봉사자로서의 근무기강을 확립하고, 나아가 정치와 행정의 분리를 통하여 공무집행에서의 혼란의 초래를 예방하고 국민의 신뢰를 확보하여 헌법상 직업공무원제도를 수호하려는 목적을 가진다. … 따라서 심판대상조항이 헌법상의 과잉금지원칙에 위배되거나 기본권의 본질적 내용을 제한하여 정당가입의 자유를 침해한다고 볼 수 없다(헌재 2014. 3. 27. 2011헌바43).

0757 교원의 정치활동은 교육수혜자인 학생의 입장에서는 수업권의 침해로 받아들여질 수 있다는 점에서 초·중등학교 교육공무원의 정당가입 및 선거운동을 제한하는 것은 헌법적으로 정당화될 수 있다. 17 국가 7

O | X

0757-1 초·중등학교의 교원인 공무원에 대하여 정당가입을 전면적으로 금지하는 법률조항은 근무시간 내외를 불문하고 정당관련 활동을 금지함으로써 해당 교원의 정당가입의 자유를 침해한다. 21 국회 8 O | X

교원의 정치활동은 교육수혜자인 학생의 입장에서는 수업권의 침해로 받아들여질 수 있다는 점에서 현 시점에서는 국민의 교육기본권을 더욱 보장함으로써 얻을 수 있는 공익을 우선시해야 할 것이라는 점 등을 종합적으로 감안할 때, **초·중등학교 교육공무원의 정당가입 및 선거운동의 자유를 제한하는 것은 헌법적으로 정당화될 수 있다**(헌재 2004. 3. 25. 2001헌마710).

0758 초·중등학교 교원에 대해서는 정당가입의 자유를 금지하면서 대학의 교원에게 이를 허용한다 하더라도, 이는 양자 간 직무의 본질이나 내용 그리고 근무 태양이 다른 점을 고려한 합리적인 차별이라고 할 것이므로 평등원칙에 위배된다고 할 수 없다. 21 소간

O | X

0758-1 초·중등학교 교원에 대해서는 정당가입과 선거운동의 자유를 금지하면서 대학 교원에게 이를 허용하는 것은 합리적 차별이므로 헌법상 평등권을 침해한다고 할 수 없다. 15 경정 O | X

현행 교육법령은, 초·중등학교의 교원 즉 교사는 법령이 정하는 바에 따라 학생을 교육하는 자이고, 반면에 대학의 교원은 학생을 교육·지도하고 학문을 연구하되 학문연구만을 전담할 수 있다고 하여 양자의 직무를 달리 규정하고 있다. … 그렇다면 초·중등학교 교원에 대해서는 정당가입과 선거운동의 자유를 금지하면서 대학교원에게는 이를 허용한다 하더라도, 이는 양자간 직무의 본질이나 내용 그리고 근무태양이 다른 점을 고려할 때 합리적인 차별이라고 할 것이므로 청구인이 주장하듯 헌법상의 평등권을 침해한 것이라고 할 수 없다(헌재 2004. 3. 25. 2001헌마710).

POINT 052 정당의 특권과 정치자금

01 당비

0759 당비는 정당의 당헌·당규 등에 의하여 정당의 당원이 부담하는 금전으로서 유가증권이나 그 밖의 물건을 제외한다. 20 국회 9

O | X

정답 756. X [헌법에 위반 X] 757. O 757-1. X [정당가입의 자유 침해 X] 758. O 758-1. O 759. X [유가증권, 그 밖의 물건 포함]

정치자금법 제3조(정의) 이 법에서 사용하는 용어의 정의는 다음과 같다.
3. "당비"라 함은 명목여하에 불구하고 정당의 당헌·당규 등에 의하여 **정당의 당원이 부담하는 금전**이나 **유가증권 그 밖의 물건**을 말한다.

0760 타인의 명의나 가명으로 납부된 당비는 국고에 귀속되며, 국고에 귀속되는 당비는 중앙선거관리위원회가 이를 납부받아 국가에 납입한다. 22 국가 7   O | X

정치자금법 제4조(당비) ② 정당의 회계책임자는 **타인의 명의나 가명으로 납부된 당비는 국고에 귀속시켜야** 한다.
③ 제2항의 규정에 의하여 국고에 귀속되는 당비는 **관할 선거관리위원회**가 이를 납부받아 **국가에 납입**하되, 납부기한까지 납부하지 아니한 때에는 관할 세무서장에게 위탁하여 **관할 세무서장이 국세체납처분의 예에 따라 이를 징수**한다.

0761 정당의 당원은 같은 정당의 타인의 당비를 부담할 수 없으며, 타인의 당비를 부담한 자와 타인으로 하여금 자신의 당비를 부담하게 한 자는 당비를 낸 것이 확인된 날부터 1년간 당해 정당의 당원자격이 정지된다. 18 지방 7   O | X

정당법 제31조(당비) ② 정당의 당원은 같은 정당의 **타인의 당비를 부담할 수 없으며, 타인의 당비를 부담한 자와 타인으로 하여금 자신의 당비를 부담하게 한 자**는 당비를 낸 것이 확인된 날부터 1년간 당해 정당의 당원자격이 정지된다.

02 후원금

0762 국회의원 개인은 후원회를 둘 수 있지만 정당은 후원회를 둘 수 없다. 20 국회 9   O | X

정치자금법 제6조(후원회지정권자) 다음 각 호에 해당하는 자(이하 "후원회지정권자"라 한다)는 각각 하나의 후원회를 지정하여 둘 수 있다.
1. **중앙당**(중앙당창당준비위원회를 포함한다)
2. **국회의원**(국회의원선거의 당선인을 포함한다)

🖉 보충설명 국회의원 개인 뿐만 아니라 중앙당도 후원회를 둘 수 있다.

0763 정당이 당원 내지 후원자들로부터 정당의 목적에 따른 활동에 필요한 정치자금을 모금하는 것은 정당 활동의 자유의 내용에 당연히 포함된다. 22 법무사   O | X

정당이 당원 내지 후원자들로부터 정당의 목적에 따른 활동에 필요한 **정치자금을 모금하는** 것은 정당의 조직과 기능을 원활하게 수행하는 필수적인 요소이자 정당활동의 자유를 보장하기 위한 필수불가결한 전제로서, **정당활동의 자유의 내용에 당연히 포함**된다고 할 수 있다(헌재 2015. 12. 23. 2013헌바168).

정답 760. X [관할 선관위가 납부받아 납입]   761. O   762. X [정당도 후원회를 둘 수 있음]   763. O

0764 정당 스스로 재정충당을 위하여 국민들로부터 모금 활동을 하는 것은 단지 '돈을 모으는 것'에 불과한 것으로 정당의 헌법적 과제 수행에 있어 본질적인 부분이 아니다. 22 입시   O | X

과도한 국가보조는 국민의 지지를 얻고자 하는 노력이 실패한 정당이 스스로 책임져야 할 위험부담을 국가가 상쇄하는 것으로서 정당간 자유로운 경쟁을 저해할 수 있다. 정당 스스로 재정충당을 위하여 국민들로부터 모금 활동을 하는 것은 단지 '돈을 모으는 것'에 불과한 것이 아니라 궁극적으로 자신의 정강과 정책을 토대로 국민의 동의와 지지를 얻기 위한 활동의 일환이며, 이는 정당의 헌법적 과제 수행에 있어 본질적인 부분의 하나인 것이다(헌재 2015. 12. 23. 2013헌바168).

0765 정당에 대한 재정적 후원을 금지하고 위반 시 형사처벌하는 구 「정치자금법」 조항은 정당이 스스로 재정을 충당하고자 하는 정당활동의 자유와 국민의 정치적 표현의 자유를 침해한다. 19 국회 8   O | X

0765-1 정당에 대한 재정적 후원을 금지하고 이를 위반 시 형사처벌하는 「정치자금법」 조항은 정당 후원회를 금지함으로써 불법 정치자금 수수로 인한 정경유착을 막고 정당의 정치자금 조달의 투명성을 확보하여 정당 운영의 투명성과 도덕성을 제고하기 위한 것이므로, 정당의 정당활동의 자유를 침해하지 않는다. 21 입시   O | X

0765-2 정당제 민주주의 하에서 정당에 대한 재정적 후원이 전면적으로 금지되더라도 정당이 스스로 재정을 충당하고자 하는 정당활동의 자유와 국민의 정치적 표현의 자유에 대한 제한이 크지 아니하므로, 이를 규정한 법률조항은 정당의 정당활동의 자유와 국민의 정치적 표현의 자유를 침해하지 않는다. 19 지방 7   O | X

이 사건 법률조항은 정당 후원회를 금지함으로써 불법 정치자금 수수로 인한 정경유착을 막고 정당의 정치자금 조달의 투명성을 확보하여 정당 운영의 투명성과 도덕성을 제고하기 위한 것으로, 입법목적의 정당성은 인정된다. … 나아가 정당제 민주주의 하에서 정당에 대한 재정적 후원이 전면적으로 금지됨으로써 정당이 스스로 재정을 충당하고자 하는 정당활동의 자유와 국민의 정치적 표현의 자유에 대한 제한이 매우 크다고 할 것이므로, 이 사건 법률조항은 정당의 정당활동의 자유와 국민의 정치적 표현의 자유를 침해한다(헌재 2015. 12. 23. 2013헌바168).

0766 선거와 무관하게 후원회를 설치 및 운영할 수 있는 자를 중앙당과 국회의원으로 한정하여 국회의원과 지방의회의원을 달리 취급하는 것은, 불합리한 차별에 해당한다. 23 법무사   O | X

0766-1 국회의원을 후원회지정권자로 정하면서 「지방자치법」의 '도'의회의원, '시'의회의원을 후원회지정권자에서 제외하고 있는 「정치자금법」 제6조 제2호는 국회의원과 지방의회의원의 업무의 특성을 고려한 합리적 차별로 평등권을 침해하지 않는다. 23 경찰 2차   O | X

지방의회의원은 주민의 대표자이자 지방의회의 구성원으로서 주민들의 다양한 의사와 이해관계를 통합하여 지방자치단체의 의사를 형성하는 역할을 하므로, 지방의회의원의 전문성을 확보하고 원활한 의정활동을 지원하기 위해서는 지방의회의원들에게도 후원회를 허용하여 정치자금을 합법적으로 확보할 수 있는 방안을 마련해 줄 필요가 있다. … 따라서 심판대상조항이 국회의원과 달리 지방의회의원을 후원회지정권자에서 제외하고 있는 것은 불합리한 차별로서 청구인들의 평등권을 침해한다(헌재 2022. 11. 24. 2019헌마528 등).

정답 764. X [본질적인 부분에 해당함]   765. O   765-1. X [정당활동의 자유를 침해]   765-2. X [정당활동의 자유 및 정치적 표현의 자유 침해]   766. O   766-1. X [평등권을 침해]

0767 광역자치단체장선거의 예비후보자를 후원회지정권자에서 제외하여, 국회의원선거의 예비후보자에게 후원금을 기부하고자 하는 자와 광역자치단체장선거의 예비후보자에게 후원금을 기부하고자 하는 자를 달리 취급하는 것은 합리적 차별에 해당하고 입법재량의 한계를 일탈한 것은 아니다. 22 변호사 O | X

> 그동안 정치자금법이 여러 차례 개정되어 후원회지정권자의 범위가 지속적으로 확대되어 왔음에도 불구하고, 국회의원선거의 예비후보자 및 그 예비후보자에게 후원금을 기부하고자 하는 자와 광역자치단체장선거의 예비후보자 및 이들 예비후보자에게 후원금을 기부하고자 하는 자를 계속하여 달리 취급하는 것은, 불합리한 차별에 해당하고 입법재량을 현저히 남용하거나 한계를 일탈한 것이다. 따라서 심판대상조항 중 **광역자치단체장선거의 예비후보자**에 관한 부분은 청구인들 중 광역자치단체장선거의 예비후보자 및 이들 예비후보자에게 후원금을 기부하고자 하는 자의 **평등권을 침해**한다(헌재 2019. 12. 27. 2018헌마301 등).

0768 대통령선거경선후보자가 당내경선 후보자로 등록을 하고 당내경선 과정에서 탈퇴함으로써 후원회를 둘 수 있는 자격을 상실한 때에는 후원회로부터 후원받은 후원금 전액을 국고에 귀속하도록 하는 것은 경선에 참여하여 낙선한 대통령선거경선후보자와의 관계에서 합리적인 이유가 있는 차별이라고 하기 어렵다. 15 변호사 O | X

> 대통령선거경선후보자가 후보자가 될 의사를 갖고 당내경선 후보자로 등록을 하고 선거운동을 한 경우라고 한다면, 비록 경선에 참여하지 아니하고 포기하였다고 하여도 대의민주주의의 실현에 중요한 의미를 가지는 정치과정이라는 점을 부인할 수 없다. … 이 사건 법률조항은 대통령선거경선후보자로서 **정당의 경선에 참여하여 낙선한 사람과 그렇지 않은 사람**을 구별하여 이미 사용한 **후원금의 반환 여부에 관하여 차별취급**하고 있는바, 그와 같은 차별에 **합리적인 이유가 있다고 보기 어려우므로** 청구인의 **평등권을 침해**한다(헌재 2009. 12. 29. 2007헌마1412).

03 기탁금

0769 야당의 정치자금 모집을 가능하게 하기 위하여 타인의 명의나 가명으로 하는 정치자금 기부를 허용한다. 20 국회 9 O | X

0769-1 정당에 정치자금을 기부하고자 하는 자는 무기명으로 선거관리위원회에 기탁금을 기탁할 수 있다. 10 국회 8 O | X

> **정치자금법 제22조(기탁금의 기탁)** ③ 누구든지 타인의 명의나 가명 또는 그 성명 등 인적 사항을 밝히지 아니하고 기탁금을 기탁할 수 없다. 이 경우 기탁자의 성명 등 인적 사항을 공개하지 아니할 것을 조건으로 기탁할 수 있다.

04 정치자금 기부의 제한

0770 국내·국외의 법인 또는 단체는 정치자금을 기부할 수 없다. 22 입시 O | X

0770-1 법인 또는 단체는 정치자금을 기부할 수 있다. 20 국회 9 O | X

> **정치자금법 제31조(기부의 제한)** ① 외국인, 국내·외의 법인 또는 단체는 정치자금을 기부할 수 없다.
> ② 누구든지 국내·외의 법인 또는 단체와 관련된 자금으로 정치자금을 기부할 수 없다.

정답 767. X [평등권 침해] 768. O 769. X [타인의 명의나 가명으로 정치자금 기부 불허] 769-1. X [인적사항을 밝혀 기탁해야 함] 770. O 770-1. X [법인·단체: 정치자금 기부 불가]

0771 특정한 정당이나 정치인에 대한 정치자금의 기부는 그의 정치활동에 대한 지지·지원인 동시에 정책적 영향력 행사의 의도 또는 가능성을 내포하고 있다는 점에서 일종의 정치활동 내지 정치적인 의사표현이라 할 것인바, 누구든지 단체와 관련된 자금으로 정치자금을 기부할 수 없도록 한 기부금지 조항은 정치활동의 자유 내지 정치적 의사표현의 자유에 대한 제한이 된다고 볼 수 있다. 23 법무사   O | X

특정한 정당이나 정치인에 대한 정치자금의 기부는 그의 정치활동에 대한 지지·지원인 동시에 정책적 영향력 행사의 의도 또는 가능성을 내포하고 있다는 점에서 일종의 정치활동 내지 정치적인 의사표현이라 할 것인바, **누구든지 단체와 관련된 자금으로 정치자금을 기부할 수 없도록** 한 이 사건 기부금지 조항은 **정치활동의 자유 내지 정치적 의사표현의 자유에 대한 제한이 된다고 볼 수 있다.** … 이 사건 기부금지 조항이 과잉금지원칙에 위반하여 **정치활동의 자유 등을 침해하는 것이라 볼 수 없다**(헌재 2010. 12. 28. 2008헌바89).

0772 국내 단체의 이름으로 혹은 국내 단체와 관련된 자금으로 정치자금을 기부하는 것을 금지한「정치자금법」조항은 단체의 정치적 의사표현 등 정치활동의 자유를 침해한다. 20 국가 7   O | X

0772-1 누구든지 단체와 관련된 자금으로 정치자금을 기부할 수 없다는 법률조항에서 '단체와 관련된 자금'은 단체가 자신의 이름을 사용하여 주도적으로 모집·조성한 자금도 포함되는지의 여부가 불분명하므로 명확성원칙에 반한다. 19 소간   O | X

(1) 이 사건 기부금지 조항에 의한 개인이나 단체의 정치적 표현의 자유 제한은 내용중립적인 방법 제한으로서 수인 불가능할 정도로 큰 것이 아닌 반면, 금권정치와 정경유착의 차단, 단체와의 관계에서 개인의 정치적 기본권 보호 등 이 사건 기부금지 조항에 의하여 달성되는 공익은 대의민주제를 채택하고 있는 민주국가에서 매우 크고 중요하다는 점에서 법익균형성원칙도 충족된다. 따라서 이 사건 기부금지 조항이 과잉금지원칙에 위반하여 **정치활동의 자유 등을 침해하는 것이라 볼 수 없다**(헌재 2010. 12. 28. 2008헌바89).
(2) 이 사건 기부금지 조항의 '단체'란 '공동의 목적 내지 이해관계를 가지고 조직적인 의사형성 및 결정이 가능한 다수인의 지속성 있는 모임'을 말하고, '**단체와 관련된 자금**'이란 단체의 명의로, 단체의 의사결정에 따라 기부가 가능한 자금으로서 **단체의 존립과 활동의 기초를 이루는 자산**은 물론이고, 단체가 자신의 이름을 사용하여 **주도적으로 모집, 조성한 자금도 포함된다**고 할 것인바, 그 의미가 불명확하여 **죄형법정주의 명확성원칙에 위반된다고 할 수 없다**(헌재 2010. 12. 28. 2008헌바89).

0773 정당의 정치적 의사결정은 정당에게 정치자금을 제공하는 개인이나 단체에 의하여 현저하게 영향을 받을 수 있으므로 사인이 정당에 정치자금을 기부하는 것 그 자체를 막을 필요는 없으나, 누가 정당에 대하여 영향력을 행사하려고 하는지, 즉 정치적 이익과 경제적 이익의 연계는 원칙적으로 공개되어야 한다. 19 소간   O | X

정당의 정치적 의사결정은 정당에게 정치자금을 제공하는 개인이나 단체에 의하여 현저하게 영향을 받을 수 있으므로, **사인이 정당에 정치자금을 기부하는 것 그 자체를 막을 필요는 없으나, 누가 정당에 대하여 영향력을 행사하려고 하는지, 즉 정치적 이익과 경제적 이익의 연계는 원칙적으로 공개되어야** 한다. 유권자는 정당의 정책을 결정하는 세력에 관하여 알아야 하고, 정치자금의 제공을 통하여 정당에 영향력을 행사하려는 사회적 세력의 실체가 정당의 방향이나 정책과 일치하는가를 스스로 판단할 수 있는 기회를 가져야 한다(헌재 1999. 11. 25. 95헌마154).

● 정답 771. O   772. X [정치활동의 자유 침해 X]   772-1. X [명확성원칙 위반 X]   773. O

POINT 053 국고보조금

01 국고보조금

0774 정당은 법률이 정하는 바에 의하여 국가의 보호를 받으며, 국가는 법률이 정하는 바에 의하여 정당운영에 필요한 자금을 보조할 수 있다. 20 5급, 20 법무사, 14 서울 7, 13 법원 9   O|X

0774-1 정당은 법인격 없는 사적 결사체에 불과하기 때문에 국가가 정당의 운영에 필요한 자금을 보조하는 것은 헌법상 허용되기 어렵고, 다만 선거공영제에 따라 선거경비를 보조한다. 11 법원 9   O|X

0774-2 헌법은 정당운영에 필요한 자금에 대한 국가보조 의무원칙을 명시하고 있다. 19 입시   O|X

> 헌법 제8조 ③ 정당은 법률이 정하는 바에 의하여 **국가의 보호**를 받으며, 국가는 법률이 정하는 바에 의하여 **정당운영에 필요한 자금을 보조**할 수 있다.

0775 정당운영에 필요한 자금에 대한 국가보조는 정당의 공적 기능의 중요성을 감안하여 정당의 정치자금 조달을 보완하는 데에 의의가 있으므로, 본래 국민의 자발적 정치조직인 정당에 대한 과도한 국가보조는 국민의 지지를 얻고자 하는 노력이 실패한 정당이 스스로 책임져야 할 위험부담을 국가가 상쇄하는 것으로서 정당 간 자유로운 경쟁을 저해할 수 있다. 19 변호사   O|X

> 국가보조는 정당의 공적 기능의 중요성을 감안하여 **정당의 정치자금 조달을 보완**하는 데에 그 의의가 있으므로, 본래 국민의 자발적 정치조직인 정당에 대한 과도한 국가보조는 정당의 국민의존성을 떨어뜨리고 정당과 국민을 멀어지게 할 우려가 있다. 이는 국민과 국가를 잇는 중개자로서의 정당의 기능, 즉 공당으로서의 기능을 약화시킴으로써 정당을 국민과 유리된 정치인들만의 단체, 즉 사당으로 전락시킬 위험이 있다. 뿐만 아니라 **과도한 국가보조**는 국민의 지지를 얻고자 하는 노력이 **실패한 정당이 스스로 책임져야 할 위험부담을 국가가 상쇄**하는 것으로서 **정당간 자유로운 경쟁을 저해**할 수 있다(헌재 2015. 12. 23. 2013헌바168).

02 국고보조금 배분

0776 보조금 계상의 기준이 되는 선거는 최근 실시한 임기만료에 의한 대통령선거이다. 17 국회 8   O|X

> 정치자금법 제25조(보조금의 계상) ① 국가는 정당에 대한 보조금으로 최근 실시한 임기만료에 의한 **국회의원선거**의 선거권자 총수에 보조금 계상단가를 곱한 금액을 **매년 예산에 계상**하여야 한다. 이 경우 임기만료에 의한 국회의원선거의 실시로 선거권자 총수에 변경이 있는 때에는 당해 선거가 종료된 이후에 지급되는 보조금은 변경된 선거권자 총수를 기준으로 계상하여야 한다.

정답 774. O   774-1. X [헌법상 허용됨]   774-2. X [의무 X → 재량 O]   775. O   776. X [대통령선거 X → 국회의원선거 O]

0777 경상보조금과 선거보조금은 지급 당시 「국회법」에 의하여 동일 정당의 소속의원으로 교섭단체를 구성한 정당에 대하여 그 100분의 50을 정당별로 의석 비율에 따라 분할하여 배분·지급한다. 21 변호사   O | X

> 정치자금법 제27조(보조금의 배분) ① **경상보조금과 선거보조금**은 지급 당시 「국회법」 제33조(교섭단체)제1항 본문의 규정에 의하여 **동일 정당의 소속의원으로 교섭단체를 구성한 정당**에 대하여 그 **100분의 50**을 **정당별로 균등하게 분할**하여 배분·지급한다.

0778 경상보조금과 선거보조금은 동일 정당의 소속의원으로 교섭단체를 구성하지 못하는 정당으로서 5석 이상의 의석을 가진 정당에 대하여는 100분의 5씩을 배분·지급한다. 17 국회 8   O | X

> 정치자금법 제27조(보조금의 배분) ② 보조금 지급 당시 제1항의 규정에 의한 배분·지급대상이 아닌 정당으로서 **5석 이상의 의석을 가진 정당**에 대하여는 **100분의 5**씩을, 의석이 없거나 5석 미만의 의석을 가진 정당 중 다음 각 호의 어느 하나에 해당하는 정당에 대하여는 보조금의 100분의 2씩을 배분·지급한다.

0779 정당의 기회균등원칙은 각 정당에 보조금을 균등하게 배분할 것을 요구하는 것이 아니라 보조금제도의 취지에 비추어 각 정당의 규모나 정치적 영향력, 정당이 선거에서 거둔 실적 등에 따라 어느 정도 차별을 할 수 있고, 그 내용이 현재의 각 정당들 사이의 경쟁 상태를 현저하게 변경시킬 정도가 아니면 합리성을 인정할 수 있을 것이다. 23 해경   O | X

0779-1 정당의 기회균등원칙에는 각 정당에 보조금을 균등하게 배분할 것을 요구하는 내용이 포함된다. 22 입시   O | X

> **정당의 기회균등원칙**은 각 정당에 **보조금을 균등하게 배분**할 것을 요구하는 것이 **아니라** 보조금제도의 취지에 비추어 각 정당의 규모나 정치적 영향력, 정당이 선거에서 거둔 실적 등에 따라 **어느 정도 차별**을 할 수 있고, 그 내용이 현재의 각 정당들 사이의 경쟁상태를 현저하게 변경시킬 정도가 아니면 **합리성을 인정할 수 있을 것이**다(헌재 2006. 7. 27. 2004헌마655).

0780 정당보조금을 지급함에 있어 정당의 의석수비율과 득표수비율을 함께 고려하는 이상, 교섭단체의 구성 여부를 기준으로 차등지급하는 것은 헌법상 평등원칙에 위반되지 않는다. 19 경정   O | X

0780-1 정당에 국고보조금을 배분함에 있어 교섭단체의 구성 여부에 따라 차등을 두는 것은 평등원칙에 위배된다. 19 지방 7   O | X

> 정당의 공적기능의 수행에 있어 교섭단체의 구성 여부에 따라 차이가 나타날 수밖에 없고, 이 사건 법률조항이 **교섭단체의 구성 여부만을 보조금 배분의 유일한 기준으로 삼은 것이 아니라 정당의 의석수비율과 득표수비율도 함께 고려함**으로써 현행의 보조금 배분비율이 정당이 선거에서 얻은 결과를 반영한 득표수비율과 큰 차이를 보이지 않고 있는 점 등을 고려하면, 교섭단체를 구성할 정도의 다수 정당과 그에 미치지 못하는 소수 정당 사이에 나타나는 **차등지급의 정도**는 정당 간의 경쟁상태를 현저하게 변경시킬 정도로 **합리성을 결여한 차별이라고 보기 어렵다**(헌재 2006. 7. 27. 2004헌마655).

정답 777. X [의석 비율에 따라 X → 균등 분할 O]   778. O   779. O   779-1. X [균등배분요구 미포함]   780. O   780-1. X [평등원칙 위배 X]

03 국고보조금의 용도제한

0781 경상보조금을 지급받은 정당은 경상보조금 총액의 100분의 10 이상을 시·도당에 배분·지급하여야 한다. 17 국회 8   O | X

> 정치자금법 제28조(보조금의 용도제한 등) ② **경상보조금**을 지급받은 정당은 그 경상보조금 총액의 **100분의 30 이상은 정책연구소** [「정당법」 제38조(정책연구소의 설치·운영)에 의한 정책연구소를 말한다. 이하 같다]에, **100분의 10 이상은 시·도당에 배분·지급**하여야 하며, **100분의 10 이상은 여성정치발전**을 위하여, **100분의 5 이상은 청년정치발전**을 위하여 사용하여야 한다.

POINT 054 위헌정당강제해산제도

01 위헌정당강제해산제도

0782 방어적 민주주의를 위한 장치로 위헌정당해산제도와 기본권실효제도를 들 수 있는데 이 중 우리는 독일과 달리 위헌정당해산제도만을 도입하고 있다. 16 경정, 14 서울 7   O | X

제2차대전 후 독일연방공화국은 상대적 민주주의의 허점을 이용하여 집권한 나치에 의하여 바이마르공화국이 붕괴된 헌정사적 체험 때문에 방어적 민주주의를 위한 수단으로 그 기본법에 기본권실효제와 위헌정당강제해산제를 도입하였다. 우리 헌법은 방어적 민주주의의 실현수단으로 **위헌정당해산제도는 도입**하고 있으나 **기본권실효제도는 수용되지 않았다.**

0783 헌법은 방어적 민주주의 관점에 기초하여 정당해산심판제도를 규정하고 있다. 21 법무사   O | X

정당해산심판제도의 본질은 그 목적이나 활동이 민주적 기본질서에 위배되는 정당을 국민의 정치적 의사 형성과정에서 미리 배제함으로써 국민을 보호하고 헌법을 수호하기 위한 것이다. 어떠한 정당을 엄격한 요건 아래 위헌정당으로 판단하여 해산을 명하는 것은 헌법을 수호한다는 **방어적 민주주의** 관점에서 비롯되는 것이고, 이러한 비상상황에서는 국회의원의 국민대표성은 부득이 희생될 수밖에 없다(헌재 2014. 12. 19. 2013헌다1).

0784 정당해산제도는 정당 존립의 특권을 보장함과 동시에, 정당 활동의 자유에 관한 한계를 설정한다는 이중적 성격을 가진다. 17 지방 7   O | X

정당해산제도는 정당에 대하여 일반 결사와 달리 엄격한 요건과 절차에 의해서만 해산되도록 한다는 정당보호라는 의미와, 정당이 정당 활동의 자유라는 미명으로 헌법을 공격하여 파괴하는 것을 방지한다는 헌법보호라는 의미를 가진다. 따라서 **정당해산제도는 정당 존립의 특권을 보장함**(정당의 보호)과 동시에, **정당 활동의 자유에 관한 한계를 설정**한대(헌법의 보호)**는 이중적 성격을 가진다** (헌재 2014. 2. 27. 2014헌마7).

0785 헌법 제8조 제4항의 정당해산심판제도는 정치적 반대세력을 제거하고자 하는 정부의 일방적인 행정처분에 의해서 유력한 진보적 야당이 등록취소되어 사라지고 말았던 우리 현대사에 대한 반성의 산물로서 1960년 제3차 헌법 개정을 통해 헌법에 도입된 것이다. 21 변호사   O | X

0785-1 정당해산심판제도는 정부의 일방적인 행정처분에 의해 진보적 야당이 등록취소되어 사라지고 말았던 우리 현대사에 대한 반성의 산물로서, 제5차 헌법 개정을 통해 헌법에 도입된 것이다. 18 경정   O | X

● 정답   781. O   782. O   783. O   784. O   785. O   785-1. X [제3차 개헌으로 도입]

제헌헌법 이래 지속적으로 보장되어 온 결사의 자유도 하나의 방편이 될 수 있겠지만, 우리는 그렇게 같다고 볼 수도 없는 대한민국의 현대사 속에서도 정치적 반대세력을 제거하고자 하는 **정부의 일방적인 행정처분**에 의해서 유력한 진보적 야당이 등록취소되어 사라지고 말았던 불행한 과거를 알고 있다. 헌법 제8조의 정당에 관한 규정, 특히 그 제4항의 **정당해산심판제도**는 이러한 우리 현대사에 대한 반성의 산물로서 1960. 6. 15. **제3차 헌법개정**을 통해 헌법에 도입된 것이다(헌재 2014. 12. 19. 2013헌다1).

0786 정당해산심판제도는 정부의 일방적인 행정처분에 의해 진보적 야당이 등록취소되어 사라지고 말았던 우리 현대사에 대한 반성의 산물로서 도입된 것으로서, 발생사적 측면에서 정당을 보호하기 위한 절차로서의 성격이 부각된다. 16 법무사 O | X

정당해산심판제도는 **정부의 일방적인 행정처분**에 의해 **진보적 야당이 등록취소되어 사라지고 말았던 우리 현대사에 대한 반성의 산물로서** 제3차 헌법 개정을 통해 헌법에 도입된 것이다. 우리나라의 경우 이 제도는 발생사적 측면에서 **정당을 보호하기 위한 절차**로서의 성격이 부각된다(헌재 2014. 12. 19. 2013헌다1).

0787 정당해산심판제도는 정당 존립의 특권, 특히 그 중에서도 정부의 비판자로서 야당의 존립과 활동을 특별히 보장하고자 하는 헌법제정자의 규범적 의지의 산물로 이해되어야 한다. 24 5급 O | X

정당해산심판제도는 정당 존립의 특권, 특히 그 중에서도 정부의 비판자로서 야당의 존립과 활동을 특별히 보장하고자 하는 **헌법제정자의 규범적 의지의 산물**로 이해되어야 한다. 그러나 한편 이 제도로 인해서, 정당 활동의 자유가 인정된다 하더라도 민주적 기본질서를 침해해서는 안 된다는 헌법적 한계 역시 설정된다 할 것이다(헌재 2014. 12. 19. 2013헌다1).

0788 민주적 기본질서를 부정하지 않는 한 정당은 다양한 스펙트럼의 이념적 지향을 자유롭게 추구할 수 있다. 16 경정 O | X

민주적 기본질서를 부정하지 않는 한 정당은 각자가 옳다고 믿는 **다양한 스펙트럼의 이념적인 지향**을 자유롭게 추구할 수 있다. 오늘날 정당은 자유민주주의 이념을 추구하는 정당에서부터 공산주의 이념을 추구하는 정당에 이르기까지 그 이념적 지향점이 매우 다양하므로, 어떤 정당이 특정 이념을 표방한다 하더라도 그 정당의 목적이나 활동이 앞서 본 민주적 기본질서의 내용들을 침해하는 것이 아닌 한 그 특정 이념의 표방 그 자체만으로 곧바로 위헌적인 정당으로 볼 수는 없다(헌재 2014. 12. 19. 2013헌다1).

0789 국민의 정치적 의사형성에 참여하는 한 정당의 목적이나 활동이 자유민주적 기본질서를 부정하고 이를 적극적으로 제거하려는 정당도 헌법재판소의 해산결정이 있기까지는 두터운 정당설립의 자유의 보호를 받는 정당이다. 22 국회 9 O | X

0789-1 정당이 자유민주적 기본질서를 부정하고 이를 적극적으로 제거하려는 경우 중앙선거관리위원회는 그 정당의 등록을 취소할 수 있다. 22 변호사 O | X

헌법 제8조 제4항은 그 목적이나 활동이 **자유민주적 기본질서를 부정**하고 이를 **적극적으로 제거하려는 정당**까지도 국민의 정치적 의사형성에 참여하는 한 '정당설립의 자유'의 보호를 받는 정당으로 보고 **오로지 헌법재판소가 그의 위헌성을 확인한 경우에만 정치생활의 영역으로부터 축출될 수 있음**을 규정하여 정당설립의 자유를 두텁게 보호하고 있다(헌재 2014. 1. 28. 2012헌마431 등).

정답 786. O   787. O   788. O   789. O   789-1. X [정당법 제44조에 해당하지 않는 정당해산은 헌재의 결정으로만 가능]

0790 모든 정당의 존립과 활동은 최대한 보장되며, 설령 어떤 정당이 민주적 기본질서를 부정하고 이를 적극적으로 공격하는 것으로 보인다 하더라도 국민의 정치적 의사형성에 참여하는 정당으로서 존재하는 한 헌법에 의해 최대한 두텁게 보호된다. 16 법무사 O | X

모든 정당의 존립과 활동은 **최대한 보장**되며, 설령 어떤 정당이 **민주적 기본질서를 부정**하고 이를 **적극적으로 공격**하는 것으로 보인다 하더라도 국민의 정치적 의사형성에 참여하는 **정당으로서 존재**하는 한 우리 헌법에 의해 **최대한 두텁게 보호되므로**, 단순히 행정부의 통상적인 처분에 의해서는 해산될 수 없고, 오직 헌법재판소가 그 정당의 위헌성을 확인하고 해산의 필요성을 인정한 경우에만 정당정치의 영역에서 배제된다는 것이다(헌재 2014. 12. 19. 2013헌다1).

0791 정당은 단순히 행정부의 통상적인 처분에 의해서는 해산될 수 없고, 오직 헌법재판소가 그 정당의 위헌성을 확인하고 해산의 필요성을 인정한 경우에만 정당정치의 영역에서 배제된다. 24 5급, 21 법무사 O | X

0791-1 모든 정당의 존립과 활동이 최대한 보장되어야 하는 것은 아니므로, 어떤 정당이 민주적 기본질서를 부정하고 이를 적극적으로 공격하는 경우에는 행정부의 통상적인 처분에 의해서도 해산될 수 있다. 21 지방 7 O | X

모든 정당의 존립과 활동은 최대한 보장되며, 설령 어떤 정당이 민주적 기본질서를 부정하고 이를 적극적으로 공격하는 것으로 보인다 하더라도 국민의 정치적 의사형성에 참여하는 정당으로서 존재하는 한 우리 헌법에 의해 최대한 두텁게 보호되므로, 단순히 **행정부의 통상적인 처분**에 의해서는 **해산될 수 없고**, 오직 헌법재판소가 그 정당의 위헌성을 확인하고 해산의 필요성을 인정한 경우에만 **정당정치의 영역에서 배제**된다는 것이다(헌재 2014. 12. 19. 2013헌다1).

0792 정당해산심판제도가 정당을 보호하기 위한 취지에서 도입된 것이고 다른 한편으로는 정당의 강제적 해산가능성을 헌법상 인정하는 것이므로, 그 자체가 민주주의에 대한 제약이자 위협이 될 수는 없다. 24 5급 O | X

정당해산심판제도가 비록 정당을 보호하기 위한 취지에서 도입된 것이라 하더라도 다른 한편 이는 **정당의 강제적 해산가능성**을 헌법상 인정하는 것이므로, 그 **자체가 민주주의에 대한 제약이자 위협**이 될 수 있음을 또한 깊이 주의해야 한다. 정당해산심판제도는 운영 여하에 따라 그 자체가 민주주의에 대한 해악이 될 수 있으므로 일종의 극약처방인 셈이다. 따라서 정치적 비판자들을 탄압하기 위한 용도로 남용되는 일이 생기지 않도록 정당해산심판제도는 매우 엄격하고 제한적으로 운용되어야 한다(헌재 2014. 12. 19. 2013헌다1).

0793 정당해산심판제도는 정치적 비판자들을 탄압하기 위한 용도로 남용되는 일이 생기지 않도록 엄격하고 제한적으로 운용되어야 한다. 21 법무사 O | X

정당해산심판제도가 비록 정당을 보호하기 위한 취지에서 도입된 것이라 하더라도 다른 한편 이는 정당의 강제적 해산가능성을 헌법상 인정하는 것이므로, 그 자체가 민주주의에 대한 제약이자 위협이 될 수 있음을 또한 깊이 주의해야 한다. 정당해산심판제도는 운영 여하에 따라 그 자체가 민주주의에 대한 해악이 될 수 있으므로 일종의 극약처방인 셈이다. 따라서 **정치적 비판자들을 탄압하기 위한 용도로 남용**되는 일이 생기지 않도록 정당해산심판제도는 **매우 엄격하고 제한적으로 운용되어야** 한다(헌재 2014. 12. 19. 2013헌다1).

정답 790. ○   791. ○   791-1. ×[오직 헌재의 결정으로만 해산 가능]   792. ×[민주주의에 대한 제약이자 위협이 될 수 있음]   793. ○

02 위헌정당강제해산의 요건

1 정당의 목적이나 활동

0794 정당의 목적이나 활동이 민주적 기본질서에 위배될 때에는 정부는 헌법재판소에 그 해산을 제소할 수 있고, 정당은 헌법재판소의 심판에 의하여 해산된다. 23 해간, 22 경찰 1차, 22 소간, 20 법원 9, 20 5급, 19 경정, 18 법무사, 17 경정   O | X

0794-1 정당의 목적이나 조직이 민주적 기본질서에 위배될 때에는 정부는 헌법재판소에 그 해산을 제소할 수 있고, 정당은 헌법재판소의 심판에 의하여 해산된다. 14 서울 7   O | X

> 헌법 제8조 ④ 정당의 **목적이나 활동**이 **민주적 기본질서**에 **위배**될 때에는 **정부**는 **헌법재판소**에 그 해산을 제소할 수 있고, 정당은 **헌법재판소의 심판**에 의하여 해산된다.

0795 정당의 활동이란 정당 기관의 행위나 주요 정당관계자, 당원 등의 행위로서 그 정당에게 귀속시킬 수 있는 활동 일반을 의미하는데, 정당 소속의 국회의원 등은 비록 정당과 밀접한 관련성을 가지지만 헌법상으로는 정당의 대표자가 아닌 국민 전체의 대표자이므로 그들의 행위를 곧바로 정당의 활동으로 귀속시킬 수는 없다. 22 국가 7   O | X

0795-1 정당 소속 국회의원의 활동 중에서도 국민의 대표자의 지위가 아니라 그 정당에 속한 유력한 정치인의 지위에서 행한 활동으로서 정당과 밀접하게 관련되어 있는 행위들은 정당의 활동이 될 수 있다. 18 5급   O | X

> **정당의 활동**이란, 정당 기관의 행위나 주요 정당관계자, 당원 등의 행위로서 그 **정당에게 귀속시킬 수 있는 활동 일반**을 의미한다. … **정당 소속의 국회의원 등**은 비록 정당과 밀접한 관련성을 가지지만 헌법상으로는 **정당의 대표자가 아닌 국민 전체의 대표자**이므로 그들의 행위를 곧바로 정당의 활동으로 귀속시킬 수는 없겠으나, 가령 그들의 활동 중에서도 국민의 대표자의 지위가 아니라 그 **정당에 속한 유력한 정치인의 지위**에서 행한 **활동으로서 정당과 밀접하게 관련되어 있는 행위들**은 **정당의 활동**이 될 수도 있을 것이다(헌재 2014. 12. 19. 2013헌다1).

0796 정당해산심판의 사유로서 정당의 활동은 정당 기관의 행위나 주요 정당관계자, 당원 등의 행위로서 그 정당에 귀속시킬 수 있는 활동 일반을 의미하므로, 정당대표나 주요 관계자의 행위라 하더라도 개인적 차원의 행위에 불과한 것은 이에 포함된다고 보기는 어렵다. 19 국가 7   O | X

0796-1 정당의 활동은 정당 기관의 행위나 주요 정당관계자의 행위로서 그 정당에게 귀속시킬 수 있는 활동 일반을 의미하며 일반 당원의 활동은 제외한다. 20 경정, 19 입시   O | X

> **정당의 활동**이란, 정당 기관의 행위나 주요 정당관계자, 당원 등의 행위로서 그 **정당에게 귀속시킬 수 있는 활동 일반**을 의미한다. … 정당 소속의 국회의원 등은 비록 정당과 밀접한 관련성을 가지지만 헌법상으로는 정당의 대표자가 아닌 국민 전체의 대표자이므로 그들의 행위를 곧바로 정당의 활동으로 귀속시킬 수는 없겠으나, 가령 그들의 활동 중에서도 국민의 대표자의 지위가 아니라 그 정당에 속한 유력한 정치인의 지위에서 행한 활동으로서 정당과 밀접하게 관련되어 있는 행위들은 정당의 활동이 될 수도 있을 것이다. … 반면, 정당대표나 주요 관계자의 행위라 하더라도 **개인적 차원의 행위**에 불과한 것이라면 이러한 행위에 대해서까지 정당해산심판의 심판대상이 되는 **활동으로 보기는 어렵다**(헌재 2014. 12. 19. 2013헌다1).

정답 794. O 794-1. X [목적이나 조직 X → 목적이나 활동 O] 795. O 795-1. O 796. O 796-1. X [일반 당원의 활동 포함 可]

0797 정당의 목적이나 활동 중 어느 하나라도 민주적 기본질서에 위배된다면 정당해산의 사유가 될 수 있다.
22 법무사 ○ | X

헌법 제8조 제4항은 "정당의 목적이나 활동이 민주적 기본질서에 위배될 때에는 정부는 헌법재판소에 그 해산을 제소할 수 있고, 정당은 헌법재판소의 심판에 의해 해산된다."고 규정하고 있고, 정당해산심판의 사유와 관련하여 이 규정을 구체적으로 어떻게 해석할 것인지 문제된다. … 동 조항의 규정형식에 비추어 볼 때, <u>정당의 목적이나 활동 중 어느 하나라도 민주적 기본질서에 위배된다면 정당해산의 사유가 될 수 있다</u>고 해석된다(헌재 2014. 12. 19. 2013헌다1).

2 민주적 기본질서 위배

0798 헌법 제8조 제4항이 의미하는 '민주적 기본질서'는 그 외연이 확장될수록 정당해산결정의 가능성은 확대되고 이와 동시에 정당활동의 자유는 축소될 것이므로, 헌법 제8조 제4항의 민주적 기본질서는 최대한 엄격하고 협소한 의미로 이해해야 한다. 22 경정 ○ | X

0798-1 헌법 제8조 제4항의 민주적 기본질서 개념은 정당해산결정의 가능성과 긴밀히 결부되어 있다. 이 민주적 기본질서의 외연이 확장될수록 정당해산결정의 가능성은 축소되고, 이와 동시에 정당활동의 자유는 확대될 것이다. 따라서 민주적 기본질서를 현행 헌법이 채택한 민주주의의 구체적 모습과 동일하게 보아서는 안 된다. 21 변호사 ○ | X

0798-2 정당해산심판의 사유로서 헌법 제8조 제4항의 민주적 기본질서는 최대한 엄격하고 협소한 의미로 이해해야 하고, 따라서 현행 헌법이 채택하고 있는 민주주의의 구체적인 모습과 동일하게 보아야 한다. 19 국가 7 ○ | X

헌법 제8조 제4항의 민주적 기본질서 개념은 정당해산결정의 가능성과 긴밀히 결부되어 있다. <u>이 민주적 기본질서의 외연이 확장될수록 정당해산결정의 가능성은 확대되고</u>, 이와 동시에 <u>정당 활동의 자유는 축소될 것이다</u>. 민주 사회에서 정당의 자유가 지니는 중대한 함의나 정당해산심판제도의 남용가능성 등을 감안한다면, 헌법 제8조 제4항의 민주적 기본질서는 <u>최대한 엄격하고 협소한 의미로 이해해야 한다. 따라서 민주적 기본질서를 현행 헌법이 채택한 민주주의의 구체적 모습과 동일하게 보아서는 안 된다</u>(헌재 2014. 12. 19. 2013헌다1).

0799 헌법 제8조 제4항이 의미하는 '민주적 기본질서'는, 개인의 자율적 이성을 신뢰하고 모든 정치적 견해들이 각각 상대적 진리성과 합리성을 지닌다고 전제하는 다원적 세계관에 입각한 것으로서, 모든 폭력적·자의적 지배를 배제하고, 다수를 존중하면서도 소수를 배려하는 민주적 의사결정과 자유·평등을 기본원리로 하여 구성되고 운영되는 정치적 질서를 말하며, 구체적으로는 국민주권의 원리, 기본적 인권의 존중, 권력분립제도, 복수정당제도 등이 현행 헌법상 주요한 요소라고 볼 수 있다. 21 지방 7 ○ | X

우리 헌법 제8조 제4항이 의미하는 <u>민주적 기본질서</u>는, 개인의 자율적 이성을 신뢰하고 모든 정치적 견해들이 각각 상대적 진리성과 합리성을 지닌다고 전제하는 <u>다원적 세계관에 입각한 것으로서, 모든 폭력적·자의적 지배를 배제</u>하고, 다수를 존중하면서도 소수를 배려하는 <u>민주적 의사결정과 자유·평등을 기본원리</u>로 하여 구성되고 운영되는 정치적 질서를 말하며, 구체적으로는 <u>국민주권의 원리, 기본적 인권의 존중, 권력분립제도, 복수정당제도</u> 등이 현행 헌법상 주요한 요소라고 볼 수 있다(헌재 2014. 12. 19. 2013헌다1).

정답 797. ○ 798. ○ 798-1. X [민주적 기본질서의 외연 확장 → 정당해산 가능성 확대, 정당활동의 자유 축소] 798-2. X [동일하게 보아서는 안 됨] 799. ○

0800 헌법 제8조 제4항에서 말하는 민주적 기본질서의 '위배'란, 민주적 기본질서에 대한 단순한 위반이나 저촉을 의미하는 것이 아니라, 민주사회의 불가결한 요소인 정당의 존립을 제약해야 할 만큼 그 정당의 목적이나 활동이 우리 사회의 민주적 기본질서에 대하여 실질적인 해악을 끼칠 수 있는 구체적 위험성을 초래하는 경우를 가리킨다. 19 국가 7   O | X

0800-1 헌법 제8조 제4항에서 말하는 민주적 기본질서의 위배란, 정당의 목적이나 활동이 우리 사회의 민주적 기본질서에 대하여 실질적인 해악을 끼칠 수 있는 구체적 위험성을 초래하는 경우뿐만 아니라 민주적 기본질서에 대한 단순한 위반이나 저촉까지도 포함하는 넓은 개념이다. 20 소간, 16 변호사   O | X

0800-2 정당해산 사유로서의 '민주적 기본질서의 위배'란 민주적 기본질서에 대한 단순한 위반이나 저촉만으로도 족하며, 반드시 민주사회의 불가결한 요소인 정당의 존립을 제약해야 할 만큼 그 정당의 목적이나 활동이 우리 사회의 민주적 기본질서에 대하여 실질적인 해악을 끼칠 수 있는 구체적인 위험성을 초래하는 경우까지 포함하는 것은 아니다. 23 해간   O | X

헌법 제8조 제4항은 정당해산심판의 사유를 "정당의 목적이나 활동이 민주적 기본질서에 위배될 때"로 규정하고 있는데, 여기서 말하는 민주적 기본질서의 '위배'란, 민주적 기본질서에 대한 <u>단순한 위반이나 저촉</u>을 의미하는 것이 <u>아니라</u>, 민주사회의 불가결한 요소인 정당의 존립을 제약해야 할 만큼 그 정당의 목적이나 활동이 우리 사회의 민주적 기본질서에 대하여 <u>실질적인 해악</u>을 끼칠 수 있는 <u>구체적 위험성</u>을 초래하는 경우를 가리킨다(헌재 2014. 12. 19. 2013헌다1).

0801 정당의 목적이나 활동이 헌법에 위반된 경우, 그 위반이 사소한 위반인 경우에도 그 정당을 해산하는 것이 헌법 정신에 부합한다. 21 법무사   O | X

정당에 대한 해산결정은 민주주의 원리와 정당의 존립과 활동에 대한 중대한 제약이라는 점에서, 정당의 목적과 활동에 관련된 <u>모든 사소한 위헌성</u>까지도 문제 삼아 정당을 해산하는 것은 <u>적절하지 않다</u>(헌재 2014. 12. 19. 2013헌다1).

3 비례원칙

0802 강제적 정당해산은 헌법상 핵심적인 정치적 기본권인 정당활동의 자유에 대한 근본적 제한이므로, 헌법재판소는 이에 관한 결정을 할 때 비례원칙을 준수해야만 한다. 19 서울 7(추), 19 입시   O | X

0802-1 헌법 제8조 제4항에 의하면 정당의 목적이나 활동이 민주적 기본질서에 위배되기만 하면 정당해산의 사유가 된다고 해석되므로, 헌법재판소가 정당해산결정을 내리기 위해서는 그 해산이 비례원칙에 부합하는지를 별도로 검토할 필요는 없다. 15 법무사   O | X

<u>강제적 정당해산</u>은 헌법상 핵심적인 정치적 기본권인 <u>정당활동의 자유에 대한 근본적 제한</u>이므로, 헌법재판소는 이에 관한 결정을 할 때 헌법 제37조 제2항이 규정하고 있는 <u>비례원칙을 준수</u>해야만 한다. 따라서 헌법 제8조 제4항의 명문규정상 요건이 구비된 경우에도 해당 정당의 위헌적 문제성을 해결할 수 있는 <u>다른 대안적 수단</u>이 없고, 정당해산결정을 통하여 얻을 수 있는 <u>사회적 이익</u>이 정당해산결정으로 인해 초래되는 정당활동 자유 제한으로 인한 불이익과 민주주의 사회에 대한 중대한 제약이라는 <u>사회적 불이익을 초과할 수 있을 정도로 큰 경우</u>에 한하여 <u>정당해산결정이 헌법적으로 정당화될 수 있다</u>(헌재 2014. 12. 19. 2013헌다1).

● 정답 800. O   800-1. X [단순한 위반이나 저촉 X]   800-2. X [단순한 위반이나 저촉 X, 실질적 해악 구체적 위험성 초래 O]   801. X [부합하지 않음]   802. O   802-1. X [비례원칙에 부합하는지 검토해야 함]

0803 강제적 정당해산은 헌법상 핵심적인 정치적 기본권인 정당활동의 자유에 대한 근본적 제한이므로, 이에 관한 결정을 할 때 헌법 제37조 제2항이 규정하고 있는 비례원칙을 준수해야만 하고, 따라서 헌법 제8조 제4항의 명문규정상 요건이 구비된 경우에도 해당 정당의 위헌적 문제성을 해결할 수 있는 다른 대안적 수단이 없고, 정당해산결정을 통하여 얻을 수 있는 사회적 이익이 정당해산결정으로 인해 초래되는 정당활동자유 제한으로 인한 불이익과 민주주의 사회에 대한 중대한 제약이라는 사회적 불이익을 초과할 수 있을 정도로 큰 경우에 한하여 정당해산결정이 헌법적으로 정당화될 수 있다. 16 법무사   O | X

0803-1 "정당의 목적이나 활동이 민주적 기본질서에 위배될 때"라는 헌법 제8조 제4항의 정당해산 요건이 충족되면, 헌법재판소는 해당 정당의 위헌적 문제성을 해결할 수 있는 다른 대안적 수단이 있는 경우라 하더라도 강제적 정당해산결정을 할 수 있다. 20 소간, 16 변호사   O | X

> **강제적 정당해산**은 헌법상 핵심적인 정치적 기본권인 **정당활동의 자유에 대한 근본적 제한**이므로, 헌법재판소는 이에 관한 결정을 할 때 헌법 제37조 제2항이 규정하고 있는 **비례원칙을 준수**해야만 한다. 따라서 헌법 제8조 제4항의 명문규정상 요건이 구비된 경우에도 해당 정당의 위헌적 문제성을 해결할 수 있는 **다른 대안적 수단이** 없고, 정당해산결정을 통하여 얻을 수 있는 **사회적 이익이** 정당해산결정으로 인해 초래되는 **정당활동 자유 제한으로 인한 불이익**과 민주주의 사회에 대한 중대한 제약이라는 **사회적 불이익을** 초과할 수 있을 정도로 큰 경우에 한하여 **정당해산결정이 헌법적으로 정당화될** 수 있다(헌재 2014. 12. 19. 2013헌다1).

0804 헌법재판소가 정당해산결정을 내리기 위해서는 그 해산결정이 비례원칙에 부합하는지를 숙고해야 하는바, 이 경우의 비례원칙 준수 여부는 통상적으로 기능하는 위헌심사의 척도에 의한다. 22 국가 7   O | X

0804-1 비례원칙 준수 여부는 법률이나 기타 공권력 행사의 위헌 여부를 판단할 때 사용하는 위헌심사의 척도에 해당하므로, 헌법재판소가 정당해산결정을 내리기 위해서는 그 해산결정이 비례원칙에 부합하는지를 판단할 필요가 없다. 21 변호사   O | X

> 강제적 정당해산은 헌법상 핵심적인 정치적 기본권인 정당활동의 자유에 대한 근본적 제한이므로, 헌법재판소는 이에 관한 결정을 할 때 헌법 제37조 제2항이 규정하고 있는 **비례원칙을 준수해야만** 한다. 이 경우의 비례원칙 준수 여부는 그것이 **통상적으로 기능하는 위헌심사의 척도가 아니라** 헌법재판소의 정당해산결정이 충족해야 할 일종의 **헌법적 요건 혹은 헌법적 정당화 사유에 해당한다**(헌재 2014. 12. 19. 2013헌다1).
>
> 📝 **보충설명** 위헌정당해산심판절차에서 헌법재판소가 준수해야 하는 비례원칙은 다른 국가기관에 의한 공권력 행사의 위헌여부를 심사하는 심사척도가 아니라 헌법재판소가 직접 정당해산결정이라는 공권력 행사를 통해 직접 정당의 자유를 제한하는데 있어서 준수해야 하는 요건으로서 비례원칙을 의미한다.

정답 803. O   803-1. X [대안적 수단이 없어야 함]   804. X [통상적 위헌심사 척도에 의하지 않음]   804-1. X [위헌심사 척도 아님, 비례원칙을 준수하였는지 판단해야 함]

03 절차

1 정부의 제소

0805 정당의 목적이나 활동이 민주적 기본질서에 위배될 때에는 정부는 국무회의의 심의를 거쳐 헌법재판소에 정당해산심판을 청구할 수 있다. 21 국가 7, 20 법무사, 15 지방 7 O|X

0805-1 정당해산심판을 청구할 수 있는 권한은 정부가 독점적으로 가진다. 14 국회 8 O|X

0805-2 정당의 목적이나 활동이 민주적 기본질서에 위배될 때에는 국회는 헌법재판소에 그 해산을 제소할 수 있고, 정당은 헌법재판소의 심판에 의하여 해산된다. 19 법무사, 23 경정, 22 경정 O|X

0805-3 정당의 목적이나 활동이 민주적 기본질서에 위배될 때에는 법원은 헌법재판소에 그 해산을 제소할 수 있고, 정당은 헌법재판소의 심판에 의하여 해산된다. 23 경찰 2차 O|X

0805-4 정당은 일반결사와 달리 오직 중앙선거관리위원회의 제소에 따른 헌법재판소의 심판에 의해서만 해산된다. 12 법원 9 O|X

> 헌법재판소법 제55조(정당해산심판의 청구) 정당의 **목적이나 활동이 민주적 기본질서에 위배될 때에는 정부는 국무회의의 심의를 거쳐 헌법재판소에 정당해산심판을 청구할** 수 있다.

0806 대통령은 국무회의의 의장으로서 회의를 소집하고 이를 주재하지만 대통령이 사고로 직무를 수행할 수 없을 경우에는 국무총리가 그 직무를 대행할 수 있고, 대통령이 해외 순방 중인 경우는 '사고'에 해당되므로, 대통령의 직무상 해외 순방 중 국무총리가 주재한 국무회의에서 이루어진 정당해산심판 청구서 제출안에 대한 의결은 위법하지 아니한다. 21 변호사, 19 지방 7 O|X

> 대통령은 국무회의의 의장으로서 회의를 소집하고 이를 주재하지만 대통령이 사고로 직무를 수행할 수 없는 경우에는 국무총리가 그 직무를 대행할 수 있고, **대통령이 해외 순방 중인 경우는 '사고'에 해당되므로, 대통령의 직무상 해외 순방 중 국무총리가 주재한 국무회의에서 이루어진 정당해산심판청구서 제출안에 대한 의결은 위법하지 아니하다**(헌재 2014. 12. 19. 2013헌다1).

2 헌법재판소의 심판

0807 헌법재판소는 정당해산심판의 청구를 받은 때에는 직권 또는 청구인의 신청에 의하여 종국결정의 선고 시까지 피청구인의 활동을 정지하는 결정을 할 수 있다. 23 국회 9, 22 소간, 20 법무사 O|X

0807-1 정당해산심판은 국가권력으로부터 정당의 자유를 보장하기 위한 수단이므로 정당해산결정에 앞서 정당의 활동을 제약하는 가처분결정은 허용되지 아니한다. 21 국회 9 O|X

0807-2 헌법재판소는 정당해산심판의 청구를 받은 때에는 청구인의 신청에 의해서만 종국결정의 선고 시까지 피청구인의 활동을 정지하는 결정을 할 수 있다. 20 국가 7 O|X

0807-3 정당해산심판 청구가 있는 때에 헌법재판소는 직권으로 종국결정의 선고 시까지 피청구인 정당의 활동을 정지하는 결정을 할 수 없다. 15 국회 8 O|X

정답 805. O 805-1. O 805-2. X [국회 X → 정부가 제소] 805-3. X [법원 X → 정부가 제소] 805-4. X [중선위 X → 정부가 제소]
806. O 807. O 807-1. X [정당해산심판 가처분 허용] 807-2. X [직권으로도 가능] 807-3. X [직권으로 가처분 가능]

> **헌법재판소법 제57조(가처분)** 헌법재판소는 **정당해산심판의 청구를 받은 때에는 직권 또는 청구인의 신청**에 의하여 종국결정의 선고 시까지 **피청구인의 활동을 정지하는 결정**을 할 수 있다.

0808 「헌법재판소법」에 특별한 규정이 없는 경우에는 준용조항에 따라 정당해산심판의 성질에 반하지 아니하는 한도에서 민사소송에 관한 법령이 준용된다. 17 지방 7 O | X

0808-1 정당해산심판절차에는 「헌법재판소법」과 「헌법재판소 심판규칙」, 그리고 헌법재판의 성질에 반하지 않는 한도 내에서 형사소송에 관한 법령이 적용된다. 23 소간, 16 경정, 15 국회 8 O | X

0808-2 정당해산심판절차에 관해서는 「헌법재판소법」에 특별한 규정이 있는 경우를 제외하고는 헌법재판의 성질에 반하지 않는 한도에서 행정소송에 관한 법령을 준용한다. 21 국회 9 O | X

> **헌법재판소법 제40조(준용규정)** ① 헌법재판소의 심판절차에 관하여는 이 법에 특별한 규정이 있는 경우를 제외하고는 헌법재판의 성질에 반하지 아니하는 한도에서 **민사소송에 관한 법령을 준용**한다. 이 경우 탄핵심판의 경우에는 형사소송에 관한 법령을 준용하고, 권한쟁의심판 및 헌법소원심판의 경우에는 「행정소송법」을 함께 준용한다.

0809 정당해산심판절차에서는 정당해산심판의 성질에 반하지 않는 한도에서 헌법재판소법 제40조에 따라 민사소송에 관한 법령이 준용될 수 있지만, 민사소송에 관한 법령이 준용되지 않아 법률의 공백이 생기는 부분에 대하여는 헌법재판소가 정당해산심판의 성질에 맞는 절차를 창설할 수 있다. 20 경정, 16 변호사 O | X

민사소송에 관한 법령의 준용이 배제되어 **법률의 공백이 생기는 부분**에 대하여는 **헌법재판소**가 정당해산심판의 성질에 맞는 **절차를 창설하여 이를 메울 수밖에 없다.** 이와 같이 법률의 공백이 있는 경우 정당해산심판제도의 목적과 취지에 맞는 절차를 창설하여 실체적 진실을 발견하고 이에 근거하여 헌법정신에 맞는 결론을 도출해내는 것은 헌법이 헌법재판소에 부여한 고유한 권한이자 의무이다(헌재 2014. 2. 27. 2014헌마7).

0810 정당해산심판절차에 관하여 민사소송에 관한 법령을 준용하도록 한 「헌법재판소법」 제40조 제1항은 헌법상 재판을 받을 권리를 침해하지 않는다. 19 입시, 18 경정 O | X

준용조항은 헌법재판에서의 **불충분한 절차진행규정을 보완**하고, **원활한 심판절차진행을 도모**하기 위한 조항으로, 그 절차보완적 기능에 비추어 볼 때, 소송절차 일반에 준용되는 절차법으로서의 민사소송에 관한 법령을 준용하도록 한 것이 현저히 불합리하다고 볼 수 없다. 또한 '헌법재판의 성질에 반하지 아니하는 한도'에서 민사소송에 관한 법령을 준용하도록 규정하여 정당해산심판의 고유한 성질에 반하지 않도록 적용범위를 한정하고 있는바, 여기서 '헌법재판의 성질에 반하지 않는' 경우란, 다른 절차법의 준용이 헌법재판의 고유한 성질을 훼손하지 않는 경우로 해석할 수 있고, 이는 헌법재판소가 당해 헌법재판이 갖는 고유의 성질·헌법재판과 일반재판의 목적 및 성격의 차이·준용 절차와 대상의 성격 등을 종합적으로 고려하여 구체적·개별적으로 판단할 수 있다. 따라서 **준용조항은 청구인의 공정한 재판을 받을 권리를 침해한다고 볼 수 없다**(헌재 2014. 2. 27. 2014헌마7).

정답 808. O 808-1. X [민사소송에 관한 법령 적용] 808-2. X [민사소송에 관한 법령 준용] 809. O 810. O

0811 정당의 목적이나 활동이 민주적 기본질서에 위배될 때에는 정부는 국무회의의 심의를 거쳐 헌법재판소에 그 해산을 제소할 수 있고 당해 정당의 해산은 헌법재판소 재판관 6인 이상의 찬성으로 결정된다. 23 국회 8   O|X

0811-1 정당해산심판에서 정당해산의 결정을 하기 위해서는 심리에 참여한 재판관 3분의 2 이상의 찬성이 필요하다. 17 지방 7   O|X

0811-2 정당해산의 결정을 하기 위해서는 평의에 참가한 재판관 3분의 2 이상의 찬성이 필요하다. 17 5급   O|X

0811-3 헌법재판소가 정당해산의 결정을 할 때에는 종국심리에 관여한 재판관 과반수의 찬성으로 결정한다. 20 법원 9   O|X

> 헌법재판소법 제55조(정당해산심판의 청구) 정당의 **목적이나 활동**이 **민주적 기본질서**에 위배될 때에는 **정부**는 **국무회의의 심의**를 거쳐 **헌법재판소**에 **정당해산심판**을 **청구**할 수 있다.
>
> 헌법 제113조 ① 헌법재판소에서 법률의 위헌결정, 탄핵의 결정, **정당해산의 결정** 또는 헌법소원에 관한 인용결정을 할 때에는 **재판관 6인 이상의 찬성**이 있어야 한다.

0812 정당해산심판의 청구가 있는 때, 가처분결정을 한 때 및 그 심판이 종료한 때에는 헌법재판소장은 그 사실을 국회와 중앙선거관리위원회에 통지하여야 한다. 15 지방 7   O|X

> 헌법재판소법 제58조(청구 등의 통지) ① 헌법재판소장은 **정당해산심판의 청구**가 있는 때, **가처분결정**을 한 때 및 **그 심판이 종료**한 때에는 그 사실을 **국회와 중앙선거관리위원회**에 **통지**하여야 한다.

0813 정당해산을 명하는 결정서는 피청구인 외에 국회, 정부 및 중앙선거관리위원회에도 송달하여야 한다. 23 변호사, 14 국회 8   O|X

> 헌법재판소법 제58조(청구 등의 통지) ② **정당해산을 명하는 결정서**는 **피청구인** 외에 **국회, 정부 및 중앙선거관리위원회**에도 **송달**하여야 한다.

0814 정당의 해산을 명하는 헌법재판소의 결정은 중앙선거관리위원회가 정당법의 규정에 의하여 해당 정당의 등록말소절차를 한 때에 그 효력이 발생한다. 18 경정   O|X

> 헌법재판소법 제59조(결정의 효력) 정당의 해산을 명하는 **결정이 선고된 때**에는 **그 정당은 해산**된다.

◎ 보충설명 │ 헌법재판소의 결정이 선고된 때 창설적 효력이 발생하며 중앙선거관리위원회의 등록말소와 공고는 확인적 효력에 불과하다.

정답 811. O   811-1. X[재판관 6인 이상 찬성]   811-2. X[평의 X, 재판관 6인 이상 찬성]   811-3. X[재판관 6인 이상 찬성]   812. O   813. O   814. X[헌재 결정이 선고된 때 효력 발생]

0815 정당의 해산을 명하는 헌법재판소의 결정은 중앙선거관리위원회가 「정당법」에 따라 집행한다.
24 경정, 21 국가 7, 20 법무사, 20 소간, 15 국회 9   O | X

0815-1 정당의 해산을 명하는 헌법재판소의 결정은 정부가 「정당법」에 따라 집행한다. 23 국회 8   O | X

0815-2 정당의 해산을 명하는 헌법재판소의 결정은 국회가 「정당법」에 따라 집행한다. 20 5급   O | X

0815-3 정당의 해산을 명하는 헌법재판소의 결정은 헌법재판소가 「정당법」의 규정에 의하여 이를 집행한다.
15 지방 7   O | X

> 헌법재판소법 제60조(결정의 집행) 정당의 해산을 명하는 **헌법재판소의 결정**은 **중앙선거관리위원회**가 **「정당법」에 따라 집행**한다.

0816 헌법재판소의 해산결정의 통지나 중앙당 또는 그 창당준비위원회의 시·도당 창당승인의 취소통지가 있는 때에는 당해 선거관리위원회는 그 정당의 등록을 말소하고 지체 없이 그 뜻을 공고하여야 한다.
22 소간   O | X

0816-1 헌법재판소는 정당에 대한 해산결정을 한 경우 지체 없이 그 뜻을 공고하여야 하며, 그 정당은 당헌이 정하는 바에 따라 잔여 재산을 처분하여야 한다. 12 국회 8   O | X

> 정당법 제47조(해산공고 등) 제45조(자진해산)의 신고가 있거나 헌법재판소의 **해산결정의 통지**나 중앙당 또는 그 창당준비위원회의 시·도당 창당승인의 **취소통지**가 있는 때에는 당해 선거관리위원회는 그 **정당의 등록을 말소**하고 **지체 없이 그 뜻을 공고**하여야 한다.
>
> 정당법 제48조(해산된 경우 등의 잔여재산 처분) ② 제1항의 규정에 의하여 처분되지 아니한 정당의 잔여재산 및 **헌법재판소의 해산결정**에 의하여 **해산된 정당의 잔여재산**은 **국고**에 **귀속**한다.

04 위헌정당강제해산의 효과

0817 정당이 헌법재판소의 결정으로 해산된 때에는 해산된 정당의 강령(또는 기본정책)과 동일하거나 유사한 것으로 정당을 창당하지 못한다. 22 소간   O | X

0817-1 위헌정당으로 헌법재판소 결정에 의해 해산된 정당의 대체정당은 창당할 수 없으며, 해산된 정당의 명칭은 다시 사용할 수 없다. 10 국회 9   O | X

0817-2 정당해산결정이 선고되면, 대체정당의 결성이 금지되나 동일한 당명을 사용하는 것은 가능하다.
19 5급   O | X

0817-3 정당이 헌법재판소의 결정으로 해산된 때에는 해산된 정당의 강령과 동일하거나 유사한 것으로 정당을 창당하지 못할 뿐만 아니라, 해산된 정당과 동일하거나 유사한 명칭은 사용할 수 없다. 15 법무사
                                                                                       O | X

0817-4 헌법재판소의 결정에 의하여 해산된 정당의 명칭과 동일한 명칭은 해산된 날부터 최초로 실시하는 임기만료에 의한 국회의원선거의 선거일까지만 정당의 명칭으로 사용할 수 없다. 20 지방 7   O | X

정답 815. O 815-1. ×[정부 × → 중앙선거관리위원회 O] 815-2. ×[국회 × → 중앙선관위 O] 815-3. ×[헌재 × → 중앙선관위 O]
816. O 816-1. ×[당해 선관위 공고, 잔여재산 국고귀속] 817. O 817-1. O 817-2. ×[동일당명 사용 불가] 817-3. ×[같은 명칭만 불가] 817-4. ×[영구 사용 불가]

> 정당법 제40조(대체정당의 금지) 정당이 헌법재판소의 결정으로 해산된 때에는 **해산된 정당의 강령(또는 기본정책)과 동일하거나 유사한 것으로 정당을 창당하지 못한다.**
>
> 정당법 제41조(유사명칭 등의 사용금지) ② 헌법재판소의 결정에 의하여 **해산된 정당의 명칭과 같은 명칭은** 정당의 명칭으로 **다시 사용하지 못한다.**
>
> 🖉 보충설명 │ 헌법재판소의 결정에 의하여 해산된 정당의 명칭과 같은 명칭은 정당의 명칭으로 다시 사용하지 못한다.

0818 헌법재판소의 결정에 의하여 해산된 정당의 명칭과 같은 명칭은 정당의 명칭으로 다시 사용하지 못하며, 헌법재판소의 해산결정에 의하여 해산된 정당의 잔여재산은 국고에 귀속된다. 13 국가 7   O | X

0818-1 헌법재판소의 해산결정에 의하여 해산된 정당의 잔여재산은 해당 정당의 구성원에게 공정하게 분배한다. 23 국회 9   O | X

> 정당법 제41조(유사명칭 등의 사용금지) ② 헌법재판소의 결정에 의하여 **해산된 정당의 명칭과 같은 명칭은** 정당의 명칭으로 다시 사용하지 못한다.
>
> 정당법 제48조(해산된 경우 등의 잔여재산 처분) ② 제1항의 규정에 의하여 처분되지 아니한 정당의 잔여재산 및 **헌법재판소의 해산결정**에 의하여 **해산된 정당의 잔여재산은 국고에 귀속한다.**

0819 위헌정당의 해산을 명하는 비상상황에서는 국회의원의 국민대표성은 부득이 희생될 수밖에 없으므로 해산 결정된 정당 소속 국회의원의 의원직 상실은 위헌정당해산심판제도의 본질로부터 인정되는 효력이다. 15 서울 7   O | X

이러한 비상상황에서는 <u>국회의원의 국민대표성은 부득이 희생될 수밖에 없다.</u> … 이와 같이 헌법재판소의 해산결정으로 해산되는 <u>정당 소속 국회의원의 의원직 상실은 정당해산심판제도의 본질로부터 인정되는 기본적 효력으로 봄이 상당하므로,</u> 이에 관하여 명문의 규정이 있는지 여부는 고려의 대상이 되지 아니하고, 그 국회의원이 지역구에서 당선되었는지, 비례대표로 당선되었는지에 따라 아무런 차이가 없이, 정당해산결정으로 인하여 신분유지의 헌법적인 정당성을 잃으므로 그 의원직은 상실되어야 한다(헌재 2014. 12. 19. 2013헌다1).

0820 헌법재판소의 해산결정으로 위헌정당이 해산되는 경우에 그 정당 소속 국회의원이 그 의원직을 유지하는지 상실하는지에 대하여 헌법이나 법률에 명문의 규정이 없으나, 정당해산제도의 취지 등에 비추어 볼 때 헌법재판소의 정당해산결정이 있는 경우 그 정당 소속 국회의원의 의원직은 당선 방식을 불문하고 모두 상실되어야 한다. 20 국가 7   O | X

0820-1 헌법재판소의 해산결정으로 정당이 해산되는 경우에 그 정당 소속 국회의원이 의원직을 상실하는지에 대하여 명문의 규정은 없으나 정당해산제도의 취지 등에 비추어 볼 때 헌법재판소의 정당해산결정이 있는 경우 그 정당 소속 국회의원의 의원직은 당선 방식을 불문하고 모두 상실되지 않는다. 23 소간   O | X

0820-2 헌법재판소의 결정으로 정당이 해산될 경우에 정당의 기속성이 강한 비례대표국회의원은 의원직을 상실하나, 국민이 직접 선출한 지역구 국회의원은 의원직을 상실하지 않는다. 19 5급   O | X

0820-3 위헌정당해산이 결정되면 위헌정당에 소속하고 있는 의원 중 비례대표국회의원은 당연히 그 직을 상실하지만 지역구국회의원은 별도의 심사를 거쳐서 그 의원직을 상실한다. 15 국회 9   O | X

● **정답** │ 818. O   818-1. X [해당 정당의 구성원에게 공정하게 분배 X → 국고에 귀속 O]   819. O   820. O   820-1. X [당선 방식 불문 의원직 모두 상실]   820-2. X [당선 방식 불문 의원직 상실]   820-3. X [당선 방식 불문 의원직 상실 (별도 심사 X)]

헌법재판소의 해산결정으로 정당이 해산되는 경우에 그 정당 소속 국회의원이 의원직을 상실하는지에 대하여 명문의 규정은 없으나, 정당해산심판제도의 본질은 민주적 기본질서에 위배되는 정당을 정치적 의사형성과정에서 배제함으로써 국민을 보호하는 데에 있는데 해산정당 소속 국회의원의 의원직을 상실시키지 않는 경우 정당해산결정의 실효성을 확보할 수 없게 되므로, 이러한 정당해산제도의 취지 등에 비추어 볼 때 헌법재판소의 정당해산결정이 있는 경우 그 정당 소속 국회의원의 의원직은 당선 방식을 불문하고 모두 상실되어야 한다(헌재 2014. 12. 19. 2013헌다1).

0821 현행법상 정당이 헌법재판소의 결정으로 해산된 때에는 해산된 정당의 소속 국회의원은 그 의원직을 상실한다는 규정을 두고 있다. 15 경정 O | X

0821-1 어떤 정당이 위헌정당이라는 이유로 해산이 되면 「공직선거법」이 정한 바에 따라 해당 정당에 소속된 모든 국회의원의 의원직이 상실된다. 17 경정, 15 국회 8 O | X

헌법재판소의 해산결정으로 정당이 해산되는 경우에 그 정당 소속 국회의원이 의원직을 상실하는지에 대하여 명문의 규정은 없으나, 정당해산심판제도의 본질은 민주적 기본질서에 위배되는 정당을 정치적 의사형성과정에서 배제함으로써 국민을 보호하는 데에 있는데 해산정당 소속 국회의원의 의원직을 상실시키지 않는 경우 정당해산결정의 실효성을 확보할 수 없게 되므로, 이러한 정당해산제도의 취지 등에 비추어 볼 때 헌법재판소의 정당해산결정이 있는 경우 그 정당 소속 국회의원의 의원직은 당선 방식을 불문하고 모두 상실되어야 한다(헌재 2014. 12. 19. 2013헌다1).

0822 헌법재판소는 위헌정당해산결정으로 정당이 해산되는 경우 정당해산결정의 실효성을 위해 지역구 의원이냐 비례대표 의원이냐를 불문하고 해산된 정당 소속의 국회의원과 지방의회의원은 그 자격을 상실한다고 결정하였다. 16 변호사 O | X

강제해산된 정당소속 지방의원의 자격이 당연히 상실되는가에 대하여는 헌법재판소가 통합진보당 해산 청구 사건에서 명시적인 입장을 밝히지 않았다. 이후 선거관리위원회는 위헌정당으로 해산된 통합진보당 소속 비례대표지방의원의 자격을 상실하는 결정을 내렸으나, 대법원은 비례대표지방의회의원 지위 확인소송에서 헌법재판소의 위헌정당 해산 결정이 내려졌더라도 해당 정당 소속 국회의원과 달리 비례대표 지방의회의원은 해산결정 시 의원의 지위를 상실하는 것은 아니라고 보았다.

0823 「공직선거법」 제192조 제4항은 소속 정당이 헌법재판소의 정당해산결정에 따라 해산된 경우 비례대표 지방의회의원의 퇴직을 규정하는 조항이라고 할 수 없어 헌법재판소의 위헌정당 해산결정에 따라 해산된 정당 소속 비례대표 지방의회의원은 비례대표 지방의회의원의 지위를 상실하지 않는다. 23 소간 O | X

0823-1 위헌정당해산제도의 실효성을 확보하기 위하여 헌법재판소의 위헌정당 해산결정에 따라 해산된 정당 소속 비례대표 지방의회의원은 해산결정 시 의원의 지위를 상실한다. 23 국가 7 O | X

헌법재판소의 위헌정당 해산결정에 따라 해산된 정당 소속 비례대표 지방의회의원 갑이 공직선거법 제192조 제4항에 따라 지방의회 의원직을 상실하는지가 문제 된 사안에서, 공직선거법 제192조 제4항은 소속 정당이 헌법재판소의 정당해산결정에 따라 해산된 경우 비례대표 지방의회의원의 퇴직을 규정하는 조항이라고 할 수 없어 갑이 비례대표 지방의회의원의 지위를 상실하지 않았다(대판 2021. 4. 29. 2016두39825).

●정답 821. ✕ [현행법상 규정은 없음] 821-1. ✕ [공선법상 규정은 없음] 822 ✕ [지방의원직 상실에 대하여는 입장이 없음] 823. O
823-1. ✕ [상실하지 않음]

05 정당해산심판의 재심

0824 정당해산심판은 원칙적으로 해당 정당에게만 그 효력이 미치며, 정당해산결정은 대체정당이나 유사정당의 설립까지 금지하는 효력을 가진다. 19 법원 9   O | X

정당해산심판은 일반적 기속력과 대세적·법규적 효력을 가지는 법령에 대한 헌법재판소의 결정과 달리 원칙적으로 해당 정당에게만 그 효력이 미친다. 또 정당해산결정은 해당 정당의 해산에 그치지 않고 대체정당이나 유사정당의 설립까지 금지하는 효력을 가지므로, 오류가 드러난 결정을 바로잡지 못한다면 현 시점의 민주주의가 훼손되는 것에 그치지 않고 장래 세대의 정치적 의사결정에까지 부당한 제약을 초래할 수 있다(헌재 2016. 5. 26. 2015헌아20).

0825 정당해산심판절차에서는 재심을 허용하지 아니함으로써 얻을 수 있는 법적 안정성의 이익보다 재심을 허용함으로써 얻을 수 있는 구체적 타당성의 이익이 더 크므로 재심을 허용하여야 한다.
24 경정, 21 국회 9, 18 법원 9   O | X

0825-1 정당해산심판절차에서는 재심을 허용하지 아니함으로써 얻을 수 있는 법적 안정성의 이익이 재심을 허용함으로써 얻을 수 있는 구체적 타당성의 이익보다 더 크므로 재심을 허용하여서는 아니 된다.
23 국가 7   O | X

0825-2 정당해산결정의 파급효과를 고려할 때, 재심을 허용하지 아니함으로써 얻을 수 있는 법적 안정성의 이익보다 재심을 허용함으로써 얻을 수 있는 구체적 타당성의 이익이 더 큰 경우에 한하여 제한적으로 인정된다. 20 경정, 19 법원 9   O | X

정당해산심판은 일반적 기속력과 대세적·법규적 효력을 가지는 법령에 대한 헌법재판소의 결정과 달리 원칙적으로 해당 정당에게만 그 효력이 미친다. 또 정당해산결정은 해당 정당의 해산에 그치지 않고 대체정당이나 유사정당의 설립까지 금지하는 효력을 가지므로, 오류가 드러난 결정을 바로잡지 못한다면 현 시점의 민주주의가 훼손되는 것에 그치지 않고 장래 세대의 정치적 의사결정에까지 부당한 제약을 초래할 수 있다. 따라서 정당해산심판절차에서는 재심을 허용하지 아니함으로써 얻을 수 있는 법적 안정성의 이익보다 재심을 허용함으로써 얻을 수 있는 구체적 타당성의 이익이 더 크므로 재심을 허용하여야 한다(헌재 2016. 5. 26. 2015헌아20).

0826 정당해산결정에 관한 재심대상결정의 심판대상은 재심청구인의 목적이나 활동이 민주적 기본질서에 위배되는지, 재심청구인에 대한 해산결정을 선고할 것인지, 해산결정을 할 경우 그 소속 국회의원에 대하여 의원직 상실을 선고할 것인지 여부이고, 이때 원칙적으로 민사소송법이 준용된다. 19 법원 9   O | X

이 재심절차에서는 원칙적으로 민사소송법의 재심에 관한 규정이 준용된다. … 이 사건에서 보면, 재심대상결정의 심판대상은 재심청구인의 목적이나 활동이 민주적 기본질서에 위배되는지, 재심청구인에 대한 해산결정을 선고할 것인지, 해산결정을 할 경우 그 소속 국회의원에 대하여 의원직 상실을 선고할 것인지 여부이다. … 재심청구인의 주장은 모두 적법한 재심사유에 해당하지 아니하고 그 밖에 재심대상결정에 재심사유가 있다고 볼 수 있는 사정이 없으므로, 이 사건 재심청구는 부적법하다(헌재 2016. 5. 26. 2015헌아20).

정답 824. O   825. O   825-1. X [재심을 허용해야 함]   825-2. X [재심허용이익이 더 크므로 재심 허용됨 (제한적 인정 X)]   826. O

Chapter 12 선거제도

POINT 055 선거와 선거권

01 선거와 선거권

0827 선거는 주권자인 국민이 그 주권을 행사하는 통로이므로 국민의 의사를 제대로 반영하고, 국민의 자유로운 선택권을 보장하여야 하며, 정당의 공직선거 후보자의 결정과정이 민주적이어야 한다. 23 경간
O | X

0827-1 선거제도가 민주주의원리 나아가 국민주권의 원리에 부합하기 위해서 국민의 의사를 제대로 반영하고 국민의 자유로운 선택을 보장하여야 한다. 23 국회 9
O | X

> **선거는 주권자인 국민이 그 주권을 행사하는 통로**이므로 선거제도는 첫째, **국민의 의사**를 제대로 반영하고, 둘째, **국민의 자유로운 선택**을 보장하여야 하고, 셋째, 정당의 공직선거 후보자의 결정과정이 민주적이어야 하며, 그렇지 않으면 **민주주의원리** 나아가 **국민주권의 원리**에 부합한다고 볼 수 없다(헌재 2001. 7. 19. 2000헌마91 등).

0828 헌법이 모든 국민은 '법률이 정하는 바에 의하여' 선거권을 가진다고 규정함으로써 법률유보의 형식을 취하고 있지만, 이것은 국민의 선거권이 '법률이 정하는 바에 따라서만 인정될 수 있다'는 포괄적인 입법권의 유보하에 있음을 의미하는 것이 아니다. 21 소간
O | X

0828-1 헌법 제24조는 모든 국민은 법률이 정하는 바에 의하여 선거권을 가진다고 규정함으로써 법률유보의 형식을 취하고 있는데, 이것은 국민의 선거권이 법률이 정하는 바에 따라서 인정될 수 있다는 포괄적인 입법권의 유보하에 있음을 의미하는 것이다. 19 5급
O | X

> 헌법 제24조는 모든 국민은 '**법률이 정하는 바에 의하여**' 선거권을 가진다고 규정함으로써 **법률유보의 형식**을 취하고 있지만, 이것은 국민의 선거권이 '**법률이 정하는 바에 따라서만 인정될 수 있다**'는 포괄적인 **입법권의 유보**하에 있음을 의미하는 것이 **아니다**. 국민의 **기본권을 법률에 의하여 구체화**하라는 뜻이며 **선거권을 법률을 통해 구체적으로 실현**하라는 의미이다(헌재 2007. 6. 28. 2004헌마644 등).

0829 헌법 제24조는 모든 국민은 '법률이 정하는 바에 의하여' 선거권을 가진다고 규정함으로써 법률유보의 형식을 취하고 있지만, 이것은 국민의 기본권을 법률에 의하여 구체화하라는 뜻이며 선거권을 법률을 통해 구체적으로 실현하라는 의미이다. 17 지방 7
O | X

> 헌법 제24조는 모든 국민은 '**법률이 정하는 바에 의하여**' 선거권을 가진다고 규정함으로써 **법률유보의 형식**을 취하고 있지만, 이것은 국민의 선거권이 '**법률이 정하는 바에 따라서만 인정될 수 있다**'는 포괄적인 입법권의 유보하에 있음을 의미하는 것이 아니다. **국민의 기본권을 법률에 의하여 구체화**하라는 뜻이며 **선거권을 법률을 통해 구체적으로 실현**하라는 의미이다(헌재 2007. 6. 28. 2004헌마644 등).

정답 827. O 827-1. O 828. O 828-1. X [포괄적인 입법권의 유보하 X] 829. O

0830 선거권을 제한하는 입법은 헌법 제24조에 의해서 곧바로 정당화될 수는 없고, 헌법 제37조제2항의 규정에 따라 국가안전보장·질서유지 또는 공공복리를 위하여 필요하고 불가피한 예외적인 경우에만 그 제한이 정당화될 수 있으며, 그 경우에도 선거권의 본질적인 내용을 침해할 수 없다. 19 국가 7

O | X

선거권을 제한하는 입법은 위 헌법 제24조에 의해서 곧바로 정당화될 수는 없고, 헌법 제37조 제2항의 규정에 따라 국가안전보장·질서유지 또는 공공복리를 위하여 필요하고 불가피한 예외적인 경우에만 그 제한이 정당화될 수 있으며, 그 경우에도 선거권의 본질적인 내용을 침해할 수 없다(헌재 2007. 6. 28. 2004헌마644 등).

0831 선거권의 제한은 불가피하게 요청되는 개별적·구체적 사유가 존재함이 명백할 경우 정당화될 수 있으며, 막연하고 추상적인 위험이나 국가의 노력에 의해 극복될 수 없는 기술상의 어려움이나 장애 등을 사유로도 그 제한이 정당화될 수 있다. 22 경정

O | X

선거권의 제한은 불가피하게 요청되는 개별적·구체적 사유가 존재함이 명백할 경우에만 정당화될 수 있고, 막연하고 추상적인 위험이나 국가의 노력에 의해 극복될 수 있는 기술상의 어려움이나 장애 등을 사유로 그 제한이 정당화될 수 없다(헌재 2007. 6. 28. 2004헌마644 등).

0832 민주주의 국가에서 국민주권과 대의제 민주주의의 실현수단으로서 선거권이 갖는 중요성 때문에 입법자는 선거권을 최대한 보장하는 방향으로 입법을 하여야 하며, 선거권을 제한하는 법률의 합헌성을 심사하는 경우에는 그 심사의 강도도 엄격하여야 한다. 21 소간

O | X

0832-1 민주주의 국가에서 국민주권과 대의제 민주주의의 실현수단으로서 선거권이 갖는 중요성으로 인해 입법자는 선거권을 최대한 보장하는 방향으로 입법을 하여야 하는 반면, 헌법재판소가 선거권을 제한하는 법률의 합헌성을 심사하는 경우 그 심사 강도는 완화하여야 한다. 22 경정

O | X

민주주의 국가에서 국민주권과 대의제 민주주의의 실현수단으로서 선거권이 갖는 이 같은 중요성으로 인해 한편으로 입법자는 선거권을 최대한 보장하는 방향으로 입법을 하여야 하며, 또 다른 한편에서 선거권을 제한하는 법률의 합헌성을 심사하는 경우에는 그 심사의 강도도 엄격하여야 한다(헌재 2014. 1. 28. 2012헌마409 등).

02 선거권인정 여부

0833 국민대표기관의 선출을 위한 대통령, 국회의원선거와 지방의회의원 및 지방자치단체의 장 선출을 위한 지방선거는 대의제 민주주의의 구현방법이라는 점에서는 동일한 의미의 선거라고 할 수 있으나, 헌법은 이러한 선거제도를 규정하는 방식에 차이를 두고 있다. 21 소간

O | X

헌법은 제24조에서 "모든 국민은 법률이 정하는 바에 따라 선거권을 가진다."고 규정하여 선거권을 헌법상 보장된 권리로 명시하고 있으나 그 구체적 내용의 형성에 관해서는 법률에 위임하고 있다. 국민대표기관의 선출을 위한 대통령, 국회의원 선거와 지방의회의원 및 지방자치단체의 장 선출을 위한 지방선거는 대의제 민주주의의 구현방법이라는 점에서는 동일한 의미의 선거라고 할 수 있으나, 헌법은 이러한 선거제도를 규정하는 방식에 차이를 두고 있다(헌재 2016. 10. 27. 2014헌마797).

정답 830. O 831. X [막연·추상적 위험 & 극복 가능한 어려움·장애 : 정당화 불가 사유] 832. O 832-1. X [완화 X → 엄격 O]
833. O

0834 주민자치제를 본질로 하는 민주적 지방자치제도가 안정적으로 뿌리내린 현 시점에서 지방자치단체의 장 선거권을 지방의회의원 선거권, 나아가 국회의원 선거권 및 대통령 선거권과 구별하여 하나는 법률상의 권리로, 나머지는 헌법상의 권리로 이원화하는 것은 허용될 수 없으므로 지방자치단체의 장 선거권 역시 다른 선거권과 마찬가지로 헌법 제24조에 의해 보호되는 기본권으로 인정하여야 한다. 23 경정, 17 변호사 O | X

0834-1 헌법 제118조 제2항에서는 지방의회의원의 '선거'와 지방자치단체의 장의 '선임방법' 등에 관한 사항을 법률로 정한다고 규정하여 지방의회의원과 지방자치단체의 장을 문언상 다르게 정하고 있으므로, 지방자치단체의 장의 선거권은 「헌법재판소법」제68조 제1항의 '헌법상 보장된 기본권'으로 보기 어렵다. 20 변호사 O | X

0834-2 지방자치단체의 장 선거권은, 지방의회의원 선거권 나아가 국회의원 선거권 및 대통령 선거권과 구별하여 하나는 법률상의 권리로 나머지는 헌법상의 권리로 이원화되기 때문에, 헌법 제24조에 의해 보호되는 기본권으로 인정할 수 없다. 17 국가 7(추) O | X

지방자치단체의 대표인 단체장은 지방의회의원과 마찬가지로 주민의 자발적 지지에 기초를 둔 선거를 통해 선출되어야 한다. … 주민자치제를 본질로 하는 민주적 지방자치제도가 안정적으로 뿌리내린 현 시점에서 **지방자치단체의 장 선거권을 지방의회의원 선거권**, 나아가 **국회의원 선거권 및 대통령 선거권**과 구별하여 하나는 **법률상의 권리로**, 나머지는 **헌법상의 권리로 이원화**하는 것은 **허용될 수 없다**. 그러므로 **지방자치단체의 장 선거권** 역시 다른 선거권과 마찬가지로 **헌법 제24조에 의해 보호되는 기본권으로 인정**하여야 한다(헌재 2016. 10. 27. 2014헌마797).

0835 사법적인 성격을 지니는 농업협동조합의 조합장선거에서 조합장을 선출하거나 조합장으로 선출될 권리, 조합장선거에서 선거운동을 하는 것은 헌법에 의하여 보호되는 선거권의 범위에 포함되지 않는다. 21 변호사 O | X

0835-1 지역농협은 사법인에서 볼 수 없는 공법인적 특성을 많이 가지고 있으므로, 지역농협의 조합장선거에서 조합장을 선출하거나 조합장으로 선출될 권리, 조합장선거에서 선거운동을 하는 것도 헌법에 의하여 보호되는 선거권의 범위에 포함된다. 22 입시, 20 경정, 18 경정, 16 변호사 O | X

0835-2 사법인적인 성격을 지니는 농협·축협의 조합장선거에서 조합장을 선출하거나 선거운동을 하는 것은 헌법에 의하여 보호되는 선거권의 범위에 포함된다. 23 해간, 19 국가 7 O | X

이처럼 사법적인 성격을 지니는 **농협의 조합장선거**에서 조합장을 선출하거나 조합장으로 선출될 권리, 조합장선거에서 선거운동을 하는 것은 헌법에 의하여 보호되는 **선거권의 범위에 포함되지 않는다**(헌재 2012. 2. 23. 2011헌바154).

0836 지역농협은 기본적으로 사법인의 성격을 지니므로 조합장 선거에서 선거운동을 하는 것은 선거권의 범위에 포함되지 않고, 선거운동의 방법에서 금전제공을 금지하는 것은 조합장 후보자의 일반적 행동의 자유를 침해하지 않는다. 15 국가 7 O | X

이처럼 사법적인 성격을 지니는 농협의 조합장선거에서 조합장을 선출하거나 조합장으로 선출될 권리, 조합장선거에서 선거운동을 하는 것은 헌법에 의하여 보호되는 선거권의 범위에 포함되지 않는다. … 이 사건 **금전제공 금지조항**은 지역농협의 조합장선거에 관한 청구인의 **일반적 행동의 자유를 지나치게 제한**하는 것이라 할 수 **없다**(헌재 2012. 2. 23. 2011헌바154).

● 정답 834. O   834-1. X [헌법상 보장된 기본권임]   834-2. X [이원화 X, 헌법상 기본권으로 인정]   835. O   835-1. X [선거권 포함 X]   835-2. X [선거권 포함 X]   836. O

0837 지역농협 임원 선거는 국민주권 내지 대의민주주의 원리와 관계가 있는 단체의 조직구성에 관한 것으로서 공익을 위하여 상대적으로 폭넓은 법률상 규제가 불가능하다. 16 경정, 14 서울 7 O | X

> 지역농협 임원 선거는 국민주권 내지 대의민주주의 원리와 관계없는 단체 내부의 조직구성에 관한 것으로서 공익을 위하여 **상대적으로 폭넓은 법률상 규제가 가능한 점**, … 나아가 이 사건 법률조항으로 인하여 제한되는 표현의 자유가 후보자의 명예를 보호하고 선거의 공정을 해하는 행위를 방지하여 건전한 선거풍토를 조성하려는 공익에 비하여 중하다고 볼 수 없다. 따라서 이 사건 법률조항은 표현의 자유를 침해하지 아니한다(헌재 2013. 7. 25. 2012헌바112).

0838 새마을금고 임원 선거에서 선거운동을 하는 것은 헌법에 의하여 보호되는 선거권의 범위에 포함된다. 22 변호사 O | X

> 헌법 제24조에 의하여 보장되는 선거권이란 국민이 공무원을 선거하는 권리를 의미하는 것으로, **사법인적인 성격을 지니는 새마을금고의 임원 선거**에서 임원을 선출하거나 선거운동을 하는 것은 헌법에 의하여 보호되는 **선거권의 범위에 포함되지 아니한다**(헌재 2018. 2. 22. 2016헌바364).

03 선거의 원칙

0839 현행 헌법은 대통령선거에 관하여 국민의 보통·평등·직접·비밀선거의 원칙을 규정하고 있고, 국회의원선거에 관하여는 위 원칙들에 관한 규정이 없으나, 헌법해석상 당연히 적용되는 것으로 보아야 한다. 20 법원 9, 15 법원 9 O | X

0839-1 헌법 제41조 제1항 및 제67조 제1항은 국회의원 및 대통령 선거에 관한 헌법상 일반원칙으로 보통·평등·직접·비밀·자유선거원칙을 직접 규정하고 있다. 23 국회 8 O | X

0839-2 대통령은 국민의 보통·평등·자유·비밀선거에 의하여 선출한다. 19 법무사 O | X

0839-3 국회는 국민의 보통·평등·직접·공개선거에 의하여 선출된 국회의원으로 구성한다. 16 법무사 O | X

> 헌법 제41조 ① 국회는 국민의 **보통·평등·직접·비밀선거**에 의하여 **선출된 국회의원**으로 구성한다.
> 헌법 제67조 ① 대통령은 국민의 **보통·평등·직접·비밀선거**에 의하여 **선출**한다.

0840 우리 헌법에 명시적으로 규정되어 있지 않지만 자유선거의 원칙은 민주국가의 선거제도에 내재하는 당연한 원리이다. 16 국회 8 O | X

0840-1 자유선거의 원칙은 헌법에서 명문으로 규정하고 있다. 15 법무사 O | X

자유선거의 원칙은 구체적으로 선거운동의 자유를 뜻하며 자유선거의 원칙은 우리 헌법에 명시되어 있지 아니하다.

> 관련판례 **자유선거의 원칙**은 비록 우리 헌법에 **명시되지는 아니하였지만** 민주국가의 선거제도에 내재하는 법원리로서 국민주권의 원리, 의회민주주의의 원리 및 참정권에 관한 규정에서 그 근거를 찾을 수 있다. 이러한 **자유선거의 원칙**은 선거의 전과정에서 요구되는 선거권자의 의사형성의 자유와 의사실현의 자유를 말하고, 구체적으로는 투표의 자유, 입후보의 자유 나아가 **선거운동의 자유를 뜻한다**(헌재 2008. 10. 30. 2005헌바32).

● 정답 837. X [대의민주주의와 무관, 폭넓은 규제 可] 838. X [선거권 포함 X] 839. X [국회의원선거도 헌법상 선거원칙 규정 有] 839-1. X [자유선거원칙은 규정하지 않음] 839-2. X [자유 X → 직접 O] 839-3. X [공개 X → 비밀 O] 840. O 840-1. X [자유선거 헌법상 규정 無]

0841 원칙적으로 모든 국민이 균등하게 선거에 참여할 것을 요청하는 보통·평등선거원칙은 국민의 자기지배를 의미하는 국민주권의 원리에 입각한 민주국가를 실현하기 위한 필수적 요건이다. 23 5급, 14 서울 7

O|X

국민의 참정권에 대한 이러한 민주주의적 요청의 결과가 바로 보통선거의 원칙이다. 즉, 원칙적으로 모든 국민이 균등하게 선거에 참여할 것을 요청하는 **보통·평등선거원칙**은 국민의 자기지배를 의미하는 **국민주권의 원리에 입각한 민주국가를 실현하기 위한 필수적 요건**이다(헌재 1999. 5. 27. 98헌마214).

0842 선거제도의 기본원칙은 선거인, 후보자와 정당은 물론 선거절차와 선거관리에도 적용되며 선거법을 제정하고 개정하는 입법자의 입법형성권 행사에도 당연히 준수하여야 한다. 15 국회 9

O|X

현대 선거제도를 지배하는 보통, 평등, 직접, 비밀, 자유선거의 다섯 가지 원칙은 국민 각자의 인격의 존엄성을 인정하고 그 개인을 정치적 단위로 모든 사람에게 자유로운 선거와 참여의 기회를 균등하게 헌법이 보장하는 데에 기초를 두고 있다. 이러한 **선거제도의 근본원칙**은 **선거인, 입후보자와 정당**은 물론 **선거절차와 선거관리에도 적용되며**, 선거법을 제정하고 개정하는 **입법자의 입법형성권 행사에도 당연히 준수**하여야 한다는 원리이다(헌재 1989. 9. 8. 88헌가6).

POINT 056 보통선거의 원칙

01 보통선거의 원칙

0843 보통선거라 함은 개인의 납세액이나 소유하는 재산을 선거권의 요건으로 하는 제한선거에 대응하는 것으로, 이러한 요건뿐만 아니라 그밖에 사회적 신분·인종·성별·종교·교육 등을 요건으로 하지 않고 일정한 연령에 달한 모든 국민에게 선거권을 인정하는 제도를 말한다. 24 5급

O|X

0843-1 평등선거는 사회적 신분, 재산, 교양 등에 의한 차별 없이 일정연령에 달한 모든 자에게 원칙적으로 선거권을 인정하여야 한다는 원칙이다. 11 국회 9, 10 법원 9

O|X

보통선거라 함은 개인의 납세액이나 소유하는 재산을 선거권의 요건으로 하는 제한선거에 대응하는 것으로 이러한 요건 뿐만 아니라 그밖에 **사회적 신분·인종·성별·종교·교육** 등을 요건으로 하지 않고 **일정한 연령**에 달한 **모든 국민에게 선거권을 인정하는 제도를 말한다**(헌재 1997. 6. 26. 96헌마89).

0844 헌법은 법률이 정하는 바에 따라 모든 국민이 선거권을 가지도록 하고 있는데, 이는 보통선거의 원칙을 의미한다. 23 국회 9

O|X

보통선거의 원칙은 일정한 연령에 달한 모든 국민에게 선거권을 인정하여야 한다는 보통선거의 원칙을 의미한다. 헌법 제24조는 "**모든 국민은 법률이 정하는 바에 의하여 선거권을 가진다.**"고 규정하고 있는바 이는 **보통선거의 원칙을 의미**한다. 따라서 선거권 부인은 보통선거의 원칙에 위반될 수 있다.

> 헌법 제24조 **모든 국민**은 법률이 정하는 바에 의하여 **선거권**을 가진다.

정답 841. O 842. O 843. O 843-1. X [평등선거 X → 보통선거 O] 844. O

0845 보통선거의 원칙에 따라 연령에 의하여 선거권을 제한하는 것은, 국정 참여 수단으로써의 선거권 행사는 일정한 수준의 정치적인 판단능력이 전제되어야 하기 때문이다. 19 입시   O | X

보통선거의 원칙은 선거권자의 능력, 재산, 사회적 지위 등의 실질적인 요소를 배제하고 일정한 연령에 도달한 사람이라면 누구라도 당연히 선거권을 갖는 것을 요구하는데, 그 전제로서 일정한 연령에 이르지 못한 국민에 대하여는 선거권을 제한하는바, **연령에 의하여 선거권을 제한**하는 것은 국정 참여 수단으로서 선거권 행사는 **일정한 수준의 정치적인 판단능력이 전제되어야 하기 때문이다**(헌재 2013. 7. 25. 2012헌마174).

0846 보통선거의 원칙은 선거권자의 능력, 재산, 사회적 지위 등의 실질적인 요소를 배제하고 성년자이면 누구라도 당연히 선거권을 갖는 것을 요구하므로 보통선거의 원칙에 반하는 선거권 제한의 입법을 하기 위해서는 헌법 제37조 제2항의 규정에 따른 한계가 한층 엄격히 지켜져야 한다. 21 국회 8   O | X

보통선거의 원칙은 선거권자의 능력, 재산, 사회적 지위 등의 **실질적인 요소를 배제**하고, **성년자**이면 누구라도 당연히 선거권을 갖는 것을 요구하므로, 보통선거의 원칙에 반하는 **선거권 제한의 입법**을 하기 위해서는 **헌법 제37조 제2항의 규정에 따른 한계가 한층 엄격히 지켜져야 한다**(헌재 2014. 1. 28. 2012헌마409 등).

02 선거권의 적극적 요건

0847 대통령 및 국회의원의 선거권 연령은 헌법에 18세 이상으로 명문화되어 있다. 24 경정   O | X

0847-1 「공직선거법」은 20세 이상의 국민은 대통령 및 국회의원의 선거권이 있다고 규정하고 있다. 18 경정   O | X

> 공직선거법 제15조(선거권) ① **18세 이상의 국민**은 **대통령 및 국회의원의 선거권**이 있다. 다만, 지역구국회의원의 선거권은 18세 이상의 국민으로서 제37조 제1항에 따른 선거인명부작성기준일 현재 다음 각 호의 어느 하나에 해당하는 사람에 한하여 인정된다.

0848 보통선거제도는 일정한 연령에 이르지 못한 국민에 대하여 선거권을 제한하는 것을 당연한 전제로 삼고 있고, 입법자가 선거권 행사연령을 정하는 것은 현저하게 불합리하고 불공정하지 않는 한 재량 범위에 속한다. 23 입시   O | X

0848-1 선거연령을 헌법으로 정하지 아니한 것은 그 자체로 위헌의 소지가 있다. 17 법무사   O | X

보통선거제도는 **일정한 연령**에 이르지 못한 국민에 대하여 **선거권을 제한하는 것**을 당연한 전제로 삼고 있고, 헌법은 제24조에서 모든 국민은 '법률이 정하는바'에 의하여 선거권을 가진다고 규정함으로써 선거권 연령의 구분을 입법자에게 위임하고 있으므로, **보통선거에서 선거권 연령을 몇 세로 정할 것인가의 문제**는 입법자가 그 나라의 역사, 전통과 문화, 국민의 의식수준, 교육적 요소, 미성년자의 신체적·정신적 자율성, 정치적 사회적 영향 등 여러 가지 사항을 종합하여 결정하는 것으로서, **이는 입법자가 입법목적 달성을 위한 선택의 문제이고** 입법자가 선택한 수단이 **현저하게 불합리하고 불공정한 것이 아닌 한 재량에 속하는 것**인바, … 위 법 조항은 18~19세 미성년자들에게 보장된 헌법 제11조 제1항의 평등권이나 제41조 제1항의 보통·평등선거의 원칙에 위반하는 것이 아니다(헌재 2001. 6. 28. 2000헌마111).

정답 845. O 846. O 847. X [헌법에 명문화 X → 공직선거법에 규정 O] 847-1. X [20세 X → 18세 O] 848. O 848-1. X [위헌 소지 없음]

0849 국회의원 선거 연령의 하한을 규정한 법률조항에 대한 위헌심사는 입법자가 입법목적 달성을 위해 선택한 수단이 현저하게 불합리하고 불공정하며 자의적인 입법인지의 여부로 판단한다. 19 입시 O | X

헌법 제24조는 모든 국민은 '법률이 정하는 바'에 의하여 선거권을 가진다고만 규정함으로써 선거권이 인정되는 연령을 어떻게 정할 것인지에 관하여는 입법자에게 위임하고 있다. 입법자는 선거권 연령을 정함에 있어서 우리나라의 역사, 전통과 문화, 국민의 의식수준, 교육적 요소, 신체적·정신적 자율성의 인정 여부, 정치적·사회적 영향 등 여러 가지 사항을 종합하여 재량에 따라 결정할 수 있으나, 국민의 기본권을 보장하여야 한다는 헌법의 기본이념과 연령에 의한 선거권제한을 인정하는 보통선거제도의 취지에 따라 **합리적인 이유에 근거하여** 이루어져야 할 것이며, 그렇지 아니한 **자의적 입법은 헌법상 허용될 수 없다**(헌재 2013. 7. 25. 2012헌마174).

0850 선거권연령을 공무담임권의 연령인 18세와 달리 20세로 규정한 것은 입법부에 주어진 합리적인 재량의 범위를 벗어난 것으로 볼 수 없다. 08 국가 7 O | X

0850-1 선거연령을 20세에서 19세로 낮춘 것은 헌법재판소의 위헌결정에 따른 것이다. 18 5급 O | X

선거권과 공무담임권의 연령을 어떻게 규정할 것인가는 입법자가 입법목적 달성을 위한 선택의 문제이고 입법자가 선택한 수단이 현저하게 불합리하고 불공정한 것이 아닌 한 재량에 속하는 것인바, **선거권연령을 공무담임권의 연령인 18세와 달리 20세로 규정한 것은** 입법부에 주어진 합리적인 **재량의 범위를 벗어난 것으로 볼 수 없다**(헌재 1997. 6. 26. 96헌마89).

📎 **보충설명** 헌법재판소는 선거권연령에 대해 합헌결정을 내린 이후 공직선거법 개정으로 연령이 낮아졌다.

0851 선거권 행사 연령을 19세 이상으로 정하고 있는 공직선거법 조항은 19세 미만인 사람의 선거권 및 평등권을 침해한다. 18 법원 9 O | X

입법자는 우리의 현실상 19세 미만의 미성년자의 경우, 아직 정치적·사회적 시각을 형성하는 과정에 있거나, 일상생활에 있어서도 현실적으로 부모나 교사 등 보호자에게 의존할 수밖에 없는 상황이므로 독자적인 정치적 판단을 할 수 있을 정도로 정신적·신체적 자율성을 충분히 갖추었다고 보기 어렵다고 보고, 선거권 연령을 19세 이상으로 정한 것이다. … 따라서 **선거권 연령을 19세 이상으로** 정한 것이 **입법자의 합리적인 입법재량**의 범위를 벗어난 것으로 볼 수 없으므로, 19세 미만인 사람의 **선거권 및 평등권을 침해하였다고 볼 수 없다**(헌재 2013. 7. 25. 2012헌마174).

0852 「출입국관리법」제10조에 따른 영주의 체류자격 취득일 후 3년이 경과한 18세 이상의 외국인으로서 선거인명부작성기준일 현재 「출입국관리법」제34조에 따라 해당 지방자치단체의 외국인등록대장에 올라 있는 사람은 그 구역에서 선거하는 지방자치단체의 의회의원 및 장의 선거권이 있다. 22 지방 7 O | X

0852-1 국내에 3년 이상 체류하고 있는 18세 이상의 외국인은 모두 지방자치단체장의 선거에서 선거권을 행사할 수 있다. 12 국회 8 O | X

0852-2 「출입국관리법」제10조에 따른 영주의 체류자격 취득일 후 3년이 경과한 외국인은 국회의원의 선거권이 있다. 24 입시 O | X

공직선거법 제15조(선거권) ② 18세 이상으로서 제37조제1항에 따른 선거인명부작성기준일 현재 다음 각 호의 어느 하나에 해당하는 사람은 그 구역에서 선거하는 **지방자치단체의 의회의원 및 장의 선거권**이 있다.
3. 「출입국관리법」제10조에 따른 **영주의 체류자격 취득일 후 3년이 경과한 외국인**으로서 같은 법 제34조에 따라 해당 지방자치단체의 **외국인등록대장**에 올라 있는 사람

● **정답** 849. O   850. O   850-1. X [위헌결정에 의한 개정 아님]   851. X [선거권 및 평등권 침해 X]   852. O   852-1. X [모두 X, 영주의 체류자격 취득일 후 3년 경과 + 외국인등록대장에 올라 있는 외국인]   852-2. X [국회의원 X → 지방의원 및 지자체장 O]

0853 「공직선거법」상 지방선거에서의 외국인의 선거권은 법률상의 권리이다. 14 법원 9   O | X

0853-1 외국인은 대통령선거 및 국회의원선거에서는 선거권이 없으나, 지방선거권이 조례에 의해서 인정되고 있다. 20 법원 9   O | X

> 공직선거법은 제15조 제2항 제2호에서 '영주의 체류자격 취득일로부터 3년이 경과한 19세 이상의 외국인'에 대해서도 일정한 요건 하에 지방선거 선거권을 부여하고 있다. 그런데 **외국인의 지방선거 선거권**은 헌법상의 권리라 할 수는 없고 단지 **공직선거법이 인정**하고 있는 '**법률상의 권리**'에 불과하다(헌재 2007. 6. 28. 2004헌마644 등).

0854 국내거주 재외국민은 주민등록을 할 수 없을 뿐이지 '국민인 주민'이라는 점에서는 '주민등록이 되어 있는 국민인 주민'과 실질적으로 동일하므로, 지방선거 선거권 부여에 있어 양자에 대한 차별을 정당화할 어떠한 사유도 존재하지 않는다. 18 국회 9   O | X

> **국내거주 재외국민**은 주민등록을 할 수 없을 뿐이지 '**국민인 주민**'이라는 점에서는 '주민등록이 되어 있는 국민인 주민'과 **실질적으로 동일**하므로 지방선거 선거권 부여에 있어 양자에 대한 차별을 정당화할 어떠한 사유도 존재하지 않으며, … **국내거주 재외국민**에 대해 그 체류기간을 불문하고 **지방선거 선거권을 전면적·획일적으로 박탈**하는 법 제15조 제2항 제1호, 제37조 제1항은 **국내거주 재외국민의 평등권과 지방의회 의원선거권을 침해**한다(헌재 2007. 6. 28. 2004헌마644 등).

03 선거권의 소극적 요건

1 소극적 요건

0855 피성년후견인은 선거권이 인정된다. 17 서울 7   O | X

> **공직선거법 제18조(선거권이 없는 자)** ① 선거일 현재 다음 각 호의 어느 하나에 해당하는 사람은 **선거권이 없다.**
> 1. **금치산선고를 받은 자**(피성년후견인)

0856 선거일 현재 1년 이상의 징역 또는 금고의 형의 선고를 받고 그 집행이 종료되지 아니하거나 그 집행을 받지 아니하기로 확정되지 아니한 사람은 선거권이 없다. 다만, 그 형의 집행유예를 선고받고 유예기간 중에 있는 사람은 제외한다. 19 서울 7(추)   O | X

0856-1 「공직선거법」상 선거일 현재 1년 이상의 징역 또는 금고의 형의 선고를 받고 그 집행이 종료되지 아니하거나 그 집행을 받지 아니하기로 확정되지 아니한 사람 및 그 형의 집행유예를 선고받고 유예기간 중에 있는 사람은 선거권이 없다. 24 입시, 22 경찰 1차   O | X

0856-2 전면적·획일적으로 수형자의 선거권을 제한하는 「공직선거법」등 관련 규정에 대하여 헌법불합치결정이 선고되었으며, 개정된 현행법은 3년 이상의 금고형 이상을 선고받은 수형자의 선거권을 박탈하도록 되어 있다. 16 국회 8   O | X

> **공직선거법 제18조(선거권이 없는 자)** ① 선거일 현재 다음 각 호의 어느 하나에 해당하는 사람은 **선거권이 없다.**
> 2. **1년 이상의 징역 또는 금고의 형의 선고**를 받고 그 **집행이 종료되지 아니하거나 그 집행을 받지 아니하기로 확정되지 아니한** 사람. 다만, 그 형의 **집행유예를 선고받고 유예기간 중에 있는** 사람은 **제외**한다.

● 정답   853. O   853-1. X [법률에 의해서 인정]   854. O   855. X [선거권 부정]   856. O   856-1. X [집행유예 선고 후 유예기간 중 선거권 인정]   856-2. X [3년 이상 X → 1년 이상 O]

0857 10개월의 징역형을 선고받고 그 집행이 종료되지 아니한 사람은 선거권이 없다. 22 지방 7   O | X

0857-1 강도죄로 2년 징역에 5년의 집행유예를 선고받은 뒤, 유예기간이 종료된 후 1년 지난 자는 선거권이 인정된다. 17 서울 7   O | X

> 공직선거법 제18조(선거권이 없는 자) ① 선거일 현재 다음 각 호의 어느 하나에 해당하는 사람은 **선거권이 없다**.
> 2. **1년 이상의 징역 또는 금고의 형의 선고**를 받고 그 **집행이 종료되지 아니**하거나 그 집행을 받지 아니하기로 확정되지 아니한 사람. 다만, 그 형의 **집행유예**를 선고받고 **유예기간 중**에 있는 사람은 **제외**한다.

2 집행유예자와 수형자의 선거권 제한

0858 집행유예자와 수형자의 선거권 제한은 범죄자가 범죄의 대가로 선고받은 자유형의 본질에서 당연히 도출되는 것이 아니므로, 범죄자의 선거권 제한 역시 보통선거원칙에 기초하여 필요 최소한의 정도에 그쳐야 한다. 18 경정   O | X

> 보통선거원칙 및 그에 기초한 선거권을 법률로써 제한하는 것은 필요 최소한에 그쳐야 한다. **집행유예자와 수형자의 선거권 제한은** 범죄자가 범죄의 대가로 선고받은 자유형의 본질에서 당연히 도출되는 것이 아니므로, 범죄자의 선거권 제한 역시 **보통선거원칙에 기초**하여 **필요 최소한의 정도에 그쳐야 한다**(헌재 2014. 1. 28. 2012헌마409 등).

0859 범죄자에게 형벌의 내용으로 선거권을 제한하는 경우에는 선거권 제한 여부 및 적용범위의 타당성에 대하여 보통선거원칙에 입각한 선거권 보장과 그 제한의 관점에서 엄격한 비례심사를 하여야 한다. 20 국회 8   O | X

> 선거권을 제한하는 입법은 선거의 결과로 선출된 입법자들이 스스로 자신들을 선출하는 주권자의 범위를 제한하는 것이므로 신중해야 한다. **범죄자에게 형벌의 내용으로 선거권을 제한**하는 경우에도 선거권 제한 여부 및 적용범위의 타당성에 관하여 보통선거원칙에 입각한 선거권 보장과 그 제한의 관점에서 **헌법 제37조 제2항에 따라 엄격한 비례심사를** 하여야 한다(헌재 2014. 1. 28. 2012헌마409 등).

0860 집행유예자와 수형자 모두를 구체적인 범죄의 종류나 내용 및 불법성의 정도 등과 관계없이 일률적으로 선거권을 제한하는 것은 헌법에 위배된다. 17 5급   O | X

0860-1 집행유예자와 수형자에 대하여 선거권을 제한하는 것은 과잉금지원칙에 위배하여 선거권을 침해한다고 할 수 없다. 23 국회 8   O | X

0860-2 집행유예자의 경우와 달리 수형자는 그 범행의 불법성이 크다고 보아 그들에 대해 격리된 기간 동안 통치조직의 구성과 공동체의 나아갈 방향을 결정짓는 선거권을 정지시키는 것은 입법목적의 달성에 필요한 정도를 벗어난 과도한 것이 아니다. 15 국가 7   O | X

0860-3 평등선거의 원칙과 선거권 보장의 중요성을 감안할 때, 범죄자의 선거권을 제한할 필요가 있다 하더라도 그가 저지른 범죄의 경중을 전혀 고려하지 않고 수형자와 집행유예자 모두의 선거권을 제한하는 것은 침해의 최소성원칙에 어긋난다. 17 국회 8   O | X

● 정답 857. X [1년 미만의 징역형 : 선거권 인정]   857-1. O   858. O   859. O   860. O   860-1. X [집행유예자 선거권 제한 : 위헌, 수형자 일률적 선거권 제한 : 헌법불합치]   860-2. X [과도함]   860-3. X [평등선거의 원칙 X → 보통선거의 원칙 O]

심판대상조항은 집행유예자와 수형자에 대하여 전면적·획일적으로 선거권을 제한하고 있다. 심판대상조항의 입법목적에 비추어 보더라도, 구체적인 범죄의 종류나 내용 및 불법성의 정도 등과 관계없이 **일률적으로 선거권을 제한**하여야 할 필요성이 있다고 보기는 어렵다. **보통선거의 원칙과 선거권 보장의 중요성**을 감안할 때 선거권의 제한은 **필요 최소한의 범위에서 엄격한 기준에 따라 이루어져야 한다.** 범죄자의 선거권을 제한할 필요가 있다 하더라도 그가 저지른 범죄의 경중을 전혀 고려하지 않고 **수형자와 집행유예자 모두의 선거권을 제한하는 것은 침해의 최소성원칙에 어긋난다**(헌재 2014. 1. 28. 2012헌마409 등).

0861 집행유예기간 중인 사람의 선거권을 제한하는 것은 그의 선거권을 침해하고, 보통선거원칙에 위반하여 평등원칙에 어긋난다. 18 법원 9   O | X

0861-1 집행유예자에 대하여 선거권을 제한한다고 하여 보통선거의 원칙에 위반되는 것은 아니다. 16 국회 8   O | X

심판대상조항의 입법목적에 비추어 보더라도, 구체적인 범죄의 종류나 내용 및 불법성의 정도 등과 관계없이 일률적으로 선거권을 제한하여야 할 필요성이 있다고 보기는 어렵다. 범죄자가 저지른 범죄의 경중을 전혀 고려하지 않고 수형자와 집행유예자 모두의 선거권을 제한하는 것은 침해의 최소성원칙에 어긋난다. 특히 **집행유예자는** 집행유예 선고가 실효되거나 취소되지 않는 한 교정시설에 구금되지 않고 일반인과 동일한 사회생활을 하고 있으므로, 그들의 **선거권을 제한해야 할 필요성이 크지 않다.** 따라서 심판대상조항은 청구인들의 **선거권을 침해하고, 보통선거원칙에 위반**하여 집행유예자와 수형자를 차별취급하는 것이므로 **평등원칙에도 어긋난다**(헌재 2014. 1. 28. 2012헌마409 등).

3 1년 이상의 징역형 또는 금고의 형의 선고를 받은 수형자

0862 1년 이상의 징역형을 선고받고 그 집행이 종료되지 아니한 사람의 선거권을 제한하는「공직선거법」규정은 형사적·사회적 제재를 부과하고 준법의식을 강화한다는 공익이 형 집행기간 동안 선거권을 행사하지 못하는 수형자 개인의 불이익보다 작다고 할 수 없어 수형자의 선거권을 침해하지 아니한다. 18 국가 7   O | X

1년 이상의 징역의 형의 선고를 받은 사람의 선거권을 제한함으로써 형사적·사회적 제재를 부과하고 준법의식을 강화한다는 공익이, 형 집행 기간 동안 선거권을 행사하지 못함으로써 입게 되는 **수형자 개인의 불이익보다 작다고 할 수 없으므로,** 이 사건 법률조항은 법익의 균형성도 갖추고 있다. … 따라서 심판대상조항은 **과잉금지원칙을 위반하여 청구인의 선거권을 침해하지 아니한다**(헌재 2017. 5. 25. 2016헌마292 등).

0863 형 집행 중 가석방 처분을 받았다는 후발적 사유를 고려하지 아니하고 1년 이상의 징역형 선고를 받은 사람의 선거권을 일률적으로 제한하는 것은 불필요한 제한에 해당한다. 18 국회 8   O | X

형 집행 중에 가석방을 받았다고 하여, 형의 선고 당시 법관에 의하여 인정된 범죄의 중대성이 감쇄되었다고 보기 어려운 점을 고려하면, 입법자가 **가석방 처분을 받았다는 후발적 사유를 고려하지 아니하고 1년 이상 징역의 형을 선고받은 사람의 선거권을 일률적으로 제한**하였다고 하여 **불필요한 제한이라고 보기는 어렵다**(헌재 2017. 5. 25. 2016헌마292 등).

정답 861. O   861-1. X [보통선거원칙 위반]   862. O   863. X [불필요한 제한 X]

4 선거범죄자

0864 선거일 현재 선거범으로서 100만원 이상의 벌금형의 선고를 받고 그 형이 확정된 후 5년 또는 형의 집행유예의 선고를 받고 그 형이 확정된 후 10년을 경과하지 아니한 사람은 선거권이 없다. 20 경정, 19 5급 O | X

0864-1 「국민투표법」위반 범죄로 300만원의 벌금형이 확정된 후 4년이 지난 자는 선거권이 인정된다. 17 서울 7 O | X

0864-2 「정치자금법」제45조(정치자금부정수수죄) 위반 범죄로 2년 징역에 5년의 집행유예를 선고받고 형이 확정된 뒤 9년이 지난 자는 선거권이 인정된다. 17 서울 7 O | X

> **공직선거법 제18조(선거권이 없는 자)** ① 선거일 현재 다음 각 호의 어느 하나에 해당하는 사람은 **선거권이 없다.**
> 3. **선거범**, 「**정치자금법**」 **제45조(정치자금부정수수죄)** 및 제49조(선거비용관련 위반행위에 관한 벌칙)에 규정된 죄를 범한 자 또는 대통령·국회의원·지방의회의원·지방자치단체의 장으로서 그 재임중의 직무와 관련하여 「형법」(「특정범죄가중처벌 등에 관한 법률」 제2조에 의하여 가중처벌되는 경우를 포함한다) 제129조(수뢰, 사전수뢰) 내지 제132조(알선수뢰)·「특정범죄가중처벌 등에 관한 법률」 제3조(알선수재)에 규정된 죄를 범한 자로서, **100만원 이상의 벌금형의 선고**를 받고 그 형이 확정된 후 **5년** 또는 **형의 집행유예**의 선고를 받고 그 형이 확정된 후 **10년**을 경과하지 아니하거나 **징역형의 선고**를 받고 그 집행을 받지 아니하기로 확정된 후 또는 그 형의 집행이 종료되거나 면제된 후 10년을 경과하지 아니한 자(刑이 失效된 者도 포함한다)
> ② 제1항제3호에서 "**선거범**"이라 함은 제16장 벌칙에 규정된 죄와 「**국민투표법**」 **위반의 죄를 범한 자**를 말한다.

0865 선거범으로서 100만원 이상의 벌금형의 선고를 받고 그 형이 확정된 후 5년을 경과하지 아니한 자 또는 형의 집행유예의 선고를 받고 그 형이 확정된 후 10년을 경과하지 아니한 자에게 선거권을 부여하지 않는 「공직선거법」 조항은 선거권을 침해하지 않는다. 20 국회 8.19 경정 O | X

0865-1 선거범으로서 100만 원 이상의 벌금형을 선고를 받고 그 형이 확정된 후 5년을 경과하지 아니한 자 또는 형의 집행유예의 선고를 받고 그 형이 확정된 후 10년을 경과하지 아니한 자의 선거권을 제한하는 규정은 국민주권과 대의제 민주주의의 실현수단으로서 선거권이 가지는 의미와 보통선거원칙의 중요성을 감안하면, 필요 최소한을 넘어 과도한 제한으로서 이들 선거범의 선거권을 침해한다. 18 국가 7 O | X

> 선거권제한조항은 선거의 공정성을 확보하기 위한 것으로서, 선거권 제한의 대상과 요건, 기간이 제한적인 점, 선거의 공정성을 해친 바 있는 선거범으로부터 부정선거의 소지를 차단하여 공정한 선거가 이루어지도록 하기 위하여는 선거권을 제한하는 것이 효과적인 방법인 점, … 등을 종합하면, 선거권제한조항은 청구인들의 **선거권을 침해한다고 볼 수 없다**(헌재 2018. 1. 25. 2015헌마821 등).

POINT 057 재외선거제도

01 재외선거제도

0866 선거권을 가지고 선거일 전 30일 현재 확정된 재외선거인명부에 올라 있는 재외국민은 미국에 거주하면서 대통령선거권을 행사할 수 있다. 16 국가 7 O | X

● 정답 864. O   864-1. X [5년 경과 후 선거권 인정]   864-2. X [10년 경과 후 선거권 인정]   865. O   865-1. X [선거권 침해 X]   866. O

선거권을 가지고 있는 **재외국민**은 국내에 **주민등록이 없더라도** 재외선거인 등록신청을 하여 선거일 전 30일에 확정되는 **재외선거인** 명부에 올라 있는 경우 외국에서 **대통령선거권과 비례대표국회의원선거권을** 행사할 수 있다.

0867 선거권을 가지고 선거일 전 30일 현재 확정된 재외선거인명부에 올라 있는 재외국민은 미국에 거주하면서 임기만료에 따른 비례대표국회의원선거권을 행사할 수 있다. 16 국가 7 O|X

선거권을 가지고 있는 **재외국민**은 국내에 **주민등록이 없더라도** 재외선거인 등록신청을 하여 선거일 전 30일에 확정되는 **재외선거인** 명부에 올라 있는 경우 외국에서 **대통령선거권과 비례대표국회의원선거권을** 행사할 수 있다.

0868 선거권을 가지고 선거일 전 30일 현재 확정된 재외선거인명부에 올라 있는 재외국민은 미국에 거주하면서 국회의원 재·보궐선거권을 행사할 수 있다. 16 국가 7 O|X

선거권을 가지고 있는 **재외국민**은 국내에 **주민등록이 없더라도** 재외선거인 등록신청을 하여 선거일 전 30일에 확정되는 **재외선거인** 명부에 올라 있는 경우 외국에서 **대통령선거권과 비례대표국회의원선거권을** 행사할 수 있다. 그러나 국내에 주민등록이 없는 재외국민의 **지역구국회의원선거권, 국회의원 재·보궐선거권** 및 **지방선거권은** 인정되지 않는다.

0869 선거권을 가지고 선거일 전 30일 현재 확정된 재외선거인명부에 올라 있는 재외국민은 미국에 거주하면서 임기만료에 따른 비례대표지방의회의원선거권을 행사할 수 있다. 16 국가 7 O|X

선거권을 가지고 있는 **재외국민**은 국내에 **주민등록이 없더라도** 재외선거인 등록신청을 하여 선거일 전 30일에 확정되는 **재외선거인** 명부에 올라 있는 경우 외국에서 **대통령선거권과 비례대표국회의원선거권을** 행사할 수 있다. 그러나 국내에 주민등록이 없는 재외국민의 **지역구국회의원선거권, 국회의원 재·보궐선거권** 및 **지방선거권은** 인정되지 않는다.

02 관련판례

0870 단지 주민등록이 되어 있는지 여부에 따라 선거인명부에 오를 자격을 결정하여 그에 따라 선거권 행사 여부가 결정되도록 함으로써 엄연히 대한민국의 국민임에도 불구하고 「주민등록법」상 주민등록을 할 수 없는 재외국민의 선거권 행사를 전면적으로 부정하고 있는 것은 재외국민의 선거권을 침해하고 보통선거원칙에도 위반된다. 17 변호사 O|X

0870-1 「주민등록법」상 주민등록을 할 수 없는 재외국민의 대통령 선거권 행사를 전면 부정하는 것은 헌법에 위배되지 않는다. 22 경정 O|X

단지 **주민등록이 되어 있는지** 여부에 따라 선거인명부에 오를 자격을 결정하여 그에 따라 **선거권 행사 여부가 결정되도록** 함으로써 엄연히 대한민국의 국민임에도 불구하고 주민등록법상 **주민등록을 할 수 없는 재외국민의 선거권 행사를 전면적으로 부정**하고 있는 법 제37조 제1항은 어떠한 정당한 목적도 찾기 어려우므로 헌법 제37조 제2항에 위반하여 **재외국민의 선거권과 평등권을 침해**하고 **보통선거원칙에도 위반**된다(헌재 2007. 6. 28. 2004헌마644 등).

정답 867. O 868. X [국회의원 재·보궐선거권 행사 불가] 869. X [지방선거권 행사 불가] 870. O 870-1. X [헌법에 위배됨]

0871 대통령선거에 있어서 직업이나 학문 등의 사유로 자진 출국한 자들이 선거권을 행사하려고 하면 반드시 귀국해야 하고 귀국하지 않으면 선거권 행사를 못하도록 하는 것은 헌법이 보장하는 해외체류자의 국외 거주·이전의 자유, 직업의 자유, 공무담임권, 학문의 자유 등의 기본권을 희생하도록 강요한다는 점에서 부적절하다. 16 지방 7 O | X

직업이나 학문 등의 사유로 자진 출국한 자들이 선거권을 행사하려고 하면 반드시 귀국해야 하고 **귀국하지 않으면 선거권 행사를 못하도록 하는 것은** 헌법이 보장하는 해외체류자의 국외 거주·이전의 자유, 직업의 자유, 공무담임권, 학문의 자유 등의 **기본권을 희생하도록 강요한다는 점에서 부적절**하며, … 헌법 제37조 제2항에 위반하여 국외거주자의 선거권과 평등권을 침해하고 보통선거원칙에도 위반된다(헌재 2007. 6. 28. 2004헌마644 등).

0872 선거인명부에 오를 자격이 있는 국내거주자에 대해서만 부재자신고를 허용함으로써 재외국민과 단기해외체류자 등 국외거주자 전부의 국정선거권을 부인하고 있는 구 「공직선거법」 조항은 정당한 입법목적을 갖추지 못한 것으로 헌법 제37조 제2항에 위반하여 국외거주자의 선거권과 평등권을 침해하고 보통선거원칙에도 위반된다. 23 국회 8 O | X

0872-1 부재자투표는 선거인명부에 오를 자격이 있는 국내거주자에게만 인정되고, 재외국민이나 단기해외체류자 등 국외거주자에게는 선거기술상의 이유로 인정되기가 어렵다. 11 국회 9, 07 국가 7 O | X

선거인명부에 오를 자격이 있는 **국내 거주자에 대해서만 부재자신고를 허용**함으로써 재외국민과 단기해외체류자 등 **국외거주자 전부의 국정선거권을 부인**하는 것은 정당한 입법목적을 갖추지 못한 것으로 헌법 제37조 제2항에 위반하여 **국외 거주자의 선거권과 평등권을 침해**하고 **보통선거원칙에도 위반**된다(헌재 2007. 6. 28. 2004헌마644 등).

0873 주민등록과 국내거소신고를 기준으로 지역구 국회의원 선거권을 인정하는 것은 해당 국민의 지역적 관련성을 확인하는 합리적인 방법으로, 주민등록이 되어 있지 않고 국내거소신고도 하지 않은 재외국민의 임기만료 지역구 국회의원 선거권을 인정하지 않은 것은 선거권을 침해한다고 볼 수 없다. 20 경정, 19 입시 O | X

0873-1 주민등록과 국내거소신고를 기준으로 지역구 국회의원 선거권을 인정하는 것은 해당 국민의 지역적 관련성을 확인하는 합리적인 방법이라고 볼 수 없다. 23 해간 O | X

0873-2 특정한 지역구의 국회의원선거에 투표하기 위해서는 국민이라는 자격만으로 충분하므로, 주민등록이 되어 있지 않고 국내거소신고도 하지 않은 재외국민에게 임기만료지역구국회의원선거권을 인정하지 않은 것은 그 재외국민의 선거권을 침해하고 보통선거원칙에도 위배된다. 17 변호사 O | X

지역구국회의원은 국민의 대표임과 동시에 소속지역구의 이해관계를 대변하는 역할을 하고 있다. 전국을 단위로 선거를 실시하는 대통령선거와 비례대표국회의원선거에 투표하기 위해서는 국민이라는 자격만으로 충분한 데 반해, 특정한 **지역구의 국회의원선거에 투표하기 위해서는 '해당 지역과의 관련성'이 인정되어야** 한다. **주민등록과 국내거소신고를 기준으로 지역구국회의원선거권을 인정하는 것은 해당 국민의 지역적 관련성을 확인하는 합리적인 방법**이다. 따라서 선거권조항과 재외선거인 등록신청조항이 **재외선거인의 임기만료지역구국회의원선거권을 인정하지 않은 것이 재외선거인의 선거권을 침해하거나 보통선거원칙에 위배된다고 볼 수 없다**(헌재 2014. 7. 24. 2009헌마256 등).

정답 871. O 872. O 872-1. X [국외거주자에게도 인정됨] 873. O 873-1. X [합리적인 방법임] 873-2. X [선거권 침해 및 보통선거 위반 아님]

0874 주민등록이 되어 있지 않고 국내거소신고도 하지 않은 재외국민에게 국회의원 재·보궐선거의 선거권을 인정하지 않은 「공직선거법」상 재외선거인 등록신청조항은, 선거제도를 현저히 불합리하거나 불공정하게 형성한 것이므로 그 재외국민의 선거권을 침해하고 보통선거원칙에도 위배된다. 17 변호사 O | X

0874-1 주민등록이 되어 있지 않고 국내거소신고도 하지 않은 재외국민에게 국회의원 재·보궐선거의 선거권을 부여하지 않는 「공직선거법」 조항은 재외국민의 선거권을 침해한다. 23 입시 O | X

입법자는 재외선거제도를 형성하면서, 잦은 재·보궐선거는 재외국민으로 하여금 상시적인 선거체제에 직면하게 하는 점, 재외 재·보궐선거의 투표율이 높지 않을 것으로 예상되는 점, 재·보궐선거 사유가 확정될 때마다 전 세계 해외 공관을 가동하여야 하는 등 많은 비용과 시간이 소요된다는 점을 종합적으로 고려하여 재외선거인에게 **국회의원의 재·보궐선거권을 부여하지 않았다고 할** 것이고, 이와 같은 선거제도의 형성이 **현저히 불합리하거나 불공정**하다고 볼 수 **없다.** 따라서 재외선거인 등록신청조항은 재외선거인의 **선거권을 침해하거나 보통선거원칙에 위배된다고 볼 수 없다**(헌재 2014. 7. 24. 2009헌마256 등).

0875 재외투표기간 개시일에 임박하여 또는 재외투표기간 중에 재외선거사무 중지결정이 있었고 그에 대한 재개결정이 없었던 예외적인 상황에서 재외투표기간 개시일 이후에 귀국한 재외선거인 및 국외부재자신고인에 대하여 국내에서 선거일에 투표할 수 있도록 하는 절차를 마련하지 않았더라도 선거권을 침해하지 않는다. 23 경정 O | X

심판대상조항은 형식적으로 재외선거인등의 선거권 자체를 부정하지는 아니하지만, 일정한 경우에는 사실상 재외선거인등의 선거권을 부정하는 것과 다름없는 결과를 초래할 수 있다. 따라서 심판대상조항이 재외선거인등의 선거권을 침해하는지 여부는 과잉금지원칙에 따라 심사한다. … 심판대상조항을 통해 달성하고자 하는 선거의 공정성은 매우 중요한 가치이다. 그러나 선거의 공정성도 결국에는 선거인의 선거권이 실질적으로 보장될 때 비로소 의미를 가진다. 심판대상조항의 불충분·불완전한 입법으로 인한 청구인의 선거권 제한을 결코 가볍다고 볼 수 없으며, 이는 심판대상조항으로 인해 달성되는 공익에 비해 작지 않다. 따라서 심판대상조항은 **과잉금지원칙에 위배되어 청구인의 선거권을 침해**한다(헌재 2022.1.27. 2020헌마895).

0876 재외선거인으로 하여금 선거를 실시할 때마다 재외선거인 등록신청을 하도록 한 「공직선거법」상 재외선거인 등록신청조항은 재외선거인의 선거권을 침해한다. 21 경정 O | X

재외선거인의 등록신청서에 따라 재외선거인명부를 작성하는 방법은 해당 선거에서 투표할 권리가 있는지 확인함으로써 투표의 혼란을 막고, 선거권이 있는 재외선거인을 재외선거인명부에 등록하기 위한 합리적인 방법이다. 따라서 재외선거인 등록신청조항이 재외선거자로 하여금 **선거를 실시할 때마다 재외선거인 등록신청**을 하도록 규정한 것이 **재외선거인의 선거권을 침해한다고 볼 수 없다**(헌재 2014. 7. 24. 2009헌마256 등).

0877 입법자가 재외선거인을 위하여 인터넷투표방법이나 우편투표방법을 채택하지 아니하고 원칙적으로 공관에 설치된 재외투표소에 직접 방문하여 투표하는 방법을 채택하는 것은 현저히 불합리하거나 불공정하다고 할 수 없다. 18 국회 9 O | X

입법자가 선거 공정성 확보의 측면, 투표용지 배송 등 선거기술적인 측면, 비용 대비 효율성의 측면을 종합적으로 고려하여, 인터넷투표방법이나 우편투표방법을 채택하지 아니하고 원칙적으로 공관에 설치된 **재외투표소에 직접 방문하여 투표**하는 방법을 채택한 것이 현저히 불공정하고 불합리하다고 볼 수는 없으므로, 재외선거 투표절차조항은 **재외선거인의 선거권을 침해하지 아니한다**(헌재 2014. 7. 24. 2009헌마256 등).

정답 874. X [선거권 침해 및 보통선거 위반 아님] 874-1. X [선거권 침해 X] 875. X [선거권 침해] 876. X [선거권 침해 X] 877. O

POINT 058　피선거권

0878 대통령으로 선거될 수 있는 자는 국회의원의 피선거권이 있고, 선거일 현재 40세에 달하여야 한다.
23 입시, 22 입시, 21 법원 9, 20 소간, 12 국회 9, 10 법원 9
O | X

0878-1 대통령으로 선거될 수 있는 자는 국회의원의 피선거권이 있고 선거기간개시일 현재 40세에 달하여야 한다. 22 경정
O | X

0878-2 대통령으로 선거될 수 있는 자는 국회의원의 피선거권이 있고 선거일 현재 45세에 달하여야 한다. 20 5급
O | X

> 헌법 제67조 ④ 대통령으로 선거될 수 있는 자는 **국회의원의 피선거권**이 있고 **선거일 현재 40세**에 달하여야 한다.

0879 대통령 피선거권자의 연령은 헌법상 제한되어 있다. 09 국가 7
O | X

0879-1 대통령의 피선거연령을 만 35세로 낮추는 것은 헌법을 개정하지 않고서도 채택할 수 있다. 20 경정
O | X

> 헌법 제67조 ④ 대통령으로 선거될 수 있는 자는 **국회의원의 피선거권**이 있고 **선거일 현재 40세**에 달하여야 한다.

0880 대통령선거에 입후보하기 위해서는 선거일 현재 5년 이상 국내에 거주하고 있는 40세 이상의 국민이어야 한다. 12 지방 7
O | X

0880-1 「공직선거법」상 대통령의 피선거권 자격에서 40세 이상의 국민일 것을 요건으로 할 뿐 거주기간의 제한은 없다. 24 입시
O | X

0880-2 40세 이상의 국민은 누구든지 대통령의 피선거권이 있다. 18 경정
O | X

0880-3 대통령으로 선거될 수 있는 자는 국회의원의 피선거권이 있고, 선거일 현재 40세에 달하여야 하며, 3년 이상 국내에 거주하고 있어야 한다. 24 소간
O | X

0880-4 헌법은 대통령의 피선거권의 요건으로 선거일 현재 5년 이상 국내거주를 규정하고 있다. 13 서울 7
O | X

> 헌법 제67조 ④ 대통령으로 선거될 수 있는 자는 **국회의원의 피선거권**이 있고 **선거일 현재 40세**에 달하여야 한다.
> 공직선거법 제16조(피선거권) ① 선거일 현재 **5년 이상 국내**에 거주하고 있는 **40세 이상의 국민**은 **대통령의 피선거권**이 있다. 이 경우 **공무로 외국에 파견된 기간**과 국내에 주소를 두고 일정기간 외국에 체류한 기간은 국내거주기간으로 본다.

● 정답　878. O　878-1. X [선거기간개시일 X → 선거일 O]　878-2. X [45세 X → 40세 O]　879. O　879-1. X [헌법개정사항임]　880. O
880-1. X [5년 이상 국내거주 기간 제한 有]　880-2. X [5년 이상 국내거주 요건 필요 (누구든지 X)]　880-3. X [3년 이상 국내거주 X → 5년 이상 국내거주 O]　880-4. X [헌법 X → 공선법 O]

0881 선거일 현재 5년 이상 국내에 거주하고 있는 40세 이상의 국민은 대통령의 피선거권이 있으며, 이 경우 공무로 외국에 파견된 기간과 국내에 주소를 두고 일정기간 외국에 체류한 기간은 국내거주기간으로 본다. 21 국가 7, 19 5급 O | X

0881-1 선거일 현재 5년 이상 국내에 거주하고 있는 40세 이상의 국민은 대통령의 피선거권이 있다. 그러나 국내에 주소를 두고 일정기간 외국에 체류한 기간은 국내거주기간으로 보지 아니한다. 11 법원 9 O | X

> 공직선거법 제16조(피선거권) ① 선거일 현재 **5년 이상 국내에 거주**하고 있는 **40세 이상의 국민은 대통령의 피선거권**이 있다. 이 경우 **공무로 외국에 파견된 기간과 국내에 주소를 두고 일정기간 외국에 체류한 기간은 국내거주기간**으로 본다.

0882 「공직선거법」상 선거일 현재 40세 이상의 국민은 대통령의 피선거권이 있고, 18세 이상의 국민은 국회의원의 피선거권이 있다. 19 서울 7(추)(변형) O | X

0882-1 25세 이상의 국민은 대통령선거와 국회의원선거에서 피선거권이 있다. 18 5급 O | X

0882-2 「공직선거법」은 20세 이상의 국민은 국회의원의 피선거권이 있다고 규정하고 있다. 18 경정(변형) O | X

> 공직선거법 제16조(피선거권) ① 선거일 현재 **5년 이상 국내에 거주**하고 있는 **40세 이상의 국민은 대통령의 피선거권**이 있다. 이 경우 **공무로 외국에 파견된 기간과 국내에 주소를 두고 일정기간 외국에 체류한 기간은 국내거주기간**으로 본다.
> ② **18세 이상의 국민은 국회의원의 피선거권**이 있다.

0883 선거일 현재 금고 이상의 형의 선고를 받고 그 형이 실효되지 아니한 자는 피선거권이 없다. 21 5급 O | X

> 공직선거법 제19조(피선거권이 없는 자) 선거일 현재 다음 각 호의 어느 하나에 해당하는 자는 **피선거권이 없다.**
> 1. 제18조(**선거권이 없는** 자)제1항제1호·제3호 또는 제4호에 해당하는 자
> 2. **금고 이상의 형의 선고**를 받고 그 형이 실효되지 아니한 자

0884 '외국의 영주권을 취득한 재외국민'과 같이 법령의 규정상 주민등록이 불가능한 재외국민인 주민의 지방선거 피선거권을 부인하도록 한 규정은 국내거주 재외국민의 공무담임권을 침해한다. 17 변호사 O | X

> '**외국의 영주권을 취득한 재외국민**'과 같이 주민등록을 하는 것이 법령의 규정상 아예 불가능한 자들이라도 지방자치단체의 주민으로서 오랜 기간 생활해 오면서 그 지방자치단체의 사무와 얼마든지 밀접한 이해관계를 형성할 수 있고, 주민등록이 아니더라도 그와 같은 거주 사실을 공적으로 확인할 수 있는 방법은 존재한다는 점, … **주민등록만을 기준으로** 함으로써 **주민등록이 불가능한 재외국민인 주민의 지방선거 피선거권을 부인**하는 법 제16조 제3항은 헌법 제37조 제2항에 위반하여 **국내거주 재외국민의 공무담임권을 침해한다**(헌재 2007. 6. 28. 2004헌마644 등).

● 정답 881. ○   881-1. ×[국내거주기간으로 봄]   882. ○   882-1. ×[대통령 40세 이상, 국회의원 18세 이상]   882-2. ×[18세 이상]
883. ○   884. ○

POINT 059   후보자

01   정당의 후보자추천

0885 정당이 비례대표국회의원선거에 후보자를 추천하는 때에는 그 후보자 중 100분의 50 이상을 여성으로 추천하되, 그 후보자명부의 순위의 매 홀수에는 여성을 추천하여야 한다. 24 5급, 20 입시   O | X

0885-1 정당이 비례대표국회의원선거 및 비례대표지방의회의원선거에 후보자를 추천하는 때에는 그 후보자 중 100분의 30 이상을 여성으로 추천하되, 그 후보자명부의 순위의 매 홀수에는 여성을 추천하여야 한다. 21 경정, 19 입시, 18 법무사   O | X

> 공직선거법 제47조(정당의 후보자추천) ③ 정당이 **비례대표**국회의원선거 및 **비례대표**지방의회의원선거에 후보자를 추천하는 때에는 그 후보자 중 **100분의 50 이상을 여성으로** 추천하되, 그 후보자명부의 순위의 **매 홀수에는 여성을 추천**하여야 한다.

0886 정당이 임기만료에 따른 지역구국회의원선거에 후보자를 추천하는 때에는 전국지역구총수의 100분의 30 이상을 여성으로 추천하도록 노력하여야 한다. 20 입시   O | X

> 공직선거법 제47조(정당의 후보자추천) ④ 정당이 임기만료에 따른 **지역구국회의원선거** 및 **지역구지방의회의원선거**에 후보자를 추천하는 때에는 각각 전국지역구총수의 **100분의 30 이상을 여성으로 추천하도록 노력**하여야 한다.

02   당내경선

0887 당내경선에서 경선후보자로서 당해 정당의 후보자로 선출되지 아니한 자는 원칙적으로 당해 선거의 같은 선거구에서 무소속의 후보자로 등록할 수 있다. 14 국회 8   O | X

0887-1 정당이 당내경선을 실시하는 경우 경선후보자로서 당해 정당의 후보자로 선출되지 아니한 자는 설사 후보자로 선출된 자가 사퇴·사망·피선거권 상실 또는 당적의 이탈·변경 등으로 그 자격을 상실한 때에도 당해 선거의 같은 선거구에서는 후보자로 등록될 수 없다. 14 서울 7   O | X

> 공직선거법 제57조의2(당내경선의 실시) ② 정당이 당내경선[당내경선(여성이나 장애인 등에 대하여 당헌·당규에 따라 가산점 등을 부여하여 실시하는 경우를 포함한다)의 후보자로 등재된 자(이하 "경선후보자"라 한다)를 대상으로 정당의 당헌·당규 또는 경선후보자간의 서면합의에 따라 실시한 당내경선을 대체하는 여론조사를 포함한다]을 실시하는 경우 경선후보자로서 **당해 정당의 후보자로 선출되지 아니한 자**는 당해 선거의 같은 선거구에서는 **후보자로 등록될 수 없다**. 다만, 후보자로 선출된 자가 사퇴·사망·피선거권 상실 또는 당적의 이탈·변경 등으로 그 **자격을 상실한 때에는 그러하지 아니하다**.

0888 당내경선에서 이루어지는 경선운동은 원칙적으로 공직선거에서의 당선 또는 낙선을 위한 행위인 선거운동에 해당하지 않으나, 경선운동을 금지하는 조항이 과잉금지원칙에 반하는지 여부를 판단할 때에는 엄격한 심사기준이 적용되어야 한다. 22 법무사   O | X

정답 885. O   885-1. X [100분의 50 이상 여성 추천]   886. O   887. X [등록할 수 없음]   887-1. X [후보자로 선출된 자가 자격 상실 시 등록 가능]   888. O

당내경선은 공직선거 자체와는 구별되는 정당 내부의 자발적인 의사결정에 해당하고, **경선운동은** 원칙적으로 **공직선거에서의 당선 또는 낙선을 위한 행위인 선거운동에 해당하지 않는다.** 따라서 당내경선의 형평성과 공정성을 담보하기 위해서 국가가 개입하여야 하는 정도가 공직선거와 동등하다고 보기는 어렵다. 이와 같은 당내경선 및 경선운동의 내용 및 성질과 경선운동은 정치적 표현의 자유의 보호영역에 속하는 점 등을 고려하면, 심판대상조항이 과잉금지원칙에 반하는지 여부를 판단할 때에는 **엄격한 심사기준이 적용되어야 한다**(헌재 2022. 6. 30. 2021헌가24).

0889 서울교통공사의 상근직원은 서울교통공사의 경영에 관여하거나 실질적인 영향력을 미칠 수 있는 권한이 있다고 인정하기 어려우므로, 당원이 아닌 자에게도 투표권을 부여하여 실시하는 당내경선에서 서울교통공사의 상근직원이 경선운동을 할 수 없도록 일률적으로 금지·처벌하는 것은 정치적 표현의 자유를 과도하게 제한하는 것이다. 23 법원 9   O | X

서울교통공사의 상근직원은 서울교통공사의 경영에 관여하거나 실질적인 영향력을 미칠 수 있는 권한을 가지고 있지 아니하므로, 경선운동을 한다고 하여 그로 인한 부작용과 폐해가 크다고 보기 어렵다. 또한 공직선거법은 이미 서울교통공사의 상근직원이 당내경선에 직·간접적으로 영향력을 행사하는 행위들을 금지·처벌하는 규정들을 마련하고 있다. 서울교통공사의 상근직원이 그 지위를 이용하여 경선운동을 하는 행위를 금지·처벌하는 규정을 두는 것은 별론으로 하고, 경선운동을 일률적으로 금지·처벌하는 것은 정치적 표현의 자유를 과도하게 제한하는 것이다. 정치적 표현의 자유의 중대한 제한에 비하여, 서울교통공사의 상근직원이 당내경선에서 공무원에 준하는 영향력이 있다고 볼 수 없는 점 등을 고려하면 심판대상조항이 당내경선의 형평성과 공정성의 확보라는 공익에 기여하는 바가 크다고 보기 어렵다. 따라서 심판대상조항은 과잉금지원칙에 반하여 **정치적 표현의 자유를 침해한다**(헌재 2022. 6. 30. 2021헌가24).

0890 당원이 아닌 자에게도 투표권을 부여하는 당내경선에서 지방공기업법에 규정된 시설관리공단의 상근직원이 경선 운동을 할 수 없도록 금지하는 조항은 정치적 표현의 자유를 침해한다. 22 법무사   O | X

이 사건 공단의 상근직원은 이 사건 공단의 경영에 관여하거나 실질적인 영향력을 미칠 수 있는 권한을 가지고 있지 아니하므로, 경선운동을 한다고 하여 그로 인한 부작용과 폐해가 크다고 보기 어렵다. … 정치적 표현의 자유의 중대한 제한에 비하여, 이 사건 공단의 상근직원이 당내경선에서 공무원에 준하는 영향력이 있다고 볼 수 없는 점 등을 고려하면 심판대상조항이 당내경선의 형평성과 공정성의 확보라는 공익에 기여하는 바가 크다고 보기 어렵다. 따라서 심판대상조항은 과잉금지원칙에 반하여 **정치적 표현의 자유를 침해한다**(헌재 2021. 4. 29. 2019헌가11).

03 무소속후보자

0891 정당이 그 목적을 달성하기 위하여 행하는 고유한 기능과 통상적인 활동은 선거에 있어서도 보장되어야 하며, 따라서 그로 인하여 무소속후보자와 정당후보자 간에 차별이 생긴다 하더라도 그것은 불합리한 차별이라고 할 수 없다. 21 소간   O | X

정당은 정치적 결사로서 국민의 정치적 의사를 적극적으로 형성하고 각계 각층의 이익을 대변하며, 정부를 비판하고 정책적 대안을 제시할 뿐만 아니라, 국민 일반이 정치나 국가작용에 영향력을 행사하는 매개체의 역할을 수행하는 등 현대의 대의제 민주주의에 없어서는 안될 중요한 공적기능을 수행하고 있다. 그러므로 **정당이 그 목적을 달성하기 위하여 행하는 고유한 기능과 통상적인 활동은 선거에 있어서도 보장되어야** 하며 따라서 그로 인하여 **무소속후보자와 정당후보자 간에 차별이** 생긴다 하더라도 그것은 **불합리한 차별이라고 할 수 없다**(헌재 1996. 8. 29. 96헌마99).

정답 889. O   890. O   891. O

0892 정당추천후보자와 달리 무소속후보자에게 선거권자의 추천을 요건으로 입후보를 허용한 것은 평등권 위반이다. 14 서울 7 　　　　　　　　　　　　　　　　　　　　　　　　　　　　　　　　　　　　　O | X

일정한 정강정책을 내세워 공직선거에 있어서 후보자를 추천함으로써 국민의 정치적 의사 형성에 참여함을 목적으로 하는 정치적 조직인 정당이 후보자를 추천하는 행위에는 정치적 의사나 이해를 집약한 정강정책을 후보자를 통하여 제시하는 의미가 포함되어 있는 것이어서 무소속후보자의 경우와 같이 선거권자의 추천을 따로 받을 필요가 없으므로 무소속후보자에게만 선거권자의 추천을 받도록 한 것이 정당후보자와 불합리한 차별을 하는 것이라고 할 수 없다(헌재 1996. 8. 29. 96헌마99).

04 공무원 등의 입후보

0893 대통령후보자가 되려는 공무원과 국회의원은 선거일 전 60일까지 그 직에서 사임하여야 한다.
12 지방 7 　　　　　　　　　　　　　　　　　　　　　　　　　　　　　　　　　　　　　O | X

> **공직선거법 제53조(공무원 등의 입후보)** ① 다음 각 호의 어느 하나에 해당하는 사람으로서 후보자가 되려는 사람은 **선거일 전 90일까지 그 직을 그만두어야 한다.** 다만, **대통령선거와 국회의원선거**에 있어서 **국회의원이 그 직을 가지고 입후보**하는 경우와 지방의회의원선거와 지방자치단체의 장의 선거에 있어서 당해 지방자치단체의 의회의원이나 장이 그 직을 가지고 입후보하는 경우에는 그러하지 아니하다.
> 1. 「국가공무원법」 제2조(공무원의 구분)에 규정된 **국가공무원**과 「지방공무원법」 제2조(공무원의 구분)에 규정된 **지방공무원**. 다만, 「정당법」 제22조(발기인 및 당원의 자격)제1항제1호 단서의 규정에 의하여 정당의 당원이 될 수 있는 공무원(정무직공무원을 제외한다)은 그러하지 아니하다.

🖉 **보충설명** 대통령후보자가 되려는 공무원은 선거일전 90일까지 사직하여야 하며, 국회의원은 그 직을 가지고 입후보할 수 있다.

0894 국회의원이 지방자치단체의 장의 선거에 입후보하는 경우 선거일 30일 전까지 사직하여야 한다.
19 국회 9 　　　　　　　　　　　　　　　　　　　　　　　　　　　　　　　　　　　　　O | X

> **공직선거법 제53조(공무원 등의 입후보)** ② 제1항 본문에도 불구하고 다음 각 호의 어느 하나에 해당하는 경우에는 **선거일 전 30일까지 그 직을 그만두어야 한다.**
> 1. **비례대표**국회의원선거나 비례대표지방의회의원선거에 입후보하는 경우
> 2. **보궐선거**등에 입후보하는 경우
> 3. **국회의원**이 **지방자치단체의 장의** 선거에 입후보하는 경우

0895 지방자치단체의 장이 그 임기 중에 그 직을 사퇴하여 대통령선거, 국회의원선거, 지방의회의원선거 및 다른 지방자치단체의 장 선거에 입후보할 수 없도록 하는 것은 공무담임권을 침해한다. 17 국회 8
　　　O | X

0895-1 지방자치단체의 장이 그 임기 중에 그 직을 사퇴하여 대통령선거, 국회의원선거, 지방의회의원선거 및 다른 지방자치단체의 장 선거에 입후보할 수 없도록 하더라도 피선거권을 침해하는 것은 아니다.
22 경채 　　　　　　　　　　　　　　　　　　　　　　　　　　　　　　　　　　　　　O | X

이 사건 조항에 의한 피선거권의 제한이 민주주의의 실현에 미치는 불리한 효과는 매우 큰 반면에, 이 사건 조항을 통하여 달성하려는 공익적 효과는 상당히 작다고 판단되므로, 피선거권의 제한을 정당화하는 합리적인 이유를 인정할 수 없다고 하겠다. 따라서 이 사건 조항은 보통선거원칙에 위반되어 청구인들의 피선거권을 침해하는 위헌적인 규정이다(헌재 1999. 5. 27. 98헌마214).

정답 892. X [평등권 위반 X] 893. X [공무원 : 90일 전까지 사임 / 국회의원 : 사임 불필요] 894. O 895. O 895-1. X [피선거권 침해함]

0896 지방자치단체의 장으로 하여금 당해 지방자치단체의 관할구역과 같거나 겹치는 선거구역에서 실시되는 지역구 국회의원선거에 입후보하고자 하는 경우 당해 선거의 선거일 전 180일까지 그 직을 사퇴하도록 하는 것은 해당 지방자치단체장의 공무담임권을 침해하지 않는다. 17 서울 7 ○│×

이 사건 조항은 선거의 공정성과 직무전념성이라는 입법목적 달성을 위한 적절한 수단들이 이미 공선법에 존재하고 있음에도 불구하고 불필요하고 과도하게 청구인들의 공무담임권을 제한하는 것이라 할 것이므로 침해의 최소성 원칙에 위반되고, 이 사건 조항에 의해 실현되는 공익과 그로 인해 청구인들이 입는 기본권 침해의 정도를 비교형량할 경우 양자간에 적정한 비례관계가 성립하였다고 할 수 없어 법익의 균형성 원칙에 위배된다. 이 사건 조항은 청구인들에 대한 차별을 정당화시킬만한 합리적인 이유가 결여되어 **평등의 원칙에 위배될** 뿐만 아니라, 청구인들의 기본권인 **공무담임권을 제한함**에 있어 준수하여야 할 **비례의 원칙(과잉금지원칙)을 지키지 못하여 헌법에 위반**된다(헌재 2003. 9. 25. 2003헌마106).

0897 지방자치단체의 장으로 하여금 당해 지방자치단체의 관할구역과 겹치는 선거구역에서 실시되는 지역구 국회의원선거에 입후보하고자 하는 경우 당해 선거의 선거일 전 120일까지 그 직을 사퇴하도록 한 공직선거법 조항은 해당 지방자치단체장의 평등권을 침해하지 않는다. 18 경정 ○│×

이 사건 조항은 일반 공무원이 공직선거에 출마하려는 경우 '선거일 전 60일까지' 사퇴하도록 하는 것과 달리 단체장을 '120일 전까지' 사퇴하도록 하고 있으나, 단체장은 지방자치단체의 행정기능을 총괄하며, 직원의 인사권과 주민의 복리에 관한 각종 사업의 기획·시행, 예산의 집행 등 지방자치단체의 운영에 있어서 막중한 지위와 권한을 가지므로 자신의 관할구역 국회의원선거에 입후보할 것에 대비하여 전시성 사업으로 예산을 낭비하거나 불공정한 선심행정을 행할 개연성이 다른 공무원에 비하여 상대적으로 더 높다. 단체장의 그러한 지위와 권한의 특수성을 감안할 때 이 사건 조항은 합리성을 벗어난 것이라 볼 수 없다. 또한 이 사건 조항이 **국회의원과 달리 단체장에게 그러한 공직사퇴시한을 두고 있는 것은 국회의원직의 사퇴로 인한 심각한 국정공백을 우려한 것이므로 합리적 이유가 있다.** 그러므로 이 사건 조항은 단체장의 **평등권을 침해하지 않는다**(헌재 2006. 7. 27. 2003헌마758 등).

0898 공직선거 및 교육감선거 입후보 시 선거일 전 90일까지 교원직을 그만두도록 하는 「공직선거법」 및 「지방교육자치에 관한 법률」 조항은 교원이 그 신분을 지니는 한 계속적으로 직무에 전념할 수 있도록 하기 위한 것으로 교원의 공무담임권을 침해하지 않는다. 24 경정 ○│×

입후보자 사직조항은 교원이 그 신분을 지니는 한 계속적으로 **직무에 전념**할 수 있도록 하기 위해 선거에 입후보하고자 하는 경우 선거일 전 90일까지 그 직을 그만두도록 하는 것이므로, 입법목적의 정당성과 수단의 적합성이 인정된다. … **과잉금지원칙에 위배하여 공무담임권을 침해한다고 볼 수 없다**(헌재 2019. 11. 28. 2018헌마222).

POINT 060 기탁금 납부 및 반환

01 기탁금

0899 대통령선거 후보자의 기탁금은 3억 원이다. 22 입시 ○│×

> 공직선거법 제56조(기탁금) ① 후보자등록을 신청하는 자는 등록신청 시에 후보자 1명마다 다음 각 호의 기탁금을 중앙선거관리위원회규칙으로 정하는 바에 따라 **관할선거구선거관리위원회에 납부**하여야 한다. 이 경우 예비후보자가 해당 선거의 같은 선거구에 후보자등록을 신청하는 때에는 제60조의2 제2항에 따라 납부한 기탁금을 제외한 나머지 금액을 납부하여야 한다.
> 1. **대통령선거는 3억원**

정답 896. ×[공무담임권 침해] 897. ○ 898. ○ 899. ○

0900 대통령선거에서 후보자가 유효투표총수의 100분의 15 이상을 득표한 경우에는 기탁금 전액을 반환받는다. 22 입시   O | X

0900-1 지역구국회의원선거에서 후보자가 유효투표총수의 100분의 10 이상을 득표한 경우에는 기탁금 전액에서 일정 비용을 공제한 나머지 금액을 기탁자에게 반환한다. 18 법원 9   O | X

> 공직선거법 제57조(기탁금의 반환 등) ① 관할선거구선거관리위원회는 다음 각 호의 구분에 따른 금액을 선거일 후 30일 이내에 **기탁자에게 반환**한다. 이 경우 반환하지 아니하는 기탁금은 국가 또는 지방자치단체에 귀속한다.
> 1. 대통령선거, 지역구국회의원선거, 지역구지방의회의원선거 및 지방자치단체의 장 선거
>   가. 후보자가 **당선**되거나 **사망**한 경우와 유효투표총수의 **100분의 15 이상**을 **득표**한 경우에는 **기탁금 전액**
>   나. 후보자가 **유효투표총수의 100분의 10 이상 100분의 15 미만**을 득표한 경우에는 기탁금의 **100분의 50**에 해당하는 금액
>
> 공직선거법 제56조(기탁금) ③ 제261조에 따른 **과태료** 및 제271조에 따른 **불법시설물 등에 대한 대집행비용**은 제1항의 **기탁금**(제60조의2제2항의 기탁금을 포함한다)에서 **부담**한다.
>
> 📝 **보충설명** 기탁금의 100분의 50에 해당하는 금액에서 과태료, 불법시설물 등에 대한 대집행비용을 공제한 나머지 금액을 기탁자에게 반환한다.

0901 헌법은 기본적으로 선거공영제를 채택하고 있지만 기탁금제도 자체가 헌법에 위반되는 것은 아니다. 13 서울 7   O | X

0901-1 공직선거에 입후보하려는 자에 대하여 기탁금을 부과하는 것 자체가 선거에 입후보 하려고 하는 후보자의 공무담임권을 침해한다. 14 서울 7   O | X

> 「공직선거법」에 정한 기탁금제도는 후보난립을 방지하고 후보사퇴·등록무효 등 후보자의 성실성을 담보하기 위한 제재금 예납의 의미와 함께 공직선거법상 위반행위에 대한 과태료 및 불법시설물 등에 대한 대집행비용과 부분적으로 선전벽보 및 선거공보의 작성비용에 대한 예납의 의미도 아울러 가지고 있다고 할 수 있다. 그러므로 **기탁금제도는 그 기탁금액이 지나치게 많지 않는 한 이를 위헌이라고 할 수는 없다**(헌재 1996. 8. 29. 95헌마108).

0902 입후보에 과도한 기탁금을 요구하거나 지나치게 높은 기탁금국고귀속비율을 정하는 것은 보통선거의 원칙에 위배된다. 16 국회 8   O | X

> 공직선거법상 **고액 기탁금** 제도와 **높은 득표율을 요건으로 기탁금을 국고에 귀속시키는** 제도는 재력의 유무에 의하여 참정권이 좌우되고, 유능하고 필요한 인물이 의회에 진출하는 길을 막는 것이 되므로 모든 선거참가인에게 보장되는 **선거의 자유** 및 **보통선거제도의 기본 원칙에 위반**된다(헌재 1989. 9. 8. 88헌가6).

0903 지역구국회의원선거에 입후보하기 위한 요건으로서 기탁금 및 그 반환에 관한 규정은 입후보에 영향을 주므로 공무담임권을 제한하는 것이고, 이러한 공무담임권에 대한 제한은 과잉금지원칙을 기준으로 하여 판단한다. 22 법원 9   O | X

> 지역구국회의원선거에 입후보하기 위한 요건으로서의 기탁금 및 그 반환 요건에 관한 규정은 입후보에 영향을 주므로 **공무담임권을 제한**하는 것이고, 이러한 공무담임권에 대한 제한은 헌법 제37조 제2항이 정하고 있는 바와 같이 법률로써 하여야 하며, 국가안전보장, 질서유지 또는 공공복리 등 정당하고 중요한 공공의 목적을 달성하기 위하여 필요하고 적정한 수단과 방법에 의하여서만 가능하므로, 이하에서는 이러한 **과잉금지원칙을 기준으로** 하여 공무담임권 침해 여부를 판단하기로 한다(헌재 2016. 12. 29. 2015헌마509 등).

정답 900. O   900-1. X [100분의 15 이상 득표]   901. O   901-1. X [공무담임권 침해 X]   902. O   903. O

02 관련판례

0904 대통령선거에서 선거비용의 상당 부분을 후보자에게 부담시키고 있음에도 불구하고 후보자에게 5억 원의 기탁금을 납부하도록 하는 것은 헌법에 합치하지 않는다. 13 서울 7   O|X

0904-1 대통령선거에서 후보자등록 요건으로 5억원의 기탁금 납부를 규정한 것은 합헌이다. 12 국가 7   O|X

대통령선거 후보자등록 요건으로 **5억원의 기탁금 납부**를 규정한 「공직선거법」 규정은, 개인에게 현저하게 과다한 부담을 초래하며, 이는 고액 재산의 다과에 의하여 공무담임권 행사기회를 비합리적으로 차별하므로 **헌법에 합치되지 않는다**(헌재 2008. 11. 27. 2007 헌마1024).

0905 비례대표국회의원에 입후보하기 위하여 기탁금으로 1,500만 원을 납부하도록 한 규정은 그 액수가 고액이라 거대정당에게 일방적으로 유리하고, 다양해진 국민의 목소리를 제대로 대표하지 못하여 사표를 양산하는 다수대표제의 단점을 보완하기 위하여 도입된 비례대표제의 취지에도 반하는 것이다. 18 국가 7   O|X

0905-1 비례대표국회의원선거의 경우 후보자 1명마다 1,500만 원이라는 기탁금액은 비례대표제의 취지를 실현하기 위해 필요한 최소한의 액수보다 지나치게 과다한 액수이다. 17 국회 8   O|X

이는 다수대표제의 단점, 즉 거대정당에게 일방적으로 유리하고 다양한 국민의 목소리를 제대로 대표하지 못하는 현상을 방지하기 위해 도입된 **비례대표제의 본래 취지에도 부합하지 않는 결과**를 초래한다. 따라서 상대적으로 당비나 국고보조금을 지원받기 어렵고 재정상태가 열악한 신생정당이나 소수정당에게 후보자 1명마다 1천500만 원이라는 기탁금액은 선거에의 참여 자체를 위축시킬 수 있는 금액으로서, 비례대표제의 취지를 실현하기 위해 필요한 최소한의 액수보다 **지나치게 과다한 액수**이다(헌재 2016. 12. 29. 2015 헌마1160 등).

0906 중선거구제에서는 소선거구제에서보다 당선에 필요한 유효득표율이 필연적으로 낮아지므로 양자의 기탁금반환기준을 동일하게 설정하는 것은 불합리한 차별로서 평등원칙에 위배된다. 18 국회 9   O|X

지역구지방의회의원선거에서도 대통령선거나 지역구국회의원선거와 마찬가지로 유효투표 총수의 100분의 15 이상의 득표를 기탁금 및 선거비용 전액의 반환 또는 보전의 기준으로, 유효투표 총수의 100분의 10 이상 100분의 15 미만의 득표를 기탁금 및 선거비용 반액의 반환 또는 보전의 기준으로 규정한 공직선거법 규정은 **평등권을 침해하지 않는다**(헌재 2011. 6. 30. 2010헌마542).

POINT 061 예비후보자

01 예비후보자의 기탁금

0907 대통령선거 예비후보자등록을 신청하는 사람에게 대통령선거 기탁금의 100분의 20에 해당하는 금액인 6,000만 원을 기탁금으로 납부하도록 한 「공직선거법」 조항 중 해당부분은 경제력이나 조직력이 약한 사람의 예비후보자등록을 억제하거나 예비후보자로 나서는 것 자체를 원천적으로 차단하게 되어 대통령선거 예비후보자의 공무담임권을 침해한다. 23 국가 7   O|X

정답 904. O   904-1. X [위헌]   905. O   905-1. O   906. X [평등원칙에 위배 X]   907. X [공무담임권 침해 X]

예비후보자 기탁금제도는 예비후보자의 무분별한 난립을 막고 책임성과 성실성을 담보하기 위한 것인데, 선거권자 추천제도 역시 상당한 숫자의 선거권자로부터 추천을 받는 데에 적지 않은 노력과 비용이 소요될 것이므로 예비후보자의 수를 적정한 범위로 제한하는 방법으로서 덜 침해적인 것이라고 단정할 수 없다. 대통령선거는 가장 중요한 국가권력담당자를 선출하는 선거로서 후보난립의 유인이 다른 선거에 비해 훨씬 더 많으며, 본선거의 후보자로 등록하고자 하는 예비후보자에게 예비후보자 기탁금은 본선거 기탁금의 일부를 미리 납부하는 것에 불과하다는 점 등을 고려하면 기탁금 액수가 과다하다고도 할 수 없으므로 심판대상조항이 과잉금지원칙에 위배되어 공무담임권을 침해한다고 볼 수 없다(헌재 2015. 7. 30. 2012헌마402).

0908 지역구국회의원 선거에서 예비후보자의 기탁금 액수를 해당 선거의 후보자등록시 납부해야 하는 기탁금의 100분의 20으로 설정한 것은 입법재량의 범위를 벗어난 것으로 볼 수 없다. 20 경정, 18 서울 7

O | X

0908-1 지역구국회의원 예비후보자에게 지역구국회의원이 납부할 기탁금의 100분의 20에 해당하는 금액을 기탁금으로 납부하도록 하는 것은 예비후보자의 공무담임권을 침해하고, 비례대표 기탁금 조항은 비례대표국회의원후보자가 되어 국회의원에 취임하고자 하는 자의 공무담임권을 침해한다. 18 지방 7

O | X

예비후보자 기탁금조항은 예비후보자의 무분별한 난립을 막고 책임성과 성실성을 담보하기 위한 것으로서, 입법목적의 정당성과 수단의 적합성이 인정된다. 또한 예비후보자 기탁금제도보다 덜 침해적인 다른 방법이 명백히 존재한다고 할 수 없고, 일정한 범위의 선거운동이 허용된 예비후보자의 기탁금 액수를 해당 선거의 후보자등록 시 납부해야 하는 기탁금의 100분의 20인 300만 원으로 설정한 것은 입법재량의 범위를 벗어난 것으로 볼 수 없으므로 침해의 최소성 원칙에 위배되지 아니한다. … 따라서 예비후보자 기탁금조항은 청구인의 공무담임권을 침해하지 않는다(헌재 2017. 10. 26. 2016헌마623).

0909 지역구국회의원선거 예비후보자가 정당의 공천심사에서 탈락한 후 후보자등록을 하지 않은 경우를 기탁금 반환 사유로 규정하지 않은 「공직선거법」 조항은 과잉금지원칙에 반하여 예비후보자의 재산권을 침해한다. 23 지방 7

O | X

예비후보자가 본선거에서 정당후보자로 등록하려 하였으나 자신의 의사와 관계없이 정당 공천관리위원회의 심사에서 탈락하여 본선거의 후보자로 등록하지 아니한 것은 후보자 등록을 하지 못할 정도에 이르는 객관적이고 예외적인 사유에 해당한다. 따라서 이러한 사정이 있는 예비후보자가 납부한 기탁금은 반환되어야 함에도 불구하고, 심판대상조항이 이에 관한 규정을 두지 아니한 것은 입법형성권의 범위를 벗어난 과도한 제한이라고 할 수 있다. … 그러므로 심판대상조항은 과잉금지원칙에 반하여 청구인의 재산권을 침해한다(헌재 2018. 1. 25. 2016헌마541).

0910 구 「공직선거법」에서 지방자치단체의 장 선거 예비후보자가 정당의 공천심사에서 탈락한 후 후보자등록을 하지 않은 경우를 기탁금 반환 사유로 규정하지 않은 것은 과잉금지원칙에 위배된다. 23 경간

O | X

지역구국회의원선거와 지방자치단체의 장선거는 헌법상 선거제도 규정 방식이나 선거대상의 지위와 성격, 기관의 직무 및 기능, 선거구 수 등에 있어 차이가 있을 뿐, 예비후보자의 무분별한 난립을 막고 책임성을 강화하며 그 성실성을 담보하고자 하는 기탁금제도의 취지 측면에서는 동일하므로, 헌법재판소의 2016헌마541 결정에서의 판단은 이 사건에서도 타당하고, 그 견해를 변경할 사정이 있다고 보기 어려우므로, 지방자치단체의 장선거에 있어 정당의 공천심사에서 탈락한 후 후보자등록을 하지 않은 경우를 기탁금 반환 사유로 규정하지 않은 심판대상조항은 과잉금지원칙에 반하여 헌법에 위반된다(헌재 2020. 9. 24. 2018헌가15 등).

정답 908. O 908-1. X [예비후보자 기탁금 조항 : 공무담임권 침해 X] 909. O 910. O

02 예비후보자의 선거운동

0911 예비후보자로서 선거운동을 할 수 있는 기간을 제한하는 것 자체가 선거운동의 자유를 과도하게 제한하는 것이라고 할 수는 없고, 제한되는 기간을 어느 정도로 할 것인지 여부는 입법정책에 맡겨져 있다고 볼 수 있으며, 그 구체적인 기간이 선거운동의 자유를 형해화할 정도에 이르지 않았다면 이 역시 기본권을 침해하였다고 볼 수 없다. 21 법무사   O | X

예비후보자로서 선거운동을 할 수 있는 기간을 제한하는 것 자체가 선거운동의 자유를 과도하게 제한하는 것이 아니라고 한다면, 제한되는 기간을 어느 정도로 할 것인지 여부는 **입법정책**에 맡겨져 있다고 볼 수 있고, 그 구체적인 기간이 선거운동의 자유를 형해화할 정도에 이르지 않았다면 이 역시 **기본권을 침해하였다고 볼 수 없다**. 입법자는 국가의 정치·사회·경제적 사정, 선거문화의 수준, 선거의 규모·특성 등을 종합적으로 고려하여 그 기간을 정할 수 있는 것이다(헌재 2020. 11. 26. 2018헌마260).

0912 주로 농촌 지역에 위치한 군의 평균 선거인수는 도시지역인 자치구·시의 평균 선거인수에 비하여 적어서, 이러한 차이를 고려하여 자치구·시의 장의 선거에서보다 군의 장의 선거에서 예비후보자의 선거운동기간을 단기간으로 정한 차별취급은 자의적인 것이라 할 수 없다. 21 국회 9   O | X

군은 주로 농촌 지역에 위치하고 있어 도시 지역인 자치구·시보다 대체로 인구가 적다. 또한, 군의 평균 선거인수는 자치구·시의 평균 선거인수에 비하여 적다. 심판대상조항은 이러한 차이를 고려하여 **자치구·시의 장의 선거**에서보다 **군의 장의 선거**에서 **예비후보자의 선거운동기간을 단기간으로 정한 것인바**, 이러한 차별취급은 **자의적인 것이라 할 수 없다**. 따라서 이 조항은 청구인의 **평등권을 침해하지 않는다**(헌재 2020. 11. 26. 2018헌마260).

0913 예비후보자의 선거운동을 위해 명함을 돌릴 수 있는 자격을 예비후보자의 배우자와 직계존비속에 부여한 것 자체는, 배우자가 없는 후보자의 평등권을 침해한 것이 아니다. 14 법무사   O | X

이 사건 법률조항에서 예비후보자의 정치력, 경제력과는 무관하게 존재가능하고 예비후보자와 동일시할 수 있는 배우자나 직계존·비속에 한정하여 명함을 교부하거나 지지를 호소할 수 있도록 한 것에는 합리적 이유가 있다 할 것이고, … **선거운동을 할 배우자나 직계존·비속이 없는 예외적인 경우까지 고려하지 않았다고 하여 청구인들의 평등권을 침해한 것이라고 볼 수는 없다**(헌재 2011. 8. 30. 2010헌마259 등).

0914 예비후보자의 배우자가 함께 다니는 사람 중에서 지정한 자도 선거운동을 위하여 명함교부 및 지지호소를 할 수 있도록 한「공직선거법」관련 조항 중 '배우자' 관련 부분이 배우자가 없는 예비후보자의 평등권을 침해하는 것은 아니다. 15 경정, 14 국가 7   O | X

더욱이 배우자가 그와 함께 다니는 1명을 지정함에 있어 아무런 범위의 제한을 두지 아니하여, **배우자가 있는 예비후보자는 독자적으로 선거운동을 할 수 있는 선거운동원 1명을 추가로 지정하는 효과**를 누릴 수 있게 된다. 이것은 명함 본래의 기능에 부합하지 아니할 뿐만 아니라, 선거운동 기회균등의 원칙에 반하고, 예비후보자의 선거운동의 강화에만 치우친 나머지, 배우자의 유무라는 우연적인 사정에 근거하여 **합리적 이유 없이 배우자 없는 예비후보자를 차별 취급**하는 것이므로, 이 사건 3호 법률조항은 청구인의 **평등권을 침해한다**(헌재 2013. 11. 28. 2011헌마267).

정답 911. ○   912. ○   913. ○   914. × [평등권 침해]

0915 예비후보자 선거비용을 후보자가 부담한다고 하더라도 그것이 지나치게 다액이라서 선거공영제의 취지에 반하는 정도에 이른다고 할 수는 없고, 예비후보자의 선거비용을 보전해 줄 경우 선거가 조기에 과열되어 악용될 소지가 있으므로 지역구국회의원선거에서 예비후보자의 선거비용을 보전대상에서 제외하고 있는 「공직선거법」 조항은 청구인들의 선거운동의 자유를 침해하지 않는다. 23 지방 7
O | X

0915-1 지역구국회의원선거 예비후보자의 선거비용을 보전 대상에서 제외하는 것은 선거 전에 예비후보자로 등록하는 것을 제한하여 공직취임의 기회를 제한하는 것은 아니므로, 해당 예비후보자의 공무담임권을 제한하지 않는다. 19 서울 7
O | X

(1) 선거비용의 상당 부분을 공적으로 부담하고 있거나 선거비용액의 상한을 제한하여 전체적으로 후보자의 부담을 경감시켜주고 있는 점을 고려한다면 **예비후보자 선거비용을 후보자가 부담**한다고 하더라도 그것이 지나치게 다액이라서 **선거공영제의 취지에 반하는 정도에 이른다고 할 수는 없다.** 그러므로 선거비용 보전 제한조항은 침해의 최소성 원칙에 반하지 않는다. 예비후보자 선거비용을 보전해줄 경우 선거가 조기에 과열되어 **예비후보자 제도의 취지를 넘어서 악용**될 수 있고, 탈법적인 선거운동 등을 단속하기 위한 행정력의 낭비도 증가할 수 있는 반면, 선거비용 보전 제한조항으로 인하여 후보자가 받는 불이익은 일부 경제적 부담을 지는 것인데, 후원금을 기부받아 선거비용을 지출할 수 있으므로 그 부담이 경감될 수 있다. 따라서 선거비용 보전 제한조항은 법익균형성원칙에도 반하지 않는다. 그러므로 선거비용 보전 제한조항은 청구인들의 **선거운동의 자유를 침해하지 않는다**(헌재 2018. 7. 26. 2016헌마524 등).
(2) 선거비용 보전 제한조항은 지역구국회의원선거에 있어서 선거 후에 선거비용 보전을 제한한 것으로서 선거 전에 청구인들이 예비후보자 또는 후보자로 등록하는 것을 제한하여 공직취임의 기회를 제한하는 것은 아니므로, 청구인들의 **공무담임권 내지 피선거권을 제한하는 것이 아니다**(헌재 2018. 7. 26. 2016헌마524 등).

POINT 062 평등선거의 원칙

01 평등선거의 원칙

0916 평등선거원칙은 투표의 수적 평등뿐만 아니라, 투표의 성과가치의 평등, 즉 1표의 투표가치가 대표자선정이라는 선거의 결과에 대하여 기여한 정도에 있어서도 평등해야 함을 의미한다. 16 경정, 15 국회 8, 13 국회 8
O | X

0916-1 평등선거의 원칙은 평등의 원칙이 선거제도에 적용된 것으로서 투표의 수적(數的) 평등, 즉 복수투표제 등을 부인하고 모든 선거인에게 1인 1표(one man, one vote)를 인정함을 의미할 뿐, 투표의 성과가치의 평등까지 의미하는 것은 아니다. 20 법원 9
O | X

평등선거의 원칙은 평등의 원칙이 선거제도에 적용된 것으로서 **투표의 수적 평등**, 즉 복수투표제 등을 부인하고 모든 선거인에게 1인 1표(one man, one vote)를 인정함을 의미할 뿐만 아니라, **투표의 성과가치의 평등**, 즉 1표의 투표가치가 대표자 선정이라는 선거의 결과에 대하여 기여한 정도에 있어서도 평등하여야 함(one vote, one value)을 의미한다(헌재 1995. 12. 27. 95헌마224 등).

정답 915. O 915-1. O 916. O 916-1. X [투표 성과가치의 평등까지 의미]

0917 평등선거의 원칙은 평등의 원칙이 선거제도에 적용된 것으로서 투표의 수적 평등을 그 내용으로 할 뿐만 아니라, 일정한 집단의 의사가 정치과정에서 반영될 수 없도록 차별적으로 선거구를 획정하는 이른바 '게리맨더링'에 대한 부정을 의미하기도 한다. 24 5급 O|X

평등선거의 원칙은 평등의 원칙이 선거제도에 적용된 것으로서 투표의 수적 평등, 즉 **1인 1표의 원칙**(one person, one vote)과 투표의 성과가치의 평등, 즉 1표의 투표가치가 대표자선정이라는 선거의 결과에 대하여 기여한 정도에 있어서도 평등하여야 한다는 원칙(one vote, one value)을 그 내용으로 할 뿐만 아니라, 일정한 집단의 의사가 정치과정에서 반영될 수 없도록 차별적으로 선거구를 획정하는 이른바 **'게리맨더링'에 대한 부정**을 의미하기도 한다(헌재 2001. 10. 25. 2000헌마92 등).

02 성과가치의 평등

0918 국회의원선거구 획정에 있어서 인구편차 상하 33⅓%, 인구비례 2 : 1의 기준을 넘어 인구편차를 완화하는 것은 지나친 투표가치의 불평등을 야기하는 것으로, 이는 대의민주주의의 관점에서 바람직하지 아니하고, 국회를 구성함에 있어 국회의원의 지역대표성이 고려되어야 한다고 할지라도 이것이 국민주권주의의 출발점인 투표가치의 평등보다 우선시 될 수는 없다. 22 입시, 16 변호사 O|X

인구편차 상하 33⅓%를 넘어 인구편차를 완화하는 것은 **지나친 투표가치의 불평등**을 야기하는 것으로, 이는 대의민주주의의 관점에서 바람직하지 아니하고, **국회를 구성함에 있어 국회의원의 지역대표성**이 고려되어야 한다고 할지라도 이것이 **국민주권주의의 출발점인 투표가치의 평등보다 우선시 될 수는 없다.** 특히, 현재는 지방자치제도가 정착되어 지역대표성을 이유로 헌법상 원칙인 투표가치의 평등을 현저히 완화할 필요성이 예전에 비해 크지 아니하다(헌재 2014. 10. 30. 2012헌마192 등).

0919 국회의원선거구 획정에 있어서 인구편차 상하 50%의 기준을 적용하게 되면 1인의 투표가치가 다른 1인의 투표가치에 비하여 세 배의 가치를 가지는 경우도 발생하는데, 이는 지나친 투표가치의 불평등이므로 현재의 시점에서 헌법이 허용하는 인구편차의 기준을 인구편차 상하 33⅓%, 인구비례 2 : 1을 넘어서지 않는 것으로 변경하는 것이 타당하다. 16 국회 8 O|X

인구편차 상하 50%의 기준을 적용하게 되면 1인의 투표가치가 다른 1인의 투표가치에 비하여 세 배의 가치를 가지는 경우도 발생하는데, 이는 지나친 투표가치의 불평등이다. … 이러한 사정을 종합하여 보면, 현재의 시점에서 헌법이 허용하는 인구편차의 기준을 **인구편차 상하33⅓%, 인구비례 2 : 1**을 넘어서지 않는 것으로 **변경하는 것이 타당**하다(헌재 2014. 10. 30. 2012헌마192 등).

0920 국회의원 지역선거구 구역표 중 인구편차 상하 33⅓%의 기준을 넘어서는 선거구에 관한 부분은 지나친 투표가치의 불평등을 야기하여 위 선거구가 속한 지역에 주민등록을 마친 청구인들의 선거권과 평등권을 침해한다. 15 국가 7 O|X

0920-1 국회의원 지역선거구에 있어, 전국 선거구의 최대인구수와 최소인구수의 비율이 3 : 1 이하로 유지되면 평등선거의 원칙에 위배되지 않는다. 16 경정, 15 법원 9 O|X

현재의 시점에서 헌법이 허용하는 인구편차의 기준을 인구편차 상하 33⅓%를 넘어서지 않는 것으로 봄이 타당하다. 따라서 심판대상 선거구구역표 중 **인구편차 상하 33⅓%의 기준**을 넘어서는 선거구에 관한 부분은 위 선거구가 속한 지역에 주민등록을 마친 청구인들의 **선거권 및 평등권을 침해**한다(헌재 2014. 10. 30. 2012헌마192 등).

정답 917. O 918. O 919. O 920. O 920-1. X [평등선거원칙 위배]

0921 헌법재판소는 시·도의회의원 지역선거구 획정과 관련하여 헌법이 허용하는 인구편차의 기준을 인구편차 상하 50%(인구비례 3 : 1)로 변경하였다. 21 경정 O|X

0921-1 선거구 간 인구편차의 허용한계와 관련하여, 광역의회의원선거는 시·도 선거구의 평균 인구수를 기준으로 상하 60%의 인구편차(인구비례 4 : 1)가 허용한계이다. 19 서울 7(추) O|X

인구편차 상하 50%를 기준으로 하는 방안은 투표가치의 비율이 인구비례를 기준으로 볼 때의 등가의 한계인 2 : 1의 비율에 그 50%를 가산한 3 : 1 미만이 되어야 한다는 것으로서 인구편차 상하 33⅓%를 기준으로 하는 방안보다 2차적 요소를 폭넓게 고려할 수 있고, 인구편차 상하 60%의 기준에서 곧바로 인구편차 상하 33⅓%의 기준을 채택하는 경우 시·도의원지역구를 조정함에 있어 예기치 않은 어려움에 봉착할 가능성이 매우 크므로, 현시점에서는 시·도의원지역구 획정에서 허용되는 인구편차 기준을 인구편차 상하 50%(인구비례 3 : 1)로 변경하는 것이 타당하다(헌재 2018. 6. 28. 2014헌마189).

0922 헌법재판소는 자치구·시·군의회의원선거구획정에서 헌법상 허용되는 인구편차의 기준을 상하 50 %(인구비례 3 : 1)에서 상하 33⅓%의 기준으로 변경하였다. 19 국가 7 O|X

0922-1 자치구·시·군의원 선거구를 획정할 때, 인구편차 상하 60 %(인구비례 4 : 1)의 기준을 헌법상 허용되는 인구편차 기준으로 삼는 것이 가장 적절하다. 24 5급 O|X

자치구·시·군의원 선거는 중선거구제로서 선거구 간 인구편차의 조정이 상대적으로 용이한 점 등을 고려하면, 현시점에서 인구편차의 허용한계를 보다 엄격하게 설정할 필요가 있다. 그렇다면 현재의 시점에서 자치구·시·군의원 선거구 획정과 관련하여 헌법이 허용하는 인구편차의 기준을 인구편차 상하 50%(인구비례 3 : 1)로 변경하는 것이 타당하다(헌재 2018. 6. 28. 2014헌마166).

0923 기초자치단체의원은 주민의 대표로서 인구수에 비례하여 선출하면서, 광역자치단체의원은 각 기초자치단체의 인구수를 불문하고 기초자치단체별로 2인씩 선출하도록 하는 것은 헌법에 위반된다. 16 국회 8 O|X

인구편차에 의한 투표가치의 불평등은 이 사건 선거구구역표 중 용인시 제1, 3, 4선거구 및 군산시 제1선거구 부분의 획정에서 뿐만 아니라 인구비례가 아닌 행정구역별로 시·도의원 정수를 2인으로 배분하고 있는 「공직선거법」 제22조제1항에서 시원적(始原的)으로 생기고 있으므로 「공직선거법」 제22조제1항도 결과적으로 청구인들의 헌법상 보장된 선거권과 평등권을 침해한다고 할 것이다(헌재 2007. 3. 29. 2005헌마985 등).

POINT 063 선거구획정 B

01 선거구획정

0924 헌법재판소가 「공직선거법」의 국회의원 지역선거구 구역표에 대하여 계속적용 헌법불합치 결정을 하면서 입법개선시한을 부여한 경우, 그 시한까지 국회가 아무런 조치를 취하지 않으면 헌법불합치 선언된 위 선거구 구역표의 효력은 상실되고, 입법자가 국회의원선거에 관한 사항을 법률로 규정함에 있어서 폭넓은 입법형성의 자유를 가진다고 하여도 선거구에 관한 입법을 할 것인지 여부에 대해서는 입법자에게 어떤 형성의 자유가 존재한다고 할 수 없다. 22 변호사 O|X

0924-1 입법자는 국회의원 선거에 관한 법률을 규정함에 있어 폭넓은 입법형성의 자유를 가지므로 선거구에 관한 입법을 할 것인지 여부에 대해서도 입법형성의 자유가 존재한다. 17 국회 9 O|X

정답 921. O 921-1. X [50% (인구비례 3 : 1)] 922. X [60% → 50%(인구비례 3 : 1)로 변경] 922-1. X [인구편차 상하 50 % (인구비례 3 : 1)] 923. O 924. O 924-1. X [선거구에 관한 입법 여부에 대한 입법형성의 자유 X]

구 선거구구역표는 이 사건 **헌법불합치결정**에서 정한 입법개선시한인 2015. 12. 31.까지는 효력이 지속되다가, 피청구인이 위 입법개선시까지 입법개선의무를 이행하지 아니함으로 인하여 2016. 1. 1.부터 그 **효력을 상실**하였다. … 입법자가 국회의원선거에 관한 사항을 법률로 규정함에 있어서 **폭넓은 입법형성의 자유를 가진다**고 하여도, **선거구에 관한 입법을 할 것인지 여부에 대해서는 입법자에게 어떤 형성의 자유가 존재한다고 할 수 없으므로**, 피청구인에게는 국회의원의 선거구를 입법할 명시적인 헌법상 입법의무가 존재한다 할 것이다(헌재 2016. 4. 28. 2015헌마1177 등).

0925 선거구 획정에 있어서 인구비례 원칙에 의한 투표가치의 평등은 헌법적 요청으로서 다른 요소에 비해 기본적이고 일차적인 기준이다. 21 국회 8   O | X

선거구 획정에 있어서 **인구비례의 원칙에 의한 투표가치의 평등**은 헌법적 요청으로서 다른 요소에 비하여 **기본적이고 일차적인 기준**이므로, 입법자로서는 인구편차의 허용한계를 최대한 엄격하게 설정함으로써 투표가치의 평등을 관철하기 위한 최대한의 노력을 기울여야 한다(헌재 2018. 6. 28. 2014헌마189).

0926 선거구 획정에 있어서 인구비례의 원칙에 의한 투표가치의 평등은 기본적이고 일차적인 기준이어야 하지만 자치구·시·군의원 선거구 획정에 있어서는 행정구역 내지 지역대표성 등 2차적 요소도 인구비례의 원칙에 못지않게 함께 고려해야 한다. 21 입시   O | X

0926-1 헌법상 용인되는 각 자치구·시·군의원 선거구 간 인구편차의 한계를 고려함에 있어서 인구비례의 원칙 이외에 2차적 요소들을 반영하는 것은 선거구 간 인구비례에 의한 투표가치 평등의 원칙에 위배된다. 21 국회 9   O | X

선거구 획정에 있어서 **인구비례의 원칙**에 의한 **투표가치의 평등**은 헌법적 요청으로서 다른 요소에 비하여 기본적이고 **일차적인 기준**이므로, 입법자로서는 인구편차의 허용한계를 최대한 엄격하게 설정함으로써 투표가치의 평등을 관철하기 위한 최대한의 노력을 기울여야 한다. … **자치구·시·군의원 선거구 획정**에 있어서는 **행정구역 내지 지역대표성 등 2차적 요소도** 인구비례의 원칙에 못지않게 함께 **고려해야 할 필요성이 크다**(헌재 2018. 6. 28. 2014헌마166).

0927 선거구획정은 특단의 불가피한 사정이 없는 한 인접지역이 1개의 선거구를 구성하도록 함이 상당하며, 이는 선거구획정에 관한 국회의 입법재량권의 한계이기도 하다. 16 경정, 12 국회 9   O | X

선거구의 획정은 사회적·지리적·역사적·경제적·행정적 연관성 및 생활권 등을 고려하여 특단의 불가피한 사정이 없는 한 **인접지역이 1개의 선거구를 구성**하도록 함이 상당하며, 이 또한 선거구 획정에 관한 **국회의 재량권의 한계이다**(헌재 1995. 12. 27. 95헌마224 등).

0928 선거구구역표는 전체가 불가분의 일체를 이루는 것으로서 어느 한 부분에 위헌적 요소가 있다면 선거구구역표전체가 위헌적 하자가 있는 것으로 보아야 한다. 23 경간   O | X

선거구구역표는 각 선거구가 서로 유기적으로 관련을 가짐으로써 한 부분에서의 변동은 다른 부분에도 연쇄적으로 영향을 미치는 성질을 가지며, 이러한 의미에서 선거구구역표는 전체가 "**불가분의 일체**"를 이루는 것으로서 **어느 한 부분에 위헌적인 요소가 있다면 선거구구역표 전체가 위헌의 하자를 띠는 것**이라고 보아야 할 뿐만 아니라, … 일부 선거구의 선거구획정에 위헌성이 있다면 선거구구역표의 전부에 관하여 위헌선언을 하는 것이 상당하다(헌재 1995. 12. 27. 95헌마224 등).

● 정답   925. O   926. O   926-1. X [2차적 요소 고려 필요]   927. O   928. O

02 선거구획정위원회

0929 국회의원선거구획정위원회는 중앙선거관리위원회에 두되, 직무에 관하여 독립의 지위를 가진다. 18 5급 O|X

0929-1 국회의원지역선거구의 공정한 획정을 위하여 국회에 선거구획정위원회를 둔다. 12 국회 8 O|X

> 공직선거법 제24조(국회의원선거구획정위원회) ① 국회의원지역구의 공정한 획정을 위하여 임기만료에 따른 **국회의원선거의 선거일 전 18개월부터** 해당 국회의원선거에 적용되는 국회의원지역구의 명칭과 그 구역이 확정되어 효력을 발생하는 날까지 **국회의원선거구획정위원회를 설치·운영**한다.
> ② **국회의원선거구획정위원회는** 중앙선거관리위원회에 두되, **직무에 관하여 독립**의 지위를 가진다.

0930 국회의원선거구획정위원회는 중앙선거관리위원회 위원장이 위촉하는 9명의 위원으로 구성하되, 위원장은 위원 중에서 호선한다. 21 5급 O|X

> 공직선거법 제24조(국회의원선거구획정위원회) ③ **국회의원선거구획정위원회는 중앙선거관리위원회위원장이 위촉**하는 **9명의 위원으로 구성**하되, **위원장은 위원 중에서 호선**한다.

0931 국회는 국회의원지역구를 선거일 전 180일까지 확정하여야 한다. 21 5급 O|X

> 공직선거법 제24조의2(국회의원지역구 확정) ① 국회는 국회의원지역구를 **선거일 전 1년까지 확정**하여야 한다.

POINT 064 직접선거의 원칙

01 직접선거의 원칙

0932 직접선거는 의원의 선거가 일반유권자에 의하여 직접 행하여지는 경우를 말하는 것으로, 일반유권자가 특정수의 중간선거인을 선정하고 이 중간선거인이 대표자를 선거하는 간접선거와 반대되는 개념이다. 10 법원 9 O|X

> 직접선거의 원칙은 선거결과가 선거권자의 투표에 의하여 직접 결정될 것을 요구하는 원칙이다. 국회의원선거와 관련하여 보면, 국회의원의 선출이나 정당의 의석획득이 **중간선거인**이나 정당 등에 의하여 이루어지지 않고 **선거권자의 의사에 따라 직접 이루어져야 함을 의미한다**(헌재 2001. 7. 19. 2000헌마111).

정답 929. ○ 929-1. ×[중앙선관위에 둠] 930. ○ 931. ×[1년 전까지 확정] 932. ○

0933 비례대표제 하에서 선거결과의 결정에는 정당의 의석배분이 필수적인 요소를 이루게 되므로 비례대표제를 채택하는 한 직접선거의 원칙은 의원의 선출뿐만 아니라 정당의 비례적인 의석확보도 선거권자의 투표에 의하여 직접 결정될 것을 요구한다. 21 입시   O I X

0933-1 직접선거원칙은 선거권자의 투표에 의하여 의원 선출이 직접 결정될 것을 요구하지만 비례대표제를 채택하는 경우 정당의 비례적인 의석확보까지 직접 결정될 것을 요구하는 것은 아니다. 22 입시
O I X

역사적으로 직접선거의 원칙은 중간선거인의 부정을 의미하였고, 다수대표제하에서는 이러한 의미만으로도 충분하다고 할 수 있다. 그러나 비례대표제하에서 선거결과의 결정에는 **정당의 의석배분이 필수적인 요소를 이룬다.** 그러므로 비례대표제를 채택하는 한 **직접선거의 원칙은 의원의 선출** 뿐만 아니라 **정당의 비례적인 의석확보도 선거권자의 투표에 의하여 직접 결정될 것을 요구하는 것이다.** (헌재 2001. 7. 19. 2000헌마91 등).

02 관련판례

0934 비례대표제를 채택하는 경우 직접선거의 원칙은 의원의 선출뿐만 아니라 정당의 비례적인 의석확보도 선거권자의 투표에 의하여 직접 결정될 것을 요구하는바, 비례대표의원의 선거는 지역구의원의 선거와는 별도의 선거이므로 이에 관한 유권자의 별도의 의사표시, 즉 정당명부에 대한 별도의 투표가 있어야 한다. 20 법원 9   O I X

0934-1 정당명부에 대한 별도의 투표가 없는 1인 1표제 하에서의 비례대표제는 선거권자의 투표행위가 아니라 정당의 명부작성행위가 최종적·결정적인 의미를 갖게 되므로 직접선거의 원칙에 위배된다. 16 국회 8
O I X

비례대표제를 채택하는 경우 직접선거의 원칙은 의원의 선출 뿐만 아니라 정당의 비례적인 의석확보도 선거권자의 투표에 의하여 직접 결정될 것을 요구하는바, 비례대표의원의 선거는 **지역구의원의 선거와는 별도의 선거**이므로 이에 관한 **유권자의 별도의 의사표시, 즉 정당명부에 대한 별도의 투표가 있어야** 함에도 현행제도는 **정당명부에 대한 투표가 따로 없으므로** 결국 비례대표의원의 선출에 있어서는 정당의 명부작성행위가 최종적·결정적인 의의를 지니게 되고, 선거권자들의 투표행위로써 비례대표의원의 선출을 직접·결정적으로 좌우할 수 없으므로 **직접선거의 원칙에 위배된다**(헌재 2001. 7. 19. 2000헌마91 등).

0935 1인 1표제하에서의 비례대표의석 배분방식은 직접선거의 원칙과 평등선거의 원칙에 위반된다.
21 국회 8   O I X

0935-1 1인 1표제를 전제로 한 (구)「공직선거법」제189조 제1항에 의한 비례대표의석 배분방식은 직접선거의 원칙에는 위배되지만, 평등선거의 원칙에는 위배되지 아니한다. 10 국회 8   O I X

(1) 비례대표의원의 선거는 지역구의원의 선거와는 별도의 선거이므로 이에 관한 유권자의 별도의 의사표시, 즉 **정당명부에 대한 별도의 투표**가 있어야 함에도 현행제도는 정당명부에 대한 투표가 따로 없으므로 결국 비례대표의원의 선출에 있어서는 정당의 명부작성행위가 최종적·결정적인 의의를 지니게 되고, 선거권자들의 투표행위로써 비례대표의원의 선출을 직접·결정적으로 좌우할 수 없으므로 **직접선거의 원칙에 위배된다**(헌재 2001. 7. 19. 2000헌마91 등).
(2) 무소속후보자에 대한 투표는 그 무소속후보자의 선출에만 기여할 뿐 비례대표의원의 선출에는 전혀 기여하지 못하므로 투표가치의 불평등이 발생하는바, 자신이 지지하는 정당이 자신의 지역구에 후보자를 추천하지 않아 어쩔 수 없이 무소속후보자에게 투표하는 유권자들로서는 자신의 의사에 반하여 투표가치의 불평등을 강요당하게 되는바, 이는 합리적 이유없이 **무소속 후보자에게 투표하는 유권자를 차별**하는 것이라 할 것이므로 **평등선거의 원칙에 위배된다**(헌재 2001. 7. 19. 2000헌마91 등).

정답 933. O   933-1. X [비례적인 의석확보까지 직접 결정될 것을 요구]   934. O   934-1. O   935. O   935-1. X [직접·평등선거 위배]

0936 비례대표 후보자를 유권자들이 직접 선택할 수 있는 이른바 자유명부식이나 가변명부식과 달리 고정명부식에서는 후보와 그 순위가 전적으로 정당에 의하여 결정되므로 직접선거의 원칙에 위반된다. ^{13 국회 8}　　　O | X

비례대표 후보자를 유권자들이 직접 선택할 수 있는 이른바 자유명부식이나 가변명부식과 달리 고정명부식에서는 후보와 그 순위가 전적으로 정당에 의하여 결정되므로 직접선거의 원칙에 위반되는 것이 아닌지가 문제될 수 있다. … 비록 후보자 각자에 대한 것은 아니지만 선거권자가 종국적인 결정권을 가지고 있으며, 선거결과가 선거행위로 표출된 선거권자의 의사표시에만 달려 있다고 할 수 있다. 따라서 **고정명부식을 채택**한 것 자체가 **직접선거원칙에 위반된다고는 할 수 없다**(헌재 2001. 7. 19. 2000헌마91 등).

POINT 065 비밀선거의 원칙

0937 비밀선거는 자유선거를 실질적으로 보장하기 위한 수단으로서 유권자 스스로 이를 포기할 수도 있으므로 비밀선거의 원칙에 대한 예외를 두는 법률조항이 선거권을 침해하는지 여부를 판단할 때에는 헌법 제37조 제2항에 따른 엄격한 심사가 적용되지 아니한다. ^{21 입시}　　O | X

비밀선거는 유권자의 정치적 의사결정을 국가의 강제와 사회의 압력으로부터 보호하기 위한 필수적이고도 효과적인 수단이며, **자유선거 원칙을 실질적으로 보장**하기 위한 전제조건이다. … 선거권을 제한하는 입법은 헌법 제37조 제2항에 따라 필요하고 불가피한 예외적인 경우에만 그 제한이 정당화될 수 있으므로, 심판대상조항에 **비밀선거의 원칙에 대한 예외를 두는 것이 청구인의 선거권을 침해하는지 여부를 판단할 때에도 헌법 제37조 제2항에 따른 엄격한 심사가 필요**하다(헌재 2020. 5. 27. 2017헌마867).

0938 신체의 장애로 인하여 자신이 기표할 수 없는 선거인에 대해 투표보조인이 가족이 아닌 경우 반드시 투표보조인 2인을 동반하여서만 투표를 보조하게 할 수 있도록 정한 「공직선거법」 조항은 비밀선거의 원칙에 대한 예외를 정하고 있지만, 형사처벌을 통해 투표보조인이 선거인의 투표의 비밀을 침해하는 것을 방지하여 투표의 비밀이 유지되도록 하고 있으므로 선거권을 침해하지 않는다. ^{24 변호사}　O | X

0938-1 신체의 장애로 인하여 자신이 기표할 수 없는 선거인에 대해 투표보조인이 가족이 아닌 경우 반드시 2인을 동반하여서만 투표를 보조하게 할 수 있도록 정하고 있는 「공직선거법」 조항은 선거의 공정성을 확보하는 데 치우친 나머지 비밀선거의 중요성을 간과하고 있으므로 과잉금지원칙에 반하여 청구인의 선거권을 침해한다. ^{23 지방 7}　　O | X

심판대상조항은 신체의 장애로 인하여 자신이 기표할 수 없는 선거인의 선거권을 실질적으로 보장하고, 투표보조인이 장애인의 선거권 행사에 부당한 영향력을 미치는 것을 방지하여 선거의 공정성을 확보하기 위한 것이므로, 입법목적의 정당성이 인정된다. 또한 심판대상조항이 투표보조인이 가족이 아닌 경우 반드시 2인을 동반하도록 한 것은 위와 같은 목적을 달성하기 위한 적절한 수단이므로, 수단의 적합성도 인정된다. … 그러므로 **심판대상조항은 비밀선거의 원칙에 대한 예외를 두고 있지만 필요하고 불가피한 예외적인 경우에 한하고 있으므로, 과잉금지원칙에 반하여 청구인의 선거권을 침해하지 않는다**(헌재 2020. 5. 27. 2017헌마867).

●정답　936. ✕ [직접선거 위반 ✕]　937. ✕ [포기 가능, 엄격심사 필요]　938. ○　938-1. ✕ [선거권을 침해 ✕]

POINT 066 자유선거의 원칙

01 자유선거의 원칙과 선거운동

0939 자유선거의 원칙은 선거의 전 과정에 요구되는 선거권자의 의사형성의 자유와 의사실현의 자유를 말하고, 구체적으로는 투표의 자유, 입후보의 자유 나아가 선거운동의 자유를 의미한다. 21 입시, 14 법원 9
O | X

0939-1 자유선거원칙은 선거의 전 과정에 요구되는 선거권자의 의사형성의 자유와 의사실현의 자유를 말하는바, 구체적으로는 투표의 자유, 입후보의 자유만을 의미할 뿐이지 선거운동의 자유까지 의미하는 것은 아니다. 14 국가 7
O | X

> 자유선거의 원칙은 비록 우리 헌법에 명문으로 규정되지는 아니하였지만 민주국가의 선거제도에 내재하는 법 원리로서, 국민주권의 원리, 의회민주주의의 원리 및 참정권에 관한 규정에서 그 근거를 찾을 수 있다. 이러한 <u>자유선거의 원칙</u>은 선거의 전과정에 요구되는 선거권자의 <u>의사형성의 자유와 의사실현의 자유</u>를 말하고, 구체적으로는 <u>투표의 자유, 입후보의 자유</u> 나아가 <u>선거운동의 자유</u>를 뜻한다(헌재 2001. 8. 30. 99헌바92 등).

0940 정당의 후보자 추천에 관한 단순한 지지·반대의 의견개진 및 의사표시라 하더라도 「공직선거법」상 선거운동에 해당한다. 22 소간
O | X

> 공직선거법 제58조(정의 등) ① 이 법에서 "**선거운동**"이라 함은 **당선되거나 되게 하거나 되지 못하게 하기 위한 행위**를 말한다. 다만, 다음 각 호의 어느 하나에 해당하는 행위는 **선거운동으로 보지 아니한다**.
> 3. **정당의 후보자 추천에 관한 단순한 지지·반대의 의견개진 및 의사표시**

0941 특정후보자를 당선시킬 목적의 유무에 관계없이 당선되지 못하게 하기 위한 행위 일체를 선거운동으로 규정하여 이를 규제하는 것은 헌법에 합치된다. 15 경정
O | X

> 특정후보자를 당선시킬 목적의 유무에 관계없이, **당선되지 못하게 하기 위한 행위 일체**를 선거운동으로 규정하여 이를 규제하는 것은 불가피한 조치로서 그 목적의 정당성과 방법의 적정성이 인정된다. … 따라서 제3자 편의 낙선운동을 선거운동에 포함시키고 있는 이 사건 법률조항은 <u>국민의 정치적 의사표현의 자유나 참정권을 침해</u>한 것이라고 할 수 **없다**(헌재 2001. 8. 30. 2000헌마121 등).

02 선거운동의 기회균등

0942 선거운동은 각급 선거관리위원회의 관리 하에 법률이 정하는 범위 안에서 하며, 선거에 관한 경비는 법률이 정하는 경우를 제외하고는 정당 또는 후보자에게 부담시킬 수 없다. 17 5급
O | X

0942-1 선거운동에서의 균등한 기회보장은 헌법에서 명문으로 규정하고 있다. 15 법무사
O | X

> **헌법 제116조** ① **선거운동**은 각급 선거관리위원회의 관리하에 법률이 정하는 범위안에서 하되, **균등한 기회가 보장되어야** 한다.
> ② **선거에 관한 경비**는 법률이 정하는 경우를 제외하고는 **정당 또는 후보자에게 부담시킬 수 없다**.

정답 939. ○ 939-1. ×[선거운동의 자유까지 의미함] 940. ×[선거운동에 해당 ×] 941. ○ 942. ○ 942-1. ○

0943 정당의 설립과 활동의 자유를 보장하는 것은 선거제도의 민주화와 국민주권을 실질적으로 현실화하고 정치적으로 자유민주주의 구현에 기여하는데 그 목적이 있는 것이지 정치의 독점이나 무소속후보자의 진출을 봉쇄하는 정당의 특권을 설정할 수 있는 것을 의미하는 것이 아니다. 21 법무사 O | X

우리 헌법이 정당의 설립과 활동의 자유를 보장하고 있는 것은 **선거제도의 민주화**와 **국민주권을 실질적으로 현실화**하고 정치적으로 **자유민주주의 구현에 기여**하는데 그 목적이 있는 것이지 정치의 독점이나 무소속후보자의 진출을 봉쇄하는 **정당의 특권**을 설정할 수 있는 것을 **의미하는 것이 아니기** 때문에 정당만이 의석을 독점할 수 있도록 선거운동에 있어서 입후보자의 기회균등을 부정하는 선거법을 협상하고 비민주적인 선거제도를 만드는 것은 헌법상의 기본골격인 자유민주국가의 기본원리에 합당하지 않고 법치주의의 구현이나 공명선거의 시행을 염원하는 민의(民意)의 참뜻을 잘못 이해하고 있는 데에서 비롯되는 것이라 아니할 수 없다(헌재 1992. 3. 13. 92헌마37 등).

0944 정당제도의 헌법적 기능을 고려하면 무소속 후보자와 정당소속 후보자 간의 합리적이고 상대적인 차별은 가능하나 정당후보자에게 별도로 정당연설회를 할 수 있도록 하는 것은 위헌이다. 14 국가 7 O | X

정당추천후보자에게 별도로 정당연설회를 할 수 있도록 한 국회의원선거법 제55조의3 규정은 **무소속후보자에 비교하여 월등하게 유리한 위치**에서 선거운동을 하게 한 불평등한 규정이므로 헌법전문, 헌법 제11조 제1항의 법앞의 평등, 제25조의 공무담임권, 제41조 제1항의 평등선거의 원칙, 제116조 제1항의 **선거운동 기회균등의 보장원칙에 위반**된다고 할 것이나 무소속후보자에게도 정당연설회에 준하는 개인연설회를 허용하는 경우에는 위헌성의 소지가 제거될 수 있으므로 제7항은 당해 지역구에서 정당추천후보자를 연설원으로 포함시킨 정당연설회를 개최하는 경우에는 무소속후보자에게도 정당추천후보자에 준하는 선거운동의 기회를 균등하게 허용하지 아니하는 한 헌법에 위반된다(헌재 1992. 3. 13. 92헌마37 등).

0945 선거권 자체를 제한하는 것이 아니라 선거권의 행사를 제한하는 법률의 경우에는 입법자에게 일정한 형성의 자유가 인정되지만, 이러한 경우에도 입법자는 헌법에 명시된 선거제도의 원칙을 존중하고 국민의 선거권이 부당하게 제한되지 않도록 하여야 한다는 헌법적 한계를 준수해야 한다. 21 입시 O | X

선거권의 부여나 박탈과 같이 선거권 자체를 제한하는 것이 아니라 선거권 행사의 방법이나 절차 등을 규정하여 **선거권의 행사를 제한하는 법률**의 경우, 선거권 행사를 용이하게 하는 여러 다양한 수단과 방법 중에 어떠한 방법을 채택하고 결합할 것인지는 당시의 기술 수준이나, 사회적·경제적 여건을 종합적으로 고려하지 않을 수 없는 것으로서 **입법자에게 일정한 형성의 자유가 인정된다**. … 선거공보의 작성방식에 관하여 입법자의 재량이 인정된다고 하더라도, 헌법에 명시된 **선거제도의 원칙을 존중**하고 국민의 선거권이 부당하게 제한되지 않도록 하여야 한다는 **헌법적 한계가 존재**한다(헌재 2020. 8. 28. 2017헌마813).

03 관련판례

0946 선거운동에 있어서 후보자의 배우자가 그와 함께 다니는 사람 중에서 지정한 1명도 명함교부를 할 수 있도록 한 「공직선거법」 규정은, 배우자의 유무라는 우연한 사정에 근거하여 합리적 이유 없이 배우자 없는 후보자와 배우자 있는 후보자를 차별 취급하므로 평등권을 침해한다. 17 국가 7(추) O | X

0946-1 공직선거 후보자의 배우자가 그와 함께 다니는 사람 중에서 지정한 1명도 명함을 교부할 수 있도록 한 「공직선거법」 제93조 제1항 제1호 중 제60조의3 제2항 제3호 관련 부분이 배우자 없는 후보자에게 결과적으로 다소 불리한 상황이 발생하더라도, 이는 입법자가 선거운동의 자유를 확대하는 입법을 함으로써 해결되어야 할 문제이므로 배우자 없는 청구인의 평등권을 침해하지 않는다. 23 지방 7 O | X

정답 943. O 944. O 945. O 946. O 946-1. X [평등권을 침해함]

배우자가 아무런 제한 없이 함께 다닐 수 있는 사람을 지정할 수 있도록 함으로써, 결과적으로 배우자 있는 후보자는 배우자 없는 후보자에 비하여 선거운동원 1명을 추가로 지정하는 효과를 누릴 수 있게 되는바, 이는 헌법 제116조 제1항의 선거운동의 기회균등원칙에도 반한다. 그러므로 3호 관련조항은 배우자의 유무라는 우연한 사정에 근거하여 **합리적 이유 없이 배우자 없는 후보자와 배우자 있는 후보자를 차별 취급**하므로 **평등권을 침해한다**(헌재 2016. 9. 29. 2016헌마287).

0947 후보자의 선거운동에서 독자적으로 후보자의 명함을 교부할 수 있는 주체를 후보자의 배우자와 직계존비속으로 제한한 「공직선거법」 규정은 배우자나 직계존비속이 있는 후보자와 그렇지 않은 후보자를 합리적 이유 없이 달리 취급하고 있기에 평등권을 침해한다. 18 국가 7   O | X

1호 관련조항이 배우자나 직계존비속이 있는 후보자와 그렇지 않은 후보자를 달리 취급하고 있다고 할 수 있으나, 그 입법목적 및 명함의 속성 등을 고려하면, 1호 관련조항에서 후보자의 정치·경제력과는 무관하게 존재가능하고 **후보자와 동일시할 수 있는 배우자나 직계존비속에 한정**하여 명함을 교부할 수 있도록 한 것에는 **합리적 이유가 있다** 할 것이므로, **평등권을 침해하지 아니한다**(헌재 2016. 9. 29. 2016헌마287).

0948 선거기간 동안 언론기관이 지지율을 기반으로 초청대상 후보자의 수를 제한하여 대담토론회를 개최하고 보도하는 것은 평등권 위반이 아니다. 18 국회 9   O | X

0948-1 지방자치단체장 선거에서 각급선거방송토론위원회가 필수적으로 개최하는 대담·토론회에 대한 참석기회는 모든 후보자에게 공평하게 주어져야 하므로 그 초청 자격을 제한하고 있는 「공직선거법」 조항은 후보자들의 선거운동의 기회균등원칙과 관련한 평등권을 침해한다. 24 변호사   O | X

방송토론회의 초청자격을 제한하지 않아 토론자가 너무 많을 경우 시간상 제약 등으로 실질적인 토론과 공방이 이루어지지 않고 후보자에 대한 정책검증이 어려운 점, … 등에 비추어 보면, 이 사건 법률조항에 의한 위와 같은 차별에는 이를 정당화할 수 있는 합리적인 이유가 있다고 할 것이다. 따라서 이 사건 법률조항이 청구인들의 **평등권이나 선거운동의 기회균등을 침해하는 것으로 보기 어렵다**(헌재 2009. 3. 26. 2007헌마1327).

0949 선거운동기간 중 공개장소에서 비례대표국회의원후보자의 연설·대담을 금지하는 것은 지역구국회의원후보자와 차별하는 것이며, 정당의 재정적 능력에 따른 선거운동기회를 부당하게 제한하여 선거운동의 자유 및 정당활동의 자유를 침해한다. 17 국회 8   O | X

구 공직선거법은 제69조나 제70조를 두어 선거운동기간 중 소속정당의 정강·정책이나 후보자의 정견 등을 전국적인 영향력을 발휘하는 매체인 신문광고나 방송광고 등을 통해 유권자에게 알릴 수 있도록 하고 있는바, 비례대표국회의원후보자에게 공개장소에서의 연설이나 대담을 금지하고 있더라도 이것이 **선거운동의 자유를 침해하는 것이라고 볼 수 없다.** … 구 공직선거법과 현행 공직선거법은 선거기간 전에는 정당의 통상적인 활동을 통해, 선거기간 중에는 통상적인 정당활동과 정당의 비례대표국회의원선거에 허용되는 선거운동방법을 통해 그 정강이나 정책을 유권자에게 알릴 수 있도록 제도적 장치를 마련하고 있으므로 지역구국회의원후보자에게 허용하는 일정한 선거운동방법을 정당에게 허용하지 않는다 하여 이것이 **정당활동의 자유를 침해하는 것이라고 볼 수는 없다**(헌재 2006. 7. 27. 2004헌마217).

정답 947. X [평등권 침해 X]   948. O   948-1. X [평등권 침해 아님]   949. X [모두 침해 X]

POINT 067 　공무원의 선거중립의무

0950 선거에서 중립의무가 있는 구 「공직선거및선거부정방지법」 제9조의 '공무원'이란 원칙적으로 국가와 지방자치단체의 모든 공무원 즉, 좁은 의미의 직업공무원은 물론이고, 대통령, 국무총리, 국무위원, 지방자치단체의 장을 포함한다. 23 경찰 1차　　　　　　　　　　　　　　　　　　　　　　　　　　　　　○ | ×

0950-1 선거에서 중립성이 요구되는 공무원은 원칙적으로 좁은 의미의 직업공무원은 물론이고, 적극적인 정치활동을 통하여 국가에 봉사하는 정치적 공무원을 포함하지만, 국회의원과 지방의회의원은 위 공무원의 범위에 포함되지 않는다. 15 경정　　　　　　　　　　　　　　　　　　　　　　　　○ | ×

0950-2 선거에서의 중립의무가 부과되어야 하는 모든 공무원은 구체적으로 '자유선거원칙'과 '선거에서의 정당의 기회균등'을 위협할 수 있는 모든 공무원을 의미하므로, 여기에는 대통령, 국무총리, 국무위원, 도지사, 시장, 군수, 구청장 등 지방자치단체의 장은 물론 국회의원과 지방의회의원도 포함된다. 22 5급　　　○ | ×

공선법 제9조의 '공무원'이란, 위 헌법적 요청을 실현하기 위하여 **선거에서의 중립의무가 부과되어야** 하는 모든 공무원 즉, 구체적으로 '자유선거원칙'과 '선거에서의 정당의 기회균등'을 위협할 수 있는 모든 공무원을 의미한다. 그런데 사실상 모든 공무원이 그 직무의 행사를 통하여 선거에 부당한 영향력을 행사할 수 있는 지위에 있으므로, 여기서의 공무원이란 원칙적으로 국가와 지방자치단체의 **모든 공무원** 즉, **좁은 의미의 직업공무원**은 물론이고, 적극적인 정치활동을 통하여 국가에 봉사하는 **정치적 공무원**(예컨대, **대통령, 국무총리, 국무위원**, 도지사, 시장, 군수, 구청장 등 **지방자치단체의 장**)을 포함한다. … 정당의 대표자이자 선거운동의 주체로서의 지위로 말미암아, 선거에서의 정치적 중립성이 요구될 수 없는 **국회의원과 지방의회의원**은 공선법 제9조의 '공무원'에 **해당하지 않는다**. … 공선법에서의 '공무원'의 개념은 국회의원 및 지방의회의원을 제외한 모든 정무직 공무원을 포함하는 것으로 해석된다(헌재 2004. 5. 14. 2004헌나1).

0951 대통령은 행정부의 수반으로서 공정한 선거가 실시될 수 있도록 총괄·감독해야 할 의무가 있으므로, 당연히 선거에서의 중립의무를 지는 공직자에 해당하는 것이고, 이로써 「공직선거법」 제9조의 공무원에 포함된다. 22 지방 7　　　　　　　　　　　　　　　　　　　　　　　　　○ | ×

선거에 있어서의 정치적 중립성은 행정부와 사법부의 모든 공직자에게 해당하는 공무원의 기본적 의무이다. 더욱이, **대통령은** 행정부의 수반으로서 공정한 선거가 실시될 수 있도록 총괄·감독해야 할 의무가 있으므로, 당연히 **선거에서의 중립의무를 지는 공직자에** 해당하는 것이고, 이로써 **공선법 제9조의 '공무원'에 포함**된다(헌재 2004. 5. 14. 2004헌나1).

0952 선거에서 대통령의 중립의무는 헌법 제7조 제2항이 보장하는 직업공무원제도로부터 나오는 헌법적 요청이다. 23 경찰 1차　　　　　　　　　　　　　　　　　　　　　　　　　　　　　　　　　　○ | ×

선거에서의 공무원의 정치적 중립의무는 '국민 전체에 대한 봉사자'로서의 공무원의 지위를 규정하는 **헌법 제7조 제1항**, 자유선거원칙을 규정하는 헌법 제41조 제1항 및 제67조 제1항 및 정당의 기회균등을 보장하는 헌법 제116조 제1항으로부터 나오는 헌법적 요청이다. **공선법 제9조는** 이러한 헌법적 요청을 구체화하고 실현하는 법규정이다(헌재 2004. 5. 14. 2004헌나1).

정답 950. ○　950-1. ○　950-2. ×[국회의원, 지방의원 포함 ×]　951. ○　952. ×[헌법 제7조 제2항 × → 헌법 제7조 제1항 ○]

0953 대통령은 소속 정당원으로서 정치적 의견을 표시할 수 있지만, 국가기관의 신분에서 선거관련 발언을 하는 경우에는 선거에서의 정치적 중립의무의 구속을 받는다. 22 국가 7 ○│×

정당활동이 금지되어 있는 다른 공무원과는 달리, **대통령**은 정당의 당원이나 간부로서, 정당 내부의 의사결정과정에 관여하고 통상적인 정당 활동을 할 수 있으며, 뿐만 아니라 전당대회에 참석하여 **정치적 의견표명**을 할 수 있고 자신이 소속된 정당에 대한 지지를 표명할 수 있다. … 대통령은 국가의 원수 및 행정부 수반으로서의 지위에서 직무를 수행하는 때에는 원칙적으로 정당정치적 의견표명을 삼가야 하며, 나아가, 대통령이 정당인이나 정치인으로서가 아니라 **국가기관인 대통령의 신분**에서 **선거관련 발언**을 하는 경우에는 **선거에서의 정치적 중립의무의 구속을 받는다**(헌재 2004. 5. 14. 2004헌나1).

0954 선거활동에 관하여 대통령의 정치활동의 자유와 선거중립의무가 충돌하는 경우에는 후자가 강조되고 우선되어야 한다. 14 국회 8, 12 지방 7 ○│×

공무원들이 직업공무원제에 의하여 신분을 보장받고 있다 하여도, 최종적인 인사권과 지휘감독권을 갖고 있는 대통령의 정치적 성향을 의식하지 않을 수 없으므로 대통령의 선거개입은 선거의 공정을 해할 우려가 무척 높다. 결국 선거활동에 관하여 대통령의 **정치활동의 자유**와 **선거중립의무가 충돌**하는 경우에는 **후자가 강조되고 우선되어야 한다**(헌재 2008. 1. 17. 2007헌마700).

0955 직무의 기능이나 영향력을 이용하여 선거에서 국민의 자유로운 의사형성과정에 영향을 미치고 정당 간의 경쟁관계를 왜곡할 가능성은 정부나 지방자치단체의 집행기관에 있어서 더욱 크다고 판단되므로 대통령, 지방자치단체의 장 등에게는 다른 공무원보다도 선거에서의 정치적 중립성이 특히 요구된다. 21 소간 ○│×

0955-1 대통령, 지방자치단체의 장, 지방의회의원은 직무의 기능이나 영향력을 이용하여 선거에서 국민의 자유로운 의사형성과정에 영향을 미치고 정당간의 경쟁관계를 왜곡할 가능성이 크다는 점에서 선거에서의 정치적 중립성이 요구된다. 16 변호사 ○│×

직무의 기능이나 영향력을 이용하여 선거에서 국민의 자유로운 의사형성과정에 영향을 미치고 정당간의 경쟁관계를 왜곡할 가능성은 **정부나 지방자치단체의 집행기관**에 있어서 더욱 크다고 판단되므로, **대통령, 지방자치단체의 장** 등에게는 다른 공무원보다도 **선거에서의 정치적 중립성이 특히 요구**된다(헌재 2004. 5. 14. 2004헌나1).

0956 국정의 책임자이자 행정부의 수반으로서 공명선거에 대한 궁극적 책무를 지고 있는 대통령과는 달리 국회의원에게 선거에서의 중립성을 요구하지 않는 것은 합리적인 차별이므로 평등의 원칙에 반하지 아니한다. 10 국가 7 ○│×

국회의원이나 지방의회의원은 공무원의 선거관리에 영향을 미칠 가능성이 높지 않고, 국회의원은 국회의 구성원임과 동시에 정당소속원으로서 선거에 직접 참여하는 당사자가 될 수도 있고, 복수정당제나 자유선거의 원칙을 실현하기 위하여 정책홍보 등 광범위한 선거운동의 주체가 될 필요도 있으므로 선거에서의 중립성을 요구하는 것이 적절하지 않다. 결국 **국회의원과 지방의회의원**이 대통령과 달리 이 사건 법률조항의 적용을 받지 않는 것은 **합리적인 차별**이라고 할 것이므로, 위 법률조항은 **평등의 원칙에 반하지 아니한다**(헌재 2008. 1. 17. 2007헌마700).

정답 953. ○ 954. ○ 955. ○ 955-1. ×[지방의회의원 제외] 956. ○

0957 국회의원과 지방의회의원을 선거에 영향을 미치는 행위가 금지되는 주체에서 제외하면서 지방자치단체의 장을 제외하지 않은 것은 합리적인 근거가 없는 차별로서 평등원칙에 위배된다. 12 법원 9   O | X

국회의원과 지방의회의원은 선거에서의 정치적 중립의무가 요구되지 않으므로 선거운동이 금지되는 주체에서도 제외되나, 지방자치단체 장은 선거에서의 정치적 중립성이 엄격히 요구됨에 따라 선거운동이 금지된다. 이 사건 법률조항에서 **국회의원과 지방의회의원을** 선거에 영향을 미치는 행위가 금지되는 주체에서 제외하면서 **지방자치단체 장을 제외하지 않은 것은** 선거에서 정치적 중립의무가 요구되는 정도에 따른 것이므로 합리적인 근거 없는 차별로서 **평등원칙에 위배된다고 볼 수 없다**(헌재 2005. 6. 30. 2004헌바33).

0958 '공무원이 선거운동의 기획에 참여하거나 그 기획의 실시에 관여하는 행위'를 금지하는 「공직선거법」조항은 '공무원의 지위를 이용하지 아니한 행위'에까지 적용하는 한 헌법에 위반한다. 22 5급   O | X

0958-1 공무원이 선거운동의 기획행위를 하는 모든 경우를 금지하는 것은 공무원의 정치적 중립성에서 나오는 공익이 정치적 표현의 자유보다 크기 때문에 헌법에 위반되지 아니한다. 14 국가 7   O | X

0958-2 '공무원이 선거운동의 기획에 참여하거나 그 기획의 실시에 관여하는 행위'를 금지하는 「공직선거법」조항이 공무원이라 하더라도 그 지위를 이용하지 않고 사적인 지위에서 선거운동의 기획행위를 하는 것까지 금지하는 것은 선거의 공정성을 보장하려는 입법목적을 달성하기 위한 합리적인 차별취급이라고 볼 수 없으므로 평등권을 침해한다. 23 경찰 2차   O | X

0958-3 '공무원이 선거운동의 기획에 참여하거나 그 기획의 실시에 관여하는 행위'를 금지하는 「공직선거법」제86조 제1항 및 제255조 제1항은 '선거운동', '기획', '참여', '관여'라는 약간의 불명확성을 지닌 구성요건을 사용하여 법관의 보충적인 해석이 필요하다고 하더라도 헌법이 요구하는 죄형법정주의의 명확성의 원칙에 위배된다고 할 수 없다. 23 경찰 2차   O | X

(1) 이 사건 법률조항은 공무원의 정치적 표현의 자유를 침해하나, 다만 위와 같은 위헌성은 공무원이 '그 지위를 이용하여' 하는 선거운동의 기획행위 외에 **사적인 지위에서 하는 선거운동의 기획행위**까지 포괄적으로 금지하는 것에서 비롯된 것이므로, **이 사건 법률조항은 공무원의 지위를 이용하지 아니한 행위에까지 적용**하는 **한 헌법에 위반**된다(헌재 2008. 5. 29. 2006헌마1096).
(2) 이 사건 법률조항이 공무원이 그 지위를 이용하지 않고 **사적인 지위에서 선거운동의 기획행위를 하는 것까지 금지**하는 것은 **선거의 공정성을 보장하려는 입법목적을 달성하기 위한 합리적인 차별취급이라고 볼 수 없으므로 평등권을 침해한다**(헌재 2008. 5. 29. 2006헌마1096).
(3) 공직선거법 제86조 제1항 제2호가 규정하고 있는 "선거운동의 기획에 참여하거나 그 기획의 실시에 관여하는 행위"란 공무원이 선거운동의 효율적 수행을 위한 일체의 계획 수립에 참여하는 행위 또는 그 계획을 직접 실시하거나 실시에 관하여 지시·지도하는 행위를 함으로써 선거에 영향을 미치는 행위를 말하며, 이는 건전한 상식과 통상적인 법감정을 가진 사람이면 그 적용대상자가 누구이며 구체적으로 어떠한 행위가 금지되고 있는지를 알 수 있다고 할 것이므로 이 사건 법률조항이 그 조문에 "**선거운동**", "**기획**", "**참여**", "**관여**"라는 약간의 불명확성을 지닌 구성요건을 사용하고 있다고 하더라도 그 점만으로 헌법이 요구하는 **죄형법정주의의 명확성의 원칙에 위배된다고 볼 수 없다**(헌재 2008. 5. 29. 2006헌마1096).

정답 957. X [평등원칙 위배 X]   958. O   958-1. X [헌법에 위반됨]   958-2. O   958-3. O

POINT 068 선거운동의 기간제한

01 선거운동기간

0959 예비후보자로 등록한 사람은 선거운동기간 이전이라도 선거운동을 할 수 있다. 21 법무사 O | X

> 공직선거법 제59조(선거운동기간) **선거운동**은 **선거기간개시일부터 선거일 전일까지**에 한하여 할 수 있다. 다만, 다음 각 호의 어느 하나에 해당하는 경우에는 **그러하지 아니하다.**
> 1. 제60조의3(예비후보자 등의 선거운동)제1항 및 제2항의 규정에 따라 **예비후보자** 등이 선거운동을 하는 경우

0960 선거운동은 원칙적으로 선거기간개시일부터 선거일 전일까지에 한하여 할 수 있지만 문자메시지를 전송하는 방법으로 선거운동을 하는 경우에는 그러지 아니하다. 15 경정, 13 법원 9 O | X

0960-1 선거운동기간 전에는 문자메시지를 전송하는 방법이나 인터넷 홈페이지 또는 그 게시판·대화방 등에 글이나 동영상 등을 게시하거나 전자우편을 전송하는 방법으로 선거운동을 하는 것이 허용되지 않는다. 21 법무사 O | X

문자메시지를 전송하는 방법이나 인터넷 홈페이지 또는 그 게시판·대화방 등에 글이나 동영상 등을 게시하거나 전자우편을 전송하는 방법으로 선거운동을 하는 것은 선거운동기간 전이라도 허용된다.

> 공직선거법 제59조(선거운동기간) **선거운동**은 **선거기간개시일부터 선거일 전일까지**에 한하여 할 수 있다. 다만, 다음 각 호의 어느 하나에 해당하는 경우에는 **그러하지 아니하다.**
> 2. **문자메시지를 전송**하는 방법으로 **선거운동**을 하는 경우. 이 경우 자동 동보통신의 방법(동시 수신대상자가 20명을 초과하거나 그 대상자가 20명 이하인 경우에도 프로그램을 이용하여 수신자를 자동으로 선택하여 전송하는 방식을 말한다. 이하 같다)으로 전송할 수 있는 자는 후보자와 예비후보자에 한하되, 그 횟수는 8회(후보자의 경우 예비후보자로서 전송한 횟수를 포함한다)를 넘을 수 없으며, 중앙선거관리위원회규칙에 따라 신고한 1개의 전화번호만을 사용하여야 한다.
> 3. **인터넷 홈페이지** 또는 **그 게시판·대화방** 등에 **글이나 동영상 등을** 게시하거나 **전자우편**(컴퓨터 이용자끼리 네트워크를 통하여 문자·음성·화상 또는 동영상 등의 정보를 주고받는 통신시스템을 말한다. 이하 같다)을 **전송**하는 방법으로 **선거운동**을 하는 경우. 이 경우 전자우편 전송대행업체에 위탁하여 전자우편을 전송할 수 있는 사람은 후보자와 예비후보자에 한한다.

02 관련판례

0961 선거일 180일 전부터 선거일까지 인터넷상 선거와 관련한 정치적 표현 및 선거운동을 금지하고 처벌하는 것은 후보자 간 경제력 차이에 따른 불균형 및 흑색선전을 통한 부당한 경쟁을 막고, 선거의 평온과 공정을 해하는 결과를 방지한다는 입법목적 달성을 위하여 적합한 수단이라고 할 수 없다. 22 소간, 14 국회 8 O | X

0961-1 선거일 전 180일부터 선거일까지 정보통신망을 이용하여 인터넷 홈페이지 또는 그 게시판·대화방 등에 글이나 동영상 등 정보를 게시하거나 전자우편을 전송하는 방법을 금지하는 것은 과잉금지원칙에 위배하여 정치적 표현의 자유 내지 선거운동의 자유를 침해하여 헌법에 위반된다. 12 국회 9 O | X

정답 959. O 960. O 960-1. X [허용됨] 961. O 961-1. O

이 사건 법률조항에서 선거일전 180일부터 선거일까지 인터넷상 선거와 관련한 정치적 표현 및 선거운동을 금지하고 처벌하는 것은 후보자 간 경제력 차이에 따른 불균형 및 흑색선전을 통한 부당한 경쟁을 막고, 선거의 평온과 공정을 해하는 결과를 방지한다는 입법목적 달성을 위하여 적합한 수단이라고 할 수 없다. … 따라서, 이 사건 법률조항 중 '기타 이와 유사한 것'에 '정보통신망을 이용하여 인터넷 홈페이지 또는 그 게시판·대화방 등에 글이나 동영상 등 정보를 게시하거나 전자우편을 전송하는 방법'이 포함되는 것으로 해석하여 이를 금지하고 처벌하는 것은 과잉금지원칙에 위배하여 청구인들의 선거운동의 자유 내지 정치적 표현의 자유를 침해한다 할 것이다(헌재 2011. 12. 29. 2007헌마1001 등).

0962 「공직선거법」상 대통령선거·국회의원선거·지방선거가 순차적으로 맞물려 돌아가는 현실에서 선거일 전 180일부터 선거일까지 장기간 광고물을 설치·게시하는 행위를 금지·처벌하는 것은 후보자와 일반 유권자의 정치적 표현의 자유를 과도하게 제한하는 것은 아니다. 23 국회 8   O│X

공직선거법상 대통령선거, 국회의원선거, 지방선거가 순차적으로 맞물려 돌아가는 현실에 비추어 보면, 선거일 전 180일부터 선거일까지 장기간 동안 선거에 영향을 미치게 하기 위한 광고물의 설치·진열·게시 및 표시물의 착용을 금지·처벌하는 심판대상조항은 당초의 입법취지에서 벗어나 선거와 관련한 국민의 자유로운 목소리를 상시적으로 억압하는 결과를 초래할 수 있다. … 이는 입법목적 달성을 위하여 반드시 필요한 최소한의 범위를 넘어서 후보자 및 일반 유권자의 정치적 표현의 자유를 과도하게 제한하는 것으로서 침해의 최소성을 충족하지 못한다. … 심판대상조항은 과잉금지원칙에 반하여 정치적 표현의 자유를 침해하므로 헌법에 위반된다(헌재 2022. 7. 21. 2017헌가1 등).

0963 인터넷언론사에 대하여 선거일 전 90일부터 선거일까지 후보자 명의의 칼럼이나 저술을 게재하는 보도를 제한하는 구 「인터넷선거보도 심의기준 등에 관한 규정」 제8조제2항 본문과 「인터넷선거보도 심의기준 등에 관한 규정」 제8조제2항은 인터넷언론사 홈페이지에 청구인 명의의 칼럼을 게재한 자의 표현의 자유를 침해한다. 20 국회 8   O│X

0963-1 인터넷언론사에 대하여 선거일 전 90일부터 선거일까지 후보자 명의의 칼럼이나 저술을 게재하는 보도를 제한하는 구 「인터넷 선거보도 심의기준 등에 관한 규정」은 인터넷 선거보도의 공정성과 선거의 공정성을 확보하려는 것이므로 후보자인 청구인의 표현의 자유를 침해하지 않는다. 22 경찰 1차   O│X

이 사건 시기제한조항은 선거일 전 90일부터 선거일까지 후보자 명의의 칼럼 등을 게재하는 인터넷 선거보도가 불공정하다고 볼 수 있는지에 대해 구체적으로 판단하지 않고 이를 불공정한 선거보도로 간주하여 선거의 공정성을 해치지 않는 보도까지 광범위하게 제한한다. … 이 사건 시기제한조항의 입법목적을 달성할 수 있는 덜 제약적인 다른 방법들이 이 사건 심의기준 규정과 공직선거법에 이미 충분히 존재한다. 따라서 이 사건 시기제한조항은 과잉금지원칙에 반하여 청구인의 표현의 자유를 침해한다(헌재 2019. 11. 28. 2016헌마90).

0964 선거운동기간 전에 개별적으로 대면하여 말로 하는 선거운동을 형사처벌하도록 한 구 「공직선거법」 조항은 정치적 표현의 자유를 침해한다. 24 변호사   O│X

심판대상조항은 입법목적을 달성하는 데 지장이 없는 선거운동방법, 즉 돈이 들지 않는 방법으로서 '후보자 간 경제력 차이에 따른 불균형 문제'나 '사회·경제적 손실을 초래할 위험성'이 낮은, 개별적으로 대면하여 말로 지지를 호소하는 선거운동까지 금지하고 처벌함으로써, 과잉금지원칙에 반하여 선거운동 등 정치적 표현의 자유를 과도하게 제한하고 있다. 결국 이 사건 선거운동기간조항 중 선거운동기간 전에 개별적으로 대면하여 말로 하는 선거운동에 관한 부분, 이 사건 처벌조항 중 '그 밖의 방법'에 관한 부분 가운데 개별적으로 대면하여 말로 하는 선거운동을 한 자에 관한 부분은 과잉금지원칙에 반하여 선거운동 등 정치적 표현의 자유를 침해한다(헌재 2022. 2. 24. 2018헌바146).

● 정답   962. X [정치적 표현의 자유를 침해함]   963. O   963-1. X [표현의 자유 침해]   964. O

0965 누구든지 선거기간 중 선거에 영향을 미치게 하기 위하여 '그 밖의 집회나 모임'을 개최할 수 없고, 이를 위반하는 자를 처벌하는 「공직선거법」 조항은 선거의 공정이나 평온에 대한 구체적인 위험이 없는 경우에도 해당 목적을 위한 일반유권자의 집회나 모임을 전면적으로 금지하고 위반 시 처벌한다는 점에서 과잉금지원칙에 위배되어 해당 일반 유권자의 집회의 자유를 침해한다. 24 경찰 1차 O|X

0965-1 누구든지 선거기간 중 선거에 영향을 미치게 하기 위하여 그 밖의 집회나 모임을 개최할 수 없고, 이를 위반한 자를 처벌하도록 규정한 공직선거법 조항은 선거기간 중에도 국민들이 제기하는 건전한 비판과 여론 형성을 금지하는 것은 아니므로 집회의 자유를 침해한다고 할 수 없다. 23 법원 9 O|X

심판대상조항은 정치적 의사표현이 활발하게 교환되어야 할 선거기간 중에, 오히려 특정 후보자나 정당이 특정한 정책에 대한 찬성이나 반대를 하고 있다는 언급마저도 할 수 없는 범위 내에서만 집회나 모임의 방법으로 정치적 의사를 표현하도록 하여, 평소보다 일반 유권자의 정치적 표현의 자유를 더 제한하고 있다. **선거의 공정이나 평온**에 대한 구체적인 위험이 없어, **규제가 불필요하거나 또는 예외적으로 허용하는 것이** 가능한 경우에도, 선거기간 중 선거에 영향을 미칠 염려가 있거나 미치게 하기 위한 **일반 유권자의 집회나 모임을 전면적으로 금지**하고 위반 시 처벌하는 것은 **침해의 최소성에 반한다**. 선거기간 중 **선거와 관련된 집단적 의견표명 일체가 불가능**하게 됨으로써 일반 유권자가 받게 되는 집회의 자유, 정치적 표현의 자유에 대한 제한 정도는 매우 중대하므로, 심판대상조항은 **집회의 자유, 정치적 표현의 자유를 침해한다**(헌재 2022. 7. 21. 2018헌바164).

0966 선거일에 선거운동을 한 자를 처벌하는 구 「공직선거법」 조항은 정치적 표현의 자유를 침해하지 않는다.
23 경간 O|X

선거일의 선거운동을 금지하고 처벌하는 것은 무분별한 선거운동으로 선거 당일 유권자의 평온을 해치거나 자유롭고 합리적인 의사결정에 악영향을 미치는 것을 방지하기 위한 것이다. 문자메시지나 온라인을 통한 선거운동은 전파의 규모와 속도에 비추어 파급력이 작지 않고, 선거일은 유권자의 선택에 직접적으로 영향을 미칠 가능성이 큰 시점이어서 선거 당일에 무제한적 선거운동으로 후보자에 대한 비난이나 반박이 이어질 경우 혼란이 발생하기 쉬우므로, 이를 규제할 필요성이 인정된다. … 따라서 이 사건 처벌조항이 과잉금지원칙을 위반하여 **정치적 표현의 자유를 침해한다고 할 수 없다**(헌재 2021. 12. 23. 2018헌바152).

POINT 069 선거운동의 인적제한

01 선거운동의 인적제한

0967 외국인은 영주권을 취득한 후 3년이 경과하고 해당 지방자치단체에 외국인등록대장에 올라있는 경우 선거운동을 할 수 있다. 11 국회 8 O|X

0967-1 지방의회의원선거에서 선거권을 갖는 외국인은 누구라도 해당 선거에서 선거운동을 할 수 없다.
14 국가 7 O|X

> 공직선거법 제60조(선거운동을 할 수 없는 자) ① 다음 각 호의 어느 하나에 해당하는 사람은 **선거운동을 할 수 없다**. 다만, 제1호에 해당하는 사람이 **예비후보자·후보자의 배우자**인 경우와 제4호부터 제8호까지의 규정에 해당하는 사람이 예비후보자·후보자의 배우자이거나 후보자의 직계존비속인 경우에는 그러하지 아니하다.
> 1. **대한민국 국민이 아닌 자**. 다만, 제15조제2항제3호(지방자치단체의 의회의원 및 장의 선거권)에 따른 **외국인이 해당 선거에서 선거운동을 하는 경우에는 그러하지 아니하다**.

● 정답 965. O 965-1. X [집회의 자유 침해] 966. O 967. O 967-1. X [누구라도 X, 허용되는 경우 有]

0968 미성년자(18세 미만의 자를 말한다)라고 하더라도 예비후보자·후보자의 직계비속인 경우에는 선거운동을 할 수 있다. 11 법원 9　　O | X

> 공직선거법 제60조(선거운동을 할 수 없는 자) ① 다음 각 호의 어느 하나에 해당하는 사람은 **선거운동을 할 수 없다**. 다만, 제1호에 해당하는 사람이 예비후보자·후보자의 배우자인 경우와 **제4호부터 제8호까지의 규정에 해당하는 사람이 예비후보자·후보자의 배우자**이거나 **후보자의 직계존비속**인 경우에는 그러하지 아니하다.
> 2. **미성년자**(18세 미만의 자를 말한다. 이하 같다)

0969 노동조합은 그 명의로 선거운동을 할 수 있으나, 향우회·종친회 등 개인간의 사적 모임은 그 명의 또는 그 대표의 명의로 선거운동을 할 수 없다. 15 경정　　O | X

> 공직선거법 제87조(단체의 선거운동금지) ① 다음 각 호의 어느 하나에 해당하는 기관·단체(그 대표자와 임직원 또는 구성원을 포함한다)는 그 기관·단체의 명의 또는 그 대표의 명의로 **선거운동을 할 수 없다**.
> 3. 향우회·종친회·동창회, 산악회 등 동호인회, 계모임 등 **개인간의 사적모임**

0970 선거운동의 자유는 선거의 공정성이라는 또 다른 가치를 위하여 무제한 허용될 수는 없는 것이고, 선거운동이 허용되거나 금지되는 사람의 인적 범위는 입법자가 재량의 범위 내에서 직무의 성질과 내용 등 제반 사정을 종합적으로 검토하여 정할 사항이므로 제한입법의 위헌여부에 대하여는 다소 완화된 심사기준이 적용되어야 한다. 23 국가 7　　O | X

0970-1 선거운동은 정치적 표현의 자유의 한 형태로서 민주사회를 구성하고 움직이게 하는 요소이므로 그 제한입법의 경우에는 완화된 심사기준이 필요하다. 11 국회 8　　O | X

선거운동의 자유도 무제한일 수는 없는 것이고, **선거의 공정성**이라는 또 다른 가치를 위하여 어느 정도 선거운동의 주체, 기간, 방법 등에 대한 **규제가 행하여지지 않을 수 없다**. 다만 **선거운동은 국민주권 행사의 일환일 뿐 아니라 정치적 표현의 자유의 한 형태로서 민주사회를 구성하고 움직이게 하는 요소이므로 그 제한입법의 위헌여부에 대하여는 엄격한 심사기준이 적용되어야** 할 것이다(헌재 2018. 2. 22. 2015헌바124).

0971 선거운동의 자유는 선거권 행사의 전제 내지 선거권의 중요한 내용을 이룬다고 할 수 있으므로, 선거운동의 제한은 후보자에 관한 정보에 자유롭게 접근할 수 있는 권리를 제한하는 것으로서 선거권, 곧 참정권의 제한으로 파악될 수도 있다. 18 경정　　O | X

0971-1 선거운동의 자유는 선거권 행사의 전제 내지 선거권의 중요한 내용을 이룬다고 할 수 있으므로, 한국철도공사 상근직원에 대한 선거운동의 제한은 선거권의 제한으로도 파악될 수 있다. 23 국가 7　　O | X

우리 헌법은 참정권의 내용으로서 모든 국민에게 법률이 정하는 바에 따라 선거권을 부여하고 있는데, 선거권이 제대로 행사되기 위하여는 후보자에 대한 정보의 자유교환이 필연적으로 요청된다 할 것이므로, **선거운동의 자유는 선거권 행사의 전제 내지 선거권의 중요한 내용을 이룬다고 할 수 있고, 따라서 선거운동의 제한은 선거권의 제한으로도 파악될 수 있을 것이다**(헌재 2018. 2. 22. 2015헌바124).

정답 968. ×[미성년자 선거운동 불가]　969. ○　970. ×[엄격한 심사기준 적용]　970-1. ×[엄격한 심사기준 적용]　971. ○　971-1. ○

02 관련판례

0972 한국철도공사의 상근직원은 상근임원과 달리 그 직을 유지한 채 공직선거에 입후보하여 자신을 위한 선거운동을 할 수 있음에도, 상근직원이 타인을 위한 선거운동을 할 수 없도록 전면적으로 금지하는 「공직선거법」 규정은 상근직원의 선거운동의 자유를 침해한다. 18 국가 7   O | X

한국철도공사의 상근직원은 공직선거법의 다른 조항에 의하여 직무상 행위를 이용하여 선거운동을 하거나 하도록 하는 행위를 할 수 없고, 선거에 영향을 미치는 전형적인 행위도 할 수 없다. 더욱이 그 직을 유지한 채 공직선거에 입후보할 수 없는 상근임원과 달리, **한국철도공사의 상근직원**은 그 직을 유지한 채 공직선거에 입후보하여 **자신을 위한 선거운동**을 할 수 있음에도 타인을 위한 선거운동을 전면적으로 금지하는 것은 **과도한 제한**이다. 따라서 심판대상조항은 **선거운동의 자유를 침해한다**(헌재 2018. 2. 22. 2015헌바124).

0973 (구) 「공직선거법」에서 '대통령령으로 정하는 언론인'에 대하여 선거운동을 금지하는 것은 포괄위임금지원칙에 위배되고 언론인의 선거운동의 자유를 침해하는 것이다. 16 지방 7   O | X

(1) 관련조항들을 종합하여 보아도 방송, 신문, 뉴스통신 등과 같이 다양한 언론매체 중에서 어느 범위로 한정될지, 어떤 업무에 어느 정도 관여하는 자까지 언론인에 포함될 것인지 등을 예측하기 어렵다. 그러므로 금지조항은 **포괄위임금지원칙을 위반**한다(헌재 2016. 6. 30. 2013헌가1).
(2) 언론인의 선거 개입으로 인한 문제는 언론매체를 통한 활동의 측면에서 즉, 언론인으로서의 지위를 이용하거나 그 지위에 기초한 활동으로 인해 발생 가능한 것이므로, 언론매체를 이용하지 아니한 언론인 개인의 선거운동까지 전면적으로 금지할 필요는 없다. … 심판대상조항들은 과잉금지원칙에 위반되어 언론인인 청구인들의 **선거운동의 자유를 침해한다**(헌재 2016. 6. 30. 2013헌가1).

0974 공무원의 직급이나 직렬 등에 상관없이 공무원의 특정정당 또는 후보자를 위한 선거운동을 모두 금지하는 것은 과잉금지원칙을 위배하여 공무원의 선거운동의 자유 및 정치적 의사표현의 자유를 침해하는 것이다. 12 국회 9   O | X

공무원이 공동체와 국민 모두의 이익을 실현하기 위하여 존재하는 것이라는 본질적 측면에 비추어볼 때, 공무원의 직급이나 직렬 등에 상관없이 공무원의 특정 정당 또는 후보자를 위한 선거운동을 모두 금지하는 것이 부득이하고 불가피하므로, 이 사건 투표권유 운동 금지조항이 침해의 최소성원칙에 위반된다고 볼 수 없다. … 과잉금지원칙을 위배하여 **선거운동의 자유를 침해한다고 볼 수 없다**(헌재 2012. 7. 26. 2009헌바298).

0975 공무원의 기부금 모집을 금지하고 있는 법률조항은 선거의 공정성을 확보하고 공무원의 정치적 중립성을 보장하기 위한 것이므로, 정치적 의사표현의 자유를 침해하지 않는다. 15 변호사   O | X

0975-1 공무원의 기부금모집을 금지하고 있는 국가공무원법 조항은 선거의 공정성을 확보하기 위한 것이라 하더라도 직급이나 직무의 성격에 대한 검토 혹은 기부금 상한액을 낮추는 방법 등에 대한 고려 없이 일률적으로 모든 공무원의 기부금 모집을 전면적으로 금지함으로써 과도한 제한을 초래하므로 공무원의 정치적 의사표현의 자유를 침해하는 것이다. 23 법원 9   O | X

이 사건 국가공무원법 조항들은 공무원의 정치적 중립성에 정면으로 반하는 행위를 금지함으로써 **선거의 공정성과 형평성을 확보하고 공무원의 정치적 중립성을 보장하기 위한 것인바**, 그 입법목적이 정당할 뿐 아니라 방법이 적절하고, 공무원이 국가사무를 담당하며 국민의 이익을 위하여 존재하는 이상 그 직급이나 직렬 등에 상관없이 공무원의 정치운동을 금지하는 것이 부득이하고 불가피하며, 법익 균형성도 갖추었다고 할 것이므로, **과잉금지원칙을 위배하여 선거운동의 자유 및 정치적 의사표현의 자유를 침해한다고 볼 수 없다**(헌재 2012. 7. 26. 2009헌바298).

● 정답   972. O   973. O   974. X [모두 침해 X]   975. O   975-1. X [공무원의 정치적 의사표현의 자유 침해 X]

0976 공무원이 선거에서 특정정당 또는 특정인을 지지하기 위하여 타인에게 정당에 가입하도록 권유 운동을 한 경우 형사처벌하는 것은 정치적 표현의 자유를 침해한다. 22 국회 8   O | X

정당가입권유금지조항은 선거에서 특정정당·특정인을 지지하기 위하여 정당가입을 권유하는 적극적·능동적 의사에 따른 행위만을 금지함으로써 공무원의 정치적 표현의 자유를 최소화하고 있고, 이러한 행위는 단순한 의견개진의 수준을 넘어 선거운동에 해당하므로 입법자는 헌법 제7조 제2항이 정한 공무원의 정치적 중립성 보장을 위해 이를 제한할 수 있다. 그러므로 정당가입권유금지조항은 과잉금지원칙에 반하여 **정치적 표현의 자유를 침해하지 아니한다**(헌재 2021. 8. 31. 2018헌바149).

0977 국민건강보험공단 직원의 업무가 일반 보험회사의 직원이 담당하는 보험업무와 내용상 크게 다르지 않다 하더라도 그 신분상의 특수성과 조직의 규모, 개인정보 지득의 정도, 선거개입시 예상되는 부작용 등이 사보험업체 직원이나 다른 공단의 직원의 경우와 현저히 차이가 나는 이상, 국민건강보험공단 직원의 선거운동의 금지는 정당한 차별목적을 위한 합리적인 수단을 강구한 것으로서 평등권을 침해하지 않는다. 16 변호사   O | X

국민건강보험공단 직원의 업무가 일반 보험회사의 직원이 담당하는 보험업무와 내용상 크게 다르지 않다 하더라도 그 신분상의 특수성과 조직의 규모, 개인정보 지득의 정도, 선거개입시 예상되는 부작용 등이 사보험업체 직원이나 다른 공단의 직원의 경우와 현저히 차이가 나는 이상 위와 같은 선거운동의 금지는 정당한 차별목적을 위한 합리적인 수단을 강구한 것으로서 **합헌이다**(헌재 2004. 4. 29. 2002헌마467).

0978 정당이 아닌 단체에 정당만큼의 선거운동이나 정치활동을 허용하지 아니하였다 하여 곧 그것이 그러한 단체의 평등권이나 정치적 의사표현의 자유를 제한한 것이라고는 말할 수 없다. 21 소간   O | X

0978-1 정당을 제외한 모든 단체의 선거운동을 금지한 「공직선거법」 규정은 표현의 자유를 침해하는 것이 아니다. 17 국회 9   O | X

정당이 아닌 단체에게 정당만큼의 선거운동이나 정치활동을 허용하지 아니하였다 하여 곧 그것이 그러한 단체의 평등권이나 정치적 의사표현의 자유를 제한한 것이라고는 말할 수 없는 점, … 등을 모두 종합하여 보면, 단체의 선거운동 금지를 규정한 위 법 제87조가 청구인들의 평등권이나 정치적 의사표현의 자유의 본질적인 내용을 침해하였거나 이를 과도하게 제한한 것이라고 보기 어렵다(헌재 1995. 5. 25. 95헌마105).

POINT 070 선거운동의 방법제한

0979 「공직선거법」을 위반하여 기부 물품 등을 받은 사람에 대하여 그 기부행위가 이루어진 경위와 방식, 기부행위자와 위반자와의 관계 등을 고려하지 않고 그 기부 물품 등 가액의 50배에 상당하는 과태료를 부과하는 구 「공직선거법」 조항은 구체적 위반행위의 책임 정도에 상응한 제재라고 할 수 없어 과잉금지원칙에 위반된다. 16 경정   O | X

0979-1 선거에 관하여 기부의 권유·요구 등의 금지규정에 위반한 자에게 50배에 상당하는 금액의 과태료에 처하는 규정은 선거의 공정성을 위한 것으로 과잉금지원칙에 위배되지 아니한다. 14 국회 8

● 정답 976. X [정치적 표현의 자유 침해 X] 977. O 978. O 978-1. O 979. O 979-1. X [과잉금지원칙에 위배됨]

이 사건 심판대상조항이 적용되는 '기부행위금지규정에 위반하여 물품·음식물·서적·관광 기타 교통편의를 제공받은 행위'의 경우에는 그 위반의 동기 및 태양, 기부행위가 이루어진 경위와 방식, 기부행위자와 위반자와의 관계, 사후의 정황 등에 따라 위법성 정도에 큰 차이가 있을 수밖에 없음에도 이와 같은 구체적, 개별적 사정을 고려하지 않고 오로지 기부받은 물품 등의 가액만을 기준으로 하여 일률적으로 정해진 액수의 과태료를 부과한다는 것은 구체적 위반행위의 책임 정도에 상응한 제재가 되기 어렵다. … 따라서 이 사건 심판대상조항은 그 의무위반행위에 대하여 부과되는 과태료의 기준 및 액수가 **책임원칙에 부합되지 않게 획일적**일 뿐만 아니라 **지나치게 과중**하여 입법목적을 달성함에 필요한 정도를 일탈함으로써 **과잉금지원칙에 위반**된다고 할 것이다(헌재 2009. 3. 26. 2007헌가22).

0980 「공직선거법」상 기부행위 제한의 적용을 받는 자에 '후보자가 되고자 하는 자'까지 포함하면서 기부행위의 제한기간을 폐지하여 기부행위를 상시 제한하도록 한 것은 '후보자가 되려는 자'를 다른 후보자들과 합리적 이유 없이 동일하게 취급하여 평등권을 침해한다. 16 변호사 O | X

기부행위의 제한은 부정한 경제적 이익을 제공함으로써 유권자의 자유의사를 왜곡시키는 선거운동을 범죄로 처벌하여 선거의 공정성을 보장하기 위한 규정으로 입법 목적의 정당성 및 기본권 제한 수단의 적절성이 인정된다. … **이 사건 법률 조항이 과잉금지원칙에 위배하여 인격권, 행복추구권, 평등권, 공무담임권을 침해하는 것으로 보기 어렵다**(헌재 2009. 4. 30. 2007헌바29 등).

0981 선거운동을 위한 호별방문금지 규정에도 불구하고 '관혼상제의 의식이 거행되는 장소와 도로·시장·점포·다방·대합실 기타 다수인이 왕래하는 공개된 장소'에서의 지지 호소를 허용하는 「공직선거법」 조항 중 '기타 다수인이 왕래하는 공개된 장소' 부분은, 해당 장소의 구조와 용도, 외부로부터의 접근성 및 개방성의 정도 등을 종합적으로 고려할 때 '관혼상제의 의식이 거행되는 장소와 도로·시장·점포·다방·대합실'과 유사하거나 이에 준하여 일반인의 자유로운 출입이 가능한 개방된 곳을 의미한다고 충분히 해석할 수 있으므로 명확성 원칙에 위반된다고 할 수 없다. 20 변호사 O | X

이 사건 지지호소 조항의 문언과 입법취지에 비추어보면, 이 사건 호별방문 조항에도 불구하고 예외적으로 선거운동을 위하여 지지 호소를 할 수 있는 '**기타 다수인이 왕래하는 공개된 장소**'란, 해당 장소의 구조와 용도, 외부로부터의 접근성 및 개방성의 정도 등을 종합적으로 고려할 때 '관혼상제의 의식이 거행되는 장소와 도로·시장·점포·다방·대합실'과 유사하거나 이에 준하여 **일반인의 자유로운 출입이 가능한 개방된 곳을 의미한다고 충분히 해석할 수 있다**. 따라서 이 사건 지지호소 조항은 **죄형법정주의 명확성원칙에 위반된다고 할 수 없다**(헌재 2019. 5. 30. 2017헌바458).

0982 시각장애선거인을 위한 점자형 선거공보의 작성 여부를 후보자의 임의사항으로 규정하고 그 면수를 책자형 선거공보의 면수 이내로 한정한 「공직선거법」 조항은 시각장애인의 선거권과 평등권을 침해한다. 15 변호사 O | X

시각장애인은 의무적으로 시행되는 여러 선거방송을 통하여 선거에 관한 정보를 충분히 얻을 수 있다. … 따라서 심판대상조항이 점자형 선거공보의 작성 여부를 후보자의 **임의사항**으로 규정하고 그 면수를 **책자형 선거공보의 면수 이내로 한정**하고 있더라도, **시각장애인의 선거권과 평등권을 침해한다고 볼 수 없다**(헌재 2014. 5. 29. 2012헌마913).

정답 980. X [평등권 침해 X] 981. O 982. X [모두 침해 X]

0983 방송광고, 후보자 등의 방송연설, 방송시설주관 후보자연설의 방송, 선거방송토론위원회 주관 대담·토론회의 방송에서 한국수화언어 또는 자막의 방영을 재량사항으로 규정한「공직선거법」조항이 자의적으로 비청각장애인과 청각장애인인 청구인을 달리 취급하여 청구인의 평등권을 침해한다고 보기는 어렵다. 22 경찰 1차   O | X

현 단계에서 수화방송 등을 어떠한 예외도 없이 반드시 실시하여야만 하는 의무사항으로 규정할 경우 후보자의 선거운동의 자유와 방송사업자의 보도·편성의 자유를 제한하는 문제가 있을 수 있다는 점 등을 종합하면, 비록 심판대상조항이 수화방송 등을 할 수 없는 예외사유를 보다 제한적으로 구체화하여 규정하는 것이 바람직하다고 볼 수는 있겠지만, 이 사건에서 심판대상조항이 **입법자의 입법형성의 범위를** 벗어난 것으로서 청구인들의 **참정권, 평등권 등 헌법상 기본권을 침해하는 정도의 것이라고 볼 수 없다**(헌재 2009. 5. 28. 2006헌마285).

0984 선거방송토론위원회 주관 대담·토론회의 방송에서 한국수화언어 또는 자막의 방영을 재량사항으로 규정한 것은 청각장애인의 선거권을 침해한다. 22 국회 9   O | X

이 사건 한국수어·자막조항은 실제로 방송사업자 등이 한국수어·자막방송을 할 수 있는 인력, 장비 및 기술수준 등을 갖출 수 있는지 여부에 따라 한국수어·자막방송 여부가 결정되는 점, 이를 의무사항으로 규정할 경우 선거비용이 과다하게 소요될 수 있고, 방송사업자의 보도·편성의 자유와 후보자·정당의 선거운동의 자유를 제한할 여지가 있는 점을 고려하여, **한국수어 또는 자막의 방영을 재량사항으로 규정**한 것이다. … 이에 더하여 청각장애인이 선거정보를 획득할 수 있는 다양한 수단들이 존재하는 점 등을 종합적으로 고려하면, 이 사건 한국수어·자막조항이 청구인 김ㅁㅁ, 함ㅇㅇ의 **선거권을 침해한다고 보기 어렵다**(헌재 2020. 8. 28. 2017헌마813).

POINT 071 대통령선거

01 대통령선거제도

0985 대통령선거에 있어서 최고득표자가 2인 이상인 때에는 국회의 재적의원 과반수가 출석한 공개회의에서 다수표를 얻은 자를 당선자로 한다. 24 5급, 24 경정, 24 소간, 22 소간, 19 서울 7(추), 19 지방 7, 17 5급, 17 법원 9, 14 법원 9 등   O | X

0985-1 대통령선거에 있어서 최고득표자가 2인 이상인 때에는 국회의 재적의원 3분의 2가 출석한 공개회의에서 다수표를 얻은 자를 당선자로 한다. 19 법무사   O | X

0985-2 대통령선거에 있어서 최고득표자가 2인 이상인 때에는 국회의 재적의원 과반수가 출석한 공개회의에서 출석과반수의 득표를 한 자를 당선자로 한다. 11 지방 7   O | X

0985-3 대통령선거에 있어서 최고득표자가 2인 이상인 때에는 국회의 공개회의에서 재적의원 과반수의 출석과 출석의원 과반수의 찬성을 얻은 자를 당선자로 한다. 21 국가 7   O | X

0985-4 대통령선거에서 최고득표자가 2인 이상인 때에는 결선투표를 통해 과반수득표자를 당선자로 한다. 21 소간   O | X

> 헌법 제67조 ② 제1항의 선거에 있어서 **최고득표자가 2인 이상인** 때에는 **국회의 재적의원 과반수가 출석한 공개회의에서 다수표를 얻은 자를** 당선자로 한다.

◆ 정답   983. O   984. X [선거권 침해 X]   985. O   985-1. X [재적과반 출석 공개회의, 다수표 득표]   985-2. X [다수표 득표]   985-3. X [재적과반 출석 공개회의, 다수표 득표]   985-4. X [국회 재적과반 출석 공개회의, 다수표 득표자]

0986 대통령후보자가 1인일 때에는 그 득표수가 선거권자 총수의 3분의 1 이상이 아니면 대통령으로 당선될 수 없다. 21 국회 9, 21 소간, 14 법무사 O│X

0986-1 우리 현행 헌법은 대통령당선에 필요한 득표수를 규정하고 있지 않다. 그러나 후보자가 1인일 때에는 당선에 필요한 득표수를 '선거권자 총수의 3분의 1 이상'으로 규정하고 있다. 12 국회 9 O│X

0986-2 대통령후보자가 1인일 때에는 그 득표수가 유효투표 총수의 3분의 1 이상이 아니면 대통령으로 당선될 수 없다. 20 5급, 18 5급, 10 법원 9 O│X

0986-3 대통령후보자가 1인일 때에는 그 득표수가 선거권자 총수의 과반수 이상이 아니면 대통령으로 당선될 수 없다. 22 소간, 19 소간, 19 법무사 O│X

0986-4 대통령후보자가 1인일 때에는 그 득표수가 선거권자 총수의 2분의 1 이상이 아니면 대통령으로 당선될 수 없다. 14 법원 9 O│X

> 헌법 제67조 ③ **대통령후보자가 1인일** 때에는 그 득표수가 **선거권자 총수의 3분의 1 이상**이 아니면 대통령으로 당선될 수 없다.

0987 대통령선거에 있어서는 중앙선거관리위원회가 유효투표의 다수를 얻은 자를 당선인으로 결정하고, 이를 국회의장에게 통지하여야 한다. 다만, 후보자가 1인인 때에는 그 득표수가 선거권자총수의 3분의 1 이상에 달하여야 당선인으로 결정한다. 20 경정 O│X

0987-1 대통령선거에 있어서는 중앙선거관리위원회가 유효투표의 다수를 얻은 자를 당선인으로 결정하고, 이를 당선인에게 통지하여야 한다. 다만, 후보자가 1인인 때에는 그 득표수가 선거권자총수의 3분의 1 이상에 달하여야 당선인으로 결정한다. 18 경정 O│X

> 공직선거법 제187조(대통령당선인의 결정·공고·통지) ① **대통령선거**에 있어서는 **중앙선거관리위원회**가 **유효투표의 다수를 얻은 자를 당선인으로 결정**하고, 이를 **국회의장에게 통지**하여야 한다. 다만, **후보자가 1인인** 때에는 그 득표수가 **선거권자총수의 3분의 1 이상**에 달하여야 **당선인으로 결정**한다.

0988 대통령선거에서 최고득표자가 2인이어서 국회가 당선인을 결정한 경우 국회의장은 이를 중앙선거관리위원회에 통고하고 중앙선거관리위원장이 그 당선을 공고한다. 17 경정 O│X

> 공직선거법 제187조(대통령당선인의 결정·공고·통지) ② **최고득표자가 2인 이상인** 때에는 **중앙선거관리위원회의 통지**에 의하여 **국회**는 **재적의원 과반수가 출석한 공개회의**에서 **다수표를 얻은 자를 당선인으로 결정**한다.
> ③ 제1항의 규정에 의하여 당선인이 결정된 때에는 **중앙선거관리위원회위원장**이, 제2항의 규정에 의하여 당선인이 결정된 때에는 **국회의장**이 이를 공고하고, 지체없이 **당선인에게 당선증을 교부**하여야 한다.

> 📝 **보충설명** 대통령선거에서 최고득표자가 2인이어서 국회가 당선인을 결정한 경우 국회의장이 이를 공고하고, 지체없이 당선인에게 당선증을 교부하여야 한다.

정답 986. O 986-1. O 986-2. X [선거권자 총수의 3분의 1 이상] 986-3. X [선거권자 총수의 3분의 1 이상] 986-4. X [선거권자 총수의 3분의 1 이상] 987. O 987-1. X [당선인에게 통지 X → 국회의장에게 통지 O] 988. X [국회의장이 당선공고]

02 선거일과 임기개시

0989 대통령의 임기가 만료되는 때에는 임기만료 70일 내지 40일 전에 후임자를 선거하고, 대통령이 궐위된 때 또는 대통령 당선자가 사망하거나 판결 기타의 사유로 그 자격을 상실한 때에는 60일 이내에 후임자를 선거한다. 21 지방 7, 18 경정 O|X

0989-1 대통령의 임기가 만료되는 때에는 임기만료 70일 내지 30일 전에 후임자를 선거한다. 21 국회 8 O|X

0989-2 대통령의 임기가 만료되는 때에는 임기만료 60일 내지 40일 전에 후임자를 선거한다. 19 법무사, 17 국회 9 O|X

0989-3 대통령의 임기 만료시에는 임기 만료 80일 전에 후임자를 선거한다. 21 법원 9 O|X

> 헌법 제68조 ① 대통령의 임기가 만료되는 때에는 임기만료 70일 내지 40일전에 후임자를 선거한다.
> ② 대통령이 궐위된 때 또는 대통령 당선자가 사망하거나 판결 기타의 사유로 그 자격을 상실한 때에는 60일 이내에 후임자를 선거한다.

0990 대통령선거는 임기만료에 의한 선거의 경우 그 임기만료일전 70일 이후 첫 번째 목요일이다. 11 법원 9 O|X

0990-1 임기만료에 의한 국회의원선거의 선거일은 그 임기만료일전 60일 이후 첫 번째 수요일이다. 24 경정 O|X

> 공직선거법 제34조(선거일) ① 임기만료에 의한 선거의 선거일은 다음 각호와 같다.
> 1. 대통령선거는 그 임기만료일전 70일 이후 첫번째 수요일
> 2. 국회의원선거는 그 임기만료일전 50일 이후 첫번째 수요일
> 3. 지방의회의원 및 지방자치단체의 장의 선거는 그 임기만료일전 30일 이후 첫번째 수요일

0991 대통령이 궐위된 때 또는 대통령 당선자가 사망하거나 판결 기타의 사유로 그 자격을 상실한 때에는 60일 이내에 후임자를 선거한다. 24 5급, 22 지방 7, 21 국회 9, 21 입시, 20 5급, 19 법무사, 19 국회 9 O|X

0991-1 대통령이 궐위된 때 또는 대통령 당선자가 사망하거나 판결 기타의 사유로 그 자격을 상실한 때에는 90일 이내에 후임자를 선거한다. 21 소간 O|X

> 헌법 제68조 ② 대통령이 궐위된 때 또는 대통령 당선자가 사망하거나 판결 기타의 사유로 그 자격을 상실한 때에는 60일 이내에 후임자를 선거한다.

0992 대통령의 궐위로 인한 선거는 그 선거의 실시사유가 확정된 때부터 60일 이내에 실시함이 원칙이다. 10 법원 9 O|X

0992-1 대통령당선인이 사망한 경우 이는 재선거 사유에 해당하고, 그 선거는 선거의 실시사유가 확정된 때부터 60일 이내에 실시한다. 14 국가 7 O|X

정답 989. O 989-1. X [70일 내지 40일 전] 989-2. X [70일 내지 40일 전] 989-3. X [70일 내지 40일 전] 990. X [첫 번째 수요일] 990-1. X [60일 X → 50일 O] 991. O 991-1. X [60일 이내] 992. O 992-1. O

공직선거법 제35조(보궐선거 등의 선거일) ① 대통령의 **궐위로 인한 선거** 또는 **재선거**(제3항의 규정에 의한 재선거를 제외한다. 이하 제2항에서 같다)는 그 **선거의 실시사유가 확정**된 때부터 **60일 이내에 실시**하되, 선거일은 늦어도 선거일 전 50일까지 대통령 또는 대통령권한대행자가 공고하여야 한다.

공직선거법 제195조(재선거) ① 다음 각호의 1에 해당하는 사유가 있는 때에는 **재선거를 실시**한다.
4. **당선인**이 **임기개시전**에 **사퇴**하거나 **사망**한 때

0993 대통령의 임기는 전임대통령의 임기만료일의 다음날 0시부터 개시된다. 다만, 전임자의 임기가 만료된 후에 실시하는 선거와 궐위로 인한 선거에 의한 대통령의 임기는 당선이 결정된 때부터 개시된다. _{17 국가 7(추)} O|X

0993-1 전임자의 임기가 만료된 후에 실시하는 선거와 궐위로 인한 선거에 의한 대통령의 임기는 전임대통령의 임기만료일의 다음날 0시부터 개시된다. _{21 소간} O|X

공직선거법 제14조(임기개시) ① 대통령의 임기는 **전임대통령의 임기만료일의 다음날 0시부터 개시**된다. 다만, **전임자의 임기가 만료**된 후에 실시하는 선거와 **궐위로 인한 선거에 의한 대통령의 임기는 당선이 결정된 때부터 개시**된다.

POINT 072 국회의원선거 및 지방선거

01 선거구제와 대표제

0994 선거제도는 선거구 당 선출되는 의원정수에 따라 소선거구제, 중선거구제, 대선거구제로 나눌 수 있고, 대표의 결정방식에 따라 다수대표제, 소수대표제 및 비례대표제 등으로 구분된다. _{23 국회 9} O|X

선거제도에 관한 일반화된 분류방법으로 **선거구 당 선출되는 의원정수**에 따라 **소선거구제, 중선거구제, 대선거구제**로 나눌 수 있고, **대표의 결정방식**에 따라 **다수대표제, 소수대표제 및 비례대표제** 등으로 구분된다. 1인의 대표를 선출하는 **소선거구제는 다수대표제와 결합**할 수 밖에 없으며, 2~4인을 선출하는 **중선거구제** 및 5인 이상을 선출하는 **대선거구제**는 **소수대표자에 결합**된다. 또한 **비례대표제**는 원칙적으로 선거가 행해지는 **전체 지역을 하나의 선거구**로 하는 **전국구 광역선거구와 결합**된다.

0995 우리나라 국회의원선거는 소선거구제, 절대다수대표제 및 비례대표제를 함께 채택하고 있다. _{23 국회 9} O|X

우리나라의 국회의원선거는 하나의 선거구에서 1인을 선출하는 **소선거구제**와 상대적으로 가장 많은 유효투표를 득표한 사람을 선출하는 **상대다수대표제**로 선출되는 지역구 의원과 **비례대표**로 선출되는 전국선거구 비례대표의원으로 구분된다.

0996 국회의원선거와 지방의회의원선거에서는 비례대표제를 채택하고 있다. _{18 5급} O|X

공직선거법 제20조(선거구) ① 대통령 및 **비례대표국회의원**은 전국을 단위로 하여 선거한다.
② **비례대표시·도의원**은 당해 시·도를 단위로 선거하며, **비례대표자치구·시·군의원**은 당해 자치구·시·군을 단위로 선거한다.

정답 993. O 993-1. X [임기 만료 : 임기만료일의 다음날 0시 / 궐위 : 당선 결정 시부터 개시] 994. O 995. X [절대다수대표제 X → 상대다수대표제 O] 996. O

02 국회의원선거

0997 국회의원의 수는 법률로 정하되 200인 이상으로 하며, 국회의원의 선거구와 비례대표제 기타 선거에 관한 사항은 법률로 정한다. 15 국회 8   O|X

0997-1 국회의원의 수는 법률로 정하되, 300인 이상으로 한다. 19 법원 9   O|X

0997-2 국회의원의 수는 법률로 정하되, 300인 이하로 한다. 16 법무사   O|X

0997-3 국회의원의 수는 헌법에 규정되어 있으며, 300인으로 한다. 19 5급   O|X

> 헌법 제41조 ② 국회의원의 수는 **법률**로 정하되, **200인 이상**으로 한다.
> ③ 국회의원의 **선거구**와 **비례대표제** 기타 선거에 관한 사항은 **법률**로 정한다.

0998 헌법은 국회의원 수의 하한을 200명으로 명시하고 있다. 20 국회 9   O|X

0998-1 헌법을 개정하지 않고도 국회의원의 수를 200인으로 할 수 있다. 22 소간   O|X

0998-2 국회의원의 수는 입법형성의 범위에 속하나 법률로 그 수를 200인 미만으로 정하는 경우 이유를 불문하고 위헌이다. 16 경정, 11 국가 7   O|X

0998-3 국회의원 수를 400인으로 하려면 헌법을 개정하여야만 할 수 있다. 20 5급   O|X

> 헌법 제41조 ② 국회의원의 수는 **법률**로 정하되, **200인 이상**으로 한다.

0999 소선거구 다수대표제를 규정하여 다수의 사표가 발생한다 하더라도 그 이유만으로 헌법상 요구된 선거의 대표성의 본질을 침해한다거나 그로 인해 국민주권원리를 침해하고 있다고 할 수 없다. 18 서울 7   O|X

0999-1 지역구국회의원선거에 있어서 선거구선거관리위원회가 당해 국회의원지역구에서 유효투표의 다수를 얻은 자를 당선인으로 결정하도록 한 「공직선거법」 조항은 청구인의 선거권을 침해하지 않는다. 20 국회 8   O|X

0999-2 지역구국회의원선거에 있어서 당해 국회의원지역구에서 유효투표의 다수를 얻은 자를 당선인으로 결정하는 소선거구 다수대표제를 규정한 「공직선거법」 조항은 다른 선거제도를 배제하는 것으로서 평등권과 선거권을 침해한다. 24 변호사   O|X

> 이 사건 법률조항이 **소선거구 다수대표제를 규정하여 다수의 사표가 발생한다** 하더라도 그 이유만으로 헌법상 요구된 선거의 **대표성의 본질을 침해한다거나** 그로 인해 **국민주권원리를 침해하고 있다고 할 수 없고**, 청구인의 **평등권과 선거권을 침해한다고 할 수 없다**(헌재 2016. 5. 26. 2012헌마374).

정답 997. O   997-1. X [200인 이상]   997-2. X [200인 이상]   997-3. X [법률로 정하되, 200인 이상]   998. O   998-1. O   998-2. O   998-3. X [법률로 정할 수 있음]   999. O   999-1. O   999-2. X [평등권과 선거권 침해 아님]

1000 총선거에 의한 의원의 임기는 전임의원의 임기만료일의 다음 날부터 개시되지만, 보궐선거에 의한 의원의 임기는 당선이 결정된 때부터 개시된다. 13 국회 8   O|X

1000-1 국회의원의 임기가 개시된 후에 실시하는 보궐선거에 의한 의원의 임기는 당선이 결정된 때부터 개시되며 전임자의 잔임기간으로 한다. 21 5급   O|X

1000-2 국회의원의 임기가 개시된 후에 실시하는 선거에 의한 국회의원의 임기는 당선이 결정된 때의 다음 날부터 개시되며 전임자의 잔임기간으로 한다. 20 5급   O|X

> 공직선거법 제14조(임기개시) ② **국회의원과 지방의회의원**(이하 이 항에서 "의원"이라 한다)의 **임기는 총선거에 의한 전임의원의 임기만료일의 다음 날부터 개시된다.** 다만, 의원의 임기가 개시된 후에 실시하는 선거와 지방의회의원의 증원선거에 의한 **의원의 임기는 당선이 결정된 때부터 개시되며 전임자 또는 같은 종류의 의원의 잔임기간으로 한다.**

1001 임기만료에 따른 비례대표국회의원선거에서 전국 유효투표총수의 100분의 3 이상을 득표하였거나 임기만료에 따른 지역구국회의원선거에서 5 이상의 의석을 차지한 정당에 대하여 비례대표 국회의원 의석이 배분된다. 20 입시   O|X

1001-1 정당이 비례대표 의석배분에 참여하기 위해서는 지역구 국회의원선거에서 3 이상의 의석을 차지하거나 비례대표 국회의원선거에서 100분의 5 이상을 득표하여야 한다. 20 국회 9   O|X

> 공직선거법 제189조(비례대표국회의원의석의 배분과 당선인의 결정·공고·통지) ① **중앙선거관리위원회**는 다음 각 호의 어느 하나에 해당하는 정당(이하 이 조에서 "**의석할당정당**"이라 한다)에 대하여 **비례대표국회의원의석을 배분**한다.
> 1. 임기만료에 따른 **비례대표국회의원선거에서 전국 유효투표총수의 100분의 3 이상**을 득표한 정당
> 2. 임기만료에 따른 **지역구국회의원선거에서 5 이상의 의석**을 차지한 정당

1002 임기만료에 따른 비례대표국회의원선거에서 정당에 배분된 비례대표국회의원의석수가 그 정당이 추천한 비례대표국회의원후보자수를 넘는 때에는 그 넘는 의석은 공석으로 한다. 21 변호사   O|X

> 공직선거법 제189조(비례대표국회의원의석의 배분과 당선인의 결정·공고·통지) ⑤ **정당에 배분된 비례대표국회의원의석수가 그 정당이 추천한 비례대표국회의원후보자수를 넘는 때에는 그 넘는 의석은 공석으로 한다.**

03 지방선거

1003 국가가 특정한 선거구제의 채택을 통하여 특정 정당이나 소수 정당의 지방의회 진출을 반드시 보장하여야 한다거나 모든 정당에 대하여 지방의회에 현실적으로 진출하도록 할 의무가 있는 것은 아니다. 21 소간   O|X

> 선거구제나 한 선거구에서 선출되는 의원수를 정하는 문제는 헌법이 직접 규정한 것이 아니라 기본적으로 입법에 맡겨져 있는 것이며, 국가가 **특정한 선거구제의 채택**을 통하여 특정 정당이나 소수 정당의 **지방의회 진출을 반드시 보장**하여야 한다거나 모든 정당에 대하여 **지방의회에 현실적으로 진출하도록 할 의무가 있는 것은 아니다**(헌재 2009. 3. 26. 2006헌마14).

정답 1000. O   1000-1. O   1000-2. X [당선 결정 시부터 개시]   1001. O   1001-1. X [5 이상 의석 or 100분의 3 이상 득표]   1002. O
1003. O

1004 지방자치단체의 장 선거에서 후보자가 1인일 경우 투표를 실시하지 않고 해당 후보자를 지방자치단체의 장 당선자로 정하도록 하는 것은 해당 선거인의 선거권을 침해하지 않는다. 22 국회 9 O|X

1004-1 지방자치단체의 장 선거에서 후보자 등록 마감시간까지 후보자 1인만이 등록한 경우 투표를 실시하지 않고 그 후보자를 당선인으로 결정하도록 하는 「공직선거법」상 조항은 그 지방자치단체에 거주하는 주민의 선거권을 침해한다. 19 지방 7 O|X

> 심판대상조항의 입법목적은 선거에 소요되는 여러 가지 절차를 간소화하여 행정적 편의를 도모하고 선거비용을 절감하는 등 선거제도의 효율성을 제고하기 위한 것으로 그 정당성을 인정할 수 있으며, 후보자등록기한까지 후보자가 1인일 경우 투표를 생략하고 해당 후보자를 당선자로 결정하는 것은 이러한 입법목적을 달성하기 위한 적절한 수단이라 할 수 있다. … 입법자가 위와 같은 사정을 고려하여 **후보자가 1인일 경우 투표를 실시하지 않고** 해당 후보자를 지방자치단체의 장 **당선자로 정하도록 결단**한 것은 입법목적 달성에 필요한 범위를 넘은 과도한 제한이라 할 수 없으므로 심판대상조항은 청구인의 **선거권을 침해하지 않는다**(헌재 2016. 10. 27. 2014헌마797).

1005 비례대표지방의회의원선거에 있어서는 당해 선거구선거관리위원회가 유효투표총수의 100분의 3 이상을 득표한 각 정당을 의석할당정당으로 확정한다. 18 5급 O|X

> 공직선거법 제190조의2(비례대표지방의회의원당선인의 결정·공고·통지) ① 비례대표지방의회의원선거에 있어서는 당해 선거구선거관리위원회가 **유효투표총수의 100분의 5 이상을 득표한 각 정당**(이하 이 조에서 "의석할당정당"이라 한다)에 대하여 당해 선거에서 얻은 득표비율에 비례대표지방의회의원정수를 곱하여 산출된 수의 정수의 의석을 그 정당에 먼저 배분하고 잔여의석은 단수가 큰 순으로 각 의석할당정당에 1석씩 배분하되, 같은 단수가 있는 때에는 그 득표수가 많은 정당에 배분하고 그 득표수가 같은 때에는 당해 정당 사이의 추첨에 의한다. 이 경우 득표비율은 각 의석할당 정당의 득표수를 모든 의석할당정당의 득표수의 합계로 나누고 소수점 이하 제5위를 반올림하여 산출한다.

04 재보궐선거 및 선거의 연기

1006 당선인이 임기개시 전에 사퇴하거나 사망한 때에는 재선거를 실시한다. 19 국회 9 O|X

> 공직선거법 제195조(재선거) ① 다음 각호의 1에 해당하는 사유가 있는 때에는 **재선거를 실시한다**.
> 2. 당선인이 없거나 지역구자치구·시·군의원선거에 있어 당선인이 당해 선거구에서 선거할 지방의회의원정수에 달하지 아니한 때
> 4. **당선인**이 **임기개시전**에 **사퇴**하거나 **사망**한 때

1007 지역구 국회의원에 궐원이 생긴 경우에도 보궐선거일로부터 임기만료일까지의 기간이 1년 미만인 경우에는 보궐선거를 실시하지 않을 수 있다. 20 국회 9 O|X

> 공직선거법 제201조(보궐선거등에 관한 특례) ① **보궐선거 등**(대통령선거·비례대표국회의원선거 및 비례대표지방의회의원선거를 제외한다. 이하 이 항에서 같다)은 그 **선거일부터 임기만료일까지의 기간이 1년 미만**이거나, **지방의회의 의원정수의 4분의 1 이상이 궐원**(임기만료일까지의 기간이 1년 이상인 때에 재선거·연기된 선거 또는 재투표사유로 인한 경우를 제외한다)**되지 아니한 경우에는 실시하지 아니할 수 있다**. 이 경우 지방의회의 의원정수의 4분의 1 이상이 궐원되어 보궐선거 등을 실시하는 때에는 그 궐원된 의원 전원에 대하여 실시하여야 한다.

정답 1004. O 1004-1. X[선거권 침해 X] 1005. X[100분의 5 이상 득표] 1006. O 1007. O

1008 천재·지변 기타 부득이한 사유로 지방의회의원 및 지방자치단체의 장의 선거를 실시할 수 없거나 실시하지 못한 때에는 중앙선거관리위원회위원장이 당해 지방자치단체의 장과 협의하여 선거를 연기하여야 한다. 21 국회 8　　　　　　　　　　　　　　　　　　　　　　　　　　　O | X

> 공직선거법 제196조(선거의 연기) ① 천재·지변 기타 부득이한 사유로 인하여 선거를 실시할 수 없거나 실시하지 못한 때에는 대통령선거와 국회의원선거에 있어서는 대통령이, 지방의회의원 및 지방자치단체의 장의 선거에 있어서는 관할선거구선거관리위원회위원장이 당해 지방자치단체의 장(직무대행자를 포함한다)과 협의하여 선거를 연기하여야 한다.

05 관련판례

1009 임기만료전 180일 이내에 비례대표 국회의원에 궐원이 생긴 때 정당의 비례대표 국회의원 후보자명부에 의한 의석승계를 허용하지 않는 것은 정당에 비례대표 국회의원 의석을 할당받도록 한 선거권자들의 정치적 의사표현을 무시하고 왜곡하는 결과를 낳을 수 있고 대의제 민주주의 원리에 부합하지 않는다. 18 변호사　　　　　　　　　　　　　　　　　　　　　　　　　　　O | X

1009-1 선거범죄로 인하여 당선이 무효로 된 때를 비례대표지방의회의원의 의석 승계 제한사유로 규정하는 것은 대의제 민주주의 원리에 위배되지만, 임기만료일 전 180일 이내에 비례대표국회의원에 궐원이 생긴 때를 비례대표국회의원 의석승계 제한사유로 규정하는 것은 대의제 민주주의 원리에 위배되지 아니한다. 10 국회 8　　　　　　　　　　　　　　　　　　　　　　　O | X

> 심판대상조항은 임기만료일 전 180일 이내에 비례대표국회의원에 궐원이 생긴 때에는 정당의 비례대표국회의원 후보자명부에 의한 의석 승계를 인정하지 아니함으로써 결과적으로 그 정당에 비례대표국회의원의석을 할당받도록 한 선거권자들의 정치적 의사표명을 무시하고 왜곡하는 결과가 된다. … 따라서 심판대상조항은 선거권자의 의사를 무시하고 왜곡하는 결과를 낳을 수 있고, 의회의 정상적인 기능 수행에 장애가 될 수 있다는 점에서 헌법의 기본원리인 대의제 민주주의 원리에 부합되지 않는다고 할 것이다(헌재 2009. 6. 25. 2008헌마413).

1010 비례대표국회의원 당선인이 선거범죄로 비례대표국회의원직을 상실하여 비례대표국회의원에 결원이 생긴 경우에 소속 정당의 비례대표국회의원 후보자명부상 차순위자의 의원직 승계를 인정하지 않는 「공직선거법」 조항은 과잉금지원칙에 위배되어 그 정당의 비례대표국회의원 후보자명부상의 차순위 후보자의 공무담임권을 침해한다. 15 국가 7　　　　　　　　　　　　　　　　　　O | X

> 심판대상조항은 비례대표국회의원 후보자명부상의 차순위 후보자의 승계까지 부인함으로써 선거를 통하여 표출된 선거권자들의 정치적 의사표명을 무시·왜곡하는 결과를 초래하고, 선거범죄에 관하여 귀책사유도 없는 정당이나 차순위 후보자에게 불이익을 주는 것은 필요 이상의 지나친 제재를 규정한 것이라고 보지 않을 수 없으므로, 과잉금지원칙에 위배하여 청구인들의 공무담임권을 침해한 것이다(헌재 2009. 10. 29. 2009헌마350 등).

정답 1008. X [관할 선관위장이 지자체장과 협의] 1009. O 1009-1. X [위배됨] 1010. O

1011 선거범죄로 인하여 당선이 무효로 된 때는 비례대표지방의회의원의 의석 승계 제한사유로 규정한 것은 궐원된 비례대표지방의회의원 의석을 승계 받을 후보자명부상의 차순위 후보자의 공무담임권을 침해한다. 18 서울 7 O | X

심판대상조항은 왜곡된 선거인의 의사를 바로잡고 선거의 공정성 확보라는 구체적 입법목적 달성에 기여하는 것이라기보다는 오로지 선거범죄에 대한 엄정한 제재를 통한 공명한 선거 분위기의 창출이라는 추상적이고도 막연한 구호에 이끌려 비례대표지방의회의원선거를 통하여 표출된 선거권자들의 정치적 의사표명을 무시, 왜곡하는 결과를 초래할 뿐이라 할 것이므로, 수단의 적합성 요건을 충족한 것으로 보기 어렵다. … 따라서 심판대상조항은 과잉금지원칙에 위배하여 청구인의 **공무담임권을 침해**한 것이다(헌재 2009. 6. 25. 2007헌마40).

POINT 073 투표

01 투표

1012 부재자투표 개시시간을 오전 10시부터로 정한 것은 투표관리 효율성의 도모와 행정부담 축소 외에 투표의 인계·발송절차의 지연위험 등과는 무관한 반면에, 부재자투표자에게는 학업이나 직장업무로 인한 사실상 선거권행사에 중대한 제한이 되므로 선거권과 평등권을 침해하는 것이다. 17 국회 8 O | X

1012-1 부재자투표시간을 오전 10시부터 오후 4시까지로 정하고 있는 「공직선거법」 제155조제2항 본문 중 "오전 10시에 열고" 부분은 투표관리의 효율성을 도모하고 행정부담을 줄이며, 부재자투표의 인계·발송절차의 지연위험 등을 경감하기 위한 것이므로 청구인의 선거권이나 평등권을 침해하지 않는다. 23 지방 7 O | X

이 사건 투표시간조항이 **투표개시시간을 일과시간 이내인 오전 10시부터로 정한 것**은 투표시간을 줄인 만큼 투표관리의 효율성을 도모하고 행정부담을 줄이는 데 있고, 그 밖에 부재자투표의 인계·발송절차의 지연위험 등과는 관련이 없다. 이에 반해 일과시간에 학업이나 직장업무를 하여야 하는 부재자투표자는 이 사건 투표시간조항 중 투표개시시간 부분으로 인하여 일과시간 이전에 투표소에 가서 투표할 수 없게 되어 사실상 선거권을 행사할 수 없게 되는 중대한 제한을 받는다. 따라서 이 사건 투표시간조항 중 **투표개시시간 부분**은 수단의 적정성, 법익균형성을 갖추지 못하므로 과잉금지원칙에 위배하여 청구인의 **선거권과 평등권을 침해**하는 것이다(헌재 2012. 2. 23. 2010헌마601).

1013 부재자투표의 투표종료시간을 오후 4시까지로 한정하는 것은 투표관리의 효율성을 제고하기 위한 것으로서 부재자투표자의 평등권을 침해하지 않는다. 16 경정, 13 국회 9 O | X

1013-1 부재자투표 종료시간을 오후 4시까지로 정한 것은 투표시간을 지나치게 짧게 정한 것으로 직장업무 및 학교수업 때문에 사실상 투표가 곤란한 부재자투표자의 선거권을 침해한다. 17 지방 7 O | X

이 사건 투표시간조항이 투표종료시간을 오후 4시까지로 정한다고 하더라도 투표개시시간을 일과시간 이전으로 변경한다면, 부재자투표의 인계·발송절차가 지연될 위험 등이 발생하지 않으면서도 일과시간에 학업·직장업무를 하여야 하는 부재자투표자가 현실적으로 선거권을 행사하는 데 큰 어려움이 발생하지 않을 것이다. 따라서 이 사건 투표시간조항 중 **투표종료시간 부분**은 수단의 적정성, 법익균형성을 갖추고 있으므로 청구인의 **선거권이나 평등권을 침해하지 않는다**(헌재 2012. 2. 23. 2010헌마601).

정답 1011. O   1012. O   1012-1. X [선거권과 평등권을 침해함]   1013. O   1013-1. X [선거권 침해 X]

1014 임기만료에 의한 공직선거에서 투표소를 오후 6시에 닫도록 한 것이 투표권의 자유로운 행사를 침해하는 것인가는 총 투표시간, 투표시간 보장 장치, 선거일 전 투표의 기회 보장 여부 등 투표제도 전반을 종합적으로 살펴야 할 것이므로 이는 선거권의 침해가 아니다. 17 국회 8   O|X

> 심판대상 법률조항은 선거결과의 확정 및 선거권의 행사를 보장하면서도 투표·개표관리에 소요되는 행정자원의 배분을 적정한 수준으로 유지하기 위한 것으로서 정당한 목적 달성을 위한 적합한 수단에 해당한다. … 따라서 심판대상 법률조항은 과잉금지원칙에 반하여 **선거권을 침해한다고 볼 수 없다**(헌재 2013. 7. 25. 2012헌마815 등).

02 선상투표제도

1015 대한민국 국외의 구역을 항해하는 선박에 장기 기거하는 선원들이 선거권을 행사할 수 있는 방법을 마련하지 않은 「공직선거법」 조항은 위와 같은 선원들의 선거권을 침해한다. 15 변호사   O|X

1015-1 부재자투표 내지 거소투표 대상에 국외 구역을 항해하는 선박에 장기 기거하는 선원들을 포함시키지 않고, 거소투표방법으로 등기우편만을 인정하고 있는 것은 선거권 행사를 제한하여 위헌이다.
12 법원 9   O|X

> 이 사건 법률조항이 대한민국 국외의 구역을 항해하는 선박에서 장기 기거하는 선원들이 선거권을 행사할 수 있도록 하는 효과적이고 기술적인 방법이 존재함에도 불구하고, 선거의 공정성이나 선거기술상의 이유만을 들어 선거권 행사를 위한 **아무런 법적 장치도 마련하지 않고 있는 것은**, 그 입법목적이 국민들의 선거권 행사를 부인할만한 '불가피한 예외적인 사유'에 해당하는 것이라 볼 수 없고, 나아가 기술적인 대체수단이 있음에도 불구하고 선거권을 과도하게 제한하고 있어 '피해의 최소성' 원칙에 위배되며, … 이 사건 조항은 과잉금지의 원칙에 위배하여 청구인들의 **선거권을 침해**하는 것이다(헌재 2007. 6. 28. 2005헌마772).

1016 선원들이 모사전송 시스템을 활용하여 투표하는 경우, 선원들로서는 자신의 투표결과에 대한 비밀이 노출될 위험성을 스스로 용인하고 투표에 임할 수도 있을 것이므로, 선거권 내지 보통선거원칙과 비밀선거원칙을 조화적으로 해석할 때, 이를 두고 헌법에 위반된다 할 수 없다. 15 국회 8   O|X

1016-1 비밀선거는 선거인이 누구를 선택하였는지 제3자가 알지 못하도록 하는 상태로 투표하는 것을 말하므로, 해상에 장기 기거하는 선원이 모사전송(팩스)시스템을 이용하여 선상에서 투표를 할 수 있는 방안이 마련된다면 전송과정에서 투표의 내용이 직·간접적으로 노출되어 비밀선거원칙에 위배되므로 헌법에 위반된다. 22 입시   O|X

> 통상 **모사전송 시스템의 활용**에는 특별한 기술을 요하지 않고, 당사자들이 스스로 이를 이용하여 투표를 한다면 비밀 노출의 위험이 적거나 없을 뿐만 아니라, 설사 투표 절차나 그 전송 과정에서 비밀이 노출될 우려가 있다 하더라도, 이는 국민주권원리나 보통선거원칙에 따라 선원들이 선거권을 행사할 수 있도록 충실히 보장하기 위한 불가피한 측면이라 할 수도 있고, 더욱이 선원들로서는 자신의 투표결과에 대한 비밀이 노출될 위험성을 스스로 용인하고 투표에 임할 수도 있을 것이므로, **선거권 내지 보통선거원칙과 비밀선거원칙을 조화적으로 해석할 때, 이를 두고 헌법에 위반된다 할 수 없다**(헌재 2007. 6. 28. 2005헌마772).

정답 | 1014. ○ 1015. ○ 1015-1. ○ 1016. ○ 1016-1. ×[위반 ×]

1017 모사전송 시스템을 이용한 선상투표와 같은 제도는 국외를 항해하는 대한민국 선원들의 선거권을 충실히 보장하기 위한 입법수단으로 충분히 수용될 수 있고, 입법자는 비밀선거원칙을 이유로 이를 거부할 수 없다 할 것이다. 13 국회 8   O | X

모사전송 시스템이나 기타 전자통신 장비를 이용한 선상투표 결과 그 내용이 일부 노출될 우려가 있다 하더라도, 그러한 부정적인 요소보다는 국외의 구역을 항해하는 선박에 장기 기거하는 대한민국 선원들의 선거권 행사를 보장한다고 하는 긍정적인 측면에 더욱 관심을 기울여야 할 것이다. 이러한 점을 고려할 때, <u>모사전송 시스템을 이용한 선상투표</u>와 같은 제도는 국외를 항해하는 대한민국 선원들의 선거권을 충실히 보장하기 위한 입법수단으로 충분히 수용될 수 있고, 입법자는 <u>비밀선거원칙을 이유로 이를 거부할 수 없다</u> 할 것이다(헌재 2007. 6. 28. 2005헌마772).

POINT 074 선거공영제와 선거범죄

01 선거공영제

1018 선거에 관한 경비는 법률이 정하는 경우를 제외하고는 정당 또는 후보자에게 부담시킬 수 없다.
21 5급, 21 법무사, 20 법무사   O | X

1018-1 우리나라는 선거의 공정성과 선거운동의 기회균등을 보장하기 위해 선거공영제를 채택하여 선거에 관한 경비를 법률이 정하는 경우를 제외하고는 정당 또는 후보자에게 부담시킬 수 없다. 23 국회 9   O | X

1018-2 선거운동은 각급선거관리위원회의 관리하에 법률이 정하는 범위 안에서 하되, 균등한 기회가 보장되어야 하며, 선거에 관한 경비는 정당에게 부담시킬 수 있으나 후보자에게는 부담시킬 수 없다.
19 국가 7   O | X

선거공영제는 <u>선거운동을 국가가 관리</u>하여 <u>선거의 공정성</u>을 기하고, <u>선거에 관한 경비를 국가가 부담</u>으로써 <u>선거운동에 있어서 기회균등을 보장</u>함으로써 자력(資力)이 없는 유능한 후보자의 당선을 보장하려는 제도로서 <u>헌법 제116조에 규정</u>되어 있다.

> **헌법 제116조** ① <u>선거운동</u>은 각급 선거관리위원회의 관리하에 <u>법률이 정하는 범위안</u>에서 하되, <u>균등한 기회가 보장</u>되어야 한다.
> ② <u>선거에 관한 경비</u>는 법률이 정하는 경우를 제외하고는 <u>정당 또는 후보자에게 부담시킬 수 없다</u>.

1019 선거공영제의 내용은 우리의 선거문화와 풍토, 정치문화 및 국가의 재정상황과 국민의 법감정 등 여러 가지 요소를 종합적으로 고려하여 입법자가 정책적으로 결정할 사항으로서 넓은 입법형성권이 인정되는 영역이라고 할 것이다. 22 소간   O | X

선거공영제는 선거 자체가 국가의 공적 업무를 수행할 국민의 대표자를 선출하는 행위이므로 이에 소요되는 비용은 원칙적으로 국가가 부담하는 것이 바람직하다는 점과 선거경비를 개인에게 모두 부담시키는 것은 경제적으로 넉넉하지 못한 자의 입후보를 어렵거나 불가능하게 하여 국민의 공무담임권을 부당하게 제한하는 결과를 초래할 수 있다는 점을 고려하여, 선거의 관리·운영에 필요한 비용을 후보자 개인에게 부담시키지 않고 국민 모두의 공평부담으로 하고자 하는 원칙이다. 한편 <u>선거공영제의 내용은 우리의 선거문화와 풍토, 정치문화 및 국가의 재정상황과 국민의 법감정 등 여러 가지 요소를 종합적으로 고려하여 입법자가 정책적으로 결정할 사항으로서 넓은 입법형성권이 인정되는 영역</u>이라고 할 것이다(헌재 2011. 4. 28. 2010헌바232).

정답 1017. O   1018. O   1018-1. O   1018-2. X [정당에게도 부담시킬 수 없음]   1019. O

02 선거범죄

1020 후보자의 직계존비속이 「공직선거법」을 위반하여 300만원 이상의 벌금형의 선고를 받은 때에는 그 후보자의 당선을 무효로 한다. 15 국회 8   O | X

> 공직선거법 제265조(선거사무장등의 선거범죄로 인한 당선무효) 선거사무장·선거사무소의 **회계책임자**(선거사무소의 회계책임자로 선임·신고되지 아니한 자로서 후보자와 통모하여 당해 후보자의 선거비용으로 지출한 금액이 선거비용제한액의 3분의 1 이상에 해당되는 자를 포함한다) 또는 후보자(후보자가 되려는 사람을 포함한다)의 **직계존비속 및 배우자**가 해당 선거에 있어서 제230조부터 제234조까지, 제257조제1항 중 기부행위를 한 죄 또는 「정치자금법」 제45조제1항의 정치자금 부정수수죄를 범함으로 인하여 **징역형 또는 300만원 이상의 벌금형의 선고**를 받은 때(선거사무장, 선거사무소의 회계책임자에 대하여는 선임·신고되기 전의 행위로 인한 경우를 포함한다)에는 그 선거구 후보자(대통령후보자, 비례대표국회의원후보자 및 비례대표지방의회의원후보자를 제외한다)의 **당선은 무효**로 한다. 다만, 다른 사람의 유도 또는 도발에 의하여 당해 후보자의 당선을 무효로 되게 하기 위하여 죄를 범한 때에는 그러하지 아니하다.

1021 선거범죄로 당선이 무효로 되는 경우에 이미 보전받은 선거비용뿐만 아니라 반환받은 기탁금 전액까지 반환하도록 하는 것은 지나친 제재라고 볼 수 있다. 18 서울 7   O | X

1021-1 선거범죄를 저지른 낙선자를 제외하고 선거범죄로 당선이 무효로 된 자에게만 이미 반환받은 기탁금과 보전받은 선거비용을 다시 반환하도록 한 (구)「공직선거법」 제265조의2제1항은 평등원칙에 위배되지 않는다. 15 지방 7   O | X

1021-2 선거범죄로 당선이 무효로 된 자에게 이미 반환받은 기탁금과 보전받은 선거비용을 다시 반환하도록 한 구 「공직선거법」 조항은 공무담임권을 제한하지 않는다. 19 경정   O | X

(1) 이 사건 법률조항은 선거범죄를 억제하고 공정한 선거문화를 확립하고자 하는 목적으로 선거범에 대한 제재를 규정한 것인바, 선거범죄를 범하여 형사처벌을 받은 자에게 가할 불이익에 관하여는 기본적으로 입법자가 결정할 것이고, 이 사건 법률조항이 선고형에 따라 제재대상을 정함으로써 사소하고 경미한 선거범과 구체적인 양형사유가 있는 선거범을 제외하고 있는 등의 사정을 종합해 볼 때, 과잉금지원칙을 위반한 **재산권침해라고 할 수 없다**(헌재 2011. 4. 28. 2010헌바232).
(2) 공직선거의 후보자들은 모두 당선을 목적으로 하는 이상, 당선자에게만 제재를 부과하는 규정을 두더라도 후보자들은 모두 이를 자신의 제재로 받아들일 것이라서 굳이 낙선자를 제재대상에 포함하지 않더라도 입법목적의 달성의 효과는 동일할 것이므로 **낙선자를 제외하고 당선자만 제재대상**으로 규정한 이 사건 법률조항이 자의적인 입법으로서 청구인의 **평등권을 침해한다고 볼 수 없다**(헌재 2011. 4. 28. 2010헌바232).
(3) 이 사건 법률조항에서 규정한 제재는 이미 선거에 입후보하여 당선된 사람 즉, 공직취임의 기회를 이미 보장받았던 사람을 대상으로 하는 것이라서 공직취임의 기회를 배제하는 내용이라고 볼 수 없고, 그 제재의 내용도 금전적 불이익의 부과뿐이라서 공무원 신분의 부당한 박탈에 관한 규정이라고 할 수 없으므로 공무담임권의 보호영역에 속하는 사항을 규정한 것이 아니다. 그리고 이 사건 법률조항은 선거범죄를 저질러 벌금 100만 원 이상의 형을 선고받은 당선자만을 제재대상으로 하고 있어 선거범죄를 저지르지 않고 선거를 치르려는 대부분의 후보자는 제재대상에 포함될 여지가 없으므로 청구인의 주장과 같이 자력이 충분하지 못한 국민의 입후보를 곤란하게 하는 효과를 갖는다고 할 수도 없다. 따라서 이 사건 법률조항에 의하여 **공무담임권이 제한된다고 할 수 없다**(헌재 2011. 4. 28. 2010헌바232).

정답 | 1020. O   1021. X [지나친 제재 아님]   1021-1. O   1021-2. O

POINT 075 선거쟁송

01 선거·당선소송

1022 대통령선거, 국회의원선거, 비례대표 시·도의원선거 및 시·도지사선거에 있어 선거소송은 대법원에 소를 제기하는 단심제로 한다. 14 국가 7 O | X

1022-1 고등법원은 지방의회 지역구의회, 자치구·시·군의 장, 비례대표 시·도의원의 선거소송과 당선소송을 담당한다. 08 국가 7 O | X

> 공직선거법 제222조(선거소송) ① **대통령선거 및 국회의원선거**에 있어서 **선거의 효력**에 관하여 이의가 있는 **선거인·정당**(후보자를 추천한 정당에 한한다) **또는 후보자**는 선거일부터 30일 이내에 당해 선거구선거관리위원회위원장을 피고로 하여 **대법원에 소를 제기할 수 있다.**
> ② **지방의회의원 및 지방자치단체의 장의 선거**에 있어서 선거의 효력에 관한 제220조의 결정에 불복이 있는 소청인(당선인을 포함한다)은 해당 소청에 대하여 기각 또는 각하 결정이 있는 경우(제220조제1항의 기간 내에 결정하지 아니한 때를 포함한다)에는 **해당 선거구선거관리위원회 위원장을**, 인용결정이 있는 경우에는 그 **인용결정을 한 선거관리위원회 위원장을** 피고로 하여 그 결정서를 받은 날(제220조제1항의 기간 내에 결정하지 아니한 때에는 그 기간이 종료된 날)부터 10일 이내에 비례대표시·도의원선거 및 시·도지사선거에 있어서는 **대법원에**, 지역구시·도의원선거, 자치구·시·군의원선거 및 자치구·시·군의 장 선거에 있어서는 그 선거구를 관할하는 **고등법원에** 소를 제기할 수 있다.

📝 **보충설명** 대통령선거, 국회의원선거, 비례대표 시·도의원선거 및 시·도지사선거에 있어 선거소송은 대법원에 소를 제기하는 단심제로 한다. 그 외 선거는 고등법원을 거쳐 대법원에 불복한다.

1023 대통령선거 및 국회의원선거에 있어서 선거의 효력에 관하여 이의가 있는 선거인·후보자를 추천한 정당 또는 후보자는 선거일부터 30일 이내에 당해 선거구선거관리위원회위원장을 피고로 하여 대법원에 소를 제기할 수 있다. 19 국회 9 O | X

1023-1 국회의원선거에 있어서 선거의 효력에 관하여 이의가 있는 선거인·정당 또는 후보자는 선거일부터 30일 이내에 당해 선거구선거관리위원회위원장을 피고로 하여 관할 고등법원에 소를 제기할 수 있다. 15 변호사 O | X

1023-2 국회의원선거에 있어서 선거의 효력에 관하여 이의가 있는 선거인·정당(후보자를 추천한 정당에 한한다) 또는 후보자는 선거일로부터 45일 이내에 헌법재판소에 소를 제기할 수 있다. 21 경정 O | X

> 공직선거법 제222조(선거소송) ① **대통령선거 및 국회의원선거**에 있어서 **선거의 효력**에 관하여 이의가 있는 **선거인·정당**(후보자를 추천한 정당에 한한다) **또는 후보자**는 선거일부터 30일 이내에 당해 선거구선거관리위원회위원장을 피고로 하여 **대법원에 소를 제기할 수 있다.**

1024 국회의원선거의 효력에 관하여 소를 제기할 때에는 당해 선거구선거관리위원회위원장을 피고로 한다. 다만, 피고로 될 위원장이 궐위된 때에는 해당선거관리위원회 위원 전원을 피고로 한다. 20 국회 8 O | X

정답 1022. O 1022-1. X [비례대표 시·도의원: 대법원 단심제] 1023. O 1023-1. X [관할 고등법원 → 대법원] 1023-2. X [30일 이내 대법원 제소] 1024. O

> 공직선거법 제222조(선거소송) ① 대통령선거 및 국회의원선거에 있어서 선거의 효력에 관하여 이의가 있는 선거인·정당(후보자를 추천한 정당에 한한다) 또는 후보자는 선거일부터 30일 이내에 당해 선거구선거관리위원회위원장을 피고로 하여 대법원에 소를 제기할 수 있다.
> ③ 제1항 또는 제2항에 따라 피고로 될 위원장이 궐위된 때에는 해당 선거관리위원회 위원 전원을 피고로 한다.

1025 대통령, 국회의원, 지방자치단체의 장 및 지방의회의원 선거에 있어서 당선의 효력에 이의가 있는 선거인은 대법원에 소를 제기할 수 있다. 20 5급   O | X

대통령선거, 국회의원선거, 비례대표시·도의원선거, 시도지사선거에 있어서는 대법원에 소를 제기할 수 있고, 지역구시·도의원선거, 자치구·시·군의원선거, 자치구·시·군의 장 선거에 있어서는 그 선거구를 관할하는 고등법원에 소를 제기할 수 있다.

1026 대통령선거에서 당선의 효력에 이의가 있는 경우, 후보자를 추천한 정당 또는 후보자는 당선인결정일부터 30일 이내에 그 사유에 따라 당선인을 피고로 하거나 그 당선인을 결정한 중앙선거관리위원회위원장 또는 국회의장을 피고로 하여 대법원에 소를 제기할 수 있다. 20 국가 7   O | X

1026-1 국회의원선거에서 당선의 효력에 이의가 있는 후보자가 후보등록무효의 사유를 제기하는 경우 당선인을 피고로 하여 대법원에 소송을 제기할 수 있다. 15 지방 7   O | X

1026-2 당선소송은 선거의 일부 무효를 주장하는 것으로서 선거의 효력에 관하여 이의가 있는 자가 중앙선거관리위원장을 피고로 하여 대법원에 소를 제기하는 것이다. 12 국회 8   O | X

1026-3 대통령선거에서 당선의 효력에 이의가 있는 경우, 정당 또는 후보자는 사안에 따라 당선인을 피고로 하거나 중앙선거관리위원장 또는 국무총리를 피고로 하여 대법원에 소를 제기할 수 있다. 18 경정   O | X

> 공직선거법 제223조(당선소송) ① 대통령선거 및 국회의원선거에 있어서 당선의 효력에 이의가 있는 정당(후보자를 추천한 정당에 한한다) 또는 후보자는 당선인결정일부터 30일 이내에 제52조(등록무효)제1항·제3항·제4항 또는 제192조(피선거권상실로 인한 당선무효 등)제1항부터 제3항까지의 사유에 해당함을 이유로 하는 때에는 당선인을, 제187조(대통령당선인의 결정·공고·통지)제1항·제2항, 제188조(지역구국회의원당선인의 결정·공고·통지)제1항 내지 제4항, 제189조(비례대표국회의원의석의 배분과 당선인의 결정·공고·통지) 또는 제194조(당선인의 재결정과 비례대표국회의원의석 및 비례대표지방의회의원의석의 재배분)제4항의 규정에 의한 결정의 위법을 이유로 하는 때에는 대통령선거에 있어서는 그 당선인을 결정한 중앙선거관리위원회위원장 또는 국회의장을, 국회의원선거에 있어서는 당해 선거구선거관리위원회위원장을 각각 피고로 하여 대법원에 소를 제기할 수 있다.

02 선거·당선소청

1027 지방의회의원의 선거에서는 선거소청을 인정하지만, 국회의원선거에서는 선거소청을 인정하지 않는다. 15 지방 7   O | X

1027-1 국회의원 선거의 선거소송은 중앙선거관리위원회에 대한 선거소청을 거쳐 대법원이 관할한다. 19 5급   O | X

정답 1025. X [지역구시·도의원, 자치구·시·군의원 및 장 선거: 고등법원] 1026. O 1026-1. O 1026-2. X [당선소송: 선거가 유효임을 전제로 함 / 피고: 당선인/중선위장/국회의장 중 1] 1026-3. X [국무총리 X → 국회의장 O] 1027. O 1027-1. X [국회의원선거 선거소청 부정]

> 공직선거법 제219조(선거소청) ① **지방의회의원 및 지방자치단체의 장의 선거**에 있어서 선거의 효력에 관하여 이의가 있는 선거인·정당(후보자를 추천한 정당에 한한다. 이하 이 조에서 같다) 또는 후보자는 선거일부터 14일 이내에 당해 선거구선거관리위원회위원장을 피소청인으로 하여 지역구시·도의원선거(지역구세종특별자치시의회의원선거는 제외한다), 자치구·시·군의원선거 및 자치구·시·군의 장 선거에 있어서는 **시·도선거관리위원회**에, 비례대표시·도의원선거, 지역구세종특별자치시의회의원선거 및 시·도지사선거에 있어서는 **중앙선거관리위원회**에 소청할 수 있다.
>
> 🖉 보충설명 지방의회의원·지방자치단체장 선거의 효력(선거소청) 또는 당선의 효력(당선소청)에 이의가 있을 경우 선거소청이 인정된다. 대통령선거와 국회의원선거에서는 선거소청이 인정되지 않는다.

1028 시·도지사선거에 대한 효력에 이의가 있는 경우 정당은 소청절차를 경유하지 않고, 대법원에 소송을 제기할 수 있다. 15 지방 7   O | X

> 공직선거법 제222조(선거소송) ② **지방의회의원 및 지방자치단체의 장의 선거**에 있어서 **선거의 효력**에 관한 제220조의 결정에 불복이 있는 **소청인**(당선인을 포함한다)은 해당 소청에 대하여 기각 또는 각하 결정이 있는 경우(제220조제1항의 기간 내에 결정하지 아니한 때를 포함한다)에는 해당 선거구선거관리위원회 위원장을, 인용결정이 있는 경우에는 그 인용결정을 한 선거관리위원회 위원장을 피고로 하여 그 결정서를 받은 날(제220조제1항의 기간 내에 결정하지 아니한 때에는 그 기간이 종료된 날)부터 10일 이내에 비례대표시·도의원선거 및 시·도지사선거에 있어서는 **대법원**에, 지역구시·도의원선거, 자치구·시·군의원선거 및 자치구·시·군의 장 선거에 있어서는 그 선거구를 관할하는 **고등법원**에 소를 제기할 수 있다.
>
> 🖉 보충설명 지방선거는 소청절차를 경유해야만 선거소송을 제기할 수 있다.

03 결정 또는 판결

1029 소청이나 소장을 접수한 선거관리위원회 또는 대법원이나 고등법원은 선거쟁송에 있어 선거에 관한 규정에 위반된 사실이 있는 때라도 선거의 결과에 영향을 미쳤다고 인정하는 때에 한하여 선거의 전부나 일부의 무효 또는 당선의 무효를 결정하거나 판결한다. 15 지방 7   O | X

1029-1 대법원이나 고등법원은 선거쟁송에서 선거에 관한 규정에 위반된 사실이 있으면 선거 전부나 일부의 무효 또는 당선의 무효를 판결한다. 20 국회 8   O | X

> 공직선거법 제224조(선거무효의 판결 등) 소청이나 소장을 접수한 선거관리위원회 또는 대법원이나 고등법원은 **선거쟁송**에 있어 선거에 관한 **규정에 위반된 사실**이 있는 때라도 **선거의 결과에 영향을 미쳤다고 인정**하는 때에 한하여 **선거의 전부나 일부 무효 또는 당선의 무효**를 결정하거나 판결한다.

1030 대통령선거에 관한 소송은 다른 쟁송에 우선하여 신속히 재판하여야 하며, 소가 제기된 날부터 180일 이내에 처리하여야 한다. 10 법원 9   O | X

> 공직선거법 제225조(소송 등의 처리) 선거에 관한 소청이나 소송은 다른 쟁송에 우선하여 **신속히 결정 또는 재판**하여야 하며, 소송에 있어서는 **수소법원**은 소가 제기된 날부터 **180일 이내에 처리**하여야 한다.

● 정답 1028. X [소청절차 경유해야 함]   1029. O   1029-1. X [선거의 결과에 영향을 미쳤다고 인정하는 때에 한하여 무효 판결]   1030. O

Chapter 13 직업공무원제도와 공무담임권

POINT 076 직업공무원제도

01 공무원의 개념

1031 공무원은 국민전체에 대한 봉사자이며, 직업공무원제도를 통해 정치적 중립성과 신분보장을 확보하고 있다. 23 국회 9   O | X

> 헌법 제7조 ① 공무원은 국민전체에 대한 봉사자이며, 국민에 대하여 책임을 진다.
> ② 공무원의 신분과 정치적 중립성은 법률이 정하는 바에 의하여 보장된다.

1032 헌법 제7조 제1항에 의하여 국민전체에 대한 봉사자로서 국민에 대하여 책임을 지는 공무원과 같은 조 제2항에 의하여 신분과 정치적 중립성이 보장되는 공무원이 일치하지는 않는다. 22 법무사   O | X

헌법 제7조 제1항에 의하여 국민전체에 대한 봉사자로서 국민에 대하여 책임을 지는 공무원은 넓은 의미의 공무원을 말한다. 그러나 같은 조 제2항에 의하여 신분과 정치적 중립성이 보장되는 공무원은 국가 또는 공공단체와 근로관계를 맺으 이른바 공법상 특별권력관계 내지 특별행정법관계 아래 공무를 담당하는 것을 직업으로 하는 협의의 공무원을 말하며 정치적 공무원이라든가 임시적 공무원은 포함되지 않는다.

1033 대통령은 국민 전체에 대한 봉사자로 헌법상 공무원에 해당한다. 18 법무사   O | X

대통령은 행정부의 수반이자 국가 원수로서 가장 강력한 권한을 가지고 있는 공무원이므로 누구보다도 '국민 전체'를 위하여 국정을 운영해야 한다. … 대통령은 '국민 전체'에 대한 봉사자이므로 특정 정당, 자신이 속한 계급·종교·지역·사회단체, 자신과 친분 있는 세력의 특수한 이익 등으로부터 독립하여 국민 전체를 위하여 공정하고 균형 있게 업무를 수행할 의무가 있다(헌재 2017. 3. 10. 2016헌나1).

1034 공무원은 공인으로서의 지위와 사인으로서의 지위, 국민 전체에 대한 봉사자로서의 지위와 기본권을 향유하는 기본권 주체로서의 지위라는 이중적 지위를 가지므로 공무원이라고 하여 기본권이 무시되거나 경시되어서는 안 되지만, 공무원의 신분과 지위의 특수성상 공무원에 대해서는 일반 국민에 비해 보다 넓고 강한 기본권 제한이 가능하다. 17 국가 7(추)   O | X

공무원은 공직자인 동시에 국민의 한 사람이기도 하므로, 공무원은 공인으로서의 지위와 사인으로서의 지위, 국민전체에 대한 봉사자로서의 지위와 기본권을 향유하는 기본권주체로서의 지위라는 이중적 지위를 가진다. 따라서 공무원이라고 하여 기본권이 무시되거나 경시되어서도 아니 되지만, 공무원의 신분과 지위의 특수성에 비추어 공무원에 대해서는 일반 국민에 비해 보다 넓고 강한 기본권제한이 가능하게 된다(헌재 2012. 5. 31. 2009헌마705 등).

●정답 1031. O 1032. O 1033. O 1034. O

1035 헌법상 국군의 사명은 국가의 안전보장과 국토방위의 신성한 의무를 수행하는 것이다. 24 5급 ○|×

1035-1 헌법은 국군과 공무원의 정치적 중립성에 대하여 서술하고 있다. 19 입시 ○|×

> 헌법 제5조 ② **국군**은 **국가의 안전보장**과 **국토방위의 신성한 의무**를 수행함을 사명으로 하며, 그 **정치적 중립성**은 준수된다.
> 헌법 제7조 ② **공무원**의 **신분**과 **정치적 중립성**은 법률이 정하는 바에 의하여 보장된다.

02 직업공무원제도

1036 헌법 제7조가 정하고 있는 직업공무원제도는 공무원이 집권세력의 논공행상의 제물이 되는 엽관제도를 지양하며 정권교체에 따른 국가작용의 중단과 혼란을 예방하고 일관성 있는 공무수행의 독자성을 유지하기 위하여 헌법과 법률에 의하여 공무원의 신분이 보장되도록 하는 공직구조에 관한 제도로 공무원의 정치적 중립과 신분보장을 그 중추적 요소로 한다. 23 경정, 22 경정 ○|×

우리 헌법 제7조가 정하고 있는 **직업공무원제도**는 공무원이 집권세력의 논공행상의 제물이 되는 **엽관제도를 지양**하며 정권교체에 따른 **국가작용의 중단과 혼란을 예방**하고 일관성 있는 **공무수행의 독자성을 유지**하기 위하여 헌법과 법률에 의하여 공무원의 신분이 보장되도록 하는 공직구조에 관한 제도로 공무원의 정치적 중립과 신분보장을 그 중추적 요소로 한다(헌재 2004. 11. 25. 2002헌바8).

1037 직업공무원제도에 있어 과학적 직위분류제나 성적주의 등에 따른 인사의 공정성을 유지하는 장치도 중요하지만, 무엇보다도 그 중추적 요소는 공무원의 정치적 중립과 신분보장에 있다 할 수 있다. 23 법무사 ○|×

직업공무원제도하에 있어서는 과학적 직위분류제(職位分類制), 성적주의 등에 따른 **인사의 공정성을 유지**하는 장치가 중요하지만 특히 **공무원의 정치적 중립과 신분보장**은 그 **중추적 요소**라고 할 수 있는 것이다(헌재 1989. 12. 18. 89헌마32 등).

1038 직업공무원제도는 공무원의 정치적 중립과 신분보장을 통해 행정의 계속성과 안정성을 확보하고자 하는 것이다. 17 입시 ○|×

공무원의 **정치적 중립과 신분보장**을 통해 **행정의 계속성과 안정성을 확보**하여 국가기능의 효율성을 증대하고자 하는 직업공무원제도가 그 본래의 취지와 달리 공무원 개인에게 평생직업을 보장하는 장치로 변질되어 행정의 무능과 국가 기능의 비효율을 초래해서는 안된다는 점과 국가경영의 경비부담 주체가 국민이고 공무원은 국민전체에 대한 봉사자라는 점을 감안하면, 행정의 효율성 및 생산성 제고 차원에서는 행정수요가 소멸하거나 조직의 비대화로 효율성이 저하되는 경우 직제를 폐지하거나 인원을 축소하는 것은 불가피한 선택에 해당할 것이다(헌재 2004. 11. 25. 2002헌바8).

1039 직업공무원제도는 공무원으로 하여금 특정 정당이나 특정 상급자를 위하여 충성하는 것이 아니라 국민 전체의 봉사자로서 법에 따라 그 소임을 다할 수 있게 함으로써 국가기능의 측면에서 정치적 안정의 유지에 기여하는 제도이다. 16 국가 7 ○|×

직업공무원제도는 바로 그러한 제도적 보장을 통하여 모든 공무원으로 하여금 어떤 특정 정당이나 특정 상급자를 위하여 충성하는 것이 아니라 **국민전체에 대한 봉사자로서**(헌법 제7조 제1항) 법에 따라 그 소임을 다할 수 있게 함으로써 **공무원 개인의 권리나 이익을 보호함**에 그치지 아니하고 나아가 국가기능의 측면에서 **정치적 안정의 유지에 기여**하도록 하는 제도이다(헌재 1997. 4. 24. 95헌바48).

정답 1035. ○ 1035-1. ○ 1036. ○ 1037. ○ 1038. ○ 1039. ○

1040 직업공무원제도는 헌법이 보장하는 제도적 보장 중의 하나이므로 입법자는 직업공무원제도에 관하여 '최소한의 보장'의 원칙의 한계 안에서 폭넓은 입법형성의 자유를 가진다. 23 경정, 19 법원 9, 18 법무사

O | X

1040-1 직업공무원제도는 헌법이 보장하는 제도적 보장 중의 하나임이 분명하므로 입법자는 직업공무원제도에 관하여 '최대한 보장'의 원칙에 의하여 입법을 형성할 책무가 있다. 21 법원 9

O | X

기본권 보장은 "최대한 보장의 원칙"이 적용됨에 반하여, 제도적 보장은 그 본질적 내용을 침해하지 아니하는 범위 안에서 입법자에게 제도의 구체적 내용과 형태의 형성권을 폭넓게 인정한다는 의미에서 "최소 보장의 원칙"이 적용될 뿐이다. **직업공무원제도는** 헌법이 보장하는 제도적 보장중의 하나임이 분명하므로 입법자는 직업공무원제도에 관하여 '**최소한 보장**'의 원칙의 한계안에서 **폭넓은 입법형성의 자유를** 가진다(헌재 1997. 4. 24. 95헌바48).

1041 직업공무원제도는 지방자치제도, 복수정당제도, 혼인제도 등과 함께 '제도보장'의 하나로서 이는 일반적인 법에 의한 폐지나 제도본질의 침해를 금지한다는 의미의 '최소보장'의 원칙이 적용되는바, 이는 기본권의 경우 헌법 제37조 제2항의 과잉금지의 원칙에 따라 필요한 경우에 한하여 '최소한으로 제한'되는 것과 대조되는 것이다. 22 경찰 2차

O | X

직업공무원제도는 지방자치제도, 복수정당제도, 혼인제도 등과 함께 "**제도보장**"의 하나로서 이는 일반적인 **법에 의한 폐지**나 **제도본질의 침해**를 금지한다는 의미의 "**최소보장**"의 원칙이 적용되는바, 이는 **기본권의 경우** 헌법 제37조 제2항의 과잉금지의 원칙에 따라 필요한 경우에 한하여 "**최소한으로 제한**"되는 것과 대조되는 것이다(헌재 1994. 4. 28. 91헌바15 등).

1042 직업공무원제에서 말하는 공무원은 국가 또는 공공단체와 근로관계를 맺고 이른바 공법상 특별권력관계 내지 특별행정법관계 아래 공무를 담당하는 것을 직업으로 하는 협의의 공무원을 의미하고 정치적 공무원이나 임시적 공무원은 포함되지 않는다. 16 국가 7

O | X

1042-1 직업공무원제도 하에서의 공무원은 국가 또는 공공단체와 근로관계를 맺고, 공무를 담당하는 것을 직업으로 하는 자로서 선거직 공직자를 포함한 광의의 공무원을 말한다. 11 국가 7

O | X

우리나라는 직업공무원제도를 채택하고 있는데, 이는 공무원이 집권세력의 논공행상의 제물이 되는 엽관제도(獵官制度)를 지양하고 정권교체에 따른 국가작용의 중단과 혼란을 예방하고 일관성있는 공무수행의 독자성을 유지하기 위하여 **헌법과 법률에 의하여 공무원의 신분이 보장되는 공직구조에 관한 제도**이다. 여기서 말하는 공무원은 국가 또는 공공단체와 근로관계를 맺고 이른바 **공법상 특별권력관계 내지 특별행정법관계 아래 공무를 담당하는 것을 직업으로 하는 협의의 공무원**을 말하며 **정치적 공무원이라든가 임시적 공무원은 포함되지 않는 것**이다(헌재 1989. 12. 18. 89헌마32 등).

1043 지방자치단체장은 선거로 취임하는 공무원이지만 그 신분이나 직무수행상 다른 일반공무원과 차이가 없고, 해당 지방자치단체를 통합·대표하고 국가사무를 위임받아 처리하는 등 일반직 공무원에 비하여 중요한 업무를 수행하므로 헌법 제7조 제2항에 따라 신분보장이 필요하고 정치적 중립성이 요구되는 공무원에 해당한다. 17 변호사

O | X

지방자치단체은 특정 정당을 정치적 기반으로 하여 선거에 입후보할 수 있고 **선거에 의하여 선출되는 공무원**이라는 점에서 **헌법 제7조 제2항**에 따라 신분보장이 필요하고 정치적 중립성이 요구되는 공무원에 해당한다고 **보기 어려우므로** 헌법 제7조의 해석상 지방자치단체장을 위한 퇴직급여제도를 마련하여야 할 입법적 의무가 도출된다고 볼 수 없고, 그 외에 헌법 제34조나 공무담임권 보장에 관한 헌법 제25조로부터 위와 같은 입법의무가 도출되지 않는다(헌재 2014. 6. 26. 2012헌마459).

🔎 **보충설명** 지방자치단체장은 헌법 제7조 제2항의 직업공무원에 해당하지 않는다.

정답 1040. O 1040-1. X ['최소한 보장'의 원칙에 의함] 1041. O 1042. O 1042-1. X [광의의 공무원 X → 협의의 공무원 O] 1043. X [헌법 제7조 제2항에 따른 직업공무원에 해당 X]

03 신분보장

1044 헌법 제7조 제2항은 공무원이 정당한 이유 없이 해임되지 아니하도록 신분을 보장하여 국민 전체에 대한 봉사자로서 성실히 근무할 수 있도록 하기 위한 것임과 동시에, 공무원의 신분은 무제한 보장되나 공무의 특수성을 고려하여 헌법이 정한 신분보장의 원칙 아래 법률로 그 내용을 정할 수 있도록 한 것으로 봄이 헌법재판소의 입장이다. 18 서울 7(추)   O | X

공무원이 정당한 이유없이 해임되지 아니하도록 **신분을 보장**하여 국민전체에 대한 봉사자로서 **성실히 근무**할 수 있도록 하기위한 것임과 동시에, 공무원의 신분은 **무제한 보장되는 것이 아니라** 공무의 특수성을 고려하여 헌법이 정한 신분보장의 원칙 아래 **법률로 그 내용을 정할 수 있도록 한 것**이며, … 당연퇴직 규정인 국가공무원법 제69조와 지방공무원법 제61조, 직권면직 규정인 국가공무원법 제70조와 지방공무원법 제62조 등에서 공무원에 대하여 신분상 불이익처분을 할 수 있는 사유를 규정하고 있다(헌재 1997. 11. 27. 95헌바14).

1045 국민이 공무원으로 임용된 경우에 있어서 그가 정년까지 근무할 수 있는 권리는 헌법의 공무원 신분보장규정에 의하여 보호되는 기득권으로서 그 침해 내지 제한은 신뢰보호의 원칙에 위배되지 않는 범위 내에서만 가능하다 할 것이다. 16 경정, 09 국가 7   O | X

국민이 공무원으로 임용된 경우에 있어서 그가 **정년까지 근무할 수 있는 권리**는 헌법의 공무원신분보장 규정에 의하여 보호되는 **기득권**으로서 그 침해 내지 제한은 **신뢰보호의 원칙에 위배되지 않는 범위 내에서만 가능**하다고 할 것이고 이 원칙에 위배되는 것은 입법형성권의 한계를 벗어난 위헌적인 것이라 할 것이다(헌재 1994. 4. 28. 91헌바15).

1046 입법자는 공무원의 정년을 행정조직, 직제의 변경 또는 예산의 감소 등 제반사정을 고려하여 합리적인 범위내에서 조정할 수 있다. 20 국회 9   O | X

임용당시의 공무원법상의 정년까지 근무할 수 있다는 기대와 신뢰는 절대적인 권리로서 보호되어야만 하는 것은 아니고 **행정조직, 직제의 변경 또는 예산의 감소 등 강한 공익상의 정당한 근거에 의하여 좌우될 수 있는 상대적이고 가변적인** 것이라 할 것이므로 입법자에게는 제반사정을 고려하여 합리적인 범위내에서 **정년을 조정할 입법형성권이 인정**된다(헌재 2000. 12. 14. 99헌마112 등).

1047 헌법 제7조 제2항에서 공무원의 신분은 법률이 정하는 바에 의하여 보장된다고 규정함으로써 직업공무원제도에 따른 공무원 신분 법정주의를 천명하고 있을 뿐 징계처분 등을 받은 검사에 대하여 행정소송제도 외 추가적으로 소청절차를 마련해야 한다는 입법의무를 도출하기 어렵다. 23 소간   O | X

헌법 제7조 제2항에서 공무원의 신분은 법률이 정하는 바에 의하여 보장된다고 규정함으로써 직업공무원제도에 따른 공무원 신분 법정주의를 천명하고 있을 뿐 징계처분 등을 받은 검사에 대하여 **행정소송제도 외 추가적으로 소청절차를 마련해야** 한다는 **입법의무를 도출하기 어렵고**, 헌법 제11조 제1항의 평등원칙이 검사의 징계처분 등에 대한 구제절차를 다른 공무원과 완전히 동일하게 규율할 것을 명하는 것으로 보기도 어렵다. 따라서 헌법 제7조 제2항, 제11조 제1항의 해석상으로도 검사의 징계처분 등에 대한 소청을 심사·결정하기 위한 소청심사위원회를 두어야 할 의무가 도출된다고 할 수 없다(헌재 2021. 6. 22. 2021헌마569).

정답 1044. X [공무원 신분 무제한 보장 X]   1045. O   1046. O   1047. O

04 정치적 중립

1048 오늘날 정치적 표현의 자유는 자유민주적 기본질서의 구성요소로서 다른 기본권에 비하여 우월한 효력을 가지므로, 공무원이라는 지위에 있다는 이유만으로 정치적 표현의 자유를 전면적으로 부정할 수는 없다. 22 법무사 O | X

> 오늘날 정치적 표현의 자유는 자유민주적 기본질서의 구성요소로서 다른 기본권에 비하여 우월한 효력을 가지므로, 공무원이라는 지위에 있다는 이유만으로 정치적 표현의 자유를 전면적으로 부정할 수는 없다. 다만 정치적 표현의 자유의 중요성을 감안하더라도, 정치적 표현의 자유도 절대적인 것은 아니기 때문에, 헌법 제37조 제2항에서 도출되는 과잉금지원칙에 따라 제한될 수 있다(헌재 2018. 7. 26. 2016헌바139).

1049 헌법상 군무원은 국민의 구성원으로서 정치적 표현의 자유를 보장받지만, 그 특수한 지위로 인하여 국가공무원으로서 헌법 제7조에 따라 그 정치적 중립성을 준수하여야 할 뿐만 아니라, 나아가 국군의 구성원으로서 헌법 제5조 제2항에 따라 그 정치적 중립성을 준수할 필요성이 더욱 강조되므로, 정치적 표현의 자유에 대해 일반 국민보다 엄격한 제한을 받을 수밖에 없다. 20 국가 7 O | X

> 헌법상 군무원은 국민의 구성원으로서 정치적 표현의 자유를 보장받지만, 군무원은 그 특수한 지위로 인하여 국가공무원으로서 헌법 제7조에 따라 그 정치적 중립성을 준수하여야 할 뿐만 아니라, 국군의 구성원으로서 헌법 제5조 제2항에 따라 그 정치적 중립성을 준수할 필요성이 더욱 강조되므로, 그 정치적 표현의 자유에 대해 일반 국민보다 엄격한 제한을 받을 수밖에 없다(헌재 2018. 7. 26. 2016헌바139).

1050 군무원이 연설, 문서 등의 방법으로 정치적 의견을 공표하는 경우 2년 이하의 금고에 처하도록 한 조항은 군무원의 정치적 표현의 자유를 침해하지 않는다. 22 법무사 O | X

1050-1 군인과 달리 국가공무원의 지위에 있지 않은 군무원은 정치적 표현의 자유에 대해 엄격한 제한을 받아서는 안 되며, 군무원의 정치적 의견을 공표하는 행위도 엄격히 제한할 필요가 없다. 24 변호사 O | X

1050-2 구 「군형법」 조항에서 금지하는 연설, 문서 또는 그 밖의 방법으로 '정치적 의견을 공표'하는 행위는 법집행 당국의 자의적인 해석과 집행을 가능하게 한다고 보기 어려우므로 명확성원칙에 위배되지 않는다. 20 국회 8 O | X

> (1) 헌법상 군무원은 국민의 구성원으로서 정치적 표현의 자유를 보장받지만, 군무원은 그 특수한 지위로 인하여 국가공무원으로서 헌법 제7조에 따라 그 정치적 중립성을 준수하여야 할 뿐만 아니라, 국군의 구성원으로서 헌법 제5조 제2항에 따라 그 정치적 중립성을 준수할 필요성이 더욱 강조되므로, 그 정치적 표현의 자유에 대해 일반 국민보다 엄격한 제한을 받을 수밖에 없다. … 군무원은 그 특수한 지위로 인하여 헌법 제7조와 제5조 제2항에 따라 그 정치적 표현의 자유에 대해 엄격한 제한을 받을 수밖에 없으므로, 그 정치적 의견을 공표하는 행위 역시 이를 엄격히 제한할 필요가 있다. … 결국 심판대상조항은 과잉금지원칙에 반하여 군무원의 정치적 표현의 자유를 침해한다고 볼 수도 없다(헌재 2018. 7. 26. 2016헌바139).
>
> (2) 심판대상조항에서 금지하는 "정치적 의견을 공표"하는 행위는 '군무원이 그 지위를 이용하여 특정 정당이나 특정 정치인 또는 그들의 정책이나 활동 등에 대한 지지나 반대 의견 등을 공표하는 행위로서 군조직의 질서와 규율을 무너뜨리거나 민주헌정체제에 대한 국민의 신뢰를 훼손할 수 있는 의견을 공표하는 행위'로 한정할 수 있다. … 따라서 심판대상조항은 수범자의 예측가능성을 해한다거나 법집행 당국의 자의적인 해석과 집행을 가능하게 한다고 보기는 어렵다. 이상을 종합하여 보면, 심판대상조항이 죄형법정주의의 명확성원칙에 위반된다고 할 수 없다(헌재 2018. 7. 26. 2016헌바139).

정답 1048. O 1049. O 1050. O 1050-1. X [국가공무원의 지위 → 정치적 표현의 자유 및 정치적 의견 공표 엄격 제한 필요]
1050-2. O

05 관련판례

1051 조직의 변경과 관련이 없음은 물론 소속공무원의 귀책사유의 유무라든가 다른 공무원과의 관계에서 형평성이나 합리적 근거 등을 제시하지 아니한 채 임명권자의 후임자 임명이라는 처분에 의하여 그 직을 상실하게 하는 것은 직업공무원제도의 본질적 내용을 침해하는 것이다. 11 국가 7   O | X

> 조직의 변경과 관련이 없음은 물론 소속공무원의 귀책사유의 유무라던가 다른 공무원과의 관계에서 형평성이나 합리적 근거등을 제시하지 아니한 채 임명권자의 후임자임명이라는 처분에 의하여 그 직을 상실하는 것으로 규정하였으니, 이는 결국 임기만료되거나 정년시까지는 그 신분이 보장된다는 **직업공무원제도의 본질적 내용을 침해**하는 것으로서 헌법에서 보장하고 있는 **공무원의 신분보장 규정에 정면으로 위반**된다고 아니할 수 없는 것이다(헌재 1989. 12. 18. 89헌마32).

1052 「지방공무원법」의 지방공무원의 전입에 관한 규정은 해당 지방공무원의 동의가 있을 것을 당연한 전제로 하여 그 공무원이 소속된 지방자치단체의 장의 동의를 얻어서만 그 공무원을 전입할 수 있음을 규정하고 있는 것으로 보아야 한다. 17 지방 7   O | X

1052-1 공무원이 특정의 장소에서 근무하는 것 또는 특정의 보직을 받아 근무하는 것은 공무담임권의 보호영역에 포함된다고 보기 어려우므로, 지방공무원의 의사와 관계 없이 지방자치단체의 장 사이의 동의만으로 지방공무원을 소속 지방자치단체에서 다른 지방자치단체로 전출시킬 수 있다 하더라도 공무원의 신분보장이라는 헌법적 요청에 위반되지 않는다. 14 변호사   O | X

> 지방공무원법 제29조의3은 "지방자치단체의 장은 다른 지방자치단체의 장의 동의를 얻어 그 소속 공무원을 전입할 수 있다"라고만 규정하고 있어, 이러한 전입에 있어 지방공무원 본인의 동의가 필요한지에 관하여 다툼의 여지없이 명백한 것은 아니나, 위 법률조항을, **해당 지방공무원의 동의없이도** 지방자치단체의 장 사이의 동의만으로 지방공무원에 대한 전출 및 전입명령이 가능하다고 풀이하는 것은 **헌법적으로 용인되지 아니하며**, 헌법 제7조에 규정된 공무원의 신분보장 및 헌법 제15조에서 보장하는 직업선택의 자유의 의미와 효력에 비추어 볼 때 위 법률조항은 해당 **지방공무원의 동의가 있을 것을 당연한 전제**로 하여 그 공무원이 소속된 **지방자치단체의 장의 동의**를 얻어서만 그 공무원을 전입할 수 있음을 규정하고 있는 것으로 **해석하는 것이 타당**하고, … 위 법률조항은 헌법에 위반되지 아니한다(헌재 2002. 11. 28. 98헌바101 등).

1053 지방자치단체의 직제폐지로 인한 지방공무원의 직권면직규정은 합리적인 면직기준을 구체적으로 정함과 동시에 그 공정성을 담보할 수 있는 절차를 마련하는 경우 직업공무원제도를 위반하고 있다고는 볼 수 없다. 11 국가 7   O | X

1053-1 직제가 폐지된 때에 공무원을 직권면직시킬 수 있도록 규정한 「지방공무원법」의 조항은 공무원의 귀책사유 없이도 그 신분을 박탈할 수 있도록 하여 신분보장을 중추적 요소로 하는 직업공무원 제도에 위반된다. 23 소간   O | X

1053-2 직업공무원제도 하에서는 직제폐지로 유휴인력이 생기더라도 직권면직을 하여 공무원의 신분이 상실되도록 해서는 안 된다. 19 법원 9   O | X

> **직업공무원제도**하에서 입법자는 직제폐지로 생기는 유휴인력을 직권면직하여 행정의 효율성 이념을 달성하고자 할 경우에도 직업공무원제도에 따른 공무원의 권익이 손상되지 않도록 조화로운 입법을 하여야 하는데, **직제가 폐지되면 해당 공무원은 그 신분을 잃게 되므로 직제폐지를 이유로 공무원을 직권면직할 때는 합리적인 근거**를 요하며, 직권면직이 시행되는 과정에서 **합리성과 공정성이 담보될 수 있는 절차적 장치**가 요구된다. … 이 사건 규정이 **직제가 폐지된 경우 직권면직을 할 수 있도록 규정하고 있다고 하더라도 이것이 직업공무원제도를 위반하고 있다고는 볼 수 없다**(헌재 2004. 11. 25. 2002헌바8).

정답 1051. O   1052. O   1052-1. X [헌법적으로 용인되지 않음]   1053. O   1053-1. X [직업공무원제도 위반 X]   1053-2. X [직제폐지로 인한 직권면직 허용됨]

1054 공무원 임용 당시에는 연령정년에 관한 규정만 있었는데 사후에 계급정년규정을 신설하여 이를 소급적용하였더라도 헌법에 위배되지 않는다. 14 국회 9   O | X

1054-1 공무원 임용 당시에는 연령정년에 관한 규정만 있었는데 사후에 계급정년제도를 신설하여 정년이 단축되도록 하는 것은 정년규정을 변경하는 입법이 구법질서에 대하여 기대했던 당사자의 신뢰보호 내지 신분관계의 안정이라는 이익을 지나치게 침해하지 않는 한 공무원의 신분보장에 반하지 않는다. 10 국회 8   O | X

구 국가안전기획부직원법 제22조 제1항 및 제2호 및 동법 부칙 제3항이 국가안전기획부직원에 대한 **계급정년을 새로이 규정**하면서 **이를 소급적용**하도록 하고 있다고 하더라도, 이는 정당한 공익목적을 달성하기 위한 것으로 구법질서에서의 공무원들의 기대 내지 신뢰를 과도히 해치는 것으로 보기는 어렵다고 할 것이므로, 위 규정은 입법자의 입법형성재량 범위내에서 입법된 것이라고 할 것이고, 이를 **공무원신분관계의 안정**을 침해하는 입법이라거나 **소급입법에 의한 기본권 침해규정**이라고 할 수 **없다**(헌재 1994. 4. 28. 91헌바15 등).

1055 공무원 정년제도에 대해서는 연령구성의 고령화를 방지하고 조직을 활성화하여 공무 능률을 유지·향상시킨다고 하는 목적 때문에 합헌이고, 계급정년제도도 합헌으로 보는 것이 헌법재판소의 입장이다. 18 서울 7(추)   O | X

(1) **공무원 정년제도**는 대체로 다음과 같은 두가지의 목적을 가진다. 그 하나는 공무원에게 정년연령까지 근무의 계속을 보장함으로써 그로 하여금 장래에 대한 확실한 예측을 가지고 생활설계를 하는 것이 가능하게 하여 안심하고 직무에 전념하게 한다는 것이고 다른 하나는 공무원의 교체를 계획적으로 수행하는 것에 의해서 연령구성의 고령화를 방지하고 조직을 활성화하여 **공무능률을 유지·향상**시킨다고 하는 것이다. … 이 사건 심판대상조항이 헌법 제7조에 위반된다고 할 수 없다(헌재 1997. 3. 27. 96헌바86).
(2) **공무원의 계급정년제도**를 둔 것은 직업공무원제의 요소인 공무원의 신분보장을 무한으로 관철할 때 파생되는 공직사회의 무사안일을 방지하고 인사적체를 해소하며 새로운 인재들의 공직참여 기회를 확대, 관료제의 민주화를 추구하여 직업공무원제를 합리적으로 보완·운용하기 위한 것으로서 그 목적의 정당성이 인정되고 … 이를 **공무원신분관계의 안정**을 침해하는 입법이라거나 **소급입법에 의한 기본권 침해규정**이라고 할 수 없다(헌재 1994. 4. 28. 91헌바15 등).

POINT 077 공무담임권

01 공무담임권

1056 모든 국민은 법률이 정하는 바에 의하여 공무담임권을 가진다. 20 법무사   O | X

1056-1 현행 헌법은 공무담임권을 명시적으로 규정하고 있다. 22 해경, 19 법원 9   O | X

> 헌법 제25조 모든 국민은 **법률이 정하는** 바에 의하여 **공무담임권**을 가진다.

1057 공무담임권이란 입법부, 집행부, 사법부는 물론 지방자치단체 등 국가, 공공단체의 구성원으로서 그 직무를 담당할 수 있는 권리를 말한다. 20 소간, 18 지방 7   O | X

헌법 제25조는 "모든 국민은 법률이 정하는 바에 의하여 공무담임권을 가진다."고 하여 공무담임권을 기본권으로 보장하고 있다. 공무담임권이란 입법부, 집행부, 사법부는 물론 지방자치단체 등 **국가, 공공단체의 구성원**으로서 그 **직무를 담당할 수 있는 권리**를 말한다(헌재 2002. 8. 29. 2001헌마788 등).

정답 | 1054. O 1054-1. O 1055. O 1056. O 1056-1. O 1057. O

1058 공무담임권은 국민주권의 실현 방법으로 국가의 공적인 업무를 수행함에 있어 참여하고 이를 수행하는 권리로서 헌법상의 권리이다. 13 법원 9 O | X

헌법 제25조는 "모든 국민은 법률이 정하는 바에 의하여 공무담임권을 가진다."라고 정하고 있는바, 공무담임권은 **국민주권의 실현 방법**으로 국가의 공적인 업무를 수행함에 있어 **참여하고 이를 수행하는 권리**이다. 이러한 공무담임권은 헌법이 인정하는 임명직과 선거직의 공직에 취임할 수 있는 권리를 뜻한다(헌재 2007. 3. 29. 2005헌마1144).

1059 공무담임권은 각종 선거에 입후보하여 당선될 수 있는 피선거권과 공직에 임명될 수 있는 공직취임권을 포괄하는 권리이다. 19 5급, 14 법원 9 O | X

헌법 제25조는 "모든 국민은 법률이 정하는 바에 의하여 공무담임권을 가진다"고 규정하여 공무담임권을 보장하고 있는바, 공무담임권은 각종 선거에 입후보하여 당선될 수 있는 **피선거권**과 공직에 임명될 수 있는 **공직취임권**을 포괄하고 있다(헌재 1999. 12. 23. 98헌마363).

1060 공무담임권은 선거직공무원을 비롯한 모든 국가기관의 공직에 취임할 수 있는 권리이므로, 여러 가지 선거에 입후보해서 당선될 수 있는 피선거권을 포함하는 개념이다. 20 소간 O | X

공무담임권은 선거직공무원을 비롯한 모든 국가기관의 **공직에 취임**할 수 있는 권리이므로 여러 가지 선거에 입후보해서 당선될 수 있는 **피선거권을 포함**하는 개념이다(헌재 2006. 2. 23. 2005헌마403).

02 공무담임권의 보호영역

1 공직취임

1061 선출직 공무원과 달리 직업공무원에게는 정치적 중립성과 더불어 효율적으로 업무를 수행할 수 있는 능력이 요구되므로, 직업공무원의 공직진출에 관한 규율은 임용희망자의 능력·전문성 등 능력주의를 바탕으로 이루어져야 한다. 헌법은 이를 명시적으로 밝히고 있지 않지만 헌법 제7조에서 보장하는 직업공무원제도의 기본적 요소에 능력주의가 포함되는 점에 비추어 공무담임권은 모든 국민이 그 능력과 적성에 따라 공직에 취임할 수 있는 균등한 기회를 보장함을 내용으로 한다. 23 법무사 O | X

선출직 공무원과 달리 직업공무원에게는 정치적 중립성과 더불어 효율적으로 업무를 수행할 수 있는 능력이 요구되므로, 직업공무원의 공직진출에 관한 규율은 임용희망자의 능력·전문성 등 **능력주의**를 바탕으로 이루어져야 한다. 헌법은 이를 명시적으로 밝히고 있지 아니하지만 헌법 제7조에서 보장하는 직업공무원제도의 기본적 요소에 능력주의가 포함되는 점에 비추어 공무담임권은 모든 국민이 그 능력과 적성에 따라 공직에 취임할 수 있는 **균등한 기회를 보장**함을 내용으로 한다(헌재 2020. 6. 25. 2017헌마178).

1062 공무담임권이란 입법부, 집행부, 사법부는 물론 지방자치단체 등 국가, 공공단체의 구성원으로서 그 직무를 담당할 수 있는 권리를 말한다. 여기서 직무를 담당한다는 것은 모든 국민이 현실적으로 그 직무를 담당할 수 있다고 하는 의미가 아니라, 국민이 공무담임에 관한 자의적이지 않고 평등한 기회를 보장받음을 의미한다. 20 법무사 O | X

정답 1058. O 1059. O 1060. O 1061. O 1062. O

헌법 제25조는 "모든 국민은 법률이 정하는 바에 의하여 공무담임권을 가진다."고 하여 공무담임권을 기본권으로 보장하고 있다. 공무담임권이란 입법부, 집행부, 사법부는 물론 지방자치단체 등 **국가, 공공단체의 구성원**으로서 그 **직무를 담당할 수 있는 권리를** 말한다. 여기서 직무를 담당한다는 것은 모든 국민이 현실적으로 그 직무를 담당할 수 있다고 하는 의미가 아니라, 국민이 **공무담임에 관한 자의적이지 않고 평등한 기회를 보장받음**을 의미하는바, **공무담임권의 보호영역**에는 **공직취임의 기회의 자의적인 배제** 뿐 아니라, **공무원 신분의 부당한 박탈**까지 포함되는 것이라고 할 것이다(헌재 2003. 10. 30. 2002헌마684 등).

1063 직업공무원의 경우에는 능력에 따라 임용될 수 있는 균등한 기회가 보장되어야 하며, 직무수행능력과 무관하게 예컨대 성별·종교·사회적 신분·출신지역 등을 기준으로 선발하는 것은 원칙적으로 자의적인 차별로서 국민의 공직취임권을 침해하는 것이 된다. 18 법원 9   O|X

공직자선발에 관하여 능력주의에 바탕한 선발기준을 마련하지 아니하고 해당 공직이 요구하는 <u>직무수행능력과 무관한 요소, 예컨대 **성별·종교·사회적 신분·출신지역 등을 기준으로 삼는 것**은 국민의 **공직취임권을 침해하는** 것이 된다</u>(헌재 1999. 12. 23. 98헌마363).

1064 원칙적으로 공직자선발에 있어 해당 공직이 요구하는 직무수행능력과 무관한 요소인 성별·종교·사회적 신분·출신지역 등을 이유로 하는 차별은 허용되지 않는다고 할 것이므로, 우리 헌법의 기본원리인 사회국가원리도 능력주의 원칙에 대한 예외로 작용할 수 없다. 16 변호사   O|X

1064-1 직업공무원으로의 공직취임권은 임용지원자의 능력·전문성·적성·품성을 기준으로 하는 능력주의 또는 성과주의를 바탕으로 하여야 하므로 공직자 선발에 있어 직무수행능력과 무관한 요소를 기준으로 삼아서는 안 된다. 따라서 헌법 제32조 제4항에서 여자의 근로에 대한 특별한 보호를 규정하고 있다 하더라도 이를 이유로 공직자 선발에 있어 능력주의의 예외가 인정될 수 있는 것은 아니다. 14 변호사   O|X

<u>헌법의 기본원리나 특정조항에 비추어 **능력주의원칙에 대한 예외를 인정할 수 있는 경우가 있다.**</u> 그러한 헌법원리로는 우리 헌법의 기본원리인 **사회국가원리**를 들 수 있고, 헌법조항으로는 여자·연소자근로의 보호, 국가유공자·상이군경 및 전몰군경의 유가족에 대한 우선적 근로기회의 보장을 규정하고 있는 **헌법 제32조 제4항 내지 제6항**, 여자·노인·신체장애자 등에 대한 사회보장의무를 규정하고 있는 **헌법 제34조 제2항 내지 제5항** 등을 들 수 있다. 이와 같은 헌법적 요청이 있는 경우에는 **합리적 범위안에서 능력주의가 제한될 수 있다**(헌재 1999. 12. 23. 98헌마363).

2 권한의 정지 및 신분박탈

1065 공무담임권의 보장은 모든 국민이 현실적으로 국가나 공공단체의 직무를 담당할 수 있다고 하는 의미가 아니라, 국민이 공무담임에 관한 자의적이지 않고 평등한 기회를 보장받는 것, 즉 공직취임의 기회를 자의적으로 배제당하지 않음을 의미하며, 공무담임권의 보호영역에는 공직취임 기회의 자의적인 배제와 공무원 신분의 부당한 박탈 등이 포함된다. 23 법무사   O|X

1065-1 공무담임권의 보호영역에는 공직취임의 기회의 자의적인 배제만이 포함될 뿐, 공무원 신분의 부당한 박탈은 포함되지 않는다. 11 법원 9   O|X

● 정답 1063. O   1064. X [사회국가원리가 능력주의원칙 예외로 작용 가능]   1064-1. X [헌법적 요청이 있는 경우 능력주의 예외 인정 가능]
1065. O   1065-1. X [부당한 박탈 포함]

헌법 제25조는 "모든 국민은 법률이 정하는 바에 의하여 공무담임권을 가진다."고 하여 공무담임권을 기본권으로 보장하고 있다. 공무담임권이란 입법부, 집행부, 사법부는 물론 지방자치단체 등 **국가, 공공단체의 구성원으로서 그 직무를 담당할 수 있는 권리를** 말한다. 여기서 직무를 담당한다는 것은 모든 국민이 현실적으로 그 직무를 담당할 수 있다고 하는 의미가 아니라, 국민이 공무담임에 관한 자의적이지 않고 평등한 기회를 보장받음을 의미하는바, 공무담임권의 보호영역에는 **공직취임의 기회의 자의적인 배제** 뿐 아니라, **공무원 신분의 부당한 박탈**까지 포함되는 것이라고 할 것이다(헌재 2003. 10. 30. 2002헌마684 등).

1066 공무담임권의 보호영역에는 공직취임 기회의 자의적인 배제뿐 아니라, 공무원 신분의 부당한 박탈이나 권한(직무)의 부당한 정지도 포함된다. 23 경간, 21 국가 7　　　　　　　　　　　　　　　　　　　O | X

1066-1 현재 공무를 담임하고 있는 자를 그 공무로부터 배제하는 것은 공무담임권의 제한이다. 12 국회 9
　　O | X

여기서 직무를 담당한다는 것은 모든 국민이 현실적으로 그 직무를 담당할 수 있다는 의미가 아니라, 국민이 공무담임에 관한 자의적이지 않고 평등한 기회를 보장받음을 의미하는바, 공무담임권의 보호영역에는 **공직취임 기회의 자의적인 배제**뿐 아니라, **공무원 신분의 부당한 박탈**이나 **권한(직무)의 부당한 정지도 포함된다**고 할 것이다(헌재 2007. 6. 28. 2005헌마1179).

3　승진할 때 균등한 기회제공 요구

1067 공무담임권은 공직취임의 기회균등을 요구하지만, 취임한 뒤 승진할 때에도 균등한 기회 제공을 요구하지는 않는다. 22 해경. 20 경정. 19 법원 9　　　　　　　　　　　　　　　　O | X

공무담임권은 공직취임의 기회 균등뿐만 아니라 취임한 뒤 **승진할 때에도 균등한 기회 제공**을 요구한다. 청구인의 경우 군 복무기간이 승진소요 최저연수에 포함되지 않으므로 공무원으로 근무하다가 군 복무를 한 사람보다 더 오래 재직하여야 승진임용절차가 진행된다. 또 군 복무기간이 경력평정에서도 일부만 산입되므로 경력평정점수도 상대적으로 적게 부여된다. 이는 승진임용절차 개시 및 승진임용점수 산정과 관련된 **법적 불이익에 해당**하므로, 승진경쟁인원 증가에 따라 승진 가능성이 낮아지는 사실상의 불이익 문제나 단순한 내부승진인사 문제와 달리 **공무담임권의 제한에 해당**한다(헌재 2018. 7. 26. 2017헌마1183).

4　공무담임권의 제한

1068 국회의원선거에 있어 기탁금제도, 공무원 시험의 응시연령 제한 등은 모두 공무담임권의 제한 문제와 관련된다. 14 법원 9　　　　　　　　　　　　　　　　　　　　　　　　O | X

공무담임권은 현실적인 권리가 아니고 공무담임의 기회보장적 성격의 것이기 때문에 국회의원선거에 있어 **기탁금제도**, 공무원 시험의 **응시연령 제한** 등 주관적 전제조건의 제약은 모두 공무담임권의 제한 문제와 관련된다.

1069 선출직 공무원의 공무담임권은 선거를 전제로 하는 대의제의 원리에 의하여 발생하는 것이므로 공직의 취임이나 상실에 관련된 어떠한 법률조항이 대의제의 본질에 반한다면 이는 공무담임권도 침해하는 것이라고 볼 수 있다. 24 경정, 22 해경, 19 국회 8, 19 법원 9　　　　　　　　　O | X

선출직 공무원의 공무담임권은 선거를 전제로 하는 대의제의 원리에 의하여 발생하는 것이므로 **공직의 취임이나 상실**에 관련된 어떠한 법률조항이 대의제의 본질에 반한다면 이는 **공무담임권도 침해하는** 것이라고 볼 수 있다(헌재 2009. 3. 26. 2007헌마843).

정답 **1066.** O　**1066-1.** O　**1067.** X [취임한 뒤 승진할 때에도 균등한 기회 제공을 요구함]　**1068.** O　**1069.** O

1070 선출직 공무원이 될 피선거권과 직업공무원이 될 권리를 포함하는 헌법 제25조의 공무담임권이 헌법 제7조의 규정 내용과 유기적 연관을 맺고 있다면, 헌법 제7조 제2항의 보장 내용이 직업공무원제도를 보장하는 성격을 띤다는 사실만으로 「헌법재판소법」 제68조 제1항의 헌법소원심판으로 구제될 수 있는 '공무담임권의 보호영역'에 포함되지 않을 이유는 없다. 23 소간 O|X

선출직 공무원이 될 피선거권과 직업공무원이 될 권리를 포함하는 헌법 제25조의 공무담임권이 헌법 제7조의 규정 내용과 유기적 연관을 맺고 있다면, 헌법 제7조 제2항의 보장 내용이 직업공무원제도를 보장하는 성격을 띤다는 사실만으로 헌법재판소법 제68조 제1항의 헌법소원심판으로 구제될 수 있는 **'공무담임권의 보호영역'에 포함되지 않을 이유는 없다**(헌재 2021. 6. 24. 2020헌마1614).

03 보호영역이 아닌 경우

1071 헌법 제25조의 공무담임권의 보호영역에는 특별한 사정도 없이 공무원이 특정의 장소에서 근무하는 것이나 특정의 보직을 받아 근무하는 것을 포함하는 일종의 '공무수행의 자유'까지 포함되지 않는다. 17 지방 7 O|X

1071-1 헌법 제25조의 공무담임권의 보호영역에는 일반적으로 공직취임의 기회보장, 신분박탈, 직무의 정지가 포함되는 것일 뿐만 아니라, 여기서 더 나아가 공무원이 특정의 장소에서 근무하는 것 또는 특정의 보직을 받아 근무하는 것을 포함하는 일종의 '공무수행의 자유'까지 포함된다. 21 지방 7 O|X

헌법 제25조의 **공무담임권의 보호영역**에는 일반적으로 공직취임의 기회보장, 신분박탈, 직무의 정지에 관련된 사항이 포함되지만, 특별한 사정도 없이 공무원이 **특정의 장소에서 근무**하는 것이나 **특정의 보직을 받아 근무**하는 것을 포함하는 일종의 **'공무수행의 자유'까지 포함된다고 보기 어렵다**(헌재 2014. 1. 28. 2011헌마239).

1072 국방부 등의 보조기관에 근무할 수 있는 기회를 현역군인에게만 부여하고 군무원에게는 부여하지 않는 법률조항은 군무원의 공무담임권을 침해하지 않는다. 19 국회 8 O|X

1072-1 국방부 등의 보조기관에 근무할 수 있는 기회를 현역군인에게만 부여하고 군무원에게는 부여하지 않는 법률조항은 군무원의 공무담임권을 침해한다. 20 경정 O|X

공무담임권의 보호영역에는 일반적으로 공직취임의 기회보장, 신분박탈, 직무의 정지가 포함되는 것일 뿐, 여기서 더 나아가 공무원이 특정의 장소에서 근무하는 것 또는 특정의 보직을 받아 근무하는 것을 포함하는 일종의 '공무수행의 자유'까지 그 보호영역에 포함된다고 보기는 어렵다. 따라서 이 사건 법률조항이 특정직공무원으로서 군무원인 청구인들의 **공무담임권을 제한하는 것은 아니다**(헌재 2008. 6. 26. 2005헌마1275).

1073 승진시험의 응시제한이나 이를 통한 승진기회의 보장 등 공직신분의 유지나 업무수행에 영향을 주지 않는 단순한 내부 승진인사에 관한 문제는 공무담임권의 보호영역에 포함되지 않는다. 18 서울 7 O|X

1073-1 공무담임권의 보호영역에는 공직취임기회의 자의적인 배제뿐만 아니라 공무원 신분의 부당한 박탈이나 권한의 부당한 정지, 승진시험의 응시제한이나 이를 통한 승진기회의 보장 등이 포함된다. 21 경정, 19 5급 O|X

◆정답 1070. O   1071. O   1071-1. X [공무수행의 자유 포함 X]   1072. O   1072-1. X [공무담임권 제한도 아님]   1073. O   1073-1. X [승진시험의 응시제한, 승진기회의 보장 포함 X]

공무담임권의 보호영역에는 공직취임 기회의 자의적인 배제뿐 아니라, 공무원 신분의 부당한 박탈이나 권한(직무)의 부당한 정지도 포함된다. 다만, '승진시험의 응시제한'이나 이를 통한 승진기회의 보장 문제는 공직신분의 유지나 업무수행에는 영향을 주지 않는 단순한 내부 승진인사에 관한 문제에 불과하여 공무담임권의 보호영역에 포함된다고 보기는 어렵다고 할 것이다(헌재 2010. 3. 25. 2009헌마538).

1074 '승진시험의 응시제한'은 공직신분의 유지나 업무 수행에는 영향을 주지 않는 단순한 내부 승진인사에 관한 문제에 불과하여 공무담임권의 보호영역에 포함된다고 보기는 어려우므로, 시험요구일 현재를 기준으로 승진임용이 제한된 자에 대하여 승진시험응시를 제한하도록 한 공무원임용시험령이 공무담임권을 침해하였다고 볼 수 없다. 22 법원 9 O│X

공무담임권의 보호영역에는 일반적으로 공직취임의 기회보장, 신분박탈, 직무의 정지가 포함될 뿐이고 청구인이 주장하는 '승진시험의 응시제한'이나 이를 통한 승진기회의 보장 문제는 공직신분의 유지나 업무수행에는 영향을 주지 않는 단순한 내부 승진인사에 관한 문제에 불과하여 공무담임권의 보호영역에 포함된다고 보기는 어려우므로 결국 이 사건 심판대상 규정은 청구인의 공무담임권을 침해한다고 볼 수 없다(헌재 2007. 6. 28. 2005헌마1179).

1075 승진가능성이라는 것은 공직신분의 유지나 업무수행과 같은 법적 지위에 직접 영향을 미치는 것이 아니고 간접적, 사실적 또는 경제적 이해관계에 영향을 미치는 것에 불과하여 공무담임권의 보호영역에 포함된다고 보기는 어렵다. 19 국가 7 O│X

1075-1 경찰청 내에 일반직 공무원의 정원이 증가하여 승진 경쟁이 치열해졌다 하더라도 그러한 불이익은 승진기회 내지 승진확률이 축소되는 사실상의 불이익에 불과할 뿐이므로 공무담임권 침해 문제가 생길 여지는 없다. 18 법원 9 O│X

승진가능성이라는 것은 공직신분의 유지나 업무수행과 같은 법적 지위에 직접 영향을 미치는 것이 아니고 간접적, 사실적 또는 경제적 이해관계에 영향을 미치는 것에 불과하여 공무담임권의 보호영역에 포함된다고 보기는 어렵다. 이 사건 심판대상조항에 의하여 경찰청 내에 일반직공무원의 정원이 증가하여 승진 경쟁이 치열해졌다 하더라도 그러한 불이익은 승진기회 내지 승진확률이 축소되는 사실상의 불이익에 불과할 뿐이므로 이 사건 심판대상조항으로 인하여 청구인들의 헌법상 공무담임권 침해 문제가 생길 여지는 없다(헌재 2010. 3. 25. 2009헌마538).

1076 헌법 제25조의 공무담임권이 공무원의 재임 기간 동안 충실한 공무 수행을 담보하기 위하여 공무원의 퇴직급여 및 공무상 재해보상을 보장할 것까지 그 보호영역으로 하고 있다고 보기 어렵다. 20 법무사 O│X

1076-1 공무원의 재임 기간 동안 충실한 공무 수행을 담보하기 위하여 공무원의 퇴직급여 및 공무상 재해보상을 보장할 것까지 공무담임권의 보호영역에 포함된다고 본다. 20 경정 O│X

헌법 제25조가 규정하는 공무담임권은 공직 취임의 기회 보장을 보호영역으로 하는데, 더 나아가 지방자치단체장의 재임 기간 동안 충실한 공직 수행을 담보하기 위하여 이들을 위한 퇴직급여제도를 마련할 것까지 그 보호영역으로 한다고 볼 수는 없다(헌재 2014. 6. 26. 2012헌마459).

● 정답 1074. O   1075. O   1075-1. O   1076. O   1076-1. X [포함 X]

1077 서울교통공사는 공익적인 업무를 수행하기 위한 지방공사이나 서울특별시와 독립적인 공법인으로서 경영의 자율성이 보장되고, 서울교통공사의 직원의 신분도 「지방공무원법」이 아닌 「지방공기업법」과 정관에서 정한 바에 따르는 등, 서울교통공사의 직원이라는 직위가 헌법 제25조가 보장하는 공무담임권의 보호영역인 '공무'의 범위에는 해당하지 않는다. 22 경찰 1차   O | X

서울교통공사는 공익적인 업무를 수행하기 위한 지방공사이나, 서울특별시와 독립적인 공법인으로서 경영의 자율성이 보장되고, 수행사업도 국가나 지방자치단체의 독점적 성격을 갖는다고 보기 어려우며, **서울교통공사의 직원의 신분도 지방공무원법이 아닌 지방공기업법과 정관에서 정한 바에 따르는 등, 서울교통공사의 직원**이라는 직위가 헌법 제25조가 보장하는 **공무담임권의 보호영역인 '무'의 범위에는 해당하지 않는다**(헌재 2021. 2. 25. 2018헌마174).

1078 정당의 공직선거 후보자 선출은 자발적 조직 내부의 의사결정에 지나지 아니하므로, 정당의 내부경선에 참여할 권리는 헌법이 보장하는 공무담임권의 내용에 포함된다고 보기 어렵다. 22 5급   O | X

1078-1 정당의 내부경선에 참여할 권리는 헌법이 보장하는 공무담임권의 내용에 포함되지 아니하므로, 정당이 당내경선을 실시하지 않는 것이 공무담임권을 침해하는 것은 아니다. 16 경정, 15 국회 8   O | X

정당은 정치적 주장이나 정책을 추진하고 공직선거의 후보자를 추천 또는 지지함으로써 국민의 정치적 의사형성에 참여함을 목적으로 하는 국민의 자발적 조직으로서, 정당의 공직선거 후보자 선출은 자발적 조직 내부의 의사결정에 지나지 아니한다. 따라서 청구인이 **정당의 내부경선에 참여할 권리**는 헌법이 보장하는 **공무담임권의 내용에 포함된다고 보기 어렵고**, 청구인의 소속 정당이 당내경선을 실시하지 않는다고 하여 청구인이 공직선거의 후보자로 출마할 수 없는 것이 아니므로, 심판대상조항으로 인하여 청구인의 **공무담임권이 침해될 여지는 없다**(헌재 2014. 11. 27. 2013헌마814).

1079 후보자가 되고자 하는 자가 당해 선거구 안에 있는 단체 등에 기부행위를 하는 경우 처벌하도록 규정한 공직선거법 조항은, 이로 인하여 벌금 100만 원 이상의 형을 선고받으면 공직선거법에 의하여 당선자는 그 당선이 무효로 되고 일정기간 동안 일부 공직에 취임하거나 임용될 수 없으며, 피선거권이 제한되지만, 이러한 기본권 제한은 위 조항의 직접적 효과라기보다는 벌금 100만 원 이상의 형을 선고받은 경우 공직선거법이 적용되어 나타난 결과이므로, 위 조항에 의하여 공무담임권이 제한된다고 볼 수 없다. 23 법무사   O | X

청구인은 이 사건 기부행위금지 조항이 공무담임권, 행복추구권 또한 제한한다고 주장한다. 이 사건 기부행위금지 조항으로 인하여 벌금 100만 원 이상의 형을 선고받으면 공직선거법 제264조에 의하여 당선자는 그 당선이 무효로 되고 같은 법 제266조에 의하여 일정 기간 동안 일부 공직에 취임하거나 임용될 수 없으며, 같은 법 제19조 제1호에 의하여 일정 기간 동안 피선거권이 제한되지만, 이러한 기본권 제한은 이 사건 기부행위금지 조항의 직접적 효과라기보다는 벌금 100만 원 이상의 형을 선고받은 경우에 공직선거법 제264조가 적용되어 나타난 결과이므로, 이 사건 기부행위금지 조항에 의하여 **공무담임권이 제한된다고 볼 수 없다**(헌재 2021. 2. 25. 2018헌바223).

정답 1077. ◯ 1078. ◯ 1078-1. ◯ 1079. ◯

04 관련판례

1 공직취임권

1080 국립대학교수가 대학총장 후보자 선출에 참여할 권리는 헌법상 기본권으로 인정할 수 없다. 19 변호사

O | X

전통적으로 대학자치는 학문활동을 수행하는 교수들로 구성된 교수회가 누려오는 것이었고, 현행법상 국립대학의 장 임명권은 대통령에게 있으나, 1990년대 이후 국립대학에서 총장 후보자에 대한 직접선거방식이 도입된 이래 거의 대부분 대학 구성원들이 추천하는 후보자 중에서 대학의 장을 임명하여 옴으로써 대통령이 대학총장을 임명함에 있어 대학교원들의 의사를 존중하여 온 점을 고려하면, 청구인들에게 <u>대학총장 후보자 선출에 참여할 권리</u>가 있고 이 권리는 대학의 자치의 본질적인 내용에 포함된다고 할 것이므로 결국 <u>헌법상의 기본권으로 인정할 수 있다</u>(헌재 2006. 4. 27. 2005헌마1047 등).

1081 간선제의 경우 국립대학교 총장후보자로 지원하려는 사람에게 1,000만 원의 기탁금 납부를 요구하고, 납입하지 않을 경우 총장후보자에 지원하는 기회를 주지 않는 것은 공무담임권을 침해한다. 19 국회 8(변형)

O | X

1081-1 간선제의 경우 국립대학 총장후보자에 지원하려는 사람에게 접수시 1,000만 원의 기탁금을 납부하도록 하고, 지원서 접수시 기탁금 납입 영수증을 제출하도록 하는 것은 총장후보자 지원자들의 무분별한 난립을 방지하려는 것으로 총장후보자에 지원하려는 자의 공무담임권을 침해하지 않는다. 19 서울 7

O | X

<u>이 사건 기탁금조항의 1,000만 원이라는 액수</u>는 자력이 부족한 교원 등 학내 인사와 일반 국민으로 하여금 총장후보자에 지원하려는 <u>의사를 단념토록 할 수 있을 정도로 과다한 액수라고 할 수 있다.</u> … 이 사건 기탁금조항으로 달성하려는 공익이 제한되는 공무담임권 정도보다 크다고 단정할 수 없으므로, 이 사건 기탁금조항은 법익의 균형성에도 반한다. 따라서, <u>이 사건 기탁금조항은 과잉금지원칙에 반하여</u> 청구인의 <u>공무담임권을 침해한다</u>(헌재 2018. 4. 26. 2014헌마274).

보충설명 헌법재판소는 2018. 4. 26. 2014헌마274에서 **간선제**인 전북대학교 총장임용후보자선거의 기탁금 제도가 청구인의 **공무담임권을 침해하여 헌법에 위반된다**는 결정을 한 바 있다. 한편 2022. 5. 26. 2020헌마1219에서 **직선제**인 경북대학교 총장임용후보자선거의 기탁금 제도는 간선제 방식보다 선거의 과열우려가 큰 편이므로 **재산권을 침해하지 않는다**고 결정하였다.

1082 5급 공개경쟁채용시험 응시연령의 상한을 32세까지로 제한하고 있는 것은 기본권 제한을 최소한도에 그치도록 요구하는 헌법 제37조 제2항에 부합된다고 보기 어렵다. 19 5급, 17 국회 8

O | X

1082-1 「공무원임용시험령」 제16조 중 5급 공개경쟁채용시험의 응시연령 상한을 32세까지로 한 부분은 응시자의 공무담임권을 침해하지 않는다. 14 서울 7

O | X

32세까지는 5급 공무원의 직무수행에 필요한 최소한도의 자격요건을 갖추고, 32세가 넘으면 그러한 자격요건을 상실한다고 보기 어렵고, 6급 및 7급 공무원 공채시험의 응시연령 상한을 35세까지로 규정하면서 그 상급자인 5급 공무원의 채용연령을 32세까지로 제한한 것은 합리적이라고 볼 수 없으므로, <u>이 사건 시행령조항이 5급 공채시험 응시연령의 상한을 '32세까지'로 제한하고 있는 것은 기본권 제한을 최소한도에 그치도록 요구하는 헌법 제37조 제2항에 부합된다고 보기 어렵다</u>(헌재 2008. 5. 29. 2007헌마1105).

정답 1080. X [기본권으로 인정] 1081. O 1081-1. X [공무담임권 침해] 1082. O 1082-1. X [공무담임권 침해]

1083 순경 공채시험 응시연령의 상한을 '30세 이하'로 규정하고 있는 것은 합리적이라고 볼 수 없으므로 침해의 최소성원칙에 위배되어 공무담임권을 침해한다. 16 경정, 15 국회 8   O | X

1083-1 순경 공채시험, 소방사 등 채용시험, 그리고 소방간부 선발시험의 응시연령의 상한을 '30세 이하'로 규정하고 있는 것은 합리적이라고 볼 수 있으므로 공무담임권을 침해하지 아니한다. 22 경채   O | X

> 획일적으로 30세까지는 순경과 소방사·지방소방사 및 소방간부후보생의 직무수행에 필요한 최소한도의 자격요건을 갖추고, 30세가 넘으면 그러한 자격요건을 상실한다고 보기 어렵고, … 이 사건 심판대상 조항들이 **순경 공채시험, 소방사 등 채용시험, 그리고 소방간부 선발시험의 응시연령의 상한을 '30세 이하'로** 규정하고 있는 것은 합리적이라고 볼 수 없으므로 침해의 최소성 원칙에 위배되어 청구인들의 **공무담임권을 침해한다**(헌재 2012. 5. 31. 2010헌마278).

1084 부사관으로 최초로 임용되는 사람의 최고연령을 27세로 정한 법률조항은 부사관이라는 공직 취임의 기회를 제한하고 있으나, 군 조직의 특수성, 군 조직 내에서 부사관의 상대적 지위 및 역할 등을 고려할 때 공무담임권을 침해한다고 볼 수 없다. 16 변호사   O | X

1084-1 「군인사법」상 부사관으로 최초로 임용되는 사람의 최고연령을 27세로 정한 부분은, 계급과 연령의 역전 현상이 현재도 존재하고 상위 계급인 장교의 경우 27세의 연령상한에 상당한 예외가 존재하는 점 등을 고려할 때 부사관 지원자의 공무담임권을 침해한다. 24 경정   O | X

> 국가의 안전보장과 국토방위의 의무를 수행하기 위하여 군인은 강인한 체력과 정신력을 바탕으로 한 전투력을 유지할 필요가 있고, 이를 위해 군 조직은 위계질서의 확립과 기강확보가 어느 조직보다 중요시된다. 이러한 군의 특수성을 고려할 때 부사관의 임용연령 상한을 제한하는 심판대상조항은 그 입법목적이 정당하고, 부사관보다 상위 계급인 소위의 임용연령상한도 27세로 정해져 있는 점, 연령과 체력의 보편적 상관관계 등을 고려할 때 수단의 적합성도 인정된다. … 따라서 심판대상조항이 과잉금지의 원칙을 위반하여 청구인들의 **공무담임권을 침해한다고 볼 수 없다**(헌재 2014. 9. 25. 2011헌마414).

1085 경찰대학의 입학자격을 만 17세 이상 21세 미만으로 규정한 것은 나이에 따른 공무담임권의 침해이다. 12 국가 7   O | X

1085-1 경찰대학의 입학 연령을 21세 미만으로 제한하고 있는 경찰대학의 학사운영에 관한 규정이 학문의 자유를 침해하는 것은 아니다. 15 법무사   O | X

> (1) 경찰대학에 연령제한을 둔 목적은 젊고 유능한 인재를 확보하고 이들에게 필요한 교육 훈련을 일관적이고 체계적으로 실시하여 국민에게 전문적이고 질 높은 행정 서비스를 제공하기 위한 것이므로, 이를 위하여 경찰대학 입학에 일정한 상한연령을 규정하는 것은 정당한 목적에 대한 적절한 수단이다. … 그러므로 이 사건 심판대상 규정은 청구인의 **공무담임권을 침해하지 아니한다**(헌재 2009. 7. 30. 2007헌마991).
> (2) 헌법에 보장된 학문의 자유란 연구와 교수 및 연구결과의 발표에 있어서 국가의 간섭이나 침해에 대한 방어권적 자유를 뜻한다 할 것이다. 그런데 청구인은 아직 경찰대학에 진학한 것도 아니고, 경찰학은 경찰대학에 진학하여서만 연구할 수 있는 학문도 아니므로 심판대상규정이 헌법상 제22조 제1항의 **학문의 자유를 침해하였다고 할 수 없다**(헌재 2009. 7. 30. 2007헌마991).

정답 1083. O 1083-1. X [공무담임권 침해] 1084. O 1084-1. X [공무담임권 침해 X] 1085. X [공무담임권 침해 X] 1085-1. O

1086 고용노동 및 직업상담 직류를 채용하는 경우 직업상담사 자격증 보유자에게 만점의 3% 또는 5%의 가산점을 부여한다고 명시한 인사혁신처 18년도 국가공무원 공개경쟁채용시험 등 계획 공고는 직업상담사 자격증을 소지하지 않은 상태에서 국가공무원 공개경쟁채용시험에 응시하려고 하는 자들의 공무담임권을 침해하지 않는다. 19 국회 8   O│X

1086-1 고용노동 및 직업상담 직류를 채용하는 경우 직업상담사 자격증 보유자에게 만점의 3% 또는 5%의 가산점을 부여하는 것은 평등권을 침해한다. 19 서울 7(추)   O│X

노동·직업상담 직류의 업무와 직업상담사의 업무는 밀접한 관련이 있고 해당 직류의 업무수행 시 상당한 전문적 상담기술, 법령이해도 등을 전제되어야 하므로 7·9급 고용노동·직업상담 직렬 공무원을 채용하면서 노동시장론과 노동관계법규, 직업상담학과 직업심리학 등에 대한 전문성에 대한 검증을 거친 직업상담사 자격증 소지자에게 3% 또는 5%의 가산점을 부여하는 것은 그 목적의 정당성, 수단의 적합성이 인정된다. … 따라서 심판대상조항이 과잉금지원칙에 반하여 청구인들의 **공무담임권과 평등권을 침해한다고 보기 어렵다**(헌재 2018. 8. 30. 2018헌마46).

1087 세무직 국가공무원 공개경쟁채용시험에서 일정한 가산점을 부여하는 제도는 가산 대상 자격증을 소지하지 아니한 사람들에 대하여는 공직으로의 진입에 장애를 초래하여 공무담임권을 제한하는 측면이 있지만, 전문적 업무 능력을 갖춘 사람을 우대하여 직업공무원제도의 능력주의를 구현하는 측면이 있으므로 과잉금지원칙 위반 여부를 심사할 때 이를 고려할 필요가 있다. 23 소간   O│X

세무직 국가공무원 공개경쟁채용시험에서 가산점을 부여하는 심판대상조항으로 인하여 제한되는 기본권은 공직취임의 기회와 관련된다는 점에서 공무담임권이라 볼 수 있다. … 이 사건 가산점제도는 가산 대상 자격증을 소지하지 아니한 사람들에 대하여는 **공직으로의 진입에 장애를 초래**하지만, 변호사, 공인회계사, 세무사의 업무능력을 갖춘 사람을 우대하여 **헌법 제7조에서 보장하는 직업공무원제도의 능력주의를 구현하는 측면**이 있으므로 헌법 제37조 제2항에 따른 **과잉금지원칙 위반 여부를 심사할 때 이를 고려할 필요가 있다**. … 따라서 심판대상조항은 **과잉금지원칙**에 위반되어 청구인의 **공무담임권을 침해하지 아니한다**(헌재 2020. 6. 25. 2017헌마1178).

1088 관련 자격증 소지자에게 세무직 국가공무원 공개경쟁채용시험에서 일정한 가산점을 부여하는 구 「공무원임용시험령」 조항은 가산 대상 자격증을 소지하지 아니한 자의 공무담임권을 침해하지 아니한다. 23 국회 8   O│X

공무원 공개경쟁채용시험에서 자격증에 따른 가산점을 인정하는 목적은 **공무원의 업무상 전문성을 강화**하기 위함인바, 세무 영역에서 전문성을 갖춘 것으로 평가되는 자격증(변호사·공인회계사·세무사) 소지자들에게 세무직 국가공무원 공개경쟁채용시험에서 가산점을 부여하는 것은 그 목적의 정당성이 인정된다. 공인 자격증은 국가나 국가의 위탁을 받은 특수법인이 필기시험과 실기평가 등 소정의 검증절차를 거쳐 일정한 기준에 도달한 사람에게 부여하는 것이므로 자격증의 유무는 해당 분야에서 필요한 능력과 자질을 갖추고 있는지를 판단하는 **객관적 기준**이 될 수 있다. 변호사는 법률 전반에 관한 영역에서, 공인회계사와 세무사는 각종 세무 관련 영역에서 필요한 행위를 하거나 조력하는 전문가들이므로 그 자격증 소지자들의 선발은 세무행정의 전문성을 제고하는 데 기여하여 수단의 적합성이 인정된다. … 따라서 심판대상조항은 **과잉금지원칙에 위반되어 청구인의 공무담임권을 침해하지 아니한다**(헌재 2020. 6. 25. 2017헌마1178).

정답 1086. O 1086-1. X [평등권 침해 X] 1087. O 1088. O

1089 국·공립학교 채용시험의 동점자처리에서 국가유공자 등 및 그 유족·가족에게 우선권을 주도록 하고 있는 「국가유공자등 예우 및 지원에 관한 법률」의 해당 조항에 의하여 일반 응시자들은 국·공립학교 채용시험의 동점자처리에서 불이익을 당하며, 이는 일반 응시자들의 공무담임권을 침해한다. 16 경정, 13 법원 9   O│X

이 사건 동점자처리조항에 의하여 일반 응시자들은 국·공립학교 채용시험의 동점자처리에서 불이익을 당할 수도 있으므로 일반 응시자들의 공무담임권이 제한된다고 할 것이나, 이는 국가유공자와 그 유·가족의 생활안정을 도모하고 이를 통해 국민의 애국정신 함양과 민주사회 발전에 이바지한다고 하는 공공복리를 위한 불가피한 기본권 제한에 해당하며, 앞서 본 바와 같이 비례의 원칙 내지 과잉금지의 원칙에 위반된 것으로 볼 수 없고, 기본권의 본질적인 내용을 침해한다고도 할 수 없다. 따라서 이 사건 동점자처리 조항은 일반 응시자들의 <u>공무담임권을 침해하지 아니한다</u>(헌재 2006. 6. 29. 2005헌마44).

1090 채용 예정 분야의 해당 직급에 근무한 실적이 있는 군인을 전역한 날부터 3년 이내에 군무원으로 채용하는 경우 특별채용시험으로 채용할 수 있도록 하는 것은 현역 군인으로 근무했던 전문성과 경험을 즉시 군무원 업무에 활용하기 위한 것으로 청구인의 공무담임권을 침해하지 않는다. 19 서울 7   O│X

심판대상조항으로 인하여 청구인이 입는 불이익은 예비전력관리 업무담당자 선발시험 또는 군무원 특별채용시험에 응시할 수 있는 기회가 전역 후 일정 기간 내로 제한되는 것이다. 반면에 시험응시기간을 설정함으로써 달성할 수 있는 공익은 전역군인이 가지고 있는 전문성을 활용하여 예비전력관리업무 및 군무원 업무의 효율성과 적시성을 극대화하는 것으로서 청구인이 입는 불이익보다 중대하다. 따라서 심판대상조항은 법익의 균형성 원칙을 준수하고 있다. 그러므로 <u>심판대상조항은 청구인의 공무담임권을 침해하지 아니한다</u>(헌재 2016. 10. 27. 2015헌마734).

1091 취업지원 실시기관 채용시험의 가점 적용대상에서 보국수훈자의 자녀를 제외하는 법 개정을 하면서, 가까운 장래에 보국수훈자의 자녀가 되어 채용시험의 가점을 받게 될 것이라는 신뢰를 장기간 형성해 온 사람에 대하여 경과조치를 두지 않은 「국가유공자 등 예우 및 지원에 관한 법률」 부칙 규정은 공무담임권을 침해하지 않는다. 18 서울 7   O│X

채용시험의 가점에 관한 국가유공자법 개정이 예측가능하고, 채용시험의 가점은 단지 법률이 부여한 기회를 활용한 것으로서 원칙적으로 사적 위험부담의 범위에 속하는 점, … 심판대상조항의 적용시점을 정하는 것은 입법재량의 영역에 속하는 것인 점 등을 종합하면, 개정 국가유공자법 시행 직후에 국가유공자로 등록된 사람의 가족에 대하여 경과규정을 두지 않았다는 이유만으로 심판대상조항이 헌법상의 신뢰보호원칙에 위배되어 <u>직업선택의 자유, 공무담임권을 침해하였다고 볼 수 없다</u>(헌재 2015. 2. 26. 2012헌마400).

1092 교육의원이 되고자 하는 사람에게 5년 이상의 교육경력 등을 요구하는 「제주특별자치도 설치 및 국제자유도시 조성을 위한 특별법」 조항은, 전문성이 담보된 교육의원이 교육위원회의 구성원이 되도록 하여 교육의 자주성·전문성·정치적 중립성을 보장하면서도 지방자치의 이념을 구현하기 위한 것으로서, 공무담임권을 침해하는 것이라 볼 수 없다. 22 경채   O│X

1092-1 교육의원후보자가 되려는 사람은 5년 이상의 교육경력 또는 교육행정경력을 갖추도록 규정한 구 「제주특별자치도 설치 및 국제자유도시 조성을 위한 특별법」의 해당 조항은 이러한 경력을 갖추지 못한 청구인들의 공무담임권을 침해한다. 21 국가 7   O│X

심판대상조항은 전문성이 담보된 교육의원이 교육위원회의 구성원이 되도록 하여 헌법 제31조 제4항이 보장하고 있는 교육의 자주성·전문성·정치적 중립성을 보장하면서도 지방자치의 이념을 구현하기 위한 것으로서, <u>지방교육에 있어서 경력요건과 교육전문가의 참여 범위에 관한 입법재량의 범위를 일탈하여 그 합리성이 결여되어 있다거나 필요한 정도를 넘어 청구인들의 공무담임권을 침해하는 것이라 볼 수 없다</u>(헌재 2020. 9. 24. 2018헌마444).

> **정답** 1089. ✕ [공무담임권 침해 ✕]   1090. ○   1091. ○   1092. ○   1092-1. ✕ [공무담임권 침해 ✕]

1093 행정5급 일반임기제공무원에 관한 경력경쟁채용시험에서 '변호사 자격 등록'을 응시자격요건으로 하는 방위사업청장의 공고는 변호사 자격을 가졌으나 변호사 자격 등록을 하지 아니한 청구인들의 공무담임권을 침해한다. 21 국가 7 O | X

이 사건 공고는 대한변호사협회에 등록한 변호사로서 실제 변호사의 업무를 수행한 경력이 있는 사람을 우대하는 한편, 임용예정자에게 변호사등록 거부사유 등이 있는지를 대한변호사협회의 검증절차를 통하여 확인받도록 하는 데 목적이 있다. 이 사건 공고가 응시자격요건으로 변호사 자격 등록을 요구하는 것은 이러한 목적, 그리고 지원자가 채용예정직위에서 수행할 업무 등에 비추어 합리적이다. 인사권자인 피청구인은 경력경쟁채용시험을 실시하면서 응시자격요건을 구체적으로 어떻게 정할 것인지를 **판단하고 결정하는 데 재량이 인정**되는데, 이 사건 공고가 그 재량권을 현저히 일탈하였다고 볼 수 없다. 이 사건 공고는 청구인들의 **공무담임권을 침해하지 않는다**(헌재 2019. 8. 29. 2019헌마616).

1094 법무부장관이 2020. 7. 공고한 '2021년도 검사 임용 지원 안내' 중 '임용 대상' 가운데 '1. 신규임용'에서 변호사자격을 취득하고 2021년 사회복무요원 소집해제 예정인 사람을 제외한 부분은 '법학전문대학원 졸업연도에 실시된 변호사시험에 불합격하여 사회복무요원으로 병역의무를 이행하던 중 변호사자격을 취득하고 2021년 소집해제 예정인 사람'의 공무담임권을 과잉금지원칙에 반하여 침해한다. 23 국회 8 O | X

검사신규임용대상 등을 어떻게 정할 것인지에 관하여는 피청구인에게 재량이 부여되어 있는 점, 지원자가 법학전문대학원 졸업 직후 변호사자격을 취득하였는지 여부는 검사에게 요구되는 자질을 갖추었는지 평가하기 위한 공정하고 유효한 기준이 될 수 있는 점, 법무관 전역예정자는 병역기간 동안 법률사무에 종사하며 법적 능력을 양성할 기회가 있는 점 등을 종합하면, 임용연도에 변호사자격을 취득하여 검사로 즉시 임용될 수 있는 법학전문대학원 졸업예정자와 이에 준하여 볼 수 있는 법무관 전역예정자로 검사신규임용대상을 한정한 것은 공정한 경쟁을 통해 우수한 신규법조인을 검사로 선발하고자 하는 목적과 합리적 연관관계가 인정된다. 그에 비하여, 사회복무요원 소집해제예정 변호사는 법학전문대학원 졸업 직후 변호사자격을 취득하지 못하였고, 병역의무 이행기간 동안 법률사무에 종사한 것도 아니라는 점에서 동일하게 보기 어렵다. … 따라서 이 사건 공고는 사회복무요원 소집해제예정 변호사인 청구인의 **공무담임권을 침해하지 않는다**(헌재 2021. 4. 29. 2020헌마999).

1095 「국가공무원법」해당 조항 중 「아동복지법」제17조 제2호 가운데 아동에게 성적 수치심을 주는 성희롱 등의 성적 학대행위로 형을 선고받아 그 형이 확정된 사람은 일반직 공무원으로 임용될 수 없도록 한 부분은 아동·청소년 대상 성범죄의 재범률을 고려해 볼 때 공무담임권을 침해하지 않는다. 24 경간 O | X

심판대상조항은 아동과 관련이 없는 직무를 포함하여 모든 일반직공무원 및 부사관에 임용될 수 없도록 하므로, 제한의 범위가 지나치게 넓고 포괄적이다. 또한, 심판대상조항은 영구적으로 임용을 제한하고, 결격사유가 해소될 수 있는 어떠한 가능성도 인정하지 않는다. 아동에 대한 성희롱 등의 성적 학대행위로 형을 선고받은 경우라고 하여도 범죄의 종류, 죄질 등은 다양하므로, 개별 범죄의 비난가능성 및 재범 위험성 등을 고려하여 상당한 기간 동안 임용을 제한하는 덜 침해적인 방법으로도 입법목적을 충분히 달성할 수 있다. 따라서 심판대상조항은 과잉금지원칙에 위배되어 청구인의 **공무담임권을 침해한다**(헌재 2022. 11. 24. 2020헌마1181).

정답 1093. X [공무담임권 침해 X]   1094. X [공무담임권 침해 X]   1095. X [공무담임권 침해]

1096 「고등교육법」상 심판대상 조항이 성인에 대한 성폭력범죄 행위로 벌금 100만 원 이상의 형을 선고받고 확정된 자에 한하여 「고등교육법」상의 교원으로 임용할 수 없도록 한 것은, 성폭력범죄를 범하는 대상과 형의 종류에 따라 성폭력범죄에 관한 교원으로서의 최소한의 자격기준을 설정하였다고 할 수 없으므로, 죄형법정주의 및 과잉금지원칙에 반하여 청구인의 공무담임권을 침해한다. 21 국가 7   O | X

심판대상조항이 성인에 대한 성폭력범죄 행위로 벌금 100만 원 이상의 형을 선고받고 확정된 자에 한하여 고등교육법상의 교원으로 임용할 수 없도록 한 것은, 성폭력범죄를 범하는 대상과 형의 종류에 따라 성폭력범죄에 관한 교원으로서의 최소한의 자격기준을 설정하였다고 할 것이므로, 과잉금지원칙에 반하여 청구인의 공무담임권을 침해한다고 할 수 없다(헌재 2020. 12. 23. 2019헌마502).

1097 미성년자에 대하여 성범죄를 범하여 형을 선고받아 확정된 자와 성인에 대한 성폭력범죄를 범하여 벌금 100만 원 이상의 형을 선고받아 확정된 자는 「초·중등교육법」상의 교원에 임용될 수 없도록 한 부분은 그 제한의 범위가 지나치게 넓고 포괄적이어서 공무담임권을 침해한다. 24 경간   O | X

아동·청소년과 상시적으로 접촉하고 밀접한 생활관계를 형성하여 이를 바탕으로 교육과 상담이 이루어지고 인성발달의 기초를 형성하는 데 지대한 영향을 미치는 초·중등학교 교원의 업무적인 특수성과 중요성을 고려해 본다면, 최소한 초·중등학교 교육현장에서 성범죄를 범한 자를 배제할 필요성은 어느 공직에서보다 높다고 할 것이고, 아동·청소년 대상 성범죄의 재범률까지 고려해 보면 미성년자에 대하여 성범죄를 범한 자는 교육현장에서 원천적으로 차단할 필요성이 매우 크다. … 이처럼 이 사건 결격사유조항은 성범죄를 범하는 대상과 확정된 형의 정도에 따라 성범죄에 관한 교원으로서의 최소한의 자격기준을 설정하였다고 할 것이고, 같은 정도의 입법목적을 달성하면서도 기본권을 덜 제한하는 수단이 명백히 존재한다고 볼 수도 없으므로, 이 사건 결격사유조항은 과잉금지원칙에 반하여 청구인의 공무담임권을 침해하지 아니한다(헌재 2019. 7. 25. 2016헌마754).

1098 벌금형의 선고유예판결을 공무원결격사유로 하지 않으면서 금고형의 선고유예판결을 결격사유로 하는 것은 합리성과 형평에 반한다. 14 국회 8   O | X

금고이상의 형의 선고유예 판결을 받은 사람에게 공무원의 지위를 부여하는 것은 공직에 대한 국민의 신뢰를 손상시킬 우려가 있어 옳지 못한 일이므로 이것을 공무원 결격사유 및 당연퇴직 사유로 한 입법자의 의사결정은 수긍이 가고 그것을 지방공무원의 신분보장원칙 규정인 같은 법 제60조 제1항에 반하는 것이라고 볼 수 없고, 금고형이 벌금형보다 훨씬 무거운 형이므로 벌금형의 선고유예 판결을 공무원 결격사유로 아니하면서 금고형의 선고유예 판결을 결격사유로 하였다고 해서 합리성과 형평에 반한다고도 볼 수 없다 (헌재 1990. 6. 25. 89헌마220).

1099 금고이상의 선고유예를 받고 그 기간 중에 있는 자를 임용결격사유로 삼고 위 사유에 해당하는 자가 임용되더라도 이를 당연무효로 하는 구 「국가공무원법」 조항은, 입법자의 재량을 일탈하여 공무담임권을 침해한 것이라고 볼 수 없다. 23 경찰 1차   O | X

1099-1 금고 이상의 형의 선고유예를 받고 그 기간 중에 있는 자를 임용결격사유로 삼고, 위 사유에 해당하는 자가 임용되더라도 이를 당연무효로 하는 구 「국가공무원법」 조항은 입법자의 재량을 일탈하여 청구인의 공무담임권을 침해한다. 22 경찰 1차   O | X

이 사건 법률조항은 금고 이상의 형의 선고유예의 판결을 받아 그 기간 중에 있는 사람이 공무원으로 임용되는 것을 금지하고 이러한 사람이 공무원으로 임용되더라도 그 임용을 당연무효로 하는 것으로서, 공직에 대한 국민의 신뢰를 보장하고 공무원의 원활한 직무수행을 도모하기 위하여 마련된 조항이다. … 따라서 이 사건 법률조항은 입법자의 재량을 일탈하여 공무담임권을 침해한 것이라고 볼 수 없다(헌재 2016. 7. 28. 2014헌바437).

정답 1096. X [공무담임권 침해 X]   1097. X [공무담임권 침해 X]   1098. X [합리성과 형평에 반하지 않음]   1099. O   1099-1. X [공무담임권 침해 X]

1100 비위공무원에 대한 징계를 통해 불이익을 줌으로써 공직기강을 바로 잡고 공무수행에 대한 국민의 신뢰를 유지하고자 하는 공익은 제한되는 사익 이상으로 중요하므로, 공무원이 감봉 처분을 받은 경우 12월간 승진임용을 제한하는 「국가공무원법」 조항 중 '승진임용'에 관한 부분은 공무담임권을 침해하지 않는다. 24 경간 O | X

징계처분에 따른 승진임용 제한기간을 정함에 있어서는 일반적으로 승진임용에 소요되는 기간을 고려하여 적어도 공무원 징계처분의 취지와 효력을 담보할 수 있는 기간이 설정될 필요가 있다. 감봉의 경우 12개월간 승진임용이 제한되는데 이는 종래 18개월이었던 것을 축소한 것이며, 강등·정직(18개월)이나 견책(6개월)과의 균형을 고려하면 과도하게 긴 기간이라고 보기는 어렵다. 비위공무원에 대한 징계를 통해 불이익을 줌으로써 공직기강을 바로 잡고 공무수행에 대한 국민의 신뢰를 유지하고자 하는 공익은 제한되는 사익 이상으로 중요하다. 이 사건 **승진조항**은 과잉금지원칙을 위반하여 청구인의 **공무담임권을 침해하지 않는다**(헌재 2022. 3. 31. 2020헌마211).

2 직무정지

1101 지방자치단체의 장이 금고 이상의 형을 선고받고 그 형이 확정되지 아니한 경우 부단체장이 그 권한을 대행하도록 규정한 「지방자치법」 조항은 지방자치단체장의 공무담임권을 침해한다.
23 경정, 20 경정, 19 5급, 18 서울 7, 17 국회 8 O | X

1101-1 지방자치단체의 장이 금고 이상의 형을 선고받고 그 형이 확정되지 아니한 경우 부단체장이 그 권한을 대행하도록 한 것은 평등권을 침해한다. 16 경정 O | X

1101-2 지방자치단체의 장이 금고 이상의 형을 선고받고 그 형이 확정되지 아니한 경우 부단체장이 그 권한을 대행하도록 하였더라도 지방자치단체의 장의 공무담임권을 침해한 것으로 볼 수 없다. 22 법원 9 O | X

(1) 이 사건 법률조항은 필요최소한의 범위를 넘어선 기본권제한에 해당할 뿐 아니라, 이 사건 법률조항으로 인하여 해당 자치단체장은 불확정한 기간 동안 직무를 정지당함은 물론 주민들에게 유죄가 확정된 범죄자라는 선입견까지 주게 되고, 더욱이 장차 무죄판결을 선고받게 되면 이미 침해된 공무담임권은 회복될 수도 없는 등의 심대한 불이익을 입게 되므로, 법익균형성 요건 또한 갖추지 못하였다. 따라서, 이 사건 법률조항은 자치단체장인 청구인의 **공무담임권을 침해한다**(헌재 2010. 9. 2. 2010헌마418).
(2) 선거직 공무원으로서 선거과정이나 그 직무수행의 과정에서 요구되는 공직의 윤리성이나 신뢰성 측면에서는 국회의원의 경우도 자치단체장의 경우와 본질적으로 동일한 지위에 있다고 할 수 있는데, 국회의원에게는 금고 이상의 형을 선고받은 후 그 형이 확정되기도 전에 직무를 정지시키는 제도가 없으므로, 자치단체장인 청구인의 평등권을 침해한다(헌재 2010. 9. 2. 2010헌마418).

1102 지방자치단체의 장이 '금고 이상의 형을 선고받고 그 형이 확정되지 아니한 경우' 부단체장이 그 권한을 대행하도록 규정한 「지방자치법」 조항은 '금고 이상의 형이 선고되었다'는 사실만을 유일한 요건으로 하여, 형이 확정될 때까지의 불확정한 기간동안 자치단체장으로서의 직무를 정지시키는 불이익을 가하고 있으므로, 무죄추정의 원칙에 위배된다. 23 소간 O | X

이 사건 법률조항은 '금고 이상의 형이 선고되었다.'는 사실 자체에 주민의 신뢰가 훼손되고 자치단체장으로서 직무의 전념성이 해쳐질 것이라는 부정적 의미를 부여한 후, 그러한 판결이 선고되었다는 사실만을 유일한 요건으로 하여, **형이 확정될 때까지의 불확정한 기간동안 자치단체장으로서의 직무를 정지시키는 불이익**을 가하고 있으며, 그와 같이 불이익을 가함에 있어 필요최소한에 그치도록 엄격한 요건을 설정하지도 않았으므로, **무죄추정의 원칙에 위배된다**(헌재 2010. 9. 2. 2010헌마418).

정답 1100. ○ 1101. ○ 1101-1. ○ 1101-2. × [공무담임권 침해함] 1102. ○

1103 지방자치단체의 장이 '공소 제기된 후 구금상태에 있는 경우' 부단체장이 그 권한을 대행하도록 규정한 「지방자치법」 조항은 지방자치단체장의 공무담임권을 침해하지 않는다. 21 경정, 19 경정 O│X

형사재판을 위하여 신체가 구금되어 정상적이고 시의적절한 직무를 수행하기 어려운 상황에 처한 자치단체장을 직무에서 배제시킴으로써 자치단체행정의 원활하고 효율적인 운영을 도모하는 한편 주민의 복리에 초래될 것으로 예상되는 위험을 미연에 방지하려는 이 사건 법률조항의 입법목적은 입법자가 추구할 수 있는 정당한 공익이라 할 것이고, 이를 실현하기 위하여 해당 자치단체장을 구금상태가 해소될 때까지 잠정적으로 그 직무에서 배제시키는 것은 일응 유효·적절한 수단이라고 볼 수 있다. … 따라서 이 사건 법률조항은 청구인의 공무담임권을 제한함에 있어 과잉금지원칙에 위배되지 않는다(헌재 2011. 4. 28. 2010헌마474).

1104 지방자치단체의 장이 공소 제기된 후 구금상태에 있는 경우 부단체장이 그 권한을 대행하도록 한 「지방자치법」 규정은 무죄추정의 원칙에 위반되지 않는다. 21 입시 O│X

1104-1 지방자치단체의 장이 공소 제기된 후 구금상태에 있는 경우 부단체장이 그 권한을 대행하도록 한 「지방자치법」의 조항은 유죄판결이나 그 확정을 기다리지 아니한 채 바로 지방자치단체의 장의 직무를 정지시키고 있으므로 무죄추정의 원칙에 반한다. 18 서울 7 O│X

이 사건 법률조항은 공소 제기된 자로서 구금되었다는 사실 자체에 사회적 비난의 의미를 부여한다거나 그 유죄의 개연성에 근거하여 직무를 정지시키는 것이 아니라, 구금의 효과, 즉 구속되어 있는 자치단체장의 물리적 부재상태로 말미암아 자치단체행정의 원활하고 계속적인 운영에 위험이 발생할 것이 명백하여 이를 미연에 방지하기 위하여 직무를 정지시키는 것이므로, '범죄사실의 인정 또는 유죄의 인정에서 비롯되는 불이익'이라거나 '유죄를 근거로 하는 사회윤리적 비난'이라고 볼 수 없다. 따라서 무죄추정의 원칙에 위반되지 않는다(헌재 2011. 4. 28. 2010헌마474).

3 신분박탈

1105 피성년후견인 국가공무원은 당연퇴직한다고 규정한 「국가공무원법」 조항은 성년후견이 개시되지는 않았으나 동일한 정도의 정신적 장애가 발생한 국가공무원의 경우와 비교할 때 사익의 제한 정도가 과도하여 과잉금지원칙에 위배되므로 공무담임권을 침해한다. 23 경찰 1차 O│X

1105-1 피성년후견인 국가공무원은 당연퇴직한다고 정한 구 「국가공무원법」 조항 중 '피성년후견인'에 관한 부분은 정신상의 장애로 직무를 감당할 수 없는 국가공무원을 부득이 공직에서 배제하는 불가피한 조치로서 공무담임권을 침해하지 않는다. 24 경간 O│X

심판대상조항은 성년후견이 개시되지는 않았으나 동일한 정도의 **정신적 장애가 발생한 국가공무원**의 경우와 비교할 때 사익의 제한 정도가 과도하고, 성년후견이 개시되었어도 정신적 제약을 극복하여 후견이 종료될 수 있고, 이 경우 법원에서 성년후견 종료심판을 하고 있다는 사실에 비추어 보아도 사익의 제한 정도가 지나치게 가혹하다. 또한 심판대상조항처럼 국가공무원의 당연퇴직사유를 임용결격사유와 동일하게 규정하려면 국가공무원이 재직 중 쌓은 지위를 박탈할 정도의 충분한 공익이 인정되어야 하나, 이 조항이 달성하려는 공익은 이에 미치지 못한다. 따라서 심판대상조항은 과잉금지원칙에 반하여 **공무담임권을 침해**한다(헌재 2022. 12. 22. 2020헌가8).

● 정답 1103. ○ 1104. ○ 1104-1. ✕ [무죄추정원칙 위반 ✕] 1105. ○ 1105-1. ✕ [공무담임권 침해]

1106 금고 이상의 형의 선고유예를 받은 경우 공무원직에서 당연히 퇴직하는 것으로 규정한 「국가공무원법」 조항은 금고 이상의 선고유예의 판결을 받은 모든 범죄를 포괄하여 규정하고 있을 뿐 아니라, 심지어 오늘날 누구에게나 위험이 상존하는 교통사고 관련 범죄 등 과실범의 경우마저 당연퇴직의 사유에서 제외하지 않고 있으므로 최소침해성의 원칙에 반하여 헌법 제25조의 공무담임권을 침해한다. 23 국회 8   O | X

1106-1 공무원이 금고 이상의 형의 선고유예를 받은 경우 범죄의 유형과 내용에 관계없이 당연히 퇴직하도록 하는 것은 헌법에 위배되지 않는다. 22 법무사   O | X

1106-2 공무원의 범죄행위가 직무와 직접적 관련이 없고 과실에 의한 경우라도 금고 이상 형의 선고유예 판결을 받은 경우라면 당연퇴직토록 한 소정의 법률조항은 직업공무원제도와 공무원의 신분보장을 규정한 헌법 제7조 제2항에 반한다는 것이 헌법재판소의 입장이다. 18 서울 7(추)   O | X

> 위 규정은 금고 이상의 선고유예의 판결을 받은 모든 범죄를 포괄하여 규정하고 있을 뿐 아니라, 심지어 오늘날 누구에게나 위험이 상존하는 교통사고 관련 범죄 등 과실범의 경우마저 당연퇴직의 사유에서 제외하지 않고 있으므로 **최소침해성의 원칙에 반한다.** … 따라서 이 사건 법률조항은 과잉금지원칙에 위배하여 **공무담임권을 침해**하는 조항이라고 할 것이다(헌재 2003. 10. 30. 2002헌마684 등).
>
> **보충설명** 직업공무원제를 규정한 헌법 제7조 제2항에 반하는 것이 아니라 헌법 제25조 공무담임권을 침해한다.

1107 금고 이상의 형의 '선고유예'를 받은 경우에 공무원직에서 당연히 퇴직하는 것으로 정한 「지방공무원법」의 조항은 과실범의 경우마저 당연퇴직 사유에서 제외하지 않아 최소침해성의 원칙에 반하여 공무담임권을 침해한다. 23 소간   O | X

> 공무원이 금고 이상의 형의 선고유예를 받은 경우에는 공무원직에서 당연히 퇴직하는 것으로 규정하고 있는 이 사건 법률조항은 금고 이상의 선고유예의 판결을 받은 **모든 범죄를 포괄하여 규정**하고 있을 뿐 아니라, 심지어 오늘날 누구에게나 위험이 상존하는 교통사고 관련 범죄 등 **과실범의 경우마저 당연퇴직**의 사유에서 제외하지 않고 있으므로 **최소침해성의 원칙에 반한다.** … 결국, 지방공무원법 제61조 중 제31조 제5호 부분은 헌법 **제25조의 공무담임권을 침해**하였다고 할 것이다(헌재 2002. 8. 29. 2001헌마788 등).
>
> **보충설명** 직업공무원제를 규정한 헌법 제7조 제2항에 반하는 것이 아니라 헌법 제25조 공무담임권을 침해한다.

1108 금고 이상의 형의 선고유예를 받은 경우에 군무원직에서 당연히 퇴직하도록 하는 것은 해당 군무원의 공무담임권을 침해하는 것이다. 17 서울 7   O | X

1108-1 금고 이상의 형의 선고유예를 받은 경우에는 군무원직에서 당연퇴직하도록 규정한 법률조항은, 임용결격 사유에 해당하는 사람을 공무원의 직무로부터 배제함으로써 그 직무수행에 대한 국민의 신뢰, 공무원직에 대한 신용 등을 유지하고 그 직무의 정상적인 운영을 확보하기 위한 것으로서 헌법 제25조에 규정된 공무담임권을 침해하지 아니한다. 23 법무사   O | X

> 이 사건 법률조항은 금고 이상의 형의 선고유예 판결을 받은 모든 범죄를 포괄하여 규정하고 있을 뿐 아니라, 심지어 오늘날 누구에게나 위험이 상존하는 교통사고 관련 범죄 등 과실범의 경우마저 당연퇴직 사유에서 제외하지 않고 있으므로 **최소침해성의 원칙에 반한다.** … 따라서 이 사건 법률조항 역시 과잉금지원칙에 위배하여 **공무담임권을 침해**한다 할 것이다(헌재 2007. 6. 28. 2007헌가3).

정답 1106. O   1106-1. X [공무담임권 침해]   1106-2. X [헌법 제7조 제2항 X → 헌법 제25조 공무담임권 침해 O]   1107. O   1108. O   1108-1. X [공무담임권을 침해함]

1109 향토예비군 지휘관이 금고 이상 형의 선고유예를 받은 경우에는 그 직에서 당연해임되도록 규정하고 있는 법률조항은, 범죄의 종류와 내용을 가리지 않고 모두 당연퇴직사유로 정함으로써 공무담임권을 침해한다. 16 변호사   O | X

향토예비군 지휘관이 금고 이상의 형의 선고유예를 받은 경우에는 그 직에서 당연해임하도록 규정하고 있는 이 사건 법률조항은 금고 이상의 선고유예의 판결을 받은 모든 범죄를 포괄하여 규정하고 있을 뿐 아니라, 심지어 오늘날 누구에게나 위험이 상존하는 교통사고 관련 범죄 등 과실범의 경우마저 당연해임의 사유에서 제외하지 않고 있으므로 **최소침해성의 원칙에 반한다.** … 따라서 이 사건 법률조항은 과잉금지원칙에 위배하여 **공무담임권을 침해**하는 조항이라고 할 것이다(헌재 2005. 12. 22. 2004헌마947).

⑤1110 경찰공무원이 자격정지 이상의 형의 선고유예를 받은 경우 공무원직에서 당연퇴직하도록 규정하고 있는 구 「경찰공무원법」 조항은 자격정지 이상의 선고유예 판결을 받은 모든 범죄를 포괄하여 규정하고 있을 뿐만 아니라 심지어 오늘날 누구에게나 위험이 상존하는 교통사고 관련범죄 등 과실범의 경우마저 당연퇴직의 사유에서 제외하지 않고 있으므로 최소침해성의 원칙에 반한다. 22 경정   O | X

1110-1 경찰공무원이 자격정지 이상의 형의 선고유예를 받은 경우 공무원직에서 당연퇴직하도록 규정하고 있는 구 「경찰공무원법」 조항은 입법자의 입법형성재량의 범위 내에서 입법된 것이므로 공무담임권을 침해하지 않는다. 23 경정   O | X

1110-2 자격정지 이상의 선고유예를 받고 그 선고유예기간 중에 있는 자에 대하여 당연퇴직을 규정하고 있는 「경찰공무원법」 규정은 재판청구권을 침해하고, 적법절차원칙에 위배되어 위헌이다. 22 경정   O | X

(1) 경찰공무원이 **자격정지 이상의 형의 선고유예를 받은 경우 공무원직에서 당연퇴직**하도록 규정하고 있는 이 사건 법률조항은 자격정지 이상의 선고유예 판결을 받은 모든 범죄를 포괄하여 규정하고 있을 뿐만 아니라 심지어 오늘날 누구에게나 위험이 상존하는 교통사고 관련범죄 등 과실범의 경우마저 당연퇴직의 사유에서 제외하지 않고 있으므로 **최소침해성의 원칙에 반한다.** … 이 사건 법률조항은 헌법 제25조의 **공무담임권을 침해한 위헌 법률**이다(헌재 2004. 9. 23. 2004헌가12).
(2) 당연퇴직은 일정한 사항이 법정 당연퇴직사유에 해당하는지 여부만이 문제될 뿐이어서 당연퇴직의 성질상 그 절차에서 당사자의 진술권이 반드시 절차적 권리로 보장되어야 하는 것도 아니므로 이 사건 규정이 **재판청구권을 침해**하거나 **적법절차의 원리를 위배**하였다고 할 수 없다(헌재 1998. 4. 30. 96헌마7).
◈ 보충설명 재판청구권을 침해하거나 적법절차의 원리를 위배하는 것은 아니나, 공무담임권을 침해하여 위헌이다.

⑥1111 수뢰죄를 범하여 금고 이상의 형의 선고유예를 받은 국가공무원을 당연퇴직하도록 하는 「국가공무원법」 조항은 해당 공무원의 공무담임권을 침해하지 않는다. 24 경정   O | X

1111-1 수뢰죄를 범하여 금고 이상의 형의 선고유예를 받은 국가공무원을 당연퇴직하도록 한 「국가공무원법」 조항은 과잉금지원칙에 반하여 공무담임권을 침해한다. 22 경채, 16 경정, 15 국회 8   O | X

1111-2 수뢰죄를 범하여 금고 이상의 형의 선고유예를 받은 국가공무원은 별도의 징계절차를 거치지 아니하고 당연퇴직하도록 한 「국가공무원법」 규정은 적법절차원리를 위반한 것이다. 21 변호사   O | X

● 정답 1109. O   1110. O   1110-1. X [공무담임권을 침해함]   1110-2. X [재판청구권·적법절차원칙 위배 아님 / 공무담임권 침해함]
1111. O   1111-1. X [수뢰죄 선고유예 당연퇴직 : 공무담임권 침해 X]   1111-2. X [적법절차원리 위반 X]

(1) 심판대상조항은 공무원 직무수행에 대한 국민의 신뢰 및 직무의 정상적 운영의 확보, 공무원범죄의 예방, 공직사회의 질서 유지를 위한 것으로서 목적이 정당하고, 형법 제129조 제1항의 수뢰죄를 범하여 금고 이상 형의 선고유예를 받은 국가공무원을 공직에서 배제하는 것은 적절한 수단에 해당한다. … 따라서 심판대상조항은 과잉금지원칙에 반하여 청구인의 공무담임권을 침해하지 아니한다(헌재 2013. 7. 25. 2012헌바409).

(2) 범죄행위로 인하여 형사처벌을 받은 공무원에 대하여 신분상 불이익처분을 하는 법률을 제정함에 있어 어느 방법을 선택할 것인가는 원칙적으로 입법자의 재량에 속한다. 일정한 사항이 법정 당연퇴직사유에 해당하는지 여부만이 문제되는 당연퇴직의 성질상 그 절차에서 당사자의 진술권이 반드시 보장되어야 하는 것은 아니고, 심판대상조항이 청구인의 공무담임권 등을 침해하지 아니하는 이상 적법절차원칙에 위반되지 아니한다(헌재 2013. 7. 25. 2012헌바409).

1112 금고 이상의 형의 집행유예 판결을 받은 것을 공무원의 당연퇴직사유로 규정한 법률조항이 입법자의 재량을 일탈하여 공무담임권을 침해한 것으로 볼 수 없다. 14 변호사   O | X

금고 이상의 형에 대한 집행유예 판결에 내포된 사회적 비난가능성과 공무원에게는 직무의 성질상 고도의 윤리성이 요구된다는 점을 함께 고려할 때 금고 이상의 형의 집행유예 판결을 받은 공무원으로 하여금 계속 그 직무를 수행하게 하는 것은 공직에 대한 국민의 신뢰를 손상시키고 나아가 원활한 공무수행에 어려움을 초래하여 공공의 이익을 해할 우려 또한 적지 아니하다. 그렇다면 공무원에게 가해지는 신분상 불이익과 보호하려는 공익을 비교할 때 금고 이상의 형의 집행유예 판결을 받은 것을 공무원 임용 결격 및 당연퇴직사유로 규정한 이사건 법률조항이 입법자의 재량을 일탈하여 직업선택의 자유나 공무담임권, 평등권, 행복추구권, 재산권 등을 침해하는 위헌의 법률조항이라고 볼 수는 없다(헌재 1997. 11. 27. 95헌바14 등).

1113 청구인이 당선된 당해선거에 관한 것인지를 묻지 않고, 선거에 관한 여론조사의 결과에 영향을 미치게 하기 위하여 둘 이상의 전화번호를 착신 전환 등의 조치를 하여 같은 사람이 두 차례 이상 응답하여 100만 원 이상의 벌금형을 선고받은 자로 하여금 지방의회의원의 직에서 퇴직되도록 한 조항은 청구인의 공무담임권을 침해한다. 22 법원 9   O | X

퇴직조항은 선거에 관한 여론조사의 결과에 부당한 영향을 미치는 행위를 방지하고 선거의 공정성을 담보하며 공직에 대한 국민 또는 주민의 신뢰를 제고한다는 목적을 달성하는 데 적합한 수단이다. 지방의회의원이 선거의 공정성을 해하는 범죄로 유죄판결이 확정되었다면 지방자치행정을 민주적이고 공정하게 수행할 것이라고 기대하기 어렵다. … 퇴직조항으로 인하여 지방의회의원의 직에서 퇴직하게 되는 사익의 침해에 비하여 선거에 관한 여론조사의 결과에 부당한 영향을 미치는 행위를 방지하고 선거의 공정성을 담보하며 공직에 대한 국민 또는 주민의 신뢰를 제고한다는 공익이 더욱 중대하다. 퇴직조항은 청구인들의 공무담임권을 침해하지 아니한다(헌재 2022. 3. 31. 2019헌마986).

1114 구 검사징계법상 검사에 대한 징계로서 '면직' 처분을 인정하는 것은 과잉금지원칙에 반하여 공무담임권을 침해한다고 할 수 없다. 22 국가 7   O | X

범죄의 수사와 공소제기 업무를 담당하는 검사의 지위와 위상을 고려할 때, 검사가 중대한 비위행위를 하였음에도 계속 그 직무를 수행하도록 한다면 검찰의 직무와 사법질서에 대한 국민의 불신이 초래된다는 점에서, 검사에 대한 징계로서 "면직" 처분을 인정하는 것은 과잉금지원칙에 반하여 공무담임권을 침해한다고 할 수 없다(헌재 2011. 12. 29. 2009헌바282).

● 정답   1112. O   1113. X [공무담임권 침해 X]   1114. O

Chapter 14 지방자치제도

POINT 078 지방자치제도

1115 지방자치제도의 헌법적 보장은 한마디로 국민주권의 기본원리에서 출발하여 주권의 지역적 주체로서의 주민에 의한 자기통치의 실현으로 요약할 수 있고, 이러한 지방자치의 본질적 내용인 핵심영역은 어떠한 경우라도 입법 기타 중앙정부의 침해로부터 보호되어야 한다는 것을 의미한다. 16 법무사 O | X

지방자치제도의 헌법적 보장은 한마디로 **국민주권의 기본원리**에서 출발하여 주권의 지역적 주체로서의 **주민에 의한 자기통치의 실현**으로 요약할 수 있고, 이러한 **지방자치의 본질적 내용인 핵심영역**(자치단체·자치기능·자치사무의 보장)은 어떠한 경우라도 **입법 기타 중앙정부의 침해로부터 보호**되어야 한다는 것을 의미한다(헌재 2014. 1. 28. 2012헌바216).

1116 중앙정부와 지방자치단체 간에 권력을 수직적으로 분배하는 문제는 서로 조화가 이루어져야 하고, 이 조화를 도모하는 과정에서 입법 또는 중앙정부에 의한 지방자치의 본질의 훼손은 어떠한 경우라도 허용되어서는 안 된다. 19 국회 8 O | X

지방자치제도의 헌법적 보장은 국민주권의 기본원리에서 출발하여 주권의 지역적 주체인 주민에 의한 자기통치의 실현으로 요약할 수 있으므로, 이러한 지방자치의 본질적 내용인 핵심영역은 입법 기타 중앙정부의 침해로부터 보호되어야 함은 헌법상의 요청인 것이다. 중앙정부와 지방자치단체 간에 **권력을 수직적으로 분배하는 문제**는 서로 조화가 이루어져야 하고, 이 조화를 도모하는 과정에서 입법 또는 중앙정부에 의한 **지방자치의 본질의 훼손은 어떠한 경우라도 허용되어서는 안되는 것이다**(헌재 1999. 11. 25. 99헌바28).

1117 지방자치제도는 제도적 보장의 하나로서, 그 제도의 본질적 내용을 침해하지 않는 범위 안에서 입법자에게 입법형성의 자유가 폭넓게 인정된다. 17 5급 O | X

1117-1 지방자치제도는 헌법상 제도적 보장이기 때문에 기본권 보장과는 달리, 최소보장의 원칙이 적용된다. 15 법원 9 O | X

1117-2 제도적 보장은 기본권 보장의 경우와 마찬가지로 그 본질적 내용을 침해하지 않는 범위 안에서 '최대한 보장의 원칙'이 적용된다. 18 경정 O | X

지방자치제도는 **제도적 보장**의 하나로서, … 기본권의 보장은 '최대한 보장의 원칙'이 적용되는 것임에 반하여, 제도적 보장은 기본권 보장의 경우와는 달리 그 본질적 내용을 침해하지 아니하는 범위 안에서 입법자에게 제도의 구체적인 내용과 형태의 형성권을 폭넓게 인정한다는 의미에서 '**최소한 보장의 원칙**'이 적용된다(헌재 2006. 2. 23. 2005헌마403).

1118 헌법은 제117조와 제118조에서 '지방자치단체의 자치'를 제도적으로 보장하고 있는 바, 그 보장의 본질적 내용은 자치단체의 보장, 자치기능의 보장 및 자치사무의 보장이다. 18 법원 9 O | X

헌법은 제117조와 제118조에서 '지방자치단체의 자치'를 **제도적으로 보장**하고 있는바, 그 보장의 본질적 내용은 **자치단체의 보장, 자치기능의 보장 및 자치사무의 보장**이다. 이와 같이 헌법상 제도적으로 보장된 자치권 가운데에는 소속 공무원에 대한 인사와 처우를 스스로 결정하고 자치사무의 수행에 있어 다른 행정주체(특히 국가)로부터 합목적성에 관하여 명령·지시를 받지 않는 권한도 포함된다고 볼 수 있다(헌재 2008. 5. 29. 2005헌라3).

●정답 1115. O   1116. O   1117. O   1117-1. O   1117-2. X [최소한 보장의 원칙 적용]   1118. O

POINT 079 지방자치단체

01 지방자치단체의 종류

1119 지방자치단체는 '특별시, 광역시, 특별자치시, 도, 특별자치도'와 '시, 군, 구' 두 가지 종류로 구분한다. 14 서울 7 　　　　O│X

1119-1 「지방자치법」상 일반지방자치단체는 시·도와 시·군·자치구이며, 특별시·광역시·특별자치시·특별자치도는 특별지방자치단체이다. 20 국회 9 　　　　O│X

> 지방자치법 제2조(지방자치단체의 종류) ① 지방자치단체는 다음의 **두 가지 종류**로 구분한다.
> 1. **특별시, 광역시, 특별자치시, 도, 특별자치도**
> 2. **시, 군, 구**
> ③ 제1항의 지방자치단체 외에 **특정한 목적을 수행**하기 위하여 필요하면 따로 **특별지방자치단체를 설치**할 수 있다. 이 경우 특별지방자치단체의 설치 등에 관하여는 제12장에서 정하는 바에 따른다.

1120 「지방자치법」상의 지방자치단체 외에 특정한 목적을 수행하기 위하여 필요하면 따로 특별지방자치단체를 설치할 수 있다. 17 5급 　　　　O│X

> 지방자치법 제2조(지방자치단체의 종류) ③ 제1항의 지방자치단체 외에 **특정한 목적을 수행**하기 위하여 필요하면 따로 **특별지방자치단체를 설치**할 수 있다. 이 경우 특별지방자치단체의 설치 등에 관하여는 제12장에서 정하는 바에 따른다.

1121 지방자치단체는 법인으로 한다. 20 5급 　　　　O│X

1121-1 지방자치단체는 법인격 없는 사단으로 한다. 14 서울 7 　　　　O│X

> 지방자치법 제3조(지방자치단체의 법인격과 관할) ① 지방자치단체는 **법인**으로 한다.

1122 지방자치단체의 명칭과 구역을 바꾸거나 지방자치단체를 폐지하거나 설치하거나 나누거나 합칠 때에는 법률로 정한다. 14 서울 7 　　　　O│X

1122-1 지방자치단체의 명칭과 구역은 종전과 같이 하고, 명칭과 구역을 바꾸거나 지방자치단체를 폐지하거나 설치하거나 나누거나 합칠 때에는 대통령령으로 정한다. 16 지방 7 　　　　O│X

1122-2 광역자치단체의 명칭 변경은 법률에 의하여야 하나, 기초자치단체의 명칭 변경은 기초자치단체의 조례나 주민투표에 의하여 할 수 있다. 20 5급 　　　　O│X

> 지방자치법 제5조(지방자치단체의 명칭과 구역) ① 지방자치단체의 **명칭과 구역**은 종전과 같이 하고, **명칭과 구역**을 바꾸거나 **지방자치단체를 폐지**하거나 **설치**하거나 **나누거나 합칠** 때에는 **법률**로 정한다.

정답 1119. O   1119-1. X [모두 일반지자체]   1120. O   1121. O   1121-1. X [법인으로 함]   1122. O   1122-1. X [법률로 정함]
　　　1122-2. X [기초지자체 명칭 변경도 법률로 정함]

1123 지방자치단체의 관할 구역 경계변경은 법률로 정한다. 18 법무사 O|X

> 지방자치법 제5조(지방자치단체의 명칭과 구역) ② 제1항에도 불구하고 지방자치단체의 **구역변경 중 관할 구역 경계변경**(이하 "**경계변경**"이라 한다)과 지방자치단체의 **한자 명칭의 변경은 대통령령**으로 정한다. 이 경우 경계변경의 절차는 제6조에서 정한 절차에 따른다.

02 관할구역의 범위 (자치권이 미치는 범위)

1124 지방자치단체의 구역은 주민·자치권과 함께 자치단체의 구성요소이며 자치권이 미치는 관할구역의 범위에는 육지는 물론 바다도 포함되므로 공유수면에 대해서도 지방자치단체의 자치권한이 존재한다고 보아야 한다. 22 국가 7 O|X

1124-1 「지방자치법」 제4조제1항에 규정된 지방자치단체의 구역은 주민·자치권과 함께 지방자치단체의 구성요소로서 자치권을 행사할 수 있는 장소적 범위를 말하며, 자치권이 미치는 관할구역의 범위에 육지는 포함되나 공유수면은 포함되지 않는다. 20 입시 O|X

1124-2 지방자치단체의 자치권이 미치는 관할구역의 범위에는 육지만 포함되므로, 공유수면에 대해서는 지방자치단체의 자치권한이 존재하지 않는다. 21 5급 O|X

> 지방자치법 제4조 제1항에 규정된 지방자치단체의 구역은 주민·자치권과 함께 지방자치단체의 구성요소로서 자치권을 행사할 수 있는 장소적 범위를 말하며, **자치권이 미치는 관할 구역의 범위에는 육지는 물론 바다도 포함**되므로, **공유수면**에 대한 **지방자치단체의 자치권한이 존재**한다(헌재 2006. 8. 31. 2003헌라1).

1125 공유수면에 대한 명시적인 법령상의 규정이나 불문법상 해상경계선이 존재하지 않는다면, 주민·구역·자치권을 구성요소로 하는 지방자치단체의 본질에 비추어 지방자치단체의 관할구역에 경계가 없는 부분이 있다는 것은 상정할 수 없으므로, 헌법재판소가 권한쟁의심판을 통하여 형평의 원칙에 따라 합리적이고 공평하게 해상경계선을 획정하여야 한다. 22 변호사 O|X

1125-1 지방자치단체의 관할구역 경계를 결정함에 있어서 명시적 법령이 없는 경우에는 경계에 관한 불문법을 따라야 하며, 불문법도 존재하지 않으면 헌법재판소가 형평의 원칙에 입각하여 합리적이고 공평하게 관할구역의 경계를 획정할 수밖에 없다. 16 서울 7 O|X

> 공유수면에 대한 지방자치단체의 관할구역 경계획정은 **명시적인 법령상의 규정**이 존재한다면 그에 따르고, 명시적인 법령상의 규정이 존재하지 않는다면 **불문법상 해상경계**에 따라야 한다. 불문법상 해상경계마저 존재하지 않는다면, 주민·구역·자치권을 구성요소로 하는 지방자치단체의 본질에 비추어 지방자치단체의 관할구역에 경계가 없는 부분이 있다는 것은 상정할 수 없으므로, 권한쟁의심판권을 가지고 있는 **헌법재판소가 형평의 원칙에 따라 합리적이고 공평하게 해상경계선을 획정하여야** 한다(헌재 2021. 2. 25. 2015헌라7).

정답 1123. X [대통령령으로 정함] 1124. O 1124-1. X [공유수면 포함] 1124-2. X [공유수면에 대해 자치권한 존재] 1125. O 1125-1. O

1126 국가기본도에 표시된 해상경계선은 그 자체로 불문법상 해상경계선으로 인정되는 것은 아니나, 관할 행정청이 국가기본도에 표시된 해상경계선을 기준으로 하여 과거부터 현재에 이르기까지 반복적으로 처분을 내리고, 지방자치단체가 허가, 면허 및 단속 등의 업무를 지속적으로 수행하여 왔다면 국가기본도상의 해상경계선은 여전히 지방자치단체 관할 경계에 관하여 불문법으로서 그 기준이 될 수 있다. 23 국가 7   O | X

1126-1 관할 행정청이 국가기본도에 표시된 해상경계선을 기준으로 하여 과거부터 현재에 이르기까지 반복적으로 처분을 내리고, 지방자치단체가 허가, 면허 및 단속 등의 업무를 지속적으로 수행하여 왔다고 하더라도 국가기본도상의 해상경계선은 지방자치단체 관할 경계에 관하여 불문법으로서 그 기준이 될 수 없다. 22 변호사   O | X

> **국가기본도에 표시된 해상경계선**은 그 자체로 불문법상 해상경계선으로 인정되는 것은 아니나, 관할 행정청이 국가기본도에 표시된 해상경계선을 기준으로 하여 과거부터 현재에 이르기까지 **반복적으로 처분**을 내리고, 지방자치단체가 허가, 면허 및 단속 등의 **업무를 지속적으로 수행**하여 왔다면 국가기본도상의 해상경계선은 여전히 지방자치단체 **관할 경계에 관하여 불문법으로서 그 기준**이 될 수 있다(헌재 2021. 2. 25. 2015헌라7).

1127 「공유수면 관리 및 매립에 관한 법률」에 따른 매립지가 속할 지방자치단체를 정하는 행정안전부장관의 결정에 대하여 이의가 있는 경우 관계 지방자치단체의 장은 그 결과를 통보받은 날부터 15일 이내에 대법원에 소송을 제기할 수 있다. 23 국가 7   O | X

> **지방자치법 제5조(지방자치단체의 명칭과 구역)** ④ 제1항 및 제2항에도 불구하고 다음 각 호의 지역이 속할 지방자치단체는 제5항부터 제8항까지의 규정에 따라 **행정안전부장관이 결정**한다.
> 1. 「공유수면 관리 및 매립에 관한 법률」에 따른 **매립지**
> ⑨ 관계 **지방자치단체의 장**은 제4항부터 제7항까지의 규정에 따른 **행정안전부장관의 결정에 이의**가 있으면 그 결과를 통보받은 날부터 15일 이내에 대법원에 소송을 제기할 수 있다.

1128 지방자치단체의 자치권한이 미치는 관할구역의 범위에는 육지는 물론 바다도 포함되므로, 공유수면에 대한 지방자치단체의 자치권한이 존재하며, 지방자치단체가 관할하는 공유수면에 매립된 토지에 대한 관할권한은 당해 공유수면을 관할하는 지방자치단체에 귀속된다. 19 국회 8   O | X

> 공유수면의 매립은 막대한 사업비와 장기간의 시간 등이 투입될 뿐 아니라 해당 해안지역의 갯벌 등 가치 있는 자연자원의 상실 내지 환경의 파괴를 동반하는 등 국가 전체적으로 중대한 영향을 미치는 사업이다. 그러한 사업으로 새로이 확보된 매립지는 그 본래 사업목적에 적합하도록 최선의 활용계획을 세워 잘 이용될 수 있도록 하여야 할 것이어서, 매립지의 귀속 주체 내지 행정관할 등을 확정함에 있어서도 **사업목적의 효과적 달성이 우선적으로 고려되어야 한다**. 인접 지방자치단체가 매립 전 해상에서 누렸던 관할권한과 관련하여서는 매립절차를 진행하는 과정에서 충분히 보상될 필요가 있지만, **매립 전 공유수면**을 청구인이 관할하였다 하여 **매립지에 대한 관할권한을 인정**하여야 한다고 볼 수는 **없다**. 이에 헌법재판소가 이 결정과 견해를 달리하여, 이미 소멸되어 사라진 종전 공유수면의 해상경계선을 매립지의 관할경계선으로 인정해 온 헌재 2011. 9. 29. 2009헌라3 결정 등은 이 결정의 견해와 저촉되는 범위 내에서 이를 변경하기로 한다(헌재 2019. 4. 11. 2015헌라2).

정답 1126. O   1126-1. X [반복·지속성 인정 시 기준이 될 수 있음]   1127. O   1128. X [귀속 X (공유수면 관할권과 매립지 관할권 무관)]

1129 공유수면의 관할 귀속과 매립지의 관할 귀속은 그 성질상 달리 보아야 하므로 매립공사를 거쳐 종전에 존재하지 않았던 토지가 새로이 생겨난 경우, 공유수면의 관할권을 가지고 있던 지방자치단체이든 그 외의 경쟁 지방자치단체이든 새로 생긴 매립지에 대하여는 중립적이고 동등한 지위에 있다. 22 변호사 O|X

공유수면의 관할 귀속과 매립지의 관할 귀속은 그 성질상 달리 보아야 한다. 매립공사를 거쳐 종전에 존재하지 않았던 토지가 새로이 생겨난 경우 동일성을 유지하면서 단순히 바다에서 토지로 그 형상이 변경된 것에 불과하다고 보기는 어렵다. … 공유수면의 관할권을 가지고 있던 지방자치단체이든 그 외의 경쟁 지방자치단체이든 **새로 생긴 매립지**에 대하여는 **중립적이고 동등한 지위**에 있다 할 것이다(헌재 2020. 7. 16. 2015헌라3).

03 지방자치단체의 폐치·분합

1130 헌법이 지방자치제도를 보장한다는 의미는 자치행정을 일반적으로 보장한다는 의미일 뿐 특정 자치단체의 존속을 보장한다는 의미는 아니다. 12 지방 7 O|X

1130-1 지방자치의 헌법적 보장은 특정 지방자치단체의 존속을 보장한다는 것은 아니기 때문에, 국회가 법률로써 특정 지방자치단체를 폐지하여 다른 지방자치단체에 병합하더라도 헌법이 보장하는 지방자치제도의 본질적 내용을 침해하는 것은 아니다. 11 법원 9 O|X

자치제도의 보장은 지방자치단체에 의한 **자치행정을 일반적으로 보장**한다는 것뿐이고 **특정자치단체의 존속을 보장**한다는 것은 **아니며** 지방자치단체의 폐치·분합에 있어 지방자치권의 존중은 위에서 본 법정절차의 준수로 족한 것이다. 그러므로 군 및 도의회의 결의에 반하여 법률로 군을 폐지하고 타시에 병합하여 시를 설치한다 하여 **주민들의 자치권을 침해**하는 결과가 된다거나 헌법 제8장에서 보장하는 **지방자치제도의 본질**을 침해하는 것이라고 할 수 **없다**(헌재 1995. 3. 23. 94헌마175).

1131 헌법상 지방자치제도보장의 핵심영역 내지 본질적 부분이 특정 지방자치단체의 존속을 보장하는 것이 아니며 지방자치단체에 의한 자치행정을 일반적으로 보장하는 것이므로, 현행법에 따른 지방자치단체의 중층구조 또는 지방자치단체로서 특별시·광역시 도와 함께 시·군 및 구를 계속하여 존속하도록 할지 여부는 결국 입법자의 입법형성권의 범위에 들어가는 것으로 보아야 한다. 23 경정 O|X

1131-1 헌법상 지방자치제도보장의 핵심영역 내지 본질적 부분이 지방자치단체에 의한 자치행정을 보장하는 것이므로, 현행법에 따른 지방자치단체의 중층구조를 계속하여 존속하도록 할지 여부는 입법자의 입법형성권의 범위에 포함되지 않는다. 21 지방 7 O|X

헌법상 **지방자치제도보장**의 핵심영역 내지 본질적 부분이 **특정 지방자치단체의 존속을 보장**하는 것이 **아니며** 지방자치단체에 의한 **자치행정을 일반적으로 보장**하는 것이므로, 현행법에 따른 지방자치단체의 **중층구조** 또는 지방자치단체로서 특별시·광역시 및 도와 함께 시·군 및 구를 **계속하여 존속하도록** 할지 여부는 결국 **입법자의 입법형성권**의 범위에 들어가는 것으로 보아야 한다. 같은 이유로 일정구역에 한하여 당해 지역 내의 지방자치단체인 시·군을 모두 폐지하여 중층구조를 단층화하는 것 역시 입법자의 선택범위에 들어가는 것이다(헌재 2006. 4. 27. 2005헌마1190).

● 정답 1129. O 1130. O 1130-1. O 1131. O 1131-1. X [입법형성권 범위에 포함]

1132 헌법 제117조 제2항은 지방자치단체의 종류를 법률로 정하도록 규정하고 있을 뿐 지방자치단체의 종류 및 구조를 명시하고 있지 않으므로 이에 관한 사항은 기본적으로 입법자에게 위임된 것으로 볼 수 있어서 일정 지역 내의 지방자치단체인 시·군을 모두 폐지하여 지방자치단체의 중층구조를 단층화하는 것은 헌법상 지방자치제도의 보장에 위배되지 않는다. 23 소간 O|X

1132-1 지방자치제도는 예전부터 내려오던 제도를 헌법상 보장하는 것이므로, 일정 지역 내의 시·군을 모두 폐지하여 지방자치단체의 중층구조를 단층화하는 것은 입법자의 입법형성권의 범위에 속하지 않는다. 11 지방 7 O|X

1132-2 행정혁신을 위해 현행 2단계(특별시, 광역시 등과 시, 군, 구)의 지방자치단체를 1단계로 조정하려면 헌법개정이 필수적이다. 18 법무사 O|X

헌법 제117조 제2항은 **지방자치단체의 종류를** 법률로 정하도록 규정하고 있을 뿐 지방자치단체의 종류 및 구조를 명시하고 있지 않으므로 이에 관한 사항은 기본적으로 **입법자에게 위임**된 것으로 볼 수 있다. 헌법상 지방자치제도보장의 핵심영역 내지 본질적 부분이 특정 지방자치단체의 존속을 보장하는 것이 아니며 지방자치단체에 의한 자치행정을 일반적으로 보장하는 것이므로, 현행법에 따른 지방자치단체의 중층구조 또는 지방자치단체로서 특별시·광역시 및 도와 함께 시·군 및 구를 계속하여 존속하도록 할지 여부는 결국 입법자의 입법형성권의 범위에 들어가는 것으로 보아야 한다. 같은 이유로 일정구역에 한하여 당해 지역 내의 지방자치단체인 **시·군을 모두 폐지**하여 **중층구조를 단층화**하는 것 역시 **입법자의 선택범위에 들어가는 것이다**(헌재 2006. 4. 27. 2005헌마1190).

1133 일정구역에 한하여 모든 자치단체를 전면적으로 폐지하거나 지방자치단체인 시·군이 수행해 온 자치사무를 국가의 사무로 이관하는 것이 아니라 당해 지역 내의 지방자치단체인 시·군을 모두 폐지하여 중층구조를 단층화하는 것은 입법자의 선택범위에 들어가는 것이다. 24 입시 O|X

일정구역에 한하여 **모든 자치단체를 전면적으로 폐지**하거나 지방자치단체인 시·군이 수행해온 자치사무를 국가의 사무로 이관하는 것이 아니라 당해 지역 내의 지방자치단체인 시·군을 모두 폐지하여 **중층구조를 단층화**하는 것 역시 **입법자의 선택범위에 들어가는 것이다**(헌재 2006. 4. 27. 2005헌마1190).

1134 지방자치단체의 폐치·분합에 관한 것은 대상지역 주민들의 인간다운 생활공간에서 살 권리 등을 침해할 수 있으므로 헌법소원의 대상이 될 수 있다. 13 국회 8 O|X

1134-1 지방자치단체의 폐치·분합은 지방자치단체의 자치행정권 중 지역고권의 보장문제이므로, 주민들의 기본권과는 관련성이 없으므로 헌법소원의 대상이 될 수 없다. 24 입시 O|X

지방자치단체의 폐치·분합에 관한 것은 지방자치단체의 자치행정권 중 **지역고권의 보장문제**이나, 대상지역 주민들은 그로 인하여 인간다운 생활공간에서 살 권리, 평등권, 정당한 청문권, 거주이전의 자유, 선거권, 공무담임권, 인간다운 생활을 할 권리, 사회보장·사회복지수급권 및 환경권 등을 침해받게 될 수도 있다는 점에서 **기본권과도 관련이 있어 헌법소원의 대상이 될 수 있다**(헌재 1994. 12. 29. 94헌마201).

●정답 1132. O 1132-1. X [입법형성권 범위에 속함] 1132-2. X [헌법개정 불필요, 입법형성권 범위 내] 1133. O 1134. O 1134-1. X [주민들의 기본권과 관련성 있어 헌법소원 대상 可]

POINT 080 지방자치단체의 사무와 지방자치권 B

01 지방자치단체의 사무

1135 지방자치단체는 주민의 복리에 관한 사무를 처리하고 재산을 관리하며, 법령의 범위 안에서 자치에 관한 규정을 제정할 수 있다. 24 5급, 21 5급, 21 법무사, 19 경정, 18 경정, 18 법무사 등   O | X

> 헌법 제117조 ① 지방자치단체는 **주민의 복리에 관한 사무**를 처리하고 **재산을 관리**하며, **법령의 범위 안에서 자치에 관한 규정을 제정**할 수 있다.

1136 지방자치단체는 중앙정부의 하급행정기관으로서 자치사무에 관한 한 중앙행정기관과 지방자치단체의 관계는 상하의 감독관계에 있다. 12 국회 9   O | X

자치사무에 관한 한 중앙행정기관과 지방자치단체의 관계가 상하의 감독관계에서 **상호보완적 지도·지원의 관계**로 변화된 「지방자치법」의 취지, … 중앙행정기관의 지방자치단체의 자치사무에 대한 (구)「지방자치법」 제158조 단서 규정의 감사권은 사전적·일반적인 포괄감사권이 아니라 그 대상과 범위가 한정적인 제한된 감사권이라 해석함이 마땅하다(헌재 2009. 5. 28. 2006헌라6).

1137 법령상 지방자치단체의 장이 처리하도록 하고 있는 사무가 자치사무인지, 기관위임사무인지 판단함에 있어서 법령의 규정 형식과 취지를 우선 고려하여야 할 것이지만, 그 외에도 그 사무의 성질이 전국적으로 통일적인 처리가 요구되는 것인지 여부, 경비부담과 최종적 책임귀속의 주체 등도 아울러 고려하여 판단하여야 한다. 16 지방 7   O | X

법령상 지방자치단체의 장이 처리하도록 규정하고 있는 사무가 **자치사무**인지 **기관위임사무**에 해당하는지 여부를 판단함에 있어서는 그에 관한 **법령의 규정 형식과 취지**를 우선 고려하여야 할 것이지만 그 외에도 **그 사무의 성질이 전국적으로 통일적인 처리가 요구되는 사무인지 여부**나 그에 관한 **경비부담과 최종적인 책임귀속의 주체** 등도 아울러 고려하여 판단하여야 한다(대판 2001. 11. 27. 2001추57).

1138 지방의회의원과 지방자치단체장을 선출하는 지방선거는 지방자치단체의 기관을 구성하고 그 기관의 각종 행위에 정당성을 부여하는 행위라 할 것이므로, 지방선거사무는 지방자치단체의 존립을 위한 자치사무에 해당한다 할 것이다. 21 지방 7   O | X

1138-1 지방선거사무는 전국적 통일성을 필요로 하므로 지방자치단체의 자치사무가 아니다. 20 국회 9   O | X

지방의회의원과 지방자치단체장을 선출하는 **지방선거**는 **지방자치단체의 기관을 구성**하고 그 기관의 각종 행위에 **정당성을 부여**하는 행위라 할 것이므로 **지방선거사무**는 지방자치단체의 존립을 위한 **자치사무**에 해당하고, 따라서 법률을 통하여 예외적으로 다른 행정주체에게 위임되지 않는 한, 원칙적으로 지방자치단체가 처리하고 그에 따른 비용도 지방자치단체가 부담하여야 한다(헌재 2008. 6. 26. 2005헌라7).

● 정답 1135. O   1136. X [상호보완적 지도·지원의 관계]   1137. O   1138. O   1138-1. X [지방선거사무 = 자치사무]

02 1139 지방의회의원과 지방자치단체장을 선출하는 지방선거사무는 지방자치단체의 존립을 위한 자치사무에 해당하므로, 원칙적으로 지방자치단체가 처리하고 그에 따른 비용도 지방자치단체가 부담하여야 한다. 17 국가 7 ○ | ×

1139-1 국회가 지방선거의 선거비용을 지방자치단체가 부담하도록 「공직선거법」을 개정한 것은 지방자치단체의 자치권한을 침해하는 것이라고 볼 수 있다. 11 국가 7 ○ | ×

지방의회의원과 지방자치단체장을 선출하는 지방선거는 지방자치단체의 기관을 구성하고 그 기관의 각종 행위에 정당성을 부여하는 행위라 할 것이므로 **지방선거사무**는 지방자치단체의 존립을 위한 **자치사무에 해당**하고, 따라서 법률을 통하여 예외적으로 다른 행정주체에게 위임되지 않는 한, 원칙적으로 지방자치단체가 처리하고 그에 따른 **비용도 지방자치단체가 부담**하여야 한다. … 지방선거의 선거사무를 구·시·군 선거관리위원회가 담당하는 경우에도 그 비용은 지방자치단체가 부담하여야 하고, 이에 피청구인 대한민국국회가 **지방선거의 선거비용을 지방자치단체가 부담**하도록 공직선거법을 개정한 것은 지방자치단체의 **자치권한을 침해한 것이라고 볼 수 없다**(헌재 2008. 6. 26. 2005헌라7).

1140 학기당 2시간 정도의 인권교육의 편성·실시는 「지방자치법」 제9조 제2항 제5호가 지방자치단체의 사무로 예시한 교육에 관한 사무로서 초등학교·중학교·고등학교 등의 운영·지도에 관한 사무에 속한다. 17 서울 7 ○ | ×

교육부장관이 정한 기본적인 교육과정과 대통령령에 정한 교과 외의 교육내용에 관한 결정 및 그에 대한 지도는 전국적으로 통일하여 규율되어야 할 사무가 아니라 각 지역과 학교의 실정에 맞는 규율이 허용되는 사무라고 할 것인 점 등에 비추어 보면, **학기당 2시간 정도의 인권교육의 편성·실시**는 지방자치법 제9조 제2항 제5호가 **지방자치단체의 사무로 예시한 교육에 관한 사무로서 초등학교·중학교·고등학교 등의 운영·지도에 관한 사무에 속한다**(대판 2015. 5. 14. 2013추98).

1141 「지방교육자치에 관한 법률」 등을 개정하여 의무교육 관련 경비를 국가뿐만 아니라 지방자치단체에도 부담케 하는 것은 지방자치단체의 자치재정권을 침해한다. 12 국회 8 ○ | ×

헌법 제31조 제2항·제3항으로부터 직접 의무교육 경비를 중앙정부로서의 국가가 부담하여야 한다는 결론은 도출되지 않으며, 그렇다고 하여 의무교육의 성질상 중앙정부로서의 국가가 모든 비용을 부담하여야 하는 것도 아니므로, 「**지방교육자치에 관한 법률**」 제39조 제1항이 **의무교육 경비에 대한 지방자치단체의 부담 가능성을 예정하고 있다는 점만으로는 헌법에 위반되지 않는다**(헌재 2005. 12. 22. 2004헌라3).

1142 교육감 소속 교육장 등에 대한 징계의결요구 내지 그 신청 사무는 징계사무의 일부로서 대통령, 교육부장관으로부터 교육감에게 위임된 국가위임사무이다. 15 국회 8 ○ | ×

국가공무원법 등 관계 법령에 의하면 교육감 소속 교육장 등은 모두 국가공무원이고, 그 임용권자는 대통령 내지 교육부장관인 점, … **교육감 소속 교육장 등에 대한 징계의결요구 내지 그 신청사무** 또한 징계사무의 일부로서 대통령, 교육부장관으로부터 교육감에게 위임된 **국가위임사무이다**(헌재 2013. 12. 26. 2012헌라3 등).

정답 1139. ○   1139-1. ×[자치권한 침해 ×]   1140. ○   1141. ×[자치재정권 침해 ×]   1142. ○

02 지방자치권

1143 지방자치단체의 헌법상의 권능에는 자치입법권과 자치행정권 외에도 자치사법권이 포함된다. 11 법원 9

O | X

지방자치단체의 자치권은 **자치입법권·자치행정권·자치재정권**으로 나눌 수 있으며, **자치사법권은 해당하지 않는다**(헌재 2006. 2. 23. 2004헌바50).

1144 헌법 제8장의 지방자치제도는 제도보장을 의미하는 것으로 지방자치단체의 자치권의 범위나 내용은 지방자치제도의 본질을 침해하지 않는 범위 내에서 입법권자가 광범위한 입법형성권을 가진다. 22 법원 9

O | X

헌법 제8장의 **지방자치제도는 제도보장**을 의미하는 것으로서 **지방자치단체의 자치권의 범위나 내용**은 지방자치제도의 본질을 침해하지 않는 범위 내에서 **입법권자가 광범위한 입법형성권을 가진다**(헌재 2009. 5. 28. 2006헌라6).

1145 헌법상의 자치권의 범위는 법령에 의하여 형성되고 제한된다. 18 법원 9

O | X

헌법 제117조제1항이 규정하는 자치권 가운데에는 자치에 관한 규정을 스스로 제정할 수 있는 자치입법권은 물론이고 그밖에 그 소속 공무원에 대한 인사와 처우를 스스로 결정하고 이에 관련된 예산을 스스로 편성하여 집행하는 권한이 성질상 당연히 포함되지만, 이러한 자치권의 범위는 법령에 의하여 형성되고 제한된다(헌재 2002. 10. 31. 2002헌라2).

1146 지방자치단체의 자치권은 헌법상 보장을 받고 있으므로 비록 법령에 의하여 이를 제한하는 것이 가능하다고 하더라도 그 제한이 불합리하여 자치권의 본질을 훼손하는 정도에 이른다면 이는 헌법에 위반된다고 보아야 할 것이다. 18 법원 9

O | X

1146-1 지방자치단체의 자치권은 법령에 의하여 제한이 가능한 것이므로, 그 제한이 법령에 근거한 이상 자치권의 본질을 다소 훼손하는 점이 있다 하더라도 헌법에 반하는 것은 아니다. 19 소간

O | X

지방자치단체의 존재 자체를 부인하거나 각종 권한을 말살하는 것과 같이 그 본질적 내용을 침해하지 않는 한 법률에 의한 통제는 가능하다. 결국, **지방자치단체의 자치권은** 헌법상 보장을 받고 있으므로 비록 **법령에 의하여 이를 제한하는 것이 가능**하다고 하더라도 그 제한이 불합리하여 **자치권의 본질을 훼손**하는 정도에 이른다면 이는 **헌법에 위반된다**(헌재 2008. 5. 29. 2005헌라3).

1147 헌법이 규정하는 지방자치단체의 자치권 가운데에는 자치에 관한 규정을 스스로 제정할 수 있는 자치입법권은 물론이고 그 밖에 그 소속 공무원에 대한 인사와 처우를 스스로 결정하고 이에 관련된 예산을 스스로 편성하여 집행하는 권한이 성질상 당연히 포함된다. 22 국가 7

O | X

헌법 제117조제1항이 규정하는 자치권 가운데에는 자치에 관한 규정을 스스로 제정할 수 있는 **자치입법권**은 물론이고 그밖에 그 소속 **공무원에 대한 인사와 처우**를 스스로 결정하고 이에 관련된 **예산을 스스로 편성하여 집행**하는 권한이 성질상 당연히 포함되지만, 이러한 자치권의 범위는 법령에 의하여 형성되고 제한된다(헌재 2002. 10. 31. 2002헌라2).

● 정답 | 1143. X [자치사법권 포함 X] 1144. O 1145. O 1146. O 1146-1. X [자치권 본질 훼손 시 헌법 위반] 1147. O

1148 지방자치단체의 자치권에는 소속 공무원에 대한 인사와 처우를 스스로 결정하고 자치사무의 수행에 있어 국가로부터 합목적성에 관하여 명령·지시를 받지 않는 권한이 포함된다. ^{19 소간} O | X

1148-1 헌법상 제도적으로 보장된 자치권 가운데에는 자치사무의 수행에 있어 다른 행정주체(특히 중앙행정기관)로부터 합법성에 관하여 명령·지시를 받지 않는 권한도 포함된다고 볼 수 있다. ^{18 법원 9} O | X

> 헌법은 제117조와 제118조에서 '지방자치단체의 자치'를 제도적으로 보장하고 있는바, 그 보장의 본질적 내용은 자치단체의 보장, 자치기능의 보장 및 자치사무의 보장이다. 이와 같이 헌법상 제도적으로 보장된 자치권 가운데에는 <u>소속 공무원에 대한 인사와 처우를 스스로 결정하고 자치사무의 수행에 있어 다른 행정주체(특히 국가)로부터 합목적성에 관하여 명령·지시를 받지 않는 권한도 포함</u>된다고 볼 수 있다(헌재 2008. 5. 29. 2005헌라3).

1149 지방교육자치는 교육자치라는 영역적 자치와 지방자치라는 지역적 자치가 결합한 형태로서, 교육자치를 지방교육의 특수성을 살리기 위해 지방자치단체의 수준에서 행하는 것을 말한다. ^{17 국가 7(추)} O | X

> <u>지방교육자치</u>는 교육자치라는 <u>영역적 자치</u>와 지방자치라는 <u>지역적 자치</u>가 결합한 형태로서, 교육자치를 지방교육의 특수성을 살리기 위해 지방자치단체의 수준에서 행하는 것을 말한다고 할 것이다. 지방교육자치의 기본원리로는 주민참여의 원리, 지방분권의 원리, 일반행정으로부터의 독립, 전문적 관리의 원칙 등을 드는 것이 보통이다(헌재 2002. 3. 28. 2000헌마283 등).

1150 지방교육자치는 지방자치권행사의 일환으로서 보장되는 것이므로, 중앙권력에 대한 지방적 자치로서의 속성을 지니고 있지만, 동시에 그것은 헌법 제31조 제4항이 보장하고 있는 교육의 자주성·전문성·정치적 중립성을 구현하기 위한 것이므로, 정치권력에 대한 문화적 자치로서의 속성도 아울러 지니고 있다. ^{19 지방 7} O | X

> <u>지방교육자치</u>도 지방자치권행사의 일환으로서 보장되는 것이므로, <u>중앙권력에 대한 지방적 자치</u>로서의 속성을 지니고 있지만, 동시에 그것은 헌법 제31조 제4항이 보장하고 있는 <u>교육의 자주성·전문성·정치적 중립성</u>을 구현하기 위한 것이므로, <u>정치권력에 대한 문화적 자치</u>로서의 속성도 아울러 지니고 있다(헌재 2000. 3. 30. 99헌바113).

1151 국회·대통령과 같은 정치적 권력기관은 헌법 규정에 따라 국민으로부터 직선되나, 지방자치기관은 지방자치제의 권력 분립적 속성상 중앙정치기관의 구성과는 다소 상이한 방법으로 국민주권·민주주의원리가 구현될 수 있다. ^{22 변호사} O | X

> 국민주권·민주주의원리는 그 작용영역, 즉 공권력의 종류와 내용에 따라 구현방법이 상이할 수 있다. <u>국회·대통령</u>과 같은 정치적 <u>권력기관은 헌법 규정에 따라 국민으로부터 직선된다</u>. 그러나 <u>지방자치기관</u>은 그것도 정치적 권력기관이긴 하지만, 중앙·지방간 권력의 수직적 분배라고 하는 지방자치제의 권력분립적 속성상, 중앙정치기관의 구성과는 <u>다소 상이한 방법으로 국민주권·민주주의원리가 구현</u>될 수도 있다. 또한 교육부문에 있어서의 국민주권·민주주의의 요청도, 문화적 권력이라고 하는 국가교육권의 특수성으로 말미암아, 정치부문과는 다른 모습으로 구현될 수 있다(헌재 2000. 3. 30. 99헌바113).

정답 1148. O   1148-1. X [합법성 X → 합목적성 O]   1149. O   1150. O   1151. O

1152 국가가 영토고권을 가지는 것과 마찬가지로 지방자치단체에게 자신의 관할구역 내에 속하는 영토·영해·영공을 자유로이 관리하고 관할구역 내의 사람과 물건을 독점적·배타적으로 지배할 수 있는 권리가 부여되어 있다고 할 수는 없다. 24 5급 O | X

1152-1 마치 국가가 영토고권을 가지는 것과 마찬가지로, 지방자치단체에게 자신의 관할구역 내에 속하는 영토·영해·영공을 자유로이 관리하고 관할구역 내의 사람과 물건을 독점적·배타적으로 지배할 수 있는 권리가 부여되어 있다. 24 입시 O | X

> 헌법 제117조, 제118조가 제도적으로 보장하고 있는 지방자치의 본질적 내용은 '자치단체의 보장, 자치기능의 보장 및 자치사무의 보장'이라고 할 것이나, 지방자치제도의 보장은 지방자치단체에 의한 자치행정을 일반적으로 보장한다는 것뿐이고 특정자치단체의 존속을 보장한다는 것은 아니므로, 마치 **국가가 영토고권**을 가지는 것과 마찬가지로, 지방자치단체에게 자신의 관할구역 내에 속하는 **영토, 영해, 영공을 자유로이** 관리하고 관할구역 내의 **사람과 물건을 독점적, 배타적으로 지배할 수 있는 권리**가 부여되어 있다고 **할 수는 없다**(헌재 2006. 3. 30. 2003헌라2).

1153 지방자치단체와 다른 지방자치단체의 관계에서, 어느 지방자치단체가 특정한 행정동 명칭을 독점적·배타적으로 사용할 권한이 있다고 볼 수는 없다. 24 입시, 14 법무사 O | X

> 적어도 지방자치단체와 다른 지방자치단체의 관계에서 어느 지방자치단체가 **특정한 행정동 명칭을 독점적·배타적으로 사용할 권한**이 있다고 볼 수는 **없으므로** 위와 같은 조례의 개정으로 청구인의 행정동 명칭에 관한 권한이 침해될 가능성이 있다고 볼 수 없다(헌재 2009. 11. 26. 2008헌라3).

POINT 081 조례제정권

01 조례제정권

1154 지방자치단체는 법령의 범위에서 그 사무에 관하여 조례를 제정할 수 있다. 14 법원 9 O | X

> 지방자치법 제28조(조례) ① 지방자치단체는 **법령의 범위에서 그 사무에 관하여 조례를 제정**할 수 있다. 다만, 주민의 권리 제한 또는 의무 부과에 관한 사항이나 벌칙을 정할 때에는 법률의 위임이 있어야 한다.

1155 법령에서 조례로 정하도록 위임한 사항은 그 법령의 하위 법령에서 그 위임의 내용과 범위를 제한하거나 직접 규정할 수 없다. 23 지방 7, 23 법원 9, 23 변호사 O | X

> 지방자치법 제28조(조례) ② 법령에서 **조례로 정하도록 위임한 사항**은 그 법령의 하위 법령에서 그 **위임의 내용과 범위를 제한**하거나 **직접 규정할 수 없다.**

1156 조례는 특별한 규정이 없으면 공포한 날부터 20일이 지나면 효력을 발생한다. 22 소간 O | X

> 지방자치법 제32조(조례와 규칙의 제정 절차 등) ⑧ 조례와 규칙은 특별한 규정이 없으면 **공포한 날부터 20일**이 지나면 **효력을 발생**한다.

정답 | 1152. O 1152-1. X [지지체 영토고권 부정] 1153. O 1154. O 1155. O 1156. O

1157 지방자치단체가 조례를 제정할 수 있는 사항은 지방자치단체의 고유사무인 자치사무와 개별 법령에 의하여 지방자치단체에 위임된 단체위임사무에 한하고, 국가사무가 지방자치단체의 장에게 위임되거나 상위 지방자치단체의 사무가 하위 지방자치단체의 장에게 위임된 기관위임사무에 관한 사항은 원칙적으로 조례의 제정범위에 속하지 않는다. 16 법무사   O | X

1157-1 조례제정은 지방자치단체 또는 그 집행기관이 수행하는 사무를 위한 것이므로 지방자치단체는 자치사무와 단체위임사무 그리고 기관위임사무에 관하여 원칙적으로 조례를 제정할 수 있다. 20 국회 9   O | X

1157-2 조례제정은 원칙적으로 자치사무에 한정되며 단체위임사무와 기관위임사무에 대해서는 조례를 제정할 수 없다. 다만 기관위임사무는 개별법령에서 위임한 경우 예외적으로 그 효력을 인정할 수 있다. 16 서울 7   O | X

1157-3 조례 제정은 지방자치단체의 고유사무인 자치사무와 국가사무로서 지방자치단체의 장에게 위임된 기관위임사무에 관해서 허용되며, 개별 법령에 의하여 지방자치단체에 위임된 단체위임사무에 관해서는 조례를 제정할 수 없다. 23 지방 7   O | X

지방자치법 제22조, 제9조에 의하면, **지방자치단체가 조례를 제정할 수 있는 사항은 지방자치단체의 고유사무인 자치사무와 개별 법령에 의하여 지방자치단체에 위임된 단체위임사무**에 한하고, **국가사무가 지방자치단체의 장에게 위임되거나 상위 지방자치단체의 사무가 하위 지방자치단체의 장에게 위임된 기관위임사무에 관한 사항은 원칙적으로 조례의 제정범위에 속하지 않는다**(대판 2017. 1. 25. 2016추5018).

1158 구 지방자치법 제9조 제1항과 제15조 등의 관련 규정에 의하면 지방자치단체는 원칙적으로 그 고유사무인 자치사무와 법령에 의하여 위임된 단체위임사무에 관하여 이른바 자치조례를 제정할 수 있는 외에, 개별 법령에서 특별히 위임하고 있을 경우에는 그러한 사무에 속하지 아니하는 기관위임사무에 관하여도 그 위임의 범위 내에서 이른바 위임조례를 제정할 수 있다. 20 법무사   O | X

1158-1 법령의 위임이 없더라도 지방자치단체의 장에 위임된 기관위임사무에 관한 사항은 조례로 정할 수 있다. 18 법원 9   O | X

이 때 사무란 지방자치법 제9조 제1항에서 말하는 **지방자치단체의 자치사무와 법령에 의하여 지방자치단체에 속하게 된 단체위임사무**를 가리키므로 지방자치단체가 **자치조례를 제정할 수 있는 것은 원칙적으로 이러한 자치사무와 단체위임사무에 한하므로**, 국가사무가 지방자치단체의 장에게 위임된 기관위임사무와 같이 지방자치단체의 장이 국가기관의 지위에서 수행하는 사무일 뿐 지방자치단체 자체의 사무라고 할 수 없는 것은 원칙적으로 자치조례의 제정범위에 속하지 않는다. **기관위임사무에 있어서도 그에 관한 개별 법령에서 일정한 사항을 조례로 정하도록 위임하고 있는 경우에는 지방자치단체의 자치조례 제정권과 무관하게 이른바 위임조례를 정할 수 있다**(대판 1999. 9. 17. 99추30).

1159 이른바 기관위임사무에 있어서도 그에 관한 개별 법령에서 일정한 사항을 조례로 정하도록 위임하고 있는 경우에는 이른바 위임조례를 제정할 수 있으나, 이는 지방자치단체의 자치조례 제정권과는 무관한 것이다. 14 법무사   O | X

기관위임사무에 있어서도 그에 관한 **개별 법령**에서 일정한 사항을 조례로 정하도록 위임하고 있는 경우에는 지방자치단체의 **자치조례 제정권과 무관**하게 이른바 **위임조례**를 정할 수 있다고 하겠으나 이 때에도 그 내용은 개별 법령이 위임하고 있는 사항에 관한 것으로서 개별 법령의 취지에 부합하는 것이라야만 하고, 그 범위를 벗어난 경우에는 위임조례로서의 효력도 인정할 수 없다(대판 1999. 9. 17. 99추30).

정답 1157. O   1157-1. X [기관위임사무 조례제정 원칙 불가]   1157-2. X [단체위임사무 조례 제정 可]   1157-3. X [자치사무와 단체위임사무 허용 but 기관위임사무 원칙 불허]   1158. O   1158-1. X [법령의 위임 필요]   1159. O

1160 지방자치단체의 세자녀 이상 세대 양육비 등 지원에 관한 조례안은 지방자치단체 고유의 자치사무 중 주민의 복지증진에 관한 사무에 해당되고, 위 조례안에는 주민의 편의 및 복리증진에 관한 내용을 담고 있어 그 제정에 있어서 반드시 법률의 개별적 위임이 따로 필요한 것은 아니다. 16 법무사

O | X

위와 같은 사무는 지방자치단체 고유의 자치사무 중 주민의 복지증진에 관한 사무를 규정한 지방자치법 제9조 제2항 제2호 (라)목에서 예시하고 있는 아동·청소년 및 부녀의 보호와 복지증진에 해당되는 사무이고, 또한 위 조례안에는 **주민의 편의 및 복리증진**에 관한 내용을 담고 있어 그 제정에 있어서 반드시 **법률의 개별적 위임이 따로 필요한 것은 아니다**(대판 2006. 10. 12. 2006추38).

02 법령의 범위

1161 헌법 제117조 제1항은 '지방자치단체는 주민의 복리에 관한 사무를 처리하고 재산을 관리하며, 법령의 범위 안에서 자치에 관한 규정을 제정할 수 있다'라고 하여 지방자치제도의 보장과 지방자치단체의 자치권을 규정하고 있는데, 헌법 제117조 제1항에서 규정하는 '법령'에는 법규명령으로서 기능하는 행정규칙이 포함된다. 22 국가 7

O | X

1161-1 헌법 제117조 제1항은 지방자치단체가 법령의 범위 안에서 자치에 관한 규정을 제정할 수 있다고 규정하고 있으므로, 고시·훈령·예규와 같은 행정규칙은 상위법령의 위임한계를 벗어나지 아니하고 상위법령과 결합하여 대외적인 구속력을 갖는 것이라 하더라도 위의 '법령'에 포함될 수 없다. 19 국회 8

O | X

1161-2 지방자치단체는 법령의 범위 안에서 그 사무에 관하여 조례를 제정할 수 있는데, 이때의 법령에는 헌법, 법률, 대통령령, 총리령, 부령이 포함되나 행정규칙은 포함되지 않는다. 10 법원 9

O | X

헌법 제117조 제1항에서 규정하고 있는 '**법령**'에 법률 이외에 헌법 제75조 및 제95조 등에 의거한 '**대통령령**', '**총리령**' 및 '**부령**'과 같은 **법규명령이 포함**되는 것은 물론이지만, 헌법재판소의 "법령의 직접적인 위임에 따라 수임행정기관이 그 법령을 시행하는데 필요한 구체적 사항을 정한 것이면, 그 제정형식은 비록 법규명령이 아닌 고시, 훈령, 예규 등과 같은 행정규칙이더라도, 그것이 상위법령의 위임한계를 벗어나지 아니하는 한, 상위법령과 결합하여 대외적인 구속력을 갖는 법규명령으로서 기능하게 된다고 보아야 한다"고 판시 한 바에 따라, 헌법 제117조 제1항에서 규정하는 '법령'에는 **법규명령으로서 기능하는 행정규칙**이 포함된다(헌재 2002. 10. 31. 2001헌라1).

1162 지방자치단체는 법령의 범위 안에서 그 사무에 관하여 조례를 제정할 수 있는데, 이때 법령의 범위 안에서는 법령에 위반되지 않는 범위 내에서를 말하고, 지방자치단체가 제정한 조례가 법령에 위반되는 경우에는 효력이 없다. 10 법원 9

O | X

지방자치법 제15조 본문은 "지방자치단체는 법령의 범위 안에서 그 사무에 관하여 조례를 제정할 수 있다."고 규정하는바, 여기서 말하는 '**법령의 범위 안에서**'란 '**법령에 위반되지 않는 범위 내에서**'를 가리키므로 **지방자치단체가 제정한 조례가 법령에 위반되는 경우에는 효력이 없다**(대판 2002. 4. 26. 2002추23).

정답 1160. O   1161. O   1161-1. ×[법령보충규칙 포함됨]   1161-2. ×[법규명령으로서 기능하는 행정규칙 포함됨]   1162. O

1163 조례가 규율하는 특정사항에 관하여 그것을 규율하는 국가의 법령이 이미 존재하는 경우에도 조례가 법령과 별도의 목적에 기하여 규율함을 의도하는 것으로서 그 적용에 의하여 법령의 규정이 의도하는 목적과 효과를 전혀 저해하는 바가 없는 때, 또는 양자가 동일한 목적에서 출발한 것이라고 할지라도 국가의 법령이 반드시 그 규정에 의하여 전국에 걸쳐 일률적으로 동일한 내용을 규율하려는 취지가 아니고 각 지방자치단체가 그 지방의 실정에 맞게 별도로 규율하는 것을 용인하는 취지라고 해석되는 때에는 그 조례가 국가의 법령에 위반되는 것은 아니다. 10 법원 9   O | X

지방자치단체는 법령에 위반되지 아니하는 범위 내에서 그 사무에 관하여 조례를 제정할 수 있는 것이고, 조례가 규율하는 특정사항에 관하여 그것을 규율하는 국가의 법령이 이미 존재하는 경우에도 조례가 법령과 별도의 목적에 기하여 규율함을 의도하는 것으로서 그 적용에 의하여 법령의 규정이 의도하는 목적과 효과를 전혀 저해하는 바가 없는 때, 또는 양자가 동일한 목적에서 출발한 것이라고 할지라도 국가의 법령이 반드시 그 규정에 의하여 전국에 걸쳐 일률적으로 동일한 내용을 규율하려는 취지가 아니고 각 지방자치단체가 그 지방의 실정에 맞게 별도로 규율하는 것을 용인하는 취지라고 해석되는 때에는 그 조례가 국가의 법령에 위반되는 것은 아니다(대판 1997. 4. 25. 96추244).

03 주민의 권리제한 또는 의무부과 조례

1164 지방자치단체는 법령의 범위에서 그 사무에 관하여 조례를 제정할 수 있다. 다만, 주민의 권리 제한 또는 의무 부과에 관한 사항이나 벌칙을 정할 때에는 법률의 위임이 있어야 한다. 20 5급   O | X

1164-1 조례에 대한 법률의 위임은 법규명령에 대한 법률의 위임과 같이 반드시 구체적으로 범위를 정하여 할 필요가 없으며 포괄적인 것으로 족하지만, 벌칙 규정은 법률의 위임이 필요하다. 17 국회 8   O | X

> 지방자치법 제28조(조례) ① 지방자치단체는 **법령의 범위**에서 그 **사무에 관하여 조례를 제정**할 수 있다. 다만, 주민의 **권리 제한** 또는 **의무 부과**에 관한 사항이나 **벌칙**을 정할 때에는 **법률의 위임**이 있어야 한다.

1165 지방자치단체가 고유사무인 자치사무에 관하여 자치조례를 제정하는 경우에도 주민의 권리제한 또는 의무부과에 관한 사항에 해당하는 조례를 제정할 경우에는 법률의 위임이 있어야 하고 그러한 위임 없이 제정된 조례는 효력이 없다. 23 법원 9   O | X

지방자치단체는 그 고유사무인 자치사무와 개별법령에 의하여 지방자치단체에 위임된 단체위임사무에 관하여 자치조례를 제정할 수 있지만 그 경우라도 주민의 권리제한 또는 의무부과에 관한 사항이나 벌칙은 법률의 위임이 있어야 하며, 기관위임사무에 관하여 제정되는 이른바 위임조례는 개별법령에서 일정한 사항을 조례로 정하도록 위임하고 있는 경우에 한하여 제정할 수 있으므로, 주민의 권리제한 또는 의무부과에 관한 사항이나 벌칙에 해당하는 조례를 제정할 경우에는 그 조례의 성질을 묻지 아니하고 법률의 위임이 있어야 하고 그러한 위임 없이 제정된 조례는 효력이 없다(대판 2007. 12. 13. 2006추52).

1166 조례가 규정하고 있는 사항이 자치사무나 단체위임사무에 관한 것이라면 이는 자치조례로서 구 지방자치법 제15조가 규정하고 있는 '법령의 범위 안'이라는 사항적 한계가 적용될 뿐, 위임조례와 같이 국가법에 적용되는 일반적인 위임입법의 한계가 적용될 여지는 없다. 20 법무사   O | X

정답 1163. O   1164. O   1164-1. O   1165. O   1166. O

조례가 규정하고 있는 사항이 그 근거 법령 등에 비추어 볼 때 **자치사무나 단체위임사무**에 관한 것이라면 이는 **자치조례**로서 지방자치법 제15조가 규정하고 있는 '**법령의 범위 안**'이라는 사항적 한계가 적용될 뿐, 위임조례와 같이 국가법에 적용되는 **일반적인 위임입법의 한계**가 적용될 여지는 **없다**(대판 2000. 11. 24. 2000추29).

📝 **보충설명** 자치조례는 국가법에 적용되는 일반적인 위임입법의 한계인 포괄위임입법금지원칙이 적용되지 않는다.

1167 조례에 대한 법률의 위임은 기관위임사무를 대상으로 하는 경우에도 반드시 구체적으로 범위를 정하여 할 필요가 없으며 포괄적인 것으로 족하다. 19 법원 9   O|X

조례가 규정하고 있는 사항이 그 근거 법령 등에 비추어 볼 때 자치사무나 단체위임사무에 관한 것이라면 이는 자치조례로서 지방자치법 제15조가 규정하고 있는 '법령의 범위 안'이라는 사항적 한계가 적용될 뿐, **위임조례와 같이 국가법**에 적용되는 **일반적인 위임입법의 한계**가 적용될 여지는 **없다**(대판 2000. 11. 24. 2000추29).

📝 **보충설명** 위임조례는 자치조례와는 달리 국가법규에 해당하므로 포괄위임입법금지원칙이 적용된다.

04 조례에 대한 통제

1168 조례안의 일부 규정이 법령에 위반된 이상 그 나머지 규정이 법령에 위반되지 않는다 하더라도 조례안에 대한 재의결은 그 전체의 효력을 부정할 수밖에 없다. 16 서울 7   O|X

조례안의 일부 규정이 법령에 위반된 이상, 그 나머지 규정이 법령에 위반되지 아니한다고 하더라도 **조례안에 대한 재의결은 그 전체의 효력을 부정**할 수밖에 없다(대판 2000. 12. 12. 99추61).

05 권리구제

1169 조례는 지방자치단체가 그 자치입법권에 근거하여 자주적으로 지방의회의 의결을 거쳐 제정한 법규이기 때문에 조례 자체로 인하여 직접 그리고 현재 자기의 기본권을 침해받은 자는 그 권리구제의 수단으로서 조례에 대한 헌법소원을 제기할 수 있다. 09 국가 7   O|X

조례는 지방자치단체가 그 자치입법권에 근거하여 자주적으로 지방의회의 의결을 거쳐 제정한 법규이기 때문에 **조례 자체로 인하여 직접 그리고 현재 자기의 기본권을 침해**받은 자는 그 권리구제의 수단으로서 조례에 대한 **헌법소원을 제기**할 수 있다(헌재 1995. 4. 20. 92헌마264).

1170 조례에 의한 규제가 지역 여건이나 환경 등에 따라 다르게 나타나는 것은 당연한 결과이므로, 조례로 인하여 해당 지역 주민이 다른 지역의 주민들에 비하여 더한 규제를 받게 되더라도 평등권이 침해되었다고 할 수 없다. 18 법원 9   O|X

1170-1 조례에 의한 규제가 지역 여건이나 환경 등 그 특성에 따라 다르게 나타나는 것은 헌법이 지방자치단체의 자치입법권을 인정한 이상 당연히 예상되는 결과이나, 고등학생들이 학원 교습시간과 관련하여 자신들이 거주하는 지역의 학원조례조항으로 인하여 다른 지역 주민들에 비하여 더한 규제를 받게 되었다면 평등권이 침해되었다고 볼 수 있다. 17 국가 7   O|X

●정답 1167. X [위임조례는 포괄위임금지원칙 적용]   1168. O   1169. O   1170. O   1170-1. X [평등권 침해 X]

조례에 의한 규제가 지역 여건이나 환경 등 그 특성에 따라 다르게 나타나는 것은 헌법이 지방자치단체의 자치입법권을 인정한 이상 당연히 예상되는 결과이다. 청구인들이 <u>자신들이 거주하는 지역의 학원조례조항으로 인하여 다른 지역 주민들에 비하여 더한 규제를 받게 되었다 하여 **평등권이 침해되었다고 볼 수는 없다**</u>(헌재 2016. 5. 26. 2014헌마374).

POINT 082 지방의회

1171 지방자치법상 공법인인 지방자치단체의 기관으로는 대의기관인 지방의회, 집행기관인 지방자치단체장이 있다. 23 법무사   O | X

> 지방자치법 제37조(의회의 설치) 지방자치단체에 주민의 **대의기관**인 **의회**를 둔다.
> 지방자치법 제116조(사무의 관리 및 집행권) **지방자치단체의 장**은 그 지방자치단체의 사무와 법령에 따라 그 지방자치단체의 장에게 위임된 사무를 관리하고 **집행**한다.

1172 지방자치단체에는 반드시 지방의회를 두어야 한다. 21 법무사   O | X

1172-1 지방자치단체의 종류는 법률로 정할 수 있으나, 지방의회를 법률로써 폐지할 수는 없다. 14 법무사   O | X

1172-2 지방자치단체 의회를 폐지하는 것은 헌법개정을 하지 않고서도 채택할 수 있다. 20 경정   O | X

> 헌법 제117조 ② **지방자치단체의 종류**는 **법률**로 정한다.
> 헌법 제118조 ① 지방자치단체에 **의회**를 둔다.

1173 헌법은 지방의회의 조직 · 권한 · 의원선거와 지방자치단체의 장의 선임방법 기타 지방자치단체의 조직과 운영에 관한 사항은 법률로 정하도록 하고 있다. 24 5급   O | X

1173-1 지방의회의 조직 · 권한 · 의원선거와 지방자치단체의 장의 선임방법 기타 지방자치단체의 조직과 운영에 관한 사항은 조례로 정한다. 18 법무사   O | X

1173-2 지방자치단체의 장의 선임방법 기타 지방자치단체의 조직과 운영에 관한 사항은 법률로 정하나, 지방의회의 조직 · 권한 · 의원선거에 관한 사항은 조례로 정한다. 17 5급   O | X

> 헌법 제118조 ② **지방의회의 조직 · 권한 · 의원선거**와 지방자치단체의 장의 선임방법 기타 지방자치단체의 조직과 운영에 관한 사항은 **법률**로 정한다.

정답 1171. O   1172. O   1172-1. O   1172-2. X [헌법개정사항]   1173. O   1173-1. X [조례 X → 법률 O]   1173-2. X [전부 법률로 정함]

1174 지방의회는 조례·규칙의 제정·개정 및 폐지, 예산의 심의·확정, 결산의 승인, 행정사무감사 및 조사권을 가진다. 23 법무사   O | X

> **지방자치법 제29조(규칙) 지방자치단체의 장**은 법령 또는 조례의 범위에서 그 권한에 속하는 사무에 관하여 **규칙을 제정**할 수 있다.
>
> **지방자치법 제47조(지방의회의 의결사항)** ① **지방의회**는 다음 각 호의 사항을 의결한다.
> 1. **조례의 제정·개정 및 폐지**
> 2. **예산의 심의·확정**
> 3. **결산의 승인**
>
> **지방자치법 제49조(행정사무 감사권 및 조사권)** ① **지방의회**는 매년 1회 그 지방자치단체의 사무에 대하여 시·도에서는 14일의 범위에서, 시·군 및 자치구에서는 9일의 범위에서 **감사를 실시**하고, 지방자치단체의 사무 중 특정 사안에 관하여 본회의 의결로 본회의나 위원회에서 **조사하게 할 수 있다.**

1175 지방의회의 의장이나 부의장이 법령을 위반하거나 정당한 사유 없이 직무를 수행하지 아니하면 지방의회는 불신임을 의결할 수 있다. 19 5급, 13 서울 7   O | X

1175-1 지방의회의 의장이나 부의장이 법령을 위반하거나 정당한 사유 없이 직무를 수행하지 아니하면 지방의회는 불신임을 의결할 수 있는데, 불신임의결은 재적의원 4분의 1 이상의 발의와 재적의원 과반수의 출석과 출석의원 과반수의 찬성으로 행한다. 17 국가 7   O | X

> **지방자치법 제62조(의장·부의장 불신임의 의결)** ① 지방의회의 **의장이나 부의장**이 **법령을 위반**하거나 정당한 사유 없이 **직무를 수행하지 아니하면 지방의회는 불신임을 의결**할 수 있다.
> ② 제1항의 불신임 의결은 **재적의원 4분의 1 이상의 발의와 재적의원 과반수의 찬성**으로 한다.
> ③ 제2항의 불신임 의결이 있으면 지방의회의 의장이나 부의장은 **그 직에서 해임**된다.

1176 지방의회의원으로 하여금 지방공사 직원을 겸직하지 못하도록 한 것은 지방공사 직원과 지방의회의원으로서의 지위가 충돌하여 직무의 공정성이 훼손될 가능성이 존재하며, 지방의회의 활성화라는 취지에 비추어 볼 때 지방의회의원의 직업선택의 자유를 침해하지 않는다. 18 변호사   O | X

1176-1 국회의원은 지방공사 직원의 직을 겸할 수 있지만 지방의회의원은 지방공사 직원의 직을 겸할 수 없게 하는 것은 국회의원과 지방의회의원이 본질적으로 동일한 비교집단이 아니므로 불합리한 차별이 아니다. 18 국가 7   O | X

(1) **지방공사 직원과 지방의회의원으로서의 지위가 충돌**하여 **직무의 공정성이 훼손될 가능성**은 여전히 존재하며, 지방의회의 활성화라는 취지에 비추어 볼 때 특정 의제에 대하여 지방의회의원의 토론 및 의결권을 반복적으로 제한하는 것 역시 바람직하다고 보이지 아니하므로, … 따라서 이 사건 법률조항은 헌법상 과잉금지원칙에 위배하여 청구인의 **직업선택의 자유를 침해하지 아니한다**(헌재 2012. 4. 24. 2010헌마605).

(2) 지방공사와 지방자치단체, 지방의회의 관계에 비추어 볼 때, 지방공사 직원의 직을 겸할 수 없도록 함에 있어 **지방의회의원과 국회의원은 본질적으로 동일한 비교집단이라고 볼 수 없으므로**, 양자를 달리 취급하였다고 할지라도 이것이 지방의회의원인 청구인의 **평등권을 침해한 것이라고 할 수는 없다**(헌재 2012. 4. 24. 2010헌마605).

정답 1174. X [규칙의 제정과 개정·폐지는 지자체 장의 권한]   1175. O   1175-1. X [재적 1/4 발의, 재적 과반 찬성]   1176. O   1176-1. O

1177 지방자치단체의 영향력 하에 있는 지방공사의 직원이 지방의회에 진출할 수 있도록 하는 것은 권력분립 내지는 정치적 중립성 보장의 원칙에 위배되고, 결과적으로 주민의 이익과 지역의 균형된 발전을 목적으로 하는 지방자치의 제도적 취지에도 어긋난다. 16 지방 7   O|X

지방자치단체의 영향력하에 있는 **지방공사의 직원이 지방의회에 진출**할 수 있도록 하는 것은 **권력분립 내지는 정치적 중립성 보장의 원칙에 위배되고**, 결과적으로 주민의 이익과 지역의 균형된 발전을 목적으로 하는 **지방자치의 제도적 취지에도 어긋난다**(헌재 2004. 12. 16. 2002헌마333 등).

POINT 083 지방자치단체의 장

01 지방자치단체장

1178 지방자치단체의 장의 임기는 4년이며 계속 재임은 3기에 한한다. 13 서울 7   O|X

> 지방자치법 제108조(지방자치단체의 장의 임기) 지방자치단체의 장의 **임기는 4년**으로 하며, **3기 내에서만 계속 재임(在任)**할 수 있다.

1179 지방자치단체장의 계속 재임을 3기로 제한하더라도 주민의 자치권을 심각하게 훼손한다고 볼 수 없다. 13 국회 8   O|X

1179-1 지방자치단체장의 계속 재임을 3기로 제한하는 것은 지방자치단체장의 공무담임권을 침해한다. 08 국가 7   O|X

(1) 지방자치단체 장의 **계속 재임을 3기로 제한**하더라도 그것만으로는 **주민의 자치권을 심각하게 훼손한다고 볼 수 없다**. 더욱이 새로운 자치단체 장 역시 주민에 의하여 직접 선출되어 자치행정을 담당하게 되므로 주민자치의 본질적 기능에 침해가 있다고 보기 어렵다. 따라서 **지방자치단체 장의 계속 재임을 3기로 제한**한 규정이 지방자치제도에 있어서 주민자치를 과도하게 제한함으로써 **입법형성의 한계를 벗어났다고 할 수 없다**(헌재 2006. 2. 23. 2005헌마403).
(2) **지방자치단체 장의 계속 재임을 3기로 제한**한 규정의 입법취지는 장기집권으로 인한 지역발전저해 방지와 유능한 인사의 자치단체장 진출확대로 대별할 수 있는바, 그 **목적의 정당성, 방법의 적절성, 피해의 최소성, 법익의 균형성이 충족되므로 헌법에 위반되지 아니한다**(헌재 2006. 2. 23. 2005헌마403).

1180 지방자치단체의 장의 계속 재임을 3기로 제한함에 있어 폐지나 통합되는 지방자치단체의 장으로 재임한 것까지 포함시키는 것은 해당 기본권주체의 공무담임권과 평등권을 침해한 것이다. 17 국회 8   O|X

지방자치법은 지방자치단체장의 계속 재임을 3기로 제한하고 있는데, 지방자치단체의 폐지·통합시 지방자치단체장의 계속 재임을 3기로 제한함에 있어 폐지되는 지방자치단체장으로 재임한 것까지 포함시킬지 여부는 **입법자의 재량**에 달려 있다. 이처럼 **우리 헌법 어디에도 지방자치단체의 폐지·통합시 새로 설치되는 지방자치단체의 장으로 선출된 자에 대하여 폐지되는 지방자치단체장으로 재임한 기간을 포함하여 계속 재임을 3기로 제한**하도록 입법자에게 입법위임을 하는 규정을 찾아볼 수 **없으며**, 달리 헌법해석상 그러한 법령을 제정하여야 할 입법자의 의무가 발생하였다고 볼 여지 또한 **없다**. 따라서 이 사건 입법부작위에 대한 심판청구는 진정입법부작위에 대하여 헌법소원을 제기할 수 있는 경우에 해당하지 아니한다(헌재 2010. 6. 24. 2010헌마167).

🖉 **보충설명** 폐지되는 지방자치단체장이 선거에 출마할 경우 폐지되는 지방자치단체장으로 재임한 기간을 포함하여 계속 재임이 3기에 한하도록 하는 명시적인 규정은 없으며, 공무담임권과 평등권을 침해하는 것도 아니다.

● 정답 1177. O   1178. O   1179. O   1179-1. X [공무담임권 침해 X]   1180. X [공무담임권 및 평등권 침해 X]

1181 시의 부시장, 군의 부군수, 자치구의 부구청장은 일반직 지방공무원으로 보하되, 그 직급은 대통령령으로 정하며 시장·군수·구청장이 임명한다. 19 5급 O│X

> **지방자치법 제123조(부지사·부시장·부군수·부구청장)** ② 특별시·광역시 및 특별자치시의 **부시장**, 도와 특별자치도의 **부지사**는 대통령령으로 정하는 바에 따라 **정무직 또는 일반직 국가공무원**으로 보한다. 다만, 제1항제1호 및 제2호에 따라 특별시·광역시 및 특별자치시의 부시장, 도와 특별자치도의 부지사를 2명이나 3명 두는 경우에 1명은 대통령령으로 정하는 바에 따라 정무직·일반직 또는 별정직 지방공무원으로 보하되, 정무직과 별정직 지방공무원으로 보할 때의 자격기준은 해당 지방자치단체의 조례로 정한다.
> ③ 제2항의 정무직 또는 일반직 국가공무원으로 보하는 부시장·부지사는 **시·도지사의 제청**으로 행정안전부장관을 거쳐 **대통령이 임명**한다. 이 경우 제청된 사람에게 법적 결격사유가 없으면 시·도지사가 제청한 날부터 30일 이내에 임명절차를 마쳐야 한다.
> ④ 시의 **부시장**, 군의 **부군수**, 자치구의 **부구청장**은 **일반직 지방공무원**으로 보하되, 그 직급은 **대통령령**으로 정하며 **시장·군수·구청장이 임명**한다.

1182 지방자치단체의 장이 공소 제기된 후 구금상태에 있는 경우 부지사·부시장·부군수·부구청장이 그 권한을 대행한다. 13 지방 7 O│X

1182-1 지방자치단체의 장이 「의료법」에 따른 의료기관에 60일 이상 계속하여 입원한 경우 부단체장이 그 권한을 대행한다. 19 지방 7 O│X

1182-2 지방자치단체장이 '궐위된 경우, 공소 제기된 후 구금상태에 있는 경우, 금고 이상의 형을 선고받고 그 형이 확정되지 아니한 경우'에는 부단체장이 그 권한을 대행한다. 16 법무사 O│X

> **지방자치법 제124조(지방자치단체의 장의 권한대행 등)** ① 지방자치단체의 장이 다음 각 호의 어느 하나에 해당되면 부지사·부시장·부군수·부구청장(이하 이 조에서 **"부단체장"**이라 한다)이 그 권한을 대행한다.
> 1. 궐위된 경우
> 2. 공소 제기된 후 구금상태에 있는 경우
> 3. 「의료법」에 따른 의료기관에 60일 이상 계속하여 입원한 경우

1183 지방자치단체의 장이 그 직을 가지고 그 지방자치단체의 장 선거에 입후보하더라도 선거일까지 그 지방자치단체의 장의 권한을 그대로 행사한다. 18 5급 O│X

> **지방자치법 제124조(지방자치단체의 장의 권한대행 등)** ② 지방자치단체의 장이 **그 직을 가지고 그 지방자치단체의 장 선거에 입후보**하면 예비후보자 또는 후보자로 등록한 날부터 선거일까지 **부단체장이 그 지방자치단체의 장의 권한을 대행**한다.

정답 1181. O 1182. O 1182-1. O 1182-2. X [금고 이상 형 선고 후 형 미확정 시 X] 1183. X [부단체장이 권한 대행]

02 지방자치단체장과 지방의회의 관계

1184 지방의회는 지방의회의원 개인을 중심으로 한 구조이며 사무직원은 지방의회의원을 보조하는 지위를 가지는데, 이러한 인적 구조 아래서 지방의회 사무직원의 임용권의 귀속 및 운영 문제를 지방자치제도의 본질적인 내용이라고 볼 수는 없다. 16 지방 7   O | X

1184-1 지방의회 의장의 추천권이 적극적이고 실질적으로 발휘되더라도 지방의회 사무직원의 임용권이 지방자치단체의 장에게 있다고 하면, 그것은 지방의회와 집행기관 사이의 상호견제와 균형의 원리를 침해하는 것이다. 15 국회 8   O | X

1184-2 지방의회 사무직원의 임용권을 지방자치단체의 장에게 부여하도록 규정한 것은 지방의회와 지방자치단체의 장 사이의 상호견제와 균형의 원리에 비추어 헌법상 권력분립원칙에 위반된다. 23 법원 9, 22 변호사   O | X

지방의회는 지방의회의원 개인을 중심으로 한 구조이며, 사무직원은 지방의회의원을 보조하는 지위를 가진다. 이러한 인적 구조 아래서 **지방의회 사무직원의 임용권의 귀속 및 운영 문제를 지방자치제도의 본질적인 내용이라고 볼 수는 없다.** … 특히 심판대상조항에 따른 지방의회 의장의 추천권이 적극적이고 실질적으로 발휘된다면 **지방의회 사무직원의 임용권**이 지방자치단체의 장에게 있다고 하더라도 그것이 곧바로 지방의회와 집행기관 사이의 **상호 견제와 균형의 원리**를 침해할 우려로 확대된다거나 또는 **지방자치제도의 본질적 내용을 침해**한다고 볼 수는 없다(헌재 2014. 1. 28. 2012헌바216).

POINT 084 주민자치   Ⓒ

01 주민의 자치권

1185 헌법 제118조 제1항 및 제2항은 지방의회의 설치와 지방의회의원선거를 규정함으로써 주민들이 지방의회의원을 선출할 수 있는 선거권 및 주민들이 지방의회의원이라는 선출직공무원에 취임할 수 있는 공무담임권을 기본권으로 보호하고 있다. 16 변호사   O | X

헌법 제118조 제1항 및 제2항은 **지방의회의 설치**와 **지방의회의원선거**를 규정함으로써 주민들이 지방의회의원을 선출할 수 있는 **선거권** 및 주민들이 지방의회의원이라는 선출직공무원에 취임할 수 있는 **공무담임권**을 기본권으로 보호하고 있으므로 이 사건 부칙조항 역시 헌법 제37조 제2항의 기본권제한의 입법적 한계를 넘는 지나친 것이어서는 아니 된다(헌재 2013. 2. 28. 2012헌마131).

1186 헌법은 지역 주민들이 자신들이 선출한 자치단체의 장과 지방의회를 통하여 자치사무를 처리할 수 있는 대의제 또는 대표제 지방자치를 보장하고 있지 않다. 14 지방 7   O | X

헌법 제117조 및 제118조가 보장하고 있는 본질적인 내용은 자치단체의 존재의 보장, 자치기능의 보장 및 자치사무의 보장으로 어디까지나 지방자치단체의 자치권인 것이다. 따라서 헌법은 지역 주민들이 자신들이 선출한 자치단체의 장과 지방의회를 통하여 자치사무를 처리할 수 있는 **대의제 또는 대표제 지방자치를 보장**하고 있을 뿐이지 주민투표에 대하여는 어떠한 규정도 두고 있지 않다(헌재 2001. 6. 28. 2000헌마735).

● 정답 1184. O   1184-1. X [상호 견제와 균형의 원리 침해 X]   1184-2. X [권력분립원칙 위반 X]   1185. O   1186. X [대의제 또는 대표제 지방자치를 보장함]

1187 제도적 보장으로서 주민의 자치권은 원칙적으로 개별 주민들에게 인정된 권리라 볼 수 없으며, 청구인들의 주장을 주민들의 지역에 관한 의사결정에 참여 내지 주민투표에 관한 권리침해로 이해하더라도 이러한 권리를 헌법이 보장하는 기본권인 참정권이라고 할 수 없고, 헌법상의 주민자치의 범위는 법률에 의하여 형성되고, 핵심영역이 아닌 한 법률에 의하여 제한될 수 있는 것이다. 16 법무사 O | X

제도적 보장으로서 주민의 자치권은 원칙적으로 개별 주민들에게 인정된 권리라 볼 수 없으며, 청구인들의 주장을 주민들의 지역에 관한 의사결정에 참여 내지 주민투표에 관한 권리침해로 이해하더라도 이러한 권리를 헌법이 보장하는 기본권인 **참정권이라고 할 수 없는 것이다**. 즉, 헌법상의 **주민자치의 범위는 법률에 의하여 형성되고**, 핵심영역이 아닌 한 **법률에 의하여 제한될 수 있는 것이다**(헌재 2006. 2. 23. 2005헌마403).

1188 주민투표권이나 조례제정·개폐청구권은 법률에 의하여 보장되는 권리에 해당하고, 헌법상 보장되는 기본권이라거나 헌법 제37조제1항의 '헌법에 열거되지 아니한 권리'로 보기 어렵다. 23 지방 7 O | X

1188-1 지방자치법상 조례제정·개폐청구권은 법률상 인정되는 권리에 불과하므로 이러한 권리의 침해를 이유로 한 헌법소원심판청구는 부적법하다. 22 법원 9 O | X

1188-2 조례제정·개폐청구권은 법률에 의하여 보장되는 권리가 아니라 헌법 제37조 제1항의 '헌법에 열거되지 아니한 권리'에 해당하므로 헌법상 보장된 기본권으로 볼 수 있다. 23 변호사 O | X

주민투표권이나 **조례제정·개폐청구권은 법률에 의하여 보장되는 권리**에 해당하고, 헌법상 보장되는 **기본권**이라거나 헌법 제37조 제1항의 '**헌법에 열거되지 아니한 권리**'로 보기 **어려우므로**, 19세 미만인 사람들에 대하여 법률에 의하여 보장되는 권리에 불과한 주민투표권이나 조례제정·개폐청구권을 인정하지 않는다고 하여 포괄적인 의미의 자유권으로서의 행복추구권이 제한된다고 볼 수 없다. 따라서 **주민투표권 조항 및 조례제정·개폐청구권 조항으로 인하여 청구인들의 기본권이 침해될 가능성이 인정되지 않는다**(헌재 2014. 4. 24. 2012헌마287).

1189 「지방자치법」에 규정된 주민의 조례제정·개폐청구권 및 주민투표권은 헌법상 보장된 지방자치제도의 본질적 내용을 이룬다. 22 입시, 11 법원 9 O | X

「지방자치법」에 규정된 국민의 조례제정·개폐청구권 및 주민투표권은 헌법상 보장된 지방자치제도의 본질적 내용이 아니다.

> **관련판례** 헌법 제117조 및 제118조가 보장하고 있는 본질적인 내용은 **자치단체의 존재의 보장, 자치기능의 보장 및 자치사무의 보장으로 어디까지나 지방자치단체의 자치권**인 것이다. 한편, 헌법은 지역 주민들이 자신들이 선출한 자치단체의 장과 지방의회를 통하여 자치사무를 처리할 수 있는 대의제 또는 대표제 지방자치를 보장하고 있을 뿐이지 주민발안에 대하여는 어떠한 규정도 두고 있지 않다(헌재 2009. 7. 30. 2007헌바75).

1190 주민투표권 및 주민소환권은 헌법상 보장되는 기본권으로 인정된다. 24 5급 O | X

우리 헌법은 법률에 정하는 바에 따른 '선거권'(헌법 제24조)과 '공무담임권'(헌법 제25조) 및 국가안위에 관한 중요정책과 헌법개정에 대한 '국민투표권'(헌법 제72조, 제130조)만을 헌법상의 참정권으로 보장하고 있으므로, 지방자치법에서 규정한 **주민투표권이나 주민소환청구권**은 그 성질상 위에서 본 선거권, 공무담임권, 국민투표권과는 다른 것이어서 이를 법률이 보장하는 참정권이라고 할 수 있을지언정 헌법이 보장하는 **참정권이라 할 수는 없다**(헌재 2011. 12. 29. 2010헌바368).

정답 1187. O 1188. O 1188-1. O 1188-2. X [법률에 의하여 보장되는 권리임, 기본권으로 볼 수 없음] 1189. X [헌법상 보장된 지자체의 본질 X] 1190. X [헌법상 보장되는 기본권 아님]

02 관련판례

1191 지방자치단체 주민으로서의 자치권 또는 주민권은 헌법에 의하여 직접 보장된 개인의 주관적 공권이 아니어서, 그 침해만을 이유로 하여 국가사무인 고속철도의 역의 명칭 결정의 취소를 구하는 헌법소원심판을 청구할 수 없다. 20 입시   O|X

1191-1 지방자치단체 주민으로서의 자치권 또는 주민권은 헌법에 의하여 직접 보장된 주관적 공권이어서 그 침해만을 이유로 헌법소원심판을 청구할 수 있다. 09 국가 7   O|X

> 지방자치단체 주민으로서의 **자치권 또는 주민권**은 "헌법에 의하여 직접 보장된 개인의 **주관적 공권**"이 **아니어서**, 그 침해만을 이유로 하여 국가사무인 고속철도의 역의 명칭 결정의 취소를 구하는 **헌법소원심판을 청구할 수 없다**(헌재 2006. 3. 30. 2003헌마837).

POINT 085 주민투표제

01 주민투표권

1192 「지방자치법」에서 규정한 주민투표권은 그 성질상 선거권, 공무담임권, 국민투표권과 전혀 다른 것이어서 이를 법률이 보장하는 참정권이라고 할 수 있을지언정 헌법이 보장하는 참정권이라고 할 수는 없다. 17 국회 9, 15 경정, 15 국회 8 등   O|X

1192-1 주민투표권도 그 성질상 헌법이 보장하는 참정권이다. 11 국회 9   O|X

> 우리 헌법은 법률이 정하는 바에 따른 '선거권'과 '공무담임권' 및 국가안위에 관한 중요정책과 헌법개정에 대한 '국민투표권'만을 헌법상의 참정권으로 보장하고 있으므로, 지방자치법 제13조의2에서 규정한 **주민투표권**은 그 성질상 선거권, 공무담임권, 국민투표권과 전혀 다른 것이어서 이를 법률이 보장하는 참정권이라고 할 수 있을지언정 **헌법이 보장하는 참정권이라고 할 수는 없다**(헌재 2001. 6. 28. 2000헌마735).

1193 주민투표권은 법률이 보장하는 권리일 뿐이지 헌법이 보장하는 기본권 또는 헌법상 제도적으로 보장되는 주관적 공권으로 볼 수 없다. 21 5급   O|X

1193-1 지방자치단체의 자치사무 처리에 주민들이 직접 참여하는 주민투표권은 국민주권에서 도출되는 헌법상 기본권이기 때문에 이를 침해당한 경우 헌법소원심판을 청구할 수 있다. 18 변호사   O|X

> 지방자치법이 주민에게 주민투표권(제13조의2), 조례의 제정 및 개폐청구권(제13조의3), 감사청구권(제13조의4) 등을 부여함으로써 주민이 지방자치사무에 직접 참여할 수 있는 길을 일부 열어 놓고 있지만 이러한 제도는 어디까지나 입법에 의하여 채택된 것일 뿐 헌법에 의하여 보장되고 있는 것은 아니므로 **주민투표권**은 법률이 보장하는 권리일 뿐 **헌법이 보장하는 기본권 또는 헌법상 제도적으로 보장되는 주관적 공권으로 볼 수 없다**(헌재 2005. 12. 22. 2004헌마530).

1194 주민투표권은 헌법상의 기본권성이 부정된다는 것이 헌법재판소의 일관된 입장이다. 19 국회 9   O|X

> **주민투표권**은 헌법상의 열거되지 아니한 권리 등 그 명칭의 여하를 불문하고 **헌법상의 기본권성이 부정된다는 것이 우리 재판소의 일관된 입장**이라 할 것인데, 이 사건에서 그와 달리 보아야 할 아무런 근거를 발견할 수 없다(헌재 2007. 6. 28. 2004헌마643).

정답 1191. O 1191-1. X [주관적 공권 X, 헌소 청구 불가] 1192. O 1192-1. X [헌법이 보장하는 참정권 X] 1193. O 1193-1. X [헌법상 기본권 X, 헌소 청구 불가] 1194. O

02 주민투표제도

1195 헌법은 주민에게 과도한 부담을 주는 지방자치단체의 주요 결정사항에 대한 주민투표권을 규정하고 있다. 14 법무사   O | X

> **지방자치법 제18조(주민투표)** ① 지방자치단체의 장은 주민에게 **과도한 부담**을 주거나 **중대한 영향**을 미치는 **지방자치단체의 주요 결정사항** 등에 대하여 **주민투표에 부칠 수 있다**.
> ② 주민투표의 대상·발의자·발의요건, 그 밖에 투표절차 등에 관한 사항은 따로 **법률**로 정한다.

◆ 보충설명 지방자치법에서 규정하고 있다.

1196 지방자치단체의 장은 주민에게 과도한 부담을 주거나 중대한 영향을 미치는 지방자치단체의 주요 결정사항 등에 대하여 주민투표에 부칠 수 있다. 15 경정, 14 서울 7   O | X

1196-1 지방자치단체의 장은 주민에게 과도한 부담을 주거나 중대한 영향을 미치는 지방자치단체의 주요사항에 대해서는 주민투표에 부쳐야 한다. 13 지방 7   O | X

> **지방자치법 제18조(주민투표)** ① 지방자치단체의 장은 주민에게 **과도한 부담**을 주거나 **중대한 영향**을 미치는 **지방자치단체의 주요 결정사항** 등에 대하여 **주민투표에 부칠 수 있다**.

1197 법령에 위반되거나 재판 중인 사항을 포함하여 주민에게 과도한 부담을 주거나 중대한 영향을 미치는 지방자치단체의 주요결정사항으로서 그 지방자치단체의 조례로 정하는 사항은 주민투표에 부칠 수 있다. 21 지방 7   O | X

> **주민투표법 제7조(주민투표의 대상)** ① 주민에게 **과도한 부담**을 주거나 **중대한 영향**을 미치는 **지방자치단체의 주요결정사항**은 **주민투표에 부칠 수 있다**.
> ② 제1항에도 불구하고 다음 각 호의 어느 하나에 해당하는 사항은 **주민투표에 부칠 수 없다**.
> 1. **법령에 위반되거나 재판중인 사항**
> 2. 국가 또는 다른 지방자치단체의 권한 또는 사무에 속하는 사항

1198 법률에 의한 지방자치단체의 폐치와 분합은 헌법소원의 대상이 되지만, 반드시 주민투표에 의한 주민의사 확인절차를 거쳐야 하는 것은 아니다. 17 국회 8   O | X

지방자치단체의 폐치·분합은 지방자치단체의 자치권의 침해문제와 더불어 그 주민의 헌법상 보장된 기본권의 침해문제도 발생시킬 수 있다. … 또한 **지방자치단체의 폐치·분합**을 규정한 법률의 제정과정에서 주민투표를 실시하지 아니하였다 하여 **적법절차원칙을 위반하였다고 할 수 없다**(헌재 1995. 3. 23. 94헌마175).

◆ 정답 1195. ×[헌법 × → 지방자치법 ○]   1196. ○   1196-1. ×[재량 (부칠 수 있다)]   1197. ×[법령위반 or 재판 중 사항 제외]   1198. ○

1199 「주민투표법」 제8조에 따른 국가정책에 대한 주민투표는 주민의 의견을 묻는 의견수렴으로서의 성격을 갖는 것이고, 주민투표권의 일반적 성격을 보더라도 이는 법률이 보장하는 참정권이라고 할 수 있을 지언정 헌법이 보장하는 참정권이라고 할 수는 없다. 19 국가 7   O│X

> 주민투표법 제8조에 따른 **국가정책에 대한 주민투표**는 주민의 의견을 묻는 의견수렴으로서의 성격을 갖는 것이고, 주민투표권의 일반적 성격을 보더라도 이는 법률이 보장하는 참정권이라고 할 수 있을지언정 헌법이 보장하는 참정권이라고 할 수는 없다(헌재 2008. 12. 26. 2005헌마1158).

03 관련판례

1200 「주민투표법」 조항이 국가정책에 관한 주민투표를 주민투표소송에서 배제함으로써 지방자치단체의 주요결정사항에 관한 주민투표의 경우와 달리 취급하는 것은 이는 양자 사이의 본질적인 차이를 감안하지 않은 자의적인 차별이므로, 청구인들의 평등권을 침해한 것이다. 23 소간   O│X

> 주민투표법은 지방자치단체의 주요결정사항에 대한 주민투표에 대해서는 주민투표를 통한 주민결정권을 인정하고 있는 반면, 국가정책에 관한 주민투표에 대해서는 법적 구속력을 인정하지 않고 단순한 자문적인 주민의견 수렴절차에 그치도록 하고 있는 점 등에 비추어 보면, 이 사건 법률조항이 **국가정책에 관한 주민투표의 경우에 주민투표소송을 배제함으로써** 지방자치단체의 주요결정사항에 관한 주민투표의 경우와 달리 취급하였다 하더라도, 이는 위와 같은 양자 사이의 본질적인 차이를 감안한 것으로서 입법자의 합리적인 **입법형성의 영역** 내의 것이라 할 것이고, 따라서 자의적인 차별이라고는 보기 어려우므로, 이 사건 법률조항이 청구인들의 **평등권을 침해한다고 볼 수 없다**(헌재 2009. 3. 26. 2006헌마99).

1201 주민투표에 관한 「지방자치법」상 규정이 그 구체적 절차와 사항에 관하여는 따로 법률로 정하도록 하였더라도 국회에 이를 입법하여야 할 헌법상 의무가 발생하였다고 할 수 없고, 주민투표에 대한 입법부작위를 다투는 헌법소원심판은 허용되지 아니한다. 16 서울 7   O│X

> 지방자치법 제13조의2가 주민투표의 법률적 근거를 마련하면서, 주민투표에 관련된 구체적 절차와 사항에 관하여는 따로 법률로 정하도록 하였다고 하더라도 주민투표에 관련된 구체적인 절차와 사항에 대하여 입법하여야 할 헌법상 의무가 국회에게 발생하였다고 할 수는 없다. … 그렇다면 결국 주민투표와 관련하여 헌법의 명시적인 입법위임도 존재하지 아니하고, 헌법해석상 그러한 입법의무가 새롭게 발생하는 것도 아니라고 할 것이므로 주민투표에 대한 입법부작위의 위헌확인을 구하는 이 사건 헌법소원심판은 허용되지 아니한다고 할 것이다(헌재 2001. 6. 28. 2000헌마735).

POINT 086 주민소환제

01 주민소환제

1202 주민소환제란 지방자치단체의 특정한 공직에 있는 자가 주민의 신뢰에 반하는 행위를 하고 있다고 생각될 때 임기 종료 전에 주민이 직접 그 해직을 청구하는 제도로서, 주민에 의한 지방행정 통제의 가장 강력한 수단이며, 주민의 참정기회를 확대하고 주민대표의 정책이나 행정처리가 주민의사에 반하지 않도록 주민대표나 행정기관에 대한 통제와 주민에 대한 책임성을 확보하는 데 그 제도적 의의가 있다. 19 법무사   O│X

● 정답 1199. O 1200. X [평등권을 침해하지 않음] 1201. O 1202. O

주민소환제란 지방자치단체의 특정한 공직에 있는 자가 주민의 신뢰에 반하는 행위를 하고 있다고 생각될 때 **임기 종료 전에 주민이 직접 그 해직을 청구**하는 제도로서, 주민에 의한 **지방행정 통제의 가장 강력한 수단**이며, **주민의 참정기회**를 확대하고 주민대표의 정책이나 행정처리가 주민의사에 반하지 않도록 **주민대표나 행정기관에 대한 통제와 주민에 대한 책임성**을 확보하는 데 그 제도적 의의가 있다(헌재 2011. 12. 29. 2010헌바368).

1203 주민소환제는 주민의 참정기회를 확대하고 주민대표의 정책이나 행정처리가 주민의사에 반하지 않도록 통제하고 책임성을 확보하며 선거제도의 실패를 보완하는 긍정적 기능도 하지만, 선거패배나 이익단체 등에 의하여 정치적으로 악용·남용되거나, 민주적 정당성에 기반한 선출직 공직자의 활동이 위축되는 등 지방행정의 효율성이 저해되는 결과가 발생될 소지도 없지 않다. 19 법무사   O | X

주민소환제는 **주민의 참정기회를 확대**하고 주민대표의 정책이나 행정처리가 주민의사에 반하지 않도록 **통제하고 책임성을 확보**하며 선거제도의 실패를 보완하는 긍정적 기능도 하지만, 선거패배나 이익단체 등에 의하여 **정치적으로 악용·남용**되거나, 민주적 정당성에 기반한 선출직 공직자의 활동이 위축되는 등 **지방행정의 효율성이 저해되는 결과가 발생될 소지도 없지 않다**(헌재 2011. 12. 29. 2010헌바368).

1204 주민소환제 자체는 지방자치의 본질적인 내용이라고 할 수 있으므로 이를 보장하지 않는 것은 위헌이고, 어떤 특정한 내용의 주민소환제를 보장해야 한다는 헌법적인 요구가 있다고 볼 수 있다. 12 국가 7   O | X

1204-1 주민소환제 자체는 지방자치의 본질적인 내용이라고 할 수 있으므로 이를 보장하지 않는 것은 헌법에 위반된다. 17 경정   O | X

주민소환제 자체는 지방자치의 **본질적인 내용**이라고 할 수 **없으므로** 이를 보장하지 **않는 것이 위헌**이라거나 **어떤 특정한 내용의 주민소환제를 반드시 보장**해야 한다는 **헌법적인 요구가 있다고 볼 수는 없다**(헌재 2011. 12. 29. 2010헌바368).

1205 주민소환제는 주민의 참여를 적극 보장하고, 이로써 주민자치를 실현하여 지방자치에도 부합하므로, 이 점에서는 위헌의 문제가 발생할 소지가 없고, 제도적인 형성에 있어서도 입법자에게 광범위한 입법재량이 인정된다. 12 국가 7   O | X

1205-1 주민소환제의 제도 형성에 관해서는 입법자에게 광범위한 입법재량이 인정되지만, 주민소환제는 주민의 참여를 적극 보장하고 이로써 주민자치를 실현하여 지방자치에도 부합하므로, 주민소환제 자체는 지방자치의 본질적인 내용에 해당한다. 19 법무사   O | X

주민소환제 자체는 지방자치의 본질적인 내용이라고 할 수 없으므로 이를 보장하지 않는 것이 위헌이라거나 어떤 특정한 내용의 주민소환제를 반드시 보장해야 한다는 헌법적인 요구가 있다고 볼 수는 없다. 다만 **주민소환제**는 주민의 참여를 적극 보장하고, 이로써 주민자치를 실현하여 **지방자치에도 부합**하므로, 이 점에서는 **위헌의 문제가 발생할 소지가 없고**, 제도적인 형성에 있어서도 **입법자에게 광범위한 입법재량**이 인정된다 할 것이나, 원칙으로서의 대의제의 본질적인 부분을 침해하여서는 아니된다는 점이 그 입법형성권의 한계로 작용한다 할 것이다(헌재 2011. 12. 29. 2010헌바368).

정답 1203. O   1204. X [지방자치의 본질 X, 헌법적 요구 X]   1204-1. X [지방자치의 본질 X, 헌법에 위반 X]   1205. O   1205-1. X [지방자치의 본질 X]

1206 주민소환제 자체는 지방자치의 본질적 내용이라고 할 수 없으므로, 주민소환제 및 그에 부수하여 법률상 창설되는 주민소환권이 지방자치의 본질적 내용에 해당하여 반드시 헌법적인 보장이 요구되는 제도라고 할 수 없다. 19 국회 8   O | X

1206-1 주민소환권은 주민소환제에 부수하여 법률상 창설된 권리일 뿐, 헌법에서 열거되지 아니한 기본권으로 볼 수는 없다. 19 법무사   O | X

> 주민소환제 자체는 지방자치의 본질적 내용이라고 할 수 없으므로 이를 보장하지 않는 것이 위헌이라거나 어떤 특정한 내용의 주민소환제를 반드시 보장해야 한다는 헌법적인 요구가 있다고 볼 수 없으므로, **주민소환제 및 그에 부수하여 법률상 창설되는 주민소환권**이 지방자치의 본질적 내용에 해당하여 **반드시 헌법적인 보장이 요구되는 제도라고 할 수도 없다.** … 주민소환권의 권리내용 또는 보호영역이 비교적 명확하여 권리내용을 규범 상대방에게 요구하거나 재판에 의하여 그 실현을 보장받을 수 있는 구체적 권리로서의 실질을 가지고 있다고 할 수도 없으므로, 헌법 제37조 제1항에서 말하는 '**헌법에서 열거되지 아니한 기본권**'으로 볼 수도 **없다**(헌재 2011. 12. 29. 2010헌바368).

02 내용

1207 주민은 그 지방자치단체의 장 및 지방의회의원(비례대표 지방의회의원은 제외한다)을 소환할 권리를 가진다. 14 서울 7   O | X

1207-1 주민은 그 지방자치단체의 장, 지역구 지방의회의원 및 비례대표 지방의회의원을 소환할 권리를 가진다. 19 경정, 18 5급   O | X

> **지방자치법 제25조(주민소환)** ① 주민은 그 **지방자치단체의 장** 및 **지방의회의원(비례대표 지방의회의원은 제외한다)**을 **소환할 권리**를 가진다.

1208 대의민주주의 아래에서 대표자에 대한 선출과 선임은 선거의 형태로 이루어지는 것이 바람직하고, 주민소환은 대표자에 대한 신임을 묻는 것으로서 그 속성은 재선거와 다를 바 없으므로, 선거와 마찬가지로 그 사유를 묻지 않는 것이 제도의 취지에 부합한다. 17 국가 7(추)   O | X

> 대의민주주의 아래에서 대표자에 대한 선출과 신임은 선거의 형태로 이루어지는 것이 바람직하고, **주민소환은 대표자에 대한 신임을 묻는 것으로서 그 속성은 재선거와 다를 바 없으므로 선거와 마찬가지로 그 사유를 묻지 않는 것이 제도의 취지에 부합한다.** … 법이 주민소환의 청구사유에 제한을 두지 않는 데에는 상당한 이유가 있고, 입법자가 주민소환제 형성에 있어서 반드시 청구사유를 제한하여야 할 의무가 있다고 할 수도 없으며, 달리 그와 같이 청구사유를 제한하지 아니한 입법자의 판단이 현저하게 잘못되었다고 볼 사정 또한 찾아볼 수 없다(헌재 2011. 3. 31. 2008헌마355).

1209 주민소환의 청구사유에 관하여 아무런 규정을 두지 아니한 것은 나름대로 상당한 이유가 있고, 입법자가 주민소환제 형성에 있어서 반드시 청구사유를 제한하여야 할 의무가 있다고 할 수도 없으며, 달리 그와 같이 청구사유를 제한하지 아니한 입법자의 판단이 현저하게 잘못되었다고 볼 사정 또한 찾아볼 수 없으므로 지방자치단체의 장의 공무담임권을 침해하는 것이 아니다. 14 지방 7   O | X

1209-1 주민소환투표의 청구 시 청구사유를 명시하지 아니하고 있는 「주민소환에 관한 법률」 해당 규정은 주민소환 대상자의 공무담임권을 침해한다. 13 국회 8   O | X

정답 1206. O   1206-1. O   1207. O   1207-1. X [비례대표 지방의원 제외]   1208. O   1209. O   1209-1. X [공무담임권 침해 X]

대의민주주의 아래에서 대표자에 대한 선출과 신임은 선거의 형태로 이루어지는 것이 바람직하고, 주민소환은 대표자에 대한 신임을 묻는 것으로서 그 속성은 재선거와 다를 바 없으므로 선거와 마찬가지로 그 사유를 묻지 않는 것이 제도의 취지에 부합한다. … 법이 주민소환의 **청구사유에 제한을 두지 않는 데에는 상당한 이유**가 있고, 입법자가 주민소환제 형성에 있어서 반드시 **청구사유를 제한하여야 할 의무**가 있다고 할 수도 없으며, 달리 그와 같이 청구사유를 제한하지 아니한 **입법자의 판단이 현저하게 잘못되었다고 볼 사정 또한 찾아볼 수 없다**(헌재 2011. 3. 31. 2008헌마355).

1210 주민소환투표가 발의되어 공고되었다는 이유만으로 곧바로 주민소환투표 대상자의 권한행사가 정지되도록 한 것은 주민소환투표 대상자의 공무담임권을 침해하는 것이 아니다. 12 국가 7   O | X

입법목적은 행정의 정상적인 운영과 공정한 선거관리이며, 권한행사의 정지는 입법목적 달성을 위한 상당한 수단이 되며, 권한행사의 정지기간이 통상 20~30일의 비교적 단기간이므로, 이 기간 동안 **권한행사를 일시정지**한다고 하더라도 이로써 **공무담임권의 본질적 내용을 침해**한다고 보기 **어렵다**(헌재 2009. 3. 26. 2007헌마843).

POINT 087 국가의 지도·감독 Ⓑ

01 국가의 감독·통제

1211 지방자치의 본질상 자치행정에 대한 국가의 관여는 가능한 한 배제하는 것이 바람직하다. 19 소간   O | X

지방자치의 본질상 자치행정에 대한 국가의 관여는 가능한 한 배제하는 것이 바람직하지만, 지방자치도 국가적 법질서의 테두리 안에서만 인정되는 것이고, 지방행정도 중앙행정과 마찬가지로 국가행정의 일부이므로, 지방자치단체가 어느 정도 국가적 감독, 통제를 받는 것은 불가피하다(헌재 2008. 5. 29. 2005헌라3).

1212 지방자치의 본질상 자치행정에 대한 국가의 관여는 가능한 한 배제하는 것이 바람직하지만, 지방자치도 국가적 법질서의 테두리 안에서만 인정되는 것이고, 지방행정도 중앙행정과 마찬가지로 국가행정의 일부이므로 지방자치단체가 어느 정도 국가적 감독·통제를 받는 것은 불가피하다. 24 입시   O | X

1212-1 지방자치도 국가적 법질서의 테두리 안에서만 인정되는 것이고 지방행정도 중앙행정과 마찬가지로 국가행정의 일부이므로, 지방자치단체가 어느 정도 국가적 감독·통제를 받는 것은 불가피하다. 19 소간   O | X

1212-2 지방자치단체는 국가와는 별개의 법인격을 가지며 자율적으로 지방의 고유사무를 처리하기 때문에 고유사무에 관해서는 국가적 감독과 통제를 받지 않는다. 11 법원 9   O | X

지방자치의 본질상 자치행정에 대한 국가의 관여는 가능한 한 배제하는 것이 바람직하지만, 지방자치도 국가적 법질서의 테두리 안에서만 인정되는 것이고, 지방행정도 중앙행정과 마찬가지로 **국가행정의 일부**이므로, 지방자치단체가 **어느 정도 국가적 감독, 통제를 받는 것은 불가피**하다(헌재 2008. 5. 29. 2005헌라3).

정답 1210. O 1211. O 1212. O 1212-1. O 1212-2. X [어느 정도 국가적 감독, 통제 불가피]

02 감사원 감사

1213 「감사원법」은 지방자치단체의 위임사무나 자치사무의 구별 없이 합법성 감사뿐만 아니라 합목적성 감사도 허용하고 있다. 17 지방 7 O|X

1213-1 감사원은 지방자치단체의 자치사무에 대한 감사에 있어서 합법성 감사는 물론 합목적성 감사도 할 수 있다. 17 입시 O|X

1213-2 감사원이 지방자치단체에 대하여 자치사무의 합법성뿐만 아니라 합목적성까지도 감사한 행위는 법률상 권한 없이 이루어진 것이다. 19 경정, 12 국가 7 O|X

감사원법은 지방자치단체의 **위임사무나 자치사무**의 구별 없이 **합법성 감사**뿐만 아니라 **합목적성 감사도 허용**하고 있는 것으로 보이므로, 감사원의 지방자치단체에 대한 이 사건 감사는 **법률상 권한 없이 이루어진 것은 아니다.** … 이 사건 관련규정이 지방자치단체의 고유한 권한을 유명무실하게 할 정도로 지나친 제한을 함으로써 **지방자치권의 본질적 내용을 침해하였다고는 볼 수 없다**(헌재 2008. 5. 29. 2005헌라3).

> **보충설명** 중앙행정기관의 자치사무에 대한 감사는 제한적 감사이지만, 감사원 감사는 사전적·포괄적 합목적성 감사가 원칙적으로 인정된다.

1214 헌법이 감사원을 독립된 외부감사기관으로 정하고 있는 취지, 중앙정부와 지방자치단체는 서로 행정기능과 행정책임을 분담하면서 중앙행정의 효율성과 지방행정의 자주성을 조화시켜 국민과 주민의 복리증진이라는 공동목표를 추구하는 협력관계에 있다는 점을 고려하면 지방자치단체의 자치사무에 대한 합목적성 감사의 근거가 되는 「감사원법」 조항은 지방자치권의 본질적 내용을 침해하였다고는 볼 수 없다. 23 국가 7 O|X

1214-1 감사원이 지방자치단체를 상대로 감사를 하면서 위임사무뿐만 아니라 자치사무에 대하여도 합법성 감사와 합목적성 감사까지 하는 것은 지방자치권의 본질적 내용을 침해한다. 18 5급 O|X

1214-2 감사원이 지방자치단체의 사무에 대하여 감찰하는 경우 합목적성 감찰까지 포함된다고 해석하는 한 그 범위 내에서 위헌이다. 18 서울 7 O|X

감사원법은 지방자치단체의 **위임사무나 자치사무**의 구별 없이 **합법성 감사**뿐만 아니라 **합목적성 감사도 허용**하고 있는 것으로 보이므로, 감사원의 지방자치단체에 대한 이 사건 감사는 **법률상 권한 없이 이루어진 것은 아니다.** 헌법이 감사원을 독립된 외부감사기관으로 정하고 있는 취지, 중앙정부와 지방자치단체는 서로 행정기능과 행정책임을 분담하면서 중앙행정의 효율성과 지방행정의 자주성을 조화시켜 국민과 주민의 복리증진이라는 공동목표를 추구하는 협력관계에 있다는 점을 고려하면 **지방자치단체의 자치사무**에 대한 **합목적성 감사**의 근거가 되는 이 사건 관련규정은 그 **목적의 정당성과 합리성을 인정할 수 있다.** … 이 사건 관련규정이 지방자치단체의 고유한 권한을 유명무실하게 할 정도로 지나친 제한을 함으로써 **지방자치권의 본질적 내용을 침해하였다고는 볼 수 없다**(헌재 2008. 5. 29. 2005헌라3).

1215 기초지방자치단체의 자치사무에 대한 감사원의 감사는 합법성 감사에 한정되지 않고, 합목적성 감사가 가능하여 사전적·포괄적 감사가 인정된다. 24 경간 O|X

국가감독권 행사로서 지방자치단체의 자치사무에 대한 **감사원의 사전적·포괄적 합목적성 감사**가 인정되므로 국가의 중복감사의 필요성이 없는 점 등을 종합하여 보면, 중앙행정기관의 지방자치단체의 자치사무에 대한 (구)「지방자치법」 제158조 단서 규정의 감사권은 사전적·일반적인 포괄감사권이 아니라 그 대상과 범위가 한정적인 제한된 감사권이라 해석함이 마땅하다(헌재 2009. 5. 28. 2006헌라6).

정답 1213. O 1213-1. O 1213-2. X [권한 내 행위] 1214. O 1214-1. X [본질적 내용 침해 X] 1214-2. X [합목적성 감찰 인정] 1215. O

03 지방자치단체의 자치사무에 대한 감사 (행정안전부장관이나 시·도지사)

1216 행정안전부장관이나 시·도지사는 지방자치단체의 자치사무에 관하여 보고를 받거나 서류·장부 또는 회계를 감사할 수 있다. 이 경우 감사는 법령위반사항에 대하여만 실시한다. 13 지방 7   O | X

1216-1 행정안전부장관은 지방자치단체의 자치사무에 관하여 보고를 받거나 서류·장부 또는 회계를 감사할 수 있으며, 이 경우 감사는 자치사무의 합목적성 및 법령위반사항에 대하여 실시한다. 19 5급   O | X

> **지방자치법 제190조(지방자치단체의 자치사무에 대한 감사)** ① **행정안전부장관**이나 **시·도지사**는 지방자치단체의 **자치사무**에 관하여 **보고**를 받거나 서류·장부 또는 회계를 **감사**할 수 있다. 이 경우 **감사**는 **법령 위반사항**에 대해서만 한다.
> ② 행정안전부장관 또는 시·도지사는 제1항에 따라 **감사를 하기 전**에 해당 사무의 처리가 **법령에 위반되는지** 등을 **확인**하여야 한다.

1217 감사원은 지방자치단체에 대하여 합목적성 감사도 실시할 수 있으나, 중앙행정기관은 지방자치단체에 대하여 합법성 감사만을 할 수 있다. 23 법무사   O | X

(1) 이들 규정은 중앙행정기관의 감독권 발동이 지방자치단체의 구체적 법위반을 전제로 하여 작동되도록 되어 있다는 점과 중앙행정기관과 지방자치단체 간의 분쟁관계를 대등한 권리주체로서의 "외부 법관계"로 보아 규정하고 있으므로, **중앙행정기관의 지방자치단체의 자치사무에 대한 합목적성 감사가 사전 포괄적으로 허용될 수 없음**을 "사후적으로" 정해두고 있는 규정이라 할 것이다(헌재 2009. 5. 28. 2006헌라6).

(2) **감사원법**은 지방자치단체의 위임사무나 자치사무의 구별 없이 **합법성 감사**뿐만 아니라 **합목적성 감사도 허용**하고 있는 것으로 보이므로, 감사원의 지방자치단체에 대한 이 사건 감사는 법률상 권한 없이 이루어진 것은 아니다. … 이 사건 관련규정이 지방자치단체의 고유한 권한을 유명무실하게 할 정도로 지나친 제한을 함으로써 지방자치권의 본질적 내용을 침해하였다고는 볼 수 없다(헌재 2008. 5. 29. 2005헌라3).

1218 국가감독권 행사로서 지방자치단체의 자치사무에 대한 감사원의 감사는 사전적·포괄적 합목적성 감사이지만, 중앙행정기관의 지방자치단체의 자치사무에 대한 감사권은 그 대상과 범위가 한정적인 제한된 감사권이다. 22 입시   O | X

1218-1 중앙행정기관의 지방자치단체의 자치사무에 대한 지방자치법에 따른 감사권은 사전적·일반적인 포괄감사권이 아니라 그 대상과 범위가 한정적인 제한된 감사권을 의미한다. 12 국회 9   O | X

1218-2 감사원은 지방자치단체의 자치사무에 대해 합법성과 합목적성 감사를 할 수 있으므로 특정한 위법행위가 확인되었거나 위법행위가 있었으리라는 합리적 의심이 가능한 경우에는 사전적·포괄적 감사가 예외적으로 허용된다. 17 국회 8   O | X

국가감독권 행사로서 **지방자치단체의 자치사무**에 대한 **감사원의 사전적·포괄적 합목적성 감사**가 인정되므로 국가의 중복감사의 필요성이 없는 점 등을 종합하여 보면, 중앙행정기관의 지방자치단체의 자치사무에 대한 (구)「지방자치법」 제158조 단서 규정의 감사권은 **사전적·일반적인 포괄감사권**이 아니라 그 대상과 범위가 한정적인 **제한된 감사권**이라 해석함이 마땅하다(헌재 2009. 5. 28. 2006헌라6).

정답 1216. O   1216-1. X [합목적성 감사 불가]   1217. O   1218. O   1218-1. O   1218-2. X [예외적 허용 X → 원칙적 허용 O]

1219 중앙행정기관의 자치사무에 대한 감사범위는 위법성 감사에 한정되며 그 외의 포괄적 감사는 허용되지 않는다. 15 지방 7　　O|X

1219-1 중앙행정기관의 자치사무에 관한 감사범위는 위법성 감사에 한정되며, 이를 넘어선 포괄적인 감사는 지방자치권의 본질을 침해하는 것이다. 11 국가 7　　O|X

이들 규정은 중앙행정기관의 감독권 발동이 지방자치단체의 구체적 법위반을 전제로 하여 작동되도록 되어 있다는 점과 중앙행정기관과 지방자치단체 간의 분쟁관계를 대등한 권리주체로서의 "외부 법관계"로 보아 규정하고 있으므로, 중앙행정기관의 지방자치단체의 자치사무에 대한 합목적성 감사가 사전 포괄적으로 허용될 수 없음을 "사후적으로" 정해두고 있는 규정이라 할 것이다(헌재 2009. 5. 28. 2006헌라6).

1220 중앙행정기관이 「지방자치법」에 따라 지방자치단체의 자치사무에 관하여 감사에 착수하기 위해서는 자치사무에 관하여 특정한 법령위반행위가 확인되었거나 위법행위가 있었으리라는 합리적 의심이 가능한 경우이어야 하고, 또한 그 감사대상을 특정해야 한다. 12 국회 9　　O|X

중앙행정기관이 (구)「지방자치법」 제158조 단서 규정상의 감사에 착수하기 위해서는 자치사무에 관하여 특정한 법령위반행위가 확인되었거나 위법행위가 있었으리라는 합리적 의심이 가능한 경우이어야 하고, 또한 그 감사대상을 특정해야 한다. 따라서 전반기 또는 후반기 감사와 같은 포괄적·사전적 일반감사나 위법사항을 특정하지 않고 개시하는 감사 또는 법령위반사항을 적발하기 위한 감사는 모두 허용될 수 없다(헌재 2009. 5. 28. 2006헌라6).

1221 중앙행정기관이 지방자치단체의 자치사무에 대하여 포괄적·사전적 일반감사나 법령위반사항을 적발하기 위한 감사를 하는 것은 허용될 수 없다. 22 법원 9　　O|X

1221-1 기초지방자치단체의 자치사무에 대한 행정안전부 감사는 합법성 감사로 제한되어야 하고, 포괄적·사전적 일반감사나 법령위반사항을 적발하기 위한 감사는 허용되지 않는다. 24 경간　　O|X

1221-2 중앙행정기관은 지방자치단체의 자치사무에 대하여 합법성 및 합목적성 감사를 할 수 있으므로 행정안전부장관이 서울시에 대하여 피감사대상을 특정하지 않고 포괄적으로 감사를 하더라도 지방자치권을 침해한 것은 아니다. 13 서울 7　　O|X

중앙행정기관이 (구)「지방자치법」 제158조 단서 규정상의 감사에 착수하기 위해서는 자치사무에 관하여 특정한 법령위반행위가 확인되었거나 위법행위가 있었으리라는 합리적 의심이 가능한 경우이어야 하고, 또한 그 감사대상을 특정해야 한다. 따라서 전반기 또는 후반기 감사와 같은 포괄적·사전적 일반감사나 위법사항을 특정하지 않고 개시하는 감사 또는 법령위반사항을 적발하기 위한 감사는 모두 허용될 수 없다(헌재 2009. 5. 28. 2006헌라6).

1222 연간 감사계획에 포함되지 아니하고 사전조사가 수행되지 아니한 감사의 경우 「지방자치법」에 따른 감사의 절차와 방법 등에 관한 관련 법령에서 감사대상이나 내용을 통보할 것을 요구하는 명시적인 규정이 없어, 광역지방자치단체가 기초지방자치단체의 자치사무에 대한 감사에 착수하기 위해서는 감사대상을 특정하여야 하나, 특정된 감사대상을 사전에 통보할 것까지 요구된다고 볼 수는 없다. 23 국가 7　　O|X

1222-1 중앙행정기관이나 광역지방자치단체가 지방자치단체의 자치사무에 대한 감사에 착수하기 위해서는 감사대상이 사전에 특정되어야 하고, 연간 감사계획에 포함되지 아니한 감사라 하더라도 감사대상 지방자치단체에게 특정된 감사대상을 사전에 통보하는 것이 감사의 개시요건이라 할 것이므로, 그러한 절차를 거치지 않았다면 해당 감사착수는 적법하다고 볼 수 없다. 23 법무사　　O|X

◆ 정답) 1219. O　1219-1. O　1220. O　1221. O　1221-1. O　1221-2. X [중앙행정기관 합목적성 감사 불가 / 지방자치권을 침해함]
1222. O　1222-1. X [사전통보 감사개시요건 아님]

연간 감사계획에 포함되지 아니하고 사전조사가 수행되지 아니한 감사의 경우 지방자치법에 따른 감사의 절차와 방법 등에 관한 사항을 규정하는 '지방자치단체에 대한 행정감사규정' 등 관련 법령에서 감사대상이나 내용을 통보할 것을 요구하는 명시적인 규정이 없다. 광역지방자치단체가 **자치사무에 대한 감사에 착수**하기 위해서는 **감사대상을 특정**하여야 하나, 특정된 감사대상을 **사전에 통보할 것까지 요구된다고 볼 수는 없다**(헌재 2023. 3. 23. 2020헌라5).

1223 기초지방자치단체의 자치사무에 대한 광역지방자치단체의 감사 과정에서 사전에 감사대상으로 특정되지 않은 사항에 관하여 위법사실이 발견된 경우, 당초 특정된 감사대상과 관련성이 있어 함께 감사를 진행해도 기초지방자치단체가 절차적인 불이익을 받을 우려가 없고, 해당 감사대상을 적발하기 위한 목적으로 감사가 진행된 것으로 볼 수 없는 사항에 대하여는 감사대상의 확장 내지 추가가 허용된다.
24 경간   O | X

1223-1 감사 과정에서 사전에 감사대상으로 특정되지 아니한 사항에 관하여 위법사실이 발견된 경우, 당초 특정된 감사대상과 관련성이 인정되는 것으로서 당해 절차에서 함께 감사를 진행하더라도 감사대상 지방자치단체가 절차적인 불이익을 받을 우려가 없고, 해당 감사대상을 적발하기 위한 목적으로 감사가 진행된 것으로 볼 수 없는 사항이라 하더라도, 감사대상을 확장하거나 추가하는 것은 허용되지 않는다.
23 국가 7   O | X

지방자치단체의 자치사무에 대한 무분별한 감사권의 행사는 헌법상 보장된 지방자치권을 침해할 가능성이 크므로, 원칙적으로 감사 과정에서 사전에 감사대상으로 특정되지 아니한 사항에 관하여 위법사실이 발견되었다고 하더라도 감사대상을 확장하거나 추가하는 것은 허용되지 않는다. 다만, **자치사무의 합법성 통제**라는 감사의 목적이나 감사의 효율성 측면을 고려할 때, **당초 특정된 감사대상과 관련성이 인정**되는 것으로서 당해 절차에서 함께 감사를 진행하더라도 감사대상 지방자치단체가 **절차적인 불이익을 받을 우려가 없고**, 해당 감사대상을 적발하기 위한 목적으로 감사가 진행된 것으로 볼 수 없는 사항에 대하여는 **감사대상의 확장 내지 추가가 허용**된다(헌재 2023. 3. 23. 2020헌라5).

04 지방자치단체의 사무에 대한 시정명령 및 취소·정지처분 (중앙행정기관)

1224 주무부장관이 지방자치단체의 사무에 관한 시·도지사의 명령이나 처분에 대하여 시정명령을 할 수 있는 것은 그 명령이나 처분이 위법한 경우에 한한다. 13 서울 7   O | X

> **지방자치법 제188조(위법·부당한 명령이나 처분의 시정)** ① **지방자치단체의 사무**에 관한 지방자치단체의 장(제103조제2항에 따른 사무의 경우에는 지방의회의 의장을 말한다. 이하 이 조에서 같다)의 **명령이나 처분이 법령에 위반되거나 현저히 부당하여 공익을 해친다**고 인정되면 시·도에 대해서는 **주무부장관**이, 시·군 및 자치구에 대해서는 **시·도지사**가 기간을 정하여 서면으로 **시정할 것을 명하고**, 그 기간에 이행하지 아니하면 이를 **취소하거나 정지**할 수 있다.
> ⑤ 제1항부터 제4항까지의 규정에 따른 **자치사무에 관한 명령이나 처분에 대한 주무부장관 또는 시·도지사의 시정명령, 취소 또는 정지는 법령을 위반한 것에 한정**한다.

보충설명 지자체사무 중 위임사무는 법령에 위반되거나 현저히 부당하여 공익을 해친다고 인정되면 시정명령을 할 수 있고, 자치사무는 법령을 위반한 경우에만 시정명령을 할 수 있다.

정답 1223. O   1223-1. X [감사대상의 확장 내지 추가가 허용됨]   1224. X [자치사무 : 위법 시에만 可 / 위임사무 : 위법 시 + 현저히 부당하여 공익을 해칠 시 可]

1225 지방자치단체 장의 자치사무에 관한 명령을 주무부장관이 취소한 경우, 이에 대하여 이의가 있으면 그 취소처분을 통보받은 날로부터 15일 이내에 대법원에 소를 제기할 수 있다. 13 서울 7   O | X

1225-1 지방자치단체장의 자치사무에 관한 명령이나 처분을 주무부장관이 취소하는 경우 이를 다투는 소송은 법원에 속하는 권한이다. 11 법원 9   O | X

> 지방자치법 제188조(위법·부당한 명령이나 처분의 시정) ⑥ **지방자치단체의 장**은 제1항, 제3항 또는 제4항에 따른 **자치사무에 관한 명령이나 처분의 취소 또는 정지**에 대하여 이의가 있으면 그 취소처분 또는 정지처분을 통보받은 날부터 **15일 이내에 대법원에 소를 제기할 수 있다.**

05 기관위임사무에 대한 직무이행명령

1226 지방자치단체의 장이 그 의무에 속하는 국가위임사무 또는 시·도위임사무의 관리 및 집행을 명백히 게을리하고 있다고 인정되는 때에는 시·도에 대하여는 주무부장관이, 시·군 및 자치구에 대하여는 시·도지사가 기간을 정하여 서면으로 그 이행할 사항을 명령할 수 있는데, 이 경우 지방자치단체의 장은 위 이행명령에 이의가 있으면 이행명령서를 접수한 날부터 15일 이내에 대법원에 소를 제기할 수 있다. 20 변호사   O | X

> 지방자치법 제189조(지방자치단체의 장에 대한 직무이행명령) ① 지방자치단체의 장이 법령에 따라 그 의무에 속하는 **국가위임사무나 시·도위임사무**의 관리와 집행을 명백히 게을리하고 있다고 인정되면 시·도에 대해서는 주무부장관이, 시·군 및 자치구에 대해서는 **시·도지사**가 기간을 정하여 서면으로 **이행할 사항을 명령할 수 있다.**
> ⑥ **지방자치단체의 장**은 제1항 또는 제4항에 따른 **이행명령에 이의**가 있으면 이행명령서를 접수한 날부터 **15일 이내에 대법원에 소를 제기할 수 있다.** 이 경우 지방자치단체의 장은 이행명령의 집행을 정지하게 하는 집행정지결정을 신청할 수 있다.

06 지방자치단체의 사무에 대한 지도와 지원 (중앙행정기관)

1227 중앙행정기관장 또는 시·도지사는 지방자치단체의 사무에 관하여 조언·권고·지도를 할 수 있다. 18 서울 7   O | X

> 지방자치법 제184조(지방자치단체의 사무에 대한 지도와 지원) ① 중앙행정기관의 장이나 시·도지사는 **지방자치단체의 사무에 관하여 조언** 또는 **권고**하거나 **지도**할 수 있으며, 이를 위하여 필요하면 지방자치단체에 자료 제출을 요구할 수 있다.

정답 1225. O   1225-1. O   1226. O   1227. O

김건호
헌법

비교불가
헌법
기출지문OX

국민의 권리와 의무 **2**

CONTENTS

Part I 헌법 일반이론

CHAPTER 01 헌법과 헌법학

POINT 001　헌법의 개념과 역사적 발전과정　C …　16
POINT 002　성문헌법과 관습헌법　B …　17
POINT 003　경성헌법과 연성헌법　C …　21
POINT 004　헌법의 특성과 해석　C …　21
POINT 005　합헌적 법률해석　B …　23

CHAPTER 02 헌법의 변동과 보호

POINT 006　헌법의 개정　S …　30
POINT 007　헌법개정의 한계　S …　35
POINT 008　헌법개정절차의 헌정사　A …　38
POINT 009　헌법변천　C …　40

CHAPTER 03 헌정사

POINT 010　대한민국 헌법의 제정과 개정　S …　42
POINT 011　헌법의 보호와 국가긴급권　C …　74
POINT 012　긴급명령권　A …　75
POINT 013　긴급재정경제처분·명령권　S …　77
POINT 014　계엄선포권　S …　81
POINT 015　저항권　A …　86

CHAPTER 04 대한민국

POINT 016　국민　C …　90
POINT 017　선천적 국적취득　A …　92
POINT 018　후천적 국적취득과 외국국적포기　S …　94
POINT 019　복수국적자의 국적선택의무　S …　102
POINT 020　우리 국적의 상실　B …　107
POINT 021　국적법상 신고·신청　C …　109
POINT 022　재외국민 보호의무　A …　110
POINT 023　영토　B …　112
POINT 024　주권　C …　116

CHAPTER 05 헌법의 기본원리

POINT 025　헌법전문　S …　117
POINT 026　헌법기본원리　C …　127

CHAPTER 06 국민주권주의와 민주주의

POINT 027　국민주권주의와 민주주의　C …　128

CHAPTER 07 법치주의

POINT 028　법치주의　C …　132
POINT 029　행정입법　C …　133
POINT 030　법률유보원칙　B …　138
POINT 031　포괄위임입법금지　S …　142
POINT 032　법률우위원칙과 재위임　B …　156
POINT 033　행정입법에 대한 통제　C …　159
POINT 034　신뢰보호원칙　S …　161
POINT 035　소급입법금지　S …　174
POINT 036　부진정소급입법　A …　179
POINT 037　시혜적 소급입법　B …　184
POINT 038　체계정당성원리　B …　185

CHAPTER 08　사회·경제·문화국가원리

POINT 039	사회국가원리	C … 187
POINT 040	사회적 시장경제질서	S … 189
POINT 041	사회적 시장경제질서 구체화	A … 198
POINT 042	문화국가원리	B … 204

CHAPTER 09　국제법 존중주의

POINT 043	조약	B … 210
POINT 044	국제법규	C … 215
POINT 045	외국인 지위 보장	C … 216
POINT 046	평화통일주의	B … 217

CHAPTER 10　제도적 보장

| POINT 047 | 제도적 보장 | C … 221 |

CHAPTER 11　정당설립의 자유와 정당제도

POINT 048	정당제도	B … 223
POINT 049	정당설립의 자유	S … 224
POINT 050	정당등록·취소	A … 230
POINT 051	정당의 당원	A … 234
POINT 052	정당의 특권과 정치자금	C … 239
POINT 053	국고보조금	C … 244
POINT 054	위헌정당강제해산제도	S … 246

CHAPTER 12　선거제도

POINT 055	선거와 선거권	A … 260
POINT 056	보통선거의 원칙	A … 264
POINT 057	재외선거제도	B … 270
POINT 058	피선거권	B … 274
POINT 059	후보자	C … 276
POINT 060	기탁금 납부 및 반환	C … 279
POINT 061	예비후보자	C … 281
POINT 062	평등선거의 원칙	B … 284
POINT 063	선거구획정	B … 286
POINT 064	직접선거의 원칙	C … 288
POINT 065	비밀선거의 원칙	C … 290
POINT 066	자유선거의 원칙	C … 291
POINT 067	공무원의 선거중립의무	C … 294
POINT 068	선거운동의 기간제한	C … 297
POINT 069	선거운동의 인적제한	C … 299
POINT 070	선거운동의 방법제한	C … 302
POINT 071	대통령선거	S … 304
POINT 072	국회의원선거 및 지방선거	A … 307
POINT 073	투표	C … 312
POINT 074	선거공영제와 선거범죄	C … 314
POINT 075	선거쟁송	B … 316

CHAPTER 13　직업공무원제도와 공무담임권

| POINT 076 | 직업공무원제도 | A … 319 |
| POINT 077 | 공무담임권 | S … 325 |

CHAPTER 14　지방자치제도

POINT 078	지방자치제도	C … 343
POINT 079	지방자치단체	A … 344
POINT 080	지방자치단체의 사무와 지방자치권	B … 349

CONTENTS

POINT 081	조례제정권	A … 353
POINT 082	지방의회	C … 358
POINT 083	지방자치단체의 장	B … 360
POINT 084	주민자치	C … 362
POINT 085	주민투표제	C … 364
POINT 086	주민소환제	B … 366
POINT 087	국가의 지도·감독	B … 369

Part Ⅱ 국민의 권리와 의무

CHAPTER 01 기본권 일반이론

POINT 088	기본권주체 (자연인)	S … 378
POINT 089	기본권주체 (사법인)	S … 387
POINT 090	기본권주체 (공법인)	S … 392
POINT 091	기본권제한의 일반적 법률유보	C … 398
POINT 092	기본권제한의 명확성원칙	A … 400
POINT 093	기본권제한의 과잉금지원칙과 본질적 내용 침해금지	B … 403
POINT 094	기본권경합	B … 408
POINT 095	기본권충돌	S … 412
POINT 096	기본권보호의무	S … 420
POINT 097	국가인권위원회	C … 430

CHAPTER 02 포괄적 기본권

POINT 098	헌법에 열거되지 않은 기본권	C … 433
POINT 099	인간의 존엄과 가치	C … 434
POINT 100	일반적 인격권	S … 436
POINT 101	행복추구권	B … 447
POINT 102	일반적 행동자유권	S … 450
POINT 103	인격의 자유로운 발현권	C … 469
POINT 104	자기결정권	A … 471
POINT 105	계약의 자유	C … 480

CHAPTER 03 평등권

| POINT 106 | 평등원칙 및 평등권 | A … 483 |
| POINT 107 | 평등여부위반 심사 | B … 487 |

POINT 108	자의금지원칙	A … 489
POINT 109	비례원칙	A … 499
POINT 110	평등권 관련판례	S … 505

CHAPTER 04 자유권

POINT 111	생명권	C … 533
POINT 112	신체의 자유	C … 535
POINT 113	죄형법정주의	C … 536
POINT 114	형벌불소급원칙	B … 540
POINT 115	죄형법정주의 명확성원칙	C … 545
POINT 116	명확성원칙 관련판례	S … 549
POINT 117	책임과 형벌의 비례원칙	A … 563
POINT 118	이중처벌금지	B … 575
POINT 119	연좌제금지	B … 581
POINT 120	신체의 자유 관련판례	A … 587
POINT 121	적법절차원칙	A … 593
POINT 122	적법절차원칙 관련판례	B … 598
POINT 123	영장주의	S … 605
POINT 124	진술거부권	C … 620
POINT 125	변호인의 조력을 받을 권리	A … 622
POINT 126	변호인의 조력을 받을 권리 내용	S … 626
POINT 127	기타 형사절차상 적법절차	C … 636
POINT 128	무죄추정원칙	A … 637
POINT 129	주거의 자유	C … 644
POINT 130	사생활의 비밀과 자유	S … 647
POINT 131	개인정보자기결정권	S … 659
POINT 132	통신의 비밀	S … 680
POINT 133	양심의 자유	S … 694
POINT 134	양심의 자유 관련판례	A … 704
POINT 135	종교의 자유	A … 710
POINT 136	국교부인과 정교분리원칙	C … 719
POINT 137	학문과 예술의 자유	C … 721
POINT 138	언론·출판의 자유	B … 723
POINT 139	사전검열금지	S … 729
POINT 140	표현의 자유의 제한	C … 738
POINT 141	표현의 자유 관련판례	A … 740
POINT 142	언론기관의 자유	B … 752
POINT 143	알 권리	A … 758
POINT 144	집회의 자유	S … 766
POINT 145	집회허가금지와 집회의 제한	B … 772
POINT 146	집회신고제	B … 777
POINT 147	집시법상 옥외집회·시위의 제한	A … 782
POINT 148	결사의 자유	B … 790
POINT 149	거주·이전의 자유	B … 794
POINT 150	직업선택의 자유	S … 800
POINT 151	직업의 자유의 제한	S … 808
POINT 152	직업선택의 자유 관련판례	A … 820
POINT 153	직업수행의 자유 관련판례	S … 832
POINT 154	재산권	S … 843
POINT 155	재산권의 내용 형성과 제한	C … 857
POINT 156	토지재산권	C … 860
POINT 157	재산권 관련판례	A … 866
POINT 158	공용침해와 손실보상	B … 881

CHAPTER 05 참정권 (정치권)

| POINT 159 | 국민투표제도와 국민투표권 | B … 889 |
| POINT 160 | 중요정책 국민투표 | A … 892 |

CONTENTS

CHAPTER 06 사회적 기본권

POINT 161 사회적 기본권 　　　　　　　C … 897
POINT 162 인간다운 생활을 할 권리 　　A … 897
POINT 163 사회보장수급권 　　　　　　A … 904
POINT 164 국가의 사회보장·사회복지 의무 C … 912
POINT 165 교육을 받을 권리 　　　　　　A … 913
POINT 166 부모의 자녀교육권 　　　　　B … 920
POINT 167 학생의 학습의 자유와 교사의 수업권
　　　　　　　　　　　　　　　　C … 926
POINT 168 의무교육 　　　　　　　　　B … 927
POINT 169 교육의 자주성·전문성·정치적 중립성 및
　　　　　대학의 자율성 　　　　　　B … 933
POINT 170 교육제도·교원지위 법정주의 C … 941
POINT 171 근로의 권리 　　　　　　　　S … 944
POINT 172 근로3권 　　　　　　　　　　C … 955
POINT 173 단결권·단체교섭권 및 단체행동권
　　　　　　　　　　　　　　　　A … 957
POINT 174 공무원 등의 근로3권 　　　　B … 963
POINT 175 근로3권의 제한 　　　　　　 C … 967
POINT 176 환경권 　　　　　　　　　　B … 972
POINT 177 혼인과 가족에 관한 권리 　　S … 977
POINT 178 모성보호 및 보건에 관한 권리 C … 988

CHAPTER 07 청구권

POINT 179 청원권 　　　　　　　　　　S … 991
POINT 180 재판청구권 　　　　　　　　S … 1001
POINT 181 신속·공개재판을 받을 권리 C … 1012
POINT 182 재판청구권 관련판례 　　　　A … 1014
POINT 183 공정한 재판을 받을 권리 　　B … 1021
POINT 184 재판절차진술권 　　　　　　C … 1026
POINT 185 군사재판 　　　　　　　　　B … 1028
POINT 186 행정심판 　　　　　　　　　C … 1030
POINT 187 국민참여재판 　　　　　　　C … 1032
POINT 188 형사보상청구권 　　　　　　A … 1035
POINT 189 국가배상청구권 　　　　　　B … 1044
POINT 190 범죄피해자구조청구권 　　　B … 1052

CHAPTER 08 국민의 기본의무

POINT 191 국민의 기본의무 　　　　　　C … 1057

Part III 정치제도

CHAPTER 01 정치제도 일반이론

POINT 192	대의제도	C … 1064
POINT 193	권력분립원칙	A … 1064
POINT 194	정부형태론	C … 1069

CHAPTER 02 국회

POINT 195	국회의장·부의장	S … 1071
POINT 196	위원회제도	C … 1077
POINT 197	상임위원회	S … 1078
POINT 198	특별위원회	C … 1084
POINT 199	국회위원회 운영	B … 1088
POINT 200	교섭단체	C … 1092
POINT 201	국회의 운영	S … 1093
POINT 202	의사공개원칙	B … 1097
POINT 203	의사공개원칙의 예외	B … 1100
POINT 204	회기계속원칙	B … 1104
POINT 205	다수결원칙	S … 1105
POINT 206	일사부재의	C … 1114
POINT 207	법률안 제출	B … 1116
POINT 208	위원회 심사	S … 1119
POINT 209	본회의 심의·의결	S … 1127
POINT 210	정부이송	S … 1134
POINT 211	조세법률주의	A … 1139
POINT 212	조세평등주의	C … 1147
POINT 213	부담금	C … 1148
POINT 214	예산과 법률	C … 1150
POINT 215	예산심의·확정권	S … 1152
POINT 216	준예산, 계속비·예비비 및 추가경정예산	A … 1157
POINT 217	기채 사전동의권 및 결산심사권	C … 1160
POINT 218	국정감사·조사권	S … 1160
POINT 219	국정감사·조사권의 행사	B … 1167
POINT 220	헌법기관 구성권 (인사권)	B … 1169
POINT 221	탄핵소추 (국회)	S … 1173
POINT 222	탄핵심판 (헌법재판소)	S … 1182
POINT 223	해임건의	B … 1190
POINT 224	출석요구권 및 기타 국정통제권	B … 1192
POINT 225	국회의원의 지위	B … 1194
POINT 226	국회의원의 권한 (심의·표결권)	S … 1198
POINT 227	국회의원의 면책특권	S … 1213
POINT 228	국회의원의 불체포특권	S … 1217
POINT 229	국회의원의 의무	B … 1220
POINT 230	국회자율권	C … 1224
POINT 231	국회의원 자격심사·징계	A … 1225

CHAPTER 03 정부

POINT 232	대통령의 지위	C … 1229
POINT 233	불소추특권	C … 1233
POINT 234	대통령의 의무	C … 1235
POINT 235	사면권	S … 1237
POINT 236	일반사면	C … 1241
POINT 237	특별사면	A … 1243
POINT 238	감형·복권	C … 1247
POINT 239	기타 대통령의 권한과 권한의 통제	B … 1248
POINT 240	자문회의	B … 1250

CONTENTS

POINT 241	국무총리	S	1252
POINT 242	국무위원	B	1258
POINT 243	국무회의	A	1261
POINT 244	국무회의 심의사항	C	1263
POINT 245	행정각부	C	1266
POINT 246	감사원	S	1270
POINT 247	감사원의 권한	A	1275
POINT 248	선거관리위원회	S	1280

CHAPTER 04 법원

POINT 249	사법권	C	1289
POINT 250	통치행위	S	1290
POINT 251	대법원	C	1293
POINT 252	대법원장·대법관과 일반법관	A	1294
POINT 253	임기제와 정년제	S	1298
POINT 254	대법원의 권한	A	1302
POINT 255	법원의 독립	C	1307
POINT 256	법관의 재판상 독립 (물적독립)	A	1309
POINT 257	법관의 신분보장 (인적독립)	S	1315
POINT 258	각급법원	C	1320
POINT 259	군사법원	C	1322
POINT 260	법원의 권한	B	1325
POINT 261	재판 관련 제도	C	1327

Part IV 헌법재판소

CHAPTER 01 헌법재판소 일반이론

| POINT 262 | 헌법재판소의 구성과 운영 | S | 1332 |

CHAPTER 02 헌법재판소의 일반심판절차

POINT 263	일반심판절차	S	1338
POINT 264	가처분	B	1347
POINT 265	종국결정 및 결정의 효력	B	1351
POINT 266	헌법재판의 재심	C	1355

CHAPTER 03 위헌법률심판

POINT 267	위헌법률심판제청	S	1358
POINT 268	위헌제청의 대상	S	1364
POINT 269	재판의 전제성	S	1375
POINT 270	위헌법률심판의 종국결정	C	1384
POINT 271	위헌결정의 효력 발생시기	S	1387
POINT 272	변형결정	C	1393

CHAPTER 04 헌법소원심판

POINT 273	위헌심사형 헌법소원	S	1398
POINT 274	권리구제형 헌법소원	A	1407
POINT 275	헌법소원심판의 대상	C	1412
POINT 276	헌법소원심판의 대상 (국회)	B	1414
POINT 277	헌법소원심판의 대상 (행정부)	S	1417
POINT 278	헌법소원심판의 대상 (행정기관의 행위)	S	1428

POINT 279	헌법소원심판의 대상 (검사의 처분)	B ⋯ 1437
POINT 280	헌법소원심판의 대상(사법작용)과 원행정처분	B ⋯ 1440
POINT 281	헌법소원심판의 청구권자	C ⋯ 1445
POINT 282	자기관련성	S ⋯ 1447
POINT 283	헌법소원의 현재성과 청구기간	A ⋯ 1459
POINT 284	직접성	A ⋯ 1465
POINT 285	헌법소원심판의 보충성	A ⋯ 1472
POINT 286	보충성의 예외	B ⋯ 1476
POINT 287	헌법소원심판의 권리보호이익	B ⋯ 1480
POINT 288	종국결정	C ⋯ 1485

CHAPTER 05 권한쟁의심판

POINT 289	권한쟁의심판	C ⋯ 1486
POINT 290	권한쟁의심판의 당사자	S ⋯ 1488
POINT 291	피청구인의 처분 또는 부작위	B ⋯ 1495
POINT 292	헌법 또는 법률상 권한의 침해 또는 침해할 현저한 위험	A ⋯ 1498
POINT 293	권한쟁의심판의 심리 등	B ⋯ 1503
POINT 294	권한쟁의심판의 결정	B ⋯ 1505

PART

II

국민의 권리와 의무

CHAPTER 01	기본권 일반이론
CHAPTER 02	포괄적 기본권
CHAPTER 03	평등권
CHAPTER 04	자유권
CHAPTER 05	참정권 (정치권)
CHAPTER 06	사회적 기본권
CHAPTER 07	청구권
CHAPTER 08	국민의 기본의무

Chapter 01 기본권 일반이론

POINT 088 기본권주체 (자연인)

01 기본권주체

1228 기본권능력을 가진 사람은 모두 기본권 주체가 되지만, 기본권 주체가 모두 기본권의 행사능력을 가지는 것은 아니다. 20 경정, 17 국회 8 O|X

'**기본권능력**'을 가진 사람은 모두가 '**기본권의 주체**'가 되지만 기본권주체가 모든 기본권의 '**행사능력**'을 가지는 것은 **아니다.** 우리 헌법과 선거법에 의해서 국회의원과 지방자치단체의 의회의원 및 장의 선거권과 피선거권이 각각 18세로 정해진 것이 그 대표적인 예이다.

1229 기본권 주체로서의 법적 지위는 헌법소원에 의해 권리를 구제받을 수 있는지를 판단하는 기준의 하나가 된다. 19 법원 9, 14 국회 9 O|X

1229-1 기본권의 주체가 아닌 자는 「헌법재판소법」 제68조 제1항에 따른 헌법소원심판을 청구할 수 없다. 20 소간 O|X

기본권 주체로서의 법적 지위는 헌법소원에 의해 권리를 구제받을 수 있는지를 판단하는 기준의 하나가 된다. 헌법재판소법 제68조 제1항에 의하면 '기본권을 침해받은 자', 즉 기본권의 주체만이 헌법소원을 제기할 수 있다. 그러므로 **기본권의 주체가 아닌 자는 「헌법재판소법」 제68조 제1항에 따른 헌법소원심판을 청구할 수 없으므로**, 심판청구는 부적법하여 각하된다.

02 국민

1230 모든 인간은 헌법상 생명권의 주체가 되며, 형성 중의 생명인 태아에게도 생명에 대한 권리가 인정되어야 한다. 따라서 태아도 헌법상 생명권의 주체가 되며, 국가는 헌법 제10조에 따라 태아의 생명을 보호할 의무가 있다. 17 법무사 O|X

1230-1 국가는 헌법 제10조, 제12조 등에 따라 태아의 생명을 보호할 의무가 있지만, 태아는 헌법상 생명권의 주체로 인정되지 않는다. 22 경정 O|X

생명에 대한 권리, 즉 생명권은 비록 헌법에 명문의 규정이 없다 하더라도 인간의 생존본능과 존재목적에 바탕을 둔 선험적이고 자연법적인 권리로서 헌법에 규정된 모든 기본권의 전제로서 기능하는 기본권 중의 기본권이다. **모든 인간은 헌법상 생명권의 주체가** 되며, 형성 중의 생명인 태아에게도 생명에 대한 권리가 인정되어야 한다. 따라서 **태아도 헌법상 생명권의 주체가** 되며, **국가는 헌법 제10조에 따라 태아의 생명을 보호할 의무가 있다**(헌재 2008. 7. 31. 2004헌바81).

정답 1228. O 1229. O 1229-1. O 1230. O 1230-1. X [태아도 헌법상 생명권의 주체가 됨]

1231 태아는 생명의 유지를 모(母)에게 의존하는 형성 중의 생명이라는 점에서 국가가 헌법 제10조 제2문에 따라 태아의 생명을 보호할 의무를 부담한다고 볼 수는 없다. 20 입시 O | X

모든 인간은 헌법상 생명권의 주체가 되며, 형성 중의 생명인 태아에게도 생명에 대한 권리가 인정되어야 한다. 태아가 비록 그 생명의 유지를 위하여 **모(母)에게 의존해야** 하지만, 그 자체로 **모(母)와 별개의 생명체**이고, 특별한 사정이 없는 한, 인간으로 성장할 가능성이 크기 때문이다. 따라서 태아도 헌법상 **생명권의 주체**가 되며, 국가는 **헌법 제10조 제2문에 따라 태아의 생명을 보호할 의무가 있다**(헌재 2019. 4. 11. 2017헌바127).

1232 초기배아는 수정이 된 배아라는 점에서 형성 중인 생명의 첫걸음을 떼었다고 볼 여지가 있기는 하나 인간과 배아 간의 개체적 연속성을 확정하기 어렵다는 점에서 기본권 주체성이 부인된다. 20 국회 8 O | X

1232-1 아직 모체에 착상되거나 원시선이 나타나지 않은 초기배아는 독립된 인간과 배아 간 개체적 연속성을 확정하기 어렵고, 배아는 모태 속에서 수용될 때 비로소 독립적인 인간으로의 성장가능성을 기대할 수 있어 기본권 주체성을 인정하기 어렵다. 23 경찰 1차 O | X

1232-2 초기배아는 수정이 된 배아라는 점에서 아직 모체에 착상되거나 원시선이 나타나지 않았다고 하더라도 기본권의 주체가 될 수 있다. 22 해간, 22 해경, 17 법원 9 O | X

1232-3 배아는 수정 후 14일이 경과하여 원시선(原始線)이 나타나기 전이라도 수정란 상태에 있는 한 생명권의 주체이다. 20 국회 9 O | X

초기배아는 수정이 된 배아라는 점에서 형성중인 생명의 첫걸음을 떼었다고 볼 여지가 있기는 하나 아직 **모체에 착상되거나 원시선이 나타나지 않은 이상** 현재의 자연과학적 인식 수준에서 **독립된 인간과 배아 간의 개체적 연속성을 확정하기 어렵다고 봄이 일반적**이라는 점, **배아의 경우** 현재의 과학기술 수준에서 **모태 속에서 수용될 때 비로소 독립적인 인간으로의 성장가능성을 기대할 수 있다는** 점, 수정 후 착상 전의 배아가 인간으로 인식된다거나 그와 같이 취급하여야 할 필요성이 있다는 사회적 승인이 존재한다고 보기 어려운 점 등을 종합적으로 고려할 때, **기본권 주체성을 인정하기 어렵다**(헌재 2010. 5. 27. 2005헌마346).

1233 초기배아는 수정이 된 배아라는 점에서 형성 중인 생명의 첫걸음을 떼었다고 볼 여지가 있으나, 이에 대한 국가의 보호필요성이 있음은 별론으로 하고, 그 기본권 주체성이 인정되기는 어렵다. 11 국가 7 O | X

1233-1 모든 인간은 헌법상 생명권의 주체가 되며 형성 중의 생명인 태아에게도 생명권 주체성이 인정되므로, 국가의 보호 필요성은 별론으로 하고 수정 후 모체에 착상되기 전인 초기배아에 대해서도 기본권 주체성을 인정할 수 있다. 20 변호사 O | X

초기배아들에 해당하는 청구인 1, 2의 경우 헌법상 기본권 주체성을 인정할 수 있을 것인지에 대해 살피건대, 청구인 1, 2가 **수정이 된 배아라는 점에서 형성 중인 생명의 첫걸음을 떼었다고 볼 여지가 있기는** 하나 아직 모체에 착상되거나 원시선이 나타나지 않은 이상 현재의 자연과학적 인식 수준에서 독립된 인간과 배아 간의 개체적 연속성을 확정하기 어렵다고 봄이 일반적이라는 점, … 등을 종합적으로 고려할 때, 초기배아에 대한 **국가의 보호필요성이 있음은 별론으로 하고, 청구인 1, 2의 기본권 주체성을 인정하기 어렵다**(헌재 2010. 5. 27. 2005헌마346).

● 정답 1231. X [태아의 생명보호의무 있음] 1232. O 1232-1. O 1232-2. X [초기배아 기본권 주체성 부정] 1232-3. X [초기배아 생명권 부정] 1233. O 1233-1. X [초기배아 기본권 주체성 부정]

1234 초기배아는 수정이 된 배아라는 점에서 형성 중인 생명의 첫걸음을 떼었다고 볼 여지가 있기는 하나 아직 모체에 착상되거나 원시선이 나타나지 않은 이상 기본권 주체성 및 국가의 보호필요성을 인정할 수 없다. 17 법무사 O | X

1234-1 초기배아는 출생 전에 형성 중인 생명으로서 헌법상 보호의 필요성이 인정되기 때문에 기본권 주체성이 인정된다. 15 국회 9 O | X

1234-2 태아는 헌법상 생명권의 주체이므로 수정 후 착상 전의 초기배아도 그에 대한 국가의 보호필요성과 기본권 주체성이 인정된다. 15 경정 O | X

초기배아들에 해당하는 청구인 1, 2의 경우 헌법상 기본권 주체성을 인정할 수 있을 것인지에 대해 살피건대, 청구인 1, 2가 수정이 된 배아라는 점에서 형성 중인 생명의 첫걸음을 떼었다고 볼 여지가 있기는 하나 아직 모체에 착상되거나 원시선이 나타나지 않은 이상 현재의 자연과학적 인식 수준에서 독립된 인간과 배아 간의 개체적 연속성을 확정하기 어렵다고 봄이 일반적이라는 점, … 등을 종합적으로 고려할 때, 초기배아에 대한 국가의 보호필요성이 있음은 별론으로 하고, 청구인 1, 2의 기본권 주체성을 인정하기 어렵다. … 다만, 오늘날 생명공학 등의 발전과정에 비추어 인간의 존엄과 가치가 갖는 헌법적 가치질서로서의 성격을 고려할 때 인간으로 발전할 잠재성을 갖고 있는 초기배아라는 원시생명체에 대하여도 위와 같은 헌법적 가치가 소홀히 취급되지 않도록 노력해야 할 국가의 보호의무가 있음을 인정하지 않을 수 없다 할 것이다(헌재 2010. 5. 27. 2005헌마346).

📎 보충설명 초기배아는 기본권주체성은 부정되나 국가의 보호필요성은 인정된다.

1235 초기배아는 수정된 배아라는 점에서 형성 중인 생명의 첫걸음을 떼었다고 볼 여지가 있기는 하지만 인간과 배아간의 개체적 연속성을 확정하기 어렵다는 점에서 기본권 주체성은 부인되는 반면, 배아의 경우 형성 중에 있는 생명이라는 독특한 지위로 인해 국가에 의한 적극적인 보호가 요구된다. 16 지방 7 O | X

초기배아는 수정이 된 배아라는 점에서 형성 중인 생명의 첫걸음을 떼었다고 볼 여지가 있기는 하나 아직 모체에 착상되거나 원시선이 나타나지 않은 이상 현재의 자연과학적 인식 수준에서 독립된 인간과 배아 간의 개체적 연속성을 확정하기 어렵다고 봄이 일반적이라는 점, … 등을 종합적으로 고려할 때, 기본권 주체성을 인정하기 어렵다. … 다만, 배아의 경우 형성 중에 있는 생명이라는 독특한 지위로 인해 국가에 의한 적극적인 보호가 요구된다는 점, 배아의 관리·처분에는 공공복리 및 사회 윤리적 차원의 평가가 필연적으로 수반되지 않을 수 없다는 점에서도 그 제한의 필요성은 크다고 할 것이다(헌재 2010. 5. 27. 2005헌마346).

📎 보충설명 헌법재판소는 배아가 생명권의 주체라고 일반적으로 인정하고 있지 않으나, 원시생명체로서 보호할 가치가 있는 경우에는 국가에게 보호의무가 있다고 본다.

1236 미성년자도 대한민국 국민이기 때문에 당연히 기본권주체성이 인정되나 기본권 행사가 본인에게 불이익이 될 수 있는 경우에는 친권에 의하여 기본권 행사가 제한될 수 있다. 15 경정, 13 국회 8 O | X

미성년자도 대한민국 국민이기 때문에 당연히 기본권주체성이 인정되나 나이로 인하여 특정한 기본권이 인정되지 않는 경우도 있고, 미성년자 보호를 위하여 기본권 행사가 본인에게 불이익이 될 수 있는 경우에는 친권에 의하여 기본권 행사가 제한될 수 있다. 미성년자의 재산권행사를 법정대리인의 동의요건에 의해서 제한하거나 미성년자가 가지는 '거주·이전의 자유'가 친권자의 거소지정권에 의해서 제약을 받는 것은 그 대표적인 예이다.

● 정답 1234. X [국가의 보호필요성은 인정] 1234-1. X [초기배아 기본권 주체성 부정] 1234-2. X [기본권 주체성은 부정] 1235. O 1236. O

03 외국인

1 기본권 주체성 인정

1237 국민과 유사한 지위에 있는 외국인도 원칙적으로 기본권의 주체가 될 수 있다. 23 소간   O | X

1237-1 우리 헌법상 외국인은 국제법과 조약이 정하는 바에 의하여 그 지위가 보장되기 때문에, 국제법과 조약이 정하는 외에 외국인이 우리 헌법상 기본권의 주체가 될 수 있는 경우는 없다. 11 법원 9   O | X

1237-2 대한민국의 국적을 보유하고 있지 않은 외국인은 우리나라의 헌법재판소에 자신의 기본권 침해를 이유로 헌법소원심판을 청구할 수 없다. 10 국회 8   O | X

「헌법재판소법」 제68조제1항에서 기본권을 침해받은 자만이 헌법소원을 청구할 수 있다는 것은 곧 기본권의 주체라야만 헌법소원을 청구할 수 있고, 국민과 유사한 지위에 있는 <u>외국인도 기본권의 주체가 될 수 있다</u>(헌재 1994. 12. 29. 93헌마120).

1238 인간의 존엄과 가치 및 행복추구권 등과 같이 단순히 '국민의 권리'가 아닌 '인간의 권리'로 볼 수 있는 기본권에 대해서는 외국인도 기본권 주체가 될 수 있다. 23 경채, 15 서울 7   O | X

<u>인간의 존엄과 가치 및 행복추구권</u> 등과 같이 단순히 '국민의 권리'가 아닌 '<u>인간의 권리</u>'로 볼 수 있는 기본권에 대해서는 <u>외국인도 기본권 주체가 될 수 있다</u>고 하여 인간의 권리에 대하여는 원칙적으로 외국인의 기본권 주체성을 인정하였다(헌재 2011. 9. 29. 2007헌마1083 등).

1239 인간의 존엄과 가치, 행복추구권은 대체로 '인간의 권리'로서 외국인도 주체가 될 수 있다고 보아야 하고, 평등권도 인간의 권리로서 참정권 등에 대한 성질상의 제한 및 상호주의에 따른 제한이 있을 수 있을 뿐이다. 22 국회 8   O | X

청구인들이 침해되었다고 주장하는 <u>인간의 존엄과 가치, 행복추구권</u>은 대체로 '<u>인간의 권리</u>'로서 <u>외국인도 주체</u>가 될 수 있다고 보아야 하고, <u>평등권</u>도 <u>인간의 권리로서 참정권 등에 대한 성질상의 제한 및 상호주의에 따른 제한</u>이 있을 수 있을 뿐이다(헌재 2001. 11. 29. 99헌마494).

1240 신체의 자유, 주거의 자유, 변호인의 조력을 받을 권리, 재판청구권 등은 성질상 인간의 권리에 해당한다고 볼 수 있으므로, 이 기본권들에 관하여는 외국인들의 기본권 주체성이 인정된다. 20 지방 7   O | X

청구인들이 침해받았다고 주장하고 있는 <u>신체의 자유, 주거의 자유, 변호인의 조력을 받을 권리, 재판청구권 등은 성질상 인간의 권리에 해당</u>한다고 볼 수 있으므로, 위 <u>기본권들에 관하여는 청구인들의 기본권 주체성이 인정</u>된다(헌재 2012. 8. 23. 2008헌마430).

1241 변호인의 조력을 받을 권리는 성질상 인간의 권리에 해당하므로 외국인도 그 주체가 된다. 23 변호사   O | X

헌법재판소법 제68조 제1항의 헌법소원은 기본권의 주체만 청구할 수 있는데, 단순히 '국민의 권리'가 아니라 '인간의 권리'로 볼 수 있는 기본권에 대해서는 외국인도 기본권의 주체이다. 청구인이 침해받았다고 주장하는 <u>변호인의 조력을 받을 권리는 성질상 인간의 권리</u>에 해당되므로 <u>외국인도 주체이다</u>(헌재 2018. 5. 31. 2014헌마346).

정답 1237. O 1237-1. X [외국인: 헌법상 기본권 주체가 될 수 있는 경우 有] 1237-2. X [헌소 청구 가능] 1238. O 1239. O 1240. O 1241. O

§07 1242 직장 선택의 자유는 인간의 존엄과 가치 및 행복추구권과도 밀접한 관련을 가지는 만큼 단순히 국민의 권리가 아닌 인간의 권리로 보아야 할 것이므로 외국인도 제한적으로라도 직장 선택의 자유를 향유할 수 있다고 보아야 한다. 14 국가 7 O|X

1242-1 직장 선택의 자유는 국민의 권리로 보아야 할 것이므로 외국인에게는 직장 선택의 자유가 인정되지 않는다. 23 해간, 19 경정, 18 경정 O|X

직업의 자유 중 이 사건에서 문제되는 **직장 선택의 자유**는 인간의 존엄과 가치 및 행복추구권과도 밀접한 관련을 가지는 만큼 **단순히 국민의 권리가 아닌 인간의 권리**로 보아야 할 것이므로 **외국인도 제한적으로라도 직장 선택의 자유를 향유**할 수 있다고 보아야 한다(헌재 2011. 9. 29. 2007헌마1083 등).

§08 1243 외국인이 이미 적법하게 고용허가를 받아 적법하게 입국하여 일정한 생활관계를 형성·유지하는 등, 우리 사회에서 정당한 노동인력으로서의 지위를 부여받은 상황임을 전제로 하는 이상, 해당 외국인에게도 직장 선택의 자유에 대한 기본권 주체성을 인정할 수 있다. 19 변호사 O|X

1243-1 외국인이 법률에 따라 고용허가를 받아 적법하게 근로관계를 형성한 경우에도 외국인은 그 근로관계를 유지하거나 포기하는 데 있어서 직장 선택의 자유에 대한 기본권 주체성을 인정할 수 없다. 20 변호사 O|X

1243-2 기본권의 성격상 직장 선택의 자유는 외국인에게 인정될 수 없는 기본권이므로 산업연수생으로 입국한 외국인은 그 권리의 주체가 될 수 없다. 15 국회 9 O|X

청구인이 **이미 적법하게 고용허가를 받아 적법하게 우리나라에 입국**하여 우리나라에서 **일정한 생활관계를 형성, 유지**하는 등, 우리 사회에서 **정당한 노동인력으로서의 지위를 부여**받은 상황임을 전제로 하는 이상, **이 사건 청구인에게 직장 선택의 자유에 대한 기본권 주체성을 인정할 수 있다** 할 것이다(헌재 2011. 9. 29. 2007헌마1083 등).

©02 1244 근로의 권리는 자유권적 기본권의 성격도 있으므로 이 부분에 관한 한 외국인에게도 기본권 주체성을 인정해야 한다. 17 경정 O|X

1244-1 근로의 권리는 사회적 기본권의 성격을 가지므로 인간의 권리인 자유권과 달리 외국인에게는 기본권 주체성을 인정하기 어렵다. 15 국회 9 O|X

근로의 권리의 구체적인 내용에 따라, 국가에 대하여 고용증진을 위한 **사회적·경제적 정책을 요구할 수 있는 권리는 사회권적 기본권**으로서 **국민에 대하여만 인정**해야 하지만, 자본주의 경제질서하에서 근로자가 기본적 생활수단을 확보하고 인간의 존엄성을 보장받기 위하여 **최소한의 근로조건을 요구할 수 있는 권리는 자유권적 기본권의 성격도 아울러 가지므로 이러한 경우 외국인 근로자**에게도 그 **기본권 주체성을 인정함**이 타당하다(헌재 2007. 8. 30. 2004헌마670).

[정답] 1242. O 1242-1. X [국민의 권리 X, 인간의 권리 O / 제한적으로 인정] 1243. O 1243-1. X [고용허가로 적법한 근로관계 형성 시 기본권 주체성 인정] 1243-2. X [주체가 될 수 있음] 1244. O 1244-1. X [근로의 권리 : 사회적 + 자유권적 기본권, 최소한의 근로조건을 요구할 수 있는 권리 인정]

1245 근로의 권리의 구체적인 내용에 따라, 국가에 대하여 고용증진을 위한 사회적·경제적 정책을 요구할 수 있는 권리는 사회권적 기본권으로서 국민에 대하여만 인정해야 하지만, 자본주의 경제질서하에서 근로자가 기본적 생활수단을 확보하고 인간의 존엄성을 보장받기 위하여 최소한의 근로조건을 요구할 수 있는 권리는 자유권적 기본권의 성격도 아울러 가지므로 이러한 경우 외국인 근로자에게도 그 기본권 주체성을 인정함이 타당하다. 22 경찰 1차   O | X

1245-1 국가에 대하여 고용증진을 위한 사회적·경제적 정책을 요구할 수 있는 권리는 이른바 사회적 기본권으로서 국민에게만 인정되므로, 외국인 근로자는 기본적 생활수단을 확보하고 인간의 존엄성을 보장받기 위한 최소한의 근로조건을 요구할 수 있는 권리의 주체가 되지 못한다. 16 경정   O | X

> 근로의 권리의 구체적인 내용에 따라, 국가에 대하여 고용증진을 위한 **사회적·경제적 정책을 요구할 수 있는 권리**는 **사회권적 기본권**으로서 **국민에 대하여만 인정**해야 하지만, 자본주의 경제질서하에서 근로자가 기본적 생활수단을 확보하고 인간의 존엄성을 보장받기 위하여 **최소한의 근로조건을 요구할 수 있는 권리**는 **자유권적 기본권의 성격**도 아울러 가지므로 이러한 경우 **외국인 근로자**에게도 그 **기본권 주체성을 인정함이 타당하다**(헌재 2007. 8. 30. 2004헌마670).

1246 근로의 권리는 국민의 권리이므로 외국인은 그 주체가 될 수 없는 것이 원칙이나, 근로의 권리 중 일할 환경에 관한 권리에 대해서는 외국인의 기본권 주체성을 인정할 수 있다. 20 경정, 17 법무사   O | X

1246-1 일할 자리에 관한 권리는 국민에게만 인정되지만, 일할 환경에 관한 권리는 외국인에게도 인정된다. 23 경간   O | X

1246-2 일할 환경에 관한 권리는 외국인 근로자에게는 인정되지 아니한다. 14 법무사   O | X

> **근로의 권리**는 생활의 기본적인 수요를 충족시킬 수 있는 생활수단을 확보해 주고 나아가 인격의 자유로운 발현과 인간의 존엄성을 보장해 주는 것으로서 사회권적 기본권의 성격이 강하므로 이에 대한 **외국인의 기본권주체성을 전면적으로 인정하기는 어렵다**. **근로의 권리**가 "일할 자리에 관한 권리"만이 아니라 "**일할 환경에 관한 권리**"도 함께 내포하고 있는바, 후자는 인간의 존엄성에 대한 침해를 방어하기 위한 **자유권적 기본권의 성격**도 갖고 있어 건강한 작업환경, 일에 대한 정당한 보수, 합리적인 근로조건의 보장 등을 요구할 수 있는 권리 등을 포함한다고 할 것이므로 **외국인 근로자**라고 하여 이 부분에까지 **기본권 주체성을 부인할 수는 없다**(헌재 2007. 8. 30. 2004헌마670).
>
> 🔖 **보충설명** 일할 자리에 관한 권리는 사회권적 기본권의 성격이 강하므로 외국인의 기본권 주체성을 인정하기 어렵지만, 일할 환경에 관한 권리는 자유권적 기본권의 성격도 가지고 있어 외국인에게도 인정된다.

1247 근로의 권리가 '일할 자리에 관한 권리'만이 아니라 '일할 환경에 관한 권리'도 함께 내포하고 있는데, 이 중 '일할 환경에 관한 권리'는 인간의 존엄성에 대한 침해를 방어하기 위한 자유권적 기본권의 성격도 갖고 있어 외국인 근로자라고 하여 이에 대한 기본권 주체성을 부인할 수는 없다. 21 입시   O | X

> **근로의 권리**가 "일할 자리에 관한 권리"만이 아니라 "**일할 환경에 관한 권리**"도 함께 내포하고 있는바, 후자는 인간의 존엄성에 대한 침해를 방어하기 위한 **자유권적 기본권의 성격**도 갖고 있어 건강한 작업환경, 일에 대한 정당한 보수, 합리적인 근로조건의 보장 등을 요구할 수 있는 권리 등을 포함한다고 할 것이므로 **외국인 근로자**라고 하여 이 부분에까지 **기본권 주체성을 부인할 수는 없다**(헌재 2007. 8. 30. 2004헌마670).

● 정답 1245. O   1245-1. ×[외국인도 주체가 됨]   1246. O   1246-1. O   1246-2. ×[외국인 근로자 인정]   1247. O

1248 헌법상 근로의 권리는 '일할 자리에 관한 권리'만이 아니라 '일할 환경에 관한 권리'도 의미하는데, '일할 환경에 관한 권리'는 인간의 존엄성에 대한 침해를 방어하기 위한 권리로서 외국인에게도 인정되며, 건강한 작업환경, 일에 대한 정당한 보수, 합리적인 근로조건의 보장 등을 요구할 수 있는 권리 등을 포함한다. 17 국가 7(추)   O|X

헌법상 근로의 권리는 '일할 자리에 관한 권리'만이 아니라 '일할 환경에 관한 권리'도 의미하는데, **'일할 환경에 관한 권리'는 인간의 존엄성에 대한 침해를 방어하기 위한 권리로서 외국인에게도 인정되며, 건강한 작업환경, 일에 대한 정당한 보수, 합리적인 근로조건의 보장 등을 요구할 수 있는 권리 등을 포함한다**(헌재 2016. 3. 31. 2014헌마367).

1249 불법체류 중인 외국인들이라 하더라도, 불법체류라는 것은 관련법령에 의하여 체류자격이 인정되지 않는다는 것일 뿐이므로, '인간의 권리'로서 외국인에게도 주체성이 인정되는 일정한 기본권에 관하여 불법체류 여부에 따라 그 인정 여부가 달라지는 것은 아니다. 22 경찰 1차   O|X

1249-1 장기간 불법체류를 해 온 외국인이라 하더라도, 침해받았다고 주장하는 기본권이 주거의 자유, 재판청구권이라면 두 기본권은 그 성질상 인간의 권리에 해당하므로 기본권주체성이 인정된다. 17 경정   O|X

1249-2 불법체류는 관련 법령에 의하여 체류자격이 인정되지 않는다는 것을 의미하므로, 비록 문제되는 기본권이 인간의 권리라고 하더라도 불법체류 여부에 따라 그 인정 여부가 달라진다. 19 서울 7(추)   O|X

1249-3 성질상 인간의 권리에 해당한다고 볼 수 있는 재판청구권에 관하여는 외국인의 기본권 주체성이 인정되지만, 불법체류 중인 외국인에게는 재판청구권에 관한 기본권 주체성이 인정되지 않는다. 23 경정   O|X

헌법재판소법 제68조 제1항 소정의 헌법소원은 기본권의 주체이어야만 청구할 수 있는데, 단순히 '국민의 권리'가 아니라 '인간의 권리'로 볼 수 있는 기본권에 대해서는 외국인도 기본권의 주체가 될 수 있다. 나아가 청구인들이 불법체류 중인 외국인들이라 하더라도, **불법체류라는 것은 관련 법령에 의하여 체류자격이 인정되지 않는다는 것일 뿐이므로, '인간의 권리'로서 외국인에게도 주체성이 인정되는 일정한 기본권에 관하여 불법체류 여부에 따라 그 인정 여부가 달라지는 것은 아니다**(헌재 2012. 8. 23. 2008헌마430).

2 기본권 주체성 부정

1250 「출입국관리법」에 따른 영주의 체류자격 취득일 후 3년이 경과한 18세 이상의 외국인에게는 지방자치단체 의회의원 및 장의 선거권이 부여되어 헌법상의 정치적 기본권이 인정된다. 16 경정, 13 국회 8   O|X

선거권·피선거권·공무담임권·국민투표권 등 헌법상 정치적 기본권은 국민주권의 원리에 따라 국민의 권리를 의미하므로 **외국인에게는 인정되지 않는다.** 다만 「공직선거법」상 일정한 요건을 갖춘 외국인에게도 헌법상 기본권이 아닌 법률상 권리로서 지방선거권을 인정하고 있다.

● 정답 1248. O   1249. O   1249-1. O   1249-2. ×[인정여부가 달라지지 않음]   1249-3. ×[기본권 주체성 인정됨]   1250. ×[헌법상 기본권 ×, 법률상 권리]

1251 외국인의 기본권주체성은 기본권의 성질에 따라 인정여부가 결정되어야 하는바「공직선거법」상 일정한 요건을 갖춘 외국인에게는 지방자치단체의 장에 대한 선거권이 인정되나,「주민투표법」에 따른 투표의 경우에는 외국인에게 투표권이 인정되지 않는다. 16 서울 7   O | X

1251-1 참정권은 '인간의 자유'라기보다는 '국민의 자유'이므로「공직선거법」은 외국인의 선거권을 인정하지 않고 있다. 20 지방 7   O | X

> **공직선거법 제15조(선거권)** ② 18세 이상으로서 제37조제1항에 따른 선거인명부작성기준일 현재 다음 각 호의 어느 하나에 해당하는 사람은 그 구역에서 선거하는 지방자치단체의 의회의원 및 장의 선거권이 있다.
> 3.「출입국관리법」제10조에 따른 **영주의 체류자격 취득일 후 3년이 경과한 외국인**으로서 같은 법 제34조에 따라 **해당 지방자치단체의 외국인등록대장**에 올라 있는 사람
>
> **주민투표법 제5조(주민투표권)** ① 18세 이상의 **주민** 중 제6조제1항에 따른 투표인명부 작성기준일 현재 다음 각 호의 어느 하나에 해당하는 사람에게는 **주민투표권**이 있다. 다만,「공직선거법」제18조에 따라 선거권이 없는 사람에게는 주민투표권이 없다.
> 2. 출입국관리 관계 법령에 따라 대한민국에 계속 거주할 수 있는 자격(체류자격변경허가 또는 체류기간연장허가를 통하여 계속 거주할 수 있는 경우를 포함한다)을 갖춘 **외국인으로서 지방자치단체의 조례로 정한 사람**

📝 **보충설명** 「공직선거법」상 일정한 요건을 갖춘 외국인에게 지방선거권이 인정되고,「주민투표법」상 일정한 요건을 갖춘 외국인에게 주민투표권이 인정된다. 다만 외국인의 지방선거권과 주민투표권은 헌법상 기본권이 아니라 법률상 권리에 불과하다.

1252 출입국관리 관계 법령에 따라 대한민국에 계속 거주할 수 있는 자격을 갖춘 외국인으로서 지방자치단체의 조례로 정한 사람은 국민투표권을 가진다. 19 국가 7   O | X

> **국민투표법 제7조(투표권)** 19세 이상의 **국민**은 투표권이 있다.

📝 **보충설명** 외국인은 주민투표권을 가지는 경우는 있으나 국민투표권을 가지지 못한다.

1253 외국인에게도 공무담임권이 인정된다. 10 국회 9   O | X

선거권·피선거권·**공무담임권**·국민투표권 등 **헌법상 정치적 기본권**은 국민주권의 원리에 따라 국민의 권리를 의미하므로 **외국인**에게는 **인정되지 않는다**.

1254 거주·이전의 자유는 인간의 권리에 해당하므로 외국인에게 거주·이전의 자유의 내용인 출·입국의 자유에 대한 기본권주체성이 인정된다. 24 경찰 1차   O | X

거주·이전의 자유는 **국민의 권리**에 해당하므로 외국인에게 거주·이전의 자유를 인정하기 어렵지만, 외국인의 주체성을 일률적으로 부정할 수는 없다. 외국인에게 거주·이전의 자유의 내용인 **입국의 자유**에 대한 **기본권주체성은 부정**되나, 적법하게 입국한 외국인에게 **출국의 자유와 국내에서의 거주·이전의 자유**에 대한 **기본권주체성은 인정**된다.

> 📌 **관련판례** 참정권과 **입국의 자유**에 대한 **외국인의 기본권주체성이 인정되지 않고**, 외국인이 대한민국 국적을 취득하면서 자신의 외국 국적을 포기한다 하더라도 이로 인하여 재산권 행사가 직접 제한되지 않으며, 외국인이 복수국적을 누릴 자유가 우리 헌법상 행복추구권에 의하여 보호되는 기본권이라고 보기 어려우므로, 외국인의 기본권주체성 내지 기본권침해가능성을 인정할 수 없다 (헌재 2014. 6. 26. 2011헌마502).

● **정답** 1251. X [일정한 요건을 갖출 시 외국인도 주민투표권 인정 (법률상 권리)] 1251-1. X [일정한 요건을 갖춘 외국인은 지방선거권 인정 (법률상 권리)] 1252. X [외국인 국민투표권 부정] 1253. X [외국인 공무담임권 부정] 1254. X [인간의 권리 X → 국민의 권리 O / 입국의 자유 부정 but 출국의 자유 인정]

1255 외국인은 입국의 자유의 주체가 될 수 없으며, 외국인이 복수국적을 누릴 자유는 헌법상 보호되는 기본권으로 볼 수 없다. 19 변호사   O | X

1255-1 특별한 조약이 없는 한 외국인에게 입국을 허가할 의무가 없으므로 외국인은 원칙적으로 입국의 자유가 없다. 16 국회 8   O | X

참정권과 **입국의 자유**에 대한 외국인의 **기본권주체성이 인정되지 않고**, 외국인이 대한민국 국적을 취득하면서 자신의 외국 국적을 포기한다 하더라도 이로 인하여 재산권 행사가 직접 제한되지 않으며, **외국인이 복수국적을 누릴 자유가 우리 헌법상 행복추구권에 의하여 보호되는 기본권이라고 보기 어려우므로, 외국인의 기본권주체성** 내지 기본권침해가능성을 **인정할 수 없다**(헌재 2014. 6. 26. 2011헌마502).

1256 의료인에게 면허된 의료행위 이외의 의료행위를 금지하고 처벌하는「의료법」조항이 제한하고 있는 직업의 자유는 국가자격제도정책과 국가의 경제상황에 따라 법률에 의하여 제한할 수 있고 인류보편적인 성격을 지니고 있지 아니하는 국민의 권리이므로 원칙적으로 외국인에게 인정되는 기본권은 아니다. 24 경찰 1차   O | X

심판대상조항이 제한하고 있는 **직업의 자유**는 국가자격제도정책과 국가의 경제상황에 따라 법률에 의하여 제한할 수 있고 인류보편적인 성격을 지니고 있지 아니하므로 **국민의 권리에 해당**한다. 이와 같이 헌법에서 인정하는 직업의 자유는 원칙적으로 대한민국 국민에게 인정되는 기본권이지, **외국인에게 인정되는 기본권은 아니다.** 국가 정책에 따라 정부의 허가를 받은 외국인은 정부가 허가한 범위 내에서 소득활동을 할 수 있는 것이므로, 외국인이 국내에서 누리는 직업의 자유는 법률 이전에 헌법에 의해서 부여된 기본권이라고 할 수는 없고, 법률에 따른 정부의 허가에 의해 비로소 발생하는 권리이다(헌재 2014. 8. 28. 2013헌마359).

1257 국가정책에 따라 정부의 허가를 받은 외국인은 정부가 허가한 범위 내에서 소득활동을 할 수 있는 것이므로 외국인이 국내에서 누리는 직업의 자유는 법률 이전에 헌법에 의해서 부여된 기본권이라 할 수는 없고, 법률에 따른 정부의 허가에 의해 비로소 발생하는 권리이다. 22 국가 7, 21 경정, 17 변호사, 16 국회 8   O | X

1257-1 외국국적동포가 국내에서 누리는 직업의 자유는 법률 이전에 헌법에 의해서 부여된 기본권이다. 23 경채   O | X

헌법에서 인정하는 직업의 자유는 원칙적으로 대한민국 국민에게 인정되는 기본권이지, 외국인에게 인정되는 기본권은 아니다. 국가정책에 따라 정부의 허가를 받은 외국인은 정부가 허가한 범위 내에서 소득활동을 할 수 있는 것이므로, **외국인이 국내에서 누리는 직업의 자유**는 법률 이전에 헌법에 의해서 부여된 기본권이라고 할 수는 없고, **법률에 따른 정부의 허가에 의해 비로소 발생하는 권리이다.** … 외국국적동포라는 사유만으로 헌법상 기본권주체성의 범위가 확장되는 것은 아니며, 청구인이 **외국국적동포**라고 하여 다른 외국인과 **달리 취급되지 아니한다**(헌재 2014. 8. 28. 2013헌마359).

1258 외국인은 자격제도 자체를 다툴 수 있는 기본권 주체성이 인정되지 않지만 평등권의 주체는 될 수 있으므로, 자격제도와 관련된 평등권의 기본권 주체성은 인정될 수 있다. 21 입시   O | X

국가정책에 따라 정부의 허가를 받은 외국인은 정부가 허가한 범위 내에서 소득활동을 할 수 있는 것이므로, 외국인이 국내에서 누리는 직업의 자유는 법률에 따른 정부의 허가에 의해 비로소 발생하는 권리이다. 따라서 **외국인인 청구인**에게는 그 기본권주체성이 인정되지 아니하며, **자격제도 자체를 다툴 수 있는 기본권주체성이 인정되지 아니하는 이상** 국가자격제도에 관련된 **평등권에 관하여 따로 기본권주체성을 인정할 수 없다**(헌재 2014. 8. 28. 2013헌마359).

● 정답 1255. O   1255-1. O   1256. O   1257. O   1257-1. X [헌법에 의해서 부여된 기본권 X, 법률에 따른 정부의 허가에 의해 비로소 발생하는 권리 O]   1258. X [자격제도를 다툴 수 없으므로 관련 평등권 주체성 부정]

1259 외국인에게도 사회보장수급권이 인정된다. 10 국회 9   O|X

사회보장수급권은 국민의 인간다운 생활을 보장하기 위한 기본권으로서 외국인에게도 입법정책적으로 인정할 수는 있으나 **헌법상 기본권**으로는 원칙적으로 **인정되지 않는다.**

POINT 089 기본권주체 (사법인)

01 사법인 내지 단체

1260 우리 헌법은 법인 내지 단체의 기본권 향유능력에 대하여 명문의 규정을 두고 있지는 않지만, 본래 자연인에게 적용되는 기본권이라도 그 성질상 법인이 누릴 수 있는 기본권은 법인에게도 적용된다. 19 법원 9   O|X

1260-1 헌법은 법인의 기본권 주체성에 관한 명문의 규정을 두고 있지 않다. 24 5급   O|X

우리 헌법은 **법인 내지 단체의 기본권 향유능력**에 대하여 **명문의 규정을 두고 있지는 않지만** 본래 자연인에게 적용되는 기본권이라도 그 **성질상 법인이 누릴 수 있는 기본권**은 **법인에게도 적용된다**(헌재 2012. 8. 23. 2009헌가27).

1261 법인은 사단법인·재단법인 또는 영리법인·비영리법인을 가리지 아니하고 일정한 한계 내에서 헌법상 보장된 기본권이 침해되었음을 이유로 헌법소원심판을 청구할 수 있다. 14 국회 9   O|X

법인도 사단법인·재단법인 또는 **영리법인·비영리법인**을 가리지 아니하고 위 한계내에서는 **헌법상 보장된 기본권이 침해되었음을 이유로 헌법소원심판을 청구할 수 있다.** 또한, 법인 아닌 사단·재단이라고 하더라도 대표자의 정함이 있고 독립된 사회적 조직체로서 활동하는 때에는 성질상 법인이 누릴 수 있는 기본권을 침해당하게 되면 그의 이름으로 헌법소원심판을 청구할 수 있다(헌재 1991. 6. 3. 90헌마56).

1262 법인 아닌 사단·재단이라고 하더라도 대표자의 정함이 있고 독립된 사회적 조직체로서 활동하는 때에는 성질상 법인이 누릴 수 있는 기본권을 침해당하게 되면 법인 아닌 사단·재단의 이름으로 헌법소원심판을 청구할 수 있다. 21 5급   O|X

1262-1 법인 아닌 사단·재단의 경우 대표자의 정함이 있고 독립된 사회적 조직체로서 활동한다고 하더라도 그의 이름으로 헌법소원심판을 청구할 수는 없다. 23 경정   O|X

법인도 사단법인·재단법인 또는 영리법인·비영리법인을 가리지 아니하고 위 한계내에서는 헌법상 보장된 기본권이 침해되었음을 이유로 헌법소원심판을 청구할 수 있다. 또한, **법인 아닌 사단·재단**이라고 하더라도 **대표자의 정함**이 있고 **독립된 사회적 조직체**로서 활동하는 때에는 **성질상 법인이 누릴 수 있는 기본권**을 침해당하게 되면 그의 이름으로 **헌법소원심판을 청구할 수 있다**(헌재 1991. 6. 3. 90헌마56).

●정답 1259. X [외국인 사회보장수급권 부정]   1260. O   1260-1. O   1261. O   1262. O   1262-1. X [헌법소원심판 청구 가능]

1263 상공회의소는 목적이나 설립, 관리 면에서 자주적인 단체로 사법인이라 할 것이므로 결사의 자유는 보장된다. 13 법원 9   O | X

기본적으로는 관할구역의 상공업계를 대표하여 그 권익을 대변하고 회원에게 기술 및 정보 등을 제공하여 회원의 경제적·사회적 지위를 높임으로써 상공업의 발전을 꾀함을 목적으로 하는 조직으로 목적이나 설립, 관리 면에서 자주적인 단체로 **사법인**이라고 할 것이므로 **상공회의소**와 관련해서도 **결사의 자유는 보장**된다고 할 것이다(헌재 2006. 5. 25. 2004헌가1).

1264 자연인에게 적용되는 기본권 규정이라도 성질상 법인이 누릴 수 있는 기본권은 당연히 법인에게도 적용되어야 하므로 한국영화인협회와 학교법인의 기본권향유능력을 긍정할 수 있다. 13 국회 8   O | X

(1) **사단법인 한국영화인협회**는 "영화예술인 상호간의 친목도모 및 자질향상, 민족영화예술의 창달발전을 기함을 목적으로, 그 목적을 달성하기 위하여" 설립된 **민법상의 비영리사단법인**으로서 성질상 법인이 누릴 수 있는 기본권에 관한 한 그 이름으로 **헌법소원심판을 청구할 수 있다**(헌재 1991. 6. 3. 90헌마56).
(2) **학교법인** 이화학당은 헌법 제31조 제4항의 **대학의 자율성의 주체**이다(헌재 2013. 5. 30. 2009헌마514).

1265 한국영화인협회 감독위원회는 영화인협회 내부에 설치된 분과위원회의 하나에 지나지 아니하며, 달리 단체로서 실체를 갖춘 법인 아닌 사단으로 볼 수 없어 헌법소원심판에서 청구인능력이 없다. 21 국회 9   O | X

1265-1 사단법인 한국영화인협회 내부의 8개 분과위원회 중 하나인 감독위원회는 독자적으로 기본권의 주체가 될 수 없다. 18 경정, 13 국가 7   O | X

청구인 **한국영화인협회 감독위원회**는 영화인협회로부터 독립된 별개의 단체가 아니고, **영화인협회의 내부에 설치된 8개의 분과위원회** 가운데 하나에 지나지 아니하며, 달리 단체로서의 실체를 갖추어 당사자 능력이 인정되는 **법인 아닌 사단**으로 볼 자료도 없다. 따라서 감독위원회는 그 이름으로 헌법소원심판을 청구할 수 있는 **헌법소원심판청구능력이 있다고 할 수 없는 것**이므로 감독위원회의 이 사건 헌법소원심판청구는 더 나아가 판단할 것 없이 부적법하다(헌재 1991. 6. 3. 90헌마56).

1266 한국신문편집인협회는 언론인들의 협동단체로서 법인격은 없으나 사단으로서의 실체를 가지고 있으므로 권리능력 없는 사단이라고 할 것이고, 따라서 기본권의 성질상 자연인에게만 인정될 수 있는 기본권이 아닌 한 기본권의 주체가 될 수 있다. 20 국회 8   O | X

1266-1 한국신문편집인협회는 언론인들의 협동단체로서 대표자와 총회가 있고, 단체의 명칭, 대표의 방법, 총회 운영, 재산의 관리 기타 단체의 중요한 사항이 회칙으로 규정되어 있지만 법인격이 없어 기본권의 주체가 될 수 없다. 11 국가 7   O | X

청구인협회는 언론인들의 협동단체로서 법인격은 없으나, 대표자와 총회가 있고, 단체의 명칭, 대표의 방법, 총회 운영, 재산의 관리 기타 단체의 중요한 사항이 회칙으로 규정되어 있는 등 **사단으로서의 실체**를 가지고 있으므로 **권리능력 없는 사단**이라고 할 것이고, 따라서 **기본권의 성질상 자연인에게만 인정될 수 있는 기본권이 아닌 한 기본권의 주체가 될 수 있으며**, 헌법상의 기본권을 향유하는 범위 내에서는 헌법소원심판청구능력도 있다고 할 것이다(헌재 1995. 7. 21. 92헌마177 등).

정답 1263. O 1264. O 1265. O 1265-1. O 1266. O 1266-1. X [기본권 주체가 될 수 있음]

1267 한국신문편집인협회가 침해받았다고 주장하는 언론·출판의 자유는 그 성질상 법인이나 권리능력 없는 사단도 누릴 수 있는 권리이므로 동 협회가 언론·출판의 자유를 직접 구체적으로 침해 받은 경우에는 헌법소원을 청구할 수 있다. 16 국회 9 O|X

이 사건의 경우 청구인협회가 침해받았다고 주장하는 **언론·출판의 자유**는 그 성질상 **법인이나 권리능력 없는 사단도 누릴 수 있는 권리**이므로 청구인협회가 언론·출판의 자유를 직접 구체적으로 침해받은 경우에는 **헌법소원심판을 청구할 수 있다**고 볼 것이나, 한편 단체는 원칙적으로 단체 자신의 기본권을 직접 침해당한 경우에만 그의 이름으로 헌법소원심판을 청구할 수 있을 뿐이고, 그 구성원을 위하여 또는 구성원을 대신하여 헌법소원심판을 청구할 수 없다고 할 것이다(헌재 1995. 7. 21. 92헌마177 등).

1268 법인도 법인의 목적과 사회적 기능에 비추어 볼 때 그 성질에 반하지 않는 범위 내에서 인격권의 한 내용인 사회적 신용이나 명예 등의 주체가 될 수 있고 법인이 이러한 사회적 신용이나 명예 유지 내지 법인격의 자유로운 발현을 위하여 의사결정이나 행동을 어떻게 할 것인지를 자율적으로 결정하는 것도 법인의 인격권의 한 내용을 이룬다. 16 법무사 O|X

1268-1 법인은 법인의 목적과 사회적 기능에 비추어 볼 때 그 성질에 반하지 않는 범위 내에서 인격권의 한 내용인 사회적 신용이나 명예 등의 주체가 될 수 있지만, 법인이 사회적 신용이나 명예 유지 내지 법인격의 자유로운 발현을 위하여 의사결정이나 행동을 어떻게 할 것인지를 자율적으로 결정하는 것은 법인의 인격권의 내용이 아니다. 23 경정 O|X

1268-2 개인이 자연인으로서 향유하게 되는 기본권은 그 성질상 당연히 법인에게 적용될 수 없다. 따라서 인간의 존엄과 가치에서 유래하는 인격권은 그 성질상 법인에게는 적용될 수 없다. 23 입시, 17 경정, 13 국가 7 O|X

1268-3 자연인으로서 개인의 존재를 전제로 하거나 인간의 감정과 관련된 기본권은 그 성질상 법인에게 적용될 수 없으므로 법인은 인격권의 주체가 될 수 없다. 17 지방 7 O|X

우리 헌법은 법인 내지 단체의 기본권 향유능력에 대하여 명문의 규정을 두고 있지는 않지만 본래 자연인에게 적용되는 기본권이라도 그 성질상 법인이 누릴 수 있는 기본권은 법인에게도 적용된다. … **법인도 법인의 목적과 사회적 기능에 비추어 볼 때 그 성질에 반하지 않는 범위 내에서 인격권의 한 내용인 사회적 신용이나 명예 등의 주체**가 될 수 있고 법인이 이러한 사회적 신용이나 명예 유지 내지 법인격의 자유로운 발현을 위하여 **의사결정이나 행동을 어떻게 할 것인지를 자율적으로 결정**하는 것도 **법인의 인격권의 한 내용을 이룬다고 할 것이다**(헌재 2012. 8. 23. 2009헌가27).

1269 우리 헌법은 법인의 기본권향유능력을 인정하는 명문의 규정을 두고 있지 않지만, 언론·출판의 자유, 재산권의 보장 등과 같이 성질상 법인이 누릴 수 있는 기본권은 당연히 법인에게도 적용된다. 22 해간, 22 해경, 21 법원 9 O|X

우리 헌법은 **법인의 기본권향유능력**을 인정하는 **명문의 규정을 두고 있지 않지만**, 본래 자연인에게 적용되는 기본권규정이라도 **언론·출판의 자유, 재산권**의 보장 등과 같이 **성질상 법인이 누릴 수 있는 기본권**에 관한 규정은 **당연히 법인에게도 적용**하여야 할 것이므로 법인도 사단법인·재단법인 또는 영리법인·비영리법인을 가리지 아니하고 위 한계 내에서는 헌법상 보장된 기본권이 침해되었음을 이유로 헌법소원심판을 청구할 수 있다(헌재 2006. 1. 26. 2005헌마424).

정답 1267. O 1268. O 1268-1. X [법인의 인격권의 한 내용을 이룸] 1268-2. X [법인도 인격권의 주체가 됨] 1268-3. X [법인도 인격권의 주체가 됨] 1269. O

1270 자연인뿐만 아니라 법인도 일정한 범위 내에서 집회의 자유의 주체가 될 수 있다. 10 법원 9   O|X

집회의 자유의 주체는 원칙적으로 국민이지만, 외국인이나 무국적자도 헌법상 특별히 금지할 사유가 없으면 널리 인정하여야 한다. **자연인뿐만** 아니라 **법인도** 일정한 범위 내에서 **집회의 자유의 주체**가 될 수 있다.

1271 헌법 제14조의 거주·이전의 자유, 헌법 제21조의 결사의 자유는 그 성질상 법인에게도 인정된다. 20 변호사   O|X

1271-1 법인 등 결사체도 그 조직과 의사형성 그리고 업무수행에 관한 자기결정권을 가지고 있어 결사의 자유의 주체가 된다. 24 경간, 21 국회 9   O|X

1271-2 사법인은 그 조직과 의사형성에 있어서, 그리고 업무수행에 있어서 자기결정권을 가진다고 할 수 없으므로 결사의 자유의 주체가 된다고 볼 수 없다. 24 5급   O|X

(1) **법인** 등의 경제주체는 헌법 제14조에 의하여 보장되는 **거주·이전의 자유의 주체**로서 기업활동의 근거지인 본점이나 사무소를 어디에 둘 것인지, 어디로 이전할 것인지 자유로이 결정할 수 있고, 한편 본점이나 사무소의 설치·이전은 통상적인 영업활동에 필수적으로 수반되는 것이므로 그 설치·이전의 자유는 헌법 제15조에 의하여 보장되는 직업의 자유의 내용에 포함되기도 한다(헌재 2000. 12. 14. 98헌바104).

(2) **법인** 등 결사체도 그 **조직과 의사형성**에 있어서, 그리고 **업무수행**에 있어서 **자기결정권**을 가지고 있어 **결사의 자유의 주체**가 된다고 봄이 상당하므로, 축협중앙회는 그 회원조합들과 별도로 결사의 자유의 주체가 된다(헌재 2000. 6. 1. 99헌마553).

1272 법인도 성질상 법인이 누릴 수 있는 기본권의 주체가 되는데, 직업의 자유는 법인에게도 인정된다. 24 입시   O|X

헌법 제15조에 의한 직업선택의 자유는 자신이 원하는 직업 내지 직종을 자유롭게 선택하는 직업선택의 자유와 그가 선택한 직업을 자기가 결정한 방식으로 자유롭게 수행할 수 있는 직업수행의 자유를 포함하는 개념이고, **법인도 성질상 법인이 누릴 수 있는 기본권의 주체가 되는데, 직업선택의 자유**는 헌법상 **법인에게도 인정되는 기본권**이다(헌재 1991. 6. 3. 90헌마56).

1273 직업의 자유는 법인의 경우에는 사법인은 주체가 되나, 공법인은 주체로 인정되지 아니한다. 14 국회 8   O|X

직업의 자유는 법인의 경우에는 **사법인은 주체**가 되나, 공법인은 기본권 수범자로서 주체로 인정되지 아니한다.

1274 인간의 존엄과 가치, 행복추구권은 그 성질상 자연인에게 인정되는 기본권이므로 법인에게는 적용되지 않는다. 17 법원 9   O|X

1274-1 행복을 추구할 권리는 그 성질상 자연인에게 인정되는 기본권이기 때문에 법인에게는 적용되지 않는다. 24 5급   O|X

1274-2 공법인도 행복추구권의 주체가 될 수 있다. 16 국회 9   O|X

헌법 제10조의 **인간으로서의 존엄과 가치, 행복을 추구할 권리**는 그 **성질상 자연인에게 인정되는 기본권**이라고 할 것이어서, **법인인 청구인들에게는 적용되지 않는다**고 할 것이다(헌재 2006. 12. 28. 2004헌바67).

정답 1270. O   1271. O   1271-1. O   1271-2. X [자기결정권 가짐. 결사의 자유의 주체가 됨]   1272. O   1273. O   1274. O   1274-1. O
1274-2. X [법인은 행복추구권의 주체가 되지 않음]

1275 인간다운 생활을 할 권리는 자연인의 권리이므로 법인에게는 인정되지 않고, 또한 국민의 권리이므로 원칙적으로 외국인에게는 인정되지 아니한다. 22 경찰 2차 O | X

> 인간다운 생활을 할 권리는 자연인의 권리이므로 법인에게는 인정되지 않고, 또한 국민의 권리이므로 원칙적으로 외국인에게는 인정되지 아니한다.

02 정당 (법인격 없는 사단)

1276 정당은 구성원과 독립하여 그 자체로서 기본권의 주체가 될 수 있고, 그 조직 자체의 기본권이 직접 침해당한 경우 자신의 이름으로 헌법소원심판을 청구할 수 있다. 17 지방 7 O | X

1276-1 정당은 국가기관이 아니므로 권한쟁의심판의 당사자가 될 수 없고, 자신의 기본권이 침해된 경우 헌법소원을 청구할 수 있다. 15 국회 8 O | X

1276-2 정당은 권리능력 없는 단체에 속하므로 그 자체로서 기본권의 주체가 될 수 없다. 20 소간 O | X

> 청구인 진보신당은 국민의 정치적 의사형성에 참여하기 위한 조직으로 성격상 권리능력 없는 단체에 속하지만, 구성원과는 독립하여 그 자체로서 기본권의 주체가 될 수 있고, 그 조직 자체의 기본권이 직접 침해당한 경우 자신의 이름으로 헌법소원심판을 청구할 수 있으나, … 것이다(헌재 2008. 12. 26. 2008헌마419 등).

1277 평등권 및 평등선거의 원칙으로부터 나오는 기회균등의 원칙은 후보자는 물론 정당에 대해서도 보장된다. 23 해간, 18 경정 O | X

1277-1 정당은 선거에서 차별대우를 받은 경우 평등권의 주체로서 헌법소원심판을 청구할 수 있다. 14 국회 9 O | X

1277-2 정당은 단순한 시민이나 국가기관이 아니고 국민의 정치적 의사를 형성하는 중개적 기관으로 국민의 권리인 평등권의 주체가 될 수 없다. 22 해간, 22 해경, 21 법원 9 O | X

1277-3 정당추천 후보자가 선거에서 차등대우를 받는 경우에는 해당 후보자의 평등권이 문제될 수 있을지는 몰라도 법인격 없는 사단인 정당은 선거에서의 차등대우와 관련하여 기본권의 주체가 될 수 없다. 15 국회 9 O | X

> 헌법이 보장하고 있는 정당(제도)의 본래적 존재 의의가 국민의 정치적 의사 형성에 참여하는 데 있으며(제8조 제2항 후문), 대의민주주의에서 이러한 참여의 가장 중요한 형태가 선거를 통한 참여임은 의문의 여지가 없다. 그런데 각종 선거에 정당은 후보자의 추천과 후보자를 지원하는 선거운동을 통하여 소기의 목적을 추구하는데, 이 경우 평등권 및 평등선거의 원칙으로부터 나오는 기회균등의 원칙은 후보자는 물론 정당에 대하여서도 보장되는 것이다(헌재 1999. 11. 25. 99헌바28).

정답 1275. O 1276. O 1276-1. O 1276-2. X [기본권 주체가 될 수 있음] 1277. O 1277-1. O 1277-2. X [정당은 평등권 주체가 될 수 있음] 1277-3. X [정당은 평등권 주체가 될 수 있음]

1278 법률이 교섭단체를 구성한 정당에 정책연구위원을 두도록 하여 그렇지 못한 정당을 차별하는 경우 교섭단체를 구성하지 못한 정당은 기본권을 침해받을 가능성이 있다. 24 경간   O|X

1278-1 교섭단체 소속 의원의 입법활동을 보좌하기 위하여 정책연구위원을 두도록 하는 「국회법」 조항은 교섭단체를 구성한 정당과 그렇지 못한 정당을 합리적 이유 없이 차별하는 것이 아니다. 22 입시   O|X

1278-2 교섭단체 소속의원의 입법활동을 보좌하기 위하여 정책연구위원을 두도록 하는 것은 교섭단체를 구성한 정당과 그렇지 못한 정당을 불합리하게 차별하여 평등원칙에 위반된다. 08 국가 7   O|X

(1) 교섭단체에 정책연구위원을 둔다는 국회법 제34조 제1항 규정은 교섭단체를 구성한 정당에게 정책연구위원을 배정한다는 것과 실질적으로 다를 바 없다고 할 것인바, 이 규정은 교섭단체 소속의원과 그렇지 못한 의원을 차별하는 것인 동시에, 교섭단체를 구성한 정당과 그렇지 못한 정당도 차별하고 있다고 할 것이다. 그렇다면 국회의원 20인 이상을 확보하지 못하여 교섭단체를 구성하지 못한 청구인은 이 사건 규정으로 인하여 자신의 <u>기본권을 침해받을 가능성이 있다</u>(헌재 2008. 3. 27. 2004헌마654).

(2) 교섭단체에만 정책연구위원을 배정할 합리적 이유가 있을 뿐 아니라, 비교섭단체인 정당도 다른 비교섭단체인 정당 또는 무소속 의원들과 함께 교섭단체를 구성함으로써 정책연구위원을 배정받을 수 있으므로, 이 사건 규정이 입법재량을 넘어 비교섭단체인 정당을 <u>불합리하게 차별한다고 볼 수 없다</u>(헌재 2008. 3. 27. 2004헌마654).

1279 정당과 같은 권리능력 없는 단체는 생명·신체의 안전에 관한 기본권의 행사에 있어서는 기본권 주체가 될 수 없다. 18 국회 9   O|X

1279-1 정당은 국민의 정치적 의사형성에 참여하기 위한 조직으로 성격상 권리능력 없는 단체에 속하지만 구성원과는 독립하여 기본권의 주체가 될 수 있으므로 생명·신체의 안전에 관한 기본권 행사에 있어 그 주체가 될 수 있다. 20 국회 8   O|X

1279-2 정당은 권리능력 없는 사단으로서 기본권 주체성이 인정되므로 미국산 쇠고기 수입위생조건에 관한 고시와 관련하여 생명·신체의 안전에 관한 기본권 침해를 이유로 헌법소원을 청구할 수 있다. 23 경간, 14 국가 7   O|X

이 사건에서 침해된다고 하여 주장되는 기본권은 <u>생명·신체의 안전</u>에 관한 것으로서 <u>성질상 자연인에게만 인정</u>되는 것이므로, 이와 관련하여 청구인 <u>진보신당과 같은 권리능력 없는 단체</u>는 위와 같은 기본권의 행사에 있어 <u>그 주체가 될 수 없고</u>, 또한 청구인 진보신당이 그 정당원이나 일반 국민의 기본권이 침해됨을 이유로 이들을 위하거나 이들을 대신하여 헌법소원심판을 청구하는 것은 원칙적으로 허용되지 아니하므로, 이 사건에 있어 청구인 진보신당은 청구인능력이 인정되지 아니한다 할 것이다(헌재 2008. 12. 26. 2008헌마419 등).

POINT 090 기본권주체 (공법인)

01 공법인

1280 국가나 국가기관 또는 국가조직의 일부나 공법인은 기본권의 수범자이지 기본권의 주체로서 그 소지자가 아니고 오히려 국민의 기본권을 보호 내지 실현해야 할 책임과 의무를 지니고 있는 지위에 있을 뿐이므로, 원칙적으로 헌법소원심판 청구인적격이 인정되지 아니한다. 10 국회 8   O|X

● 정답 1278. O   1278-1. O   1278-2. X [평등원칙 위반 X]   1279. O   1279-1. X [생명·신체의 안전에 관한 기본권 행사주체가 될 수 없음]   1279-2. X [헌법소원 청구 불가]   1280. O

기본권의 보장에 관한 각 헌법규정의 해석상 국민(또는 국민과 유사한 지위에 있는 외국인과 사법인)만이 기본권의 주체라 할 것이고, **국가나 국가기관** 또는 **국가조직의 일부**나 **공법인**은 기본권의 '수범자(Adressat)'이지 기본권의 주체로서 그 '**소지자(Trager)'가 아니고** 오히려 국민의 기본권을 보호 내지 실현해야 할 '책임'과 '의무'를 지니고 있는 지위에 있을 뿐이므로, 국가기관인 국회의 일부조직인 국회의 노동위원회는 **기본권의 주체가 될 수 없고** 따라서 헌법소원을 제기할 수 있는 적격이 없다(헌재 1994. 12. 29. 93헌마120).

1281 헌법상 기본권의 주체가 될 수 있는 법인은 원칙적으로 사법인에 한하는 것이고 공법인은 헌법의 수범자이지 기본권의 주체가 될 수 없다. 24 경간, 23 소간   O | X

1281-1 국가, 지방자치단체나 그 기관 또는 국가조직의 일부나 공법인은 원칙적으로 기본권의 수범자이자 동시에 기본권의 주체가 되는 이중적 지위에 있다. 19 법원 9   O | X

헌법상 기본권의 주체가 될 수 있는 법인은 원칙적으로 **사법인**에 한하는 것이고 **공법인은** 헌법의 수범자이지 **기본권의 주체가 될 수 없다**(헌재 2000. 6. 1. 99헌마553).

1282 국가, 지방자치단체도 다른 공권력 주체와의 관계에서 지배복종 관계가 성립되어 일반 사인처럼 그 지배하에 있는 경우에는 기본권 주체가 될 수 있다. 20 경정, 17 국회 8   O | X

공권력의 행사자인 **국가, 지방자치단체**나 **그 기관** 또는 **국가조직의 일부**나 **공법인**은 국민의 기본권을 보호 내지 실현해야 할 '책임'과 '의무'를 지는 주체로서 **헌법소원을 청구할 수 없다**(헌재 2013. 9. 26. 2012헌마271).

🖉 **보충설명** 국가, 지방자치단체는 지배복종관계가 성립될 수 없으므로 기본권주체가 될 수 없다. 국가나 지방자치단체는 법령에 의해 부여된 관할범위 내에서 활동하므로 이들에게 부여된 것은 권한이지, 기본권이 아니다.

1283 국가기관인 국회의 일부 조직인 노동위원회는 기본권의 주체가 될 수 없고, 따라서 헌법소원심판 청구를 제기할 수 있는 적격이 없다. 10 국회 8   O | X

1283-1 국회 환경노동위원회가 출석요구에 불응한 증인을 검찰에 고발하였으나 검찰이 불기소처분을 내리자 재판절차진술권의 침해를 이유로 헌법소원심판을 청구한 경우는 헌법소원을 제기할 수 있는 적격이 있다. 12 국회 8   O | X

기본권의 보장에 관한 각 헌법규정의 해석상 국민(또는 국민과 유사한 지위에 있는 외국인과 사법인)만이 기본권의 주체라 할 것이고, 국가나 국가기관 또는 국가조직의 일부나 공법인은 기본권의 '수범자(Adressat)'이지 기본권의 주체로서 그 '소지자(Trager)'가 아니고 오히려 국민의 기본권을 보호 내지 실현해야 할 '책임'과 '의무'를 지니고 있는 지위에 있을 뿐이므로, **국가기관인 국회의 일부조직인 국회의 노동위원회는 기본권의 주체가 될 수 없고** 따라서 헌법소원을 제기할 수 있는 적격이 없다(헌재 1994. 12. 29. 93헌마120).

1284 검사가 발부한 형집행장에 의하여 검거된 벌금미납자의 신병에 관한 업무는 경찰공무원이 국가기관의 일부 또는 그 구성원으로서 공법상의 권한을 행사하는 공권력 행사의 주체로서 행하는 것이다. 11 국가 7   O | X

1284-1 검사가 발부한 형집행장에 의하여 검거된 벌금미납자의 신병에 관한 검사의 업무지휘를 받은 경찰공무원이 위 업무지휘는 아무런 법적 근거가 없는 위법한 명령이라고 주장하며 청구한 헌법소원은 부적법하다. 16 경정   O | X

● 정답 1281. O   1281-1. X [기본권의 수범자 O, 주체 X]   1282. X [지배복종관계 성립 불가, 기본권 주체 X]   1283. O   1283-1. X [노동위원회 기본권 주체성 부정]   1284. O   1284-1. O

일반적으로 청구인과 같은 경찰공무원은 기본권의 주체가 아니라 국민 모두에 대한 봉사자로서 공공의 안전 및 질서유지라는 공익을 실현할 의무가 인정되는 기본권의 수범자라 할 것인바, 검사가 발부한 형집행장에 의하여 검거된 벌금미납자의 신병에 관한 업무는 국가 조직영역 내에서 수행되는 공적 과제 내지 직무영역에 대한 것으로 이와 관련해서 청구인은 국가기관의 일부 또는 그 구성원으로서 공법상의 권한을 행사하는 공권력행사의 주체일 뿐, 기본권의 주체라 할 수 없으므로 이 사건에서 청구인에게 헌법소원을 제기할 청구인적격을 인정할 수 없다(헌재 2009. 3. 24. 2009헌마118).

1285 지방자치단체는 기본권의 주체가 될 수 없다. 18 국회 9 O|X

1285-1 「지방자치법」은 지방자치단체를 법인으로 하도록 하고 있으므로, 지방자치단체도 기본권의 주체가 된다. 24 5급 O|X

1285-2 「국가균형발전특별법」에 의한 도지사의 혁신도시 입지선정과 관련하여 그 입지선정에서 제외된 지방자치단체는 자의적인 선정기준을 다투는 평등권의 주체가 된다. 17 경정, 16 경정 O|X

지방자치단체는 기본권의 주체가 될 수 없다는 것이 헌법재판소의 입장이며, 이를 변경해야 할만한 사정이나 필요성이 없으므로 지방자치단체인 춘천시의 헌법소원 청구는 부적법하다(헌재 2006. 12. 28. 2006헌마312).

1286 서울특별시의회는 기본권의 주체가 될 수 없으므로 헌법소원을 제기할 수 있는 적격이 없다. 14 국가 7 O|X

공법인인 지방자치단체의 의결기관인 청구인 의회는 기본권의 주체가 될 수 없고 따라서 헌법소원을 제기할 수 있는 적격이 없다(헌재 1998. 3. 26. 96헌마345).

1287 주택재개발정비사업조합은 노후·불량한 건축물이 밀집한 지역에서 주거환경을 개선하여 도시의 기능을 정비하고 주거생활의 질을 높여야 할 국가의 의무를 대신하여 실현하는 기능을 수행하고 있으므로 구 「도시 및 주거환경정비법」상 주택재개발정비사업조합이 공법인의 지위에서 기본권의 수범자로 기능하면서 행정심판의 피청구인이 된 경우에는 기본권의 주체가 될 수 없다. 23 경찰 2차 O|X

재개발조합은 노후·불량한 건축물이 밀집한 지역에서 주거환경을 개선하여 도시의 기능을 정비하고 주거생활의 질을 높여야 할 국가의 의무를 국가를 대신하여 실현하는 기능을 수행하고 있다. 그리고 도시정비법은 이 사건에서 문제된 청산금부과를 비롯하여 관리처분계획 등 적극적 질서형성이 필요한 일부 영역에 관하여는 재개발조합에게 시장·군수 등의 감독하에 행정처분을 할 권한도 부여하고 있다. … 이상의 사정을 종합하여 볼 때, 재개발조합이 기본권의 수범자로 기능하면서 행정심판의 피청구인이 된 경우에 적용되는 심판대상조항의 위헌성을 다투는 이 사건에 있어, 재개발조합인 청구인은 기본권의 주체가 된다고 볼 수 없다. 따라서 청구인의 재판청구권 침해 주장은 더 나아가 살필 필요 없이 이유 없다(헌재 2022. 7. 21. 2019헌바543 등).

1288 농지개량조합은 존립목적, 조직과 재산의 형성 및 그 활동 전반에 나타나는 매우 짙은 공적인 성격에 비추어 공법인으로 볼 수 있으므로 기본권의 주체가 될 수 없다. 16 경정, 11 지방 7 O|X

1288-1 농업기반공사 및 농지관리기금법에 의하여 해산되어 신설되는 농업기반공사에 합병되는 농지개량조합은 재산권의 주체가 된다. 17 국회 9 O|X

농지개량조합은 … 주요사업인 농업생산기반시설의 정비·유지·관리사업은 농업생산성의 향상 등 그 조합원들의 권익을 위한 것만이 아니고 수해의 방지 및 수자원의 적정한 관리 등 일반국민들에게도 직접 그 영향을 미치는 고도의 공익성을 띠고 있는 점 등 농지개량조합의 조직, 재산의 형성·유지 및 그 목적과 활동전반에 나타나는 매우 짙은 공적인 성격을 고려하건대, 이를 공법인이라고 봄이 상당하므로 헌법소원의 청구인적격을 인정할 수 없다(헌재 2000. 11. 30. 99헌마190).

● 정답 1285. O 1285-1. X [기본권 주체성 부정] 1285-2. X [지자체 평등권 주체성 부정] 1286. O 1287. O 1288. O 1288-1. X [농지개량조합(공법인) 재산권 주체성 부정]

02 공법인의 주체성의 예외

1289 공법인이나 이에 준하는 지위를 가진 자라 하더라도 사경제 주체로서 활동하는 경우나 조직법상 국가로부터 독립한 고유 업무를 수행하는 경우, 그리고 다른 공권력 주체와의 관계에서 지배복종관계가 성립되어 일반 사인처럼 그 지배하에 있는 경우 등에는 기본권 주체가 될 수 있다. 24 입시   O | X

1289-1 공법인은 원칙적으로 '기본권 수범자'일 뿐 '기본권 주체'는 아니지만, 예외적인 경우에 기본권 주체성이 인정될 수 있다. 14 국회 9   O | X

1289-2 공법인은 기본권의 수범자로서 국민의 기본권을 보호 내지 실현하여야 할 책임과 의무를 지닐 뿐이므로 기본권의 주체가 될 여지가 없다. 17 법원 9   O | X

> 국가, 지방자치단체나 그 기관 또는 국가조직의 일부나 **공법인**은 국민의 기본권을 보호 내지 실현해야 할 '책임'과 '의무'를 지는 **주체로서 헌법소원을 청구할 수 없다**. 다만 공법인이나 이에 준하는 지위를 가진 자라 하더라도 공무를 수행하거나 고권적 행위를 하는 경우가 아닌 **사경제 주체로서 활동**하는 경우나 조직법상 **국가로부터 독립한 고유 업무를 수행**하는 경우, 그리고 다른 공권력 주체와의 관계에서 **지배복종관계가 성립**되어 일반 사인처럼 그 지배하에 있는 경우 등에는 **기본권 주체가 될 수 있다**(헌재 2013. 9. 26. 2012헌마271).

1290 대통령도 국민의 한사람으로서 제한적으로나마 기본권의 주체가 될 수 있는바, 대통령은 소속 정당을 위하여 정당활동을 할 수 있는 사인으로서의 지위와 국민 모두에 대한 봉사자로서 공익 실현의 의무가 있는 헌법기관으로서의 지위를 동시에 갖는데 최소한 전자의 지위와 관련하여는 기본권 주체성을 갖는다고 할 수 있다. 23 해간, 22 경정, 22 경찰 1차   O | X

1290-1 대통령은 소속 정당을 위하여 정당활동을 할 수 있는 사인으로서의 지위도 있지만 국민 모두에 대한 봉사자로서 공익실현의 의무가 있는 헌법기관으로서의 지위를 동시에 가지므로, 전자의 지위와 관련하여도 기본권 주체성을 갖는다고 볼 수 없다. 16 지방 7   O | X

1290-2 대통령은 자연인으로서 개인의 지위와 국민 모두에 대한 봉사자로서 헌법기관으로서의 지위를 동시에 갖지만, 대통령으로서 재임하는 동안은 정치적 활동에 관한 한 기본권의 주체가 될 수 없다. 16 경정, 10 국가 7   O | X

1290-3 국가기관 또는 국가조직의 일부는 기본권의 수범자로서 국민의 기본권을 보호해야 할 책임과 의무를 지므로, 국민 모두의 봉사자로서 공익실현의 의무를 지는 대통령은 기본권의 주체가 될 수 없다. 13 변호사   O | X

1290-4 대통령은 기본권의 '수범자'이지 기본권 주체로서 그 '소지자'가 아니므로 소속 정당을 위하여 정당활동을 할 수 있는 사인으로서의 지위는 인정되지 않는다. 23 경정   O | X

1290-5 대통령은 국민에 대한 봉사자의 지위에서 헌법기관으로서의 기본권 주체가 될 수 있다. 21 국회 8   O | X

1290-6 대통령은 중앙선거관리위원회의 선거운동에 관한 정치적 의사표현의 자유제한에 대하여 헌법소원을 청구할 수 없다. 16 국회 9   O | X

● 정답 1289. O   1289-1. O   1289-2. X [예외적으로 기본권 주체성 인정]   1290. O   1290-1. X [전자의 지위와 관련하여 기본권 주체성 인정]   1290-2. X [개인의 지위에서 기본권 주체가 될 수 있음]   1290-3. X [개인의 지위에서 기본권 인정 가능]   1290-4. X [사인으로서의 지위 인정]   1290-5. X [헌법기관으로서 기본권 주체 불가, 개인으로서 기본권 주체 미]   1290-6. X [헌소 청구 미]

대통령도 국민의 한사람으로서 제한적으로나마 기본권의 주체가 될 수 있는바, 대통령은 **소속 정당을 위하여 정당활동을 할 수 있는 사인으로서의 지위**와 국민 모두에 대한 봉사자로서 공익실현의 의무가 있는 **헌법기관으로서의 지위**를 동시에 갖는데 최소한 **전자의 지위와 관련하여는 기본권 주체성을 갖는다**고 할 수 있다(헌재 2008. 1. 17. 2007헌마700).

1291 지방자치단체의 장은 주민의 복리를 증진하기 위하여 활동하는 범위 내에서 기본권을 향유할 수 있다.
08 국가 7   O│X

1291-1 지방자치단체장은 국민의 기본권을 보호 내지 실현하여야 할 책임과 의무를 가지는 국가기관의 지위를 갖기 때문에 「주민소환에 관한 법률」의 관련 규정으로 인해 자신의 공무담임권이 침해됨을 이유로 헌법소원을 청구할 수 있는 기본권 주체로 볼 수 없다. 19 지방 7   O│X

1291-2 국가 및 그 기관 또는 조직의 일부나 공법인은 원칙적으로 기본권의 '수범자'로서 기본권의 주체가 되지 못하므로, 「주민소환에 관한 법률」에서 주민소환의 청구사유에 제한을 두지 아니하였다는 이유로 지방자치단체장이 자신의 공무담임권 침해를 다툴 수는 없다. 24 경찰 1차   O│X

공직자가 **국가기관의 지위**에서 순수한 직무상의 권한행사와 관련하여 기본권 침해를 주장하는 경우에는 기본권의 주체성을 인정하기 어렵다 할 것이나, 그 외의 **사적인 영역**에 있어서는 기본권의 주체가 될 수 있는 것이다. 청구인은 **선출직 공무원인 하남시장**으로서 이 사건 법률 조항으로 인하여 공무담임권 등이 침해된다고 주장하여, **순수하게 직무상의 권한행사와 관련된 것이라기보다는 공직의 상실이라는 개인적인 불이익과 연관된 공무담임권**을 다투고 있으므로, 이 사건에서 청구인에게는 **기본권의 주체성이 인정된다** 할 것이다(헌재 2009. 3. 26. 2007헌마843).

🖉 **보충설명** 지방자치단체장이 공무담임권의 침해를 주장하는 경우에는 공직의 상실이라는 개인적인 불이익과 연관되므로 기본권주체성이 인정되나, 주민의 복리를 증진하기 위하여 활동하는 범위는 공직자가 국가기관의 지위에서 순수한 직무상의 권한행사와 관련되기 때문에 기본권을 향유할 수 없다.

1292 중소기업중앙회는 「중소기업협동조합법」에 의해 설치되고 국가가 그 육성을 위해 재정을 보조해주는 등 공법인적 성격을 강하게 가지고 있으므로 결사의 자유를 누릴 수 있는 단체에 해당되지는 않는다.
24 경찰 1차   O│X

중소기업중앙회는, 비록 국가가 그 육성을 위해 재정을 보조해주고 중앙회의 업무에 적극 협력할 의무를 부담할 뿐만 아니라 중소기업 전체의 발전을 위한 업무, 국가나 지방자치단체가 위탁하는 업무 등 공공성이 매우 큰 업무를 담당하여 상당한 정도의 **공익단체성, 공법인성**을 가지고 있다고 하더라도, **기본적으로는 회원 간의 상호부조, 협동을 통해 중소기업자의 경제적 지위를 향상시키기 위한 자조조직(自助組織)으로서 사법인에 해당한다. 따라서 결사의 자유를 누릴 수 있는 단체에 해당**하고, 이러한 결사의 자유에는 당연히 그 내부기관 구성의 자유가 포함되므로, 중앙회 회장선거에 있어 선거운동을 제한하는 것은 단체구성원들의 결사의 자유를 제한하는 것이 된다(헌재 2021. 7. 15. 2020헌가9).

1293 축협중앙회는 공법인으로서의 성격이 상대적으로 크지만 공법인성과 사법인성을 겸유한 특수한 법인으로서 기본권의 주체가 될 수 있다. 21 국회 8   O│X

헌법상 기본권의 주체가 될 수 있는 법인은 원칙적으로 사법인에 한하는 것이고 공법인은 헌법의 수범자이지 기본권의 주체가 될 수 없다. **축협중앙회**는 지역별·업종별 축협과 비교할 때, 회원의 임의탈퇴나 임의해산이 불가능한 점 등 그 **공법인성이 상대적으로 크다**고 할 것이지만, 이로써 공법인이라고 단정할 수는 없을 것이고, 이 역시 그 존립목적 및 설립형식에서의 자주적 성격에 비추어 사법인적 성격을 부인할 수 없으므로, **축협중앙회는 공법인성과 사법인성을 겸유한 특수한 법인으로서 이 사건에서 기본권의 주체가 될 수 있다**(헌재 2000. 6. 1. 99헌마553).

●정답 1291. ✕[주민복리증진을 위해 활동하는 국가기관의 지위에서 기본권 주체성 부정] 1291-1. ✕[개인의 지위에서 공무담임권 주체가 될 수 있음] 1291-2. ✕[공무담임권 침해 다툴 수 있음] 1292. ✕[결사의 자유 주체] 1293. O

1294 공법인으로서의 성격과 사법인으로서의 성격을 겸유한 특수한 법인의 경우 기본권의 주체가 될 수 있다고는 할 것이지만, 공법인적 특성이 기본권의 제약요소로 작용할 수 있다. 13 변호사   O | X

1294-1 축산업협동조합중앙회(이하 '축협중앙회')는 공법인성과 사법인성을 겸유한 특수한 법인으로서 기본권의 주체가 될 수 있으며, 이 경우 축협중앙회의 공법인적 특성이 축협중앙회의 기본권 행사에 제약요소로 작용하지 않는다. 24 경간   O | X

> **축협중앙회**는 공법인성과 사법인성을 겸유한 특수한 법인으로서 이 사건에서 **기본권의 주체**가 될 수 있다고는 할 것이지만, 위와 같이 두드러진 **공법인적 특성**이 축협중앙회가 가지는 **기본권의 제약요소로 작용**하는 것만은 이를 피할 수 없다고 할 것이다(헌재 2000. 6. 1. 99헌마553).

1295 「학교안전사고 예방 및 보상에 관한 법률」에 의하여 설립된 학교안전공제회는 행정관청 또는 그로부터 행정권한을 위임받은 공공단체로 공법인에 해당할 뿐, 사법인적 성격을 갖는 것은 아니므로 기본권의 주체가 될 수 없다. 22 경찰 2차   O | X

> **공제회**는 이처럼 **공법인적 성격과 사법인적 성격을 겸유**하고 있는데, 공제회가 일부 공법인적 성격을 갖고 있다고 하더라도 공무를 수행하거나 고권적 행위를 하는 경우가 아닌 **사경제주체로서 활동하는 경우**나 조직법상 국가로부터 독립한 고유 업무를 수행하는 경우, 그리고 다른 공권력 주체와의 관계에서 **지배복종관계가 성립되어 일반 사인처럼 그 지배하에 있는 경우** 등에는 **기본권 주체가 될 수 있다**(헌재 2015. 7. 30. 2014헌가7).

1296 헌법 제31조 제4항이 규정하는 교육의 자주성 및 대학의 자율성은 헌법 제22조 제1항이 보장하는 학문의 자유의 확실한 보장을 위해 꼭 필요한 것으로서 대학에 부여된 헌법상 기본권인 대학의 자율권이므로, 국립대학인 청구인도 이러한 대학의 자율권의 주체로서 헌법소원심판의 청구인능력이 인정된다. 22 경찰 1차   O | X

> 헌법 제31조 제4항이 규정하는 **교육의 자주성 및 대학의 자율성**은 헌법 제22조 제1항이 보장하는 **학문의 자유**의 확실한 보장을 위해 꼭 필요한 것으로서 **대학에 부여된 헌법상 기본권**인 **대학의 자율권**이므로, **국립대학인** 청구인도 이러한 **대학의 자율권의 주체**로서 **헌법소원심판의 청구인능력이 인정**된다(헌재 2015. 12. 23. 2014헌마1149).

1297 국립대학인 서울대학교는 다른 국가기관 내지 행정기관과는 달리 공권력의 행사자의 지위와 함께 기본권의 주체라는 지위도 가진다. 10 국회 8   O | X

1297-1 국립서울대학교는 공권력 행사의 주체인 공법인으로서 기본권의 '수범자'이므로 기본권의 주체가 될 수는 없다. 21 5급   O | X

> 교육의 자주성이나 대학의 자율성은 헌법 제22조 제12항이 보장하고 있는 학문의 자유의 확실한 보장수단으로 꼭 필요한 것으로서 이는 대학에게 부여된 헌법상의 기본권이다. 따라서 **국립대학인 서울대학교**는 다른 국가기관 내지 행정기관과는 달리 **공권력의 행사자**의 지위와 함께 **기본권의 주체**라는 점도 중요하게 다루어져야 한다(헌재 1992. 10. 1. 92헌마68 등).

● 정답   1294. O   1294-1. X [제약요소로 작용함]   1295. X [사법인적 성격 겸유 / 기본권 주체가 될 수 있음]   1296. O   1297. O   1297-1. X [기본권 주체가 될 수 있음]

1298 공법상 재단법인인 방송문화진흥회가 최다출자자인 방송사업자는 방송법 등 관련 규정에 의하여 공법상의 의무를 부담하고 있지만, 그 설립목적이 언론의 자유의 핵심 영역인 방송사업이므로 이러한 업무 수행과 관련해서는 기본권 주체가 될 수 있고, 그 운영을 광고수익에 전적으로 의존하고 있는 만큼 이를 위해 사경제 주체로서 활동하는 경우에도 기본권 주체가 될 수 있다. 22 국가 7   O | X

1298-1 공법상 재단법인인 방송문화진흥회가 최다출자자인 방송사업자는 관련 규정에 의하여 공법상의 의무를 부담하고 있기 때문에 기본권 주체가 될 수 없다. 22 해간, 22 해경, 19 경정   O | X

청구인의 경우 공법상 재단법인인 방송문화진흥회가 최다출자자인 방송사업자로서 방송법 등 관련 규정에 의하여 공법상의 의무를 부담하고 있지만, 상법에 의하여 설립된 주식회사로 설립목적은 언론의 자유의 핵심 영역인 방송사업이므로 이러한 업무 수행과 관련하여 당연히 기본권 주체가 될 수 있고, 그 운영을 광고수익에 전적으로 의존하고 있는 만큼 이를 위해 사경제 주체로서 활동하는 경우에도 기본권 주체가 될 수 있는바, 이 사건 심판청구는 청구인이 그 운영을 위한 영업활동의 일환으로 방송광고를 판매하는 지위에서 그 제한과 관련하여 이루어진 것이므로 그 기본권 주체성을 인정할 수 있다(헌재 2013. 9. 26. 2012헌마271).

POINT 091 기본권제한의 일반적 법률유보

01 법률유보원칙

1299 헌법은 법치주의를 그 기본원리의 하나로 하고 있으며, 법치주의는 행정작용에 국회가 제정한 형식적 법률의 근거가 요청된다는 법률유보를 그 핵심적 내용의 하나로 하고 있다. 24 경찰 1차   O | X

헌법은 법치주의를 그 기본원리의 하나로 하고 있으며, 법치주의는 행정작용에 국회가 제정한 형식적 법률의 근거가 요청된다는 법률유보를 그 핵심적 내용의 하나로 하고 있다. 헌법 제37조 제2항은 기본권제한에 관한 일반적 법률유보조항이라고 할 수 있는데, 법률유보의 원칙은 '법률에 의한 규율'만을 요청하는 것이 아니라 '법률에 근거한 규율'을 요청하는 것이기 때문에 기본권의 제한에는 법률의 근거가 필요할 뿐이고 기본권제한의 형식이 반드시 법률의 형식일 필요는 없다(헌재 2011. 4. 28. 2009헌바167).

1300 헌법 제37조 제2항에 기본권의 제한은 법률로써 가능하도록 규정되어 있는바, 이는 기본권의 제한이 원칙적으로 국회에서 제정한 형식적 의미의 법률에 의해서만 가능하다는 것과, 직접 법률에 의하지 아니하는 예외적인 경우라 하더라도 엄격히 법률에 근거하여야 한다는 것을 의미한다. 15 변호사   O | X

헌법 제37조 제2항은 국민의 자유와 권리를 제한하는 근거와 그 제한의 한계를 설정하여 국민의 자유와 권리의 제한은 "법률"로써만 할 수 있다고 규정하고 있는바, 이는 기본권의 제한이 원칙적으로 국회에서 제정한 형식적 의미의 법률에 의해서만 가능하다는 것을 의미하고, 직접 법률에 의하지 아니하는 예외적인 경우라 하더라도 엄격히 법률에 근거하여야 한다는 것을 또한 의미하는데, 기본권을 제한하는 공권력의 행사가 법률에 근거하지 아니하고 있다면, 이는 헌법 제37조 제2항에 위반하여 국민의 기본권을 침해하는 것이다(헌재 2000. 12. 14. 2000헌마659).

정답 1298. O   1298-1. X [기본권 주체가 될 수 있음]   1299. O   1300. O

1301 법률유보의 원칙은 '법률에 의한 규율'만을 요청하는 것이 아니라 '법률에 근거한 규율'을 요청하는 것이므로 기본권의 제한에는 법률의 근거가 필요할 뿐이고, 기본권제한의 형식이 반드시 법률의 형식일 필요는 없다. 18 경정 ○|×

1301-1 헌법 제37조 제2항은 기본권제한에 관한 일반적 법률유보조항이고, 법률유보의 원칙은 '법률에 의한 규율'을 요청하고 있으므로, 기본권 제한에는 법률의 근거가 필요하고 반드시 법률의 형식으로 하여야 한다. 23 경찰 2차 ○|×

헌법 제37조 제2항은 기본권제한에 관한 일반적 법률유보조항이라고 할 수 있는데 <u>법률유보의 원칙은 '법률에 의한 규율'을 요청하는 것이 아니라 '법률에 근거한 규율'을 요청하는 것이기 때문에 기본권의 제한에는 법률의 근거가 필요할 뿐이고 기본권 제한의 형식이 반드시 법률의 형식일 필요는 없는 것</u>이다(헌재 2003. 11. 27. 2002헌마193).

1302 법률유보의 원칙은 '법률에 의한' 규율만을 뜻하는 것이 아니라 '법률에 근거한' 규율을 요청하는 것이므로 기본권 제한의 형식이 반드시 법률의 형식일 필요는 없고 법률에 근거를 두면서 헌법 제75조가 요구하는 위임의 구체성과 명확성을 구비하기만 하면 위임입법에 의하여도 기본권 제한을 할 수 있다. 23 해간, 22 경정 ○|×

법률유보의 원칙은 '<u>법률에 의한</u>' 규율만을 뜻하는 것이 아니라 '<u>법률에 근거한</u>' 규율을 요청하는 것이므로 <u>기본권 제한의 형식이 반드시 법률의 형식일 필요는 없고 법률에 근거를 두면서</u> 헌법 제75조가 요구하는 <u>위임의 구체성과 명확성을 구비하기만 하면 위임입법에 의하여도 기본권 제한을 할 수 있다</u> 할 것이다(헌재 2005. 2. 24. 2003헌마289).

02 특별권력관계

1303 이른바 특별권력관계에서도 기본권의 제한은 법률에 근거해야 한다. 22 경정 ○|×

1303-1 자유형은 수형자를 일정한 장소에 구금하여 사회로부터 격리시켜 그 자유를 박탈함과 동시에 그의 교화·갱생을 도모하고자 함에 그 본질이 있으므로, 수형자의 기본권은 특별권력관계 내에서 인정되는 포괄적 명령권과 징계권에 의하여 개별적 법률의 근거 없이도 제한이 가능하다. 그러나 이러한 경우에도 기본권의 본질적 내용은 침해할 수 없다. 14 변호사 ○|×

법률유보원칙과 과잉금지원칙 등 기본권제한의 일반이론은 특별권력관계에도 예외 없이 적용된다. <u>특별권력관계에서도 기본권의 제한은 법률에 근거</u>해야 하고, 특별권력관계의 목적달성을 위하여 필요한 범위 내에서 이루어져야 한다는 의미에서 과잉금지원칙을 준수하여야 한다. <u>수형자라 하더라도 특별권력관계 내에서 인정되는 포괄적 명령권과 징계권에 의하여 기본권을 제한할 수 없고 개별적 법률의 근거가 있어야 한다.</u>

1304 육군3사관학교 사관생도는 군 장교를 배출하기 위하여 국가가 모든 재정을 부담하는 특수교육기관인 육군3사관학교의 구성원이므로 그 존립 목적을 달성하기 위하여 필요한 한도 내에서 일반 국민보다 상대적으로 기본권이 더 제한될 수 있으나, 그러한 경우에도 법률유보원칙, 과잉금지원칙 등 기본권 제한의 헌법상 원칙들을 지켜야 한다. 22 5급 ○|×

● 정답 1301. ○   1301-1. ×[법률에 의한 규율 × → 법률에 근거한 규율 ○ / 법률의 형식일 필요 없음]   1302. ○   1303. ○   1303-1. ×[개별적 법률의 근거 필요]   1304. ○

사관생도는 군 장교를 배출하기 위하여 국가가 모든 재정을 부담하는 **특수교육기관인 육군3사관학교의 구성원**으로서, 학교에 입학한 날에 육군 사관생도의 병적에 편입하고 준사관에 준하는 대우를 받는 **특수한 신분관계**에 있다. 따라서 그 존립 목적을 달성하기 위하여 필요한 한도 내에서 **일반 국민보다 상대적으로 기본권이 더 제한될 수 있으나**, 그러한 경우에도 **법률유보원칙, 과잉금지원칙 등 기본권 제한의 헌법상 원칙들을 지켜야 한다**(대판 2018. 8. 30. 2016두60591).

03 관련판례

1305 여신전문금융회사의 임원이 문책경고를 받은 경우에는 법령에서 정한 바에 따라 일정기간 동안 임원 선임의 자격제한을 받으므로 문책경고는 적어도 그 제한의 본질적 사항에 관한 한 법률에 근거가 있어야 하는데, 금융감독원의 직무범위를 규정한 조직규범은 법률유보원칙에서 말하는 법률의 근거가 될 수는 없다. 23 해간   O | X

여신전문금융회사의 임원에 대한 **문책경고**의 경우 적어도 그 제한의 본질적인 사항에 관한 한 법률에 근거를 두어야 한다는 전제하에, 금융감독기구의설치등에관한법률 제17조 제1호, 제3호, 제37조 제1호, 제2호의 각 규정은 금융감독위원회 또는 금융감독원의 직무범위를 규정한 **조직규범**에 불과하여 이들이 당연히 법률유보원칙에서 말하는 **법률의 근거가 될 수 없고**, … 따라서 피고가 여신전문금융회사의 임원인 원고에 대하여 한 이 사건 문책경고는 아무런 법률상의 근거 없이 행하여지는 것으로서 위법하다고 판단하였다(대판 2005. 2. 17. 2003두14765).

1306 도로를 차단하고 불특정 다수인을 상대로 실시하는 일제단속식 음주단속은 그 자체로는 도로교통법에 근거를 둔 적법한 경찰 작용이다. 23 5급   O | X

1306-1 교통경찰관이 전(全) 차로를 가로막고 모든 운전자를 대상으로 무차별적으로 음주단속을 하는 것은 개인의 인간다운 생활을 할 권리 등의 기본권을 침해하는 것이 아니다. 15 국회 9   O | X

음주운전으로 인한 피해를 예방하여야 하는 공익은 대단히 중대하며, 그러한 단속방식이 그 공익을 보호함에 효율적인 수단임에 반하여, 일제단속식 음주단속으로 인하여 받는 국민의 불이익은 비교적 경미하다. … 따라서 도로를 차단하고 불특정 다수인을 상대로 실시하는 **일제단속식 음주단속**은 그 자체로는 도로교통법 제41조 제2항 전단에 근거를 둔 **적법한 경찰작용**이다. … 심판대상행위로 인한 청구인의 **기본권 침해는 인정될 수 없다** 할 것이다(헌재 2004. 1. 29. 2002헌마293).

POINT 092 기본권제한의 명확성원칙   A

01 명확성원칙

1307 법치국가원리의 한 표현인 명확성의 원칙은 기본적으로 모든 기본권제한입법에 대하여 요구된다. 규범의 의미내용으로부터 무엇이 금지되는 행위이고 무엇이 허용되는 행위인지를 수범자가 알 수 없다면 법적 안정성과 예측가능성은 확보될 수 없게 될 것이고, 또한 법집행 당국에 의한 자의적 집행을 가능하게 할 것이기 때문이다. 18 법무사   O | X

1307-1 명확성의 원칙은 기본적으로 모든 기본권제한입법에 대하여 요구되는 것은 아니다. 19 서울 7(추)   O | X

●정답 1305. O   1306. O   1306-1. O   1307. O   1307-1. X [모든 기본권제한입법에 요구됨]

법치국가원리의 한 표현인 **명확성의 원칙**은 기본적으로 **모든 기본권제한입법**에 대하여 요구된다. 규범의 의미내용으로부터 무엇이 금지되는 행위이고 무엇이 허용되는 행위인지를 수범자가 알 수 없다면 **법적 안정성과 예측가능성**은 확보될 수 없게 될 것이고, 또한 **법집행 당국에 의한 자의적 집행**을 가능하게 할 것이기 때문이다(헌재 1998. 4. 30. 95헌가16).

02 최소한의 명확성과 판단기준

1308 모든 법규범의 문언을 순수하게 기술적 개념만으로 구성하는 것은 입법기술적으로 불가능하고 또 바람직하지도 않기 때문에 어느 정도 가치개념을 포함한 일반적, 규범적 개념을 사용하지 않을 수 없으므로, 명확성의 원칙이란 기본적으로 최대한이 아닌 최소한의 명확성을 요구하는 것이다. 18 법무사

O | X

1308-1 명확성의 원칙은 기본적으로 최소한이 아닌 최대한의 명확성을 요구하는 것이다. 17 국회 9   O | X

모든 법규범의 문언을 순수하게 기술적 개념만으로 구성하는 것은 입법기술적으로 불가능하고 또 바람직하지도 않기 때문에 어느 정도 가치개념을 포함한 **일반적, 규범적 개념을 사용**하지 않을 수 없다. 따라서 명확성의 원칙이란 기본적으로 **최대한이 아닌 최소한의 명확성을 요구하는 것이다**. 그러므로 법문언이 해석을 통해서, 즉 법관의 보충적인 가치판단을 통해서 그 의미내용을 확인해낼 수 있고, 그러한 보충적 해석이 해석자의 개인적인 취향에 따라 좌우될 가능성이 없다면 명확성의 원칙에 반한다고 할 수 없다 할 것이다(헌재 1998. 4. 30. 95헌가16).

1309 법규범의 문언은 어느 정도 일반적·규범적 개념을 사용하지 않을 수 없기 때문에 기본적으로 최대한이 아닌 최소한의 명확성을 요구하는 것으로서, 법문언이 법관의 보충적인 가치판단을 통해서 그 의미내용을 확인할 수 있고, 그러한 보충적 해석이 해석자의 개인적인 취향에 따라 좌우될 가능성이 없다면 명확성원칙에 반한다고 할 수 없다. 13 변호사   O | X

1309-1 법관의 보충적인 가치판단을 통해서 그 의미내용을 확인할 수 있더라도, 그 보충적인 해석이 해석자의 주관적이고 개인적인 취향에 따라 좌우될 가능성이 있다면 명확성 원칙에 반한다고 할 수 있다. 11 국회 8

O | X

법규범의 문언은 어느 정도 가치개념을 포함한 **일반적, 규범적 개념**을 사용하지 않을 수 없는 것이기 때문에 명확성의 원칙이란 기본적으로 **최대한이 아닌 최소한의 명확성**을 요구하는 것으로서, 법문언이 **법관의 보충적인 가치판단**을 통해서 그 의미내용을 확인할 수 있고, 그러한 보충적 해석이 해석자의 **개인적인 취향에 따라 좌우될 가능성이 없다면 명확성의 원칙에 반한다고 할 수 없다**(헌재 2005. 12. 22. 2004헌바45).

1310 다소 광범위하고 어느 정도의 범위에서는 법관의 보충적인 해석을 필요로 하는 개념을 사용하여 규정하였다고 하더라도 그 적용단계에서 다의적으로 해석될 우려가 없는 이상 그 점만으로 헌법이 요구하는 명확성의 요구에 위배되는 것은 아니다. 17 법무사   O | X

다소 광범위하고 어느 정도의 범위에서는 **법관의 보충적인 해석을 필요로 하는 개념**을 사용하여 규정하였다고 하더라도 그 적용단계에서 **다의적(多義的)으로 해석될 우려가 없는 이상** 그 점만으로 헌법이 요구하는 **명확성의 요구에 배치된다고는 보기 어렵다** 할 것이다(헌재 1989. 12. 22. 88헌가13).

● 정답 1308. ○ 1308-1. ✕ [최소한의 명확성 요구] 1309. ○ 1309-1. ○ 1310. ○

1311 법률조항의 불명확성이 인정된다면 장기간에 걸쳐 형성된 법원의 판례에 의해서는 그 불명확성이 치유될 수 없다. 15 국회 9 O|X

대법원판례도 수십년간 기본적으로는 같은 입장을 유지하여 오고 있는바, 청구인이 주장하는 바와 같은 위 **법률조항의 불명확성이** 설혹 시인될 수 있다 하여도, 장기간에 걸쳐 집적된 **동일한 취지의 판례가 가지는 법률보충적 기능**으로 인하여 이 **불명확성은 이미 치유 내지 제거되었다고 보아야** 할 것이므로, 위 법률조항은 명확성의 원칙에 위반되지 않는다(헌재 2003. 1. 30. 2002헌바53).

1312 기본권 제한과 관련한 법률의 명확성원칙은 법률을 제정함에 있어서 개괄조항이나 불확정 법개념의 사용을 금지하는 것은 아니다. 15 법원 9 O|X

1312-1 명확성의 원칙은 입법자가 법률을 제정함에 있어서 개괄조항이나 불확정 법개념의 사용을 금지한다. 20 법무사 O|X

법률이란 그 구성요건을 충족시키는 모든 사람과 모든 개별적인 경우에 대하여 적용되는 일반·추상적 규범으로서 그 본질상 규율하고자 하는 생활관계에서 발생가능한 모든 법적 상황에 대하여 구체적이고 서술적인 방식으로 법률의 내용을 규정하는 것은 불가능하며, 어느 정도 추상적이고 개괄적인 개념 또는 변화하는 사회현상을 수용할 수 있는 개방적인 개념을 사용하는 것이 불가피하다. … 그러므로 **법률의 명확성원칙은 입법자가 법률을 제정함에 있어서 개괄조항이나 불확정 법개념의 사용을 금지하는 것이 아니다**(헌재 2004. 7. 15. 2003헌바35 등).

03 명확성·구체성 요구정도

1313 명확성의 원칙은 모든 법률에 있어서 동일한 정도로 요구되는 것은 아니고 개개의 법률이나 법조항의 성격에 따라 요구되는 정도에 차이가 있을 수 있으며 각각의 구성요건의 특수성과 그러한 법률이 제정되게 된 배경이나 상황에 따라 달라질 수 있다. 20 법무사, 15 경정 O|X

1313-1 기본권을 제한하는 법률의 명확성에 관하여 법적 안정성과 예측가능성의 보장은 법치국가의 중요한 내용이기 때문에 법률의 규율 영역과 상관없이 동일하게 엄격한 기준이 적용된다. 23 해경, 15 국회 9 O|X

명확성의 원칙은 모든 법률에 있어서 동일한 정도로 요구되는 것은 아니고 개개의 법률이나 법조항의 **성격에 따라 요구되는 정도에 차이**가 있을 수 있으며 **각각의 구성요건의 특수성과 그러한 법률이 제정되게 된 배경이나 상황에 따라 달라질 수 있다고 할 것이다** (헌재 1992. 2. 25. 89헌가104).

1314 일반론으로는 어떠한 규정이 부담적 성격을 가지는 경우에는 수익적 성격을 가지는 경우에 비하여 명확성의 원칙이 더욱 엄격하게 요구되고, 죄형법정주의가 지배하는 형사 관련 법률에서는 명확성의 정도가 강화되어 더 엄격한 기준이 적용되지만, 일반적인 법률에서는 명확성의 정도가 그리 강하게 요구되지 않기 때문에 상대적으로 완화된 기준이 적용된다. 20 법무사 O|X

일반론으로는 어떠한 규정이 **부담적 성격**을 가지는 경우에는 **수익적 성격**을 가지는 경우에 비하여 **명확성의 원칙이 더욱 엄격하게 요구**되고, **죄형법정주의가 지배하는 형사관련 법률에서는 명확성의 정도가 강화되어 더 엄격한 기준**이 적용되지만, **일반적인 법률에서는 명확성의 정도가 그리 강하게 요구되지 않기 때문에 상대적으로 완화된 기준**이 적용된다(헌재 2002. 7. 18. 2000헌바57).

●정답 | 1311. X [이미 치유된 것으로 봄] 1312. O 1312-1. X [금지하지 않음] 1313. O 1313-1. X [규율 영역에 따라 요구되는 명확성에 차이가 있음] 1314. O

1315 명확성의 원칙은 기본적으로 모든 기본권제한 입법에 대하여 요구되지만 민사법규는 행위규범의 측면이 강조되는 형벌법규와는 달리 기본적으로는 재판법규의 측면이 훨씬 강조되므로, 사회현실에 나타나는 여러 가지 현상에 관하여 일반적으로 흠결 없이 적용될 수 있도록 보다 추상적인 표현을 사용하는 것이 상대적으로 더 가능하다. 12 지방 7   O | X

법치국가원리의 한 표현인 명확성의 원칙은 기본적으로 모든 기본권제한 입법에 대하여 요구되지만 … <u>민사법규는 **행위규범의 측면**이 강조되는 **형벌법규**와는 달리 기본적으로는 **재판법규의 측면**이 훨씬 강조</u>되므로, 사회현실에 나타나는 여러 가지 현상에 관하여 <u>일반적으로 흠결 없이 적용될 수 있도록 보다 **추상적인 표현을 사용하는 것이 상대적으로 더 가능**</u>하다고 본다(헌재 2007. 10. 25. 2005헌바96).

1316 처벌법규나 조세법규와 같이 국민의 기본권을 직접적으로 제한하거나 침해할 소지가 있는 법규에 대해서는 명확성의 원칙이 적용되지만, 국민에게 수익적인 급부행정 영역이나 규율대상이 지극히 다양하거나 수시로 변화하는 성질의 것일 때에는 명확성 원칙이 적용되지 않는다. 18 법무사   O | X

<u>**처벌법규**나 **조세법규**</u>와 같이 국민의 기본권을 직접적으로 제한하거나 침해할 소지가 있는 경우에는 **구체성·명확성의 요구가 강화**되는 반면, <u>**급부행정 법규**의 경우</u> 또는 <u>**규율대상이 지극히 다양하거나 수시로 변화**하는 성질의 것일 때에는</u> **그 요구가 완화되어야 할 것이다**(헌재 2014. 4. 24. 2012헌바412).

🖉 **보충설명** 국민에게 수익적인 급부행정 영역이나 규율대상이 지극히 다양하거나 수시로 변화하는 성질의 것일 때에도 명확성 원칙이 적용되어야 하나 그 요건이 완화된다.

1317 명확성의 원칙은 규율대상이 극히 다양하고 수시로 변화하는 것인 경우에는 그 요건이 완화되어야 한다. 19 서울 7(추)   O | X

1317-1 기본권제한입법에 있어서 규율대상이 지극히 다양하거나 수시로 변화하는 성질의 것이어서 입법기술상 일의적으로 규정할 수 없는 경우라도 명확성의 요건이 강화되어야 한다. 22 해경. 17 경정   O | X

기본권제한입법이라 하더라도 <u>**규율대상이 지극히 다양**하거나 **수시로 변화하는 성질**의 것이어서 입법기술상 일의적으로 규정할 수 없는 경우에는 **명확성의 요건이 완화**되어야 할 것이다</u>. 또 당해 규정이 명확한지 여부는 그 규정의 문언만으로 판단할 것이 아니라 관련 조항을 유기적·체계적으로 종합하여 판단하여야 할 것이다(헌재 1999. 9. 16. 97헌바73 등).

POINT 093 기본권제한의 과잉금지원칙과 본질적 내용 침해금지 Ⓑ

01 과잉금지원칙

1318 헌법 제37조 제2항에 의하면 국민의 기본권을 법률로써 제한하는 것이 가능하다고 하더라도 그 본질적인 내용을 침해할 수 없고 또한 과잉금지의 원칙에도 위배되어서는 아니 된다. 10 법원 9   O | X

헌법 제37조 제2항에 의하면 국민의 기본권을 법률로써 제한하는 것이 가능하다고 하더라도 그 <u>**본질적인 내용을 침해할 수 없고** 또한 **과잉금지의 원칙에도 위배되어서는 아니**</u>되는바, 과잉금지의 원칙이라 함은 국민의 기본권을 제한함에 있어서 국가작용의 한계를 명시한 것으로서 목적의 정당성·방법의 적정성·피해의 최소성·법익의 균형성 등을 의미하며 그 어느 하나에라도 저촉이 되면 위헌이 된다는 헌법상의 원칙을 말한다(헌재 1997. 3. 27. 95헌가17).

● 정답 1315. O   1316. ✕ [명확성원칙이 적용되나 요건이 완화됨]   1317. O   1317-1. ✕ [완화되어야 함]   1318. O

1319 과잉금지의 원칙은 기본권 제한의 한계로서 헌법 제37조 제2항과 법치주의원리에서 그 근거를 찾을 수 있다. 22 국회 9   O | X

과잉금지의 원칙이라는 것은 국가가 국민의 기본권을 제한하는 내용의 입법활동을 함에 있어서, 준수하여야 할 기본원칙 내지 입법활동의 한계를 의미하는 것으로서 … 이러한 요구는 오늘날 법치국가의 원리에서 당연히 추출되는 확고한 원칙으로서 부동의 위치를 점하고 있으며, 헌법 제37조 제2항에서도 이러한 취지의 규정을 두고 있는 것이다(헌재 1990. 9. 3. 89헌가95).

1320 과잉금지원칙은 기본권 제한의 방법상 한계로서 헌법 제37조 제2항의 '필요한 경우에 한하여' 부분에서 그 근거를 찾을 수 있다. 22 경정, 22 해경   O | X

입법권자가 공공의 이익을 보호하기 위한 불가피한 사정 때문에 헌법의 수권에 의해서 기본권을 제한하는 법률을 제정하려 하는 경우에도 자유로운 결정권을 가지는 것은 아니라 일정한 한계가 있다. 이러한 한계는 목적(헌법적 가치의 조화와 통일적 실현)·형식(일반적인 법률)·내용(본질적 내용의 침해금지)·방법(과잉금지원칙)상 한계로 나눌 수 있다. 기본권을 제한할 때 그 제한이 목적과 균형을 유지하여야 한다는 의미에서 과잉금지원칙은 기본권 제한의 방법상 한계로서 헌법 제37조 제2항의 '필요한 경우에 한하여' 부분에서 그 근거를 찾을 수 있다.

1321 국민의 기본권을 제한하는 입법은 그 목적이 헌법 및 법률의 체제상 정당성이 인정되어야 하고, 그 목적의 달성을 위하여 방법이 효과적이고 적절하여야 하며, 입법권자가 선택한 방법이 설사 적절하다고 하더라도 보다 완화된 형태나 방법을 모색함으로써 기본권의 제한은 필요한 최소한도에 그치도록 하여야 하며, 입법에 의하여 보호하려는 공익과 침해되는 사익을 비교형량할 때 보호되는 공익이 더 커야 한다. 22 경정, 22 해경   O | X

국민의 기본권을 제한하려는 입법목적이 헌법 및 법률의 체제상 그 정당성이 인정되어야 하고(목적의 정당성), 그 목적의 달성을 위하여 방법이 효과적이고 적절하여야 하며(방법의 적정성), 입법권자가 선택한 기본권 제한의 조치가 입법목적의 달성을 위하여 설사 적절하다 할지라도 보다 완화된 형태나 방법을 모색함으로써 기본권의 제한은 필요한 최소한도에 그치도록 하여야 하고(피해의 최소성), 그 입법에 의하여 보호하려는 공익과 침해되는 사익을 비교형량할 때 보호되는 공익이 더 커야 한다(법익의 균형성)는 과잉금지원칙이 지켜져야 하므로, 이 사건 응시제한이 이러한 과잉금지 원칙을 위반하였는지 검토한다(헌재 2012. 5. 31. 2010헌마139 등).

1322 과잉금지원칙의 요소인 목적의 정당성, 방법의 적절성, 피해의 최소성, 법익의 균형성 중 하나라도 준수하지 못하는 국가행위는 위헌이다. 15 경정   O | X

1322-1 기본권 제한에서 요구되는 과잉금지원칙의 내용은 '목적의 정당성', '침해의 현재성', '법익의 균형성', '방법의 적정성'이다. 23 해경   O | X

헌법 제37조 제2항에 의하면 국민의 기본권을 법률로써 제한하는 것이 가능하다고 하더라도 그 본질적인 내용을 침해할 수 없고 또한 과잉금지의 원칙에도 위배되어서는 아니되는바, 과잉금지의 원칙이라 함은 국민의 기본권을 제한함에 있어서 국가작용의 한계를 명시한 것으로서 목적의 정당성·방법의 적정성·피해의 최소성·법익의 균형성 등을 의미하며 그 어느 하나에라도 저촉이 되면 위헌이 된다는 헌법상의 원칙을 말한다(헌재 1997. 3. 27. 95헌가17).

● 정답 1319. O   1320. O   1321. O   1322. O   1322-1. X [침해의 현재성 X → 침해의 최소성 O]

02 요건

1 목적의 정당성

1323 법률에 의해 일반적으로 기본권을 제한하는 경우에는 국가안전보장·질서유지 또는 공공복리라는 목적이 있어야 한다. 17 5급　　　　　　　　　　　　　　　　　　　　　　　　　　　　　　　　O│X

> 헌법 제37조 ② 국민의 모든 자유와 권리는 **국가안전보장·질서유지** 또는 **공공복리**를 위하여 필요한 경우에 한하여 **법률로써** 제한할 수 있으며, 제한하는 경우에도 자유와 권리의 본질적인 내용을 침해할 수 없다.

2 수단의 적합성

1324 적합성의 원칙이란 기본권 제한의 목적과 기본권 제한이라는 수단 사이의 관계가 적합하여야 함을 의미한다. 11 국회 9　　　　　　　　　　　　　　　　　　　　　　　　　　　　　　　　　　　O│X

적합성의 원칙은 기본권 제한의 **수단 또는 방법**이 기본권 제한의 **목적을 실현**하는데 있어 성질상 **적합**하여야 한다는 원칙을 말한다. 목적과 수단간의 적합성을 의미한다.

1325 입법목적을 달성하기 위한 수단으로서 반드시 가장 합리적이며 효율적인 수단을 선택하여야 하는 것은 아니라고 할지라도 적어도 현저하게 불합리하고 불공정한 수단의 선택은 피하여야 한다. 22 경정, 22 해경
　　　O│X

1325-1 입법목적을 달성하기 위하여 가능한 여러 수단들 가운데 구체적으로 어느 것을 선택할 것인가의 문제는 기본적으로 입법재량에 속하지만, 반드시 가장 합리적이며 효율적인 수단을 선택해야 한다. 16 법원 9
　　　O│X

입법목적을 달성하기 위하여 **가능한 여러 수단들** 가운데 구체적으로 **어느 것을 선택할 것인가의 문제**가 기본적으로 **입법재량**에 속하는 것이기는 하다. 그러나 위 입법재량이라는 것도 자유재량을 말하는 것은 아니므로 **입법목적을 달성하기 위한 수단으로서 반드시 가장 합리적이며 효율적인 수단을 선택**하여야 하는 것은 **아니라고 할지라도 적어도 현저하게 불합리하고 불공정한 수단의 선택은 피하여야 할 것인바**, … 앞서 살펴 본 바와 같이 결사의 자유 등 기본권의 본질적 내용을 해하는 복수조합설립금지라는 수단을 선택한 것은 현저하게 불합리하고 불공정한 것이므로 이는 위헌임이 명백하다(헌재 1996. 4. 25. 92헌바47).

1326 수단의 적합성은 해당 기본권 제한조치가 목적의 달성에 어느 정도 기여하는 것으로 충분하며, 목적을 달성하는데 유일한 수단일 필요는 없다. 22 국회 9　　　　　　　　　　　　　　　　　　　O│X

1326-1 국가작용에 있어서 선택하는 수단은 목적을 달성함에 있어서 필요하고 효과적이며 상대방에게 최소한의 피해를 줄 때에 한해서 정당성을 가지게 되고 상대방은 그 침해를 감수하게 되는 것인바, 국가작용에 있어서 취해지는 어떠한 조치나 선택된 수단은 그것이 달성하려는 사안의 목적에 적합하여야 함은 물론이고, 그 조치나 수단이 목적달성을 위하여 유일무이한 것이어야 한다. 16 경정, 15 변호사
　　　O│X

● 정답 1323. O　1324. O　1325. O　1325-1. X [가장 합리적이며 효율적인 수단 X]　1326. O　1326-1. X [유일무이한 것일 필요 X]

국가가 입법, 행정 등 국가작용을 함에 있어서는 합리적인 판단에 입각하여 추구하고자 하는 사안의 **목적에 적합한 조치를** 취하여야 하고, 그때 선택하는 **수단은 목적을 달성함에** 있어서 필요하고 효과적이며 상대방에게는 **최소한의 피해를** 줄 때에 한해서 그 국가작용은 정당성을 가지게 되고 상대방은 그 침해를 감수하게 되는 것이다. 그런데 국가작용에 있어서 취해진 어떠한 조치나 선택된 수단은 그것이 달성하려는 사안의 목적에 적합하여야 함은 당연하지만 그 **조치나 수단이 목적달성을 위하여 유일무이한 것일 필요는 없는 것이다**(헌재 1989. 12. 22. 88헌가13).

3 피해의 최소성

1327 최소침해의 원칙이란 기본권의 제한에 관하여 그 목적을 달성하는 데 적합한 수단이 여러 개가 있을 경우에 입법자는 최소한의 기본권 침해를 가져오는 방법을 선택해야 한다는 것을 말한다. 15 국회 9

O | X

입법자는 공익실현을 위하여 기본권을 제한하는 경우에도 입법목적을 실현하기에 적합한 **여러 수단 중에서** 되도록 국민의 기본권을 가장 존중하고 **기본권을 최소로 침해하는 수단을 선택**해야 한다. 최소침해의 원칙이란 기본권의 제한에 관하여 그 목적을 달성하는 데 적합한 수단이 여러 개가 있을 경우에 입법자는 **최소한의 기본권 침해를 가져오는 방법을 선택**해야 한다는 것을 말한다.

1328 입법자가 선택한 수단보다 국민의 기본권을 덜 침해하는 수단이 존재하더라도 그 다른 수단이 효과 측면에서 입법자가 선택한 수단과 동등하거나 유사하다고 단정할 만한 명백한 근거가 없는 이상 과잉금지원칙에 위반된다고는 할 수 없다. 24 경정

O | X

과잉금지원칙의 한 내용인 '최소침해의 원칙'이라는 것은 어디까지나 입법목적의 달성에 있어 동일한 효과를 나타내는 수단 중에서 되도록 당사자의 기본권을 덜 침해하는 수단을 채택하라는 헌법적 요구인바, 입법자가 택한 수단보다 **국민의 기본권을 덜 침해하는 수단이 존재**하더라도 그 다른 수단이 효과 측면에서 **입법자가 선택한 수단과 동등하거나 유사**하다고 단정할 만한 **명백한 근거가 없는 이상**, 그것이 **과잉금지원칙에 반한다고 할 수는 없다**(헌재 2012. 8. 23. 2010헌가65).

⑤1329 침해의 최소성의 관점에서, 입법자는 그가 의도하는 공익을 달성하기 위하여 우선 기본권을 보다 적게 제한하는 단계인 기본권행사의 '방법'에 관한 규제로써 공익을 실현할 수 있는가를 시도하고 이러한 방법으로는 공익달성이 어렵다고 판단되는 경우에 비로소 그 다음 단계인 기본권 행사의 '여부'에 관한 규제를 선택해야 한다. 23 해간, 22 경정, 15 변호사, 10 국회 8

O | X

1329-1 기본권을 제한할 필요성이 있는 경우에 기본권행사의 방법을 통하여 목적을 달성할 수 있는 경우 기본권행사여부에 대한 규제조치를 취하는 것은 최소침해의 원칙에 위반된다. 22 국회 9

O | X

1329-2 기본권을 제한하는 규정은 기본권행사의 '방법'과 '여부'에 관한 규정으로 구분할 수 있다. 방법의 적절성의 관점에서, 입법자는 우선 기본권행사의 '방법'에 관한 규제로써 공익을 실현할 수 있는가를 시도하고 이러한 방법으로는 공익달성이 어렵다고 판단되는 경우에 기본권행사의 '여부'에 관한 규제를 선택해야 한다. 24 경찰 1차

O | X

침해의 최소성의 관점에서, 입법자는 그가 의도하는 공익을 달성하기 위하여 우선 기본권을 보다 적게 제한하는 단계인 **기본권행사의 '방법'에 관한 규제**로써 공익을 실현할 수 있는가를 시도하고 이러한 방법으로는 공익달성이 어렵다고 판단되는 경우에 비로소 그 다음 단계인 **기본권행사의 '여부'에 관한 규제를 선택**해야 한다(헌재 1998. 5. 28. 96헌가5).

● 정답] 1327. O   1328. O   1329. O   1329-1. O   1329-2. X [방법의 적절성 X → 침해의 최소성 O]

1330 입법자가 임의적 규정으로도 법의 목적을 실현할 수 있는 경우에 구체적 사안의 개별성과 특수성을 고려할 수 있는 가능성을 일체 배제하는 필요적 규정을 두었다고 해서 최소침해성의 원칙에 위배될 여지는 없다. 16 법원 9 O | X

1330-1 입법자가 임의적 규정으로도 법의 목적을 실현할 수 있는 경우, 구체적 사안의 개별성과 특수성을 고려할 수 있는 가능성을 일체 배제하는 필요적 규정을 둔다면 이는 비례원칙의 한 요소인 '수단의 적합성(적절성) 원칙'에 위배된다. 22 경정, 22 해경 O | X

입법자가 **임의적 규정**으로도 법의 목적을 실현할 수 있는 경우에 구체적 사안의 개별성과 특수성을 고려할 수 있는 가능성을 일체 배제하는 **필요적 규정**을 둔다면, 이는 비례의 원칙의 한 요소인 '**최소침해성의 원칙**'에 **위배된다**(헌재 1998. 5. 28. 96헌가12).

1331 구 「여객자동차운수사업법」상 명의이용금지조항을 위반한 운송사업자에 대한 불이익 처분을 규정함에 있어, 입법자가 임의적 규정으로도 법의 목적을 실현할 수 있는 경우에 구체적 사안의 개별성과 특수성을 고려할 수 있는 가능성을 일체 배제하는 필요적 규정을 둔다면 이는 비례의 원칙의 한 요소인 최소침해성의 원칙에 위반된다. 16 경정 O | X

입법자가 **임의적 규정**으로도 법의 목적을 실현할 수 있는 경우에 구체적 사안의 개별성과 특수성을 고려할 수 있는 가능성을 일체 배제하는 **필요적 규정**을 둔다면 이는 비례의 원칙의 한 요소인 "**최소침해성의 원칙**"에 **위배**되는바, 종래의 임의적 취소제도로도 철저한 단속, 엄격한 법집행 등 그 운용 여하에 따라서는 지입제 관행의 근절이라는 입법목적을 효과적으로 달성할 수 있었을 것으로 보이므로, 기본권침해의 정도가 덜한 **임의적 취소제도**의 적절한 운용을 통하여 입법목적을 달성하려는 노력은 기울이지 아니한 채 기본권침해의 정도가 한층 큰 **필요적 취소제도**를 도입한 이 사건 법률조항은 행정편의적 발상으로서 **피해최소성의 원칙에 위반된다**(헌재 2000. 6. 1. 99헌가11 등).

4 법익의 균형성

1332 법익의 균형성이란 기본권 제한에 의하여 보호하려는 공익과 침해되는 사익을 비교·형량할 때 보호되는 공익이 더 크거나 혹은 적어도 양자간에 균형이 유지되어야 한다는 원칙이다. 22 국회 9 O | X

법익의 균형성은 기본권제한에 의하여 보호하려는 **공익**과 침해되는 **사익**을 **비교·형량**할 때 양자간에 **합리적인 균형**이 유지되어야 함을 말한다.

03 본질적 내용 침해금지

1333 기본권의 본질적 내용은 만약 이를 제한하는 경우에는 기본권 그 자체가 무의미하여지는 경우에 그 본질적인 요소를 말하는 것으로서, 이는 개별 기본권마다 다를 수 있다. 15 변호사 O | X

기본권을 국가안전보장, 질서유지와 공공복리를 위하여 필요한 경우에는 법률로써 제한할 수 있으나 그 본질적인 내용은 침해할 수 없다(헌법 제37조 제2항). **기본권의 본질적 내용**은 만약 이를 제한하는 경우에는 **기본권 그 자체가 무의미하여지는 경우**에 그 본질적인 요소를 말하는 것으로서, 이는 **개별 기본권마다 다를 수 있을 것**이다(헌재 1995. 4. 20. 92헌바29).

● 정답 1330. ×[최소침해싱의 원칙에 위배됨] 1330-1. ×[최소침해성의 원칙에 위배됨] 1331. ○ 1332. ○ 1333. ○

POINT 094 기본권경합

01 기본권경합

1334 기본권의 경합은 동일한 기본권 주체가 동시에 여러 기본권의 적용을 주장하는 경우에 발생하는 문제이다. 17 입시, 16 경정 O | X

1334-1 기본권 충돌이란 하나의 기본권 주체가 국가에 대해 동시에 여러 기본권의 적용을 주장하는 경우를 말한다. 11 지방 7 O | X

기본권의 경합은 단일의 기본권주체가 국가에 대하여 동시에 여러 기본권의 적용을 주장할 수 있는 경우를 말한다.

> **관련판례** 하나의 규제로 인해 **여러 기본권이 동시에 제약**을 받는 **기본권경합**의 경우에는 기본권침해를 주장하는 제청신청인과 제청법원의 의도 및 기본권을 제한하는 입법자의 객관적 동기 등을 참작하여 사안과 가장 밀접한 관계에 있고 또 침해의 정도가 큰 주된 기본권을 중심으로 해서 그 제한의 한계를 따져 보아야 할 것이다(헌재 1998. 4. 30. 95헌가16).

02 부진정 경합

1335 경찰공무원인 경장의 1호봉 봉급월액을 청구인의 계급에 상당하는 군인 계급인 중사의 1호봉 봉급월액에 비해 낮게 규정하고 있는 「공무원보수규정」의 해당 부분이 자신의 평등권, 재산권, 직업선택의 자유 및 행복추구권 등을 침해한다고 주장하는 경우 이는 기본권 충돌에 해당한다. 22 경찰 1차 O | X

기본권 충돌은 복수의 기본권 주체가 국가를 상대로 서로 대립되는 기본권의 적용을 주장하는 경우를 말한다. 반면 기본권 경합은 하나의 기본권 주체가 둘 이상의 기본권을 국가에 주장하는 경우를 말한다. 따라서 청구인 A가 「공무원보수규정」의 해당 부분이 자신의 평등권, 재산권, 직업선택의 자유 및 행복추구권 등을 침해한다고 주장하는 경우는 기본권 충돌이 아니라 **기본권의 경합에 해당**한다.

03 특별기본권

1336 어떤 법령이 직업의 자유와 행복추구권 양자를 제한하는 외관을 띠는 경우 두 기본권의 경합문제가 발생하는데, 보호영역으로서 '직업'이 문제될 때 직업의 자유는 행복추구권과의 관계에서 특별기본권의 지위를 가지므로, 행복추구권의 침해 여부에 대한 심사는 배제된다. 15 국회 8 O | X

1336-1 행복추구권이 다른 기본권에 대한 보충적 기본권으로서의 성격을 가지고 있고 직업선택의 자유라는 우선적으로 적용되는 기본권의 침해 여부를 판단하는 경우라 할지라도 행복추구권 침해 여부에 대해서도 별도로 판단하여야 한다. 21 소간 O | X

행복추구권은 다른 기본권에 대한 보충적 기본권으로서의 성격을 지니고, 특히 어떠한 법령이 수범자의 **직업의 자유와 행복추구권 양자를 제한**하는 외관을 띠는 경우 두 기본권의 경합 문제가 발생하는데, 보호영역으로서 '직업'이 문제되는 경우 **행복추구권과 직업의 자유는 서로 일반특별관계**에 있어 기본권의 내용상 특별성을 갖는 **직업의 자유의 침해 여부가 우선**하여 **행복추구권 관련 위헌 여부의 심사는 배제되어야** 하는 것이므로, 이 사건에 있어서 청구인이 건설업을 영위하는 행위가 직업의 자유의 보호영역에 포함된다고 보아 앞서 그 침해 여부를 판단한 이상, **행복추구권의 침해 여부를 독자적으로 판단할 필요가 없다**(헌재 2007. 5. 31. 2007헌바3).

● 정답 1334. O   1334-1. X [기본권 충돌 X → 기본권 경합 O]   1335. X [기본권 충돌 X → 기본권 경합 O]   1336. O   1336-1. X [행복추구권 별도 판단 X]

1337 행복추구권은 다른 기본권에 대한 보충적 기본권으로서의 성격을 지니므로, 공무담임권이라는 우선적으로 적용되는 기본권이 존재하여 그 침해여부를 판단하는 이상, 행복추구권 침해 여부를 독자적으로 판단할 필요가 없다. 18 경정 O|X

1337-1 공무담임권과 같이 우선적으로 적용되는 개별 기본권이 존재하여 그 침해 여부를 판단하여도, 그 다음에는 포괄적인 기본권인 행복추구권 침해여부를 독자적으로 판단하여야 한다. 23 해경 O|X

행복추구권은 다른 기본권에 대한 **보충적 기본권**으로서의 성격을 지니므로, **공무담임권**이라는 **우선적으로 적용되는 기본권**이 존재하여(청구인들이 주장하는 불행이란 결국 교원직 상실에서 연유하는 것에 불과하다) 그 침해여부를 판단하는 이상, **행복추구권 침해 여부를 독자적으로 판단할 필요가 없다**(헌재 2000. 12. 14. 99헌마112 등).

1338 공무담임권은 직업선택의 자유에 대하여 특별 기본권이어서 후자의 적용을 배제하므로, 대학교원을 제외하고 교육공무원의 정년을 65세에서 62세로 단축한 「교육공무원법」 조항의 위헌 여부와 관련하여 직업선택의 자유는 문제되지 아니한다. 23 해경 O|X

이 사건 법률조항은 "교육공무원"의 정년을 규정한 것으로서 교육공무원이 아닌 사립학교 교원들에게는 적용되지 아니한다. … 공직의 경우 **공무담임권**은 직업선택의 자유에 대하여 **특별기본권**이어서 후자의 적용을 배제하므로, 사립학교 교원의 청구를 부적법한 것으로 보는 한 **직업선택의 자유는 문제되지 아니한다**(헌재 2000. 12. 14. 99헌마112 등).

1339 보호영역으로서의 '선거운동'의 자유가 문제되는 경우 표현의 자유 및 선거권과 일반적 행동자유권으로서의 행복추구권은 서로 특별관계에 있어 기본권의 내용상 특별성을 갖는 표현의 자유 및 선거권이 우선 적용된다. 23 소간 O|X

보호영역으로서의 **'선거운동'**의 자유가 문제되는 경우 **표현의 자유 및 선거권**과 **일반적 행동자유권으로서의 행복추구권**은 서로 **특별관계**에 있어 기본권의 내용상 특별성을 갖는 **표현의 자유 및 선거권이 우선 적용**된다(헌재 2004. 4. 29. 2002헌마467).

1340 공직의 경우 공무담임권은 직업선택의 자유에 대하여 특별기본권이어서 직업의 자유의 적용을 배제한다. 12 국가 7 O|X

1340-1 공무담임권과 직업의 자유가 경합하는 경우 특별기본권인 직업의 자유의 침해 여부만 심사하면 된다. 17 국회 9 O|X

국민이 선택하고 수행하고자 하는 직업이 공직인 경우에는 공무담임권과 결부되고 그것을 통하여 실현되므로 **공직의 경우 공무담임권은 직업선택의 자유에 대한 특별기본권**이어서 **후자의 적용을 배제한다**(헌재 2004. 11. 25. 2002헌바8).

1341 공무담임권은 국가 등에게 능력주의를 존중하는 공정한 공직자 선발을 요구할 수 있는 권리라는 점에서 직업선택의 자유보다는 그 기본권의 효과가 현실적·구체적이므로, 공직을 직업으로 선택하는 경우에 있어서 직업선택의 자유는 공무담임권을 통해서 그 기본권보호를 받게 된다고 할 수 있으므로 공무담임권을 침해하는지 여부를 심사하는 이상 이와 별도로 직업선택의 자유 침해 여부를 심사할 필요는 없다. 22 경찰 1차 O|X

● 정답 1337. O 1337-1. X [행복추구권 침해여부 판단 안함] 1338. O 1339. O 1340. O 1340-1. X [특별기본권인 공무담임권만 심사]
1341. O

공무담임권은 국가 등에게 능력주의를 존중하는 공정한 공직자선발을 요구할 수 있는 권리라는 점에서 **직업선택의 자유보다는 그 기본권의 효과가 현실적·구체적이므로, 공직을 직업으로 선택하는 경우에 있어서 직업선택의 자유는 공무담임권을 통해서 그 기본권보호를 받게 된다**고 할 수 있으므로 **공무담임권을 침해하는지 여부를 심사**하는 이상 이와 별도로 **직업선택의 자유 침해 여부를 심사할 필요는 없다**(헌재 2006. 3. 30. 2005헌마598).

1342 사립대학 교원이 국회의원으로 당선된 경우 임기개시일 전까지 그 직을 사직하도록 하는 것은 사립대학 교원의 직업선택의 자유를 제한하는 것이지 공무담임권을 제한하는 것은 아니다. 17 서울 7 O│X

1342-1 사립대학 교원이 국회의원으로 당선된 경우 임기개시일 전까지 그 직을 사직하도록 규정한 「국회법」 조항은 청구인의 공무담임권을 침해하지 않는다. 19 경정 O│X

1342-2 사립대학 교원이 국회의원으로 당선된 경우 임기개시일 전까지 그 직을 사직하도록 강제하는 것은, 당선된 사립학교 교원으로 하여금 그 직을 휴직하게 하는 것만으로도 충분히 국회의원으로서의 공정성과 직무전념성을 확보할 수 있으므로 사립학교 교원의 공무담임권을 침해한다. 20 변호사 O│X

(1) 심판대상조항은 국회의원으로 당선된 자에게 사립대학 교원의 직에서 사직할 의무를 부과하고 있어 사립대학 교원이라는 직업선택의 자유를 제한함과 동시에, 청구인과 같이 사립대학 교원의 직에 있는 상태에서 향후 국회의원 선거에 출마하려는 자에게는 국회의원 출마 자체를 주저하게 만듦으로써 공무담임권의 행사에 적지 않은 위축효과도 가져온다. 따라서 이 사건 심판대상조항은 **공무담임권과 직업선택의 자유라는 두 가지 기본권을 모두 제한**하고 있다(헌재 2015. 4. 30. 2014헌마621).
(2) 입법자가 이와 같은 공익을 국회의원으로 당선된 사립대학 교원이 교원의 직을 사직하여야 하는 것으로 인해 발생하는 공무담임권 및 직업선택의 자유에 대한 제한보다 중시한다고 해서 법익 간의 형량을 그르쳤다고 할 수는 없다. 따라서 심판대상조항은 법익의 균형성 원칙에도 **위반되지 않는다**(헌재 2015. 4. 30. 2014헌마621).

1343 사생활의 비밀과 통신의 비밀이 경합하는 경우 특별한 기본권인 사생활의 비밀의 침해여부를 심사하면 된다. 17 국회 9 O│X

이 사건 법률조항은 범죄수사를 위하여 통신제한조치를 받고 있는 자에게 법원의 허가를 통하여 그 통신제한조치기간을 2월의 범위 내에서 횟수 제한 없이 연장받을 수 있도록 하는 근거가 되어 헌법 제18조 통신의 자유 중에서도 가장 핵심내용인 '통신의 비밀'을 제한하고 있다. … 이 사건 법률조항은 **사생활의 비밀의 특별한 영역으로 헌법이 개별적인 기본권으로 보호하는 통신의 비밀을 제한**하고 있다는 점에서 **별도로 사생활의 비밀을 침해하는지 여부를 검토할 필요는 없다**(헌재 2010. 12. 28. 2009헌가30).

04 주된 기본권

1344 하나의 규제로 인하여 여러 기본권이 동시에 제약을 받는 기본권 경합의 경우에는 기본권 침해를 주장하는 청구인들의 의도 및 기본권을 제한하는 입법자의 객관적 동기 등을 참작하여 사안과 가장 밀접한 관계가 있고 또 침해의 정도가 큰 주된 기본권을 중심으로 해서 그 제한의 한계를 따져 보아야 한다. 23 해경, 23 소간 O│X

하나의 규제로 인해 여러 기본권이 동시에 제약을 받는 **기본권경합**의 경우에는 기본권침해를 주장하는 제청신청인과 제청법원의 의도 및 기본권을 제한하는 입법자의 객관적 동기 등을 참작하여 **사안과 가장 밀접한 관계**에 있고 또 **침해의 정도가 큰 주된 기본권을 중심으로 해서 그 제한의 한계를 따져 보아야 할 것이다**(헌재 1998. 4. 30. 95헌가16).

● 정답 1342. ✕ [두 기본권 모두 제한]   1342-1. O   1342-2. ✕ [공무담임권 침해 ✕]   1343. ✕ [통신의 비밀 심사 O, 사생활의 비밀 심사 ✕]
1344. O

1345 '공무원이 선거운동의 기획에 참여하거나 그 기획의 실시에 관여하는 행위'를 금지하는 「공직선거법」 조항에 대한 헌법소원심판은 하나의 규제로 인하여 정치적 표현의 자유와 공무담임권이 동시에 제약을 받을 수 있는 기본권경합에 해당한다. 23 경찰 2차　　　　　　　　　　　　　　　O | X

1345-1 '공무원이 선거운동의 기획에 참여하거나 그 기획의 실시에 관여하는 행위'를 금지하는 「공직선거법」 조항에 대한 헌법소원심판은 공무담임권을 침해하고 있는지 여부를 중심으로 해결한다. 23 경찰 2차
　　　　　　　　　　　　　　　　　　　　　　　　　　　　　　　　　　O | X

이 사건에서 **정치적 표현의 자유**와 **공무담임권**의 제한은 하나의 규제로 인하여 동시에 제약을 받을 수 있는 **기본권경합**의 성격을 지니는바, **선거운동의 기획행위**는 공직출마를 곧바로 제한하는 것은 아니어서 **공무담임권보다는 정치적 표현의 자유와 더 밀접한 관계**에 있으므로, 이 사건 법률조항이 비례의 원칙에 위배하여 청구인의 **정치적 표현의 자유를 침해하고 있는지 여부를 중심으로 살펴보기로 한다**(헌재 2008. 5. 29. 2006헌마1096).

1346 선거기간 중 모임을 처벌하는 「공직선거법」 조항에 대한 입법자의 1차적 의도는 선거기간 중 집회를 금지하는 데 있으며, 헌법상 결사의 자유보다 집회의 자유가 두텁게 보호되고, 위 조항에 의하여 직접 제약되는 자유 역시 집회의 자유이므로 집회의 자유를 침해하는지를 살핀다. 24 경간　　O | X

심판대상조항은 국민운동단체인 바르게살기운동협의회에 대하여 선거기간 중 일체의 모임을 금지시킴으로써 집회의 자유와 결사의 자유(단체활동의 자유)를 동시에 제한하고 있다. … 심판대상조항에 대한 입법자의 일차적 의도는 선거기간 중 모임, 즉 **집회를 금지**하고자 하는 데 있으며, 단체의 모임은 단체의 다양한 활동 중의 하나에 불과하고, 헌법상 결사의 자유보다는 **집회의 자유가 두텁게 보호**되며, 위 조항에 의하여 직접 제약되는 자유 역시 **집회의 자유**라고 할 것이다. 따라서 아래에서는 심판대상조항이 과잉금지원칙에 위반하여 **집회의 자유**를 침해하는지를 살핀다(헌재 2013. 12. 26. 2010헌가90).

1347 청구인은 의료인이 아니라도 문신시술업을 합법적인 직업으로 영위할 수 있어야 함을 주장하고 있고, 「의료법」 조항의 1차적 의도도 보건위생상 위해 가능성이 있는 행위를 규율하고자 하는 경우에는 직업선택의 자유를 중심으로 위헌 여부를 살피는 이상 예술의 자유 침해 여부는 판단하지 아니한다. 24 경간　　　　　　　　　　　　　　　　　　　　　　　　　O | X

이 사건에서 청구인들은 의료인이 아니더라도 **문신시술업을 합법적인 직업으로 영위**할 수 있어야 함을 주장하고 있고, 심판대상조항의 일차적 의도도 보건위생상 위해 가능성이 있는 행위를 규율하고자 하는 데 있으며, 심판대상조항에 의한 예술의 자유 또는 표현의 자유의 제한은 문신시술업이라는 직업의 자유에 대한 제한을 매개로 하여 간접적으로 제약되는 것이라 할 것인바, 사안과 가장 밀접하고 침해의 정도가 큰 **직업선택의 자유**를 중심으로 심판대상조항의 위헌 여부를 살피는 이상 **예술의 자유와 표현의 자유 침해 여부에 대하여는 판단하지 아니한다**(헌재 2022. 3. 31. 2017헌마1343 등).

정답 1345. O　1345-1. X [정치적 표현의 자유 침해 여부 중심]　1346. O　1347. O

1348 의료인이 아닌 자의 문신시술업을 금지하고 처벌하는 것은 비의료인의 직업선택의 자유를 침해하지 않는다. 22 국회 9 O|X

1348-1 의료인이 아닌 자의 문신시술업을 금지하고 처벌하는 「의료법」 조항은 문신시술자에 대하여 의료인 자격까지 요구하지 않고도, 시술자의 자격, 위생적인 문신시술 환경, 문신시술 절차 및 방법 등에 관한 규제를 통하여도 안전한 문신시술을 보장할 수 있다는 점에서 과잉금지원칙에 위배되어 문신시술을 업으로 삼고자 하는 청구인의 직업선택의 자유를 침해한다. 24 경찰 1차 O|X

1348-2 의료인이 아닌 자의 문신시술업을 금지하고 처벌하는 「의료법」 조항 중 '의료행위'는, 의학적 전문지식을 기초로 하는 경험과 기능으로 진찰, 검안, 처방, 투약 또는 외과적 시술을 시행하여 하는 질병의 예방 또는 치료행위 이외에도 의료인이 행하지 아니하면 보건위생상 위해가 생길 우려가 있는 행위로 분명하게 해석되어 명확성원칙에 위배된다고 할 수 없다. 23 국가 7 O|X

(1) 문신시술은, 바늘을 이용하여 피부의 완전성을 침해하는 방식으로 색소를 주입하는 것으로, 감염과 염료 주입으로 인한 부작용 등 위험을 수반한다. 이러한 시술 방식으로 인한 잠재적 위험성은 피시술자뿐 아니라 공중위생에 영향을 미칠 우려가 있고, 문신시술을 이용한 반영구화장의 경우라고 하여 반드시 감소된다고 볼 수도 없다. 심판대상조항은 의료인만이 문신시술을 할 수 있도록 하여 그 안전성을 담보하고 있다. … 그러므로 심판대상조항은 명확성원칙이나 과잉금지원칙을 위반하여 청구인들의 직업선택의 자유를 침해하지 않는다(헌재 2022. 3. 31. 2017헌마1343 등).

(2) 의료행위는 반드시 질병의 치료와 예방에 관한 행위에만 한정되지 않고, 그와 관계없는 것이라도 의학상의 기능과 지식을 가진 의료인이 하지 아니하면 보건위생상 위해를 가져올 우려가 있는 일체의 행위가 포함된다. 대법원도 구 의료법 제25조 제1항의 의료행위라 함은 의학적 전문지식을 기초로 하는 경험과 기능으로 진찰, 검안, 처방, 투약 또는 외과적 시술을 시행하여 하는 질병의 예방 또는 치료행위 이외에도 의료인이 행하지 아니하면 보건위생상 위해가 생길 우려가 있는 행위를 의미한다고 해석하고 있다. 이와 같이 의료법의 입법목적, 의료인의 사명에 관한 의료법상의 여러 규정 및 의료행위의 개념에 관한 대법원 판례 등을 종합적으로 고려해 보면, 심판대상조항 중 '의료행위'의 개념은 건전한 일반상식을 가진 자에 의하여 일의적으로 파악되기 어렵다거나 법관에 의한 적용단계에서 다의적으로 해석될 우려가 있다고 보기 어려우므로, 죄형법정주의의 명확성원칙에 위배된다고 할 수 없다(헌재 2022. 3. 31. 2017헌마1343 등).

POINT 095 기본권충돌

01 기본권충돌

1349 기본권의 충돌이란 상이한 복수의 기본권주체가 서로의 권익을 실현하기 위해 하나의 동일한 사건에서 국가에 대하여 서로 대립되는 기본권의 적용을 주장하는 경우를 말하는데, 한 기본권 주체의 기본권행사가 다른 기본권주체의 기본권행사를 제한 또는 희생시킨다는 데 그 특징이 있다. 23 경채 O|X

1349-1 기본권의 경합이란 상이한 복수의 기본권주체가 서로의 권익을 실현하기 위해 하나의 동일한 사건에서 국가에 대하여 서로 대립되는 기본권의 적용을 주장하는 경우를 말한다. 23 경정 O|X

기본권의 충돌이란 상이한 복수의 기본권주체가 서로의 권익을 실현하기 위해 하나의 동일한 사건에서 국가에 대하여 서로 대립되는 기본권의 적용을 주장하는 경우를 말하는데, 한 기본권주체의 기본권행사가 다른 기본권주체의 기본권행사를 제한 또는 희생시킨다는 데 그 특징이 있다(헌재 2005. 11. 24. 2002헌바95 등).

●정답 1348. O   1348-1. X [직업선택의 자유 침해 아님]   1348-2. O   1349. O   1349-1. X [기본권 경합 X → 기본권 충돌 O]

1350 기본권의 충돌에서 대립되는 기본권이 반드시 상이한 기본권이어야 하는 것은 아니다. 22 해간, 11 국회 9

O | X

기본권의 충돌에서 대립되는 기본권이 반드시 상이한 기본권이어야 하는 것은 아니고, 동일한 기본권이 충돌할 수도 있다.

> **관련판례** 기본권의 충돌이란 상이한 복수의 기본권주체가 서로의 권익을 실현하기 위해 하나의 동일한 사건에서 국가에 대하여 서로 대립되는 기본권의 적용을 주장하는 경우를 말하는데, 한 기본권주체의 기본권행사가 다른 기본권주체의 기본권행사를 제한 또는 희생시킨다는 데 그 특징이 있다(헌재 2005. 11. 24. 2002헌바95 등).

02 해결방법

1351 두 기본권이 충돌하는 경우 그 해법으로는 기본권의 서열이론, 실제적 조화의 원리(= 규범조화적 해석) 등을 들 수 있는데, 헌법재판소는 기본권 충돌의 문제에 관하여 기본권 서열이론을 선택하여 이를 해결하여 왔다. 13 법무사

O | X

두 기본권이 충돌하는 경우 그 해법으로는 **기본권의 서열이론, 법익형량의 원리, 실제적 조화의 원리(= 규범조화적 해석)** 등을 들 수 있다. 헌법재판소는 기본권 충돌의 문제에 관하여 충돌하는 기본권의 성격과 태양에 따라 **그때그때마다 적절한 해결방법을 선택, 종합**하여 이를 해결하여 왔다(헌재 2005. 11. 24. 2002헌바95 등).

03 기본권의 서열이론 (상위기본권우선의 원칙)

1352 상하의 위계질서가 있는 기본권끼리 충돌하는 경우에는 상위 기본권 우선의 원칙에 따라 하위 기본권이 제한될 수 있다. 22 해간, 22 경정, 13 법무사

O | X

상하의 위계질서가 있는 기본권끼리 충돌하는 경우에는 **상위기본권우선의 원칙**에 따라 **하위기본권이 제한**될 수 있으므로, 흡연권은 혐연권을 침해하지 않는 한에서 인정되어야 한다(헌재 2004. 8. 26. 2003헌마457).

1353 흡연자가 비흡연자에게 아무런 영향을 미치지 않는 방법으로 흡연을 하는 경우에는 기본권의 충돌이 일어나지 않으나, 흡연자와 비흡연자가 함께 생활하는 공간에서의 흡연행위는 필연적으로 흡연자의 기본권과 비흡연자의 기본권이 충돌하는 상황이 초래된다. 13 법무사

O | X

흡연자가 비흡연자에게 아무런 영향을 미치지 않는 방법으로 흡연을 하는 경우에는 기본권의 충돌이 일어나지 않는다. 그러나 흡연자와 비흡연자가 함께 생활하는 공간에서의 흡연행위는 필연적으로 **흡연자의 기본권과 비흡연자의 기본권이 충돌**하는 상황이 초래된다 (헌재 2004. 8. 26. 2003헌마457).

● 정답 1350. O   1351. X [다양한 접근법으로 해결하여 옴]   1352. O   1353. O

1354 흡연권은 사생활의 자유를 실질적 핵으로 하는 것이고 혐연권은 사생활의 자유뿐만 아니라 생명권에까지 연결되는 것이므로 혐연권이 흡연권보다 상위의 기본권이다. 24 경간, 17 법무사, 16 경정   O│X

1354-1 혐연권이 흡연권보다 상위의 기본권이라고 할 수는 없으나 혐연권은 사생활의 자유뿐만 아니라 생명권에까지 연결되는 것이므로 사생활의 자유를 실질적 핵으로 하는 흡연권보다 우선시 되어야 한다. 12 국회 8   O│X

1354-2 흡연자의 흡연권과 비흡연자의 혐연권이 충돌하는 경우 이 두 기본권은 각기 독자성을 갖는 기본권이므로 양자는 대등한 효력을 갖는다. 17 국회 9   O│X

흡연권은 위와 같이 사생활의 자유를 실질적 핵으로 하는 것이고 혐연권은 사생활의 자유뿐만 아니라 생명권에까지 연결되는 것이므로 혐연권이 흡연권보다 상위의 기본권이라 할 수 있다. 이처럼 상하의 위계질서가 있는 기본권끼리 충돌하는 경우에는 상위기본권우선의 원칙에 따라 하위기본권이 제한될 수 있으므로, 결국 흡연권은 혐연권을 침해하지 않는 한에서 인정되어야 한다(헌재 2004. 8. 26. 2003헌마457).

1355 흡연권은 사생활의 자유를 실질적 핵으로 하는 것이고 혐연권은 사생활의 자유뿐만 아니라 생명권에까지 연결되는 것이므로 혐연권이 흡연권보다 상위의 기본권이라 할 수 있고, 상하의 위계질서가 있는 기본권끼리 충돌하는 경우에는 상위기본권우선의 원칙에 따라 하위기본권이 제한될 수 있으므로, 흡연권은 혐연권을 침해하지 않는 한에서 인정되어야 한다. 23 경정   O│X

1355-1 상하의 위계질서가 있는 기본권끼리 충돌하는 경우에는 상위기본권우선의 원칙에 따라 하위기본권이 제한될 수 있으므로, 결국 혐연권은 흡연권을 침해하지 않는 한에서 인정되어야 한다. 23 소간   O│X

흡연권은 위와 같이 사생활의 자유를 실질적 핵으로 하는 것이고 혐연권은 사생활의 자유뿐만 아니라 생명권에까지 연결되는 것이므로 혐연권이 흡연권보다 상위의 기본권이라 할 수 있다. 이처럼 상하의 위계질서가 있는 기본권끼리 충돌하는 경우에는 상위기본권우선의 원칙에 따라 하위기본권이 제한될 수 있으므로, 결국 흡연권은 혐연권을 침해하지 않는 한에서 인정되어야 한다(헌재 2004. 8. 26. 2003헌마457).

1356 근로자의 단결하지 아니할 자유와 노동조합의 적극적 단결권이 충돌하는 경우 단결권 상호간의 충돌은 아니라고 하더라도 여전히 헌법상 보장된 일반적 행동의 자유 또는 결사의 자유와 적극적 단결권 사이의 기본권 충돌의 문제가 제기될 수 있다. 23 경채   O│X

근로자가 노동조합을 결성하지 아니할 자유나 노동조합에 가입을 강제당하지 아니할 자유, 그리고 가입한 노동조합을 탈퇴할 자유는 근로자에게 보장된 단결권의 내용에 포섭되는 권리로서가 아니라 헌법 제10조의 행복추구권에서 파생되는 일반적 행동의 자유 또는 제21조 제1항의 결사의 자유에서 그 근거를 찾을 수 있다. 이와 같이 근로자의 단결하지 아니할 자유와 노동조합의 적극적 단결권이 충돌하는 경우 단결권 상호간의 충돌은 아니라고 하더라도 여전히 헌법상 보장된 일반적 행동의 자유 또는 결사의 자유와 적극적 단결권 사이의 기본권 충돌의 문제가 제기될 수 있다(헌재 2005. 11. 24. 2002헌바95 등).

정답 1354. O   1354-1. X [혐연권이 상위 기본권]   1354-2. X [혐연권이 상위 기본권]   1355. O   1355-1. X [흡연권은 혐연권을 침해하지 않는 한에서 인정]   1356. O

1357 노동조합이 당해 사업장에 종사하는 근로자의 3분의 2 이상을 대표하고 있을 때에는 근로자가 그 노동조합의 조합원이 될 것을 고용조건으로 하는 단체협약[이른바 유니언 샵(Union Shop)]과 관련하여 근로자의 단결하지 아니할 자유와 노동조합의 적극적 단결권(조직강제권)이 충돌하나, 근로자에게 보장되는 적극적 단결권이 단결하지 아니할 자유보다 특별한 의미를 가지고 있으므로 노동조합의 적극적 단결권은 근로자 개인의 단결하지 않을 자유보다 중시된다. 22 법원 9   O | X

1357-1 노동조합의 적극적 단결권은 '사회적 보호기능을 담당하는 자유권' 또는 '사회권적 성격을 띤 자유권'으로서의 성격을 가지고 있으므로, 근로자 개인의 단결하지 않을 자유보다 중시된다. 10 지방 7   O | X

1357-2 단체협약을 매개로 한 조직강제[이른바 유니언 샵(Union Shop) 협정 체결]를 용인하는 경우 근로자 개인의 단결하지 않을 자유는 노동조합의 적극적 단결권보다 중시된다. 24 경간   O | X

이 경우 근로자의 단결하지 아니할 자유와 노동조합의 적극적 단결권(조직강제권)이 충돌하게 되나, **근로자에게 보장되는 적극적 단결권이 단결하지 아니할 자유보다 특별한 의미를 갖고 있고**, **노동조합의 조직강제권도** 이른바 자유권을 수정하는 의미의 생존권(사회권)적 성격을 함께 가지는 만큼 **근로자 개인의 자유권에 비하여 보다 특별한 가치로 보장되는** 점 등을 고려하면, **노동조합의 적극적 단결권은 근로자 개인의 단결하지 않을 자유보다 중시된다**고 할 것이고, 또 노동조합에게 위와 같은 조직강제권을 부여한다고 하여 이를 근로자의 단결하지 아니할 자유의 본질적인 내용을 침해하는 것으로 단정할 수는 없다(헌재 2005. 11. 24. 2002헌바95 등).

1358 노동조합의 적극적 단결권은 근로자 개인의 단결하지 않을 자유보다 중시된다고 할 것이어서 노동조합에 적극적 단결권(조직강제권)을 부여한다고 하여 이를 두고 곧바로 근로자의 단결하지 아니할 자유의 본질적인 내용을 침해하는 것으로 단정할 수는 없다. 14 국가 7   O | X

1358-1 노동조합의 적극적 단결권은 근로자 개인의 단결하지 않을 자유보다 중시된다고 할 수 없어, 노동조합에 적극적 단결권(조직강제권)을 부여하는 것은 근로자의 단결하지 아니할 자유의 본질적인 내용을 침해한다. 22 해간, 22 경정   O | X

이 경우 **근로자의 단결하지 아니할 자유와 노동조합의 적극적 단결권(조직강제권)이 충돌**하게 되나, 근로자에게 보장되는 적극적 단결권이 단결하지 아니할 자유보다 특별한 의미를 갖고 있고, 노동조합의 조직강제권도 이른바 자유권을 수정하는 의미의 생존권(사회권)적 성격을 함께 가지는 만큼 근로자 개인의 자유권에 비하여 보다 특별한 가치로 보장되는 점 등을 고려하면, **노동조합의 적극적 단결권은 근로자 개인의 단결하지 않을 자유보다 중시된다**고 할 것이고, 또 **노동조합에게 위와 같은 조직강제권을 부여**한다고 하여 **이를 근로자의 단결하지 아니할 자유의 본질적인 내용을 침해하는 것으로 단정할 수는 없다**(헌재 2005. 11. 24. 2002헌바95 등).

1359 국민의 수학권과 교사의 수업의 자유는 다 같이 보호되어야 하겠지만 양자가 충돌하는 경우 국민의 수학권이 더 우선적으로 보호되어야 한다. 24 경간   O | X

1359-1 국민의 수학권(修學權)과 교사의 수업의 자유는 다 같이 보호되어야 하겠지만 그 중에서도 교사의 수업의 자유가 더 우선적으로 보호되어야 한다. 14 법원 9   O | X

국민의 수학권과 교사의 수업의 자유는 다 같이 보호되어야 하겠지만 그 중에서도 국민의 수학권이 더 우선적으로 보호되어야 한다. 그것은 국민의 수학권의 보장은 우리 헌법이 지향하고 있는 문화국가, 민주복지국가의 이념구현을 위한 기본적 토대이고, 국민이 인간으로서 존엄과 가치를 가지며 행복을 추구하고(헌법 제10조 전문) 인간다운 생활을 영위하는데(헌법 제34조) 필수적인 조건이고 대전제이며, 국민의 수학권이 교육제도를 통하여 충분히 실현될 때 비로소 모든 국민은 모든 영역에 있어서 각인의 기회를 균등히 하고 능력을 최고도로 발휘할 수 있게 될 것이기 때문이다(헌재 1992. 11. 12. 89헌마88).

● 정답 1357. O   1357-1. O   1357-2. X [적극적 단결권이 중시됨]   1358. O   1358-1. X [적극적 단결권이 더 중시됨 / 본질적인 내용 침해 X]   1359. O   1359-1. X [수학권을 우선적으로 보호]

1360 헌법상 보장되고 있는 학문의 자유 또는 교육을 받을 권리의 규정에서 교사의 수업권(授業權)이 파생되는 것으로 해석하여 기본권에 준하는 것으로 간주하더라도, 수업권을 내세워 국민의 수학권(修學權)을 침해할 수는 없다. 17 경정, 09 국가 7 ○|×

1360-1 교사의 수업권은 헌법상 보장되는 기본권이 아니며 설령 보장된다고 하더라도 학생의 수학권을 위한 제약이 불가피하다. 12 법원 9 ○|×

1360-2 학생의 수학권과 교사의 수업권은 대등한 지위에 있으므로, 학생의 수학권의 보장을 위하여 교사의 수업권을 일정한 범위 내에서 제약할 수 없다. 18 경정 ○|×

1360-3 교사의 수업권과 학생의 수학권이 충돌하는 경우 두 기본권 모두 효력을 나타내는 규범조화적 해석에 따라 기본권 충돌은 해결되어야 한다. 12 국회 8 ○|×

교사의 수업권은 전술과 같이 교사의 지위에서 생겨나는 직권인데, 그것이 헌법상 보장되는 기본권이라고 할 수 있느냐에 대하여서는 이를 부정적으로 보는 견해가 많으며, 설사 헌법상 보장되고 있는 학문의 자유 또는 교육을 받을 권리의 규정에서 교사의 수업권이 파생되는 것으로 해석하여 **기본권에 준하는 것으로 간주하더라도 수업권을 내세워 수학권을 침해할 수는 없으며** 국민의 수학권의 보장을 위하여 **교사의 수업권은 일정범위 내에서 제약을 받을 수밖에 없는 것이다**(헌재 1992. 11. 12. 89헌마88).

1361 학교교육에 있어서 교원의 가르치는 권리를 수업권이라고 한다면 이것은 교원의 지위에서 생기는 것으로서 학생에 대한 일차적인 교육상의 직무권한이지만 어디까지나 학생의 학습권 실현을 위하여 인정되는 것이므로, 학생의 학습권은 교원의 수업권에 대하여 우월한 지위에 있다. 22 입시 ○|×

1361-1 학생의 학습권은 교원의 수업권에 대하여 우월한 지위에 있으므로 교원이 고의로 수업을 거부할 자유는 인정되지 아니한다. 17 법무사 ○|×

1361-2 학교교육에 있어서 교원의 가르치는 권리, 즉 수업권은 교원의 지위에서 인정되는 헌법상의 기본권으로서 교원의 수업권은 학생의 학습권에 대하여 우월한 지위에 있다. 13 지방 7 ○|×

1361-3 학생의 학습권과 교원의 수업권 중 어느 것이 우월한지는 판단하기 어렵고 대등한 지위에 있다고 보아야 한다. 17 입시 ○|×

1361-4 학교교육에 있어서 교원의 수업권은 직업의 자유에 의하여 보장되는 기본권이지만, 원칙적으로 학생의 학습권은 교원의 수업권에 대하여 우월한 지위에 있다. 교원의 고의적인 수업거부행위는 학생의 학습권과 정면으로 상충하는 것인바, 수업권의 우월적 지위가 인정되는 예외적인 경우에만 수업거부행위는 헌법상 정당화된다. 18 변호사 ○|×

학교교육에 있어서 **교원의 가르치는 권리**를 **수업권**이라고 한다면, 이것은 교원의 지위에서 생기는 학생에 대한 일차적인 **교육상의 직무권한**이지만 어디까지나 학생의 학습권 실현을 위하여 인정되는 것이므로, **학생의 학습권**은 **교원의 수업권에 대하여 우월한 지위에** 있다. … 특히, **교원의 수업거부행위는** **학생의 학습권과 정면으로 상충**하는 것인바, 교육의 계속성 유지의 중요성과 교육의 공공성에 비추어 보거나 학생·학부모 등 다른 교육당사자들의 이익과 교량해 볼 때 **교원이 고의로 수업을 거부할 자유는 어떠한 경우에도 인정되지 아니**하며, 교원은 계획된 수업을 지속적으로 성실히 이행할 의무가 있다(대판 2007. 9. 20. 2005다25298).

●정답 1360. ○ 1360-1. ○ 1360-2. ×[대등한 지위 × / 제약할 수 있음] 1360-3. ×[상위기본권 우선의 원칙에 따라 해결] 1361. ○ 1361-1. ○ 1361-2. ×[수업권 기본권 ×, 학습권이 우월] 1361-3. ×[수업권 기본권 ×, 학습권이 우월] 1361-4. ×[교원의 수업거부행위는 예외 없이 불허]

04 규범조화적 해석 (실제적 조화의 원리)

1362 반론권은 보도기관이 사실에 대한 보도과정에서 타인의 인격권 및 사생활의 비밀과 자유에 대한 중대한 침해가 될 직접적 위험을 초래하게 되는 경우 이러한 법익을 보호하기 위한 적극적 요청에 의하여 마련된 제도인 것이지 언론의 자유를 제한하기 위한 소극적 필요에서 마련된 것은 아니기 때문에 이에 따른 보도기관이 누리는 언론의 자유에 대한 제약의 문제는 결국 피해자의 반론권과 서로 충돌하는 관계에 있다. 23 소간 O|X

반론권은 보도기관이 사실에 대한 보도과정에서 타인의 인격권 및 사생활의 비밀과 사유에 대한 중대한 침해가 될 직접적 위험을 초래하게 되는 경우 이러한 법익을 보호하기 위한 적극적 요청에 의하여 마련된 제도인 것이지 언론의 자유를 제한하기 위한 소극적 필요에서 마련된 것은 아니기 때문에 이에 따른 보도기관이 누리는 언론의 자유에 대한 제약의 문제는 결국 피해자의 반론권과 서로 충돌하는 관계에 있는 것으로 보아야 할 것이다. … 현행 정정보도청구권제도는 그 명칭에 불구하고 피해자의 반론게재청구권으로 해석되고 이는 언론의 자유와는 비록 서로 충돌되는 면이 없지 아니하나 전체적으로는 상충되는 기본권 사이에 합리적인 조화를 이루고 있는 것으로 판단된다(헌재 1991. 9. 16. 89헌마165).

1363 정정보도청구권(반론권)과 보도기관의 언론의 자유가 충돌하는 경우에는 헌법의 통일성을 유지하기 위하여 상충하는 기본권 모두가 최대한으로 그 기능과 효력을 발휘할 수 있도록 하는 조화로운 방법이 모색되어야 한다. 13 법무사 O|X

1363-1 피해자의 반론게재청구권으로 해석되는 정정보도청구권제도는 언론의 자유와는 서로 충돌되는 면이 있으나 전체적으로는 상충되는 기본권 사이에 합리적인 조화를 이루고 있다. 24 경간 O|X

보도기관이 누리는 언론의 자유에 대한 제약의 문제는 결국 피해자의 반론권과 서로 충돌하는 관계에 있는 것으로 보아야 할 것이다. 이와 같이 두 기본권이 서로 충돌하는 경우에는 헌법의 통일성을 유지하기 위하여 상충하는 기본권 모두가 최대한으로 그 기능과 효력을 나타낼 수 있도록 하는 조화로운 방법이 모색되어야 할 것이고, 결국은 이 법에 규정한 정정보도청구제도가 과잉금지의 원칙에 따라 그 목적이 정당한 것인가 그러한 목적을 달성하기 위하여 마련된 수단 또한 언론의 자유를 제한하는 정도가 인격권과의 사이에 적정한 비례를 유지하는 것인가의 여부가 문제된다 할 것이다. … 현행 정정보도청구권제도는 그 명칭에 불구하고 피해자의 반론게재청구권으로 해석되고 이는 언론의 자유와는 비록 서로 충돌되는 면이 없지 아니하나 전체적으로는 상충되는 기본권 사이에 합리적인 조화를 이루고 있는 것으로 판단된다(헌재 1991. 9. 16. 89헌마165).

1364 공공기관이 보유·관리하는 개인정보의 공개와 관련하여 국민의 알 권리(정보공개청구권)와 개인정보 주체의 사생활의 비밀과 자유가 서로 충돌하는 경우, 국민의 알 권리(정보공개청구권)가 개인정보 주체의 사생활의 비밀과 자유보다 상위 기본권이므로 기본권의 서열이나 법익의 형량을 통하여 해결할 수 있다. 따라서 국민의 알 권리(정보공개청구권)가 개인정보 주체의 사생활의 비밀과 자유보다 우선한다. 11 지방 7 O|X

국민의 알 권리(정보공개청구권)와 개인정보 주체의 사생활의 비밀과 자유가 서로 충돌하는 경우에 기본권의 서열이나 법익의 형량을 통하여 어느 한 쪽의 기본권을 우선시키고 다른 쪽의 기본권을 후퇴시킬 수는 없다. 정보공개청구권은 알 권리의 당연한 내용이며, 알 권리는 헌법 제21조의 표현의 자유에 당연히 포함되는 기본권으로서 개인의 자유권적 기본권에 해당하고, 헌법 제17조의 사생활의 비밀과 자유 또한 개인의 자유권적 기본권에 해당하므로 국민의 알 권리(정보공개청구권)와 개인정보 주체의 사생활의 비밀과 자유 중 어느 하나를 상위 기본권이라고 하거나 어느 쪽이 우월하다고 할 수는 없을 것이기 때문이다(헌재 2010. 12. 28. 2009헌바258).

정답 1362. O   1363. O   1363-1. O   1364. X [상위기본권 X]

1365 위법하게 취득한 타인간의 대화내용을 공개하는 자를 처벌하는 「통신비밀보호법」 조항은 대화자의 통신의 비밀을 보호하기 위한 것이나, 다른 한편으로는 대화내용을 공개하는 자의 표현의 자유를 제한하게 되므로 두 기본권이 충돌하게 된다. 21 소간 O|X

1365-1 「통신비밀보호법」이 위법하게 취득한 타인간의 대화내용을 공개하는 자를 처벌하는 경우 대화 공개자의 표현의 자유와 대화자의 통신의 비밀 사이의 충돌은 헌법의 통일성을 유지하기 위하여 상충하는 기본권 모두 최대한으로 그 기능과 효력을 발휘할 수 있도록 조화로운 방법이 모색되어야 한다. 24 경찰 1차 O|X

이 사건 법률조항이 불법 감청·녹음 등을 통하여 취득한 타인간의 대화내용을 공개·누설하는 경우 그러한 취득행위에는 관여하지 않고 다른 경로를 통하여 그 대화내용을 알게 된 사람이라 하더라도 처벌하는 것은 위와 같이 헌법 제18조에 의하여 보장되는 **통신의 비밀을 보호**하기 위함이다. 그러나 이 사건 법률조항은 다른 한편으로는 위법하게 취득한 타인간의 대화내용을 공개하는 자를 처벌함으로써 그 대화내용을 공개하는 자의 **표현의 자유를 제한**하게 된다. … 따라서 이 사건 법률조항에 의하여 **대화자의 통신의 비밀과 공개자의 표현의 자유**라는 **두 기본권이 충돌**하게 된다. 이와 같이 **두 기본권이 충돌**하는 경우 헌법의 통일성을 유지하기 위하여 상충하는 기본권 모두 최대한으로 그 기능과 효력을 발휘할 수 있도록 **조화로운 방법이 모색되어야** 하므로, 과잉금지원칙에 따라서 이 사건 법률조항의 목적이 정당한 것인가, 그러한 목적을 달성하기 위하여 마련된 수단이 표현의 자유를 제한하는 정도와 대화의 비밀을 보호하는 정도 사이에 적정한 비례를 유지하고 있는가의 관점에서 심사하기로 한다(헌재 2011. 8. 30. 2009헌바42).

1366 불법 감청·녹음 등에 의하여 취득한 타인 간의 대화내용을 어떠한 경로로 알게 되었는지 그 지득경위를 묻지 않고 그 대화내용을 공개한 자를 처벌하는 것은 과잉금지의 원칙에 위반된다. 14 국회 8 O|X

1366-1 공개되지 아니한 타인간의 대화를 녹음 또는 청취하여 그 내용을 공개하거나 누설한 자를 처벌하는 통신비밀보호법 조항은 불법 감청·녹음 등으로 생성된 정보를 합법적으로 취득한 자가 이를 공개 또는 누설하는 경우에도 그것이 진실한 사실로서 오로지 공공의 이익을 위한 경우에는 이를 처벌하지 아니한다는 특별한 위법성조각사유를 두지 아니한 이상 통신비밀만을 과도하게 보호하고 표현의 자유 보장을 소홀히 한 것이므로 그 범위에서는 헌법에 위반된다. 21 법원 9 O|X

1366-2 타인 간의 대화내용을 위법하게 취득한 자와 위법하게 취득된 타인 간의 대화내용을 공개·누설한 자를 동일한 법정형으로 규정하였다고 하더라도, 그리고 벌금형을 선택적으로 규정하지 않았다고 하더라도 그것이 형벌 본래의 목적과 기능을 달성함에 있어 필요한 정도를 일탈하여 지나치게 과중한 형벌이라고는 보기 어렵다. 22 경채 O|X

(1) 이 사건 법률조항이 불법 취득한 타인간의 대화내용을 공개한 자를 처벌함에 있어 형법 제20조(정당행위)의 **일반적 위법성조각사유**에 관한 규정을 적정하게 해석 적용함으로써 공개자의 표현의 자유도 적절히 보장될 수 있는 이상, 이 사건 법률조항에 **형법상의 명예훼손죄와 같은 위법성조각사유**에 관한 특별규정을 두지 아니하였다는 점만으로 **기본권 제한의 비례성을 상실하였다고는 볼 수 없다**(헌재 2011. 8. 30. 2009헌바42).

(2) 대화내용을 위법하게 취득한 행위 못지않게 위법하게 취득된 대화내용을 전파하는 행위도 그 수단 및 시기, 공개대상의 범위 등에 따라서 대화의 비밀을 침해하는 정도가 상당할 수 있기 때문에 이 사건 법률조항이 **타인간의 대화내용을 위법하게 취득한 자와 위법하게 취득된 타인간의 대화내용을 공개·누설한 자를 동일한 법정형**으로 규정하였다고 하더라도, 그리고 벌금형을 선택적으로 규정하지 않았다고 하더라도 그것이 형벌 본래의 목적과 기능을 달성함에 있어 필요한 정도를 일탈하여 **지나치게 과중한 형벌이라고는 보기 어렵다**(헌재 2011. 8. 30. 2009헌바42).

정답 1365. O   1365-1. O   1366. X [과잉금지원칙 위반 X]   1366-1. X [위법성조각사유 규정 두지 않았다고 바로 위헌 X]   1366-2. O

1367 「민법」상 채권자취소권이 헌법에 부합하는 이유는 채권자의 재산권과 채무자의 일반적 행동자유권 중에서 이익형량의 원칙에 비추어 채권자의 재산권이 상위의 기본권이기 때문이다. 23 경간   O│X

1367-1 채권자취소권에 관한 민법 규정으로 인하여 채권자의 재산권과 채무자 및 수익자의 일반적 행동의 자유, 그리고 채권자의 재산권과 수익자의 재산권이 동일한 장에서 충돌한다. 따라서 이러한 경우에는 상충하는 기본권 모두가 최대한으로 그 기능과 효력을 발휘할 수 있도록 이른바 규범조화적 해석방법에 따라 심사하여야 한다. 22 법원 9   O│X

채권자취소권이 행사되면 채권자의 재산권인 채권의 실효성은 확보될 수 있는 반면, 채무자와 수익자 간의 법률행위가 취소되고 수익자가 취득한 재산이 채무자의 책임재산으로 회복되게 됨으로써 채무자 및 수익자의 일반적 행동의 자유 내지 여기에서 파생되는 계약의 자유와 수익자의 재산권이 제한되는 결과를 가져오게 된다. 즉 이 사건 법률조항으로 인하여 **채권자의 재산권**과 **채무자 및 수익자의 일반적 행동의 자유**, 그리고 **채권자의 재산권**과 **수익자의 재산권**이 동일한 장에서 충돌하는 문제가 발생하게 되는 것이다. … **채권자의 재산권**과 **채무자 및 수익자의 일반적 행동의 자유권 중 어느 하나를 상위기본권이라고 할 수는 없을 것이고**, 채권자의 재산권과 수익자의 재산권 사이에서도 어느 쪽이 우월하다고 할 수는 없을 것이기 때문이다. 따라서 이러한 경우에는 헌법의 통일성을 유지하기 위하여 상충하는 기본권 모두가 최대한으로 그 기능과 효력을 발휘할 수 있도록 **조화로운 방법을 모색하되(규범조화적 해석)**, 법익형량의 원리, 입법에 의한 선택적 재량 등을 종합적으로 참작하여 심사하여야 할 것이다. … 전체적으로 상충되는 기본권들 사이에 합리적인 조화를 이루고 있고, 그 제한에 있어서도 적정한 비례관계를 유지하고 있다고 보여진다. 따라서 이 사건 법률조항이 **채무자 및 수익자의 일반적 행동의 자유권이나 수익자의 재산권을 침해하는 것으로 볼 수 없다**(헌재 2007. 10. 25. 2005헌바96).

1368 「노동조합 및 노동관계조정법」상 유니온 샵(Union Shop) 조항은 특정한 노동조합의 가입을 강제하는 단체협약의 체결을 용인하고 있으므로 근로자의 개인적 단결권과 노동조합의 집단적 단결권이 서로 충돌하는 경우에 해당하며 이를 기본권의 서열이론이나 법익형량의 원리에 입각하여 어느 기본권이 더 상위기본권이라고 단정할 수는 없다. 23 경간   O│X

1368-1 근로자의 개인적 단결권(단결선택권)과 노동조합의 집단적 단결권(조직강제권)이 충돌하는 경우 헌법의 통일성을 유지하기 위하여 상충하는 기본권 모두가 최대한으로 그 기능과 효력을 발휘할 수 있도록 조화로운 방법을 모색하되 법익형량의 원리, 입법에 의한 선택적 재량 등을 종합적으로 참작하여 심사하여야 한다. 23 경정   O│X

1368-2 근로자의 개인적 단결권과 노동조합의 집단적 단결권이 충돌하는 경우, 기본권의 서열이론에 입각하여 근로자의 개인적 단결권을 상위 기본권이라고 판단하고 있다. 10 지방 7   O│X

개인적 단결권과 **집단적 단결권**이 충돌하는 경우 기본권의 서열이론이나 법익형량의 원리에 입각하여 어느 기본권이 더 **상위기본권이라고 단정할 수는 없다**. 개인적 단결권이든 집단적 단결권이든 기본권의 서열이나 법익의 형량을 통하여 어느 쪽을 우선시키고 다른 쪽을 후퇴시킬 수는 없다고 할 것이다. … 따라서 이러한 경우 헌법의 통일성을 유지하기 위하여 상충하는 기본권 모두가 최대한으로 그 기능과 효력을 발휘할 수 있도록 **조화로운 방법을 모색하되, 법익형량의 원리, 입법에 의한 선택적 재량 등을 종합적으로 참작하여 심사하여야 한다**(헌재 2005. 11. 24. 2002헌바95 등).

1369 당해 사업장에 종사하는 근로자의 3분의 2 이상을 대표하는 노동조합의 경우 단체협약을 매개로 한 조직강제를 용인하는 것은 근로자의 단결권을 침해하지 않는다. 08 국가 7   O│X

정답 1367. X [상위기본권 X]   1367-1. O   1368. O   1368-1. O   1368-2. X [상위기본권 단정할 수 없음]   1369. O

이 사건 법률조항은 **단체협약을 매개로 하여 특정 노동조합에의 가입을 강제함으로써 근로자의 단결선택권과 노동조합의 집단적 단결권(조직강제권)이 충돌**하는 측면이 있으나, 이러한 조직강제를 적법·유효하게 할 수 있는 **노동조합의 범위를 엄격하게 제한**하고 지배적 노동조합의 권한남용으로부터 개별근로자를 보호하기 위한 규정을 두고 있는 등 전체적으로 상충되는 두 기본권 사이에 합리적인 조화를 이루고 있고 그 제한에 있어서도 적정한 비례관계를 유지하고 있으며, 또 근로자의 단결선택권의 본질적인 내용을 침해하는 것으로도 볼 수 없으므로, 근로자의 단결권을 보장한 **헌법 제33조 제1항에 위반되지 않는다**(헌재 2005. 11. 24. 2002헌바95 등).

1370 친양자 입양은 친생부모의 기본권과 친양자가 될 자의 기본권이 서로 대립·충돌하는 관계라고 할 수 있고, 이들 기본권은 공히 가족생활에 관한 기본권으로서 그 서열이나 법익의 형량을 통하여 어느 한쪽의 기본권을 일방적으로 우선시키고 다른 쪽을 후퇴시키는 것은 부적절하다. 21 국회 9 O│X

1370-1 친양자 입양은 친생부모의 기본권과 친양자가 될 자의 기본권이 서로 대립·충돌하는 관계라고 볼 수 없다. 17 국회 9 O│X

친양자 입양은 친생부모의 기본권과 친양자가 될 자의 기본권이 서로 **대립·충돌**하는 관계라고 볼 수 있다. 그리고 이들 기본권은 공히 **가족생활에 대한 기본권**으로서 그 서열이나 법익의 형량을 통하여 **어느 한쪽의 기본권을 일방적으로 우선시키고 다른 쪽을 후퇴시키는 것은 부적절**하다(헌재 2012. 5. 31. 2010헌바87).

1371 기업의 경영에 관한 의사결정의 자유 등 영업의 자유와 근로자들이 누리는 일반적 행동자유권 등이 '근로조건' 설정을 둘러싸고 충돌하는 경우에는, 근로조건과 인간의 존엄성 보장 사이의 헌법적 관련성을 염두에 두고 구체적인 사안에서의 사정을 종합적으로 고려한 이익형량과 함께 기본권들 사이의 실제적인 조화를 꾀하는 해석 등을 통하여 이를 해결하여야 한다. 23 해경, 22 법원 9 O│X

기업의 경영에 관한 의사결정의 자유 등 영업의 자유와 근로자들이 누리는 **일반적 행동자유권** 등이 '근로조건' 설정을 둘러싸고 충돌하는 경우에는, 근로조건과 인간의 존엄성 보장 사이의 헌법적 관련성을 염두에 두고 구체적인 사안에서의 사정을 **종합적으로 고려한 이익형량**과 함께 **기본권들 사이의 실제적인 조화를 꾀하는 해석 등**을 통하여 이를 해결하여야 하고, 그 결과에 따라 정해지는 두 기본권 행사의 한계 등을 감안하여 두 기본권의 침해 여부를 살피면서 근로조건의 최종적인 효력 유무 판단과 관련한 법령 조항을 해석·적용하여야 한다(대판 2018. 9. 13. 2017두38560).

POINT 096 기본권보호의무

01 기본권보호의무

1372 헌법은 제10조 제2문에서 "국가는 개인이 가지는 불가침의 기본적 인권을 확인하고 이를 보장할 의무를 진다."라고 규정함으로써 국가의 적극적인 기본권 보호의무를 선언하고 있다. 15 변호사 O│X

우리 헌법은 제10조 제2문에서 "국가는 개인이 가지는 불가침의 기본적 인권을 확인하고 이를 보장할 의무를 진다."라고 규정함으로써 **국가의 적극적 기본권보호의무를 선언**하고 있는바, 이러한 국가의 기본권보호의무 선언은 국가가 국민과의 관계에서 국민의 기본권보호를 위해 노력하여야 할 의무가 있다는 의미뿐만 아니라 국가가 사인 상호간의 관계를 규율하는 사법(私法)질서를 형성하는 경우에도 헌법상 기본권이 존중되고 보호되도록 할 의무가 있다는 것을 천명한 것이다(헌재 2008. 7. 31. 2004헌바81).

● 정답 1370. O   1370-1. X [볼 수 있음]   1371. O   1372. O

1373 기본권 보호의무란 국민의 기본권적 법익을 기본권 주체인 사인에 의한 위법한 침해 또는 침해의 위험으로부터 보호하여야 하는 국가의 의무를 말하며, 주로 사인인 제3자에 의한 개인의 생명이나 신체의 훼손에서 문제된다. 22 경정 O|X

기본권 보호의무란 기본권적 법익을 기본권 주체인 **사인에 의한 위법한 침해 또는 침해의 위험으로부터 보호하여야 하는 국가의 의무**를 말하며, 주로 **사인인 제3자에 의한 개인의 생명이나 신체의 훼손에서 문제되는데**, 이는 타인에 의하여 개인의 신체나 생명 등 법익이 국가의 보호의무 없이는 무력화될 정도의 상황에서만 적용될 수 있다(헌재 2009. 2. 26. 2005헌마764 등).

1374 국민의 기본권에 대한 국가의 적극적 보호의무는 궁극적으로 입법자의 입법행위를 통하여 실현된다. 12 국회 9 O|X

국민의 기본권에 대한 국가의 적극적 보호의무는 궁극적으로 **입법자의 입법행위를 통하여 비로소 실현될 수 있는 것이기 때문에**, 입법자의 입법행위를 매개로 하지 아니하고 단순히 기본권이 존재한다는 것만으로 헌법상 광범위한 방어적 기능을 갖게 되는 기본권의 소극적 방어권으로서의 측면과 근본적인 차이가 있다(헌재 2008. 7. 31. 2004헌바81).

1375 국가의 기본권보호의무의 이행은 입법자의 입법을 통하여 비로소 구체화되는 것이고, 국가가 그 보호의무를 어떻게 어느 정도로 이행할 것인지는 원칙적으로 한 나라의 정치·경제·사회·문화적인 제반 여건과 재정 사정 등을 감안하여 입법정책적으로 판단하여야 하는 입법재량의 범위에 속한다. 23 해간, 22 경정 O|X

국가의 기본권보호의무의 이행은 입법자의 **입법을 통하여 비로소 구체화**되는 것이고, 국가가 그 보호의무를 **어떻게 어느 정도로 이행할 것인지**는 원칙적으로 한 나라의 정치·경제·사회·문화적인 제반여건과 재정사정 등을 감안하여 **입법정책적으로 판단하여야 하는 입법재량의 범위에 속하는 것이기 때문이다**(헌재 1997. 1. 16. 90헌마110 등).

1376 국가가 기본권 보호의무를 어떻게 실현할 것인지는 입법자의 책임범위에 속하는 것으로서 보호의무 이행을 위한 행위의 형식에 관하여도 폭넓은 형성의 자유가 인정되고, 반드시 법령에 의하여야 하는 것은 아니다. 21 5급 O|X

국가가 국민의 생명·신체의 안전을 보호할 의무를 진다 하더라도, **국가의 보호의무를 입법자 또는 그로부터 위임받은 집행자가 어떻게 실현할 것인가 하는 문제**는 원칙적으로 권력분립과 민주주의 원칙에 따라 국민에 의하여 직접 민주적 정당성을 부여받고 자신의 결정에 대하여 정치적 책임을 지는 **입법자의 책임범위**에 속하므로, 헌법재판소는 단지 제한적으로만 입법자 또는 그로부터 위임받은 집행자에 의한 보호의무의 이행을 심사할 수 있다. … 여기서 국가가 기본권 보호의무를 이행함에 있어서는 그 **행위의 형식**에 관하여도 **폭넓은 형성의 자유가 인정되고, 반드시 법령에 의하여 이행하여야 하는 것은 아니므로**, 국가의 보호조치가 침해되는 기본권을 보호하는 데 적절한지 여부를 판단함에 있어서는 이 사건 결정 선고 시까지 취해진 국가행위를 전체적으로 고려하여 판단하여야 한다(헌재 2016. 10. 27. 2012헌마121).

1377 환경침해는 사인에 의해서 빈번하게 유발되므로 입법자가 그 허용 범위에 관해 정할 필요가 있는 점, 환경피해는 생명·신체의 보호와 같은 중요한 기본권적 법익 침해로 이어질 수 있는 점 등을 고려할 때, 일정한 경우 국가는 사인인 제3자에 의한 국민의 환경권 침해에 대해서도 적극적으로 기본권 보호조치를 취할 의무를 부담한다. 23 경채 O|X

1377-1 국가는 사인인 제3자에 의한 국민의 환경권 침해에 대해서 기본권보호조치를 취할 의무를 지지 않는다. 21 국회 8 O|X

●정답 | 1373. ○ 1374. ○ 1375. ○ 1376. ○ 1377. ○ 1377-1. X [의무를 짐]

국가가 국민의 기본권을 적극적으로 보장하여야 할 의무가 인정된다는 점, 헌법 제35조 제1항이 국가와 국민에게 **환경보전을 위하여 노력하여야 할 의무**를 부여하고 있는 점, 환경침해는 사인에 의해서 빈번하게 유발되므로 입법자가 그 허용 범위에 관해 정할 필요가 있다는 점, 환경피해는 **생명·신체의 보호와 같은 중요한 기본권적 법익 침해로 이어질 수 있다는 점** 등을 고려할 때, 일정한 경우 국가는 **사인인 제3자에 의한 국민의 환경권 침해에 대해서도 적극적으로 기본권 보호조치를 취할 의무**를 진다(헌재 2019. 12. 27. 2018헌마730).

1378 가축사육시설의 환경이 지나치게 열악할 경우 그러한 시설에서 사육되고 생산된 축산물을 섭취하는 인간의 건강도 악화될 우려가 있으므로, 국가로서는 건강하고 위생적이며 쾌적한 시설에서 가축을 사육할 수 있도록 필요한 적절하고도 효율적인 조치를 취함으로써 소비자인 국민의 생명·신체의 안전에 관한 기본권을 보호할 구체적인 헌법적 의무가 있다. 22 국회 8   O | X

가축사육시설의 환경이 지나치게 열악할 경우 그러한 시설에서 사육되고 생산된 축산물을 섭취하는 인간의 건강도 악화될 우려가 있으므로, 국가로서는 **건강하고 위생적이며 쾌적한 시설에서 가축을 사육할 수 있도록** 필요한 적절하고도 효율적인 조치를 취함으로써 소비자인 **국민의 생명·신체의 안전에 관한 기본권을 보호할 구체적인 헌법적 의무**가 있다. … 따라서 심판대상조항이 국민의 생명·신체의 안전에 대한 국가의 보호의무에 관한 과소보호금지원칙에 위배되었다고 볼 수는 없다(헌재 2015. 9. 24. 2013헌마384).

1379 국가의 기본권 보호의무로부터 국가 자체가 불법적으로 국민의 생명권, 신체의 자유 등 기본권을 침해하는 경우 그에 대한 손해배상을 해 주어야 할 국가의 작위의무가 도출된다고 볼 수 있다. 19 국회 8   O | X

헌법 제10조 제2문은 "국가는 개인이 가지는 불가침의 기본적 인권을 확인하고 이를 보장할 의무를 진다"고 규정함으로써, 소극적으로 국가권력이 국민의 기본권을 침해하는 것을 금지하는데 그치지 아니하고 나아가 적극적으로 국민의 기본권을 타인의 침해로부터 보호할 의무를 부과하고 있다. 이러한 **국가의 기본권 보호 의무로부터 국가 자체가 불법적으로 국민의 생명권, 신체의 자유 등의 기본권을 침해**하는 경우 그에 대한 **손해배상을 해주어야 할 국가의 행위의무가 도출**된다고 볼 수 있다(헌재 2003. 1. 30. 2002헌마358).

1380 대통령은 행정부의 수반으로서 국가가 국민의 생명과 신체의 안전 보호의무를 충실하게 이행할 수 있도록 권한을 행사하고 직책을 수행하여야 하는 의무를 부담하지만, 국민의 생명이 위협받는 재난상황이 발생하였다고 하여 대통령이 직접 구조 활동에 참여하여야 하는 등 구체적이고 특정한 행위의무까지 바로 발생한다고 보기는 어렵다. 21 지방 7. 19 변호사   O | X

1380-1 대통령은 행정부의 수반으로서 국가가 국민의 생명과 신체의 안전 보호의무를 충실하게 이행할 수 있도록 권한을 행사하고 직책을 수행하여야 하는 의무를 부담하므로, 국민의 생명이 위협받는 재난상황이 발생한 경우 직접 구조 활동에 참여하여야 하는 등 구체적이고 특정한 행위의무까지 발생한다고 볼 수 있다. 22 경찰 2차   O | X

1380-2 세월호 참사에 대한 대통령의 대응조치에 미흡하고 부적절한 면이 있었기에 대통령은 생명권 보호의무를 위반하였다. 18 국회 8   O | X

대통령은 행정부의 수반으로서 국가가 국민의 생명과 신체의 안전 보호의무를 충실하게 이행할 수 있도록 **권한을 행사하고 직책을 수행하여야 하는 의무**를 부담한다. 하지만 **국민의 생명이 위협받는 재난상황이 발생**하였다고 하여 대통령이 직접 구조 활동에 참여하여야 하는 등 **구체적이고 특정한 행위의무까지 바로 발생한다고 보기는 어렵다**. 세월호 참사에 대한 **대통령의 대응조치에 미흡하고 부적절한 면**이 있었다고 하여 곧바로 **대통령이 생명권 보호의무를 위반**하였다고 인정하기는 **어렵다**(헌재 2017. 3. 10. 2016헌나1).

● 정답 1378. O 1379. O 1380. O 1380-1. X [구체적이고 특정한 행위의무 X] 1380-2. X [생명권 보호의무 위반 X]

02 심사기준 : 과소보호금지원칙

1381 국가의 보호의무를 입법자가 어떻게 실현하여야 할 것인가 하는 문제는 원칙적으로 권력분립과 민주주의 원칙에 따라 국민에 의해 직접 민주적 정당성을 부여받은 입법자의 책임 범위에 속하므로, 헌법재판소는 단지 제한적으로만 입법자에 의한 보호의무의 이행을 심사할 수 있다. 20 경정, 15 경정

O | X

1381-1 국가의 보호의무를 입법자가 어떻게 실현하여야 할 것인가 하는 문제는 입법자의 책임범위에 속하나, 헌법재판소는 국가가 국민의 법익보호를 위하여 최대한의 보호조치를 취했는가를 기준으로 심사한다. 22 경채

O | X

국가의 보호의무를 입법자가 어떻게 실현하여야 할 것인가 하는 문제는 원칙적으로 권력분립원칙과 민주주의원칙에 따라 국민에 의해 직접 민주적 정당성을 부여받고 자신의 결정에 대해 정치적 책임을 지는 **입법자의 책임범위**에 속한다. 따라서 헌법재판소는 단지 **제한적으로만 입법자에 의한 보호의무의 이행을 심사할 수 있다**(헌재 1997. 1. 16. 90헌마110 등).

1382 헌법재판소는 국가의 기본권 보호의무 위반 여부를 심사함에 있어 권력분립의 관점에서 과소보호금지원칙을, 즉 국가가 국민의 기본권 보호를 위하여 적어도 적절하고 효율적인 최소한의 보호조치를 취했는가를 기준으로 심사한다. 15 변호사

O | X

1382-1 헌법재판소는 기본권 보호의무 위배 여부를 심사하는 기준으로 과잉금지원칙을 채택하고 있다. 20 국회 9

O | X

1382-2 국민의 기본권을 보호하는 것은 국민주권의 원리상 국가의 가장 기본적인 의무이므로 입법자는 기본권보호의무를 최대한 실현하여야 하며, 헌법재판소는 입법자의 기본권보호의무를 엄밀하게 심사하여야 한다. 09 국가 7

O | X

입법자가 기본권 보호의무를 최대한 실현하는 것이 이상적이지만, 그러한 이상적 기준이 헌법재판소가 위헌 여부를 판단하는 심사기준이 될 수는 없으며, 헌법재판소는 권력분립의 관점에서 소위 "**과소보호금지원칙**"을, 즉 국가가 국민의 기본권 보호를 위하여 **적어도 적절하고 효율적인 최소한의 보호조치**를 **취했는가를 기준으로 심사**하게 된다(헌재 2008. 7. 31. 2004헌바81).

1383 과소보호금지원칙에 의하면 입법부작위나 불완전한 입법에 의한 기본권침해는 입법자의 보호의무에 대한 명백한 위반이 있는 경우에만 인정될 수 있다. 13 서울 7

O | X

1383-1 국가가 국민의 법익을 보호하기 위하여 아무런 보호조치를 취하지 않았든지 아니면 취한 조치가 법익을 보호하기에 명백하게 부적합하거나 불충분한 경우에 한하여 국가의 보호의무의 위반을 확인할 수 있다. 21 5급

O | X

입법자가 기본권 보호의무를 최대한 실현하는 것이 이상적이지만, 그러한 이상적 기준이 헌법재판소가 위헌 여부를 판단하는 심사기준이 될 수는 없으며, 헌법재판소는 권력분립의 관점에서 소위 "과소보호금지원칙"을, 즉 국가가 국민의 기본권 보호를 위하여 적어도 적절하고 효율적인 최소한의 보호조치를 취했는가를 기준으로 심사하게 된다. 따라서 **입법부작위나 불완전한 입법에 의한 기본권의 침해는 입법자의 보호의무에 대한 명백한 위반**이 있는 경우에만 인정될 수 있다. 다시 말하면 국가가 국민의 법익을 보호하기 위하여 **아무런 보호조치를 취하지 않았든지** 아니면 **취한 조치가 법익을 보호하기에 명백하게 부적합하거나 불충분**한 경우에 한하여 헌법재판소는 **국가의 보호의무의 위반을 확인**할 수 있을 뿐이다(헌재 2008. 7. 31. 2004헌바81).

정답 1381. O   1381-1. X [최대한의 보호조치를 취했는가를 기준 X → 제한적 심사 (과소보호금지원칙)]   1382. O   1382-1. X [과잉금지원칙 · 과소보호금지원칙]   1382-2. X [과소보호금지원칙을 기준으로 심사]   1383. O   1383-1. O

1384 국가가 국민의 생명·신체의 안전에 대한 보호의무를 다하지 않았는지 여부를 헌법재판소가 심사할 때에는 '과소보호금지원칙'의 위반 여부를 기준으로 삼아, 국민의 생명·신체의 안전을 보호하기 위한 조치가 필요한 상황인데도 국가가 아무런 보호조치를 취하지 않았든지 아니면 취한 조치가 법익을 보호하기에 전적으로 부적합하거나 매우 불충분한 것임이 명백한 경우에 한하여 국가의 보호의무 위반을 확인하여야 한다. 22 변호사   O | X

1384-1 국가가 국민의 생명·신체의 안전에 대한 보호의무를 다하지 않았는지 여부를 헌법재판소가 심사할 때에는, 국가가 이를 보호하기 위한 최대한의 보호조치를 취하였는가 하는 이른바 '과잉금지원칙'의 위반 여부를 기준으로 삼아야 한다. 23 경정   O | X

국가가 **국민의 생명·신체의 안전에** 대한 **보호의무를** 다하지 않았는지 여부를 헌법재판소가 심사할 때에는 국가가 이를 보호하기 위하여 적어도 적절하고 효율적인 최소한의 보호조치를 취하였는가 하는 이른바 **'과소보호 금지원칙'**의 위반 여부를 기준으로 삼아, 국민의 생명·신체의 안전을 보호하기 위한 조치가 필요한 상황인데도 국가가 **아무런 보호조치를 취하지 않았든지** 아니면 **취한 조치가 법익을 보호하기에 전적으로 부적합하거나 매우 불충분한 것임이 명백한** 경우에 한하여 **국가의 보호의무의 위반을 확인**하여야 한다 (헌재 2008. 12. 26. 2008헌마419 등).

1385 국가가 국민의 건강하고 쾌적한 환경에서 생활할 권리에 대한 보호의무를 다하지 않았는지 여부를 헌법재판소가 심사할 때에는 국가가 이를 보호하기 위하여 적어도 적절하고 효율적인 최소한의 보호조치를 취하였는가 하는 이른바 '과소보호금지원칙'의 위반 여부를 기준으로 삼아야 한다. 24 경간   O | X

1385-1 국가가 국민의 건강하고 쾌적한 환경에서 생활할 권리에 관한 보호의무를 다하지 않았는지를 헌법재판소가 심사할 때에는 국가가 이를 보호하기 위하여 적절하고 효율적인 최대한의 보호조치를 취하였는가 여부를 기준으로 삼아야 한다. 23 경채   O | X

1385-2 국가가 국민의 건강하고 쾌적한 환경에서 생활할 권리에 대한 보호의무를 다하지 않았는지 여부를 헌법재판소가 심사할 때에는 국가가 이를 보호하기 위하여 적어도 적절하고 효율적인 최소한의 보호조치를 취하였는가 하는 이른바 '과잉입법금지원칙' 내지 '비례의 원칙'의 위반 여부를 기준으로 삼아야 한다. 22 경찰 1차   O | X

국가가 국민의 건강하고 쾌적한 환경에서 생활할 권리에 대한 **보호의무를 다하지 않았는지 여부를** 헌법재판소가 심사할 때에는 국가가 이를 보호하기 위하여 **적어도 적절하고 효율적인 최소한의 보호조치**를 취하였는가 하는 이른바 **'과소보호금지원칙'**의 위반 여부를 **기준으로 삼아야 한다**(헌재 2019. 12. 27. 2018헌마730).

1386 일정한 경우 국가는 사인인 제3자에 의한 국민의 환경권 침해에 대해서도 적극적으로 기본권보호조치를 취할 의무를 지나 헌법재판소가 이를 심사할 때에는 국가가 국민의 기본권적 법익 보호를 위하여 적어도 효율적인 최소한의 보호조치를 취했는가 하는 이른바 '과소보호금지원칙'의 위반 여부를 기준으로 삼아야 한다. 22 해간, 20 국회 8   O | X

1386-1 국가가 사인인 제3자에 의한 국민의 환경권 침해에 대해서 적극적으로 기본권 보호조치를 취할 의무를 지는 경우 헌법재판소가 이를 심사할 때에는 과잉금지원칙을 심사기준으로 삼아야 한다. 21 법원 9   O | X

● 정답 | 1384. O   1384-1. X [과잉금지원칙 X, 과소보호금지원칙 위반을 기준으로]   1385. O   1385-1. X [최대한의 보호조치 X → 최소한의 보호조치 O]   1385-2. X [과소보호금지원칙을 기준으로]   1386. O   1386-1. X [과잉금지원칙 → 과소보호금지원칙]

일정한 경우 국가는 사인인 제3자에 의한 국민의 환경권 침해에 대해서도 적극적으로 기본권 보호조치를 취할 의무를 지나, 헌법재판소가 이를 심사할 때에는 국가가 국민의 기본권적 법익 보호를 위하여 적어도 적절하고 효율적인 최소한의 보호조치를 취했는가 하는 이른바 "과소보호금지원칙"의 위반 여부를 기준으로 삼아야 한다(헌재 2008. 7. 31. 2006헌마711).

03 방어적 기본권과 기본권보호의무

1387 기본권에 대한 국가의 적극적 보호의무는 궁극적으로 입법자의 입법행위를 통하여 비로소 실현될 수 있는 것이기 때문에, 입법자의 입법행위를 매개로 하지 아니하고 단순히 기본권이 존재한다는 것만으로 헌법상 광범위한 방어적 기능을 갖게 되는 기본권의 소극적 방어권으로서의 측면과 근본적인 차이가 있다. 15 변호사   O | X

국민의 기본권에 대한 국가의 적극적 보호의무는 궁극적으로 입법자의 입법행위를 통하여 비로소 실현될 수 있는 것이기 때문에, 입법자의 입법행위를 매개로 하지 아니하고 단순히 기본권이 존재한다는 것만으로 헌법상 광범위한 방어적 기능을 갖게 되는 기본권의 소극적 방어권으로서의 측면과 근본적인 차이가 있다(헌재 2008. 7. 31. 2004헌바81).

1388 국가가 국민의 기본권을 보호하기 위한 충분한 입법조치를 취하지 아니함으로써 기본권보호의무를 다하지 못하였다는 이유로 국회의 입법이나 입법부작위가 헌법에 위반된다고 판단함에 있어서는, 국가권력에 의해 국민의 기본권이 침해당하는 경우와는 다른 판단기준이 적용되어서는 아니된다. 12 국회 9   O | X

기본권에 대한 보호의무자로서의 국가는 국민의 기본권에 대한 침해자로서의 지위에 서는 것이 아니라 국민과 동반자로서의 지위에 서는 점에서 서로 다르다. 따라서 국가가 국민의 기본권을 보호하기 위한 충분한 입법조치를 취하지 아니함으로써 기본권보호의무를 다하지 못하였다는 이유로 입법부작위 내지 불완전한 입법이 헌법에 위반된다고 판단하기 위하여는, 국가권력에 의해 국민의 기본권이 침해당하는 경우와는 다른 판단기준이 적용되어야 마땅하다(헌재 1997. 1. 16. 90헌마110).

보충설명 기본권보호의무는 과소보호금지원칙이 적용되고, 국가권력에 의해 국민의 기본권이 침해당한 경우에는 과잉금지원칙이 적용되어야 하므로 다른 판단기준이 적용된다.

1389 국가의 기본권 보호의무란 사인인 제3자에 의한 생명이나 신체에 대한 침해로부터 이를 보호하여야 할 국가의 의무를 말하는 것으로, 국가가 직접 주방용오물분쇄기의 사용을 금지하여 개인의 기본권을 제한하는 경우에는 국가의 기본권 보호의무 위반 여부가 문제되지 않는다. 23 입시, 19 국회 8   O | X

국가의 기본권 보호의무란 사인인 제3자에 의한 생명이나 신체에 대한 침해로부터 이를 보호하여야 할 국가의 의무를 말하는 것으로, 이 사건처럼 국가가 직접 주방용오물분쇄기의 사용을 금지하여 개인의 기본권을 제한하는 경우에는 국가의 기본권 보호의무 위반 여부가 문제되지 않는다(헌재 2018. 6. 28. 2016헌마1151).

● 정답 1387. O   1388. X [다른 판단 기준 (과소보호금지원칙) 적용]   1389. O

1390 개인의 생명·신체의 안전에 관한 기본권보호의무 위배 여부를 과소보호금지원칙을 기준으로 심사한 결과 동 원칙 위반이 아닌 경우에도 다른 기본권에 대한 과잉금지원칙 위반을 이유로 기본권 침해를 인정하는 것은 가능하다. 22 변호사 O I X

헌법재판소는 업무상과실 또는 중대한 과실로 인한 교통사고로 말미암아 피해자로 하여금 중상해에 이르게 한 경우 공소를 제기할 수 없도록 한 교통사고처리특례법 제4조 제1항 본문은 교통사고 피해자에 대한 국가의 기본권보호의무에 위반하지 않으나, 교통사고 피해자의 재판절차진술권을 침해한다고 판시한 바 있다.

> **관련판례** 이 사건 법률조항은 국가의 기본권보호의무의 위반 여부에 관한 심사기준인 <u>과소보호금지의 원칙에 위반한 것이라고 볼 수 없다.</u> … 이 사건 법률조항은 <u>과잉금지원칙에 위반</u>하여 업무상 과실 또는 중대한 과실에 의한 교통사고로 중상해를 입은 피해자의 <u>재판절차진술권을 침해</u>한 것이라고 할 것이다(헌재 2009. 2. 26. 2005헌마764 등).

1391 자동차 운전자가 업무상 과실 또는 중대한 과실로 인한 교통사고로 말미암아 피해자로 하여금 중상해에 이르게 한 경우, 가해차량이 종합보험 등에 가입되어 있음을 이유로 공소를 제기할 수 없도록 한 것은 형벌까지 동원해야 보호법익을 유효적절하게 보호할 수 있다는 의미에서 교통사고 피해자에 대한 국가의 기본권 보호의무를 위반한 것이다. 22 국회 8 O I X

1391-1 업무상 과실 또는 중대한 과실로 인한 교통사고로 말미암아 피해자로 하여금 중상해에 이르게 한 경우까지 공소를 제기할 수 없도록 하는 것은 교통사고 피해자의 재판절차진술권을 침해하는 것이다. 12 지방 7 O I X

(1) 형벌은 국가가 취할 수 있는 유효적절한 수많은 수단 중의 하나일 뿐이지, 결코 형벌까지 동원해야만 보호법익을 유효적절하게 보호할 수 있다는 의미의 최종적인 유일한 수단이 될 수는 없다 할 것이다. 따라서 <u>이 사건 법률조항은 국가의 **기본권보호의무**의 위반 여부에 관한 심사기준인 **과소보호금지의 원칙에 위반한 것이라고 볼 수 없다**</u>(헌재 2009. 2. 26. 2005헌마764 등).
(2) 이 사건 법률조항에 의하여 중상해를 입은 피해자의 재판절차진술권의 행사가 근본적으로 봉쇄된 것은 교통사고의 신속한 처리 또는 전과자의 양산 방지라는 공익을 위하여 위 피해자의 사익이 현저히 경시된 것이므로 법익의 균형성을 위반하고 있다. 따라서 <u>이 사건 법률조항은 **과잉금지원칙**에 위반하여 업무상 과실 또는 중대한 과실에 의한 교통사고로 중상해를 입은 피해자의 **재판절차진술권을 침해**한 것이라 할 것이다</u>(헌재 2009. 2. 26. 2005헌마764 등).

1392 「교통사고특례법」상 업무상 과실 또는 중대한 과실로 인한 교통사고로 말미암아 피해자로 하여금 상해에 이르게 한 경우 공소를 제기할 수 없도록 한 부분은 국가의 기본권 보호의무에 위반되지 않는다. 21 국회 8 O I X

1392-1 업무상과실 또는 중대한 과실로 인한 교통사고로 말미암아 피해자로 하여금 상해에 이르게 하였으나 보험 등에 가입한 경우 운전자에 대한 공소를 제기할 수 없도록 한 구「교통사고처리특례법」조항은 교통사고 피해자의 생명·신체의 안전에 관한 국가의 기본권 보호의무를 명백히 위반한 것이다. 23 경찰 1차 O I X

1392-2 운전자의 업무상 과실 또는 중대한 과실로 인하여 교통사고 피해자가 '중상해가 아닌 상해'를 입은 경우, 가해 운전자에 대하여 공소를 제기할 수 없도록 한 것은 과잉금지원칙에 반한다. 23 5급 O I X

정답 1390. O   1391. X [기본권보호의무 위반 X]   1391-1. O   1392. O   1392-1. X [국가의 기본권 보호의무 위반 아님]   1392-2. X [위반 X]

(1) 형벌은 국가가 취할 수 있는 유효적절한 수많은 수단 중의 하나일 뿐이지, 결코 형벌까지 동원해야만 보호법익을 유효적절하게 보호할 수 있다는 의미의 최종적인 유일한 수단이 될 수는 없다 할 것이다. 따라서 이 사건 법률조항은 국가의 기본권보호의무의 위반 여부에 관한 심사기준인 과소보호금지의 원칙에 위반한 것이라고 볼 수 없다(헌재 2009. 2. 26. 2005헌마764 등).

(2) 이 사건 법률조항이 교통사고로 인한 피해자에게 중상해가 아닌 상해의 결과만을 야기한 경우 가해 운전자에 대하여 가해차량이 종합보험 등에 가입되어 있음을 이유로 공소를 제기하지 못하도록 규정한 한도 내에서는, 그 제정목적인 교통사고로 인한 피해의 신속한 회복을 촉진하고 국민생활의 편익을 도모하려는 공익과 동 법률조항으로 인하여 침해되는 피해자의 재판절차에서의 진술권과 비교할 때 상당한 정도 균형을 유지하고 있으며, … 위와 같은 목적의 정당성, 방법의 적절성, 피해의 최소성, 이익의 균형성을 갖추었으므로 과잉금지의 원칙에 반하지 않는다(헌재 2009. 2. 26. 2005헌마764 등).

04 관련판례

1393 주거지역에서 출근 또는 등교 이전 및 퇴근 또는 하교 이후 시간대에 확성장치의 최고출력 내지 소음을 제한하는 등 사용시간과 사용지역에 따른 수인한도 내에서 확성장치의 최고출력 내지 소음 규제기준에 관한 구체적인 규정을 두어야 함에도 이러한 규정을 두지 아니한 것은 적절하고 효율적인 최소한의 보호조치를 취하지 아니하여 국가의 기본권 보호의무를 과소하게 이행한 것이다. 22 국회 8 O|X

1393-1 「공직선거법」은 확성장치를 사용할 수 있는 기간과 장소, 시간, 용도 등을 엄격하게 제한하고 있으므로 확성장치의 최고출력 내지 소음 규제기준에 관한 구체적인 규정을 두지 않았다고 하여 국가가 국민의 기본권 보호의무를 과소하게 이행한 것이라고 보기 어렵다. 21 국회 9 O|X

1393-2 「공직선거법」이 정온한 생활환경이 보장되어야 할 주거지역에서 출근 또는 등교 이전 및 퇴근 또는 하교 이후 시간대에 확성장치의 최고출력 내지 소음을 제한하는 등 사용시간과 사용지역에 따른 수인한도 내에서 확성장치의 최고출력 내지 소음 규제기준에 관한 규정을 두지 아니하였다 하여 건강하고 쾌적한 환경에서 생활할 권리를 침해하였다는 결론이 도출되지는 아니한다. 24 입시 O|X

1393-3 헌법재판소는 대통령선거와 국회의원선거에서 확성장치의 사용과 관련하여 확성장치의 수만 규정하고 있을 뿐 확성장치의 소음 규제기준을 마련하고 있지 아니한「공직선거법」조항은 과잉금지원칙에 위배되어 건강하고 쾌적한 환경에서 생활할 권리를 침해한다고 하였다. 21 변호사 O|X

심판대상조항이 선거운동의 자유를 감안하여 선거운동을 위한 확성장치를 허용할 공익적 필요성이 인정된다고 하더라도 정온한 생활환경이 보장되어야 할 주거지역에서 출근 또는 등교 이전 및 퇴근 또는 하교 이후 시간대에 확성장치의 최고출력 내지 소음을 제한하는 등 사용시간과 사용지역에 따른 수인한도 내에서 확성장치의 최고출력 내지 소음 규제기준에 관한 규정을 두지 아니한 것은, 국민이 건강하고 쾌적하게 생활할 수 있는 양호한 주거환경을 위하여 노력하여야 할 국가의 의무를 부과한 헌법 제35조 제3항에 비추어 보면, 적절하고 효율적인 최소한의 보호조치를 취하지 아니하여 국가의 기본권 보호의무를 과소하게 이행한 것으로서, 청구인의 건강하고 쾌적한 환경에서 생활할 권리를 침해하므로 헌법에 위반된다(헌재 2019. 12. 27. 2018헌마730).

1394 구「동물보호법」해당 규정이 동물장묘업 등록에 관하여「장사 등에 관한 법률」제17조 외에 다른 지역적 제한사유를 규정하지 않은 것은 환경권을 보호해야 하는 입법자의 의무를 과소하게 이행한 것이다. 23 소간 O|X

● 정답 | 1393. O 1393-1. X [기본권보호의무를 과소하게 이행함] 1393-2. X [건강하고 쾌적한 환경에서 생활할 권리 침해] 1393-3. X [과소보호금지원칙에 위배] 1394. X [입법자의 의무를 과소히게 이행한 것 아님]

동물보호법, '장사 등에 관한 법률', '동물장묘업의 시설설치 및 검사기준' 등 관계규정에서 동물장묘시설의 설치제한 지역을 상세하게 규정하고, 매연, 소음, 분진, 악취 등 오염원 배출을 규제하기 위한 상세한 시설 및 검사기준을 두고 있는 등의 사정을 고려할 때, **심판대상조항에서 동물장묘업 등록에 관하여 '장사 등에 관한 법률' 제17조 외에 다른 지역적 제한사유를 규정하지 않았다는 사정만으로 청구인들의 환경권을 보호하기 위한 입법자의 의무를 과소하게 이행하였다고 평가할 수는 없다.** 따라서 심판대상조항은 청구인들의 환경권을 침해하지 않는다(헌재 2020. 3. 26. 2017헌마1281).

1395 「산업단지 인·허가 절차 간소화를 위한 특례법」상 산업단지의 지정권자로 하여금 산업단지계획안에 대한 주민의견청취와 동시에 환경영향평가서 초안에 대한 주민의견청취를 진행하도록 한 것은 국가의 기본권 보호의무에 위반되지 않는다. 20 국회 9   O | X

1395-1 종래 산업단지의 지정을 위한 개발계획 단계와 산업단지 개발을 위한 실시계획 단계에서 각각 개별적으로 진행하던 주민의견청취절차 또는 주민의견수렴절차를 한 번의 절차에서 동시에 진행하도록 하는 것은 국가가 산업단지계획의 승인 및 그에 따른 산업단지의 조성·운영으로 인하여 초래될 수 있는 환경상 위해로부터 지역주민을 포함한 국민의 생명·신체의 안전을 보호하기 위하여 필요한 최소한의 보호조치를 취하지 아니함으로써 국가의 기본권 보호의무를 과소하게 이행한 것이다. 22 국회 8   O | X

국가가 산업단지계획의 승인 및 그에 따른 산업단지의 조성·운영으로 인하여 초래될 수 있는 환경상 위해로부터 지역주민을 포함한 **국민의 생명·신체의 안전을 보호**하기 위하여 필요한 최소한의 보호조치를 취하지 아니한 것이라고 보기는 어려우므로, 의견청취동시진행조항이 **국가의 기본권 보호의무에 위배되었다고 할 수 없다**(헌재 2016. 12. 29. 2015헌바280).

1396 구 「전원개발촉진법」 제2조 제1호에서 원전 건설을 내용으로 하는 전원개발사업 실시계획에 대한 승인권한을 다른 전원개발과 마찬가지로 산업통상자원부장관에게 부여하고 있다 하더라도, 국가가 국민의 생명·신체의 안전을 보호하기 위하여 필요한 최소한의 보호조치를 취하지 아니한 것이라고 보기는 어렵다. 22 경찰 2차   O | X

1396-1 원전개발에 있어서 인근 주민 및 관계전문가 등으로부터 의견을 듣는 청취절차의 주체가 반드시 행정기관이나 독립된 제3의 기관이 아니더라도 공정성과 객관성이 담보되는 절차가 마련되어 있는 경우, 전원개발사업자가 그 주체가 되어도 적법절차원칙에 위배되지 않는다. 24 경정   O | X

(1) 전원개발사업을 실시할 때에는 우리나라 전체의 전력수급상황이나 장기적인 에너지 정책에 부합하는지 여부 등을 고려하여 그 필요성을 따져보아야 하므로, 이를 종합적으로 검토하기 위하여 전원개발사업 실시 단계에서 일률적으로 산업통상자원부장관의 승인을 받도록 한 것은 그 타당성이 있다. … 따라서 이 사건 승인조항에서 원전 건설을 내용으로 하는 전원개발사업 실시계획에 대한 승인권한을 다른 전원개발과 마찬가지로 산업통상자원부장관에게 부여하고 있다 하더라도, 국가가 국민의 생명·신체의 안전을 보호하기 위하여 필요한 최소한의 보호조치를 취하지 아니한 것이라고 보기는 어렵다(헌재 2016. 10. 27. 2015헌바358).

(2) 객관성과 공정성 담보에 특별한 문제가 없다면, 이해관계인의 의견을 수렴함에 있어 그 주체를 반드시 행정기관이나 독립된 제3의 기관으로 하는 것이 헌법의 적법절차 원칙상 필수적으로 요구되는 것이라고는 할 수 없다. 이 사건 의견청취조항은 주민등으로부터의 의견청취절차를 시행하는 주체를 전원개발사업자로 정하고 있으나, 전원개발촉진법 시행령은 의견청취 방법 및 절차를 규정함에 있어 시장·군수·구청장 등 지방자치단체의 장을 통하여 진행하도록 하는 일련의 규정을 두고 있는바, 이는 의견청취절차의 주체를 전원개발사업자로 하면서도 그 객관성과 공정성을 담보하고자 마련한 보완장치라 할 수 있다. … 따라서 이 사건 의견청취조항은 적법절차원칙에 위배되지 아니한다(헌재 2016. 10. 27. 2015헌바358).

● 정답   1395. O   1395-1. X [기본권보호의무 위반 X]   1396. O   1396-1. O

1397 국가의 기본권 보호의무로부터 태아의 출생 전에, 또한 태아가 살아서 출생할 것인가와는 무관하게, 태아를 위하여 「민법」상 일반적 권리능력까지도 인정하여야 한다는 헌법적 요청은 도출되지 않는다. 13 지방 7   O | X

태아는 형성 중의 인간으로서 생명을 보유하고 있으므로 국가는 태아를 위하여 **각종 보호조치들을 마련해야 할 의무**가 있다. 하지만 그와 같은 국가의 기본권 보호의무로부터 태아의 출생 전에, 또한 태아가 살아서 출생할 것인가와는 무관하게, **태아를 위하여 민법상 일반적 권리능력까지도 인정하여야 한다는 헌법적 요청이 도출되지는 않는다**(헌재 2008. 7. 31. 2004헌바81).

1398 민법 제762조는 '태아는 손해배상의 청구권에 관하여는 이미 출생한 것으로 본다.'라고 규정함으로써 '살아서 출생한 태아'와는 달리 '살아서 출생하지 못한 태아'에 대해서는 손해배상청구권을 부정함으로써 후자에게 불리한 결과를 초래하고 있으나 이러한 결과는 사법(私法)관계에서 요구되는 법적 안정성의 요청이라는 법치국가이념에 의한 것으로 헌법적으로 정당화된다 할 것이므로, 그와 같은 차별적 입법조치가 있다는 이유만으로 곧 국가가 기본권보호를 위해 필요한 최소한의 입법적 조치를 다하지 않아 그로써 위헌적인 입법적 불비나 불완전한 입법상태가 초래된 것이라고 볼 수 없다. 17 법무사   O | X

이 사건 법률조항들의 경우에도 '살아서 출생한 태아'와는 달리 '살아서 출생하지 못한 태아'에 대해서는 **손해배상청구권을 부정함으로써 후자에게 불리한 결과를 초래하고 있으나 이러한 결과는 사법(私法)관계에서 요구되는 법적 안정성의 요청이라는 법치국가이념에 의한 것으로 헌법적으로 정당화된다 할 것이므로, 그와 같은 차별적 입법조치가 있다는 이유만으로 곧 국가가 기본권 보호를 위해 필요한 최소한의 입법적 조치를 다하지 않아 그로써 위헌적인 입법적 불비나 불완전한 입법상태가 초래된 것이라고 볼 수 없다**(헌재 2008. 7. 31. 2004헌바81).

1399 「민법」 제3조 및 제762조가 권리능력의 존재 여부를 출생 시를 기준으로 확정하고 태아에 대해서는 살아서 출생할 것을 조건으로 손해배상청구권을 인정한다 할지라도, 이는 국가의 생명권 보호의무를 위반한 것이라 볼 수 없다. 23 해간, 17 국가 7(추)   O | X

1399-1 사산된 태아에게 불법적인 생명침해로 인한 손해배상청구권을 인정하지 않는 것은 입법형성권의 한계를 명백히 일탈한 것으로서 국가의 기본권보호의무를 위반한 것이다. 22 경정   O | X

이 사건 법률조항들이 **권리능력의 존재 여부를 출생 시를 기준**으로 확정하고 태아에 대해서는 **살아서 출생할 것을 조건으로 손해배상청구권을 인정**한다 할지라도 이러한 입법적 태도가 입법형성권의 한계를 명백히 일탈한 것으로 보기는 어려우므로 **이 사건 법률조항들이 국가의 생명권 보호의무를 위반한 것이라 볼 수 없다**(헌재 2008. 7. 31. 2004헌바81).

1400 미국산 쇠고기수입의 위생조건에 관한 고시가 국민의 생명·신체의 안전을 보호하기에 전적으로 부적합하거나 매우 부족하여 그 보호의무를 명백히 위반한 것이라고 단정하기는 어렵다. 13 서울 7   O | X

국제수역사무국(OIE)의 국제기준과 현재의 과학기술 지식을 토대로 볼 때, 비록 **미국산 쇠고기 수입의 위생조건에 관한 고시상의** 보호조치가 완벽한 것은 아니라 할지라도 **생명·신체의 안전을 보호할 국가의 헌법상 의무를 위반한 조치임이 명백하다고 할 만큼 전적으로 부적합하거나 매우 부족한 것이라고 단정할 수 없다**(헌재 2008. 12. 26. 2008헌마419 등).

정답 1397. ○ 1398. ○ 1399. ○ 1399-1. ×[기본권보호의무 위반 ×] 1400. ○

1401 「담배사업법」은 담배성분의 표시나 경고문구의 표시, 담배광고의 제한 등 여러 규제들을 통하여 직접흡연으로부터 국민의 생명·신체의 안전을 보호하려고 노력하고 있어, 「담배사업법」이 국가의 보호의무에 관한 과소보호금지 원칙을 위반하여 흡연자의 생명·신체의 안전에 관한 권리를 침해하였다고 볼 수 없다. 23 경찰 1차, 22 경찰 2차 ○|×

담배사업법은 담배성분의 표시나 경고문구의 표시, 담배광고의 제한 등 여러 규제들을 통하여 **직접흡연으로부터 국민의 생명·신체의 안전을 보호하려고** 노력하고 있다. 따라서 담배사업법이 **국가의 보호의무에 관한 과소보호금지 원칙**을 위반하여 청구인의 **생명·신체의 안전에 관한 권리를 침해**하였다고 **볼 수 없다**(헌재 2015. 4. 30. 2012헌마38).

1402 태평양전쟁 전후 강제동원된 자 중 국외 강제동원자에 대해서만 의료지원금을 지급하도록 하고 국내 강제동원자를 제외하는 것이 국민에 대한 국가의 기본권보호의무에 위배된다고 볼 수 없다. 13 서울 7 ○|×

1402-1 헌법전문상 대한민국은 대한민국임시정부의 법통을 계승하고 있으므로 1938. 4. 1.부터 1945. 8. 15. 사이의 일제 강제동원 사태와 관련한 입법을 하면서, 국내 강제동원자를 지원대상에서 제외한 것은 국가의 기본권보호의무를 위반한 것이다. 19 서울 7 ○|×

비록 태평양전쟁 관련 강제동원자들에 대한 국가의 지원이 충분하지 못한 점이 있다하더라도, 이 사건은 국가가 **국내 강제동원자들을** 위하여 아무런 보호조치를 취하지 아니하였다거나 아니면 국가가 취한 조치가 전적으로 부적합하거나 매우 불충분한 것임이 명백한 경우라고 단정하기 어려우므로, 태평양전쟁 전후 강제동원된 자 중 **국외 강제동원자에 대해서만 의료지원금을 지급**하도록 규정하고 있는 것이 국민에 대한 **국가의 기본권보호의무에 위배된다고 볼 수 없다**(헌재 2011. 2. 24. 2009헌마94).

POINT 097 국가인권위원회

01 국가인권위원회

1403 국가인권위원회는 위원장 1명과 상임위원 3명을 포함한 11명의 인권위원으로 구성되며, 국회가 선출하는 4명, 대통령이 지명하는 4명, 대법원장이 지명하는 3명을 대통령이 임명한다. 18 경정 ○|×

국가인권위원회법 제5조(위원회의 구성) ① 위원회는 **위원장 1명**과 **상임위원 3명**을 포함한 **11명의 인권위원**(이하 "위원"이라 한다)으로 구성한다.
② 위원은 다음 각 호의 사람을 **대통령이 임명**한다.
1. **국회가 선출**하는 **4명**(상임위원 2명을 포함한다)
2. **대통령이 지명**하는 **4명**(상임위원 1명을 포함한다)
3. **대법원장이 지명**하는 **3명**

정답 1401. ○   1402. ○   1402-1. ×[기본권보호의무 위반 ×]   1403. ○

02 조사 · 구제

1 조사대상

1404 위원회의 조사대상은 국가기관, 지방자치단체 또는 구금 보호시설의 업무수행(국회의 입법 및 법원 헌법재판소의 재판을 제외한다)과 관련하여 헌법 제10조부터 제22조에 보장된 인권을 침해당하거나 차별행위를 당한 경우 및 법인, 단체 또는 사인으로부터 차별행위를 당한 경우로 되어 있다. 20 경정
O | X

1404-1 국회의 입법 또는 법원·헌법재판소의 재판에 의하여 헌법 제10조 내지 제22조에 보장된 인권을 침해당한 경우, 그 인권침해를 당한 사람이나 단체는 국가인권위원회에 그 내용을 진정할 수 있다. 12 국회 8
O | X

> **국가인권위원회법 제30조(위원회의 조사대상)** ① 다음 각 호의 어느 하나에 해당하는 경우에 **인권침해나 차별행위를 당한 사람**(이하 "피해자"라 한다) 또는 **그 사실을 알고 있는 사람이나 단체**는 위원회에 그 내용을 **진정할 수 있다**.
> 1. **국가기관, 지방자치단체**, 「초·중등교육법」 제2조, 「고등교육법」 제2조와 그 밖의 다른 법률에 따라 설치된 **각급 학교**, 「공직자윤리법」 제3조의2제1항에 따른 **공직유관단체** 또는 **구금·보호시설**의 업무 수행(**국회의 입법 및 법원·헌법재판소의 재판은 제외한다**)과 관련하여 「대한민국헌법」 제10조부터 제22조까지의 규정에서 보장된 **인권을 침해당하거나 차별행위를 당한 경우**

보충설명 국회의 입법 또는 법원·헌법재판소의 재판은 진정할 수 없다.

2 진정권자

1405 인권침해나 차별행위를 당한 사람 외에도 그 사실을 알고 있는 사람이나 단체는 국가인권위원회에 그 내용을 진정할 수 있다. 12 국회 8
O | X

> **국가인권위원회법 제30조(위원회의 조사대상)** ① 다음 각 호의 어느 하나에 해당하는 경우에 **인권침해나 차별행위를 당한 사람**(이하 "피해자"라 한다) 또는 **그 사실을 알고 있는 사람이나 단체**는 위원회에 그 내용을 **진정할 수 있다**.

1406 국가인권위원회는 진정이 없는 경우에도 인권침해나 차별행위가 있다고 믿을 만한 상당한 근거가 있고 그 내용이 중대하다고 인정할 때에는 이를 직권으로 조사할 수 있다. 12 국회 8
O | X

1406-1 국가인권위원회는 피해자의 진정이 없다면 인권침해나 차별행위에 대해 이를 직권으로 조사할 수 없다. 11 법원 9
O | X

> **국가인권위원회법 제30조(위원회의 조사대상)** ③ 위원회는 제1항의 **진정이 없는 경우**에도 인권침해나 차별행위가 있다고 믿을 만한 **상당한 근거**가 있고 **그 내용이 중대**하다고 인정할 때에는 **직권으로 조사**할 수 있다.

정답 1404. O   1404-1. X [국회의 입법, 법원·헌재의 재판은 진정 불가]   1405. O   1406. O   1406-1. X [직권 조사 가능]

1407 진정의 원인이 된 사실이 범죄행위에 해당된다고 믿을 만한 상당한 이유가 있고 그 혐의자의 도주 또는 증거의 인멸 등을 방지하기 위하여 필요하다고 인정할 경우에, 국가인권위원회는 검찰총장 또는 관할 수사기관의 장에게 수사의 개시와 필요한 조치를 의뢰할 수 있다. 12 국회 8   O│X

> 국가인권위원회법 제34조(수사기관과 위원회의 협조) ① 진정의 원인이 된 사실이 **범죄행위**에 해당한다고 믿을 만한 **상당한 이유**가 있고 그 혐의자의 **도주 또는 증거 인멸 등을 방지**하거나 **증거 확보**를 위하여 필요하다고 인정할 경우에 위원회는 **검찰총장 또는 관할 수사기관의 장**에게 수사의 개시와 필요한 조치를 **의뢰**할 수 있다.

3 구제조치

1408 국가인권위원회는 진정을 조사한 결과 인권침해가 있었다고 판단할 때 구제조치의 이행 및 시정명령을 할 수 있다. 11 법원 9   O│X

> 국가인권위원회법 제44조(구제조치 등의 권고) ① 위원회가 진정을 조사한 결과 **인권침해나 차별행위가 일어났다고 판단**할 때에는 피진정인, 그 소속 기관·단체 또는 감독기관(이하 "소속기관등"이라 한다)의 장에게 **다음 각 호의 사항을 권고**할 수 있다.
> 1. 제42조제4항 각 호에서 정하는 **구제조치의 이행**
> 2. 법령·제도·정책·관행의 **시정 또는 개선**

> 📝 **보충설명** 구제조치의 이행 및 시정 또는 개선 권고는 할 수 있으나 구속력 있는 명령은 할 수 없다.

1409 국가인권위원회는 피해자의 명시한 의사에 반하여 피해자를 위한 법률구조 요청을 할 수 없다. 21 경정   O│X

1409-1 국가인권위원회는 피해자의 권리 구제를 위해 필요하다고 인정하면 피해자를 위하여 피해자의 명시적 의사에 관계없이 대한법률구조공단 또는 그 밖의 기관에 법률구조를 요청할 수 있다. 20 경정, 17 국가 7   O│X

> 국가인권위원회법 제47조(피해자를 위한 법률구조 요청) ① 위원회는 진정에 관한 위원회의 조사, 증거의 확보 또는 피해자의 권리 구제를 위하여 필요하다고 인정하면 피해자를 위하여 대한법률구조공단 또는 그 밖의 기관에 **법률구조를 요청**할 수 있다.
> ② 제1항에 따른 법률구조 요청은 **피해자의 명시한 의사에 반하여 할 수 없다.**

4 조사와 조정 등의 비공개

1410 국가인권위원회의 진정에 대한 조사·조정 및 심의는 비공개로 한다. 다만, 국가인권위원회의 의결이 있는 때에는 이를 공개할 수 있다. 21 경정, 18 경정, 12 국회 8   O│X

> 국가인권위원회법 제49조(조사와 조정 등의 비공개) 위원회의 진정에 대한 조사·조정 및 심의는 **비공개**로 한다. 다만, **위원회의 의결**이 있을 때에는 **공개**할 수 있다.

●정답 1407. O   1408. X [시정명령 X → 권고 O]   1409. O   1409-1. X [피해자의 명시적 의사에 반하여 요청 불가]   1410. O

Chapter 02 포괄적 기본권

POINT 098 헌법에 열거되지 않은 기본권

1411 헌법에 열거되지 아니한 기본권을 새롭게 인정하려면, 그 필요성이 특별히 인정되고, 그 권리내용이 비교적 명확하여 구체적 기본권으로서의 실체 즉, 권리내용을 규범 상대방에게 요구할 힘이 있고 그 실현이 방해되는 경우 재판에 의하여 그 실현을 보장받을 수 있는 구체적 권리로서의 실질에 부합하여야 한다. 23 해경, 22 소간   O | X

헌법에 열거되지 아니한 기본권을 새롭게 인정하려면, 그 필요성이 특별히 인정되고, 그 권리내용(보호영역)이 비교적 명확하여 구체적 기본권으로서의 실체 즉, 권리내용을 규범 상대방에게 요구할 힘이 있고 그 실현이 방해되는 경우 재판에 의하여 그 실현을 보장받을 수 있는 구체적 권리로서의 실질에 부합하여야 할 것이다(헌재 2009. 5. 28. 2007헌마369).

1412 평화적 생존권은 이를 헌법에 열거되지 아니한 기본권으로서 특별히 새롭게 인정할 필요성이 있다거나 그 권리내용이 비교적 명확하여 구체적 권리로서의 실질에 부합한다고 보기 어려워 헌법상 보장된 기본권이라고 할 수 없다. 22 입시   O | X

1412-1 헌법재판소는 더 이상 평화적 생존권을 헌법상의 권리로 인정하고 있지 않다. 16 경정   O | X

1412-2 평화적 생존권은 이를 헌법에 열거되지 아니한 기본권으로서 특별히 새롭게 인정할 필요성이 있고 그 권리내용이 비교적 명확하여 구체적 권리로서의 실질에 부합하므로 헌법상 보장된 기본권이라고 할 수 있다. 24 5급   O | X

청구인들이 평화적 생존권이란 이름으로 주장하고 있는 평화란 헌법의 이념 내지 목적으로서 추상적인 개념에 지나지 아니하고, **평화적 생존권**은 이를 헌법에 열거되지 아니한 기본권으로서 특별히 새롭게 인정할 필요성이 있다거나 그 권리내용이 비교적 명확하여 구체적 권리로서의 실질에 부합한다고 보기 어려워 **헌법상 보장된 기본권이라고 할 수 없다.** 종전에 헌법재판소가 이 결정과 견해를 달리하여 '평화적 생존권을 헌법 제10조와 제37조 제1항에 의하여 인정된 기본권으로서 침략전쟁에 강제되지 않고 평화적 생존을 할 수 있도록 국가에 요청할 수 있는 권리'라고 판시한 2003. 2. 23. 2005헌마268 결정은 이 결정과 저촉되는 범위 내에서 이를 **변경한다**(헌재 2009. 5. 28. 2007헌마369).

1413 불법체류 중인 외국인은 성질상 인간의 권리에 해당되는 신체의 자유, 주거의 자유, 변호인의 조력을 받을 권리, 재판청구권 등에 대해 주체성이 인정되므로 국가인권위원회의 공정한 조사를 받을 권리도 불법체류 중인 외국인에게 헌법상 인정되는 기본권이다. 23 경찰 2차   O | X

1413-1 장기간 불법체류를 해 온 외국인의 진정에 의한 국가인권위원회의 조사가 완료되기도 전에 강제퇴거시켰다면, 이는 헌법 제10조와 제37조 제1항에서 도출되는 '국가인권위원회의 공정한 조사를 받을 권리'를 침해하는 것이다. 17 경정   O | X

● 정답   1411. O   1412. O   1412-1. O   1412-2. X [헌법상 보장된 기본권 아님]   1413. X [국가인권위원회의 공정한 조사를 받을 권리 기본권 X]   1413-1. X [인권위의 공정한 조사를 받을 권리 기본권 X]

청구인들이 불법체류 중인 외국인들이라 하더라도, 불법체류라는 것은 관련 법령에 의하여 체류자격이 인정되지 않는다는 것일 뿐이므로, '인간의 권리'로서 외국인에게도 주체성이 인정되는 일정한 기본권에 관하여 불법체류 여부에 따라 그 인정 여부가 달라지는 것은 아니다. 청구인들이 침해받았다고 주장하고 있는 **신체의 자유, 주거의 자유, 변호인의 조력을 받을 권리, 재판청구권** 등은 성질상 **인간의 권리**에 해당한다고 볼 수 있으므로, 위 기본권들에 관하여는 청구인들의 **기본권 주체성이 인정**된다. 그러나 '**국가인권위원회의 공정한 조사를 받을 권리**'는 헌법상 인정되는 **기본권**이라고 하기 어렵고, 이 사건 보호 및 강제퇴거가 청구인들의 노동3권을 직접 제한하거나 침해한 바 없음이 명백하므로, 위 기본권들에 대하여는 본안판단에 나아가지 아니한다(헌재 2012. 8. 23. 2008헌마430).

POINT 099 인간의 존엄과 가치

01 인간의 존엄과 가치

1414 인간의 존엄과 가치는 모든 기본권의 이념적 출발점이며, 헌법의 근본규범이므로 헌법개정의 한계이다.
23 국회 9 O | X

인간의 존엄과 가치는 기본권 존중주의를 규정한 헌법상의 **최고의 근본규범**으로서 **모든 기본권의 이념적 출발점**이다. 우리 헌법은 독일기본법과 달리 인간의 존엄과 가치에 관한 규정에 대하여 개정이 불가능함을 명문으로 규정하고 있지는 않지만 **인간의 존엄과 가치**는 **국가의 근본질서**이며 **법해석의 최고기준**이라는 점에서 **헌법의 근본규범**이므로 **헌법개정의 한계**에 해당한다고 볼 수 있다.

1415 인간으로서의 존엄과 가치는 1962년 제3공화국 헌법에서 규정된 이래 1980년 제5공화국 헌법에서 행복추구권이 추가되어 현행 헌법에 이르고 있다. 16 지방 7 O | X

1415-1 현행헌법에서 인간의 존엄과 가치와 행복추구권을 처음 규정하였다. 16 국회 9 O | X

인간으로서의 존엄과 가치는 **제5차 개정헌법(1962년)**에서 규정된 이래 **제8차 개정헌법(1980년)**에서 **행복추구권**이 추가되어 현행 헌법에 이르고 있다.

1416 인간의 존엄과 가치는 국민뿐 아니라 외국인과 무국적자에게도 인정된다. 23 국회 9 O | X

인간의 존엄과 가치는 모든 **자연인(인간)**에게 인정되므로 **국민**뿐 아니라 **외국인**과 **무국적자**에게도 인정된다고 보는 것이 타당하다.

02 관련판례

1417 교정시설의 1인당 수용면적이 수형자의 인간으로서의 기본 욕구에 따른 생활조차 어렵게 할 만큼 지나치게 협소하다면, 이는 그 자체로 국가형벌권 행사의 한계를 넘어 수형자의 인간의 존엄과 가치를 침해하는 것이다. 23 국회 9, 22 해간, 22 해경, 19 지방 7 O | X

1417-1 교정시설의 1인당 수용면적이 인간으로서의 최소한의 품위를 유지할 수 없을 정도로 과밀하다면 인간으로서의 존엄과 가치를 침해한다. 23 국회 9 O | X

1417-2 교정시설의 1인당 수용면적이 수형자의 인간으로서의 기본욕구에 따른 생활조차 어렵게 할 만큼 지나치게 협소하더라도 교정시설의 형편상 불가피한 것이라면 인간의 존엄과 가치를 침해하는 것이 아니다. 17 지방 7 O | X

● 정답 1414. O   1415. O   1415-1. X [인간의 존엄과 가치 : 제5차 개헌 / 행복추구권 : 제8차 개헌]   1416. O   1417. O   1417-1. O   1417-2. X [인간의 존엄과 가치를 침해]

수형자가 인간 생존의 기본조건이 박탈된 교정시설에 수용되어 인간의 존엄과 가치를 침해당하였는지 여부를 판단함에 있어서는 1인당 수용면적뿐만 아니라 수형자 수와 수용거실 현황 등 수용시설 전반의 운영 실태와 수용기간, 국가 예산의 문제 등 제반 사정을 종합적으로 고려할 필요가 있다. 그러나 **교정시설의 1인당 수용면적**이 수형자의 인간으로서의 기본 욕구에 따른 생활조차 어렵게 할 만큼 **지나치게 협소**하다면, 이는 그 자체로 국가형벌권 행사의 한계를 넘어 **수형자의 인간의 존엄과 가치를 침해하는 것이다.** … 청구인이 인간으로서 최소한의 품위를 유지할 수 없을 정도로 **과밀한 공간에서 이루어진 이 사건 수용행위**는 청구인의 **인간으로서의 존엄과 가치를 침해한다**(헌재 2016. 12. 29. 2013헌마142).

1418 법무부훈령인 「법무시설 기준규칙」은 수용동의 조도 기준을 취침 전 200룩스 이상, 취침 후 60룩스 이하로 규정하고 있는데, 수용자의 도주나 자해 등을 막기 위해서 취침시간에도 최소한의 조명을 유지하는 것은 수용자의 숙면방해로 인하여 인간의 존엄과 가치를 침해한다. 19 지방 7   O | X

교정시설의 안전과 질서유지를 위해서는 수용거실 안에 일정한 수준의 조명을 유지할 필요가 있다. 수용자의 도주나 자해 등을 막기 위해서는 취침시간에도 최소한의 조명은 유지할 수밖에 없다. … 또 조명점등행위로 인한 청구인의 권익 침해가 교정시설 안전과 질서유지라는 공익 보호보다 더 크다고 보기도 어렵다. 그렇다면 **조명점등행위가 과잉금지원칙에 위배하여 청구인의 기본권을 침해한다고 볼 수 없다**(헌재 2018. 8. 30. 2017헌마440).

1419 성전환자에 해당함이 명백한 사람에 대해서는 호적의 성별란 기재의 성을 전환된 성에 부합하도록 수정할 수 있도록 허용함이 상당하므로, 성전환자임이 명백한 사람에 대하여 호적정정을 허용하지 않는 것은 인간의 존엄과 가치를 향유할 권리를 온전히 구현할 수 없게 만드는 것이다. 16 변호사   O | X

성전환자에 해당함이 명백한 사람에 대하여는 호적정정에 관한 호적법 제120조의 절차에 따라 호적의 성별란 기재의 성을 **전환된 성에 부합하도록 수정할 수 있도록 허용함이 상당하다.** … 성전환자도 인간으로서의 존엄과 가치를 향유하며 행복을 추구할 권리와 인간다운 생활을 할 권리가 있고 이러한 권리들은 질서유지나 공공복리에 반하지 아니하는 한 마땅히 보호받아야 한다. … 그런데도 법령상 절차규정의 미비를 이유로 성전환자임이 명백한 사람에 대한 **호적의 정정을 허용하지 않는다면** 위 헌법정신을 **온전히 구현할 수 없게 된다**고 할 것이다(대판 2006. 6. 22. 2004스42).

1420 의사의 면허없이 영리를 목적으로 의료행위를 업으로 행하는 자에게 무기 또는 2년 이상의 징역형과 100만 원 이상 1천만 원 이하의 벌금형을 병과하는 것은, 그 법정형이 가혹하여 인간으로서의 존엄과 가치를 규정한 헌법에 위반되는 것으로 볼 수 없다. 16 변호사   O | X

이 사건 법률조항의 가중처벌은 국민의 생명과 건강에 직결되는 의료행위의 중요성에 비추어 의사가 아닌 자가 "영리를 목적"으로 "업"으로 하는 것이라는 비난가능성과 무면허의료업자에 대한 일반예방적 효과를 달성하려는 형사정책적 고려에서 입법자가 국민보건의 향상을 위하여 필요 최소한의 범위 내에서 형벌을 가중한 것이어서 입법형성의 범위 내의 것이라고 할 것이다. … 그 법정형이 지나치게 가혹하여 **인간으로서의 존엄과 가치** 및 국가의 기본권보호의무를 보장한 헌법 제10조에 **위반되는 것이라고 볼 수도 없다**(헌재 2001. 11. 29. 2000헌바37).

1421 「진실·화해를 위한 과거사정리 기본법」에 따라 행정안전부장관, 법무부장관 등은 진실규명 사건 피해자의 명예회복을 위해 적절한 조치를 취할 의무가 있으나 이는 법령에서 유래하는 작위의무이지 헌법에서 유래하는 작위의무는 아니다. 24 경찰 1차   O | X

● 정답 1418. X [인간의 존엄과 가치 침해 X]   1419. O   1420. O   1421. X [법령에 구체적으로 규정되어 있는 헌법에서 유래하는 작위의무 but 작위의무 이행으로 헌소 부적법]

과거사정리법의 제정 경위 및 입법 목적, 과거사정리법의 제규정 등을 종합적으로 살펴볼 때, 과거사정리법 제36조 제1항과 제39조는 '진실규명결정에 따라 규명된 진실에 따라 국가와 피청구인들을 포함한 정부의 각 기관은 피해자의 명예회복을 위해 적절한 조치를 취하고, 가해자와 피해자 사이의 화해를 적극 권유하기 위하여 필요한 조치를 취하여야 할 구체적 작위의무'를 규정하고 있는 조항으로 볼 것이고, 이러한 피해자에 대한 작위의무는 헌법에서 유래하는 작위의무로서 그것이 법령에 구체적으로 규정되어 있는 경우라고 할 것이다. … 피청구인들이 청구인 정○○의 유가족인 청구인 이○○ 등의 명예를 회복시키기 위한 적절한 조치를 이행하였음이 인정된다(헌재 2021. 9. 30. 2016헌마1034).

POINT 100 일반적 인격권

01 일반적 인격권

1422 인격권은 헌법 제10조의 인간의 존엄과 가치로부터 유래한다. 23 해간, 22 소간   O | X

헌법 제10조는 모든 기본권 보장의 종국적 목적이자 기본이념이라 할 수 있는 인간의 본질적이고 고유한 가치인 인간의 존엄과 가치로부터 유래하는 인격권을 보장하고 있다(헌재 2018. 2. 22. 2016헌마780).

02 보호영역

1423 헌법 제10조로부터 도출되는 일반적 인격권에는 각 개인이 그 삶을 사적으로 형성할 수 있는 자율영역에 대한 보장이 포함되어 있음을 감안할 때, 장래 가족의 구성원이 될 태아의 성별 정보에 대한 접근을 국가로부터 방해받지 않을 부모의 권리는 이와 같은 일반적 인격권에 의하여 보호된다고 보아야 한다. 22 해간, 20 법원 9   O | X

1423-1 의료인이 태아의 성별 정보에 대하여 임부나 그 가족 기타 다른 사람에게 고지하는 것을 금지하는 것은 부모의 행복추구권을 침해하는 것이다. 23 해간, 17 서울 7   O | X

헌법 제10조로부터 도출되는 일반적 인격권에는 각 개인이 그 삶을 사적으로 형성할 수 있는 자율영역에 대한 보장이 포함되어 있음을 감안할 때, 장래 가족의 구성원이 될 태아의 성별 정보에 대한 접근을 국가로부터 방해받지 않을 부모의 권리는 이와 같은 일반적 인격권에 의하여 보호된다고 보아야 할 것인바, 이 사건 규정은 일반적 인격권으로부터 나오는 부모의 태아 성별 정보에 대한 접근을 방해받지 않을 권리를 제한하고 있다고 할 것이다. 이 사건 규정은 과잉금지원칙을 위반하여 의사의 직업수행의 자유 및 임부나 그 가족이 태아 성별 정보에 대한 접근을 방해받지 않을 권리 등을 침해하고 있으므로 헌법에 위반된다 할 것이다(헌재 2008. 7. 31. 2004헌마1010 등).

보충설명 헌법재판소는 행복추구권이 아니라 일반적 인격권을 침해하는 것으로 보았다.

1424 성명은 개인의 정체성과 개별성을 나타내는 인격의 상징으로서 개인이 사회 속에서 자신의 생활영역을 형성하고 발현하는 기초가 되는 것이라 할 것이므로 자유로운 성의 사용 역시 헌법상 인격권으로부터 보호된다고 할 수 있다. 23 해간, 18 법원 9   O | X

성명은 개인의 정체성과 개별성을 나타내는 인격의 상징으로서 개인이 사회 속에서 자신의 생활영역을 형성하고 발현하는 기초가 되는 것이라 할 것이므로 자유로운 성의 사용 역시 헌법상 인격권으로부터 보호된다고 할 수 있다(헌재 2005. 12. 22. 2003헌가5 등).

정답 1422. O   1423. O   1423-1. X [일반적 인격권 침해함]   1424. O

1425 성명권은 헌법재판소에서 기본권으로 인정하고 있다. 17 입시   O | X

헌법 제10조에 의해 보장되는 인격권과 행복추구권의 내용으로서 개인의 성명권과 성명의 자유로운 관리 처분에 관한 권리가 인정되나, 성명의 특정은 사회 전체의 법적 안정성의 기초이므로 국가는 개인이 사용하는 성명에 대해 일정한 규율을 가하는 것이 불가피하기 때문에, 이미 사용 중인 성과 본을 변경하고자 하는 권리는 일정한 제약 하에서만 허용된다고 할 것이다(헌재 2013. 11. 5. 2013헌마667).

1426 헌법 제10조로부터 도출되는 일반적 인격권에는 개인의 명예에 관한 권리도 포함될 수 있으나, '명예'는 사람이나 그 인격에 대한 '사회적 평가', 즉 객관적·외부적 가치평가를 말하는 것이지 단순히 주관적·내면적인 명예감정은 포함되지 않는다. 24 5급   O | X

1426-1 헌법 제10조로부터 도출되는 일반적 인격권에는 개인의 명예에 관한 권리도 포함되며, 여기서 말하는 '명예'는 사람이나 그 인격에 대한 '사회적 평가', 즉 객관적·외부적 가치평가뿐만 아니라 단순히 주관적·내면적인 명예감정까지 포함한다. 22 변호사   O | X

헌법 제10조로부터 도출되는 일반적 인격권에는 개인의 명예에 관한 권리도 포함되는바, 이 때 '명예'는 사람이나 그 인격에 대한 '사회적 평가', 즉 객관적·외부적 가치평가를 말하는 것이지 단순히 주관적·내면적인 명예감정은 법적으로 보호받는 명예에 포함된다고 할 수 없다. 왜냐하면, 헌법이 인격권으로 보호하는 명예의 개념을 사회적·외부적 징표에 국한하지 않는다면 주관적이고 개별적인 내심의 명예감정까지 명예에 포함되어 모든 주관적 명예감정의 손상이 법적 분쟁화될 수 있기 때문이다(헌재 2010. 11. 25. 2009헌마147).

1427 헌법이 보호하는 명예권은 그 기본권 주체가 가지고 있는 인격과 명예가 부당하게 훼손되는 것의 배제를 청구할 권리이지, 국가가 기본권 주체에게 최대한의 사회적 평가를 부여하도록 국가에게 요청할 권리는 아니다. 22 해간, 22 해경   O | X

헌법이 보호하는 명예권은 그 기본권 주체가 가지고 있는 인격과 명예가 부당하게 훼손되는 것의 배제를 청구할 권리이지, 국가가 기본권 주체에게 최대한의 사회적 평가를 부여하도록 국가에게 요청할 권리라고 볼 수는 없다(헌재 2014. 6. 26. 2012헌마757).

1428 헌법 제10조로부터 도출되는 일반적 인격권에는 개인의 명예에 관한 권리도 포함되며, 사자(死者)에 대한 사회적 명예와 평가의 훼손은 사자와의 관계를 통하여 스스로의 인격상을 형성하고 명예를 지켜온 그 후손의 인격권을 제한한다. 19 입시, 16 경정, 15 서울 7 등   O | X

1428-1 친일반민족행위반민규명위원회의 조사대상자 선정 및 친일반민족행위결정이 이루어지면 조사대상자의 사회적 평가에 영향을 미치므로 헌법 제10조에서 유래하는 일반적 인격권이 제한받는다고 할 수 있겠으나, 조사대상자가 사자(死者)인 경우 이들의 청구인능력은 인정되지 않으며, 이로 인하여 그 후손의 법적 지위에 아무런 영향을 미치지 않는 만큼 후손의 인격권이 제한된다고도 볼 수 없다. 23 법무사   O | X

1428-2 「일제강점하 반민족행위 진상규명에 관한 특별법」 제2조 제9호에서 조선총독부 중추원 참의활동을 친일반민족행위의 하나로 규정한 것은 과잉금지원칙에 위배되지 않는다. 12 법원 9   O | X

◆ 정답   1425. O   1426. O   1426-1. X [주관적·내면적 명예감정 제외]   1427. O   1428. O   1428-1. X [후손의 인격권 제한됨]   1428-2. O

(1) 헌법 제10조로부터 도출되는 일반적 인격권에는 개인의 명예에 관한 권리도 포함되는바, 이 사건 법률조항에 근거하여 반민규명위원회의 조사대상자 선정 및 친일반민족행위결정이 이루어지면(이에 관하여 작성된 조사보고서 및 편찬된 사료는 일반에 공개된다), 조사대상자의 사회적 평가가 침해되어 헌법 제10조에서 유래하는 일반적 인격권이 제한받는다고 할 수 있다. 다만 이 사건 결정의 조사대상자를 비롯하여 대부분의 조사대상자는 이미 사망하였을 것이 분명하나, 조사대상자가 사자(死者)의 경우에도 인격적 가치에 대한 중대한 왜곡으로부터 보호되어야 하고, 사자(死者)에 대한 사회적 명예와 평가의 훼손은 사자(死者)와의 관계를 통하여 스스로의 인격상을 형성하고 명예를 지켜온 그들의 후손의 인격권, 즉 유족의 명예 또는 유족의 사자(死者)에 대한 경애추모의 정을 제한하는 것이다(헌재 2010. 10. 28. 2007헌가23).

(2) 친일반민족행위의 진상을 규명하여 정의로운 사회가 실현될 수 있도록 공동체의 윤리를 정립하고자 하는 공익의 중대성은 막대한 반면, 이 사건 법률조항으로 인해 제한되는 조사대상자 등의 인격권은 친일반민족행위에 관한 조사보고서와 사료가 공개됨으로 인한 것에 불과하므로, 법익 균형성의 원칙에도 반하지 않는다(헌재 2010. 10. 28. 2007헌가23).

1429 사자(死者)에 대한 사회적 명예와 평가의 훼손은 사자와의 관계를 통하여 스스로의 인격상을 형성하고 명예를 지켜온 그들 후손의 인격권, 즉 유족의 명예 또는 유족의 사자에 대한 경애추모의 정을 침해한다. 23 경찰 1차   O | X

이 사건 결정의 조사대상자를 비롯하여 대부분의 조사대상자는 이미 사망하였을 것이 분명하나, 조사대상자가 사자(死者)인 경우에도 인격적 가치에 대한 중대한 왜곡으로부터 보호되어야 하고, 사자(死者)에 대한 사회적 명예와 평가의 훼손은 사자와의 관계를 통하여 스스로의 인격상을 형성하고 명예를 지켜온 그들 후손의 인격권, 즉 유족의 명예 또는 유족의 사자(死者)에 대한 경애추모의 정을 침해한다고 할 것이다. 따라서 심판대상조항은 조사대상자의 사회적 평가와 아울러 이를 토대로 인격상을 형성하여 온 그 유족들의 인격권을 제한한다(헌재 2013. 5. 30. 2012헌바19).

1430 아동과 청소년은 인격의 발전을 위하여 어느 정도 부모와 학교의 교사 등 타인에 의한 결정을 필요로 하는 아직 성숙하지 못한 인격체이지만, 부모와 국가에 의한 단순한 보호의 대상이 아닌 독자적인 인격체이며, 그의 인격권은 성인과 마찬가지로 인간의 존엄성 및 행복추구권을 보장하는 헌법 제10조에 의하여 보호된다. 23 경찰 2차   O | X

1430-1 아동은 인격의 발현을 위하여 어느 정도 부모에 의한 결정을 필요로 하는 미성숙한 인격체이므로, 아동에게 자신의 교육환경에 관하여 스스로 결정할 권리가 부여되지 않는다. 20 변호사   O | X

아동과 청소년은 인격의 발전을 위하여 어느 정도 부모와 학교의 교사 등 타인에 의한 결정을 필요로 하는 아직 성숙하지 못한 인격체이지만, 부모와 국가에 의한 단순한 보호의 대상이 아닌 독자적인 인격체이며, 그의 인격권은 성인과 마찬가지로 인간의 존엄성 및 행복추구권을 보장하는 헌법 제10조에 의하여 보호된다. 따라서 헌법이 보장하는 인간의 존엄성 및 행복추구권은 국가의 교육권한과 부모의 교육권의 범주 내에서 아동에게도 자신의 교육환경에 관하여 스스로 결정할 권리, 그리고 자유롭게 문화를 향유할 권리를 부여한다고 할 것이다(헌재 2004. 5. 27. 2003헌가1 등).

정답 1429. O   1430. O   1430-1. X [권리가 부여됨]

1431 법인인 방송사업자의 의사에 반한 사과행위를 강제하는 것은 방송사업자의 인격권을 제한한다. 17 5급

O | X

1431-1 법인도 그 성질에 반하지 않는 범위 내에서 인격권의 한 내용인 사회적 신용이나 명예 등의 주체가 될 수 있으나, 방송사업자가 심의규정을 위반한 경우 그 의사에 반하여 '시청자에 대한 사과'를 명령할 수 있도록 규정한 구 「방송법」 조항은 방송사업자의 인격권을 제한하는 것은 아니다. 23 경찰 1차

O | X

1431-2 인간의 존엄과 가치에서 유래하는 인격권은 자연적 생명체로서 개인의 존재를 전제로 하는 기본권으로서 그 성질상 법인에게는 적용될 수 없으므로 법인의 인격권을 과잉제한했는지 여부를 판단하기 위해 기본권 제한에 대한 헌법원칙인 비례심사를 할 수는 없다. 20 국가 7

O | X

1431-3 방송사업자가 방송심의규정을 위반한 경우 시청자에 대한 사과를 명할 수 있도록 한 「방송법」 규정은, 방송사업자의 의사에 반한 사과행위를 강제함으로써 양심의 자유를 침해한 것으로 헌법에 위반된다. 19 국회 9, 19 서울 7(추)

O | X

법인도 법인의 목적과 사회적 기능에 비추어 볼 때 그 성질에 반하지 않는 범위 내에서 인격권의 한 내용인 사회적 신용이나 명예 등의 주체가 될 수 있고 법인이 이러한 사회적 신용이나 명예 유지 내지 법인격의 자유로운 발현을 위하여 의사결정이나 행동을 어떻게 할 것인지를 자율적으로 결정하는 것도 법인의 인격권의 한 내용을 이룬다고 할 것이다. 그렇다면 이 사건 심판대상조항은 **방송사업자의 의사에 반한 사과행위를 강제**함으로써 **방송사업자의 인격권을 제한**하는바, 이러한 제한이 그 목적과 방법 등에 있어서 **헌법 제37조 제2항에 의한 헌법적 한계 내**의 것인지 살펴본다. … 따라서 이 사건 심판대상조항은 **과잉금지원칙**에 위배되어 **방송사업자의 인격권을 침해**한다(헌재 2012. 8. 23. 2009헌가27).

1432 방송사업자가 「방송법」에 규정된 심의규정 등을 위반한 경우에 방송통신위원회가 방송사업자에게 사과방송을 할 것을 명령하는 제도는 과잉금지원칙에 위배하여 방송사업자의 인격권을 침해하므로 위헌이다. 12 국회 9

O | X

1432-1 방송사업자가 방송법 소정의 심의규정을 위반한 경우에는 방송통신위원회가 시청자에 대한 사과를 명할 수 있도록 한 방송법 규정은 심의규정을 위반한 방송사업자에게 '주의 또는 경고'만으로도 반성을 촉구하고 언론사로서의 공적 책무에 대한 인식을 제고할 수 있다는 점에서 보다 덜 제한적인 다른 수단이 존재하므로, 침해의 최소성 원칙에 위배된다. 14 변호사

O | X

1432-2 방송사업자의 의사에 반한 사과행위를 강제하는 구 「방송법」 규정은 방송사업자의 인격권을 침해하지 않는다. 17 국회 8

O | X

1432-3 방송사업자가 구 「방송법」상 심의규정을 위반한 경우 방송통신위원회로 하여금 전문성과 독립성을 갖춘 방송통신심의위원회의 심의를 거쳐 '시청자에 대한 사과'를 명할 수 있도록 규정한 것은 침해의 최소성 원칙에 위배되지 않는다. 22 5급

O | X

심의규정을 위반한 방송사업자에게 **'주의 또는 경고'**만으로도 반성을 촉구하고 언론사로서의 공적 책무에 대한 인식을 제고시킬 수 있고, 위 조치만으로도 심의규정에 위반하여 '주의 또는 경고'의 제재조치를 받은 사실을 공표하게 되어 이를 다른 방송사업자나 일반 국민에게 알리게 됨으로써 여론의 왜곡 형성 등을 방지하는 한편, 해당 방송사업자에게는 해당 프로그램의 신뢰도 하락에 따른 시청률 하락 등의 불이익을 줄 수 있다. 또한, **'시청자에 대한 사과'**에 대하여는 **'명령'**이 아닌 **'권고'**의 형태를 취할 수도 있다. 이와 같이 기본권을 보다 덜 제한하는 다른 수단에 의하더라도 이 사건 심판대상조항이 추구하는 목적을 달성할 수 있으므로 이 사건 **심판대상조항은 침해의 최소성원칙에 위배된다.** … 따라서 이 사건 심판대상조항은 과잉금지원칙에 위배되어 **방송사업자의 인격권을 침해**한다(헌재 2012. 8. 23. 2009헌가27).

● 정답 1431. O   1431-1. X [방송사업자의 인격권을 제한함]   1431-2. X [법인의 인격권 인정 / 비례심사 가능]   1431-3. X [양심의 자유 심사 X]   1432. O   1432-1. O   1432-2. X [인격권 침해]   1432-3. X [침해의 최소성 원칙에 위배됨]

1433 선거기사심의위원회가 불공정한 선거기사를 보도하였다고 인정한 언론사에 대하여 언론중재위원회를 통하여 사과문을 게재할 것을 명하도록 하는 「공직선거법」 조항 중 '사과문 게재' 부분과, 해당 언론사가 사과문 게재 명령을 지체 없이 이행하지 않을 경우 형사처벌하는 구 「공직선거법」 규정 중 해당 부분은 언론사의 인격권을 침해한다. 22 경찰 1차   O | X

1433-1 법인의 인격을 자유롭게 발현할 권리가 무엇을 뜻하는지 그 헌법적 근거가 무엇인지 분명하지 않으므로, 선거기사심의위원회가 불공정한 선거기사를 게재하였다고 판단한 언론사에 대하여 사과문 게재 명령을 하도록 한 「공직선거법」상의 사과문 게재 조항은 언론사인 법인의 인격권을 침해하는 것이 아니라 소극적 표현의 자유나 일반적 행동의 자유를 제한할 뿐이다. 16 국회 8   O | X

사과의 여부 및 사과문의 구체적인 내용은 선거기사심의위원회라는 행정기관에 의해 결정되는 것이지만, 이 사건 법률조항들은 그 사과문이 마치 언론사 스스로의 결정에 의해 작성된 것처럼 해당 언론사의 이름으로 대외적으로 표명되도록 하며, 그 결과 독자로 하여금 해당 언론사가 선거와 관련하여 객관성과 공정성을 저버린 보도를 했다는 점을 스스로 인정한 것으로 생각하게 만듦으로써, 언론에 대한 신뢰가 무엇보다 중요한 언론사의 사회적 신용이나 명예를 저하시키고 인격의 자유로운 발현을 저해한다. 따라서 이 사건 법률조항들은 언론사의 의사에 반한 사과행위를 강요함으로써 **언론사의 인격권을 제한**하는바, 이 사건의 쟁점은 이러한 제한이 헌법 제37조 제2항이 정한 기본권 제한의 헌법적 한계를 준수하고 있는지 여부이다. … 결국 이 사건 법률조항들은 **언론사의 인격권을 침해하여 헌법에 위반된다**(헌재 2015. 7. 30. 2013헌가8).

📝 **보충설명** 언론사의 소극적 표현의 자유나 일반적 행동의 자유를 제한할 뿐이라는 견해는 소수의견이었다.

03 보호영역이 아닌 경우

1434 한시적 번호이동을 허용하도록 한 방송통신위원회의 이행명령은 010번호 이외의 식별번호를 사용하는 청구인들의 인격권, 개인정보자기결정권, 재산권을 제한한다고 볼 수 없으며, 이동전화번호를 구성하는 숫자가 개인의 인격 내지 인간의 존엄과 관련성을 가진다고 보기 어렵다. 17 국회 8   O | X

1434-1 한시적 번호이동을 허용하도록 한 방송통신위원회의 이행명령이 010번호 이외의 식별번호를 사용하는 자의 행복추구권을 침해한다고 볼 수 없다. 22 경채   O | X

(1) **이동전화번호를 구성하는 숫자가 개인의 인격 내지 인간의 존엄과 관련성을 가진다고 보기 어렵고**, 이 사건 이행명령으로 인하여 청구인들의 개인정보가 청구인들의 의사에 반하여 수집되거나 이용되지 않으며, 이동전화번호는 유한한 국가자원으로서 청구인들의 번호이용은 사업자와의 서비스 이용계약 관계에 의한 것일 뿐이므로 이 사건 **이행명령으로 청구인들의 인격권, 개인정보자기결정권, 재산권이 제한된다고 볼 수 없다**(헌재 2013. 7. 25. 2011헌마63 등).

(2) 이 사건 이행명령은, 구 전기통신사업법 제58조 제1항 및 제3항에 근거한 것으로서 법률유보원칙에 위배된다고 볼 수 없다. 나아가 번호 통합은 충분한 번호자원을 확보하고, 식별번호의 브랜드화 문제를 해결하기 위한 것으로서 그 필요성을 인정할 수 있고, 그 목적 달성을 위하여 번호이동의 제한은 불가피하다. … 따라서 이 사건 이행명령이 합리적 이유없이 청구인들의 **행복추구권을 침해한다고 볼 수 없다**(헌재 2013. 7. 25. 2011헌마63 등).

정답 1433. O   1433-1. X [인격권 침해]   1434. O   1434-1. O

04 관련판례

1 수용자 관련

1435 사법경찰관이 보험사기범 검거라는 보도자료 배포 직후 기자들의 취재 요청에 응하여 피의자가 경찰서 조사실에서 양손에 수갑을 찬 채 조사받는 모습을 촬영할 수 있도록 허용한 행위는 과잉금지원칙에 위반되어 피의자의 인격권을 침해한다. 23 경찰 1차   O | X

1435-1 공인이 아니며 보험사기를 이유로 체포된 피의자가 경찰서 내에서 수갑을 차고 얼굴을 드러낸 상태에서 조사받는 과정을 기자들로 하여금 촬영하도록 허용하는 행위는 기본권 제한의 목적의 정당성이 인정되지 아니한다. 20 경정, 19 입시   O | X

1435-2 보험사기를 이유로 체포된 공인이 아닌 피의자를 수사기관이 기자들에게 경찰서 내에서 수갑을 차고 얼굴을 드러낸 상태에서 조사받는 모습을 촬영할 수 있도록 허용한 행위는 피의자의 재범방지 및 범죄예방을 위한 것으로 목적의 정당성이 인정된다. 24 경찰 1차   O | X

1435-3 피의자에 대한 촬영허용은 초상권을 포함한 일반적 인격권을 제한하지만 범죄사실에 관하여 일반국민에게 알려야 할 공공성이 있으므로, 공인이 아니며 보험사기를 이유로 체포된 피의자가 경찰서에 수갑을 차고 얼굴을 드러낸 상태에서 조사받는 과정을 기자들로 하여금 촬영하도록 허용하는 행위는 기본권 제한의 목적의 정당성이 인정된다. 16 변호사   O | X

1435-4 사법경찰관이 보도자료 배포 직후 기자들의 취재 요청에 응하여 피의자가 경찰서 조사실에서 양손에 수갑을 찬 채 조사받는 모습을 촬영할 수 있도록 허용한 행위는 잠재적인 피해자의 발생을 방지하고 범죄를 예방할 필요성이 크다는 점에서 피의자의 인격권을 침해하지 않는다. 23 해간, 20 국회 8 등   O | X

피청구인은 기자들에게 청구인이 경찰서 내에서 수갑을 차고 얼굴을 드러낸 상태에서 **조사받는 모습을 촬영할 수 있도록 허용**하였는데, 청구인에 대한 이러한 수사 장면을 공개 및 촬영하게 할 어떠한 공익 목적도 인정하기 어려우므로 **촬영허용행위는 목적의 정당성이 인정되지 아니한다.** … 또한 촬영허용행위는 언론 보도를 보다 실감나게 하기 위한 목적 외에 어떠한 공익도 인정할 수 없는 반면, 청구인은 피의자로서 얼굴이 공개되어 초상권을 비롯한 인격권에 대한 중대한 제한을 받았고, 촬영한 것이 언론에 보도될 경우 범인으로서의 낙인 효과와 그 파급효는 매우 가혹하여 법익균형성도 인정되지 아니하므로, **촬영허용행위는** 과잉금지원칙에 위반되어 청구인의 **인격권을 침해하였다**(헌재 2014. 3. 27. 2012헌마652).

1436 경찰서 유치장에 수용되는 과정에서 속옷을 내리게 하는 방법으로 한 신체수색행위는 헌법 제10조의 인간의 존엄과 가치로부터 유래하는 인격권 및 헌법 제12조의 신체의 자유를 침해하는 것이다. 15 국회 9   O | X

청구인들의 옷을 전부 벗긴 상태에서 청구인들에 대하여 실시한 이 사건 신체수색은 그 수단과 방법에 있어서 필요 최소한의 범위를 명백하게 벗어난 조치로서 이로 말미암아 청구인들에게 심한 모욕감과 수치심만을 안겨주었다고 인정하기에 충분하다. … 이로 인하여 청구인들로 하여금 인간으로서의 기본적 품위를 유지할 수 없도록 하는 것으로서 수인하기 어려운 정도라고 보여지므로 헌법 제10조의 인간의 존엄과 가치로부터 유래하는 **인격권** 및 제12조의 **신체의 자유를 침해**하는 정도에 이르렀다고 판단된다(헌재 2002. 7. 18. 2000헌마327).

● 정답 1435. ○ 1435-1. ○ 1435-2. ×[목적의 정당성 부정] 1435-3. ×[목적의 정당성 부정] 1435-4. ×[인격권 침해] 1436. ○

1437 유치인들이 경찰서 유치장에 수용되어 있는 동안 차폐시설이 불충분하여 사용과정에서 신체부위가 다른 유치인들이나 경찰관들에게 관찰될 수 있고, 냄새가 유출되는 유치실 내 화장실을 사용하도록 강제되었더라도 이는 유치인들의 자살이나 자해방지, 환자의 신속한 발견 등 감시와 보호 목적을 달성하기 위한 것이므로 인격권을 침해하는 것이 아니다. 17 지방 7   O | X

이 사건 청구인들로 하여금 유치기간동안 위와 같은 구조의 화장실을 사용하도록 강제한 피청구인의 행위는 인간으로서의 기본적 품위를 유지할 수 없도록 하는 것으로서, 수인하기 어려운 정도라고 보여지므로 전체적으로 볼 때 비인도적·굴욕적일 뿐만 아니라 동시에 비록 건강을 침해할 정도는 아니라고 할지라도 헌법 제10조의 인간의 존엄과 가치로부터 유래하는 **인격권을 침해**하는 정도에 이르렀다고 판단된다(헌재 2001. 7. 19. 2000헌마546).

1438 수용자를 교정시설에 수용할 때마다 전자영상 검사기를 이용하여 수용자의 항문 부위에 대한 신체검사를 하는 것이 필요한 최소한도를 벗어나 과잉금지원칙에 위배되어 수용자의 인격권 내지 신체의 자유를 침해한다고 볼 수 없다. 22 해간, 20 법원 9   O | X

1438-1 교정시설에 수용할 때마다 알몸 상태의 수용자를 전자영상 검사기로 수용자의 항문 부위를 관찰하는 신체검사는 과잉금지원칙에 위배되어 인격권을 침해한다. 12 법원 9   O | X

이 사건 신체검사로 인하여 수용자가 느끼는 모욕감이나 수치심이 결코 작다고 할 수는 없지만, 흉기 기타 위험물이나 금지물품을 교정시설 내로 반입하는 것을 차단함으로써 수용자 및 교정시설 종사자들의 생명·신체의 안전과 교정시설 내의 질서를 유지한다는 공적인 이익이 훨씬 크다 할 것이므로, 법익의 균형성 요건 또한 충족된다. 이 사건 신체검사는 필요한 최소한도를 벗어나 과잉금지원칙에 위배되어 청구인의 **인격권 내지 신체의 자유를 침해한다고 볼 수 없다**(헌재 2011. 5. 26. 2010헌마775).

1439 교도소 사동에서 인원점검을 하면서 청구인을 비롯한 수형자들을 정렬시킨 후 차례로 번호를 외치도록 한 행위는 과잉금지원칙에 위배되어 청구인의 인격권 및 일반적 행동의 자유를 침해하지 않는다. 23 경간   O | X

이 사건 점호행위는, 신속하고 정확하게 거실 내 인원수를 확인함과 동시에 수형자의 건강상태 내지 심리상태, 수용생활 적응 여부 등을 살펴 각종의 교정사고를 예방하거나 사후에 신속하게 대처할 수 있도록 함으로써 교정시설의 안전과 질서를 유지하기 위한 것으로 그 목적이 정당하고, 그 목적을 달성하기 위한 적절한 수단이 된다. 이 사건 점호행위는 혼거실 수형자들을 정렬하여 앉게 한 뒤 **번호를 외치도록 하는 것** 외에 달리 물리력을 행사하지 아니하고, … 이 사건 점호행위와 같은 방법이 효과적이며, 점검관이 목산(目算)하는 방법은 인원점검의 정확성·신속성 측면에서 다수의 수형자가 생활하는 혼거실에 대한 인원점검 방법으로는 부적절할 뿐만 아니라 효과적인 방법이 될 수 없다. 따라서 이 사건 점호행위는 과잉금지원칙에 위배되어 청구인의 **인격권 및 일반적 행동의 자유를 침해한다 할 수 없다**(헌재 2012. 7. 26. 2011헌마332).

1440 미결수용자에게 시설 밖에서 재소자용 의류를 입게 하는 것은 무죄추정원칙에 반하고 인격권과 행복추구권, 공정한 재판을 받을 권리를 침해하는 것이다. 12 법원 9   O | X

1440-1 수사 및 재판단계에서 유죄가 확정되지 아니한 미결수용자에게 수용시설 밖에서 재소자용 의류를 입게 하는 것은 무죄추정의 원칙에 위배된다. 23 해경. 15 경정   O | X

수사 및 재판단계에서 유죄가 확정되지 아니한 **미결수용자에게 재소자용 의류를 입게 하는 것**은 미결수용자로 하여금 모욕감이나 수치심을 느끼게 하고, 심리적인 위축으로 방어권을 제대로 행사할 수 없게 하여 실체적 진실의 발견을 저해할 우려가 있으므로, 도주 방지 등 어떠한 이유를 내세우더라도 그 제한은 정당화될 수 없어 헌법 제37조 제2항의 기본권 제한에서의 비례원칙에 위반되는 것으로서, **무죄추정의 원칙에 반하고 인간으로서의 존엄과 가치에서 유래하는 인격권과 행복추구권, 공정한 재판을 받을 권리를 침해하는 것이다**(헌재 1999. 5. 27. 97헌마137 등).

● 정답   1437. X [인격권 침해]   1438. O   1438-1. X [인격권 침해 X]   1439. O   1440. O   1440-1. O

1441 미결수용자가 수감되어 있는 동안 구치소 등 수용시설에서 사복을 입지 못하게 하고 재소자용 의류를 입게 하는 것은 무죄추정의 원칙에 반하고, 인간의 존엄과 가치에서 유래하는 인격권의 침해이다. 23 국회 9   O | X

구치소 등 수용시설 안에서는 재소자용 의류를 입더라도 일반인의 눈에 띄지 않고, 수사 또는 재판에서 변해(辯解)·방어권을 행사하는데 지장을 주는 것도 아닌 반면에, 미결수용자에게 사복을 입도록 하면 의복의 수선이나 세탁 및 계절에 따라 의복을 바꾸는 과정에서 증거인멸 또는 도주를 기도하거나 흉기, 담배, 약품 등 소지금지품이 반입될 염려 등이 있으므로 <u>미결수용자에게 시설 안에서 재소자용 의류를 입게 하는 것은 구금 목적의 달성, 시설의 규율과 안전유지를 위한 필요최소한의 제한으로서 정당성·합리성을 갖춘 재량의 범위 내의 조치</u>이다(헌재 1999. 5. 27. 97헌마137 등).

1442 수형자라 하더라도 확정되지 않은 별도의 형사재판에서만큼은 미결수용자와 같은 지위에 있으므로, 이러한 수용자로 하여금 형사재판 출석 시 아무런 예외 없이 사복착용을 금지하고 재소자용 의류를 입도록 하는 것은 소송관계자들에게 유죄의 선입견을 줄 수 있어 무죄추정의 원칙에 위배될 소지가 클 뿐만 아니라 공정한 재판을 받을 권리, 인격권, 행복추구권을 침해한다. 16 국회 8   O | X

1442-1 형사재판에 피고인으로 출석하는 수형자에 대하여 사복착용을 불허하는 「형의 집행 및 수용자의 처우에 관한 법률」 조항은 형사재판을 받는 수형자의 도주를 방지하기 위한 것으로 목적의 정당성은 인정되나, 재판 과정에서 재소자용 의류를 입게 하는 것이 도주의 방지를 위한 필요하고도 유용한 수단이라고 보기는 어렵다. 24 경찰 1차   O | X

1442-2 형사재판의 피고인으로 출석하는 수형자에 대하여, 사복착용을 허용하는 「형의 집행 및 수용자의 처우에 관한 법률」 제82조를 준용하지 아니한 동법 제88조는 행복추구권을 침해하지 않는다. 19 경정   O | X

수형자가 재소자용 의류가 아닌 사복을 입고 법정에 출석하게 되면 일반 방청객들과 구별이 어려워 도주할 우려가 있고, 실제 도주를 하면 일반인과 구별이 어려워 이를 제지하거나 체포하는 데에도 어려움이 있다. 수형자가 <u>형사재판의 피고인으로 출석할 경우 재소자용 의류를 입게 하는 것</u>은 이와 같은 <u>도주예방과 교정사고 방지</u>에 필요하고도 유용한 수단이므로, 그 <u>목적의 정당성과 수단의 적합성은 인정된다.</u> … 비록 수형자라 하더라도 확정되지 않은 별도의 형사재판에서만큼은 <u>미결수용자와 같은 지위에 있는 것이므로</u>, 그를 죄 있는 자에 준하여 취급함으로써 법률적·사실적 측면에서 유형·무형의 불이익을 주어서는 아니 된다. 그런데 이러한 수형자로 하여금 <u>형사재판 출석 시 아무런 예외 없이 사복착용을 금지하고 재소자용 의류를 입도록</u> 하여 인격적인 모욕감과 수치심 속에서 재판을 받도록 하는 것은, 그 재판과 관련하여 미결수용자의 지위임에도 이미 유죄의 확정판결을 받은 수형자와 같은 외관을 형성하게 함으로써 재판부나 검사 등 소송관계자들에게 유죄의 선입견을 줄 수 있는 등 <u>무죄추정의 원칙에 위배될 소지가 크다.</u> … 나아가 형집행법 제82조 단서와 같이 도주우려가 크거나 특히 부적당한 사유가 있는 경우에는 사복착용을 제한함으로써 도주 및 교정사고의 위험을 줄일 수 있으므로 형사재판과 같이 피고인의 방어권 보장이 절실한 경우조차 <u>아무런 예외 없이 일률적으로 사복착용을 금지하는 것은 침해의 최소성 원칙에 위배된다.</u> … 따라서 심판대상조항이 형사재판의 피고인으로 출석하는 수형자에 대하여 형집행법 제82조를 준용하지 아니한 것은 <u>과잉금지원칙에 위반되어</u> 청구인의 <u>공정한 재판을 받을 권리, 인격권, 행복추구권을 침해한다</u>(헌재 2015. 12. 23. 2013헌마712).

보충설명 목적의 정당성과 수단의 적합성은 인정되나, 침해의 최소성과 법익의 균형성 원칙에 위배된다.

정답 1441. X [무죄추정원칙 위반 및 인격권 침해 아님 / 재량 범위 내의 조치]   1442. O   1442-1. X [수단의 적합성 인정]   1442-2. X [행복추구권 침해]

1443 민사재판에 당사자로 출석하는 수형자의 사복착용을 불허하는 것은 수형자의 공정한 재판을 받을 권리, 인격권, 행복추구권을 침해하지 아니한다. 16 국회 8 O|X

1443-1 민사재판에 당사자로 출석하는 수형자에 대하여 사복착용을 허용하지 아니한 것은 수형자의 인격권과 행복추구권을 침해한다. 16 지방 7 O|X

1443-2 민사재판을 받는 수형자에게 재소자용 의류를 착용하게 하는 것은 재판부나 소송관계자들에게 불리한 심증을 줄 수 있으므로, 수형자의 공정한 재판을 받을 권리를 침해한다. 18 변호사 O|X

(1) 민사재판에서 법관이 당사자의 복장에 따라 불리한 심증을 갖거나 불공정한 재판진행을 하게 되는 것은 아니므로, 심판대상조항이 민사재판의 당사자로 출석하는 수형자에 대하여 사복착용을 불허하는 것으로 공정한 재판을 받을 권리가 침해되는 것은 아니다(헌재 2015. 12. 23. 2013헌마712).

(2) 수형자가 민사법정에 출석하기까지 교도관이 반드시 동행하여야 하므로 수용자의 신분이 드러나게 되어 있어 재소자용 의류를 입었다는 이유로 인격권과 행복추구권이 제한되는 정도는 제한적이고, 형사법정 이외의 법정 출입 방식은 미결수용자와 교도관 전용 통로 및 시설이 존재하는 형사재판과 다르며, 계호의 방식과 정도도 확연히 다르다. 따라서 심판대상조항이 민사재판에 출석하는 수형자에 대하여 사복착용을 허용하지 아니한 것은 청구인의 인격권과 행복추구권을 침해하지 아니한다(헌재 2015. 12. 23. 2013헌마712).

1444 민사법정에 출석하는 수형자에게 운동화 착용을 불허하고 고무신을 신게 하였더라도 신발의 종류를 제한하는 것에 불과하여 인격권을 침해하였다고 볼 수 없다. 23 해간 O|X

1444-1 외부 재판에 출정할 때 운동화를 착용하게 해달라는 청구인의 신청에 대하여 이를 불허하고 고무신의 착용을 강제하는 것은, 효과적인 도주 방지 수단이 될 수도 없고, 오히려 수형자의 신분을 일반인에게 노출시켜 모욕감과 수치심을 갖게 할 뿐으로서 기본권 제한의 한계를 벗어나 청구인의 인격권과 행복추구권을 침해하였다. 16 법무사 O|X

이 사건 운동화착용불허행위는 시설 바깥으로의 외출이라는 기회를 이용한 도주를 예방하기 위한 것으로서 그 목적이 정당하고, 위와 같은 목적을 달성하기 위한 적합한 수단이라 할 것이다. 또한 신발의 종류를 제한하는 것에 불과하여 법익침해의 최소성과 균형성도 갖추었다 할 것이므로, 이 사건 운동화착용불허행위가 기본권제한에 있어서의 과잉금지원칙에 반하여 청구인의 인격권과 행복추구권을 침해하였다고 볼 수 없다(헌재 2011. 2. 24. 2009헌마209).

1445 포승과 수갑을 채우고 별도의 포승으로 다른 수용자와 연승하는 행위는 청구인의 인격권 내지 신체의 자유를 침해하지 않는다. 17 국회 8 O|X

1445-1 상체승의 포승과 수갑을 채우고 별도의 포승으로 다른 수용자와 연승한 행위는 과잉금지원칙에 반하여 청구인의 인격권을 침해한다. 19 경정 O|X

수형자를 다른 교도소로 이송하는 경우에는 도주 등 교정사고의 우려가 높아지기 때문에 교정시설 안에서의 계호보다 높은 수준의 계호가 요구된다. 이에 피청구인이 도주 등의 교정사고를 예방하기 위하여 이 사건 보호장비 사용행위를 한 것은 그 목적이 정당하고, 상체승의 포승과 앞으로 사용한 수갑은 이송하는 경우의 보호장비로서 적절하다. … 따라서 이 사건 보호장비 사용행위는 그 기본권 제한의 범위 내에서 이루어진 것이므로 청구인의 인격권과 신체의 자유를 침해하지 않는다(헌재 2012. 7. 26. 2011헌마426).

●정답 1443. O   1443-1. X [인격권 및 행복추구권 침해 X]   1443-2. X [공정한 재판을 받을 권리 침해 X]   1444. O   1444-1. X [적합한 수단으로 인정 / 인격권 및 행복추구권 침해 X]   1445. O   1445-1. X [인격권 침해 X]

1446 출정 시 청구인이 교도관과 동행하면서 교도관이 청구인에게 재판시작 전까지 행정법정 방청석에서 보호장비를 착용하도록 한 것은 과잉금지원칙에 위반되어 청구인의 인격권과 신체의 자유를 침해한다. 20 국회 8 ○ | ×

이 사건 보호장비 사용행위는 수형자가 법정에 출정하게 된 기회를 이용하여 도주와 같은 교정사고를 저지르는 것을 예방하기 위한 것으로 그 목적은 정당하다. … 이 사건 보호장비 사용행위는 과잉금지원칙을 위반하여 청구인의 <u>신체의 자유와 인격권을 침해하지 않는다</u>(헌재 2018. 7. 26. 2017헌마1238).

2 가정생활과 신분관계

1447 혼인 종료 후 300일 이내에 출생한 자를 전남편의 친생자로 추정하는「민법」제844조 제2항 중 "혼인관계종료의 날로부터 300일 내에 출생한 자"에 관한 부분은 모가 가정생활과 신분관계에서 누려야 할 인격권, 혼인과 가족생활에 관한 기본권을 침해한다. 23 소간 ○ | ×

1447-1 혼인 종료 후 300일 이내에 출생한 자를 전남편의 친생자로 추정하는「민법」제844조제2항 중 '혼인관계 종료의 날로부터 300일 이내에 출생한 자'에 관한 부분은 모가 가정생활과 신분관계에서 누려야 할 인격권, 혼인과 가족생활에 관한 기본권을 침해하지 아니한다. 17 국가 7 ○ | ×

민법 제정 이후의 사회적·법률적·의학적 사정변경을 전혀 반영하지 아니한 채, 이미 혼인관계가 해소된 이후에 자가 출생하고 생부가 출생한 자를 인지하려는 경우마저도, 아무런 예외 없이 그 자를 <u>전남편의 친생자로 추정</u>함으로써 친생부인의 소를 거치도록 하는 심판대상조항은 입법형성의 한계를 벗어나 <u>모가 가정생활과 신분관계에서 누려야 할 인격권, 혼인과 가족생활에 관한 기본권을 침해한다</u>(헌재 2015. 4. 30. 2013헌마623).

1448 부 또는 모가 사망한 경우 인지청구의 제소기간을 부 또는 모의 사망을 알게 된 때로부터 1년으로 제한한 것은 헌법에 위배되지 않는다. 13 법무사 ○ | ×

부 또는 모가 사망한 경우 인지청구의 제소기간을 너무 장기간으로 설정하는 것은 법률관계를 불안정하게 하여 다른 상속인들의 이익이나 공익을 위하여 바람직하지 않으므로 인지청구의 제소기간을 부 또는 모의 사망을 알게 된 때로부터 1년으로 제한하여 법률관계를 조속히 안정시키는 것은 혼인외 출생자의 이익과 공동상속인 등 이해관계인의 이익을 조화시킨 것이다. 따라서 <u>이 사건 법률조항이 인지청구의 소의 제소기간을 부 또는 모의 사망을 안 날로부터 1년내로 규정한 것은 과잉금지원칙에 위배되지 아니하므로 인지청구를 하고자 하는 국민의 인간으로서의 존엄과 가치 그리고 행복을 추구하는 기본권을 침해하는 것은 아니다</u>(헌재 2001. 5. 31. 98헌바9).

3 기타 판례

1449 「국군포로의 송환 및 대우 등에 관한 법률」에 따라 대통령은 등록포로, 등록하기 전에 사망한 귀환포로, 귀환하기 전에 사망한 국군포로에 대한 예우의 신청, 기준, 방법 등에 필요한 사항을 대통령령으로 제·개정할 의무가 있음에도 상당한 기간 동안 정당한 사유 없이 그 예우에 관한 사항을 대통령령에 규정하지 않은 행정입법부작위는 등록포로 등의 가족인 청구인의 명예권을 침해한다. 24 경찰 1차
○ | ×

● 정답 1446. ×[인격권 및 신체의 자유 침해 ×] 1447. ○ 1447-1. ×[침해함] 1448. ○ 1449. ○

국군포로법 제15조의5 제2항은 같은 조 제1항에 따른 예우의 신청, 기준, 방법 등에 필요한 사항은 대통령령으로 정한다고 규정하고 있으므로, 피청구인은 등록포로, 등록하기 전에 사망한 귀환포로, 귀환하기 전에 사망한 국군포로에 대한 예우의 신청, 기준, 방법 등에 필요한 사항을 **대통령령으로 제정할 의무**가 있다. … 이처럼 피청구인에게는 **대통령령을 제정할 의무**가 있음에도, 그 의무는 **상당 기간 동안 불이행되고 있고, 이를 정당화할 이유도 찾아보기 어렵다.** 그렇다면 이 사건 **행정입법부작위**는 **등록포로 등의 가족인 청구인의 명예권을 침해**하는 것으로서 **헌법에 위반**된다(헌재 2018. 5. 31. 2016헌마626).

1450
변호사 정보 제공 웹사이트 운영자가 변호사들의 개인신상정보를 기반으로 한 인맥지수를 정보주체의 동의 없이 공개하는 서비스를 제공하는 행위는 변호사들의 개인정보에 관한 인격권을 침해한다.
24 입시   O | X

변호사 정보 제공 웹사이트 운영자가 변호사들의 개인신상정보를 기반으로 **변호사들의 인맥지수를 산출하여 공개**하는 서비스를 제공한 사안에서, 인맥지수의 사적·인격적 성격, 산출과정에서 왜곡 가능성, 인맥지수 이용으로 인한 변호사들의 이익 침해와 공적 폐해의 우려, 그에 반하여 이용으로 달성될 공적인 가치의 보호 필요성 정도 등을 종합적으로 고려하면, 운영자가 변호사들의 개인신상정보를 기반으로 한 인맥지수를 공개하는 표현행위에 의하여 얻을 수 있는 법적 이익이 이를 공개하지 않음으로써 보호받을 수 있는 변호사들의 인격적 법익에 비하여 우월하다고 볼 수 없어, 결국 **운영자의 인맥지수 서비스 제공행위**는 변호사들의 개인정보에 관한 **인격권을 침해하는 위법**한 것이다(대판 2011. 9. 2. 2008다42430).

1451
변호사에 대한 징계결정정보를 인터넷 홈페이지에 공개하도록 한 변호사법 조항은 전문적인 법률지식, 윤리적 소양, 공정성 및 신뢰성을 갖추어야 할 변호사가 징계를 받은 경우 국민이 이러한 사정을 쉽게 알 수 있도록 하여 변호사를 선택할 권리를 보장하고, 변호사의 윤리의식을 고취시킴으로써 법률사무에 대한 전문성, 공정성 및 신뢰성을 확보하여 국민의 기본권을 보호하며 사회정의를 실현하기 위한 것으로서 청구인의 인격권을 침해하지 아니한다. 22 해간, 20.법원 9   O | X

징계결정 공개조항은 위와 같이 전문적인 법률지식과 윤리적 소양 및 공정성과 신뢰성을 갖추어야 할 변호사가 변론 불성실, 비밀누설 등 직무상 의무 또는 직업윤리를 위반하여 징계를 받은 경우, 국민이 이러한 사정을 쉽게 알 수 있도록 하여 법률사무를 맡길 변호사를 선택할 권리를 보장하고 변호사의 윤리의식을 고취시킴으로써 법률사무에 대한 전문성, 공정성 및 신뢰성을 확보하여 국민의 기본권을 보호하고 사회정의를 실현하기 위한 것이다. … 따라서 징계결정 공개조항은 과잉금지원칙에 위배되지 아니하므로 청구인의 **인격권을 침해하지 아니한다**(헌재 2018. 7. 26. 2016헌마1029).

1452
범죄사실에 관한 보도 과정에서 대상자의 실명 공개에 대한 공공의 이익이 대상자의 명예나 사생활의 비밀에 관한 이익보다 우월하다고 인정되어 실명에 의한 보도가 허용되는 경우에는, 비록 대상자의 의사에 반하여 그의 실명이 공개되었다고 하더라도 그의 성명권이 위법하게 침해되었다고 할 수 없다.
23 경찰 1차   O | X

개인은 자신의 성명의 표시 여부에 관하여 스스로 결정할 권리를 가지나, 성명의 표시행위가 공공의 이해에 관한 사실과 밀접불가분한 관계에 있고 그 목적 달성에 필요한 한도에 있으며 그 표현내용·방법이 부당한 것이 아닌 경우에는 그 성명의 표시는 위법하다고 볼 수 없다. 따라서 **범죄사실에 관한 보도 과정에서 대상자의 실명 공개에 대한 공공의 이익이 대상자의 명예나 사생활의 비밀에 관한 이익보다 우월**하다고 인정되어 실명에 의한 보도가 허용되는 경우에는, 비록 **대상자의 의사에 반하여 그의 실명이 공개되었다고 하더라도 그의 성명권이 위법하게 침해되었다고 할 수 없다**(대판 2009. 9. 10. 2007다71).

정답 1450. O   1451. O   1452. O

1453 이미 출국 수속 과정에서 일반적인 보안검색을 마친 승객을 상대로, 촉수검색(patdown)과 같은 추가적인 보안 검색 실시를 예정하고 있는 국가항공보안계획은 과잉금지원칙에 위반되지 않아 청구인의 인격권을 침해하지 않는다. 19 경정 O | X

1453-1 이미 출국 수속 과정에서 일반적인 보안검색을 마친 승객들을 대상으로, 체약국의 요구가 있는 경우 촉수검색과 같은 추가적인 보안검색을 실시할 수 있도록 정한 국가항공보안계획은 과잉금지원칙에 위반되지 않으므로 해당 승객의 인격권을 침해하지 않는다. 24 경정 O | X

1453-2 이미 출국 수속 과정에서 일반적인 보안검색을 마친 승객을 상대로 촉수검색(patdown)과 같은 추가적인 보안 검색 실시를 예정하고 있는 국가항공보안계획은 달성하고자 하는 공익에 비해 추가 보안검색으로 인해 대상자가 느낄 모욕감이나 수치심의 정도가 크다고 할 수 있으므로 과잉금지원칙에 위반되어 해당 승객의 인격권을 침해한다. 22 국가 7 O | X

이 사건 국가항공보안계획은, 이미 출국 수속 과정에서 **일반적인 보안검색을 마친 승객**을 상대로, 촉수검색(patdown)과 같은 **추가적인 보안 검색 실시**를 예정하고 있으므로 이로 인한 **인격권 및 신체의 자유 침해 여부가 문제**된다. 이 사건 국가항공보안계획은 민간항공 보안에 관한 국제협약의 준수 및 항공기 안전과 보안을 위한 것으로 **입법목적의 정당성 및 수단의 적합성이 인정**되고, 항공운송사업자가 다른 체약국의 추가 보안검색 요구에 응하지 않을 경우 항공기의 취항 자체가 거부될 수 있으므로 이 사건 국가항공보안계획에 따른 추가 보안검색 실시는 불가피하며, 관련 법령에서 보안검색의 구체적 기준 및 방법 등을 마련하여 기본권 침해를 최소화하고 있으므로 **침해의 최소성도 인정**된다. … 따라서 이 사건 국제항공보안계획은 헌법상 과잉금지원칙에 위반되지 않으므로, 청구인의 **기본권을 침해하지 아니한다**(헌재 2018. 2. 22. 2016헌마780).

1454 지역아동센터의 시설별 신고정원의 80% 이상을 돌봄취약아동으로 구성하도록 한 보건복지부 '2019년 지역아동센터 지원사업안내' 관련 부분은 돌봄취약아동과 일반아동을 분리함으로써 아동들의 인격권을 침해한다. 23 경찰 1차 O | X

이 사건 이용아동규정의 취지는 지역아동센터 이용에 있어서 돌봄취약아동과 일반아동을 분리하려는 것이 아니라 돌봄취약아동에게 우선권을 부여하려는 것이다. 돌봄취약아동이 일반아동과 함께 초·중등학교를 다니고 방과 후에도 다른 돌봄기관을 이용할 선택권이 보장되고 있는 이상, 설령 이 사건 이용아동규정에 따라 돌봄취약아동이 일반아동과 교류할 기회가 다소 제한된다고 하더라도 그것만으로 청구인 아동들의 인격 형성에 중대한 영향을 미친다고 보기는 어렵다. 이 사건 이용아동규정은 과잉금지원칙에 위반하여 청구인 **운영자들의 직업수행의 자유** 및 청구인 **아동들의 인격권을 침해하지 않는다**(헌재 2022. 1. 27. 2019헌마583).

POINT 101 행복추구권 B

01 행복추구권

1455 헌법 제10조의 행복추구권은 국민이 행복을 추구하기 위하여 필요한 급부를 국가에게 적극적으로 요구할 수 있는 것을 내용으로 하는 것이 아니라, 국민이 행복을 추구하기 위한 활동을 국가권력의 간섭없이 자유롭게 할 수 있다는 포괄적인 의미의 자유권으로서의 성격을 가진다. 22 경정, 22 국회 9 O | X

1455-1 행복추구권이란 국민이 행복을 추구하기 위한 활동을 국가권력의 간섭 없이 자유롭게 할 수 있다는 소극적 권리의 성격만을 가지는 것이 아니라 국민이 행복을 추구하기 위해 필요한 급부를 국가에게 요구할 수 있는 적극적 권리의 성격도 가진다. 12 국가 7 O | X

정답 1453. O   1453-1. O   1453-2. X [인격권 침해 X]   1454. X [인격권 침해하지 않음]   1455. O   1455-1. X [적극적 권리 X]

헌법 제10조의 **행복추구권**은 국민이 행복을 추구하기 위하여 **필요한 급부를 국가에게 적극적으로 요구**할 수 있는 것을 내용으로 하는 것이 **아니라**, 국민이 행복을 추구하기 위한 활동을 **국가권력의 간섭 없이 자유롭게 할 수 있다는 포괄적인 의미의 자유권**으로서의 성격을 가진다(헌재 2008. 10. 30. 2006헌바35).

1456 행복추구권은 다른 개별적 기본권이 적용되지 않는 경우에 한하여 보충적으로 적용되는 기본권이다.
14 법무사
O | X

헌법 제10조 전문의 **행복추구권**은 **다른 개별적 기본권**이 적용되지 않는 경우에 한하여 **보충적으로 적용되는 기본권**이라 할 것이므로, 행복추구권에 앞서 적용되는 개별 기본권 침해 여부에 대해 판단하는 이상 따로 행복추구권 침해 여부를 판단할 필요는 없다(헌재 2006. 3. 30. 2005헌마598).

02 보호영역

1457 일반적 행동자유권, 개성의 자유로운 발현권, 자기결정권, 계약의 자유 등이 행복추구권의 보호영역 내에 포함된다. 14 법무사
O | X

헌법 제10조에 의거한 **행복추구권**은 헌법에 열거된 기본권으로서 행복추구의 수단이 될 수 있는 개별적 기본권들을 제외한 헌법에 열거되지 아니한 권리들에 대한 포괄적인 기본권의 성격을 가지며, '**일반적 행동자유권**', '**개성의 자유로운 발현권**', '**자기결정권**', '**계약의 자유**' 등이 그 보호영역 내에 포함된다(헌재 2003. 6. 26. 2002헌마677).

1458 흡연자들이 자유롭게 흡연할 권리를 흡연권이라고 한다면, 이러한 흡연권은 인간의 존엄과 행복추구권을 규정한 헌법 제10조와 사생활의 자유를 규정한 헌법 제17조에 의하여 뒷받침된다.
23 해간, 20 법무사, 20 국가 7
O | X

1458-1 흡연자들이 자유롭게 흡연할 권리는 행복추구권을 규정한 헌법 제10조와 사생활의 자유를 규정한 헌법 제17조에 의하여 뒷받침되는 기본권이 아니다. 22 해간, 22 해경, 21 법원 9
O | X

흡연자들이 **자유롭게 흡연할 권리**를 흡연권이라고 한다면, 이러한 **흡연권**은 인간의 존엄과 행복추구권을 규정한 **헌법 제10조**와 사생활의 자유를 규정한 **헌법 제17조에 의하여 뒷받침된다**(헌재 2004. 8. 26. 2003헌마457).

1459 자유로운 흡연에의 결정 및 흡연행위를 포함하는 흡연권은 물론, 흡연하지 아니할 권리 내지 흡연으로부터 자유로울 권리도 헌법 제10조의 행복추구권의 보호영역에 속한다. 10 지방 7
O | X

1459-1 혐연권은 흡연권과 마찬가지로 헌법 제17조, 헌법 제10조에서 그 헌법적 근거를 찾을 수 있다.
14 법원 9
O | X

인간으로서의 존엄과 가치를 실현하고 행복을 추구하기 위하여서는 누구나 자유로이 의사를 결정하고 그에 기하여 자율적인 생활을 형성할 수 있어야 하므로, 자유로운 흡연에의 결정 및 흡연행위를 포함하는 **흡연권은 헌법 제10조에서도 그 근거를 찾을 수 있다.** … 흡연자들의 흡연권이 인정되듯이, 비흡연자들에게도 흡연을 하지 아니할 권리 내지 흡연으로부터 자유로울 권리가 인정된다. **혐연권은 흡연권과 마찬가지로 헌법 제17조, 헌법 제10조에서 그 헌법적 근거를 찾을 수 있다.** 나아가 흡연이 흡연자는 물론 간접흡연에 노출되는 비흡연자들의 건강과 생명도 위협한다는 면에서 혐연권은 헌법이 보장하는 건강권과 생명권에 기하여서도 인정된다(헌재 2004. 8. 26. 2003헌마457).

정답 1456. O 1457. O 1458. O 1458-1. X [헌법 제10조·제17조로 뒷받침됨] 1459. O 1459-1. O

1460 언어와 그 언어를 표기하는 방식인 글자는 정신생활의 필수적인 도구이며 타인과의 소통을 위한 가장 기본적인 수단인바, 한자를 의사소통의 수단으로 사용하는 것은 행복추구권에서 파생되는 일반적 행동의 자유 내지 개성의 자유로운 발현의 한 내용이다. 24 소간 O|X

헌법 제10조 전문은 "모든 국민은 인간으로서의 존엄과 가치를 가지며, 행복을 추구할 권리를 가진다."고 규정하여 행복추구권을 보장하고, 이러한 행복추구권은 일반적인 행동자유권과 개성의 자유로운 발현권을 포함한다. 언어와 그 언어를 표기하는 방식인 글자는 정신생활의 필수적인 도구이며 타인과의 소통을 위한 가장 기본적인 수단인바, 한자를 의사소통의 수단으로 사용하는 것은 행복추구권에서 파생되는 일반적 행동의 자유 내지 개성의 자유로운 발현의 한 내용이다(헌재 2016. 11. 24. 2012헌마854).

1461 공문서의 한글전용을 규정한「국어기본법」및「국어기본법 시행령」의 해당 조항은 '공공기관 등이 작성하는 공문서'에 대하여만 적용되고, 일반 국민이 공공기관 등에 접수·제출하기 위하여 작성하는 문서나 일상생활에서 사적 의사소통을 위해 작성되는 문서에는 적용되지 않으므로 청구인들의 행복추구권을 침해하지 않는다. 22 해간, 21 국가 7 O|X

1461-1 공문서의 한글전용을 규정한「국어기본법」조항 및「국어기본법 시행령」조항은 한자혼용방식에 비하여 의미 전달력이나 가독성이 낮아지기 때문에, 공무원인 청구인들의 행복추구권을 침해한다. 19 경정 O|X

이 사건 공문서 조항은 공문서를 읽고 쓰기 쉬운 한글로 작성하도록 함으로써 공적 영역에서 원활한 의사소통을 확보하고 효율적·경제적으로 공적 업무를 수행하기 위한 것으로, 공문서를 한글로 작성하면 학력이나 한자 독해력 등에 관계없이 모든 국민들이 공문서의 내용을 쉽게 이해할 수 있고, 다른 글자와 혼용하여 공문서를 작성하는 것에 비해 시간과 노력이 적게 소요되므로 행정의 효율성 및 경제성을 증진시킬 수 있다. … 결국 이 사건 공문서 조항은 '공공기관 등이 작성하는 공문서'에 대하여만 적용되고, 일반 국민이 공공기관 등에 접수·제출하기 위하여 작성하는 문서나 일상생활에서 사적 의사소통을 위해 작성되는 문서에는 적용되지 않는다. 그러므로 이 사건 공문서 조항은 청구인들의 행복추구권을 침해하지 아니한다(헌재 2016. 11. 24. 2012헌마854).

03 상대적 기본권

1462 행복추구권 속에 함축된 일반적인 행동자유권과 개성의 자유로운 발현권은 국가안전보장, 질서유지 또는 공공복리에 반하지 않는 한 입법 기타 국정상 최대의 존중을 필요로 하는 것이다. 21 소간 O|X

행복추구권 속에 함축된 일반적인 행동자유권과 개성의 자유로운 발현권은 국가안전보장, 질서유지 또는 공공복리에 반하지 않는 한 입법 기타 국정상 최대의 존중을 필요로 하는 것이라고 볼 것이다(헌재 1991. 6. 3. 89헌마204).

1463 행복추구권도 국가안전보장, 질서유지 또는 공공복리를 위하여 제한될 수 있는 것이며, 공동체의 이익과 무관하게 무제한의 경제적 이익의 도모를 보장하는 것은 아니다. 17 경정, 10 법원 9 O|X

헌법이 보장하는 행복추구권이 공동체의 이익과 무관하게 무제한의 경제적 이익의 도모를 보장하는 것이라고 볼 수 없으므로, 위와 같은 경제적 고려와 공동체의 이익을 위한 목적에서 비롯된 국산영화의무상영제가 공연장 경영자의 행복추구권을 침해한 것이라고 보기 어렵다(헌재 1995. 7. 21. 94헌마125).

정답 1460. O 1461. O 1461-1. X [행복추구권 침해 X] 1462. O 1463. O

04 관련판례

1464 18세 미만 자의 노래연습장 출입을 금지하는 것은 18세 미만 청소년들의 행복추구권을 침해하지 않는다. 12 국가 7   O│X

1464-1 18세 미만 자의 노래방출입제한을 통해 얻을 수 있는 공익이 이로 인해 제한되는 행복추구권의 법익보다 크다. 16 국회 9   O│X

노래연습장에 대하여 <u>18세 미만 자의 출입을 금지시킴으로써</u> <u>노래연습장업자가 입게 될 불이익</u>보다는 <u>18세 미만 자의 출입을 방치함으로써 초래되는 청소년보호에 관한 공적 불이익이 크다</u>고 할 것이므로, 노래연습장에 18세 미만 자의 출입을 금지하는 이 사건 법령조항들은 법익의 균형성의 원칙에도 위배되는 것으로 볼 수 없다. … <u>위 조항들이 청구인이나 18세 미만의 청소년들의 행복추구권을 침해한 것이라고 볼 수도 없다</u>(헌재 1996. 2. 29. 94헌마13).

POINT 102 일반적 행동자유권

01 보호영역

1465 헌법 제10조 전문의 행복추구권에는 일반적 행동자유권이 포함되는바, 이는 적극적으로 자유롭게 행동을 하는 것은 물론 소극적으로 행동을 하지 않을 자유도 포함하는 권리로 포괄적인 의미의 자유권이다. 22 경찰 1차   O│X

헌법 제10조 전문의 행복추구권에는 일반적 행동자유권이 포함되는바, <u>이는 적극적으로 자유롭게 행동을 하는 것은 물론 소극적으로 행동을 하지 않을 자유도 포함하는 권리로 포괄적인 의미의 자유권</u>이란 성격을 갖는다(헌재 2016. 6. 30. 2015헌마36).

1466 일반적 행동자유권에서 자유란 적극적으로 자유롭게 행동하는 것은 물론 소극적으로 행동하지 않을 자유, 즉 부작위의 자유도 포함되는 포괄적인 자유를 말한다. 23 입시   O│X

일반적 행동자유권은 개인이 행위를 할 것인가의 여부에 대하여 자유롭게 결단하는 것을 전제로 하여 이성적이고 책임감 있는 사람이라면 자기에 관한 사항은 스스로 처리할 수 있을 것이라는 생각에서 인정되는 것이다. 일반적 행동자유권에는 적극적으로 자유롭게 행동을 하는 것은 물론 소극적으로 행동을 하지 않을 자유 즉, 부작위의 자유도 포함되며, 포괄적인 의미의 자유권으로서 일반조항적인 성격을 가진다(헌재 2007. 3. 29. 2005헌마1144).

1467 일반적 행동자유권은 가치 있는 행동만 그 보호영역으로 하는 것은 아니다. 그 보호영역에는 개인의 생활방식과 취미에 관한 사항도 포함되며, 여기에는 위험한 스포츠를 즐길 권리와 같은 위험한 생활방식으로 살아갈 권리도 포함된다. 23 입시   O│X

1467-1 일반적 행동자유권은 모든 행위를 할 자유와 행위를 하지 않을 자유로 그 보호영역에는 개인의 생활방식과 취미에 관한 사항도 포함되지만, 사회적으로 가치 있는 행동만 그 보호영역으로 하므로 위험한 스포츠를 즐길 권리와 같은 위험한 생활방식으로 살아갈 권리는 보호영역에 속하지 않는다. 23 경정   O│X

정답 1464. O   1464-1. O   1465. O   1466. O   1467. O   1467-1. X [보호영역에 속함]

일반적 행동자유권은 개인이 행위를 할 것인가의 여부에 대하여 자유롭게 결단하는 것을 전제로 하여 이성적이고 책임감 있는 사람이라면 자기에 관한 사항은 스스로 처리할 수 있을 것이라는 생각에서 인정되는 것이다. 일반적 행동자유권에는 적극적으로 자유롭게 행동을 하는 것은 물론 소극적으로 행동을 하지 않을 자유 즉, 부작위의 자유도 포함되며, 포괄적인 의미의 자유권으로서 일반조항적인 성격을 가진다. 즉 일반적 행동자유권은 모든 행위를 할 자유와 행위를 하지 않을 자유로 가치있는 행동만 그 보호영역으로 하는 것은 아닌 것으로, 그 보호영역에는 개인의 생활방식과 취미에 관한 사항도 포함되며, 여기에는 위험한 스포츠를 즐길 권리와 같은 위험한 생활방식으로 살아갈 권리도 포함된다(헌재 2003. 10. 30. 2002헌마518).

1468 일반적 행동자유권의 보호영역에는 가치 있는 행동뿐만 아니라 개인의 생활방식과 취미에 관한 사항도 포함되며, 여기에는 위험한 스포츠를 즐길 권리와 같은 위험한 생활방식으로 살아갈 권리도 포함된다. 따라서 운전 중 휴대용 전화를 사용할 자유는 헌법 제10조의 행복추구권에서 나오는 일반적 행동자유권의 보호영역에 속한다. 22 경찰 1차 O | X

1468-1 운전 중 휴대용 전화를 사용하지 아니할 의무를 지우고 이에 위반했을 때 형벌을 부과하는 것은 운전자의 일반적 행동자유권을 제한한다고 볼 수 없다. 23 지방 7 O | X

일반적 행동자유권의 보호영역에는 가치 있는 행동뿐만 아니라 개인의 생활방식과 취미에 관한 사항도 포함되며, 여기에는 위험한 스포츠를 즐길 권리와 같은 위험한 생활방식으로 살아갈 권리도 포함된다. 따라서 운전 중 휴대용 전화를 사용할 자유는 헌법 제10조의 행복추구권에서 나오는 일반적 행동자유권의 보호영역에 속한다. 이 사건 법률조항은 운전 중 휴대용 전화를 사용하지 아니할 의무를 지우고 이에 위반했을 때 형벌을 부과하고 있으므로 청구인의 일반적 행동자유권을 제한한다. … 그러므로 이 사건 법률조항은 과잉금지원칙에 반하여 청구인의 일반적 행동의 자유를 침해하지 않는다(헌재 2021. 6. 24. 2019헌바5).

1469 자동차운전 중 휴대용 전화사용을 원칙적으로 금지하고 이를 형사처벌로 강제하는 것은 과잉금지원칙에 반하여 일반적 행동자유권을 침해한다고 볼 수 없다. 23 경간 O | X

1469-1 자동차 운전 중 휴대용 전화를 사용하는 것을 금지하고, 이를 위반 시 처벌하도록 규정한 것은 운전자의 일반적 행동자유권을 침해하는 것이다. 22 변호사 O | X

이 사건 법률조항의 입법목적은 운전 중 휴대용 전화의 사용으로 인한 교통사고 발생의 위험을 줄여 국민의 생명과 안전, 재산을 보호하고자 하는 것으로서 그 입법목적의 정당성이 인정된다. 또한 운전 중 휴대용 전화의 사용을 금지하고 위반할 경우 형사 처벌하는 것은 위와 같은 입법목적을 달성하는 데 기여하므로 수단의 적합성도 인정된다. … 이 사건 법률조항이 과잉금지원칙에 반하여 일반적 행동자유권을 침해한다고 볼 수 없다(헌재 2021. 6. 24. 2019헌바5).

1470 일반적 행동자유권은 가치 있는 행동만 그 보호영역으로 하는 것은 아니고, 개인의 생활방식과 취미에 관한 사항, 위험한 스포츠를 즐길 권리와 같은 위험한 생활방식으로 살아갈 권리도 포함하므로, 술에 취한 상태로 도로 외의 곳에서 운전하는 것을 금지하고 위반 시 처벌하는 것은 일반적 행동의 자유를 제한한다. 20 지방 7 O | X

1470-1 음주운전의 경우 운전의 개념에 '도로 외의 곳'을 포함하도록 한 도로교통법 조항은 건전한 일반상식을 가진 사람에 의하여 일의적으로 파악되기 어려우므로 죄형법정주의의 명확성 원칙에 위배된다. 23 5급 O | X

● 정답 1468. O   1468-1. X [일반적 행동자유권을 제한함]   1469. O   1469-1. X [일반적 행동자유권 침해 X]   1470. O   1470-1. X [명확성 원칙 위배 아님]

(1) 일반적 행동자유권은 가치 있는 행동만 그 보호영역으로 하는 것은 아니다. 그 보호영역에는 개인의 생활방식과 취미에 관한 사항도 포함되며, 여기에는 위험한 스포츠를 즐길 권리와 같은 위험한 생활방식으로 살아갈 권리도 포함된다. 그런데 심판대상조항은 **술에 취한 상태로 도로 외의 곳에서 운전하는 것을** 금지하고 이에 위반했을 때 **처벌**하도록 하고 있으므로 **일반적 행동의 자유를 제한**한다. … 따라서 심판대상조항은 **일반적 행동의 자유를 침해하지 아니한다**(헌재 2016. 2. 25. 2015헌가11).

(2) 심판대상조항에 규정된 '**도로 외의 곳**'이란 '도로 외의 모든 곳 가운데 자동차등을 그 본래의 사용방법에 따라 사용할 수 있는 공간'으로 해석할 수 있다. 따라서 심판대상조항이 **죄형법정주의의 명확성원칙에 위배된다고 할 수 없다**(헌재 2016. 2. 25. 2015헌가11).

1471 경찰공무원이 교통의 안전과 위험방지를 위하여 필요하다고 인정하는 경우 운전자가 술에 취하였는지를 호흡조사로 측정할 수 있도록 하고 운전자는 이러한 경찰공무원의 측정에 응하여야 하도록 규정한 「도로교통법」 조항은 운전자인 청구인의 일반적 행동의 자유를 제한한다. 24 경찰 1차 O | X

심판대상조항은 운전자에게 경찰공무원의 음주측정 요구에 응할 의무를 부과함으로써 음주측정 요구에 응하지 않을 자유, 즉 **일반적 행동의 자유를 제한**하는바, 심판대상조항이 과잉금지원칙에 반하여 운전자인 청구인의 일반적 행동자유권을 침해하는지 여부를 살펴본다. … 심판대상조항은 과잉금지원칙에 위배되어 **일반적 행동자유권을 침해하지 아니한다**(헌재 2023. 10. 26. 2019헌바91).

1472 일반적 행동자유권은 가치있는 행동만 보호영역으로 하는 것은 아니므로, 개인이 대마를 자유롭게 수수하고 흡연할 자유도 헌법 제10조의 행복추구권에서 나오는 일반적 행동자유권의 보호영역에 속한다. 23 경찰 2차 O | X

일반적 행동자유권은 적극적으로 자유롭게 행동을 하는 것은 물론 소극적으로 행동을 하지 않을 자유도 포함되고, 가치있는 행동만 보호영역으로 하는 것은 아닌 것인바, 개인이 **대마를 자유롭게 수수하고 흡연할 자유**도 헌법 제10조의 행복추구권에서 나오는 **일반적 행동자유권의 보호영역**에 속한다. 이 사건 법률조항은 대마의 흡연과 수수를 금지하고 그 위반행위에 대하여 형벌을 가함으로써 청구인의 행복추구권을 제한하고 있다(헌재 2005. 11. 24. 2005헌바46).

1473 무면허의료행위라 할지라도 지속적인 소득활동이 아니라 취미, 일시적 활동 또는 무상의 봉사활동으로 삼는 경우에는 일반적 행동자유권의 보호영역에 포함된다. 15 경정 O | X

이 사건 법률조항은 '의료행위'를 개인의 경제적 소득활동의 기반이자 자아실현의 근거로 삼으려는 청구인의 기본권, 즉 직업선택의 자유를 제한하거나, 또는 청구인이 의료행위를 지속적인 소득활동이 아니라 취미, **일시적 활동 또는 무상의 봉사활동**으로 삼는 경우에는 헌법 제10조의 행복추구권에서 파생하는 **일반적 행동의 자유**를 제한하는 규정이다(헌재 2002. 12. 18. 2001헌마370).

1474 국내에 도착한 외국물품을 수입통관절차를 거치지 않고 다시 외국으로 반출하려면, 해당 물품의 품명·규격·수량 및 가격 등을 세관장에게 신고하도록 하는 「관세법」 조항은 환승 여행객인 청구인의 일반적 행동자유권을 제한한다. 24 경찰 1차 O | X

이 사건 신고의무조항이 과잉금지원칙에 반하여 환승 여행객의 **일반적 행동자유권을 침해하는지 여부**를 살핀다. … 이 사건 신고의무조항은 과잉금지원칙에 반하여 환승 여행객의 **일반적 행동자유권을 침해하지 아니한다**(헌재 2023. 6. 29. 2020헌바177 등).

● 정답 1471. ○   1472. ○   1473. ○   1474. ○

1475 치료감호 가종료 시 3년의 보호관찰이 시작되도록 한 「치료감호 등에 관한 법률」 조항은 피보호관찰자인 청구인의 일반적 행동자유권을 제한한다. 24 경찰 1차 O|X

이 사건 법률조항에 의하여 보호관찰이 개시되면 청구인은 자신의 의사와는 무관하게 치료감호심의위원회나 보호관찰관의 지도·감독에 따라야 하는 등 헌법 제10조의 행복추구권에서 파생되는 일반적 행동의 자유를 제한받게 된다. 한편, 보호관찰을 위하여 필요하다고 인정되는 경우 청구인은 보호관찰소장의 소환 및 심문에 응하여야 하고 그 과정에서 일부 신체의 자유를 제한받을 수도 있으나, 이는 예외적인 경우에 해당하므로, 이 사건에서는 일반적 행동의 자유에 대한 침해 여부를 중심으로 판단하기로 한다. … 청구인의 일반적 행동의 자유를 침해하지 않는다(헌재 2012. 12. 27. 2011헌마285).

1476 행복추구권은 그의 구체적인 표현으로서 일반적인 행동자유권과 개성의 자유로운 발현권을 포함하기 때문에, 기부금품의 모집행위는 행복추구권에 의하여 보호된다. 20 소간 O|X

우리 헌법 제10조 전문은 "모든 국민은 인간으로서의 존엄과 가치를 지니며, 행복을 추구할 권리를 가진다"고 규정하여 행복추구권을 보장하고 있고, 행복추구권은 그의 구체적인 표현으로서 일반적인 행동자유권과 개성의 자유로운 발현권을 포함하기 때문에, 기부금품의 모집행위는 행복추구권에 의하여 보호된다(헌재 1998. 5. 28. 96헌가5).

1477 국가의 간섭 없이 자유로이 기부할 수 있는 기회는 재산권의 보호범위에 포함되지 않는다. 19 입시 O|X

1477-1 국가의 간섭을 받지 아니하고 자유로이 기부행위를 할 수 있는 기회의 보장은 헌법상 보장된 재산권의 보호범위에 포함된다. 16 국회 8 O|X

기부를 하려는 국민도 타인의 모집행위를 통하여 누가 어떤 목적으로 기부금품을 필요로 하는가를 인식함으로써 기부행위의 동기와 기회를 부여받는다는 사실은 인정되지만, 법에 의한 제한은 단지 기부행위를 할 기회만을 제한할 뿐 재산권의 자유로운 처분에 대한 제한을 하는 것은 아니다. 국가의 간섭을 받지 아니하고 자유로이 기부행위를 할 수 있는 기회의 보장은 헌법상 보장된 재산권의 보호범위에 포함되지 않는다(헌재 1998. 5. 28. 96헌가5).

1478 기부행위자는 자신의 재산을 사회적 약자나 소외 계층을 위하여 출연함으로써 자기가 속한 사회에 공헌하였다는 행복감과 만족감을 실현할 수 있으므로, 기부행위는 행복추구권과 그로부터 파생되는 일반적 행동자유권에 의해 보호된다. 20 국회 8, 19 변호사, 19 법무사 O|X

기부행위자 본인은 자신의 재산을 사회적 약자나 소외 계층을 위하여 출연함으로써 자기가 속한 사회에 공헌하였다는 행복감과 만족감을 실현할 수 있으므로, 이는 헌법상 인격의 자유로운 발현을 위하여 필요한 행동을 할 수 있어야 한다는 의미의 행복추구권과 그로부터 파생되는 일반적 행동자유권의 행사로서 당연히 보호되어야 한다(헌재 2014. 2. 27. 2013헌바106).

1479 결혼식 등의 당사자가 자신을 축하하러 온 하객들에게 주류와 음식물을 접대하는 행위는 인류의 오래된 보편적인 사회생활의 한 모습으로서 개인의 일반적인 행동의 자유 영역에 속한다. 11 국가 7 O|X

1479-1 결혼식 등을 축하하러 온 하객들에게 주류와 음식물을 접대하는 행위는 헌법 제10조의 행복추구권에 포함되는 일반적 행동자유권의 보호영역에 속하지 않는다. 10 지방 7 O|X

결혼식 등의 당사자가 자신을 축하하러 온 하객들에게 주류와 음식물을 접대하는 행위는 인류의 오래된 보편적인 사회생활의 한 모습으로서 개인의 일반적인 행동의 자유 영역에 속하는 행위이므로 이는 헌법 제37조 제1항에 의하여 경시되지 아니하는 기본권이며 헌법 제10조가 정하고 있는 행복추구권에 포함되는 일반적 행동자유권으로서 보호되어야 할 기본권이다(헌재 1998. 10. 15. 98헌마168).

● 정답 1475. ○ 1476. ○ 1477. ○ 1477-1. X [재산권 X, 행복추구권의 보호범위 O] 1478. ○ 1479. ○ 1479-1. X [보호영역에 속함]

1480 구속된 피의자 또는 피고인이 갖는 변호인 아닌 자와의 접견교통권은 일반적 행동자유권 또는 무죄추정의 원칙에서 도출되는 헌법상의 기본권이다. 20 소간   O | X

1480-1 시행령규정이 법률의 위임 없이 미결수용자의 면회횟수를 매주 2회로 제한하고 있는 것은 접견교통권을 침해하는 것이다. 15 서울 7   O | X

(1) **구속된 피의자 또는 피고인이 갖는 변호인 아닌 자와의 접견교통권**은 가족 등 타인과 교류하는 인간으로서의 기본적인 생활관계가 인신의 구속으로 인하여 완전히 단절되어 파멸에 이르는 것을 방지하고, 또한 피의자 또는 피고인의 방어를 준비하기 위해서도 반드시 보장되지 않으면 안되는 인간으로서의 기본적인 권리에 해당하므로 이는 성질상 헌법상의 기본권에 속한다고 보아야 할 것이다. **미결수용자의 접견교통권**은 헌법재판소가 헌법 제10조의 행복추구권에 포함되는 기본권의 하나로 인정하고 있는 **일반적 행동자유권으로부터 나온다고 보아야 할 것이고, 무죄추정의 원칙**을 규정한 헌법 제27조 제4항도 그 보장의 한 근거가 될 것이다(헌재 2003. 11. 27. 2002헌마193).

(2) 이 사건 **시행령규정**이 미결수용자의 **면회횟수를 매주 2회로 제한**하고 있는 것은 **법률의 위임 없이 접견교통권을 제한**하는 것이고 이것은 헌법 제37조 제2항 및 제75조에 위반된 기본권제한으로서 청구인들의 **접견교통권이라는 기본권에 대한 침해를 구성한다**(헌재 2003. 11. 27. 2002헌마193).

1481 가족에 대한 수형자의 접견교통권은 비록 헌법에 열거되지는 아니하였지만 행복추구권에 포함되는 기본권의 하나인 일반적 행동자유권으로부터 나온다. 19 법무사   O | X

수형자가 갖는 접견교통권은 가족 등 외부와 연결될 수 있는 통로를 적절히 개방하고 유지함으로써 가족 등 타인과 교류하는 인간으로서의 기본적인 생활관계가 인신의 구속으로 완전히 단절되어 정신적으로 황폐하게 되는 것을 방지하기 위하여 반드시 보장되지 않으면 안되는 인간으로서의 기본적인 권리에 해당하므로 성질상 헌법상의 기본권에 속한다. 이러한 **수형자의 접견교통권**은 비록 헌법에 열거되지는 아니하였지만 헌법 제10조의 행복추구권에 포함되는 기본권의 하나로서의 **일반적 행동자유권으로부터 나온다고 할 것이다**(헌재 2009. 9. 24. 2007헌마738).

1482 지역 방언을 자신의 언어로 선택하여 공적 또는 사적인 의사소통과 교육의 수단으로 사용하는 것은 행복추구권에서 파생되는 일반적 행동의 자유 내지 개성의 자유로운 발현의 한 내용이 된다. 24 입시, 16 국회 8, 15 경정   O | X

1482-1 행복추구권에서 파생되는 개성의 자유로운 발현권의 내용에는 지역 방언의 선택 및 사용도 포함되므로 공문서 및 교과용 도서에 표준어만을 사용하는 것은 이에 대한 침해이다. 23 국회 9   O | X

(1) 이와 같은 **지역 방언을 자신의 언어로 선택하여 공적 또는 사적인 의사소통과 교육의 수단으로 사용하는 것은 행복추구권에서 파생되는 일반적 행동의 자유 내지 개성의 자유로운 발현의 한 내용**이 된다 할 것이다(헌재 2009. 5. 28. 2006헌마618).

(2) 이 사건 법률조항들은 이 사건 표준어 규정에 따른 표준어의 범위를 그 규율 내용으로 하고 있다. 서울의 역사성, 문화적 선도성, 사용인구의 최다성 및 지리적 중앙성 등 다양한 요인에 비추어 볼 때, 서울말을 표준어의 원칙으로 삼는 것이 기본권을 침해하는 것이라 하기 어렵고, 또한 서울말에도 다양한 형태가 존재하므로 교양 있는 사람들이 사용하는 말을 기준으로 삼는 것은 합리적인 기준이라 할 수 있다. 결국, 이 사건 심판대상인 이 사건 법률조항들이 과잉금지원칙에 위배하여 **행복추구권을 침해하는 것으로 보기 어렵다**(헌재 2009. 5. 28. 2006헌마618).

정답 1480. O 1480-1. O 1481. O 1482. O 1482-1. X [행복추구권 침해 아님]

1483 사회복지법인의 법인운영의 자유는 헌법 제10조의 행복추구권에서 보장되는 일반적 행동자유권 내지 사적자치권으로 보장되는 것이다. 14 국가 7   O|X

모든 국민에게 사회복지법인을 설립할 자유가 인정되고 사회복지법인은 복지사업의 주체로서 이용자들에 대한 자율적인 복지사업을 행하기 위한 포괄적인 법인운영권을 보장받아야 한다. 이러한 '**사회복지법인의 운영의 자유**'는 헌법 제10조에서 보장되는 행복추구권의 구체적인 한 표현인 **일반적인 행동자유권** 내지 **사적자치권으로 보장되는 것이다**(헌재 2005. 2. 3. 2004헌바10).

1484 자신이 속한 부분사회의 자치적 운영에 참여하는 것은 사회공동체의 유지, 발전을 위하여 필요한 행위로서 특정한 기본권의 보호범위에 들어가지 않는 경우에는 일반적 행동자유권의 보호대상이 될 수 있다. 22 지방 7   O|X

자신이 속한 부분사회의 자치적 운영에 참여하는 것은 사회공동체의 유지, 발전을 위하여 필요한 행위로서 특정한 기본권의 보호범위에 들어가지 않는 경우에는 **일반적 행동자유권**의 대상이 되므로, 사적 자치의 영역에 국가가 개입하여 법령으로 자치활동의 목적이나 절차, 그 방식 또는 내용을 규율함으로써 일부 구성원들의 자치활동에 대한 참여를 제한한다면 해당 구성원들의 일반적 행동자유권이 침해될 가능성이 있다(헌재 2015. 7. 30. 2012헌마957).

1485 주방용오물분쇄기의 판매와 사용을 금지하는 것은 주방용오물분쇄기를 사용하려는 자의 일반적 행동자유권을 제한한다. 20 국회 8   O|X

주방용오물분쇄기를 사용하고자 하는 청구인들은 심판대상조항이 주방용오물분쇄기의 사용을 금지하고 있어 이를 이용하여 자유롭게 음식물 찌꺼기 등을 처리할 수 없으므로, **행복추구권으로부터 도출되는 일반적 행동자유권을 제한**받는다(헌재 2018. 6. 28. 2016헌마1151).

1486 주방용오물분쇄기의 판매와 사용을 금지하는 것은 주방용오물분쇄기를 사용하려는 자의 일반적 행동자유권을 제한하나, 현재로서는 음식물 찌꺼기 등이 바로 하수도로 배출되더라도 이를 적절히 처리할 수 있는 사회적 기반시설이 갖추어져 있다고 보기 어렵다는 점 등을 고려하면 이러한 규제가 사용자의 기본권을 침해한다고 볼 수 없다. 19 변호사   O|X

1486-1 주방용오물분쇄기의 사용을 금지하는 환경부고시는 공공수역의 수질오염을 방지함으로써 달성되는 공익이 인정되나, 분쇄기를 이용하여 음식물 찌꺼기 등을 처리할 수 없으므로 행복추구권으로부터 도출되는 일반적 행동자유권을 침해한다. 23 경간   O|X

1486-2 주방에서 발생하는 음식물 찌꺼기 등을 분쇄하여 오수와 함께 배출하는 주방용오물분쇄기의 판매와 사용을 금지하는 환경부고시 「주방용오물분쇄기의 판매·사용금지」의 규정은 주방용오물분쇄기를 사용하거나 판매하려는 사람들의 직업의 자유를 침해한다. 23 소간   O|X

주방용오물분쇄기의 판매·사용을 금지하여 분쇄된 음식물 찌꺼기 등이 하수도로 배출되는 것을 막는 것은 수질오염 방지라는 입법목적을 달성하는 적절한 수단이므로, 목적의 정당성 및 수단의 적절성이 인정된다. … **심판대상조항은 과잉금지원칙에 위반하여 청구인들의 일반적 행동자유권, 직업의 자유를 침해하지 않는다**(헌재 2018. 6. 28. 2016헌마1151).

● 정답 1483. ○   1484. ○   1485. ○   1486. ○   1486-1. ×[일반적 행동자유권 침해 ×]   1486-2. ×[직업의 자유를 침해하지 않음]

02 부진정 경합

1487 일반 공중에게 개방된 장소인 서울광장을 개별적으로 통행하거나 서울광장에서 여가활동이나 문화활동을 하는 것은 일반적 행동자유권의 내용으로 보장된다. 23 경정 O│X

1487-1 광장에서 여가활동이나 문화활동을 하는 것은 일반적 행동자유권의 보호영역에 포함되지만, 그 광장 주변을 출입하고 통행하는 개인의 행위는 거주이전의 자유로 보장될 뿐 일반적 행동자유권의 내용으로는 보장되지 아니한다. 16 경정, 15 서울 7 O│X

1487-2 거주·이전의 자유는 국가의 간섭 없이 자유롭게 거주지와 체류지를 정할 수 있는 자유인바, 경찰청장이 경찰버스들로 서울특별시 서울광장을 둘러싸 통행을 제지한 행위는 서울특별시민인 청구인들의 거주·이전의 자유를 제한하는 것이다. 20 법원 9 O│X

1487-3 일반 공중의 사용에 제공된 공공용물을 그 제공 목적대로 이용하는 일반사용 내지 보통사용에 관한 권리는 일반적 행동자유권의 보호영역에 포함되지 않는다. 23 입시 O│X

이 사건에서 서울광장이 청구인들의 생활형성의 중심지라고 할 수 없을 뿐만 아니라 청구인들이 **서울광장에 출입하고 통행하는 행위**가 그 장소를 중심으로 생활을 형성해 나가는 행위에 속한다고 볼 수도 없으므로 청구인들이 서울광장을 출입하고 통행하는 자유는 헌법상의 **거주·이전의 자유의 보호영역에 속한다고 할 수 없고**, 따라서 이 사건 통행제지행위로 인하여 청구인들의 거주·이전의 자유가 제한된다고 할 수는 없다. … 이처럼 일반 공중에게 개방된 장소인 **서울광장을 개별적으로 통행**하거나 **서울광장에서 여가활동이나 문화활동**을 하는 것은 **일반적 행동자유권의 내용으로 보장**됨에도 불구하고, 피청구인이 이 사건 통행제지행위에 의하여 청구인들의 이와 같은 행위를 할 수 없게 하였으므로 청구인들의 일반적 행동자유권의 침해 여부가 문제된다(헌재 2011. 6. 30. 2009헌마406).

1488 집회의 조건부 허용이나 개별적 집회의 금지나 해산으로는 방지할 수 없는 급박하고 명백하며 중대한 위험이 있는 경우가 아님에도 일반 공중에게 개방된 장소인 서울광장의 통행을 금지한 것은 과잉금지원칙에 위배되어 일반적 행동자유권을 침해한 것이다. 23 국회 8 O│X

(1) 대규모의 불법·폭력 집회나 시위를 막아 시민들의 생명·신체와 재산을 보호한다는 공익은 중요한 것이지만, 당시의 상황에 비추어 볼 때 이러한 공익의 존재 여부나 그 실현 효과는 다소 가상적이고 추상적인 것이라고 볼 여지도 있고, 비교적 덜 제한적인 수단에 의하여도 상당 부분 달성될 수 있었던 것으로 보여 일반 시민들이 입은 실질적이고 현존하는 불이익에 비하여 결코 크다고 단정하기 어려우므로 법익의 균형성 요건도 충족하였다고 할 수 없다. 따라서 이 사건 **통행제지행위는 과잉금지원칙을 위반하여 청구인들의 일반적 행동자유권을 침해**한 것이다(헌재 2011. 6. 30. 2009헌마406).

(2) 거주·이전의 자유는 거주지나 체류지라고 볼 만한 정도로 생활과 밀접한 연관을 갖는 장소를 선택하고 변경하는 행위를 보호하는 기본권인바, 이 사건에서 서울광장이 청구인들의 생활형성의 중심지인 거주지나 체류지에 해당한다고 할 수 없고, **서울광장에 출입하고 통행하는 행위**가 그 장소를 중심으로 생활을 형성해 나가는 행위에 속한다고 볼 수도 없으므로 청구인들의 **거주·이전의 자유가 제한되었다고 할 수 없다**(헌재 2011. 6. 30. 2009헌마406).

● 정답] 1487. O   1487-1. X [일반적 행동자유권 내용으로 보장]   1487-2. X [거주·이전의 자유 제한 X]   1487-3. X [일반적 행동자유권의 보호영역에 포함]   1488. O

1489 이륜자동차와 원동기장치자전거에 대해서 고속도로 또는 자동차전용도로의 통행을 금지하는 것은, 이륜차를 이용하여 고속도로 등을 통행할 수 있는 자유를 제한하는 것으로서, 이는 행복추구권에서 우러나오는 일반적 행동의 자유를 제한하는 것이지 거주·이전의 자유를 제한하는 것은 아니다. 10 국회 8
O|X

1489-1 이륜차의 고속도로 통행 제한은 거주·이전의 자유를 제한하는 것이고, 행복추구권에서 우러나오는 일반적 행동의 자유를 제한하는 것은 아니다. 24 경정
O|X

이 사건 법률조항에 의하여 고속도로 또는 자동차전용도로(이하 '고속도로 등'이라 한다)의 통행이 금지되므로, 이륜차를 이용하여 고속도로 등을 통행할 수 있는 자유를 제한당하고 있다. 이는 행복추구권에서 우러나오는 일반적 행동의 자유를 제한하는 것이다. 그러나 이 사건 법률조항이 청구인들의 거주이전의 자유를 제한한다고 보기는 어렵다(헌재 2007. 1. 17. 2005헌마1111 등).

1490 이륜차의 고속도로 또는 자동차전용도로 통행을 전면 금지하는 것은 과잉금지원칙에 위반되지 않는다. 13 국회 8
O|X

1490-1 이륜차의 고속도로 통행을 금지하는 것은 이륜차 운전자의 행복추구권을 침해한다. 23 해경, 17 국회 9
O|X

1490-2 이륜자동차 운전자의 고속도로 등의 통행을 금지하는 법률규정은 일부 이륜자동차 운전자들의 변칙적인 운전행태를 이유로 전체 이륜자동차 운전자들의 고속도로 등 통행을 전면적으로 금지하고 있으므로 제한의 범위나 정도 면에서 지나친 점, 세계 경제협력개발기구(OECD) 국가들과 비교해 보아도 우리나라만이 유일하게 이륜자동차의 고속도로 통행을 전면적으로 금지하고 있는 점, 고속도로 등에서 안전거리와 제한속도를 지켜서 운행할 경우 별다른 위험요소 없이 운행할 수 있는 점에서 일반 자동차 운전자와 비교할 때 이륜자동차 운전자의 평등권을 침해한다. 14 변호사
O|X

(1) 이 사건 법률조항은 이륜차의 구조적 특성에서 비롯되는 사고위험성과 사고결과의 중대성에 비추어 이륜차 운전자의 안전 및 고속도로 등 교통의 신속과 안전을 위하여 이륜차의 고속도로 등 통행을 금지하기 위한 것이므로 입법목적은 정당하고, 이 사건 법률조항이 이륜차의 고속도로 등 통행을 전면적으로 금지한 것도 입법목적을 달성하기 위하여 필요하고 적절한 수단이라고 생각된다. … 따라서 이 사건 법률조항은 청구인의 고속도로 등 통행의 자유(일반적 행동의 자유)를 헌법 제37조 제2항에 반하여 과도하게 제한한다고 볼 수 없다(헌재 2007. 1. 17. 2005헌마1111 등).
(2) 이륜차는 운전자가 외부에 노출되는 구조로 말미암은 사고위험성과 사고결과의 중대성 때문에 고속도로 등의 통행이 금지되는 것이기 때문에 구조적 위험성이 적은 일반 자동차에 비하여 고속통행의 자유가 제한된다고 하더라도 이를 불합리한 차별이라고 볼 수 없다(헌재 2007. 1. 17. 2005헌마1111 등).

03 보호영역이 아닌 경우

1491 응급의료종사자의 응급환자에 대한 진료를 폭행, 협박, 위계, 위력, 그 밖의 방법으로 방해하는 것을 금지하고 이에 위반하는 자를 형사처벌하는 「응급의료에 관한 법률」 조항은 해당 응급환자인 청구인의 일반적 행동의 자유를 제한한다. 24 경찰 1차
O|X

1491-1 「응급의료에 관한 법률」 조항 중 '누구든지 응급의료종사자의 응급환자에 대한 진료를 폭행, 협박, 위계, 위력, 그 밖의 방법으로 방해하여서는 아니된다.'는 부분 가운데 '그 밖의 방법' 부분은 죄형법정주의의 명확성 원칙에 위반되지 않는다. 24 입시, 22 입시
O|X

● 정답 1489. O   1489-1. ×[거주·이전의 자유 제한 × → 일반적 행동의 자유 제한 O]   1490. O   1490-1. ×[행복추구권 침해 ×]   1490-2. ×[평등권 침해 아님]   1491. ×[응급환자의 일반적 행동의 자유의 제한 문제 아님]   1491-1. O

(1) 이 사건 각 심판대상조항은 **응급환자 본인**의 의료에 관한 자기결정권을 직접 제한하거나 그러한 제한을 규범의 목적으로 하고 있지 않다. 또한, **응급환자 본인의 행위**가 응급환자의 생명과 건강에 중대한 위해를 가할 우려가 있어 사회통념상 용인될 수 없는 정도의 것으로 '응급진료 방해 행위'로 평가되는 경우 이는 정당한 자기결정권 내지 일반적 행동의 자유의 한계를 벗어난 것이므로, 이를 다른 응급진료 방해 행위와 마찬가지로 금지하고 형사처벌의 대상으로 한다고 하여 **자기결정권 내지 일반적 행동의 자유의 제한의 문제가 발생하는 것은 아니다**(헌재 2019. 6. 28. 2018헌바128).

(2) 응급의료법의 입법 취지, 규정형식 및 문언의 내용을 종합하여 볼 때, 건전한 상식과 통상적인 법 감정을 가진 일반인이라면 구체적인 사건에서 어떠한 행위가 이 사건 금지조항의 **'그 밖의 방법'**에 의하여 규율되는지 충분히 예견할 수 있고, 이는 법관의 보충적 해석을 통하여 확정될 수 있는 개념이다. 따라서 이 사건 금지조항의 '그 밖의 방법' 부분은 **죄형법정주의의 명확성의 원칙에 위반된다고 할 수 없다**(헌재 2019. 6. 28. 2018헌바128).

1492 일반적 행동자유권의 보호대상으로서 행동이란 국가가 간섭하지 않으면 자유롭게 할 수 있는 행위를 의미하므로 병역의무 이행으로서 현역병 복무도 국가가 간섭하지 않으면 자유롭게 할 수 있는 행위에 속한다는 점에서, 현역병으로 복무할 권리도 일반적 행동자유권에 포함된다. 20 지방 7   O | X

헌법 제10조의 행복추구권에서 파생하는 일반적 행동자유권은 모든 행위를 하거나 하지 않을 자유를 내용으로 하나, 그 보호대상으로서의 행동이란 국가가 간섭하지 않으면 자유롭게 할 수 있는 행위 내지 활동을 의미하고, 이를 국가권력이 가로막거나 강제하는 경우 자유권의 침해로서 논의될 수 있다 할 것인데, **병역의무의 이행으로서의 현역병 복무는** 국가가 간섭하지 않으면 자유롭게 할 수 있는 행위에 속하지 않으므로, **현역병으로 복무할 권리가 일반적 행동자유권에 포함된다고 할 수도 없다**(헌재 2010. 12. 28. 2008헌마527).

04 관련판례

1 운전·통행

1493 거짓이나 그 밖의 부정한 수단으로 운전면허를 받은 경우 모든 범위의 운전면허를 필요적으로 취소하도록 규정하여 부정 취득하지 않은 운전면허까지 필요적으로 취소하도록 한 것은 운전면허 소유자의 일반적 행동의 자유를 침해한다. 23 법무사, 22 변호사   O | X

1493-1 거짓이나 그 밖의 부정한 수단으로 운전면허를 받은 경우 모든 범위의 운전면허를 필요적으로 취소하도록 한 「도로교통법」 조항은 과잉금지원칙에 반하여 직업의 자유를 침해한다. 23 국회 8   O | X

1493-2 '거짓이나 그 밖의 부정한 수단으로 운전면허를 받은 행위'에 대한 불이익 처분으로 '부정 취득한 해당 운전면허와 함께 해당 운전자가 보유하고 있는 나머지 운전면허'도 필요적으로 취소하도록 규정한 「도로교통법」 조항은 일반적 행동의 자유 또는 직업의 자유를 침해하지 않는다. 22 5급   O | X

심판대상조항이 **'부정 취득하지 않은 운전면허'**까지 필요적으로 취소하도록 한 것은, 임의적 취소·정지 사유로 함으로써 구체적 사안의 개별성과 특수성을 고려하여 불법의 정도에 상응하는 제재수단을 선택하도록 하는 등 완화된 수단에 의해서도 입법목적을 같은 정도로 달성하기에 충분하므로, 피해의 최소성 원칙에 위배된다. … 따라서 **심판대상조항 중 각 '거짓이나 그 밖의 부정한 수단으로 받은 운전면허를 제외한 운전면허'**를 필요적으로 취소하도록 한 부분은, 과잉금지원칙에 반하여 **일반적 행동의 자유 또는 직업의 자유를 침해한다**(헌재 2020. 6. 25. 2019헌가9 등).

● 정답   1492. ×[포함 안됨]   1493. ○   1493-1. ○   1493-2. ×[일반적 행동의 자유 및 직업의 자유 침해]

1494 '운전면허를 받은 사람이 자동차 등을 이용하여 범죄행위를 한 때'를 필요적 운전면허 취소사유로 규정하는 것은 일반적 행동자유권을 침해하여 헌법에 위반된다. 17 국회 8   O|X

1494-1 운전면허를 받은 사람이 자동차 등을 이용하여 범죄행위를 한 경우 범죄행위의 심각성 및 범죄행위의 기여정도와는 관계없이 필수적으로 운전면허를 취소하도록 하는 것은 기본권 제한에 있어서 최소침해성의 원칙에 위반된다. 23 국회 9   O|X

1494-2 '운전면허를 받은 사람이 자동차 등을 이용하여 범죄행위를 한 때'라는 법 규정은 범죄의 중함 정도나 고의성 여부 측면을 전혀 고려하지 않고 자동차 등을 범죄행위에 이용하기만 하면 운전면허를 취소하도록 하고 있으므로 명확성의 원칙에 위반된다. 12 국회 8   O|X

(1) 이 사건 규정은 자동차 등을 이용하여 범죄행위를 하기만 하면 그 범죄행위가 얼마나 중한 것인지, 그러한 범죄행위를 행함에 있어 자동차 등이 당해 범죄 행위에 어느 정도로 기여했는지 등에 대한 아무런 고려 없이 무조건 운전면허를 취소하도록 하고 있으므로 이는 **구체적 사안의 개별성과 특수성**을 고려할 수 있는 여지를 **일체 배제**하고 그 위법의 정도나 비난의 정도가 극히 미약한 경우까지도 운전면허를 취소할 수밖에 없도록 하는 것으로 **최소침해성의 원칙에 위반된다** 할 것이다. 한편, 이 사건 규정에 의해 운전면허가 취소되면 2년 동안은 운전면허를 다시 발급 받을 수 없게 되는바, 이는 지나치게 기본권을 제한하는 것으로서 **법익균형성원칙에도 위반**된다. 그러므로 이 사건 규정은 **직업의 자유 내지 일반적 행동자유권을 침해**하여 헌법에 위반된다(헌재 2005. 11. 24. 2004헌가28).

(2) 이 사건 규정이 범죄의 중함 정도나 고의성 여부 측면을 전혀 고려하지 않고 자동차 등을 범죄행위에 이용하기만 하면 운전면허를 취소하도록 하고 있는 것은 그 포섭범위가 지나치게 광범위한 것으로서 **명확성원칙에 위반된다**고 할 것이다(헌재 2005. 11. 24. 2004헌가28).

1495 운전면허를 받은 사람이 자동차를 이용하여 살인 또는 강간 등 행정안전부령이 정하는 범죄행위를 한 때 필요적으로 운전면허를 취소하도록 규정한 구「도로교통법」조항은 직업의 자유 및 일반적 행동자유권을 침해한다. 23 경정   O|X

1495-1 운전면허를 받은 사람이 자동차 등을 이용하여 살인 또는 강간 등 행정안전부령이 정하는 범죄행위를 한 때 운전면허를 취소하도록 하는 법률조항은 법률유보의 원칙에 위배되어 위헌이다. 16 지방 7   O|X

1495-2 운전면허를 받은 사람이 자동차 등을 이용하여 살인 또는 강간 등 행정안전부령이 정하는 범죄행위를 한 때 운전면허를 취소하도록 하는 구「도로교통법」조항은 포괄위임금지원칙에 위배되지 아니한다. 23 해간   O|X

1495-3 운전면허를 받은 사람이 자동차등을 이용하여 살인 또는 강간 등 행정안전부령이 정하는 범죄행위를 한 때 운전면허를 취소하도록 하는 구「도로교통법」조항은 필요적 운전면허 취소 대상범죄를 자동차 등을 이용하여 살인·강간 및 이에 준하는 범죄로 정하고 있으나, 위 조항에 의하더라도 하위법령에 규정될 자동차등을 이용한 범죄행위의 유형을 충분히 예측할 수 없으므로 포괄위임금지원칙에 위배된다. 20 변호사   O|X

● 정답 1494. O   1494-1. O   1494-2. O   1495. O   1495-1. X [법률유보원칙 위배 X]   1495-2. O   1495-3. X [포괄위임금지 위배 X]

(1) 자동차등을 이용한 범죄를 근절하기 위하여 그에 대한 행정적 제재를 강화할 필요가 있다 하더라도 이를 임의적 운전면허 취소 또는 정지사유로 규정함으로써 불법의 정도에 상응하는 제재수단을 선택할 수 있도록 하여도 충분히 그 목적을 달성하는 것이 가능함에도, 심판대상조항은 이에 그치지 아니하고 필요적으로 운전면허를 취소하도록 하여 구체적 사안의 개별성과 특수성을 고려할 수 있는 여지를 일체 배제하고 있다. … 따라서 심판대상조항은 직업의 자유 및 일반적 행동의 자유를 침해한다(헌재 2015. 5. 28. 2013헌가6).

(2) 자동차등을 이용한 범죄행위의 모든 유형이 기본권 제한의 본질적인 사항으로서 입법자가 반드시 법률로써 규율하여야 하는 사항이라고 볼 수 없고, 법률에서 운전면허의 필요적 취소사유인 살인, 강간 등 자동차등을 이용한 범죄행위에 대한 예측가능한 기준을 제시한 이상, 심판대상조항은 법률유보원칙에 위배되지 아니한다(헌재 2015. 5. 28. 2013헌가6).

(3) 심판대상조항에 의하여 하위법령에 규정될 자동차등을 이용한 범죄행위의 유형은 '범죄의 실행행위 수단으로 자동차등을 이용하여 살인 또는 강간 등과 같이 고의로 국민의 생명과 재산에 큰 위협을 초래할 수 있는 중대한 범죄'가 될 것임을 충분히 예측할 수 있으므로, 심판대상조항은 포괄위임금지원칙에 위배되지 아니한다(헌재 2015. 5. 28. 2013헌가6).

1496 「수상레저안전법」상 조종면허를 받은 사람이 동력수상레저기구를 이용하여 범죄행위를 하는 경우에 조종면허를 필요적으로 취소하도록 하는 구 「수상레저안전법」상 규정은 직업의 자유 내지 일반적 행동의 자유를 침해한다. 22 해간, 21 국가 7   O | X

범죄행위의 유형, 경중이나 위법성의 정도, 동력수상레저기구의 당해 범죄행위에 대한 기여도 등 제반사정을 전혀 고려하지 않고 필요적으로 조종면허를 취소하도록 규정하였으므로 심판대상조항은 침해의 최소성 원칙에 위배되고, 심판대상조항에 따라 조종면허가 취소되면 면허가 취소된 날부터 1년 동안은 조종면허를 다시 받을 수 없게 되어 법익의 균형성 원칙에도 위배된다. 따라서 심판대상조항은 직업의 자유 및 일반적 행동의 자유를 침해한다(헌재 2015. 7. 30. 2014헌가13).

1497 운전은 헌법 제10조의 행복추구권에서 나오는 일반적 행동자유권의 보호영역에 속하지만, 일정한 기준 시력 이상의 자만이 1종면허를 취득하도록 한 것은 일반적 행동자유권을 침해하지 않는다. 10 지방 7   O | X

1497-1 제1종 운전면허의 취득요건으로 양쪽 눈의 시력(교정시력 포함)이 각각 0.5 이상일 것을 요구하는 「도로교통법 시행령」 조항은 좁은 의미의 직업선택의 자유와 직업수행의 자유를 침해하지 아니한다. 22 경채   O | X

(1) 운전은 직업과는 무관하게 이동의 수단 또는 취미생활과 같이 일상 생활의 한 부분으로서 이루어지는 경우도 많은데 이 사건 조문에서 정한 시력기준에 미달하여 제1종 운전면허 대상 차량을 운전하지 못하게 되는 것은 행복추구권인 일반적 행동의 자유에 대한 제한이 될 수 있다. … 이 사건 조문이 추구하는 질서유지 및 공공복리의 증진이라는 공익은 이로써 제한되는 일반적 행동의 자유라는 사익보다 훨씬 더 크다고 할 것이어서 기본권 제한의 입법한계인 비례의 원칙을 준수하였으므로 이 사건 조문은 행복추구권인 일반적 행동자유권을 침해하지 아니한다(헌재 2003. 6. 26. 2002헌마677).

(2) 이 사건 조문에서 정한 시력기준에 미달하는 자는 제1종 운전면허를 요구하는 직업에 종사할 수 없게 되어 좁은 의미의 직업선택의 자유에 제한을 받게 된다. … 이 사건 조문이 추구하는 질서유지 및 공공복리의 증진이라는 공익은 이로써 제한되는 좁은 의미의 직업선택의 자유라는 사익보다 훨씬 더 크다고 할 것이어서 기본권 제한의 입법한계인 비례의 원칙을 준수하였으므로 이 사건 조문은 좁은 의미의 직업선택의 자유를 침해하지 아니한다(헌재 2003. 6. 26. 2002헌마677).

1498 「도로교통법」상 주취 중 운전금지규정을 3회 위반한 경우 운전면허를 필요적으로 취소하도록 규정한 것은 과잉금지원칙에 반하여 일반적 행동자유권을 침해하는 것이다. 17 경정, 11 국가 7   O | X

주취 중 운전금지규정을 3회 위반한 경우 운전면허를 필요적으로 취소하도록 규정한 것은 과잉금지의 원칙에 반하여 직업의 자유 내지 일반적 행동의 자유를 침해하지 아니한다(헌재 2006. 5. 25. 2005헌바91).

정답 1496. O   1497. O   1497-1. O   1498. X [일반적 행동의 자유 침해 X]

1499 음주측정거부자에 대해 필요적으로 면허를 취소할 것을 규정한 도로교통법 조항은 재산권, 직업선택의 자유, 행복추구권 또는 양심의 자유에 대한 과도한 제한에 해당하지 않는다. 23 5급 O | X

국가와 사회의 질서유지 및 공공복리를 위하여 술에 취한 상태에서의 자동차운전을 효과적으로 단속, 억제할 필요성이 존재함은 두 말할 필요가 없다. … 이러한 폐단을 방지하기 위하여는 음주측정 거부자에 대한 제재를 불가피하게 무겁게 조치할 수밖에 없는 사정이 존재한다. … 또한 앞에서 본 바에 의하면 음주측정은 음주운전을 단속하기 위한 불가피한 전치적(前置的) 조치라고 인정되므로 경찰관의 음주측정요구에 응하는 것은 법률이 운전자에게 부과한 정당한 의무라고 할 것이고 법률이 부과한 이러한 정당한 의무의 불이행에 대하여 이 정도의 제재를 가하는 것은 양심의 자유나 행복추구권 등에 대한 침해가 될 수 없다. 그렇다면 이 사건 법률조항은 재산권, 직업선택의 자유, 행복추구권 또는 양심의 자유에 대한 과도한 제한에 해당하지 않는다(헌재 2004. 12. 16. 2003헌바87).

1500 버스전용차로로 통행할 수 있는 차가 아닌 차의 버스전용차로 통행을 원칙적으로 금지하고 대통령령으로 정하는 예외적인 경우에만 이를 허용하도록 규정한 것은 일반승용차 소유자의 일반적 행동자유권의 일환인 통행의 자유를 침해한다. 22 변호사 O | X

이 사건 각 심판대상조항은 원활하고 효율적인 교통을 확보하는 것을 목적으로 하는 것으로서 입법목적의 정당성이 인정되고, 전용차로통행차가 아닌 차에 대하여 전용차로 통행을 원칙적으로 금지하고 이를 위반한 운전자에게 과태료를 부과하는 것은 원활한 교통의 확보라는 입법 목적을 달성하기 위한 적합한 수단이다. … 결국 심판대상조항이 과잉금지원칙에 반하여 일반적 행동자유권의 일환인 통행의 자유를 침해한다고 볼 수도 없다(헌재 2018. 11. 29. 2017헌바465).

2 금지

1501 「4.16 세월호참사 피해구제 및 지원 등을 위한 특별법 시행령」에 따른 세월호 참사와 관련된 일체의 이의제기를 금지하는 서약은 세월호 승선 사망자들 부모의 일반적 행동의 자유를 침해한다. 18 국회 8 O | X

세월호피해지원법은 배상금 등의 지급 이후 효과나 의무에 관한 일반규정을 두거나 이에 관하여 범위를 정하여 하위 법규에 위임한 바가 전혀 없다. … 따라서 이의제기금지조항은 법률유보원칙을 위반하여 법률의 근거 없이 대통령령으로 청구인들에게 세월호 참사와 관련된 일체의 이의 제기 금지 의무를 부담시킴으로써 일반적 행동의 자유를 침해한다(헌재 2017. 6. 29. 2015헌마654).

1502 비어업인이 잠수용 스쿠버장비를 사용하여 수산자원을 포획·채취하는 것을 금지하는 「수산자원관리법 시행규칙」의 규정 중 '잠수용 스쿠버장비 사용'에 관한 부분은 일반적 행동의 자유를 침해하지 않는다. 23 해경, 22 경정 O | X

1502-1 비어업인이 잠수용 스쿠버장비를 사용하여 수산자원을 포획, 채취하는 것을 금지하는 「수산자원관리법 시행규칙」 조항은 비어업인의 일반적 행동의 자유를 침해한다. 18 국회 8 O | X

이 사건 규칙조항은 수산자원을 유지·보존하고 어업인들의 재산을 보호함으로써, 단기적으로는 어업인의 생계를 보장하고 장기적으로는 수산업의 생산성을 향상시키고자 함에 그 목적이 있는바 이러한 입법목적에는 정당성이 인정되며, 비어업인이 잠수용 스쿠버장비를 사용하여 수산자원을 포획·채취하는 것을 금지하는 것은 이러한 입법목적을 달성하기 위한 적절한 수단이다. … 따라서 이 사건 규칙조항은 청구인의 일반적 행동의 자유를 침해하지 아니한다(헌재 2016. 10. 27. 2013헌마450).

정답 1499. O 1500. X [통행의 자유 침해 X] 1501. O 1502. O 1502-1. X [일반적 행동의 자유 침해 X]

1503 청구인인 금치처분을 받은 사람이 최장 30일 이내의 기간 동안 의사가 치료를 위하여 처방한 의약품을 제외한 자비구매물품의 사용을 제한받았다 하더라도, 소장이 지급하는 물품을 통하여 건강을 유지하기 위한 필요최소한의 생활을 영위할 수 있도록 하였다면 청구인의 일반적 행동의 자유를 침해하였다고 할 수 없다. 20 국회 8   O | X

1503-1 금치기간 중 신문·도서·잡지 외 자비구매물품의 사용을 제한하는 「형의 집행 및 수용자의 처우에 관한 법률」 조항은 수용자의 일반적 행동의 자유를 침해하지 않는다. 19 경정, 17 국회 8   O | X

금치처분을 받은 사람은 최장 30일 이내의 기간 동안 의사가 치료를 위하여 처방한 **의약품을 제외한 자비구매물품의 사용을 제한받으나**, 소장이 지급하는 물품을 통하여 건강을 유지하기 위한 **필요최소한의 생활을 영위**할 수 있으므로, 이 사건 금치조항 중 제108조 제7호의 신문·잡지·도서 외 자비구매물품에 관한 부분은 침해의 최소성에도 위반되지 않는다. … 따라서 이 사건 금치조항 중 제108조 제7호의 신문·잡지·도서 외 자비구매물품에 관한 부분은 청구인의 **일반적 행동의 자유를 침해하지 않는다**(헌재 2016. 5. 26. 2014헌마45).

1504 공무원의 기부금품 모집을 금지하는 「기부금품의 모집 및 사용에 관한 법률」 조항은 과잉금지원칙에 부합하여 일반적 행동자유권을 침해하지 않는다. 23 입시   O | X

기부금품모집금지조항으로 제한되는 기본권은 **공무원의 일반적 행동자유권**이나, 공무원의 기부금품 모집 행위가 금지되지 아니하면 일반 국민들이 각종 형태의 기부금품 출연을 사실상 강제당할 위험이 있음은 물론, 이로 인하여 국민의 재산권이 침해받을 가능성이 있으므로 기부금품모집금지조항을 통해 달성하려는 공익이 훨씬 크다고 볼 수 있다. 따라서 기부금품모집금지조항은 법익균형성도 갖추었다고 볼 수 있다. … 이상에서 본 바와 같이 기부금품금지조항은 **과잉금지의 원칙을 준수**하고 있다(헌재 2019. 11. 28. 2018헌마579).

1505 가해학생에 대한 조치로 피해학생 및 신고·고발한 학생에 대한 접촉, 협박 및 보복행위의 금지를 규정한 조항은 가해학생의 일반적 행동자유권을 침해한다고 보기 어렵다. 23 경채   O | X

가해학생의 접촉, 협박이나 보복행위를 금지하는 것은 피해학생과 신고·고발한 학생의 안전한 학교생활을 위한 불가결한 조치이다. 이 사건 접촉 등 금지조항은 가해학생의 의도적인 접촉 등만을 금지하고 통상적인 학교 교육활동 과정에서 의도하지 않은 접촉까지 모두 금지하는 것은 아니며, 학교폭력의 지속성과 은닉성, 가해학생의 접촉, 협박 및 보복행위 가능성, 피해학생의 피해 정도 등을 종합적으로 고려하여 이루어지는 것이므로, 가해학생의 **일반적 행동자유권을 침해한다고 보기 어렵다**(헌재 2023. 2. 23. 2019헌바93 등).

1506 피해학생이 가해학생과 동일한 학급 내에 있으면서 지속적으로 학교폭력의 위험에 노출된다면 심대한 정신적, 신체적 피해를 입을 수 있으므로 가해학생에 대한 조치로 학급교체를 규정한 조항은 가해학생의 일반적 행동자유권을 과도하게 침해한다고 보기 어렵다. 23 경채   O | X

이 사건 학급교체조항은 학교폭력의 심각성, 가해학생의 반성 정도, 피해학생의 피해 정도 등을 고려하여 가해학생과 피해학생의 격리가 필요한 경우에 행해지는 조치로서 가해학생은 학급만 교체될 뿐 기존에 받았던 교육 내용이 변경되는 것은 아니다. 피해학생이 가해학생과 동일한 학급 내에 있으면서 지속적으로 학교폭력의 위험에 노출된다면 심대한 정신적, 신체적 피해를 입을 수 있으므로, 이 사건 **학급교체조항**이 가해학생의 **일반적 행동자유권을 과도하게 침해한다고 보기 어렵다**(헌재 2023. 2. 23. 2019헌바93 등).

정답 1503. O   1503-1. O   1504. O   1505. O   1506. O

1507 LPG를 연료로 사용할 수 있는 자동차 또는 그 사용자의 범위를 제한하고 있는 「액화석유가스의 안전관리 및 사업법 시행규칙」 조항은 LPG승용자동차를 소유하고 있거나 운행하려는 자의 일반적 행동자유권을 침해한다. 18 국회 8   O | X

이러한 제한을 통하여 수송용 LPG의 소비량이 국가 에너지 정책상 요구되는 적정한 수준을 초과하지 않도록 조절함으로써, 수송용 LPG가 적절한 가격에 안정적으로 수급될 수 있는 환경을 조성하고, 수송용 LPG 사용에 있어 안전관리가 충분히 이루어질 수 있도록 하며, … 그 입법목적은 정당하다. … 이 사건 시행규칙조항은 과잉금지원칙을 위반하여 청구인 1 내지 8의 **일반적 행동자유권 및 재산권을 침해한다고 보기 어렵다**(헌재 2017. 12. 28. 2015헌마997).

3 금지와 형사처벌

1508 누구든지 금융회사 등에 종사하는 자에게 타인의 금융거래 관련 정보를 요구하는 것을 금지하고 이를 처벌조항으로 강제하는 것은 과잉금지원칙에 위배되어 일반적 행동자유권을 침해한 것이다. 23 국회 8   O | X

1508-1 누구든지 금융회사 등에 종사하는 자에게 타인의 금융거래의 내용에 관한 정보 또는 자료를 요구하는 것을 금지하고 이를 위반시 형사처벌하는 구 「금융실명거래 및 비밀보장에 관한 법률」상 조항은 과잉금지원칙에 반하여 일반적 행동자유권을 침해하지 않는다. 24 경간   O | X

심판대상조항은 금융거래정보의 제공요구행위 자체만으로 형사처벌의 대상으로 삼고 있으나, 제공요구행위에 사회적으로 비난받을 행위가 수반되지 않거나, 금융거래의 비밀 보장에 실질적인 위협이 되지 않는 행위도 충분히 있을 수 있고, 명의인의 동의를 받을 수 없는 상황에서 타인의 금융거래정보가 필요하여 금융기관 종사자에게 그 제공을 요구하는 경우가 있을 수 있는 등 금융거래정보 제공요구행위는 구체적인 사안에 따라 죄질과 책임을 달리한다고 할 것임에도, 심판대상조항은 정보제공요구의 사유나 경위, 행위태양, 요구한 거래정보의 내용 등을 **전혀 고려하지 아니하고 일률적으로 금지**하고, 그 위반 시 형사처벌을 하도록 하고 있다. … 따라서 심판대상조항은 과잉금지원칙에 반하여 **일반적 행동자유권을 침해**한다(헌재 2022. 2. 24. 2020헌가5).

1509 부정청탁금지조항 및 대가성 여부를 불문하고 직무와 관련하여 금품 등을 수수하는 것을 금지할 뿐만 아니라, 직무관련성이나 대가성이 없더라도 동일인으로부터 일정 금액을 초과하는 금품 등의 수수를 금지하는 「부정청탁 및 금품등 수수의 금지에 관한 법률」 조항 중 사립학교 관계자와 언론인에 관한 부분이 언론인과 사립학교 관계자의 일반적 행동자유권을 침해하지 않는다. 17 경정   O | X

1509-1 「부정청탁 및 금품등 수수의 금지에 관한 법률」의 부정청탁금지 조항 및 금품수수금지 조항은 과잉금지원칙을 위반하여 언론인 및 사립학교 관계자의 일반적 행동자유권을 침해한다. 18 국회 8   O | X

부정청탁 및 금품수수 관행을 근절하여 공적 업무에 종사하는 사립학교 관계자 및 언론인의 공정한 직무수행을 보장함으로써 국민의 신뢰를 확보하고자 하는 부정청탁금지조항과 금품수수금지조항의 입법목적은 그 정당성이 인정되고, 사립학교 관계자와 언론인이 법령과 사회상규 등에 위배되어 금품등을 수수하지 않도록 하고 누구든지 이들에게 부정청탁하지 못하도록 하는 것은 입법목적을 달성하기 위한 적정한 수단이다. … 따라서 부정청탁금지조항과 금품수수금지조항이 과잉금지원칙을 위반하여 청구인들의 **일반적 행동자유권을 침해한다고 보기 어렵다**(헌재 2016. 7. 28. 2015헌마236 등).

● 정답 1507. X [일반적 행동자유권 침해 X]   1508. O   1508-1. X [일반적 행동자유권을 침해]   1509. O   1509-1. X [일반적 행동자유권 침해 X]

1510 공직자등을 수범자로 하고 부정청탁 및 금품 등 수수를 금지하는 법률규정은, 민간부문 중에서는 사립학교 관계자와 언론인만 '공직자등'에 포함시켜 이들에게 공직자와 같은 의무를 부담시키고 있는데, 해당 규정이 사립학교 관계자와 언론인의 일반적 행동자유권 등을 침해하지 않는 이상, 민간 부문 중 우선 이들만 '공직자등'에 포함시킨 입법자의 결단이 자의적 차별이라 보기는 어렵다. 17 국가 7(추)   O | X

1510-1 사립학교 관계자와 언론인 못지않게 공공성이 큰 민간분야 종사자에 대하여「부정청탁 및 금품등 수수의 금지에 관한 법률」이 적용되지 않는 것은 언론인과 사립학교 관계자의 평등권을 침해한다. 21 경정   O | X

부정청탁금지조항과 금품수수금지조항 및 신고조항과 제재조항은 전체 민간부문을 대상으로 하지 않고 **사립학교 관계자와 언론인만 '공직자등'에 포함**시켜 공직자와 같은 의무를 부담시키고 있는데, 이들 조항이 청구인들의 일반적 행동자유권 등을 침해하지 않는 이상, 민간부문 중 우선 이들만 '공직자등'에 포함시킨 입법자의 결단이 **자의적 차별이라 보기는 어렵다**. 교육과 언론은 공공성이 강한 영역으로 공공부문과 민간부문이 함께 참여하고 있고, 참여 주체의 신분에 따른 차별을 두기 어려운 분야이다. 따라서 **사립학교 관계자와 언론인** 못지않게 공공성이 큰 민간분야 종사자에 대해서 청탁금지법이 적용되지 않는다는 이유만으로 부정청탁금지조항과 금품수수금지조항 및 신고조항과 제재조항이 청구인들의 **평등권을 침해한다고 볼 수 없다**(헌재 2016. 7. 28. 2015헌마236 등).

1511 「특정경제범죄 가중처벌 등에 관한 법률」에서 금융회사 등 임직원의 직무에 속하는 사항의 알선에 관하여 금품 등 수수행위 금지 조항은 금품 등을 대가로 다른 사람을 위하여 중개하거나 편의를 도모하는 것을 할 수 없게 하므로 과잉금지원칙에 위배된다. 23 경간   O | X

심판대상조항은 금융회사등 임직원의 청렴성과 그 직무의 불가매수성을 확보하여, 금융회사등과 관련된 각종 비리와 부정의 소지를 없애고 투명성, 공정성을 확립함으로써 건전한 경제질서를 수립하고 국민경제의 발전에 이바지하는 것을 목적으로 하므로, 그 입법목적은 정당하다. 금품 등의 이익을 대가로 금융회사등 임직원의 직무에 관하여 알선하는 것을 금지하면 제3자가 금융회사등 임직원의 직무에 개입하는 것을 방지할 수 있으므로, 심판대상조항은 입법목적을 달성하는 데 효과적이고 적절한 수단이라 할 것이어서 수단의 적절성 또한 인정된다. … 결국 **심판대상조항은 과잉금지원칙에 위배되어 일반적 행동자유권 또는 직업수행의 자유를 침해하지 않는다** (헌재 2016. 3. 31. 2015헌바197 등).

1512 이동통신사사업자가 제공하는 전기통신역무를 타인의 통신용으로 제공하는 것을 원칙적으로 금지하고 위반 시에는 형사처벌하는「전기통신사업법」조항은 이동통신서비스 이용자의 일반적 행동자유권을 침해한다. 24 경정   O | X

이동통신서비스를 타인의 통신용으로 제공한 사람들은 이동통신시장에 대포폰이 다량 공급되는 원인으로 작용하고 있으므로, 대포폰을 이용한 보이스피싱 등 신종범죄로부터 통신의 수신자 등을 보호하기 위해서는 이동통신서비스를 타인의 통신용으로 제공하는 것을 금지하고 위반 시 처벌할 필요성이 크다. … 따라서 심판대상조항은 이동통신서비스 이용자의 **일반적 행동자유권을 침해하지 아니한다** (헌재 2022. 6. 30. 2019헌가14).

정답 1510. O   1510-1. X [평등권 침해 X]   1511. X [위배 X]   1512. X [일반적 행동자유권 침해 X]

1513 '카메라나 그 밖에 이와 유사한 기능을 갖춘 기계장치를 이용하여 성적 욕망 또는 수치심을 유발할 수 있는 다른 사람의 신체를 그 의사에 반하여 촬영한 자'를 처벌하는 것은, '자신의 신체를 함부로 촬영당하지 않을 자유' 등 인격권 보호를 목적으로 '몰래카메라'의 폐해를 방지하기 위한 것으로서, 일반적 행동자유권은 침해하지 않는다. 18 입시   O│X

1513-1 「성폭력범죄의 처벌 등에 관한 특례법」에 규정된 카메라등이용촬영죄는 인격권에 포함된다고 볼 수 있는 '자신의 신체를 함부로 촬영당하지 않을 자유'를 보호하기 위한 것이다. 22 지방 7   O│X

1513-2 카메라 등을 이용하여 성적 욕망 또는 수치심을 유발할 수 있는 다른 사람의 신체를 촬영한 촬영물을 그 의사에 반하여 반포한 경우 등을 처벌하는 「성폭력범죄의 처벌 등에 관한 특례법」 조항은 죄형법정주의의 명확성 원칙에 위반되지 않는다. 22 입시   O│X

(1) 성폭력처벌법은 성폭력범죄 피해자의 생명과 신체의 안전을 보장하고 건강한 사회질서를 확립하는 것을 그 목적으로 하고(제1조), 카메라등이용촬영죄는 이른바 '몰래카메라'의 폐해가 사회문제화 되면서 촬영대상자의 의사에 반하는 촬영 및 반포 등의 행위를 처벌하기 위한 조항이다. 따라서 심판대상조항은 개인의 초상권 내지 명예권과 유사한 권리로서 **일반적 인격권에 포함**된다고 볼 수 있는 **'자신의 신체를 함부로 촬영당하지 않을 자유'와 '사회의 건전한 성풍속 확립'**을 보호하기 위한 것이라고 볼 수 있다(헌재 2017. 6. 29. 2015헌바243).

(2) 심판대상조항으로 행위자는 구성요건의 엄격한 해석 하에 **일반적 행동자유권을 제한**받는 데 반하여, 이를 통해 피해자 개인의 '함부로 촬영당하지 않을 자유'를 보호하고 사회일반의 건전한 성적 풍속 및 성도덕을 보호하며 공공의 혐오감과 불쾌감을 방지할 수 있으므로, 결국 보호하여야 할 공익이 더욱 크다고 할 수 있다. 따라서 **심판대상조항이 과잉금지원칙에 위배되어 청구인의 일반적 행동자유권을 침해한다고 볼 수 없다**(헌재 2017. 6. 29. 2015헌바243).

(3) **'성적 욕망 또는 수치심을 유발할 수 있는 다른 사람의 신체'**는 구체적, 개별적, 상대적으로 판단할 수밖에 없는 개념이고, 사회와 시대의 문화, 풍속 및 가치관의 변화에 따라 수시로 변화하는 개념이므로, 심판대상조항이 다소 개방적이거나 추상적인 표현을 사용하면서 그 의미를 법관의 보충적 해석에 맡긴 것은 어느 정도 불가피하다. 법원은 이에 대해 합리적인 해석기준을 제시하고 그 기준에 따라 심판대상조항의 해당 여부를 판단하고 있으므로, 법 집행기관이 심판대상조항을 자의적으로 해석할 염려가 있다고 보기도 어렵다. 따라서 **심판대상조항은 죄형법정주의의 명확성원칙에 위배되지 아니한다**(헌재 2017. 6. 29. 2015헌바243).

4 의무부과

1514 만약 행위자가 자신의 법위반 여부에 관하여 사실인정 혹은 법률적용의 면에서 공정거래위원회와는 판단을 달리하고 있음에도 불구하고 불합리하게 법률에 의하여 이를 공표할 것을 강제당한다면 이는 행위자가 자신의 행복추구를 위하여 내키지 아니하는 일을 하지 아니할 일반적 행동자유권을 침해하는 것이다. 21 국회 8   O│X

1514-1 '법위반사실의 공표명령'은 '특정한 내용의 행위를 함으로써 「독점규제 및 공정거래에 관한 법률」을 위반한 사실'을 공표하라는 것이지 행위자에게 사죄 내지 사과를 요구하는 것은 아니다. 따라서 이 사건 법률조항의 경우 사죄 내지 사과를 강요함으로써 인격발현 혹은 사회적 신용유지를 위하여 보호되어야 할 명예권에 대한 제한의 문제는 발생하지 않는다. 21 국회 8   O│X

만약 행위자가 자신의 법위반 여부에 관하여 사실인정 혹은 법률적용의 면에서 공정거래위원회와는 판단을 달리하고 있음에도 불구하고 불합리하게 법률에 의하여 이를 **공표할 것을 강제**당한다면 이는 **행위자가 자신의 행복추구를 위하여 내키지 아니하는 일을 하지 아니할 일반적 행동자유권**과 인격발현 혹은 사회적 신용유지를 위하여 보호되어야 할 **명예권에 대한 제한**에 해당한다고 할 것이다. … 이 사건 '법위반 사실의 공표' 부분은 기본권제한입법이 갖추어야 할 수단의 적합성 및 침해의 최소성 원칙과 법익균형성의 원칙을 지키지 아니한 것이어서, 결국 헌법 제37조 제2항의 과잉입법금지원칙에 위반하여 **행위자의 일반적 행동의 자유 및 명예를 지나치게 침해하는** 것이라 할 것이다(헌재 2002. 1. 31. 2001헌바43).

● 정답 1513. O   1513-1. O   1513-2. O   1514. O   1514-1. X [명예권 과도하게 제한 → 침해]

1515 교통사고 발생에 고의나 과실이 있는 운전자는 물론, 아무런 책임이 없는 무과실 운전자도 자신이 운전하는 차로 인하여 교통사고가 발생하기만 하면 즉시 정차하여 사상자를 구호하는 등 필요한 조치를 할 의무를 규정하고, 교통사고 발생 시 사상자 구호 등 필요한 조치를 하지 않은 자를 형사처벌하는 「도로교통법」 조항은 과잉금지원칙에 위반되어 운전자의 일반적 행동자유권을 침해한다. 22 지방 7

O | X

사고발생에 고의나 과실이 있는 운전자는 물론 아무런 책임 없는 무과실 운전자도 자신이 운전하는 차로 인하여 교통사고가 발생하기만 하면 즉시 정차하여 사상자를 구호하는 등 필요한 조치를 할 의무가 발생한다. … 교통사고 발생 시 조치의무를 형사처벌로 강제하는 심판대상조항은, 교통사고로 인한 사상자의 신속한 구호 및 교통상의 위험과 장해의 방지·제거를 통하여 안전하고 원활한 교통을 확보하기 위한 것으로, 입법목적의 정당성 및 수단의 적합성을 인정할 수 있다. … 따라서 심판대상조항은 청구인의 **일반적 행동자유권을 침해하지 않는다**(헌재 2019. 4. 11. 2017헌가28).

1516 육군 장교가 민간법원 약식명령을 받아 확정된 사실에 대해 자진신고 의무를 부과한 2020년도 육군지시 자진신고조항 및 2021년도 육군지시 자진신고조항은 과잉금지원칙을 위반하여 일반적 행동의 자유를 침해하지 않는다. 23 경간

O | X

1516-1 육군 장교가 민간법원에서 약식명령을 받아 확정되면 자진신고할 의무를 규정한, '2020년도 장교 진급 지시'의 해당 부분 중 '민간법원에서 약식명령을 받아 확정된 사실이 있는 자'에 관한 부분은 청구인인 육군 장교의 일반적 행동의 자유를 침해한다. 22 경찰 1차

O | X

1516-2 '2020년도 장교 진급지시' Ⅳ. 제4장 5. 가. 2) 나) 중 '민간법원에서 약식명령을 받아 확정된 사실이 있는 자'에 관한 부분은 육군 장교가 민간법원에서 약식명령을 받아 확정된 사실만을 자진신고 하도록 하고 있는바, 위 사실 자체는 형사처벌의 대상이 아니고 약식명령의 내용이 된 범죄사실의 진위 여부를 밝힐 것을 요구하는 것도 아니므로, 범죄의 성립과 양형에서의 불리한 사실 등을 말하게 하는 것이라 볼 수 없다. 23 지방 7

O | X

1516-3 육군 장교가 민간법원에서 약식명령을 받아 확정되면 자진신고할 의무를 규정한 '2020년도 장교 진급 지시' 중 '민간법원에서 약식명령을 받아 확정된 사실이 있는 자'에 관한 부분은 육군 장교인 청구인의 진술거부권을 침해한다. 24 경간

O | X

1516-4 육군참모총장이 상벌사항을 파악하는 일환으로 육군 장교에게 민간법원에서 약식명령을 받아 확정된 사실을 자진신고 하도록 명령하는 것은 개인의 인격형성에 관계되는 내심의 가치적·윤리적 판단이 개입될 여지가 없는 단순한 사실관계의 확인에 불과하다. 23 국회 8

O | X

● 정답 1515. X [일반적 행동의 자유 침해 X]   1516. O   1516-1. X [일반적 행동의 자유 침해 X]   1516-2. O   1516-3. X [진술거부권을 제한하지 않음]   1516-4. O

(1) 20년도 육군지시 자진신고조항은, 육군 장교가 '군사법원에서 약식명령을 받아 확정된 경우'와 그 신분을 밝히지 않아 '민간법원에서 약식명령을 받아 확정된 경우' 사이에 발생하는 인사상 불균형을 방지함으로써, 인사관리의 형평성을 도모함과 동시에 적정한 징계권을 행사하고 이를 통해 군 조직의 내부 기강 및 질서를 유지하기 위한 것이므로, 그 목적이 정당하다. 또한 민간법원에서 약식명령을 받아 확정된 육군 장교로 하여금 그 사실을 자진신고 할 의무를 부과하는 것은, 위 목적을 달성하기에 적합한 수단이다. … 20년도 육군지시 자진신고조항 및 21년도 육군지시 자진신고조항은 과잉금지원칙에 반하여 **일반적 행동의 자유를 침해하지 않는다**(헌재 2021. 8. 31. 2020헌마12 등).

(2) 헌법 제12조 제2항에서 규정하는 진술거부권에 있어서의 진술이란, 형사상 자신에게 불이익이 될 수 있는 진술로서 범죄의 성립과 양형에서의 불리한 사실 등을 말하는 것을 의미한다. 20년도 육군지시 자진신고조항은 민간법원에서 약식명령을 받아 확정된 사실만을 자진신고 하도록 하고 있는바, 위 사실 자체는 형사처벌의 대상이 아니고 약식명령의 내용이 된 범죄사실의 진위 여부를 밝힐 것을 요구하는 것도 아니므로, 범죄의 성립과 양형에서의 불리한 사실 등을 말하게 하는 것이라 볼 수 없다. … 따라서 20년도 육군지시 자진신고조항은 어느 모로 보나 형사상 불이익한 진술을 강요한다고 볼 수 없으므로, 진술거부권을 제한하지 아니한다(헌재 2021. 8. 31. 2020헌마12 등).

(3) 청구인 김ㅇㅇ은 20년도 육군지시 자진신고조항이 양심의 자유도 제한한다고 주장한다. 그러나 민간법원에서 약식명령을 받아 확정된 사실을 자진신고 하는 것은, 개인의 인격형성에 관계되는 내심의 가치적·윤리적 판단이 개입될 여지가 없는 단순한 사실관계의 확인에 불과하므로, 헌법 제19조에 의하여 보호되는 양심에 포함되지 아니한다. 따라서 20년도 육군지시 자진신고조항은 양심의 자유도 제한하지 아니한다. … 이하에서는, 20년도 육군지시 자진신고조항이 법률유보원칙 또는 과잉금지원칙을 위배하여 청구인 김ㅇㅇ의 일반적 행동의 자유를 침해하는지 본다(헌재 2021. 8. 31. 2020헌마12 등).

1517 명의신탁이 증여로 의제되는 경우 명의신탁의 당사자에게 증여세의 과세가액 및 과세표준을 납세지 관할 세무서장에게 신고할 의무를 부과하는 「상속세 및 증여세법」 조항은 해당 명의신탁 당사자의 일반적 행동자유권을 침해하지 않는다. 24 경정   O | X

심판대상조항은 명의신탁이 증여로 의제되는 경우 명의신탁의 당사자에게도 다른 여타의 증여세 납세의무자와 동일하게 **증여세 신고의무를 부과함으로써**, 효과적인 조세 부과 및 징수를 담보하고, 궁극적으로는 명의신탁을 내세워 조세를 회피하는 것을 방지하여 조세정의와 조세평등을 실현하려는 것이다. … 따라서 심판대상조항이 **일반적 행동의 자유를 침해한다고 볼 수 없다**(헌재 2022. 2. 24. 2019헌바225 등).

1518 아동·청소년 대상 성범죄자에게 1년마다 정기적으로 새로 촬영한 사진을 제출하도록 하고 정당한 사유 없이 사진제출의무를 위반한 경우 형사처벌을 하는 것은 아동·청소년 대상 성범죄자의 일반적 행동의 자유를 침해하는 것이다. 23 해경, 17 서울 7   O | X

1518-1 아동·청소년 대상 성범죄자에 대하여 신상정보 등록 후 1년마다 새로 촬영한 사진을 관할 경찰관서에 제출하도록 하고 이에 위반하는 경우 형벌로 제재를 가하는 것은 기본권의 최소침해성 원칙에 반한다. 16 경정, 15 국가 7   O | X

외모라는 신상정보의 특성에 비추어 보면 변경되는 정보의 보관을 위하여 정기적으로 사진을 제출하게 하는 방법 외에는 다른 대체수단을 찾기 어렵고, 등록의무자에게 매년 새로 촬영된 사진을 제출하게 하는 것이 그리 큰 부담은 아닐 뿐만 아니라, 의무위반 시 제재방법은 입법자에게 재량이 있으며 형벌 부과는 입법재량의 범위 내에 있고 또한 명백히 잘못 되었다고 할 수는 없으며, 법정형 또한 비교적 경미하므로 **침해의 최소성 원칙 및 법익균형성원칙에도 위배되지 아니한다**. 따라서 이 사건 심판대상조항은 **일반적 행동의 자유를 침해하지 아니한다**(헌재 2015. 7. 30. 2014헌바257).

정답 1517. O   1518. X [일반적 행동의 자유 침해 X]   1518-1. X [최소침해성 원칙 위반 X]

1519 정당한 사유 없는 예비군 훈련 불참을 형사처벌하는 「예비군법」 제15조제9항제1호 중 "제6조제1항에 따른 훈련을 정당한 사유 없이 받지 아니한 사람"에 관한 부분은 청구인의 일반적 행동자유권을 침해하지 않는다. 23 지방 7   O | X

심판대상조항은 국가의 안전보장이라는 정당한 입법목적을 달성하기 위하여 예비군 훈련의무를 형사처벌로써 강제한다. 예비군대원은 훈련에 불참할 경제적, 사회적, 개인적 유인이 많은 만큼 그 참여를 보장하기 위한 법적 강제가 필요하고, 행정적 제재와 같이 경제적 부담을 감수하는 정도의 제재만으로는 예비군 훈련 참석이 심판대상조항과 같은 수준으로 보장될 것으로 판단하기 어렵다. … 따라서 심판대상조항은 과잉금지원칙에 반하여 청구인의 <u>일반적 행동자유권을 침해하지 아니한다</u>(헌재 2021. 2. 25. 2016헌마757).

1520 어린이보호구역에서 제한속도 준수의무 또는 안전운전 의무를 위반하여 어린이를 상해에 이르게 한 경우 가중처벌하는 「특정범죄 가중처벌 등에 관한 법률」상 조항은 과잉금지원칙에 위반되어 청구인들의 일반적 행동자유권을 침해한다. 24 경간   O | X

어린이의 통행이 빈번한 초등학교 인근 등 제한된 구역을 중심으로 어린이 보호구역을 설치하고 엄격한 주의의무를 부과하여 위반자를 엄하게 처벌하는 것은 어린이에 대한 교통사고 예방과 보호를 위해 불가피한 조치이다. 심판대상조항에 의할 때 어린이 상해의 경우 죄질이 가벼운 위반행위에 대하여 벌금형을 선택한 경우는 정상참작감경을 통하여, 징역형을 선택한 경우는 정상참작감경을 하지 않고도 집행유예를 선고할 수 있음은 물론, 선고유예를 하는 것도 가능하다. 어린이 사망의 경우 법관이 정상참작감경을 하지 않더라도 징역형의 집행유예를 선고하는 것은 가능하다. 운전자의 주의의무 위반의 내용 및 정도와 어린이가 입은 피해의 정도가 다양하여 불법성 및 비난가능성에 차이가 있다고 하더라도, 이는 법관의 양형으로 충분히 극복될 수 있는 범위 내에 있다. … 따라서 심판대상조항은 과잉금지원칙에 위반되어 청구인들의 <u>일반적 행동자유권을 침해한다고 볼 수 없다</u>(헌재 2023. 2. 23. 2020헌마460 등).

1521 학교폭력 가해학생이 특별교육을 이수할 경우 해당 학생의 보호자도 함께 특별교육을 받도록 한 「학교폭력예방 및 대책에 관한 법률」 제17조 제9항이 가해학생 보호자의 일반적 행동자유권을 침해하는 것은 아니다. 15 경정   O | X

학교폭력예방법에서 가해학생과 함께 그 보호자도 특별교육을 이수하도록 의무화한 것은 교육의 주체인 보호자의 참여를 통해 학교폭력 문제를 보다 근본적으로 해결하기 위한 것이다. 가해학생이 학교폭력에 이르게 된 원인을 발견하여 이를 근본적으로 치유하기 위해서는 가족 공동체의 일원으로서 가해학생과 밀접 불가분의 유기적 관계를 형성하고 있는 보호자의 교육 참여가 요구된다. 따라서 특별교육이수규정이 가해학생 보호자의 <u>일반적 행동자유권을 침해한다고 볼 수 없다</u>(헌재 2013. 10. 24. 2012헌마832).

1522 의료분쟁 조정신청의 대상인 의료사고가 사망에 해당하는 경우 한국의료분쟁조정중재원의 원장은 지체 없이 조정절차를 개시해야 한다고 규정한 「의료사고 피해구제 및 의료분쟁조정 등에 관한 법률」 제27조 제9항 전문 중 '사망'에 관한 부분이 청구인의 일반적 행동의 자유를 침해한다고 할 수 없다. 22 경찰 1차   O | X

심판대상조항은 사망의 결과가 발생한 경우 조정절차가 자동적으로 개시되도록 함으로써 의료분쟁 조정제도를 활성화하고 제도의 실효성을 제고하며, 사망이라는 중한 결과로 인한 피해를 신속·공정하게 구제하고, 환자와 보건의료인 양 당사자가 소송 외의 분쟁 해결수단을 적극 활용할 수 있도록 하여 의료분쟁에 따른 부담을 완화하고 이를 신속·공정하게 해결하기 위한 것으로서 그 목적이 정당하고, 수단의 적합성 또한 인정된다. … 따라서 심판대상조항은 청구인의 <u>일반적 행동의 자유를 침해하지 아니한다</u>(헌재 2021. 5. 27. 2019헌마321).

● 정답 1519. O   1520. X [일반적 행동의 자유 침해 X]   1521. O   1522. O

1523 협의상 이혼을 하고자 하는 경우 부부가 함께 관할 가정법원에 출석하여 협의이혼의사확인신청서를 제출하도록 하는 「가족관계의 등록 등에 관한 규칙」상 조항은 청구인의 일반적 행동자유권을 침해하지 않는다. 24 경간   O | X

이 사건 규칙조항에서 협의이혼의사확인신청을 할 때 **부부 쌍방으로 하여금 직접 법원에 출석하여 신청서를 제출**하도록 한 것은, 일시적 감정이나 강압에 의한 이혼을 방지하고 협의상 이혼이 그 절차가 시작될 때부터 당사자 본인의 의사로 진지하고 신중하게 이루어지도록 하기 위한 것이므로, 목적의 정당성 및 수단의 적합성이 인정된다. … 따라서 이 사건 규칙조항은 과잉금지원칙에 반하여 청구인 노○태의 **일반적 행동자유권을 침해하지 않는다**(헌재 2016. 6. 30. 2015헌마894).

1524 가사소송에서 본인출석주의를 규정한 「가사소송법」 조항은 소송 당사자의 일반적 행동의 자유를 침해하지 않는다. 23 입시   O | X

가사소송에서는 당사자 본인의 진술을 청취하고 그 진의를 파악하는 것이 중요하므로, 이 사건 법률조항은 입법목적의 정당성이 인정되며, 당사자 본인의 출석을 법적인 의무로 강제하는 것은 입법목적의 달성에 적합한 수단이다. … 가사소송의 특성상 당사자 본인의 진술을 직접 들어 적정한 재판을 하여야 하는 공익은, 청구인이 변론기일에 출석하지 아니하고 대리인을 출석시킴으로써 생업 등의 시간을 확보하고자 하는 사익에 비하여 결코 작다고 할 수 없어 법익의 균형성도 인정되므로, 이 사건 법률조항은 가사소송 당사자의 **일반적 행동의 자유를 침해하지 아니한다**(헌재 2012. 10. 25. 2011헌마598).

POINT 103 인격의 자유로운 발현권   Ⓒ

1525 개성의 자유로운 발현권은 헌법재판소에서 기본권으로 인정하고 있다. 17 입시   O | X

헌법 제10조 전문은 모든 국민은 인간으로서의 존엄과 가치를 지니며, 행복을 추구할 권리를 가진다고 규정하여 **행복추구권**을 보장하고 있고, **행복추구권은 그의 구체적인 표현으로서 일반적인 행동자유권과 개성의 자유로운 발현권을 포함한다**(헌재 2003. 10. 30. 2002헌마518).

1526 대학수학능력시험을 한국교육방송공사(EBS) 수능교재 및 강의와 연계하여 출제하기로 한 '2018학년도 대학수학능력시험 시행기본계획'은 헌법 제31조 제1항의 능력에 따라 균등하게 교육을 받을 권리를 직접 제한한다고 보기는 어렵다. 20 경정. 19 국회 8   O | X

1526-1 대학수학능력시험의 문항 수 기준 70%를 한국교육방송공사(EBS) 교재와 연계하여 출제하는 내용의 '2018학년도 대학수학능력시험 시행기본계획'은 대학수학능력시험을 준비하는 자의 교육을 받을 권리를 제한한다. 22 입시   O | X

1526-2 대학수학능력시험의 문항 수 기준 70%를 한국교육방송공사 교재와 연계하여 출제하는 것은 대학수학능력시험을 준비하는 자들의 교육을 받을 권리를 제한하지만, 사교육비를 줄이고 학교교육을 정상화하려는 것으로 과잉금지원칙에 위배되지 않아 이들의 교육을 받을 권리를 침해하지 않는다.
19 서울 7(추)   O | X

● 정답 1523. O   1524. O   1525. O   1526. O   1526-1. X [교육을 받을 권리 제한 X, 자유로운 인격발현권 제한 O]   1526-2. X [교육을 받을 권리 제한 X]

청구인 권○환, 허○민은 수능시험을 준비하는 사람들로서 심판대상계획에서 정한 출제 방향과 원칙에 영향을 받을 수밖에 없다. 따라서 수능시험을 준비하면서 무엇을 어떻게 공부하여야 할지에 관하여 스스로 결정할 자유가 심판대상계획에 따라 제한된다. 이는 자신의 교육에 관하여 스스로 결정할 권리, 즉 교육을 통한 **자유로운 인격발현권을 제한**받는 것으로 볼 수 있다. 한편, 청구인들은 심판대상계획으로 인해 교육을 받을 권리가 침해된다고 주장하지만, 심판대상계획이 헌법 제31조 제1항의 **능력에 따라 균등하게 교육을 받을 권리를 직접 제한**한다고 보기는 **어렵다**. … 심판대상계획이 과잉금지원칙에 위배하여 청구인 권○환, 허○민의 **자유로운 인격발현권을 침해한다고 볼 수 없다**(헌재 2018. 2. 22. 2017헌마691).

1527 대학수학능력시험의 문항 수 기준 70%를 EBS 교재와 연계하여 출제한다는 대학수학능력시험 시행 기본계획은 대학수학능력시험을 준비하는 자의 자유로운 인격발현권을 제한하는데, 이러한 계획이 헌법 제37조 제2항을 준수하였는지 심사하되, 국가가 학교에서의 학습방법 등 교육제도를 정하는데 포괄적인 규율권한을 갖는다는 점을 감안하여야 한다. 19 변호사   O | X

청구인 권○환, 허○민은 수능시험을 준비하는 사람들로서 심판대상계획에서 정한 출제 방향과 원칙에 영향을 받을 수밖에 없다. 따라서 수능시험을 준비하면서 무엇을 어떻게 공부하여야 할지에 관하여 스스로 결정할 자유가 심판대상계획에 따라 제한된다. 이는 자신의 교육에 관하여 스스로 결정할 권리, 즉 교육을 통한 **자유로운 인격발현권을 제한**받는 것으로 볼 수 있다. 한편, 청구인들은 심판대상계획으로 인해 교육을 받을 권리가 침해된다고 주장하지만, 심판대상계획이 헌법 제31조 제1항의 **능력에 따라 균등하게 교육을 받을 권리를 직접 제한**한다고 보기는 **어렵다**. … 국가의 공권력행사가 학생의 자유로운 인격발현권을 제한하는 경우에도 헌법 제37조 제2항에 따른 한계를 준수하여야 한다. 다만, 국가는 수능시험 출제 방향이나 원칙을 정할 때 **폭넓은 재량권**을 가지므로, 심판대상계획이 청구인들의 기본권을 침해하는지 여부를 심사할 때 이러한 **국가의 입법형성권을 감안**하여야 한다(헌재 2018. 2. 22. 2017헌마691).

1528 초등학교 정규교과에서 영어를 배제하거나 영어교육 시수를 제한하는 것은 학생들의 인격의 자유로운 발현권을 제한하나, 이는 균형적인 교육을 통해 초등학생의 전인적 성장을 도모하고 영어과목에 대한 지나친 사교육의 폐단을 막기 위한 것으로 초등학생들의 인격의 자유로운 발현권을 침해하지 않는다. 23 법무사   O | X

초등학교에서 영어 과목을 아예 배정하지 않거나 그 시수를 일정 기준 이하로 제한하여 영어교육을 받을 것을 금지하거나 제한하는 것은 **충분히 영어교육을 받음으로써 교육적 성장과 발전을 통해 자아를 실현**하고자 하는 학생들의 **'인격의 자유로운 발현권'을 제한**하게 된다. … 초등학교 1, 2학년의 영어교육을 금지하고, 3~6학년의 영어교육을 다른 과목과 균질한 수준으로 제한하는 것은 **기초 영역에 대한 균형적인 교육을 통해 초등학생의 전인적 성장을 도모**하고 영어과목에 대한 **지나친 사교육의 폐단을 막기 위한 것으로**, 이로 인해 초등학생이나 학부모가 입게 되는 기본권 제한이 중대하다고 보기 어렵다. … 따라서 이 사건 고시 부분은 청구인들의 **인격의 자유로운 발현권과 자녀교육권을 침해하지 않는다**(헌재 2016. 2. 25. 2013헌마838).

정답 1527. O   1528. O

1529 한자를 국어과목에서 분리하여 초등학교 재량에 따라 선택적으로 가르치도록 하는 것은, 국어교과의 내용으로 한자를 배우고 일정 시간 이상 필수적으로 한자교육을 받음으로써 교육적 성장과 발전을 통해 자아를 실현하고자 하는 학생들의 자유로운 인격발현권을 제한하는 것이나, 학부모의 자녀교육권을 제한하는 것은 아니다. 24 경정, 18 변호사 O|X

1529-1 초·중등학교에서 한자교육을 선택적으로 받도록 한 '초·중등학교 교육과정'의 'Ⅱ 학교 급별 교육과정 편성과 운영' 중 한자교육 및 한문 관련 부분은 학생의 자유로운 인격발현권을 침해하지 않는다. 17 국회 8 O|X

1529-2 한자는 우리 민족의 역사와 전통, 사상을 담고 있는 우리 문화의 주요 구성요소이며, 우리말 중 한자어가 차지하는 비중은 약 70%에 달하는 점을 감안할 때, 한자 관련 고시가 초·중등학교에서 한자교육을 필수교과가 아니라 선택할 수 있게 규정한다면 학생들로 하여금 공교육을 통해 한자를 배울 기회가 전혀 없을 수 있으므로 이는 학생의 자유로운 인격발현권 및 학부모의 자녀교육권을 침해한다. 22 경채 O|X

(1) 이 사건 한자 관련 고시는 한자를 국어과목에서 분리하여 학교 재량에 따라 선택적으로 가르치도록 하고 있으므로, 국어교과의 내용으로 한자를 배우고 일정 시간 이상 필수적으로 **한자교육을 받음으로써** 교육적 성장과 발전을 통해 자아를 실현하고자 하는 **학생들의 자유로운 인격발현권을 제한**한다. 또한 학부모는 자녀의 개성과 능력을 고려하여 자녀의 학교교육에 관한 전반적인 계획을 세우고, 자신의 인생관·사회관·교육관에 따라 자녀를 교육시킬 권리가 있는바, 이 사건 한자 관련 고시는 자녀의 올바른 성장과 발전을 위하여 **한자교육이 반드시 필요하고 국어과목 시간에 이루어져야 한다고 생각하는 학부모의 자녀교육권도 제한**할 수 있다(헌재 2016. 11. 24. 2012헌마854).

(2) 한자어는 굳이 한자로 쓰지 않더라도 앞뒤 문맥으로 그 뜻을 이해할 수 있는 경우가 대부분이고, 특정 낱말이 한자로 어떻게 표기되는지를 아는 것이 어휘능력이나 독해력, 사고력 향상에 결정적인 요소가 된다고 보기 어렵다. 특히 요즘에는 인터넷이 상용화되어 한글만 사용하더라도 지식과 정보 습득에 아무런 문제가 없다. 이러한 점들을 종합하면, 한자를 국어과목의 일환이 아닌 독립과목으로 편제하고 학교 재량에 따라 선택적으로 가르치도록 하였다고 하여 **학생들의 자유로운 인격발현권**이나 **부모의 자녀교육권을 침해한다고 볼 수 없다**(헌재 2016. 11. 24. 2012헌마854).

POINT 104 자기결정권

01 보호영역

1530 자기결정권은 인간의 존엄성을 실현하기 위한 수단으로서 인간이 자신의 생활영역에서 인격의 발현과 삶의 방식에 관한 근본적인 결정을 자율적으로 내릴 수 있는 권리이다. 24 입시 O|X

자기결정권은 **인간의 존엄성을 실현하기 위한 수단**으로서 인간이 자신의 생활영역에서 인격의 발현과 삶의 방식에 관한 근본적인 결정을 **자율적으로 내릴 수 있는 권리**이다(헌재 2019. 4. 11. 2017헌바127).

1531 자기결정권은 개인이 자유의지에 의하여 자유롭게 자기의 삶과 운명을 결정할 수 있는 권리를 말하고, 헌법 명문의 규정은 없지만 기본권으로 인정된다. 17 법무사 O|X

개인이 자유의지에 의하여 **자유롭게 자기의 삶과 운명을 결정**할 수 있는 권리를 **자기결정권**(自己決定權)이라고 한다. 자기결정권은 헌법이나 공동체가 존재하든 하지 않든 실정법에서 정하고 있든 그렇지 않든 이에 무관하게 인간의 본질상 자명하게 인정되는 것이므로 실정헌법에서도 굳이 이를 명문의 규정으로 정하고 있지는 않다. 따라서 **헌법 명문의 규정**은 없지만 **기본권으로 인정**된다.

정답 1529. ✕ [학부모의 자녀교육권 제한 ○] 1529-1. ○ 1529-2. ✕ [자유로운 인격발현권 및 자녀교육권 침해 ✕] 1530. ○ 1531. ○

1532 헌법 제10조가 정하고 있는 행복추구권에서 파생하는 자기결정권 내지 일반적 행동자유권은 이성적이고 책임감 있는 사람의 자기 운명에 대한 결정·선택을 존중하되 그에 대한 책임은 스스로 부담함을 전제로 한다. 20 지방 7 ○|×

헌법 제10조가 정하고 있는 행복추구권에서 파생되는 **자기결정권 내지 일반적 행동자유권**은 이성적이고 책임감 있는 사람의 자기 운명에 대한 **결정·선택을 존중**하되 그에 대한 **책임은 스스로 부담**함을 전제로 한다(헌재 2013. 5. 30. 2011헌바360 등).

1533 자기책임원리는 자기결정권의 한계논리로서 책임부담의 근거로 기능하는 동시에, 자기가 결정하지 않은 것이나 결정할 수 없는 것에 대하여는 책임을 지지 않고 책임부담의 범위도 스스로 결정한 결과 내지 그와 상관관계가 있는 부분에 국한됨을 의미하는 책임의 한정원리로 기능한다. 23 경찰 2차 ○|×

헌법 제10조가 정하고 있는 행복추구권에서 파생되는 자기결정권 내지 일반적 행동자유권은 이성적이고 책임감 있는 사람의 자기 운명에 대한 결정·선택을 존중하되 그에 대한 책임은 스스로 부담함을 전제로 한다. **자기책임의 원리는** 이와 같이 **자기결정권의 한계논리로서** 책임부담의 근거로 기능하는 동시에 자기가 결정하지 않은 것이나 결정할 수 없는 것에 대하여는 책임을 지지 않고 **책임부담의 범위도** 스스로 결정한 결과 내지 그와 상관관계가 있는 부분에 국한됨을 의미하는 **책임의 한정원리로 기능한다**(헌재 2013. 5. 30. 2011헌바360 등).

1534 헌법 제10조는 개인의 인격권과 행복추구권을 보장하고 있고, 개인의 인격권과 행복추구권은 개인의 자기운명결정권을 전제로 하는데, 이 자기운명결정권에는 성행위 여부 및 그 상대방을 결정할 수 있는 성적 자기결정권이 포함되어 있다. 23 법무사 ○|×

1534-1 헌법 제10조는 개인의 인격권과 행복추구권을 보장하고 있고, 인격권과 행복추구권은 개인의 자기운명결정권을 전제로 한다. 이러한 자기운명결정권에는 성행위 여부 및 그 상대방을 결정할 수 있는 성적 자기결정권이 포함되어 있고, 경제적 대가를 매개로 하여 성행위 여부를 결정할 수 있는 것 또한 성적 자기결정권과 관련되어 있다 볼 것이다. 23 법원 9 ○|×

헌법 제10조는 개인의 **인격권과 행복추구권**을 보장하고 있고, 인격권과 행복추구권은 개인의 **자기운명결정권을 전제**로 한다. 이러한 자기운명결정권에는 성행위 여부 및 그 상대방을 결정할 수 있는 **성적 자기결정권이 포함**되어 있고, 경제적 대가를 매개로 하여 **성행위 여부를 결정**할 수 있는 것 또한 **성적 자기결정권과 관련**되어 있다 볼 것이므로 심판대상조항은 **개인의 성적 자기결정권을 제한**한다(헌재 2016. 3. 31. 2013헌가2).

1535 배우자 있는 자의 간통행위 및 그와의 상간행위를 2년 이하의 징역에 처하도록 규정한 「형법」제241조는 성적 자기결정권 및 사생활의 비밀과 자유를 제한한다. 21 5급(변형) ○|×

1535-1 간통죄를 처벌하는 것은 사생활의 비밀과 자유를 침해하는 것으로 헌법에 위배된다. 18 국회 8 ○|×

1535-2 배우자 있는 자의 간통행위 및 그와의 상간행위를 2년 이하의 징역에 처하도록 규정한 「형법」제241조는 선량한 성풍속 및 일부일처제에 기초한 혼인제도를 보호하고 부부간 정조의무를 지키게 하기 위한 것으로 그 입법목적의 정당성은 인정된다. 22 경찰 1차 ○|×

정답 1532. ○ 1533. ○ 1534. ○ 1534-1. ○ 1535. ○ 1535-1. ○ 1535-2. ○

(1) 자기운명결정권에는 성행위 여부 및 그 상대방을 결정할 수 있는 성적 자기결정권이 포함되어 있으므로, **심판대상조항은 개인의 성적 자기결정권을 제한**한다. 또한, 심판대상조항은 개인의 성생활이라는 내밀한 사적 생활영역에서의 행위를 제한하므로 헌법 제17조가 보장하는 **사생활의 비밀과 자유 역시 제한**한다(헌재 2015. 2. 26. 2009헌바17 등).

(2) 심판대상조항은 선량한 성풍속 및 일부일처제에 기초한 **혼인제도를 보호**하고 **부부간 정조의무**를 지키게 하기 위한 것으로 그 **입법목적의 정당성은 인정**된다. … **과잉금지원칙을 위반**하여 **국민의 성적 자기결정권 및 사생활의 비밀과 자유를 침해**하는 것으로 **헌법에 위반된다**(헌재 2015. 2. 26. 2009헌바17 등).

1536 혼인을 빙자하여 부녀를 간음한 남자를 처벌하는 「형법」 조항은 사생활의 비밀과 자유를 제한하는 것이라고 할 수 있지만, 혼인을 빙자하여 부녀를 간음한 남자의 성적자기결정권을 제한하는 것은 아니다. 19 국가 7   O | X

이 사건 법률조항이 **혼인빙자간음행위를 형사처벌**함으로써 **남성의 성적자기결정권을 제한**하는 것임은 틀림없고, 나아가 이 사건 법률조항은 남성의 성생활이라는 내밀한 사적 생활영역에서의 행위를 제한하므로 우리 헌법 제17조가 보장하는 **사생활의 비밀과 자유 역시 제한**하는 것으로 보인다. … 이 사건 법률조항은 **목적의 정당성, 수단의 적절성 및 피해최소성을 갖추지 못하였고 법익의 균형성**도 이루지 못하였으므로, 헌법 제37조 제2항의 **과잉금지원칙을 위반**하여 **남성의 성적자기결정권 및 사생활의 비밀과 자유를 과잉제한**하는 것으로 **헌법에 위반된다**(헌재 2009. 11. 26. 2008헌바58 등).

⑤ 1537 혼인빙자간음죄는 과잉금지원칙을 위반하여 남성의 성적자기결정권 및 사생활의 비밀과 자유를 과잉 제한하는 것으로 헌법에 위반된다. 23 경채   O | X

1537-1 「형법」 제304조 중 "혼인을 빙자하여 음행의 상습없는 부녀를 기망하여 간음한 자" 부분은 형벌규정을 통하여 추구하고자 하는 목적 자체가 헌법에 의하여 허용되지 않는 것으로서 그 정당성이 인정되지 않는다. 22 경찰 1차   O | X

1537-2 구 형법상 혼인빙자간음죄에 대해 목적의 정당성은 물론, 수단의 적절성과 피해의 최소성 요건도 갖추지 못해 위헌이다. 16 법원 9   O | X

1537-3 혼인을 빙자하여 음행의 상습 없는 부녀를 기망하여 간음한 자를 처벌하는 「형법」 조항은 목적의 정당성이 부인되지 않는다. 23 경정   O | X

이 사건 법률조항의 경우 형벌규정을 통하여 추구하고자 하는 **목적 자체가 헌법에 의하여 허용되지 않는 것으로서 그 정당성이 인정되지 않는다**고 할 것이다. … 이 사건 법률조항은 **목적의 정당성, 수단의 적절성 및 피해최소성**을 갖추지 못하였고 **법익의 균형성**도 이루지 못하였으므로, 헌법 제37조 제2항의 **과잉금지원칙을 위반**하여 **남성의 성적자기결정권 및 사생활의 비밀과 자유를 과잉제한**하는 것으로 **헌법에 위반된다**(헌재 2009. 11. 26. 2008헌바58 등).

1538 간통을 형사 처벌하는 법률조항 및 혼인빙자간음을 형사 처벌하는 법률조항은 개인의 성적 자기결정권을 침해하여 헌법에 위반되지만, 성매매를 한 자를 형사 처벌하는 법률조항은 개인의 성적 자기결정권을 침해하지 않으므로 헌법에 위반되지 않는다. 17 법무사   O | X

● 정답 1536. ✕ [남성의 성적자기결정권 제한] 1537. ○ 1537-1. ○ 1537-2. ○ 1537-3. ✕ [목적의 정당성 부인] 1538. ○

(1) 사회 구조 및 결혼과 성에 관한 국민의 의식이 변화되고, 성적 자기결정권을 보다 중요시하는 인식이 확산됨에 따라 **간통행위를 국가가 형벌로 다스리는 것이 적정한지에 대해서는 이제 더 이상 국민의 인식이 일치한다고 보기 어렵고**, … 결국, 심판대상조항은 **수단의 적절성 및 침해최소성을 갖추지 못하였고 법익의 균형성도 상실하였으므로, 과잉금지원칙을 위반하여 국민의 성적 자기결정권 및 사생활의 비밀과 자유를 침해**하는 것으로 헌법에 위반된다(헌재 2015. 2. 26. 2009헌바17 등).

(2) **혼인빙자간음행위를 형사처벌**하는 것은 수단의 적절성과 피해의 최소성을 갖추지 못하였다. … 결국 이 사건 법률조항은 목적의 정당성, 수단의 적절성 및 피해최소성을 갖추지 못하였고 법익의 균형성도 이루지 못하였으므로, 헌법 제37조 제2항의 과잉금지원칙을 위반하여 남성의 **성적자기결정권 및 사생활의 비밀과 자유를 과잉제한**하는 것으로 **헌법에 위반된다**(헌재 2009. 11. 26. 2008헌바58 등).

(3) **성매매를 형사처벌**함으로써 사회 전반의 건전한 성풍속 및 성도덕을 확립하려는 심판대상조항의 입법목적은 정당하고 수단의 적절성도 인정된다. … 따라서 **심판대상조항은 개인의 성적 자기결정권, 사생활의 비밀과 자유, 직업선택의 자유를 침해하지 아니한다**(헌재 2016. 3. 31. 2013헌가2).

1539 본인의 생전 의사에 관계없이 인수자가 없는 시체를 해부용으로 제공하도록 규정하고 있는 법률조항은 자신의 사후에 시체가 본인의 의사와는 무관하게 처리될 수 있게 한다는 점에서 시체의 처분에 대한 자기결정권을 제한한다. 24 입시   O | X

만일 자신의 사후에 시체가 본인의 의사와는 무관하게 처리될 수 있다고 한다면 기본권 주체인 살아있는 자의 자기결정권이 보장되고 있다고 보기는 어렵다. 따라서 **본인의 생전 의사에 관계없이 인수자가 없는 시체를 해부용으로 제공**하도록 규정하고 있는 이 사건 법률조항은 청구인의 **시체의 처분에 대한 자기결정권을 제한**한다고 할 것이다(헌재 2015. 11. 26. 2012헌마940).

1540 본인이 해부용 시체로 제공되는 것에 대해 반대하는 의사표시를 명시적으로 표시할 수 있는 절차도 마련하지 않고 본인의 의사와는 무관하게 인수자가 없는 시체를 해부용으로 제공될 수 있도록 규정하고 있는 「시체 해부 및 보존에 관한 법률」 조항은 사실상 연고가 없는 청구인의 시체 처분에 대한 자기결정권을 침해한다. 22 5급   O | X

1540-1 무연고 시신을 생전 본인의 의사와 무관하게 해부용 시체로 제공될 수 있도록 한 법률 규정은 자기결정권을 침해한다고 보기 어렵다. 23 경채   O | X

이 사건 법률조항은 본인이 해부용 시체로 제공되는 것에 대해 **반대하는 의사표시를 명시적으로 표시할 수 있는 절차도 마련하지 않고** 본인의 의사와는 무관하게 해부용 시체로 제공될 수 있도록 **규정하고 있다는 점에서 침해의 최소성 원칙을 충족했다고 보기 어렵고**, 실제로 해부용 시체로 제공된 사례가 거의 없는 상황에서 이 사건 법률조항이 **추구하는 공익**이 사후 자신의 시체가 자신의 의사와는 무관하게 해부용 시체로 제공됨으로써 **침해되는 사익보다 크다고 할 수 없으므로** 이 사건 법률조항은 청구인의 **시체 처분에 대한 자기결정권을 침해한다**(헌재 2015. 11. 26. 2012헌마940).

1541 배아생성자는 배아에 대해 자신의 유전자정보가 담긴 신체의 일부를 제공하고, 또 배아가 모체에 성공적으로 착상하여 인간으로 출생할 경우 생물학적 부모로서의 지위를 갖게 되므로 배아의 관리 또는 처분에 대한 결정권을 가진다. 17 법무사   O | X

1541-1 배아생성자의 배아에 대한 결정권은 헌법상 명문으로 규정되어 있지는 않지만 일반적 인격권의 한 유형으로서의 헌법상 권리이다. 24 입시, 24 경정   O | X

배아생성자는 배아에 대해 자신의 유전자정보가 담긴 신체의 일부를 제공하고, 또 배아가 모체에 성공적으로 착상하여 인간으로 출생할 경우 생물학적 부모로서의 지위를 갖게 되므로, **배아의 관리 또는 처분에 대한 결정권**을 가진다. 이러한 **배아생성자의 배아에 대한 결정권**은 헌법상 명문으로 규정되어 있지는 아니하지만, 헌법 제10조로부터 도출되는 **일반적 인격권의 한 유형으로서의 헌법상 권리**라 할 것이다(헌재 2010.5.27. 2005헌마346).

정답 1539. O   1540. O   1540-1. X [자기결정권을 침해함]   1541. O   1541-1. O

1542 소비자가 자신의 의사에 따라 자유롭게 상품을 선택할 수 있는 소비자의 자기결정권은 행복추구권과는 무관하다. 16 국회 9   O | X

소비자가 자신의 의사에 따라 자유롭게 상품을 선택하는 소비자의 자기결정권은 헌법 제10조의 행복추구권에 의하여 보호된다(헌재 2002. 10. 31. 99헌바76 등).

1543 전동킥보드에 대하여 최대속도는 시속 25km를 넘지 않아야 한다고 규정한 구「안전확인대상생활용품의 안전기준」조항은 소비자가 자신의 의사에 따라 자유롭게 제품을 선택하는 것을 제약함으로써 헌법 제10조의 행복추구권에서 파생되는 소비자의 자기결정권을 제한한다. 24 입시   O | X

1543-1 전동킥보드에 대하여 최대속도는 시속 25km 이내로 제한하여야 한다는 안전기준을 둔 것은 헌법 제10조의 행복추구권에서 파생되는 소비자의 자기결정권을 제한할 뿐, 일반적 행동자유권까지 제한하는 것은 아니다. 24 소간   O | X

1543-2 전동킥보드의 최고속도는 25km/h를 넘지 않아야 한다고 규정한 조항은 소비자의 자기결정권 및 일반적 행동자유권을 제한할 뿐, 신체의 자유를 제한하는 것은 아니다. 22 법원 9   O | X

(1) 심판대상조항은 소비자가 자신의 의사에 따라 자유롭게 제품을 선택하는 것을 제약함으로써 헌법 제10조의 행복추구권에서 파생되는 소비자의 자기결정권을 제한하고, 나아가 헌법 제10조의 행복추구권에서 파생되는 일반적 행동자유권도 함께 제한한다(헌재 2020. 2. 27. 2017헌마1339).

(2) 심판대상조항은 전동킥보드의 최고속도 제한을 규정하는 내용이고, 소비자 신체·생명의 안전성을 보호법익으로 한다. 그렇다고 하여 심판대상조항이 청구인의 신체의 자유를 제한하는 것은 아니다. 심판대상조항은 위험성을 가진 재화의 제조·판매조건을 제약함으로써 소비자의 자기결정권 및 일반적 행동자유권을 제한할 뿐이다(헌재 2020. 2. 27. 2017헌마1339).

1544 전동킥보드의 최고속도는 25km/h를 넘지 않도록 규정한 것은 자전거도로에서 통행하는 다른 자전거보다 속도가 더 높아질수록 사고위험이 증가할 수 있는 측면을 고려한 기준 설정으로서, 전동킥보드 소비자의 자기결정권 및 일반적 행동자유권을 침해하지 아니한다. 23 지방 7   O | X

1544-1 전동킥보드의 최고속도를 25km/h 이내로 제한하는 것은 소비자가 그보다 빠른 제품을 구매하지 못하여 겪는 자기결정권 및 일반적 행동자유권의 제약에 비하여, 소비자의 생명·신체에 대한 위해 및 도로교통상의 위험을 방지하고 향후 자전거도로 통행이 가능해질 경우를 대비하여 소비자의 편의를 도모한다는 공익이 중대하므로 과잉금지원칙에 위반되지 않는다. 22 5급   O | X

제조·수입 가능한 전동킥보드의 최고속도를 시속 25km 이내로 제한함으로써 그보다 빠른 제품을 구매하지 못하여 소비자가 겪는 자기결정권 및 일반적 행동자유권의 제약에 비하여 소비자의 생명·신체에 대한 위해 및 도로교통상의 위험을 방지하고 향후 자전거도로 통행이 가능해질 경우를 대비하여 소비자의 편의를 도모한다는 공익은 중대하므로, 심판대상조항은 법익의 균형성도 충족한다. … 심판대상조항은 과잉금지원칙을 위반하여 소비자의 자기결정권 및 일반적 행동자유권을 침해하지 아니한다(헌재 2020. 2. 27. 2017헌마1339).

● 정답 | 1542. X [행복추구권에 의하여 보호됨]   1543. O   1543-1. X [일반적 행동자유권도 제한]   1543-2. O   1544. O   1544-1. O

1545 만성신부전증환자에 대한 외래 혈액투석 의료급여수가의 기준을 정액수가로 규정한 '의료급여수가의 기준 및 일반기준'상 조항은 과잉금지원칙에 반하여 수급권자인 청구인의 의료행위선택권을 침해한다. 24 경간   O | X

1545-1 혈액투석 정액수가에 포함되는 비용의 범위를 정한 '의료급여수가의 기준 및 일반기준' 제7조제2항 본문의 정액범위조항에 사용된 '등'은 열거된 항목 외에 같은 종류의 것이 더 있음을 나타내는 의미로 해석할 수 있으나, 다른 조항과의 유기적·체계적 해석을 통해 그 적용범위를 합리적으로 파악할 수는 없으므로 명확성원칙에 위배된다. 22 지방 7   O | X

(1) 한정된 의료급여재정의 범위 내에서 적정하고 지속적인 의료서비스를 제공하고, 의료의 질을 유지할 수 있는 방법으로 현행 정액수가제와 같은 정도로 입법목적을 달성하면서 기본권을 덜 제한하는 수단이 명백히 존재한다고 보기 어렵고, 의료급여 수급권자가 입게 되는 불이익이 공익보다 크다고 볼 수도 없다. 심판대상조항은 수급권자인 청구인의 <u>의료행위선택권을 침해하지 않는다</u>(헌재 2020. 4. 23. 2017헌마103).

(2) 정액범위조항에 사용된 '등'은 열거된 항목 외에 같은 종류의 것이 더 있음을 나타내는 의미로 해석할 수 있고, <u>다른 조항과의 유기적·체계적 해석을 통해 그 적용범위를 합리적으로 파악할 수 있으므로</u>, <u>명확성원칙에 위배되지 않는다</u>(헌재 2020. 4. 23. 2017헌마103).

1546 지역 주민의 의사가 반영되지 않은 채 이루어진 미군기지의 이전은 인근 지역에 거주하는 주민들의 삶을 결정함에 있어서 사회적으로 영향을 미치므로 헌법상 보장된 개인의 자기결정권을 제한하는 것이다. 22 경찰 2차   O | X

1546-1 전국의 주한 미군기지를 통폐합하여 평택지역으로 집중 재배치하는 내용의 미군기지이전협정과 이행합의서는 지역주민의 자기결정권을 직접적으로 제한한다. 21 변호사   O | X

미군기지의 이전은 공공정책의 결정 내지 시행에 해당하는 것으로서 인근 지역에 거주하는 사람들의 삶을 결정함에 있어서 사회적 영향을 미치게 되나, 개인의 인격이나 운명에 관한 사항은 아니며 각자의 개성에 따른 개인적 선택에 직접적인 제한을 가하는 것이 아니다. 따라서 그와 같은 사항은 <u>헌법상 자기결정권의 보호범위에 포함된다고 볼 수 없다</u>(헌재 2006. 2. 23. 2005헌마268).

02 존엄사 : 연명치료 중단에 관한 자기결정권

1547 연명치료 중단, 즉 생명단축에 관한 자기결정은 생명권 보호의 헌법적 가치와 충돌하므로 '연명치료 중단에 관한 자기결정권'의 인정 여부가 문제되는 '죽음에 임박한 환자'란 '의학적으로 환자가 의식의 회복가능성이 없고 생명과 관련된 중요한 생체기능의 상실을 회복할 수 없으며 환자의 신체상태에 비추어 짧은 시간 내에 사망에 이를 수 있음이 명백한 경우'를 의미한다. 22 경정   O | X

'연명치료 중단, 즉 생명단축에 관한 자기결정'은 '생명권 보호'의 헌법적 가치와 충돌하므로 '연명치료 중단에 관한 자기결정권'의 인정 여부가 문제되는 <u>죽음에 임박한 환자</u>'란 '의학적으로 환자가 <u>의식의 회복가능성</u>이 없고 생명과 관련된 중요한 <u>생체기능의 상실</u>을 회복할 수 없으며 환자의 신체상태에 비추어 <u>짧은 시간 내에 사망에 이를 수 있음이 명백한 경우</u>', 즉 '<u>회복 불가능한 사망의 단계</u>'에 이른 경우를 의미한다 할 것이다(헌재 2009. 11. 26. 2008헌마385).

● 정답 1545. X [의료행위선택권 침해 X]   1545-1. X [명확성원칙 위배 X]   1546. X [자기결정권 제한 X]   1546-1. X [자기결정권 제한 X]
1547. O

1548 환자가 장차 죽음에 임박한 상태에 이를 경우에 대비하여 미리 의료인 등에게 연명치료거부 또는 중단에 관한 의사를 밝히는 등의 방법으로 죽음에 임박한 상태에서 인간으로서의 존엄과 가치를 지키기 위하여 연명치료의 거부 또는 중단을 결정할 수 있다 할 것이고, 이러한 결정은 헌법상 기본권인 자기결정권의 한 내용으로서 보장된다. 23 경채, 14 지방 7, 12 국가 7 O|X

1548-1 행복추구권으로부터 죽음에 임박한 환자의 연명치료 중단에 대한 자기결정권이 도출될 수 있다. 23 국회 9 O|X

1548-2 비록 연명치료 중단에 관한 결정 및 그 실행이 환자의 생명단축을 초래한다 하더라도 이를 생명에 대한 임의적 처분으로서 자살이라고 평가할 수 없고, 오히려 이는 생명권의 한 내용으로서 보장된다. 17 경정, 10 국회 8 O|X

비록 연명치료 중단에 관한 결정 및 그 실행이 환자의 생명단축을 초래한다 하더라도 이를 생명에 대한 임의적 처분으로서 자살이라고 평가할 수 없고, 오히려 인위적인 신체침해 행위에서 벗어나서 자신의 생명을 자연적인 상태에 맡기고자 하는 것으로서 인간의 존엄과 가치에 부합한다 할 것이다. 그렇다면 환자가 장차 죽음에 임박한 상태에 이를 경우에 대비하여 미리 의료인 등에게 연명치료 거부 또는 중단에 관한 의사를 밝히는 등의 방법으로 죽음에 임박한 상태에서 인간으로서의 존엄과 가치를 지키기 위하여 연명치료의 거부 또는 중단을 결정할 수 있다 할 것이고, 위 결정은 헌법상 기본권인 자기결정권의 한 내용으로서 보장된다 할 것이다(헌재 2009. 11. 26. 2008헌마385).

1549 환자가 장차 죽음에 임박한 상태에 이를 경우에 대비하여 미리 의료인 등에게 연명치료 거부 또는 중단에 관한 의사를 밝히는 등의 방법으로 죽음에 임박한 상태에서 인간으로서의 존엄과 가치를 지키기 위하여 연명치료의 거부 또는 중단을 결정할 수 있다 할 것이고, 위 결정은 헌법상 기본권인 자기결정권의 한 내용으로서 보장되지만, 헌법해석상 연명치료 중단 등에 관한 법률을 제정할 국가의 입법의무가 명백하다고 볼 수는 없다. 18 경정 O|X

1549-1 죽음에 임박한 환자에게 '연명치료 중단에 관한 자기결정권'은 헌법상 보장된 기본권이므로, 헌법해석상 '연명치료 중단 등에 관한 법률'을 제정할 국가의 입법의무가 명백하다고 볼 수 있다. 22 해간, 20 법원 9 O|X

환자가 장차 죽음에 임박한 상태에 이를 경우에 대비하여 미리 의료인 등에게 연명치료 거부 또는 중단에 관한 의사를 밝히는 등의 방법으로 죽음에 임박한 상태에서 인간으로서의 존엄과 가치를 지키기 위하여 연명치료의 거부 또는 중단을 결정할 수 있다 할 것이고, 위 결정은 헌법상 기본권인 자기결정권의 한 내용으로서 보장된다 할 것이다. … '연명치료 중단에 관한 자기결정권'을 보장하는 방법으로서 '법원의 재판을 통한 규범의 제시'와 '입법' 중 어느 것이 바람직한가는 입법정책의 문제로서 국회의 재량에 속한다 할 것이다. 그렇다면 헌법해석상 연명치료 중단 등에 관한 법률을 제정할 국가의 입법의무가 명백하다고 볼 수 없다(헌재 2009. 11. 26. 2008헌마385).

03 낙태 : 임신한 여성의 자기결정권

1550 자기운명결정권에는 임신과 출산에 관한 결정, 즉 임신과 출산의 과정에 내재하는 특별한 희생을 강요당하지 않을 자유가 포함되어 있다. 15 지방 7 O|X

개인의 인격권·행복추구권에는 개인의 자기운명결정권이 전제되는 것이고, 이 자기운명결정권에는 임신과 출산에 관한 결정, 즉 임신과 출산의 과정에 내재하는 특별한 희생을 강요당하지 않을 자유가 포함되어 있다(헌재 2012. 8. 23. 2010헌바402).

● 정답 1548. O 1548-1. O 1548-2. X [생명권 → 자기결정권] 1549. O 1549-1. X [입법의무 X] 1550. O

1551 「형법」상 자기낙태죄 조항은「모자보건법」이 정한 예외를 제외하고는 임신기간 전체를 통틀어 모든 낙태를 전면적·일률적으로 금지하고, 이를 위반할 경우 형벌을 부과함으로써 임신의 유지·출산을 강제하고 있으므로, 임신한 여성의 자기결정권을 제한한다. 22 경찰 2차   O | X

자기낙태죄 조항은 모자보건법이 정한 일정한 예외를 제외하고는 태아의 발달단계 혹은 독자적 생존능력과 무관하게 임신기간 전체를 통틀어 모든 낙태를 전면적·일률적으로 금지하고, 이를 위반할 경우 형벌을 부과하도록 정함으로써, 형법적 제재 및 이에 따른 형벌의 위하력(威嚇力)으로 임신한 여성에게 **임신의 유지·출산을 강제**하고 있으므로, **임신한 여성의 자기결정권을 제한**하고 있다(헌재 2019. 4. 11. 2017헌바127).

1552 국가가 태아의 생명 보호를 위해 확정적으로 만들어 놓은 자기낙태죄 조항의 위헌성을 심사함에 있어 동 조항의 존재와 역할을 간과한 채, 임신한 여성의 자기결정권과 태아의 생명권의 직접적인 충돌을 해결해야 하는 사안으로 보는 것은 적절하지 않다. 23 경채   O | X

1552-1 형법 제269조 제1항은 부녀가 약물 기타 방법으로 낙태한 때에는 1년 이하의 징역 또는 200만 원 이하의 벌금에 처하도록 규정하고 있다. 이러한 자기낙태죄 조항의 위헌 여부는 임신한 여성의 자기결정권과 태아의 생명권의 직접적인 충돌이 문제되므로 헌법을 규범조화적으로 해석하여 사안을 해결하여야 한다. 19 법무사   O | X

이 사안은 국가가 태아의 생명 보호를 위해 확정적으로 만들어 놓은 자기낙태죄 조항이 임신한 여성의 자기결정권을 제한하고 있는 것이 과잉금지원칙에 위배되어 위헌인지 여부에 대한 것이다. 자기낙태죄 조항의 존재와 역할을 간과한 채 **임신한 여성의 자기결정권과 태아의 생명권의 직접적인 충돌**을 해결해야 하는 사안으로 보는 것은 **적절하지 않다**(헌재 2019. 4. 11. 2017헌바127).

1553 「형법」제269조 제1항의 자기낙태죄 조항은 태아의 생명을 보호하기 위한 것으로서 그 입법목적은 정당하지만, 낙태를 방지하기 위하여 임신한 여성의 낙태를 형사처벌하는 것은 이러한 입법 목적을 달성하는 데 적절하고 실효성 있는 수단이라고 할 수 없다. 22 경찰 1차   O | X

자기낙태죄 조항은 **태아의 생명을 보호**하기 위한 것으로서 그 **입법목적이 정당**하고, 낙태를 방지하기 위하여 임신한 여성의 낙태를 형사처벌하는 것은 이러한 **입법목적을 달성하는 데 적합한 수단**이다. … 자기낙태죄 조항은 입법목적을 달성하기 위하여 필요한 최소한의 정도를 넘어 임신한 여성의 자기결정권을 제한하고 있어 침해의 최소성을 갖추지 못하고 있으며, 법익균형성의 원칙도 위반하였다고 할 것이므로, **과잉금지원칙을 위반**하여 임신한 여성의 **자기결정권을 침해하는 위헌적인 규정이다**(헌재 2019. 4. 11. 2017헌바127).

🖊 **보충설명** 목적의 정당성, 수단의 적합성은 인정되나 침해의 최소성, 법익의 균형성이 인정되지 않아 과잉금지원칙에 위반된다.

1554 모자보건법상의 정당화 사유에는 사회적·경제적 사유도 포함되는데, 이에 해당하더라도 임신 24주 이내에만 낙태가 가능하므로 임신한 여성의 자기결정권을 보장하기에는 불충분하다. 19 법무사   O | X

모자보건법에서 정한 자기낙태의 위법성을 조각하는 정당화사유는 ① 본인이나 배우자의 우생학적·유전학적 정신장애나 신체질환, ② 본인이나 배우자의 전염성 질환, ③ 강간 또는 준강간에 의한 임신, ④ 혼인할 수 없는 혈족 또는 인척 간의 임신, ⑤ 모체의 건강에 대한 위해나 위해 우려이다. 위 사유들은 대부분 형법 제22조의 긴급피난이나 제20조의 정당행위로서 위법성 조각이 가능하거나, 임신의 유지와 출산에 대한 기대가능성이 없음을 이유로 책임조각이 가능하다고 보는 시각까지 있을 정도로 매우 제한적이고 한정적인 사유들이다. 위 사유들에는 '임신 유지 및 출산을 힘들게 하는 **다양하고 광범위한 사회적·경제적 사유에 의한 낙태갈등 상황**'이 **전혀 포섭되지 않는다**. 즉, **위 사유들은 임신한 여성의 자기결정권을 보장하기에는 불충분**하다(헌재 2019. 4. 11. 2017헌바127).

● 정답 1551. O   1552. O   1552-1. X [직접적인 충돌 X, 규범조화 X → 과잉금지 심사 O]   1553. X [수단의 적합성 인정]   1554. X [사회적·경제적 사유 : 모자보건법상 사유 아님]

1555 국가에게 태아의 생명을 보호할 의무가 있다고 하더라도 생명의 연속적 발전과정에 대하여 생명이라는 공통요소만을 이유로 하여 언제나 동일한 법적 효과를 부여하여야 하는 것은 아니므로 국가가 생명을 보호하는 입법적 조치를 취함에 있어 인간생명의 발달단계에 따라 그 보호정도나 보호수단을 달리하는 것은 불가능하지 않다. 23 경정 O | X

1555-1 모든 인간은 헌법상 생명권의 주체가 되며, 형성 중의 생명인 태아에게도 생명에 대한 권리가 인정되어야 한다. 따라서 국가는 헌법 제10조 제2문에 따라 태아의 생명을 보호할 의무가 있고, 생명을 보호하는 입법적 조치를 취함에 있어 인간생명의 발달단계에 따라 그 보호정도나 보호수단을 달리하여서는 아니 된다. 19 법무사 O | X

1555-2 태아도 헌법상 생명권의 주체이고, 그 성장 상태가 보호 여부의 기준이 되어서는 안 된다. 22 해간, 22 해경, 19 경정 O | X

모든 인간은 헌법상 생명권의 주체가 되며, 형성 중의 생명인 태아에게도 생명에 대한 권리가 인정되어야 한다. 태아가 비록 그 생명의 유지를 위하여 모(母)에게 의존해야 하지만, 그 자체로 모(母)와 별개의 생명체이고, 특별한 사정이 없는 한, 인간으로 성장할 가능성이 크기 때문이다. 따라서 태아도 헌법상 생명권의 주체가 되며, 국가는 헌법 제10조 제2문에 따라 태아의 생명을 보호할 의무가 있다. … 생명의 전체적 과정에 대해 법질서가 언제나 동일한 법적 보호 내지 효과를 부여하고 있는 것은 아니다. 따라서 <u>국가가 생명을 보호하는 입법적 조치를 취함에 있어 **인간생명의 발달단계에 따라** 그 **보호정도나 보호수단을 달리하는 것은 불가능하지 않다**</u>(헌재 2019. 4. 11. 2017헌바127).

1556 이른바 임신 제1삼분기(대략 마지막 생리기간의 첫날부터 14주 무렵까지)에는 어떠한 사유를 요구함이 없이 임신한 여성이 자신의 숙고와 판단 아래 낙태할 수 있도록 하여야 한다. 19 법무사 O | X

1556-1 헌법재판소는 임신 제1삼분기(임신 14주 무렵까지)에는 사유를 불문하고 낙태가 허용되어야 하므로 자기낙태죄 규정에 대하여 단순위헌 결정을 하였다. 20 입시 O | X

(1) 태아가 모체를 떠난 상태에서 독자적으로 생존할 수 있는 시점인 **임신 22주 내외**에 도달하기 전이면서 동시에 임신 유지와 출산 여부에 관한 자기결정권을 행사하기에 충분한 시간이 보장되는 시기(이하 착상 시부터 이 시기까지를 '결정가능기간'이라 한다)까지의 낙태에 대해서는 국가가 생명보호의 수단 및 정도를 달리 정할 수 있다고 봄이 타당하다(헌재 2019. 4. 11. 2017헌바127).

(2) 자기낙태죄 조항과 의사낙태죄 조항에 대하여 각각 단순위헌결정을 할 경우, 임신 기간 전체에 걸쳐 행해진 모든 낙태를 처벌할 수 없게 됨으로써 용인하기 어려운 법적 공백이 생기게 된다. … 따라서 <u>자기낙태죄 조항과 의사낙태죄 조항에 대하여 **단순위헌 결정을 하는 대신 각각 헌법불합치 결정을 선고하되,** 다만 입법자의 개선입법이 이루어질 때까지 **계속적용을 명함**이 타당하다</u>(헌재 2019. 4. 11. 2017헌바127).

● 정답 1555. O   1555-1. X [보호정도·수단 차등 가능]   1555-2. X [성장 상태가 보호여부의 기준이 될 수 있음]   1556. X [소수의견]
1556-1. X [헌법불합치 결정]

1557 임신한 여성의 자기낙태를 처벌하는 「형법」조항은 「모자보건법」이 정한 일정한 예외를 제외하고는 임신기간 전체를 통틀어 모든 낙태를 전면적·일률적으로 금지하고, 이를 위반할 경우 형벌을 부과하도록 정함으로써 임신한 여성에게 임신의 유지·출산을 강제하고 있으므로, 과잉금지원칙을 위반하여 임신한 여성의 자기결정권을 침해한다. 23 지방 7   O | X

1557-1 「형법」상 자기낙태죄 조항은 입법목적을 달성하기 위하여 필요한 최소한의 정도를 넘어 임신한 여성의 자기결정권을 제한하고 있어 침해의 최소성을 갖추지 못하였고, 태아의 생명 보호라는 공익에 대하여만 일방적이고 절대적인 우위를 부여함으로써 법익균형성의 원칙도 위반하였으므로 과잉금지원칙을 위반하여 임신한 여성의 자기결정권을 침해한다. 22 5급   O | X

1557-2 자기낙태죄는 임신한 여성의 자기결정권에 대한 과도한 제한이라고 보기 어려워 헌법에 위반되지 않는다. 20 국회 9   O | X

자기낙태죄 조항이 모자보건법에서 정한 사유에 해당하지 않는다면 결정가능기간 중에 다양하고 광범위한 **사회적·경제적 사유로 인하여 낙태갈등 상황을** 겪고 있는 경우까지도 예외 없이 **전면적·일률적으로 임신한 여성에게 임신의 유지 및 출산을 강제하고, 이를 위반하여 낙태한 경우 형사처벌**하고 있는 것은 그 입법목적을 달성하기 위하여 필요한 최소한의 정도를 넘어 임신한 여성의 자기결정권을 제한하는 것이므로, 입법목적의 달성을 위한 최소한의 불가피한 수단이라고 볼 수 없다. … 자기낙태죄 조항은 입법목적을 달성하기 위하여 필요한 최소한의 정도를 넘어 임신한 여성의 자기결정권을 제한하고 있어 침해의 최소성을 갖추지 못하고 있으며, 법익균형성의 원칙도 위반하였다고 할 것이므로, 과잉금지원칙을 위반하여 **임신한 여성의 자기결정권을 침해하는 위헌인 규정**이다(헌재 2019. 4. 11. 2017헌바127).

1558 업무상동의낙태죄와 자기낙태죄는 대향범이므로, 임신한 여성의 자기낙태를 처벌하는 것이 위헌이라고 판단되는 경우에는 동일한 목표를 실현하기 위해 부녀의 촉탁 또는 승낙을 받아 낙태하게 한 의사를 형사처벌하는 의사낙태죄 조항도 당연히 위헌이 되는 관계에 있다. 19 법무사   O | X

업무상동의낙태죄와 자기낙태죄는 **대향범**이므로, 임신한 여성의 자기낙태를 처벌하는 것이 위헌이라고 판단되는 경우에는 동일한 목표를 실현하기 위해 부녀의 촉탁 또는 승낙을 받아 낙태하게 한 의사를 형사처벌하는 **의사낙태죄 조항도 당연히 위헌**이 되는 관계에 있다(헌재 2019. 4. 11. 2017헌바127).

POINT 105 계약의 자유

01 계약의 자유

1559 계약자유의 원칙이란 계약을 체결할 것인가의 여부, 체결한다면 어떠한 내용의, 어떠한 상대방과의 관계에서, 어떠한 방식으로 계약을 체결하느냐 하는 것도 당사자 자신이 자기의사로 결정하는 자유뿐만 아니라, 원치 않으면 계약을 체결하지 않을 자유를 말하며, 이는 헌법상의 행복추구권 속에 함축된 일반적 행동자유권으로부터 파생되는 것이다. 21 소간   O | X

1559-1 계약자유의 원칙은 헌법상의 행복추구권 속에 함축된 일반적 행동자유권으로부터 파생되는 것이 아니다. 11 국가 7   O | X

정답 1557. O   1557-1. O   1557-2. X [자기결정권 과도하게 제한하여 위헌]   1558. O   1559. O   1559-1. X [파생됨]

이른바 **계약자유의 원칙**이란 계약을 체결할 것인가의 여부, 체결한다면 어떠한 내용의, 어떠한 상대방과의 관계에서, 어떠한 방식으로 계약을 체결하느냐 하는 것도 **당사자 자신이 자기의사로 결정하는 자유**뿐만 아니라, 원치 않으면 **계약을 체결하지 않을 자유**를 말하여, 이는 헌법상의 행복추구권속에 함축된 **일반적 행동자유권으로부터 파생되는 것이라 할 것이다**(헌재 1991. 6. 3. 89헌마204).

1560 계약의 자유는 계약을 체결할 것인지의 여부, 체결한다면 어떠한 내용의 계약을, 어떠한 상대방과의 관계에서, 어떠한 방식으로 체결하느냐 하는 것도 당사자 자신이 자기의사로 결정하는 자유뿐만 아니라, 원치 않는 계약의 체결을 법이나 국가에 의하여 강제 받지 않을 자유도 포함한다. 22 법원 9 O|X

계약의 자유는 계약을 체결할 것인지의 여부, 체결한다면 **어떠한 내용**의 계약을, **어떠한 상대방**과의 관계에서, **어떠한 방식으로** 체결하느냐 하는 것도 당사자 자신이 **자기의사로 결정하는 자유**뿐만 아니라 **원치 않으면 계약을 체결하지 않을 자유**, 즉 원치 않는 계약의 체결은 법이나 국가에 의하여 **강제 받지 않을 자유**이다(헌재 2021. 10. 28. 2019헌마288).

02 관련판례

1561 석조, 석회조, 연와조 또는 이와 유사한 견고한 건물 기타 공작물의 소유를 목적으로 하는 토지임대차나 식목, 채염을 목적으로 하는 토지임대차를 제외한 임대차의 존속기간을 예외 없이 20년으로 제한한 조항은 사적 자치에 의한 자율적 거래관계 형성을 왜곡하므로 계약의 자유를 침해한다. 22 법원 9 O|X

이 사건 법률조항은 제정 당시에 비해 현저히 변화된 현재의 사회경제적 현상을 제대로 반영하지 못하는 데 그치는 것이 아니라, 당사자가 20년이 넘는 임대차를 원할 경우 우회적인 방법을 취할 수밖에 없게 함으로써 사적 자치에 의한 자율적 거래관계 형성을 왜곡하고 있다. … 이 사건 법률조항은 입법취지가 불명확하고, 사회경제적 효율성 측면에서 일정한 목적의 정당성이 인정된다 하더라도 과잉금지원칙을 위반하여 **계약의 자유를 침해한다**(헌재 2013. 12. 26. 2011헌바234).

1562 이동통신사업자 등으로부터 이동통신단말장치를 구입하는 경우 이동통신단말장치 구매 지원금 상한제를 규정하는 「단말기유통법」은, 이동통신단말장치를 구입하여 이동통신서비스를 이용하고자 하는 사람들의 계약의 자유를 제한하지만 과잉금지원칙에 위배되지는 않는다. 17 국가 7(추) O|X

1562-1 「이동통신단말장치 유통구조 개선에 관한 법률」상 이동통신단말장치 구매지원금 상한 조항은 이동통신단말장치를 구입하고, 이동통신서비스의 이용에 관한 계약을 체결하고자 하는 자의 일반적 행동자유권에서 파생하는 계약의 자유를 침해한다. 18 국회 8 O|X

지원금 상한 조항은 계약 당사자인 이동통신사업자 등과 이용자인 청구인들이 이동통신단말장치를 구입하고 이동통신서비스 이용에 관한 계약을 체결함에 있어 자유로운 의사에 따라 지원금 지급의 조건이나 액수와 같은 계약의 구체적인 내용을 정할 수 있는 **계약의 자유를 제한**한다. … 지원금 상한 조항은 이동통신단말장치의 공정하고 투명한 유통질서를 확립하여 이동통신 산업의 건전한 발전과 이용자의 권익을 보호하기 위한 것으로 이러한 입법목적에는 정당성이 인정되며, 이동통신단말장치 구매 지원금 상한제는 이러한 목적을 달성하기 위한 적절한 수단이다. … **지원금 상한 조항은 청구인들의 계약의 자유를 침해하지 아니한다**(헌재 2017. 5. 25. 2014헌마844).

● 정답 1560. O   1561. O   1562. O   1562-1. X [계약의 자유 침해 X]

1563 증여계약의 합의해제에 따라 신고기한 이내에 증여받은 재산을 반환하는 경우 처음부터 증여가 없었던 것으로 보는 대상에서 '금전'을 제외한 규정은 수증자의 계약의 자유를 침해한다. 22 법원 9   O | X

'금전'의 경우 일반적인 재화의 교환수단으로서 그 목적물이 특정되지 아니하므로 현실적으로 '당초 증여받은 금전'과 '반환하는 금전'의 동일성을 확인할 방법이 없어, 금전을 비과세대상에 포함시킬 경우 증여세 회피 우려가 높기 때문에 심판대상조항은 증여세 회피기도를 차단하고 과세행정의 능률을 제고하기 위한 것으로서 그 입법목적의 정당성이 인정되며, 증여의 합의해제에 따른 증여세 비과세대상에서 금전을 일률적으로 제외하는 것은 위와 같은 입법목적 달성에 기여하므로 수단의 적절성도 인정된다. … 나아가 금전증여의 경우 합의해제가 행해지는 통상의 동기가 조세회피 내지 편법적 절세에 있는 이상, 보호하여야 할 사적 자치의 이익이 크다고 할 수 없어 법익의 균형성도 충족되므로 심판대상조항은 과잉금지원칙에 위배되어 **수증자의 계약의 자유 및 재산권을 침해한다고 할 수 없다**(헌재 2015. 12. 23. 2013헌바117).

1564 사용자의 성실교섭의무 위반에 대한 형사처벌은 계약의 자유와 기업의 자유를 침해하여 위헌이다. 19 국회 9   O | X

이 사건 법률 조항은 헌법상 보장된 단체교섭권을 실효성 있게 하기 위한 것으로서 정당한 입법목적을 가지고 있다. 입법자는 이 사건 조항으로써 사용자에게 성실한 태도로 단체교섭 및 단체협약체결에 임하도록 하는 수단을 택한 것인데, 이는 위와 같은 입법목적의 달성에 적합한 것이다. … 따라서 이 사건 조항이 비례의 원칙에 위배하여 청구인의 **계약의 자유, 기업활동의 자유, 집회의 자유를 침해한 것이라 볼 수 없다**(헌재 2002. 12. 18. 2002헌바12).

● 정답 1563. X [계약의 자유 침해 X]   1564. X [침해 X]

Chapter 03 평등권

POINT 106 평등원칙 및 평등권

01 평등원칙 및 평등권

1565 헌법은 그 전문에서 기회균등을 선언하고 있는바, 그것은 우리 헌법의 최고원리로서 국가가 입법을 하거나 법을 해석하고 집행함에 있어 따라야 할 기준이다. 23 해간 O | X

헌법은 그 전문에 '정치, 경제, 사회, 문화의 모든 영역에 있어서 각인의 기회를 균등히 하고'라고 규정하고, 제11조 제1항에 "모든 국민은 법앞에 평등하다."고 규정하여 기회균등 또는 평등의 원칙을 선언하고 있는바, 평등의 원칙은 국민의 기본권 보장에 관한 우리 헌법의 최고원리로서 국가가 입법을 하거나 법을 해석 및 집행함에 있어 따라야할 기준인 동시에, 국가에 대하여 합리적 이유 없이 불평등한 대우를 하지 말 것과, 평등한 대우를 요구할 수 있는 모든 국민의 권리로서, 국민의 기본권중의 기본권인 것이다(헌재 1989. 1. 25. 88헌가7).

1566 평등의 원칙은 국민의 기본권 보장에 관한 우리 헌법의 최고원리로서 국가가 입법을 하거나 법을 해석 및 집행함에 있어 따라야 할 기준인 동시에, 국가에 대하여 합리적 이유 없이 불평등한 대우를 하지 말 것과 평등한 대우를 요구할 수 있는 국민의 권리이다. 20 법무사 O | X

헌법은 그 전문에 "정치, 경제, 사회, 문화의 모든 영역에 있어서 각인의 기회를 균등히 하고"라고 규정하고, 제11조 제1항에 "모든 국민은 법앞에 평등하다"고 규정하여 기회균등 또는 평등의 원칙을 선언하고 있는바, 평등의 원칙은 국민의 기본권 보장에 관한 우리 헌법의 최고원리로서 국가가 입법을 하거나 법을 해석 및 집행함에 있어 따라야할 기준인 동시에, 국가에 대하여 합리적 이유없이 불평등한 대우를 하지 말 것, 평등한 대우를 요구할 수 있는 모든 국민의 권리로서, 국민의 기본권중의 기본권인 것이다(헌재 1989. 1. 25. 88헌가7).

02 법 앞의 평등의 의미

1567 '법 앞에 평등'이란 행정부나 사법부에 의한 법적용상의 평등을 뜻하는 것 외에도 입법권자에게 정의와 형평의 원칙에 합당하게 합헌적으로 법률을 제정하도록 하는 것을 명령하는 법내용상의 평등을 의미한다. 10 국회 8 O | X

1567-1 평등원칙은 법 적용상의 평등을 의미하여 행정권과 사법권만을 구속할 뿐이므로, 평등원칙이 입법권까지 구속하는 것은 아니다. 22 변호사 O | X

우리 헌법이 선언하고 있는 "법앞의 평등"은 행정부나 사법부에 의한 법적용상의 평등만을 의미하는 것이 아니고, 입법권자에게 정의와 형평의 원칙에 합당하게 합헌적으로 법률을 제정하도록 하는 것을 명하는 법내용상의 평등을 의미하고 있기 때문에 그 입법내용이 정의와 형평에 반하거나 자의적으로 이루어진 경우에는 평등권 등의 기본권을 본질적으로 침해한 입법권의 행사로서 위헌성을 면하기 어렵다고 할 것이다(헌재 1995. 10. 26. 92헌바45).

◆정답 1565. ◯ 1566. ◯ 1567. ◯ 1567-1. ✕ [입법권 구속 (법 제정의 평등)]

1568 헌법 제11조 제1항의 규범적 의미는 '법 적용의 평등'에서 끝나지 않고, 더 나아가 입법자에 대해서도 그가 입법을 통해서 권리와 의무를 분배함에 있어서 적용할 가치평가의 기준을 정당화할 것을 요구하는 '법 제정의 평등'을 포함한다. 22 소간, 21 지방 7 O | X

1568-1 헌법상 평등원칙의 규범적 의미는 '법 적용의 평등'을 의미하는 것이지, 입법자가 입법을 통해서 권리와 의무를 분배함에 있어서 적용할 가치평가의 기준을 정당화할 것을 요구하는 '법 제정의 평등'을 포함하는 것은 아니다. 23 경정 O | X

1568-2 '법 앞에 평등'이란 법의 적용과 집행이 평등하여야 한다는 '법 제정의 평등'만이 아니라, 법의 내용도 평등해야 한다는 '법 적용의 평등'을 의미한다. 14 국회 8 O | X

헌법 제11조 제1항의 규범적 의미는 이와 같은 '**법 적용의 평등**'에서 끝나지 않고, 더 나아가 **입법자**에 대해서도 그가 입법을 통해서 권리와 의무를 분배함에 있어서 적용할 **가치평가의 기준을 정당화**할 것을 요구하는 '**법 제정의 평등**'을 포함한다. 따라서 평등원칙은 입법자가 법률을 제정함에 있어서 법적 효과를 달리 부여하기 위하여 선택한 차별의 기준이 객관적으로 정당화될 수 없을 때에는 그 기준을 법적 차별의 근거로 삼는 것을 금지한다(헌재 2000. 8. 31. 97헌가12).

1569 행위규범으로서의 평등원칙은 입법자에게 객관적으로 같은 것은 같게 다른 것은 다르게, 규범의 대상을 실질적으로 평등하게 규율할 것을 요구하고 있다. 12 국회 8 O | X

평등원칙은 **행위규범**으로서 입법자에게, 객관적으로 같은 것은 같게 다른 것은 다르게, **규범의 대상을 실질적으로 평등하게 규율**할 것을 요구하고 있다(헌재 1997. 1. 16. 90헌마110).

1570 헌법 제11조 제1항에서 정한 법 앞에서의 평등의 원칙은 본질적으로 같은 것은 같게, 본질적으로 다른 것은 다르게 취급할 것을 요구하는 것으로 일체의 차별적 대우를 부정하는 절대적 평등을 의미하는 것이 아니라 입법과 법의 적용에 있어서 합리적인 근거가 없는 차별을 배제하는 상대적 평등을 의미한다. 23 경정 O | X

1570-1 평등의 원칙은 일체의 차별적 대우를 부정하는 절대적 평등을 의미하는 것이 아니라 입법과 법의 적용에 있어서 합리적 근거 없는 차별을 하여서는 아니 된다는 상대적 평등을 뜻하고 따라서 합리적 근거 있는 차별 내지 불평등은 평등의 원칙에 반하는 것이 아니다. 23 해경 O | X

1570-2 평등원칙은 일체의 차별적 대우를 부정하는 절대적 평등을 의미하는 것으로, 입법과 법의 적용에 있어서 합리적 이유 없는 차별을 하여서는 아니 된다는 상대적 평등을 의미하는 것은 아니다. 24 5급 O | X

일반적으로 평등원칙은 입법자에게 본질적으로 같은 것을 자의적으로 다르게, 본질적으로 다른 것을 자의적으로 같게 취급하는 것을 금하고 있다. 하지만 이러한 평등원칙은 일체의 차별적 대우를 부정하는 **절대적 평등**을 의미하는 것이 아니라 입법과 법의 적용에 있어서 합리적인 근거가 없는 차별을 하여서는 아니 된다는 **상대적 평등**을 뜻하고, 따라서 **합리적 근거가 있는 차별 또는 불평등**은 평등원칙에 반하는 것이 아니다(헌재 2015. 5. 28. 2013헌바82 등).

1571 헌법이 규정한 평등의 원칙은 국가가 언제 어디에서 어떤 계층을 대상으로 하여 기본권에 관한 상황이나 제도의 개선을 시작할 것인지를 선택하는 것을 방해하지는 않는다. 22 소간 O | X

● 정답 1568. O 1568-1. X ['법 제정의 평등'을 포함함] 1568-2. X [제정과 적용 설명 바뀜] 1569. O 1570. O 1570-1. O 1570-2. X [절대적 평등 X → 상대적 평등 의미 O] 1571. O

헌법 제11조 제1항이 규정하는 평등의 원칙은 국가가 언제 어디에서 어떤 계층을 대상으로 하여 기본권에 관한 상황이나 제도의 개선을 시작할 것인지를 선택하는 것을 방해하지는 아니한다. 그것이 허용되지 아니한다면, 모든 사항과 계층을 대상으로 하여 동시에 제도의 개선을 추진하는 예외적 경우를 제외하고는 어떠한 제도의 개선도 평등의 원칙 때문에 그 시행이 불가능하다는 결과에 이르게 되어 불합리할 뿐 아니라 평등의 원칙이 실현하고자 하는 가치와도 어긋나기 때문이다(헌재 2019. 9. 26. 2018헌마315).

1572 국가가 합리적인 기준에 따라 능력이 허용하는 범위 내에서 법적 가치의 상향적인 구현을 위한 제도의 단계적 개선을 추진할 수 있는 방안을 선택하는 것은 평등원칙에 위배되지 않는다. 23 입시 O|X

1572-1 헌법상 평등원칙은 국가가 합리적인 기준에 따라 능력이 허용하는 범위 내에서 법적 가치의 상향적 구현을 위한 제도의 단계적인 개선을 추진할 수 있는 길을 선택할 수 있도록 한다. 19 경정 O|X

헌법상 평등의 원칙은 국가가 언제 어디에서 어떤 계층을 대상으로 하여 기본권에 관한 사항이나 제도의 개선을 시작할 것인지를 선택하는 것을 방해하지는 않는다. 말하자면 국가는 합리적인 기준에 따라 능력이 허용하는 범위 내에서 법적 가치의 상향적 구현을 위한 제도의 단계적 개선을 추진할 수 있는 길을 선택할 수 있어야 한다(헌재 1991. 2. 11. 90헌가27).

1573 유사한 성격의 규율대상에 대하여 이미 입법이 있다 하더라도, 평등원칙을 근거로 입법자에게 청구인들에게도 적용될 입법을 하여야 할 헌법상의 의무가 발생한다고 볼 수 없다. 22 경찰 2차 O|X

가사 그것이 본질적으로 동일하다고 보더라도 이를 근거로 입법자에게 청구인들에게도 적용될 유사한 내용의 입법을 하여야 할 헌법상의 의무가 발생한다고 볼 수 없다. 왜냐하면 평등원칙은 원칙적으로 입법자에게 헌법적으로 아무런 구체적인 입법의무를 부과하지 않고, 다만, 입법자가 평등원칙에 반하는 일정 내용의 입법을 하게 되면, 이로써 피해를 입게 된 자는 직접 당해 법률조항을 대상으로 하여 평등원칙의 위반여부를 다툴 수 있을 뿐이기 때문이다(헌재 2003. 1. 30. 2002헌마358).

1574 국가라 할지라도 국고작용으로 인한 민사관계에 있어서는 일반인과 같이 원칙적으로 대등하게 다루어져야 하며 국가라고 하여 우대하여야 할 헌법상의 근거가 없다. 22 경찰 2차 O|X

헌법전문 및 헌법상의 평등의 원칙과 사유재산권의 보장은 그가 누구냐에 따라 차별대우가 있어서는 아니되고 비록 국가라 할지라도 국고작용으로 인한 민사(民事)관계에 있어서는 일반인과 같이 원칙적으로 대등하게 다루어져야 하며 국가라고하여 우대하여야 할 헌법상의 근거가 없으며 이는 입법을 함에 있어서도 따라야 할 우리 헌법의 기본원리이다(헌재 1991. 5. 13. 89헌가97).

03 차별금지사유

1575 헌법은 누구든지 성별·종교 또는 사회적 신분에 의하여 정치적·경제적·사회적·문화적 생활의 모든 영역에 있어서 차별을 받지 아니한다고 규정하고 있다. 24 5급 O|X

1575-1 헌법은 차별금지 사유로 성별, 종교, 인종 또는 사회적 신분을 명시적으로 규정하고 있다. 18 5급 O|X

헌법 제11조 ① 모든 국민은 법 앞에 평등하다. 누구든지 성별·종교 또는 사회적 신분에 의하여 정치적·경제적·사회적·문화적 생활의 모든 영역에 있어서 차별을 받지 아니한다.

정답 1572. O   1572-1. O   1573. O   1574. O   1575. O   1575-1. ×[인종 無]

1576 사회적 특수계급의 제도는 인정되지 아니하며, 어떠한 형태로도 이를 창설할 수 없다.
23 해경, 22 국회 9, 21 법원 9   O | X

> 헌법 제11조 ② **사회적 특수계급의 제도**는 인정되지 아니하며, 어떠한 형태로도 이를 창설할 수 없다.

1577 훈장 등의 영전은 이를 받은 자에게만 효력이 있고, 어떠한 특권도 이에 따르지 아니한다.
23 해경, 21 법원 9, 11 법원 9   O | X

1577-1 훈장은 이를 받은 자와 그 자손에게 효력이 있으나, 이에 대한 특권은 훈장을 받은 자에게만 인정된다.
24 5급   O | X

> 헌법 제11조 ③ 훈장등의 **영전**은 이를 **받은 자에게만 효력**이 있고, 어떠한 **특권**도 이에 따르지 아니한다.

1578 헌법 제11조 제1항의 사회적 신분이란 사회에서 장기간 점하는 지위로서 일정한 사회적 평가를 수반하는 것을 의미한다 할 것이므로 전과자도 사회적 신분에 해당된다. 23 경채   O | X

사회적 신분이란 사회에서 장기간 점하는 지위로서 일정한 **사회적 평가를 수반하는 것을** 의미한다 할 것이므로 **전과자도 사회적 신분에** 해당된다고 할 것이며 누범을 가중처벌하는 것이 전과자라는 사회적 신분을 이유로 차별대우를 하는 것이 되어 헌법상의 평등의 원칙에 위배되는 것이 아닌가 하는 의문이 생길 수 있으므로 이에 대하여 살펴본다(헌재 1995. 2. 23. 93헌바43).

1579 누범에 대한 가중처벌은 평등원칙에 위반되지 않는다. 17 입시   O | X

1579-1 헌법 제11조 제1항에서의 사회적 신분이란 사회에서 장기간 점하는 지위로서 일정한 사회적 평가를 수반하는 것을 의미하므로 전과자도 사회적 신분에 해당되고, 따라서 누범을 가중처벌하는 것은 전과자라는 사회적 신분을 이유로 차별대우를 하는 것이어서 평등원칙에 위배된다. 22 변호사   O | X

누범을 가중처벌하는 것은 전범에 대한 형벌의 경고적 기능을 무시하고 다시 범죄를 저질렀다는 점에서 비난가능성이 많고, 누범이 증가하고 있다는 현실에서 사회방위, 범죄의 특별예방 및 일반예방이라는 형벌목적에 비추어 보아, 형법 제35조가 누범에 대하여 형을 가중한다고 해서 그것이 인간의 존엄성 존중이라는 헌법의 이념에 반하는 것도 아니며, **누범을 가중하여 처벌**하는 것은 사회방위, 범죄의 특별예방 및 일반예방, 더 나아가 사회의 질서유지의 목적을 달성하기 위한 하나의 수단이기도 하는 것이므로 이는 합리적 근거 있는 차별이어서 헌법상의 **평등의 원칙에 위배되지 아니한다**(헌재 1995. 2. 23. 93헌바43).

04 잠정적 우대조치

1580 잠정적 우대조치라 함은, 종래 사회로부터 차별을 받아 온 일정집단에 대해 그동안의 불이익을 보상하여 주기 위하여 그 집단의 구성원이라는 이유로 취업이나 입학 등의 영역에서 직·간접적으로 이익을 부여하는 조치를 말한다. 22 경채   O | X

잠정적 우대조치라 함은, 종래 **사회로부터 차별을 받아 온 일정집단에** 대해 **그동안의 불이익을 보상**하여 주기 위하여 그 집단의 **구성원이라는 이유로 취업이나 입학 등의** 영역에서 **직·간접적으로 이익을 부여하는 조치를** 말한다. 잠정적 우대조치의 특징으로는 이러한 정책이 개인의 자격이나 실적보다는 **집단의 일원**이라는 것을 근거로 하여 혜택을 준다는 점, 기회의 평등보다는 **결과의 평등을** 추구한다는 점, 항구적 정책이 아니라 구제목적이 실현되면 종료하는 **임시적 조치**라는 점 등을 들 수 있다(헌재 1999. 12. 23. 98헌마363).

정답 1576. O 1577. O 1577-1. X [자손에게 효력 無 / 특권 부정] 1578. O 1579. O 1579-1. X [평등원칙 위배 X] 1580. O

1581 잠정적 우대조치의 특징은 개인의 자격이나 실적보다는 집단의 일원이라는 것을 근거로 하여 혜택을 준다는 점에 있다. 22 경채   O | X

1581-1 잠정적 우대조치는 기회의 평등보다는 결과의 평등을 추구한다. 22 경채   O | X

1581-2 적극적 평등실현조치는 결과의 평등보다는 기회의 평등을 추구하기 때문에 합헌적 정책이다.
15 법원 9   O | X

1581-3 잠정적 우대조치는 항구적 정책이 아니라 구제목적이 실현되면 종료하는 임시적 조치이다. 22 경채   O | X

잠정적 우대조치라 함은, 종래 사회로부터 차별을 받아 온 일정집단에 대해 그동안의 불이익을 보상하여 주기 위하여 그 집단의 구성원이라는 이유로 취업이나 입학 등의 영역에서 직·간접적으로 이익을 부여하는 조치를 말한다. 잠정적 우대조치의 특징으로는 이러한 정책이 개인의 자격이나 실적보다는 <u>**집단의 일원**이라는 것을 근거로 하여 혜택을 준다는 점, 기회의 평등보다는 **결과의 평등**을 추구한다는 점, 항구적 정책이 아니라 구제목적이 실현되면 종료하는 **임시적 조치**라는 점 등을 들 수 있다</u>(헌재 1999. 12. 23. 98헌마363).

1582 대통령령으로 정하는 공공기관 및 공기업으로 하여금 매년 정원의 100분의 3 이상씩 34세 이하의 청년 미취업자를 채용하도록 한「청년고용촉진 특별법」조항은 35세 이상 미취업자들의 평등권과 직업선택의 자유를 침해하지 않는다. 16 지방 7   O | X

1582-1 「청년고용촉진특별법」관련 규정에서 2014. 1. 1.부터 3년간 한시적으로 대통령령으로 정하는 공공기관과 지방공기업은 매년 정원의 100분의 3 이상씩 35세 미만의 청년 미취업자를 고용하도록 의무화하는 '청년할당제'는 공공기관과 지방공기업에 취업하려고 하는 35세 이상된 사람들의 평등권 및 직업선택의 자유를 침해하여 헌법에 위반된다. 16 국회 8   O | X

청년할당제는 일정 규모 이상의 기관에만 적용되고, 전문적인 자격이나 능력을 요하는 경우에는 적용을 배제하는 등 상당한 예외를 두고 있다. 더욱이 3년 간 한시적으로만 시행하며, 청년할당제가 추구하는 청년실업해소를 통한 지속적인 경제성장과 사회 안정은 매우 중요한 공익인 반면, 청년할당제가 시행되더라도 현실적으로 35세 이상 미취업자들이 공공기관 취업기회에서 불이익을 받을 가능성은 크다고 볼 수 없다. 따라서 <u>이 사건 **청년할당제가** 청구인들의 **평등권, 공공기관 취업의 자유를 침해한다고 볼 수 없다**</u>(헌재 2014. 8. 28. 2013헌마553).

POINT 107 평등여부위반 심사

1583 입법자가 헌법 제11조 제1항의 평등원칙에 어느 정도로 구속되는가는 그 규율대상과 차별기준의 특성을 고려하여 구체적으로 결정된다. 22 소간   O | X

평등원칙은 입법자가 법률을 제정함에 있어서 법적 효과를 달리 부여하기 위하여 선택한 차별의 기준이 객관적으로 정당화될 수 없을 때에는 그 기준을 법적 차별의 근거로 삼는 것을 금지한다. 이때 입법자가 헌법 제11조 제1항의 평등원칙에 어느 정도로 구속<u>되는가는 그 **규율대상과 차별기준의 특성**을 고려하여 **구체적으로 결정**된다</u>(헌재 2000. 8. 31. 97헌가12).

●정답 1581. O   1581-1. O   1581-2. X [결과의 평등 추구]   1581-3. O   1582. O   1582-1. X [평등권 및 작업의 자유 침해 X]   1583. O

1584 평등위반 여부를 심사함에 있어 엄격한 심사척도에 의할 것인지, 완화된 심사척도에 의할 것인지는 입법자에게 인정되는 입법형성권의 정도에 따라 달라진다. 23 해간, 19 경정, 18 5급   O|X

> 평등위반 여부를 심사함에 있어 엄격한 심사척도에 의할 것인지, 완화된 심사척도에 의할 것인지는 입법자에게 인정되는 <u>입법형성권의 정도</u>에 따라 달라지게 될 것이다(헌재 1999. 12. 23. 98헌마363).

1585 평등원칙은 행위규범으로서 입법자에게, 객관적으로 같은 것은 같게 다른 것은 다르게, 규범의 대상을 실질적으로 평등하게 규율할 것을 요구하고 있으므로 헌법재판소가 행하는 규범에 대한 심사는 그것이 가장 합리적이고 타당한 수단인가를 원칙적으로 엄격하게 심사하여야 한다. 10 국회 8   O|X

1585-1 헌법재판소의 심사기준이 되는 행위규범으로서의 평등원칙은 단지 자의적인 입법의 금지기준만을 의미하는 것이 아니므로 헌법재판소는 입법자의 결정에서 차별을 정당화할 수 있는 합리적인 이유가 있는 경우에도 평등원칙의 위반을 선언해야 한다. 22 소간   O|X

> 평등원칙은 <u>행위규범</u>으로서 입법자에게, 객관적으로 같은 것은 같게 다른 것은 다르게, <u>규범의 대상을 실질적으로 평등하게 규율할 것을 요구</u>하고 있다. 그러나 헌법재판소의 심사기준이 되는 <u>통제규범</u>으로서의 평등원칙은 단지 <u>자의적인 입법의 금지 기준만을 의미</u>하게 되므로 헌법재판소는 입법자의 결정에서 차별을 정당화할 수 있는 <u>합리적인 이유를 찾아볼 수 없는 경우에만 평등원칙의 위반을 선언</u>하게 된다. 즉 헌법에 따른 입법자의 평등실현의무는 헌법재판소에 대하여는 단지 자의금지원칙으로 그 의미가 한정축소된다(헌재 1997. 1. 16. 90헌마110).

1586 일반적으로 차별이 정당한지 여부에 대해서는 자의성 여부를 심사하지만, 헌법에서 특별히 평등을 요구하고 있는 경우나 차별적 취급으로 인하여 관련 기본권에 대한 중대한 제한을 초래하게 된다면 입법형성권은 축소되어 보다 엄격한 심사척도가 적용된다. 24 소간   O|X

1586-1 헌법재판소는 평등권의 침해 여부를 심사할 때, 원칙적으로 완화된 심사의 경우 자의금지원칙에 의한 심사를 하고 엄격심사의 경우 과소보호금지원칙에 의한 심사를 한다. 24 5급   O|X

> 일반적으로 차별이 정당한지 여부에 대해서는 <u>자의성 여부를 심사</u>하지만, <u>헌법에서 특별히 평등을 요구</u>하고 있는 경우나 차별적 취급으로 인하여 <u>관련 기본권에 대한 중대한 제한을 초래하게 된다면 입법형성권은 축소되어 보다 엄격한 심사척도가 적용</u>된다(헌재 2011. 2. 24. 2008헌바56).

1587 평등원칙 위반 여부를 심사할 때 헌법에서 특별히 평등을 요구하고 있는 경우나 차별적 취급으로 인하여 기본권에 대한 중대한 제한을 초래하는 경우에는 자의금지원칙에 따른 심사에 그치지 아니하고 비례성원칙에 따른 심사를 함이 타당하다. 17 법원 9   O|X

1587-1 헌법에서 특별히 평등을 요구하고 있는 경우나 차별적 취급으로 인하여 관련 기본권에 중대한 제한을 초래하게 되는 경우에는 완화된 심사척도인 자의금지원칙이 적용된다. 23 해경, 19 경정   O|X

1587-2 비례의 원칙에 의한 평등심사는 문제의 차별적 취급으로 인하여 관련 기본권에 대한 중대한 제한이 초래되는 경우에 하는 심사방식으로서, 광범위한 입법형성권을 인정하는 심사방식이다. 11 법원 9   O|X

● 정답 1584. ○   1585. ×[엄격심사 ×, 자의금지심사 ○]   1585-1. ×[행위규범 ×, 통제규범 ○ / 합리적 이유 없는 경우에만 위반 선언]   1586. ○   1586-1. ×[과소보호금지원칙 × → 비례원칙 ○]   1587. ○   1587-1. ×[비례성원칙에 따른 심사]   1587-2. ×[축소된 입법형성권]

헌법에서 **특별히 평등을 요구**하고 있는 경우나, 차별적 취급으로 인하여 관련 **기본권에 대한 중대한 제한을 초래**하게 되는 경우에는 **입법형성권은 축소**되어 보다 엄격한 **심사척도가 적용**되어야 할 것이다. 여기서 엄격한 심사를 한다는 것은 자의금지원칙에 따른 심사, 즉 합리적 이유의 유무를 심사하는 것에 그치지 아니하고 **비례성원칙에 따른 심사**, 즉 차별취급의 목적과 수단 간에 엄격한 비례관계가 성립하는지를 기준으로 한 심사를 행함을 의미한다(헌재 2011. 10. 25. 2010헌마661).

1588 헌법이 스스로 차별의 근거로 삼아서는 아니되는 기준을 제시하거나 차별을 특히 금지하고 있는 영역을 제시하고 있는 경우나 차별적 취급으로 인하여 관련 기본권에 대한 중대한 제한을 초래하게 되는 영역에서는 엄격한 심사척도가 적용된다. 14 법원 9   O│X

1588-1 헌법에서 스스로 차별의 근거로 삼아서는 아니되는 기준을 제시하거나 차별을 특히 금지하고 있는 영역을 제시하는 경우에는 완화된 심사척도가 적용되어야 하나, 차별적 취급으로 인하여 관련 기본권에 대한 중대한 제한을 초래하게 되는 경우에는 엄격한 심사척도를 적용할 수 있다. 18 경정   O│X

평등위반 여부에 대한 심사는 그 심사기준에 따라 엄격한 심사척도가 적용될 수 있다. 헌법이 스스로 **차별의 근거로 삼아서는 아니되는 기준**을 제시하거나 **차별을 특히 금지하고 있는 영역**을 제시하고 있다면, 그러한 기준을 근거로 한 차별이나 그러한 영역에서의 차별에 대하여 엄격하게 심사하는 것이 정당화된다. 차별적 취급으로 인하여 **관련 기본권에 대한 중대한 제한**을 초래하게 된다면 **입법형성권은 축소**되어 보다 **엄격한 심사척도가 적용**되어야 할 것이다(헌재 2013. 10. 24. 2012헌바278).

POINT 108 자의금지원칙 A

01 자의금지원칙

1589 평등권의 침해 여부에 대한 심사는 그 심사기준에 따라 자의금지원칙에 의한 심사와 비례의 원칙에 의한 심사로 크게 나누어 볼 수 있다. 자의심사의 경우에는 차별을 정당화하는 합리적인 이유가 있는지만을 심사하기 때문에 그에 해당하는 비교대상간의 사실상의 차이나 입법목적(차별목적)의 발견, 확인에 그칠 수 있다. 23 국회 8   O│X

1589-1 평등권의 침해 여부에 대한 심사는 그 심사기준에 따라 자의금지원칙에 의한 심사와 비례의 원칙에 의한 심사로 크게 나누어 볼 수 있다. 자의심사의 경우에는 단순히 합리적인 이유의 존부문제가 아니라 차별을 정당화하는 이유와 차별간의 상관관계에 대한 심사, 즉 비교대상간의 사실상의 차이의 성질과 비중 또는 입법목적(차별목적)의 비중과 차별의 정도에 적정한 균형관계가 이루어져 있는가를 심사한다. 13 법원 9   O│X

1589-2 자의금지원칙은 입법자에게 본질적으로 같은 것을 자의적으로 다르게, 본질적으로 다른 것을 자의적으로 같게 취급하는 것을 금지한다는 의미에서 비례원칙보다 엄격한 심사기준이다. 14 국회 8   O│X

평등위반 여부에 대한 심사는 그 심사기준에 따라 **자의금지원칙에 의한 심사**와 **비례의 원칙에 의한 심사**로 크게 나누어 볼 수 있다. **자의심사의 경우에는 차별을 정당화하는 합리적인 이유**가 있는지만을 심사하기 때문에 그에 해당하는 **비교대상 간의 사실상의 차이나 입법목적(차별목적)의 발견·확인**에 그치는 반면에, **비례심사의 경우에는** 단순히 합리적인 이유의 존부문제가 아니라 **차별을 정당화하는 이유와 차별간의 상관관계에 대한 심사**, 즉 비교대상 간의 사실상의 차이의 성질과 비중 또는 입법목적(차별목적)의 비중과 차별의 정도에 **적정한 균형관계**가 이루어져 있는가를 심사한다(헌재 2008. 11. 27. 2006헌가1).

● 정답 1588. O   1588-1. X [모두 엄격심사척도 적용]   1589. O   1589-1. X [비례심사에 대한 설명]   1589-2. X [완화된 심사기준]

1590 평등원칙 위반의 특수성은 대상 법률이 정하는 '법률효과' 자체가 위헌이 아니라 그 법률효과가 수범자의 한 집단에만 귀속되어 '다른 집단과 사이에 차별'이 발생한다는 점에 있기 때문에, 평등원칙의 위반을 인정하기 위해서는 우선 법적용과 관련하여 상호 배타적인 '두 개의 비교집단'을 일정한 기준에 따라서 구분할 수 있어야 한다. 22 국가 7 O | X

평등원칙 위반의 특수성은 대상 법률이 정하는 '법률효과' 자체가 위헌이 아니라, 그 법률효과가 수범자의 한 집단에만 귀속하여 '다른 집단과 사이에 차별'이 발생한다는 점에 있기 때문에, 평등원칙의 위반을 인정하기 위해서는 우선 법적용에 관련하여 **상호 배타적인 '두 개의 비교집단'**을 일정한 기준에 따라서 **구분할 수 있어야 한다**(헌재 2003. 12. 18. 2002헌마593).

1591 평등원칙의 위반 여부를 판단함에 있어서는 먼저 본질적으로 동일한 것을 다르게 취급하고 있는가 하는 차별취급의 존재여부를 판단하여야 하는데, 두 개의 비교집단이 본질적으로 동일한지의 여부에 대한 판단은 일반적으로 당해 법률규정의 의미와 목적에 달려 있다. 11 법원 9 O | X

자의금지원칙의 위반에 대한 심사요건은 ① 본질적으로 동일한 것을 다르게 취급하고 있는가 하는 **차별취급의 여부**와, ② 이러한 차별취급이 **자의적인가의 여부**라고 할 수 있다. ①의 기준과 관련하여 두 개의 비교집단이 **본질적으로 동일한지의 여부**에 대한 **판단은** 일반적으로 **관련 헌법규정 및 당해 법규정의 의미와 목적**에 달려 있다. 그리고 ②의 기준과 관련하여 차별취급의 자의성은 **합리적인 이유가 결여**된 것을 의미한다(헌재 2003. 12. 18. 2002헌바91 등).

1592 공무원보수규정의 봉급액 책정에 있어서 경찰공무원과 군인은 「공무원보수규정」상의 봉급표에 있어서 본질적으로 동일·유사한 지위에 있다고 볼 수 없으므로 경장인 청구인의 평등권 침해는 문제되지 않는다. 22 경찰 1차 O | X

경찰공무원과 군인은 주된 임무가 다르지만, 양자 모두 국민의 생명·신체 및 재산에 대한 구체적이고 직접적인 위험을 예방하고 보호하는 업무를 수행하면서 그 과정에서 생명과 신체에 대한 상당한 위험을 부담한다. 나아가 국가비상사태, 대규모의 테러 또는 소요사태가 발생하였거나 발생할 우려가 있는 경우에는 경찰공무원은 치안유지를 위하여 군인에 상응하는 고도의 위험을 무릅쓰고 부여된 업무를 수행하여야만 한다. 이를 고려하여 볼 때, 직무의 곤란성과 책임의 정도에 따라 결정되는 공무원보수의 책정에 있어서 (국가공무원법 제46조 제1항), **경찰공무원과 군인은 본질적으로 동일·유사한 집단**이라고 할 것이다(헌재 2008. 12. 26. 2007헌마444).

1593 평등원칙 위반여부를 심사함에 있어서 자의금지원칙에 따른 심사의 경우에는 차별취급이 존재하는 경우 이를 자의적인 것으로 볼 수 있는지 여부를 심사하는데, 차별취급의 자의성은 합리적인 이유가 결여된 것을 의미하므로 차별대우를 정당화하는 객관적이고 합리적인 이유가 존재한다면 차별대우는 자의적인 것이 아니게 된다. 23 경정 O | X

자의금지원칙에 관한 심사요건은 첫째, 본질적으로 동일한 것을 다르게 취급하고 있는지에 관한 **차별취급의 존재 여부**, 둘째, 이러한 차별취급이 존재한다면 이를 **자의적인 것**으로 볼 수 있는지 여부라고 할 수 있다. 첫째 요건과 관련하여 두 개의 비교집단이 본질적으로 동일한가의 판단은 일반적으로 관련 헌법규정과 당해 법 규정의 의미와 목적에 달려 있고, 둘째 요건과 관련하여 **차별취급의 자의성은 합리적인 이유가 결여된 것을 의미하므로, 차별대우를 정당화하는 객관적이고 합리적인 이유가 존재한다면 차별대우는 자의적인 것이 아니게 된다**(헌재 2003. 1. 30. 2001헌마64).

정답 1590. O   1591. O   1592. X [동일·유사한 지위 O, 평등권 침해 문제됨]   1593. O

02 자의심사 판례

1 수혜적 법률

1594 수혜적 성격의 법률에는 입법자에게 광범위한 입법형성의 자유가 인정되므로 그 내용이 합리적인 근거를 가지지 못하여 현저히 자의적일 경우에만 헌법에 위반된다. 17 법원 9 O | X

수혜적 성격의 법률에는 입법자에게 **광범위한 입법형성의 자유**가 인정되므로 그 내용이 합리적인 근거를 가지지 못하여 **현저히 자의적일 경우에만 헌법에 위반된다**(헌재 2012. 8. 23. 2010헌마328).

1595 헌법상의 평등원칙은 사회보험인 건강보험의 보험료부과에 있어서 경제적 능력에 따른 부담이 이루어질 것을 요구하나, 건강보험제도나 노인장기요양보험제도는 전 국민에게 기본적인 의료서비스 및 요양서비스를 제공하기 위한 사회보장제도의 일종으로, 입법자는 이에 관하여 광범위한 입법형성권을 보유한다. 16 법원 9 O | X

헌법상의 평등원칙은 **사회보험인 건강보험의 보험료부과**에 있어서는 **경제적 능력에 따른 부담**이 이루어질 것을 요구한다. 다만, **건강보험제도나 노인장기요양보험제도**는 전 국민에게 기본적인 의료서비스 및 요양서비스를 제공하기 위한 **사회보장제도의 일종으로**, 입법자는 이에 관하여 **광범위한 입법형성권**을 가진다고 할 것이므로, 보험료 부담의 평등원칙 위반 여부는 **완화된 심사기준**에 따라 판단하기로 한다(헌재 2013. 7. 25. 2010헌바51).

1596 보건복지부장관이 최저생계비를 고시함에 있어 장애로 인한 추가지출비용을 반영한 별도의 최저생계비를 결정하지 않은 채 가구별 인원수만을 기준으로 최저생계비를 결정한 고시는 엄격한 기준인 비례성원칙에 따른 심사를 함이 타당하다. 20 경정 O | X

1596-1 가구별 인원수만을 기준으로 최저생계비를 결정한 2002년도 최저생계비고시는 장애인가구를 비장애인가구에 비하여 차별취급하여 평등권을 침해한다. 17 국회 8 O | X

(1) 이 사건 고시로 인한 장애인가구와 비장애인가구의 차별취급은 헌법에서 특별히 평등을 요구하는 경우 내지 차별대우로 인하여 자유권의 행사에 중대한 제한을 받는 경우에 해당한다고 볼 수 없는 점, 국가가 국민의 인간다운 생활을 보장하기 위하여 행하는 사회부조에 관하여는 입법부 내지 입법에 의하여 위임을 받은 행정부에게 사회보장, 사회복지의 이념에 명백히 어긋나지 않는 한 광범위한 형성의 자유가 부여된다는 점을 고려하면, 이 사건 고시로 인한 **장애인가구와 비장애인가구의 차별취급이 평등위반인지 여부**를 심사함에 있어서는 **완화된 심사기준인 자의금지원칙을 적용**함이 상당하다(헌재 2004. 10. 28. 2002헌마328).

(2) 비록 이 사건 고시를 장애인가구와 비장애인가구에게 일률적으로 적용하였다 하더라도 그러한 취급에는 합리성이 있다 할 것이고 이를 자의적인 것이라고 할 수는 없다 할 것이다. 따라서, 이 사건 고시가 생활능력 없는 장애인가구 구성원의 평등권을 침해한다고 할 수 없다(헌재 2004. 10. 28. 2002헌마328).

1597 보건복지부장관이 최저생계비를 고시함에 있어서 장애인가구와 비장애인가구를 구분하지 않고 일률적으로 동일한 최저생계비를 적용한 것은 자의적인 것으로 볼 수는 없다. 21 소간 O | X

1597-1 보건복지부장관이 2002년도 최저생계비를 고시함에 있어 장애로 인한 추가지출비용을 반영한 별도의 최저생계비를 결정하지 않은 채 가구별 인원수만을 기준으로 최저생계비를 결정한 '2002년도 최저생계비고시'가 생활능력 없는 장애인가구 구성원의 인간다운 생활을 할 권리를 침해하였다고 할 수 없다. 23 국회 8 O | X

● 정답 1594. O   1595. O   1596. X [자의금지원칙 적용]   1596-1. X [평등권 침해 X]   1597. O   1597-1. O

국가가 생활능력 없는 장애인의 인간다운 생활을 보장하기 위한 조치를 취함에 있어서 국가가 실현해야 할 객관적 내용의 최소한도의 보장에도 이르지 못하였다거나 헌법상 용인될 수 있는 재량의 범위를 명백히 일탈하였다고는 보기 어렵고, 또한 장애인가구와 비장애인가구에게 일률적으로 동일한 최저생계비를 적용한 것을 자의적인 것으로 볼 수는 없다. 따라서, 보건복지부장관이 2002년도 최저생계비를 고시함에 있어 장애로 인한 추가지출비용을 반영한 별도의 최저생계비를 결정하지 않은 채 가구별 인원수만을 기준으로 최저생계비를 결정한 것은 생활능력 없는 장애인가구 구성원의 인간의 존엄과 가치 및 행복추구권, 인간다운 생활을 할 권리, 평등권을 침해하였다고 할 수 없다(헌재 2004. 10. 28. 2002헌마328).

1598 독립유공자의 사망시기에 따라 그 손자녀의 보상금 지급 요건을 달리하거나 보상금 수급대상을 독립유공자의 손자녀 1명으로 한정한 「독립유공자예우에 관한 법률」 조항은 헌법에서 특히 평등을 요구하는 영역에서의 차별에 해당하지 않고 관련 기본권에 중대한 제한을 초래하지도 않는다. 24 경찰 1차

O | X

심판대상조항이 독립유공자의 사망시기에 따라 그 손자녀의 보상금 지급 요건을 달리하거나 보상금 수급대상을 독립유공자의 손자녀 1명으로 한정하는 것은 헌법에서 특히 평등을 요구하는 영역에서의 차별에 해당한다고 볼 수 없고, 심판대상조항이 관련 기본권에 중대한 제한을 초래하는 것으로 보기도 어렵다. 독립유공자의 유족에 대한 예우의 제공대상, 범위 및 내용 등은 국가의 경제수준, 재정능력, 전체적인 사회보장 수준, 국민 통합의 필요성 등을 종합적으로 고려하여 결정할 문제로서, 입법자의 광범위한 입법형성의 자유에 속한다. 따라서 심판대상조항의 내용이 현저하게 합리성이 결여되어 있는 것이 아닌 한 평등권을 침해한다고 할 수 없다. … 심판대상조항은 청구인의 평등권을 침해한다고 할 수 없다(헌재 2022. 1. 27. 2020헌마594).

1599 수형자의 배우자에 대해 인터넷화상접견과 스마트접견을 할 수 있도록 하고 미결수용자의 배우자에 대해서는 이를 허용하지 않는 것이 미결수용자의 배우자의 평등권을 침해하는지 여부는 헌법상 혼인과 가족생활에 대한 특별한 헌법적 보호에 비추어 볼 때, 엄격한 비례성심사를 하여야 한다. 22 국회 8

O | X

영상통화 방식의 접견은 헌법이 명문으로 특별히 평등을 요구하는 영역에 속하지 않고, 달리 인터넷화상접견 대상자 지침조항 및 스마트접견 대상자 지침조항에 의한 중대한 기본권의 제한 역시 인정할 수 없다. 따라서 위 각 지침조항에 의한 평등권 침해 여부는 차별에 합리적 이유가 있는지를 살펴보는 방식으로 심사하는 것이 적절하다. … 수형자의 배우자와 미결수용자의 배우자 사이에 차별을 둔 데에는 합리적인 이유가 있으므로, 이 사건 지침조항들은 청구인의 평등권을 침해하지 않는다(헌재 2021. 11. 25. 2018헌마598).

2 절차법 및 형사처벌

1600 중혼의 취소청구권자를 어느 범위까지 포함할 것인지 여부에 관하여는 입법자의 입법재량의 폭이 넓은 영역이라는 점에서 자의금지원칙 위반 여부를 심사하는 것으로 충분하다. 24 입시

O | X

1600-1 중혼의 취소청구권자로 직계존속과 4촌 이내의 방계혈족을 규정하면서도 직계비속을 제외하는 민법 규정에 대한 평등원칙 위반 여부는 엄격한 심사척도를 적용함이 상당하다. 12 국회 8

O | X

중혼의 취소청구권자를 규정하면서 직계비속을 취소청구권자에 포함시키지 아니한 법률조항에서, 중혼의 취소청구권자를 어느 범위까지 포함할 것인지 여부에 관하여는 입법자의 입법재량의 폭이 넓은 영역이라 할 것이어서, 이 사건 법률조항이 평등원칙을 위반했는지 여부를 판단함에 있어서는 자의금지원칙 위반 여부를 심사하는 것으로 족하다고 할 것이다(헌재 2010. 7. 29. 2009헌가8).

● 정답 1598. O   1599. X [자의금지 심사]   1600. O   1600-1. X [자의금지원칙 적용]

1601 중혼의 취소권자를 민법이 규정하면서 직계비속을 제외한 것은 합리적 이유 없이 직계존속에게는 중혼의 취소청구권을 부여하고 직계비속에게는 부여하지 않았다고 할 것이어서 평등원칙에 반한다. 22 법원 9 O|X

1601-1 직계존속 및 4촌 이내의 방계혈족에게는 중혼의 취소청구권을 부여하고, 직계비속에게는 중혼의 취소청구권을 부여하지 않은 것은 합리적인 이유가 있으므로 평등의 원칙에 위반되지 않는다. 13 국가 7 O|X

중혼의 취소청구권자를 규정한 이 사건 법률조항은 그 취소청구권자로 직계존속과 4촌 이내의 방계혈족을 규정하면서도 직계비속을 제외하였는바, 직계비속을 제외하면서 직계존속만을 취소청구권자로 규정한 것은 가부장적·종법적인 사고에 바탕을 두고 있고, 직계비속이 상속권 등과 관련하여 중혼의 취소청구를 구할 법률적인 이해관계가 직계존속과 4촌 이내의 방계혈족 못지않게 크며, … 합리적인 이유 없이 직계비속을 차별하고 있어, 평등원칙에 위반된다(헌재 2010. 7. 29. 2009헌가8).

1602 국가를 상대로 하는 당사자소송의 경우에는 가집행선고를 할 수 없다고 규정한 행정소송법 조항의 평등원칙 위반 여부는 자의금지원칙에 따라 판단하기로 한다. 22 국회 8(변형) O|X

1602-1 국가를 상대로 하는 당사자소송의 경우에는 가집행선고를 할 수 없다고 규정한 행정소송법 조항은 평등의 원칙에 반한다. 22 법무사 O|X

1602-2 재산권의 청구는 공법상의 법률관계를 전제로 하는 당사자소송이라는 점에서 민사소송과 본질적으로 달라, 국가를 상대로 한 당사자소송에서 가집행선고를 제한하는 「행정소송법」 조항은 국가만을 차별적으로 우대하는 데 합리적 이유가 있으므로 평등원칙에 위반되지 않는다. 23 경찰 1차 O|X

(1) 심판대상조항으로 인한 가집행선고 제한은 헌법에서 특별히 평등을 요구하는 영역에 해당하지 않고, 소송 절차와 관련된 내용은 국민의 권리 구제에 있어 공정하고 신속하게 소송이 진행될 수 있도록 하는 목적에 따라 그 내용에 광범위한 입법재량이 인정되는 영역이다. 따라서 심판대상조항의 평등원칙 위반 여부는 자의금지원칙에 따라 판단하기로 한다(헌재 2022. 2. 24. 2020헌가12).
(2) 재산권의 청구가 공법상 법률관계를 전제로 한다는 점만으로 국가를 상대로 하는 당사자소송에서 국가를 우대할 합리적인 이유가 있다고 할 수 없고, 집행가능성 여부에 있어서도 국가와 지방자치단체 등이 실질적인 차이가 있다고 보기 어렵다는 점에서, 심판대상조항은 국가가 당사자소송의 피고인 경우 가집행의 선고를 제한하여, 국가가 아닌 공공단체 그 밖의 권리주체가 피고인 경우에 비하여 합리적인 이유 없이 차별하고 있으므로 평등원칙에 반한다(헌재 2022. 2. 24. 2020헌가12).

1603 자기 또는 배우자의 직계존속을 고소하지 못하도록 규정한 형사소송법 조항은 친고죄의 경우든 비친고죄의 경우든 헌법상 보장된 재판절차진술권의 행사에 중대한 제한을 초래한다고 보기는 어려우므로, 완화된 자의심사에 따라 차별에 합리적 이유가 있는지를 따져보는 것으로 족하다. 20 경정, 17 변호사 O|X

이러한 점들을 고려해 볼 때 친고죄의 경우든 비친고죄의 경우든 이 사건 법률조항이 재판절차진술권의 중대한 제한을 초래한다고 보기는 어려우므로, 이 사건 법률조항이 평등원칙에 위반되는지 여부에 대한 판단은 완화된 자의심사에 따라 차별에 합리적인 이유가 있는지를 따져보는 것으로 족하다 할 것이다(헌재 2011. 2. 24. 2008헌바56).

정답 1601. O 1601-1. X [평등원칙 위반] 1602. O 1602-1. O 1602-2. X [합리적 이유 없는 차별이므로 평등원칙 위반] 1603. O

1604 자기 또는 배우자의 직계존속을 고소하지 못하도록 규정한 형사소송법 제224조는 '효'라는 우리 고유의 전통규범을 수호하기 위하여 비속이 존속을 고소하는 행위의 반윤리성을 억제하고자 하는 것이어서, 평등원칙에 위반되지 아니한다. 16 법무사　O | X

1604-1 자기 또는 배우자의 직계존속을 일절 고소하지 못하도록 규정하고 있는 「형사소송법」 제224조는 평등원칙에 위반된다. 17 국회 8　O | X

우리는 오랜 세월동안 유교적 전통을 받아들이고 체화시켜 이는 현재에 이르기까지 일정한 부분 엄연히 우리의 고유한 의식으로 남아 있다. 이러한 측면에서 '효'라는 우리 고유의 전통규범을 수호하기 위하여 비속이 존속을 고소하는 행위의 반윤리성을 억제하고자 이를 제한하는 것은 **합리적인 근거가 있는 차별**이라고 할 수 있다. 따라서, 이 사건 법률조항은 헌법 제11조 제1항의 **평등원칙에 위반되지 아니한다**(헌재 2011. 2. 24. 2008헌바56).

1605 제1종 운전면허를 받은 사람이 정기적성검사 기간 내에 적성검사를 받지 아니한 경우에 행정형벌을 과하도록 규정한 것은 행정법규 위반자에 대한 행정제재의 종류와 범위를 선택하는 문제로서, 자의금지원칙에 위배되는지 여부를 판단하면 될 것이다. 15 국회 8　O | X

도로교통법 등 행정법규 위반자에 대한 행정제재의 종류와 범위를 선택하는 문제는 기본적으로 당해 행정목적과 위반행위의 태양 등 여러 사정을 고려하여 입법자가 결정할 사항으로 원칙적으로 **폭 넓은 입법재량 내지 입법형성권의 범위** 내에 있는 것이므로 이 사건 벌칙조항에 관련한 평등권 심사의 경우 **자의금지원칙에 위배되는지 여부를 판단**하면 될 것이다. … 제1종 운전면허를 받은 사람이 정기적성검사를 받지 아니한 경우를 제2종 운전면허를 받은 사람과 달리 취급하는 것에는 **합리적인 이유가 있다**고 할 수 있으므로, 심판대상조항은 **평등원칙에 위반되지 아니한다**(헌재 2015. 2. 26. 2012헌바268).

3　기타

1606 대한민국 국민인 남성에 한하여 병역의무를 부과한 (구) 「병역법」 제3조 제1항은 헌법이 특별히 양성평등을 요구하는 경우나 관련 기본권에 중대한 제한을 초래하는 경우의 차별취급을 그 내용으로 하고 있다고 보기 어렵다는 점에서 평등권 침해 여부에 관하여 합리적 이유의 유무를 심사하는 것에 그치는 자의금지원칙에 따른 심사를 한다. 16 지방 7　O | X

1606-1 대한민국 국민인 남자에 한하여 병역의무를 부과하는 「병역법」 조항은 우리 헌법이 특별히 명시적으로 차별을 금지하는 사유인 '성별'을 기준으로 병역의무를 부과하므로 이 조항이 평등권을 침해하는지 여부에 대해서는 자의금지원칙이 아닌 비례성원칙에 따른 심사를 하여야 한다. 22 변호사　O | X

이 사건 법률조항은 **헌법이 특별히 양성평등을 요구**하는 경우나 **관련 기본권에 중대한 제한을 초래**하는 경우의 차별취급을 그 내용으로 하고 있다고 보기 **어려우며**, 징집대상자의 범위 결정에 관하여는 **입법자의 광범위한 입법형성권이 인정**된다는 점에 비추어 … 이 사건 법률조항이 평등권을 침해하는지 여부는 **완화된 심사척도**에 따라 **자의금지원칙 위반 여부**에 의하여 판단하기로 한다(헌재 2011. 6. 30. 2010헌마460).

1607 대한민국 국민인 남자에 한하여 병역의무를 부과한 구 병역법 조항이 성별을 기준으로 병역의무자의 범위를 정한 것은 평등권을 침해하지 않는다. 23 5급　O | X

정답　1604. O　1604-1. X [평등원칙 위반 X]　1605. O　1606. O　1606-1. X [자의금지 심사]　1607. O

집단으로서의 남자는 집단으로서의 여자에 비하여 보다 전투에 적합한 신체적 능력을 갖추고 있으며, 개개인의 신체적 능력에 기초한 전투적합성을 객관화하여 비교하는 검사체계를 갖추는 것이 현실적으로 어려운 점, … 등에 비추어 남자만이 징병검사의 대상이 되는 병역의무자로 정한 것이 현저히 자의적인 차별취급이라 보기 어렵다. … 결국 이 사건 법률조항이 성별을 기준으로 병역의무자의 범위를 정한 것은 자의금지원칙에 위배하여 **평등권을 침해하지 않는다**(헌재 2011. 6. 30. 2010헌마460).

1608 「제대군인지원에 관한 법률」에 의하여 공익근무요원의 경우와 달리 산업기능요원의 군복무기간을 공무원재직기간으로 산입하지 않은 경우 헌법재판소는 평등권 위반에 대한 심사기준으로 비례원칙을 적용하였다. 24 경정 O│X

이 사건 제대군인법지원법 조항과 공무원연금법 조항은 군 복무기간을 공무원 재직기간에 산입할 수 있도록 하여 군복무를 마친 자에 대해 일종의 혜택을 부여하는 법률이라 할 수 있는바, 이러한 **수혜적 성격의 법률**에 있어서는 **입법자에게 광범위한 입법형성의 자유**가 인정되므로 제정된 법률의 내용이 객관적으로 인정되는 합리적인 근거를 가지지 못하여 **현저히 자의적일 경우에만** 헌법에 위반된다고 할 수 있다. 그렇다면 이 사건 심판대상 조항들에 의한 **차별이 합리적인 근거를 가지지 못하여 자의적 입법인지 여부를 살펴보기로 한다**(헌재 2012. 8. 23. 2010헌마328).

1609 출입국관리에 관한 사항 중 외국인의 입국에 관한 사항은 주권 국가로서의 기능을 수행하는데 필요한 것으로서 광범위한 정책재량의 영역이므로, 국적에 따라 사증 발급 신청 시의 첨부서류에 관해 다르게 정하고 있는 조항이 평등권을 침해하는지 여부는 자의금지원칙 위반 여부에 의하여 판단한다. 20 경정, 19 변호사 O│X

1609-1 「출입국관리법 시행규칙」에 의하여 단순 노무행위 등 취업활동 종사자 중 불법체류가 많이 발생하는 중국 등 국가의 국민에 대하여 사증발급 신청 시 일정한 첨부서류를 제출하도록 한 경우 헌법재판소는 평등권 위반에 대한 심사기준으로 비례원칙을 적용하였다. 24 경정 O│X

우리나라의 특별한 역사적 배경을 감안하여 외국국적동포에게 일반 외국인과는 다른 혜택을 부여하여야 할 정책적, 도의적 필요성이 있다 하더라도, 기본적으로 외국인의 지위에 있는 외국국적동포의 입국과 체류에 관하여 우리나라가 사회, 정치 및 경제, 외교적 상황 등을 고려하여 일정한 제한을 가할 수 없는 것은 아니다. 오히려 **출입국관리에 관한 사항 중 외국인의 입국에 관한 사항**은 주권국가로서의 기능을 수행하는데 필요한 것으로서 **광범위한 정책재량의 영역**이므로, 심판대상조항들이 청구인 김○철의 평등권을 침해하는지 여부는 **자의금지원칙 위반 여부에 의하여 판단**하기로 한다(헌재 2014. 4. 24. 2011헌마474 등).

1610 국회의원 선거에서 득표율 10% 미만인 자에 대하여 선거 비용의 보전을 인정하지 않는 경우는 평등원칙 위반 여부를 심사함에 있어 엄격한 척도를 적용하여야 한다. 13 지방 7 O│X

선거비용 보전의 요건과 내용을 규정하는 것은 **입법자에게 넓은 입법형성권이 인정**되는 사항이므로, 이 사건 법률조항이 평등권을 침해하는지 여부를 심사함에 있어서는 차별취급이 재량권의 한계를 벗어나는지 여부에 관한 **합리성 심사를 하면 족하다**고 할 것이다(헌재 2010. 5. 27. 2008헌마491).

1611 부담금은 국민의 재산권을 제한하여 일반 국민이 아닌 특별한 의무자집단에 대하여 부과되는 특별한 재정책임으로, 평등원칙의 적용에 있어서 부담금의 문제는 합리성의 문제로서 자의금지원칙에 의한 심사대상이다. 23 입시 O│X

1611-1 회원제로 운영하는 골프장 시설의 입장료에 대한 부가금을 규정한 「국민체육진흥법」 조항은 평등권을 침해한다. 21 국회 8 O│X

정답 1608. X [자의금지원칙 적용] 1609. O 1609-1. X [자의금지원칙 적용] 1610. X [자의금지 심사] 1611. O 1611-1. O

(1) **부담금**은 국민의 재산권을 제한하여 일반 국민이 아닌 **특별한 의무자집단**에 대하여 부과되는 **특별한 재정책임**이므로, 납부의무자들을 일반 국민이나 다른 집단과 달리 취급하여 이들을 불리하게 대우함에 있어서 합리적 이유가 있어야 하며 자의적인 차별은 납부의무자들의 평등권을 침해한다. 평등원칙의 적용에 있어서 **부담금의 문제**는 합리성의 문제로서 **자의금지원칙에 의한 심사 대상**인데, 선별적 부담금의 부과라는 차별이 합리성이 있는지 여부는 그것이 행위형식의 남용으로서 부담금의 헌법적 정당화 요건을 갖추었는지 여부와 관련이 있다(헌재 2019. 12. 27. 2017헌가21).

(2) 수많은 체육시설 중 유독 골프장 부가금 징수 대상 시설의 이용자만을 국민체육진흥계정 조성에 관한 조세 외적 부담을 져야 할 책임이 있는 집단으로 선정한 것에는 **합리성이 결여**되어 있다. 골프장 부가금 등을 재원으로 하여 조성된 국민체육진흥계정의 설치 목적이 국민체육의 진흥에 관한 사항 전반을 아우르고 있다는 점에 비추어 볼 때, 국민 모두를 대상으로 하는 광범위하고 포괄적인 수준의 효용성을 놓고 부담금의 정당화 요건인 집단적 효용성을 갖추었다고 단정하기도 어렵다. 심판대상조항이 규정하고 있는 **골프장 부가금**은 일반 국민에 비해 특별히 객관적으로 밀접한 관련성을 가진다고 볼 수 없는 골프장 부가금 징수 대상 시설 이용자들을 대상으로 하는 것으로서 **합리적 이유가 없는 차별**을 초래하므로, **헌법상 평등원칙에 위배된다**(헌재 2019. 12. 27. 2017헌가21).

1612 헌법은 사회적 신분에 대한 차별금지와 같이 헌법 제11조 제1항 후문에서 예시한 사유가 있는 경우에 절대적으로 차별을 금지할 것을 요구함으로써 입법자에게 인정되는 입법형성권을 제한한다. 20 법무사 O | X

1612-1 친일반민족행위자의 후손이라는 점이 헌법 제11조 제1항 후문의 사회적 신분에 해당한다면 헌법에서 특별히 평등을 요구하고 있는 경우에 해당하여 친일반민족행위자의 후손에 대한 차별은 평등권 침해 여부의 심사에서 엄격한 기준을 적용해야 한다. 22 국가 7 O | X

1612-2 불특정 다수인을 규율대상으로 하는 것이 아니라 친일반민족행위자의 후손만을 규율하고 있는 친일반민족행위자 재산의 국가귀속에 관한 특별법은 처분적 법률에 해당한다. 18 경정 O | X

(1) **사회적 신분에 대한 차별금지**는 헌법 제11조 제1항 후문에서 예시된 것인데, 헌법 제11조 제1항 후문의 규정은 불합리한 차별의 금지에 초점이 있는 것으로서, **예시한 사유가 있는 경우에 절대적으로 차별을 금지할 것을 요구함으로써 입법자에게 인정되는 입법형성권을 제한하는 것은 아니다**(헌재 2011. 3. 31. 2008헌바141 등).

(2) **친일반민족행위자의 후손**이라는 점이 헌법 제11조 제1항 후문의 **사회적 신분에 해당한다 할지라도** 이것만으로는 헌법에서 특별히 평등을 요구하고 있는 경우라고 할 수 없고, 아래와 같이 친일재산의 국가귀속은 연좌제금지원칙이 적용되는 경우라고 볼 수도 없으며 그 외 달리 친일반민족행위자의 후손을 특별히 평등하게 취급하도록 규정한 헌법 규정이 없는 이상, **친일반민족행위자의 후손에 대한 차별**은 평등권 침해 여부의 심사에서 **엄격한 기준을 적용**해야 하는 경우라 **볼 수 없다**(헌재 2011. 3. 31. 2008헌바141 등).

(3) 청구인들은 이 사건 귀속조항이 처분적 법률이므로 위헌이라고 주장하나, 우리 헌법은 처분적 법률로서 개인대상법률 또는 개별사건법률의 정의를 따로 두고 있지 않음은 물론, 이러한 처분적 법률의 제정을 금하는 명문의 규정도 두고 있지 않은바, 특정규범이 개인대상 또는 개별사건법률에 해당한다고 하여 그것만으로 바로 헌법에 위반되는 것은 아니라고 할 것이다. 따라서 처분적 법률이므로 위헌이라는 청구인들의 주장은 주장 자체로 이유 없고, 나아가 **이 사건 법률조항들은 친일반민족행위자의 친일재산에 일반적으로 적용되는 것이므로 위 법률조항들을 처분적 법률로 보기도 어렵다**(헌재 2011. 3. 31. 2008헌바141 등).

4 처분적 법률

1613 특정한 법률이 이른바 처분적 법률에 해당한다고 하더라도 그러한 이유만으로 곧바로 헌법에 위배되는 것은 아니다. 18 국회 9 O | X

1613-1 국민의 기본권을 제한하는 경우에는 일반적 법률에 의하여야 하므로 처분적 법률은 어떠한 경우에도 허용되지 않는다. 11 국가 7 O | X

정답 1612. X [절대적 차별금지 X, 입법형성권 제한 아님] 1612-1. X [자의금지 심사] 1612-2. X [처분적 법률 X] 1613. O 1613-1. X [허용될 수 있음]

우리 재판소는, **특정한 법률**이 이른바 **처분적 법률**에 해당한다고 하더라도 그러한 이유만으로 **곧바로 헌법에 위반되는 것은 아니라는 점**을 수차 밝혀 왔다(헌재 2008. 1. 10. 2007헌마1468).

1614 헌법은 처분적 법률로서의 개인대상법률 또는 개별사건법률의 정의를 따로 두고 있지 않음은 물론, 이러한 처분적 법률의 제정을 금하는 명문의 규정도 두고 있지 않다. 18 국가 7 O | X

1614-1 처분적 법률은 그 자체로 바로 헌법에 위반되는 것이 아니며, 특정 개인 또는 사건만을 대상으로 함으로써 발생하는 차별적 규율이 합리적인 이유로 정당화되는 경우 허용된다. 10 국회 8 O | X

1614-2 우리 헌법은 처분적 법률로서의 개인대상법률 또는 개별사건법률의 정의를 따로 두고 있지 않으며 처분적 법률의 제정을 금하는 명문의 규정도 두고 있지 않지만 특정한 규범이 개인대상 또는 개별사건법률에 해당한다면 이는 바로 법률의 속성 중 일반성과 추상성을 위반하여 위헌이 된다. 12 지방 7 O | X

우리 헌법은 처분적 법률로서의 **개인대상법률 또는 개별사건법률의 정의**를 따로 두고 있지 않음은 물론, 이러한 **처분적 법률의 제정을 금하는 명문의 규정도 두고 있지 않으므로**, 특정한 규범이 **개인대상 또는 개별사건법률**에 해당한다고 하여 그것만으로 **바로 헌법에 위반되는 것은 아니다**. 다만 이러한 법률이 일반국민을 그 규율대상으로 하지 아니하고 특정 개인이나 사건만을 대상으로 함으로써 차별이 발생하는바, 그 **차별적 규율이 합리적인 이유로 정당화**되는 경우에는 허용된다고 할·것이다(헌재 2011. 5. 26. 2010헌마183).

1615 개별법률금지의 원칙은 법률제정에 있어서 입법자가 평등원칙을 준수할 것을 요구하는 것이기 때문에 특정규범이 개별사건법률에 해당한다 하여 곧바로 위헌을 뜻하는 것은 아니다. 17 법무사 O | X

1615-1 특정규범이 개별사건법률에 해당한다 하여 곧바로 위헌을 뜻하는 것은 아니며, 비록 특정법률 또는 법률조항이 단지 하나의 사건만을 규율하려고 한다 하더라도 이러한 차별적 규율이 합리적인 이유로 정당화될 수 있는 경우에는 합헌적일 수 있다. 22 경정 O | X

개별사건법률금지의 원칙이 법률제정에 있어서 **입법자가 평등원칙을 준수할 것을 요구**하는 것이기 때문에, 특정규범이 **개별사건법률에 해당한다 하여 곧바로 위헌을 뜻하는 것은 아니다**. 비록 특정법률 또는 법률조항이 단지 하나의 사건만을 규율하려고 한다 하더라도 이러한 **차별적 규율이 합리적인 이유로 정당화될 수 있는 경우에는 합헌적일 수 있다**. 따라서 개별사건법률의 위헌 여부는, 그 형식만으로 가려지는 것이 아니라, 나아가 평등의 원칙이 추구하는 실질적 내용이 정당한지 아닌지를 따져야 비로소 가려진다(헌재 1996. 2. 16. 96헌가2 등).

1616 특정규범이 개별사건법률에 해당한다고 하여 바로 위헌을 뜻하는 것은 아니고 그 위헌여부는 형식만이 아니라 평등원칙이 추구하는 실질적 내용이 정당한지 여부에 의하여 가려진다. 12 국가 7 O | X

1616-1 개별사건에만 적용되는 개별사건법률은 그 자체로 헌법상 평등원칙에 위배되므로 그 내용을 불문하고 절대적으로 금지된다. 14 법원 9 O | X

개별사건법률금지의 원칙이 법률제정에 있어서 입법자가 평등원칙을 준수할 것을 요구하는 것이기 때문에, 특정규범이 **개별사건법률에 해당한다 하여 곧바로 위헌을 뜻하는 것은 아니다**. 비록 특정법률 또는 법률조항이 단지 하나의 사건만을 규율하려고 한다 하더라도 이러한 차별적 규율이 합리적인 이유로 정당화될 수 있는 경우에는 합헌적일 수 있다. 따라서 **개별사건법률의 위헌 여부는**, 그 형식만으로 가려지는 것이 아니라, 나아가 **평등의 원칙이 추구하는 실질적 내용이 정당한지 아닌지를 따져야** 비로소 가려진다(헌재 1996. 2. 16. 96헌가2 등).

정답 1614. O   1614-1. O   1614-2. X [곧바로 위헌 아님]   1615. O   1615-1. O   1616. O   1616-1. X [그 자체로 위헌 X, 허용될 수 있음]

1617 상법상의 주식회사에 불과한 연합뉴스사를 국가기간뉴스통신사로 지정하고, 정부가 위탁하는 공익업무와 관련하여 정부의 예산으로 재정지원을 할 수 있는 법적 근거를 두고 있는 뉴스통신 진흥에 관한 법률은 특정인에 대해서만 적용되는 개인대상법률로서 처분적 법률에 해당한다. 18 경정 O│X

1617-1 「뉴스통신 진흥에 관한 법률」에 의하여 연합뉴스사만을 국가기간뉴스통신사로 지정하여 각종 지원을 하는 경우 헌법재판소는 평등권 위반에 대한 심사기준으로 비례원칙을 적용하였다. 24 경정 O│X

(1) 심판대상조항은 상법상의 주식회사에 불과한 연합뉴스사를 주무관청인 문화관광부장관의 지정절차도 거치지 아니하고 바로 법률로써 국가기간뉴스통신사로 지정하고, 법이 정하는 계약조건으로 정부와 뉴스정보 구독계약을 체결하게 하며, 정부가 위탁하는 공익업무와 관련하여 정부의 예산으로 재정지원을 할 수 있는 법적 근거를 법률로써 창설하고 있는바, 이는 특정인에 대해서만 적용되는 '**개인대상법률**'으로서 **처분적 법률에 해당**한다(헌재 2005. 6. 30. 2003헌마841).

(2) 이하에서는 **자의금지원칙에 입각**하여 비교집단으로서 청구인 회사와 연합뉴스사가 국가기간뉴스통신사의 지정 및 뉴스통신사의 진흥을 위한 우선적 처우와 관련하여 **본질적으로 어떻게 구별**되고, 그러한 차이점이 심판대상조항이 정한 **차별취급을 정당화할 정도의 합리적 이유**를 가지고 있는지 여부에 관하여 본다(헌재 2005. 6. 30. 2003헌마841).

1618 특별검사에 의한 수사대상을 특정인에 대한 특정 사건으로 한정하고 있는 한나라당 대통령 후보 이명박의 주가 조작 등 범죄혐의의 진상규명을 위한 특별검사의 임명 등에 관한 법률은 처분적 법률의 성격을 갖는다. 18 경정 O│X

이 사건 법률 제2조는 거기에 **규정된 사건 내지 사람만을** 이 사건 법률에 의한 **특별검사의 수사 및 소추 대상**으로 하고 있어 다른 유사한 상황의 불특정 다수의 사건·사람에게 적용될 가능성을 배제하고 있으므로, 이른바 **처분적 법률**이라 할 것이다(헌재 2008. 1. 10. 2007헌마1468).

1619 폐지대상인 「세무대학설치법」 자체가 이미 처분법률에 해당하는 것이므로, 이를 폐지하는 법률도 당연히 그에 상응하여 처분법률의 형식을 띨 수밖에 없다. 18 국가 7 O│X

이 사건 폐지법은 세무대학설치의 법적 근거로 제정된 기존의 세무대학설치법을 폐지함으로써 세무대학을 폐교하는 법적 효과를 발생하는 것이므로, 동법은 세무대학과 그 폐지만을 규율목적으로 삼는 처분법률의 형식을 띤다. 그러나 이와 같은 **처분법률의 형식은 폐지대상인 세무대학설치법 자체가 이미 처분법률에 해당**하는 것이므로, **이를 폐지하는 법률도 당연히 그에 상응하여 처분법률의 형식을 띨 수밖에 없는 필연적 현상이다**(헌재 2001. 2. 22. 99헌마613).

1620 이른바 행복도시 예정지역을 충청남도 연기군 및 공주시의 지역 중에서 지정한다고 규정한 신행정수도 후속대책을 위한 연기·공주지역 행정중심복합도시건설을 위한 특별법은 '연기·공주'라는 특정지역에 거주하는 주민이면서 특정범위의 국민들에 대하여만 특별한 희생을 강요하므로 처분적 법률에 해당한다. 18 경정 O│X

청구인들은, 이 법률조항은 '연기·공주'라는 특정지역에 거주하는 주민이면서 특정범위의 국민인 청구인들에 대하여만 특별한 희생을 강요하는 처분적 법률이며, '연기·공주지역'의 주민들을 다른 지역의 주민들에 비하여 합리적인 근거 없이 차별적 대우를 하는 것으로서 평등권을 침해한다고 주장한다. 우선, **이 법률조항은 이 사건 처분을 매개로 하여 집행된다는 점에서 처분적 법률이라고 할 수 없으므로**, 이 부분 주장은 더 나아가 살필 것 없이 이유 없다(헌재 2009. 2. 26. 2007헌바41).

●정답 1617. O   1617-1. X [자의금지원칙 적용]   1618. O   1619. O   1620. X [처분적 법률 X]

POINT 109 비례원칙

01 헌법에서 특별히 평등을 요구하는 경우

1621 출생에 의한 국적취득에 있어서 출생한 당시의 자녀의 국적을 부의 국적에만 맞추고 모의 국적은 단지 보충적인 의미만 부여하는 경우는 평등원칙 위반 여부를 심사함에 있어 엄격한 척도를 적용하여야 한다. 13 지방 7   O|X

평등원칙 위반 여부에 대한 심사척도는 입법자에게 인정되는 입법형성권의 정도에 따라 달라지게 될 것이나 **헌법에서 특별히 평등을 요구**하고 있는 경우와 차별적 취급으로 인하여 **관련 기본권에 대한 중대한 제한**을 초래하게 된다면 입법형성권은 축소되어보다 **엄격한 심사척도가 적용되어야 한다.** … 이 결정에서 설시한 평등원칙 위반에 대한 위헌심사기준과 남녀차별이 위헌이라는 취지의 논증은 이 사건에 그대로 이끌어 쓸 수 있다. 그 결과, 부계혈통주의 원칙을 채택한 구법조항은 출생한 당시의 자녀의 국적을 부의 국적에만 맞추고 모의 국적은 단지 보충적인 의미만을 부여하는 차별을 하고 있으므로 위헌이라는 결론에 이르게 된다(헌재 2000. 8. 31. 97헌가12).

1622 혼인한 등록의무자 모두 배우자가 아닌 본인의 직계존·비속의 재산을 등록하도록 법조항이 개정되었음에도 불구하고, 개정 전 조항에 따라 이미 배우자의 직계존·비속의 재산을 등록한 혼인한 여성 등록의무자는 종전과 동일하게 계속해서 배우자의 직계존·비속의 재산을 등록하도록 규정한 것에 대해서는 엄격한 심사척도를 적용하여 비례성 원칙에 따른 심사를 행하여야 할 것이다. 22 국회 8   O|X

1622-1 혼인한 등록의무자는 배우자가 아닌 본인의 직계존·비속의 재산을 등록하도록 법이 개정되었으나, 개정 전 이미 배우자의 직계존·비속의 재산을 등록한 혼인한 여성 등록의무자는 종전과 동일하게 계속해서 배우자의 직계존·비속의 재산을 등록하도록 한 부칙 조항은 그 목적의 정당성을 발견할 수 없다. 22 법원 9   O|X

1622-2 「공직자윤리법」에서 혼인한 재산등록의무자 모두 배우자가 아닌 본인의 직계존·비속의 재산을 등록하도록 개정되었음에도 불구하고, 개정 전 조항에 따라 이미 배우자의 직계존·비속의 재산을 등록한 혼인한 여성 등록의무자의 경우에만, 예외적으로 종전과 동일하게 계속해서 배우자의 직계존·비속의 재산을 등록하도록 규정한 것은 평등원칙에 위배된다. 24 경정   O|X

1622-3 개정전 「공직자윤리법」 조항에 따라 이미 재산등록을 한 혼인한 여성 등록의무자에게만 배우자의 직계존·비속의 재산을 등록하도록 예외를 규정한 「공직자윤리법」 부칙조항은 평등원칙에 위배되지 않는다. 23 경간   O|X

(1) 이 사건 부칙조항으로 인해 혼인한 남성 등록의무자와 일부 혼인한 여성 등록의무자 간에 등록대상재산의 범위에 차이가 발생하게 되었으므로, 이에 대해서는 **엄격한 심사척도를 적용하여 비례성 원칙에 따른 심사를 행하여야 할 것이다**(헌재 2021. 9. 30. 2019헌가3).

(2) 이 사건 부칙조항은 개정 전 공직자윤리법 조항이 혼인관계에서 남성과 여성에 대한 차별적 인식에 기인한 것이라는 반성적 고려에 따라 개정 공직자윤리법 조항이 시행되었음에도 불구하고, 일부 혼인한 여성 등록의무자에게 이미 개정 전 공직자윤리법 조항에 따라 재산등록을 하였다는 이유만으로 남녀차별적인 인식에 기인하였던 종전의 규정을 따를 것을 요구하고 있다. … 이는 **성별에 의한 차별금지 및 혼인과 가족생활에서의 양성의 평등**을 천명하고 있는 **헌법에 정면으로 위배되는 것으로 그 목적의 정당성**을 인정할 수 없다. 따라서 이 사건 부칙조항은 **평등원칙에 위배**된다(헌재 2021. 9. 30. 2019헌가3).

정답 1621. O 1622. O 1622-1. O 1622-2. O 1622-3. ×[평등원칙 위배]

1623 자율형 사립고등학교를 지원한 학생에게 평준화지역 후기학교에 중복지원하는 것을 금지한 「초·중등교육법시행령」 조항은 매우 보편화된 일반교육에 해당하는 고등학교 진학 기회를 제한하는 것으로 당사자에게 미치는 기본권 제한의 효과가 크다는 점에서 엄격한 심사척도에 의하여 평등원칙 위배여부를 심사하여야 한다. 24 경찰 1차   O | X

비록 고등학교 교육이 의무교육은 아니지만 매우 보편화된 일반교육임을 알 수 있다. 따라서 **고등학교 진학 기회의 제한**은 대학 등 고등교육기관에 비하여 당사자에게 미치는 제한의 효과가 더욱 크므로 보다 **더 엄격히 심사**하여야 한다. 따라서 이 사건 중복지원 금지 조항의 차별 목적과 차별의 정도가 **비례원칙을 준수하는지 살펴본다**(헌재 2019. 4. 11. 2018헌마221).

1624 자율형 사립고등학교를 지원한 학생에게 평준화지역 후기학교에 중복지원하는 것을 금지하는 중복지원금지 조항은 학생과 학부모의 평등권을 침해한다. 21 국회 8   O | X

1624-1 「초·중등교육법」 시행령 중 자율형사립고(자사고) 지원자의 평준화지역 후기학교 중복지원금지조항은 고등학교 진학 기회에 있어서 자사고 지원자들에 대한 차별을 정당화할 수 있을 정도로 차별 목적과 차별 정도 간에 비례성을 갖춘 것이다. 23 경간   O | X

1624-2 자율형 사립고등학교를 지원한 학생에게 평준화지역 후기학교에 중복지원하는 것을 금지한 「초·중등교육법 시행령」 제81조제5항 중 '제91조의3에 따른 자율형 사립고등학교는 제외한다' 부분은 고교별 특성을 고려한 것으로 청구인 학생의 평등권을 침해하지 않는다. 23 지방 7   O | X

자사고와 평준화지역 후기학교의 입학전형 실시권자가 달라 자사고 불합격자에 대한 평준화지역 후기학교 배정에 어려움이 있다면 이를 해결할 다른 제도를 마련하였어야 함에도, 이 사건 중복지원금지 조항은 중복지원금지 원칙만을 규정하고 자사고 불합격자에 대하여 아무런 고등학교 진학 대책을 마련하지 않았다. 결국 이 사건 **중복지원금지 조항**은 고등학교 진학 기회에 있어서 자사고 지원자들에 대한 차별을 정당화할 수 있을 정도로 **차별 목적과 차별 정도 간에 비례성을 갖춘 것이라고 볼 수 없다.** … 따라서 이 사건 중복지원금지 조항은 청구인 **학생 및 학부모의 평등권을 침해하여 헌법에 위반된다**(헌재 2019. 4. 11. 2018헌마221).

1625 학생 선발시기 구분에 있어 「초·중등교육법 시행령」 조항이 자사고를 후기학교로 규정함으로써 과학고와 달리 취급하고, 일반고와 같이 취급하는 데에는 합리적인 이유가 있으므로 자사고 학교법인의 평등권을 침해하지 아니한다. 23 경찰 1차   O | X

1625-1 자율형 사립고(이하 '자사고'라 함)의 도입목적은 고교평준화제도의 기본 틀을 유지하면서 고교평준화제도의 문제점으로 지적된 획일성을 보완하기 위해 고교 교육의 다양화를 추진하고, 학습자의 소질·적성 및 창의성 개발을 지원하며, 학생·학부모의 다양한 요구 및 선택기회 확대에 부응하는 것이어서 과학고의 경우와 같이 재능이나 소질을 가진 학생을 후기학교보다 먼저 선발할 필요성이 있음에도 불구하고 자사고를 후기학교로 규정함으로써 과학고와 달리 취급하고, 일반고와 같이 취급하는 것은 자사고 학교법인의 평등권을 침해한다. 20 변호사   O | X

과학고는 '과학분야의 인재 양성'이라는 설립 취지나 전문적인 교육과정의 측면에서 과학 분야에 재능이나 소질을 가진 학생을 후기학교보다 먼저 선발할 필요성을 인정할 수 있으나, 자사고의 경우 교육과정 등을 고려할 때 후기학교보다 먼저 특정한 재능이나 소질을 가진 학생을 선발할 필요성은 적다. 따라서 이 사건 **동시선발 조항**이 자사고를 후기학교로 규정함으로써 과학고와 달리 취급하고, 일반고와 같이 취급하는 데에는 합리적인 이유가 있으므로 청구인 **학교법인의 평등권을 침해하지 아니한다**(헌재 2019. 4. 11. 2018헌마221).

● 정답   1623. O   1624. O   1624-1. X [차별 정당화 X, 평등권 침해함]   1624-2. X [학생 및 학부모의 평등권을 침해함]   1625. O   1625-1. X [평등권 침해 X]

1626 자율형 사립고등학교를 후기학교로 정하여 신입생을 일반고와 동시에 선발하도록 하는 한편, 자율형 사립고등학교를 지원한 학생에게 평준화지역 후기학교에 중복지원 할 수 없도록 한 것은 학교법인의 사학운영의 자유를 침해한다. 20 국회 9 O│X

1626-1 자율형 사립고등학교(이하 '자사고'라 함)와 일반고등학교(이하 '일반고'라 함)가 동시선발을 하게 되면 해당 자사고의 교육에 적합한 학생을 선발하는 데 지장이 있고 자사고의 사학운영의 자유를 침해하므로 자사고를 후기학교로 정하여 신입생을 일반고와 동시에 선발하도록 한「초·중등교육법 시행령」해당 조항은 국가가 학교 제도를 형성할 수 있는 재량 권한의 범위를 일탈하였다. 24 경간 O│X

개별 자사고에 적합한 학생을 선발함에 있어서 핵심적 요소는 선발 방법인바, 자사고와 일반고가 동시선발하더라도 해당 학교의 장이 입학전형 방법을 정할 수 있으므로 해당 자사고의 교육에 적합한 학생을 선발하는 데 지장이 없고, 시행령은 입학전형 실시권자나 학생 모집 단위 등도 그대로 유지하여 **자사고의 사학운영의 자유 제한을 최소화**하였다. 또한 일반고 경쟁력 강화만으로 고교서열화 및 입시경쟁 완화에 충분하다고 단정할 수 없다. 따라서 이 사건 동시선발 조항은 국가가 학교 제도를 형성할 수 있는 **재량 권한의 범위 내에 있다**(헌재 2019. 4. 11. 2018헌마221).

1627 특정한 조세법률조항이 혼인이나 가족생활을 근거로 부부 등 가족이 있는 자를 혼인하지 아니한 자 등에 비하여 차별 취급하는 것은 과세단위의 설정에 대한 입법자의 입법형성의 재량에 속하는 정책적 문제이므로, 헌법 제36조 제1항의 위반 여부는 자의금지원칙에 의하여 심사한다. 13 변호사 O│X

1627-1 종합부동산세의 과세방법을 '세대별 합산'으로 규정한「종합부동산세법」조항이 혼인이나 가족생활을 근거로 부부 등 가족이 있는 자를 혼인하지 아니한 자 등에 비하여 차별 취급하더라도, 과세단위를 정하는 것은 입법자의 입법형성의 재량에 속하는 정책적 문제이므로, 그 차별이 헌법 제36조 제1항에 위반되는지 여부는 자의금지원칙에 의한 심사를 통하여 판단하면 족하다. 17 변호사 O│X

특정한 조세 법률조항이 **혼인이나 가족생활**을 근거로 부부 등 가족이 있는 자를 혼인하지 아니한 자 등에 비하여 **차별 취급**하는 것이라면 **비례의 원칙에 의한 심사**에 의하여 정당화되지 않는 한 **헌법 제36조 제1항에 위반**된다 할 것이다. 이는 단지 차별의 합리적인 이유의 유무만을 확인하는 정도를 넘어, 차별의 이유와 차별의 내용 사이에 적정한 비례적 균형관계가 이루어져 있는지에 대해서도 심사하여야 한다는 것을 의미하고, **위와 같은 헌법원리는 조세 관련 법령에서 과세단위를 정하는 것이 입법자의 입법형성의 재량에 속하는 정책적 문제라고 하더라도 그 한계로서 적용되는 것**이다(헌재 2008. 11. 13. 2006헌바112 등).

1628 평등원칙과 결합하여 혼인과 가족을 부당한 차별로부터 보호하고자 하는 목적을 지니고 있는 헌법 제36조 제1항에 비추어 볼 때, 종합부동산세의 과세방법을 '인별 합산'이 아니라 '세대별 합산'으로 규정한「종합부동산세법」조항은 비례원칙에 의한 심사에 의하여 정당화되지 않으므로 헌법에 위반된다. 15 국회 8 O│X

1628-1 세대별로 합산하여 종합부동산세를 부담하도록 한 법률조항은 혼인한 자 또는 가족과 함께 세대를 구성한 자를 비례의 원칙에 반하여, 개인별로 과세되는 독신자, 사실혼 관계의 부부, 세대원이 아닌 주택 등의 소유자 등에 비하여 불리하게 차별하여 취급하고 있으므로, 헌법 제36조 제1항에 위반된다. 12 법원 9 O│X

1628-2 종합부동산세에 있어서 자산소득에 대한 부부간 합산과세는 자산소득의 특성을 고려하여 소비단위별 담세력에 부합하는 공평한 과세를 실현하기 위한 것으로서 합리적 근거가 있다. 12 국회 8 O│X

● 정답 1626. X [사학운영의 자유 침해 X] 1626-1. X [자사고 사학 운영의 자유 침해 아님 / 재량 권한 범위 내에 있음] 1627. X [비례심사]
1627-1. X [비례심사] 1628. O 1628-1. O 1628-2. X [합리적 근거 없는 차별]

개정 종합부동산세법상의 이 사건 세대별 합산규정은 혼인한 자 또는 가족과 함께 세대를 구성한 자를 비례의 원칙에 반하여 개인별로 과세되는 독신자, 사실혼 관계의 부부, 세대원이 아닌 주택 등의 소유자 등에 비하여 불리하게 차별하여 취급하고 있으므로, 헌법 제36조 제1항에 위반된다(헌재 2008. 11. 13. 2006헌바112 등).

02 관련 기본권에 중대한 제한을 초래하는 경우

1629 제대군인 가산점제도는 헌법 제32조 제4항이 특별히 남녀평등을 요구하고 있는 '근로' 내지 '고용'의 영역에서 남성과 여성을 달리 취급하는 제도이고, 또한 공무담임권이라는 기본권의 행사에 중대한 제약을 초래하는 것이기 때문에 엄격한 심사척도가 적용된다. 13 국회 8   O | X

1629-1 제대군인이 공무원채용시험 등에 응시한 때에 과목별 득점에 과목별 만점의 5퍼센트 또는 3퍼센트를 가산하는 것에 대하여 완화된 심사기준인 자의금지원칙을 적용하고 있다. 20 경정   O | X

가산점제도는 헌법 제32조 제4항이 특별히 남녀평등을 요구하고 있는 "근로" 내지 "고용"의 영역에서 남성과 여성을 달리 취급하는 제도이고, 또한 헌법 제25조에 의하여 보장된 공무담임권이라는 기본권의 행사에 중대한 제약을 초래하는 것이기 때문에 엄격한 심사척도가 적용된다(헌재 1999. 12. 23. 98헌마363).

1630 가산점제도는 제대군인과 제대군인이 아닌 사람을 차별하고, 현역복무나 상근예비역 소집근무를 할 수 있는 신체건장한 남자와 질병이나 심신장애로 병역을 감당할 수 없는 남자인 병역면제자를 차별하며, 보충역으로 편입되어 군복무를 마친 자를 차별하는 제도이므로, 그 입법목적의 정당성이 인정되지 않는다. 20 법무사   O | X

1630-1 가산점제도는 공직수행능력과는 아무런 합리적 관련성을 인정할 수 없는 성별 등을 기준으로 여성과 장애인 등의 사회진출기회를 박탈하는 것이므로 정책수단으로서의 적합성과 합리성을 상실한 것이다. 20 법무사   O | X

(1) 가산점제도의 주된 목적은 군복무 중에는 취업할 기회와 취업을 준비하는 기회를 상실하게 되므로 이러한 불이익을 보전해 줌으로써 제대군인이 군복무를 마친 후 빠른 기간내에 일반사회로 복귀할 수 있도록 해 주는 데에 있다. 인생의 황금기에 해당하는 20대 초·중반의 소중한 시간을 사회와 격리된 채 통제된 환경에서 자기개발의 여지없이 군복무 수행에 바침으로써 국가·사회에 기여하였고, 그 결과 공무원채용시험 응시 등 취업준비에 있어 제대군인이 아닌 사람에 비하여 상대적으로 불리한 처지에 놓이게 된 제대군인의 사회복귀를 지원한다는 것은 입법정책적으로 얼마든지 가능하고 또 매우 필요하다고 할 수 있으므로 이 입법목적은 정당하다(헌재 1999. 12. 23. 98헌마363).

(2) 제대군인에 대하여 여러 가지 사회정책적 지원을 강구하는 것이 필요하다 할지라도, 그것이 사회공동체의 다른 집단에게 동등하게 보장되어야 할 균등한 기회 자체를 박탈하는 것이어서는 아니되는데, 가산점제도는 공직수행능력과는 아무런 합리적 관련성을 인정할 수 없는 성별 등을 기준으로 여성과 장애인 등의 사회진출기회를 박탈하는 것이므로 정책수단으로서의 적합성과 합리성을 상실한 것이라 하지 아니할 수 없다(헌재 1999. 12. 23. 98헌마363).

📝 **보충설명** 헌법재판소는 제대군인가산점제도에 대해서 입법목적은 정당하나, 정책수단으로서 적합성과 합리성을 상실한 것이고, 차별취급의 비례성을 상실하여 평등권을 침해하였다고 보았다.

1631 제대군인지원에 관한 법률에 규정된 가산점제도(과목별 만점의 5% 또는 3%를 가산)는 제대군인에 비하여 여성 및 제대군인이 아닌 남성을 부당한 방법으로 지나치게 차별하는 것으로서 헌법 제11조에 위배된다. 23 5급   O | X

정답 1629. O   1629-1. X [비례심사]   1630. X [목적의 정당성 인정]   1630-1. O   1631. O

제대군인에 대한 이러한 혜택을 몇 번이고 아무런 제한없이 부여함으로써 한 사람의 제대군인을 위하여 몇 사람의 비(非)제대군인의 기회가 박탈당할 수 있게 하는 등 차별취급을 통하여 달성하려는 입법목적의 비중에 비하여 차별로 인한 불평등의 효과가 극심하므로 가산점제도는 차별취급의 비례성을 상실하고 있다. 그렇다면 가산점제도는 제대군인에 비하여, 여성 및 제대군인이 아닌 남성을 부당한 **방법으로 지나치게 차별**하는 것으로서 헌법 제11조에 위배되며, 이로 인하여 청구인들의 **평등권이 침해된다**(헌재 1999. 12. 23. 98헌마363).

1632 국가유공자 본인이 국가기관이 실시하는 채용시험에 응시하는 경우에 10%의 가점을 주도록 한 「국가유공자 등 예우 및 지원에 관한 법률」조항은 헌법 제32조 제6항에서 특별히 평등을 요구하고 있는 경우에 해당하므로, 이에 대해서는 엄격한 비례성 심사에 따라 평등권 침해 여부를 심사하여야 한다. 18 경정, 17 변호사   O | X

이 사건의 경우는 비교집단이 일정한 생활영역에서 경쟁관계에 있는 경우로서 국가유공자와 그 유족 등에게 가산점의 혜택을 부여하는 것은 그 이외의 자들에게는 공무담임권 또는 직업선택의 자유에 대한 중대한 침해를 의미하게 되므로, … **차별적 취급으로 인하여 관련 기본권에 대한 중대한 제한을 초래하게 되는** 경우에 해당하여 **원칙적으로 비례심사를 하여야 할 것이나, 구체적인 비례심사의 과정에서는 헌법 제32조 제6항이 근로의 기회에 있어서 국가유공자 등을 우대할 것을 명령하고 있는 점을 고려하여 보다 완화된 기준을 적용**하여야 할 것이다(헌재 2001. 2. 22. 2000헌마25).

보충설명 국가유공자 본인에 대한 가산점은 완화된 비례심사를 하고 국가유공자 가족에 대한 가산점은 엄격한 비례원칙을 적용한다.

1633 국가유공자와 그 가족에 대한 가산점제도에 있어서 국가유공자 가족의 경우는 헌법 제32조 제6항이 가산점제도의 근거라고 볼 수 없으므로 평등권 침해 여부에 관하여 보다 완화된 기준을 적용한 비례심사는 부적절한 것이다. 13 변호사   O | X

1633-1 국가유공자와 그 가족에 대한 가산점제도에 있어서 국가유공자 가족의 경우는 평등권 침해 여부에 관하여 보다 완화된 기준을 적용한 비례심사가 필요하다. 15 서울 7   O | X

이 사건 조항은 일반 응시자들의 공직취임의 기회를 차별하는 것이며, 이러한 기본권 행사에 있어서의 차별은 차별목적과 수단 간에 비례성을 갖추어야만 헌법적으로 정당화될 수 있다. 종전 결정은 국가유공자와 그 가족에 대한 가산점제도는 모두 헌법 제32조 제6항에 근거를 두고 있으므로 평등권 침해 여부에 관하여 보다 완화된 기준을 적용한 비례심사를 하였으나, 국가유공자 본인의 경우는 별론으로 하고, 그 **가족의 경우**는 위에서 본 바와 같이 헌법 제32조 제6항이 가산점제도의 근거라고 볼 수 없으므로 그러한 **완화된 심사는 부적절한** 것이다(헌재 2006. 2. 23. 2004헌마675 등).

1634 국·공립학교 채용시험에서 국가유공자의 가족에게 10%의 가산점을 부여하는 것은 능력주의를 바탕으로 하여야 하는 공직취임권의 규율에 있어서 중요한 예외를 구성하므로, 관련 공익과 일반응시자의 공무담임권의 차별 사이에 엄밀한 법익형량이 이루어져야 한다. 20 국회 9   O | X

'**국가유공자의 가족**'의 경우 가산점의 부여는 헌법이 직접 요청하고 있는 것이 아니고, 그러한 법률상의 입법정책은 능력주의 또는 **성과주의를 바탕으로 하여야 하는 공직취임권의 규율에 있어서 중요한 예외를 구성**한다. 헌법적 요청이 있는 경우에는 합리적 범위 안에서 능력주의가 제한될 수 있지만, 단지 법률적 차원의 정책적 관점에서 능력주의의 예외를 인정하려면 해당 공익과 일반응시자의 공무담임권의 차별 사이에 **엄밀한 법익형량**이 이루어져야 한다(헌재 2006. 2. 23. 2004헌마675 등).

1635 국가유공자의 가족이 공무원채용시험에 응시하는 경우 만점의 10%를 가산하도록 한 것은 일반 응시자들의 공직취임의 기회를 차별하는 것이고, 이러한 차별로 인한 불평등 효과는 입법목적과 그 달성 수단 간의 비례성을 현저히 초과하는 것으로서 일반 공직시험 응시자들의 평등권을 침해한다. 16 법원 9   O | X

정답 1632. ✕ [국가유공자 본인 : 완화된 비례심사]   1633. ○   1633-1. ✕ [국가유공자 가족 : 엄격한 비례심사]   1634. ○   1635. ○

이 사건 조항은 일반 응시자들의 **공직취임의 기회를 차별**하는 것이며, 이러한 기본권 행사에 있어서의 차별은 차별목적과 수단 간에 비례성을 갖추어야만 헌법적으로 정당화될 수 있다. … 이 사건 조항의 차별로 인한 불평등 효과는 입법목적과 그 달성수단 간의 **비례성을 현저히 초과**하는 것이므로, 이 사건 조항은 청구인들과 같은 **일반 공직시험 응시자들의 평등권을 침해**한다. … 이 사건 조항의 위헌성은 국가유공자 등과 그 가족에 대한 가산점제도 자체가 입법정책상 전혀 허용될 수 없다는 것이 아니고, **그 차별의 효과가 지나치다는 것에 기인**한다(헌재 2006. 2. 23. 2004헌마675 등).

1636 국·공립학교의 채용시험에 국가유공자와 그 가족이 응시하는 경우 만점의 10%를 가산하도록 하는 것은 평등권을 침해한다. 20 법원 9. 19 서울 7(추) O | X

1636-1 국가유공자와 그 유족 등 취업보호대상자가 국가기관이 실시하는 채용시험에 응시하는 경우에 10%의 가산점을 주도록 한 가산점제도는 평등권을 침해하지 않는다. 23 국회 8 O | X

이 사건 조항은 일반 응시자들의 **공직취임의 기회를 차별**하는 것이며, 이러한 기본권 행사에 있어서의 차별은 차별목적과 수단 간에 비례성을 갖추어야만 헌법적으로 정당화될 수 있다. … 이 사건 조항의 차별로 인한 불평등 효과는 입법목적과 그 달성수단 간의 **비례성을 현저히 초과**하는 것이므로, 이 사건 조항은 청구인들과 같은 **일반 공직시험 응시자들의 평등권을 침해한다**(헌재 2006. 2. 23. 2004헌마675 등).

1637 「공무원임용및시험시행규칙」에 따른 국가공무원 7급 시험에서 정보관리기술사, 정보처리기사 자격 소지자에 대해서는 가산점을 부여하고 정보처리기능사 자격 소지자에게는 가산점을 부여하지 않은 경우 헌법재판소는 평등권 위반에 대한 심사기준으로 비례원칙을 적용하였다. 24 경정 O | X

1637-1 공무원시험에서 산업기사 이상의 자격증 소지자에 대하여 가산점을 주고, 기능사 자격증 소지자에게는 가산점을 주지 않는 규정은 공무담임권 및 평등권 침해이다. 09 국가 7 O | X

(1) 이 사건 조항의 경우, 7급 공무원 시험에서 정보관리기술사, 정보처리기사, 정보처리산업기사 자격 소지자에 대해서는 만점의 2~3%에 해당하는 **가산점을 부여**하면서, 정보처리기능사의 경우에는 아무런 가산점을 부여하지 않는바, 이는 같은 유사한 분야에 관한 자격증의 종류에 따라 가산점에 차이를 둠으로써 청구인과 같은 정보처리기능사 자격을 가진 응시자가 **공무담임권을 행사하는데 있어 차별**을 가져오는 것이므로, 이 사건에서는 그러한 차별을 정당화할 수 있을 정도로 **목적과 수단 간의 비례성**이 존재하는지를 검토하여야 할 것이다(헌재 2003. 9. 25. 2003헌마30).
(2) 국가공무원 7급 시험에서 기능사 자격증에는 가산점을 주지 않고 **기사 등급 이상의 자격증에는 가산점을 주도록 한 것은 공무담임권 및 평등권을 침해하지 않는다**(헌재 2003. 9. 25. 2003헌마30).

1638 중등교사 임용시험에서 복수전공 및 부전공 교원자격증소지자에게 가산점을 부여하고 있는 「교육공무원법」 조항에 의해 복수·부전공 가산점을 받지 못하는 자가 불이익을 입는다고 하더라도 이를 공직에 진입하는 것 자체에 대한 제약이라 할 수 없어, 그러한 가산점 제도에 대하여는 자의금지원칙에 따른 심사척도를 적용하여야 한다. 17 변호사 O | X

중등교사 임용시험에서 이 사건 복수·부전공 가산점을 받지 못하는 자가 입을 수 있는 불이익은 공직에 진입하는 것 자체에 대한 제약이라는 점에서 **당해 기본권에 대한 중대한 제한**이므로 이 사건 복수·부전공 가산점 규정의 위헌 여부에 대하여는 **엄격한 심사 척도를 적용**함이 상당하다(헌재 2006. 6. 29. 2005헌가13).

● 정답 1636. O   1636-1. X [평등권을 침해함]   1637. O   1637-1. X [공무담임권 및 평등권 침해 X]   1638. X [비례심사]

POINT 110 평등권 관련판례

01 헌법총론 관련

1639 기초의회의원선거 후보자로 하여금 특정 정당으로부터의 지지 또는 추천 받음을 표방할 수 없도록 한 것은 정치적 표현의 자유를 침해한다. 17 5급 O|X

1639-1 다른 지방선거 후보와는 달리 기초의회의원선거의 후보자에 대해서만 정당표방을 금지하는 것은 평등원칙에 위배된다. 13 국회 8 O|X

1639-2 기초의회의원 후보자에 한정하여 정당표명을 금지한 것은 지방자치의 제도적 보장을 위하여 불가결한 것으로 평등원칙에 위반되지 않는다. 13 지방 7 O|X

(1) 법 제84조가 지방자치 본래의 취지 구현이라는 입법목적의 달성에 기여하는 효과가 매우 불확실하거나 미미한 반면에, 이 조항으로 인해 기본권이 제한되는 정도는 현저하다. … 그렇다면, 법 제84조는 불확실한 입법목적을 실현하기 위하여 그다지 실효성도 없고 불분명한 방법으로 과잉금지원칙에 위배하여 후보자의 정치적 표현의 자유를 과도하게 침해하고 있다고 할 것이다(헌재 2003. 1. 30. 2001헌가4).

(2) 기초의회의원선거를 그 외의 지방선거와 다르게 취급을 할 만한 본질적인 차이점이 있는가를 볼 때 그러한 차별성을 발견할 수 없다. 그렇다면, 위 조항은 아무런 합리적 이유 없이 유독 기초의회의원 후보자만을 다른 지방선거의 후보자에 비해 불리하게 차별하고 있으므로 평등원칙에 위배된다(헌재 2003. 1. 30. 2001헌가4).

1640 지방의회의원은 「지방자치법」의 목적에 비추어 지방자치단체의 장 및 교육감과 유사한 지위에 있는 선출직 공무원임에도 불구하고, 세종시를 신설하면서 세종시장과 세종시교육감은 선출하고 세종시의회의원은 선출하지 않는 것은 양자를 합리적 이유 없이 차별하는 것이므로 세종시의회의원이 되고자 하는 자의 평등권을 침해한다. 13 국가 7 O|X

세종시의회의원은 세종시장, 세종시교육감과 마찬가지로 선거에 의해 선출되는 공무원이기는 하나, 세종시 출범 시 세종시장, 세종시교육감과 달리 새로운 선거를 하지 아니하기로 한 데에는 합리적인 이유가 있으므로, 세종특별자치시의회를 신설하면서 지방의회의원선거를 실시하지 아니하고 연기군의회의원 등에게 세종특별자치시의회의원의 자격을 취득하도록 한 것은 평등권을 침해하지 아니한다(헌재 2013. 2. 28. 2012헌마131).

1641 구 「공직선거법」이 고등학교를 졸업한 공직 후보자에 대해서는 수학기간의 기재를 요구하지 않으면서도 고등학교 졸업학력 검정고시에 합격한 공직 후보자에게는 고등학교를 중퇴한 경력에 대해서 그 학력을 기재할 때 그 수학기간을 기재하도록 요구하는 것은 불합리한 차별이므로 평등원칙에 위배된다. 21 지방 7 O|X

특별한 사정이 없는 한 고등학교를 졸업한 경우는 그 수학기간이 3년이라고 쉽게 예측할 수 있는 반면 고등학교를 중퇴한 경우는 학교명과 중퇴라는 사실만으로는 그 사람이 중퇴한 학교에 다닌 이력을 정확히 알 수 없다. 따라서 고등학교를 졸업한 사람에 대해서는 수학기간의 기재를 요구하지 않으면서도 고등학교 졸업학력 검정고시에 합격한 사람이라고 하더라도 고등학교를 중퇴한 경력에 대해서 그 학력을 기재할 때 수학기간을 기재하도록 요구하는 것이 불합리한 차별이라고 볼 수는 없어 중퇴학력 표시규정이 평등원칙에 위배된다고 볼 수 없다(헌재 2017. 12. 28. 2015헌바232).

● 정답 1639. O 1639-1. O 1639-2. X [평등원칙 위반] 1640. X [평등권 침해 X] 1641. X [평등원칙 위배 X]

1642 「정치자금법」 규정이 단일 지역단위 선거구의 지역구국회의원인지 다수 지역단위 선거구의 지역구국회의원인지 여부에 차이를 두지 않고 「정치자금법」에서 정하지 아니한 방법으로 정치자금을 기부받은 경우 정치자금부정수수죄로 처벌하는 것이 불합리하므로 평등원칙에 반한다. 23 소간 O | X

다수 지역단위 선거구의 지역구국회의원이라고 하더라도 지역활동을 위해 반드시 지역단위마다 국회의원 사무실을 설치하여야 하는 필연성이 인정된다고 보기 어려울 뿐만 아니라, 설령 다수의 국회의원 사무실을 설치하는 경우에도 대부분의 비용은 사무실 임차료, 인건비 등으로 구성될 것인데, 지역에 따라 사무실 임차료, 인건비 등이 모두 다르므로, 반드시 **다수 지역단위 선거구의 지역구국회의원**이 단일 지역단위 선거구의 지역구국회의원에 비해서 사무실 운영 등에 있어 **더 많은 비용이 소요된다고 볼 만한 근거가 없다.** … 심판대상조항이 단일 지역단위 선거구의 지역구국회의원인지 다수 지역단위 선거구의 지역구국회의원인지 여부에 차이를 두지 않고 정치자금법에서 정하지 아니한 방법으로 정치자금을 기부받은 경우 정치자금부정수수죄로 처벌하는 것이 불합리하다고 보기는 어려우므로, **평등원칙에 위반되지 아니한다**(헌재 2022. 10. 27. 2019헌바19).

1643 구 「소년법」 규정이 소년으로 범한 죄에 의하여 형의 선고를 받은 자가 그 집행을 종료하거나 면제받은 때와 달리 집행유예를 선고받은 소년범에 대한 자격완화 특례규정을 두지 아니하며 자격제한을 함에 있어 「군인사법」 등 해당 법률의 적용을 받도록 한 것은 불합리한 차별이라 할 것이므로 평등원칙에 위반된다. 18 국가 7 O | X

1643-1 형의 집행이 종료 또는 면제된 자와 달리 집행유예를 선고받은 소년범에 대하여는 자격완화 특례규정을 두지 아니하여 자격제한을 함에 있어 「군인사법」 등 해당 법률의 적용을 받도록 한 「소년법」 규정은 평등원칙에 위반되지 않는다. 22 입시 O | X

집행유예는 실형보다 죄질이나 범정이 더 가벼운 범죄에 관하여 선고하는 것이 보통인데, 이 사건 구법 조항은 **집행유예보다 중한 실형을 선고받고 집행이 종료되거나 면제된 경우**에는 자격에 관한 법령의 적용에 있어 형의 선고를 받지 아니한 것으로 본다고 하여 공무원 임용 등에 자격제한을 두지 않으면서 **집행유예를 선고받은 경우**에 대해서는 이와 같은 특례조항을 두지 아니하여 불합리한 차별을 야기하고 있다. … 명백히 **자의적인 차별**에 해당하여 **평등원칙에 위반된다**(헌재 2018. 1. 25. 2017헌가7 등).

1644 교사 신규채용 시 국공립대학 졸업자에게 사립대학 졸업자보다 우선권을 주는 것은 위헌이다. 11 국가 7 O | X

국·공립사범대학 등 출신자를 교육공무원인 국·공립학교 교사로 우선하여 채용하도록 규정한 「교육공무원법」 제11조제1항은 사립사범대학졸업자와 일반대학의 교직과정이수자가 교육공무원으로 채용될 수 있는 기회를 제한 또는 박탈하게 되어 결국 교육공무원이 되고자 하는 자를 그 출신학교의 설립주체나 학과에 따라 차별하는 결과가 되는 바, 이러한 차별은 이를 정당화할 합리적인 근거가 없으므로 헌법상 **평등의 원칙에 어긋난다**(헌재 1990. 10. 8. 89헌마89).

1645 중등학교 임용시험에서 동일지역 사범대학을 졸업한 교원경력이 없는 자에게 가산점을 부여하는 것은 공무담임권이나 평등권을 침해한다고 보기 어렵다. 13 법원 9 O | X

이 사건 법률조항은 기본적으로 우수한 인재를 그 지역의 사범대학으로 유치하여 지역 사범대의 질적 수준을 유지·향상시킴으로써 지역교육의 균등한 발전과 지역실정에 맞는 교육정책의 실현을 기하고, 이를 통해 국민의 교육받을 권리를 보장하는 것을 궁극적인 목적으로 하고 있는 점, … 이 사건 법률조항은 한시적으로만 적용되는 점을 고려해 보면 이 사건 법률조항이 비례의 원칙에 반하여 제청신청인의 **공무담임권이나 평등권**을 침해한다고 보기 어려우므로 **헌법에 위반되지 아니한다**(헌재 2007. 12. 27. 2005헌가11).

● 정답 1642. X [평등원칙 위반 X]   1643. O   1643-1. X [평등원칙 위반]   1644. O   1645. O

1646 초등교사 임용시험에서 동일 지역 교육대학 출신 응시자에게 제1차 시험 만점의 6% 내지 8%의 지역가산점을 부여하는 것은 다른 지역 교육대학 출신 응시자들의 평등권을 침해한다. 21 입시 O | X

구 교육공무원법 제11조의2 [별표2]에서 인정되는 각종 가산점은 제1차 시험성적의 10% 범위에서만 부여할 수 있고, 임용권자로서는 다른 가산점을 고려하여 지역가산점을 부여해야 하므로 지역가산점을 제한된 범위 내에서 부여할 수밖에 없는 점, 이 사건 지역가산점을 받지 못하는 불이익은 그런 점을 알고도 다른 지역 교대에 입학한 것에서 기인하는 점, 노력 여하에 따라서는 가산점의 불이익을 감수하고도 수도권 지역에 합격할 길이 열려 있는 점 등에 비추어, 이 사건 **지역가산점규정**이 과잉금지원칙에 위배되어 **다른 지역 교대출신 응시자들의 공무담임권, 평등권을 침해한다고 볼 수 없다**(헌재 2014. 4. 24. 2010헌마747).

1647 선발예정인원 3명 이하인 채용시험에서 취업지원 대상자가 국가유공자법상 가점을 받지 못하게 하는 것은 공정경쟁이라는 가치를 지키기 위한 부득이한 조치로서 자의적인 차별이 아니다. 17 국회 9 O | X

선발예정인원 3명 이하인 채용시험에서 취업지원 대상자가 **국가유공자법상 가점을 받지 못하게 한 것**은 채용시험의 핵심인 균등한 기회 제공을 통한 공정경쟁이라는 가치가 형해화되지 않도록 하기 위한 부득이한 조치로서 이것이 현저히 합리성을 결여한 자의적인 차별이라고 보기 어려우므로, 심판대상조항은 청구인의 **평등권을 침해하지 않는다**(헌재 2016. 9. 29. 2014헌마541).

02 신체의 자유 관련

1 공무원에 준하는 처벌

1648 관광진흥개발기금 관리·운용업무에 종사토록 하기 위해 문화체육관광부장관에 의해 채용된 민간 전문가에 대해 「형법」상 뇌물죄의 적용에 있어서 공무원으로 의제하는 법률규정은, 민간 전문가를 모든 영역에서 공무원으로 의제하는 것이 아니라 직무의 불가매수성을 담보한다는 요청에 의해 금품수수행위 등 직무 관련 비리행위를 엄격히 처벌하기 위해 뇌물죄의 적용에 대하여만 공무원으로 의제하고 있으므로 과잉금지원칙에 위배되어 신체의 자유를 침해한다고 볼 수 없다. 17 5급 O | X

1648-1 관광진흥개발기금 관리·운용업무에 종사토록 하기 위해 문화체육관광부장관이 채용한 민간 전문가에 대해 「형법」상 뇌물죄의 적용에 있어서 공무원으로 의제하는 「관광진흥개발기금법」 조항은 평등원칙에 위배되지 않는다. 15 국가 7 O | X

(1) 위 조항은 민간 전문가를 모든 영역에서 공무원으로 의제하는 것이 아니라 직무의 불가매수성을 담보한다는 요청에 의해 금품수수행위 등 직무 관련 비리행위를 엄격히 처벌하기 위해 형법 제129조 등의 적용에 대하여만 공무원으로 의제하고 있으므로 입법목적 달성에 필요한 정도를 넘어선 과잉형벌이라고 할 수 없고, … 결론적으로 이 사건 **공무원 의제조항**이 과잉금지원칙에 위배되어 청구인의 **신체의 자유 등 헌법상 기본권을 침해한다고 볼 수 없다**(헌재 2014. 7. 24. 2012헌바188).

(2) **청구인**이 계약직 직원이기는 하나 문화관광부 소속으로 문화관광부 장관의 지휘·감독 하에서 위 법령에 의하여 기금의 여유자금 운용 등에 관한 전반적인 자문 업무를 수행하므로 **그 업무 자체의 공적 성격이 분명**한 데 비해, 정부자금을 위탁받아 운용하는 **민간 자산운용기관의 담당자**는 … 그 채용, 보수, 근무조건 등은 물론 위탁받은 금전의 운용에 관한 업무수행방법 및 업무수행과정, 그에 대한 지휘·감독 등은 전적으로 그가 속한 민간 자산운용기관과의 사이에 체결된 고용계약 등 사법적 법률관계에 따르게 된다. … 청구인을 공무원으로 의제하여 형법상 뇌물죄로 처벌함에는 **합리적인 이유**가 있으므로, **자의적인 차별취급이라 할 수 없다**(헌재 2014. 7. 24. 2012헌바188).

정답 1646. X [평등권 침해 X] 1647. O 1648. O 1648-1. O

1649 정부관리기업체 간부직원은 공무원이 아님에도 직무와 관련한 직무행위에 관하여 공무원으로 의제하여 「형법」상 공무원에 해당하는 뇌물죄로 처벌하는 것은 평등원칙에 위반되지 않는다. 11 국회 8   O | X

입법자가 비록 정부관리기업체 간부직원이 공무원은 아니라 할지라도 공무원에 버금가는 정도의 청렴성을 요구하고, 이들이 직무와 관련하여 수뢰행위를 하였을 경우 별도의 배임행위가 있는지를 불문하고 형벌을 과하여 그 업무의 불가매수성을 확보하더라도 거기에는 합리적 근거가 있는 것이므로 헌법 제11조에 규정된 평등원칙에 위반된다고 볼 수 없다(헌재 2002. 11. 28. 2000헌바75).

1650 일반사인에 해당하는 금융기관 임·직원이 직무와 관련하여 수재(收財)행위를 한 경우, 공무원의 뇌물죄와 마찬가지로 별도의 배임행위가 없더라도 이를 처벌하도록 한 것은 평등의 원칙에 위반되지 아니한다. 09 국가 7   O | X

금융기관의 임·직원에게는 공무원에 버금가는 정도의 청렴성과 업무의 불가매수성이 요구되고, 이들이 직무와 관련하여 금품수수 등의 수재행위를 하였을 경우에는 별도의 배임행위가 있는지를 불문하고 형사제재를 가함으로써 금융업무와 관련된 각종 비리와 부정의 소지를 없애고, 금융기능의 투명성·공정성을 확보할 필요가 있으므로 금융기관의 임·직원의 직무와 관련한 수재행위에 대하여 일반 사인과는 달리 공무원의 수뢰죄와 동일하게 처벌한다고 하더라도 거기에는 합리적인 근거가 있다 할 것이고, 따라서 이 사건 법률조항은 평등원칙에 반하지 않는다(헌재 2005. 6. 30. 2004헌바4 등).

2 기타 처벌 및 보안처분

1651 불특정인을 상대로 한 성매매와 특정인을 상대로 한 성매매를 달리 취급하여, 불특정인에 대한 성매매만을 금지대상으로 하는 법률규정은 평등권을 침해하지 않는다. 17 국회 9   O | X

불특정인을 상대로 한 성매매와 특정인을 상대로 한 성매매는, 건전한 성풍속 및 성도덕에 미치는 영향, 제3자의 착취 문제 등에 있어 다르다고 할 것이므로, 불특정인에 대한 성매매만을 금지대상으로 규정하고 있는 것이 평등권을 침해한다고 볼 수도 없다(헌재 2016. 3. 31. 2013헌가2).

1652 어음 발행인과 달리 부도수표 발행인에 대해서만 형사처벌하는 규정을 두었다고 하더라도 수표는 어음과는 본래적 성질을 달리 하므로 수표 발행인과 어음 발행인을 달리 취급하는 것은 합리적 근거 있는 차별이다. 13 국회 8   O | X

어음 발행인과 달리 수표 발행인에 대하여만 이 사건 법률조항과 같은 규제를 두었다고 하더라도, 수표는 현금의 대용물로서 금전지급증권이라는 수표 고유의 특성 때문에 어음과는 본래적 성질을 달리 하므로, 수표 발행인과 어음 발행인 사이에는 본질적으로 동일한 집단에 대한 차별 취급이 인정되지 않거나, 또는 이들에 대한 차별취급에 합리적 이유가 있다고 할 것이다. … 따라서 이 사건 법률조항은 평등원칙에 위배되지 아니한다(헌재 2011. 7. 28. 2009헌바267).

1653 자격정지 이상의 형을 받은 전과가 있는 자에 대하여 선고유예를 할 수 없도록 규정한 「형법」 조항은 평등권을 침해한다. 21 국회 8   O | X

형사처분이 범죄행위자에 대하여 지나치게 관대하면 전과자는 물론 전과가 없는 일반시민의 법질서에 대한 경시풍조를 조장할 우려가 있어 선고유예는 아주 예외적으로 채택되지 않으면 안 되기 때문에, 이 사건 법률규정은 자격정지 이상의 형을 받은 전과가 없는 자에 대해서만 예외적으로 선고유예를 할 수 있도록 하고 있는 것이다. … 따라서 입법자가 자격정지 이상의 형을 받은 전과가 있는 자를 그 형의 실효 여부 등을 불문하고 선고유예의 결격자로 정한 것이 불합리한 차별이라고 볼 수 없다(헌재 2020. 6. 25. 2018헌바278).

정답 1649. O   1650. O   1651. O   1652. O   1653. X [평등권 침해 X]

1654 「형법」상 강제추행죄로 유죄판결이 확정된 자는 신상정보 등록대상자가 되도록 한 (구)「성폭력범죄의 처벌 등에 관한 특례법」 관련 규정은 행위유형과 보호법익의 특성, 사회적 상황과 법 감정, 범죄 실태 등을 종합적으로 고려한 것으로서 자의적이거나 합리성이 없어 평등권을 침해한다고 볼 수 없다.
16 국회 8   O | X

성폭력특례법은 모든 성범죄자가 아니라 일정한 성폭력범죄를 저지른 자에 한하여 신상정보 등록대상자가 되도록 정하고 있는데, 이는 앞서 살핀 것처럼 행위유형과 보호법익의 특성을 고려한 것일 뿐만 아니라, 입법 당시의 사회적 상황, 일반 국민의 법감정, 범죄의 실태와 예방을 위한 형사정책적 측면 등 여러 가지 요소를 종합적으로 고려한 결과라고 할 것이므로 이와 같은 구분이 자의적인 것이라거나 합리성이 없는 것이라고 보기 어렵다. 이와 같이 이 사건 법률조항이 일정한 성폭력범죄자에 한하여 신상정보 등록대상자가 되도록 한 것은 합리적인 이유가 있으므로 평등권을 침해한다고 볼 수 없다(헌재 2014. 7. 24. 2013헌마423 등).

1655 음주운전자와 도주차량운전자에 대하여는 임의적 면허취소를 규정하고 있으면서 음주측정거부자에 대하여는 필요적 면허취소를 규정한 도로교통법 조항은 평등원칙에 위반된다. 15 경정   O | X

술에 취한 상태에서 운전한 자에 대한 행정제재의 경우 그 음주정도와 경위, 교통사고 유무 등 구체적·개별적 사정에 비추어 면허의 정지 또는 취소 여부를 결정할 필요가 상당하고, 또한 이미 교통사고로 사람을 사상한 도주차량운전자의 경우 그 불법에 상응하는 정도의 제재를 가할 필요성 못지않게 피해자에 대한 실질적 구제가 중요하므로 탄력적인 행정제재를 통하여 사고운전자의 자진신고를 유도하여 원활한 피해배상이 이루어지도록 행정제재에 재량의 여지를 둘 필요가 적지 않은 점 등에 비추어 보면, 음주음전자와 도주차량운전자에 대하여 임의적 면허취소를 규정하고 있다고 하여 음주측정거부자에 대해 필요적 면허취소를 규정한 이 사건 법률조항이 법상 면허취소·정지 사유 간의 체계를 파괴할 만큼 형평성에서 벗어나 평등권을 침해한다고 볼 수도 없다(헌재 2007. 12. 27. 2005헌바95).

1656 공무원이 금품수수를 한 경우 직무관련성 유무 등과 상관없이 징계시효 기간을 일률적으로 3년으로 정한 구「국가공무원법」 규정은 직무관련성 여부에 따라 위법성의 정도에 큰 차이가 있음에도 불구하고 동일한 징계시효를 적용하는 것이어서 평등권을 침해하는 위헌 규정이다. 15 경정   O | X

이 사건 법률조항에서 공무원이 '금품수수'를 한 경우 직무관련성 유무 등과 상관없이 징계시효 기간을 일률적으로 3년으로 정한 것은 징계가 가능한 기간을 늘려 징계의 실효성을 제고하고 이를 통해 금품수수 관련 비위의 발생을 억제함으로써 공무원의 청렴의무 강화와 공직기강의 확립에 기여하려는 것으로서 여기에는 합리적 이유가 있다고 할 것이다(헌재 2012. 6. 27. 2011헌바226).

03 사생활 관련

1657 수사경력자료는 보존기간이 지나면 삭제하도록 하면서도 범죄경력자료의 삭제에 대해 규정하지 않은 「형의 실효 등에 관한 법률」 조항은 차별의 합리적인 이유가 있으므로 평등권을 침해하지 않는다.
15 경정   O | X

수사경력자료와 범죄경력자료는 어떤 범죄의 혐의를 받았느냐를 불문하고 그 처리 결과를 달리하는 경우로서 자료 보존의 목적과 필요성에 차이가 있다. 따라서 이를 이유로 자료의 삭제가능성에 대해 달리 규정하는 데에는 차별의 합리적인 이유가 있으므로 이 사건 수사경력자료 정리조항은 청구인의 평등권을 침해하지 아니한다(헌재 2012. 7. 26. 2010헌마446).

●정답 1654. O   1655. X [평등원칙 위반 X]   1656. X [평등권 침해 X]   1657. O

04 경제적 기본권 관련

1 직업관련

1658 이미 국내에서 치과의사면허를 취득하고 외국의 의료기관에서 치과전문의 과정을 이수한 사람들에게 국내에서 전문의 과정을 다시 이수할 것을 요구하는 것은 치과의사의 직업수행의 자유를 침해한다. 22 소간
O | X

1658-1 치과전문의 자격 인정 요건으로 '외국의 의료기관에서 치과의사전문의 과정을 이수한 사람'을 포함하지 아니한 것은 외국의 의료기관에서 레지던트 등 소정의 치과전문의 과정을 이수한 자를 자의적으로 차별함으로써 평등권을 침해한다. 20 입시, 17 지방 7
O | X

(1) 이미 국내에서 치과의사면허를 취득하고 외국의 의료기관에서 치과전문의 과정을 이수한 사람들에게 다시 국내에서 전문의 과정을 다시 이수할 것을 요구하는 것은 지나친 부담을 지우는 것이므로, 심판대상조항은 침해의 최소성원칙에 위배되고 법익의 균형성도 충족하지 못한다. 따라서 심판대상조항은 과잉금지원칙에 위배되어 청구인들의 **직업수행의 자유를 침해한다**(헌재 2015. 9. 24. 2013헌마197).

(2) 1976년부터 2003년까지 의사전문의와 치과전문의를 함께 규율하던 구 '전문의의 수련 및 자격 인정 등에 관한 규정'이 의사전문의 자격 인정 요건과 치과전문의 자격 인정 요건에 대하여 동일하게 규정하였던 점이나, 의사전문의와 치과전문의 모두 환자의 치료를 위한 전문성을 필요로 한다는 점을 감안하면, **치과전문의의 자격 인정 요건을 의사전문의의 경우와 다르게 규정할 특별한** 사정이 있다고 보기도 어렵다. 따라서 심판대상조항은 청구인들의 **평등권을 침해한다**(헌재 2015. 9. 24. 2013헌마197).

1659 일반 응시자와 달리 공무원의 근무연수 및 계급에 따라 행정사 자격시험의 제1차시험을 면제하거나 제1차시험의 전 과목과 제2차시험의 일부과목을 면제하는 것은 평등권을 침해하지 않는다. 22 국회 9
O | X

1659-1 일반 응시자와 달리 공무원의 근무연수 및 계급에 따라 행정사 자격시험의 제1차시험을 면제하거나 제1차시험의 전 과목과 제2차시험의 일부과목을 면제하는 것은 평등권을 침해한다. 17 지방 7 O | X

15년 이상 공무원으로 근무하면서 7급 이상의 직에 근무한 경험이 있거나, 5급 이상 공무원의 지위에서 5년 이상 근무하였다면, 행정절차 및 사무관리에 관하여 상당한 수준의 경험 및 전문지식을 갖춘 것으로 볼 수 있으므로, 제2차시험 중 행정절차론 및 사무관리론을 면제한 시험면제조항은 합리적인 이유가 있다. … 따라서 시험면제조항은 일반 응시자인 청구인들의 **평등권이나 직업선택의 자유를 침해하지 아니한다**(헌재 2016. 2. 25. 2013헌마626 등).

1660 공인회계사 시험의 응시자격을 대학 등에서 일정과목에 대하여 일정학점 이상을 이수하거나 학점인정을 받은 자로 제한하는 것은 법무사, 세무사, 변리사 시험 등에서는 이러한 응시자격의 제한 규정을 두고 있지 않는 것에 비추어, 법무사 등에 응시하려는 사람과 공인회계사 시험에 응시하려는 사람을 합리적 이유 없이 차별하는 것으로 독학으로 공인회계사 시험을 준비하는 사람의 평등권을 침해한다. 13 국가 7
O | X

법무사, 세무사, 변리사 등 다른 전문자격 시험들과 공인회계사 시험은 본질적으로 서로 같지 아니하므로 다른 시험에서 학점이수제도를 두지 않고 있다는 이유로 **공인회계사 시험의 응시자격을 대학 등에서 일정과목에 대하여 일정학점을 이수하거나 학점인정을 받은 사람으로 제한하는 「공인회계사법」 규정이 공인회계사 시험에 응시하려는 자들을 자의적으로 차별하고 있다고 볼 수는 없다**(헌재 2012. 11. 29. 2011헌마801).

● 정답 1658. ○   1658-1. ○   1659. ○   1659-1. ✕ [평등권 침해 ✕]   1660. ✕ [평등권 침해 ✕]

1661 사법시험에 합격하여 사법연수원의 과정을 마친 자와 달리 변호사시험 합격자들에게 6개월의 실무수습을 거치도록 하는 변호사법 규정이 합리적 이유가 없는 자의적 차별이라고 보기는 어렵다. 23 5급

O | X

사법시험에 합격하여 사법연수원의 과정을 마친 자와 판사나 검사의 자격이 있는 자는 사법연수원의 정형화된 이론과 실무수습을 거치거나, 법조실무경력이 있는 반면, 청구인들과 같은 **변호사시험 합격자들의 실무수습**은 법학전문대학원 별로 편차가 크고 비정형적으로 이루어지고 있으므로, **변호사 시험 합격자들에게 6개월의 실무수습을 거치도록 하는 것을 합리적 이유가 없는 자의적 차별**이라고 보기는 어렵다. 따라서 심판대상조항은 청구인들의 **평등권을 침해하지 아니한다**(헌재 2014. 9. 25. 2013헌마424).

1662 의사 또는 치과의사의 지도하에서만 의료기사가 업무를 할 수 있도록 규정하고, 한의사의 지도하에서는 의료기사인 물리치료사가 물리치료는 물론 한방물리치료를 할 수 없도록 하는 「의료기사 등에 관한 법률」의 조항은 평등권을 침해한다. 15 국가 7

O | X

물리치료사의 업무가 한방의료행위와도 밀접한 연관성이 있다고 보기 어렵고, 물리치료사 업무 영역에 대한 의사와 한의사의 지도능력에도 차이가 있으므로, 의사에 대해서만 물리치료사 지도권한을 인정하고 한의사에게는 이를 배제하고 있는 데에 **합리적 이유가 있다**. 따라서 이 사건 조항은 한의사의 **평등권을 침해하지 않는다**(헌재 2014. 5. 29. 2011헌마552).

1663 학교교과교습학원의 교습시간만을 05:00부터 22:00까지로 제한하는 조례는 학교교과교습학원 운영자들을 개인과외교습자들에 비해 불합리하게 차별하는 것이어서 평등원칙에 위반된다. 18 법무사

O | X

1663-1 개인과외교습이나 인터넷 통신강좌와 같은 사교육의 교습시간을 제한하지 않으면서 학원 및 교습소의 교습시간만 제한하는 것은 합리적 이유가 없는 차별이다. 11 국회 8

O | X

이 사건 조항이 학교, 교육방송 및 다른 사교육에 대하여는 교습시간을 제한하지 않으면서 학원 및 교습소의 교습시간만 제한하였다고 하여도 공교육의 주체인 학교 및 공영방송인 한국교육방송공사가 사교육 주체인 학원과 동일한 지위에 있다고 보기 어렵고, **다른 사교육인 개인과외교습이나 인터넷 통신 강좌에 의한 심야교습이 초래하게 될 사회적 영향력이나 문제점이 학원에 의한 심야교습보다 적으므로 학원 및 교습소의 교습시간만 제한하였다고 하여 이를 두고 합리적 이유 없는 차별이라고 보기는 어려우바**, 이 사건 조항이 **학원 운영자 등의 평등권을 침해하였다고 보기는 어렵다**(헌재 2009. 10. 29. 2008헌마635).

1664 이른바 '강제적 셧다운제'를 규정한 구 청소년 보호법 조항은 각종 게임 중 인터넷게임만을 적용 대상으로 하고 있는바, 인터넷을 이용하지 않는 다른 게임 및 모바일기기를 이용한 인터넷게임과 비교하여 차별에 합리적 이유가 있으므로 인터넷게임 제공자들의 평등권을 침해하지 않는다. 19 법원 9, 15 국가 7

O | X

인터넷게임은 주로 동시 접속자와의 상호교류를 통한 게임 방식을 취하고 있어 중독성이 강한 편이고, 정보통신망서비스가 제공되는 곳이면 언제나 쉽게 접속하여 장시간 이용으로 이어질 가능성이 크다는 점에서, **다른 게임과 달리 인터넷게임에 대해서만 강제적 셧다운제를 적용하는 것에는 합리적 이유가 있다.** … 그러므로 이 사건 금지조항은 청구인들의 **평등권을 침해하지 않는다**(헌재 2014. 4. 24. 2011헌마659 등).

● 정답 1661. O   1662. X [평등권 침해 X]   1663. X [평등원칙 위반 X]   1663-1. X [합리적 이유 있는 차별]   1664. O

1665 버스운송사업에 있어서는 운송비용 전가 문제를 규제할 필요성이 없으므로 택시운송사업에 한하여 「택시운송사업의 발전에 관한 법률」에 운송비용전가의 금지조항을 둔 것은 규율의 필요성에 따른 합리적인 차별이어서 평등원칙에 위반되지 아니한다. 19 지방 7   O|X

이 사건 금지조항은 택시업종만을 규제하고 화물자동차나 대중버스 등 다른 운송수단에는 적용되지 않으나, 화물차운수사업은 여객이 아닌 화물을 운송하는 것을 목적으로 하고 있으며, 대중버스의 경우 운송비용 전가 문제가 발생하고 있지 않다. 따라서, **택시운송사업에 한하여 운송비용 전가 문제를 규제할 필요성**이 인정되므로 다른 운송수단에 대하여 동일한 규제를 하지 않는다고 하더라도 **평등원칙에 위반되지 아니한다**(헌재 2018. 6. 28. 2016헌마1153).

1666 일정 규모 이상의 사업주에게 직장보육시설 설치의무를 부과하는 것은, 여러 가지 요인을 종합적으로 고려함이 없이, 해당사업주에게만 그 의무를 부담시키는 것으로서 자의적인 차별이다. 17 국회 9   O|X

이 사건 직장보육시설 설치 의무 등은 경제적 여건이나 종업원 수 등 사업장의 규모 등을 고려하여 일정 규모 이상의 사업주에게만 그 의무를 부담시키고 있다. 이는 아동 보육에 대한 수요가 어느 정도 클 것으로 예상되는 사업주에게만 그 의무를 부담시키므로 자의적인 차별이라고는 보기 어려우므로 **평등원칙에 위반되지 아니한다**(헌재 2011. 11. 24. 2010헌바373).

1667 '대통령령이 정하는 일정수 이상의 근로자를 고용하는 사업주는 기준고용률 이상에 해당하는 장애인을 고용해야 한다고 규정한 조항'은 평등권을 침해한다. 20 법원 9   O|X

구법 제3조에 의하면 국가와 지방자치단체는 장애인의 고용에 관하여 사업주 및 국민일반의 이해를 높이기 위해 교육·홍보 및 장애인 고용촉진운동을 추진하고, 사업주·장애인 기타 관계자에 대한 지원과 장애인의 특성을 고려한 직업재활의 조치를 강구하여야 하며, 기타 장애인의 고용촉진 및 직업안정을 도모하기 위하여 필요한 시책을 종합적이고 효과적으로 추진하여야 할 책임이 있는 공공적 주체이며, … 민간사업주와는 다른 지위에 있으므로, **국가·지방자치단체와 민간사업주와의 차별취급은 합리적인 근거가 있는 차별**이라고 할 것이다(헌재 2003. 7. 24. 2001헌바96).

2 재산권

1668 '수사가 진행 중이거나 형사재판이 계속 중이었다가 그 사유가 소멸한 경우'에는 잔여 퇴직급여 등에 대해 이자를 가산하는 규정을 두면서, '형이 확정되었다가 그 사유가 소멸한 경우'에는 이자 가산 규정을 두지 않은 「군인연금법」 규정은 평등원칙에 위반된다. 22 입시   O|X

'**금고 이상의 형을 받았다가 재심으로 무죄판결을 받은 사람**'은 군 복무 중 급여제한사유에 해당함이 없이 직무상 의무를 다한 성실한 군인이라는 점에서 '**수사 중이거나 형사재판 계속 중이었다가 불기소처분 등을 받은 사람**'과 차이가 없다. 급여제한사유에 해당하지 않는 사람임이 뒤늦게라도 밝혀졌다면, 수사 중이거나 형사재판 계속 중이어서 잠정적·일시적으로 지급을 유보하였던 경우인지, 아니면 당해 형사절차가 종료되어 확정적으로 지급을 제한하였던 경우인지에 따라 잔여 퇴직급여에 대한 이자 가산 여부를 달리 할 이유가 없다. … 이러한 점들을 종합하면, **잔여 퇴직급여에 대한 이자 지급 여부**에 있어 양자를 달리 취급하는 것은 **합리적 이유 없는 차별로서 평등원칙을 위반한다**(헌재 2016. 7. 28. 2015헌바20).

1669 국군포로로서 억류기간 동안의 보수를 지급받을 권리를 국내로 귀환하여 등록절차를 거친 자에게만 인정하는 「국군포로의 송환 및 대우 등에 관한 법률」 제9조 제1항은 귀환하지 않은 국군포로를 합리적 이유없이 차별한 것이라 볼 수 없어 평등원칙에 위배되지 않는다. 23 경찰 2차   O|X

● 정답 1665. O   1666. X [자의적인 차별 X, 평등권 침해 X]   1667. X [평등권 침해 X]   1668. O   1669. O

국군포로가 국가를 위하여 겪은 희생을 위로하고 국민의 애국정신을 함양한다는 국군포로송환법의 취지에 비추어 볼 때 위와 같은 등록 및 등급 부여는 형식적인 절차가 아니라 국군포로에 대한 대우와 지원을 통하여 국군포로송환법의 취지를 구현하기 위한 필수적인 절차이다. 그런데 귀환하지 못한 국군포로의 경우에는 그와 같은 등록을 신청하는 것 자체가 불가능하다. 6·25 전쟁이 발발한 지 오랜 시간이 흘렀을 뿐만 아니라 북한은 국군포로의 존재 자체를 부인하는 등 국군포로의 존재 및 생사 여부에 대한 확인이 어려워, 북한을 이탈하여 대한민국에 귀환한 국군포로 본인의 주장과 신청에 의하는 경우 외에는 다른 등록방법을 상정하기 어렵기 때문이다. … 위와 같은 점들을 고려하면 심판대상조항이 국군포로가 귀환하여 등록절차를 거친 경우에 억류기간(단, 60세가 되는 날이 속하는 달까지)에 대한 보수를 지급하도록 하고 귀환하지 못한 국군포로에 대하여 이를 인정하지 않는 것에는 합리적인 이유가 있다. 따라서 심판대상조항은 평등원칙에 위배되지 않는다(헌재 2022. 12. 22. 2020헌바39).

1670 협의수용을 '양도'로 보고 양도소득세를 부과하는 것은 환지처분을 '양도'로 보지 않고 양도소득세를 부과하지 않는 것에 비해 불합리하게 차별하는 것이다. 18 국회 9   O | X

토지소유자를 중심으로 볼 때 환지처분의 경우에는 종전 토지의 소유권이 그대로 새로운 토지에 남게 되는바, 이를 '자산이 유상으로 사실상 이전되는 양도'의 범위에 포함시킬 수 없으므로, 협의수용을 '양도'로 보고 양도소득세를 과세하는 것과 환지처분을 '양도'로 보지 않아 양도소득세를 비과세하는 것은 본질적으로 다른 것을 다르게 취급하는 것으로서 이로 인해 차별이 존재한다고 볼 수 없다(헌재 2007. 4. 26. 2006헌바71).

1671 수질개선부담금은 조세와는 구별되지만 부담금을 부과할 때에도 평등원칙이나 비례성원칙과 같은 기본권제한 입법의 한계를 준수하여야 한다. 09 국가 7   O | X

1671-1 주류·청량음료 제조업자 등 지하수를 다용(多用)하는 다른 경우와는 달리, 먹는 샘물 제조업자에 대해서만 수질개선부담금을 부과하는 것은 평등원칙에 위반되지 않는다. 11 국회 8   O | X

1671-2 먹는샘물 제조업자에게 부과되는 수질개선부담금은 먹는샘물에 대한 선택권을 박탈하거나 봉쇄하는 것이 아니고 국민에게 먹는샘물에 대한 원칙적 선택권을 인정하는 가운데 가격 전가를 통하여 먹는샘물의 소비자에게 경제적 부담을 가하는 것에 그치고 있으므로 국민의 행복추구권을 침해하지 아니한다. 22 국회 9   O | X

(1) 수질개선부담금과 같은 부담금을 부과함에 있어서는 평등원칙이나 비례성원칙과 같은 기본권제한입법의 한계를 준수하여야 함은 물론 이러한 부담금의 부과를 통하여 수행하고자 하는 특정한 사회적·경제적 과제에 대하여 조세외적 부담을 지울 만큼 특별하고 긴밀한 관계가 있는 특정집단에 국한하여 부과되어야 하고, 이와 같이 부과·징수된 부담금은 그 특정과제의 수행을 위하여 별도로 관리·지출되어야 하며 국가의 일반적 재정수입에 포함시켜 일반적 국가과제를 수행하는데 사용되어서는 아니된다(헌재 1998. 12. 24. 98헌가1).

(2) 국민의 대다수가 수돗물을 음용수로 이용하고 있는 상황에서 국가의 수돗물정책이 포기되거나 제대로 실현되지 못한다면 수돗물을 이용하는 대다수 국민의 먹는물 비용부담이 증가되고, 특히 먹는샘물을 선택할 경제적 능력이 부족한 저소득층 국민들로 하여금 질 낮은 수돗물을 마시게 하는 결과를 초래하게 되는 점 등 여러 가지 사정을 종합적으로 고려할 때 합리적 이유가 있다고 할 것이어서 평등원칙에 위배되지 아니한다(헌재 1998. 12. 24. 98헌가1).

(3) 이 사건 법률조항은 먹는샘물에 대한 선택권을 박탈하거나 봉쇄하는 것이 아니고 국민에게 먹는샘물에 대한 원칙적 선택권을 인정하는 가운데 가격전가를 통하여 먹는샘물의 소비자에게 경제적 부담을 가하는 것에 그치고 있으며, 그 부담의 정도도 지나치지 아니하다. 더욱이 먹는샘물을 마시는 사람은 유한재화인 지하수, 즉 환경재화를 소비하는 사람이므로 이들에 대하여 환경보전에 대한 비용을 부담하게 할 수도 있다는 점을 감안한다면 이 사건 법률조항이 국민의 행복추구권을 침해하는 것이라고 볼 수는 없다고 할 것이다(헌재 1998. 12. 24. 98헌가1).

정답 1670. X [평등권 침해 X]   1671. O   1671-1. O   1671-2. O

1672 먹는샘물 수입판매업자에게 수질개선부담금을 부과하는 것은 수돗물 우선정책에 반하는 수입 먹는샘물의 보급 및 소비를 억제하도록 간접적으로 유도하기 위한 합리적인 이유가 있으므로 평등원칙에 위배되지 않는다. 16 국가 7 O│X

1672-1 먹는샘물 수입판매업자에게 수질개선부담금을 부과하는 것은 수돗물의 질을 개선하고 이를 국민에게 저렴하게 공급하려는 정당한 국가정책이 원활하게 실현될 수 있게 하기 위한 것으로서 부과에 합리적인 이유가 있어 평등원칙과 조화된다. 23 국회 9 O│X

먹는샘물 수입판매업자에게 수질개선부담금을 부과하는 것은 수돗물 우선정책에 반하는 수입 먹는샘물의 보급 및 소비를 억제하도록 간접적으로 유도함으로써 궁극적으로는 수돗물의 질을 개선하고 이를 국민에게 저렴하게 공급하려는 정당한 국가정책이 원활하게 실현될 수 있게 하기 위한 것으로서, **부과에 합리적인 이유가 있으므로 평등원칙에 위배되는 것이라 볼 수 없다**(헌재 2004. 7. 15. 2002헌바42).

1673 임대의무기간이 10년인 공공건설임대주택의 분양전환가격을 임대의무기간이 5년인 공공건설임대주택의 분양전환가격과 서로 다른 기준으로 산정하는 구「임대주택법」시행규칙 조항은 10년 임대주택에 거주하는 임차인의 평등권을 침해한다. 23 경간 O│X

구 임대주택법령상 10년 임대주택의 임차인은 5년 임대주택의 임차인보다 장기간 동안 주변 시세에 비하여 저렴한 임대보증금과 임대료를 지불하면서 거주하고 위 기간 동안 재산을 형성하여 당해 공공건설임대주택을 분양전환을 통하여 취득할 기회를 부여받게 되므로, 10년 임대주택과 5년 임대주택은 임차인의 주거의 안정성을 보장한다는 면에서 차이가 있다. … 심판대상조항이 10년 임대주택의 분양전환가격 산정기준을 달리 정한 데에는 **합리적 이유**가 있으므로, 심판대상조항으로 인하여 **10년 임대주택에 거주하는 임차인의 평등권은 침해되지 아니한다**(헌재 2021. 4. 29. 2019헌마202).

1674 주택재개발사업에서 부과하는 임대주택공급의무는 재개발로 발생하는 세입자들의 주거문제를 해결하기 위한 제도이고, 재건축사업에서 임대주택공급제도는 개발이익의 환수차원에서 부과되는 의무라 할 것이므로, 두 사업 모두에 임대주택공급의무를 부과하는 것은 재건축조합의 조합원 등의 평등권을 침해하고 있다. 22 지방 7 O│X

임대주택공급의무는 이 사건 재건축사업뿐만이 아니라 재개발사업에도 부과되고 있으나, **주택재개발사업에서 부과하는 임대주택공급의무**는 재개발로 발생하는 **세입자들의 주거문제를 해결**하기 위한 제도이고, 이 사건 **재건축임대주택공급제도는** 개발이익의 환수차원에서 부과되는 의무라 할 것이므로 두 사업 모두에 임대주택공급의무를 부과하고 있더라도 이것이 **평등권을 침해하고 있다고는 볼 수 없다**(헌재 2008. 10. 30. 2005헌마222).

05 사회적 기본권 관련

1 사회보장수급권

1675 독립유공자의 손자녀 중 1명에게만 보상금을 지급하도록 하면서 독립유공자의 선순위 자녀의 자녀에 해당하는 손자녀가 2명 이상인 경우에 나이가 많은 손자녀를 우선하도록 규정한「독립유공자예우에 관한 법률」조항은 평등권을 침해한다. 21 국회 8 O│X

1675-1 독립유공자의 손자녀 중 1명에게만 보상금을 지급하도록 하면서, 독립유공자의 선순위 자녀의 자녀에 해당하는 손자녀가 2명 이상인 경우에 다른 기준을 고려하지 않고 나이가 많은 손자녀를 우선하도록 한 것은 상대적으로 나이가 적은 손자녀의 평등권을 침해하지 않는다. 20 입시 O│X

정답 1672. O 1672-1. O 1673. X [평등권 침해 X] 1674. X [평등권 침해 X] 1675. O 1675-1. X [평등권 침해]

보상금 수급권자의 범위를 경제적으로 어려운 자에게 한정하는 방법도 가능함에도 불구하고, 이 사건 심판대상조항이 일률적으로 1명의 손자녀에게만 보상금을 지급하도록 하여 나머지 손자녀들의 생활보호를 외면하는 것은 독립유공자 유족의 생활유지 및 보장을 위한 실질적 보상의 입법취지에 반한다. … 이 사건 심판대상조항은 **합리적인 이유없이 상대적으로 나이가 적은 손자녀인 청구인을 차별하여 평등권을 침해한다**(헌재 2013. 10. 24. 2011헌마724).

1676 생활수준 등을 고려하여 독립유공자의 손자녀 1명에게 보상금을 지급하도록 하면서 같은 순위의 손자녀가 2명 이상이면 나이가 많은 손자녀를 우선하도록 한 것은, 결국 나이를 기준으로 하여 연장자에게 우선하여 보상금을 지급하는 것이어서 보상금수급권이 갖는 사회보장적 성격에 부합하지 아니하므로, 보상금을 받지 못한 손자녀의 평등권을 침해한다. 21 변호사   O | X

2014. 5. 21. 법률 제12668호로 개정된 '독립유공자예우에 관한 법률'은 대통령령으로 정하는 **생활수준 등을 고려하여 손자녀 1명에게 보상금을 지급**하도록 한바, 유족의 생활 안정과 복지 향상을 도모하기 위하여 보상금이 가장 필요한 손자녀에게 보상금을 지급하여 보상금 수급권의 실효성을 보장하면서 아울러 국가의 재정부담 능력도 고려하였다. … 위와 같은 사정을 종합해 볼 때, 심판대상조항에 나타난 입법자의 선택이 명백히 그 재량을 일탈한 것이라고 보기 어려우므로 심판대상조항은 청구인의 **평등권을 침해하지 아니한다**(헌재 2018. 6. 28. 2015헌마304).

1677 6·25전몰군경자녀에게 수당 지급에 있어 수급권자 수를 확대할 수 있는 어떤 예외도 없고 나이가 많은 1명을 한정하여 우선하도록 한 것은, 나이가 많다는 우연한 사정을 기준으로 순위를 정한 것으로 합리성을 인정하기 어렵다. 21 국회 9   O | X

불가피하게 6·25전몰군경자녀 중 1명에 한정하여 이 사건 수당을 지급하여야 한다면 그 선정기준을 정당화할 만한 별도의 합리적 이유가 요구된다. 그런데 이 사건 법률조항은 **6·25전몰군경자녀에게 이 사건 수당을 지급**함에 있어 수급권자의 수를 확대할 수 있는 어떠한 예외도 두지 않고 **1명에게만 한정하여 지급**하도록 하고, 그 1명도 **나이가 많은 자를 우선**하도록 정하고 있는바, 다음과 같은 이유에서 그 **합리성을 인정하기 어렵다**. … 따라서 이 사건 법률조항은 나이가 적은 6·25전몰군경자녀의 **평등권을 침해한다** (헌재 2021. 3. 25. 2018헌가6).

1678 보훈보상대상자의 부모에 대한 유족보상금 지급 시 수급권자를 부모 중 1인에 한정하고 나이가 많은 자를 우선하도록 한 「보훈보상대상자 지원에 관한 법률」은 합리적인 이유 없이 보상금 수급권자의 수를 일률적으로 제한하고, 부모 중 나이가 많은 자와 그렇지 않은 자를 합리적인 이유 없이 차별하고 있으므로 나이가 적은 부모 일방의 평등권을 침해한다. 24 경정   O | X

1678-1 보훈보상대상자의 부모에 대한 유족보상금 지급 시 수급권자를 부모 중 1인에 한정하고 나이가 많은 자를 우선하도록 한 것은, 구체적인 보상 내용 등의 사항이 국가의 재정부담능력, 전체적인 사회보장 수준, 보훈보상대상자에 대한 평가 기준 등에 따라 정해질 수밖에 없으므로, 나이가 적은 부모 일방의 평등권을 침해하지 않는다. 21 변호사   O | X

심판대상조항이 국가의 재정부담능력의 한계를 이유로 하여 **부모 1명에 한정하여 보상금을 지급**하도록 하면서 **어떠한 예외도 두지 않은 것에는 합리적 이유가 있다고 보기 어렵다**. 심판대상조항 중 나이가 많은 자를 우선하도록 한 것 역시 문제된다. 나이에 따른 차별은 연장자를 연소자에 비해 우대하는 전통적인 유교사상에 기초한 것으로 보이나, 부모 중 나이가 많은 자가 나이가 적은 자를 부양한다고 일반화할 합리적인 이유가 없고, 부모 상호간에 노동능력 감소 및 부양능력에 현저히 차이가 있을 정도의 나이 차이를 인정하기 어려운 경우도 많다. 오히려 직업이나 보유재산에 따라 연장자가 경제적으로 형편이 더 나은 경우에도 그 보다 생활이 어려운 유족을 배제하면서까지 **연장자라는 이유로 보상금을 지급하는 것은 보상금 수급권이 갖는 사회보장적 성격에 부합하지 아니한다**(헌재 2018. 6. 28. 2016헌가14).

정답 1676. X [평등권 침해 X]   1677. O   1678. O   1678-1. X [평등권 침해]

1679 공무상 질병 또는 부상으로 인하여 퇴직 후 장애 상태가 확정된 군인에게 상이연금을 지급하도록 한 개정된 군인연금법 제23조 제1항을 개정법 시행일 이후부터 적용하도록 한 군인연금법 조항은 평등원칙에 위반된다. 18 경정   O | X

어떠한 질병 또는 부상이 공무수행 중에 발생하였고, 그로 인하여 장애 상태에 이른 것이 분명하다면, '퇴직 후 2011. 5. 19. 개정된 구 군인연금법 제23조 제1항과 2013. 3. 22. 개정된 군인연금법 제23조 제1항 **시행일 전에 장애 상태가 확정된 군인**'과 '**퇴직 후 신법 조항 시행일 이후에 장애 상태가 확정된 군인**'은 모두 공무상 질병 또는 부상으로 인하여 장애 상태에 이른 사람으로서, 장애에 노출될 수 있는 가능성 및 위험성, 장애가 퇴직 이후의 생활에 미치는 영향, 보호의 필요성 등의 측면에서 본질적인 차이가 없다. … 그 차별을 정당화할 만한 **합리적인 이유가 있는 것으로 보기 어렵다**. 따라서 심판대상조항은 헌법상 **평등원칙에 위반된다**(헌재 2016. 12. 29. 2015헌바208 등).

1680 사업주가 제공하거나 그에 준하는 교통수단을 이용하여 출퇴근하던 중에 산업재해보상보험 가입 근로자가 입은 재해를 업무상 재해로 인정하는 것과 달리, 도보나 자기 소유 교통수단 또는 대중교통수단 등을 이용하여 출퇴근하는 산업재해보상보험 가입 근로자가 사업주의 지배관리 아래 있다고 볼 수 없는 통상적 경로와 방법으로 출퇴근하던 중에 입은 재해를 업무상 재해로 인정하지 않는 것은 자의적 차별로 평등원칙에 위배된다. 20 변호사   O | X

1680-1 근로자가 사업주의 지배관리 아래 출퇴근하던 중 발생한 사고로 부상 등이 발생한 경우에만 업무상 재해로 인정하는 「산업재해보상보험법」 규정은 도보나 자기 소유 교통수단 또는 대중교통수단 등을 이용하여 출퇴근하는 산업재해보상보험 가입 근로자를 합리적 이유 없이 자의적으로 차별하는 것이 아니므로 헌법상 평등원칙에 위배되지 않는다. 22 경정   O | X

1680-2 산업재해보상보험의 생활보장적 성격을 감안하더라도 사용자가 제공하지 않는 통상의 출퇴근에서 발생한 재해를 업무상 재해로 인정하여 근로자를 보호해 줄 수 있는 헌법적 근거는 없다. 19 입시

O | X

산업재해보상보험제도는 피재근로자와 그 가족의 생활을 보장하기 위하여 국가가 책임을 지는 의무보험으로, 원래 사업주의 근로기준법상 재해보상책임을 보장하기 위하여 국가가 사업주로부터 보험료를 받아 그 재원으로 사업주를 대신하여 피재근로자에게 보상해 주는 제도이다. … 통상의 출퇴근 중 발생한 재해를 업무상 재해로 인정하여 근로자를 보호해 주는 것이 산재보험의 생활보장적 성격에 부합한다. … 이상과 같이 **통상의 출퇴근 재해에 대한 보상에 있어 혜택근로자와 비혜택근로자를 구별하여 취급할 합리적 근거가 없는데도, 혜택근로자의 출퇴근 재해만 업무상 재해로 인정**하는 심판대상조항은 합리적 이유 없이 비혜택근로자에게 경제적 불이익을 주어 이들을 **자의적으로 차별**하는 것이므로, **헌법상 평등원칙에 위배된다**(헌재 2016. 9. 29. 2014헌바254).

1681 「산업재해보상보험법」에서 업무상 재해에 통상의 출퇴근 재해를 포함시키는 개정 법률조항을 개정법 시행 후 최초로 발생하는 재해부터 적용하도록 한 것은, 산재보험의 재정상황 등 실무적 여건이나 경제상황 등을 고려한 것으로 헌법상 평등원칙에 위반되지 않는다. 24 경정   O | X

심판대상조항이 **신법 조항의 소급적용을 위한 경과규정을 두지 않음**으로써 개정법 시행일 전에 통상의 출퇴근 사고를 당한 비혜택근로자를 보호하기 위한 최소한의 조치도 취하지 않은 것은, 산재보험의 재정상황 등 실무적 여건이나 경제상황 등을 고려한 것이라고 하더라도, **그 차별을 정당화할 만한 합리적인 이유가 있는 것으로 보기 어렵고**, 이 사건 헌법불합치결정의 취지에도 어긋난다. 따라서 심판대상조항은 헌법상 **평등원칙에 위반된다**(헌재 2019. 9. 26. 2018헌바218 등).

정답 1679. O 1680. O 1680-1. X [평등원칙 위배] 1680-2. X [평등원칙이 헌법상 근거] 1681. X [평등원칙 위반]

1682 구 「건설근로자의 고용개선 등에 관한 법률」 제14조 제2항 중 구 「산업재해보상보험법」 제63조 제1항 가운데 '그 근로자가 사망할 당시 대한민국 국민이 아닌 자로서 외국에서 거주하고 있던 유족은 제외한다'를 준용하는 부분은 합리적 이유없이 외국거주 외국인 유족을 대한민국 국민인 유족 및 국내거주 외국인 유족과 차별하는 것으로 평등원칙에 위반된다. 23 경찰 2차 O | X

외국거주 외국인유족에게 **퇴직공제금을 지급**하더라도 국가 및 사업주의 재정에 영향을 미치거나 건설근로자공제회의 재원 확보 및 퇴직공제금 지급 업무에 특별한 어려움이 초래될 일도 없으므로 외국거주 외국인유족을 퇴직공제금을 지급받을 유족의 범위에서 제외할 이유가 없다는 점, … 외국거주 외국인유족은 자신이 거주하는 국가에서 발행하는 공신력 있는 문서로서 퇴직공제금을 지급받을 유족의 자격을 충분히 입증할 수 있으므로 그가 '외국인'이라는 사정 또는 '외국에 거주'한다는 사정이 대한민국 국민인 유족 혹은 국내거주 외국인유족과 달리 취급받을 합리적인 이유가 될 수 없다는 점 등을 종합하면, 심판대상조항은 합리적 이유 없이 **외국거주 외국인유족을 대한민국 국민인 유족 및 국내거주 외국인유족과 차별**하는 것이므로 **평등원칙에 위반된다**(헌재 2023. 3. 23. 2020헌바471).

1683 A형 혈우병 환자들의 출생 시기에 따라 이들에 대한 유전자재조합제제의 요양급여 허용 여부를 달리 취급하는 것은 합리적 근거 없는 차별이다. 13 국회 8 O | X

1683-1 1983. 1. 1. 이후에 출생한 A형 혈우병 환자에 한하여 유전자재조합제제에 대한 요양급여를 인정하는 보건복지가족부 고시조항은 제도의 단계적인 개선에 해당하므로, 환자의 범위를 한정하는 과정에서 A형 혈우병 환자들의 출생 시기에 따라 이들에 대한 유전자재조합제제의 요양급여 허용 여부를 달리 취급하는 것은 합리적인 이유가 있는 차별이다. 24 입시 O | X

이 사건 고시조항이 수혜자 한정의 기준으로 정한 환자의 출생 시기는 그 부모가 언제 혼인하여 임신, 출산을 하였는지와 같은 우연한 사정에 기인하는 결과의 차이일 뿐, 이러한 차이로 인해 A형 혈우병 환자들에 대한 치료제인 유전자재조합제제의 요양급여 필요성이 달라진다고 할 수는 없으므로, A형 혈우병 환자들의 출생 시기에 따라 이들에 대한 유전자재조합제제의 요양급여 허용 여부를 달리 취급하는 것은 **합리적인 이유가 있는 차별이라고 할 수 없다**. 따라서 이 사건 고시 조항은 청구인들의 **평등권을 침해하는 것이다**(헌재 2012. 6. 27. 2010헌마716).

1684 65세 미만의 일정한 노인성 질병이 있는 사람의 장애인 활동지원급여 신청자격을 제한하는 「장애인 활동 지원에 관한 법률」 제5조 제2호 본문 중 '「노인장기요양보험법」 제2조 제1호에 따른 노인 등' 가운데 '65세 미만의 자로서 치매·뇌혈관성질환 등 대통령령으로 정하는 노인성 질병을 가진 자'에 관한 부분은 합리적 이유가 있다고 할 것이므로 평등원칙에 위반되지 않는다. 22 경찰 1차 O | X

65세 미만의 비교적 젊은 나이인 경우, 일반적 생애주기에 비추어 자립 욕구나 자립지원의 필요성이 높고, 질병의 치료효과나 재활의 가능성이 높은 편이므로 노인성 질병이 발병하였다고 하여 곧 사회생활이 객관적으로 불가능하다거나, 가내에서의 장기요양의 욕구·필요성이 급격히 증가한다고 평가할 것은 아니다. 또한 활동지원급여와 장기요양급여는 급여량 편차가 크고, 사회활동 지원 여부 등에 있어 큰 차이가 있다. 그럼에도 불구하고 **65세 미만의 장애인 가운데 일정한 노인성 질병이 있는 사람**의 경우 **일률적으로 활동지원급여 신청자격을 제한**한 데에 합리적 이유가 있다고 보기 어려우므로 심판대상조항은 **평등원칙에 위반된다**(헌재 2020. 12. 23. 2017헌가22 등).

● 정답 1682. O 1683. O 1683-1. X [합리적 이유 없는 차별 O] 1684. X [평등원칙 위반]

1685 국가유공자인 공상공무원에 국·공립학교 교원만을 포함시키고 사립학교 교원은 포함시키지 아니한 것은 평등원칙에 위반되지 않는다. 11 국회 8 ○│X

국가유공자인 공상공무원에 **국·공립학교 교원만**을 포함시키고 **사립학교교원**을 포함시키지 아니한 것은 보훈대상의 범위, 내용 등에 관한 입법자의 입법형성 자유에 속하는 입법정책 문제로서 합리적인 근거와 이유 있는 차별이므로 청구인의 **평등권을 침해하였다고 볼 수 없다**(헌재 1994. 6. 30. 91헌마161).

1686 (구)「국가유공자예우 등에 관한 법률」제5조 제2항에서 유족의 범위에 사후양자를 제외한 것은 일반양자와 사후양자에 상당한 차이가 있어 불합리하고 자의적인 것으로 볼 수 없다. 13 법원 9 ○│X

사후양자의 경우 국가유공자의 사후에 양자의 지위를 취득하였다는 점에서 가계 및 제사계승을 위한 역할만을 수행하기 위한 것이며, 달리 국가유공자의 친권행사에 따른 보호·교양관계나 부양관계 등이 형성될 여지가 없다. … 이 사건 유자녀 조항은 민법의 개정에 맞추어 이미 존재하였던 이러한 차이를 반영한 것으로 **불합리하여 자의적인 것으로 볼 수 없다**(헌재 2007. 4. 26. 2004헌바60).

1687 경찰공무원은 교육훈련 또는 직무수행 중 사망한 경우 「국가유공자 등 예우 및 지원에 관한 법률」상 순직군경으로 예우받을 수 있는 것과는 달리, 소방공무원은 화재진압, 구조·구급 업무수행 또는 이와 관련된 교육훈련 중 사망한 경우에 한하여 순직군경으로서 예우를 받을 수 있도록 하는 「소방공무원법」 규정은 소방공무원에 대한 합리적인 이유없는 차별에 해당한다. 22 경정 ○│X

그동안 국가는 소방공무원이 국가유공자로 예우를 받게 되는 대상자의 범위 등을 국가의 재정능력, 전체적인 사회보장의 수준과 국가에 대한 공헌과 희생의 정도 등을 감안하여 합리적인 범위 내에서 단계적으로 확대해왔다. … 그렇다면 국가에 대한 공헌과 희생, 업무의 위험성의 정도, 국가의 재정상태 등을 고려하여 **현장활동등 이외의 사유로 직무수행 중 사망한 소방공무원에 대하여 순직군경으로서의 보훈혜택**을 부여하지 않는다고 해서 이를 **합리적인 이유없는 차별에 해당한다고 볼 수 없다**(헌재 2005. 9. 29. 2004헌바53).

1688 독립유공자 유족에 대한 부가연금지급에 있어서 독립유공자 본인의 서훈등급에 따라 차등을 두는 것은 합리적인 이유가 있으므로, 그 차등지급은 평등권을 침해하는 것이 아니다. 17 입시 ○│X

독립유공자 본인에 대한 부가연금지급에 있어 그 공헌과 희생의 정도에 따라 차등을 두는 것은 독립유공자예우에관한법률이 내세우는 보상의 원칙에 부합하는 것일 뿐만 아니라 실질적 평등을 구현한 것으로서 합리적인 이유가 있는 이상, **그 유족에 대한 부가연금지급에 있어서도 독립유공자 본인의 서훈등급에 따라 차등을 두는 것은** 합리적인 이유가 있으므로, 그 차등지급은 **평등권을 침해한 것이 아니다**(헌재 1997. 6. 26. 94헌마52).

1689 애국지사는 일제 국권침탈에 반대하거나 항거한 당사자로서 조국의 자주독립을 위해 직접 공헌하고 희생한 사람이고, 순국선열의 유족은 일제 국권침탈에 반대하거나 항거하다가 사망한 당사자의 유가족으로서, 두 집단은 본질적으로 다른 집단이므로 같은 서훈 등급임에도 애국지사 본인에게 높은 보상금 지급액 기준을 두고 있는 것은 평등권을 침해하지 않는다. 21 변호사 ○│X

애국지사는 일제의 국권침탈에 반대하거나 항거한 사실이 있는 당사자로서 조국의 자주독립을 위하여 직접 공헌하고 희생한 사람이지만, 순국선열의 유족은 일제의 국권침탈에 반대하거나 항거하다가 그로 인하여 사망한 당사자의 유가족으로서 독립유공자법이 정하는 바에 따라 그 공로에 대한 예우를 받는 지위에 있다. … **애국지사 본인**과 **순국선열의 유족은 본질적으로 다른 집단이므로**, 같은 서훈 등급임에도 **순국선열의 유족보다 애국지사 본인에게 높은 보상금 지급액 기준을 두고 있다** 하여 곧 청구인의 **평등권이 침해되었다고 볼 수 없다**(헌재 2018. 1. 25. 2016헌마319).

정답 1685. ○ 1686. ○ 1687. ✕ [합리적 이유없는 차별 ✕] 1688. ○ 1689. ○

1690 3・1운동의 정신과 4・19민주이념이 헌법 전문에 함께 규정되어 있는 점을 감안하여 보면, 4・19혁명공로자에 대한 보훈 수준은 애국지사와 동일하게 설정되어야 한다. 22 법무사 O│X

국가유공자나 그 가족에 대한 보상은 국가유공자의 희생과 공헌의 정도에 따른다. 4・19혁명공로자와 건국포장을 받은 애국지사는 활동기간의 장단(長短), 활동 당시의 시대적 상황, 국권이 침탈되었는지 여부, 인신의 자유 제약 정도, 입은 피해의 정도, 기회비용 면에서 차이가 있다. 이와 같은 점을 고려하면, 입법자가 **4・19혁명공로자의 희생과 공헌의 정도를 건국포장을 받은 애국지사**와 달리 평가하여 이 사건 법률조항에서 4・19혁명공로자에 대한 보훈급여의 종류를 수당으로 정하고, 이 사건 시행령조항에서 **보훈급여의 지급금액을 애국지사보다 적게 규정한 것이 합리적인 이유 없는 차별이라 할 수 없다**(헌재 2022. 2. 24. 2019헌마883).

1691 「부마민주항쟁 관련자의 명예회복 및 보상 등에 관한 법률」은 부마민주항쟁이 단기간 사이에 집중적으로 발생한 민주화운동이라는 상황적 특수성을 감안하여 민주화운동에 관한 일반법과 별도로 제정된 것인데, 부마민주항쟁을 이유로 30일 미만 구금된 자를 보상금 또는 생활지원금의 지급대상에서 제외하여 부마민주항쟁 관련자 중 8.1%만 보상금 및 생활지원금을 지급받는 결과에 이르게 한 것은 이 법을 별도로 제정한 목적과 취지에 반하여 평등권을 침해한다. 21 변호사 O│X

이 사건 보상금 조항은 관련자 중 부마민주항쟁과 관련하여 사망하거나 행방불명으로 확인된 자의 유족 및 부마민주항쟁과 관련하여 상이를 입은 자 또는 그 유족에 대하여 일정한 보상금을 지급하도록 하고 있다. … 심판대상조항이 **30일 미만 구금된 자와 유죄판결을 받은 자**로서 '관련자' 결정을 받은 자를 **보상금과 생활지원금의 지급대상에 포함시키지 않았다**고 하더라도, 그 차별이 **현저하게 불합리하거나 자의적인 차별이라고 보기 어렵다.** 따라서 심판대상조항은 청구인의 **평등권을 침해하지 않는다**(헌재 2019. 4. 11. 2016헌마418).

1692 태평양전쟁 전후 강제동원된 자 중 국외 강제동원자에 대해서만 위로금을 지급하게 하는 법률규정은, 재정부담능력 등을 고려한 입법형성의 영역에 속하는 것이고, 자의적인 차별이 아니다. 17 국회 9 O│X

1692-1 태평양전쟁 전후 강제동원된 자들 중 국내 강제동원자를 제외하고 국외 강제동원자에게만 위로금을 지급한 것은 합리적 근거가 없는 차별로서 위헌이다. 17 법무사 O│X

기본적으로 국가의 재정부담 능력이나 전체적인 사회보장 수준 등에 따라 결정하여야 할 **광범위한 입법형성의 영역**에 속하는 것이다. 국가가 국가의 재정부담능력 등을 고려하여 일반적으로 강제동원으로 인한 정신적 고통이 더욱 크다고 볼 수 있는 **국외 강제동원자 집단을 우선적으로 처우**하는 것이 객관적으로 정의와 형평에 반한다거나 **자의적인 차별이라고 보기는 어렵고,** 달리 이 사건 법률조항이 청구인의 기본권을 침해하거나 **헌법에 위반된다고 볼 수 없다**(헌재 2012. 7. 26. 2011헌바352).

1693 선거로 취임하는 공무원인 지방자치단체장을 공무원연금법의 적용대상에서 제외하는 법률 조항은, 지방자치단체장도 국민 전체에 대한 봉사자로서 공무원법 상 각종 의무를 부담하고 영리업무 및 겸직금지 등 기본권 제한이 수반된다는 점에서 경력직공무원 또는 다른 특수경력직공무원등과 차이가 없는데도 공무원연금법의 적용에 있어 지방자치단체장을 다른 공무원에 비하여 합리적 이유 없이 차별하는 것으로, 지방자치단체장들의 평등권을 침해한다. 20 경정 O│X

1693-1 헌법 제25조의 공무담임권은 공무원의 재임 기간 동안 충실한 공직 수행을 담보하기 위하여 공무원의 퇴직급여 및 공무상 재해보상 보장까지 그 보호영역으로 하고 있으므로, 「공무원연금법」이 선출직 지방자치단체의 장을 위한 별도의 퇴직급여제도를 마련하지 않은 것은 사회보장수급권을 침해한다. 18 변호사 O│X

정답 1690. X [동일하게 설정 X]   1691. X [평등권 침해 X]   1692. O   1692-1. X [평등권 침해 X]   1693. X [평등권 침해 X]   1693-1. X [보호영역 X, 사회보장수급권 침해 X]

(1) 지방자치단체장은 특정 정당을 정치적 기반으로 할 수 있는 선출직공무원으로 임기가 4년이고 계속 재임도 3기로 제한되어 있어, 장기근속을 전제로 하는 공무원을 주된 대상으로 하고 이들이 재직 기간 동안 납부하는 기여금을 일부 재원으로 하여 설계된 공무원연금법의 적용대상에서 지방자치단체장을 제외하는 것에는 합리적 이유가 있다. … 따라서 심판대상조항은 청구인들의 평등권을 침해하지 않는다(헌재 2014. 6. 26. 2012헌마459).

(2) 기본적으로 사회적 기본권의 구체적인 실현에 있어서 입법자는 광범위한 형성의 자유를 가지므로 헌법 제34조로부터 바로 지방자치단체장을 위한 별도의 퇴직급여제도를 마련할 입법의무가 도출된다고 보기 어렵다. 그 밖에 헌법 제25조가 규정하는 공무담임권은 공직 취임의 기회 보장을 보호영역으로 하는데, 더 나아가 지방자치단체장의 재임 기간 동안 충실한 공직 수행을 담보하기 위하여 이들을 위한 퇴직급여제도를 마련할 것까지 그 보호영역으로 한다고 볼 수는 없다. … 심판대상조항이 청구인들과 같은 지방자치단체장을 공무원연금법의 적용대상에서 제외하고 있다고 하더라도, 이들의 인간다운 생활을 보장하기 위하여 국가가 실현해야 할 객관적 내용의 최소한도 보장에도 이르지 못하였고 보기 어려우므로, 심판대상조항은 청구인들의 인간다운 생활을 할 권리를 침해하지 아니한다(헌재 2014. 6. 26. 2012헌마459).

1694 전상유공자가 보훈급여금을 받는 경우 보훈급여금과 참전명예수당 중 어느 하나만을 선택하여 받도록 하는 것은 평등권을 침해하지 않는다. 13 국회 9   O | X

입법자가 국가의 보상능력이나 정책적 우선순위 등을 고려하여 전상유공자에 대해 참전명예수당의 지급을 제한하였더라도 이러한 판단이 입법재량을 벗어난 것이라고 보기는 어려운 점 등을 고려하여 볼 때, 위와 같은 차별을 정당화할 객관적이고 합리적인 이유가 존재한다고 볼 수 있으므로, 이 사건 법률조항이 청구인들의 평등권을 침해한다고 할 수 없다(헌재 2010. 10. 28. 2009헌마272).

1695 법관의 명예퇴직수당액에 대하여 정년 잔여기간만을 기준으로 하지 아니하고 임기 잔여기간을 함께 반영하여 산정하도록 한 구 「법관 및 법원공무원 명예퇴직수당 등 지급규칙」 조항으로 인해 법관이 '다른 경력직공무원'에 비하여 명예퇴직수당 지급 여부 및 액수 등에 있어 불이익을 볼 가능성이 있는데, 이는 자의적인 차별에 해당한다. 24 변호사   O | X

법관 이외의 경력직공무원 중에서도 정년과 함께 임기제·연임제의 적용을 받는 헌법연구관 및 계급정년이 존재하는 경찰공무원, 소방공무원 등은, 퇴직시점에 임기나 계급정년이 연령정년보다 먼저 도래하는 경우 법관과 마찬가지로 정년잔여기간이 그 범위 내로 줄어들게 되는 점, 명예퇴직수당은 자진퇴직을 요건으로 하므로 법관은 잔여임기를 고려하여 퇴직시점을 스스로 정할 수 있는 점, 평생법관제 정착을 위한 노력 등을 고려할 때 경험 많은 법관의 조기퇴직을 유도할 필요성이 상대적으로 크다고 할 수 없는 점 등을 종합하여 볼 때, 심판대상조항으로 인하여 법관이 연령정년만을 기준으로 정년잔여기간을 산정하는 다른 경력직공무원에 비하여, 명예퇴직수당 지급 여부 및 액수 등에 있어 불이익을 볼 가능성이 있다 하더라도, 이를 자의적인 차별이라 볼 수는 없다(헌재 2020. 4. 23. 2017헌마321).

2 사회복지제도

1696 「주택건설촉진법」이 지역조합과 직장조합의 조합원 자격에서 유주택자를 배제하는 것은 평등의 이념에 반한다. 23 해간   O | X

주택조합 중 지역조합과 직장조합의 조합원자격을 무주택자로 한정하고 있는 주택건설촉진법 제3조 제9호는 무주택자에게만 조합원의 자격을 주어 그들의 주거생활의 안정을 통하여 인간다운 생활을 누릴 수 있도록 하기 위한 것으로서, 이는 헌법 전문에서 천명한 사회국가, 복지국가, 문화국가의 이념과 헌법 제34조 제1항·제2항, 제35조 제3항에 규정된 사회보장·사회복지 증진의무의 이행을 위한 것이며 국민의 주거확보에 관한 정책시행을 위한 정당한 고려에서 이루어진 것이다. 따라서 지역조합 및 직장조합의 조합원자격에서 유주택자를 배제한 것은 인간의 존엄성 존중이라는 헌법이념에 반하는 것도 아니므로 헌법의 평등이념에 반하지 아니하며 헌법 제37조 제2항의 기본권제한에 관한 과잉금지원칙에도 저촉되지 아니한다(헌재 1997. 5. 29. 94헌바5).

● 정답 | 1694. O   1695. X [자의적 차별 아님]   1696. X [평등의 이념에 반하지 않음]

1697 국립묘지 안장 대상자의 사망 당시의 배우자가 재혼한 경우에는 국립묘지에 안장된 안장대상자와 합장할 수 없도록 규정한 「국립묘지의 설치 및 운영에 관한 법률」상 조항은 재혼한 배우자를 불합리하게 차별한 것으로 평등원칙에 위배된다. 24 경간   O│X

안장 대상자의 사망 후 **재혼하지 않은 배우자**나 **배우자 사망 후 안장 대상자가 재혼한 경우의 종전 배우자**는 자신이 사망할 때까지 안장 대상자의 배우자로서의 실체를 유지하였다는 점에서 합장을 허용하는 것이 국가와 사회를 위하여 헌신하고 희생한 안장 대상자의 충의와 위훈의 정신을 기리고자 하는 국립묘지 안장의 취지에 부합하고, **안장 대상자의 사망 후 그 배우자가 재혼을 통하여 새로운 가족관계를 형성한 경우에 그를 안장 대상자와의 합장 대상에서 제외하는 것은 합리적인 이유**가 있다. 따라서 심판대상조항은 **평등원칙에 위배되지 않는다**(헌재 2022. 11. 24. 2020헌바463).

1698 입양기관을 운영하고 있지 않은 사회복지법인과 달리 입양기관을 운영하는 사회복지법인으로 하여금 '기본생활지원을 위한 미혼모자가족복지시설'을 설치·운영할 수 없게 하는 것은, 입양기관을 운영하는 사회복지법인과 그렇지 않는 사회복지법인이 본질적으로 다르므로 입양기관을 운영하는 사회복지법인의 평등권을 제한하는 것이 아니다. 16 지방 7   O│X

이 사건 법률조항들은 입양기관을 운영하고 있지 않은 다른 사회복지법인과 달리 입양기관을 운영하는 사회복지법인으로 하여금 '기본생활지원을 위한 미혼모자가족복지시설'을 설치·운영할 수 없게 함으로써 입양기관을 운영하는 사회복지법인과 그렇지 않는 사회복지법인을 다르게 취급하고 있으므로, 청구인들의 **평등권을 제한한다.** … 미혼모가 스스로 자녀를 양육할 수 있도록 하고 이를 통해 입양 특히 국외입양을 최소화하기 위하여, 입양기관을 운영하는 자로 하여금 일정한 유예기간을 거쳐 '기본생활지원을 위한 미혼모자가족복지시설'을 설치·운영할 수 없게 하는 것에는 합리적 이유가 있다고 할 것이므로, 이 사건 법률조항들은 청구인들의 **평등권을 침해하지 아니한다**(헌재 2014. 5. 29. 2011헌마363).

🖉 **보충설명** 입양기관을 운영하는 사회복지법인의 평등권을 제한하나, 평등권을 침해하는 것이 아니다.

3 교육관련

1699 주택재개발사업의 경우 학교용지부담금 부과 대상에서 '기존 거주자와 토지 및 건축물의 소유자에게 분양하는 경우'에 해당하는 개발사업분만 제외하고, 현금청산의 대상이 되어 제3자에게 분양됨으로써 기존에 비하여 가구 수가 증가하지 아니하는 개발사업분을 제외하지 아니한 「학교용지 확보 등에 관한 특례법」 규정은 평등원칙에 위반된다. 22 입시   O│X

1699-1 주택재개발사업의 경우 학교용지부담금 부과 대상에서 '기존 거주자와 토지 및 건축물의 소유자에게 분양하는 경우'에 해당하는 개발사업분만 제외하고, 현금청산의 대상이 되어 제3자에게 분양됨으로써 기존에 비하여 가구 수가 증가하지 아니하는 개발사업분을 제외하지 아니한 것은 평등원칙에 위배되지 않는다. 24 경간   O│X

이 사건 법률조항이 주택재건축사업의 경우 학교용지부담금 부과 대상에서 '기존 거주자와 토지 및 건축물의 소유자에게 분양하는 경우'에 해당하는 개발사업분만 제외하고, 매도나 현금청산의 대상이 되어 제3자에게 분양됨으로써 **기존에 비하여 가구 수가 증가하지 아니하는 개발사업분**을 제외하지 아니한 것은, 주택재건축사업의 시행자들 사이에 학교시설확보의 필요성을 유발하는 정도와 무관한 불합리한 기준으로 학교용지부담금의 납부액을 달리 하는 **차별을 초래**하므로, 이 사건 법률조항은 **평등원칙에 위배된다**(헌재 2013. 7. 25. 2011헌가32).

● **정답** 1697. ✕ [평등원칙 위배 ✕]   1698. ✕ [평등권 제한함]   1699. O   1699-1. ✕ [평등원칙 위배]

1700 학교급식의 실시에 필요한 시설·설비에 요하는 경비를 학교의 설립경영자에게 부담하도록 하는 것은 사립학교와 국·공립학교를 차별적으로 취급하는 것으로 평등원칙에 위반된다. 17 국회 8   O | X

1700-1 학교급식의 실시에 필요한 시설·설비에 요하는 경비를 원칙적으로 학교의 설립·경영자가 부담하도록 한 「학교급식법」 조항은 사립학교 운영의 자유를 필요한 범위를 넘어서 지나치게 제한하고 있고 공익의 비중에 비추어 사립학교에게 과도한 부담을 지우는 것이라고 볼 수 있으므로 사립학교 운영의 자유를 침해한다. 23 경찰 2차   O | X

이 사건 법률조항이 적용될 당시는 학교급식후원회를 통하여 학교급식시설 설치·유지비의 일부를 조달받을 수도 있었으며, 학교(직영)급식과 위탁급식을 선택적으로 운영할 수 있었던 점 등에 비추어 보면, **사립학교의 경우에도 국·공립학교와 마찬가지로 학교급식 시설·경비의 원칙적 부담을 학교의 설립경영자**로 하는 것은 합리적이라고 할 것이어서, **평등원칙에 위반되지 않는다.** 나아가 사립학교 운영의 자유를 필요한 범위를 넘어서 지나치게 제한하고 있다거나, 공익의 비중에 비추어 사립학교에게 과도한 부담을 지우는 것이라고 보기 어려워, **사립학교 운영의 자유를 침해하지 아니한다**(헌재 2010. 7. 29. 2009헌바40).

1701 학교법인은 일반 사법인과 달리 공공성이 요구되고, 공익법인이나 사회복지법인 등과는 그 용역의 성격이나 수요층의 범위, 대체수단에 대한 접근용이성의 정도 등에서 차이가 있으므로 개방이사 선임에 차이를 둔 것은 합리적 이유가 있어 평등권을 침해하지 않는다. 15 국회 8   O | X

학교법인은 일반 사법인과 달리 공공성이 요구되고, 공익법인이나 사회복지법인 등과는 그 용역의 성격이나 수요층의 범위, 대체수단에 대한 접근용이성의 정도 등에서 차이가 있으므로 **개방이사 선임에 차이를 둔 것은** 합리적 이유가 있고, 종교지도자 양성만을 목적으로 하는 대학 및 대학원을 설치·경영하는 학교법인은 그 자율성을 보장해 줄 필요성이 큰 반면 외부인사를 학교운영에 개입하게 하여야 할 정도로 공공성의 요구가 크지 않으므로 당해 종교단체에서 2분의 1을 추천하도록 한 것은 **합리적 이유가 있어 평등권을 침해하지 않는다**(헌재 2013. 11. 28. 2007헌마1189 등).

1702 종업원의 복리를 위하여 기업체가 출연하여 설립한 자율형 사립고가 14년 신입생 모집요강을 작성하면서 임직원 자녀 전형 70%, 사회배려자 전형 20%, 일반전형 10%를 각각 배정한 것은 기업 임직원이 아닌 일반인의 15년 졸업예정자인 중학생 아들을 불합리하게 차별한 것이다. 16 국가 7   O | X

기업형 자사고는 기업복지를 실현하여 생산성을 향상시키고 기업 주변의 정주환경을 개선하여서 우수 인재를 유치하는 데에 주요 목적이 있으므로, 임직원 자녀에게 더 많은 진학의 기회를 부여하는 것은 기업형 자사고 제도를 도입한 취지에 부합하며, 법이 허용하는 범위 내에서 사립학교가 자율적으로 학생선발권을 행사하는 것에 불과하다. … 따라서 이 사건 **입학전형요강**은 충남○○고가 기업형 자사고라는 특성에 기인한 것으로서 **합리적인 이유**가 있으므로, 피청구인의 이 사건 **승인처분**이 지나치게 자의적이어서 청구인들을 **불합리하게 차별한 것이라고 볼 수 없다**(헌재 2015. 11. 26. 2014헌마145).

1703 교수·연구 분야에 전문성이 뛰어난 교사들로서 교사의 교수·연구활동을 지원하는 임무를 부여받고 있는 수석교사를 성과상여금 등의 지급과 관련하여 교장이나 장학관 등과 달리 취급하고 있지만 이는 이들의 직무 및 직급이 다른 것에서 기인하는 합리적인 차별이다. 20 변호사   O | X

수석교사는 교사의 교수·연구활동을 지원하는 임무를 부여받고 있는 반면, 교장 등은 교무를 통할·총괄하고 소속 교직원을 지도·감독하는 관리 임무를 부여받고, 장학관 등은 각급 학교에 대한 관리·감독 업무 등 교육행정업무를 수행할 임무를 부여받고 있다. … 이와 같이 성과상여금 등의 지급과 관련하여 수석교사를 교장 등, 장학관 등과 달리 취급하는 것에는 **합리적인 이유**가 있으므로, 심판대상조항들은 청구인들의 **평등권을 침해하지 않는다**(헌재 2019. 4. 11. 2017헌마602 등).

정답 1700. X [평등원칙 위반 X] 1700-1. X [사립학교 운영의 자유 침해 아님] 1701. O 1702. X [불합리하게 차별 X] 1703. O

1704 사립학교 교·직원 가운데 교원에 대해서만 명예퇴직수당의 지급근거를 두고 사무직원에 대해서는 이에 대한 법적 근거를 두지 않고 학교의 정관 또는 규칙으로 정하도록 하여 구별하는 것은 평등원칙에 위반되지 않는다. 11 국회 8   O│X

입법자가 사립학교 교·직원 가운데 **교원**에 대하여만 명예퇴직수당의 지급 근거를 두고 **사무직원**에 대하여는 이에 대한 법적 근거를 두지 않고 학교의 정관 또는 규칙으로 정하도록 구별한 것은 위에서 본 바와 같이 **합리적인 이유가 있다**고 할 것이므로, 사립학교의 종사자인 교·직원 가운데 교원만을 우대하고 사무직원을 차별하려는 자의적인 입법으로 헌법 제11조 제1항의 **평등원칙에 위배된다고 볼 수 없다**(헌재 2007. 4. 26. 2003헌마533).

1705 국공립어린이집, 사회복지법인어린이집, 법인·단체등어린이집 등과 달리 민간어린이집에는 보육교직원 인건비를 지원하지 않는 '2020년도 보육사업안내(2020.1.10. 보건복지부지침)'상 조항은 합리적 근거 없이 민간어린이집을 운영하는 청구인을 차별하여 청구인의 평등권을 침해한다. 24 경간   O│X

영유아보육법상 어린이집은 설치·운영의 주체가 인건비 지원을 받고 있는지 및 영리를 추구할 수 있는지에 따라 두 유형으로 구별된다. 국공립어린이집, 사회복지법인어린이집, 법인·단체등어린이집은 보육예산으로부터 인건비 지원을 받으나 영리 추구를 제한받는다. 민간어린이집, 가정어린이집은 보육예산으로부터 인건비 지원을 받지 못하지만 영리를 추구하는 것이 일반적이다. 두 유형 사이에는 성격상 차이가 있으므로, 둘을 단순 비교하여 인건비 지원이 자의적으로 이루어지는지 판단하기는 쉽지 않다. … 이상을 종합하여 보면, 심판대상조항이 합리적 근거 없이 **민간어린이집**을 운영하는 청구인을 차별하여 청구인의 **평등권을 침해하였다고 볼 수 없다**(헌재 2022. 2. 24. 2020헌마177).

4 근로기본권

1706 산업연수생이 연수라는 명목 아래 사업주의 지시, 감독을 받으면서 사실상 노무를 제공하고 수당 명목의 금품을 수령하는 등 실질적인 근로관계에 있는 경우에도 예규가 「근로기준법」이 보장한 근로기준 중 주요사항을 외국인 산업연수생에 대하여만 적용되지 않도록 한 것은 평등권을 침해한다. 18 국회 9   O│X

근로기준법이 보장한 근로기준 중 주요사항을 외국인 산업연수생에 대하여만 적용되지 않도록 하는 것은 합리적인 근거를 찾기 어렵다. … 그렇다면, 이 사건 노동부 예규는 청구인의 **평등권을 침해한다**고 할 것이다(헌재 2007. 8. 30. 2004헌마670).

1707 근로자의 날을 관공서의 공휴일에 포함시키지 않은 '관공서의 공휴일에 관한 규정' 제2조 본문은 공무원의 평등권을 침해하지 않는다. 23 법원 9   O│X

1707-1 근로자의 날을 법정유급휴일로 할 것인지에 있어서 공무원과 일반근로자를 다르게 취급할 이유가 없으므로 근로자의 날을 공무원의 법정유급휴일로 정하지 않은 것은 공무원과 일반근로자를 자의적으로 차별하는 것에 해당하여 평등권을 침해한다. 22 5급   O│X

공무원의 유급휴일을 정할 때에는 공무원의 근로자로서의 지위뿐만 아니라 국민전체의 봉사자로서 국가 재정으로 봉급을 지급받는 특수한 지위도 함께 고려하여야 하고, 공무원의 경우 유급휴가를 포함한 근로조건이 법령에 의해 정해진다는 사정도 함께 감안하여야 하므로, 단지 근로자의 날과 같은 특정일을 일반근로자에게는 유급휴일로 인정하면서 공무원에게는 유급휴일로 인정하지 않는다고 하여 이를 곧 자의적인 차별이라고 할 수는 없다. … 따라서 심판대상조항이 근로자의 날을 공무원의 법정유급휴일에 해당하는 관공서 공휴일로 규정하지 않은 데에는 **합리적인 이유가 있다** 할 것이므로, 심판대상조항이 청구인들의 **평등권을 침해한다고 볼 수 없다**(헌재 2015. 11. 26. 2015헌마756).

●정답 1704. O 1705. X [평등권 침해 X] 1706. O 1707. O 1707-1. X [평등권 침해 X]

1708 공무원의 시간외·야간·휴일근무수당의 산정방법을 정하고 있는 구 '공무원수당 등에 관한 규정'은 공무원에 대한 수당 지급을 근로기준법보다 불리하게 규정하고 있는바, 공무원과 일반근로자를 합리적 이유 없이 차별하는 것으로서 평등권을 침해한다. 23 법원 9 O | X

공무원 역시 통상적인 근로자의 성격을 갖지만, 국민전체에 대하여 봉사하고 책임을 져야 하는 특별한 지위에 있는 자로서 일반근로자와 달리 특별한 근무관계에 있다. 따라서 공무원의 근무조건은 공무원 근로관계의 특수성과 예산상 한계를 고려하여 독자적인 법률 및 하위법령으로 규율하고 있으며, 이는 근로기준법보다 우선적으로 적용된다. 심판대상조항들은 공무원의 초과근무에 대한 금전적 보상에 관하여 정하고 있으나, 이 역시 예산이 허용하는 범위 내에서 지급될 수밖에 없다. … 따라서 심판대상조항들이 청구인의 평등권을 침해한다고 할 수 없다(헌재 2017. 8. 31. 2016헌마404).

1709 '가구 내 고용활동'에 대해서는 「근로자퇴직급여 보장법」을 적용하지 않도록 규정한 같은 법 제3조 단서 중 '가구 내 고용활동' 부분은 합리적 이유가 있는 차별로서 평등원칙에 위배되지 아니한다. 24 경간 O | X

1709-1 「근로자퇴직급여 보장법」 제3조 단서가 가사사용인을 일반 근로자와 달리 「근로자퇴직급여 보장법」의 적용범위에서 배제하고 있다 하더라도 합리적 이유가 있는 차별로서 평등원칙에 위배되지 아니한다. 23 소간 O | X

가사사용인도 근로자에 해당하지만, 제공하는 근로가 가정이라는 사적 공간에서 이루어지는 특수성이 있다. 그런데 퇴직급여법은 사용자에게 여러 의무를 강제하고 국가가 사용자를 감독하고 위반 시 처벌하도록 규정하고 있다. 가구 내 고용활동에 대하여 다른 사업장과 동일하게 퇴직급여법을 적용할 경우 이용자 및 이용자 가족의 사생활을 침해할 우려가 있음은 물론 국가의 관리 감독이 제대로 이루어지기도 어렵다. … 이를 종합하면 심판대상조항이 가사사용인을 일반 근로자와 달리 퇴직급여법의 적용범위에서 배제하고 있다 하더라도 합리적 이유가 있는 차별로서 평등원칙에 위배되지 아니한다(헌재 2022. 10. 27. 2019헌바454).

1710 노동관계 당사자가 아닌 제3자가 쟁의행위를 조종·선동·방해하지 못하도록 규정하는 것은 헌법에 위배되지 않는다. 18 국회 9 O | X

1710-1 제3자 개입금지에 관한 「노동쟁의조정법」 제13조의2는 실제로 조력을 구하기 위한 능력의 차이를 무시한 것으로, 근로자와 사용자를 실질적으로 차별하는 불합리한 규정이다. 11 국가 7 O | X

제3자개입금지조항은 근로자 측으로의 개입 뿐만 아니라 사용자 측으로의 개입에 대하여서도 마찬가지로 규정하고 있고 근로자들이 변호사나 공인노무사 등의 조력을 받는 것과 같이 근로3권을 행사함에 있어 자주적 의사결정을 침해받지 아니하는 범위안에서 필요한 제3자의 조력을 받는 것을 금지하는 것은 아니고, 근로자들이 연합단체를 통하여 한층 조직적인 지원을 받을 수 있으므로 근로자와 사용자를 실질적으로 차별하는 불합리한 규정이라고 볼 수 없다(헌재 1993. 3. 11. 92헌바33).

정답 1708. X [평등권 침해 X]   1709. O   1709-1. O   1710. O   1710-1. X [불합리한 차별규정 X]

06 청구권 관련

1711 국가를 상대로 하는 재산권 청구의 경우에는 가집행선고를 할 수 없도록 한 것은 위헌이다. 10 국가 7
O | X

가집행의 선고는 불필요한 상소권의 남용을 억제하고 신속한 권리실행을 하게 함으로써 국민의 재산권과 신속한 재판을 받을 권리를 보장하기 위한 제도인데, 위 특례법의 규정에 따르면, 법원은 국가가 원고가 되어 얻은 승소판결에는 상당한 이유가 없는 한 반드시 가집행의 선고를 하여야하나, 반면에 국민이 국가를 상대로 한 소송에서 얻어낸 승소판결에는 아무리 확신있는 판결이라고 할지라도 가집행의 선고를 할 수 없게 되어있어 결국 재산권과 신속한 재판을 받을 권리의 보장에 있어 소송당사자를 차별하여 국가를 우대하고 있는 것이 명백하고 이처럼 민사소송의 당사자를 차별하여 국가를 우대할만한 합리적 이유도 찾기 어렵다(헌재 1989. 1. 25. 88헌가7).

1712 우체국보험금 및 환급금 청구채권 전액에 대하여 무조건 압류를 금지함으로써 우체국보험 가입자의 채권자를 일반 인보험 가입자의 채권자에 비하여 불합리하게 차별취급하는 것은 평등원칙에 위배된다. 22 법무사
O | X

1712-1 우체국보험금 및 환급금 청구채권 전액에 대하여 압류를 금지하여 우체국보험 가입자의 채권자와 일반 인보험 가입자의 채권자를 차별 취급하는 것은 합리적인 사유가 존재하므로 헌법상 평등원칙에 위배되지 아니한다. 22 법원 9
O | X

이 사건 법률조항은 국가가 운영하는 우체국보험에 가입한다는 사정만으로, 일반 보험회사의 인보험에 가입한 경우와는 달리 그 수급권이 사망, 장해나 입원 등으로 인하여 발생한 것인지, 만기나 해약으로 발생한 것인지 등에 대한 구별조차 없이 그 전액에 대하여 무조건 압류를 금지하여 우체국보험 가입자를 보호함으로써 우체국보험 가입자의 채권자를 일반 인보험 가입자의 채권자에 비하여 불합리하게 차별취급하는 것이므로, 헌법 제11조 제1항의 평등원칙에 위반된다(헌재 2008. 5. 29. 2006헌바5).

1713 「국세징수법」상 공매절차에서 매각결정을 받은 매수인이 기한 내에 대금납부의무를 이행하지 아니하여 매각결정이 취소되는 경우 그가 납부한 계약보증금을 국고에 귀속하도록 규정한 「국세징수법」 제78조 제2항 후문은 위헌이다. 10 법원 9
O | X

1713-1 민사집행법상 경매절차에서의 매수신청보증금이 매수인의 대금미납으로 그에게 반환되지 아니하는 경우 국고에 귀속하지 않고 배당재원에 포함시키는 것과 달리 국세징수법상 공매절차에서 매각결정을 받은 매수인이 기한 내에 대금납부의무를 이행하지 아니하여 매각결정이 취소되는 경우 그가 납부한 계약보증금을 국고에 귀속하도록 규정한 국세징수법 조항은 국세징수절차와 민사집행절차의 성질이 다르므로 합리적 이유 있는 차별에 해당한다. 22 법무사
O | X

이 사건 법률조항은 위약금 약정의 성격을 가지는 매각의 법정조건으로서 민사집행법상 매수신청보증금과 본질적으로 동일한 성격을 가지는 국세징수법상 계약보증금을 절차상 달리 취급함으로써, 국세징수법상 공매절차에서의 체납자 및 담보권자를 민사집행법상 경매절차에서의 집행채무자 및 담보권자에 비하여 그 재산적 이익의 영역에서 합리적 이유 없이 자의적으로 차별하고 있으므로 헌법상 평등원칙에 위반된다(헌재 2009. 4. 30. 2007헌가8).

●정답 1711. O   1712. O   1712-1. X [평등원칙 위배]   1713. O   1713-1. X [합리적 이유 없는 자의적 차별]

1714 「변호사법」 제81조 제4항 내지 제6항이 변호사 징계사건에 대하여 법원에 의한 사실심리의 기회를 배제함으로써, 징계처분을 다투는 의사·공인회계사 등 다른 전문자격 종사자에 비교하여 변호사를 차별대우함은 변호사의 직업적 특성들을 감안할 때 차별을 합리화할 정당한 목적이 있는 것이다. 09 국가 7   O | X

「변호사법」 제81조제4항 내지 제6항은 변호사징계사건에 대하여는 법원에 의한 사실심리의 기회를 배제함으로써, 징계처분을 다투는 의사·공인회계사·세무사·건축사 등 다른 전문자격종사자에 비교하여 변호사를 차별대우하고 있는데, 변호사의 자유성·공공성·단체자치성·자율성 등 두드러진 직업적 특성들을 감안하더라도 이러한 차별을 합리화할 정당한 목적이 있다고 할 수 없다(헌재 2000. 6. 29. 99헌가9).

1715 형사소송절차와 달리 소년심판절차에서 검사에게 상소권이 인정되지 않는 것은 소년심판절차의 특수성을 감안하면 합리적인 이유가 있어 피해자의 평등권을 침해했다고 할 수 없다. 22 법무사   O | X

소년심판은 형사소송절차와는 달리 소년에 대한 후견적 입장에서 소년의 환경조정과 품행교정을 위한 보호처분을 하기 위한 심문절차이며, 보호처분을 함에 있어 범행의 내용도 참작하지만 주로 소년의 환경과 개인적 특성을 근거로 소년의 개선과 교화에 부합하는 처분을 부과하게 되므로 일반 형벌의 부과와는 차이가 있다. … 위와 같은 소년심판절차의 특수성을 감안하면, 차별대우를 정당화하는 객관적이고 합리적인 이유가 존재한다고 할 것이어서 이 사건 법률조항은 청구인의 평등권을 침해하지 않는다(헌재 2012. 7. 26. 2011헌마232).

1716 친고죄에 있어서 고소 취소가 가능한 시기를 제1심 판결선고 전까지로 제한한 형사소송법 조항은 항소심 단계에서 고소 취소된 사람을 자의적으로 차별하는 것이 아니다. 22 법무사   O | X

1716-1 친고죄의 고소를 제1심 판결선고 전까지만 취소할 수 있도록 한 것은 항소심에서 고소 취소를 받은 피고인의 평등권을 침해한다. 19 국회 9   O | X

이 사건 법률조항은 고소인과 피고소인 사이에 자율적인 화해가 이루어질 수 있도록 어느 정도의 시간을 보장함으로써 국가형벌권의 남용을 방지하는 동시에 국가형벌권의 행사가 전적으로 고소인의 의사에 의해 좌우되는 것 또한 방지하는 한편, 가급적 고소 취소가 제1심 판결선고전에 이루어지도록 유도함으로써 남상소를 막고, 사법자원이 효율적으로 분배될 수 있도록 하는 역할을 한다. … 따라서 이 사건 법률조항이 항소심 단계에서 고소 취소된 사람을 자의적으로 차별하는 것이라고 할 수는 없다(헌재 2011. 2. 24. 2008헌바40).

1717 「형법」이 반의사불벌죄 이외의 죄를 범하고 피해자에게 자복한 사람에 대하여 반의사불벌죄를 범하고 피해자에게 자복한 사람과 달리 임의적 감면의 혜택을 부여하지 않은 것은 자의적인 차별이어서 평등의 원칙에 반한다. 19 지방 7   O | X

통상의 경우 자복 그 자체만으로는, 자수와 같이 범죄자가 형사법절차 속으로 스스로 들어왔다거나 국가형벌권의 적정한 행사에 기여하였다고 단정하기 어려우므로, 이 사건 법률조항에서 통상의 자복에 관하여 자수와 동일한 법적 효과를 부여하지 않았다고 하여 자의적이라 볼 수는 없다. 반의사불벌죄에서의 자복은, 형사소추권의 행사 여부를 좌우할 수 있는 자에게 자신의 범죄를 알리는 행위란 점에서 자수와 그 구조 및 성격이 유사하므로, 이 사건 법률조항이 청구인과 같이 반의사불벌죄 이외의 죄를 범하고 피해자에게 자복한 사람에 대하여 반의사불벌죄를 범하고 피해자에게 자복한 사람과 달리 임의적 감면의 혜택을 부여하지 않고 있다 하더라도 이를 자의적인 차별이라고 보기 어렵다(헌재 2018. 3. 29. 2016헌바270).

● 정답 1714. X [정당한 목적 없음]   1715. O   1716. O   1716-1. X [평등권 침해 X]   1717. X [자의적 차별 X, 평등원칙 위반 X]

1718 고소인이나 고발인만을 항고권자로 규정한 「검찰청법」 조항은 동법상 항고를 통하여 불복할 수 없게 된 기소유예처분을 받은 피의자를 고소인이나 고발인에 비하여 합리적 이유 없이 차별하는 것이라 할 수 없다. 22 경정 ○│✕

1718-1 고소인·고발인만을 검찰청법상 항고권자로 규정하고 있는 검찰청법 조항은 기소유예처분을 받은 피의자의 평등권을 침해하는 것이다. 22 법무사 ○│✕

이 사건 법률조항은 고소인 또는 고발인이 기소독점주의와 기소편의주의 체제 하에서 검사의 부당한 불기소처분에 불복할 수 있는 절차와 기회를 부여하는 데에 목적이 있고, 이 사건 법률조항이 **기소유예처분을 받은 피의자를 항고권의 주체에서 배제함으로써** 결과적으로 고소인과 고발인만이 검찰 내부기관에 대하여 불기소처분을 다툴 수 있게 된다 하더라도, 이를 가리켜 수인할 수 없을 정도로 합리적 이유 없이 **기소유예처분을 받은 피의자의 평등권을 침해한다고는 할 수 없다**(헌재 2012. 7. 26. 2010헌마642).

1719 공무원이 지위를 이용하여 범한 공직선거법위반죄에 대하여 일반인이 범한 공직선거법위반죄와 달리 해당 선거일 후 10년으로 공소시효를 정한 공직선거법 규정은 합리적인 이유 있는 차별로서 평등원칙에 위반되지 않는다. 23 법무사 ○│✕

공무원이 지위를 이용하여 범한 공직선거법위반죄의 경우 선거의 공정성을 중대하게 저해하고 공권력에 의하여 조직적으로 은폐되어 단기간에 밝혀지기 어려울 수도 있어 단기 공소시효에 의할 경우 처벌규정의 실효성을 확보하지 못할 수 있다. 이러한 취지에서 **공무원이 지위를 이용하여 범한 공직선거법위반죄의 경우 해당 선거일 후 10년으로 공소시효를 정한** 입법자의 판단은 합리적인 이유가 인정되므로 **평등원칙에 위반되지 않는다**(헌재 2022. 8. 31. 2018헌바440).

1720 「민법」상 손해배상청구권 등 금전채권은 10년의 소멸시효기간이 적용되는 데 반해, 사인이 국가에 대하여 가지는 손해배상청구권 등 금전채권은 「국가재정법」상 5년의 소멸시효기간이 적용되는 것은 차별취급에 합리적인 사유가 존재한다. 19 지방 7 ○│✕

국가의 채권·채무관계를 조기에 확정하고 예산 수립의 불안정성을 제거하여 국가재정을 합리적으로 운용할 필요성이 있는 점, 국가의 채무는 법률에 의하여 엄격하게 관리되므로 채무이행에 대한 신용도가 매우 높은 반면, 법률상태가 조속히 확정되지 않을 경우 국가예산 편성의 불안정성이 커지게 되는 점, 특히 손해배상청구권과 같이 예측가능성이 낮고 불안정성이 높은 채무의 경우 단기간에 법률관계를 안정시켜야 할 필요성이 큰 점, 일반사항에 관한 예산·회계 관련 기록물들의 보존기간이 5년인 점 등에 비추어 보면, 차별취급에 **합리적인 사유가 존재**한다고 할 것이다. 따라서 심판대상조항은 **평등원칙에 위배되지 아니한다**(헌재 2018. 2. 22. 2016헌바470).

1721 국채에 대한 소멸시효를 5년 단기로 규정하여 민사 일반채권자나 회사채 채권자에 비하여 국채 채권자를 차별 취급한 것은 합리적인 이유 없는 차별에 해당하지 않는다. 19 지방 7 ○│✕

국채가 발행되는 공공자금관리기금의 운용계획수립 및 집행에 있어서 채권·채무관계를 조기에 확정하고 예산 수립의 불안정성을 제거하여 공공자금관리기금을 합리적으로 운용하기 위하여 단기소멸시효를 둘 필요성이 크고, … 이 사건 법률조항이 **국채에 대한 소멸시효를 5년 단기로 규정하여 민사 일반채권자나 회사채 채권자**에 비하여 국채 채권자를 차별 취급한 것은 합리적인 사유가 존재하므로 헌법상 **평등원칙에 위배되지 아니한다**(헌재 2010. 4. 29. 2009헌바120 등).

정답 1718. ○   1718-1. ✕ [평등권 침해 ✕]   1719. ○   1720. ○   1721. ○

1722 학교폭력에 있어서, 가해학생은 자신에 대한 모든 조치에 대해 당사자로서 소송을 제기할 수 있으므로, 가해학생에 대한 모든 조치에 대해 피해학생 측에서 재심을 허용하면서, 가해학생 측에는 퇴학과 전학의 경우에만 재심을 허용하는 것은 불합리한 차별이 아니다. 17 국회 9   O | X

1722-1 「학교폭력예방 및 대책에 관한 법률」 조항이 학교폭력의 가해학생에 대한 모든 조치에 대해 피해학생 측에는 재심을 허용하면서 가해학생 측에는 퇴학과 전학의 경우에만 재심을 허용하고 나머지 조치에 대해서는 재심을 허용하지 않도록 한 것은 평등권을 침해한다. 18 국회 8   O | X

학교폭력에 대해 가해학생에게 내려진 조치는 피해학생에게도 중대한 영향을 미치는데, 가해학생은 자신에 대한 모든 조치에 대해 당사자로서 소송을 제기할 수 있지만, 피해학생은 그 조치의 당사자가 아니므로 결과에 불만이 있더라도 소송을 통한 권리 구제를 도모할 수 없다. 따라서 가해학생에 대한 모든 조치에 대해 피해학생 측에는 재심을 허용하면서, 소송으로 다툴 수 있는 가해학생 측에는 퇴학과 전학의 경우에만 재심을 허용하고 나머지 조치에 대해서는 재심을 허용하지 않더라도 가해학생과 그 보호자의 평등권을 침해한다고 볼 수 없다(헌재 2013. 10. 24. 2012헌마832).

1723 중재신청인이 중재기일에 1회 불출석하는 경우, 중재신청을 철회한 것으로 간주하는 「정기간행물의 등록 등에 관한 법률」 제18조 제5항은 과잉금지원칙 내지 평등원칙에 위반되지 아니한다. 09 국가 7   O | X

위 법률조항의 입법목적인 중재절차의 신속성이 주로 피해자인 중재신청인의 이익을 위한 것이라는 점에서 중재신청인과 피신청인이 중재절차에서 가지는 법적 지위가 다르고, 중재신청인과 피신청인이 중재기일에 불출석한 경우 중재신청인과 피신청인에게 부여되는 불이익의 내용이 다른 점을 고려하면, 위 법률조항이 불리한 법률효과를 부여하기 위하여 중재신청인에 대하여는 '1회'의 불출석을 요건으로 하는데 반하여, 피신청인에 대하여는 '2회'의 불출석을 요건으로 한다고 하여 헌법상 평등원칙에 위반된다고 할 수 없다(헌재 1999. 7. 22. 96헌바19).

07 국방의 의무 관련

1724 1991년 개정 「농어촌의료법」이 적용되기 전에 공중보건의사로 복무한 사람이 사립학교 교직원으로 임용된 경우 공중보건의사로 복무한 기간을 사립학교 교직원 재직기간에 산입하도록 규정하지 않은 「사립학교교직원 연금법」상 조항은 공중보건의사가 출·퇴근을 하며 병역을 이행한다는 점에서 그 복무기간을 재직기간에 산입하지 않는 것에 합리적 이유가 있다. 24 경간   O | X

구 병역법 등의 규정에 의하면 의사·치과의사 등의 자격이 있는 사람이 병적에 편입되어 공중보건의사와 군의관 중 어떠한 형태로 복무할 것인지는 본인의 의사가 아니라 국방부장관에 의하여 결정되는 점, 군의관과 공중보건의사는 모두 병역의무 이행의 일환으로 의료분야의 역무를 수행한 점, 공중보건의사는 접적지역, 도서, 벽지 등 의료취약지역에서 복무하면서 그 지역 안에서 거주하여야 하고 그 복무에 관하여 국가의 강력한 통제를 받았던 점 등을 종합하면, 1991년 개정 농어촌의료법 시행 전에 공중보건의사로 복무하였던 사람이 사립학교 교직원으로 임용되었을 경우 현역병 등과 달리 공중보건의사 복무기간을 재직기간에 반영하도록 규정하지 아니한 것은 차별취급에 합리적인 이유가 없다. 따라서 심판대상조항은 평등원칙에 위배된다(헌재 2016. 2. 25. 2015헌가15).

1725 국가공무원 임용 결격사유에 해당하여 공중보건의사 편입이 취소된 사람을 현역병으로 입영하게 하거나 공익근무요원으로 소집함에 있어 의무복무기간에 기왕의 복무기간을 반영하지 않은 것은 평등의 원칙에 반한다. 16 법원 9   O | X

▶ 정답 1722. O   1722-1. X [평등원칙 위반 X]   1723. O   1724. X [합리적 이유가 없음]   1725. O

이 사건 법률조항은 국가공무원 임용 결격사유에 해당하여 **공중보건의사 편입이 취소된 사람**을 의무복무기간에 기왕의 복무기간을 전혀 반영하지 않고서 현역병으로 입영하게 하거나 공익근무요원으로 소집하도록 하여 합리적 이유 없이 차별하고 있다. … 따라서 이 사건 법률조항은 **평등원칙에 반하여 헌법에 위배된다**(헌재 2010. 7. 29. 2008헌가28).

1726 산업기능요원으로 편입되어 1년 이상 종사하다가 편입이 취소되어 입영하는 사람의 경우 복무기간을 단축할 수 있다고 규정한 구 병역법 규정은 1년 미만을 종사하다가 편입취소된 산업기능요원만 차별하여 위헌이다. 16 법무사   O | X

기왕의 복무기간 인정 여부에 관하여 **1년 미만을 종사하다가 편입취소된 산업기능요원**만 다른 병역의무자들과 달리 취급하는 것은 합리적 이유 없는 차별취급으로서 청구인의 **평등권을 침해한다**(헌재 2011. 11. 24. 2010헌마746).

1727 「병역법 시행규칙」제110조 제1호에서 국외여행 허가 대상을 30세 이하로 정하고 있는 점에 비추어, 제1국민역의 경우 특별한 사정이 없는 한 27세까지만 단기 국외여행을 허용하는 「병역의무자 국외여행 업무처리 규정」(병무청 훈령)은 체계정당성에 위배되며, 위헌적인 차별이 존재한다. 14 변호사   O | X

1727-1 병역법령에 의할 때 예외적인 경우가 아니면 27세까지만 징집연기가 가능하다는 점을 고려하여, 병역준비역에 대하여 27세를 초과하지 않는 범위에서만 단기 국외여행을 허가하도록 규정하는 것은 단기 국외여행허가를 받고자 하는 27세가 넘은 병역준비역의 거주·이전의 자유를 침해한다. 24 경정   O | X

(1) 이 사건 훈령조항은 사실상 27세를 기준으로 단기 국외여행의 허가 여부를 정하고 있는데 위에서 언급한 바와 같이 현행 병역법상 대부분의 경우 27세 이하의 범위 내에서만 입영의무의 연기가 가능하다는 점 등을 고려할 때 이와 같은 기준 설정을 자의적인 차별이라고 볼 수는 없으므로, 이 사건 훈령조항이 청구인의 **평등권을 침해한다는 청구인의 주장은 이유 없다**(헌재 2013. 6. 27. 2011헌마475).

(2) 심판대상조항은 병역법령에 의할 때 예외적인 경우가 아니면 27세까지만 징집 연기가 가능하다는 점을 고려하여, 병역준비역에 대하여 **27세를 초과하지 않는 범위**에서만 **단기 국외여행을 허가**하도록 규정한다. … 이처럼 심판대상조항은 공정하고 효율적인 병역의무의 이행을 확보한다는 입법목적을 해치지 않으면서도 징집 연기가 가능한 범위에서 국외여행의 자유를 최대한 보장하고 있다. 따라서 심판대상조항은 청구인의 **거주·이전의 자유를 침해하지 않는다**(헌재 2023. 2. 23. 2019헌마1157).

1728 「병역법」제34조 제3항이 전문연구요원과 달리 공중보건의사가 군사교육에 소집된 기간을 복무기간에 산입하지 않도록 규정하고 있더라도 이는 합리적인 이유가 있는 차별이므로 공중보건의사의 평등권을 침해하지 않는다. 24 입시   O | X

1728-1 공중보건의사가 군사교육에 소집된 기간을 복무기간에 산입하지 않도록 규정한 「병역법」조항은 평등권을 침해한다. 21 국회 8   O | X

공중보건의사는 장교의 지위에 있는 군의관과 입법 연혁, 선발과정, 보수, 수행 업무의 내용 등 여러 가지 면에서 동일하거나 유사한 측면이 있다는 점을 고려하면, 군사교육소집기간의 복무기간 산입 여부와 같은 정책적인 사항에 대하여 전문연구요원과 달리 규정한다고 해서 이를 부당한 차별취급이라고 단정하기는 어렵다. 따라서 심판대상조항이 **전문연구요원과 달리 공중보건의사의 군사교육소집기간을 복무기간에 산입하지 않은 데에는 합리적 이유**가 있으므로, 청구인들의 **평등권을 침해하지 않는다**(헌재 2020. 9. 24. 2019헌마472 등).

● 정답 1726. O   1727. X [체계정당성 위배 X 평등권 침해 X]   1727-1. X [거주·이전의 자유 침해 X]   1728. O   1728-1. X [평등권 침해 X]

1729 공중보건의사에 편입되어 군사교육에 소집된 사람에게 사회복무요원과 달리 군사교육 소집기간 동안의 보수를 지급하지 않도록 규정한「군인보수법」조항은 공중보건의사의 경우 사회복무요원과 같은 보충역으로서 대체복무를 한다는 점에서 양자를 달리 취급할 합리적인 이유가 없으므로 공중보건의사의 평등권을 침해한다. 24 경찰 1차 O | X

공중보건의사는 의사 등 전문자격 보유자를 대상으로 하고, 현역병보다 자유로운 환경에서 복무하며, 임기제 공무원으로 신분이 보장되고, 자신의 전문지식과 능력을 그대로 활용할 수 있으며, 장교에 해당하는 보수를 지급받고 있어 그 복무의 내용이나 성격이 현역병이나 사회복무요원과 같다고 보기 어렵고, … 따라서 심판대상조항이 공중보건의사로 편입되어 군사교육 소집된 자에게 **군사교육 소집기간 동안의 보수를 지급하지 않도록 규정**하였다고 하더라도 이는 한정된 국방예산의 범위 내에서 효율적인 병역 제도의 형성을 위하여 공중보건의사의 신분, 복무 내용, 복무 환경, 전체 복무기간 동안의 보수 수준 및 처우, 군사교육의 내용 및 기간 등을 종합적으로 고려하여 결정한 것이므로, **평등권을 침해한다고 보기 어렵다**(헌재 2020. 9. 24. 2017헌마643).

1730 사회복무요원에게 현역병의 봉급에 해당하는 보수를 지급하도록 정한 구「병역법 시행령」제62조 제1항 본문, 사회복무요원에게 교통비, 중식비의 실비를 지급하도록 정한 구「병역법 시행령」제62조 제2항 전단, 구「사회복무요원 복무관리 규정」제41조 제3항 본문 전단은 사회복무요원을 현역병에 비하여 합리적 이유없이 자의적으로 차별한 것이라 볼 수 없어 사회복무요원인 청구인의 평등권을 침해하지 않는다. 23 경찰 2차 O | X

현역병은 엄격한 규율이 적용되는 내무생활을 하면서 총기·폭발물 사고 등 위험에 노출되어 있는데, 병역의무 이행에 대한 보상의 정도를 결정할 때 위와 같은 현역병 복무의 특수성을 반영할 수 있으며, 사회복무요원은 생계유지를 위하여 필요한 경우 복무기관의 장의 허가를 얻어 겸직할 수 있는 점 등을 고려하면, 심판대상조항이 사회복무요원에게 현역병의 봉급과 동일한 보수를 지급하면서 중식비, 교통비, 제복 등을 제외한 **다른 의식주 비용을 추가로 지급하지 않는다** 하더라도, 사회복무요원을 현역병에 비하여 합리적 이유 없이 **자의적으로 차별한 것이라고 볼 수 없다.** 따라서 심판대상조항은 청구인들의 **평등권을 침해하지 아니한다**(헌재 2019. 2. 28. 2017헌마374 등).

1731 행정관서요원으로 근무한 공익근무요원과는 달리, 국제협력요원으로 근무한 공익근무요원을「국가유공자 등 예우 및 지원에 관한 법률」에 의한 보상에서 제외한 구「병역법」조항은 병역의무의 이행이라는 동일한 취지로 소집된 요원임에도 합리적인 이유 없이 양자를 차별하고 있어 평등권을 침해한다. 16 변호사 O | X

1731-1 국제협력요원이 병역의무를 이행하기 위하여 개발도상국 등에 파견되어 일정한 봉사업무에 종사하던 중 사망한 경우,「국가유공자법」에 의한 보상을 하지 않는다고 하여 국가가 헌법에 규정한 재외국민을 보호할 의무를 행하지 않은 경우라고는 볼 수 없다. 23 해간 O | X

(1) 국제협력요원은 자신들의 의사에 기하여 봉사활동을 통한 병역의무 이행을 선택한 점에서 행정관서요원과 다르며, … 입법자가 위와 같은 차이들에 근거하여 **국제협력요원과 행정관서요원을 달리 취급**하는 것을 입법형성권을 벗어난 자의적인 것이라고 할 수 없어, 이 사건 조항은 헌법상의 **평등권을 침해하지 아니한다**(헌재 2010. 7. 29. 2009헌가13).
(2) 이 사건은 국제협력요원이 병역의무를 이행하기 위하여 개발도상국 등에 파견되어 일정한 봉사업무에 종사하던 중 사망한 경우에 대한민국 내에서 위와 같은 사망자를 국가유공자법에 의하여 보상하여야 하는지에 관련된 것이므로, 국가의 재외국민 보호의무를 규정하고 있는 헌법 제2조 제2항의 보호법익이 이 사건에 그대로 적용된다고 보기 어려우므로, 이 사건 조항이 국제협력요원이 복무 중 사망한 경우 국가유공자법에 의한 보상을 하지 않는다고 하여 국가가 헌법 제2조 제2항에 규정한 **재외국민을 보호할 의무를 행하지 않은 경우라고는 볼 수 없다**(헌재 2010. 7. 29. 2009헌가13).

●정답 1729. X [평등권 침해 아님] 1730. O 1731. X [평등권 침해 X] 1731-1. O

1732 지원에 의하여 현역복무를 마친 여성의 경우 현역복무 과정에서의 훈련과 경험을 통해 예비전력으로서의 자질을 갖추고 있을 것으로 추정할 수 있으므로 지원에 의하여 현역복무를 마친 여성을 예비역 복무의무자의 범위에서 제외한 「군인사법」 조항은 예비역복무의무자인 남성인 청구인의 평등권을 침해한다. 24 경찰 1차 O | X

지원에 의하여 현역복무를 마친 여성의 경우, 현역복무에 필요한 **신체적 능력**을 갖추었다고 볼 수 있고, 현역복무 과정에서의 훈련과 경험을 통해 **예비전력으로서 갖추어야 할 자질**을 갖추고 있을 것으로 추정할 수 있으므로, 이러한 집단에 대하여 예비역 복무의무를 부과하지 않으면서 현역복무를 마친 남자에게만 예비역 복무의무를 부과하는 것이 합리적인지 여부에 의문이 제기될 수 있다. 그러나 국가 비상시 요청되는 예비전력의 성격이나 전시 요구되는 장교와 병의 비율, 예비역 인력 운영의 효율성 등을 고려하면, 현역복무를 마친 여성에 대한 예비역 복무 의무 부과는 국방력의 유지 및 병역동원의 소요(所要)를 충족할 수 있는 합리적 병력충원제도의 설계와 국방의 의무의 공평한 분담, 건전한 국가 재정, 여군의 역할 확대 및 복무 형태의 다양성 요구 충족 등을 복합적으로 고려하여 결정할 사항으로, 현재의 시점에서 제반 상황을 종합적으로 고려한 입법자의 판단이 현저히 자의적이라고 단정하기 어렵다. 이 사건 예비역 조항으로 인한 **차별취급을 정당화할 합리적 이유가 인정**되므로, 이 사건 예비역 조항은 청구인의 **평등권을 침해하지 아니한다**(헌재 2023. 10. 26. 2018헌마357).

1733 병으로 의무복무를 마친 후 자원하여 장교로 임관하여 복무한 자가 예비역 병이 아니라 예비역 장교로 취급되어 예비군 훈련기간이 길어진 것은 평등원칙에 위반되지 않는다. 11 국회 8 O | X

이러한 외견상의 차별적 상황은 군종장교의 경우 그가 소속된 종교단체가 군조직내에서 신도의 신앙생활을 지원하고 나아가 포교의 자유를 행사하기 위하여 자원입대하도록 하고 그가 이에 승낙한 결과 초래된 것이므로 이는 결국 차별적 취급을 받는 복무자 자신의 임의의 의사에 의하여 결정된 것일 뿐이다. … 이 사건 법률조항들은 이들이 지니는 차별적 상황을 합리적으로 감안한 것일 뿐 자의적으로 차별하는 것이라고는 할 수 없으므로, **평등의 원칙에 위반되지 아니한다**(헌재 2003. 3. 27. 2002헌바35).

1734 현역병 및 사회복무요원과 달리 공무원의 초임호봉 획정에 인정되는 경력에 산업기능요원의 경력을 제외하도록 한 공무원보수규정은 산업기능요원의 평등권을 침해하지 않는다. 23 법원 9 O | X

1734-1 공무원의 초임호봉 획정에 인정되는 경력과 관련하여, 현역병 및 사회복무요원과 달리 산업기능요원의 경력을 제외하도록 한 것은 평등권을 침해한다. 17 지방 7 O | X

사회복무요원은 공익 수행을 목적으로 한 제도로, 그 직무가 공무수행으로 인정되고, 본인의사에 관계없이 소집되며, 현역병에 준하는 최소한의 보수만 지급됨에 반하여, 산업기능요원은 국가산업 육성을 목적으로 한 제도로, 그 직무가 공무수행으로 인정되지 아니하고, 본인의사에 따라 편입 가능하며, 근로기준법 및 최저임금법의 적용을 받는다. 심판대상조항은 이와 같은 실질적 차이를 고려하여 상대적으로 열악한 환경에서 병역의무를 이행한 것으로 평가되는 **현역병 및 사회복무요원의 공로를 보상**하도록 한 것으로 **산업기능요원과의 차별취급에 합리적 이유**가 있으므로, 청구인의 **평등권을 침해하지 아니한다**(헌재 2016. 6. 30. 2014헌마192).

1735 사관생도의 사관학교 교육기간을 현역병 등의 복무기간과 달리 연금 산정의 기초가 되는 군 복무기간으로 산입할 수 있도록 규정하지 아니한 구 「군인연금법」상 조항은 현저히 자의적인 차별이라고 볼 수 없다. 24 경간 O | X

사관생도는 병역의무의 이행을 위해 본인의 의사와 상관없이 복무 중인 현역병 등과 달리 자발적으로 직업으로서 군인이 되기를 선택한 점, 사관생도의 교육기간은 장차 장교로서의 복무를 준비하는 기간으로 이를 현역병 등의 복무기간과 동일하게 평가하기는 어려운 점 등 군인연금법상 군 복무기간 산입제도의 목적과 취지, 현역병 등과 사관생도의 신분, 역할, 근무환경 등을 종합적으로 고려하면, 심판대상조항이 **사관생도의 사관학교에서의 교육기간을 현역병 등의 복무기간과 달리 연금 산정의 기초가 되는 복무기간으로 산입할 수 있도록 규정하지 아니한 것이 현저히 자의적인 차별이라 볼 수 없다**(헌재 2022. 6. 30. 2019헌마150).

정답 1732. X [평등권 침해 아님] 1733. O 1734. O 1734-1. X [평등권 침해 X] 1735. O

08 기타

1736 보상금의 지급을 신청할 수 있는 자의 범위를 '내부 공익신고자'로 한정함으로써 '외부 공익신고자'를 보상금 지급대상에서 배제하도록 정한 「공익신고자 보호법」 조항 중 '내부 공익신고자' 부분은 평등원칙에 위배되지 않는다. 23 경찰 1차   O | X

공익침해행위의 효율적인 발각과 규명을 위해서는 내부 공익신고가 필수적인데, 내부 공익신고자는 조직 내에서 배신자라는 오명을 쓰기 쉬우며, 공익신고로 인하여 신분상, 경제상 불이익을 받을 개연성이 높다. 이 때문에 보상금이라는 경제적 지원조치를 통해 내부 공익신고를 적극적으로 유도할 필요성이 인정된다. 반면, '내부 공익신고자가 아닌 공익신고자'는 공익신고로 인해 불이익을 입을 개연성이 높지 않기 때문에 공익신고 유도를 위한 보상금 지급이 필수적이라 보기 어렵다. '공익신고자 보호법'상 보상금의 의의와 목적을 고려하면, 이와 같이 **공익신고 유도 필요성에 있어 차이**가 있는 **내부 공익신고자와 외부 공익신고자를 달리 취급**하는 것에 합리성을 인정할 수 있다. … **이 사건 법률조항이 평등원칙에 위배된다고 볼 수 없다**(헌재 2021. 5. 27. 2018헌바127).

정답 1736. O

Chapter 04 자유권

POINT 111 생명권

01 생명권

1737 생명권은 인간의 생존본능과 존재목적에 바탕을 둔 선험적이고 자연법적인 권리로서 헌법에 규정된 모든 기본권의 전제로서 기능하는 기본권 중의 기본권이다. 22 경정 O|X

1737-1 헌법상 생명권 보장에 관한 명문의 규정이 없으므로 헌법재판소는 생명권을 헌법상의 권리로 인정하지 않는다. 10 국회 9 O|X

생명에 대한 권리, 즉 **생명권**은 비록 헌법에 명문의 규정이 없다 하더라도 인간의 생존본능과 존재목적에 바탕을 둔 선험적이고 자연법적인 권리로서 헌법에 규정된 모든 기본권의 전제로서 기능하는 **기본권 중의 기본권**이다. **모든 인간은** 헌법상 **생명권의 주체가** 되며, 형성 중의 생명인 **태아에게도 생명에 대한 권리가 인정**되어야 한다. 따라서 태아도 헌법상 생명권의 주체가 되며, 국가는 헌법 제10조에 따라 태아의 생명을 보호할 의무가 있다(헌재 2008. 7. 31. 2004헌바81).

1738 자연법적 권리로서의 생명권의 향유자는 내국인 및 외국인을 불문한다. 그러나 생명권의 본질에 비추어 법인이 아닌 자연인만이 그 주체가 될 수 있다. 18 서울 7 O|X

자연법적 권리로서의 생명권의 향유자는 **내·외국인을 불문**한다. 그러나 생명권의 본질에 비추어 법인이 아닌 **자연인만이** 주체가 될 수 있다.

1739 생명권은 비록 헌법에 명문의 규정이 없다 하더라도 인간의 생존본능과 존재목적에 바탕을 둔 선험적이고 자연법적인 권리로서 헌법에 규정된 모든 기본권의 전제로서 기능하는 기본권 중의 기본권이며, 형성 중의 생명인 태아에게도 생명에 대한 권리가 인정된다. 11 국가 7 O|X

1739-1 모든 인간은 헌법상 생명권의 주체가 된다. 14 법무사 O|X

생명에 대한 권리, 즉 **생명권**은 비록 헌법에 명문의 규정이 없다 하더라도 인간의 생존본능과 존재목적에 바탕을 둔 선험적이고 자연법적인 권리로서 헌법에 규정된 모든 기본권의 전제로서 기능하는 **기본권 중의 기본권**이다. **모든 인간은** 헌법상 **생명권의 주체가** 되며, 형성 중의 생명인 **태아에게도 생명에 대한 권리가 인정**되어야 한다. 따라서 태아도 헌법상 생명권의 주체가 되며, 국가는 헌법 제10조에 따라 태아의 생명을 보호할 의무가 있다(헌재 2008. 7. 31. 2004헌바81).

1740 인간이라는 생명체의 형성이 출생 이전의 그 어느 시점에서 시작됨을 인정하더라도, 법적으로 사람의 시기를 출생의 시점에서 시작되는 것으로 보는 것은 헌법적으로 금지된다. 22 경정 O|X

법치국가원리로부터 나오는 법적안정성의 요청은 인간의 권리능력이 언제부터 시작되는가에 관하여 가능한 한 명확하게 그 시점을 확정할 것을 요구한다. 따라서 **인간이라는 생명체의 형성이 출생 이전의 그 어느 시점에서 시작됨을 인정하더라도, 법적으로 사람의 시기를 출생의 시점에서 시작되는 것으로 보는 것이 헌법적으로 금지된다고 할 수 없다**(헌재 2008. 7. 31. 2004헌바81).

● 정답 1737. O 1737-1. X [헌법상 기본권으로 인정] 1738. O 1739. O 1739-1. O 1740. X [헌법적으로 금지 X]

02 생명권의 제한 가능성 : 사형제도

1741 우리 헌법은 사형제도의 금지나 허용을 직접적으로 규정하고 있지 않다. 12 법원 9 ○ | ×

1741-1 헌법은 사형제도의 허용을 직접적으로 규정하고 있다. 20 국회 9 ○ | ×

우리 헌법은 사형제도에 대하여 그 금지나 허용을 <u>직접적으로 규정하고 있지는 않다.</u> … 헌법 제110조 제4항은 법률에 의하여 사형이 형벌로서 규정되고 그 형벌조항의 적용으로 사형이 선고될 수 있음을 전제로 하여, 사형을 선고한 경우에는 비상계엄하의 군사재판이라도 단심으로 할 수 없고 사법절차를 통한 불복이 보장되어야 한다는 취지의 규정으로, <u>우리 헌법은 문언의 해석상 **사형제도를 간접적으로나마 인정**</u>하고 있다(헌재 2010. 2. 25. 2008헌가23).

1742 헌법은 절대적 기본권을 명문으로 인정하고 있지 아니하며, 헌법 제37조 제2항에서는 국민의 모든 자유와 권리는 국가안전보장·질서유지 또는 공공복리를 위하여 필요한 경우에 한하여 법률로써 제한할 수 있도록 규정하고 있어, 비록 생명이 이념적으로 절대적 가치를 지닌 것이라 하더라도 생명에 대한 법적 평가가 예외적으로 허용될 수 있다. 23 법원 9 ○ | ×

1742-1 생명권은 헌법에 명문으로 규정하고 있지 않지만 다른 어느 기본권보다 우월한 가치를 가지는 절대적 권리로서 헌법 제37조 제2항에 의한 일반적 법률유보의 대상이 될 수 없다. 14 지방 7 ○ | ×

<u>헌법은 **절대적 기본권**을 명문으로 인정하고 있지 아니하며</u>, 헌법 제37조 제2항에서는 국민의 모든 자유와 권리는 국가안전보장·질서유지 또는 공공복리를 위하여 필요한 경우에 한하여 법률로써 제한할 수 있도록 규정하고 있어, 비록 <u>생명이 **이념적으로 절대적 가치**를 지닌 것이라 하더라도 **생명에 대한 법적 평가가 예외적으로 허용**될 수 있다고 할 것이므로, <u>생명권 역시 헌법 제37조 제2항에 의한 **일반적 법률유보의 대상**</u>이 될 수밖에 없다(헌재 2010. 2. 25. 2008헌가23).

1743 생명권도 헌법 제37조 제2항에 의한 일반적 법률유보의 대상이 될 수밖에 없으며, 나아가 생명권의 경우, 다른 일반적인 기본권 제한의 생명의 구조와는 달리, 일부 박탈이라는 것을 상정할 수 없기 때문에 생명권에 대한 제한은 필연적으로 생명권의 완전한 박탈을 의미하게 되는바, 생명권의 제한이 정당화될 수 있는 예외적인 경우에는 생명권의 박탈이 초래된다 하더라도 곧바로 기본권의 본질적인 내용을 침해하는 것이라 볼 수는 없다. 17 국가 7(추) ○ | ×

1743-1 생명권의 경우, 다른 일반적인 기본권 제한의 구조와는 달리, 생명의 일부 박탈이라는 것을 상정할 수 없고 생명권에 대한 제한은 필연적으로 생명권의 완전한 박탈을 의미하게 되기 때문에 생명권의 제한이 정당화될 수 있는 예외적인 경우라 하더라도 생명권의 박탈이 초래된다면 곧바로 기본권의 본질적인 내용을 침해하는 것이라 볼 수 있다. 23 법원 9 ○ | ×

생명이 이념적으로 절대적 가치를 지닌 것이라 하더라도 생명에 대한 법적 평가가 예외적으로 허용될 수 있다고 할 것이므로, 생명권 역시 헌법 제37조 제2항에 의한 일반적 법률유보의 대상이 될 수밖에 없다. 나아가 <u>생명권의 경우, 다른 일반적인 기본권 제한의 구조와는 달리, 생명의 일부 박탈이라는 것을 상정할 수 없기 때문에 **생명권에 대한 제한**은 필연적으로 **생명권의 완전한 박탈**</u>을 의미하게 되는바, 위와 같이 <u>**생명권의 제한이 정당화**될 수 있는 예외적인 경우에는 생명권의 박탈이 초래된다 하더라도 곧바로 **기본권의 본질적인 내용을 침해하는 것이라 볼 수는 없다**</u>(헌재 2010. 2. 25. 2008헌가23).

1744 생명권의 제한은 어떠한 상황에서든 곧바로 개인의 생명권의 본질적인 내용을 침해하는 것으로서 기본권 제한의 한계를 넘는 것으로 본다면, 이는 생명권을 제한이 불가능한 절대적 기본권으로 인정하는 것과 동일한 결과를 가져오게 된다. 18 법원 9 ○ | ×

●정답 1741. ○ 1741-1. ×[직접 규정 ×] 1742. ○ 1742-1. ×[절대적 권리 ×, 대상이 됨] 1743. ○ 1743-1. ×[기본권의 본질적 내용 침해 ×] 1744. ○

생명권의 제한은 어떠한 상황에서든 곧바로 개인의 생명권의 **본질적인 내용을 침해**하는 것으로서 기본권 제한의 한계를 넘는 것으로 본다면, 이는 생명권을 제한이 불가능한 **절대적 기본권으로 인정하는 것과 동일한 결과**를 가져오게 된다. 그러나 앞서 본 바와 같이 생명권 역시 그 제한을 정당화할 수 있는 예외적 상황 하에서는 헌법상 그 제한이 허용되는 기본권인 점 및 생명권 제한구조의 특수성을 고려한다면, 생명권 제한이 정당화될 수 있는 예외적인 경우에는 생명권의 박탈이 초래된다 하더라도 곧바로 기본권의 본질적인 내용을 침해하는 것이라 볼 수는 없다(헌재 2010. 2. 25. 2008헌가23).

1745 사형제도는 최소침해성 원칙에 어긋나지 아니한다. 12 법원 9 　　O | X

1745-1 사형제도는 최소침해성 원칙에 어긋난다. 23 해경 　　O | X

사형은 그보다 완화된 형벌인 무기징역형이나 가석방이 불가능한 종신형에 비하여 일반적 범죄예방목적 및 정당한 응보를 통한 정의의 실현이라는 목적을 달성함에 있어서 더 효과적인 수단이라고 할 것이고, 위와 같은 입법목적의 달성에 있어서 사형과 동일한 효과를 나타내면서도 사형보다 범죄자에 대한 법익침해 정도가 작은 다른 형벌이 명백히 존재한다고 보기 어려우므로 **사형제도는 최소침해성원칙에 어긋난다고 할 수 없다.** … 결국 사형이 극악한 범죄에 한정적으로 선고되는 한, 사형제도 자체는 위에서 살펴본 바와 같이 입법목적의 정당성, 수단의 적합성, 피해의 최소성, 법익균형성 등을 모두 갖추었으므로 생명권 제한에 있어서의 헌법상 **비례원칙에 위배되지 아니한다**(헌재 2010. 2. 25. 2008헌가23).

1746 사형제도는 인간의 존엄과 가치를 규정한 헌법 제10조에 위배되지 아니한다. 12 법원 9 　　O | X

사형제도는 우리 헌법이 적어도 간접적으로나마 인정하고 있는 형벌의 한 종류일 뿐만 아니라, 사형제도가 생명권 제한에 있어서 헌법 제37조 제2항에 의한 헌법적 한계를 일탈하였다고 볼 수 없는 이상, 범죄자의 생명권 박탈을 내용으로 한다는 이유만으로 곧바로 인간의 존엄과 가치를 규정한 **헌법 제10조에 위배된다고 할 수 없으며**, … 범죄자를 오로지 사회방위라는 공익 추구를 위한 객체로만 취급함으로써 범죄자의 **인간으로서의 존엄과 가치를 침해한 것으로 볼 수 없다**(헌재 2010. 2. 25. 2008헌가23).

POINT 112 　신체의 자유

01 　처벌 · 보안처분 · 강제노역

1747 누구든지 법률에 의하지 아니하고는 체포·구속·압수·수색 또는 심문을 받지 아니하며, 법률과 적법한 절차에 의하지 아니하고는 처벌·보안처분 또는 강제노역을 받지 아니한다. 24 5급. 22 소간
　　O | X

1747-1 모든 국민은 신체의 자유를 가진다. 누구든지 법률이나 대통령령에 의하지 아니하고는 체포·구속·압수·수색 또는 심문을 받지 아니하며, 법률과 적법한 절차에 의하지 아니하고는 처벌·보안처분 또는 강제노역을 받지 아니 한다. 16 법무사 　　O | X

1747-2 모든 국민은 신체의 자유를 가진다. 누구든지 법률과 적법절차에 의하지 아니하고는 체포·구속·압수·수색을 받지 아니하며, 법률에 의하지 아니하고는 심문·처벌·보안처분 또는 강제노역을 받지 아니한다. 22 경찰 1차 　　O | X

1747-3 누구든지 법률에 의하지 아니하고는 체포·구속·압수·수색 또는 심문을 받지 아니하며, 법률 또는 적법한 절차에 의하지 아니하고는 처벌·보안처분 또는 강제노역을 받지 아니한다. 20 소간 　　O | X

정답 1745. O　1745-1. X [최소침해성원칙에 어긋나지 않음]　1746. O　1747. O　1747-1. X [대통령령 X]　1747-2. X [법률 : 체포·구속·압수·수색 또는 심문 / 법률과 적법절차 : 처벌·보안처분 또는 강제노역]　1747-3. X [또는 X, 법률과 적법한 절차]

> 헌법 제12조 ① 모든 국민은 **신체의 자유**를 가진다. 누구든지 **법률**에 의하지 아니하고는 **체포·구속·압수·수색** 또는 **심문**을 받지 아니하며, **법률**과 **적법한 절차**에 의하지 아니하고는 **처벌·보안처분** 또는 **강제노역**을 받지 아니한다.

1748 신체의 자유는 신체의 안정성이 외부로부터의 물리적인 힘이나 정신적인 위험으로부터 침해당하지 아니할 자유와 신체활동을 임의적이고 자율적으로 할 수 있는 자유를 말한다. 21 소간   O│X

헌법 제12조 제1항 전문에서 "모든 국민은 신체의 자유를 가진다."라고 규정하여 **신체의 자유**를 **보장**하고 있는 것은, 신체의 안정성이 외부로부터의 **물리적인 힘이나 정신적인 위험으로부터 침해당하지 아니할 자유와 신체활동을 임의적이고 자율적으로 할 수 있는 자유**를 말하는 것이며 이를 보장하기 위하여 구체적으로 여러 가지 헌법규정들을 두고 있는데, 그 중에서도 특히 헌법 제12조 제1항 후문 및 제3항 전문 … 또한 헌법 제37조 제2항은 … 기본권제한에 관한 일반적 법률유보조항과 입법권의 한계를 설정하여 두고 있다(헌재 1992. 12. 24. 92헌가8).

02 보호영역이 아닌 경우

1749 징역형의 집행유예를 선고하면서 부과된 사회봉사명령은 대상자에게 근로의무를 부과함에 그치고 공권력이 신체를 구금하는 등의 방법으로 근로를 강제하는 것이 아니므로 신체의 자유를 제한한다고 볼 수 없다. 22 입시   O│X

1749-1 신체의 자유는 신체의 안정성이 외부의 물리적인 힘이나 정신적인 위험으로부터 침해당하지 아니할 자유와 신체활동을 임의적이고 자율적으로 할 수 있는 자유를 의미하므로,「형법」조항에 의해 형의 집행유예와 동시에 사회봉사명령을 선고받은 경우, 자신의 의사와 무관하게 사회봉사를 하지 않을 수 없게 되어 신체의 자유를 제한받는다. 23 경정   O│X

이 사건 법률조항에 의하여 형의 집행유예와 동시에 **사회봉사명령을 선고**받은 청구인은 자신의 의사와 무관하게 사회봉사를 하지 않을 수 없게 되어 헌법 제10조의 행복추구권에서 파생된 **일반적 행동의 자유**를 제한받게 된다. 청구인은 이 사건 법률조항이 신체의 자유를 제한한다고 주장하나, 이 사건 법률조항에 의한 **사회봉사명령**은 청구인에게 근로의무를 부과함에 그치고 공권력이 신체를 구금하는 등의 방법으로 근로를 강제하는 것은 아니어서 이 사건 법률조항이 **신체의 자유를 제한한다고 볼 수 없다**(헌재 2012. 3. 29. 2010헌바100).

POINT 113 죄형법정주의

01 죄형법정주의

1750 죄형법정주의는 무엇이 처벌될 행위인가를 국민이 예측가능한 형식으로 정하도록 하여 개인의 법적 안정성을 보호하고 성문의 형벌법규에 의한 실정법질서를 확립하여 국가형벌권의 자의적 행사로부터 개인의 자유와 권리를 보장하려는 법치국가 형법의 기본원칙이다. 23 경정   O│X

죄형법정주의는 이미 제정된 정의로운 법률에 의하지 아니하고는 처벌되지 아니한다는 원칙으로서 이는 **무엇이 처벌될 행위인가를 국민이 예측가능한 형식으로 정하도록 하여 개인의 법적 안정성을 보호하고 성문의 형벌법규에 의한 실정법질서를 확립하여 국가형벌권의 자의적 행사로부터 개인의 자유와 권리를 보장하려는 법치국가 형법의 기본원칙**이며 … (헌재 2010. 5. 27. 2007헌바100).

● 정답 | 1748. O   1749. O   1749-1. X [신체의 자유 제한 X]   1750. O

1751 과태료는 행정상의 질서유지를 위한 행정질서벌에 해당할 뿐 형벌이라고 할 수 없어 죄형법정주의의 규율대상에 해당하지 아니한다. 18 입시, 13 서울 7 O | X

1751-1 과태료는 행정상 의무위반자에게 부과하는 행정질서벌로서 그 기능과 역할이 형벌에 준하는 것이므로 죄형법정주의의 규율대상에 해당한다. 22 경정, 21 법원 9 O | X

죄형법정주의는 무엇이 범죄이며 그에 대한 형벌이 어떠한 것인가는 국민의 대표로 구성된 입법부가 제정한 법률로써 정하여야 한다는 원칙인데, <u>과태료는 행정상의 질서 유지를 위한 **행정질서벌에 해당**할 뿐 형벌이라고 할 수 없어 **죄형법정주의의 규율대상에 해당하지 아니한다**</u>(헌재 2003. 12. 18. 2002헌바49).

02 성문법률주의 (관습형법금지)

1752 죄형법정주의는 법치주의, 국민주권 및 권력분립의 원리에 입각한 것으로서 일차적으로 무엇이 범죄이며 그에 대한 형벌이 어떠한 것인가는 반드시 국민의 대표로 구성된 입법부가 제정한 성문의 법률로써 정하여야 한다는 원칙인바, 여기서 말하는 '법률'이란 입법부에서 제정한 형식적 의미의 법률을 의미한다. 16 법원 9 O | X

"법률이 없으면 범죄도 없고 형벌도 없다."라는 말로 표현되는 죄형법정주의는 법치주의, 국민주권 및 권력분립의 원리에 입각한 것으로서 일차적으로 **무엇이 범죄**이며 그에 대한 **형벌이 어떠한 것인가는** 반드시 국민의 대표로 구성된 **입법부가 제정한 성문의 법률로써 정하여야 한다는 원칙**이고, 헌법도 제12조 제1항 후단에 '법률과 적법한 절차에 의하지 아니하고는 처벌을 받지 아니한다.'라고 규정하여 죄형법정주의를 천명하고 있는바, 여기서 말하는 "**법률**"이란 **입법부에서 제정한 형식적 의미의 법률**을 의미하는 것임은 물론이다(헌재 1998. 3. 26. 96헌가20).

1753 헌법 제12조 제1항이 정하고 있는 법률주의에서 말하는 '법률'이라 함은 국회에서 제정하는 형식적 의미의 법률과 이와 동등한 효력을 가지는 긴급명령, 긴급재정경제명령 등을 의미한다. 16 경정, 14 국회 8 O | X

헌법 제12조 제1항이 정하고 있는 법률주의에서 말하는 법률이라 함은 국회에서 제정하는 **형식적 의미의 법률**과 이와 동등한 효력을 가지는 **긴급명령, 긴급재정경제명령, 조약** 등을 포함한다.

1754 특별한 경우에는 관습법에 의해 처벌할 수 있다. 14 국회 9 O | X

범죄와 형벌은 법률로 사전에 정해져야 법적 예측이 가능하며 법적안정성이 확보된다. 따라서 **관습법에 의해 처벌할 수 없다.**

1755 형식적 의미의 법률뿐만 아니라 명령 · 규칙에 의하여도 범죄와 형벌을 규정할 수 있다. 18 서울 7(추) O | X

죄형법정주의에서 말하는 '법률'이란 입법부에서 제정한 형식적 의미의 법률을 의미하므로 법률의 위임이 없는 한 **명령 · 규칙**에 의하여 **범죄와 형벌을 규정할 수 없다.**

● 정답 1751. O 1751-1. X [죄형법정주의 규율대상 X] 1752. O 1753. O 1754. X [관습법으로 처벌 불가] 1755. X [위임이 없는 한 불가]

1756 죄형법정주의란 무엇이 범죄이며 그에 대한 형벌이 어떠한 것인가를 반드시 국민의 대표로 구성된 입법부가 제정한 법률로써 정하여야 한다는 원칙을 말하므로, 형사처벌요건을 입법부가 행정부에서 제정한 명령이나 규칙에 위임하는 것은 허용되지 않는다. 22 지방 7

죄형법정주의란 자유주의, 권력분립, 법치주의 및 국민주권의 원리에 입각한 것으로서, **무엇이 범죄**이며 그에 대한 **형벌**이 어떠한 것인가를 반드시 국민의 대표로 구성된 **입법부가 제정한 법률로써 정하여야 한다**는 원칙을 말한다. 하지만 현대국가의 사회적 기능이 증대되고 사회현상이 복잡·다양화됨에 따라 모든 형사처벌요건을 입법부가 제정한 법률만으로 다 정할 수는 없기 때문에 합리적인 이유가 있으면 예외적으로 **행정부에서 제정한 명령이나 규칙에 위임**하는 것이 허용된다(헌재 2014. 2. 27. 2013헌바106).

1757 법률에 의한 처벌법규의 위임은, 헌법이 특별히 인권을 최대한으로 보장하기 위하여 죄형법정주의와 적법절차를 규정하고 법률에 의한 처벌을 특별히 강조하고 있는 기본권보장 우위사상에 비추어 바람직스럽지 못한 일이므로, 그 요건과 범위가 보다 엄격하게 제한적으로 적용되어야 한다. 따라서 특히 긴급한 필요가 있거나 미리 법률로써 자세히 정할 수 없는 부득이한 사정이 있는 경우로 한정되어야 한다. 16 법원 9

특히 **법률에 의한 처벌법규의 위임**은, 헌법이 특별히 인권을 최대한으로 보장하기 위하여 죄형법정주의와 적법절차를 규정하고, 법률에 의한 처벌을 특별히 강조하고 있는 기본권보장 우위사상에 비추어 바람직스럽지 못한 일이므로, **그 요건과 범위가 보다 엄격하게 제한적으로 적용**되어야 한다. 따라서 처벌법규의 위임은 특히 **긴급한 필요**가 있거나 미리 법률로써 자세히 정할 수 없는 **부득이한 사정이 있는 경우에 한정**되어야 한다(헌재 1998. 3. 26. 96헌가20).

1758 위임입법에 관한 헌법 제75조는 처벌법규에도 적용되는 것이지만 처벌법규의 위임은 특히 긴급한 필요가 있거나 미리 법률로써 자세히 정할 수 없는 부득이한 사정이 있는 경우에 한정되어야 하고, 이 경우에도 법률에서 범죄의 구성요건은 처벌대상인 행위가 어떠한 것일지를 예측할 수 있을 정도로 구체적으로 정하고 형벌의 종류 및 그 상한과 폭을 명백히 규정하여야 한다. 18 변호사

1758-1 범죄와 형벌에 관한 사항에 관해서는 위임입법의 근거와 한계에 관한 헌법 제75조가 적용될 수 없다. 15 지방 7

1758-2 처벌법규의 위임은 법률에서 범죄의 구성요건과 처벌범위를 구체적으로 규정하는 등 위임입법의 한계를 준수한 경우에도 죄형법정주의에 반한다. 19 경정

위임입법에 관한 헌법 제75조는 처벌법규에도 적용되는 것이지만 처벌법규의 위임은 특히 **긴급한 필요**가 있거나 미리 법률로써 자세히 정할 수 없는 **부득이한 사정**이 있는 경우에 한정되어야 하고 이 경우에도 **법률에서 범죄의 구성요건**은 처벌대상인 행위가 어떠한 것일 것이라고 이를 예측할 수 있을 정도로 **구체적**으로 정하고 **형벌의 종류 및 그 상한과 폭을 명백히 규정하여야 한다**(헌재 1991. 7. 8. 91헌가4).

1759 법률의 구체적 위임에 의한 조례의 벌칙규정은 죄형법정주의에 반하지 않는다. 18 법원 9

범죄와 형벌은 형식적 의미의 법률뿐만 아니라 법률의 구체적 위임에 의하여 제정된 법규명령에 의하여서도 규정될 수 있다. 따라서 **법률의 구체적 위임을 받아 조례로 벌칙을 정하는 것**은 죄형법정주의에 반하는 것은 아니다.

● 정답 1756. ×[허용됨] 1757. ○ 1758. ○ 1758-1. ×[적용됨] 1758-2. ×[반하지 않음] 1759. ○

1760 「지방공무원법」이 노동운동을 하더라도 형사처벌에서 제외되는 공무원의 범위를 당해 지방자치단체의 조례로 정하도록 한 것은 헌법에 위반되지 않는다. 18 국회 8 　　O | X

1760-1 단체행동권을 보장받는 '사실상 노무에 종사하는 공무원'의 범위를 조례에 위임할 수 있도록 한 「지방공무원법」 조항이 헌법에 위반되지 않는다. 12 국회 9 　　O | X

법률의 위임이 있는 경우에는 조례에 의하여 소속 공무원에 대한 인사와 처우를 스스로 결정하는 권한이 있다고 할 것인바, 위 법률조항이 노동운동을 하더라도 형사처벌에서 제외되는 공무원의 범위에 관하여 당해 지방자치단체에 조례제정권을 부여하고 있으므로, 조례로 '사실상 노무에 종사하는 공무원'의 범위를 정하는 것은 헌법 및 법률상의 근거를 갖추고 있어 정당하다(헌재 2005. 10. 27. 2003헌바50 등).

1761 농업협동조합의 임원선거에 있어 정관이 정하는 행위 외의 선거운동을 한 경우 이를 형사처벌하도록 한 법률조항은, 조합의 임원선거에 있어 정관이 정하는 것 이외의 일체의 선거운동을 금지한다는 의미로 명확하게 해석된다고 할 것이므로 선거운동의 예외적 허용 사항을 정관에 위임하였더라도 죄형법정주의원칙에 위배된다고 볼 수 없다. 16 법원 9 　　O | X

정관에 구성요건을 위임하고 있는 이 사건 법률조항은 범죄와 형벌에 관하여는 입법부가 제정한 형식적 의미의 법률로써 정하여야 한다는 죄형법정주의원칙에 비추어 허용되기 어렵다. … 따라서 이 사건 법률조항은 형식적 의미의 법률이 아닌 정관에 범죄구성요건을 위임함에 따라 수범자로 하여금 형사처벌 유무에 대하여 전혀 예측할 수 없도록 하고 있으므로 헌법상 죄형법정주의원칙에 위배된다고 할 것이다(헌재 2010. 7. 29. 2008헌바106).

1762 형벌 구성요건의 실질적 내용을 법률에서 직접 규정하지 아니하고 새마을금고의 정관에 위임한 것은 범죄와 형벌에 관하여는 입법부가 제정한 형식적 의미의 법률로써 정하여야 한다는 죄형법정주의 원칙에 위반된다. 22 경정 　　O | X

형벌 구성요건의 실질적 내용을 법률에서 직접 규정하지 아니하고 금고의 정관에 위임한 것은 범죄와 형벌에 관하여는 입법부가 제정한 형식적 의미의 "법률"로써 정하여야 한다는 죄형법정주의 원칙에 위반된다(헌재 2001. 1. 18. 99헌바112).

1763 호별방문 등이 금지되는 기간과, 금지되는 선거운동 방법을 중소기업중앙회 정관에서 정하도록 위임하고 있는 「중소기업협동조합법」은 죄형법정주의에 위배된다. 18 국회 8 　　O | X

이 사건 호별방문금지조항은 형사처벌과 관련한 주요사항을 헌법이 위임입법의 형식으로 예정하고 있지도 않은 특수법인의 정관에 위임하고 있는데, 이는 사실상 그 정관 작성권자에게 처벌법규의 내용을 형성할 권한을 준 것이나 다름없으므로 죄형법정주의에 비추어 허용되기 어렵다. … 이 사건 선거운동제한조항은 범죄와 형벌에 관하여는 입법부가 제정한 형식적 의미의 법률로써 정하여야 한다는 죄형법정주의에 위배된다(헌재 2016. 11. 24. 2015헌가29).

1764 형벌구성요건의 실질적 내용을 노동조합과 사용자 간의 근로조건에 관한 계약에 지나지 않는 단체협약에 위임하는 것은 죄형법정주의의 기본적 요청인 법률주의에 위배된다. 18 국회 8 　　O | X

1764-1 노동조합 관련 법률에서 범죄의 구성요건을 '단체협약에 … 위반한 자'라고만 규정한 경우, 이는 범죄구성요건의 외피(外皮)만 설정하였을 뿐 구성요건의 실질적 내용을 직접 규정하지 아니하고 모두 단체협약에 위임하고 있는 것으로, 죄형법정주의의 기본적 요청인 법률주의에 위배되고, 그 구성요건도 지나치게 애매하고 광범위하여 죄형법정주의의 명확성의 원칙에 위배된다. 16 법원 9 　　O | X

● 정답 1760. O　1760-1. O　1761. X [죄형법정주의원칙 위배]　1762. O　1763. O　1764. O　1764-1. O

구 노동조합법 제46조의3은 그 구성요건을 "단체협약에 … 위반한 자"라고만 규정함으로써 범죄구성요건의 외피(外皮)만 설정하였을 뿐 구성요건의 실질적 내용을 직접 규정하지 아니하고 모두 **단체협약에 위임**하고 있어 죄형법정주의의 기본적 요청인 **"법률"주의에 위배**되고, 그 구성요건도 지나치게 애매하고 광범위하여 **죄형법정주의 명확성의 원칙에 위배된다**(헌재 1998. 3. 26. 96헌가20).

03 유추·확장해석의 금지

1765 형벌법규는 문언에 따라 엄격하게 해석·적용하여야 하고 피고인에게 불리한 방향으로 지나치게 확장해석하거나 유추해석하여서는 아니되지만, 형벌법규의 해석에서도 법률문언의 통상적인 의미를 벗어나지 않는 한 그 법률의 입법취지와 목적, 입법연혁 등을 고려한 목적론적 해석이 배제되는 것은 아니다. 20 지방 7   O|X

형벌법규는 문언에 따라 엄격하게 해석·적용하여야 하고 피고인에게 불리한 방향으로 지나치게 확장해석하거나 유추해석하여서는 아니되지만, 형벌법규의 해석에서도 법률문언의 통상적인 의미를 벗어나지 않는 한 그 법률의 입법취지와 목적, 입법연혁 등을 고려한 **목적론적 해석**이 배제되는 것은 아니라고 할 것이다(대판 2002. 2. 21. 2001도2819).

1766 법정소동죄 등을 규정한 형법 제138조에서의 '법원의 재판'에 헌법의 규정에 따라 헌법재판소가 담당하게 된 '헌법재판'도 포함된다. 22 법원 9   O|X

본조에서의 **법원의 재판에 헌법재판소의 심판이 포함**된다고 보는 해석론은 문언이 가지는 가능한 의미의 범위 안에서 그 입법 취지와 목적 등을 고려하여 문언의 논리적 의미를 분명히 밝히는 **체계적 해석**에 해당할 뿐, 피고인에게 불리한 확장해석이나 유추해석이 아니라고 볼 수 있다(대판 2021. 8. 26. 2020도12017).

POINT 114 형벌불소급원칙 B

01 형벌불소급원칙

1767 모든 국민은 행위시의 법률에 의하여 범죄를 구성하지 아니하는 행위로 소추되지 아니한다. 18 서울 7(추)   O|X

> **헌법 제13조** ① 모든 국민은 **행위시의 법률**에 의하여 **범죄를 구성하지 아니하는 행위로 소추**되지 아니하며, 동일한 범죄에 대하여 거듭 처벌받지 아니한다.

1768 형벌불소급원칙이란 형벌법규는 시행된 이후의 행위에 대해서만 적용되고 시행 이전의 행위에 대해서는 소급하여 불리하게 적용되어서는 안 된다는 원칙인바, 개정된 법률 이전의 행위를 소급하여 형사처벌하도록 규정하고 있는 것이 아니라 형사처벌을 규정하고 있던 행위시법이 사후 폐지되었음에도 신법이 아닌 행위시법에 의하여 형사처벌하도록 규정한 것은 헌법 제13조 제1항의 형벌불소급원칙 보호영역에 포섭되지 아니한다. 19 5급   O|X

1768-1 "이 법 시행 전의 행위에 대한 벌칙의 적용에 있어서는 종전의 규정에 따른다."는 「도로교통법」 부칙(2010.7.23. 법률 제 10382호) 조항은 헌법 제13조 제1항의 형벌불소급원칙 보호영역에 포섭된다. 24 경간   O|X

● 정답 | 1765. O 1766. O 1767. O 1768. O 1768-1. X [형벌불소급원칙 보호영역에 포섭되지 아니함]

형벌불소급원칙이란 형벌법규는 시행된 이후의 행위에 대해서만 적용되고 **시행 이전의 행위에 대해서는 소급하여 불리하게 적용되어서는 안 된다**는 원칙인바, 이 사건 부칙조항은 개정된 법률 이전의 행위를 소급하여 형사처벌하도록 규정하고 있는 것이 아니라 형사처벌을 규정하고 있던 **행위시법이 사후 폐지되었음에도 신법이 아닌 행위시법에 의하여 형사처벌**하도록 규정한 것으로서, 헌법 제13조 제1항의 **형벌불소급원칙 보호영역에 포섭되지 아니한다**(헌재 2015. 2. 26. 2012헌바268).

1769 형벌불소급원칙에서 의미하는 '처벌'은 형법에 규정되어 있는 형식적 의미의 형벌 유형에 국한되지 않으며, 범죄행위에 따른 제재의 내용이나 실제적 효과가 형벌적 성격이 강하여 신체의 자유를 박탈하거나 이에 준하는 정도로 신체의 자유를 제한하는 경우에는 형벌불소급원칙이 적용되어야 한다.
22 법무사   O│X

형벌불소급원칙에서 의미하는 '**처벌**'은 형법에 규정되어 있는 **형식적 의미의 형벌** 유형에 국한되지 않으며, 범죄행위에 따른 제재의 내용이나 실제적 효과가 **형벌적 성격**이 강하여 **신체의 자유를 박탈**하거나 이에 준하는 정도로 **신체의 자유를 제한**하는 경우에는 **형벌불소급원칙이 적용되어야 한다**. **노역장유치**는 그 실질이 신체의 자유를 박탈하는 것으로서 **징역형과 유사한 형벌적 성격**을 가지고 있으므로 **형벌불소급원칙의 적용대상이 된다**(헌재 2017. 10. 26. 2015헌바239 등).

1770 노역장유치는 그 실질이 신체의 자유를 박탈하는 것으로서 징역형과 유사한 형벌적 성격을 가지고 있으므로 형벌불소급원칙의 적용대상이 된다. 23 입시, 21 국회 9   O│X

1770-1 노역장유치란 벌금납입의 대체수단이자 납입강제기능을 갖는 벌금형의 집행방법이며, 벌금형에 대한 환형처분이라는 점에서 형벌과 구별된다. 따라서 노역장유치기간의 하한을 정한 것은 벌금형을 대체하는 집행방법을 강화한 것에 불과하며, 이를 소급적용한다고 하여 형벌불소급의 문제가 발생한다고 보기 어렵다. 20 법원 9, 19 법무사   O│X

노역장유치는 벌금형에 부수적으로 부과되는 **환형처분**으로서, 그 실질은 신체의 자유를 박탈하여 **징역형과 유사한 형벌적 성격**을 가지고 있으므로, **형벌불소급원칙의 적용대상**이 된다. … 따라서 노역장유치조항은 1억 원 이상의 벌금을 선고받은 자에 대하여는 노역장유치기간의 하한이 중하게 변경된 것이므로, **이 조항 시행 전에 행한 범죄행위에 대해서는 범죄행위 당시에 존재하였던 법률을 적용하여야 한다**(헌재 2017. 10. 26. 2015헌바239 등).

1771 1억 원 이상의 벌금형을 선고받는 자에 대하여 노역장유치기간의 하한을 중하게 변경한「형법」조항을 시행일 이후 최초로 공소제기되는 경우부터 적용하여 범죄행위 당시보다 불이익하게 소급 적용한 동법 부칙조항은 형벌불소급원칙에 위배된다. 24 변호사   O│X

1771-1 1억원 이상의 벌금형을 선고하는 경우 노역장유치기간의 하한을 정한「형법」조항을 시행일 이후 최초로 공소제기되는 경우부터 적용하도록 한「형법」부칙조항은 형벌불소급원칙에 위배되지 않는다.
24 경찰 1차   O│X

노역장유치조항은 1억 원 이상의 벌금형을 선고받는 자에 대하여 유치기간의 하한을 중하게 변경시킨 것이므로, 이 조항 시행 전에 행한 범죄행위에 대해서는 범죄행위 당시에 존재하였던 법률을 적용하여야 한다. 그런데 부칙조항은 **노역장유치조항의 시행 전에 행해진 범죄행위**에 대해서도 공소제기의 시기가 노역장유치조항의 시행 이후이면 이를 적용하도록 하고 있으므로, 이는 **범죄행위 당시 보다 불이익한 법률을 소급 적용**하도록 하는 것으로서 헌법상 **형벌불소급원칙에 위반된다**(헌재 2017. 10. 26. 2015헌바239 등).

● 정답 1769. O   1770. O   1770-1. X [노역장유치 : 형벌의 성격 가짐 → 형벌불소급원칙 적용대상]   1771. O   1771-1. X [형벌불소급원칙에 위배]

1772 「형법」상의 노역장유치 조항은 재력 있는 자가 단기간의 노역장유치로 고액의 벌금을 면제받는 이른바 황제노역을 방지하기 위해 벌금액수에 따라 유치기간의 하한을 정한 것으로 과잉금지원칙에 반해 신체의 자유를 침해하는 것이라 볼 수 없다. 22 입시   O | X

벌금에 비해 노역장유치기간이 지나치게 짧게 정해지면 경제적 자력이 충분함에도 고액의 벌금 납입을 회피할 목적으로 복역하는 자들이 있을 수 있으므로, 벌금 납입을 심리적으로 강제할 수 있는 **최소한의 유치기간**을 정할 필요가 있다. 또한 고액 벌금에 대한 유치기간의 하한을 법률로 정해두면 1일 환형유치금액 간에 발생하는 불균형을 최소화할 수 있다. … 또한 노역장유치조항은 유치기간의 하한을 정하고 있을 뿐이므로 법관은 그 범위 내에서 다양한 양형요소들을 고려하여 1일 환형유치금액과 노역장유치기간을 정할 수 있다. 이러한 점들을 종합하면 노역장유치조항은 과잉금지원칙에 반하여 청구인들의 **신체의 자유를 침해한다고 볼 수 없다** (헌재 2017. 10. 26. 2015헌바239 등).

1773 보안처분은 형벌과는 달리 행위자의 장래 재범위험성에 근거하는 것으로서, 행위시가 아닌 재판시의 재범위험성 여부에 대한 판단에 따라 보안처분 선고를 결정하므로 원칙적으로 재판 당시 현행법을 소급적용할 수 있다고 보는 것이 타당하고 합리적이다. 21 국회 9   O | X

보안처분은 형벌과는 달리 행위자의 **장래 재범위험성**에 근거하는 것으로서, 행위시가 아닌 **재판시의 재범위험성 여부에 대한 판단에 따라 보안처분 선고를 결정**하므로 원칙적으로 **재판 당시 현행법을 소급적용**할 수 있다고 보는 것이 타당하고 합리적이다. 그러나 보안처분의 범주가 넓고 그 모습이 다양한 이상, 보안처분에 속한다는 이유만으로 일률적으로 소급효금지원칙이 적용된다거나 그렇지 않다고 단정해서는 안되고, 보안처분이라는 우회적인 방법으로 형벌불소급의 원칙을 유명무실하게 하는 것을 허용해서도 안된다 (헌재 2012. 12. 27. 2010헌가82 등).

1774 보안처분이라 하더라도 형벌적 성격이 강하여 신체의 자유를 박탈하거나 박탈에 준하는 정도로 신체의 자유를 제한하는 경우에는 소급입법금지원칙을 적용하는 것이 법치주의 및 죄형법정주의에 부합한다. 20 법원 9, 20 소간, 19 법무사   O | X

1774-1 보안처분은 형벌과는 달리 행위자의 장래 재범위험성에 근거하는 것으로서 행위시가 아닌 재판시의 재범위험성 여부에 대한 판단에 따라 보안처분의 선고 여부가 결정되므로, 어떤 보안처분이 형벌적 성격이 강하여 신체의 자유 박탈에 준하는 정도로 신체의 자유를 제한한다 하더라도 형벌불소급원칙이 적용되지 않는다. 24 변호사   O | X

보안처분은 형벌과는 달리 행위자의 장래 재범위험성에 근거하는 것으로서, 행위시가 아닌 재판시의 재범위험성 여부에 대한 판단에 따라 보안처분 선고를 결정하므로 원칙적으로 재판 당시 현행법을 소급적용할 수 있다고 보는 것이 타당하고 합리적이다. 그러나 보안처분의 범주가 넓고 그 모습이 다양한 이상, 보안처분에 속한다는 이유만으로 일률적으로 소급효금지원칙이 적용된다거나 그렇지 않다고 단정해서는 안되고, 보안처분이라는 우회적인 방법으로 형벌불소급의 원칙을 유명무실하게 하는 것을 허용해서도 안된다. 따라서 보안처분이라 하더라도 **형벌적 성격**이 강하여 **신체의 자유를 박탈**하거나 박탈에 준하는 정도로 **신체의 자유를 제한**하는 경우에는 **소급효금지원칙을 적용**하는 것이 법치주의 및 죄형법정주의에 부합한다(헌재 2012. 12. 27. 2010헌가82 등).

1775 가정폭력범죄의 처벌 등에 관한 특례법이 정한 보호처분 중의 하나인 사회봉사명령은 보안처분의 성격을 가지는 것이 사실이나, 한편으로 이는 가정폭력범죄행위에 대하여 형사처벌 대신 부과되는 것으로서 가정폭력범죄를 범한 자에게 의무적 노동을 부과하고 여가시간을 박탈하여 실질적으로는 신체적 자유를 제한하게 되므로, 이에 대하여는 원칙적으로 형벌불소급의 원칙에 따라 행위시법을 적용함이 상당하다. 19 법무사   O | X

● 정답 1772. O   1773. O   1774. O   1774-1. X [형벌불소급 원칙 적용]   1775. O

가정폭력범죄의 처벌 등에 관한 특례법이 정한 보호처분 중의 하나인 사회봉사명령은 가정폭력범죄를 범한 자에 대하여 환경의 조정과 성행의 교정을 목적으로 하는 것으로서 형벌 그 자체가 아니라 보안처분의 성격을 가지는 것이 사실이다. 그러나 한편으로 이는 가정폭력범죄행위에 대하여 형사처벌 대신 부과되는 것으로서, 가정폭력범죄를 범한 자에게 의무적 노동을 부과하고 여가시간을 박탈하여 실질적으로는 신체적 자유를 제한하게 되므로, 이에 대하여는 원칙적으로 형벌불소급의 원칙에 따라 행위시법을 적용함이 상당하다(대판 2008. 7. 24. 2008어4).

02 형벌불소급원칙의 미적용

1776 전자장치 부착명령은 전통적 의미의 형벌이 아닐 뿐 아니라 처벌적인 효과를 나타낸다고 보기도 어려우므로, 전자장치 부착명령은 범죄행위를 한 사람에 대한 응보를 주된 목적으로 그 책임을 추궁하는 사후적 처분인 형벌과 구별되는 비형벌적 보안처분으로서 소급효금지원칙이 적용되지 아니한다. 19 법무사 O | X

1776-1 위치추적 전자장치 부착의 목적과 의도는 단순히 재범의 방지뿐만 아니라 중대한 범죄를 저지른 자에 대하여 그 책임에 상응하는 강력한 처벌을 가하고 일반 국민에 대하여 일반예방적 효과를 위한 강력한 경고를 하려는 것이므로, 구「특정 범죄자에 대한 위치추적 전자장치 부착 등에 관한 법률」시행 이전에 범죄를 저지른 자에 대해서도 소급하여 전자장치 부착을 명할 수 있도록 하는 동법 부칙조항은 헌법 제13조 제1항의 형벌불소급의 원칙에 위배된다. 18 변호사 O | X

전자장치 부착명령은 전통적 의미의 형벌이 아닐 뿐 아니라, 성폭력범죄자의 성행교정과 재범방지를 도모하고 국민을 성폭력범죄로부터 보호한다고 하는 공익을 목적으로 하며, 의무적 노동의 부과나 여가시간의 박탈을 내용으로 하지 않고 전자장치의 부착을 통해서 피부착자의 행동 자체를 통제하는 것도 아니라는 점에서 처벌적인 효과를 나타낸다고 보기 어렵다. … 그러므로 이 사건 부착명령은 형벌과 구별되는 비형벌적 보안처분으로서 소급효금지원칙이 적용되지 아니한다(헌재 2012. 12. 27. 2010헌가82 등).

1777 범죄행위 당시에 없었던 위치추적 전자장치 부착명령을 출소예정자에게 소급 적용할 수 있도록 한 「특정 범죄자에 대한 위치추적 전자장치 부착 등에 관한 법률」 부칙 경과조항은 과잉금지원칙에 위반되지 않아 피부착자의 인격권을 침해하지 않는다. 19 경정 O | X

이 사건 부칙조항은 개정 전 법률로는 전자장치 부착명령의 대상자에 포함되지 아니한 성폭력범죄자의 재범에 효과적으로 대처할 만한 수단이 없다는 우려 아래 대상자의 범위를 징역형 등의 집행 중인 사람 내지 징역형 등의 집행이 종료된 뒤 3년이 경과되지 아니한 사람에게까지 확대한 것으로서, 성폭력범죄의 재범을 방지하고 성폭력범죄로부터 국민을 보호하고자 하는 목적의 정당성이 인정된다. … 따라서 이 사건 부칙조항은 과잉금지원칙에 위배되지 아니한다(헌재 2012. 12. 27. 2010헌가82 등).

1778 디엔에이감식시료의 채취 행위 및 디엔에이신원확인정보의 수집, 수록, 검색, 회보라는 일련의 행위는 보안처분으로서의 성격을 지닌다. 20 법원 9 O | X

디엔에이감식시료의 채취 행위 및 디엔에이신원확인정보의 수집, 수록, 검색, 회보라는 일련의 행위는 수형인등에게 심리적 압박에서 나오는 위하효과로 인한 범죄의 예방효과를 가진다는 점에서 행위자의 장래 위험성에 근거하여 범죄자의 개선을 통해 범죄를 예방하고 장래의 위험을 방지하여 사회를 보호하기 위해서 부과되는 보안처분으로서의 성격을 지닌다고 볼 수 있다(헌재 2014. 8. 28. 2011헌마28 등).

● 정답 1776. O   1776-1. X [형벌불소급 원칙 적용 X]   1777. O   1778. O

1779 디엔에이신원확인정보의 수집·이용은 수형인 등에게 심리적 압박으로 인한 범죄예방효과를 가진다는 점에서 보안처분의 성격을 지니지만, 처벌적인 효과가 없는 비형벌적 보안처분으로서 소급입법금지원칙이 적용되지 않는다. 21 국가 7, 19 5급, 17 입시 O | X

1779-1 이 사건 법률 시행 당시 디엔에이감식시료 채취 대상범죄로 이미 징역이나 금고 이상의 실형을 선고받아 그 형이 확정되어 수용 중인 사람에게 디엔에이감식시료 채취 및 디엔에이확인정보의 수집·이용에 있어서 「디엔에이신원확인정보의 이용 및 보호에 관한 법률」을 적용할 수 있도록 규정한 동 법률 부칙 조항은 개인정보자기결정권을 과도하게 침해하지 않는다. 19 경정 O | X

(1) 디엔에이신원확인정보의 수집·이용은 수형인 등에게 심리적 압박으로 인한 범죄예방효과를 가진다는 점에서 보안처분의 성격을 지니지만, 처벌적인 효과가 없는 비형벌적 보안처분으로서 소급입법금지원칙이 적용되지 않는다. 이 사건 법률의 소급적용으로 인한 공익적 목적이 당사자의 손실보다 더 크므로, 이 사건 부칙조항이 법률 시행 당시 디엔에이감식시료 채취 대상범죄로 실형이 확정되어 수용 중인 사람들까지 이 사건 법률을 적용한다고 하여 소급입법금지원칙에 위배되는 것은 아니다(헌재 2014. 8. 28. 2011헌마28 등).

(2) 전과자 중 수용 중인 사람에 대하여만 이 사건 법률을 소급 적용하는 것은 입법형성권의 범위 내에 있으며, 법률 시행 전 이미 형이 확정되어 수용 중인 사람의 신뢰가치는 낮은 반면 재범의 가능성, 데이터베이스 제도의 실효성 추구라는 공익은 상대적으로 더 크다. 따라서 이 사건 부칙조항이 이 사건 법률 시행 전 형이 확정되어 수용 중인 사람의 신체의 자유 및 개인정보자기결정권을 과도하게 침해한다고 볼 수 없다(헌재 2014. 8. 28. 2011헌마28 등).

1780 형벌불소급의 원칙은 형사소추가 "언제부터 어떠한 조건 하에서" 가능한가의 문제에 관한 것이고, "얼마동안" 가능한가의 문제에 관한 것이 아니다. 23 경간 O | X

1780-1 형벌불소급의 원칙은 행위의 가벌성에 관한 것이 아니고 형사소추가 얼마 동안 가능한가의 문제에 관한 것이다. 18 서울 7(추) O | X

우리 헌법이 규정한 형벌불소급의 원칙은 형사소추가 "언제부터 어떠한 조건하에서" 가능한가의 문제에 관한 것이고, "얼마동안" 가능한가의 문제에 관한 것은 아니다. 다시 말하면 헌법의 규정은 "행위의 가벌성"에 관한 것이기 때문에 소추가능성에만 연관될 뿐, 가벌성에는 영향을 미치지 않는 공소시효에 관한 규정은 원칙적으로 그 효력범위에 포함되지 않는다(헌재 1996. 2. 16. 96헌가2 등).

1781 우리 헌법이 규정한 형벌불소급의 원칙은 '행위의 가벌성'에 관한 것이기 때문에 소추가능성에만 연관된 뿐이고 가벌성에는 영향을 미치지 않는 공소시효에 관한 규정은 원칙적으로 그 효력범위에 포함되지 않는다. 23 입시 O | X

1781-1 공소시효제도는 행위의 가벌성이 아닌 소추가능성에만 연관된 것이기는 하나, 소추가능성은 행위의 가벌성을 전제로 하므로, 원칙적으로 형벌불소급의 원칙이 적용된다. 22 법무사 O | X

우리 헌법이 규정한 형벌불소급의 원칙은 형사소추가 "언제부터 어떠한 조건하에서" 가능한가의 문제에 관한 것이고, "얼마동안" 가능한가의 문제에 관한 것은 아니다. 다시 말하면 헌법의 규정은 "행위의 가벌성"에 관한 것이기 때문에 소추가능성에만 연관될 뿐, 가벌성에는 영향을 미치지 않는 공소시효에 관한 규정은 원칙적으로 그 효력범위에 포함되지 않는다(헌재 1996. 2. 16. 96헌가2 등).

1782 공소시효의 정지규정을 과거에 이미 행한 범죄에 대하여 적용하도록 하는 법률이라 하더라도 그 사유만으로 형벌불소급의 원칙에 언제나 위배되는 것으로 단정할 수는 없다. 20 소간 O | X

행위의 가벌성은 행위에 대한 소추가능성의 전제조건이지만 소추가능성은 가벌성의 조건이 아니므로 공소시효의 정지규정을 과거에 이미 행한 범죄에 대하여 적용하도록 하는 법률이라 하더라도 그 사유만으로 헌법 제12조 제1항 및 제13조 제1항에 규정한 죄형법정주의의 파생원칙인 형벌불소급의 원칙에 언제나 위배되는 것으로 단정할 수는 없다(헌재 1996. 2. 16. 96헌가2 등).

● 정답 1779. O 1779-1. O 1780. O 1780-1. X [행위의 가벌성 O, 얼마동안 가능 X] 1781. O 1781-1. X [형벌불소급 원칙 적용 X] 1782. O

1783 공소시효가 아직 완성되지 않을 경우, 진행 중인 공소시효를 연장하는 법률은 부진정소급효를 갖게 되나, 공소시효제도에 근거한 개인의 신뢰와 공소시효의 연장을 통하여 달성하려는 공익을 비교형량하여 공익이 개인의 신뢰보호이익에 우선하는 경우에는 소급효를 갖는 법률도 헌법상 정당화될 수 있다. 17 국회 9   O | X

공소시효가 아직 완성되지 않은 경우 위 법률조항은 단지 진행중인 공소시효를 연장하는 법률로서 이른바 **부진정소급효**를 갖게 되나, 공소시효제도에 근거한 개인의 신뢰와 공소시효의 연장을 통하여 달성하려는 공익을 비교형량하여 **공익이 개인의 신뢰보호이익에 우선**하는 경우에는 **소급효를 갖는 법률도 헌법상 정당화될 수 있다**(헌재 1996. 2. 16. 96헌가2 등).

1784 행위 당시의 판례에 의하면 처벌대상이 되지 아니하는 것으로 해석되었던 행위를 판례의 변경에 따라 확인된 내용의 형법 조항에 근거하여 처벌한다고 하여 그것이 형벌불소급원칙에 위반된다고 할 수 없다. 22 경정, 17 법원 9   O | X

1784-1 행위 당시의 판례에 의하면 처벌대상이 되지 아니하는 것으로 해석되었던 행위를 판례의 변경에 따라 처벌하는 것은 형벌불소급원칙에 반한다. 21 국회 9   O | X

형사처벌의 근거가 되는 것은 법률이지 판례가 아니고, 형법 조항에 관한 판례의 변경은 그 법률조항의 내용을 확인하는 것에 지나지 아니하여 이로써 그 법률조항 자체가 변경된 것이라고 볼 수는 없으므로, **행위 당시의 판례에 의하면 처벌대상이 되지 아니하는 것으로 해석되었던 행위를 판례의 변경에 따라 확인된 내용의 형법 조항에 근거하여 처벌**한다고 하여 그것이 헌법상 평등의 원칙과 **형벌불소급의 원칙에 반한다고 할 수는 없다**(대판 1999. 9. 17. 97도3349).

1785 「아동·청소년의 성보호에 관한 법률」이 정하고 있는 아동·청소년 대상 성범죄자의 아동·청소년 관련 교육기관 등에의 취업제한 제도는 「형법」이 규정하고 있는 형벌에 해당되지 않으므로 헌법 제13조 제1항 전단의 형벌불소급원칙이 적용되지 않는다. 24 경간   O | X

청소년성보호법이 정하고 있는 취업제한제도로 인해 성범죄자에게 일정한 직종에 종사하지 못하는 제재가 부과되기는 하지만, **위 취업제한제도는** 형법이 규정하고 있는 **형벌에 해당하지 않으므로,** 헌법 제13조 제1항 전단의 **형벌불소급 원칙이 적용되지 않는다** … 10년 동안 일률적인 취업제한을 부과하고 있는 것은 침해의 최소성 원칙과 법익의 균형성 원칙에 위배된다. 따라서 이 사건 **법률조항은** 청구인들의 **직업선택의 자유를 침해한다**(헌재 2016. 3. 31. 2013헌마585 등).

POINT 115 죄형법정주의의 명확성원칙

01 명확성원칙

1786 죄형법정주의는 처벌하고자 하는 행위가 무엇이며 그에 대한 형벌이 어떠한 것인지를 누구나 예견할 수 있고 그에 따라 자신의 행위를 결정할 수 있게끔 구성요건을 명확하게 규정할 것을 요구한다. 17 경정   O | X

1786-1 죄형법정주의는 범죄와 형벌이 법률로 정하여져야 함을 의미하는 것으로 이러한 죄형법정주의에서 파생되는 명확성의 원칙은 누구나 법률이 처벌하고자 하는 행위가 무엇이며, 그에 대한 형벌이 어떠한 것인지를 예견할 수 있어야 하나, 반드시 그에 따라 자신의 행위를 결정할 수 있도록 하는 구성요건의 명확성까지 요구하는 것은 아니다. 22 경정   O | X

● 정답 1783. O   1784. O   1784-1. X [형벌불소급원칙 위반 X]   1785. O   1786. O   1786-1. X [구성요건의 명확성 요구]

죄형법정주의는 범죄와 형벌이 법률로 정하여져야 함을 의미하는 것으로 이러한 죄형법정주의에서 파생되는 명확성의 원칙은 누구나 법률이 처벌하고자 하는 행위가 무엇이며, 그에 대한 형벌이 어떠한 것인지를 예견할 수 있고, 그에 따라 자신의 행위를 결정할 수 있도록 구성요건이 명확할 것을 의미하는 것이다(헌재 1994. 7. 29. 93헌가4 등).

1787 법규의 내용이 애매하거나 그 적용범위가 지나치게 광범위한 경우에는 헌법에 위반될 수 있다.
18 서울 7(추)   O | X

법규의 내용이 애매하거나 그 적용범위가 지나치게 광범하면 어떠한 경우에 법을 적용하여야 합헌적인 것이 될 수 있는지 법집행자에게도 불확실하고 애매하게 되어 어떠한 것이 범죄인가를 법제정기관인 입법자가 법률로 확정하는 것이 아니라 사실상 법운영당국이 재량으로 정하는 결과가 되어 법치주의에 위배되고 죄형법정주의에 저촉될 소지가 생겨나는 것이다(헌재 1992. 2. 25. 89헌가104).

1788 죄형에 관한 법률조항이 그 내용을 해당 시행령에 포괄적으로 위임하고 있는지 여부는 죄형법정주의의 명확성 원칙의 위반 여부의 문제인 동시에 포괄위임입법금지 여부의 문제가 된다. 13 법무사   O | X

범죄와 형벌에 관한 사항에 대한 위임입법의 한계와 관련된 요구는 죄형법정주의의 명확성원칙의 요구와 경합된다고 할 것이고, 죄형에 관하여 법률조항이 그 내용을 해당 시행령에 포괄적으로 위임하고 있다면 이는 죄형법정주의의 명확성원칙의 위반 여부의 문제인 동시에 헌법 제75조의 포괄위임입법금지 여부의 문제가 된다(헌재 2008. 7. 31. 2005헌마667 등).

1789 범죄의 성립과 처벌은 법률에 의하여야 한다는 죄형법정주의 본래의 취지에 비추어 볼 때 정당방위와 같은 위법성 조각사유 규정에도 죄형법정주의의 명확성원칙은 적용된다. 21 변호사   O | X

1789-1 「형법」상 정당방위 규정은 범죄 성립을 정하는 구성요건 규정이 아니기 때문에 죄형법정주의가 요구하는 명확성원칙이 적용되지 않는다. 24 입시   O | X

1789-2 죄형법정주의가 요구하는 명확성의 원칙은 적극적으로 범죄성립을 정하는 구성요건 규정에는 적용되지만, 위법성 조각사유와 같이 범죄의 성립을 부정하는 규정에 대하여는 적용되지 않는다.
13 서울 7, 10 법원 9   O | X

다른 한편으로는 정당방위가 인정되지 않는 경우 위법한 행위로서 범죄의 성립을 인정하게 하는 기능을 하므로 적극적으로 범죄성립을 정하는 구성요건 규정은 아니라 하더라도 죄형법정주의가 요구하는 명확성 원칙의 적용이 완전히 배제된다고는 할 수 없다. 따라서 범죄의 성립과 처벌은 법률에 의하여야 한다는 죄형법정주의 본래의 취지에 비추어 볼 때 정당방위와 같은 위법성 조각사유 규정에도 죄형법정주의의 명확성 원칙은 적용된다 할 것이다(헌재 2001. 6. 28. 99헌바31).

1790 '가정의례의 참뜻에 비추어 합리적인 범위 내'라는 소극적 범죄구성요건은 죄형법정주의의 명확성 원칙을 위배하지 아니하였다. 18 법원 9   O | X

하객들에 대한 음식접대에 있어서 "가정의례의 참뜻"이란 개념은, 결혼식 혹은 회갑연의 하객들에게 어떻게 음식이 접대되는 것이 그 참뜻에 맞는 것인지는 종래 우리 관습상 혼례식의 성격 등을 볼 때 쉽게 예상되기 어렵고, … 또한 "합리적인 범위안"이란 개념도 가정의례 자체가 우리나라의 관습 내지 풍속에 속하고, 성격상 서구적 의미의 "합리성"과 친숙할 수 있는 것도 아니며, 또한 양과 질과 가격에 있어 편차가 많고 접대받을 사람의 범위가 다양하므로 주류 및 음식물을 어떻게 어느만큼 접대하는 것이 합리적인 범위인지를 일반국민이 판단하기란 어려울 뿐 아니라 그 대강을 예측하기도 어렵다. 이 사건 규정은 결국 죄형법정주의의 명확성 원칙을 위배하여 청구인 이○규의 일반적 행동자유권을 침해하였다(헌재 1998. 10. 15. 98헌마168).

정답 1787. O   1788. O   1789. O   1789-1. X [명확성원칙 적용됨]   1789-2. X [모두 적용됨]   1790. X [명확성원칙 위배]

02 최소한의 명확성

1791 죄형법정주의에서 요구되는 명확성 원칙을 인정한다고 하더라도 오늘날 복잡한 현대 사회에서 법규범의 문언을 순수하게 기술적 개념만으로 구성하는 것은 불가능하다. 17 국회 9   O | X

헌법 제12조 제1항 제2문과 제13조 제1항 전단에서 도출되는 죄형법정주의는 범죄와 형벌이 법률로 정하여져야 함을 의미하며, **죄형법정주의에서 파생되는 명확성의 원칙**은 법률이 처벌하고자 하는 행위가 무엇이며 그에 대한 형벌이 어떠한 것인지를 누구나 예견할 수 있고, 그에 따라 자신의 행위를 결정할 수 있도록 구성요건을 명확하게 규정할 것을 요구하고 있다. 그러나 모든 법규범의 문언을 순수하게 기술적 개념만으로 구성하는 것은 **입법기술적으로 불가능**하고 또 바람직하지도 않기 때문에 어느 정도 가치개념을 포함한 일반적, 규범적 개념을 사용하지 않을 수 없다(헌재 2021. 12. 23. 2019헌바87 등).

1792 형사법에서는 불명확한 내용의 법률용어가 허용될 수 없으며, 만일 불명확한 용어의 사용이 불가피한 경우라면 용어의 개념 정의, 한정적 수식어의 사용, 적용한계조항의 설정 등 제반방법을 강구하여 동 법규가 자의적으로 해석될 수 있는 소지를 봉쇄해야 한다. 21 변호사   O | X

형사법이나 국민의 이해관계가 첨예하게 대립되는 법률에 있어서는 **불명확한 내용의 법률용어**가 허용될 수 없으며, 만일 **불명확한 용어의 사용이 불가피**한 경우라면 용어의 개념정의, 한정적 수식어의 사용, 적용한계조항의 설정 등 **제반방법을 강구**하여 동 법규가 **자의적으로 해석될 수 있는 소지를 봉쇄**하여야 한다(헌재 2005. 5. 26. 2003헌가7).

1793 형벌조항에도 법규범의 흠결을 보완하고 변화하는 사회에 대한 법규범의 적응력을 확보하기 위하여 예시적 입법형식은 가능하고, 예시적 입법형식이 법률명확성의 원칙에 위배되지 않으려면 예시한 구체적인 사례(개개 구성요건)들이 그 자체로 일반조항의 해석을 위한 판단지침을 내포하고 있어야 하고, 그 일반조항 자체가 그러한 구체적인 예시들을 포괄할 수 있는 의미를 담고 있는 개념이어야 한다. 23 경정   O | X

예시적 입법형식에 있어서 일반조항 규정이 지나치게 포괄적이어서 법관의 자의적인 해석이 개입되어 그 적용범위가 확장될 가능성이 있다면 이는 명확성의 원칙에 어긋난다. 따라서 **예시적 입법형식이 법률 명확성의 원칙에 위배되지 않으려면 예시한 구체적인 사례들**이 **그 자체로 일반조항의 해석을 위한 판단지침을 내포**하고 있어야 할 뿐 아니라, 그 일반조항 자체가 그러한 **구체적인 예시들을 포괄할 수 있는 의미를 담고 있는 개념이어야 한다**(헌재 2014. 7. 24. 2013헌바169).

1794 처벌법규의 구성요건을 일일이 세분하여 명확성의 요건을 모든 경우에 요구하는 것은 입법기술상 불가능하거나 현저히 곤란하므로, 처벌법규의 구성요건이 어느 정도 명확하여야 하는가는 일률적으로 정할 수 없고, 각 구성요건의 특수성과 그러한 법적 규제의 원인이 된 여건이나 처벌의 정도 등을 고려하여 종합적으로 판단하여야 하며, 다소 광범위하고 어느 정도의 범위에서는 법관의 보충적인 해석을 필요로 하는 개념을 사용하여 규정하였다고 하더라도 그 적용단계에서 다의적으로 해석될 우려가 없는 이상 그 점만으로 헌법이 요구하는 명확성의 요구에 배치된다고는 보기 어렵다. 23 법원 9   O | X

정답 1791. O 1792. O 1793. O 1794. O

처벌법규의 구성요건을 **일일이 세분**하여 명확성의 요건을 모든 경우에 요구하는 것은 **입법기술상 불가능**하거나 **현저히 곤란**하므로, 당해 법률이 제정된 목적과 다른 법률조항과의 연관성을 고려하여 합리적인 해석이 가능한지의 여부에 따라 명확성의 요건을 갖추었는지의 여부를 가릴 수밖에 없는 것이고, 또한 자의를 허용하지 않는 통상의 해석방법에 의하더라도 당해 처벌법규의 보호법익과 그에 의하여 금지된 행위 및 처벌의 종류와 정도를 누구나 알 수 있도록 규정되어 있어야 하므로, **처벌법규의 구성요건**이 어느 정도 명확하여야 하는가는 일률적으로 정할 수 없고, **각 구성요건의 특수성**과 그러한 **법적 규제의 원인**이 된 여건이나 **처벌의 정도** 등을 고려하여 **종합적으로 판단**하여야 한다. 따라서, **다소 광범위**하고 어느 정도의 범위에서는 **법관의 보충적인 해석을 필요로 하는 개념**을 사용하여 규정하였다고 하더라도 그 적용단계에서 **다의적(多義的)으로 해석될 우려**가 없는 이상 그 것만으로 헌법이 요구하는 **명확성의 요구에 배치된다고는 보기 어려운바**, 그렇지 않으면 처벌법규의 구성요건이 지나치게 구체적이고 정형적이 되어 부단히 변화하는 다양한 생활관계를 제대로 규율할 수 없게 될 것이기 때문이다(헌재 2002. 4. 25. 2001헌가27).

1795 처벌법규의 구성요건이 다소 광범위하여 어떤 범위에서는 법관의 보충적인 해석을 필요로 하는 개념을 사용하였다고 하더라도 헌법이 요구하는 처벌법규의 명확성에 반드시 배치되는 것이라고는 볼 수 없다.
23 경정, 13 법무사   O | X

1795-1 처벌법규의 구성요건이 다소 광범위하여 어떤 범위에서 법관의 보충적인 해석이 있어야 하는 개념을 사용하였다면 헌법이 요구하는 처벌법규의 명확성원칙에 배치된다고 보아야 한다. 17 법원 9   O | X

죄형법정주의의 원칙은 법률이 처벌하고자 하는 행위가 무엇이며 그에 대한 형벌이 어떠한 것인지를 누구나 예견할 수 있고, 그에 따라 자신의 행위를 결정할 수 있게끔 구성요건이 명확히 규정될 것을 요구한다. 그러나 처벌법규의 구성요건이 명확하여야 한다고 하여 입법권자가 모든 구성요건을 단순한 의미의 서술적인 개념에 의하여 규정하여야 한다는 것은 아니다. **처벌법규의 구성요건이 다소 광범위**하여 어떤 범위에서는 **법관의 보충적인 해석을 필요로 하는** 개념을 사용하였다고 하더라도, 그 점만으로는 헌법이 요구하는 처벌법규의 **명확성에 반드시 배치되는 것이라고는 볼 수 없다**(헌재 1990. 1. 15. 89헌가103).

1796 건전한 상식과 통상적인 법감정을 가진 사람으로 하여금 그 적용대상자가 누구이며 구체적으로 어떠한 행위가 금지되고 있는지를 충분히 알 수 있도록 규정되어 있다면 죄형법정주의의 명확성원칙에 위배되지 않는다고 보아야 한다. 17 법원 9   O | X

건전한 상식과 통상적인 법감정을 가진 사람으로 하여금 그 **적용대상자가 누구**이며 구체적으로 **어떠한 행위가 금지**되고 있는지 충분히 알 수 있도록 규정되어 있다면 **죄형법정주의 명확성의 원칙에 위배되지 않는다고 보아야 한다**(헌재 2005. 11. 24. 2004헌바83).

1797 형벌법규의 내용은 일반인에게 명확한 고지가 이루어져야 하는 것이나, 수범자가 자신만의 판단에 의해서가 아니라 법률 전문가의 조언이나 전문서적 등을 참고하여 당해 법규에 맞게 자신의 행동방향을 잡을 수 있다면 그 법규는 명확성의 원칙에 위반되지 않는다. 08 국가 7   O | X

특정의 금지규정 내지 처벌규정의 내용을 파악함에 있어서 평균인의 입장에서 **전문가의 조언**이나 **전문서적 등을 참고**하여 자기의 책임하에 행동방향을 잡을 수 있고 그러한 결론이 보편성을 띠어 대부분 같은 결론에 도달할 수 있다면 **명확성을 인정할 수 있고**, 법률전문가 등의 조언을 구하여도 자신의 행위가 금지되는 것인지 아닌지를 도저히 정확히 예측할 수 없다면 그 규정은 불명확하여 무효가 될 수 밖에 없는 것이다. 이와 같이 법령 특히 형벌법규의 내용은 **일반인에게 명확한 고지**가 이루어져야 하는 것이나, 다만 당해 법령의 특성에 맞추어 그 일반인이 어떤 행위를 결정할 때 통상 어느 정도 법적 전문지식에 의한 보완을 받게 된다는 점을 감안하여 명확성 여부를 판단하여야 한다(헌재 2005. 3. 31. 2003헌바12).

● 정답   1795. O   1795-1. X [명확성원칙 위배 X]   1796. O   1797. O

1798 처벌을 규정하고 있는 법률조항이 구성요건이 되는 행위를 같은 법률조항에서 직접 규정하지 않고 다른 법률조항에서 이미 규정한 내용을 원용하였다거나 그 내용 중 일부를 괄호 안에 규정하였다는 사실만으로 명확성 원칙에 위반된다고 할 수는 없다. 17 법무사, 13 국회 8 O|X

1798-1 처벌을 규정하고 있는 법률조항이 구성요건이 되는 행위를 같은 법률조항에서 직접 규정하지 않고 다른 법률조항에서 이미 규정한 내용을 원용하였다거나 그 내용 중 일부를 괄호 안에 규정한 경우 그 사실만으로 명확성 원칙에 위반된다. 22 경정 O|X

처벌을 규정하고 있는 법률조항이 **구성요건이 되는 행위**를 같은 법률조항에서 직접 규정하지 않고 **다른 법률조항에서 이미 규정한 내용을 원용**하였다거나 **그 내용 중 일부를 괄호 안에 규정**하였다는 사실만으로 **명확성 원칙에 위반된다고 할 수는 없다**(헌재 2010. 3. 25. 2009헌바121).

POINT 116 명확성원칙 관련판례

01 죄형법정주의 명확성 원칙

1799 '여러 사람의 눈에 뜨이는 곳에서 공공연하게 알몸을 지나치게 내놓거나 가려야 할 곳을 내놓아 다른 사람에게 부끄러운 느낌이나 불쾌감을 준 사람'을 처벌하는 구「경범죄 처벌법」조항은 무엇이 지나친 알몸노출행위인지 판단하기 쉽지 않고, '가려야 할 곳'의 의미도 알기 어려우며, '부끄러운 느낌이나 불쾌감'을 통하여 '지나치게'와 '가려야 할 곳' 의미를 확정하기도 곤란하여 죄형법정주의의 명확성원칙에 위배된다. 23 경찰 1차 O|X

1799-1 '여러 사람의 눈에 뜨이는 곳에서 공공연하게 알몸을 지나치게 내놓거나 가려야 할 곳을 내놓아 다른 사람에게 부끄러운 느낌이나 불쾌감을 준 사람'을 처벌하는 「경범죄처벌법」조항은 죄형법정주의의 명확성원칙에 위반되지 않는다. 22 입시 O|X

심판대상조항은 알몸을 '**지나치게 내놓는**' 것이 무엇인지 그 판단 기준을 제시하지 않아 무엇이 지나친 알몸노출행위인지 판단하기 쉽지 않고, '**가려야 할 곳**'의 의미도 알기 어렵다. 심판대상조항 중 '**부끄러운 느낌이나 불쾌감**'은 사람마다 달리 평가될 수밖에 없고, 노출되었을 때 부끄러운 느낌이나 불쾌감을 주는 신체부위도 사람마다 달라 '부끄러운 느낌이나 불쾌감'을 통하여 '지나치게'와 '가려야 할 곳' 의미를 확정하기도 곤란하다. … 따라서 심판대상조항은 **죄형법정주의의 명확성원칙에 위배**된다(헌재 2016. 11. 24. 2016헌가3).

1800 공공수역에 다량의 토사를 유출하거나 버려 상수원 또는 하천·호소를 현저히 오염되게 한 자를 처벌하는 「수질 및 수생태계 보전에 관한 법률」조항 중 "다량", "토사", "현저히 오염" 부분은 명확성원칙에 위배된다. 17 서울 7 O|X

1800-1 '다량의 토사'를 유출하거나 버려서 상수원 또는 하천, 호소를 '현저히 오염'되게 하는 행위는 평소 하천이나 호소의 부유물질량의 증가 또는 변화를 보고 판단할 수 있어, '다량'이나 '현저히'같은 표현 그 자체로만으로 불명확하다고 볼 수는 없다. 14 지방 7 O|X

● 정답 1798. O   1798-1. X [명확성원칙 위반 X]   1799. O   1799-1. X [명확성원칙 위반]   1800. O   1800-1. X [명확성원칙 위배]

이 사건 벌칙규정이나 관련 법령 어디에도 '토사'의 의미나 '다량'의 정도, '현저히 오염'되었다고 판단할 만한 기준에 대하여 아무런 규정도 하지 않고 있으므로, 일반 국민으로서는 자신의 행위가 처벌대상인지 여부를 예측하기 어렵고, 감독 행정관청이나 법관의 자의적인 법해석과 집행을 초래할 우려가 매우 크므로 이 사건 벌칙규정은 죄형법정주의 명확성원칙에 위배된다(헌재 2013. 7. 25. 2011헌가26 등).

1801 공중도덕상 유해한 업무에 취업시킬 목적으로 근로자를 파견한 사람을 형사처벌하도록 규정한 구 「파견근로자보호 등에 관한 법률」조항은 그 조항의 입법목적, 위 법률의 체계, 관련조항 등을 모두 종합하여 보더라도 '공중도덕상 유해한 업무'의 내용을 명확히 알 수 없고, 위 조항에 관한 이해관계 기관의 확립된 해석기준이 마련되어 있다거나, 법관의 보충적 가치판단을 통한 법문 해석으로 그 의미내용을 확인하기도 어려우므로 명확성원칙에 위배된다. 20 변호사 O | X

1801-1 공중도덕상 유해한 업무에 취업시킬 목적으로 근로자를 파견한 사람을 형사처벌하도록 규정한 구 「파견근로자보호 등에 관한 법률」조항 중 '공중도덕상 유해한 업무' 부분은 그 행위의 의미가 문언상 불분명하다고 할 수 없으므로 죄형법정주의 명확성원칙에 위배되지 않는다. 22 지방 7 O | X

파견법은 '**공중도덕상 유해한 업무**'에 관한 정의조항은 물론 그 의미를 해석할 수 있는 수식어를 두지 않았으므로, 심판대상조항이 규율하는 사항을 바로 알아내기도 어렵다. … 심판대상조항은 건전한 상식과 통상적 법감정을 가진 사람으로 하여금 자신의 행위를 결정해 나가기에 충분한 기준이 될 정도의 의미내용을 가지고 있다고 볼 수 없으므로 **죄형법정주의 명확성원칙에 위배된다**(헌재 2016. 11. 24. 2015헌가23).

1802 상법 제635조 제1항에 규정된 자, 그 외의 회사의 회계업무를 담당하는 자, 감사인 등으로 하여금 감사보고서에 기재하여야 할 사항을 기재하지 아니하거나 허위의 기재를 한 때를 처벌하는 조항은 명확성의 원칙에 위배되지 않는다. 22 법원 9 O | X

(1) 이 사건 법률조항 중 '**감사보고서에 기재하여야 할 사항**' 부분은 그 의미가 법률로서 확정되어 있지 아니하고, 법률 문언의 전체적, 유기적인 구조와 구성요건의 특수성, 규제의 여건 등을 종합하여 고려하여 보더라도 수범자가 자신의 행위를 충분히 결정할 수 있을 정도로 내용이 명확하지 아니하여 동 조항부분은 죄형법정주의에서 요구하는 **명확성의 원칙에 위배된다**(헌재 2004. 1. 29. 2002헌가20 등).

(2) 이 사건 법률조항 중 '**감사보고서에 허위의 기재를 한 때**'라고 한 부분은 그것이 형사처벌의 구성요건을 이루는 개념으로서 수범자가 법률의 규정만으로 충분히 그 내용의 대강을 파악할 만큼 명확한 것이라고 할 것이므로 죄형법정주의의 한 내용인 형벌법규의 **명확성의 원칙에 반한다고 할 수 없다**(헌재 2004. 1. 29. 2002헌가20 등).

🔎 보충설명 '감사보고서에 기재하여야 할 사항' 부분은 명확성원칙에 위배되나, '감사보고서에 허위의 기재를 한 때' 부분은 명확성원칙에 위배되지 않는다.

1803 「폭력행위 등 처벌에 관한 법률」제3조 제1항에서는 '다중의 위력으로써' 주거침입의 범죄를 범한 자를 형사처벌하고 있는데, 이 사건 규정의 '다중'이 몇 명의 사람을 의미하는지 그 기준을 일률적으로 말할 수 없으므로, 죄형법정주의의 명확성원칙에 위반된다. 16 경정, 14 변호사 O | X

이 사건 규정은 '다중의 위력으로써' 주거침입의 범죄를 범한 자를 형사처벌하고 있는바, 이 사건 규정의 '**다중**'은 단체를 구성하지는 못하였으나 다수인이 모여 집합을 이루고 있는 것을 말하는 것으로서 **집단적 위력을 보일 정도의 다수** 혹은 그에 의해 압력을 느끼게 해 **불안을 줄 정도의 다수**를 의미하고, '**위력**'이라 함은 다중의 형태로 집결한 다수 인원으로 사람의 의사를 제압하기에 족한 세력을 의미한다고 할 것이다. 따라서 이 사건 규정은 **죄형법정주의의 명확성원칙에 위반된다고 볼 수 없다**(헌재 2008. 11. 27. 2007헌가24).

● 정답 1801. O 1801-1. X [명확성원칙 위배] 1802. X ['감사보고서에 기재하여야 할 사항'은 명확성원칙 위배됨] 1803. X [명확성원칙 위반 X]

1804 정당한 이유 없이 이 법에 규정된 범죄에 공용(供用)될 우려가 있는 흉기나 그 밖의 위험한 물건을 휴대한 사람을 처벌하도록 규정한 「폭력행위 등 처벌에 관한 법률」 조항에서 '공용(供用)될 우려가 있는'은 흉기나 그 밖의 위험한 물건이 '사용될 위험성이 있는'의 뜻으로 해석할 수 있으므로 죄형법정주의의 명확성원칙에 위배되지 않는다. 20 국가 7   O | X

심판대상조항의 '정당한 이유 없이 이 법에 규정된 범죄에 **공용(供用)될 우려가 있는**' 부분은 '흉기나 위험한 물건을 휴대할 만한 충분한 사유가 없이 폭력행위처벌법에 규정된 **범죄에 사용될 위험성이 있는**'의 의미로 구체화할 수 있으므로 **죄형법정주의의 명확성 원칙에 위배되지 않는다**(헌재 2018. 5. 31. 2016헌바250).

1805 '운행 중인 자동차의 운전자를 폭행하거나 협박한 사람'을 처벌하는 「특정범죄 가중처벌 등에 관한 법률」 조항 가운데 '운행 중' 부분은 죄형법정주의의 명확성 원칙에 위반되지 않는다. 22 입시   O | X

'운행 중'이란 '**운행 중 또는 일시 주·정차 한 경우로서 운전자에 대한 폭행으로 인하여 운전자, 승객 또는 보행자 등의 안전을 위협할 수 있는 상황**'을 의미한다고 해석될 수 있다. … 따라서 이 사건 운행조항은 건전한 상식과 통상적인 법감정을 가진 일반인이 구체적으로 어떠한 경우가 이에 해당하는지 알 수 있고, 법관의 자의적인 해석으로 확대될 염려가 없다고 할 것이므로 **죄형법정주의에서 요구하는 형벌법규의 명확성원칙에 위배된다고 볼 수 없다**(헌재 2017. 11. 30. 2015헌바336).

1806 「성폭력범죄의 처벌 등에 관한 특례법」상 공중밀집장소추행죄 조항에 규정된 '추행'은 명확성 원칙에 위배된다. 23 경간   O | X

심판대상조항의 '추행'이란 강제추행죄의 '추행'과 마찬가지로, 객관적으로 일반인에게 성적 수치심이나 혐오감을 일으키게 하고 선량한 성적 도덕관념에 반하는 행위로서 피해자의 성적 자기결정권을 침해하는 것을 뜻한다. 공중밀집장소의 특성을 이용하여 유형력을 행사하는 것 이외의 방법으로 이루어지는 추행행위를 처벌하기 위한 심판대상조항의 입법목적 및 추행의 개념에 비추어 볼 때, 건전한 상식과 통상적인 법감정을 가진 사람이라면 심판대상조항에 따라 처벌되는 행위가 무엇인지 파악할 수 있으므로, **심판대상조항 중 '추행' 부분은 죄형법정주의의 명확성원칙에 위반되지 아니한다**(헌재 2021. 3. 25. 2019헌바413).

1807 상습으로 절도죄를 범한 자를 가중처벌하는 「형법」 제332조 중 '상습' 부분은 명확성원칙에 위배되지 않는다. 19 국회 8   O | X

사전적으로 '상습'은 '늘 하는 버릇, 좋지 않은 일을 버릇처럼 하는 것'을 의미하고, 우리나라는 제정 형법부터 상습범 엄벌주의를 취하여 상습범의 형을 가중해 왔는바 상습범은 범죄행위를 반복하여 저지르는 습벽이 발현된 자로서 비난가능성이 큰 자를 의미한다. … 따라서 심판대상조항이 규정하는 '**상습**'이 **죄형법정주의의 명확성원칙에 위배된다고 볼 수 없다**(헌재 2016. 10. 27. 2016헌바31).

1808 「형법」상 야간주거침입절도죄 조항에 규정된 '건조물'은 명확성 원칙에 위배된다. 23 경간   O | X

심판대상조항에서 규정하는 '**건조물**'이란 주위벽 또는 기둥과 지붕 또는 천정으로 구성된 구조물로서 사람이 기거하거나 출입할 수 있는 장소를 말하고 그 위요지를 포함하며, 위요지는 건조물에 필수적으로 부속하는 부분으로서 그 관리인에 의하여 일상생활에서 감시·관리가 예정되어 있고 건조물에 대한 사실상의 평온을 보호할 필요성이 있는 부분을 말한다. … 따라서 **심판대상조항이 죄형법정주의의 명확성 원칙에 위배된다고 볼 수 없다**(헌재 2020. 9. 24. 2018헌바383).

● 정답 1804. O   1805. O   1806. X [명확성원칙 위배 X]   1807. O   1808. X [명확성원칙 위배 X]

1809 육로, 수로 또는 교량을 손괴 또는 불통하게 하거나 기타 방법으로 교통을 방해한 자를 처벌하는 형법 제185조(일반교통방해)의 '기타 방법으로' 부분은 교통을 방해하는 행위의 태양에 대하여 어떠한 제한도 두지 아니하여 법률 문언 자체로 구성요건이 명확하다고 볼 수 없고, 건전한 상식과 통상적 법감정을 가진 사람이 통상의 해석방법에 의하여 보더라도 그 내용이 일의적으로 파악되지 않으므로 명확성 원칙에 위배된다. 15 국회 8　　　　　　　　　　　　　　　　　　　　　　　　　O | X

교통방해의 유형 및 기준 등을 입법자가 일일이 세분하여 구체적으로 한정한다는 것은 입법기술상 불가능하거나 현저히 곤란하므로 위와 같은 예시적 입법형식은 그 필요성이 인정될 수 있으며, '기타의 방법'에 의한 교통방해는 육로 등을 손괴하거나 불통하게 하는 행위에 준하여 의도적으로, 또한 직접적으로 교통장해를 발생시키거나 교통의 안전을 위협하는 행위를 하여 교통을 방해하는 경우를 의미하는 것으로서 그 의미가 불명확하다고 볼 수 없다. … 따라서 이 사건 법률조항은 죄형법정주의의 명확성원칙에 위배되지 않는다 (헌재 2010. 3. 25. 2009헌가2).

1810 「도로교통법」 조항 중 '자동차의 운전자는 고속도로 등에서 자동차의 고장 등 부득이한 사정이 있는 경우를 제외하고는 갓길로 통행하여서는 아니된다.' 부분 중 '부득이한 사정' 부분은 죄형법정주의의 명확성 원칙에 위반되지 않는다. 22 입시　　　　　　　　　　　　　O | X

1810-1 「도로교통법」상 갓길 통행 금지조항의 예외 사유로 규정된 '부득이한 사정'은 명확성 원칙에 위배된다. 23 경간　　　　　　　　　　　　　　　　　　　　　　　　　　　　　　　O | X

1810-2 자동차의 운전자는 고속도로 등에서 자동차의 고장 등 부득이한 사정이 있는 경우를 제외하고는 갓길(「도로법」에 따른 길어깨를 말한다)로 통행하여서는 아니 된다고 규정하고 이를 위반한 사람은 20만원 이하의 벌금이나 구류 또는 과료에 처한다고 규정한 구 「도로교통법」 조항은 책임과 형벌 사이의 비례원칙에 위배된다. 23 국회 8　　　　　　　　　　　　　　　　　　　　　　　　　O | X

(1) 금지조항이 규정한 '부득이한 사정'이란 사회통념상 차로의 통행을 기대하기 어려운 특별한 사정을 의미한다고 해석된다. 건전한 상식과 통상적인 법감정을 가진 수범자는 금지조항이 규정한 부득이한 사정이 어떠한 것인지 충분히 알 수 있고, 법관의 보충적인 해석을 통하여 그 의미가 확정될 수 있다. 그러므로 금지조항 중 '부득이한 사정' 부분은 죄형법정주의 명확성원칙에 위배되지 않는다(헌재 2021. 8. 31. 2020헌바100).

(2) 고속도로 등은 자동차들이 일반도로에 비하여 고속으로 주행하여 중대한 위험이 발생할 가능성이 높고, 긴급자동차 등이 위험 발생 지역에 접근하기 어려운 특성이 있어 비상시에 이용하기 위하여 갓길이 설치된 것이므로, 갓길이 그 본래의 설치목적에 따라 이용될 수 있도록 갓길 통행 금지의무의 준수를 담보할 필요성이 높다. 행정질서벌의 부과만으로는 갓길 통행을 충분히 억제할 수 없다고 판단하고 형벌이라는 수단을 선택한 입법자의 판단이 명백하게 잘못되었다고 볼 수 없다. … 그러므로 처벌조항은 책임과 형벌 사이의 비례원칙에 위배되지 않는다(헌재 2021. 8. 31. 2020헌바100).

1811 다른 사람 또는 단체의 집이나 그 밖의 공작물에 함부로 광고물 등을 붙이거나 거는 행위를 처벌하는 구 「경범죄처벌법」 제1조 제13호 중 '함부로 광고물 등을 붙이거나 거는 행위' 부분은 명확성원칙에 위배되지 않는다. 19 국회 8　　　　　　　　　　　　　　　　　　　　　　　　　　　O | X

1811-1 다른 사람 또는 단체의 집이나 그 밖의 공작물에 '함부로 광고물 등을 붙이거나 거는 행위'를 한 경우 형사처벌하는 구 「경범죄처벌법」 조항은, 입법취지, 사전적 의미, 옥외광고물 표시·설치 금지 등 관련 법조항과의 관계를 고려하더라도 법적용자의 주관에 의해 의미가 달라질 수 있어 명확성원칙에 위배된다. 21 변호사　　　　　　　　　　　　　　　　　　　　　　　　　　　　　　　　O | X

● 정답 1809. X [명확성원칙 위배 X]　1810. O　1810-1. X [명확성원칙 위배 X]　1810-2. X [책임과 형벌 간 비례원칙 위배 아님]　1811. O　1811-1. X [명확성원칙 위배 X]

'함부로'의 사전적 의미와 심판대상조항의 입법취지, 형법상 재물손괴죄와 '옥외광고물 등 관리법'의 옥외광고물 표시·설치 금지 등 관련조항과의 관계를 종합하여 볼 때, '**함부로**'는 '법적 권원이 있는 타인의 승낙이 없으면서 상당한 사유가 없는 경우'를 의미함을 충분히 알 수 있다. … 그리고 심판대상조항의 '**광고물 등**'은 그 사전적 의미와 '옥외광고물 등 관리법' 규정을 고려하면 '어떤 대상을 널리 알리기 위하여 붙이거나 건 간판·현수막·벽보·전단·포스터 등의 매개체 및 이와 유사한 것'을 의미하는 것임을 알 수 있다. 그러므로 심판대상조항은 <u>죄형법정주의의 명확성원칙에 위배되지 아니한다</u>(헌재 2015. 5. 28. 2013헌바385).

1812 옥외집회 및 시위의 경우 관할경찰관서장으로 하여금 '최소한의 범위'에서 질서유지선을 설정할 수 있도록 하고, 질서유지선의 효용을 해친 경우 형사처벌하도록 하는 「집회 및 시위에 관한 법률」 제13조 제1항 중 '최소한의 범위' 부분은 명확성원칙에 위배되지 않는다. 19 국회 8   O | X

"**최소한의 범위**"란 '옥외집회 및 시위가 본래 신고한 범위에서 적법하게 진행되도록 하여 집회나 시위 참가자들의 집회의 자유 및 참가자들의 안전을 보호함과 동시에 일반인의 통행이나 원활한 교통소통, 또는 물리적 충돌 방지 등 공공의 질서유지를 달성하기 위하여 필요한 한도에서 가능한 적은 범위'로 충분히 해석할 수 있으므로, 심판대상조항은 <u>죄형법정주의의 명확성원칙에 위배된다고 볼 수 없다</u>(헌재 2016. 11. 24. 2015헌바218).

1813 「학원법」에 따른 등록을 하지 아니하고 학원을 설립·운영한 자를 처벌하도록 한 「학원법」 조항은 명확성원칙에 위배된다. 17 서울 7   O | X

당초 학원설립·운영의 등록을 하였다가 변경사항을 등록하지 않아 벌금형을 선고받고 그 등록의 효력이 상실된 경우, 다시 학원설립·운영의 등록을 하지 아니한 채 학원을 운영하였다면 이 사건 처벌조항이 적용되는 것은 명백하다고 할 것이므로, <u>이 사건 처벌조항은 죄형법정주의의 명확성원칙에 반하지 아니한다</u>(헌재 2014. 1. 28. 2011헌바252).

1814 직접 진찰한 의료인이 아니면 진단서 등을 교부 또는 발송하지 못하도록 규정한 구 의료법 조항에서 '직접 진찰한'은 의료인이 '대면하여 진료를 한'으로 해석되는 외에는 달리 해석의 여지가 없으므로 명확성의 원칙에 위배되지 않는다. 15 국회 8   O | X

이 사건 법률조항에서 말하는 '**직접 진찰한**'은 의료인이 '**대면하여 진료를 한**'으로 해석되는 외에는 달리 해석의 여지가 없고, … 이 사건 법률조항은 일반 국민을 대상으로 하지 않고 의료인을 수범자로 한정하고 있는바, 통상적인 법감정과 직업의식을 지닌 의료인이라면 이 사건 법률조항이 규율하는 내용이 대면진료를 한 경우가 아니면 진단서 등을 작성하여 교부할 수 없고 이를 위반한 경우 형사처벌을 받게 된다는 것임을 인식하고 이를 의료행위의 기준으로 삼을 수 있으며, … 법 집행당국의 자의적인 집행의 가능성 또한 예상되지 않는다. 따라서 <u>이 사건 법률조항은 죄형법정주의의 명확성원칙에 위배된다고 할 수 없다</u>(헌재 2012. 3. 29. 2010헌바83).

1815 의사 아닌 자가 영리목적의 업으로 문신시술하는 것을 의료행위로 보아 금지하는 것은 명확성의 원칙에 위배된다고 할 수 없다. 17 법원 9   O | X

이 사건 법률조항들 중 '**의료행위**'는 사람의 생명, 신체 또는 일반 공중위생에 밀접하고 중대한 관계가 있는 행위로서 질병의 치료와 예방에 관한 행위는 물론, 의학상의 기능과 지식을 가진 의료인이 하지 아니하면 보건위생상 위해를 가져올 우려가 있는 일체의 행위라고 할 것이고, 이는 건전한 일반상식을 가진 자에 의하여 일의적으로 파악되기 어렵다거나 법관에 의한 적용단계에서 다의적으로 해석될 우려가 있다고 보기 어려우므로, <u>죄형법정주의의 명확성원칙에 위배된다고 할 수 없다</u>(헌재 2007. 4. 26. 2003헌바71).

● 정답   1812. O   1813. X [명확성원칙 위배 X]   1814. O   1815. O

1816 법률사건의 수임에 관하여 알선의 대가로 금품을 제공하거나 이를 약속한 변호사를 형사처벌하는 구 변호사법 조항은 '법률사건'이나 '알선' 등이 법률조항에 의하여 금지되고, 처벌되는 행위의 의미가 문언상 불분명하다고 할 수 없으므로 명확성원칙에 위배되지 않는다. 15 국회 8   O | X

1816-1 법률사건의 수임에 관하여 알선의 대가로 금품을 제공하거나 이를 약속한 변호사를 형사처벌하는 (구)「변호사법」조항 중 '법률사건'과 '알선'은 처벌법규의 구성요건으로 그 의미가 불분명하기에 명확성원칙에 위배된다. 15 국가 7   O | X

1816-2 변호사가 법률사건 수임에 관하여 알선의 대가로 금품을 제공하는 행위를 금지하고 처벌하는 것은 변호사의 직업수행의 자유를 제한하는 것이다. 19 법무사   O | X

(1) 이 사건 법률조항이 규정하는 '**법률사건**'이란 '법률상의 권리·의무의 발생·변경·소멸에 관한 다툼 또는 의문에 관한 사건'을 의미하고, '**알선**'이란 법률사건의 당사자와 그 사건에 관하여 대리 등의 법률사무를 취급하는 상대방(변호사 포함) 사이에서 양자 간에 법률사건이나 법률사무에 관한 위임계약 등의 체결을 중개하거나 그 편의를 도모하는 행위를 말하는바, 이 사건 법률조항에 의하여 금지되고, 처벌되는 행위의 의미가 문언상 불분명하다고 할 수 없으므로 이 사건 법률조항은 **죄형법정주의의 명확성원칙에 위배되지 않는다**(헌재 2013. 2. 28. 2012헌바62).

(2) 이 사건 법률조항은 변호사가 법률사건 수임에 관하여 알선의 대가로 금품을 제공하는 행위를 금지하고, 처벌하는 것을 그 내용으로 하는데, 청구인은 재산권의 침해를 주장한다. 그러나 이 사건 법률조항이 제한하는 것은 변호사의 직무에 해당하는 '법률사건의 수임'에 관하여 알선의 대가로서 금품을 제공하는 것이므로 가장 직접적으로 제한되는 기본권은 **직업수행의 자유**라고 할 것이다. … 따라서 이 사건 법률조항이 과잉금지원칙에 위반하여 **변호사의 직업수행의 자유를 침해한다고 볼 수 없다**(헌재 2013. 2. 28. 2012헌바62).

1817 학교환경위생정화구역 안의 금지행위를 규정한 (구)「학교보건법」제6조 제1항 제14호 중 '미풍양속을 해하는 행위 및 시설' 부분은 죄형법정주의 또는 명확성의 원칙에 위반된다고 보기 어렵다. 14 국가 7   O | X

이 사건 금지조항의 '**미풍양속을 해하는 행위 및 시설**'의 개념은 '미풍양속을 해하는 행위 및 시설' 중에서도 학교의 보건·위생과 학습환경에 나쁜 영향을 주는 행위 및 시설을 의미한다고 해석할 수 있고, … 따라서 건전한 상식과 통상적인 법감정을 가진 사람이라면, 이 사건 금지조항이 '미풍양속을 해하는 행위 및 시설'이라는 구성요건에 의하여 금지하고자 하는 대상을 충분히 예견할 수 있다고 할 것이므로, 이 부분이 **죄형법정주의 또는 명확성의 원칙에 위반된다고 보기 어렵다**(헌재 2008. 4. 24. 2004헌바92).

1818 증권거래법이 금지하는 시세조종행위 등을 처벌하는 조항에서 '위반행위로 얻은 이익'은 위반행위가 개입된 거래에서 얻은 총수입에서 총비용을 공제한 액수(시세차익)로 파악하는 데 어려움이 없으므로 명확성 원칙에 위배되지 않는다. 15 국회 8   O | X

이 사건 법률조항에 사용된 '위반행위', '얻은', '이익' 등의 개념 자체는 애매하거나 모호한 점이 없으며, 이 사건 규정은 '위반행위로 얻은 이익'이라고 표현하고 있을 뿐 위반행위와 직접적인 인과관계가 있는 이익만을 의미하는 것으로 한정하여 규정하고 있지 않으므로, 건전한 상식과 통상의 법감정을 가진 일반인의 입장에서 '**위반행위로 얻은 이익**'을 위반행위가 개입된 거래에서 얻은 총수입에서 총비용을 공제한 액수(시세차익)로 파악하는데 별다른 어려움이 없으므로, 이 사건 법률조항은 **죄형법정주의에서 파생된 명확성 원칙에 위배되지 않는다**(헌재 2003. 9. 25. 2002헌바69 등).

1819 금융투자업자가 '투자권유'를 함에 있어서 '불확실한 사항'에 대하여 '단정적 판단을 제공'하거나 '확실하다고 오인하게 할 소지가 있는 내용을 알리는 행위'를 한 경우 형사처벌하는 「자본시장과 금융투자업에 관한 법률」조항은, 통상의 주의력을 가진 평균적 투자자를 기준으로 보더라도 그 의미를 알기 어려울 뿐만 아니라 그 의미를 확정하기도 곤란하므로 명확성원칙에 위배된다. 21 변호사   O | X

● 정답 1816. O   1816-1. X [명확성원칙 위배 X]   1816-2. O   1817. O   1818. O   1819. X [명확성원칙 위배 X]

'투자권유'의 의미는 자본시장법에서 직접 정의되어 있고, 법원의 보충적 해석을 통하여 그 범위가 충분히 확정될 수 있다. 투자자를 보호하고, 금융시장의 신뢰성·효율성·공정성을 확보한다는 심판대상조항의 입법목적을 고려하면, … 심판대상조항의 수범자는 금융투자업자로 한정되어 있고, 금융투자에 관한 전문가인 금융투자업자는 자신에게 금지되는 행위인 '**불확실한 사항**에 대하여 **단정적 판단을 제공**하거나 **확실하다고 오인**하게 할 소지가 있는 내용을 알리는 행위'의 의미를 충분히 알고 이에 비추어 자신의 행위를 결정할 수 있다. 따라서 심판대상조항은 **죄형법정주의의 명확성원칙에 위배되지 아니한다**(헌재 2017. 5. 25. 2014헌바459).

1820 모의총포의 기준을 구체적으로 정한 「총포·도검·화약류 등의 안전관리에 관한 법률 시행령」 조항에서 '범죄에 악용될 소지가 현저한 것'은 진정한 총포로 오인·혼동되어 위협 수단으로 사용될 정도로 총포와 모양이 유사한 것을 의미하므로 죄형법정주의의 명확성원칙에 위반되지 않는다. 20 국가 7

O | X

1820-1 모양이 총포와 아주 비슷하여 '범죄에 악용될 소지가 현저한 것'을 모의총포의 기준으로 정한 「총포·도검·화약류 등의 안전 관리에 관한 법률 시행령」 조항은 건전한 상식과 통상적인 법감정을 가진 사람이 어떠한 물건이 모의총포에 해당하는지 알 수 없기 때문에 명확성원칙에 위배된다. 20 국회 8

O | X

이 사건 시행령조항에서 '**범죄에 악용될 소지가 현저한 것**'은 진정한 총포로 오인·혼동되어 위협 수단으로 사용될 정도로 총포와 모양이 유사한 것을 의미하고, '인명·신체상 위해를 가할 우려가 있는 것'은 사람에게 상해나 사망의 결과를 가할 우려가 있을 정도로 진정한 총포의 기능과 유사한 것을 의미한다. 따라서 이 사건 시행령조항은 문언상 그 의미가 명확하므로, **죄형법정주의의 명확성원칙에 위반되지 않는다**(헌재 2018. 5. 31. 2017헌마167).

1821 게임물 관련사업자에 대하여 '경품 등의 제공을 통한 사행성 조장'을 원칙적으로 금지시키고 있는 「게임산업진흥에 관한 법률」 조항에서, '경품' 및 '조장'과는 달리 '사행성'은 다른 법률에서도 정의규정을 두고 있지 않아 지나치게 불명확하여 법집행기관의 자의적인 해석을 가능하게 하므로 죄형법정주의의 명확성원칙에 위배된다. 24 경정

O | X

건전한 상식과 통상적인 법감정을 가진 사람들은 어떠한 행위가 이 사건 의무조항이 정하는 구성요건에 해당되는지 여부를 충분히 파악할 수 있다고 판단되고, 그것이 지나치게 불명확하여 법 집행기관의 자의적인 해석을 가능하게 한다고 보기는 어려우므로, 이 사건 의무조항은 **죄형법정주의의 명확성원칙에 위배되지 아니한다**(헌재 2020. 12. 23. 2017헌바463 등).

1822 「개발제한구역의 지정 및 관리에 관한 특별조치법」 위반으로 인해 시정명령을 받고도 이를 이행하지 아니한 위반행위자 등에 대해, 이를 상당한 기간까지 이행하지 않으면 이행강제금을 부과 징수한다는 뜻을 토지소유자에게 미리 문서로 계고하도록 하는 규정에서 '상당한 기간' 부분은 명확성원칙에 위배되지 않는다. 24 경정

O | X

이 경우 **상당한 기간**이 어느 정도의 기간을 의미하는지를 수범자가 예측할 수 있는가에 관한 문제는 여전히 남아있는데, 토지소유자로서는 이행강제금의 사전계고를 받기 전에 시정명령을 이미 받은 상태에 있었을 것이며, 그와 더불어 이행강제금은 1년에 2회를 초과하여 부과하지는 못한다는 제한이 있으므로 이를 감안하면 **이행강제금 부과의 사전계고 시에 부여될 이행기간이 어느 정도일지를 대략 예측할 수 있다.** 이러한 점들을 종합하면, 사전계고조항은 **불명확한 규정이라고 할 수 없다**(헌재 2023. 2. 23. 2019헌바550).

● 정답 | 1820. O   1820-1. X [명확성원칙 위배 X]   1821. X [명확성원칙 위배 X]   1822. O

1823 구「개발제한구역의 지정 및 관리에 관한 특별조치법」조항 중 허가를 받지 아니한 '토지의 형질변경' 부분은 개발제한구역 지정 당시의 토지의 형상을 사실상 변형시키고 또 그 원상회복을 어렵게 하는 행위를 의미하는 것이므로, 명확성원칙에 위배되지 않는다. 19 경정 O|X

이 사건 조항에서 **토지의 형질변경**은 단순히 토지를 원래대로의 형상과 성질을 유지하면서 이용 및 관리하는 행위가 아니라 절토, 성토, 정지 또는 포장 등으로 토지의 형상과 성질을 변경하는 행위와 공유수면을 매립하는 행위로서, 산지를 농지로 개간하거나 토지를 대지화하는 등 개발제한구역 지정 당시의 토지의 형상을 사실상 변형시키고 또 그 원상회복을 어렵게 하는 행위를 의미하는 것이고 이는 건전한 상식과 통상적인 법감정을 가진 사람이라면 쉽사리 알 수 있고 법원에서도 구체적이고 일관된 해석기준을 제시하고 있어, 그 의미 및 처벌대상이 불명확하다고 볼 수 없다. 그렇다면 이 사건 조항은 헌법상 죄형법정주의의 명확성원칙에 위반되지 않는다(헌재 2011. 3. 31. 2010헌바86).

1824 어떤 법률조항이 형사처벌의 대상이 되는 해고의 기준을 일반추상적 개념인 '정당한 이유'의 유무에 두고 있다고 하여 반드시 명확성 원칙에 반한다고 볼 수는 없다. 14 국회 8 O|X

이 사건 법률조항은 비록 법문상으로는 "정당한 이유"라는 일반추상적 용어를 사용하고 있으나 일반인이라도 법률전문가의 도움을 받아 무엇이 금지되는 것인지 여부에 관하여 예측하는 것이 가능한 정도라고 할 것이어서 수범자인 사용자가 해고에 관하여 자신의 행위를 결정해 나가기에 충분한 기준이 될 정도의 의미내용을 가지고 있다. 그렇다면 이 사건 법률조항이 형사처벌의 대상이 되는 해고의 기준을 일반추상적 개념인 **"정당한 이유"**의 유무에 두고 있기는 하지만, 그 의미에 대하여 법적 자문을 고려한 예견가능성이 있고, 집행자의 자의가 배제될 정도로 의미가 확립되어 있으며, 입법 기술적으로도 개선가능성이 있다는 특별한 사정이 보이지 아니하므로 헌법상 명확성의 원칙에 반하지 아니한다(헌재 2005. 3. 31. 2003헌바12).

1825 「군사기밀 보호법」조항 중 "외국인을 위하여 제12조제1항에 규정된 죄를 범한 경우에는 그 죄에 해당하는 형의 2분의 1까지 가중처벌한다."는 부분 중 '외국인을 위하여'라는 의미는 '외국인 가중처벌 조항'에 의하여 금지된 행위가 무엇인지 명확하다고 볼 수 없기 때문에 명확성원칙에 위배된다. 20 국회 8 O|X

건전한 상식과 통상적인 법 감정을 가진 사람이라면 외국인 가중처벌 조항 중 **"외국인을 위하여"**의 의미는 '외국인에게 군사적이거나 경제적이거나를 불문하고 일체의 유·무형의 이익 내지는 도움이 될 수 있다는, 즉 외국인을 이롭게 할 수 있다는 인식 내지는 의사'를 의미한다고 충분히 알 수 있으므로, 외국인 가중처벌 조항에 의하여 금지된 행위가 무엇인지 불명확하다고 볼 수 없다. 따라서 외국인 가중처벌 조항은 죄형법정주의의 명확성원칙에 위반되지 아니한다(헌재 2018. 1. 25. 2015헌바367).

02 표현의 자유와 명확성 원칙

1826 구「미성년자보호법」의 해당 조항 중 "잔인성"과 "범죄의 충동을 일으킬 수 있게"라는 부분은 그 적용범위를 법집행기관의 자의적인 판단에 맡기고 있으므로 죄형법정주의에서 파생된 명확성의 원칙에 위배된다. 21 국가 7 O|X

1826-1 '미성년자에게 음란성 또는 잔인성을 조장할 우려'라는 표현은 법관의 보충적인 해석을 통하여 그 규범내용이 확정될 수 있는 개념이라고 할 수 있다. 12 국회 8 O|X

● 정답 1823. O 1824. O 1825. X [명확성원칙 위배 X] 1826. O 1826-1. X [확정될 수 없음, 명확성원칙 위배]

이 사건 미성년자보호법 조항의 불량만화에 대한 정의 중 전단 부분의 "음란성 또는 잔인성을 조장할 우려"라는 표현을 보면, '음란성'은 법관의 보충적인 해석을 통하여 그 규범내용이 확정될 수 있는 개념이라고 할 수 있으나, 한편 '잔인성'에 대하여는 아직 판례상 개념규정이 확립되지 않은 상태이고 … 여기에 '조장' 및 '우려'까지 덧붙여지면 사회통념상 정당한 것으로 볼 여지가 많은 것까지 처벌의 대상으로 할 수 있게 되는바, 이와 같은 경우를 모두 처벌하게 되면 그 처벌범위가 너무 광범해지고, 일정한 경우에만 처벌하게 된다면 어느 경우가 그에 해당하는지 명확하게 알 수 없다. … 다음으로 불량만화에 대한 정의 중 후단 부분의 "범죄의 충동을 일으킬 수 있게"라는 표현은 … 전혀 알 수 없어 그 규범내용이 확정될 수 없는 것이다. 그러므로, 이 사건 미성년자보호법 조항은 법관의 보충적인 해석을 통하여도 그 규범내용이 확정될 수 없는 모호하고 막연한 개념을 사용함으로써 그 적용범위를 법집행기관의 자의적인 판단에 맡기고 있으므로, 죄형법정주의에서 파생된 명확성의 원칙에 위배된다(헌재 2002. 2. 28. 99헌가8).

1827 공익을 해할 목적으로 전기통신설비에 의하여 공연히 허위의 통신을 한 자를 형사 처벌하는 구「전기통신사업법」조항은, 수범자인 국민에 대하여 일반적으로 허용되는 '허위의 통신' 가운데 어떤 목적의 통신이 금지되는 것인지 고지하여 주지 못하므로 표현의 자유에서 요구하는 명확성원칙에 위배된다. 23 경찰 1차   O | X

이 사건 법률조항은 "공익을 해할 목적"의 허위의 통신을 금지하는바, 여기서의 "공익"은 형벌조항의 구성요건으로서 구체적인 표지를 정하고 있는 것이 아니라, 헌법상 기본권 제한에 필요한 최소한의 요건 또는 헌법상 언론·출판의 자유의 한계를 그대로 법률에 옮겨 놓은 것에 불과할 정도로 그 의미가 불명확하고 추상적이다. … 결국, 이 사건 법률조항은 수범자인 국민에 대하여 일반적으로 허용되는 '허위의 통신' 가운데 어떤 목적의 통신이 금지되는 것인지 고지하여 주지 못하고 있으므로 표현의 자유에서 요구하는 명확성의 요청 및 죄형법정주의의 명확성원칙에 위배하여 헌법에 위반된다(헌재 2010. 12. 28. 2008헌바157 등).

1828 (구)「전기통신사업법」상 '타인의 통신을 매개하거나 타인의 통신용에 제공'한다는 법 규정은 처벌의 대상에서 제외되는 대상행위가 어떤 것일지는 법률에서 도저히 예상할 수 없고 국민들로서는 어떠한 행위가 금지되고 어떠한 행위가 허용되는지를 알 수 없어 명확성의 원칙에 위배된다. 12 국회 8   O | X

이 사건 법률조항에 의하면, 전기통신사업자가 제공하는 전기통신역무를 이용하여 타인의 통신을 매개하는 더 한층 발전된 전기통신역무의 제공이나 그 산업발전의 기초가 되는 새로운 기술과 장비의 연구·개발행위 등도 금지될 수 있고, 또한 대가의 수령 여부를 불문하고, 전화나 피씨(PC)통신 등을 위하여 개인이 그 전화기나 컴퓨터를 친지 또는 이웃에게 빌려주든지, 전자제품 매장에서 전시·판매용 전화기나 컴퓨터를 사용(試用)하도록 하는 것 등도 모두 금지행위에 해당하게 되는 것은 아닌가 하는 의문이 제기될 여지가 있어 죄형법정주의에서 도출되는 명확성의 원칙에 위배된다(헌재 2002. 5. 30. 2001헌바5).

1829 제한상영가 등급의 영화를 '상영 및 광고·선전에 있어서 일정한 제한이 필요한 영화'라고 정의하고 있는 법률규정은 관련 규정들을 통해서도 제한상영가 등급의 영화가 어떤 영화인지를 예측할 수 없으므로 명확성 원칙에 위배된다. 18 서울 7   O | X

1829-1 '제한상영가' 등급의 영화를 '상영 및 광고, 선전에 있어서 일정한 제한이 필요한 영화'라고 규정하고 있는 법률규정은 '제한상영가' 등급의 영화란 영화의 내용이 지나치게 선정적, 폭력적 또는 비윤리적이어서 청소년에게는 물론 일반적인 정서를 가진 성인에게조차 혐오감을 주거나 악영향을 끼치는 영화로 해석될 수 있으므로 명확성원칙에 위반되지 않는다. 13 국가 7   O | X

1829-2 구「영화진흥법」이 제한상영가 상영등급분류의 구체적 기준을 영상물등급위원회의 규정에 위임하고 있는 것은 그 내용이 사회현상에 따라 급변하는 내용들이고, 특별히 전문성이 요구되는 기술적인 사항에 해당한다고 할 것이므로 포괄위임금지원칙에 위배되지 않는다. 23 경찰 2차   O | X

● 정답 1827. O   1828. O   1829. O   1829-1. X [명확성원칙 위반]   1829-2. X [포괄위임금지원칙에 위반됨]

(1) 영진법 제21조 제3항 제5호는 '**제한상영가**' 등급의 영화를 '**상영 및 광고·선전에 있어서 일정한 제한이 필요한 영화**'라고 규정하고 있는데, 이 규정은 제한상영가 등급의 영화가 어떤 영화인지를 말해주기보다는 제한상영가 등급을 받은 영화가 사후에 어떠한 법률적 제한을 받는지를 기술하고 있는바, 이것으로는 제한상영가 영화가 어떤 영화인지를 알 수가 없고, 따라서 영진법 제21조 제3항 제5호는 **명확성원칙에 위배된다**(헌재 2008. 7. 31. 2007헌가4).

(2) 영진법 제21조 제7항 후문 중 '제3항 제5호' 부분의 위임 규정은 영화상영등급분류의 구체적 기준을 영상물등급위원회의 규정에 위임하고 있는데, 이 사건 위임 규정에서 위임하고 있는 사항은 제한상영가 등급분류의 기준에 대한 것으로 그 내용이 사회현상에 따라 **급변하는 내용들도 아니고**, 특별히 **전문성이 요구되는 것도 아니며**, 그렇다고 **기술적인 사항도 아닐** 뿐만 아니라, 더욱이 표현의 자유의 제한과 관련되어 있다는 점에서 경미한 사항이라고도 할 수 없는데도, 이 사건 위임 규정은 **영상물등급위원회 규정에 위임**하고 있는바, 이는 그 자체로서 **포괄위임금지원칙을 위반**하고 있다고 할 것이다(헌재 2008. 7. 31. 2007헌가4).

1830 '청소년이용음란물'에는 실제인물인 청소년이 등장하여야 한다고 보아야 함이 명백하고, 따라서 법률적용단계에서 다의적으로 해석될 우려가 없이 건전한 법관의 양식이나 조리에 따른 보충적인 해석에 의하여 그 의미가 구체화되어 해결될 수 있는 이상 죄형법정주의에 있어서의 명확성의 원칙을 위반하였다고 볼 수 없다. 12 국회 8   O | X

이 사건 법률의 '**청소년이용음란물**'에는 실제인물인 청소년이 등장하여야 한다고 보아야 함이 명백하고, 따라서 법률적용단계에서 다의적으로 해석될 우려가 없이 건전한 법관의 양식이나 조리에 따른 보충적인 해석에 의하여 그 의미가 구체화되어 해결될 수 있는 이상 **죄형법정주의에 있어서의 명확성의 원칙을 위반하였다고 볼 수 없다**(헌재 2002. 4. 25. 2001헌가27).

1831 아동·청소년이용음란물을 제작한 자를 형사처벌하는 「아동·청소년의 성보호에 관한 법률」 조항 중 '제작' 부분은, 객관적으로 아동·청소년이용음란물을 촬영하여 재생이 가능한 형태로 저장할 것을 전체적으로 기획하고 구체적인 지시를 하는 등으로 책임을 지는 것으로 해석되므로 명확성원칙에 위배되지 않는다. 21 변호사   O | X

심판대상조항이 규정하는 '**제작**'의 의미는 객관적으로 아동·청소년이용음란물을 촬영하여 재생이 가능한 형태로 저장할 것을 전체적으로 기획하고 구체적인 지시를 하는 등으로 책임을 지는 것이며, 피해자인 아동·청소년의 동의 여부나 영리목적 여부를 불문함은 물론 해당 영상을 직접 촬영하거나 기기에 저장할 것을 요하지도 않는 것으로 해석되고, **죄형법정주의의 명확성 원칙에 위반되지 아니한다**(헌재 2019. 12. 27. 2018헌바46).

1832 누구든지 정보통신망을 통하여 '그 밖에 범죄를 목적으로 하거나 교사 또는 방조하는 내용의 정보'를 유통하여서는 아니된다는 법률규정은 수범자의 예견가능성을 해하거나 행정기관의 자의적 집행을 가능하게 할 정도로 불명확하다고 할 수 없다. 13 국가 7   O | X

일반적으로 사용되는 용어인 '범죄', '교사', '방조'의 의미를 고려하면, '**범죄를 목적으로 하는 내용의 정보**'란 범죄를 실행하기 위한 목적으로 유통시킨 것으로서 내용 자체에 의해 그 범죄 목적을 판단할 수 있는 정보를, '**범죄를 교사 또는 방조하는 내용의 정보**'란 타인으로 하여금 범죄를 실행할 결의를 일으키게 하는 내용이나 타인의 범죄를 용이하게 하는 내용을 담고 있는 정보를 말한다고 해석할 수 있다. … 따라서, 이 사건 정보통신망법조항은 수범자의 예견가능성을 해하거나 행정기관이 자의적 집행을 가능하게 할 **정도로 불명확하다고 할 수 없다**(헌재 2012. 2. 23. 2008헌마500).

정답 1830. O   1831. O   1832. O

1833 "전기통신회선을 통하여 일반에게 공개되어 유통되는 정보 중 건전한 통신윤리의 함양을 위하여 필요한 사항"을 심의위원회의 직무로 규정한 「방송통신위원회의 설치 및 운영에 관한 법률」 조항 중 "건전한 통신윤리"라는 개념은 전기통신회선을 이용하여 정보를 전달함에 있어 우리 사회가 요구하는 최소한의 질서 또는 도덕률을 의미하고, 정보통신영역의 광범위성과 빠른 변화속도, 그리고 다양하고 가변적인 표현형태를 문자화하기에 어려운 점을 감안할 때, "건전한 통신윤리" 부분이 명확성의 원칙에 반한다고 할 수 없다. 13 변호사   O | X

1833-1 방송통신심의위원회의 직무의 하나로 '건전한 통신윤리의 함양을 위하여 필요한 사항으로서 대통령령이 정하는 정보의 심의 및 시정요구'를 규정하고 있는 「방송통신위원회의 설치 및 운영에 관한 법률」 조항 중 '건전한 통신윤리'라는 부분은 각 개인의 가치관에 따라 달리 해석될 수 있기에 명확성원칙에 위배된다. 15 국가 7   O | X

이 사건 법률조항 중 '건전한 통신윤리'라는 개념은 다소 추상적이기는 하나, 전기통신회선을 이용하여 정보를 전달함에 있어 우리 사회가 요구하는 최소한의 질서 또는 도덕률을 의미하고, '건전한 통신윤리의 함양을 위하여 필요한 사항으로서 대통령령이 정하는 정보'란 이러한 질서 또는 도덕률에 저해되는 정보로서 심의 및 시정요구가 필요한 정보를 의미한다고 할 것이며, 정보통신영역의 광범위성과 빠른 변화속도, 그리고 다양하고 가변적인 표현형태를 문자화하기에 어려운 점을 감안할 때, 위와 같은 함축적인 표현은 불가피하다고 할 것이어서, 이 사건 법률조항이 명확성의 원칙에 반한다고 할 수 없다(헌재 2012. 2. 23. 2011헌가13).

1834 공공의 질서 및 선량한 풍속을 문란하게 할 염려가 있는 상표는 등록받을 수 없다고 규정한 구 「상표법」 제7조 제1항 제4호가 명확성의 원칙에 위반된다고 할 수 없다. 19 서울 7(추)   O | X

상표는 형태가 다양하고 사회 환경의 변화에 따라 그 표현도 달라지기 마련이므로, 변화하는 사회에 대한 법규범의 적응력을 확보하기 위하여는 어느 정도 망라적인 의미를 가지는 내용으로 입법하는 것이 필요하고, 그 의미를 법관의 보충적 해석에 맡기는 것이 불가피하다. 따라서 어떠한 상표가 '공공의 질서'나 '선량한 풍속'을 문란하게 할 염려가 있는지를 합리적인 해석기준을 통하여 판단할 수 있는 이상, 보다 구체적이고 명확한 입법이 가능하다는 이유만으로 곧바로 명확성원칙에 위반된다고 할 수 없다(헌재 2014. 3. 27. 2012헌바55).

1835 광고가 금지되는 내용으로서 '대부조건 등'은 대부업자가 자신의 용역에 관한 대부계약을 소비자와 맺기에 앞서 내놓는 중요한 요구와 거래의 상대방보호를 위해 대부업자에게 요구되는 중요한 사항으로서, 대부업자의 모든 광고가 아니라 대부계약에 대한 청약의 유인으로서의 광고를 금지하는 것이므로, 명확성원칙에 위배되지 않는다. 14 지방 7   O | X

심판대상조항의 '대부조건 등'은 대부업자가 자신의 용역에 관한 대부계약을 소비자와 체결하기에 앞서 내놓는 중요한 사항과 대부계약 체결 시 거래의 상대방을 보호하기 위하여 대부업자에게 요구해야 할 중요한 사항을 가리키는 것으로, 어느 경우든 '대부계약'을 전제하고 있다고 해석되므로, 심판대상조항의 '대부조건 등에 관한 광고'는 '대부계약에 대한 청약의 유인으로서의 광고'를 의미한다고 합리적으로 해석할 수 있으므로 심판대상조항은 명확성원칙에 위배되지 않는다(헌재 2013. 7. 25. 2012헌바67).

정답 1833. O   1833-1. X [명확성원칙 위배 X]   1834. O   1835. O

03 기타 명확성원칙

1836 친일반민족행위자 재산의 국가귀속에 관한 특별법 조항 중 '독립운동에 적극 참여한 자'부분은 '일제 강점하에서 우리 민족의 독립을 쟁취하려는 운동에 의욕적이고 능동적으로 관여한 자'라는 뜻이므로 그 의미를 넉넉히 파악할 수 있어서 명확성 원칙에 위배되지 않는다. 15 국회 8 O | X

1836-1 「친일반민족행위자 재산의 국가귀속에 관한 특별법」 조항 중 "독립운동에 적극 참여한 자" 부분은 참여 정도가 판단하는 자에 따라 상이해질 수 있으며, 다른 법규정들과의 체계조화적인 이해 내지 당해 법률의 입법목적과 제정취지에 따른 해석으로 충분히 해소될 수 없고, 건전한 상식과 통상적인 법감정을 가진 사람이라도 그 의미를 충분히 예측할 수 없다고 할 것이므로 명확성원칙에 위배된다. 13 변호사 O | X

이 사건 정의조항 중 '반민규명법 제2조 제6호 내지 제9호의 행위를 한 자'로 규정한 부분이 불명확하다고 할 수 없고, **독립운동에 적극 참여한 자** 부분은 '일제 강점하에서 우리 민족의 독립을 쟁취하려는 운동에 의욕적이고 능동적으로 관여한 자'라는 뜻이므로 그 의미를 넉넉히 파악할 수 있다. … 설령 위 조항에 어느 정도의 애매함이 내포되어 있다 하더라도 이는 다른 규정들과의 체계조화적인 이해 내지 당해 법률의 입법목적과 제정취지에 따른 해석으로 충분히 해소될 수 있으므로, 위 조항의 의미는 명확성의 기준에 어긋난다고 볼 수 없고 적어도 건전한 상식과 통상적인 법감정을 가진 사람으로서는 위 조항의 의미를 대략적으로 예측할 수 있다고 보인다. 따라서 이 사건 정의조항은 법률의 **명확성원칙에 위반되지 않는다**(헌재 2011. 3. 31. 2008헌바141 등).

1837 어린이집이 시·도지사가 정한 수납한도액을 초과하여 보호자로부터 필요경비를 수납한 경우, 해당 시·도지사는 「영유아보육법」에 근거하여 시정 또는 변경 명령을 발할 수 있는데, 이 시정 또는 변경 명령 조항의 내용으로 환불명령을 명시적으로 규정하지 않았다고 하여 명확성원칙에 위배된다고 볼 수 없다. 20 국가 7 O | X

심판대상조항이 규정하고 있는 **'시정 또는 변경' 명령**은 '영유아보육법 제38조 위반행위에 대하여 그 위법사실을 시정하도록 함으로써 정상적인 법질서를 회복하는 것을 목적으로 행해지는 행정작용'으로, 여기에는 과거의 위반행위로 인하여 취득한 필요경비 한도 초과액에 대한 **환불명령도 포함**됨을 어렵지 않게 예측할 수 있다. 그렇다면 심판대상조항 자체에 시정 또는 변경 명령의 내용으로 **환불명령을 명시적으로 규정하지 않았다고 하여 명확성원칙에 위배된다고 볼 수 없다**(헌재 2017. 12. 28. 2016헌바249).

1838 건설업자가 부정한 방법으로 건설업의 등록을 한 경우, 건설업 등록을 필요적으로 말소하도록 규정한 「건설산업기본법」 조항 중 '부정한 방법' 개념은 모호하여 법률해석을 통하여 구체화될 수 없으므로 명확성원칙에 위배된다. 19 경정 O | X

법 제83조 단서 중 제1호에서의 **'부정한 방법'**이란, 실제로는 기술능력·자본금·시설·장비 등에 관하여 법령이 정한 건설업 등록요건을 갖추지 못하였음에도 자본금의 납입을 가장하거나 허위신고를 통하여 기술능력이나 시설, 장비 등의 보유를 가장하는 수단을 사용함으로써 등록요건을 충족시킨 것처럼 위장하여 등록하는 방법을 말하는 것으로 그 내용이 충분히 구체화되고 제한된다고 판단된다. 따라서 이 사건 법률조항에 규정된 '부정한 방법'의 개념이 약간의 모호함에도 불구하고 법률해석을 통하여 충분히 구체화될 수 있고, 이로써 행정청과 법원의 자의적인 법적용을 배제하는 객관적인 기준을 제공하고 있으므로 이 사건 조항은 법률의 **명확성원칙에 위반되지 않는다**(헌재 2004. 7. 15. 2003헌바35 등).

● 정답 1836. O   1836-1. X [명확성원칙 위배 X]   1837. O   1838. X [명확성원칙 위배 X]

1839 취소소송 등의 제기 시 '회복하기 어려운 손해'를 집행정지의 요건으로 규정한 「행정소송법」 조항은 명확성원칙에 위배되지 않는다. 22 해간, 22 해경, 21 경정   O | X

1839-1 취소소송 등의 제기 시 「행정소송법」 조항의 집행정지의 요건으로 규정한 '회복하기 어려운 손해'는 건전한 상식과 통상적인 법감정을 가진 사람이 심판대상조항의 의미내용을 파악하기 어려우므로 명확성원칙에 위배된다. 20 국가 7   O | X

이 사건 집행정지 요건 조항에서 집행정지 요건으로 규정한 **'회복하기 어려운 손해'**는 대법원 판례에 의하여 '특별한 사정이 없는 한 금전으로 보상할 수 없는 손해로서 이는 금전보상이 불능인 경우 내지는 금전보상으로는 사회관념상 행정처분을 받은 당사자가 참고 견딜 수 없거나 또는 참고 견디기가 현저히 곤란한 경우의 유형, 무형의 손해'를 의미한 것으로 해석할 수 있고, '긴급한 필요'란 손해의 발생이 시간상 임박하여 손해를 방지하기 위해서 본안판결까지 기다릴 여유가 없는 경우를 의미하는 것으로, 이는 집행정지가 임시적 권리구제제도로서 잠정성, 긴급성, 본안소송에의 부종성의 특징을 지니는 것이라는 점에서 그 의미를 쉽게 예측할 수 있다. 이와 같이 심판대상조항은 법관의 법 보충작용을 통한 판례에 의하여 합리적으로 해석할 수 있고, 자의적인 법해석의 위험이 있다고 보기 어려우므로 **명확성 원칙에 위배되지 않는다**(헌재 2018. 1. 25. 2016헌바208).

1840 건전한 상식을 가진 일반인이면 재심사유인 '판결에 영향을 미칠 중요한 사항에 관하여 판단을 누락한 때'의 의미내용을 예측할 수 있고, 이미 확립된 판례에 기초하여 그 해석 및 적용에 대한 신뢰성이 있는 원칙을 도출할 수 있으므로 해석자 개인의 주관적인 판단에 따라 그 해석이 좌우될 가능성이 없다. 23 법무사   O | X

건전한 상식을 가진 일반인이면 위와 같은 **'판결에 영향을 미칠 중요한 사항에 관하여 판단을 누락한 때'의 의미내용을 예측할 수 있다 할 것이고**, 이미 확립된 판례에 기초하여 그 해석 및 적용에 대한 신뢰성이 있는 원칙을 도출할 수 있어 해석자 개인의 주관적인 판단에 따라 그 해석이 좌우될 가능성이 없으므로, 심판대상조항은 **명확성원칙에 위배되지 아니한다**(헌재 2016. 12. 29. 2016헌바43).

1841 형의 선고와 함께 소송비용 부담의 재판을 받은 피고인이 '빈곤'을 이유로 해서만 집행면제를 신청할 수 있도록 한 「형사소송법」 규정에 따른 소송비용에 관한 부분 중 '빈곤'은 경제적 사정으로 소송비용을 납부할 수 없는 경우를 지칭하는 것으로 해석될 수 있으므로 명확성원칙에 위배되지 않는다. 22 지방 7   O | X

'빈곤'은 경제적 사정으로 소송비용을 납부할 수 없는 경우를 지칭하는 것으로 해석될 수 있으므로 집행면제 신청 조항은 **명확성원칙에 위배되지 않는다**(헌재 2021. 2. 25. 2019헌바64).

● 정답   1839. O   1839-1. X [명확성원칙 위배 X]   1840. O   1841. O

04 공무원 등 관련 명확성 원칙

1842 "공무원은 직무의 내외를 불문하고 그 품위가 손상되는 행위를 하여서는 안 된다."라고 한 「국가공무원법」 규정은 '품위' 등 그 용어의 사전적 의미가 명백하고 그 수범자인 평균적인 공무원은 이를 충분히 예측할 수 있어 명확성원칙에 위배되지 않는다. 20 국회 9   O | X

1842-1 직무의 내외를 불문하고 체면이나 위신을 손상하는 행위를 징계사유로 규정한 국가공무원법 규정은 명확성원칙에 위배되거나 과잉금지원칙에 반한다고 볼 수 없다. 23 법무사   O | X

1842-2 공무원에게 직무의 내외를 불문하고 품위유지의무를 부과하고 품위손상행위를 공무원에 대한 징계사유로 규정한 법률조항은 '품위가 손상되는 행위'라는 가치개념을 사용하여 어떠한 행위가 여기에 해당하는지 객관적으로 특정하거나 예측할 수 없게 하고, 공무원에 대한 징계사유를 지나치게 광범위하게 규정하여 직무와 관련 없는 사적 영역에서의 행위도 징계사유로 삼을 수 있도록 하고 있으므로, 명확성원칙 및 과잉금지원칙에 위배된다. 17 국가 7(추)   O | X

이 사건 법률조항이 공무원 징계사유로 규정한 **품위손상행위**는 '주권자인 국민으로부터 수임받은 공무를 수행함에 손색이 없는 인품에 어울리지 않는 행위를 함으로써 공무원 및 공직 전반에 대한 국민의 신뢰를 떨어뜨릴 우려가 있는 경우'를 일컫는 것으로 해석할 수 있고, 그 수범자인 평균적인 공무원은 이를 충분히 예측할 수 있다. 따라서 이 사건 법률조항은 **명확성원칙에 위배되지 아니한다**. … 이 사건 법률조항이 공무원의 일반적 행동의 자유를 과도하게 제한한다고 보기 어려우므로, **과잉금지원칙에 위배되지 아니한다**(헌재 2016. 2. 25. 2013헌바435).

1843 「청원경찰법」상 품위손상행위란 '청원경찰이 경찰관에 준하여 경비 및 공안업무를 하는 주체로서 직책을 맡아 수행해 나가기에 손색이 없는 인품에 어울리지 않는 행위를 함으로써 국민이 가지는 청원경찰에 대한 정직성, 공정성, 도덕성에 대한 믿음을 떨어뜨릴 우려가 있는 행위'라고 해석할 수 있으므로 명확성원칙에 위배되지 않는다. 23 경찰 1차   O | X

이 사건 품위손상조항에서 규정하고 있는 **품위손상행위**란, 청원경찰직에 대한 국민의 신뢰를 제고하고 성실하고 공정한 직무수행을 담보하고자 하는 입법취지, 용어의 사전적 의미 등을 종합하면, '청원경찰이 경찰관에 준하여 경비 및 공안업무를 하는 주체로서 직책을 맡아 수행해 나가기에 손색이 없는 인품에 어울리지 않는 행위를 함으로써 국민이 가지는 청원경찰에 대한 정직성, 공정성, 도덕성에 대한 믿음을 떨어뜨릴 우려가 있는 행위'라고 해석할 수 있으므로 **명확성원칙에 위배되지 않는다**(헌재 2022. 5. 26. 2019헌바530).

1844 검사에 대한 징계사유 중 하나인 "검사로서의 체면이나 위신을 손상하는 행위를 하였을 때"의 의미는 그 포섭범위가 지나치게 광범위하므로 명확성의 원칙에 반하여 헌법에 위배된다. 22 해경, 17 경정, 13 변호사   O | X

구 검사징계법 제2조 제3호의 "검사로서의 체면이나 위신을 손상하는 행위"의 의미는, 공직자로서의 검사의 구체적 언행과 그에 대한 검찰 내부의 평가 및 사회 일반의 여론, 그리고 검사의 언행이 사회에 미친 파장 등을 종합적으로 고려하여 **구체적인 상황에 따라 건전한 사회통념에 의하여 판단할 수 있으므로 명확성원칙에 위배되지 아니한다**(헌재 2011. 12. 29. 2009헌바282).

● 정답   1842. O   1842-1. O   1842-2. X [모두 위배 X]   1843. O   1844. X [명확성원칙 위배 X]

1845 (구)「법관징계법」제2조 제2호는 '품위 손상', '위신 실추'와 같은 추상적인 용어를 사용하여 수범자인 법관이 구체적으로 어떠한 행위가 이에 해당하는지를 충분히 예측할 수 없을 정도로 그 적용범위가 모호하거나 불분명하다고 할 수 있다. 13 서울 7   O | X

1845-1 '법관이 그 품위를 손상하거나 법원의 위신을 실추시킨 경우'를 징계사유로 하는 법률규정은 '품위 손상', '위신 실추'와 같은 추상적인 용어를 사용하여 그 적용 범위가 지나치게 광범위하거나 포괄적이어서 법관의 표현의 자유를 과도하게 제한한다고 볼 수 있다. 14 변호사   O | X

1845-2 '법관이 그 품위를 손상하거나 법원의 위신을 실추시킨 경우'를 징계사유로 하고 있는 법률규정은 '품위 손상', '위신 실추'라는 불명확한 개념을 전제로 하여 법관의 표현의 자유를 제한하는 것으로서, 위 개념의 모호성과 포괄성으로 인해 제한되지 않아야 할 표현까지 다 함께 제한하여 법관의 사법부 내부 혁신 등을 위한 표현행위를 위축시키므로 과잉금지원칙에 위배된다. 14 변호사   O | X

구 법관징계법 제2조 제2호가 **'품위 손상', '위신 실추'**와 같은 추상적인 용어를 사용하고 있기는 하나, 수범자인 법관이 구체적으로 어떠한 행위가 이에 해당하는지를 충분히 예측할 수 없을 정도로 **그 적용범위가 모호하다거나 불분명하다고 할 수 없고**, 법관이 사법부 내부 혁신 등을 위한 표현행위를 하였다는 것 자체가 위 법률조항의 징계사유가 되는 것이 아니라, 표현행위가 이루어진 시기와 장소, 표현의 내용 및 방법, 행위의 상대방 등 제반 사정을 종합하여 볼 때 **법관으로서의 품위를 손상**하거나 **법원의 위신을 실추시킨 행위**에 해당하는 경우에 한하여 징계사유가 되는 것이므로, 구 법관징계법 제2조 제2호는 그 적용범위가 지나치게 광범위하거나 포괄적이어서 법관의 표현의 자유를 과도하게 제한한다고 볼 수 없어 **과잉금지원칙에 위배되지 아니한다**(헌재 2012. 2. 23. 2009헌바34).

1846 정당한 명령 또는 규칙을 준수할 의무가 있는 자가 이를 위반하거나 준수하지 아니한 때에 형사처벌을 하도록 규정한 (구)「군형법」제47조는 그 내용이 모호하고 추상적이어서 수범자인 군인·군무원이 무엇이 금지된 행위인지 알 수 없게 하므로 명확성원칙에 위배된다. 13 국회 8   O | X

정당한 명령 또는 규칙을 준수할 의무가 있는 자가 이를 위반하거나 준수하지 아니한 때에 형사처벌을 하도록 규정한 것은 **죄형법정주의 명확성원칙에 위배되지 않는다**(헌재 2011. 3. 31. 2009헌가12).

POINT 117 책임과 형벌의 비례원칙

01 책임과 형벌 간 비례원칙 및 형벌체계상의 정당성

1847 법정형의 종류와 범위의 선택은 그 범죄의 죄질과 보호법익에 대한 고려뿐만 아니라 우리의 역사와 문화, 입법 당시의 시대적 상황, 국민 일반의 가치관 내지 법 감정 그리고 범죄예방을 위한 형사정책적 측면 등 여러 가지 요소를 종합적으로 고려하여 입법자가 결정할 사항으로서 광범위한 재량이 인정되어야 할 분야이다. 13 법원 9   O | X

1847-1 범죄의 처벌에 관한 문제, 즉 법정형의 종류와 범위의 선택은 입법자가 결정할 사항이지만, 광범위한 입법재량 내지 형성의 자유가 인정된다고 볼 수 없다. 23 법원 9   O | X

● 정답 | 1845. X [모호하거나 불분명 X]   1845-1. X [과도하게 제한 X]   1845-2. X [위배 X]   1846. X [명확성원칙 위배 X]   1847. O
1847-1. X [광범위한 입법재량 내지 형성의 자유가 인정]

어떤 범죄를 어떻게 처벌할 것인가 하는 문제, 즉 **법정형의 종류와 범위의 선택**은 그 범죄의 죄질과 보호법익에 대한 고려뿐만이 아니라 우리의 역사와 문화, 입법 당시의 시대적 상황, 국민 일반의 가치관 내지 법감정 그리고 범죄예방을 위한 형사정책적 측면 등 여러 가지 요소를 종합적으로 고려하여 **입법자가 결정할 사항으로서 광범위한 입법재량 내지 형성의 자유가 인정**되어야 할 분야이다(헌재 2006. 4. 27. 2005헌가2).

1848 어느 범죄에 대한 법정형이 그 범죄의 죄질 및 이에 따른 행위자의 책임에 비하여 지나치게 가혹한 것이어서 현저히 형벌체계상의 균형을 잃고 있다거나 그 범죄에 대한 형벌본래의 목적과 기능을 달성함에 있어 필요한 정도를 일탈하였다는 등 헌법상의 평등의 원칙 및 비례의 원칙 등에 명백히 위배되는 경우가 아닌 한, 쉽사리 헌법에 위반된다고 단정하여서는 아니 된다. 13 법원 9 O | X

1848-1 범죄의 설정과 법정형의 종류 및 범위의 선택은 입법자가 결정할 사항으로서 광범위한 입법재량이 인정될 수 없는 분야이므로 어느 행위를 범죄로 규정하고 그 법정형을 정한 법률이 헌법상의 평등원칙 및 비례원칙에 위반되는지 여부는 엄격한 심사척도에 의해 심사되어야 한다. 11 법원 9 O | X

어떤 범죄를 어떻게 처벌할 것인가 하는 문제, 즉 **법정형의 종류와 범위의 선택**은 그 범죄의 죄질과 보호법익에 대한 고려뿐만이 아니라 우리의 역사와 문화, 입법 당시의 시대적 상황, 국민 일반의 가치관 내지 법감정 그리고 범죄예방을 위한 형사정책적 측면 등 여러 가지 요소를 종합적으로 고려하여 **입법자가 결정할 사항으로서 광범위한 입법재량 내지 형성의 자유가 인정**되어야 할 분야이다. 따라서 **어느 범죄에 대한 법정형**이 그 범죄의 죄질 및 이에 대한 행위자의 책임에 비하여 지나치게 가혹한 것이어서 **현저히 형벌체계상의 균형**을 잃고 있다거나 그 범죄에 대한 형벌 본래의 목적과 기능을 달성함에 있어 **필요한 정도를 일탈**하였다는 등 헌법상의 **평등의 원칙 및 비례의 원칙 등에 명백히 위배되는 경우**가 아닌 한, **쉽사리 헌법에 위반된다고 단정하여서는 아니된다**(헌재 2006. 4. 27. 2005헌가2).

1849 국회의 입법재량 내지 입법정책적 고려에 있어서도 국민의 자유와 권리의 제한은 필요 최소한에 그쳐야 하며, 기본권의 본질적인 내용을 침해하는 입법은 할 수 없으므로, 헌법이나 법률에 의하여 명시된 죄형법정주의와 소급효의 금지 및 이에 유래하는 유추해석금지의 원칙 외에 지켜져야 할 입법원칙이 있다. 23 법원 9 O | X

국회의 입법재량 내지 입법정책적 고려에 있어서도 **국민의 자유와 권리의 제한은 필요한 최소한**에 그쳐야 하며, **기본권의 본질적인 내용을 침해하는 입법**은 할 수 없으므로, 헌법이나 법률에 의하여 명시된 **죄형법정주의**와 **소급효의 금지** 및 이에 유래하는 **유추해석금지의 원칙** 외에 지켜져야 할 입법원칙이 있다(헌재 2002. 4. 25. 2001헌가27).

1850 일정한 범죄에 대하여 어떠한 형벌을 과할 것인가를 정하는 것은 입법재량에 속하나, 여기에는 비례의 원칙이 준수되어야 한다. 10 법원 9 O | X

1850-1 형벌은 범행의 경중과 행위자의 책임, 즉 형벌 사이에 비례성을 갖추어야 한다. 16 국회 9 O | X

형사법상 책임원칙은 기본권의 최고이념인 인간의 존엄과 가치에 근거한 것으로, **형벌은 범행의 경중과 행위자의 책임 즉 형벌 사이에 비례성을 갖추어야 함**을 의미한다(헌재 2004. 12. 16. 2003헌가12).

●정답 1848. O   1848-1. X [광범위한 입법재량 인정, 엄격한 심사척도 X]   1849. O   1850. O   1850-1. O

1851 범죄행위의 무게 및 그 범행자의 책임에 상응하는 정당한 비례성을 감안하여, 기본권의 제한은 필요한 최소한에 그쳐야 한다는 것은 헌법상 법치국가의 원리에서 나온다. 23 해간, 17 5급   O | X

법정형벌에 의한 기본권의 제한은 **범죄행위의 무게 및 그 범행자의 부책**에 상응하는 정당한 **비례성을 감안하여 기본권의 제한은 필요한 최소한**에 그쳐야 한다는 헌법상의 **법치국가의 원리**에서 나오는 과잉입법금지의 원칙에도 반하는 것이라고 아니할 수 없어 이는 기본권의 본질적 내용을 침해할 수 없다는 헌법 제37조 제2항에 위반되는 것이라고 할 것이다(헌재 1992. 4. 28. 90헌바24).

1852 형사법상 책임원칙은 형벌은 범행의 경중과 행위자의 책임 사이에 비례성을 갖추어야 하고 특별한 이유로 형을 가중하는 경우에도 형벌의 양은 행위자의 책임의 정도를 초과해서는 안 된다는 것을 의미한다. 23 경정   O | X

형사법상 책임원칙은 형벌은 범행의 경중과 행위자의 책임 사이에 비례성을 갖추어야 하고, **특별한 이유로 형을 가중하는 경우에도 형벌의 양은 행위자의 책임의 정도를 초과해서는 안 된다**는 것을 의미한다(헌재 2016. 12. 29. 2016헌바258).

1853 법정형의 폭이 지나치게 넓게 되면 자의적인 형벌권의 행사가 가능하게 되어 형벌체계상의 불균형을 초래할 수 있을 뿐만 아니라, 피고인이 구체적인 형의 예측이 현저하게 곤란해지고 죄질에 비하여 무거운 형에 처해질 위험에 직면하게 되므로 법정형의 폭이 지나치게 넓어서는 아니된다는 것은 죄형법정주의의 한 내포라고 할 수 있다. 22 경정   O | X

형벌체계상의 균형의 상실은 가혹한 법정형의 설정뿐 아니라 **지나치게 폭넓은 법정형의 설정**에 의하여도 초래될 수 있을 것이다. **법정형의 폭이 지나치게 넓게 되면 자의적인 형벌권의 행사가 가능**하게 되어 피고인으로서는 **구체적인 형의 예측이 현저하게 곤란해질 뿐만 아니라, 죄질에 비하여 무거운 형에 처해질 위험성에 직면하게 된다**고 할 수 있다. 따라서 **법정형의 폭이 지나치게 넓어서는 아니된다**는 것은 **죄형법정주의의 한 내포**라고도 할 수 있다(헌재 1997. 9. 25. 96헌가16).

1854 특정한 범죄에 대한 형벌이 그 자체로서의 책임과 형벌의 비례원칙에 위반되지 않더라도 보호법익과 죄질이 유사한 범죄에 대한 형벌과 비교할 때 현저히 불합리하거나 자의적이어서 형벌체계상의 균형을 상실한 것이 명백한 경우에는 평등원칙에 반하여 위헌이라 할 수 있다. 21 지방 7   O | X

1854-1 형벌체계에 있어서 법정형의 균형은 한치의 오차도 없이 반드시 실현되어야 하는 헌법상 절대원칙이므로, 특정한 범죄에 대한 형벌이 그 자체로서의 책임과 형벌의 비례원칙에 위반되지 않더라도 보호법익과 죄질이 유사한 범죄에 대한 형벌과 비교할 때 형벌체계상의 균형을 상실할 우려가 있는 경우에는 평등원칙에 반한다고 할 수 있다. 22 5급   O | X

특정한 범죄에 대한 형벌이 그 자체로서의 **책임과 형벌의 비례원칙에 위반되지 않더라도 보호법익과 죄질이 유사한 범죄에 대한 형벌과 비교할 때 현저히 불합리하거나 자의적**이어서 **형벌체계상의 균형을 상실한 것이 명백한 경우에는 평등원칙에 반하여 위헌**이라 할 수 있다. 그러나 **형벌체계에 있어서 법정형의 균형**은 한치의 오차도 없이 반드시 실현되어야 하는 **헌법상 절대원칙은 아니다.** 법정형의 종류와 범위를 정함에 있어서 당해 범죄의 보호법익과 죄질뿐만 아니라 범죄예방을 위한 형사정책적 사정 등도 모두 고려되어야 하므로, 보호법익과 죄질이 다르면 법정형의 내용이 다를 수 있고, 형사정책적 고려가 다르면 또 그에 따라 법정형의 내용이 달라질 수밖에 없다(헌재 2021. 2. 25. 2019헌바58).

● 정답 1851. O   1852. O   1853. O   1854. O   1854-1. X [헌법상 절대원칙 X, 우려가 있는 경우 X]

1855 보호법익과 죄질이 서로 다르다고 하더라도, 법정형의 과중 여부는 둘 또는 그 이상의 범죄를 동일 선상에 놓고 그 중 어느 한 범죄의 법정형을 기준으로 하여 다른 범죄의 법정형의 과중 여부를 판정할 수밖에 없다. 13 법원 9 　O|X

보호법익과 죄질이 서로 다른 둘 또는 그 이상의 범죄를 동일선상에 놓고 그 중 어느 한 범죄의 법정형을 기준으로 하여 **단순한 평면적인 비교로써** 다른 범죄의 법정형의 **과중 여부를 판정하여서는 아니 된다**(헌재 1995. 4. 20. 93헌바40).

02 관련판례

1 책임과 형벌의 비례원칙

1856 상관을 살해한 경우 사형만을 유일한 법정형으로 규정하고 있는 「군형법」 조항은 책임과 형벌 사이의 비례원칙에 위배된다. 23 경정 　O|X

1856-1 평시에 일어난 군대 내 상관살해를 그 동기와 행위태양을 묻지 아니하고 무조건 사형으로 다스리는 것은 형벌체계상의 정당성을 잃은 것이다. 23 경채 　O|X

1856-2 상관을 살해한 경우 사형만을 유일한 법정형으로 규정한 「군형법」은 군대 내 명령·지휘체계를 유지하고 유사시 군의 전투력을 확보할 필요성에 비추어 볼 때 헌법에 위반되지 않는다. 20 입시 　O|X

군대 내 명령체계유지 및 국가방위라는 이유만으로 가해자와 상관 사이에 명령복종관계가 있는지 여부를 불문하고 전시와 평시를 구분하지 아니한 채 다양한 동기와 행위태양의 범죄를 동일하게 평가하여 **사형만을 유일한 법정형으로 규정**하고 있는 이 사건 법률조항은, 범죄의 중대성 정도에 비하여 **심각하게 불균형적인 과중한 형벌을 규정**함으로써 죄질과 그에 따른 **행위자의 책임 사이에 비례관계가 준수되지 않아** 인간의 존엄과 가치를 존중하고 보호하려는 실질적 법치국가의 이념에 어긋나고, **형벌체계상 정당성을 상실**한 것이다(헌재 2007. 11. 29. 2006헌가13).

1857 음주운전 금지규정을 2회 이상 위반한 사람을 2년 이상 5년 이하의 징역이나 1천만원 이상 2천만원 이하의 벌금에 처하도록 한 구 도로교통법 조항은 보호법익에 미치는 위험 정도가 비교적 낮은 유형의 재범 음주운전행위도 일률적으로 그 법정형의 하한인 2년 이상의 징역 또는 1천만원 이상의 벌금을 기준으로 처벌하도록 하고 있어 책임과 형벌 간의 비례원칙에 위반된다. 22 국가 7 　O|X

1857-1 술에 취한 상태에서의 운전을 금지하는 도로교통법 조항을 2회 이상 위반한 음주운전자를 가중처벌하는 조항은 죄형법정주의 명확성 원칙에 위배되지 않는다. 24 입시, 22 법원 9 　O|X

1857-2 「도로교통법」상 위험운전치사상죄 벌칙조항에 규정된 '제44조 제1항을 2회 이상 위반한 사람'은 명확성 원칙에 위배된다. 23 경간 　O|X

(1) 심판대상조항은 과거 위반 전력, 혈중알코올농도 수준 등에 비추어, 보호법익에 미치는 **위험 정도가 비교적 낮은 유형의 재범 음주운전행위도** 일률적으로 그 법정형의 하한인 2년 이상의 징역 또는 1천만 원 이상의 벌금을 기준으로 처벌하도록 하고 있어 **책임과 형벌 사이의 비례성을 인정하기 어렵다.** 따라서 심판대상조항은 **책임과 형벌 간의 비례원칙에 위반된다**(헌재 2021. 11. 25. 2019헌바446 등).

(2) 심판대상조항의 문언, 입법목적과 연혁, 관련 규정과의 관계 및 법원의 해석 등을 종합하여 볼 때, 심판대상조항에서 '제44조 제1항을 2회 이상 위반한 사람'이란 '2006. 6. 1. 이후 도로교통법 제44조 제1항을 위반하여 술에 취한 상태에서 운전을 하였던 사실이 인정되는 사람으로서, 다시 같은 조 제1항을 위반하여 술에 취한 상태에서 운전한 사람'을 의미함을 충분히 알 수 있으므로, 심판대상조항은 **죄형법정주의 명확성원칙에 위반되지 아니한다**(헌재 2021. 11. 25. 2019헌바446 등).

정답 1855. X [판정하여서는 아니 됨] 1856. O 1856-1. O 1856-2. X [헌법에 위반됨] 1857. O 1857-1. O 1857-2. X [명확성원칙 위배 X]

1858 음주운전 금지규정 위반 또는 음주측정거부 전력을 가중요건으로 삼으면서 해당 전력과 관련하여 아무런 시간적 제한도 두지 않은 채 뒤에 행해진 음주운전 금지규정 위반행위를 가중처벌하는 것은 책임에 비해 과도한 형벌을 규정한 것이다. 23 5급   O | X

심판대상조항은 음주운전 금지규정 위반 또는 음주측정거부 전력을 가중요건으로 삼으면서 해당 전력과 관련하여 형의 선고나 유죄의 확정판결을 받을 것을 요구하지 않는데다 아무런 시간적 제한도 두지 않은 채 뒤에 행해진 음주운전 금지규정 위반행위를 가중처벌 하도록 하고 있어, 과거의 위반행위 이후 상당히 오랜 시간이 지나 '반규범적 행위'나 '반복적인 행위' 등이라고 평가하기 어려운 음주운전 금지규정 위반행위를 한 사람에 대해서는 책임에 비해 과도한 형벌을 규정하고 있다고 하지 않을 수 없다. … 그러므로 심판대상조항은 책임과 형벌 간의 비례원칙에 위반된다(헌재 2022. 5. 26. 2021헌가30).

1859 음주운항 전력이 있는 사람이 다시 음주운항을 한 경우 2년 이상 5년 이하의 징역이나 2천만 원 이상 3천만 원 이하의 벌금에 처하도록 규정한「해사안전법」상 조항은 책임과 형벌의 비례원칙에 위반되지 않는다. 24 경간   O | X

심판대상조항은 가중요건이 되는 과거의 위반행위와 처벌대상이 되는 재범 음주운항 사이에 시간적 제한을 두지 않고 있다. 그런데 과거의 위반행위가 상당히 오래 전에 이루어져 그 이후 행해진 음주운항을 '해상교통법규에 대한 준법정신이나 안전의식이 현저히 부족한 상태에서 이루어진 반규범적 행위' 또는 '반복적으로 사회구성원에 대한 생명·신체 등을 위협하는 행위'라고 평가하기 어렵다면, 이를 가중처벌할 필요성이 인정된다고 보기 어렵다. 또한 심판대상조항은 과거 위반 전력의 시기 및 내용이나 음주운항 당시의 혈중알코올농도 수준 등을 고려할 때 비난가능성이 상대적으로 낮은 재범행위까지도 법정형의 하한인 2년 이상의 징역 또는 2천만 원 이상의 벌금을 기준으로 처벌하도록 하고 있어, 책임과 형벌 사이의 비례성을 인정하기 어렵다. 따라서 심판대상조항은 책임과 형벌 간의 비례원칙에 위반된다(헌재 2022. 8. 31. 2022헌가10).

1860 주거침입강제추행죄 및 주거침입준강제추행죄에 대하여 무기징역 또는 7년 이상의 징역에 처하도록 한「성폭력범죄의 처벌 등에 관한 특례법」상 조항은 책임과 형벌의 비례원칙에 위반되지 않는다. 24 경간   O | X

심판대상조항은 법정형의 '상한'을 무기징역으로 높게 규정함으로써 불법과 책임이 중대한 경우에는 그에 상응하는 형을 선고할 수 있도록 하고 있다. 그럼에도 불구하고 법정형의 '하한'을 일률적으로 높게 책정하여 경미한 강제추행 또는 준강제추행의 경우까지 모두 엄하게 처벌하는 것은 책임주의에 반한다. 심판대상조항은 그 법정형이 형벌 본래의 목적과 기능을 달성함에 있어 필요한 정도를 일탈하였고, 각 행위의 개별성에 맞추어 그 책임에 알맞은 형을 선고할 수 없을 정도로 과중하므로, 책임과 형벌 간의 비례원칙에 위배된다(헌재 2023. 2. 23. 2021헌가9 등).

1861 주거침입강제추행죄의 법정형을 주거침입강간죄와 동일하게 규정한 것은 평등원칙에 반하지 아니한다. 18 법무사   O | X

입법자는 강제추행에 주거침입이라는 다른 행위요소가 더해지면 강제추행의 경우도 주거침입 강간이나 유사강간에 비하여 그 보호법익이나 불법의 정도, 비난가능성 등에 있어 별다른 차이가 없다고 보고 그 법정형을 동일하게 정한 것이다. … 따라서 이 사건 법률조항이 현저히 형벌체계상의 정당성이나 균형성을 상실하여 평등원칙에 위반된다고 할 수 없다(헌재 2013. 7. 25. 2012헌바320).

정답   1858. O   1859. X [위반됨]   1860. X [위반됨]   1861. O

1862 마약의 단순매수를 영리매수와 동일한 법정형으로 처벌하는 것은 위헌이다. 17 서울 7 O|X

'단순매수'는 기본적으로 수요의 측면에 해당되고 마약의 유통구조상 최종단계를 형성하므로 마약확산에의 기여도와 그 행위의 구조, 위험성 및 비난가능성 등 죄질에 있어서 영리매수와는 질적으로 다르다. … 결국 위 특가법 조항은 그나마 존재하던 마약류관리에관한법률상의 단순범과 영리범의 구별조차 소멸시켜 불법의 정도, 죄질의 차이 및 비난가능성에 있어서의 질적 차이를 무시함으로써 죄질과 책임에 따라 적절하게 형벌을 정하지 못하게 하는바, 책임과 형벌간의 비례성 원칙과 실질적 법치국가원리에 위반된다(헌재 2003. 11. 27. 2002헌바24).

1863 예비군대원의 부재시 예비군훈련 소집통지서를 수령한 같은 세대 내의 가족 중 성년자가 정당한 사유 없이 소집통지서를 본인에게 전달하지 아니한 경우 6개월 이하의 징역 또는 500만 원 이하의 벌금에 처하도록 규정한 「예비군법」상 조항은 책임과 형벌의 비례원칙에 위반되지 않는다. 24 경간 O|X

예비군대원 본인과 세대를 같이 하는 가족 중 성년자라면 특별한 사정이 없는 한 소집통지서를 본인에게 전달함으로써 훈련불참으로 인한 불이익을 받지 않도록 각별히 신경을 쓸 것임이 충분히 예상되고, 설령 그들이 소집통지서를 전달하지 아니하여 행정절차적 협력의무를 위반한다고 하여도 과태료 등의 행정적 제재를 부과하는 것만으로도 그 목적의 달성이 충분히 가능하다고 할 것임에도 불구하고, 심판대상조항은 훨씬 더 중한 형사처벌을 하고 있어 그 자체만으로도 형벌의 보충성에 반하고, 책임에 비하여 처벌이 지나치게 과도하여 비례원칙에도 위반된다고 할 것이다(헌재 2022. 5. 26. 2019헌가12).

1864 밀수입 예비행위를 본죄에 준하여 처벌하도록 규정한 「특정 범죄 가중처벌 등에 관한 법률」 조항은 구체적 행위의 개별성과 고유성을 고려한 양형판단의 가능성을 배제하는 가혹한 형벌로서 책임과 형벌 사이의 비례의 원칙에 위배된다. 24 경정, 23 국회 8 O|X

1864-1 동일한 밀수입 예비행위에 대하여 수입하려던 물품의 원가가 2억 원 미만인 때에는 관세법이 적용되어 본죄의 2분의 1을 감경한 범위에서 처벌하는 반면, 물품원가가 2억 원 이상인 경우에는 특정범죄 가중처벌 등에 관한 법률이 적용되어 가중처벌 하는 것은 합리적 이유가 있다고 보기 어렵다. 23 법무사 O|X

(1) 예비행위를 본죄에 준하여 처벌하도록 하고 있는 심판대상조항은 그 불법성과 책임의 정도에 비추어 지나치게 과중한 형벌을 규정하고 있는 것이다. 또한 예비행위의 위험성은 구체적인 사건에 따라 다름에도 심판대상조항에 의하면 위험성이 미약한 예비행위까지도 본죄에 준하여 처벌하도록 하고 있어 행위자의 책임을 넘어서는 형벌이 부과되는 결과가 발생한다. … 따라서 심판대상조항은 구체적 행위의 개별성과 고유성을 고려한 양형판단의 가능성을 배제하는 가혹한 형벌로서 책임과 형벌 사이의 비례성의 원칙에 위배된다(헌재 2019. 2. 28. 2016헌가13).

(2) 동일한 밀수입 예비행위에 대하여 수입하려던 물품의 원가가 2억 원 미만인 때에는 관세법이 적용되어 본죄의 2분의 1을 감경한 범위에서 처벌하는 반면, 물품원가가 2억 원 이상인 경우에는 심판대상조항에 따라 본죄에 준하여 가중처벌을 하는 것은 합리적인 이유가 있다고 보기 어렵다. … 심판대상조항이 적용되는 밀수입 예비죄보다 불법성과 책임이 결코 가볍다고 볼 수 없는 내란, 내란목적살인, 외환유치, 여적 예비죄나 살인 예비죄의 법정형이 심판대상조항이 적용되는 밀수입 예비죄보다 도리어 가볍다는 점에 비추어 보면, 심판대상조항이 예정하는 법정형은 형평성을 상실하여 지나치게 가혹하다고 할 것이다. 그러므로 심판대상조항은 형벌체계의 균형성에 반하여 헌법상 평등원칙에 어긋난다(헌재 2019. 2. 28. 2016헌가13).

● 정답 1862. O 1863. X [위반됨] 1864. O 1864-1. O

1865 구 특정범죄 가중처벌 등에 관한 법률에서 관세포탈 등의 예비범에 대하여 본죄에 준하여 가중처벌하도록 한 규정의 입법 목적은 헌법 제119조 제2항(경제의 규제·조정), 제125조(무역의 규제 조정)의 정신에 부합한다. 20 경정   O | X

구 특가법 제6조 제7항이 관세포탈 등 예비범에 대하여 본죄에 준하여 가중처벌하도록 규정하고 있는 것은, 동 조항이 특정하고 있는 관세포탈죄 등만은 그 특성과 위험성을 고려하여 이를 처벌함에 있어 조세범이나 다른 일반범죄와는 달리함으로써 건전한 사회질서의 유지와 국민경제의 발전에 이바지함을 목적으로 한다(동법 제1조 참조). 이와 같은 이 사건 예비죄 조항의 입법목적은 우리나라의 경제질서에 관한 헌법 제119조 제2항(경제의 규제·조정), 제125조(무역의 규 제·조정) 규정의 정신에 부합하여 **정당하다고 인정된다**(헌재 2010. 7. 29. 2008헌바88).

1866 구체적 행위태양이나 적법한 보유권한의 유무 등에 관계없이 은닉, 보유·보관된 당해 문화재의 필요적 몰수를 규정한 것은 책임과 형벌 간의 비례원칙에 위배된다. 17 서울 7   O | X

문화재는 원칙적으로 사적 소유권의 객체가 될 수 있고, 문화재의 은닉이나 도굴된 문화재인 정을 알고 보유 또는 보관하는 행위의 태양이 매우 다양함에도 구체적 행위 태양이나 적법한 보유권한의 유무 등에 관계없이 **필요적 몰수형을 규정**한 것은 형벌 본래의 기능과 목적을 달성함에 있어 필요한 정도를 현저히 일탈하여 **지나치게 과중한 형벌을 부과**하는 것으로 **책임과 형벌 간의 비례원칙에 위배된다**(헌재 2007. 7. 26. 2003헌마377).

1867 무신고 수출입의 경우 법인을 범인으로 보고 필요적으로 몰수·추징하도록 규정한 구 「관세법」 조항은, 법인이 그 위반 행위를 방지하기 위하여 주의와 감독을 게을리 하지 아니한 경우에는 몰수·추징 대상에서 제외되므로, 책임과 형벌 간의 비례원칙에 위반된다고 할 수 없다. 23 국회 8   O | X

법인의 업무와 관련된 무신고 수출입행위는 법인의 관리·감독 형태 등 구조적인 문제로 인하여도 발생할 수 있으므로, 무신고 수출입 업무의 귀속 주체인 법인을 행위자와 동일하게 몰수·추징 대상으로 하여 위반행위의 발생을 방지하고 관련 조항의 규범력을 확보할 필요가 있으며, 법인이 그 위반행위를 방지하기 위하여 주의와 감독을 게을리 하지 아니한 경우에는 몰수·추징 대상에서 제외되므로, 이 사건 법인적용조항은 **책임과 형벌 간의 비례원칙에 위반된다고 할 수 없다**(헌재 2021. 7. 15. 2020헌바201).

1868 위험한 물건을 휴대한 경우를 가중적 구성요건으로 하여 상해죄보다 가중처벌하고 있는 「형법」상 특수상해죄 조항은 책임과 형벌사이의 비례원칙에 위배되지 않는다. 24 경정   O | X

상해죄의 경우에는 위험한 물건을 휴대하여 범행을 하였을 경우를 가중하여 처벌하는 조항이 형법에 규정되어 있지 않으므로, 폭처법에 **위험한 물건을 휴대**하여 형법상의 상해죄를 범한 경우를 **가중 처벌하는 규정을 둘 필요성이 없다고 할 수 없다**. 폭처법상 상해죄 조항의 법정형은 징역 3년 이상으로서 법관이 작량감경을 하지 않더라도 집행유예의 선고가 가능하며, 작량감경에 의하여 피고인의 책임에 상응하는 형을 선고할 수 있다. 따라서 위 선례와 달리 판단할 사정의 변경이나 필요성이 있다고 인정되지 아니하므로, **폭처법상 상해죄 조항은 책임과 형벌간의 비례원칙에 위배되지 아니한다**(헌재 2015. 9. 24. 2015헌가17).

1869 단체나 다중의 위력으로써 「형법」상 상해죄를 범한 사람을 가중처벌하는 구 「폭력행위 등 처벌에 관한 법률」 조항은 책임과 형벌의 비례원칙에 위반되지 않는다. 20 국회 8, 18 경정   O | X

단체나 다중의 위력으로써 상해죄를 범하는 경우에는 이미 그 행위 자체에 내재되어 있는 불법의 정도가 크고, 중대한 법익 침해를 야기할 가능성이 높다. 심판대상조항의 법정형은 징역 3년 이상으로서 법관이 작량감경을 하지 않더라도 집행유예 선고가 가능하여 피고인의 책임에 상응하는 형을 선고할 수 있다. … 따라서 특별법인 폭력행위처벌법에 있던 심판대상조항이 삭제되고 형법에 편입되면서 법정형이 하향 조정되었다는 사정만으로 심판대상조항이 **책임과 형벌의 비례원칙에 위반된 것이라고 할 수 없다**(헌재 2017. 7. 27. 2015헌바450).

● 정답 1865. O 1866. O 1867. O 1868. O 1869. O

1870 초・중등학교 교원이 자신이 보호하는 아동에 대하여 아동학대 범죄를 범한 때에는 그 죄에 정한 형의 2분의 1까지 가중하여 처벌하도록 한 「아동학대범죄의 처벌 등에 관한 특례법」 조항은 책임과 형벌 사이의 비례원칙에 위배되지 않는다. 23 경정 O | X

심판대상조항이 각 죄의 정한 형의 2분의 1을 가중하도록 하고 있다고 하더라도 이는 법정형의 범위를 넓히는 것일 뿐 일률적으로 2분의 1을 가중하는 것이 아니고 그것을 상한으로 하여 형을 정할 수 있다는 뜻이다. … 심판대상조항이 청구인의 주장과 같이 아동학대범죄의 종류와 행위 태양, 행위의 의도 등을 고려하지 않고 일률적으로 형을 가중한다고 볼 수 없다. … 초・중등학교 교원이 자신이 보호하는 아동에 대하여 아동학대범죄를 범한 때에는 그 죄에 정한 형의 2분의 1까지 가중하여 처벌하도록 한 심판대상조항은 입법재량의 범위를 벗어났다거나 **책임과 형벌 간의 비례원칙에 어긋나는 과잉형벌을 규정하였다고 보기 어렵다**(헌재 2021. 3. 25. 2018헌바388).

1871 사람을 공갈하여 재물의 교부를 받거나 재산상의 이익을 취득하여 그 이득액이 5억 원 이상인 경우 이득액을 기준으로 가중처벌하는 구 「특정경제범죄 가중처벌 등에 관한 법률」 조항은 책임과 형벌 사이의 비례원칙에 위배된다. 24 경정 O | X

구체적 사안에 따라 작량감경하여 집행유예도 선고될 수 있는 점, 재산범죄에서 이득액이 불법성의 핵심적인 부분을 이루는 점, 이득액에 따른 단계적 가중처벌의 명시를 통해 일반예방 및 법적 안정성에 기여할 수 있고, 법원의 양형편차를 줄여 사법에 대한 신뢰를 제고할 수 있는 점 등을 고려할 때, **이득액을 기준으로 한 가중처벌이 책임과 형벌 간 비례원칙에 위배된다고 볼 수 없다**(헌재 2021. 2. 25. 2019헌바128 등).

1872 뇌물죄가 국가와 사회에 미치는 병폐는 수뢰액이 많으면 많을수록 가중된다는 점에서 볼 때, 수뢰액을 기준으로 한 단계적 가중처벌은 비록 수뢰액의 다과만이 그 죄의 경중을 가늠하는 유일한 기준은 아니라 할지라도 그 가장 중요한 기준임에 비추어 일응 수긍할 만한 합리적 이유가 있다 할 것이다. 13 법원 9 O | X

뇌물죄가 국가와 사회에 미치는 병폐는 **수뢰액이 많으면 많을수록 가중**된다는 점에서 볼 때, **수뢰액을 기준으로 한 단계적 가중처벌**은 비록 수뢰액의 다과만이 그 죄의 경중을 가늠하는 유일한 기준은 아니라 할지라도 그 가장 중요한 기준임에 비추어 일응 수긍할 만한 **합리적 이유가 있다** 할 것이고, 더구나 이 사건 법률조항의 경우는 모든 수뢰죄에 적용되는 것이 아니라 수뢰액이 5,000만원 이상인 경우에만 적용된다는 점과 수뢰액의 상한에 제한을 두지 아니하면서도 그 법정형에 사형이 없는 점 등을 고려하면 **그것이 형벌체계상 균형을 잃었다고 할 정도로 과중하다고는 볼 수 없다**(헌재 1995. 4. 20. 93헌바40).

1873 「성폭력범죄의 처벌 등에 관한 특례법」상 정신적인 장애로 항거불능 또는 항거곤란 상태에 있음을 이용하여 사람을 간음한 사람을 무기징역 또는 7년 이상의 징역에 처하도록 규정한 것은 정신적 장애인의 성적 자기결정권을 침해한다. 22 5급 O | X

1873-1 정신적인 장애로 항거불능 또는 항거곤란 상태에 있음을 이용하여 사람을 간음한 사람을 무기징역 또는 7년 이상의 징역에 처하도록 규정한 성폭력범죄의 처벌 등에 관한 특례법조항은 별도의 법률상 감경사유가 없는 한 법관이 작량감경을 하더라도 집행유예를 선고할 수 없게 되어 있지만 범죄의 죄질 및 행위자의 책임에 비하여 지나치게 가혹하다고 할 수 없어 책임과 형벌의 비례원칙에 반하지 않는다. 22 국가 7 O | X

정답 1870. O 1871. X [책임과 형벌의 비례원칙 위배 X] 1872. O 1873. X [성적 자기결정권 침해 X] 1873-1. O

(1) 심판대상조항은 정신적 장애인과 성관계를 한 모든 사람을 처벌하는 것이 아니라, 정신적 장애를 원인으로 한 항거불능 혹은 항거곤란 상태를 이용하여, 즉 성적 자기결정권을 행사할 수 없는 장애인을 간음한 사람을 처벌하는 조항이다. 성적 자기결정권을 행사할 능력이 있는 19세 이상의 정신적 장애인과 정상적인 합의 하에 성관계를 한 사람은 심판대상조항에 의하여 처벌되지 아니하므로, 심판대상조항이 **정신적 장애인의 성적 자기결정권을 침해**하거나 장애인과 비장애인을 차별하지 **아니한다**(헌재 2016. 11. 24. 2015헌바136).

(2) **장애인준강간죄**의 보호법익의 중요성, 죄질, 행위자 책임의 정도 및 일반예방이라는 형사정책의 측면 등 여러 요소를 고려하여 본다면, 입법자가 형법상 준강간죄나 장애인위계등간음죄(성폭력처벌법 제6조 제5항)의 법정형보다 무거운 '**무기 또는 7년 이상의 징역**'이라는 비교적 중한 법정형을 정하여, 법관의 작량감경만으로는 **집행유예를 선고하지 못하도록 입법적 결단**을 내린 것에는 나름대로 수긍할 만한 합리적인 이유가 있는 것이고, 그것이 범죄의 죄질 및 행위자의 책임에 비하여 지나치게 가혹하다고 할 수 없다. 따라서 **심판대상조항은 책임과 형벌의 비례원칙에 위배되지 아니한다**(헌재 2016. 11. 24. 2015헌바136).

1874 「형법」 제129조제1항의 수뢰죄를 범한 사람에게 수뢰액의 2배 이상 5배 이하의 벌금을 병과하도록 규정한 「특정범죄 가중처벌 등에 관한 법률」 조항은 책임과 형벌의 비례원칙에 위반되지 않는다.
20 국회 8. 18 경정
O | X

종래의 징역형 위주의 처벌규정은 수뢰죄의 예방 및 척결에 미흡하여 큰 실효를 거두지 못하여 왔고, 범죄 수익을 소비 또는 은닉한 경우 몰수·추징형의 집행이 불가능할 수 있고, 범죄수익의 박탈만으로는 범죄의 근절에 충분하지 않을 수 있다는 점까지 고려하여 징역형 뿐 아니라 **벌금형을 필요적으로 병과**하는 심판대상조항을 도입한 입법자의 결단은 **입법재량의 한계를 벗어난 것이라고 단정할 수 없다**. … 결국, 심판대상조항이 그 범죄의 죄질 및 이에 따른 행위자의 책임에 비하여 지나치게 가혹한 것이어서 **형벌과 책임 간의 비례원칙에 위배되었다고 볼 수 없다**(헌재 2017. 7. 27. 2016헌바42).

1875 금융회사 등의 임직원이 그 직무에 관하여 금품이나 그 밖의 이익을 수수, 요구 또는 약속한 경우 5년 이하의 징역 또는 10년 이하의 자격정지에 처하도록 규정한 「특정경제범죄 가중 처벌 등에 관한 법률」상 조항은 책임과 형벌의 비례원칙에 위반되지 않는다. 24 경간
O | X

금융회사 등의 업무는 국가경제와 국민생활에 중대한 영향을 미치므로 금융회사 등 임직원의 직무 집행의 투명성과 공정성을 확보하는 것은 매우 중요하고, 이러한 필요성에 있어서는 임원과 직원 사이에 차이가 없다. 그리고 금융회사 등 임직원이 금품 등을 수수, 요구, 약속하였다는 사실만으로 직무의 불가매수성은 심각하게 손상되고, 비록 그 시점에는 부정행위가 없었다고 할지라도 장차 실제 부정행위로 이어질 가능성도 배제할 수 없다. 따라서 부정한 청탁이 있었는지 또는 실제 배임행위로 나아갔는지를 묻지 않고 **금품 등을 수수·요구 또는 약속하는 행위를 처벌**하고 있는 수재행위처벌조항은 **책임과 형벌 간의 비례원칙에 위배되지 아니한다**(헌재 2020. 3. 26. 2017헌바129 등).

1876 비안마사들의 안마시술소 개설행위금지 규정을 위반한 자를 처벌하는 구 「의료법」 조항이 벌금형과 징역형을 모두 규정하고 있으나, 그 하한에는 제한을 두지 않고 그 상한만 5년 이하의 징역형 또는 2천만 원 이하의 벌금형으로 제한하면서 죄질에 따라 벌금형이나 선고유예까지 선고할 수 있도록 하는 것은 법관의 양형재량권을 침해하고 비례의 원칙에 위배된다. 20 변호사
O | X

시각장애인들에 대한 실질적인 보호를 위하여 비안마사들의 안마시술소 개설행위를 실효적으로 규제하는 것이 필요하고, 이 사건 처벌조항은 **벌금형과 징역형을 모두 규정**하고 있으나, 그 하한에는 제한을 두지 않고 그 상한만 5년 이하의 징역형 또는 2천만 원 이하의 벌금형으로 제한하여 **법관의 양형재량권을 폭넓게 인정**하고 있으며, 죄질에 따라 **벌금형이나 선고유예까지 선고할 수 있으므로**, 이러한 법정형이 위와 같은 입법목적에 비추어 지나치게 가혹한 형벌이라고 보기 어렵다. 따라서 이 사건 처벌조항이 책임과 형벌 사이의 비례원칙에 위반되어 **헌법에 위반된다고 볼 수 없다**(헌재 2017. 12. 28. 2017헌가15).

정답 1874. O 1875. O 1876. X [양형재량권 침해 X, 비례원칙 위배 X]

1877 절대적 종신형제도는 사형제도와는 또 다른 위헌성 문제를 야기할 수 있고, 현행 형사법령 하에서도 가석방제도의 운영 여하에 따라 사회로부터의 영구적 격리가 가능한 절대적 종신형과 상대적 종신형의 각 취지를 살릴 수 있다는 점 등을 고려하면, 현행 무기징역형제도가 상대적 종신형 외에 절대적 종신형을 따로 두고 있지 않은 것이 형벌체계상 정당성과 균형을 상실하여 헌법 제11조의 평등원칙에 반한다거나 형벌이 죄질과 책임에 상응하도록 비례성을 갖추어야 한다는 책임원칙에 반한다고 단정하기 어렵다. 23 법원 9 O | X

절대적 종신형제도는 사형제도와는 또 다른 위헌성 문제를 야기할 수 있고, 현행 형사법령 하에서도 가석방제도의 운영 여하에 따라 사회로부터의 영구적 격리가 가능한 절대적 종신형과 상대적 종신형의 각 취지를 살릴 수 있다는 점 등을 고려하면, **현행 무기징역형제도**가 상대적 종신형 외에 절대적 종신형을 따로 두고 있지 않은 것이 **형벌체계상 정당성과 균형**을 상실하여 헌법 제11조의 평등원칙에 반한다거나 **형벌이 죄질과 책임에 상응하도록 비례성을 갖추어야 한다는 책임원칙**에 반한다고 단정하기 어렵다(헌재 2010. 2. 25. 2008헌가23).

2 형벌체계상의 정당성과 균형 (평등원칙)

1878 「형법」조항과 똑같은 구성요건을 규정하면서 법정형만 상향 조정한 「특정범죄 가중처벌 등에 관한 법률」조항은 인간의 존엄성과 가치를 보장하는 헌법의 기본원리에 위배될 뿐만 아니라 그 내용에 있어서도 평등원칙에 위반된다. 15 국가 7 O | X

심판대상조항은 별도의 가중적 구성요건표지를 규정하지 않은 채 **형법 조항과 똑같은 구성요건을 규정하면서 법정형만 상향 조정**하여 어느 조항으로 기소하는지에 따라 벌금형의 선고 여부가 결정되고, 선고형에 있어서도 심각한 형의 불균형을 초래하게 함으로써 형사특별법으로서 갖추어야 할 **형벌체계상의 정당성과 균형**을 잃어 **인간의 존엄성과 가치**를 보장하는 헌법의 기본원리에 위배될 뿐만 아니라 그 내용에 있어서도 **평등원칙에 위반되어 위헌**이다(헌재 2015. 2. 26. 2014헌바16 등).

1879 흉기 기타 위험한 물건을 휴대하여 「형법」상 폭행죄를 범한 사람에 대하여 징역형의 하한을 기준으로 최대 6배에 이르는 엄한 형을 규정한 구「폭력행위 등 처벌에 관한 법률」제3조 제1항은 평등원칙에 합치한다. 17 국회 8 O | X

위 두 조항 중 어느 조항이 적용되는지에 따라 피고인에게 벌금형이 선고될 수 있는지 여부가 달라지고, 징역형의 하한을 기준으로 최대 6배에 이르는 심각한 형의 불균형이 발생한다. … 따라서 **폭처법상 폭행죄 조항은 형벌체계상의 정당성과 균형을 잃은 것이 명백하므로, 인간의 존엄성과 가치**를 보장하는 헌법의 기본원리에 위배될 뿐만 아니라 그 내용에 있어서도 **평등원칙에 위배된다**(헌재 2015. 9. 24. 2015헌가17).

1880 국내통화를 위조 또는 변조하거나 이를 행사하는 등의 행위를 가중처벌 하는 특정범죄 가중처벌 등에 관한 법률 제10조 중 형법 제207조 제1항 및 제4항에 관한 부분은 형법 제207조 제1항 및 제4항 부분과의 관계에서 형벌체계상의 균형을 잃어 평등원칙에 위반된다. 15 법무사 O | X

심판대상조항은 이 사건 형법조항의 구성요건 이외에 별도의 가중적 구성요건 표지 없이 법적용을 오로지 검사의 기소재량에만 맡기고 있어 법집행기관 스스로도 혼란을 겪을 수 있고, 수사과정에서 악용될 소지도 있다. 따라서 **심판대상조항은 형벌체계상의 균형을 잃은 것이 명백하므로 평등원칙에 위반된다**(헌재 2014. 11. 27. 2014헌바224 등).

● 정답   1877. O   1878. O   1879. X [평등원칙 위배]   1880. O

1881 과실로 사람을 치상하게 한 자가 구호행위를 하지 아니하고 도주하거나 고의로 유기함으로써 치사의 결과에 이르게 한 경우에 살인죄와 비교하여 그 법정형을 더 무겁게 한 「특정범죄 가중처벌 등에 관한 법률」 규정은 평등원칙에 위반된다. 15 국회 9   O|X

1881-1 피해자를 치사하고 도주하거나 도주 후에 피해자가 사망한 때에는 사형·무기 또는 10년 이상의 징역에 처하도록 하는 규정은 뺑소니 운전자에 대한 일반예방적 관점에서 헌법에 위반된다고 할 수 없다. 11 국회 8   O|X

본 법률조항에서 과실로 사람을 치상하게 한 자가 구호행위를 하지 아니하고 도주하거나 고의로 유기함으로써 치사의 결과에 이르게 한 경우에 <u>살인죄와 비교하여 그 법정형을 더 무겁게 한 것은 형벌체계상의 정당성과 균형을 상실한 것으로서 헌법 제10조의 인간으로서의 존엄과 가치를 보장한 국가의 의무와 헌법 제11조의 평등의 원칙 및 헌법 제37조 제2항의 과잉입법금지의 원칙에 반한다</u>(헌재 1992. 4. 28. 90헌바24).

1882 「형법」상 존속살해죄는 헌법이 보장하는 민주적인 가족관계와 조화된다고 보기 어렵고, 범행동기 등을 감안하지 않고 일률적으로 형의 하한을 높여 합리적인 양형을 어렵게 하며, 비교법적으로도 그 예를 찾기 어려운 것으로서 차별의 합리성을 인정할 수 없어 평등원칙에 위반된다. 14 국회 8   O|X

1882-1 존속살해죄에 대한 가중처벌은 형벌체계상 균형을 잃은 자의적 입법으로서 평등의 원칙에 위반된다. 23 경채   O|X

조선시대 이래 현재에 이르기까지 존속살해죄에 대한 가중처벌은 계속되어 왔고, 그러한 입법의 배경에는 우리 사회의 효를 강조하는 유교적 관념 내지 전통사상이 자리 잡고 있는 점, 존속살해는 그 패륜성에 비추어 <u>일반 살인죄에 비하여 고도의 사회적 비난을 받아야 할 이유가 충분한 점,</u> … 고려할 때 <u>이 사건 법률조항이 형벌체계상 균형을 잃은 자의적 입법으로서 평등원칙에 위반된다고 볼 수 없다</u>(헌재 2013. 7. 25. 2011헌바267).

1883 존속상해치사죄에 대한 가중처벌을 규정한 형법 규정은 그 차별적 취급에 합리적 근거가 있어 평등원칙에 반하지 않는다. 23 해간   O|X

비속의 직계존속에 대한 존경과 사랑은 봉건적 가족제도의 유산이라기 보다는 우리 사회윤리의 본질적 구성부분을 이루고 있는 가치질서로서, 특히 유교적 사상을 기반으로 전통적 문화를 계승·발전시켜 온 우리나라의 경우는 더욱 그러한 것이 현실인 이상, '비속'이라는 지위에 의한 가중처벌의 이유와 그 정도의 타당성 등에 비추어 그 차별적 취급에는 합리적 근거가 있으므로, <u>이 사건 법률조항은 헌법 제11조 제1항의 평등원칙에 반한다고 할 수 없다</u>(헌재 2002. 3. 28. 2000헌바53).

1884 강도상해죄 또는 강도치상죄를 무기 또는 7년 이상의 징역에 처하도록 규정한 형법 제337조는, 강도치상죄가 강간치상죄, 인질치상죄, 현주건조물등방화치상죄 등에 비하여 법정형의 하한이 높게 규정되어 있다 하더라도, 기본범죄, 보호법익, 죄질 등이 다른 이들 범죄를 강도치상죄와 단순히 평면적으로 비교하여 법정형의 과중여부를 판단할 수 없으므로, 심판대상조항이 형벌체계상 균형을 상실하여 평등원칙에 위반된다고 할 수 없다. 17 경정   O|X

심판대상조항이 강도치상죄 법정형의 하한을 강간치상죄, 인질치상죄 등에 비하여 높게 규정하였다 하더라도, 강도치상죄와 기본범죄, 보호법익, 죄질 등이 다른 이들 범죄를 단순히 평면적으로 비교하여 법정형의 과중 여부를 판단할 수 없으므로, … <u>강도치상죄의 법정형의 하한이 위 다른 범죄들보다 다소 높게 규정되었다고 하여 그것만으로 바로 심판대상조항이 형벌체계상 균형을 상실하여 평등원칙에 위반된다고 단정할 수 없다</u>(헌재 2016. 9. 29. 2014헌바183 등).

● 정답 1881. O   1881-1. X [형벌체계 균형 상실하여 위헌]   1882. X [평등원칙 위반 X]   1882-1. X [평등의 원칙에 위반되지 아니함]   1883. O   1884. O

1885 반복적으로 범행을 저지르는 절도 사범에 관한 가중처벌 규정인 특정범죄가중처벌 등에 관한 법률 제5조의4 제5항 제1호는 불법성의 정도가 같다고 보기 어려운 형법상 절도죄, 야간주거침입 절도죄, 특수절도죄를 동등하게 취급하는 것으로 평등원칙에 위반된다. 23 법무사   O | X

선례 조항은 전범과 후범이 모두 동종의 절도 고의범일 것을 요하고, 전범에 대하여 세 번 이상의 징역형을 선고받아 형이 아직 실효되지 아니하여야 하며, 누범으로 처벌하는 경우여야 하는 등 매우 엄격한 구성요건을 설정하고 있다. 이와 같이 선례 조항은 형법상 절도죄나 상습절도죄와 구별되는 가중적 구성요건 표지를 별도로 규정하고 있어, 동일한 구성요건에 해당하는 절도범죄에 대한 법적용이 오로지 검사의 기소재량에만 맡겨진 경우에 해당하지 않는다. … 따라서 선례 조항이 검사의 기소재량에 의한 자의적 법집행을 허용하고 있다고 보기 어렵고, 형벌체계상 정당성이나 균형성을 잃어 평등원칙에 위반된다고 볼 수 없다(헌재 2023. 2. 23. 2022헌바273 등).

1886 경찰에 관한 직무를 행하는 자 등이 그 직무를 행함에 당하여 형사피의자 또는 기타 사람에 대하여 폭행을 가하는 경우 5년 이하의 징역과 10년 이하의 자격정지에 처하도록 한 형법 제125조 제1항의 법정형이 폭행죄나 공무집행방해죄의 법정형보다 무겁다고 하더라도 형벌체계의 정당성과 균형을 잃어 평등원칙에 위반된 것으로 볼 수 없다. 15 법무사   O | X

이 사건 법률조항과 폭행죄 및 공무집행방해죄는 구성요건과 보호법익 등을 서로 달리하고 있고, 이 사건 법률조항의 죄질이나 불법의 정도가 폭행죄나 공무집행방해죄보다 결코 가볍다고 볼 수 없다. 따라서 이 사건 법률조항에 해당하는 죄의 법정형을 폭행죄나 공무집행방해죄의 법정형보다 무겁게 정하였다고 하여 형벌체계의 정당성과 균형을 잃어 평등원칙에 위반된 것이라고 볼 수 없다(헌재 2015. 3. 26. 2013헌바140).

1887 군형법이 형법상 강제추행죄나 준강제추행죄 등과 달리 강제추행죄 및 항거불능 상태를 이용한 준강제추행죄에 대하여 벌금형을 선택형으로 규정하지 아니하였다 하더라도 형벌체계의 균형성을 상실하여 평등원칙에 위배된다고 볼 수는 없다. 23 법무사   O | X

심판대상조항이 다른 법률조항과 달리 행위 주체와 객체의 제한성 측면과 행위의 엄중성 측면에서 징역형만을 법정형으로 정한 것은 구성요건과 죄질 및 보호법익 등의 차이를 고려한 것으로서 합리적인 이유가 있다고 인정되고, 구체적인 사건에서 법관의 양형을 통하여 피고인의 책임에 상응하는 형을 선고하는 것이 가능하므로, 심판대상조항은 형벌체계의 균형성을 상실하여 평등원칙에 위배된다고 볼 수 없다(헌재 2018. 12. 27. 2017헌바195 등).

1888 「형법」상 위증죄보다 국회에서의 위증을 무거운 법정형으로 정한 「국회에서의 증언·감정 등에 관한 법률」 조항은 형벌체계상의 정당성과 균형성을 상실한 것이 아니다. 21 국회 8   O | X

심판대상조항은 형법상 위증죄보다 무거운 법정형을 정하고 있으나, 국회에서의 위증죄가 지니는 불법의 중대성, 별도의 엄격한 고발 절차를 거쳐야 처벌될 수 있는 점 등을 고려할 때 형벌체계상의 정당성이나 균형성을 상실하고 있지 아니하므로 평등원칙에 위배된다고 할 수 없다(헌재 2015. 9. 24. 2012헌바410).

1889 「형법」상 모욕죄·사자명예훼손죄와 「정보통신망 이용촉진 및 정보보호 등에 관한 법률」(이하 "정보통신망법"이라 한다)의 명예훼손죄는 사람의 가치에 대한 사회적 평가인 이른바 '외적 명예'를 보호법익으로 한다는 점에서 불법성이 유사함에도, 「형법」상 친고죄인 모욕죄·사자명예훼손죄와 달리 정보통신망법이 제70조제2항의 명예훼손죄를 반의사불벌죄로 규정한 것은 형벌체계상 균형을 상실하여 평등원칙에 위반된다. 24 입시   O | X

● 정답   1885. X [평등원칙에 위반되지 않음]   1886. O   1887. O   1888. O   1889. X [형벌체계상 균형을 상실하지 않아 평등원칙에 위반 X]

법상 모욕죄는 피해자에 대한 구체적 사실이 아닌 추상적 판단과 감정을 표현하고, 형법상 사자명예훼손죄는 생존한 사람이 아닌 사망한 사람에 대한 허위사실 적시라는 점에서 불법성이 감경된다. 반면, 정보통신망법의 명예훼손죄는 비방할 목적으로 정보통신망을 이용하여 거짓사실을 적시한다는 점에서 불법성이 가중된다는 차이가 있다. … 심판대상조문은 **형벌체계상 균형을 상실하지 않아 평등원칙에 위반되지 아니한다**(헌재 2021. 4. 29. 2018헌바113).

POINT 118 이중처벌금지

01 이중처벌금지

1890 일사부재리 원칙은 현행 헌법에 규정되어 있다. 22 해간, 22 해경   O | X

> 헌법 제13조 ① 모든 국민은 행위시의 법률에 의하여 범죄를 구성하지 아니하는 행위로 소추되지 아니하며, **동일한 범죄**에 대하여 **거듭 처벌**받지 **아니한다**.

1891 이중처벌금지의 원칙은 한번 판결이 확정되면 동일한 사건에 대해서는 다시 심판할 수 없다는 '일사부재리의 원칙'이 국가형벌권의 기속원리로 헌법상 선언된 것으로서, 동일한 범죄행위에 대하여 국가가 형벌권을 거듭 행사할 수 없도록 함으로써 국민의 기본권 특히 신체의 자유를 보장하기 위한 것이다. 13 법무사   O | X

헌법 제13조 제1항은 "모든 국민은 … 동일한 범죄에 대하여 거듭 처벌받지 아니한다"고 하여 이른바 **"이중처벌금지의 원칙"**을 규정하고 있는바, 이 원칙은 한번 판결이 확정되면 동일한 사건에 대해서는 다시 심판할 수 없다는 **"일사부재리의 원칙"**이 국가형벌권의 기속원리로 헌법상 선언된 것으로서, **동일한 범죄행위**에 대하여 국가가 **형벌권을 거듭 행사할 수 없도록** 함으로써 국민의 기본권 특히 **신체의 자유를 보장**하기 위한 것이라고 할 수 있다(헌재 1994. 6. 30. 92헌바38).

1892 헌법 제13조 제1항 후문의 일사부재리의 원칙에서 처벌이라 함은 원칙적으로 범죄에 대한 국가의 형벌권 실행으로서의 과벌을 의미하는 것이고, 국가가 행하는 일체의 제재나 불이익처분이 모두 그에 포함된다고 할 수 없다. 17 입시   O | X

1892-1 헌법 제13조 제1항이 정한 이중처벌금지의 원칙은 동일한 범죄행위에 대하여 국가가 형벌권을 거듭 행사할 수 없도록 함으로써 국민의 신체의 자유를 보장하기 위한 것이므로, 국가가 행하는 일체의 제재나 불이익처분은 모두 그 처벌에 포함된다. 23 경간   O | X

헌법 제13조 제1항이 정한 **"이중처벌금지의 원칙"**은 동일한 범죄행위에 대하여 국가가 형벌권을 거듭 행사할 수 없도록 함으로써 **국민의 기본권 특히 신체의 자유를 보장**하기 위한 것이므로, 그 **"처벌"**은 원칙으로 범죄에 대한 **국가의 형벌권 실행으로서의 과벌**을 의미하는 것이고, 국가가 행하는 **일체의 제재(制裁)**나 불이익처분을 모두 그에 **포함된다고 할 수는 없다**(헌재 1994. 6. 30. 92헌바38).

정답 1890. O   1891. O   1892. O   1892-1. X [모두 포함 X]

1893 행정법은 의무를 명하거나 금지를 설정함으로써 일정한 행정목적을 달성하려고 하는데, 그 실효성을 확보하기 위하여 행정형벌, 과태료, 영업허가의 취소·정지, 과징금 등을 가함으로써 의무위반 당사자로 하여금 더 이상 위반을 하지 않도록 유도하는 것이 필요하고, 이와 같이 '제재를 통한 억지'는 행정규제의 본원적 기능이라 볼 수 있으므로, 어떤 행정제재의 기능이 오로지 제재에 있다고 하여 이를 헌법 제13조 제1항에서 말하는 '이중처벌'에 해당한다고 할 수 없다. 22 경찰 2차 O | X

행정법은 의무를 명하거나 금지를 설정함으로써 일정한 행정목적을 달성하려고 하는데, 그 실효성을 확보하기 위하여는 의무의 위반이 있을 때에 **행정형벌, 과태료, 영업허가의 취소·정지, 과징금** 등과 같은 불이익을 가함으로써 의무위반 당사자나 다른 의무자로 하여금 더 이상 위반을 하지 않도록 유도하는 것이 필요하다. 이와 같이 '**제재를 통한 억지**'는 행정규제의 본원적 기능이라 볼 수 있는 것이고, 따라서 어떤 행정제재의 기능이 오로지 제재(및 이에 결부된 억지)에 있다고 하여 이를 헌법 제13조 제1항에서 말하는 '**처벌**'에 해당한다고 <u>할 수 없다</u>(헌재 2003. 7. 24. 2001헌가25).

1894 이중처벌금지는 징계절차나 민사상 손해배상절차 또는 형법에 근거하지 않는 다른 절차가 개시되는 것을 금지하지 않는다. 18 입시 O | X

이중처벌금지는 동일한 행위로 인하여 형사절차에 이어서, **징계절차**나 **민사상 손해배상절차** 또는 그 외에 **형법에 근거하지 않는 다른 절차**(⑨ 행정집행법상의 강제집행수단의 적용)가 개시되는 것을 금지하지 않는다.

1895 이중처벌금지의 원칙은 처벌 또는 제재가 '동일한 행위'를 대상으로 행해질 때에 적용될 수 있는 것이고, 그 대상이 동일한 행위인지의 여부는 기본적 사실관계가 동일한지 여부에 의하여 가려야 할 것이다. 17 경정 O | X

1895-1 이중처벌금지의 원칙은 처벌 또는 제재가 '동일한 행위'를 대상으로 행해질 때에 적용될 수 있는 것이므로, 행위가 서로 다를 경우에는 이 원칙이 적용되지 않는다. 18 입시 O | X

이중처벌금지의 원칙은 처벌 또는 제재가 "**동일한 행위**"를 대상으로 행해질 때에 적용될 수 있는 것이고, 그 대상이 동일한 행위인지의 여부는 **기본적 사실관계가 동일한지 여부**에 의하여 가려야 할 것이다(헌재 1994. 6. 30. 92헌바38).

02 관련판례

1 동일한 행위가 아닌 경우

1896 「형법」이 누범을 가중처벌하는 것은 전범에 대하여 형벌을 받았음에도 다시 범행을 하였다는 데 있는 것이지, 전범에 대하여 처벌을 받았음에도 다시 범행을 하는 경우 전범도 후범과 일괄하여 다시 처벌한다는 것은 아님이 명백하므로, 누범에 대하여 형을 가중하는 것이 일사부재리원칙에 위배하는 것은 아니다. 22 경찰 2차 O | X

1896-1 누범이나 상습범을 가중처벌하는 것은 헌법의 일사부재리에 위반하는 것이 아니다. 18 법원 9 O | X

1896-2 누범이나 상습범에 대한 가중처벌은 일사부재리의 원칙에 위반된다. 14 국회 9 O | X

정답 1893. O 1894. O 1895. O 1895-1. O 1896. O 1896-1. O 1896-2. X [일사부재리 원칙 위반 X]

(1) 형법 제35조 제1항이 누범을 가중처벌하는 것은 전범(前犯)에 대하여 형벌을 받았음에도 다시 범행을 하였다는 데 있는 것이지, 전범(前犯)에 대하여 처벌을 받았음에도 다시 범행을 하는 경우에는 전범(前犯)도 후범(後犯)과 일괄하여 다시 처벌한다는 것은 아님이 명백하므로, **누범에 대하여 형을 가중**하는 것이 헌법상의 **일사부재리의 원칙에 위배하여 피고인의 기본권을 침해하는 것이라고는 볼 수 없다**(헌재 1995. 2. 23. 93헌바43).

(2) 이 사건 법률조항이 처벌대상으로 삼고 있는 것은 이미 처벌받은 전범(前犯)이 아니며 후범(後犯)이며 **상습성의 위험성 때문에 일반범죄와 달리 가중처벌함에 목적을 두고 있으므로 헌법 제13조 제1항 소정의 일사부재리의 원칙에 위배되지 아니한다**(헌재 1995. 3. 23. 93헌바59).

1897 양심적 예비군 훈련거부자에 대하여 유죄의 판결이 확정되었더라도, 동일인이 새로이 부과된 예비군 훈련을 또 다시 거부하는 경우 그에 대한 형사처벌을 가하는 것은 이중처벌금지원칙에 위반된다고 할 수 없다. 14 국가 7   O | X

이 사건 법률조항에 따라 처벌되는 범죄행위는 '예비군 복무 전체 기간 동안의 훈련 불응행위'가 아니라 '정당한 사유 없이 소집통지서를 받은 당해 예비군 훈련에 불응한 행위'라 할 것이므로, **양심적 예비군 훈련거부자**에 대하여 **유죄의 판결이 확정되었더라도** 이는 소집통지서를 교부받은 예비군 훈련을 불응한 행위에 대한 것으로 **새로이 부과된 예비군 훈련을 또 다시 거부**하는 경우 그에 대한 **형사처벌은 가능**하다고 보아야 한다. 따라서 **이 사건 법률조항이 이중처벌금지원칙에 위반된다고 할 수는 없다**(헌재 2011. 8. 30. 2007헌가12 등).

1898 무허가 건축행위에 대한 형사처벌 외에 위법건축물에 대한 시정명령의 이행을 강제하기 위하여 과태료나 이행강제금을 부과하는 것은 이중처벌에 해당하지 않는다. 18 입시   O | X

1898-1 무허가 건축행위에 대한 형사처벌 외에 위법건축물에 대한 시정명령의 이행을 강제하기 위하여 과태료나 이행강제금을 부과하는 것은 이중처벌에 해당한다. 22 경채   O | X

(1) 구 건축법 제54조 제1항에 의한 형사처벌의 대상이 되는 범죄의 구성요건은 당국의 허가 없이 건축행위 또는 건축물의 용도변경행위를 한 것이고, 동법 제56조의2 제1항에 의한 과태료는 건축법령에 위반되는 위법건축물에 대한 시정명령을 받고도 건축주 등이 이를 시정하지 아니할 때 과하는 것이므로, 양자는 처벌 내지 제재대상이 되는 **기본적 사실관계로서의 행위를 달리하는 것이다**. … 이러한 점에 비추어 **구 건축법 제54조 제1항에 의한 무허가건축행위에 대한 형사처벌과 동법 제56조의2 제1항에 의한 과태료의 부과는 헌법 제13조 제1항이 금지하는 이중처벌에 해당한다고 할 수 없다**(헌재 1994. 6. 30. 92헌바38).

(2) 건축법 제78조에 의한 **무허가 건축행위에 대한 형사처벌과 건축법 제83조 제1항에 의한 시정명령 위반에 대한 이행강제금의 부과는** 그 처벌 내지 제재대상이 되는 **기본적 사실관계로서의 행위를 달리하며**, 또한 그 보호법익과 목적에서도 차이가 있으므로 **헌법 제13조 제1항이 금지하는 이중처벌에 해당한다고 할 수 없다**(헌재 2004. 2. 26. 2001헌바80 등).

1899 동일인을 구 「석유 및 석유대체연료 사업법」 규정에 따라 유사석유제품 제조행위로 처벌하고, 구 「조세범 처벌법」 규정에 근거하여 유사석유제품을 제조하여 조세를 포탈한 행위로도 처벌하는 것은 기본적 사실관계로서의 행위가 동일하여 이중처벌금지원칙에 위배된다. 18 국가 7   O | X

구 '석유 및 석유대체연료 사업법'에 의한 처벌은 **유사석유제품을 제조**하는 것으로써 구성요건을 충족하는 반면, 심판대상조항에 의한 처벌은 유사석유제품을 제조하여 그에 따른 **세금을 포탈**한 때 비로소 구성요건에 해당하는 것이므로, **양자는 처벌의 대상이 되는 행위를 달리한다.** 따라서 **심판대상조항은 이중처벌금지원칙에 위배되지 아니한다**(헌재 2017. 7. 27. 2012헌바323).

● 정답 | 1897. O   1898. O   1898-1. X [이중처벌에 해당하지 않음]   1899. X [이중처벌금지원칙 위배 X]

2 거듭 처벌이 아닌 경우

1900 이중처벌은 처벌 또는 제재가 동일한 행위를 대상으로 거듭 행해질 때 발생하는 문제로서, 하나의 형사재판절차에서 다루어진 사건을 대상으로 동시에 징역형과 자격정지형을 병과하는 것은 이중처벌금지원칙에 위반되지 아니한다. 22 경채   O | X

이중처벌은 처벌 또는 제재가 **동일한 행위**를 대상으로 거듭 행해질 때 발생하는 문제로서, 심판대상조항과 같이 **하나의 형사재판절차**에서 다루어진 사건을 대상으로 동시에 **징역형과 자격정지형을 병과**하는 것은 **이중처벌금지원칙에 위반되지 아니한다**(헌재 2018. 3. 29. 2016헌바361).

1901 집행유예의 취소 시 부활되는 본형은 집행유예의 선고와 함께 선고되었던 것으로 판결이 확정된 동일한 사건에 대하여 다시 심판한 결과 부과되는 것이 아니므로 일사부재리의 원칙과 무관하다. 23 경간, 14 국가 7   O | X

1901-1 보호관찰이나 사회봉사 또는 수강을 조건으로 집행유예를 선고받은 자의 집행유예가 취소되는 경우 사회봉사 등 의무를 이행하였는지 여부와 관계없이 유예되었던 본형 전부를 집행하는 것은 이중처벌금지원칙에 위반되지 아니한다. 24 경정   O | X

1901-2 보호관찰이나 사회봉사 또는 수강명령의 준수사항이나 명령을 위반하고 그 정도가 무거운 때 집행유예가 취소되어 본형이 부활되는 것은 동일한 사건에 대한 심판의 결과가 아니므로 일사부재리원칙과는 무관하나 이미 수행된 의무이행부분이 부활되는 형기에 반영되지 않는 것은 적법절차에 위배된다. 15 국가 7   O | X

집행유예가 취소되는 경우에 부활되는 본형은 이미 판결이 확정된 동일한 사건에 대하여 다시 심판한 결과 부과되는 것이 아니라 동일한 심판작용을 거쳐 집행유예의 선고와 함께 선고되었던 것으로 **일사부재리의 원칙과는 무관**하다고 할 것이다. 가사 **의무의 이행부분이 부활되는 형기에 반영되지 아니함**으로써 사실상 중첩적인 제재의 효과를 지닌다고 보더라도, … 이를 이중처벌금지원칙에서 말하는 '**처벌**'로 보기 어렵다. 따라서 이 사건 법률조항은 이중처벌금지원칙에 위반되지 아니한다(헌재 2013. 6. 27. 2012헌바345 등).

1902 벌금형을 선고받는 자가 그 벌금을 납입하지 않은 때에 그 집행방법의 변경으로 하게 되는 노역장 유치는 이미 형벌을 받은 사건에 대해 또다시 형을 부과하는 것이 아니라, 단순한 형벌 집행 방법의 변경에 불과한 것이므로 헌법 제13조 제1항 후단의 이중처벌금지의 원칙에 위반되지 않는다. 23 경간   O | X

벌금형을 선고받는 자가 그 벌금을 납입하지 않은 때에 그 **집행 방법의 변경**으로 하게 되는 **노역장 유치**는 이미 형벌을 받은 사건에 대해 또다시 형을 부과하는 것이 아니라, **단순한 형벌 집행 방법의 변경에 불과한 것이므로** 헌법 제13조 제1항 후단의 **이중처벌금지의 원칙에 위반되지 아니한다**(헌재 2009. 3. 26. 2008헌바52 등).

●정답 | 1900. O   1901. O   1901-1. O   1901-2. X [적법절차 위배도 X]   1902. O

3 형벌권 실행으로서의 과벌이 아닌 경우

1903 일정한 성폭력범죄를 범한 사람에 대하여 유죄판결을 선고하면서 성폭력치료프로그램의 이수명령을 병과하도록 한 「성폭력범죄의 처벌 등에 관한 특례법」 조항에 대하여, 이 조항에 의한 이수명령은 보안처분에 해당하므로 이중처벌금지원칙에 위반되지 않는다. 23 경정 O|X

1903-1 일정한 성폭력범죄를 범한 사람에게 유죄판결을 선고하는 경우 성폭력치료프로그램 이수명령을 병과하도록 한 것은 그 목적이 과거의 범죄행위에 대한 제재로서 대상자의 건전한 사회복귀 및 범죄예방과 사회보호에 있어 형벌과 본질적 차이가 나지 않는 보안처분에 해당하므로, 동일한 범죄행위에 대하여 형벌과 병과될 경우 이중처벌금지원칙에 위배된다. 22 경정 O|X

이수명령은 그 목적이 과거의 범죄행위에 대한 제재가 아니라 대상자의 건전한 사회복귀의 촉진 및 범죄예방과 사회보호에 있다는 점에서, 형벌과 본질적 차이가 있는 **보안처분**에 해당한다. 따라서 동일한 범죄행위에 대하여 **이수명령이 형벌과 병과**된다고 하여 **이중처벌금지원칙에 위반된다고 할 수 없다**(헌재 2016. 12. 29. 2016헌바153).

1904 신상정보 공개·고지명령은 형벌과는 목적이나 심사대상 등을 달리하는 보안처분에 해당하므로 동일한 범죄행위에 대하여 형벌이 부과된 이후 다시 신상정보 공개·고지명령이 선고 및 집행된다고 하여 이중처벌금지원칙에 위반된다고 할 수 없다. 23 경간, 22 경정 O|X

이중처벌은 처벌 또는 제재가 동일한 행위를 대상으로 거듭 행해질 때 발생하는 문제이다. 그런데 **신상정보 공개·고지명령**은 형벌과는 목적이나 심사대상 등을 달리하는 **보안처분에 해당**하므로, 동일한 범죄행위에 대하여 **형벌과 병과**된다고 하여 **이중처벌금지의 원칙에 위반된다고 할 수 없다**(헌재 2016. 5. 26. 2015헌바212).

1905 특정 범죄자에 대하여 위치추적 전자장치를 부착할 수 있도록 한 구 「특정 범죄자에 대한 위치추적 전자장치 부착 등에 관한 법률」 조항에 대하여, 이 조항에 의한 전자장치 부착은 보안처분에 해당하므로 이중처벌금지원칙에 위반되지 않는다. 23 경정 O|X

헌법 제13조 제1항 후단은 이중처벌금지원칙을 정하고 있는데, 이때 '처벌'이란 원칙적으로 범죄에 대한 국가의 형벌권 실행으로서의 과벌을 의미하는 것이므로, 국가가 행하는 형벌이 아닌 보안처분 등 일체의 제재나 불이익처분은 이에 해당되지 않는다. 그런데 부착명령청구조항에 의한 전자장치 부착은 책임의 한계 안에서 과거 불법에 대한 응보를 주된 목적으로 하는 형벌이 아닌 장래 재범의 위험성을 전제로 새로운 범죄를 예방하기 위한 보안처분에 해당한다. 그러므로 부착명령청구조항에 의하여 이미 형사처벌된 범죄행위에 대해 다시 전자장치 부착을 명한다고 해서 **이중처벌금지원칙에 위반된다고 할 수 없다**(헌재 2015. 9. 24. 2015헌바35).

1906 디엔에이감식시료 채취 및 디엔에이신원확인정보의 수집, 수록, 검색, 회보 행위는 장래에 대한 위험을 방지하여 사회를 보호하기 위한 것으로서 형벌과는 다른 목적과 기능을 가지고 있으므로, 형벌 외에 또 다른 형벌로서 신체형이나 명예형에 해당한다고 볼 수는 없고, 헌법 제13조 제1항에서 말하는 처벌이라고 할 수 없다. 22 경채 O|X

헌법 제13조 제1항에서 말하는 '처벌'은 원칙으로 범죄에 대한 국가의 형벌권 실행으로서의 과벌을 의미하는 것이고, 국가가 행하는 일체의 제재나 불이익처분을 모두 그 '처벌'에 포함시킬 수는 없다. 디엔에이감식시료 채취 및 디엔에이신원확인정보의 수집, 수록, 검색, 회보 행위는 장래에 대한 위험을 방지하여 사회를 보호하기 위한 것으로서 **형벌과는 다른 목적과 기능**을 가지고 있으므로, 형벌 외에 또 다른 형벌로서 **신체형이나 명예형에 해당한다고 볼 수는 없고**, 헌법 제13조 제1항에서 말하는 '**처벌'이라고 할 수 없다**(헌재 2014. 8. 28. 2011헌마28 등).

정답 1903. O   1903-1. X [형벌과 본질적 차이 有 / 이중처벌금지원칙 위배 X]   1904. O   1905. O   1906. O

1907 보호감호와 형벌은 다같이 신체의 자유를 박탈하는 수용처분이라는 점에서 집행상 뚜렷한 구분이 되지 않기 때문에 형벌과 보호감호를 서로 병과하여 선고하는 것은 이중처벌금지원칙에 위반된다. 23 경정 ○│X

> 보호감호와 형벌은 비록 다같이 신체의 자유를 박탈하는 수용처분이라는 점에서 집행상 뚜렷한 구분이 되지 않는다고 하더라도 그 본질, 추구하는 목적과 기능이 전혀 다른 별개의 제도이므로 형벌과 보호감호를 서로 병과하여 선고한다 하여 헌법 제13조 제1항에 정한 이중처벌금지의 원칙에 위반되는 것은 아니라 할 것이다(헌재 1989. 7. 14. 88헌가5).

1908 공정거래위원회로 하여금 부당내부거래를 한 사업자에 대하여 형사처벌과 아울러 그 매출액의 2% 범위 내에서 과징금을 부과할 수 있도록 한 경우 이중처벌금지의 원칙에 위반된다. 10 국회 8 ○│X

> 공정거래위원회로 하여금 부당내부거래를 한 사업자에 대하여 그 매출액의 2% 범위 내에서 과징금을 부과할 수 있도록 한 것은 헌법 제13조 제1항에서 금지하는 국가형벌권 행사로서의 '처벌'에 해당한다고는 할 수 없으므로, 「공정거래법」에서 형사처벌과 아울러 과징금의 병과를 예정하고 있더라도 이중처벌금지원칙에 위반된다고 볼 수 없다(헌재 2003. 7. 24. 2001헌가25).

1909 확정된 구제명령을 따르지 않은 사용자에게 형벌을 부과하고 있음에도, 구제명령을 받은 후 이행기한까지 구제명령을 이행하지 아니한 사용자에게 별도의 이행강제금을 부과하는 것은 이중처벌금지원칙에 위배되지 아니한다. 24 경정 ○│X

> 이행강제금은 행정상 간접적인 강제집행 수단의 하나로서, 과거의 일정한 법률위반 행위에 대한 제재인 형벌이 아니라 장래의 의무이행 확보를 위한 강제수단일 뿐이어서, 범죄에 대하여 국가가 형벌권을 실행하는 과벌에 해당하지 아니한다. 따라서 심판대상조항은 이중처벌금지원칙에 위배되지 아니한다(헌재 2014. 5. 29. 2013헌바171).

1910 음주운전 금지규정을 2회 이상 위반한 사람이 다시 이를 위반한 때에는 운전면허를 필요적으로 취소하도록 하였더라도 운전면허 취소처분은 이중처벌금지원칙에서 말하는 '처벌'로 보기 힘드므로 이중처벌금지원칙에 위배되었다고 볼 수 없다. 15 경정 ○│X

1910-1 이미 3회 이상의 음주운전으로 운전면허취소처분을 받은 사람이 신규면허를 취득한 후에 음주운전으로 1회만 적발되더라도 이미 처벌받은 3회의 음주운전 전력에 근거해 운전면허를 재차 취소하도록 하는 것은 이중처벌금지원칙에 위배된다. 24 경정 ○│X

> 운전면허 취소처분은 형법상에 규정된 형(刑)이 아니고, 그 절차도 일반 형사소송절차와는 다를 뿐만 아니라, 주취 중 운전금지라는 행정상 의무의 존재를 전제하면서 그 이행을 확보하기 위해 마련된 수단이라는 점에서 형벌과는 다른 목적과 기능을 가지고 있다고 할 것이므로, 운전면허 취소처분을 이중처벌금지원칙에서 말하는 "처벌"로 보기 어렵다. 따라서 이 사건 법률조항은 이중처벌금지원칙에 위반되지 아니한다(헌재 2010. 3. 25. 2009헌바83).

1911 공직선거법위반죄를 범하여 형사처벌을 받은 공무원에 대하여 당선무효라는 불이익을 가하는 것은 공직선거법위반 행위 자체에 대한 국가의 형벌권 실행으로서의 과벌에 해당하므로, 이중처벌금지원칙에 위배될 가능성이 크다. 22 경찰 2차 ○│X

> 공직선거법위반죄를 범하여 형사처벌을 받은 공무원에 대하여 당선무효라는 불이익을 가하는 것은 공직선거법위반 행위 자체에 대한 국가의 형벌권 실행으로서의 과벌에 해당하지 아니하므로, 헌법상 이중처벌금지원칙에 위배되지 않는다(헌재 2015. 2. 26. 2012헌마581).

정답 1907. X [서로 다른 별개의 제도, 위반되지 않음] 1908. X [이중처벌금지원칙 위반 X] 1909. ○ 1910. ○ 1910-1. X [이중처벌금지원칙 위배 X] 1911. X [이중처벌금지원칙 위배 X]

1912 형사범죄를 일으킨 공무원에 대하여 공무원연금법상 급여를 제한하더라도 이중적인 처벌에 해당하는 것은 아니다. 18 법무사 O|X

1912-1 공무원의 범죄행위로 인해 형사처벌이 부과된 경우에 그로 인하여 공직을 상실하게 되므로, 이에 더하여 공무원의 퇴직급여청구권까지 제한하는 것은 이중처벌금지의 원칙에 위배된다. 21 국회 8 O|X

> 헌법 제13조 제1항 후단에 규정된 일사부재리 또는 이중처벌금지의 원칙에 있어서 처벌이라고 함은 원칙적으로 범죄에 대한 국가의 형벌권 실행으로서의 과벌을 의미하는 것이고 국가가 행하는 일체의 제재나 불이익처분이 모두 그에 포함된다고는 할 수 없으므로 이 사건 법률조항에 의하여 **급여를 제한**한다고 하더라도 그것이 헌법이 금하고 있는 **이중적인 처벌에 해당하는 것은 아니라고 할 것이다**(헌재 2002. 7. 18. 2000헌바57).

1913 공무원의 징계 사유가 공금 횡령인 경우에는 해당 징계 외에 공금 횡령액의 5배 내의 징계부가금을 부과하도록 한 「지방공무원법」 조항에 대하여, 징계부가금이 제재적 성격을 지니고 있더라도 이를 헌법 제13조 제1항에서 말하는 '처벌'에 해당한다고 볼 수 없으므로 이중처벌금지원칙에 위배되지 않는다. 23 경정 O|X

> 징계부가금은 공무원의 업무질서를 유지하기 위하여 공금의 횡령이라는 공무원의 의무 위반 행위에 대하여 지방자치단체가 사용자의 지위에서 행정 절차를 통해 부과하는 **행정적 제재**이다. 비록 **징계부가금**이 제재적 성격을 지니고 있더라도 이를 두고 헌법 제13조 제1항에서 금지하는 **국가형벌권 행사로서의 '처벌'에 해당한다고 볼 수 없으므로**, 심판대상조항은 **이중처벌금지원칙에 위배되지 않는다**(헌재 2015. 2. 26. 2012헌바435).

POINT 119 연좌제금지   B

01 자기책임원리

1914 연좌제 금지는 현행 헌법에 규정되어 있다. 22 해간, 22 해경 O|X

> 헌법 제13조 ③ 모든 국민은 자기의 행위가 아닌 **친족의 행위**로 인하여 **불이익한 처우**를 받지 **아니한다**.

1915 자기책임의 원리는 인간의 자유와 유책성, 그리고 인간의 존엄성을 진지하게 반영한 원리로서 그것이 비단 민사법이나 형사법에 국한된 원리가 아니라 근대법의 기본이념으로서 법치주의에 당연히 내재하는 원리이며, 이에 반하는 제재는 그 자체로 헌법위반을 구성한다. 18 법원 9, 17 법무사 O|X

> **자기책임의 원리**는 인간의 자유와 유책성, 그리고 인간의 존엄성을 진지하게 반영한 원리로서 그것이 비단 민사법이나 형사법에 국한된 원리라기보다는 **근대법의 기본이념으로서 법치주의에 당연히 내재하는 원리**로 볼 것이고 헌법 제13조 제3항은 그 한 표현에 해당하는 것으로서 자기책임의 원리에 반하는 제재는 **그 자체로서 헌법위반을 구성**한다고 할 것이다(헌재 2004. 6. 24. 2002헌가27).

정답 1912. O   1912-1. X [이중처벌금지원칙 위배 X]   1913. O   1914. O   1915. O

1916 '책임 없는 자에게 형벌을 부과할 수 없다'는 형벌에 관한 책임주의는 형사법의 기본원리로서, 헌법상 법치국가의 원리에 내재하는 원리인 동시에, 헌법 제10조의 취지로부터 도출되는 원리이고, 법인의 경우도 자연인과 마찬가지로 책임주의원칙이 적용된다. 20 국가 7, 17 경정, 16 변호사 O | X

1916-1 '책임 없는 자에게 형벌을 부과할 수 없다.'라는 책임주의는 형사법의 기본원리로서 헌법상 자기책임의 원칙으로부터 도출되는 원리이지 헌법상 법치국가원리로부터 도출되는 것은 아니다. 22 소간 O | X

1916-2 자기책임의 원리는 인간의 자유와 유책성, 그리고 인간의 존엄성을 진지하게 반영한 원리로서 헌법 제10조의 취지로부터 도출되는 것이지, 법치주의에 내재하는 원리는 아니다. 22 변호사 O | X

1916-3 '책임 없는 자에게 형벌을 부과할 수 없다'는 형벌에 관한 책임주의는 형사법의 기본원리로서, 헌법상 법치국가의 원리에 내재하는 원리인 동시에 헌법 제10조의 취지로부터 도출되는 원리이므로 법인에게는 적용되지 않는다. 24 경찰 1차 O | X

'책임 없는 자에게 형벌을 부과할 수 없다'는 **형벌에 관한 책임주의**는 형사법의 기본원리로서, 헌법상 **법치국가의 원리에 내재**하는 원리인 동시에 **헌법 제10조의 취지로부터 도출되는 원리**이고, **법인의 경우도 자연인**과 마찬가지로 **책임주의원칙이 적용된다**(헌재 2012. 10. 25. 2012헌가18).

1917 특수용도에 제공된 담배를 당해 용도에 사용하지 아니한 경우 면세된 산출세액에 해당하는 담배소비세와 가산세를 납부하도록 하면서, 도매업자 또는 소매인이 아닌 원래의 납세의무자였던 제조자에게 무조건 담배소비세와 가산세를 부과하는 것은 자기책임의 원리에 반한다. 10 국회 8 O | X

제조자는 법령이 정한 일정한 자격을 갖춘 상대방에게 특수용담배임을 표시하여 특수용담배공급계약에 따라 담배를 제공함으로써 일응의 책임을 다 한 것으로 볼 것이고, 그 이후의 단계에서 이루어진 용도 외의 처분에 관하여 제조자에게 귀책사유가 있다는 등의 특별한 사정이 없는 한 그 책임을 제조자에게 묻는 것은 자기책임의 원리에 반한다(헌재 2004. 6. 24. 2002헌가27).

1918 건설업 등록을 하지 않은 건설공사 하수급인이 근로자에게 임금을 지급하지 못한 경우에, 하수급인의 직상 수급인에 대하여 하수급인과 연대하여 임금을 지급할 의무를 부과하고 직상 수급인이 그 의무를 이행하지 않으면 처벌하도록 한「근로기준법」조항은 자기책임원칙에 위배된다고 볼 수 없다. 24 변호사 O | X

이 사건 법률조항이 직상 수급인의 임금지급의무 불이행을 처벌하도록 한 것은 **직상 수급인 자신의 의무 불이행에 대한 책임을 묻는** 것이고, 직상 수급인이 건설업 등록이 되어 있지 않아 건설공사를 위한 자금력 등이 확인되지 않는 자에게 건설공사를 하도급하는 위법행위를 함으로써 하수급인의 임금지급의무 불이행에 관한 추상적 위험을 야기한 잘못에 대하여, 실제로 하수급인이 임금지급의무를 이행하지 아니하여 그러한 위험이 현실화되었을 때 그 책임을 묻는 것이다. 따라서 이 사건 법률조항은 자기책임원칙에 위배된다고 볼 수 없다(헌재 2014. 4. 24. 2013헌가12).

1919 국민건강보험공단이 사위 기타 부당한 방법으로 보험급여비용을 받은 요양기관에 대하여 급여비용에 상당하는 금액의 전부 또는 일부를 징수할 수 있도록 한「국민건강보험법」조항은, 요양기관이 그 피용자를 관리·감독할 주의의무를 다하였다고 하더라도 보험급여비용이 요양기관에 일단 귀속되었고 그 요양기관이 사위 기타 부당한 방법으로 보험급여비용을 지급받은 이상 부당이득반환의무가 있다는 것이므로 책임주의원칙에 어긋난다고 볼 수 없다. 24 변호사 O | X

◆정답 1916. O 1916-1. X [법치국가원리에 내재, 도출 가능] 1916-2. X [법치주의에 내재하는 원리임] 1916-3. X [법인에게도 적용]
1917. O 1918. O 1919. O

국민건강보험법 제52조 제1항은, 요양기관이 사위 기타 부당한 방법으로 보험급여비용을 받은 경우에만 징수책임을 지며, 또 요양기관과 아무런 관련 없이 피용자 개인의 잘못으로 보험급여비용을 받아 그 전액을 환수하는 것이 가혹한 경우라면 금액의 전부 혹은 일부가 '사위 기타 부당한 방법'에 해당하지 않는다고 하여 징수를 면할 수 있는 여지를 남겨 놓고 있고, 요양기관이 그 피용자를 관리·감독할 주의의무를 다하였다고 하더라도, 보험급여비용이 요양기관에게 일단 귀속되었고 그 요양기관이 사위 기타 부당한 방법으로 보험급여비용을 지급받은 이상 부당이득반환의무가 있다는 것이므로 책임주의원칙에 어긋난다고 볼 수 없다(헌재 2011. 6. 30. 2010헌바375).

1920 각 중앙관서의 장이 경쟁의 공정한 집행 또는 계약의 적정한 이행을 해칠 염려가 있는 자 등에 대하여 2년 이내의 범위에서 대통령령이 정하는 바에 따라 입찰참가자격을 제한하도록 한 구 「국가를 당사자로 하는 계약에 관한 법률」 조항은, 부정당업자가 제재처분의 사유가 되는 행위의 책임을 자신에게 돌릴 수 없다는 점 등을 증명하여 제재처분에서 벗어날 수 있게 하므로 자기책임원칙에 위배되지 아니한다. 24 변호사 O | X

부정당업자는 제재처분의 사유가 되는 행위의 책임을 자신에게 돌릴 수 없다는 점 등을 증명하여 제재처분에서 벗어날 수 있으므로, 심판대상조항은 자기책임원칙에 위배되지 아니한다(헌재 2016. 6. 30. 2015헌바125 등).

1921 독립행위가 경합하여 상해의 결과를 발생하게 한 경우 원인된 행위가 판명되지 아니한 때에는 공동정범의 예에 의하도록 규정한 「형법」 제263조는 책임주의원칙에 위반된다. 20 국회 8 O | X

신체에 대한 가해행위는 그 자체로 상해의 결과를 발생시킬 위험을 내포하고 있으므로, **독립한 가행행위가 경합하여 상해가 발생**한 경우 상해의 발생 또는 악화에 전혀 기여하지 않은 가해행위의 존재라는 것은 상정하기 어렵고, 각 가해행위가 상해의 발생 또는 악화에 어느 정도 기여하였는지를 **계량화할 수 있는 것도 아니다.** … 또한 법관은 피고인이 가해행위에 이르게 된 동기, 가해행위의 태양과 폭력성의 정도, 피해 회복을 위한 피고인의 노력 정도 등을 모두 참작하여 피고인의 행위에 상응하는 형을 선고하므로, 가해행위자는 자신의 행위를 기준으로 형사책임을 부담한다. 이러한 점을 종합하여 보면, 심판대상조항은 **책임주의원칙에 반한다고 볼 수 없다**(헌재 2018. 3. 29. 2017헌가10).

02 연좌제금지

1922 공직선거 후보자의 배우자가 「공직선거및선거부정방지법」상 중대 선거범죄를 범함으로 인하여 징역형 또는 300만 원 이상의 벌금형의 선고를 받은 때에 그 후보자의 당선을 무효로 하는 조항은 연좌제에 해당하지 아니한다. 24 경정 O | X

1922-1 후보자의 배우자가 「공직선거법」 소정의 범죄를 범함으로 인하여 징역형 또는 300만원 이상의 벌금형의 선고를 받은 때에는 그 후보자의 당선을 무효로 하는 것은 헌법 제13조 제3항에서 금지하고 있는 연좌제에 해당한다. 13 국회 9 O | X

배우자는 후보자와 일상을 공유하는 자로서 선거에서는 후보자의 분신과도 같은 역할을 하게 되는바, 배우자의 중대 선거범죄를 이유로 후보자의 당선을 무효로 하는 이 사건 법률조항은 배우자가 죄를 저질렀다는 이유만으로 후보자에게 불이익을 주는 것이 아니라, 후보자와 불가분의 **선거운명공동체**를 형성하여 활동하게 마련인 배우자의 실질적 지위와 역할을 근거로 **후보자에게 연대책임을 부여**한 것이므로 헌법 제13조 제3항에서 금지하고 있는 **연좌제에 해당하지 아니한다**(헌재 2005. 12. 22. 2005헌마19).

● 정답 1920. O   1921. X [책임주의원칙 위배 X]   1922. O   1922-1. X [연좌제 X]

1923 구 공직자윤리법상 매각 또는 백지신탁의 대상이 되는 주식의 보유한도액을 결정함에 있어 국회의원 본인뿐만 아니라 본인과 일정한 친족관계가 있는 자들의 보유주식 역시 포함하도록 하고 있는 것은 본인과 친족 사이의 실질적·경제적 관련성에 근거한 것이지, 실질적으로 의미 있는 관련성이 없음에도 오로지 친족관계 그 자체만으로 불이익한 처우를 가하는 것이 아니므로 헌법 제13조 제3항에 위배되지 아니한다. 22 국가 7   O│X

1923-1 구 「공직자윤리법」상 매각 또는 백지신탁의 대상이 되는 주식의 보유한도액을 결정함에 있어 국회의원 본인뿐만 아니라 본인과 일정한 친족관계가 있는 자들의 보유주식 역시 포함하도록 하고 있는 것은 연좌제에 해당하여 헌법에 위배된다. 24 경정   O│X

이 사건 법률조항이 매각 또는 백지신탁의 대상이 되는 주식의 보유한도액을 결정함에 있어 **국회의원 본인** 뿐만 아니라 **본인과 일정한 친족관계가 있는 자들의 보유주식 역시 포함**하도록 하고 있는 것은 본인과 친족 사이의 실질적·경제적 관련성에 근거한 것이지, 실질적으로 의미 있는 관련성이 없음에도 오로지 친족관계 그 자체만으로 불이익한 처우를 가하는 것이 아니므로 **헌법 제13조 제3항에 위배되지 아니한다**(헌재 2012. 8. 23. 2010헌가65).

03 양벌규정

1924 종업원 등이 저지른 행위의 결과에 대한 법인의 독자적인 책임에 관하여 전혀 규정하지 않은 채, 단순히 법인이 고용한 종업원 등이 업무에 관하여 범죄행위를 하였다는 이유만으로 법인에 대하여 형사처벌하는 것은 법치국가원리에 위배된다. 20 입시   O│X

1924-1 단순히 법인이 고용한 종업원 등이 업무에 관하여 범죄행위를 하였다는 이유만으로 법인에 대하여 형사처벌을 과하는 것은 헌법상 법치국가원리 및 죄형법정주의로부터 도출되는 책임주의원칙에 반하여 헌법에 위배된다. 15 경정, 13 변호사   O│X

이 사건 법률조항은 종업원 등의 범죄행위에 관하여 비난할 근거가 되는 법인의 의사결정 및 행위구조, 즉 종업원 등이 저지른 행위의 결과에 대한 **법인의 독자적인 책임**에 관하여 전혀 규정하지 않은 채, 단순히 **법인이 고용한 종업원** 등이 업무에 관하여 **범죄행위를** 하였다는 이유만으로 **법인에 대하여 형사처벌**을 과하고 있는바, 이는 다른 사람의 범죄에 대하여 그 책임 유무를 묻지 않고 형벌을 부과함으로써 **법치국가의 원리 및 죄형법정주의로부터 도출되는 책임주의원칙에 반한다**(헌재 2012. 2. 23. 2012헌가2).

정답 1923. O 1923-1. X [연좌제 해당 X, 헌법 위배 X] 1924. O 1924-1. O

1925 종업원의 위반행위에 대하여 양벌조항으로서 개인인 영업주에게도 동일하게 무기 또는 2년 이상의 징역형의 법정형으로 처벌하도록 규정하고 있는 보건범죄단속에 관한 특별조치법 조항은 형사법상 책임원칙에 위반된다. 18 경정 O│X

1925-1 영업주가 고용한 종업원이 그 업무와 관련하여 무면허의료행위를 한 경우에, 그와 같은 종업원의 범죄행위에 대해 영업주가 비난받을 만한 행위가 있었는지 여부, 가령 종업원의 범죄행위에 실질적으로 가담하였거나 지시 또는 도움을 주었는지, 아니면 영업주의 업무와 관련한 종업원의 행위를 지도하고 감독하는 노력을 게을리 하였는지 여부와는 관계없이 종업원의 범죄행위가 있으면 자동적으로 영업주도 처벌하는 것은 무면허의료행위의 근절을 위해 불가피한 수단으로서 형벌에 관한 책임주의에 반하지 않는다. 10 국회 8 O│X

1925-2 종업원의 위반행위에 대하여 양벌조항으로서 개인인 영업주에게도 동일하게 처벌하도록 규정하고 있는 「보건범죄단속에 관한 특별조치법」 규정에 그 문언상 명백한 의미와 달리 "종업원의 범죄행위에 대해 영업주의 선임감독상의 과실(기타 영업주의 귀책사유)이 인정되는 경우"라는 요건을 추가하여 해석하는 것은 문언상 가능한 범위를 넘어서는 해석으로서 허용되지 않는다. 23 소간 O│X

(1) 이 사건 법률조항은 **영업주가 고용한 종업원**이 그 업무와 관련하여 **무면허의료행위를 한 경우**에, 그와 같은 종업원의 범죄행위에 대해 영업주가 비난받을 만한 행위가 있었는지 여부, 가령 종업원의 범죄행위에 실질적으로 가담하였거나 지시 또는 도움을 주었는지, 아니면 영업주의 업무와 관련한 종업원의 행위를 지도하고 감독하는 노력을 게을리 하였는지 여부와는 전혀 관계없이 종업원의 범죄행위가 있으면 **자동적으로 영업주도 처벌**하도록 규정하고 있다. 이것은 아무런 비난받을 만한 행위를 한 바 없는 자에 대해, **다른 사람의 범죄행위를 이유로 처벌**하는 것으로서 **형벌에 관한 책임주의에 반하는 것이라 하지 않을 수 없다**(헌재 2007. 11. 29. 2005헌가10).
(2) 이 사건 법률조항은 개인이 고용한 종업원(대리인, 사용인 등)이 업무와 관련하여 '보건범죄단속에 관한 특별법' 제5조를 위반한 범죄행위를 저지른 사실이 인정되면, 곧바로 그 종업원을 고용한 개인(영업주)도 종업원과 똑같이 처벌하도록 규정하고 있다 … 따라서 이 사건 법률조항을 그 **문언상 명백한 의미와 달리** "종업원의 범죄행위에 대해 영업주의 선임감독상의 과실(기타 영업주의 귀책사유)이 인정되는 경우"라는 **요건을 추가하여 해석**하는 것은 **문언상 가능한 범위를 넘어서는 해석으로서 허용되지 않는다**고 보아야 한다(헌재 2007. 11. 29. 2005헌가10).

1926 선박소유자가 고용한 선장이 선박소유자의 업무에 관하여 범죄행위를 하면 그 선박소유자에게도 동일한 벌금형을 과하도록 규정하고 있는 구「선박안전법」조항은 선장이 저지른 행위의 결과에 대해 선박소유자의 독자적인 책임에 관하여 전혀 규정하지 않은 채, 단순히 선박소유자가 고용한 선장이 업무에 관하여 범죄행위를 하였다는 이유만으로 선박소유자에 대하여 형사처벌을 과하고 있으므로 책임주의원칙에 위배된다. 24 변호사 O│X

1926-1 선박소유자가 고용한 선장이 선박소유자의 업무에 관하여 범죄행위를 하면 그 선박소유자에게도 동일한 벌금형을 과하도록 한 것은 책임주의에 위배되지 않는다. 20 입시 O│X

이 사건 법률조항은 선장의 범죄행위에 관하여 비난할 근거가 되는 선박소유자의 의사결정 및 행위구조, 즉 선장이 저지른 행위의 결과에 대한 선박소유자의 독자적인 책임에 관하여 전혀 규정하지 않은 채, 단순히 **선박소유자가 고용한 선장**이 업무에 관하여 범죄행위를 하였다는 이유만으로 **선박소유자에 대하여 형사처벌**을 과하고 있는바, 이는 다른 사람의 범죄에 대하여 그 책임 유무를 묻지 않고 형벌을 부과하는 것으로서, 법치국가의 원리 및 죄형법정주의로부터 도출되는 **책임주의원칙에 반한다**(헌재 2013. 9. 26. 2013헌가15).

● 정답 | 1925. O 1925-1. X [책임주의에 반함] 1925-2. O 1926. O 1926-1. X [책임주의 위배]

1927 종업원이 고정조치의무를 위반하여 화물을 적재하고 운전한 경우 그를 고용한 법인을 면책사유 없이 형사처벌하도록 규정한 구「도로교통법」제116조 중 '법인의 대리인, 사용인 그 밖의 종업원이 그 법인의 업무에 관하여 제113조제1호 중 제35조제3항을 위반한 때에는 그 법인에 대하여도 해당 조항의 벌금 또는 과료의 형을 과한다'는 부분은 자기책임원칙에 위반된다. 20 국회 8   O | X

1927-1 종업원이 고정조치의무를 위반하여 화물을 적재하고 운전한 경우 그를 고용한 법인을 면책사유 없이 형사처벌하도록 규정한 구 도로교통법 조항은 책임주의원칙에 위배되지 아니한다. 18 경정   O | X

심판대상조항은, 종업원이 법인의 업무에 관하여 운전 중 실은 화물이 떨어지지 아니하도록 덮개를 씌우거나 묶는 등 확실하게 고정될 수 있도록 필요한 조치를 하지 아니한 채 운전한 사실이 인정되면, 곧바로 법인에 대해서도 형벌을 부과하도록 정하고 있다. 그 결과 종업원의 고정조치의무 위반행위와 관련하여 선임·감독상 주의의무를 다하여 아무런 잘못이 없는 법인도 형사처벌되게 되었는바, 이는 다른 사람의 범죄에 대하여 그 책임 유무를 묻지 않고 형사처벌하는 것이므로 헌법상 법치국가원리 및 죄형법정주의로부터 도출되는 책임주의원칙에 위배된다. 따라서 심판대상조항은 헌법을 위반한다(헌재 2016. 10. 27. 2016헌가10).

1928 법인이 고용한 종업원 등의 일정한 범죄행위에 대하여 곧바로 법인을 종업원 등과 같이 처벌하도록 하고 있는 「산지관리법」조항은 법인 자신의 지휘·감독의무를 다하지 못한 과실을 처벌하는 것이므로 책임주의원칙에 위배된다고 보기 어렵다. 24 변호사   O | X

이 사건 심판대상조항은 법인이 고용한 종업원 등의 범죄행위에 관하여 비난할 근거가 되는 법인의 의사결정 및 행위구조, 즉 종업원 등이 저지른 행위의 결과에 대한 법인의 독자적인 책임에 관하여 전혀 규정하지 않은 채, 단순히 법인이 고용한 종업원 등이 업무에 관하여 범죄행위를 하였다는 이유만으로 법인에 대하여 형사처벌을 과하고 있는바, 이는 다른 사람의 범죄에 대하여 그 책임 유무를 묻지 않고 형벌을 부과함으로써 법치국가의 원리 및 죄형법정주의로부터 도출되는 책임주의원칙에 반하여 헌법에 위반된다(헌재 2010. 9. 30. 2010헌가19 등).

1929 법인의 대리인·사용인 기타의 종업원이 그 법인의 업무에 관하여 근로자가 노동조합을 조직 또는 운영하는 것을 지배하거나 이에 개입하는 행위를 한 때에는 그 법인에 대하여도 벌금형을 과하도록 한 「노동조합 및 노동관계조정법」조항은 종업원 등이 저지른 행위의 결과에 대한 법인의 독자적인 책임에 관하여 전혀 규정하지 않은 채, 단순히 법인이 고용한 종업원 등이 업무에 관하여 범죄행위를 하였다는 이유만으로 법인에 대하여 형벌을 부과하도록 정하고 있는바, 헌법상 법치국가원리로부터 도출되는 책임주의원칙에 위배된다. 23 국회 8   O | X

심판대상조항은 종업원 등의 범죄행위에 관하여 비난할 근거가 되는 법인의 의사결정 및 행위구조, 즉 종업원 등이 저지른 행위의 결과에 대한 법인의 독자적인 책임에 관하여 전혀 규정하지 않은 채, 단순히 법인이 고용한 종업원 등이 업무에 관하여 범죄행위를 하였다는 이유만으로 법인에 대하여 형벌을 부과하도록 정하고 있는바, 이는 다른 사람의 범죄에 대하여 그 책임 유무를 묻지 않고 형사처벌하는 것이므로 헌법상 법치국가원리로부터 도출되는 책임주의원칙에 위배된다(헌재 2019. 4. 11. 2017헌가30).

1930 노동조합 및 노동관계조정법 제94조는 양벌규정으로서 "법인 또는 단체의 대표자, 법인·단체 또는 개인의 대리인·사용인 기타의 종업원이 그 법인·단체 또는 개인의 업무에 관하여 제88조 내지 제93조의 위반행위를 한 때에는 행위자를 벌하는 외에 그 법인·단체 또는 개인에 대하여도 각 해당 조의 벌금형을 과한다."라고 규정하고 있는데, 위 규정 중 '법인의 대리인·사용인 기타의 종업원' 관련 부분은 책임주의 원칙에 위배되지만, '법인의 대표자' 관련 부분은 책임주의 원칙에 위배되지 않는다. 21 법무사   O | X

정답 1927. O   1927-1. X [책임주의원칙 위배]   1928. X [책임주의원칙 위배]   1929. O   1930. O

(1) 심판대상조항 중 **법인의 종업원 관련 부분**은 종업원 등의 범죄행위에 관하여 비난할 근거가 되는 법인의 의사결정 및 행위구조, 즉 종업원 등이 저지른 행위의 결과에 대한 **법인의 독자적인 책임**에 관하여 전혀 규정하지 않은 채, 단순히 법인이 고용한 종업원 등이 업무에 관하여 범죄행위를 하였다는 이유만으로 **법인에 대하여** 형벌을 부과하도록 정하고 있는바, 이는 다른 사람의 범죄에 대하여 그 책임 유무를 묻지 않고 형사처벌하는 것이므로 헌법상 법치국가원리로부터 도출되는 **책임주의원칙에 위배된다**(헌재 2020. 4. 23. 2019헌가25).

(2) 법인은 기관을 통하여 행위하므로 법인이 대표자를 선임한 이상 그의 행위로 인한 법률효과는 법인에게 귀속되어야 하고, **법인 대표자의 범죄행위에 대하여는 법인이 자신의 행위에 대한 책임을 부담하는 것이다**. 법인 대표자의 법규위반행위에 대한 법인의 책임은 법인 자신의 법규위반행위로 평가될 수 있는 행위에 대한 법인의 직접책임이므로, 대표자의 고의에 의한 위반행위에 대하여는 법인이 고의 책임을, 대표자의 과실에 의한 위반행위에 대하여는 법인이 과실 책임을 부담한다. 따라서 심판대상조항 중 **법인의 대표자 관련 부분**은 법인의 직접책임을 근거로 하여 법인을 처벌하므로 **책임주의원칙에 위배되지 않는다**(헌재 2020. 4. 23. 2019헌가25).

1931 법인의 대표자 등이 법인의 재산을 국외로 도피한 경우 행위자를 벌하는 외에 그 법인에도 도피액의 2배 이상 10배 이하에 상당하는 벌금형을 과하는 「특정경제범죄 가중처벌 등에 관한 법률」 제4조제4항 본문 중 '법인에 대한 처벌'에 관한 부분은 책임주의에 위배되지 않는다. 20 국회 8   O│X

법인 대표자의 법규위반행위에 대한 법인의 책임은 법인 자신의 법규위반행위로 평가될 수 있는 행위에 대한 법인의 직접책임이므로, 대표자의 고의에 의한 위반행위에 대하여는 법인이 고의 책임을, 대표자의 과실에 의한 위반행위에 대하여는 법인이 과실 책임을 부담한다. 따라서 청구인이 대표자가 범한 횡령행위의 피해자로서 손해만을 입고 아무런 이익을 얻지 못한 경우라도, 법인이 대표자를 통하여 재산국외도피를 하였다면 그 자체로 법인 자신의 법규위반행위로 평가할 수 있다. 심판대상조항 중 **법인의 대표자 관련 부분**은 법인의 직접책임을 근거로 하여 법인을 처벌하므로 **책임주의원칙에 반하지 아니한다**(헌재 2019. 4. 11. 2015헌바443).

POINT 120 신체의 자유 관련판례

01 수용자의 기본권 제한 관련

1932 「형의 집행 및 수용자의 처우에 관한 법률」상 징벌은 수사 및 재판 등의 절차확보를 위해 미결구금 및 형벌의 집행이라는 불이익을 받고 있는 자들에 대하여 부과되므로, 규율 위반에 대한 제재로서의 불이익은 형벌에 포함된 통상의 구금 및 수용생활이라는 불이익보다 더욱 자유와 권리를 제한하게 된다. 20 국회 8   O│X

교정시설은 수용자를 강제로 수용하는 장소이므로 시설 내의 질서유지와 안전을 확보할 필요성이 크고, **형집행법상 징벌**은 이미 수사 및 재판 등의 절차확보를 위한 **미결구금 등의 불이익을 받고 있는** 자들에 대하여 부과되는 것이라는 점에서, **규율 위반에 대한 제재로서의 불이익**은 형벌에 포함된 통상의 구금 및 수용생활이라는 불이익보다 **더욱 자유와 권리를 제한**하는 것이 될 것임을 예상할 수 있다(헌재 2016. 4. 28. 2012헌마549 등).

1933 수형자의 기본권 제한에 대한 구체적인 한계는 헌법 제37조 제2항에 따라 법률에 의하여 구체적인 자유·권리의 내용과 성질, 그 제한의 태양과 정도 등을 교량하여 설정하게 되며, 수용 시설 내의 안전과 질서를 유지하기 위하여 이들 기본권의 일부 제한이 불가피하다 하더라도 그 본질적인 내용을 침해하거나, 목적의 정당성, 방법의 적정성, 피해의 최소성 및 법익의 균형성 등을 의미하는 과잉금지의 원칙에 위배되어서는 안 된다. 16 법무사   O│X

정답 1931. O   1932. O   1933. O

수형자의 기본권 제한에 대한 구체적인 한계는 헌법 제37조 제2항에 따라 법률에 의하여, 구체적인 자유·권리의 내용과 성질, 그 제한의 태양과 정도 등을 교량하여 설정하게 되며, 수용 시설 내의 안전과 질서를 유지하기 위하여 이들 기본권의 일부 제한이 불가피하다 하더라도 그 본질적인 내용을 침해하거나, 목적의 정당성, 방법의 적정성, 피해의 최소성 및 법익의 균형성 등을 의미하는 과잉금지의 원칙에 위배되어서는 안 된다(헌재 2004. 12. 16. 2002헌마478).

1934 교도소의 안전 및 질서유지를 위하여 행해지는 규율과 징계로 인한 수용자의 기본권의 제한도 다른 방법으로는 그 목적을 달성할 수 없는 경우에만 예외적으로 허용되어야 한다. 23 경찰 2차   O|X

수용자의 지위에서 예정되어 있는 기본권 제한이라도 형의 집행과 도주 방지라는 구금의 목적과 관련되어야 하고 그 필요한 범위를 벗어날 수 없으며, 교도소의 안전 및 질서유지를 위하여 행해지는 규율과 징계로 인한 기본권의 제한도 다른 방법으로는 그 목적을 달성할 수 없는 경우에만 예외적으로 허용되어야 한다(헌재 2016. 6. 30. 2015헌마36).

1935 금치 처분을 받은 수형자에 대한 절대적인 운동의 금지는 징벌의 목적을 고려하더라도 그 수단과 방법에 있어서 필요한 최소한도의 범위를 벗어난 것으로서, 수형자의 헌법 제10조의 인간의 존엄과 가치 및 제12조의 신체의 자유를 침해하는 정도에 이르렀다. 16 법무사   O|X

실외운동은 구금되어 있는 수형자의 신체적·정신적 건강 유지를 위한 최소한의 기본적 요청이라고 할 수 있는데, … 금치 처분을 받은 수형자에 대한 절대적인 운동의 금지는 징벌의 목적을 고려하더라도 그 수단과 방법에 있어서 필요한 최소한도의 범위를 벗어난 것으로서, 수형자의 헌법 제10조의 인간의 존엄과 가치 및 신체의 안전성이 훼손당하지 아니할 자유를 포함하는 제12조의 신체의 자유를 침해하는 정도에 이르렀다고 판단된다(헌재 2004. 12. 16. 2002헌마478).

1936 금치의 징벌을 받은 수용자에 대해 금치기간 중 실외운동을 원칙적으로 제한하고 예외적으로 실외운동을 허용하는 경우에도 실외운동의 기회가 부여되어야 하는 최저기준을 명시하지 않고 있는 규정은, 실외운동은 구금되어 있는 수용자의 신체적·정신적 건강을 유지하기 위한 최소한의 기본적 요청이고, 수용자의 건강 유지는 교정교화와 건전한 사회복귀라는 형 집행의 근본적 목표를 달성하는 데 필수적이므로 침해의 최소성 원칙에 위배되어 신체의 자유를 침해한다. 17 5급   O|X

실외운동은 구금되어 있는 수용자의 신체적·정신적 건강을 유지하기 위한 최소한의 기본적 요청이고, 수용자의 건강 유지는 교정교화와 건전한 사회복귀라는 형 집행의 근본적 목표를 달성하는 데 필수적이다. 위 조항은 예외적으로 실외운동을 허용하는 경우에도, 실외운동의 기회가 부여되어야 하는 최저기준을 법령에서 명시하고 있지 않으므로, 침해의 최소성 원칙에 위배된다. 위 조항은 수용자의 정신적·신체적 건강에 필요 이상의 불이익을 가하고 있고, 이는 공익에 비하여 큰 것이므로 위 조항은 법익의 균형성 요건도 갖추지 못하였다. 따라서 위 조항은 청구인의 신체의 자유를 침해한다(헌재 2016. 5. 26. 2014헌마45).

1937 교도소 내 엄중격리대상자에 대하여 이동시 계구를 사용하고 교도관이 동행계호하는 행위 및 1인 운동장을 사용하게 하는 처우가 필요한 경우에 한하여 부득이한 범위 내에서 실시되고 있으므로 신체의 자유를 과도하게 제한하여 헌법을 위반한 것이라고 볼 수 없다. 22 경정   O|X

1937-1 법무부 예규인 「특별관리대상자 관리지침」에 의한 수용자의 동행계호행위는 신체의 자유를 침해한다. 13 국회 8   O|X

● 정답 1934. O   1935. O   1936. O   1937. O   1937-1. X [신체의 자유 침해 X]

청구인들은 상습적으로 교정질서를 문란케 하는 등 교정사고의 위험성이 높은 엄중격리대상자들인바, 이들에 대한 **계구사용행위, 동행계호행위 및 1인 운동장을 사용하게 하는 처우**는 그 목적의 정당성 및 수단의 적정성이 인정되며, 필요한 경우에 한하여 부득이한 범위 내에서 실시되고 있다고 할 것이고, 이로 인하여 수형자가 입게 되는 자유 제한에 비하여 교정사고를 예방하고 교도소 내의 안전과 질서를 확보하는 공익이 더 크다고 할 것이다. … 이 사건 실외운동 제한행위가 청구인들의 <u>기본권을 부당하게 침해한다고 보기 어렵다</u>(헌재 2008. 5. 29. 2005헌마137 등).

1938 흉기를 휴대하여 피해자에게 강간상해를 가하였다는 범죄사실 등으로 징역 13년을 선고받아 형집행 중인 수형자를 교도소장이 다른 교도소로 이송함에 있어 4시간 정도에 걸쳐 상체승의 포승과 앞으로 수갑 2개를 채운 보호장비의 사용행위는 필요한 정도를 넘어 과도하게 행해진 것으로서 수형자의 신체의 자유를 침해한다. 14 변호사   O│X

이 사건 보호장비 사용행위는 도주 등의 교정사고를 예방하기 위한 것으로서 그 목적이 정당하고, 상체승의 포승과 앞으로 사용한 수갑은 이송하는 경우의 보호장비로서 적절하다. … 따라서 <u>이 사건 **보호장비 사용행위**는 그 기본권제한의 범위 내에서 이루어진 것이므로 청구인의 **인격권과 신체의 자유를 침해하지 않는다**</u>(헌재 2012. 7. 26. 2011헌마426).

1939 수형자가 민사재판에 출정하여 법정 대기실 내 쇠창살 격리시설 안에 유치되어 있는 동안 교도소장이 출정계호 교도관을 통해 수형자에게 양손수갑 1개를 앞으로 사용한 행위는 신체의 자유를 침해한 것이다. 24 경정   O│X

이 사건 **보호장비 사용행위**는 수형자가 도주나 자해, 다른 사람에 대한 위해와 같은 교정사고를 저지르는 것을 예방하고, 법원 내 질서 유지에 협력하기 위한 것으로, 그 목적의 정당성 및 수단의 적합성이 인정된다. … 따라서 <u>이 사건 보호장비 사용행위는 과잉금지원칙을 위반하여 청구인의 **신체의 자유 및 인격권을 침해하지 않는다**</u>(헌재 2023. 6. 29. 2018헌마1215).

02 처벌 · 보안처분 · 강제노역

1940 외국에서 형의 전부 또는 일부의 집행을 받은 자에 대하여 형을 감경 또는 면제할 수 있도록 규정한 법률조항은 형의 감면 여부를 법관의 재량에 전적으로 위임하고 있어 외국에서 받은 형의 집행을 전혀 반영하지 아니할 수도 있도록 한 것이어서 과잉금지원칙에 위반되어 신체의 자유를 침해한다.
18 국회 8   O│X

1940-1 범죄에 대한 형벌권은 대한민국에 있기 때문에 범죄를 저지르고 외국에서 형의 전부 혹은 일부의 집행을 받은 경우에 형을 감경 혹은 면제할 것인가의 여부를 법원이 임의로 판단할 수 있도록 한 것은 헌법에 위반되지 않는다. 16 국회 9   O│X

<u>외국에서 실제로 형의 집행을 받았음에도 불구하고 **우리 형법에 의한 처벌 시 이를 전혀 고려하지 않는다면 신체의 자유에 대한 과도한 제한**</u>이 될 수 있으므로 그와 같은 사정은 <u>어느 범위에서든 반드시 반영</u>되어야 하고, 이러한 점에서 입법형성권의 범위는 다소 축소될 수 있다. 입법자는 국가형벌권의 실현과 국민의 기본권 보장의 요구를 조화시키기 위하여 형을 필요적으로 감면하거나 외국에서 집행된 형의 전부 또는 일부를 필요적으로 산입하는 등의 방법을 선택하여 청구인의 신체의 자유를 덜 침해할 수 있음에도, <u>이 사건 법률조항과 같이 우리 형법에 의한 처벌 시 외국에서 받은 형의 집행을 **전혀 반영하지 아니할 수도 있도록 한 것은 과잉금지원칙에 위배되어 신체의 자유를 침해한다**</u>(헌재 2015. 5. 28. 2013헌바129).

● 정답 │ 1938. X [신체의 자유 침해 X]   1939. X [신체의 자유 침해 X]   1940. O   1940-1. X [헌법에 위반됨]

1941 형사판결은 국가주권의 일부분인 형벌권 행사에 기초한 것으로서, 외국의 형사판결은 원칙적으로 우리 법원을 기속하지 않으므로 동일한 범죄행위에 관하여 다수의 국가에서 재판 또는 처벌을 받는 것이 배제되지 않는다고 할 것인바, 외국에서 형의 전부 또는 일부의 집행을 받은 자에 대하여 형을 감경 또는 면제할 수 있도록 규정한 「형법」 제7조는 이중처벌금지원칙에 위반되지 아니한다. 22 경찰 2차

O | X

형사판결은 국가주권의 일부분인 형벌권 행사에 기초한 것으로서, 외국의 형사판결은 원칙적으로 우리 법원을 기속하지 않으므로 동일한 범죄행위에 관하여 다수의 국가에서 재판 또는 처벌을 받는 것이 배제되지 않는다. 따라서 **이중처벌금지원칙은** 동일한 범죄에 대하여 **대한민국 내에서 거듭 형벌권이 행사되어서는 안 된다**는 뜻으로 새겨야 할 것이므로 이 사건 법률조항은 헌법 제13조 제1항의 **이중처벌금지원칙에 위배되지 아니한다.** … 입법자는 국가형벌권의 실현과 국민의 기본권 보장의 요구를 조화시키기 위하여 형을 필요적으로 감면하거나 외국에서 집행된 형의 전부 또는 일부를 필요적으로 산입하는 등의 방법을 선택하여 청구인의 신체의 자유를 덜 침해할 수 있음에도, **이 사건 법률조항과 같이 우리 형법에 의한 처벌 시 외국에서 받은 형의 집행을 전혀 반영하지 아니할 수도 있도록 한 것은 과잉금지원칙에 위배되어 신체의 자유를 침해한다**(헌재 2015. 5. 28. 2013헌바129).

📝 **보충설명** 이중처벌금지원칙에 위배되지 아니하나, 과잉금지원칙에 위배되어 위헌이다.

1942 성폭력범죄를 저지른 성도착증 환자로서 재범의 위험성이 인정되는 19세 이상의 사람에 대해 법원이 15년의 범위에서 치료명령을 선고할 수 있도록 한 법률조항은 장기형이 선고되는 경우 치료명령의 선고시점과 집행시점 사이에 상당한 시간적 간극이 있어서, 집행시점에서 발생할 수 있는 불필요한 치료와 관련한 부분에 대하여는 침해의 최소성과 법익균형성을 인정하기 어려우므로 피치료자의 신체의 자유를 침해한다. 18 국회 8, 17 5급

O | X

장기형이 선고되는 경우 치료명령의 선고시점과 집행시점 사이에 상당한 시간적 간극이 있어 집행시점에서 발생할 수 있는 불필요한 치료와 관련한 부분에 대해서는 침해의 최소성과 법익균형성을 인정하기 어렵다. 따라서 이 사건 청구조항은 과잉금지원칙에 위배되지 아니하나, 이 사건 명령조항은 집행 시점에서 불필요한 치료를 막을 수 있는 절차가 마련되어 있지 않은 점으로 인하여 **과잉금지원칙에 위배되어 치료명령 피청구인의 신체의 자유 등 기본권을 침해한다**(헌재 2015. 12. 23. 2013헌가9).

1943 헌법 제12조 제1항의 신체의 자유는, 신체의 안정성이 외부로부터의 물리적인 힘이나 정신적인 위험으로부터 침해당하지 아니할 자유와 신체활동을 임의적이고 자율적으로 할 수 있는 자유를 말한다. 디엔에이감식시료 채취의 구체적인 방법은 구강점막 또는 모근을 포함한 모발을 채취하는 방법으로 하고, 위 방법들에 의한 채취가 불가능하거나 현저히 곤란한 경우에는 분비물, 체액을 채취하는 방법으로 한다. 그렇다면 디엔에이감식시료의 채취행위는 신체의 안정성을 해한다고 볼 수 있으므로 신체의 자유를 제한한다. 23 법원 9

O | X

1943-1 「디엔에이신원확인정보의 이용 및 보호에 관한 법률」 및 동법 시행령에 의한 디엔에이감식시료의 채취는 구강점막 또는 모근을 포함한 모발을 채취하는 방법 또는 분비물, 체액을 채취하는 방법으로 이루어지는데, 이 채취행위가 신체의 안정성을 해한다고 볼 수는 없으므로 신체의 자유를 제한하는 것은 아니다. 23 경정

O | X

1943-2 특정범죄를 범한 수형인 등에 대한 디엔에이(DNA) 감식시료 채취의 근거조항인 「디엔에이신원확인정보의 이용 및 보호에 관한 법률」 규정은 신체의 자유를 침해하지 않는다. 21 입시

O | X

1943-3 특정범죄에 대하여 형의 선고를 받아 확정된 사람으로부터 디엔에이감식시료를 채취할 수 있도록 한 디엔에이신원확인정보의 이용 및 보호에 관한 법률 조항은 과잉금지의 원칙을 위반하여 신체의 자유를 침해한다. 20 법무사

O | X

● 정답 1941. O 1942. O 1943. O 1943-1. X [신체의 자유 제한 O] 1943-2. O 1943-3. X [신체의 자유 침해 X]

(1) 헌법 제12조 제1항의 신체의 자유는, 신체의 안정성이 외부로부터의 물리적인 힘이나 정신적인 위험으로부터 침해당하지 아니할 자유와 신체활동을 임의적이고 자율적으로 할 수 있는 자유를 말한다. 디엔에이감식시료 채취의 구체적인 방법은 구강점막 또는 모근을 포함한 모발을 채취하는 방법으로 하고, 위 방법들에 의한 채취가 불가능하거나 현저히 곤란한 경우에는 분비물, 체액을 채취하는 방법으로 한다. 그렇다면 **디엔에이감식시료의 채취행위는** 신체의 안정성을 해한다고 볼 수 있으므로 이 사건 채취조항들은 **신체의 자유를 제한**한다(헌재 2014. 8. 28. 2011헌마28 등).

(2) 이 사건 채취조항들은 **범죄 수사 및 예방**을 위하여 특정범죄의 수형자로부터 디엔에이감식시료를 채취할 수 있도록 하는 것이다. 디엔에이감식시료 채취 대상범죄는 재범의 위험성이 높아 디엔에이신원확인정보를 수록·관리할 필요성이 높으며, 이 사건 법률은 시료를 서면 동의 또는 영장에 의하여 채취하되, 채취 이유, 채취할 시료의 종류 및 방법을 고지하도록 하고 있고, … 제한되는 신체의 자유의 정도는 일상생활에서 경험할 수 있는 정도의 미약한 것으로서 범죄 수사 및 예방의 공익에 비하여 크다고 할 수 없어 법익의 균형성도 인정된다. 따라서 이 사건 채취조항들이 과도하게 **신체의 자유를 침해한다고 볼 수 없다**(헌재 2014. 8. 28. 2011헌마28 등).

1944 형사 법률에 저촉되는 행위 또는 규율 위반 행위를 한 피보호감호자에 대하여 징벌처분을 내릴 수 있도록 한 구「사회보호법」조항은 과잉금지원칙에 위배되지 않아 청구인의 신체의 자유를 침해하지 않는다. 19 경정   O | X

이 사건 법률조항은 보호감호처분에 관하여 형집행법 제107조 제1호, 제6호를 준용하여 **형사 법률에 저촉되는 행위 또는 규율 위반 행위를** 한 피보호감호자에 대하여 **불이익처분**을 내릴 수 있도록 함으로써 수용시설의 안전과 공동생활의 질서를 유지하기 위한 것으로, **입법목적의 정당성이 인정된다.** … 이 사건 법률조항이 달성하고자 하는 수용시설의 안전과 질서유지는 수용목적을 달성하기 위한 가장 기본적인 전제조건으로서 수용시설의 운영을 위한 필수불가결한 공익인 만큼 이 사건 법률조항으로 인하여 제한되는 청구인의 사익보다 결코 작다고 볼 수 없으므로, 이 사건 법률조항은 법익의 균형성도 갖추었다. 그러므로 이 사건 법률조항은 과잉금지원칙에 위배되어 청구인의 **신체의 자유 등 기본권을 침해하지 않는다**(헌재 2016. 5. 26. 2015헌바378).

1945 법률이 폐지되었다고 하더라도 보호감호는 형벌과는 성격을 달리하는 보호처분이므로 이미 판결이 확정된 보호감호 대상자에 대하여 감호 집행을 하도록 규정한「사회보호법폐지법률」은 헌법에 위반되지 아니한다. 14 국회 8   O | X

입법자가 종전 사회보호법을 폐지하면서 적지 않은 수의 보호감호 대상자를 일시에 석방할 경우 초래될 사회적 혼란의 방지, 법원의 양형 실무 및 확정판결에 대한 존중 등을 고려하여 **법률 폐지 이전에 이미 보호감호 판결이 확정된 자에 대하여는 보호감호를 집행하도록 한 것이므로** 이중처벌에 해당하거나 비례원칙에 위반하여 **신체의 자유를 과도하게 침해한다고 볼 수 없으며**, 판결 미확정자와의 사이에 발생한 차별은 입법재량 범위 내로서 이를 정당화할 합리적 근거가 있으므로 **헌법상 평등의 원칙에 반하지 아니한다**(헌재 2009. 3. 26. 2007헌바50).

1946 「사회보호법」에서 치료감호기간의 상한을 정하지 아니한 것, 법관 아닌 사회보호위원회가 치료감호의 종료 여부를 결정하도록 한 것은 위헌이다. 17 서울 7   O | X

(1) 이 사건 법률조항이 치료감호의 종료시점을 일정한 기간의 도과시점으로 하지 않고 감호의 필요가 없을 정도로 치유된 때로 정한 것은, 치료감호가 지향하는 정신장애 범죄자의 치료를 통한 사회복귀와 시민의 안전 확보라는 목적을 확실하게 달성하기 위한 취지이므로 그 입법목적은 정당하다. … 따라서 이 사건 법률조항은 과잉금지의 원칙에 위배되지 아니하므로 청구인의 **신체의 자유를 침해하는 것이라고 볼 수 없다**(헌재 2005. 2. 3. 2003헌바1).

(2) 사회보호위원회의 구성이나 심사, 의결 및 결정 절차에 비추어 보면 사회보호위원회는 독립성과 전문성을 갖춘 특별위원회로서 준사법적 성격을 겸유하는 점, … 피치료감호자 측이 신청한 치료감호의 종료청구가 기각될 경우 이에 대한 행정소송이 가능한 점 등을 고려할 때, 이 사건 법률조항이 사회보호위원회에 치료감호의 종료 여부를 결정할 권한을 부여한 것이 **적법절차에 위배된다고 할 수 없다**(헌재 2005. 2. 3. 2003헌바1).

정답 1944. O 1945. O 1946. X [위헌 X]

1947 약식명령에 대한 정식재판청구권 회복청구 시 필요적 집행정지가 아닌 임의적 집행정지로 규정한 「형사소송법」 조항은 약식명령에 의한 벌금형을 납부하지 않아 노역장에 유치된 자의 신체의 자유를 침해한 것이다. 24 경정　O | X

이 사건 법률조항은 약식명령에 대한 정식재판청구권 회복청구가 인용되는 경우 정식재판절차가 개시되어 약식명령이 확정되지 않은 상태로 되돌아간다는 점을 고려하여, 정식재판 청구기간 경과에 귀책사유가 없는 피고인을 재판의 부당한 집행으로부터 보호하면서, 필요적 집행정지로 인한 벌금형의 실효성 저하를 방지하고자 법원으로 하여금 구체적 사정을 고려하여 재판의 집행정지 여부를 결정하도록 하는 규정이다. … 따라서 이 사건 법률조항이 신체의 자유를 침해한다고 볼 수 없다(헌재 2014. 5. 29. 2012헌마104).

1948 징역형 수형자에게 정역 의무를 부과하는 「형법」 제67조는 신체의 자유 침해가 아니다. 16 국회 9　O | X

이 사건 법률조항은 수형자의 교정교화와 건전한 사회복귀를 도모하고, 노동의 강제를 통하여 범죄에 대한 응보 및 일반예방에 기여하기 위한 것으로서 그 목적이 정당하고, 수단의 적합성도 인정된다. … 이 사건 법률조항으로 말미암아 작업이 강제됨으로써 제한되는 수형자의 개인적 이익에 비하여 징역형 수형자 개개인에 대한 재사회화와 이를 통한 사회질서 유지 및 공공복리라는 공익이 더 크므로 법익의 균형성도 인정되므로, 이 사건 법률조항은 신체의 자유를 침해하지 아니한다(헌재 2012. 11. 29. 2011헌마318).

03 기타 판례

§07 1949 보호의무자 2인의 동의와 정신건강의학과 전문의 1인의 진단으로 정신질환자에 대한 보호입원이 가능하도록 한 법률조항은 침해의 최소성 원칙에 위반되어 신체의 자유를 침해한다. 18 국회 8　O | X

1949-1 보호의무자 2인의 동의와 정신건강의학과 전문의 1인의 진단으로 정신질환자에 대한 보호입원이 가능하도록 한 「정신보건법」 조항은 보호입원이 정신질환자 본인에 대한 치료와 사회의 안전 도모라는 측면에서 긍정적인 효과가 있으므로 정신질환자의 신체의 자유를 침해하지 아니한다. 17 국가 7　O | X

보호의무자 2인이 정신과전문의와 공모하거나, 그로부터 방조·용인을 받는 경우 보호입원 제도가 남용될 위험성은 더욱 커지는 점, … 등을 종합하면, 심판대상조항은 침해의 최소성 원칙에 위배된다. … 그렇다면 심판대상조항은 과잉금지원칙을 위반하여 신체의 자유를 침해한다(헌재 2016. 9. 29. 2014헌가9).

1950 검사조사실에 소환되어 피의자신문을 받을 때 포승으로 팔과 상반신을 묶고 양손에 수갑을 채운 상태에서 피의자조사를 받도록 한 것은 신체의 자유를 침해하는 것이다. 11 법원 9　O | X

피청구인 소속 계호교도관이 이를 거절하고 청구인으로 하여금 수갑 및 포승을 계속 사용한 채 피의자조사를 받도록 하였던바, 이로 말미암아 청구인은 신체의 자유를 과도하게 제한당하였고 이와 같은 계구의 사용은 무죄추정원칙 및 방어권행사 보장원칙의 근본취지에도 반한다고 할 것이다(헌재 2005. 5. 26. 2001헌마728).

1951 「민사집행법」상 재산명시의무를 위반한 채무자에 대하여 법원의 결정으로 20일 이내의 감치에 처하도록 규정한 것은 신체의 자유를 침해하지 않는다. 24 경정　O | X

정답　1947. X [신체의 자유 침해 X]　1948. O　1949. O　1949-1. X [신체의 자유 침해함]　1950. O　1951. O

심판대상조항은 민사집행법상 **재산명시의무를 위반한 채무자**에 대하여 **법원이 결정으로 20일 이내의 감치**에 처하도록 규정한 것으로서, 구 민사소송법에서 형사처벌하던 것을 재산명시의무를 간접강제하기 위한 민사적 제재로 전환하였고, 금전지급을 목적으로 하는 집행권원에 기초한 경우에만 인정되며, 채무자로서는 재산명시기일에 출석하여 재산목록을 제출하고 선서를 하기만 하면 감치의 제재를 받지 않으며, 감치를 명하더라도 최대 20일을 초과할 수 없고, 감치의 집행 중이라도 채무자가 재산명시의무를 이행하거나 채무를 변제하면 즉시 석방되는 점에 비추어, **과잉금지원칙**에 반하여 청구인의 **신체의 자유를 침해하지 아니한다**(헌재 2014. 9. 25. 2013헌마11).

1952 「인신보호법」상 구제청구를 할 수 있는 피수용자의 범위에서 「출입국관리법」에 따라 보호된 외국인을 제외하는 것은 「인신보호법」에 따른 보호의 적부를 다툴 기회를 배제하고 있어 신체의 자유를 침해한다. 24 변호사 　　O | X

출입국관리법에 따라 보호된 청구인들은 각 보호의 원인이 되는 **강제퇴거명령에 대하여 취소소송**을 제기함으로써 그 원인관계를 다투는 것 이외에도, **보호명령 자체의 취소**를 구하는 **행정소송**이나 그 집행의 정지를 구하는 **집행정지신청**을 할 수 있으므로, 헌법 제12조 제6항이 요구하는 **체포·구속 자체에 대한 적법여부를 법원에 심사청구할 수 있는 절차**가 있다. … 따라서 **심판대상조항은 헌법 제12조 제6항의 요청을 충족한 것으로 청구인들의 신체의 자유를 침해하지 아니한다**(헌재 2014. 8. 28. 2012헌마686).

POINT 121 적법절차원칙

01 적법절차원칙

1953 헌법 제12조 제1항 후문은 "누구든지 법률에 의하지 아니하고는 체포·구속·압수·수색 또는 심문을 받지 아니하며, 법률과 적법한 절차에 의하지 아니하고는 처벌·보안처분 또는 강제노역을 받지 아니한다"고 규정하여 적법절차원칙을 헌법원리로 수용하고 있다. 22 경정 　　O | X

1953-1 현행 헌법에서는 적법절차의 원리를 신체의 자유를 보장하는 조항에서 규정하고 있다. 15 법원 9 　　O | X

헌법 제12조 제1항 후문은 "누구든지 법률에 의하지 아니하고는 체포·구속·압수·수색 또는 심문을 받지 아니하며, 법률과 적법한 절차에 의하지 아니하고는 처벌·보안처분 또는 강제노역을 받지 아니한다."고 규정하여 **적법절차원칙을 헌법원리로 수용**하고 있다(헌재 2021. 1. 28. 2020헌마264 등).

1954 영미법계의 국가에서 국민의 인권을 보장하기 위한 기본원리의 하나로 발달되어 온 적법절차의 원칙을 처음으로 도입하여 명문화한 것은 제9차 개정한 현행헌법이다. 18 법원 9 　　O | X

1954-1 적법절차의 원칙은 영미법계 국가에서 인권보장을 위한 원리로 발전되어 온 것으로서, 우리나라는 제8차 개정헌법에서 비로소 헌법전에 규정된 바 있다. 17 국회 8 　　O | X

적법절차의 원칙은 **영미법계의 국가**에서 국민의 인권을 보장하기 위한 기본원리의 하나로 발달되어 온 원칙으로, … 우리는 1987.10.29. **제9차 개정한 현행 헌법에서 처음으로 명문화**하였으며, 그 내용은 인신의 구속 등에 있어서는 법률의 규정을 지켜야 하고, 그 법률은 절차면에서나 실체적 내용에 있어서 합리성과 정당성이 있는 적정한 것이어야 한다는 것이다(헌재 1993. 12. 23. 93헌가2).

● 정답 1952. X [신체의 자유 침해 아님]　1953. O　1953-1. O　1954. O　1954-1. X [제9차 개정헌법에서 처음 명문화]

1955 헌법 제12조 제1항은 적법절차원칙의 일반조항이고 제12조 제3항의 적법절차원칙은 기본권 제한 정도가 가장 심한 형사상 강제처분의 영역에서 기본권을 더욱 강하게 보장하려는 의지를 담아 중복 규정된 것이다. 15 국회 9   O|X

헌법은 제12조 제1항에서 신체의 자유의 보장과 적법절차의 원칙을 선언하고 같은 조 제3항에서 체포·구속 등에 있어서 '적법한 절차에 따라' 법관이 발부한 영장에 의할 것을 천명하고 있다. 헌법상 적법절차의 원칙은 국가작용으로서 기본권 제한과 관련되든 아니든 모든 입법작용 및 행정작용에도 광범위하게 적용되는 것으로서, 법률이 정한 형식적 절차와 실체적 내용이 모두 합리성과 정당성을 갖춘 적정한 것이어야 한다는 실질적 의미를 지니고 있으며, 형사소송절차와 관련하여서는 형사소송절차의 전반을 기본권 보장의 측면에서 규율하여야 한다는 기본원리를 천명하고 있는 것으로 이해된다. 따라서 **헌법 제12조 제1항은 적법절차원칙의 일반조항**이고, **제12조 제3항의 적법절차원칙은 기본권 제한 정도가 가장 심한 형사상 강제처분의 영역에서 기본권을 더욱 강하게 보장하려는 의지를 담아 중복 규정**된 것이라고 해석함이 상당하다(헌재 2012. 6. 27. 2011헌가36).

1956 적법절차의 원칙은 단순히 입법권의 유보제한이라는 한정적인 의미에 그치는 것이 아니라 모든 국가작용을 지배하는 독자적인 헌법의 기본원리로서 해석되어야 할 원칙이라는 점에서 입법권의 유보적 한계를 선언하는 과잉입법금지의 원칙과는 구별된다. 13 국가 7   O|X

현행 헌법이 명문화하고 있는 **적법절차의 원칙**은 단순히 입법권의 유보제한이라는 한정적인 의미에 그치는 것이 아니라 **모든 국가작용을 지배하는 독자적인 헌법의 기본원리로서 해석되어야 할 원칙이라는 점에서 입법권의 유보적 한계를 선언하는 과잉입법금지의 원칙과는 구별**된다고 할 것이다(헌재 1992. 12. 24. 92헌가8).

02 적법절차원칙의 내용

1957 적법절차의 원칙은 법률이 정한 형식적 절차와 실체적 내용이 모두 합리성과 정당성을 갖춘 적정한 것이어야 한다는 실질적 의미를 지니고 있다. 23 경간   O|X

헌법상 **적법절차의 원칙**은 국가작용으로서 기본권 제한과 관련되든 아니든 모든 입법작용 및 행정작용에도 광범위하게 적용되는 것으로서, 법률이 정한 **형식적 절차와 실체적 내용**이 모두 **합리성과 정당성**을 갖춘 적정한 것이어야 한다는 **실질적 의미**를 지니고 있으며, 형사소송절차와 관련하여서는 형사소송절차의 전반을 기본권 보장의 측면에서 규율하여야 한다는 기본원리를 천명하고 있는 것으로 이해된다(헌재 2012. 6. 27. 2011헌가36).

1958 적법절차의 원칙은 법률의 위헌여부에 관한 심사기준으로서 그 적용대상을 형사소송절차에 국한하지 않고 모든 국가작용 특히 입법작용 전반에 대하여 문제된 법률의 실체적 내용이 합리성과 정당성을 갖추고 있는지 여부를 판단하는 기준으로 적용된다. 19 서울 7   O|X

적법절차의 원칙이 독자적인 헌법원리의 하나로 수용되고 있으며 이는 형식적인 절차 뿐만 아니라 실체적 법률내용이 합리성과 정당성을 갖춘 것이어야 한다는 실질적 의미로 확대 해석하고 있으며, 우리 헌법재판소의 판례에서도 이 적법절차의 원칙은 법률의 위헌여부에 관한 심사기준으로서 그 적용대상을 **형사소송절차**에 국한하지 않고 **모든 국가작용** 특히 입법작용 전반에 대하여 문제된 **법률의 실체적 내용이 합리성과 정당성을 갖추고 있는지 여부를 판단하는 기준**으로 적용되고 있음을 보여주고 있다(헌재 1992. 12. 24. 92헌가8).

정답 1955. O 1956. O 1957. O 1958. O

1959 적법절차원칙에서 도출할 수 있는 중요한 절차적 요청으로는 당사자에게 적절한 고지를 행할 것, 당사자에게 의견 및 자료 제출의 기회를 부여할 것 등을 들 수 있다. 23 경정 O|X

> 적법절차원칙에서 도출할 수 있는 가장 중요한 절차적 요청 중의 하나로, 당사자에게 **적절한 고지(告知)**를 행할 것, 당사자에게 **의견 및 자료 제출의 기회를 부여**할 것을 들 수 있겠으나, 이 원칙이 구체적으로 어떠한 절차를 어느 정도로 요구하는지는 일률적으로 말하기 어렵고, 규율되는 사항의 성질, 관련 당사자의 사익, 절차의 이행으로 제고될 가치, 국가작용의 효율성, 절차에 소요되는 비용, 불복의 기회 등 다양한 요소들을 형량하여 개별적으로 판단할 수밖에 없을 것이다(헌재 2003. 7. 24. 2001헌가25).

03 적법절차원칙의 적용

1960 헌법 제12조 제1항의 처벌, 보안처분, 강제노역 등 및 제12조 제3항의 영장주의와 관련하여 각각 적법절차의 원칙을 규정하고 있지만 이는 그 대상을 한정적으로 열거하고 있는 것이 아니라 그 적용 대상을 예시한 것에 불과하다. 19 국회 8 O|X

1960-1 헌법 제12조 제1항의 처벌, 보안처분, 강제노역 및 제12조 제3항의 영장주의와 관련하여 각각 적법절차의 원칙을 규정하고 있지만, 이는 그 대상을 한정적으로 열거하고 있는 것으로 해석하는 것이 우리나라의 통설적 견해이다. 23 경간 O|X

> 우리 현행 헌법에서는 **제12조 제1항의 처벌, 보안처분, 강제노역 등** 및 **제12조 제3항의 영장주의**와 관련하여 각각 적법절차의 원칙을 규정하고 있지만 이는 그 대상을 한정적으로 열거하고 있는 것이 아니라 그 **적용대상을 예시한 것에 불과**하다고 해석하는 것이 우리의 통설적 견해이다(헌재 1992. 12. 24. 92헌가8).

1961 헌법 제12조 제1항 후문과 제3항에 규정된 적법절차의 원칙은 형사절차상의 제한된 범위뿐만 아니라 국가작용으로서 모든 입법 및 행정작용에도 광범위하게 적용된다. 23 법원 9 O|X

1961-1 헌법 제12조 제1항 후문과 제3항에 규정된 적법절차의 원칙은 형사절차상의 제한된 범위에만 적용되고, 행정작용 등에는 적용되지 않는다. 23 법무사 O|X

> 헌법 제12조 제1항 후문과 제3항에 규정된 **적법절차의 원칙은 형사절차**상의 제한된 범위뿐만 아니라 국가작용으로서 **모든 입법 및 행정작용**에도 광범위하게 적용된다(헌재 2009. 6. 25. 2007헌마451).

1962 적법절차의 원칙은 헌법 조항에 규정된 형사절차상의 제한된 범위 내에서만 적용되는 것이 아니라 국가작용으로서 기본권 제한과 관련되든 관련되지 않든 모든 입법작용 및 행정작용에도 광범위하게 적용된다. 23 입시, 23 경간 O|X

1962-1 적법절차의 원칙은 형사절차상의 제한된 범위 내에서만 적용되는 것이 아니라 국가작용으로서 기본권 제한과 관련되는 경우에 한해 모든 입법작용 및 행정작용에도 광범위하게 적용된다고 해석하여야 한다. 23 경채 O|X

> **적법절차의 원칙**은 공권력에 의한 국민의 생명·자유·재산의 침해는 반드시 합리적이고 정당한 법률에 의거해서 정당한 절차를 밟은 경우에만 유효하다는 원리로서 **형사절차상의 제한된 범위 내에서만 적용되는 것이 아니라** 국가작용으로서 **기본권 제한과 관련되든 아니든 모든 입법작용 및 행정작용에도 광범위하게 적용**된다(헌재 2013. 7. 25. 2012헌가1).

● 정답) 1959. ○   1960. ○   1960-1. ×[한정적 열거 ×, 예시적 규정 ○]   1961. ○   1961-1. ×[행정작용에도 적용됨]   1962. ○   1962-1. ×[기본권 제한과 관련되든 아니든 광범위하게 적용됨]

1963 적법절차는 인신의 구속이나 처벌 등 형사절차만이 아니라 국가작용으로서의 모든 입법작용과 행정작용에도 광범위하게 적용되는 독자적인 헌법원리의 하나로 절차가 형식적 법률로 정하여지고 그 법률에 합치하여야 할 뿐만 아니라 적용되는 법률의 내용에 있어서도 합리성과 정당성을 갖춘 적정한 것이어야 하며, 특히 형사소송절차와 관련시켜 적용함에 있어서는 형벌권의 실행절차인 형사소송의 전반을 규율하는 기본원리이다. 12 지방 7   O | X

적법절차라 함은 인신의 구속이나 처벌 등 **형사절차**만이 아니라 국가작용으로서의 **모든 입법작용과 행정작용**에도 광범위하게 적용되는 독자적인 헌법원리의 하나로 **절차가 형식적 법률로 정하여지고 그 법률에 합치**하여야 할 뿐만 아니라 적용되는 **법률의 내용에 있어서도 합리성과 정당성**을 갖춘 적정한 것이어야 하며, 특히 **형사소송절차**와 관련시켜 적용함에 있어서는 형벌권의 실행절차인 **형사소송의 전반을 규율하는 기본원리**로 이해하여야 하는 것이다(헌재 1994. 4. 28. 93헌바26).

1964 형사소송절차와 관련하여 보면 적법절차원칙은 형벌권의 실행절차인 형사소송의 전반을 규율하는 기본원리로서, 형사피고인의 기본권이 공권력에 의하여 침해당할 수 있는 가능성을 최소화하도록 절차를 형성·유지할 것을 요구하고 있다. 22 경정   O | X

적법절차원칙은 절차가 법률로 정하여져야 할 뿐만 아니라 적용되는 법률의 내용에 있어서도 합리성과 정당성을 갖춘 적정한 것이어야 한다는 것을 뜻하고, 특히 **형사소송절차**와 관련하여 보면 형벌권의 실행절차인 **형사소송의 전반을 규율하는 기본원리**로서, **형사피고인의 기본권**이 공권력에 의하여 침해당할 수 있는 가능성을 최소화하도록 **절차를 형성·유지할 것을 요구**하고 있다(헌재 1998. 7. 16. 97헌바22).

1965 보안처분에도 적법절차의 원칙이 적용되어야 함은 당연한 것이지만 보안처분에는 다양한 형태와 내용이 존재하므로 각 보안처분에 적용되어야 할 적법절차의 범위 내지 한계에도 차이가 있어야 할 것이다. 18 법원 9   O | X

헌법 제12조 제1항 후문은 "누구든지 … 법률과 적법한 절차에 의하지 아니하고는 처벌·보안처분 또는 강제노역을 받지 아니한다."라고 하여 적법절차의 원칙을 선언하고 있다. 이 헌법규정이 보안처분을 처벌 또는 강제노역과 나란히 열거하고 있다는 규정의 형식에 비추어 보거나 보안처분이 처벌 또는 강제노역에 버금가는 중대한 기본권의 제한을 수반한다는 그 내용에 비추어 보거나 **보안처분에도 적법절차의 원칙이 적용**되어야 함은 당연한 것이다. 다만 보안처분에는 **다양한 형태와 내용이 존재**하므로 각 보안처분에 적용되어야 할 **적법절차의 범위 내지 한계에도 차이**가 있어야 할 것이다(헌재 2005. 2. 3. 2003헌바1).

1966 보안처분에 적용되어야 할 적법절차의 원리의 적용범위 내지 한계는 각 보안처분의 구체적 자유박탈 내지 제한의 정도를 고려하여 차이가 있는바, 예컨대 처벌 또는 강제노역에 버금가는 심대한 기본권의 제한을 수반하는 보안처분에는 좁은 의미의 적법절차의 원칙이 엄격히 적용되어야 할 것이나, 보안관찰처분과 같이 단순히 피보안관찰자에게 신고의무를 부과하는 자유제한적인 조치에는 보다 완화된 적법절차의 원칙이 적용된다. 10 국회 8   O | X

헌법 제12조 제1항이 "처벌, 보안처분 또는 강제노역"을 나란히 열거하고 있는 규정형식에 비추어 보면 **처벌 또는 강제노역에 버금가는 심대한 기본권의 제한을 수반하는 보안처분**에는 위에서 본 좁은 의미의 적법절차의 원칙이 **엄격히 적용**되어야 할 것이나, 보안처분의 종류에는 사회보호법상의 보호감호처분이나 구 사회안전법상의 보안감호처분과 같이 피감호자를 일정한 감호시설에 수용하는 전면적인 자유박탈적인 조치부터 이 법상의 **보안관찰처분**과 같이 단순히 피보안관찰자에게 신고의무를 부과하는 **자유제한적인 조치**까지 다양한 형태와 내용의 것이 존재하므로 각 보안처분에 적용되어야 할 **적법절차의 원리의 적용범위 내지 한계에도 차이**가 있어야 함은 당연하다 할 것이어서, 결국 각 보안처분의 구체적 자유박탈 내지 제한의 정도를 고려하여 그 보안처분의 심의·결정에 법관의 판단을 필요로 하는지 여부를 결정하여야 한다고 할 것이다(헌재 1997. 11. 27. 92헌바28).

정답 | 1963. O   1964. O   1965. O   1966. O

1967 헌법이 채택하고 있는 적법절차의 원리는 절차적 차원에서 볼 때에 국민의 기본권을 제한하는 경우에는 반드시 당사자인 국민에게 자기의 입장과 의견을 자유로이 개진할 수 있는 기회를 보장하여야 한다는 것을 그 핵심적인 내용으로 하고, 형사처벌이 아닌 행정상의 불이익처분에도 적용된다. 19 서울 7

O | X

우리 헌법이 채택하고 있는 **적법절차의 원리**는 절차적 차원에서 볼 때에 국민의 기본권을 제한하는 경우에는 반드시 당사자인 국민에게 자기의 입장과 의견을 자유로이 개진할 수 있는 기회를 보장하여야 한다는 것을 그 핵심적인 내용으로 하고, **형사처벌이 아닌 행정상의 불이익처분에도 적용**된다(헌재 2002. 4. 25. 2001헌마200).

1968 적법절차원칙은 형사소송절차에 국한되지 않고 모든 국가작용 전반에 적용되는 것이므로 국민에게 부담을 주는 행정작용인 과징금 부과절차에서도 준수되어야 한다. 18 입시, 17 국회 8

O | X

헌법 제12조 제1항은 "… 법률과 적법한 절차에 의하지 아니하고는 처벌·보안처분 또는 강제노역을 받지 아니한다"라고 하여 적법절차원칙을 규정하고 있는데, 헌법재판소는 이 원칙이 형사소송절차에 국한되지 않고 **모든 국가작용 전반에 대하여 적용**된다고 밝힌 바 있으므로, 국민에게 부담을 주는 행정작용인 **과징금 부과의 절차**에 있어서도 **적법절차원칙이 준수**되어야 할 것이다(헌재 2003. 7. 24. 2001헌가25).

1969 국회의 탄핵소추절차는 국회와 대통령이라는 헌법기관 사이의 문제이고, 국회의 탄핵소추의결에 의하여 사인으로서의 대통령의 기본권이 침해되는 것이 아니라, 국가기관으로서의 대통령의 권한행사가 정지되는 것이므로, 국가기관이 국민과의 관계에서 공권력을 행사함에 있어서 준수해야 할 법원칙으로서 형성된 적법절차의 원칙을 국가기관에 대하여 헌법을 수호하고자 하는 탄핵소추절차에는 직접 적용할 수 없다. 23 국가 7

O | X

1969-1 적법절차원칙은 탄핵소추절차에는 직접 적용할 수 없으므로, 탄핵소추절차와 관련하여 피소추인에게 의견진술의 기회를 부여할 것을 요청하는 명문의 규정이 없다고 하여 국회의 탄핵소추절차가 적법절차원칙에 위배되었다고 볼 수는 없다. 24 입시

O | X

1969-2 탄핵소추절차는 국회와 대통령이라는 헌법기관 사이의 문제이지만, 국가기관이 국민에 대하여 공권력을 행사할 때 준수하여야 하는 법원칙으로 형성된 적법절차의 원칙은, 대통령이 국가기관과 사인의 이중적 성격을 가지고 있기 때문에 대통령에 대한 탄핵소추절차에 직접 적용되어야 한다. 17 국가 7(추)

O | X

1969-3 국회의 탄핵소추의결에 따라 대통령 개인의 기본권이 침해되므로 적법절차의 원칙은 탄핵소추절차에도 직접 적용된다. 19 법원 9

O | X

1969-4 탄핵심판절차는 개인을 대상으로 한 것이 아니라 국가기관을 대상으로 한 것이므로 적법절차원리가 적용되지 않는다. 17 국회 8

O | X

국회의 탄핵소추절차는 국회와 대통령이라는 **헌법기관 사이의 문제**이고, 국회의 탄핵소추의결에 의하여 사인으로서의 대통령의 기본권이 침해되는 것이 아니라, 국가기관으로서의 **대통령의 권한행사가 정지**되는 것이다. 따라서 국가기관이 국민과의 관계에서 공권력을 행사함에 있어서 준수해야 할 법원칙으로서 형성된 **적법절차의 원칙**을 국가기관에 대하여 헌법을 수호하고자 하는 **탄핵소추절차에는 직접 적용할 수 없다**고 할 것이고, 그 외 달리 탄핵소추절차와 관련하여 피소추인에게 의견진술의 기회를 부여할 것을 요청하는 명문의 규정도 없으므로, 국회의 탄핵소추절차가 적법절차원칙에 위배되었다는 주장은 이유 없다(헌재 2004. 5. 14. 2004헌나1).

● 정답   1967. O   1968. O   1969. O   1969-1. O   1969-2. X [탄핵소추절차에 적용 X]   1969-3. X [탄핵소추절차에 적용 X]   1969-4. X [탄핵심판절차에는 적법절차원리 적용]

1970 국회입법에 대하여는 원칙적으로 일반 국민에 대하여 적법절차에서 파생되는 청문권은 인정되지 않는다. 17 국회 8

○|×

국민들이 선출한 국회의원들이 의회에서 공개적인 토론과 타협을 통하여 적법한 절차를 거쳐 제정하는 법률에 대하여, 그 내용이 기본권을 제약하는 법률이라는 이유로 국민들에게 사전 청문절차를 보장하지 않았다고 다투는 것은 대표를 통하여 국민의 의사를 국가정책에 반영하는 의회주의와 대의민주주의의 기본취지에 부합되지 않는다. … 따라서 **국회입법에 대하여는 원칙적으로 일반 국민의 지위에서 적법절차에서 파생되는 청문권은 인정되지 아니**하므로 청구인들의 경우 이 사건 법률에 의하여 그러한 기본권을 침해받을 가능성은 없다(헌재 2005. 11. 24. 2005헌마579 등).

1971 국회가 법률을 제정하는 과정에서 헌법과 법률이 정하는 절차와 방법을 준수하였다면, 별도의 청문절차를 거치지 않았다고 해서 그것만으로 곧 헌법 제12조의 적법절차를 위반하였다고 볼 수 없다. 13 국가 7

○|×

정부는 이 사건 폐지법률안을 국회에 제출하기에 앞서 행정절차법 제41조와 법제업무운영규정 제15조에 따라 입법예고를 통해 이해당사자는 물론 전 국민에게 세무대학 폐지의 의사를 미리 공표하였으며, 헌법 제89조에 따라 국무회의의 심의를 거치는 등 **헌법과 법률이 정한 절차와 방법을 준수하였다.** 따라서 국회가 이 사건 폐지법을 제정하는 과정에서 **별도의 청문절차를 거치지 않았다고 해서 그것만으로 곧 헌법 제12조의 적법절차를 위반하였다고 볼 수는 없다**(헌재 2001. 2. 22. 99헌마613).

POINT 122 적법절차원칙 관련판례 Ⓑ

1972 수사기관 등이 전기통신사업자에게 이용자의 성명 등 통신자료의 열람이나 제출을 요청할 수 있도록 한 「전기통신사업법」 해당 조항은 통신자료 취득에 대한 사후통지절차를 두지 않아 적법절차원칙에 위배된다. 23 소간

○|×

1972-1 효율적인 수사와 정보수집의 신속성, 밀행성 등의 필요성을 고려하여 통신자료 제공 내역을 통지하도록 하는 것이 적절하지 않기 때문에, 수사기관 등이 전기통신 사업자에게 통신자료 제공을 요청하면 전기통신사업자가 그 요청에 따를 수 있다고 정한 「전기통신사업법」 조항이 통신자료 취득에 대한 사후통지절차를 두지 않은 것은 적법절차원칙에 위배되지 않는다. 23 경찰 1차

○|×

1972-2 수사기관 등이 전기통신 사업자에게 통신자료 제공을 요청하면 전기통신사업자가 그 요청에 따를 수 있다고 정한 「전기통신사업법」 조항은 개인정보자기결정권을 제한한다. 23 경찰 1차

○|×

1972-3 수사기관 등이 전기통신사업자에게 이용자의 성명 등 통신자료의 열람이나 제출을 요청할 수 있도록 한 「전기통신사업법」 조항은 효율적인 수사의 필요성을 고려하여 사전에 정보주체인 이용자에게 그 내역을 통지하지 않았는데 수사기관 등이 통신자료를 취득한 이후에도 수사 등 정보수집의 목적에 방해가 되지 않는 범위 내에서 통신자료의 취득사실을 이용자에게 통지하지 않았다면 적법절차원칙에 위배되어 개인정보자기결정권을 침해한다. 23 국회 8

○|×

1972-4 수사기관 등이 전기통신 사업자에게 통신자료 제공을 요청하면 전기통신사업자가 그 요청에 따를 수 있다고 정한 「전기통신사업법」 조항 중 '국가안전보장에 대한 위해를 방지하기 위한 정보수집'은 국가의 존립이나 헌법의 기본질서에 대한 위험을 방지하기 위한 목적을 달성함에 있어 요구되는 최소한의 범위 내에서의 정보수집을 의미하는 것으로 해석되므로 명확성원칙에 위배되지 않는다. 23 경찰 1차

○|×

정답 1970. ○ 1971. ○ 1972. ○ 1972-1. ✕ [적법절차원칙에 위배됨] 1972-2. ○ 1972-3. ○ 1972-4. ○

(1) 전기통신사업자가 수사기관 등의 통신자료 제공요청에 따라 수사기관 등에 제공하는 이용자의 성명, 주민등록번호, 주소, 전화번호, 아이디, 가입일 또는 해지일은 청구인들의 동일성을 식별할 수 있게 해주는 **개인정보에 해당**하므로, **이 사건 법률조항**은 **개인정보자기결정권을 제한**한다(헌재 2022. 7. 21. 2016헌마388 등).

(2) 이 사건 법률조항에 의한 통신자료 제공요청이 있는 경우 통신자료의 정보주체인 이용자에게는 통신자료 제공요청이 있었다는 점이 **사전에 고지되지 아니하**며, 전기통신사업자가 수사기관 등에게 통신자료를 제공한 경우에도 이러한 사실이 **이용자에게 별도로 통지되지 않는다.** 그런데 당사자에 대한 통지는 당사자가 기본권 제한 사실을 확인하고 그 정당성 여부를 다툴 수 있는 전제조건이 된다는 점에서 매우 중요하다. 효율적인 수사와 정보수집의 신속성, 밀행성 등의 필요성을 고려하여 **사전에 정보주체인 이용자에게 그 내역을 통지**하도록 하는 것이 **적절하지 않다면** 수사기관 등이 통신자료를 취득한 이후에 수사 등 정보수집의 목적에 방해가 되지 않는 범위 내에서 **통신자료의 취득사실을 이용자에게 통지**하는 것이 얼마든지 가능하다. 그럼에도 이 사건 법률조항은 통신자료 취득에 대한 **사후통지절차를 두지 않아 적법절차원칙에 위배된다.** … 이 사건 법률조항이 **통신자료 취득에 대한 사후통지절차를 규정**하고 있지 않은 것은 **적법절차원칙에 위배**하여 청구인들의 **개인정보자기결정권을 침해**한다(헌재 2022. 7. 21. 2016헌마388 등).

(3) 청구인들은 이 사건 법률조항 중 '국가안전보장에 대한 위해'의 의미가 불분명하다고 주장하나, **'국가안전보장에 대한 위해를 방지하기 위한 정보수집'**은 국가의 존립이나 헌법의 기본질서에 대한 위험을 방지하기 위한 목적을 달성함에 있어 요구되는 최소한의 범위 내에서의 정보수집을 의미하는 것으로 해석되므로, **명확성원칙에 위배되지 않는다**(헌재 2022. 7. 21. 2016헌마388 등).

1973 사법경찰관이 위험발생의 염려가 없음에도 불구하고 사건 종결 전에 압수물을 폐기한 행위는 적법절차의 원칙에 반한다. 15 법무사 O | X

1973-1 압수물에 대한 소유권포기가 있다면, 사법경찰관이 법에서 정한 압수물폐기의 요건과 상관없이 임의로 압수물을 폐기하였어도 적법절차원칙에 위배되지 않는다. 15 경정, 13 국가 7 O | X

1973-2 압수물은 공소사실을 입증하고자 하는 검사의 이익을 위해 존재하는 것이므로, 수사기관이 현행범 체포과정에서 압수하였지만 피고인의 소유권 포기가 없는 압수물을 임의로 폐기한 행위가 피고인의 공정한 재판을 받을 권리를 침해한다고 볼 수 없다. 24 변호사 O | X

압수물은 검사의 이익을 위해서 뿐만 아니라 이에 대한 증거신청을 통하여 무죄를 입증하고자 하는 피고인의 이익을 위해서도 존재하므로 사건종결 시까지 이를 그대로 보존할 필요성이 있다. … 피청구인은 이 사건 압수물을 보관하는 것 자체가 **위험**하다고 볼 수 없을 뿐만 아니라 이를 보관하는 데 아무런 **불편**이 없는 물건임이 명백함에도 **압수물에 대하여 소유권포기**가 있다는 이유로 이를 **사건종결 전에 폐기하였는바**, 위와 같은 피청구인의 행위는 **적법절차의 원칙을 위반**하고, 청구인의 **공정한 재판을 받을 권리를 침해**한 **것이다**(헌재 2012. 12. 27. 2011헌마351).

1974 일정 기간 수사관서에 출석하지 않았다는 사유로 관세법 위반 압수물품을 별도의 재판이나 처분없이 국고에 귀속시키도록 한 구 「관세법」 조항은 적법절차원칙에 위배된다. 24 경정 O | X

당해 물품은 **별도의 재판이나 처분없이 국고에 귀속**한다고 규정하고 있는 이 사건 법률조항은 재판이나 청문의 절차도 밟지 아니하고 압수한 물건에 대한 피의자의 재산권을 박탈하여 국고귀속시킴으로써 그 실질은 몰수형을 집행한 것과 같은 효과를 발생하게 하는 것이므로 헌법상의 **적법절차의 원칙과 무죄추정의 원칙에 위배된다**(헌재 1997. 5. 29. 96헌가17).

● 정답 1973. O 1973-1. ×[적법절차원칙 위배] 1973-2. ×[공정한 재판을 받을 권리 침해] 1974. O

1975 징계시효 연장을 규정하면서 징계절차를 진행하지 아니함을 통보하지 아니한 경우에는 징계시효가 연장되지 않는다는 예외규정을 두지 않았다고 하더라도 적법절차원칙에 위배되지 않는다. 19 국회 8

O│X

1975-1 징계절차를 진행하지 아니함을 통보하지 않은 경우에는 징계시효가 연장되지 않는다는 예외규정을 두지 않은 구「지방공무원법」조항은, 수사 중인 사건에 대하여 징계절차를 진행하지 않음에도 징계시효가 당연히 연장되어 징계혐의자는 징계시효가 연장되는지를 알지 못한 채 불이익을 입을 수 있어 적법절차원칙에 위배된다. 23 경찰 1차

O│X

심판대상조항이 수사 중인 사건에 대해 징계절차를 진행하지 아니하는 경우 징계시효가 연장되도록 한 것은, 적정한 징계를 위해 징계절차를 진행하지 아니할 수 있도록 한 것이 오히려 징계를 방해하게 되는 불합리한 결과를 막기 위해서이다. … 심판대상조항을 통해 달성되는 공정한 징계제도 운용이라는 이익은, 징계혐의자가 징계절차를 진행하지 아니함을 통보받지 못하여 징계시효가 연장되었음을 알지 못함으로써 입는 불이익보다 크다. 그렇다면 심판대상조항이 <mark>징계시효 연장을 규정</mark>하면서 <mark>징계절차를 진행하지 아니함을 통보하지 아니한 경우에는 징계시효가 연장되지 않는다는 예외규정</mark>을 두지 않았다고 하더라도 <mark>적법절차원칙에 위배되지 아니한다</mark>(헌재 2017. 6. 29. 2015헌바29).

1976 전자우편에 대한 압수수색 집행의 경우에 급속을 요하는 때에는 사전통지를 생략할 수 있도록 한 것은 적법절차원칙에 위배되지 않는다. 20 입시

O│X

이 사건 법률조항에 의하여 피의자 등이 압수수색 사실을 사전 통지받을 권리 및 이를 전제로 한 참여권을 일정 정도 제한받게 되기는 하지만, 그 제한은 '사전통지에 의하여 압수수색의 목적을 달성할 수 없는 예외적인 경우'로 한정되어 있고, … 이와 같은 제한을 통해 압수수색 제도가 전자우편에 대하여도 실효적으로 기능하도록 함으로써 실체적 진실 발견 및 범죄수사의 목적을 달성할 수 있도록 하여야 할 공익은 매우 크다고 할 수 있는 점 등을 종합해 보면, 이 사건 법률조항에 의하여 형성된 절차의 내용이 <mark>적법절차원칙에서 도출되는 절차적 요청</mark>을 무시하였다거나 <mark>비례의 원칙이나 과잉금지원칙</mark>을 위반하여 <mark>합리성과 정당성을 상실하였다고 볼 수 없다</mark>(헌재 2012. 12. 27. 2011헌바225).

1977 농림수산식품부장관 등 관련 국가기관이 국민의 생명·신체의 안전에 영향을 미치는 고시 등의 내용을 결정함에 있어서 이해관계인의 의견을 사전에 충분히 수렴하는 것이 바람직하기는 하지만, 그것이 헌법의 적법절차 원칙상 필수적으로 요구되는 것이라고 할 수는 없다. 23 국가 7

O│X

원래 국민의 생명·신체의 안전 등 기본권을 보호할 의무를 어떠한 절차를 통하여 실현할 것인가에 대하여도 국가에게 폭 넓은 형성의 자유가 인정된다 할 것이므로, <mark>농림수산식품부장관 등 관련 국가기관이 국민의 생명·신체의 안전에 영향을 미치는 고시 등의 내용을 결정함에 있어서 이해관계인의 의견을 사전에 충분히 수렴하는 것이 바람직하기는 하지만, 그것이 헌법의 적법절차 원칙상 필수적으로 요구</mark>되는 것이라고 할 수는 <mark>없다</mark>(헌재 2008. 12. 26. 2008헌마419 등).

1978 각급선거관리위원회의 의결을 거쳐 행하는 사항에 대하여는 원칙적으로 행정절차에 관한 규정이 적용되지 않는바, 이는 권력분립의 원리와 선거관리위원회 의결절차의 합리성을 고려한 것이다. 18 국가 7

O│X

1978-1 중앙선거관리위원회가 대통령의 선거중립의무 준수 요청조치를 취하기 전에 대통령에게 의견진술의 기회를 부여하지 않았다면 적법절차원칙에 어긋나서 대통령의 기본권을 침해한 것이다. 16 변호사

O│X

● 정답 1975. O   1975-1. X [적법절차원칙에 위배되지 아니함]   1976. O   1977. O   1978. O   1978-1. X [적법절차원칙 위배 X, 기본권 침해 X]

각급 선거관리위원회의 의결을 거쳐 행하는 사항에 대하여는 원칙적으로 **행정절차에 관한 규정이 적용되지 않는바**(행정절차법 제3조 제2항 제4호), 이는 **권력분립의 원리와 선거관리위원회 의결절차의 합리성**을 고려한 것으로 보인다. 또한 선거운동의 특성상 선거법 위반행위인지 여부와 그에 대한 조치는 가능하면 신속하게 결정되어야 할 뿐 아니라, … 위반행위자에게 의견진술의 기회를 보장하는 것이 반드시 필요하거나 적절하다고 보기는 어렵다. … 청구인에게 위 조치 전에 **의견진술의 기회**를 부여하지 않은 것이 **적법절차원칙**에 어긋나서 청구인의 **기본권을 침해한다고 볼 수 없다**(헌재 2008. 1. 17. 2007헌마700).

1979
「공정거래법」에서 행정기관인 공정거래위원회로 하여금 과징금을 부과하여 제재할 수 있도록 하고 있는바, 공정거래위원회는 합의제 행정기관으로서 그 구성에 있어 일정한 정도의 독립성이 보장되어 있고, 과징금 부과절차에서는 통지, 의견진술의 기회 부여 등을 통하여 당사자의 절차적 참여권을 인정하고 있으며, 행정소송을 통한 사법적 사후심사가 보장되어 있으므로, 과징금 부과 절차에 있어 적법절차원칙에 위반된다고 볼 수 없다. 10 국회 8 ○|×

과징금의 부과 여부 및 그 액수의 결정권자인 위원회는 합의제 행정기관으로서 그 구성에 있어 일정한 정도의 **독립성이 보장**되어 있고, 과징금 부과절차에서는 통지, 의견진술의 기회 부여 등을 통하여 당사자의 **절차적 참여권을 인정**하고 있으며, 행정소송을 통한 **사법적 사후심사가 보장**되어 있으므로, 이러한 점들을 종합적으로 고려할 때 과징금 부과 절차에 있어 적법절차원칙에 위반되거나 사법권을 법원에 둔 권력분립의 원칙에 위반된다고 볼 수 없다(헌재 2003. 7. 24. 2001헌가25).

1980
범칙금 통고처분을 받고도 납부기간 이내에 범칙금을 납부하지 아니한 사람에 대하여 행정청에 대한 이의제기나 의견진술 등의 기회를 주지 않고 경찰서장이 곧바로 즉결심판을 청구하도록 한 구「도로교통법」 조항은, 이에 불복하여 범칙금을 납부하지 아니한 자에게는 재판절차라는 완비된 절차적 보장이 주어지므로 적법절차원칙에 위배되지 않는다. 23 경찰 1차 ○|×

1980-1
범칙금 통고처분을 받고도 납부기간 이내에 범칙금을 납부하지 아니한 사람에 대하여 행정청에 대한 이의제기나 의견진술 등의 기회를 주지 않고 경찰서장이 곧바로 즉결심판을 청구하도록 한 구「도로교통법」 조항은 적법절차원칙에 위배된다. 23 경정, 16 지방 7 ○|×

도로교통법상 범칙금 납부통고는 위반행위에 대한 제재를 신속·간편하게 종결할 수 있게 하는 제도로서, 이에 불복하여 범칙금을 납부하지 아니한 자에게는 재판절차라는 완비된 절차적 보장이 주어진다. 도로교통법 위반사례가 격증하고 있는 현실에서 통고처분에 대한 이의제기 등 행정청 내부 절차를 추가로 둔다면 절차의 중복과 비효율을 초래하고 신속한 사건처리에 저해가 될 우려도 있다. 따라서 이 사건 **즉결심판청구** 조항에서 **의견진술 등의 별도의 절차**를 두지 않은 것이 **현저히 불합리하여 적법절차원칙에 위배된다고 보기 어렵다**(헌재 2014. 8. 28. 2012헌바433).

● 정답 1979. ○ 1980. ○ 1980-1. ✕ [위배되지 않음]

1981 법원에 의한 범죄인인도심사는 형사절차와 같은 전형적인 사법절차의 대상에 해당되지 않으며 법률에 의하여 인정된 특별한 절차이므로, 「범죄인인도법」이 범죄인인도심사를 서울고등법원의 전속관할인 단심제로 정하고 있더라도, 적법절차원칙에서 요구되는 합리성과 정당성을 결여한 것은 아니다. 24 경정   O | X

1981-1 「범죄인인도법」 제3조가 법원의 범죄인인도심사를 서울고등법원의 전속관할로 하고 그 심사결정에 대한 불복절차를 인정하지 않은 것은 재판절차로서의 형사소송절차에서 상급심에의 불복절차를 자의적으로 배제하는 것으로 적법절차원칙에 위배된다. 19 국회 8   O | X

1981-2 범죄인인도절차는 본질적으로 형사소송절차적 성격을 갖는 것이고 재판절차로서의 형사소송절차는 당연히 상급심에의 불복절차를 포함하는 것이므로, 범죄인인도심사를 서울고등법원의 전속관할로 하고 그 결정에 대하여 대법원에의 불복절차를 인정하지 않는 법률조항은 범죄인의 재판청구권을 침해한다. 24 변호사   O | X

1981-3 법원의 범죄인인도심사를 서울고등법원의 전속관할로 하고 그 심사결정에 대한 불복절차를 인정하지 않는 「범죄인인도법」 조항은 신체의 자유를 침해한다. 13 국회 8   O | X

(1) **법원에 의한 범죄인인도심사는** 국가형벌권의 확정을 목적으로 하는 형사절차와 같은 **전형적인 사법절차의 대상에 해당되는 것은 아니며,** 법률(범죄인인도법)에 의하여 인정된 **특별한 절차**라 볼 것이다. 그렇다면 심급제도에 대한 입법재량의 범위와 범죄인인도심사의 법적 성격, 그리고 범죄인인도법에서의 심사절차에 관한 규정 등을 종합할 때, 이 사건 법률조항이 범죄인인도심사를 서울고등법원의 단심제로 하고 있다고 해서 **적법절차원칙**에서 요구되는 **합리성과 정당성을 결여한 것이라 볼 수 없다**(헌재 2003. 1. 30. 2001헌바95).

(2) 이 사건에서 설사 범죄인인도를 형사처벌과 유사한 것이라 본다고 하더라도, 이 사건 법률조항이 적어도 법관과 법률에 의한 한 번의 재판을 보장하고 있고, 그에 대한 상소를 불허한 것이 적법절차원칙이 요구하는 합리성과 정당성을 벗어난 것이 아닌 이상, 그러한 상소 불허 입법이 입법재량의 범위를 벗어난 것으로서 **재판청구권을 과잉 제한**하는 것이라고 보기는 **어렵다**(헌재 2003. 1. 30. 2001헌바95).

(3) 이 사건 조항이 법원의 인도허가결정에 대하여 더 이상의 불복절차를 규정하지 않았다고 하더라도, 이 점이 **인간으로서의 존엄과 가치나 신체의 자유** 등과 같은 **기본권을 과잉 제한**하는 것이라고 볼 수는 **없다**고 할 것이다(헌재 2003. 1. 30. 2001헌바95).

1982 법관이 아닌 행정부 소속기관으로 치료감호심의위원회를 두고 보호감호의 관리 및 집행에 관한 사항을 심사·결정하도록 한 것은 위원회의 구성, 심사절차 및 심사대상 등을 고려할 필요없이 그 자체로 적법절차원칙에 위배된다. 23 입시   O | X

치료감호심의위원회의 심사대상은 이미 판결에 의하여 확정된 보호감호처분을 집행하는 것에 불과하므로 이를 법관에게 맡길 것인지, 아니면 제3의 기관에 맡길 것인지는 입법 재량의 범위 내에 있으며, 위원회의 결정에 대하여 불복이 있는 경우 행정소송 등 사법심사의 길이 열려 있으므로 법관에 의한 재판을 받을 권리를 침해한다고 할 수 없다. 나아가, **치료감호심의위원회의 구성, 심사절차 및 심사대상에 비추어 볼 때 위원회가 보호감호의 관리 및 집행에 관한 사항을 심사·결정**하도록 한 것이 **헌법상 적법절차 원칙에 위배된다고 볼 수 없다**(헌재 2009. 3. 26. 2007헌바50).

● 정답 1981. O   1981-1. X [적법절차원칙 위배 X]   1981-2. X [재판청구권 침해 아님]   1981-3. X [신체의 자유 침해 X]   1982. X [적법절차원칙에 위배되지 않음]

1983 연락운송 운임수입의 배분에 관한 협의가 성립하지 아니한 때에는 당사자의 신청을 받아 국토교통부장관이 결정하도록 한 「도시철도법」 조항 중 "제1항에 따른 운임수입의 배분에 관한 협의가 성립되지 아니한 때에는 당사자의 신청을 받아 국토교통부장관이 결정한다." 부분은 국토교통부장관의 결정에 의해 이루어지므로 적법절차원칙에 위배된다. 20 국회 8 O | X

1983-1 연락운송 운임수입의 배분에 관한 협의가 성립되지 아니한 때에는 당사자의 신청을 받아 국토교통부장관이 결정한다는 「도시철도법」 규정은 도시철도운영자들의 「행정절차법」에 따른 의견제출이 가능하고 국토부장관의 전문성과 객관성도 인정되므로 운임수입 배분에 관한 별도의 위원회를 구성하지 않는다 하더라도 직업수행의 자유를 침해하지 않는다. 20 경정 O | X

(1) 심판대상조항이 국토교통부장관이 **운임수입 배분에 관한 결정**을 하기 전에 거쳐야 하는 일반적인 절차에 대해 따로 규정하고 있지는 않지만, 행정절차법은 처분의 사전통지, 의견제출의 기회, 처분의 이유 제시 등을 규정하고 있고, 이는 국토교통부장관의 결정에도 적용되어 **절차적 보장**이 이루어지므로, 심판대상조항은 **적법절차원칙에 위배되지 아니한다**(헌재 2019. 6. 28. 2017헌바135).
(2) **국토교통부장관**은 도시철도운영자에 대한 감독 및 조정기능을 담당하는 주무관청으로서 **전문성과 객관성**을 갖추고 있고, 당사자들은 **행정절차법에 따라 의견제출**이 가능하며, 공청회를 통한 의견 수렴도 가능하므로, 심판대상조항이 별도의 위원회를 구성하여 그 판단을 받도록 규정하지 않았다는 사정만으로 기본권을 덜 제한하는 수단을 간과하였다고 보기 어렵다. … 따라서 **심판대상조항은 과잉금지원칙을 위반하여 도시철도운영자 등의 직업수행의 자유를 침해하였다고 볼 수 없다**(헌재 2019. 6. 28. 2017헌바135).

1984 징벌혐의의 조사를 위하여 14일간 청구인을 조사실에 분리수용하고 공동행사참가 등 처우를 제한한 교도소장의 행위에 대하여 법원에 의한 개별적인 통제절차를 두고 있지 않은 것만으로는 적법절차원칙에 위배되지 않는다. 19 국회 8 O | X

분리수용과 처우제한은 징벌제도의 일부로서 징벌 혐의의 입증을 위한 과정이고, 그 과정을 거쳐 징벌처분을 내리기 위해서는 징벌위원회의 의결이라는 사전 통제절차를 거쳐야 하며, 내려진 징벌처분에 대해서는 행정소송을 통해 불복할 수 있다는 점, 조사단계에서의 분리수용이나 처우제한에까지 일일이 법원에 의한 사전 또는 사후통제를 요구한다면 징벌제도 시행에 있어서 비효율을 초래할 수 있다는 점, 조사단계에서 징벌혐의의 고지와 의견진술의 기회 부여가 이루어진다는 점 등을 종합하여 볼 때, **분리수용 및 처우제한에 대해 법원에 의한 개별적인 통제절차를 두고 있지 않다는 점만으로 이 사건 분리수용 및 이 사건 처우제한이 적법절차원칙에 위반된 것이라고 볼 수는 없다**(헌재 2014. 9. 25. 2012헌마523).

1985 교도소·구치소의 수용자가 교정시설 외부로 나갈 경우 도주방지를 위하여 해당 수용자의 발목에 전자장치를 부착하도록 한 「수용자 도주방지를 위한 위치추적전자장치 운영방안」에 따른 전자장치 부착행위는 적법절차원칙에 위반된다. 20 국회 8 O | X

수용자에 대해서는 교정시설의 안전과 구금생활의 질서유지를 위하여 신체의 자유 등 기본권 제한이 어느 정도 불가피한 점, 행형관계 법령에 따라 행하는 사항에 대하여는 의견청취·의견제출 등에 관한 행정절차법 조항이 적용되지 않는 점(행정절차법 제3조 제2항 제6호), 전자장치 부착은 도주 우려 등의 사유가 있어 관심대상수용자로 지정된 수용자를 대상으로 하는 점, 형집행법상 소장에 대한 면담 신청이나 법무부장관 등에 대한 청원 절차가 마련되어 있는 점(제116조, 제117조)을 종합해 보면, **이 사건 부착행위는 적법절차원칙에 위반되어 수용자인 청구인들의 인격권과 신체의 자유를 침해하지 아니한다**(헌재 2018. 5. 31. 2016헌마191 등).

● 정답 1983. X [적법절차원칙 위배 X]   1983-1. O   1984. O   1985. X [적법절차원칙 위반 X]

1986 구 「친일반민족행위자 재산의 국가귀속에 관한 특별법」 제2조제1호에 따라 친일반민족행위자로 결정한 경우에는 현행 「친일재산귀속법」 제2조제1호에 따라 결정한 것으로 보는, 현행 「친일재산귀속법」 부칙 조항은 친일재산귀속법의 입법목적을 관철하기 위하여 불가피한 입법적 결단을 한 것으로 보이므로 적법절차원칙에 위반된다고 볼 수 없다. 20 국회 8   O│X

이 사건 경과조치조항이 적용되는 경우 친일반민족행위자재산조사위원회가 구 친일재산귀속법 제2조 제1호에 따라 행한 국가귀속결정 또는 친일재산확인결정이 존속하나, 이 사건 경과조치조항에 따라 종전 결정이 현행 친일재산귀속법 제2조 제1호에 의하여 이루어진 것으로 의제된다. … 친일재산귀속법 자체가 태생적으로 과거의 행위를 역사적·법적으로 재평가하기 위한 진정소급입법에 해당하는 점과 현행 친일재산귀속법 제2조 제1호의 개정 경위를 아울러 종합하여 보면, 입법자는 **친일재산귀속법의 입법목적을 관철**하기 위하여 과거의 행위를 법적으로 재평가하는 매우 특수하고 이례적인 공동체적 과업을 계속해서 수행해 나가는 과정에서 불가피한 입법적 결단을 한 것으로 보인다. 따라서 이 사건 경과조치조항이 **적법절차원칙 등에 위반된다고 볼 수 없다**(헌재 2018. 4. 26. 2016헌바454).

1987 구 「도시 및 주거환경정비법」 조항이 정비예정구역 내 토지 등 소유자의 100분의 30 이상의 해제 요청이라는 비교적 완화된 요건만으로 정비예정구역 해제 절차에 나아갈 수 있도록 하였다고 하여 적법절차원칙에 위반된다고 보기는 어렵다. 24 경간   O│X

심판대상조항은 정비예정구역으로 지정되어 있는 상태에서 정비사업이 장기간 방치됨으로써 발생하는 법적 불안정성을 해소하고, 정비예정구역 내 토지등소유자의 재산권 행사를 보장하기 위한 것이다. 아직 정비계획의 수립 및 정비구역 지정이 이루어지지 않고 있는 정비예정구역을 대상으로 하는 점, 경기, 사업성 또는 주민갈등 등 다양한 사유로 인하여 정비예정구역에 대한 정비계획 수립 등이 이루어지지 않을 가능성도 있는 점, 정비예정구역으로 지정되어 있을 뿐인 단계에서부터 토지등소유자의 100분의 30 이상이 정비예정구역 해제를 요구하고 있는 상황이라면 추후 정비사업의 시행이 지연되거나 좌초될 가능성이 큰 점, 토지등소유자에게는 정비계획의 입안을 제안할 수 있는 방법이 있는 점, 정비예정구역 해제를 위해서는 지방도시계획위원회의 심의를 거쳐야 하고, 정비예정구역의 해제는 해제권자의 재량적 행위인 점, 정비예정구역 해제에 관한 위법이 있는 경우 항고소송을 통하여 이를 다툴 수 있는 점 등을 종합적으로 고려하면, 심판대상조항이 **적법절차원칙에 위반된다고 볼 수 없다**(헌재 2023. 6. 29. 2020헌바63).

● 정답 1986. O   1987. O

POINT 123　영장주의

01　영장주의

1988 체포·구속·압수 또는 수색을 할 때에는 적법한 절차에 따라 검사의 신청에 의하여 법관이 발부한 영장을 제시하여야 한다. 다만, 현행범인인 경우와 장기 3년 이상의 형에 해당하는 죄를 범하고 도피 또는 증거인멸의 염려가 있을 때에는 사후에 영장을 청구할 수 있다. 24 5급, 22 소간, 22 경찰 1차, 21 법원 9
O | X

1988-1 체포·구속·압수 또는 수색을 할 때에는 적법한 절차에 따라 검사의 신청에 의하여 법관이 발부한 영장을 제시하여야 한다. 다만 현행범인인 경우와 장기 1년 이상의 형에 해당하는 죄를 범하고 도피 또는 증거인멸의 염려가 있을 때에는 사후에 영장을 청구할 수 있다. 16 법무사
O | X

1988-2 현행범인인 경우와 장기 2년 이상의 형에 해당하는 죄를 범하고 도피 또는 증거인멸의 염려가 있을 때에는 사후에 영장을 청구할 수 있다. 12 법원 9
O | X

1988-3 현행범인인 경우와 장기 5년 이상의 형에 해당하는 죄를 범하고 도피 또는 증거인멸의 염려가 있을 때에는 사후에 영장을 청구할 수 있다. 21 국회 9
O | X

1988-4 체포·구속·압수 또는 수색을 할 때에는 적법한 절차에 따라 검사의 신청에 의하여 법관이 발부한 영장을 제시하여야 한다. 다만, 현행범인인 경우와 장기 3년 이상의 형에 해당하는 죄를 범하고 도피 또는 증거인멸의 염려가 없을 때에는 사후에 영장을 청구할 수 있다. 21 경정
O | X

1988-5 체포·구속·압수 또는 수색을 할 때에는 어떠한 경우에라도 적법한 절차에 따라 검사의 신청에 의하여 법관이 발부한 영장을 제시하여야 한다. 22 해간
O | X

1988-6 우리 헌법은 영장주의가 사법절차뿐만 아니라 행정절차에도 적용된다고 규정하고 있다. 14 지방 7
O | X

> 헌법 제12조 ③ 체포·구속·압수 또는 수색을 할 때에는 적법한 절차에 따라 검사의 신청에 의하여 법관이 발부한 영장을 제시하여야 한다. 다만, 현행범인인 경우와 장기 3년 이상의 형에 해당하는 죄를 범하고 도피 또는 증거인멸의 염려가 있을 때에는 사후에 영장을 청구할 수 있다.

1989 헌법 제12조 제3항은 "체포·구속·압수 또는 수색을 할 때에는 적법한 절차에 따라 검사의 신청에 의하여 법관이 발부한 영장을 제시하여야 한다."라고 규정하고, 헌법 제16조는 "주거에 대한 압수나 수색을 할 때에는 검사의 신청에 의하여 법관이 발부한 영장을 제시하여야 한다."라고 규정함으로써 영장주의를 헌법적 차원에서 보장하고 있다. 우리 헌법이 채택하여 온 영장주의는 형사절차와 관련하여 체포·구속·압수·수색의 강제처분을 함에 있어서는 사법권 독립에 의하여 신분이 보장되는 법관이 발부한 영장에 의하지 않으면 아니 된다는 원칙이다. 23 법무사
O | X

● 정답　1988. O　1988-1. X [장기 1년 → 장기 3년]　1988-2. X [장기 2년 → 장기 3년]　1988-3. X [장기 5년 → 장기 3년]　1988-4. X [도피 또는 증거인멸 염려가 있을 때 可]　1988-5. X [예외 있음]　1988-6. X [행정절차에 영장주의 적용 규정 無]　1989. O

헌법 제12조 제3항은 '체포·구속·압수 또는 수색을 할 때에는 적법한 절차에 따라 검사의 신청에 의하여 법관이 발부한 영장을 제시하여야 한다.'라고 규정하고, 헌법 제16조는 '주거에 대한 압수나 수색을 할 때에는 검사의 신청에 의하여 법관이 발부한 영장을 제시하여야 한다.'라고 규정함으로써 영장주의를 헌법적 차원에서 보장하고 있다. 우리 헌법이 채택하여 온 영장주의는 형사절차와 관련하여 체포·구속·압수·수색의 강제처분을 함에 있어서는 사법권 독립에 의하여 신분이 보장되는 법관이 발부한 영장에 의하지 않으면 아니 된다는 원칙이다. 따라서 헌법상 영장주의의 본질은 체포·구속·압수·수색 등 기본권을 제한하는 강제처분을 함에 있어서는 중립적인 법관의 구체적 판단을 거쳐야 한다는 데에 있다(헌재 2018. 6. 28. 2012헌마191 등).

1990 「국가보안법」위반죄 등 일부 범죄혐의자를 법관의 영장 없이 구속, 압수, 수색할 수 있도록 규정하고 있던 구 「인신구속 등에 관한 임시 특례법」조항은 영장주의에 위배된다. 19 경정   O | X

1990-1 국가보안법위반죄 등 일부 범죄혐의자를 법관의 영장없이 구속, 압수, 수색할 수 있도록 규정하고, 법관에 의한 사후영장제도도 마련하지 않은 구 「인신구속 등에 관한 임시 특례법」조항은 국가비상사태에 준하는 상황에서 내려진 특별한 조치임을 감안하면 영장주의의 본질을 침해한다고 볼 수 없다. 23 경찰 1차   O | X

이 사건 법률조항은 수사기관이 법관에 의하여 발부된 영장 없이 일부 범죄 혐의자에 대하여 구속 등 강제처분을 할 수 있도록 규정하고 있을 뿐만 아니라, 그와 같이 영장 없이 이루어진 강제처분에 대하여 일정한 기간 내에 법관에 의한 사후영장을 발부받도록 하는 규정도 마련하지 아니함으로써, 수사기관이 법관에 의한 구체적 판단을 전혀 거치지 않고서도 임의로 불특정한 기간 동안 피의자에 대한 구속 등 강제처분을 할 수 있도록 하고 있는바, 이는 이 사건 법률조항의 입법목적과 그에 따른 입법자의 정책적 선택이 자의적이었는지 여부를 따질 필요도 없이 형식적으로 영장주의의 본질을 침해한다고 하지 않을 수 없다(헌재 2012. 12. 27. 2011헌가5).

1991 영장주의는 구속개시 시점에 있어서 신체의 자유에 대한 박탈의 허용만이 아니라 그 구속영장의 효력을 계속 유지할 것인지 아니면 정지 또는 실효시킬 것인지 여부의 결정도 오직 법관의 판단에 의하여만 결정되어야 한다는 것을 의미한다. 22 경찰 2차   O | X

1991-1 영장주의는 구속의 개시시점에 한하여 법관의 판단에 의하여 결정되어야 한다는 것을 의미하고, 구속 영장의 효력을 계속 유지할 것인지 여부와는 관련이 없다. 18 5급   O | X

헌법에 명문으로 규정된 영장주의는 구속의 개시시점에 한하지 않고 구속영장의 효력을 계속 유지할 것인지 아니면 취소 또는 실효시킬 것인지의 여부도 사법권 독립의 원칙에 의하여 신분이 보장되고 있는 법관의 판단에 의하여만 결정되어야 한다는 것을 의미하고 그 밖에 검사나 다른 국가기관의 의견에 의하여 좌우되도록 하는 것은 헌법상의 적법절차의 원칙에 위배된다(헌재 1992. 12. 24. 92헌가8).

1992 법원이 피고인의 구속 또는 그 유지 여부의 필요성에 관하여 한 재판의 효력이 검사나 다른 기관의 이견이나 불복이 있다 하여 좌우되거나 제한받는다면 이는 영장주의에 위반된다고 할 것이다. 19 국가 7   O | X

법원이 피고인의 구속 또는 그 유지 여부의 필요성에 관하여 한 재판의 효력이 검사나 다른 기관의 이견이나 불복이 있다 하여 좌우되거나 제한받는다면 이는 영장주의에 위반된다고 할 것인바, 구속집행정지결정에 대한 검사의 즉시항고를 인정하는 이 사건 법률조항은 검사의 불복을 그 피고인에 대한 구속집행을 정지할 필요가 있다는 법원의 판단보다 우선시킬 뿐만 아니라, 사실상 법원의 구속집행정지결정을 무의미하게 할 수 있는 권한을 검사에게 부여한 것이라는 점에서 헌법 제12조 제3항의 영장주의원칙에 위배된다 (헌재 2012. 6. 27. 2011헌가36).

정답 1990. O   1990-1. X [영장주의의 본질을 침해함]   1991. O   1991-1. X [구속영장 효력유지도 법관의 판단]   1992. O

△1993 구속집행정지결정에 대한 검사의 즉시항고를 인정하는 경우에는 검사의 불복을 그 피고인에 대한 구속집행을 정지할 필요가 있다는 법원의 판단보다 우선시킬 뿐만 아니라 사실상 법원의 구속집행정지결정을 무의미하게 할 수 있는 권한을 검사에게 부여하게 되는 점에서 헌법 제12조 제3항의 영장주의원칙에 위배된다. 23 해간, 19 법원 9   O|X

1993-1 법원의 구속집행정지결정에 대하여 검사가 즉시항고할 수 있도록 한 「형사소송법」 조항은 법원의 구속집행정지결정을 무의미하게 할 수 있는 권한을 검사에게 부여한 것이라는 점에서 적법절차원칙에 위배된다. 20 국회 8   O|X

1993-2 법원의 구속집행정지결정에 대하여 검사가 즉시항고할 수 있도록 한 「형사소송법」 조항은 법원의 구속집행정지결정을 무의미하게 할 수 있는 권한을 검사에게 부여한 것이라는 점에서 적법절차원칙에 위배되지만, 영장주의에 위배되는 것은 아니다. 18 변호사   O|X

1993-3 법원의 구속집행정지결정에 대하여 검사가 즉시항고할 수 있도록 한 「형사소송법」 조항은 신체의 자유를 침해한다. 13 국회 8   O|X

(1) 법원이 피고인의 구속 또는 그 유지 여부의 필요성에 관하여 한 재판의 효력이 검사나 다른 기관의 이견이나 불복이 있다 하여 좌우되거나 제한받는다면 이는 영장주의에 위반된다고 할 것인바, 구속집행정지결정에 대한 검사의 즉시항고를 인정하는 이 사건 법률조항은 검사의 불복을 그 피고인에 대한 구속집행을 정지할 필요가 있다는 법원의 판단보다 우선시킬 뿐만 아니라, 사실상 법원의 구속집행정지결정을 무의미하게 할 수 있는 권한을 검사에게 부여한 것이라는 점에서 <u>헌법 제12조 제3항의 영장주의원칙에 위배된다</u>. 또한 헌법 제12조 제3항의 영장주의는 헌법 제12조 제1항의 적법절차원칙의 특별규정이므로, 헌법상 영장주의원칙에 위배되는 이 사건 법률조항은 <u>헌법 제12조 제1항의 적법절차원칙에도 위배된다</u>(헌재 2012. 6. 27. 2011헌가36).

(2) 이 사건 법률조항이 법률에 따른 형벌권의 행사로서 신체의 자유의 **본질적인 내용을 침해하거나 과잉금지의 원칙에 위배되는지** 여부를 본다. … 이 사건 법률조항이 검사에게 즉시항고권을 인정한 것은 부당한 구속집행정지결정의 시정을 도모한다는 명목으로 검사에게 목적달성에 필요한 정도를 넘어서 피고인에게 심대한 피해를 주는 것이므로 법익의 균형성을 갖춘 것이라고 보기 어렵다. … 그러므로 이 사건 법률조항은 <u>헌법 제37조 제2항의 **과잉금지원칙에도 위배된다**</u>(헌재 2012. 6. 27. 2011헌가36).

1994 무죄, 면소, 형의 면제, 형의 선고유예, 형의 집행유예, 공소기각 또는 벌금이나 과료를 과하는 판결이 선고된 때에는 구속영장의 효력을 잃도록 하면서 검사로부터 사형, 무기 또는 10년 이상의 징역이나 금고의 형에 해당한다는 취지의 의견진술이 있는 사건에 대하여는 예외로 하는 것은 적법절차의 원칙에 위배된다. 11 국회 8   O|X

헌법 제12조 제3항에 규정된 영장주의는 구속의 개시시점에 한하지 않고 구속영장의 효력을 계속 유지할 것인지 아니면 취소 또는 실효시킬 것인지의 여부도 사법권독립의 원칙에 의하여 신분이 보장되고 있는 법관의 판단에 의하여 결정되어야 한다는 것을 의미하고, 따라서 「형사소송법」 제331조 단서 규정과 같이 <u>구속영장의 실효 여부를 검사의 의견에 좌우되도록 하는 것은 헌법상 **적법절차의 원칙에 위배된다**</u>(헌재 1992. 12. 24. 92헌가8).

⑤1995 압수·수색의 사전통지나 집행 당시의 참여권의 보장은 압수·수색에 있어 국민의 기본권을 보장하고 헌법상의 적법절차원칙의 실현을 위한 구체적인 방법의 하나일 뿐 헌법상 명문으로 규정된 권리는 아니다. 23 해간, 16 경정, 13 국가 7   O|X

우리 헌법은 제12조 제3항에서 "체포·구속·압수 또는 수색을 할 때에는 적법한 절차에 따라 검사의 신청에 의하여 법관이 발부한 영장을 제시하여야 한다"고 규정하고 있을 뿐, 압수수색에 관한 통지절차 등을 따로 규정하고 있지 않으므로 <u>압수수색의 사전통지나 집행 당시의 참여권의 보장</u>은 압수수색에 있어 국민의 기본권을 보장하고 헌법상의 적법절차원칙의 실현을 위한 구체적인 방법의 <u>하나일 뿐 **헌법상 명문으로 규정된 권리는 아니다**</u>(헌재 2012. 12. 27. 2011헌바225).

● 정답 1993. O 1993-1. O 1993-2. X [적법절차원칙 및 영장주의 위배] 1993-3. O 1994. O 1995. O

02 피의자구속과 피고인구속

1996 헌법에 규정된 영장신청권자로서의 검사는 검찰권을 행사하는 국가기관인 검사로서 공익의 대표자이자 수사단계에서의 인권옹호기관으로서의 지위에서 그에 부합하는 직무를 수행하는 자를 의미하는 것이지, 「검찰청법」상 검사만을 지칭하는 것으로 보기 어렵다. 22 국회 8 O|X

1996-1 헌법에 규정된 영장신청권자로서의 검사는 검찰권을 행사하는 국가기관인 검사로서 공익의 대표자이자 수사단계에서의 인권옹호기관으로서의 지위에서 그에 부합하는 직무를 수행하는 자를 의미하는 것으로 「검찰청법」상 검사만을 지칭한다. 23 경간 O|X

헌법에서 수사단계에서의 영장신청권자를 검사로 한정한 것은 다른 수사기관에 대한 수사지휘권을 확립시켜 인권유린의 폐해를 방지하고, 법률전문가인 검사를 거치도록 함으로써 기본권침해가능성을 줄이고자 한 것이다. 헌법에 규정된 영장신청권자로서의 검사는 검찰권을 행사하는 국가기관인 검사로서 공익의 대표자이자 수사단계에서의 인권옹호기관으로서의 지위에서 그에 부합하는 직무를 수행하는 자를 의미하는 것이지, 검찰청법상 검사만을 지칭하는 것으로 보기 어렵다(헌재 2021. 1. 28. 2020헌마264 등).

1997 수사단계가 아닌 공판단계에서 법관이 직권으로 영장을 발부하여 구속하는 경우에는 검사의 영장신청이 불필요하다. 08 국가 7 O|X

공판단계에서 이미 공소가 제기된 피고인을 구속영장에 따라 구인 또는 구금하여 재판을 진행하는 경우 검사의 영장신청 없이 법관이 직권으로 영장을 발부한다.

> **형사소송법 제70조(구속의 사유)** ① **법원**은 피고인이 죄를 범하였다고 의심할 만한 상당한 이유가 있고 다음 각 호의 1에 해당하는 사유가 있는 경우에는 **피고인을 구속할 수 있다.**
> 1. 피고인이 일정한 주거가 없는 때
> 2. 피고인이 증거를 인멸할 염려가 있는 때
> 3. 피고인이 도망하거나 도망할 염려가 있는 때
>
> **형사소송법 제73조(영장의 발부)** 피고인을 소환함에는 소환장을, **구인 또는 구금**함에는 **구속영장을 발부**하여야 한다.

1998 헌법 제12조 제3항이 영장의 발부에 관하여 "검사의 신청"에 의할 것을 규정한 취지는 모든 영장의 발부에 검사의 신청이 필요하다는 데에 있는 것이 아니라 수사단계에서 영장의 발부를 신청할 수 있는 자를 검사로 한정함으로써 검사 아닌 다른 수사기관의 영장신청에서 오는 인권유린의 폐해를 방지하고자 함에 있다. 22 지방 7, 19 서울 7 O|X

1998-1 헌법이 '검사의 신청'에 의할 것을 규정한 취지는 모든 영장의 발부에 검사의 신청이 필요하다는 데에 있는 것이므로, 공판단계에서 법원이 직권에 의하여 구속영장을 발부할 수 있도록 하는 것은 영장주의에 위배된다. 15 국회 8 O|X

1998-2 공판단계에서 피고인에 대하여 법관이 영장을 발부하는 경우에도 형식상 검사의 신청이 필요하며, 그렇지 아니한 경우에는 적법절차의 원칙에 위배된다. 16 서울 7 O|X

헌법 제12조 제3항이 영장의 발부에 관하여 **"검사의 신청"**에 의할 것을 규정한 취지는 모든 영장 발부에 검사의 신청이 필요하다는 데에 있는 것이 아니라 수사단계에서 영장의 발부를 신청할 수 있는 자를 검사로 한정함으로써 검사 아닌 다른 수사기관의 영장신청에서 오는 인권유린의 폐해를 방지하고자 함에 있으므로, **공판단계에서 법원이 직권에 의하여 구속영장을 발부**할 수 있음을 규정한 형사소송법 제70조 제1항 및 제73조 중 "피고인을 … 구인 또는 구금함에는 구속영장을 발부하여야 한다." 부분은 **헌법 제12조 제3항에 위반되지 아니한다**(헌재 1997. 3. 27. 96헌바28 등).

정답 1996. O 1996-1. X [검찰청법상 검사만을 지칭 X] 1997. O 1998. O 1998-1. X [모든 영장발부에 검사신청 필요 X, 영장주의 위배 X] 1998-2. X [공판단계 : 영장 검사 신청 불필요, 적법절차 위배 X]

1999 법원이 직권으로 발부하는 영장은 허가장으로서의 성질을 갖지만, 수사기관의 청구에 의하여 발부하는 구속영장은 명령장으로서의 성질을 갖는다. 24 변호사   O | X

1999-1 법원이 직권으로 발부하는 영장과 수사기관의 청구에 의하여 발부하는 구속영장의 법적 성격은 같다. 08 국가 7   O | X

구속에는 피고인의 구속과 피의자의 구속이 있는데, 전자는 법관이 직권으로 발부한 영장에 의하고, 후자는 검사의 청구에 의하여 법관이 발부한 영장에 의한다. **법원이 직권으로 발부하는 영장과 수사기관의 청구에 의하여 발부하는 구속영장**의 법적성격은 같지 않다. 즉 전자는 **명령장**으로서의 성질을 갖지만 후자는 **허가장**으로서의 성질을 갖는 것으로 이해되고 있다(헌재 1997. 3. 27. 96헌바28 등).

03 영장주의를 적용하지 않는 처분

2000 각급선거관리위원회 위원·직원의 선거범죄 조사에 있어서 피조사자에게 자료제출의무를 부과한「공직선거법」조항에 따른 자료제출요구는, 행정조사의 성격을 가지는 것으로 수사기관의 수사와 근본적으로 그 성격을 달리하며, 그 상대방에 대하여 직접적으로 어떠한 물리적 강제력을 행사하는 강제처분을 수반하는 것이 아니므로 영장주의의 적용대상이 아니다. 22 변호사   O | X

2000-1 각급선거관리위원회 위원·직원의 선거범죄 조사에 있어서 피조사자에게 자료제출의무를 부과하는 공직선거법 조항은 이 규정에 위반하여 허위의 자료를 제출한 경우 형사처벌을 규정하고 있는바, 이는 형벌에 의한 불이익이라는 심리적, 간접적 강제수단을 통하여 진실한 자료를 제출하도록 하는 강제처분을 수반하는 것으로 영장주의의 적용대상이다. 22 국가 7   O | X

심판대상조항은 피조사자로 하여금 **자료제출요구에 응할 의무를 부과**하고, **허위 자료를 제출한 경우 형사처벌**하고 있으나, 이는 형벌에 의한 불이익이라는 심리적, 간접적 강제수단을 통하여 진실한 자료를 제출하도록 함으로써 조사권 행사의 실효성을 확보하기 위한 것이다. 이와 같이 심판대상조항에 의한 **자료제출요구는 행정조사의 성격**을 가지는 것으로 수사기관의 수사와 근본적으로 그 성격을 달리하며, 청구인에 대하여 직접적으로 어떠한 물리적 강제력을 행사하는 강제처분을 수반하는 것이 아니므로 **영장주의의 적용대상이 아니다**(헌재 2019. 9. 26. 2016헌바381).

2001 행정상 즉시강제는 상대방의 임의이행을 기다릴 시간적 여유가 없을 때 하명 없이 바로 실력을 행사하는 것으로서, 그 본질상 급박성을 요건으로 하고 있어 법관의 영장을 기다려서는 그 목적을 달성할 수 없다고 할 것이므로, 원칙적으로 영장주의가 적용되지 않는다. 15 국회 8, 15 경정   O | X

2001-1 행정상 즉시강제는 급박한 행정상 장해를 제거하기 위한 목적에 의한 것이지만, 국가가 개인에게 직접 신체나 재산에 실력을 행사하는 것이므로 원칙적으로 영장주의가 적용된다. 16 서울 7   O | X

영장주의가 행정상 즉시강제에도 적용되는지에 관하여는 논란이 있으나, **행정상 즉시강제**는 상대방의 임의이행을 기다릴 시간적 여유가 없을 때 하명 없이 바로 실력을 행사하는 것으로서, 그 **본질상 급박성을 요건**으로 하고 있어 법관의 영장을 기다려서는 그 목적을 달성할 수 없다고 할 것이므로, **원칙적으로 영장주의가 적용되지 않는다**고 보아야 할 것이다(헌재 2002. 10. 31. 2000헌가12).

정답 1999. X [허가장 ↔ 명령장 바뀜]   1999-1. X [직권발부 : 명령장 ≠ 청구발부 : 허가장]   2000. O   2000-1. X [강제처분수반 X, 영장주의 적용대상 X]   2001. O   2001-1. X [원칙적으로 영장주의 적용되지 않음]

2002 관계행정청이 등급분류를 받지 아니하거나 등급분류를 받은 게임물과 다른 내용의 게임물을 발견한 경우 관계공무원으로 하여금 이를 수거·폐기하게 할 수 있도록 한 것은, 급박한 상황에 대처하기 위한 것으로서 그 불가피성과 정당성이 충분히 인정되는 경우이므로, 영장 없는 수거를 인정한다고 하더라도 영장주의에 위배되는 것으로 볼 수 없다. 22 변호사 O|X

2002-1 관계행정청이 등급분류를 받지 아니하거나 등급분류를 받은 게임물과 다른 내용의 게임물을 발견한 경우 관계공무원으로 하여금 이를 영장없이 수거·폐기하게 할 수 있도록 한 구「음반·비디오물및게임물에관한법률」 조항은 그 소유자 또는 점유자에게 수거증을 교부하도록 하는 등 절차적 요건을 규정하고 있어 적법절차원칙에 위배되지 않는다. 23 경찰 1차 O|X

2002-2 관계행정청이 등급분류를 받지 아니하거나 등급분류를 받은 게임물과 다른 내용의 게임물을 발견한 경우 관계공무원으로 하여금 이를 수거·폐기하게 할 수 있도록 하는 경우, 수거·폐기에 앞서 청문이나 의견제출 등 절차보장에 관한 규정을 두고 있지 않으면, 적법절차의 원칙에 위반된다. 10 국회 8 O|X

이 사건 법률조항은 앞에서 본바와 같이 급박한 상황에 대처하기 위한 것으로서 그 불가피성과 정당성이 충분히 인정되는 경우이므로, 이 사건 법률조항이 영장 없는 수거를 인정한다고 하더라도 이를 두고 헌법상 <u>영장주의에 위배되는 것으로는 볼 수 없고</u>, 위 구 음반·비디오물및게임물에관한법률 제24조 제4항에서 관계공무원이 당해 게임물 등을 수거한 때에는 그 소유자 또는 점유자에게 수거증을 교부하도록 하고 있고, 동조 제6항에서 수거 등 처분을 하는 관계공무원이나 협회 또는 단체의 임·직원은 그 권한을 표시하는 증표를 지니고 관계인에게 이를 제시하도록 하는 등의 절차적 요건을 규정하고 있으므로, 이 사건 법률조항이 <u>적법절차의 원칙에 위배되는 것으로 보기도 어렵다</u>(헌재 2002. 10. 31. 2000헌가12).

2003 형사재판에 계속 중인 사람에 대하여 출국을 금지할 수 있다고 규정한 「출입국관리법」 조항에 대하여 법무부장관의 출국금지결정은 형사재판에 계속 중인 국민의 출국의 자유를 제한하는 행정처분일 뿐이고, 영장주의가 적용되는 신체에 대하여 직접적으로 물리적 강제력을 수반하는 강제처분이라고 할 수는 없다. 23 법원 9. 22 경찰 2차 O|X

2003-1 형사재판에 계속 중인 사람에 대하여 법무부장관이 6개월 이내의 기간을 정하여 출국을 금지할 수 있다고 규정한 「출입국관리법」 조항은 영장주의에 위반되지 아니한다. 20 법무사 O|X

2003-2 형사재판이 계속 중인 국민의 출국을 금지하는 법무부장관의 출국금지결정은 영장주의가 적용되는 신체에 대하여 직접적으로 물리적 강제력을 수반하는 강제처분에 해당한다. 24 변호사 O|X

심판대상조항에 따른 <u>법무부장관의 출국금지결정은</u> 형사재판에 계속 중인 국민의 출국의 자유를 제한하는 <u>행정처분일</u> 뿐이고 영장주의가 적용되는 신체에 대하여 직접적으로 물리적 강제력을 수반하는 <u>강제처분이라고 할 수는 없다.</u> 따라서 심판대상조항이 헌법 제12조 제3항의 <u>영장주의에 위배된다고 볼 수 없다</u>(헌재 2015. 9. 24. 2012헌바302).

2004 형사재판에 계속 중인 사람에 대하여 출국을 금지할 수 있다고 규정한 「출입국관리법」에 따른 법무부장관의 출국금지결정은 성질상 신속성과 밀행성을 요하므로, 출국금지 대상자에게 사전통지를 하거나 청문을 실시하도록 한다면 국가 형벌권 확보라는 출국금지제도의 목적을 달성하는 데 지장을 초래할 우려가 있으며, 출국금지 후 즉시 서면으로 통지하도록 하고 있고, 이의신청이나 행정소송을 통하여 출국금지결정에 대해 사후적으로 다툴 수 있는 기회를 제공하여 절차적 참여를 보장해 주고 있으므로 적법절차원칙에 위배된다고 보기 어렵다. 23 국가 7 O|X

●정답 2002. O 2002-1. O 2002-2. X [적법절차원칙 위배 X] 2003. O 2003-1. O 2003-2. X [강제처분 아님] 2004. O

심판대상조항에 따른 출국금지결정은 성질상 신속성과 밀행성을 요하므로, 출국금지 대상자에게 **사전통지**를 하거나 **청문**을 실시하도록 한다면 국가 형벌권 확보라는 출국금지제도의 목적을 달성하는 데 지장을 초래할 우려가 있다. 나아가 **출국금지 후 즉시 서면으로 통지**하도록 하고 있고, **이의신청이나 행정소송을 통하여 출국금지결정에 대해 사후적으로 다툴 수 있는 기회**를 제공하여 **절차적 참여를 보장**해 주고 있으므로 **적법절차원칙에 위배된다고 보기 어렵다**(헌재 2015. 9. 24. 2012헌바302).

2005 헌법 제12조 제3항의 영장주의는 법관이 발부한 영장에 의하지 아니하고는 수사에 필요한 강제처분을 하지 못한다는 원칙으로, 교도소장이 마약류 관련 수형자에게 소변을 받아 제출하도록 한 것은 교도소의 안전과 질서유지를 위한 것으로 수사에 필요한 처분이 아닐 뿐만 아니라 검사대상자들의 협력이 필수적이어서 강제처분이라고 할 수도 없어 영장주의의 원칙이 적용되지 않는다. 22 지방 7   O│X

2005-1 마약류 관련 수형자에 대하여 마약류반응검사를 위하여 소변을 받아 제출하게 한 것은 강제처분이라고 볼 수 있으므로 영장주의가 적용된다. 19 서울 7   O│X

2005-2 구치소 등 교정시설 내에서 마약류사범에게 마약류반응검사를 위하여 소변을 받아 제출하게 한 것은 법관의 영장을 필요로 하는 강제처분에 해당하므로, 이와 같은 방법의 소변채취가 법관의 영장 없이 실시되었다고 한다면 영장주의에 위배된다. 15 국회 8   O│X

헌법 제12조 제3항의 영장주의는 법관이 발부한 영장에 의하지 아니하고는 수사에 필요한 강제처분을 하지 못한다는 원칙으로 **소변을 받아 제출하도록 한 것은 교도소의 안전과 질서유지를 위한 것으로 수사에 필요한 처분이 아닐 뿐만 아니라 검사대상자들의 협력이 필수적이어서 강제처분이라고 할 수도 없어 영장주의의 원칙이 적용되지 않는다.** … 이 사건 소변채취를 법관의 영장을 필요로 하는 강제처분이라고 할 수 없어 구치소 등 교정시설 내에서 위와 같은 방법에 의한 소변채취가 **법관의 영장이 없이 실시되었다고 하여** 헌법 제12조 제3항의 **영장주의에 위배하였다고 할 수는 없다**(헌재 2006. 7. 27. 2005헌마277).

2006 마약류사범인 수용자에게 마약류반응검사를 위하여 소변을 받아 제출하게 한 것은 과잉금지의 원칙에 위반되지 않는다. 19 경정   O│X

이 사건 소변채취는 청구인 등 검사대상자에게 정기적으로 자기 신체에서 배출되는 오줌을 채취하여 제출하여야 하는 불이익, 즉 신체에 대한 자기결정권이 제한되고 하기 싫은 일을 하여야 하는 등의 사익의 제한이 있으나, 앞에서 본 바와 같이 검사대상자들에 대한 교정목적의 실현가능성의 제고(이는 사익의 증대라는 측면도 있다) 및 교정시설의 안전과 질서유지라는 공익이 훨씬 크다고 할 것이므로 법익의 균형성도 갖추었다. 따라서 **마약류사범인 청구인에 대한 이 사건 소변채취는 과잉금지의 원칙에 위반되지 아니한다**(헌재 2006. 7. 27. 2005헌마277).

2007 헌법상 영장주의는 체포·구속·압수·수색 등 기본권을 제한하는 강제처분에 적용되므로, 강제력이 개입되지 않은 임의수사에 해당하는 수사기관 등의 통신자료 취득에는 영장주의가 적용되지 않는다. 23 법원 9, 23 경찰 1차   O│X

2007-1 「전기통신사업법」은 수사기관 등이 전기통신사업자에 대하여 통신자료의 제공을 요청할 수 있는 권한을 부여하면서 전기통신사업자에게 수사기관 등의 통신자료 제공요청에 응하거나 협조하여야 할 의무를 부과하지 않으며, 달리 전기통신사업자의 통신자료 제공을 강제할 수 있는 수단을 마련하고 있지 아니하므로, 동법에 따른 통신자료 제공요청은 강제력이 개입되지 아니한 임의수사에 해당하고 이를 통한 수사기관 등의 통신자료 취득에는 영장주의가 적용되지 아니한다. 23 경정   O│X

● 정답 2005. O   2005-1. X [강제처분 X, 영장주의 적용 X]   2005-2. X [강제처분 X, 영장주의 위배 X]   2006. O   2007. O   2007-1. O

헌법상 **영장주의**의 본질은 체포·구속·압수·수색 등 **기본권을 제한하는 강제처분**을 함에 있어서는 중립적인 법관의 구체적 판단을 거쳐야 한다는 데에 있다. … 이 사건 법률조항은 수사기관 등이 전기통신사업자에 대하여 통신자료의 제공을 요청할 수 있는 권한을 부여하면서 전기통신사업자는 '그 요청에 따를 수 있다'고 규정하고 있을 뿐, 전기통신사업자에게 수사기관 등의 통신자료 제공요청에 응하거나 협조하여야 할 의무를 부과하지 않으며, 달리 전기통신사업자의 통신자료 제공을 강제할 수 있는 수단을 마련하고 있지 아니하다. 따라서 이 사건 법률조항에 따른 **통신자료 제공요청**은 **강제력이 개입되지 아니한 임의수사**에 해당하고 이를 통한 **수사기관 등의 통신자료 취득**에는 **영장주의가 적용되지 아니**하는바, 이 사건 법률조항은 헌법상 **영장주의에 위배되지 아니한다**(헌재 2022. 7. 21. 2016헌마388 등).

2008 수사기관이 공사단체 등에 범죄수사에 관련된 사실을 조회하는 행위는 강제력이 개입되지 아니한 임의수사에 해당하므로, 이에 응하여 이루어진 국민건강보험공단의 개인정보제공행위에는 영장주의가 적용되지 않는다. 23 해간, 20 변호사   O | X

2008-1 서울용산경찰서장이 국민건강보험공단에 청구인들의 요양급여내역의 제공을 요청한 사실조회행위는 임의수사에 해당하나 이에 응해 이루어진 정보제공행위에 대해서는 헌법상 영장주의가 적용된다. 24 경간   O | X

이 사건 사실조회조항은 수사기관이 공사단체 등에 대하여 **범죄수사에 관련된 사실을 조회**할 수 있다고 규정하여 **수사기관에 사실조회의 권한을 부여**하고 있을 뿐이고, 이에 근거한 이 사건 사실조회행위에 대하여 국민건강보험공단이 **응하거나 협조하여야 할 의무를 부담하는 것이 아니다.** 따라서 이 사건 **사실조회행위는 강제력이 개입되지 아니한 임의수사**에 해당하므로, 이에 응하여 이루어진 이 사건 **정보제공행위에도 영장주의가 적용되지 않는다.** 그러므로 이 사건 정보제공행위가 영장주의에 위배되어 청구인들의 개인정보자기결정권을 침해한다고 볼 수 없다(헌재 2018. 8. 30. 2014헌마368).

2009 범죄의 피의자로 입건된 사람들이 경찰공무원이나 검사의 신문을 받으면서 자신의 신원을 밝히지 않고 지문채취에 불응하는 경우 형사처벌을 통하여 지문채취를 강제하는 법률조항은, 형벌에 의한 불이익을 부과함으로써 심리적·간접적으로 지문채취를 강요하고 있을 뿐이므로, 영장주의에 의하여야 할 강제처분이라 할 수 없다. 19 서울 7   O | X

2009-1 범죄의 피의자로 입건된 사람들에게 경찰공무원이나 검사의 신문을 받으면서 자신의 신원을 밝히지 않고 지문채취에 불응하는 경우 형사처벌을 통하여 지문채취를 강제하는 것은 영장주의의 원칙에 위반되지 않는다. 14 법무사   O | X

2009-2 범죄의 피의자로 입건된 사람이 경찰공무원이나 검사의 신문을 받으면서 자신의 신원을 밝히지 않고 지문채취에 불응하는 경우 형사처벌을 부과하는 것은, 수사기관이 직접 물리적 강제력을 행사하여 피의자에게 강제로 지문을 찍도록 하는 것을 허용하는 것과 질적인 차이가 없으므로 영장주의에 위배된다. 17 경정, 15 국회 8   O | X

2009-3 수사상 필요에 의하여 수사기관이 직접강제에 의하여 지문을 채취하려 하는 경우에는 영장주의가 적용되지 않는다. 11 국회 9   O | X

● 정답 2008. O   2008-1. X [영장주의가 적용되지 않음]   2009. O   2009-1. O   2009-2. X [영장주의 위배 X]   2009-3. X [영장주의 적용됨]

이 사건 법률조항은 수사기관이 직접 물리적 강제력을 행사하여 피의자에게 강제로 지문을 찍도록 하는 것을 허용하는 규정이 아니며 형벌에 의한 불이익을 부과함으로써 **심리적·간접적으로 지문채취를 강요**하고 있으므로 피의자가 본인의 판단에 따라 수용여부를 결정한다는 점에서 궁극적으로 당사자의 **자발적 협조가 필수적임**을 전제로 하므로 **물리력을 동원하여 강제로 이루어지는 경우와는 질적으로 차이가 있다.** 따라서 이 사건 법률조항에 의한 지문채취의 강요는 **영장주의에 의하여야 할 강제처분이라 할 수 없다.** 또한 수사상 필요에 의하여 수사기관이 **직접강제에 의하여 지문을 채취**하려 하는 경우에는 **반드시 법관이 발부한 영장**에 의하여야 하므로 영장주의원칙은 여전히 유지되고 있다고 할 수 있다. … 따라서 이 사건 법률조항이 지문채취거부를 처벌할 수 있도록 하는 것이 비록 피의자에게 지문채취를 강요하는 측면이 있다 하더라도 수사의 편의성만을 위하여 **영장주의의 본질을 훼손하고 형해화한다고 할 수는 없다**(헌재 2004. 9. 23. 2002헌가17 등).

2010 범죄의 피의자로 입건된 사람들에게 경찰공무원이나 검사의 신문을 받으면서 자신의 신원을 밝히지 않고 지문채취에 불응하는 경우 형사처벌을 통하여 지문채취를 강제하는 구 「경범죄처벌법」 조항은 형벌에 의한 불이익을 부과함으로써 심리적·간접적으로 지문채취를 강제하고 그것도 보충적으로만 적용하도록 하고 있어 피의자에 대한 피해를 최소화하기 위한 고려를 하고 있으며, 지문채취 그 자체가 피의자에게 주는 피해는 그리 크지 않은 반면 일단 채취된 지문은 피의자의 신원을 확인하는 효과적인 수단이 될 뿐 아니라 수사절차에서 범인을 검거하는 데에 중요한 역할을 하므로 적법절차원칙에 위배되지 않는다. 22 경채   O | X

이 사건 법률조항은 형벌에 의한 불이익을 부과함으로써 **심리적·간접적으로 지문채취**를 강제하고 그것도 보충적으로만 적용하도록 하고 있어 피의자에 대한 피해를 최소화하기 위한 고려를 하고 있으며, 지문채취 그 자체가 피의자에게 주는 피해는 그리 크지 않은 반면 일단 채취된 지문은 피의자의 신원을 확인하는 효과적인 수단이 될 뿐 아니라 수사절차에서 범인을 검거하는 데에 중요한 역할을 한다. 한편, 이 사건 법률조항에 규정되어 있는 법정형은 형법상의 제재로서는 최소한에 해당되므로 지나치게 가혹하여 범죄에 대한 형벌 본래의 목적과 기능을 달성함에 필요한 정도를 일탈하였다고 볼 수도 없다. … 그렇다면 이 사건 법률조항이 범죄의 피의자로 입건된 사람들로 하여금 경찰공무원이나 검사의 신문을 받으면서 자신의 신원을 밝히지 않고 지문채취에 불응하는 경우 벌금, 과료, 구류의 형사처벌을 받도록 하고 있는 것은 관련 요소들을 합리적으로 고려한 것으로서 헌법상의 **적법절차원칙에 위배되지 않는다**고 볼 것이다(헌재 2004. 9. 23. 2002헌가17 등).

2011 숨을 호흡측정기에 한 두번 불어 넣는 방식으로 행하여지는 음주측정은 그 성질상 강제될 수 있는 것이 아니고 당사자의 자발적 협조가 필수적인 것이므로 영장을 필요로 하는 강제처분이라 할 수 없다. 23 경정   O | X

2011-1 음주측정은 성질상 강제될 수 있는 것이 아니며 당사자의 자발적 협조가 필수적인 것이므로, 영장주의에 위배되지 않는다. 16 서울 7   O | X

2011-2 주취운전의 혐의자에게 주취여부의 측정에 응할 의무를 지우고 이에 불응한 사람을 처벌하는 「도로교통법」 조항은 추구하는 목적의 중대성(음주운전 규제의 절실성), 음주측정의 불가피성(주취운전에 대한 증거확보의 유일한 방법), 국민에게 부과되는 부담의 정도(경미한 부담, 간편한 실시), 음주측정의 정확성 문제에 대한 제도적 보완(혈액채취 등의 방법에 의한 재측정 보장), 처벌의 요건과 처벌의 정도(측정불응죄의 행위주체를 엄격히 제한) 등에 비추어 합리성과 정당성을 갖추고 있으므로 헌법 제12조 제1항의 적법절차원칙에 위배된다고 할 수 없다. 22 경채   O | X

● 정답   2010. O   2011. O   2011-1. O   2011-2. O

(1) 도로교통법 제41조 제2항에 규정된 **음주측정**은 성질상 강제될 수 있는 것이 아니며 궁극적으로 당사자의 **자발적 협조가 필수적인** 것이므로 이를 두고 **법관의 영장을 필요로 하는 강제처분이라 할 수 없다.** 따라서 이 사건 법률조항이 주취운전의 혐의자에게 영장없는 음주측정에 응할 의무를 지우고 이에 불응한 사람을 처벌한다고 하더라도 헌법 제12조 제3항에 규정된 **영장주의에 위배되지 아니한다**(헌재 1997. 3. 27. 96헌가11).

(2) 이 사건 법률조항은 위 여러 요소들을 고려한 것으로서 추구하는 **목적의 중대성**(음주운전 규제의 절실성), **음주측정의 불가피성**(주취운전에 대한 증거확보의 유일한 방법), 국민에게 부과되는 **부담의 정도**(경미한 부담, 간편한 실시), **음주측정의 정확성문제에 대한 제도적 보완**(혈액채취 등의 방법에 의한 재측정 보장), **처벌의 요건**과 **처벌의 정도**(측정불응죄의 행위주체를 엄격히 제한) 등에 비추어 합리성과 정당성을 갖추고 있으므로 헌법 제12조 제1항의 **적법절차원칙에 위배된다고 할 수 없다**(헌재 1997. 3. 27. 96헌가11).

04 신체의 자유와 영장주의

2012 참고인에 대한 동행명령제도는 참고인의 신체의 자유를 사실상 억압하여 일정 장소로 인치하는 것과 실질적으로 같으므로 헌법 제12조 제3항이 정한 영장주의원칙이 적용되어야 한다. 14 법무사 O | X

2012-1 공판절차에서 참고인이라 할 수 있는 증인을 구인하는 경우에는 영장주의가 적용되지 않는다. 12 지방 7 O | X

참고인에 대한 동행명령제도는 참고인의 신체의 자유를 사실상 억압하여 **일정 장소로 인치**하는 것과 실질적으로 같으므로 헌법 제12조 제3항이 정한 **영장주의원칙이 적용**되어야 한다(헌재 2008. 1. 10. 2007헌마1468, 재판관 5인의 위헌의견).

🔖 **보충설명** 헌법재판소는 BBK 특검법상 동행명령조항에 대하여 **재판관 5인**은 **영장주의 위반**, 과잉금지원칙 위반으로 신체의 자유 침해라고 하였고, 재판관 2인은 영장주의 원칙은 적용이 안되나 과잉금지원칙 위반으로 신체의 자유 침해라고 하였으며, 재판관 1인은 과잉금지원칙 위반으로 일반적 행동의 자유를 침해한다고 보았다.

2013 특별검사가 참고인에게 지정된 장소까지 동행할 것을 명령할 수 있게 하고 참고인이 정당한 이유 없이 위 동행명령을 거부한 경우 천만원 이하의 벌금형에 처하도록 규정한 동행명령조항은 영장주의 또는 과잉금지원칙에 위배하여 참고인의 신체의 자유를 침해하는 것이다. 20 경정, 16 서울 7 O | X

2013-1 특별검사가 참고인에게 지정된 장소까지 동행할 것을 명령할 수 있게 하고 참고인이 정당한 이유 없이 위 동행명령을 거부한 경우 천만원 이하의 벌금형에 처하도록 규정한 동행명령조항은 참고인의 신체의 자유를 침해하지 않는다. 17 경정 O | X

2013-2 특별검사의 출석요구에 정당한 사유 없이 응하지 아니한 참고인에게 지정한 장소까지 동행할 것을 명령할 수 있도록 하고, 그 동행명령을 정당한 사유 없이 거부한 자를 1천만 원 이하의 벌금에 처하도록 규정하고 있는 조항(동행명령조항)은 참고인의 신체를 직접적·물리적으로 강제하여 동행시키는 것이 아니라, 형벌을 수단으로 하여 일정한 행동을 심리적·간접적으로 강제한다. 따라서 위 조항은 신체의 자유를 제한하는 것이 아니라 일반적 행동의 자유를 제한하는 것이다. 14 변호사 O | X

정답 2012. O 2012-1. X [영장주의원칙 적용됨] 2013. O 2013-1. X [신체의 자유 침해] 2013-2. X [신체의 자유 제한 O, 일반적 행동의 자유 판단 X]

(1) 법관이 아닌 특별검사가 동행명령장을 발부하도록 하고 정당한 사유 없이 이를 거부한 경우 벌금형에 처하도록 함으로써, 실질적으로는 참고인의 신체의 자유를 침해하여 지정된 장소에 인치하는 것과 마찬가지의 결과가 나타나도록 규정한 이 사건 동행명령조항은 **영장주의원칙을 규정한 헌법 제12조 제3항에 위반**되거나 적어도 위 **헌법상 원칙을 잠탈**하는 것이다(헌재 2008. 1. 10. 2007헌마1468, 재판관 5인의 위헌의견).

(2) 참고인 진술의 수사상 효용가치에 한계가 있기 때문에 이 사건 동행명령조항으로 달성하고자 하는 '진상을 규명하기 위해 필수불가결한 참고인의 진술 확보'라는 공익은 그 실현 여부가 분명하지 않은데 반하여, 위 조항으로 인하여 청구인들이 감수해야 할 신체의 자유에 대한 침해는 지나치게 크다. 결국 이 사건 동행명령조항은 과잉금지원칙에 위배하여 청구인들의 **신체의 자유와 평등권을 침해한다**(헌재 2008. 1. 10. 2007헌마1468, 재판관 7인의 위헌의견).

(3) 이 사건 심판대상 조항들로 인하여 침해될 수 있는 청구인들의 기본권은 평등권, **신체의 자유** 및 공정한 재판을 받을 권리라고 할 것이다(이 사건에서 청구인들이 주장하는 **일반적 행동자유권**은 **신체의 자유의 한 내용인 불법적인 심문을 받지 아니할 권리에 포함**되므로 이에 관하여는 **따로 판단하지 아니한다**)(헌재 2008. 1. 10. 2007헌마1468).

2014 병(兵)에 대한 징계처분으로 병을 부대나 함정 내의 영창, 그 밖의 구금장소에 감금하는 것을 규정한 구「군인사법」에 의한 영창처분은 신체의 자유를 제한하는 구금에 해당하고, 이로 인해 헌법 제12조가 보호하려는 신체의 자유가 제한된다. 23 경정   O | X

2014-1 병(兵)에 대한 징계처분으로 일정기간 부대나 함정 내의 영창, 그 밖의 구금장소에 감금하는 영창처분은, 인신의 자유를 덜 제한하면서도 병의 비위행위를 효율적으로 억지할 수 있는 징계수단을 강구하는 것이 얼마든지 가능함에도, 병의 신체의 자유를 필요 이상으로 과도하게 제한하므로 침해의 최소성 원칙에 어긋난다. 21 국가 7   O | X

2014-2 병(兵)에 대한 징계처분으로 일정기간 부대나 함정(艦艇) 내의 영창, 그 밖의 구금장소에 감금하는 영창처분이 가능하도록 규정한 조항은 병(兵)의 신체의 자유를 침해하지 않는다. 22 법원 9   O | X

(1) 심판대상조항은 병(兵)을 대상으로 한 영창처분을 "부대나 함정 내의 영창, 그 밖의 구금장소에 감금하는 것을 말하며, 그 기간은 15일 이내로 한다."고 규정하고 있으므로, **심판대상조항에 의한 영창처분은 신체의 자유를 제한하는 구금**에 해당하고, 이로 인해 헌법 제12조가 보호하려는 **신체의 자유가 제한**된다. … 이와 같은 점을 종합할 때, **심판대상조항은 과잉금지원칙에 위배된다**(헌재 2020. 9. 24. 2017헌바157 등).

(2) 심판대상조항에 의한 영창처분은 징계처분임에도 불구하고 신분상 불이익 외에 신체의 자유를 박탈하는 것까지 그 내용으로 삼고 있어 징계의 한계를 초과한 점, … 영창제도가 갖고 있는 위하력이 인신구금보다는 병역법상 복무기간의 불산입에서 기인하는 바가 더 크다는 지적에 비추어 볼 때, 인신의 자유를 덜 제한하면서도 병의 비위행위를 효율적으로 억지할 수 있는 징계수단을 강구하는 것은 얼마든지 가능하다고 볼 수 있다. … 따라서 **심판대상조항은 병의 신체의 자유를 필요 이상으로 과도하게 제한**하므로, **침해의 최소성 원칙에 어긋난다.** … 이와 같은 점을 종합할 때, **심판대상조항은 과잉금지원칙에 위배된다**(헌재 2020. 9. 24. 2017헌바157 등).

2015 병(兵)에 대한 징계처분으로 일정기간 부대나 함정(艦艇) 내의 영창에 감금하는 처분이 가능하도록 규정한 구「군인사법」조항은 군(軍)이라는 특수한 신분관계에서 오는 불가피성 및 그 내용과 집행의 실질, 효과 등에 비추어 볼 때, 그 본질이 일반 형사 절차에서 이루어지는 인신구금과 동일하게 취급하기 어렵다는 측면에서 영장주의 원칙이 적용되지 않는다. 22 경찰 2차   O | X

2015-1 헌법재판소의 법정의견에 따르면 병(兵)에 대한 징계처분으로 법관의 판단 없이 인신구금이 이루어질 수 있도록 한 영창처분은 영장주의에 위배된다. 22 국회 8   O | X

정답 2014. O   2014-1. O   2014-2. X [신체의 자유 침해]   2015. X [영장주의 관련 법정의견 없음]   2015-1. X [영장주의 관련 법정의견 없음]

(1) 군대 내 지휘명령체계를 확립하고 전투력을 제고한다는 공익은 매우 중요한 공익이나, 심판대상조항으로 과도하게 제한되는 병의 신체의 자유가 위 공익에 비하여 결코 가볍다고 볼 수 없어, 심판대상조항은 법익의 균형성 요건을 충족하지 못한다. 이와 같은 점을 종합할 때, 심판대상조항은 과잉금지원칙에 위배된다(헌재 2020. 9. 24. 2017헌바157 등, 재판관 7인의 법정의견).

(2) 형사절차가 아니라 하더라도 실질적으로 수사기관에 의한 인신구속과 동일한 효과를 발생시키는 인신구금은 영장주의의 본질상 그 적용대상이 되어야 한다. 심판대상조항에 의한 영창처분은 그 내용과 집행의 실질, 효과에 비추어 볼 때, 그 본질이 사실상 형사절차에서 이루어지는 인신구금과 같이 기본권에 중대한 침해를 가져오는 것으로 헌법 제12조 제1항, 제3항의 영장주의 원칙이 적용된다. … 따라서 심판대상조항은 헌법 제12조 제1항, 제3항의 영장주의에 위배된다(헌재 2020. 9. 24. 2017헌바157 등, 재판관 4인의 법정의견에 대한 보충의견).

🔖 **보충설명** 헌법재판소는 병에 대한 영창처분의 근거조항에 대하여는 재판관 7인의 위헌의견, 재판관 2인의 합헌의견으로 영창처분에 의한 징계구금이 신체의 자유를 침해하여 헌법에 위반된다고 판단하였다. 다만, 재판관 4인의 법정의견에 대한 보충의견은 징계절차로서의 인신구금에 대해서도 영장주의가 적용된다고 보았으나, 재판관 2인의 반대의견은 영장주의가 적용되지 않는다고 보았다. 따라서 영장주의 적용여부 자체에 대한 판단은 법정의견이 되지 않았다.

Q 2016 형사절차가 아니라 하더라도 실질적으로 수사기관에 의한 인신구속과 동일한 효과를 발생시키는 인신구금은 영장주의의 본질상 그 적용대상이 되어야 한다. 23 소간 O | X

2016-1 영장주의는 형사절차와 관련하여 체포·구속·압수·수색의 강제처분을 할 때 신분이 보장되는 법관이 발부한 영장에 의하지 않으면 안 된다는 원칙으로서 형사절차뿐만 아니라 징계절차에도 적용된다. 22 입시 O | X

(1) 형사절차가 아니라 하더라도 실질적으로 수사기관에 의한 인신구속과 동일한 효과를 발생시키는 인신구금은 영장주의의 본질상 그 적용대상이 되어야 한다. 심판대상조항에 의한 영창처분은 그 내용과 집행의 실질, 효과에 비추어 볼 때, 그 본질이 사실상 형사절차에서 이루어지는 인신구금과 같이 기본권에 중대한 침해를 가져오는 것으로 헌법 제12조 제1항, 제3항의 영장주의 원칙이 적용된다. … 따라서 심판대상조항은 헌법 제12조 제1항, 제3항의 영장주의에 위배된다(헌재 2020. 9. 24. 2017헌바157 등, 재판관 4인의 법정의견에 대한 보충의견).

(2) 헌법재판소는 영장주의가 형사절차와 관련하여 체포·구속·압수 등의 강제처분을 함에 있어서는 사법권 독립에 의하여 그 신분이 보장되는 법관이 발부한 영장에 의하지 않으면 안 된다는 원칙이고, … 이와 같은 헌법상 영장주의는 형사절차에 적용되는 것을 전제로 형사절차상 용어로 구성되어 있으므로, 징계절차에 대해 문언 그대로 적용될 수 없다(헌재 2020. 9. 24. 2017헌바157 등, 2인 반대의견).

A 2017 헌법 제12조 제1항의 적법절차원칙은 형사소송절차에 국한되지 않으므로 전투경찰순경의 인신구금을 내용으로 하는 영창처분에 있어서도 적법절차원칙이 준수되어야 한다. 16 지방 7 O | X

2017-1 전투경찰순경에 대한 징계처분을 규정하고 있는 구「전투경찰대 설치법」의 조항 중 '전투경찰순경에 대한 영창' 부분은 그 사유의 제한, 징계대상자의 출석권과 진술권의 보장 및 법률에 의한 별도의 불복절차가 마련되어 있으므로 헌법 제12조제1항의 적법절차원칙에 위배되지 않는다. 22 지방 7 O | X

2017-2 헌법에서 채택하고 있는 적법절차원칙은 모든 국가작용이 아닌 신체의 자유와 관련되는 형사처벌에만 적용되며, 행정상의 불이익으로 전투경찰순경에 대한 징계처분 중 하나인 인신구금을 내용으로 하는 영창처분에는 적용되지 않는다. 24 경정 O | X

2017-3 전투경찰순경의 인신구금을 그 내용으로 하는 영창처분에 있어서도 헌법상 적법절차원칙이 준수될 것이 요청되며 이에 관한 영창조항은 헌법에서 요구하는 수준의 절차적 보장 기준을 충족하지 못했으므로 헌법에 위반된다. 18 국회 8 O | X

●정답 2016. O [보충의견이나 정답처리] 2016-1. X [보충의견에서 출제] 2017. O 2017-1. O 2017-2. X [영창처분에도 적법절차원칙 적용] 2017-3. X [적법절차원칙 위배 X]

헌법 제12조 제1항의 **적법절차원칙**은 형사소송절차에 국한되지 않고 **모든 국가작용 전반에 대하여 적용되므로, 전투경찰순경의 인신구금을 내용으로 하는** 영창처분에 있어서도 **적법절차원칙이 준수되어야 한다.** … 이 사건 영창조항이 헌법에서 요구하는 수준의 절차적 보장 기준을 충족하지 못했다고 볼 수 없으므로 헌법 제12조 제1항의 **적법절차원칙에 위배되지 아니한다**(헌재 2016. 3. 31. 2013헌바190).

2018 전투경찰순경의 인신구금을 내용으로 하는 영창처분에 대하여 영장주의가 적용될 여지는 없으나, 적법절차원칙은 준수되어야 한다. 23 입시 O | X

(1) 헌법 제12조 제1항의 적법절차원칙은 형사소송절차에 국한되지 않고 모든 국가작용 전반에 대하여 적용되므로, 전투경찰순경의 인신구금을 내용으로 하는 영창처분에 있어서도 **적법절차원칙이 준수되어야** 한다(헌재 2016. 3. 31. 2013헌바190).

(2) 청구인은 이 사건 영창조항이 헌법상 영장주의에 위배된다는 주장도 하나, 헌법 제12조 제3항에서 규정하고 있는 영장주의란 형사절차와 관련하여 체포·구속·압수·수색의 강제처분을 할 때 신분이 보장되는 법관이 발부한 영장에 의하지 않으면 안 된다는 원칙으로 형사절차가 아닌 징계절차에도 그대로 적용된다고 볼 수 없다. 따라서 이 사건 영창조항이 헌법상 **영장주의에 위반되는지 여부는 더 나아가 판단하지 아니한다**(헌재 2016. 3. 31. 2013헌바190).

🖉 **보충설명** 헌법재판소는 전투경찰법상 영창조항에 대하여 재판관 5인은 영장주의 및 과잉금지원칙에 위배되어 신체의 자유를 침해한다고 보았으나, **재판관 4인의 법정의견**에서는 **적법절차원칙**에 위배되지 아니한다고 보았고, **영장주의**는 적용되지 않으므로 판단하지 않았다.

2019 강제퇴거명령을 받은 사람을 보호할 수 있도록 하면서 보호기간의 상한을 마련하지 아니한 「출입국관리법」 조항은 과잉금지원칙 및 적법절차원칙에 위배되어 피보호자의 신체의 자유를 침해한다. 24 경찰 1차 O | X

2019-1 「출입국관리법」에 따라 강제퇴거대상자를 대한민국 밖으로 송환할 수 있을 때까지 보호시설에 인치·수용하여 강제퇴거명령을 효율적으로 집행할 수 있도록 함으로써 외국인의 출입국과 체류를 적절하게 통제하고 조정하여 국가의 안전과 질서를 도모하는 것은, 입법목적의 정당성과 수단의 적합성이 인정된다. 23 경채 O | X

2019-2 「출입국관리법」에 따른 보호시설 인치·수용의 경우 보호기간의 상한을 두지 아니함으로써 강제퇴거대상자를 무기한 보호하는 것을 가능하게 하는 것은 보호의 일시적·잠정적 강제조치로서의 한계를 벗어나는 것이라는 점 등을 고려할 때 침해의 최소성과 법익 균형성을 충족하지 못한다. 23 경채 O | X

(1) 심판대상조항은 강제퇴거대상자를 대한민국 밖으로 송환할 수 있을 때까지 보호시설에 인치·수용하여 **강제퇴거명령을 효율적으로 집행**할 수 있도록 함으로써 **외국인의 출입국과 체류를 적절하게 통제하고 조정하여 국가의 안전과 질서를 도모**하고자 하는 것으로, **입법목적의 정당성과 수단의 적합성은 인정**된다. 그러나 보호기간의 상한을 두지 아니함으로써 **강제퇴거대상자를 무기한 보호**하는 것을 가능하게 하는 것은 **보호의 일시적·잠정적 강제조치로서의 한계를 벗어나는 것이라는 점**, 보호기간의 상한을 법에 명시함으로써 보호기간의 비합리적인 장기화 내지 불확실성에서 야기되는 피해를 방지할 수 있어야 하는데, 단지 **강제퇴거명령의 효율적 집행이라는 행정목적** 때문에 기간의 제한이 없는 보호를 가능하게 하는 것은 행정의 편의성과 획일성만을 강조한 것으로 피보호자의 신체의 자유를 과도하게 제한하는 것인 점, … 등을 고려하면, 심판대상조항은 **침해의 최소성과 법익균형성을 충족하지 못한다**. 따라서 심판대상조항은 과잉금지원칙을 위반하여 **피보호자의 신체의 자유를 침해**한다(헌재 2023. 3. 23. 2020헌가1 등).

(2) 현재 출입국관리법상 **보호의 개시 또는 연장** 단계에서 집행기관으로부터 **독립된 중립적 기관에 의한 통제절차**가 마련되어 있지 아니하다. … 심판대상조항에 따른 보호명령을 발령하기 전에 **당사자에게 의견을 제출할 수 있는 절차적 기회**가 마련되어 있지 아니하다. 따라서 심판대상조항은 **적법절차원칙에 위배되어 피보호자의 신체의 자유를 침해**한다(헌재 2023. 3. 23. 2020헌가1 등).

정답 2018. ○ 2019. ○ 2019-1. ○ 2019-2. ○

2020 행정절차상 강제처분에 의해 신체의 자유가 제한되는 경우 강제처분의 집행기관으로부터 독립된 중립적인 기관이 이를 통제하도록 하는 것은 적법절차원칙의 중요한 내용에 해당한다. 24 경찰 1차   O | X

2020-1 강제퇴거명령을 받은 사람을 보호할 수 있도록 하면서 보호기간의 상한을 마련하지 아니한 「출입국관리법」 조항에 의한 보호는 형사절차상 '체포 또는 구속'에 준하는 것으로 볼 수 있는 점을 고려하면, 보호의 개시 또는 연장 단계에서 그 집행기관인 출입국관리공무원으로부터 독립되고 중립적인 지위에 있는 기관이 보호의 타당성을 심사하여 이를 통제할 수 있어야 한다. 23 국가 7   O | X

2020-2 강제퇴거명령을 받은 사람을 보호할 수 있도록 하면서 보호기간의 상한을 마련하지 아니한 「출입국관리법」상 보호는 그 개시 또는 연장단계에서 공정하고 중립적인 기관에 의한 통제절차가 없고 당사자에게 의견을 제출할 기회도 보장하고 있지 아니하므로 헌법상 적법절차원칙에 위배된다. 24 경간   O | X

행정절차상 강제처분에 의해 신체의 자유가 제한되는 경우 강제처분의 집행기관으로부터 독립된 중립적인 기관이 이를 통제하도록 하는 것은 적법절차원칙의 중요한 내용에 해당한다. 심판대상조항에 의한 보호는 신체의 자유를 제한하는 정도가 박탈에 이르러 형사절차상 '체포 또는 구속'에 준하는 것으로 볼 수 있는 점을 고려하면, 보호의 개시 또는 연장 단계에서 그 집행기관인 출입국관리공무원으로부터 독립되고 중립적인 지위에 있는 기관이 보호의 타당성을 심사하여 이를 통제할 수 있어야 한다. 그러나 현재 출입국관리법상 보호의 개시 또는 연장 단계에서 집행기관으로부터 독립된 중립적 기관에 의한 통제절차가 마련되어 있지 아니하다. 또한 당사자에게 의견 및 자료 제출의 기회를 부여하는 것은 적법절차원칙에서 도출되는 중요한 절차적 요청이므로, 심판대상조항에 따라 보호를 하는 경우에도 피보호자에게 위와 같은 기회가 보장되어야 하나, 심판대상조항에 따른 보호명령을 발령하기 전에 당사자에게 의견을 제출할 수 있는 절차적 기회가 마련되어 있지 아니하다. 따라서 심판대상조항은 적법절차원칙에 위배되어 피보호자의 신체의 자유를 침해한다(헌재 2023. 3. 23. 2020헌가1 등).

2021 「출입국관리법」상의 외국인 강제퇴거명령 및 보호는 형사절차상 '체포 또는 구속'에 준하는 것으로서 외국인의 신체의 자유를 박탈하는 것이므로 검사의 신청, 판사의 발부를 거치지 않은 외국인 보호는 영장주의에 위배된다. 22 국회 8   O | X

출입국관리법상의 외국인보호는 형사절차상 '체포 또는 구속'에 준하는 것으로서 외국인의 신체의 자유를 박탈하는 것이므로, 검사의 신청, 판사의 발부라는 엄격한 영장주의는 아니더라도, 적어도 출입국관리공무원이 아닌 객관적·중립적 지위에 있는 자가 그 인신구속의 타당성을 심사할 수 있는 장치가 있어야 한다. 그런데 현재 출입국관리법상 보호제도는 보호의 개시, 연장 단계에서 제3의 독립된 중립적 기관이나 사법기관이 전혀 관여하고 있지 않다는 점에서, 수사단계든 형집행단계든 구금의 개시, 연장을 법원에서 결정하고 그 종기도 명확하게 규정되어 있는 형사절차상 구금과 대조적이다(헌재 2023. 3. 23. 2020헌가1 등).

2022 지방의회에서의 사무감사·조사를 위한 증인의 동행명령장제도는 증인의 신체의 자유를 억압하여 일정 장소로 인치하는 것으로서 헌법 제12조 제3항의 체포 또는 구속에 준하는 사태로 보아야 하므로, 이를 실행하기 위하여는 법관이 발부한 영장의 제시가 있어야 한다. 20 법무사   O | X

2022-1 「지방자치법」에 근거한 조례에 의하여 지방의회에서의 사무감사·조사를 위한 증인의 동행명령장을 지방의회 의장이 발부하는 것은 영장주의원칙에 위배된다. 12 지방 7   O | X

지방의회에서의 사무감사·조사를 위한 증인의 동행명령장제도도 증인의 신체의 자유를 억압하여 일정 장소로 인치하는 것으로서 헌법 제12조 제3항의 "체포 또는 구속"에 준하는 사태로 보아야 하고, 거기에 현행범 체포와 같이 사후에 영장을 발부받지 아니하면 목적을 달성할 수 없는 긴박성이 있다고 인정할 수는 없으므로, 헌법 제12조 제3항에 의하여 법관이 발부한 영장의 제시가 있어야 함에도 불구하고 동행명령장을 법관이 아닌 지방의회 의장이 발부하고 이에 기하여 증인의 신체의 자유를 침해하여 증인을 일정 장소에 인치하도록 규정된 조례안은 영장주의원칙을 규정한 헌법 제12조 제3항에 위반된 것이다(대판 1995. 6. 30. 93추83).

●정답 2020. O 2020-1. O 2020-2. O 2021. X [영장주의 입장 無] 2022. O 2022-1. O

05 사후영장

2023 긴급체포와 현행범체포의 경우 체포영장 없이 체포를 한 후 피의자를 구속하고자 할 때에는 체포한 때부터 48시간 이내에 구속영장을 청구하여야 한다. 16 서울 7 O | X

우리 형사소송법은 긴급체포와 현행범체포의 경우 체포영장없이 체포한 후 체포한 피의자를 구속하고자 할 때에는 **48시간 이내에** 체포영장이 아니라 **구속영장을 청구**하도록 되어 있다. 다만 체포한 피의자를 **48시간 이내에 석방**한 경우에는 영장을 청구하지 않아도 되도록 되어 있다.

2024 긴급체포한 피의자를 구속하고자 할 때에는 48시간 이내에 구속영장을 청구하되, 그렇지 않은 경우 사후 영장청구 없이 피의자를 즉시 석방하도록한「형사소송법」조항은 헌법상 영장주의에 위반되지 않는다. 23 소간 O | X

2024-1 피의자를 긴급체포한 경우 사후 체포영장을 청구하도록 규정하지 않고 피의자를 구속하고자 할 때에 한하여 구속영장을 청구하도록 규정한「형사소송법」상 영장청구조항은 헌법상 영장주의에 위반된다고 단정할 수 없다. 23 경간 O | X

2024-2 피의자를 긴급체포하여 조사한 결과 구금을 계속할 필요가 없다고 판단하여 48시간 이내에 석방하는 경우까지도 수사기관이 반드시 체포영장발부절차를 밟게 하는 것은 인권침해적 상황을 예방하는 적절한 방법이다. 22 지방 7 O | X

헌법 제12조 제3항 단서는 "다만 … 장기 3년 이상의 형에 해당하는 죄를 범하고 도피 또는 증거인멸의 염려가 있는 때에는 사후에 영장을 청구할 수 있다."라고 규정할 뿐 사후 영장의 청구 방식에 대해 특별한 규정을 두지 않고 있다. 따라서 이 사건 영장청구조항이 **피의자를 긴급체포**한 경우에 **사후 체포영장을 청구**하도록 규정하지 아니하고 수사기관으로 하여금 피의자를 구속하고자 할 때에 한하여 **구속영장을 청구하도록 규정**하였다고 하여, 그것이 **헌법상 영장주의에 위반된다고 단정할 수 없다.** 더욱이 **피의자를 긴급체포**하여 조사한 결과 구금을 계속할 필요가 없다고 판단하여 **48시간 이내에 석방**하는 경우까지도 **수사기관으로 하여금 반드시 체포영장발부절차**를 밟게 한다면, 이는 피의자, 수사기관 및 법원 모두에게 **비효율을 초래할 가능성**이 있고, 경우에 따라서는 **오히려 인권침해적인 상황을 발생시킬 우려도 있다**(헌재 2021. 3. 25. 2018헌바212).

2025 현행범인을 체포한 때부터 48시간 이내를 사후영장의 청구기간으로 정한 것은 헌법상 영장주의에 반하지 않는다. 13 서울 7 O | X

헌법에서 현행범인 체포의 경우 사전영장원칙의 예외를 인정하고 있을 뿐 사후 영장의 청구 방식에 대해 특별한 규정을 두지 않고 있는 이상 이 사건 영장청구조항이 사후 체포영장제도를 규정하지 않았다고 하여 헌법상 영장주의에 위반된다고 볼 수는 없다. 또한, 체포한 때부터 '48시간 이내'를 사후영장의 청구기간으로 정한 것이 입법재량을 현저히 일탈한 것으로 볼 수도 없다. 따라서 이 사건 영장청구 조항은 **헌법상 영장주의에 반하지 않는다**(헌재 2012. 5. 31. 2010헌마672).

● 정답 2023. O   2024. O   2024-1. O   2024-2. X [인권침해적 상황 발생 우려가 있음]   2025. O

POINT 124 진술거부권

01 진술거부권

2026 모든 국민은 고문을 받지 아니하며, 형사상 자기에게 불리한 진술을 강요당하지 아니한다. 22 해경, 21 법원 9급, 20 5급, 17 경정, 16 법무사

> 헌법 제12조 ② 모든 국민은 고문을 받지 아니하며, 형사상 자기에게 불리한 진술을 강요당하지 아니한다.

2027 헌법 제12조 제2항이 보장하는 진술거부권은 피고인 또는 피의자가 공판절차나 수사절차에서 법원 또는 수사기관의 신문에 대하여 형사상 자신에게 불리한 진술을 거부할 수 있는 권리이다. 20 지방 7

헌법 제12조 제2항은 "모든 국민은 … 형사상 자기에게 불리한 진술을 강요당하지 아니한다."라고 하여 형사상 자기에게 불리한 진술이나 증언을 거부할 수 있는 진술거부권을 보장하고 있는바, 이는 피고인 또는 피의자가 공판절차나 수사절차에서 법원 또는 수사기관의 신문에 대하여 형사상 자신에게 불리한 진술을 거부할 수 있는 권리를 말하는 것이라 할 것이다(헌재 1998. 7. 16. 96헌바35).

2028 진술거부권은 형사절차에서만 보장되는 것은 아니고, 행정절차 또는 국회에서의 질문 등 어디에서나 그 진술이 자기에게 형사상 불리한 경우 이를 강요받지 아니할 국민의 기본권으로 보장된다. 22 법원 9

진술거부권은 형사절차에서만 보장되는 것은 아니고 행정절차이거나 국회에서의 질문 등 어디에서나 그 진술이 자기에게 형사상 불리한 경우에는 묵비권을 가지고 이를 강요받지 아니할 국민의 기본권으로 보장된다(헌재 1990. 8. 27. 89헌가118).

02 보호영역

2029 진술거부권의 보호대상이 되는 진술이란 형사상 자신에게 불이익이 될 수 있는 진술이므로 범죄의 성립과 양형에서의 불리한 사실 등을 말하는 것이며, 그 진술내용이 자기의 형사책임에 관련되는 것일 것을 전제로 한다. 22 국회 9

진술거부권에 있어서의 진술이란 형사상 자신에게 불이익이 될 수 있는 진술이므로 범죄의 성립과 양형에서의 불리한 사실 등을 말하는 것이고, 그 진술내용이 자기의 형사책임에 관련되는 것일 것을 전제로 한다(헌재 2014. 9. 25. 2013헌마11).

2030 헌법상 진술거부권의 보호대상이 되는 '진술'이란 개인의 생각이나 지식, 경험사실을 정신작용의 일환인 언어를 통하여 표출하는 것을 의미하고, 정당의 회계책임자가 불법 정치자금의 수수 내역을 회계장부에 기재한 행위는 당사자가 자신의 경험을 말로 표출한 것의 등가물로 평가될 수 있으므로 진술거부권의 보호대상이 되는 '진술'의 범위에 포함된다. 14 변호사

정답 2026. ◯ 2027. ◯ 2028. ◯ 2029. ◯ 2030. ◯

헌법상 진술거부권의 보호대상이 되는 "진술"이라 함은 **언어적 표출**, 즉 개인의 생각이나 지식, 경험사실을 정신작용의 일환인 **언어를 통하여 표출**하는 것을 의미하는바, 정치자금을 받고 지출하는 행위는 당사자가 직접 경험한 사실로서 이를 문자로 기재하도록 하는 것은 당사자가 자신의 경험을 말로 표출한 것의 등가물(等價物)로 평가할 수 있으므로, 위 조항들이 정하고 있는 **기재행위 역시 "진술"의 범위에 포함**된다고 할 것이다. … 결국, 정당의 회계책임자가 불법 정치자금이라도 그 수수 내역을 회계장부에 기재하고 이를 신고할 의무가 있다고 규정하고 있는 위 조항들은 헌법 제12조 제2항이 보장하는 **진술거부권을 침해한다고 할 수 없다**(헌재 2005. 12. 22. 2004헌바25).

2031 헌법상 보장된 진술거부권은 형사절차뿐만 아니라 행정절차나 법률에 의한 진술강요에서도 인정되는 것인바, 이 사건 공표명령은 "특정의 행위를 함으로써「독점규제및공정거래에관한법률」을 위반하였다"는 취지의 행위자의 진술을 공표하게 하는 것으로서 행위자로 하여금 형사절차에 들어가기 전에 법위반행위를 일단 자백하게 하는 것이 되어 진술거부권을 침해하는 것이다. 21 국회 8 O|X

진술거부권은 **형사절차** 뿐만 아니라 **행정절차나 법률에 의한 진술강요**에서도 인정되는 것인바, 이 사건 **공표명령**은 '특정의 행위를 함으로써 공정거래법을 위반하였다'는 취지의 행위자의 진술을 일간지에 게재하여 공표하도록 하는 것으로서 그 내용상 행위자로 하여금 형사절차에 들어가기 전에 법위반행위를 일단 자백하게 하는 것이 되어 **진술거부권도 침해**하는 것이다(헌재 2002. 1. 31. 2001헌바43).

03 보호영역이 아닌 경우

2032 음주운전여부 단속을 위한 호흡측정을 거부하는 행위도 신체의 상태에 대한 진술거부에 속하는 것이긴 하나, 음주운전여부 단속을 위한 호흡측정은 질서유지를 위한 정당한 제한이다. 10 국회 8 O|X

주취운전의 혐의자에게 호흡측정기에 의한 주취여부의 측정에 응할 것을 요구하고 이에 불응할 경우 처벌한다고 하여도 이는 **형사상 불리한 '진술'을 강요하는 것에 해당한다고 할 수 없으므로** 헌법 제12조 제2항의 **진술거부권조항에 위배되지 아니한다**(헌재 1997. 3. 27. 96헌가11).

▶ **보충설명** 호흡측정을 거부하는 행위는 진술이 아니므로 진술거부에 속하지 않는다.

2033 '대체유류'를 제조하였다고 신고하는 것이 곧 석유사업법위반죄를 시인하는 것이나 마찬가지라고 할 수 없고, 신고의무 이행 시 과세절차가 곧바로 석유사업법위반죄의 처벌을 위한 자료의 수집·획득 절차로 이행되는 것도 아니므로 유사석유제품을 제조하여 조세를 포탈한 자를 처벌하도록 규정한 구「조세범 처벌법」조항이 형사상 불리한 진술을 강요하는 것이라고 볼 수 없다. 24 경간 O|X

2033-1 교통·에너지·환경세의 과세물품 및 수량을 신고하도록 한「교통·에너지·환경세법」제7조제1항은 진술거부권을 제한하는 것이다. 23 지방 7 O|X

대체유류에는 적법하게 제조되어 석유사업법상 처벌대상이 되지 않는 석유대체연료를 포함하는 것이므로 '대체유류'를 제조하였다고 신고하는 것이 곧 석유사업법을 위반하였음을 시인하는 것과 마찬가지라고 할 수 없고, 신고의무 이행시 진행되는 과세절차가 곧바로 석유사업법위반죄 처벌을 위한 자료의 수집·획득 절차로 이행되는 것도 아니다. 따라서 **교통·에너지·환경세법 제7조 제1항은 형사상 불이익한 사실의 진술을 강요한 것으로 볼 수 없으므로 진술거부권을 제한하지 아니한다**(헌재 2014. 7. 24. 2013헌바177).

● 정답 2031. ○   2032. ×[진술거부에 속하지 않음]   2033. ○   2033-1. ×[진술거부권을 제한하지 않음]

2034 성매매를 한 자를 형사처벌 하도록 규정한 「성매매알선 등 행위의 처벌에 관한 법률」상 자발적 성매매와 성매매피해자를 구분하는 차별적 범죄화는 성판매자로 하여금 성매매피해자로 구제받기 위하여 성매매 사실을 스스로 진술하게 하므로 성판매자의 진술거부권을 침해한다. 24 경간   O | X

제청법원은 심판대상조항이 진술거부권을 침해하고 국제협약에 위반된다고 주장하나, 심판대상조항은 성판매자에게 형사상 불이익한 진술의무를 부과하는 조항이라 볼 수 없으므로 **진술거부권을 제한하지 아니하며**, 국내법과 동일한 효력을 가지는 국제협약은 위헌심사의 기준이 되지 못한다는 점에서 위 주장은 모두 이유 없다(헌재 2016. 3. 31. 2013헌가2).

POINT 125 변호인의 조력을 받을 권리

01 변호인의 조력을 받을 권리

2035 누구든지 체포 또는 구속을 당한 때에는 즉시 변호인의 조력을 받을 권리를 가진다. 다만, 형사피고인이 스스로 변호인을 구할 수 없을 때에는 법률이 정하는 바에 의하여 국가가 변호인을 붙인다.
21 소간, 21 법원 9, 13 국회 9   O | X

2035-1 누구든지 체포 또는 구속을 당한 때에는 48시간 이내에 변호인의 조력을 받을 권리를 가진다. 다만 형사피고인이 스스로 변호인을 구할 수 없을 때에는 법률이 정하는 바에 의하여 국가가 변호인을 붙인다. 16 법무사   O | X

> 헌법 제12조 ④ **누구든지 체포 또는 구속**을 당한 때에는 **즉시 변호인의 조력을 받을 권리**를 가진다. 다만, **형사피고인**이 스스로 **변호인을 구할 수 없**을 때에는 법률이 정하는 바에 의하여 **국가가 변호인**을 붙인다.

2036 변호인의 조력을 받을 권리란 국가권력의 일방적인 형벌권 행사에 대항하여 자신에게 부여된 헌법상·소송법상 권리를 효율적이고 독립적으로 행사하기 위하여 변호인의 도움을 얻을 피의자 및 피고인의 권리를 말한다. 22 경찰 2차   O | X

변호인의 조력을 받을 권리란 국가권력의 일방적인 형벌권 행사에 대항하여 자신에게 부여된 헌법상·소송법상 권리를 효율적이고 독립적으로 행사하기 위하여 **변호인의 도움을 얻을 피의자 및 피고인의 권리**를 말한다(헌재 2011. 5. 26. 2009헌마341).

2037 헌법 제12조 제4항의 변호인의 조력을 받을 권리는 무죄추정을 받고 있는 피의자·피고인에 대하여 신체구속의 상황에서 생기는 여러 가지 폐해를 제거하고 구속이 그 목적의 한도를 초과하여 이용되거나 작용되지 않게끔 보장하기 위한 것으로 여기의 '변호인의 조력'은 '변호인의 충분한 조력'을 의미한다.
12 지방 7   O | X

헌법 제12조 제4항이 보장하고 있는 신체구속을 당한 사람의 변호인의 조력을 받을 권리는 **무죄추정을 받고 있는 피의자·피고인**에 대하여 신체구속의 상황에서 생기는 여러가지 폐해를 제거하고 구속이 그 목적의 한도를 초과하여 이용되거나 작용하지 않게끔 보장하기 위한 것으로 여기의 "변호인의 조력"은 "**변호인의 충분한 조력**"을 의미한다(헌재 1992. 1. 28. 91헌마111).

●정답 2034. X [진술거부권을 제한하지 않음]   2035. O   2035-1. X [48시간 이내 X, 즉시 O]   2036. O   2037. O

02 주체

2038 일반적으로 형사사건에 있어 변호인의 조력을 받을 권리는 피고인에게만 인정된다. 15 법무사 O | X

일반적으로 **형사사건**에 있어 변호인의 조력을 받을 권리는 **피의자나 피고인을 불문하고 보장**되나, 그 중 특히 국선변호인의 조력을 받을 권리는 피고인에게만 인정되는 것으로 해석함이 상당하다(헌재 2008. 9. 25. 2007헌마1126).

2039 우리 헌법은 변호인의 조력을 받을 권리가 불구속 피의자·피고인 모두에게 포괄적으로 인정되는지 여부에 관하여 명시적으로 규율하고 있지는 않지만, 불구속 피의자의 경우에도 변호인의 조력을 받을 권리는 우리 헌법에 나타난 법치국가원리, 적법절차원칙에서 인정되는 당연한 내용이다. 23 경찰 1차 O | X

우리 헌법은 변호인의 조력을 받을 권리가 **불구속 피의자·피고인 모두**에게 포괄적으로 인정되는지 여부에 관하여 명시적으로 규율하고 있지는 않지만, **불구속 피의자의 경우에도 변호인의 조력을 받을 권리**는 우리 헌법에 나타난 법치국가원리, 적법절차원칙에서 **인정되는 당연한 내용**이고, 헌법 제12조 제4항도 이를 전제로 특히 신체구속을 당한 사람에 대하여 변호인의 조력을 받을 권리의 중요성을 강조하기 위하여 별도로 명시하고 있다(헌재 2004. 9. 23. 2000헌마138).

2040 변호인의 조력을 받을 권리는 체포 또는 구속을 당하지 아니한 불구속 피의자나 피고인에게도 인정된다. 23 5급 O | X

헌법 제12조 제4항 및 제12조 제5항 제1문은 형사절차에서 체포·구속된 사람이 가지는 변호인의 조력을 받을 권리를 헌법상 기본권으로 명시하고 있다. 나아가 헌법재판소는 체포·구속된 사람뿐만 아니라 **불구속 피의자 및 피고인의 경우에도** 헌법상 법치국가원리, 적법절차원칙에 의하여 변호인의 조력을 받을 권리가 **당연히 인정**된다고 판시하였다(헌재 2017. 11. 30. 2016헌마503).

2041 헌법 제12조 제4항에서 "누구든지 체포 또는 구속을 당한 때에는 즉시 변호인의 조력을 받을 권리를 가진다."라고 규정하고 있지만, 대법원은 임의동행한 피내사자의 경우에 대해서도 변호인과의 접견교통권이 보장된다고 본다. 20 소간 O | X

변호인의 조력을 받을 권리를 실질적으로 보장하기 위하여는 변호인과의 접견교통권의 인정이 당연한 전제가 되므로, **임의동행의 형식으로 수사기관에 연행된 피의자**에게도 변호인 또는 변호인이 되려는 자와의 **접견교통권은 당연히 인정**된다고 보아야 하고, **임의동행의 형식으로 연행된 피내사자의 경우에도** 이는 **마찬가지**이다(대판 1996. 6. 3. 96모18).

2042 변호인의 조력을 받을 권리에 대한 헌법과 법률의 규정 및 취지에 비추어 보면 형사절차가 종료되어 교정시설에 수용중인 수형자는 원칙적으로 변호인의 조력을 받을 권리의 주체가 될 수 없다. 22 국가 7 O | X

2042-1 형사절차가 종료되어 교정시설에 수용 중인 수형자는 원칙적으로 변호인의 조력을 받을 권리의 주체가 된다. 23 5급 O | X

원래 변호인의 조력을 받을 권리는 형사절차에서 피의자 또는 피고인이 검사 등 수사·공소기관과 대립되는 당사자의 지위에서 변호인 또는 변호인이 되려는 자와 사이에 충분한 접견교통에 의하여 피의사실이나 공소사실에 대하여 충분하게 방어할 수 있도록 함으로써 피고인이나 피의자의 인권을 보장하려는데 그 제도의 취지가 있는 점에 비추어 보면, **형사절차가 종료되어 교정시설에 수용중인 수형자**는 원칙적으로 **변호인의 조력을 받을 권리의 주체가 될 수 없다**(헌재 1998. 8. 27. 96헌마398).

● 정답 2038. ✕ [피의자·피고인 불문 인정] 2039. ○ 2040. ○ 2041. ○ 2042. ○ 2042-1. ✕ [형사절차 종료된 수형자 : 부정]

2043 유죄판결이 확정되어 교정시설에 수용중인 수형자(受刑者)가 변호인과 주고받은 서신을 검열한 행위는 변호인의 조력을 받을 권리를 침해한 것이다. 10 법원 9   O | X

수형자의 서신수발에 대한 검열은 구금의 목적상 필요한 최소한의 제한이고, 이 사건의 경우에는 청구인이 **변호인의 조력을 받을 권리를 보장**받을 수 있는 경우에 **해당하지 아니하므로**, 이 사건 **서신검열 행위**로 인하여 통신의 자유나 **변호인의 조력을 받을 권리** 등 청구인의 기본권이 **침해되었다고 볼 수 없다**(헌재 1998. 8. 27. 96헌마398).

2044 형사절차가 종료되어 교정시설에 수용중인 수형자는 원칙적으로 변호인의 조력을 받을 권리의 주체가 될 수 없으나, 수형자의 경우에도 재심절차 등에는 변호인 선임을 위한 일반적인 교통·통신이 보장될 수 있다. 18 경정   O | X

형사절차가 종료되어 교정시설에 수용중인 수형자는 원칙적으로 변호인의 조력을 받을 권리의 주체가 될 수 없다. 다만, 수형자의 경우에도 재심절차 등에는 변호인 선임을 위한 일반적인 교통·통신이 보장될 수도 있겠으나, 기록에 의하면 청구인은 교도소 내에서의 처우를 왜곡하여 외부인과 연계, 교도소내의 질서를 해칠 목적으로 변호사에게 이 사건 서신을 발송하려는 것이므로 이와 같은 경우에는 변호인의 조력을 받을 권리가 보장되는 경우에 해당한다고 할 수 없다(헌재 1998. 8. 27. 96헌마398).

2045 변호인의 조력을 받을 권리는 '형사사건에서 변호인의 조력을 받을 권리'를 의미한다고 보아야 할 것이므로 형사절차가 종료되어 교정시설에 수용 중인 수형자나 미결수용자가 형사사건의 변호인이 아닌 민사재판, 행정재판, 헌법재판 등에서 변호사와 접견할 경우에는 원칙적으로 헌법상 변호인의 조력을 받을 권리의 주체가 될 수 없다. 22 경정   O | X

2045-1 형사절차가 종료되어 교정시설에 수용 중인 수형자가 형사사건의 변호인이 아닌 민사재판, 행정재판, 헌법재판 등에서 변호사와 접견할 경우에는 원칙적으로 헌법 제12조 제4항의 변호인의 조력을 받을 권리의 주체가 될 수 없으므로, 교도소장의 접견불허처분에 의하여 수형자의 헌법상 변호인의 조력을 받을 권리가 제한된다고 볼 수 없다. 14 변호사   O | X

변호인의 조력을 받을 권리에 대한 헌법과 법률의 규정 및 취지에 비추어 보면, '**형사사건에서 변호인의 조력을 받을 권리**'를 의미한다고 보아야 할 것이므로 형사절차가 종료되어 교정시설에 수용 중인 **수형자나 미결수용자**가 형사사건의 변호인이 아닌 **민사재판, 행정재판, 헌법재판** 등에서 **변호사와 접견**할 경우에는 원칙적으로 헌법상 **변호인의 조력을 받을 권리의 주체가 될 수 없다**. 따라서 이 사건 접견조항에 의하여 헌법상 **변호인의 조력을 받을 권리가 제한된다고 볼 수는 없다**(헌재 2013. 8. 29. 2011헌마122).

2046 헌법 제12조 제4항의 변호인의 조력을 받을 권리는 신체의 자유에 관한 영역으로서 가사소송에서 당사자가 변호사를 대리인으로 선임하여 그 조력을 받는 것은 그 보호영역에 포함된다고 보기 어렵다. 16 국회 8   O | X

2046-1 가사소송에서 당사자가 변호사를 대리인으로 선임하여 그 조력을 받는 것은 변호인의 조력을 받을 권리의 보호영역에 포함된다. 23 해경   O | X

헌법 제12조 제4항의 변호인의 조력을 받을 권리는 **신체의 자유에 관한 영역으로서 가사소송에서 당사자가 변호사를 대리인으로 선임**하여 그 조력을 받는 것을 그 **보호영역에 포함된다고 보기 어렵고**, 이 사건 법률조항이 가사소송의 당사자가 변호사의 조력을 얻어 소송수행을 하는 데 제약을 가하는 것도 아니므로, 재판청구권을 침해하는 것이라 볼 수도 없다(헌재 2012. 10. 25. 2011헌마598).

정답 2043. X [침해 X]   2044. O   2045. O   2045-1. O   2046. O   2046-1. X [보호영역에 포함되지 않음]

03 출입국관리법상 보호·강제퇴거절차

2047 제헌헌법 이래 신체의 자유 보장규정에서 "구금"이라는 용어를 사용해 오다가 현행헌법 개정 시에 이를 "구속"으로 바꾸었는데, '국민의 신체와 생명에 대한 보호를 강화'하는 것이 현행헌법의 주요 개정이유임을 고려하면, "구금"을 "구속"으로 바꾼 것은 헌법에 규정된 신체의 자유의 보장 범위를 구금된 사람뿐 아니라 구인된 사람에게까지 넓히기 위한 것으로 해석하는 것이 타당하다. 19 변호사

O | X

2047-1 헌법 제12조 제4항 본문에 규정된 "구속"을 형사절차상 구속뿐 아니라 행정절차상 구속까지 의미하는 것으로 해석하는 것은 문언해석의 한계를 넘는 것이다. 23 소간

O | X

우리 헌법은 제헌 헌법 이래 신체의 자유를 보장하는 규정을 두었는데, 원래 "구금"이라는 용어를 사용해 오다가 현행 헌법 개정시에 이를 "구속"이라는 용어로 바꾸었다. 현행헌법 개정시에 종전의 "구금"을 "구속"으로 바꾼 이유를 정확히 확인할 수 있는 자료를 찾기는 어렵다. 다만 '국민의 신체와 생명에 대한 보호를 강화'하는 것이 현행 헌법의 주요 개정이유임을 고려하면, 현행 헌법이 종래의 "구금"을 "구속"으로 바꾼 것은 헌법 제12조에 규정된 신체의 자유의 보장 범위를 구금된 사람뿐 아니라 구인된 사람에게까지 넓히기 위한 것으로 해석하는 것이 타당하다. 위와 같은 점을 종합해 보면, 헌법 제12조 제4항 본문에 규정된 "구속"을 형사절차상 구속뿐 아니라 행정절차상 구속까지 의미하는 것으로 보아도 문언해석의 한계를 넘지 않는다(헌재 2018. 5. 31. 2014헌마346).

2048 헌법 제12조 제4항 본문에 규정된 '구속'은 사법절차에서 이루어진 구속뿐 아니라, 행정절차에서 이루어진 구속까지 포함하는 개념이므로 헌법 제12조 제4항 본문에 규정된 변호인의 조력을 받을 권리는 행정절차에서 구속을 당한 사람에게도 즉시 보장된다. 23 경찰 1차, 22 국가 7, 19 서울 7

O | X

2048-1 헌법 제12조 제4항 본문에 규정된 구속은 사법절차에서 이루어진 구속만을 의미하므로, 헌법 제12조 제4항 본문에 규정된 변호인의 조력을 받을 권리는 행정절차에서 구속을 당한 사람에게는 보장되지 않는다. 24 입시

O | X

헌법 제12조 제4항 본문의 문언 및 헌법 제12조의 조문 체계, 변호인 조력권의 속성, 헌법이 신체의 자유를 보장하는 취지를 종합하여 보면 헌법 제12조 제4항 본문에 규정된 "구속"은 사법절차에서 이루어진 구속뿐 아니라, 행정절차에서 이루어진 구속까지 포함하는 개념이다. 따라서 헌법 제12조 제4항 본문에 규정된 변호인의 조력을 받을 권리는 행정절차에서 구속을 당한 사람에게도 즉시 보장된다(헌재 2018. 5. 31. 2014헌마346).

2049 헌법 제12조 제4항 본문에 규정된 변호인의 조력을 받을 권리는 형사절차에서 피의자 또는 피고인의 방어권을 보장하기 위한 것으로서 「출입국관리법」상 보호 또는 강제퇴거의 절차에는 적용되지 않는다. 21 국가 7, 19 변호사

O | X

종래 이와 견해를 달리하여 헌법 제12조 제4항 본문에 규정된 변호인의 조력을 받을 권리는 형사절차에서 피의자 또는 피고인의 방어권을 보장하기 위한 것으로서 출입국관리법상 보호 또는 강제퇴거의 절차에도 적용된다고 보기 어렵다고 판시한 우리 재판소 결정은, 이 결정 취지와 저촉되는 범위 안에서 변경한다(헌재 2018. 5. 31. 2014헌마346).

● 정답 2047. ○ 2047-1. ✕ [행정절차상 '구속'도 포함됨] 2048. ○ 2048-1. ✕ [행정절차에서 구속된 자에게도 보장] 2049. ✕ [적용됨]

2050 난민인정신청을 하였으나 난민인정심사불회부 결정을 받고 인천공항 송환대기실에 계속 수용된 외국인의 경우 형사절차에서 구속된 자로는 볼 수는 없으므로 변호인의 조력을 받을 권리는 보장되지 않는다. 24 경간 O | X

청구인은 이 사건 변호인 접견신청 거부 당시 자신의 의사에 반하여 강제로 송환대기실에 갇혀 있었다고 인정된다. 따라서 청구인은 이 사건 변호인 접견신청 거부일인 2014. 4. 25. 헌법 제12조 제4항 본문에 규정된 "구속을 당한" 상태였다. … 청구인은 이 사건 변호인 접견신청 거부가 있었을 당시 행정기관인 피청구인에 의해 **송환대기실에 구속된 상태였으므로**, 헌법 제12조 제4항 본문에 따라 **변호인의 조력을 받을 권리가 있다**(헌재 2018. 5. 31. 2014헌마346).

2051 난민인정심사불회부결정을 받은 후 인천국제공항 송환대기실에 행정절차상 구속된 외국인의 변호인 접견신청을 인천공항출입국·외국인청장이 거부한 행위는 변호인의 조력을 받을 권리를 침해한 것이다. 23 경정 O | X

2051-1 인천공항출입국·외국인청장이 입국불허되어 송환대기실 내에 수용된 외국인에게 변호인의 접견신청을 거부한 것은, 청구인이 자진출국으로 송환대기실을 벗어날 수 있는 점을 고려할 때 '구금' 상태에 놓여 있었다고 볼 수 없으므로, 헌법상 변호인의 조력을 받을 권리를 침해하지 않는다. 19 경정 O | X

청구인은 이 사건 변호인 접견신청 거부가 있었을 당시 행정기관인 피청구인에 의해 송환대기실에 구속된 상태였으므로, 헌법 제12조 제4항 본문에 따라 변호인의 조력을 받을 권리가 있다. … 이 사건 **변호인 접견신청 거부는 현행법상 아무런 법률상 근거가 없이 청구인의 변호인의 조력을 받을 권리를 제한한 것이므로**, 청구인의 **변호인의 조력을 받을 권리를 침해한 것이다**. 또한 청구인에게 변호인 접견신청을 허용한다고 하여 국가안전보장, 질서유지, 공공복리에 어떠한 장애가 생긴다고 보기는 어렵고, 필요한 최소한의 범위 내에서 접견 장소 등을 제한하는 방법을 취한다면 국가안전보장이나 환승구역의 질서유지 등에 별다른 지장을 주지 않으면서도 청구인의 변호인 접견권을 제대로 보장할 수 있다. 따라서 이 사건 **변호인 접견신청 거부는 국가안전보장이나 질서유지, 공공복리를 위해 필요한 기본권 제한 조치로 볼 수도 없다**(헌재 2018. 5. 31. 2014헌마346).

POINT 126 변호인의 조력을 받을 권리 내용

01 변호인의 조력을 받을 권리

2052 변호인의 조력을 받을 권리에는 변호인을 선임하고, 변호인과 접견하며, 변호인의 조언과 상담을 받고, 변호인을 통해 방어권 행사에 필요한 사항들을 준비하고 행사하는 것 등이 모두 포함된다. 22 국회 9 O | X

변호인의 조력을 받을 권리에는 **변호인을 선임**하고, **변호인과 접견**하며, **변호인의 조언과 상담**을 받고, **변호인을 통해 방어권 행사에 필요한 사항들을 준비하고 행사**하는 것 등이 **모두 포함된다**(헌재 2011. 5. 26. 2009헌마341).

2053 변호인의 조력을 받을 권리는 국가안전보장, 질서유지 또는 공공복리를 위하여 필요한 경우에도 법률로써 제한할 수 없다. 15 법무사 O | X

변호인의 조력을 받을 권리 역시 다른 모든 헌법상 기본권과 마찬가지로 국가안전보장·질서유지 또는 공공복리를 위하여 필요한 경우에는 **법률로써 제한할 수 있는 것**이며, 변호인의 조력을 받을 권리의 내용 중 하나인 변호인과의 접견교통권 역시 국가안전보장·질서유지 또는 공공복리를 위해 필요한 경우에는 법률로써 제한될 수 있다(헌재 2016. 4. 28. 2015헌마243).

정답 2050. X [행정절차에서 구속된 자도 보장] 2051. O 2051-1. X [구금 상태 O, 변호인의 조력을 받을 권리 침해] 2052. O 2053. X [필요한 경우 법률로써 제한 可]

02 변호인 선임권

2054 변호인선임권은 변호인의 조력을 받을 권리의 출발점이기는 하나, 법률로써 제한할 수 있다.
13 국회 9
O | X

변호인의 조력을 받을 권리의 출발점은 **변호인선임권**에 있고, 이는 변호인의 조력을 받을 권리의 **가장 기초적인 구성부분으로서 법률로써도 제한할 수 없다**(헌재 2004. 9. 23. 2000헌마138).

2055 형사피고인이 스스로 변호인을 구할 수 없을 때에는 법률이 정하는 바에 의하여 국가가 변호인을 붙인다. 21 국회 8, 12 법원 9
O | X

2055-1 "누구든지 체포 또는 구속을 당한 때에는 즉시 변호인의 조력을 받을 권리를 가진다. 다만, 형사피의자가 스스로 변호인을 구할 수 없을 때에는 법률이 정하는 바에 의하여 국가가 변호인을 붙인다."는 헌법에 규정된 내용이다. 14 법원 9
O | X

2055-2 누구든지 체포 또는 구속을 당한 때에는 즉시 변호인의 조력을 받을 권리를 가지는데, 헌법은 형사피의자와 형사피고인이 스스로 변호인을 구할 수 없을 때에는 법률이 정하는 바에 의하여 국가가 변호인을 붙인다고 규정하고 있다. 24 5급
O | X

2055-3 모든 형사사건에 대한 필요적 국선변호제도는 현행 헌법에 규정되어 있다. 22 해간, 22 해경
O | X

> **헌법 제12조 ④ 누구든지 체포 또는 구속을 당한 때에는 즉시 변호인의 조력을 받을 권리를 가진다.** 다만, **형사피고인이 스스로 변호인을 구할 수 없을 때에는** 법률이 정하는 바에 의하여 **국가가 변호인을 붙인다.**

2056 일반적으로 형사사건에 있어 변호인의 조력을 받을 권리는 피의자나 피고인을 불문하고 보장되나, 그 중 특히 국선변호인의 조력을 받을 권리는 피고인에게만 인정되는 것으로 해석함이 상당하다. 24 입시
O | X

2056-1 형사사건에 있어 변호인의 조력을 받을 권리는 피의자에게 보장되므로, 국선변호인의 조력을 받을 권리 또한 피의자에게 인정된다. 21 입시
O | X

헌법 제12조 제4항의 "누구든지 체포 또는 구속을 당한 때에는 즉시 변호인의 조력을 받을 권리를 가진다. 다만, 형사피고인이 스스로 변호인을 구할 수 없을 때에는 법률이 정하는 바에 의하여 국가가 변호인을 붙인다."는 규정은, 일반적으로 형사사건에 있어 변호인의 조력을 받을 권리는 피의자나 피고인을 불문하고 보장되나, 그 중 특히 **국선변호인의 조력을 받을 권리**는 피고인에게만 인정되는 것으로 해석함이 상당하다(헌재 2008. 9. 25. 2007헌마1126).

◆ **정답** 2054. X [법률로써 제한 불가]   2055. O   2055-1. X [형사피의자 X, 형사피고인 O]   2055-2. X [국선변호인은 형사피고인만 규정]
2055-3. X [피고인만 헌법에 규정]   2056. O   2056-1. X [변호인 : 피의자·피고인 불문 / 국선변호인 : 피고인만 인정]

03 접견교통권 (미결수용자와 변호인의 접견)

2057 구속피고인의 변호인 면접·교섭권은 최대한 보장되어야 하지만, 국가형벌권의 적정한 행사와 피고인의 인권보호라는 형사소송절차의 목적을 구현하기 위하여 제한될 수 있다. 다만 이 경우에도 그 제한은 엄격한 비례의 원칙에 따라야 하고, 시간·장소·방법 등 일반적 기준에 따라 중립적이어야 한다. 19 국회 8 O│X

구속피고인 변호인 면접·교섭권은 독자적으로 존재하는 것이 아니라 국가형벌권의 적정한 행사와 피고인의 인권보호라는 형사소송절차의 전체적인 체계 안에서 의미를 갖고 있는 것이다. 따라서 **구속피고인의 변호인 면접·교섭권은 최대한 보장**되어야 하지만, 형사소송절차의 위와 같은 목적을 구현하기 위하여 **제한될 수 있다**. 다만 이 경우에도 그 제한은 **엄격한 비례의 원칙에 따라야** 하고, 시간·장소·방법 등 **일반적 기준에 따라 중립적이어야 한다**(헌재 2009. 10. 29. 2007헌마992).

2058 미결수용자의 변호인의 조력을 받을 권리는 국가안전보장·질서유지 또는 공공복리를 위해 필요한 경우에 법률로써 제한될 수 있다. 18 경정 O│X

헌법재판소가 91헌마111 결정에서 미결수용자와 변호인과의 접견에 대해 어떠한 명분으로도 제한할 수 없다고 한 것은 구속된 자와 변호인 간의 접견이 실제로 이루어지는 경우에 있어서의 '자유로운 접견', 즉 '대화내용에 대하여 비밀이 완전히 보장되고 어떠한 제한, 영향, 압력 또는 부당한 간섭 없이 자유롭게 대화할 수 있는 접견'을 제한할 수 없다는 것이지, 변호인과의 접견 자체에 대해 아무런 제한도 가할 수 없다는 것을 의미하는 것이 아니므로 **미결수용자의 변호인 접견권** 역시 국가안전보장·질서유지 또는 공공복리를 위해 필요한 경우에는 **법률로써 제한**될 수 있음은 당연하다(헌재 2011. 5. 26. 2009헌마341).

2059 미결수용자 또는 변호인이 원하는 특정한 시점에 접견이 이루어지지 못하였더라도 곧바로 변호인의 조력을 받을 권리가 침해되는 것은 아니다. 13 국회 9 O│X

2059-1 변호인의 조력을 받을 권리를 보장하는 목적은 피의자 또는 피고인의 방어권 행사를 보장하기 위한 것이므로, 미결수용자 또는 변호인이 원하는 특정한 시점에 접견이 이루어지지 못하였다면 변호인의 조력을 받을 권리가 침해된 것이다. 15 법무사, 14 법원 9 O│X

변호인의 조력을 받을 권리를 보장하는 목적은 **피의자 또는 피고인의 방어권 행사를 보장**하기 위한 것이므로, … 그 시점에 접견이 불허됨으로써 피의자 또는 피고인의 방어권 행사에 어느 정도는 불이익이 초래되었다고 인정할 수 있어야만 하며, 그 시점을 전후한 변호인 접견의 상황이나 수사 또는 재판의 진행 과정에 비추어 미결수용자가 방어권을 행사하기 위해 **변호인의 조력을 받을 기회가 충분히 보장되었다**고 인정될 수 있는 경우에는, 비록 미결수용자 또는 그 상대방인 변호인이 **원하는 특정 시점**에는 접견이 이루어지지 못하였다 하더라도 **변호인의 조력을 받을 권리가 침해되었다고 할 수 없다**(헌재 2011. 5. 26. 2009헌마341).

2060 국선변호인이 6월 5일 접견신청을 하였으나, 접견을 희망한 6월 6일이 현충일(공휴일)이라는 이유로 거부되고 6월 8일 피고인을 접견한 것은, 피고인의 변호인의 조력을 받을 권리를 침해한 것이다. 18 국회 9 O│X

6. 6.자 접견은 불허되었으나 그로부터 이틀 후인 6. 8. 접견이 실시되었으며, 그 후로도 공판기일까지는 열흘 넘는 기간이 남아 있었던 점에 비추어 보면, 국선변호인이 희망한 6. 6. 청구인에 대한 접견이 이루어지지 못하였다고 해서 청구인의 방어권 행사에 어떠한 불이익이 있었다고 보기는 어렵다. … 결국 이 사건 접견불허 처분을 전후한 청구인과 변호인의 접견 상황, 청구인에 대한 재판의 진행 과정 등에 비추어 볼 때, 이 사건 접견불허 처분이 청구인의 **변호인의 조력을 받을 권리를 침해하였다고 볼 수 없다**(헌재 2011. 5. 26. 2009헌마341).

● 정답 2057. ○   2058. ○   2059. ○   2059-1. X [변호인의 조력을 받을 권리 침해 X]   2060. X [변호인의 조력을 받을 권리 침해 X]

2061 법정 옆 피고인 대기실에서 대기 중인 14인 중 11인이 강력범들이고 교도관이 2인인 상황에서, 재판 대기 중인 피고인이 재판 시작 20분 전에 교도관에게 변호인 접견을 신청하였으나 변호인 접견신청이 거부된 것은 변호인의 조력을 받을 권리를 침해한 것은 아니다. 18 국회 9 O | X

결국 위와 같은 시간적·장소적 상황을 고려할 때, 청구인의 면담 요구는 구속피고인의 변호인과의 면접·교섭권으로서 현실적으로 보장할 수 있는 한계 범위 밖이라고 아니할 수 없다. 따라서 청구인의 **변호인 면담 요구**를 받아들이지 아니한 교도관 김○호의 **접견불허행위**는 청구인의 기본권을 침해하는 **위헌적인 공권력의 행사라고 보기 어렵다**(헌재 2009. 10. 29. 2007헌마992).

2062 변호인과의 자유로운 접견은 신체구속을 당한 사람에게 보장된 변호인의 조력을 받을 권리의 가장 중요한 내용이어서 국가안전보장, 질서유지, 공공복리 등 어떠한 명분으로도 제한될 수 없다. 20 입시 O | X

변호인과의 자유로운 접견은 신체구속을 당한 사람에게 보장된 변호인의 조력을 받을 권리의 가장 중요한 내용이어서 **국가안전보장, 질서유지, 공공복리 등 어떠한 명분으로도 제한될 수 있는 성질의 것이 아니다**(헌재 1992. 1. 28. 91헌마111).

2063 변호인과의 자유로운 접견은 신체구속을 당한 사람에게 보장된 변호인의 조력을 받을 권리의 가장 중요한 내용이어서 국가안전보장·질서유지 또는 공공복리 등 어떠한 명분으로도 제한될 수 있는 성질의 것이 아니라고 할 것이나, 이는 구속된 자와 변호인 간의 접견이 실제로 이루어지는 경우에 있어서의 '자유로운 접견', 즉 '대화내용에 대하여 비밀이 완전히 보장되고 어떠한 제한, 영향, 압력 또는 부당한 간섭 없이 자유롭게 대화할 수 있는 접견'을 제한할 수 없다는 것이지, 변호인과의 접견 자체에 대해 아무런 제한도 가할 수 없다는 것을 의미하는 것은 아니다. 22 경정 O | X

2063-1 체포 또는 구속된 자와 변호인등 간의 접견이 실제로 이루어지는 경우에 있어서의 '자유로운 접견'은 어떠한 명분으로도 제한될 수 없는 성질의 것이므로 변호인 등과의 접견 자체에 대하여 아무런 제한도 가할 수 없다는 것을 의미한다. 22 국가 7 O | X

변호인과의 자유로운 접견은 신체구속을 당한 사람에게 보장된 변호인의 조력을 받을 권리의 가장 중요한 내용이어서 **국가안전보장·질서유지 또는 공공복리 등 어떠한 명분으로도 제한될 수 있는 성질의 것이 아니라고 할** 것이나, 이는 **구속된 자와 변호인 간의 접견이 실제로 이루어지는 경우**에 있어서의 '**자유로운 접견**', 즉 '대화내용에 대하여 **비밀이 완전히 보장**되고 어떠한 제한, 영향, 압력 또는 부당한 간섭 없이 **자유롭게 대화할 수 있는 접견**'을 제한할 수 없다는 것이지, **변호인과의 접견 자체**에 대해 **아무런 제한도 가할 수 없다는 것을 의미하는 것은 아니다**(헌재 2016. 4. 28. 2015헌마243).

2064 구치소장이 변호인접견실에 CCTV를 설치하여 미결수용자와 변호인 간의 접견을 관찰한 행위는 금지물품의 수수나 교정사고를 방지하기 위한 것으로 미결수용자의 변호인의 조력을 받을 권리를 침해한다고 할 수 없다. 18 변호사 O | X

2064-1 변호인접견실에 CCTV를 설치하여 교도관이 그 CCTV를 통해 미결수용자와 변호인 간의 접견을 관찰한 행위는 변호인의 조력을 받을 권리를 침해한다. 22 경찰 2차 O | X

금지물품의 수수를 적발하거나 교정사고를 효과적으로 방지하고 교정사고가 발생하였을 때 신속하게 대응하기 위하여는 **CCTV를 통해 관찰**하는 방법 외에 더 효과적인 다른 방법을 찾기 어려운 점 등에 비추어 보면, 이 사건 CCTV 관찰행위는 그 목적을 달성하기 위하여 필요한 범위 내의 제한으로 침해의 최소성을 갖추었다. … 따라서 이 사건 CCTV 관찰행위가 청구인의 **변호인의 조력을 받을 권리를 침해한다고 할 수 없다**(헌재 2016. 4. 28. 2015헌마243).

정답 2061. O   2062. O   2063. O   2063-1. X [어떤 제한도 불가함을 의미 X]   2064. O   2064-1. X [변호인의 조력을 받을 권리 침해 X]

2065 변호인의 조력을 받을 권리는 신체구속당한 사람에게 변호인과의 사이에 충분한 접견교통권을 허용함은 물론, 변호인과 미결수용자 사이의 서신에도 적용되어 그 비밀이 보장되어야 한다. 13 국회 9

O | X

2065-1 변호인의 조력을 받을 권리란 변호인과 신체구속을 당한 사람 사이의 충분한 접견교통을 허용함은 물론 교통내용에 대하여 비밀이 보장되고 부당한 간섭이 없어야 하는 것이며, 이러한 취지는 변호인과 미결수용자 사이의 서신에는 적용되지 않는다. 20 지방 7

O | X

헌법 제12조 제4항 본문은 신체구속을 당한 사람에 대하여 변호인의 조력을 받을 권리를 규정하고 있는바, 이를 위하여서는 **신체구속을 당한 사람에게 변호인과 사이의 충분한 접견교통을 허용함은 물론 교통내용에 대하여 비밀이 보장되고 부당한 간섭이 없어야 하는 것이며**, 이러한 취지는 **접견**의 경우뿐만 아니라 변호인과 미결수용자 사이의 **서신에도 적용되어 그 비밀이 보장되어야 할 것이다** (헌재 1995. 7. 21. 92헌마144).

2066 교도소측에서 상대방이 변호인이라는 사실을 확인할 수 없더라도 미결수용자와 변호인 사이의 서신은 원칙적으로 그 비밀을 보장받을 수 있다. 16 서울 7

O | X

2066-1 미결수용자와 변호인 사이의 서신으로서 그 비밀을 보장받기 위하여는 서신을 통하여 마약 등 소지금지품의 반입을 도모한다든가 그 내용에 도주·증거인멸 등에 관한 내용이 기재되어 있다고 의심할 만한 합리적인 이유가 있는 경우가 아니어야 한다. 16 서울 7

O | X

미결수용자와 변호인 사이의 서신으로서 그 비밀을 보장받기 위하여는, 첫째, 교도소측에서 **상대방이 변호인이라는 사실을 확인**할 수 있어야 하고, 둘째, 서신을 통하여 마약 등 **소지금지품의 반입을 도모**한다든가 그 내용에 도주·증거인멸·수용시설의 규율과 질서의 파괴·기타 형벌법령에 저촉되는 내용이 기재되어 있다고 **의심할 만한 합리적인 이유가 있는 경우가 아니어야 한다** (헌재 1995. 7. 21. 92헌마144).

2067 미결수용자와 변호인 간에 주고받는 서류를 확인하고 이를 소송관계서류처리부에 등재하는 행위는 그 자체만으로는 미결수용자의 변호인 접견교통권을 제한하는 행위라고 볼 수는 없다. 22 경정

O | X

변호인의 조력을 받을 권리의 한 내용인 변호인 접견교통권에는 접견 자체뿐만 아니라 미결수용자와 변호인 간의 서류 또는 물건의 수수도 포함되고, 이에 따라 형사소송법 제34조는 변호인 또는 변호인이 되려는 자는 신체구속을 당한 피고인 또는 피의자와 접견하고 서류 또는 물건을 수수할 수 있으며 의사로 하여금 진료하게 할 수 있도록 규정하였다. 따라서 **미결수용자와 변호인 간에 주고받는 서류를 확인**하고 이를 **소송관계서류처리부에 등재하는 행위는 미결수용자의 변호인 접견교통권을 제한하는 행위이다** (헌재 2016. 4. 28. 2015헌마243).

2068 교도소장이 금지물품 동봉 여부를 확인하기 위하여 미결수용자와 같은 지위에 있는 수형자의 변호인이 위 수형자에게 보낸 서신을 개봉한 후 교부한 행위는 교정사고를 미연에 방지하고 교정시설의 안전과 질서 유지를 위한 것으로, 금지물품이 들어 있는지를 확인하기 위하여 서신을 개봉하는 것만으로는 미결수용자와 같은 지위에 있는 수형자의 변호인의 조력을 받을 권리를 침해하지 않는다. 23 국가 7

O | X

2068-1 살인미수 등 사건의 수형자이면서 공무집행방해 등 사건의 미결수용자와 같은 지위에 있는 수형자의 변호인이 위 수형자에게 보낸 서신을 교도소장이 금지물품 동봉 여부를 확인하기 위하여 개봉한 후 교부한 행위는 위 수형자가 갖는 변호인의 조력을 받을 권리를 침해하지 않는다. 24 경간

O | X

● 정답 2065. O   2065-1. X [서신에도 적용됨]   2066. X [확인할 수 있어야 함]   2066-1. O   2067. X [변호인 접견교통권 제한]   2068. O   2068-1. O

이 사건 서신개봉행위는 교정사고를 미연에 방지하고 교정시설의 안전과 질서 유지를 위한 것이다. 수용자에게 변호인이 보낸 형사소송관련 서신이라는 이유만으로 금지물품 확인 과정 없이 서신이 무분별하게 교정시설 내에 들어오게 된다면, 이를 악용하여 마약·담배 등 금지물품의 반입 등이 이루어질 가능성을 배제하기 어렵다. 금지물품을 확인할 뿐 변호인이 보낸 서신 내용의 열람·지득 등 검열을 하는 것이 아니어서, 이 사건 서신개봉행위로 인하여 미결수용자와 같은 지위에 있는 수형자가 새로운 형사사건 및 형사재판에서 방어권행사에 불이익이 있었다거나 그 불이익이 예상된다고 보기도 어렵다. … 이 사건 서신개봉행위와 같이 금지물품이 들어있는지를 확인하기 위하여 서신을 개봉하는 것만으로는 미결수용자와 같은 지위에 있는 수형자가 변호인의 조력을 받을 권리를 침해하지 아니한다(헌재 2021. 10. 28. 2019헌마973).

04 변호인과 조언·상담을 구할 권리

2069 피의자·피고인의 구속 여부를 불문하고 변호인과 상담하고 조언을 구할 권리는 변호인의 조력을 받을 권리의 내용 중 구체적인 입법형성이 필요한 다른 절차적 권리의 필수적인 전제요건으로서 변호인의 조력을 받을 권리 그 자체에서 막바로 도출되는 것이다. 22 해경, 19 지방 7 O | X

피의자·피고인의 **구속 여부를 불문**하고 조언과 상담을 통하여 이루어지는 변호인의 조력자로서의 역할은 **변호인선임권**과 마찬가지로 **변호인의 조력을 받을 권리의 내용 중 가장 핵심적인 것**이고, **변호인과 상담하고 조언을 구할 권리**는 변호인의 조력을 받을 권리의 내용 중 구체적인 입법형성이 필요한 다른 절차적 권리의 필수적인 전제요건으로서 **변호인의 조력을 받을 권리 그 자체에서 막바로 도출되는 것이다**(헌재 2004. 9. 23. 2000헌마138).

2070 불구속 피의자나 피고인의 경우 형사소송법상 특별한 명문의 규정이 없더라도 스스로 선임한 변호인의 조력을 받기 위하여 변호인을 옆에 두고 조언과 상담을 구하는 것은 수사절차의 개시에서부터 재판절차의 종료에 이르기까지 언제나 가능하다. 18 경정 O | X

불구속 피의자나 **피고인**의 경우 형사소송법상 특별한 명문의 규정이 없더라도 <u>스스로 선임한 **변호인의 조력**을 받기 위하여 **변호인을 옆에 두고 조언과 상담을 구하는 것**은 **수사절차의 개시에서부터 재판절차의 종료**에 이르기까지 언제나 가능하다</u>(헌재 2004. 9. 23. 2000헌마138).

2071 「형사소송법」은 차폐시설을 설치하고 증인신문절차를 진행할 경우 피고인으로부터 의견을 듣도록 하는 등 피고인이 받을 수 있는 불이익을 최소화하기 위한 장치를 마련하고 있으므로, '피고인 등'에 대하여 차폐시설을 설치하고 신문할 수 있도록 한 것이 변호인의 조력을 받을 권리를 침해한다고 할 수는 없다. 21 국가 7 O | X

2071-1 변호인과 증인 사이에 차폐시설을 설치하여 증인신문을 진행할 수 있도록 규정한 「형사소송법」 조항은 공정한 재판을 받을 권리를 침해한다. 18 국회 8 O | X

강력범죄 또는 조직폭력범죄의 수사와 재판에서 범죄입증을 위해 증언한 자의 안전을 효과적으로 보장해 줄 수 있는 조치가 마련되어야 할 필요성은 매우 크고, 경우에 따라서는 증인이 피고인의 변호인과 대면하여 진술하는 것으로부터 보호할 필요성이 있을 수 있다. 피고인 등과 증인 사이에 차폐시설을 설치한 경우에도 피고인 및 변호인에게는 여전히 반대신문권이 보장되고, 증인신문과정에서 증언의 신빙성에 대한 최종 판단 권한을 가진 재판부가 증인의 진술태도를 충분히 관찰할 수 있으며, 형사소송법은 차폐시설을 설치하고 증인신문절차를 진행할 경우 피고인으로부터 의견을 듣도록 하는 등 피고인이 받을 수 있는 불이익을 최소화하기 위한 장치를 마련하고 있다. 따라서 심판대상조항은 과잉금지원칙에 위배되어 청구인의 **공정한 재판을 받을 권리** 및 **변호인의 조력을 받을 권리를 침해한다고 할 수 없다**(헌재 2016. 12. 29. 2015헌바221).

정답 2069. O   2070. O   2071. O   2071-1. X [공정한 재판을 받을 권리 침해 X]

05 피의자 및 피고인을 조력할 변호인의 권리

2072 피의자 및 피고인을 조력할 변호인의 권리 중 그것이 보장되지 않으면 그들이 변호인의 조력을 받는다는 것이 유명무실하게 되는 핵심적인 부분은 헌법상 기본권인 피의자 및 피고인이 가지는 변호인의 조력을 받을 권리와 표리의 관계에 있다 할 수 있어 헌법상 기본권으로 보호되어야 한다. 19 변호사 O|X

피의자 및 피고인을 조력할 변호인의 권리 중 그것이 보장되지 않으면 그들이 변호인의 조력을 받는다는 것이 유명무실하게 되는 핵심적인 부분은 헌법상 기본권인 피의자 및 피고인이 가지는 변호인의 조력을 받을 권리와 표리의 관계에 있다 할 수 있다. 따라서 피의자 및 피고인이 가지는 변호인의 조력을 받을 권리가 실질적으로 확보되기 위해서는, 피의자 및 피고인에 대한 변호인의 조력할 권리의 핵심적인 부분(이하 '변호인의 변호권'이라 한다)은 헌법상 기본권으로서 보호되어야 한다(헌재 2017. 11. 30. 2016헌마503).

2073 '변호인이 되려는 자'의 접견교통권은 피의자 등을 조력하기 위한 핵심적인 부분으로서, 피의자 등이 가지는 헌법상의 기본권인 '변호인이 되려는 자'와의 접견교통권과 표리의 관계에 있으므로 피의자 등이 가지는 '변호인이 되려는 자'의 조력을 받을 권리가 실질적으로 확보되기 위해서는 '변호인이 되려는 자'의 접견교통권 역시 헌법상 기본권으로서 보장되어야 한다. 22 경찰 2차 O|X

2073-1 '변호인이 되려는 자'의 접견교통권은 피체포자 등의 '변호인의 조력을 받을 권리'를 기본권으로 인정한 결과 발생하는 간접적이고 부수적인 효과로서 형사소송법 등 개별 법률을 통하여 구체적으로 형성된 법률상의 권리에 불과하다. 22 법원 9 O|X

'변호인이 되려는 자'의 접견교통권은 피의자 등을 조력하기 위한 핵심적인 부분으로서, 피의자 등이 가지는 헌법상의 기본권인 '변호인이 되려는 자'와의 접견교통권과 표리의 관계에 있다. 따라서 피의자 등이 가지는 '변호인이 되려는 자'의 조력을 받을 권리가 실질적으로 확보되기 위해서는 '변호인이 되려는 자'의 접견교통권 역시 헌법상 기본권으로서 보장되어야 한다. … 이상과 같이 이 사건 검사의 접견불허행위에 대한 심판청구는 헌법소원의 대상이 되는 공권력의 행사를 대상으로 하고 있고, 기본권 침해 가능성도 인정되며, 보충성원칙의 예외도 인정되어, 그 외 적법요건도 모두 충족하였다고 할 것이므로 적법하다(헌재 2019. 2. 28. 2015헌마1204).

2074 '변호인으로 선임된 자'뿐 아니라 '변호인이 되려는 자'의 접견교통권도 헌법상 기본권이므로 '변호인이 되려는 자'의 접견교통권 침해를 이유로 한 헌법소원심판청구는 적법하다. 19 국회 8 O|X

2074-1 변호인과의 접견교통권은 헌법 규정에 비추어 체포 또는 구속당한 피의자·피고인 자신에게만 한정되는 신체의 자유에 관한 기본권이지, 그 규정으로부터 변호인의 구속피의자·피고인에 대한 접견교통권까지 파생된다고 할 수는 없다. 24 변호사 O|X

피의자 등이 가지는 '변호인이 되려는 자'의 조력을 받을 권리가 실질적으로 확보되기 위해서는 '변호인이 되려는 자'의 접견교통권 역시 헌법상 기본권으로서 보장되어야 한다(이하 '변호인'과 '변호인이 되려는 자'를 합하여 '변호인 등'이라 한다)(헌재 2019. 2. 28. 2015헌마1204).

> **보충설명** 헌법재판소는 변호인 등이 가지는 접견교통권에 대해 처음에는 법률상 권리에 불과하다고 보았으나(89헌마181), 이후 결정을 통하여 변호인이 되려는 자를 포함한 변호인의 접견교통권도 헌법상 기본권으로 판단하였다(2015헌마1204).

● 정답 2072. ○ 2073. ○ 2073-1. ✕ [법률상의 권리 ✕, 헌법상 기본권 ○] 2074. ○ 2074-1. ✕ [변호인의 접견교통권은 헌법상 기본권]

2075 피고인의 신속·공정한 재판을 받을 권리 및 변호인의 조력을 받을 권리는 헌법이 보장하고 있는 기본권이다. 13 법원 9 O | X

2075-1 변호인의 수사서류 열람·등사권은 피고인의 신속·공정한 재판을 받을 권리 및 변호인의 조력을 받을 권리라는 헌법상 기본권의 중요한 내용이자 구성요소이며 이를 실현하는 구체적인 수단이 된다.
21 국가 7, 19 변호사, 17 경정 O | X

피고인의 신속·공정한 재판을 받을 권리 및 변호인의 조력을 받을 권리는 헌법이 보장하고 있는 기본권이고, 변호인의 수사서류 열람·등사권은 피고인의 신속·공정한 재판을 받을 권리 및 변호인의 조력을 받을 권리라는 헌법상 기본권의 중요한 내용이자 구성요소이며 이를 실현하는 구체적인 수단이 된다. 따라서 변호인의 수사서류 열람·등사를 제한함으로 인하여 결과적으로 피고인의 신속·공정한 재판을 받을 권리 또는 변호인의 충분한 조력을 받을 권리가 침해된다면 이는 헌법에 위반되는 것이다(헌재 2010. 6. 24. 2009헌마257).

2076 피고인에게 보장된 변호인의 조력을 받을 권리는 변호인과의 자유로운 접견교통권에 그치지 아니하고 더 나아가 변호인을 통하여 수사서류를 포함한 소송관계 서류를 열람·등사하고 이에 대한 검토결과를 토대로 공격과 방어의 준비를 할 수 있는 권리도 포함된다. 23 해경, 22 경정 O | X

변호인의 조력을 받을 권리는 변호인과의 자유로운 접견교통권에 그치지 아니하고 더 나아가 변호인을 통하여 수사서류를 포함한 소송관계 서류를 열람·등사하고 이에 대한 검토결과를 토대로 공격과 방어의 준비를 할 수 있는 권리도 포함된다고 보아야 할 것이므로 변호인의 수사기록 열람·등사에 대한 지나친 제한은 결국 피고인에게 보장된 변호인의 조력을 받을 권리를 침해하는 것이다(헌재 1997. 11. 27. 94헌마60).

2077 변호인의 수사기록 열람·등사에 대한 지나친 제한은 피고인에게 보장된 변호인의 조력을 받을 권리를 침해하는 것이다. 13 법원 9 O | X

2077-1 변호인의 수사기록 열람·등사에 대한 제한은 변호인의 기본권을 제한하는 것으로 피고인에게 보장된 변호인의 조력을 받을 권리와는 관계없는 것이다. 12 지방 7 O | X

변호인의 조력을 받을 권리는 변호인과의 자유로운 접견교통권에 그치지 아니하고 더 나아가 변호인을 통하여 수사서류를 포함한 소송관계 서류를 열람·등사하고 이에 대한 검토결과를 토대로 공격과 방어의 준비를 할 수 있는 권리도 포함된다고 보아야 할 것이므로 변호인의 수사기록 열람·등사에 대한 지나친 제한은 결국 피고인에게 보장된 변호인의 조력을 받을 권리를 침해하는 것이다(헌재 1997. 11. 27. 94헌마60).

2078 법원의 수사서류 열람·등사 허용 결정에도 불구하고 해당 수사서류의 등사를 거부한 검사의 행위는 피고인의 변호인의 조력을 받을 권리를 침해하는 것이다. 20 입시 O | X

피청구인은 법원의 수사서류 열람·등사 허용 결정 이후 해당 수사서류에 대한 열람은 허용하고 등사만을 거부하였는데, 변호인이 수사서류를 열람은 하였지만 등사가 허용되지 않는다면, 변호인은 형사소송절차에서 청구인들에게 유리한 수사서류의 내용을 법원에 현출할 수 있는 방법이 없어 불리한 지위에 놓이게 되고, 그 결과 청구인들을 충분히 조력할 수 없음이 명백하므로, 피청구인이 수사서류에 대한 등사만을 거부하였다 하더라도 청구인들의 신속·공정한 재판을 받을 권리 및 변호인의 조력을 받을 권리가 침해되었다고 보아야 한다(헌재 2017. 12. 28. 2015헌마632).

정답 2075. ○ 2075-1. ○ 2076. ○ 2077. ○ 2077-1. ×[변호인의 조력을 받을 권리 침해] 2078. ○

2079 수사서류에 대한 법원의 열람·등사 허용 결정이 있음에도 검사가 열람·등사를 거부하는 경우 수사서류 각각에 대하여 검사가 열람·등사를 거부할 정당한 사유가 있는지를 심사할 필요 없이 그 거부행위 자체로써 청구인의 변호인의 조력을 받을 권리를 침해하는 것이 되고, 이는 법원의 수사서류에 대한 열람·등사 허용 결정이 있음에도 검사가 해당 서류에 대한 열람만을 허용하고 등사를 거부하는 경우에도 마찬가지이다. 23 국가 7   O | X

신속하고 실효적인 구제절차를 형사소송절차 내에 마련하고자 열람·등사에 관한 규정을 신설한 입법취지와, 검사의 열람·등사 거부처분에 대한 정당성 여부가 법원에 의하여 심사된 마당에 헌법재판소가 다시 열람·등사 제한의 정당성 여부를 심사하게 된다면 이는 법원의 결정에 대한 당부의 통제가 되는 측면이 있는 점 등을 고려하여 볼 때, **수사서류에 대한 법원의 열람·등사 허용 결정이 있음에도 검사가 열람·등사를 거부**하는 경우 수사서류 각각에 대하여 검사가 열람·등사를 거부할 **정당한 사유가 있는지를 심사할 필요 없이 그 거부행위 자체로써 청구인들의 기본권을 침해**하는 것이 되고, 이는 법원의 수사서류에 대한 열람·등사 허용 결정이 있음에도 검사인 피청구인이 해당 서류에 대한 **열람만을 허용하고 등사를 거부하는 경우에도 마찬가지**이다(헌재 2017. 12. 28. 2015헌마632).

2080 법원의 수사서류 열람·등사 허용 결정에도 불구하고 검사가 이를 신속하게 이행하지 아니하는 것은 변호인의 조력을 받을 권리를 침해하는 것이다. 19 국회 8   O | X

2080-1 법원의 수사서류 열람·등사 허용 결정에도 불구하고 검사가 이를 신속하게 이행하지 아니하는 경우에는 해당 증인 및 서류 등을 증거로 신청할 수 없는 불이익을 받는 것에 그치고, 변호인의 조력을 받을 권리까지 침해하게 되는 것은 아니다. 23 해경   O | X

법원의 열람·등사 허용 결정에도 불구하고 검사가 이를 **신속하게 이행하지 아니하는 경우**에는 해당 증인 및 서류 등을 증거로 신청할 수 없는 불이익을 받는 것에 그치는 것이 아니라, 그러한 **검사의 거부행위는 피고인의 열람·등사권을 침해**하고, 나아가 피고인의 신속·공정한 재판을 받을 권리 및 **변호인의 조력을 받을 권리까지 침해**하게 되는 것이다(헌재 2010. 6. 24. 2009헌마257).

2081 검사가 보관하고 있는 서류에 대하여 법원의 열람·등사 허용 결정이 있었음에도 검사가 청구인에 대한 형사사건과의 관련성을 부정하면서 해당 서류의 열람·등사를 허용하지 아니한 행위는 신속하고 공정한 재판을 받을 권리를 침해한다. 23 입시   O | X

2081-1 별건으로 공소제기 후 확정되어 검사가 보관하고 있는 서류에 대해 법원의 열람·등사 허용 결정이 있었음에도 불구하고 청구인에 대한 형사사건과 별건이라는 이유로 검사가 해당 서류의 열람·등사를 허용하지 아니한 행위는 청구인이 갖는 변호인의 조력을 받을 권리를 침해한다. 24 경간   O | X

2081-2 법원이 검사의 열람·등사 거부처분에 정당한 사유가 없다고 판단하고 그러한 거부처분이 피고인의 헌법상 기본권을 침해한다는 취지에서 수사서류의 열람·등사를 허용하도록 명한 이상 검사로서는 당연히 법원의 그러한 결정에 지체 없이 따라야 하지만, 별건으로 공소제기되어 확정된 관련 형사사건 기록에 관한 경우에는 이를 따르지 않을 수 있다. 23 경찰 1차   O | X

형사소송법이 공소가 제기된 후의 피고인 또는 변호인의 수사서류 열람·등사권에 대하여 규정하면서 검사의 열람·등사 거부처분에 대하여 별도의 불복절차를 마련한 것은 신속하고 실효적인 권리구제를 통하여 피고인의 신속·공정한 재판을 받을 권리 및 변호인의 조력을 받을 권리를 보장하기 위함이다. 법원이 검사의 열람·등사 거부처분에 정당한 사유가 없다고 판단하고 그러한 거부처분이 피고인의 헌법상 기본권을 침해한다는 취지에서 **수사서류의 열람·등사를 허용하도록 명한 이상**, 법치국가와 권력분립의 원칙상 **검사로서는 당연히 법원의 그러한 결정에 지체 없이 따라야 하며**, 이는 **별건으로 공소제기되어 확정된 관련 형사사건 기록에 관한 경우에도 마찬가지**이다. 그렇다면 피청구인의 이 사건 **거부행위는 청구인의 신속·공정한 재판을 받을 권리 및 변호인의 조력을 받을 권리를 침해한다**(헌재 2022. 6. 30. 2019헌마356).

● 정답 2079. O   2080. O   2080-1. X [변호인의 조력을 받을 권리 침해함]   2081. O   2081-1. O   2081-2. X [별건 사건 기록도 법원의 결정을 따라야 함]

2082 경찰서장이 구속적부심사 중에 있는 피구속자의 변호인에게 고소장과 피의자신문조서에 대한 열람 및 등사를 거부한 것은 변호인의 피구속자를 조력할 권리 및 알 권리를 침해한 것이다. 22 법원 9

O | X

2082-1 변호인에게 고소장과 피의자신문조서에 대한 열람 및 등사를 거부한 경찰서장의 정보비공개결정은 변호인의 피구속자를 조력할 권리 및 알 권리를 침해한다. 16 경정

O | X

이 규정은 구속적부심사단계에서 변호인이 고소장과 피의자신문조서를 열람하여 피구속자의 방어권을 조력하는 것까지를 일체 금지하는 것은 아니다. 결국 변호인에게 **고소장과 피의자신문조서**에 대한 **열람 및 등사를 거부한 경찰서장의 정보비공개결정은 변호인의 피구속자를 조력할 권리 및 알 권리를 침해**하여 헌법에 위반된다(헌재 2003. 3. 27. 2000헌마474).

2083 변호인이 피의자신문에 자유롭게 참여할 수 있는 권리는 피의자가 가지는 변호인의 조력을 받을 권리를 실현하는 수단이므로 헌법상 기본권인 변호인의 변호권으로서 보호되어야 한다.
24 입시, 23 해간, 23 5급, 21 경정, 18 국가 7

O | X

변호인이 피의자신문에 자유롭게 참여할 수 있는 권리는 피의자가 가지는 변호인의 조력을 받을 권리를 실현하는 수단이라고 할 수 있으므로 헌법상 기본권인 **변호인의 변호권으로서 보호**되어야 한다. … 이 사건 후방착석요구행위는 변호인의 변호권에 대한 제한을 정당화할 사유가 있다고 할 수 없다. … 그렇다면 이 사건 후방착석요구행위는 그 목적의 정당성과 수단의 적절성이 인정될 수 있는지 의문이며, 침해의 최소성 및 법익의 균형성 요건을 충족하지 못한다(헌재 2017. 11. 30. 2016헌마503).

2084 변호인이 피의자신문에 자유롭게 참여할 수 있는 권리는 피의자가 가지는 변호인의 조력을 받을 권리를 실현하는 수단이라고 할 수 있어 헌법상 기본권인 변호인의 변호권으로 보호되어야 하므로, 피의자신문 시 변호인에 대한 수사기관의 후방착석요구행위는 헌법상 기본권인 변호인의 변호권을 침해한다.
21 국가 7, 19 변호사

O | X

2084-1 검찰수사관이 피의자신문에 참여한 변호인에게 피의자 후방에 앉으라고 요구한 행위는 목적의 정당성이 부인되지 않는다. 23 경정

O | X

2084-2 '변호인의 피의자신문 참여 운영 지침'상 피의자신문에 참여한 변호인이 피의자 옆에 앉는 경우 피의자 뒤에 앉는 경우보다 수사를 방해할 가능성이나 수사기밀을 유출할 가능성이 높아진다고 볼 수 있으므로, 후방착석요구행위의 목적의 정당성과 수단의 적절성이 인정된다. 23 경간

O | X

2084-3 검찰수사관이 피의자신문에 참여한 변호인에게 피의자 후방에 앉으라고 요구한 행위는 변호인의 피의자신문참여권 행사에 어떠한 지장도 초래하지 않으므로 변호인의 변호권을 침해하지 아니한다.
22 해경, 19 지방 7

O | X

2084-4 피의자가 수사기관에서 신문을 받음에 있어서 진술거부권을 제대로 행사하기 위해서 뿐만 아니라 진술거부권을 행사하지 않고 적극적으로 진술하기 위해서는 변호인이 피의자의 후방에 착석하는 것으로도 충분하다. 24 경간

O | X

● 정답 2082. ○   2082-1. ○   2083. ○   2084. ○   2084-1. ×[목적의 정당성 부인]   2084-2. ×[목적의 정당성과 수단의 적절성이 부정]
2084-3. ×[변호인의 변호권 침해]   2084-4. ×[피의자 옆에 앉아 조력할 필요]

(1) <u>변호인이 피의자신문에 자유롭게 참여할 수 있는 권리</u>는 피의자가 가지는 변호인의 조력을 받을 권리를 실현하는 수단이라고 할 수 있으므로 헌법상 기본권인 **변호인의 변호권으로서 보호**되어야 한다. 피의자신문에 참여한 변호인이 피의자 옆에 앉는다고 하여 피의자 뒤에 앉는 경우보다 수사를 방해할 가능성이 높아진다거나 수사기밀을 유출할 가능성이 높아진다고 볼 수 없으므로, <u>이 사건 후방착석요구행위의 **목적의 정당성**과 **수단의 적절성**을 인정할 수 없다.</u> … 따라서 <u>이 사건 **후방착석요구행위**는 **변호인인 청구인의 변호권을 침해한다**</u>(헌재 2017. 11. 30. 2016헌마503).

(2) 피의자신문과정이 위압적으로 진행되는 과정에서 발생할 수 있는 인권 침해의 요소를 방지하기 위하여 진술거부권의 고지, 증거능력의 배제와 같은 규정들이 마련되어 있다. 그러나 진술거부권이 규정되어 있다고 하더라도, 피의자가 수사기관에서 신문을 받음에 있어서 **진술거부권을 제대로 행사하기** 위해서 뿐만 아니라 **진술거부권을 행사하지 않고 적극적으로 진술하기** 위해서는 변호인이 피의자의 후방에 착석할 것이 아니라 **피의자의 옆에 앉아 조력할 필요가 있다.** … 이러한 사정을 종합하여 보면, 이 사건 후방착석요구행위는 피의자에 대한 변호인의 피의자신문참여에 관한 권리를 제한하는 행위로서 침해의 최소성 요건을 충족한다고 할 수 없다. … 따라서 이 사건 후방착석요구행위는 변호인인 청구인의 **변호권을 침해한다**(헌재 2017. 11. 30. 2016헌마503).

POINT 127 기타 형사절차상 적법절차 Ⓒ

01 고지·통지제도

2085 누구든지 체포 또는 구속의 이유와 변호인의 조력을 받을 권리가 있음을 고지받지 아니하고는 체포 또는 구속을 당하지 아니한다. 체포 또는 구속을 당한 자의 가족 등 법률이 정하는 자에게는 그 이유와 일시·장소가 지체없이 통지되어야 한다. 23 해간, 22 경찰 1차, 22 소간, 20 경정, 16 법무사   O | X

> 헌법 제12조 ⑤ 누구든지 **체포 또는 구속의 이유**와 **변호인의 조력을 받을 권리**가 있음을 **고지**받지 아니하고는 체포 또는 구속을 당하지 아니한다. 체포 또는 구속을 당한 자의 **가족등** 법률이 정하는 자에게는 **그 이유와 일시·장소가 지체없이 통지**되어야 한다.

02 체포·구속적부심사

2086 누구든지 체포 또는 구속을 당한 때에는 적부의 심사를 법원에 청구할 권리를 가진다. 24 5급   O | X

2086-1 누구든지 체포 또는 구속을 당한 때에는 적부의 심사를 법원이나 검찰에 청구할 권리를 가진다. 16 법무사   O | X

> 헌법 제12조 ⑥ 누구든지 **체포 또는 구속**을 당한 때에는 **적부의 심사를 법원에 청구할 권리**를 가진다.

2087 구속된 피의자가 적부심사청구권을 행사한 다음 검사가 전격기소를 한 경우, 법원은 적부심사를 통하여 석방 또는 기각결정을 할 수 있다. 18 입시   O | X

● 정답 2085. O   2086. O   2086-1. X [검찰 X]   2087. O

형사소송법 제214조의2(체포와 구속의 적부심사) ④ 제1항의 청구를 받은 법원은 청구서가 접수된 때부터 **48시간 이내**에 체포 또는 구속된 **피의자를 심문**하고 수사관계서류와 증거물을 **조사**하여 그 청구가 이유없다고 인정한 때에는 **결정으로 이를 기각**하고, 이유있다고 인정한 때에는 **결정으로 체포 또는 구속된 피의자의 석방**을 명하여야 한다. **심사청구후 피의자에 대하여 공소제기**가 있는 경우에도 **또한 같다**.

🔖 **보충설명** 체포 또는 구속된 피의자가 적부심사청구권을 행사한 다음 공소제기가 있는 경우에도 법원은 체포와 구속의 적부심사를 통하여 기각 또는 석방을 명하여야 한다.

2088 구속된 피의자가 적부심사청구권을 행사한 다음 검사가 전격기소를 한 경우 법원으로부터 구속의 헌법적 정당성에 대하여 실질적 심사를 받고자 하는 청구인의 절차적 기회가 제한되도록 하는 것은 위헌이다. 11 국회 8 　　　O | X

구속된 피의자가 적부심사청구권을 행사한 경우 검사는 그 적부심사절차에서 피구속자와 대립하는 반대 당사자의 지위만을 가지게 됨에도 불구하고 헌법상 독립된 법관으로부터 심사를 받고자 하는 청구인의 '절차적 기회'가 반대 당사자의 '전격기소'라고 하는 일방적 행위에 의하여 제한되어야 할 합리적인 이유가 없고, … 기소이전단계에서 이미 행사된 적부심사청구권의 당부에 대하여 법원으로부터 실질적인 심사를 받을 수 있는 청구인의 절차적 기회를 완전히 박탈하여야 하는 합리적인 근거도 없기 때문에, 입법자는 그 한도 내에서 **적부심사청구권의 본질적 내용을 제대로 구현하지 아니하였다고 보아야 한다**(헌재 2004. 3. 25. 2002헌바104).

03 자백의 증거능력 및 증명력 제한

2089 피고인의 자백이 고문·폭행·협박·구속의 부당한 장기화 또는 기망 기타의 방법에 의하여 자의로 진술된 것이 아니라고 인정될 때 또는 정식재판에 있어서 피고인의 자백이 그에게 불리한 유일한 증거일 때에는 이를 유죄의 증거로 삼거나 이를 이유로 처벌할 수 없다. 22 경찰 1차　　O | X

2089-1 자백의 증거능력 제한은 현행 헌법에 규정되어 있다. 22 해간, 22 해경　　O | X

헌법 제12조 ⑦ **피고인의 자백**이 고문·폭행·협박·구속의 부당한 장기화 또는 기망 기타의 방법에 의하여 **자의로 진술된 것이 아니라고 인정될 때** 또는 **정식재판**에 있어서 **피고인의 자백**이 그에게 **불리한 유일한 증거**일 때에는 이를 유죄의 증거로 삼거나 이를 이유로 처벌할 수 없다.

POINT 128　무죄추정원칙

01 무죄추정원칙

2090 형사피고인은 유죄의 판결이 확정될 때까지는 무죄로 추정된다. 23 경찰 2차　　O | X

2090-1 형사피고인은 유죄의 판결이 선고될 때까지는 무죄로 추정된다. 19 법무사　　O | X

헌법 제27조 ④ **형사피고인**은 **유죄의 판결이 확정될 때까지는 무죄로 추정**된다.

● 정답　2088. O　2089. O　2089-1. O　2090. O　2090-1. X [선고 X, 확정 O]

2091 무죄추정의 원칙은 우리나라에서는 제5공화국헌법에서 신설된 후, 현행 헌법에서는 공소 제기된 형사피고인에 적용되는 것으로 규정되어 있지만, 형사피의자에 대한 무죄추정 역시 인정된다. 10 국가 7
O | X

2091-1 헌법 제27조 제4항에서 "형사피고인은 유죄의 판결이 확정될 때까지는 무죄로 추정된다."고 규정하고 있으므로, 형사피의자 단계에서는 무죄추정의 원칙이 적용되지 않는다. 12 국회 9
O | X

<u>헌법은 형사피고인에 대하여서만 규정하였으나 공소가 제기된 형사피고인에게 무죄추정이 적용되는 이상 아직 공소제기조차 되지 아니한 형사피의자에게 무죄추정이 적용되는 것은 당연하다</u>(헌재 1992. 4. 14. 90헌마82).

2092 헌법 제27조 제4항에서 말하는 유죄의 판결에는 실형의 판결, 형의 면제, 선고유예와 집행유예 등이 모두 포함된다. 12 국회 9
O | X

무죄추정은 유죄의 판결이 확정될 때까지 인정된다. <u>헌법 제27조 제4항에서 말하는 유죄의 판결에는 **실형의 판결, 형의 면제, 선고유예와 집행유예** 등이 모두 포함된다.</u> 유죄도 무죄도 아닌 면소판결은 유죄의 판결이 아니므로 면소판결을 받은 자는 무죄로 추정된다.

2093 헌법 제27조 제4항의 무죄추정의 원칙이라 함은, 아직 공소제기가 없는 피의자는 물론 공소가 제기된 피고인이라도 유죄의 확정판결이 있기까지는 원칙적으로 죄가 없는 자에 준하여 취급하여야 하고 불이익을 입혀서는 안 되며 가사 그 불이익을 입힌다 하여도 필요한 최소한도에 그쳐야 한다는 원칙을 말한다. 14 법원 9
O | X

<u>무죄추정의 원칙이라 함은, 아직 공소제기가 없는 피의자는 물론 **공소가 제기된 피고인**이라도 유죄의 확정판결이 있기까지는 원칙적으로 **죄가 없는 자에 준하여 취급**하여야 하고 불이익을 입혀서는 안되며 가사 그 불이익을 입힌다 하여도 **필요한 최소한도에 그쳐야 한다는 원칙을 말한다**</u>(헌재 2010. 9. 2. 2010헌마418).

2094 무죄추정의 원칙은 피고인이나 피의자를 유죄의 판결이 확정되기 전에 죄 있는 자에 준하여 취급함으로써 법률적·사실적 측면에서 유형·무형의 차별취급을 가하는 유죄인정의 효과로서의 불이익을 주어서는 안 된다는 것을 뜻하고, 이는 비단 형사절차 내에서의 불이익뿐만 아니라 기타 일반 법 생활 영역에서의 기본권 제한과 같은 경우에도 적용된다. 21 입시
O | X

2094-1 무죄추정의 원칙은 형사절차 내에서만 적용되고 형사절차 이외의 기타 일반 법생활 영역에서의 기본권 제한과 같은 경우에는 적용되지 않는다. 15 경정, 14 법원 9
O | X

<u>무죄추정의 원칙상 금지되는 '**불이익**'이란 '범죄사실의 인정 또는 유죄를 전제로 그에 대하여 **법률적·사실적 측면에서 유형·무형의 차별취급을 가하는 유죄인정의 효과로서의 불이익**'을 뜻하고, 이는 비단 형사절차 내에서의 불이익뿐만 아니라 기타 일반 법생활 영역에서의 기본권 제한과 같은 경우에도 적용된다</u>(헌재 2010. 9. 2. 2010헌마418).

02 내용·효과

2095 무죄추정의 원칙에 따라 유죄의 입증책임은 공소를 제기한 국가가 부담하여야 한다. 12 국회 9
O | X

정답 2091. O 2091-1. X [피의자도 무죄추정의 원칙 적용] 2092. O 2093. O 2094. O 2094-1. X [형사절차 이외 영역에도 적용]
2095. O

무죄추정의 원칙은 소송법적으로 국가, 즉 소추하는 측이 유죄의 입증을 해야 하는 법칙을 말한다. 이것은 '혐의만으로는 처벌할 수 없다'는 원칙을 말하는 것이다. 따라서 형사소송절차에서는 불구속 수사를 원칙으로 하고, 유죄의 입증책임은 공소를 제기한 국가, 즉 검사가 부담하여야 하며, 피고인 자신이 무죄임을 적극적으로 입증할 필요가 없다.

2096 범죄에 대한 확증이 없는 경우, 법관은 "의심스러울 때는 피고인의 이익을 위하여(in dubio pro reo)" 원칙을 적용하여야 하는 것도 무죄추정의 원칙에 영향받은 것이다. 12 국회 9 O|X

무죄추정의 원칙에 따라 형사소송절차에서는 불구속 수사를 원칙으로 하고, 유죄의 입증책임은 공소를 제기한 국가가 부담하여야 하며, 피고인 자신이 무죄임을 적극적으로 입증할 필요가 없다. 범죄에 대한 확증이 없는 경우, 법관은 "의심스러울 때에는 피고인의 이익을 위하여(in dubio pro reo)라는 원칙"에 따라 재판을 해야 한다.

2097 무죄추정의 원칙은 수사절차에서 공판절차에 이르기까지 형사절차의 전 과정을 지배하는 지도원리이며 증거법에 국한된 원칙이 아니다. 10 국회 8 O|X

2097-1 유죄에 관한 입증이 없으면 '의심스러울 때에는 피고인의 이익'의 원칙에 따라 무죄가 선고되어야 하므로, 유죄의 입증책임은 국가 즉 검사에게 있다는 의미에서 무죄추정의 원칙은 수사절차에서만 적용된다. 10 국가 7 O|X

헌법상 무죄추정의 원칙은 형사재판에 있어서 유죄의 판결이 확정될 때까지 피의자나 피고인은 원칙적으로 죄가 없는 자로 다루어져야 하고, 그 불이익은 필요최소한에 그쳐야 한다는 것을 의미한다. 이러한 무죄추정의 원칙은 증거법에 국한된 원칙이 아니라 수사절차에서 공판절차에 이르기까지 형사절차의 전과정을 지배하는 지도원리로서 인신의 구속 자체를 제한하는 원리로 작용한다(헌재 2009. 6. 25. 2007헌바25).

2098 신체의 자유를 최대한으로 보장하려는 헌법정신, 특히 영장주의 원칙으로 인하여 불구속수사·불구속재판을 원칙으로 하고 예외적으로 피의자 또는 피고인이 도피할 우려가 있거나 증거를 인멸할 우려가 있는 때에 한하여 구속수사 또는 구속재판이 인정된다. 22 소간 O|X

신체의 자유를 최대한으로 보장하려는 헌법정신, 특히 무죄추정의 원칙으로 인하여 불구속수사·불구속재판을 원칙으로 하고 예외적으로 피의자 또는 피고인이 도피할 우려가 있거나 증거를 인멸할 우려가 있는 때에 한하여 구속수사 또는 구속재판이 인정될 따름이며 구속수사 또는 구속재판이 허용될 경우라도 인신의 구속은 신체의 자유에 대한 본질적인 제약임에 비추어 그 구속기간은 가능한 한 최소한에 그쳐야 하고 특히 수사기관에 의한 신체구속은 신체적·정신적 고통외에도 자백강요, 사술(詐術), 유도(誘導), 고문 등의 사전예방을 위하여서도 최소한에 그쳐야 할 뿐더러 구속기간의 제한은 수사를 촉진시켜 형사피의자의 신체구속이라는 고통을 감경시켜 주고 신속한 공소제기 및 그에 따른 신속한 재판을 가능케 한다는 점에서 헌법 제27조 제3항에서 보장된 신속한 재판을 받을 권리의 실현을 위하여서도 불가결한 조건이다(헌재 1992. 4. 14. 90헌마82).

2099 미결구금은 실질적으로 자유형의 집행과 다를 바 없으므로 인권보호 및 공평의 원칙상 형기에 전부 산입되어야 한다. 13 국회 9 O|X

헌법상 무죄추정의 원칙에 따라 유죄판결이 확정되기 전에 피의자 또는 피고인을 죄 있는 자에 준하여 취급함으로써 법률적·사실적 측면에서 유형·무형의 불이익을 주어서는 아니되고, 특히 미결구금은 신체의 자유를 침해받는 피의자 또는 피고인의 입장에서 보면 실질적으로 자유형의 집행과 다를 바 없으므로, 인권보호 및 공평의 원칙상 형기에 전부 산입되어야 한다(헌재 2009. 6. 25. 2007헌바25).

● 정답 2096. O   2097. O   2097-1. X [형사절차 전과정에 적용]   2098. X [영장주의 원칙 → 무죄추정의 원칙]   2099. O

03 관련판례

2100 군사법경찰관에게 10일의 범위 내에서 구속기간 연장을 허용한 것은 무죄추정의 원칙에 반하지 않는다. 18 법원 9

O | X

2100-1 「군사법원법」의 적용대상이 되는 모든 범죄에 대하여 수사기관의 구속기간의 연장을 허용하는 것은 부적절한 방식에 의한 과도한 기본권 제한으로서, 신체의 자유 및 신속한 재판을 받을 권리를 침해하는 것이다. 18 변호사

O | X

결국 군사법경찰관의 구속기간의 연장을 허용하는 이 사건 법률규정은 **무죄추정의 원칙에 위반**되고, 또한 방법의 적정성 및 피해의 최소성이 확보되지 않고 있는 점에서 **과잉금지의 원칙**에도 위반되며, 그 결과 청구인 조○형의 **신체의 자유 및 신속한 재판을 받을 권리를 침해**하는 것이고 또한 군인신분의 피의자라는 이유로 군인이 아닌 일반 민간인 신분의 국민과 다르게, 합리적인 이유 없이, 청구인 조○형을 차별하여 그의 평등권을 침해하는 것이다(헌재 2003. 11. 27. 2002헌마193).

2101 법관으로 하여금 미결구금일수를 형기에 산입하되, 그 산입범위는 재량에 의하여 결정하도록 한 형법 조항은 헌법상 무죄추정의 원칙 및 적법절차의 원칙을 위배하여 신체의 자유를 침해한다. 20 법무사

O | X

형법 제57조 제1항은 해당 법관으로 하여금 **미결구금일수를 형기에 산입**하되, **그 산입범위는 재량에 의하여 결정**하도록 하고 있는바, … 그러나 미결구금을 허용하는 것 자체가 헌법상 무죄추정의 원칙에서 파생되는 불구속수사의 원칙에 대한 예외인데, **형법 제57조 제1항 중 "또는 일부" 부분**은 그 **미결구금일수 중 일부만을 본형에 산입**할 수 있도록 규정하여 그 예외에 대하여 사실상 다시 특례를 설정함으로써, 기본권 중에서도 가장 본질적인 신체의 자유에 대한 침해를 가중하고 있다. 또한, 형법 제57조 제1항 중 **"또는 일부" 부분**이 상소제기 후 **미결구금일수의 일부가 산입되지 않을 수 있도록** 하여 피고인의 상소의사를 위축시킴으로써 남상소를 방지하려 하는 것은 입법목적 달성을 위한 적절한 수단이라고 할 수 없어, **적법절차의 원칙 및 무죄추정의 원칙에 반한다.** … 따라서 형법 제57조 제1항 중 "또는 일부 부분"은 헌법상 **무죄추정의 원칙 및 적법절차의 원칙** 등을 위배하여 합리성과 정당성 없이 **신체의 자유를 침해한다**(헌재 2009. 6. 25. 2007헌바25).

2102 상소제기 후의 미결구금일수 산입을 규정하면서 상소제기 후 상소취하시까지의 구금일수 통산에 관하여는 규정하지 아니함으로써 이를 본형 산입의 대상에서 제외되도록 한 법률규정은 미결구금이 신체의 자유를 침해받는 피의자 또는 피고인의 입장에서 보면 실질적으로 자유형의 집행과 다를 바 없고, 상소제기 후 상소취하시까지의 구금 역시 미결구금에 해당하는 이상 그 구금일수도 형기에 전부 산입되어야 한다는 것에 비추어 볼 때, 신체의 자유를 침해한다. 14 변호사

O | X

2102-1 상소제기 후 상소취하시까지의 미결구금일수를 본형 형기 산입의 대상에서 제외되도록 한 것은 무죄추정의 원칙에 반하지 않는다. 18 법원 9

O | X

2102-2 미결구금은 실질적으로 자유형의 집행과 다를 바 없으므로 상소제기 후 상소취하시까지의 미결구금을 형기에 산입하지 아니하는 것은 적법절차에 위배된다. 15 국가 7

O | X

▶ 정답 2100. X [무죄추정의 원칙에 반함]   2100-1. O   2101. O   2102. O   2102-1. X [무죄추정의 원칙에 반함]   2102-2. O

헌법상 무죄추정의 원칙에 따라, 유죄판결이 확정되기 전의 피의자 또는 피고인은 아직 죄 있는 자가 아니므로 그들을 죄 있는 자에 준하여 취급함으로써 법률적·사실적 측면에서 유형·무형의 불이익을 주어서는 아니되고, 특히 미결구금은 신체의 자유를 침해받는 피의자 또는 피고인의 입장에서 보면 실질적으로 자유형의 집행과 다를 바 없으므로 인권보호 및 공평의 원칙상 형기에 전부 산입되어야 한다. 따라서 상소제기 후 상소취하시까지의 구금 역시 미결구금에 해당하는 이상 그 구금일수도 형기에 전부 산입되어야 한다. 그런데 이 사건 법률조항들은 구속 피고인의 상소제기 후 상소취하시까지의 구금일수를 본형 형기 산입에서 제외함으로써 기본권 중에서도 가장 본질적 자유인 신체의 자유를 침해하고 있다. … 결국 상소제기 후 상소취하시까지의 미결구금을 형기에 산입하지 아니하는 것은 헌법상 무죄추정의 원칙 및 적법절차의 원칙, 평등원칙 등을 위배하여 합리성과 정당성 없이 신체의 자유를 지나치게 제한하는 것이고, 따라서 상소제기 후 미결구금일수의 산입에 관하여 규정하고 있는 이 사건 법률조항들이 상소제기 후 상소취하시까지의 미결구금일수를 본형에 산입하도록 규정하지 아니한 것은 헌법에 위반된다(헌재 2009. 12. 29. 2008헌가13 등).

2103 소년보호사건에서 1심 결정에 의한 소년원 수용기간을 항고심 결정의 보호기간에 산입하지 아니하도록 한 것은 무죄추정의 원칙에 반하지 않는다. 18 법원 9   O | X

2103-1 소년보호사건에서 1심 결정 집행에 의한 소년원 수용기간을 항고심 결정에 의한 보호기간에 산입하지 않는 것은 무죄추정원칙에 위배된다. 23 경간   O | X

소년보호사건은 소년의 개선과 교화를 목적으로 하는 것으로서 통상의 형사사건과는 구별되어야 하고, 법원이 소년의 비행사실이 인정되고 보호의 필요성이 있다고 판단하여 소년원 송치처분을 함과 동시에 이를 집행하는 것은 무죄추정원칙과는 무관하다. … 또한 항고심에서는 1심 결정과 그에 따른 집행을 감안하여 항고심 판단 시를 기준으로 소년에 대한 보호의 필요성과 그 정도를 판단하여 새로운 처분을 하는 것이다. 따라서 1심 결정에 의한 소년원 수용기간을 항고심 결정에 의한 보호기간에 산입하지 않더라도 이는 무죄추정원칙과는 관련이 없으므로 이 사건 법률조항은 무죄추정원칙에 위배되지 않는다(헌재 2015. 12. 23. 2014헌마768).

2104 사업자단체의 「독점규제 및 공정거래에 관한 법률」 위반행위가 있을 때 공정거래위원회가 당해 사업자단체에 대하여 법위반사실의 공표를 명할 수 있도록 한 것은 무죄추정의 원칙에 반한다. 14 법원 9   O | X

2104-1 공소가 제기되기 전인 수사의 초기단계에서 피의자로 하여금 법위반사실을 공표하도록 명령하는 것은 관련행위자를 유죄로 추정하는 불이익 처분이다. 11 국회 8   O | X

2104-2 헌법상 무죄추정의 원칙은 형사절차와 관련하여 공소가 제기되지 아니한 피의자는 물론 공소가 제기된 피고인이라 할지라도 유죄판결 확정 때까지는 죄가 없는 자로 다루어져야 한다는 원칙을 말하는 바, 이 사건 공표명령은 행정처분의 하나로서 형사절차 내에서 행하여진 처분은 아니므로 관련 행위자를 유죄로 추정하는 불이익한 처분이라고 할 수는 없다. 21 국회 8   O | X

무죄추정의 원칙은 형사절차와 관련하여 아직 공소가 제기되지 아니한 피의자는 물론 비록 공소가 제기된 피고인이라 할지라도 유죄의 판결이 확정될 때까지는 원칙적으로 죄가 없는 자로 다루어져야 하고, 그 불이익은 필요최소한에 그쳐야 한다는 원칙을 말한다. … 법원으로 하여금 공정거래위원회 조사결과의 신뢰성 여부에 대한 불합리한 예단을 촉발할 소지가 있고 이는 장차 진행될 형사절차에도 영향을 미칠 수 있다. 결국 법위반사실의 공표명령은 공소제기조차 되지 아니하고 단지 고발만 이루어진 수사의 초기단계에서 아직 법원의 유무죄에 대한 판단이 가려지지 아니하였는데도 관련 행위자를 유죄로 추정하는 불이익한 처분이 된다(헌재 2002. 1. 31. 2001헌바43).

● 정답   2103. O   2103-1. X [무죄추정원칙 위배 X]   2104. O   2104-1. O   2104-2. X [유죄로 추정하는 불이익한 처분임]

2105 「공정거래법」상 불공정 거래행위에 해당하는 부당내부거래를 했다고 하더라도 아직은 법원의 유·무죄 판단이 가려지지 않은 상태라면 과징금을 부과할 수 없다. 11 국회 8   ○|×

행정소송에 관한 판결이 확정되기 전에 행정청의 처분에 대하여 공정력과 집행력을 인정하는 것은 이 사건 과징금에 국한되는 것이 아니라 우리 행정법체계에서 일반적으로 채택되고 있는 것이므로, **과징금 부과처분**에 대하여 **공정력과 집행력을 인정**한다고 하여 **이를 확정판결 전의 형벌집행과 같은 것으로 보아 무죄추정의 원칙에 위반된다고 할 수 없다**(헌재 2003. 7. 24. 2001헌가25).

2106 공금 횡령 비위로 징계부가금 부과를 의결받은 자에 대한 법원의 유죄판결 확정 전 징계부가금 집행은 무죄추정원칙에 위배된다. 23 경간   ○|×

행정소송에 관한 판결이 확정되기 전에 행정청의 처분에 대하여 공정력과 집행력을 인정하는 것은 징계부가금에 국한되는 것이 아니라 우리 행정법체계에서 일반적으로 채택되고 있는 것이므로, **징계부가금 부과처분**에 대하여 **공정력과 집행력을 인정**한다고 하여 이를 **확정판결 전의 형벌집행과 같은 것으로 보아 곧바로 무죄추정원칙에 위배된다고 할 수 없다**(헌재 2015. 2. 26. 2012헌바435).

2107 형사사건으로 기소된 자에 대하여 확정판결 전에 부과하는 일률적인 필요적 직위해제처분은 무죄추정의 원칙을 위반한다. 12 국회 9   ○|×

형사사건으로 기소되기만 하면 그가 「국가공무원법」 제33조제1항제3호 내지 제6호에 해당하는 유죄판결을 받을 고도의 개연성이 있는가의 여부에 무관하게 경우에 따라서는 벌금형이나 무죄가 선고될 가능성이 큰 사건인 경우에 대해서까지도 당해 공무원에게 **일률적으로 직위해제처분을 하지 않을 수 없도록 한** 이 사건 규정은 **헌법 제37조 제2항의 비례의 원칙에 위반되어 직업의 자유를 과도하게 침해하고 헌법 제27조 제4항의 무죄추정의 원칙에도 위반**된다(헌재 1998. 5. 28. 96헌가12).

2108 형사사건으로 기소된 국가공무원을 직위해제할 수 있도록 규정한 구 「국가공무원법」의 규정에 의한 공무담임권의 제한은 잠정적이고 그 경우에도 공무원의 신분은 유지되고 있다는 점에서 공무원에게 가해지는 신분상 불이익과 보호하려는 공익을 비교할 때 공무집행의 공정성과 그에 대한 국민의 신뢰를 유지하고자 하는 공익이 더욱 크므로 이 사건 법률조항은 공무담임권을 침해하지 않는다. 22 경정   ○|×

2108-1 형사기소된 국가공무원을 직위해제 할 수 있도록 규정한 법률조항은 무죄추정의 원칙에 위배된다고 볼 수 없다. 23 해경   ○|×

2108-2 임용권자로 하여금 형사사건으로 기소된 공무원을 직위해제할 수 있도록 규정한 것은 그러한 공무원을 직무담당으로부터 배제함으로써 공직 및 직무수행의 공정성과 그에 대한 국민의 신뢰를 유지하기 위한 것으로서 입법목적이 정당하지만, 직무와 전혀 관련이 없는 범죄나 지극히 경미한 범죄로 기소된 경우까지 임용권자의 임의적인 판단에 따라 직위해제를 할 수 있게 허용하므로 공무담임권을 침해한다. 14 변호사   ○|×

(1) 이 사건 법률조항이 임용권자로 하여금 구체적인 경우에 따라 개별성과 특수성을 판단하여 **직위해제 여부를 결정**하도록 한 것이지 **직무와 전혀 관련이 없는 범죄나 지극히 경미한 범죄로 기소된 경우까지 임용권자의 자의적인 판단에 따라 직위해제를 할 수 있도록 허용하는 것은 아니고**, 기소된 범죄의 법정형이나 범죄의 성질에 따라 그 요건을 보다 한정적, 제한적으로 규정하는 방법을 찾기 어렵다는 점에서 이 사건 법률조항이 필요최소한도를 넘어 공무담임권을 제한하였다고 보기 어렵다. … 따라서 **이 사건 법률조항은 공무담임권을 침해하지 않는다**(헌재 2006. 5. 25. 2004헌바12).
(2) 이 사건 법률조항은 직위해제처분을 받은 공무원에 대한 범죄사실 인정이나 유죄판결을 전제로 하여 불이익을 과하는 것이 아니므로 **무죄추정의 원칙에 위배된다고 볼 수 없다**(헌재 2006. 5. 25. 2004헌바12).

◆ **정답** 2105. ×[부과 가능. 무죄추정원칙 위반 아님]   2106. ×[무죄추정원칙 위배 ×]   2107. ○   2108. ○   2108-1. ○   2108-2. ×[공무담임권 침해 ×]

2109 「사립학교법」 제58조의2 제1항 단서에 대한 위헌심판사건에서 형사사건으로 기소되었다는 사실만 가지고 직위해제하도록 한 것은 무죄추정의 원칙에 위반된다. 07 국가 7   O|X

2109-1 사립학교 교원은 형사사건으로 공소 제기되면 반드시 직위해제하도록 규정한 「사립학교법」 규정은 합리적 제한이 아니어서 직업의 자유에 위배되는 등 위헌이다. 13 국회 9   O|X

이 사건 규정에서와 같이 교원에 대해 형사사건으로 공소가 제기되었다는 사실만으로 직위해제처분을 행하게 하고 있는 것은 아직 유무죄가 가려지지 아니한 상태에서 유죄로 추정하는 것이 되며 이를 전제로 한 불이익한 처분이라 할 것이다. … 이 사건 심판대상 규정 중 제58조의2 제1항 단서의 규정은 목적의 정당성은 일응 인정된다고 할지라도 방법의 적정성·피해의 최소성·법익의 균형성을 갖추고 있지 못하다고 할 것이므로 헌법 제37조 제2항의 비례의 원칙에 어긋나서 헌법 제15조의 직업선택의 자유(구체적으로는 직업수행의 자유)를 침해하는 것이라고 할 수밖에 없다(헌재 1994. 7. 29. 93헌가3 등).

2110 법무부장관이 형사사건으로 공소가 제기된 변호사에 대하여 판결이 확정될 때까지 업무정지를 명하도록 한 구 「변호사법」 제15조는 직업선택의 자유와 무죄추정의 원칙에 위배되지 않는다. 18 입시   O|X

2110-1 법무부장관의 일방적 명령에 의하여 변호사 업무를 정지시키는 것은 당해 변호사가 자기에게 유리한 사실을 진술하거나 필요한 증거를 제출할 수 있는 청문의 기회가 보장되지 아니하여 적법절차를 존중하지 아니한 것이 된다. 23 법무사   O|X

(1) 변호사법 제15조는, 동 규정에 의하여 입는 불이익이 죄가 없는 자에 준하는 취급이 아님은 말할 것도 없고, 직업선택의 자유를 제한함에 있어서, 제한을 위해 선택된 요건이 제도의 당위성이나 목적에 적합하지 않을 뿐 아니라 그 처분주체와 절차가 기본권제한을 최소화하기 위한 수단을 따르지 아니하였으며 나아가 그 제한의 정도 또한 과잉하다 할 것으로서 헌법 제15조, 동 제27조 제4항에 위반된다(헌재 1990. 11. 19. 90헌가48).

(2) 법무부장관의 일방적 명령에 의하여 변호사 업무를 정지시키는 것은 당해 변호사가 자기에게 유리한 사실을 진술하거나 필요한 증거를 제출할 수 있는 청문의 기회가 보장되지 아니하여 적법절차를 존중하지 아니한 것이 된다(헌재 1990. 11. 19. 90헌가48).

2111 변호사에 대한 징계 절차가 개시되어 그 재판이나 징계 결정의 결과 등록취소, 영구제명 또는 제명에 이르게 될 가능성이 매우 크고, 그대로 두면 장차 의뢰인이나 공공의 이익을 해칠 구체적인 위험성이 있는 경우 법무부징계위원회의 의결을 거쳐 법무부장관이 업무정지를 명하더라도 무죄추정원칙에 위배된다. 23 경간   O|X

이 사건 법률조항은 공소제기된 변호사에 대하여 유죄의 개연성을 전제로 업무정지라는 불이익을 부과할 수 있도록 하고 있으나, 이 사건 법률조항에 의한 업무정지명령은 의뢰인의 이익과 법적 절차의 공정성·신속성 및 그에 대한 국민의 신뢰라는 중대한 공익을 보호하기 위한 잠정적이고 가처분적 성격을 가지는 것으로, 법무부장관의 청구에 따라 법무부징계위원회라는 합의제 기관의 의결을 거쳐 업무정지명령을 발할 수 있도록 하는 한편, 해당 변호사에게 청문의 기회를 부여하고, 그 기간 또한 원칙적으로 6개월로 정하도록 함으로써, 그러한 불이익이 필요최소한에 그치도록 엄격한 요건 및 절차를 규정하고 있다. 따라서 이 사건 법률조항은 무죄추정의 원칙에 위반되지 아니한다(헌재 2014. 4. 24. 2012헌바45).

● 정답 2109. O 2109-1. O 2110. X [직업선택의 자유와 무죄추징원칙 위배] 2110-1. O 2111. X [무죄추정원칙 위배 X]

2112 형사재판에 계속 중인 사람에 대하여 출국을 금지할 수 있다고 규정한 「출입국관리법」 제4조 제1항 제1호는 유죄를 근거로 형사재판에 계속 중인 사람에게 사회적 비난 내지 응보적 의미의 제재를 가하려는 것이라고 보기 어려우므로 무죄추정의 원칙에 위배된다고 볼 수 없다. 22 경찰 1차 O | X

2112-1 「출입국관리법」 제4조 제1항 제1호에 따른 출국금지결정은 무죄추정의 원칙에서 금지하는 유죄 인정의 효과로서의 불이익 즉, 유죄를 근거로 형사재판에 계속 중인 사람에게 사회적 비난 내지 응보적 의미의 제재를 가하는 것이므로 무죄추정의 원칙에 위배된다. 17 변호사 O | X

심판대상조항은 형사재판에 계속 중인 사람이 국가의 형벌권을 피하기 위하여 해외로 도피할 우려가 있는 경우 법무부장관으로 하여금 출국을 금지할 수 있도록 하는 것일 뿐으로, 무죄추정의 원칙에서 금지하는 **유죄 인정의 효과로서의 불이익 즉, 유죄를 근거로 형사재판에 계속 중인 사람에게 사회적 비난 내지 응보적 의미의 제재**를 가하려는 것이라고 보기 어렵다. 따라서 심판대상조항은 **무죄추정의 원칙에 위배된다고 볼 수 없다**(헌재 2015. 9. 24. 2012헌바302).

2113 미결수용자에 대하여 국민건강보험료 납입을 정지하는 처분은 무죄추정의 원칙에 반하지 않는다. 11 국회 8 O | X

2113-1 교도소에 수용된 때에는 국민건강보험급여를 정지하도록 한 규정은 유죄의 확정 판결이 있기 전인 미결수용자에게 불이익을 주는 것으로서 무죄추정의 원칙에 위반된다. 21 입시 O | X

이 사건 규정은 수용자의 의료보장체계를 일원화하고 수입원이 차단된 **수용자의 건강보험료 납입부담을 면제**하기 위한 입법 정책적 판단에 기인한 것이지 유죄의 확정 판결이 있기 전에 재소자라는 이유로 어떤 불이익을 주기 위한 것이 아님이 분명하다. 따라서 이 사건 규정은 **무죄추정의 원칙에 위반된다고 할 수 없다**(헌재 2005. 2. 24. 2003헌마31 등).

2114 구 「아동·청소년의 성보호에 관한 법률」상 성폭력범죄 피해아동의 진술이 수록된 영상녹화물에 대하여 피해아동의 법정 진술 없이도 조사과정에 동석하였던 신뢰관계에 있는 자의 진술에 의하여 그 성립의 진정함이 인정된 때 그 증거능력을 인정하는 조항은 무죄추정원칙에 위배된다. 24 경정 O | X

증거능력 특례조항은 **피고인이 유죄라는 전제**에서 전문증거의 증거능력을 인정하는 것이 **아니라**, 피해아동이 법정에서 피해경험을 진술함으로 인하여 입을 수 있는 2차 피해를 방지하는 데 목적이 있을 뿐이다. 또 아동진술의 특수성에 비추어, 사건이 발생한 초기에 이루어진 피해아동의 진술을 영상녹화하여 전문적이고 과학적인 방법을 통해 그 신빙성을 검증하는 것이 피고인의 무고함을 밝히는 데 보다 적합한 수단이 될 수도 있으므로, **증거능력 특례조항이 피고인이 유죄임을 전제로 한 규정이라고 볼 수 없다**(헌재 2013. 12. 26. 2011헌바108).

POINT 129 주거의 자유

01 주거의 자유

2115 헌법 제16조가 보장하는 주거의 자유는 개방되지 않은 사적 공간인 주거를 공권력이나 제3자에 의해 침해당하지 않도록 함으로써 국민의 사생활영역을 보호하기 위한 권리이다. 21 경정, 19 5급 O | X

헌법 제16조가 보장하는 **주거의 자유**는 개방되지 않은 **사적 공간인 주거를 공권력이나 제3자에 의해 침해당하지 않도록** 함으로써 **국민의 사생활영역을 보호**하기 위한 권리이므로, 주거용 건축물의 사용·수익관계를 정하고 있는 이 사건 법률조항이 주거의 자유를 제한한다고 볼 수도 없다(헌재 2014. 7. 24. 2012헌마662).

정답 2112. O 2112-1. X [무죄추정원칙 위배 X] 2113. O 2113-1. X [무죄추정원칙 위반 X] 2114. X [무죄추정원칙과 무관] 2115. O

2116 불법체류 외국인에 대한 긴급보호의 경우에도 「출입국관리법」이 정한 요건에 해당하지 않거나 법률이 정한 절차를 위반하는 때에는 적법절차원칙에 반하여 신체의 자유 등 기본권을 침해하게 된다. 17 경정

O | X

2116-1 출입국관리법에 의한 보호에 있어서 용의자에 대한 긴급보호를 위해 그의 주거에 들어간 것이라면 그 긴급보호가 적법한 이상 주거의 자유를 침해한 것으로 볼 수 없다. 19 5급

O | X

2116-2 긴급보호의 과정에서 서울출입국관리사무소 소속 직원들이 장기간 불법체류를 해 온 외국인의 의사에 반하여 주거에 들어갔다면, 그 긴급보호가 적법하더라도 주거의 자유를 침해한 것이다. 17 경정

O | X

(1) 헌법 제12조 제1항이 규정하고 있는 적법절차원칙은 형사소송절차에 국한되지 않고 모든 국가작용에 적용되며 행정작용에 있어서도 적법절차원칙은 준수되어야 하는바, **불법체류 외국인에 대한 보호 또는 긴급보호의 경우에도 출입국관리법이 정한 요건에 해당하지 않거나 법률이 정한 절차를 위반하는 때에는 적법절차원칙에 반하여 신체의 자유 등 기본권을 침해하게 된다.** … 결국 이 사건 보호가 **적법절차의 원칙**을 위반하여 청구인들의 **기본권을 침해하였다고 볼 수 없다**(헌재 2012. 8. 23. 2008헌마430).

(2) 출입국관리법에 의한 보호에 있어서 **용의자에 대한 긴급보호**를 위해 그의 주거에 들어간 것이라면 그 **긴급보호가 적법**한 이상 **주거의 자유를 침해한 것으로 볼 수 없으므로** 청구인에 대한 긴급보호가 적법한 이상 그 긴급보호 과정에서 청구인의 주거에 들어갔다고 하더라도 주거의 자유를 침해하였다고 볼 수 없다(헌재 2012. 8. 23. 2008헌마430).

2117 주거용 건축물의 사용·수익관계를 정하고 있는 「도시 및 주거환경정비법」 조항은 헌법 제16조에 의해 보호되는 주거의 자유를 제한하지 않는다. 21 경정

O | X

헌법 제16조가 보장하는 주거의 자유는 개방되지 않은 사적 공간인 주거를 공권력이나 제3자에 의해 침해당하지 않도록 함으로써 국민의 사생활영역을 보호하기 위한 권리이므로, **주거용 건축물의 사용·수익관계를 정하고 있는 이 사건 법률조항이 주거의 자유를 제한한다고 볼 수도 없다**(헌재 2014. 7. 24. 2012헌마662).

02 영장주의

2118 체포·구속·압수 또는 수색을 할 때에는 적법한 절차에 따라 검사의 신청에 의하여 법관이 발부한 영장을 제시하여야 하며, 주거에 대한 압수나 수색을 할 때에는 검사의 신청에 의하여 법관이 발부한 영장을 제시하여야 한다. 16 지방 7

O | X

> 헌법 제12조 ③ 체포·구속·압수 또는 수색을 할 때에는 **적법한 절차**에 따라 **검사의 신청**에 의하여 **법관이 발부한 영장**을 제시하여야 한다. 다만, **현행범인**인 경우와 **장기 3년 이상의 형에 해당하는 죄**를 범하고 **도피 또는 증거인멸의 염려**가 있을 때에는 **사후에 영장을 청구**할 수 있다.
> 헌법 제16조 모든 국민은 주거의 자유를 침해받지 아니한다. **주거에 대한 압수나 수색**을 할 때에는 **검사의 신청**에 의하여 **법관이 발부한 영장을 제시**하여야 한다.

● 정답 2116. O   2116-1. O   2116-2. X [주거의 자유 침해 X]   2117. O   2118. O

2119 주거의 자유와 관련한 영장주의는 1962년 제5차 헌법개정에서 처음으로 헌법에 명시되었다. 19 5급

O | X

헌법 제16조는 "모든 국민은 주거의 자유를 침해받지 아니한다. 주거에 대하여 압수나 수색을 할 때에는 검사의 신청에 의하여 법관이 발부한 영장을 제시하여야 한다."라고 규정하고 있다. 이와 같은 주거의 자유와 관련한 영장주의는 1962. 12. 26. 헌법 제6호로 헌법이 전부개정되면서 처음으로 명시되었다(헌재 2018. 4. 26. 2015헌바370 등).

2120 헌법 제16조 후문은 주거에 대한 압수나 수색을 할 때 영장주의에 대한 예외를 명문화하고 있지 않지만, 신체의 자유와 비교할 때 주거의 자유에 대해서도 일정한 요건하에서는 그 예외를 인정할 필요가 있다는 점 등을 고려하면, 헌법 제16조의 영장주의에 대해서도 그 예외를 인정하되, 그 장소에 범죄혐의 등을 입증할 자료나 피의자가 존재할 개연성이 소명되고, 사전에 영장을 발부받기 어려운 긴급한 사정이 있는 경우에만 제한적으로 허용될 수 있다고 보는 것이 타당하다. 19 변호사

O | X

2120-1 헌법 제12조 제3항과는 달리 헌법 제16조 후문은 "주거에 대한 압수나 수색을 할 때에는 검사의 신청에 의하여 법관이 발부한 영장을 제시하여야 한다"라고 규정하고 있을 뿐 영장주의에 대한 예외를 명문화하고 있지 않으므로 영장주의가 예외없이 반드시 관철되어야 함을 의미하는 것이다. 19 국가 7

O | X

헌법 제16조에서 영장주의에 대한 예외를 마련하지 아니하였다고 하여, 주거에 대한 압수나 수색에 있어 영장주의가 예외 없이 반드시 관철되어야 함을 의미하는 것은 아닌 점, 인간의 존엄성 실현과 인격의 자유로운 발현을 위한 핵심적 자유영역에 속하는 기본권인 신체의 자유에 대해서도 헌법 제12조 제3항에서 영장주의의 예외를 인정하고 있는데, 이러한 신체의 자유에 비하여 주거의 자유는 그 기본권 제한의 여지가 크므로, 형사사법 및 공권력 작용의 기능적 효율성을 함께 고려하여 본다면, 헌법 제16조의 영장주의에 대해서도 일정한 요건 하에서 그 예외를 인정할 필요가 있는 점, … 헌법 제16조가 주거의 자유와 관련하여 영장주의를 선언하고 있는 이상, 그 예외는 매우 엄격한 요건 하에서만 인정되어야 하는 점 등을 종합하면, 헌법 제16조의 영장주의에 대해서도 그 예외를 인정하되, 이는 그 장소에 범죄혐의 등을 입증할 자료나 피의자가 존재할 개연성이 소명되고, 사전에 영장을 발부받기 어려운 긴급한 사정이 있는 경우에 제한적으로 허용될 수 있다고 보는 것이 타당하다(헌재 2018. 4. 26. 2015헌바370 등).

2121 체포영장을 발부받아 피의자를 체포하는 경우에 필요한 때에는 영장 없이 타인의 주거 등 내에서 피의자 수사를 할 수 있도록 한 「형사소송법」 조항은 별도로 영장을 발부받기 어려운 긴급한 사정이 있는지 여부를 구별하지 않고 피의자가 소재할 개연성만 소명되면 영장 없이 타인의 주거 등을 수색할 수 있도록 허용하고 있어 헌법 제16조의 영장주의에 위반된다. 23 법원 9, 20 변호사, 18 국가 7

O | X

2121-1 체포영장을 집행하는 경우 필요한 때에는 타인의 주거 등에서 피의자 수사를 할 수 있도록 한 「형사소송법」 규정의 해당 부분이 체포영장이 발부된 피의자가 타인의 주거 등에 소재할 개연성은 소명되나 수색에 앞서 영장을 발부받기 어려운 긴급한 사정이 인정되지 않더라도 영장 없이 피의자 수색을 할 수 있도록 한 것은 영장주의에 위반되지 않는다. 22 경정

O | X

심판대상조항은 체포영장을 발부받아 피의자를 체포하는 경우에 필요한 때에는 영장 없이 타인의 주거 등 내에서 피의자 수사를 할 수 있다고 규정함으로써, 앞서 본 바와 같이 별도로 영장을 발부받기 어려운 긴급한 사정이 있는지 여부를 구별하지 아니하고 피의자가 소재할 개연성만 소명되면 영장 없이 타인의 주거 등을 수색할 수 있도록 허용하고 있다. 이는 체포영장이 발부된 피의자가 타인의 주거 등에 소재할 개연성은 소명되나, 수색에 앞서 영장을 발부받기 어려운 긴급한 사정이 인정되지 않는 경우에도 영장 없이 피의자 수색을 할 수 있다는 것이므로, 헌법 제16조의 영장주의 예외 요건을 벗어나는 것으로서 영장주의에 위반된다(헌재 2018. 4. 26. 2015헌바370 등).

● 정답 2119. O   2120. O   2120-1. X [예외없이 관철되어야 함을 의미 X]   2121. O   2121-1. X [영장주의 위반]

POINT 130 사생활의 비밀과 자유

01 사생활의 비밀과 자유

2122 헌법 제17조는 모든 국민이 사생활의 비밀과 자유를 침해받지 아니할 권리를 규정하고 있는바, 사생활의 비밀은 국가가 사생활영역을 들여다보는 것에 대한 보호를 제공하는 기본권이며, 사생활의 자유는 국가가 사생활의 자유로운 형성을 방해하거나 금지하는 것에 대한 보호를 의미한다. 15 법무사   O | X

헌법 제17조는 "모든 국민은 사생활의 비밀과 자유를 침해받지 아니한다."고 규정하여 **사생활의 비밀과 자유**를 국민의 기본권의 하나로 보장하고 있다. **사생활의 비밀**은 국가가 사생활영역을 들여다보는 것에 대한 **보호를 제공**하는 기본권이며, **사생활의 자유**는 국가가 사생활의 **자유로운 형성을 방해하거나 금지하는 것에 대한 보호**를 의미한다. 구체적으로 사생활의 비밀과 자유가 보호하는 것은 개인의 내밀한 내용의 비밀을 유지할 권리, 개인이 자신의 사생활의 불가침을 보장받을 수 있는 권리, 개인의 양심영역이나 성적 영역과 같은 내밀한 영역에 대한 보호, 인격적인 감정세계의 존중의 권리와 정신적인 내면생활이 침해받지 아니할 권리 등이다. 요컨대 헌법 제17조가 보호하고자 하는 기본권은 사생활영역의 자유로운 형성과 비밀유지라고 할 것이다(헌재 2007. 5. 31. 2005헌마1139).

2123 사생활의 비밀과 자유가 보호하는 것은 개인의 내밀한 내용의 비밀을 유지할 권리, 개인이 자신의 사생활의 불가침을 보장받을 수 있는 권리, 개인의 양심영역이나 성적 영역과 같은 내밀한 영역에 대한 보호, 인격적인 감정세계의 존중을 받을 권리와 정신적인 내면생활이 침해받지 아니할 권리 등이다. 21 법원 9, 15 법무사, 13 법원 9   O | X

헌법 제17조는 "모든 국민은 사생활의 비밀과 자유를 침해받지 아니한다."고 규정하여 사생활의 비밀과 자유를 국민의 기본권의 하나로 보장하고 있다. 사생활의 비밀은 국가가 사생활영역을 들여다보는 것에 대한 보호를 제공하는 기본권이며, 사생활의 자유는 국가가 사생활의 자유로운 형성을 방해하거나 금지하는 것에 대한 보호를 의미한다. 구체적으로 사생활의 비밀과 자유가 보호하는 것은 <u>개인의 내밀한 내용의 비밀을 유지할 권리, 개인이 자신의 사생활의 불가침을 보장받을 수 있는 권리, 개인의 양심영역이나 성적 영역과 같은 내밀한 영역에 대한 보호, 인격적인 감정세계의 존중의 권리와 정신적인 내면생활이 침해받지 아니할 권리</u> 등이다. 요컨대 헌법 제17조가 보호하고자 하는 기본권은 사생활영역의 자유로운 형성과 비밀유지라고 할 것이다(헌재 2007. 5. 31. 2005헌마1139).

2124 헌법 제17조는 "모든 국민은 사생활의 비밀과 자유를 침해받지 아니한다."고 규정하여 사생활의 비밀과 자유를 국민의 기본권의 하나로 보장하고 있다. 헌법 제17조가 보호하고자 하는 기본권은 사생활영역의 자유로운 형성과 비밀유지라고 할 것이다. 23 법원 9   O | X

헌법 제17조는 "모든 국민은 사생활의 비밀과 자유를 침해받지 아니한다."고 규정하여 **사생활의 비밀과 자유를 국민의 기본권의 하나로 보장**하고 있다. 사생활의 비밀은 국가가 사생활영역을 들여다보는 것에 대한 보호를 제공하는 기본권이며, 사생활의 자유는 국가가 사생활의 자유로운 형성을 방해하거나 금지하는 것에 대한 보호를 의미한다. 구체적으로 사생활의 비밀과 자유가 보호하는 것은 개인의 내밀한 내용의 비밀을 유지할 권리, 개인이 자신의 사생활의 불가침을 보장받을 수 있는 권리, 개인의 양심영역이나 성적 영역과 같은 내밀한 영역에 대한 보호, 인격적인 감정세계의 존중의 권리와 정신적인 내면생활이 침해받지 아니할 권리 등이다. 요컨대 헌법 제17조가 보호하고자 하는 기본권은 **사생활영역의 자유로운 형성과 비밀유지**라고 할 것이다(헌재 2007. 5. 31. 2005헌마1139).

정답 2122. ○ 2123. ○ 2124. ○

2125 사생활의 비밀이란 사생활에 관한 사항으로 일반인에게 아직 알려지지 아니하고 일반인의 감수성을 기준으로 할 때 공개를 원하지 않을 사항을 말한다. 24 경찰 1차   O|X

헌법 제17조에서 보장하는 **사생활의 비밀**이란 **사생활에 관한 사항**으로 일반인에게 **아직 알려지지 아니**하고 일반인의 감수성을 기준으로 할 때 **공개를 원하지 않을 사항**을 말한다(헌재 2018. 8. 30. 2016헌마263).

2126 사생활의 자유란 사회공동체의 일반적인 생활규범의 범위 내에서 사생활을 자유롭게 형성해 나가고 그 설계 및 내용에 대해서 외부로부터의 간섭을 받지 아니할 권리를 말한다. 23 해간, 20 법무사, 15 지방 7, 12 지방 7   O|X

'**사생활의 자유**'란, 사회공동체의 일반적인 생활규범의 범위 내에서 **사생활을 자유롭게 형성**해 나가고 그 설계 및 내용에 대해서 **외부로부터의 간섭을 받지 아니할 권리**로서, 사생활과 관련된 사사로운 자신만의 영역이 본인의 의사에 반해서 타인에게 알려지지 않도록 할 수 있는 권리인 '사생활의 비밀'과 함께 헌법상 보장되고 있다(헌재 2001. 8. 30. 99헌바92 등).

2127 사생활의 비밀과 자유에 관한 헌법규정은 개인의 사생활이 함부로 공개되지 아니할 소극적인 권리는 물론, 오늘날 고도로 정보화된 현대사회에서 자신에 대한 정보를 자율적으로 통제할 수 있는 적극적인 권리까지도 보장하려는 데에 그 취지가 있다. 23 해간, 15 법무사   O|X

2127-1 헌법 제17조는 개인의 사생활 활동이 타인으로부터 침해되거나 사생활이 함부로 공개되지 아니할 소극적인 권리를 보장하는 것에 국한되고, 자신에 대한 정보를 자율적으로 통제할 수 있는 적극적인 권리까지 보장하는 것은 아니다. 15 경정, 13 법원 9   O|X

헌법 제10조는 "모든 국민은 인간으로서의 존엄과 가치를 가지며, 행복을 추구할 권리를 가진다. 국가는 개인이 가지는 불가침의 기본적 인권을 확인하고 이를 보장할 의무를 진다."고 규정하고, **헌법 제17조**는 "모든 국민은 사생활의 비밀과 자유를 침해받지 아니한다."라고 규정하고 있는바, 이들 헌법 규정은 개인의 사생활 활동이 타인으로부터 침해되거나 사생활이 함부로 공개되지 아니할 **소극적인 권리**는 물론, 오늘날 고도로 정보화된 현대사회에서 자신에 대한 정보를 자율적으로 통제할 수 있는 **적극적인 권리**까지도 보장하려는 데에 그 취지가 있는 것으로 해석된다(대판 1998. 7. 24. 96다42789).

02 사생활의 영역

2128 헌법 제17조의 사생활의 자유란 사회공동체의 일반적인 생활규범의 범위 내에서 사생활을 자유롭게 형성해 나가고 그 설계 및 내용에 대해서 외부로부터의 간섭을 받지 아니할 권리를 말하는바 흡연을 하는 행위는 이와 같은 사생활의 영역에 포함된다. 22 입시   O|X

2128-1 흡연을 하는 행위는 사생활의 영역에 포함되며, 자유로운 흡연에의 결정 및 흡연행위를 포함하는 흡연권은 헌법 제10조에서도 그 근거를 찾을 수 있다. 19 입시   O|X

2128-2 자유롭게 흡연할 권리는 인간의 존엄과 행복추구권을 규정한 헌법 제10조에서 그 근거를 찾을 수 있으나, 흡연하는 행위는 사생활의 영역에서만 발생하지 않으므로 사생활의 비밀과 자유를 보장한 헌법 제17조는 그 헌법적 근거가 될 수 없다. 13 지방 7   O|X

● 정답 2125. O   2126. O   2127. O   2127-1. X [적극적인 권리까지 보장]   2128. O   2128-1. O   2128-2. X [헌법 제17조도 근거가 됨]

사생활의 자유란 사회공동체의 일반적인 생활규범의 범위 내에서 사생활을 자유롭게 형성해 나가고 그 설계 및 내용에 대해서 외부로부터의 간섭을 받지 아니할 권리를 말하는바, **흡연을 하는 행위**는 이와 같은 **사생활의 영역에 포함**된다고 할 것이므로, **흡연권은 헌법 제17조에서 그 헌법적 근거를 찾을 수 있다.** 또 인간으로서의 존엄과 가치를 실현하고 행복을 추구하기 위하여서는 누구나 자유로이 의사를 결정하고 그에 기하여 자율적인 생활을 형성할 수 있어야 하므로, **자유로운 흡연에의 결정 및 흡연행위를 포함하는 흡연권은 헌법 제10조에서도 그 근거를 찾을 수 있다**(헌재 2004. 8. 26. 2003헌마457).

2129 교도소 내 거실이나 작업장은 수용자의 사생활 영역이거나 사생활에 연결될 수 있는 영역이므로 수용자가 없는 상태에서 교도소장이 비밀리에 거실 및 작업장에서 개인물품 등을 검사하는 행위는 수용자의 사생활의 비밀과 자유를 제한한다. 22 입시   O | X

청구인은 청구인이 없는 상태에서 피청구인이 비밀리에 거실 및 작업장 검사를 실시함으로써 청구인의 사생활의 비밀과 자유를 침해하였다고 주장하는바, 피청구인은 청구인이 없는 상태에서 **사생활 영역이거나 사생활에 연결될 수 있는 청구인의 거실 또는 작업장**에서 이 사건 검사행위를 하여 **개인 물품 등을 조사**함으로써 일응 청구인의 **사생활의 비밀 및 자유를 제한**하였다고 볼 수 있으므로, 이 사건 검사행위가 과잉금지원칙에 위배하여 청구인의 사생활의 비밀 및 자유를 침해하였는지 여부를 살펴본다(헌재 2011. 10. 25. 2009헌마691).

2130 교도소장이 수용자가 없는 상태에서 실시한 거실 및 작업장 검사행위는 교도소의 안전과 질서를 유지하고, 수형자의 교화·개선에 지장을 초래할 수 있는 물품을 차단하기 위한 것으로서 그 목적이 정당하고, 수단도 적절하며, 검사의 실효성을 확보하기 위한 최소한의 조치로 보이고, 달리 덜 제한적인 대체수단을 찾기 어려운 점 등에 비추어 보면 사생활의 비밀 및 자유를 침해하였다고 할 수 없다. 20 국가 7   O | X

2130-1 법무부 훈령인 구 「계호업무지침」에 따라 교도소장이 수용자가 없는 상태에서 거실 및 작업장을 검사한 행위는 비록 교도소의 안전과 질서를 유지하고, 수형자의 교화·개선에 지장을 초래 할 수 있는 물품을 차단하기 위한 것이라 하더라도, 보다 덜 제한적인 대체수단을 찾을 수 있으므로 수용자의 사생활의 비밀과 자유를 침해한다. 24 경정   O | X

2130-2 교도소장이 교도소 수용자가 없는 상태에서 거실이나 작업장을 검사하는 행위는 적법절차원칙에 위배된다. 23 소간   O | X

(1) 이 사건 검사행위는 교도소의 안전과 질서를 유지하고, 수형자의 교화·개선에 지장을 초래할 수 있는 물품을 차단하기 위한 것으로서 그 목적이 정당하고, 수단도 적절하며, 검사의 실효성을 확보하기 위한 최소한의 조치로 보이고, 달리 덜 제한적인 대체수단을 찾기 어려운 점 등에 비추어 보면 **이 사건 검사행위가 과잉금지원칙에 위배하여 사생활의 비밀 및 자유를 침해하였다고 할 수 없다**(헌재 2011. 10. 25. 2009헌마691).
(2) 이 사건 검사행위가 추구하는 목적의 중대성, 검사행위의 불가피성과 은밀성이 요구되는 특성, 이에 비하여 수형자의 부담이 크지 아니한 점, 수형자의 이의나 불복이 있을 경우 그 구제를 위해 일정한 절차적 장치를 두고 있는 점 등을 종합해 볼 때 이 사건 검사행위는 **적법절차원칙에 위배되지 아니한다**(헌재 2011. 10. 25. 2009헌마691).

2131 '전자발찌'로 불리는 '위치추적 전자장치'의 부착명령을 규정한 「특정 범죄자에 대한 위치추적 전자장치 부착 등에 관한 법률」 조항은 피부착자의 개인정보자기결정권을 제한할 뿐만 아니라 피부착자의 위치와 이동경로를 실시간으로 파악하여 24시간 감시할 수 있도록 하고 있으므로 피부착자의 사생활의 비밀과 자유를 제한한다. 22 입시   O | X

● 정답 2129. O   2130. O   2130-1. X [사생활의 비밀과 자유 침해 X]   2130-2. X [적법절차원칙에 위배되지 않음]   2131. O

이 사건 전자장치부착조항은 피부착자의 위치와 이동경로를 실시간으로 파악하여 피부착자를 24시간 감시할 수 있도록 하고 있으므로 피부착자의 **사생활의 비밀과 자유를 제한**하며, 피부착자의 위치와 이동경로 등 '**위치 정보**'를 수집, 보관, 이용한다는 측면에서 **개인정보자기결정권도 제한**한다. 한편 전자장치를 강제로 착용하게 함으로써 피부착자는 옷차림이나 신체활동의 자유가 제한되고, 24시간 전자장치 부착에 의한 위치 감시 그 자체로 모욕감과 수치심을 느낄 수 있으므로 헌법 제10조로부터 유래하는 **인격권을 제한**한다. 그러므로 이 사건 전자장치부착조항에 의하여 제한받는 피부착자의 기본권은 **사생활의 비밀과 자유, 개인정보자기결정권** 및 **인격권**이다(헌재 2012. 12. 27. 2011헌바89).

2132 성폭력범죄를 2회 이상 범하여 그 습벽이 인정된 때에 해당하고 성폭력범죄를 다시 범할 위험성이 인정되는 자에 대해 전자장치부착을 명할 수 있도록 한 것은 사생활의 비밀과 자유를 침해하는 것이 아니다. 18 국회 8 O|X

2132-1 (구)「특정 범죄자에 대한 위치추적 전자장치 부착 등에 관한 법률」에 의하여 성폭력범죄를 2회 이상 범하여 습벽이 인정되고 재범의 위험성이 있는 자에게 검사의 청구에 따라 법원이 10년의 범위 내에서 위치추적 전자장치를 부착할 수 있도록 하는 것은 피부착자의 사생활의 비밀과 자유 및 개인정보자기결정권을 침해한다. 15 국가 7 O|X

이 사건 전자장치부착조항은 성폭력범죄로부터 국민을 보호하고 성폭력범죄자의 재범을 방지하고자 하는 입법목적의 정당성 및 수단의 적절성이 인정되며, … 이 사건 전자장치부착조항이 보호하고자 하는 이익에 비해 재범의 위험성이 있는 성폭력범죄자가 입는 불이익이 결코 크다고 할 수 없어 법익의 균형성원칙에 반하지 아니하므로, 이 사건 전자장치부착조항이 과잉금지원칙에 위배하여 피부착자의 **사생활의 비밀과 자유, 개인정보자기결정권, 인격권을 침해한다고 볼 수 없다**(헌재 2012. 12. 27. 2011헌바89).

2133 어린이집에 폐쇄회로 텔레비전(CCTV : Closed Circuit Television)을 원칙적으로 설치하도록 정한 「영유아보육법」조항은 CCTV 설치로 보육교사 및 영유아의 신체나 행동이 그대로 CCTV에 촬영·녹화된다는 점에서 보육교사 및 영유아의 사생활의 비밀과 자유를 제한한다. 24 경찰 1차 O|X

2133-1 보호자 전원이 반대하지 않는 한 어린이집에 의무적으로 CCTV를 설치하도록 정한 「영유아보육법」조항은 어린이집 보육교사의 사생활의 비밀과 자유를 침해하는 것은 아니다. 24 경정 O|X

2133-2 어린이집에 폐쇄회로 텔레비전(CCTV : Closed Circuit Television)을 원칙적으로 설치하도록 정한 영유아보육법 조항은 과잉금지원칙을 위반하여 어린이집 보육교사의 사생활의 비밀과 자유 등을 침해한다. 19 법원 9 O|X

(1) CCTV 설치 조항으로 인해 보호자 전원이 반대하지 않는 한 어린이집 설치·운영자는 어린이집에 CCTV를 설치할 의무를 지게 되고 CCTV 설치 시 녹음기능 사용을 할 수 없으므로, 위 조항은 어린이집 설치·운영자인 청구인들의 직업수행의 자유를 제한한다. 그리고 **어린이집에 CCTV 설치로 어린이집 원장을 포함하여 보육교사 및 영유아의 신체나 행동이 그대로 CCTV에 촬영·녹화되므로 CCTV 설치 조항은 이들의 사생활의 비밀과 자유를 제한**하며, 어린이집에 CCTV 설치를 원하지 않는 부모의 자녀교육권도 제한한다(헌재 2017. 12. 28. 2015헌마994).

(2) **어린이집 CCTV 설치**는 어린이집에서 발생하는 안전사고와 보육교사 등에 의한 아동학대를 방지하기 위한 것으로, 그 자체로 어린이집 운영자나 보육교사 등으로 하여금 사전에 영유아 안전사고 방지에 만전을 기하고 아동학대행위를 저지르지 못하도록 하는 효과가 있고, 어린이집 내 안전사고나 아동학대 발생 여부의 확인이 필요한 경우 도움이 될 수 있으므로, CCTV 설치 조항은 목적의 정당성과 수단의 적합성이 인정된다. … 그러므로 CCTV 설치 조항은 과잉금지원칙을 위반하여 청구인들의 **기본권을 침해하지 않는다**(헌재 2017. 12. 28. 2015헌마994).

정답 2132. O 2132-1. X [침해 X] 2133. O 2133-1. O 2133-2. X [사생활의 비밀과 자유 등 침해 X]

2134 일반교통에 사용되고 있는 도로는 국가와 지방자치단체가 그 관리책임을 맡고 있는 영역이며, 수많은 다른 운전자 및 보행자 등의 법익 또는 공동체의 이익과 관련된 영역으로, 그 위에서 자동차를 운전하는 행위는 더 이상 개인적인 내밀한 영역에서의 행위가 아니다. 24 경정 O | X

일반교통에 사용되고 있는 도로는 국가와 지방자치단체가 그 관리책임을 맡고 있는 영역이며, 수많은 다른 운전자 및 보행자 등의 법익 또는 공동체의 이익과 관련된 영역으로, 그 위에서 **자동차를 운전하는 행위는** 더 이상 **개인적인 내밀한 영역**에서의 행위가 **아니다**(헌재 2003. 10. 30. 2002헌마518).

2135 자동차를 도로에서 운전하는 중에 좌석안전띠를 착용할 것인가의 여부의 생활관계가 개인의 전체적 인격과 생존에 관계되는 사생활의 기본조건이라거나 자기결정의 핵심적 영역 또는 인격적 핵심과 관련된다고 보기 어려우므로, 운전할 때 운전자가 좌석안전띠를 착용하는 문제는 사생활영역의 문제가 아니어서 사생활의 비밀과 자유에 의하여 보호되는 범주를 벗어난 행위이다. 20 법무사 O | X

일반교통에 사용되고 있는 도로는 국가와 지방자치단체가 그 관리책임을 맡고 있는 영역이며, 수많은 다른 운전자 및 보행자 등의 법익 또는 공동체의 이익과 관련된 영역으로, 그 위에서 자동차를 운전하는 행위는 더 이상 개인적인 내밀한 영역에서의 행위가 아니다. 또한 **자동차를 도로에서 운전하는 중에 좌석안전띠를 착용할 것인가의 여부의 생활관계**가 개인의 전체적 인격과 생존에 관계되는 '**사생활의 기본조건**'이라거나 자기결정의 핵심적 영역 또는 인격적 핵심과 관련된다고 보기 어렵다. 그렇다면 운전할 때 운전자가 **좌석안전띠를 착용하는 문제**는 더 이상 사생활영역의 문제가 아니어서 **사생활의 비밀과 자유에 의하여 보호되는 범주를 벗어난 행위**라고 볼 것이므로, 이 사건 심판대상조항들은 청구인의 사생활의 비밀과 자유를 침해하는 것이라 할 수 없다(헌재 2003. 10. 30. 2002헌마518).

2136 자동차를 도로에서 운전하는 중에 좌석안전띠를 착용할 것인가 여부의 생활관계가 개인의 전체적 인격과 생존에 관계되는 '사생활의 기본조건'이라거나 자기결정의 핵심적 영역 또는 인격적 핵심과 관련된다고 보기 어려워, 운전할 때 운전자가 좌석안전띠를 착용할 의무는 운전자의 사생활의 비밀과 자유를 침해하는 것이라 할 수 없다. 22 5급 O | X

2136-1 자동차를 도로에서 운전하는 중에 좌석안전띠를 착용할 것인가 여부의 생활관계는 개인의 전체적 인격과 생존에 관계되는 '사생활의 기본조건'이라 할 수 있으므로, 운전할 때 운전자가 좌석안전띠를 착용할 의무는 청구인의 사생활의 비밀과 자유를 침해한다. 21 국가 7 O | X

2136-2 자동차 안에서 이루어지는 활동은 사생활의 영역에 속한다 할 것이므로, 운전할 때 운전자가 좌석안전띠를 착용하는 문제는 사생활영역의 문제로서 좌석안전띠의 착용을 강제하는 것이 사생활의 비밀과 자유를 침해하는지 여부에 대하여는 과잉금지원칙에 따른 비례심사를 하여야 한다. 21 법원 9, 12 법원 9 O | X

자동차를 도로에서 운전하는 중에 **좌석안전띠를 착용할 것인가 여부의 생활관계**가 개인의 전체적 인격과 생존에 관계되는 '사생활의 기본조건'이라거나 자기결정의 핵심적 영역 또는 인격적 핵심과 관련된다고 보기 어려워 더 이상 **사생활영역의 문제가 아니므로**, 운전할 때 운전자가 좌석안전띠를 착용할 의무는 청구인의 **사생활의 비밀과 자유를 침해하는 것이라 할 수 없다**(헌재 2003. 10. 30. 2002헌마518).

● 정답 2134. O 2135. O 2136. O 2136-1. X [사생활의 기본조건 X, 침해 X] 2136-2. X [사생활영역의 문제 X]

2137 선거운동 과정에서 자신의 인격권이나 명예권을 보호하기 위하여 대외적으로 해명을 하는 행위는 표현의 자유에 속하는 것이지 사생활의 자유에 속하는 것은 아니다. 19 입시   O | X

2137-1 선거운동과정에서 자신의 인격권이나 명예권을 보호하기 위하여 대외적으로 해명을 하는 행위도 사생활의 자유에 의하여 보호되는 범주에 속한다. 12 지방 7   O | X

자신의 인격권이나 명예권을 보호하기 위하여 **대외적으로 해명을 하는 행위는 표현의 자유**에 속하는 영역일 뿐 이미 **사생활의 자유에 의하여 보호되는 범주를 벗어난 행위**이고, 또한, 자신의 태도나 입장을 외부에 설명하거나 해명하는 행위는 진지한 윤리적 결정에 관계된 행위라기보다는 단순한 생각이나 의견, 사상이나 확신 등의 표현행위라고 볼 수 있어, 그 행위가 선거에 영향을 미치게 하기 위한 것이라는 이유로 이를 하지 못하게 된다 하더라도 내면적으로 구축된 인간의 양심이 왜곡 굴절된다고는 할 수 없다는 점에서 양심의 자유의 보호영역에 포괄되지 아니하므로, 위 제93조 제1항은 사생활의 자유나 양심의 자유를 침해하지 아니한다(헌재 2001. 8. 30. 99헌바92 등).

2138 자신의 인격권이나 명예권을 보호하기 위하여 자신의 태도나 입장을 외부에 설명하거나 해명하는 행위는 단순한 생각이나 의견, 사상이나 확신 등의 표현행위라고 볼 수 있어, 그 행위가 선거에 영향을 미치게 하기 위한 것이라는 이유로 이를 하지 못하게 된다 하더라도 양심의 자유의 보호영역에 포괄되지 아니한다. 24 경정   O | X

자신의 인격권이나 명예권을 보호하기 위하여 대외적으로 해명을 하는 행위는 표현의 자유에 속하는 영역일 뿐 이미 사생활의 자유에 의하여 보호되는 범주를 벗어난 행위이고, 또한, **자신의 태도나 입장을 외부에 설명하거나 해명하는 행위는** 진지한 윤리적 결정에 관계된 행위라기보다는 **단순한 생각이나 의견, 사상이나 확신 등의 표현행위**라고 볼 수 있어, 그 행위가 선거에 영향을 미치게 하기 위한 것이라는 이유로 이를 하지 못하게 된다 하더라도 내면적으로 구축된 인간의 양심이 왜곡 굴절된다고는 할 수 없다는 점에서 **양심의 자유의 보호영역에 포괄되지 아니**하므로, 위 제93조 제1항은 사생활의 자유나 양심의 자유를 침해하지 아니한다(헌재 2001. 8. 30. 99헌바92 등).

2139 인터넷언론사의 공개된 게시판·대화방에서 스스로의 의사에 의하여 정당·후보자에 대한 지지·반대의 글을 게시하는 행위는 양심의 자유나 사생활 비밀의 자유에 의하여 보호되는 영역이라고 할 수 없다. 23 해간, 21 법무사, 19 국가 7, 12 지방 7, 12 법원 9   O | X

2139-1 인터넷언론사의 공개된 게시판·대화방에서 스스로의 의사에 의하여 정당·후보자에 대한 지지·반대의 글을 게시하는 행위는 양심의 자유나 사생활의 비밀의 자유에 의해 보호되는 영역이다. 18 입시   O | X

인터넷언론사의 공개된 게시판·대화방에서 스스로의 의사에 의하여 정당·후보자에 대한 지지·반대의 글을 게시하는 행위는 정당·후보자에 대한 단순한 의견 등의 표현행위에 불과하여 **양심의 자유나 사생활 비밀의 자유에 의하여 보호되는 영역**이라고 **할 수 없으므로**, 그 과정에서 실명확인 절차의 부담을 진다고 하더라도 이를 두고 양심의 자유나 사생활 비밀의 자유를 제한받는 것이라고 볼 수 없어 그 침해 여부에 관하여 더 나아가 판단하지 아니한다(헌재 2010. 2. 25. 2008헌마324 등).

정답 2137. O   2137-1. X [보호되는 범주 벗어남]   2138. O   2139. O   2139-1. X [보호되는 영역 X]

2140 변호사의 업무는 다른 어느 직업적 활동보다도 강한 공공성을 내포한다는 점 등을 감안하여 볼 때, 변호사의 업무와 관련된 수임사건의 건수 및 수임액이 변호사의 내밀한 개인적 영역에 속하는 것이라고 보기 어렵다. 24 경정 O | X

2140-1 변호사들로 하여금 소속 지방변호사회에 수임사건의 건수 및 수임액을 보고하도록 하는 것은 변호사의 직업수행의 자유를 제한하는 것이다. 19 법무사 O | X

2140-2 변호사의 업무와 관련된 수임사건의 건수 및 수임액은 변호사의 내밀한 개인적 영역에 속하는 것이므로 이를 소속 지방변호사회에 보고하도록 한 것은 헌법 제17조의 사생활의 비밀과 자유에 대한 제한에 해당한다. 21 지방 7 O | X

(1) 일반적으로 경제적 내지 직업적 활동은 복합적인 사회적 관계를 전제로 하여 다수 주체 간의 상호작용을 통하여 이루어지는 것이고, 특히 변호사의 업무는 다른 어느 직업적 활동보다도 강한 공공성을 내포한다는 점 등을 감안하여 볼 때, 변호사의 업무와 관련된 수임사건의 건수 및 수임액이 변호사의 내밀한 개인적 영역에 속하는 것이라고 보기 어렵고, 따라서 이 사건 법률조항이 청구인들의 사생활의 비밀과 자유를 침해하는 것이라 할 수 없다(헌재 2009. 10. 29. 2007헌마667).

(2) 헌법 제15조에 의한 직업선택의 자유는 자신이 원하는 직업을 자유롭게 선택하는 좁은 의미의 직업선택의 자유와 그가 선택한 직업을 자기가 원하는 방식으로 자유롭게 수행할 수 있는 직업수행의 자유(영업의 자유)를 포함하는 직업의 자유를 뜻한다. … 이 사건 법률조항이 제한하는 영업의 자유에 있어서, 영업이라 함은 영리추구를 목적으로 하는 자주적인 직업 활동을 의미하고, 영업의 자유라 함은 영리적인 직업 활동에 있어서 국가로부터의 간섭과 제재를 배제하는 것을 의미한다(헌재 2009. 10. 29. 2007헌마667).

2141 변호사에게 전년도에 처리한 수임사건의 건수 및 수임액을 소속 지방변호사회에 보고하도록 규정하고 있는 「변호사법」 관련 규정은 해당 당사자의 사생활의 비밀과 자유를 침해한다고 볼 수 없다. 12 법원 9 O | X

2141-1 변호사에게 전년도에 처리한 수임사건의 건수 및 수임액을 소속 지방변호사회에 보고하도록 하는 법규정은 헌법상 필요한 부분을 넘어 사생활 비밀의 자유를 과도하게 침해한다. 22 국회 9 O | X

일반적으로 경제적 내지 직업적 활동은 복합적인 사회적 관계를 전제로 하여 다수 주체 간의 상호작용을 통하여 이루어지는 것이고, 특히 변호사의 업무는 다른 어느 직업적 활동보다도 강한 공공성을 내포한다는 점 등을 감안하여 볼 때, 변호사의 업무와 관련된 수임사건의 건수 및 수임액이 변호사의 내밀한 개인적 영역에 속하는 것이라고 보기 어렵고, 따라서 이 사건 법률조항이 청구인들의 사생활의 비밀과 자유를 침해하는 것이라 할 수 없다(헌재 2009. 10. 29. 2007헌마667).

2142 존속상해치사죄와 같은 범죄행위는 헌법상 보호되는 사생활의 영역에 속한다고 볼 수 없을 뿐만 아니라, 가중처벌하는 것이 사생활의 자유를 침해하는 것은 아니다. 22 국회 9 O | X

존속상해치사죄와 같은 범죄행위가 헌법상 보호되는 사생활의 영역에 속한다고 볼 수 없을 뿐만 아니라, 이 사건 법률조항의 입법목적이 정당하고 그 형의 가중에 합리적 이유가 있으며 직계존속이 아닌 통상인에 대한 상해치사죄도 형사상 처벌되고 있는 이상, 그 가중처벌에 의하여 가족관계상 비속의 사생활이 왜곡된다거나 존속에 대한 효의 강요나 개인 윤리문제에의 개입 등 외부로부터 부당한 간섭이 있는 것이라고는 말할 수 없으므로, 이 사건 법률조항은 헌법 제17조의 사생활의 자유를 침해하지 아니한다(헌재 2002. 3. 28. 2000헌바53).

● 정답 2140. O   2140-1. O   2140-2. X [내밀한 개인적 영역 X, 사생활의 비밀과 자유 제한 X]   2141. O   2141-1. X [사생활의 비밀과 자유 제한 X]   2142. O

03 법익 충돌

2143 신문보도의 명예훼손적 표현의 피해자가 공적 인물인지 아니면 사인인지, 그 표현이 공적인 관심 사안에 관한 것인지 순수한 사적인 영역에 속하는 사안인지의 여부에 따라 헌법적 심사기준에는 차이가 있어야 한다. 22 경정   O | X

명예훼손적 표현의 피해자가 **공적 인물인지 아니면 사인인지**, 그 표현이 **공적인 관심 사안**에 관한 것인지 **순수한 사적인 영역에 속하는 사안인지의 여부에 따라 헌법적 심사기준에는 차이가 있어야** 하고, 공적 인물의 공적 활동에 대한 명예훼손적 표현은 그 제한이 더 **완화되어야 한다**(헌재 2013. 12. 26. 2009헌마747).

2144 공직자의 공무집행과 직접적인 관련이 없는 개인적인 사생활에 관한 사실은 어떠한 경우에도 공적인 관심 사안에 해당될 수 없다. 23 경찰 2차   O | X

2144-1 공직자의 자질·도덕성·청렴성에 관한 사실은 그 내용이 개인적인 사생활에 관한 것이라 할지라도 순수한 사생활의 영역에 있다고 보기 어렵다. 24 입시, 23 해경, 17 국가 7   O | X

2144-2 공직자의 자질·도덕성·청렴성에 관한 사실이 개인적인 사생활에 관한 것이라면, 순수한 사생활의 영역에 있다고 보아야 할 것이므로 공적인 관심 사안에 해당할 수 없다. 22 5급   O | X

공직자의 **공무집행과 직접적인 관련이 없는 개인적인 사생활**에 관한 사실이라도 일정한 경우 **공적인 관심 사안에 해당**할 수 있다. 공직자의 **자질·도덕성·청렴성에 관한 사실은 그 내용이 개인적인 사생활에 관한 것이라 할지라도 순수한 사생활의 영역에 있다고 보기 어렵다.** 이러한 사실은 공직자 등의 사회적 활동에 대한 비판 내지 평가의 한 자료가 될 수 있고, 업무집행의 내용에 따라서는 업무와 관련이 있을 수도 있으므로, 이에 대한 문제제기 내지 비판은 허용되어야 한다(헌재 2013. 12. 26. 2009헌마747).

2145 청소년 성매수 범죄자들은 일반인에 비해서 인격권과 사생활의 비밀의 자유도 그것이 본질적인 부분이 아닌 한 넓게 제한받을 여지가 있다. 16 경정, 15 서울 7   O | X

2145-1 청소년 성매수 범죄자들의 '성명, 연령, 직업 등의 신상과 범죄사실의 요지'를 공개하도록 하는 규정에 따라 범죄인들의 신상과 전과를 일반인이 알게 된다고 하여 그들의 인격권 내지 사생활의 비밀을 침해하는 것은 아니다. 15 지방 7   O | X

청소년 성매수 범죄자들이 자신의 신상과 범죄사실이 공개됨으로써 수치심을 느끼고 명예가 훼손된다고 하더라도 그 보장 정도에 있어서 일반인과는 차이를 둘 수밖에 없어, 그들의 **인격권과 사생활의 비밀의 자유도 그것이 본질적인 부분이 아닌 한 넓게 제한될 여지가 있다.** 그렇다면 청소년 성매수자의 일반적 인격권과 사생활의 비밀의 자유가 제한되는 정도가 청소년 성보호라는 공익적 요청에 비해 크다고 할 수 없으므로 결국 법 제20조 제2항 제1호의 신상공개는 해당 범죄인들의 **일반적 인격권, 사생활의 비밀의 자유를** 과잉금지의 원칙에 위배하여 **침해한 것이라 할 수 없다**(헌재 2003. 6. 26. 2002헌가14).

2146 피고인이나 변호인에 의한 공판정에서의 녹취는 진술인의 인격권 또는 사생활의 비밀과 자유에 대한 침해를 수반하고, 실체적 진실발견 등 다른 법익과 충돌할 개연성이 있으므로, 녹취를 금지해야 할 필요성이 녹취를 허용함으로써 달성하고자 하는 이익보다 큰 경우에는 녹취를 금지 또는 제한함이 타당하다. 22 국회 9, 21 국가 7   O | X

정답 2143. O   2144. X [공적인 관심 사안에 해당할 수 있음]   2144-1. O   2144-2. X [순수 사생활로 보기 어려움 / 공적 관심 사안에 해당 可]   2145. O   2145-1. O   2146. O

피고인이나 변호인에 의한 공판정에서의 녹취는 진술인의 인격권 또는 사생활의 비밀과 자유에 대한 침해를 수반하고, 실체적 진실 발견 등 다른 법익과 충돌할 개연성이 있으므로, 녹취를 금지해야 할 필요성이 녹취를 허용함으로써 달성하고자 하는 이익보다 큰 경우에는 **녹취를 금지 또는 제한함이 타당하다**(헌재 1995. 12. 28. 91헌마114).

2147 사람의 육체적·정신적 상태나 건강에 대한 정보, 성생활에 대한 정보와 같은 것은 인간의 존엄성이나 인격의 내적 핵심을 이루는 요소이다. 따라서 외부세계의 어떤 이해관계에 따라 그에 대한 정보를 수집하고 공표하는 것이 쉽게 허용되어서는 개인의 내밀한 인격과 자기정체성이 유지될 수 없다. 23 법원 9   O | X

사람의 **육체적·정신적 상태**나 건강에 대한 정보, **성생활**에 대한 정보와 같은 것은 **인간의 존엄성이나 인격의 내적 핵심**을 이루는 요소이다. 따라서 외부세계의 어떤 이해관계에 따라 그에 대한 **정보를 수집하고 공표**하는 것이 쉽게 허용되어서는 **개인의 내밀한 인격과 자기정체성이 유지될 수 없다**(헌재 2007. 5. 31. 2005헌마1139).

04 관련판례

2148 4급 이상 공무원들의 병역 면제사유인 질병명을 관보와 인터넷을 통해 공개하도록 하는 관련 법률 규정은 공적 관심의 정도가 약한 4급 이상의 공무원들까지 대상으로 삼아 모든 질병명을 아무런 예외 없이 공개토록 한 것으로서 청구인들을 비롯한 해당 공무원들의 사생활의 비밀과 자유를 침해하는 것이다. 12 법원 9   O | X

2148-1 4급 이상 공무원들의 병역 면제사유인 질병명을 관보와 인터넷을 통해 공개하도록 하는 것은 '부정한 병역면탈의 방지'와 '병역의무의 자진이행에 기여'라는 입법목적을 달성하기 위한 것으로서 사생활의 비밀과 자유를 침해하는 것이 아니다. 22 입시   O | X

이 사건 법률조항이 공적 관심의 정도가 약한 4급 이상의 공무원들까지 대상으로 삼아 **모든 질병명을 아무런 예외 없이 공개토록** 한 것은 입법목적 실현에 치중한 나머지 사생활 보호의 헌법적 요청을 현저히 무시한 것이고, 이로 인하여 청구인들을 비롯한 해당 공무원들의 헌법 제17조가 보장하는 기본권인 **사생활의 비밀과 자유를 침해**하는 것이다(헌재 2007. 5. 31. 2005헌마1139).

2149 사관생도의 모든 사적 생활에서까지 예외 없이 금주의무를 이행할 것을 요구하는 것은 사관생도의 일반적 행동자유권은 물론 사생활의 비밀과 자유를 지나치게 제한하는 것이다. 21 국가 7   O | X

사관학교의 설치 목적과 교육 목표를 달성하기 위하여 사관학교는 사관생도에게 교내 음주 행위, 교육·훈련 및 공무 수행 중의 음주 행위, 사적 활동이라 하더라도 신분을 나타내는 생도 복장을 착용한 상태에서 음주하는 행위, 생도 복장을 착용하지 않은 상태에서 사적 활동을 하는 때에도 이로 인하여 사회적 물의를 일으킴으로써 품위를 손상한 경우 등에는 이러한 행위들을 금지하거나 제한할 필요가 있음은 물론이다. 그러나 여기에 그치지 않고 나아가 **사관생도의 모든 사적 생활에서까지 예외 없이 금주의무를 이행할 것을 요구하는 것은 사관생도의 일반적 행동자유권은 물론 사생활의 비밀과 자유를 지나치게 제한**하는 것이다(대판 2018. 8. 30. 2016두60591).

● 정답 2147. O 2148. O 2148-1. X [사생활의 비밀과 자유 침해] 2149. O

2150 미결수용자와 변호인 아닌 자와의 접견내용을 녹음·녹화함으로써 증거인멸이나 형사 법령 저촉 행위의 위험을 방지하고 교정시설 내의 안전과 질서유지에 기여하려는 공익은 미결수용자가 받게 되는 사익의 제한보다 훨씬 크고 중요한 것이므로 법익의 균형성이 인정된다. 24 경간 O | X

2150-1 마약류사범인 미결수용자와 변호인이 아닌 접견인 사이의 화상 접견내용이 모두 녹음·녹화된 경우 이는 화상접견시스템이라는 전기통신수단을 이용하여 개인 간의 대화내용을 녹음·녹화하는 것으로 미결수용자의 통신의 비밀을 침해하지 아니한다. 19 지방 7 O | X

2150-2 교정시설의 장이 수용자가 범죄의 증거를 인멸하거나 형사 법령에 저촉되는 행위를 할 우려가 있는 때에 교도관으로 하여금 수용자의 접견내용을 청취·기록·녹음 또는 녹화하게 하는 것은 미결수용자의 사생활을 침해한다. 17 국회 8 O | X

이 사건 녹음조항에 따라 접견내용이 녹음·녹화되는 경우에는 이를 미리 고지하고 있고, 미결수용자의 특성상 변호인 아닌 자와의 접견내용에 대한 사생활의 비밀 및 통신의 비밀에 대한 제한이 불가피한 점에 비추어 보면, 청구인의 접견내용을 녹음·녹화함으로써 증거인멸이나 형사 법령 저촉 행위의 위험을 방지하고, 교정시설 내의 안전과 질서유지에 기여하려는 공익은 미결수용자가 받게 되는 사익의 제한보다 훨씬 크고 중요한 것이라고 할 것이므로 **법익의 균형성도 인정된다**. 따라서 이 사건 녹음조항은 과잉금지원칙을 위배하여 청구인의 **사생활의 비밀과 자유 및 통신의 비밀을 침해하지 아니한다**(헌재 2016. 11. 24. 2014헌바401).

2151 「형의 집행 및 수용자의 처우에 관한 법률」에 따라 미결수용자의 접견 내용을 녹음·녹화하는 것은 직접적으로 물리적 강제력을 수반하는 강제처분이 아니므로 영장주의가 적용되지 않는다. 23 경찰 1차 O | X

이 사건 녹음조항에 따라 **접견내용을 녹음·녹화**하는 것은 직접적으로 물리적 강제력을 수반하는 **강제처분이 아니므로 영장주의가 적용되지 않아** 영장주의에 위배된다고 할 수 없다. 또한, 미결수용자와 불구속 피의자·피고인을 본질적으로 동일한 집단이라고 할 수 없고, 불구속 피의자·피고인과는 달리 미결수용자에 대하여 법원의 허가 없이 접견내용을 녹음·녹화하도록 하는 것도 충분히 합리적 이유가 있으므로 이 사건 녹음조항은 평등원칙에 위배되지 않는다(헌재 2016. 11. 24. 2014헌바401).

2152 구치소장이 미결수용자와 그 배우자 사이의 접견내용을 녹음한 행위는 과잉금지원칙에 위반하여 미결수용자의 사생활의 비밀과 자유를 침해한다. 23 해경. 17 국가 7 O | X

이 사건 녹음행위는 교정시설 내의 안전과 질서유지에 기여하기 위한 것으로서 그 목적이 정당할 뿐 아니라 수단이 적절하다. 또한, 소장은 미리 접견내용의 녹음 사실 등을 고지하며, 접견기록물의 엄격한 관리를 위한 제도적 장치도 마련되어 있는 점 등을 고려할 때 침해의 최소성 요건도 갖추었고, 이 사건 녹음행위는 미리 고지되어 청구인의 접견내용은 사생활의 비밀로서의 보호가치가 그리 크지 않다고 할 것이므로 법익의 불균형을 인정하기도 어려워, 과잉금지원칙에 위반하여 청구인의 **사생활의 비밀과 자유를 침해하였다고 볼 수 없다**(헌재 2012. 12. 27. 2010헌마153).

2153 징벌대상자로서 조사를 받고 있는 수형자가 변호인 아닌 자와 접견할 때 교도관이 참여하여 대화내용을 기록하게 한 교도소장의 행위는 수형자의 사생활의 비밀과 자유를 침해하지 않는다. 20 국회 8 O | X

2153-1 징벌혐의로 조사를 받고 있는 수용자라 하더라도 수용자가 변호인이 아닌 자와 접견할 당시 교도관이 참여하여 대화내용을 기록하게 한 행위는 과잉금지원칙을 위반하여 수용자의 사생활의 비밀과 자유를 침해한다. 18 서울 7 O | X

● 정답 2150. O 2150-1. O 2150-2. ×[미결수용자의 사생활 침해 ×] 2151. O 2152. ×[사생활의 비밀과 자유 침해 아님] 2153. O
2153-1. ×[사생활의 비밀과 자유 침해 ×]

접견내용을 녹음·녹화하는 경우 수용자 및 그 상대방에게 그 사실을 말이나 서면 등으로 알려주어야 하고 취득된 접견기록물은 법령에 의해 보호·관리되고 있으므로 사생활의 비밀과 자유에 대한 침해를 최소화하는 수단이 마련되어 있다는 점, 청구인이 나눈 접견내용에 대한 사생활의 비밀로서의 보호가치에 비해 증거인멸의 위험을 방지하고 교정시설 내의 안전과 질서유지에 기여하려는 공익이 크고 중요하다는 점에 비추어 볼 때, 이 사건 접견참여·기록이 청구인의 **사생활의 비밀과 자유를 침해하였다고 볼 수 없다**(헌재 2014. 9. 25. 2012헌마523).

2154 구치소장이 수용자의 거실에 폐쇄회로 텔레비전을 설치하여 계호한 행위는 수용자의 사생활의 비밀 및 자유를 침해하지 않는다. 22 해경, 17 서울 7   O | X

2154-1 수용자의 기본권 제한을 최소화하기 위하여 특정부분을 확대하거나 정밀하게 촬영할 수 없는 CCTV를 설치하고, 화장실 문의 창에 불투명재질의 종이를 부착하였으며, 녹화된 영상정보의 무단유출 방지를 위한 시스템을 설치하였더라도 교정시설 내 수용자를 상시적으로 시선계호할 목적으로 CCTV가 설치된 거실에 수용하는 것은 인간으로서의 존엄과 가치 및 사생활의 비밀과 자유를 침해하는 것이다. 17 지방 7   O | X

이 사건 CCTV 계호행위는 청구인의 생명·신체의 안전을 보호하기 위한 것으로서 그 목적이 정당하고, 교도관의 시선에 의한 감시만으로는 자살·자해 등의 교정사고 발생을 막는 데 시간적·공간적 공백이 있으므로 이를 메우기 위하여 CCTV를 설치하여 수형자를 상시적으로 관찰하는 것은 위 목적 달성에 적합한 수단이라 할 것이며, … 따라서 이 사건 CCTV 계호행위가 과잉금지원칙을 위배하여 청구인의 **사생활의 비밀 및 자유를 침해하였다고는 볼 수 없다**(헌재 2011. 9. 29. 2010헌마413).

2155 엄중격리대상자의 수용거실에 CCTV를 설치하여 24시간 감시하는 행위는 교도관의 계호활동 중 육안에 의한 시선계호를 CCTV 장비에 의한 시선계호로 대체한 것에 불과하므로, 특별한 법적 근거가 없더라도 일반적인 계호활동을 허용하는 법률규정에 의하여 허용되고, 엄중격리대상자의 사생활의 비밀 및 자유를 침해하였다고 볼 수 없다. 20 국가 7   O | X

2155-1 특별한 법적 근거 없이 엄중격리대상자의 수용거실에 CCTV를 설치하여 24시간 감시하는 행위는 법률유보의 원칙에 위배되지 않는다. 16 경정, 15 서울 7   O | X

2155-2 교도소 내 엄중격리대상자의 수용거실에 CCTV를 설치하여 24시간 감시하는 행위는 그들에 대한 지속적이고 부단한 감시의 필요성과 그들의 자살·자해나 흉기 제작 등의 위험성 등을 고려하더라도 사생활의 비밀과 자유를 침해하는 것이다. 15 지방 7   O | X

(1) 이 사건 CCTV 설치행위는 행형법 및 교도관직무규칙 등에 규정된 교도관의 계호활동 중 **육안에 의한 시선계호를 CCTV 장비에 의한 시선계호로 대체**한 것에 불과하므로, 이 사건 CCTV 설치행위에 대한 **특별한 법적 근거가 없더라도** 일반적인 계호활동을 허용하는 법률규정에 의하여 허용된다고 보아야 한다(헌재 2008. 5. 29. 2005헌마137 등).

(2) CCTV에 의하여 감시되는 엄중격리대상자에 대하여 지속적이고 부단한 감시가 필요하고 자살·자해나 흉기 제작 등의 위험성 등을 고려하면, 제반사정을 종합하여 볼 때 기본권 제한의 최소성 요건이나 법익균형성의 요건도 충족하고 있다. … 따라서 이 사건 CCTV 설치행위는 헌법 제17조 및 제37조 제2항을 위반하여 청구인들의 **사생활의 비밀 및 자유를 침해하였다고 볼 수 없다**(헌재 2008. 5. 29. 2005헌마137 등).

정답 2154. O   2154-1. X [침해 X]   2155. O   2155-1. O   2155-2. X [사생활의 비밀과 자유 침해 X]

2156 특정 범죄자에 대한 보호관찰 및 전자장치 부착 등에 관한 법률에 의한 전자장치 부착기간 동안 다른 범죄를 저질러 구금된 경우, 그 구금기간이 부착기간에 포함되지 않는 것으로 규정한 위 법률 조항은 과잉금지원칙을 위반하여 사생활의 비밀과 자유, 개인정보자기결정권을 침해한다. 19 법원 9 O | X

심판대상 법률조항은 전자장치 부착명령을 집행할 수 없는 기간 동안 집행을 정지하고 다시 집행이 가능해졌을 때 잔여기간을 집행함으로써 재범방지 및 재사회화라는 전자장치부착의 목적을 달성하기 위한 것으로서 입법목적의 정당성 및 수단의 적절성이 인정되며, 부착명령 집행이 불가능한 기간 동안 집행을 정지하는 것 이외에 덜 침해적인 수단이 있다고 보기도 어렵다. 또한 특정범죄자의 재범방지 및 재사회화라는 공익을 고려하면, 침해되는 사익이 더 크다고 볼 수 없어 법익균형성도 인정되므로, … 그러므로 심판대상 법률조항은 과잉금지원칙에 반하여 청구인의 인격권 등 **기본권을 침해하지 아니한다**(헌재 2013. 7. 25. 2011헌마781).

2157 공직선거에 후보자로 등록하고자 하는 자에게 실효된 형을 포함한 금고이상의 형의 범죄경력에 관한 증명서류를 제출하도록 한 구「공직선거법」조항은 청구인의 사생활의 비밀과 자유를 침해한다고 볼 수 없다. 23 경찰 2차 O | X

2157-1 공직선거의 후보자등록 신청을 함에 있어 형의 실효여부와 관계없이 일률적으로 금고 이상의 형의 범죄경력을 제출 공개하도록 한 규정은 사생활의 비밀과 자유를 침해한다. 20 경정 O | X

후보자의 실효된 형까지 포함한 금고 이상의 형의 범죄경력을 공개함으로써 국민의 알권리를 충족하고 공정하고 정당한 선거권 행사를 보장하고자 하는 이 사건 법률조항의 입법목적은 정당하며, 이러한 입법목적을 달성하기 위하여는 선거권자가 후보자의 모든 범죄경력을 인지한 후 그 공직적합성을 판단하는 것이 효과적이다. … 따라서 이 사건 법률조항은 청구인들의 **사생활의 비밀과 자유를 침해한다고 볼 수 없다**(헌재 2008. 4. 24. 2006헌마402 등).

2158 공직선거에 후보자로 등록하는 자가 제출하여야 하는 금고 이상의 형의 범죄경력에 실효된 형까지 포함시키는 것은 후보자선택을 제한하거나 실효된 금고 이상의 형의 범죄경력을 가진 후보자의 당선기회를 봉쇄하는 것이 아니므로 공무담임권을 침해하지 아니한다. 14 국회 8 O | X

청구인들은 이 사건 법률조항으로 인하여 공무담임권이 침해된다고 주장하나, 이 사건 법률조항은 후보자선택을 제한하거나 실효된 금고 이상의 형의 범죄경력을 가진 후보자의 당선기회를 봉쇄하는 것이 아니므로 **공무담임권과는 직접 관련이 없다.** 그러므로 이 사건 법률조항이 청구인들의 **공무담임권을 침해한다고 볼 수 없다**(헌재 2008. 4. 24. 2006헌마402 등).

2159 금융감독원의 4급 이상 직원에 대하여「공직자윤리법」상 재산등록의무를 부과하는 것은 금융감독원의 4급 이상 직원의 사생활의 비밀의 자유를 침해하지 않는다. 22 해경. 17 서울 7 O | X

2159-1 금융감독원의 4급 이상 직원에 대하여「공직자윤리법」상 재산등록의무를 부과하는 조항은 해당 업무에 대한 권한과 책임이 부여되지 아니한 3급 또는 4급 직원까지 재산등록의무자로 규정하여 재산등록의무자의 범위를 지나치게 확대하고, 등록대상 재산의 범위도 지나치게 광범위하며, 직원 본인뿐 아니라 배우자, 직계존비속의 재산까지 등록하도록 하는 등 이들의 사생활의 비밀과 자유를 침해한다. 20 국가 7 O | X

이 사건 재산등록 조항은 금융감독원 직원의 비리유혹을 억제하고 업무 집행의 투명성 및 청렴성을 확보하기 위한 것으로 입법목적이 정당하고, 금융기관의 업무 및 재산상황에 대한 검사 및 감독과 그에 따른 제재를 업무로 하는 금융감독원의 특성상 소속 직원의 금융기관에 대한 실질적인 영향력 및 비리 개연성이 클 수 있다는 점을 고려할 때 일정 직급 이상의 금융감독원 직원에게 재산등록의무를 부과하는 것은 적절한 수단이다. … 따라서 이 사건 재산등록 조항은 청구인들의 **사생활의 비밀과 자유를 침해하지 아니한다**(헌재 2014. 6. 26. 2012헌마331).

● 정답   2156. X [침해 X]   2157. O   2157-1. X [사생활의 비밀과 자유 침해 X]   2158. O   2159. O   2159-1. X [사생활의 자유 침해 X]

POINT 131 개인정보자기결정권

01 개인정보자기결정권

2160 개인정보자기결정권은 자신에 관한 정보가 언제 누구에게 어느 범위까지 알려지고 또 이용되도록 할 것인지를 그 정보주체가 스스로 결정할 수 있는 권리로서, 인간의 존엄과 가치, 행복추구권을 규정한 헌법 제10조 제1문에서 도출되는 일반적 인격권 및 헌법 제17조의 사생활의 비밀과 자유에 의하여 보장된다. 23 법원 9 O|X

개인정보자기결정권은 자신에 관한 정보가 언제 누구에게 어느 범위까지 알려지고 또 이용되도록 할 것인지를 그 정보주체가 스스로 결정할 수 있는 권리로서, 헌법 제10조 제1문에서 도출되는 일반적 인격권 및 헌법 제17조의 사생활의 비밀과 자유에 의하여 보장된다. 개인정보를 대상으로 한 조사·수집·보관·처리·이용 등의 행위는 모두 원칙적으로 개인정보자기결정권에 대한 제한에 해당한다(헌재 2018. 8. 30. 2016헌마483).

2161 개인정보자기결정권은 헌법상 사생활의 비밀과 자유, 일반적 인격권, 자유민주적 기본질서 규정 또는 국민주권원리와 민주주의원리 등에 근거하고 있지만, 이들 모두를 이념적 기초로 하는 독자적 기본권으로 보아야 한다. 19 서울 7(추) O|X

2161-1 개인정보자기결정권의 헌법상 근거를 헌법의 한두 개의 조항에 국한시키는 것은 바람직하지 않으며, 개인정보자기결정권은 이들을 이념적 기초로 하는 독자적 기본권으로서 헌법에 명시되지 아니한 기본권이라고 보아야 할 것이다. 12 국가 7 O|X

2161-2 개인정보자기결정권은 헌법에 명시된 기본권이다. 21 법원 9 O|X

개인정보자기결정권의 헌법상 근거로는 헌법 제17조의 사생활의 비밀과 자유, 헌법 제10조 제1문의 인간의 존엄과 가치 및 행복추구권에 근거를 둔 일반적 인격권 또는 위 조문들과 동시에 우리 헌법의 자유민주적 기본질서 규정 또는 국민주권원리와 민주주의원리 등을 고려할 수 있으나, 개인정보자기결정권으로 보호하려는 내용을 위 각 기본권들 및 헌법원리들 중 일부에 완전히 포섭시키는 것은 불가능하다고 할 것이므로, 그 헌법적 근거를 굳이 어느 한 두개에 국한시키는 것은 바람직하지 않은 것으로 보이고, 오히려 개인정보자기결정권은 이들을 이념적 기초로 하는 독자적 기본권으로서 헌법에 명시되지 아니한 기본권이라고 보아야 할 것이다(헌재 2005. 5. 26. 99헌마513 등).

정답 2160. O 2161. O 2161-1. O 2161-2. X [헌법에 명시되지 아니한 기본권]

02 개인정보

2162 개인정보자기결정권의 보호대상이 되는 개인정보는 개인의 신체, 신념, 사회적 지위, 신분 등과 같이 개인의 인격주체성을 특징짓는 사항으로서 그 개인의 동일성을 식별할 수 있게 하는 일체의 정보이고, 반드시 개인의 내밀한 영역이나 사사(私事)의 영역에 속하는 정보에 국한되지 않고 공적 생활에서 형성되었거나 이미 공개된 개인정보까지 포함한다. 24 경정, 24 경찰 1차, 16 법원 9   O|X

2162-1 헌법 제17조의 사생활의 비밀과 자유 및 헌법 제18조의 통신의 자유에 의하여 보장되는 개인정보자기결정권의 보호대상이 되는 개인정보는 개인의 신체, 신념, 사회적 지위, 신분 등과 같이 개인의 사적 영역에 국한된 사항으로서 그 개인의 동일성을 식별할 수 있게 하는 일체의 정보라고 할 수 있다. 21 국가 7   O|X

2162-2 개인정보자기결정권의 보호대상이 되는 개인정보는 개인의 내밀한 영역에 속하는 정보에 국한되며, 공적 생활에서 형성되었거나 이미 공개된 개인정보는 포함되지 않는다. 24 입시, 14 법원 9   O|X

개인정보자기결정권은 자신에 관한 정보가 언제 누구에게 어느 범위까지 알려지고 또 이용되도록 할 것인지를 그 정보주체가 스스로 결정할 수 있는 권리이다. 즉 정보주체가 개인정보의 공개와 이용에 관하여 스스로 결정할 권리를 말한다. 개인정보자기결정권의 보호대상이 되는 개인정보는 개인의 신체, 신념, 사회적 지위, 신분 등과 같이 <u>개인의 인격주체성을 특징짓는 사항으로서 그 개인의 동일성을 식별할 수 있게 하는 일체의 정보</u>라고 할 수 있고, 반드시 <u>개인의 내밀한 영역이나 사사(私事)의 영역에 속하는 정보에 국한되지 않고 공적 생활에서 형성되었거나 이미 공개된 개인정보</u>까지 포함한다(헌재 2005. 5. 26. 99헌마513 등).

03 개인정보자기결정권 제한

2163 개인정보를 대상으로 한 조사·수집·보관·처리·이용 등의 행위 일체는 모두 원칙적으로 개인정보자기결정권에 대한 제한에 해당한다. 16 법원 9, 12 법원 9   O|X

개인정보자기결정권은 자신에 관한 정보가 언제 누구에게 어느 범위까지 알려지고 또 이용되도록 할 것인지를 그 정보주체가 스스로 결정할 수 있는 권리로서, 헌법 제10조 제1문에서 도출되는 일반적 인격권 및 헌법 제17조의 사생활의 비밀과 자유에 의하여 보장된다. 개인정보를 대상으로 한 **조사·수집·보관·처리·이용 등의 행위**는 모두 원칙적으로 **개인정보자기결정권에 대한 제한에 해당한다**(헌재 2018. 8. 30. 2016헌마483).

2164 개인정보의 종류와 성격, 정보처리의 방식과 내용 등에 따라 수권법률의 명확성 요구의 정도는 달라지고, 일반적으로 볼 때 개인의 인격에 밀접히 연관된 민감한 정보일수록 규범명확성의 요청은 더 강해진다고 할 수 있다. 24 소간   O|X

정보화사회로의 이러한 급속한 진전에 직면하여 개인정보 보호의 필요성은 날로 증대하고 있다고 볼 때, 국가권력에 의하여 개인정보자기결정권을 제한함에 있어서는 개인정보의 수집·보관·이용 등의 주체, 목적, 대상 및 범위 등을 법률에 구체적으로 규정함으로써 그 법률적 근거를 보다 명확히 하는 것이 바람직하다. 그러나 개인정보의 종류와 성격, 정보처리의 방식과 내용 등에 따라 <u>수권법률의 명확성 요구의 정도는 달라진다</u> 할 것이고, 일반적으로 볼 때 개인의 인격에 밀접히 연관된 민감한 정보일수록 <u>규범명확성의 요청은 더 강해진다</u>고 할 수 있다(헌재 2005. 7. 21. 2003헌마282 등).

● 정답 2162. O   2162-1. X [사적 영역에 국한 X]   2162-2. X [포함함]   2163. O   2164. O

04 관련판례

1 개인정보 조사·수집

2165 야당 소속 후보자 지지 혹은 정부 비판은 정치적 견해로서 개인의 인격주체성을 특징짓는 개인정보에 해당하지만, 그것이 지지 선언 등의 형식으로 공개적으로 이루어진 것이라면 개인정보자기결정권의 보호범위 내에 속하지 않는다. 23 경정, 21 국가 7   O|X

2165-1 대통령의 지시로 문화체육관광부장관이 야당 소속 후보를 지지하였거나 정부에 비판적 활동을 한 문화예술인이나 단체를 정부의 문화예술 지원사업에서 배제할 목적으로 개인의 정치적 견해에 관한 정보를 수집·보유·이용한 행위는 개인정보자기결정권을 침해한다. 23 소간   O|X

이 사건 정보수집 등 행위는 청구인 윤○○, 정○○이 과거 야당 후보를 지지하거나 세월호 참사에 대한 정부의 대응을 비판한 의사표시에 관한 정보를 대상으로 한다. 이러한 **야당 소속 후보자 지지 혹은 정부 비판**은 정치적 견해로서 개인의 인격주체성을 특징짓는 **개인정보에 해당**하고, 그것이 지지 선언 등의 형식으로 공개적으로 이루어진 것이라고 하더라도 여전히 **개인정보자기결정권의 보호범위 내에 속한다.** … 국가가 개인의 정치적 견해에 관한 정보를 수집·보유·이용하는 등의 행위는 개인정보자기결정권에 대한 중대한 제한이 되므로 이를 위해서는 법령상의 명확한 근거가 필요함에도 그러한 법령상 근거가 존재하지 않으므로 **이 사건 정보수집 등 행위**는 법률유보원칙을 위반하여 청구인들의 **개인정보자기결정권을 침해**한다(헌재 2020. 12. 23. 2017헌마416).

2166 보안관찰처분대상자가 교도소 등에서 출소한 후 기존에 신고한 거주예정지 등 정보에 변동이 생길 때마다 7일 이내에 이를 신고하도록 정한 법률조항은, 대상자에게 보안관찰처분의 개시 여부를 결정하기 위함이라는 공익을 위하여 지나치게 장기간 형사처벌의 부담이 있는 신고의무를 지도록 하므로, 이는 과잉금지원칙을 위반하여 대상자의 개인정보자기결정권을 침해한다. 22 국회 8   O|X

2166-1 보안관찰처분대상자가 교도소 등에서 출소 후 신고한 거주예정지 등 정보에 변동이 생길 때마다 7일 이내 이를 신고하도록 규정한 「보안관찰법」상 변동신고조항 및 위반 시 처벌조항은 청구인의 개인정보자기결정권을 침해하지 않는다. 23 경간   O|X

보안관찰해당범죄로 인한 형의 집행을 마치고 출소하여 이미 과거 범죄에 대한 대가를 치른 대상자에게 보안관찰처분의 개시 여부를 결정하기 위함이라는 공익을 위하여 재범의 위험성과 무관하게 무기한으로 과도한 범위의 신고의무를 부과하고 위반 시 피보안관찰자와 동일한 형으로 형사처벌하는 것은, 달성하고자 하는 공익에 비하여 그들의 기본권을 과도하게 제한하여 법익의 균형성에도 위반된다. … 따라서 **변동신고조항 및 위반 시 처벌조항**은 과잉금지원칙을 위반하여 청구인의 **사생활의 비밀과 자유 및 개인정보자기결정권을 침해**한다(헌재 2021. 6. 24. 2017헌바479).

2167 보안관찰처분대상자가 교도소 등에서 출소한 후 7일 이내에 출소사실을 신고하도록 정한 구 보안관찰법 제6조 제1항 전문 중 출소 후 신고의무에 관한 부분 및 이를 위반할 경우 처벌하도록 정한 보안관찰법 제27조 제2항 중 구 보안관찰법 제6조 제1항 전문 가운데 출소 후 신고의무에 관한 부분은 과잉금지원칙을 위반하여 사생활의 비밀과 자유 및 개인정보자기결정권을 침해하지 않는다. 23 법원 9   O|X

2167-1 보안관찰처분대상자가 교도소 등에서 출소한 후 7일 이내에 출소사실을 신고하도록 하고 이를 위반할 경우 처벌하도록 정한 법률조항은, 보다 완화된 방법으로도 입법목적을 충분히 달성할 수 있다는 점에서 과잉금지원칙에 반하여 그 대상자의 개인정보자기결정권을 침해하는 것이다. 22 국회 8   O|X

● **정답** 2165. X [보호범위 내에 속함]   2165-1. O   2166. O   2166-1. X [개인정보자기결정권 침해]   2167. O   2167-1. X [개인정보자기결정권 침해 X]

대상자에게 출소 후 7일 이내에 거주예정지 관할경찰서장에 대하여 출소사실을 신고하여야 한다는 의무를 부과하고 위반 시 이를 처벌하도록 규정한 법 제6조 제1항 전문 중 후단 부분 및 제27조 제2항 부분은, 우리 헌법이 보안처분을 수용하여 이에 관한 규정을 두고 있고, 법이 대상자의 재범의 위험성을 예방하고 건전한 사회복귀를 촉진하기 위해 보안관찰처분에 대해 규정하고 있는 점 등에 비추어 그 입법목적의 정당성이 인정된다. … 따라서 **출소후신고조항 및 위반 시 처벌조항**은 과잉금지원칙을 위반하여 청구인의 **사생활의 비밀과 자유 및 개인정보자기결정권을 침해하지 아니한다**(헌재 2021. 6. 24. 2017헌바479).

2168 지문은 그 정보주체를 타인으로부터 식별가능하게 하는 개인정보이므로, 시장·군수 또는 구청장이 개인의 지문정보를 수집하고, 경찰청장이 이를 보관·전산화하여 범죄수사목적에 이용하는 것은 모두 개인정보자기결정권을 제한하는 것이라고 할 수 있다. 19 국회 9, 14 법원 9   O | X

2168-1 지문은 그 정보주체를 타인으로부터 식별가능하게 하는 개인정보가 아니므로, 경찰청장이 이를 보관·전산화하여 범죄수사목적에 이용하는 것은 정보주체의 개인정보자기결정권을 제한하는 것이 아니다. 21 국가 7   O | X

개인정보자기결정권은 자신에 관한 정보가 언제 누구에게 어느 범위까지 알려지고 또 이용되도록 할 것인지를 그 정보주체가 스스로 결정할 수 있는 권리, 즉 정보주체가 개인정보의 공개와 이용에 관하여 스스로 결정할 권리를 말하는바, 개인의 고유성, 동일성을 나타내는 **지문**은 그 정보주체를 타인으로부터 식별가능하게 하는 **개인정보**이므로, **시장·군수 또는 구청장이 개인의 지문정보를 수집**하고, **경찰청장이 이를 보관·전산화**하여 범죄수사목적에 이용하는 것은 모두 **개인정보자기결정권을 제한**하는 것이다(헌재 2005. 5. 26. 99헌마513 등).

2169 인간의 존엄과 가치, 행복추구권, 인격권, 사생활의 비밀과 자유는 그 보호영역이 개인정보자기결정권의 보호영역과 중첩되는 범위에서 관련되어 있고 특별한 사정이 없는 이상 개인정보자기결정권에 대한 침해 여부를 판단함으로써 이에 대한 판단이 함께 이루어진다. 23 국회 8   O | X

청구인들은 심판대상인 이 사건 시행령조항 및 경찰청장의 보관 등 행위에 의하여 침해되는 기본권으로서 **인간의 존엄과 가치, 행복추구권, 인격권, 사생활의 비밀과 자유** 등을 들고 있으나, 위 기본권들은 모두 개인정보자기결정권의 헌법적 근거로 거론되는 것들로서 청구인들의 개인정보에 대한 수집·보관·전산화·이용이 문제되는 이 사건에서 그 **보호영역**이 **개인정보자기결정권의 보호영역과 중첩되는 범위에서만** 관련되어 있다고 할 수 있으므로, 특별한 사정이 없는 이상 **개인정보자기결정권에 대한 침해 여부를 판단함으로써** 위 기본권들의 침해 여부에 대한 판단이 함께 이루어지는 것으로 볼 수 있어 그 침해 여부를 별도로 다룰 필요는 없다고 보인다(헌재 2005. 5. 26. 99헌마513 등).

2170 시장, 군수 또는 구청장이 개인의 지문정보를 수집하고, 경찰청장이 이를 보관·전산화하여 범죄수사목적에 이용하는 지문날인제도가 과잉금지의 원칙에 위배하여 청구인들의 개인정보자기결정권을 침해하였다고 볼 수 없다. 15 경정, 13 법원 9   O | X

2170-1 시장·군수 또는 구청장이 개인의 지문정보를 수집하고 경찰청장이 이를 보관·전산화하여 범죄수사목적에 이용하는 것은, 국가가 국민의 지문을 수집하는 본래 목적에 어긋나므로 개인정보자기결정권을 침해하는 것이다. 19 서울 7   O | X

이 사건 지문날인제도로 인하여 정보주체가 현실적으로 입게 되는 불이익에 비하여 경찰청장이 보관·전산화하고 있는 지문정보를 범죄수사활동, 대형사건사고나 변사자가 발생한 경우의 신원확인, 타인의 인적사항 도용 방지 등 각종 신원확인의 목적을 위하여 이용함으로써 달성할 수 있게 되는 공익이 더 크다고 보아야 할 것이므로, 이 사건 지문날인제도는 법익의 균형성의 원칙에 위배되지 아니한다. 결국 이 사건 지문날인제도가 과잉금지의 원칙에 위배하여 청구인들의 **개인정보자기결정권을 침해하였다고 볼 수 없다**(헌재 2005. 5. 26. 99헌마513 등).

정답 2168. O   2168-1. X [지문도 개인정보, 개인정보자기결정권 제한]   2169. O   2170. O   2170-1. X [개인정보자기결정권 침해 X]

2171 지문은 개인의 고유성과 동일성을 나타내는 생체정보로서 개인이 임의로 변경할 수 없는 정보이고, 행정상 목적으로 신원확인이 필요한 경우 반드시 열 손가락 지문 전부가 필요한 것은 아니므로 주민등록증 발급신청서에 열 손가락 지문을 찍도록 하는 것은 개인정보자기결정권을 침해한다. 20 법원 9

O | X

이 사건 시행령조항은 신원확인기능의 효율적 수행을 도모하고, 신원 확인의 정확성 내지 완벽성을 제고하기 위하여 열 손가락 지문 전부를 주민등록증 발급신청서에 날인하도록 규정하고 있는바, 지문정보가 유전자, 홍채, 치아 등 다른 신원확인수단에 비하여 간편하고 효율적이며, 일정한 범위의 범죄자나 손가락 일부의 지문정보를 수집하는 것만으로는 열 손가락 지문을 대조하는 것과 그 정확성 면에서 비교하기 어렵다는 점 등을 고려하면, 이 사건 시행령조항이 과도하게 **개인정보자기결정권을 침해하였다고 볼 수 없다**(헌재 2015. 5. 28. 2011헌마731).

2172 통계청장이 인구주택총조사의 방문 면접조사를 실시하면서, 담당 조사원을 통해 조사대상자에게 통계청장이 작성한 인구주택총조사 조사표의 조사항목들에 응답할 것을 요구한 행위는 조사대상자의 개인정보자기결정권을 침해하지 않는다. 18 지방 7

O | X

2172-1 통계청장이 인구주택총조사의 방문 면접조사를 실시하면서, 담당 조사원을 통해 청구인에게 인구주택총조사 조사표의 조사항목들에 응답할 것을 요구한 행위는 청구인의 개인정보자기결정권을 침해한다. 20 경정

O | X

심판대상행위는 방문 면접을 통해 행정자료로 파악하기 곤란한 항목들을 조사하여 그 결과를 사회 현안에 대한 심층 분석과 각종 정책수립, 통계작성의 기초자료 또는 사회・경제현상의 연구・분석 등에 활용하도록 하고자 한 것이므로 그 목적이 정당하고, 15일 이라는 짧은 방문 면접조사 기간 등 현실적 여건을 감안하면 인근 주민을 조사원으로 채용하여 방문면접 조사를 실시한 것은 목적을 달성하기 위한 적정한 수단이 된다. … 나아가 관련 법령이나 실제 운용상 표본조사 대상 가구의 개인정보 남용을 방지할 수 있는 여러 제도적 장치도 충분히 마련되어 있다. 따라서 심판대상행위가 과잉금지원칙을 위반하여 청구인의 **개인정보자기결정권을 침해하였다고 볼 수 없다**(헌재 2017. 7. 27. 2015헌마1094).

2173 통계청장이 인구주택총조사의 방문 면접조사를 실시하면서 담당 조사원을 통해 응답자에게 '종교가 있는지 여부'와 '있다면 구체적인 종교명이 무엇인지'를 묻는 조사 항목들에 응답할 것을 요구한 행위는, 통계의 기초자료로 활용하기 위한 조사 사항 중 하나로서 특정 종교를 믿는다는 이유로 불이익을 주거나 종교적 확신에 반하는 행위를 강요하기 위한 것이 아니다. 24 변호사

O | X

청구인은 심판대상행위가 종교의 자유를 침해한다고 주장한다. 심판대상행위는 '종교가 있는지 여부'와 '있다면 구체적인 종교명이 무엇인지'를 묻는 조사항목들에 응답할 것을 요구하고 있는바, 이는 통계의 기초자료로 활용하기 위한 조사사항 중 하나로서 특정 종교를 믿는다는 이유로 **불이익**을 주거나 종교적 확신에 반하는 **행위를 강요**하기 위한 것이 **아니다**. 결국 청구인의 위 주장은 종교를 포함한 개인정보의 수집・활용 등이 개인정보자기결정권을 침해하는가의 문제로 귀결되므로, **개인정보자기결정권에 대한 침해 여부에 포함시켜 판단**하면 충분하다(헌재 2017. 7. 27. 2015헌마1094).

● 정답 2171. X [개인정보자기결정권 침해 X] 2172. O 2172-1. X [개인정보자기결정권 침해 X] 2173. O

2174 국민기초생활보장법 상의 급여신청자에게 금융거래정보의 제출을 요구할 수 있도록 한 동법 시행규칙은 급여신청자의 개인정보자기결정권을 침해한다. 18 경정   O | X

국민기초생활보장법시행규칙 제35조 제1항 제5호는 급여신청자의 수급자격 및 급여액 결정을 객관적이고 공정하게 판정하려는 데 그 목적이 있는 것으로 그 정당성이 인정되고, 이를 위해서 금융거래정보를 파악하는 것은 적절한 수단이며 금융기관과의 금융거래정보로 제한된 범위에서 수집되고 조사를 통해 얻은 정보와 자료를 목적 외의 다른 용도로 사용하거나 다른 기관에 제공하는 것이 금지될 뿐만 아니라 이를 어긴 경우 형벌을 부과하고 있으므로 정보주체의 자기결정권을 제한하는 데 따른 피해를 최소화하고 있고 위 시행규칙조항으로 인한 정보주체의 불이익보다 추구하는 공익이 더 크므로 <u>개인정보자기결정권을 침해하지 아니한다</u>(헌재 2005. 11. 24. 2005헌마112).

2175 게임물 관련사업자에게 게임물 이용자의 회원가입 시 본인인증을 할 수 있는 절차를 마련하도록 하고, 청소년의 회원가입 시 법정대리인의 동의를 확보하도록 하고 있는 게임산업진흥에 관한 법률 조항은 개인정보자기결정권을 제한한다. 18 경정   O | X

2175-1 게임물 관련사업자에게 게임물 이용자의 회원가입 시 본인인증을 할 수 있는 절차를 마련하도록 규정한 법조항은 개인정보자기결정권을 침해하지 아니한다. 24 변호사   O | X

2175-2 게임물 사업자에게 게임물 이용자의 본인인증 수단을 마련하도록 강제하는 법률조항은 게임을 이용하려는 사람들의 일반적 행동자유권을 제한하나 이를 통해 달성하려는 게임 과몰입 및 중독 방지라는 공익이 매우 중대하므로 일반적 행동자유권을 침해하지는 아니한다. 19 법무사   O | X

(1) 인터넷게임을 이용하고자 하는 사람들은 본인인증 절차를 거치기 위한 전제로서 공인인증기관이나 본인확인기관에 실명이나 주민등록번호 등의 정보를 제공할 것이 강제되고, 이러한 기관들은 개인정보의 보유 및 이용기간 동안 이러한 정보들을 보유할 수 있으므로(정보통신망법 제29조 제1항 제2호), <u>본인인증 및 동의확보 조항은 인터넷게임 이용자가 자기의 개인정보에 대한 제공, 이용 및 보관에 관하여 스스로 결정할 권리인 개인정보자기결정권을 제한한다.</u> … 따라서 본인인증 조항은 청구인들의 <u>일반적 행동의 자유 및 개인정보자기결정권을 침해하지 아니한다</u>(헌재 2015. 3. 26. 2013헌마517).
(2) 본인인증 조항은 인터넷게임을 이용하고자 하는 사람들에게 본인인증이라는 사전적 절차를 거칠 것을 강제함으로써, 개개인이 생활방식과 취미활동을 자유롭게 선택하고 이를 원하는 방식대로 영위하고자 하는 <u>일반적 행동의 자유를 제한</u>하고, … 본인인증 조항을 통하여 달성하고자 하는 게임과몰입 및 중독 방지라는 공익은 매우 중대하므로 법익의 균형성도 갖추었다. 따라서 <u>본인인증 조항은 청구인들의 일반적 행동의 자유 및 개인정보자기결정권을 침해하지 아니한다</u>(헌재 2015. 3. 26. 2013헌마517).

2176 정보통신망을 통해 청소년유해매체물을 제공하는 자에게 이용자의 본인확인의무를 부과하고 있는 「청소년보호법」 조항은 관계자의 개인정보자기결정권을 침해하지 않는다. 17 국회 8   O | X

이 사건 본인확인 조항은 청소년유해매체물 이용자의 연령을 정확하게 확인함으로써 청소년을 음란·폭력성 등을 지닌 유해매체물로부터 차단·보호하기 위한 것으로 입법목적의 정당성이 인정되고, 인터넷상에서는 대면 접촉을 통한 신분증 확인이 사실상 불가능하므로 공인인증기관이나 본인확인정보를 가지고 있는 제3자 등을 통해 본인인증을 거치도록 하는 것은 입법목적 달성을 위한 적절한 수단이다. … 이 사건 본인확인 조항은 과잉금지원칙에 반하여 청구인들의 <u>알 권리 및 개인정보자기결정권을 침해하지 않는다</u>(헌재 2015. 3. 26. 2013헌마354).

정답 2174. X [개인정보자기결정권 침해 X]   2175. O   2175-1. O   2175-2. O   2176. O

2177 경찰의 촬영행위는 개인정보자기결정권의 보호대상이 되는 신체, 특정인의 집회·시위 참가 여부 및 그 일시·장소 등의 개인정보를 정보주체의 동의 없이 수집하였다는 점에서 개인정보자기결정권을 제한할 수 있다. 23 국가 7   O | X

2177-1 근접촬영과 달리 먼 거리에서 집회·시위 현장을 전체적으로 촬영하는 소위 조망촬영이 기본권을 덜 침해하는 방법이라는 주장도 있으나, 최근 기술의 발달로 조망촬영과 근접촬영 사이에 기본권 침해라는 결과에 있어서 차이가 있다고 보기 어려워, 경찰이 집회·시위에 대해 조망촬영이 아닌 근접촬영을 하였다는 이유만으로 헌법에 위반되는 것은 아니다. 23 국가 7   O | X

2177-2 옥외집회·시위에 대한 경찰의 촬영행위에 의해 취득한 자료는 '개인정보'의 보호에 관한 일반법인 「개인정보 보호법」이 적용될 수 있다. 23 국가 7   O | X

(1) **경찰의 촬영행위는** 개인정보자기결정권의 보호대상이 되는 신체, 특정인의 집회·시위 참가 여부 및 그 일시·장소 등의 **개인정보를 정보주체의 동의 없이 수집하였다는** 점에서 **개인정보자기결정권을 제한할 수 있다**(헌재 2018. 8. 30. 2014헌마843).

(2) **근접촬영**과 달리 먼 거리에서 집회·시위 현장을 전체적으로 촬영하는 소위 조망촬영이 기본권을 덜 침해하는 방법이라는 주장도 있으나, 최근 기술의 발달로 조망촬영과 근접촬영 사이에 기본권 침해라는 결과에 있어서 차이가 있다고 보기 어려우므로, 경찰이 이러한 집회·시위에 대해 **조망촬영이 아닌 근접촬영을** 하였다는 이유만으로 **헌법에 위반되는 것은 아니다.** 옥외집회·시위에 대한 경찰의 촬영행위는 증거보전의 필요성 및 긴급성, 방법의 상당성이 인정되는 때에는 헌법에 위반된다고 할 수 없으나, 경찰이 옥외집회 및 시위 현장을 촬영하여 수집한 자료의 보관·사용 등은 엄격하게 제한하여, 옥외집회·시위 참가자 등의 기본권 제한을 최소화해야 한다. 옥외집회·시위에 대한 **경찰의 촬영행위에 의해 취득한 자료는** '개인정보'의 보호에 관한 일반법인 **'개인정보 보호법'이 적용될 수 있다.** 이 사건에서 피청구인이 신고범위를 벗어난 동안에만 집회참가자들을 촬영한 행위가 과잉금지원칙을 위반하여 **집회참가자인 청구인들의 일반적 인격권, 개인정보자기결정권 및 집회의 자유를 침해한다고 볼 수 없다**(헌재 2018. 8. 30. 2014헌마843).

2178 가축전염병의 발생 예방 및 확산 방지를 위해 축산관계시설 출입차량에 차량무선인식장치를 설치하여 이동경로를 파악할 수 있도록 한 구 「가축전염병예방법」 조항은 축산관계시설에 출입하는 청구인들의 개인정보자기결정권을 침해하지 않는다. 19 경정   O | X

2178-1 가축전염병의 발생 예방 및 확산 방지를 위해 축산관계시설 출입차량에 차량무선인식장치를 설치하여 이동경로를 파악할 수 있도록 한 구 「가축전염병예방법」 제17조의3 제2항은 축산관계시설에 출입하는 자의 개인정보자기결정권을 침해한다. 17 입시   O | X

심판대상조항의 입법목적은 차량의 축산관계시설 출입정보를 국가가축방역통합정보시스템으로 송신하여 이를 통합적·체계적으로 관리하고 차량의 이동경로를 신속하게 파악하여 구제역과 같은 가축전염병이 발생한 경우 신속한 역학조사를 행함으로써 가축전염병의 확산을 방지하고 효과적으로 대응하고자 함에 있으므로, 그 입법목적의 정당성이 인정된다. … 따라서 심판대상조항은 청구인들의 **개인정보자기결정권을 침해하지 아니한다**(헌재 2015. 4. 30. 2013헌마81).

2 개인정보 보관·처리·이용

2179 주민등록번호는 모든 국민에게 일련의 숫자 형태로 부여되는 고유한 번호로서 당해 개인을 식별할 수 있는 정보에 해당하는 개인정보이다. 그런데 심판대상조항은 주민등록번호 변경에 관한 규정을 두지 않음으로써 주민등록번호 불법 유출 등을 원인으로 자신의 주민등록번호를 변경하고자 하는 청구인들의 개인정보자기결정권을 제한하고 있다. 16 법원 9   O | X

● 정답 2177. O   2177-1. O   2177-2. O   2178. O   2178-1. X [개인정보자기결정권 침해 X]   2179. O

주민등록번호는 모든 국민에게 일련의 숫자 형태로 부여되는 고유한 번호로서 당해 개인을 식별할 수 있는 정보에 해당하는 **개인정보**이다. 그런데 심판대상조항은 국가가 주민등록번호를 부여·관리·이용하면서 그 **변경에 관한 규정을 두지 않음**으로써 주민등록번호 불법 유출 등을 원인으로 자신의 **주민등록번호를 변경**하고자 하는 청구인들의 **개인정보자기결정권을 제한**하고 있다(헌재 2015. 12. 23. 2013헌바68 등).

2180 주민등록번호는 모든 국민에게 일련의 숫자 형태로 부여되는 고유한 번호로서 당해 개인을 식별할 수 있는 정보에 해당하는 개인정보인바, 주민등록번호 변경에 관한 규정을 두지 않는 「주민등록법」 관련 조항은 주민등록번호 불법 유출 등을 원인으로 자신의 주민등록번호를 변경하고자 하는 사람들의 개인정보자기결정권을 침해하고 있다. 16 국회 8   O | X

2180-1 「주민등록법」에서 주민등록번호 변경에 관한 규정을 두고 있지 않은 것이 주민등록번호 불법유출 등을 원인으로 자신의 주민등록번호를 변경하고자 하는 사람들의 개인정보자기결정권을 침해하는 것은 아니다. 16 국가 7   O | X

주민등록번호는 모든 국민에게 일련의 숫자 형태로 부여되는 고유한 번호로서 당해 개인을 식별할 수 있는 정보에 해당하는 개인정보이다. 그런데 심판대상조항은 국가가 주민등록번호를 부여·관리·이용하면서 그 변경에 관한 규정을 두지 않음으로써 주민등록번호 불법 유출 등을 원인으로 자신의 주민등록번호를 변경하고자 하는 청구인들의 개인정보자기결정권을 제한하고 있다. … 주민등록번호 유출 또는 오·남용으로 인하여 발생할 수 있는 피해 등에 대한 아무런 고려 없이 **주민등록번호 변경을 일체 허용하지 않는 것은** 그 자체로 **개인정보자기결정권에 대한 과도한 침해**가 될 수 있다. … 따라서 **주민등록번호 변경에 관한 규정을 두고 있지 않은 심판대상조항은** 과잉금지원칙에 위배되어 **개인정보자기결정권을 침해한다**(헌재 2015. 12. 23. 2013헌바68 등).

2181 구 「형의 실효 등에 관한 법률」의 해당 조항이 법원에서 불처분결정된 소년부송치 사건에 대한 수사경력자료의 삭제 및 보존기간에 대하여 규정하지 아니하여 수사경력자료에 기록된 개인정보가 당사자의 사망 시까지 보존되면서 이용되는 것은 당사자의 개인정보자기결정권에 대한 제한에 해당한다. 21 국가 7   O | X

2181-1 소년에 대한 수사경력자료의 삭제와 보존기간에 대하여 규정하면서 법원에서 불처분결정된 소년부송치 사건에 대하여 규정하지 않은 구 「형의 실효 등에 관한 법률」의 규정은 과잉금지원칙을 위반하여 소년부송치 후 불처분결정을 받은 자의 개인정보자기결정권을 침해한다. 22 경정   O | X

2181-2 소년에 대한 수사경력자료의 삭제와 보존기간에 대하여 규정하면서 법원에서 불처분결정된 소년부송치 사건에 대하여 규정하지 않은 구 「형의 실효등에 관한 법률」 해당 조항은 개인정보자기결정권을 침해하지 않는다. 23 소간   O | X

이 사건 구법 조항이 **법원에서 불처분결정된 소년부송치 사건**에 대한 **수사경력자료의 삭제 및 보존기간**에 대하여 규정하지 아니하여 수사경력자료에 기록된 개인정보가 당사자의 **사망 시까지 보존되면서 이용되는 것은** 당사자의 **개인정보자기결정권에 대한 제한에 해당**하는바, 이 사건 구법 조항이 과잉금지원칙을 위반하여 개인정보자기결정권을 침해하는지 여부가 문제된다. … 따라서 법원에서 불처분결정된 소년부송치 사건에 대한 수사경력자료의 보존기간과 삭제에 대한 규정을 두지 않은 **이 사건 구법 조항은 과잉금지원칙을 위반하여 소년부송치 후 불처분결정을 받은 자의 개인정보자기결정권을 침해한다**(헌재 2021. 6. 24. 2018헌가2).

2182 디엔에이신원확인정보는 개인 식별을 목적으로 디엔에이감식을 통하여 취득한 정보로서 당해 정보만으로는 특정 개인을 식별할 수 없더라도 다른 정보와 쉽게 결합하여 당해 개인을 식별할 수 있는 정보에 해당하는 개인정보이다. 24 경찰 1차   O | X

● 정답 2180. O   2180-1. X [개인정보자기결정권 침해]   2181. O   2181-1. O   2181-2. X [개인정보자기결정권을 침해함]   2182. O

디엔에이신원확인정보는 개인 식별을 목적으로 디엔에이감식을 통하여 취득한 정보로서 일련의 숫자 또는 부호의 조합으로 표기된 것인데, 이는 '개인정보 보호법' 제2조 제1호에서 말하는 생존하는 개인에 관한 정보로서 당해정보만으로는 특정개인을 식별할 수 없더라도 다른 정보와 쉽게 결합하여 당해 개인을 식별할 수 있는 정보에 해당하는 개인정보이다. 이 사건 삭제조항은 특별한 사유가 없는 한 사망할 때까지 개인정보인 디엔에이신원확인정보를 데이터베이스에 수록, 관리할 수 있도록 규정하여 개인정보자기결정권을 제한한다(헌재 2014. 8. 28. 2011헌마28 등).

2183 디엔에이감식시료의 채취대상자가 사망할 때까지 디엔에이신원확인정보를 데이터베이스에 수록, 관리할 수 있도록 규정한 「디엔에이신원확인정보의 이용 및 보호에 관한 법률」 조항은 대상자의 재범위험성을 고려하지 않고 일률적으로 대상자가 사망할 때까지 디엔에이신원확인정보를 보관한다는 점에서 과잉금지원칙에 위배되어 디엔에이신원확인정보 수록 대상자인 청구인의 개인정보자기결정권을 침해한다. 24 경찰 1차 O | X

재범의 위험성이 높은 범죄를 범한 수형인 등은 생존하는 동안 재범의 가능성이 있으므로, 디엔에이신원확인정보를 수형인등이 사망할 때까지 관리하여 범죄 수사 및 예방에 이바지하고자 하는 이 사건 삭제조항은 입법목적의 정당성과 수단의 적절성이 인정된다. … 디엔에이신원확인정보를 범죄수사 등에 이용함으로써 달성할 수 있는 공익의 중요성에 비하여 청구인의 불이익이 크다고 보기 어려워 법익균형성도 갖추었다. 따라서 이 사건 삭제조항이 과도하게 개인정보자기결정권을 침해한다고 볼 수 없다(헌재 2014. 8. 28. 2011헌마28 등).

2184 '혐의없음' 불기소처분에 관한 사건의 개인정보를 보관하는 것은 재수사에 대비한 기초자료를 보존하여 형사사법의 실체적 진실을 구현하는 한편, 수사력의 낭비를 막고 피의자의 인권을 보호하기 위한 것으로 개인정보자기결정권을 침해한다고 볼 수 없다. 18 변호사 O | X

이 사건 수사경력자료 정리조항에서 '혐의없음'의 불기소처분에 관한 개인정보를 보존하도록 하는 것은 재수사에 대비한 기초자료를 보존하여 형사사법의 실체적 진실을 구현하는 한편, 형사사건 처리결과를 쉽게 그리고 명확히 확인하여 수사의 반복을 피함으로써 수사력의 낭비를 막고 피의자의 인권을 보호하기 위한 것으로서 그 목적의 정당성이 충분히 인정되고, 이 사건 법률조항이 형사사건 처리 내역에 관한 이 사건 개인정보를 일정기간 보관한 후 삭제하도록 한 것은 위와 같은 목적을 달성하기 위한 효과적이고 적절한 방법의 하나가 될 수 있다. … 따라서 이 사건 법률조항이 과잉금지의 원칙에 위반하여 청구인의 개인정보자기결정권을 침해한다고 볼 수 없다(헌재 2009. 10. 29. 2008헌마257).

2185 기소유예처분에 관한 수사경력자료를 최장 5년까지 보존하도록 하는 것은 기소유예처분을 받은 자의 개인정보자기결정권을 침해한다. 16 국가 7 O | X

기소유예처분에 관한 수사경력자료를 보존하도록 하는 것은 재기소나 재수사 상황에 대비한 기초자료를 제공하고, 수사 및 재판과정에서 적정한 양형 등을 통해 사법정의를 실현하기 위한 것으로서 그 목적이 정당하고 수단의 적합성이 인정된다. … 심판대상조항은 과잉금지원칙을 위반하여 청구인의 개인정보자기결정권을 침해하지 아니한다(헌재 2016. 6. 30. 2015헌마828).

2186 학교생활세부사항기록부의 '행동특성 및 종합의견'에 학교폭력예방법 제17조에 규정된 가해학생에 대한 조치사항을 입력하고, 이러한 내용을 학생의 졸업과 동시에 삭제하도록 규정한 학교생활기록 작성 및 관리지침이 법률유보원칙에 반하여 개인정보자기결정권을 침해하는 것이라 할 수 없다. 18 경정 O | X

2186-1 학교폭력 가해학생에 대한 조치사항을 학교생활기록부에 기재하고 졸업할 때까지 보존하는 것은 과잉금지원칙에 위배되어 가해학생의 개인정보자기결정권을 침해한다. 16 국가 7 O | X

● 정답 2183. X [개인정보자기결정권 침해 X] 2184. O 2185. X [개인정보자기결정권 침해 X] 2186. O 2186-1. X [개인정보자기결정권 침해 X]

(1) 이 사건 기재조항 및 보존조항에서는 학교생활세부사항기록부의 '행동특성 및 종합의견'에 학교폭력예방법 제17조에 규정된 가해학생에 대한 조치사항을 입력하고 이를 졸업할 때까지 보존하도록 규정하고 있는바, 이는 초·중등교육법 제25조 제1항이 교육부령에 위임하고 동법 시행규칙 제23조 및 제24조가 교육부장관에게 재위임한 '학교생활기록의 작성과 관리에 관한 사항'에 해당한다. 따라서 이 사건 기재조항 및 보존조항은 법률유보원칙에 위배되어 청구인의 개인정보자기결정권을 침해하지 않는다(헌재 2016. 4. 28. 2012헌마630).

(2) 이 사건 기재조항 및 보존조항은 학교폭력 가해학생에 대한 교정 및 선도와 학교폭력 예방을 그 목적으로 하므로, 목적의 정당성 및 수단의 적합성이 인정된다. … 따라서 이 사건 기재조항 및 보존조항은 과잉금지원칙에 위배되어 청구인의 개인정보자기결정권을 침해하지 않는다(헌재 2016. 4. 28. 2012헌마630).

2187 교육감이 졸업생 관련 증명업무를 위해 졸업생의 성명, 생년월일 및 졸업일자에 대한 정보를 교육정보시스템에 보유하는 행위는 개인정보보호법제가 완비되지 않은 상황에서 그 보유의 목적과 수단의 적정성을 인정할 수 없어 졸업생의 개인정보자기결정권을 침해한다. 21 법원 9 O|X

피청구인들이 졸업증명서 발급업무에 관한 민원인의 편의 도모, 행정효율성의 제고를 위하여 개인의 존엄과 인격권에 심대한 영향을 미칠 수 있는 민감한 정보라고 보기 어려운 성명, 생년월일, 졸업일자 정보만을 NEIS에 보유하고 있는 것은 목적의 달성에 필요한 최소한의 정보만을 보유하는 것이라 할 수 있고, 공공기관의개인정보보호에관한법률에 규정된 개인정보 보호를 위한 법규정들의 적용을 받을 뿐만 아니라 피청구인들이 보유목적을 벗어나 개인정보를 무단 사용하였다는 점을 인정할 만한 자료가 없는 한 NEIS라는 자동화된 전산시스템으로 그 정보를 보유하고 있다는 점만으로 피청구인들의 적법한 보유행위 자체의 정당성마저 부인하기는 어렵다(헌재 2005. 7. 21. 2003헌마282 등).

3 개인정보 제공

2188 형제자매는 언제나 본인과 이해관계를 같이 하는 것은 아닌데도 형제자매가 본인에 대한 친족·상속 등과 관련된 증명서를 편리하게 발급받을 수 있도록 규정한 법률조항은 개인정보자기결정권을 제한하고, 그 제한은 입법목적 달성을 위해 필요한 범위를 넘어선 것으로 개인정보자기결정권을 침해한다. 23 법무사 O|X

2188-1 형제자매에게 가족관계등록부 등의 기록사항에 관한 증명서 교부청구권을 부여하는 「가족관계의 등록 등에 관한 법률」 제14조 제1항 본문 중 '형제자매' 부분은 본인의 권리보호를 위해 형제자매를 교부청구권자로 규정할 필요가 있으므로 개인정보자기결정권을 침해하지 않는다. 21 소간 O|X

형제자매는 언제나 이해관계를 같이 하는 것은 아니므로 형제자매가 본인에 대한 개인정보를 오남용 또는 유출할 가능성은 얼마든지 있다. 그런데 이 사건 법률조항은 증명서 발급에 있어 형제자매에게 정보주체인 본인과 거의 같은 지위를 부여하고 있으므로, 이는 증명서 교부청구권자의 범위를 필요한 최소한도로 한정한 것이라고 볼 수 없다. 본인은 인터넷을 이용하거나 위임을 통해 각종 증명서를 발급받을 수 있으며, 가족관계등록법 제14조 제1항 단서 각 호에서 일정한 경우에는 제3자도 각종 증명서의 교부를 청구할 수 있으므로 형제자매는 이를 통해 각종 증명서를 발급받을 수 있다. 따라서 이 사건 법률조항은 침해의 최소성에 위배된다. 또한, 이 사건 법률조항을 통해 달성하려는 공익에 비해 초래되는 기본권 제한의 정도가 중대하므로 법익의 균형성도 인정하기 어려워, 이 사건 법률조항은 청구인의 개인정보자기결정권을 침해한다(헌재 2016. 6. 30. 2015헌마924).

2189 형제·자매에게 가족관계등록부 등의 기록사항에 관한 증명서 교부청구권을 부여하는 것은 본인의 개인정보자기결정권을 제한하는 것으로 개인정보자기결정권 침해 여부를 판단한 이상 인간의 존엄과 가치 및 행복추구권, 사생활의 비밀과 자유는 판단하지 않는다. 23 경간, 18 국가 7 O|X

● 정답 2187. X [개인정보자기결정권 침해 X] 2188. ○ 2188-1. X [개인정보자기결정권 침해] 2189. ○

개인의 출생, 인지, 입양, 파양, 혼인, 이혼, 사망 등의 신고를 통해 작성되고 보관·관리되는 **개인정보가 수록된 각종 증명서**를 본인의 동의 없이도 **형제자매가** 발급받을 수 있도록 하는 것은 **개인정보자기결정권을 제한**하는 것이다. 청구인은 이 사건 법률조항에 의하여 **인간의 존엄과 가치 및 행복추구권, 사생활의 비밀과 자유**가 침해된다고 주장하나, 위 기본권들은 모두 개인정보자기결정권의 헌법적 근거로 거론되는 것으로서 청구인의 개인정보에 대한 공개와 이용이 문제되는 이 사건에서 **개인정보자기결정권 침해 여부를 판단**하는 이상 별도로 판단하지 않는다(헌재 2016. 6. 30. 2015헌마924).

2190 「가족관계의 등록 등에 관한 법률」이 직계혈족이기만 하면 사실상 자유롭게 그 자녀의 가족관계증명서와 기본증명서의 교부를 청구하여 발급받을 수 있도록 규정함으로써 가정폭력 피해자의 개인정보가 가정폭력 가해자인 전 배우자에게 무단으로 유출될 수 있는 경우, 이는 가정폭력 피해자를 보호하기 위한 구체적 방안을 마련하지 아니한 진정입법부작위에 해당되어 가정폭력 피해자인 청구인의 개인정보자기결정권을 침해한다. 24 경찰 1차 O|X

2190-1 가정폭력 가해자인 전 남편이 이혼 후 추가 가해 목적으로 자녀의 가족관계증명서 및 기본증명서의 교부를 청구하는 것이 분명한 경우에도 이를 제한하는 규정을 제정하지 아니한 '가족관계의 등록 등에 관한 법률'의 입법부작위는 청구인의 개인정보자기결정권을 침해하는 진정입법부작위에 해당한다. 23 법무사 O|X

이 사건 법률조항이 **불완전·불충분**하게 규정되어, **직계혈족이 가정폭력의 가해자**로 판명된 경우 주민등록법 제29조 제6항 및 제7항과 같이 가정폭력 피해자가 가정폭력 가해자를 지정하여 가족관계증명서 및 기본증명서의 교부를 제한하는 등의 가정폭력 피해자의 개인정보를 보호하기 위한 구체적 방안을 마련하지 아니한 **부진정입법부작위**가 과잉금지원칙을 위반하여 청구인의 **개인정보자기결정권을 침해한다**(헌재 2020. 8. 28. 2018헌마927).

2191 가정폭력 가해자에 대하여 별도의 제한 없이 직계혈족이기만 하면 사실상 자유롭게 그 자녀의 가족관계증명서와 기본증명서를 발급받을 수 있도록 함으로써, 가정폭력 피해자의 개인정보가 자녀의 가족관계증명서 등을 통하여 가정폭력 가해자인 전 배우자에게 무단으로 유출될 수 있는 가능성을 열어놓고 있는 「가족관계의 등록 등에 관한 법률」 조항은 과잉금지원칙을 위반하여 가정폭력 피해자의 개인정보자기결정권을 침해한다. 21 입시 O|X

2191-1 직계혈족이기만 하면 아무런 제한 없이 자녀의 가족관계증명서 및 기본증명서의 교부를 청구하여 발급받을 수 있도록 규정한 가족관계의 등록 등에 관한 법률 제15조 제1항은 과잉금지원칙을 위반하여 자녀의 개인정보자기결정권을 침해한다. 21 법무사 O|X

2191-2 '가족관계의 등록 등에 관한 법률' 제14조 제1항 본문 중 '직계혈족이 제15조에 규정된 증명서 가운데 가족관계증명서 및 기본증명서의 교부를 청구'하는 부분이 가정폭력 피해자의 개인정보를 보호하기 위한 구체적 방안을 마련하지 아니하였다고 하더라도 가정폭력 피해자인 청구인의 개인정보자기결정권을 침해하는 것은 아니다. 23 법원 9 O|X

이 사건 법률조항은 **가정폭력 가해자**에 대한 별도의 제한 없이 **직계혈족**이기만 하면 사실상 자유롭게 그 **자녀의 가족관계증명서와 기본증명서**의 교부를 청구하여 발급받을 수 있도록 함으로써, 그로 인하여 **가정폭력 피해자**인 청구인의 개인정보가 **가정폭력 가해자인 전 배우자에게 무단**으로 유출될 수 있는 가능성을 열어놓고 있다. 따라서 과잉금지원칙에 위배되어 청구인의 **개인정보자기결정권을 침해한다**(헌재 2020. 8. 28. 2018헌마927).

정답 2190. X [진정입법부작위 X → 부진정입법부작위 O] 2190-1. X [진정 X → 부진정입법부작위 O] 2191. O 2191-1. O 2191-2. X [개인정보자기결정권 침해]

2192 정보주체의 배우자나 직계혈족이 정보주체의 위임 없이도 정보주체의 가족관계 상세증명서의 교부 청구를 할 수 있도록 하는 「가족관계의 등록 등에 관한 법률」의 해당 조항은 개인정보자기결정권을 침해하지 않는다. 23 소간   O | X

2192-1 정보주체의 배우자나 직계혈족이 정보주체의 위임 없이도 정보주체의 가족관계 상세증명서의 교부 청구를 할 수 있도록 한 것은 현재의 혼인 외에서 얻은 자녀 등에 관한 내밀한 개인정보를 정보주체의 의사에 반하여 배우자나 직계혈족에게 공개 당하게 되므로 개인정보자기결정권을 침해한다. 23 국회 8   O | X

심판대상조항은 정보주체의 배우자나 직계혈족이 스스로의 정당한 법적 이익을 지키기 위하여 정보주체 본인의 위임 없이도 가족관계 상세증명서를 간편하게 발급받을 수 있게 해 주는 것이므로, 상세증명서 추가 기재 자녀의 입장에서 보아도 자신의 개인정보가 공개되는 것을 중대한 불이익이라고 평가하기는 어렵다. … 심판대상조항은 과잉금지원칙에 위배되어 청구인의 <u>개인정보자기결정권을 침해하지 아니한다</u>(헌재 2022. 11. 24. 2021헌마130).

2193 자신의 주민등록표를 열람하거나 그 등·초본을 교부받는 경우에도 소정의 수수료를 부과하도록 하고 있는 규정은 개인정보자기결정권을 침해한다고 볼 수 없다. 23 해간, 16 서울 7   O | X

주민등록표 열람 및 그 등·초본 교부에 따른 수수료는 특정인의 신원증명 등의 편익을 위하여 행정기관의 인적·물적 시설에 드는 비용을 조달하려는 목적에서 부과되는 것으로서 수수료 부과 자체의 정당성이 인정되고, 소요되는 비용에 비하여 그 수수료 액수가 지나치게 고액이라든가 부당하게 책정되었다고 볼 수 없으므로, 이 사건 심판대상조항으로 인하여 청구인들의 <u>개인정보자기결정권 및 재산권이 침해된다고 할 수 없다</u>(헌재 2013. 7. 25. 2011헌마364).

2194 서울용산경찰서장이 전기통신사업자로부터 위치추적자료를 제공받아 청구인들의 위치를 확인하였거나 확인할 수 있었음에도 불구하고 청구인들의 검거를 위하여 국민건강보험공단으로부터 2년 내지 3년 동안의 요양급여정보를 제공받은 것은 청구인들의 개인정보자기결정권에 대한 중대한 침해에 해당한다. 21 국가 7   O | X

2194-1 국민건강보험공단이 서울용산경찰서장에게 청구인들의 요양급여내역을 제공한 행위는 검거목적에 필요한 최소한의 정보에 해당하는 '급여일자와 요양기관명'만을 제공하였기 때문에, 과잉금지원칙에 위배되지 않아 청구인들의 개인정보자기결정권을 침해하지 않는다. 19 경정   O | X

서울용산경찰서장은 청구인들의 소재를 파악한 상태였거나 다른 수단으로 충분히 파악할 수 있었으므로 이 사건 정보제공행위로 얻을 수 있는 수사상의 이익은 거의 없거나 미약하였던 반면, 청구인들은 자신도 모르는 사이에 민감정보인 요양급여정보가 수사기관에 제공되어 <u>개인정보자기결정권에 대한 중대한 불이익</u>을 받게 되었으므로, 이 사건 정보제공행위는 법익의 균형성도 갖추지 못하였다. <u>이 사건 정보제공행위는 과잉금지원칙에 위배되어 청구인들의 개인정보자기결정권을 침해하였다</u>(헌재 2018. 8. 30. 2014헌마368).

● 정답   2192. O   2192-1. X [개인정보자기결정권 침해 X]   2193. O   2194. O   2194-1. X [개인정보자기결정권 침해]

2195 A시장이 B경찰서장의 사실조회 요청에 따라 B경찰서장에게 청구인들의 이름, 생년월일, 전화번호, 주소를 제공한 행위는 개인정보자기결정권을 침해한다. 20 경정   O | X

김포시장은 이 사건 정보제공조항에 따라 범죄의 수사를 위하여 필요한 경우 정보주체 또는 제3자의 이익을 부당하게 침해할 우려가 있을 때를 제외하고 개인정보를 수사기관에게 제공할 수 있다. … **이름, 생년월일, 주소**는 수사의 초기 단계에서 범죄의 피의자를 특정하기 위하여 필요한 **가장 기초적인 정보**이고, **전화번호**는 피의자 등에게 연락을 하기 위하여 필요한 정보이다. … 이와 같은 점에 더하여, 활동보조인의 부정 수급 관련 범죄의 수사를 가능하게 함으로써 실체적 진실 발견과 국가형벌권의 적정한 행사에 기여하고자 하는 공익은 매우 중대한 것인 점을 고려하면, 이 사건 **정보제공행위**는 과잉금지원칙에 위배되어 청구인들의 **개인정보자기결정권을 침해하였다고 볼 수 없다**(헌재 2018. 8. 30. 2016헌마483).

2196 구치소수용자와 배우자의 접견녹음파일은 개인정보에 해당하며, 이를 관계기관에 제공하는 것은 개인정보자기결정권을 제한하는 것이다. 19 입시   O | X

2196-1 구치소장이 검사의 요청에 따라 미결수용자와 그 배우자의 접견녹음파일을 미결수용자의 동의 없이 제공하더라도, 이러한 제공행위는 형사사법의 실체적 진실을 발견하고 이를 통해 형사사법의 적정한 수행을 도모하기 위한 것으로 미결수용자의 개인정보자기결정권을 침해하는 것은 아니다. 23 경정, 18 국회 8   O | X

이 사건 접견녹음파일은 접견자의 성명, 녹음일시 등을 기록함으로써 특정 개인을 식별할 수 있고, 접견시 이루어지는 대화의 방식과 내용은 개인의 신분, 사회적 지위 등 인격주체성을 특징짓는 사항으로서 그 개인의 동일성을 식별할 수 있게 하는 정보이므로 이 사건 **접견녹음파일**은 위 규정상 **'개인정보'**에 해당한다. 이처럼 이 사건 **제공행위**는 정보주체인 청구인의 동의 없이 이 사건 접견녹음파일을 관계기관에 제공한 것으로 청구인의 **개인정보자기결정권을 제한**하는 것이므로 그 침해 여부가 문제된다. … 이 사건 제공행위는 형사사법의 실체적 진실을 발견하고 이를 통해 형사사법의 적정한 수행을 도모하기 위한 것으로 그 목적이 정당하고, 수단 역시 적합하다. … 나아가 접견내용이 기록된다는 사실이 미리 고지되어 그에 대한 보호가치가 그리 크다고 볼 수 없는 점 등을 고려할 때, 법익의 불균형을 인정하기도 어려우므로, 과잉금지원칙에 위반하여 청구인의 **개인정보자기결정권을 침해하였다고 볼 수 없다**(헌재 2012. 12. 27. 2010헌마153).

2197 개별 의료급여기관으로 하여금 수급권자의 진료정보를 국민건강 보험공단에 알려줄 의무 등 의료급여 자격관리 시스템에 관하여 규정한 보건복지부 고시조항은 동 조항에 의해 수집되는 정보의 범위가 건강생활유지비의 지원 및 급여일수의 확인을 위해 필요한 정보로 제한되어 있다는 점에서 과잉금지원칙에 위배되어 해당수급권자인 청구인의 개인정보자기결정권을 침해하지 않는다. 24 경찰 1차   O | X

위 고시조항에 의하여 수집되는 정보의 범위는 건강생활유지비의 지원 및 급여일수의 확인을 위해 **필요한 정보로 제한**되어 있고, 공인인증서 이용을 통한 개인정보 보호조치 강화, 각종 법률에서의 업무상 비밀 누설 금지의무 부과 및 그 위반시 형벌규정 등을 통해 피해를 최소화하는 장치가 갖추어져 있다 할 것이며, 위 고시 조항으로 인하여 얻게 되는 공익 즉 수급자격 및 급여액의 정확성을 확보하여 의료급여제도의 원활한 운영을 기한다는 공익이 이로 인하여 제한되는 수급권자의 개인정보자기결정권인 사익보다 크다 할 것이므로 법익의 균형성도 갖추었다고 할 것이다. 따라서, 이 사건 고시조항은 헌법상 과잉금지원칙에 위배되어 청구인들의 **개인정보자기결정권을 침해하는 것이라고 볼 수 없다**(헌재 2009. 9. 24. 2007헌마1092).

정답 2195. X [개인정보 자기결정권 침해 X]   2196. O   2196-1. O   2197. O

2198 「영유아보육법」은 CCTV 열람의 활용 목적을 제한하고 있고, 어린이집 원장은 열람시간 지정 등을 통해 보육활동에 지장이 없도록 보호자의 열람 요청에 적절히 대응할 수 있으므로 동법의 CCTV 열람조항으로 보육교사의 개인정보자기결정권이 필요 이상으로 과도하게 제한된다고 볼 수 없다.
23 경정, 18 국가 7   O | X

영유아보호법은 CCTV 열람의 활용 목적을 제한하고 있고, 어린이집 원장은 열람시간 지정 등을 통해 보육활동에 지장이 없도록 보호자의 열람 요청에 적절히 대응할 수 있으므로 이 조항으로 어린이집 원장이나 보육교사 등의 <u>기본권이 필요 이상으로 과도하게 제한된다고 볼 수 없다</u>. 또한 이를 통해 달성할 수 있는 보호자와 어린이집 사이의 신뢰회복 및 어린이집 아동학대 근절이라는 공익의 중대함에 반하여, 제한되는 사익이 크다고 보기 어렵다. 따라서 법 제15조의5 제1항 제1호는 과잉금지원칙을 위반하여 어린이집 <u>보육교사 등의 개인정보자기결정권</u> 및 어린이집 <u>원장의 직업수행의 자유를 침해하지 아니한다</u>(헌재 2017. 12. 28. 2015헌마994).

2199 거짓이나 그 밖의 부정한 방법으로 보조금을 교부받거나 보조금을 유용한 어린이집에 대하여 그 어린이집 대표자 또는 원장의 의사와 관계없이 어린이집의 명칭, 종류, 주소, 대표자 또는 어린이집 원장의 성명 등을 불특정 다수인이 알 수 있도록 공표하는 것은 공표대상자의 개인정보자기결정권을 제한한다.
23 국회 8   O | X

2199-1 거짓이나 그 밖의 부정한 방법으로 보조금을 교부받거나 보조금을 유용하여 어린이집 운영정지, 폐쇄명령 또는 과징금처분을 받은 어린이집에 대하여 그 위반사실을 공표하도록 규정한 법률조항은 어린이집 설치·운영자의 유사한 위반행위를 예방하고 영유아 보호자들의 보육기관 선택권을 보장하기 위한 것으로서 개인정보자기결정권을 침해하지 아니한다. 24 변호사   O | X

2199-2 거짓이나 그 밖의 부정한 방법으로 보조금을 교부받거나 보조금을 유용하여 어린이집 운영정지, 폐쇄명령 또는 과징금 처분을 받은 어린이집에 대하여 그 위반사실을 공표하도록 한 구 「영유아보육법」 조항은 개인정보자기결정권을 침해한다. 24 경정   O | X

(1) 심판대상조항은 거짓이나 그 밖의 부정한 방법으로 보조금을 교부받거나 보조금을 유용한 어린이집에 대하여 그 어린이집 대표자 또는 원장의 의사와 관계없이 어린이집의 명칭, 종류, 주소, 대표자 또는 어린이집 원장의 성명 등을 불특정 다수인이 알 수 있도록 하고 있으므로 공표대상자의 <u>개인정보자기결정권을 제한한다</u>(헌재 2022. 3. 31. 2019헌바520).
(2) 어린이집의 투명한 운영을 담보하고 영유아 보호자의 보육기관 선택권을 실질적으로 보장하기 위해서는 <u>보조금을 부정수급하거나 유용한 어린이집의 명단 등을 공표</u>하여야 할 필요성이 있으며, 심판대상조항은 공표대상이나 공표정보, 공표기간 등을 제한적으로 규정하고 공표 전에 의견진술의 기회를 부여하여 공표대상자의 절차적 권리도 보장하고 있다. 나아가 심판대상조항을 통하여 추구하는 영유아의 건강한 성장 도모 및 영유아 보호자들의 보육기관 선택권 보장이라는 공익이 공표대상자의 법 위반사실이 일정기간 외부에 공표되는 불이익보다 크다. 따라서 심판대상조항은 과잉금지원칙을 위반하여 <u>인격권 및 개인정보자기결정권을 침해하지 아니한다</u>(헌재 2022. 3. 31. 2019헌바520).

2200 법무부장관은 변호사시험 합격자가 결정되면 즉시 명단을 공고하여야 한다고 규정한 법률조항은 공공성을 지닌 전문직인 변호사에 관한 정보를 널리 공개하여 법률서비스 수요자가 필요한 정보를 얻는 데 도움을 주기 위한 것으로 응시자들의 개인정보자기결정권을 침해한다고 볼 수 없다. 23 법무사
O | X

2200-1 법무부장관으로 하여금 합격자가 결정되면 즉시 명단을 공고하고 합격자에게 합격증서를 발급하도록 한 「변호사시험법」 조항은 전체 합격자의 응시번호만을 공고하는 등의 방법으로도 입법목적을 달성할 수 있음에도 변호사시험 응시 및 합격 여부에 관한 사실을 널리 공개되게 함으로써 과잉금지원칙에 위배되어 변호사시험응시자의 개인정보자기결정권을 침해한다. 21 입시   O | X

● 정답 2198. O   2199. O   2199-1. O   2199-2. X [개인정보자기결정권 침해 X]   2200. O   2200-1. X [개인정보자기결정권 침해 X]

심판대상조항의 입법목적은 공공성을 지닌 전문직인 변호사에 관한 정보를 널리 공개하여 법률서비스 수요자가 필요한 정보를 얻는 데 도움을 주고, 변호사시험 관리 업무의 공정성과 투명성을 간접적으로 담보하는 데 있다. … 따라서 심판대상조항이 과잉금지원칙에 위배되어 청구인들의 개인정보자기결정권을 침해한다고 볼 수 없다(헌재 2020. 3. 26. 2018헌마77 등).

4 신상정보 등록·공개·고지

2201 통신매체이용음란죄로 유죄판결이 확정된 자는 신상정보 등록대상자가 된다고 규정한 「성폭력범죄의 처벌 등에 관한 특례법」 조항은 과잉금지원칙에 위배되어 해당 범죄자의 개인정보자기결정권을 침해한다. 21 입시   O|X

2201-1 통신매체이용음란죄로 유죄판결이 확정된 사람을 일률적으로 신상정보등록대상자가 되도록 하는 것은 침해의 최소성에 위배되어 개인정보자기결정권을 침해한다. 16 국가 7   O|X

2201-2 통신매체이용음란죄로 유죄판결이 확정된 자를 신상정보 등록대상자로 규정한 조항은 청구인의 개인정보자기결정권을 침해하지 않는다. 24 경간   O|X

심판대상조항은 통신매체이용음란죄의 죄질 및 재범의 위험성에 따라 등록대상을 축소하거나, 유죄판결 확정과 별도로 신상정보 등록 여부에 관하여 법관의 판단을 받도록 하는 절차를 두는 등 기본권 침해를 줄일 수 있는 다른 수단을 채택하지 않았다는 점에서 **침해의 최소성 원칙에 위배**된다. 또한, 심판대상조항으로 인하여 비교적 불법성이 경미한 통신매체이용음란죄를 저지르고 재범의 위험성이 인정되지 않는 이들에 대하여는 달성되는 공익과 침해되는 사익 사이에 불균형이 발생할 수 있다는 점에서 법익의 균형성도 인정하기 어렵다. … 그렇다면, 심판대상조항은 과잉금지원칙을 위반하여 청구인의 개인정보자기결정권을 침해한다(헌재 2016. 3. 31. 2015헌마688).

2202 성범죄의 재범을 억제하고 수사의 효율성을 제고하기 위하여, 법무부장관이 등록대상자의 재범 위험성이 상존하는 20년 동안 신상정보를 등록하게 하고 위 기간 동안 각종 의무를 부과하는 「성폭력범죄의 처벌 등에 관한 특례법」 관련 조항은 비교적 경미한 등록대상 성범죄를 저지르고 재범의 위험성도 인정되지 않는 자들에 대해서는 달성되는 공익과 침해되는 사익 사이의 법익의 균형성이 인정되지 않으므로 등록대상자의 개인정보자기결정권을 침해한다. 16 국회 8   O|X

2202-1 법무부장관이 등록대상 성범죄자의 재범 위험성이 상존하는 20년 동안 그의 신상정보를 보존·관리하는 것은 정당한 목적을 위한 적합한 수단이므로, 모든 등록대상 성범죄자에 대하여 일률적으로 20년의 등록기간을 적용하고 있더라도 개인정보자기결정권을 침해한다고 볼 수 없다. 23 해간   O|X

성범죄의 재범을 억제하고 수사의 효율성을 제고하기 위하여, 법무부장관이 등록대상자의 재범 위험성이 상존하는 20년 동안 그의 신상정보를 보존·관리하는 것은 정당한 목적을 위한 적합한 수단이다. … 그런데 이 사건 관리조항은 형사책임의 경중, 재범의 위험성을 전혀 고려하지 않고 모든 등록대상 성범죄에 일률적으로 20년의 등록기간을 적용하고 있다. … 이 사건 관리조항은 모든 등록대상자에 대해 획일적으로 20년의 등록기간을 부과한 점, 위 기간 동안 재범의 위험성이 낮아진 경우 등록을 면하거나 등록기간을 단축하기 위한 수단도 마련되어 있지 않다는 점에서 침해의 최소성 원칙에 반한다. … 모든 등록대상자에게 20년 동안 신상정보를 등록하게 하고, 위 기간 동안 변경정보를 제출하고 1년마다 사진 촬영을 위해 관할 경찰관서를 출석해야 할 의무를 부여하며 위 의무들을 위반할 경우 형사처벌하는 것은 비교적 경미한 등록대상 성범죄를 저지르고 재범의 위험성도 인정되지 않는 자들에 대해서는 달성되는 공익과 침해되는 사익 사이의 불균형이 발생할 수 있다. 따라서 이 사건 관리조항은 법익의 균형성이 인정되지 않는다. 이 사건 관리조항은 과잉금지원칙을 위반하여 청구인들의 개인정보자기결정권을 침해하므로 헌법에 위반된다(헌재 2015. 7. 30. 2014헌마340 등).

정답 2201. O   2201-1. O   2201-2. X [개인정보자기결정권을 침해]   2202. O   2202-1. X [개인정보자기결정권 침해]

2203 일정한 성범죄를 저지른 자로부터 신상정보를 제출받아 보존·관리하는 것은 정당한 목적을 위한 적합한 수단이고, 침해되는 사익은 크지 않은 반면 해당 조항을 통해 달성되는 공익은 매우 중요하므로, 성폭력범죄의 처벌 등에 관한 특례법위반(카메라 등 이용촬영, 카메라 등 이용촬영미수)죄로 유죄판결이 확정된 자는 신상정보 등록대상자가 되도록 규정한 성폭력범죄의 처벌 등에 관한 특례법 제42조 제1항 중 해당 부분은 개인정보자기결정권을 침해하지 않는다. 16 법무사 O | X

2203-1 「성폭력범죄의 처벌 등에 관한 특례법」위반(카메라 등 이용 촬영, 카메라 등 이용 촬영 미수)죄로 유죄판결이 확정된 자를 신상정보 등록대상자가 되도록 규정한 심판대상 조항은 개인정보자기결정권을 침해한다. 16 국회 8 O | X

성범죄자의 재범을 억제하고 수사의 효율성을 제고하기 위하여, 일정한 성범죄를 저지른 자로부터 신상정보를 제출받아 보존·관리하는 것은 **정당한 목적을 위한 적합한 수단**이다. … 신상정보 등록대상자가 된다고 하여 그 자체로 사회복귀가 저해되거나 전과자라는 사회적 낙인이 찍히는 것은 아니므로 침해되는 사익은 크지 않은 반면 이 사건 등록조항을 통해 달성되는 공익은 매우 중요하다. 따라서 이 사건 등록조항은 개인정보자기결정권을 침해하지 않는다(헌재 2015. 7. 30. 2014헌마340 등).

2204 성적목적공공장소침입죄로 유죄판결이 확정된 자는 신상정보 등록대상자가 되도록 규정한 법률조항은 등록대상자 선정에 있어 재범의 위험성을 전혀 요구하지 않고 있다 하더라도 위 범죄가 공공화장실 등 일정한 장소를 침입하는 경우에 한하여 성립하고 위 조항에 따른 등록대상자의 범위는 이에 따라 제한되므로, 개인정보자기결정권을 침해한다고 볼 수 없다. 23 법무사 O | X

2204-1 성적목적공공장소침입죄는 침입대상을 공공화장실 등 공공장소로 하여 사실상 장소를 정하지 아니하고 있으며 그에 따라 신상정보 등록대상의 범위도 제한되지 않는바, 위 범죄에 의한 신상정보 등록조항은 개인정보자기결정권을 침해한다. 18 변호사 O | X

성적목적공공장소침입죄는 **공공화장실 등 일정한 장소**를 침입하는 경우에 한하여 성립하므로 등록조항에 따른 등록대상자의 범위는 이에 따라 제한되는바, 등록조항은 침해의 최소성 원칙에 위배되지 않는다. 등록조항으로 인하여 제한되는 사익에 비하여 성범죄의 재범 방지와 사회 방위라는 공익이 크다는 점에서 법익의 균형성도 인정된다. 따라서 등록조항은 청구인의 개인정보자기결정권을 침해하지 않는다(헌재 2016. 10. 27. 2014헌마709).

2205 「성폭력범죄의 처벌 등에 관한 특례법」상 공중밀집장소에서의 추행죄로 유죄판결이 확정된 자를 신상정보 등록대상자로 규정한 부분은 해당 신상정보 등록대상자의 개인정보자기결정권을 침해하지 않는다. 22 경정 O | X

2205-1 공중밀집장소추행죄로 유죄판결이 확정된 자를 그 형사책임의 경중과 관계없이 신상정보 등록대상자로 규정한 법률조항은 개인정보자기결정권을 침해한다. 24 변호사 O | X

심판대상조항은 공중밀집장소추행죄로 유죄판결이 확정되면 이들을 모두 등록대상자가 되도록 함으로써 그 관리의 기초를 마련하기 위한 것이다. 그러므로 관리의 기초가 되는 등록대상 여부를 결정함에 있어 대상 성범죄로 인한 유죄판결 이외에 반드시 재범의 위험성을 고려해야 한다고 보기는 어렵다. 더욱이 현재 사용되는 재범의 위험성 평가 도구로는 성범죄자의 재범 가능성 여부를 완벽하게 예측할 수 없고, 이와 같은 오류의 가능성을 배제하기 어려운 상황에서는 일정한 성폭력범죄자를 일률적으로 등록대상자가 되도록 하는 것이 불가피한 측면도 있다. … 심판대상조항은 청구인의 개인정보자기결정권을 침해하였다고 볼 수 없다(헌재 2020. 6. 25. 2019헌마699).

● 정답 2203. O   2203-1. X [개인정보자기결정권 침해 X]   2204. O   2204-1. X [개인정보자기결정권 침해 X]   2205. O   2205-1. X [개인정보자기결정권 침해 X]

2206 형법상 강제추행죄로 유죄판결이 확정된 자는 신상정보 등록대상자가 되도록 규정한 법률조항은 등록대상자 선정에 있어 재범의 위험성을 전혀 요구하지 않고 행위 태양의 특성이나 불법성의 경중을 고려하여 등록대상자의 범위를 축소하고 있지도 않으므로, 과잉금지원칙에 반하여 개인정보자기결정권을 침해한다. 23 법무사 O│X

이 사건 법률조항은 성폭력범죄자의 재범을 억제하여 사회를 방위하고, 효율적 수사를 통한 사회혼란을 방지하기 위한 것으로서 정당한 목적 달성을 위한 적합한 수단에 해당한다. … 또 신상정보 등록으로 인한 사익의 제한은 비교적 경미한 반면 달성되는 공익은 매우 중대하다고 할 것이어서 법익균형성도 인정된다. 따라서 이 사건 법률조항은 과잉금지원칙에 반하여 개인정보자기결정권을 침해한다고 할 수 없다(헌재 2015. 10. 21. 2014헌마637 등).

2207 아동·청소년 성매수죄로 유죄가 확정된 자는 신상정보 등록대상자가 되도록 규정한 「성폭력범죄의 처벌 등에 관한 특례법」 제42조 제1항 중 "구 「아동·청소년의 성보호에 관한 법률」 제2조 제2호 가운데 제10조 제1항의 범죄로 유죄판결이 확정된 자는 신상정보 등록대상자가 된다."는 부분은 청구인의 개인정보자기결정권을 침해하지 않는다. 22 경찰 1차 O│X

아동·청소년 성매수죄는 그 죄질이 무겁고, 그 행위 태양 및 불법성이 다양하다고 보기 어려우므로, 입법자가 개별 아동·청소년 성매수죄의 행위 태양, 불법성을 구별하지 않은 것이 불필요한 제한이라고 볼 수 없다. 또한, 신상정보 등록대상자가 된다고 하여 그 자체로 사회복귀가 저해되거나 전과자라는 사회적 낙인이 찍히는 것은 아니므로 침해되는 사익은 크지 않고, 반면 등록조항을 통해 달성되는 공익은 매우 중요하다. 따라서 등록조항은 청구인의 개인정보자기결정권을 침해하지 않는다(헌재 2016. 2. 25. 2013헌마830).

2208 가상의 아동·청소년이용음란물배포죄로 유죄판결이 확정된 자는 신상정보 등록대상자가 되도록 규정한 「성폭력범죄의 처벌 등에 관한 특례법」 제42조 제1항 중 구 「아동·청소년의 성보호에 관한 법률」 제8조 제4항의 아동·청소년이용음란물 가운데 "아동·청소년으로 인식될 수 있는 사람이나 표현물이 등장하는 것"에 관한 부분으로 유죄판결이 확정된 자에 관한 부분은 청구인의 개인정보자기결정권을 침해한다. 22 경찰 1차 O│X

아동·청소년이용음란물배포죄는 아동·청소년이 실제로 등장하는지 여부를 불문하고 아동·청소년의 성에 대한 왜곡된 인식과 비정상적인 태도를 광범위하게 형성하게 할 수 있다는 점에서 죄질이 경미하다고 할 수 없고, 헌법재판소와 대법원은 가상의 아동·청소년이용음란물에 대하여 제한적으로 해석하고 있어 등록조항에 따른 등록대상자의 범위는 이에 따라 제한되므로, 등록조항은 침해의 최소성을 갖추었다. 등록조항으로 인하여 제한되는 사익에 비하여 아동·청소년대상 성범죄 방지 및 사회 방위라는 공익이 더 크므로 법익의 균형성도 인정된다. 따라서 등록조항은 개인정보자기결정권을 침해하지 않는다(헌재 2016. 3. 31. 2014헌마785).

2209 강제추행죄로 유죄판결이 확정된 신상정보 등록대상자로 하여금 관할 경찰관서의 장에게 신상정보 및 변경정보를 제출하게 하는 것은, 관할 경찰관서의 장이 등록대상자를 대면하는 과정에서 신상정보를 최초로 수집하고 변경 여부를 규칙적으로 확인하는 방법보다 범죄동기의 억제라는 주관적 영향력의 측면에서 더 효과적이라 할 수 있으므로, 침해의 최소성 원칙에 반하지 않는다. 18 변호사 O│X

2209-1 강제추행죄로 유죄판결이 확정된 자는 신상정보 등록대상자로서 성명, 주민등록번호 등을 제출하여야 하고, 이 정보가 변경된 경우 그 사유와 변경내용을 제출하여야 한다고 규정한 조항은 청구인의 개인정보자기결정권을 침해한다. 24 경간 O│X

● 정답 2206. X [개인정보자기결정권 침해 X] 2207. O 2208. X [개인정보자기결정권 침해 X] 2209. O 2209-1. X [개인정보자기결정권 침해 X]

제출조항에 따라 등록대상자가 자발적으로 신상정보 및 변경정보를 제출하는 방법 대신 동일한 목적을 달성하기 위한 방법으로 관할 경찰관서의 장이 등록대상자를 대면하는 과정에서 신상정보를 최초로 수집하고 **변경 여부를 규칙적으로 확인하는 방법**을 고려해볼 수 있다. 하지만 이것이 반드시 덜 제한적인 방법이라고 단정할 수 없을 뿐더러, 등록대상자에 대한 범죄 동기의 억제라는 주관적 영향력의 측면에서는 오히려 등록대상자로 하여금 관할경찰관서의 장에게 **신상정보 및 변경정보를 제출**하게 하는 것이 더 효과적이라 할 수 있다. 이상의 점을 고려하면 제출조항이 **침해의 최소성 원칙에 반한다고 보기 어렵다.** … 제출조항은 과잉금지원칙을 위반하여 청구인의 **개인정보자기결정권을 침해하지 않는다**(헌재 2016. 3. 31. 2014헌마457).

2210 아동·청소년에 대한 강제추행죄로 유죄판결이 확정된 자를 신상정보 등록대상자로 규정하고 그로 하여금 관할 경찰관서의 장에게 신상정보를 제출하도록 하며 신상정보가 변경될 경우 그 사유와 변경내용을 제출하도록 하는 「성폭력범죄의 처벌 등에 관한 특례법」 조항은 개인정보자기결정권을 침해하지 않는다. 24 경정 O I X

2210-1 아동·청소년에 대한 강제추행죄로 유죄판결이 확정된 자를 신상정보 등록대상자로 정하여 신상정보 관할 경찰관서의 장에게 신상정보를 제출하도록 하고 신상정보가 변경될 경우 그 사유와 변경내용을 제출하도록 하는 규정은 재범의 위험성에 대한 심사 없이 유죄판결을 받은 모든 자를 일률적으로 등록대상자로 정하므로 과잉금지원칙에 위반된다. 20 국회 8 O I X

제출조항은 등록대상자로 하여금 다시 성범죄를 범할 경우 본인이 쉽게 검거될 수 있다는 인식을 한층 강화하여 재범을 억제하고, 실제로 등록대상자가 재범한 경우에는 수사기관으로 하여금 위 정보를 활용하여 범죄자를 신속하고 효율적으로 검거할 수 있게 하므로, 목적의 정당성과 수단의 적합성이 인정된다. … 따라서 제출조항은 과잉금지원칙을 위반하여 청구인의 **개인정보자기결정권을 침해하지 아니한다**(헌재 2019. 11. 28. 2017헌마399).

2211 아동·청소년 대상 성폭력범죄를 저지른 자에 대하여 신상정보를 공개하도록 하는 구 「아동·청소년의 성보호에 관한 법률」 제38조 제1항 본문 제1호가 인격권 및 개인정보자기결정권을 침해하는 것은 아니다. 15 경정 O I X

심판대상조항은 아동·청소년의 성을 보호하고 사회방위를 도모하기 위한 것으로서 목적의 정당성 및 수단의 적합성이 인정된다. 한편, 심판대상조항에 따른 **신상정보 공개제도**는, 그 공개대상이나 공개기간이 제한적이고, 법관이 '특별한 사정' 등을 고려하여 공개 여부를 판단하도록 되어 있으며, 공개로 인한 피해를 최소화하는 장치도 마련되어 있으므로 침해의 최소성이 인정되고, 이를 통하여 달성하고자 하는 '아동·청소년의 성보호'라는 목적이 침해되는 사익에 비하여 매우 중요한 공익에 해당하므로 법익의 균형성도 인정된다. 따라서 심판대상조항은 과잉금지원칙을 위반하여 청구인들의 **인격권, 개인정보 자기결정권을 침해한다고 볼 수 없다**(헌재 2013. 10. 24. 2011헌바106 등).

2212 아동·청소년대상 성폭력범죄를 저지른 자에 대한 신상정보 고지제도는 성범죄자가 거주하는 읍·면·동에 사는 지역주민 중 아동·청소년 자녀를 둔 가구 및 교육기관의 장 등을 상대로 이루어져, 고지대상자와 그 가족을 경계하고 외면하도록 하므로 고지대상자와 그 가족의 개인정보자기결정권을 침해한다. 18 국회 8 O I X

신상정보 고지조항은 성폭력범죄행위에 대하여 일반 국민에게 경각심을 주어 유사한 범죄를 예방하고, 성폭력범죄자로부터 잠재적인 피해자와 지역사회를 보호하며, 특히, 성범죄자들이 사회에 복귀함을 그 지역에 거주하는 아동·청소년들의 안전에 책임이 있는 자들에게 경고하여 성범죄자들이 거주하는 지역의 아동·청소년의 안전을 보호하고자 하는 데 그 입법목적이 있다. … 또한, 성범죄자의 신상정보를 직접 우편 등으로 고지하는 것은 지역주민 등에게 경각심을 불러 일으키는 데 효과적이므로 수단의 적합성도 인정된다. … 따라서 신상정보 고지조항은 과잉금지원칙을 위반하여 청구인의 **인격권, 개인정보자기결정권을 침해한다고 볼 수 없다**(헌재 2016. 5. 26. 2015헌바21).

●정답 2210. O 2210-1. X [과잉금지원칙 위반 X] 2211. O 2212. X [개인정보자기결정권 침해 X]

05 개인정보 보호법

1 개인정보 보호법

2213 「개인정보 보호법」 제2조 제1호는 이 법률의 보호대상인 개인정보의 개념을 살아 있는 개인에 관한 정보에 한정하고 있다. 18 입시, 16 서울 7　　O|X

2213-1 「개인정보 보호법」상 개인정보란 살아 있는 개인 또는 사자(死者)에 관한 정보로서 성명, 주민등록번호 및 영상 등을 통하여 개인을 알아볼 수 있는 정보를 말한다. 18 지방 7　　O|X

> **개인정보 보호법 제2조(정의)** 이 법에서 사용하는 용어의 뜻은 다음과 같다.
> 1. "**개인정보**"란 **살아 있는 개인에 관한 정보**로서 다음 각 목의 어느 하나에 해당하는 정보를 말한다.

2214 개인정보란 살아 있는 개인에 관한 정보로서 성명, 주민등록번호 및 영상 등을 통하여 개인을 알아볼 수 있는 정보와 해당 정보만으로는 특정 개인을 알아볼 수 없더라도 다른 정보와 쉽게 결합하여 알아볼 수 있는 정보를 말한다. 19 5급(변형)　　O|X

> **개인정보 보호법 제2조(정의)** 이 법에서 사용하는 용어의 뜻은 다음과 같다.
> 1. "**개인정보**"란 **살아 있는 개인에 관한 정보**로서 다음 각 목의 어느 하나에 해당하는 정보를 말한다.
>   가. 성명, 주민등록번호 및 영상 등을 통하여 **개인을 알아볼 수 있는 정보**
>   나. 해당 정보만으로는 특정 개인을 알아볼 수 없더라도 **다른 정보와 쉽게 결합하여 알아볼 수 있는 정보**. 이 경우 쉽게 결합할 수 있는지 여부는 다른 정보의 입수 가능성 등 개인을 알아보는 데 소요되는 시간, 비용, 기술 등을 합리적으로 고려하여야 한다.

2215 「개인정보 보호법」에서는 구 「공공기관의 개인정보보호에 관한 법률」과 달리 공공기관 뿐만 아니라 법인, 단체, 개인 등으로 개인정보처리자의 범위가 확대되었다. 15 경정　　O|X

2215-1 개인정보처리자란 업무를 목적으로 개인정보파일을 운용하기 위하여 스스로 또는 다른 사람을 통하여 개인정보를 처리하는 공공기관, 법인, 단체를 의미하며, 개인은 개인정보처리자가 될 수 없다. 19 국회 9　　O|X

> **개인정보 보호법 제2조(정의)** 이 법에서 사용하는 용어의 뜻은 다음과 같다.
> 5. "**개인정보처리자**"란 **업무를 목적으로** 개인정보파일을 운용하기 위하여 스스로 또는 다른 사람을 통하여 **개인정보를 처리**하는 **공공기관, 법인, 단체 및 개인** 등을 말한다.

> 📝 **보충설명** 1995년 공공기관의 개인정보보호를 위하여 '공공기관의 개인정보보호에 관한 법률'이 제정·시행되었고, 이후 공공부문과 민간부분을 망라하여 개인정보보호를 위하여 개인정보보호에 관한 일반법인 '**개인정보보호법**'이 제정되어 개인정보처리자의 범위를 **공공기관** 뿐만 아니라 **법인, 단체, 개인** 등으로 **개인정보처리자의 범위가 확대**되었다.

● **정답** 2213. O　2213-1. X [사자(死者)에 관한 정보 X]　2214. O　2215. O　2215-1. X [개인도 개인정보처리자가 될 수 있음]

2216 정보주체는 자신의 개인정보의 처리 정지, 정정·삭제 및 파기를 요구할 권리를 가진다. 19 국회 9
O | X

2216-1 개인정보처리자에 대하여 자신의 개인정보 처리를 정지할 것을 요구할 수 있는 권리를 포함한다. 17 국회 9
O | X

2216-2 정보주체는 자신의 개인정보 처리로 인하여 발생한 피해를 신속하고 공정한 절차에 따라 구제받을 권리를 가진다. 19 5급
O | X

> 개인정보 보호법 제4조(정보주체의 권리) 정보주체는 자신의 개인정보 처리와 관련하여 다음 각 호의 권리를 가진다.
> 1. 개인정보의 처리에 관한 **정보를 제공받을** 권리
> 2. 개인정보의 처리에 관한 **동의 여부, 동의 범위 등을 선택하고 결정할** 권리
> 3. 개인정보의 **처리 여부를 확인**하고 **개인정보에 대한 열람**(사본의 발급을 포함한다. 이하 같다) 및 전송을 요구할 권리
> 4. 개인정보의 **처리 정지, 정정·삭제 및 파기를 요구할** 권리
> 5. 개인정보의 처리로 인하여 발생한 **피해를 신속하고 공정한 절차에 따라 구제받을** 권리

2217 개인정보처리자는 정보주체가 필요한 최소한의 정보 외의 개인정보 수집에 동의하지 아니한다는 이유로 정보주체에게 재화 또는 서비스의 제공을 거부하여서는 아니 된다. 19 5급
O | X

> 개인정보 보호법 제16조(개인정보의 수집 제한) ③ **개인정보처리자**는 정보주체가 **필요한 최소한의 정보 외의 개인정보 수집에 동의하지 아니한다**는 이유로 정보주체에게 **재화 또는 서비스의 제공을 거부**하여서는 **아니 된다**.

2218 개인정보처리자는 사상·신념, 노동조합·정당의 가입·탈퇴, 정치적 견해, 건강, 성생활 등에 관한 정보 등을 처리하여서는 아니 된다. 19 국회 9
O | X

2218-1 「개인정보 보호법」에 의하면 특별한 보호대상이 되는 민감정보에는 정치적 견해나 노동조합에 가입에 관한 정보도 포함된다. 17 국회 9
O | X

> 개인정보 보호법 제23조(민감정보의 처리 제한) ① 개인정보처리자는 **사상·신념, 노동조합·정당의 가입·탈퇴, 정치적 견해, 건강, 성생활** 등에 관한 정보, 그 밖에 정보주체의 **사생활을 현저히 침해할 우려가 있는** 개인정보로서 대통령령으로 정하는 정보(이하 "**민감정보**"라 한다)를 **처리하여서는 아니 된다**. 다만, 다음 각 호의 어느 하나에 해당하는 경우에는 그러하지 아니하다.

2219 「개인정보 보호법」에서는 제한적인 징벌적 손해배상제와 법정손해배상제를 규정하고 있다. 19 국회 9
O | X

> 개인정보 보호법 제39조(손해배상책임) ③ 개인정보처리자의 고의 또는 중대한 과실로 인하여 개인정보가 분실·도난·유출·위조·변조 또는 훼손된 경우로서 **정보주체에게 손해가 발생**한 때에는 법원은 그 **손해액의 5배를 넘지 아니하는** 범위에서 **손해배상액을 정할 수 있다**. 다만, 개인정보처리자가 고의 또는 중대한 과실이 없음을 증명한 경우에는 그러하지 아니하다.
> 개인정보 보호법 제39조의2(법정손해배상의 청구) ① 제39조제1항에도 불구하고 정보주체는 개인정보처리자의 고의 또는 과실로 인하여 개인정보가 분실·도난·유출·위조·변조 또는 훼손된 경우에는 **300만원 이하의 범위에서 상당한 금액**을 손해액으로 하여 **배상을 청구할 수 있다**. 이 경우 해당 개인정보처리자는 고의 또는 과실이 없음을 입증하지 아니하면 책임을 면할 수 없다.

정답 2216. ○ 2216-1. ○ 2216-2. ○ 2217. ○ 2218. ○ 2218-1. ○ 2219. ○

2 관련판례

2220 국회의원이 '각급학교 교원의 교원단체 및 교원노조 가입현황 실명자료'를 인터넷을 통하여 공개하였다면, 이는 개인정보자기결정권의 보호대상이 되는 개인정보를 일반 대중에게 공개함으로써 해당 교원들의 개인정보자기결정권을 침해하는 것이다. 20 법원 9   O | X

2220-1 '각급학교 교원의 교원단체 및 교원노조 가입현황 실명자료'는 개인정보자기결정권의 보호대상이 되나 이를 공개한 표현행위로 인하여 얻을 수 있는 법적 이익이 이를 공개하지 않음으로써 보호받을 수 있는 해당 교원 등의 법적 이익에 비하여 우월하다고 할 수 있으므로 해당 정보공개행위가 위법하다고 볼 수 없다. 20 국회 8   O | X

국회의원인 甲 등이 **각급학교 교원의 교원단체 및 교원노조 가입현황 실명자료**를 인터넷을 통하여 공개한 사안에서, 위 정보는 개인정보자기결정권의 보호대상이 되는 **개인정보에 해당**하므로 이를 일반 대중에게 공개하는 행위는 해당 교원들의 **개인정보자기결정권**과 전국교직원노동조합의 존속, 유지, 발전에 관한 권리를 **침해**하는 것이고, 甲 등이 위 정보를 공개한 표현행위로 인하여 얻을 수 있는 법적 이익이 이를 **공개하지 않음으로써 보호받을 수 있는 해당 교원 등의 법적 이익**에 비하여 **우월**하다고 할 수 없으므로, 甲 등의 **정보 공개행위가 위법**하다(대판 2014. 7. 24. 2012다49933).

2221 개인정보에 관한 인격권 보호에 의하여 얻을 수 있는 이익과 정보처리 행위로 얻을 수 있는 이익 즉, 정보처리자의 '알 권리'와 이를 기반으로 한 정보수용자의 '알 권리' 및 표현의 자유, 정보처리자의 영업의 자유, 사회 전체의 경제적 효율성 등의 가치를 구체적으로 비교 형량하여 어느 쪽 이익이 더 우월한 것으로 평가할 수 있는지에 따라 정보처리 행위의 최종적인 위법성 여부를 판단하여야 한다. 22 경정   O | X

2221-1 이미 정보주체의 의사에 따라 공개된 개인정보를 그의 별도의 동의 없이 영리 목적으로 수집·제공한 경우, 그러한 정보처리 행위로 침해될 수 있는 정보주체의 인격적 법익과 그 행위로 보호받을 수 있는 정보처리자 등의 법적 이익 등을 고려하여 그 최종적인 위법성 여부를 판단하여야 하고, 단지 정보처리자에게 영리 목적이 있었다는 사정만으로 곧바로 정보처리 행위를 위법하다고 할 수는 없다. 18 변호사   O | X

개인정보자기결정권이라는 인격적 법익을 침해·제한한다고 주장되는 행위의 내용이 **이미 정보주체의 의사에 따라 공개된 개인정보를 그의 별도의 동의 없이 영리 목적으로 수집·제공**하였다는 것인 경우에는, 정보처리 행위로 침해될 수 있는 **정보주체의 인격적 법익**과 그 행위로 보호받을 수 있는 **정보처리자 등의 법적 이익**이 하나의 법률관계를 둘러싸고 충돌하게 된다. … 개인정보에 관한 **인격권 보호에 의하여 얻을 수 있는 이익**과 **정보처리 행위로 얻을 수 있는 이익** 즉 정보처리자의 '알 권리'와 이를 기반으로 한 정보수용자의 '알 권리' 및 표현의 자유, 정보처리자의 영업의 자유, 사회 전체의 경제적 효율성 등의 가치를 **구체적으로 비교 형량**하여 어느 쪽 이익이 더 우월한 것으로 평가할 수 있는지에 따라 **정보처리 행위의 최종적인 위법성 여부를 판단**하여야 하고, 단지 **정보처리자에게 영리 목적**이 있었다는 사정만으로 곧바로 **정보처리 행위를 위법하다고 할 수는 없다**(대판 2016. 8. 17. 2014다235080).

정답 2220. O 2220-1. X [비공개 이익이 더 우월 → 정보 공개행위는 위법함] 2221. O 2221-1. O

2222 정보주체가 직접 또는 제3자를 통하여 이미 공개한 개인정보라고 하더라도 공개 당시 정보주체가 자신의 개인정보에 대한 수집이나 제3자 제공 등의 처리에 대하여 동의를 하였다고 단정할 수 없으므로, 그 정보를 수집·이용·제공 등 처리하고자 하는 자는 정보주체로부터 별도의 동의를 받아야 한다. _{21 법무사} O | X

정보주체가 직접 또는 제3자를 통하여 **이미 공개한 개인정보**는 공개 당시 정보주체가 자신의 개인정보에 대한 수집이나 제3자 제공 등의 처리에 대하여 일정한 범위 내에서 동의를 하였다고 할 것이다. … 따라서 이미 공개된 개인정보를 **정보주체의 동의가 있었다고 객관적으로 인정되는 범위 내**에서 수집·이용·제공 등 처리를 할 때는 **정보주체의 별도의 동의는 불필요하다**고 보아야 하고, 별도의 동의를 받지 아니하였다고 하여 개인정보 보호법 제15조나 제17조를 위반한 것으로 볼 수 없다(대판 2016. 8. 17. 2014다235080).

2223 법률정보 제공 사이트를 운영하는 회사가 공립대학교 법학과 교수의 사진, 성명, 성별, 출생연도, 직업, 직장, 학력, 경력 등 개인정보를 위 법학과 홈페이지 등을 통해 수집하여 위 사이트 내 '법조인' 항목에서 유료로 제공한 경우, 위 회사가 영리 목적으로 개인정보를 수집하여 제3자에게 제공하였더라도 그에 의하여 얻을 수 있는 법적 이익이 정보처리를 막음으로써 얻을 수 있는 정보주체의 인격적 법익에 비하여 우월하므로, 개인정보자기결정권을 침해하는 위법한 행위로 평가할 수 없다. _{21 법무사} O | X

법률정보 제공 사이트를 운영하는 갑 주식회사가 공립대학교인 을 대학교 법과대학 법학과 교수로 재직 중인 **병의 사진, 성명, 성별, 출생연도, 직업, 직장, 학력, 경력 등의 개인정보를 위 법학과 홈페이지 등을 통해 수집**하여 위 사이트 내 '법조인' 항목에서 **유료로 제공**한 사안에서, 갑 회사가 영리 목적으로 병의 개인정보를 수집하여 제3자에게 제공하였더라도 그에 의하여 얻을 수 있는 법적 이익이 정보처리를 막음으로써 얻을 수 있는 정보주체의 인격적 법익에 비하여 우월하므로, 갑 회사의 행위를 병의 **개인정보자기결정권을 침해하는 위법한 행위로 평가할 수 없고**, 갑 회사가 병의 개인정보를 수집하여 제3자에게 제공한 행위는 병의 동의가 있었다고 객관적으로 인정되는 범위 내이고, 갑 회사에 영리 목적이 있었다고 하여 달리 볼 수 없으므로, 갑 회사가 병의 별도의 동의를 받지 아니하였다고 하여 개인정보 보호법 제15조나 제17조를 위반하였다고 볼 수 없다(대판 2016. 8. 17. 2014다235080).

POINT 132 통신의 비밀

01 통신의 비밀과 자유

2224 헌법 제18조에서 그 비밀을 보호하는 '통신'의 일반적인 속성으로는 '당사자간의 동의', '비공개성', '당사자의 특정성' 등을 들 수 있다. _{24 5급} O | X

헌법 제18조에서 그 비밀을 보호하는 **'통신'의 일반적인 속성으로는 '당사자간의 동의', '비공개성', '당사자의 특정성'** 등을 들 수 있는바, 이를 염두에 둘 때 위 헌법조항이 규정하고 있는 '통신'의 의미는 '비공개를 전제로 하는 쌍방향적인 의사소통'이라고 할 수 있다(헌재 2001. 3. 21. 2000헌바25).

2225 통신의 자유를 기본권으로서 보장하는 것은 사적 영역에 속하는 개인 간의 의사소통을 사생활의 일부로서 보장하겠다는 취지에서 비롯된 것이다. _{17 국가 7} O | X

헌법 제18조에서는 "모든 국민은 통신의 비밀을 침해받지 아니한다"라고 규정하여 통신의 비밀보호를 그 핵심내용으로 하는 통신의 자유를 기본권으로 보장하고 있다. **통신의 자유를 기본권으로서 보장하는 것은 사적 영역에 속하는 개인간의 의사소통을 사생활의 일부로서 보장**하겠다는 취지에서 비롯된 것이라 할 것이다(헌재 2001. 3. 21. 2000헌바25).

● 정답 2222. X [동의한 것으로 인정됨 → 별도 동의 불필요] 2223. O 2224. O 2225. O

2226 사생활의 비밀과 자유에 포섭될 수 있는 사적 영역에 속하는 통신의 자유를 헌법이 별개의 조항을 통해 기본권으로 보장하는 이유는 우편이나 전기통신의 운영이 전통적으로 국가독점에서 출발하였기 때문에 개인 간의 의사소통을 전제로 하는 통신은 국가에 의한 침해가능성이 여타의 사적 영역보다 크기 때문이다. 24 5급, 24 경정 O | X

헌법 제18조는 '모든 국민은 통신의 비밀을 침해받지 아니한다.'라고 규정하여 통신의 비밀보호를 그 핵심내용으로 하는 통신의 자유를 기본권으로 보장하고 있다. 사생활의 비밀과 자유에 포섭될 수 있는 사적 영역에 속하는 통신의 자유를 헌법이 별개의 조항을 통해 기본권으로 보장하는 이유는 우편이나 전기통신의 운영이 전통적으로 국가독점에서 출발하였기 때문에 개인 간의 의사소통을 전제로 하는 통신은 국가에 의한 침해가능성이 여타의 사적 영역보다 크기 때문이다(헌재 2018. 6. 28. 2012헌마191 등).

2227 자유로운 의사소통은 통신내용의 비밀을 보장하는 것만으로는 충분하지 아니하고 구체적인 통신으로 발생하는 외형적인 사실관계, 특히 통신관여자의 인적 동일성·통신시간·통신장소·통신횟수 등 통신의 외형을 구성하는 통신이용의 전반적 상황의 비밀까지도 보장해야 한다. 24 5급, 22 지방 7, 22 국회 8 O | X

2227-1 자유로운 의사소통은 통신내용의 비밀을 보장하는 것만으로 충분하다. 23 경채 O | X

헌법 제18조는 '모든 국민은 통신의 비밀을 침해받지 아니한다.'라고 규정하여 통신의 비밀보호를 그 핵심내용으로 하는 통신의 자유를 기본권으로 보장하고 있다. 사생활의 비밀과 자유에 포섭될 수 있는 사적 영역에 속하는 통신의 자유를 헌법이 별개의 조항을 통해 기본권으로 보장하는 이유는 우편이나 전기통신의 운영이 전통적으로 국가독점에서 출발하였기 때문에 개인 간의 의사소통을 전제로 하는 통신은 국가에 의한 침해가능성이 여타의 사적 영역보다 크기 때문이다. 자유로운 의사소통은 통신내용의 비밀을 보장하는 것만으로는 충분하지 아니하고 구체적인 통신으로 발생하는 외형적인 사실관계, 특히 통신관여자의 인적 동일성·통신시간·통신장소·통신횟수 등 통신의 외형을 구성하는 통신이용의 전반적 상황의 비밀까지도 보장해야 한다(헌재 2018. 6. 28. 2012헌마191 등).

2228 통신의 자유란 통신수단을 자유로이 이용하여 의사소통할 권리이고, 이러한 '통신수단의 자유로운 이용'에는 자신의 인적 사항을 누구에게도 밝히지 않는 상태로 통신수단을 이용할 자유, 즉 통신수단의 익명성 보장도 포함된다. 23 해간, 23 변호사, 22 지방 7, 21 경정, 20 법원 9 O | X

2228-1 헌법 제18조로 보장되는 기본권인 통신의 자유란 통신수단을 자유로이 이용하여 의사소통할 권리이다. '통신수단의 자유로운 이용'이라 하더라도 자신의 인적 사항을 누구에게도 밝히지 않는 상태로 통신수단을 이용할 자유, 즉 통신수단의 익명성 보장은 포함된다고 볼 수 없다. 23 법원 9 O | X

헌법 제18조로 보장되는 기본권인 통신의 자유란 통신수단을 자유로이 이용하여 의사소통할 권리이다. '통신수단의 자유로운 이용'에는 자신의 인적 사항을 누구에게도 밝히지 않는 상태로 통신수단을 이용할 자유, 즉 통신수단의 익명성 보장도 포함된다. 심판대상조항은 휴대전화를 통한 문자·전화·모바일 인터넷 등 통신기능을 사용하고자 하는 자에게 반드시 사전에 본인확인 절차를 거치는데 동의해야만 이를 사용할 수 있도록 하므로, 익명으로 통신하고자 하는 청구인들의 통신의 자유를 제한한다(헌재 2019. 9. 26. 2017헌마1209).

● 정답 | 2226. O   2227. O   2227-1. X [통신이용의 전반적 상황의 비밀까지도 보장해야 함]   2228. O   2228-1. X [통신수단의 익명성 보장도 포함]

2229 통신의 비밀이란 서신·우편·전신의 통신수단을 통하여 개인 간에 의사나 정보의 전달과 교환(의사소통)이 이루어지는 경우, 통신의 내용과 통신이용의 상황이 개인의 의사에 반하여 공개되지 아니할 자유를 의미한다. 23 경채 O|X

통신의 비밀이란 서신·우편·전신의 통신수단을 통하여 개인 간에 의사나 정보의 전달과 교환(의사소통)이 이루어지는 경우, 통신의 내용과 통신이용의 상황이 개인의 의사에 반하여 공개되지 아니할 자유를 의미한다. 그러나 가입자의 인적사항이라는 정보는 통신의 내용·상황과 관계없는 '비 내용적 정보'이며 휴대전화 통신계약 체결 단계에서는 아직 통신수단을 통하여 어떠한 의사소통이 이루어지는 것이 아니므로 통신의 비밀에 대한 제한이 이루어진다고 보기는 어렵다(헌재 2019. 9. 26. 2017헌마1209).

2230 통신의 자유는 국가안전보장·질서유지 또는 공공복리를 위하여 필요한 경우에는 법률로 제한될 수 있다. 17 경정 O|X

헌법 제18조에서 "모든 국민은 통신의 비밀을 침해받지 아니한다"라고 규정하여 통신의 비밀을 침해받지 아니할 권리 즉, **통신의 자유**를 국민의 기본권으로 보장하고 있다. 따라서 통신의 중요한 수단인 서신의 당사자나 내용은 본인의 의사에 반하여 공개될 수 없으므로 서신의 검열은 원칙으로 금지된다고 할 것이다. 그러나 위와 같은 기본권도 절대적인 것은 아니므로 **헌법 제37조 제2항**에 따라 국가안전보장·질서유지 또는 공공복리를 위하여 **필요한 경우에는 법률로써 제한**할 수 있고, 다만 제한하는 경우에도 그 본질적인 내용은 침해할 수 없다(헌재 1998. 8. 27. 96헌바398).

2231 감청을 헌법 제18조에서 보장하고 있는 통신의 비밀에 대한 침해행위 중의 한 유형으로 이해해서는 안 되며, 감청의 대상으로서의 전기통신을 헌법상의 '통신'개념을 전제로 하고 있다고 보아서도 안 된다. 24 5급 O|X

감청이라는 것은 헌법 제18조에서 보장하고 있는 **통신의 비밀에 대한 침해행위** 중의 한 유형으로 이해하여야 할 것이며 감청의 대상으로서의 **전기통신**은 앞서 본 **헌법상의 '통신'개념을 전제로 하고** 있다고 보아야 할 것이다. … 전기통신은 '**비공개를 전제로 하는 쌍방향적인 의사소통**'이라는 통신의 개념을 전제하고 있는 것이므로, 긴급조난신호와 같이 공개된 의사소통은 감청의 대상이 될 수 없다고 보아야 할 것이다(헌재 2001. 3. 21. 2000헌바25).

02 통신의 자유 관련판례

2232 전기통신역무제공에 관한 계약을 체결하는 경우 전기통신사업자로 하여금 가입자에게 본인임을 확인할 수 있는 증서 등을 제시하도록 요구하고 부정가입방지시스템 등을 이용하여 본인인지 여부를 확인하도록 한 「전기통신사업법」 조항은, 가입자의 인적사항이라는 정보는 통신의 내용·상황과 관계없는 '비 내용적 정보'이며 휴대전화 통신계약 체결 단계에서는 아직 통신수단을 통하여 어떠한 의사소통이 이루어지는 것이 아니므로 통신의 비밀에 대한 제한이라 할 수는 없다. 23 국회 8 O|X

2232-1 전기통신역무제공에 관한 계약을 체결하는 경우 전기통신사업자로 하여금 가입자에게 본인임을 확인할 수 있는 증서 등을 제시하도록 요구하고 부정가입방지시스템 등을 이용하여 본인인지 여부를 확인하도록 한 「전기통신사업법」 조항 및 「전기통신사업법 시행령」 조항은 이동통신서비스에 가입하려는 청구인들의 통신의 비밀을 제한한다. 22 경찰 1차 O|X

● 정답 2229. O   2230. O   2231. X [감청은 통신의 비밀에 대한 침해행위임 / 감청의 대상으로서의 전기통신 : 헌법상의 '통신'개념을 전제로 함]   2232. O   2232-1. X [통신의 비밀 제한 X → 통신의 자유 제한 O]

심판대상조항은 휴대전화를 통한 문자·전화·모바일 인터넷 등 통신기능을 사용하고자 하는 자에게 반드시 사전에 본인확인 절차를 거치는 데 동의해야만 이를 사용할 수 있도록 하므로, 익명으로 통신하고자 하는 청구인들의 **통신의 자유를 제한**한다. … **통신의 비밀**이란 서신·우편·전신의 통신수단을 통하여 개인 간에 의사나 정보의 전달과 교환(의사소통)이 이루어지는 경우, **통신의 내용과 통신이용의 상황**이 개인의 의사에 반하여 **공개되지 아니할 자유**를 의미한다. 그러나 가입자의 인적사항이라는 정보는 통신의 내용·상황과 관계없는 '비 내용적 정보'이며 **휴대전화 통신계약 체결 단계**에서는 아직 통신수단을 통하여 어떠한 의사소통이 이루어지는 것이 아니므로 **통신의 비밀에 대한 제한이 이루어진다고 보기는 어렵다**(헌재 2019. 9. 26. 2017헌마1209).

2233 전기통신역무제공에 관한 계약을 체결하는 경우 전기통신사업자로 하여금 가입자에게 본인임을 확인할 수 있는 증서 등을 제시하도록 요구하고 부정가입방지시스템 등을 이용하여 본인인지 여부를 확인하도록 한 전기통신사업법령 조항들은 휴대전화를 통한 문자·전화·모바일 인터넷 등 통신기능을 사용하고자 하는 자에게 반드시 사전에 본인확인 절차를 거치는 데 동의해야만 이를 사용할 수 있도록 하므로, 익명으로 통신하고자 하는 청구인들의 통신의 자유를 침해한다. 20 법원 9   O | X

2233-1 전기통신역무제공에 관한 계약을 체결하는 경우 전기통신사업자로 하여금 가입자에게 본인임을 확인할 수 있는 증서 등을 제시하도록 요구하고 부정가입방지시스템 등을 이용하여 본인인지 여부를 확인하도록 하였더라도 잠재적 범죄 피해 방지 및 통신망 질서 유지라는 더욱 중대한 공익의 달성 효과가 있으므로 개인정보자기결정권을 침해하지 않는다. 23 국회 8   O | X

2233-2 익명휴대전화를 이용하는 자들이 언제나 범죄의 목적을 가진다고 볼 수 없고 익명통신은 도덕적으로 중립적이므로, 익명휴대전화를 금지하기 위해 이동통신서비스 가입 시 본인 확인 절차를 거치도록 한다면 그 규정은 정당한 입법목적을 가지고 있다고 볼 수 없으므로 개인정보자기결정권을 침해한다. 20 국회 8   O | X

심판대상조항이 **이동통신서비스 가입 시 본인확인절차**를 거치도록 함으로써 타인 또는 허무인의 이름을 사용한 휴대전화인 이른바 대포폰이 보이스피싱 등 범죄의 범행도구로 이용되는 것을 막고, 개인정보를 도용하여 타인의 명의로 가입한 다음 휴대전화 소액결제나 서비스요금을 그 명의인에게 전가하는 등 명의도용범죄의 피해를 막고자 하는 입법목적은 정당하고, 이를 위하여 본인확인절차를 거치게 한 것은 적합한 수단이다. … 따라서 심판대상조항은 청구인들의 **개인정보자기결정권 및 통신의 자유를 침해하지 않는다**(헌재 2019. 9. 26. 2017헌마1209).

2234 신병교육기간 동안 신병들의 전화사용을 통제하는 것은 헌법 제18조가 보장하는 통신의 자유를 제한한다. 19 국회 9   O | X

2234-1 육군 신병훈련소에서 교육훈련을 받는 동안 전화사용을 통제하는 내용의 육군 신병교육 지침서 부분은 신병교육훈련생들의 통신의 자유를 침해하지 않는다. 21 경정, 20 법원 9   O | X

2234-2 신병훈련소에서 교육훈련을 받는 동안 신병의 전화사용을 통제하는 육군 신병교육지침은 통신의 자유를 과도하게 제한하여 통신의 자유를 침해한다. 23 해간   O | X

이 사건 지침은 신병교육훈련을 받고 있는 군인의 통신의 자유를 제한하고 있으나, 신병들을 군인으로 육성하고 교육훈련과 병영생활에 조속히 적응시키기 위하여 신병교육기간에 한하여 신병의 외부 전화통화를 통제한 것이다. … 이 사건 지침에서 신병교육훈련 기간 동안 전화사용을 하지 못하도록 정하고 있는 규율이 청구인을 포함한 신병교육훈련생들의 **통신의 자유 등 기본권**을 필요한 정도를 넘어 **과도하게 제한하는 것이라고 보기 어렵다**(헌재 2010. 10. 28. 2007헌마890).

정답 2233. X [통신의 자유 침해 X]   2233-1. O   2233-2. X [개인정보자기결정권 침해 X]   2234. O   2234-1. O   2234-2. X [통신의 자유 침해 X]

2235 수용자가 집필한 문서의 내용이 타인의 사생활의 비밀 또는 자유를 침해하는 등 우려가 있는 때 교정시설의 장이 문서의 외부반출을 금지할 수 있도록 한 것은 이미 표현된 집필문을 외부의 특정한 상대방에게 발송할 수 있는지 여부에 대해 규율하는 것이므로, 이에 의해 제한되는 기본권은 통신의 자유로 보아야 한다. 22 국회 8   O | X

2235-1 수용자가 집필한 문서의 내용이 사생활의 비밀 또는 자유를 침해하는 등 우려가 있는 때 교정시설의 장이 문서의 외부반출을 금지하도록 규정한 법률 조항은, 집필문을 창작하거나 표현하는 것을 금지하거나 이에 대한 허가를 요구하는 조항이므로, 제한되는 기본권은 통신의 자유가 아니라 표현의 자유로 보아야 한다. 22 지방 7   O | X

2235-2 수용자가 작성한 집필문의 외부반출을 불허하고 이를 영치할 수 있도록 한 것은 수용자의 통신의 자유와 표현의 자유를 제한한다. 16 국가 7   O | X

심판대상조항은 집필문을 창작하거나 표현하는 것을 금지하거나 이에 대한 허가를 요구하는 조항이 아니라 이미 표현된 집필문을 외부의 특정한 상대방에게 <u>발송할 수 있는지 여부에 대해 규율</u>하는 것이므로, 제한되는 기본권은 헌법 제18조에서 정하고 있는 <u>통신의 자유로 봄이 상당하다</u>. 따라서 심판대상조항이 사전검열에 해당한다는 청구인의 주장에 대해서는 판단하지 아니하고, <u>통신의 자유 침해 여부에 대해서만 판단</u>하기로 한다. … 따라서 심판대상조항은 수용자의 <u>통신의 자유를 침해하지 아니한다</u>(헌재 2016. 5. 26. 2013헌바98).

🔖 **보충설명** 수용자의 통신의 자유는 제한하나 표현의 자유는 제한하지 않는다.

2236 수용자가 작성한 집필문의 외부반출을 불허하고 이를 영치할 수 있도록 규정한 「형의 집행 및 수용자의 처우에 관한 법률」 조항은 수용자의 통신의 자유를 침해하지 않는다. 19 경정   O | X

심판대상조항은 수용자의 처우 또는 교정시설의 운영에 관하여 명백하게 거짓 사실을 포함하고 있거나, 타인의 사생활의 비밀이나 자유를 침해하거나 교정시설의 안전과 질서를 해치고 수형자의 교정교화와 건전한 사회복귀를 저해할 우려가 있는 내용을 포함하는 집필문의 반출로 인해 야기될 사회적 혼란과 위험을 사전에 예방하고, 교정시설 내의 규율과 수용질서를 유지하고 수용자의 교화와 사회복귀를 원활하게 하려는 것으로 그 입법목적의 정당성이 인정된다. … 따라서 <u>심판대상조항은 수용자의 통신의 자유를 침해하지 아니한다</u>(헌재 2016. 5. 26. 2013헌바98).

2237 교도소장이 수용자에게 온 서신을 개봉한 행위는 구 「형의 집행 및 수용자의 처우에 관한 법률」 및 구 「형의 집행 및 수용자의 처우에 관한 법률 시행령」 조항에 근거하여 수용자에게 온 서신의 봉투를 개봉하여 내용물을 확인한 행위로서 수용자의 통신의 자유를 침해하지 아니한다. 23 국회 8   O | X

2237-1 교도소장이 법원, 검찰청 등이 수용자에게 보낸 문서를 열람한 행위는 문서 전달 업무에 정확성을 기하고 수용자의 편의를 도모하여 법령상 기간준수 여부 확인을 위한 공적 자료를 마련하기 위한 것이고, 다른 법령에 따라 열람이 금지된 문서는 열람할 수 없으므로 수용자의 통신의 자유를 침해하지 아니한다. 22 법무사   O | X

● 정답 2235. O   2235-1. X [통신의 자유가 제한됨]   2235-2. X [표현의 자유 제한 X]   2236. O   2237. O   2237-1. O

(1) 피청구인의 **서신개봉행위**는 법령상 금지되는 물품을 서신에 동봉하여 반입하는 것을 방지하기 위하여 구 형의 집행 및 수용자의 처우에 관한 법률 제43조 제3항 및 구 형집행법 시행령 제65조 제2항에 근거하여 수용자에게 온 서신의 봉투를 개봉하여 내용물을 확인한 행위로서, 교정시설의 안전과 질서를 유지하고 수용자의 교화 및 사회복귀를 원활하게 하기 위한 것이다. … 개봉하는 발신자나 수용자를 한정하거나 엑스레이 기기 등으로 확인하는 방법 등으로는 금지물품 동봉 여부를 정확하게 확인하기 어려워, 입법목적을 같은 정도로 달성하면서, 소장이 서신을 개봉하여 육안으로 확인하는 것보다 덜 침해적인 수단이 있다고 보기 어렵다. 또한 서신을 개봉하더라도 그 내용에 대한 검열은 원칙적으로 금지된다. 따라서 서신개봉행위는 청구인의 **통신의 자유를 침해하지 아니한다**(헌재 2021. 9. 30. 2019헌마919).

(2) 피청구인의 **문서열람행위**는 형집행법 시행령 제67조에 근거하여 법원 등 관계기관이 수용자에게 보내온 문서를 열람한 행위로서, 문서 전달 업무에 정확성을 기하고 수용자의 편의를 도모하며 법령상의 기간준수 여부 확인을 위한 공적 자료를 마련하기 위한 것이다. 수용자 스스로 고지하도록 하거나 특별히 엄중한 계호를 요하는 수용자에 한하여 열람하는 등의 방법으로는 목적 달성에 충분하지 않고, 다른 법령에 따라 열람이 금지된 문서는 열람할 수 없으며, 열람한 후에는 본인에게 신속히 전달하여야 하므로, **문서열람행위는 청구인의 통신의 자유를 침해하지 아니한다**(헌재 2021. 9. 30. 2019헌마919).

2238 미결수용자가 교정시설 내에서 규율위반행위 등을 이유로 금치처분을 받은 경우 금치기간 중 서신수수, 접견, 전화통화를 제한하는 「형의 집행 및 수용자의 처우에 관한 법률」 조항 중 미결수용자에게 적용되는 부분은 미결수용자인 청구인의 통신의 자유를 침해하지 않는다. 22 경찰 1차 O I X

금치처분을 받은 미결수용자에 대하여 금치기간 중 서신수수, 접견, 전화통화를 제한하는 것은 대상자를 구속감과 외로움 속에 반성에 전념하게 함으로써 수용시설 내 안전과 질서를 유지하기 위한 것이다. … 이 사건 서신수수·접견·전화통화 제한조항은 청구인의 **통신의 자유를 침해하지 아니한다**(헌재 2016. 4. 28. 2012헌마549 등).

2239 금치처분을 받은 수형자에 대하여 서신수수를 제한하는 것은 징벌실 수용에 따른 격리에 추가하여 통신의 제한을 더하는 것이므로 이는 수형자의 통신의 자유를 침해한다. 22 입시 O I X

금치 징벌의 목적 자체가 징벌실에 수용하고 엄격한 격리에 의하여 개전을 촉구하고자 하는 것이므로 접견·서신수발의 제한은 불가피하며, 행형법시행령 제145조 제2항은 금치 기간 중의 접견·서신수발을 금지하면서도, 그 단서에서 소장으로 하여금 "교화 또는 처우상 특히 필요하다고 인정되는 때"에는 금치 기간 중이라도 접견·서신수발을 허가할 수 있도록 예외를 둠으로써 과도한 규제가 되지 않도록 조치하고 있으므로, … 위와 같은 행형법시행령 제145조 제2항의 **금치 수형자에 대한 접견·서신수발의 제한**은 국가안전보장·질서유지 또는 공공복리라는 정당한 목적을 위한 필요·최소한의 제한으로서 **수형자의 교통·통신의 권리를 과도하게 제한하는 것이 아니다**(헌재 2004. 12. 16. 2002헌마478).

2240 구치소장이 구치소에 수용 중인 수형자 앞으로 온 서신 속에 허가받지 않은 물품인 사진이 동봉되어 있음을 이유로 수형자에게 해당 서신수수를 금지하고 해당 서신을 발신자로서 당시 발신인에게 반송한 행위는 과잉금지원칙에 위반하여 통신의 자유를 침해하지 않는다. 23 법원 9 O I X

2240-1 피청구인 구치소장이 구치소에 수용 중인 수형자에게 온 서신에 '허가 없이 수수되는 물품'인 녹취서와 사진이 동봉되어 있음을 확인하여 서신수수를 금지하고 발신인인 청구인에게 위 물품을 반송한 것은 과잉금지원칙에 위반되어 청구인의 통신의 자유를 침해한다. 22 경정 O I X

피청구인 ○○구치소장이 ○○구치소에 수용중인 수형자에게 온 서신에 '허가 없이 수수되는 물품'인 녹취서와 사진이 동봉되어 있음을 확인하여 **서신수수를 금지**하고 **발신인인 청구인에게 위 물품을 반송**한 것은 교정사고를 미연에 방지하고 교정시설의 안전과 질서 유지를 위하여 불가피한 측면이 있다. 또한 청구인은 관심대상수용자로 지정된 자이고, 서신에 동봉된 녹취서는 청구인이 원고인 민사사건 증인의 증언을 녹취한 소송서류로서 타인의 실명과 개인정보가 기재되어 있다. 한편, 수용자 사이에 사진을 자유롭게 교환할 수 있도록 하는 경우 각종 교정사고가 발생할 가능성이 있다. 이와 같은 점을 종합적으로 고려하면, **이 사건 반송행위는 과잉금지원칙에 위반되어 청구인의 통신의 자유를 침해하지 않는다**(헌재 2019. 12. 27. 2017헌마413 등).

● 정답 2238. ○   2239. ×[통신의 자유 침해 ×]   2240. ○   2240-1. ×[통신의 자유 침해 ×]

2241 국가기관의 감청설비 보유·사용에 대한 관리와 통제를 위한 법적, 제도적 장치가 마련되어 있으므로, 국가기관이 인가 없이 감청설비를 보유, 사용할 수 있다는 사실만 가지고 바로 국가기관에 의한 통신비밀침해행위를 용이하게 하는 결과를 초래함으로써 통신의 자유를 침해한다고 볼 수는 없다.
23 국회 8 O | X

2241-1 국가기관의 감청설비 보유·사용에 대한 관리와 통제를 위한 법적·제도적 장치가 마련되어 있을지라도, 국가기관이 인가 없이 감청설비를 보유·사용할 수 있다는 사실만 가지고 바로 국가기관에 의한 통신비밀 침해행위를 예상할 수 있으므로 국가기관이 감청설비의 보유 및 사용에 있어서 주무장관의 인가를 받지 않아도 된다는 것은 통신의 자유를 침해한다. 16 국가 7 O | X

이 사건 법률조항에서 사인이 감청설비를 제조·수입·판매 등을 하기 위해서는 정보통신부장관의 인가를 받도록 규정한 것은 사인에 의한 통신비밀 침해행위를 사전에 예방하기 위한 것이다. 국가기관의 경우에는 감청설비의 보유 및 사용이 당해기관 내·외부기관에 의하여 관리·감독되고, 사인에 대한 통신비밀침해행위를 통제하기 위한 여러 가지 법률적 장치들이 법에 마련되어 있다. … 이와 같이 **국가기관의 감청설비 보유·사용에 대한 관리와 통제**를 위한 법적, 제도적 장치가 마련되어 있으므로, **국가기관이 인가 없이 감청설비를 보유, 사용**할 수 있다는 사실만 가지고 바로 국가기관에 의한 통신비밀침해행위를 용이하게 하는 결과를 초래함으로써 **통신의 자유를 침해한다고 볼 수는 없다**(헌재 2001. 3. 21. 2000헌바25).

03 통신의 비밀 관련판례

2242 수용자가 밖으로 내보내는 서신을 봉함하지 않은 상태로 교정시설에 제출하도록 규정하고 있는 관련 규정의 본래의 목적은, 교도관이 수용자의 면전에서 서신에 금지물품이 들어 있는지를 확인하고 수용자로 하여금 서신을 봉함하게 하는 방법, 봉함된 상태로 제출된 서신을 X-ray 검색기 등으로 확인한 후 의심이 있는 경우에만 개봉하여 확인하는 방법, 서신에 대한 검열이 허용되는 경우에만 개봉하여 확인하는 방법, 서신에 대한 검열이 허용되는 경우에만 무봉함 상태로 제출하도록 하는 방법 등으로도 얼마든지 달성할 수 있다고 할 것이므로, 수용자인 청구인의 통신비밀의 자유를 침해하는 것이다.
17 지방 7 O | X

2242-1 교도소장은 구 「형의 집행 및 수용자의 처우에 관한 법률 시행령」 제65조 제1항("수용자는 보내려는 서신을 봉함하지 않은 상태로 교정시설에 제출하여야 한다.")에 따라 수용자의 서신을 봉함하지 않은 상태로 제출하게 하였는바, 위 시행령 조항은 수용자의 도주를 예방하고 교도소 내의 규율과 질서를 유지하기 위한 불가피한 것으로서 비례의 원칙에 위반되지 아니하여 수용자의 통신비밀의 자유를 침해하지 아니한다. 14 변호사 O | X

이 사건 시행령조항은 교정시설의 안전과 질서유지, 수용자의 교화 및 사회복귀를 원활하게 하기 위해 수용자가 밖으로 내보내는 서신을 봉함하지 않은 상태로 제출하도록 한 것이나, 이와 같은 목적은 교도관이 수용자의 면전에서 서신에 금지물품이 들어 있는지를 확인하고 수용자로 하여금 서신을 봉함하게 하는 방법, 봉함된 상태로 제출된 서신을 X-ray 검색기 등으로 확인한 후 의심이 있는 경우에만 개봉하여 확인하는 방법, 서신에 대한 검열이 허용되는 경우에만 무봉함 상태로 제출하도록 하는 방법 등으로도 얼마든지 달성할 수 있다고 할 것인바, 위 시행령 조항이 수용자가 보내려는 **모든 서신에 대해 무봉함 상태의 제출**을 강제함으로써 수용자의 발송 서신 모두를 사실상 **검열 가능한 상태에 놓이도록 하는 것**은 기본권 제한의 최소 침해성 요건을 위반하여 수용자인 청구인의 **통신비밀의 자유를 침해하는 것이다**(헌재 2012. 2. 23. 2009헌마333).

● 정답   2241. O   2241-1. X [통신의 자유 침해 X]   2242. O   2242-1. X [통신비밀의 자유 침해]

2243 수용자가 국가기관에 서신을 발송할 경우에 교도소장의 허가를 받도록 하는 것은 통신비밀의 자유를 침해하지 않는다. 21 경정 ○ | ✕

만약 국가기관과 사인에 대한 서신을 따로 분리하여 사인에 대한 서신의 경우에만 검열을 실시하고, 국가기관에 대한 서신의 경우에는 검열을 하지 않는다면 사인에게 보낼 서신을 국가기관의 명의를 빌려 검열 없이 보낼 수 있게 됨으로써 검열을 거치지 않고 사인에게 서신을 발송하는 탈법수단으로 이용될 수 있게 되므로 **수용자의 서신에 대한 검열**은 국가안전보장·질서유지 또는 공공복리라는 정당한 목적을 위하여 부득이 할 뿐만 아니라 유효적절한 방법에 의한 최소한의 제한이며, **통신비밀의 자유의 본질적 내용을 침해하는 것이 아니어서 헌법에 위반된다고 할 수 없다**(헌재 2001. 11. 29. 99헌마713).

2244 증거인멸이나 도망을 예방하기 위한 미결구금제도를 실효성 있게 하기 위한 것이라고 하더라도 미결수용자의 서신에 대한 검열은 통신비밀에 대한 과잉의 조치이므로 헌법에 위반된다. 15 경정 ○ | ✕

질서유지 또는 공공복리를 위하여 구속제도가 헌법 및 법률상 이미 용인되어 있는 이상, 미결수용자는 구속제도 자체가 가지고 있는 일면의 작용인 사회적 격리의 점에 있어 외부와의 자유로운 교통과는 상반되는 성질을 가지고 있으므로, 증거인멸이나 도망을 예방하고 교도소 내의 질서를 유지하여 미결구금제도를 실효성 있게 운영하고 일반사회의 불안을 방지하기 위하여 **미결수용자의 서신에 대한 검열**은 그 필요성이 인정된다고 할 것이고, 이로 인하여 미결수용자의 통신의 비밀이 일부제한되는 것은 질서유지 또는 공공복리라는 정당한 목적을 위하여 불가피할 뿐만 아니라 유효적절한 방법에 의한 최소한의 제한으로서 **헌법에 위반된다고 할 수 없다**(헌재 1995. 7. 21. 92헌마144).

2245 통신의 중요한 수단인 서신의 당사자나 내용은 본인의 의사에 반하여 공개될 수 없으므로 서신의 검열은 원칙적으로 금지되나, 수형자가 수발하는 서신에 대한 검열로 인하여 수형자의 통신의 비밀이 일부 제한되는 것은 국가안전보장·질서유지 또는 공공복리라는 정당한 목적을 위하여 부득이할 뿐만 아니라 유효적절한 방법에 의한 최소한의 제한이며 통신의 자유의 본질적 내용을 침해하는 것이 아니므로 헌법에 위반된다고 할 수 없다. 22 국회 8 ○ | ✕

헌법 제18조에서 "모든 국민은 통신의 비밀을 침해받지 아니한다"라고 규정하여 통신의 비밀을 침해받지 아니할 권리 즉, 통신의 자유를 국민의 기본권으로 보장하고 있다. 따라서 **통신의 중요한 수단인 서신의 당사자나 내용**은 본인의 의사에 반하여 공개될 수 없으므로 **서신의 검열은 원칙으로 금지된다**고 할 것이다. … 이러한 현행법령과 제도하에서 **수형자가 수발하는 서신에 대한 검열**로 인하여 수형자의 통신의 비밀이 일부 제한되는 것은 국가안전보장·질서유지 또는 공공복리라는 정당한 목적을 위하여 부득이 할 뿐만 아니라 유효적절한 방법에 의한 최소한의 제한이며 통신의 자유의 본질적 내용을 침해하는 것이 아니므로 **헌법에 위반된다고 할 수 없다**(헌재 1998. 8. 27. 96헌마398).

04 통신비밀보호법

1 통신비밀보호법

2246 「통신비밀보호법」상 '통신'이라 함은 우편물 및 전기통신을 말한다. 22 경찰 1차 ○ | ✕

2246-1 「통신비밀보호법」상 통신이란 우편물, 전기통신 및 대화를 말한다. 14 국회 8 ○ | ✕

> **통신비밀보호법 제2조(정의)** 이 법에서 사용하는 용어의 정의는 다음과 같다.
> 1. "**통신**"이라 함은 **우편물** 및 **전기통신**을 말한다.

● 정답 2243. ○ 2244. ✕ [과잉조치 ✕, 위헌 ✕] 2245. ○ 2246. ○ 2246-1. ✕ [대화 ✕]

2247 「통신비밀보호법」 제3조의 규정에 위반하여, 불법검열에 의하여 취득한 우편물이나 그 내용 및 불법감청에 의하여 지득 또는 채록된 전기통신의 내용은 재판 또는 징계절차에서 증거로 사용할 수 없다. 22 경정   O | X

2247-1 「통신비밀보호법」에 위반하여 불법검열로 취득한 우편물이나 그 내용은 재판절차에서는 증거로 사용될 수 없지만, 징계절차에서는 증거로 사용될 수 있다. 11 지방 7   O | X

2247-2 불법감청에 의하여 지득 또는 채록된 전기통신의 내용은 재판절차에서 증거로 사용될 수 없으나 징계절차에서는 증거로 사용할 수 있다. 22 입시   O | X

> 통신비밀보호법 제3조(통신 및 대화비밀의 보호) ① 누구든지 이 법과 형사소송법 또는 군사법원법의 규정에 의하지 아니하고는 우편물의 검열·전기통신의 감청 또는 통신사실확인자료의 제공을 하거나 공개되지 아니한 타인간의 대화를 녹음 또는 청취하지 못한다. 다만, 다음 각호의 경우에는 당해 법률이 정하는 바에 의한다.
> 통신비밀보호법 제4조(불법검열에 의한 우편물의 내용과 불법감청에 의한 전기통신내용의 증거사용 금지) 제3조(통신 및 대화비밀의 보호)의 규정에 위반하여, 불법검열에 의하여 취득한 우편물이나 그 내용 및 불법감청에 의하여 지득 또는 채록된 전기통신의 내용은 재판 또는 징계절차에서 증거로 사용할 수 없다.

2248 누구든지 공개되지 아니한 타인간의 대화를 녹음하거나 전자장치 또는 기계적 수단을 이용하여 청취할 수 없다. 23 경간   O | X

> 통신비밀보호법 제14조(타인의 대화비밀 침해금지) ① 누구든지 공개되지 아니한 타인간의 대화를 녹음하거나 전자장치 또는 기계적 수단을 이용하여 청취할 수 없다.

2249 「통신비밀보호법」이 '공개되지 아니한 타인간의 대화를 녹음 또는 청취하지 못한다'라고 정한 것은, 대화에 원래부터 참여하지 않는 제3자가 그 대화를 하는 타인들 간의 발언을 녹음해서는 아니 된다는 취지이다. 24 경정   O | X

2249-1 3인 간의 대화에 있어서 그 중 한 사람이 그 대화를 녹음하는 경우에 다른 두 사람의 발언은 그 녹음자에 대한 관계에서 '타인간의 대화'라고 볼 수 없어 이런 녹음은 「통신비밀보호법」 제3조제1항에 위배되지 않는다. 23 지방 7   O | X

2249-2 3인 간의 대화에 있어서 그 중 한 사람이 그 대화를 녹음하는 경우에 다른 두 사람의 발언은 그 녹음자에 대한 관계에서 '타인 간의 대화'라고 할 수 있으므로 이를 녹음한 행위는 "공개되지 아니한 타인 간의 대화를 녹음 또는 청취하지 못한다"고 규정한 「통신비밀보호법」 제3조 제1항에 위배된다. 22 경채   O | X

> 「통신비밀보호법」 제3조제1항이 "공개되지 아니한 타인간의 대화를 녹음 또는 청취하지 못한다"라고 정한 것은, 대화에 원래부터 참여하지 않는 제3자가 그 대화를 하는 타인들 간의 발언을 녹음해서는 아니 된다는 취지이다. 3인 간의 대화에 있어서 그 중 한 사람이 그 대화를 녹음하는 경우에 다른 두 사람의 발언은 그 녹음자에 대한 관계에서 '타인 간의 대화'라고 할 수 없으므로, 이와 같은 녹음행위가 「통신비밀보호법」 제3조제1항에 위배된다고 볼 수는 없다(대판 2006. 10. 12. 2006도4981).

정답 2247. O 2247-1. X [재판·징계절차에서 증거로 사용 불가] 2247-2. X [재판·징계절차에서 증거로 사용 불가] 2248. O 2249. O
2249-1. O 2249-2. X [타인 간의 대화 X, 통신비밀보호법에 위배 X]

2250 「통신비밀보호법」상 '감청'이란 대상이 되는 전기통신의 송·수신과 동시에 이루어지는 경우만을 의미하고, 이미 수신이 완료된 전기통신의 내용을 지득하는 등의 행위는 포함되지 않는다. 23 경간, 22 경정

O | X

2250-1 「통신비밀보호법」상의 감청은 그 대상이 되는 전기통신의 송·수신과 동시에 이루어지는 경우뿐 아니라 이미 수신이 완료된 전기통신의 내용을 지득하는 등의 행위를 포함한다. 22 입시

O | X

해당 규정의 문언이 송신하거나 수신하는 전기통신 행위를 감청의 대상으로 규정하고 있을 뿐 송·수신이 완료되어 보관 중인 전기통신 내용은 그 대상으로 규정하지 않은 점, 일반적으로 **감청**은 다른 사람의 대화나 통신 내용을 몰래 엿듣는 행위를 의미하는 점 등을 고려하여 보면, 통신비밀보호법상의 "**감청**"이란 그 대상이 되는 **전기통신의 송·수신과 동시에 이루어지는** 경우만을 의미하고, **이미 수신이 완료된 전기통신의 내용을 지득**하는 등의 행위는 **포함되지 않는다**(대판 2012. 10. 25. 2012도4644).

2251 「통신비밀보호법」상 국가안전보장을 위한 통신제한조치를 하는 경우에 대통령령이 정하는 정보수사기관의 장은 고등법원장의 허가를 받아야 감청할 수 있다. 23 지방 7

O | X

> **통신비밀보호법 제7조(국가안보를 위한 통신제한조치)** ① 대통령령이 정하는 **정보수사기관의 장**(이하 "情報搜査機關의 長"이라 한다)은 **국가안전보장에 상당한 위험이** 예상되는 경우 또는 「국민보호와 공공안전을 위한 테러방지법」 제2조제6호의 **대테러활동에 필요한 경우**에 한하여 그 위해를 방지하기 위하여 이에 관한 정보수집이 특히 필요한 때에는 다음 각호의 구분에 따라 **통신제한조치**를 할 수 있다.
> 1. 통신의 일방 또는 쌍방당사자가 내국인인 때에는 **고등법원 수석판사의 허가**를 받아야 한다. 다만, 군용전기통신법 제2조의 규정에 의한 군용전기통신(작전수행을 위한 전기통신에 한한다)에 대하여는 그러하지 아니하다.

2252 검사, 사법경찰관 또는 정보수사기관의 장은 중대한 범죄의 계획이나 실행 등 긴박한 상황에 있는 경우 반드시 법원의 사전허가를 받아 통신제한조치를 하여야 한다. 21 경정

O | X

> **통신비밀보호법 제8조(긴급통신제한조치)** ① 검사, 사법경찰관 또는 정보수사기관의 장은 국가안보를 위협하는 **음모행위**, 직접적인 사망이나 심각한 상해의 위험을 야기할 수 있는 범죄 또는 조직범죄등 **중대한 범죄의 계획이나 실행 등 긴박한 상황**에 있고 제5조제1항 또는 제7조제1항제1호의 규정에 의한 요건을 구비한 자에 대하여 제6조 또는 제7조제1항 및 제3항의 규정에 의한 절차를 거칠 수 없는 **긴급한 사유**가 있는 때에는 **법원의 허가없이 통신제한조치**를 할 수 있다.

2253 검사, 사법경찰관 또는 정보수사기관의 장은 긴급통신제한조치의 집행착수 후 지체없이 법원에 허가청구를 하여야 하며, 그 긴급통신제한조치를 한 때부터 36시간 이내에 법원의 허가를 받지 못한 때에는 즉시 이를 중지하여야 한다. 22 경채

O | X

> **통신비밀보호법 제8조(긴급통신제한조치)** ② 검사, 사법경찰관 또는 정보수사기관의 장은 제1항에 따른 통신제한조치(이하 "**긴급통신제한조치**"라 한다)의 집행에 착수한 후 **지체 없이** 제6조(제7조제3항에서 준용하는 경우를 포함한다)에 따라 **법원에 허가청구**를 하여야 한다.
> ⑤ 검사, 사법경찰관 또는 정보수사기관의 장은 긴급통신제한조치의 **집행에 착수한 때부터 36시간 이내에 법원의 허가를 받지 못한 경우**에는 **해당 조치를 즉시 중지**하고 해당 조치로 **취득한 자료를 폐기**하여야 한다.

정답 2250. O 2250-1. X [이미 수신 완료 : 감청에 포함 X] 2251. X [고등법원장 X → 고등법원 수석판사 O] 2252. X [긴급 사유 시 허가없이 可] 2253. O

2254 전기통신사업자는 검사, 사법경찰관 또는 정보수사기관의 장에게 통신사실 확인자료를 제공한 때에는 자료제공현황 등을 연 2회 과학기술정보통신부장관에게 보고하고, 해당 통신사실 확인자료 제공사실등 필요한 사항을 기재한 대장과 통신사실확인자료제공요청서등 관련자료를 통신사실확인자료를 제공한 날부터 7년간 비치하여야 한다. 23 지방 7   O|X

> 통신비밀보호법 제13조(범죄수사를 위한 통신사실 확인자료제공의 절차) ⑦ **전기통신사업자**는 검사, 사법경찰관 또는 정보수사기관의 장에게 **통신사실 확인자료를 제공**한 때에는 자료제공현황 등을 연 2회 **과학기술정보통신부장관에게 보고**하고, 해당 통신사실 확인자료 제공사실등 필요한 사항을 기재한 대장과 통신사실 확인자료제공요청서등 관련자료를 **통신사실확인자료를 제공한 날부터 7년간 비치**하여야 한다.

2 통신제한조치 관련판례

2255 통신제한조치 기간의 연장을 허가함에 있어 총연장기간 내지 총연장횟수의 제한을 두지 아니하고 무제한 연장을 허가할 수 있도록 규정한 「통신비밀보호법」 중 전기통신에 관한 '통신제한조치 기간의 연장'에 관한 부분은 과잉금지원칙을 위반하여 통신의 비밀을 침해한다. 22 경정   O|X

2255-1 통신제한조치기간의 연장을 허가함에 있어 총연장기간 또는 총연장횟수의 제한을 두지 않은 것은, 주요 범죄 내지 국가 안위를 위협하는 음모나 조직화된 집단범죄의 음모가 있는 경우 장기간에 걸친 지속적인 수사가 필요하고 그 증거수집을 위하여 지속적인 통신제한조치가 허용될 필요가 있기 때문이므로, 통신의 자유를 침해하지 않는다. 23 변호사   O|X

2255-2 통신제한조치의 총연장기간이나 총연장횟수를 제한하지 않고 계속해서 통신제한조치가 연장될 수 있도록 하였더라도 통신제한조치를 연장하기 위해서는 법원의 허가를 받아야 하므로 최소침해성원칙을 위반한 것이 아니다. 14 국회 8   O|X

> 법원이 실제 통신제한조치의 기간연장절차의 남용을 통제하는데 한계가 있는 이상 통신제한조치 기간연장에 사법적 통제절차가 있다는 사정만으로는 그 남용으로 인하여 개인의 통신의 비밀이 과도하게 제한되는 것을 막을 수 없다. 그럼에도 **통신제한조치기간을 연장함에 있어 법운용자의 남용을 막을 수 있는 최소한의 한계를 설정하지 않은** 이 사건 법률조항은 **침해의 최소성원칙에 위반한다.** … 그러므로 이 사건 법률조항은 **과잉금지원칙에 위반**하여 청구인의 **통신의 비밀을 침해**하였다고 할 것이다(헌재 2010. 12. 28. 2009헌가30).

2256 인터넷회선 감청은 서버에 저장된 정보가 아니라, 인터넷상에서 발신되어 수신되기까지의 과정 중에 수집되는 정보, 즉 전송 중인 정보의 수집을 위한 수사이므로, 압수·수색과 구별되지 않는다. 23 경간   O|X

> 인터넷회선 감청은 검사가 법원의 허가를 받으면, 피의자 및 피내사자에 해당하는 감청대상자나 해당 인터넷회선의 가입자의 동의나 승낙을 얻지 아니하고도, 전기통신사업자의 협조를 통해 해당 인터넷회선을 통해 송·수신되는 전기통신에 대해 감청을 집행함으로써 정보주체의 기본권을 제한할 수 있으므로, **법이 정한 강제처분에 해당**한다. 또한 **인터넷회선 감청은 서버에 저장된 정보가 아니라, 인터넷상에서 발신되어 수신되기까지의 과정 중에 수집되는 정보, 즉 전송 중인 정보의 수집을 위한 수사이므로, 압수·수색과 구별된다**(헌재 2018. 8. 30. 2016헌마263).

정답 2254. O 2255. O 2255-1. X [통신의 자유·비밀 침해] 2255-2. X [최소침해성원칙 위반] 2256. X [압수·수색과 구별됨]

2257 헌법 제12조 제3항이 정한 영장주의는 수사기관이 강제처분을 함에 있어 중립적 기관인 법원의 허가를 얻어야 함을 의미하는 것 외에 법원에 의한 사후 통제까지 마련되어야 함을 의미한다. 23 해간, 20 변호사

O|X

2257-1 인터넷 통신망을 통해 송·수신하는 전기통신에 대한 감청을 범죄수사를 위한 통신제한조치의 하나로 정한 「통신비밀보호법」 조항은 인터넷회선 감청을 위해 법원의 허가를 얻도록 정하고 있으나, 해당 인터넷회선을 통하여 흐르는 모든 정보가 감청대상이 되므로 개별성, 특정성을 전제로 하는 영장주의를 유명무실하게 함으로써 감청대상자인 청구인의 사생활의 비밀과 자유를 침해한다. 24 경찰 1차

O|X

헌법 제12조 제3항이 정한 영장주의가 **수사기관이** 강제처분을 함에 있어 중립적 기관인 **법원의 허가를 얻어야 함을 의미하는 것 외에 법원에 의한 사후 통제까지 마련되어야 함을 의미한다고 보기 어렵고**, 청구인의 주장은 결국 인터넷회선 감청의 특성상 집행 단계에서 수사기관의 권한 남용을 방지할 만한 별도의 통제 장치를 마련하지 않는 한 통신 및 사생활의 비밀과 자유를 과도하게 침해하게 된다는 주장과 같은 맥락이므로, 이 사건 법률조항이 **과잉금지원칙에 반하여 청구인의 기본권을 침해하는지 여부에 대하여 판단하는 이상, 영장주의 위반 여부에 대해서는 별도로 판단하지 아니한다.** … 그렇다면 이 사건 법률조항은 **과잉금지원칙에 반하여** 청구인의 **통신 및 사생활의 비밀과 자유를 침해한다**(헌재 2018. 8. 30. 2016헌마263).

2258 인터넷회선 감청은 인터넷회선을 통하여 흐르는 전기신호 형태의 패킷을 중간에 확보한 다음 재조합 기술을 거쳐 그 내용을 파악하는 패킷감청의 방식으로 이루어지는 것으로서 개인의 통신 및 사생활의 비밀과 자유를 제한한다. 19 국회 9

O|X

2258-1 오늘날 이메일, 메신저 등 통신뿐 아니라 각종 구매, 금융서비스 이용 등 생활의 전 영역이 인터넷을 기반으로 이루어지기 때문에 인터넷 회선을 감청하는 것은 사생활의 비밀과 자유를 제한하게 된다. 23 국회 9

O|X

2258-2 인터넷회선 감청은 타인과의 관계를 전제로 하는 개인의 사적 영역을 보호하려는 헌법 제18조의 통신의 비밀과 자유 외에 헌법 제17조의 사생활의 비밀과 자유도 제한하므로, 인터넷회선 감청을 범죄수사를 위한 통신제한조치 허가 대상으로 정함에 있어서는 과잉금지원칙을 준수하여야 한다. 22 법무사

O|X

인터넷회선 감청은 인터넷회선을 통하여 흐르는 전기신호 형태의 '패킷'을 중간에 확보한 다음 재조합 기술을 거쳐 그 내용을 파악하는 이른바 **'패킷감청'의 방식으로 이루어진다.** … 인터넷회선 감청은 해당 인터넷회선을 통하여 흐르는 모든 정보가 감청 대상이 되므로, 이를 통해 드러나게 되는 개인의 사생활 영역은 전화나 우편물 등을 통하여 교환되는 통신의 범위를 넘는다. 더욱이 **오늘날 이메일, 메신저, 전화 등 통신뿐 아니라, 각종 구매, 게시물 등록, 금융서비스 이용 등 생활의 전 영역이 인터넷을 기반으로 이루어지기 때문에,** 인터넷회선 감청은 타인과의 관계를 전제로 하는 개인의 사적 영역을 보호하려는 **헌법 제18조의 통신의 비밀과 자유** 외에 **헌법 제17조의 사생활의 비밀과 자유도 제한**하게 된다. 따라서 인터넷회선 감청도 범죄수사를 위한 통신제한조치 허가 대상으로 정한 이 사건 법률조항이 **과잉금지원칙에 반하여** 피의자 또는 피내사자와 같은 대상자뿐만 아니라 이용자들의 통신 및 사생활의 비밀과 자유를 침해하는지 여부에 대하여 본다(헌재 2018. 8. 30. 2016헌마263).

● 정답 2257. ×[사후통제 마련 의미 X] 2257-1. ×[영장주의 판단 안함] 2258. ○ 2258-1. ○ 2258-2. ○

2259 「통신비밀보호법」 조항 중 '인터넷회선을 통하여 송·수신하는 전기통신'에 관한 부분은 인터넷회선 감청의 특성을 고려하여 그 집행 단계나 집행 이후에 수사기관의 권한 남용을 통제하고 관련 기본권의 침해를 최소화하기 위한 제도적 조치가 제대로 마련되어 있지 않은 상태에서, 범죄수사 목적을 이유로 인터넷회선 감청을 통신제한조치 허가 대상 중 하나로 정하고 있으므로 청구인의 기본권을 침해한다. 22 경찰 1차 ○|×

2259-1 범죄 수사 목적을 이유로 통신제한조치 허가 대상 중 하나로 정하는 인터넷회선 감청의 경우 그 집행 단계나 집행 이후에 수사기관의 권한 남용을 통제하고 관련 기본권의 침해를 최소화하기 위한 제도적 조치가 제대로 마련되지 않은 상태에서는 침해의 최소성 요건을 충족하지 않는다. 24 경간 ○|×

2259-2 패킷감청의 방식으로 이루어지는 인터넷회선 감청은 관련 공무원 등에 대한 비밀준수의무 부과, 통신제한조치로 취득한 자료의 사용제한을 통해 충분한 오·남용 방지대책이 마련되어 있는 이상, 수사기관이 감청 집행으로 취득하는 정보의 처리절차에 관하여 아무런 규정을 두고 있지 않더라도 통신의 자유에 대한 침해는 아니다. 23 변호사 ○|×

현행법은 관련 공무원 등에게 비밀준수의무를 부과하고(법 제11조), 통신제한조치로 취득한 자료의 사용제한(법 제12조)을 규정하고 있는 것 외에 <u>수사기관이 감청 집행으로 취득하는 막대한 양의 자료의 처리 절차</u>에 대해서 <u>아무런 규정을 두고 있지 않다.</u> … 이 사건 법률조항은 <u>인터넷회선 감청의 특성을 고려하여 그 집행 단계나 집행 이후에 수사기관의 권한 남용을 통제하고 관련 기본권의 침해를 최소화하기 위한 제도적 조치</u>가 제대로 마련되어 있지 않은 상태에서, 범죄수사 목적을 이유로 인터넷회선 감청을 통신제한조치 허가 대상 중 하나로 정하고 있으므로 <u>침해의 최소성 요건을 충족한다고 할 수 없다.</u> 이러한 여건 하에서 인터넷회선의 감청을 허용하는 것은 개인의 통신 및 사생활의 비밀과 자유에 심각한 위협을 초래하게 되므로 이 사건 법률조항으로 인하여 달성하려는 공익과 제한되는 사익 사이의 법익 균형성도 인정되지 아니한다. 그러므로 <u>이 사건 법률조항은 과잉금지원칙에 위반</u>하는 것으로 <u>청구인의 기본권을 침해한다</u>(헌재 2018. 8. 30. 2016헌마263).

3 통신사실 확인자료 제공요청 관련판례

2260 수사기관이 수사를 위하여 필요한 경우 법원의 허가를 얻어 전기통신사업자에게 정보주체의 위치정보 추적자료의 제공을 요청할 수 있게 한 법률조항은, 수사의 필요성만을 그 요건으로 하고 있어 절차적 통제마저도 제대로 이루어지기 어려운 현실인 점 등을 고려할 때, 과잉금지원칙에 반하여 정보주체인 전기통신가입자의 통신의 자유를 침해한다. 22 국회 8 ○|×

2260-1 검사 또는 사법경찰관이 수사를 위하여 필요한 경우에 전기통신사업자에게 위치정보추적자료의 열람이나 제출을 요청할 수 있도록 하는 규정은 수사기관에 수사대상자의 민감한 개인정보인 위치정보추적자료 제공을 허용하여 수사대상자의 기본권을 과도하게 제한하면서도 절차적 통제가 제대로 이루어지고 있지 않으므로 개인정보자기결정권을 침해한다. 20 국회 8 ○|×

수사기관은 위치정보 추적자료를 통해 특정 시간대 정보주체의 위치 및 이동상황에 대한 정보를 취득할 수 있으므로 위치정보 추적자료는 충분한 보호가 필요한 민감한 정보에 해당되는 점, 그럼에도 이 사건 요청조항은 수사기관의 광범위한 위치정보 추적자료 제공요청을 허용하여 정보주체의 기본권을 과도하게 제한하는 점, … <u>수사기관의 위치정보 추적자료 제공요청에 대해 법원의 허가를 거치도록 규정하고 있으나 수사의 필요성만을 그 요건으로 하고 있어 절차적 통제마저도 제대로 이루어지기 어려운 현실인 점 등을 고려할 때,</u> 이 사건 요청조항은 과잉금지원칙에 반하여 청구인들의 <u>개인정보자기결정권과 통신의 자유를 침해한다</u>(헌재 2018. 6. 28. 2012헌마191 등).

● 정답 2259. ○ 2259-1. ○ 2259-2. ×[통신의 자유를 침해함] 2260. ○ 2260-1. ○

2261 통신사실 확인자료 제공요청은 수사 또는 내사의 대상이 된 가입자 등의 동의나 승낙을 얻지 않고도 공공기관이 아닌 전기통신사업자를 상대로 이루어지는 것으로「통신비밀보호법」이 정한 수사기관의 강제처분이므로 통신사실 확인자료 제공요청에는 헌법상 영장주의가 적용된다. 20 변호사   O | X

2261-1 수사기관이 전기통신사업자에게 통신사실 확인자료 제공을 요청함에 있어 관할 지방법원 또는 지원의 허가를 받도록 규정하고 있는「통신비밀보호법」규정은 영장주의에 위배되지 아니한다. 19 국가 7   O | X

2261-2 수사기관의 위치정보추적자료 제공요청은「통신비밀보호법」이 정한 강제처분에 해당하므로, 법관이 발부하는 영장에 의하지 않고 관할 지방법원 또는 지원의 허가만 받으면 이를 가능하게 한 것은 영장주의에 위배된다. 22 국회 8   O | X

통신사실 확인자료 제공요청은 수사 또는 내사의 대상이 된 가입자 등의 동의나 승낙을 얻지 아니하고도 공공기관이 아닌 전기통신사업자를 상대로 이루어지는 것으로 **통신비밀보호법이 정한 수사기관의 강제처분**이다. 이러한 통신사실 확인자료 제공요청과 관련된 수사기관의 권한남용 및 그로 인한 정보주체의 기본권 침해를 방지하기 위해서는 법원의 통제를 받을 필요가 있으므로, **통신사실 확인자료 제공요청에는 헌법상 영장주의가 적용**된다. … 이 사건 허가조항은 수사기관이 전기통신사업자에게 위치정보 추적자료 제공을 요청함에 있어 **관할 지방법원 또는 지원의 허가**를 받도록 규정하고 있으므로 **헌법상 영장주의에 위배되지 아니한다**(헌재 2018. 6. 28. 2012헌마191 등).

2262 수사를 위하여 필요한 경우 수사기관으로 하여금 법원의 허가를 얻어 전기통신사업자에게 특정 시간대 특정 기지국에서 발신된 모든 전화번호의 제공을 요청할 수 있도록 하는 것은 그 통신서비스이용자의 개인정보자기결정권과 통신의 자유를 침해한다. 19 지방 7   O | X

이동전화의 이용과 관련하여 필연적으로 발생하는 **통신사실 확인자료**는 비록 비내용적 정보이지만 여러 정보의 결합과 분석을 통해 정보주체에 관한 정보를 유추해낼 수 있는 **민감한 정보**인 점, 수사기관의 통신사실 확인자료 제공요청에 대해 **법원의 허가**를 거치도록 규정하고 있으나 **수사의 필요성만을 그 요건**으로 하고 있어 제대로 된 통제가 이루어지기 어려운 점, … 이 사건 **요청조항**은 과잉금지원칙에 반하여 청구인의 **개인정보자기결정권과 통신의 자유를 침해한다**(헌재 2018. 6. 28. 2012헌마538 등).

2263 기지국 수사를 허용하는 통신사실 확인자료 제공요청의 경우 관할 지방법원 또는 지원의 허가를 받도록 규정한「통신비밀보호법」상 조항은 헌법상 영장주의에 위배되지 않는다. 24 경간   O | X

2263-1 기지국 수사를 허용하는 통신사실 확인자료 제공요청은 법원의 허가에 의해 해당 가입자의 동의나 승낙을 얻지 아니하고도 제3자인 전기통신사업자에게 해당 가입자에 관한 통신사실 확인자료의 제공을 요청할 수 있도록 하는 수사방법이므로 헌법상 영장주의가 적용되지 않는다. 23 법원 9   O | X

2263-2 기지국 수사를 허용하는 통신사실 확인자료 제공요청은 법원의 허가를 받으면, 해당 가입자의 동의나 승낙을 얻지 아니하고도 제3자인 전기통신사업자에게 해당 가입자에 관한 통신사실 확인자료의 제공을 요청할 수 있도록 하는 수사방법으로,「통신비밀보호법」이 규정하는 강제처분에 해당하여 헌법상 영장주의가 적용되므로, 영장이 아닌 법원의 허가를 받도록 하고 있는 동법 조항은 헌법상 영장주의에 위배된다. 23 경정   O | X

● 정답 2261. O   2261-1. O   2261-2. X [영장주의 위배 X]   2262. O   2263. O   2263-1. X [기지국 수사 : 영장주의 적용]   2263-2. X [영장주의 위배 X]

기지국 수사를 허용하는 **통신사실 확인자료 제공요청**은 법원의 허가를 받으면, 해당 가입자의 동의나 승낙을 얻지 아니하고도 제3자인 전기통신사업자에게 해당 가입자에 관한 통신사실 확인자료의 제공을 요청할 수 있도록 하는 수사방법으로, 기지국수사는 **통신비밀보호법**이 정한 강제처분에 해당되므로 **헌법상 영장주의가 적용**된다. 헌법상 영장주의의 본질은 강제처분을 함에 있어 중립적인 법관이 구체적 판단을 거쳐야 한다는 점에 있는바, 이 사건 허가조항은 수사기관이 전기통신사업자에게 **통신사실 확인자료 제공**을 요청함에 있어 **관할 지방법원 또는 지원의 허가**를 받도록 규정하고 있으므로 **헌법상 영장주의에 위배되지 아니한다**(헌재 2018. 6. 28. 2012헌마538 등).

4 기타 판례

2264 송·수신이 완료된 전기통신에 대한 압수·수색 사실을 수사대상이 된 가입자에게만 통지하도록 하고, 그 상대방에 대하여는 통지하지 않도록 한 통신비밀보호법 조항은 청구인들의 개인정보자기결정권을 침해하지 아니한다. 21 법원 9   O│X

심판대상조항은 피의자의 방어권을 보장하기 위하여 도입된 것이나, **수사의 밀행성을 확보**하기 위하여 **송·수신이 완료된 전기통신에 대한 압수·수색영장 집행 사실을 수사대상이 된 가입자에게만 통지**하도록 하고, 그 상대방에 대해서는 통지하지 않도록 한 것이다. 형사소송법 조항과 영장실무가 압수·수색영장의 효력범위를 한정하고 있으므로, 송·수신이 완료된 전기통신에 관하여 수사대상이 된 가입자의 상대방에 대한 기본권 침해를 최소화하는 장치는 어느 정도 마련되어 있다. … 따라서 **심판대상조항은 적법절차원칙에 위배되어** 청구인들의 **개인정보자기결정권을 침해한다고 볼 수 없다**(헌재 2018. 4. 26. 2014헌마1178).

POINT 133 양심의 자유

01 양심의 자유

2265 양심의 자유는 제헌헌법에서 종교의 자유와 같은 조항에서 함께 규정되었으나 1962년 제5차 개정헌법에서 종교의 자유와 분리하여 규정된 것이 현행헌법에서도 유지되고 있다. 23 입시   O│X

제헌헌법(1948년) 제12조 모든 국민은 **신앙**과 **양심의 자유**를 가진다.
국교는 존재하지 아니하며 종교는 정치로부터 분리된다.
제5차 개정헌법(1962년) 제17조 모든 국민은 **양심의 자유**를 가진다.
현행헌법 제19조 모든 국민은 양심의 자유를 가진다.

2266 헌법이 보호하고자 하는 양심은 어떤 일의 옳고 그름을 판단함에 있어서 그렇게 행동하지 않고는 자신의 인격적 존재가치가 파멸되고 말 것이라는 강력하고 진지한 마음의 소리로서의 절박하고 구체적인 양심을 말한다. 20 소간   O│X

2266-1 헌법 제19조에서 보호하는 양심은 개인의 구체적인 양심을 말하며, 막연하고 추상적인 양심을 말하는 것이 아니다. 16 경정, 11 법원 9   O│X

헌법이 보호하고자 하는 **양심**은 어떤 일의 옳고 그름을 판단함에 있어서 그렇게 행동하지 않고는 **자신의 인격적 존재가치가 파멸되고 말 것이라는 강력하고 진지한 마음의 소리로서의 절박하고 구체적인 양심**을 말한다. 따라서 **막연하고 추상적인 개념으로서의 양심이 아니다**(헌재 2002. 4. 25. 98헌마425 등).

정답 2264. O   2265. O   2266. O   2266-1. O

2267 양심의 자유는 인간으로서의 존엄성 유지와 개인의 자유로운 인격발현을 위해 개인의 윤리적 정체성을 보장하는 기능을 담당한다. 20 지방 7   O | X

이른바 개인적 자유의 시초라고 일컬어지는 이러한 양심의 자유는 인간으로서의 존엄성 유지와 개인의 자유로운 인격발현을 위해 **개인의 윤리적 정체성을 보장**하는 기능을 담당한다(헌재 2002. 4. 25. 98헌마425 등).

2268 양심이란 세계관·인생관·주의·신조 등은 물론 이에 이르지 아니하여도 보다 널리 개인의 인격형성에 관계되는 내심에 있어서의 가치적·윤리적 판단도 포함된다. 21 소간   O | X

헌법 제19조는 모든 국민은 양심의 자유를 가진다고 규정하여 양심의 자유를 기본권의 하나로 보장하고 있는바, 여기서 말하는 양심이란 **세계관·인생관·주의·신조 등**은 물론 이에 이르지 아니하여도 보다 널리 **개인의 인격형성**에 관계되는 **내심에 있어서의 가치적·윤리적 판단도 포함된다**(헌재 1998. 7. 16. 96헌바35).

2269 양심의 자유가 보장하고자 하는 '양심'은 민주적 다수의 사고나 가치관과 일치하는 것이 아니라, 개인적 현상으로서 지극히 주관적인 것이고, 그 대상이나 내용 또는 동기에 의하여 판단될 수 없으며, 양심상의 결정이 이성적·합리적인지, 타당한지 또는 법질서나 사회규범, 도덕률과 일치하는지 여부는 양심의 존재를 판단하는 기준이 될 수 없다. 17 경정   O | X

2269-1 양심의 자유가 보장하고자 하는 '양심'은 민주적 다수의 사고나 가치관과 일치하는 것이어야 하며, 양심상의 결정이 이성적·합리적인지, 타당한지 또는 법질서나 사회규범, 도덕률과 일치하는지 여부는 양심의 존재를 판단하는 기준이 될 수 있다. 22 경정   O | X

2269-2 양심은 그 대상이나 내용 또는 동기에 의하여 판단될 수 있으므로, 양심상의 결정이 이성적·합리적인가, 타당한가 또는 법질서나 사회규범, 도덕률과 일치하는가 하는 관점은 양심의 존재를 판단하는 기준이 될 수 있다. 23 해경   O | X

'**양심**'은 민주적 다수의 사고나 가치관과 일치하는 것이 아니라, 개인적 현상으로서 **지극히 주관적인** 것이다. 양심은 그 **대상이나 내용 또는 동기**에 의하여 판단될 수 없으며, 특히 **양심상의 결정**이 **이성적·합리적인가, 타당한가** 또는 **법질서나 사회규범·도덕률과 일치하는가** 하는 관점은 **양심의 존재를 판단하는 기준이 될 수 없다**(헌재 2018. 6. 28. 2011헌바379 등).

2270 헌법에 의해 보호받는 양심은 법질서와 도덕에 부합하는 사고를 가진 다수의 양심을 의미한다. 23 해간, 19 5급   O | X

개인의 양심은 사회 다수의 정의관·도덕관과 일치하지 않을 수 있으며, 오히려 헌법상 양심의 자유가 문제되는 상황은 개인의 양심이 국가의 법질서나 사회의 도덕률에 부합하지 않는 경우이므로, **헌법에 의해 보호받는 양심**은 법질서와 도덕에 부합하는 사고를 가진 **다수가 아니라** 이른바 '**소수자**'**의 양심**이 되기 마련이다(헌재 2018. 6. 28. 2011헌바379 등).

2271 양심의 자유에서 현실적으로 문제가 되는 것은 사회적 다수의 양심이 아니라, 국가의 법질서나 사회의 도덕률에서 벗어나려는 소수의 양심이다. 23 5급   O | X

2271-1 양심의 자유에서 현실적으로 문제가 되는 것은 법질서와 도덕에 부합하는 사고를 가진 사회적 다수의 양심을 의미한다. 20 경정   O | X

● 정답 | 2267. O   2268. O   2269. O   2269-1. X [다수의 사고·가치관과 일치 X / 판단기준이 될 수 없음]   2269-2. X [대상·내용·동기로 판단 불가 / 판단기준이 될 수 없음]   2270. X [다수 X → 소수의 양심 O]   2271. O   2271-1. X [다수 X → 소수의 양심 O]

일반적으로 민주적 다수는 법질서와 사회질서를 그의 정치적 의사와 도덕적 기준에 따라 형성하기 때문에, 그들이 국가의 법질서나 사회의 도덕률과 양심상의 갈등을 일으키는 것은 예외에 속한다. 양심의 자유에서 현실적으로 문제가 되는 것은 국가의 법질서나 사회의 도덕률에서 벗어나려는 소수의 양심이다. 따라서 양심상의 결정이 어떠한 종교관·세계관 또는 그 외의 가치체계에 기초하고 있는가와 관계없이, 모든 내용의 양심상의 결정이 양심의 자유에 의하여 보장된다(헌재 2004. 8. 26. 2002헌가1).

2272 양심상 결정이 어떠한 종교관·세계관 또는 그 밖의 가치체계에 기초하고 있는지와 관계없이, 모든 내용의 양심상 결정이 양심의 자유에 의하여 보장되어야 한다. 20 소간, 17 법원 9   O│X

2272-1 양심상의 결정이 양심의 자유에 의하여 보장되기 위해서는 어떠한 종교관·세계관 또는 그 외의 가치체계에 기초하고 있어야 한다. 14 법원 9   O│X

일반적으로 민주적 다수는 법과 사회의 질서를 그들의 정치적 의사와 도덕적 기준에 따라 형성하기 때문에, 국가의 법질서나 사회의 도덕률과 갈등을 일으키는 양심은 현실적으로 이러한 법질서나 도덕률에서 벗어나려는 소수의 양심이다. 그러므로 양심상 결정이 어떠한 종교관·세계관 또는 그 밖의 가치체계에 기초하고 있는지와 관계없이, 모든 내용의 양심상 결정이 양심의 자유에 의하여 보장되어야 한다(헌재 2011. 8. 30. 2008헌가22 등).

2273 양심에는 세계관·인생관·주의·신조 등은 물론, 이에 이르지 아니하여도 보다 널리 개인의 인격형성에 관계되는 내심에 있어서의 가치적·윤리적 판단도 포함될 수 있으나, 단순한 사실관계의 확인과 같이 가치적·윤리적 판단이 개입될 여지가 없는 경우는 그 보호대상이 아니다. 20 5급   O│X

2273-1 보호되어야 할 양심에는 세계관·인생관·주의·신조 등은 물론 널리 개인의 인격형성에 관계되는 내심에 있어서의 가치적·윤리적 판단이나 단순한 사실관계의 확인과 같이 가치적·윤리적 판단이 개입될 여지가 없는 경우까지도 포함될 수 있다. 24 경간   O│X

보호되어야 할 양심에는 세계관·인생관·주의·신조 등은 물론, 이에 이르지 아니하여도 보다 널리 개인의 인격형성에 관계되는 내심에 있어서의 가치적·윤리적 판단도 포함될 수 있으나, 단순한 사실관계의 확인과 같이 가치적·윤리적 판단이 개입될 여지가 없는 경우는 그 보호대상이 아니다(헌재 2014. 9. 25. 2013헌마11).

2274 단순한 사실관계의 확인과 같이 가치적·윤리적 판단이 개입될 여지가 없는 경우는 물론, 법률해석에 관하여 여러 견해가 갈리는 경우처럼 다소의 가치관련성을 가진다고 하더라도 개인의 인격 형성과는 관계가 없는 사사로운 사유나 의견 등은 양심의 자유의 보호대상이 아니다. 22 소간   O│X

단순한 사실관계의 확인과 같이 가치적·윤리적 판단이 개입될 여지가 없는 경우는 물론, 법률해석에 관하여 여러 견해가 갈리는 경우처럼 다소의 가치관련성을 가진다고 하더라도 개인의 인격형성과는 관계가 없는 사사로운 사유나 의견 등은 그 보호대상이 아니다 (헌재 2002. 1. 31. 2001헌바43).

2275 침묵의 자유는 사실에 관한 지식 또는 기술적 지식의 진술을 거부하는 자유도 포함한다. 18 입시   O│X

침묵의 자유는 널리 사물의 시시비비나 선악과 같은 윤리적 판단을 국가권력에 의하여 외부에 표명하도록 강제받지 않을 자유를 말한다. 따라서 윤리적 판단사항이 아닌 사실에 관한 지식(⊙ 재판절차에서의 단순한 사실에 관한 증인의 증언거부, 신문기자에 의한 취재원에 관한 증언거부 등) 또는 기술적 지식의 진술을 거부하는 자유는 포함되지 않는다.

● 정답 2272. O   2272-1. X [종교관·세계관·가치체계 무관]   2273. O   2273-1. X [단순한 사실관계의 확인은 보호대상 아님]   2274. O   2275. X [사실적·기술적 지식의 진술 거부는 포함 X]

02 양심형성·결정의 자유와 양심실현의 자유

2276 양심의 자유는 양심형성의 자유와 양심적 결정의 자유를 포함하는 내심적 자유만 해당되고, 양심적 결정을 외부로 표현하고 실현할 수 있는 양심실현의 자유를 포함하는 것은 아니다. 23 해경 O | X

2276-1 양심적 결정을 외부로 표현하고 실현할 수 있는 양심실현의 자유는 표현의 자유에 속하는 행위일 뿐 헌법 제19조가 보호하고 있는 양심의 자유에 포함되지 않는다. 18 법원 9 O | X

헌법 제19조가 보호하고 있는 양심의 자유는 양심형성의 자유와 양심적 결정의 자유를 포함하는 **내심적 자유**(forum internum) 뿐만 아니라, 양심적 결정을 외부로 표현하고 실현할 수 있는 **양심실현의 자유**(forum externum)를 **포함**한다고 할 수 있다(헌재 1998. 7. 16. 96헌바35).

2277 헌법재판소는 국가보안법상의 불고지죄 사건에서 양심의 자유를 내심의 자유와 양심실현의 자유로 나누고 양심실현의 자유에 적극적 양심실현의 자유와 소극적 양심실현의 자유가 포함된다고 하였다. 19 서울 7 O | X

2277-1 양심실현은 적극적인 작위의 방법으로도 실현될 수 있지만 소극적으로 부작위에 의해서도 그 실현이 가능하다. 23 5급 O | X

내심적 자유, 즉 양심형성의 자유와 양심적 결정의 자유는 내심에 머무르는 한 **절대적 자유**라고 할 수 있지만, **양심실현의 자유**는 타인의 기본권이나 다른 헌법적 질서와 저촉되는 경우 헌법 제37조 제2항에 따라 국가안전보장·질서유지 또는 공공복리를 위하여 법률에 의하여 제한될 수 있는 **상대적 자유**라고 할 수 있다. 그리고 **양심실현**은 **적극적인 작위**의 방법으로도 실현될 수 있지만 **소극적으로 부작위**에 의해서도 그 실현이 가능하다 할 것이다(헌재 1998. 7. 16. 96헌바35).

2278 구「국가보안법」의 불고지죄는 국가의 존립과 안전에 저해가 되는 타인의 범행에 관한 객관적 사실을 고지할 의무를 부과할 뿐이고 개인의 세계관·인생관·주의·신조 등이나 내심에 있어서의 윤리적 판단을 그 고지의 대상으로 하는 것은 아니므로 양심의 자유 특히 침묵의 자유를 직접적으로 침해하는 것이라고 볼 수 없다. 19 국회 9 O | X

2278-1 부작위에 의한 양심실현은 내심의 의사를 외부에 표현하거나 실현하는 행위가 되는 것이고 이는 순수한 내심의 영역을 벗어난 것이어서 이에 대해서는 필요한 경우 법률에 의한 제한이 가능하다. 21 소간 O | X

이 사건 심판대상 법률조항이 규정한 **불고지죄**는 국가의 존립과 안전에 저해가 되는 타인의 범행에 관한 객관적 사실을 고지할 의무를 부과할 뿐이고 개인의 세계관·인생관·주의·신조 등이나 내심에 있어서의 **윤리적 판단을** 그 **고지의 대상으로 하는 것은 아니므로** 양심의 자유 특히 **침묵의 자유를 직접적으로 침해하는 것이라고 볼 수 없을** 뿐만 아니라 국가의 존립·안전에 저해가 되는 죄를 범한 자라는 사실을 알고서도 그것이 본인의 양심이나 사상에 비추어 범죄가 되지 아니한다거나 이를 수사기관 또는 정보기관에 고지하는 것이 양심이나 사상에 어긋난다는 등의 이유로 고지하지 아니하는 것은 결국 **부작위에 의한 양심실현** 즉 내심의 의사를 외부에 표현하거나 실현하는 행위가 되는 것이고 이는 **이미 순수한 내심의 영역을 벗어난 것**이므로 이에 대하여는 **필요한 경우 법률에 의한 제한이 가능**하다 할 것이다(헌재 1998. 7. 16. 96헌바35).

● 정답 2276. ×[양심실현의 자유 포함] 2276-1. ×[양심의 자유에 포함] 2277. ○ 2277-1. ○ 2278. ○ 2278-1. ○

2279 양심의 자유는 소극적 양심실현의 자유를 의미하는 것이고 적극적으로 자기의 양심에 따른 행동을 할 자유까지도 포함하는 것은 아니다. 11 법원 9   O | X

헌법 제19조의 **양심의 자유**는 크게 양심형성의 내부영역과 형성된 양심을 실현하는 외부영역으로 나누어 볼 수 있으므로, 그 구체적인 보장내용에 있어서도 내심의 자유인 '**양심형성의 자유**'와 양심적 결정을 외부로 표현하고 실현하는 '**양심실현의 자유**'로 구분된다. **양심형성의 자유**란 외부로부터의 부당한 간섭이나 강제를 받지 않고 개인의 내심영역에서 **양심을 형성**하고 **양심상의 결정**을 내리는 자유를 말하고, **양심실현의 자유**란 형성된 양심을 외부로 표명하고 양심에 따라 삶을 형성할 자유, 구체적으로는 양심을 표명하거나 또는 양심을 표명하도록 강요받지 아니할 자유(**양심표명의 자유**), 양심에 반하는 행동을 강요받지 아니할 자유(**부작위에 의한 양심실현의 자유**), 양심에 따른 행동을 할 자유(**작위에 의한 양심실현의 자유**)를 모두 포함한다(헌재 2004. 8. 26. 2002헌가1).

2280 헌법재판소는 사죄광고 사건에서 양심의 자유에 내심의 자유와 침묵의 자유가 포함되며, 침묵의 자유에서 양심에 반하는 행위의 강제금지가 파생된다고 보았다. 19 서울 7   O | X

2280-1 양심의 자유에는 널리 사물의 시시비비나 선악과 같은 윤리적 판단에 국가가 개입해서는 안 되는 내심적 자유는 물론, 이와 같은 윤리적 판단을 국가권력에 의하여 외부에 표명하도록 강제받지 아니할 자유까지 포괄한다. 23 국회 8   O | X

2280-2 양심의 자유는 윤리적 판단을 국가권력에 의하여 외부에 표명하도록 강제받지 아니할 자유를 포함하지 않는다. 15 경정, 13 국가 7   O | X

양심의 자유에는 널리 사물의 시시비비나 선악과 같은 윤리적 판단에 국가가 개입해서는 안되는 **내심적 자유**는 물론, 이와 같은 **윤리적 판단**을 **국가권력에 의하여 외부에 표명하도록 강제받지 않는 자유** 즉 윤리적 판단사항에 관한 **침묵의 자유까지 포괄**한다고 할 것이다. … 사죄광고의 강제는 양심도 아닌 것이 양심인 것처럼 표현할 것의 강제로 인간양심의 왜곡·굴절이고 겉과 속이 다른 이중인격형성의 강요인 것으로서 **침묵의 자유의 파생인 양심에 반하는 행위의 강제금지**에 저촉되는 것이며 따라서 우리 헌법이 보호하고자 하는 정신적 기본권의 하나인 양심의 자유의 제약(법인의 경우라면 그 대표자에게 양심표명의 강제를 요구하는 결과가 된다.)이라고 보지 않을 수 없다(헌재 1991. 4. 1. 89헌마160).

2281 「민법」상 '명예회복에 적당한 처분'으로 사죄광고를 할 것인지 여부에 대한 법인(대표자)의 결정은 양심의 자유의 보호영역에 속한다. 22 경채   O | X

2281-1 양심의 자유의 주체는 자연인이므로, 법인에 대한 사죄광고제도는 양심의 자유의 제약에 해당하지 않는다. 18 법원 9   O | X

2281-2 법원이 타인의 명예를 훼손한 자에게 명예회복에 적당한 처분으로 사죄광고를 명하는 것은 양심의 자유의 침해이다. 11 국가 7   O | X

사죄광고의 강제는 양심도 아닌 것이 양심인 것처럼 표현할 것의 강제로 인간양심의 왜곡·굴절이고 겉과 속이 다른 이중인격형성의 강요인 것으로서 침묵의 자유의 파생인 **양심에 반하는 행위의 강제금지에 저촉**되는 것이며 따라서 우리 헌법이 보호하고자 하는 정신적 기본권의 하나인 **양심의 자유의 제약**(법인의 경우라면 그 대표자에게 양심표명의 강제를 요구하는 결과가 된다.)이라고 보지 않을 수 없다. … 민법 제764조가 **사죄광고를 포함하는 취지**라면 그에 의한 기본권제한에 있어서 그 선택된 수단이 목적에 적합하지 않을 뿐만 아니라 그 정도 또한 과잉하여 비례의 원칙이 정한 한계를 벗어난 것으로 헌법 제37조 제2항에 의하여 정당화될 수 없는 것으로서 **헌법 제19조에 위반되는** 동시에 헌법상 보장되는 **인격권의 침해**에 이르게 된다(헌재 1991. 4. 1. 89헌마160).

● 정답 2279. X [적극적 양심 실현의 자유 포함]   2280. O   2280-1. O   2280-2. X [윤리적 판단사항에 관한 침묵의 자유 포함]   2281. O   2281-1. X [법인대표의 양심의 자유 침해]   2281-2. O

2282 「민법」제764조 '명예회복에 적당한 처분'에 사죄광고를 포함시키는 것은 헌법에 위반된다. 23 국회 8
O|X

2282-1 양심에 반하는 사죄광고를 강제하는 판결은 헌법에 위반되지 않는다. 11 국회
O|X

2282-2 민법 제764조의 '명예회복의 적당한 처분'에 사죄광고를 포함시켜 법원의 판결로 사죄광고를 명하는 것은 양심의 자유에 비추어 허용된다. 18 입시
O|X

민법 제764조 "명예회복에 적당한 처분"에 **사죄광고를 포함시키는 것은 헌법에 위반된다**는 것은 의미는, 동조 소정의 처분에 **사죄광고가 포함되지 않는다고** 하여야 헌법에 위반되지 아니한다는 것으로서, 이는 동조와 같이 불확정개념으로 되어 있거나 다의적인 해석가능성이 있는 조문에 대하여 한정축소해석을 통하여 얻어진 일정한 합의적 의미를 천명한 것이며, 그 의미를 넘어선 확대는 바로 **헌법에 위반되어 채택할 수 없다**는 뜻이다(헌재 1991. 4. 1. 89헌마160).

03 양심의 자유의 제한

2283 내심적 자유, 즉 양심형성의 자유와 양심적 결정의 자유는 내심에 머무르는 한 절대적 자유라고 할 수 있지만, 양심실현의 자유는 타인의 기본권이나 다른 헌법적 질서와 저촉되는 경우 헌법 제37조 제2항에 따라 국가안전보장, 질서유지 또는 공공복리를 위하여 법률에 의하여 제한될 수 있는 상대적 자유라고 할 수 있다. 22 법원 9, 15 서울 7
O|X

2283-1 양심형성의 자유는 내심에 머무르는 한 타인의 기본권이나 다른 헌법적 질서와 저촉되는 경우 헌법 제37조 제2항에 따라 국가안전보장·질서유지 또는 공공복리를 위하여 법률에 의하여 제한될 수 있는 상대적 자유라고 할 수 있다. 22 경정
O|X

2283-2 내심적 자유, 즉 양심형성의 자유와 양심적 결정의 자유는 내심에 머무른다고 하더라도 법률에 의하여 제한될 수 있는 상대적 자유이다. 23 해간
O|X

내심적 자유, 즉 양심형성의 자유와 양심적 결정의 자유는 내심에 머무르는 한 **절대적 자유**라고 할 수 있지만, **양심실현의 자유**는 타인의 기본권이나 다른 헌법적 질서와 저촉되는 경우 헌법 제37조 제2항에 따라 국가안전보장·질서유지 또는 공공복리를 위하여 **법률에 의하여 제한될 수 있는 상대적 자유**라고 할 수 있다. 그리고 양심실현은 적극적인 작위의 방법으로도 실현될 수 있지만 소극적으로 부작위에 의해서도 그 실현이 가능하다 할 것이다(헌재 1998. 7. 16. 96헌바35).

2284 의사가 환자의 신병(身病)에 관한 사실을 자신의 의사에 반하여 외부에 알려야 한다면, 이는 의사로서의 윤리적·도덕적 가치에 반하는 것으로서 심한 양심적 갈등을 겪을 수밖에 없을 것이므로, 연말정산 간소화를 위하여 의료기관에게 환자들의 의료비 내역에 관한 정보를 국세청에 제출하도록 의무를 부과하는 「소득세법」 조항은 의사의 양심의 자유를 제한한다. 15 서울 7
O|X

2284-1 「소득세법」상 의료기관에게 환자들의 의료비 내역에 관한 정보를 국세청에 제출하는 의무를 부과한 경우, 이에 응할 것인지 여부에 대한 의사의 결정은 양심의 자유의 보호영역에 속한다. 22 경채
O|X

2284-2 의사로 하여금 환자의 진료비 내역 정보를 국세청에 제출하도록 하는 「소득세법」 해당 조항으로 얻게 되는 납세자의 편의와 사회적 제비용의 절감을 위한 연말정산 간소화라는 공익이 이로 인하여 제한되는 의사들의 양심실현의 자유에 비하여 결코 적다고 할 수 없다. 24 경간
O|X

2284-3 의료기관에게 환자의 진료비 관련 소득공제증빙서류 제출 의무를 부과하는 것은 양심의 자유를 침해한다. 23 경간
O|X

● 정답 2282. O 2282-1. X [헌법에 위반] 2282-2. X [허용되지 않음] 2283. O 2283-1. X [제한될 수 없는 절대적 자유임] 2283-2. X [제한될 수 없는 절대적 자유임] 2284. O 2284-1. O 2284-2. O 2284-3. X [양심의 자유 제한 O, 침해 X]

(1) 의사가 환자의 신병(身病)에 관한 사실을 자신의 의사에 반하여 외부에 알려야 한다면, 이는 의사로서의 윤리적·도덕적 가치에 반하는 것으로서 심한 양심적 갈등을 겪을 수밖에 없을 것이다. 그런데 소득공제증빙서류 제출의무자들인 의료기관인 의사로서는 과세자료를 제출하지 않을 경우 국세청으로부터 행정지도와 함께 세무조사와 같은 불이익을 받을 수 있다는 심리적 강박감을 가지게 되는바, … 의사인 청구인들의 양심의 자유를 제한한다(헌재 2008. 10. 30. 2006헌마1401 등).

(2) 이 사건 법령조항으로 얻게 되는 납세자의 편의와 사회적 제비용의 절감을 위한 연말정산 간소화라는 공익이 이로 인하여 제한되는 의사들의 양심실현의 자유에 비하여 결코 적다고 할 수 없으므로, 이 사건 법령조항은 법익의 균형성도 갖추었다고 할 것이다. 그렇다면 이 사건 법령조항이 연말정산 간소화라는 공익을 위하여 의사들의 양심의 자유를 위와 같이 제한하는 것이 헌법 제37조 제2항이 정한 과잉금지 원칙에 위반된 것이라고 볼 수 없다(헌재 2008. 10. 30. 2006헌마1401 등).

04 보호영역 불포함

2285 사업자단체의 「독점규제 및 공정거래에 관한 법률」 위반행위가 있을 때 공정거래위원회가 당해 사업자단체에 대하여 '법위반사실의 공표'를 명한 경우, 위반 사실을 공표할 것인지 여부에 대한 사업자단체의 결정은 양심의 자유의 보호영역에 속한다. 22 경채   O | X

2285-1 공정거래위원회가 「공정거래법」 위반행위를 한 사업자단체에 대하여 법 위반사실의 공표를 명할 수 있도록 한 법률규정은 양심의 자유를 침해한다고 볼 수 없다. 23 해경   O | X

2285-2 누구라도 자신이 비행을 저질렀다고 믿지 않는 자에게 본심에 반하여 사죄 내지 사과를 강요한다면 이는 윤리적·도의적 판단을 강요하는 것으로서 양심의 자유를 침해하는 행위에 해당하므로, 사업자단체의 독점규제 및 공정거래에 관한 법률 위반행위가 있을 때 공정거래위원회가 당해 사업자단체에 대하여 '법위반사실의 공표'를 명할 수 있도록 하는 법률조항은 양심의 자유를 침해한다. 22 법원 9   O | X

2285-3 공정거래위원회의 명령으로 「독점규제 및 공정거래에 관한 법률」 위반의 혐의자에게 스스로 법위반사실을 인정하여 공표하도록 강제하고 있는 '법위반사실공표명령' 부분은 헌법상 일반적 행동의 자유, 명예권, 무죄추정권 및 양심의 자유를 침해한다. 21 국가 7   O | X

이 사건의 경우와 같이 경제규제법적 성격을 가진 공정거래법에 위반하였는지 여부에 있어서도 각 개인의 소신에 따라 어느 정도의 가치판단이 개입될 수 있는 소지가 있고 그 한도에서 다소의 윤리적 도덕적 관련성을 가질 수도 있겠으나, 이러한 법률판단의 문제는 개인의 인격형성과는 무관하며, 대화와 토론을 통하여 가장 합리적인 것으로 그 내용이 동화되거나 수렴될 수 있는 포용성을 가지는 분야에 속한다고 할 것이므로 헌법 제19조에 의하여 보장되는 양심의 영역에 포함되지 아니한다(헌재 2002. 1. 31. 2001헌바43).

🔖 **보충설명** 양심의 자유의 영역에는 포함되지 않으나, 과잉금지의 원칙을 위반하여 행위자의 일반적 행동의 자유 및 명예권을 침해하고 무죄추정의 원칙에 반한다.

2286 국법질서나 헌법체제를 준수하겠다는 취지의 서약을 할 것을 요구하는 준법서약은 국민이 부담하는 일반적 의무를 장래를 향하여 확인하는 것에 불과하고, 어떠한 가정적 혹은 실제적 상황 하에서 특정의 사유(思惟)를 하거나 특별한 행동을 할 것을 새로이 요구하는 것이 아니므로, 어떤 구체적이거나 적극적인 내용을 담지 않은 채 단순한 헌법적 의무의 확인·서약에 불과하다 할 것이어서 양심의 영역을 건드리는 것이 아니다. 15 서울 7   O | X

2286-1 준법서약은 어떤 구체적이거나 적극적인 내용을 담지 않은 채 단순한 헌법적 의무의 확인·서약에 불과한 것이라 하더라도, 양심의 영역을 건드리는 것이 된다. 18 입시   O | X

● **정답** 2285. ✕ [양심의 자유의 보호영역 ✕]   2285-1. ○   2285-2. ✕ [양심의 자유 침해 ✕ (보호영역 ✕)]   2285-3. ✕ [양심의 자유 침해 ✕ (보호영역 ✕)]   2286. ○   2286-1. ✕ [양심의 영역 건드리지 않음]

내용상 단순히 **국법질서나 헌법체제를 준수**하겠다는 취지의 서약을 할 것을 요구하는 이 사건 **준법서약**은 국민이 부담하는 일반적 의무를 장래를 향하여 확인하는 것에 불과하며, 어떠한 가정적 혹은 실제적 상황하에서 특정의 사유(思惟)를 하거나 특별한 행동을 할 것을 새로이 요구하는 것이 아니다. 따라서 이 사건 **준법서약은 어떤 구체적이거나 적극적인 내용을 담지 않은 채 단순한 헌법적 의무의 확인·서약에 불과**하다 할 것이어서 **양심의 영역을 건드리는 것이 아니다**(헌재 2002. 4. 25. 98헌마425 등).

2287 양심의 자유에 의해 보호되는 양심에는 개인의 세계관이나 주의·신조 등도 포함되고, 수형자가 준법서약서를 쓰지 않을 경우 자신의 신조 또는 사상을 그대로 유지한다는 것을 소극적으로 표명하게 되므로, 수형자의 양심의 영역을 건드린다고 볼 수 있다. 13 변호사 O | X

2287-1 수형자의 가석방 결정시 준법서약서의 제출을 요구하고 있는 경우 제출여부에 대한 수형자의 결정은 양심의 자유의 보호영역에 속한다. 10 지방 7 O | X

이 사건 청구인들 중에 이른바 비전향 장기수들이 있고, 그들이 내심으로 가령 국가보안법 등이 자신들의 정치적 신조에 반한다거나, 자유민주주의 체제가 자신들의 이데올로기에 어긋난다고 확신하며 나아가 그들의 이러한 신조가 외부적으로 알려져 있다하더라도, 그들에 대한 가석방심사시 심사자료에 쓰일 **준법서약의 내용**이 단지 위와 같은 정도에 그치는 이상, 마찬가지로 **양심의 영역을 건드리는 것으로 볼 수 없다**(헌재 2002. 4. 25. 98헌마425 등).

2288 양심의 자유는 내심에서 우러나오는 윤리적 확신과 이에 반하는 외부적 법질서의 요구가 서로 회피할 수 없는 상태로 충돌할 때에만 침해될 수 있다. 20 5급 O | X

2288-1 수범자가 스스로 수혜를 포기하거나 권고를 거부함으로써 법질서와 충돌하지 아니한 채 자신의 양심을 유지, 보존할 수 있는 경우에는 양심의 자유에 대한 침해가 될 수 없다. 24 경간 O | X

2288-2 수범자가 수혜를 스스로 포기하거나 권고를 거부함으로써 법질서와 충돌하지 아니한 채 자신의 양심을 유지, 보존하는 경우에도 양심 변경에 대한 강요로서 양심의 자유 침해가 된다. 23 5급 O | X

양심의 자유는 **내심에서 우러나오는 윤리적 확신**과 이에 반하는 **외부적 법질서의 요구**가 서로 회피할 수 없는 상태로 **충돌할 때에만 침해될 수 있다**. 그러므로 당해 실정법이 특정의 행위를 금지하거나 명령하는 것이 아니라 단지 특별한 혜택을 부여하거나 권고 내지 허용하고 있는 데에 불과하다면, **수범자는 수혜를 스스로 포기하거나 권고를 거부함으로써 법질서와 충돌하지 아니한 채 자신의 양심을 유지, 보존할 수 있으므로 양심의 자유에 대한 침해가 된다 할 수 없다**(헌재 2002. 4. 25. 98헌마425 등).

2289 「가석방심사 등에 관한 규칙」 조항은 내용상 수형자에게 그 어떠한 법적 의무도 부과하는 것이 아니며 법적 불이익의 부과 등 방법에 의하여 준법서약을 강제하고 있는 것이 아니므로 수형자의 양심의 자유를 침해하는 것이 아니다. 13 변호사 O | X

2289-1 국가가 수형자의 가석방 여부를 심사하면서 국법질서나 헌법체제를 준수하겠다는 취지의 준법서약서 제출을 요구한 조치는 양심의 자유를 침해하는 것이다. 23 해경 O | X

가석방심사등에관한규칙 제14조에 의하여 준법서약서의 제출이 반드시 법적으로 강제되어 있는 것이 아니다. 당해 수형자는 가석방심사위원회의 판단에 따라 준법서약서의 제출을 요구받았다고 하더라도 자신의 의사에 의하여 준법서약서의 제출을 거부할 수 있다. … 이와 같이 위 규칙조항은 내용상 당해 수형자에게 하등의 **법적 의무를 부과하는 것이 아니며** 이행강제나 처벌 또는 법적 불이익의 부과 등 방법에 의하여 **준법서약을 강제하고 있는 것이 아니므로** 당해 수형자의 **양심의 자유를 침해하는 것이 아니다**(헌재 2002. 4. 25. 98헌마425 등).

● 정답 2287. X [양심의 영역 건드리지 않음] 2287-1. X [양심의 자유 보호영역 X] 2288. O 2288-1. O 2288-2. X [양심의 자유 침해 X]
2289. O 2289-1. X [양심의 자유 침해 X]

2290 준법서약서 제출이 요구되지 않는 타 수형자에 비하여 당해 수형자를 차별취급하는 것은 준법서약서가 국민의 일반적 의무사항을 확인하고 서약하는 수단에 불과하다는 점에서 헌법상 평등의 원칙에 위배되지 않는다. 13 변호사   O | X

준법서약제는 당해 수형자의 타 수형자에 대한 차별취급의 목적이 분명하고 비중이 큼에 비하여, 차별취급의 수단은 기본권침해의 문제가 없는 국민의 일반적 의무사항의 확인 내지 서약에 불과하다고 할 것이므로 그 차별취급의 비례성이 유지되고 있음이 명백하다고 할 것이고, 결국 이 사건 규칙조항은 헌법상 평등의 원칙에 위배되지 아니한다(헌재 2002. 4. 25. 98헌마425 등).

2291 음주측정요구에 응하여야 할 것인지에 대한 고민은 선과 악의 범주에 관한 진지한 윤리적 결정을 위한 고민이라 할 수 없고, 그 고민 끝에 어쩔 수 없이 음주측정요구에 응하였다 하여 내면적으로 구축된 인간양심이 왜곡·굴절된다고 할 수 없으므로 음주측정요구가 양심의 자유를 침해하는 것이라고 할 수 없다. 24 경정   O | X

2291-1 음주측정요구와 그 거부는 양심의 자유의 보호영역에 포괄되지 아니하므로 양심의 자유를 침해하는 것이라고 할 수 없다. 21 소간   O | X

2291-2 음주측정에 응해야 할 것인지, 거부해야 할 것인지 여부의 결정은 양심의 자유의 보호영역에 속한다. 10 지방 7   O | X

2291-3 음주운전을 방지하기 위하여 경찰이 강제로 음주여부를 측정하는 것은 선악에 대한 윤리적 결정을 강제하는 것이어서 양심의 자유를 침해한다. 16 경정   O | X

음주측정에 응해야 할 것인지, 거부해야 할 것인지 그 상황에서 고민에 빠질 수는 있겠으나 그러한 고민은 선(善)과 악(惡)의 범주에 관한 진지한 윤리적 결정을 위한 고민이라 할 수 없으므로 그 고민 끝에 어쩔 수 없이 음주측정에 응하였다 하여 내면적으로 구축된 인간양심이 왜곡·굴절된다고 할 수도 없다. 따라서 음주측정요구와 그 거부는 양심의 자유의 보호영역에 포괄되지 아니하므로 이 사건 법률조항을 두고 헌법 제19조에서 보장하는 양심의 자유를 침해하는 것이라고 할 수 없다(헌재 1997. 3. 27. 96헌가11).

2292 열 손가락 지문날인의 의무를 부과하는 「주민등록법 시행령」 조항은 국가가 개인의 윤리적 판단에 개입한다거나 그 윤리적 판단을 표명하도록 강제하는 것이라고 할 수 없으므로 양심의 자유를 침해하는 것이 아니다. 22 소간   O | X

2292-1 「주민등록법」상 주민등록증 발급을 위해 지문날인을 할 것인지 여부에 대한 개인의 결정은 양심의 자유의 보호영역에 속한다. 22 경채   O | X

2292-2 열 손가락 지문날인의 의무를 부과하는 「주민등록법 시행령」 조항은, 국가가 개인의 윤리적 판단에 개입한다거나 그 윤리적 판단을 표명하도록 강제하는 것으로 볼 여지가 있으므로 양심의 자유의 침해 가능성이 있다. 23 해간   O | X

2292-3 주민등록증 발급을 위해 열 손가락의 지문을 날인케 하는 것은 신원확인기능의 효율적인 수행을 도모하고, 신원확인의 정확성 내지 완벽성을 제고하기 위한 것이므로 양심의 자유에 대한 최소한의 제한이라고 할 수 있다. 22 경정   O | X

2292-4 주민등록발급을 위해 열 손가락의 지문을 날인케 하는 것은 지문을 날인할 것인지 여부의 결정이 선악의 기준에 따른 개인의 진지한 윤리적 결정에 해당하므로 이러한 의무를 부과하는 법령조항은 양심의 자유를 침해한다. 21 소간   O | X

● 정답 2290. O   2291. O   2291-1. O   2291-2. X [양심의 자유 보호영역 X]   2291-3. X [양심의 자유 침해 X]   2292. O   2292-1. X [양심의 자유 보호영역 X]   2292-2. X [양심의 자유 침해 가능성 X]   2292-3. X [양심의 자유 제한 X]   2292-4. X [양심의 자유 제한도 아님]

지문을 날인할 것인지 여부의 결정이 선악의 기준에 따른 개인의 진지한 윤리적 결정에 해당한다고 보기는 어려워, 열 손가락 지문날인의 의무를 부과하는 이 사건 시행령조항에 대하여 국가가 개인의 윤리적 판단에 개입한다거나 그 윤리적 판단을 표명하도록 강제하는 것으로 볼 여지는 없다고 할 것이므로, 이 사건 시행령조항에 의한 양심의 자유의 침해가능성 또한 없는 것으로 보인다(헌재 2005. 5. 26. 99헌마513 등).

2293 「민사집행법」상 재산명시의무를 위반한 채무자에 대하여 법원이 결정으로 20일 이내의 감치에 처하도록 규정하는 것은 감치의 제재를 통해 이를 강제하는 것이 형사상 불이익한 진술을 강요하는 것이라고 할 수 없으므로, 위 채무자의 양심의 자유 및 진술거부권을 침해하지 아니한다. 23 지방 7
O | X

2293-1 재산목록을 제출하고 그 진실함을 법관 앞에서 선서하는 것은 개인의 인격형성에 관계되는 내심의 가치적·윤리적 판단에 해당하지 않아 양심의 자유의 보호대상이 아니므로 양심의 자유를 침해하지 아니한다. 23 해간
O | X

2293-2 채무자에게 강제집행의 재산관계를 명시한 재산목록을 제출하게 한 후 선서 의무를 부과한 것은 양심의 자유에 대한 침해이다. 23 경간
O | X

이 사건에서 채무자가 부담하는 행위의무는 강제집행의 대상이 되는 재산관계를 명시한 **재산목록을 제출**하고 그 **재산목록의 진실함을 법관 앞에서 선서**하는 것으로서, 개인의 인격형성에 관계되는 **내심의 가치적·윤리적 판단**이 개입될 여지가 없는 **단순한 사실관계의 확인에 불과**한 것이므로, 헌법 제19조에 의하여 보장되는 **양심의 영역에 포함되지 않는다.** … 재산목록을 제출하고 그 진실함을 법관 앞에서 선서하는 것은 개인의 인격형성에 관계되는 내심의 가치적·윤리적 판단에 해당하지 않아 **양심의 자유의 보호대상이 아니고**, 감치의 제재를 통해 이를 강제하는 것이 **형사상 불이익한 진술을 강요하는 것이라고** 할 수 없으므로, 심판대상조항은 청구인의 **양심의 자유 및 진술거부권을 침해하지 아니한다**(헌재 2014. 9. 25. 2013헌마11).

2294 양심의 자유는 옳고 그른 것에 대한 판단을 추구하는 가치적·도덕적 마음가짐으로 인간의 윤리적 내심영역인바, 세무사가 행하는 성실신고확인은 확인대상사업자의 소득금액에 대하여 심판대상조항 및 관련 법령에 따라 확인하는 것으로 단순한 사실관계의 확인에 불과한 것이어서 헌법 제19조에 의하여 보장되는 양심의 영역에 포함되지 않는다. 22 법원 9
O | X

헌법 제19조의 양심의 자유는 옳고 그른 것에 대한 판단을 추구하는 가치적·도덕적 마음가짐으로 인간의 윤리적 내심영역인바, **세무사가 행하는 성실신고확인은** 확인대상사업자의 소득금액에 대하여 심판대상조항 및 관련 법령에 따라 확인하는 것으로 **단순한 사실관계의 확인에 불과**한 것이어서 헌법 제19조에 의하여 보장되는 **양심의 영역에 포함되지 않는다**(헌재 2019. 7. 25. 2016헌바392).

● 정답 2293. ○ 2293-1. ○ 2293-2. ✕[양심의 자유 침해 ✕ (보호영역 ✕)] 2294. ○

POINT 134 양심의 자유 관련판례

01 관련판례

2295 시말서가 단순히 사건의 경위를 보고하는 데 그치지 않고 더 나아가 근로관계에서 발생한 사고 등에 관하여 자신의 잘못을 반성하고 사죄한다는 내용이 포함된 사죄문 또는 반성문을 의미하는 것이라면, 이는 헌법이 보장하는 내심의 윤리적 판단에 대한 강제로서 양심의 자유를 침해하는 것이다. 10 법원 9   O | X

2295-1 취업규칙에서 사용자가 사고나 비위행위 등을 저지른 근로자에게 시말서를 제출하도록 명령할 수 있다고 규정하는 경우, 그 시말서가 단순히 사건의 경위를 보고하는 데 그치지 않고 '자신의 잘못을 반성하고 사죄한다는 내용'이 포함된 사죄문 또는 반성문의 의미를 가지고 있다 할지라도 이를 두고 양심의 자유를 침해하였다고 볼 수는 없다. 24 경정   O | X

취업규칙에서 사용자가 사고나 비위행위 등을 저지른 근로자에게 시말서를 제출하도록 명령할 수 있다고 규정하는 경우, 그 시말서가 단순히 사건의 경위를 보고하는 데 그치지 않고 더 나아가 근로관계에서 발생한 사고 등에 관하여 **자신의 잘못을 반성하고 사죄한다는 내용**'이 포함된 **사죄문 또는 반성문**을 의미하는 것이라면, 이는 헌법이 보장하는 내심의 윤리적 판단에 대한 강제로서 **양심의 자유를 침해하는** 것이므로, 그러한 취업규칙 규정은 헌법에 위배되어 근로기준법 제96조 제1항에 따라 효력이 없고, 그에 근거한 사용자의 시말서 제출명령은 업무상 정당한 명령으로 볼 수 없다(대판 2010. 1. 14. 2009두6605).

2296 양심형성의 자유는 외부의 간섭과 강제로부터 절대적으로 보호되는 기본권이므로, 이적표현물의 소지·취득행위가 반포나 판매로 이어지거나 이를 통해 형성된 양심적 결정이 외부로 표현되고 실현되지 아니한 단계에서 이를 처벌하는 것은 헌법상 허용되지 아니한다. 24 경찰 1차   O | X

이적표현물의 소지·취득행위만으로도 그 표현물의 이적내용이 전파될 가능성을 배제하기 어렵고, 특히 최근 늘어나고 있는 전자매체 형식의 표현물들은 실시간으로 다수에게 반포가 가능하고 소지·취득한 사람의 의사와 무관하게 전파, 유통될 가능성도 배제할 수 없으므로, **이적표현물을 소지·취득하는 행위**가 지니는 위험성이 이를 제작·반포하는 행위에 비해 결코 적다고 보기 어렵다. 따라서 이적표현물 조항은 **표현의 자유 및 양심의 자유를 침해하지 아니한다**(헌재 2015. 4. 30. 2012헌바95 등).

2297 (구)「전투경찰대설치법」에 근거하여 군인에서 경찰공무원으로 신분을 전환할 수 있게 한 것은 양심의 자유의 침해이다. 11 국가 7   O | X

2297-1 전투경찰순경이 법률에 근거한 경찰공무원으로서 시위진압업무를 수행하는 것이 양심의 자유를 침해한다. 20 경정, 11 국가 7   O | X

전투경찰순경으로서 대간첩작전을 수행하는 것도 위와 같이 넓은 의미의 국방의 의무를 수행하는 것으로 볼 수 있고, 국방의 의무의 이행을 위하여 현역병으로 입영한 사람을 어디에 배치하여 어떠한 임무를 부여할 것인가의 문제나 대간첩작전을 수행하는 자의 소속이나 신분을 국방부 소속의 군인으로 할 것인가, 내무부 소속의 경찰로 할 것인가의 문제는 입법자가 국가의 안보상황 및 재정, 대간첩작전의 효율성 등 여러 가지 사정을 고려하여 합목적적으로 정할 사항이다. 따라서 위에서 본 바와 같은 입법목적과 필요성에 따라 **대간첩작전의 수행을 임무로 하는 전투경찰순경을 현역병으로 입영하여 복무중인 군인에서 전임시켜 충원할 수 있도록 한** 이 사건 법률조항들이 그 자체로서 청구인의 **행복추구권 및 양심의 자유를 침해한 것이라고 볼 수 없다**(헌재 1995. 12. 28. 91헌마80).

● 정답 2295. O   2295-1. X [양심의 자유 침해]   2296. X [이적표현물 소지·취득 : 처벌 可, 양심의 자유 침해 X]   2297. X [양심의 자유 침해 X]   2297-1. X [양심의 자유 침해 X]

2298 「보안관찰법」상의 보안관찰처분은 보안관찰처분대상자의 내심의 작용을 문제 삼는 것이 아니라, 보안관찰처분대상자가 보안관찰해당범죄를 다시 저지를 위험성이 내심의 영역을 벗어나 외부에 표출되는 경우에 재범의 방지를 위하여 내려지는 특별예방적 목적의 처분이므로, 보안관찰처분 근거 규정에 의한 보안관찰처분이 양심의 자유를 침해한다고 할 수 없다. 19 국가 7   O|X

2298-1 피보안관찰자에게 자신의 주거지 등 현황을 신고하게 하고 정당한 이유없이 신고를 하지 아니할 경우 처벌하는 것은 사생활의 비밀과 자유에 대한 침해이다. 23 해간, 18 국회 8   O|X

(1) **보안관찰처분**은 보안관찰처분대상자의 내심의 작용을 문제 삼는 것이 아니라, 보안관찰처분대상자가 보안관찰해당범죄를 다시 저지를 위험성이 내심의 영역을 벗어나 외부에 표출되는 경우에 재범의 방지를 위하여 내려지는 특별예방적 목적의 처분이므로, 보안관찰처분 근거규정은 <u>양심의 자유를 침해하지 아니한다</u>(헌재 2015. 11. 26. 2014헌바475).

(2) 보안관찰해당범죄를 범한 자의 재범의 위험성을 예방하고 건전한 사회복귀를 촉진하는 보안관찰법의 목적 달성 및 보안관찰처분의 실효성 확보를 위하여 신고의무를 부과하는 입법목적의 정당성이 인정되고, … 신고할 사항의 내용, 신고사항 작성의 난이도 등에 비추어 <u>피보안관찰자</u>에게 과도한 의무를 부과한다고 볼 수 없으며, 신고의무 위반행위에 대한 형벌이 상대적으로 과중하지 아니한 점을 고려하면 이 사건 처벌조항은 <u>사생활의 비밀과 자유를 침해하지 아니한다</u>(헌재 2015. 11. 26. 2014헌바475).

2299 학교폭력의 가해학생에 대한 조치로 피해학생에 대한 서면사과를 규정한 것은 가해학생에게 반성과 성찰의 기회를 제공하고 피해학생의 피해 회복과 정상적인 학교생활로의 복귀를 돕기 위한 교육적 조치로 볼 수 있으므로 가해학생의 양심의 자유를 침해한다고 보기 어렵다. 23 국회 8   O|X

2299-1 가해학생에 대한 조치로 피해학생에 대한 서면사과를 규정한 조항은 가해학생의 양심의 자유와 인격권을 과도하게 침해한다고 본다. 23 경채   O|X

서면사과 조치는 내용에 대한 강제 없이 자신의 행동에 대한 반성과 사과의 기회를 제공하는 교육적 조치로 마련된 것이고, 가해학생에게 의견진술 등 적정한 절차적 기회를 제공한 뒤에 학교폭력 사실이 인정되는 것을 전제로 내려지는 조치이며, 이를 불이행하더라도 추가적인 조치나 불이익이 없다. 또한 이러한 서면사과의 교육적 효과는 가해학생에 대한 <u>주의나 경고 또는 권고적인 조치만으로는 달성하기 어렵다.</u> … 따라서 이 사건 <u>서면사과조항이 가해학생의 양심의 자유와 인격권을 과도하게 침해한다고 보기 어렵다</u>(헌재 2023. 2. 23. 2019헌바93 등).

02 양심적 병역거부

2300 입법자가 병역의 종류에 관하여 입법은 하였으나 그 내용이 양심적 병역거부자를 위한 비군사적 내용의 대체복무제를 포함하지 아니한 것은 진정입법부작위로서 헌법에 위반된다. 19 국회 9   O|X

비군사적 성격을 갖는 복무도 입법자의 형성에 따라 병역의무의 내용에 포함될 수 있고, 대체복무제는 그 개념상 병역종류조항과 밀접한 관련을 갖는다. 따라서 병역종류조항에 대한 이 사건 심판청구는 입법자가 아무런 입법을 하지 않은 진정입법부작위를 다투는 것이 아니라, 입법자가 병역의 종류에 관하여 입법은 하였으나 그 내용이 양심적 병역거부자를 위한 대체복무제를 포함하지 아니하여 <u>불완전·불충분하다는 부진정입법부작위</u>를 다투는 것이라고 봄이 상당하다(헌재 2018. 6. 28. 2011헌바379 등).

정답 2298. O   2298-1. X [사생활의 비밀과 자유 침해 아님]   2299. O   2299-1. X [양심의 자유와 인격권 침해 X]   2300. X [부진정입법부작위]

2301 헌법상 양심의 자유에 의해 보호받는 '양심'으로 인정할 것인지의 판단은 그것이 깊고, 확고하며, 진실된 것인지 여부에 따르게 되므로, 양심적 병역거부를 주장하는 사람은 자신의 '양심'을 외부로 표명하여 증명할 최소한의 의무를 진다. 21 법원 9 O│X

2301-1 특정한 내적인 확신 또는 신념이 양심으로 형성된 이상 그 내용 여하를 떠나 양심의 자유에 의해 보호되는 양심이 될 수 있으므로, 헌법상 양심의 자유에 의해 보호받는 양심으로 인정할 것인지의 판단은 그것이 깊고, 확고하며, 진실된 것인지 여부와 관계없다. 20 5급 O│X

2301-2 특정한 내적인 확신 또는 신념이 양심으로 형성된 이상 그 내용 여하를 떠나 양심의 자유에 의해 보호되는 양심이 될 수 있으므로, 헌법상 양심의 자유에 의해 보호받는 양심으로 인정할 것인지의 판단은 그것이 깊고, 확고하며, 진실된 것인지 여부에 따르면 된다. 따라서 양심적 병역거부를 주장하는 사람은 자신의 양심을 외부로 표명하여 증명할 의무를 지지 않는다. 23 국회 8 O│X

특정한 내적인 확신 또는 신념이 **양심**으로 형성된 이상 그 내용 여하를 떠나 양심의 자유에 의해 보호되는 양심이 될 수 있으므로, 헌법상 양심의 자유에 의해 보호받는 '**양심**'으로 인정할 것인지의 판단은 그것이 **깊고, 확고하며, 진실된 것인지 여부**에 따르게 된다. 그리하여 양심적 병역거부를 주장하는 사람은 자신의 '**양심**'을 외부로 표명하여 증명할 최소한의 의무를 진다(헌재 2018. 6. 28. 2011헌바379 등).

2302 '양심적' 병역거부는 실상 당사자의 '양심에 따른' 혹은 '양심을 이유로 한' 병역거부를 가리키는 것일 뿐이지 병역거부가 '도덕적이고 정당하다'는 의미는 아니다. 19 입시 O│X

2302-1 양심적 병역거부는 실상 당사자의 양심에 따른 혹은 양심을 이유로 한 병역거부를 가리키는 것이며 병역거부가 도덕적이고 정당하다는 의미도 갖는다. 24 경간 O│X

양심의 의미에 따를 때, '**양심적**' 병역거부는 실상 당사자의 '**양심에 따른**' 혹은 '**양심을 이유로 한**' **병역거부**를 가리키는 것일 뿐이지 병역거부가 '**도덕적이고 정당하다**'**는 의미는 아닌 것이다**. 따라서 '양심적' 병역거부라는 용어를 사용한다고 하여 병역의무이행은 '비양심적'이 된다거나, 병역을 이행하는 거의 대부분의 병역의무자들과 병역의무이행이 국민의 숭고한 의무라고 생각하는 대다수 국민들이 '비양심적'인 사람들이 되는 것은 결코 아니다(헌재 2018. 6. 28. 2011헌바379 등).

2303 병역종류조항에 대체복무제가 마련되지 아니한 상황에서, 양심상의 결정에 따라 입영을 거부하거나 소집에 불응하는 국민이 기존 대법원 판례에 따라 처벌조항에 의하여 형벌을 부과받음으로써 양심에 반하는 행동을 강요받게 되는 것은 '양심에 반하는 행동을 강요당하지 아니할 자유', 즉 '부작위에 의한 양심실현의 자유'를 제한하는 것이다. 19 입시 O│X

2303-1 입영기피자에 대한 형사처벌은 '양심에 따른 행동을 할 자유', 즉 '작위에 의한 양심실현의 자유'를 제한하는 것이다. 20 소간 O│X

병역종류조항에 대체복무제가 마련되지 아니한 상황에서, 양심상의 결정에 따라 입영을 거부하거나 소집에 불응하는 이 사건 청구인 등이 현재의 대법원 판례에 따라 처벌조항에 의하여 형벌을 부과받음으로써 **양심에 반하는 행동을 강요**받고 있으므로, 이 사건 법률조항은 '**양심에 반하는 행동을 강요당하지 아니할 자유**', 즉, '**부작위에 의한 양심실현의 자유**'를 제한하고 있다(헌재 2018. 6. 28. 2011헌바379 등).

정답 2301. O 2301-1. X [깊고, 확고하며 진실되어야 함] 2301-2. X [양심을 외부로 표명하여 증명할 의무를 짐] 2302. O 2302-1. X [도덕적이고 정당하다는 의미 아님] 2303. O 2303-1. X [작위 X → 부작위 O]

2304 양심적 병역거부는 인류의 평화적 공존에 대한 간절한 희망과 결단을 기반으로 하고 있다는 점에서, 특별히 병역을 면제받지 않은 양심적 병역거부자에게 병역이행을 강제하는 「병역법」 조항은 설령 종교적 신앙에 따라 병역을 거부하는 자에게 적용되는 경우에도 해당 종교인의 종교의 자유를 제한하지 않는다. 24 변호사   O|X

2304-1 양심적 병역거부의 바탕이 되는 양심상의 결정은 종교적 동기뿐만 아니라 윤리적·철학적 또는 이와 유사한 동기로부터도 형성될 수 있는 것이므로 양심적 병역거부자의 기본권 침해 여부는 양심의 자유를 중심으로 판단한다. 21 경정, 20 경정, 19 변호사   O|X

> 양심적 병역거부는 인류의 평화적 공존에 대한 간절한 희망과 결단을 기반으로 하고 있다. … 헌법 제20조 제1항은 양심의 자유와 별개로 종교의 자유를 따로 보장하고 있고, 이 사건 청구인 등의 대부분은 여호와의 증인 또는 카톨릭 신도로서 자신들의 종교적 신앙에 따라 병역의무를 거부하고 있으므로, 이 사건 법률조항에 의하여 이들의 종교의 자유도 함께 제한된다. 그러나 종교적 신앙에 의한 행위라도 개인의 주관적·윤리적 판단을 동반하는 것인 한 양심의 자유에 포함시켜 고찰할 수 있고, 앞서 보았듯이 양심적 병역거부의 바탕이 되는 양심상의 결정은 종교적 동기뿐만 아니라 윤리적·철학적 또는 이와 유사한 동기로부터도 형성될 수 있는 것이므로, 이 사건에서는 양심의 자유를 중심으로 기본권 침해 여부를 판단하기로 한다(헌재 2018. 6. 28. 2011헌바379 등).

2305 국가의 존립과 안전을 위한 불가결한 헌법적 가치를 담고 있는 국방의 의무와 개인의 인격과 존엄의 기초가 되는 양심의 자유가 서로 충돌하는 경우, 입법자는 두 가치를 양립시킬 수 있는 조화점을 최대한 모색해야 하고, 그것이 불가능해 부득이 어느 하나의 헌법적 가치를 후퇴시킬 수밖에 없는 경우에도 그 목적에 비례하는 범위 내에 그쳐야 한다. 24 경정   O|X

2305-1 국가의 존립과 안전을 위한 불가결한 헌법적 가치를 담고 있는 국방의 의무와 개인의 인격과 존엄의 기초가 되는 양심의 자유라는 헌법적 가치가 서로 충돌하는 경우에도 그에 대한 심사는 헌법상 비례원칙에 의하여야 한다. 19 변호사   O|X

2305-2 대체복무제가 마련되지 아니한 상황에서 양심상의 결정에 따라 입영을 거부하거나 소집에 불응하는 사람들에게 형사처벌을 부과하는 병역법 조항은 '양심에 반하는 행동을 강요당하지 아니할 자유'를 제한하는 것이다. 그러나 다른 한편 헌법 제39조 제1항의 국방의 의무를 형성하는 입법이기도 하므로, 위 병역법 조항이 양심의 자유를 침해하는지 여부에 대한 심사는 헌법상 자의금지원칙에 따라 입법형성의 재량을 일탈하였는지 여부를 기준으로 판단하여야 한다. 21 법원 9   O|X

> 이 사건 법률조항은 헌법상 기본의무인 국방의 의무를 구체적으로 형성하는 것이면서 또한 동시에 양심적 병역거부자들의 양심의 자유를 제한하는 것이기도 하다. 이 사건 법률조항으로 인해서 국가의 존립과 안전을 위한 불가결한 헌법적 가치를 담고 있는 국방의 의무와 개인의 인격과 존엄의 기초가 되는 양심의 자유가 상충하게 된다. 이처럼 헌법적 가치가 서로 충돌하는 경우, 입법자는 두 가치를 양립시킬 수 있는 조화점을 최대한 모색해야 하고, 그것이 불가능해 부득이 어느 하나의 헌법적 가치를 후퇴시킬 수밖에 없는 경우에도 그 목적에 비례하는 범위 내에 그쳐야 한다. 헌법 제37조 제2항의 비례원칙은, 단순히 기본권제한의 일반원칙에 그치지 않고, 모든 국가작용은 정당한 목적을 달성하기 위하여 필요한 범위 내에서만 행사되어야 한다는 국가작용의 한계를 선언한 것이므로, 비록 이 사건 법률조항이 헌법 제39조에 규정된 국방의 의무를 형성하는 입법이라 할지라도 그에 대한 심사는 헌법상 비례원칙에 의하여야 한다(헌재 2018. 6. 28. 2011헌바379 등).

● 정답 2304. X [종교인의 종교의 자유를 제한함] 2304-1. O 2305. O 2305-1. O 2305-2. X [자의심사 X → 비례원칙에 따른 심사 O]

2306 각종 병역의 종류를 규정하고 있는 병역법상 병역종류조항은, 병역부담의 형평을 기하고 병역자원을 효과적으로 확보하여 효율적으로 배분함으로써 국가안보를 실현하고자 하는 것이기는 하나, 대체복무제를 규정하고 있지 않은 이상 정당한 입법목적을 달성하기 위한 적합한 수단에 해당한다고 보기는 어렵다. 19 법원 9   O | X

병역종류조항은, 병역의 종류와 각 병역의 내용 및 범위를 법률로 정하여 병역부담의 형평을 기하고, 병역의무자의 신체적 특성과 개인적 상황, 병력수급 사정 등을 고려하여 병역자원을 효율적으로 배분할 수 있도록 함과 동시에, 병역의 종류를 한정적으로 열거하고 그에 대한 예외를 인정하지 않음으로써 병역자원을 효과적으로 확보할 수 있도록 하기 위한 것이다. 이는 궁극적으로 국가안전보장이라는 헌법적 법익을 실현하고자 하는 것이므로 위와 같은 **입법목적은 정당**하고, 병역종류조항은 그러한 입법목적을 달성하기 위한 **적합한 수단**이다(헌재 2018. 6. 28. 2011헌바379 등).

📝 **보충설명** 목적의 정당성, 수단의 적합성은 인정되나 피해의 최소성과 법익의 균형성이 인정되지 않는다.

2307 병역종류조항은 병역의 종류를 현역, 예비역, 보충역, 병역준비역, 전시근로역의 다섯 가지로 한정적으로 열거하고 있다. 그런데 위 병역들은 모두 군사훈련을 받는 것을 전제하고 있으므로, 양심적 병역의무자에게 병역종류조항에 규정된 병역을 부과할 경우 그들의 양심과 충돌을 일으킬 수밖에 없다. 19 법원 9   O | X

병역종류조항은 앞에서 본 바와 같이 병역의 종류를 현역, 예비역, 보충역, 병역준비역, 전시근로역의 다섯 가지로 한정적으로 열거하고, 그 이외에 다른 병역의 종류나 내용을 상정하지는 않고 있다. 그런데 위 병역들은 **모두 군사훈련을 받는 것을 전제**하고 있으므로, 양심적 병역거부자에게 병역종류조항에 규정된 **병역을 부과**할 경우 필연적으로 그들의 **양심과 충돌**을 일으킬 수밖에 없다(헌재 2018. 6. 28. 2011헌바379 등).

2308 국가가 관리하는 객관적이고 공정한 사전심사절차와 엄격한 사후관리절차를 갖추고, 현역복무와 대체복무 사이에 복무의 난이도나 기간과 관련하여 형평성을 확보해 현역복무를 회피할 요인을 제거한다면, 심사의 곤란성과 양심을 빙자한 병역기피자의 증가 문제를 해결할 수 있다. 따라서 대체복무제를 도입하면서도 병역의무의 형평을 유지하는 것은 충분히 가능하다. 19 법원 9   O | X

국가가 관리하는 **객관적이고 공정한 사전심사절차**와 **엄격한 사후관리절차**를 갖출 경우, 진정한 양심적 병역거부자와 그렇지 않은 자를 가려내는 데 큰 어려움은 없을 것으로 보인다. … 무엇보다, 현역복무와 대체복무 사이에 **복무의 난이도나 기간과 관련하여 형평성을 확보**해 현역복무를 회피할 요인을 제거한다면, 심사의 곤란성과 병역기피자의 증가 문제를 효과적으로 해결할 수 있다. … 이미 상당한 기간 동안 세계의 많은 나라들이 양심적 병역거부를 인정하면서도 여러 문제들을 효과적으로 해결하여 징병제를 유지해오고 있다는 사실은, **대체복무제를 도입**하면서도 **병역의무의 형평을 유지**하는 것이 **충분히 가능하다**는 사실을 강력히 시사한다(헌재 2018. 6. 28. 2011헌바379 등).

2309 양심적 병역거부자의 수는 병역자원의 감소를 논할 정도가 아니고, 이들을 처벌한다고 하더라도 교도소에 수감할 수 있을 뿐 병역자원으로 활용할 수는 없으므로, 대체복무제 도입으로 병역자원의 손실이 발생한다고 할 수 없다. 전체 국방력에서 병역자원이 차지하는 중요성이 낮아지고 있는 점을 고려하면, 대체복무제를 도입하더라도 우리나라의 국방력에 의미 있는 수준의 영향을 미친다고 보기는 어렵다. 따라서 대체복무제라는 대안이 있음에도 불구하고 군사훈련을 수반하는 병역의무만을 규정한 병역종류조항은 침해의 최소성 원칙에 어긋난다. 19 법원 9   O | X

정답 2306. X [수단의 적합성 인정]   2307. O   2308. O   2309. O

우리나라의 양심적 병역거부자는 연평균 약 600명 내외일 뿐이므로 병역자원이나 전투력의 감소를 논할 정도로 **의미 있는 규모는 아니다.** 더구나 양심적 병역거부자들을 처벌한다고 하더라도 이들을 교도소에 수감할 수 있을 뿐 입영시키거나 소집에 응하게 하여 병역자원으로 활용할 수는 없으므로, 대체복무제의 도입으로 양심적 병역거부자들이 대체복무를 이행하게 된다고 해서 **병역자원의 손실이 발생한다고 할 수 없다.** ⋯ 오늘날의 국방력은 인적 병역자원에만 의존하는 것은 아니고, 현대전은 정보전·과학전의 양상을 띠므로, 전체 국방력에서 **병역자원이** 차지하는 중요성은 **상대적으로 낮아지고 있다.** ⋯ 이러한 사정을 고려하면, 양심적 병역거부자에게 대체복무를 부과하더라도 **우리나라의 국방력에 의미 있는 수준의 영향을** 미친다고 보기는 **어려울 것이다.** ⋯ 이와 같이 **대체복무제라는 대안**이 있음에도 불구하고 **군사훈련을 수반하는 병역의무만을 규정한 병역종류조항은, 침해의 최소성 원칙에 어긋난다**(헌재 2018. 6. 28. 2011헌바379 등).

2310 양심적 병역거부자에 대한 관용은 결코 병역의무의 면제와 특혜의 부여에 대한 관용이 아니며, 대체복무제는 병역의무의 일환으로 도입되는 것이므로 현역복무와의 형평을 고려하여 최대한 등가성을 가지도록 설계되어야 한다. 21 경정, 19 변호사　　O | X

양심적 병역거부자에 대한 관용은 결코 **병역의무의 면제와 특혜의 부여에** 대한 관용이 **아니다. 대체복무제는 병역의무의 일환으로 도입**되는 것이고 **현역복무와의 형평을 고려하여 최대한 등가성을 가지도록 설계되어야** 하는 것이기 때문이다(헌재 2018. 6. 28. 2011헌바379 등).

2311 병역종류조항에 대체복무제가 규정되지 않음으로 인하여 양심적 병역거부자가 감수하여야 하는 불이익은 심대하고, 이들에게 대체복무를 부과하는 것이 오히려 넓은 의미의 국가안보와 공익 실현에 더 도움이 된다는 점을 고려할 때, 병역종류조항은 기본권 제한의 한계를 초과하여 법익의 균형성 요건을 충족하지 못한다. 24 소간　　O | X

병역종류조항이 추구하는 공익은 대단히 중요한 것이기는 하나, 병역종류조항에 대체복무제를 도입한다고 하더라도 위와 같은 공익은 충분히 달성할 수 있다고 판단되는 반면, 병역종류조항에 대체복무제가 규정되지 않음으로 인하여 양심적 병역거부자가 감수하여야 하는 **불이익은 심대**하고, 이들에게 대체복무를 부과하는 것이 오히려 넓은 의미의 **국가안보와 공익 실현에 더 도움**이 된다는 점을 고려할 때, 병역종류조항은 기본권 제한의 한계를 초과하여 **법익의 균형성 요건을 충족하지 못한 것으로 판단**된다(헌재 2018. 6. 28. 2011헌바379 등).

2312 양심적 병역거부자에 대한 대체복무제를 규정하지 아니한 병역종류조항은 과잉금지원칙에 위배하여 양심적 병역거부자의 양심의 자유를 침해한다. 23 경간, 22 법원 9, 19 입시　　O | X

대체복무제라는 대안이 있음에도 불구하고 군사훈련을 수반하는 병역의무만을 규정한 **병역종류조항은,** 침해의 최소성 원칙에 어긋난다. ⋯ 그렇다면 양심적 병역거부자에 대한 **대체복무제를 규정하지 아니한 병역종류조항**은 과잉금지원칙에 위배하여 양심적 병역거부자의 **양심의 자유를 침해한다**(헌재 2018. 6. 28. 2011헌바379 등).

● 정답　2310. O　2311. O　2312. O

2313 현역입영 또는 소집통지서를 받은 사람이 정당한 사유 없이 입영일이나 소집일부터 3일이 지나도 입영하지 아니하거나 소집에 응하지 아니한 경우를 처벌하는 「병역법」 처벌조항은 과잉금지원칙을 위반하여 양심적 병역거부자의 양심의 자유를 침해한다. 23 경찰 1차   O | X

처벌조항은 국민의 의무인 국방의 의무의 이행을 강제하고 관철함으로써 징병제를 근간으로 하는 우리의 병역제도 하에서 병력자원의 확보와 병역부담의 형평을 기하고 궁극적으로 국가의 안전보장이라는 헌법적 법익을 실현하고자 하는 것으로서 그 입법목적이 정당하다. … 결국 양심적 병역거부자에 대한 처벌은 대체복무제를 규정하지 아니한 병역종류조항의 입법상 불비와 양심적 병역거부는 처벌조항의 '정당한 사유'에 해당하지 않는다는 법원의 해석이 결합되어 발생한 문제일 뿐, 처벌조항 자체에서 비롯된 문제가 아니다. … 따라서 처벌조항이 과잉금지원칙을 위반하여 양심적 병역거부자의 **양심의 자유를 침해한다고 볼 수는 없다**(헌재 2018. 6. 28. 2011헌바379 등).

🖉 보충설명 │ 병역종류조항은 양심의 자유를 침해하나 처벌조항은 양심의 자유를 침해하지 않는다.

POINT 135 종교의 자유

01 종교의 자유

2314 종교의 자유의 구체적 내용으로는 신앙의 자유, 종교적 행위의 자유 및 종교적 집회·결사의 자유가 포함된다. 23 해경, 16 법원 9   O | X

종교의 자유의 구체적 내용에 관하여는 일반적으로 **신앙의 자유, 종교적 행위의 자유 및 종교적 집회·결사의 자유**의 3요소를 내용으로 한다고 설명되고 있다(헌재 2001. 9. 27. 2000헌마159).

2315 종교의 자유에는 신앙의 자유, 종교적 행위의 자유가 포함되며, 종교적 행위의 자유에는 신앙고백의 자유, 종교적 의식 및 집회·결사의 자유, 종교전파·교육의 자유 등이 있다. 15 법무사   O | X

종교의 자유에는 **신앙의 자유, 종교적 행위의 자유**가 포함되며, **종교적 행위의 자유**에는 **신앙고백의 자유, 종교적 의식 및 집회·결사의 자유, 종교전파·교육의 자유** 등이 있다(헌재 2008. 6. 26. 2007헌마1366).

2316 신앙의 자유는 신과 피안 또는 내세에 대한 인간의 내적 확신에 대한 자유를 말하는 것으로서, 이러한 신앙의 자유는 그 자체가 내심의 자유의 핵심이기 때문에 법률로써도 이를 침해할 수 없다. 23 입시, 18 지방 7   O | X

신앙의 자유는 신과 피안 또는 내세에 대한 **인간의 내적 확신에 대한 자유**를 말하는 것으로서 이러한 **신앙의 자유**는 그 자체가 내심의 자유의 핵심이기 때문에 **법률로써도 이를 침해할 수 없다**(헌재 2011. 12. 29. 2009헌마527).

2317 종교적 집회·결사의 자유는 그 자체가 내심의 자유의 핵심이기 때문에 헌법 제37조 제2항의 과잉금지의 원칙이 적용되지 않는다. 23 5급   O | X

종교적 집회·결사의 자유는 종교적 목적으로 같은 신자들이 집회하거나 종교단체를 결성할 자유를 말한다. 이러한 **종교적 행위의 자유와 종교적 집회·결사의 자유**는 신앙의 자유와는 달리 절대적 자유는 아니지만, 이를 제한할 경우에는 헌법 제37조 제2항의 **과잉금지원칙을 준수하여야** 한다(헌재 2016. 6. 30. 2015헌바46).

● 정답 2313. X [양심의 자유 침해 X]   2314. O   2315. O   2316. O   2317. X [과잉금지원칙 적용됨]

2318 종교적 행위의 자유는 종교상의 의식·예배 등 종교적 행위를 각 개인이 임의로 할 수 있는 등 종교적인 확신에 따라 행동하고 교리에 따라 생활할 수 있는 자유와 소극적으로는 자신의 종교적인 확신에 반하는 행위를 강요당하지 않을 자유 그리고 선교의 자유, 종교교육의 자유 등이 포함된다. 21 소간   O | X

종교적 행위의 자유는 종교상의 의식·예배 등 종교적 행위를 각 개인이 임의로 할 수 있는 등 **종교적인 확신에 따라 행동하고 교리에 따라 생활할 수 있는** 자유와 소극적으로는 자신의 **종교적인 확신에 반하는 행위를 강요당하지 않을** 자유 그리고 **선교의 자유, 종교교육의 자유** 등이 포함된다(헌재 2011. 12. 29. 2009헌마527).

2319 종교 의식 내지 종교적 행위와 밀접한 관련이 있는 시설의 설치와 운영은 종교의 자유를 보장하기 위한 전제에 해당되므로 종교적 행위의 자유에 포함된다. 따라서 종교단체가 종교적 행사를 위하여 종교집회장 내에 납골시설을 설치하여 운영하는 것은 종교행사의 자유와 관련된 것이고, 그러한 납골시설의 설치를 금지하는 것은 종교행사의 자유를 제한하는 것이다. 16 법원 9   O | X

종교 의식 내지 종교적 행위와 밀접한 관련이 있는 시설의 설치와 운영은 종교의 자유를 보장하기 위한 전제에 해당되므로 **종교적 행위의 자유에 포함**된다고 할 것이다. … 따라서 종교단체가 종교적 행사를 위하여 **종교집회장 내에 납골시설을 설치하여 운영**하는 것은 **종교행사의 자유와 관련된** 것이라고 할 것이고, 그러한 **납골시설의 설치를 금지**하는 것은 **종교행사의 자유를 제한**하는 결과로 된다(헌재 2009. 7. 30. 2008헌가2).

2320 학교정화구역 내에 납골시설을 금지할 필요성은 납골시설의 운영주체가 국가·지방자치단체 등의 공공기관이거나 개인·문중·종교단체·재단법인이든 마찬가지라고 할 것이다. 23 경간   O | X

2320-1 대학 주변의 학교정화구역에서 종교단체에 의한 납골시설의 설치·운영을 절대적으로 금지하고 있는 구 「학교보건법」 조항은 종교의 자유 등을 과도하게 제한하여 헌법 제37조 제2항에 위반된다고 보기 어렵다. 24 소간   O | X

2320-2 학교환경위생정화구역 내의 납골시설의 설치·운영을 절대적으로 금지하고 있는 구 학교보건법 제6조 제1항 본문 제3호는 직업의 자유에 대한 과도한 침해가 아니다. 13 법무사   O | X

2320-3 대학 주변의 학교정화구역에서 납골시설의 설치·운영을 금지한 것은 납골시설의 설치·운영을 직업으로서 수행하고자 하는 자의 직업의 자유를 침해한다. 12 국가 7   O | X

(1) **학교 정화구역 내에 납골시설을 금지할 필요성**은 납골시설의 운영주체가 국가·지방자치단체 등의 **공공기관**이거나 개인·문중·종교단체·재단법인이든 **마찬가지라고 할 것**이다. 따라서 납골시설의 유형이나 설치주체를 가리지 아니하고 **일률적으로 금지**한다고 하여 불합리하거나 교육환경에 관한 **입법형성권의 한계**를 벗어났다고 보기 **어렵**다(헌재 2009. 7. 30. 2008헌가2).

(2) 대학 부근의 정화구역에서도 납골시설의 설치를 금지하는 것이 불합리하거나 불필요하다고 보기 어렵다. 이 사건 법률조항에 의하여 금지되는 것은 학교 부근 200m 이내의 정화구역 내에 국한되는 것이므로, 그로 인하여 기본권이 침해되는 정도는 크지 않다고 할 수 있다. 결국, 이 사건 법률조항은 입법목적을 달성하기 위하여 필요한 한도를 넘어서 **종교의 자유, 행복추구권 및 직업의 자유를 과도하게 제한**하여 헌법 제37조 제2항에 **위반된다고 보기 어렵다**(헌재 2009. 7. 30. 2008헌가2).

●정답 2318. ○   2319. ○   2320. ○   2320-1. ○   2320-2. ○   2320-3. ×[직업의 자유 침해 ×]

2321 헌법상 보호되는 종교의 자유에는 특정 종교단체가 그 종교의 지도자와 교리자를 자체적으로 교육시킬 수 있는 종교교육의 자유가 포함된다. 23 5급 O│X

헌법 제20조는 "모든 국민은 종교의 자유를 가진다", "국교는 인정되지 아니하며, 종교와 정치는 분리된다"고 규정하여 종교의 자유를 선언하고 있다. 헌법상 보호되는 종교의 자유에는 특정 종교단체가 그 종교의 지도자와 교리자를 자체적으로 교육시킬 수 있는 종교교육의 자유가 포함된다고 볼 것이다(헌재 2000. 3. 30. 99헌바14).

2322 종교단체가 운영하는 학교 형태 혹은 학원 형태의 교육기관도 예외 없이 학교설립인가 혹은 학원설립등록을 받도록 규정한 것은 종교의 자유를 침해하여 헌법에 위반된다. 17 경정, 15 법무사 O│X

2322-1 종교단체가 운영하는 학교 형태 혹은 학원 형태의 교육기관도 예외 없이 학교설립인가 혹은 학원설립등록을 받도록 규정하고 있는 「교육법」 제85조 제1항 및 「학원설립·운영에 관한 법률」 제6조는 정교분리의 원칙에 위배된다. 18 서울 7(추) O│X

2322-2 종교단체가 운영하는 학교 혹은 학원 형태의 교육기관도 예외 없이 학교 설립인가 혹은 학원설립등록을 받도록 규정함으로써 종교교단의 재정적 능력에 따라 학교 내지 학원의 설립상 차별을 초래한다고 해도 이는 합리적 이유가 있으므로 평등원칙에 위배된다고 할 수 없다. 21 소간 O│X

(1) 위와 같은 인가나 등록제는 국가가 국민의 교육을 받을 권리를 충실히 구현하기 위한 것이고, 종교교육을 학교나 학원 형태로 행하는 것에 대하여 방치할 경우 위에서 본 것과 같은 여러 사회적 폐해가 생길 수 있기 때문에 설립인가나 등록제로서 최소한으로 규제하는 것이므로, … 교육법 제85조 제1항과 학원법 제6조는 헌법 제37조 제2항에 위배하여 종교의 자유를 과잉제한하는 것이라고 할 수 없다. 또한 종교내부의 목회자 양성기관을 금지하는 것은 아니며 학교나 학원 형태의 종교교육도 인가나 등록제로 운영함에 그치고 있는 것이므로 종교의 자유의 본질적 내용을 침해하는 것도 아니다(헌재 2000. 3. 30. 99헌바14).

(2) 학교나 학원설립에 인가나 등록주의를 취했다고 하여 감독청의 지도·감독하에서만 성직자와 종교지도자를 양성하라고 하는 것이 되거나, 정부가 성직자양성을 직접 관장하는 것이 된다고 할 수 없고, 또 특정 종교를 우대하는 것도 아니므로 이는 더 나아가 살펴볼 필요없이 헌법 제20조 제2항이 정한 국교금지 내지 정교분리의 원칙을 위반한 것이라 할 수 없다(헌재 2000. 3. 30. 99헌바14).

(3) 위 조항들로 인하여 종교교단의 재정적 능력에 따라 학교 내지 학원의 설립상 차별을 초래한다고 해도 거기에는 위와 같은 합리적 이유가 있으므로 평등원칙에 위배된다고 할 수 없다(헌재 2000. 3. 30. 99헌바14).

2323 종교교육 및 종교지도자의 양성은 헌법 제20조에 규정된 종교의 자유의 한 내용으로 보장되지만, 그것이 학교라는 교육기관의 형태를 취할 때에는 헌법 제31조 제1항, 제6항의 규정 및 이에 기한 교육법상의 각 규정들에 의한 규제를 받게 된다. 22 법원 9 O│X

종교교육 및 종교지도자의 양성은 헌법 제20조에 규정된 종교의 자유의 한 내용으로서 보장되지만, 그것이 학교라는 교육기관의 형태를 취할 때에는 헌법 제31조 제1항, 제6항의 규정 및 이에 기한 교육법상의 각 규정들에 의한 규제를 받게 된다(대판 1992. 12. 22. 92도1742).

● 정답 2321. O   2322. X [종교의 자유 침해 X]   2322-1. X [정교분리원칙 위배 X]   2322-2. O   2323. O

2324 종교전파의 자유는 자신의 종교 또는 종교적 확신을 누구에게나 알리고 선전하는 자유를 말하며 포교행위 또는 선교행위가 이에 해당되나, 국민이 선택한 임의의 장소에서 이를 자유롭게 행사할 수 있는 권리까지 보장하는 것은 아니다. 15 법무사   O | X

2324-1 종교(선교활동)의 자유는 국민에게 그가 선택한 임의의 장소에서 자유롭게 행사할 수 있는 권리까지 보장한다고 할 수 없으며, 그 임의의 장소가 대한민국의 주권이 미치지 아니하는 지역 나아가 국가에 의한 국민의 생명·신체 및 재산의 보호가 강력히 요구되는 해외 위난지역인 경우에는 더욱 그러하다. 22 경채   O | X

2324-2 종교의 자유에는 종교전파의 자유가 포함되며, 종교전파의 자유는 국민에게 그가 선택한 임의의 장소에서 자유롭게 행사할 수 있는 권리까지 보장한다. 18 지방 7   O | X

이 사건에서 문제되는 종교의 자유는 **종교전파의 자유**로서 누구에게나 자신의 종교 또는 종교적 확신을 알리고 선전하는 자유를 말하며, **포교행위 또는 선교행위**가 이에 해당한다. 그러나 이러한 종교전파의 자유는 국민에게 **그가 선택한 임의의 장소에서 자유롭게 행사할 수 있는 권리까지 보장한다고 할 수 없으며**, 그 임의의 장소가 대한민국의 주권이 미치지 아니하는 지역 나아가 국가에 의한 국민의 생명·신체 및 재산의 보호가 강력히 요구되는 **해외 위난지역**인 경우에는 더욱 그러하다(헌재 2008. 6. 26. 2007헌마1366).

2325 종교단체가 양로시설을 설치하고자 하는 경우 신고하도록 의무를 부담시키는 것은 종교단체의 종교의 자유와 인간다운 생활을 할 권리를 제한한다. 16 국가 7, 18 경정   O | X

2325-1 종교단체의 복지시설 운영에 대한 제한은 종교단체 내 복지시설을 운영하는 법인의 인격권 및 법인운영의 자유를 제한하는 것이므로 종교의 자유 침해가 아닌 법인운영의 자유를 침해하는지 여부에 대한 문제로 귀결된다. 22 경찰 2차   O | X

(1) **심판대상조항에 의하여 신고의 대상이 되는 양로시설에 종교단체가 운영하는 양로시설을 제외하지 않는 것은 자유로운 양로시설 운영을 통한 선교의 자유, 즉 종교의 자유 제한의 문제를 불러온다.** … 심판대상조항은 종교단체에서 운영하는 양로시설도 일정규모 이상의 경우 신고하도록 한 규정일 뿐, 거주이전의 자유나 **인간다운 생활을 할 권리**의 제한을 불러온다고 볼 수 없으므로 이에 대해서는 **별도로 판단하지 아니한다**(헌재 2016. 6. 30. 2015헌바46).
(2) 심판대상조항에 의하여 신고의 대상이 되는 양로시설에 종교단체가 운영하는 양로시설을 제외하지 않는 것은 자유로운 양로시설 운영을 통한 선교의 자유, 즉 **종교의 자유 제한의 문제를 불러온다.** … 청구인은, 심판대상조항이 **법인의 인격권 및 법인운영의 자유를 침해한다고 주장하나**, 위에서 본 바와 같이 종교단체의 복지시설 운영은 종교의 자유의 영역이므로 **종교의 자유를 침해하는지 여부에 대한 문제로 귀결**된다(헌재 2016. 6. 30. 2015헌바46).

2326 종교단체에서 구호활동의 일환으로 운영하는 양로시설에 대해서도 양로시설의 설치에 신고의무를 부과하고 그 위반행위를 처벌하는 법률조항은, 일정 규모 이상의 양로시설에서는 안전사고나 인권침해 피해 정도가 커질 수 있어 예외 없이 신고의무를 부과할 필요가 있다는 점에서 종교의 자유를 침해하지 않는다. 24 변호사   O | X

2326-1 국가 또는 지방자치단체 외의 자가 양로시설을 설치하고자 하는 경우 신고하도록 규정하고 이를 위반한 경우 처벌하는 「노인복지법」 조항을 종교단체에서 구호활동의 일환으로 운영하는 양로시설에도 적용하는 것은, 종교의 특수성을 몰각하는 것으로 종교의 자유를 침해한다. 23 변호사   O | X

● 정답 | 2324. O   2324-1. O   2324-2. X [임의의 장소에서 행사권까지 보장 X]   2325. X [인간다운 생활을 할 권리 제한 X]   2325-1. X [인격권·법인 운영의 자유 X → 종교의 자유 침해에 대한 문제로 귀결]   2326. O   2326-1. X [종교의 자유 침해 아님]

심판대상조항은 양로시설에 입소한 노인들에게 편안하고 쾌적한 주거환경을 제공하도록 국가나 지방자치단체가 관리·감독을 하기 위한 것으로, 이러한 입법목적은 정당하고 신고의무를 위반한 경우 형사제재를 가하는 것은 양로시설 현황을 파악하고 감독하기 위한 것으로 수단의 적절성도 인정된다. 양로시설을 설치하고자 하는 경우 일정한 시설기준과 인력기준 등을 갖추어야 하나, 이는 노인들의 안전한 주거공간 보장을 위한 최소한의 기준에 불과하므로 신고의무 부과가 지나치다고 할 수 없다. **종교단체에서 구호활동의 일환으로 운영하는 양로시설**이라고 하더라도 신고대상에서 제외하면 관리·감독의 사각지대가 발생할 수 있으며, 일정 규모 이상의 양로시설의 경우 안전사고나 인권침해 피해정도가 커질 수 있으므로, **예외를 인정함이 없이 신고의무를 부과할 필요**가 있다. … 따라서 심판대상조항이 과잉금지원칙에 위배되어 **종교의 자유를 침해한다고 볼 수 없다**(헌재 2016. 6. 30. 2015헌바46).

2327 종교의 자유에는 선교의 자유가 포함되고, 선교의 자유에는 다른 종교를 비판하거나 다른 종교의 신자에 대하여 개종을 권고하는 자유도 포함된다. 22 경찰 2차   O | X

2327-1 종교의 자유에는 자기가 신봉하는 종교를 선전하고 새로운 신자를 규합하기 위한 선교의 자유가 포함되나, 선교의 자유에는 다른 종교의 신자에 대하여 개종을 권고하는 자유를 넘어 타종교를 비판하는 자유까지 포함되었다고 볼 수 없다. 22 법원 9   O | X

종교의 자유에는 자기가 신봉하는 종교를 선전하고 새로운 신자를 규합하기 위한 **선교의 자유가 포함**되고 선교의 자유에는 **다른 종교를 비판**하거나 다른 종교의 신자에 대하여 **개종을 권고하는 자유도 포함**되는바, 종교적 선전, 타 종교에 대한 비판 등은 동시에 표현의 자유의 보호대상이 되는 것이나, 그 경우 종교의 자유에 관한 헌법 제20조 제1항은 표현의 자유에 관한 헌법 제21조 제1항에 대하여 특별 규정의 성격을 갖는다 할 것이므로 종교적 목적을 위한 언론·출판의 경우에는 그 밖의 일반적인 언론·출판에 비하여 보다 고도의 보장을 받게 된다(대판 1996. 9. 6. 96다19246).

2328 종교의 자유에 관한 헌법 제20조 제1항은 표현의 자유에 관한 헌법 제21조 제1항에 대하여 특별규정의 성격을 갖는다 할 것이므로 종교적 목적을 위한 언론·출판의 경우에는 그 밖의 일반적인 언론·출판에 비하여 고도의 보장을 받게 된다. 18 지방 7   O | X

종교의 자유에는 자기가 신봉하는 종교를 선전하고 새로운 신자를 규합하기 위한 선교의 자유가 포함되고 선교의 자유에는 다른 종교를 비판하거나 다른 종교의 신자에 대하여 개종을 권고하는 자유도 포함되는바, 종교적 선전, 타 종교에 대한 비판 등은 동시에 표현의 자유의 보호대상이 되는 것이나, 그 경우 **종교의 자유에 관한 헌법 제20조 제1항**은 표현의 자유에 관한 **헌법 제21조 제1항에 대하여 특별 규정**의 성격을 갖는다 할 것이므로 **종교적 목적을 위한 언론·출판**의 경우에는 그 밖의 **일반적인 언론·출판에 비하여 보다 고도의 보장**을 받게 된다(대판 1996. 9. 6. 96다19246).

2329 종교적 목적을 위한 언론·출판의 자유를 행사하는 과정에서 타 종교의 신앙 대상을 우스꽝스럽게 묘사하거나 다소 모욕적이고 불쾌하게 느껴지는 표현을 사용하였더라도 그것이 그 종교를 신봉하는 신도들에 대한 증오의 감정을 드러내는 것이거나 그 자체로 폭행·협박 등을 유발할 우려가 있는 정도가 아닌 이상 허용된다고 보아야 한다. 23 경간   O | X

우리 헌법이 종교의 자유를 보장함으로써 보호하고자 하는 것은 종교 자체나 종교가 신봉하는 신앙의 대상이 아니라, 종교를 신봉하는 국민, 즉 신앙인이고, 종교에 대한 비판은 성질상 어느 정도의 편견과 자극적인 표현을 수반하게 되는 경우가 많으므로, 타 종교의 신앙의 대상에 대한 모욕이 곧바로 그 신앙의 대상을 신봉하는 종교단체나 신도들에 대한 명예훼손이 되는 것은 아니고, **종교적 목적을 위한 언론·출판의 자유를 행사**하는 과정에서 타 종교의 신앙의 대상을 우스꽝스럽게 묘사하거나 **다소 모욕적이고 불쾌하게 느껴지는 표현**을 사용하였더라도 그것이 그 종교를 신봉하는 신도들에 대한 **증오의 감정을 드러내는 것이거나 그 자체로 폭행·협박 등을 유발할 우려가 있는 정도가 아닌 이상 허용된다고 보아야 한다**(대판 2014. 9. 4. 2012도13718).

정답 2327. O   2327-1. X [타종교 비판의 자유 포함]   2328. O   2329. O

2330 전통사찰에 대하여 채무명의를 가진 일반채권자가 전통사찰 소유의 전법(傳法)용 경내지의 건조물 등에 대하여 압류하는 것을 금지하는 「전통사찰의 보존 및 지원에 관한 법률」조항은 '전통사찰의 일반채권자'의 재산권을 제한하지만, 종교의 자유의 내용 중 어떠한 것도 제한되지 않는다. 21 경정

O | X

압류 등 강제집행은 국가가 강제력을 행사함으로써 채권자의 사법상 청구권에 대한 실현을 도모하는 절차로서 채권자의 재산권은 궁극적으로 강제집행에 의하여 그 실현이 보장되는 것인바, 이 사건 법률조항은 <u>전통사찰에 대하여 채무명의를 가진 일반 채권자가 전통사찰 소유의 전법용 경내지의 건조물 등에 대하여 압류하는 것을 금지</u>하고 있으므로 '<u>전통사찰의 일반 채권자'의 재산권을 제한한다</u>. … 청구인은 이 사건 법률조항이 다른 종교단체의 재산과는 달리 불교 전통사찰 소유의 재산만을 압류 금지 재산으로 규정함으로써 청구인의 종교의 자유를 침해한다고 주장한다. 그러나 종교의 자유는 신앙의 자유, 종교적 행위의 자유 및 종교적 집회·결사의 자유를 그 내용으로 하는바, 이 사건 법률조항은 <u>전통사찰 소유의 일정 재산에 대한 압류를 금지할 뿐</u>이므로 그로 인하여 위와 같은 <u>종교의 자유의 내용 중 어떠한 것도 제한되지는 아니한다</u>(헌재 2012. 6. 27. 2011헌바34).

02 관련판례

2331 종교집회는 수형자의 교정·교화뿐 아니라 교정시설의 안전과 질서유지에 기여하므로 종교집회에 참석할 수 있는 기회는 형이 확정된 수형자뿐 아니라 미결수용자에게도 인정되어야 한다. 16 국회 8

O | X

2331-1 피청구인인 부산구치소장이 청구인이 미결수용자 신분으로 구치소에 수용되었던 기간 중 교정시설 안에서 매주 실시하는 종교집회 참석을 제한한 행위는 청구인의 종교의 자유 중 종교적 집회·결사의 자유를 제한하지 않는다. 15 국가 7

O | X

2331-2 피청구인인 부산구치소장이 청구인이 미결수용자 신분으로 구치소에 수용되었던 기간 중 교정시설 안에서 매주 실시하는 종교집회 참석을 제한한 행위는 과잉금지원칙을 위반하여 청구인의 종교의 자유 중 종교적 집회·결사의 자유를 침해한 것이 아니다. 19 법원 9

O | X

(1) 수형자의 종교활동은 수형자의 심성순화와 도덕성 함양은 물론, 건전한 삶을 지향하도록 하여 자신의 과오를 반성하고 안정된 수용생활을 할 수 있도록 하는 한편, 재범방지에도 기여할 수 있다. … 이와 같이 <u>종교집회가 수형자의 교정교화뿐 아니라 교정시설의 안전과 질서유지에 기여한다면, 종교집회에 참석할 수 있는 기회</u>는 형이 확정된 수형자뿐 아니라 <u>미결수용자에게도 인정되어야 할 것이다</u>(헌재 2014. 6. 26. 2012헌마782).
(2) 종교적 집회·결사의 자유는 종교적 목적으로 같은 신자들이 집회하거나 종교단체를 결성할 자유를 말하는데, 이 사건 <u>종교집회 참석 제한 처우</u>는 청구인이 종교집회에 참석하는 것을 제한한 행위이므로 청구인의 <u>종교의 자유, 특히 종교적 집회·결사의 자유를 제한한다</u>. … 이 사건 종교집회 참석 제한 처우는 부산구치소의 열악한 시설을 감안하더라도 <u>과잉금지원칙을 위반</u>하여 청구인의 <u>종교의 자유를 침해한 것이다</u>(헌재 2014. 6. 26. 2012헌마782).

2332 구치소장이 구치소 내에서 실시하는 종교의식 또는 행사에 미결수용자의 참석을 일률적으로 불허한 것은 종교의 자유를 침해한 것이다. 15 법무사

O | X

2332-1 구치소장이 수용자 중 미결수용자에 대하여 일률적으로 종교행사 등에의 참석을 불허한 것은 미결수용자의 종교의 자유를 나머지 수용자의 종교의 자유보다 엄격하게 제한한 것이나, 교정시설의 여건 및 수용관리의 적정성을 기하기 위한 것으로서 목적과 수단이 정당하고 일부 수용자에 대한 최소한의 제한에 해당하므로 종교의 자유를 침해한 것으로 볼 수 없다. 21 경정, 16 법원 9

O | X

● 정답 2330. ○ 2331. ○ 2331-1. ×[종교적 집회·결사의 자유 제한] 2331-2. ×[종교적 집회·결사의 자유 침해] 2332. ○ 2332-1. ×[종교의 자유 침해]

무죄추정의 원칙이 적용되는 미결수용자들에 대한 기본권 제한은 징역형 등의 선고를 받아 그 형이 확정된 수형자의 경우보다는 더 완화되어야 할 것임에도, 피청구인이 **수용자 중 미결수용자에 대하여만** 일률적으로 종교행사 등에의 참석을 불허한 것은 **미결수용자의 종교의 자유를 나머지 수용자의 종교의 자유보다 더욱 엄격하게 제한한 것이다.** … 따라서, 이 사건 종교행사 등 참석불허 처우는 과잉금지원칙을 위반하여 청구인의 **종교의 자유를 침해**하였다(헌재 2011. 12. 29. 2009헌마527).

📝 **보충설명** 목적의 정당성과 수단의 적합성은 인정되나 피해의 최소성과 법익의 균형성에 위반된다.

2333 구치소에 종교행사 공간이 1개뿐이고, 종교행사는 종교, 수형자와 미결수용자, 성별, 수용동 별로 진행되며, 미결수용자는 공범이나 동일사건 관련자가 있는 경우 이를 분리하여 참석하게 해야 하는 점을 고려하면 구치소장이 미결수용자 대상 종교행사를 4주에 1회 실시했더라도 종교의 자유를 과도하게 제한하였다고 보기 어렵다. 24 소간   O | X

2333-1 구치소에 종교행사 공간이 1개뿐이고, 종교행사는 종교, 수형자와 미결수용자, 성별, 수용동 별로 진행되며, 미결수용자는 공범이나 동일사건 관련자가 있는 경우 분리하여 참석하게 해야 하는 점을 고려하더라도, 구치소장이 종교행사를 4주에 1회 실시한 것은 미결수용자의 종교의 자유를 침해한다. 24 경간   O | X

○○구치소에 **종교행사 공간이 1개뿐**이고, 종교행사는 종교, 수형자와 미결수용자, 성별, 수용동 별로 진행되며, 미결수용자는 공범이나 동일사건 관련자가 있는 경우 이를 분리하여 참석하게 해야 하는 점을 고려하면 피청구인이 **미결수용자 대상 종교행사를 4주에 1회 실시했더라도 종교의 자유를 과도하게 제한하였다고 보기 어려우며,** 구치소의 인적·물적 여건상 하루에 여러 종교행사를 동시에 하기 어려우며, 개신교의 경우에만 그 교리에 따라 일요일에 종교행사를 허용할 경우 다른 종교와의 형평에 맞지 않고, 공휴일인 일요일에 종교행사를 할 행정적 여건도 마련되어 있지 않다는 점을 고려하면, 이 사건 종교행사 처우는 청구인의 **종교의 자유를 침해하지 않는다**(헌재 2015. 4. 30. 2013헌마190).

2334 청구인인 금치처분을 받은 사람에게 최장 30일 이내의 기간 동안 공동행사에 참가할 수 없게 하였으나, 서신수수·접견을 통해 외부와 통신할 수 있게 하였고 종교상담을 통해 종교활동을 할 수 있도록 한 것은 청구인의 통신의 자유, 종교의 자유를 침해하지 않는다. 20 국회 8   O | X

금치처분을 받은 사람은 최장 30일 이내의 기간 동안 **공동행사에 참가할 수 없으나,** 서신수수, 접견을 통해 **외부와 통신**할 수 있고, **종교상담을 통해 종교활동**을 할 수 있다. 또한, **위와 같은 불이익은 규율 준수**를 통하여 수용질서를 유지한다는 **공익에 비하여 크다고 할 수 없다.** 따라서 위 조항은 청구인의 **통신의 자유, 종교의 자유를 침해하지 아니한다**(헌재 2016. 5. 26. 2014헌마45).

2335 사법시험 제1차 시험의 시행일자를 일요일로 정하여 공고한 공무원임용시험시행계획 공고는 종교의 자유를 침해하는 것이 아니다. 22 경채   O | X

2335-1 사법시험을 일요일에 실시하는 것은 종교의 자유를 침해한다. 18 서울 7(추)   O | X

피청구인이 **사법시험 제1차 시험 시행일을 일요일로 정하여 공고**한 것은 「국가공무원법」제35조에 의하여 다수 국민의 편의를 위한 것이므로 이로 인하여 청구인의 종교의 자유가 어느 정도 제한된다 하더라도 이는 공공복리를 위한 부득이한 제한으로 보아야 할 것이고 그 정도를 보더라도 **비례의 원칙에 벗어난 것으로 볼 수 없고** 청구인 **종교의 자유의 본질적 내용을 침해한 것으로 볼 수도 없다**(헌재 2001. 9. 27. 2000헌마159).

● 정답 2333. O   2333-1. X [종교의 자유 침해 X]   2334. O   2335. O   2335-1. X [종교의 자유 침해 X]

2336 '2010학년도 법학적성시험 시행계획 공고'가 시험의 시행일을 일요일로 정한 것은 청구인의 종교의 자유를 침해하는 것이라 할 수 없다. 23 5급 O | X

적성시험 시행공고가 시험의 시행일을 일요일로 정하고 있는 것은 대다수의 국민의 응시기회 보장 및 용이한 시험관리라는 정당한 목적을 달성하기 위한 적절한 수단이며, 시험장으로 임차된 학교들의 구체적인 학사일정에 차이가 있고 주5일 근무제의 시행이 배제되는 사업장이 존재하며 국가시험의 종류에 따라 시험의 시행기관 및 투입비용 등이 다르다는 점에 비추어 위 공고가 피해의 최소성 및 법익균형성 원칙에 반하여 종교의 자유를 침해한다고 볼 수 없다. 또한 기독교 문화를 사회적 배경으로 하는 구미 제국과 달리 우리나라에서는 일요일이 특정 종교의 종교의식일이 아니라 일반적 공휴일에 해당한다는 점 등을 고려하면 일요일에 적성시험을 실시하는 것이 특정 종교를 믿는 자들을 불합리하게 차별대우하는 것이라고 볼 수도 없다(헌재 2010. 4. 29. 2009헌마399).

2337 교원임용시험의 일자를 일요일로 정함으로써 종교행사를 갖는 수험생들의 예배 참석 등에 현실적인 불편이나 불이익이 초래되지만, 수많은 수험생들의 응시상의 편의와 시험장소의 마련 및 시험관리상의 편의 도모와 같은 합리적인 이유가 있으므로 평등권을 침해하지 않는다. 20 국회 9 O | X

청구인은 이 사건 공고로 인하여 일요일에 종교행사가 없는 수험생들에 비하여 불합리한 차별을 받고 있다고 주장하나, 피청구인이 이 사건 공고를 통하여 이 사건 시험의 일자를 일요일로 정하여 공고한 것은 특정 종교를 믿는 수험생들을 차별대우하려는 것으로는 보이지 아니하고, 일요일로 시험일자가 정해지다보니 그날에 종교행사를 갖는 수험생들의 예배 참석 등에 현실적인 불편이나 불이익이 초래된 점이 있다 하더라도 앞서 본 바와 같이 일요일 시험일자 선정에는 수많은 수험생들의 응시상의 편의와 시험장소의 마련 및 시험관리상의 편의 등의 도모와 같은 합리적인 이유가 있는 것이므로 청구인의 평등권을 침해한 것으로 볼 수 없다(헌재 2010. 11. 25. 2010헌마199).

2338 간호조무사 국가시험 실시 요일은 수험생들의 피해를 최소화할 수 있는 방안으로 결정하여야 하지만 연 2회 실시되는 간호조무사 국가시험을 모두 토요일에 실시한다고 하여 토요일에 종교적 의미를 부여하는 종교를 믿는 자의 종교의 자유를 침해하지 아니한다. 24 소간 O | X

시험일을 일요일로 정하는 경우 제칠일안식일예수재림교(이하 '재림교'라 한다)를 믿는 청구인의 종교의 자유에 대한 제한은 없을 것이나, 일요일에 종교적 의미를 부여하는 응시자의 종교의 자유를 제한하게 되므로, 종교의 자유 제한 문제는 기본권의 주체만을 달리하여 그대로 존속하게 된다. 또한 대부분의 지방자치단체에서 시험장소 임차 및 인력동원 등의 이유로 일요일 시험실시가 불가하거나 어려워, 현재로서는 일요일에 시험을 시행하는 것도 현실적으로 어려운 상황이다. 이러한 사정을 고려할 때, 연 2회 실시되는 간호조무사 국가시험을 모두 토요일에 실시한다고 하여 그로 인한 기본권 제한이 지나치다고 볼 수 없다. 따라서 이 사건 공고는 과잉금지원칙에 반하여 청구인의 종교의 자유를 침해하지 아니한다(헌재 2023. 6. 29. 2021헌마171).

2339 사립대학은 종교교육 내지 종교선전을 위하여 학생들의 신앙을 가지지 않을 자유를 침해하지 않는 범위 내에서 학생들로 하여금 일정한 내용의 종교교육을 받을 것을 졸업요건으로 하는 학칙을 제정할 수 있다. 18 서울 7(추) O | X

2339-1 기독교재단이 설립한 사립대학에서 6학기 동안 대학예배에 참석할 것을 졸업요건으로 하는 학칙은 비록 위 대학예배가 복음 전도나 종교인 양성에 직접적인 목표가 있는 것이 아니고 신앙을 가지지 않을 자유를 침해하지 않는 범위 내에서 학생들에게 종교교육을 함으로써 진리・사랑에 기초한 보편적 교양인을 양성하는 데 목표를 두고 있다고 하더라도 헌법상 보장된 종교의 자유를 침해하는 것이다. 22 경찰 2차 O | X

정답 2336. O   2337. O   2338. O   2339. O   2339-1. X [종교의 자유 침해 X]

(1) 사립학교는 국·공립학교와는 달리 종교의 자유의 내용으로서 종교교육 내지는 종교선전을 할 수 있고, 학교는 인적·물적 시설을 포함한 교육시설로써 학생들에게 교육을 실시하는 것을 본질로 하며, … **사립대학은 종교교육 내지 종교선전을 위하여 학생들의 신앙을 가지지 않을 자유를 침해하지 않는 범위 내에서 학생들로 하여금 일정한 내용의 종교교육을 받을 것을 졸업요건으로 하는 학칙을 제정할 수 있다**(대판 1998. 11. 10. 96다37268).

(2) **기독교 재단이 설립한 사립대학**이 학칙으로 **대학예배의 6학기 참석을 졸업요건**으로 정한 경우, 위 대학교의 대학예배는 목사에 의한 예배뿐만 아니라 강연이나 드라마 등 다양한 형식을 취하고 있고 학생들에 대하여는 예배시간의 참석만을 졸업의 요건으로 할 뿐 그 태도나 성과 등을 평가하지는 않는 사실 등에 비추어 볼 때, **위 대학교의 예배는 복음 전도나 종교인 양성에 직접적인 목표가 있는 것이 아니고 신앙을 가지지 않을 자유를 침해하지 않는 범위 내에서 학생들에게 종교교육을 함으로써 진리·사랑에 기초한 보편적 교양인을 양성**하는 데 목표를 두고 있다고 할 것이므로, **대학예배에의 6학기 참석을 졸업요건으로 정한 위 대학교의 학칙은 헌법상 종교의 자유에 반하는 위헌무효의 학칙이 아니다**(대판 1998. 11. 10. 96다37268).

2340 종립학교의 종교교육의 자유와 학생의 소극적 종교행위의 자유가 충돌하는 경우 종립학교는 원칙적으로 학생의 종교의 자유를 고려한 대책을 마련하는 등의 조치를 취하는 속에서 종교교육의 자유를 누린다. 14 국가 7 O | X

2340-1 종립학교의 학교법인이 국·공립학교의 경우와는 달리 종교교육을 할 자유와 운영의 자유를 가진다고 하더라도, 그 종립학교가 공교육체계에 편입되어 있는 이상 원칙적으로 학생의 종교의 자유, 교육을 받을 권리를 고려한 대책을 마련하는 등의 조치를 취하는 속에서 그러한 자유를 누린다고 해석하여야 한다. 22 경채 O | X

고등학교 평준화정책에 따른 학교 강제배정제도가 위헌이 아니라고 하더라도 여전히 **종립학교(종교단체가 설립한 사립학교)가 가지는 종교교육의 자유 및 운영의 자유**와 **학생들이 가지는 소극적 종교행위의 자유 및 소극적 신앙고백의 자유 사이에 충돌**이 생기게 되는데, 이와 같이 하나의 법률관계를 둘러싸고 두 기본권이 충돌하는 경우에는 구체적인 사안에서의 사정을 종합적으로 고려한 이익형량과 함께 양 기본권 사이의 실제적인 조화를 꾀하는 해석 등을 통하여 이를 해결하여야 하고, 그 결과에 따라 정해지는 양 기본권 행사의 한계 등을 감안하여 그 행위의 최종적인 위법성 여부를 판단하여야 한다. … 비록 **종립학교의 학교법인**이 국·공립학교의 경우와는 달리 **종교교육을 할 자유와 운영의 자유를 가진다**고 하더라도, 그 종립학교가 공교육체계에 편입되어 있는 이상 원칙적으로 **학생의 종교의 자유, 교육을 받을 권리를 고려한 대책을 마련**하는 등의 조치를 취하는 속에서 그러한 자유를 누린다고 해석하여야 한다(대판 2010. 4. 22. 2008다38288).

2341 종교단체가 설립한 사립학교에서 특정종교의 교리를 전파하는 종교행사와 종교과목 수업을 실시하면서 참가 거부가 사실상 불가능한 분위기를 조성하고 대체과목을 개설하지 않는 등 다른 신앙을 가진 학생의 기본권을 고려하지 않는 것은 학생의 종교에 관한 인격적 법익을 침해하는 위법행위이다. 17 법무사 O | X

종립학교가 특정 종교의 교리를 전파하는 종파적인 종교행사와 종교과목 수업을 실시하면서 참가 거부가 사실상 불가능한 분위기를 조성하는 등 **신앙을 갖지 않거나 학교와 다른 신앙을 가진 학생들의 기본권**을 고려하지 않은 것은, **학생의 종교에 관한 인격적 법익을 침해하는 위법한 행위**이고, 그로 인하여 인격적 법익을 침해받는 학생이 있을 것임이 충분히 예견가능하고 그 침해가 회피가능하므로 과실 역시 인정된다(대판 2010. 4. 22. 2008다38288).

정답 2340. ○ 2340-1. ○ 2341. ○

POINT 136 국교부인과 정교분리원칙

2342 국가에 의한 특정 종교의 우대나 차별대우는 금지된다. 23 5급 ○│✕

우리 헌법 제20조 제2항이 "국교는 인정되지 아니하며, 종교와 정치는 분리된다."고 규정하고 있으므로, **국가가 특정 종교를 특별히 보호하기 위하여 특혜를 가하거나 억압하기 위하여 부당한 대우를 하는 것은 원칙적으로 금지**된다고 할 것이다(대판 2007. 4. 26. 2006다87903).

2343 육군훈련소장이 훈련병에게 개신교, 불교, 천주교, 원불교 종교행사 중 하나에 참석하도록 한 것은 국가가 종교를 군사력 강화라는 목적을 달성하기 위한 수단으로 전락시키거나, 반대로 종교단체가 군대라는 국가권력에 개입하여 선교행위를 하는 등 영향력을 행사할 수 있는 기회를 제공하므로, 국가와 종교의 밀접한 결합을 초래한다는 점에서 헌법상 정교분리원칙에 위배된다. 23 경찰 1차 ○│✕

2343-1 육군훈련소장이 훈련병들로 하여금 개신교, 천주교, 불교, 원불교 4개 종교의 종교행사 중 하나에 참석하도록 한 것이 그 자체로 종교적 행위의 외적 강제에 해당한다고 볼 수는 없다. 24 소간 ○│✕

피청구인이 청구인들로 하여금 개신교, 천주교, 불교, 원불교 4개 종교의 종교행사 중 하나에 참석하도록 한 것은 그 자체로 종교적 행위의 외적 강제에 해당한다. 이는 피청구인이 위 4개 종교를 승인하고 장려한 것이자, 여타 종교 또는 무종교보다 이러한 4개 종교 중 하나를 가지는 것을 선호한다는 점을 표현한 것이라고 보여질 수 있으므로 국가의 종교에 대한 중립성을 위반하여 특정 종교를 우대하는 것이다. 또한, 이 사건 **종교행사 참석조치는** 국가가 **종교를 군사력 강화라는 목적을 달성하기 위한 수단으로 전락**시키거나, 반대로 종교단체가 군대라는 국가권력에 개입하여 **선교행위를 하는 등 영향력을 행사할 수 있는** 기회를 제공하므로, 국가와 종교의 밀접한 결합을 초래한다는 점에서 **정교분리원칙에 위배된다**(헌재 2022. 11. 24. 2019헌마941).

2344 군대 내에서 군종장교가 성직자의 신분에서 종교활동을 수행함에 있어 소속종단의 종교를 선전하거나 다른 종교를 비판하였다고 할지라도 그것만으로 종교적 중립을 준수할 의무를 위반하였다고 볼 수 없다. 21 법무사 ○│✕

2344-1 군종장교가 최소한 성직자의 신분에서 주재하는 종교활동을 수행함에 있어 소속종단의 종교를 선전하거나 다른 종교를 비판하는 것은 국가공무원으로서 종교적 중립을 준수할 의무를 위반한 직무상의 위법이 있다. 22 경채 ○│✕

군대 내에서 군종장교는 국가공무원인 참모장교로서의 신분뿐 아니라 성직자로서의 신분을 함께 가지고 소속 종단으로부터 부여된 권한에 따라 설교·강론 또는 설법을 행하거나 종교의식 및 성례를 할 수 있는 종교의 자유를 가지는 것이므로, **군종장교가 최소한 성직자의 신분에서 주재하는 종교활동을 수행함에 있어 소속종단의 종교를 선전하거나 다른 종교를 비판하였다고 할지라도 그것만으로 종교적 중립을 준수할 의무를 위반한 직무상의 위법이 있다고 할 수 없다**(대판 2007. 4. 26. 2006다87903).

2345 종교시설의 건축행위에만 기반시설부담금을 면제한다면 국가가 종교를 지원하여 종교를 승인하거나 우대하는 것으로 비칠 소지가 있어 헌법 제20조 제2항의 국교금지·정교분리에 위배될 수도 있다. 22 경찰 2차 ○│✕

2345-1 종교시설의 건축행위에 대하여 기반시설부담금 부과를 제외하거나 감경하지 아니하였더라도, 종교의 자유를 침해하는 것이 아니다. 24 소간, 23 입시 ○│✕

2345-2 종교시설의 건축행위에 대하여 기반시설부담금 부과를 제외하거나 감경하지 아니하였다면 종교의 자유를 침해하는 것이다. 23 경간 ○│✕

정답 2342. ○ 2343. ○ 2343-1. ✕ [종교적 행위의 외적 강제에 해당] 2344. ○ 2344-1. ✕ [직무상 위법 없음] 2345. ○ 2345-1. ○ 2345-2. ✕ [종교의 자유 침해 ✕]

종교의 자유에서 종교에 대한 적극적인 우대조치를 요구할 권리가 직접 도출되거나 우대할 국가의 의무가 발생하지 아니한다. **종교시설의 건축행위에만 기반시설부담금을 면제**한다면 국가가 종교를 지원하여 종교를 승인하거나 우대하는 것으로 비칠 소지가 있어 헌법 제20조 제2항의 **국교금지 · 정교분리에 위배될 수도 있다**고 할 것이므로 **종교시설의 건축행위**에 대하여 **기반시설부담금 부과를 제외하거나 감경하지 아니**하였더라도, **종교의 자유를 침해하는 것이 아니다**(헌재 2010. 2. 25. 2007헌바131 등).

2346 지방자치단체가 유서 깊은 천주교 성당 일대를 문화관광지로 조성하기 위하여 상급단체로부터 문화관광지 조성계획을 승인받은 후 사업부지 내 토지 등을 수용재결한 것은 헌법의 정교분리원칙에 위배되지 않는다. 22 경찰 2차 O | X

2346-1 공동체 구성원들 사이에 관습화된 문화요소라 하더라도 종교적인 의식, 행사에서 유래된 경우에까지 국가가 지원하는 것은 문화국가원리와 정교분리원칙에 위반된다. 17 국가 7 O | X

(1) 그것이 이미 우리 사회공동체 구성원들 사이에서 관습화된 문화요소로 인식되고 받아들여질 정도에 이르렀다면, 이는 정교분리원칙이 적용되는 종교의 영역이 아니라 헌법적 보호가치를 지닌 문화의 의미를 갖게 된다. 그러므로 이와 같이 이미 **문화적 가치로 성숙한 종교적인 의식, 행사, 유형물**에 대한 국가 등의 지원은 일정 범위 내에서 **전통문화의 계승 · 발전**이라는 **문화국가원리에 부합**하며 **정교분리원칙에 위배되지 않는다**(대판 2009. 5. 28. 2008두16933).

(2) **지방자치단체가 유서 깊은 천주교 성당 일대를 문화관광지로 조성**하기 위하여 상급 단체로부터 문화관광지 조성계획을 승인받은 후 **사업부지 내 토지 등을 수용재결**한 사안에서, 위 성당을 문화재로 보호할 가치가 충분하고 위 문화관광지 조성계획은 지방자치단체가 지역경제의 활성화를 도모하기 위하여 추진한 것으로 보이며 특정 종교를 우대 · 조장하거나 배타적 특권을 부여하는 것으로 볼 수 없어, 그 계획의 승인과 그에 따른 토지 등 수용재결이 **헌법의 정교분리원칙이나 평등권에 위배되지 않는다**(대판 2009. 5. 28. 2008두16933).

2347 종교활동은 헌법상 종교의 자유와 정교분리의 원칙에 의하여 국가의 간섭으로부터 그 자유가 보장되어 있는 것이므로 국가기관인 법원으로서도 종교단체 내부관계에 관한 사항에 대해서는 그것이 일반 국민으로서 권리의무나 법률관계를 규율하는 것이 아닌 이상 원칙적으로 그 실체적인 심리판단을 하지 아니함으로써 당해 종교단체의 자율권을 최대한 보장하여야 할 것이고, 한편 종교단체가 그 교리를 확립하고 종교단체 및 신앙의 질서를 유지하기 위하여 교인으로서의 비위가 있는 자를 종교적인 방법으로 제재하는 것은 종교단체 내부의 규제로서 헌법이 보장하는 종교의 자유의 영역에 속하는 것임에 비추어, 교인의 구체적인 권리 또는 법률관계에 관한 분쟁이 있어 그에 관한 징계의 당부를 판단하는 전제로서 종교단체의 교인에 대한 징계의 당부를 판단하는 것은 별론으로 하더라도, 법원이 그 징계의 효력 그 자체를 사법심사의 대상으로 삼아 효력 유무를 판단할 수는 없다고 할 것이다. 23 법무사

O | X

종교활동은 헌법상 **종교의 자유**와 **정교분리의 원칙**에 의하여 **국가의 간섭으로부터 그 자유가 보장**되어 있다. 따라서 국가기관인 법원으로서도 종교단체 내부관계에 관한 사항에 대하여는 그것이 일반 국민으로서의 권리의무나 법률관계를 규율하는 것이 아닌 이상 원칙적으로 실체적인 심리 · 판단을 하지 아니함으로써 당해 **종교단체의 자율권을 최대한 보장**하여야 한다. 한편 종교단체가 그 교리를 확립하고 종교단체 및 신앙의 질서를 유지하기 위하여 교인으로서의 비위가 있는 사람을 종교적인 방법으로 제재하는 것은 종교단체 내부의 규제로서 헌법이 보장하는 종교의 자유의 영역에 속하는 것임에 비추어, 교인의 구체적인 권리 또는 법률관계에 관한 분쟁이 있어서 그에 관한 청구의 당부를 판단하는 전제로 종교단체의 교인에 대한 징계의 당부를 판단하는 것은 별론으로 하더라도, 법원이 **그 징계의 효력 자체를 사법심사의 대상으로 삼아 효력 유무를 판단할 수는 없다**고 할 것이다(대판 2011. 10. 27. 2009다32386).

● 정답 2346. O 2346-1. X [문화국가원리와 정교분리원칙 위반 X] 2347. O

POINT 137 학문과 예술의 자유

01 학문의 자유

2348 학문의 자유라 함은 진리를 탐구하는 자유를 의미하는데, 그것은 단순히 진리탐구의 자유에 그치지 않고 탐구한 결과에 대한 발표의 자유 내지 가르치는 자유 등을 포함한다. 15 법무사 O|X

헌법 제22조에 의해서 보호되는 **학문의 자유는 진리를 탐구하는 자유**를 의미하는바, **단순한 진리탐구에 그치지 않고 탐구한 결과에 대한 발표의 자유** 내지 **가르치는 자유** 등을 포함한다(헌재 2001. 2. 22. 99헌마613).

2349 대학교수가 반국가단체로서의 북한의 활동을 찬양·고무·선전 또는 이에 동조할 목적 아래 '한국전쟁과 민족통일'이란 논문을 제작·반포하거나 발표한 것은 헌법이 보장하는 학문의 자유의 범위 안에 있지 않다. 22 해경, 17 국회 8 O|X

대학교수인 피고인이 제작·반포한 '한국전쟁과 민족통일'이라는 제목의 논문 및 피고인이 작성한 강연 자료, 기고문 등의 이적표현물에 대하여, 그 반포·게재된 경위 및 피고인의 사회단체 활동 내용 등에 비추어 피고인이 절대적으로 누릴 수 있는 연구의 자유의 영역을 벗어나 헌법 제37조 제2항과 국가보안법 제7조 제1항, 제5항에 따른 제한의 대상이 되었고, … **피고인이 반국가단체로서의 북한의 활동을 찬양·고무·선전 또는 이에 동조할 목적 아래 위 논문 등을 제작·반포하거나 발표**한 것이어서 그것이 헌법이 보장하는 **학문의 자유의 범위 내에 있지 않다**(대판 2010. 12. 9. 2007도10121).

2350 국립대학 교원의 성과연봉제는 학문의 자유를 침해하지 않는다. 15 법무사 O|X

이 사건 조항은 국립대학 교원의 연구의욕 고취 및 교육의 수월성 제고를 통한 대학경쟁력 강화를 위한 것으로서 목적의 정당성 및 수단의 적합성이 인정된다. … 따라서 **이 사건 조항은 과잉금지원칙에 반하여 청구인들의 학문의 자유를 침해한다고 볼 수 없다**(헌재 2013. 11. 28. 2011헌마282 등).

2351 사립학교 교원이 선거범죄로 100만 원 이상의 벌금형을 선고받아 그 형이 확정되면 당연퇴직되도록 규정한 것은 교수의 자유를 침해하지 않는다. 17 국회 8 O|X

이 사건 법률조항은 선거범죄를 범하여 형사처벌을 받은 교원에 대하여 일정한 신분상 불이익을 가하는 규정일 뿐 **청구인의 연구·활동내용이나 그러한 내용을 전달하는 방식을 규율하는 것은 아니므로 청구인의 교수의 자유를 침해하지 아니한다**(헌재 2008. 4. 24. 2005헌마857).

02 예술의 자유

2352 자신의 미적 감상 등을 문신시술을 통하여 시각적으로 표현할 수 있다는 측면에서 문신시술이 예술의 자유 또는 표현의 자유의 영역에 포함될 수 있다. 22 경찰 2차 O|X

청구인은 심판대상조항이 예술의 자유도 제한한다고 주장하고, **청구인이 자신의 미적 감상 등을 문신시술을 통하여 시각적으로 표현할 수 있다는 측면에서 문신시술이 예술의 자유의 영역에 포함될 수 있다**(헌재 2022. 7. 21. 2022헌바3).

▶ 정답 2348. ○ 2349. ○ 2350. ○ 2351. ○ 2352. ○

2353 '음반'은 학문적 연구결과를 발표하는 수단이 되기도 하고, 예술표현의 수단이 되기도 하므로 그 제작 및 판매·배포는 언론·출판의 자유에 의하여 뿐만 아니라 학문·예술의 자유를 규정하고 있는 헌법 제22조 제1항에 의하여도 보장을 받는다. 15 서울 7   O | X

이 사건에서 문제되고 있는 **음반**은 **학문적 연구결과를 발표하는 수단**이 되기도 하고, **예술표현의 수단**이 되기도 하므로 그 제작 및 판매 배포는 **학문·예술의 자유**를 규정하고 있는 헌법 제22조 제1항에 의하여 보장을 받음과 동시에 **헌법 제21조 제1항에 의하여도 받는다**(헌재 1996. 10. 31. 94헌가6).

2354 극장은 영상물·공연물 등 의사표현의 매개체를 일반 공중에게 표현하는 장소로서의 의미가 있으므로 극장의 자유로운 운영에 대한 제한은 공연물, 영상물이 지니는 표현물, 예술작품으로서의 성격에 기하여 표현의 자유 및 예술의 자유의 제한효과도 가지고 있다. 22 경찰 2차   O | X

극장은 영상물·공연물 등 의사표현의 매개체를 일반 공중에게 **표현하는 장소로서의 의미**가 있다. 따라서 **극장의 자유로운 운영에 대한 제한은** 공연물, 영상물이 지니는 표현물, 예술작품으로서의 성격에 기하여 **표현의 자유 및 예술의 자유의 제한 효과도 가지고 있음을 부인할 수 없다**(헌재 2004. 5. 27. 2003헌가1 등).

2355 학교정화구역 내에서의 극장시설 및 영업을 일반적으로 금지하는 구「학교보건법」제6조 제1항은 표현·예술의 자유의 중요성을 간과하고 학교교육의 보호만을 과도하게 강조하였다. 22 해경, 17 국회 8
O | X

2355-1 학교정화구역 내에서의 극장시설 및 영업을 금지하고 있는 구「학교보건법」조항은 정화구역 내에서 극장업을 하고자 하는 자의 예술의 자유를 과도하게 침해하여 위헌이다. 23 경찰 2차   O | X

2355-2 학교정화구역 내에서 극장시설 및 운영을 예외 없이 금지한다고 해서 초·중·고등학생의 자유로운 문화향유에 관한 권리 등을 침해한다고 할 수 없다. 23 해간   O | X

(1) 입법자는 **표현·예술의 자유의 보장**과 공연장 및 영화상영관 등이 담당하는 **문화국가형성의 기능의 중요성을 간과**하고 **학교교육의 능률성의 보호**라는 입법목적의 측면만을 **지나치게 강조**함으로써 상충하는 여러 가지 이익을 적절하고 공정하게 형량하여 규율하였다고 보기 어렵다. 따라서 이러한 관점에서도 이 사건 법률조항은 **비례의 원칙에 위반**되어 **표현·예술의 자유를 과도하게 제한**하는 규정이다. … 이 사건 법률조항은 극장운영자의 표현의 자유 및 예술의 자유도 필요한 이상으로 과도하게 침해하고 있으며, 표현·예술의 자유의 보장과 공연장 및 영화상영관 등이 담당하는 문화국가형성의 기능의 중요성을 간과하고 있다. 따라서 이 사건 법률조항은 **표현의 자유 및 예술의 자유를 침해**하는 위헌적인 규정이다(헌재 2004. 5. 27. 2003헌가1 등).
(2) 헌법이 보장하는 인간의 존엄성 및 행복추구권은 국가의 교육권한과 부모의 교육권의 범주 내에서 아동에게도 자신의 교육환경에 관하여 스스로 결정할 권리, 그리고 자유롭게 문화를 향유할 권리를 부여한다고 할 것이다. 이 사건 법률조항은 아동·청소년의 문화향유에 관한 권리 등 인격의 자유로운 발현과 형성을 충분히 고려하고 있지 아니하므로 **아동·청소년의 자유로운 문화향유에 관한 권리 등 행복추구권을 침해**하고 있다(헌재 2004. 5. 27. 2003헌가1 등).

2356 구「음반에관한법률」제3조 제1항이 비디오물을 포함하는 음반제작자에 대하여 일정한 시설을 갖추어 문화공보부에 등록할 것을 명하는 것은 예술의 자유를 침해하는 것이다. 22 경찰 2차   O | X

구 음반에관한법률 제3조 제1항이 비디오물을 포함하는 음반제작자에 대하여 일정한 시설을 갖추어 문화공보부에 등록할 것을 명하는 것은 **음반제작에 필수적인 기본시설**을 갖추지 못함으로써 발생하는 폐해방지 등의 공공복리 목적을 위한 것으로서 헌법상 금지된 허가제나 검열제와는 다른 차원의 규정이고, **예술의 자유나 언론·출판의 자유를 본질적으로 침해**하였다거나 헌법 제37조 제2항의 **과잉금지의 원칙에 반한다고 할 수 없다**(헌재 1993. 5. 13. 91헌바17).

● 정답 2353. O   2354. O   2355. O   2355-1. O   2355-2. X [문화향유에 관한 권리 등을 침해함]   2356. X [예술의 자유 침해 X]

03 저작자 등의 권리보호

2357 헌법 제22조 제2항은 저작자·발명가·과학기술자와 예술가의 권리는 법률로써 보호한다고 하여 학문과 예술의 자유를 제도적으로 뒷받침해 주고 학문과 예술의 자유에 내포된 문화국가실현의 실효성을 높이기 위하여 저작자 등의 권리보호를 국가의 과제로 규정하고 있다. 22 경찰 2차   O | X

헌법 제22조 제2항은 저작자·발명가·과학기술자와 예술가의 권리는 법률로써 보호한다고 하여 **학문과 예술의 자유를 제도적으로 뒷받침**해 주고 학문과 예술의 자유에 내포된 **문화국가실현의 실효성**을 높이기 위하여 **저작자 등의 권리보호를 국가의 과제로 규정**하고 있다(헌재 2002. 4. 25. 2001헌마2000).

2358 저작자 아닌 자를 저작자로 하여 실명·이명을 표시하여 저작물을 공표한 자를 처벌하는 「저작권법」 규정은 표현의 자유를 침해하지 않는다. 23 해간, 19 국회 8   O | X

심판대상조항은 저작자 및 자신의 의사에 반하여 저작자로 표시된 사람의 권리를 보호하고, 저작자 명의에 관한 사회 일반의 신뢰를 보호하기 위한 것으로 입법목적이 정당하고, 저작자 아닌 사람을 저작자로 표시하는 행위를 금지하는 것은 적합한 수단이다. … **심판대상조항은 표현의 자유 또는 일반적 행동의 자유를 침해하지 아니한다**(헌재 2018. 8. 30. 2017헌바158).

POINT 138 언론·출판의 자유 [B]

01 언론·출판의 자유

2359 모든 국민은 언론·출판의 자유와 집회·결사의 자유를 가진다. 22 해경   O | X

> 헌법 제21조 ① 모든 국민은 **언론·출판의 자유와 집회·결사의 자유**를 가진다.

2360 표현의 자유는 국민 개인적인 차원에서는 자유로운 인격발현의 수단임과 동시에 합리적이고 건설적인 의사형성 및 진리발견의 수단이 되며, 국가와 사회적인 차원에서는 민주주의 국가와 사회의 존립과 발전에 필수불가결한 기본권이다. 24 경찰 1차   O | X

표현의 자유를 통해 사회구성원 사이에서 다양한 사상과 의견이 자유롭게 교환되고, 공적 사안들에 관한 공개적인 토론과 자유로운 비판이 이루어지게 된다. **표현의 자유는 국민 개인적인 차원에서는 자유로운 인격발현의 수단임과 동시에 합리적이고 건설적인 의사형성 및 진리발견의 수단**이 되며, **국가와 사회적인 차원에서는 민주주의 국가와 사회의 존립과 발전에 필수불가결한 기본권**이다. 자유로운 논쟁과 의견의 경합은 민주적 의사형성을 가능하게 한다는 점에서, 표현의 자유는 민주주의를 구성하는 본질적 요소이다(헌재 2023. 9. 26. 2020헌마1724 등).

2361 헌법 제21조에서 보장하고 있는 언론·출판의 자유 즉 표현의 자유는 전통적으로는 사상 또는 의견의 자유로운 표명(발표의 자유)과 그것을 전파할 자유(전달의 자유)를 의미하고, 개인이 인간으로서의 존엄과 가치를 유지하고 행복을 추구하며 국민주권을 실현하는데 필수불가결한 것으로서, 종교의 자유, 양심의 자유, 학문과 예술의 자유 등의 정신적인 자유를 외부적으로 표현하는 자유라고 할 수 있다. 23 법무사   O | X

정답 2357. O 2358. O 2359. O 2360. O 2361. O

헌법 제21조에서 보장하고 있는 **언론·출판의 자유** 즉 **표현의 자유**는 전통적으로는 사상 또는 의견의 자유로운 표명(**발표의 자유**)과 그것을 전파할 자유(**전달의 자유**)를 의미하고, 개인이 인간으로서의 존엄과 가치를 유지하고 행복을 추구하며 국민주권을 실현하는 데 필수불가결한 것으로서, 종교의 자유, 양심의 자유, 학문과 예술의 자유 등의 **정신적인 자유를 외부적으로 표현하는 자유**라고 할 수 있다(헌재 2009. 5. 28. 2006헌바109 등).

02 보호영역

2362 선거운동의 자유는 널리 선거과정에서 자유로이 의사를 표현할 자유의 일환이므로 표현의 자유의 한 태양이기도 한데, 이러한 정치적 표현의 자유는 선거과정에서의 선거운동을 통하여 국민이 정치적 의견을 자유로이 발표, 교환함으로써 비로소 그 기능을 다하게 된다 할 것이므로 선거운동의 자유는 헌법이 정한 언론·출판·집회·결사의 자유 및 보장규정에 의한 보호를 받는다. 23 국가 7 O | X

2362-1 정치적 표현의 자유는 선거과정에서의 선거운동을 통하여 국민이 정치적 의견을 자유로이 발표·교환함으로써 비로소 그 기능을 다하게 된다고 할지라도, 선거운동의 자유는 헌법에 정한 언론·출판·집회·결사의 자유 보장규정에 의한 보호를 받는 것이 아니라 선거원칙을 규정하고 있는 헌법 제41조 제1항 및 제67조 제1항과 헌법 제10조 행복추구권으로부터 유래되는 일반적 행동자유권 등에 의해서 우선적으로 보호된다. 21 소간 O | X

선거운동의 자유는 널리 선거과정에서 자유로이 의사를 표현할 자유의 일환이므로 **표현의 자유**의 한 태양이기도 한데, 이러한 **정치적 표현의 자유**는 선거과정에서의 **선거운동**을 통하여 국민이 정치적 의견을 자유로이 발표, 교환함으로써 비로소 그 기능을 다하게 된다 할 것이므로 **선거운동의 자유**는 헌법이 정한 **언론·출판·집회·결사의 자유 및 보장규정**에 의한 보호를 받는다(헌재 2018. 2. 22. 2015헌바124).

2363 표현이 어떤 내용에 해당한다는 이유만으로 표현의 자유의 영역에서 애당초 배제된다고 볼 수 없으므로 '허위사실의 표현'도 헌법 제21조가 규정하는 언론·출판의 자유의 보호영역에 해당된다. 23 해간 O | X

표현이 어떤 내용에 해당한다는 이유만으로 표현의 자유의 보호영역에서 애당초 배제된다고는 볼 수 없으므로, **'허위사실의 표현'**도 헌법 제21조가 규정하는 **언론·출판의 자유의 보호영역**에는 해당하되, 다만 헌법 제37조 제2항에 따라 제한될 수 있는 것이다(헌재 2010. 12. 28. 2008헌바157 등).

2364 표현의 자유는 자신의 의사를 표현하고 전파할 적극적 자유, 자신의 의사를 표현하지 아니할 소극적 자유, 국가에게 표현의 자유를 실현할 수 있는 방법을 적극적으로 마련해 줄 것을 요청할 수 있는 자유를 포함한다. 따라서 국가가 공직후보자들에 대한 유권자의 전부 거부 의사표시를 할 방법을 보장해 줄 것도 표현의 자유의 보호범위에 포함된다. 18 법원 9 O | X

표현의 자유는 기본적으로 자유로운 정치적 의사표현 등을 **국가가 소극적으로 금지하거나 제한하지 말 것을 요구**하는 권리이며, 국가에게 국민들의 표현의 자유를 실현할 방법을 적극적으로 마련해 달라는 것까지 **포함하는 것이라 볼 수 없다**. 이 사건의 경우에도 표현의 자유의 보호범위에 '국가가 공직후보자들에 대한 **유권자의 전부 거부 의사표시**를 할 방법'을 보장해 줄 것'까지 **포함된다고 보기는 어렵다**. 그렇다면 이 사건 조항이 공직후보자에 대한 '전부 거부' 의사표시를 제공하지 않는 것이 청구인들의 표현의 자유를 제한하는 것이라 할 수 없다(헌재 2007. 8. 30. 2005헌마975).

● 정답 2362. O 2362-1. X [선거운동의 자유 : 일반적 행동자유권 X → 언출집결 자유 O] 2363. O 2364. X [보호범위에 포함 X]

03 음란·저속 표현

2365 '일단 표출되면 그 해악이 처음부터 해소될 수 없거나 또는 너무나 심대한 해악을 지닌 음란표현'도 헌법 제21조가 규정하는 언론·출판의 자유의 보호영역에 해당한다. 17 경정 O|X

2365-1 '음란'이란 인간존엄 내지 인간성을 왜곡하는 노골적이고 적나라한 성표현으로서 오로지 성적 흥미에만 호소할 뿐 전체적으로 보아 하등의 문학적, 예술적, 과학적 또는 정치적 가치를 지니지 않은 것으로서, 사회의 건전한 성도덕을 크게 해칠 뿐만 아니라 사상의 경쟁매커니즘에 의해서도 그 해악이 해소되기 어려워 언론·출판의 자유의 보호영역에 해당하지 아니한다. 19 국회 9 O|X

이 사건 법률조항의 **음란표현**은 헌법 제21조가 규정하는 **언론·출판의 자유의 보호영역** 내에 있다고 볼 것인바, 종전에 이와 견해를 달리하여 음란표현은 헌법 제21조가 규정하는 언론·출판의 자유의 보호영역에 해당하지 아니한다는 취지로 판시한 우리 재판소의 의견을 변경한다(헌재 2009. 5. 28. 2006헌바109 등).

2366 '음란'이란 인간존엄 내지 인간성을 왜곡하는 노골적이고 적나라한 성표현으로서 오로지 성적 흥미에만 호소할 뿐 전체적으로 보아 하등의 문학적, 예술적, 과학적 또는 정치적 가치를 지니지 않은 것으로서 언론·출판의 자유의 보호영역에 속하지 않는 반면, 저속은 이러한 정도에 이르지 않는 성표현 등을 의미하는 것으로서 헌법적인 보호영역 안에 있다. 15 서울 7 O|X

(1) 이 사건 법률조항의 **음란표현**은 헌법 제21조가 규정하는 **언론·출판의 자유의 보호영역 내에 있다**고 볼 것인바, 종전에 이와 견해를 달리하여 음란표현은 헌법 제21조가 규정하는 언론·출판의 자유의 보호영역에 해당하지 아니한다는 취지로 판시한 우리 재판소의 의견을 변경한다(헌재 2009. 5. 28. 2006헌바109 등).

(2) "**저속**"은 이러한 정도에 이르지 않는 성표현 등을 의미하는 것으로서 **헌법적인 보호영역안**에 있다(헌재 1998. 4. 30. 95헌가16).

2367 헌법 제21조 제4항은 "언론·출판은 타인의 명예나 권리 또는 공중도덕이나 사회윤리를 침해하여서는 아니 된다."고 규정하고 있는 바, 이는 언론·출판의 자유에 따르는 책임과 의무를 강조하는 동시에 언론·출판의 자유에 대한 제한의 요건을 명시한 규정으로 볼 것이고, 헌법상 표현의 자유의 보호영역 한계를 설정한 것이라고는 볼 수 없기 때문에, 음란표현도 헌법 제21조가 규정하는 언론·출판의 자유의 보호영역에서는 해당하되, 다만 헌법 제37조 제2항에 따라 제한할 수 있는 것이다. 17 국가 7(추) O|X

헌법 제21조 제4항은 "언론·출판은 타인의 명예나 권리 또는 공중도덕이나 사회윤리를 침해하여서는 아니 된다."고 규정하고 있는바, 이는 언론·출판의 자유에 따르는 책임과 의무를 강조하는 동시에 언론·출판의 자유에 대한 제한의 요건을 명시한 규정으로 볼 것이고, 헌법상 표현의 자유의 보호영역 한계를 설정한 것이라고는 볼 수 없다. 따라서 **음란표현도** 헌법 제21조가 규정하는 **언론·출판의 자유의 보호영역**에는 해당하되, 다만 헌법 제37조 제2항에 따라 국가 안전보장·질서유지 또는 공공복리를 위하여 **제한할 수 있는 것**이라고 해석하여야 할 것이다(헌재 2009. 5. 28. 2006헌바109 등).

● 정답 2365. O   2365-1. X [보호영역에 해당됨]   2366. X [음란·저속 모두 보호영역 내]   2367. O

04 상업광고

2368 광고도 사상·지식·정보 등을 불특정다수인에게 전파하는 것으로서 언론·출판의 자유에 의한 보호를 받는 대상이 됨은 물론이고, 상업적 광고표현 또한 보호의 대상이 된다. 24 소간 O | X

광고도 사상·지식·정보 등을 **불특정다수인에게 전파**하는 것으로서 **언론·출판의 자유에 의한 보호**를 받는 대상이 됨은 물론이고, **상업적 광고표현** 또한 **보호 대상**이 된다(헌재 2018. 6. 28. 2016헌가8 등).

2369 광고가 단순히 상업적인 상품이나 서비스에 관한 사실을 알리는 경우에는 그 내용이 공익을 포함하고 있더라도 헌법 제21조의 표현의 자유에 의하여 보호되는 것은 아니다. 22 경정 O | X

광고가 단순히 상업적인 상품이나 서비스에 관한 **사실을 알리는 경우에도** 그 내용이 **공익을 포함**하는 때에는 **헌법 제21조의 표현의 자유에 의하여 보호**된다(헌재 2002. 12. 18. 2000헌마764).

2370 광고물도 사상·지식·정보 등을 불특정다수인에게 전파하는 것으로서 언론·출판의 자유에 의한 보호를 받는 대상이 될 수 있다. 23 입시 O | X

2370-1 우리 헌법은 제21조 제1항에서 "모든 국민은 언론·출판의 자유 …… 를 가진다."라고 규정하여 현대 자유민주주의의 존립과 발전에 필수불가결한 기본권으로 언론·출판의 자유를 강력하게 보장하고 있으나, 광고물은 상업적 목적으로 제작된 것으로서 언론·출판의 자유에 의한 보호를 받는 대상이 된다고 볼 수 없다. 23 법무사 O | X

헌법은 제21조 제1항에서 "모든 국민은 언론·출판의 자유 …… 를 가진다"라고 규정하여 현대 자유민주주의의 존립과 발전에 필수불가결한 기본권으로 언론·출판의 자유를 강력하게 보장하고 있는바, **광고물도 사상·지식·정보 등을 불특정다수인에게 전파**하는 것으로서 **언론·출판의 자유에 의한 보호를 받는 대상**이 됨은 물론이다(헌재 2002. 12. 18. 2000헌마764).

2371 상업광고도 표현의 자유의 보호영역에 속하는 것이므로 상업광고 규제에 관한 비례의 원칙 심사에 있어서 피해의 최소성 원칙에서는 같은 목적을 달성하기 위하여 달리 덜 제약적인 수단이 없을 것인지 혹은 입법목적을 달성하기 위하여 필요한 최소한의 제한인지를 심사한다. 17 국가 7 O | X

2371-1 상업광고도 표현의 자유의 보호영역에 속하므로 엄격한 비례의 원칙에 따라 보호된다. 14 법원 9 O | X

2371-2 상업광고는 표현의 자유의 보호영역에 속하지만 사상이나 지식에 관한 정치적·시민적 표현 행위와는 차이가 있으므로, 그 규제의 위헌 여부는 완화된 기준인 자의금지원칙에 따라 심사한다. 23 경정 O | X

상업광고는 표현의 자유의 보호영역에 속하지만 사상이나 지식에 관한 정치적, 시민적 표현행위와는 차이가 있고, 한편 직업수행의 자유의 보호영역에 속하지만 인격발현과 개성신장에 미치는 효과가 중대한 것은 아니다. 그러므로 **상업광고 규제에 관한 비례의 원칙 심사**에 있어서 **침해의 최소성 원칙**은 같은 목적을 달성하기 위하여 **달리 덜 제약적인 수단이 없을 것인지** 혹은 **입법목적을 달성하기 위하여 필요한 최소한의 제한인지**를 심사하기 보다는 **입법목적을 달성하기 위하여 필요한 범위 내의 것인지**를 심사하는 정도로 **완화되는 것이 상당하다**(헌재 2012. 2. 23. 2009헌마318).

● 정답 2368. ○   2369. X [표현의 자유에 의하여 보호됨]   2370. ○   2370-1. X [광고물도 언론·출판의 자유에 의한 보호를 받음]   2371. X [필요한 최소한의 제한 X → 필요한 범위 내인지 O]   2371-1. X [완화된 비례의 원칙에 따라 보호]   2371-2. X [자의심사 X → 완화된 비례심사 O]

2372 상업광고에 대한 규제에 의한 표현의 자유 내지 직업수행의 자유의 제한은 헌법 제37조 제2항에서 도출되는 비례의 원칙(과잉금지원칙)을 준수하여야 하지만, 상업광고는 사상이나 지식에 관한 정치적, 시민적 표현행위와는 차이가 있고, 인격발현과 개성신장에 미치는 효과가 중대한 것은 아니므로, 비례의 원칙 심사에 있어서 '피해의 최소성' 원칙은 '입법목적을 달성하기 위하여 필요한 범위 내의 것인지'를 심사하는 정도로 완화되는 것이 상당하다. 18 법원 9   O | X

상업광고에 대한 규제에 의한 표현의 자유 내지 직업수행의 자유의 제한은 헌법 제37조 제2항에서 도출되는 **비례의 원칙(과잉금지원칙)을 준수**하여야 하지만, **상업광고**는 사상이나 지식에 관한 정치적, 시민적 표현행위와는 차이가 있고, 인격발현과 개성신장에 미치는 효과가 중대한 것은 아니므로, **비례의 원칙 심사에 있어서 '피해의 최소성' 원칙**은 **'입법목적을 달성하기 위하여 필요한 범위 내의 것인지'**를 심사하는 정도로 **완화되는 것이 상당**하다(헌재 2005. 10. 27. 2003헌가3).

2373 의료에 관한 광고는 표현의 자유의 보호영역에 속하지만 사상이나 지식에 관한 정치적·시민적 표현행위와는 차이가 있고, 한편 직업수행의 자유의 보호영역에도 속하지만 인격발현과 개성신장에 미치는 효과가 중대한 것은 아니므로, 의료에 관한 광고의 규제에 대한 과잉금지원칙 위배 여부를 심사함에 있어 그 기준을 완화하는 것이 타당하다. 18 변호사   O | X

2373-1 의료광고는 표현의 자유의 보호영역에 속하지만 사상이나 지식에 관한 정치적·시민적 표현 행위와는 차이가 있고, 직업수행의 자유의 보호영역에도 속하지만 인격발현과 개성신장에 미치는 효과가 중대한 것은 아니므로, 그 규제의 위헌여부는 완화된 기준인 자의금지원칙에 따라 심사한다. 21 변호사   O | X

의료에 관한 광고는 **표현의 자유의 보호영역**에 속하지만 사상이나 지식에 관한 정치적, 시민적 표현 행위와는 차이가 있고, 한편 **직업수행의 자유의 보호영역**에도 속하지만 인격발현과 개성신장에 미치는 효과가 중대한 것은 아니므로 **의료에 관한 광고의 규제**에 대한 **과잉금지원칙 위배 여부를 심사**함에 있어, **그 기준을 완화**하는 것이 타당하다(헌재 2016. 9. 29. 2015헌바325).

05 의사표현의 매개체 (수단)

2374 헌법 제21조 제1항은 모든 국민은 언론·출판의 자유를 가진다고 규정하여 언론·출판의 자유를 보장하고 있는 바, 의사표현의 자유는 바로 언론·출판의 자유에 속한다. 따라서 의사표현의 매개체를 의사표현을 위한 수단이라고 전제할 때, 이러한 의사표현의 매개체는 헌법 제21조 제1항이 보장하고 있는 언론·출판의 자유의 보호대상이 된다고 할 것이다. 13 법원 9   O | X

헌법 제21조 제1항은 모든 국민은 언론·출판의 자유를 가진다고 규정하여 언론·출판의 자유를 보장하고 있는바, 의사표현의 자유는 바로 언론·출판의 자유에 속한다. 따라서 **의사표현의 매개체**를 **의사표현을 위한 수단**이라고 전제할 때, 이러한 **의사표현의 매개체**는 헌법 제21조 제1항이 보장하고 있는 **언론·출판의 자유의 보호대상**이 된다고 할 것이다(헌재 2008. 10. 30. 2004헌가18).

2375 의사표현·전파의 자유에 있어서 의사표현 또는 전파의 매개체는 어떠한 형태이건 가능하며 그 제한이 없다. 13 법원 9   O | X

2375-1 의사표현의 자유는 언론·출판의 자유에 속하고 의사표현의 매개체는 어떠한 형태이건 제한이 없으나, 여론형성의 본질상 언어 이외의 전달방식은 보호대상이 되지 않는다. 13 국회 8   O | X

정답 2372. O   2373. O   2373-1. X [자의심사 X → 완화된 비례심사 O]   2374. O   2375. O   2375-1. X [언어 이외의 방식도 보호대상이 됨]

헌법 제21조 제1항은 모든 국민은 언론·출판의 자유를 가진다고 규정하여 언론·출판의 자유를 보장하고 있는바, **의사표현의 자유**는 바로 **언론·출판의 자유**에 속한다. 따라서 의사표현의 매개체를 의사표현을 위한 수단이라고 전제할 때, 이러한 **의사표현의 매개체**는 헌법 제21조 제1항이 보장하고 있는 **언론·출판의 자유의 보호대상**이 된다고 할 것이다. 그리고 의사표현·전파의 자유에 있어서 **의사표현 또는 전파의 매개체는 어떠한 형태이건 가능하며 그 제한이 없다**고 하는 것이 우리 재판소의 확립된 견해이다(헌재 2008. 10. 30. 2004헌가18).

2376 헌법 제21조 제1항에서 보장하고 있는 표현의 자유는 사상 또는 의견의 자유로운 표명과 그것을 전파할 자유를 의미하는 것으로서, 그러한 의사의 '자유로운' 표명과 전파의 자유에는 자신의 신원을 누구에게도 밝히지 아니한 채 익명 또는 가명으로 자신의 사상이나 견해를 표명하고 전파할 익명표현의 자유도 포함된다. 17 국가 7(추) O | X

2376-1 의사의 자유로운 표명과 전파의 자유에는 책임이 따르므로 자신의 신원을 밝히지 아니한 채 익명 또는 가명으로 자신의 사상이나 견해를 표명하고 전파할 익명표현의 자유는 보장되지 않는다.
21 변호사, 17 경정, 15 변호사 O | X

헌법 제21조 제1항에서 보장하고 있는 **표현의 자유**는 사상 또는 의견의 **자유로운 표명**(발표의 자유)과 그것을 **전파할 자유**(전달의 자유)를 의미하는 것으로서, 그러한 의사의 '자유로운' 표명과 전파의 자유에는 자신의 신원을 누구에게도 밝히지 아니한 채 **익명 또는 가명**으로 자신의 사상이나 견해를 표명하고 전파할 **익명표현의 자유**도 포함된다(헌재 2012. 8. 23. 2010헌마47 등).

2377 의사표현의 자유는 헌법 제21조 제1항이 규정하는 언론·출판의 자유에 속하고, 여기서 의사표현의 매개체는 어떠한 형태이건 그 제한이 없으므로 의사표현의 한 수단인 TV 방송 역시 다른 의사표현 수단과 마찬가지로 헌법에 의한 보장을 받는다. 19 법무사 O | X

의사표현의 자유는 헌법 제21조 제1항이 규정하는 언론·출판의 자유에 속하고, 여기서 **의사표현의 매개체는 어떠한 형태이건 그 제한이 없으므로 의사표현의 한 수단인 TV 방송** 역시 다른 의사표현수단과 마찬가지로 **헌법에 의한 보장**을 받음은 물론이다(헌재 2001. 8. 30. 2000헌바36).

2378 영화도 의사표현의 한 수단이므로 영화의 제작 및 상영 역시 언론·출판의 자유에 의한 보장을 받는다.
19 법원 9, 18 법무사 O | X

영화도 의사표현의 한 수단이므로 영화의 제작 및 상영은 다른 의사표현수단과 마찬가지로 **언론·출판의 자유에 의한 보장**을 받음은 물론, 영화는 학문적 연구결과를 발표하는 수단이 되기도 하고 예술표현의 수단이 되기도 하므로 그 제작 및 상영은 학문·예술의 자유에 의하여도 보장을 받는다(헌재 1996. 10. 4. 93헌가13 등).

2379 음반이나 비디오물은 언론·출판의 자유에 의해 보호되는 의사표현의 매개체로 볼 수 없다. 10 국회 9 O | X

음반 및 비디오물도 의사형성적 작용을 하는 한 의사의 표현·전파의 형식의 하나로 인정되며, 이러한 작용을 하는 **음반 및 비디오물의 제작은 언론·출판의 자유에 의해서도 보호**된다고 할 것이다(헌재 1993. 5. 13. 91헌바17).

2380 정보통신망의 발달에 따라 선거기간 중 인터넷 언론사의 선거와 관련한 게시판·대화방 등도 정치적 의사를 형성·전파하는 매체로서 역할을 담당하고 있으므로, 의사의 표현·전파의 형식의 하나로 인정되고 따라서 언론·출판의 자유에 의하여 보호된다고 할 것이다. 23 경간 O | X

● 정답 2376. O   2376-1. ×[익명표현의 자유 보장됨]   2377. O   2378. O   2379. ×[볼 수 있음]   2380. O

언론·출판의 자유의 내용 중 의사표현·전파의 자유에 있어서 의사표현 또는 전파의 매개체는 어떠한 형태이건 가능하며 그 제한이 없다. 즉 담화·연설·토론·연극·방송·음악·영화·가요 등과 문서·소설·시가·도화·사진·조각·서화 등 모든 형상의 의사표현 또는 의사전파의 매개체를 포함한다. 정보통신망의 발달로 선거기간 중 인터넷언론사의 선거와 관련한 **게시판·대화방** 등도 **정치적 의사를 형성·전파하는 매체**로서 역할을 담당하고 있으므로, **의사의 표현·전파의 형식**의 하나로 인정되고 따라서 **언론·출판의 자유에 의하여 보호**된다고 할 것이다(헌재 2010. 2. 25. 2008헌마324 등).

2381 '청소년이용음란물' 역시 의사형성적 작용을 하는 의사의 표현·전파의 형식 중 하나임이 분명하므로 언론·출판의 자유에 의하여 보호되는 의사표현의 매개체에 해당한다. 23 법무사 O | X

'**청소년이용음란물**' 역시 의사형성적 작용을 하는 **의사의 표현·전파의 형식 중 하나**임이 분명하므로 **언론·출판의 자유에 의하여 보호되는 의사표현의 매개체**라는 점에는 의문의 여지가 없는바, 이 사건 법률 제2조 제3호 및 제8조 제1항은 이의 제작·수입·수출행위를 처벌함으로써 위와 같은 의사표현의 매개체에 의한 일정한 내용의 표현을 금지하고 있다는 점에서 헌법상 보장되고 있는 표현의 자유, 즉 **언론·출판의 자유를 제한**하는 것으로 볼 수 있다(헌재 2002. 4. 25. 2001헌가27).

2382 일반적으로 표현의 자유는 정보의 전달 또는 전파와 관련지어 생각되므로 구체적인 전달이나 전파의 상대방이 없는 집필의 단계를 표현의 자유의 보호영역에 포함시킬 것인지 의문이 있을 수 있으나, 집필은 문자를 통한 모든 의사표현의 기본 전제가 된다는 점에서 당연히 표현의 자유의 보호영역에 속해 있다고 보아야 한다. 20 국가 7 O | X

집필행위는 사람의 내면에 있는 생각이 외부로 나타나는 첫 단계의 행위란 점에서 문자를 통한 표현행위의 가장 기초적이고도 전제가 되는 행위라 할 것이다. 일반적으로 표현의 자유는 정보의 전달 또는 전파와 관련지어 생각되므로 **구체적인 전달이나 전파의 상대방이 없는 집필의 단계를 표현의 자유의 보호영역에 포함시킬 것인지 의문이 있을 수 있으나, 집필**은 문자를 통한 모든 의사표현의 기본 전제가 된다는 점에서 **당연히 표현의 자유의 보호영역**에 속해 있다고 보아야 한다(헌재 2005. 2. 24. 2003헌마289).

POINT 139 사전검열금지

01 사전검열금지

2383 언론·출판에 대한 허가나 검열과 집회·결사에 대한 허가는 인정되지 아니한다. 21 법원 9 O | X

> 헌법 제21조 ② **언론·출판**에 대한 **허가**나 **검열**과 **집회·결사**에 대한 **허가**는 **인정되지 아니한다.**

2384 헌법 제21조 제2항이 금지하는 언론·출판에 대한 검열은 그 명칭이나 형식과 관계없이 실질적으로 행정권이 주체가 되어 의견 등이 발표되기 이전에 예방적 조치로서 그 내용을 심사, 선별하여 발표를 사전에 억제하는 것을 의미한다. 14 법원 9 O | X

헌법 제21조 제2항은 언론·출판에 대한 허가나 검열은 인정되지 아니한다고 규정하고 있다. 여기서 말하는 **검열**은 **그 명칭이나 형식과 관계없이 실질적으로 행정권이 주체**가 되어 사상이나 의견 등이 **발표되기 이전**에 예방적 조치로서 **그 내용을 심사, 선별하여 발표를 사전에 억제**하는, 즉 허가받지 아니한 것의 발표를 금지하는 제도를 뜻하고, 이러한 사전검열은 법률로써도 불가능한 것으로서 절대적으로 금지된다(헌재 2001. 8. 30. 2000헌가9).

● 정답 2381. ○ 2382. ○ 2383. ○ 2384. ○

2385 헌법이 사전검열금지를 규정한 이유는, 사전검열이 허용될 경우에는 국민의 예술 활동의 독창성과 창의성을 침해하여 정신생활에 미치는 위험이 클 뿐만 아니라 행정기관이 집권자에게 불리한 내용의 표현을 사전에 억제함으로써 이른바 관제의견이나 지배자에게 무해한 여론만을 허용하는 결과를 초래할 염려가 있기 때문이다. 14 법원 9 O | X

언론·출판에 대하여 사전검열이 허용될 경우에는 국민의 예술활동의 독창성과 창의성을 침해하여 **정신생활에 미치는 위험**이 클 뿐만 아니라 행정기관이 집권자에게 불리한 내용의 표현을 사전에 억제함으로써 이른바 **관제의견이나 지배자에게 무해한 여론만이 허용**되는 결과를 초래할 염려가 있기 때문에 **헌법이 절대적으로 금지**하고 있는 것이다(헌재 2001. 8. 30. 2000헌가9).

2386 검열은 언론의 내용에 대한 허용될 수 없는 사전적 제한이라는 점에서 헌법 제21조 제2항 전단의 "허가"와 "검열"은 본질적으로 같은 것이라고 할 것이다. 23 경간 O | X

이 재판소는 위 제21조 제2항의 검열금지원칙이 적용되는 '**검열**'에 관하여 '행정권이 주체가 되어 사상이나 의견 등이 발표되기 이전에 예방적 조치로서 그 내용을 심사, 선별하여 발표를 사전에 억제하는, 즉 허가 받지 아니한 것의 발표를 금지하는 제도'라고 의미 규명한 바 있는데, **언론의 내용에 대한 허용될 수 없는 사전적 제한**이라는 점에서 위 조항 전단의 **"허가"와 "검열"은 본질적으로 같은 것**이라고 할 것이며 위와 같은 요건에 해당되는 허가·검열은 헌법적으로 허용될 수 없다(헌재 2001. 5. 31. 2000헌바43 등).

2387 표현의 특성이나 규제의 필요성에 따라 언론·출판의 자유의 보호를 받는 표현 중에서 사전검열금지원칙의 적용이 배제되는 영역을 따로 설정할 경우 그 기준에 대한 객관성을 담보할 수 없다는 점 등을 고려하면, 헌법상 사전검열은 예외 없이 금지되는 것으로 보아야 한다. 18 변호사 O | X

2387-1 헌법상 사전검열은 표현의 자유의 보호대상이더라도 예외 없이 금지되지는 않는다. 23 경간 O | X

2387-2 헌법상 사전검열은 금지되나, 예외적인 경우에는 인정될 수도 있다. 24 입시 O | X

헌법이 특정한 표현에 대해 예외적으로 검열을 허용하는 규정을 두지 않은 점, 이러한 상황에서 **표현의 특성이나 규제의 필요성에 따라 언론·출판의 자유의 보호를 받는 표현 중에서 사전검열금지원칙의 적용이 배제되는 영역을 따로 설정할 경우 그 기준에 대한 객관성을 담보할 수 없다**는 점 등을 고려하면, **헌법상 사전검열은 예외 없이 금지되는** 것으로 보아야 하므로 의료광고 역시 사전검열 금지원칙의 적용대상이 된다. … 헌법재판소도 사전검열은 절대적으로 금지되고, 여기에서 절대적이라 함은 **언론·출판의 자유의 보호를 받는 표현**에 대해서는 **사전검열금지원칙이 예외 없이 적용**된다는 의미라고 하고 있다(헌재 2015. 12. 23. 2015헌바75).

2388 헌법 제21조 제2항의 검열금지조항은 절대적 금지를 의미하므로 국가안전보장·질서유지·공공복리를 위하여 필요한 경우라도 사전검열이 허용되지 않는다. 17 경정, 15 변호사 O | X

2388-1 헌법 제21조 제1항과 제2항은 모든 국민은 언론·출판의 자유를 가지며, 언론·출판에 대한 허가나 검열은 인정되지 아니한다고 규정하고 있으므로, 검열을 수단으로 한 제한은 국가안전보장·질서유지 또는 공공복리를 위하여 필요한 경우에 한하여 법률로써 하는 경우에만 허용될 수 있다. 20 법원 9 O | X

헌법 제21조 제2항은 언론·출판에 대한 허가나 검열은 인정되지 아니한다고 규정하여 언론 출판에 대한 **검열을 절대적으로 금지**하고 있다. … 따라서 비록 헌법 제37조 제2항이 국민의 자유와 권리를 국가안전보장·질서유지 또는 공공복리를 위하여 필요한 경우에 한하여 법률로써 제한할 수 있도록 규정하고 있다고 하여도 언론·출판의 자유에 대하여는 **검열을 수단으로 한 제한만은 법률로써도 절대 허용되지 아니 한다**고 할 것이다(헌재 1996. 10. 31. 94헌가6).

● 정답 | 2385. O 2386. O 2387. O 2387-1. X [예외없이 금지됨] 2387-2. X [사전검열 예외 없이 금지] 2388. O 2388-1. X [법률로써도 절대 불허]

2389 사전검열금지원칙을 적용함에 있어서는 사전검열행위 자체의 범위를 제한하여 적용해야 할 뿐만 아니라 사전검열금지원칙이 적용될 대상 역시 헌법이 언론·출판의 자유를 보장하고 사전검열을 금지하는 목적에 맞게 한정하여 적용해야 한다. 13 지방 7, 11 국가 7　　　　○ⅠX

우리 재판소는 사전검열금지원칙을 적용함에 있어서 행정권이 주체가 된 사전심사절차의 존재를 비롯한 4가지 요건을 모두 갖춘 사전심사절차의 경우에만 이를 절대적으로 금지하여 사전검열행위 자체의 범위를 헌법 제21조의 진정한 목적에 맞는 범위 내로 제한하여 적용해 왔다. 이와 같이 <u>사전검열금지원칙을 적용함에 있어서는 **사전검열행위 자체의 범위를 제한하여 적용**해야 할 뿐만 아니라 **사전검열금지원칙이 적용될 대상** 역시 헌법이 언론·출판의 자유를 보장하고 사전검열을 금지하는 목적에 맞게 **한정하여 적용**해야 할 것이다</u>(헌재 2010. 7. 29. 2006헌바75).

2390 검열금지의 원칙은 모든 형태의 사전적인 규제를 금지하는 것이 아니고, 의사표현의 발표여부가 오로지 행정권의 허가에 달려있는 사전심사만을 금지하는 것을 뜻한다. 20 법원 9　　　　○ⅠX

2390-1 사전검열금지원칙은 의사표현의 발표 여부가 오로지 행정권의 허가에 달려있는 사전심사만을 금지하는 것이 아니라 모든 형태의 사전적인 규제를 금지하는 것이다. 21 변호사　　　　○ⅠX

<u>검열금지의 원칙은 **모든 형태의 사전적인 규제**를 금지하는 것은 아니고, **의사표현의 발표여부**가 **오로지 행정권의 허가**에 달려있는 사전심사만을 금지하는 것이다.</u> 그리고 검열은 일반적으로 허가를 받기 위한 표현물의 제출의무, 행정권이 주체가 된 사전심사절차, 허가를 받지 아니한 의사표현의 금지 및 심사절차를 관철할 수 있는 강제수단 등의 요건을 갖춘 경우에만 이에 해당하는 것이다(헌재 2001. 8. 30. 2000헌가9).

2391 검열금지의 원칙은 모든 형태의 사전적인 규제를 금지하는 것이 아니고, 단지 의사표현의 발표 여부가 오로지 행정권의 허가에 달려 있는 사전심사만을 금지하는 것을 뜻한다. 그러므로 검열은 일반적으로 허가를 받기 위한 표현물의 제출의무, 행정권이 주체가 된 사전심사절차, 허가를 받지 아니한 의사표현의 금지 및 심사절차를 관철할 수 있는 강제수단의 존재 등의 요건을 갖춘 경우에만 이에 해당하는 것이다. 14 국회 8　　　　○ⅠX

<u>검열금지의 원칙은 **모든 형태의 사전적인 규제**를 금지하는 것은 아니고, **의사표현의 발표여부**가 **오로지 행정권의 허가**에 달려있는 사전심사만을 금지하는 것이다. 그리고 검열은 일반적으로 허가를 받기 위한 **표현물의 제출의무, 행정권이 주체가 된 사전심사절차**, 허가를 받지 아니한 **의사표현의 금지** 및 심사절차를 관철할 수 있는 **강제수단** 등의 요건을 갖춘 경우에만 이에 해당하는 것이다</u>(헌재 2001. 8. 30. 2000헌가9).

2392 검열을 행정기관이 아닌 독립적인 위원회에서 행한다고 하더라도, 행정권이 주체가 되어 검열절차를 형성하고 검열기관의 구성에 지속적인 영향을 미칠 수 있는 경우라면 실질적으로 그 검열기관은 행정기관이라고 보아야 한다. 23 해경, 21 5급, 19 입시, 11 국회 9　　　　○ⅠX

의료광고의 심의기관이 행정기관인가 여부는 기관의 형식에 의하기보다는 그 실질에 따라 판단되어야 한다. <u>검열을 행정기관이 아닌 **독립적인 위원회**에서 행한다고 하더라도, **행정권이 주체**가 되어 **검열절차를 형성**하고 **검열기관의 구성에 지속적인 영향**을 미칠 수 있는 경우라면 **실질적으로** 그 **검열기관은 행정기관**이라고 보아야 한다</u>(헌재 2015. 12. 23. 2015헌바75).

정답 2389. ○　2390. ○　2390-1. X [발표 여부가 오로지 행정권의 허가에 달려있는 사전심사만을 금지]　2391. ○　2392. ○

2393 민간심의기구가 심의를 담당하는 경우에도 행정권이 개입하여 그 사전심의에 자율성이 보장되지 않는다면 이 역시 행정기관의 사전검열에 해당하게 된다. 21 5급 O | X

민간심의기구가 심의를 담당하는 경우에도 행정권이 개입하여 그 사전심의에 자율성이 보장되지 않는다면 이 역시 행정기관의 사전검열에 해당하게 될 것이다. 또한 민간심의기구가 사전심의를 담당하고 있고, 현재에는 행정기관이 그 업무에 실질적인 개입을 하고 있지 않더라도 행정기관의 자의에 의해 언제든지 개입할 가능성이 열려 있다면 이 경우 역시 헌법이 금지하는 사전검열이라는 의심을 면하기 어려울 것이다(헌재 2015. 12. 23. 2015헌바75).

02 사전검열에 해당하는 경우

1 사전심사

2394 헌법상 사전검열은 표현의 자유 보호대상이면 예외 없이 금지되므로, 건강기능식품의 기능성 광고는 인체의 구조 및 기능에 대하여 보건용도에 유용한 효과를 준다는 기능성 등에 관한 정보를 널리 알려 해당 건강기능식품의 소비를 촉진시키기 위한 상업광고이지만, 헌법 제21조 제1항의 표현의 자유의 보호 대상이 됨과 동시에 같은 조 제2항의 사전검열금지 대상도 된다. 20 지방 7 O | X

현행 헌법상 사전검열은 표현의 자유 보호대상이면 예외 없이 금지된다. 건강기능식품의 기능성 광고는 인체의 구조 및 기능에 대하여 보건용도에 유용한 효과를 준다는 기능성 등에 관한 정보를 널리 알려 해당 건강기능식품의 소비를 촉진시키기 위한 상업광고이지만, 헌법 제21조 제1항의 표현의 자유의 보호 대상이 됨과 동시에 같은 조 제2항의 사전검열 금지 대상도 된다(헌재 2018. 6. 28. 2016헌가8 등).

2395 구「건강기능식품에 관한 법률」에 따른 심의는 형식적으로 식품의약품안전처장으로부터 위탁받은 한국건강기능식품협회에서 수행하고 있지만, 실질적으로 행정기관인 식품의약품안전처장이 자의로 개입할 가능성이 있어, 건강기능식품 기능성 광고 사전심의는 행정권이 주체가 된 사전심사로서 헌법이 금지하는 사전검열에 해당한다. 23 경찰 1차 O | X

2395-1 사전심의를 받은 내용과 다른 내용의 건강기능식품 기능성광고를 금지하고 이를 위반한 경우 처벌하는 「건강기능식품에 관한 법률」에 의한 건강기능식품 기능성광고 사전심의는 그 검열이 행정권에 의하여 행하여진다고 볼 수 있어, 헌법이 금지하는 사전검열에 해당하므로 헌법에 위반된다. 19 경정 O | X

2395-2 건강기능식품 기능성광고의 사전심의절차를 규정한「건강기능식품에 관한 법률」조항은 국민의 건강권을 보호하고 국민의 보건에 관한 국가의 보호의무를 이행하기 위하여 사전심의절차를 법률로 규정한 것으로서 사전검열금지원칙이 적용되지 않는다. 22 입시 O | X

2395-3 헌법상 사전검열은 표현의 자유 보호대상이면 예외 없이 금지되므로, 건강기능식품의 기능성 광고에 대해서도 사전검열금지원칙이 적용된다. 건강기능식품에 관한 법률상 기능성 광고의 심의는 식약처장으로부터 위탁받은 한국건강기능식품협회에서 수행하고 있는데, 한국건강기능식품협회는 행정권으로부터 독립된 민간 자율기구로서 그 행정주체성을 인정하기 어려우므로 헌법이 금지하는 사전검열에 해당한다고 할 수 없다. 19 법무사 O | X

● 정답 2393. ○   2394. ○   2395. ○   2395-1. ○   2395-2. ×[사전검열금지원칙 적용됨]   2395-3. ×[행정주체성 인정, 사전검열 해당]

현행 헌법상 **사전검열**은 표현의 자유 보호대상이면 **예외 없이 금지**된다. **건강기능식품의 기능성 광고**는 인체의 구조 및 기능에 대하여 보건용도에 유용한 효과를 준다는 기능성 등에 관한 정보를 널리 알려 해당 건강기능식품의 소비를 촉진시키기 위한 **상업광고**이지만, 헌법 제21조 제1항의 **표현의 자유의 보호 대상**이 됨과 동시에 같은 조 제2항의 **사전검열 금지 대상**도 된다. … 건강기능식품법상 기능성 광고의 심의는 식약처장으로부터 위탁받은 **한국건강기능식품협회**에서 수행하고 있지만, 법상 심의주체는 행정기관인 식약처장이며, 언제든지 그 위탁을 철회할 수 있고, 심의위원회의 구성에 관하여도 법령을 통해 행정권이 개입하고 지속적으로 영향을 미칠 가능성이 존재하는 이상 그 구성에 자율성이 보장되어 있다고 볼 수 없다. … 따라서 이 사건 건강기능식품 기능성광고 사전심의는 그 검열이 **행정권에 의하여 행하여진다** 볼 수 있고, **헌법이 금지하는 사전검열에 해당**하므로 헌법에 위반된다(헌재 2018. 6. 28. 2016헌가8 등).

2396 건강기능식품 기능성 광고 사전심의가 헌법이 금지하는 사전검열에 해당하려면 심사절차를 관철할 수 있는 강제수단이 존재할 것을 필요로 하는데, 영업허가취소와 같은 행정제재나 벌금형과 같은 형벌의 부과는 사전심의절차를 관철하기 위한 강제수단에 해당한다. 20 경정   O|X

심의받은 내용과 다른 내용의 광고를 한 경우, 이 사건 제재조항은 대통령령으로 정하는 바에 따라 영업허가를 취소·정지하거나, 영업소의 폐쇄를 명할 수 있도록 하고, 이 사건 처벌조항은 5년 이하의 징역 또는 5천만 원 이하의 벌금에 처하도록 하고 있다. 이와 같은 **행정제재나 형벌의 부과**는 사전심의절차를 관철하기 위한 **강제수단에 해당한다**(헌재 2018. 6. 28. 2016헌가8 등).

2397 헌법이 특정한 표현에 대해 예외적으로 검열을 허용하는 규정을 두지 않은 점, 이러한 상황에서 표현의 특성이나 규제의 필요성에 따라 언론·출판의 자유의 보호를 받는 표현 중에서 사전검열금지원칙의 적용이 배제되는 영역을 따로 설정할 경우 그 기준에 대한 객관성을 담보할 수 없다는 점 등을 고려하면, 헌법상 사전검열은 예외 없이 금지되는 것으로 보아야 하므로 의료광고 역시 사전검열금지원칙의 적용대상이 된다. 17 국가 7(추)   O|X

2397-1 의료광고는 상업광고의 성격을 가지고 있지만 헌법 제21조 제1항의 표현의 자유의 보호대상이 됨은 물론이고, 동조 제2항도 당연히 적용되어 이에 대한 사전검열도 금지된다. 16 국회 8   O|X

2397-2 의료는 국민 건강에 직결되므로 의료광고에 대해서는 합리적인 규제가 필요하고 의료광고는 상업광고로서 정치적·시민적 표현행위 등과 관련이 적으므로 의료광고에 대해서는 사전검열금지원칙이 적용되지 않는다. 21 국회 8   O|X

헌법이 특정한 표현에 대해 예외적으로 검열을 허용하는 규정을 두지 않은 점, 이러한 상황에서 표현의 특성이나 규제의 필요성에 따라 언론·출판의 자유의 보호를 받는 표현 중에서 사전검열금지원칙의 적용이 배제되는 영역을 따로 설정할 경우 그 기준에 대한 객관성을 담보할 수 없다는 점 등을 고려하면, **헌법상 사전검열은 예외 없이 금지**되는 것으로 보아야 하므로 **의료광고 역시 사전검열금지원칙의 적용대상**이 된다. … 이 사건 **의료광고**는 의료행위나 의료서비스의 효능이나 우수성 등에 관한 정보를 널리 알려 의료소비를 촉진하려는 행위로서 **상업광고의** 성격을 가지고 있지만, 위와 같은 법리에 따르면 헌법 제21조 제1항의 **표현의 자유의 보호대상**이 됨은 물론이고, 동조 제2항도 당연히 적용되어 **사전검열도 금지**된다(헌재 2015. 12. 23. 2015헌바75).

2398 의료광고의 심의기관이 행정기관인가 여부는 기관의 형식에 의하기보다는 그 실질에 따라 판단하여야 하며, 민간심의기구가 심의를 담당하는 경우에도 행정권의 개입 때문에 사전심의에 자율성이 보장되지 않는다면, 헌법이 금지하는 행정기관에 의한 사전검열에 해당하게 될 것이다. 20 지방 7   O|X

2398-1 보건복지부장관으로부터 위탁을 받은 각 의사협회의 사전심의를 받지 아니한 의료광고를 금지하고 이를 위반한 경우 처벌하는 것은 헌법이 금지하는 사전검열에 해당하여 헌법에 위반된다. 23 입시, 19 서울 7   O|X

정답 2396. O   2397. O   2397-1. O   2397-2. X [사전검열금지원칙 적용]   2398. O   2398-1. O

의료광고의 심의기관이 행정기관인가 여부는 기관의 형식에 의하기보다는 그 **실질에 따라 판단**되어야 한다. 따라서 검열을 행정기관이 아닌 독립적인 위원회에서 행한다고 하더라도, 행정권이 주체가 되어 검열절차를 형성하고 검열기관의 구성에 지속적인 영향을 미칠 수 있는 경우라면 실질적으로 그 검열기관은 행정기관이라고 보아야 한다. … **민간심의기구**가 **심의**를 담당하는 경우에도 **행정권이 개입**하여 그 사전심의에 자율성이 보장되지 않는다면 이 역시 **행정기관의 사전검열에 해당**하게 될 것이다. … 이 사건 법률규정들은 **사전검열금지원칙에 위배**된다(헌재 2015. 12. 23. 2015헌바75).

2399 의료기기에 대한 광고는 상업광고로서 헌법 제21조 제1항의 표현의 자유의 보호대상이 됨과 동시에 같은 조 제2항의 사전검열금지원칙의 적용대상이 된다. 23 경간   O | X

2399-1 광고의 심의기관이 행정기관인지 여부는 기관의 형식에 의하기보다는 그 실질에 따라 판단되어야 하고, 행정기관의 자의로 민간심의기구의 심의업무에 개입할 가능성이 열려 있다면 개입 가능성의 존재 자체로 헌법이 금지하는 사전검열이라고 보아야 한다. 23 경간   O | X

현행 헌법상 사전검열은 표현의 자유 보호대상이면 예외 없이 금지된다. **의료기기에 대한 광고**는 의료기기의 성능이나 효능 및 효과 또는 그 원리 등에 관한 정보를 널리 알려 해당 의료기기의 소비를 촉진시키기 위한 **상업광고로서 헌법 제21조 제1항의 표현의 자유의 보호대상**이 됨과 동시에 같은 조 제2항의 **사전검열금지원칙의 적용대상**이 된다. 광고의 심의기관이 행정기관인지 여부는 **기관의 형식에 의하기보다는** 그 실질에 따라 판단되어야 하고, **행정기관의 자의로 민간심의기구의 심의업무에 개입**할 가능성이 열려 있다면 **개입 가능성의 존재 자체**로 헌법이 금지하는 **사전검열이라고 보아야 한다**(헌재 2020. 8. 28. 2017헌가35 등).

2400 한국의료기기산업협회가 행하는 의료기기 광고 사전심의는 헌법이 금지하는 사전검열에 해당한다. 21 법원 9   O | X

한국의료기기산업협회나 위 협회에 설치된 심의위원회가 의료기기 광고 사전심의업무를 수행함에 있어서 식약처장 등 행정권의 영향력에서 벗어나 독립적이고 자율적으로 심의를 하고 있다고 보기 어렵고, 결국 의료기기 광고에 대한 심의는 **행정권이 주체가 된 사전심사**라고 할 것이다. 따라서 **한국의료기기산업협회가** 행하는 이 사건 **의료기기 광고 사전심의는** 헌법이 금지하는 **사전검열에 해당**하고, 이러한 사전심의제도를 구성하는 심판대상조항은 헌법 제21조 제2항의 **사전검열금지원칙에 위반**된다(헌재 2020. 8. 28. 2017헌가35 등).

2401 방송위원회로부터 위탁을 받은 한국광고자율심의기구로 하여금 텔레비전 방송광고의 사전심의를 담당하도록 한 것은 행정기관에 의한 사전검열로서 헌법이 금지하는 사전검열에 해당한다. 09 국가 7   O | X

2401-1 한국광고자율심의기구가 행하는 텔레비전 방송광고에 대한 사전심의는 검열에 해당하지 않는다. 16 법무사   O | X

한국광고자율심의기구가 행하는 방송광고 사전심의는 **방송위원회가 위탁**이라는 방법에 의해 그 업무의 범위를 확장한 것에 지나지 않는다고 할 것이므로 **한국광고자율심의기구가** 행하는 이 사건 **텔레비전 방송광고 사전심의는 행정기관에 의한 사전검열로서** 헌법이 금지하는 **사전검열에 해당**한다(헌재 2008. 6. 26. 2005헌마506).

2402 공연윤리위원회의 심의는 헌법 제21조 제2항의 검열에 해당하므로 음반을 제작하기에 앞서 공연윤리위원회의 심의를 받도록 하고 심의를 받지 아니한 음반의 판매를 금지하면서 이에 위반한 자를 처벌하는 것은 헌법 제21조 제2항에 위반된다. 16 국회 8   O | X

● 정답 2399. O   2399-1. O   2400. O   2401. O   2401-1. X [사전검열에 해당]   2402. O

이 사건 법률조항은 심의기관인 공연윤리위원회가 음반의 제작·판매에 앞서 그 내용을 심사하여 심의기준에 적합하지 아니한 음반에 대하여는 판매를 금지할 수 있고, 심의를 받지 아니한 음반을 판매할 경우에는 형사처벌까지 할 수 있도록 규정하고 있는바, 공연윤리위원회는 공연법에 의하여 설치되고 행정권이 그 구성에 지속적인 영향을 미칠 수 있게 되어 있으므로, 음반에 대한 위와 같은 사전심의제도는 명백히 사전검열제도에 해당한다. 따라서 법이 규정한 **공륜의 심의**는 헌법 제21조 제2항의 **검열에 해당**하므로 음반을 제작하기에 앞서 공륜의 심의를 받도록 하고, **공륜의 심의를 받지 아니한 음반의 판매를 금지**하면서 이에 **위반한 자를 처벌**하는 내용의 이 사건 법률조항부분은 **헌법 제21조 제2항에 위반**된다고 할 것이다(헌재 1996. 10. 31. 94헌가6).

2 추천제

2403 외국음반을 국내에서 제작하고자 하는 경우 영상물등급위원회의 추천을 받도록 하는 것은 언론·출판에 대한 사전검열에 해당하여 헌법에 위반된다. 08 국가 7   O | X

2403-1 영상물등급위원회에 의한 외국음반 국내제작 추천제도는 검열에 해당하지 않는다. 16 법무사   O | X

외국음반 국내제작 추천제도는 외국음반의 국내제작이라는 의사표현행위 이전에 그 표현물을 행정기관의 성격을 가진 영상물등급위원회에 제출토록 하여 당해 표현행위의 허용 여부가 행정기관의 결정에 좌우되도록 하고 있으며, 더 나아가 이를 준수하지 않는 자들에 대하여 형사처벌 등 강제수단까지 규정하고 있는바, 허가를 받기 위한 표현물의 제출의무, 행정권이 주체가 된 **사전심사절차**, 허가를 받지 아니한 **의사표현의 금지**, 심사절차를 관철할 수 있는 강제수단의 존재라는 제 요소를 모두 갖추고 있으므로, 이 사건 법률조항들은 우리 헌법 제21조 제2항이 절대적으로 금지하고 있는 **사전검열에 해당**하여 **헌법에 위반**된다(헌재 2006. 10. 26. 2005헌가14).

2404 외국비디오물을 수입할 때 영상물등급위원회의 추천을 받도록 하는 것은 언론·출판에 대한 사전검열에 해당하여 헌법 위반된다. 10 지방 7   O | X

외국비디오물 수입추천제도는 외국비디오물의 수입·배포라는 의사표현행위 전에 표현물을 행정기관의 성격을 가진 영상물등급위원회에 제출토록 하여 표현행위의 허용여부를 행정기관의 결정에 좌우되게 하고, 이를 준수하지 않는 자들에 대하여 형사처벌 등의 강제조치를 규정하고 있는바, 허가를 받기 위한 표현물의 제출의무, 행정권이 주체가 된 사전심사절차, 허가를 받지 아니한 의사표현의 금지, 심사절차를 관철할 수 있는 강제수단이라는 요소를 모두 갖추고 있으므로, 우리나라 헌법이 절대적으로 금지하고 있는 **사전검열에 해당**한다(헌재 2005. 2. 3. 2004헌가8).

3 등급분류보류제

2405 「영화진흥법」이 규정하고 있는 영상물등급위원회에 의한 등급분류보류제도는 등급분류보류의 횟수제한이 없어 실질적으로 영상물등급위원회의 허가를 받지 않는 한 영화를 통한 의사표현이 무한정 금지될 수 있으므로 검열에 해당한다. 21 5급   O | X

「영화진흥법」 제21조제4항이 규정하고 있는 **영상물등급위원회에 의한 등급분류보류제도**는, 영상물등급위원회가 영화의 상영에 앞서 영화를 제출받아 그 심의 및 상영등급분류를 하되, 등급분류를 받지 아니한 영화는 상영이 금지되고 만약 등급분류를 받지 않은 채 영화를 상영한 경우 과태료, 상영금지명령에 이어 형벌까지 부과할 수 있도록 하며, **등급분류보류의 횟수제한이 없어 실질적으로 영상물등급위원회의 허가를 받지 않는 한 영화를 통한 의사표현이 무한정 금지될 수 있으므로 검열에 해당**한다(헌재 2001. 8. 30. 2000헌가9).

● 정답 2403. O   2403-1. X [사전검열에 해당한다고 결정]   2404. O   2405. O

2406 영상물등급위원회에 의한 비디오물 등급분류보류제도는 검열에 해당하지 않는다. 16 법무사 O | X

등급분류보류의 횟수제한이 설정되어 있지 않아 무한정 등급분류가 보류될 수 있다. 따라서, 영상물등급위원회는 실질적으로 행정기관인 검열기관에 해당하고, 이에 의한 등급분류보류는 비디오물 유통 이전에 그 내용을 심사하여 허가받지 아니한 것의 발표를 금지하는 제도, 즉 검열에 해당되므로 헌법에 위반된다(헌재 2008. 10. 30. 2004헌가18).

03 사전검열이 아닌 경우

1 행정권이 주체가 아닌 경우

2407 방영금지가처분은 비록 제작 또는 방영되기 이전, 즉 사전에 그 내용을 심사하여 금지하는 것이기는 하나, 이는 행정권에 의한 사전심사나 금지처분이 아니라 개별 당사자 간의 분쟁에 관하여 사법부가 사법절차에 의하여 심리·결정하는 것이므로, 헌법에서 금지하는 사전검열에 해당하지 아니한다. 19 입시 O | X

2407-1 사전검열금지원칙은 모든 형태의 사전적인 규제를 금지하는 것이므로 법원에 의한 방영금지가처분도 헌법에서 금지하는 사전검열에 해당한다. 13 지방 7 O | X

이 사건 법률조항에 의한 방영금지가처분은 비록 제작 또는 방영되기 이전, 즉 사전에 그 내용을 심사하여 금지하는 것이기는 하나, 이는 행정권에 의한 사전심사나 금지처분이 아니라 개별 당사자간의 분쟁에 관하여 사법부가 사법절차에 의하여 심리, 결정하는 것이므로, 헌법에서 금지하는 사전검열에 해당하지 아니한다. 따라서, 이 사건 법률조항에 방영금지가처분을 포함시켜 가처분에 의한 방영금지를 허용하는 것은 헌법상 검열 금지의 원칙에 위반되지 아니한다(헌재 2001. 8. 30. 2000헌바36).

2 내용의 심사·선별이 아닌 경우

2408 「옥외광고물 등 관리법」상 사전허가제도는 일정한 지역·장소 및 물건에 광고물 또는 게시시설을 표시하거나 설치하는 경우에 그 광고물 등의 종류·모양·크기·색깔, 표시 또는 설치의 방법 및 기간 등을 규제하고 있을 뿐, 광고물 등의 내용을 심사·선별하여 광고물을 사전에 통제하려는 제도가 아님은 명백하므로, 헌법 제21조 제2항이 정하는 사전허가·검열에 해당되지 아니한다. 18 변호사 O | X

2408-1 옥외광고물의 경우에도 그 종류, 외형, 설치뿐만 아니라 그 내용을 심사·선별하게 되면 사전허가·검열에 해당한다. 14 국회 9 O | X

2408-2 광고물 등의 모양, 크기, 색깔 등을 규제하는 것도 검열에 해당한다. 16 국회 9 O | X

2408-3 옥외광고물과 게시시설의 설치장소에 관하여 허가나 신고를 받게 하는 것은 과잉금지의 원칙에 어긋나지 않는다. 18 국회 9 O | X

(1) 옥외광고물등관리법 제3조는 일정한 지역·장소 및 물건에 광고물 또는 게시시설을 표시하거나 설치하는 경우에 그 광고물 등의 종류·모양·크기·색깔, 표시 또는 설치의 방법 및 기간 등을 규제하고 있을 뿐, 광고물 등의 내용을 심사·선별하여 광고물을 사전에 통제하려는 제도가 아님은 명백하므로, 헌법 제21조 제2항이 정하는 사전허가·검열에 해당되지 아니한다(헌재 1998. 2. 27. 96헌바2).
(2) 헌법 제37조 제2항이 정하는 과잉금지원칙에 위반되어 언론·출판의 자유를 침해한다고 볼 수 없다(헌재 1998. 2. 27. 96헌바2).

정답 2406. X [검열에 해당] 2407. O 2407-1. X [사전검열에 해당 X] 2408. O 2408-1. O 2408-2. X [검열에 해당 X] 2408-3. O

3 사전심사가 아닌 경우

2409 헌법 제21조 제2항이 금지하는 검열은 사전검열만을 의미하므로, 헌법상 보호되지 않는 의사표현에 대하여 공개한 뒤에 국가기관이 간섭하는 것을 금지하는 것은 아니다. 20 법원 9 O | X

헌법 제21조 제2항이 금지하는 검열은 **사전검열만을 의미**하므로 개인이 정보와 사상을 발표하기 이전에 국가기관이 미리 그 내용을 심사·선별하여 일정한 범위내에서 발표를 저지하는 것만을 의미하고, 헌법상 보호되지 않는 의사표현에 대하여 **공개한 뒤에 국가기관이 간섭하는 것을 금지하는 것은 아니다**(헌재 1996. 10. 4. 93헌가13 등).

2410 검열금지의 원칙은 모든 형태의 사전적인 규제를 금지하는 것이 아니고 단지 의사표현의 발표여부가 오로지 행정권의 허가에 달려있는 사전심사만을 금지하는 것을 뜻하며 사후적인 사법적 규제를 금지하지 않는다. 15 서울 7 O | X

검열금지의 원칙은 **모든 형태의 사전적인 규제**를 금지하는 것이 아니고 단지 의사표현의 발표 여부가 **오로지 행정권의 허가에 달려 있는 사전심사만을** 금지하는 것을 뜻하며, 또한 정신작품의 발표 이후에 비로소 취해지는 **사후적인 사법적 규제**를 금지하지 않는다(헌재 1996. 10. 4. 93헌가13 등).

2411 사법절차에 의한 음반판매의 금지조치나 그 효과에 있어서는 실질적으로 동일한 형벌규정의 위반으로 인한 압수를 하는 것은 언론·출판에 대한 사전검열에 해당하여 헌법 위반이다. 10 지방 7 O | X

검열금지의 원칙은 정신작품의 발표 이후에 비로소 취해지는 사후적인 사법적 규제를 금지하는 것이 아니므로 **사법절차에 의한 음반판매의 금지조치**(예컨대 명예훼손이나 저작권침해를 이유로 한 가처분 등)나 그 효과에 있어서는 실질적으로 동일한 **형벌규정**(음란, 명예훼손 등)의 위반으로 인한 **압수**는 헌법상의 **검열금지의 원칙에 위반되지 아니한다**(헌재 1996. 10. 31. 94헌가6).

4 발표금지가 아닌 경우

2412 여론조사 실시행위에 대한 신고의무를 부과하고 있는 「공직선거법」 조항은 여론조사결과의 보도나 공표행위를 규제하는 것이 아니라 여론조사의 실시행위에 대한 신고의무를 부과하는 것으로, 허가받지 아니한 것의 발표를 금지하는 헌법 제21조 제2항의 사전검열과 관련이 있다고 볼 수 없으므로 검열금지원칙에 위반되지 아니한다. 20 경정. 19 입시 O | X

심판대상조항은 **여론조사결과의 보도나 공표행위를 규제**하는 것이 아니라 **여론조사의 실시행위에 대한 신고의무**를 부과하는 것이므로, 허가받지 아니한 것의 **발표를 금지**하는 헌법 제21조 제2항의 **사전검열과 관련이 있다고 볼 수 없다**. 따라서 심판대상조항은 헌법 제21조 제2항의 **검열금지원칙에 위반되지 아니한다**(헌재 2015. 4. 30. 2014헌마360).

2413 정기간행물의 납본제도와 검·인정 교과서제도는 사전검열금지원칙에 위배되지 않는다. 17 국회 9 O | X

(1) 정기간행물의등록등에관한법률 제10조 제1항 소정의 **정기간행물의 공보처장관에의 납본제도**는 언론·출판에 대한 **사전검열이 아니어서** 언론·출판의 자유를 침해하는 것이 아니고, 헌법이 보장하는 재산권을 침해하는 것도 아니며, 도서관진흥법과 국회도서관법 외에 따로 납본제도를 두었다고 하여 과잉금지의 원칙에 반한다고 할 수 없어, 헌법에 위반되지 아니한다(헌재 1992. 6. 26. 90헌바26).

(2) 검열이라 함은 개인이 정보와 사상을 발표하기 이전에 국가기관이 미리 그 내용을 심사·선별하여 일정한 범위내에서 발표를 저지하는 것을 의미하므로 자신이 연구한 결과를 얼마든지 책자로서 발표할 수 있는 **이 사건 교과서 문제와는 직접 관련이 없는 것이다**(헌재 1992. 11. 12. 89헌마88).

● 정답 2409. O   2410. O   2411. ×[사전검열에 해당 ×]   2412. O   2413. O

2414 등급분류를 받지 아니한 비디오물의 유통을 금지한 비디오물 등급분류제도는 검열에 해당하지 않는다. 16 법무사   O | X

2414-1 비디오물 유통 전에 등급분류를 받도록 하는 것은 과잉금지원칙의 최소침해성 요건을 침해한다고 볼 수 없다. 11 국회 8   O | X

(1) 비디오물 등급분류는 의사 표현물의 공개 내지 유통을 허가할 것인가 말 것인가를 영상물등급위원회가 사전적으로 결정하는 절차가 아니라 그 발표나 유통으로 인한 실정법 위반 사태를 미연에 방지하고, 비디오물 유통으로 인해 청소년이 받게 될 악영향을 미리 차단하고자 공개나 유통에 앞서 이용 연령을 분류하는 절차에 불과하다. … 그러므로 이 사건 규정이 등급심사를 받지 아니한 비디오물의 유통을 금지하고 있더라도 이것은 사전검열에 해당하지 않는다(헌재 2007. 10. 4. 2004헌바36).

(2) 이 사건 규정이 등급을 부여받은 비디오물에 대해서만 유통을 허용하는 것은 이 사건 규정의 입법목적을 달성하기 위한 최소한의 조치라 할 것이고, 그렇다면 이 사건 규정은 최소침해성원칙에 위반되지 않는다. … 그러므로 이 사건 규정은 과잉금지원칙에 위반되지 않는다(헌재 2007. 10. 4. 2004헌바36).

2415 영화의 상영으로 인한 실정법 위반의 가능성을 사전에 막고, 청소년 등에 대한 상영이 부적절할 경우 이를 유통단계에서 효과적으로 관리할 수 있도록 미리 등급을 심사하는 것은 언론·출판에 대한 사전검열에 해당하여 헌법 위반이다. 10 지방 7   O | X

심의기관에서 허가절차를 통하여 영화의 상영 여부를 종국적으로 결정할 수 있도록 하는 것은 검열에 해당하나, 예컨대 영화의 상영으로 인한 실정법위반의 가능성을 사전에 막고, 청소년 등에 대한 상영이 부적절할 경우 이를 유통단계에서 효과적으로 관리할 수 있도록 미리 등급을 심사하는 것은 사전검열이 아니다(헌재 1996. 10. 4. 93헌가13 등).

POINT 140 표현의 자유의 제한

01 표현의 자유 제한

2416 언론·출판은 타인의 명예나 권리 또는 공중도덕이나 사회윤리를 침해하여서는 아니 된다. 언론·출판이 타인의 명예나 권리를 침해한 때에는 피해자는 이에 대한 피해의 배상을 청구할 수 있다. 21 국회 9   O | X

> 헌법 제21조 ④ 언론·출판은 타인의 명예나 권리 또는 공중도덕이나 사회윤리를 침해하여서는 아니된다. 언론·출판이 타인의 명예나 권리를 침해한 때에는 피해자는 이에 대한 피해의 배상을 청구할 수 있다.

2417 헌법 제21조 제4항은 "언론·출판은 타인의 명예나 권리 또는 공중도덕이나 사회윤리를 침해하여서는 아니 된다."고 규정하고 있는 바, 이는 언론·출판의 자유에 따르는 책임과 의무를 강조하는 동시에 언론·출판의 자유에 대한 제한의 요건을 명시한 규정으로 볼 것이고, 헌법상 표현의 자유의 보호영역 한계를 설정한 것이라고는 볼 수 없다. 23 경찰 1차   O | X

2417-1 "언론·출판은 타인의 명예나 권리 또는 공중도덕이나 사회윤리를 침해하여서는 아니 된다."라고 규정한 헌법 제21조 제4항 전문은 언론·출판의 자유에 대한 제한의 요건을 명시한 것이 아니라 헌법상 표현의 자유의 보호영역에 대한 한계를 설정한 것이다. 24 소간   O | X

◆정답 2414. ○   2414-1. ○   2415. X [사전검열에 해당 X]   2416. ○   2417. ○   2417-1. X [보호영역의 한계 X → 제한의 요건 ○]

헌법 제21조 제4항은 "언론·출판은 타인의 명예나 권리 또는 공중도덕이나 사회윤리를 침해하여서는 아니 된다."고 규정하고 있는바, 이는 언론·출판의 자유에 따르는 책임과 의무를 강조하는 동시에 **언론·출판의 자유에 대한 제한의 요건**을 명시한 규정으로 볼 것이고, 헌법상 **표현의 자유의 보호영역 한계를 설정한 것이라고는 볼 수 없다**(헌재 2009. 5. 28. 2006헌바109 등).

02 합헌성 판단기준

2418 민주사회에서 표현의 자유가 수행하는 역할과 기능에 비추어 볼 때, 불명확한 규범에 의한 표현의 자유의 규제는 헌법상 보호받는 표현에 대한 위축적 효과를 수반하기 때문에, 표현의 자유를 규제하는 입법에 있어서 명확성의 원칙은 특별히 중요한 의미를 지닌다. 18 법무사   O | X

2418-1 민주사회에서 표현의 자유가 수행하는 역할과 기능에 비추어 볼 때 불명확한 규범에 의한 규제는 헌법상 보호받는 표현에 대한 위축적 효과를 수반하므로 표현의 자유를 규제하는 법률은 표현에 위축적 효과가 미치지 않도록 규제되는 행위의 개념을 세밀하고 명확하게 규정할 것이 헌법적으로 요구된다. 19 서울 7(추)   O | X

표현의 자유를 규제하는 입법에 있어서 이러한 **명확성의 원칙은 특별히 중요한 의미**를 지닌다. 민주사회에서 표현의 자유가 수행하는 역할과 기능에 비추어 볼 때, **불명확한 규범에 의한 표현의 자유의 규제**는 헌법상 보호받는 표현에 대한 **위축적 효과를 수반**하기 때문이다. 즉, **무엇이 금지되는 표현인지가 불명확**한 경우에는, 자신이 행하고자 하는 표현이 규제의 대상이 아니라는 확신이 없는 기본권주체는 대체로 규제를 받을 것을 우려해서 **표현행위를 스스로 억제하게 될 가능성**이 높은 것이다. 그렇기 때문에 **표현의 자유를 규제하는 법률**은 그 규제로 인해 보호되는 다른 표현에 대하여 위축적 효과가 미치지 않도록 **규제되는 표현의 개념을 세밀하고 명확하게 규정**할 것이 헌법적으로 요구된다(헌재 1998. 4. 30. 95헌가16).

2419 국가가 개인의 표현행위를 규제하는 경우, 표현내용에 대한 규제는 원칙적으로 중대한 공익의 실현을 위하여 불가피한 경우에 한하여 엄격한 요건 하에서 허용되는 반면, 표현내용과 무관하게 표현의 방법을 규제하는 것은 합리적인 공익상의 이유로 폭넓은 제한이 가능하다. 19 법무사   O | X

국가가 개인의 표현행위를 규제하는 경우, **표현내용에 대한 규제**는 원칙적으로 **중대한 공익의 실현을 위하여 불가피**한 경우에 한하여 **엄격한 요건 하에서 허용**되는 반면, 표현내용과 무관하게 **표현의 방법을 규제**하는 것은 **합리적인 공익상의 이유로 폭넓은 제한이 가능**하다(헌재 2002. 12. 18. 2000헌마764).

2420 남북합의서 위반행위로서 전단등 살포를 하여 국민의 생명·신체에 위해를 끼치거나 심각한 위험을 발생시키는 것을 금지하고 이를 위반한 경우 처벌하는 「남북관계 발전에 관한 법률」 조항은 그 궁극적인 의도가 북한 주민을 상대로 한 북한 체제 비판 등의 내용을 담은 표현을 제한하는 데 있다는 점에서 표현의 내용과 무관한 내용중립적 규제로 보기는 어렵다. 24 경찰 1차   O | X

전단등 살포 행위자가 전달하려는 내용을 북한이 문제 삼기 때문에 심판대상조항을 통해 전단등 살포 행위를 제한하려는 것이다. 이는 '**전단등 살포**'라는 행위를 제한하는 심판대상조항의 **궁극적인 의도**가 **북한 주민을 상대로 한 북한 체제 비판 등의 내용을 담은 표현을 제한**하는 데 있다는 것이고, 이는 결국 심판대상조항이 그 효과에 있어서 주로 특정 관점에 대하여 그 표현을 제한하는 결과를 가져온다고 할 것이다. 따라서 **심판대상조항에 의한 표현의 자유 제한이 표현의 내용과 무관한 내용중립적 규제라고 보기는 어려운바**, 심판대상조항은 **표현의 내용을 규제**하는 것으로 봄이 타당하다. … 그렇다면 심판대상조항은 과잉금지원칙에 위배되어 청구인들의 **표현의 자유를 침해한다**(헌재 2023. 9. 26. 2020헌마1724 등).

정답 2418. O 2418-1. O 2419. O 2420. O

2421 대한민국을 모욕할 목적을 가지고 국기를 손상·제거·오욕하는 행위를 국기모독죄로 처벌하는 것은 표현내용을 규제하는 것이 아니라 일정한 표현방법을 규제하는 것으로서 과잉금지원칙에 위배되어 표현의 자유를 침해한다고 볼 수 없다. 23 국회 8 O | X

2421-1 대한민국을 모욕할 목적으로 국기를 손상, 제거 또는 오욕한 자를 처벌하는 「형법」 조항은 이러한 국기모독행위를 단순히 경범죄로 취급하거나 형벌 이외의 다른수단으로 제재하여서는 입법목적을 효과적으로 달성하기 어렵다는 점에서 과잉금지원칙에 위배되어 해당 청구인의 표현의 자유를 침해하지 않는다. 24 경찰 1차 O | X

2421-2 대한민국을 모욕할 목적으로 국기를 훼손하는 행위를 처벌하도록 한 것은 표현의 방법이 아닌 표현의 내용에 대한 규제이므로 표현의 자유를 침해한다. 20 국회 9 O | X

국기는 국가의 역사와 국민성, 이상 등을 응축하고 헌법이 보장하는 질서와 가치를 담아 국가의 정체성을 표현하는 국가의 대표적 상징물이다. 심판대상조항은 국기를 존중, 보호함으로써 국가의 권위와 체면을 지키고, 국민들이 국기에 대하여 가지는 존중의 감정을 보호하려는 목적에서 입법된 것이다. 심판대상조항은 국기가 가지는 고유의 상징성과 위상을 고려하여 **일정한 표현방법을 규제**하는 것에 불과하므로, 국기모독 행위를 처벌한다고 하여 이를 정부나 정권, 구체적 국가기관이나 제도에 대한 비판을 허용하지 않거나 이를 곤란하게 하는 것으로 볼 수 없다. … 국기모독 행위를 경범죄로 취급하거나 형벌 이외의 다른 수단으로 제재하여서는 **입법목적을 효과적으로 달성하기 어렵다.** … 그러므로 심판대상조항은 과잉금지원칙에 위배되어 청구인의 **표현의 자유를 침해한다고 볼 수 없고, 표현의 자유의 본질적 내용을 침해한다고도 할 수 없다**(헌재 2019. 12. 27. 2016헌바96).

POINT 141 표현의 자유 관련판례

01 관련판례

2422 인터넷게시판을 설치·운영하는 정보통신서비스 제공자에게 본인확인조치의무를 부과하여 게시판 이용자로 하여금 본인확인절차를 거쳐야만 게시판을 이용할 수 있도록 하는 이른바 본인확인제는 인터넷게시판 이용자의 표현의 자유, 개인정보자기결정권 및 인터넷게시판을 운영하는 정보통신서비스제공자의 언론의 자유를 침해하므로 헌법에 위반된다. 18 국회 8, 12 국회 9 O | X

이 사건 법령조항들이 표방하는 건전한 인터넷 문화의 조성 등 입법목적은, 인터넷 주소 등의 추적 및 확인, 당해 정보의 삭제·임시조치, 손해배상, 형사처벌 등 인터넷 이용자의 표현의 자유나 개인정보자기결정권을 제약하지 않는 다른 수단에 의해서도 충분히 달성할 수 있음에도, 인터넷의 특성을 고려하지 아니한 채 본인확인제의 적용범위를 광범위하게 정하여 법집행자에게 자의적인 집행의 여지를 부여하고, 목적달성에 필요한 범위를 넘는 과도한 기본권 제한을 하고 있으므로 침해의 최소성이 인정되지 아니한다. … 따라서 **본인확인제를 규율하는 이 사건 법령조항들은 과잉금지원칙에 위배**하여 **인터넷게시판 이용자의 표현의 자유, 개인정보자기결정권 및 인터넷게시판을 운영하는 정보통신서비스 제공자의 언론의 자유를 침해한다**(헌재 2012. 8. 23. 2010헌마47 등).

2423 '익명표현'은 표현의 자유를 행사하는 하나의 방법으로서 그 자체로 규제되어야 하는 것은 아니고, 부정적 효과가 발생하는 것이 예상되는 경우에 한하여 규제될 필요가 있다. 23 경정, 22 경찰 1차 O | X

익명표현은 표현의 자유를 행사하는 하나의 방법으로서 그 자체로 규제되어야 하는 것은 아니고, **부정적 효과가 발생하는 것이 예상되는 경우에 한하여 규제될 필요가 있다**(헌재 2021. 1. 28. 2018헌마456 등).

정답 2421. O   2421-1. O   2421-2. X [표현의 자유 침해 X]   2422. O   2423. O

2424 선거운동기간 중 모든 익명표현을 사전적·포괄적으로 규율하는 것은 표현의 자유보다 행정편의와 단속편의를 우선함으로써 익명표현의 자유와 개인정보자기결정권 등을 지나치게 제한한다. 21 국가 7

O | X

선거운동기간 중 정치적 익명표현의 부정적 효과는 익명성 외에도 해당 익명표현의 내용과 함께 정치적 표현행위를 규제하는 관련 제도, 정치적·사회적 상황의 여러 조건들이 아울러 작용하여 발생하므로, <u>모든 익명표현을 사전적·포괄적으로 규율하는 것은 표현의 자유보다 행정편의와 단속편의를 우선함으로써 익명표현의 자유와 개인정보자기결정권 등을 지나치게 제한한다.</u> … 그러므로 심판대상조항은 과잉금지원칙에 반하여 인터넷언론사 홈페이지 게시판 등 <u>이용자의 익명표현의 자유와 개인정보자기결정권, 인터넷언론사의 언론의 자유를 침해한다</u>(헌재 2021. 1. 28. 2018헌마456 등).

2425 선거운동기간 중 당해 홈페이지 게시판 등에 정당·후보자에 대한 지지·반대 등의 정보를 게시하는 경우 인터넷언론사로 하여금 실명을 확인받는 기술적 조치를 하도록 하는 것은 게시판 등 이용자의 익명표현의 자유를 침해한다. 22 국회 8

O | X

2425-1 인터넷언론사는 선거운동기간 중 당해 홈페이지 게시판 등에 정당·후보자 등에 대한 지지·반대 등의 정보를 게시하는 경우 실명을 확인받는 기술적 조치를 하도록 규정한 법률조항은 익명표현이 허용될 경우 발생할 수 있는 부정적 효과를 막기 위한 것이라 하더라도 모든 익명표현을 규제함으로써 대다수 국민의 개인정보자기결정권도 광범위하게 제한하므로 인터넷언론사 홈페이지 게시판 등 이용자의 개인정보자기결정권을 침해한다. 23 법무사

O | X

2425-2 인터넷언론사가 선거운동기간 중 당해 홈페이지 게시판 등에 정당·후보자에 대한 지지·반대 등의 정보를 게시하는 경우 실명을 확인받도록 정한 「공직선거법」 조항은 인터넷언론사를 통한 정보의 특성과 우리나라 선거문화의 현실 등을 고려하고 선거의 공정성 확보를 위한 것으로, 게시판 이용자의 정치적 익명표현의 자유, 개인정보자기결정권 및 인터넷언론사의 언론의 자유를 침해한다고 볼 수 없다. 23 경찰 1차

O | X

선거운동기간 중 정치적 익명표현의 부정적 효과는 익명성 외에도 해당 익명표현의 내용과 함께 정치적 표현행위를 규제하는 관련 제도, 정치적·사회적 상황의 여러 조건들이 아울러 작용하여 발생하므로, <u>모든 익명표현을 사전적·포괄적으로 규율하는 것은 표현의 자유보다 행정편의와 단속편의를 우선함으로써 익명표현의 자유와 개인정보자기결정권 등을 지나치게 제한한다.</u> … 그러므로 심판대상조항은 과잉금지원칙에 반하여 인터넷언론사 홈페이지 게시판 등 <u>이용자의 익명표현의 자유와 개인정보자기결정권, 인터넷언론사의 언론의 자유를 침해한다</u>(헌재 2021. 1. 28. 2018헌마456 등).

2426 선거운동기간 중 당해 홈페이지 게시판 등에 정당·후보자에 대한 지지·반대 등의 정보를 게시하는 경우 실명을 확인받는 기술적 조치를 하도록 정한 「공직선거법」 조항 중 '인터넷언론사'는 「공직선거법」 및 관련 법령이 구체적으로 '인터넷언론사'의 범위를 정하고 있고, 중앙선거관리위원회가 설치·운영하는 인터넷선거보도심의위원회가 심의대상인 인터넷언론사를 결정하여 공개하는 점 등을 종합하면 명확성원칙에 반하지 않는다. 23 국가 7

O | X

2426-1 인터넷언론사는 선거운동기간 중 당해 홈페이지 게시판 등에 정당·후보자에 대한 지지 반대의 정보를 게시하는 경우 실명을 확인받는 기술적 조치를 하도록 정한 「공직선거법」 조항 중 "인터넷언론사" 및 "지지·반대" 부분은 명확성원칙에 위배된다. 24 경간

O | X

● 정답 2424. O 2425. O 2425-1. O 2425-2. X [침해함] 2426. O 2426-1. X [명확성원칙에 위배 X]

공직선거법 및 관련 법령이 구체적으로 '인터넷언론사'의 범위를 정하고 있고, 중앙선거관리위원회가 설치·운영하는 인터넷선거보도심의위원회가 심의대상인 인터넷언론사를 결정하여 공개하는 점 등을 종합하면 '인터넷언론사'는 불명확하다고 볼 수 없으며, '지지·반대'의 사전적 의미와 심판대상조항의 입법목적, 공직선거법 관련 조항의 규율내용을 종합하면, 건전한 상식과 통상적인 법 감정을 가진 사람이면 자신의 글이 정당·후보자에 대한 '지지·반대'의 정보를 게시하는 행위인지 충분히 알 수 있으므로, 실명확인 조항 중 "인터넷언론사" 및 "지지·반대" 부분은 명확성 원칙에 반하지 않는다(헌재 2021. 1. 28. 2018헌마456 등).

2427 공공기관 등이 설치·운영하는 모든 게시판에 본인확인조치를 한 경우에만 정보를 게시하도록 하는 것은 게시판에 자신의 사상이나 견해를 표현하고자 하는 사람에게 표현의 내용과 수위 등에 대한 자기검열 가능성을 높이는 것이므로 익명표현의 자유를 침해한다. 24 경간   O│X

심판대상조항에 따른 본인확인조치는 정보통신망의 익명성 등에 따라 발생하는 부작용을 최소화하여 공공기관등의 게시판 이용에 대한 책임성을 확보·강화하고, 게시판 이용자로 하여금 언어폭력, 명예훼손, 불법정보의 유통 등의 행위를 자제하도록 함으로써 건전한 인터넷 문화를 조성하기 위한 것이다. 심판대상조항이 규율하는 게시판은 그 성격상 대체로 공공성이 있는 사항이 논의되는 곳으로서 공공기관등이 아닌 주체가 설치·운영하는 게시판에 비하여 통상 누구나 이용할 수 있는 공간이므로, 공동체 구성원으로서의 책임이 더욱 강하게 요구되는 곳이라고 할 수 있다. … 따라서 심판대상조항은 청구인의 **익명표현의 자유를 침해하지 않는다**(헌재 2022. 12. 22. 2019헌마654).

2428 긴급조치 제1호는 유신헌법을 부정하거나 반대하고 폐지를 주장하는 행위 중 실제로 국가의 안전보장과 공공의 안녕질서에 대한 심각하고 중대한 위협이 명백하고 현존하는 경우 이외에도, 국가긴급권의 발동이 필요한 상황과는 전혀 무관하게 헌법과 관련하여 자신의 견해를 단순하게 표명하는 행위까지 모두 처벌하고 처벌의 대상이 되는 행위를 구체적으로 특정할 수 없으므로 표현의 자유를 침해한다. 17 경정   O│X

긴급조치 제1호는 유신헌법을 부정하거나 반대하고 폐지를 주장하는 행위 중 실제로 국가의 안전보장과 공공의 안녕질서에 대한 심각하고 중대한 위협이 명백하고 현존하는 경우 이외에도, 국가긴급권의 발동이 필요한 상황과는 전혀 무관하게 헌법과 관련하여 자신의 견해를 단순하게 표명하는 모든 행위까지 처벌하고, 처벌의 대상이 되는 행위를 전혀 구체적으로 특정할 수 없으므로, 이는 표현의 자유 제한의 한계를 일탈한 것이다(헌재 2013. 3. 21. 2010헌바70 등).

2429 대한민국 또는 헌법상 국가기관에 대하여 모욕, 비방, 사실 왜곡, 허위사실 유포 또는 기타 방법으로 대한민국의 안전, 이익 또는 위신을 해하거나 해할 우려가 있는 표현에 대하여 형사처벌하도록 하는 것은 과잉금지원칙에 위배되어 해당 표현을 한 자의 표현의 자유를 침해한다. 19 서울 7   O│X

심판대상조항에서 규정하고 있는 "**기타 방법**", 대한민국의 "**이익**"이나 "**위신**" 등과 같은 개념은 불명확하고 적용범위가 지나치게 광범위하며, 이미 형법, 국가보안법, 군사기밀보호법에서 대한민국의 안전과 독립을 지키기 위한 처벌규정을 두고 있는 점, 국가의 "위신"을 훼손한다는 이유로 표현행위를 형사처벌하는 것은 자유로운 비판과 참여를 보장하는 민주주의 정신에 위배되는 점, … 심판대상조항은 **과잉금지원칙에 위배되어 표현의 자유를 침해한다**(헌재 2015. 10. 21. 2013헌가20).

2430 금치처분을 받은 수형자에 대하여 집필의 목적과 내용 등을 묻지 아니하고 일체의 집필행위를 금지하는 것은 입법목적 달성을 위한 필요최소한의 제한이라는 한계를 벗어난 것으로서 과잉금지의 원칙에 위반된다. 23 해간, 22 5급   O│X

정답 2427. X [익명표현의 자유를 침해 X] 2428. O 2429. O 2430. O

이 사건 시행령조항은 규율 위반자에 대해 불이익을 가한다는 면만을 강조하여 **금치처분을 받은 자**에 대하여 집필의 목적과 내용 등을 묻지 않고, 또 대상자에 대한 교화 또는 처우상 필요한 경우까지도 **예외 없이 일체의 집필행위를 금지**하고 있음은 입법목적 달성을 위한 필요최소한의 제한이라는 한계를 벗어난 것으로서 **과잉금지의 원칙에 위반**된다(헌재 2005. 2. 24. 2003헌마289).

2431 금치처분을 받은 미결수용자라 할지라도 금치처분 기간 중 집필을 금지하면서 예외적인 경우에만 교도소장이 집필을 허가할 수 있도록 한 「형의 집행 및 수용자의 처우에 관한 법률」상의 규정은 미결수용자의 표현의 자유를 침해한다. 20 경정, 18 서울 7   O | X

금치 처분을 받은 수용자들은 이미 수용시설의 안전과 질서유지에 위반되는 행위, 그 중에서도 가장 중한 평가를 받은 행위를 한 자들이라는 점에서, 집필과 같은 처우 제한의 해제는 예외적인 경우로 한정될 수밖에 없고, 선례가 금치기간 중 집필을 전면 금지한 조항을 위헌으로 판단한 이후, 입법자는 집필을 허가할 수 있는 예외를 규정하고 금치처분의 기간도 단축하였다. 나아가 미결수용자는 징벌집행 중 소송서류의 작성 등 수사 및 재판 과정에서의 권리행사는 제한 없이 허용되는 점 등을 감안하면, 이 사건 집필제한 조항은 청구인의 **표현의 자유를 침해하지 아니한다**(헌재 2014. 8. 28. 2012헌마623).

2432 법률에 의하지 않는 방송편성에 관한 간섭을 금지하고 그 위반행위를 처벌하는 「방송법」 규정은 과잉금지원칙에 위배되어 표현의 자유를 침해한다고 볼 수 없다. 23 국회 8   O | X

2432-1 방송사 외부에 있는 자가 방송편성에 관계된 자에게 방송편성에 관해 특정한 요구를 하는 등의 방법으로, 방송편성에 관한 자유롭고 독립적인 의사결정에 영향을 미칠 수 있는 행위 일체를 금지하고 이를 위반한 자를 처벌하는 것은 시청자의 건전한 방송 비판 내지 의견제시까지 처벌대상으로 삼는 것으로 시청자들의 표현의 자유를 침해한다. 22 국회 8   O | X

2432-2 방송편성에 관하여 간섭을 금지하는 조항의 '간섭'에 관한 부분은 명확성의 원칙에 위배되지 않는다. 22 법원 9   O | X

(1) 금지조항은 방송편성의 자유와 독립을 보장하기 위하여, 방송사 외부에 있는 자가 방송편성에 관계된 자에게 방송편성에 관해 특정한 요구를 하는 등의 방법으로, 방송편성에 관한 자유롭고 독립적인 의사결정에 영향을 미칠 수 있는 행위 일체를 금지한다는 의미임을 충분히 알 수 있다. 따라서 금지조항은 **죄형법정주의의 명확성원칙에 위반되지 아니한다**(헌재 2021. 8. 31. 2019헌바439).
(2) 방송의 자유는 민주주의의 원활한 작동을 위한 기초인바, 국가권력은 물론 정당, 노동조합, 광고주 등 사회의 여러 세력이 법률에 정해진 절차에 의하지 아니하고 방송편성에 개입한다면 국민 의사가 왜곡되고 민주주의에 중대한 위해가 발생하게 된다. 심판대상조항은 방송편성의 자유와 독립을 보장하기 위하여 **방송에 개입하여 부당하게 영향력을 행사하는 '간섭'**에 이르는 행위만을 금지하고 처벌할 뿐이고, 방송법과 다른 법률들은 방송 보도에 대한 의견 개진 내지 비판의 통로를 충분히 마련하고 있다. 따라서 심판대상조항이 과잉금지원칙에 반하여 **표현의 자유를 침해한다고 볼 수 없다**(헌재 2021. 8. 31. 2019헌바439).

2433 모욕죄를 규정하고 있는 형법은 표현의 자유를 침해하지 아니한다. 18 법무사   O | X

2433-1 모욕죄의 형사처벌은 다양한 의견 간의 자유로운 토론과 비판을 제한하여 정치적·학술적 표현행위가 위축되고 열린 논의의 가능성이 줄어들게 되어 표현의 자유를 침해한다. 21 국회 8   O | X

사람의 인격을 경멸하는 표현이 공연히 이루어진다면 그 사람의 사회적 가치는 침해되고 그로 인하여 사회구성원으로서 생활하고 발전해 나갈 가능성도 침해받지 않을 수 없으므로, 모욕적 표현으로 사람의 명예를 훼손하는 행위는 분명 이를 금지시킬 필요성이 있고, … 심판대상조항이 **표현의 자유를 침해한다고 볼 수 없다**(헌재 2013. 6. 27. 2012헌바37).

●정답 2431. X [표현의 자유 침해 X]   2432. O   2432-1. X [표현의 자유 침해 X]   2432-2. O   2433. O   2433-1. X [표현의 자유 침해 X]

2434 「군형법」상 상관모욕죄는 군조직의 특수성과 강화된 군인의 정치적 중립의무 등에 비추어 수인의 한도 내에 있으므로 군인의 표현의 자유를 침해하는 것은 아니다. 24 입시   O | X

만약 군인의 **상관에 대한 모욕행위를** 형법상의 모욕죄로 처벌한다면, 개인적인 합의로 고소가 취소되었다는 사정만으로 처벌이 불가능하게 되고, 그로 인하여 근무기강을 해이하게 할 위험이 농후할 뿐만 아니라 군의 지휘체계와 사기를 무너뜨려 국토방위와 국가의 안위를 위험에 빠트릴 수도 있다. 그에 비하여 심판대상조항으로 제한되는 행위는 상관에 대한 사회적 평가를 저하시킬 만한 추상적 판단이나 경멸적 감정의 표현으로 비록 그 표현에 군인 개인의 정치적 의사 표현이 포함될 수 있다고 하더라도 **군조직의 특수성과 강화된 군인의 정치적 중립의무** 등에 비추어 그 **제한은 수인의 한도 내에 있다**고 보인다. … 따라서 **심판대상조항은** 과잉금지원칙에 위배되어 군인의 **표현의 자유를 침해하지 아니한다**(헌재 2016. 2. 25. 2013헌바111).

2435 개인의 외적 명예에 관한 인격권 보호의 필요성, 일단 훼손되면 완전한 회복이 사실상 불가능하다는 보호법익의 특성, 사회적으로 명예가 중시되나 명예훼손으로 인한 피해는 더 커지고 있는 우리 사회의 특수성, 명예훼손죄의 비범죄화에 관한 국민적 공감대의 부족 등을 종합적으로 고려하면, 공연히 사실을 적시하여 다른 사람의 명예를 훼손하는 행위를 금지하고 위반시 형사처벌하도록 정하고 있다고 하여 바로 과도한 제한이라 단언하기 어렵다. 22 경정   O | X

2435-1 공연히 사실을 적시하여 사람의 명예를 훼손한 경우 형사처벌하는 것은 공적 인물과 공적 사안에 대한 감시·비판을 봉쇄할 목적으로 악용될 소지가 크므로 표현의 자유를 침해한다. 21 국회 8   O | X

개인의 외적 명예에 관한 인격권 보호의 필요성, 일단 훼손되면 완전한 회복이 사실상 불가능하다는 보호법익의 특성, 사회적으로 명예가 중시되나 명예훼손으로 인한 피해는 더 커지고 있는 우리 사회의 특수성, 명예훼손죄의 비범죄화에 관한 국민적 공감대의 부족 등을 종합적으로 고려하면, **공연히 사실을 적시하여 다른 사람의 명예를 훼손하는 행위를 금지하고 위반시 형사처벌**하도록 정하고 있다고 하여 바로 **과도한 제한이라 단언하기 어렵다.** … 형법 제307조 제1항은 과잉금지원칙에 반하여 **표현의 자유를 침해하지 아니한다**(헌재 2021. 2. 25. 2017헌마1113 등).

2436 비방할 목적으로 정보통신망을 이용하여 공공연하게 사실을 드러내어 다른 사람의 명예를 훼손한 자를 처벌하는 법률규정은, 허위의 명예나 과장된 명예를 보호하기 위하여 표현의 자유에 대한 심대한 위축효과를 발생시키기 때문에 과잉금지원칙을 위반하여 표현의 자유를 침해한다. 17 국가 7(추)   O | X

우리나라는 현재 인터넷 이용이 상당히 보편화됨에 따라 정보통신망을 이용한 명예훼손범죄가 급증하는 추세에 있고, 인터넷 등 정보통신망을 이용하여 사실에 기초하더라도 왜곡된 의혹을 제기하거나 편파적인 의견이나 평가를 추가로 적시함으로써 실제로는 허위의 사실을 적시하여 다른 사람의 명예를 훼손하는 경우와 다를 바 없거나 적어도 다른 사람의 사회적 평가를 심대하게 훼손하는 경우가 적지 않게 발생하고 있고, 이로 인한 사회적 피해는 심각한 상황이다. 따라서 이러한 명예훼손적인 표현을 규제함으로써 인격권을 보호해야 할 필요성은 매우 크다. … 그러므로 심판대상조항은 과잉금지원칙을 위반하여 **표현의 자유를 침해하지 않는다**(헌재 2016. 2. 25. 2013헌바105 등).

2437 사람을 비방할 목적으로 정보통신망을 통하여 공공연하게 거짓의 사실을 드러내어 다른 사람의 명예를 훼손한 자를 형사처벌하도록 규정한 「정보통신망 이용촉진 및 정보보호 등에 관한 법률」조항 중 '사람을 비방할 목적' 부분은 청구인들의 표현의 자유를 침해하지 않는다. 23 경간   O | X

심판대상조항으로 인하여 정보통신망에서의 표현의 자유가 일정 부분 제한되는 측면이 있더라도, 그 제한의 정도가 비방할 목적으로 공공연하게 거짓의 사실을 적시하는 행위를 금지함으로써 피해자가 겪게 될 명예의 실추를 방지하고 인격권을 보호하려는 공익에 비하여 결코 중하다고 볼 수 없다. 그러므로 심판대상조항으로 인하여 달성하려는 공익과 제한되는 사익 사이에 법익의 균형성도 인정된다. 따라서 **심판대상조항은** 과잉금지원칙에 반하여 청구인들의 **표현의 자유를 침해하지 아니한다**(헌재 2021. 3. 25. 2015헌바438 등).

● 정답   2434. O   2435. O   2435-1. X [표현의 자유 침해 X]   2436. X [표현의 자유 침해 X]   2437. O

2438 정보통신망을 이용하여 공포심이나 불안감을 유발하는 문언을 반복적으로 상대방에게 도달하는 행위를 1년 이하의 징역 또는 1,000만 원 이하의 벌금으로 처벌하는 것은 표현의 자유를 침해하지 않는다.
17 국회 8   O│X

2438-1 「정보통신망 이용촉진 및 정보보호 등에 관한 법률」 조항 중 '공포심이나 불안감을 유발하는 문언을 반복적으로 상대방에게 도달하게 한 자' 부분은, 정보 수신자가 불안감이나 공포심을 실제로 느꼈는지 여부와 상관없이 정보를 보낸 사람을 처벌 가능한 것으로 해석할 수 있어, 그 처벌 대상이 무한히 확장될 가능성이 있으므로 명확성원칙에 위배되어 표현의 자유를 침해한다. 19 국회 8   O│X

건전한 상식과 통상적인 법감정을 가진 수범자는 심판대상조항에 의하여 금지되는 행위가 어떠한 것인지 충분히 알 수 있고, 법관의 보충적인 해석을 통하여 그 의미가 확정될 수 있으므로, 심판대상조항은 **명확성원칙에 위배되지 않는다.** … 심판대상조항으로 인하여 개인은 정보통신망을 통한 표현에 일정한 제약을 받게 되나, 수신인인 피해자의 사생활의 평온 보호 및 정보의 건전한 이용풍토 조성이라고 하는 공익이 침해되는 사익보다 크다고 할 것이어서 심판대상조항은 법익균형성의 요건도 충족하였다. 따라서 심판대상 조항은 **표현의 자유를 침해하지 아니한다**(헌재 2016. 12. 29. 2014헌바434).

2439 정보통신망을 통하여 일반에게 공개된 정보로 말미암아 사생활 침해나 명예훼손 등 타인의 권리가 침해된 경우, 그 침해를 받은 자가 삭제요청을 하면 정보통신서비스 제공자는 권리의 침해 여부를 판단하기 어렵거나 이해당사자 간에 다툼이 예상되는 경우에는 30일 이내에서 해당 정보에 대한 접근을 임시적으로 차단하는 조치를 하도록 하는 법률조항은 과잉금지원칙에 위배되지 않는다. 14 변호사
O│X

이 사건 법률조항은 사생활을 침해하거나 명예를 훼손하는 등 타인의 권리를 침해하는 정보가 정보통신망을 통해 무분별하게 유통되는 것을 방지하기 위하여 권리침해 주장자의 삭제요청과 침해사실에 대한 소명에 의하여 정보통신서비스 제공자로 하여금 임시조치를 취하도록 함으로써 정보의 유통 및 확산을 일시적으로 차단하려는 것이므로, 그 입법목적이 정당하고 수단 또한 적절하다. … 위에서 본 바와 같이 이 사건 법률조항은 정보게재자의 표현의 자유를 제한함에 있어 과잉금지원칙에 위반되지 아니하므로, 청구인의 **표현의 자유를 침해하지 아니한다**(헌재 2012. 5. 31. 2010헌마88).

2440 온라인서비스제공자가 자신이 관리하는 정보통신망에서 아동·청소년이용음란물을 발견하기 위하여 대통령령으로 정하는 조치를 취하지 아니하거나 발견된 아동·청소년이용음란물을 즉시 삭제하고, 전송을 방지 또는 중단하는 기술적인 조치를 취하지 아니한 경우 처벌하는 '아동·청소년의 성보호에 관한 법률' 규정이 표현의 자유를 침해한다. 20 법원 9   O│X

심판대상조항은 온라인서비스제공자의 직업의 자유, 구체적으로는 영업수행의 자유를 제한하며, 서비스이용자의 통신의 비밀과 표현의 자유를 제한한다. … 심판대상조항을 통하여 아동음란물의 광범위한 유통·확산을 사전적으로 차단하고 이를 통해 아동음란물이 초래하는 각종 폐해를 방지하며 특히 관련된 아동·청소년의 인권 침해 가능성을 사전적으로 차단할 수 있는바, 이러한 공익이 사적 불이익보다 더 크다. 따라서 심판대상조항은 **온라인서비스제공자의 영업수행의 자유, 서비스이용자의 통신의 비밀과 표현의 자유를 침해하지 아니한다**(헌재 2018. 6. 28. 2016헌가15).

2441 「금융지주회사법」 제48조의3 제2항 중 금융지주회사의 임·직원이 업무상 알게 된 공개되지 아니한 정보 또는 자료를 다른 사람에게 누설하는 것을 금지하는 부분은 표현의 자유를 침해하지 않는다.
19 국회 8   O│X

2441-1 「금융지주회사법」 중 금융지주회사의 임·직원이 업무상 알게 된 공개되지 아니한 정보 또는 자료를 다른 사람에게 누설하는 것을 금지하는 부분은 표현의 자유를 침해한다. 23 해간   O│X

● 정답 2438. O   2438-1. X [명확성 원칙 위배 X, 표현의 자유 침해 X]   2439. O   2440. X [표현의 자유 침해 X]   2441. O   2441-1. X [표현의 자유 침해 X]

심판대상조항은 금융지주회사의 영업 관련 정보 및 자료에 대한 배타적 권리를 보호하고, 정확한 정보의 공개를 보장함으로써, 금융지주회사의 경영 및 재무 건전성과, 금융 산업의 공정성 및 안정성 확보를 도모하기 위한 것이므로 입법목적의 정당성이 인정된다. … 따라서 심판대상조항은 **표현의 자유를 침해하지 아니한다**(헌재 2017. 8. 31. 2016헌가11).

2442 학교 구성원으로 하여금 성별 등의 사유를 이유로 차별적 언사나 행동, 혐오적 표현 등을 통해 다른 사람의 인권을 침해하지 못하도록 한 서울특별시 학생인권조례 규정은 학교 구성원들의 표현의 자유를 침해한 것이라고 볼 수 없다. 22 국가 7 O|X

이 사건 조례 제5조 제3항은 그 표현의 대상이 되는 학교 구성원의 존엄성을 보호하고, 학생이 민주시민으로서의 올바른 가치관을 형성하도록 하며 인권의식을 함양하게 하기 위한 것으로 그 정당성이 인정되고, 수단의 적합성 역시 인정된다. 차별적 언사나 행동, 혐오적 표현은 개인이나 집단에 대한 혐오·적대감을 담고 있는 것으로, 그 자체로 상대방인 개인이나 소수자의 인간으로서의 존엄성을 침해하고, 특정 집단의 가치를 부정하므로, 이러한 차별·혐오표현이 금지되는 것은 헌법상 인간의 존엄성 보장 측면에서 긴요하다. … 이 사건 조례 제5조 제3항은 과잉금지원칙에 위배되어 학교 구성원인 청구인들의 **표현의 자유를 침해하지 아니한다**(헌재 2019. 11. 28. 2017헌마1356).

02 상업광고

2443 대한변호사협회의 유권해석에 반하는 내용의 광고를 금지하고, 대한변호사협회의 유권해석에 위반되는 행위를 목적 또는 수단으로 하여 행하는 법률상담과 관련한 광고를 하거나 그러한 사업구조를 갖는 타인에게 하도록 하는 것을 금지하는 변호사 광고에 관한 규정은 법률유보원칙을 위반하여 변호사들의 표현의 자유, 직업의 자유를 침해한다. 23 법무사 O|X

유권해석위반 광고금지규정은 변호사가 변협의 유권해석에 위반되는 광고를 할 수 없도록 금지하고 있다. 위 규정은 '협회의 유권해석에 위반되는'이라는 표지만을 두고 그에 따라 금지되는 광고의 내용 또는 방법 등을 한정하지 않고 있고, 이에 해당하는 내용이 무엇인지 변호사법이나 관련 회규를 살펴보더라도 알기 어렵다. 유권해석위반 광고금지규정 위반이 징계사유가 될 수 있음을 고려하면 적어도 수범자인 변호사는 유권해석을 통해 금지될 수 있는 내용들의 대강을 알 수 있어야 함에도, 규율의 예측가능성이 현저히 떨어지고 법집행기관의 자의적인 해석을 배제할 수 없는 문제가 있다. 따라서 위 규정은 수권법률로부터 위임된 범위 내에서 명확하게 규율 범위를 정하고 있다고 보기 어려우므로, **법률유보원칙에 위반되어** 청구인들의 **표현의 자유, 직업의 자유를 침해한다**(헌재 2022. 5. 26. 2021헌마619).

2444 변호사 또는 소비자로부터 대가를 받고 법률상담 또는 사건들을 소개·알선·유인하기 위하여 변호사등을 광고·홍보·소개하는 행위를 금지하는 대한변호사협회의 '변호사광고에 관한 규정' 중 대가수수 광고금지규정은 과잉금지원칙을 위반하여 청구인들의 표현의 자유를 침해한다. 24 경간 O|X

2444-1 변호사 또는 소비자로부터 금전·기타 경제적 대가를 받고 법률상담 또는 사건 등을 소개·알선·유인하기 위하여 변호사 등을 광고·홍보·소개하는 행위를 금지하는 변호사 광고에 관한 규정은 변호사법이 금지하는 특정 변호사에 대한 소개·알선·유인행위의 실질을 갖춘 광고행위를 금지하는 것으로 과잉금지원칙에 위배되지 아니한다. 23 법무사 O|X

● 정답 2442. O 2443. O 2444. O 2444-1. X [과잉금지원칙에 위배됨]

각종 매체를 통한 변호사 광고를 원칙적으로 허용하는 변호사법 제23조 제1항의 취지에 비추어 볼 때, 변호사등이 다양한 매체의 광고업자에게 광고비를 지급하고 광고하는 것은 허용된다고 할 것인데, 이러한 행위를 일률적으로 금지하는 위 규정은 **수단의 적합성을 인정하기 어렵다.** … 위 규정으로 입법목적이 달성될 수 있을지 불분명한 반면, 변호사들이 광고업자에게 유상으로 광고를 의뢰하는 것이 사실상 금지되어 청구인들의 표현의 자유, 직업의 자유에 중대한 제한을 받게 되므로, 위 규정은 **침해의 최소성 및 법익의 균형성도 갖추지 못하였다.** 따라서 대가수수 광고금지규정은 과잉금지원칙에 위반되어 청구인들의 **표현의 자유와 직업의 자유를 침해한다**(헌재 2022. 5. 26. 2021헌마619).

2445 변호사에 대하여 공정한 수임질서를 저해할 우려가 있는 무료 또는 부당한 염가의 수임료를 표방하거나 무료 또는 부당한 염가의 법률상담 방식을 내세운 광고를 금지하는 것은, 무고한 법률 소비자들의 피해를 막고 정당한 수임료나 법률상담료를 제시하는 변호사들을 보호함으로써 공정한 수임질서를 확립하기 위한 것으로 과잉금지원칙에 위배되지 아니한다. 23 법무사   O | X

무료 또는 부당한 염가의 수임료를 표방하거나 무료 또는 부당한 염가의 법률상담방식을 내세운 광고를 금지하는 것은, 무고한 법률 소비자들의 피해를 막고 정당한 수임료나 법률상담료를 제시하는 변호사들을 보호함으로써 공정한 수임질서를 확립하기 위한 것으로 **그 공익은 매우 중대**하다. 위와 같은 내용의 광고를 제외하고도 청구인들에게는 다양한 방법과 내용의 광고가 원칙적으로 허용되는 점과 위 조항들로 인한 제한은 변호사에게 법률사무 전반을 독점시키고 있음에 따라 발생하는 규제인 점 등을 고려하면, 위 조항으로 달성하고자 하는 공익은 제한되는 사익보다 크다고 할 것이므로, 위 규정들은 법익의 균형성도 갖추었다. 따라서 **위 규정들은 과잉금지원칙에 위배되지 아니한다**(헌재 2022. 5. 26. 2021헌마619).

2446 변호사 등이 아님에도 변호사 등의 직무와 관련한 서비스의 취급·제공 등을 표시하거나 소비자들이 변호사 등으로 오인하게 만들 수 있는 자에게 광고를 의뢰하거나 참여·협조하는 행위를 금지하는 변호사 광고에 관한 규정은 변호사 자격제도를 유지하고 소비자의 피해를 방지하기 위한 적합한 수단이다. 23 법무사   O | X

위 규정은 '**변호사등이 아님**에도 변호사등의 직무와 관련한 서비스의 취급·제공 등을 표시하거나 소비자들이 **변호사등으로 오인하게 만들 수 있는 자에게 광고를 의뢰하거나 참여·협조하는 행위를 금지**'하고 있다. 이는 비변호사의 법률사무 취급행위를 미연에 방지함으로써 법률 전문가로서 **변호사 자격제도를 유지하고 소비자의 피해를 방지하기 위한 적합한 수단**이다. … 따라서 위 규정은 **과잉금지원칙에 위배되지 아니한다**(헌재 2022. 5. 26. 2021헌마619).

2447 비의료인의 의료에 관한 광고를 금지하고 처벌하는「의료법」조항은 국민의 생명권과 건강권을 보호하고 국민의 보건에 관한 국가의 보호의무를 이행하기 위하여 필요한 최소한도 내의 제한이라고 할 것이므로, 비의료인의 표현의 자유를 침해하지 않는다. 24 경정   O | X

비의료인에게 의료에 관한 광고를 허용할 경우에는 비의료인에 의하여 의료에 관한 부정확한 광고가 양산되고, 그에 의하여 일반인들이 올바른 의료선택을 하지 못하게 되며, 무면허 의료행위가 조장·확산될 위험이 있다. 이 사건 법률조항은 이러한 결과를 방지하여 국민의 생명권과 건강권을 보호하고 국민의 보건에 관한 국가의 보호의무를 이행하기 위하여 필요한 최소한도 내의 제한이라고 할 것이므로, 비의료인인 청구인의 **표현의 자유, 직업수행의 자유를 침해한다고 볼 수 없다**(헌재 2016. 9. 29. 2015헌바325).

정답 2445. ◯ 2446. ◯ 2447. ◯

2448 세종특별자치시의 특정구역 내 건물에 입주한 업소에 대해 업소별로 표시할 수 있는 광고물의 총 수량을 원칙적으로 1개로 제한한 것이 업소 영업자의 표현의 자유 및 직업수행의 자유를 침해하는지 여부는 비례원칙심사를 한다. 20 국가 7 O|X

2448-1 특정구역 안에서 업소별로 표시할 수 있는 광고물의 총 수량을 1개로 제한하는 것은 표현의 자유를 침해하지 않는다. 17 국회 8 O|X

2448-2 「세종특별자치시 옥외광고물 관리 조례」에서 특정구역 안에서 업소별로 표시할 수 있는 옥외광고물의 총수량을 원칙적으로 1개로 제한한 것은 표현의 자유를 침해한다. 20 국회 8 O|X

2448-3 특정구역 안에서 업소별로 표시할 수 있는 광고물의 총 수량을 1개로 제한한 「옥외광고물 표시제한 특정구역 지정고시」 조항은 자신들이 원하는 위치에 원하는 종류의 옥외광고물을 원하는 만큼 표시·설치할 수 없어 청구인들의 표현의 자유를 침해한다. 19 경정 O|X

(1) 상업광고 규제에 관한 **비례의 원칙 심사**에 있어서 침해의 최소성 원칙은 같은 목적을 달성하기 위하여 달리 덜 제약적인 수단이 없을 것인지 혹은 입법목적을 달성하기 위하여 필요한 최소한의 제한인지를 심사하기 보다는 **입법목적을 달성하기 위하여 필요한 범위 내의 것인지를 심사**하는 정도로 **완화**되는 것이 상당하다(헌재 2016. 3. 31. 2014헌마794).

(2) 이 사건 특정구역은 새롭게 건설되는 행정기능 중심의 복합도시로서 '자연이 살아 숨쉬는 환상(環狀)도시'를 지향하고 있으므로, 이 사건 특정구역 안에서의 옥외광고물의 표시방법을 제한하는 심판대상조항들은 옥외광고물의 난립을 막아 쾌적하고 조화로운 도시 미관을 조성함과 동시에 도시의 정체성을 확립하고, 공중에 대한 위해를 방지하고자 하는 것으로서 그 목적의 정당성이 인정된다. … 그러므로 **심판대상조항들은 비례의 원칙을 위반하여 청구인들의 표현의 자유 및 직업수행의 자유를 침해한다고 볼 수 없다**(헌재 2016. 3. 31. 2014헌마794).

03 공무원의 정치적 표현의 자유

2449 「국가공무원법」 제65조 제1항 중 '그 밖의 정치단체'에 관한 부분은 명확성원칙에 위배되어 공무원의 정치적 표현의 자유 및 결사의 자유를 침해한다. 23 경찰 1차 O|X

2449-1 「국가공무원법」 조항 중 초·중등교원인 교육공무원의 가입 등이 금지되는 '그 밖의 정치단체'에 관한 부분은 '특정 정당이나 특정 정치인을 지지·반대하는 단체로서 그 결성에 관여하거나 가입하는 경우 공무원의 정치적 중립성 및 교육의 정치적 중립성을 훼손할 가능성이 높은 단체'로 한정할 수 있어 명확성원칙에 반하지 않는다. 23 국가 7 O|X

2449-2 「국가공무원법」 제65조 제1항에서 초·중등교원인 교육공무원의 가입 등이 금지되는 '정치단체'는 '특정 정당이나 특정 정치인을 지지·반대하는 단체로서 그 결성에 관여하거나 가입하는 경우 공무원의 정치적 중립성 및 교육의 정치적 중립성을 훼손할 가능성이 높은 단체'로 한정할 수 있으므로, '정치단체'의 의미 내지 범위가 지나치게 광범위하다거나 법관의 해석에 의하여 무한히 확대될 위험이 있다고 보기 어렵다. 21 변호사 O|X

2449-3 초·중등학교의 교육공무원이 정치단체의 결성에 관여하거나 이에 가입하는 행위를 금지한 「국가공무원법」 조항 중 '그 밖의 정치단체'에 관한 부분은 정치적 표현의 자유를 침해하지 않는다. 22 국회 8 O|X

● 정답 2448. O 2448-1. O 2448-2. X [표현의 자유 침해 X] 2448-3. X [표현의 자유 침해 X] 2449. O 2449-1. X [명확성원칙에 반함] 2449-2. X [명확성원칙 위배됨, 해당지문은 반대의견] 2449-3. X [정치적 표현의 자유 침해]

'정치단체'를 '특정 정당이나 특정 정치인을 지지·반대하는 단체로서 그 결성에 관여하거나 가입하는 경우 공무원 및 교육의 정치적 중립성을 훼손할 가능성이 높은 단체' 등으로 **한정하여 해석할 근거도 없다.** … 국가공무원법조항 중 '그 밖의 정치단체'에 관한 부분은 가입 등이 금지되는 '정치단체'가 무엇인지 그 규범 내용이 확정될 수 없을 정도로 불분명하여, 헌법상 그 가입 등이 마땅히 보호받아야 할 단체까지도 수범인인 나머지 청구인들이 가입 등의 행위를 하지 못하게 위축시키고 있고, 법 집행 공무원이 지나치게 넓은 재량을 행사하여 금지되는 '정치단체'와 금지되지 않는 단체를 자의적으로 판단할 위험이 있다. 따라서 국가공무원법조항 중 '**그 밖의 정치단체**'에 관한 부분은 **명확성원칙에 위배**되어 나머지 청구인들의 **정치적 표현의 자유, 결사의 자유를 침해**한다(헌재 2020. 4. 23. 2018헌마551).

2450 사회복무요원의 정치적 행위를 금지하는 「병역법」 제33조 제2항 본문 제2호 중 '그 밖의 정치단체에 가입하는 등 정치적 목적을 지닌 행위'에 관한 부분은 과잉금지원칙에 위배되어 사회복무요원인 청구인의 정치적 표현의 자유 및 결사의 자유를 침해한다. 23 경찰 2차   O | X

2450-1 사회복무요원의 정치적 행위를 금지하는 「병역법」 조항 중 '정치적 목적을 지닌 행위'는 '특정 정당, 정치인을 지지·반대하거나 공직선거에 있어서 특정 후보자를 당선·낙선하게 하는 등 그 정파성·당파성에 비추어 정치적 중립성을 훼손할 가능성이 높은 행위'로 한정하여 해석되므로 명확성원칙에 위배되지 않는다. 23 경찰 1차   O | X

'**그 밖의 정치단체**'는 문언상 '정당'에 준하는 정치단체만을 의미하는 것이 아니고, 단체의 목적이나 활동에 관한 어떠한 제한도 규정하고 있지 않으며, '정치적 중립성'이라는 입법목적 자체가 매우 추상적인 개념이어서, 이로부터 '정치단체'와 '비정치단체'를 구별할 수 있는 기준을 도출할 수 없다. 이 사건 법률조항은 '**정치적 목적을 지닌 행위**'의 의미를 개별화·유형화 하지 않으며, '**그 밖의 정치단체**'의 의미가 **불명확**하므로 이를 예시로 규정하여도 '**정치적 목적을 지닌 행위**'의 불명확성은 해소되지 않는다. 따라서 위 부분은 **명확성원칙에 위배**된다. … 그 밖의 정치단체에 가입하는 등 정치적 목적을 지닌 행위'에 관한 부분은 **과잉금지원칙에 위배**되어 청구인의 **정치적 표현의 자유 및 결사의 자유를 침해**한다(헌재 2021. 11. 25. 2019헌마534).

2451 정당에 관련된 표현행위는 직무 내외를 구분하기 어려우므로 '직무와 관련된 표현행위만을 규제'하는 등 기본권을 최소한도로 제한하는 대안을 상정하기 어렵다. 23 경간   O | X

2451-1 사회복무요원이 정당 가입을 할 수 없도록 규정한 「병역법」 조항은 사회복지시설에 근무하는 사회복무요원의 경우에는 민간 영역에서 근무하고 그 직무의 성질상 정치적 중립성을 훼손할 가능성이 거의 없음에도 불구하고 일괄적으로 정당에 가입하는 행위를 금지한다는 점에서 과잉금지원칙에 위배되어 사회복무요원인 청구인의 정치적 표현의 자유를 침해한다. 24 경찰 1차   O | X

2451-2 사회복무요원이 정당 가입을 할 수 없도록 규정한 병역법 조항은 사회복무요원의 정치적 중립성 보장과 아무런 관련이 없는 사회적 활동까지 금지한다는 점에서 사회복무요원의 결사의 자유를 침해한다. 23 법원 9   O | X

이 사건 법률조항 중 '**정당**'에 관한 부분은 **사회복무요원**의 정치적 중립성을 유지하고 업무전념성을 보장하기 위한 것으로, 정당은 개인적 정치활동과 달리 국민의 정치적 의사형성에 미치는 영향력이 크므로 사회복무요원의 정당 가입을 금지하는 것은 입법목적을 달성하기 위한 적합한 수단이다. **정당에 관련된 표현행위**는 직무 내외를 구분하기 어려우므로 '**직무와 관련된 표현행위만을 규제**'하는 등 기본권을 **최소한도로 제한하는 대안을 상정하기 어려우며**, 위 입법목적이 사회복무요원이 제한받는 사익에 비해 중대하므로 **이 사건 법률조항 중 '정당'에 관한 부분**은 청구인의 **정치적 표현의 자유 및 결사의 자유를 침해하지 않는다**(헌재 2021. 11. 25. 2019헌마534).

● 정답 2450. O   2450-1. ×[명확성원칙에 위배됨]   2451. O   2451-1. ×[정치적 표현의 자유 침해 아님]   2451-2. ×[결사의 자유 침해 아님]

2452 공무원의 집단 행위를 금지하고 있는 「국가공무원법」 제66조 제1항 본문의 '공무 외의 일을 위한 집단 행위' 부분은, 특정 정당을 지지하거나 반대하는 등 정파성을 강하게 띤 표현행위 등을 한정적으로 규제하는 것이 아니라 헌법질서의 수호유지를 위한 정치적 의사표현까지도 집단적으로 이루어지기만 하면 공익에 반하는 행위로 전제하고 이를 모두 금지하므로, 과잉금지원칙에 위배된다. 21 변호사 O | X

이 사건 국가공무원법 규정에서 공무원의 정치적 의사표현이 집단적으로 이루어지는 것을 금지하는 것은, 다수의 집단행동은 그 행위의 속성상 개인행동보다 공공의 안녕질서나 법적 평화와 마찰을 빚을 가능성이 크고, 공무원이 집단적으로 정치적 의사표현을 하는 경우에는 이것이 공무원이라는 집단의 이익을 대변하기 위한 것으로 비춰질 수 있으며, 정치적 중립성의 훼손으로 공무의 공정성과 객관성에 대한 신뢰를 저하시킬 수 있기 때문이다. … 따라서 공무원의 집단적인 의사표현을 제한하는 것은 불가피하고 이것이 <u>과잉금지원칙에 위반된다고 볼 수 없다</u>(헌재 2014. 8. 28. 2011헌바32 등).

2453 「국가공무원법」 제66조 제1항 본문 중 '그 밖에 공무 외의 일을 위한 집단행위' 부분은 '공익에 반하는 목적을 위하여 직무전념의무를 해태하는 등의 영향을 가져오는 집단적 행위'라고 한정하여 해석하는 한 명확성원칙에 위반되지 않는다. 23 경찰 2차 O | X

2453-1 공무원의 '공무 외의 일을 위한 집단행위'를 금지하는 「국가공무원법」 규정은 어떤 행위가 허용되고 금지되는지를 예측할 수 없으므로 명확성원칙에 위배된다. 15 국가 7 O | X

<u>법원은 이 사건 조항을 '**공익에 반하는 목적**을 위하여 **직무전념의무를 해태**하는 등의 영향을 가져오는 **집단적 행위**'라고 한정 해석하고 있다.</u> 이때 공익은 '개인 또는 특정 단체나 집단의 이익이 아니라 일반 다수 국민의 이익 내지는 사회공동의 이익', 직무전념의무란 '불편부당한 입장에서 자신이 맡은 업무에 성실히 임하는 것', 집단행위란 '공무에 대한 국민의 신뢰에 손상을 가져올 수 있는 다수의 결집된 행위'를 각 의미하므로 <u>이 사건 조항은 **명확성원칙에 위반되지 아니한다**</u>(헌재 2020. 4. 23. 2018헌마550).

2454 공무원에 대하여 국가의 정책에 대한 반대·방해행위를 금지한 구 「국가공무원 복무규정」이 헌법상 과잉금지원칙에 반하여 공무원의 정치적 표현의 자유를 침해한다고 할 수 없다. 15 경정 O | X

2454-1 공무원은 집단·연명으로 또는 단체의 명의를 사용하여 국가의 정책을 반대해서는 아니된다는 국가공무원 복무규정은 그러한 행위의 정치성이나 공정성 등을 불문하는 점, 그 적용대상이 되는 공무원의 범위가 제한적이지 않고 지나치게 광범위한 점, 그 행위가 근무시간 내에 행해지는지 근무시간 외에 행해지는지 여부를 불문하는 점에서 침해의 최소성 원칙에 위배되어, 공무원의 정치적 표현의 자유를 침해한다. 14 변호사 O | X

2454-2 "공무원은 집단·연명으로 또는 단체의 명의를 사용하여 국가 또는 지방자치단체의 정책을 반대하거나 국가 또는 지방자치단체의 정책 수립·집행을 방해해서는 아니 된다."라는 「지방공무원 복무규정」 조항은 국가 또는 지방자치단체의 정책에 대한 반대·방해행위가 일회적이고 우연한 것인지 혹은 계속적이고 계획적인 것인지 등을 묻지 아니하고 금지하는 것으로 해석되므로 명확성원칙에 위배되지 않는다. 13 변호사 O | X

정답 2452. X [과잉금지원칙 위배 X] 2453. O 2453-1. X [명확성원칙 위배 X] 2454. O 2454-1. X [정치적 표현의 자유 침해 X]
2454-2. O

(1) 위 규정들은 공무원이 개인적·개별적으로 비공무원이 주도하는 집단적 행위에 참가하는 것은 허용한다고 해석되며, 국가 또는 지방자치단체의 정책에 대한 반대·방해 행위가 일회적이고 우연한 것인지 혹은 계속적이고 계획적인 것인지 등을 묻지 아니하고 금지하는 것으로 해석되므로, 명확성원칙에 위배되지 아니한다(헌재 2012. 5. 31. 2009헌마705 등).

(2) 공무원의 신분과 지위의 특수성에 비추어 볼 때 공무원에 대해서는 일반 국민에 비해 보다 넓고 강한 기본권제한이 가능한바, 위 규정들은 공무원의 정치적 의사표현이 집단적인 행위가 아닌 개인적·개별적인 행위인 경우에는 허용하고 있고, 공무원의 행위는 그것이 직무 내의 것인지 직무 외의 것인지 구분하기 어려운 경우가 많으며, 설사 공무원이 직무 외에서 집단적인 정치적 표현 행위를 한다 하더라도 공무원의 정치적 중립성에 대한 국민의 신뢰는 유지되기 어려우므로 직무 내외를 불문하고 금지한다 하더라도 침해의 최소성원칙에 위배되지 아니한다. … 따라서 위 규정들은 과잉금지원칙에 반하여 공무원의 정치적 표현의 자유를 침해한다고 할 수 없다(헌재 2012. 5. 31. 2009헌마705 등).

2455 「국가공무원 복무규정」 제8조의2제2항 등은 "공무원이 직무를 수행할 때 정치적 주장을 표시 또는 상징하는 복장을 하거나 관련 물품을 착용해서는 아니된다."라고 규정하고 있는바, 정치적 주장을 표시·상징하는 복장 등 관련 물품을 착용하는 행위는 복장 등 비언어적인 방법을 통해 정치적 의사표현을 행하는 것이라 할 수 있다. 22 입시 O | X

2455-1 공무원에 대하여 직무수행 중 정치적 주장을 표시·상징하는 복장 등 착용행위를 금지한 「국가공무원 복무규정」은 공무원의 정치적 표현의 자유를 필요 이상으로 제한하여 헌법에 위반된다. 20 국회 9 O | X

2455-2 「국가공무원 복무규정」 조항이 금지하는 정치적 주장을 표시 또는 상징하는 행위에서의 '정치적 주장'이란 정당 활동이나 선거와 직접적으로 관련되거나 특정 정당과의 밀접한 연계성을 인정할 수 있는 경우 등 정치적 중립성을 훼손할 가능성이 높은 주장에 한정된다고 해석되므로, 명확성원칙에 위배되지 아니한다. 23 경찰 1차 O | X

(1) 이 사건 국가공무원 복무규정 제8조의2 제2항 등은 "공무원이 직무를 수행할 때 정치적 주장을 표시 또는 상징하는 복장을 하거나 관련 물품을 착용해서는 아니 된다."라고 규정하고 있는바, 정치적 주장을 표시·상징하는 복장 등 관련 물품을 착용하는 행위는 복장 등 비언어적인 방법을 통해 정치적 의사표현을 행하는 것이라 할 수 있으므로, 이 사건 국가공무원 복무규정 제8조의2 제2항 등 역시 공무원의 정치적 표현의 자유를 제한하는 규정이라 할 것이다. … 위 규정들은 과잉금지원칙에 반하여 공무원의 정치적 표현의 자유를 침해한다고 할 수 없다(헌재 2012. 5. 31. 2009헌마705 등).

(2) 위 규정들이 금지하는 '정치적 주장을 표시 또는 상징하는 행위'에서의 '정치적 주장'이란, 정당활동이나 선거와 직접적으로 관련되거나 특정 정당과의 밀접한 연계성을 인정할 수 있는 경우 등 공무원의 정치적 중립성을 훼손할 가능성이 높은 주장에 한정된다고 해석되므로, 명확성원칙에 위배되지 아니한다(헌재 2012. 5. 31. 2009헌마705 등).

2456 선거관리위원회의 직무인 선거와 투표, 정당 사무 관리는 가장 정치성과 당파성이 강한 행위와 관련되는 것이므로 선거관리위원회 소속 공무원에게는 엄격한 정치적 중립성이 요청된다. 24 5급 O | X

우리 헌법은 "선거와 국민투표의 공정한 관리 및 정당에 관한 사무를 처리하기 위하여 선거관리위원회를 둔다."고 하여 선거관리위원회를 헌법상의 국가기관으로 특별히 규정하고 있다. 그리고 선거관리위원회의 직무인 선거와 투표, 정당 사무 관리는 가장 정치성과 당파성이 강한 행위와 관련되는 것이므로 선거관리위원회 소속 공무원에게는 엄격한 정치적 중립성이 요청된다고 할 수 있다(헌재 2012. 3. 29. 2010헌마97).

● 정답 2455. O   2455-1. X [헌법에 위반 X]   2455-2. O   2456. O

2457 선거관리위원회 공무원에게 요청되는 엄격한 정치적 중립성을 고려한다고 하더라도 위 공무원에 대하여 특정 정당이나 후보자를 지지·반대하는 단체에의 가입·활동 등을 금지하는 것은 해당 공무원의 정치적 표현의 자유를 침해하는 것이다. 15 경정 O|X

이 사건 규정들은 선관위 공무원에 대하여 특정 정당이나 후보자를 지지·반대하는 단체에의 가입·활동 등을 금지함으로써 선관위 공무원의 정치적 표현의 자유 등을 제한하고 있으나, **선관위 공무원에게 요청되는 엄격한 정치적 중립성에 비추어 볼 때 선관위 공무원이 특정한 정치적 성향을 표방하는 단체에 가입·활동한다는 사실 자체만으로 그 정치적 중립성과 직무의 공정성, 객관성이 의심될 수 있으므로** 이 사건 규정들은 선관위 공무원의 **정치적 표현의 자유 등을 침해한다고 할 수 없다**(헌재 2012. 3. 29. 2010헌마97).

POINT 142 언론기관의 자유   Ⓑ

01 신문의 자유

2458 통신·방송의 시설기준은 법률로 정한다. 22 해경 O|X

2458-1 신문의 기능을 보장하기 위하여 필요한 사항을 법률로 정할 경우 헌법에 위반된다. 11 국가 7 O|X

> 헌법 제21조 ③ **통신·방송의 시설기준**과 **신문의 기능을 보장**하기 위하여 필요한 사항은 **법률**로 정한다.

2459 사전허가금지의 대상은 어디까지나 언론·출판 자유의 내재적 본질인 표현의 내용을 보장하는 것을 말하는 것이지, 언론·출판을 위해 필요한 물적 시설이나 언론기업의 주체인 기업인으로서의 활동까지 포함되는 것으로 볼 수는 없다. 21 변호사 O|X

2459-1 사전허가금지의 대상은 언론·출판의 자유의 내재적 본질인 표현의 내용을 보장하는 것뿐만 아니라, 언론·출판을 위해 필요한 물적 시설이나 언론기업의 주체인 기업인으로서의 활동까지 포함된다. 24 경정 O|X

사전허가금지의 대상은 어디까지나 언론·출판 자유의 내재적 본질인 **표현의 내용**을 보장하는 것을 말하는 것이지, 언론·출판을 위해 필요한 **물적 시설**이나 언론기업의 주체인 **기업인으로서의 활동**까지 포함되는 것으로 **볼 수는 없다**. 즉, 언론·출판에 대한 허가·검열금지의 취지는 정부가 표현의 내용에 관한 가치판단에 입각해서 특정 표현의 자유로운 공개와 유통을 사전 봉쇄하는 것을 금지하는 데 있으므로, 내용 규제 그 자체가 아니거나 내용 규제 효과를 초래하는 것이 아니라면 헌법이 금지하는 "허가"에는 해당되지 않는다(헌재 2016. 10. 27. 2015헌마1206 등).

2460 「신문 등의 진흥에 관한 법률」의 등록조항은 인터넷신문의 명칭, 발행인과 편집인의 인적사항 등 인터넷신문의 외형적이고 객관적 사항을 제한적으로 등록하도록 하고 있는 바, 이는 인터넷신문에 대한 인적 요건의 규제 및 확인에 관한 것으로 인터넷신문의 내용을 심사·선별하여 사전에 통제하기 위한 규정으로 사전허가금지원칙에 위배된다. 20 지방 7 O|X

등록조항은 인터넷신문의 명칭, 발행인과 편집인의 인적사항 등 인터넷신문의 **외형적이고 객관적 사항을 제한적으로 등록**하도록 하고 있고, 고용조항 및 확인조항은 5인 이상 취재 및 편집 인력을 고용하되, 그 확인을 위해 등록 시 서류를 제출하도록 하고 있다. 이런 조항들은 인터넷신문에 대한 **인적 요건의 규제 및 확인에 관한 것으로**, 인터넷신문의 **내용을 심사·선별**하여 **사전에 통제하기 위한 규정이 아님이** 명백하다. 따라서 등록조항은 **사전허가금지원칙에도 위배되지 않는다**(헌재 2016. 10. 27. 2015헌마1206 등).

▶정답 2457. X [정치적 표현의 자유 침해 X]   2458. O   2458-1. X [헌법에 합치함]   2459. O   2459-1. X [물적 시설이나 기업인 활동은 포함 X]   2460. X [사전허가금지원칙 위배 X]

2461 인터넷신문사업자에게 취재 인력 3명 이상을 포함하여 취재 및 편집 인력 5명 이상을 상시적으로 고용할 것을 요구하는 것은 소규모 인터넷신문이 언론으로서 활동할 수 있는 기회 자체를 원천적으로 봉쇄할 수 있음에 비하여, 인터넷신문의 신뢰도 제고라는 입법목적의 효과는 불확실하다는 점에서 과잉금지원칙에 위배되어 언론의 자유를 침해한다. 24 경정 O│X

2461-1 언론의 자유에 의하여 보호되는 것은 정보의 획득에서부터 뉴스와 의견의 전파에 이르기까지 언론의 기능과 본질적으로 연관되는 활동에 국한되므로, 인터넷언론사가 취재 인력 3명 이상을 포함하여 취재 및 편집 인력 5명 이상을 상시적으로 고용하도록 하는 것은 언론의 자유를 제한하는 것이 아니라 인터넷언론사의 직업의 자유를 제한하는 것이다. 18 변호사 O│X

2461-2 인터넷신문의 언론으로서의 신뢰성을 제고하기 위해 5인 이상의 취재 및 편집 인력을 정식으로 고용하도록 강제하고, 이에 대한 확인을 위하여 국민연금 등 가입사실을 확인하는 것은 언론의 자유를 침해한다고 할 수 없다. 22 국가 7 O│X

언론의 자유에 의하여 보호되는 것은 **정보의 획득**에서부터 **뉴스와 의견의 전파**에 이르기까지 언론의 기능과 본질적으로 관련되는 **모든 활동**이다. 이런 측면에서 **고용조항과 확인조항**은 인터넷신문의 발행을 제한하는 **효과**를 가지고 있으므로 **언론의 자유를 제한하는 규정**에 해당한다. 청구인들은 고용조항으로 인하여 언론의 자유 이외에 직업수행의 자유도 침해된다고 주장한다. 그런데 고용조항의 입법목적이 인터넷신문의 신뢰성 제고이고, 신문법 규정들은 언론사로서의 인터넷신문의 규율 및 보호를 위한 규정들이다. 따라서 고용조항으로 인하여 청구인들의 직업수행의 자유보다는 언론의 자유가 보다 직접적으로 제한된다고 보이므로 **언론의 자유 제한 여부를 중심**으로 살펴본다. … 따라서 고용조항 및 확인조항은 과잉금지원칙에 위배되어 청구인들의 **언론의 자유를 침해한다**(헌재 2016. 10. 27. 2015헌마1206 등).

2462 일간신문과 뉴스통신·방송사업의 겸영을 금지하는 「신문법」 법률조항은 헌법에 위반되지 아니한다. 23 해경 O│X

2462-1 일간신문사의 뉴스통신, 방송사업 겸영을 일률적으로 금지할 것이 아니라 겸영으로 인한 언론의 집중 내지 시장지배력의 효과를 고려하여 선별적으로 통제하는 방법이 바람직함에도 불구하고「신문법」이 일률적으로 겸영을 금지하는 것은 신문사업자의 언론표현 방법의 자유를 침해하는 것이다. 18 국회 8 O│X

신문법 제15조 제2항은 신문의 다양성을 보장하기 위하여 필요한 한도 내에서 그 규제의 대상과 정도를 선별하여 제한적으로 규제하고 있다고 볼 수 있다. 규제 대상을 일간신문으로 한정하고 있고, 겸영에 해당하지 않는 행위, 즉 하나의 일간신문법인이 복수의 일간신문을 발행하는 것 등은 허용되며, 종합편성이나 보도전문편성이 아니어서 신문의 기능과 중복될 염려가 없는 방송채널사용사업이나 종합유선방송사업, 위성방송사업 등을 겸영하는 것도 가능하다. 그러므로 **신문법 제15조 제2항은 헌법에 위반되지 아니한다**(헌재 2006. 6. 29. 2005헌마165 등).

2463 일간신문사 지배주주의 뉴스통신사 또는 다른 일간신문사 주식·지분의 소유·취득을 제한하는 「신문법」 제15조 제3항은 헌법에 합치하지 않는다. 12 국회 8 O│X

2463-1 자유언론제도의 역기능을 방지하기 위해서 이종미디어(신문, 통신, 방송)간의 겸영을 금지하고 모든 일간신문의 지배주주가 신문을 복수소유하는 것을 일률적으로 금지하는 것은 헌법적으로 허용된다. 13 국회 8 O│X

● 정답 2461. O   2461-1. X [직업의 자유 제한 X → 언론의 자유 제한 O]   2461-2. X [언론의 자유 침해]   2462. O   2462-1. X [언론표현 방법의 자유 침해 X]   2463. O   2463-1. X [필요이상의 제약에 해당하여 헌법 위반]

신문의 다양성을 보장하기 위하여 신문의 복수소유를 제한하는 것 자체가 헌법에 위반된다고 할 수 없지만, 신문의 복수소유가 언론의 다양성을 저해하지 않거나 오히려 이에 기여하는 경우도 있을 수 있는데, 이 조항은 신문의 **복수소유를 일률적으로 금지**하고 있어서 **필요 이상으로 신문의 자유를 제약하고 있다**(헌재 2006. 6. 29. 2005헌마165 등).

2464 일간신문의 지배주주가 뉴스통신 법인의 주식 또는 지분의 2분의1 이상을 취득 또는 소유하지 못하도록 함으로써 이종 미디어 간의 결합을 규제하는 신문법 조항은 언론의 다양성을 보장하기 위한 필요한 한도 내의 제한이라고 할 것이어서 신문의 자유를 침해한다고 할 수 없다. 22 국가 7 O | X

신문법 제15조 제3항에서 일간신문의 지배주주가 **뉴스통신 법인의 주식 또는 지분의 2분의1 이상**을 취득 또는 소유하지 못하도록 함으로써 이종 미디어 간의 결합을 규제하는 부분은 언론의 다양성을 보장하기 위한 필요한 한도 내의 제한이라고 할 것이어서 **신문의 자유를 침해한다고 할 수 없다**(헌재 2006. 6. 29. 2005헌마165 등).

2465 신문기업의 소유와 경영에 관한 자료를 신고·공개토록 하는 것은 일반신문의 기업활동의 자유를 침해하지 아니한다. 08 국가 7 O | X

신문법 제16조 제1항 내지 제3항이 **신문기업의 소유와 경영에 관한 자료를 신고·공개토록** 하는 것은 일간신문의 **기업활동의 자유를 제약**하는 것이기는 하지만, … 신문법 제16조에서 신고·공개하도록 규정하고 있는 사항 중 상당부분은 상법 등 다른 법률에 의해 이미 공시 또는 공개되고 있는 것들이고, 그 밖에 발행부수, 광고수입 등과 같은 사항을 추가적으로 신고·공개하도록 하고 있지만, 이는 신문 특유의 기능보장을 위하여 필요한 범위 내의 것이다. 따라서 이 조항들이 **신문의 자유**를 지나치게 침해한다거나, 일반 사기업에 비하여 평등원칙에 반하는 차별을 가하는 **위헌규정이라 할 수 없다**(헌재 2006. 6. 29. 2005헌마165 등).

2466 1개 일간신문사의 시장점유율 30%, 3개 일간신문사의 시장점유율 60% 이상인 자를 '시장지배적 사업자'로 추정하는 「신문법」 제17조는 신문사업자인 청구인들의 신문의 자유와 평등권을 침해한다. 12 국회 8 O | X

신문법 제17조는 신문사업자를 일반사업자에 비하여 더 쉽게 시장지배적사업자로 추정되도록 규정하고 있는데, 이러한 규제는 신문의 다양성 보장이라는 입법목적 달성을 위한 합리적이고도 적정한 수단이 되지 못한다. … 따라서 신문법 제17조는 신문사업자인 청구인들의 **평등권과 신문의 자유를 침해**하여 헌법에 위반된다(헌재 2006. 6. 29. 2005헌마165 등).

2467 시장지배적 사업자를 신문발전기금의 지원대상에서 배제한 「신문법」 제34조 제2항 제2호는 신문사업자인 청구인들의 평등권을 침해하여 위헌이다. 12 국회 8 O | X

시장점유율이 높다는 이유만으로, 즉 독자의 선호도가 높아서 발행부수가 많다는 점을 이유로 신문사업자를 차별하는 것, 그것도 시장점유율 등을 고려하여 신문발전기금 지원의 범위와 정도에 있어 합리적 차등을 두는 것이 아니라 기금 지원의 대상에서 아예 배제하는 것은 합리적이 아니다. … 따라서 신문법 제34조 제2항 제2호는 합리적인 이유 없이 발행부수가 많은 신문사업자를 차별하는 것이므로 **평등원칙에 위배된다**(헌재 2006. 6. 29. 2005헌마165 등).

2468 인터넷에서 「국가보안법」이 금지하는 행위를 수행하는 내용의 정보에 대하여 방송통신위원회가 정보통신서비스 제공자 또는 게시판 관리·운영자에게 해당 정보의 취급을 거부 정지 또는 제한하도록 명할 수 있도록 하는 법률규정은 관계 중앙행정기관장의 요청에 의해 심의위원회의 심의를 거친 후 그에 따른 시정요구를 이행하지 않을 경우에 해당 명령이 내려지도록 하고 있다면 언론의 자유를 과도하게 제한하지 않는다. 15 국회 9 O | X

● 정답 2464. O   2465. O   2466. O   2467. O   2468. O

전기통신망, 특히 인터넷 매체는 기존의 통신수단과는 차원이 다른 신속성, 확장성, 복제성을 가지고 있어, **'국가보안법에서 금지하는 행위를 수행하는 내용의 정보'**를 유통할 경우 국가의 안전을 위태롭게 하는 반국가활동을 제대로 규제하지 못함으로써 국가의 안전과 국민의 생존 및 자유에 대한 위협이 급속히 확산될 우려가 크므로, 이와 같은 정보의 유통을 금지하고자 하는 입법목적은 정당하다. … 등에 비추어 보면, 이 사건 법률조항들은 침해최소성과 법익균형성 요건도 충족하고 있어 **과도하게 언론의 자유를 침해하지 아니한다**(헌재 2014. 9. 25. 2012헌바325).

02 방송의 자유

2469 헌법 제21조 제1항에 의해 보장되는 언론·출판의 자유에는 방송의 자유가 포함된다. 20 법무사
O | X

헌법 제21조 제1항은 "모든 국민은 언론·출판의 자유와 집회·결사의 자유를 가진다"고 규정하였다. 같은 규정에 의해 보장되는 **언론·출판의 자유**에는 **방송의 자유가 포함**된다(헌재 2001. 5. 31. 2000헌바43 등).

2470 방송의 자유는 주관적 권리로서의 성격과 함께 신문의 자유와 마찬가지로 자유로운 의견형성이나 여론형성을 위해 필수적인 기능을 행하는 객관적 규범질서로서 제도적 보장의 성격을 함께 가진다. 18 국가 7
O | X

방송의 자유는 **주관적 권리**로서의 성격과 함께 자유로운 의견형성이나 여론형성을 위해 필수적인 기능을 행하는 **객관적 규범질서로서 제도적 보장**의 성격을 함께 가진다(헌재 2003. 12. 18. 2002헌바49).

2471 방송매체의 특수성을 고려하면 방송의 기능을 보장하기 위한 규율의 필요성은 신문 등 인쇄매체보다 높다. 19 법무사
O | X

누구나 쉽게 접근할 수 있는 방송매체는 음성과 영상을 통하여 동시에 직접적으로 전파되기 때문에 강한 호소력이 있고, 경우에 따라서는 대중조작이 가능하며, 방송매체에 대한 사회적 의존성이 증가하여 방송이 사회적으로 강한 영향력을 발휘하는 추세이므로 이러한 방송매체의 특수성을 고려하면 **방송의 기능을 보장**하기 위한 **규율의 필요성**은 **신문 등 인쇄매체보다 높다**(헌재 2003. 12. 18. 2002헌바49).

2472 방송사업허가제는 방송의 공적 기능을 보장하기 위한 제도로서 표현내용에 대한 가치판단에 입각한 사전봉쇄 내지 그와 같은 실질을 가진다고 볼 수 있으므로, 헌법상 금지되는 언론·출판에 대한 허가에 해당한다. 16 국회 8
O | X

2472-1 종합유선방송 등에 대한 사업허가제는 언론·출판에 대한 허가나 검열로서 헌법상 허용되지 아니한다. 08 국가 7
O | X

종합유선방송사업허가의 요건은 **기술적·물적 또는 인적인 것**으로서 구성되어 있고 그 대체적 내용은 뒤에서 살펴보는 바와 같다. 구조적 규제의 일종인 진입규제로서 이 허가제는 방송의 기술적·사회적 특수성을 반영한 것으로서 정보와 견해의 다양성과 공정성을 유지한다는 **방송의 공적 기능을 보장**하는 것을 주된 입법목적으로 하는 것이고, 표현내용에 대한 가치판단에 입각한 사전봉쇄를 위한 것이거나 그와 같은 실질을 가진다고는 볼 수 없으므로 위의 **금지된 "허가"에는 해당되지 않는다**고 할 것이다(헌재 2001. 5. 31. 2000헌바43 등).

정답 2469. O   2470. O   2471. O   2472. X [헌법상 금지되는 허가 아님]   2472-1. X [헌법상 금지되는 허가·검열 아님]

2473 중계유선방송사업자가 자체적인 프로그램 편성의 자유와 그에 따르는 책임을 부여받지 아니한 이상, 방송의 중계송신업무만 할 수 있고 보도, 논평, 광고는 할 수 없도록 하는 법률 규정은 방송의 자유를 침해하지 않는다. 19 서울 7(추) O|X

중계유선방송사업자가 **자체적인 프로그램 편성의 자유**와 그에 따르는 **책임**을 부여받지 아니한 이상 이러한 제한의 범위가 지나치게 넓다고 할 수 없고, 나아가 업무범위 외의 유선방송관리법에 의한 중계유선방송사업에 대한 각종 규제는 전반적으로 종합유선방송사업에 대한 각종 규제보다 훨씬 가벼운 점, 그리고 중계유선방송사업자도 요건을 갖추면 종합유선방송사업의 허가를 받을 수 있었던 점, 업무범위 위반시의 제재내용 등을 종합하여 볼 때, **규제의 정도가 과도하다고 보기도 어렵다**(헌재 2001. 5. 31. 2000헌바43 등).

03 언론중재법

2474 「언론중재 및 피해구제 등에 관한 법률」은 언론이 사망한 사람의 인격권을 침해한 경우에 그 피해가 구제될 수 있도록 명문의 규정을 두고 있으며, 사망한 사람의 인격권을 침해하였거나 침해할 우려가 있는 경우의 구제절차는 유족이 수행하도록 하고 있다. 23 경간, 18 변호사 O|X

언론중재 및 피해구제 등에 관한 법률 제5조(언론등에 의한 피해구제의 원칙) ① 언론, 인터넷뉴스서비스 및 인터넷 멀티미디어 방송(이하 "**언론등**"이라 한다)은 타인의 생명, 자유, 신체, 건강, 명예, 사생활의 비밀과 자유, 초상(肖像), 성명, 음성, 대화, 저작물 및 사적(私的) 문서, 그 밖의 인격적 가치 등에 관한 권리(이하 "**인격권**"이라 한다)를 **침해하여서는 아니** 되며, **언론등이 타인의 인격권을 침해**한 경우에는 이 법에서 정한 절차에 따라 그 **피해를 신속하게 구제**하여야 한다.
언론중재 및 피해구제 등에 관한 법률 제5조의2(사망자의 인격권 보호) ① 제5조제1항의 타인에는 **사망한 사람**을 포함한다.
② **사망한 사람의 인격권**을 침해하였거나 침해할 우려가 있는 경우에는 이에 따른 **구제절차를 유족이 수행**한다.

2475 사실적 주장에 관한 언론보도등이 진실하지 아니함으로 인하여 피해를 입은 자는 해당 언론보도등이 있음을 안 날부터 3개월 이내에 언론사, 인터넷뉴스서비스사업자 및 인터넷 멀티미디어 방송사업자에게 그 언론보도등의 내용에 관한 정정보도를 청구할 수 있으나, 해당 언론보도등이 있은 후 6개월이 지났을 때에는 그러하지 아니하다. 18 지방 7 O|X

언론중재 및 피해구제 등에 관한 법률 제14조(정정보도 청구의 요건) ① 사실적 주장에 관한 **언론보도등이 진실하지 아니함**으로 인하여 피해를 입은 자(이하 "**피해자**"라 한다)는 해당 언론보도등이 **있음을 안 날부터 3개월 이내**에 언론사, 인터넷뉴스서비스사업자 및 인터넷 멀티미디어 방송사업자(이하 "**언론사등**"이라 한다)에게 그 언론보도등의 내용에 관한 **정정보도를 청구**할 수 있다. 다만, 해당 언론보도등이 **있은 후 6개월**이 지났을 때에는 **그러하지 아니하다**.
② 제1항의 청구에는 언론사등의 **고의 · 과실이나 위법성을 필요로 하지 아니한다**.

2476 「언론중재 및 피해구제 등에 관한 법률」 제14조에서 규정하는 정정보도청구권은 반론보도청구권이나 민법상의 불법행위에 기한 청구권과는 전혀 다른 새로운 성격의 청구권이다. 07 국가 7 O|X

2476-1 정정보도청구의 요건으로 언론사의 고의 · 과실이나 위법성을 요하지 않도록 규정한 것은 신문사업자의 언론의 자유를 침해하지 않는다. 13 국회 8 O|X

2476-2 정정보도청구의 요건으로 언론사의 고의 · 과실이나 위법성을 요하지 않도록 규정한 「언론중재 및 피해구제 등에 관한 법률」 제14조 제2항, 제31조 후문은 신문사업자인 청구인들의 언론의 자유를 침해한다. 12 국회 8 O|X

● 정답 2473. O 2474. O 2475. O 2476. O 2476-1. O 2476-2. X [언론의 자유 침해 X]

언론중재법 제14조에서 규정하고 있는 **정정보도청구권은 반론보도청구권**이나 민법상 **불법행위에 기한 청구권**과는 **전혀 다른 새로운 성격의 청구권**이다. … 언론중재법 제14조 제2항이 **신문의 자유**를 침해하는 것이라고 볼 수 없으며, 언론중재법 제31조 후문은 그 위치에도 불구하고 제14조 제2항과 동일한 내용을 명예훼손에 관하여 재확인하는 규정으로 보아야 할 것이므로 역시 **헌법에 위반되지 않는다**(헌재 2006. 6. 29. 2005헌마165 등).

2477 사실적 주장에 관한 언론보도 등으로 인하여 피해를 입은 자는 그 보도 내용에 관한 반론보도를 언론사등에 청구할 수 있으며, 반론보도의 청구에는 언론사등의 고의·과실이나 위법성을 필요로 하지 아니하며, 보도 내용의 진실 여부와 상관없이 그 청구를 할 수 있다. 18 지방 7 O|X

2477-1 사실적 주장에 관한 언론보도 등으로 인하여 피해를 입은 자는 그 보도 내용에 관한 반론보도를 언론사에 청구할 수 있는데, 이 청구에는 언론사의 고의·과실이나 위법성이 필요하지 않으나, 보도 내용이 진실인 경우에는 청구할 수 없다. 21 변호사 O|X

> 언론중재 및 피해구제 등에 관한 법률 제16조(반론보도청구권) ① 사실적 주장에 관한 **언론보도등**으로 인하여 **피해를 입은 자**는 그 보도 내용에 관한 **반론보도를 언론사등에 청구**할 수 있다.
> ② 제1항의 청구에는 언론사등의 **고의·과실이나 위법성을 필요로 하지 아니하며,** 보도 내용의 **진실 여부와 상관없이** 그 **청구를 할 수 있다.**

2478 반론보도청구권은 원보도를 진실에 부합되게 시정보도해 줄 것을 요구하는 권리이므로 원보도의 내용이 허위일 것을 조건으로 한다. 21 국회 8 O|X

반론보도청구권은 원보도를 진실에 부합되게 시정보도해 줄 것을 요구하는 권리가 아니라 원보도에 대하여 피해자가 주장하는 **반박 내용을 보도해 줄 것을 요구하는 권리이므로 원보도의 내용이 허위임을 요건으로 하지 않으며** 나아가 반론보도의 내용도 반드시 진실임을 증명할 필요가 없다(대판 2006. 11. 23. 2004다50747).

2479 언론의 자유와 반론보도청구권이 충돌하는 경우 반론보도청구권이 인정되기 위해서는 반론보도청구의 내용이 진실이어야 한다. 14 국가 7 O|X

반론제도가 본래 **반론보도내용의 진실 여부를 요건으로 하지 않는 것**이어서 허위반론의 위험을 감수하는 것은 불가피하다 하더라도 반론보도청구인에게 거짓말할 권리까지 부여하는 것은 아니다(대판 2006. 11. 23. 2004다50747).

2480 언론으로부터 피해를 입은 사람은 「언론중재 및 피해구제 등에 관한 법률」에 따라 인터넷신문을 상대로 정정보도청구, 반론보도청구, 추후보도청구를 할 수 있고, 형사상 명예훼손죄로 고소할 수도 있으나, 민사상 손해배상청구를 할 수는 없다. 18 지방 7 O|X

> 언론중재 및 피해구제 등에 관한 법률 제30조(손해의 배상) ① 언론등의 **고의 또는 과실로 인한 위법행위**로 인하여 재산상 손해를 입거나 인격권 침해 또는 그 밖의 정신적 고통을 받은 자는 그 **손해에 대한 배상을 언론사등에 청구**할 수 있다.

[정답] 2477. O 2477-1. X [진실 여부와 상관없이 청구 可] 2478. X [허위성 요건 불요] 2479. X [진실성 불요] 2480. X [민사상 손배청구 可]

POINT 143 알 권리

01 알 권리

2481 자유로운 의사의 형성은 충분한 정보에의 접근이 보장됨으로써 비로소 가능하기 때문에 알 권리는 표현의 자유에 당연히 포함된다. 14 법무사 ○ | X

사상 또는 의견의 자유로운 표명은 자유로운 의사의 형성을 전제로 하는데, **자유로운 의사의 형성은 충분한 정보에의 접근**이 보장됨으로써 비로소 가능한 것이며, 다른 한편으로 자유로운 표명은 자유로운 수용 또는 접수와 불가분의 관계에 있다고 할 것이다. 그러한 의미에서 정보에의 접근·수집·처리의 자유 즉 **"알 권리"는 표현의 자유에 당연히 포함**되는 것으로 보아야 하는 것이다(헌재 1989. 9. 4. 88헌마22).

2482 자유로운 의사의 형성은 정보에의 접근이 충분히 보장됨으로써 비로소 가능한 것이며, 그러한 의미에서 정보에의 접근·수집·처리의 자유, 즉 '알 권리'는 표현의 자유와 표리일체의 관계에 있으며 자유권적 성질과 청구권적 성질을 공유하는 것이다. 23 경채 ○ | X

자유로운 의사의 형성은 정보에의 접근이 충분히 보장됨으로써 비로소 가능한 것이며, 그러한 의미에서 정보에의 접근·수집·처리의 자유, 즉 **"알 권리"는 표현의 자유와 표리일체**의 관계에 있으며 **자유권적 성질과 청구권적 성질을 공유하는 것이다**(헌재 1991. 5. 13. 90헌마133).

2483 '알 권리'의 자유권적 성질은 일반적으로 정보에 접근하고 수집·처리함에 있어서 국가권력의 방해를 받지 아니한다는 것을 말한다. 23 경채 ○ | X

2483-1 '알 권리'의 청구권적 성질은 의사형성이나 여론 형성에 필요한 정보를 적극적으로 수집하고 수집을 방해하는 방해제거를 청구할 수 있다는 것을 의미하는 바, 이는 정보수집권 또는 정보공개청구권으로 나타난다. 23 경채 ○ | X

자유권적 성질은 일반적으로 정보에 접근하고 수집·처리함에 있어서 **국가권력의 방해를 받지 아니한다**는 것을 말하며, **청구권적 성질**은 의사형성이나 여론 형성에 필요한 **정보를 적극적으로 수집**하고 **수집을 방해하는 방해제거를 청구**할 수 있다는 것을 의미하는 바 이는 **정보수집권 또는 정보공개청구권으로 나타난다**(헌재 1991. 5. 13. 90헌마133).

2484 '알 권리'는 표현의 자유에 당연히 포함되는 것으로 보아야 하지만 생활권적 성질까지도 획득해 나가고 있다고 보기는 어렵다. 23 경채 ○ | X

나아가 현대 사회가 고도의 정보화사회로 이행해감에 따라 "알 권리"는 한편으로 **생활권적 성질까지도 획득**해 나가고 있다. 이러한 "알 권리"는 표현의 자유에 당연히 포함되는 것으로 보아야 하며 인권에 관한 세계선언 제19조도 "알 권리"를 명시적으로 보장하고 있다(헌재 1991. 5. 13. 90헌마133).

2485 공공기관의 정보에 대한 공개청구와 관련하여서는 알 권리는 청구권적 성격을 가지고, 알 권리가 일반적으로 접근할 수 있는 정보원으로부터 자유롭게 정보를 수집할 수 있는 권리를 의미하는 경우에는 자유권적 성격을 가진다. 15 법원 9 ○ | X

정답 2481. ○ 2482. ○ 2483. ○ 2483-1. ○ 2484. ✕ [생활권적 성질도 획득해 나가고 있음] 2485. ○

알 권리가 공공기관의 정보에 대한 **공개청구권**을 의미하는 경우에는 **청구권적 성격**을 지니지만, 일반적으로 접근할 수 있는 정보원으로부터 **자유롭게 정보를 수집할 수 있는 권리**를 의미하는 경우에는 **자유권적 성격**을 지니는 것으로서, 이 경우 그러한 권리는 별도의 입법을 할 필요도 없이 보장되는 것이므로, 일반적으로 정보에 접근하고 수집·처리함에 있어 알 권리는 별도의 입법이 없더라도 국가권력의 방해를 받음이 없이 보장되어야 한다(헌재 2010. 10. 28. 2008헌마638).

2486 알 권리의 실현은 법률의 제정이 뒤따라 이를 구체화시키는 것이 충실하고도 바람직하지만 그러한 법률이 제정되어 있지 않다고 하더라도 헌법 제21조에 의해 직접 보장될 수 있다. 15 경정 O | X

2486-1 알 권리의 실현은 법률의 제정이 뒤따라 이를 구체화시키는 것이 필요하므로 법률이 제정되어 있지 않은 경우에는 헌법 제21조에 의해 직접 보장될 수는 없다. 14 국회 8 O | X

헌법상 입법의 공개(제50조 제1항), 재판의 공개(제109조)와는 달리 행정의 공개에 대하여서는 명문규정을 두고 있지 않지만 "알 권리"의 생성기반을 살펴볼 때 이 권리의 핵심은 정부가 보유하고 있는 정보에 대한 국민의 "알 권리", 즉 국민의 정부에 대한 일반적 정보공개를 구할 권리(청구권적 기본권)라고 할 것이며, 이러한 **"알 권리"의 실현**은 법률의 제정이 뒤따라 이를 구체화시키는 것이 충실하고도 바람직하지만, 그러한 법률이 제정되어 있지 않다고 하더라도 불가능한 것은 아니며 **헌법 제21조에 의해 직접 보장**될 수 있다고 하는 것이 헌법재판소의 확립된 판례인 것이다(헌재 1991. 5. 13. 90헌마133).

2487 공판조서의 절대적 증명력을 규정한 「형사소송법」 조항은 공판조서의 증명력을 규정하고 있을 뿐 공판조서의 내용에 대한 접근·수집·처리 등에 관한 규정이 아니어서, 정보에의 접근·수집·처리의 자유를 의미하는 알 권리에 어떠한 제한이 있다고 보기 어렵다. 22 경찰 2차 O | X

청구인 이○은 형사소송법 제56조가 알권리를 침해한다고 주장하나, 위 **법률조항은 공판조서의 증명력을 규정**하고 있을 뿐 공판조서의 내용에 대한 접근·수집·처리 등에 관한 규정이 아니어서, **정보에의 접근·수집·처리의 자유를 의미하는 알 권리**에 어떠한 **제한이 있다고 보기 어려우므로,** 이에 관하여는 더 나아가 살피지 아니한다(헌재 2013. 8. 29. 2011헌바253 등).

02 자유권적 성격

2488 구치소의 미결수용자가 일반적으로 접근 가능한 신문을 구독하는 것은 알 권리의 보호영역에 속하지 않는다. 11 법원 9 O | X

2488-1 교화상 또는 구금목적에 부적당한 기사, 조직범죄 등 수용자 관련 범죄기사에 대해 신문을 삭제한 후 수용자에게 구독케 한 행위는 알 권리의 과잉침해가 아니다. 18 입시 O | X

(1) 국민의 알 권리는 정보에의 접근·수집·처리의 자유를 뜻하며 그 자유권적 성질의 측면에서는 일반적으로 정보에 접근하고 수집·처리함에 있어서 국가권력의 방해를 받지 아니한다고 할 것이므로, 개인은 일반적으로 접근가능한 정보원, 특히 신문, 방송 등 매스미디어로부터 방해받음이 없이 알 권리를 보장받아야 할 것이다. 미결수용자에게 자비(自費)로 **신문을 구독할 수 있도록 한 것은** 일반적으로 접근할 수 있는 정보에 대한 능동적 접근에 관한 개인의 행동으로서 이는 **알 권리의 행사**이다(헌재 1998. 10. 29. 98헌마4).
(2) 교화상 또는 구금목적에 특히 **부적당하다고 인정되는 기사**, 조직범죄 등 **수용자 관련 범죄기사**에 대한 **신문기사 삭제행위**는 구치소내 질서유지와 보안을 위한 것으로, … 이로서 침해되는 청구인에 대한 수용질서와 관련되는 위 기사들에 대한 정보획득의 방해와 그러한 기사 삭제를 통해 얻을 수 있는 구치소의 질서유지 및 보안에 대한 공익을 비교할 때 **청구인의 알 권리를 과도하게 침해한 것은 아니다**(헌재 1998. 10. 29. 98헌마4).

● 정답 2486. O 2486-1. X [직접 보장 가능] 2487. O 2488. X [알 권리의 보호영역에 속함] 2488-1. O

03 청구권적 성격 : 정보공개청구권

2489 알 권리는 표현의 자유와 표리일체의 관계에 있고, 정보의 공개청구권은 알 권리의 당연한 내용이 되는 것이다. 23 5급 O | X

어떤 문제가 있을 때 그에 관련된 정보에 접근하지 못하면 문제의 내용을 제대로 알기 어렵고, 제대로 내용을 알지 못하면 자기의 의견을 제대로 표현하기 어렵기 때문에 알 권리는 **표현의 자유와 표리일체의 관계에 있고 정보의 공개청구권은 알 권리의 당연한 내용**이 되는 것이다. 그리하여 알 권리는 헌법 제21조에 의하여 직접 보장될 수 있다고 헌법재판소가 선언한 것이다(헌재 2003. 3. 27. 2000헌마474).

2490 국가 또는 지방자치단체의 기관이 보관하고 있는 문서 등에 관하여 이해관계 있는 국민이 공개를 요구함에도 정당한 이유 없이 이에 응하지 아니하거나 거부하는 것은 당해 국민의 알 권리를 침해하는 것이다. 22 경찰 2차 O | X

국가 또는 지방자치단체의 기관이 보관하고 있는 문서 등에 관하여 **이해관계 있는 국민이 공개를 요구함에도 정당한 이유 없이 이에 응하지 아니하거나 거부**하는 것은 **당해 국민의 알 권리를 침해**하는 것이라 함은 청구인의 주장과 같다(헌재 1994. 8. 31. 93헌마174).

2491 국민의 알 권리의 내용에는 자신의 권익보호와 직접 관련이 있는 정보의 공개를 청구할 수 있는 개별적 정보공개청구권만이 포함되고, 일반 국민 누구나 국가에 대하여 보유·관리하고 있는 정보의 공개를 청구할 수 있는 일반적 정보공개청구권은 포함되지 않는다. 16 경정, 14 법무사 O | X

국민의 알 권리, 특히 국가정보에의 접근의 권리는 우리 헌법상 기본적으로 표현의 자유와 관련하여 인정되는 것으로 그 권리의 내용에는 자신의 권익보호와 직접 관련이 있는 정보의 공개를 청구할 수 있는 이른바 **개별적 정보공개청구권**뿐 아니라 일반 국민 누구나 국가에 대하여 보유·관리하고 있는 정보의 공개를 청구할 수 있는 이른바 **일반적 정보공개청구권**이 포함되고, 일반적 정보공개청구권은 바로 공공기관의정보공개에관한법률에 의하여 구체화되어 있다.

2492 국민은 헌법상 보장된 알 권리의 한 내용으로서 국회에 대하여 입법과정의 공개를 요구할 권리를 가지며, 국회의 의사에 대하여는 직접적인 이해관계 유무와 상관없이 일반적 정보공개청구권을 가진다고 할 수 있다. 22 지방 7, 22 국가 7 O | X

2492-1 국민은 헌법상 보장된 알권리의 한 내용으로서 국회에 대하여 입법과정의 공개를 요구할 권리를 갖지만 국회의 의사에 대하여는 직접적인 이해관계가 있는 경우에만 개별적 정보공개청구권을 가질 수 있다. 14 지방 7 O | X

우리 헌법은 제50조 제1항 본문에서 "국회의 회의는 공개한다"라고 하여 국회 의사공개의 원칙을 천명하고 있다. 이는 방청 및 보도의 자유와 회의록의 공개 등을 그 내용으로 한다. …… 이 같은 헌법규정의 취지를 고려하면, 국민은 헌법상 보장된 알권리의 한 내용으로서 **국회에 대하여 입법과정의 공개를 요구할 권리**를 가지며, 국회의 의사에 대하여는 **직접적인 이해관계 유무와 상관없이 일반적 정보공개청구권**을 가진다고 할 수 있다(헌재 2009. 9. 24. 2007헌바17).

● 정답 2489. O   2490. O   2491. ×[일반적 정보공개청구권 포함]   2492. O   2492-1. ×[직접적 이해관계 유무와 상관없이 행사 可]

2493 알 권리에서 파생되는 정부의 공개의무는 특별한 사정이 없는 한 국민의 적극적인 정보수집행위, 특히 특정의 정보에 대한 공개청구가 있는 경우에야 비로소 존재하므로 정보공개청구가 없었던 경우 정보를 사전에 공개할 정부의 의무는 인정되지 않는다. 15 경정   O | X

알 권리에서 파생되는 **정부의 공개의무**는 특별한 사정이 없는 한 국민의 적극적인 정보수집행위, 특히 **특정의 정보에 대한 공개청구가 있는 경우**에야 비로소 존재하므로, 청구인들의 정보공개청구가 없었던 이 사건의 경우 이 사건 조항을 사전에 마늘재배농가들에게 공개할 **정부의 의무는 인정되지 아니한다**(헌재 2004. 12. 16. 2002헌마579).

04 법익 충돌

2494 교원의 교원단체 및 노동조합 가입 정보는 사생활의 비밀과 자유 및 이를 구체화한 개인정보자기결정권에 의하여 보장된다. 23 경채   O | X

2494-1 개별 교원의 교원단체 및 노동조합 가입 정보는 「개인정보 보호법」 제23조의 노동조합의 가입·탈퇴에 관한 정보로서 민감정보에 해당한다. 18 지방 7   O | X

(1) 정보의 주체는 자신에 관한 정보가 언제 누구에게 어느 범위까지 알려지고 또 이용되도록 할 것인지를 그 정보주체가 스스로 결정할 수 있는 권리, 즉 개인정보 자기결정권을 가지는바, **교원의 교원단체 및 노동조합 가입 정보**에 대한 공개는 당해 교원의 **개인정보 자기결정권**에 대해서도 제한을 가하는 것이라 할 수 있다. 결국, 이 사건은 교원의 교원단체 및 노동조합 가입에 관한 정보의 공개를 요구하는 청구인들의 **알 권리** 및 그것을 통한 **교육권**과 그 **정보의 비공개를 요청하는 정보주체인** 교원의 **사생활의 비밀과 자유** 및 이를 구체화한 **개인정보 자기결정권**이 충돌하는 문제상황이다(헌재 2011. 12. 29. 2010헌마293).
(2) **개별 교원의 교원단체 및 노동조합 가입 정보**는 위 '개인정보 보호법' 제23조상의 **노동조합의 가입·탈퇴에 관한 정보로서 '민감정보'에 해당**하므로, 그 공개에는 최대한의 신중과 자제가 요청된다(헌재 2011. 12. 29. 2010헌마293).

2495 개별 교원이 어떤 교원단체나 노동조합에 가입해 있는지에 대한 정보 공개를 제한하는 것은 학부모인 청구인들의 알 권리를 제한하는 것은 아니다. 22 경찰 2차   O | X

2495-1 교원의 개인정보 공개를 금지하고 있는 「교육관련기관의 정보공개에 관한 특례법」의 조항은 학부모들의 알 권리를 침해하지 않는다. 23 5급   O | X

2495-2 공시대상정보로서 교원의 교원단체 및 노동조합 가입현황(인원 수)만을 규정할 뿐 개별 교원의 명단은 규정하고 있지 아니한 구 「교육관련기관의 정보공개에 관한 특례법 시행령」 제3조제1항 별표1제15호 아목 중 "교원" 부분은 과잉금지원칙에 반하여 학부모들의 알 권리를 침해한다. 23 지방 7   O | X

개별 교원이 어떤 교원단체나 노동조합에 가입해 있는지에 대한 **정보 공개를 제한**하고 있는 이 사건 법률조항 및 이 사건 시행령조항은 **학부모인 청구인들의 알 권리를 제한**하는 것이며, 학부모는 그런 알 권리를 통해 자녀교육을 행하게 되므로 위 조항들은 동시에 교육권에 대한 제약도 발생시킨다고 할 수 있다. … 이 사건 시행령조항은 공시대상정보로서 교원의 교원단체 및 노동조합 "**가입현황(인원 수)**"만을 규정할 뿐 **개별 교원의 명단은 규정하고 있지 아니한바**, 교원의 교원단체 및 노동조합 가입에 관한 정보는 '개인정보 보호법'상의 민감정보로서 특별히 보호되어야 할 성질의 것이고, 인터넷 게시판에 공개되는 '공시'로 말미암아 발생할 교원의 개인정보 자기결정권에 대한 중대한 침해의 가능성을 고려할 때, 이 사건 시행령조항은 학부모 등 국민의 알 권리와 교원의 개인정보 자기결정권이라는 두 기본권을 합리적으로 조화시킨 것이라 할 수 있으므로, **학부모들의 알 권리를 침해하지 않는다**(헌재 2011. 12. 29. 2010헌마293).

정답 2493. O   2494. O   2494-1. O   2495. X [학부모의 알 권리 제한]   2495-1. O   2495-2. X [학부모의 알 권리 침해 X]

2496 군사기밀의 범위는 국민의 표현의 자유 내지 알권리의 대상영역을 최대한 넓혀줄 수 있도록 필요한 최소한도에 한정되어야 할 것인바, 구「군사기밀보호법」제6조 등은 '군사상의 기밀'이 비공지의 사실로서 적법절차에 따라 군사기밀로서의 표지를 갖추고 그 누설이 국가의 안전보장에 명백한 위험을 초래한다고 볼만큼의 실질가치를 지닌 것으로 인정되는 경우에 한하여 적용된다 할 것이므로 이러한 해석하에 헌법에 위반되지 아니한다. 22 경찰 2차   O│X

군사기밀의 범위는 국민의 표현의 자유 내지 알 권리의 대상영역을 최대한 넓혀줄 수 있도록 **필요한 최소한도에 한정**되어야 할 것이며, 따라서 구 군사기밀보호법 제6조, 제7조, 제10조는 동법 제2조 제1항의 **'군사상의 기밀'**이 비공지의 사실로서 적법절차에 따라 군사기밀로서의 표지를 갖추고, 그 누설이 국가의 안전보장에 명백한 위험을 초래한다고 볼 만큼의 **실질 가치를 가진 것으로 인정되는 경우에 한하여 적용**된다 할 것이므로 그러한 해석하에 **헌법에 위반되지 아니한다**(헌재 2014. 9. 25. 2011헌바358).

05 관련판례

2497 일정한 표현물에 대한 일반 국민의 접근을 차단하거나 일정한 내용의 표현물의 제작에 대해서 규제를 하는 경우에는 의사표현의 자유의 제한문제뿐만 아니라 알 권리의 제한문제도 발생할 수 있다. 16 국회 8   O│X

일정한 표현물에 대한 일반 국민의 접근을 차단하거나 일정한 내용의 표현물의 제작에 대해서 규제를 하는 경우에는 의사표현의 자유의 제한문제뿐만 아니라 알 권리의 제한문제도 발생할 수 있다.

> **관련판례** 저속한 간행물의 출판을 전면적으로 금지시키고 나아가 출판사의 등록을 취소할 수 있도록 규정하고 있는 이 사건 법률조항은 언론·출판의 자유를 과도하게 제한하는 위헌적인 입법이라는 비난을 면할 수 없다. … 더 나아가 청소년보호라는 명목으로 성인이 볼 수 있는 것까지 전면 금지시킨다면 이는 성인의 알권리의 수준을 청소년의 수준으로 맞출 것을 국가가 강요하는 것이어서 성인의 알 권리를 명백히 침해한다고 하지 않을 수 없다(헌재 1998. 4. 30. 95헌가16).

2498 「출판사 및 인쇄소의 등록에 관한 법률」규정 중 '음란한 간행물' 부분은 헌법에 위반되지 아니하고, '저속한 간행물' 부분은 명확성의 원칙에 반할 뿐만 아니라 출판의 자유와 성인의 알 권리를 침해하는 것으로 헌법에 위반된다. 20 지방 7   O│X

2498-1 출판사 등록취소 사유로서 "저속"의 개념은 그 적용범위가 매우 광범위할 뿐만 아니라 법관의 보충적인 해석에 의한다 하더라도 그 의미내용을 확정하기 어려울 정도로 매우 추상적이어서 명확성 원칙에 위배된다. 18 5급   O│X

2498-2 저속한 간행물의 출판을 전면 금지시키고 출판사의 등록을 취소시킬 수 있도록 하는 규정은, 청소년보호를 위해 지나치게 과도한 수단을 선택한 것이고 성인의 알 권리까지 침해한 것이다. 18 서울 7, 18 국회 9   O│X

2498-3 저속한 간행물의 출판을 전면 금지시키고 이를 위반하면 출판사의 등록을 취소시킬 수 있도록 한다고 해서 청소년보호를 위해 지나치게 과도한 수단을 선택했다거나 성인의 알 권리를 침해하는 것은 아니다. 24 경정   O│X

정답 2496. O   2497. O   2498. O   2498-1. O   2498-2. O   2498-3. X [지나치게 과도한 수단 선택 O → 알 권리 침해]

(1) "음란"의 개념과는 달리 **"저속"의 개념**은 그 적용범위가 매우 광범위할 뿐만 아니라 법관의 보충적인 해석에 의한다 하더라도 그 의미내용을 확정하기 어려울 정도로 **매우 추상적이다.** 이 "저속"의 개념에는 출판사등록이 취소되는 성적 표현의 하한이 열려 있을 뿐만 아니라 폭력성이나 잔인성 및 천한 정도도 그 하한이 모두 열려 있기 때문에 출판을 하고자 하는 자는 어느 정도로 자신의 표현내용을 조절해야 되는지를 도저히 알 수 없도록 되어 있어 **명확성의 원칙 및 과도한 광범성의 원칙에 반한다.** … 저속한 간행물의 출판을 전면 금지시키고 출판사의 등록을 취소시킬 수 있도록 하는 것은 청소년보호를 위해 지나치게 과도한 수단을 선택한 것이고, 또 청소년보호라는 명목으로 성인이 볼 수 있는 것까지 전면 금지시킨다면 이는 성인의 알 권리의 수준을 청소년의 수준으로 맞출 것을 국가가 강요하는 것이어서 **성인의 알 권리까지 침해하게 된다**(헌재 1998. 4. 30. 95헌가16).

(2) 이 사건 법률조항의 **"음란"** 개념은 그것이 애매모호하여 **명확성의 원칙에 반한다고 할 수 없다.** 등록취소로 인한 기본권적 이익의 실질적 침해는 그다지 크지 않은 반면, **음란출판의 금지 및 유통억제의 필요성과 공익은 현저히 크다고 볼 수밖에 없어 과잉금지의 원칙에 위반되지 아니한다**(헌재 1998. 4. 30. 95헌가16).

2499 변호사시험 성적을 합격자에게 공개하지 않도록 규정한 구 「변호사시험법」 조항은 과잉금지원칙에 위배하여 변호사시험 합격자의 알 권리를 침해한다. 23 경찰 1차 O | X

2499-1 변호사시험 성적을 합격자에게 공개하지 않도록 규정한 「변호사시험법」 조항은 법학전문대학원 간의 과다경쟁 및 서열화를 방지하고, 교육과정이 충실하게 이행될 수 있도록 하여 다양한 분야의 전문성을 갖춘 양질의 변호사를 양성하기 위한 것으로 그 입법목적은 정당하나 입법목적을 달성하는 적절한 수단이라고 볼 수는 없다. 24 경찰 1차 O | X

2499-2 변호사시험 성적을 합격자에게 공개하지 않도록 규정한 변호사시험법의 규정은 법학전문대학원 간의 과다경쟁 등을 방지하기 위한 것으로 그 수단의 적절성이 인정되어 과잉금지원칙에 반하지 않는다. 16 법원 9 O | X

변호사시험 성적 비공개를 통하여 법학전문대학원 간의 과다경쟁 및 서열화를 방지하고, 교육과정이 충실하게 이행될 수 있도록 하여 다양한 분야의 전문성을 갖춘 양질의 변호사를 양성하기 위한 심판대상조항의 **입법목적은 정당**하다. … 오히려 시험성적을 공개하는 경우 경쟁력 있는 법률가를 양성할 수 있고, 각종 법조직역에 채용과 선발의 객관적 기준을 제공할 수 있다. 따라서 변호사시험 성적의 비공개는 기존 대학의 서열화를 고착시키는 등의 부작용을 낳고 있으므로 **수단의 적절성이 인정되지 않는다.** … 따라서 심판대상조항은 과잉금지원칙에 위배하여 청구인들의 **알 권리를 침해한다**(헌재 2015. 6. 25. 2011헌마769 등).

2500 변호사시험 성적 공개청구기간을 「변호사시험법」 시행일부터 6개월 내로 제한하는 동법 부칙조항은 청구인의 정보공개청구권을 침해한다. 24 경간 O | X

변호사의 취업난이 가중되고 있다는 점, 이직을 위해서도 변호사시험 성적이 필요할 수 있다는 점 등을 고려하면, 변호사시험 합격자에게 취업 및 이직에 필요한 상당한 기간 동안 자신의 성적을 활용할 기회를 부여할 필요가 있다. 특례조항에서 정하고 있는 '이 법 시행일부터 6개월 내'라는 기간은 변호사시험 합격자가 취업시장에서 성적 정보에 접근하고 이를 활용하기에 지나치게 짧다. … 특례조항은 **과잉금지원칙에 위배되어** 청구인의 **정보공개청구권을 침해한다**(헌재 2019. 7. 25. 2017헌마1329).

2501 「정치자금법」에 따라 회계보고된 자료의 열람기간을 3월간으로 제한한 동법 상 열람기간제한 조항은 청구인의 알 권리를 침해한다. 24 경간 O | X

2501-1 정치자금의 수입과 지출명세서 등에 대한 사본교부 신청이 허용된다고 하더라도, 검증자료에 해당하는 영수증, 예금통장을 직접 열람함으로써 정치자금 수입·지출의 문제점을 발견할 수 있다는 점에서 이에 대한 접근이 보장되어야 한다. 23 지방 7 O | X

●정답 2499. O   2499-1. O   2499-2. X [수단의 적절성 부정, 과잉금지원칙 위반]   2500. O   2501. O   2501-1. O

정치자금의 수입과 지출명세서 등에 대한 **사본교부 신청**이 허용된다고 하더라도, **검증자료**에 해당하는 영수증, 예금통장을 **직접 열람**함으로써 정치자금 수입·지출의 문제점을 발견할 수 있다는 점에서 **이에 대한 접근이 보장되어야 한다**. 영수증, 예금통장은 현행법령 하에서 사본교부가 되지 않아 열람을 통해 확인할 수밖에 없음에도 열람 중 필사가 허용되지 않고 열람기간마저 3월간으로 짧아 그 내용을 파악하고 분석하기 쉽지 않다. 또한 열람기간이 공직선거법상의 단기 공소시효조차 완성되지 아니한, 공고일부터 3개월 후에 만료된다는 점에서도 지나치게 짧게 설정되어 있다. … 그렇다면 이 사건 열람기간제한 조항은 과잉금지원칙에 위배되어 청구인 신○○의 **알 권리를 침해한다**(헌재 2021. 5. 27. 2018헌마1168).

2502 신문의 편집인 등으로 하여금 아동보호사건에 관련된 아동학대행위자를 특정하여 파악할 수 있는 인적 사항 등을 신문 등 출판물에 싣거나 방송매체를 통하여 방송할 수 없도록 하는 「아동학대범죄의 처벌 등에 관한 특례법」 제35조제2항 중 '아동학대행위자'에 관한 부분은 언론·출판의 자유와 국민의 알 권리를 침해하지 않는다. 23 지방 7   O | X

아동학대행위자 대부분은 피해아동과 평소 밀접한 관계에 있으므로, 행위자를 특정하여 파악할 수 있는 식별정보를 신문, 방송 등 매체를 통해 보도하는 것은 피해아동의 사생활 노출 등 2차 피해로 이어질 가능성이 매우 높다. 식별정보 보도 후에는 2차 피해를 차단하기 어려울 수 있고, 식별정보 보도를 허용할 경우 대중에 알려질 가능성을 두려워하는 피해아동이 신고를 자발적으로 포기하게 만들 우려도 있다. 따라서 아동학대행위자에 대한 식별정보의 보도를 금지하는 것이 과도하다고 보기 어렵다. … 따라서 **보도금지조항은 언론·출판의 자유와 국민의 알 권리를 침해하지 않는다**(헌재 2022. 10. 27. 2021헌가4).

2503 공직선거 후보자 중 일부인 소위 주요 후보만을 초청하여 3회에 걸쳐 방송토론회를 개최하겠다고 결정·공표한 것은 국민의 알 권리와 후보자 선택의 자유를 침해하는 것이다. 13 법무사   O | X

방송토론회에 참석할 후보자를 당선가능성이 있는 적당한 범위 내의 후보자로 제한하여 토론의 기능을 활성화 시키는 것이 모든 후보자들을 참석케하는 것보다 오히려 유권자들로 하여금 유력한 후보자들을 적절히 비교하여 선택하게 할 수 있는 실질적이면서도 유용한 정보를 제공하는 길이 되므로 국민의 **알 권리와 후보자 선택의 자유를 침해**하였다는 청구인들의 주장 역시 **이유없다** 할 것이다(헌재 1998. 8. 27. 97헌마372 등).

2504 한의사 국가시험의 문제와 정답을 공개하지 아니할 수 있도록 한 것은 과잉금지원칙에 위반하여 알권리를 침해한다고 볼 수 없다. 16 경정, 13 법무사   O | X

시험의 관리에 있어서 가장 중요한 것은 정확성과 공정성이므로, 이를 위하여 시험문제와 정답, 채점기준 등 시험의 정확성과 공정성에 영향을 줄 수 있는 모든 정보는 사전에 엄격하게 비밀로 유지되어야 할 뿐만 아니라, … 이 사건 법률조항이 시험문제와 정답을 공개하지 아니할 수 있도록 한 것이 과잉금지원칙에 위반하여 **알권리를 침해한다고 볼 수 없다**(헌재 2011. 3. 31. 2010헌바291).

2505 미결수용자의 규율위반행위 등에 대한 제재로서 금치처분과 함께 금치기간 중 신문과 자비구매도서의 열람을 제한하고 있는 형의 집행 및 수용자의 처우에 관한 법률 조항은 최장 30일의 기간 내에서만 신문이나 도서의 열람을 금지하고 열람을 금지하는 대상에 수용시설 내 비치된 도서는 포함시키지 않고 있으므로 미결수용자의 알 권리를 과도하게 제한한다고 보기 어렵다. 22 국가 7   O | X

미결수용자의 규율위반행위 등에 대한 제재로서 금치처분과 함께 금치기간 중 신문과 자비구매도서의 열람을 제한하는 것은, 규율위반자에 대해서는 반성을 촉구하고 일반 수용자에 대해서는 규율 위반에 대한 불이익을 경고하여 수용자들의 규율 준수를 유도하며 궁극적으로 수용질서를 확립하기 위한 것이다. 이 사건 신문 및 도서열람제한 조항은 최장 30일의 기간 내에서만 신문이나 도서의 열람을 금지하고 열람을 금지하는 대상에 수용시설 내 비치된 도서는 포함시키지 않고 있으므로 위 조항들이 청구인의 **알 권리를 과도하게 제한한다고 보기 어렵다**(헌재 2016. 4. 28. 2012헌마549 등).

● 정답   2502. O   2503. X [침해 X]   2504. O   2505. O

2506 금치처분은 금치처분을 받은 사람을 징벌거실 속에 구금하여 반성에 전념하게 하려는 목적을 가지고 있으므로, 금치기간 중 텔레비전 시청을 제한하는 것은 수용자의 알 권리를 침해하지 아니한다. 18 변호사   O | X

2506-1 금치처분을 받은 사람은 금치기간 동안 전화통화, 서신수수, 접견, 라디오 방송 청취, 신문열람 등을 제한받는데, 여기에 더하여 텔레비전 시청까지 제한되면 정보를 취득할 수 없게 되므로 알 권리를 침해한다. 18 입시   O | X

형집행법 제112조 제3항 본문 중 제108조 제6호에 관한 부분은 금치의 징벌을 받은 사람에 대해 금치기간 동안 텔레비전 시청 제한이라는 불이익을 가함으로써, 규율의 준수를 강제하여 수용시설 내의 안전과 질서를 유지하기 위한 것으로서 목적의 정당성 및 수단의 적합성이 인정된다. … 따라서 위 조항은 청구인의 알 권리를 침해하지 아니한다(헌재 2016. 5. 26. 2014헌마45).

2507 국군의 이념 및 사명을 해할 우려가 있는 도서로 인하여 군인들의 정신전력이 저해되는 것을 방지하기 위하여 불온도서의 소지·전파 등을 금지하는 「군인복무규율」조항은 군인의 알 권리를 침해한다. 24 경정   O | X

군의 정신전력이 국가안전보장을 확보하는 군사력의 중요한 일부분이라는 점이 분명한 이상, 정신전력을 보전하기 위하여 불온도서의 소지·전파 등을 금지하는 규율조항은 목적의 정당성이 인정된다. 또한 군의 정신전력에 심각한 저해를 초래할 수 있는 범위의 도서로 한정함으로써 침해의 최소성 요건을 지키고 있고, 이 사건 복무규율조항으로 달성되는 군의 정신전력 보존 및 이를 통한 군의 국가안전보장 및 국토방위의무의 효과적인 수행이라는 공익은 이 사건 복무규율조항으로 인하여 제한되는 군인의 알 권리라는 사익보다 결코 작다 할 수 없다. 이 사건 복무규율조항은 법익균형성 원칙에도 위배되지 아니한다(헌재 2010. 10. 28. 2008헌마638).

2508 국회예산결산특별위원회 계수조정소위원회의 성격, 국회관행 등을 이유로 동 위원회 회의에 대한 시민단체의 방청을 불허한 것은 알 권리를 침해한 것이 아니다. 13 법무사   O | X

2508-1 국회예산결산특별위원회 계수조정소위원회를 비공개로 하는 것은 국회의 확립된 관행이라고 하더라도 국민의 헌법상 보장된 알 권리인 국회방청권을 침해한다. 10 국회 8   O | X

예산결산특별위원회의 계수조정소위원회는 예산의 각 장·관·항의 조정과 예산액 등의 수치를 종합적으로 조정·정리하는 소위원회로서, 예산심의에 관하여 이해관계를 가질 수 밖에 없는 많은 국가기관과 당사자들에게 계수조정 과정을 공개하기는 곤란하다는 점과, 계수조정소위원회를 비공개로 진행하는 것이 국회의 확립된 관행이라는 점을 들어 방청을 불허한 것이고, 한편 절차적으로도 계수조정소위원회를 비공개로 함에 관하여는 예산결산특별위원회 위원들의 실질적인 합의 내지 찬성이 있었다고 볼 수 있으므로, 이 사건 소위원회 방청불허행위를 헌법이 설정한 국회 의사자율권의 범위를 벗어난 위헌적인 공권력의 행사라고 할 수 없다(헌재 2000. 6. 29. 98헌마443 등).

2509 국회의원들의 국정감사활동에 대한 평가 및 그 결과공표의 부적절함을 이유로 국정감사에 대한 시민단체의 방청을 불허한 것은 방청허가권의 재량범위를 일탈하여 방청의 자유 내지 국민의 알 권리를 침해한 것이다. 17 입시, 09 국가 7   O | X

2509-1 의원들의 국정감사활동에 대하여 시민연대가 평가하여 그 결과를 언론에 발표하게 되면 의원들의 명예를 훼손할 우려가 있다거나, 국정감사활동에 지장을 초래한다는 등의 사유는 방청을 불허할 수 있는 정당한 사유가 되지 못하므로 국정감사 방청불허행위는 국회방청권을 침해한다. 20 입시   O | X

● 정답   2506. O   2506-1. X [알권리 침해 X]   2507. X [알 권리 침해 X]   2508. O   2508-1. X [국회방청권 침해 X]   2509. X [방청의 자유, 알 권리 침해 X]   2509-1. X [국회방청권 침해 X]

피청구인들은 의원들의 국정감사활동에 대한 **시민연대의 평가기준의 공정성**에 대한 검증절차가 없었고, **모니터 요원들의 전문성**이 부족하며, **평가의 언론공표**로 의원들의 정치적 평판 내지 명예에 대한 심각한 훼손의 우려가 있어 청구인들의 방청을 허용할 경우 **원활한 국정감사의 실현이 불가능**하다고 보아 전면적으로 또는 조건부로 방청을 불허하였는바, 원만한 회의진행 등 회의의 질서유지를 위하여 방청을 금지할 필요성이 있었는지에 관하여는 국회의 자율적 판단을 존중하여야 하는 것인즉, 피청구인들이 위와 같은 사유를 들어 **방청을 불허**한 것이 헌법재판소가 관여하여야 할 정도로 **명백히 이유없는 자의적인 것이라 보기 어렵다.** … 그렇다면 피청구인들의 이 사건 **국감방청불허행위**는 국감법 제12조 또는 국회법 제55조 제1항에 근거한 것으로서, 이를 가리켜 **위헌적인 공권력의 행사라고 할 수는 없다**(헌재 2000. 6. 29. 98헌마443 등).

2510 인터넷 등 전자적 방법에 의한 판결서 열람·복사의 범위를 개정법 시행 이후 확정된 사건의 판결서로 한정하고 있는 「군사법원법」 부칙조항은 정보공개청구권을 침해한다. 24 경간, 23 경간 O|X

입법자는 현실적인 조건들을 감안해서 위 부칙조항과 같이 판결서 열람·복사에 관한 개정법의 적용 범위를 일정 부분 제한할 수 있으며, 청구인은 비록 전자적 방법은 아니라 해도 군사법원법 제93조의2에 따라 개정법 시행 이전에 확정된 판결서를 열람·복사할 수 있다. 이 사건 부칙조항으로 인해 청구인이 전자적 방법을 통해 **열람·복사할 수 있는 판결서의 범위가 제한된다** 하더라도 이는 **입법재량의 한계 내에 있으므로, 위 부칙조항이 청구인의 정보공개청구권을 침해한다고 할 수 없다**(헌재 2015. 12. 23. 2014헌마185).

2511 형사재판이 확정되면 속기록, 녹음물 또는 영상녹화물을 폐기하도록 규정한 「형사소송규칙」의 조항은 피고인이었던 청구인의 알 권리를 침해하지 않는다. 23 5급 O|X

형사소송법은 공판조서 기재의 정확성을 담보하기 위해 작성주체, 방식, 기재요건 등에 관하여 엄격히 규정하고, 피고인 등으로 하여금 재판이 확정되기 전에는 속기록 등의 사본 청구나 공판조서의 열람 또는 등사를 통하여 공판조서의 기재 내용에 대한 이의를 진술할 수 있도록 함으로써 기본권 제한을 최소화하고 있고, 이 사건 규칙조항으로 인한 기본권 제한이 속기록 등의 무용한 보관으로 인한 자원낭비 방지라는 공익보다 결코 크다고 볼 수 없으므로, 피해의 최소성과 함께 법익균형성의 요건도 갖추었다 할 것이어서, **이 사건 규칙조항이 청구인의 알 권리를 침해하였다고 볼 수 없다**(헌재 2012. 3. 29. 2010헌마599).

POINT 144 집회의 자유

01 집회의 개념

2512 「집회 및 시위에 관한 법률」에서 옥외집회란 천장이 없거나 사방이 폐쇄되지 아니한 장소에서 여는 집회를 말한다. 20 5급, 14 국회 8 O|X

> **집회 및 시위에 관한 법률 제2조(정의)** 이 법에서 사용하는 용어의 뜻은 다음과 같다.
> 1. "**옥외집회**"란 **천장이 없거나 사방이 폐쇄되지 아니한 장소**에서 여는 집회를 말한다.

2513 「집회 및 시위에 관한 법률」상의 '시위'는 반드시 '일반인이 자유로이 통행할 수 있는 장소'에서 이루어져야 한다거나 '행진' 등 장소 이동을 동반해야만 성립하는 것은 아니다. 24 경정, 22 5급 O|X

2513-1 「집회 및 시위에 관한 법률」상의 시위는 반드시 '일반인이 자유로이 통행할 수 있는 장소'에서 이루어져야 하며 '행진' 등 장소 이동을 동반해야만 성립한다. 24 경찰 1차 O|X

● 정답 2510. X [정보공개청구권 침해 X]   2511. O   2512. O   2513. O   2513-1. X [장소 이동이 동반해야 성립하는 것 아님]

집시법상의 시위는, 다수인이 공동목적을 가지고 ① 도로·광장·공원 등 공중이 자유로이 **통행할 수 있는 장소를 행진**함으로써 불특정 여러 사람의 의견에 영향을 주거나 제압을 가하는 행위와 ② **위력 또는 기세**를 보여 **불특정 여러 사람의 의견에 영향을 주거나 제압을 가하는** 행위를 말한다고 풀이해야 할 것이다. 따라서 집시법상의 시위는 반드시 '**일반인이 자유로이 통행할 수 있는 장소**'에서 이루어져야 한다거나 '**행진**' 등 장소 이동을 동반해야만 **성립하는 것은 아니다**(헌재 2014. 3. 27. 2010헌가2 등).

2514 이른바 '1인 시위'는 「집회 및 시위에 관한 법률」의 적용요건인 '여러 사람'에 해당하지 않으므로, 업무방해죄를 구성함은 별론으로 하고 「집회 및 시위에 관한 법률」에 의한 규제를 받지 않는다.
10 법원 9   O | X

집회 및 시위에 관한 법률 제2조(정의) 이 법에서 사용하는 용어의 뜻은 다음과 같다.
2. "시위"란 여러 사람이 공동의 목적을 가지고 도로, 광장, 공원 등 일반인이 자유로이 통행할 수 있는 장소를 행진하거나 위력(威力) 또는 기세(氣勢)를 보여, 불특정한 여러 사람의 의견에 영향을 주거나 제압(制壓)을 가하는 행위를 말한다.

2515 「집회 및 시위에 관한 법률」상 반드시 다수인이 아니더라도 2인이 모인 집회도 위 법률의 규제대상이 될 수 있다. 15 법원 9   O | X

2515-1 집회란 다수인이 일정한 장소에서 공동목적을 가지고 회합하는 일시적인 결합체를 의미하기 때문에 2인이 모인 집회는 「집회 및 시위에 관한 법률」의 규제대상이 되지 않는다. 16 국가 7   O | X

구 집회 및 시위에 관한 법률에 의하여 보장 및 규제의 대상이 되는 집회란 '특정 또는 불특정 다수인이 공동의 의견을 형성하여 이를 대외적으로 표명할 목적 아래 일시적으로 일정한 장소에 모이는 것'을 말하고, 모이는 장소나 사람의 다과에 제한이 있을 수 없으므로, <u>2인이 모인 집회도 위 법의 규제 대상이 된다고 보아야 한다</u>(대판 2012. 5. 24. 2010도11381).

2516 일반적으로 집회는 일정한 장소를 전제로 하여 특정 목적을 가진 다수인이 일시적으로 회합하는 것을 말하는 것으로 일컬어지고 있고, 그 공동의 목적은 내적인 유대 관계로 족하다. 23 경찰 1차, 19 법무사
                                                                                                         O | X

2516-1 집회는 일정한 장소를 전제로 하여 특정 목적을 가진 다수인이 일시적으로 회합하는 것을 말하는 것으로, 여기서의 다수인이 가지는 공동의 목적은 '내적인 유대 관계'로 족하지 않고 공통의 의사형성과 의사표현이라는 공동의 목적이 포함되어야 한다. 23 법원 9, 16 변호사   O | X

2516-2 일반적으로 집회는 일정한 장소를 전제로 하여 특정 목적을 가진 다수인이 일시적으로 회합하는 것을 말하는 것으로 일컬어지고 있으나, 그 공동의 목적은 적어도 '내적인 유대 관계'를 넘어서 공공의 이익을 추구하는 것이어야 한다. 22 지방 7   O | X

일반적으로 집회는, **일정한 장소**를 전제로 하여 **특정 목적**을 가진 **다수인**이 **일시적으로 회합**하는 것을 말하는 것으로 일컬어지고 있고, 그 **공동의 목적은 '내적인 유대 관계**'로 족하다. 건전한 상식과 통상적인 법감정을 가진 사람이면 위와 같은 의미에서 구 집시법상 '집회'가 무엇을 의미하는지를 추론할 수 있다고 할 것이므로, 구 집시법상 '집회'의 개념이 불명확하다고 할 수 없다(헌재 2009. 5. 28. 2007헌바22).

● 정답   2514. O   2515. O   2515-1. X [2인 집회도 규제대상이 됨]   2516. O   2516-1. X [내적인 유대관계로 족함]   2516-2. X [내적인 유대관계로 족함]

2517 일반적으로 집회는 일정한 장소를 전제로 하여 특정 목적을 가진 다수인이 일시적으로 회합하는 것을 말하는 것으로 그 공동의 목적은 '내적인 유대관계'로 족하고, 건전한 상식과 통상적인 법 감정을 가진 사람이면 「집회 및 시위에 관한 법률」상 '집회'가 무엇을 의미하는지를 추론할 수 있으므로 '집회'의 개념이 불명확하다고 볼 수 없다. 23 소간   O│X

일반적으로 집회는, **일정한 장소**를 전제로 하여 **특정 목적**을 가진 **다수인**이 **일시적으로 회합**하는 것을 말하는 것으로 일컬어지고 있고, 그 **공동의 목적**은 '**내적인 유대 관계**'로 족하다. 건전한 상식과 통상적인 법감정을 가진 사람이면 위와 같은 의미에서 구 집시법상 '집회'가 무엇을 의미하는지를 추론할 수 있다고 할 것이므로, 구 집시법상 '집회'의 개념이 **불명확하다고 할 수 없다**(헌재 2009. 5. 28. 2007헌바22).

2518 헌법이 명시적으로 밝히고 있는 것은 아니지만, 집회의 자유의 보장 대상은 평화적, 비폭력적 집회에 한정된다. 19 경정, 18 지방 7   O│X

2518-1 집회의 자유는 정치·사회현상에 대한 불만과 비판을 공개적으로 표출케 함으로써 정치적 불만세력을 사회적으로 통합하여 정치적 안정에 기여하는 역할을 하므로, 단지 평화적 또는 비폭력적 집회만 집회의 자유에 의하여 보호된다고 할 수 없다. 19 법무사   O│X

2518-2 집회의 자유는 민주국가에서 사회·정치현상에 대한 불만과 비판을 공개적으로 표출케 함으로써 정치적 불만이 있는 자를 사회에 통합하고 정치적 안정에 기여하는 기능을 하는 중요한 수단이기 때문에, 평화적 수단을 이용한 의견의 표명뿐만 아니라 폭력을 사용한 의견의 강요 역시 헌법적으로 보호된다. 22 5급   O│X

집회의 자유는 사회·정치현상에 대한 **불만과 비판을 공개적으로 표출**케 함으로써 정치적 불만이 있는 자를 **사회에 통합**하고 **정치적 안정에 기여**하는 기능을 한다. … 비록 헌법이 명시적으로 밝히고 있지는 않으나, **집회의 자유에 의하여 보호되는 것은 단지 '평화적' 또는 '비폭력적' 집회**이다. 집회의 자유는 민주국가에서 정신적 대립과 논의의 수단으로서, **평화적 수단을 이용한 의견의 표명은 헌법적으로 보호**되지만, **폭력을 사용한 의견의 강요는 헌법적으로 보호되지 않는다**(헌재 2003. 10. 30. 2000헌바67 등).

2519 집회의 자유는 집회를 통하여 형성된 의사를 집단적으로 표현하고 이를 통하여 불특정 다수인의 의사에 영향을 줄 자유를 포함하지만, 집회의 자유의 보장 대상은 평화적, 비폭력적 집회에 한정된다. 24 소간   O│X

2519-1 집회의 자유에 의하여 보호되는 것은 오로지 평화적 또는 비폭력적 집회에 한정되므로 집회의 자유를 빙자한 폭력행위나 불법행위 등은 제재될 수 있다. 15 국회 8   O│X

2519-2 우리 헌법상 집회의 자유에 의하여 오로지 평화적 또는 비폭력적 집회만 보호되는 것은 아니며, 집회에서의 폭력행위나 불법행위도 용인될 수 있다. 14 서울 7   O│X

집회의 자유에는 **집회를 통하여 형성된 의사를 집단적으로 표현**하고 이를 통하여 **불특정 다수인의 의사에 영향**을 줄 자유를 포함한다. … 한편, 우리 헌법상 **집회의 자유에 의하여 보호되는 것은 오로지 '평화적' 또는 '비폭력적' 집회**에 한정되는 것이므로 집회의 자유를 빙자한 **폭력행위나 불법행위** 등은 헌법적 보호범위를 벗어난 것인 만큼, 형법, '폭력행위 등 처벌에 관한 법률', 도로교통법 등에 의하여 형사처벌되거나 민사상의 손해배상책임 등에 의하여 **제재될 수 있다**(헌재 2014. 3. 27. 2010헌가2 등).

정답 2517. O 2518. O 2518-1. X [평화적·비폭력적 집회만] 2518-2. X [폭력을 사용한 의견 강요는 보호 X] 2519. O 2519-1. O 2519-2. X [평화적·비폭력적 집회만 보호 / 폭력·불법 용인 X]

02 집회의 자유의 법적 성격

2520 집회의 자유는 국가에 대한 방어권으로서 집회의 주체, 주관, 진행, 참가 등에 관하여 국가권력의 간섭이나 방해를 배제할 수 있는 주관적 권리로서의 성격을 갖는다. 14 서울 7 O | X

2520-1 집회의 자유는 자유민주주의를 실현하려는 사회공동체에 있어서 불가결한 객관적 가치질서로서의 성격을 갖는다. 14 서울 7 O | X

우리 헌법상 집회의 자유는 우선, 국가에 대한 방어권으로서 집회의 주체, 주관, 진행, 참가 등에 관하여 국가권력의 간섭이나 방해를 배제할 수 있는 **주관적 권리**로서의 성격을 가지며, 아울러 **자유민주주의**를 실현하려는 사회공동체에 있어서는 불가결한 **객관적 가치질서**로서의 이중적 성격을 갖는다(헌재 2009. 9. 24. 2008헌가25).

2521 집회의 자유는 개인의 인격발현의 요소이자 민주주의를 구성하는 요소라는 이중적 헌법적 기능을 가지고 있으며, 개인의 자기결정과 인격발현에 기여하는 기본권이다. 22 소간 O | X

2521-1 집회의 자유는 개인의 인격발현의 요소이자 민주주의를 구성하는 요소라는 이중적 헌법적 기능을 가지고 있다. 뿐만 아니라, 집회를 통하여 국민들이 자신의 의견과 주장을 집단적으로 표명함으로써 여론의 형성에 영향을 미친다는 점에서, 집회의 자유는 표현의 자유와 더불어 민주적 공동체가 기능하기 위하여 불가결한 근본요소에 속한다. 23 법무사 O | X

집회의 자유는 **개인의 인격발현의 요소**이자 **민주주의를 구성하는 요소**라는 **이중적 헌법적 기능**을 가지고 있다. 인간의 존엄성과 자유로운 인격발현을 최고의 가치로 삼는 우리 헌법질서 내에서 집회의 자유도 다른 모든 기본권과 마찬가지로 **일차적으로는 개인의 자기결정과 인격발현에 기여하는 기본권**이다. 뿐만 아니라, 집회를 통하여 국민들이 자신의 의견과 주장을 **집단적으로 표명**함으로써 **여론의 형성에 영향**을 미친다는 점에서, 집회의 자유는 표현의 자유와 더불어 **민주적 공동체가 기능**하기 위하여 **불가결한 근본요소에 속한다**(헌재 2003. 10. 30. 2000헌바67 등).

2522 집회의 자유는 표현의 자유와 더불어 민주적 공동체가 기능하기 위하여 불가결한 근본요소에 속하며, 집단적 의견표명의 자유로서 민주국가에서 정치의사형성에 참여할 수 있는 기회를 제공한다. 22 소간 O | X

집회를 통하여 국민들이 자신의 의견과 주장을 집단적으로 표명함으로써 여론의 형성에 영향을 미친다는 점에서, **집회의 자유**는 표현의 자유와 더불어 **민주적 공동체가 기능**하기 위하여 **불가결한 근본요소에 속한다**. 집회의 자유는 **집단적 의견표명**의 자유로서 민주국가에서 **정치의사형성에 참여할 수 있는 기회를 제공한다**(헌재 2003. 10. 30. 2000헌바67 등).

2523 집회의 자유는 집권세력에 대한 정치적 반대의사를 공동으로 표명하는 효과적인 수단으로서 현대사회에서 언론매체에 접근할 수 없는 소수집단에게 그들의 권익과 주장을 옹호하기 위한 적절한 수단을 제공한다. 22 경찰 2차 O | X

2523-1 집회의 자유는 다수의 의견을 국정에 반영하는 창구로서 그 중요성을 더해 가고 있다는 점에서 다수의 보호를 위한 중요한 기본권이다. 22 소간 O | X

집회의 자유는 **집권세력에 대한 정치적 반대의사를 공동으로 표명**하는 효과적인 수단으로서 현대사회에서 언론매체에 접근할 수 없는 **소수집단**에게 그들의 권익과 주장을 옹호하기 위한 **적절한 수단을 제공**한다는 점에서, **소수의견을 국정에 반영**하는 창구로서 그 중요성을 더해 가고 있다. 이러한 의미에서 집회의 자유는 **소수의 보호를 위한 중요한 기본권**인 것이다(헌재 2003. 10. 30. 2000헌바67 등).

정답 2520. ○ 2520-1. ○ 2521. ○ 2521-1. ○ 2522. ○ 2523. ○ 2523-1. ✕ [다수의 보호 → 소수의 보호]

2524 헌법이 집회의 자유를 보장한 것은 관용과 다양한 견해가 공존하는 다원적인 '열린 사회'에 대한 헌법적 결단이라고 할 수 있다. 17 법원 9　　　　　　　　　　　　　　　　　　　　　　　　　　　　　　O | X

소수가 공동체의 정치적 의사형성과정에 영향을 미칠 수 있는 가능성이 보장될 때, 다수결에 의한 공동체의 의사결정은 보다 정당성을 가지며 다수에 의하여 압도당한 소수에 의하여 수용될 수 있는 것이다. 헌법이 집회의 자유를 보장한 것은 관용과 다양한 견해가 공존하는 다원적인 '열린 사회'에 대한 헌법적 결단인 것이다(헌재 2003. 10. 30. 2000헌바67 등).

2525 집회의 자유는 개성신장과 아울러 여론형성에 영향을 미칠 수 있게 하여 동화적 통합을 촉진하는 기능을 가지며, 나아가 정치·사회현상에 대한 불만과 비판을 공개적으로 표출케 함으로써 정치적 불만세력을 사회적으로 통합하여 정치적 안정에 기여하는 역할을 한다. 17 경정, 16 변호사　　O | X

인간으로서의 존엄과 가치를 보장하기 위하여 자유로운 인격발현을 최고 가치중의 하나로 삼는 우리 헌법질서내에서 집회의 자유는 국민들이 타인과 접촉하고 정보와 의견을 교환하며 공동의 목적을 위하여 집단적으로 의사표현을 할 수 있게 함으로써 개성신장과 아울러 여론형성에 영향을 미칠 수 있게 하여 동화적 통합을 촉진하는 기능을 가지며, 나아가 정치·사회현상에 대한 불만과 비판을 공개적으로 표출케 함으로써 정치적 불만세력을 사회적으로 통합하여 정치적 안정에 기여하는 역할을 한다(헌재 2009. 9. 24. 2008헌가25).

03 보호영역

2526 집회의 자유에는 집회를 통하여 형성된 의사를 집단적으로 표현하고 이를 통하여 불특정 다수인의 의사에 영향을 줄 자유를 포함한다. 22 경채, 21 법원 9, 14 법원 9　　　　　　O | X

2526-1 집회의 자유에는 집회를 통하여 형성된 의사를 집단적으로 표현하는 데 그치고, 이를 통하여 불특정 다수인의 의사에 영향을 줄 자유까지를 포함하지는 않는다. 18 지방 7　　O | X

헌법 제21조 제1항은 "모든 국민은 언론·출판의 자유와 집회·결사의 자유를 가진다."고 규정하여 집회의 자유를 표현의 자유로서 언론·출판의 자유와 함께 국민의 기본권으로 보장하고 있다. 집회의 자유에는 집회를 통하여 형성된 의사를 집단적으로 표현하고 이를 통하여 불특정 다수인의 의사에 영향을 줄 자유를 포함한다(헌재 2016. 9. 29. 2014헌바492).

2527 집회의 자유는 집회를 통하여 형성된 의사를 집단으로 표현하고 이를 통하여 불특정 다수인의 의사에 영향을 줄 자유를 포함하므로 이를 내용으로 하는 시위의 자유 또한 집회의 자유를 규정한 헌법 제21조 제1항에 의하여 보호되는 기본권이다. 22 경정　　　　　　O | X

집회의 자유는 집회를 통하여 형성된 의사를 집단적으로 표현하고 이를 통하여 불특정 다수인의 의사에 영향을 줄 자유를 포함하므로 이를 내용으로 하는 시위의 자유 또한 집회의 자유를 규정한 헌법 제21조 제1항에 의하여 보호되는 기본권이다(헌재 2005. 11. 24. 2004헌가17).

2528 집회의 자유는 집회의 시간, 장소, 방법과 목적을 스스로 결정하는 것을 보장하는 것으로, 구체적으로 보호되는 주요 행위는 집회의 준비 및 조직, 지휘, 참가, 집회장소·시간의 선택이라고 할 수 있다. 20 지방 7　　　　　　　　　　　　　　　　　　　　　　　　　　　　　　O | X

집회의 자유는 집회의 시간, 장소, 방법과 목적을 스스로 결정하는 것을 보장하는 것으로, 구체적으로 보호되는 주요 행위는 집회의 준비 및 조직, 지휘, 참가, 집회장소·시간의 선택이다(헌재 2018. 6. 28. 2015헌가28 등).

● 정답　2524. O　2525. O　2526. O　2526-1. X [의사에 영향을 줄 자유 포함]　2527. O　2528. O

2529 집회의 자유는 집회의 시간, 장소, 방법과 목적을 스스로 결정할 권리, 즉 집회를 하루 중 언제 개최할지 등 시간 선택에 대한 자유와 어느 장소에서 개최할지 등 장소 선택에 대한 자유를 내포하고 있다. 17 법원 9 O | X

2529-1 집회의 자유는 집회의 시간, 장소, 방법과 목적을 스스로 결정할 권리를 포함하므로, 옥외집회를 야간에 주최하는 행위 역시 집회의 자유에 의해 보호되는 것이 원칙이다. 16 법원 9 O | X

2529-2 헌법은 야간집회를 원칙적으로 금지한다. 11 국회 9 O | X

집회의 자유는 **집회의 시간, 장소, 방법과 목적을 스스로 결정할 권리**, 즉 집회를 하루 중 언제 개최할지 등 **시간 선택에 대한 자유**와 어느 장소에서 개최할지 등 **장소 선택에 대한 자유**를 내포하고 있다. 따라서 **옥외집회를 야간에 주최하는 것 역시 집회의 자유로 보호됨이 원칙**이고, 이를 사회의 안녕질서 또는 국민의 주거 및 사생활의 평온 등을 위하여 제한함에는 목적 달성에 필요한 최소한의 범위로 한정되어야 한다(헌재 2009. 9. 24. 2008헌가25).

2530 집회는 특별한 상징적 의미나 집회와 특별한 연관성을 갖는 장소에서 이루어져야 의견표명이 효과적으로 이루어질 수 있으므로 집회 장소를 선택할 자유는 집회의 자유의 실질적 부분을 형성한다. 22 5급 O | X

2530-1 집회 장소의 선택은 집회의 성과를 결정하는 주요 요인이 되므로, 집회 장소를 선택할 자유는 집회의 자유의 실질적 부분을 형성한다고 볼 수 있다. 22 경찰 2차 O | X

2530-2 집회의 자유는 표현의 자유의 일종인 바, 장소선택의 자유는 집회의 자유의 내용에 포함되지 않는다. 14 법원 9 O | X

집회 장소는 일반적으로 집회의 목적·내용과 밀접한 연관관계를 가진다. **집회는 특별한 상징적 의미 또는 집회와 특별한 연관성을 가지는 장소**, 예를 들면 집회를 통해 반대하고자 하는 대상물이 위치하거나 집회의 계기를 제공한 사건이 발생한 장소 등에서 이루어져야 **의견표명이 효과적**으로 이루어질 수 있다. 집회 장소의 선택은 **집회의 성과를 결정하는 주요 요인**이 된다. 따라서 **집회 장소를 선택할 자유**는 **집회의 자유의 실질적 부분을 형성**한다(헌재 2018. 7. 26. 2018헌바137).

2531 집회의 목적·내용과 집회의 장소는 일반적으로 밀접한 내적인 연관관계에 있기 때문에, 집회의 장소에 대한 선택이 집회의 성과를 결정짓는 경우가 적지 않다. 집회장소가 바로 집회의 목적과 효과에 대하여 중요한 의미를 가지기 때문에, 누구나 '어떤 장소에서' 자신이 계획한 집회를 할 것인가를 원칙적으로 자유롭게 결정할 수 있어야만 집회의 자유가 비로소 효과적으로 보장되는 것이다. 따라서 집회의 자유는 다른 법익의 보호를 위하여 정당화되지 않는 한 집회장소를 항의의 대상으로부터 분리시키는 것을 금지한다. 23 법무사 O | X

집회의 목적·내용과 집회의 장소는 일반적으로 밀접한 내적인 연관관계에 있기 때문에, 집회의 장소에 대한 선택이 집회의 성과를 결정짓는 경우가 적지 않다. 집회장소가 바로 집회의 목적과 효과에 대하여 중요한 의미를 가지기 때문에, 누구나 **'어떤 장소에서' 자신이 계획한 집회를 할 것인가를 원칙적으로 자유롭게 결정**할 수 있어야만 집회의 자유가 비로소 효과적으로 보장되는 것이다. 따라서 집회의 자유는 다른 법익의 보호를 위하여 정당화되지 않는 한, **집회장소를 항의의 대상으로부터 분리시키는 것을 금지**한다(헌재 2003. 10. 30. 2000헌바67 등).

● 정답 2529. O 2529-1. O 2529-2. X [보호되는 것이 원칙] 2530. O 2530-1. O 2530-2. X [장소선택의 자유 포함됨] 2531. O

2532 집회를 방해할 의도로 집회에 참가하는 것은 집회의 자유에 의해 보호되지 않는다. 14 법원 9 O│X

2532-1 집회의 자유에 의하여 구체적으로 보호되는 주요행위는 집회의 준비 및 조직, 지휘, 참가, 집회장소·시간의 선택이므로 집회를 방해할 의도로 집회에 참가하는 것도 보호된다. 23 경채 O│X

집회의 자유는 집회의 시간, 장소, 방법과 목적을 스스로 결정할 권리를 보장한다. 집회의 자유에 의하여 구체적으로 보호되는 주요 행위는 집회의 준비 및 조직, 지휘, 참가, 집회장소·시간의 선택이다. 그러나 집회를 방해할 의도로 집회에 참가하는 것은 보호되지 않는다. 주최자는 집회의 대상, 목적, 장소 및 시간에 관하여, 참가자는 참가의 형태와 정도, 복장을 자유로이 결정할 수 있다(헌재 2003. 10. 30. 2000헌바67 등).

POINT 145 집회허가금지와 집회의 제한

01 집회허가금지

2533 헌법이 금지하고 있는 집회에 대한 '허가'는 행정권이 주체가 되어 집회 이전에 예방적 조치로서 집회의 내용·시간·장소 등을 사전심사하여 일반적인 집회금지를 특정한 경우에 해제함으로써 집회를 할 수 있게 하는 제도를 의미한다. 14 국회 8 O│X

2533-1 헌법에서 금지하고 있는 집회에 대한 허가는 입법권이 주체가 되어 집회의 내용·시간·장소 등을 사전심사하여 일반적인 집회금지를 특정한 경우에 해제함으로써 집회를 할 수 있게 하는 제도를 의미한다. 21 경정 O│X

이 사건 헌법규정에서 금지하고 있는 '허가'는 행정권이 주체가 되어 집회 이전에 예방적 조치로서 집회의 내용·시간·장소 등을 사전심사하여 일반적인 집회금지를 특정한 경우에 해제함으로써 집회를 할 수 있게 하는 제도, 즉 허가를 받지 아니한 집회를 금지하는 제도를 의미한다(헌재 2009. 9. 24. 2008헌가25).

2534 헌법 제21조 제2항의 집회에 대한 허가금지조항은 처음으로 1960년 개정헌법에서 규정되었으며, 1972년 개정헌법에서 삭제되었다가 현행헌법에서 다시 규정된 것으로, 집회의 허용 여부를 행정권의 일방적·사전적 판단에 맡기는 집회에 대한 허가제를 절대적으로 금지하겠다는 헌법개정권력자인 국민들의 헌법가치적 합의이며 헌법적 결단이라고 보아야 할 것이다. 19 변호사 O│X

집회에 대한 허가 금지조항은 위 표(1)에서 보는 바와 같이 처음으로 1960. 6. 15. 개정헌법 제28조 제2항 단서에서 규정되었으며, 1962. 12. 26. 개정헌법 제18조 제2항 본문에서 그대로 유지되었으나 1972. 12. 27. 개정헌법에서 삭제되었다가 1987. 10. 29. 개정된 현행 헌법에서 다시 규정된 것이다. … 그동안 삭제되었던 언론·출판에 대한 허가나 검열 금지와 함께 집회에 대한 허가제 금지를 다시금 살려내어, 집회의 허용 여부를 행정권의 일방적·사전적 판단에 맡기는 집회에 대한 허가제는 집회에 대한 검열제와 마찬가지이므로 이를 절대적으로 금지하겠다는 헌법개정권력자인 국민들의 헌법가치적 합의이며 헌법적 결단이라고 보아야 할 것이다(헌재 2009. 9. 24. 2008헌가25).

2535 헌법 제21조 제2항은 헌법 자체에서 언론·출판에 대한 허가나 검열의 금지와 더불어 집회에 대한 허가금지를 명시함으로써, 집회의 자유에 있어서는 다른 기본권 조항들과는 달리, '허가'의 방식에 의한 제한을 허용하지 않겠다는 헌법적 결단을 분명히 하고 있다. 22 지방 7 O│X

● 정답 2532. ○   2532-1. ×[집회를 방해할 의도로 집회에 참가하는 것은 보호되지 않음]   2533. ○   2533-1. ×[입법권이 주체 × → 행정권이 주체 ○]   2534. ○   2535. ○

헌법 제21조 제2항은 "언론·출판에 대한 허가나 검열과 집회·결사에 대한 허가는 인정되지 아니한다."고 규정하여 헌법 자체에서 언론·출판에 대한 허가나 검열의 금지와 더불어 집회에 대한 허가금지를 명시함으로써, 집회의 자유에 있어서는 다른 기본권 조항들과는 달리, '허가'의 방식에 의한 제한을 허용하지 않겠다는 헌법적 결단을 분명히 하고 있다(헌재 2014. 4. 24. 2011헌가29).

2536 집회에 대한 허가를 금지한 헌법 제21조 제2항은 기본권 제한에 관한 일반적 법률유보조항인 헌법 제37조 제2항에 앞서서, 우선적이고 제1차적인 위헌심사기준이 되어야 한다. 14 국회 8   O | X

헌법 제21조 제2항은, 집회에 대한 허가제는 집회에 대한 검열제와 마찬가지이므로 이를 절대적으로 금지하겠다는 헌법개정권력자인 국민들의 헌법가치적 합의이며 헌법적 결단이다. 또한 위 조항은 헌법 자체에서 직접 집회의 자유에 대한 제한의 한계를 명시한 것이므로 기본권 제한에 관한 일반적 법률유보조항인 헌법 제37조 제2항에 앞서서, 우선적이고 제1차적인 위헌심사기준이 되어야 한다(헌재 2009. 9. 24. 2008헌가25).

2537 헌법 제21조 제2항의 '허가'는 '행정청이 주체가 되어 집회의 허용 여부를 사전에 결정하는 것'으로서 행정청에 의한 사전허가는 헌법상 금지되지만, 입법자가 법률로써 일반적으로 집회를 제한하는 것은 헌법상 '사전허가금지'에 해당하지 않는다. 24 소간. 20 5급   O | X

2537-1 입법자가 법률로써 일반적으로 집회를 제한하는 것도 원칙적으로 헌법 제21조 제2항에서 금지하는 '사전허가'에 해당한다. 17 법원 9. 17 경정. 15 국회 9   O | X

헌법 제21조 제2항의 '허가'는 '행정청이 주체가 되어 집회의 허용 여부를 사전에 결정하는 것'으로서 행정청에 의한 사전허가는 헌법상 금지되지만, 입법자가 법률로써 일반적으로 집회를 제한하는 것은 헌법상 '사전허가금지'에 해당하지 않는다(헌재 2014. 4. 24. 2011헌가29).

2538 헌법 제21조 제2항에 의하여 금지되는 '허가'는 '행정청이 주체가 되어 집회의 허용 여부를 사전에 결정하는 것'으로 법률적 제한이 실질적으로 행정청의 허가 없는 옥외집회를 불가능하게 하는 것이라면 헌법상 금지되는 사전허가제에 해당하지만, 그에 이르지 아니하는 한 헌법 제21조 제2항에 반하는 것은 아니다. 16 국가 7   O | X

헌법 제21조 제2항에 의하여 금지되는 '허가'는 '행정청이 주체가 되어 집회의 허용 여부를 사전에 결정하는 것'으로, 법률적 제한이 실질적으로 행정청의 허가 없는 옥외집회를 불가능하게 하는 것이라면 헌법상 금지되는 사전허가제에 해당하지만, 그에 이르지 아니하는 한 헌법 제21조 제2항에 반하는 것은 아니다(헌재 2014. 4. 24. 2011헌가29).

02 집회의 제한

2539 개인이 집회의 자유를 집단적으로 행사함으로써 불가피하게 발생하는 일반대중에 대한 불편함이나 법익에 대한 위험은 보호법익과 조화를 이루는 범위 내에서 국가와 제3자에 의하여 수인되어야 한다. 23 경채   O | X

헌법은 집회의 자유를 국민의 기본권으로 보장함으로써, 평화적 집회 그 자체는 공공의 안녕질서에 대한 위험이나 침해로서 평가되어서는 아니 되며, 개인이 집회의 자유를 집단적으로 행사함으로써 불가피하게 발생하는 일반대중에 대한 불편함이나 법익에 대한 위험은 보호법익과 조화를 이루는 범위 내에서 국가와 제3자에 의하여 수인되어야 한다는 것을 헌법 스스로 규정하고 있는 것이다(헌재 2003. 10. 30. 2000헌바67 등).

정답 2536. O 2537. O 2537-1. X [헌법에서 금지하는 사전허가 아님] 2538. O 2539. O

2540 집회의 자유는 개인의 사회생활과 여론형성 및 민주정치의 토대를 이루고 소수자의 집단적 의사표현을 가능하게 하는 중요한 기본권이기 때문에 단순히 위법행위의 개연성이 있다는 예상만으로 집회의 자유를 제한할 수는 없다. 14 서울 7   O | X

집회의 자유는 개인의 사회생활과 여론형성 및 민주정치의 토대를 이루고 소수자의 집단적 의사표현을 가능하게 하는 **중요한 기본권**이기 때문에 **단순히 위법행위의 개연성이 있다는 예상만으로 집회의 자유를 제한할 수는 없는 것이다**. 집회 과정에서 **구체적인 위법행위가 현실적으로 발생**하면 그 때에 **현존하는 위법행위를 제재**하면 되는 것이지, 그러한 위법행위가 발생하기도 전에 미리 위법상황을 예상하여 집회의 자유를 제한할 수는 없는 것이다(헌재 2009. 9. 24. 2008헌가25).

2541 집회의 자유는 다수인이 집단적 형태로 의사를 표현하는 것이므로 공공의 질서 내지 법적 평화와 마찰을 일으킬 가능성이 상당히 높은 것이어서, 집회의 자유에 대한 일정 범위 내의 제한은 불가피하다. 14 서울 7   O | X

집회의 자유는 현대 대의민주국가에서 민주적 공동체의 필수적 구성요소이기 때문에 고도로 보장되어야 할 기본권이지만, 다른 한편, 집회의 자유는 다수인이 집단적 형태로 의사를 표현하는 것이므로 **공공의 질서 내지 법적 평화와 마찰을 일으킬 가능성**이 상당히 높은 것이어서, 집회의 자유에 대한 **일정 범위내의 제한은 불가피**할 것인바, 그러한 경우에는 헌법이 직접 금지하고 있는 허가제 이외의 방법으로 관련 법익들을 비교형량하여 그러한 법익들이 실제적 조화의 원칙에 따라 모두 동시에 최대한 실현될 수 있도록 정리·정돈되어야 할 것이다(헌재 2009. 9. 24. 2008헌가25).

2542 집회의 금지와 해산은 원칙적으로 공공의 안녕질서에 대한 직접적인 위협이 명백하게 존재하는 경우에 한하여 허용될 수 있다. 24 경정, 17 5급   O | X

2542-1 집회의 자유에 대한 제한은 다른 중요한 법익의 보호를 위하여 반드시 필요한 경우에 한하여 정당화되는 것이며, 특히 집회의 금지는 원칙적으로 공공의 안녕질서에 대한 위협이 예상되는 경우에 한하여 허용될 수 있다. 24 경찰 1차   O | X

집회의 자유를 제한하는 대표적인 공권력의 행위는 집시법에서 규정하는 집회의 금지, 해산과 조건부 허용이다. **집회의 자유에 대한 제한**은 다른 중요한 법익의 보호를 위하여 **반드시 필요한 경우에 한하여 정당화**되는 것이며, 특히 **집회의 금지와 해산**은 원칙적으로 **공공의 안녕질서에 대한 직접적인 위협이 명백하게 존재**하는 경우에 한하여 허용될 수 있다(헌재 2003. 10. 30. 2000헌바67 등).

2543 집회의 자유는 개인이 집회에 참가하는 것을 방해하거나 또는 집회에 참가할 것을 강요하는 국가행위를 금지할 뿐만 아니라, 예컨대 집회장소로의 여행을 방해하거나, 집회장소로부터 귀가하는 것을 방해하거나, 집회참가자에 대한 검문의 방법으로 시간을 지연시킴으로써 집회장소에 접근하는 것을 방해하는 등 집회의 자유행사에 영향을 미치는 모든 조치를 금지한다. 23 법무사   O | X

2543-1 집회장소로부터 귀가를 방해하거나 참가자에 대한 검문방법으로 시간을 지연하여 집회장소에 접근을 방해하는 등 집회와 관련하여 제3자나 참가자의 행동의 자유를 제한하는 조치는 허용된다. 11 국회 8   O | X

집회의 자유는 집회의 시간, 장소, 방법과 목적을 스스로 결정할 권리를 보장한다. 집회의 자유에 의하여 구체적으로 보호되는 주요 행위는 집회의 준비 및 조직, 지휘, 참가, 집회장소·시간의 선택이다. 따라서 **집회의 자유는 개인이 집회에 참가하는 것을 방해하거나 또는 집회에 참가할 것을 강요**하는 국가행위를 금지할 뿐만 아니라, 예컨대 **집회장소로의 여행을 방해**하거나, **집회장소로부터 귀가하는 것을 방해**하거나, 집회참가자에 대한 **검문의 방법으로 시간을 지연**시킴으로써 **집회장소에 접근하는 것을 방해하는 등 집회의 자유행사에 영향을 미치는 모든 조치를 금지**한다(헌재 2003. 10. 30. 2000헌바67 등).

정답 2540. O 2541. O 2542. O 2542-1. X [위협이 예상 X → 직접적인 위협이 명백하게 존재 O] 2543. O 2543-1. X [집회의 자유 행사에 영향 미치는 모든 조치 금지]

2544 집회의 자유는 국가가 개인의 집회참가행위를 감시하고 그에 대한 정보를 수집함으로써 집회에 참가하고자 하는 자로 하여금 불이익을 두려워하여 미리 집회참가를 포기하도록 집회참가의사를 약화시키는 것 등 집회의 자유의 행사에 영향을 미치는 모든 조치를 금지한다. 23 경정, 17 변호사   O│X

예컨대 집회장소로의 여행을 방해하거나, 집회장소로부터 귀가하는 것을 방해하거나, 집회참가자에 대한 검문의 방법으로 시간을 지연시킴으로써 집회장소에 접근하는 것을 방해하거나, 국가가 **개인의 집회 참가행위를 감시**하고 그에 관한 **정보를 수집**함으로써 집회에 참가하고자 하는 자로 하여금 불이익을 두려워하여 미리 집회참가를 포기하도록 **집회참가의사를 약화시키는 것** 등 집회의 자유행사에 영향을 미치는 **모든 조치를 금지**한다(헌재 2003. 10. 30. 2000헌바67 등).

03 관련판례

2545 집회 또는 시위를 하기 위하여 인천애(愛)뜰 중 잔디마당과 그 경계 내 부지에 대한 사용허가 신청을 한 경우 인천광역시장이 이를 허가할 수 없도록 제한하는「인천애(愛)뜰의 사용 및 관리에 관한 조례」조항은 헌법 제21조 제2항이 규정하는 집회에 대한 허가제 금지원칙에 위배된다. 24 경찰 1차   O│X

청구인들은 심판대상조항이 헌법 제21조 제2항이 규정하는 집회에 대한 허가제 금지 원칙에 위반된다고 주장한다. 그러나 심판대상조항은 잔디마당에서 집회 또는 시위를 하려고 하는 경우 시장이 그 사용허가를 할 수 없도록 **전면적·일률적으로 불허**하고, '허가제'의 핵심 요소라 할 수 있는 '**예외적 허용**'의 가능성을 열어 두고 있지 **않다**. 그렇다면 심판대상조항은 **집회에 대한 허가제를 규정**하였다고 **보기 어려우므로**, 헌법 제21조 제2항 위반 주장에 대해서는 나아가 살펴보지 않기로 한다. … 심판대상조항에 의하여 잔디마당을 집회 장소로 선택할 자유가 완전히 제한되는바, 공공에 위험을 야기하지 않고 시청사의 안전과 기능에도 위협이 되지 않는 집회나 시위까지도 예외 없이 금지되는 불이익이 발생한다. 그렇다면 심판대상조항은 **과잉금지원칙에 위배**되어 청구인들의 **집회의 자유를 침해한다**(헌재 2023. 9. 26. 2019헌마1417).

2546 집회나 시위 해산을 위한 살수차 사용은 집회의 자유 및 신체의 자유에 대한 중대한 제한을 초래하므로 살수차 사용요건이나 기준은 법률에 근거를 두어야 하고, 살수차와 같은 위해성 경찰장비는 본래의 사용방법에 따라 지정된 용도로 사용되어야 하며 다른 용도나 방법으로 사용하기 위해서는 반드시 법령에 근거가 있어야 한다. 23 경간, 22 경정   O│X

2546-1 경찰서장이 최루액을 물에 혼합한 용액을 살수차를 이용하여 살수한 행위는 신체의 자유를 침해하는 것이다. 20 입시   O│X

집회나 시위 해산을 위한 살수차 사용은 집회의 자유 및 신체의 자유에 대한 중대한 제한을 초래하므로 살수차 사용요건이나 기준은 법률에 근거를 두어야 하고, 살수차와 같은 위해성 경찰장비는 본래의 사용방법에 따라 **지정된 용도로 사용**되어야 하며 다른 용도나 방법으로 사용하기 위해서는 **반드시 법령에 근거**가 있어야 한다. 혼합살수방법은 법령에 열거되지 않은 새로운 위해성 경찰장비에 해당하고 이 사건 지침에 혼합살수의 근거 규정을 둘 수 있도록 위임하고 있는 법령이 없으므로, **이 사건 지침은 법률유보원칙에 위배**되고 이 사건 지침만을 근거로 한 이 사건 혼합살수행위 역시 **법률유보원칙에 위배**된다. 따라서 이 사건 혼합살수행위는 청구인들의 **신체의 자유와 집회의 자유를 침해한다**(헌재 2018. 5. 31. 2015헌마476).

정답 2544. O   2545. X [허가제 금시원직 위배 X → 과잉금지원칙 위배 O]   2546. O   2546-1. O

2547 집회·시위 등 현장에서 집회·시위 참가자에 대한 사진이나 영상촬영 등의 행위는 집회·시위 참가자들에게 심리적 부담으로 작용하여 여론형성 및 민주적 토론절차에 영향을 주고 집회의 자유를 전체적으로 위축시키는 결과를 가져올 수 있으므로 집회의 자유를 제한한다. 20 5급 O | X

2547-1 옥외집회·시위에 대한 경찰의 촬영행위는 증거보전의 필요성 및 긴급성, 방법의 상당성이 인정되는 때에는 헌법에 위반된다고 할 수 없으나, 경찰이 옥외집회 및 시위 현장을 촬영하여 수집한 자료의 보관·사용 등은 엄격하게 제한하여, 옥외집회·시위 참가자 등의 기본권 제한을 최소화해야 한다. 22 경찰 2차 O | X

2547-2 경찰이 신고범위를 벗어난 동안에만 집회참가자들을 촬영한다 할지라도, 집회참가자에 대한 촬영행위는 집회참가자들에게 심리적 부담으로 작용하여 집회의 자유를 전체적으로 위축시키는 결과를 가져올 수 있으므로 집회의 자유를 침해한다. 23 경찰 1차 O | X

(1) 집회의 자유는 그 내용에 있어 집회참가자가 기본권행사를 이유로 혹은 기본권행사와 관련하여 국가의 감시를 받게 되거나, 경우에 따라서는 어떠한 불이익을 받을 수도 있다는 것을 걱정할 필요가 없는, 즉 자유로운 심리상태의 보장이 전제되어야 한다. 개인이 가능한 외부의 영향을 받지 않고 집회의 준비와 실행에 참여할 수 있고, 집회참가자 상호간 및 공중과의 의사소통이 가능한 방해받지 않아야 한다. 따라서 집회·시위 등 현장에서 집회·시위 참가자에 대한 **사진이나 영상촬영 등의 행위**는 집회·시위 참가자들에게 심리적 부담으로 작용하여 **여론형성 및 민주적 토론절차에 영향을 주고 집회의 자유를 전체적으로 위축시키는 결과를 가져올 수 있으므로 집회의 자유를 제한한다**고 할 수 있다(헌재 2018. 8. 30. 2014헌마843).

(2) 옥외집회·시위에 대한 **경찰의 촬영행위**는 증거보전의 필요성 및 긴급성, 방법의 상당성이 인정되는 때에는 헌법에 위반된다고 할 수 없으나, 경찰이 옥외집회 및 시위 현장을 촬영하여 수집한 자료의 보관·사용 등은 **엄격하게 제한**하여, 옥외집회·시위 참가자 등의 **기본권 제한을 최소화해야** 한다(헌재 2018. 8. 30. 2014헌마843).

(3) 수사란 범죄혐의의 유무를 명백히 하여 공소를 제기·유지할 것인가의 여부를 결정하기 위해 범인을 발견·확보하고 증거를 수집·보전하는 수사기관의 활동을 말한다. 경찰은 범죄행위가 있는 경우 이에 대한 수사로서 증거를 확보하기 위해 촬영행위를 할 수 있고, 범죄에 이르게 된 경우나 그 전후 사정에 관한 것이라도 증거로 수집할 수 있다. … 이 사건에서 피청구인이 **신고범위를 벗어난 동안에만 집회참가자들을 촬영한 행위**가 과잉금지원칙을 위반하여 집회참가자인 청구인들의 **일반적 인격권, 개인정보자기결정권 및 집회의 자유를 침해한다고 볼 수 없다**(헌재 2018. 8. 30. 2014헌마843).

2548 대한민국을 방문하는 외국의 국가 원수를 경호하기 위하여 지정된 경호구역 안에서 서울종로경찰서장이 안전 활동의 일환으로 청구인들의 삼보일배행진을 제지한 행위 등은 과잉금지원칙을 위반하여 청구인들의 집회의 자유 등을 침해한다. 23 경간 O | X

이 사건 공권력 행사는 경호대상자의 안전 보호 및 국가 간 친선관계의 고양, 질서유지 등을 위한 것이다. 돌발적이고 경미한 변수의 발생도 대비하여야 하는 경호의 특수성을 고려할 때, 경호활동에는 다양한 취약 요소들에 사전적·예방적으로 대비할 수 있는 안전조치가 충분히 이루어질 필요가 있고, 이 사건 공권력 행사는 집회장소의 장소적 특성과 미합중국 대통령의 이동경로, 집회 참가자와의 거리, 질서유지에 필요한 시간 등을 고려하여 경호 목적 달성을 위한 최소한의 범위에서 행해진 것으로 침해의 최소성을 갖추었다. … 따라서 이 사건 공권력 행사는 과잉금지원칙을 위반하여 청구인들의 **집회의 자유 등을 침해하였다고 할 수 없다**(헌재 2021. 10. 28. 2019헌마1091).

정답 2547. O 2547-1. O 2547-2. X [집회의 자유를 침해 X] 2548. X [집회의 자유 침해 X]

POINT 146 집회신고제

01 집시법

2549 옥외집회 또는 시위를 주최하고자 하는 자는 신고서를 옥외집회나 시위를 시작하기 720시간 전부터 48시간 전에 관할경찰서장에게 제출하여야 한다. 11 지방 7 O|X

2549-1 옥외집회를 주최하려는 자는 옥외집회 신고서를 관할경찰서장에게 제출하여야 하며, 신고한 옥외집회를 하지 아니하게 된 경우에는 신고서에 적힌 집회 일시 24시간 전에 그 철회사유 등을 적은 철회신고서를 관할경찰서장에게 제출하여야 한다. 19 국회 8 O|X

> 집회 및 시위에 관한 법률 제6조(옥외집회 및 시위의 신고 등) ① 옥외집회나 시위를 주최하려는 자는 그에 관한 다음 각 호의 사항 모두를 적은 신고서를 옥외집회나 시위를 시작하기 720시간 전부터 48시간 전에 관할 경찰서장에게 제출하여야 한다. 다만, 옥외집회 또는 시위 장소가 두 곳 이상의 경찰서의 관할에 속하는 경우에는 관할 지방경찰청장에게 제출하여야 하고, 두 곳 이상의 지방경찰청 관할에 속하는 경우에는 주최지를 관할하는 지방경찰청장에게 제출하여야 한다.
> ③ 주최자는 제1항에 따라 신고한 옥외집회 또는 시위를 하지 아니하게 된 경우에는 신고서에 적힌 집회 일시 24시간 전에 그 철회사유 등을 적은 철회신고서를 관할경찰관서장에게 제출하여야 한다.

2550 관할경찰관서장은 옥외집회나 시위 신고서의 기재 사항에 미비한 점을 발견하면 접수증을 교부한 때부터 24시간 이내에 주최자에게 48시간을 기한으로 그 기재 사항을 보완할 것을 통고할 수 있다. 22 경채 O|X

> 집회 및 시위에 관한 법률 제7조(신고서의 보완 등) ① 관할경찰관서장은 제6조제1항에 따른 신고서의 기재 사항에 미비한 점을 발견하면 접수증을 교부한 때부터 12시간 이내에 주최자에게 24시간을 기한으로 그 기재 사항을 보완할 것을 통고할 수 있다.

2551 관할경찰관서장은 집회 또는 시위의 시간과 장소가 중복되는 2개 이상의 신고가 있는 경우 그 목적으로 보아 서로 상반되거나 방해가 된다고 인정되면 각 옥외집회 또는 시위 간에 시간을 나누거나 장소를 분할하여 개최하도록 권유하는 등 각 옥외집회 또는 시위가 서로 방해되지 아니하고 평화적으로 개최·진행될 수 있도록 노력하여야 한다. 24 경정 O|X

> 집회 및 시위에 관한 법률 제8조(집회 및 시위의 금지 또는 제한 통고) ② 관할경찰관서장은 집회 또는 시위의 시간과 장소가 중복되는 2개 이상의 신고가 있는 경우 그 목적으로 보아 서로 상반되거나 방해가 된다고 인정되면 각 옥외집회 또는 시위 간에 시간을 나누거나 장소를 분할하여 개최하도록 권유하는 등 각 옥외집회 또는 시위가 서로 방해되지 아니하고 평화적으로 개최·진행될 수 있도록 노력하여야 한다.

2552 집회 또는 시위의 주최자는 「집회 및 시위에 관한 법률」 제8조에 따른 금지 통고를 받았을 경우, 통고를 받은 날부터 7일 이내에 해당 경찰관서의 바로 위의 상급경찰관서의 장에게 이의를 신청할 수 있다. 19 국회 8 O|X

> 집회 및 시위에 관한 법률 제9조(집회 및 시위의 금지 통고에 대한 이의 신청 등) ① 집회 또는 시위의 주최자는 제8조에 따른 금지 통고를 받은 날부터 10일 이내에 해당 경찰관서의 바로 위의 상급경찰관서의 장에게 이의를 신청할 수 있다.

● 정답 2549. O   2549-1. O   2550. X [24시간 이내 X → 12시간 이내 O / 48시간 기한 X → 24시간 기한 O]   2551. O   2552. X [7일 이내 X, 10일 이내 O]

2553 집회의 시간과 장소가 중복되는 2개 이상의 신고가 있을 경우 관할 경찰관서장은 먼저 신고된 집회가 다른 집회의 개최를 봉쇄하기 위한 가장집회신고에 해당하는지 여부에 관하여 판단할 권한이 없으므로 뒤에 신고된 집회에 대하여 집회 자체를 금지하는 통고를 하여야 한다. 20 경정, 17 변호사 O|X

먼저 신고된 집회가 다른 집회의 개최를 봉쇄하기 위한 허위 또는 가장 집회신고에 해당함이 객관적으로 분명해 보이는 경우에는, 뒤에 신고된 집회에 다른 집회금지 사유가 있는 경우가 아닌 한, 관할경찰관서장이 단지 먼저 신고가 있었다는 이유만으로 뒤에 신고된 집회에 대하여 집회 자체를 금지하는 통고를 하여서는 아니 되고, 설령 이러한 금지통고에 위반하여 집회를 개최하였다고 하더라도 그러한 행위를 집시법상 금지통고에 위반한 집회개최행위에 해당한다고 보아서는 아니 된다(대판 2014. 12. 11. 2011도13299).

2554 학문, 예술, 체육, 종교, 의식, 친목, 오락, 관혼상제 및 국경행사에 관한 집회는 법률상 신고대상이 아니다. 19 법무사 O|X

2554-1 학문, 예술, 체육, 종교, 의식, 국경행사에 관한 집회는 시간·장소의 제한을 받지는 않지만, 일반집회와 마찬가지로 사전신고를 해야 한다. 19 국회 9 O|X

> 집회 및 시위에 관한 법률 제15조(적용의 배제) 학문, 예술, 체육, 종교, 의식, 친목, 오락, 관혼상제(冠婚喪祭) 및 국경행사(國慶行事)에 관한 집회에는 제6조부터 제12조까지(제6조(옥외집회 및 시위의 신고 등), 제10조(옥외집회와 시위의 금지 시간), 제11조(옥외집회와 시위의 금지 장소))의 규정을 적용하지 아니한다.

▶ 보충설명 │ 신고대상이 아니며, 시간·장소의 제한도 받지 않는다.

2555 집회 또는 시위의 주최자는 집회 또는 시위에 있어서의 질서를 유지하여야 하며, 질서를 유지할 수 없으면 그 집회 또는 시위의 종결을 선언하여야 한다. 19 국회 8 O|X

2555-1 집회 또는 시위의 주최자는 집회 또는 시위의 질서 유지에 관하여 자신을 보좌하도록 18세 이상의 사람을 질서유지인으로 임명할 수 있다. 22 경채 O|X

> 집회 및 시위에 관한 법률 제16조(주최자의 준수 사항) ① 집회 또는 시위의 주최자는 집회 또는 시위에 있어서의 질서를 유지하여야 한다.
> ② 집회 또는 시위의 주최자는 집회 또는 시위의 질서 유지에 관하여 자신을 보좌하도록 18세 이상의 사람을 질서유지인으로 임명할 수 있다.
> ③ 집회 또는 시위의 주최자는 제1항에 따른 질서를 유지할 수 없으면 그 집회 또는 시위의 종결(終結)을 선언하여야 한다.

02 집회신고 관련문제

2556 집회의 자유에 대한 신고제는 집회의 자유에 대한 일반적 금지가 원칙이고 예외적으로 행정권의 허가가 있을 때에만 이를 허용한다는 점에서 헌법이 금지하는 허가제와는 집회의 자유에 대한 이해와 접근방법의 출발점을 달리하고 있는 것이다. 14 국회 8 O|X

● 정답 │ 2553. X [판단권한 有 / 가장집회신고 명백 시 금지통고 不可] 2554. O 2554-1. X [사전신고대상 아님] 2555. O 2555-1. O 2556. X [신고제 ↔ 허가제 설명 바뀜]

이 사건 헌법규정에서 금지하고 있는 **'허가'제는** 집회의 자유에 대한 **일반적 금지가 원칙**이고 예외적으로 행정권의 허가가 있을 때에만 이를 허용한다는 점에서, **집회의 자유가 원칙**이고 금지가 예외인 집회에 대한 **신고제와는** 집회의 자유에 대한 이해와 접근방법의 출발점을 달리 하고 있는 것이다(헌재 2009. 9. 24. 2008헌가25).

2557 옥외집회의 신고의무는 집회 자체를 보호하고, 타인이나 공동체와의 이익충돌을 피하기 위해 요구되는 사전적 협력의무이다. 16 법원 9, 15 법무사   O|X

옥외집회의 신고의무는 <u>집회 자체를 보호</u>하고, 무엇보다 타인이나 공동체와의 <u>이익충돌을 피하기 위해 요구</u>하는 <u>사전적 협력의무라는 점</u>에서 결과적으로 미신고 집회가 평화롭게 진행되었다거나 공공의 안녕 질서를 침해하지 않았다는 사정만으로 신고의무의 해태가 정당화될 수는 없으므로, 그러한 사정을 처벌 여부에 반영하지 않은 것이 입법재량의 범위를 넘은 것이라 볼 수도 없다(헌재 2009. 5. 28. 2007헌바22).

2558 「집회 및 시위에 관한 법률」의 옥외집회·시위의 사전신고제도는 협력의무로서의 신고이기 때문에 헌법 제21조 제2항의 사전허가금지에 위배되지 않는다. 19 경정   O|X

2558-1 옥외집회에 대한 사전신고는 경찰관청 등 행정관청으로 하여금 집회의 순조로운 개최와 공공의 안전 보호를 위하여 필요한 준비를 할 수 있는 시간적 여유를 주기 위한 것으로서, 협력의무로서의 신고라고 할 것이다. 14 국회 8   O|X

2558-2 옥외집회나 시위를 주최하려는 자로 하여금 사전에 관할경찰서장에 신고하게 하는 규정은 일정한 신고절차만 밟으면 일반적·원칙적으로 옥외집회 및 시위를 할 수 있도록 보장하고 있으므로 헌법 제21조 제2항의 사전허가금지에 반하지 않는다. 15 국회 9   O|X

2558-3 「집회 및 시위에 관한 법률」의 옥외집회·시위의 사전신고제도는 헌법 제21조 제2항의 사전허가금지에 위배된다. 15 국가 7   O|X

이러한 <u>사전신고는 경찰관청 등 행정관청으로 하여금 집회의 순조로운 개최와 공공의 안전보호를 위하여 필요한 준비를 할 수 있는 시간적 여유를 주기 위한 것으로서, 협력의무로서의 신고</u>라고 할 것이다. 결국, 구 집시법 전체의 규정 체제에서 보면 법은 일정한 신고절차만 밟으면 <u>일반적·원칙적으로 옥외집회 및 시위를 할 수 있도록 보장</u>하고 있으므로, <u>집회에 대한 사전신고제도는 헌법 제21조 제2항의 사전허가금지에 반하지 않는</u>다고 할 것이다(헌재 2009. 5. 28. 2007헌바22).

2559 옥외집회를 늦어도 집회가 개최되기 48시간 전까지 사전신고를 하도록 법률로 규정한 것이 과잉금지원칙에 위반하여 집회의 자유를 침해하였다고 볼 수 없다. 15 국회 8   O|X

2559-1 옥외집회, 시위에 대한 사전신고 이후 기재사항의 보완, 금지통고 및 이의절차 등을 원활하게 진행하기 위하여 늦어도 집회가 개최되기 48시간 전까지 사전신고를 하도록 규정한 것은 지나친 기본권 제한이다. 14 국회 9   O|X

심판대상조항의 신고사항은 여러 옥외집회·시위가 경합하지 않도록 하기 위해 필요한 사항이고, 질서유지 등 필요한 조치를 할 수 있도록 하는 중요한 정보이다. 옥외집회·시위에 대한 사전신고 이후 기재사항의 보완, 금지통고 및 이의절차 등이 원활하게 진행되기 위하여 <u>늦어도 집회가 개최되기 48시간 전까지 사전신고를 하도록 규정한 것이 지나치다고 볼 수 없다.</u> … 따라서 <u>심판대상조항이 과잉금지원칙에 위배하여 집회의 자유를 침해하지 아니한다</u>(헌재 2014. 1. 28. 2011헌바174 등).

● 정답 2557. O   2558. O   2558-1. O   2558-2. O   2558-3. X [사전허가금지 위배 X]   2559. O   2559-1. X [집회의 자유 침해 X]

2560 동시에 접수된 두 개의 옥외집회 신고서에 대하여 관할경찰관서장이 적법한 절차에 따라 접수순위를 확정하려는 노력을 하지 않고, 폭력사태 발생이 우려되고 상호 충돌을 피한다는 이유로 모두 반려하는 것은 집회의 자유를 침해하는 것이다. 16 국가 7   O | X

2560-1 관할 경찰서장의 옥외집회신고서 반려행위와 관련하여 헌법은 집회의 사전허가제를 금지하고 있고 「집회 및 시위에 관한 법률」에 따르면 옥외집회는 신고만으로도 가능한 것이므로, 관할 경찰서장은 법률상 근거 없이 옥외집회신고서를 반려한 것으로 볼 수 있다. 13 국회 8   O | X

우리 헌법은 모든 국민에게 집회의 자유를 보장하고 있고, <u>집회에 대한 사전허가제를 금지</u>하고 있는바, 옥외집회를 주최하고자 하는 자는 집시법이 정한 시간 전에 관할경찰관서장에게 <u>집회신고서를 제출하여 접수시키기만</u> 하면 원칙적으로 <u>옥외집회를 할 수 있다.</u> … 그런데 이 사건 피청구인은 청구인 ○○합섬HK지회와 ○○생명인사지원실이 제출한 옥외집회신고서를 폭력사태 발생이 우려된다는 이유로 <u>동시에 접수</u>하였고, 이후 상호 충돌을 피한다는 이유로 <u>두 개의 집회신고를 모두 반려</u>하였는바, … 이 사건 집회신고에 관한 사무를 처리하는데 있어서도 <u>적법한 절차에 따라 접수순위를 확정하려는 최선의 노력</u>을 한 후, 집시법 제8조 제2항에 따라 <u>후순위로 접수된 집회의 금지 또는 제한을 통고</u>하였어야 한다. … 결국 이 사건 반려행위는 <u>법률의 근거 없이</u> 청구인들의 <u>집회의 자유를 침해한</u> 것으로서 헌법상 <u>법률유보원칙에 위반</u>된다고 할 것이다(헌재 2008. 5. 29. 2007헌마712).

03 미신고 집회 (우발적 집회)

2561 옥외집회에 대한 사전신고는 행정관청에 집회에 관한 구체적인 정보를 제공함으로써 공공질서의 유지에 협력하도록 하는 데에 그 의의가 있는 것이지 집회의 허가를 구하는 신청으로 변질되어서는 아니 되므로, 신고를 하지 아니하였다는 이유만으로 그 옥외집회 또는 시위를 헌법의 보호 범위를 벗어나 개최가 허용되지 않는 집회 내지 시위라고 단정할 수 없다. 18 지방 7   O | X

2561-1 헌법은 미신고 집회를 원칙적으로 금지하지 않는다고 해야 한다. 11 국회 9   O | X

집회의 자유가 가지는 헌법적 가치와 기능, 집회에 대한 허가 금지를 선언한 헌법정신, 신고제도의 취지 등을 종합하여 보면, <u>신고는 행정관청에 집회에 관한 구체적인 정보를 제공함으로써 공공질서의 유지에 협력하도록 하는 데에 그 의의가 있는 것이지 집회의 허가를 구하는 신청으로 변질되어서는 아니 되므로</u>, <u>신고를 하지 아니하였다는 이유만으로 그 옥외집회 또는 시위를 헌법의 보호 범위를 벗어나 개최가 허용되지 않는 집회 내지 시위라고 단정할 수 없다</u>(헌재 2014. 1. 28. 2011헌바174 등).

2562 「집회 및 시위에 관한 법률」상 미신고 옥외집회 또는 시위를 해산명령 대상으로 하면서 별도의 해산 요건을 정하고 있지 않더라도, 그 옥외집회 또는 시위로 인하여 타인의 법익이나 공공의 안녕질서에 대한 직접적인 위험이 명백하게 초래된 경우에 한하여 해산을 명할 수 있다. 22 5급   O | X

2562-1 사전신고를 하지 않은 옥외집회는 불법집회이므로 관할경찰관서장은 언제나 해산명령을 내릴 수 있으며, 이에 불응하는 경우에는 처벌할 수 있다고 보아야 한다. 17 변호사   O | X

집시법 제20조 제1항 제2호가 <u>미신고 옥외집회 또는 시위를 해산명령의 대상으로</u> 하면서 별도의 해산 요건을 정하고 있지 않더라도, 그 옥외집회 또는 시위로 인하여 <u>타인의 법익이나 공공의 안녕질서에 대한 직접적인 위험이 명백하게 초래된 경우에 한하여</u> 위 조항에 기하여 <u>해산을 명할 수 있고</u>, 이러한 요건을 갖춘 <u>해산명령에 불응하는 경우에만</u> 집시법 제24조 제5호에 의하여 <u>처벌할 수 있다</u>고 보아야 한다(대판 2012. 4. 19. 2010도6388).

● 정답 2560. O   2560-1. O   2561. O   2561-1. O   2562. O   2562-1. X [언제나 X]

2563 미신고 시위로 인하여 타인의 법익이나 공공의 안녕질서에 대한 직접적이고 명백한 위험이 발생한 경우에 해산명령을 발할 수 있도록 하고 이에 응하지 아니하는 행위에 대해 처벌하는 「집회 및 시위에 관한 법률」상 조항은 달성하려는 공익과 이로 인해 제한되는 청구인의 기본권 사이의 균형을 상실하였다고 보기 어렵다. 24 경간 O | X

2563-1 미신고 시위에 대한 해산명령에 불응하는 자를 처벌하도록 규정한 「집회 및 시위에 관한 법률」 조항은 과잉금지원칙을 위반하여 집회의 자유를 침해한다. 17 경정 O | X

2563-2 '신고하지 아니한 시위에 대하여 관할 경찰관서장이 해산명령을 발한 경우에, 시위 참가자가 해산명령을 받고도 지체 없이 해산하지 아니한 행위'를 징역 또는 벌금·구류 또는 과료로 처벌하는 「집회 및 시위에 관한 법률」 조항이 해산명령의 발령 여부를 관할 경찰관서장의 재량에 맡기고 있는 것은 구성요건의 실질적 내용을 전적으로 관할 경찰관서장에게 위임한 것으로 죄형법정주의의 법률주의에 위반된다. 23 경정 O | X

(1) 집시법은 미신고 시위가 타인의 법익이나 공공의 안녕질서에 대한 **직접적인 위험을 초래**한 경우에 **해산명령**을 할 수 있도록 **규정하고 있다.** 심판대상조항은 이러한 해산명령 제도의 실효성 확보를 위해 해산명령에 불응하는 자를 **형사처벌**하도록 한 것으로서 입법목적의 정당성과 수단의 적절성이 인정된다. … 또한 심판대상조항이 달성하려는 **공공의 안녕질서 유지 및 회복**이라는 공익과 심판대상조항으로 인하여 제한되는 청구인의 **집회의 자유 사이의 균형을 상실하였다고 보기 어려우므로**, 심판대상조항은 과잉금지원칙을 위반하여 **집회의 자유를 침해한다고 볼 수 없다**(헌재 2016. 9. 29. 2014헌바492).

(2) 심판대상조항이 해산명령의 발령 여부를 관할 경찰관서장의 재량에 맡기고 있는 것은 미신고 시위 현장의 다양한 상황에 따라 탄력적·유동적으로 대응할 필요성이 있다는 점을 고려한 것일 뿐, **구성요건의 실질적 내용을 전적으로 관할 경찰관서장에게 위임한 것으로 볼 수 없다.** 그러므로 심판대상조항은 **죄형법정주의의 법률주의에 위반되지 아니한다**(헌재 2016. 9. 29. 2014헌바492).

2564 미신고 옥외집회에 대해 과태료가 아니라 행정형벌을 과하도록 한 것은 과잉형벌에 해당하지 않는다. 23 변호사 O | X

미신고 옥외집회의 경우 행정관청으로서는 해당 옥외집회가 공공질서에 미치는 영향을 예측하기 어렵고, 이 경우 사전에 옥외집회의 개최로 인한 관련 이익의 조정이 불가능하게 되어 신고제의 행정목적을 침해하고, 공공의 안녕질서에 위험을 초래할 개연성이 높다. 따라서 이에 대하여 **행정제재가 아닌 형사처벌**을 통하여 엄정한 책임을 묻겠다는 입법자의 결단이 부당하다고 볼 수 없으므로, **행정형벌을 과하도록 한** 심판대상조항이 집회의 자유를 침해한다고 할 수 없고, 나아가 그 법정형이 입법재량의 한계를 벗어난 **과중한 처벌이라고 볼 수도 없으므로, 과잉형벌에 해당하지 아니한다**(헌재 2021. 6. 24. 2018헌마663).

2565 「집회 및 시위에 관한 법률」에서 옥외집회나 시위가 사전신고한 범위를 뚜렷이 벗어나 신고제도의 목적달성을 심히 곤란하게 하고, 그로 인하여 질서를 유지할 수 없게 된 경우에 공공의 안녕질서 유지 및 회복을 위해 해산명령을 할 수 있도록 규정한 것은 청구인들의 집회의 자유를 침해한다고 볼 수 없다. 23 경간 O | X

2565-1 신고 범위를 뚜렷이 벗어난 집회·시위로 인하여 질서를 유지할 수 없어 해산을 명령하였음에도 불구하고 이에 불응한 경우에 처벌하는 「집회 및 시위에 관한 법률」상 조항은 과잉금지원칙을 위반하여 집회의 자유를 침해한다고 볼 수 없다. 24 경간 O | X

2565-2 옥외집회나 시위가 사전신고한 범위를 뚜렷이 벗어나 질서를 유지할 수 없게 된 경우, 이에 대한 해산명령에 불응하는 자를 형사처벌하는 「집회 및 시위에 관한 법률」 규정은 집회의 자유를 침해한다. 20 국회 9 O | X

정답 2563. ○ 2563-1. ×[집회의 자유 침해 X] 2563-2. ×[법률주의에 위반되지 아니함] 2564. ○ 2565. ○ 2565-1. ○ 2565-2. ×[집회의 자유 침해 X]

집시법은 옥외집회나 시위가 **사전신고한 범위를 뚜렷이 벗어나** 신고제도의 목적달성을 심히 곤란하게 하고, 그로 인하여 질서를 유지할 수 없게 된 경우에 공공의 안녕질서 유지 및 회복을 위해 해산명령을 할 수 있도록 하고 있다. 심판대상조항은 이러한 해산명령제도의 실효성 확보를 위해 해산명령에 불응하는 자를 형사처벌하도록 한 것으로서 입법목적의 정당성과 수단의 적절성이 인정된다. … 또한 심판대상조항이 달성하려는 공공의 안녕질서 유지 및 회복이라는 공익과 심판대상조항으로 인하여 제한되는 청구인들의 집회의 자유 사이의 균형을 상실하였다고 보기 어려우므로, 심판대상조항은 과잉금지원칙을 위반하여 **집회의 자유를 침해한다고 볼 수 없다**(헌재 2016. 9. 29. 2015헌바309 등).

POINT 147 집시법상 옥외집회·시위의 제한

01 집회 및 시위의 금지

2566 누구든지 헌법재판소의 결정에 따라 해산된 정당의 목적을 달성하기 위한 집회 또는 시위를 주최하여서는 아니 된다. 22 지방 7 ◯│✕

> 집회 및 시위에 관한 법률 제5조(집회 및 시위의 금지) ① 누구든지 다음 각 호의 어느 하나에 해당하는 **집회나 시위를 주최하여서는 아니 된다.**
> 1. **헌법재판소의 결정**에 따라 **해산된 정당의 목적을 달성**하기 위한 **집회 또는 시위**
> 2. 집단적인 **폭행**, 협박, 손괴(損壞), 방화 등으로 공공의 안녕 질서에 **직접적인 위협을 끼칠 것이 명백한 집회 또는 시위**

2567 구 집시법의 옥외집회·시위에 관한 일반규정 및 「형법」에 의한 규제 및 처벌에 의하여 사법의 독립성 및 공정성 확보라는 입법 목적을 달성함에 지장이 없음에도 불구하고, 재판에 영향을 미칠 염려가 있거나 미치게 하기 위한 집회·시위를 사전적·전면적으로 금지하고 이를 위반한 자를 형사처벌하는 구 집시법 조항은 집회의 자유를 실질적으로 박탈하는 결과를 초래하므로 집회의 자유를 침해한다. 17 변호사 ◯│✕

2567-1 재판에 영향을 미칠 염려가 있거나 미치게 하기 위한 집회 또는 시위를 금지하고 이를 위반한 자를 형사처벌하는 것은 어떠한 집회·시위가 규제대상에 해당하는지를 판단할 수 있는 아무런 기준도 제시하지 아니함으로써 사실상 재판과 관련된 집단적 의견표명 일체가 불가능하게 되어 집회의 자유를 실질적으로 박탈하는 결과를 초래하므로 집회의 자유를 침해한다. 19 변호사 ◯│✕

2567-2 "재판에 영향을 미칠 염려가 있거나 미치게 하기 위한 집회 또는 시위"를 금지하고 이를 위반한 자를 형사 처벌하는 구 「집회 및 시위에 관한 법률」의 해당 조항은 최소침해성 원칙에 반한다. 23 소간 ◯│✕

2567-3 재판에 영향을 미칠 염려가 있거나 미치게 하기 위한 집회 또는 시위를 금지하고 이를 위반한 자를 형사처벌하는 구 「집회 및 시위에 관한 법률」상 조항은 과잉금지원칙을 위반하여 집회의 자유를 침해한다고 볼 수 없다. 24 경간 ◯│✕

● 정답 2566. ◯ 2567. ◯ 2567-1. ◯ 2567-2. ◯ 2567-3. ✕ [집회의 자유를 침해함]

이 사건 제2호 부분은 법관의 직무상 독립을 보호하여 사법작용의 공정성과 독립성을 확보하기 위한 것으로 입법목적의 정당성은 인정되나, 국가의 사법권한 역시 국민의 의사에 정당성의 기초를 두고 행사되어야 한다는 점과 재판에 대한 정당한 비판은 오히려 사법작용의 공정성 제고에 기여할 수도 있는 점을 고려하면 사법의 독립성을 확보하기 위한 **적합한 수단이라 보기 어렵다**. 구 집시법의 옥외집회·시위에 관한 일반규정 및 형법에 의한 규제 및 처벌에 의하여 **사법의 독립성을 확보할 수 있음에도 불구하고**, 이 사건 제2호 부분은 **재판에 영향을 미칠 염려가 있거나 미치게 하기 위한 집회·시위를 사전적·전면적으로 금지**하고 있을 뿐 아니라, 어떠한 집회·시위가 규제대상에 해당하는지를 판단할 수 있는 아무런 기준도 제시하지 아니함으로써 사실상 재판과 관련된 **집단적 의견표명 일체**가 불가능하게 되어 **집회의 자유를 실질적으로 박탈**하는 결과를 초래하므로 **최소침해성 원칙에 반한다**. … 따라서 이 사건 제2호 부분은 **과잉금지원칙에 위배되어 집회의 자유를 침해한다**(헌재 2016. 9. 29. 2014헌가3 등).

2568 민주적 기본질서에 위배되는 집회·시위를 금지하고 위반 시 형사처벌하는 것은 규율범위의 광범성으로 인하여, 집회·시위의 내용이나 목적이 민주적 기본질서에 조금이라도 위배되는 경우 처벌이 가능할 뿐 아니라 사실상 사회현실이나 정부정책에 비판적인 사람들의 집단적 의견표명 일체를 봉쇄하는 결과를 초래하므로 집회의 자유를 침해한다. 19 변호사   O | X

이 사건 제3호 부분은 규제대상인 집회·시위의 목적이나 내용을 구체적으로 적시하지 않은 채 헌법의 지배원리인 '민주적 기본질서'를 구성요건으로 규정하였을 뿐 기본권 제한의 한계를 설정할 수 있는 구체적 기준을 전혀 제시한 바 없다. 이와 같은 **규율의 광범성으로** 인하여 헌법이 규정한 민주주의의 세부적 내용과 상이한 주장을 하거나 집회·시위 과정에서 우발적으로 발생한 일이 민주적 기본질서에 조금이라도 위배되는 경우 처벌이 가능할 뿐 아니라 사실상 사회현실이나 정부정책에 비판적인 사람들의 **집단적 의견표명 일체를 봉쇄하는 결과**를 초래함으로써 침해의 최소성 및 법익의 균형성을 상실하였으므로, 이 사건 제3호 부분은 **과잉금지원칙에 위배되어 집회의 자유를 침해한다**(헌재 2016. 9. 29. 2014헌가3 등).

2569 집단적인 폭행·협박·손괴·방화 등으로 공공의 안녕질서에 직접적인 위협을 가할 것이 명백한 집회 또는 시위의 주최를 금지하는 구「집회 및 시위에 관한 법률」 조항은 집회의 자유를 침해하지 아니한다. 23 경찰 1차   O | X

2569-1 집단적인 폭행·협박·손괴·방화 등으로 공공의 안녕질서에 직접적인 위협을 가할 것이 명백한 집회 또는 시위의 주최를 금지하고, 이에 위반한 집회 또는 시위에 그 정을 알면서 참가한 자를 처벌하는 규정은 죄형법정주의의 명확성원칙에 위반된다고 볼 수 없다. 12 법원 9   O | X

(1) 집단적인 폭행·협박 등이 발생한 집회 또는 시위를 해산하고 질서를 회복시키는 데는 일반적으로 상당한 시간과 경찰력이 동원되고, 그 과정에서 공공의 안녕질서나 참가자나 제3자의 신체와 재산의 안전 등이 중대하게 침해되거나 위협받을 수밖에 없으므로, 그와 같은 집회 또는 시위의 주최를 절대적으로 금지하는 것은 공공의 안녕질서를 유지하고, 집회 또는 시위의 참가자나 이에 참가하지 않은 제3자의 생명·신체·재산의 안전 등 기본권을 보호하기 위한 것으로서 정당한 목적달성을 위한 적합한 수단이며, 목적달성에 필요한 정도를 넘은 과도한 제한이 된다고 보기 어렵다. … 따라서 이 사건 법률조항들은 과잉금지원칙에 위반하여 **집회의 자유를 침해하지 아니한다**(헌재 2010. 4. 29. 2008헌바118).

(2) (구)「집시법」제19조제4항에 의하여 형사처벌되는 참가행위는, 행위자가 집회 또는 시위에 참가할 당시 그 집회 또는 시위가 제5조 제1항 제2호에 위반하여 주최된 것이라는 점을 인식하고, 집회 또는 시위의 목적에 뜻을 같이 해 그 장소에 함께 모이는 행위를 말하는 것이므로, 이 사건 법률조항들은 그 의미가 **불명확하다고 볼 수 없고**, 건전한 상식과 통상적인 법감정을 가진 일반인이라면 금지되는 행위가 무엇인지를 예측하는 것이 현저히 곤란하다고 보이지 않으므로 **죄형법정주의의 명확성원칙에 위배되지 않는다**(헌재 2010. 4. 29. 2008헌바118).

정답 2568. O   2569. O   2569-1. O

02 집회 및 시위의 시간제한

2570 야간옥외집회가 공공질서나 타인의 법익을 해칠 위험성이 있다고 하나, 모든 야간 옥외집회가 항상 타인의 법익을 침해할 것이라고 볼 수 있는 것은 아니므로 야간옥외집회의 법익침해가능성을 내세워 모든 야간옥외집회를 금지할 수는 없다. 20 입시 O | X

야간옥외집회가 공공질서나 타인의 법익을 해칠 위험성이 있다고 하나, 야간옥외집회의 시간과 장소에 따라 타인의 법익을 침해할 개연성이 확실하게 인정될 경우도 있을 수 있겠지만, 모든 야간옥외집회가 항상 타인의 법익을 침해할 것이라고 볼 수 있는 것은 아니다. 야간옥외집회가 타인의 법익을 침해할 개연성이 확실하다고 인정할 수 있는 경우를 가려내어 그러한 위험성을 예방하기에 필요하고도 적절한 조치를 강구하면 되는 것이므로, 야간옥외집회의 법익침해가능성을 내세워 모든 야간옥외집회를 금지할 수는 없는 것이다(헌재 2009. 9. 24. 2008헌가25).

2571 '해가 뜨기 전이나 해가 진 후'라는 광범위하고 가변적인 시간대는 '야간'이라는 특징이나 차별성이 명백하게 존재한다고 할 수 없고, 그러한 광범위하고 가변적인 시간대의 시위를 금지하는 것은 목적 달성을 위해 필요한 정도를 넘는 지나친 제한이다. 14 국회 9 O | X

2571-1 야간시위를 일률적으로 금지하는 것은 현대인의 근무·학업 시간이나 생활형태 등을 고려하지 아니한 과도한 제한으로 과잉금지원칙에 위반된다. 20 소간 O | X

2571-2 야간시위를 금지한 것은 사회의 안녕질서를 유지하고 시위참가자 등의 안전과 제3자인 시민들의 주거 및 사생활의 평온을 보호하기 위한 것으로 정당한 목적 달성을 위한 적합한 수단이다. 14 국회 9 O | X

(1) 시위는 공공의 안녕질서, 법적 평화 및 타인의 평온에 미치는 영향이 크고, 야간이라는 특수한 시간적 상황은 시민들의 평온이 강하게 요청되는 시간대로, 야간의 시위는 주간의 시위보다 질서를 유지시키기가 어렵다. 야간의 시위 금지는 이러한 특징과 차별성을 고려하여 사회의 안녕질서를 유지하고 시민들의 주거 및 사생활의 평온을 보호하기 위한 것으로서 정당한 목적 달성을 위한 적합한 수단이 된다(헌재 2014. 3. 27. 2010헌가2 등).
(2) 도시화·산업화가 진행된 현대 사회에서 전통적 의미의 야간, 즉 '해가 뜨기 전이나 해가 진 후'라는 광범위하고 가변적인 시간대는 위와 같은 '야간'이 특징이나 차별성이 명백하다고 보기 어려움에도 일률적으로 야간 시위를 금지하는 것은 목적달성을 위해 필요한 정도를 넘는 지나친 제한으로서 침해의 최소성 원칙 및 법익균형성 원칙에 반한다. 따라서 심판대상조항들은 과잉금지원칙에 위배하여 집회의 자유를 침해한다(헌재 2014. 3. 27. 2010헌가2 등).

2572 일몰시간 후부터 같은 날 24시까지의 시위의 경우, 특별히 공공의 질서 내지 법적 평화를 침해할 위험성이 크다고 할 수 없으므로 그와 같은 시위를 일률적으로 금지하는 것은 과잉금지원칙에 위반된다. 18 경정 O | X

2572-1 야간시위를 금지하는 내용의 「집회 및 시위에 관한 법률」은 이미 보편화된 야간의 일상적인 생활의 범주에 속하는 '해가 진 후부터 같은 날 24시까지의 시위'에 적용하는 한 헌법에 위반된다. 20 입시 O | X

2572-2 헌법재판소는 일출 전 또는 일몰 후의 야간시위를 금지한 「집회 및 시위에 관한 법률」 제10조 본문에 관하여 한정위헌결정을 내린 바 있다. 16 법원 9 O | X

정답 2570. O   2571. O   2571-1. O   2571-2. O   2572. O   2572-1. O   2572-2. O

적어도 해가 진 후부터 같은 날 24시까지의 시위의 경우, 이미 보편화된 야간의 일상적인 생활의 범주에 속하는 것이어서 특별히 공공의 질서 내지 법적 평화를 침해할 위험성이 크다고 할 수 없으므로 그와 같은 시위를 일률적으로 금지하는 것은 과잉금지원칙에 위반됨이 명백하다. 그러나 나아가 24시 이후의 시위를 금지할 것인지 여부는 국민의 주거 및 사생활의 평온, 우리나라 시위의 현황과 실정, 국민 일반의 가치관 내지 법감정 등을 고려하여 입법자가 결정할 여지를 남겨두는 것이 바람직하다. … 심판대상조항들은, 이미 보편화된 야간의 일상적인 생활의 범주에 속하는 '해가 진 후부터 같은 날 24시까지의 시위'에 적용하는 한 헌법에 위반된다(헌재 2014. 3. 27. 2010헌가2 등).

2573 24시 이후의 시위를 금지하고 이에 위반한 시위 참가자를 형사 처벌하는 법률조항은 집회의 자유를 침해한다. 15 국회 8 ○ | ✕

24시 이후의 시위를 금지할 것인지 여부는 국민의 주거 및 사생활의 평온, 우리나라 시위의 현황과 실정, 국민 일반의 가치관 내지 법감정 등을 고려하여 입법자가 결정할 여지를 남겨두는 것이 바람직하다. 그렇다면 적어도 이 사건 법률조항과 이를 구성요건으로 하는 집시법 제23조 제3호의 해당 부분은 '해가 진 후부터 같은 날 24시까지의 시위'에 적용하는 한 헌법에 위반된다고 할 것이다 (헌재 2014. 3. 27. 2010헌가2 등).

2574 '일출시간 전, 일몰시간 후'라는 광범위하고 가변적인 시간대의 옥외집회 또는 시위를 금지하는 것은 오늘날 직장인이나 학생들의 근무·학업 시간, 도시화·산업화가 진행된 현대사회의 생활형태 등을 고려하지 아니하고 목적 달성을 위해 필요한 정도를 넘는 지나친 제한을 가하는 것이어서 집회의 자유를 침해한다. 19 변호사 ○ | ✕

2574-1 일출시간 전, 일몰시간 후의 옥외집회 또는 시위를 원칙적으로 금지하면서 다만 옥외집회의 경우 예외적으로 관할 경찰관서장이 허용할 수 있도록 하고, 이에 위반하여 옥외집회 또는 시위에 참가한 자를 형사처벌하는 구 「집회 및 시위에 관한 법률」 조항은 헌법 제21조 제2항의 사전허가제금지에 위배되어 집회의 자유를 침해한다. 22 경정 ○ | ✕

(1) '일출시간 전, 일몰시간 후'라는 광범위하고 가변적인 시간대의 옥외집회 또는 시위를 금지하는 것은 오늘날 직장인이나 학생들의 근무·학업 시간, 도시화·산업화가 진행된 현대사회의 생활형태 등을 고려하지 아니하고 목적 달성을 위해 필요한 정도를 넘는 지나친 제한을 가하는 것이어서 최소침해성 및 법익균형성 원칙에 반한다. … 이 사건 법률조항은 목적달성을 위하여 필요한 범위를 넘어 과도하게 야간의 옥외집회 또는 시위를 제한함으로써, 과잉금지원칙에 위배하여 집회의 자유를 침해하는 것으로 헌법에 위반되고, 이를 구성요건으로 하는 집시법 제20조 제3호의 해당 부분 역시 헌법에 위반된다(헌재 2014. 4. 24. 2011헌가29).

(2) 이와 같은 단서의 규정은 본문에 의한 제한을 완화시키려는 것이므로, 본문에 의한 시간적 제한이 집회의 자유를 과도하게 제한하는지 여부는 별론으로 하고, 단서의 '관할경찰관서장의 허용'이 '옥외집회에 대한 일반적인 사전허가'라고는 볼 수 없는 것이다. 결국 이 사건 집회조항은 법률에 의하여 옥외집회의 시간적 제한을 규정한 것으로서 그 단서 조항의 존재에 관계없이 헌법 제21조 제2항의 '사전허가금지'에 위반되지 않는다고 할 것이다(헌재 2014. 4. 24. 2011헌가29).

2575 일몰시간 후부터 같은 날 24시까지의 옥외집회 또는 시위의 경우, 특별히 공공의 질서 내지 법적 평화를 침해할 위험성이 크다고 할 수 없으므로 그와 같은 옥외집회 또는 시위를 원칙적으로 금지하는 것은 과잉금지원칙에 위반됨이 명백하다. 16 국가 7 ○ | ✕

2575-1 야간에 옥외집회 및 시위를 금지하는 「집회 및 시위에 관한 법률」 제10조는 해가 진 후부터 같은 날 24시까지의 옥외집회 또는 시위에 적용되는 한 헌법에 위반된다. 15 국회 9 ○ | ✕

2575-2 해가 뜨기 전이나 해가 진 후에는 시위를 하여서는 안된다고 규정한 집회 및 시위에 관한 규정 중 일몰시간 후부터 같은 날 24시까지의 옥외집회 또는 시위를 금지한 부분은 헌법에 합치되지 아니한다. 20 법원 9 ○ | ✕

● 정답 2573. ✕ [24시 이후 시위는 입법자 결정이 바람직] 2574. ○ 2574-1. ✕ [사전허가금지 위반 ✕] 2575. ○ 2575-1. ○ 2575-2. ○

(1) 우리 국민의 일반적인 생활형태 및 보통의 집회의 소요시간이나 행위태양, 대중교통의 운행시간, 도심지의 점포·상가 등의 운영시간 등에 비추어 보면, 적어도 **일몰시간 후부터 같은 날 24시까지의 옥외집회 또는 시위의 경우**, 이미 보편화된 야간의 일상적인 생활의 범주에 속하는 것이어서 특별히 공공의 질서 내지 법적 평화를 침해할 위험성이 크다고 할 수 없으므로 그와 같은 **옥외집회 또는 시위를 원칙적으로 금지**하는 것은 **과잉금지원칙에 위반됨이 명백하다**(헌재 2014. 4. 24. 2011헌가29).

(2) 헌법재판소는, 2010헌가2 결정으로 '집회 및 시위에 관한 법률' 제10조 중 '시위' 부분 등에 대하여 한정위헌결정을 한 바 있고, 이 사건에 있어서 가능한 한 심판대상조항들 중 위헌인 부분을 가려내야 할 필요성이 2010헌가2 결정에서와 마찬가지로 인정되므로, 심판대상조항들은 **'일몰시간 후부터 같은 날 24시까지의 옥외집회 또는 시위'**에 **적용되는 한 헌법에 위반된다**(헌재 2014. 4. 24. 2011헌가29).

03 집회 및 시위의 장소제한

2576 국회의사당의 경계지점으로부터 100미터 이내의 장소에서 옥외집회 또는 시위를 할 경우 형사처벌한다고 규정한 '집회 및 시위에 관한 법률'은 과잉금지의 원칙을 위반하여 집회의 자유를 침해한다. 20 법원 9   O | X

2576-1 국회의사당의 경계지점으로부터 100미터 이내의 장소에서 옥외집회를 전면적으로 금지하는 것은 국회의원에 대한 물리적인 압력이나 위해를 가할 가능성이 없는 장소 및 국회의사당 등 국회시설에의 출입이나 안전에 지장이 없는 장소까지도 집회금지장소에 포함되게 하여 국회의 헌법적 기능에 대한 보호의 필요성을 고려하더라도 지나친 규제라고 할 것이다. 19 변호사   O | X

2576-2 국회의사당의 경계지점으로부터 100미터 이내의 장소에서 옥외집회 또는 시위를 한 자를 처벌하는 「집회 및 시위에 관한 법률」 규정은 국회의 헌법적 기능을 보호하기 위한 것으로서 집회의 자유를 침해하지 않는다. 20 국회 9   O | X

2576-3 국회의 헌법적 기능에 대한 보호의 필요성을 고려한다면 국회의사당의 경계지점으로부터 100미터 이내의 장소에서 예외 없이 옥외집회를 금지하는 것은 지나친 규제라고 할 수 없다. 20 지방 7   O | X

결국 심판대상조항은 국회의사당 인근 일대를 광범위하게 집회금지장소로 설정함으로써, 국회의원에 대한 **물리적인 압력이나 위해를 가할 가능성이 없는 장소** 및 국회의사당 등 **국회 시설에의 출입이나 안전에 지장**이 없는 장소까지도 집회금지장소에 포함되게 한다. … 그럼에도 심판대상조항이 국회 부지 또는 담장을 기준으로 100미터 이내의 장소에서 옥외집회를 금지하는 것은 국회의 헌법적 기능에 대한 보호의 필요성을 고려하더라도 **지나친 규제**라고 할 것이다. … 이처럼, 심판대상조항은 입법목적을 달성하는 데 필요한 최소한도의 범위를 넘어, 규제가 불필요하거나 또는 예외적으로 허용하는 것이 가능한 집회까지도 이를 일률적·전면적으로 금지하고 있으므로 **침해의 최소성 원칙에 위배**된다. … 심판대상조항은 **과잉금지원칙을 위반**하여 **집회의 자유를 침해한다**(헌재 2018. 5. 31. 2013헌바322 등).

2577 국회의 업무가 없는 '공휴일이나 휴회기 등에 행하여지는 집회'를 예외 없이 금지하는 것은 과도하게 집회의 자유를 제한하는 것이다. 20 소간   O | X

국회의 기능을 직접 저해할 가능성이 거의 없는 '**소규모 집회**', 국회의 업무가 없는 '**공휴일이나 휴회기 등에 행하여지는 집회**', '**국회의 활동을 대상으로 한 집회가 아니거나 부차적으로 국회에 영향**을 미치고자 하는 의도가 내포되어 있는 집회'처럼 옥외집회에 의한 국회의 헌법적 기능이 침해될 가능성이 부인되거나 또는 현저히 낮은 경우에는, 입법자로서는 심판대상조항으로 인하여 발생하는 집회의 자유에 대한 과도한 제한 가능성이 완화될 수 있도록 그 **금지에 대한 예외를 인정하여야 한다**. … 이처럼, 심판대상조항은 입법목적을 달성하는 데 필요한 최소한도의 범위를 넘어, 규제가 불필요하거나 또는 예외적으로 허용하는 것이 가능한 집회까지도 이를 **일률적·전면적으로 금지**하고 있으므로 **침해의 최소성 원칙에 위배된다**(헌재 2018. 5. 31. 2013헌바322 등).

● 정답   2576. O   2576-1. O   2576-2. X [집회의 자유 침해]   2576-3. X [지나친 규제에 해당]   2577. O

2578 국회의 헌법적 기능을 무력화시키거나 저해할 우려가 있는 집회의 금지는 집회·시위의 자유를 침해한다. 18 국회 9   O | X

심판대상조항은 **국회의 헌법적 기능을 무력화시키거나 저해할 우려가 있는 집회를 금지하는 데 머무르지 않고**, 그 밖의 평화적이고 정당한 집회까지 전면적으로 제한함으로써 구체적인 상황을 고려하여 상충하는 법익간의 조화를 이루려는 노력을 전혀 기울이지 않고 있다. 심판대상조항으로 달성하려는 공익이 제한되는 집회의 자유 정도보다 크다고 단정할 수는 없다고 할 것이므로 심판대상조항은 법익의 균형성 원칙에도 위배된다. 심판대상조항은 과잉금지원칙을 위반하여 집회의 자유를 침해한다(헌재 2018. 5. 31. 2013헌바322 등).

🔎 보충설명 국회의 헌법적 기능을 무력화시키거나 저해할 우려가 있는 집회의 금지는 집회시위의 자유를 침해하지 않는다.

2579 누구든지 각급 법원의 경계 지점으로부터 100미터 이내의 장소에서 옥외집회 또는 시위를 할 경우 형사처벌하는 규정은 집회의 자유를 침해한다. 20 입시   O | X

2579-1 각급 법원의 경계 지점으로부터 100미터 이내의 장소에서 옥외집회 또는 시위를 할 경우 형사처벌한다고 규정한 「집회 및 시위에 관한 법률」 조항은 과잉금지원칙에 위반되지 않아 집회의 자유를 침해하지 않는다. 19 경정   O | X

2579-2 각급 법원 인근에 집회·시위금지장소를 설정하는 것은 입법목적 달성을 위한 적합한 수단으로 볼 수 없다. 20 법원 9   O | X

심판대상조항의 입법목적은 법원 앞에서 집회를 열어 법원의 재판에 영향을 미치려는 시도를 막으려는 것이다. 이런 입법목적은 **법관의 독립과 재판의 공정성 확보**라는 헌법의 요청에 따른 것이므로 정당하다. 각급 법원 인근에 집회·시위금지장소를 설정하는 것은 **입법목적 달성을 위한 적합한 수단**이다. … 심판대상조항은 입법목적을 달성하는 데 필요한 최소한도의 범위를 넘어 규제가 불필요하거나 또는 예외적으로 허용 가능한 옥외집회·시위까지도 **일률적·전면적으로 금지**하고 있으므로, **침해의 최소성 원칙에 위배된다**. 심판대상조항은 각급 법원 인근의 모든 옥외집회를 전면적으로 금지함으로써 상충하는 법익 사이의 조화를 이루려는 노력을 전혀 기울이지 않아, 법익의 균형성 원칙에도 어긋난다. 심판대상조항은 **과잉금지원칙을 위반**하여 **집회의 자유를 침해**한다(헌재 2018. 7. 26. 2018헌바137).

2580 법원 인근에서의 집회라 할지라도 법관의 독립을 위협하거나 재판에 영향을 미칠 염려가 없는 집회도 있다. 20 소간   O | X

2580-1 사법행정과 관련된 의사표시 전달을 목적으로 한 집회는 법관의 독립을 침해할 우려가 있으므로 금지되어야 한다. 20 소간   O | X

법원 인근에서의 집회라 할지라도 **법관의 독립을 위협하거나 재판에 영향을 미칠 염려가 없는 집회도 있다**. 예컨대 법원을 대상으로 하지 않고 검찰청 등 **법원 인근 국가기관이나 일반법인 또는 개인을 대상으로 한 집회**로서 재판업무에 영향을 미칠 우려가 없는 집회가 있을 수 있다. **법원을 대상으로 한 집회**라도 **사법행정과 관련된 의사표시 전달을 목적으로 한 집회** 등 법관의 독립이나 구체적 사건의 재판에 영향을 미칠 우려가 없는 집회도 있다. … 심판대상조항은 **과잉금지원칙을 위반**하여 **집회의 자유를 침해**한다(헌재 2018. 7. 26. 2018헌바137).

● 정답 | 2578. X [집회·시위의 자유 침해 X]   2579. O   2579-1. X [집회의 자유 침해]   2579-2. X [목적·수단 인정]   2580. O   2580-1. X [예외없이 금지 불가]

2581 막연히 폭력·불법적이거나 돌발적인 상황이 발생할 위험이 있다는 가정만을 근거로 하여 대통령 관저 인근이라는 특정한 장소에서 열리는 모든 집회를 금지하는 것은 헌법적으로 정당화되기 어렵다. 24 경간   O | X

대통령 관저 인근에서의 일부 집회를 예외적으로 허용한다고 하더라도 위와 같은 수단들을 통하여 심판대상조항이 달성하려는 대통령의 헌법적 기능은 충분히 보호될 수 있다. 따라서 개별적인 경우에 구체적인 위험 상황이 발생하였는지를 고려하지 않고, 막연히 폭력·불법적이거나 돌발적인 상황이 발생할 위험이 있다는 가정만을 근거로 하여 대통령 관저 인근이라는 특정한 장소에서 열리는 모든 집회를 금지하는 것은 헌법적으로 정당화되기 어렵다. 이러한 사정들을 종합하여 볼 때, 심판대상조항은 그 입법목적을 달성하는 데 필요한 최소한도의 범위를 넘어, 규제가 불필요하거나 또는 예외적으로 허용하는 것이 가능한 집회까지도 이를 일률적·절대적으로 금지하고 있으므로, 침해의 최소성에 위배된다. … 심판대상조항은 과잉금지원칙에 위배되어 집회의 자유를 침해한다(헌재 2022. 12. 22. 2018헌바48 등).

2582 국회의장 공관의 경계 지점으로부터 100미터 이내의 장소에서의 옥외집회 또는 시위를 일률적으로 금지하고, 이를 위반한 집회·시위의 참가자를 처벌하는 것은 해당 장소에서 옥외집회·시위가 개최되더라도 국회의장에게 물리적 위해를 가하거나 국회의장 공관으로의 출입 내지 안전에 위협을 가할 우려가 없는 장소까지 포함되어 있다는 점에서 입법목적 달성에 필요한 범위를 넘어 집회의 자유를 과도하게 제한하는 것으로 집회의 자유를 침해한다. 23 법원 9   O | X

2582-1 국회의장 공관의 경계 지점으로부터 100미터 이내의 장소에서의 옥외집회 또는 시위를 일률적으로 금지하고, 이를 위반한 집회·시위의 참가자를 처벌하는 구「집회 및 시위에 관한 법률」조항은 국회의장의 원활한 직무 수행, 공관 거주자 등의 신변 안전, 주거의 평온, 공관으로의 자유로운 출입 등이 저해될 위험이 있음을 고려한 것으로 집회의 자유를 침해하지 않는다. 24 경정   O | X

심판대상조항이 집회 금지 장소로 설정한 '국회의장 공관의 경계 지점으로부터 100미터 이내에 있는 장소'에는, 해당 장소에서 옥외집회·시위가 개최되더라도 국회의장에게 물리적 위해를 가하거나 국회의장 공관으로의 출입 내지 안전에 위협을 가할 우려가 없는 장소까지 포함되어 있다. 또한 대규모로 확산될 우려가 없는 소규모 옥외집회·시위의 경우, 심판대상조항에 의하여 보호되는 법익에 직접적인 위험을 가할 가능성은 상대적으로 낮다. … 그럼에도 심판대상조항은 국회의장 공관 인근 일대를 광범위하게 전면적인 집회 금지 장소로 설정함으로써 입법목적 달성에 필요한 범위를 넘어 집회의 자유를 과도하게 제한하고 있는바, 과잉금지원칙에 반하여 집회의 자유를 침해한다(헌재 2023. 3. 23. 2021헌가1).

2583 국무총리 공관 경계지점으로부터 100미터 이내의 장소에서 옥외집회 또는 시위를 예외 없이 절대적으로 금지하고 있는 법률조항은 집회의 자유를 침해한다. 20 지방 7   O | X

2583-1 국무총리 공관의 출입이나 안전에 위협을 가할 위험성이 낮은 소규모 옥외집회·시위라고 하더라도 일반 대중의 합세로 인하여 대규모 집회·시위로 확대될 우려나 폭력집회·시위로 변질될 위험이 있으므로, 국무총리 공관 경계지점으로부터 100미터 이내의 장소에서 옥외집회·시위를 전면적으로 금지하는 것은 집회의 자유를 침해하지 않는다. 19 변호사   O | X

정답 2581. O 2582. O 2582-1. X [집회의 자유 침해] 2583. O 2583-1. X [집회의 자유를 침해함]

국무총리 공관의 기능과 안녕을 직접 저해할 가능성이 거의 없는 '**소규모 옥외집회·시위**'의 경우 국무총리에게 **물리적인 압력이나 위해**를 가할 가능성 또는 **국무총리 공관의 출입이나 안전에 위협**을 가할 위험성은 일반적으로 낮다. 이러한 소규모 옥외집회·시위가 일반 대중의 합세로 인하여 **대규모 집회·시위**로 확대될 우려나 **폭력집회·시위**로 변질될 위험이 없는 때에는 그 집회·시위의 금지를 정당화할 수 있는 헌법적 근거를 발견하기 어렵다. 그리고 '**국무총리를 대상으로 한 옥외집회·시위가 아닌 경우**'에도 국무총리 공관에 대한 직접적·간접적 물리력이 행사될 가능성이 낮다. … 이 사건 금지장소 조항은 그 입법목적을 달성하는 데 필요한 최소한도의 범위를 넘어, 규제가 불필요하거나 또는 예외적으로 허용하는 것이 가능한 집회까지도 이를 **일률적·전면적으로 금지**하고 있다고 할 것이므로 **침해의 최소성 원칙**에 위배된다. … 따라서 이 사건 금지장소 조항은 **과잉금지원칙**을 위반하여 **집회의 자유를 침해**한다 (헌재 2018. 6. 28. 2015헌가28 등).

2584 국내에 주재하는 외국의 외교기관으로부터 100m 내의 모든 집회를 예외없이 일률적으로 금지한 것은 위헌이다. 14 국회 9   O | X

2584-1 외교기관 경계지점으로부터 1백미터 이내의 장소에서의 옥외집회나 시위를 예외 없이 절대적으로 금지하더라도 이는 추상적 위험의 발생을 근거로 금지하는 불가피한 수단이므로 침해의 최소성을 갖추었다. 11 지방 7   O | X

입법자가 '외교기관 인근에서의 집회의 경우에는 일반적으로 고도의 법익충돌위험이 있다'는 예측판단을 전제로 하여 이 장소에서의 집회를 원칙적으로 금지할 수는 있으나, 일반·추상적인 법규정으로부터 발생하는 과도한 기본권제한의 가능성이 완화될 수 있도록 일반적 금지에 대한 예외조항을 두어야 할 것이다. 그럼에도 불구하고 이 사건 법률조항은 전제된 위험상황이 구체적으로 존재하지 않는 경우에도 이를 함께 **예외 없이 금지**하고 있는데, 이는 입법목적을 달성하기에 필요한 조치의 범위를 넘는 **과도한 제한**인 것이다. 그러므로 이 사건 법률조항은 **최소침해의 원칙에 위반**되어 **집회의 자유를 과도하게 침해**하는 위헌인 규정이다(헌재 2003. 10. 30. 2000헌바67 등).

2585 외교기관 인근의 옥외집회·시위를 원칙적으로 금지하면서도 외교기관의 기능을 침해할 우려가 없는 예외적인 경우에는 허용하고 있다면 집회의 자유를 침해하는 것은 아니다. 20 지방 7   O | X

2585-1 외교기관 인근에서의 집회가 일반적으로 다른 장소와 비교할 때 중요한 보호법익과의 충돌상황을 야기할 수 있다거나, 이로써 법익에 대한 침해로 이어질 개연성이 높다고는 할 수 없다. 17 5급   O | X

2585-2 외교기관의 경계 지점으로부터 반경 100미터 이내 지점에서의 집회 및 시위를 원칙적으로 금지하되 외교기관의 기능이나 안녕을 침해할 우려가 없다고 인정되는 예외적인 경우에 집회 및 시위를 허용하는 법률 조항은, 외교기관을 대상으로 하는 경우에는 그 경계지점으로부터 100미터 이내의 장소에서는 개별 집회·시위의 내용과 성질을 불문하고 일체의 집회·시위를 전면 금지하고 있는 것으로서 집회의 자유를 과도하게 침해하여 헌법에 위반된다. 16 법원 9   O | X

외교기관을 대상으로 하는 **외교기관 인근에서의 옥외집회나 시위**는 당사자들 사이의 갈등이 극단으로 치닫거나, 물리적 충돌로 발전할 **개연성이 높고**, 고도의 법익충돌 상황을 야기할 수 있기 때문에 집시법의 일반적인 규제조치 외에 외교기관 인근을 집회금지 구역으로 설정한 것 자체는 외교기관의 기능과 안전을 보호하려는 이 사건 법률조항의 입법목적을 보다 충실히 달성하기 위하여 **적절한 수단**이 될 수 있다. … 이 사건 법률조항으로 달성하고자 하는 공익은 외교기관의 기능과 안전의 보호라는 국가적 이익이며, 이 사건 법률조항은 법익충돌의 위험성이 없는 경우에는 외교기관 인근에서의 집회나 시위도 허용함으로써 구체적인 상황에 따라 상충하는 법익 간의 조화를 이루고 있다. 따라서 이 사건 법률조항이 청구인의 **집회의 자유를 침해한다고 할 수 없다**(헌재 2010. 10. 28. 2010헌마111).

정답 2584. O   2584-1. X [최소침해원칙 위반]   2585. O   2585-1. X [개연성이 높음]   2585-2. X [집회의 자유 침해 X]

POINT 148 결사의 자유

01 결사의 자유

2586 헌법 제21조가 규정하는 결사의 자유라 함은 다수의 자연인 또는 법인이 공동의 목적을 위하여 단체를 결성할 수 있는 자유를 말하는 것으로, 결사의 자유에서 말하는 결사란 자유의사에 기하여 결합하고 조직화된 의사형성이 가능한 단체를 말하는 것이므로 공법상의 결사는 이에 포함되지 아니한다.
23 법무사   O | X

2586-1 헌법 제21조 제1항의 결사의 자유에 의해 보호되는 결사의 개념에는 법이 특별한 공공목적에 의하여 구성원의 자격을 정하고 있는 특수단체의 조직활동까지 포함된다고 볼 수 없다. 21 국회 9   O | X

헌법 제21조가 규정하는 결사의 자유라 함은 다수의 자연인 또는 법인이 **공동의 목적을 위하여 단체를 결성**할 수 있는 자유를 말하는 것으로 적극적으로는 단체결성의 자유, 단체존속의 자유, 단체활동의 자유, 결사에의 가입, 잔류의 자유를, 소극적으로는 기존의 단체로부터 탈퇴할 자유와 결사에 가입하지 아니할 자유를 내용으로 하는바, 위에서 말하는 **결사란** 자연인 또는 법인의 다수가 상당한 기간 동안 공동목적을 위하여 자유의사에 기하여 결합하고 조직화된 의사형성이 가능한 단체를 말하는 것으로, **공법상의 결사**나 법이 특별한 공공목적에 의하여 구성원의 자격을 정하고 있는 **특수단체의 조직 활동은** 이에 **포함되지 아니한다**(헌재 2019. 12. 31. 2019헌마1299).

2587 결사의 목적은 반드시 비영리적인 것에 한하지 않으며 영리단체도 헌법상 결사의 자유의 보호를 받는다.
15 법원 9   O | X

헌법재판소는 결사의 자유에서 말하는 '결사'란 자연인 또는 법인의 다수가 상당한 기간 동안 공동목적을 위하여 자유의사에 기하여 결합하고 조직화된 의사형성이 가능한 단체를 말하는 것이라고 정의하여 공동목적의 범위를 **비영리적인 것으로 제한하지는 않았고** … **영리단체도 헌법상 결사의 자유에 의하여 보호된다고 보아야 할 것이다**(헌재 2002. 9. 19. 2000헌바84).

2588 구 「주택건설촉진법」상의 주택조합은 주택이 없는 국민의 주거생활의 안정을 도모하고 모든 국민의 주거수준 향상을 기한다는 공공목적을 위하여 법이 구성원의 자격을 제한적으로 정해 놓은 특수조합이어서, 이는 헌법상 결사의 자유가 뜻하는 헌법상 보호법익의 대상이 되는 단체가 아니다.
20 경정, 17 국가 7(추)   O | X

주택건설촉진법의 **주택조합**(지역조합 및 직장조합)은 무주택자의 주거생활의 안정을 도모하고 모든 국민의 주거수준의 향상을 기한다는 **공공목적**(이 법 제1조)을 위하여 **법률이 구성원의 자격을 제한적으로 정하여 놓은 특수조합으로서** 헌법상의 결사의 자유가 뜻하는 **헌법상 보호법익의 대상이 되는 단체가 아니므로** 이 사건 법률조항이 유주택자의 결사의 자유를 침해하는 것이라고 볼 수 없다(헌재 1997. 5. 29. 94헌바5).

2589 결사의 자유에는 단체활동의 자유도 포함되는데, 단체활동의 자유는 단체 외부에 대한 활동뿐만 아니라 단체의 조직, 의사형성의 절차 등의 단체의 내부적 생활을 스스로 결정하고 형성할 권리인 '단체 내부 활동의 자유'를 포함한다. 24 5급   O | X

2589-1 결사의 자유에 포함되는 단체활동의 자유는 단체 외부에 대한 활동만을 포함하고, 단체의 조직, 의사형성의 절차 등 단체의 내부적 생활을 스스로 결정하고 형성할 권리인 단체내부 활동의 자유는 포함하지 않는다. 22 변호사   O | X

● 정답 2586. O 2586-1. O 2587. O 2588. O 2589. O 2589-1. X [단체내부활동의 자유 포함]

헌법 제21조가 규정하는 결사의 자유라 함은 다수의 자연인 또는 법인이 공동의 목적을 위하여 단체를 결성할 수 있는 자유를 의미하는 것으로, 이에는 적극적으로 단체결성의 자유, 단체존속의 자유, 결사에의 가입·잔류의 자유와 소극적으로 기존의 단체로부터 탈퇴할 자유와 결사에 가입하지 아니할 자유가 모두 포함된다. 특히 결사의 자유에 포함되는 **단체활동의 자유는 단체 외부에 대한 활동**뿐만 아니라 단체의 조직, 의사형성의 절차 등 **단체의 내부적 생활을 스스로 결정하고 형성할 권리인 단체 내부 활동의 자유를 포함한다**(헌재 2018. 2. 22. 2016헌바364).

2590 헌법 제21조가 보호하는 결사의 자유란 기존의 단체로부터 탈퇴할 자유와 가입하지 않을 자유를 포함한다. 15 국회 9   O | X

헌법 제21조가 규정하는 결사의 자유라 함은 다수의 자연인 또는 법인이 공동의 목적을 위하여 단체를 결성할 수 있는 자유를 말하는 것으로 **적극적으로는** ① 단체결성의 자유, ② 단체존속의 자유, ③ 단체활동의 자유, ④ 결사에의 가입·잔류의 자유를, **소극적으로는** 기존의 **단체로부터 탈퇴할 자유**와 결사에 **가입하지 아니할 자유**를 내용으로 하는바, 위에서 말하는 결사란 자연인 또는 법인의 다수가 상당한 기간 동안 공동목적을 위하여 자유의사에 기하여 결합하고 조직화된 의사형성이 가능한 단체를 말하는 것으로 공법상의 결사는 이에 포함되지 아니한다(헌재 1996. 4. 25. 92헌바47).

2591 공적인 역할을 수행하는 결사 또는 그 구성원들이 결사의 자유의 침해를 주장하는 경우, 과잉금지원칙 위반 여부를 판단함에 있어 순수한 사적인 임의결사의 결사의 자유가 제한되는 경우와 동일한 기준을 적용하여야 한다. 22 변호사   O | X

2591-1 농협은 기본적으로 사법인의 성격을 지니므로, 「농업협동조합법」에서 정하는 특정한 국가적 목적을 위하여 설립되는 공공성이 강한 법인으로서 공적인 역할을 수행한다고 하더라도, 농협의 구성원들이 기본권 침해를 주장하여 과잉금지원칙 위배 여부를 판단할 때에는 사적인 임의결사의 기본권이 제한되는 경우와 마찬가지로 엄격한 심사기준이 적용된다. 17 국가 7(추)   O | X

농협은 앞서 본 바와 같이 기본적으로 사법인의 성격을 지니지만, 농협법에서 정하는 특정한 국가적 목적을 위하여 설립되는 공공성이 강한 법인으로, 그 수행하는 사업 내지 업무가 국민경제에서 상당한 비중을 차지하고 국민경제 및 국가 전체의 경제와 관련된 경제적 기능에 있어서 금융기관에 준하는 공공성을 가진다. … **공적인 역할을 수행**하는 결사 또는 그 구성원들이 기본권의 침해를 주장하는 경우에 과잉금지원칙 위배 여부를 판단할 때에는, **순수한 사적인 임의결사**의 기본권이 제한되는 경우의 심사에 비해서는 **완화된 기준을 적용**할 수 있다(헌재 2012. 12. 27. 2011헌마562 등).

02 관련판례

2592 복수의 축산업협동조합 간의 경쟁에 따른 폐단을 방지하여 양축인의 자주적 협동조합을 육성하고 축산업의 진흥과 구성원의 경제적·사회적 지위향상을 도모한다는 이유로 복수의 조합설립과 가입을 금지하는 것은 과잉금지의 원칙에 위반되지 아니한다. 16 국회 8   O | X

복수조합의 설립을 금지한 구 축산업협동조합법 제99조 제2항은 입법목적을 달성하기 위하여 결사의 자유 등 기본권의 본질적 내용을 해하는 수단을 선택함으로써 입법재량의 한계를 일탈하였으므로 헌법에 위반된다. … 따라서 이 사건 심판대상조항은 과잉금지의 원칙 및 자의금지의 원칙에 반하여 청구인의 **결사의 자유, 직업의 자유, 평등권을 침해**하는 위헌의 법률조항이라고 할 것이다(헌재 1996. 4. 25. 92헌바47).

● 정답   2590. O   2591. X [완화된 기준 적용]   2591-1. X [완화된 기준 적용]   2592. X [과잉금지원칙 위반]

2593 지역농협 이사 선거의 경우 전화·컴퓨터통신을 이용한 지지·호소의 선거운동방법을 금지하고, 이를 위반한 자를 처벌하는 것은 해당 선거 후보자의 결사의 자유와 표현의 자유를 침해한다. 17 국가 7
O | X

2593-1 지역농협 이사 선거의 경우 문자메시지를 포함한 전화 및 전자우편을 포함한 컴퓨터통신을 이용한 지지 호소의 선거운동방법을 금지하고 이를 위반한 자를 처벌하는 법률조항은, 선거가 과열되는 과정에서 후보자들의 경제력 차이에 따른 불균형한 선거운동 및 흑색선전을 통한 부당한 경쟁이 이루어짐으로써 선거의 공정이 해쳐지는 것을 방지하기 위한 것으로 결사의 자유를 침해하지 아니한다. 17 국가 7(추)
O | X

2593-2 지역농협 이사 선거의 경우 전화·컴퓨터통신을 이용한 지지 호소의 선거운동방법을 금지하고, 이를 위반한 자를 처벌하는 구 농협협동조합법 조항은 해당 선거 후보자의 표현의 자유를 침해하지 않는다. 18 경정
O | X

전화·컴퓨터통신은 누구나 손쉽고 저렴하게 이용할 수 있는 매체인 점, 농업협동조합법에서 흑색선전 등을 처벌하는 조항을 두고 있는 점을 고려하면 입법목적 달성을 위하여 위 매체를 이용한 지지 호소까지 금지할 필요성은 인정되지 아니한다. 이 사건 법률조항들이 달성하려는 공익이 결사의 자유 및 표현의 자유 제한을 정당화할 정도로 크다고 보기는 어려우므로, 법익의 균형성도 인정되지 아니한다. 따라서 이 사건 법률조항들은 과잉금지원칙을 위반하여 **결사의 자유, 표현의 자유를 침해**하여 **헌법에 위반**된다(헌재 2016. 11. 24. 2015헌바62).

2594 새마을금고의 임원선거와 관련하여 법률에서 정하고 있는 방법 외의 방법으로 선거운동을 할 수 없도록 하고 이를 위반한 경우 형사처벌 하도록 정하고 있는 「새마을금고법」 조항은 결사의 자유를 제한하는 것은 아니다. 22 변호사
O | X

2594-1 새마을금고의 임원선거와 관련하여 법률에서 정하고 있는 방법 외의 방법으로 선거운동을 할 수 없도록 하고 이를 위반한 경우 형사처벌 하도록 정하고 있는 「새마을금고법」 조항은 자신이 원하는 방법으로 자신의 선거공약 등을 자유롭게 표현할 자유를 제한한다. 22 변호사
O | X

2594-2 새마을금고의 임원선거와 관련하여 법률에서 정하고 있는 방법 외의 방법으로 선거운동을 할 수 없도록 하고 이를 위반한 경우 형사처벌 하도록 정하고 있는 「새마을금고법」 규정은 표현의 자유를 침해하지 않는다. 19 서울 7(추)
O | X

2594-3 새마을금고 임원선거와 관련하여 법률에서 정하고 있는 방법 이외의 방법으로 선거운동을 할 수 없도록 하고 이를 위반한 자에 대한 형사처벌을 규정한 「새마을금고법」상 조항은 결사의 자유를 침해한다. 24 경간
O | X

● 정답 | 2593. O 2593-1. X [결사의 자유 침해] 2593-2. X [표현의 자유 침해] 2594. X [결사의 자유 제한] 2594-1. O 2594-2. O 2594-3. X [결사의 자유 침해 X]

(1) 새마을금고는 기본적으로 사법인적인 성격을 지니고 있으므로, 각 금고의 활동도 결사의 자유 보장의 대상이 된다. 그리고 임원 선거에 있어서 법률에서 정하고 있는 방법 이외의 방법으로 선거운동을 할 수 없도록 하고, 이를 위반하여 선거운동을 한 사람을 처벌하는 심판대상조항은 단체의 내부적 활동을 스스로 결정하고 형성하고자 하는 결사의 자유를 제한한다(헌재 2018. 2. 22. 2016헌바364).

(2) 심판대상조항은 금고에서 발행하는 선거공보 제작 및 배부, 금고에서 개최하는 합동연설회에서의 지지 호소, 전화 및 컴퓨터통신을 이용한 지지 호소의 방법을 통한 선거운동만을 허용함으로써, 임원 선거에 출마하는 후보자가 자신이 원하는 방법으로 자신의 선거공약 등을 자유롭게 표현할 자유를 제한한다(헌재 2018. 2. 22. 2016헌바364).

(3) 새마을금고의 경영을 책임지는 임원에게는 고도의 윤리성이 요구되므로, 임원을 선거로 선출함에 있어서는 부정·타락행위를 방지하고 선거제도의 공정성을 확보해야 할 필요성이 크다. 심판대상조항은 새마을금고 임원 선거의 과열과 혼탁을 방지함으로써 선거의 공정성을 담보하고자 하는 것으로 그 입법목적이 정당하다. … 따라서 심판대상조항은 과잉금지원칙에 위반하여 결사의 자유 및 표현의 자유를 침해하지 아니한다(헌재 2018. 2. 22. 2016헌바364).

2595 '대한민국고엽제전우회'의 회원으로 가입한 사람은 '월남전참전자회'의 회원이 될 수 없도록 한 법률 규정은, 이미 설립된 고엽제전우회와의 중복 가입에 따른 단체 간 마찰을 최소화하고 인적 구성을 분리하기 위한 것이지만, 이로 인해 월남전 참전자 중 고엽제 관련자가 양 법인 중에서 회원으로 가입할 법인을 선택할 수 있는 결사의 자유를 과도하게 침해한다. 17 국가 7(추) O | X

심판대상조항의 입법목적은 양 법인의 중복가입에 따라 발생할 수 있는 두 단체 사이의 마찰, 중복지원으로 인한 예산낭비, 중복가입자의 이해상반행위를 방지하기 위한 것이다. … 또한 심판대상조항으로 인하여 고엽제 관련자가 월남전참전자회의 회원이 될 수 없는 것이 아니라 월남전 참전자 중 고엽제 관련자는 양 법인 중에서 회원으로 가입할 법인을 선택할 수 있고 언제라도 그 선택의 변경이 가능하므로 심판대상조항이 청구인의 결사의 자유를 전면적으로 제한하는 것은 아니다. 따라서 심판대상조항은 과잉금지원칙에 위배된다고 볼 수 없다(헌재 2016. 4. 28. 2014헌바442).

2596 변리사의 변리사회 가입의무를 규정한 「변리사법」상 조항은 결사의 자유를 침해한다. 24 경간 O | X

2596-1 변호사가 변호사 업무수행을 하던 중 변리사 등록을 한 경우 대한변리사회에 의무적으로 가입하게 하는 조항은 변호사의 직업수행의 자유를 침해한다. 18 국회 8 O | X

이 사건 가입조항은 변리사의 변리사회 의무가입을 통하여 변리사회의 대표성과 법적 지위를 강화함으로써 변리사회가 무료 변리 등의 공익사업, 산업재산권 및 변리사 제도·정책에 대한 연구·조사사업, 산업재산권에 관한 국제협력 및 교류 사업을 원활하게 수행할 수 있도록 하고 산업재산권에 대한 민관공조체제를 강화하여 궁극적으로 산업재산권 제도 및 관련 산업의 발전을 도모하기 위한 것으로, 그 입법목적의 정당성이 인정된다. … 이 사건 가입조항은 청구인의 소극적 결사의 자유 및 직업수행의 자유를 침해하지 않는다(헌재 2017. 12. 28. 2015헌마1000).

2597 안마사들로 하여금 의무적으로 대한안마사협회의 회원이 되어 정관을 준수하도록 하는 법률조항은, 그들 사이에 정보를 교환하고 친목을 도모하며 직업활동을 효과적으로 수행하도록 하기 위하여 국가가 적극적으로 개입하는 것이 필요하므로 안마사들의 결사의 자유를 침해하지 않는다. 16 변호사 O | X

안마사들은 시각장애로 말미암아 공동의 이익을 증진하기 위하여 개인적으로나 이익단체를 조직하여 활동하는 것이 용이하지 않고, 안마사들로 하여금 하나의 중앙회에 의무적으로 가입하도록 하여 전국적 차원의 단체를 존속시키는 것은 그들 사이에 정보를 교환하고 친목을 도모하며 직업수행 능력을 높일 수 있고, 시각장애인으로 하여금 직업 활동을 효과적으로 수행하도록 하기 위하여 국가가 적극적으로 개입하는 것이 필요하다. 이 사건 법률조항으로 안마사회에 의무적으로 가입하고 정관을 준수하고 회비를 납부하게 되지만 과다한 부담이라고 단정하기 어렵다. 이 사건 법률조항은 안마사들의 결사의 자유를 침해하지 않는다(헌재 2008. 10. 30. 2006헌가15).

● 정답 2595. X [결사의 자유 침해 X] 2596. X [결사의 자유 침해 아님] 2596-1. X [직업수행의 자유 침해 아님] 2597. ○

2598 운송사업자로 구성된 협회로 하여금 연합회에 강제로 가입하게 하고 임의로 탈퇴할 수 없도록 하는 「화물자동차 운수사업법」의 해당 조항 중 '운송사업자로 구성된 협회'에 관한 부분은 결사의 자유를 침해한다고 볼 수 없다. 23 소간 ○│X

연합회는 법령에 따라 다양한 공익적 기능을 수행하는바, 전국적인 단일 조직을 갖추지 못한다면 업무 수행의 효율성과 신속성 등이 저해될 우려가 있다. 국가나 지방자치단체가 공익적 기능을 직접 수행하거나 별개의 단체를 설립하는 방안은 연합회에의 가입강제 내지 임의탈퇴 불가와 같거나 유사한 효과를 가진다고 보기 어렵다. 따라서 심판대상조항이 과잉금지원칙에 위배되어 결사의 자유를 침해한다고 볼 수 없다(헌재 2022. 2. 24. 2018헌가8).

POINT 149 　 거주 · 이전의 자유 　 B

01 　 거주 · 이전의 자유

2599 거주 · 이전의 자유는 국가의 간섭 없이 자유롭게 거주와 체류지를 정할 수 있는 자유로서 정치 · 경제 · 사회 · 문화 등 모든 생활영역에서 개성신장을 촉진함으로써 헌법상 보장되고 있는 다른 기본권들의 실효성을 증대시켜 주는 기능을 하며, 국내에서 체류지와 거주지를 자유롭게 정할 수 있는 자유영역뿐 아니라 나아가 국외에서 체류지와 거주지를 자유롭게 정할 수 있는 '해외여행 및 해외이주의 자유'를 포함하고 덧붙여 대한민국의 국적을 이탈할 수 있는 '국적변경의 자유'도 포함한다. 17 법무사
○│X

2599-1 대한민국 국민의 거주 · 이전의 자유에는 대한민국을 떠날 수 있는 출국의 자유와 다시 대한민국으로 돌아올 수 있는 입국의 자유뿐만 아니라 대한민국 국적을 이탈할 수 있는 국적변경의 자유가 포함된다. 16 국가 7 ○│X

2599-2 헌법 제14조가 보장하는 거주 · 이전의 자유는 대한민국 영토 안에서 국가의 간섭이나 방해를 받지 않고 생활의 근거지와 거주지를 임의로 선택할 수 있는 자유를 뜻하므로, 이로부터 자신이 소속된 국적을 버리거나 변경할 자유가 파생된다고 볼 수는 없다. 18 국회 9 ○│X

거주 · 이전의 자유는 국가의 간섭없이 자유롭게 거주와 체류지를 정할 수 있는 자유로서 정치 · 경제 · 사회 · 문화 등 모든 생활영역에서 개성신장을 촉진함으로써 헌법상 보장되고 있는 다른 기본권들의 실효성을 증대시켜주는 기능을 한다. 구체적으로는 국내에서 체류지와 거주지를 자유롭게 정할 수 있는 자유영역뿐 아니라 나아가 국외에서 체류지와 거주지를 자유롭게 정할 수 있는 '해외여행 및 해외 이주의 자유'를 포함하고 덧붙여 대한민국의 국적을 이탈할 수 있는 '국적변경의 자유' 등도 그 내용에 포섭된다고 보아야 한다. 따라서 해외여행 및 해외이주의 자유는 필연적으로 외국에서 체류 또는 거주하기 위해서 대한민국을 떠날 수 있는 "출국의 자유"와 외국체류 또는 거주를 중단하고 다시 대한민국으로 돌아올 수 있는 '입국의 자유'를 포함한다(헌재 2004. 10. 28. 2003헌가18).

정답 2598. ○　2599. ○　2599-1. ○　2599-2. ✕ [국적변경의 자유 파생됨]

2600 국적을 이탈하거나 변경하는 것은 헌법 제14조가 보장하는 거주·이전의 자유에 포함된다. 22 변호사
O | X

2600-1 국적을 이탈하거나 변경하는 것은 헌법 제14조가 보장하는 거주·이전의 자유에 포함되지 않는다.
15 경정
O | X

2600-2 국적을 가지고 이를 변경할 수 있는 권리는 그 본질상 인간의 존엄과 가치 및 행복추구권을 규정하고 있는 헌법 제10조에서 도출되는 것으로 보아야 하고, 따라서 복수국적자가 대한민국 국적을 버릴 수 있는 자유도 마찬가지로 헌법 제10조에서 나오는 것이지 거주·이전의 자유에 포함되어 있는 것이 아니다. 20 법원 9
O | X

국적을 이탈하거나 변경하는 것은 헌법 제14조가 보장하는 거주·이전의 자유에 포함되고, 이 사건 법률조항들은 복수국적인 남성이 제1국민역에 편입된 때에는 그때부터 3개월 이내에 외국 국적을 선택하지 않으면 국적법 제12조 제3항 각 호에 해당하는 때, 즉 현역·상근예비역 또는 보충역으로 복무를 마치거나, 제2국민역에 편입되거나, 또는 병역면제처분을 받은 때에야 외국 국적의 선택 및 대한민국 국적의 이탈을 할 수 있도록 하고 있으므로, 이 사건 법률조항들은 복수국적인 청구인의 국적이탈의 자유를 제한한다(헌재 2015. 11. 26. 2013헌마805 등).

2601 거주·이전의 자유에는 국내에서의 거주·이전의 자유와 귀국의 자유가 포함되나 국외 이주의 자유와 해외여행의 자유는 포함되지 않는다. 19 국가 7
O | X

2601-1 거주·이전의 자유에는 국내에서의 거주·이전의 자유 외에도 국외 이주, 해외여행의 자유는 포함되나 귀국의 자유까지 포함되는 것은 아니다. 23 경정
O | X

우리 헌법 제14조 제1항은 "모든 국민은 거주·이전의 자유를 가진다."고 규정하고 있고, 이러한 **거주·이전의 자유에는 국내에서의 거주·이전의 자유**뿐 아니라 **국외 이주의 자유, 해외여행의 자유 및 귀국의 자유가 포함되는바**, 아프가니스탄 등 일정한 국가로의 이주, 해외여행 등을 제한하는 이 사건 고시로 인하여 청구인들의 거주·이전의 자유가 일부 제한된 점은 인정된다(헌재 2008. 6. 26. 2007헌마1366).

2602 아프가니스탄 북동부에 의료봉사활동을 하기 위해 여권을 신청했으나 테러위험을 이유로 여권 발급을 거부당한 경우, 거주·이전의 자유를 제한받은 것이다. 21 국회 8
O | X

2602-1 전쟁 또는 테러 위험이 있는 해외 위난지역에서 여권사용을 제한하는 것은 거주·이전의 자유를 침해한다. 17 국회 9
O | X

(1) 우리 헌법 제14조 제1항은 "모든 국민은 거주·이전의 자유를 가진다."고 규정하고 있고, 이러한 거주·이전의 자유에는 국내에서의 거주·이전의 자유뿐 아니라 국외 이주의 자유, 해외여행의 자유 및 귀국의 자유가 포함되는바, 아프가니스탄 등 일정한 국가로의 이주, 해외여행 등을 제한하는 이 사건 고시로 인하여 청구인들의 **거주·이전의 자유가 일부 제한**된 점은 인정된다(헌재 2008. 6. 26. 2007헌마1366).
(2) 외교통상부가 해외 위난지역에서의 국민을 보호하고자 **특정 해외 위난지역에서의 여권사용, 방문 또는 체류를 금지**한 이 사건 고시는 국민의 생명·신체 및 재산을 보호하기 위한 것으로 그 목적의 정당성과 수단의 적절성이 인정되며, … 부득이한 경우 예외적으로 외교통상부장관의 허가를 받아 여권의 사용 및 방문·체류가 가능하도록 함으로써 국민의 거주·이전의 자유에 대한 제한을 최소화하고 법익의 균형성도 갖추었다. … 결국 이 사건 고시가 과잉금지원칙에 위배되어 청구인들의 **거주·이전의 자유를 침해하였다고 볼 수 없다**(헌재 2008. 6. 26. 2007헌마1366).

● 정답 2600. O 2600-1. X [거주·이전의 자유에 포함됨] 2600-2. X [거주·이전의 자유에 포함됨] 2601. X [모두 포함됨] 2601-1. X [귀국의 자유까지 포함] 2602. O 2602-1. X [거주·이전의 자유 침해 아님]

2603 여행금지국가로 고시된 사정을 알면서도 외교부장관으로부터 예외적 여권사용 등의 허가를 받지 않고 여행금지국가를 방문하는 등의 행위를 형사처벌하는 여권법 규정은 국가의 재외국민 보호의무를 이행하기 위하여 법률에 구체화된 것으로서 그 목적의 정당성은 인정되나, 과도한 처벌 규정으로 인하여 거주·이전의 자유를 침해한다. 22 법원 9   O | X

이 사건 처벌조항의 입법목적은 국외 위난상황으로부터 국민의 생명·신체나 재산을 보호하고 국외 위난상황으로 인해 국가·사회에 미칠 수 있는 파급 효과를 사전에 예방하는 것이다. 이와 같은 이 사건 처벌조항의 입법목적은 정당하고, 이 사건 처벌조항은 이에 적합한 수단이다. … 그러므로 이 사건 처벌조항은 과잉금지원칙에 반하여 청구인의 거주·이전의 자유를 침해하지 않는다(헌재 2020. 2. 27. 2016헌마945).

2604 거주·이전의 자유는 성질상 법인이 누릴 수 있는 기본권이 아니므로, 법인의 대도시내 부동산 취득에 대하여 통상 보다 높은 세율인 5배의 등록세를 부과함으로써 법인의 대도시내 활동을 간접적으로 억제하는 것은 법인의 직업수행의 자유를 제한할 뿐이다. 20 법원 9   O | X

2604-1 법인이 대도시 내에서 하는 부동산등기에 대하여 통상보다 높은 세율의 등록세를 부과하는 것은 해당 법인의 거주·이전의 자유를 침해하지 않는다. 12 국가 7   O | X

2604-2 거주·이전의 자유는 국민에게 그가 선택할 직업을 그가 선택하는 임의의 장소에서 자유롭게 행사할 수 있는 권리까지 보장하는 것이므로, 법인의 대도시내 부동산취득에 대하여 통상보다 높은 세율인 5배의 등록세를 부과함으로써 법인의 대도시내 활동을 간접적으로 억제하는 것은 거주·이전의 자유를 침해하는 것이다. 16 경정   O | X

(1) 법인도 성질상 법인이 누릴 수 있는 기본권의 주체가 되고, 위 조항에 규정되어 있는 법인의 설립이나 지점 등의 설치, 활동거점의 이전 등은 법인이 그 존립이나 통상적인 활동을 위하여 필연적으로 요구되는 기본적인 행위유형들이라고 할 것이므로 이를 제한하는 것은 결국 헌법상 법인에게 보장된 **직업수행의 자유**와 **거주·이전의 자유를 제한**하는 것인가의 문제로 귀결된다(헌재 1996. 3. 28. 94헌바42).

(2) 구 지방세법 제138조 제1항 제3호가 법인의 대도시내의 부동산등기에 대하여 통상세율의 5배를 규정하고 있다 하더라도 그것이 대도시내에서 업무용 부동산을 취득할 정도의 재정능력을 갖춘 법인의 담세능력을 일반적으로 또는 절대적으로 초과하는 것이어서 그 때문에 법인이 대도시내에서 향유하여야 할 **직업수행의 자유**나 **거주·이전의 자유**의 자유가 형해화할 정도에 이르러 그 기본적인 내용이 침해되었다고 볼 수 없다(헌재 1996. 3. 28. 94헌바42).

2605 법인이 과밀억제권역 내에 본점의 사업용 부동산으로 건축물을 신축하여 이를 취득하는 경우, 취득세를 중과세하는 구「지방세법」조항은 법인의 영업의 자유를 제한하는 것으로서 법인의 거주·이전의 자유를 제한하는 것은 아니다. 19 국가 7   O | X

2605-1 법인이 과밀억제권역 내에 본점의 사업용 부동산으로 건축물을 신축하여 이를 취득하는 경우 취득세를 중과세하는 구「지방세법」조항은 거주·이전의 자유를 침해하는 것이다. 23 지방 7   O | X

이 사건 법률조항은 수도권 내의 과밀억제권역 안에서 법인의 본점의 사업용 부동산, 특히 본점용 건축물을 신축 또는 증축하는 경우에 취득세를 중과세하는 조항이므로, 이 사건 법률조항에 의하여 청구인의 거주·이전의 자유와 영업의 자유가 침해되는지 여부가 문제된다. … 구법과 달리 인구유입과 경제력 집중의 효과가 뚜렷한 건물의 신축, 증축 그리고 부속토지의 취득만을 그 적용대상으로 한정하여 부당하게 중과세할 소지를 제거하였다. 최근 대법원 판결도 구체적인 사건에서 인구유입이나 경제력집중 효과에 관한 판단을 전적으로 배제한 것으로는 보기 어렵다. 따라서 이 사건 법률조항은 거주·이전의 자유와 영업의 자유를 침해하지 아니한다(헌재 2014. 7. 24. 2012헌바408).

● 정답 2603. X [거주·이전의 자유 침해 아님] 2604. X [거주·이전의 자유: 법인에게 인정됨 / 직업수행의 자유와 거주·이전의 자유 제한함] 2604-1. O 2604-2. X [직업을 임의의 장소에서 자유롭게 행사할 권리 보장 X, 거주·이전의 자유 침해 아님] 2605. X [거주·이전의 자유도 제한] 2605-1. X [거주·이전의 자유 침해 아님]

02 보호영역이 아닌 경우

2606 거주·이전의 자유는 거주지나 체류지라고 볼 만한 정도로 생활과 밀접한 연관을 갖는 장소를 선택하고 변경하는 행위를 보호하는 기본권으로서, 생활의 근거지에 이르지 못하는 일시적인 이동을 위한 장소의 선택과 변경까지 그 보호영역에 포함되는 것은 아니다. 23 경찰 1차 O|X

거주·이전의 자유는 국민이 원활하게 개성신장과 경제활동을 해 나가기 위하여는 자유로이 생활의 근거지를 선택하고 변경하는 것이 필수적이라는 고려에 기하여 생활형성의 중심지 즉, **거주지나 체류지라고 볼 만한 정도로 생활과 밀접한 연관을 갖는 장소를 선택하고 변경하는 행위를 보호하는 기본권으로서, 생활의 근거지에 이르지 못하는 일시적인 이동을 위한 장소의 선택과 변경까지 그 보호영역에 포함되는 것은 아니다**(헌재 2011. 6. 30. 2009헌마406).

2607 거주·이전의 자유는 국민에게 그가 선택할 직업 내지 그가 취임할 공직을 그가 선택하는 임의의 장소에서 자유롭게 행사할 수 있는 권리까지 보장하는 것은 아니다. 23 경찰 1차 O|X

2607-1 선거일 현재 계속하여 일정기간 이상 당해 지방자치단체의 관할 구역에 주민등록이 되어 있을 것을 입후보요건으로 하는 공직취임의 자격에 관한 제한규정은 해당 공직에 취임하려고 하는 자에게 특정시점까지 특정지역으로의 이주를 강제하는 것으로 거주·이전의 자유를 침해한다. 16 경정 O|X

(1) 직업에 관한 규정이나 공직취임의 자격에 관한 제한규정이 그 직업 또는 공직을 선택하거나 행사하려는 자의 거주·이전의 자유를 간접적으로 어렵게 하거나 불가능하게 하거나 원하지 않는 지역으로 이주할 것을 강요하게 될 수 있다 하더라도, 그와 같은 조치가 특정한 직업 내지 공직의 선택 또는 행사에 있어서의 필요와 관련되어 있는 것인 한, 그러한 조치에 의하여 직업의 자유 내지 공무담임권이 제한될 수는 있어도 **거주·이전의 자유가 제한되었다고 볼 수는 없다.** 그러므로 선거일 현재 계속하여 90일 이상 당해 지방자치단체의 관할구역 안에 주민등록이 되어 있을 것을 입후보의 요건으로 하는 이 사건 법률조항으로 인하여 청구인이 그 체류지와 거주지의 자유로운 결정과 선택에 사실상 제약을 받는다고 하더라도 청구인의 **공무담임권**에 대한 위와 같은 제한이 있는 것은 별론으로 하고 **거주·이전의 자유가 침해되었다고 할 수는 없다**(헌재 1996. 6. 26. 96헌마200).

(2) 헌법 제14조는 "모든 국민은 거주·이전의 자유를 가진다."고 규정하여 거주·이전의 자유를 보장하고 있다. 이 거주·이전의 자유는 공권력의 간섭을 받지 아니하고 일시적으로 머물 체류지와 생활의 근거되는 거주지를 자유롭게 정하고 체류지와 거주지를 변경할 목적으로 자유롭게 이동할 수 있는 자유를 내용으로 한다. 그러나 **거주·이전의 자유가 국민에게 그가 선택할 직업 내지 그가 취임할 공직을 그가 선택하는 임의의 장소에서 자유롭게 행사할 수 있는 권리까지 보장하는 것은 아니다**(헌재 1996. 6. 26. 96헌마200).

2608 영내에 기거하는 군인은 그가 속한 세대의 거주지에서 등록하여야 한다고 규정하고 있는 「주민등록법」 제6조 제2항은 현역병의 거주·이전의 자유를 제한하지 않는다. 21 경정, 18 국회 9 O|X

2608-1 영내에 기거하는 군인은 그가 속한 세대의 거주지에서 등록하여야 한다고 규정하고 있는 「주민등록법」은 영내 기거 현역병의 거주·이전의 자유를 제한한다. 23 경정 O|X

2608-2 영내 기거하는 군인의 선거권 행사를 주민등록이 되어 있는 선거구로 한 것은 거주·이전의 자유를 침해한다. 17 국회 9 O|X

누구든지 주민등록 여부와 무관하게 **거주지를 자유롭게 이전**할 수 있으므로 주민등록 여부가 거주·이전의 자유와 직접적인 관계가 있다고 보기 어려우며, **영내 기거하는 현역병은 병역법으로 인해 거주·이전의 자유를 제한받게 되므로 이 사건 법률조항은 영내 기거 현역병의 거주·이전의 자유를 제한하지 않는다**(헌재 2011. 6. 30. 2009헌마59).

● 정답 2606. O 2607. O 2607-1. X [거주·이전의 자유 제한조차 아님] 2608. O 2608-1. X [거주·이전의 자유 제한조차 아님] 2608-2. X [거주·이전의 자유 제한조차 아님]

2609 거주지를 중심으로 중·고등학교의 입학을 제한하는 입학제도는 특정학교에 자녀를 입학시키려고 하는 부모에게 해당 학교가 소재하고 있는 지역으로의 이주를 사실상 강제하는 것으로 거주·이전의 자유를 침해하고 있는 것이다. 16 경정 O|X

이 사건 규정이 적용되는 학교에 자녀를 입학시키고자 하는 학부모는 생활상 발생할 수 있는 여러 가지 불이익을 감수하면서도 당해 학교 소재지로 거주지를 이전하여야 한다. 그러나 학부모는 원하는 경우 언제든지 자유로이 거주지를 이전할 수 있으므로 그와 같은 생활상의 불이익만으로는 이 사건 규정이 거주이전의 자유를 제한한다고는 할 수 없고, … 이 사건 규정이 청구인의 거주이전의 자유를 침해하는 것이라고는 할 수 없다(헌재 1995. 2. 23. 91헌마204).

2610 주거로 사용하던 건물이 수용될 경우 그 효과로 거주지도 이전하여야 하는 것은 사실이나 이는 토지 및 건물 등의 수용에 따른 부수적 효과로서 간접적·사실적 제약에 해당하므로, 정비사업조합에 수용권한을 부여하여 주택재개발 사업에 반대하는 청구인의 토지 등을 강제로 취득할 수 있도록 한 도시 및 주거환경정비법 조항이 청구인의 재산권을 침해하였는지 여부를 판단하는 이상 거주·이전의 자유 침해 여부는 별도로 판단하지 않는다. 20 법원 9 O|X

이 사건 수용조항은, 정비사업조합에 수용권한을 부여하여 주택재개발사업에 반대하는 청구인의 토지 등을 강제로 취득할 수 있도록 하고 있다. 따라서 이 사건 수용조항이 토지 등 소유자의 재산권을 침해하는지 여부가 문제된다. 청구인은 이 사건 수용조항으로 인하여 거주이전의 자유도 제한된다고 주장하고 있다. 주거로 사용하던 건물이 수용될 경우 그 효과로 거주지도 이전하여야 하는 것은 사실이나, 이는 토지 및 건물 등의 수용에 따른 부수적 효과로서 간접적, 사실적 제약에 해당하므로 거주이전의 자유 침해여부는 별도로 판단하지 않는다(헌재 2019. 11. 28. 2017헌바241).

2611 주택 등의 재산권에 대한 수용이 헌법 제23조 제3항이 정하고 있는 정당보상의 원칙에 부합하는 이상, 그러한 수용만으로 거주·이전의 자유를 침해한다고는 할 수 없다. 18 국회 9 O|X

이 사건 사업인정 의제조항에 의하여 주택 등에 대한 수용권이 발동됨으로써 주거이전의 자유가 사실상 제약당할 여지가 있으나, 주택 등의 재산권에 대한 수용이 헌법 제23조 제3항이 정하고 있는 정당보상의 원칙에 부합하는 이상 그러한 수용만으로 주거이전의 자유를 침해한다고는 할 수 없고, 더구나 이 사건 수용재결은 청구인 소유의 임야와 그 지상 잣나무 등을 대상으로 하는 것이어서 청구인의 주거이전의 자유의 침해와는 관련이 없는 것이다(헌재 2011. 11. 24. 2010헌바231).

03 관련판례

2612 여권발급 신청인이 북한 고위직 출신의 탈북 인사로서 신변에 대한 위해 우려가 있다는 이유로 신청인의 미국 방문을 위한 여권발급을 거부한 것은 거주·이전의 자유를 과도하게 제한하는 것으로서 위법하다. 23 지방 7 O|X

여권발급 신청인이 북한 고위직 출신의 탈북 인사로서 신변에 대한 위해 우려가 있다는 이유로 신청인의 미국 방문을 위한 여권발급을 거부한 것은 여권법 제8조 제1항 제5호에 정한 사유에 해당한다고 볼 수 없고 거주·이전의 자유를 과도하게 제한하는 것으로서 위법하다(대판 2008. 1. 24. 2007두10846).

정답 2609. X [거주·이전의 자유 제한조차 아님] 2610. O 2611. O 2612. O

2613 한약업사의 허가 및 영업행위에 대하여 지역적 제한을 가하는 것은 평등의 원칙과 거주·이전의 자유를 침해한다. 16 국가 7   O│X

한약업사의 허가 및 영업행위에 대하여 지역적 제한을 가한 내용의 약사법 제37조 제2항은 오로지 국민건강의 유지·향상이라는 공공의 복리를 위하여 마련된 것이고, 그 제한의 정도 또한 목적을 달성하기 위하여 적정한 것이라 할 것이므로 헌법 제11조의 평등의 원칙에 위배된다거나 헌법 제14조의 거주이전의 자유 및 헌법 제15조의 직업선택의 자유 등 기본권을 침해하는 것으로 볼 수 없어 헌법에 위반되지 아니한다(헌재 1991. 9. 16. 89헌마231).

2614 형사재판에 계속 중인 사람에 대하여 출국을 금지할 수 있다고 규정한 「출입국관리법」은 과잉금지원칙에 위배되어 출국의 자유를 침해한다. 23 경정   O│X

형사재판에 계속 중인 사람의 해외도피를 막아 국가 형벌권을 확보함으로써 실체적 진실발견과 사법정의를 실현하고자 하는 심판대상조항은 그 입법목적이 정당하고, 형사재판에 계속 중인 사람의 출국을 일정 기간 동안 금지할 수 있도록 하는 것은 이러한 입법목적을 달성하는 데 기여할 수 있으므로 수단의 적정성도 인정된다. … 따라서 심판대상조항은 과잉금지원칙에 위배되어 출국의 자유를 침해하지 아니한다(헌재 2015. 9. 24. 2012헌바302).

2615 법무부령이 정하는 금액 이상의 추징금 미납자에 대해 출국금지를 규정한 구 「출입국관리법」 조항은 기본권에 대한 침해가 적은 수단이 마련되어 있음에도 불구하고 추징금 납부를 강제하기 위한 압박수단으로 출국금지를 하는 것으로, 이는 필요한 정도를 넘는 과도한 출국의 자유를 제한하는 것이어서 과잉금지원칙에 위배된다. 23 경찰 1차   O│X

2615-1 추징은 몰수에 갈음하여 그 가액의 납부를 명령하는 사법처분이나 부가형의 성질을 갖는 일종의 형벌이고, 출국금지처분 역시 거주·이전의 자유를 제한하는 형벌적 성격을 갖기 때문에, 일정 금액 이상의 추징금을 미납한 자에게 내리는 출국금지처분은 이중처벌금지원칙에 위배된다. 24 경정   O│X

(1) 국가가 고액의 추징금 미납자에게 출국금지처분을 하는 것은 적어도 국가가 추징금에 관한 형벌권을 실현하는 목적을 달성하는데 적합한 하나의 수단이 될 수 있다. … 나아가 추징금을 납부하지 않는 자에 대한 출국금지로 국가형벌권 실현을 확보하고자 하는 국가의 이익은 형벌집행을 회피하고 재산을 국외로 도피시키려는 자가 받게되는 출국금지의 불이익에 비하여 현저히 크다. 이처럼 고액 추징금 미납자에게 하는 출국금지조치는 정당한 목적실현을 위해 상당한 비례관계가 유지되는 합헌적 근거 법조항에 따라 시행되는 제도이다(헌재 2004. 10. 28. 2003헌가18).
(2) 추징은 몰수에 갈음하여 그 가액의 납부를 명령하는 사법처분이나 부가형의 성질을 가지므로, 주형은 아니지만 부가형으로서의 추징도 일종의 형벌임을 부인할 수는 없다. 그러나 일정액수의 추징금을 납부하지 않은 자에게 내리는 출국금지의 행정처분은 형법 제41조상의 형벌이 아니라 형벌의 이행확보를 위하여 출국의 자유를 제한하는 행정조치의 성격을 지니고 있다. 그렇다면 심판대상 법조항에 의한 출국금지처분은 헌법 제13조 제1항 상의 이중처벌금지원칙에 위배된다고 할 수 없다(헌재 2004. 10. 28. 2003헌가18).

정답 2613. X [모두 침해 X]   2614. X [출국의 자유 침해 아님]   2615. X [과잉금지원칙에 위배되지 않음]   2615-1. X [이중처벌금지원칙 위배 X]

POINT 150 직업선택의 자유

01 직업선택의 자유

2616 1919년 바이마르 헌법이 최초로 직업의 자유를 명문화하였다. 우리 헌법은 건국헌법부터 직업의 자유를 명문화하였다. 14 국회 8 O|X

직업의 자유는 경제적인 생활영역에서 개인의 인격발현을 목적으로 하며 자유주의적 경제사회질서의 요소가 되는 기본권으로 <u>1919년 바이마르(Weimar) 헌법</u>이 최초로 명문화하였다. 우리 헌법은 1962년 **제3공화국 헌법**에서 **직업선택의 자유를 명문화하였다**. 제3공화국 헌법 전까지는 직업의 자유의 헌법적 근거를 거주·이전의 자유에서 찾았다.

2617 직업선택의 자유는 각자의 생활의 기본적 수요를 충족시키는 방편이 되고 개성신장의 바탕이 된다는 점에서 주관적 공권의 성격을 가지면서도 국민 개개인이 선택한 직업의 수행에 의하여 국가의 사회질서와 경제질서가 형성된다는 점에서 사회적 시장경제질서라고 하는 객관적 법질서의 구성요소이기도 하다. 22 소간 O|X

2617-1 직업의 자유의 법적 성격 자체가 주관적 공권의 성격이므로, 각자의 생활의 수요를 충족시키는 방편이 되고 또한 개성신장의 바탕이 된다는 점에서 객관적 법질서의 성격을 인정할 수 없는 것이 원칙이다. 14 국회 8 O|X

헌법 제15조에 의한 **직업선택의 자유**라 함은 자신이 원하는 직업 내지 직종을 자유롭게 선택하는 직업의 선택의 자유뿐만 아니라 그가 선택한 직업을 자기가 결정한 방식으로 자유롭게 수행할 수 있는 직업의 수행의 자유를 포함한다고 할 것인바, <u>이 자유는 각자의 **생활의 기본적 수요를 충족시키는 방편**이 되고 **개성신장의 바탕**이 된다는 점에서 **주관적 공권**의 성격을 가지면서도 국민 개개인이 선택한 직업의 수행에 의하여 국가의 사회질서와 경제질서가 형성된다는 점에서 **사회적 시장경제질서**라고 하는 **객관적 법질서의 구성요소이기도 하다**</u>(헌재 1995. 7. 21. 94헌마125).

02 직업의 개념

2618 직업이란 생활의 기본적 수요를 충족시키기 위한 계속적인 소득활동을 의미하며 그러한 내용의 활동인 한 그 종류나 성질을 묻지 않는다. 14 국회 8 O|X

<u>직업이란 **생활의 기본적 수요**를 충족시키기 위한 **계속적인 소득활동**을 의미하며 그러한 내용의 활동인 한 **그 종류나 성질을 불문하는데**</u> 헌법재판소는 직업선택의 자유를 비교적 폭넓게 인정하고 있으며 그에 관련하여 여러개의 판례를 남기고 있는 것이다(헌재 1993. 5. 13. 92헌마80).

2619 직업의 개념표지 가운데 '계속성'과 관련하여서는 주관적으로 활동의 주체가 어느 정도 계속적으로 해당 소득활동을 영위할 의사가 있고, 객관적으로도 그러한 활동이 계속성을 띨 수 있으면 족한 것으로 휴가기간 중에 하는 일, 수습직으로서의 활동 따위도 포함된다. 17 변호사 O|X

2619-1 직업의 자유에 의한 보호의 대상이 되는 직업은 생활의 기본적 수요를 충족시키기 위한 계속적 소득활동을 의미하며, 그 개념표지가 되는 '계속성'의 해석상 휴가기간 중에 하는 일, 수습직으로서의 활동 등은 이에 포함되지 않는다. 20 변호사 O|X

정답 2616. X [건국헌법 X → 제3공 헌법(1962년)부터 O] 2617. O 2617-1. X [객관적 법질서의 성격 인정] 2618. O 2619. O 2619-1. X [휴가 중 업무, 수습직 포함]

직업의 자유에 의한 보호의 대상이 되는 '직업'은 '생활의 기본적 수요를 충족시키기 위한 계속적 소득활동'을 의미하며 그러한 내용의 활동인 한 그 종류나 성질을 묻지 아니한다. 이러한 직업의 개념표지들은 개방적 성질을 지녀 엄격하게 해석할 필요는 없는바, '계속성'과 관련하여서는 주관적으로 활동의 주체가 어느 정도 계속적으로 해당 소득활동을 영위할 의사가 있고, 객관적으로도 그러한 활동이 계속성을 띨 수 있으면 족하다고 해석되므로 휴가기간 중에 하는 일, 수습직으로서의 활동 따위도 이에 포함된다고 볼 것이고, 또 '생활수단성'과 관련하여서는 단순한 여가활동이나 취미활동은 직업의 개념에 포함되지 않으나 겸업이나 부업은 삶의 수요를 충족하기에 적합하므로 직업에 해당한다고 말할 수 있다(헌재 2003. 9. 25. 2002헌마519).

2620 생활수단성과 관련하여서는 단순한 여가활동이나 취미활동은 직업의 개념에 포함되지 않으나 겸업이나 부업은 삶의 수요를 충족하기에 적합하므로 직업에 해당한다. 20 법원 9   O | X

직업의 자유에 의한 보호의 대상이 되는 '직업'은 '생활의 기본적 수요를 충족시키기 위한 계속적 소득활동'을 의미하며 그러한 내용의 활동인 한 그 종류나 성질을 묻지 아니한다. 이러한 직업의 개념표지들은 개방적 성질을 지녀 엄격하게 해석할 필요는 없는바, '계속성'과 관련하여서는 주관적으로 활동의 주체가 어느 정도 계속적으로 해당 소득활동을 영위할 의사가 있고, 객관적으로도 그러한 활동이 계속성을 띨 수 있으면 족하다고 해석되므로 휴가기간 중에 하는 일, 수습직으로서의 활동 따위도 이에 포함된다고 볼 것이고, 또 '생활수단성'과 관련하여서는 단순한 여가활동이나 취미활동은 직업의 개념에 포함되지 않으나 겸업이나 부업은 삶의 수요를 충족하기에 적합하므로 직업에 해당한다고 말할 수 있다(헌재 2003. 9. 25. 2002헌마519).

2621 직업의 자유에 의한 보호의 대상이 되는 '직업'은 '생활의 기본적 수요를 충족시키기 위한 계속적 소득활동'을 의미하며 그러한 내용의 활동인 한 그 종류나 성질을 묻지 아니하므로, 대학생이 방학기간을 이용하여 학비 등을 벌기 위하여 학원강사로서 일하는 행위도 직업의 자유의 보호영역에 속한다. 21 법무사   O | X

2621-1 계속성과 생활수단성을 개념표지로 하는 직업의 개념에 비추어 보면 학업 수행이 본업인 대학생의 경우 방학기간을 이용하여 또는 휴학 중에 학비 등을 벌기 위해 학원강사로서 일하는 행위는 일시적인 소득활동으로서 직업의 자유의 보호영역에 속하지 않는다. 22 해경, 13 국회 9   O | X

우리 헌법 제15조는 "모든 국민은 직업선택의 자유를 가진다"고 규정하여 직업의 자유를 국민의 기본권의 하나로 보장하고 있는바, 직업의 자유에 의한 보호의 대상이 되는 '직업'은 '생활의 기본적 수요를 충족시키기 위한 계속적 소득활동'을 의미하며 그러한 내용의 활동인 한 그 종류나 성질을 묻지 아니한다. … 위에서 살펴본 '직업의 개념에 비추어 보면 비록 학업 수행이 청구인과 같은 대학생의 본업이라 하더라도 방학기간을 이용하여 또는 휴학 중에 학비 등을 벌기 위해 학원강사로서 일하는 행위는 어느 정도 계속성을 띤 소득활동으로서 직업의 자유의 보호영역에 속한다고 봄이 상당하다(헌재 2003. 9. 25. 2002헌마519).

2622 인터넷 게임의 결과물의 환전, 즉 게임이용자로부터 게임 결과물을 매수하여 다른 게임이용자에게 이윤을 붙여 되파는 것을 영업으로 하는 것은 생활의 기본적 수요를 충족시키는 계속적인 소득활동이 될 수 있으므로, 게임 결과물의 환전업은 헌법 제15조가 보장하고 있는 직업에 해당한다. 16 경정   O | X

이 사건에서 문제되는 게임 결과물의 환전은 게임이용자로부터 게임 결과물을 매수하여 다른 게임이용자에게 이윤을 붙여 되파는 것으로, 이러한 행위를 영업으로 하는 것은 생활의 기본적 수요를 충족시키는 계속적인 소득활동이 될 수 있으므로, 게임 결과물의 환전업은 헌법 제15조가 보장하고 있는 직업에 해당한다(헌재 2010. 2. 25. 2009헌바38).

● 정답 2620. ○   2621. ○   2621-1. X [계속성을 띤 소득활동으로서 직업의 자유 보호영역에 속함]   2622. ○

2623 헌법 제15조에서 보장하는 '직업'이란 생활의 기본적 수요를 충족시키기 위하여 행하는 계속적인 소득활동을 의미하는바, 성매매는 그것이 가지는 사회적 유해성과는 별개로 성판매자의 입장에서 생활의 기본적 수요를 충족하기 위한 소득활동에 해당함은 부인할 수 없으므로, 성매매를 한 자를 형사처벌하는 「성매매알선등 행위의 처벌에 관한 법률」조항은 성판매자의 직업선택의 자유를 제한한다. 22 경정   O | X

2623-1 직업이란 생활의 기본적 수요를 충족시키기 위한 계속적인 소득활동으로서 공공에 무해한 것을 의미하므로, 성매매를 한 자를 형사처벌하는 법률조항은 성판매자의 직업선택의 자유를 제한하는 것이 아니다. 24 입시   O | X

2623-2 헌법 제15조에서 보장하는 직업이란 생활의 기본적 수요를 충족시키기 위하여 행하는 계속적인 소득활동을 의미하고, 성매매는 그것이 가지는 사회적 유해성과는 별개로 성판매자의 입장에서 생활의 기본적 수요를 충족하기 위한 소득활동에 해당함을 부인할 수 없으나, 성매매자를 처벌하는 것은 과잉금지원칙에 반하지 않는다. 20 지방 7   O | X

헌법 제15조에서 보장하는 '직업'이란 생활의 기본적 수요를 충족시키기 위하여 행하는 계속적인 소득활동을 의미하고, **성매매는** 그것이 가지는 사회적 유해성과는 별개로 성판매자의 입장에서 **생활의 기본적 수요를 충족하기 위한 소득활동**에 해당함을 부인할 수 없다 할 것이므로, 심판대상조항은 **성판매자의 직업선택의 자유도 제한**하고 있다. … 심판대상조항은 개인의 성적 자기결정권, 사생활의 비밀과 자유, **직업선택의 자유를 침해하지 아니한다**(헌재 2016. 3. 31. 2013헌가2).

2624 판매를 목적으로 모의총포를 소지하는 행위는 일률적으로 영업활동으로 볼 수는 없지만, 소지의 목적이나 정황에 따라 이를 영업을 위한 준비행위로 보아 영업활동의 일환으로 평가할 수 있으므로 직업의 자유의 보호범위에 포함될 수 있다. 17 경정   O | X

청구인은 판매를 목적으로 모의총포를 소지하는 자인바 소지하는 행위 자체를 일률적으로 영업활동이라 볼 수는 없지만, 그 소지 목적이나 정황적 근거에 따라 소지행위가 영업을 위한 준비행위로서 **영업활동의 일환**으로 평가될 수 있고, 이 사건 법률조항에 의하여 금지되는 소지행위도 영업으로서 **직업의 자유의 보호범위**에 포함될 수 있다(헌재 2011. 11. 24. 2011헌바18).

2625 '직업'이란 생활의 기본적 수요를 충족시키기 위해서 행하는 계속적인 소득활동을 의미하므로 학교운영위원이 무보수 봉사직이라는 점을 고려하면 운영위원으로서의 활동을 헌법상 직업의 개념에 포함시킬 수 없다. 24 경정   O | X

2625-1 직업이란 생활의 기본적 수요를 충족하기 위한 계속적인 소득활동을 의미하는 바, 이에 의하면 휴가기간 중에 하는 일, 무보수 봉사직은 헌법상의 직업의 개념에 포함될 수 없다. 15 법무사   O | X

2625-2 공립학교 학교운영위원회를 당해 학교의 교원대표·학부모대표 및 지역사회인사로만 구성하도록 하여 행정직원이 학교운영위원회의 직원대표로 입후보하는 것을 원천적으로 배제하는 것은 직업의 자유를 과도하게 제한한다. 11 법원 9   O | X

'직업'이란 생활의 기본적 수요를 충족시키기 위해서 행하는 계속적인 소득활동을 의미하는바, **학교운영위원이 무보수 봉사직**이라는 점을 고려하면 운영위원으로서의 활동을 **직업으로 보기 어려우므로** 이 사건 법률조항이 **직업선택의 자유와 관련되는 것은 아니라 할 것**이다(헌재 2007. 3. 29. 2005헌마1144).

◆정답 2623. O   2623-1. X [공공에 무해한 것 의미 X, 성판매자의 직업선택의 자유 제한]   2623-2. O   2624. O   2625. O   2625-1. X [휴가 중 업무는 직업에 포함됨]   2625-2. X [직업의 자유 제한 아님]

03 보호영역

2626 헌법 제15조가 규정하는 직업선택의 자유는 자신이 원하는 직업을 자유롭게 선택하는 좁은 의미의 '직업선택의 자유'와 그가 선택한 직업을 자기가 원하는 방식으로 자유롭게 수행할 수 있는 '직업수행의 자유'를 포함하는 직업의 자유를 의미한다. 16 법원 9   O | X

헌법 제15조에 의한 **직업선택의 자유**는 자신이 원하는 직업을 자유롭게 선택하는 **좁은 의미의 직업선택의 자유**와 그가 선택한 직업을 자기가 원하는 방식으로 자유롭게 수행할 수 있는 **직업수행의 자유**를 포함하는 **직업의 자유**를 뜻한다. 여기서 "직업"이란 생활의 기본적 수요를 충족시키기 위해서 행하는 계속적인 소득활동을 의미하며, 이러한 내용의 활동인 한 그 종류나 성질을 묻지 않는다(헌재 1998. 3. 26. 97헌마194).

2627 직업선택의 자유에는 직업결정의 자유, 직업종사(직업수행)의 자유, 전직의 자유 등이 포함된다.
22 경정   O | X

헌법 제15조의 직업선택의 자유에는 **직업결정의 자유, 직업종사(직업수행)의 자유, 전직의 자유** 등이 포함되지만, 직업결정의 자유나 전직의 자유에 비하여 직업종사(직업수행)의 자유에 대하여서는 상대적으로 더욱 넓은 법률상의 규제가 가능하다(헌재 1999. 9. 16. 96헌마39).

2628 헌법 제15조에 의한 직업선택의 자유에는 직업수행의 자유, 전직의 자유, 직장선택의 자유 등도 포함되는 것으로 이해된다. 20 소간   O | X

헌법 제15조에 따라 모든 국민은 직업선택의 자유를 가진다. 따라서 국민은 누구나 자유롭게 자신이 종사할 **직업을 선택**하고, 그 **직업에 종사**하며, **이를 변경**할 수 있다. 이에는 개인의 직업적 활동을 하는 장소 즉 **직장을 선택할 자유**도 포함된다(헌재 1989. 11. 20. 89헌가102).

2629 개인이 다수의 직업을 선택하여 동시에 행사하는 겸직의 자유는 직업의 자유에 포함된다. 20 경정, 17 입시   O | X

헌법 제15조는 모든 국민은 직업선택의 자유를 가진다고 규정하고 있는데 그 뜻은 누구든지 자기가 선택한 직업에 종사하여 이를 영위하고 언제든지 임의로 그것을 바꿀 수 있는 자유와 여러 개의 직업을 선택하여 동시에 함께 행사할 수 있는 자유, 즉 **겸직의 자유**도 가질 수 있다는 것이다(헌재 1997. 4. 24. 95헌마90).

2630 직업선택의 자유에는 자신이 원하는 직업 내지 직종에 종사하는데 필요한 전문지식을 습득하기 위한 직업교육장을 임의로 선택할 수 있는 '직업교육장 선택의 자유'도 포함된다. 21 경정, 19 경정, 12 지방 7   O | X

2630-1 직업선택의 자유에 직업 내지 직종에 종사하는데 필요한 전문지식을 습득하기 위한 직업교육장을 임의로 선택할 수 있는 직업교육장 선택의 자유까지 포함되는 것은 아니다. 20 소간   O | X

헌법 제15조에 의한 직업선택의 자유라 함은 자신이 원하는 직업 내지 직종을 자유롭게 선택하는 직업선택의 자유뿐만 아니라 그가 선택한 직업을 자기가 결정한 방식으로 자유롭게 수행할 수 있는 직업수행의 자유를 포함한다. 그리고 **직업선택의 자유**에는 자신이 원하는 직업 내지 직종에 종사하는데 필요한 전문지식을 습득하기 위한 직업교육장을 임의로 선택할 수 있는 '**직업교육장 선택의 자유**'도 포함된다(헌재 2009. 2. 26. 2007헌마1262).

정답 2626. O 2627. O 2628. O 2629. O 2630. O 2630-1. X [직업교육장 선택의 자유 포함]

2631 로스쿨에 입학하는 자들에 대하여 학사 전공별, 출신 대학별로 로스쿨 입학정원의 비율을 각각 규정한 법학전문대학원 설치·운영에 관한 법률 조항은 변호사가 되기 위한 과정에 있어 필요한 전문지식을 습득할 수 있는 로스쿨에 입학하는 것을 제한할 뿐이므로 직업선택의 자유를 제한하는 것으로 보기 어렵다. 18 경정 O | X

2631-1 법학전문대학원 입학자 중 법학 외의 분야 및 당해 법학전문대학원이 설치된 대학 외의 대학에서 학사학위를 취득한 자가 차지하는 비율이 입학자의 3분의 1 이상이 되도록 규정한 「법학전문대학원 설치·운영에 관한 법률」 조항은 직업의 자유를 침해하지 않는다. 23 경간 O | X

(1) 직업선택의 자유에는 자신이 원하는 직업 내지 직종에 종사하는데 필요한 전문지식을 습득하기 위한 직업교육장을 임의로 선택할 수 있는 '직업교육장 선택의 자유'도 포함된다. 그런데 법 제26조 제2항 및 제3항이 로스쿨에 입학하는 자들에 대하여 학사 전공별로, 그리고 출신 대학별로 로스쿨 입학정원의 비율을 각각 규정한 것은 변호사가 되기 위하여 필요한 전문지식을 습득할 수 있는 로스쿨에 입학하는 것을 제한하는 것이기 때문에 **직업교육장 선택의 자유 내지 직업선택의 자유를 제한**한다고 할 것이다(헌재 2009. 2. 26. 2007헌마1262).

(2) 다양한 전공자를 대상으로 전문적인 법학교육을 실시하고 다양한 학문풍토를 조성하고자 하는 이 사건 법률 제26조 제2항 및 제3항이 추구하는 입법목적의 정당성이 인정되고, 전공과 출신대학에 따라 로스쿨 입학정원 비율을 제한하는 것은 이 사건 법률 제26조 제2항 및 제3항이 추구하는 입법목적을 달성하기 위한 적절한 방법이 될 수 있고, 입법목적을 달성하는 수단을 선택함에 있어서 입법자의 선택재량의 범위를 일탈하였다고 볼 수 없어서 최소침해성원칙에도 위배되지 아니하며, 로스쿨을 지원함에 있어서 청구인들이 받게 되는 불이익보다 위와 같은 입법목적을 달성하여 얻게 되는 공익이 훨씬 더 크다고 할 것이어서 법익균형성원칙에도 위배되지 아니하므로, 이 사건 법률 제26조 제2항 및 제3항은 비례의 원칙에 위배되지 않기 때문에 청구인들의 **직업선택의 자유를 침해하지 아니한다**(헌재 2009. 2. 26. 2007헌마1262).

2632 교육부장관이 학교법인 ○○학당에게 한 법학전문대학원 설치인가 중 여성만을 입학자격요건으로 하는 입학전형계획을 인정한 부분은 남성인 청구인의 직업선택의 자유를 제한한다. 24 경찰 1차 O | X

교육부장관의 이 사건 인가처분은 학교법인 이화학당이 법학전문대학원 설치인가를 받기 위해 제출한 입학전형계획을 그대로 인정함으로써 **남성인 청구인의 직업선택의 자유를 제한**하고 있다. … 이 사건 인가처분은 청구인의 직업선택의 자유와 대학의 자율성이라는 두 기본권을 합리적으로 조화시킨 것이며 양 기본권의 제한에 있어 적정한 비례관계를 유지한 것이라고 할 것이다. 따라서 이 사건 인가처분이 청구인의 **직업선택의 자유를 침해한다고 할 수 없다**(헌재 2013. 5. 30. 2009헌마514).

2633 헌법 제15조에서 보장하는 직업의 자유에는 기업의 설립과 경영의 자유를 의미하는 기업의 자유도 포함된다. 22 법무사 O | X

헌법은 제15조에서 **직업의 자유를 보장**하고 있고 여기에는 **기업의 설립과 경영의 자유를 의미**하는 **기업의 자유가 포함된다**(헌재 2019. 12. 27. 2017헌마1366 등).

2634 직업의 자유는 영업의 자유와 기업의 자유를 포함하고, 이러한 영업 및 기업의 자유를 근거로 원칙적으로 누구나가 자유롭게 경쟁에 참여할 수 있다. 23 해경, 20 5급 O | X

2634-1 경쟁의 자유는 기본권의 주체가 직업의 자유를 실제로 행사하는 데에서 나오는 결과이므로 당연히 직업의 자유에 의하여 보장되고, 다른 기업과의 경쟁에서 국가의 간섭이나 방해를 받지 않고 기업활동을 할 수 있는 자유를 의미한다. 22 경정, 18 경정 O | X

● 정답 2631. X [직업선택의 자유 제한] 2631-1. O 2632. O 2633. O 2634. O 2634-1. O

직업의 자유는 **영업의 자유와 기업의 자유**를 포함하고, 이러한 영업 및 기업의 자유를 근거로 원칙적으로 누구나 **자유롭게 경쟁에 참여**할 수 있다. **경쟁의 자유**는 기본권의 주체가 직업의 자유를 실제로 행사하는 데에서 나오는 결과이므로 당연히 직업의 자유에 의하여 보장되고, 다른 기업과의 경쟁에서 국가의 간섭이나 방해를 받지 않고 **기업활동을 할 수 있는 자유**를 의미한다(헌재 1996. 12. 26. 96헌가18).

2635 법 규정이 직업의 자유를 직접 규율하고자 하는 것은 아니지만 간접적으로 직업의 행사를 저해하거나 불가능하게 하는 경우에도 직업의 자유에 대한 제한이 인정될 수 있다. 22 법무사   O | X

이 사건 시행령조항은 차량소유자에게 타인에 관한 광고를 금지함으로써, 비영업용 차량을 광고매체로 활용하는 신종 광고대행업을 운영하려는 청구인들의 직업의 자유를 제한하는 효과를 부수적으로 가져온다. 법규정이 비록 직업의 자유를 직접 규율하고자 하는 것은 아니지만 **간접적으로 직업의 행사를 저해하거나 또는 불가능하게** 하는 경우에도, **직업의 자유에 대한 제한이 인정될 수 있다**(헌재 2002. 12. 18. 2000헌마764).

2636 상업광고는 표현의 자유의 보호영역에 속하면서 동시에 직업의 자유의 보호영역에도 속한다. 18 5급   O | X

상업광고는 **표현의 자유의 보호영역**에 속하지만 사상이나 지식에 관한 정치적, 시민적 표현행위와는 차이가 있고, 한편 **직업수행의 자유의 보호영역**에 속하지만 인격발현과 개성신장에 미치는 효과가 중대한 것은 아니다(헌재 2005. 10. 27. 2003헌가3).

2637 직장선택의 자유는 원하는 직장을 제공하여 줄 것을 청구하거나 한번 선택한 직장의 존속보호를 청구할 권리를 보장하지 않으며, 또한 사용자의 처분에 따른 직장 상실로부터 직접 보호하여 줄 것을 청구할 수도 없다. 다만 국가는 이 기본권에서 나오는 객관적 보호의무, 즉 사용자에 의한 해고로부터 근로자를 보호할 의무를 질 뿐이다. 22 경채   O | X

2637-1 직장선택의 자유는 개인이 선택한 직업분야에서 구체적인 취업의 기회를 가지거나, 이미 형성된 근로관계를 계속 유지하거나 포기하는 데에 있어 국가의 방해를 받지 않는 자유로운 선택·결정을 보호하는 것을 내용으로 하는바, 이 기본권은 원하는 직장을 제공하여 줄 것을 청구하거나 한번 선택한 직장의 존속보호를 청구할 권리를 보장하며, 사용자의 처분에 따른 직장상실로부터 보호하여 줄 것을 청구할 권리도 보장한다. 22 경정   O | X

직업의 자유는 독립적 형태의 직업활동 뿐만 아니라 고용된 형태의 종속적인 직업활동도 보장한다. 따라서 **직업선택의 자유는 직장선택의 자유를 포함**한다. … 이러한 **직장선택의 자유**는 개인이 그 선택한 직업분야에서 **구체적인 취업의 기회를 가지거나, 이미 형성된 근로관계를 계속 유지하거나 포기**하는 데에 있어 **국가의 방해를 받지 않는 자유로운 선택·결정을 보호**하는 것을 내용으로 한다. 그러나 이 **기본권은 원하는 직장을 제공하여 줄 것을 청구**하거나 **한번 선택한 직장의 존속보호를 청구할 권리를 보장하지 않으며**, 또한 **사용자의 처분에 따른 직장 상실로부터 직접 보호하여 줄 것을 청구할 수도 없다.** 다만 **국가는** 이 기본권에서 나오는 객관적 보호의무, 즉 **사용자에 의한 해고로부터 근로자를 보호할 의무를 질 뿐이다**(헌재 2002. 11. 28. 2001헌바50).

2638 직업의 자유에는 해당 직업에 합당한 보수를 받을 권리까지 포함되어 있다고 보기 어려우므로 자신이 원하는 수준보다 적은 보수를 법령에서 규정하고 있다고 하여 직업선택이나 직업수행의 자유가 침해된다고 할 수 없다. 21 경정. 20 변호사   O | X

2638-1 직업의 자유에는 '해당 직업에 합당한 보수를 받을 권리'까지 포함되어 있어서 노동자는 동일하거나 동급, 동질의 유사 다른 직업군에서 수령하는 보수에 상응하는 보수를 요구할 수 있다. 17 변호사   O | X

정답 2635. O   2636. O   2637. O   2637-1. X [직장제공, 존속보호, 직장상실 보호 보장 X]   2638. O   2638-1. X [합당한 보수를 받을 권리 포함 X]

청구인들은 이 사건 입법부작위로 인하여 직업의 자유, 평등권, 재산권, 행복추구권이 침해되었다고 주장한다. 그런데 시행령이 제정되지 않아 법관, 검사와 같은 보수를 받지 못한다 하더라도, 직업의 자유에 '해당 직업에 합당한 보수를 받을 권리'까지 포함되어 있다고 보기 어려우므로 청구인들의 직업선택이나 직업수행의 자유가 침해되었다고 할 수 없다(헌재 2004. 2. 26. 2001헌마718).

2639 직업의 자유에 '해당 직업에 합당한 보수를 받을 권리'까지 포함되어 있다고 보아야 하므로, 경장의 1호봉 봉급월액을 중사의 1호봉 봉급월액보다 적게 규정한 것은 청구인의 직업수행의 자유를 침해한 것이다. 22 경찰 1차   O | X

직업의 자유에 '해당 직업에 합당한 보수를 받을 권리'까지 포함되어 있다고 보기 어려우므로 이 사건 법령조항이 청구인이 원하는 수준 보다 적은 봉급월액을 규정하고 있다고 하여 이로 인해 청구인의 직업선택이나 직업수행의 자유가 침해되었다고 할 수 없고, 위 조항은 경찰공무원인 경장의 봉급표를 규정한 것으로서 개성 신장을 위한 행복추구권의 제한과는 직접적인 관련이 없으므로, 청구인의 위 주장들은 모두 이유 없다(헌재 2008. 12. 26. 2007헌마444).

2640 헌법이 보장하는 직업의 자유는 자신이 원하는 직업 내지 직종을 자유롭게 선택하고 선택한 직업을 자유롭게 수행할 수 있음을 그 내용으로 하는 것이므로, 특정인에게 배타적·우월적인 직업선택권이나 독점적인 직업활동의 자유까지도 보장하는 것이다. 14 국회 8   O | X

직업의 자유도 본질적인 내용에 대한 침해가 아닌 한 국가안전보장·질서유지 또는 공공복리를 위하여 법률로서 제한될 수 있는 것이며 또 직업의 자유가 보장된다고 하여 그것이 반드시 특정인에게 배타적인 직업선택권이나 독점적인 직업활동의 자유를 보장하는 것은 아니다(헌재 1997. 10. 30. 96헌마109).

04 주체

2641 외국인에게는 제한적으로 직업의 자유에 대한 기본권주체성을 인정할 수 있는데, 근로관계가 형성되기 전단계인 특정한 직업을 선택할 수 있는 권리는 국가정책에 따라 법률로써 외국인에게 제한적으로 허용되는 것이지 헌법상 기본권에서 유래되는 것은 아니다. 23 경찰 1차   O | X

2641-1 직업의 자유는 인류보편적인 성격을 지니고 있으므로, 이미 근로관계가 형성되어 있는 경우뿐만 아니라 근로관계가 형성되기 전단계인 특정한 직업을 선택할 수 있는 권리도 외국인에게 인정되는 기본권이다. 19 서울 7(추)   O | X

헌법재판소의 결정례 중에는 외국인이 대한민국 법률에 따른 허가를 받아 국내에서 일정한 직업을 수행함으로써 근로관계가 형성된 경우, 그 직업은 그 외국인의 생활의 기본적 수요를 충족시키는 방편이 되고 또한 개성신장의 바탕이 된다는 점에서 외국인은 그 근로관계를 계속 유지함에 있어서 국가의 방해를 받지 않고 자유로운 선택과 결정을 할 자유가 있고 그러한 범위에서 제한적으로 직업의 자유에 대한 기본권주체성을 인정할 수 있다고 하였다. 하지만 이는 이미 근로관계가 형성되어 있는 예외적인 경우에 제한적으로 인정한 것에 불과하다. 그러한 근로관계가 형성되기 전단계인 특정한 직업을 선택할 수 있는 권리는 국가정책에 따라 법률로써 외국인에게 제한적으로 허용되는 것이지 헌법상 기본권에서 유래되는 것은 아니다(헌재 2014. 8. 28. 2013헌마359).

정답 2639. X [합당한 보수를 받을 권리 포함 X / 직업수행의 자유 침해 X]   2640. X [배타적 직업선택권 및 독점적 직업활동의 자유 보장 X]
2641. O   2641-1. X [근로관계 형성 전 직업선택권 외국인 인정 X]

2642 직장 선택의 자유는 인간의 존엄과 가치 및 행복추구권과도 밀접한 관련을 가지는 만큼 단순히 국민의 권리가 아닌 인간의 권리이기 때문에, 외국인도 국내에서 제한 없이 직장 선택의 자유를 향유할 수 있다고 보아야 한다. 21 경정 O│X

2642-1 외국인에게도 직장 선택의 자유에 대한 기본권 주체성을 인정한다는 것은 곧바로 이들에게 우리 국민과 동일한 수준의 직장 선택의 자유가 보장된다는 것을 의미한다. 22 국회 8, 12 지방 7 O│X

직업의 자유 중 이 사건에서 문제되는 **직장 선택의 자유**는 인간의 존엄과 가치 및 행복추구권과도 밀접한 관련을 가지는 만큼 단순히 국민의 권리가 아닌 **인간의 권리**로 보아야 할 것이므로 권리의 성질상 참정권, 사회권적 기본권, 입국의 자유 등과 같이 외국인의 기본권 주체성을 전면적으로 부정할 수는 없고, **외국인도 제한적으로라도 직장 선택의 자유를 향유**할 수 있다고 보아야 한다. 한편 기본권 주체성의 인정문제와 기본권제한의 정도는 별개의 문제이므로, 외국인에게 직장 선택의 자유에 대한 기본권 주체성을 인정한다는 것이 곧바로 이들에게 **우리 국민과 동일한 수준의 직장 선택의 자유**가 보장된다는 것을 의미하는 것은 **아니라고 할 것**이다(헌재 2011. 9. 29. 2009헌마351).

2643 외국인 근로자의 사업장 변경을 원칙적으로 3회를 초과할 수 없도록 하는 규정은 외국인 근로자에게 일단 형성된 근로관계를 포기하는 것을 제한하기 때문에 직업선택의 자유에 대한 제한이 아니라 근로의 권리에 대한 제한으로 보아야 한다. 20 국회 8 O│X

2643-1 근로의 권리란 '일할 자리에 관한 권리'와 '일할 환경에 관한 권리'를 말하며, 후자는 건강한 작업환경, 일에 대한 정당한 보수, 합리적인 근로조건의 보장 등을 요구할 수 있는 권리 등을 의미하는바, 직장 변경의 횟수를 제한하고 있는 법률조항은 '일할 자리에 관한 권리'로서의 근로의 권리를 제한하는 것이다. 21 소간 O│X

2643-2 외국인근로자의 사업장 이동을 3회로 제한하는 것은 직업의 자유를 침해하지 않는다. 17 입시 O│X

(1) **근로의 권리란 "일할 자리에 관한 권리"와 "일할 환경에 관한 권리"**를 말하며, 후자는 건강한 작업환경, 일에 대한 정당한 보수, 합리적인 근로조건의 보장 등을 요구할 수 있는 권리 등을 의미하는바, **직장변경의 횟수를 제한**하고 있는 이 사건 법률 조항은 위와 같은 **근로의 권리를 제한하는 것은 아니라 할 것**이다. … 이 사건 법률조항은 외국인근로자의 사업장 최대변경가능 횟수를 설정하고 있는바, 이로 인하여 외국인근로자는 일단 형성된 근로관계를 포기(직장이탈)하는 데 있어 제한을 받게 되므로 이는 **직업선택의 자유 중 직장 선택의 자유를 제한**하고 있다(헌재 2011. 9. 29. 2007헌마1083 등).

(2) 이 사건 법률조항은 일정한 사유가 있는 경우에 외국인근로자에게 3년의 체류기간 동안 3회까지 사업장을 변경할 수 있도록 하고 대통령령이 정하는 부득이한 사유가 있는 경우에는 추가로 사업장변경이 가능하도록 하여 외국인근로자의 사업장 변경을 일정한 범위 내에서 가능하도록 하고 있으므로 이 사건 법률조항이 입법자의 재량의 범위를 넘어 명백히 불합리하다고 할 수는 없다. 따라서 이 사건 법률조항은 청구인들의 **직장 선택의 자유를 침해하지 아니한다**(헌재 2011. 9. 29. 2007헌마1083 등).

2644 외국인근로자의 사업장 변경 사유를 제한하는 규정은, 그로 인해 외국인근로자가 일단 형성된 근로관계를 포기하고 직장을 이탈하는 데 있어 제한을 받게 되므로 직업선택의 자유 중 직장선택의 자유를 제한한다. 22 법무사 O│X

2644-1 직장 변경을 제한하거나 특정한 직장에서 계속 근로를 강제하는 것이 곧바로 신체의 안전성을 침해한다거나 신체의 자유로운 이동과 활동을 제한하는 것이라고 볼 수는 없다. 22 법원 9 O│X

● 정답 2642. X [제한적으로 향유 가능] 2642-1. X [동일 수준의 자유 의미 X] 2643. X [직장 선택의 자유에 대한 제한임] 2643-1. X [근로의 권리 제한 X → 직장 선택의 자유 제한 O] 2643-2. O 2644. O 2644-1. O

(1) 이 사건 사유제한조항 및 이 사건 고시조항은 외국인근로자의 사업장 변경 사유를 제한하고 있는바, 이로 인하여 외국인근로자는 일단 형성된 근로관계를 포기하고 **직장을 이탈하는** 데 있어 제한을 받게 되므로 이는 **직업선택의 자유 중 직장선택의 자유를** 제한하고 있다. … 이 사건 사유제한조항은 포괄위임금지원칙에 위반되거나 입법재량의 범위를 넘어 명백히 불합리하다고 볼 수 없으므로 청구인들의 **직장선택의 자유를 침해하지 아니한다**(헌재 2021. 12. 23. 2020헌마395).

(2) **직장 변경을 제한**하거나 **특정한 직장에서 계속 근로를 강제**하는 것이 곧바로 **신체의 안전성을 침해**한다거나 **신체의 자유로운 이동과 활동을 제한**하는 것이라고 볼 수는 없다. 또한 청구인들은 본안 심판대상조항들의 사업장 변경 제한이 법률과 적법한 절차에 따르지 않은 것이라 볼 만한 주장도 하지 않고 있다. 따라서 본안 심판대상조항들은 신체의 자유를 제한하지 아니한다(헌재 2021. 12. 23. 2020헌마395).

2645 외국인 근로자의 사업장 변경허가기간을 그 신청일로부터 2개월로 제한한 것은 외국인 근로자의 사업장 변경자체를 금지하는 것이 아니라 허가기간을 제한하는 것에 불과하므로 외국인 근로자의 직장선택의 자유를 침해하지 않는다. 13 국회 8   O | X

외국인 근로자의 사업장 변경허가 기간을 신청일로부터 2개월로 제한한 것은, 내국인 근로자의 고용기회를 보장하고, 외국인 근로자가 근로의사 없이 국내에 장기간 체류하는 것을 방지함으로써 효율적인 고용관리를 도모하기 위한 것이며, **외국인근로자의 사업장 변경 자체를 금지하는 것이 아니라 허가기간을 제한한 것에 불과하여** 지나치게 불합리하여 자의적이라고 할 수 없으므로 청구인의 **직장선택의 자유를 침해하지 아니한다**(헌재 2011. 9. 29. 2009헌마351).

POINT 151 직업의 자유의 제한

01 직업의 자유의 제한 (단계이론)

2646 직업의 자유에 대한 제한이라고 하더라도 그 제한사유가 직업의 자유의 내용을 이루는 직업수행의 자유와 직업선택의 자유 중 어느 쪽에 작용하느냐에 따라 그 제한에 대하여 요구되는 정당화의 수준이 달라진다. 20 법무사   O | X

2646-1 직업의 자유에 대한 법적 규율이 직업수행에 대한 규율로부터 직업선택에 대한 규율로 가면 갈수록 자유제약의 정도가 상대적으로 강해져 입법재량의 폭이 좁아지게 되고, 직업선택의 자유에 대한 제한이 문제되는 경우에 있어서도 일정한 주관적 사유를 직업의 개시 또는 계속수행의 전제조건으로 삼아 직업선택의 자유를 제한하는 경우보다는 직업의 선택을 객관적 허가조건에 걸리게 하는 방법으로 제한하는 경우에 침해의 심각성이 더 크므로 보다 엄밀한 정당화가 요구된다. 20 법무사   O | X

직업의 자유에 대한 제한이라고 하더라도 그 제한사유가 직업의 자유의 내용을 이루는 **직업수행의 자유**와 **직업선택의 자유** 중 어느 쪽에 작용하느냐에 따라 **그 제한에 대하여 요구되는 정당화의 수준이 달라진다**. 그리하여 직업의 자유에 대한 법적 규율이 **직업수행에 대한 규율로부터 직업선택에 대한 규율**로 가면 갈수록 **자유제약의 정도**가 상대적으로 강해져 **입법재량의 폭이 좁아지게** 되고, 직업선택의 자유에 대한 제한이 문제되는 경우에 있어서도 일정한 **주관적 사유**를 직업의 개시 또는 계속수행의 전제조건으로 삼아 **직업선택의 자유를 제한**하는 경우보다는 직업의 선택을 **객관적 허가조건**에 걸리게 하는 방법으로 제한하는 경우에 침해의 심각성이 더 크므로 보다 **엄밀한 정당화가 요구된다**(헌재 2003. 9. 25. 2002헌마519).

정답 2645. O   2646. O   2646-1. O

2647 단계이론에 의하면 직업선택의 자유에 대한 제한이 불가피한 경우 먼저 제1단계로 직업종사의 자유를 제한하고, 그에 의하여 그 목적을 달성할 수 없는 경우 제2단계로 객관적 사유에 의하여 직업결정의 자유를 제한하고, 그에 의해서도 그 목적을 달성할 수 없는 경우 제3단계로 주관적 사유에 의하여 직업결정의 자유를 제한하여야 한다고 한다. 10 국가 7   O | X

단계이론에 의하면 직업선택의 자유에 대한 제한이 불가피한 경우 먼저 **제1단계로 직업종사의 자유를 제한**하고, 그에 의하여 그 목적을 달성할 수 없는 경우 **제2단계로 주관적 사유에 의하여 직업결정의 자유를** 제한하고, 그에 의해서도 그 목적을 달성할 수 없는 경우 **제3단계로 객관적 사유에 의하여 직업결정의 자유를** 제한하여야 한다고 한다.

2648 직업의 자유를 제한함에 있어, 당사자의 능력이나 자격과 상관없는 객관적 사유에 의한 직업선택의 자유의 제한은 월등하게 중요한 공익을 위하여 명백하고 확실한 위험을 방지하기 위한 경우에만 정당화될 수 있다. 24 경정, 21 국회 8   O | X

직업의 자유를 제한함에 있어, 당사자의 능력이나 자격과 상관없는 **객관적 사유에 의한 직업선택의 자유의 제한은 월등하게 중요한 공익을 위하여 명백하고 확실한 위험을 방지하기 위한 경우에만 정당화될 수 있다**(헌재 2010. 10. 28. 2008헌마612 등).

2649 직업의 자유의 제한 중 가장 강도가 높은 것은 객관적 사유에 의한 직업선택의 자유의 제한이다. 13 국회 9   O | X

2649-1 객관적 사유에 의하여 직업선택의 자유를 제한하는 경우에 헌법재판소는 엄격한 비례의 원칙을 그 심사척도로 하고 있다. 15 법무사   O | X

이미 선택한 직업을 어떠한 제약아래 수행하느냐의 관점이나 당사자의 능력이나 자격과도 상관없는 **객관적 사유**에 의한 이러한 제한은 직업의 자유에 대한 제한 중에서도 **가장 심각한 제약**이 아닐 수 없다. 따라서 이러한 제한은 월등하게 중요한 공익을 위하여 명백하고 확실한 위험을 방지하기 위한 경우에만 정당화될 수 있다고 보아야 한다. 헌법재판소가 이 사건을 심사함에 있어서는 헌법 제37조 제2항이 요구하는바 과잉금지의 원칙, 즉 **엄격한 비례의 원칙**이 그 심사척도가 된다는 것도 바로 이러한 이유 때문이다(헌재 2002. 4. 25. 2001헌마614).

2650 직업선택의 자유와 직업수행의 자유는 기본권의 주체에 대한 제한의 효과가 다르기 때문에 제한에 있어 적용되는 기준 또한 다르며, 특히 직업수행의 자유에 대한 제한의 경우 인격발현에 대한 침해의 효과가 일반적으로 직업선택 그 자체에 대한 제한에 비하여 작기 때문에, 그에 대한 제한은 보다 폭넓게 허용된다. 24 경찰 1차, 16 법원 9   O | X

직업선택의 자유와 직업수행의 자유는 기본권의 주체에 대한 **제한의 효과**가 다르기 때문에 **제한에 있어 적용되는 기준** 또한, 다르며, 특히 **직업수행의 자유에 대한 제한의 경우 인격발현에 대한 침해의 효과**가 일반적으로 **직업선택 그 자체에 대한 제한에 비하여 작기 때문에,** 그에 대한 **제한은 보다 폭넓게 허용**된다(헌재 2009. 6. 25. 2007헌마451).

2651 직업수행의 자유는 직업결정의 자유에 비하여 상대적으로 그 침해의 정도가 작다고 할 것이므로 이에 대하여는 공공복리 등 공익상의 이유로 비교적 넓은 법률상의 규제가 가능하다. 24 입시, 22 해경, 22 소간, 19 5급, 11 지방 7   O | X

직업수행의 자유는 직업결정의 자유에 비하여 상대적으로 그 **침해의 정도가 작다**고 할 것이어서, 이에 대하여는 공공복리 등 공익상의 **이유로 비교적 넓은 법률상의 규제가 가능**하나, 직업수행의 자유를 제한할 때에도 헌법 제37조 제2항에 의거한 비례의 원칙에 위배되어서는 안된다(헌재 2017. 11. 30. 2015헌바377).

● 정답   2647. X [2단계: 주관적 사유 / 3단계: 객관적 사유]   2648. O   2649. O   2649-1. O   2650. O   2651. O

2652 일반적으로 직업선택의 자유에 대하여는 직업수행의 자유와는 달리 공익 목적을 위하여 상대적으로 폭넓은 입법적 규제가 가능한 것이다. 24 5급   O | X

2652-1 직업수행의 자유에 대하여는 직업선택의 자유와는 달리 공익목적을 위하여 상대적으로 폭넓은 입법적 규제가 가능한 것이므로 과잉금지의 원칙이 적용되는 것이 아니라 자의금지의 원칙이 적용되는 것이다. 13 국회 8   O | X

일반적으로 **직업수행의 자유**에 대하여는 직업선택의 자유와는 달리 공익 목적을 위하여 상대적으로 **폭넓은 입법적 규제가 가능**하지만, 직업수행의 자유를 제한할 때에도 헌법 제37조 제2항에 의거한 **비례의 원칙**에 위배되어서는 안 된다(헌재 2015. 7. 30. 2014헌마364).

2653 직업행사의 자유에 대한 제한에 있어서는 직업선택의 자유에 비하여 상대적으로 그 침해의 정도가 작다고 할 것이며, 이에 대하여는 공공복리 등 공익상의 이유로 비교적 넓은 법률상의 규제가 가능하지만, 그 경우에도 헌법 제37조 제2항에서 정한 한계인 과잉금지의 원칙은 지켜져야 한다. 24 소간   O | X

직업행사의 자유에 대한 제한에 있어서는 **직업선택의 자유**에 비하여 상대적으로 그 **침해의 정도가 작**다고 할 것이며, 이에 대하여는 공공복리 등 공익상의 이유로 **비교적 넓은 법률상의 규제**가 가능하지만, 그 경우에도 헌법 제37조 제2항에서 정한 한계인 '**과잉금지의 원칙**'은 지켜져야 한다(헌재 2008. 2. 28. 2006헌마1028).

2654 직업의 자유를 제한함에 있어서도 다른 기본권과 마찬가지로 헌법 제37조 제2항에서 정한 과잉금지의 원칙은 준수되어야 하므로, 직업수행의 자유를 제한하는 법령에 대한 위헌 여부를 심사하는 데 있어서 좁은 의미의 직업선택의 자유에 비하여 다소 완화된 심사기준을 적용할 수는 없다. 17 경정, 16 법원 9   O | X

직업의 자유를 제한함에 있어서 다른 기본권과 마찬가지로 헌법 제37조 제2항에서 정한 과잉금지 원칙은 준수되어야 할 것이지만, **직업수행의 자유**는 입법자의 재량이 많은 것으로 그 제한을 규정하는 법령에 대한 위헌 여부를 심사함에 있어서 **좁은 의미의 직업선택의 자유**에 비하여 상대적으로 폭넓은 법률상의 규제가 가능한 것으로 보아 **다소 완화된 심사기준을 적용**하여야 한다(헌재 2014. 9. 25. 2013헌마424).

2655 헌법재판소는 법무사보수기준제가 법무사라는 직업의 선택 그 자체를 제한하는 것이 아니라 직업행사의 자유를 제한하는 제도에 해당한다고 보아 그것이 직업의 자유를 침해하는지 여부를 심사하기 위한 기준으로 비례성원칙이 아닌 자의금지원칙을 적용하였다. 22 법무사   O | X

법무사법에 의하여 법무사라는 자격을 부여받은 법무사가 자신이 수임한 업무에 대하여 회칙에 규정된 보수기준을 초과하여 위임인과 자유롭게 보수를 정할 수 없으므로 **법무사보수기준제**는 직업의 자유 중에서 '**직업행사의 자유**'를 제한하는 제도이다. 그러나 이 경우에도 법무사에게 직업활동에 대한 과도한 제한을 부과함으로써 직업활동을 형해화할 정도로 희생을 강요하는 것은 비례원칙에 반하여 허용되지 않는다. … 따라서 이 사건 법률조항이 헌법 제37조 제2항에서 정한 한계인 **비례의 원칙을 지킨 것인지 여부를 살펴본다**(헌재 2003. 6. 26. 2002헌바3).

● 정답 2652. X [직업수행의 자유 ↔ 직업선택의 자유]   2652-1. X [과잉금지원칙이 적용됨]   2653. O   2654. X [다소 완화된 심사기준 적용하여야 함]   2655. X [비례성원칙 적용]

2656 수형자인 의뢰인을 접견하는 변호사의 직업수행의 자유 제한에 대한 심사에 있어서는 변호사 자신의 직업 활동에 가해진 제한의 정도를 살펴보아야 할 뿐 아니라 접견의 상대방인 수형자의 재판청구권이 제한되는 효과도 함께 고려되어야 하므로, 그 심사의 강도는 일반적인 경우보다 엄격하게 해야 한다. 24 소간
O | X

소송사건의 대리인인 변호사가 수형자인 의뢰인을 접견하는 경우 변호사의 직업 활동은 변호사 개인의 이익을 넘어 수형자의 재판청구권 보장, 나아가 사법을 통한 권리구제라는 법치국가적 공익을 위한 것이기도 하다. 따라서 이러한 **변호사의 직업수행의 자유 제한에 대한 심사에 있어서는 변호사 자신의 직업 활동에 가해진** 제한의 정도를 살펴보아야 할 뿐 아니라 그로 인해 접견의 상대방인 **수형자의 재판청구권이 제한되는 효과도 함께 고려되어야 하므로, 그 심사의 강도는 일반적인 경우보다 엄격하게 해야 할 것이다**(헌재 2021. 10. 28. 2018헌마60).

2657 소송사건의 대리인인 변호사라 하더라도 소송계속 사실 소명자료를 제출하지 못하면 수형자와 변호사접견을 하지 못하도록 규정한 '형의 집행 및 수용자의 처우에 관한 법률 시행규칙' 제29조의2 제1항 제2호 중 '수형자 접견'에 관한 부분은 변호사의 직업수행의 자유를 침해하지 아니한다. 23 법원 9
O | X

심판대상조항은 소 제기 전 단계에서 충실한 소송준비를 하기 어렵게 하여 **변호사의 직무수행에 큰 장애를 초래**하고, 변호사의 도움이 가장 필요한 시기에 접견에 대한 제한의 정도가 위와 같이 크다는 점에서 **수형자의 재판청구권 역시 심각하게 제한될 수밖에 없고**, 이로 인해 법치국가원리로 추구되는 정의에 반하는 결과를 낳을 수도 있다. 따라서 심판대상조항은 과잉금지원칙에 위배되어 **변호사인 청구인의 직업수행의 자유를 침해한다**(헌재 2021. 10. 28. 2018헌마60).

2658 소송사건의 대리인인 변호사가 수형자를 접견하고자 하는 경우 소송계속 사실을 소명할 수 있는 자료를 제출하도록 규정하고 있는 「형의 집행 및 수용자의 처우에 관한 법률 시행규칙」 중 '수형자 접견'에 관한 부분은 소송사건과 무관하게 수형자를 접견하는 소위 '집사 변호사'의 접견권 남용행위를 방지하기 위해 제정되었으므로 입법목적의 정당성은 인정된다. 23 경간
O | X

2658-1 소송사건의 대리인인 변호사가 수형자를 접견하고자 하는 경우 소송계속 사실을 소명할 수 있는 자료를 제출하도록 규정하고 있는 「형의 집행 및 수용자의 처우에 관한 법률 시행규칙」 중 '수형자 접견'에 관한 부분은 변호사 접견권 남용행위 방지에 실효적인 수단이며 수형자의 재판청구권 행사에 장애를 초래하지 않으므로 수단의 적합성이 인정된다. 23 경간
O | X

2658-2 소송사건의 대리인인 변호사가 수형자를 접견하고자 하는 경우 소송계속 사실을 소명할 수 있는 자료를 제출하도록 규정하고 있는 「형의 집행 및 수용자의 처우에 관한 법률 시행규칙」 중 '수형자 접견'에 관한 부분은 변호사와의 상담이 가장 필요한 시기에 소송계속이 발생하지 않았다는 이유로 변호사 접견을 금지하고 있어 수형자와의 접견을 통한 변호사의 직무수행에 큰 장애를 초래할 수 있다는 점에 비추어 침해의 최소성에 위배된다. 23 경간
O | X

2658-3 소송사건의 대리인인 변호사가 수형자를 접견하고자 하는 경우 소송계속 사실을 소명할 수 있는 자료를 제출하도록 규정하고 있는 「형의 집행 및 수용자의 처우에 관한 법률 시행규칙」 중 '수형자 접견'에 관한 부분은 소송계속 사실 소명자료를 요구하더라도 실제 달성되는 공익이 크다고 보기는 어려운 반면 변호사의 도움이 가장 필요한 시기에 접견에 대한 제한의 강도가 커서 수형자의 재판청구권이 심각하게 제한되는 불이익도 크다는 면에서 법익의 균형성에 위배된다. 23 경간
O | X

● 정답 2656. O   2657. X [직업수행의 자유 침해]   2658. O   2658-1. X [수단의 적합성 부정]   2658-2. O   2658-3. O

(1) 심판대상조항은 이른바 '집사 변호사' 등 소송사건과 무관하게 수형자를 접견하는 **변호사의 접견권 남용행위를 방지**함으로써, 한정된 교정시설 내의 수용질서 및 규율을 유지하고, 수용된 상태에서 소송수행을 해야 하는 수형자들의 변호사접견을 원활하게 실시하기 위한 것으로서, 그 **입법목적은 정당**하다(헌재 2021. 10. 28. 2018헌마60).

(2) 진지하게 소 제기 여부 및 변론 방향을 고민해야 하는 변호사라면 일반접견만으로는 수형자에게 충분한 조력을 제공하기가 어렵고, 수형자 역시 소송의 승패가 불확실한 상황에서 접견마저 충분하지 않다면 변호사를 신뢰하고 소송절차를 진행하기가 부담스러울 수밖에 없다. 따라서 심판대상조항이 변호사의 접견권 남용행위 방지에 실효적인 수단이라고 보기 어려울 뿐 아니라 수형자의 재판청구권 행사에 장애를 초래할 뿐이므로, 심판대상조항은 **수단의 적합성이 인정되지 아니한다**(헌재 2021. 10. 28. 2018헌마60).

(3) 심판대상조항에서 소송사건의 대리인인 변호사의 접견에 소송계속 사실 소명자료를 제출하도록 한 것이 집사 변호사 등에 의한 접견권 남용을 방지하기 위함이라고는 하나, 아래에서 보는 바와 같이 그러한 이유만으로 변호사접견에 소송계속 사실 소명자료를 요구할 필요성은 인정되지 아니한다. … 심판대상조항은 **침해의 최소성에 위배**된다(헌재 2021. 10. 28. 2018헌마60).

(4) 변호사의 도움이 가장 필요한 시기에 접견에 대한 제한의 정도가 위와 같이 크다는 점에서 수형자의 재판청구권 역시 심각하게 제한될 수밖에 없고, 이로 인해 법치국가원리로 추구되는 정의에 반하는 결과를 낳을 수도 있다는 점에서, 위와 같은 불이익은 매우 크다고 볼 수 있다. 따라서 심판대상조항은 **법익의 균형성에 위배**된다(헌재 2021. 10. 28. 2018헌마60).

2659 접촉차단시설이 설치되지 않은 장소에서의 수용자 접견 대상을 소송사건의 대리인인 변호사로 한정한 구「형의 집행 및 수용자의 처우에 관한 법률 시행령」조항은, 그로 인해 접견의 상대방인 수용자의 재판청구권이 제한되는 효과도 함께 고려하면 수용자의 대리인이 되려는 변호사의 직업수행의 자유와 수용자의 변호인의 조력을 받을 권리를 침해한다. 23 국가 7   O | X

접견 제한에 따른 변호사의 직업수행의 자유 제한에 대한 심사에서는 **변호사 자신의 직업 활동에 가해진 제한의 정도를 살펴보아야** 할 뿐 아니라 그로 인해 접견의 상대방인 수용자의 **재판청구권이 제한되는** 효과도 함께 고려되어야 하나, 소송대리인이 되려는 변호사의 수용자 접견의 주된 목적은 소송대리인 선임 여부를 확정하는 것이고 소송준비와 소송대리 등 소송에 관한 직무활동은 소송대리인 선임 이후에 이루어지는 것이 일반적이므로 소송대리인 선임 여부를 확정하기 위한 단계에서는 접촉차단시설이 설치된 장소에서 접견하더라도 그 접견의 목적을 수행하는데 필요한 의사소통이 심각하게 저해될 것이라고 보기 어렵다. … 따라서 심판대상조항은 **변호사인 청구인의 업무를 원하는 방식으로 자유롭게 수행할 수 있는 자유를 침해한다고 할 수 없다**(헌재 2022. 2. 24. 2018헌마1010).

02 직업의 선택의 자유

1 주관적 사유에 의한 직업선택의 자유 (자격제도)

2660 입법자가 일정한 전문분야에 관한 자격제도를 마련함에 있어서는 그 제도를 마련한 목적을 고려하여 정책적인 판단에 따라 제도의 내용을 구성할 수 있으므로, 입법자의 판단은 존중되어야 한다. 13 국회 8   O | X

2660-1 직업을 선택함에 있어 일정한 자격을 요구하는 것은 직업선택의 자유의 제한에 해당하는데, 자격제도에서 그 자격요건을 정함에 있어서는 입법자에게 광범위한 입법재량이 인정된다. 16 국회 8   O | X

2660-2 입법자가 정한 전문분야에 관한 자격제도에 대해서는 그 내용이 불합리하고 불공정하지 않은 한 입법자의 정책판단은 존중되어야 하며, 자격요건에 관한 법률조항은 합리적인 근거 없이 현저히 자의적인 경우에만 헌법에 위반된다고 할 수 있다. 18 경정, 11 법원 9   O | X

● 정답 2659. X [변호사의 직업수행의 자유를 침해하지 않음] 2660. O 2660-1. O 2660-2. O

입법자는 일정한 전문분야에 관한 자격제도를 마련함에 있어서 그 제도를 마련한 목적을 고려하여 **정책적인 판단에 따라 그 내용을 구성할 수 있고**, 마련한 자격제도의 내용이 불합리하고 불공정하지 않은 한 **입법자의 정책판단은 존중되어야** 하며, 자격제도에서 입법자에게는 그 자격요건을 정함에 있어 **광범위한 입법재량**이 인정되는 만큼, 자격요건에 관한 법률조항은 합리적인 근거 없이 **현저히 자의적인 경우에만 헌법에 위반**된다(헌재 2006. 4. 27. 2005헌마997).

2661 어떠한 직업분야에 관한 자격제도를 만들면서 그 자격요건을 어떻게 설정할 것인가에 관하여는 국가에게 폭넓은 입법재량권이 부여되어 있는 것이므로 다른 방법으로 직업선택의 자유를 제한하는 경우에 비하여 보다 유연하고 탄력적인 심사가 필요하다 할 것이다. 20 법무사   O|X

2661-1 어떠한 직업분야에 관한 자격제도를 만들면서 그 자격요건을 어떻게 설정할 것인가에 관하여는 그 입법재량의 폭이 좁다 할 것이므로, 과잉금지원칙을 적용함에 있어서 다른 방법으로 직업선택의 자유를 제한하는 경우에 비하여 보다 엄격한 심사가 필요하다. 20 변호사   O|X

과잉금지의 원칙을 적용함에 있어서도, 어떠한 직업분야에 관한 자격제도를 만들면서 그 **자격요건을 어떻게 설정할 것인가**에 관하여는 국가에게 **폭넓은 입법재량권이 부여**되어 있는 것이므로 **다른 방법으로 직업선택의 자유를 제한**하는 경우에 비하여 **보다 유연하고 탄력적인 심사가 필요**하다 할 것이다(헌재 2003. 9. 25. 2002헌마519).

2662 헌법 제15조에 따라 모든 국민은 직업의 자유를 가지지만, 국가는 국민의 신체와 재산의 보호와 밀접한 관련이 있는 직업들에 대해서는 공공의 이익을 위해 그 직업의 수행에 필요한 자격제도를 둘 수 있으며, 이때 그 구체적인 자격제도의 형성에 있어서는 입법자에게 광범위한 입법형성권이 인정되고, 다만 입법자가 합리적인 이유 없이 자의적으로 자격제도의 내용을 형성한 경우에만 그 자격제도가 헌법에 위반된다고 할 수 있다. 16 법원 9   O|X

헌법 제15조에 따라 모든 국민은 직업의 자유를 가지지만, 국가는 국민의 **신체와 재산의 보호와 밀접한 관련이 있는** 직업들에 대해서는 공공의 이익을 위해 그 직업의 수행에 필요한 **자격제도를 둘 수 있으며**, 이 때 그 자격제도를 구체적으로 어떻게 형성할 것인지는 그 직업에 요구되는 전문적인 능력이나 자질, 그 직업에 대한 사회적 수요와 공급 상황 기타 여러 사회·경제적 여건을 종합적으로 고려하여 판단할 사항이다. 따라서 **구체적인 자격제도의 형성**에 있어서는 입법자에게 **광범위한 입법형성권**이 인정되며, 입법자가 **합리적인 이유없이 자의적으로 자격제도의 내용을 규정**한 것으로 인정되는 경우에만 **그 자격제도가 헌법에 위반**된다고 할 수 있다(헌재 2007. 5. 31. 2006헌마646).

2663 어떤 직업의 수행을 위한 전제요건으로서 일정한 주관적 요건을 갖춘 자에게만 그 직업에 종사할 수 있도록 직업선택의 자유를 제한하는 경우에는, 주관적 요건 자체가 그 제한목적과 합리적인 관계가 있어야 한다. 16 경정, 15 법원 9   O|X

일반적으로 직업선택의 자유를 제한함에 있어, 어떤 직업의 수행을 위한 전제요건으로서 **일정한 주관적 요건을 갖춘 자**에게만 그 직업에 종사할 수 있도록 제한하는 경우에는, 이러한 주관적 요건을 갖추도록 요구하는 것이, 누구에게나 제한없이 그 직업에 종사하도록 방임함으로써 발생할 우려가 있는 공공의 손실과 위험을 방지하기 위한 적절한 수단이고, 그 직업을 희망하는 모든 사람에게 동일하게 적용되어야 하며, **주관적 요건 자체가 그 제한목적과 합리적인 관계가 있어야 한다는 비례의 원칙이 적용되어야 할 것이다**(헌재 1995. 6. 29. 90헌바43).

● 정답 2661. O   2661-1. X [폭넓은 입법재량 有, 유연한 심사 필요]   2662. O   2663. O

2664 입법자가 설정한 자격요건을 구비하여 자격을 부여받은 자에게 사후적으로 결격사유가 발생했다고 해서 당연히 그 자격을 박탈할 수 있는 것은 아니다. 16 경정 O | X

2664-1 입법자가 설정한 자격요건을 구비하여 자격을 부여받은 자에게 사후적으로 결격사유가 발생하면, 입법자는 당연히 그 자격을 박탈할 수 있다. 15 법원 9 O | X

비록 어떠한 직업분야에 관한 자격제도를 만들면서 그 자격요건 내지 결격사유를 어떻게 설정할 것인가에 관하여 입법자에게 폭넓은 입법재량이 인정되기는 하나, 일단 **자격요건을 구비하여 자격을 부여받았다면 사후적으로 결격사유가 발생**했다고 해서 **당연히 그 자격을 박탈**할 수 있는 것은 **아니다**(헌재 2014. 1. 28. 2011헌바252).

2665 일정한 등록기준을 충족시켜야 등록을 허용하는 건설업의 등록제는 직업선택의 자유를 주관적 사유에 의하여 제한하는 것이다. 11 지방 7 O | X

2665-1 등록기준을 법으로 정하고 일정한 등록기준을 충족시켜야 등록을 허용하는 건설업의 등록제는 소위 '객관적 사유에 의한 직업허가규정'에 속하는 것으로서 직업선택의 자유를 제한한다. 23 경정 O | X

등록기준을 법으로 정하고 일정한 등록기준을 충족시켜야 등록을 허용하는 **건설업의 등록제**(법 제9조, 제10조)는 '건설업'이란 직업의 정상적인 수행을 담보하기 위하여 요구되는 최소한의 요건을 규정하는 소위 '**주관적 사유에 의한 직업허가규정**'에 속하는 것으로서 **직업선택의 자유를 제한**하는 규정이다(헌재 2004. 7. 15. 2003헌바35 등).

2666 정원제로 사법시험의 합격자를 결정하는 방법은 개인이 주관적인 노력으로 획득할 수 있는 변호사로서의 자질과 능력을 검정하는 것이 아니라 변호사의 사회적 수급상황 등 객관적 사유에 의하여 직업선택의 자유를 제한하는 것이다. 16 국회 8 O | X

시험제도란 본질적으로 응시자의 자질과 능력을 측정하는 것이며, 합격자의 결정을 상대평가(정원제)와 절대평가 중 어느 것에 의할 것인지는 측정방법의 선택의 문제일 뿐이니, 이 사건 법률조항이 사법시험의 합격자를 결정하는 방법으로 정원제를 취한 이유는 상대평가라는 방식을 통하여 응시자의 자질과 능력을 검정하려는 것이므로 이는 객관적 사유가 아닌 **주관적 사유에 의한 직업선택의 자유의 제한**이다(헌재 2010. 5. 27. 2008헌바110).

2667 변호사시험에 응시하여 합격하여야만 변호사의 자격을 취득할 수 있으므로, 금고 이상의 형의 집행유예를 선고받고 그 유예기간이 지난 후 2년이 지나지 아니한 자의 변호사시험 응시자격을 제한하고 있는 응시 결격조항은 변호사 자격을 취득하고자 하는 청구인의 직업선택의 자유를 제한하는 것이다. 19 법무사 O | X

변호사시험에 응시하여 합격하여야만 변호사의 자격을 취득할 수 있으므로, 금고 이상의 형의 집행유예를 선고받고 그 유예기간이 지난 후 2년이 지나지 아니한 자의 변호사시험 응시자격을 제한하고 있는 **응시 결격조항은 변호사 자격을 취득하고자 하는 청구인의 직업선택의 자유를 제한**한다(헌재 2013. 9. 26. 2012헌마365).

2668 범죄의 종류와 관계없이 금고 이상의 형의 집행유예를 선고받고 그 유예기간이 지난 후 2년이 경과하지 아니한 자는 변호사가 될 수 없도록 규정한 것은 변호사의 직업선택의 자유를 침해하지 아니한다. 21 입시 O | X

2668-1 입법자가 전문자격제도의 내용인 결격사유를 정함에 있어 변호사의 경우 변리사나 공인중개사보다 더 가중된 요건을 규정한 것은 평등권을 침해한 것이다. 21 법원 9 O | X

● 정답 2664. O   2664-1. X [당연히 박탈 X]   2665. O   2665-1. X [객관적 사유 X → 주관적 사유 O]   2666. X [주관적 사유에 의한 제한]
2667. O   2668. O   2668-1. X [평등권 침해 X]

(1) 이 사건 법률조항은 변호사 업무의 높은 공공성 및 윤리성과 이에 대한 국민의 신뢰의 중요성에 비추어 형법상 유죄 판결을 받은 자가 반성의 기회를 가질 수 있도록 한 집행유예기간보다 더 강화된 결격의 기간을 정한 것이다. … 따라서 이 사건 법률조항은 형사적 제재의 존재를 변호사의 결격사유로 정함에 있어 헌법 제37조 제2항에 반하여 청구인의 직업선택의 자유를 과도하게 침해하였다고 할 수 없다(헌재 2009. 10. 29. 2008헌마432).

(2) 변호사는 국민의 기본적 인권의 옹호와 사회질서 유지를 사명으로 하며 품위유지, 공익활동, 독직금지행위 등의 의무를 부담하는 등 공공성이 특히 강조되고 법제도 및 준법에 대한 더욱 고양된 윤리성이 강조되는 직역임에 비추어볼 때, 그 직무의 공공성 및 이에 대한 신뢰의 중요성도 변리사 및 공인중개사보다 더 높은 수준이 요구된다. 따라서 입법자가 전문자격제도의 내용인 결격사유를 정함에 있어 변호사의 경우 변리사나 공인중개사보다 더 가중된 요건을 규정하였다고 하더라도 헌법 제11조 제1항에 반하여 청구인의 평등권을 침해하였다고 할 수 없다(헌재 2009. 10. 29. 2008헌마432).

2669 변호사 자격을 취득하기 위해서는 변호사시험에 합격하여야 하는데, 법학전문대학원 졸업 후 5년 내에 5회만 변호사시험에 응시할 수 있도록 하는 응시기회제한조항은 변호사 자격을 취득하고자 하는 청구인의 직업선택의 자유를 제한하는 것이다. 19 법무사

O | X

2669-1 변호사시험의 응시기회를 법학전문대학원의 석사학위 취득자의 경우 석사학위를 취득한 달의 말일부터 또는 석사학위 취득 예정자의 경우 그 예정기간 내 시행된 시험일부터 5년 내에 5회로 제한한 「변호사시험법」 규정은 응시기회의 획일적 제한으로 청구인들의 직업선택의 자유를 침해한다. 20 지방 7

O | X

변호사 자격을 취득하기 위해서는 변호사시험에 합격하여야 하는데, 청구인들은 응시기회제한조항으로 인하여 더 이상 시험에 응시할 수 없으므로 변호사 자격을 취득할 수 없다. 따라서 위 조항은 변호사 또는 변호사 자격을 요하는 직업을 선택하고자 하는 청구인들의 직업선택의 자유를 제한한다. … 장기간의 시험 준비로 인력 낭비가 문제되었던 사법시험의 폐해를 극복하고 교육을 통하여 법조인을 양성한다는 법학전문대학원의 도입취지를 살리기 위하여 응시기회에 제한을 두어 시험 합격률을 일정 비율로 유지하고, 법학전문대학원의 교육이 끝난 때로부터 일정기간 동안만 시험에 응시할 수 있게 한 것은 정당한 입법목적을 달성하기 위한 적절한 수단이다. … 따라서 위 조항은 청구인들의 직업선택의 자유를 침해하지 아니한다(헌재 2016. 9. 29. 2016헌마47 등).

2670 성인 대상 성범죄로 형을 선고받아 확정된 자로 하여금 그 형의 집행을 종료한 날부터 10년 동안 의료기관에 취업할 수 없도록 한 것은, 일정한 직업을 선택함에 있어 기본권 주체의 능력과 자질에 따른 제한이므로 이른바 '주관적 요건에 의한 좁은 의미의 직업선택의 자유'에 대한 제한에 해당한다. 17 변호사

O | X

헌법 제15조는 "모든 국민은 직업선택의 자유를 가진다."고 규정하여, 개인이 원하는 직업을 자유롭게 선택하는 '좁은 의미의 직업선택의 자유'와 그가 선택한 직업을 자기가 원하는 방식으로 자유롭게 수행할 수 있는 '직업수행의 자유'를 보장하고 있다. 청구인들은 이 사건 법률조항에 의하여 형의 집행을 종료한 때부터 10년간 의료기관에 취업할 수 없게 되었는바, 이는 일정한 직업을 선택함에 있어 기본권 주체의 능력과 자질에 따른 제한이므로 이른바 '주관적 요건에 의한 좁은 의미의 직업선택의 자유'에 대한 제한에 해당한다(헌재 2016. 3. 31. 2013헌마585 등).

2671 성인 대상 성범죄로 형을 선고받아 확정된 자로 하여금 재범의 위험성 여부를 불문하고 그 형의 집행을 종료한 날부터 10년간 일률적으로 취업제한을 부과하는 것은 침해의 최소성과 법익의 균형성 원칙에 위반되어 직업선택의 자유를 침해한다. 17 지방 7

O | X

2671-1 '성인대상 성범죄'의 의미에 대해서는 「아동·청소년 성보호에 관한 법률」에 규정되어 있지 않아, 어떤 범죄가 취업제한의 대상인 성범죄에 해당하는지가 불명확하여 명확성 원칙에 위배된다. 17 지방 7

O | X

● 정답 2669. O   2669-1. X [직업선택의 자유 침해 X]   2670. O   2671. O   2671-1. X [명확성원칙 위배 X]

(1) 이 사건 법률조항이 성범죄 전력만으로 그가 장래에 동일한 유형의 범죄를 다시 저지를 것을 당연시하고, 형의 집행이 종료된 때부터 10년이 경과하기 전에는 결코 재범의 위험성이 소멸하지 않는다고 보며, 각 행위의 죄질에 따른 상이한 제재의 필요성을 간과함으로써, 성범죄 전력자 중 재범의 위험성이 없는 자, 성범죄 전력이 있지만 10년의 기간 안에 재범의 위험성이 해소될 수 있는 자, 범행의 정도가 가볍고 재범의 위험성이 상대적으로 크지 않은 자에게까지 **10년 동안 일률적인 취업제한**을 부과하고 있는 것은 **침해의 최소성 원칙과 법익의 균형성 원칙에 위배**된다. 따라서 이 사건 법률조항은 청구인들의 **직업선택의 자유를 침해한다**(헌재 2016. 3. 31. 2013헌마585 등).

(2) 이상의 내용을 종합하면 "**성인대상 성범죄**" 부분은 불명확하다고 볼 수 없어 헌법상 **명확성원칙에 위배되지 않는다**(헌재 2016. 3. 31. 2013헌마585 등).

2672 아동학대관련범죄로 형을 선고받아 확정된 자로 하여금 그 형이 확정된 때부터 형의 집행이 종료되거나 집행을 받지 아니하기로 확정된 후 10년까지의 기간 동안 아동관련기관인 체육시설 등을 운영하거나 그에 취업할 수 없게 하는 법률조항은 '주관적 요건에 의한 좁은 의미의 직업선택의 자유'에 대한 제한에 해당한다. 24 입시   O | X

2672-1 아동학대 관련 범죄전력자가 아동 관련 기관인 체육시설 등을 운영하거나 학교에 취업하는 것을 형이 확정된 때부터 형의 집행이 종료되거나 집행을 받지 아니하기로 확정된 후 10년까지의 기간 동안 제한하는 것은 직업의 자유를 침해한다. 18 국가 7   O | X

2672-2 아동학대 관련 범죄로 형을 선고받아 확정된 자로 하여금 그 형이 확정된 때부터 형의 집행이 종료되거나 집행을 받지 아니하기로 확정된 후 10년 동안 아동 관련 기관인 체육시설 등을 운영하거나 학교에 취업할 수 없도록 제한하는 것은 아동학대 관련 범죄전력자의 직업선택의 자유를 침해하지 아니한다. 21 입시   O | X

(1) 청구인들은 심판대상조항에 의하여 형이 확정된 때부터 형의 집행이 종료되거나 집행을 받지 아니하기로 확정된 후 10년까지의 기간 동안 아동관련기관인 체육시설 또는 '초·중등교육법' 제2조 각 호의 학교를 운영하거나 그에 취업할 수 없게 되었다. 이는 일정한 직업을 선택함에 있어 **기본권 주체의 능력과 자질에 따른 제한**에 해당하므로 이른바 '**주관적 요건에 의한 좁은 의미의 직업선택의 자유**'에 대한 제한에 해당한다(헌재 2018. 6. 28. 2017헌마130 등).

(2) 이 사건 법률조항은 아동학대관련범죄전력만으로 그가 장래에 동일한 유형의 범죄를 다시 저지를 것을 당연시하고, 형의 집행이 종료된 때부터 10년이 경과하기 전에는 결코 재범의 위험성이 소멸하지 않는다고 보며, 각 행위의 죄질에 따른 상이한 제재의 필요성을 간과함으로써, 아동학대관련범죄전력자 중 재범의 위험성이 없는 자, 아동학대관련범죄전력이 있지만 10년의 기간 안에 재범의 위험성이 해소될 수 있는 자, 범행의 정도가 가볍고 재범의 위험성이 상대적으로 크지 않은 자에게까지 **10년 동안 일률적인 취업제한**을 부과하고 있는데, 이는 **침해의 최소성 원칙과 법익의 균형성 원칙에 위배**된다. 따라서 이 사건 법률조항은 청구인들의 **직업선택의 자유를 침해한다**(헌재 2018. 6. 28. 2017헌마130 등).

2673 학원설립·운영자가 (구)「학원의 설립·운영 및 과외교습에 관한 법률」을 위반하여 벌금형을 선고받은 경우 등록의 효력을 잃도록 규정하고 있는 것은 당사자의 능력이나 자격과는 하등관련이 없는 객관적 사유에 의한 직업선택의 자유에 대한 제한이다. 16 국회 8   O | X

청구인과 같은 학원설립·운영자는 학원법 위반으로 벌금형을 선고받을 경우 이 사건 효력상실조항에 따라 그 등록은 효력을 잃게 되고, 다시 등록을 하지 않는 이상 학원을 설립·운영할 수 없게 된다. 이는 일정한 직업을 선택함에 있어 기본권 주체의 능력과 자질에 따른 제한으로서 이른바 **주관적 요건에 의한 좁은 의미의 직업선택의 자유의 제한**에 해당한다. … 이와 같이 이 사건 효력상실조항은 입법목적의 정당성과 수단의 적합성은 인정되지만, 침해의 최소성과 법익의 균형성이 인정되지 않으므로 **과잉금지의 원칙에 위배되어** 학원설립·운영자인 청구인의 **직업선택의 자유를 침해한다**(헌재 2014. 1. 28. 2011헌바252).

● 정답 2672. O   2672-1. O   2672-2. X [직업선택의 자유 침해]   2673. X [주관적 사유에 의한 제한]

2674 변호사시험의 성적 공개를 금지하고 있는 「변호사시험법」 관련 조항은 변호사시험 합격자에 대하여 그 성적을 공개하지 않도록 규정하고 있을 뿐이고, 이러한 시험 성적의 비공개가 청구인들의 법조인으로서의 직역 선택이나 직업수행에 있어서 어떠한 제한을 두고 있는 것은 아니므로 청구인들의 직업선택의 자유를 제한하고 있다고 볼 수 없다. 17 경정, 16 국회 8   O│X

2674-1 변호사시험에 응시한 자의 시험성적을 응시자 본인에게도 공개하지 않는 것은 응시자의 직업선택의 자유를 제한하는 것이다. 19 법무사   O│X

청구인들은 변호사시험의 성적 공개를 금지하고 있는 심판대상조항이 변호사시험 합격자들이 공정한 경쟁을 통하여 직업을 선택할 기회를 배제함으로써 직업의 자유를 침해한다고 주장한다. 그러나 심판대상조항은 변호사시험 합격자에 대하여 그 성적을 공개하지 않도록 규정하고 있을 뿐이고, <u>이러한 시험 성적의 비공개가 청구인들의 법조인으로서의 직역 선택이나 직업수행에 있어서 어떠한 제한을 두고 있는 것은 아니므로 심판대상조항이 청구인들의 **직업선택의 자유를 제한하고 있다고 볼 수 없다.**</u> … 심판대상조항은 <u>과잉금지원칙에 위배되어 청구인들의 **알 권리(정보공개청구권)를 침해**한다</u>(헌재 2015. 6. 25. 2011헌마769 등).

2675 출석주의를 완화하여 최초의 전자등기신청 전에 한 차례 사용자등록을 하도록 한 부동산등기규칙 조항은 무자격 등기 브로커에 의한 무차별적 등기를 가능하게 하여 법무사인 청구인들의 직업에 대한 신뢰가 훼손됨으로써 직업 선택의 자유를 침해한다. 22 법무사   O│X

청구인들은 출석주의를 완화함으로써 무자격 등기 브로커에 의한 **무차별적 등기가 가능**하게 되어 전문자격자인 청구인들의 직업에 대한 신뢰가 훼손됨으로써 **직업선택의 자유가 침해된다는 취지**의 주장도 하나, 이 사건 규칙조항과 사용자등록 지침조항은 무자격 등기 브로커에 의한 등기신청을 허용하는 규정이 아니다. 무자격 브로커에 의한 등기신청의 대리 등 관련 업무의 취급은 법무사법 제3조 제1항에 의해 금지되고, 제74조에 의해 형사처벌 대상이 된다. 이 사건 규칙조항과 사용자등록 지침조항에 의한 사실상의 효과로서 무자격 등기 브로커에 의한 등기가 만연하게 된다거나 그로 인해 청구인들의 직업에 대한 신뢰가 훼손될 수 있다는 것은 막연한 가능성의 주장일 뿐이므로, 그로 인해 청구인들의 직업선택의 자유가 침해될 가능성까지 인정할 수는 없다. 따라서 <u>이 사건 규칙조항과 사용자등록 지침조항이 청구인들의 **직업선택의 자유를 침해할 가능성**이 있다고 보기 **어렵다**</u>(헌재 2021. 12. 23. 2018헌마49).

2 객관적 사유에 의한 직업선택의 자유

2676 '경비업을 경영하고 있는 자들이나 다른 업종을 경영하면서 새로이 경비업에 진출하고자 하는 자들로 하여금 경비업을 전문으로 하는 별개의 법인을 설립하지 않는 한 경비업과 그 밖의 업종 간에 택일하도록 강제'하는 것은 주관적 사유에 의한 직업의 자유의 제한이며, 헌법재판소가 이를 심사함에 있어서는 엄격한 비례의 원칙이 그 심사척도가 된다. 22 경채   O│X

2676-1 경비업을 경영하고 있는 자들이나 다른 업종을 경영하면서 새로이 경비업에 진출하고자 하는 자들로 하여금, 경비업을 전문으로 하는 별개의 법인을 설립하지 않는 한 경비업과 그 밖의 업종을 겸영하지 못하도록 금지하고 있는 「경비업법」 조항은 목적의 정당성이 부인된다. 23 경정   O│X

2676-2 경비업을 경영하고 있는 자들이나 다른 업종을 경영하면서 새로이 경비업에 진출하고자 하는 자들로 하여금 경비업을 전문으로 하는 별개의 법인을 설립하지 않는 한 경비업과 그 밖의 업종을 겸영하지 못하도록 금지하는 것은 청구인들의 직업의 자유를 침해하는 것은 아니다. 16 국회 8   O│X

● 정답 2674. O 2674-1. ×[직업선택의 자유 제한 ×, 알권리 침해 O] 2675. ×[직업선택의 자유 제한 아님] 2676. ×[주관적 사유 ×, 객관적 사유에 의한 직업의 자유의 제한 O] 2676-1. ×[목적의 정당성은 인정 but 수단의 적합성 부정] 2676-2. ×[직업의 자유 침해]

이 사건 법률조항은 청구인들과 같이 경비업을 경영하고 있는 자들이나 다른 업종을 경영하면서 새로이 경비업에 진출하고자 하는 자들로 하여금 **경비업을 전문으로 하는 별개의 법인을 설립**하지 않는 한 경비업과 그밖의 업종간에 택일하도록 법으로 강제하고 있다. 따라서 이미 선택한 직업을 어떠한 제약아래 수행하느냐의 관점이나 당사자의 능력이나 자격과도 상관없는 **객관적 사유에 의한 이러한 제한**은 직업의 자유에 대한 제한 중에서도 가장 심각한 제약이 아닐 수 없다. … 헌법재판소가 이 사건을 심사함에 있어서는 헌법 제37조 제2항이 요구하는바 과잉금지의 원칙, 즉 **엄격한 비례의 원칙이 그 심사척도**가 된다는 것도 바로 이러한 이유 때문이다. … 비전문적인 영세경비업체의 난립을 막고 전문경비업체를 양성하며, 경비원의 자질을 높이고 무자격자를 차단하고자 하는 **입법목적 자체는 정당**하다고 보여진다. … 경비관련 업종은 물론 그밖의 모든 업종의 겸영을 일체 금지하는 것은 그 **수단으로서는 심히 적절하지 않다**고 할 것이다. … 이 사건 법률조항은 과잉금지원칙을 위배하여 청구인들의 **직업의 자유를 침해**하는 위헌의 법률이라고 보는 이상, 직업의 자유에 대한 제한의 반사적 효과이거나 직업의 자유의 침해 여부에 포섭하여 논의될 수 있는 재산권이나 평등권의 침해 여부에 대하여는 따로 판단하지 아니한다(헌재 2002. 4. 25. 2001헌마614).

🖉 보충설명 목적의 정당성은 인정이 되나 수단의 적합성, 피해의 최소성, 법익의 균형성은 부정된다.

03 직업수행의 자유

2677 의료인이 '치료효과를 보장하는 등 소비자를 현혹할 우려가 있는 내용의 광고'를 한 경우 형사처벌하도록 규정한 「의료법」조항은 의료인의 표현의 자유뿐만 아니라 직업수행의 자유도 동시에 제한한다.
17 변호사 O|X

2677-1 소비자를 현혹할 우려가 있는 내용의 의료광고를 금지하는 것은 표현의 자유에 대한 침해가 아니다.
18 국회 8 O|X

2677-2 의료인이 '치료효과를 보장하는 등 소비자를 현혹할 우려가 있는 내용의 광고'를 한 경우 형사처벌하도록 규정한 「의료법」조항은 의료인의 직업수행의 자유를 침해한다고 볼 수 없다. 22 경채 O|X

2677-3 의료인이 '치료효과를 보장하는 등 소비자를 현혹할 우려가 있는 내용의 광고'를 한 경우 형사처벌하도록 규정한 「의료법」규정은 오로지 의료서비스의 긍정적인 측면만을 강조하여 의료소비자를 혼란스럽게 하고 합리적인 선택을 방해할 것으로 걱정되는 광고를 의미하는 것으로 충분히 해석이 가능하기에 명확성원칙에 위배되지 않는다. 15 국가 7 O|X

(1) 광고물은 사상·지식·정보 등을 불특정 다수인에게 전파하는 것으로서 헌법 제21조 제1항이 보장하는 언론·출판의 자유에 의해 보호받는 대상이 되므로, 의료광고를 규제하는 심판대상조항은 청구인의 **표현의 자유를 제한**한다. 또한, 헌법 제15조는 직업수행의 자유 내지 영업의 자유를 포함하는 직업의 자유를 보장하고 있는바, 의료인 등이 의료서비스를 판매하는 영업활동의 중요한 수단이 되는 의료광고를 규제하는 심판대상조항은 **직업수행의 자유도 동시에 제한**한다. … 심판대상조항이 과잉금지원칙을 위배하여 의료인 등의 표현의 자유나 직업수행의 자유를 침해한다고 볼 수 없다(헌재 2014. 9. 25. 2013헌바28).
(2) '현혹(眩惑)', '우려(憂慮)'의 의미, 관련 조항 등을 종합하면, '**소비자를 현혹할 우려가 있는 내용의 광고**'란, '광고 내용의 진실성·객관성을 불문하고, 오로지 의료서비스의 긍정적인 측면만을 강조하는 취지의 표현을 사용함으로써 의료소비자를 혼란스럽게 하고 합리적인 선택을 방해할 것으로 걱정되는 광고'를 의미하는 것으로 충분히 해석할 수 있으므로, 심판대상조항은 **죄형법정주의의 명확성원칙에 위배되지 아니한다**(헌재 2014. 9. 25. 2013헌바28).

● 정답   2677. ○   2677-1. ○   2677-2. ○   2677-3. ○

2678 의료인으로 하여금 어떠한 명목으로도 둘 이상의 의료기관을 개설할 수 없도록 하고 이를 위반할 경우 형사처벌하는 것은 여러 개의 의료기관을 개설하고자 하는 의료인의 직업수행 방법을 제한하고 있다. 20 국회 8 O│X

심판대상조항은 의료인으로 하여금 어떠한 명목으로도 둘 이상의 의료기관을 개설할 수 없도록 하고 이를 위반할 경우 형사처벌함으로써, 여러 개의 의료기관을 개설하고자 하는 **의료인의 직업수행 방법을 제한**하고 있다. … 심판대상조항은 의료인의 의료기관 중복개설을 허용할 경우 예상되는 폐해를 미리 방지하여 건전한 의료질서를 확립하고 궁극적으로는 국민의 건강을 보호·증진하기 위한 것으로 입법목적의 정당성이 인정된다. … 따라서 심판대상조항이 의료인의 **직업수행의 자유를 침해한다고 볼 수 없다**(헌재 2021. 6. 24. 2019헌바342).

2679 의료인의 중복운영 허용 여부는 입법정책적인 문제이나 1인의 의료인에 대하여 운영할 수 있는 의료기관의 수를 제한하는 입법자의 판단은 그 목적에 비해 입법자에게 부여된 입법재량을 명백히 일탈하였다. 20 국회 8 O│X

의료는 단순한 상거래의 대상이 아니라 사람의 생명과 건강을 다루는 특별한 것으로서, 국민보건에 미치는 영향이 크다. 그 외에 우리나라의 취약한 공공의료의 실태, 의료인이 여러 개의 의료기관을 운영할 때 의료계 및 국민건강보험 재정 등 국민보건 전반에 미치는 영향, 국가가 국민의 건강을 보호하고 적정한 의료급여를 보장해야 하는 사회국가적 의무 등을 종합하여 볼 때, 의료의 질을 관리하고 건전한 의료질서를 확립하기 위하여 1인의 의료인에 대하여 운영할 수 있는 의료기관의 수를 제한하고 있는 입법자의 판단이 **입법재량을 명백히 일탈하였다고 보기는 어렵다.** … 이 사건 법률조항이 여러 개의 의료기관을 운영하고자 하는 의료인의 **직업수행의 자유를 제한**하고 있는 것은 **과잉금지원칙에 반한다고 할 수 없다**(헌재 2019. 8. 29. 2014헌바212 등).

2680 어린이통학버스를 운영함에 있어서 반드시 보호자를 동승하도록 하는 조항은 동승보호자의 추가 고용에 따른 비용 지출을 유발할 뿐 학원의 영업방식을 직접 제한하는 것은 아니므로 그로 인해 직업수행의 자유는 제한되지 아니한다. 22 법무사 O│X

2680-1 학원이나 체육시설에서 어린이통학버스를 운영하는 자로 하여금 어린이통학버스에 반드시 보호자를 동승하여 운행하도록 한 「여객자동차 운수사업법」 조항은 어린이 등의 안전을 효과적으로 담보하는 중요한 역할을 하는 점 등에 비추어 보면 학원이나 체육시설에서 어린이통학버스를 운영하는 자의 직업수행의 자유를 침해한다고 볼 수 없다. 21 입시 O│X

2680-2 「학원의 설립·운영 및 과외교습에 관한 법률」에 따라 설립된 학원 및 「체육시설의 설치·이용에 관한 법률」에 따라 설립된 체육시설에서 어린이통학버스를 운영함에 있어서 어린이 등과 함께 보호자를 의무적으로 동승하여 운행하도록 하는 「도로교통법」 조항은 학원 및 체육시설 운영자의 직업수행의 자유를 침해한다. 22 5급 O│X

(1) 이 사건 **보호자동승조항**은 어린이통학버스를 운영함에 있어서 **반드시 보호자를 동승**하도록 함으로써 **학원 등의 영업방식에 제한**을 가하고 있으므로 청구인들의 **직업수행의 자유를 제한**한다(헌재 2020. 4. 23. 2017헌마479).
(2) 어린이통학버스의 동승보호자는 운전자와 함께 탑승함으로써 승·하차 시 뿐만 아니라 운전자만으로 담보하기 어려운 '차량 운전 중' 또는 '교통사고 발생 등의 비상상황 발생 시' **어린이 등의 안전을 효과적으로 담보하는 중요한 역할**을 하게 된다. … 이 사건 보호자동승조항이 어린이통학버스에 어린이 등과 함께 보호자를 의무적으로 동승하도록 하였다고 하여 그 의무가 학원 등 운영자의 직업수행의 자유를 지나치게 제한하여 입법형성권의 범위를 현저히 벗어났다거나 **기본권 침해의 최소성 원칙에 반한다고 볼 수 없다.** … 이 사건 **보호자동승조항**은 과잉금지원칙에 반하여 청구인들의 **직업수행의 자유를 침해한다고 볼 수 없다**(헌재 2020. 4. 23. 2017헌마479).

● 정답 2678. ○   2679. ×[입법재량 일탈 아님]   2680. ×[직업수행의 자유 제한]   2680-1. ○   2680-2. ×[직업수행의 자유 침해 ×]

2681 최저임금의 적용을 위하여 주(週) 단위로 정해진 비교대상임금을 시간에 대한 임금으로 환산할 때, 1주 동안의 소정근로시간 수와 법정 주휴시간 수를 합산한 시간 수로 해당 임금을 나누도록 하는 규정은 근로자를 고용하여 재화나 용역을 제공하는 사용자의 활동을 제한한다는 측면에서 직업의 자유를 제한한다. 22 법무사 O | X

2681-1 최저임금의 적용을 위해 주(週) 단위로 정해진 근로자의 임금을 시간에 대한 임금으로 환산할 때, 해당 임금을 1주 동안의 소정근로시간 수와 법정 주휴시간 수를 합산한 시간 수로 나누도록 한 규정은 임금의 수준에 관한 사용자의 계약의 자유를 침해하지 않는다. 22 법원 9 O | X

2681-2 최저임금의 적용을 위해 주 단위로 정해진 근로자의 임금을 시간에 대한 임금으로 환산할 때, 해당 임금을 1주 동안의 소정근로시간 수와 법정 주휴시간 수를 합산한 시간 수로 나누도록 규정한 「최저임금법 시행령」 조항은 사용자의 직업의 자유를 침해하지 않는다. 21 국회 8 O | X

2681-3 최저임금의 적용을 위해 주(週) 단위로 정해진 근로자의 임금을 시간에 대한 임금으로 환산할 때, 해당 임금을 1주 동안의 소정근로시간 수와 법정 주휴시간 수를 합산한 시간 수로 나누도록 한 「최저임금법 시행령」 해당 조항은 사용자의 계약의 자유 및 직업의 자유를 침해한다. 24 경간 O | X

이 사건 시행령조항은 **최저임금의 적용**을 위하여 주(週) 단위로 정해진 비교대상 임금을 시간에 대한 임금으로 환산할 때, 1주 동안의 **소정근로시간 수와 법정 주휴시간 수를 합산한 시간 수**로 해당 임금을 나누도록 하고 있다. 이에 따라, 사용자는 주 단위로 임금이 지급되는 근로자에게 시간급 최저임금액에 '소정근로시간 수와 법정 주휴시간 수를 합산한 시간 수'를 곱한 금액 이상을 지급하여야 한다. 따라서 이 사건 시행령조항은 임금의 수준에 관한 사용자와 근로자 간의 계약 내용을 제한한다는 측면에서는 헌법 제10조 행복추구권의 일반적 행동자유권에서 파생되는 사용자의 **계약의 자유를 제한**하고, 근로자를 고용하여 재화나 용역을 제공하는 사용자의 활동을 제한한다는 측면에서는 **헌법 제15조의 직업의 자유를 제한한다.** … 따라서 이 사건 시행령조항은 과잉금지원칙에 위배되어 사용자의 **계약의 자유 및 직업의 자유를 침해한다고 볼 수 없다**(헌재 2020. 6. 25. 2019헌마15).

2682 이륜자동차를 운전하여 고속도로 또는 자동차전용도로를 통행한 자를 처벌하는 것은 퀵서비스 배달업자들의 직업수행의 자유를 제한하는 것이지만, 사고의 위험성과 사고결과의 중대성에 비추어 이를 기본권 침해라고 볼 수는 없다. 18 경정, 10 국가 7 O | X

이 사건 법률조항은 이륜자동차 운전자가 고속도로 등을 통행하는 것을 금지하고 있을 뿐, 퀵서비스 배달업의 **직업수행행위를 직접적으로 제한하는 것이 아니다.** … 이 사건 법률조항으로 인하여 청구인들이 퀵서비스 배달업의 수행에 지장을 받는 점이 있다고 하더라도, 그것은 청구인들이 이륜자동차를 운행하고 이 사건 법률조항이 이륜자동차의 고속도로 등 통행을 금지하는 데서 비롯되는 간접적·사실상의 효과일 뿐이다. … 따라서 이 사건 법률조항은 청구인들의 **직업수행의 자유를 침해한다고 볼 수 없다**(헌재 2011. 11. 24. 2011헌바51).

POINT 152 직업선택의 자유 관련판례

01 자격요건

2683 감염병의 유행은 일률적이고 광범위한 기본권 제한을 허용하는 면죄부가 될 수 없고, 감염병의 확산으로 인하여 의료자원이 부족할 수도 있다는 막연한 우려를 이유로 확진환자 등의 국가시험응시를 일률적으로 금지하는 것은 직업선택의 자유를 과도하게 제한한 것이다. 23 경채 O | X

● 정답 2681. O   2681-1. O   2681-2. O   2681-3. X [계약의 자유 및 직업의 자유 침해 X]   2682. X [직업수행의 자유 제한 X]   2683. O

감염병의 유행은 일률적이고 광범위한 기본권 제한을 허용하는 면죄부가 될 수 없고, 감염병의 확산으로 인하여 의료자원이 부족할 수도 있다는 막연한 우려를 이유로 확진환자 등의 응시를 일률적으로 금지하는 것은 청구인들의 기본권을 과도하게 제한한 것이라고 볼 수밖에 없다. 확진환자가 시험장 이외에 의료기관이나 생활치료센터 등 입원치료를 받거나 격리 중인 곳에서 시험을 치를 수 있도록 한다면 감염병 확산 방지라는 목적을 동일하게 달성하면서도 확진환자의 시험 응시 기회를 보장할 수 있다. 따라서 이 사건 알림 중 코로나19 확진환자의 시험 응시를 금지한 부분은 청구인들의 직업선택의 자유를 침해한다(헌재 2023. 2. 23. 2020헌마1736).

2684 고위험자의 정의나 판단기준을 정하고 있지 않다고 하더라도, 시험장 출입 시 또는 시험 중에 37.5도 이상의 발열이나 기침 또는 호흡곤란 등의 호흡기 증상이 있는 응시자 중 국가시험 주관부서의 판단에 따른 고위험자를 의료기관에 일률적으로 이송하도록 하는 것은 피해의 최소성을 충족한다. 23 경채   O | X

이 사건 고위험자 이송은 시험장 출입 시 또는 시험 중에 37.5도 이상의 발열이나 기침 또는 호흡곤란 등의 호흡기 증상이 있는 응시자 중 고위험자를 의료기관에 이송하도록 하면서도 고위험자의 정의나 판단기준을 정하고 있지 않다. 따라서 고위험자의 분류 및 이송이 반드시 감염병 확산 방지와 적정한 시험 운영 및 관리를 위하여 필요한 범위 내에서 최소한으로만 이루어질 것이 보장된다고 볼 수 없다. … 따라서 피청구인 측의 판단에 따라 '고위험자'를 일률적으로 의료기관에 이송하도록 한 이 사건 고위험자 이송은 피해의 최소성을 충족하지 못한다. … 따라서 이 사건 알림 중 고위험자를 의료기관에 이송하도록 한 부분은 청구인들의 직업선택의 자유를 침해한다(헌재 2023. 2. 23. 2020헌마1736).

2685 세무사 자격 보유 변호사로 하여금 세무사로서 세무대리를 일체 할 수 없도록 전면적으로 금지한「세무사법」조항은 과잉금지원칙을 위반하여 세무사 자격 보유 변호사의 직업선택의 자유를 침해한다. 21 입시   O | X

2685-1 세무사 자격 보유 변호사로 하여금 세무사로서 세무사의 업무를 할 수 없도록 규정한「세무사법」관련 조항은 세무사 자격 보유 변호사의 직업선택의 자유를 침해하지 않는다. 18 국회 9   O | X

심판대상조항이 세무사 자격 보유 변호사에 대하여 세무사로서 세무대리를 일체 할 수 없도록 전면 금지하는 것은 세무사 자격 부여의 의미를 상실시키는 것일 뿐만 아니라, 세무사 자격에 기한 직업선택의 자유를 지나치게 제한하는 것이다. … 그렇다면, 심판대상조항은 과잉금지원칙을 위반하여 세무사 자격 보유 변호사의 직업선택의 자유를 침해하므로 헌법에 위반된다(헌재 2018. 4. 26. 2015헌가19).

2686 세무사 자격 보유 변호사가 세무사로서 세무조정업무를 일체 수행할 수 없도록 한 규정은 이들에게 세무사 자격을 부여한 의미를 상실시키는 것일 뿐만 아니라 세무사 자격에 기한 직업선택의 자유를 지나치게 제한하는 것으로 헌법에 위반된다. 18 국가 7   O | X

2686-1 입법자가 세무관청과 관련된 실무적 업무에 필요한 세무회계 및 세법 지식이 검증된 공인회계사에게 세무대리업무등록부에 등록을 하면 세무조정업무를 할 수 있도록 허용하면서도, 세무사 자격 보유 변호사의 세무조정업무 수행을 일체 제한하는 것은 평등권을 침해하지 아니한다. 19 국회 9   O | X

(1) 심판대상조항이 세무사 자격 보유 변호사에 대하여 세무조정업무를 일체 수행할 수 없도록 전면 금지하는 것은 세무사 자격 부여의 의미를 상실시키는 것일 뿐만 아니라, 세무사 자격에 기한 직업선택의 자유를 지나치게 제한하는 것이다. … 그렇다면, 심판대상조항은 과잉금지원칙을 위반하여 청구인 신ㅇ우의 직업선택의 자유를 침해하므로 헌법에 위반된다(헌재 2018. 4. 26. 2016헌마116).
(2) 심판대상조항은 과잉금지원칙을 위반하여 세무사 자격 보유 변호사인 청구인 신ㅇ우의 직업선택의 자유를 침해하므로 헌법에 위반된다. 청구인 신ㅇ우는 심판대상조항이 위 청구인의 평등권을 침해하고 조세법률주의에 위반된다는 주장도 하나, 심판대상조항이 청구인 신ㅇ우의 직업선택의 자유를 침해하여 헌법에 위반된다고 판단하는 이상, 위 주장들에 대해서는 더 나아가 판단하지 아니한다(헌재 2018. 4. 26. 2016헌마116).

정답 2684. X [피해의 최소성을 충족 X]   2685. O   2685-1. X [직업선택의 자유 침해]   2686. O   2686-1. X [평등권 판단 안함]

2687 보건복지부장관이 치과전문의자격시험제도를 실시할 수 있도록 시행규칙을 마련하지 아니한 행정입법부작위는 전공의수련과정을 마친 청구인들의 직업의 자유를 침해한 것이다. 19 법원 9, 18 법무사 O | X

현행 의료법과 위 규정에 의하면 치과전문의 전문과목은 10개로 세분화되어 있고, 일반치과의까지 포함하면 11가지의 치과의가 존재할 수 있는데도 이를 시행하기 위한 **시행규칙의 미비**로 청구인들은 **일반치과의로서 존재할 수 밖에 없는 실정이다**. 따라서 이로 말미암아 청구인들은 직업으로서 **치과전문의를 선택**하고 이를 수행할 **자유(직업의 자유)를 침해**당하고 있다(헌재 1998. 7. 16. 96헌마246).

2688 헌법은 직업의 자유를 보장하고 국민의 보건에 관한 국가의 의무를 인정하고 있으나, 시·도지사들이 한약업사 시험을 시행하여야 할 헌법상 작위의무가 규정되어 있다고 볼 수 없다. 23 법원 9 O | X

헌법은 한약업사 시험을 비롯한 한약업사 제도에 관한 명문의 규정을 두고 있지 않으므로, **헌법상 명문으로 청구인들이 주장하는 바와 같은 피청구인들의 작위의무가 규정되어 있다고 볼 수 없다.** … 헌법 제15조는 "모든 국민은 직업선택의 자유를 가진다."라고 규정하여 **국민의 직업선택의 자유를 보장**하고, 헌법 제36조 제3항은 "모든 국민은 보건에 관하여 국가의 보호를 받는다."라고 규정하여 **국민의 보건에 관한 국가의 의무를 인정**하고 있으나, 이로부터 국가가 국민 보건에 관한 특정한 자격제도를 형성해야 할 구체적인 의무가 도출되는 것은 아니다. … 따라서 **헌법 해석으로부터 피청구인들의 작위의무가 도출된다고 할 수 없다.** … **약사법** 제45조 제3항, 같은 법 시행령 제25조를 들어 피청구인들의 작위의무가 **법령에 구체적으로 규정**되어 있다고 할 수 **없다.** 헌법과 약사법령을 종합하건대, 피청구인들에게 **헌법에서 유래하는 작위의무**가 특별히 구체적으로 규정되어 있다고 볼 수 **없다**(헌재 2021. 6. 24. 2019헌마540).

2689 지적측량업무를 비영리법인에게만 대행할 수 있도록 하는 것은 합헌이다. 18 입시 O | X

초벌측량은 지적측량수수료를 대가로 한 수익사업이므로 비영리법인이 추구할 목적사업 자체가 될 수 없다는 의미에서 측량성과의 정확성을 확보한다는 입법목적 달성과는 무관한 수단으로 보이고, … 그 입법목적에 비추어 볼 때 **직업선택의 자유를 제한**당하는 청구인 등 지적기술자의 기본권과의 법익의 균형성도 현저하게 상실하고 있으므로, **과잉금지의 원칙에 위배**되는 **위헌적인 법률**이다(헌재 2002. 5. 30. 2000헌마81).

2690 20년 이상 관세행정분야에서 근무한 자에게 일정한 절차를 거쳐 관세사자격을 부여한 구「관세사법」 규정은 헌법에 위반되지 않는다. 17 국회 8 O | X

구 관세사법 제4조 제3호 소정의 특별전형제도로 인하여 청구인들이 일반 공개경쟁시험절차를 통하여 관세사라는 직업을 선택할 자유가 봉쇄되어 있는 것이 아니다. 따라서 관세사자격을 부여함에 있어 공개경쟁시험제도를 통한 자격부여 이외에 **20년 이상을 관세행정분야에서 근무한 자**라면 관세사로서의 직무수행을 위한 전문지식이 있다고 보아 위와 같은 특별전형제도도 아울러 택한 입법자의 정책적 판단은 입법목적의 정당성과 수단의 합리성이 인정되므로 전문분야 자격제도에 대한 입법형성권의 범위를 넘는 **명백히 불합리한 것이라고 볼 수 없다**(헌재 2001. 1. 18. 2000헌마364).

2691 일정한 경력을 가진 공무원이 법무사시험을 보지 않고도 법무사 자격을 취득할 수 있도록 하는 경력 공무원에 대한 자격부여제도를 규정하고 있던 법무사법 조항에 대하여 경력공무원이 아닌 일반인들도 법무사시험을 보아 합격하면 법무사가 될 수 있는 길을 열어 놓고 있고, 경력공무원에 대한 자격부여 제도가 합리성을 갖고 있어서 법무사시험제도를 유명무실하게 하는 요소를 찾기 어렵다고 보아 법무사라는 직업을 선택하는 자유를 침해하지 않는다. 22 법무사 O | X

정답 2687. ○ 2688. ○ 2689. ×[위헌] 2690. ○ 2691. ○

법률지식과 능력을 실무경험을 통하여 갖춘 것으로 대법원장이 인정하는 경력공무원에게, 그러한 경력을 갖추지 아니한 청구인들과 같은 사람들과 차별하여 법무사시험을 치르지 않게 하고, 법무사자격을 부여하는 것은 충분한 합리적 이유가 있는 차별이라고 할 것이다. … 경력공무원에 해당하지 않는 청구인들과 같은 일반인들도 법무사시험을 보아 합격하면 법무사가 될 수 있게 길을 열어 놓고 있으며, 경력공무원에 대한 자격부여제도가 합리성을 갖고 있어서 법무사법의 어느 곳에도 법무사시험제도를 유명무실하게 하는 요소는 찾아 볼 수 없다. 따라서 이 사건 법률조항은 청구인들이 법무사라는 **직업을 선택하는 자유를 침해하지 않는다**(헌재 2001. 11. 29. 2000헌마84).

2692 변호사의 자격이 있는 자에게 더 이상 세무사 자격을 부여하지 않는 구「세무사법」 조항은 시행일 이후 변호사 자격을 취득한 청구인의 직업선택의 자유를 침해한다고 볼 수 없다. 23 경찰 2차 O | X

2692-1 변호사의 자격이 있는 자에게 더 이상 세무사 자격을 부여하지 않는 구「세무사법」 해당 조항은 시행일 이후 변호사 자격을 취득한 사람들의 직업선택의 자유를 침해한다. 23 소간 O | X

이 사건 법률조항은 세무사 자격시험에 합격한 사람 이외에 변호사 자격 소지자에 대하여 세무사 자격을 인정하는 것과 관련된 특혜 시비를 없애고 세무사시험에 응시하는 일반 국민과의 형평을 도모함과 동시에 세무분야의 전문성을 제고하여 소비자에게 고품질의 세무서비스를 제공하고자 마련된 조항이다. 이와 같은 입법목적은 정당하고, 변호사에 대한 세무사 자격 자동부여 제도의 폐지는 입법목적을 달성하기 위한 적합한 수단이다. … 따라서 이 사건 법률조항은 과잉금지원칙에 반하여 청구인들의 **직업선택의 자유를 침해한다고 볼 수 없다**(헌재 2021. 7. 15. 2018헌마279 등).

2693 군법무관 임용시험에 합격한 군법무관들에게 군법무관시보로 임용된 때부터 10년간 근무하여야 변호사 자격을 유지하게 하는 것은 당사자에 대한 주관적인 요건인 '10년간의 군법무관 경력'을 조건으로 변호사직에 대한 직업선택의 자유를 침해하는 것이 아니다. 12 지방 7 O | X

이 사건 조항은 장기간 복무할 군법무관을 효과적으로 확보하여 군사법(軍司法)의 효율과 안정을 도모하고, 군 내부의 법치주의 실현에 대한 공공의 손실과 위험을 방지하기 위한 것으로서 입법목적에 있어 정당성이 인정되고, … 이 사건 조항은 청구인들의 **직업선택의 자유를 침해하지 않는다**(헌재 2007. 5. 31. 2006헌마767).

2694 외국의 의사·치과의사·한의사 자격을 가진 자에게 예비시험을 치도록 한 것은 사실상 외국에서 학위를 받은 사람이 국내에서 면허를 받는 길을 봉쇄하는 방향으로 악용될 소지가 있으므로 직업선택의 자유를 침해한다. 16 경정 O | X

예비시험 조항은 외국 의과대학 졸업생에 대해 우리나라 의료계에서 활동할 수 있는 정도의 능력과 자질이 있음을 검증한 후 의사면허 국가시험에 응시하도록 함으로써 외국에서 수학한 보건의료인력의 질적 수준을 담보하려는 것을 주된 입법목적으로 하는 것이므로 그 정당성을 인정할 수 있다. … 그러므로 예비시험 조항은 청구인들의 **직업선택의 자유를 침해하지 않는다**(헌재 2003. 4. 24. 2002헌마611).

2695 시각장애인에 한하여 안마사 자격인정을 받을 수 있도록 하는 것은 비시각장애인의 직업선택의 자유를 침해하지 않는다. 22 국회 9 O | X

2695-1 시각장애인들에게만 안마사 자격을 인정한 것은 비시각장애인들의 평등권을 침해한 것으로서 위헌이다. 14 법무사 O | X

정답 2692. O   2692-1. X [직업선택의 자유를 침해 X]   2693. O   2694. X [직업선택의 자유 침해 X]   2695. O   2695-1. X [평등권 침해 아님]

이 사건 법률조항은 시각장애인에게 삶의 보람을 얻게 하고 인간다운 생활을 할 권리를 실현시키려는 데에 그 목적이 있으므로 입법목적이 정당하고, … 촉각이 발달한 시각장애인이 영위하기에 용이한 안마업의 특성 등에 비추어 시각장애인에게 안마업을 독점시킴으로써 그들의 생계를 지원하고 직업활동에 참여할 수 있는 기회를 제공하는 이 사건 법률조항의 경우 이러한 입법목적을 달성하는 데 적절한 수단임을 인정할 수 있다. … 따라서 이 사건 법률조항이 헌법 제37조 제2항에서 정한 기본권제한입법의 한계를 벗어나서 비시각장애인의 직업선택의 자유를 침해하거나 평등권을 침해한다고 볼 수는 없다(헌재 2008. 10. 30. 2006헌마1098 등).

2696 시각장애인만이 안마사 자격인정을 받을 수 있도록 규정한 「의료법」 제82조 제1항 중 '「장애인복지법」에 따른 시각장애인 중' 부분, 시·도지사로부터 안마사 자격인정을 받지 아니한 자는 안마시술소 또는 안마원을 개설할 수 없도록 규정한 「의료법」 제82조 제3항 중 제33조 제2항 제1호를 준용하는 부분은 비시각장애인인 청구인의 직업선택의 자유를 침해한다고 볼 수 없다. 23 경찰 2차   O | X

안마업을 시각장애인에게 독점시키는 이 사건 자격조항으로 말미암아 일반국민의 직업선택의 자유가 제한되는 것은 사실이지만, 안마업은 시각장애인이 정상적으로 영위할 수 있는 거의 유일한 직업이므로 시각장애인 안마사제도는 시각장애인의 생존권 보장을 위한 불가피한 선택으로 볼 수밖에 없다. 이러한 시각장애인과 달리, 비장애인은 상대적으로 높은 교육기회를 바탕으로 안마업 이외에 선택가능한 직업의 종류와 범위가 상당히 넓다. 시각장애인 안마사 제도는 여전히 시각장애인들, 특히 중증시각장애인 내지 중도 실명자들의 최소한의 삶을 지탱해주는 직업교육 및 취업의 틀로서 기능한다. … 그렇다면 이 사건 자격조항 및 개설조항은 비시각장애인의 **직업선택의 자유 및 평등권을 침해한다고 보기 어렵다**(헌재 2021. 12. 23. 2019헌마656).

2697 '약사 또는 한약사가 아닌 자연인'의 약국 개설을 금지하고 위반 시 형사처벌하는 「약사법」 조항은 과잉금지원칙에 반하여 직업의 자유를 침해한다고 할 수 없다. 23 국회 8   O | X

비약사의 약국 개설이 허용되면, 영리 위주의 의약품 판매로 인해 의약품 오남용 및 국민 건강상의 위험이 증대할 가능성이 높고, 대규모 자본이 약국시장에 유입되어 의약품 유통체계 및 판매질서를 위협할 우려가 있다. 또한 비약사의 약국 개설은, 개설등록 취소나 약사의 자격정지, 부당이득 보험급여 징수 등 행정제재만으로는 예방하기에 미흡하고, 그에 가담한 약사를 형사처벌 대상에서 제외할 특별한 사정이 있다고도 할 수 없다. 약국 개설은 전 국민의 건강과 보건, 나아가 생명과도 직결된다는 점에서, 달성되는 공익보다 제한되는 사익이 더 중하다고 볼 수 없다. 심판대상조항은 과잉금지원칙에 반하여 **직업의 자유를 침해하지 않는다**(헌재 2020. 10. 29. 2019헌바249).

2698 일반학원의 강사라는 직업의 자격기준으로서 대학졸업 이상의 학력을 갖추도록 요구하는 것은 직업의 자유를 침해하는 것이 아니다. 13 국가 7   O | X

2698-1 일반학원의 강사라는 직업의 개시를 위한 주관적 전제조건으로서 '대학 졸업 이상의 학력 소지'라는 자격기준을 갖추도록 요구함으로써 직업선택의 자유를 제한하고 있으나 일률적으로 자격기준을 설정하여 통제하는 방식만큼의 효과를 거둘 만한 다른 제도나 절차를 쉽게 찾아보기 어려우므로 최소침해의 원칙은 문제되지 않는다. 16 법무사   O | X

이 사건 심판대상 조항들은 일반학원의 강사라는 직업의 개시를 위한 **주관적 전제조건으로서 '대학 졸업 이상의 학력 소지'**라는 자격기준을 갖추도록 요구함으로써 **직업선택의 자유를 제한**하고 있고, … 자질과 능력을 갖춘 강사를 확보하여 학원교육의 질을 높이거나 유지하는 방법으로서 이 사건 심판대상 조항들과 같이 **일률적으로 자격기준을 설정하여 통제**하는 방식만큼의 효과를 거둘 만한 다른 제도나 절차를 쉽게 찾아보기 어려우므로 **최소침해의 원칙도 문제되지 않는다**. … 따라서 이 사건 심판대상 조항들은 **기본권제한의 한계를 준수**하고 있다고 할 것이다(헌재 2003. 9. 25. 2002헌마519).

정답 2696. O   2697. O   2698. O   2698-1. O

2699 학원설립등록의무를 부과하고 이를 어긴 경우 처벌하도록 규정하는 것은 행복추구권, 직업선택의 자유를 침해한다고 볼 수 없다. 17 서울 7 ○ | ×

학원의 등록제도는 국민의 교육을 받을 권리를 실질적으로 보장하기 위하여 교육제도와 시설을 일정한 수준으로 유지시키고 이를 위하여 국가가 적절한 지도, 감독을 하기 위한 목적을 지닌 제도라고 할 수 있으므로 공공복리를 위한 입법목적을 가지고 있는 것이고, 학원의 등록제도는 위와 같은 입법목적을 달성하기 위한 효과적인 방법이라고 할 수 있다. … 그러므로, 이 사건 법률조항들이 헌법에 위배하여 국민의 행복추구권, 직업선택의 자유를 침해한다고 볼 수 없다(헌재 2001. 2. 22. 99헌바93).

2700 법무사 아닌 자가 등기신청대행 등의 법무행위를 업으로 하는 것을 금지하고 이를 위반하는 경우 형사처벌하는 법무사법 조항은 법무사 자격이 없는 일반 국민의 직업선택의 자유를 과도하게 제한하여 헌법에 위반된다. 22 법무사 ○ | ×

이 사건 법률조항은 청구인의 직업선택의 자유를 침해할 정도로 비례의 원칙에 위배된 것으로 볼 수 없고, 나아가 입법자가 등기신청대행만을 전담하는 자격제도를 따로 두고 있지 않다거나 현재보다 더 완화된 법무사 자격요건을 두고 있지 않다고 하더라도 그것이 곧 청구인의 직업선택의 자유를 침해할 정도로 입법형성의 재량을 일탈한 것이라고 볼 수도 없다고 할 것이다(헌재 2003. 9. 25. 2001헌마156).

2701 고소고발장을 법무사만이 그 작성사무를 업으로 할 수 있는 법원과 검찰청의 업무에 관련된 서류로 규정한 것은 일반 행정사의 직업선택의 자유 등의 기본권을 침해한다. 22 법무사 ○ | ×

고소고발장의 작성을 법무사에게만 허용하고 일반행정사에 대하여 이를 하지 못하게 한 것은, 국민의 법률생활의 편익과 사법제도의 건전한 발전이라는 공익의 실현에 필요·적정한 수단으로서 그 이유에 합리성이 있으므로, 일반행정사의 직업 선택의 자유나 평등권 등을 침해하는 것이라고 볼 수 없다(헌재 2000. 7. 20. 98헌마52).

2702 근로자공급사업을 고용노동부장관의 허가를 받은 자만이 행할 수 있도록 제한하는 것은 과잉금지의 원칙에 반하여 직업선택의 자유를 침해한다. 11 지방 7 ○ | ×

근로자공급사업은 성질상 사인이 영리를 목적으로 운영할 경우 근로자의 안전 및 보건상의 위험, 근로조건의 저하, 공중도덕상 유해한 직종에의 유입, 미성년자에 대한 착취, 근로자에 대한 중간착취, 강제근로, 인권침해, 약취·유인, 인신매매 등의 부작용이 초래될 가능성이 매우 크므로 노동부장관의 허가를 받은 자만이 근로자공급사업을 할 수 있도록 제한하는 것은 합리적인 제한이라고 할 것이고, 과잉금지의 원칙에 위배되어 직업선택의 본질적인 내용을 침해하는 것으로 볼 수는 없다(헌재 1998. 11. 26. 97헌바31).

2703 영업으로 성매매를 알선하는 행위를 처벌하는 「성매매알선 등 행위의 처벌에 관한 법률」 조항은 과잉금지원칙에 위배되어 이를 업으로 하고자 하는 사람들의 직업선택의 자유를 침해한다. 17 경정 ○ | ×

성매매 알선행위를 영업으로 하는 경우, 수익을 극대화하는 과정에서 비자발적 성매매 및 착취, 위력행사 등 불법행위가 발생할 가능성이 높고, 호객행위나 성매매 광고 등 성매매를 외부적으로 드러내어 사회의 건전한 성풍속을 해치므로, 성매매 영업알선은 단순한 성매매 행위 자체와는 구별되는 중한 불법성 및 처벌의 필요성이 인정된다. … 따라서 이 사건 알선조항은 과잉금지원칙에 위배되어 직업선택의 자유를 침해하지 아니한다(헌재 2016. 9. 29. 2015헌바65).

● 정답 2699. ○   2700. ×[직업선택의 자유 침해 ×]   2701. ×[직업선택의 자유 등 기본권 침해 ×]   2702. ×[직업선택의 자유 침해 ×]
2703. ×[직업선택의 자유 침해 ×]

02 결격사유

2704 「마약류 관리에 관한 법률」을 위반하여 금고 이상의 실형을 선고받고 그 집행이 끝나거나 면제된 날부터 20년이 지나지 아니한 것을 택시운송사업의 운전업무 종사자격의 결격사유 및 취소사유로 정한 구 「여객자동차 운수사업법」 조항은 직업선택의 자유를 침해한다. 17 국회 8   O | X

2704-1 「마약류 관리에 관한 법률」을 위반하여 금고 이상의 실형을 선고받고 그 집행이 끝나거나 면제된 날부터 20년이 지나지 아니한 것을 택시운송사업의 운전업무 종사자격의 결격사유 및 취소사유로 정한 구 「여객자동차 운수사업법」 조항은 침해의 최소성 원칙에 위배된다. 23 경간   O | X

2704-2 「마약류 관리에 관한 법률」을 위반하여 금고 이상의 실형을 선고받고 그 집행이 끝나거나 면제된 날부터 20년이 지나지 아니한 것을 택시운송사업의 운전업무 종사자격의 결격사유 및 취소사유로 정한 것은 사익을 제한함으로써 달성할 수 있는 공익이 더욱 중대하므로 법익의 균형성 원칙도 충족하고 있다. 19 국가 7   O | X

> 택시운송사업 운전업무 종사자의 일반적인 취업 연령이나 취업 실태에 비추어볼 때 실질적으로 해당 직업의 진입 자체를 거의 영구적으로 막는 것에 가까운 효과를 나타내며, 타 운송수단 대비 택시의 특수성을 고려하더라도 지나치게 긴 기간이라 할 수 있다. … 심판대상조항은 구체적 사안의 개별성과 특수성을 고려할 수 있는 여지를 일체 배제하고 그 위법의 정도나 비난 가능성의 정도가 미약한 경우까지도 **획일적으로 20년이라는 장기간** 동안 택시운송사업의 운전업무 종사자격을 제한하는 것이므로 **침해의 최소성 원칙에 위배되며, 법익의 균형성 원칙에도 반한다.** 따라서 심판대상조항은 청구인들의 **직업선택의 자유를 침해한다**(헌재 2015. 12. 23. 2014헌바446 등).

2705 성적목적공공장소침입죄로 형을 선고받아 확정된 사람은 그 형의 집행을 종료한 날부터 10년 동안 의료기관을 제외한 아동·청소년 관련기관 등을 운영하거나 위 기관에 취업할 수 없도록 한 「아동·청소년의 성보호에 관한 법률」 관련 조항은 성적목적공공장소침입죄 전과자의 직업선택의 자유를 침해하는 것이다. 18 국회 9   O | X

> 취업제한조항이 성적목적공공장소침입죄 전력만으로 그가 장래에 동일한 유형의 범죄를 저지를 것을 당연시하고, 형의 집행이 종료된 때로부터 10년이 경과하기 전에는 결코 재범의 위험성이 소멸하지 않는다고 보아, 각 행위의 죄질에 따른 상이한 제재의 필요성을 간과함으로써, 위 범죄 전력자 중 재범의 위험성이 없는 자, 위 범죄 전력이 있지만 10년의 기간 안에 재범의 위험성이 해소될 수 있는 자, 범행의 정도가 가볍고 재범의 위험성이 상대적으로 크지 않은 자에게까지 **10년 동안 일률적인 취업제한**을 하고 있는 것은 **침해의 최소성 원칙과 법익의 균형성 원칙에 위배**된다. 따라서 **취업제한조항은** 청구인의 **직업선택의 자유를 침해한다**(헌재 2016. 10. 27. 2014헌마709).

2706 성인 대상 성범죄로 형을 선고받아 확정된 자를 그 형의 집행이 종료한 날로부터 10년 동안 아동·청소년 관련 교육기관 등을 운영하거나 위 기관에 취업할 수 없도록 한 것은 합헌이다. 18 입시   O | X

> 심판대상조항은 성범죄 전과자라는 이유만으로 이들이 다시 성범죄를 저지를 것이라는 전제 아래 **취업제한이라는 제재를 예외 없이 부과**하는 점, 성범죄 전력자의 구체적 범죄행위 유형 등을 고려하지 않고 일군의 성범죄를 저지른 사람 전부에 대해서 동일한 취업제한 기간을 두는 점 등에서 침해의 최소성 원칙에 위배된다. … 따라서 **심판대상조항은** 과잉금지원칙을 위반하여 청구인의 **직업선택의 자유를 침해한다**(헌재 2016. 7. 28. 2013헌마436).

● 정답 2704. O 2704-1. O 2704-2. X [법익의 균형성 원칙에 반함] 2705. O 2706. X [직업선택의 자유 침해]

2707 아동·청소년 대상 성범죄 전과자라는 이유만으로 이들이 다시 성범죄를 저지를 것이라는 전제 하에 취업제한의 제재를 예외 없이 관철하는 법률조항은 어떠한 예외도 없이 재범가능성을 당연시하는 것으로서 침해의 최소성에 위배된다. 19 국회 9   O | X

이 사건 취업제한 조항은 아동·청소년 관련기관 등에서 아동·청소년대상 성범죄 전과자를 배제하여 아동·청소년을 성범죄로부터 보호하려는 것인데, 이는 **아동·청소년대상 성범죄 전과자**라는 이유만으로 이들이 다시 성범죄를 저지를 것이라는 전제 하에 **취업제한의 제재를 예외 없이 관철**하고 있다는 점에서 문제가 있다. … 그렇다면, 이 사건 취업제한 조항은 오직 아동·청소년대상 성범죄 전과에 기초해 10년이라는 기간 동안 일률적으로 취업제한의 제재를 부과하며, 이 기간 내에는 취업제한 대상자가 그러한 제재로부터 벗어날 수 있는 어떠한 기회도 존재하지 않는 점, 재범의 위험에 대한 사회적 차원의 대처가 필요하다 해도 이 위험의 경중에 대한 고려가 있어야 하는 점 등에 비추어 **침해의 최소성 요건을 충족했다고 보기 힘들다**(헌재 2016. 4. 28. 2015헌마98).

2708 (구)「학원의 설립·운영 및 과외교습에 관한 법률」을 위반하여 벌금형을 선고받은 후 1년이 지나지 아니한 자는 학원설립·운영의 등록을 할 수 없도록 규정한 (구)「학원의 설립·운영 및 과외교습에 관한 법률」상의 등록결격조항은 각종 규율의 형해화를 막고 학습자를 보호하며 학원의 공적 기능을 유지하고자 하는 목적을 달성하기 위하여 필요한 것으로 과잉금지원칙에 위배되어 직업선택의 자유를 침해한다고 보기 어렵다. 16 국회 8   O | X

사교육 비용이 점차 고액화함에 따라 학원법을 준수하지 아니하고 학원을 운영함으로써 높은 수익을 올릴 수 있는 데 반하여, 학원법을 위반하여 벌금형으로 처벌받은 후에도 즉시 다른 학원을 다시 설립·운영할 수 있다고 한다면, 학원법의 각종 규율은 형해화될 수밖에 없으며, 학습자를 보호하고 학원의 공적 기능을 유지하고자 하는 목적을 달성할 수 없으므로, 이 사건 **등록결격조항**은 과잉금지원칙에 위배되어 **직업선택의 자유를 침해한다고 보기 어렵다**(헌재 2015. 5. 28. 2012헌마653).

2709 「세무사법」 위반으로 벌금형을 받은 세무사의 등록을 필요적으로 취소하도록 한 「세무사법」 조항은 벌금형의 집행이 끝나거나 집행을 받지 아니하기로 확정된 후 3년이 지난 때에 다시 세무사로 등록하여 활동할 수 있는 점 등에 비추어 볼 때 청구인의 직업선택의 자유를 침해하지 않는다. 23 경간   O | X

심판대상조항은 세무사 직무의 공공성과 국민 신뢰의 확보 등을 유지하기 위한 것으로서, 세무사법 위반으로 벌금형을 받은 세무사에 한정하여 등록취소를 하고 있어 입법재량의 범위 내에 있을 뿐 아니라, 벌금형의 집행이 끝나거나 집행을 받지 아니하기로 확정된 후 3년이 지난 때에는 다시 세무사로 등록하여 활동할 수 있는 점 등을 고려하면, 심판대상조항은 세무사인 청구인의 **직업선택의 자유를 침해하지 않는다**(헌재 2021. 10. 28. 2020헌바221).

2710 금고 이상의 실형을 선고받고 그 집행이 종료된 날부터 3년이 경과되지 않은 경우 중개사무소 개설등록을 취소하도록 하는 「공인중개사법」 조항은 동 조항으로 인해 개설등록이 취소된 공인중개사의 직업선택의 자유를 침해하지 않는다. 24 경정   O | X

2710-1 금고 이상의 실형을 선고받고 그 집행이 종료된 날부터 3년이 경과되지 않은 경우 중개사무소 개설등록을 취소하도록 한 「공인중개사법」 조항은 직업선택의 자유를 침해한 것이다. 23 해경, 20 법원 9   O | X

심판대상조항은 공인중개사가 부동산 거래시장에서 수행하는 업무의 공정성 및 그에 대한 국민적 신뢰를 확보하기 위한 것으로서 입법목적의 정당성을 인정할 수 있고, 개업공인중개사가 **금고 이상의 실형을 선고**받는 경우 **중개사무소 개설등록을 필요적으로 취소**하여 중개업에 종사할 수 없도록 배제하는 것은 위와 같은 입법목적을 달성하는 데 적절한 수단이 된다. … 따라서 심판대상조항은 과잉금지원칙에 반하여 **직업선택의 자유를 침해하지 아니한다**(헌재 2019. 2. 28. 2016헌바467).

● 정답   2707. O   2708. O   2709. O   2710. O   2710-1. X [직업 선택의 자유 침해 아님]

2711 사람을 사상한 후 필요한 조치 및 신고를 하지 아니하여 벌금 이상의 형을 선고받고 운전면허가 취소된 사람은 운전면허가 취소된 날부터 4년간 운전면허를 받을 수 없도록 하는 「도로교통법」 관련 조항은 운전자의 직업의 자유 및 일반적 행동의 자유를 침해하는 것이다. 18 국회 9 O|X

2711-1 교통사고로 사람을 사상한 후 필요한 조치 및 신고를 하지 아니하여 금고 이상의 형을 선고 받고 운전면허가 취소된 사람은 운전면허가 취소된 날부터 4년간 운전면허를 받을 수 없도록 한 도로교통법 조항은 운전자의 직업의 자유를 침해한다. 22 국가 7 O|X

국민의 생명·신체를 보호하고 도로교통에 관련된 공공의 안전을 확보함과 동시에 4년의 운전면허 결격기간이라는 엄격한 제재를 통하여 교통사고 발생 시 구호조치의무 및 신고의무를 이행하도록 하는 예방적 효과를 달성하고자 하는 데 그 입법목적을 가지고 있다. 이러한 입법목적은 정당하고, 그 수단의 적합성 또한 인정된다. … 따라서 심판대상조항은 **직업의 자유** 및 **일반적 행동의 자유를 침해하지 않는다**(헌재 2017. 12. 28. 2016헌바254).

2712 사회복무요원은 출·퇴근 근무를 원칙으로 하며 퇴근 이후에는 상대적으로 자유로운 생활관계를 형성하고 있는바, 사회복무요원이 '복무기관의 장의 허가 없이 다른 직무를 겸하는 행위'를 할 경우 경고처분하고, 경고처분 횟수가 더하여질 때마다 5일을 연장하여 복무하도록 하는 「병역법」 제33조 제2항은 사회복무요원인 청구인의 직업의 자유를 침해한다. 23 경찰 2차 O|X

심판대상조항은 사회복무요원이 자신의 직무에만 전념하도록 함으로써 그의 공정한 직무 수행과 충실한 병역의무 이행을 담보하고자 하는 것이므로 그 입법목적의 정당성이 인정된다. 그리고 사회복무요원이 복무기관의 장의 허가 없이 겸직행위를 한 경우 경고처분 및 복무기간 연장이라는 불이익을 부과하는 것은 위 입법목적을 달성하기 위한 적합한 수단이다. … 심판대상조항은 과잉금지원칙을 위반하여 청구인의 **직업의 자유 내지 일반적 행동자유권을 침해하지 않는다**(헌재 2022. 9. 29. 2019헌마938).

03 취소·철회사유

2713 자동차운전전문학원을 졸업하고 운전면허를 받은 사람 중 교통사고를 일으킨 비율이 대통령령이 정하는 비율을 초과하는 경우에 운전전문학원의 등록을 취소하거나 운영정지를 명할 수 있도록 한 것은 자기책임의 범위를 벗어난 과도한 법적 책임을 부과하는 것으로 볼 수 있다. 13 국회 8 O|X

2713-1 '자동차운전전문학원을 졸업하고 운전면허를 받은 사람 중 교통사고를 일으킨 비율이 대통령령이 정하는 비율을 초과하는 때'에는 학원의 등록을 취소하거나 1년 이내의 운영정지를 명할 수 있도록 하는 것은 운전전문학원이 조성하는 사회적 위험을 관리하기 위한 것이므로 운전전문학원 운영자의 직업의 자유를 침해한다고 볼 수 없다. 16 법무사 O|X

이 사건 조항이 운전전문학원의 귀책사유를 불문하고 수료생이 일으킨 교통사고를 자동적으로 운전전문학원의 법적 책임으로 연관시키고 있는 것은 **운전전문학원이 주체적으로 행해야 하는 자기책임의 범위를 벗어난 것**이며, 교통사고율이 높아 운전교육이 좀더 충실히 행해져야 하며 오늘날 사회적 위험의 관리를 위한 위험책임제도가 필요하다는 사정만으로 정당화될 수 없다. … 그러므로 이 사건 조항은 비례의 원칙에 어긋나 **직업의 자유를 침해한다**(헌재 2005. 7. 21. 2004헌가30).

정답 2711. X [모두 침해 X] 2711-1. X [직업의 자유 침해 X] 2712. X [직업의 자유 침해 X] 2713. O 2713-1. X [직업의 자유 침해]

2714 운전면허를 받은 사람이 다른 사람의 자동차등을 훔친 경우에는 운전면허를 필요적으로 취소하도록 한 「도로교통법」 조항은 운전면허 소지자의 직업의 자유를 침해한다. 22 입시 O | X

2714-1 운전면허를 받은 사람이 다른 사람의 자동차등을 훔친 경우에는 운전면허를 필요적으로 취소하도록 한 구 「도로교통법」 조항 중 '다른 사람의 자동차등을 훔친 경우' 부분은 다른 사람의 자동차 등을 훔친 범죄행위에 대한 행정적 제재를 강화하여 자동차등의 운행과정에서 야기될 수 있는 교통상의 위험과 장해를 방지함으로써 안전하고 원활한 교통을 확보하고자 하는 것으로서 그 입법목적이 정당하다. 22 경찰 1차 O | X

2714-2 운전면허를 받은 사람이 다른 사람의 자동차등을 훔친 경우에는 운전면허를 필요적으로 취소하도록 하는 것은 임의적 취소 혹은 정지라는 보다 덜 제한적인 수단이 있어 일반적 행동자유권(운전을 업으로 하는 자에 대하여는 직업의 자유)에 대한 과도한 침해가 되어 위헌이다. 22 지방 7 O | X

2714-3 운전면허를 받은 사람이 다른 사람의 자동차를 훔친 경우 운전면허를 필요적으로 취소하게 하는 것은, 자동차 운행과정에서 야기될 수 있는 교통상 위험과 장해를 방지함으로써 안전하고 원활한 교통을 확보하기 위한 것으로서, 자동차 절도라는 불법의 정도에 상응하는 제재수단에 해당하여 직업의 자유를 침해하지 않는다. 17 국가 7(추) O | X

심판대상조항은 다른 사람의 자동차등을 훔친 범죄행위에 대한 행정적 제재를 강화하여 자동차등의 운행과정에서 야기될 수 있는 교통상의 위험과 장해를 방지함으로써 **안전하고 원활한 교통을 확보**하고자 하는 것으로서 그 **입법목적이 정당**하다. … 자동차등의 절도 범죄로 야기되는 교통상의 위험과 장해를 방지하기 위하여 그에 대한 행정적 제재를 강화할 필요가 있다 하더라도, 위와 같이 **임의적 운전면허 취소 또는 정지사유로 규정**하면서 철저한 단속과 엄격한 법집행 등을 통해 불법의 정도에 상응하는 제재수단을 선택하도록 하는 것으로도 **충분히 그 목적을 달성하는 것이 가능**하다. … 따라서 심판대상조항은 **침해의 최소성 원칙에 위반**된다. … 심판대상조항은 **직업의 자유 내지 일반적 행동의 자유를 침해**하여 헌법에 위반된다(헌재 2017. 5. 25. 2016헌가6).

보충설명 목적의 정당성, 수단의 적합성은 인정되나 침해의 최소성, 법익의 균형성이 인정되지 않아 과잉금지원칙에 위반된다.

2715 시설경비업을 허가받은 경비업자로 하여금 허가받은 경비업무 외의 업무에 경비원을 종사하게 하는 것을 금지하고 이를 위반한 경비업자에 대한 허가를 취소하도록 규정한 「경비업법」상 조항은 직업의 자유를 침해한다. 24 경간 O | X

비경비업무의 수행이 경비업무의 전념성을 직접적으로 해하지 아니하는 경우가 있음에도 불구하고, 심판대상조항은 경비업무의 전념성이 훼손되는 정도를 고려하지 아니한 채 경비업자가 경비원으로 하여금 비경비업무에 종사하도록 하는 것을 일률적·전면적으로 금지하고, 경비업자가 허가받은 시설경비업무 외의 업무에 경비원을 종사하게 한 때에는 필요적으로 경비업의 허가를 취소하도록 규정하고 있는 점, … 등에 비추어 볼 때, 심판대상조항은 침해의 최소성에 위배되고, 경비업무의 전념성을 중대하게 훼손하지 않는 경우에도 경비원에게 비경비업무를 수행하도록 하면 허가받은 경비업 전체를 취소하도록 하여 경비업을 전부 영위할 수 없도록 하는 것은 법익의 균형성에도 반한다. 따라서 심판대상조항은 **과잉금지원칙에 위반**하여 시설경비업을 수행하는 **경비업자의 직업의 자유를 침해한다**(헌재 2023. 3. 23. 2020헌가19).

2716 국가기술자격증을 다른 자로부터 빌려 건설업의 등록기준을 충족시킨 경우 그 건설업 등록을 필요적으로 말소하도록 한 법률규정은 건설업자의 직업의 자유를 침해하지 않는다. 20 입시 O | X

법이 정하는 등록요건인 기술능력을 충족하지 못하게 된 자가 **타인의 국가기술자격증을 빌려 건설업 등록**을 유지하는 행위는 이러한 등록제도의 취지를 형해화하는 것이고, 그 결과 건설공사의 적정한 시공과 시설물의 안전에 위험을 야기하여 국민의 생명·재산에 돌이킬 수 없는 손해를 초래할 수 있기 때문에, 임의적 등록말소만으로 이러한 위험을 방지하기에 충분하다고 단정하기 어렵다. … 따라서 심판대상조항은 과잉금지원칙에 위배되어 **직업의 자유를 침해하지 아니한다**(헌재 2016. 12. 29. 2015헌바429).

정답 2714. ○ 2714-1. ○ 2714-2. ○ 2714-3. ×[직업의 자유 침해] 2715. ○ 2716. ○

2717 측량업의 등록을 한 측량업자가 등록기준에 미달하게 된 경우 측량업의 등록을 필요적으로 취소하도록 규정한 구「측량·수로조사 및 지적에 관한 법률」조항은 과잉금지원칙에 위배되어 직업의 자유를 침해한다. 23 국회 8 O | X

심판대상조항으로 인하여 측량업 등록이 취소되어 **측량업자의 직업의 자유가 일정기간 제한**된다 하더라도 그 제한의 정도가 일정한 기술인력 및 장비 등을 갖춘 자만이 측량업을 영위할 수 있도록 함으로써 측량업 등록제도의 근간을 유지하고 측량의 정확성과 신뢰성을 담보하여 토지 관련 법률관계의 법적 안정성과 국토개발계획의 근간을 보호하려는 공익에 비하여 결코 중하다고 볼 수 없다. … 심판대상조항은 **과잉금지원칙에 위배되지 아니한다**(헌재 2020. 12. 23. 2018헌바458).

2718 주류 판매업면허를 받은 자가 타인과 동업 경영을 하는 경우 관할 세무서장이 해당 주류 판매업자의 면허를 필요적으로 취소하도록 한 구「주세법」조항은 면허가 있는 자들끼리의 동업의 경우도 일률적으로 주류 판매업 면허를 취소하도록 규정하고 있으므로 주류 판매 면허업자의 직업의 자유를 침해한다. 23 경간 O | X

주류는 국민건강에 미치는 영향이 크고, 국가의 재정에도 직접 영향을 미치는 것이기 때문에 다른 상품과는 달리 특별히 법률을 제정하여 주류의 제조 및 판매에 걸쳐 폭넓게 국가의 규제를 받도록 하고 있다. 심판대상조항은 주류 유통질서의 핵심이라고 할 수 있는 주류 판매면허업자가 면허 허가 범위를 넘어 사업을 운영하는 것을 제한함으로써, 주류 판매업면허 제도의 실효성을 확보하고자 마련된 것이다. 국가의 관리 감독에서 벗어난 판매업자의 등장으로 유통 질서가 왜곡되는 것을 방지하고 규제의 효용성을 담보하기 위하여 필요하므로, 면허의 필요적 취소를 과도한 제한이라고 볼 수 없다. 따라서 이 조항은 주류 판매면허업자의 **직업의 자유를 침해하지 않는다**(헌재 2021. 4. 29. 2020헌바328).

2719 교통사고로 사람을 사상한 후 필요한 조치를 하지 않은 경우 행정자치부령으로 정하는 기준에 따라 운전면허를 취소하거나 1년 이내의 범위에서 운전면허의 효력을 정지시킬 수 있다고 규정한 구「도로교통법」조항은 과잉금지원칙에 반하여 직업의 자유를 침해한다고 할 수 없다. 23 국회 8 O | X

이 사건 취소조항은 교통사고로 타인의 생명 또는 신체를 침해하고도 구호조치를 하지 아니한 사람이 계속하여 교통에 관여하는 것을 금지함으로써 궁극적으로 국민의 생명·신체를 보호하고 도로교통에 관련한 공공의 안전을 확보하고자 하는 입법목적을 가진다. 이러한 입법목적은 정당하고, 수단의 적합성 또한 인정된다. … 그렇다면 이 사건 취소조항이 과잉금지원칙에 반하여 **일반적 행동의 자유 또는 직업의 자유를 침해한다고 할 수 없다**(헌재 2019. 8. 29. 2018헌바4).

2720 아동학대관련범죄로 처벌받은 어린이집 원장 또는 보육교사의 자격을 행정청으로 하여금 취소할 수 있도록 규정한「영유아보육법」상 조항은 직업의 자유를 침해한다. 24 경간 O | X

어린이집 원장 또는 보육교사는 6세 미만의 취학 전 아동인 영유아와 상시적으로 접촉하면서 긴밀한 생활관계를 형성하므로, 이들에 의한 아동학대관련범죄는 영유아의 신체·정서 발달에 치명적 영향을 미칠 수 있다. 어린이집의 안전성에 대한 사회적 신뢰를 지키고 영유아의 완전하고 조화로운 인격 발달을 도모하기 위해서는, 아동학대관련범죄로 처벌받은 어린이집 원장 또는 보육교사의 자격을 취소하여 보육현장에서 배제할 필요가 크다. 심판대상조항은 행정청에 자격취소에 관한 재량을 부여하는 **임의적 규정**이고, 재량권 행사의 당부를 법원에서 사후적으로 판단받을 수도 있다. … 따라서 심판대상조항은 과잉금지원칙에 반하여 **직업선택의 자유를 침해하지 아니한다**(헌재 2023. 5. 25. 2021헌바234).

● 정답 2717. X [직업의 자유 침해 아님]   2718. X [직업의 자유 침해 아님]   2719. O   2720. X [직업의 자유 침해 아님]

2721 청원경찰이 저지른 범죄의 종류나 내용을 불문하고 범죄행위로 금고 이상의 형의 선고유예를 받게 되면 당연히 퇴직되도록 규정한 것은 이를 통해 달성하려는 공익의 비중에도 불구하고 청원경찰의 직업의 자유를 과도하게 제한하고 있어 헌법에 위반된다. 18 국가 7   O | X

2721-1 청원경찰이 금고 이상의 형의 선고유예를 받은 경우 당연퇴직되도록 규정한 「청원경찰법」 관련 조항은 청원경찰이 저지른 범죄의 종류나 내용에 따른 적절한 제재로서 청원경찰의 직업의 자유를 침해하는 것이 아니다. 16 법무사   O | X

심판대상조항은 **청원경찰이 저지른 범죄의 종류나 내용을 불문**하고 **금고 이상의 형의 선고유예**를 받게 되면 **당연히 퇴직되도록** 규정함으로써 청원경찰에게 공무원보다 더 가혹한 제재를 가하고 있으므로, 침해의 최소성 원칙에 위배된다. 심판대상조항은 청원경찰이 저지른 범죄의 종류나 내용을 불문하고 범죄행위로 금고 이상의 형의 선고유예를 받게 되면 당연히 퇴직되도록 규정함으로써 그것이 달성하려는 공익의 비중에도 불구하고 **청원경찰의 직업의 자유를 과도하게 제한**하고 있어 법익의 균형성 원칙에도 위배된다. 따라서, 심판대상조항은 과잉금지원칙에 반하여 **직업의 자유를 침해한다**(헌재 2018. 1. 25. 2017헌가26).

2722 청원경찰이 법원에서 자격정지의 형을 선고받은 경우 「국가공무원법」을 준용하여 당연퇴직하도록 한 조항은 청원경찰의 직업의 자유를 침해한다. 18 국회 8   O | X

이 사건 법률조항은 자격정지의 형을 선고받은 자를 청원경찰직에서 당연퇴직시킴으로써 청원경찰의 사회적 책임 및 청원경찰직에 대한 국민의 신뢰를 제고하고, 청원경찰로서의 성실하고 공정한 직무수행을 담보하기 위한 법적 조치이므로, 그 입법목적의 정당성이 인정되고, … 따라서 이 사건 법률조항은 과잉금지원칙을 위반하여 청구인의 **직업의 자유를 침해하지 아니한다**(헌재 2011. 10. 25. 2011헌마85).

2723 사립학교 교원이 금고 이상의 형의 집행유예를 받은 경우 당연퇴직 되도록 규정한 「사립학교법」 조항은 사립학교 교원의 직업의 자유를 침해하지 않는다. 21 국회 8   O | X

이 사건 법률조항은 금고 이상의 형의 집행유예를 받은 자를 사립학교 교직에서 당연퇴직시킴으로써 교원의 사회적 책임 및 교직에 대한 국민의 신뢰를 제고하고 교원으로서의 성실한 직무수행을 담보하기 위한 법적 조치로서 그 입법목적이 정당하고, 금고 이상의 형의 집행유예를 받은 자를 교직에서 배제하도록 한 것은 위와 같은 입법목적을 달성하기 위한 효과적이고 적절한 수단이 될 수 있다. … **금고 이상의 형의 집행유예**를 **사립학교 교원의 당연퇴직** 사유로 하고 있는 이 사건 법률조항이 헌법 제37조 제2항에 위배하여 청구인의 **직업선택의 자유를 침해한다고 볼 수는 없다**(헌재 2010. 10. 28. 2009헌마442).

2724 택시운전자격을 취득한 사람이 강제추행 등 성범죄를 범하여 금고 이상의 형의 집행유예를 선고받은 경우 그 자격을 취소하도록 규정한 「여객자동차 운수사업법」 관련 조항은 과잉금지원칙에 위배되어 직업의 자유를 침해한다. 18 국회 9   O | X

택시를 이용하는 국민을 성범죄 등으로부터 보호하고, 여객운송서비스 이용에 대한 불안감을 해소하며, 도로교통에 관한 공공의 안전을 확보하려는 심판대상조항의 입법목적은 정당하고, 또한 해당 범죄를 범한 택시운송사업자의 운전자격의 필요적 취소라는 수단의 적합성도 인정된다. … 따라서 심판대상조항은 **과잉금지원칙에 위배되지 않는다**(헌재 2018. 5. 31. 2016헌바14 등).

정답 2721. O   2721-1. X [직업의 자유 침해]   2722. X [직업의 자유 침해 X]   2723. O   2724. X [직업의 자유 침해 아님]

2725 택시운송사업 운전업무 종사자격을 취득한 자가 친족관계인 사람을 강제추행하여 금고 이상의 실형을 선고받은 경우 그 택시운전자격을 취소하도록 규정한 「여객자동차 운수사업법」 조항은 과잉금지원칙에 위배되어 헌법상 직업선택의 자유를 침해한다고 할 수 없다. 23 국회 8   O | X

심판대상조항은 택시를 이용하는 국민을 성범죄 등으로부터 보호하고, 시민들의 택시이용에 대한 불안감을 해소하며, 도로교통에 관한 공공의 안전을 확보하고자 한 것으로, 그 입법목적이 정당하고, 택시운전자격자로 하여금 성폭력 범죄를 저지르지 않도록 경고하는 효과가 있고, 택시운전자격자의 자질을 어느 정도 담보할 수 있으므로, 위와 같은 입법목적을 달성하기 위한 적합한 수단이다. … 따라서 심판대상조항은 과잉금지원칙에 위배되지 아니한다(헌재 2020. 5. 27. 2018헌바264).

2726 허위로 진료비를 청구해서 환자나 진료비 지급기관 등을 속여 사기죄로 금고 이상 형을 선고받고 그 형의 집행이 종료되지 아니하였거나 집행을 받지 않기로 확정되지 않은 의료인에 대하여 필요적으로 면허를 취소하도록 하는 것은, 의료인이 의료관련범죄로 인하여 형사처벌을 받는 경우 당해 의료인에 대한 국민의 신뢰가 손상될 수 있는 것을 방지하기 위한 것이지만, 의료인의 불법의 정도에 상응하는 제재수단을 선택할 수 있도록 임의적 면허취소 내지 면허정지를 규정해도 충분히 목적달성이 가능하므로, 과도하게 의료인의 직업의 자유를 침해하는 것이다. 17 국가 7(추)   O | X

형법 제347조(허위로 진료비를 청구하여 환자나 진료비를 지급하는 기관이나 단체를 속인 경우만을 말한다) 위반행위로 금고 이상의 형까지 받은 의료인의 면허를 필요적으로 취소하지 아니하고 그대로 유지하도록 둘 경우 의료인에 대한 공공의 신뢰확보라는 공익이 침해될 위험이 클 것임은 위 2005헌바50 결정 및 2012헌바102 결정과 달리 볼 이유가 없다. 따라서 위 2005헌바50, 2012헌바102 각 결정의 이유는 이 사건에서도 그대로 타당하고, 이를 변경해야 할 만한 특별한 사정의 변경이나 필요성이 있다고 할 수 없다. 이 사건 면허취소조항은 과잉금지원칙에 위배되어 의료인의 직업의 자유를 침해한다고 볼 수 없다(헌재 2017. 6. 29. 2016헌바394).

POINT 153 직업수행의 자유 관련판례

01 학교환경위생정화구역 및 청소년 보호

2727 유치원, 초·중·고등학교, 대학교 학교환경위생정화구역 내에 당구장시설을 하지 못하도록 제한하는 것은 직업행사의 자유를 침해하는 것이라 할 수 없다. 23 경정   O | X

2727-1 유치원의 학교환경위생정화구역 안에 당구장시설을 금지하는 학교보건법 조항은 기본권 제한의 한계를 벗어난 것이 아니다. 18 경정   O | X

2727-2 초등학교, 중학교, 고등학교의 학교환경위생정화구역내에서의 당구장시설을 제한하면서 예외적으로 학습과 학교보건위생에 나쁜 영향을 주지 않는다고 인정하는 경우에 한하여 당구장시설을 허용하도록 하는 것은 과도하게 직업의 자유를 침해한다. 17 국회 8   O | X

정답 2725. O   2726. X [직업의 자유 침해 X]   2727. X [유치원, 대학교 설치 금지 위헌]   2727-1. X [기본권 제한의 한계를 벗어남]
2727-2. X [직업의 자유 침해 아님]

(1) **유치원** 및 이와 유사한 교육기관의 **학교환경위생정화구역안**에서 당구장시설을 하지 못하도록 기본권을 제한하는 것은 입법목적의 달성을 위하여 필요하고도 적정한 방법이라고 할 수 없어 역시 **기본권제한의 한계를 벗어난 것이다**(헌재 1997. 3. 27. 94헌마196 등).

(2) **초등학교, 중학교, 고등학교** 기타 이와 유사한 교육기관의 … 각 학교 경계선으로부터 200미터 이내에 설정되는 **학교환경위생정화구역내에서의 당구장시설을** 제한하면서 **예외적으로** 학습과 학교보건위생에 나쁜 영향을 주지 않는다고 인정하는 경우에 한하여 **당구장시설을 허용하도록 하는 것은** 기본권제한의 입법목적, 기본권제한의 정도, 입법목적 달성의 효과 등에 비추어 필요한 정도를 넘어 과도하게 **직업(행사)의 자유를 침해하는 것이라 할 수 없다**(헌재 1997. 3. 27. 94헌마196 등).

(3) **대학, 교육대학, 사범대학, 전문대학,** 기타 이와 유사한 교육기관의 … 위 각 대학 및 이와 유사한 교육기관의 학교환경위생정화구역안에서 당구장시설을 하지 못하도록 기본권을 제한하는 것은 교육목적의 능률화라는 입법목적의 달성을 위하여 필요하고 적정한 방법이라고 할 수 없어 **기본권제한의 한계를 벗어난 것이다**(헌재 1997. 3. 27. 94헌마196 등).

🖉 **보충설명** 유치원, 대학교의 학교환경위생정화구역 안에 당구장 설치를 금지하는 것은 직업의 자유를 침해하여 헌법에 위반되나, 초·중·고등학교의 학교환경위생정화구역 안에 당구장 설치를 금지하는 것은 직업의 자유를 침해하지 않는다.

2728 당구장 경영 영업주로 하여금 당구장 출입문에 18세 미만자의 출입금지 표시를 반드시 하도록 함은 직업수행의 자유에 대한 위헌적 제한이다. 13 국회 9   O | X

당구장 경영자에게 **당구장 출입문에 18세 미만자에 대한 출입금지 표시**를 하게 하는 것은 **직업종사(직업수행)의 자유가** 제한되어 헌법상 보장되고 있는 **직업선택의 자유가 침해된다**(헌재 1993. 5. 13. 92헌마80).

2729 학교환경위생정화구역 안에서 노래방의 설치를 제한하는 것은 직업의 자유에 대한 과도한 침해가 아니다. 13 법무사   O | X

2729-1 초·중·고등학교 등 학교환경위생정화구역 안에서 노래연습장의 설치를 제한하는 것은 직업선택의 자유에 대한 과도한 침해이다. 15 경정   O | X

이 사건 시행령조항은 학교보건법 소정의 학교환경위생정화구역안에서 노래연습장 시설을 못하게 하여 노래연습장으로 인하여 청소년학생이 학습을 소홀히 하는 것을 막고 노래연습장의 유해환경으로부터 학생들을 차단, 보호하여 학교교육의 능률화를 기하려는 것으로서 그 입법목적이 정당하고, … 이 사건 시행령에 의한 **직업행사 자유의 제한**은 그 입법목적 달성을 위하여 필요한 정도를 넘어 과도하게 제한하는 것이라고 할 수 없다. 따라서 이 사건 시행령조항은 **직업선택의 자유**와 행복추구권으로부터 파생되는 일반적 행동자유권을 **침해한 것으로 볼 수 없다**(헌재 1999. 7. 22. 98헌마480 등).

2730 유치원 주변 학교환경위생 정화구역에서 성관련 청소년유해물건을 제작·생산·유통하는 청소년유해업소를 예외 없이 금지하는 구「학교보건법」조항은 청구인들의 직업의 자유를 침해하지 않는다. 23 경간   O | X

2730-1 유치원 주변 학교환경위생 정화구역에서 성관련 청소년유해물건을 제작·생산·유통하는 청소년 유해업소를 예외 없이 금지하는 구「학교보건법」 관련조항은 직업의 자유를 침해한 것이다. 20 경정, 19 법원 9, 18 법무사   O | X

이 사건 법률조항들은 유치원 주변 및 아직 유아 단계인 청소년을 유해한 환경으로부터 보호하고 이들의 건전한 성장을 돕기 위한 것으로 그 입법목적이 정당하고, 이를 위해서 유치원 주변의 일정구역 안에서 해당 업소를 절대적으로 금지하는 것은 그러한 유해성으로부터 청소년을 격리하기 위하여 필요·적절한 방법이며, 그 범위가 유치원 부근 200미터 이내에서 금지되는 것에 불과하므로, 청구인들의 **직업의 자유를 침해하지 아니한다**(헌재 2013. 6. 27. 2011헌바8 등).

● **정답** 2728. ○   2729. ○   2729-1. ✕ [직업선택의 자유 침해 아님]   2730. ○   2730-1. ✕ [직업의 자유 침해 ✕]

2731 청소년의 보호를 위하여 담배자판기설치의 제한은 반드시 필요하다고 할 것이고 이로 인하여 담배소매인의 직업수행의 자유가 다소 제한되더라도 법익형량의 원리상 감수되어야 할 것이다. 15 경정, 13 법무사

O | X

자동판매기를 통한 담배판매는 구입자가 누구인지를 분별하는 것이 곤란하여 청소년의 담배구입을 막기 어렵고, 또 그 특성상 판매자와 대면하지 않는 익명성, 비노출성으로 인하여 청소년으로 하여금 심리적으로 담배구입을 용이하게 하고, 주야를 불문하고 언제라도 담배구입을 가능하게 하며, 청소년이 쉽게 볼 수 있는 장소에 설치됨으로써 청소년에 대한 흡연유발효과도 매우 크다고 아니할 수 없으므로, 청소년의 보호를 위하여 **자판기설치의 제한**은 반드시 필요하다고 할 것이고, 이로 인하여 담배소매인의 **직업수행의 자유가 다소 제한**되더라도 법익형량의 원리상 **감수되어야 할 것이다**(헌재 1995. 4. 20. 92헌마264 등).

02 의료 관련

2732 '전문과목을 표시한 치과의원은 그 표시한 전문과목에 해당하는 환자만을 진료하여야 한다.'고 규정한 「의료법」제77조 제3항은 치과전문의들의 직업수행의 자유와 평등권을 침해하므로 헌법에 위반된다. 16 국회 8

O | X

2732-1 전문과목을 표시한 치과의원은 그 표시한 전문과목에 해당하는 환자만을 진료하여야 한다고 규정한 것은 치과전문의를 의사전문의와 한의사전문의에 비하여 합리적 이유 없이 차별하는 것이 아니므로 헌법에 위배되지 않는다. 20 입시

O | X

(1) 심판대상조항이 달성하고자 하는 적정한 치과 의료전달체계의 정립 및 치과전문의 특정 전문과목에의 편중 방지라는 공익은 중요하나, 심판대상조항으로 그러한 공익이 얼마나 달성될 수 있을 것인지 의문인 반면, 치과의원의 치과전문의가 표시한 전문과목 이외의 영역에서 치과일반의로서의 진료도 전혀 하지 못하는 데서 오는 사적인 불이익은 매우 크므로, 심판대상조항은 **과잉금지원칙에 위배되어** 청구인들의 **직업수행의 자유를 침해**한다(헌재 2015. 5. 28. 2013헌마799).

(2) 치과일반의는 전문과목을 불문하고 모든 치과 환자를 진료할 수 있음에 반하여, 치과전문의는 치과의원에서 전문과목을 표시하였다는 이유로 자신의 전문과목 이외의 다른 모든 전문과목의 환자를 진료할 수 없게 되는바, 이는 보다 상위의 자격을 갖춘 치과의사에게 오히려 훨씬 더 좁은 범위의 진료행위만을 허용하는 것으로서 **합리적인 이유를 찾기 어렵다**. 따라서 심판대상조항은 청구인들의 **평등권을 침해**한다(헌재 2015. 5. 28. 2013헌마799).

2733 전문과목을 표시한 치과의원은 그 표시한 '전문과목'에 해당하는 환자만을 진료하여야 한다고 규정한 「의료법」조항은 명확성원칙에 위배되지 않는다. 22 해간, 22 해경, 21 경정

O | X

2733-1 전문과목을 표시한 치과의원에게 그 표시한 전문과목에 해당하는 환자만을 진료하도록 한「의료법」조항은 명확성원칙에 위배된다. 17 서울 7

O | X

2733-2 전문과목을 표시한 치과의원은 그 표시한 전문과목에 해당하는 환자만을 진료하여야 한다고 규정한 「의료법」제77조 제3항은 신뢰보호원칙에 위배된다. 17 입시

O | X

(1) 치과전문의가 되기 위해서는 치과의사 면허를 받은 자가 치과전공의 수련과정을 거쳐 치과전문의 자격시험에 합격해야 하므로, 심판대상조항의 수범인인 치과전문의는 각 전문과목의 진료내용과 진료영역 및 전문과목 간의 차이점 등을 알 수 있다. 따라서 심판대상조항은 **명확성원칙에 위배되어 직업수행의 자유를 침해한다고 볼 수 없다**(헌재 2015. 5. 28. 2013헌마799).

(2) 청구인들은 2014. 1. 1.부터 치과의원에서 전문과목을 표시할 수 있게 되면 모든 전문과목의 진료를 할 수 있을 것이라고 신뢰하였다고 주장하나, 이와 같은 신뢰는 장래의 법적 상황을 청구인들이 미리 일정한 방향으로 예측 내지 기대한 것에 불과하므로 심판대상조항은 **신뢰보호원칙에 위배되어 직업수행의 자유를 침해한다고 볼 수 없다**(헌재 2015. 5. 28. 2013헌마799).

● 정답 2731. O 2732. O 2732-1. X [직업수행의 자유, 평등권 침해] 2733. O 2733-1. X [명확성원칙 위배 아님] 2733-2. X [신뢰보호원칙 위배 아님]

2734 복수면허 의료인에게 양방이든 한방이든 하나의 의료기관만을 개설하도록 하는 것은 복수면허 의료인들의 직업의 자유를 침해한다. 20 5급 O | X

2734-1 복수면허 의료인이든 단수면허 의료인이든 '하나의' 의료기관만을 개설할 수 있도록 하는 것은 평등원칙에 위반된다. 08 국가 7 O | X

(1) 이 사건 법률조항은 청구인들과 같은 **복수면허 의료인**에게 양방이든 한방이든 **하나의 의료기관만을 개설**하도록 하는 규범으로 작용한다는 점에서 과잉금지원칙에 반하여 청구인들의 **직업의 자유를 침해**한다(헌재 2007. 12. 27. 2004헌마1021).

(2) 복수면허 의료인이든, 단수면허 의료인이든 '하나의' 의료기관만을 개설할 수 있다는 점에서는 '같은' 대우를 받는다. 그런데 복수면허 의료인은 의과 대학과 한의과 대학을 각각 졸업하고, 의사와 한의사 자격 국가고시에 모두 합격하였다. … 복수면허 의료인들에게 단수면허 의료인과 같이 하나의 의료기관만을 개설할 수 있다고 한 이 사건 법률조항은 **'다른 것을 같게' 대우하는 것으로 합리적인 이유를 찾기 어렵다.** … 따라서 이 사건 법률조항은 복수면허의 의료인인 청구인들의 **평등권을 침해**한다(헌재 2007. 12. 27. 2004헌마1021).

2735 이미 국내에서 치과의사면허를 취득하고 외국의 의료기관에서 치과전문의 과정을 이수한 사람들에게 국내에서 전문의 과정을 다시 이수할 것을 요구하는 것은 치과의사의 직업수행의 자유를 침해한다. 22 소간 O | X

2735-1 치과전문의 자격 인정 요건으로 '외국의 의료기관에서 치과의사전문의 과정을 이수한 사람'을 포함하지 아니한 것은 외국의 의료기관에서 레지던트 등 소정의 치과전문의 과정을 이수한 자를 자의적으로 차별함으로써 평등권을 침해한다. 21 입시 O | X

(1) 이미 국내에서 치과의사면허를 취득하고 외국의 의료기관에서 치과전문의 과정을 이수한 사람들에게 다시 국내에서 전문의 과정을 다시 이수할 것을 요구하는 것은 지나친 부담을 지우는 것이므로, 심판대상조항은 침해의 최소성원칙에 위배되고 법익의 균형성도 충족하지 못한다. 따라서 심판대상조항은 과잉금지원칙에 위배되어 청구인들의 **직업수행의 자유를 침해**한다(헌재 2015. 9. 24. 2013헌마197).

(2) 1976년부터 2003년까지 의사전문의와 치과전문의를 함께 규율하던 구 '전문의의 수련 및 자격 인정 등에 관한 규정'이 의사전문의 자격 인정 요건과 치과전문의 자격 인정 요건에 대하여 동일하게 규정하였던 점이나, 의사전문의와 치과전문의 모두 환자의 치료를 위한 전문성을 필요로 한다는 점을 감안하면, **치과전문의의 자격 인정 요건**을 의사전문의의 경우와 다르게 규정할 특별한 사정이 있다고 보기도 어렵다. 따라서 심판대상조항은 청구인들의 **평등권을 침해**한다(헌재 2015. 9. 24. 2013헌마197).

2736 "약사 또는 한약사가 아니면 약국을 개설할 수 없다."고 규정한 「약사법」 조항은 법인을 구성하여 약국을 개설·운영하려고 하는 약사들 및 이들로 구성된 법인의 직업선택(직업수행)의 자유와 결사의 자유를 침해한다. 22 5급 O | X

정당한 이유 없이 본래 약국개설권이 있는 약사들만으로 구성된 법인에게도 약국개설을 금지하는 것은 입법목적을 달성하기 위하여 필요하고 적정한 방법이 아니며, 입법형성권의 범위를 넘어 과도한 제한을 가하는 것으로서, 법인을 구성하여 약국을 개설·운영하려고 하는 **약사들 및 이들로 구성된 법인의 직업선택(직업수행)의 자유의 본질적 내용을 침해**하는 것이고, 동시에 약사들이 약국경영을 위한 법인을 설립하고 운영하는 것에 관한 결사의 자유를 침해하는 것이다(헌재 2002. 9. 19. 2000헌바84).

정답 2734. ○   2734-1. ○   2735. ○   2735-1. ○   2736. ○

2737 안경사 면허를 가진 자연인에게만 안경업소의 개설 등을 할 수 있도록 하고, 이를 위반 시 처벌하도록 규정한 구「의료기사 등에 관한 법률」조항은 법인을 설립하여 안경업소를 개설하고자 하는 자연인 안경사와 안경업소를 개설하고자 하는 법인의 직업의 자유를 침해한다. 24 경정 O | X

국민의 눈 건강과 관련된 국민보건의 중요성, 안경사 업무의 전문성, 안경사로 하여금 자신의 책임하에 고객과의 신뢰를 쌓으면서 안경사 업무를 수행하게 할 필요성 등을 고려할 때, 안경업소 개설은 그 업무를 담당할 자연인 안경사로 한정할 것이 요청된다. 법인 안경업소가 허용되면 영리추구 극대화를 위해 무면허자로 하여금 안경 조제·판매를 하게 하는 등의 문제가 발생할 가능성이 높아지고, 안경 조제·판매 서비스의 질이 하락할 우려가 있다. … 따라서 심판대상조항은 과잉금지원칙에 반하지 아니하여 **자연인 안경사와 법인의 직업의 자유를 침해하지 아니한다**(헌재 2021. 6. 24. 2017헌가31).

2738 코로나19 팬데믹 사태로 약사가 환자에게 의약품을 교부함에 있어 그 교부방식을 환자와 약사가 협의하여 결정할 수 있도록 한시적 예외를 인정하였다고 해도 의약품의 판매장소를 약국 내로 제한하는 것은 국민의 건강과 직접 관련된 보건의료 분야라는 점을 고려할 때, 과잉금지원칙을 위반하여 약국개설자의 직업수행의 자유를 침해한다고 볼 수 없다. 23 경채 O | X

최근 코로나19 팬데믹(pandemic) 사태로 인하여 보건복지부 고시로 의사·환자 간 비대면 진료·처방이 한시적으로 허용되고, **약사가 환자에게 의약품을 교부함에 있어 그 교부방식을 환자와 약사가 협의하여 결정할 수 있도록** 한시적 예외가 인정되었지만, **의약품 판매는** 국민의 건강과 직접 관련된 보건의료 분야라는 점을 고려할 때 선례조항이 **의약품의 판매장소를 약국으로 제한하는 것은** 여전히 **불가피한 측면이 있다.** … 따라서 선례조항은 과잉금지원칙을 위반하여 **약국개설자의 직업수행의 자유를 침해한다고 볼 수 없다**(헌재 2023. 3. 23. 2021헌바400).

2739 입원환자에 대하여 의약분업의 예외를 인정하면서도 의사로 하여금 조제를 직접 담당하도록 한 것은 직업수행의 자유를 침해한다. 17 지방 7 O | X

이 사건 법률조항에서 의약분업의 예외를 인정한 취지를 살리면서도 약사 이외의 사람이 조제를 담당하여 발생할 수 있는 약화사고 등을 방지하기 위해서는, 의과대학에서 기초의학부터 시작하여 체계적으로 의학을 공부하고 상당기간 임상실습을 한 후 국가의 검증을 거친 의사로 하여금 조제를 직접 담당하도록 하는 것이 타당하고, … 이 사건 **법률조항은 직업수행의 자유를 침해하지 아니한다**(헌재 2015. 7. 30. 2013헌바422).

2740 안경사의 안경제조행위 및 그 전제가 되는 도수측정행위를 허용하는 것은 안과의사의 의료권과 직업선택의 자유를 침해하는 것이 아니다. 15 경정, 13 국회 8 O | X

2740-1 안경사가 시력보정용 안경을 제조할 수 있게 하는 것은 안과의사의 전문적인 의료영역을 침해한 것이므로 위헌이다. 13 국회 9 O | X

안경사의 업무인 **안경조제행위 및 그 전제가 되는 도수측정행위를** 허용하고 있는 심판대상규정은 안과의사의 전문적인 의료영역을 정면으로 침해하는 것이라고 할 수는 없고, 나아가 그 규정이 **직업선택(수행)의 자유를 침해하는 것이라고도 보기 어렵다**(헌재 1993. 11. 25. 92헌마87).

정답 2737. X [직업의 자유 침해 아님]   2738. O   2739. X [직업수행의 자유 침해 아님]   2740. O   2740-1. X [의료영역 침해 X / 위헌 X]

2741 품목허가를 받지 아니한 의료기기를 수리·판매·임대·수여 또는 사용의 목적으로 수입한 자를 처벌하는 조항은 의료기기 수입업자의 직업수행의 자유를 침해하지 않는다. 18 국회 8   O | X

2741-1 품목허가를 받지 아니한 의료기기를 수리·판매·임대·수여 또는 사용의 목적으로 수입하는 것을 금지하는 구「의료기기법」조항은 수리·판매·임대·수여 또는 사용의 목적이 있는 경우에만 품목허가를 받지 않은 의료기기의 수입을 금지하는 것으로 일의적으로 해석되므로 명확성원칙에 위배되지 않는다. 19 경정   O | X

(1) 이 사건 금지조항은 수리·판매·임대·수여 또는 사용의 목적이 있는 경우에만 품목허가를 받지 않은 의료기기의 수입을 금지하는 것으로 일의적으로 해석되므로 **명확성원칙에 위배되지 아니한다**(헌재 2015. 7. 30. 2014헌바6).

(2) 심판대상조항은 의료기기의 효율적인 관리를 통하여 보건위생상의 위해요소를 사전에 차단함으로써 국민의 생명권과 건강권을 보호하고 국민의 보건에 관한 국가의 보호의무를 이행하기 위한 것으로 입법목적의 정당성이 인정되고, … 따라서 심판대상조항은 과잉금지원칙에 위배되어 의료기기 수입업자의 **직업수행의 자유를 침해하지 아니한다**(헌재 2015. 7. 30. 2014헌바6).

2742 의료기기 수입업자가 의료기관 개설자에게 리베이트를 제공하는 경우 처벌하는 조항은 의료기기 수입업자의 직업의 자유를 침해한다고 볼 수 없다. 23 해간   O | X

2742-1 의료기기 수입업자가 의료기관 개설자에게 리베이트를 제공하는 경우를 처벌하는 조항은 의료기기 수입업자의 직업의 자유를 침해한다. 18 국회 8   O | X

이 사건 법률조항은 리베이트를 금지함으로써 의료기기 가격이 인상되고 환자에게 그 비용이 부당하게 전가되는 것을 방지하고, 의료서비스의 질을 높여 국가의 보호를 받는 국민 보건에 기여하는 한편, 보건의료시장에서 공정하고 자유로운 경쟁을 확보하여 의료기기 유통질서를 투명화하기 위한 것이므로 목적의 정당성이 인정되고, … 과잉금지원칙에 위배되어 **직업의 자유를 침해한다고 할 수 없다**(헌재 2015. 11. 26. 2014헌바299).

2743 구「식품위생법」에서 식품의약품안전처장이 식품의 사용기준을 정하여 고시하고, 고시된 사용기준에 맞지 아니하는 식품을 판매하는 행위를 금지·처벌하는 규정들은 생녹용의 사용 조건을 엄격하게 제한한 후 이 기준에 따라서만 생녹용을 판매할 수 있도록 하므로 과잉금지원칙에 위배된다. 23 경간   O | X

불특정 다수를 상대로 유통되는 식품으로 인하여 생기는 위생상의 위해를 방지하고 식품의 안전성에 대한 신뢰를 확보하여 국민들이 안심하고 식품을 구입·섭취할 수 있도록 함으로써 국민보건을 증진하려는 공익은 중대하다. 식품의 섭취로 부작용이 발생하거나 건강이 훼손되면 원상회복이 매우 어렵거나 치명적인 손상이 발생할 수 있어 예방적이고 선제적인 조치가 요구된다. 심판대상조항들이 식품의약품안전처장이 정하여 고시하는 식품의 범위를 판매를 목적으로 하는 식품으로 한정하고 있으며, 그 사유 역시 국민보건을 위하여 필요한 경우로 제한하고 있고, 심판대상조항들이 정하고 있는 법정형 또한 과도하다고 보기 어렵다. 따라서 심판대상조항들은 과잉금지원칙에 위배되어 **직업수행의 자유를 침해하지 아니한다**(헌재 2021. 2. 25. 2017헌바222).

정답 2741. O   2741-1. O   2742. O   2742-1. X [직업의 자유 침해 아님]   2743. X [과잉금지원칙 위배 X]

03 전문직 관련

2744 변호인선임서 등을 공공기관에 제출할 때 소속 지방변호사회를 경유하도록 한 법률규정은 변호사의 직업수행의 자유를 침해하지 않는다. 20 입시 O│X

2744-1 변호인선임서 등을 공공기관에 제출할 때 소속 지방변호사회를 경유하도록 하는 변호사법 조항은 다른 전문직과 비교하여 차별취급의 합리적 이유가 있다고 할 것이므로 변호사의 평등권을 침해하지 아니한다. 22 국가 7 O│X

(1) 변호인선임서 등의 지방변호사회 경유제도는 사건브로커 등 수임관련 비리의 근절 및 사건수임 투명성을 위하여 도입된 것으로서 그 입법목적이 정당하고 그 수단도 적절하다. … 변호사법 제29조는 변호사의 **직업수행의 자유를 침해하지 아니한다**(헌재 2013. 5. 30. 2011헌마131).

(2) 다른 전문직에 비하여 변호사는 포괄적인 직무영역과 그에 따른 더 엄격한 직무의무를 부담하고 있는바, 이는 변호사 직무의 공공성 및 그 포괄적 직무범위에 따른 사회적 책임성을 고려한 것으로서, 다른 전문직과 비교하여 **차별취급의 합리적 이유**가 있다고 할 것이므로, 변호사법 제29조는 **변호사의 평등권을 침해하지 아니한다**(헌재 2013. 5. 30. 2011헌마131).

2745 변호사가 변리사 업무를 수행하는 경우 변리사 연수교육을 받을 의무를 부과하는 조항은 변호사의 직업수행의 자유를 침해하지 않는다. 23 해간, 18 국회 8 O│X

이 사건 연수조항은 변리사에게 연수교육을 받을 의무를 부과함으로써 변리사의 전문성과 윤리의식을 높이고 산업재산권 및 그 권리자를 보호하여 관련 산업의 발전을 도모하기 위한 것이다. … 이 사건 연수조항은 청구인의 **직업수행의 자유를 침해하지 않는다**(헌재 2017. 12. 28. 2015헌마1000).

2746 「변호사법」에서 변호사는 계쟁권리(係爭權利)를 양수할 수 없다고 규정하고 이를 위반시 형사처벌을 부과하도록 규정한 것은 변호사가 당해 업무를 처리하며 정당한 보수를 받는 방법을 일률적으로 금지하고 있으므로 과잉금지원칙에 위배된다. 23 경간 O│X

심판대상조항은 변호사에게 요구되는 윤리성을 담보하고, 의뢰인과의 신뢰관계 균열을 방지하며, 법률사무 취급의 전문성과 공정성 등을 확보하고자 마련된 것이다. 계쟁권리 양수는 변호사의 직무수행 과정에서 의뢰인과의 사이에 신뢰성과 업무수행의 공정성을 훼손할 우려가 크기에 양수의 대가를 지불하였는지를 불문하고 금지할 필요가 있다. 양수가 금지되는 권리에는 계쟁목적물은 포함되지 않으며 '계쟁 중'에만 양수가 금지된다는 점을 고려하면 변호사로 하여금 계쟁권리를 양수하지 못하도록 하는 것을 과도한 제한이라고 볼 수 없다. 따라서 이 조항은 변호사의 **직업수행의 자유를 침해하지 않는다**(헌재 2021. 10. 28. 2020헌바488).

2747 입법자가 변리사제도를 형성하면서 변리사의 업무범위에 특허침해소송의 소송대리를 포함하지 않은 것은 변리사의 직업의 자유를 침해하는 것이다. 13 국가 7 O│X

2747-1 특허, 실용신안, 디자인 또는 상표의 침해로 인한 손해배상, 침해금지 등의 민사소송에서 변리사에게 소송대리를 허용하지 않는 것은 변리사들의 직업의 자유를 침해한다. 13 국회 8 O│X

이 사건의 쟁점은 **입법자가 변리사제도를 형성하면서** 변리사의 업무범위에 **특허침해소송의 소송대리를 포함하지 않은 것**이 입법재량의 범위를 벗어나 청구인들의 직업의 자유를 침해하는지 여부이다. … 소송 당사자의 권익을 보호하기 위해 변호사에게만 특허침해소송의 소송대리를 허용하는 것은 그 합리성이 인정되며 입법재량의 범위 내라고 할 수 있다. 그러므로 이 사건 법률조항이 **특허, 실용신안, 디자인 또는 상표의 침해로 인한 손해배상, 침해금지 등의 민사소송**을 변리사가 예외적으로 소송대리를 할 수 있도록 허용된 범위에 포함시키지 아니한 것은 **직업의 자유를 침해하지 아니한다**(헌재 2012. 8. 23. 2010헌마740).

● 정답 2744. O   2744-1. O   2745. O   2746. X [과잉금지원칙 위배 X]   2747. X [직업의 자유 침해 X]   2747-1. X [직업의 자유 침해 X]

04 기타 판례

2748 '식품 등의 표시기준'상 식품이나 식품의 용기포장에 음주전후 또는 숙취해소라는 표시를 금지하는 것은 영업의 자유, 표현의 자유 및 특허권을 침해한다. 23 경간 O | X

2748-1 식품에 숙취해소 효과가 있음에도 불구하고, '숙취해소' 표시를 금지하고 있는 「식품등의표시기준」은 광고표현의 자유를 침해한다. 23 국회 9 O | X

2748-2 식품이나 식품의 용기·포장에 '음주전후' 또는 '숙취해소'라는 표시를 금지하는 것은 음주를 조장하는 내용에 대한 정당한 금지로 영업의 자유를 침해하지 아니한다. 15 지방 7 O | X

위 규정은 음주로 인한 건강위해적 요소로부터 국민의 건강을 보호한다는 입법목적하에 음주전후, 숙취해소 등 음주를 조장하는 내용의 표시를 금지하고 있으나, "음주전후", "숙취해소"라는 표시는 이를 금지할 만큼 음주를 조장하는 내용이라 볼 수 없고, 식품에 숙취해소 작용이 있음에도 불구하고 이러한 표시를 금지하면 숙취해소용 식품에 관한 정확한 정보 및 제품의 제공을 차단함으로써 숙취해소의 기회를 국민으로부터 박탈하게 될 뿐만 아니라, 보다 나은 숙취해소용 식품을 개발하기 위한 연구와 시도를 차단하는 결과를 초래하므로, 위 규정은 숙취해소용 식품의 제조·판매에 관한 **영업의 자유** 및 **광고표현의 자유를 과잉금지원칙에 위반하여 침해**하는 것이다. 특히 청구인들은 "숙취해소용 천연차 및 그 제조방법"에 관하여 특허권을 획득하였음에도 불구하고 위 규정으로 인하여 특허권자인 청구인들조차 그 특허발명제품에 "숙취해소용 천연차"라는 표시를 하지 못하고 "천연차"라는 표시만 할 수밖에 없게 됨으로써 청구인들의 헌법상 보호받는 **재산권인 특허권도 침해**되었다(헌재 2000. 3. 30. 99헌마143).

2749 법인의 임원이 「학원의 설립·운영 및 과외교습에 관한 법률」을 위반하여 벌금형을 선고받은 경우 법인에 대한 학원설립·운영 등록이 효력을 잃도록 한 법률규정은, 학원을 설립하고 운영하는 법인에게 지나치게 과중한 부담을 지우고 있고, 이로 인하여 법인의 등록이 실효되면 해당 임원이 더 이상 임원직을 수행할 수 없게 될 뿐만이 아니라, 갑작스러운 수업의 중단으로 학습자 역시 불측의 피해를 입을 수밖에 없게 되어 학원법인의 직업수행의 자유를 침해한다. 17 국가 7(추) O | X

이 사건 등록실효조항은 **법인의 임원**이 학원법을 위반하여 **벌금형을 선고받으면 일률적으로 법인의 등록을 실효**시키고 있고, 법인으로서는 대표자인 임원이건 그렇지 아니한 임원이건 모든 임원 개개인의 학원법위반범죄와 형사처벌 여부를 항시 감독하여야만 등록의 실효를 면할 수 있게 되므로 학원을 설립하고 운영하는 법인에게 지나치게 과중한 부담을 지우고 있다. 또한 이로 인하여 법인의 등록이 실효되면 해당 임원이 더 이상 임원직을 수행할 수 없게 될 뿐 아니라, 학원법인 소속 **근로자는 모두 생계의 위협**을 받을 수 있으며, 갑작스러운 수업의 중단으로 **학습자 역시 불측의 피해**를 입을 수밖에 없으므로 이 사건 등록실효조항은 **학원법인의 직업수행의 자유를 침해한다**(헌재 2015. 5. 28. 2012헌마653).

2750 임원이 금고 이상의 형을 선고받은 경우 법인의 건설업 등록을 필요적으로 말소하도록 규정한 구 「건설산업기본법」 해당 규정 가운데 법인에 관한 부분은 건설업자인 법인은 등록이 말소되는 중대한 피해를 입게 되는 반면 심판대상조항이 공익달성에 기여하는 바는 크지 않으므로 직업수행의 자유를 침해한다. 23 소간 O | X

심판대상조항이 건설업과 관련 없는 죄로 임원이 형을 선고받은 경우까지도 법인이 건설업을 영위할 수 없도록 하는 것은 입법목적 달성을 위한 **적합한 수단에 해당하지 아니**하고, 이러한 경우까지도 가장 강력한 수단인 필요적 등록말소라는 제재를 가하는 것은 **최소침해성 원칙에도 위배**된다. 심판대상조항으로 인하여 건설업자인 법인은 등록이 말소되는 **중대한 피해**를 입게 되는 반면 심판대상조항이 공익 달성에 기여하는 바는 크지 않아 심판대상조항은 **법익균형성 원칙에도 위배**된다. 따라서 심판대상조항은 과잉금지원칙에 위배되어 청구인의 **직업수행의 자유를 침해한다**(헌재 2014. 4. 24. 2013헌바25).

정답 2748. O   2748-1. O   2748-2. X [영업의 자유 침해]   2749. O   2750. O

2751 건설업자가 명의대여행위를 한 경우 그 건설업 등록을 필요적으로 말소하도록 규정한 것은 직업수행의 자유 및 재산권을 침해한다고 할 수 없다. 15 경정   O | X

2751-1 건설업자가 명의대여행위를 한 경우 그 대여행위의 동기, 과정 및 피해자의 유무 등을 고려하여 그에 상응하는 조치나 영업정지 및 등록말소 등의 행정상 제재를 부과할 수 있음에도 불구하고, 그 건설업의 등록을 필요적으로 말소하도록 하는 것은 과잉금지원칙을 위반하여 건설업자의 직업수행의 자유를 침해하는 것이다. 22 소간   O | X

건설업자가 **명의대여행위를** 한 경우 **건설업 등록을 필요적으로 말소**하도록 한 이 사건 법률조항은 건설업등록제도의 근간을 유지하고 부실공사를 방지하여 국민의 생명과 재산을 보호하려는 것으로 그 목적의 정당성이 인정되고, 명의대여행위가 국민의 생명과 재산에 미치는 위험과 그 위험방지의 긴절성을 고려할 때 반드시 필요하며, … 청구인의 **직업수행의 자유 및 재산권을 침해한다고 할 수 없다**(헌재 2001. 3. 21. 2000헌바27).

2752 농협·축협 조합장이 범죄의 종류와 관계없이 금고 이상의 형을 선고받고 그 형이 확정되지 아니한 경우에도 이사가 그 직무를 대행하도록 규정한 「농업협동조합법」조항은 직업수행의 자유를 침해한다. 22 입시   O | X

이 사건 법률조항들은 조합장이 범한 범죄가 조합장에 선출되는 과정에서 또는 선출된 이후 직무와 관련하여 발생하였는지 여부, 고의범인지 과실범인지 여부, 범죄의 유형과 죄질이 조합장의 직무를 수행할 수 없을 정도로 공공의 신뢰를 중차대하게 훼손하는지 여부 등을 고려하지 아니하고, 단순히 금고 이상의 형을 선고받은 모든 범죄로 그 적용대상을 무한정 확대함으로써 기본권의 최소침해성 원칙을 위반하였다. … 따라서 이 사건 법률조항들은 과잉금지원칙에 위반하여 청구인들의 **직업수행의 자유를 침해**한다(헌재 2013. 8. 29. 2010헌마562 등).

2753 유사군복을 판매할 목적으로 소지하는 행위를 처벌하는 조항은 오인 가능성이 낮은 유사품이나 단순 밀리터리룩 의복을 취급하는 행위를 제외하고 있다고 하더라도 국가안전보장과 질서를 유지하려는 공익에 비추어 볼 때 직업선택의 자유를 과도하게 제한한다. 20 국회 8   O | X

2753-1 건전한 상식과 통상적인 법감정을 가진 사람은 「군복 및 군용장구의 단속에 관한 법률」상 판매목적 소지가 금지되는 '유사군복'에 어떠한 물품이 해당하는지 예측할 수 있고, 유사군복을 정의한 조항에서 법 집행자에게 판단을 위한 합리적 기준이 제시되고 있으므로 '유사군복' 부분은 명확성원칙에 위반되지 아니한다. 20 변호사   O | X

2753-2 「군복 및 군용장구의 단속에 관한 법률」상 판매 목적 소지 금지조항에 규정된 '유사군복'은 명확성원칙에 위배된다. 23 경간   O | X

(1) 군인 아닌 자가 유사군복을 입고 군인임을 사칭하여 군인에 대한 국민의 신뢰를 실추시키는 행동을 하는 등 군에 대한 신뢰저하 문제로 이어져 향후 발생할 국가안전보장상의 부작용을 상정해볼 때, 단지 **유사군복의 착용을 금지**하는 것으로는 입법목적을 달성하기에 부족하고, **유사군복을 판매 목적으로 소지하는 것까지 금지**하여 유사군복이 유통되지 않도록 하는 **사전적 규제조치가 불가피**하다. … 이를 판매 목적으로 소지하지 못하여 입는 개인의 직업의 자유나 일반적 행동의 자유의 제한 정도는, 국가안전을 보장하고자 하는 공익에 비하여 결코 중하다고 볼 수 없다. 따라서 심판대상조항은 **과잉금지원칙을 위반**하여 **직업의 자유 내지 일반적 행동의 자유를 침해한다고 볼 수 없다**(헌재 2019. 4. 11. 2018헌가14).
(2) 건전한 상식과 통상적인 법 감정을 가진 사람은 '군복 및 군용장구의 단속에 관한 법률'상 **판매목적 소지가 금지되는 '유사군복'**에 어떠한 물품이 해당하는지를 **예측**할 수 있고, 유사군복을 정의한 조항에서 법 집행자에게 판단을 위한 **합리적 기준이 제시**되고 있어 심판대상조항이 자의적으로 해석되고 적용될 여지가 크다 할 수 없다. 따라서 심판대상조항은 **죄형법정주의 명확성원칙에 위반되지 아니한다**(헌재 2019. 4. 11. 2018헌가14).

● 정답 2751. O   2751-1. X [직업수행의 자유 침해 X]   2752. O   2753. X [직업의 자유 침해 아님]   2753-1. O   2753-2. X [명확성원칙 위배 X]

2754 샘플 화장품을 판매 금지하고 그 위반자에 대해서 형사처벌을 규정한 것은 합헌이다. 14 법무사

O|X

심판대상조항은 일반적으로 화장품 판매 영업을 제한하는 것이 아니라, 처음부터 판매하지 않을 목적으로 제조 또는 수입된 화장품에 대한 판매만을 금지할 뿐이고, 그 수범자도 '소비자에게 화장품을 판매하는 자'로 한정하고 있다. 심판대상조항과 상관없이, 샘플 화장품을 본래 목적인 마케팅 수단으로 무상 제공하는 것은 얼마든지 가능하다. 따라서 심판대상조항은 과잉금지원칙을 위반하여 **직업수행의 자유를 침해하지 아니하고** 책임과 형벌 간 비례원칙에도 위배되지 아니한다(헌재 2017. 5. 25. 2016헌바408).

2755 감차 사업구역 내에 있는 일반택시운송사업자에게 택시운송사업 양도를 금지하고 감차 계획에 따른 감차 보상만 신청할 수 있도록 하는 조항은 일반택시운송사업자의 직업수행의 자유를 과도하게 제한한다고 볼 수 없다. 20 국회 8

O|X

택시운송사업에 사용되는 차량의 총량을 합리적으로 조정함으로써 수요공급의 균형을 이루어 택시운송업의 안정적 발전을 유지하고자 하는 것은 중대한 공익이라고 할 것이다. 심판대상조항으로 인하여 일반택시운송사업자가 원하는 시기에 자유롭게 택시운송사업을 양도하지 못함으로써 직업수행의 자유와 재산권을 제한받게 된다고 하더라도, 그로 인하여 입게 되는 불이익이 심판대상조항을 통하여 달성하고자 하는 공익보다 크다고 할 수 없으므로, 심판대상조항은 추구하는 공익과 제한되는 기본권 사이의 법익균형성 요건도 충족하고 있다. 심판대상조항은 과잉금지원칙을 위반하여 일반택시운송사업자의 **직업수행의 자유와 재산권을 침해하지 아니한다**(헌재 2019. 9. 26. 2017헌바467).

2756 현금영수증 의무발행업종 사업자로 하여금 건당 10만원 이상의 현금거래 시 현금영수증을 의무발급하도록 하고 위반 시 과태료를 부과하는 것은 직업의 자유를 침해하지 않는다. 20 입시

O|X

2756-1 현금영수증 의무발행업종 사업자에게 건당 10만 원 이상 현금을 거래할 때 현금영수증을 의무 발급하도록 하고, 위반 시 현금영수증 미발급 거래대금의 100분의 50에 상당하는 과태료를 부과하도록 한 규정은 공익과 비교할 때 과태료 제재에 따른 불이익이 매우 커서 직업수행의 자유를 침해한다. 20 국회 8

O|X

심판대상조항은 현금거래가 많은 업종의 사업자에 대한 과세표준을 양성화하여 세금탈루를 방지하고 공정한 거래질서를 확립하기 위한 것이므로, 입법목적의 정당성과 수단의 적합성이 인정된다. … 투명하고 공정한 거래질서를 확립하고 현금거래가 많은 업종의 과세표준을 양성화하려는 공익은 현금영수증 의무발행업종 사업자가 입게 되는 불이익보다 훨씬 크므로 **법익균형성도 충족**한다(헌재 2019. 8. 29. 2018헌바265 등).

2757 제조업의 직접생산공정업무를 근로자파견의 대상 업무에서 제외하는 법률조항은 근로자파견을 허용하되 파견기간을 제한하는 방법도 고려해 볼 수 있으므로 제조업의 직접생산공정업무에 관하여 근로자파견의 역무를 제공받고자 하는 사업주의 직업수행의 자유를 침해한다. 18 국가 7

O|X

제조업의 직접생산공정업무의 적정한 운영, 근로자의 직접고용 증진 및 적정임금 보장이라는 공익이 사용사업주가 제조업의 직접생산공정업무에 관하여 근로자파견의 역무를 제공받지 못하는 직업수행의 자유 제한에 비하여 작다고 볼 수 없으므로, 법익의 균형성도 충족된다. 따라서 심판대상조항이 제조업의 직접생산공정업무에 관하여 근로자파견의 역무를 제공받고자 하는 사업주의 **직업수행의 자유를 침해한다고 볼 수 없다**(헌재 2017. 12. 28. 2016헌바346).

● 정답 2754. ○ 2755. ○ 2756. ○ 2756-1. ×[직업수행의 자유 침해 아님] 2757. ×[직업수행의 자유 침해 아님]

2758 일반게임제공업자 등이 게임물의 버튼 등 입력장치를 자동으로 조작하여 게임을 진행하는 장치 또는 소프트웨어를 제공하거나 게임물 이용자가 이를 이용하게 해서는 안 된다고 하는 것은 일반 게임제공업자의 직업의 자유를 침해하지 않는다. 22 국회 9 ○│X

심판대상조항은 일반게임제공업자가 자동진행장치를 제공하거나 이를 이용하게 하는 것을 금지함으로써 게임물이 사행적으로 이용되는 것을 방지하여 건전한 게임문화를 확립하려는 것으로, 입법목적의 정당성이 인정된다. 자동진행장치의 제공 또는 이용을 금지하면 게임물의 사행적 이용행위 예방에 기여할 수 있다는 점에서, 수단의 적합성도 인정된다. … 따라서 심판대상조항은 과잉금지원칙을 위반하여 일반게임제공업자인 청구인들의 직업의 자유를 침해한다고 볼 수 없다(헌재 2022. 5. 26. 2020헌마670 등).

2759 탐정 유사 명칭의 사용 금지를 규정한 「신용정보의 이용 및 보호에 관한 법률」 해당 규정이 탐정업 유사직역에 종사하면서 탐정 명칭을 사용하지 못하게 하는 것은 직업수행의 자유를 침해한다. 23 소간 ○│X

'탐정 등 명칭사용 금지조항'은 정보원, 탐정, 그 밖에 이와 비슷한 명칭을 사용하는 일을 금지함으로써 탐정 유사 명칭을 수단으로 이용해서 개인정보 등을 취득할 수 없게 하여 사생활의 비밀 침해를 예방하고, 개별 법률에 의해 허용되는 정보조사업무에 대한 신용질서 확립에도 기여한다. … 따라서 '탐정 등 명칭사용 금지조항'은 과잉금지원칙을 위반하여 청구인의 직업수행의 자유를 침해한다고 할 수 없다(헌재 2018. 6. 28. 2016헌마473).

2760 노래연습장에서 주류를 판매·제공하는 행위를 금지하고 이를 위반한 경우 형사처벌 하도록 하는 음악산업진흥에 관한 법률 조항은 노래연습장 운영자의 직업수행의 자유를 침해하지 아니한다. 23 법원 9 ○│X

심판대상 의무조항과 관련하여, 헌법재판소는 2006. 11. 30. 2004헌마431등 사건에서, 노래연습장에서 주류의 판매·제공을 금지하는 조항에 대하여 노래연습장을 건전한 생활문화공간이 되도록 하기 위한 것으로 입법 목적이 정당하고, 주류 판매와 제공의 금지는 이를 달성하기 위한 적합한 수단이며, 청소년의 음주 가능성을 배제하고, 술로 인해 발생하는 사회경제적 손실을 최소화하는 효과 등에 비추어 침해 최소성 원칙에 어긋난다고 볼 수 없고, 노래연습장 운영자가 주류를 판매하지 못하는 불이익이 공익에 비하여 현저히 크다고 보기 어렵다는 이유로 직업의 자유를 침해하지 않는다고 판단하였고, 이러한 선례의 견해는 여전히 타당하고, 이를 변경해야 할 사정변경이나 필요성이 인정되지 않는다(헌재 2020. 12. 23. 2019헌바8).

2761 대형마트에 대해 일정한 범위의 영업시간제한 등을 할 수 있도록 한 유통산업발전법 조항은 해당 사업자들의 영업의 자유를 침해한다. 14 법무사 ○│X

2761-1 전통시장 등의 보호라는 명분으로 대형마트 등의 영업 자체를 규제하는 심판대상조항은 자유시장경제라는 우리 헌법상 경제질서에 반하는 규제입법으로서 시대의 흐름과 소매시장구조의 재편에 역행할 뿐만 아니라 소비자의 자기결정권을 과도하게 침해하여 헌법에 위배된다. 23 입시 ○│X

(1) 건전한 유통질서를 확립하고, 대형마트 등과 중소유통업의 상생발전을 도모하며, 대형마트 등에 근무하는 근로자의 건강권을 보호하려는 심판대상조항의 입법목적은 정당하고, 대형마트 등의 영업시간 제한 및 의무휴업일 지정이라는 수단의 적합성도 인정된다. … 따라서 심판대상조항은 과잉금지원칙에 위배되어 직업수행의 자유를 침해하지 않는다(헌재 2018. 6. 28. 2016헌바77 등).
(2) 청구인들은 심판대상조항이 특정 시간 및 일자에 대형마트 등을 이용하려는 소비자의 자기결정권을 침해한다고 주장한다. 그러나 소비자의 자기결정권은 물품 및 용역의 구입·사용에 있어서 거래의 상대방, 구입장소, 가격, 거래조건 등을 자유로이 선택할 권리를 의미하는 것인데, 심판대상조항에 따른 영업규제로 인하여 소비자들이 받는 불편함은 단지 심야시간이나 특정 일자에 대형마트 등을 이용하지 못하는 것에 불과하므로 이를 이유로 소비자의 자기결정권이 제한된다고 볼 수 없다(헌재 2018. 6. 28. 2016헌바77 등).

● 정답 2758. ○ 2759. X [직업수행의 자유 침해 아님] 2760. ○ 2761. X [영업의 자유 침해 아님] 2761-1. X [자기결정권 제한 아님 / 헌법에 위배 아님]

POINT 154 재산권

01 재산권

2762 재산권의 내용과 한계는 법률로 정한다. 22 해경, 19 소간 　O|X

2762-1 재산권의 행사는 공공복리에 적합하도록 하여야 한다. 22 해경, 19 소간 　O|X

> 헌법 제23조 ① 모든 국민의 재산권은 보장된다. 그 **내용과 한계는 법률**로 정한다.
> ② **재산권의 행사는 공공복리에 적합**하도록 하여야 한다.

2763 재산권보장은 개인이 현재 누리고 있는 재산권을 개인의 기본권으로 보장한다는 의미와 개인이 재산권을 향유할 수 있는 법제도로서의 사유재산제도를 보장한다는 이중적 의미를 가지고 있다. 24 5급 　O|X

재산권보장은 개인이 현재 누리고 있는 **재산권을 개인의 기본권으로 보장**한다는 의미와 개인이 재산권을 향유할 수 있는 **법제도로서의 사유재산제도를 보장**한다는 **이중적 의미**를 가지고 있다(헌재 1993. 7. 29. 92헌바20).

2764 헌법이 보장하고 있는 재산권은 '경제적 가치가 있는 모든 공법상·사법상의 권리'이고, 이때 재산권 보장에 의하여 보호되는 재산권은 '사적 유용성 및 그에 대한 원칙적 처분권을 내포하는 재산가치가 있는 구체적 권리'를 의미한다. 20 입시 　O|X

우리 헌법이 보장하고 있는 재산권은 '**경제적 가치가 있는 모든 공법상·사법상의 권리**'이고, 이 때 재산권보장에 의하여 보호되는 재산권은 '**사적유용성 및 그에 대한 원칙적 처분권**을 내포하는 **재산가치가 있는 구체적 권리**'를 의미한다(헌재 2008. 12. 26. 2005헌바34).

2765 재산권은 민법상의 소유권·물권·채권은 물론 특별법상의 권리인 광업권·어업권·수렵권 그리고 공법상의 권리인 환매권·퇴직연금수급권·퇴직급여청구권 등도 포함한다. 22 해경, 09 국가 7 　O|X

재산권은 경제적 가치가 있는 모든 공법상·사법상의 권리를 뜻하며 사적유용성 및 그에 대한 원칙적인 처분권을 내포하고 있는 재산가치 있는 구체적 권리를 의미한다. 따라서 재산권은 **민법상의 소유권·물권·채권은 물론 특별법상의 권리인 광업권·어업권·수렵권 그리고 공법상의 권리인** 환매권(판례는 사법상의 권리로 봄)·퇴직연금수급권·퇴직급여청구권 등도 포함한다.

02 재산권 인정여부

1 사법상 권리

2766 상속권은 헌법상 재산권의 보호대상에 해당된다. 19 경정, 13 변호사 　O|X

상속권 역시 **재산권**의 일종이므로 상속제도나 상속권의 내용은 입법자가 입법 정책적으로 결정하여야 할 사항으로서 원칙적으로 입법자의 입법형성의 자유에 속한다고 할 것이다(헌재 2004. 4. 29. 2003헌바5).

● 정답　2762. O　2762-1. O　2763. O　2764. O　2765. O　2766. O

2767 구 민법상 법정혈족관계로 인정되던 계모자 사이의 상속권은 헌법상 보호되는 재산권이다. 22 법원 9

O | X

구 민법상 법정혈족관계로 인정되던 **계모자 사이의 상속권도 헌법상 보호되는 재산권**이라고 볼 수 있는바, 이 사건에서는 1990년 개정 민법에서 계모자 사이에 상속을 인정하지 않는 것에서 더 나아가 그 시행 이전에 이미 계모자관계가 성립된 경우에도 이후의 계모의 사망으로 인한 상속을 인정하지 않는 것이 소급입법에 의한 재산권 침해에 해당하는지 여부 및 재산권 보장에 관한 신뢰보호원칙에 위반되는지 여부가 문제된다(헌재 2011. 2. 24. 2009헌바89 등).

2768 재산권 보장은 상속을 포함하는 것이므로 생전증여에 의한 처분도 재산권의 보호를 받는다.
13 변호사, 11 국회 8

O | X

우리 헌법의 **재산권 보장은 사유재산의 처분과 그 상속을 포함하는 것인바**, 유언자가 생전에 최종적으로 자신의 재산권에 대하여 처분할 수 있는 법적 가능성을 의미하는 유언의 자유는 **생전증여에 의한 처분과 마찬가지로 헌법상 재산권의 보호**를 받는다(헌재 2008. 3. 27. 2006헌바82).

2769 우리 헌법의 재산권 보장은 사유재산의 처분과 그 상속을 포함하는 것인바, 유언자가 생전에 최종적으로 자신의 재산권에 대하여 처분할 수 있는 법적 가능성을 의미하는 유언의 자유는 생전증여에 의한 처분과 마찬가지로 헌법상 재산권의 보호를 받는다. 23 법원 9

O | X

2769-1 헌법의 재산권 보장은 사유재산의 사용과 그 처분을 포함하는 것인바, 유언자가 생전에 최종적으로 자신의 재산권에 대하여 처분할 수 있는 법적 가능성을 의미하는 유언의 자유가 생전증여에 의한 처분과 마찬가지로 헌법상 재산권의 보호를 받는 것은 아니다. 23 경찰 2차

O | X

우리 헌법의 재산권 보장은 **사유재산의 처분과 그 상속을 포함하는 것인바**, 유언자가 **생전에 최종적으로 자신의 재산권에 대하여 처분할 수 있는 법적 가능성**을 의미하는 **유언의 자유**는 **생전증여에 의한 처분과 마찬가지로 헌법상 재산권의 보호**를 받는다(헌재 2008. 3. 27. 2006헌바82).

2770 관행어업권은 헌법상 재산권 보장의 대상이 되는 재산권에 해당한다. 23 경간

O | X

2770-1 종전의 관행어업권자들에게 (구)「수산업법」 시행일부터 2년 이내에 어업권원부에 등록을 하도록 하고 그 기간 내에 등록하지 아니한 경우 관행어업권을 소멸하게 하는 것은 지나친 재산권의 제한에 해당하지 아니한다. 15 국가 7

O | X

(1) 대법원판례에 의하여 인정되는 관행어업권은 물권에 유사한 권리로서 공동어업권이 설정되었는지 여부에 관계없이 발생하는 것이고, 그 존속에 있어서도 공동어업권과 운명을 같이 하지 않으며 공동어업권자는 물론 제3자에 대하여서도 주장하고 행사할 수 있는 권리이므로, 헌법상 재산권 보장의 대상이 되는 **재산권에 해당한다**고 할 것이다(헌재 1999. 7. 22. 97헌바76 등).

(2) 이 사건 법률조항은 그 입법목적이 정당하고, 입법목적달성을 위하여 등록만을 하도록 요구하고 있으므로 그 방법도 적절하며, 종전의 관행어업권자들에게 구 수산업법 시행일로부터 2년 이내에 어업권원부에 등록을 하도록 함으로써 그 기간 내에 등록하지 아니한 관행어업권자의 관행어업권을 소멸하게 하는 것도 **지나친 기본권 제한에 해당하지 아니한다**(헌재 1999. 7. 22. 97헌바76 등).

● 정답 2767. O 2768. O 2769. O 2769-1. X [유언의 자유는 재산권] 2770. O 2770-1. O

2771 '주주권'은 헌법상 재산권 보장의 대상에 해당한다. 22 법원 9   O|X

이 사건에서 문제되는 주주권은, 비록 주주의 자격과 분리하여 양도·질권 설정·압류할 수 없고 시효에 걸리지 않아 보통의 채권과는 상이한 성질을 갖지만, 다른 한편 주주의 자격과 함께 사용(결의)·수익(담보제공)·처분(양도·상속)할 수 있다는 점에서는 분명히 '사적유용성 및 그에 대한 원칙적 처분권을 내포하는 재산가치 있는 권리'로 볼 수 있으므로 헌법상 재산권 보장의 대상에 해당한다고 볼 것이다(헌재 2008. 12. 26. 2005헌바34).

2 공법상 권리

2772 헌법 제23조의 재산권은 「민법」상의 소유권뿐만 아니라, 재산적 가치 있는 사법상의 물권·채권 등 모든 권리를 포함하며, 국가로부터의 일방적인 급부가 아닌 자기 노력의 대가나 자본의 투자 등 특별한 희생을 통하여 얻은 공법상의 권리도 포함한다. 15 변호사   O|X

2772-1 헌법 제23조의 재산권은 「민법」상의 소유권으로 재산적 가치있는 사법상의 물권·채권 등의 권리를 의미하며, 국가로부터의 일방적인 급부가 아닌 자기 노력의 대가나 자본의 투자 등 특별한 희생을 통하여 얻은 공법상의 권리는 포함하지 않는다. 24 5급   O|X

헌법 제23조의 재산권은 민법상의 소유권뿐만 아니라, 재산적 가치있는 사법상의 물권, 채권 등 모든 권리를 포함하며, 또한, 국가로부터의 일방적인 급부가 아닌 **자기 노력의 대가**나 **자본의 투자** 등 **특별한 희생**을 통하여 얻은 **공법상의 권리도 포함**한다(헌재 2009. 9. 24. 2007헌마1092).

2773 공법상의 권리가 헌법상의 재산권보장의 보호를 받기 위해서는 첫째, 공법상의 권리가 권리주체에게 귀속되어 개인의 이익을 위하여 이용가능해야 하며 둘째, 국가의 일방적인 급부에 의한 것이 아니라 권리주체의 노동이나 투자, 특별한 희생에 의하여 획득되어 자신이 행한 급부의 등가물에 해당하는 것이어야 하며 셋째, 수급자의 생존의 확보에 기여해야 한다. 10 국회 8   O|X

공법상의 권리가 헌법상의 재산권보장의 보호를 받기 위해서는 다음과 같은 요건을 갖추어야 한다. 첫째, 공법상의 권리가 권리주체에게 귀속되어 **개인의 이익을 위하여 이용가능**해야 하며(사적 유용성), 둘째, **국가의 일방적인 급부에 의한 것이 아니라 권리주체의 노동이나 투자, 특별한 희생에 의하여 획득되어 자신이 행한 급부의 등가물**에 해당하는 것이어야 하며(수급자의 상당한 자기기여), 셋째, **수급자의 생존의 확보에 기여**해야 한다(헌재 2000. 6. 29. 99헌마289).

2774 헌법재판소는 공법상의 권리가 재산권보장의 보호를 받기 위해서는 '개인의 노력과 금전적 기여를 통하여 취득되고 자신과 그의 가족의 생활비를 충당하기 위한 경제적 가치가 있는 권리'여야 한다고 판시하고, 공무원연금법 및 군인연금법상의 연금수급권이 헌법상 보장되는 재산권에 포함됨을 밝힌 바 있다. 23 법원 9   O|X

헌법재판소는 **공법상의 권리**가 재산권보장의 보호를 받기 위해서는 '**개인의 노력과 금전적 기여**를 통하여 취득되고 자신과 그의 가족의 **생활비를 충당**하기 위한 **경제적 가치가 있는 권리**'여야 한다고 판시하고, **공무원연금법 및 군인연금법상의 연금수급권**이 헌법상 보장되는 **재산권에 포함**됨을 밝힌 바 있다(헌재 2004. 6. 24. 2002헌바15).

● 정답 2771. O 2772. O 2772-1. X [공법상의 권리 포함] 2773. O 2774. O

2775 공무원 퇴직연금수급권은 국가의 재정상황, 국민 전체의 소득 및 생활수준 기타 여러 가지 사회·경제적인 여건 등을 종합하여 합리적인 수준에서 결정할 수 있는 광범위한 입법형성의 재량이 인정되기 때문에 법정요건을 갖춘 후 발생하는 공무원 퇴직연금수급권은 경제적·재산적 가치가 있는 공법상의 권리로서 헌법 제23조 제1항이 보장하고 있는 재산권에 포함된다. 20 입시   O | X

공무원 퇴직연금수급권은 국가의 재정상황, 국민 전체의 소득 및 생활수준 기타 여러 가지 사회·경제적인 여건 등을 종합하여 합리적인 수준에서 결정할 수 있는 광범위한 입법형성의 재량이 인정되기 때문에 법정요건을 갖춘 후 발생하는 공무원 퇴직연금수급권만이 경제적·재산적 가치가 있는 공법상의 권리로서 헌법 제23조 제1항이 보장하고 있는 재산권에 포함되는 것이다(헌재 2012. 8. 23. 2010헌바425).

2776 「군인연금법」상 퇴역연금수급권과 같이 연금수급인 자신이 기여금의 납부를 통해 연금의 재원 형성에 일부 기여하는 경우에는 이러한 연금수급권은 사회적 기본권의 하나인 사회보장 수급권의 성격을 지니면서도 재산권으로서의 성격을 아울러 지닌다. 15 변호사   O | X

구 군인연금법상의 퇴역연금 수급권은 사회적 기본권의 하나인 사회보장 수급권의 성격을 지니면서도, 수급인 자신이 기여금의 납부를 통해 퇴역연금의 재원 형성에 일부 기여한다는 점에서 후불적 임금의 성격 또한 가미되어 있으므로 재산권으로서의 성격을 아울러 지니고 있다 할 것이다. 다시 말하여 퇴역연금 수급권은 사회보장 수급권과 재산권이라는 두 가지 성격이 불가분적으로 혼화되어, 전체적으로 재산권적인 보호의 대상이 되면서도 순수한 재산권만이 아닌 나름대로의 특성을 지니는 것이다(헌재 2007. 10. 25. 2005헌바68).

2777 「사립학교교직원 연금법」상 퇴직급여 및 퇴직수당을 받을 권리는 사회적 기본권의 하나인 사회보장 수급권인 동시에 경제적 가치가 있는 권리로서 헌법 제23조에 의하여 보장되는 재산권이다. 15 국가 7   O | X

'사립학교교직원 연금법'상의 퇴직급여 및 퇴직수당을 받을 권리는 사회적 기본권의 하나인 사회보장수급권임과 동시에 경제적 가치가 있는 권리로서 헌법 제23조에 의하여 보장되는 재산권이다(헌재 2010. 7. 29. 2008헌가15).

2778 「사학연금법」상의 퇴직연금수급권은 헌법상 재산권으로 보장받을 수 있다. 12 국회 9   O | X

사학연금법상 각종 급여는 모두 사회보험에 입각한 사회보장적 급여로서의 성격을 가짐과 동시에 공로보상 내지 후불임금으로서의 성격도 함께 가지고, 특히 퇴직연금수급권은 사회보장적 급여인 동시에 경제적인 가치가 있는 권리로서 헌법 제23조에 의하여 보장되는 재산권으로서의 성격을 지닌다(헌재 2009. 7. 30. 2007헌바113).

2779 연금납부자의 연금수급기대권은 헌법상 보호되는 재산권이다. 15 법원 9   O | X

국민연금법상의 연금수급권은 사회보장적 급여로서의 성격과 함께 헌법 제23조에 의하여 보장되는 재산권으로서의 성격도 가진다. 청구인은 1991. 9. 경 국민연금에 가입하여 10년 이상의 기간 동안 연금보험료를 납부해 왔으므로 장차 조기노령연금 수급연령에 도달하면 연금을 받을 수 있을 것이라는 구체적인 기대권을 가지며, 이러한 연금수급기대권은 헌법상 보호되는 재산권에 포함된다(헌재 2013. 10. 24. 2012헌마906).

● 정답   2775. O   2776. O   2777. O   2778. O   2779. O

2780 건강보험수급권은 가입자가 납부한 보험료에 대한 반대급부의 성격을 가지며, 보험사고로 초래되는 재산상 부담을 전보하여 주는 경제적 유용성을 가지므로, 헌법상 재산권의 보호범위에 속한다. 23 경간, 21 법무사   O | X

건강보험수급권은 가입자가 납부한 **보험료에 대한 반대급부**의 성격을 가지며, 보험사고로 초래되는 재산상 부담을 전보하여 주는 **경제적 유용성**을 가지므로, **헌법상 재산권의 보호범위에 속한다**고 볼 수 있다(헌재 2020. 4. 23. 2017헌바244).

2781 일정한 법정요건을 갖춰 발생한 산재보험수급권은 구체적인 법적 권리로 보장되고 그 성질상 경제적·재산적 가치가 있는 공법상의 권리로서 헌법상 재산권의 보호대상에 포함된다. 16 법무사   O | X

산재보험제도는 국가가 사회보장정책의 일환으로 실시하고 있는 사회보험제도이므로, 산재보험급여수급권은 기본적으로 '사회보장수급권'의 성격을 가지고 있고, 그 수급요건·수급권자의 범위·급여금액 등 구체적인 내용은 법률에 의하여 비로소 확정된다. 다만, 일정한 법정요건을 갖춰 발생한 산재보험수급권은 구체적인 법적 권리로 보장되고, 그 성질상 경제적·재산적 가치가 있는 공법상의 권리로서 헌법상 재산권의 보호대상에 포함된다(헌재 2014. 6. 26. 2012헌바382 등).

2782 일본국에 의하여 광범위하게 자행된 반인도적 범죄행위에 대하여 일본군위안부 피해자들이 일본에 대하여 가지는 배상청구권은 헌법상 보장되는 재산권에 해당한다. 16 경정, 13 국회 8   O | X

2782-1 일본국에 의하여 광범위하게 자행된 반인도적 범죄행위에 대하여 일본군위안부 피해자들이 일본에 대하여 가지는 배상청구권은 인간으로서의 존엄과 가치의 침해와 직접 관련이 있을 뿐 이를 헌법상 보장되는 재산권이라고 할 수는 없다. 12 국가 7   O | X

일본국에 의하여 광범위하게 자행된 반인도적 범죄행위에 대하여 **일본군위안부 피해자들이 일본에 대하여 가지는 배상청구권은 헌법상 보장되는 재산권**일 뿐만 아니라, 그 배상청구권의 실현은 무자비하고 지속적으로 침해된 인간으로서의 존엄과 가치 및 신체의 자유를 사후적으로 회복한다는 의미를 가지는 것이므로 피청구인의 부작위로 인하여 침해되는 기본권이 매우 중대하다(헌재 2011. 8. 30. 2006헌마788).

2783 「우편법」에 규정된 우편물의 지연배달에 따른 손해배상청구권은 헌법이 보장하는 재산권의 내용에 포함되는 권리이다. 22 입시   O | X

2783-1 「우편법」에 의한 우편물의 지연배달에 따른 손해배상청구권은 헌법상 보호되는 재산권이 아니다. 15 법원 9   O | X

우편물의 수취인인 청구인은 우편물의 지연배달에 따른 **손해배상청구권**을 갖게 되는바, 이는 헌법이 보장하는 **재산권의 내용에 포함되는 권리**라 할 것이고, 심판대상조항은 위 손해배상청구권의 범위를 제한하는 것이므로 그에 따른 재산권 제한이 발생한다(헌재 2013. 6. 27. 2012헌마426).

2784 국가에 대한 구상권은 헌법 제23조 제1항에 의하여 보장되는 재산권이라 할 수 없다. 18 지방 7   O | X

국가에 대한 구상권은 헌법 제23조 제1항에 의하여 보장되는 **재산권**이고 위와 같은 해석은 그러한 재산권의 제한에 해당하며 재산권의 제한은 헌법 제37조 제2항에 의한 기본권 제한의 한계 내에서만 가능한데, 위와 같은 해석은 헌법 제37조 제2항에 의하여 기본권을 제한할 때 요구되는 비례의 원칙에 위배하여 일반국민의 재산권을 과잉 제한하는 경우에 해당하여 헌법 제23조 제1항 및 제37조 제2항에도 위반된다고 할 것이다(헌재 1994. 12. 29. 93헌바21).

정답 2780. O   2781. O   2782. O   2782-1. X [헌법상 보장되는 재산권임]   2783. O   2783-1. X [재산권임]   2784. X [재산권임]

3 특별법상 권리

2785 개인택시운송사업자는 장기간의 모범적인 택시운전에 대한 보상의 차원에서 개인택시면허를 취득하였거나, 고액의 프리미엄을 지급하고 개인택시면허를 양수한 사람들이므로 개인택시면허는 자신의 노력으로 혹은 금전적 대가를 치르고 얻은 재산권이라고 할 수 있다. 20 입시 O | X

2785-1 개인택시면허는 경제적 가치가 있는 사법상의 권리로서 헌법에 의하여 보호되는 재산권에 해당되지는 아니한다. 13 서울 7 O | X

2785-2 개인택시면허의 재산권적 성격은 인정되나, 개인택시의 공급과잉을 억제하기 위해 개인택시면허의 양도를 금지하는 것이 개인택시운수사업자들의 재산권을 침해하는 것으로 볼 수 없다. 14 법무사 O | X

개인택시운송사업자는 장기간의 모범적인 택시운전에 대한 **보상의 차원**에서 개인택시면허를 취득하였거나, **고액의 프리미엄을 지급**하고 개인택시면허를 양수한 사람들이므로 **개인택시면허는 자신의 노력으로 혹은 금전적 대가**를 치르고 얻은 **재산권**이라고 할 수 있다. … 이 사건 시행령조항이 법률의 위임을 받아 개인택시면허의 양도 및 상속을 제한하는 것을 두고 법률유보원칙에 위배되거나 입법형성권의 한계를 벗어나 청구인들의 **재산권을 침해하는 것으로 볼 수 없다**(헌재 2012. 3. 29. 2010헌마443 등).

2786 특허권은 헌법상 재산권으로 보장받을 수 있다. 12 국회 9 O | X

2786-1 헌법 제22조 제2항은 발명가의 권리를 법률로써 보호하도록 하고 있고, 이에 따라 「특허법」은 특허권자에게 업(業)으로서 그 특허발명을 실시할 권리를 독점적으로 부여하고 있다. 따라서 특허권자가 그 특허발명의 방법에 의하여 생산한 물건에 발명의 명칭과 내용을 표시하는 것은 특허실시권에 내재된 요소이며, 그러한 표시를 제한하는 것은 곧 특허권에 대한 제한이라고 보아야 한다. 23 경찰 2차 O | X

(1) 숙취해소용 천연차 및 그 제조방법에 관하여 특허권을 획득하였음에도 불구하고 특허권자인 청구인들조차 그 특허발명제품에 '숙취해소용 천연차'라는 표시를 하지 못하고 '천연차'라는 표시만 할 수밖에 없게 됨으로써 청구인들의 **헌법상 보호받는 재산권인 특허권**이 침해되었다(헌재 2000. 3. 30. 99헌마143).
(2) 헌법 제22조 제2항은 **발명가의 권리**를 법률로써 보호하도록 하고 있고, 이에 따라 특허법은 특허권자에게 업(業)으로서 그 **특허발명을 실시할 권리**를 독점적으로 부여하고 있다(특허법 제94조). 따라서 특허권자가 특허발명의 방법으로 생산한 물건을 판매하는 것은 특허권의 본질적 내용의 하나이다. 그런데 특허발명제품에 특허발명의 명칭이나 내용을 표시할 수 없다면 그 제품은 특허에 관한 설명력과 광고·유인효과를 전혀 가질 수 없어 특허제품으로서의 기능과 효과를 제대로 발휘하지 못하게 되고, 이러한 결과는 업으로서의 특허실시권을 사실상 유명무실하게 하는 것이다. 그러므로 특허권자가 그 특허발명의 방법에 의하여 생산한 물건에 발명의 명칭과 내용을 표시하는 것은 **특허실시권에 내재된 요소**이며, 그러한 **표시를 제한**하는 것은 곧 **특허권에 대한 제한**이라고 보아야 할 것이다(헌재 2000. 3. 30. 99헌마143).

2787 상업용 음반 등에 관한 저작재산권자의 공연권 및 저작인접권자의 보상청구권은 헌법 제23조에 의하여 보장되는 재산적 가치가 있는 권리에 해당한다. 24 경찰 1차 O | X

2787-1 청중이나 관중으로부터 당해 공연에 대한 반대급부를 받지 아니하는 경우에는 상업용 목적으로 공표된 음반 또는 상업용 목적으로 공표된 영상저작물을 재생하여 공중에게 공연할 수 있도록 하더라도 저작재산권자의 재산권을 침해하지 않는다. 21 입시 O | X

정답 2785. O 2785-1. X [재산권에 해당함] 2785-2. O 2786. O 2786-1. O 2787. O 2787-1. O

(1) 심판대상조항에 따라 제한되는 상업용 음반 등에 관한 **저작재산권자의 공연권 및 저작인접권자의 보상청구권**은 헌법 제23조에 의하여 보장되는 **재산적 가치가 있는 권리**에 해당하는바, 심판대상조항이 저작재산권자 및 저작인접권자(이하 '저작재산권자 등'이라 한다)의 재산권을 침해하는지 여부가 문제된다(헌재 2019. 11. 28. 2016헌마1115 등).

(2) 심판대상조항은 공중이 저작물의 이용을 통한 문화적 혜택을 누릴 수 있도록 하기 위한 것으로 입법목적이 정당하고, 일정한 요건 하에 누구든지 상업용 음반 등을 재생하여 공중에게 공연할 수 있도록 하는 것은 상업용 음반 등에 대한 공중의 접근성을 향상시켜 위와 같은 입법목적 달성에 적합한 수단이 된다. … 따라서 심판대상조항이 비례의 원칙에 반하여 저작재산권자 등의 **재산권을 침해한다고 볼 수 없다**(헌재 2019. 11. 28. 2016헌마1115 등).

2788 정당한 지목을 토지대장에 등록함으로써 토지소유자가 누리게 될 이익은 헌법상 재산권에 해당한다. 24 경정 O | X

지목에 관한 등록이나 등록변경 또는 등록의 정정은 단순히 토지행정의 편의나 사실증명의 자료로 삼기 위한 것에 그치는 것이 아니라, 해당 토지소유자의 재산권에 크건 작건 영향을 미친다고 볼 것이며, **정당한 지목을 등록**함으로써 **토지소유자가 누리게 될 이익은** 국가가 헌법 제23조에 따라 보장하여 주어야 할 **재산권의 한 내포(內包)로 봄이 상당하다**(헌재 1999. 6. 24. 97헌마315).

2789 수용된 토지가 당해 공익사업에 필요없게 되거나 이용되지 아니하였을 경우에 피수용자가 그 토지소유권을 회복할 수 있는 권리, 즉 환매권은 헌법이 보장하는 재산권의 내용에 포함되는 권리이다. 16 경정, 12 국가 7 O | X

2789-1 환매권은 헌법상의 재산권 보장규정으로부터 도출되는 것으로서, 피수용자가 수용 당시 이미 정당한 손실보상을 받았다는 사실로 말미암아 부인되지 않는다. 19 법원 9 O | X

(1) 수용된 토지가 당해 공익사업에 필요없게 되거나 이용되지 아니하였을 경우에 **피수용자가 그 토지소유권을 회복할 수 있는 권리** 즉 토지수용법 제71조 소정의 **환매권은 헌법상의 재산권 보장규정으로부터 도출되는 것으로서 헌법이 보장하는 재산권의 내용에 포함되는 권리**라고 할 수 있다(헌재 1994. 2. 24. 92헌가15 등).

(2) 토지수용법 제71조 소정의 **환매권은** 헌법상의 재산권 보장규정으로부터 도출되는 것으로서 **헌법이 보장하는 재산권의 내용에 포함되는 권리**이며, 피수용자가 손실보상을 받고 소유권의 박탈을 수인할 의무는 그 재산권의 목적물이 공공사업에 이용되는 것을 전제로 하기 때문에 위 헌법상 권리는 피수용자가 **수용 당시 이미 정당한 손실보상**을 받았다는 사실로 말미암아 **부인되지 않는다**(헌재 1994. 2. 24. 92헌가15 등).

2790 '사업인정고시가 있은 후에 3년 이상 토지가 공익용도로 사용된 경우' 토지소유자에게 매수 혹은 수용청구권을 인정한 「공익사업을 위한 토지 등의 취득 및 보상에 관한 법률」의 조항을 통하여 인정되는 '수용청구권'은 사적유용성을 지닌 것으로서 재산의 사용, 수익, 처분에 관계되는 법적 권리이므로 헌법상 재산권에 포함된다. 22 경정 O | X

헌법이 보장하고 있는 재산권은 경제적 가치가 있는 모든 공법상·사법상의 권리를 뜻하며, 사적 유용성 및 그에 대한 원칙적인 처분권을 내포하는 재산가치 있는 구체적인 권리를 의미한다. 이 사건 조항을 통하여 인정되는 '**수용청구권**'은 사적유용성을 지닌 것으로서 재산의 사용, 수익, 처분에 관계되는 법적 권리이므로 **헌법상 재산권에 포함된다**고 볼 것이다(헌재 2005. 7. 21. 2004헌바57).

▶ 정답 2788. ○   2789. ○   2789-1. ○   2790. ○

2791 '불법적인 사용의 경우에 인정되는 수용청구권'은 재산권의 일종이다. 23 경간 O | X

입법자에 의한 재산권의 내용과 한계의 설정은 기존에 성립된 재산권을 제한할 수도 있고, 기존에 없던 것을 새롭게 형성하는 것일 수도 있다. 이 사건 조항은 종전에 없던 재산권을 새로 형성한 것에 해당되므로, 역으로 그 형성에 포함되어 있지 않은 것은 재산권의 범위에 속하지 않는다. 그러므로 청구인들이 주장하는바 '**불법적인 사용의 경우에 인정되는 수용청구권**'이란 **재산권은 존재하지 않으므로,** 이 사건 조항이 그러한 재산권을 제한할 수는 없다(헌재 2005. 7. 21. 2004헌바57).

03 재산권이 아닌 경우

1 재산권적 특성의 결여

2792 「국민건강보험법」상 의료보험조합의 적립금은 헌법상 재산권으로 보장받을 수 있다. 12 국회 9 O | X

적립금에는 사법상의 재산권과 비교될 만한 최소한의 재산권적 특성이 결여되어 있다. 따라서 **의료보험조합의 적립금**은 헌법 제23조에 의하여 보장되는 **재산권의 보호대상이라고 볼 수 없다.** 그리고 의료보험수급권은 「의료보험법」상 재산권의 보장을 받는 공법상의 권리이다(헌재 2000. 6. 29. 99헌마289).

2793 학교안전공제회가 관리·운용하는 학교안전공제 및 사고예방기금을 헌법상 재산권에 해당되지 않는다. 21 경정 O | X

2793-1 공제회가 관리·운용하는 학교안전공제 및 사고예방기금은 헌법상 재산권에 해당한다. 24 소간 O | X

공제회가 관리·운용하는 기금은 학교안전사고보상공제 사업 등에 필요한 **재원을 확보**하고, **공제급여에 충당**하기 위하여 설치 및 조성되는 것으로서 학교안전법령이 정하는 용도에 사용되는 것일 뿐, 각 공제회에 귀속되어 사적 유용성을 갖는다거나 원칙적 처분권이 있는 재산적 가치라고 보기 어렵고, 공제회가 갖는 기금에 대한 권리는 법에 의하여 정해진 대로 운영할 수 있는 법적 권능에 불과할 뿐 사적 이익을 위해 권리주체에게 귀속될 수 있는 성질의 것이 아니므로, **이는 헌법 제23조 제1항에 의하여 보호되는 공제회의 재산권에 해당되지 않는다**(헌재 2015. 7. 30. 2014헌가7).

2794 상공회의소의 의결권 또는 회원권은 그 회원들의 헌법상 보장되는 재산권이 아니다. 15 법원 9 O | X

2794-1 상공회의소의 의결권은 헌법상 보장되는 재산권에 해당한다. 23 경간 O | X

상공회의소의 의결권 또는 회원권은 상공회의소라는 **법인의 의사형성에 관한 권리**일 뿐 이를 따로 떼어 헌법상 보장되는 **재산권이라고 보기 어렵고,** 상공회의소의 재산은 법인인 상공회의소의 고유재산이지 회원들이 지분에 따라 반환받을 수 있는 재산이라고 보기 어려워서, 상공업자들의 재산권 제한과도 무관하다(헌재 2006. 5. 25. 2004헌가1).

2795 강제집행권도 헌법상 보호되는 재산권에 속한다. 22 법원 9, 18 국회 9 O | X

강제집행권은 국가가 보유하는 통치권의 한 작용으로서 **민사사법권**에 속하는 것이고, 채권자인 청구인들은 국가에 대하여 강제집행권의 발동을 구하는 공법상의 권능인 강제집행청구권만을 보유하고 있을 따름으로서 **청구인들이 강제집행권을 침해받았다고 주장하는 권리는 헌법 제23조 제3항 소정의 재산권에 해당되지 아니한다**(헌재 1998. 5. 28. 96헌마44).

정답 2791. X [재산권 아님] 2792. X [재산권의 보호대상 X] 2793. O 2793-1. X [재산권 아님] 2794. O 2794-1. X [재산권 X] 2795. X [재산권 아님]

2796 이동전화번호는 헌법상 보장되는 재산권에 해당한다. 23 경간   O | X

이동전화번호는 유한한 국가자원으로서, 청구인들이 오랜 기간 같은 이동전화번호를 사용해 왔다 하더라도 이는 국가의 이동전화번호 관련 정책 및 이동전화 사업자와의 서비스 이용계약 관계에 의한 것일 뿐, 청구인들이 이동전화번호에 대하여 사적 유용성 및 그에 대한 원칙적 처분권을 내포하는 재산가치 있는 구체적 권리인 **재산권을 가진다고 볼 수 없다**(헌재 2013. 7. 25. 2011헌마63 등).

2797 교도소에 수용된 때에는 국민건강보험급여를 정지하도록 하는 것은 재산권을 침해하는 것이다.
23 해간, 19 입시   O | X

건강보험수급권과 같이 공법상의 권리가 헌법상의 재산권으로 보호받기 위해서는 국가의 일방적인 급부에 의한 것이 아니라 수급자의 상당한 자기기여를 전제로 한다. 그런데 국민건강보험은 개인의 보험료와 국가의 재정으로 운영되고 이 사건 규정의 적용에 의하여 청구인들과 같은 수용자에게 보험급여가 정지되는 경우 동시에 보험료 납부의무도 면제된다. 그렇다면 **수급자의 자기기여가 없는 상태**이므로 이 사건 규정에 의하여 **건강보험수급권이 정지**되더라도 이를 사회보장수급권(인간다운 생활을 할 권리)으로 다툴 수 있음은 별론으로 하고 **재산권 침해로 다툴 수는 없다**고 할 것이다(헌재 2005. 2. 24. 2003헌마31 등).

2 사회부조

2798 사회부조와 같이 국가의 일방적인 급부에 대한 권리는 재산권의 보호대상에서 제외되고, 단지 사회법상의 지위가 자신의 급부에 대한 등가물에 해당하는 경우에 한하여 사법상의 재산권과 유사한 정도로 보호받아야 할 공법상의 권리가 인정된다. 23 변호사, 14 지방 7   O | X

2798-1 공법상의 권리가 헌법상의 재산권보장의 보호를 받기 위해서는 원칙적으로 권리주체의 노동이나 투자, 특별한 희생에 의하여 획득되어 자신이 행한 급부의 등가물에 해당하는 것이어야 하지만, 예외적으로 사회부조와 같은 국가의 일방적인 급부에 대한 권리도 재산권의 보호대상이 될 수 있다. 24 입시   O | X

사회부조와 같이 **국가의 일방적인 급부에 대한 권리**는 재산권의 보호대상에서 제외되고, 단지 사회법상의 지위가 **자신의 급부에 대한 등가물에 해당**하는 경우에 한하여 **사법상의 재산권과 유사한 정도로 보호**받아야 할 **공법상의 권리가 인정**된다. 즉 공법상의 법적 지위가 사법상의 재산권과 비교될 정도로 강력하여 그에 대한 박탈이 법치국가원리에 반하는 경우에 한하여, 그러한 성격의 공법상의 권리가 재산권의 보호대상에 포함되는 것이다(헌재 2000. 6. 29. 99헌마289).

2799 의료급여법상 의료급여수급권은 공공부조의 일종으로 순수하게 사회정책적 목적에서 주어지는 권리이므로 개인의 노력과 금전적 기여를 통하여 취득되는 재산권의 보호대상에 포함된다고 보기 어렵다.
14 법무사   O | X

2799-1 의료급여수급권은 저소득 국민에 대한 국가의 지원정책이고 국가에 대한 공법적 청구권이므로 헌법상 재산권에 해당한다. 13 지방 7   O | X

의료급여수급권은 **공공부조의 일종**으로서 순수하게 사회정책적 목적에서 주어지는 권리이므로 **개인의 노력과 금전적 기여를 통하여 취득되는 재산권의 보호대상에 포함된다고 보기 어려워**, 이 사건 시행령조항 및 시행규칙조항이 청구인들의 재산권을 침해한다고 할 수 없다(헌재 2009. 9. 24. 2007헌마1092).

● 정답 2796. X [재산권 아님]   2797. X [재산권 침해 X]   2798. ○   2798-1. X [사회부조 재산권의 보호대상 안됨]   2799. ○   2799-1. X [재산권 X]

2800 「국민연금법」상 연금수급권 내지 연금수급기대권이 재산권의 보호대상인 사회보장적 급여라고 한다면 사망일시금은 헌법상 재산권에 해당한다. 22 경정 O│X

2800-1 「국민연금법」상 사망일시금은 헌법상 재산권에 해당한다. 24 소간, 23 경간 O│X

사망일시금 제도는 유족연금 또는 반환일시금을 지급받지 못하는 가입자 등의 가족에게 사망으로 소요되는 비용의 일부를 지급함으로써 국민연금제도의 수혜범위를 확대하고자 하는 차원에서 도입되었는데, 국민연금제도가 사회보장에 관한 헌법규정인 제34조 제1항, 제2항, 제5항을 구체화한 제도로서, **국민연금법상 연금수급권 내지 연금수급기대권이 재산권의 보호대상**인 사회보장적 급여라고 한다면 **사망일시금은** 사회보험의 원리에서 다소 벗어난 **장제부조적·보상적 성격을 갖는 급여로 사망일시금은 헌법상 재산권에 해당하지 아니**하므로, 이 사건 사망일시금 한도 조항이 청구인들의 재산권을 제한한다고 볼 수 없다(헌재 2019. 2. 28. 2017헌마432).

3 기대이익·반사적 이익 또는 경제적인 기회

2801 헌법 제23조 제1항의 재산권보장에 의하여 보호되는 재산권은 사적유용성 및 그에 대한 원칙적 처분권을 내포하는 재산가치 있는 구체적 권리이다. 그러므로 구체적인 권리가 아닌, 단순한 이익이나 재화의 획득에 관한 기회 등은 재산권보장의 대상이 아니다. 23 법원 9 O│X

헌법 제23조 제1항의 재산권보장에 의하여 보호되는 재산권은 **사적유용성** 및 그에 대한 **원칙적 처분권**을 내포하는 **재산가치** 있는 **구체적 권리**이다. 그러므로 **구체적인 권리가 아닌, 단순한 이익**이나 **재화의 획득에 관한 기회** 등은 재산권보장의 대상이 아니다(헌재 1996. 8. 29. 95헌바36).

2802 단순한 기대이익·반사적 이익 또는 경제적 기회 등은 재산권에 속하지 않는다. 11 지방 7 O│X

우리 헌법이 보장하고 있는 재산권은 경제적 가치가 있는 모든 공법상·사법상의 권리를 뜻한다. 이러한 재산권의 범위에는 동산·부동산에 대한 모든 종류의 물권은 물론, 재산가치 있는 모든 사법상의 채권과 특별법상의 권리 및 재산가치 있는 공법상의 권리 등이 포함되나, **단순한 기대이익·반사적 이익 또는 경제적인 기회** 등은 **재산권에 속하지 않는다**고 보아야 한다(헌재 1998. 7. 16. 96헌마246).

2803 영리획득의 단순한 기회 또는 기업활동의 사실적·법적 여건 또한 재산권보장의 대상이 된다. 21 법원 9 O│X

헌법상 보장된 재산권은 사적 유용성 및 그에 대한 원칙적인 처분권을 내포하는 재산가치 있는 구체적인 권리이므로, **구체적 권리가 아닌 영리획득의 단순한 기회나 기업활동의 사실적·법적 여건**은 기업에게는 중요한 의미를 갖는다고 하더라도 **재산권 보장의 대상이 아니다**(헌재 2018. 7. 31. 2018헌마753).

2804 소멸시효의 기대이익은 헌법상 보호되는 재산권이다. 22 법원 9 O│X

'국가의 납입의 고지로 인하여 시효중단의 효력을 종국적으로 받지 않고 계속하여 **소멸시효를 누릴 기대이익**'은 헌법적으로 보호될만한 **재산권적 성질의 것은 아니며 단순한 기대이익에 불과**하다고 볼 것이므로 이 사건 법률조항에 의하여 청구인의 재산권이 제한되거나 침해될 여지는 없다(헌재 2004. 3. 25. 2003헌바22).

●정답 2800. ×[사망일시금 재산권 ×]   2800-1. ×[재산권 아님]   2801. ○   2802. ○   2803. ×[재산권 ×]   2804. ×[재산권 ×]

2805 선의취득의 인정 여부는 무권리자로부터의 동산의 양수인이 그 소유권을 취득하기 위한 요건의 문제에 불과하므로, 일정한 문화재에 대하여 선의취득을 배제하는 법률 규정에 의하여 그 동산 문화재의 양수인이 그 문화재의 소유권을 취득할 기회를 제한받는다고 하더라도 그와 같이 제한된 기회가 헌법 제23조 제1항에 의하여 보호되는 재산권에 해당한다고 볼 수는 없다. 16 법원 9   O│X

선의취득의 인정 여부는 무권리자로부터의 동산의 양수인이 그 소유권을 취득하기 위한 요건의 문제로서 이 사건 선의취득 배제조항에 의하여 일정한 동산문화재의 양수인은 그 **문화재의 소유권을 취득할 기회**를 제한받을 뿐이며, 이러한 기회는 사적 유용성(私的 有用性) 및 그에 대한 원칙적 처분권을 내포하는 재산가치 있는 구체적 권리로서 헌법 제23조 제1항에 의하여 보호되는 **재산권에 해당하지 아니한다**(헌재 2009. 7. 30. 2007헌마870).

2806 재산권은 사적유용성 및 그에 대한 원칙적 처분권을 내포하는 재산가치 있는 구체적 권리이므로 구체적인 권리가 아닌 단순한 이익이나 재화의 획득에 관한 기회(단순한 기대이익·반사적 이익 또는 경제적인 기회) 등은 원칙적으로 재산권보장의 대상이 아니지만, 교원의 정년 단축으로 인해 계속 재직하면서 재화를 획득할 수 있는 기회를 박탈당함으로써 발생하는 기존 교원의 경제적 불이익은 헌법 제31조 제6항이 규정하고 있는 교원지위법정주의로 인해 예외적으로 재산권보장의 대상이 된다. 10 국회 8   O│X

2806-1 교원의 정년을 단축하여 계속 재직하면서 재화를 획득할 수 있는 기회를 박탈하는 것은 재산권 침해이다. 16 서울 7   O│X

재산권은 사적유용성 및 그에 대한 원칙적 처분권을 내포하는 재산가치있는 구체적 권리이므로 구체적인 권리가 아닌 단순한 이익이나 재화의 획득에 관한 기회(단순한 기대이익·반사적 이익 또는 경제적인 기회)등은 재산권 보장의 대상이 아닌 바, **교원의 정년단축으로** 기존 교원이 입는 경제적 불이익은 계속 재직하면서 **재화를 획득할 수 있는 기회를 박탈**당한다는 것인데 이러한 경제적 기회는 **재산권보장의 대상이 아니라는 것**이 우리 재판소의 판례이다(헌재 2000. 12. 14. 99헌마112 등).

2807 시혜적 입법의 시혜대상에서 제외되었다는 이유만으로 재산권의 침해가 발생하는 것은 아니고 시혜대상에 포함될 경우 얻을 수 있었던 재산상 이익의 기대가 성취되지 않았다고 하여도 이와 같은 단순한 재산상 이익에 대한 기대는 헌법이 보호하는 재산권의 영역에 포함되지 아니한다. 21 법무사   O│X

시혜적 입법의 시혜대상에서 제외되었다는 이유만으로 재산권의 침해가 발생하는 것은 아니고 **시혜대상에 포함될 경우 얻을 수 있었던 재산상 이익의 기대가 성취**되지 않았다고 하여도 이와 같은 **단순한 재산상 이익에 대한 기대**는 헌법이 보호하는 **재산권의 영역에 포함되지 아니한다**(헌재 2008. 9. 25. 2007헌가9).

2808 잠수기어업허가를 받아 키조개 등을 채취하는 직업에 종사한다고 하더라도 이는 원칙적으로 자신의 계획과 책임하에 행동하면서 법제도에 의하여 반사적으로 부여되는 기회를 활용하는 것에 불과하므로 잠수기어업허가를 받지 못하여 상실된 이익 등 청구인 주장의 재산권은 헌법 제23조에서 규정하는 재산권의 보호범위에 포함된다고 볼 수 없다. 23 해간, 22 경정   O│X

이 사건의 경우 청구인이 **잠수기어업허가**를 받아 키조개 등을 채취하는 직업에 종사한다고 하더라도 이는 원칙적으로 자신의 계획과 책임하에 행동하면서 **법제도에 의하여 반사적으로 부여되는 기회를 활용**하는 것에 불과하므로 **잠수기어업허가를 받지 못하여 상실된 이익 등** 청구인 주장의 재산권은 헌법 제23조에서 규정하는 **재산권의 보호범위에 포함된다고 볼 수 없다**(헌재 2008. 6. 26. 2005헌마173).

● 정답 2805. O   2806. X [재산권보장의 대상 X]   2806-1. X [재산권 침해 X]   2807. O   2808. O

2809 보안거리에 저촉되는 화약류저장소에 대한 시설이전명령 때문에 화약류저장소를 이용한 영업을 하지 못하게 된다하더라도 그로 인해 상실되는 영리획득의 기회를 헌법에 의해 보장되는 재산권으로 보기는 어렵다. 22 법무사   O | X

헌법상 보장된 재산권은 원래 사적 유용성 및 그에 대한 원칙적인 처분권을 내포하는 재산가치 있는 구체적인 권리이므로 구체적 권리가 아닌 영리획득의 단순한 기회나 기업활동의 사실적·법적 여건은 기업에게는 중요한 의미를 갖는다고 하더라도 재산권 보장의 대상이 되지 않는다. 따라서 청구인이 시설이전명령에 의해 영업을 하지 못하게 된다 하더라도, 그 상실되는 **영리획득의 기회**를 헌법에 의해 보장되는 **재산권으로 보기는 어렵다**(헌재 2021. 9. 30. 2018헌바456).

2810 약사의 한약조제권은 헌법상 재산권이다. 21 경정   O | X

약사는 단순히 의약품의 판매뿐만 아니라 의약품의 분석, 관리 등의 업무를 다루며, 약사면허 그 자체는 양도·양수할 수 없고 상속의 대상도 되지 아니하며, 또한 약사의 한약조제권이란 그것이 타인에 의하여 침해되었을 때 방해를 배제하거나 원상회복 내지 손해배상을 청구할 수 있는 권리가 아니라 법률에 의하여 약사의 지위에서 인정되는 하나의 권능에 불과하고, 더욱이 의약품을 판매하여 얻게 되는 이익 역시 장래의 불확실한 기대이익에 불과한 것이므로, **구 약사법상 약사에게 인정된 한약조제권**은 위 헌법조항들이 말하는 **재산권의 범위에 속하지 아니한다**(헌재 1997. 11. 27. 97헌바10).

2811 종전 규정에 의한 폐기물재생처리신고업자의 사업이 개정 규정에 의한 폐기물중간처리업에 해당하는 경우, 영업을 계속하기 위하여는 법 시행일부터 1년 이내에 개정 규정에 의한 폐기물중간처리업의 허가를 받도록 하고 있는 구「폐기물관리법」부칙 규정으로 인해 사실상 폐업이 불가피하게 된 기존의 폐기물재생처리신고업자는 재산권 침해를 이유로 헌법 제23조 제3항에 따른 보상을 받을 수 있다. 24 변호사   O | X

헌법 제23조 제1항 및 헌법 제13조 제2항에 의하여 보호되는 재산권은 사적 유용성 및 그에 대한 원칙적 처분권을 내포하는 재산가치 있는 구체적 권리이고, 단순한 이익이나 재화의 획득에 관한 기회 또는 기업활동의 사실적·법적 여건 등은 재산권보장의 대상이 아니다. 그런데 청구인들의 영업활동은 원칙적으로 자신의 계획과 책임하에 행위하면서 법제도에 의하여 반사적으로 부여되는 기회를 활용한 것에 지나지 않는다 할 것이어서, 청구인들이 주장하는 **영업권**은 위 헌법조항들이 말하는 **재산권의 범위에 속하지 아니**하므로, 위 법률조항으로 인하여 청구인들의 **재산권이 침해되었다거나**, **소급입법에 의하여 재산권이 박탈**되었다고 할 수 **없다**(헌재 2000. 7. 20. 99헌마452).

2812 일반음식점 영업소에 음식점 시설 전체를 금연구역으로 지정하여 운영하여야 할 의무를 부담시키는 것은 음식점 운영자의 직업수행의 자유와 음식점 시설에 대한 재산권을 제한한다. 16 국가 7   O | X

2812-1 일반음식점 영업소를 금연구역으로 지정하여 운영하여야 할 의무를 부담시키는 것은 음식점 운영자의 직업수행의 자유와 음식점 시설에 대한 권리를 제한한다. 18 경정   O | X

2812-2 2015. 1. 1.부터 모든 일반음식점영업소를 금연구역으로 지정하여 운영하도록 한 「국민건강증진법 시행규칙」 조항은 청구인의 직업수행의 자유를 침해하지 않는다. 19 경정   O | X

● 정답 2809. O   2810. X [재산권 X]   2811. X [재산권이 아님]   2812. X [재산권 제한 X]   2812-1. X [음식점 시설에 대한 권리 제한 X]
2812-2. O

심판대상조항은 청구인이 선택한 직업을 영위하는 방식과 조건을 규율하고 있으므로 청구인의 **직업수행의 자유를 제한**한다. 한편, 심판대상조항은 청구인으로 하여금 음식점 시설과 그 내부 장비 등을 철거하거나 변경하도록 강제하는 내용이 아니므로, 이로 인하여 청구인의 **음식점 시설 등에 대한 권리가 제한되어 재산권이 침해되는 것은 아니다.** … 심판대상조항은 과잉금지원칙에 위반되어 청구인의 **직업수행의 자유를 침해한다고 할 수 없다**(헌재 2016. 6. 30. 2015헌마813).

2813 「감염병예방법」에 근거한 집합제한 조치로 인하여 일반음식점 영업이 제한되어 영업이익이 감소되었다고 하더라도, 일반음식점 운영자가 소유하는 영업시설·장비 등에 대한 구체적인 사용·수익 및 처분권한을 제한받는 것은 아니므로, 보상규정의 부재가 일반음식점 운영자의 재산권을 제한한다고 볼 수 없다. 23 경채   O | X

감염병예방법 제49조 제1항 제2호에 근거한 집합제한 조치로 인하여 청구인들의 **일반음식점 영업이 제한되어 영업이익이 감소되었다** 하더라도, 청구인들이 소유하는 영업 시설·장비 등에 대한 구체적인 사용·수익 및 처분권한을 제한받는 것은 아니므로, 보상규정의 부재가 청구인들의 **재산권을 제한한다고 볼 수 없다**(헌재 2023. 6. 29. 2020헌마1669).

2814 최저임금을 인상하는 내용의 고시는 근로자에게 지급하여야 할 임금 증가, 생산성 저하, 이윤 감소 등 사업자에게 불이익을 겪게 할 우려가 있으므로 사업자의 재산권을 제한한다. 23 변호사   O | X

각 **최저임금 고시** 부분은 사용자가 최저임금의 적용을 받는 근로자에게 지급하여야 할 임금의 최저액을 정한 것으로 청구인들이 이로 인하여 계약의 자유와 기업의 자유를 제한 받는 결과 근로자에게 지급하여야 할 **임금이 늘어나거나 생산성 저하, 이윤 감소 등 불이익**을 겪을 우려가 있거나, 그 밖에 사업상 어려움이 발생할 수 있다고 하더라도 이는 **기업활동의 사실적·법적 여건에 관한 것으로 재산권 침해는 문제되지 않는다**(헌재 2019. 12. 27. 2017헌마1366 등).

2815 지방세수입의 감소분은 헌법 제23조가 보장하는 재산권의 개념에 포함된다. 10 국가 7   O | X

청구인들이 거주하는 서울특별시 강남구·서초구의 경우에 특별시세로 전환되는 재산세 액수가 서울특별시로부터 다시 교부받는 액수보다 많아서 결과적으로 재정수입이 감소되고 그로 인하여 주민들이 받는 공공서비스가 줄어들 가능성이 있다고 하더라도, 그러한 불이익은 **간접적이고 사실적·경제적인 이해관계**에 불과한 것이어서 이 사건 법률조항들로 인하여 청구인들의 **기본권이 침해될 가능성이 없다**(헌재 2009. 11. 26. 2007헌마1159).

2816 장기미집행 도시계획시설결정의 실효제도는 도시계획시설부지로 하여금 도시계획시설결정으로 인한 사회적 제약으로부터 벗어나게 하는 것으로서 결과적으로 개인의 재산권이 보다 보호되는 측면이 있는 것은 사실이며, 이와 같은 보호는 헌법상 재산권으로부터 당연히 도출되는 권리이다. 16 지방 7   O | X

장기미집행 도시계획시설결정의 실효제도는 도시계획시설부지로 하여금 도시계획시설결정으로 인한 사회적 제약으로부터 벗어나게 하는 것으로서 결과적으로 개인의 재산권이 보다 보호되는 측면이 있는 것은 사실이나, 이와 같은 보호는 입법자가 새로운 제도를 마련함에 따라 얻게 되는 **법률에 기한 권리일 뿐 헌법상 재산권으로부터 당연히 도출되는 권리는 아니다**(헌재 2005. 9. 29. 2002헌바84 등).

정답 2813. O   2814. X [사업자의 재산권 제한 X]   2815. X [재산권 X]   2816. X [헌법상 재산권으로부터 도출 X → 법률상 권리 O]

2817 예비군 교육훈련에 참가한 예비군대원이 훈련 과정에서 식비, 여비 등을 스스로 지출함으로써 생기는 경제적 부담은 헌법에서 보장하는 재산권의 범위에 포함된다고 할 수 없고, 예비군 교육훈련 기간 동안의 일실수익과 같은 기회비용 역시 경제적인 기회에 불과하여 재산권의 범위에 포함되지 아니한다. 22 국회 8 O | X

예비군 교육훈련에 참가한 예비군대원이 훈련 과정에서 **식비, 여비 등을 스스로 지출함으로써 생기는 경제적 부담**은 헌법에서 보장하는 **재산권의 범위에 포함된다고 할 수 없고, 예비군 교육훈련 기간 동안의 일실수익과 같은 기회비용** 역시 경제적인 기회에 불과하여 **재산권의 범위에 포함되지 아니한다.** 그렇다면 심판대상조항으로 인하여 청구인의 재산권이 침해될 가능성을 인정할 수 없다(헌재 2019. 8. 29. 2017헌마828).

4 법률에 의한 형성 전 또는 법률상 요건 갖추기 전 권리

2818 공무원의 보수청구권은, 법률 및 법률의 위임을 받은 하위법령에 의해 그 구체적 내용이 형성되면 재산적 가치가 있는 공법상의 권리가 되어 재산권의 내용에 포함되지만, 법령에 의하여 구체적 내용이 형성되기 전의 권리, 즉 공무원이 국가 또는 지방자치단체에 대하여 어느 수준의 보수를 청구할 수 있는 권리는 단순한 기대이익에 불과하여 재산권의 내용에 포함된다고 볼 수 없으므로 「공무원보수규정」의 해당 부분은 재산권을 침해하지 않는다. 22 경찰 1차 O | X

2818-1 공무원이 국가 또는 지방자치단체에 대하여 어느 수준의 보수를 청구할 수 있는 권리는 헌법상 보장된 공무원의 재산권이다. 18 법무사 O | X

공무원의 보수청구권은, 법률 및 법률의 위임을 받은 하위법령에 의해 그 구체적 내용이 형성되면 재산적 가치가 있는 공법상의 권리가 되어 재산권의 내용에 포함되지만, 법령에 의하여 **구체적 내용이 형성되기 전의 권리, 즉 공무원이 국가 또는 지방자치단체에 대하여 어느 수준의 보수를 청구할 수 있는 권리는 단순한 기대이익에 불과하여 재산권의 내용에 포함된다고 볼 수 없다.** 따라서 청구인이 주장하는 특정한 또는 구체적 보수수준에 관한 내용이 법령에서 형성된 바 없음에도, 이 사건 법령조항이 그 수준의 봉급월액보다 낮은 봉급월액을 규정하고 있어 청구인의 재산권을 침해한다는 주장은 이유 없다(헌재 2008. 12. 26. 2007헌마444).

2819 「공무원연금법」이 개정되어 시행되기 전에 청구인이 이미 퇴직하여 퇴직연금을 수급할 수 있는 기초를 상실한 경우에는 공무원퇴직연금의 수급요건을 재직기간 20년에서 10년으로 완화한 개정 「공무원연금법」 규정이 청구인의 재산권을 제한한다고 볼 수 없다. 22 경정 O | X

심판대상조항은 개정 법률의 적용대상을 법 시행일 당시 재직 중인 공무원으로 한정하여, 공무원의 재직기간이 10년 이상 20년 미만으로 동일하더라도 정년퇴직일이 2016. 1. 1. 이전인지 이후인지에 따라 퇴직연금의 지급을 달리하고 있으므로, 청구인의 평등권을 제한한다. 청구인은 심판대상조항이 자신의 재산권 및 인간다운 생활을 할 권리도 침해한다고 주장하나, **공무원연금법이 개정되어 시행되기 전 청구인은 이미 퇴직하여 퇴직연금을 수급할 수 있는 기초를 상실한 상태**이므로, 심판대상조항이 청구인의 **재산권 및 인간다운 생활을 할 권리를 제한한다고 볼 수 없다**(헌재 2017. 5. 25. 2015헌마933).

2820 임용결격사유가 존재함에도 불구하고 공무원으로 임용되어 20년 이상 근무한 자에 대해 법이 정한 퇴직연금수급권을 부여하지 않은 것은, 당해 공무원에 대한 신뢰보호원칙에 위배되어 재산권을 침해하는 것으로서 위헌이다. 14 법무사 O | X

법정요건을 갖춘 후 발생하는 공무원 퇴직연금수급권만이 경제적·재산적 가치가 있는 공법상의 권리로서 헌법 제23조 제1항이 보장하고 있는 재산권에 포함되는 것이다. 그런데 청구인과 같은 **임용결격공무원**의 경우 공무원 퇴직연금수급권의 법정요건의 하나인 **적법한 공무원이라 할 수 없으므로** 이 사건 심판대상조항에 의하여 청구인의 **재산권이 침해될 여지는 없다**고 할 것이다(헌재 2012. 8. 23. 2010헌바425).

● 정답 2817. ○ 2818. ○ 2818-1. X [재산권 X] 2819. ○ 2820. X [재산권 침해 X]

2821 「고엽제후유의증 환자지원 등에 관한 법률」에 의한 고엽제후유증환자 및 그 유족의 보상수급권은 법률에 의하여 비로소 인정되는 권리로서 재산권적 성질을 갖는 것이긴 하지만 그 발생에 필요한 요건이 법정되어 있는 이상 이러한 요건을 갖추기 전에는 헌법이 보장하는 재산권이라고 할 수 없다. 20 국가 7 ◯│X

고엽제법에 의한 **고엽제후유증환자 및 그 유족의 보상수급권은 법률에 의하여 비로소 인정되는 권리로서 재산권적 성질을 갖는 것이긴 하지만 그 발생에 필요한 요건이 법정되어 있는 이상 이러한 요건을 갖추기 전에는 헌법이 보장하는 재산권이라고 할 수 없다.** 결국 고엽제법 제8조 제1항 제2호는 고엽제후유증환자의 유족이 보상수급권을 취득하기 위한 요건을 규정한 것인데, 청구인들은 이러한 요건을 충족하지 못하였기 때문에 보상수급권이라고 하는 재산권을 현재로서는 취득하지 못하였다고 할 것이다(헌재 2001. 6. 28. 99헌마516).

POINT 155 재산권의 내용 형성과 제한 Ⓒ

01 재산권 형성적 법률유보

2822 재산권이 법질서 내에서 인정되고 보호받기 위해서는 입법자에 의한 형성을 필요로 한다. 12 법원 9
◯│X

재산권이 법질서 내에서 인정되고 보호받기 위하여는 **입법자에 의한 형성을 필요로 한다.** 즉, 재산권은 이를 구체적으로 형성하는 법이 없을 경우에는 재산에 대한 사실상의 지배만 있을 뿐이므로 다른 기본권과는 달리 그 내용이 입법자에 의하여 법률로 구체화됨으로써 비로소 권리다운 모습을 갖추게 된다(헌재 1998. 12. 24. 89헌마214 등).

2823 헌법상 재산권에 관한 규정은 그 내용과 한계가 법률에 의해 구체적으로 형성되는 기본권 형성적 법률유보의 형태를 띠고 있고, 헌법이 보장하는 재산권의 내용과 한계는 국회에 의하여 제정되는 형식적 의미의 법률에 의하여 정해진다. 21 법원 9
◯│X

헌법상의 재산권에 관한 규정은 다른 기본권 규정과는 달리 그 **내용과 한계가 법률에 의해 구체적으로 형성되는 기본권 형성적 법률유보의 형태**를 띠고 있다. 그리하여 헌법이 보장하는 **재산권의 내용과 한계**는 국회에서 제정되는 **형식적 의미의 법률**에 의하여 정해지므로, 재산권의 구체적 모습은 재산권의 내용과 한계를 정하는 법률에 의하여 형성된다(헌재 2005. 7. 21. 2004헌바57).

2824 재산권의 내용과 한계를 구체적으로 형성함에 있어서 입법자는 일반적으로 광범위한 입법형성권을 가진다고 할 것이고, 재산권의 본질적 내용을 침해하여서는 아니 된다거나 사회적 기속성을 함께 고려하여 균형을 이루도록 하여야 한다는 등의 입법형성권의 한계를 일탈하지 않는 한 재산권 형성적 법률규정은 헌법에 위반되지 아니한다. 21 지방 7
◯│X

재산권의 내용과 한계를 구체적으로 형성함에 있어서 입법자는 일반적으로 **광범위한 입법형성권**을 가진다고 할 것이고, 재산권의 **본질적 내용을 침해**하여서는 아니된다거나 **사회적 기속성을 함께 고려**하여 균형을 이루도록 하여야 한다는 등의 **입법형성권의 한계를 일탈하지 않는 한 재산권 형성적 법률규정은 헌법에 위반되지 아니한다**(헌재 2000. 6. 29. 98헌마36).

●정답 2821. ◯ 2822. ◯ 2823. ◯ 2824. ◯

2825 재산권이 헌법에 의하여 보장된다고 하더라도 입법자에 의하여 일단 형성된 구체적 권리가 그 형태로 영원히 지속될 것이 보장된다는 의미는 아니다. 12 국가 7   O | X

재산권이 헌법 제23조에 의하여 보장된다고 하더라도, 입법자에 의하여 일단 형성된 구체적 권리가 **그 형태로 영원히 지속될 것이 보장**된다고까지 **하는 의미는 아니다.** 재산권의 내용과 한계를 정할 입법자의 권한은, 장래에 발생할 사실관계에 적용될 새로운 권리를 형성하고 그 내용을 규정할 권한뿐만 아니라, 더 나아가 과거의 법에 의하여 취득한 구체적인 법적 지위에 대하여 까지도 그 내용을 새로이 형성할 수 있는 권한을 포함하고 있는 것이다(헌재 1999. 4. 29. 94헌바37 등).

2826 재산권의 내용을 새로이 형성하는 법률이 합헌적이기 위해서는 장래에 적용될 법률이 헌법에 합치하여야 하고, 나아가 과거의 법적 상태에 의하여 부여된 구체적 권리에 대한 침해를 정당화하는 이유가 존재하여야 한다. 17 경정, 16 지방 7   O | X

2826-1 재산권의 내용을 새로이 형성하는 법률이 합헌적이기 위하여서는 장래에 적용될 법률이 헌법에 합치하면 되는 것이지 과거의 법적 상태에 의하여 부여된 구체적 권리에 대한 침해를 정당화하는 이유가 존재하여야 하는 것은 아니다. 22 해경, 09 국가 7   O | X

재산권의 내용을 새로이 형성하는 규정은 비례의 원칙을 기준으로 판단하였을 때 공익에 의하여 정당화되는 경우에만 합헌적이다. 즉, 재산권의 내용을 새로이 형성하는 법률이 합헌적이기 위하여서는 **장래에 적용될 법률이 헌법에 합치**하여야 할 뿐만 아니라, 또한 과거의 법적 상태에 의하여 부여된 **구체적 권리에 대한 침해를 정당화하는 이유**가 존재하여야 하는 것이다(헌재 1999. 4. 29. 94헌바37 등).

2827 헌법이 보장하는 재산권의 내용과 한계를 정하는 법률이 재산권을 형성한다는 의미를 갖는다 하더라도, 이러한 법률이 사유재산제도나 사유재산을 부인하는 것은 재산권 보장규정의 침해를 의미하고 결코 재산권형성적 법률유보라는 이유로 정당화될 수 없다. 17 경정   O | X

재산권보장은 개인이 현재 누리고 있는 재산권을 개인의 **기본권으로 보장**한다는 의미와 개인이 재산권을 향유할 수 있는 법제도로서의 **사유재산제도**를 보장한다는 이중적 의미를 가지고 있다. … 재산권의 구체적 모습은 재산권의 내용과 한계를 정하는 법률에 의하여 형성된다. 물론 헌법이 보장하는 재산권의 내용과 한계를 정하는 법률은 **재산권을 제한**한다는 의미가 아니라 **재산권을 형성**한다는 의미를 갖는다. 이러한 재산권의 내용과 한계를 정하는 법률의 경우에도 **사유재산제도나 사유재산을 부인**하는 것은 **재산권 보장규정의 침해**를 의미하고, 결코 재산권형성적 법률유보라는 이유로 **정당화될 수 없다**(헌재 1993. 7. 29. 92헌바20).

02 사회적 기속성과 비례원칙

2828 헌법은 재산권의 사회적 기속성을 명시하고 있으므로 재산관련 입법에 대하여는 과잉금지의 원칙이 적용되지 않는다. 11 지방 7   O | X

입법자는 재산권의 내용을 구체적으로 형성함에 있어서 **헌법상의 재산권보장**(헌법 제23조 제1항 제1문)과 재산권의 제한을 요청하는 공익 등 **재산권의 사회적 기속성**(헌법 제23조 제2항)을 함께 고려하고 조정하여 양 법익이 조화와 균형을 이루도록 하여야 하며, 공익을 실현하기 위하여 적용되는 구체적인 수단은 그 **목적이 정당**해야 하며 법치국가적 요청인 **비례의 원칙에 합치해야 한다**(헌재 1998. 12. 24. 89헌마214 등).

● 정답 2825. O 2826. O 2826-1. X [정당화 이유 존재해야 함] 2827. O 2828. X [과잉금지원칙 적용]

2829 입법자는 재산권의 내용을 형성함에 있어 광범한 입법재량을 가지고 있으므로 헌법재판소가 재산권의 내용을 형성하는 사회적 제약이 비례원칙에 부합하는지 여부를 판단함에 있어서는 이미 형성된 기본권을 제한하는 입법의 경우에 비하여 보다 완화된 기준에 의하여 심사한다. 23 국회 8   O | X

입법자가 헌법 제23조 제1항 및 제2항에 의하여 재산권의 내용을 구체적으로 형성함에 있어서는, 헌법상의 재산권 보장의 원칙과 재산권의 제한을 요청하는 공익 등 재산권의 사회적 제약성을 비교 형량하여, 양 법익이 조화와 균형을 이루도록 하여야 하고, 입법자가 형성의 자유의 한계를 넘었는가 하는 것은 비례의 원칙에 의하여 판단하게 된다. 다만, **입법자는 재산권의 내용을 형성함에 있어 광범한 입법재량을 가지고 있으므로 재산권의 내용을 형성하는 사회적 제약이 비례원칙에 부합하는지 여부를 판단함에 있어서는, 이미 형성된 기본권을 제한하는 입법의 경우에 비하여 보다 완화된 기준에 의하여 심사한다**(헌재 2011. 10. 25. 2009헌바234).

2830 재산권에 대한 제약이 비례원칙에 합치하는 것이라면 그 제약은 재산권자가 수인하여야 하는 사회적 제약의 범위 내에 있는 것이고, 반대로 재산권에 대한 제약이 비례원칙에 반하여 과잉된 것이라면 그 제약은 재산권자가 수인하여야 하는 사회적 제약의 한계를 넘는 것이다. 18 법무사   O | X

재산권에 대한 제약이 비례원칙에 합치하는 것이라면 그 제약은 재산권자가 수인하여야 하는 **사회적 제약의 범위 내에 있는 것이고, 반대로 재산권에 대한 제약이 비례원칙에 반하여 과잉**된 것이라면 그 제약은 재산권자가 수인하여야 하는 **사회적 제약의 한계를 넘는 것이다**(헌재 2005. 9. 29. 2002헌바84 등).

2831 재산권의 본질적 내용을 침해하는 경우란 그 침해로 사유재산권이 유명무실해지고 사유재산제도가 형해화되어 헌법이 재산권을 보장하는 궁극적인 목적을 달성할 수 없게 되는 데 이르는 경우를 들 수 있다. 11 법원 9   O | X

토지재산권의 본질적인 내용이라는 것은 토지재산권의 핵이 되는 실질적 요소 내지 근본요소를 뜻하며, 따라서 **재산권의 본질적인 내용을 침해하는 경우**라고 하는 것은 그 침해로 **사유재산권이 유명무실해지고 사유재산제도가 형해화**(形骸化)**되어 헌법이 재산권을 보장하는 궁극적인 목적을 달성할 수 없게 되는 지경에 이르는 경우라고 할 것이다**(헌재 1989. 12. 22. 88헌가13).

2832 재산권에 대한 제한의 허용정도는 재산권 객체의 사회적 기능, 즉 재산권의 행사가 기본권의 주체와 사회전반에 대하여 가지는 의미에 달려 있다. 24 5급   O | X

재산권에 대한 제한의 허용정도는 재산권행사의 대상이 되는 객체가 기본권의 주체인 국민 개개인에 대하여 가지는 의미와 다른 한편으로는 그것이 사회전반에 대하여 가지는 의미가 어떠한가에 달려 있다. 즉, 재산권 행사의 대상이 되는 객체가 지닌 사회적인 연관성과 사회적 기능이 크면 클수록 입법자에 의한 보다 광범위한 제한이 정당화된다(헌재 1998. 12. 24. 89헌마214 등).

2833 재산권 행사의 대상이 되는 객체가 지닌 사회적인 연관성과 사회적 기능이 크면 클수록 입법자에 의한 보다 광범위한 제한이 허용되고, 개별 재산권이 갖는 자유보장적 기능이 강할수록 그러한 제한에 대해서는 엄격한 심사가 이루어져야 한다. 24 입시   O | X

재산권의 제한에 대하여는 재산권 행사의 대상이 되는 **객체가 지닌 사회적인 연관성**과 **사회적 기능**이 크면 클수록 입법자에 의한 **보다 광범위한 제한이** 허용되며, 한편 개별 재산권이 갖는 **자유보장적 기능**, 즉 국민 개개인의 자유실현의 물질적 바탕이 되는 정도가 강할수록 **엄격한 심사가 이루어져야 한다**(헌재 2005. 5. 26. 2004헌가10).

정답 2829. ○ 2830. ○ 2831. ○ 2832. ○ 2833. ○

2834 일반적인 물건에 대한 재산권 행사에 비하여 동물에 대한 재산권 행사는 사회적 연관성과 사회적 기능이 매우 크다 할 것이므로 이를 제한하는 경우 입법재량의 범위를 폭넓게 인정함이 타당하다. 20 입시 O|X

2834-1 물건에 대한 재산권 행사에 비하여 동물에 대한 재산권 행사는 사회적 연관성과 사회적 기능이 적다 할 것이므로 이를 제한하는 경우 입법재량의 범위를 좁게 인정함이 타당하다. 20 경정, 15 국가 7 O|X

일반적인 물건에 대한 재산권 행사에 비하여 동물에 대한 재산권 행사는 사회적 연관성과 사회적 기능이 매우 크다 할 것이므로 이를 제한하는 경우 입법재량의 범위를 폭넓게 인정함이 타당하다. 그러므로 이 사건 법률조항이 과잉금지원칙을 위반하여 재산권을 침해하는지 여부를 살펴보되 심사기준을 완화하여 적용함이 상당하다(헌재 2013. 10. 24. 2012헌바431).

2835 공무원연금법상의 각종 급여는 기본적으로 모두 사회보장적 급여로서의 성격을 가짐과 동시에 공로보상 내지 후불임금으로서의 성격도 함께 가지며, 특히 공무원연금법상 퇴직연금수급권은 경제적 가치 있는 권리로서 헌법 제23조에 의하여 보장되는 재산권으로서의 성격을 가진다. 22 법무사 O|X

2835-1 공무원연금법상의 연금수급권은 사회보장수급권의 성격을 가지고 있을 뿐 이를 재산권이라고 볼 수 없으므로 입법자에게 넓은 입법형성권이 인정된다. 21 법원 9 O|X

2835-2 「공무원연금법」상의 각종 급여는 후불임금으로서의 성격을 띠므로, 그에 관한 입법자의 입법재량은 일반적인 재산권과 유사하게 제한된다. 16 법원 9 O|X

공무원연금제도는 공무원이라는 특수직역을 대상으로 한 노후소득보장, 근로보상, 재해보상, 부조 및 후생복지 등을 포괄적으로 실시하는 종합적인 사회보장제도이므로, 공무원연금법상의 각종 급여는 기본적으로 모두 사회보장적 급여로서의 성격을 가짐과 동시에 공로보상 내지 후불임금으로서의 성격도 함께 가지며 특히 퇴직연금수급권은 경제적 가치 있는 권리로서 헌법 제23조에 의하여 보장되는 재산권으로서의 성격을 가지는데 다만, 그 구체적인 급여의 내용, 기여금의 액수 등을 형성하는 데에 있어서는 직업공무원제도나 사회보험원리에 입각한 사회보장적 급여로서의 성격으로 인하여 일반적인 재산권에 비하여 입법자에게 상대적으로 보다 폭넓은 재량이 헌법상 허용된다고 볼 수 있다(헌재 2005. 6. 30. 2004헌바42).

POINT 156 토지재산권

01 토지재산권

2836 토지는 국민경제의 관점에서나 그 사회적 기능에 있어서 다른 재산권과 같게 다루어야 할 성질의 것이 아니어서 다른 재산권에 비하여 보다 강하게 공동체의 이익을 관철할 것이 요구된다. 18 5급 O|X

토지는 생산이나 대체가 불가능하여 공급이 제한되어 있고 한국의 가용토지면적이 인구에 비하여 절대적으로 부족한 반면에, 모든 국민이 생산 및 생활의 기반으로서 토지의 합리적인 이용에 의존하고 있다. 따라서, 토지는 국민경제의 관점에서나 그 사회적 기능에 있어서 다른 재산권과 같게 다루어야 할 성질의 것이 아니므로 다른 재산권에 비하여 보다 강하게 공동체의 이익을 관철할 것이 요구된다(헌재 1999. 10. 21. 97헌바26).

● 정답 2834. ○   2834-1. ×[사회적 연관성·기능 큼 → 입법재량 폭넓게 인정]   2835. ○   2835-1. ×[사회보장수급권 + 재산권]   2835-2. ×[재산권보다 폭넓은 재량 有]   2836. ○

2837 토지재산권의 제한입법에 있어서는 다른 재산권의 제한입법에 있어서보다 입법자에게 광범위한 입법형성권이 인정되고 있다. 12 지방 7   O│X

우리 헌법은 재산권 행사의 사회적 의무성을 강조하는 것에 더하여 "국가는 국민 모두의 생산 및 생활의 기반이 되는 국토의 효율적이고 균형있는 이용·개발과 보전을 위하여 법률이 정하는 바에 의하여 그에 관한 필요한 제한과 의무를 과할 수 있다"(헌법 제122조)고 함으로써, **토지재산권**에 대한 한층 더 강한 규제의 필요성과 그에 관한 **입법부의 광범위한 형성권**을 표현하고 있다(헌재 1999. 10. 21. 97헌바26).

2838 토지재산권은 그 강한 사회성 내지는 공공성으로 말미암아 다른 재산권에 비하여 보다 강한 제한과 의무가 부과될 수 있다. 23 해간   O│X

토지재산권에 대하여는 강한 사회성 내지는 공공성으로 말미암아 **다른 재산권**에 비하여 **더 강한 제한과 의무가 부과**될 수 있으나, 그렇다고 하더라도 토지재산권에 대한 제한입법 역시 다른 기본권을 제한하는 입법과 마찬가지로 과잉금지의 원칙을 준수해야 하고, 재산권의 본질적 내용인 사용·수익권과 처분권을 부인해서는 아니 된다(헌재 2010. 2. 25. 2008헌바80 등).

2839 재산권 제한으로 인하여 토지소유자가 종래의 지목과 토지현황에 의한 이용방법에 따른 토지의 사용도 할 수 없거나 실질적으로 토지의 사용·수익을 전혀 할 수 없는 경우에는, 그러한 재산권 제한은 토지소유자가 수인해야 할 사회적 제약의 범주를 넘는 것으로서 손실을 완화하는 보상적 조치가 있어야 비례원칙에 부합한다. 21 지방 7   O│X

토지소유자가 종래의 지목과 토지현황에 의한 이용방법에 따라 토지를 사용할 수 있는 한, 토지소유자에게 가해지는 재산권 제한은 그가 수인해야 하는 사회적 제약의 범주에 속한다. 그러나 재산권 제한으로 인하여 토지소유자가 **종래의 지목과 토지현황에 의한 이용방법**에 따른 **토지의 사용도 할 수 없거나 실질적으로 토지의 사용·수익을 전혀 할 수 없는 경우**에는, 그러한 재산권 제한은 토지소유자가 수인해야 할 **사회적 제약의 범주를 넘는 것으로서 손실을 완화하는 보상적 조치**가 있어야 **비례원칙에 부합**한다(헌재 2017. 9. 28. 2016헌마18).

2840 농지의 사회성과 공공성은 일반적인 토지의 경우보다 더 강하다고 할 수 있으므로 농지재산권을 제한하는 입법에 대한 헌법심사의 강도는 다른 토지재산권을 제한하는 입법에 대한 것보다 완화된다. 21 입시   O│X

2840-1 농지의 경우 그 사회성과 공공성의 정도는 일반적인 토지의 경우와 동일하므로, 농지재산권을 제한하는 입법에 대한 헌법심사의 강도는 다른 토지재산권을 제한하는 입법에 대한 것보다 낮아서는 아니 된다. 21 지방 7   O│X

토지재산권은 강한 사회성 내지는 공공성으로 말미암아 다른 재산권에 비하여 더 강한 제한과 의무가 부과될 수 있다. 그렇지만 토지재산권에 대한 제한 입법 역시 다른 기본권을 제한하는 입법과 마찬가지로 과잉금지원칙을 준수해야 하고, 다만 식량 생산의 기초인 **농지**에 대하여서는 헌법이 제121조 등에서 경자유전의 원칙 등 특별한 규율을 하고 있어 그 **사회성과 공공성은 일반적인 토지의 경우보다 더 강하다**고 할 수 있으므로 **농지재산권을 제한하는 입법에 대한 헌법심사의 강도는 다른 토지재산권을 제한하는 입법에 대한 것보다 완화**된다(헌재 2020. 5. 27. 2018헌마362).

● 정답 2837. ◯ 2838. ◯ 2839. ◯ 2840. ◯ 2840-1. ✗ [일반적 토지보다 강하므로 심사 강도 완화]

02 개발제한구역

2841 헌법상의 재산권은 토지소유자가 이용가능한 모든 용도로 토지를 사용할 권리나 가장 경제적 또는 효율적으로 사용할 수 있는 권리를 보장하는 것은 아니므로 입법자는 중요한 공익상의 이유로 토지를 일정용도로 사용하는 권리를 제한하거나 제외할 수 있다. 16 지방 7   O|X

> 헌법상의 재산권은 토지소유자가 이용가능한 모든 용도로 토지를 자유로이 최대한 사용할 권리나 가장 경제적 또는 효율적으로 사용할 수 있는 권리를 보장하는 것을 의미하지는 않는다. 입법자는 중요한 공익상의 이유로 토지를 일정 용도로 사용하는 권리를 제한할 수 있다. 따라서 토지의 개발이나 건축은 합헌적 법률로 정한 재산권의 내용과 한계내에서만 가능한 것일 뿐만 아니라 토지재산권의 강한 사회성 내지는 공공성으로 말미암아 이에 대하여는 다른 재산권에 비하여 보다 강한 제한과 의무가 부과될 수 있다(헌재 1998. 12. 24. 89헌마214 등).

2842 토지재산권에 대하여는 다른 재산권에 비하여 보다 강한 제한과 의무를 부과할 수 있지만 그 경우 다른 기본권을 제한하는 입법과 마찬가지로 비례성 원칙을 준수하여야 하고, 재산권의 본질적 내용인 사용·수익권과 처분권을 부인하여서는 안 된다. 11 국회 8   O|X

2842-1 토지의 강한 사회성 내지 공공성으로 말미암아 토지재산권에는 다른 재산권에 비하여 보다 강한 제한과 의무가 부과되고 이에 대한 제한입법에는 입법자의 광범위한 입법형성권이 인정되므로, 과잉금지원칙에 의한 심사는 부적절하다. 17 경정   O|X

2842-2 토지재산권의 사회적 제약에 관하여는 넓은 입법재량이 인정되므로 다른 기본권에 대한 제한입법과는 달리 비례원칙을 준수할 필요가 없다. 12 법원 9   O|X

> 토지재산권은 강한 사회성, 공공성을 지니고 있어 이에 대하여는 다른 재산권에 비하여 보다 강한 제한과 의무를 부과할 수 있으나, 그렇다고 하더라도 다른 기본권을 제한하는 입법과 마찬가지로 비례성원칙을 준수하여야 하고, 재산권의 본질적 내용인 사용·수익권과 처분권을 부인하여서는 아니된다(헌재 1998. 12. 24. 89헌마214 등).

2843 개발제한구역으로 인한 지가의 하락은 토지소유자가 감수해야 하는 사회적 제약의 범주에 속하는 것이다. 19 입시   O|X

> 개발제한구역의 지정으로 인한 개발가능성의 소멸과 그에 따른 지가의 하락이나 지가상승률의 상대적 감소는 토지소유자가 감수해야 하는 사회적 제약의 범주에 속하는 것으로 보아야 한다. 자신의 토지를 장래에 건축이나 개발목적으로 사용할 수 있으리라는 기대가능성이나 신뢰 및 이에 따른 지가상승의 기회는 원칙적으로 재산권의 보호범위에 속하지 않는다. 구역지정 당시의 상태대로 토지를 사용·수익·처분할 수 있는 이상, 구역지정에 따른 단순한 토지이용의 제한은 원칙적으로 재산권에 내재하는 사회적 제약의 범주를 넘지 않는다(헌재 1998. 12. 24. 89헌마214 등).

2844 개발제한구역지정 당시의 상태대로 토지를 사용·수익·처분할 수 있는 이상, 자신의 토지를 장래에 건축이나 개발목적으로 사용할 수 있으리라는 기대가능성이나 신뢰 및 이에 따른 지가상승의 기회는 원칙적으로 재산권의 보호범위에 속하지 않는다. 18 법무사   O|X

2844-1 자신의 토지를 장래에 건축이나 개발목적으로 사용할 수 있으리라는 기대가능성이나 신뢰 및 이에 따른 지가상승의 기회는 원칙적으로 재산권의 보호범위에 속한다. 16 국회 9   O|X

정답 2841. O   2842. O   2842-1. X [과잉금지원칙 심사 적절]   2842-2. X [비례원칙 준수해야 함]   2843. O   2844. O   2844-1. X [재산권의 보호범위 X]

개발제한구역의 지정으로 인한 개발가능성의 소멸과 그에 따른 지가의 하락이나 지가상승률의 상대적 감소는 토지소유자가 감수해야 하는 사회적 제약의 범주에 속하는 것으로 보아야 한다. 자신의 토지를 장래에 건축이나 개발목적으로 사용할 수 있으리라는 기대가능성이나 신뢰 및 이에 따른 지가상승의 기회는 원칙적으로 재산권의 보호범위에 속하지 않는다. 구역지정 당시의 상태대로 토지를 사용·수익·처분할 수 있는 이상, 구역지정에 따른 단순한 토지이용의 제한은 원칙적으로 재산권에 내재하는 사회적 제약의 범주를 넘지 않는다(헌재 1998. 12. 24. 89헌마214 등).

2845 개발제한구역 지정 당시의 상태대로 토지를 사용·수익·처분할 수 있는 이상, 구역지정에 따른 단순한 토지이용의 제한은 원칙적으로 재산권에 내재하는 사회적 제약의 범주를 넘지 않는다. 16 변호사

O | X

개발제한구역의 지정으로 인한 개발가능성의 소멸과 그에 따른 지가의 하락이나 지가상승률의 상대적 감소는 토지소유자가 감수해야 하는 사회적 제약의 범주에 속하는 것으로 보아야 한다. 자신의 토지를 장래에 건축이나 개발목적으로 사용할 수 있으리라는 기대가능성이나 신뢰 및 이에 따른 지가상승의 기회는 원칙적으로 재산권의 보호범위에 속하지 않는다. 구역지정 당시의 상태대로 **토지를 사용·수익·처분**할 수 있는 이상, 구역지정에 따른 **단순한 토지이용의 제한**은 원칙적으로 재산권에 내재하는 **사회적 제약의 범주를 넘지 않는다**(헌재 1998. 12. 24. 89헌마214 등).

2846 개발제한구역 지정으로 인하여 토지를 종래의 목적으로도 사용할 수 없거나 또는 더 이상 법적으로 허용된 토지이용의 방법이 없기 때문에 실질적으로 토지의 사용·수익의 길이 없는 경우에는 토지소유자가 수인해야 하는 사회적 제약의 한계를 넘는 것으로 보아야 한다. 22 해경, 09 국가 7

O | X

개발제한구역 지정으로 인하여 토지를 **종래의 목적**으로도 사용할 수 없거나 또는 더 이상 **법적으로 허용된 토지이용의 방법**이 없기 때문에 실질적으로 토지의 **사용·수익의 길이 없는 경우**에는 토지소유자가 수인해야 하는 **사회적 제약의 한계를 넘는 것으로 보아야 한다**(헌재 1998. 12. 24. 89헌마214 등).

2847 개발제한구역의 지정으로 말미암아 일부 토지소유자에게 사회적 제약의 범위를 넘는 가혹한 부담이 발생하는 예외적인 경우에 대하여 보상규정을 두지 않은 것은 위헌성이 있다. 12 국가 7

O | X

이 사건 법률조항이 규정한 개발제한구역의 지정이라는 제도 그 자체는 토지재산권에 내재하는 사회적 기속성을 구체화한 것으로서 원칙적으로 합헌적인 규정인데, 다만 구역지정으로 말미암아 일부 토지소유자에게 **사회적 제약의 범위를 넘는 가혹한 부담**이 발생하는 예외적인 경우에도 **보상규정을 두지 않은 것에 위헌성**이 있는 것이므로, 불합치결정을 선고함으로써 입법자가 이 사건 법률조항을 헌법에 적합하게 개정할 때까지 그대로 유지해야 할 필요성과 당위성이 있다(헌재 1998. 12. 24. 89헌마214 등).

2848 개발제한구역 지정으로 인하여 토지를 종래의 목적으로도 사용할 수 없거나 더 이상 법적으로 허용된 토지이용의 방법이 없기 때문에, 실질적으로 토지의 사용·수익의 길이 없는 경우 토지소유자에게 헌법 제23조 제3항에 의한 정당한 보상이 지급되어야 한다. 11 국회 8

O | X

2848-1 토지소유자가 수인해야 할 사회적 제약의 정도를 넘는 경우에도 아무런 보상없이 재산권의 과도한 제한을 감수해야 하는 의무를 부과하는 것은 위헌이다. 이러한 경우 입법자는 비례의 원칙을 충족시키고 이로써 법률의 위헌성을 제거하기 위하여 예외적으로 발생한 특별한 부담에 대하여 보상규정을 두어야 하는데, 여기에서 보상이란 헌법상 정당보상원칙에 따라 금전보상만을 의미한다. 18 법무사

O | X

● 정답 2845. O   2846. O   2847. O   2848. X [제3항에 의한 정당보상 X → 제1항 및 제2항에 의한 보상도 가능]   2848-1. X [금전보상만을 의미 X]

입법자가 도시계획법 제21조를 통하여 국민의 재산권을 비례의 원칙에 부합하게 합헌적으로 제한하기 위해서는, 수인의 한계를 넘어 가혹한 부담이 발생하는 예외적인 경우에는 이를 완화하는 보상규정을 두어야 한다. 이러한 보상규정은 입법자가 **헌법 제23조 제1항 및 제2항**에 의하여 재산권의 내용을 구체적으로 형성하고 공공의 이익을 위하여 재산권을 제한하는 과정에서 이를 합헌적으로 규율하기 위하여 두어야 하는 규정이다. 재산권의 침해와 공익간의 비례성을 다시 회복하기 위한 방법은 헌법상 **반드시 금전보상만을 해야 하는 것은 아니다.** 입법자는 **지정의 해제** 또는 **토지매수청구권제도**와 같이 금전보상에 갈음하거나 기타 손실을 완화할 수 있는 제도를 보완하는 등 여러 가지 다른 방법을 사용할 수 있다(헌재 1998. 12. 24. 89헌마214 등).

> **보충설명** 헌법 제23조 제3항에 의한 정당한 보상으로서 금전보상이 아니라 헌법 제23조 제1항 및 제2항에 의한 여러 가지 방법을 사용할 수 있다.

03 관련판례

2849 도시계획시설의 지정으로 말미암아 당해 토지의 이용가능성이 배제되거나 또는 토지소유자가 토지를 종래 허용된 용도대로도 사용할 수 없기 때문에 이로 말미암아 현저한 재산적 손실이 발생하는 경우에는, 원칙적으로 사회적 제약의 범위를 넘는 수용적 효과를 인정하여 국가나 지방자치단체는 이에 대한 보상을 해야 한다. 18 법무사 O│X

도시계획시설의 지정으로 말미암아 당해 토지의 이용가능성이 배제되거나 또는 토지소유자가 토지를 종래 허용된 용도대로도 사용할 수 없기 때문에 이로 말미암아 현저한 재산적 손실이 발생하는 경우에는, 원칙적으로 사회적 제약의 범위를 넘는 수용적 효과를 인정하여 국가나 지방자치단체는 이에 대한 보상을 해야 한다(헌재 1999. 10. 21. 97헌바26).

2850 국토해양부장관, 시·도지사가 도시관리계획으로 '역사문화미관지구'를 지정하고 그 경우 해당지구 내 토지소유자들에게 지정 목적에 맞는 건축제한 등 재산권 제한을 부과하면서도 아무런 보상조치를 규정하지 않는 것은 비례의 원칙에 반하여 재산권을 침해한다. 13 국회 8 O│X

'역사문화미관지구' 내에 나대지나 건물을 소유한 자들이 아무런 층수 제한이 없는 건축물을 건축, 재축, 개축하는 것을 보장받는 것까지 재산권의 내용으로 요구할 수는 없는데다가, 이 사건 법률조항들에 의하더라도 일정한 층수 범위 내에서의 건축은 허용되고, 기존 건축물의 이용이나 토지 사용에 아무런 제약을 가하고 있지 않다. … 이 사건 법률조항들로 인하여 부과되는 재산권의 제한 정도는 사회적 제약 범위를 넘지 않고 공익과 사익 간에 적절한 균형이 이루어져 있으므로, 비례의 원칙에 반하지 아니한다(헌재 2012. 7. 26. 2009헌바328).

2851 공익사업을 위한 토지 등의 취득 및 보상에 관한 법률 제91조 제1항이 환매권의 발생기간을 '취득일로부터 10년 이내'로 제한한 것은 환매권의 구체적 행사를 위한 내용을 정한 것이라기보다는 환매권의 발생 여부 자체를 정하는 것이어서 사실상 원소유자의 환매권을 배제하는 결과를 초래할 수 있으므로, 침해의 최소성 및 법익의 균형성 등 기본권 제한입법의 한계를 준수하지 못하고 있어 헌법에 위반된다. 21 법무사 O│X

2851-1 환매권의 발생기간을 제한하고 있는 「공익사업을 위한 토지 등의 취득 및 보상에 관한 법률」 조항 중 '토지의 협의취득일 또는 수용의 개시일부터 10년 이내에' 부분의 위헌성은 헌법상 재산권인 환매권의 발생기간을 제한한 것 자체에 있다. 23 국가 7 O│X

● **정답** 2849. ○ 2850. ×[재산권 침해 ×] 2851. ○ 2851-1. ×[환매권의 발생기간을 제한한 것 자체 × → 환매권의 발생기간을 10년 이내로 제한한 것이 재산권 침해]

환매권은 헌법상 재산권의 존속보장과 밀접한 관련을 가지는 권리라 할 것인데, 이 사건 법률조항은 **'취득일로부터 10년 이내'**로 환매권의 발생기간을 제한함으로써, 원래 토지수용 등의 원인이 되었던 공공필요성이 소멸하더라도 그 토지취득일로부터 10년이 지나기만 하면 원소유자에게 환매권 자체가 발생하지 않도록 정하고 있다. 이러한 **환매권의 발생기간 제한**은 환매권이 인정됨을 전제로 환매권의 구체적 행사를 위한 행사기간, 방법, 환매가격 등 **환매권의 내용**을 정한 것이라기보다는 **환매권 발생 여부 자체**를 정하는 것이어서 <u>사실상 원소유자의 환매권을 배제하는 효과</u>를 초래할 수 있으므로, 헌법 제37조 제2항에서 정한 기본권 제한 입법의 한계를 준수하고 있는지 살펴본다. … 결국 <u>이 사건 법률조항은 헌법 제37조 제2항에 반하여 **재산권을 침해한다**</u>. 이 사건 법률조항의 <u>위헌성</u>은 **환매권의 발생기간을 제한한 것 자체**에 있다기보다는 <u>그 기간을 10년 이내로 제한한 것에 있다</u>. 이 사건 법률조항의 위헌성을 제거하는 다양한 방안이 있을 수 있고 이는 입법재량 영역에 속한다(헌재 2020. 11. 26. 2019헌바131).

2852 토지의 협의취득 또는 수용 후 당해 공익사업이 다른 공익사업으로 변경되는 경우에 당해 토지의 원소유자 또는 그 포괄승계인의 환매권을 제한하고, 환매권 행사기간을 변환 고시일부터 기산하도록 한 구 「공익사업을 위한 토지 등의 취득 및 보상에 관한 법률」 조항은 이들의 재산권을 침해한다.
20 국가 7 O | X

이 사건 법률조항으로 인하여 제한되는 사익인 환매권은 이미 정당한 보상을 받은 소유자에게 수용된 토지가 목적 사업에 이용되지 않을 경우에 인정되는 것이고, 변환된 공익사업을 기준으로 다시 취득할 수 있어, 이 사건 법률조항으로 인하여 제한되는 사익이 이로써 달성할 수 있는 공익에 비하여 중하다고 할 수 없으므로, <u>이 사건 법률조항은 과잉금지원칙에 위배되어 청구인의 **재산권을 침해한다고 할 수 없다**</u>(헌재 2012. 11. 29. 2011헌바49).

2853 토지의 가격이 취득일 당시에 비하여 현저히 상승한 경우 환매금액에 대한 협의가 성립하지 아니한 때에는 사업시행자로 하여금 환매금액의 증액을 청구할 수 있도록 한 「공익사업을 위한 토지 등의 취득 및 보상에 관한 법률」 조항은 환매권자의 재산권을 침해하지 아니한다. 20 경정 O | X

이 사건 증액청구조항이 환매목적물인 토지의 가격이 통상적인 지가상승분을 넘어 현저히 상승하고 당사자 간 협의가 이루어지지 아니할 경우에 한하여 환매금액의 증액청구를 허용하고 있는 점, 환매권의 내용에 토지가 취득되지 아니하였다면 원소유자가 누렸을 법적 지위의 회복을 요구할 권리가 포함된다고 볼 수 없는 점, 개발이익은 토지의 취득 당시의 객관적 가치에 포함된다고 볼 수 없는 점, 환매권자가 증액된 환매금액의 지급의무를 부담하게 될 것을 우려하여 환매권을 행사하지 못하더라도 이는 사실상의 제약에 불과한 점 등에 비추어 볼 때, <u>위 조항이 재산권의 내용에 관한 입법형성권의 한계를 일탈하여 **환매권자의 재산권을 침해한다고 볼 수 없다**</u>(헌재 2016. 9. 29. 2014헌바400).

2854 「민법」상 취득시효제도는 부동산에 대한 소유권자이면서 오랫동안 권리행사를 태만히 한 자와, 원래 무권리자이지만 소유의 의사로서 평온, 공연하게 부동산을 거의 영구적으로 보이는 20년 동안 점유한 자와의 사이의 권리의 객체인 부동산에 대한 실질적인 이해관계를 취득시효제도의 필요성을 종합하고 상관적으로 비교형량한 것으로 헌법에 합치된다. 12 지방 7 O | X

「민법」 제245조제1항은 부동산에 대한 소유권자이면서 오랫동안 권리행사를 태만히 한 자와, 원래 무권리자이지만 소유의 의사로서 평온, 공연하게 부동산을 거의 영구적으로 보이는 20년 동안 점유한 자와의 사이의 권리의 객체인 부동산에 대한 실질적인 이해관계를, <u>위에서 본 취득시효제도의 필요성을 종합하고 상관적으로 비교형량하여 형평의 견지에서 실질적 이해관계가 보다 두터운 **점유자가 원소유자에게 이전등기청구권을 취득**하게 한 것이다</u>(헌재 1993. 7. 29. 92헌바20).

정답 2852. X [재산권 침해 X] 2853. O 2854. O

2855 분묘기지권의 시효취득에 관한 관습법에 따라 토지소유자가 분묘의 수호·관리에 필요한 상당한 범위 내에서 분묘기지가 된 토지 부분에 대한 소유권의 행사를 제한받게 되었더라도, 이를 과잉금지원칙에 위배되어 토지소유자의 재산권을 침해한다고 볼 수 없다. 23 국회 8   O | X

비록 오늘날 전통적인 장묘문화에 일부 변화가 생겼다고 하더라도 우리 사회에는 분묘기지권의 기초가 된 매장문화가 여전히 자리 잡고 있고, 분묘를 모시는 자손들에게 분묘의 강제적 이장은 경제적 손실을 넘어 분묘를 매개로 형성된 정서적 애착관계 및 지역적 유대감의 상실로 이어질 수밖에 없으며, 이는 우리의 전통문화에도 배치되므로, 이 사건 관습법을 통해 분묘기지권을 보호해야 할 필요성은 여전히 존재한다. … 따라서 이 사건 관습법은 과잉금지원칙에 위배되어 <u>토지소유자의 재산권을 침해한다고 볼 수 없다</u>(헌재 2020. 10. 29. 2017헌바208).

POINT 157 재산권 관련판례

01 부담금

2856 「한강수계 상수원수질개선 및 주민지원 등에 관한 법률」이 규정한 '물사용량에 비례한 부담금'은 수도요금과 구별되는 별개의 금전으로서 한강수계로부터 취수된 원수를 정수하여 직접 공급받는 최종 수요자라는 특정 부류의 집단에만 강제적·일률적으로 부과되므로 재정조달목적 부담금에 해당한다. 24 경간   O | X

물이용부담금은 한강수계법상 한강수계관리기금을 조성하는 재원이다. <u>물이용부담금은 수도요금과 구별되는 별개의 금전으로서 한강수계로부터 취수된 원수를 정수하여 직접 공급받는 최종 수요자라는 **특정 부류의 집단에만 강제적·일률적으로 부과된다**.</u> … 물이용부담금은 한강수계관리기금의 재원을 마련하는 데에 그 부과의 목적이 있고, 그 부과 자체로써 수돗물 최종수요자의 행위를 특정한 방향으로 유도하거나 물이용부담금 납부의무자 이외의 다른 집단과의 형평성 문제를 조정하고자 하는 등의 목적이 있다고 보기 어려우므로, **재정조달목적 부담금에 해당**한다. … 따라서 부담금부과조항이 과잉금지원칙에 반하여 재산권을 침해한다고 볼 수 없다(헌재 2020. 8. 28. 2018헌바425).

2857 「의료사고 피해구제 및 의료분쟁 조정 등에 관한 법률」의 해당 조항이 보건의료기관개설자에게 부과하도록 하는 대불비용부담금은 보건의료기관개설자라는 특정한 집단이 반대급부 없이 납부하는 공과금의 성격을 가지므로 재정조달목적 부담금에 해당한다. 24 경간   O | X

보건의료기관개설자의 손해배상금 대불비용 부담은, 손해배상금 대불제도를 운영하기 위한 재원 마련을 위한 것이다. … 또한, 이러한 금전납부의무 부과를 통하여 달성하려는 손해배상금 대불제도의 목적은 징수된 부담액으로 마련된 재원을 지출하여 실제로 대불이 이루어짐으로써 실현된다. 따라서 심판대상조항에 따라 <u>손해배상금 대불비용을 보건의료기관개설자가 부담</u>하는 것은, 손해배상금 대불제도의 시행이라는 특정한 공적 과제의 수행을 위한 <u>재원 마련을 목적으로 보건의료기관개설자라는 특정한 집단</u>이 반대급부 없이 납부하는 공과금의 성격을 가지므로, <u>**재정조달목적 부담금**에 해당</u>한다. … 따라서 이 사건 부과조항은 과잉금지원칙에 위배되지 않는다(헌재 2022. 7. 21. 2018헌바504).

정답 2855. O   2856. O   2857. O

2858 영화관 관람객이 입장권 가액의 100분의 3을 부담하도록 하고 영화관 경영자는 이를 징수하여 영화진흥위원회에 납부하도록 강제하는 내용의 영화상영관 입장권 부과금 제도는 영화관 관람객의 재산권을 침해하지 않는다. 20 국가 7   O I X

2858-1 영화관 관람객이 입장권 가액의 100분의 3을 부담하도록 하는 영화상영관 입장권 부과금 제도는, 영화라는 특정 산업의 진흥에 직접적 근접성 및 책임성과 효용성이 인정되는 집단은 영화산업의 종사자들임에도 불구하고 영화관 관람객에 대해 부과하는 것으로서, 재정조달목적 부담금의 헌법적 허용한계를 벗어나 영화관 관람객의 재산권을 침해하는 것이다. 16 법원 9   O I X

영화관 관람객이 입장권 가액의 100분의 3을 부담하도록 하는 **영화상영관 입장권 부과금 제도는**, 영화예술의 질적 향상과 한국영화 및 영화·비디오물산업의 진흥·발전의 토대를 구축하기 위한 영화발전기금의 안정적 재원 마련이라는 정당한 입법목적을 위한 것으로서 과잉금지원칙에 반하여 **영화관 관람객의 재산권**과 영화관 경영자의 직업수행의 자유를 **침해하였다고 볼 수 없다**(헌재 2008. 11. 27. 2007헌마860).

2859 경유차 소유자로부터 부과·징수하도록 한「환경개선비용 부담법」상 환경개선부담금은 '경유차 소유자'라는 특정 부류의 집단에만 특정한 반대급부 없이 강제적·일률적으로 부과되는 정책실현목적의 유도적 부담금으로 분류될 수 있다. 24 경간   O I X

2859-1 환경개선부담금은 경유에 리터당 부과되는 교통·에너지·환경세와 달리 개별 경유차의 오염유발 수준을 고려하므로, 경유를 연료로 사용하는 자동차의 소유자로부터 환경개선부담금을 부과·징수하도록 정한「환경개선비용 부담법」조항이 과잉금지원칙을 위반하여 경유차 소유자의 재산권을 침해한다고는 볼 수 없다. 23 경찰 2차   O I X

(1) 환경개선부담금은 경유차가 유발하는 대기오염으로 인해 발생하는 사회적 비용을 오염원인자인 경유차 소유자에게 부과함으로써 경유차 소비 및 사용 자제를 유도하는 한편, 징수된 부담금으로 환경개선을 위한 투자재원을 합리적으로 조달하는 것에 그 주된 목적이 있다. 그렇다면, 환경개선부담금은 내용상으로는 '**원인자부담금**'으로 분류될 수 있다. 목적 및 기능상으로는 '환경개선을 위한 투자재원의 합리적 조달'이라는 **재정조달목적뿐 아니라 정책실현목적**도 갖는다고 볼 수 있다. … 따라서 **환경개선부담금은 정책실현목적의 유도적 부담금으로 분류될 수 있다**(헌재 2022. 6. 30. 2019헌바440).
(2) 경유차 운행으로 인한 대기오염의 악화는 사회적·경제적 피해비용 및 그에 상응하는 환경개선비용의 증가를 초래한다. 이에 이 사건 법률조항은 경유차 소유자에게 환경개선부담금을 부과하여 경유차 소유 및 운행을 자제하도록 유도하고 있다. … **환경개선부담금은**, 경유에 리터당 부과되는 교통·에너지·환경세와 달리 **개별 경유차의 오염유발 수준을 고려하므로**, 교통·에너지·환경세가 규율하지 못하는 별도의 정책적 목적도 수행한다고 볼 수 있다. 따라서 경유차 소유자가 교통·에너지·환경세 외 환경개선부담금을 추가 부담한다고 하더라도 그 부담이 지나치다고 보기 어렵다. 이와 같은 점을 고려할 때, 이 사건 법률조항이 과잉금지원칙을 위반하여 청구인의 **재산권을 침해한다고 볼 수 없다**(헌재 2022. 6. 30. 2019헌바440).

2860 내국인 국외여행자에게 2만원의 범위 안에서 대통령령이 정하는 금액을 관광진흥개발기금에 납부하도록 한 국외여행자납부금은 내국인 중 국외여행자라는 특정집단에게 부과된 재정 충당 및 유도적 성격을 지닌 특별부담금이다. 16 국가 7   O I X

국외여행자납부금은 관광사업의 효율적 발전 및 관광외화수입의 증대라는 과제를 위한 관광진흥개발기금의 재원을 마련하는 동시에, 내국인의 국외여행을 간접적으로 규제함으로써 관광수지 적자를 억제하고 국내 관광사업의 활성화를 유도하기 위하여 **내국인 중 국외여행자라는 특정집단**으로부터 **재정충당 및 유도적 성격을 지닌 특별부담금이다**. … 이 사건 법률조항이 과잉금지의 원칙에 위배하여 내국인 국외여행자의 **재산권 등의 본질적인 내용을 침해하였다고 볼 수 없다**(헌재 2003. 1. 30. 2002헌바5).

● 정답 2858. O   2858-1. X [재산권 침해 X]   2859. O   2859-1. O   2860. O

02 조세 등

2861 배우자의 상속공제를 인정받기 위한 요건으로 배우자상속재산분할기한까지 배우자의 상속재산을 분할하여 신고할 것을 요구하면서 위 기한이 경과하면 일률적으로 배우자의 상속공제를 부인하고 있는 구 「상속세 및 증여세법」 제19조 제2항은 배우자인 상속인의 재산권을 침해한다고 볼 수 없다. 17 경정 O|X

이 사건 법률조항은 피상속인의 배우자가 상속공제를 받은 후에 상속재산을 상속인들에게 이전하는 방법으로 부의 무상이전을 시도하는 것을 방지하고 상속세에 대한 조세법률관계를 조기에 확정하기 위한 정당한 입법목적을 가진 것이나, 상속재산분할심판과 같이 상속에 대한 실체적 분쟁이 계속 중이어서 법정기한 내에 재산분할을 마치기 어려운 부득이한 사정이 있는 경우, 후발적 경정청구 등에 의해 그러한 심판의 결과를 상속세 산정에 추후 반영할 길을 열어두지도 않은 채, **위 기한이 경과하면 일률적으로 배우자 상속공제를 부인**함으로써 **비례원칙에 위배**되어 청구인들의 **재산권을 침해**하고, 나아가 소송계속 등 부득이한 사유로 법정기한 내에 상속분할을 마치지 못한 상속인들을 그렇지 아니한 자와 동일하게 취급하는 것으로서 그 차별의 합리성이 없으므로 청구인들의 평등권을 **침해한다**(헌재 2012. 5. 31. 2009헌바190).

2862 구 「상속세법」 제18조제1항 본문 중 '상속인'의 범위에 '상속개시 전에 피상속인으로부터 상속재산가액에 가산되는 재산을 증여받고 상속을 포기한 자'를 포함하지 않은 것은 상속을 승인한 자의 헌법상 재산권을 침해하는 것은 아니다. 23 국회 8 O|X

"상속개시 전에 피상속인으로부터 상속재산가액에 가산되는 재산을 증여받고 상속을 포기한 자"를 "상속인"의 범위에 포함시키는 별도의 수단이 존재하는데도 이를 외면하는 것이므로 침해의 최소성 원칙에 위배되고, 상속을 승인한 자가 상속을 포기한 자가 본래 부담하여야 할 상속세액을 부담하게 되는 재산상의 불이익을 받게 되는 반면에 달성되는 공익은 상대적으로 작다고 할 것이어서 법익 균형성 원칙에도 위배되기 때문에, 구 상속세법 제18조 제1항 본문 중 **"상속인"**의 범위에 **"상속개시 전에 피상속인으로부터 상속재산가액에 가산되는 재산을 증여받고 상속을 포기한 자"**를 포함하지 않는 것은 **상속을 승인한 자**의 헌법상 보장되는 **재산권을 침해한다**(헌재 2008. 10. 30. 2003헌바10).

2863 보유기간이 1년 이상 2년 미만인 자산이 공용수용으로 양도된 경우에도 중과세하는 구 「소득세법」 조항은 재산권을 침해하지 않는다. 19 국회 8 O|X

단기보유자산이 공용수용에 의하여 양도된 경우에도 높은 세율로 중과세하는 것은 부동산 투기를 억제하여 토지라는 한정된 자원을 효율적으로 이용하기 위한 것으로 입법목적의 정당성이 인정되고, 공용수용절차가 상당한 시일이 소요된다는 점에 비추어 공용수용의 경우에도 자산 매수 당시에 매수자 대부분이 부동산 투기 목적이나 투기의 위험성을 가지고 있다고 할 수 있으므로 보유기간을 기준으로 세율을 가중한 것은 입법목적을 달성하기 위하여 적절한 수단이 된다. … **심판대상조항은 청구인들의 재산권을 침해하지 아니한다**(헌재 2015. 6. 25. 2014헌바256).

2864 회원제 골프장용 부동산의 재산세에 대하여 1천분의 40의 중과세율을 규정한 구 「지방세법」 조항은 회원권의 가격, 이용자 중 비회원의 비율, 비회원의 독자적 이용 가능성 등 골프장의 사치성 정도를 평가할 수 있는 다양한 요소들을 전혀 반영하지 아니하고 있으므로 회원제 골프장 운영자 등의 재산권을 침해한다. 23 소간 O|X

2864-1 회원제 골프장용 부동산의 재산세에 대하여 1천분의 40의 중과세율을 규정한 구 「지방세법」 조항은 모든 회원제 골프장을 동일하게 취급하고 있는바, 이는 회원제 골프장 운영자 등의 재산권을 침해하는 것으로서 과잉금지원칙에 반하여 헌법에 위반된다. 23 경찰 2차 O|X

● 정답 2861. X [재산권 침해]   2862. X [재산권 침해]   2863. O   2864. X [재산권 침해 X]   2864-1. X [재산권 침해 X]

회원제 골프장의 회원권 가격 및 비회원의 그린피 등을 고려할 때 골프장 이용행위에 사치성이 없다고 단정할 수는 없고, 골프가 아직은 많은 국민들이 경제적으로 부담 없이 이용하기에는 버거운 고급 스포츠인 점을 부인할 수 없다. 따라서 심판대상조항에 의한 회원제 골프장에 대한 재산세 중과가 사치·낭비풍조를 억제하고 국민계층 간의 위화감을 해소하여 건전한 사회기풍을 조성하고자 하는 목적의 정당성을 상실하였다고 볼 수 없고, 심판대상조항은 위와 같은 목적을 달성하기 위한 적합한 수단이 된다. … 과잉금지원칙에 반하여 회원제 골프장 운영자 등의 **재산권을 침해한다고 볼 수 없다**(헌재 2020. 3. 26. 2016헌가17).

2865 「부동산실명법」을 위반한 명의신탁자에 대하여 일률적으로 부동산가액의 100분의 30에 해당하는 과징금을 부과한 것은 비례성의 원칙에 위반된다. 09 국가 7   O | X

그것이 탈세나 투기를 위한 방편으로 이용되었는지, 그로 인하여 이득을 얻었는지, 실명등기의무 자체의 기간이 얼마나 되는지 등의 다양한 요소들을 고려하여 과징금을 차등적으로 부과할 수 있는 가능성을 전혀 배제한 것은, **과잉금지의 원칙은 물론 평등의 원칙에도 반한다**고 할 것이므로, 유예기간 내에 실명등기를 하지 못한 경위, 당해 명의신탁의 반사회성의 정도 등을 고려하여 적정한 과징금을 부과할 수 있도록 하는 입법이 되어야 한다고 본다(헌재 2001. 5. 31. 99헌가18 등).

2866 5만 원을 초과하는 기타소득금액의 과세 후 소득이 5만 원 미만이 되는 경우가 발생한다고 하더라도 이는 과세최저한 제도에 당연히 수반하는 결과이므로, 재산권을 침해한다고 볼 수 없다. 13 법원 9   O | X

이 사건 소득세법 조항이 기타소득금액에 대하여 과세최저한을 규정하고 있는 이유는 영세한 소득자 및 거래자에 대한 과세에 있어서의 배려, 조세행정의 편의를 위한 것이다. 입법자는 이러한 과세최저한제도의 목적, 현재 경제적 상황, 조세징수비용 등 여러 가지 요소들을 종합적으로 고려하여 과세최저한을 5만 원으로 규정한 것이므로 이러한 입법자의 조세정책적인 판단이 납세의무자의 재산권에 대하여 중대한 침해를 가져오는 것으로서 현저히 불공정하거나 불합리하다고 보이지 아니하고, **5만 원을 초과하는 기타소득금액의 과세 후 소득이 5만 원 미만이 되는 경우**가 발생한다고 하더라도 이는 과세최저한 제도에 당연히 수반하는 결과일 뿐이므로 이 사건 소득세법 조항이 청구인의 **재산권을 침해한다고 볼 수 없다**(헌재 2011. 6. 30. 2009헌바199).

2867 명의신탁재산 증여의제로 인한 증여세 납세의무자에게 신고의무 및 납부의무 위반에 대한 제재인 가산세까지 부과하도록 하면 납세의무자는 원래 부담하여야 할 세금 이외에 부가적인 금전적 부담을 지게 되므로 과잉금지원칙에 반하여 납세의무자의 재산권을 침해한다. 23 국회 8   O | X

심판대상조항은 원활한 조세행정을 위하여 명의신탁재산 증여의제로 인한 증여세 납세의무자에게 조세법상 부과된 신고의무·납부의무의 이행을 확보하고, 이를 성실하게 이행한 사람과 그렇지 않은 사람 사이에 조세부담의 공평을 기하며, 납부기한을 준수하지 아니하여 얻게 된 미납이자 상당액을 확보하기 위한 것이다. … 심판대상조항은 과잉금지원칙에 반하여 **납세의무자의 재산권을 침해하지 아니한다**(헌재 2022. 11. 24. 2019헌바167 등).

● 정답 2865. ○   2866. ○   2867. X [납세의무자의 재산권 침해 X]

2868 구 「상속세 및 증여세법」 제45조의3제1항은 이른바 일감 몰아주기로 수혜법인의 지배주주 등에게 발생한 이익에 대하여 증여세를 부과함으로써 적정한 소득의 재분배를 촉진하고, 시장의 지배와 경제력의 남용 우려가 있는 일감 몰아주기를 억제하려는 것이지만, 거래의 필요성, 영업외손실의 비중, 손익변동 등 구체적인 사정을 고려하지 않은 채, 특수관계법인과 수혜법인의 거래가 있으면 획일적 기준에 의하여 산정된 미실현 이익을 수혜법인의 지배주주가 증여받은 것으로 보아 수혜법인의 지배주주의 재산권을 침해한다. 23 국가 7   O|X

구 상증세법 제45조의3 제1항은 이른바 <u>일감 몰아주기로 수혜법인의 지배주주 등에게 발생한 이익</u>에 대하여 증여세를 부과함으로써 적정한 소득의 재분배를 촉진하고, 시장의 지배와 경제력의 남용 우려가 있는 일감 몰아주기를 억제하려는 것이다. 특수관계법인과 수혜법인 사이의 거래를 통해 수혜법인의 지배주주 등에게 발생한 이익에는 정상적인 거래에 따른 소득, 시장상황 등에 따른 이익, 특수관계법인이 제공한 사업기회의 경제적 가치 등이 분리할 수 없게 혼재되어 있으므로, 일정한 비율을 초과하는 특수관계법인과 수혜법인 사이의 거래가 있으면 지배주주 등이 일정한 이익을 증여받은 것으로 의제하고, 하위법령에서 특정한 유형의 거래를 과세대상에서 제외하는 방법을 택할 수밖에 없다. … 이상을 종합하면, 납세의무자의 경제적 불이익이 소득의 재분배 촉진 및 일감 몰아주기 억제라는 공익에 비하여 크다고 할 수 없고, 구 상증세법 제45조의3 제1항은 재산권을 침해하지 아니한다(헌재 2018. 6. 28. 2016헌바347 등).

2869 「건축법」을 위반한 건축주 등이 건축허가권자로부터 위반건축물의 철거 등 시정명령을 받고도 그 이행을 하지 않는 경우 「건축법」 위반자에 대하여 시정명령 이행시까지 반복적으로 이행강제금을 부과할 수 있도록 규정한 「건축법」 조항은 과잉금지의 원칙에 위배되어 「건축법」 위반자의 재산권을 침해한다. 20 경정   O|X

이 사건 법률조항은 '건축물의 안전과 기능, 미관을 향상시켜 공공복리의 증진을 도모하기 위한 것'으로 그 입법목적이 정당하고, 이러한 목적 달성을 위하여 시정명령에 불응하고 있는 건축법 위반자에 대하여 이행강제금을 부과함으로써 시정명령에 응할 것을 강제하고 있으므로 적절한 수단이 된다. … 따라서 <u>이 사건 법률조항은 과잉금지의 원칙에 위배되지 아니하므로 위반자의 재산권을 침해하지 아니한다</u>(헌재 2011. 10. 25. 2009헌바140).

2870 건설공사를 위하여 문화재발굴허가를 받아 매장문화재를 발굴하는 경우에 그 발굴비용을 사업시행자가 부담하도록 하는 것은 재산권을 침해하지 않는다. 15 경정, 14 지방 7   O|X

2870-1 (구) 「문화재보호법」이 건설공사 과정에서 매장문화재의 발굴로 인하여 문화재 훼손 위험을 야기한 사업시행자에게 원칙적으로 발굴경비를 부담시키는 것은 사업시행자의 재산권을 침해한다. 16 경정, 13 법원 9   O|X

건설공사 과정에서 매장문화재의 발굴로 인하여 문화재 훼손 위험을 야기한 사업시행자에게 원칙적으로 발굴경비를 부담시킴으로써 각종 개발행위로 인한 무분별한 문화재 발굴로부터 매장문화재를 보호하는 것이어서 입법목적의 정당성, 방법의 적절성이 인정되고, 발굴조사비용 확대에 따른 위험은 사업계획단계나 사업자금의 조달 과정에서 기업적 판단에 의해 위험요인의 하나로서 충분히 고려될 수 있는 것이고, 사업시행자가 발굴조사비용을 감당하기 어렵다고 판단하는 경우에는 더 이상 사업시행에 나아가지 아니할 선택권 또한 유보되어 있으며, 대통령령으로 정하는 경우에는 예외적으로 국가 등이 발굴조사비용을 부담할 수 있는 완화규정을 두고 있어 최소침해성 원칙, 법익균형성 원칙에도 반하지 아니하므로 <u>과잉금지원칙에 위배되어 위헌이라고 볼 수 없다</u>(헌재 2010. 10. 28. 2008헌바74).

● 정답 2868. X [재산권 침해 X]   2869. X [재산권 침해 X]   2870. O   2870-1. X [재산권 침해 X]

03 공법상 권리

2871 공무원 또는 공무원이었던 자가 재직 중의 사유로 금고 이상의 형을 받은 때 퇴직급여 및 퇴직수당의 일부를 감액하여 지급하도록 한「공무원연금법」조항은 공무원의 신분이나 직무상 의무와 관련 없는 범죄인지 여부 등과 관계없이 일률적·필요적으로 퇴직급여를 감액하는 것으로서 재산권을 침해한다. 20 변호사   O | X

2871-1 공무원의 신분이나 직무와 관련이 없는 범죄의 경우에도 퇴직급여 등을 제한하는 것은 공무원범죄를 예방하고 공무원이 재직 중 성실히 근무하도록 유도하는 입법목적을 달성하는 데 적합한 수단이라고 볼 수 없다. 21 경정, 13 법원 9   O | X

2871-2 공무원의 신분이나 직무상 의무와 관련이 없는 범죄의 경우에도 퇴직급여 등을 제한하는 것은, 공무원범죄를 예방하고 공무원이 재직 중 성실히 근무하도록 유도하는 입법목적을 달성하는 데 적합한 수단이다. 17 국회 8   O | X

2871-3 공무원 또는 공무원이었던 자가 재직 중의 사유로 금고 이상의 형을 받은 때에는 대통령령이 정하는 바에 의하여 퇴직급여 및 퇴직수당의 일부를 감액하여 지급하도록 한 공무원연금법 조항은 평등원칙에 위배되지 않는다. 18 경정   O | X

(1) 공무원의 **신분이나 직무상 의무와 관련이 없는 범죄**의 경우에도 **퇴직급여 등을 제한**하는 것은, 공무원범죄를 예방하고 공무원이 재직중 성실히 근무하도록 유도하는 입법목적을 달성하는 데 **적합한 수단이라고 볼 수 없다**. … 재직중의 사유로 금고 이상의 형을 선고받아 처벌받음으로써 기본적 죗값을 받은 공무원에게 다시 당연퇴직이란 공무원의 신분상실의 치명적인 법익박탈을 가하고, 이로부터 더 나아가 다른 특별한 사정도 없이 **범죄의 종류에 상관 없고**, **직무상 저지른 범죄인지 여부와도 관계없이**, 누적되어 온 퇴직급여 등을 누적 이후의 사정을 이유로 **일률적·필요적으로 감액**하는 것은 **과도한 재산권의 제한**으로서 심히 부당하며 공무원의 퇴직 후 노후생활보장이라는 공무원연금제도의 기본적인 입법목적에도 부합하지 않는다(헌재 2007. 3. 29. 2005헌바33).

(2) 이 사건 법률조항은 공무원이 재직중의 사유로 인하여 금고 이상의 형을 받은 때에 퇴직급여 및 퇴직수당의 일부를 감액하여 지급하도록 규정하여, 퇴직급여에 있어서는 국민연금법상의 사업장가입자에 비하여, 퇴직수당에 있어서는 근로기준법상의 근로자에 비하여 각각 차별대우를 하고 있다. 이러한 차별은 공무원의 국민전체에 대한 봉사자로서의 성실근무의 유도라는 입법목적 및 공무원연금제도의 공무원의 성실한 복무에 대한 보상이라는 부수적 성격을 감안한다고 하더라도 **일반국민이나 근로자에 대한 지나친 차별**을 했다고 판단되고, 그 차별에는 합리적인 근거를 인정하기 어려워 결국 **자의적인 차별에 해당한다** 할 것이다(헌재 2007. 3. 29. 2005헌바33).

2872 재직중의 사유로 금고 이상의 형을 선고받아 처벌받은 사립학교 교원에 대하여 당연퇴직을 시키면서 직무 관련 범죄 여부, 고의 또는 과실범 여부 등을 묻지 않고 퇴직급여와 퇴직수당을 일률적으로 감액하는 것은 재산권을 침해한다. 21 입시   O | X

2872-1 사립학교 교원 또는 사립학교 교원이었던 자가 재직 중의 사유로 금고 이상의 형을 받은 때에는 대통령령이 정하는 바에 의하여 퇴직급여 및 퇴직수당의 일부를 감액하여 지급하도록 한 것은 입법목적을 달성하는 데 적합한 수단이라고 볼 수 없다. 19 국가 7   O | X

사립학교 교원의 **신분이나 직무상 의무와 관련이 없는 범죄**의 경우에도 **퇴직급여 및 퇴직수당을 제한**하는 것은, 교원범죄를 예방하고 교원이 재직중 성실히 근무하도록 유도하는 입법목적을 달성하는 데 **적합한 수단이라고 볼 수 없다**. … 재직중의 사유로 금고 이상의 형을 선고받아 처벌받음으로써 기본적 죗값을 받은 교원에게 다시 당연퇴직이란 교원의 신분상실의 치명적인 법익박탈을 가하고, 이로부터 더 나아가 다른 특별한 사정도 없이 **범죄의 종류에 상관 없고**, **직무상 저지른 범죄인지 여부와도 관계없이**, 누적되어 온 퇴직급여 및 퇴직수당을 누적 이후의 사정을 이유로 **일률적·필요적으로 감액**하는 것은 **과도한 재산권의 제한**으로서 심히 부당하며 교원의 퇴직 후 노후생활보장이라는 교원연금제도의 기본적인 입법목적에도 부합하지 않는다(헌재 2010. 7. 29. 2008헌가15).

● 정답 2871. O   2871-1. O   2871-2. X [수단의 적합성 부성]   2871-3. X [평등원칙 위배]   2872. O   2872-1. O

2873 지방의회의원으로 선출되어 받게 되는 보수가 기존의 연금에 미치지 못하는 경우에도 연금 전액의 지급을 정지하도록 정한 구 「공무원연금법」 조항은, 연금을 대체할 만한 적정한 소득이 있다고 할 수 없는 경우에도 일률적으로 연금전액의 지급을 정지하여 지급정지제도의 본질 및 취지에 어긋나 과잉금지원칙에 위배되어 재산권을 침해한다. 23 국가 7   O | X

월정수당은 지방자치단체에 따라 편차가 크고 안정성이 낮음에도 불구하고 심판대상조항은 연금을 대체할 만한 적정한 소득이 있다고 할 수 없는 경우에도 **일률적으로 연금전액의 지급을 정지**하여 지급정지제도의 본질 및 취지와 어긋나는 결과를 초래한다. … 연금과 보수 중 일부를 감액하는 방식으로 선출직에 취임하여 보수를 받는 것이 생활보장에 더 유리하도록 하는 등 기본권을 덜 제한하면서 입법목적을 달성할 수 있는 다양한 방법이 있다. 따라서 심판대상조항은 과잉금지원칙에 위배되어 **재산권을 침해한다**(헌재 2022. 1. 27. 2019헌바161).

2874 「공무원연금법」상 퇴직연금수급자가 지방의회의원에 취임한 경우, '취임 당시의 연금제도가 그대로 유지되어 그 임기 동안 퇴직연금을 계속 지급받을 수 있을 것'이라고 신뢰하였다 하더라도 이러한 신뢰는 보호가치가 크다고 보기 어렵다. 23 해경   O | X

2874-1 「공무원연금법」상 퇴직연금을 수령하고 있던 자가 지방의회의원에 취임한 경우, 지방의회의원에 취임할 당시의 연금제도가 그대로 유지되어 그 임기 동안 퇴직연금을 계속 지급받을 수 있을 것이라는 신뢰의 보호가치는 크므로, 지방의회의원의 재직기간 중 연금 전부의 지급을 정지하는 것은 신뢰보호원칙에 위반된다. 18 국가 7   O | X

청구인들이 '지방의회의원에 취임할 당시의 연금제도가 그대로 유지되어 그 임기동안 퇴직연금을 계속 지급받을 수 있을 것'이라고 신뢰하였다 하더라도 이러한 **신뢰는 보호가치가 크다고 보기 어렵다**. 또한 선출직 공무원에 대한 연금 지급정지제도는 종전에도 몇 차례에 걸쳐 시행된 바 있으므로 청구인들의 신뢰는 그다지 확고한 법질서에 기반한 것이었다고 보기도 어렵다. 반면, 연금재정의 안정성과 건전성을 확보하는 것은 공무원연금제도의 장기적 운영과 지속가능성을 위하여 반드시 필요한 요소이므로, 심판대상조항이 추구하는 공익적 가치는 매우 중대하다. 이러한 점들을 종합하면, 심판대상조항은 **신뢰보호원칙**에 반하여 청구인들의 **재산권을 침해한다고 볼 수 없다**(헌재 2017. 7. 27. 2015헌마1052).

보충설명 지방의원으로서 받게 되는 보수가 연금에 미치지 못하는 경우에도 연금 전액의 지급을 정지하는 것은 과잉금지원칙에 위배되어 재산권을 침해하므로 헌법에 위반되나(2019헌바161) 신뢰보호원칙에 반하여 재산권을 침해한다고 볼 수 없다(2015헌마1052).

2875 별거나 가출 등으로 실질적인 혼인관계가 존재하지 아니하여 연금 형성에 기여가 없는 이혼배우자에 대해서 법률혼 기간을 기준으로 분할연금 수급권을 인정하는 것은 재산권을 침해하지 않는다. 20 입시   O | X

법률혼 관계를 유지하고 있었다고 하더라도 실질적인 혼인관계가 해소되어 노령연금 수급권의 형성에 아무런 기여가 없었다면 그 기간에 대하여는 노령연금의 분할을 청구할 전제를 갖추었다고 볼 수 없다. 그럼에도 불구하고 심판대상조항은 **법률혼 관계에 있었지만 별거·가출 등으로 실질적인 혼인관계가 존재하지 않았던 기간**을 일률적으로 혼인 기간에 포함시켜 분할연금을 산정하도록 하고 있는바, 이는 분할연금제도의 재산권적 성격을 몰각시키는 것으로서 그 입법형성권의 재량을 벗어났다고 보아야 한다. … 따라서 심판대상조항은 **재산권을 침해한다**(헌재 2016. 12. 29. 2015헌바182).

●**정답** 2873. ○ 2874. ○ 2874-1. ✕ [신뢰보호원칙 위반 아님] 2875. ✕ [재산권 침해]

2876 법률에서 군법무관의 봉급과 그 밖의 보수를 법관 및 검사의 예에 준하여 지급하도록 하는 대통령령을 제정할 것을 규정하였다 하더라도, 군복무를 하고 있는 군장교들은 전투력의 확보를 위한 특수집단의 한 구성요소이므로 군조직 밖의 기준으로 군조직의 다른 요소와 분리시켜 기본적인 보수에 있어 우대적 차별을 하는 것은 불합리하므로, 대통령이 지금까지 해당 대통령령을 제정하지 않는다 하더라도 이는 군법무관의 재산권을 침해하지 아니한다. 23 법원 9   O | X

법률이 군법무관의 보수를 판사, 검사의 예에 의하도록 규정하면서 **그 구체적 내용을 시행령에 위임**하고 있다면, 이는 군법무관의 보수의 내용을 법률로써 일차적으로 형성한 것이고, 따라서 **상당한 수준의 보수청구권이 인정**되는 것이라 해석함이 상당하다. 그러므로 이 사건에서 대통령이 법률의 명시적 위임에도 불구하고 지금까지 해당 시행령을 제정하지 않아 그러한 보수청구권이 보장되지 않고 있다면 그러한 **입법부작위는** 정당한 이유 없이 청구인들의 **재산권을 침해**하는 것으로써 헌법에 위반된다(헌재 2004. 2. 26. 2001헌마718).

2877 공무원의 직무와 관련이 없는 범죄라 할지라도 고의범의 경우에는 공무원의 법령준수의무, 청렴의무, 품위유지의무 등을 위반한 것으로 볼 수 있으므로 이를 퇴직급여의 감액사유에서 제외하지 아니하더라도 헌법에 위반되지 않는다. 21 국회 8, 20 변호사   O | X

헌법재판소는 2005헌바33 결정에서 구 공무원연금법 제64조 제1항 제1호가 공무원의 '신분이나 직무상 의무'와 관련이 없는 범죄의 경우도 퇴직급여의 감액사유로 삼는 것이 퇴직공무원들의 기본권을 침해한다고 판시하였는데, **공무원의 직무와 관련이 없는 범죄**라 할지라도 **고의범의 경우**에는 공무원의 법령준수의무, 청렴의무, 품위유지의무 등을 위반한 것으로 볼 수 있으므로 이를 **퇴직급여의 감액사유에서 제외하지 아니**하더라도 **위 결정의 취지에 반한다고 볼 수 없다**(헌재 2016. 6. 30. 2014헌바365).

2878 공무원이거나 공무원이었던 사람이 재직 중의 사유로 금고 이상의 형을 받거나 형이 확정된 경우 퇴직급여 및 퇴직수당의 일부를 감액하여 지급함에 있어 그 이후 형의 선고의 효력을 상실하게 하는 특별사면 및 복권을 받은 경우를 달리 취급하는 규정을 두지 아니한 것은 재산권을 침해하지 않는다. 22 국회 8   O | X

2878-1 공무원이거나 공무원이었던 사람이 재직 중의 사유로 금고 이상의 형을 받거나 형이 확정된 경우 퇴직급여 및 퇴직수당의 일부를 감액하여 지급함에 있어 그 이후 형의 선고의 효력을 상실하게 하는 특별사면 및 복권을 받은 경우를 달리 취급하는 규정을 두지 아니한 구 「공무원연금법」 규정은 인간다운 생활을 할 권리를 침해하지 않는다. 23 소간   O | X

2878-2 공무원이거나 공무원이었던 사람이 재직 중의 사유로 금고 이상의 형을 받거나 형이 확정된 경우 퇴직급여 및 퇴직수당의 일부를 감액하여 지급함에 있어 그 이후 형의 선고의 효력을 상실하게 하는 특별사면 및 복권을 받은 경우를 달리 취급하는 규정을 두지 아니한 구 「공무원연금법」 규정은 합리적인 이유가 없다고 할 것이므로 청구인의 재산권 및 인간다운 생활을 할 권리를 침해한다. 22 경정   O | X

심판대상조항은 재직 중 직무와 관련 있는 범죄 혹은 직무와 관련 없는 고의범으로 금고 이상의 형을 받거나 확정된 경우라면 그 후 형의 선고의 효력을 상실하게 하는 특별사면 및 복권을 받아 형의 선고의 효력이 상실된 경우에도 마찬가지로 퇴직급여 등을 감액하고 있는바, 이는 공무원이 퇴직한 뒤 그 재직 중의 근무에 대한 보상을 함에 있어 공무원으로서의 신분이나 직무상 의무를 다하지 못한 공무원과 성실히 근무한 공무원을 동일하게 취급하는 것이 오히려 불합리하다는 측면과 아울러 보상액에 차이를 둠으로써 공무원범죄를 예방하고 공무원이 재직 중 성실히 근무하도록 유도하는 효과를 고려한 것이라 할 수 있으므로, 그 정당성이 인정된다. … 심판대상조항이 형의 선고의 효력을 상실하게 하는 **특별사면 및 복권을 받은 경우**에도 퇴직급여 등을 여전히 감액하는 것은 그 합리적인 이유가 인정되는바, **재산권 및 인간다운 생활을 할 권리를 침해한다고 볼 수 없다**(헌재 2020. 4. 23. 2018헌바402).

● 정답   2876. X [재산권 침해]   2877. O   2878. O   2878-1. O   2878-2. X [모두 침해 X]

2879 공무원이 유족 없이 사망하였을 경우, 연금수급자의 범위를 직계존·비속으로만 한정하는 것은 공무원의 형제자매 등 다른 상속권자들의 재산권을 침해한 것으로 볼 수 없다. 16 법원 9   O|X

2879-1 국민연금법이 형제자매를 사망일시금 수급권자로 규정하고 있는 것과는 달리 공무원연금법이 형제자매를 연금수급권자에서 제외하고 있다 하여도 합리적인 이유에 의한 차별로서 국민연금법상의 수급권의 범위와 비교하여 헌법상 평등권을 침해하였다고 볼 수 없다. 22 국가 7   O|X

(1) 공무원이 유족 없이 사망하였을 경우, 연금수급자의 범위를 **직계존비속으로만 한정**하고 있는 「공무원연금법」 규정은 공무원의 **형제자매 등 다른 상속권자들의 재산권(상속권)을 침해하지 않는다**(헌재 2014. 5. 29. 2012헌마555).

(2) 공무원연금과 국민연금이 사회보장적 성격을 가진다는 점에서 동일하기는 하나, 양자는 제도의 도입 목적과 배경, 재원의 조성 등에 차이가 있고, 특히 공무원연금은 국민연금에 비하여 재정건전성 확보를 통하여 국가의 재정 부담을 낮출 필요가 절실하다는 점 등에 비추어 볼 때, 공무원연금의 수급권자에서 형제자매를 제외한 것은 합리적인 이유가 있다고 할 것이다. 따라서 **국민연금법이 형제자매를 사망일시금 수급권자로 규정하고 있는 것과는 달리 공무원연금법이 형제자매를 연금수급권자에서 제외**하고 있다 하여도 **합리적인 이유에 의한 차별**로서, 이 사건 법률조항이 국민연금법상의 수급권의 범위와 비교하여 **헌법상 평등권을 침해하였다고 볼 수 없다**(헌재 2014. 5. 29. 2012헌마555).

2880 구 「공무원연금법」상 유족급여수급권이 헌법상 보장되는 재산권에 포함되기 때문에 대통령령이 정하는 정도의 장애 상태에 있지 아니한 19세 이상의 자녀를 유족의 범위에서 제외한 것은 유족급여수급권의 본질적 내용을 침해하여 입법형성권의 범위를 벗어난 것이다. 22 5급   O|X

2880-1 공무원연금법에서 유족급여수급권의 대상을 19세 미만의 자녀로 한정한 것은 19세 이상 자녀들의 재산권과 평등권을 침해하지 않는다. 23 법원 9   O|X

(1) 유족급여수급권이 헌법상 보장되는 재산권에 포함되더라도 수급권자인 유족의 범위는 유족급여수급권의 내용과 한계를 형성하는 영역에 있는 것으로서 법률에 의하여 구체적으로 형성되어야만 비로소 확정된다. … 따라서 입법자가 연령과 장애 상태를 **독자적 생계유지가능성**의 판단기준으로 삼아 대통령령이 정하는 정도의 장애 상태에 있지 아니한 **19세 이상의 자녀를 유족의 범위에서 제외하였음을 들어 유족급여수급권의 본질적 내용을 침해**하였다거나 **입법형성권의 범위를 벗어났다고 보기 어렵다**(헌재 2019. 11. 28. 2018헌바335).

(2) 최소한의 독자적인 생활능력을 갖추었는지를 기준으로 18세 이상의 자녀를 유족의 범위에 포함하지 아니한 것에는 합리적인 이유가 있으므로 위 **규정은 평등권을 침해하지 아니한다**(헌재 2019. 11. 28. 2018헌바335).

2881 명예퇴직공무원이 재직 중의 사유로 금고 이상의 형을 받은 때에는 명예퇴직수당을 필요적으로 환수하도록 한 것은 재산권을 침해한다. 12 국가 7   O|X

명예퇴직수당은 예산이 허용하는 범위 내에서 처분권자의 재량에 따라 지급되는 점, 직무와 관련 없는 사유 중에도 법률적·사회적 비난가능성이 큰 범죄가 존재하는 점, 과실범 등과 관련하여서는 형사재판과정에서 해당 사유를 참작한 법관의 양형에 의하여 구체적 부당함이 보정될 수 있는 점, 명예퇴직 희망자가 제출하여야 하는 명예퇴직수당 지급신청서에 금고 이상의 형을 받는 경우에는 명예퇴직수당을 반납하여야 한다고 기재되어 있는 점 등에 비추어 볼 때, 이 사건 법률조항은 피해의 최소성 및 법익균형성을 갖추었다고 할 것이어서, **재산권을 침해하지 않는다**(헌재 2010. 11. 25. 2010헌바93).

● 정답 2879. O 2879-1. O 2880. X [입법형성권 범위 내] 2880-1. O 2881. X [재산권 침해 X]

2882 연금수급권의 내용은 사회·경제적 상황을 고려한 입법자의 정책적 판단에 의하여 변경될 수 있어 조기노령연금의 수급개시연령에 대한 신뢰는 보호가치가 크지 않으므로, 조기노령연금을 수급할 수 있는 연령이 59세에서 60세로 인상하는 법률은 재산권을 침해하지 않는다. 21 법무사 O|X

연금수급권의 내용은 사회·경제적 상황을 고려한 입법자의 정책적 판단에 의하여 변경될 수 있어 조기노령연금의 수급개시연령에 대한 청구인의 신뢰는 보호가치가 크지 않고, 심판대상조항으로 인하여 청구인이 조기노령연금을 수급할 수 있는 연령이 59세에서 60세로 인상된 것에 불과하여 그 신뢰의 손상 정도가 중하다고 보기 어렵다. 그러므로 심판대상조항은 신뢰보호원칙을 위반하여 청구인의 재산권을 침해하지 않는다(헌재 2013. 10. 24. 2012헌마906).

2883 국가 등의 양로시설 등에 입소하는 국가유공자에게 부가연금, 생활조정수당 등의 지급을 정지한다 하더라도 그 국가유공자의 재산권을 침해하는 것은 아니다. 15 경정 O|X

이 사건 규정으로 인하여 청구인들이 보훈원에서 보호를 받고 있는 동안 종전에 지급받던 부가연금이나 생활조정수당 등의 지급이 정지된다고 하더라도, 청구인들은 국가의 부담으로 시설보호를 받음으로써 거주비, 식비, 피복비의 대부분을 스스로 부담하지 않게 되어 사실상 종전에 지급받던 보상금 중 상당부분에 갈음하여 다른 형태의 보상을 받고 있다고 볼 수 있고, 또 위와 같은 시설보호를 받을 지의 여부는 청구인들의 선택에 달려 있다는 점 등을 고려하면, 이 사건 규정으로 인하여 청구인들의 재산권이 침해되었다고는 볼 수는 없으므로 이 사건 규정이 입법재량의 범위를 일탈하여 헌법에 위배된다고 할 수 없다(헌재 2000. 6. 1. 98헌마216).

04 상속 관련

2884 상속인이 귀책사유 없이 상속채무가 적극재산을 초과하는 사실을 알지 못하여 상속개시 있음을 안 날로부터 3월내에 한정승인 또는 포기를 하지 못한 경우에도 단순승인을 한 것으로 보는 「민법」 제1026조 제2호는 재산권을 보장한 헌법 제23조 제1항 등에 위반된다. 18 서울 7(추) O|X

이 사건 법률조항이 상속인이 아무런 귀책사유 없이 고려기간 내에 한정승인이나 포기를 하지 못한 경우에 구제받을 수 있는 아무런 수단도 마련하지 아니한 채 고려기간 내에 한정승인이나 포기를 하지 아니하면 그 이유여하를 묻지 않고 일률적으로 단순승인을 한 것으로 보아 그 의사와 관계없이 상속채무를 전부 부담하게 한 것은 적절한 기본권제한의 방법이라고 볼 수 없다. … 그러므로 상속인이 귀책사유없이 상속채무가 적극재산을 초과하는 사실을 알지 못하여 고려기간 내에 한정승인 또는 포기를 하지 못한 경우에도 이 사건 법률조항이 단순승인을 한 것으로 본 것은 기본권제한의 입법한계를 일탈한 것으로 재산권을 보장한 헌법 제23조 제1항, 사적자치권을 보장한 헌법 제10조 제1항에 위반된다(헌재 1998. 8. 27. 96헌가22 등).

2885 상속재산에 관한 포괄·당연승계주의는 헌법상 보장된 재산권을 과도하게 제한하는 규정으로 헌법에 위반된다. 18 서울 7(추) O|X

우리의 상속법제는 법적 안정성이라는 공익을 도모하기 위하여 포괄·당연승계주의를 채택하는 한편, 상속의 포기·한정승인제도를 두어 상속인으로 하여금 그의 의사에 따라 상속의 효과를 귀속시키거나 거절할 수 있는 자유를 주고 있으며, 상속인과 피상속인의 채권자 및 상속인의 채권자 등의 이해관계를 조절할 수 있는 다양한 제도적 장치도 마련하고 있으므로, 민법 제1005조는 입법자가 입법형성권을 자의적으로 행사하였다거나 헌법상 보장된 재산권이나 사적 자치권 및 행복추구권을 과도하게 침해하여 기본권제한의 입법한계를 벗어난 것으로서 헌법에 위반된다고 할 수 없다(헌재 2004. 10. 28. 2003헌가1).

●정답 2882. O 2883. O 2884. O 2885. X [재산권 과도하게 제한 X]

2886 피상속인에 대한 부양의무를 이행하지 않은 직계존속의 경우를 상속결격사유로 규정하지 않은 「민법」 조항은 상속관계에 관한 법적 안정성의 확보 등을 고려할 때 입법형성권의 한계를 일탈하여 다른 상속인인 청구인의 재산권을 침해하지 않는다. 24 경찰 1차 O|X

부양의무의 이행과 상속은 서로 대응하는 개념이 아니어서, 법정상속인이 피상속인에 대한 부양의무를 이행하지 않았다고 하여 상속인의 지위를 박탈당하는 것도 아니고, 반대로 법정상속인이 아닌 사람이 피상속인을 부양하였다고 하여 상속인이 되는 것도 아니다. 만약 직계존속이 피상속인에 대한 부양의무를 이행하지 않은 경우를 상속결격사유로 본다면, 과연 어느 경우에 상속결격인지 여부를 명확하게 판단하기 어려워 이에 관한 다툼으로 상속을 둘러싼 법적 분쟁이 빈번하게 발생할 가능성이 높고, 그로 인하여 상속관계에 관한 법적 안정성이 심각하게 저해된다. … 심판대상조항이 피상속인에 대한 부양의무를 이행하지 않은 직계존속의 경우를 상속결격사유로 규정하지 않았다고 하더라도 이것이 입법형성권의 한계를 일탈하여 다른 상속인인 청구인의 재산권을 침해한다고 보기 어렵다 (헌재 2018. 2. 22. 2017헌바59).

2887 상속회복청구권의 행사기간을 상속권의 침해행위가 있은 날부터 10년 또는 상속침해를 안 날로부터 3년이라는 단기의 행사기간으로 규정한 것은 진정상속인의 권리를 심히 제한하여 오히려 참칭상속인을 보호하는 규정으로 기능하므로 헌법상 보장된 상속인의 재산권을 침해한다. 18 서울 7(추) O|X

이 사건 법률조항 중 "상속권의 침해행위가 있은 날부터 10년" 부분은 종전 규정보다도 상속회복청구권의 행사기간을 상당히 연장한 것인 점을 감안하면 이 사건 법률조항 중 "상속권의 침해행위가 있은 날부터 10년" 부분은 재산권이나 평등권을 침해한 것이라고 할 수 없고, 달리 다른 헌법상의 기본권을 침해하였다고 볼 사정도 없다. … 현행법상 인정되는 다른 소멸시효 및 제척기간 관련규정이 정하고 있는 권리행사기간과 비교하여 보더라도 그 권리행사에 상당한 기간이라고 보이므로 이 사건 법률조항 중 "그 침해를 안 날부터 3년" 부분은 헌법 제37조 제2항에서 정하는 기본권 제한의 한계 내의 정당한 입법권의 행사로서 과잉금지원칙에 위배되지 아니하므로, 상속인의 재산권, 사적자치권, 재판청구권을 침해하는 것이 아니며 평등의 원칙을 침해하는 것도 아니다 (헌재 2009. 9. 24. 2008헌바2).

2888 상속회복청구권에 대하여 단기의 제척기간을 규정하고 있는 「민법」 제999조 제2항을 적용함에 있어 공동상속인을 참칭상속인의 범위에 포함시키는 것은 진정상속인의 재산권을 침해한다. 18 서울 7(추)
O|X

공동상속인이라 하여도 자신의 상속분을 넘는 부분에 대하여 권리를 주장하고 있다면 그 부분에 관하여는 본질적으로 보통의 참칭상속인과 다를 것이 없다. … 따라서 상속회복청구권에 대하여 단기의 제척기간을 규정하고 있는 민법 제999조 제2항을 적용함에 있어 공동상속인을 참칭상속인의 범위에 포함시키는 것이 진정상속인의 재산권 및 재판청구권을 침해하지 않는다 (헌재 2006. 2. 23. 2003헌바38 등).

2889 유류분 반환청구는 피상속인이 생전에 한 유효한 증여도 그 효력을 잃게 하는 것이므로 「민법」 제1117조의 '반환하여야 할 증여를 한 사실을 안 때로부터 1년'의 단기소멸시효는 유류분권리자의 재산권을 침해하지 않는다. 21 법무사, 13 법원 9 O|X

유류분 반환청구는 피상속인이 생전에 한 유효한 증여라도 그 효력을 잃게 하는 것이어서 권리관계의 조속한 안정과 거래안전을 도모할 필요가 있고 이 사건 법률조항이 1년의 단기소멸시효를 정한 것은 이러한 필요에 따른 것으로 그 목적의 정당성이 인정되며 유류분 권리자가 상속이 개시되었다는 사실과 증여가 있었다는 사실 및 그것이 반환하여야 할 것임을 안 때로부터 위 기간이 기산되므로 그 기산점이 불합리하게 책정되었다고 할 수 없는 점, 유류분 반환청구는 반드시 재판상 행사해야 하는 것이 아니고 그 목적물을 구체적으로 특정해야 하는 것도 아니어서 행사의 방법도 용이한 점 등에 비추어 보면 수단의 적정성, 피해의 최소성 및 법익의 균형성을 모두 갖추고 있으므로 위 법률조항은 유류분 권리자의 재산권을 침해하지 않는다 (헌재 2010. 12. 28. 2009헌바20).

● 정답 2886. O   2887. X [재산권 침해 X]   2888. X [재산권 침해 X]   2889. O

05 사법상 행위 관련

2890 일반 불법행위에 대한 과실책임주의의 예외로서 경과실로 인한 실화의 경우 실화피해자의 손해배상청구권을 전면 부정하는 것은 그의 재산권을 침해하는 것이다. 08 국가 7 O|X

화재피해자에 대한 보호수단이 전혀 마련되어 있지 아니한 상태에서, 화재가 경과실로 발생한 경우에 화재와 연소의 규모와 원인 등 손해의 공평한 분담에 관한 여러 가지 사항을 전혀 고려하지 아니한 채, 일률적으로 실화자의 손해배상책임과 피해자의 손해배상청구권을 부정하는 것은, 일방적으로 실화자만 보호하고 **실화피해자의 보호를 외면**한 것으로서 실화자 보호의 필요성과 실화피해자 보호의 필요성을 균형 있게 **조화시킨 것이라고 보기 어렵다**(헌재 2007. 8. 30. 2004헌가25).

2891 상호신용금고의 예금채권자에게 예탁금의 한도 안에서 상호신용금고의 총재산에 대하여 다른 채권자에 우선하여 변제받을 권리를 부여하는 것은 공적자금 등의 보호필요성에 근거하므로 다른 일반채권자의 재산권을 침해하지 않는다. 12 지방 7 O|X

상호신용금고의 예금채권자에게 예탁금의 한도 안에서 상호신용금고의 총재산에 대하여 다른 채권자에 우선하여 변제받을 권리를 부여하고 있는 **예금자우선변제제도는** 상호신용금고의 예금채권자를 우대하기 위하여 **상호신용금고의 일반채권자를 불합리하게 희생**시킴으로써 **일반 채권자의 평등권 및 재산권을 침해한다**(헌재 2006. 11. 30. 2003헌가14).

2892 금융위원회위원장이 2019. 12. 16. 시중 은행을 상대로 투기지역·투기과열지구 내 초고가 아파트(시가 15억 원 초과)에 대한 주택구입용 주택담보대출을 2019. 12. 17.부터 금지한 조치는 투기적 대출수요뿐 아니라 실수요자의 경우에도 예외없이 대출을 금지한 점 등을 고려할 때, 해당 주택담보대출을 받고자 하는 청구인의 재산권을 침해한다. 24 경찰 1차 O|X

이 사건 조치는 전반적인 주택시장 안정화를 도모함과 동시에 금융기관의 대출 건전성 관리 차원에서 부동산 부문으로의 과도한 자금흐름을 개선하기 위한 것으로 목적이 정당하다. 또한 초고가 주택에 대한 주택담보대출 금지는 수요 억제를 통해 주택 가격 상승 완화에 기여할 것이므로 수단도 적합하다. … 이 사건 조치는 투기지역·투기과열지구로 그 적용 '장소'를 한정하고, 시가 15억 원 초과 아파트로 '대상'을 한정하였으며, 초고가 아파트를 담보로 한 주택구입목적의 주택담보대출로 '목적'을 구체적으로 한정하였음을 고려할 때, 침해의 최소성과 법익의 균형성도 인정된다. 따라서 이 사건 조치는 과잉금지원칙에 반하여 청구인의 **재산권 및 계약의 자유를 침해하지 아니한다**(헌재 2023. 3. 23. 2019헌마1399).

2893 법정이율을 연 5분으로 정한 「민법」 조항은 법정이율은 다른 법률의 정함이나 당사자 사이의 약정이 없는 경우에만 적용되고, 법정이율 고정제와 다른 방식으로 이러한 입법목적을 실현하면서 채무자의 재산권을 덜 제한하는 수단이 명백히 존재한다고 보기 어려우므로 채무자의 재산권을 침해하지 않는다. 23 소간 O|X

2893-1 계약의 이행으로 받은 금전을 계약 해제에 따른 원상회복으로서 반환하는 경우 그 받은 날로부터 이자를 지급하도록 한 「민법」 조항은, 계약 해제의 경위·계약 당사자의 귀책사유 등 제반 사정을 계약 해제로 인한 손해배상의 범위를 정할 때 고려하게 되므로, 원상회복의무자의 재산권을 침해하지 않는다. 19 국회 8 O|X

● 정답 | 2890. ○ 2891. ×[재산권 침해] 2892. ×[재산권 침해 아님] 2893. ○ 2893-1. ○

(1) 법정이율은 다른 법률의 정함이나 당사자 사이의 약정이 없는 경우에만 적용된다. 이율에 관한 표준 규범을 정립한다는 입법목적을 효과적으로 달성하기 위해서는 법률이 일정한 이율을 사전에 고지하여 당사자들에게 명확한 행위지침을 제시할 필요가 있다. 법정이율 고정제와 다른 방식으로 이러한 입법목적을 실현하면서 채무자의 재산권을 덜 제한하는 수단이 명백히 존재한다고 보기 어렵다. … 따라서 민법 제379조는 채무자의 **재산권을 침해하지 않는다**(헌재 2017. 5. 25. 2015헌바421).

(2) 금전은 교환수단일 뿐만 아니라 가치저장수단으로서 자본의 축적에 이바지하므로, 금전을 인도받아 보유하고 있는 자체로 금전에 대한 운용이익을 얻고 있다고 볼 수 있다. 따라서 계약 해제에 따라 금전을 원상회복으로 반환하는 경우 그 받은 날로부터 이자를 지급하도록 한 것은 계약이 체결되지 않았을 경우에 나타났을 원래의 상황을 회복한다는 계약 해제 제도의 정당한 목적 달성을 위한 합리적 수단이다. … 계약 해제의 경위·계약 당사자의 귀책사유 등 제반 사정은 계약 해제로 인한 손해배상의 범위를 정할 때 고려된다. 따라서 민법 제548조 제2항은 원상회복의무자의 **재산권을 침해하지 않는다**(헌재 2017. 5. 25. 2015헌바421).

2894 개인파산절차에서 면책을 받은 채무자가 악의로 채권자목록에 기재하지 않은 청구권에 대해서만 면책의 예외를 인정하고, 파산채권자에게 채무자의 악의를 입증하도록 규정한 「채무자 회생 및 파산에 관한 법률」 조항은 파산채권자의 재산권을 침해하지 않는다. 15 변호사   O|X

심판대상조항은 채권의 공평한 변제와 채무자의 경제적 재기를 목적으로 하면서도, 채권자목록에 기재되지 아니함으로 인하여 채권이 상실될 채권자를 보호하기 위한 것으로 목적의 정당성이 인정되고, 채무자가 악의로 채권자목록에서 누락한 채권을 면책 대상에서 제외하는 것은 위 목적달성을 위한 적합한 수단에 해당한다. … 면책제도의 취지와 실제 면책이 이루어지는 채무자의 상황 등을 고려할 때, 입증책임을 채권자에게 부담시켰다 하더라도 **재산권에 대한 과도한 제한으로 보기는 어렵다**(헌재 2014. 6. 26. 2012헌가22).

2895 소액임차인이 보증금 중 일부를 우선하여 변제받으려면 주택에 대한 경매신청의 등기 전에 대항력을 갖추어야 한다고 규정한 「주택임대차보호법」 조항은 입법형성의 한계를 벗어나 주택에 대한 경매신청의 등기 전까지 주민등록을 미처 갖추지 못한 소액임차인의 재산권을 침해한다고 보기 어렵다. 21 지방 7   O|X

임차보증금반환채권과 관련하여 이해관계인이 받는 영향이 크고 분쟁도 자주 발생하는 만큼 임대차의 존재 여부와 개시일을 분명하게 특정할 필요가 있고, 이를 위하여 주택의 인도 외에 추가로 공적 절차인 주민등록을 요구하는 것은 수긍할 수 있다. 주민등록은 등기와 달리 비용이 소요되지 않고 인터넷으로 손쉽게 신청할 수 있는 등 그 절차도 비교적 간편하므로, 이를 통하여 권리관계를 분명하도록 하는 것이 임차인에게 과도한 부담이라 할 수 없다. … 위와 같은 점들을 종합하여 볼 때, 심판대상조항이 **주택에 대한 경매신청의 등기 전까지 주민등록을 갖춘 소액임차인**에 한하여 우선변제를 받을 수 있도록 한 것이 입법형성의 한계를 벗어나 청구인의 **재산권을 침해한다고 보기 어렵다**(헌재 2020. 8. 28. 2018헌바422).

2896 임차주택의 양수인이 임대인의 지위를 승계하도록 규정한 구 「주택임대차보호법」 조항은 임차인의 주거생활의 안정을 도모함과 동시에 주민등록이라는 공시기능을 통하여 주택 양수인의 불측의 손해를 예방할 수 있도록 하고 있으므로, 기본권 침해의 최소성 원칙에 반하지 않는다. 23 경간   O|X

심판대상조항은 임차인이 주택의 인도와 주민등록이라는 주택임대차보호법상의 대항요건을 갖춘 때에 한하여 양수인에게 임대차계약상의 권리·의무를 그대로 승계하도록 하고 있어, 사회적 약자인 **임차인의 주거생활의 안정**을 도모함과 동시에 주민등록이라는 공시기능을 통하여 **주택 양수인의 불측의 손해**를 예방할 수 있도록 하고 있으므로, 기본권 침해의 최소성 원칙에 반하지 아니한다. … 심판대상조항으로 인하여 임차주택 양수인이 임대차보증금반환채무에 대한 지연손해금까지 승계하게 된다고 하여도, 심판대상조항이 과잉금지원칙에 반하여 **헌법에 위반된다고 볼 수 없다**(헌재 2017. 8. 31. 2016헌바146).

정답 2894. O   2895. O   2896. O

2897 재건축사업 진행단계에 상관없이 임대인이 갱신거절권을 행사할 수 있도록 한 (구)「상가건물 임대차보호법」 제10조 제1항 단서 제7호는 상가임차인의 재산권을 침해한다. 16 국회 9   O | X

임대인의 갱신거절권 행사가 정당한지 여부에 대해, 법원이 구체적인 재건축 사유, 재건축사업의 실제 추진가능성 및 진행단계, 그 밖에 여러 사정을 고려하여 합목적적으로 판단하고 있는 점, 임차인의 권리는 계약갱신요구권 이외에도 우선변제권이나 차임감액청구권 등 상가건물 임대차보호법 상 다른 규정에 따라 두텁게 보호되고 있는 점 등의 사정을 종합하여 보면, 심판대상조항이 과도하게 상가임차인의 재산권을 침해한다고 볼 수 없다(헌재 2014. 8. 28. 2013헌바76).

06 기타 재산권 제한

2898 경북대학교 총장임용후보자선거의 후보자로 등록하려면 3,000만 원의 기탁금을 납부하고 제1차 투표에서 유효투표수의 100분의 15 이상을 득표한 경우에는 기탁금 전액을, 100분의 10 이상 100분의 15 미만을 득표한 경우에는 기탁금 반액을 반환하고, 반환되지 않은 기탁금은 경북대학교발전 기금에 귀속하도록 정한 「경북대학교 총장임용 후보자 선정 규정」의 해당 조항은 재산권을 침해하지 않는다. 23 소간   O | X

2898-1 국립대학교 총장임용후보자 선거 시 투표에서 일정 수 이상을 득표한 경우에만 기탁금 전액이나 일부를 후보자에게 반환하고, 반환되지 않은 기탁금은 국립대학교 발전기금에 귀속시키는 기탁금귀속조항에 대해서는 재산권보다 공무담임권을 중심으로 살핀다. 24 경간   O | X

(1) 총장임용후보자선거 후보자의 진지성과 성실성을 확인하는 과정에서 득표한 유효투표수에 따라 기탁금의 반환 여부 및 반환 정도를 결정하고 반환되지 않은 기탁금을 대학의 발전기금에 귀속시키는 것이 부당하다고 할 수 없고, 후보자들로서도 입후보를 결심하는 과정에서 자신이 납부하게 될 기탁금이 학교 발전을 위해 쓰일 수 있으리라는 점을 충분히 예측할 수 있고, 이를 용인한 것으로 보인다. 나아가 현재 경북대학교의 기탁금액이 아주 큰 금액이라고 볼 수는 없다는 점까지 종합하면, 경북대학교가 후보자 난립 방지 및 후보자의 진지성 및 성실성 확보를 위하여 제1차 투표에서 유효투표수 100분의 10 이상 100분의 15 미만을 득표한 경우에는 기탁금 반액을, 유효투표수 100분의 10 미만을 득표한 경우에는 기탁금 전액을 반환하지 않고 발전기금에 귀속되도록 정한 자율적 판단이 청구인의 재산권을 과도하게 제한한다고 할 수 없다. 따라서 이 사건 기탁금귀속조항은 청구인의 재산권을 침해하지 아니한다 (헌재 2022. 5. 26. 2020헌마1219).

(2) 이 사건 기탁금귀속조항은 후보자가 사망하거나 제1차 투표에서 유효투표수의 100분의 15 이상을 득표한 경우에는 기탁금 전액을, 제1차 투표에서 유효투표수의 100분의 10 이상 100분의 15 미만을 득표한 경우에는 기탁금 반액을 후보자에게 반환하고, 반환되지 않은 기탁금은 경북대학교 발전기금에 귀속되도록 하고 있다. 이하에서는 이 사건 기탁금귀속조항이 후보자의 재산권을 침해하는지 여부에 대하여 살핀다(헌재 2022. 5. 26. 2020헌마1219).

2899 도로 등 영조물 주변 일정 범위에서 관할 관청 또는 소유자 등의 허가나 승낙 하에서만 광업권자의 채굴행위를 허용하는 것은 광업권자의 재산권을 침해하지 아니한다. 16 서울 7   O | X

2899-1 도로의 지표 지하 50미터 이내의 장소에서는 관할 관청의 허가나 소유자 또는 이해관계인의 승낙이 없으면 광물을 채굴할 수 없도록 규정한 구「광업법」조항은 다른 권리와의 충돌가능성이 내재되어 있는 광업권의 특성을 감안하더라도 위와 같은 제한은 광업권자가 수인하여야 하는 사회적 제약의 범주를 벗어나 광업권자의 재산권을 침해한다. 15 변호사   O | X

● 정답 2897. ×[재산권 침해 X]   2898. O   2898-1. ×[재산권을 침해하는지 여부로 살핌]   2899. O   2899-1. ×[재산권 침해 X]

심판대상조항은 광업권이 정당한 토지사용권 등 공익과 충돌하는 것을 조정하는 정당한 입법목적이 있고, 도로와 일정 거리 내에서는 허가 또는 승낙 하에서만 채굴할 수 있도록 하는 것은 적절한 수단이 되며, 정당한 이유 없이 허가 또는 승낙을 거부할 수 없도록 하여 광업권이 합리적인 이유 없이 제한되는 일이 없도록 하므로 최소침해성의 원칙에도 부합하고, 실현하고자 하는 공익과 광업권의 침해 정도를 비교형량할 때 적정한 비례관계가 성립하므로 법익균형성도 충족된다. 또한 광업권의 특성을 감안할 때 심판대상조항에 의한 제한은 광업권자가 수인하여야 하는 <u>사회적 제약의 범주</u>에 속하는 것이다. 따라서 심판대상조항은 광업권자의 <u>**재산권을 침해하지 아니한다**</u>(헌재 2014. 2. 27. 2010헌바483).

2900 건축허가를 받은 자가 1년 이내에 공사에 착수하지 아니한 경우 건축허가를 필수적으로 취소하도록 규정한 것은 건축주의 재산권을 침해한다. 16 서울 7   O│X

이 사건 법률조항은 건축행위의 규제에 있어 건축물과 관련된 안전의 확보 및 위험의 방지뿐만 아니라 국토의 효율적인 이용 및 환경보전 등 다양한 공익적 고려 요소를 시의에 맞도록 합리적으로 반영하기 위한 것이므로 그 입법목적의 정당성이 인정되고, … 따라서 <u>이 사건 법률조항은 헌법 제23조 제1항이 정하는 건축주의 토지재산권을 제한함에 있어 헌법 제37조 제2항의 과잉금지원칙을 위반하지 아니하였으므로, 건축주인 청구인들의 **재산권을 침해한다고 할 수 없다**</u>(헌재 2010. 2. 25. 2009헌바70).

2901 성매매에 제공되는 사실을 알면서 건물을 제공하는 행위를 한 자를 처벌하는 것은 집창촌에서 건물을 소유하거나 그 권리권한을 가지고 있는 자의 재산권을 침해한다. 16 서울 7, 15 경정   O│X

이 사건 법률조항은 성매매, 성매매알선 등 행위를 근절하고, 성매매피해자의 인권을 보호하는 데에 이바지하고자 하는 것으로서 입법목적의 정당성이 인정되고, 성매매에 제공되는 사실을 알면서 건물을 제공함으로써 성매매와 성매매알선이 용이해지고 그로 인한 재산상의 이익은 성매매에 대한 건물제공의 유인 동기가 되므로, 이를 형사처벌하는 것은 입법목적을 달성하기 위한 적절한 수단이다. … <u>이 사건 법률조항이 과잉금지원칙에 위반하여 **재산권을 침해한다고 할 수 없다**</u>(헌재 2012. 12. 27. 2011헌바235).

2902 국회의원이 보유한 직무관련성 있는 주식의 매각 또는 백지신탁을 명하고 있는 (구)「공직자윤리법」 조항은 과잉금지원칙에 위반되어 국회의원의 재산권을 침해하는 것이다. 15 국가 7   O│X

이 사건 법률조항은 국회의원으로 하여금 직무관련성이 인정되는 주식을 매각 또는 백지신탁하도록 하여 그 직무와 보유주식 간의 이해충돌을 원천적으로 방지하고 있는바, 헌법상 국회의원의 국가이익 우선의무, 지위남용 금지의무 조항 등에 비추어 볼 때 이는 정당한 입법목적을 달성하기 위한 적절한 수단이다. … <u>이 사건 법률조항은 당해사건 원고의 **재산권을 침해하지 아니한다**</u>(헌재 2012. 8. 23. 2010헌가65).

2903 「친일반민족행위자 재산의 국가귀속에 관한 특별법」에 따라 그 소유권이 국가에 귀속되는 '친일재산'의 범위를 '친일반민족행위자가 국권침탈이 시작된 러·일전쟁 개전시부터 1945년 8월 15일까지 일본제국주의에 협력한 대가로 취득하거나 이를 상속받은 재산 또는 친일재산임을 알면서 유증 증여를 받은 재산'으로 규정하고 있는 친일재산귀속법 조항은 재산권을 침해하지 않는다. 19 국회 8   O│X

이 사건 친일재산조항은 정의를 구현하고 민족의 정기를 바로 세우며 일제에 저항한 3·1운동의 헌법이념을 구현하기 위하여, 친일반민족행위로 축재한 재산을 친일재산으로 규정하여 국가에 귀속시킬 수 있도록 하기 위한 것으로서, 입법목적의 정당성 및 수단의 적합성이 인정된다. … 과거사 청산의 정당성과 진정한 사회통합의 가치를 고려할 때 이 사건 친일재산조항의 공익적 중대성은 막중하고, 이 사건 친일재산조항으로 인한 친일반민족행위자 등의 재산권에 대한 제한의 정도가 위 조항에 의하여 보장되는 공익에 비하여 결코 중하다고 볼 수 없으므로, 위 조항이 법익의 균형성에 반한다고 볼 수 없다. 결국 <u>이 사건 친일재산조항이 과잉금지원칙을 위반하여 **재산권을 침해한다고 할 수 없다**</u>(헌재 2018. 4. 26. 2016헌바454).

●정답 2900. X [재산권 침해 X]   2901. X [재산권 침해 X]   2902. X [재산권 침해 X]   2903. O

2904 전기통신금융사기의 피해자가 피해구제 신청을 하는 경우, 피해자의 자금이 송금·이체된 계좌 및 해당 계좌로부터 자금의 이전에 이용된 계좌를 지급정지하는 「전기통신금융사기 피해방지 및 피해금 환급에 관한 특별법」 조항은 과잉금지원칙을 위반하여 청구인의 재산권을 침해한다. 23 경찰 2차 O | X

전기통신금융사기는 범행 이후 피해금 인출이 신속히 이루어지고 전기통신금융사기의 범인은 동일한 계좌를 이용하여 다수의 피해자를 상대로 여러 차례 범행을 저지를 가능성이 있으므로, 전기통신금융사기로 인한 피해를 실효적으로 구제하기 위하여는 피해금 상당액을 넘어 사기이용계좌 전부에 대하여 지급정지를 하는 것이 불가피하다. … 따라서 지급정지조항은 과잉금지원칙을 위반하여 청구인의 재산권을 침해하지 아니한다(헌재 2022. 6. 30. 2019헌마579).

2905 공기총의 소지허가를 받은 자로 하여금 그 공기총을 일률적으로 허가관청이 지정하는 곳에 보관하도록 하고 있는 「총포·도검·화약류 등의 안전관리에 관한 법률」 조항은 보관방법에 대한 제한일 뿐이므로 과잉금지원칙에 위배되지 않는다. 24 경정 O | X

심판대상조항들은 공기총을 안전하게 관리하고 공기총으로 인한 위험과 재해를 미리 방지하여 공공의 안전을 유지하기 위한 것으로서, 공기총을 지정된 장소에 보관하도록 한 것은 위와 같은 목적을 달성하는 데에 적합한 수단이다. 따라서 심판대상조항들은 목적의 정당성 및 수단의 적합성이 인정된다. … 따라서 심판대상조항들은 과잉금지원칙에 반하지 않는다(헌재 2019. 6. 28. 2018헌바400).

2906 관리처분계획인가의 고시가 있으면 별도의 영업손실보상 없이 재건축사업구역 내 임차권자의 사용·수익을 중지시키는 것은 임차권자의 재산권을 침해한다. 22 법무사 O | X

재건축사업의 임차권자에 대해서는 '공익사업을 위한 토지 등의 취득 및 보상에 관한 법률'에 규정된 세입자 보상에 관한 조항들이 원칙적으로 적용되지 않는데, 이는 '도시 및 주거환경정비법'이 임차권자에 대한 보상 역시 건축물의 소유자인 임대인과 임차인 사이의 임대차계약에 따라 사적 자치에 의해 해결하도록 한 것으로 볼 수 있다. … 이러한 사정들을 종합하면 임차권자에 대한 보상을 임대인과 임차인 사이의 임대차계약 등에 따라 사적 자치에 의해 해결하도록 한 입법자의 판단이 잘못되었다고 보기 어려우므로, 심판대상조항은 과잉금지원칙을 위반하여 임차권자의 재산권을 침해하지 아니한다(헌재 2020. 4. 23. 2018헌가17).

POINT 158 공용침해와 손실보상 Ⓑ

01 공용침해와 손실보상

2907 공공필요에 의한 재산권의 수용·사용 또는 제한 및 그에 대한 보상은 법률로써 하되, 정당한 보상을 지급하여야 한다. 23 경정 O | X

2907-1 공공필요에 의한 재산권의 수용·사용 또는 제한 및 그에 대한 보상은 법률로써 하되, 상당한 보상을 지급하여야 한다. 22 경찰 2차, 18 5급 O | X

2907-2 헌법 제23조 제3항은 "공공필요에 의한 재산권의 수용·사용 또는 제한 및 그에 대한 보상은 법률로써 하되, 완전한 보상을 지급하여야 한다"고 규정하여 피수용재산의 객관적인 재산가치를 완전하게 보상하여야 함을 선언하고 있다. 21 법원 9 O | X

> **헌법 제23조** ② 재산권의 행사는 공공복리에 적합하도록 하여야 한다.
> ③ 공공필요에 의한 재산권의 수용·사용 또는 제한 및 그에 대한 보상은 법률로써 하되, 정당한 보상을 지급하여야 한다.

● 정답 2904. X [재산권 침해 X] 2905. O 2906. X [재산권 침해 X] 2907. O 2907-1. X [상당한 X → 정당한 O] 2907-2. X [완전한 X → 정당한 O]

02 사회적 제약과 공용침해

2908 법률조항에 의한 재산권 제한이 헌법 제23조 제1항, 제2항에 근거한 재산권의 내용과 한계를 정한 것인지, 아니면 헌법 제23조 제3항에 근거한 재산권의 수용을 정한 것인지를 판단함에 있어서는 전체적인 재산권 제한의 효과를 종합적이고 유기적으로 파악하여 그 제한의 성격을 이해하여야 한다. 23 국회 8   O | X

심판대상조항에 의한 재산권 제한이 헌법 제23조 제1항, 제2항에 근거한 재산권의 내용과 한계를 정한 것인지, 아니면 헌법 제23조 제3항에 근거한 재산권의 수용을 정한 것인지를 판단함에 있어서는 그 대상이 된 재산권 하나하나에 대한 제한의 효과를 개별적으로 분석할 것이 아니라, **전체적인 재산권 제한의 효과를 종합적이고 유기적으로 파악**하여 그 제한의 성격을 이해하여야 한다(헌재 2019. 11. 28. 2016헌마1115).

2909 초·중·고등학교 및 대학교 경계선으로부터 200미터 내로 설정된 학교환경위생정화구역 안에서 여관시설 및 영업행위를 금지하고 있는「학교보건법」조항은 재산권 제한의 범위나 정도는 초·중·고등학교 및 대학교의 건전한 교육환경의 조성과 교육의 능률화라는 공익과 비교형량 하여 볼 때, 재산권을 침해하는 것이라고 할 수 없다. 23 소간   O | X

2909-1 학교환경위생정화구역 내에서 여관시설 및 여관영업을 금지하는 경우, 학교환경위생정화구역 안에서 소유건물을 여관용도로 사용할 수 없게 함으로써 건물 소유권자의 건물에 대한 사용·수익권을 제한하는 것은 국가가 구체적인 공적 과제를 수행하기 위하여 이미 형성된 구체적인 재산적 권리를 전면적 또는 부분적으로 박탈하거나 제한하는 것으로서 보상을 요하는 헌법 제23조 제3항 소정의 수용·사용 또는 제한에 해당한다. 10 국회 8   O | X

2909-2 중학교 학교환경위생정화구역 안에서 여관영업을 금지하는 법률조항은, 구체적·개별적으로 형성된 재산권인 여관영업권을 사회적 수인한도를 넘어 박탈하거나 제한하면서 아무런 보상규정을 두지 아니하여 국민의 재산권을 침해한다. 16 변호사   O | X

이 사건 법률조항은 공익목적을 위하여 개별적·구체적으로 이미 형성된 구체적 재산권을 박탈하거나 제한하는 것이 아니므로, 보상을 요하는 **헌법 제23조 제3항 소정의 수용·사용 또는 제한에 해당되는 것은 아니다**. … 이러한 재산권 제한의 범위나 정도는 초·중·고등학교 및 대학교의 건전한 교육환경의 조성과 교육의 능률화라는 공익과 비교형량 하여 볼 때 헌법에서 허용되지 아니한 과도한 제한이라고 할 수는 없다. 따라서 이 사건 법률조항이 **재산권을 침해하는 것이라고 할 수 없다**(헌재 2006. 3. 30. 2005헌바110).

2910 「가축전염병 예방법」상의 살처분은 가축의 전염병이 전파가능성과 위해성이 매우 커서 타인의 생명, 신체나 재산에 중대한 침해를 가할 우려가 있는 경우 이를 막기 위해 취해지는 조치로서 가축 소유자가 수인해야 하는 사회적 제약의 범위에 속한다. 22 입시   O | X

2910-1 「가축전염병 예방법」상 살처분 명령은 이미 형성된 재산권을 개별적·구체적으로 박탈한다는 점에서, 가축 소유자가 수인해야 하는 사회적 제약의 범위를 벗어나는 것으로 보아야 한다. 24 변호사   O | X

살처분은 가축의 전염병이 전파가능성과 위해성이 매우 커서 타인의 생명, 신체나 재산에 중대한 침해를 가할 우려가 있는 경우 이를 막기 위해 취해지는 조치로서, **가축 소유자가 수인해야 하는 사회적 제약의 범위에 속한다**(헌재 2014. 4. 24. 2013헌바110).

● 정답   2908. O   2909. O   2909-1. X [헌법 제23조 제3항 소정의 제한 X]   2909-2. X [재산권 침해 X]   2910. O   2910-1. X [사회적 제약의 범위에 속함]

2911 가축전염병의 확산을 막기 위한 방역조치로서 도축장 사용정지·제한명령은 공익목적을 위하여 이미 형성된 구체적 재산권을 박탈하거나 제한하는 헌법 제23조 제3항의 수용·사용 또는 제한에 해당하는 것이 아니라, 도축장 소유자들이 수인하여야 할 사회적 제약으로서 헌법 제23조 제1항의 재산권의 내용과 한계에 해당한다. 19 국회 8 ○│×

도축장 사용정지·제한명령은 구제역과 같은 가축전염병의 발생과 확산을 막기 위한 것이고, 도축장 사용정지·제한명령이 내려지면 국가가 도축장 영업권을 강제로 취득하여 공익 목적으로 사용하는 것이 아니라 소유자들이 일정기간 동안 도축장을 사용하지 못하게 되는 효과가 발생할 뿐이다. 이와 같은 재산권에 대한 제약의 목적과 형태에 비추어 볼 때, 도축장 사용정지·제한명령은 공익목적을 위하여 이미 형성된 구체적 재산권을 박탈하거나 제한하는 헌법 제23조 제3항의 수용·사용 또는 제한에 해당하는 것이 아니라, 도축장 소유자들이 수인하여야 할 사회적 제약으로서 헌법 제23조 제1항의 재산권의 내용과 한계에 해당한다(헌재 2015. 10. 21. 2012헌바367).

2912 문화재의 사용, 수익, 처분에 있어 고의로 문화재의 효용을 해하는 은닉을 금지하는 것은 문화재에 관한 재산권 행사의 사회적 제약을 구체화한 것에 불과하다. 13 변호사 ○│×

위 조항들은 문화재를 사용, 수익, 처분함에 있어 고의로 문화재의 효용을 해하는 은닉을 하여서는 아니된다는 것, 즉 문화재의 사회적 효용과 가치를 유지하는 방법으로만 사용·수익할 수 있다는 것으로, 문화재에 관한 재산권 행사의 사회적 제약을 구체화한 것에 불과하고 문화재의 사용·수익을 금지하는 등 문화재의 사적 유용성과 처분권을 부정하여 구체적으로 형성된 재산권을 박탈하거나 제한하는 것은 아니므로 보상을 요하는 헌법 제23조 제3항 소정의 수용 등에 해당하는 것은 아니다. … 은닉 이외의 다른 방식으로 얼마든지 문화재를 사용·수익·처분할 수 있다는 점에서 위 조항들이 과잉금지원칙에 위배된다고 보기 어렵다(헌재 2007. 7. 26. 2003헌마377).

2913 「댐건설관리법」은 댐사용권을 물권으로 보며 「댐건설관리법」에 특별한 규정이 있는 경우를 제외하고는 '부동산에 관한 규정'을 준용하도록 하고 있으므로 댐사용권은 사적유용성 및 그에 대한 원칙적 처분권을 내포하는 재산가치 있는 구체적 권리로서 헌법상 재산권 보장의 대상이 된다. 23 국회 8 ○│×

2913-1 댐사용권을 취소·변경할 수 있도록 규정한 「댐건설 및 주변지역지원 등에 관한 법률」조항은 이미 형성된 구체적인 재산권을 공익을 위하여 개별적이고 구체적으로 박탈·제한하는 것으로서 보상을 요하는 헌법 제23조 제3항의 수용·사용·제한을 규정한 것이라고 볼 수 없고, 적정한 수자원의 공급 및 수재방지 등 공익적 목적에서 건설되는 다목적댐에 관한 독점적 사용권인 댐사용권의 내용과 한계를 정하는 규정인 동시에 공익적 요청에 따른 재산권의 사회적 제약을 구체화하는 규정이라고 보아야 한다. 24 변호사 ○│×

(1) 댐건설관리법은 댐사용권을 물권(物權)으로 보며, 댐건설관리법에 특별한 규정이 있는 경우를 제외하고는 부동산에 관한 규정을 준용하도록 한다(제29조). 댐사용권은 등록부에 공시하고 저당권의 대상이 되며(제32조), 댐사용권자는 설정된 댐사용권의 범위 내에서 저수 또는 유수의 배타적 사용권을 가지고 해당 댐의 저수를 사용하는 자로부터 사용료를 받을 수 있다(제35조). 이와 같이 댐사용권은 사적유용성 및 그에 대한 원칙적 처분권을 내포하는 재산가치 있는 구체적 권리라고 할 것인바, 헌법 제23조에 의한 재산권 보장의 대상이 된다(헌재 2022. 10. 27. 2019헌바44).

(2) 댐사용권변경조항은 다목적댐 건설 이후의 주변 환경 변화에 따라 댐의 저수 이용상황이 변경되어 댐사용권을 그대로 유지하는 것이 곤란한 경우 저수의 용도별 배분 및 댐사용권자를 변경함으로써 댐사용권을 둘러싼 법률관계를 일반적이고 추상적으로 규율하고자 하는 규정이다. 즉 댐사용권변경조항은 이미 형성된 구체적인 재산권을 공익을 위하여 개별적이고 구체적으로 박탈·제한하는 것으로서 보상을 요하는 헌법 제23조 제3항의 수용·사용·제한을 규정한 것이라고 볼 수 없고, 적정한 수자원의 공급 및 수재방지 등 공익적 목적에서 건설되는 다목적댐에 관한 독점적 사용권인 댐사용권의 내용과 한계를 정하는 규정인 동시에 공익적 요청에 따른 재산권의 사회적 제약을 구체화하는 규정이라고 보아야 한다(헌재 2022. 10. 27. 2019헌바44).

● 정답 2911. ○ 2912. ○ 2913. ○ 2913-1. ○

2914 외국의 대사관저에 대하여 강제집행을 할 수 없다는 이유로 집달관이 강제집행신청의 접수를 거부하여 강제집행이 불가능하게 되었다고 하더라도 이로부터 그 손실을 보상하는 법률을 제정함으로써 국민의 기본권을 보호하여야 할 입법자의 보호의무가 발생하였다고 볼 수는 없다. 13 지방 7 O | X

2914-1 외교관계에 관한 비엔나협약에 근거한 민사면책특권 때문에 채무자인 외국대사관에 대하여 강제집행을 할 수 없게 되더라도, 이 경우 채권자인 국민의 손실을 보상하는 법률을 제정해야 할 입법의무가 발생하는 것은 아니다. 11 법원 9 O | X

외국의 대사관저에 대하여 강제집행을 할 수 없다는 이유로 집달관이 청구인들의 강제집행의 신청의 접수를 거부하여 <u>강제집행이 불가능</u>하게 된 경우 국가가 청구인들에게 손실을 보상하는 법률을 제정하여야 할 헌법상의 명시적인 입법위임은 인정되지 아니하고, 헌법의 해석으로도 그러한 법률을 제정함으로써 청구인들의 기본권을 보호하여야 할 <u>입법자의 행위의무 내지 보호의무</u>가 발생하였다고 볼 수 <u>없다</u>(헌재 1998. 5. 28. 96헌마44).

2915 통일부장관이 2010. 5. 24. 발표한 북한에 대한 신규투자 불허 및 진행 중인 사업의 투자확대 금지 등을 내용으로 하는 대북조치로 인하여 재산상 손실을 입은 자에 대한 보상입법을 마련하지 않은 경우, 이는 헌법 해석상 보상규정을 두어야 할 입법의무가 도출됨에도 이를 이행하지 아니한 진정입법부작위에 해당하여 개성공단 내의 토지이용권을 사용·수익할 수 없게 된 청구인의 재산권을 침해한다. 24 경찰 1차 O | X

경제협력사업에 참여하는 기업이나 개인으로서는 남북관계의 개선과 평화적 통일의 기틀을 마련하는 데 기여한 측면이 있고, 헌법 전문과 제4조 등에서 평화통일에 관한 내용을 규정하고 있으며, 경제협력사업이 평화적 통일을 위한 기반 조성의 일환으로 이루어진 것이라 하더라도, 재산상 손실의 위험성이 이미 예상된 상황에서 발생한 재산상 손실에 대해 <u>헌법 해석상</u>으로 어떠한 <u>보상입법의 의무</u>가 도출된다고까지 보기는 <u>어렵다</u>. … 이러한 사정을 종합하면 <u>헌법 해석상</u>으로도 청구인의 재산상 손실에 대하여 <u>보상규정을 두어야 할 입법의무</u>가 도출된다고 할 수 <u>없다</u>(헌재 2022. 5. 26. 2016헌마95).

🔎 **보충설명** 2010. 5. 24.자 대북조치로 인하여 재산상 손실을 입은 자에 대한 보상입법을 마련하지 아니한 입법부작위에 대한 심판청구가 부적법하다.

03 공용침해

2916 재산권을 보장하면서 공용수용·공용사용·공용제한의 방식으로 재산권을 제한하는 경우에는 공공필요라는 목적이 있어야 한다. 17 5급 O | X

> **헌법 제23조** ③ 공공필요에 의한 재산권의 **수용·사용 또는 제한** 및 그에 대한 보상은 법률로써 하되, 정당한 보상을 지급하여야 한다.

2917 헌법은 국민의 구체적 재산권의 자유로운 이용·수익·처분을 보장하면서도 다른 한편 공공필요에 의한 재산권의 수용을 헌법이 규정하는 요건이 갖춰진 경우에 예외적으로 인정하고 있다. 24 5급 O | X

우리 헌법은 국민의 구체적 재산권의 <u>자유로운 이용·수익·처분</u>을 보장하면서도 다른 한편 <u>공공필요에 의한 재산권의 수용</u>을 헌법이 규정하는 요건이 갖춰진 경우에 <u>예외적으로 인정</u>하고 있다(헌법 제23조 제3항). 이러한 공공필요를 이유로 사업시행자가 토지수용 등의 절차를 진행하는 경우 원소유자는 강제적으로 재산권을 박탈당하게 되므로 헌법 제23조 제3항에 의한 재산권 박탈은 불가피한 최소한에 그쳐야 한다(헌재 2020. 11. 26. 2019헌바131).

● **정답** 2914. O 2914-1. O 2915. X [입법의무 도출 안됨, 재산권 침해 아님] 2916. O 2917. O

2918 헌법 제23조 제3항에서 규정된 '공공필요' 요건 중 '공익성'은 기본권 일반의 제한사유인 '공공복리'보다 넓은 개념이다. 18 변호사 O | X

오늘날 공익사업의 범위가 확대되는 경향에 대응하여 재산권의 존속보장과의 조화를 위해서는, '**공공필요**'의 요건에 관하여, **공익성**은 추상적인 공익 일반 또는 국가의 이익 이상의 중대한 공익을 요구하므로 **기본권 일반의 제한사유인 '공공복리**'보다 **좁게 보는 것이 타당**하며, 공익성의 정도를 판단함에 있어서는 공용수용을 허용하고 있는 개별법의 입법목적, 사업내용, 사업이 입법목적에 이바지하는 정도는 물론, 특히 그 사업이 대중을 상대로 하는 영업인 경우에는 그 사업 시설에 대한 대중의 이용·접근가능성도 아울러 고려하여야 한다(헌재 2014. 10. 30. 2011헌바172 등).

2919 공용수용에서 공공성의 확보는 입법자가 입법을 할 때 공공성을 갖는가를 판단하면 족하고, 민간사업자가 개별적·구체적으로 당해 사업에 대한 사업인정을 행할 때 별도로 판단할 필요가 없다. 18 변호사 O | X

법이 공용수용 할 수 있는 공익사업을 열거하고 있더라도, 이는 공공성 유무를 판단하는 일응의 기준을 제시한 것에 불과하므로, 사업인정의 단계에서 개별적·구체적으로 공공성에 관한 심사를 하여야 한다. 즉 공공성의 확보는 **1차적으로 입법자가 입법을 행할 때** 일반적으로 당해 사업이 수용이 가능할 만큼 공공성을 갖는가를 판단하고, **2차적으로는 사업인정권자가 개별적·구체적으로 당해 사업에 대한 사업인정을 행할 때** 공공성을 판단하는 것이다(헌재 2014. 10. 30. 2011헌바172 등).

2920 공용수용에 관하여 규정하고 있는 헌법 제23조 제3항의 '공공필요'의 의미에 비추어 볼 때, 행정기관이 개발촉진지구 지역개발사업으로 실시계획을 승인하고 이를 고시하기만 하면 고급골프장 사업과 같이 공익성이 낮은 사업에 대하여서까지도 시행자인 민간개발자에게 수용권한을 부여하는 법률조항은 헌법 제23조 제3항에 위반된다. 23 법무사 O | X

2920-1 민간사업자의 고급골프장, 고급리조트 건설을 위한 토지수용은 국토균형발전, 지역경제활성화 등의 공공 이익이 인정되는 것으로서 법익의 형량에 있어서 사인의 재산권 보호의 이익보다 월등하게 우월한 공익으로 판단되므로 공공필요에 의한 수용에 해당한다. 18 변호사 O | X

이 사건에서 문제된 지구개발사업의 하나인 '관광휴양지 조성사업' 중에는 **고급골프장, 고급리조트 등의 사업**과 같이 입법목적에 대한 기여도가 낮을 뿐만 아니라, 대중의 이용·접근가능성이 작아 **공익성이 낮은 사업**도 있다. … 따라서 **이 사건 법률조항은 공익적 필요성이 인정되기 어려운 민간개발자의 지구개발사업**을 위해서까지 **공공수용이 허용**될 수 있는 가능성을 열어두고 있어 **헌법 제23조 제3항에 위반된다**(헌재 2014. 10. 30. 2011헌바172 등).

2921 헌법 제23조 제3항은 재산권 수용의 주체를 한정하지 않고 있는바, 그 수용의 주체가 국가 등에 한정되어야 하는지, 아니면 민간기업에도 허용될 수 있는지 여부에 대하여 헌법이라는 규범적 층위에서는 구체적으로 결정된 내용이 없다는 것을 의미하므로, 수용의 주체를 국가 등 공적 기관에 한정하여 해석할 이유가 없다. 23 변호사 O | X

2921-1 헌법 제23조 제3항은 재산권 수용의 주체를 한정하지 않고 있지만 정당한 보상을 전제로 하여 재산권의 수용 등에 관한 가능성을 규정하고 있는 점을 고려하면 수용 등의 주체는 국가 등의 공적 기관으로 한정하여 해석하여야 한다. 24 입시 O | X

● 정답 2918. X [공공복리보다 좁은 개념] 2919. X [판단해야 함] 2920. O 2920-1. X [공익 인정 X → 공공필요에 의한 수용 X] 2921. O 2921-1. X [국가 등의 공적 기관으로 한정 아님]

헌법 제23조 제3항은 정당한 보상을 전제로 하여 재산권의 수용 등에 관한 가능성을 규정하고 있지만, **재산권 수용의 주체를 한정하지 않고 있다.** 이는 재산의 수용과 관련하여 그 수용의 주체가 국가 등에 한정되어야 하는지, 아니면 민간기업에게도 허용될 수 있는지 여부에 대하여 헌법이라는 규범적 층위에서는 구체적으로 결정된 내용이 없다는 점을 의미하는 것이다. 따라서 위 수용 등의 주체를 국가 등의 공적 기관에 한정하여 해석할 이유가 없다(헌재 2009. 9. 24. 2007헌바114).

2922 민간기업에 의한 공용수용은 헌법 제23조 제3항에 명시되어 있는 대로 국민의 재산권을 그 의사에 반하여 강제적으로라도 취득해야 할 공익적 필요성이 있을 것, 법률에 의거할 것, 정당한 보상을 지급할 것의 요건을 모두 갖추어야 한다. 18 변호사 O|X

공공필요에 의한 재산권의 공권력적, 강제적 박탈을 의미하는 공용수용은 헌법상의 재산권 보장의 요청상 불가피한 최소한에 그쳐야 한다. 즉 **공용수용**은 헌법 제23조 제3항에 명시되어 있는 대로 국민의 재산권을 그 의사에 반하여 강제적으로라도 취득해야 할 **공익적 필요성**이 있을 것, **법률에 의거할 것**, **정당한 보상**을 지급할 것의 요건을 모두 갖추어야 한다(헌재 1994. 2. 24. 92헌가15 등).

2923 수용의 주체가 민간기업이라는 것 자체만으로 공공필요성을 갖추지 못한 것으로 볼 수는 없다. 17 법원 9 O|X

2923-1 공공필요에 의한 재산권의 수용에 있어서 수용의 주체는 국가 등의 공적 기관에 한정된다고 할 것이므로 민간기업에게 산업단지개발사업에 필요한 토지 등을 수용할 수 있도록 하는 것은 헌법 제23조 제3항에 위반된다. 13 변호사 O|X

헌법 제23조 제3항은 정당한 보상을 전제로 하여 재산권의 수용 등에 관한 가능성을 규정하고 있지만, 재산권 수용의 주체를 한정하지 않고 있다. … 따라서 위 수용 등의 주체를 **국가 등의 공적 기관**에 한정하여 해석할 이유가 **없다**. … 기업으로 하여금 산업단지를 직접 개발하도록 한다면, 기업들의 참여를 유도할 수 있는 측면도 있을 것이다. 그렇다면 **민간기업을 수용의 주체**로 규정한 자체를 두고 **위헌이라고 할 수 없으며**, 나아가 이 사건 수용조항을 통해 민간기업에게 사업시행에 필요한 토지를 수용할 수 있도록 규정할 필요가 있다는 입법자의 인식에도 합리적인 이유가 있다 할 것이다(헌재 2009. 9. 24. 2007헌바114).

04 손실보상

2924 손실보상은 적법한 공용제한의 경우를 전제한 것이며, 위법한 공용제한의 경우는 원칙상 손해배상법의 법리가 적용된다. 19 법원 9 O|X

손실보상은 **적법한 공용제한**의 경우를 전제한 것이며, **위법한 공용제한**의 경우는 원칙상 **손해배상법의 법리**가 적용된다(헌재 2005. 7. 21. 2004헌바57).

2925 헌법이 규정한 '정당한 보상'이란 손실보상의 원인이 되는 재산권의 침해가 기존의 법질서 안에서 개인의 재산권에 대한 개별적인 침해인 경우에 원칙적으로 피수용재산의 객관적인 재산가치를 완전하게 보상하는 것을 의미한다. 23 변호사 O|X

헌법이 규정한 **'정당한 보상'**이란 손실보상의 원인이 되는 재산권의 침해가 기존의 법질서 안에서 개인의 재산권에 대한 개별적인 침해인 경우에는 그 손실 보상은 원칙적으로 피수용재산의 객관적인 재산가치를 완전하게 보상하는 것이어야 한다는 **완전보상을 뜻하는 것으로서** 보상금액 뿐만 아니라 보상의 시기나 방법 등에 있어서도 어떠한 제한을 두어서는 아니 된다는 것을 의미한다(헌재 2011. 12. 29. 2010헌바205 등).

정답 2922. O 2923. O 2923-1. X [위반 X] 2924. O 2925. O

2926 헌법이 규정한 '정당한 보상'이란 손실보상의 원인이 되는 재산권의 침해가 기존의 법질서 안에서 개인의 재산권에 대한 개별적인 침해인 경우에 원칙적으로 피수용재산의 객관적인 재산가치를 완전하게 보상하는 것을 의미하는 것이고, 개발이익은 그 성질상 완전보상의 범위에 포함되지 아니한다. 23 법무사

O | X

헌법이 규정한 '정당한 보상'이란 이 사건 소원의 발단이 된 소송사건에서와 같이 손실보상의 원인이 되는 재산권의 침해가 기존의 법질서 안에서 개인의 재산권에 대한 개별적인 침해인 경우에는 그 손실 보상은 원칙적으로 피수용재산의 객관적인 재산가치를 완전하게 보상하는 것이어야 한다는 완전보상을 뜻하는 것으로서 보상금액 뿐만 아니라 보상의 시기나 방법 등에 있어서도 어떠한 제한을 두어서는 아니된다는 것을 의미한다고 할 것이다. … 개발이익은 그 성질상 완전보상의 범위에 포함되는 피수용자의 손실이라고는 볼 수 없으므로, 개발이익을 배제하고 손실보상액을 산정한다 하여 헌법이 규정한 정당보상의 원리에 어긋나는 것이라고는 판단되지 않는다(헌재 1990. 6. 25. 89헌마107).

2927 공익사업의 시행으로 지가가 상승하여 발생하는 개발이익을 배제하고 손실보상액을 산정한다 하여 헌법이 규정한 정당보상의 원리에 어긋난다고 볼 수 없다. 17 법원 9

O | X

2927-1 토지수용 시에 개발이익이 포함되지 아니한 공시지가를 기준으로 보상하는 것은 합헌이다. 16 국회 9

O | X

2927-2 헌법 제23조 제3항이 규정하는 정당한 보상이란 원칙적으로 피수용재산의 객관적인 재산가치를 완전하게 보상하는 완전보상을 의미하는바, 공시지가를 기준으로 수용된 토지에 대한 보상액을 산정하는 것은 정당보상원칙에 위배된다. 18 변호사

O | X

2927-3 헌법 제23조 제3항에 규정된 '정당한 보상'의 원칙은 모든 경우에 예외 없이 개별적 시가에 의한 보상을 요구하는 것을 의미한다. 10 국회 8

O | X

2927-4 재산권의 객체가 갖는 객관적 가치란 그 물건의 성질에 정통한 사람들의 자유로운 거래에 의하여 도달할 수 있는 합리적인 매매가능가격 즉 시가에 의하여 산정되는 것이 보통이므로, 수용으로 인한 보상가액은 피수용토지의 수용시점 시가에 의하여야 하고, 공익사업의 시행으로 지가가 상승하여 발생하는 개발이익 역시 해당 토지의 객관적 가치에 포함되므로, 손실보상액에서 그와 같은 개발이익을 배제하는 것은 헌법이 정한 정당보상의 원리에 위배된다. 21 법무사

O | X

재산권의 객체가 갖는 객관적 가치란 그 물건의 성질에 정통한 사람들의 자유로운 거래에 의하여 도달할 수 있는 합리적인 매매가능가격 즉 시가에 의하여 산정되는 것이 보통이다. 그러나 토지의 경우에는 위치·면적·지형·환경 및 용도 등 가격형성에 영향을 미치는 제반요소가 서로 흡사한 다른 토지를 목적물로 하여 다수의 공급자나 수요자가 합리적인 가격으로 거래한 경우를 상정한다는 것은 어려운 일이므로 그 시가를 곧바로 산정할 수는 없는 노릇이다. … 공익사업의 시행으로 지가가 상승하여 발생하는 개발이익은 기업자의 투자에 의하여 발생하는 것으로서 피수용자인 토지소유자의 노력이나 자본에 의하여 발생한 것이 아니다. … 또한 개발이익은 공공사업의 시행에 의하여 비로소 발생하는 것이므로 그것이 피수용토지가 수용당시 갖는 객관적 가치에 포함된다고 볼 수도 없다. … 따라서 개발이익은 그 성질상 완전보상의 범위에 포함되는 피수용자의 손실이라고는 볼 수 없으므로, 개발이익을 배제하고 손실보상액을 산정한다 하여 헌법이 규정한 정당보상의 원리에 어긋나는 것이라고는 판단되지 않는다(헌재 1990. 6. 25. 89헌마107).

정답 2926. O 2927. O 2927-1. O 2927-2. X [정당보상원칙 위배 X] 2927-3. X [예외 없는 개별시가 보상 의미 X] 2927-4. X [개발이익 : 객관적 가치 X → 정당보상원리 위배 X]

2928 사설철도회사의 재산 수용에 대한 보상절차규정을 두고 있던 군정법령이 폐지된 후, 30여년이 지나도록 그 보상을 위한 아무런 입법조치를 취하지 않고 있는 것은 입법자의 형성의 자유를 고려하더라도 그 한계를 벗어나는 것이라고 보아야하므로, 이는 사설철도회사의 재산관계권리자 중 손실보상청구권이 확정된 자의 재산권을 침해한다. 12 지방 7   O | X

우리 헌법은 제헌 이래 현재까지 일관하여 재산의 수용, 사용 또는 제한에 대한 보상금을 지급하도록 규정하면서 이를 법률이 정하도록 위임함으로써 국가에게 명시적으로 수용 등의 경우 그 보상에 관한 입법의무를 부과하여 왔는바, … 대한민국은 위 군정법령에 근거한 수용에 대하여 보상에 관한 법률을 제정하여야 하는 입법자의 헌법상 명시된 입법의무가 발생하였으며, 위 폐지법률이 시행된 지 30년이 지나도록 입법자가 전혀 아무런 입법조치를 취하지 않고 있는 것은 입법재량의 한계를 넘는 입법의무불이행으로서 보상청구권이 확정된 자의 헌법상 보장된 재산권을 침해하는 것이므로 위헌이다(헌재 1994. 12. 29. 89헌마2).

정답 2928. O

Chapter 05 참정권 (정치권)

POINT 159 국민투표제도와 국민투표권

01 국민투표제도

2929 헌법상 직접민주주의에 따른 참정권으로 헌법개정안에 대한 국민투표권과, 외교·국방·통일 기타 국가안위에 관한 중요정책에 대한 국민투표권이 규정되어 있는데 전자는 필수적이고 후자는 대통령의 재량으로 이뤄진다. 22 지방 7   O | X

2929-1 헌법 제130조는 헌법개정안이 국회에서 의결되면 국민투표를 통해 확정하도록 하고 있는데, 이는 필수적 국민투표 사항이다. 23 국회 9   O | X

헌법 제72조의 중요정책에 대한 국민투표 부의제는 대통령의 임의적 국민투표제이지만, 헌법 제130조의 헌법개정안에 대한 국민투표제는 필요적 국민투표제이다.

2930 헌법 제72조에 의한 중요정책에 관한 국민투표는 국가안위에 관계되는 사항에 관하여 대통령이 제시한 구체적인 정책에 대한 주권자인 국민의 승인절차이다. 16 경정, 15 법무사   O | X

헌법 제72조에 의한 중요정책에 관한 국민투표는 국가안위에 관계되는 사항에 관하여 대통령이 제시한 구체적인 정책에 대한 주권자인 국민의 승인절차라 할 수 있고, 헌법 제130조 제2항에 의한 헌법개정에 관한 국민투표는 대통령 또는 국회가 제안하고 국회의 의결을 거쳐 확정된 헌법개정안에 대하여 주권자인 국민이 최종적으로 그 승인 여부를 결정하는 절차이다(헌재 2007. 6. 28. 2004헌마644 등).

2931 헌법 제130조 제2항에 의한 헌법개정에 관한 국민투표는 대통령 또는 국회가 제안하고 국회의 의결을 거쳐 확정된 헌법개정안에 대하여 주권자인 국민이 최종적으로 그 승인 여부를 결정하는 절차이다. 16 경정, 15 법무사   O | X

헌법 제72조에 의한 중요정책에 관한 국민투표는 국가안위에 관계되는 사항에 관하여 대통령이 제시한 구체적인 정책에 대한 주권자인 국민의 승인절차라 할 수 있고, 헌법 제130조 제2항에 의한 헌법개정에 관한 국민투표는 대통령 또는 국회가 제안하고 국회의 의결을 거쳐 확정된 헌법개정안에 대하여 주권자인 국민이 최종적으로 그 승인 여부를 결정하는 절차이다(헌재 2007. 6. 28. 2004헌마644 등).

02 국민투표권

2932 국민투표권이란 국민이 국가의 특정 사안에 대해 직접 결정권을 행사하는 권리로서, 각종 선거에서의 선거권 및 피선거권과 더불어 국민의 참정권의 한 내용을 이루는 헌법상 기본권이다. 16 경정, 15 법무사   O | X

2932-1 헌법개정안에 대한 국민투표권은 헌법개정기관인 국민 전체에게 부여된 권한으로서, 국민의 기본권이 아니다. 11 국가 7   O | X

● 정답   2929. O   2929-1. O   2930. O   2931. O   2932. O   2932-1. × [기본권임]

국민투표권이란 국가의 특정 사안에 대해 국민투표라는 형식을 통해 국민이 직접 결정권을 행사하는 권리로서, 각종 선거에서의 선거권 및 피선거권과 더불어 국민의 참정권의 한 내용을 이루는 헌법상 기본권이다(헌재 2007. 6. 28. 2004헌마644 등).

2933 대의기관의 선출주체가 곧 대의기관의 의사결정에 대한 승인주체가 되는 것은 당연한 논리적 귀결이므로, 국민투표권자의 범위는 대통령선거권자·국회의원선거권자와 일치하여야 한다. 21 변호사

O | X

2933-1 대의기관의 선출주체가 곧 대의기관의 의사결정에 대한 승인주체가 되는 것이 원칙이나, 국민투표권자의 범위가 대통령선거권자, 국회의원선거권자와 반드시 일치할 필요는 없다.
23 해간, 20 경정, 16 경정, 15 법무사

O | X

헌법 제72조의 중요정책 국민투표와 헌법 제130조의 헌법개정안 국민투표는 대의기관인 국회와 대통령의 의사결정에 대한 국민의 승인절차에 해당한다. 대의기관의 선출주체가 곧 대의기관의 의사결정에 대한 승인주체가 되는 것은 당연한 논리적 귀결이므로, 국민투표권자의 범위는 대통령선거권자·국회의원선거권자와 일치되어야 한다(헌재 2014. 7. 24. 2009헌마256 등).

2934 재외선거인은 대의기관을 선출할 권리가 있는 국민으로서 대의기관의 의사결정에 대해 승인할 권리가 있으므로, 국민투표권자에는 재외선거인이 포함된다. 23 지방 7

O | X

헌법 제72조의 중요정책 국민투표와 헌법 제130조의 헌법개정안 국민투표는 대의기관인 국회와 대통령의 의사결정에 대한 국민의 승인절차에 해당한다. 대의기관의 선출주체가 곧 대의기관의 의사결정에 대한 승인주체가 되는 것은 당연한 논리적 귀결이다. 재외선거인은 대의기관을 선출할 권리가 있는 국민으로서 대의기관의 의사결정에 대해 승인할 권리가 있으므로, 국민투표권자에는 재외선거인이 포함된다고 보아야 한다(헌재 2014. 7. 24. 2009헌마256 등).

2935 국민투표는 선거와 달리 국민이 직접 국가의 정치에 참여하는 절차이므로, 국민투표권은 대한민국 국민의 자격이 있는 사람에게 반드시 인정되어야 하는 권리이다. 23 해간, 22 해경, 17 경정, 15 법무사

O | X

2935-1 대한민국 국민인 재외선거인의 의사는 국민투표에 반영되어야 하고, 재외선거인의 국민투표권을 배제할 이유가 없다. 15 서울 7

O | X

국민투표는 선거와 달리 국민이 직접 국가의 정치에 참여하는 절차이므로, 국민투표권은 대한민국 국민의 자격이 있는 사람에게 반드시 인정되어야 하는 권리이다. 대한민국 국민인 재외선거인의 의사는 국민투표에 반영되어야 하고, 재외선거인의 국민투표권을 배제할 이유가 없다(헌재 2014. 7. 24. 2009헌마256 등).

2936 국회의원선거권자인 재외선거인에게 국민투표권을 인정하지 않은 것은 국회의원선거권자의 헌법개정안 국민투표 참여를 전제하고 있는 헌법 제130조 제2항의 취지에 부합하지 않는다. 20 경정, 19 국가 7

O | X

헌법 제130조 제2항에 의하면 헌법개정안 국민투표는 '국회의원선거권자' 과반수의 투표와 투표자의 과반수의 찬성을 얻도록 규정하고 있는바, 헌법은 헌법개정안 국민투표권자로서 국회의원선거권자를 예정하고 있다. 재외선거인은 임기만료에 따른 비례대표국회의원선거에 참여하고 있으므로, 재외선거인에게 국회의원선거권이 있음은 분명하다. 국민투표법조항이 국회의원선거권자인 재외선거인에게 국민투표권을 인정하지 않은 것은 국회의원선거권자의 헌법개정안 국민투표 참여를 전제하고 있는 헌법 제130조 제2항의 취지에도 부합하지 않는다(헌재 2014. 7. 24. 2009헌마256 등).

정답 2933. O 2933-1. X [반드시 일치해야 함] 2934. O 2935. O 2935-1. O 2936. O

2937 국민투표는 국가의 중요정책이나 헌법개정안에 대해 주권자로서의 국민이 그 승인 여부를 결정하는 절차인데, 주권자인 국민의 지위에 아무런 영향을 미칠 수 없는 주민등록 여부만을 기준으로 하여, 주민등록을 할 수 없는 재외국민의 국민투표권 행사를 전면적으로 배제하고 있는「국민투표법」조항은 헌법 제37조 제2항의 과잉금지원칙에 위반되어 국민투표권을 침해한다. 23 국회 8 O | X

국민투표는 국가의 중요정책이나 헌법개정안에 대해 주권자로서의 국민이 그 승인 여부를 결정하는 절차인데, 주권자인 국민의 지위에 아무런 영향을 미칠 수 없는 주민등록 여부만을 기준으로 하여, **주민등록을 할 수 없는 재외국민의 국민투표권 행사를 전면적으로 배제**하고 있는 국민투표법 제14조 제1항은 앞서 본 국정선거권의 제한에 대한 판단에서와 동일한 이유에서 청구인들의 **국민투표권을 침해한다**(헌재 2007. 6. 28. 2004헌마644 등).

2938 「정당법」상의 당원의 자격이 없는 자는 국민투표에 관한 운동을 할 수 없다. 23 경정, 20 경정, 19 국가 7 O | X

국민투표법 제28조(운동을 할 수 없는 자) ① 정당법상의 **당원의 자격이 없는 자는** 운동을 할 수 없다.

03 관련판례

2939 헌법의 개정은 반드시 국민투표를 거쳐야 하므로 국민은 헌법개정에 관하여 찬반투표로 그 의견을 표명할 권리를 가지는데, 헌법개정사항인 수도의 이전을 헌법개정의 절차를 밟지 아니하고 단지 단순 법률의 형태로 실현시킨 것은 헌법 제130조에 따라 헌법개정에 있어서 국민이 가지는 참정권적 기본 권인 국민투표권을 침해한다. 22 해경, 17 경정 O | X

헌법 제130조에 의하면 **헌법의 개정은 반드시 국민투표**를 거쳐야만 하므로 국민은 헌법개정에 관하여 **찬반투표를 통하여 그 의견을 표명할 권리를 가진다.** 그런데 이 사건 법률은 **헌법개정사항인 수도의 이전을** 헌법개정의 절차를 밟지 아니하고 단지 단순법률의 형태로 실현시킨 것으로서 결국 헌법 제130조에 따라 헌법개정에 있어서 국민이 가지는 **참정권적 기본권인 국민투표권의 행사를 배제**한 것이므로 동 권리를 **침해하여 헌법에 위반된다**(헌재 2004. 10. 21. 2004헌마554 등).

2940 한미자유무역협정의 경우 헌법 제60조 제1항에 의하여 국회의 동의를 필요로 하는 우호통상항해조 약의 하나로서 법률적 효력이 인정되므로, 규범통제의 대상이 됨은 별론으로 하고, 그에 의하여 성문 헌법이 개정될 수는 없다. 21 변호사 O | X

2940-1 한미무역협정은 우호통상항해조약의 하나로서 성문헌법을 개정하는 효력이 없으므로 한미무역협정의 체결로 헌법개정절차에서의 국민투표권 침해의 가능성은 인정될 수 없다. 23 경채 O | X

2940-2 한미무역협정(FTA)은 대한민국의 입법권의 범위, 사법권의 주체와 범위, 헌법상 경제조항에 변경을 가져오는 등 실질적으로 헌법 개정에 해당함에도, 국민투표 절차를 거치지 않고 이 협정을 체결한 것은 대한민국 국민의 국민투표권을 침해한다. 17 국회 9 O | X

한미무역협정의 경우, 헌법 제60조 제1항에 의하여 국회의 동의를 필요로 하는 **우호통상항해조약의 하나로서 법률적 효력이 인정되므로**, 규범통제의 대상이 됨은 별론으로 하고, 그에 의하여 **성문헌법이 개정될 수는 없다.** 이같이 한미무역협정이 성문헌법을 개정하는 효력이 없는 이상, **한미무역협정의 체결로 헌법 개정 절차에서의 국민투표권**이 행사될 수 있을 정도로 헌법이 개정된 것이라고 할 수 없으므로 **그 침해의 가능성은 인정되지 않는다**(헌재 2013. 11. 28. 2012헌마166).

정답 2937. O 2938. O 2939. O 2940. O 2940-1. O 2940-2. X [국민투표권 침해 가능성 無]

POINT 160　중요정책 국민투표

01　대통령의 국민투표부의권

2941　대통령은 필요하다고 인정할 때에는 외교·국방·통일 기타 국가안위에 관한 중요정책을 국민투표에 붙일 수 있다. 23 지방 7, 15 법원 9　　O | X

2941-1　대통령은 필요하다고 인정할 때에는 국회의 동의를 얻어 외교·국방·통일 기타 국가안위에 관한 중요정책을 국민투표에 붙인다. 21 5급　　O | X

2941-2　대통령이 국민투표부의권을 행사한 경우 그 정책에 대한 결정은 국회의원선거권자 과반수 투표와 투표자 과반수 찬성을 얻어야 한다는 것을 헌법에 명시적으로 밝히고 있다. 14 지방 7　　O | X

> 헌법 제72조 대통령은 필요하다고 인정할 때에는 외교·국방·통일 기타 국가안위에 관한 중요정책을 국민투표에 붙일 수 있다.
> 헌법 제130조 ② 헌법개정안은 국회가 의결한 후 30일 이내에 국민투표에 붙여 국회의원선거권자 과반수의 투표와 투표자 과반수의 찬성을 얻어야 한다.

2942　국민투표의 대상으로 외교·국방·통일 기타 국가안위에 관한 중요정책을 명시한 것은 현행 헌법부터이다. 14 국가 7　　O | X

> 제8차 개정헌법(1980년) 제47조 대통령은 필요하다고 인정할 때에는 외교·국방·통일 기타 국가안위에 관한 중요정책을 국민투표에 붙일 수 있다.

📝 보충설명　국민투표의 대상으로 외교·국방·통일 기타 국가안위에 관한 중요정책을 명시한 것은 제8차 개정헌법(1980년)이며, 현행헌법에 이르고 있다.

2943　헌법은 대의민주주의를 기본으로 하고 있어, 중요 정책에 관한 사항이라 하더라도 반드시 국민의 직접적인 의사를 확인하여 결정해야 하는 것은 아니다. 15 법원 9　　O | X

2943-1　대통령은 외교·국방·통일 기타 국가안위에 관한 중요 정책이라 하더라도 국민투표에 부치지 않고 독자적으로 결정할 수도 있다. 14 지방 7　　O | X

2943-2　대통령이 국가안위에 관한 중요 정책에 대한 국민투표를 실시하지 않은 것은 국민의 국민투표권을 침해한 것이다. 18 국회 9　　O | X

> 우리 헌법은 국민에 의하여 직접 선출된 국민의 대표자가 국민을 대신하여 국가의사를 결정하는 **대의민주주의를 기본**으로 하고 있어, 중요 정책에 관한 사항이라 하더라도 **반드시 국민의 직접적인 의사를 확인하여 결정**해야 한다고 보는 것은 전체적인 헌법체계와 조화를 이룰 수 **없다**(헌재 2005. 11. 24. 2005헌마579 등).

● 정답　2941. O　2941-1. X [국회의 동의 불필요 / 붙일 수 있다]　2941-2. X [헌법에 명문 규정 X]　2942. X [제8차 개헌(1980년)부터 명시]　2943. O　2943-1. O　2943-2. X [국민투표권 침해 X]

2944 국가안위에 관한 중요정책으로서 국민투표에 붙여질 사안인지 여부는 대통령의 재량에 의해 결정된다. 13 국회 9 O|X

헌법 제72조는 국민투표에 부쳐질 중요정책인지 여부를 대통령이 재량에 의하여 결정하도록 명문으로 규정하고 있고 헌법재판소 역시 위 규정은 대통령에게 국민투표의 실시 여부, 시기, 구체적 부의사항, 설문내용 등을 결정할 수 있는 임의적인 국민투표발의권을 독점적으로 부여하였다고 하여 이를 확인하고 있다(헌재 2005. 11. 24. 2005헌마579 등).

2945 헌법 제72조는 대통령에게 국민투표의 실시 여부, 시기, 구체적 부의사항, 설문내용 등을 결정할 수 있는 임의적인 국민투표발의권을 독점적으로 부여하고 있다. 17 국회 9, 13 법무사 O|X

우리 헌법은 국민에 의하여 직접 선출된 국민의 대표자가 국민을 대신하여 국가의사를 결정하는 대의민주주의를 기본으로 하고 있어, 중요 정책에 관한 사항이라 하더라도 반드시 국민의 직접적인 의사를 확인하여 결정해야 한다고 보는 것은 전체적인 헌법체계와 조화를 이룰 수 없다. 헌법재판소 역시 헌법 제72조가 대통령에게 국민투표의 실시 여부, 시기, 구체적 부의사항, 설문내용 등을 결정할 수 있는 임의적인 국민투표발의권을 독점적으로 부여하였다고 하여 이를 확인하고 있다(헌재 2005. 11. 24. 2005헌마579 등).

02 국민투표부의의 대상

2946 대통령이 국민투표를 정치적 무기화하고 정치적으로 남용할 수 있는 위험성이 있다는 점을 고려하면, 국민투표부의권의 헌법 제72조는 대통령에 의한 국민투표의 정치적 남용을 방지할 수 있도록 엄격하고 축소적으로 해석되어야 한다. 22 해경, 17 경정, 13 국회 9 O|X

헌법 제72조는 대통령에게 국민투표의 실시 여부, 시기, 구체적 부의사항, 설문내용 등을 결정할 수 있는 임의적인 국민투표발의권을 독점적으로 부여함으로써, 대통령이 단순히 특정 정책에 대한 국민의 의사를 확인하는 것을 넘어서 자신의 정책에 대한 추가적인 정당성을 확보하거나 정치적 입지를 강화하는 등, 국민투표를 정치적 무기화하고 정치적으로 남용할 수 있는 위험성을 안고 있다. 이러한 점을 고려할 때, 대통령의 부의권을 부여하는 헌법 제72조는 가능하면 대통령에 의한 국민투표의 정치적 남용을 방지할 수 있도록 엄격하고 축소적으로 해석되어야 한다(헌재 2004. 5. 14. 2004헌나1).

2947 헌법 제72조는 국민투표의 대상을 외교·국방·통일 기타 국가안위에 관한 중요정책이라 규정하고 있고, 헌법 제72조의 국민투표의 대상인 중요정책은 엄격하게 해석되어야 하므로 이때 국민투표의 대상인 중요정책에는 대통령에 대한 신임이 포함되지 않는다. 22 국회 9 O|X

대통령의 부의권을 부여하는 헌법 제72조는 가능하면 대통령에 의한 국민투표의 정치적 남용을 방지할 수 있도록 엄격하고 축소적으로 해석되어야 한다. 이러한 관점에서 볼 때, 헌법 제72조의 국민투표의 대상인 '중요정책'에는 대통령에 대한 '국민의 신임'이 포함되지 않는다(헌재 2004. 5. 14. 2004헌나1).

2948 대의제 원리가 적용되는 민주주의에서 국민투표와 같은 직접민주주의적 요소는 헌법이 규정하는 경우에 한하여 예외적으로 적용되며, 따라서 대통령의 신임을 국민투표를 통하여 묻는 것은 헌법이 명시하지 않았기 때문에 허용되지 않는다. 16 국회 9 O|X

2948-1 국민투표의 가능성은 국민주권주의나 민주주의원칙과 같은 일반적인 헌법원칙에 근거하여 인정될 수 없으며, 헌법에 명문으로 규정되지 않는 한 허용되지 않는다. 22 변호사 O|X

● 정답 2944. ○ 2945. ○ 2946. ○ 2947. ○ 2948. ○ 2948-1. ○

헌법은 명시적으로 규정된 국민투표 외에 다른 형태의 **재신임 국민투표를 허용하지 않는다.** 이는 주권자인 국민이 원하거나 또는 국민의 이름으로 실시하더라도 마찬가지이다. 국민은 선거와 국민투표를 통하여 국가권력을 직접 행사하게 되며, 국민투표는 국민에 의한 국가권력의 행사방법의 하나로서 명시적인 헌법적 근거를 필요로 한다. 따라서 **국민투표의 가능성은 국민주권주의나 민주주의 원칙과 같은 일반적인 헌법원칙에 근거하여 인정될 수 없으며, 헌법에 명문으로 규정되지 않는 한 허용되지 않는다**(헌재 2004. 5. 14. 2004헌나1).

2949 대통령이 선거를 통하여 획득한 자신에 대한 신임을 국민투표의 형식으로 재확인하고자 하는 것은 헌법 제72조의 국민투표부의권을 위헌적으로 행사하는 것이다. 12 국가 7   O | X

2949-1 국민투표의 본질상 '대표자에 대한 신임'은 국민투표의 대상이 될 수 있으므로 대통령이 자신에 대한 재신임을 묻기 위해 국민투표제도를 이용하는 것은 허용된다. 23 해간   O | X

2949-2 헌법 제72조의 국민투표는 입법 수단적이라기보다는 정치대립 상황에서 국민에 의한 중재적 성격을 가지고 있으므로 대통령은 자신의 신임을 국민투표에 부칠 수 있다. 23 국회 9   O | X

선거는 '인물에 대한 결정' 즉, 대의제를 가능하게 하기 위한 전제조건으로서 국민의 대표자에 관한 결정이며, 이에 대하여 국민투표는 직접민주주의를 실현하기 위한 수단으로서 '사안에 대한 결정' 즉, 특정한 국가정책이나 법안을 그 대상으로 한다. 따라서 **국민투표의 본질상 '대표자에 대한 신임'은 국민투표의 대상이 될 수 없으며,** 우리 헌법에서 대표자의 선출과 그에 대한 신임은 단지 선거의 형태로써 이루어져야 한다. 대통령이 이미 지난 선거를 통하여 획득한 **자신에 대한 신임을 국민투표의 형식으로 재확인**하고자 하는 것은, 헌법 제72조의 국민투표제를 헌법이 허용하지 않는 방법으로 **위헌적으로 사용**하는 것이다(헌재 2004. 5. 14. 2004헌나1).

2950 대통령이 자신에 대한 재신임을 국민투표의 형태로 묻고자 하는 것은 헌법 제72조에 의하여 부여받은 국민투표부의권을 위헌적으로 행사하는 경우에 해당하는 것으로, 국민투표제도를 자신의 정치적 입지를 강화하기 위한 정치적 도구로 남용해서는 안 된다는 헌법적 의무를 위반한 것이다. 13 변호사   O | X

2950-1 대통령이 국정운영에 위기를 맞이하여 이를 타개하는 방법으로 자신에 대한 국민의 재신임을 묻기 위해 이를 헌법 제72조의 국민투표에 회부하는 것은 인정되지 않는다. 16 법원 9   O | X

대통령이 자신에 대한 재신임을 국민투표의 형태로 묻고자 하는 것은 헌법 제72조에 의하여 부여받은 **국민투표부의권을 위헌적으로 행사**하는 경우에 해당하는 것으로, **국민투표제도를 자신의 정치적 입지를 강화하기 위한 정치적 도구로 남용해서는 안 된다는 헌법적 의무를 위반**한 것이다(헌재 2004. 5. 14. 2004헌나1).

2951 대통령이 헌법상 허용되지 않는 재신임 국민투표를 국민들에게 제안한 것은 그 자체로서 헌법 제72조에 반하는 것으로 헌법을 실현하고 수호해야 할 대통령의 의무를 위반한 것이다. 21 국가 7   O | X

2951-1 대통령이 위헌적인 재신임 국민투표를 단지 제안만 하였을 뿐 국민투표를 시행하지는 않았다면, 대통령의 이러한 제안은 헌법 제72조에 위반되는 것이 아니다. 23 지방 7   O | X

대통령이 자신에 대한 재신임을 국민투표의 형태로 묻고자 하는 것은 헌법 제72조에 의하여 부여받은 국민투표부의권을 위헌적으로 행사하는 경우에 해당하는 것으로, 국민투표제도를 자신의 정치적 입지를 강화하기 위한 정치적 도구로 남용해서는 안 된다는 헌법적 의무를 위반한 것이다. 물론, 대통령이 **위헌적인 재신임 국민투표를 단지 제안만** 하였을 뿐 강행하지는 않았으나, 헌법상 허용되지 않는 **재신임 국민투표를 국민들에게 제안한 것은 그 자체로서 헌법 제72조에 반하는 것으로** 헌법을 실현하고 수호해야 할 **대통령의 의무를 위반**한 것이다(헌재 2004. 5. 14. 2004헌나1).

● 정답 2949. O   2949-1. ✕ [국민투표의 대상 아님, 허용되지 않음]   2949-2. ✕ [신임은 국민투표에 부칠 수 없음]   2950. O   2950-1. O   2951. O   2951-1. ✕ [재신임 국민투표 제안 자체 위헌]

2952 특정 정책을 국민투표에 붙이면서 이에 자신의 신임을 결부시키는 대통령의 행위도 위헌적인 행위로서 헌법적으로 허용되지 않는다. 13 법무사   O | X

2952-1 대통령은 헌법상 국민에게 자신에 대한 신임을 국민투표의 형식으로 물을 수 없지만, 특정 정책을 국민투표에 붙이면서 이에 자신의 신임을 결부시키는 대통령의 행위는 헌법적으로 허용된다. 22 입시   O | X

> 대통령은 헌법상 국민에게 자신에 대한 신임을 국민투표의 형식으로 물을 수 없을 뿐만 아니라, **특정 정책을 국민투표에 붙이면서 이에 자신의 신임을 결부시키는 대통령의 행위도 위헌적인 행위로서 헌법적으로 허용되지 않는다.** … 헌법은 대통령에게 국민투표를 통하여 직접적이든 간접적이든 자신의 신임여부를 확인할 수 있는 권한을 부여하지 않는다(헌재 2004. 5. 14. 2004헌나1).

03 국민투표권

2953 특정의 국가정책에 대하여 다수의 국민들이 국민투표를 원하고 있음에도 불구하고 대통령이 이러한 희망과는 달리 국민투표에 회부하지 아니한다고 하여도 이를 헌법에 위반된다고 할 수 없고, 국민에게 특정의 국가정책에 관하여 국민투표에 회부할 것을 요구할 권리가 인정된다고 할 수도 없다. 19 국가 7, 16 지방 7   O | X

2953-1 특정의 국가정책에 대하여 다수의 국민들이 국민투표를 원하고 있음에도 불구하고 대통령이 이러한 희망과는 달리 국민투표에 회부하지 아니하는 것은, 헌법이 보장하는 국민의 국민투표권을 침해한 것으로 헌법에 위반된다. 14 법무사   O | X

2953-2 국민은 특정의 국가정책에 관하여 국민투표에 회부할 것을 대통령에게 요구할 권리가 있다. 23 해간, 15 법원 9   O | X

> **특정의 국가정책**에 대하여 다수의 국민들이 **국민투표를 원하고 있음에도** 불구하고 대통령이 이러한 희망과는 달리 **국민투표에 회부하지 아니한다고** 하여도 이를 헌법에 위반된다고 할 수 없고, 국민에게 특정의 국가정책에 관하여 **국민투표에 회부할 것을 요구할 권리가** 인정된다고 할 수도 없다(헌재 2005. 11. 24. 2005헌마579 등).

2954 헌법 제72조의 국민투표권은 대통령이 어떠한 정책을 국민투표에 부의한 경우에 비로소 행사가 가능한 기본권이라 할 수 있다. 23 지방 7, 18 법원 9, 14 국가 7   O | X

> 특정의 국가정책에 대하여 다수의 국민들이 국민투표를 원하고 있음에도 불구하고 대통령이 이러한 희망과는 달리 국민투표에 회부하지 아니한다고 하여도 이를 헌법에 위반된다고 할 수 없고, 국민에게 특정의 국가정책에 관하여 국민투표에 회부할 것을 요구할 권리가 인정된다고 할 수도 없다. … 결국 **헌법 제72조의 국민투표권은 대통령이 어떠한 정책을 국민투표에 부의한 경우에 비로소 행사가 가능한 기본권**이라 할 수 있다(헌재 2005. 11. 24. 2005헌마579 등).

정답 2952. O   2952-1. X [신임 결부 국민투표 불허]   2953. O   2953-1. X [국민투표권 침해 X]   2953-2. X [요구권 없음]   2954. O

04 관련판례

2955 「신행정수도 후속대책을 위한 연기·공주지역 행정중심복합도시 건설을 위한 특별법」이 수도를 분할하는 국가정책을 집행하는 내용을 가지고 있고 대통령이 이를 추진하고 집행하기 이전에 그에 관한 국민투표를 실시하지 아니하였다면 국민투표권이 행사될 수 있는 계기인 대통령의 중요정책 국민투표 부의가 행해지지 않았다고 하더라도 청구인들의 국민투표권이 행사될 수 있을 정도로 구체화되었다고 할 수 있으므로 그 침해의 가능성이 인정된다. 22 해경, 17 경정, 16 법원 9 O | X

헌법 제72조의 국민투표권은 대통령이 어떠한 정책을 국민투표에 부의한 경우에 비로소 행사가 가능한 기본권이라 할 수 있다. 따라서 이 사건 법률이 설사 수도를 분할하는 국가정책을 집행하는 내용을 가지고 있고 대통령이 이를 추진하고 집행하기 이전에 그에 관한 국민투표를 실시하지 아니하였다고 하더라도 국민투표권이 행사될 수 있는 계기인 <u>대통령의 중요정책 국민투표 부의가 행해지지 않은 이상</u> 청구인들의 국민투표권이 행사될 수 있을 정도로 구체화되었다고 할 수 없으므로 <u>그 침해의 가능성은 인정되지 않는다</u>(헌재 2005. 11. 24. 2005헌마579 등).

정답 2955. X [구체화 X / 침해 가능성 부정]

06 사회적 기본권

POINT 161 사회적 기본권

2956 국가는 사회적 기본권에 의하여 제시된 국가의 의무와 과제를 국가의 현실적인 재정·경제능력의 범위 내에서 다른 국가 과제와의 조화와 우선순위결정을 통하여 이행할 수밖에 없다. 21 법원 9, 15 지방 7

○ | ×

> 국가는 사회적 기본권에 의하여 제시된 국가의 의무와 과제를 언제나 국가의 현실적인 재정·경제능력의 범위 내에서 다른 국가과제와의 조화와 우선순위결정을 통하여 이행할 수밖에 없다. 그러므로 사회적 기본권은 입법과정이나 정책결정과정에서 사회적 기본권에 규정된 국가목표의 무조건적인 최우선적 배려가 아니라 단지 적절한 고려를 요청하는 것이다(헌재 2002. 12. 18. 2002헌마52).

2957 사회적 기본권은 입법과정이나 정책결정과정에서 사회적 기본권에 규정된 국가목표의 무조건적인 최우선적 배려가 아니라 단지 적절한 고려를 요청하는 것이다. 23 해간, 15 지방 7

○ | ×

2957-1 사회적 기본권은 입법과정이나 정책결정과정에서 사회적 기본권에 규정된 국가목표의 무조건적인 최우선적 배려를 요청하는 것이며, 이러한 의미에서 사회적 기본권은 국가의 모든 의사결정과정에서 사회적 기본권이 담고 있는 국가목표를 최우선적으로 고려하여야 할 국가의 의무를 의미한다. 22 경정

○ | ×

> 국가는 사회적 기본권에 의하여 제시된 국가의 의무와 과제를 언제나 국가의 현실적인 재정·경제능력의 범위 내에서 다른 국가과제와의 조화와 우선순위결정을 통하여 이행할 수밖에 없다. 그러므로 사회적 기본권은 입법과정이나 정책결정과정에서 사회적 기본권에 규정된 국가목표의 무조건적인 최우선적 배려가 아니라 단지 적절한 고려를 요청하는 것이다(헌재 2002. 12. 18. 2002헌마52).

POINT 162 인간다운 생활을 할 권리

01 인간다운 생활을 할 권리

2958 헌법 제34조 제1항이 보장하는 인간다운 생활을 할 권리는 사회권적 기본권의 일종으로서 인간의 존엄에 상응하는 최소한의 물질적인 생활의 유지에 필요한 급부를 요구할 수 있는 권리를 의미한다. 19 서울 7(추)

○ | ×

> 헌법 제34조 제1항이 보장하는 인간다운 생활을 할 권리는 사회권적 기본권의 일종으로서 인간의 존엄에 상응하는 최소한의 물질적인 생활의 유지에 필요한 급부를 요구할 수 있는 권리를 의미하는데, 이러한 권리는 국가가 재정형편 등 여러 가지 상황들을 종합적으로 감안하여 법률을 통하여 구체화할 때에 비로소 인정되는 법률적 권리라고 할 것이다(헌재 2009. 11. 26. 2007헌마734).

정답 2956. ○   2957. ○   2957-1. ×[무조건적인 최우선적 배려 × → 적절한 고려 ○]   2958. ○

2959 헌법재판소는 헌법 제34조 제1항이 정하고 있는 인간다운 생활을 할 권리는 법률에 의하여 구체화될 때 비로소 인정되는 법률상의 권리라고 본다. 16 국회 8 ○|×

> 헌법 제34조 제1항이 보장하는 **인간다운 생활을 할 권리**는 사회권적 기본권의 일종으로서 인간의 존엄에 상응하는 최소한의 물질적인 생활의 유지에 필요한 급부를 요구할 수 있는 권리를 의미하는데, 이러한 권리는 국가가 재정형편 등 여러 가지 상황들을 종합적으로 감안하여 **법률을 통하여 구체화**할 때에 비로소 인정되는 **법률적 권리**라고 할 것이다(헌재 2009. 11. 26. 2007헌마734).

2960 '인간다운 생활을 할 권리'로부터는 인간의 존엄에 상응하는 생활에 필요한 '최소한의 물질적인 생활'의 유지에 필요한 급부를 요구할 수 있는 구체적인 권리가 상황에 따라서는 직접 도출될 수 있다고 할 수는 있어도, 동 기본권이 직접 그 이상의 급부를 내용으로 하는 구체적인 권리를 발생케 한다고는 볼 수 없다. 17 변호사 ○|×

2960-1 인간다운 생활을 할 권리 중 최소한의 물질적 생활의 유지 이상의 급부를 요구할 수 있는 구체적인 권리는 법률을 통하여 구체화할 때에 비로소 인정되는 법률적 차원의 권리이다. 17 경정 ○|×

> **인간다운 생활을 할 권리**로부터 인간의 존엄에 상응하는 "**최소한의 물질적인 생활**"의 유지에 필요한 급부를 요구할 수 있는 구체적인 권리가 상황에 따라서는 직접 도출될 수 있다고 할 수는 있어도, **직접 그 이상의 급부**를 내용으로 하는 **구체적인 권리를 발생케** 한다고 볼 수는 **없다**. 이러한 구체적 권리는 국가가 재정형편 등 여러 가지 상황들을 종합적으로 감안하여 **법률을 통하여 구체화**할 때에 비로소 인정되는 **법률적 차원의 권리**이다(헌재 2006. 11. 30. 2005헌바25).

2961 '인간다운 생활'이란 그 자체가 추상적이고 상대적인 개념으로서 그 나라의 문화의 발달, 역사적·사회적·경제적 여건에 따라 어느 정도는 달라질 수 있다. 22 경채 ○|×

> '**인간다운 생활**'이란 그 자체가 추상적이고 상대적인 개념으로서 그 나라의 **문화의 발달, 역사적·사회적·경제적 여건**에 따라 **어느 정도는 달라질 수 있는 것**일 뿐만 아니라, 국가가 이를 보장하기 위한 생계보호 수준을 구체적으로 결정함에 있어서는 국민 전체의 소득수준과 생활수준, 국가의 재정규모와 정책, 국민 각 계층의 상충하는 갖가지 이해관계 등 복잡하고도 다양한 요소들을 함께 고려하여야 한다(헌재 1997. 5. 29. 94헌마33).

02 기속력의 의미

2962 모든 국민은 인간다운 생활을 할 권리를 가지며 국가는 생활능력 없는 국민을 보호할 의무가 있다는 헌법의 규정은 모든 국가기관을 기속하지만, 그 기속의 의미는 적극적·형성적 활동을 하는 입법부 또는 행정부의 경우와 헌법재판에 의한 사법적 통제기능을 하는 헌법재판소에 있어서 동일하지 아니하다. 19 서울 7, 15 국가 7 ○|×

2962-1 모든 국민은 인간다운 생활을 할 권리를 가지며 국가는 생활능력 없는 국민을 보호할 의무가 있다는 헌법의 규정은 모든 국가기관을 기속하므로, 그 기속의 의미는 적극적·형성적 활동을 하는 입법부 또는 행정부의 경우와 헌법재판에 의한 사법적 통제기능을 하는 헌법재판소에 있어서 동일하다. 21 소간 ○|×

> **모든 국민은 인간다운 생활을 할 권리**를 가지며 국가는 **생활능력 없는 국민을 보호할 의무**가 있다는 헌법의 규정은 **모든 국가기관을 기속**하지만, 그 기속의 의미는 **적극적·형성적 활동**을 하는 **입법부 또는 행정부**의 경우와 헌법재판에 의한 **사법적 통제기능**을 하는 **헌법재판소**에 있어서 **동일하지 아니하다**(헌재 1997. 5. 29. 94헌마33).

정답 2959. ○ 2960. ○ 2960-1. ○ 2961. ○ 2962. ○ 2962-1. ×[동일하지 아니함]

2963 인간다운 생활을 할 권리는 입법부와 행정부에 대하여는 행위규범으로 작용하지만, 헌법재판에 있어서는 통제규범으로 작용한다. 13 국회 9 O|X

2963-1 모든 국민은 인간다운 생활을 할 권리를 가지며 국가는 생활능력 없는 국민을 보호할 의무가 있다는 헌법의 규정은 헌법재판에 있어서는 다른 국가기관, 즉 입법부나 행정부가 국민으로 하여금 인간다운 생활을 영위하도록 하기 위하여 객관적으로 필요한 최소한의 조치를 취할 의무를 다하였는지를 기준으로 국가기관의 행위의 합헌성을 심사하여야 한다는 통제규범으로 작용하는 것이다. 21 법원 9 O|X

모든 국민은 <u>인간다운 생활을 할 권리</u>를 가지며 국가는 <u>생활능력없는 국민을 보호할 의무</u>가 있다는 <u>헌법의 규정</u>은 <u>입법부와 행정부</u>에 대하여는 국민소득, 국가의 재정능력과 정책 등을 고려하여 <u>가능한 범위안에서 최대한</u>으로 모든 국민이 물질적인 최저생활을 넘어서 인간의 존엄성에 맞는 건강하고 문화적인 생활을 누릴 수 있도록 하여야 한다는 <u>행위의 지침 즉 행위규범</u>으로서 작용하지만, 헌법재판에 있어서는 다른 국가기관 즉 입법부나 행정부가 국민으로 하여금 인간다운 생활을 영위하도록 하기 위하여 <u>객관적으로 필요한 최소한의 조치를 취할 의무</u>를 다하였는지의 여부를 기준으로 <u>국가기관의 행위의 합헌성을 심사</u>하여야 한다는 <u>통제규범으로 작용</u>하는 것이다(헌재 1997. 5. 29. 94헌마33).

03 사법심사

2964 국가가 인간다운 생활을 보장하기 위한 헌법적 의무를 다하였는지의 여부가 사법적 심사의 대상이 된 경우에는, 국가가 최저생활보장에 관한 입법을 전혀 하지 아니하였다든가 그 내용이 현저히 불합리하여 헌법상 용인될 수 있는 재량의 범위를 명백히 일탈한 경우에 한하여 헌법에 위반된다고 할 수 있다. 22 해간, 20 국가 7 O|X

2964-1 국가가 인간다운 생활을 보장하기 위한 헌법적 의무를 다하였는지의 여부가 사법심사의 대상이 된 경우, 국가가 최저생활보장에 관한 입법을 전혀 하지 아니한 경우에만 한하여 헌법에 위반된다고 할 수 있다. 22 경정 O|X

국가가 인간다운 생활을 보장하기 위한 헌법적 의무를 다하였는지의 여부가 <u>사법적 심사의 대상</u>이 된 경우에는, <u>국가가 최저생활보장에 관한 입법을 전혀 하지 아니하였다든가</u> 그 내용이 현저히 불합리하여 헌법상 용인될 수 있는 <u>재량의 범위를 명백히 일탈한 경우에 한하여 헌법에 위반된다</u>고 할 수 있다(헌재 2004. 10. 28. 2002헌마328).

2965 인간다운 생활을 보장하기 위한 객관적인 내용의 최소한을 보장하고 있는지 여부는 특정한 법률에 의한 생계급여만을 가지고 판단하여서는 안 되고, 다른 법령에 의거하여 국가가 최저생활보장을 위하여 지급하는 각종 급여나 각종 부담의 감면 등을 총괄한 수준으로 판단하여야 한다. 19 서울 7(추) O|X

2965-1 인간다운 생활을 할 권리는 인간의 존엄에 상응하는 최소한의 물질적인 생활의 유지에 필요한 급부를 요구할 수 있는 권리를 의미하는데, 국가가 행하는 최저생활보장수준이 그 재량의 범위를 명백히 일탈하였는지 여부는 특정한 법률에 의한 생계급여만을 가지고 판단하여야 하는 것이지, 다른 법령에서의 각종 급여를 총괄한 수준으로 판단하여야 하는 것은 아니다. 24 경정 O|X

●정답 2963. O 2963-1. O 2964. O 2964-1. X [+ 그 내용이 현저히 불합리한 경우에도 위헌] 2965. O 2965-1. X [각종 급여를 총괄한 수준으로 판단해야 함]

헌법 제34조 제1항이 보장하는 **인간다운 생활을 할 권리**는 사회권적 기본권의 일종으로서 **인간의 존엄에 상응하는 최소한의 물질적인 생활의 유지에 필요한 급부를 요구**할 수 있는 권리를 의미한다. 그리고 국가가 인간다운 생활을 보장하기 위한 생계급여의 수준을 구체적으로 결정함에 있어서는 국민 전체의 소득수준과 생활수준, 국가의 재정규모와 정책, 국민 각 계층의 상충하는 갖가지 이해관계 등 복잡하고 다양한 요소를 함께 고려하여야 하며, 국가가 행하는 **최저생활보장수준**이 그 **재량의 범위를 명백히 일탈**하였는지 여부, 즉 인간다운 생활을 보장하기 위한 객관적인 내용의 최소한을 보장하고 있는지 여부는 **특정한 법률**에 의한 **생계급여**만을 가지고 판단하여서는 안 되고, **다른 법령**에 의거하여 국가가 최저생활보장을 위하여 지급하는 **각종 급여나 각종 부담의 감면 등을 총괄한 수준으로 판단하여야** 한다(헌재 2012. 2. 23. 2009헌바47).

04 관련판례

2966 보건복지부장관이 고시한 생활보호사업지침상의 생계보호급여의 수준이 일반 최저생계비에 못 미친다고 하더라도 그 사실만으로 국민의 인간다운 생활을 보장하기 위하여 국가가 실현해야 할 객관적 내용의 최소한도의 보장에 이르지 못하였다거나 헌법상 용인될 수 있는 재량의 범위를 명백히 일탈하였다고 볼 수 없다. 20 변호사 ○|×

2966-1 보건복지부장관이 고시한 생계보호기준에 따른 생계보호의 수준이 일반 최저생계비에 못 미친다면, 인간다운 생활을 보장하기 위하여 국가가 실현해야 할 객관적 내용의 최소한도의 보장에도 이르지 못한 것이므로 청구인들의 행복추구권과 인간다운 생활을 할 권리를 침해한 것이다. 20 법원 9 ○|×

1994년도를 기준으로 생활보호대상자에 대한 생계보호급여와 그 밖의 각종 급여 및 각종 부담감면의 액수를 고려할 때, 이 사건 생계보호기준이 청구인들의 인간다운 생활을 보장하기 위하여 국가가 실현해야 할 **객관적 내용의 최소한도의 보장**에도 이르지 못하였다거나 헌법상 용인될 수 있는 **재량의 범위를 명백히 일탈**하였다고는 보기 **어렵고**, 따라서 비록 위와 같은 생계보호의 수준이 **일반 최저생계비에 못미친다**고 하더라도 그 사실만으로 곧 그것이 헌법에 위반된다거나 청구인들의 **행복추구권이나 인간다운 생활을 할 권리를 침해한 것이라고는 볼 수 없**다(헌재 1997. 5. 29. 94헌마33).

2967 「국민기초생활 보장법 시행령」상 '대학원에 재학 중인 사람'과 '부모에게 버림받아 부모를 알 수 없는 사람'을 조건 부과 유예의 대상자에 포함시키지 않았다는 사정만으로 국가가 인간다운 생활을 보장하기 위한 조치를 취함에 있어서 실현해야 할 객관적 내용의 최소한도 보장에 이르지 못하였다거나 헌법상 용인될 수 있는 재량의 범위를 명백히 일탈하였다고는 보기 어렵다. 22 5급 ○|×

2967-1 생계급여를 지급함에 있어 자활사업 참가조건의 부과를 유예 할 수 있는 대상자를 정하면서 입법자가 '대학원에 재학 중인 사람'과 '부모에게 버림받아 부모를 알 수 없는 사람'을 포함시키지 않은 것은 인간다운 생활을 보장하기 위한 조치를 취함에 있어서 국가가 실현해야 할 객관적 내용의 최소한도의 보장에 이르지 못한 것이다. 24 경간 ○|×

입법자가 이 사건 시행령조항을 제정함에 있어 '대학원에 재학 중인 사람'과 '부모에게 버림받아 부모를 알 수 없는 사람'을 조건 부과 유예의 대상자에 포함시키지 않았다고 하더라도, 그러한 사정만으로 국가가 청구인의 **인간다운 생활을 보장**하기 위한 조치를 취함에 있어서 국가가 실현해야 할 객관적 내용의 **최소한도의 보장**에도 이르지 못하였다거나 **헌법상 용인될 수 있는 재량의 범위를 명백히 일탈**하였다고 보기는 **어렵다**. … 생계급여제도 이외에도 의료급여와 같은 각종 급여제도 등을 통하여서도 인간의 존엄에 상응하는 생활에 필요한 '최소한의 물질적인 생활'을 유지하는 데 도움을 받을 수 있는 점 등을 종합하여 보면, 이 사건 시행령조항은 청구인의 **인간다운 생활을 할 권리도 침해하지 않는다**(헌재 2017. 11. 30. 2016헌마448).

정답 2966. ○ 2966-1. ×[모두 침해 ×] 2967. ○ 2967-1. ×[최소한의 보장에 이르지 못한 것 아님]

2968 기초연금 수급액을 「국민기초생활 보장법」상 이전소득에 포함시키도록 하는 구 「국민기초생활 보장법 시행령」 조항은 기초연금을 함께 수급하고 있거나 장차 수급하려는 「국민기초생활보장법」상 수급자인 노인들의 인간다운 생활을 할 권리를 침해한다. 22 경채   O | X

이 사건 시행령조항으로 인하여 **기초연금 수급액이 '국민기초생활 보장법'상 이전소득에 포함**된다는 사정만으로, 국가가 노인가구의 생계보호에 관한 입법을 전혀 하지 아니하였다거나 그 내용이 현저히 불합리하여 헌법상 용인될 수 있는 재량의 범위를 명백히 일탈하였다고 보기는 어렵다. 따라서 이 사건 **시행령조항은 청구인들의 인간다운 생활을 할 권리를 침해하지 않는다**(헌재 2019. 12. 27. 2017헌마1299).

2969 구치소·치료감호시설에 수용 중인 자에 대하여 「국민기초생활 보장법」에 의한 중복적인 보장을 피하기 위하여 개별가구에서 제외하기로 한 입법자의 판단이 헌법상 용인될 수 있는 재량의 범위를 일탈하여 인간다운 생활을 할 권리와 보건권을 침해한다고 볼 수 없다. 22 해간, 20 국가 7, 19 서울 7(추)   O | X

2969-1 구치소·치료감호시설에 수용 중인 자에 대하여 「국민기초생활 보장법」에 의한 중복적인 보장을 피하기 위하여 기초생활보장제도의 보장단위인 개별가구에서 제외하기로 한 입법자의 판단은 헌법상 용인될 수 있는 재량의 범위를 일탈하여 구치소·치료감호시설에 수용 중인 자인 청구인의 인간다운 생활을 할 권리를 침해한다. 23 경찰 2차   O | X

'형의 집행 및 수용자의 처우에 관한 법률' 및 치료감호법에 의한 구치소·치료감호시설에 수용 중인 자는 당해 법률에 의하여 생계유지의 보호와 의료적 처우를 받고 있으므로 이러한 **구치소·치료감호시설에 수용 중인 자**에 대하여 '국민기초생활 보장법'에 의한 중복적인 보장을 피하기 위하여 **개별가구에서 제외**하기로 한 입법자의 판단이 헌법상 용인될 수 있는 재량의 범위를 일탈하여 **인간다운 생활을 할 권리와 보건권을 침해한다고 볼 수 없다**(헌재 2012. 2. 23. 2011헌마123).

2970 교도시설에 수용 중인 경우에는 기결수 뿐 아니라 미결수용자에 대하여도 국민건강보험급여를 정지하고 있는 국민건강보험법 규정이 수용자의 건강권, 인간의 존엄성, 행복추구권, 인간다운 생활을 할 권리를 침해하는 것이라고 할 수 없다. 16 법무사   O | X

국가의 보호, 감독을 받는 수용자의 질병치료를 국가가 부담하는 것을 전제로 수용자에 대한 의료보장제도를 합리적으로 운영하기 위한 것이므로 입법목적의 정당성을 갖고 있다. … **위 조항은 수용자의 의료보장수급권을 직접 제약하는 규정이 아니며, 입법재량을 벗어나 수용자의 건강권을 침해하거나 국가의 보건의무를 저버린 것으로 볼 수 없으므로 수용자의 건강권, 인간의 존엄성, 행복추구권, 인간다운 생활을 할 권리를 침해하는 것이라 할 수 없다**(헌재 2005. 2. 24. 2003헌마31 등).

2971 퇴직연금 수급자가 유족연금을 함께 받게 될 경우 그 유족연금액의 2분의 1을 빼고 지급하도록 하는 구 「공무원연금법」 조항은 입법형성의 한계를 벗어나 인간다운 생활을 할 권리를 침해하였다고 볼 수 없다. 23 국회 8   O | X

2971-1 퇴직연금 수급자가 유족연금을 함께 받게 될 경우에 그 유족연금액의 2분의 1을 빼고 지급하도록 하는 것은 입법형성의 한계를 벗어나 재산권을 침해한다고 볼 수 없다. 21 국회 8   O | X

2971-2 「공무원연금법」상 퇴직연금 수급자가 유족연금을 함께 받게 될 경우 그 유족연금액 2분의 1을 빼고 지급하도록 하는 것은 재산권을 침해한다. 22 국회 8   O | X

● 정답 2968. X [인간다운 생활을 할 권리 침해 X]   2969. O   2969-1. X [인간다운 생활을 할 권리 침해 X]   2970. O   2971. O   2971-1. O
2971-2. X [재산권 침해 X]

심판대상조항은 퇴직연금 수급자의 유족연금 수급권을 구체화함에 있어 급여의 적절성을 확보할 필요성, 한정된 공무원연금 재정의 안정적 운영, 우리 국민 전체의 소득 및 생활수준, 공무원 퇴직연금의 급여 수준, 유족연금의 특성, 사회보장의 기본원리 등을 종합적으로 고려하여 **유족연금액의 2분의 1을 감액하여 지급**하도록 한 것이므로, 입법형성의 한계를 벗어나 청구인의 **인간다운 생활을 할 권리** 및 **재산권을 침해하였다고 볼 수 없다**(헌재 2020. 6. 25. 2018헌마865).

2972 재혼을 유족연금수급권 상실사유로 규정한 구「공무원연금법」해당 조항 중 '유족연금'에 관한 부분은 입법재량의 한계를 벗어나 재혼한 배우자의 인간다운 생활을 할 권리를 침해하였다고 볼 수 없다. 24 경간 O │ X

심판대상조항이 배우자의 재혼을 유족연금수급권 상실사유로 규정한 것은 배우자가 재혼을 통하여 새로운 부양관계를 형성함으로써 재혼 상대방 배우자를 통한 사적 부양이 가능해짐에 따라 더 이상 사망한 공무원의 유족으로서의 보호의 필요성이나 중요성을 인정하기 어렵다고 보았기 때문이다. 이는 한정된 재원의 범위 내에서 부양의 필요성과 중요성 등을 고려하여 유족들을 보다 효과적으로 보호하기 위한 것이므로, 입법재량의 한계를 벗어나 **재혼한 배우자의 인간다운 생활을 할 권리와 재산권을 침해하였다고 볼 수 없다**(헌재 2022. 8. 31. 2019헌가31).

2973 유족연금수급권은 그 급여의 사유가 발생한 날로부터 5년간 이를 행사하지 아니하면 시효로 인하여 소멸하도록 규정한 구「군인연금법」조항은 유족연금수급권자의 인간다운 생활을 할 권리를 침해한다고 볼 수 없다. 23 국회 8 O │ X

심판대상조항은 권리의무관계를 조기에 확정하고 재정운용의 불안정성을 제거하여 연금재정을 합리적으로 운용하기 위한 것으로서 합리적인 이유가 있고, 그 내용이 현저히 불합리하여 헌법상 용인될 수 있는 재량의 범위를 명백히 벗어났다고 볼 수 없으므로, **유족연금수급권자의 인간다운 생활을 할 권리**나 **재산권을 침해하여 헌법에 위반된다고 볼 수 없다**(헌재 2021. 4. 29. 2019헌바412).

2974 연금보험료를 낸 기간이 그 연금보험료를 낸 기간과 연금보험료를 내지 아니한 기간을 합산한 기간의 3분의 2보다 짧은 경우 유족연금 지급을 제한한 구「국민연금법」해당 조항 중 '유족연금'에 관한 부분은 인간다운 생활을 할 권리를 침해한다고 볼 수 없다. 24 경간 O │ X

국민연금제도는 자기 기여를 전제로 하지 않고 국가로부터 소득을 보장받는 순수한 사회부조형 사회보장제도가 아니라, 가입자의 보험료를 재원으로 하여 가입기간, 기여도 및 소득수준 등을 고려하여 소득을 보장받는 **사회보험제도**이므로, 입법자가 가입기간의 상당 부분을 성실하게 납부한 사람의 유족만을 유족연금 지급대상에 포함시키기 위하여 '연금보험료를 낸 기간이 그 연금보험료를 낸 기간과 연금보험료를 내지 아니한 기간을 합산한 기간의 3분의 2'(이하 '연금보험료 납입비율'이라 한다)보다 짧은 경우 유족연금 지급을 제한한 것이 입법재량의 한계를 일탈하였을 정도로 불합리하다고 보기 어렵다. … 따라서 심판대상조항이 **인간다운 생활을 할 권리** 및 **재산권을 침해한다고 볼 수 없다**(헌재 2020. 5. 27. 2018헌바129).

2975 「공무원연금법」에 따른 퇴직연금일시금을 지급받은 사람 및 그 배우자를 기초연금 수급권자의 범위에서 제외하는 것은 한정된 재원으로 노인의 생활안정과 복리향상이라는 「기초연금법」의 목적을 달성하기 위한 것으로서 합리성이 인정되므로 인간다운 생활을 할 권리를 침해한다고 볼 수 없다. 22 경찰 1차 O │ X

심판대상조항의 입법목적의 합리성, 다른 법령상의 사회보장체계, 공무원에 대한 후생복지제도 등을 종합적으로 고려할 때, 국가가 노인의 최저생활보장에 관한 입법을 함에 있어 그 내용이 현저히 불합리하여 헌법상 용인될 수 있는 재량의 범위를 일탈하였다고 보기 어려우므로, 심판대상조항이 공무원연금법에 따른 퇴직연금일시금을 받은 사람과 그 배우자의 **인간다운 생활을 할 권리를 침해한다고 할 수 없다**(헌재 2020. 5. 27. 2018헌바398).

정답 2972. O 2973. O 2974. O 2975. O

2976 직장가입자가 소득월액보험료를 일정 기간 이상 체납한 경우 그 체납한 보험료를 완납할 때까지 국민건강보험공단이 그 가입자 및 피부양자에 대하여 보험급여를 실시하지 아니할 수 있도록 한 것은 인간다운 생활을 할 권리나 재산권을 침해하지 아니한다. 23 경채   O | X

2976-1 직장가입자가 소득월액보험료를 일정 기간 이상 체납한 경우 그 체납한 보험료를 완납할 때까지 국민건강보험공단이 그 가입자 및 피부양자에 대하여 보험급여를 실시하지 아니할 수 있도록 한 구「국민건강보험법」 조항은 해당 직장가입자의 인간다운 생활을 할 권리를 침해한다. 23 국회 8   O | X

가입자들에 대한 안정적인 보험급여 제공을 보장하기 위해서는 보험료 체납에 따른 보험재정의 악화를 방지할 필요가 있다. 보험료 체납에 대하여 보험급여 제한과 같은 제재를 가하지 않는다면, 가입자가 충분한 자력이 있음에도 보험료를 고의로 납부하지 않은 채 보험급여만을 받고자 하는 도덕적 해이가 만연하여 건강보험제도 자체의 존립이 위태로워질 수 있다. … 따라서 심판대상조항은 청구인의 **인간다운 생활을 할 권리나 재산권을 침해하지 아니한다**(헌재 2020. 4. 23. 2017헌바244).

2977 「국가유공자 등 예우 및 지원에 관한 법률」이 보상 받을 권리의 발생시기를 국가보훈처장에게 등록신청을 한 날이 속하는 달부터 발생하도록 한 것은 행복추구권 및 인간다운 생활을 할 권리를 침해한다. 19 서울 7(추)   O | X

이 사건 조항이 국가유공자로 등록된 자에게 예우법 제6조에 의한 등록신청일이 속한 달 이후의 보상금만 지급하도록 규정하고 있는 것은 지급대상자의 범위 파악과 보상수준의 결정에 있어서의 용이성, 국가의 재정적 상황 등 입법정책적 상황을 고려한 것이며, 앞서 살펴본 바와 같이 예우법은 보상금 이외에 생활조정수당이나(예우법 제14조) 간호수당(예우법 제15조) 등을 지급함으로써 국가유공자에게 인간다운 생활에 필요한 최소한의 물질적 수요를 충족시켜 주고 있다고 할 것이므로, 이 사건 조항이 입법재량의 범위를 넘어선 것으로 **인간다운 생활을 할 권리를 침해하는 것은 아니다**(헌재 2011. 7. 28. 2009헌마27).

2978 지뢰피해자 및 그 유족에 대한 위로금 산정 시 사망 또는 상이를 입을 당시의 월평균임금을 기준으로 하고, 그 기준으로 산정한 위로금이 2천만 원에 이르지 아니할 경우 2천만 원을 초과하지 아니하는 범위에서 조정·지급할 수 있도록 한 「지뢰피해자 지원에 관한 특별법」 조항은 인간다운 생활을 할 권리를 침해한다고 볼 수 없다. 22 5급   O | X

지뢰피해자 및 그 유족에 대한 위로금 산정 시 사망 또는 상이를 입을 당시의 월평균임금을 기준으로 위로금을 산정하도록 한 것은 **한정된 국가재정** 하에서 위로금의 취지, 국가배상청구권의 소멸시효 제도와의 균형점 모색, '지뢰피해자 지원에 관한 특별법' 시행 전 이미 국가배상을 받은 피해자 및 그 유족과의 형평성 등을 고려한 것이다. … 따라서 심판대상조항이 **인간다운 생활을 할 권리를 침해한다고 볼 수 없다**(헌재 2019. 12. 27. 2018헌바236 등).

05 제한이 아닌 경우

2979 주거환경개선사업 및 주택재개발사업의 시행으로 철거되는 주택의 소유자에 대해서는 임시수용시설의 설치 등을 사업시행자의 의무로 규정한 반면, 도시환경정비사업의 경우에는 이와 같은 규정을 두지 아니한 것은 청구인의 인간다운 생활을 할 권리를 제한한다. 22 경찰 2차   O | X

2979-1 도시환경정비사업의 시행으로 인하여 철거되는 주택의 소유자를 위하여 임시수용시설을 설치하도록 규정하지 않은 도시 및 주거환경정비법 조항은 위 도시환경정비사업의 시행으로 철거되는 주택의 소유자에 대하여 최소한의 물질적 생활도 보장하지 않는 것이므로 인간다운 생활을 할 권리를 침해하는 것이다. 19 법원 9   O | X

정답 2976. O   2976-1. X [인간다운 생활을 할 권리 침해 X]   2977. X [모두 침해 X]   2978. O   2979. X [인간다운 생활을 할 권리 제한 X]
2979-1. X [인간다운 생활을 할 권리 제한조차 아님]

도시환경정비사업의 시행으로 인하여 철거되는 주택의 소유자를 위하여 사업시행기간 동안 거주할 임시수용시설을 설치하는 것은 국가에 대하여 최소한의 물질적 생활을 요구할 수 있는 인간다운 생활을 할 권리의 향유와 관련되어 있다고 할 수 없다. 또한, 청구인과 같은 주택의 소유자는 정비사업에 의하여 건설되는 주택을 자신의 선택에 따라 분양받을 수 있는 우선적 권리를 향유하게 되고, 정비사업의 완료 후에는 종전보다 주거환경이 개선된 기존의 생활근거지에서 계속 거주할 수 있으므로 청구인의 주장처럼 생활의 근거를 상실하는 것도 아니다. 그렇다면 이 사건 법률조항이 인간다운 생활을 할 권리를 제한하거나 침해한다고 할 수 없다(헌재 2014. 3. 27. 2011헌바396).

2980 사적자치에 의해 규율되는 사인 사이의 법률관계에서 계약갱신을 요구할 수 있는 권리나 보증금을 우선하여 변제받을 수 있는 권리 등은 헌법 제34조의 인간다운 생활을 할 권리의 보호대상에 포함된다. 24 경정 O | X

헌법 제34조 제1항의 인간다운 생활을 할 권리는 인간의 존엄에 상응하는 최소한의 물질적인 생활의 유지에 필요한 급부를 요구할 수 있는 권리일 뿐, 사적자치에 의해 규율되는 사인 사이의 법률관계에서 계약갱신을 요구할 수 있는 권리나 보증금을 우선하여 변제받을 수 있는 권리 등은 헌법 제34조 제1항에 의한 보호대상이 아니므로, 이 사건 법률조항들이 청구인의 인간다운 생활을 할 권리를 침해한다고 볼 수 없다(헌재 2014. 3. 27. 2013헌바198).

POINT 163 사회보장수급권

01 사회보장수급권

2981 사회보장수급권은 사회적 기본권으로서 국가에게 적극적으로 급부를 요구할 수 있는 권리를 주된 내용으로 하며, 헌법 제34조 제1항, 제2항에 의하여 보장된다. 20 법원 9 O | X

헌법 제34조 제1항은 "모든 국민은 인간다운 생활을 할 권리를 가진다"고 규정하고, 제2항은 "국가는 사회보장·사회복지의 증진에 노력할 의무를 진다"고 규정하고 있는바, 사회보장수급권은 이 규정들로부터 도출되는 사회적 기본권의 하나이다. 이와 같이 사회적 기본권의 성격을 가지는 사회보장수급권은 국가에 대하여 적극적으로 급부를 요구하는 것이므로 헌법 규정만으로는 이를 실현할 수 없고, 법률에 의한 형성을 필요로 한다. … 그런데 사회보장수급권과 같은 사회적 기본권을 법률로 형성함에 있어 입법자는 광범위한 형성의 자유를 누린다. 국가의 재정능력, 국민 전체의 소득 및 생활수준, 기타 여러 가지 사회적·경제적 여건 등을 종합하여 합리적인 수준에서 결정할 수 있고, 그 결정이 현저히 자의적이거나, 사회적 기본권의 최소한도의 내용마저 보장하지 않은 경우에 한하여 헌법에 위반된다고 할 것이다(헌재 2001. 9. 27. 2000헌마342).

2982 헌법재판소에 의하면 사회보장수급권은 그에 관한 수급요건, 수급자의 범위, 수급액 등 구체적인 사항이 법률에 규정됨으로써 비로소 구체적인 법적 권리로 형성되는 권리라고 본다. 16 국회 8 O | X

2982-1 사회보장수급권은 개인에게 직접 주어지는 헌법적 차원의 권리이며, 사회적 기본권의 하나이다. 23 경채 O | X

사회보장수급권은 헌법 제34조 제1항 및 제2항 등으로부터 개인에게 직접 주어지는 헌법적 차원의 권리라거나 사회적 기본권의 하나라고 볼 수는 없고, 다만 위와 같은 사회보장·사회복지 증진의무를 포섭하는 이념적 지표로서의 인간다운 생활을 할 권리를 실현하기 위하여 입법자가 입법재량권을 행사하여 제정하는 사회보장입법에 그 수급요건, 수급자의 범위, 수급액 등 구체적인 사항이 규정될 때 비로소 형성되는 법률적 차원의 권리에 불과하다 할 것이다(헌재 2003. 7. 24. 2002헌바51).

● 정답 2980. X [인간다운 생활을 할 권리의 보호대상 아님] 2981. O 2982. O 2982-1. X [직접 주어지는 X]

02 연금·보험제도

1 연금제도

2983 공무원연금제도는 공무원을 대상으로 퇴직 또는 사망과 공무로 인한 부상·질병 등에 대하여 적절한 급여를 실시함으로써 공무원 및 그 유족의 생활안정과 복리향상에 기여하는데 그 목적이 있으며, 사회적 위험이 발생한 때에 국가의 책임 아래 보험기술을 통하여 공무원의 구제를 도모하는 사회보험제도의 일종이다. 20 변호사 O│X

공무원연금제도는 공무원을 대상으로 퇴직 또는 사망과 공무로 인한 부상·질병·폐질에 대하여 적절한 급여를 실시함으로써, 공무원 및 그 유족의 생활안정과 복리향상에 기여하는 데에 그 목적이 있는 것으로서(법 제1조), 위의 사유와 같은 **사회적 위험이 발생**한 때에 국가의 책임아래 보험기술을 통하여 공무원의 구제를 도모하는 **사회보험제도의 일종**이다(헌재 2000. 3. 30. 98헌마401 등).

2984 사회적 기본권의 성격을 가지는 연금수급권은 국가에 대하여 적극적으로 급부를 요구하는 것이므로 헌법규정만으로는 실현될 수 없고, 법률에 의한 형성을 필요로 한다. 17 입시 O│X

헌법 제34조 제1항은 "모든 국민은 인간다운 생활을 할 권리를 가진다"고 하고, 제2항은 "국가는 사회보장·사회복지의 증진에 노력할 의무를 진다"고 규정하고 있는바, 이 법상의 연금수급권과 같은 사회보장수급권은 이 규정들로부터 도출되는 사회적 기본권의 하나이다. 이와 같이 **사회적 기본권**의 성격을 가지는 **연금수급권**은 국가에 대하여 **적극적으로 급부를 요구**하는 것이므로 **헌법규정만으로는** 이를 **실현할 수 없고, 법률에 의한 형성을 필요**로 한다(헌재 1999. 4. 29. 97헌마333).

2985 「공무원연금법」상의 연금수급권과 같은 사회보장수급권은 헌법 제34조의 규정으로부터 도출되는 사회적 기본권의 하나이며, 따라서 국가에 대하여 적극적으로 급부를 요구하는 것이므로 헌법규정만으로는 이를 실현할 수 없고, 법률에 의한 형성을 필요로 한다. 17 변호사 O│X

공무원연금 수급권과 같은 **사회보장 수급권**은 '모든 국민은 인간다운 생활을 할 권리를 가지고, 국가는 사회보장·사회복지의 증진에 노력할 의무를 진다'고 규정한 헌법 제34조 제1항 및 제2항으로부터 도출되는 **사회적 기본권 중의 하나로서**, 이는 국가에 대하여 **적극적으로 급부를 요구**하는 것이므로 **헌법규정만으로는** 이를 실현할 수 없어 **법률에 의한 형성이 필요**하고, 그 구체적인 내용 즉 수급요건, 수급권자의 범위 및 급여금액 등은 법률에 의하여 비로소 확정된다(헌재 2009. 5. 28. 2008헌바107).

2986 공무원연금은 기여금 납부를 통해 공무원 자신도 재원의 형성에 일부 기여한다는 점에서 후불임금의 성격도 가지고 있으므로 「공무원연금법」상 연금수급권은 사회적 기본권의 하나인 사회보장수급권의 성격과 재산권의 성격을 아울러 지니고 있다. 23 해간, 18 지방 7 O│X

2986-1 「공무원연금법」상의 퇴직급여, 유족급여 등 각종 급여를 받을 권리, 즉 연금수급권은 공무원 자신의 기여금 납부를 통해 형성된 재원에 대한 후불임금수급권이므로, 재산권의 성격만을 가질 뿐이지, 사회적 기본권의 하나인 사회보장수급권의 성격은 지니고 있지 않다. 10 국회 8 O│X

공무원연금은 연금 운용에 필요한 재원 형성에 국가나 지방자치단체뿐만 아니라 수급권자인 공무원도 참여하는 등 지급사유 발생 시 부담을 나누어 구제를 도모한다는 점에서 사회보험제도의 일종이기도 하다. **공무원연금**은 기여금 납부를 통해 공무원 자신도 재원의 형성에 일부 기여한다는 점에서 **후불임금**의 성격도 가지고 있다. 그러므로 **공무원연금법상 연금수급권**은 사회적 기본권의 하나인 **사회보장수급권**의 성격과 **재산권**의 성격을 아울러 지니고 있다(헌재 2016. 3. 31. 2015헌바18).

●정답 2983. ◯ 2984. ◯ 2985. ◯ 2986. ◯ 2986-1. ✕ [사회보장수급권 + 재산권]

2987 「공무원연금법」상의 퇴직급여 등 각종 급여를 받을 권리, 즉 연금수급권은 재산권의 성격과 사회보장수급권의 성격이 불가분적으로 혼재되어 있는데, 입법자로서는 연금수급권의 구체적 내용을 정함에 있어 어느 한 쪽의 요소에 보다 중점을 둘 수 있다. 21 입시, 20 변호사 O|X

2987-1 헌법재판소는 「공무원연금법」상의 연금수급권은 사회보장수급권으로서의 성격과 재산권으로서의 성격이 혼재되어 있다고 보면서 양자 가운데 사회보장수급권으로서의 성격에 더 비중이 두어진다고 보고 있다. 16 국회 8 O|X

공무원연금법상의 퇴직급여, 유족급여 등 각종 급여를 받을 권리, 즉 **연금수급권은** 일부 **재산권으로서의 성격**을 지니는 것으로 파악되고 있으나 이는 앞서 본 바와 같이 **사회보장수급권의 성격과 불가분적으로 혼재**되어 있으므로, 비록 연금수급권에 재산권의 성격이 일부 있다 하더라도 그것은 이미 사회보장법리의 강한 영향을 받지 않을 수 없다 할 것이고, **입법자로서는 연금수급권의 구체적 내용을 정함에 있어** 이를 전체로서 파악하여 **어느 한 쪽의 요소에 보다 중점을 둘 수 있다** 할 것이다(헌재 2009. 5. 28. 2008헌바107).

2988 공무원연금법상의 각종 급여는 모두 사회보장 수급권으로서의 성격과 아울러 재산권으로서의 성격도 가지고, 그 중 퇴직일시금 및 퇴직수당 수급권은 후불임금 내지 재산권적 성격을 많이 띠고 있는데 비하여, 퇴직연금 수급권은 상대적으로 사회보장적 급여로서의 성격이 강하다. 16 법무사 O|X

공무원연금법상의 각종 급여는 모두 **사회보장 수급권**으로서의 성격과 아울러 **재산권**으로서의 성격도 가지고, **그 중 퇴직일시금 및 퇴직수당 수급권은** 후불임금 내지 재산권적 성격을 많이 띠고 있는데 비하여, **퇴직연금 수급권은** 상대적으로 **사회보장적 급여로서의 성격**이 강하다(헌재 2008. 2. 28. 2005헌마872 등).

2989 연금급여가 직업공무원제도의 한 내용이라는 점을 감안하더라도, 연금급여의 성격상 그 급여의 구체적인 내용은 국회가 사회정책적 고려, 국가의 재정 및 연금기금의 상황 등 여러 가지 사정을 참작하여 보다 폭넓은 입법재량으로 결정할 수 있다. 19 법원 9 O|X

연금급여가 **직업공무원제도의 한 내용**이라는 점을 감안하더라도, 연금급여의 성격상 **그 급여의 구체적인 내용은** 국회가 사회정책적 고려, 국가의 재정 및 연금기금의 상황 등 여러 가지 사정을 참작하여 **보다 폭넓은 입법재량으로 결정**할 수 있고, 연금급여의 후불임금적 성격을 고려할 때 그 퇴직연금급여는 최종보수월액을 기초로 하는 것보다 오히려 공무원으로 재직한 전 기간 평균보수월액으로 하는 것이 합리적이라고 할 수 있는바, 종전의 '최종보수월액'을 '최종 3년간 평균보수월액'으로 개정한 공무원연금법상 위 급여액산정기초규정은 그 자체로 타당성이 인정된다(헌재 2003. 9. 25. 2001헌마93 등).

2990 입법자는 「공무원연금법」상 연금수급권의 구체적 내용을 정함에 있어 반드시 「민법」상 상속의 법리와 순위에 따라야 하는 것이 아니라 공무원연금제도의 목적 달성에 알맞도록 독자적으로 규율할 수 있다. 21 법원 9, 16 법원 9 O|X

공무원연금법상의 퇴직급여, 유족급여 등 각종 급여를 받을 권리, 즉 연금수급권에는 사회적 기본권의 하나인 사회보장수급권의 성격과 재산권의 성격이 불가분적으로 혼재되어 있으므로, 입법자로서는 **연금수급권의 구체적 내용**을 정함에 있어 반드시 민법상 상속의 법리와 순위에 따라야 하는 것이 아니라 **공무원연금제도의 목적 달성에 알맞도록 독자적으로 규율**할 수 있고, 여기에 필요한 정책판단·결정에 관하여는 일차적으로 입법자의 재량에 맡겨져 있다(헌재 1999. 4. 29. 97헌마333).

정답 2987. ○ 2987-1. ×[어느 한 쪽에 더 비중 있다고 판시 無] 2988. ○ 2989. ○ 2990. ○

2991 국민연금이 근로관계로부터 독립하여 제3자인 보험자로 하여금 피보험자의 생활위험을 보호하도록 함으로써 순수한 사회정책적 차원에서 가입자의 노령보호를 주된 목적으로 하는 데 비하여, 공무원연금은 근무관계의 한 당사자인 국가가 다른 당사자인 공무원의 사회보장을 직접 담당함으로써 피보험자(공무원)에 대한 사회정책적 보호 외에 공무원근무관계의 기능유지라는 측면도 함께 도모하고 있다. 18 변호사 O|X

국민연금이 근로관계로부터 독립하여 제3자인 보험자로 하여금 피보험자의 생활위험을 보호하도록 함으로써 순수한 사회정책적 차원에서 가입자의 노령보호를 주된 목적으로 하는 데 비하여, 공무원연금은 근무관계의 한 당사자인 국가가 다른 당사자인 공무원의 사회보장을 직접 담당함으로써 피보험자(공무원)에 대한 사회정책적 보호 외에 공무원근무관계의 기능유지라는 측면도 함께 도모하고 있다(헌재 2016. 6. 30. 2014헌바365).

2992 공무원연금제도와 산업재해보상보험제도는 사회보장 형태로서 사회보험이라는 점에 공통점이 있을 뿐, 보험가입자, 보험관계의 성립 및 소멸, 재정조성 주체 등에서 큰 차이가 있어, 「공무원연금법」상의 유족급여수급권자와 「산업재해보상보험법」상의 유족급여수급권자가 본질적으로 동일한 비교집단이라고 보기 어렵다. 18 변호사 O|X

공무원연금제도와 산재보험제도는 사회보장 형태로서 사회보험이라는 점에 공통점이 있을 뿐, 보험가입자, 보험관계의 성립 및 소멸, 재정조성 주체 등에서 큰 차이가 있어, 공무원연금법상의 유족급여수급권자와 산재보험법상의 유족급여수급권자가 본질적으로 동일한 비교집단이라고 보기 어렵다(헌재 2014. 5. 29. 2012헌마555).

2993 「공무원연금법」상 퇴직연금의 수급자가 「사립학교교직원연금법」제3조의 학교기관으로부터 보수 기타 급여를 지급받고 있는 경우, 그 기간 중 퇴직연금의 지급을 정지하도록 한 것은 기본권제한의 입법한계를 일탈한 것으로 볼 수 없다. 17 입시, 16 경정 O|X

공무원연금법상 퇴직연금의 수급자가 학교기관의 교직원으로 재직하는 경우에는 실질적으로 퇴직연금의 지급사유가 있다고 보기 어렵고, 위 규정에 의하여 지급이 정지되는 것은 사립학교기관으로부터 보수를 지급받고 있는 기간중의 퇴직연금만이고 퇴직수당 등 다른 급여의 지급이 정지되는 것은 아니므로 이는 입법목적달성을 위하여 필요하고 적정한 방법으로서 기본권제한의 입법한계를 일탈한 것으로 볼 수 없다(헌재 2000. 6. 29. 98헌바106).

2994 「공무원연금법」에서 다른 법령에 따라 국가나 지방자치단체의 부담으로 공무원연금법에 따른 급여와 같은 종류의 급여를 받는 자에게는 급여에 상당하는 금액을 공제하여 지급한다고 규정하고 있는 것은 사회보장수급권의 위헌적 침해로 볼 수 없다. 18 서울 7 O|X

이 사건 법률조항은 다른 법령에 따라 국가나 지방자치단체의 부담으로 공무원연금법에 따른 급여와 같은 종류의 급여를 받는 자에게는 그 급여에 상당하는 금액을 공제하여 지급한다고 규정하고 있는바, 이는 연금수급자에게 적절한 사회보장제도를 제공하는 동시에 과도한 지출을 줄여 공무원연금 재정의 안정을 도모함으로써 연금 재정을 합리적으로 운용하기 위한 것이므로 그 목적이 정당하다. … 따라서 이 사건 법률조항이 입법자의 입법형성권을 넘는 자의적인 것으로서 청구인의 사회보장수급권이나 재산권을 침해하였다고 보기 어렵다(헌재 2013. 9. 26. 2011헌바272).

2995 「군인연금법」상 퇴역연금수급권은 사회보장수급권과 재산권이라는 두 가지 성격이 불가분적으로 혼화되어, 전체적으로 재산권의 보호 대상이 되면서도 순수한 재산권만이 아닌 특성을 지니므로, 비록 퇴역연금수급권이 재산권으로서의 성격을 일부 지닌다고 하더라도 사회보장법리에 강하게 영향을 받을 수밖에 없다. 18 변호사 O|X

정답 2991. ○ 2992. ○ 2993. ○ 2994. ○ 2995. ○

군인연금법상 퇴역연금 수급권은 사회보장수급권과 재산권이라는 두 가지 성격이 불가분적으로 혼화되어, 전체적으로 재산권의 보호 대상이 되면서도 순수한 재산권만이 아닌 특성을 지니므로, 비록 퇴역연금 수급권이 재산권으로서의 성격을 일부 지닌다고 하더라도 사회보장법리에 강하게 영향을 받을 수밖에 없다(헌재 2015. 7. 30. 2014헌바371).

2996 「군인연금법」상의 퇴역연금은 퇴역군인의 생활을 보장하기 위한 사회보험 내지 사회보장·사회복지적 성질도 함께 갖는 것이며, 이와 같은 법적 성질은 퇴역일시금의 경우도 기본적으로 같다. 17 입시

O | X

군인연금법상의 퇴역연금의 법적 성질은 군인이 장기간 충실히 복무한 공로에 대한 공적보상으로서의 은혜적 성질을 갖는 한편, 퇴역연금 중 군인이 부담하는 기여금에 상당하는 부분은 봉급연불적인 성질과 군인인 기간 동안 및 퇴직 후에 있어서의 공적 재해보험의 성질이 있고, 국고의 부담금은 군인과 그 가족을 위한 사회보장 부담금으로서의 성질이 있다 할 것이므로, 결국 퇴역연금은 퇴역군인의 생활을 보장하기 위한 사회보험 내지 사회보장·사회복지적인 성질도 함께 갖는 것이며, 이와 같은 법적 성질은 퇴직일시금의 경우도 기본적으로 같다 할 것이다(헌재 1996. 10. 31. 93헌바55).

2997 국민연금의 급여수준은 납입한 연금보험료의 금액을 기준으로 결정하여야 하며, 한 사람의 수급권자에게 여러 종류의 수급권이 발생한 경우에는 중복하여 지급해야 한다. 17 입시, 16 경정

O | X

국민연금의 사회보장적 성격에 비추어 급여수준은 수급권자가 최저생활을 유지하는데 필요한 금액을 기준으로 결정해야 할 것이지 납입한 연금보험료의 금액을 기준으로 결정하거나 여러 종류의 수급권이 발생하였다고 하여 반드시 병급 즉 중복하여 지급해야 할 것은 아니다(헌재 2000. 6. 1. 97헌마190).

2998 「국민연금법」제52조가 수급권자에게 2 이상의 급여의 수급권이 발생한 때 그 자의 선택에 의하여 그 중의 하나만을 지급하고 다른 급여의 지급을 정지하도록 한 것은 공공복리를 위하여 필요하고 적정한 방법으로 볼 수 없어 헌법 제37조 제2항의 기본권 제한의 입법적 한계를 일탈한 것으로 볼 수 있다. 12 국회 8

O | X

이 사건 법률조항이 수급권자에게 2 이상의 급여의 수급권이 발생한 때 그 자의 선택에 의하여 그 중의 하나만을 지급하고 다른 급여의 지급을 정지하도록 한 것은 공공복리를 위하여 필요하고 적정한 방법으로서 헌법 제37조 제2항의 기본권 제한의 입법적 한계를 일탈한 것으로 볼 수 없고, 또 합리적인 이유가 있으므로 평등권을 침해한 것도 아니다(헌재 2000. 6. 1. 97헌마190).

2 보험제도

2999 보험재정의 공공성을 유지하기 위하여 범죄행위에 기인한 보험사고에 대하여 보험급여를 하지 않는 것은 고의범과 중과실범의 경우로 한정하면 충분하므로 여기에서 더 나아가 경과실범에 의한 보험사고의 경우에까지 의료보험수급권을 부정하는 것은 재산권에 대한 과도한 제한에 해당하여 헌법상의 과잉금지원칙에 위배된다. 12 지방 7

O | X

2999-1 경과실의 범죄로 인한 사고는 개념상 우연한 사고의 범위를 벗어나지 않으므로 경과실로 인한 범죄행위에 기인하는 보험사고에 대하여 의료보험급여를 부정하는 것은 우연한 사고로 인한 위험으로부터 다수의 국민을 보호하고자 하는 사회보장제도로서의 의료보험의 본질을 침해하여 헌법에 위반된다. 22 경채, 17 지방 7

O | X

2999-2 경과실로 인한 범죄행위에 기인하는 보험사고에 대하여 의료보험급여를 부정하는 것이 사회보장제도로서의 의료보험의 본질을 침해하는 것은 아니다. 21 소간

O | X

정답 2996. O 2997. X [중복 지급 X] 2998. X [한계 일탈 X] 2999. O 2999-1. O 2999-2. X [의료보험의 본질 침해]

(1) 보험재정의 공공성을 유지하기 위하여 범죄행위에 기인한 보험사고에 대하여 보험급여를 하지 않는 것은 고의범과 중과실범의 경우로 한정하면 충분하므로, 여기에서 더 나아가 경과실범에 의한 보험사고의 경우에까지 의료보험수급권을 부정하는 것은 기본권 제한에 있어서의 최소침해의 원칙에 어긋나며, 나아가 보호되는 공익에 비하여 침해되는 사익이 현저히 커서 법익균형의 원칙에도 어긋나므로 이는 재산권에 대한 과도한 제한으로서 헌법에 위반된다(헌재 2003. 12. 18. 2002헌바1).

(2) 경과실의 범죄로 인한 사고는 개념상 우연한 사고의 범위를 벗어나지 않으므로 경과실로 인한 범죄행위에 기인하는 보험사고에 대하여 의료보험급여를 부정하는 것은 우연한 사고로 인한 위험으로부터 다수의 국민을 보호하고자 하는 사회보장제도로서의 의료보험의 본질을 침해하여 헌법에 위반된다(헌재 2003. 12. 18. 2002헌바1).

3000 건강보험은 사적인 자율영역에 맡겨질 수 있는 성격의 문제가 아니라 경제적인 약자에게도 기본적인 의료서비스를 제공하기 위한 국가의 사회보장·사회복지 증진의무의 일부로서 공공복리를 위한 것이다. 그러므로 국가가 보험자인 국민건강보험공단의 설립을 통하여 달성하고자 하는 과제는 헌법상 정당하며, 소득재분배와 위험분산의 효과를 거두려는 사회보험의 목표는 임의가입의 형식으로 운영하는 한 달성하기 어렵고 법률로써 가입을 강제하고 소득수준에 따라 차등을 둔 보험료를 부과함으로써만 이루어질 수 있다. 13 법원 9 ○│×

3000-1 국가가 국민을 강제로 건강보험에 가입시키고 경제적 능력에 따라 보험료를 납부하도록 하는 것은 재산권에 대한 제한이 되지만, 이러한 제한은 정당한 국가목적을 달성하기 위하여 부득이한 것이고, 가입강제와 보험료의 차등부과로 인하여 달성되는 공익은 그로 인하여 침해되는 사익에 비하여 월등히 크다고 할 수 있으므로, 재산권을 침해한다고 볼 수 없다. 16 법원 9 ○│×

(1) 건강보험은 사적인 자율영역에 맡겨 질 수 있는 성격의 문제가 아니라 경제적인 약자에게도 기본적인 의료서비스를 제공하기 위한 국가의 사회보장·사회복지 증진의무의 일부로서 공공복리를 위한 것이다. 그러므로 국가가 보험자인 국민건강보험공단의 설립을 통하여 달성하고자 하는 과제는 헌법상 정당하며, 소득재분배와 위험분산의 효과를 거두려는 사회보험의 목표는 임의가입의 형식으로 운영하는 한 달성하기 어렵고 법률로써 가입을 강제하고 소득수준에 따라 차등을 둔 보험료를 부과함으로써만 이루어질 수 있는 것이어서, … 가입강제와 보험료의 차등부과로 인하여 달성되는 공익은 그로 인하여 침해되는 사익에 비하여 월등히 크다고 할 수 있으므로 일반적 행동의 자유권으로서의 보험에 가입하지 않을 자유와 재산권에 대한 제한은 정당화된다고 하겠다(헌재 2003. 10. 30. 2000헌마801).

(2) 국가가 국민을 강제로 건강보험에 가입시키고 경제적 능력에 따라 보험료를 납부하도록 하는 것은 행복추구권으로부터 파생하는 일반적 행동의 자유의 하나인 공법상의 단체에 강제로 가입하지 아니할 자유와 정당한 사유 없는 금전의 납부를 강제당하지 않을 재산권에 대한 제한이 되지만, 이러한 제한은 정당한 국가목적을 달성하기 위하여 부득이한 것이고, 가입강제와 보험료의 차등부과로 인하여 달성되는 공익은 그로 인하여 침해되는 사익에 비하여 월등히 크다고 할 수 있으므로, 위의 조항들이 헌법상의 행복추구권이나 재산권을 침해한다고 볼 수 없다(헌재 2003. 10. 30. 2000헌마801).

3001 국가가 저소득층 지역가입자를 대상으로 소득수준에 따라 「국민건강보험법」상의 보험료를 차등지원하는 것은 사회국가원리에 의하여 정당화된다. 22 해간, 17 국가 7 ○│×

3001-1 저소득층 지역가입자에 대하여 국가가 국고지원을 통하여 보험료를 보조하는 것은 경제적·사회적 약자에게도 의료보험의 혜택을 제공해야 할 사회국가적 의무를 이행하기 위한 것으로서 국고지원에 있어서의 지역가입자와 직장가입자의 차별취급은 사회국가원리의 관점에서 합리적인 차별에 해당하여 평등원칙에 위반되지 아니한다. 22 국가 7 ○│×

3001-2 「국민건강보험법」상 보험료의 국고지원에 있어서 지역가입자와 직장가입자의 차별취급은 사회국가원리의 관점에서 합리적인 차별이 아니므로 평등원칙에 위반된다. 17 지방 7 ○│×

● 정답 3000. ○   3000-1. ○   3001. ○   3001-1. ○   3001-2. ×[평등원칙 위반 ×]

사회국가원리는 소득의 재분배의 관점에서 경제적 약자에 대한 보험료의 지원을 허용할 뿐만 아니라, 한걸음 더 나아가 정의로운 사회질서의 실현을 위하여 이를 요청하는 것이다. 따라서 국가가 **저소득층 지역가입자**를 대상으로 **소득수준에 따라 보험료를 차등지원**하는 것은 **사회국가원리에 의하여 정당화되는 것이다.** … 저소득층 지역가입자에 대하여 국가가 **국고지원을 통하여 보험료를 보조**하는 것은, 경제적·사회적 약자에게도 의료보험의 혜택을 제공해야 할 사회국가적 의무를 이행하기 위한 것으로서, **국고지원에 있어서의 지역가입자와 직장가입자의 차별취급**은 사회국가원리의 관점에서 합리적인 차별에 해당하는 것으로서 **평등원칙에 위반되지 아니한다**(헌재 2000. 6. 29. 99헌마289).

3002 헌법 제34조 제2항 및 제6항의 국가의 사회보장·사회복지 증진의무나 재해예방노력의무 등의 성질에 비추어 국가가 어떠한 내용의 산재보험을 어떠한 범위와 방법으로 시행할지 여부는 입법자의 재량영역에 속하는 문제이고, 산재피해 근로자에게 인정되는 산재보험수급권도 그와 같은 입법재량권의 행사에 의하여 제정된 산재보험법에 의하여 비로소 구체화되는 '법률상의 권리'이며, 개인에게 국가에 대한 사회보장·사회복지 또는 재해예방 등과 관련된 적극적 급부청구권은 인정하고 있지 않다. 16 법무사   O | X

우리 헌법 제34조 제2항·제6항의 국가의 사회보장·사회복지 증진의무나 재해예방노력의무 등의 성질에 비추어 국가가 어떠한 내용의 산재보험을 어떠한 범위와 방법으로 시행할지 여부는 **입법자의 재량영역**에 속하는 문제이며, **산재피해 근로자에게 인정되는 산재보험수급권도** 그와 같은 입법재량권의 행사에 의하여 제정된 **산재보험법에 의하여 비로소 구체화되는** '**법률상의 권리**'이며, 개인에게 국가에 대한 **사회보장·사회복지 또는 재해예방 등과** 관련된 **적극적 급부청구권은 인정하고 있지 않다**고 보아야 할 것이다(헌재 2005. 7. 21. 2004헌바2).

3003 산재보험수급권은 이른바 '사회보장수급권'의 하나로서 국가에 대하여 적극적으로 급부를 요구하는 것이지만 국가가 재정부담능력과 전체적 사회보장 수준 등을 고려하여 그 내용과 범위를 정하는 것이므로 입법부에 폭넓은 입법형성의 자유가 인정된다. 18 서울 7   O | X

산재보험제도는 근로자에게 발생하는 업무상 재해라는 사회적 위험을 보험방식에 의하여 대처하는 사회보험제도이므로, 이 제도에 따른 **산재보험수급권은** 이른바 '**사회보장수급권**'의 하나로서 국가에 대하여 **적극적으로 급부를 요구**하는 것이지만, 헌법규정만으로는 이를 실현할 수 없고, 법률에 의한 형성을 필요로 한다. 이와 같이 사회적 기본권의 성격을 가지는 산재보험수급권은 법률에 의해서 구체적으로 형성되는 권리로서 국가가 재정부담능력과 전체적인 사회보장 수준 등을 고려하여 그 내용과 범위를 정하는 것이므로 **광범위한 입법형성의 자유영역에** 있는 것이고, 국가가 헌법 제34조에 따른 사회보장의무에 위반하여 생계보호에 관한 입법을 전혀 하지 아니하였거나 또는 그 내용이 현저히 불합리하여 헌법상 용인될 수 있는 재량의 범위를 명백히 일탈한 경우에 한하여 헌법에 위반된다고 할 수 있다(헌재 2015. 6. 25. 2014헌바269).

3004 업무상 질병으로 인한 업무상 재해에 있어 업무와 재해 사이의 상당인과관계에 대한 입증책임을 이를 주장하는 근로자나 그 유족에게 부담시키는「산업재해보상보험법」규정이 근로자나 그 유족의 사회보장수급권을 침해한다고 볼 수 없다. 22 경찰 1차   O | X

3004-1 「산업재해보상보험법」에서 업무상 질병으로 인한 업무상 재해에 있어 업무와 재해 사이의 상당인과관계에 대한 입증책임을 이를 주장하는 근로자나 그 유족에게 부담시키는 것은 사회보장수급권을 위헌적으로 침해한다. 18 서울 7   O | X

● 정답 3002. O   3003. O   3004. O   3004-1. X [사회보장수급권 침해 X]

입증책임분배에 있어 권리의 존재를 주장하는 당사자가 권리근거사실에 대하여 입증책임을 부담한다는 것은 일반적으로 받아들여지고 있고, 통상적으로 업무상 재해를 직접 경험한 당사자가 이를 입증하는 것이 용이하다는 점을 감안하면, 이러한 입증책임의 분배가 입법재량을 일탈한 것이라고는 보기 어렵다. … 근로자 측이 현실적으로 부담하는 입증책임이 근로자 측의 보호를 위한 산업재해보상보험제도 자체를 형해화시킬 정도로 과도하다고 보기도 어렵다. 따라서 심판대상조항이 **사회보장수급권을 침해한다고 볼 수 없다**(헌재 2015. 6. 25. 2014헌바269).

3005 실업급여에 관한 고용보험법의 적용에 있어 '65세 이후에 새로이 고용된 자'를 그 적용대상에서 배제한 고용보험법은 65세 이후 고용된 사람의 평등권을 침해하지 않는다. 23 법원 9   O|X

3005-1 '65세 이후 고용된 자'에게 실업급여에 관한 「고용보험법」의 적용을 배제하는 것은 근로의 의사와 능력의 존부에 대한 합리적인 판단을 결여한 것이다. 19 입시   O|X

실업급여를 포함한 고용보험제도는 개개인의 특수한 사정이나 선택에 의하여 보험관계가 설정되는 사보험이 아니라 보험의 내용이 모두 법률에 의하여 강제되거나 확정되는 공적보험이라는 점에서, 근로의 의사와 능력이 있는지 여부에 대하여는 일정한 연령을 기준으로 하는 것이 특별히 불합리하다고 단정할 수는 없다. … 이상에서 본 바와 같이, 심판대상조항이 **'65세 이후 고용'** 여부를 기준으로 **실업급여 적용 여부를 달리**한 것은 **합리적 이유**가 있다고 할 것이므로, 이로 인해 청구인의 **평등권이 침해되었다고 보기 어렵다**(헌재 2018. 6. 28. 2017헌마238).

03 공공부조

3006 의료급여수급자와 건강보험가입자는 사회보장의 한 형태로서 의료보장의 대상인 점에서 공통점이 있고, 그 선정방법, 법적지위, 재원조달방식, 자기기여 여부 등에서는 차이가 있기는 하지만 본질적으로는 동일한 비교집단으로 볼 수 있으므로 의료급여수급자를 대상으로 선택병의원제도 및 비급여항목 등을 건강보험의 경우와 달리 규정하고 있는 것은 평등권을 침해하는 것이다. 13 법원 9   O|X

의료급여수급자와 건강보험가입자는 사회보장의 한 형태인 의료보장의 대상인 점에서만 공통점이 있다고 할 수 있을 뿐 그 선정방법, 법적지위, 재원조달방식, 자기기여 여부 등에서는 명확히 구분된다. 따라서 **의료급여수급자와 건강보험가입자**는 본질적으로 **동일한 비교집단이라 보기 어렵고** 의료급여수급자를 대상으로 **선택병의원제 및 비급여항목 등을 달리 규정**하고 있는 것을 두고, 본질적으로 동일한 것을 다르게 취급하고 있다고 볼 수는 없으므로 이 사건 개정법령의 규정이 청구인들의 **평등권을 침해한다고 볼 수 없다**(헌재 2009. 11. 26. 2007헌마734).

04 사회보장수급권이 아닌 경우

3007 사립학교 교원에 대한 명예퇴직수당은 장기근속자의 조기퇴직을 유도하기 위한 특별장려금이라고 할 것이고 사회보장수급권에 해당하지 않는다. 18 서울 7   O|X

명예퇴직은 근로자의 청약(신청)에 대하여 사용자가 승낙함으로써 합의에 의하여 근로계약을 종료시키는 근로계약의 합의해지라고 할 것이다. 원칙적으로 계약의 자유가 보장되는 사적 자치의 영역이다. **사립학교법상 명예퇴직수당**은 교원이 정년까지 근무할 경우에 받게 될 장래 임금의 보전이나 퇴직 이후의 생활안정을 보장하는 사회보장적 급여가 아니라 **장기근속 교원의 조기 퇴직을 유도**하기 위한 **특별장려금**이라고 할 것이다(헌재 2007. 4. 26. 2003헌마533).

정답 | 3005. O   3005-1. X [평등권 침해 X]   3006. X [평등권 침해 X]   3007. O

POINT 164 국가의 사회보장·사회복지 의무

3008 현행 헌법은 국가가 여자의 복지와 권익의 향상을 위하여 노력하고, 재해를 예방하고 그 위험으로부터 국민을 보호하기 위하여 노력하도록 규정하고 있다. 20 변호사 O | X

3008-1 헌법은 국가의 재해예방 의무에 대해서 아무런 규정을 두고 있지 않다. 21 법원 9 O | X

> 헌법 제34조 ③ 국가는 **여자의 복지와 권익의 향상**을 위하여 노력하여야 한다.
> ⑥ 국가는 **재해**를 예방하고 그 위험으로부터 **국민을 보호**하기 위하여 노력하여야 한다.

3009 국가는 노인과 청소년의 복지향상을 위한 정책을 실시할 의무를 진다. 21 법원 9 O | X

> 헌법 제34조 ④ 국가는 **노인과 청소년의 복지향상**을 위한 정책을 실시할 의무를 진다.

3010 참전명예수당은 국가를 위한 특별한 공헌과 희생에 대한 국가보훈적 성격과, 고령으로 사회활동능력을 상실한 참전 유공자에게 경제적 지원을 함으로써 참전의 노고에 보답하고 아울러 자부심과 긍지를 고양하며 장기적인 측면에서 수급권자의 생활보호를 위한 사회보장적 의미를 동시에 갖는 것이다. 17 지방 7 O | X

> 이 사건 법률조항이 규정하는 **참전명예수당**은 국가를 위한 특별한 공헌과 희생에 대한 **국가보훈적 성격**과, 고령으로 사회활동능력을 상실한 참전 유공자에게 경제적 지원을 함으로써 참전의 노고에 보답하고 아울러 자부심과 긍지를 고양하며 장기적인 측면에서 **수급권자의 생활보호를 위한 사회보장적 의미**를 동시에 갖는 것이다(헌재 2003. 7. 24. 2002헌마522 등).

3011 장애인의 복지를 향상해야 할 국가의 의무가 다른 다양한 국가과제에 대하여 최우선적인 배려를 요청할 수 없을 뿐 아니라, 헌법규범으로부터는 장애인을 위한 저상버스의 도입과 같은 구체적인 국가의 행위의무를 도출할 수 없다. 13 변호사 O | X

> **장애인의 복지를 향상해야 할 국가의 의무**가 다른 다양한 국가과제에 대하여 **최우선적인 배려를 요청할 수 없을** 뿐 아니라, 나아가 헌법의 규범으로부터는 '**장애인을 위한 저상버스의 도입**'과 같은 **구체적인 국가의 행위의무를 도출할 수 없는 것이다.** 국가에게 헌법 제34조에 의하여 장애인의 복지를 위하여 노력을 해야 할 의무가 있다는 것은, 장애인도 인간다운 생활을 누릴 수 있는 정의로운 사회질서를 형성해야 할 국가의 일반적인 의무를 뜻하는 것이지, 장애인을 위하여 저상버스를 도입해야 한다는 구체적 내용의 의무가 헌법으로부터 나오는 것은 아니다(헌재 2002. 12. 18. 2002헌마52).

3012 국가에게 헌법 제34조에 의하여 장애인의 복지를 위하여 노력을 해야 할 의무가 있다는 것은, 장애인도 인간다운 생활을 누릴 수 있는 정의로운 사회질서를 형성해야 할 국가의 일반적인 의무를 뜻하는 것이지, 장애인을 위하여 저상버스를 도입해야 한다는 구체적 내용의 의무가 헌법으로부터 나오는 것은 아니다. 22 해간, 20 국가 7 O | X

3012-1 헌법 제34조 제5항의 '신체장애자'에 대한 국가보호의무 조항은 사회국가원리를 구체화한 것이므로, 이 조항으로부터 장애인을 위하여 저상버스를 도입해야 한다는 구체적 내용의 의무가 도출된다. 16 변호사 O | X

정답 3008. O 3008-1. X [재해예방의무 규정 有] 3009. O 3010. O 3011. O 3012. O 3012-1. X [저상버스 도입의무 도출 X]

장애인의 복지를 향상해야 할 국가의 의무가 다른 다양한 국가과제에 대하여 최우선적인 배려를 요청할 수 없을 뿐 아니라, 나아가 헌법의 규범으로부터는 '장애인을 위한 저상버스의 도입'과 같은 구체적인 국가의 행위의무를 도출할 수 없는 것이다. 국가에게 헌법 제34조에 의하여 장애인의 복지를 위하여 노력을 해야 할 의무가 있다는 것은, 장애인도 인간다운 생활을 누릴 수 있는 정의로운 사회질서를 형성해야 할 국가의 일반적인 의무를 뜻하는 것이지, 장애인을 위하여 저상버스를 도입해야 한다는 구체적 내용의 의무가 헌법으로부터 나오는 것은 아니다(헌재 2002. 12. 18. 2002헌마52).

POINT 165 교육을 받을 권리

01 교육을 받을 권리와 국가의 의무

3013 모든 국민은 능력에 따라 균등하게 교육을 받을 권리를 가진다. 14 법원 9   O|X

헌법 제31조 ① 모든 국민은 능력에 따라 균등하게 교육을 받을 권리를 가진다.

3014 교육을 받을 권리는 국민이 인간으로서의 존엄과 가치를 가지며 행복을 추구하고 인간다운 생활을 영위하는 데 필수적인 전제이자 다른 기본권을 의미있게 행사하기 위한 기초가 된다. 21 소간   O|X

헌법 제31조 제1항은 "모든 국민은 능력에 따라 균등하게 교육을 받을 권리를 가진다"라고 규정하여 국민의 교육을 받을 권리를 보장하고 있다. 교육을 받을 권리는 국민이 인간으로서의 존엄과 가치를 가지며 행복을 추구하고(헌법 제10조) 인간다운 생활을 영위하는데(헌법 제34조 제1항) 필수적인 전제이자 다른 기본권을 의미있게 행사하기 위한 기초이고, 민주국가에서 교육을 통한 국민의 능력과 자질의 향상은 바로 그 나라의 번영과 발전의 토대가 되는 것이므로, 헌법이 교육을 국가의 중요한 과제로 규정하고 있는 것이다(헌재 2000. 4. 27. 98헌가16 등).

3015 교육을 받을 권리는, 교육을 통해 개인의 잠재적인 능력을 계발시켜 줌으로써 인간다운 문화생활과 직업생활을 할 수 있는 기초를 마련해 준다. 14 법무사   O|X

우리 헌법은 문화국가·민주국가·사회국가·복지국가에서 차지하는 교육의 중요성을 감안해서 교육을 모든 국민의 권리로 규정함과 동시에 국가와 국민의 공동의무임을 명백히 밝히고 있다. 교육을 받을 권리는, 첫째 교육을 통해 개인의 잠재적인 능력을 계발시켜줌으로써 인간다운 문화생활과 직업생활을 할 수 있는 기초를 마련해 주고, 둘째 문화적이고 지적인 사회풍토를 조성하고 문화창조의 바탕을 마련함으로써 헌법이 추구하는 문화국가를 촉진시키고, 셋째 합리적이고 계속적인 교육을 통해서 민주주의가 필요로 하는 민주시민의 윤리적 생활철학을 어렸을 때부터 습성화시킴으로써 헌법이 추구하는 민주주의의 토착화에 이바지하고, 넷째 능력에 따른 균등한 교육을 통해서 직업생활과 경제생활영역에서 실질적인 평등을 실현시킴으로써 헌법이 추구하는 사회국가, 복지국가의 이념을 실현한다는 의의와 기능을 가지고 있다(헌재 1994. 2. 24. 93헌마192).

3016 교육을 받을 권리는 국가에 대해 교육을 받을 수 있도록 적극적으로 배려해 줄 것을 요구할 권리와 능력에 따라 균등하게 교육받는 것을 공권력에 의하여 침해받지 않을 권리를 포함한다. 13 국회 9
O|X

헌법 제31조 제1항의 교육을 받을 권리는, 국민이 능력에 따라 균등하게 교육받을 것을 공권력에 의하여 부당하게 침해받지 않을 권리와, 국민이 능력에 따라 균등하게 교육받을 수 있도록 국가가 적극적으로 배려하여 줄 것을 요구할 수 있는 권리로 구성되는바, 전자는 자유권적 기본권의 성격이, 후자는 사회권적 기본권의 성격이 강하다고 할 수 있다(헌재 2008. 4. 24. 2007헌마1456).

정답 3013. ○   3014. ○   3015. ○   3016. ○

3017 헌법 제31조 제1항의 '교육을 받을 권리'는 국가로부터 교육에 필요한 시설의 제공을 요구할 수 있는 권리 및 각자의 능력에 따라 교육시설에 입학하여 배울 수 있는 권리를 의미한다. 23 경찰 2차 O | X

헌법 제31조 제1항의 '교육을 받을 권리'는 국가로부터 교육에 필요한 **시설의 제공을 요구**할 수 있는 권리 및 각자의 능력에 따라 **교육시설에 입학하여 배울 수 있는 권리를 의미한다**(헌재 2013. 5. 30. 2011헌바227).

3018 학습권은 국가에 의한 교육조건의 개선과 정비 및 교육기회의 균등한 보장을 적극적으로 요청할 수 있는 권리이다. 11 국회 8 O | X

헌법 제31조 제1항은 **국민의 교육을 받을 권리**를 보장하고 있지만 그 권리는 통상 국가에 의한 **교육조건의 개선·정비**와 **교육기회의 균등한 보장**을 적극적으로 요구할 수 있는 권리로 이해되고 있을 뿐이고, 그로부터 위와 같은 작위의무가 헌법해석상 바로 도출된다고 볼 수 없다(헌재 2006. 10. 26. 2004헌마13).

3019 교육을 받을 권리를 규정한 헌법 제31조 제1항은 헌법 제10조의 행복추구권에 대한 특별규정으로서, 교육의 영역에서 능력주의를 실현하고자 하는 것이다. 19 국회 8 O | X

3019-1 평등권으로서 교육을 받을 권리는 '취학·진학의 기회균등', 즉 각자의 능력에 상응하는 교육을 받을 수 있도록 학교 입학에 있어서 자의적 차별이 금지되어야 한다는 차별금지원칙을 의미한다. 24 경찰 1차 O | X

헌법은 제31조 제1항에서 "능력에 따라 균등하게"라고 하여 **교육영역에서 평등원칙**을 구체화하고 있다. 헌법 제31조 제1항은 헌법 **제11조의 일반적 평등조항에 대한 특별규정**으로서 **교육의 영역에서 평등원칙을 실현**하고자 하는 것이다. **평등권으로서 교육을 받을 권리는 '취학·진학의 기회균등'**, 즉 각자의 능력에 상응하는 교육을 받을 수 있도록 **학교 입학에 있어서 자의적 차별이 금지되어야 한다는 차별금지원칙을 의미한다**(헌재 2019. 4. 11. 2018헌마221).

3020 헌법 제31조 제1항에서 보장되는 교육의 기회균등권은 정신적·육체적 능력 이외의 성별·종교·경제력·사회적 신분 등에 의하여 교육을 받을 기회를 차별하지 아니함과 동시에, 국가가 모든 국민에게 균등한 교육을 받게 하고 특히 경제적 약자가 실질적인 평등교육을 받을 수 있도록 적극적 정책을 실현해야 한다는 것을 의미한다. 19 법무사 O | X

3020-1 능력에 따라 균등하게 교육을 받을 권리는 개인의 정신적·육체적·경제적 능력에 따른 차별만을 허용할 뿐 성별·종교·사회적 신분에 의한 차별은 허용하지 않는다. 13 국회 9 O | X

헌법 제31조 제1항에서 보장되는 **교육의 기회균등권은 '정신적·육체적 능력** 이외의 **성별·종교·경제력·사회적 신분** 등에 의하여 교육을 받을 기회를 차별하지 않고, 즉 **합리적 차별사유 없이 교육을 받을 권리를 제한하지 아니함과 동시에 국가가 모든 국민에게 균등한 교육을 받게 하고 특히 경제적 약자가 실질적인 평등교육을 받을 수 있도록 적극적 정책을 실현해야 한다는 것'을 의미하므로,** 실질적인 평등교육을 실현해야 할 국가의 적극적인 의무가 인정되지만, 이러한 의무조항으로부터 국민이 직접 실질적 평등교육을 위한 교육비를 청구할 권리가 도출되는 것은 아니다(헌재 2003. 11. 27. 2003헌바39).

● 정답 3017. ○   3018. ○   3019. ✕ [제11조 평등조항의 특별규정임, 교육의 영역에서 평등원칙 실현]   3019-1. ○   3020. ○   3020-1. ✕ [경제적 능력 ✕]

3021 교육을 받을 권리란 모든 국민에게 저마다의 능력에 따른 교육이 가능하도록 그에 필요한 설비와 제도를 마련해야 할 국가의 과제와 아울러, 사회적·경제적 약자도 능력에 따른 실질적 평등교육을 받을 수 있도록 적극적인 정책을 실현해야 할 국가의 의무를 뜻한다. 21 소간 O|X

헌법 제31조 제1항은 "모든 국민은 능력에 따라 균등하게 교육을 받을 권리를 가진다"고 규정하여 국민의 교육을 받을 권리를 보장하고 있다. '**교육을 받을 권리**'란, 모든 국민에게 저마다의 능력에 따른 교육이 가능하도록 그에 필요한 설비와 제도를 마련해야 할 **국가의 과제**와 아울러 이를 넘어 사회적·경제적 약자도 능력에 따른 실질적 평등교육을 받을 수 있도록 **적극적인 정책을 실현해야 할 국가의 의무를 뜻한다**(헌재 2000. 4. 27. 98헌가16 등).

3022 헌법 제31조의 '능력에 따라 균등한 교육을 받을 권리'는 학교교육 밖에서의 사적인 교육영역에까지 균등한 교육이 이루어지도록 개인이 별도로 교육을 시키거나 받는 행위를 국가가 금지하거나 제한할 수 있는 근거를 부여하는 수권규범이 아니다. 18 법무사 O|X

위 조항은 교육의 모든 영역, 특히 **학교교육** 밖에서의 **사적인 교육영역**에까지 균등한 교육이 이루어지도록 **개인이 별도로 교육을 시키거나 받는 행위를 국가가 금지하거나 제한할** 수 있는 근거를 부여하는 **수권규범이 아니다**(헌재 2000. 4. 27. 98헌가16 등).

02 보호영역이 아닌 경우

3023 헌법 제31조의 교육을 받을 권리는 국민이 국가에 대하여 특정한 교육제도나 교육과정 또는 학교시설의 제공을 요구할 수 있는 권리를 뜻하는 것은 아니다. 22 해간 O|X

3023-1 교육을 받을 권리는 국민이 국가에 대하여 직접 특정한 교육제도나 교육과정을 요구할 수 있는 것을 포함한다. 22 입시 O|X

(1) **교육을 받을 권리**는 국민이 국가에 대하여 **직접 특정한 교육제도나 교육과정을 요구**할 수 있는 것을 **포함하지는 않는다**(헌재 2005. 11. 24. 2003헌마173).
(2) **교육을 받을 권리**는 국민이 국가에 대해 **직접 특정한 교육제도나 학교시설을 요구**할 수 있음을 **뜻하지는 않으며**, 더구나 자신의 교육환경을 최상 혹은 최적으로 만들기 위해 타인의 교육시설 참여 기회를 제한할 것을 청구할 수 있는 기본권은 더더욱 아닌 것이다(헌재 2003. 9. 25. 2001헌마814 등).

3024 교육을 받을 권리가 국가에 대하여 특정한 교육제도나 시설의 제공을 요구할 수 있는 권리를 뜻하는 것은 아니므로, 대학의 구성원이 아닌 사람이 대학도서관에서 도서를 대출할 수 없거나 열람실을 이용할 수 없더라도 교육을 받을 권리가 침해된다고 볼 수 없다. 21 국가 7 O|X

교육을 받을 권리가 국가에 대하여 **특정한 교육제도나 시설의 제공을 요구할 수 있는 권리를 뜻하는 것은 아니므로**, 청구인이 이 사건 도서관에서 도서를 대출할 수 없거나 열람실을 이용할 수 없더라도 청구인의 **교육을 받을 권리가 침해된다고 볼 수 없다**(헌재 2016. 11. 24. 2014헌마977).

● 정답 3021. ○ 3022. ○ 3023. ○ 3023-1. ✕ [특정 교육제도·과정 요구권 포함 ✕] 3024. ○

3025 종업원의 복리를 위하여 기업체가 출연하여 설립한 자율형 사립고가 14년 신입생 모집요강을 작성하면서 임직원 자녀 전형 70%, 사회배려자 전형 20%, 일반전형 10%를 각각 배정한 것은 기업 임직원이 아닌 일반인의 15년 졸업예정자인 중학생 아들의 교육 받을 권리의 제한은 문제되지 않는다. 16 국가 7   O│X

특정 교육시설에 참여할 수 있는 기회를 늘려 달라고 요구하거나, 입학전형에서 불리하다는 이유로 타인의 교육시설 참여 기회를 제한해 달라고 요구하는 것이 균등한 취학기회 보장을 목표로 하는 교육을 받을 권리의 내용이라고 볼 수는 없다. 청구인들은 이 사건 승인처분에 의하여 고등학교 진학 기회 자체가 봉쇄되거나 박탈된 것이 아니며, 여전히 다른 고등학교에 진학할 수 있고, 충남 ○○고의 경우 기존의 일반고등학교를 자사고로 변경한 것이 아니라 추가적으로 고등학교를 신설한 것으로서 청구인들의 고등학교 진학기회를 축소시킨 것도 아니므로, 이 사건 승인처분과 관련하여서는 헌법 제31조 제1항의 교육을 받을 권리의 제한이 문제되지 아니한다(헌재 2015. 11. 26. 2014헌마145).

3026 헌법 제31조의 교육을 받을 권리는 국민이 국가에 대해 직접 특정한 교육제도나 학교시설을 요구할 수 있는 기본권이며, 자신의 교육환경을 최상 혹은 최적으로 만들기 위해 타인의 교육시설 참여 기회를 제한할 것을 청구할 수 있는 기본권이기도 하다. 21 지방 7   O│X

3026-1 교육을 받을 권리가 자신의 교육환경을 최상 혹은 최적으로 만들기 위해 타인의 교육시설 참여 기회를 제한할 것을 청구할 수 있는 기본권은 아니지만, 기존의 재학생들에 대한 교육환경이 상대적으로 열악해질 수 있음을 이유로 새로운 편입학자체를 하지 말도록 요구하는 것은 교육을 받을 권리의 내용으로 포섭할 수 있다. 22 경채   O│X

교육을 받을 권리는 국민이 국가에 대해 직접 특정한 교육제도나 학교시설을 요구할 수 있음을 뜻하지는 않으며, … 나아가 헌법 제31조 제1항에 의해서 보장되는 교육을 받을 권리는 교육영역에서의 기회균등을 내용으로 하는 것이지, 자신의 교육환경을 최상 혹은 최적으로 만들기 위해 타인의 교육시설 참여 기회를 제한할 것을 청구할 수 있는 기본권은 아니므로, 기존의 재학생들에 대한 교육환경이 상대적으로 열악해질 수 있음을 이유로 새로운 편입학 자체를 하지 말도록 요구하는 것은 교육을 받을 권리의 내용으로는 포섭할 수 없다(헌재 2003. 9. 25. 2001헌마814 등).

3027 서울대학교 재학생이 재학 중인 학교의 법적 형태를 법인이 아닌 공법상 영조물인 국립대학으로 유지하여 줄 것을 요구할 권리는 학생의 교육받을 권리에 포함되지 아니한다. 22 경정   O│X

심판대상조항은 재학 중인 학생들이 서울대에 계속하여 재학 내지 수강하는 것을 제한하는 내용을 담고 있지 않을 뿐만 아니라, 재학 중인 학교의 법적 형태를 법인이 아닌 공법상 영조물인 국립대학으로 유지하여 줄 것을 요구할 권리는 학생의 교육받을 권리에 포함되지 아니하므로 교육을 받을 권리의 침해 가능성도 인정되지 아니한다(헌재 2014. 4. 24. 2011헌마612).

3028 헌법 제31조 제1항에서 보장되는 교육의 기회 균등은 모든 국민에게 균등한 교육을 받게 하고 특히 경제적 약자가 실질적인 평등교육을 받을 수 있도록 국가에게 적극적 정책을 실현할 것을 요구하므로, 실질적인 평등교육을 실현해야 할 국가의 적극적인 의무가 인정된다고 하여 이로부터 국민이 직접 실질적 평등교육을 위한 교육비를 청구할 권리가 도출되는 것은 아니다. 22 해간   O│X

3028-1 헌법 제31조 제1항에서 보장되는 교육의 기회균등권은 모든 국민에게 균등한 교육을 받게 하고 특히 경제적 약자가 실질적인 평등교육을 받을 수 있도록 국가에게 적극적 정책을 실현할 것을 요구하므로, 헌법 제31조 제1항으로부터 국민이 직접 실질적 평등교육을 위한 교육비를 청구할 권리가 도출된다. 21 지방 7   O│X

정답 3025. O   3026. X [특정 교육제도·시설 요구권 X / 타인의 기회 제한 청구권 X]   3026-1. X [편입학자체를 하지 말도록 요구하는 것 : 교육을 받을 권리의 내용 X]   3027. O   3028. O   3028-1. X [교육비청구권 도출 X]

헌법 제31조 제1항에서 보장되는 **교육의 기회균등권**은 '정신적·육체적 능력 이외의 성별·종교·경제력·사회적 신분 등에 의하여 교육을 받을 기회를 차별하지 않고, 즉 합리적 차별사유 없이 교육을 받을 권리를 제한하지 아니함과 동시에 국가가 모든 국민에게 균등한 교육을 받게 하고 특히 **경제적 약자**가 **실질적인 평등교육**을 받을 수 있도록 **적극적 정책을 실현**해야 한다는 것'을 의미하므로, 실질적인 평등교육을 실현해야 할 국가의 적극적인 의무가 인정되지만, 이러한 의무조항으로부터 **국민이 직접 실질적 평등교육을 위한 교육비를 청구할 권리가 도출되는 것은 아니다**(헌재 2003. 11. 27. 2003헌바39).

3029 헌법 제31조 제1항에 따라 국가에게 능력에 따라 균등한 교육기회를 보장할 의무가 부여되어 있다 하더라도, 군인이 자기계발을 위하여 해외 유학하는 경우의 교육비를 청구할 수 있는 권리가 도출된다고 할 수는 없다. 22 경정   O | X

헌법 제31조 제1항에 의하여 국가에게 **능력에 따라** 균등한 **교육의 기회를 보장할 의무**가 부여되어 있다 하더라도 이로부터 **군인이 자기계발을 위하여 해외유학하는 경우에 그 교육비를 청구할 수 있는 권리가 도출된다고 할 수는 없다.** 또한, 동일한 사유로 휴직하는 다른 공무원에게 봉급의 일부를 지급할 수 있도록 하는 것이 교육비에 충당될 것을 예정하고 있는 것도 아니므로 자비 해외유학을 위한 휴직기간 동안 봉급 일부를 지급할지 여부와 청구인의 교육을 받을 권리의 침해 여부는 직접적인 관련성을 가지지 못한다고 할 것이다(헌재 2009. 4. 30. 2007헌마290).

03 교육을 받을 권리의 제한의 심사기준

3030 고등학교 졸업학력 검정고시응시자격을 제한하는 것은, 국민의 교육받을 권리 중 그 의사와 능력에 따라 균등하게 교육받을 것을 국가로부터 방해받지 않을 권리, 즉 자유권적 기본권을 제한하는 것이므로, 그 제한에 대하여는 헌법 제37조 제2항의 과잉금지원칙에 의한 심사를 받아야 한다. 16 변호사   O | X

3030-1 고졸검정고시 또는 고입검정고시에 합격한 자는 해당 검정고시에 다시 응시할 수 없도록 응시자격을 제한한 것이 해당 검정고시 합격자의 교육을 받을 권리를 침해하는지 여부의 심사에서 과잉금지원칙(비례원칙)이 적용되었다. 20 국가 7   O | X

3030-2 검정고시응시자격을 제한하는 것은 국민의 교육받을 권리 중 그 의사와 능력에 따라 균등하게 교육을 받을 것을 국가로부터 방해받지 않을 권리를 제한하는 것이므로 과소보호금지의 원칙에 따른 심사를 받아야 할 것이다. 24 경간   O | X

검정고시 응시자격을 제한하는 것은, 국민의 교육받을 권리 중 그 의사와 능력에 따라 균등하게 교육받을 것을 국가로부터 방해받지 않을 권리, 즉 **자유권적 기본권을 제한**하는 것이므로, 그 제한에 대하여는 헌법 제37조 제2항의 **비례원칙에 의한 심사**, 즉 **과잉금지원칙에 따른 심사를 받아야 할 것이다**(헌재 2012. 5. 31. 2010헌마139 등).

3031 고졸검정고시 또는 고등학교 입학자격 검정고시에 합격했던 자는 해당 검정고시에 다시 응시할 수 없도록 응시자격을 제한한 전라남도 교육청 공고는 교육을 받을 권리를 침해한다. 14 국가 7   O | X

3031-1 고졸검정고시 또는 고입검정고시에 합격했던 자가 해당 검정고시에 다시 응시할 수 없게 됨으로써 제한되는 주된 기본권은 자유로운 인격발현권인데, 이러한 응시자격 제한은 검정고시 제도 도입 이후 허용되어 온 합격자의 재응시를 경과조치 등 없이 무조건적으로 금지하는 것이어서 과잉금지원칙에 위배된다. 20 경정, 19 변호사   O | X

● 정답] 3029. O   3030. O   3030-1. O   3030-2. X [과잉금지원칙에 따른 심사]   3031. O   3031-1. X [자유로운 인격발현권 제한 X → 교육을 받을 권리 제한 O]

청구인들은 검정고시 재응시를 제한하는 것이 평등권을 침해한다는 취지로 주장하나, 그 내용은 바로 '균등하게 교육을 받을 권리'의 제한에 다름아니므로 교육을 받을 권리의 침해 여부에 대한 판단에서 같이 이루어질 문제이고, 그 밖에 행복추구권, 자기결정권 등의 침해에 대하여도 주장하고 있으나, 이 사건과 가장 밀접한 관련을 가지고 핵심적으로 다투어지는 사항은 교육을 받을 권리이므로, 이하에서는 이 사건 응시제한이 교육을 받을 권리를 침해하는지 여부를 판단하기로 한다. … 이 사건 응시제한은 과잉금지원칙에 위반되어 청구인들의 교육을 받을 권리를 침해한다 할 것이다(헌재 2012. 5. 31. 2010헌마139 등).

3032 고시 공고일을 기준으로 고등학교에서 퇴학된 날로부터 6월이 지나지 아니한 자를 고등학교 졸업학력 검정고시를 받을 수 있는 자의 범위에서 제외하는 것은, 국민의 교육을 받을 권리 중 그 의사와 능력에 따라 균등하게 교육받을 것을 국가로부터 방해받지 않을 권리, 즉 자유권적 기본권을 제한하는 것이므로, 그 제한에 대하여는 과잉금지원칙에 따른 심사를 하여야 한다. 17 국가 7   O | X

3032-1 고등학교 퇴학일부터 검정고시 공고일까지의 기간이 6개월 이상이 되지 않은 사람에게 고졸검정고시에 응시자격을 부여하지 않는 것이 교육을 받을 권리를 침해하는 것은 아니다. 23 입시   O | X

3032-2 고시 공고일을 기준으로 고등학교에서 퇴학된 날로부터 6월이 지나지 아니한 자를 고등학교 졸업학력 검정고시를 받을 수 있는 자의 범위에서 제외하고 있는 '고등학교 졸업학력 검정고시 규칙'의 조항은 교육을 받을 권리를 침해한다. 24 경간   O | X

(1) 이 사건 규칙조항과 같이 검정고시응시자격을 제한하는 것은, 국민의 교육받을 권리 중 그 의사와 능력에 따라 균등하게 교육받을 것을 국가로부터 방해받지 않을 권리, 즉 자유권적 기본권을 제한하는 것이므로, 그 제한에 대하여는 헌법 제37조 제2항의 비례원칙에 의한 심사, 즉 과잉금지원칙에 따른 심사를 받아야 할 것이다(헌재 2008. 4. 24. 2007헌마1456).
(2) 이 사건 규칙조항의 입법목적은 고등학교 퇴학자의 응시 증가를 줄이고 정규 학교교육과정의 이수를 유도하기 위함이므로 그 입법목적이 정당하다 할 것이고, 고등학교를 퇴학한 후 일정한 기간 동안 응시를 제한한다면 내신관리를 위해 고등학교를 퇴학할 것인지를 고민하는 자에 대하여는 고등학교 자퇴 여부를 숙고하게 할 것이므로 방법의 적절성이 인정되며, … 피해의 최소성 및 법익 균형성 원칙에도 위배되지 않는다. … 따라서 이 사건 규칙조항은 청구인의 교육을 받을 권리를 제한함에 있어서 과잉금지원칙에 위배된다 할 수 없다(헌재 2008. 4. 24. 2007헌마1456).

04 관련판례

3033 검정고시로 고등학교 졸업학력을 취득한 사람들의 수시모집 지원을 제한하는 국립교육대학교의 '신입생 수시모집 입시요강'이, 기초생활수급자 및 차상위계층, 장애인 등을 대상으로 하는 일부 특별전형에만 검정고시 출신자의 지원을 허용하고 있을 뿐 수시모집에서의 검정고시 출신자의 지원을 일률적으로 제한한다면, 검정고시로 고등학교 졸업학력을 취득한 사람들의 균등하게 교육을 받을 권리를 침해한다. 21 변호사   O | X

3033-1 헌법 제31조 제4항에서 보장하고 있는 대학의 자율성에 따라 대학은 학생의 선발 및 전형 등 대학입시제도를 자율적으로 마련할 수 있으므로, 국립교육대학교 등이 검정고시 출신자의 수시모집 지원을 제한하는 것은 수시모집에 지원하려는 검정고시 출신자의 균등하게 교육을 받을 권리를 침해하는 것이 아니다. 22 해간, 21 지방 7   O | X

▶정답 3032. O   3032-1. O   3032-2. X [교육을 받을 권리 침해 X]   3033. O   3033-1. X [균등하게 교육을 받을 권리 침해]

수시모집에서 검정고시 출신자에게 수학능력이 있는지 여부를 평가받을 기회를 부여하지 아니하고 이를 박탈한다는 것은 수학능력에 따른 합리적인 차별이라고 보기 어렵다. 피청구인들은 정규 고등학교 학교생활기록부가 있는지 여부, 공교육 정상화, 비교내신 문제 등을 차별의 이유로 제시하고 있으나 이러한 사유가 차별취급에 대한 합리적인 이유가 된다고 보기 어렵다. 그렇다면 이 사건 **수시모집요강**은 검정고시 출신자인 청구인들을 합리적인 이유 없이 차별함으로써 청구인들의 **균등하게 교육을 받을 권리를 침해한다**(헌재 2017. 12. 28. 2016헌마649).

3034 학문의 자유와 대학의 자율성에 따라 대학이 학생의 선발 및 전형 등 대학입시제도를 자율적으로 마련할 수 있다 하더라도 이를 내세워 국민의 교육받을 권리를 침해할 수 없다. 23 경간 O | X

3034-1 학문의 자유와 대학의 자율성에 따라 대학이 학생의 선발 및 전형 등 대학입시제도를 자율적으로 마련할 수 있다 하더라도, 국민의 '균등하게 교육을 받을 권리'를 위해 대학의 자율적 학생 선발권은 일정부분 제약을 받을 수 있다. 21 국가 7 O | X

헌법 제22조 제1항이 보장하고 있는 **학문의 자유**와 헌법 제31조 제4항에서 보장하고 있는 **대학의 자율성**에 따라 대학이 학생의 선발 및 전형 등 **대학입시제도를 자율적으로 마련**할 수 있다 하더라도, 이러한 대학의 자율적 학생 선발권을 내세워 국민의 **'균등하게 교육을 받을 권리'를 침해할 수 없으며, 이를 위해 대학의 자율권은 일정부분 제약을 받을 수 있다**(헌재 2017. 12. 28. 2016헌마649).

3035 '서울대학교 2023학년도 대학 신입학생 입학전형 시행계획' 중 저소득학생 특별전형의 모집인원을 모두 수능위주전형으로 선발하도록 정한 부분이 저소득학생 특별전형에 응시하고자 하는 수험생들의 기회를 불합리하게 박탈하는 것은 아니다. 24 경간 O | X

저소득학생 특별전형과 달리 농어촌학생 특별전형은 학생부종합전형으로 실시된다. 저소득학생 특별전형과 농어촌학생 특별전형은 그 목적, 지원자들 특성 등이 동일하지 아니하므로, 전형방법을 반드시 동일하게 정해야 한다고 볼 수 없다. 수능 성적으로 학생을 선발하는 전형방법이 사회통념적 가치기준에 적합한 합리적인 방법인 이상, 대입제도 공정성을 강화하기 위해 수능위주전형 비율을 높이면서 농어촌학생 특별전형과 달리 **저소득학생 특별전형에서는 모집인원 전체를 수능위주전형으로 선발**한다고 하더라도, 이것이 **저소득학생의 응시기회를 불합리하게 박탈**하는 것이라고 보기는 어렵다. 결국 이 사건 입시계획은 청구인의 **균등하게 교육을 받을 권리를 침해하지 않는다**(헌재 2022. 9. 29. 2021헌마929).

3036 특수목적고교에 비교평가에 의한 내신특례를 인정하고 그 시행에 따른 합리적인 경과조치를 정하는 것은 교육의 기회균등에 대한 침해가 아니다. 14 국가 7 O | X

이 사건 보완통보는 예·체능계 고등학교에 대하여 비교평가방식의 내신성적 산출을 허용하는 데에 따른 합리적인 경과조치를 정한 것에 불과하며 청구인들의 대학진학의 기회를 박탈하거나 제한하고자 하는 것이 아니라고 할 것이므로 이를 헌법 제31조 제1항에 의하여 청구인들에게 보장된 **균등하게 교육을 받을 권리를 침해하는 내용의 처분이라고 볼 수도 없다**(헌재 1996. 4. 25. 94헌마119).

3037 3년제 전문대학의 2년 이상의 이수자에게 의무 교육 기관이 아닌 대학에의 일반 편입학을 허용하지 않는 것이 교육을 받을 권리나 평생교육을 받을 권리를 본질적으로 침해하지 않는다. 23 해경 O | X

3037-1 2년제 전문대학의 졸업자에게만 대학·산업대학 또는 원격대학의 편입학 자격을 부여하고, 3년제 전문대학의 2년 이상 과정 이수자에게는 편입학 자격을 부여하지 않는 것은 교육을 받을 권리를 침해하지 않는다. 23 경간 O | X

3037-2 2년제 전문대학의 졸업자에게만 대학·산업대학 또는 원격대학의 편입학 자격을 부여하고, 3년제 전문대학의 2년 이상 과정 이수자에게는 편입학 자격을 부여하지 아니한 것은 교육을 받을 권리를 침해한다. 16 변호사 O | X

정답 3034. O 3034-1. O 3035. O 3036. O 3037. O 3037-1. O 3037-2. X [교육을 받을 권리 침해 X]

평생교육을 포함한 교육시설의 입학자격에 관하여는 입법자에게 광범위한 형성의 자유가 있다고 할 것이어서, <u>3년제 전문대학의 2년 이상의 이수자에게 의무교육기관이 아닌 대학에의 일반 편입학을 허용하지 않는 것이 교육을 받을 권리나 평생교육을 받을 권리를 본질적으로 침해하지 않는다</u>(헌재 2010. 11. 25. 2010헌마144).

3038 만 6세가 되기 전에 앞당겨서 입학을 허용하지 않는다고 해서 헌법상의 '능력에 따라 균등하게 교육을 받을 권리'를 본질적으로 침해한 것이라 볼 수 없다. 12 국회 8   O | X

3038-1 지능이나 수학능력 등 일정한 능력이 있음에도 법률에 따라 아동의 입학연령을 제한하여 초등학교 입학을 허용하지 않는 것은 능력에 따라 균등한 교육을 받을 권리를 침해한다. 16 변호사   O | X

의무취학 시기를 만 6세가 된 다음날 이후의 학년초로 규정하고 있는 교육법 제96조 제1항은 의무교육제도 실시를 위해 불가피한 것이며 이와 같은 아동들에 대하여 만 6세가 되기 전에 앞당겨서 입학을 허용하지 않는다고 해서 헌법 제31조 제1항의 <u>능력에 따라 균등하게 교육을 받을 권리를 본질적으로 침해한 것으로 볼 수 없다</u>(헌재 1994. 2. 24. 93헌마192).

POINT 166 부모의 자녀교육권 🅱

01 자녀교육권

3039 자녀의 양육과 교육은 일차적으로 부모의 천부적인 권리인 동시에 부모에게 부과된 의무이기도 하다. 23 5급   O | X

가족생활을 구성하는 핵심적 내용중의 하나가 바로 자녀의 양육과 교육이다. **자녀의 양육과 교육**은 일차적으로 **부모의 천부적인 권리**인 동시에 **부모에게 부과된 의무**이기도 하다. 부모가 자녀의 교육에 관하여 스스로 자유롭고 독자적으로 결정할 수 있는 경우에만, 가족은 자유민주적 문화국가에서의 자녀의 양육 및 교육이란 과제를 이행할 수 있고, 문화국가가 요구하는 교육의 다양성을 보장할 수 있다(헌재 2000. 4. 27. 98헌가16 등).

3040 부모의 자녀에 대한 교육권은 비록 헌법에 명문으로 규정되어 있지는 않지만, 모든 인간이 누리는 불가침의 인권으로서 혼인과 가족생활을 보장하는 헌법 제36조 제1항, 행복추구권을 보장하는 헌법 제10조 및 "국민의 자유와 권리는 헌법에 열거되지 아니한 이유로 경시되지 아니한다."고 규정하는 헌법 제37조 제1항에서 도출되는 중요한 기본권이다. 20 변호사   O | X

3040-1 '부모의 자녀에 대한 교육권'은 비록 헌법에 명문으로 규정되어 있지는 아니하지만, 이는 모든 인간이 국적과 관계없이 누리는 양도할 수 없는 불가침의 인권이다. 21 경정, 20 경정, 18 법무사   O | X

3040-2 '부모의 자녀에 대한 교육권'은 비록 헌법에 명문으로 규정되어 있지는 않지만, 혼인과 가족생활을 보장하는 헌법 제36조 제1항, 교육을 받을 권리를 규정한 헌법 제31조 제1항에서 직접 도출되는 권리이다. 19 국회 8   O | X

3040-3 부모의 자녀교육권은 헌법상 교육을 받을 권리와 불가분의 관계에 있으므로, "모든 국민은 능력에 따라 균등하게 교육을 받을 권리를 가진다"는 헌법규정에 의하여 보호된다. 21 소간   O | X

●정답] 3038. O   3038-1. X [균등한 교육을 받을 권리 침해 X]   3039. O   3040. O   3040-1. O   3040-2. X [제31조 제1항에서 도출 X]
3040-3. X [교육을 받을 권리 규정에 의하여 보호 X]

'부모의 자녀에 대한 교육권'은 비록 헌법에 명문으로 규정되어 있지는 아니하지만, 이는 모든 인간이 국적과 관계없이 누리는 양도할 수 없는 **불가침의 인권**으로서 혼인과 가족생활을 보장하는 **헌법 제36조 제1항**, 행복추구권을 보장하는 **헌법 제10조** 및 "국민의 자유와 권리는 헌법에 열거되지 아니한 이유로 경시되지 아니한다"고 규정하는 **헌법 제37조 제1항**에서 나오는 중요한 기본권이다(헌재 2000. 4. 27. 98헌가16 등).

3041 부모의 자녀교육권은 다른 기본권과는 달리, 기본권의 주체인 부모의 자기결정권이라는 의미에서 보장되는 것이 아니라, 자녀의 보호와 인격발현을 위하여 부여되는 기본권이다. 21 법원 9, 12 법원 9

O|X

3041-1 부모의 자녀교육권은 기본권의 주체인 부모의 자기결정권이라는 의미에서 보장되는 자유일 뿐만 아니라 자녀의 보호와 인격발현을 위하여 부여되는 기본권이다. 24 경정

O|X

3041-2 부모의 자녀교육권이란 부모의 자기결정권이라는 의미에서 보장되는 자유가 아니라, 자녀의 보호와 인격발현을 위하여 부여되는 것이므로, 자녀의 행복이란 관점에서 교육방향을 결정하라는 행위지침을 의미할 뿐 부모의 기본권이라고는 볼 수 없다. 17 경정

O|X

부모의 자녀교육권은 다른 기본권과는 달리, 기본권의 주체인 **부모의 자기결정권**이라는 의미에서 보장되는 자유가 **아니라, 자녀의 보호와 인격발현을 위하여 부여되는 기본권**이다. 다시 말하면, 부모의 자녀교육권은 **자녀의 행복이란 관점**에서 보장되는 것이며, 자녀의 행복이 부모의 교육에 있어서 **그 방향을 결정하는 지침**이 된다(헌재 2009. 10. 29. 2008헌마635).

3042 부모의 자녀에 대한 교육권은 비록 헌법에 명문으로 규정되어 있지는 아니하지만, 혼인과 가족생활을 보장하는 헌법 제36조 제1항, 행복추구권을 보장하는 헌법 제10조 및 "국민의 자유와 권리는 헌법에 열거되지 아니한 이유로 경시되지 아니한다."라고 규정하는 헌법 제37조 제1항에서 나오는 중요한 기본권이며, 이러한 부모의 자녀교육권이 학교영역에서는 자녀의 교육진로에 관한 결정권 내지는 자녀가 다닐 학교를 선택하는 권리로 구체화된다. 17 변호사

O|X

3042-1 부모는 아직 성숙하지 못하고 인격을 닦고 있는 초·중·고등학생인 자녀를 교육시킬 교육권을 가지고 있지만, 그 교육권의 내용에 자녀를 교육시킬 학교선택권은 포함되지 않는다. 10 지방 7

O|X

부모의 자녀에 대한 교육권은 비록 헌법에 명문으로 규정되어 있지는 아니하지만, 혼인과 가족생활을 보장하는 헌법 제36조 제1항, 행복추구권을 보장하는 헌법 제10조 및 헌법 제37조 제1항에서 나오는 중요한 기본권이며, 이러한 부모의 자녀교육권이 **학교영역**에서는 **자녀의 교육진로에 관한 결정권** 내지는 **자녀가 다닐 학교를 선택하는 권리**로 구체화된다(헌재 2009. 4. 30. 2005헌마514).

3043 부모는 자녀의 교육에 관하여 전반적인 계획을 세우고 자신의 인생관·사회관·교육관에 따라 자녀의 교육을 자유롭게 형성할 권리를 가지므로 학부모의 학교선택권에는 종교학교선택권도 포함된다. 21 변호사

O|X

부모는 자녀의 교육에 관하여 전반적인 계획을 세우고 자신의 인생관·사회관·교육관에 따라 자녀의 교육을 자유롭게 형성할 권리를 가지므로 **학부모의 학교선택권에는 종교학교선택권도 포함**된다. 그런데 이 사건 조항은 추첨에 의하여 신입생을 배정함으로써 특정 종교학교에 진학하거나 특정 종교학교를 회피할 수 있는 학부모의 종교학교선택권을 제한하고 있다(헌재 2009. 4. 30. 2005헌마514).

정답 3041. ○ 3041-1. × [부모의 자기결정권이라는 의미에서 보장 ×] 3041-2. × [부모의 기본권임] 3042. ○ 3042-1. × [자녀의 학교선택권 포함] 3043. ○

3044 학교폭력과 관련하여 학교가 가해학생에 대해 일정한 조치를 내렸을 경우, 그 조치가 적절하였는지 여부에 대해 가해학생의 학부모가 의견을 제시할 권리는 법률상의 권리에 불과하여 학부모의 자녀교육권에 포함되지 않는다. 21 변호사 　　　O | X

학교가 학생에 대해 불이익 조치를 할 경우 해당 학생의 학부모가 의견을 제시할 권리는 자녀교육권의 일환으로 보호된다. 학교폭력예방법 제17조 제5항이 학교폭력 가해학생에 대한 조치 전에 자녀교육권의 일환으로 그 보호자에게 의견 진술의 기회를 부여하는 것처럼, 가해학생에 대해 일정한 조치가 내려졌을 경우 그 조치가 적절하였는지 여부에 대해 의견을 제시할 수 있는 권리 또한 그 연장선상에서 학부모의 자녀교육권의 내용에 포함된다(헌재 2013. 10. 24. 2012헌마832).

3045 '2018학년도 대학수학능력시험 시행기본계획'은 성년의 자녀를 둔 부모의 자녀교육권을 제한하지 않는다. 22 해간, 22 해경, 19 경정 　　　O | X

부모는 아직 성숙하지 못하고 인격을 닦고 있는 미성년 자녀를 교육시킬 교육권을 가지지만, 자녀가 성년에 이르면 자녀 스스로 자신의 기본권 침해를 다툴 수 있으므로 이와 별도로 부모에게 자녀교육권 침해를 다툴 수 있도록 허용할 필요가 없다. 따라서 심판대상계획이 청구인 이○경의 자녀교육권을 제한한다고 볼 수 없으므로, 청구인 이○경에 대한 기본권 침해 가능성도 인정할 수 없다 (헌재 2018. 2. 22. 2017헌마691).

3046 학부모의 자녀교육권과 학생의 교육을 받을 권리에는 학교교육이라는 국가의 공교육 급부의 형성과정에 균등하게 참여할 권리로서의 참여권이 내포되어 있다. 21 입시 　　　O | X

교육받을 권리에 기초하여 교육기회 보장을 위한 국가의 적극적 행위를 요구할 수 있다고 하더라도, 이는 학교교육을 받을 권리로서 그에 필요한 교육시설 및 제도 마련을 요구할 권리이지 특정한 교육제도나 교육과정을 요구할 권리는 아니며, 학교교육이라는 국가의 공교육 급부의 형성과정에 균등하게 참여할 권리로서의 참여권이 내포되어 있다고 할 수 없다(헌재 2019. 11. 28. 2018헌마1153).

02 자녀교육권과 국가의 교육권한

3047 부모는 자녀의 교육에 관하여 전반적인 계획을 세우고 자신의 인생관·사회관·교육관에 따라 자녀의 교육을 자유롭게 형성할 권리를 가지며, 부모의 교육권은 다른 교육 주체와의 관계에서 원칙적인 우위를 가진다. 13 변호사 　　　O | X

3047-1 부모의 자녀에 대한 교육권은 비록 헌법에 명문으로 규정되어 있지는 아니하지만 이는 모든 인간이 누리는 불가침의 인권이다. 이러한 부모의 교육권은 학교 밖 다른 교육주체와의 관계에서 대등한 지위를 가진다. 09 국가 7 　　　O | X

'부모의 자녀에 대한 교육권'은 비록 헌법에 명문으로 규정되어 있지는 아니하지만, 이는 모든 인간이 누리는 불가침의 인권으로서 혼인과 가족생활을 보장하는 헌법 제36조 제1항, 행복추구권을 보장하는 헌법 제10조 및 "국민의 자유와 권리는 헌법에 열거되지 아니한 이유로 경시되지 아니한다"고 규정하는 헌법 제37조 제1항에서 나오는 중요한 기본권이다. 부모는 자녀의 교육에 관하여 전반적인 계획을 세우고 자신의 인생관·사회관·교육관에 따라 자녀의 교육을 자유롭게 형성할 권리를 가지며, 부모의 교육권은 다른 교육의 주체와의 관계에서 원칙적인 우위를 가진다(헌재 2000. 4. 27. 98헌가16 등).

●정답 3044. X [자녀교육권에 포함]　3045. O　3046. X [균등하게 참여할 권리 내포 X]　3047. O　3047-1. X [대등 X → 원칙적 우위 O]

3048 자녀의 교육에 관한 부모의 권리와 의무는 서로 불가분의 관계에 있고 자녀교육권의 본질을 결정하는 구성요소이기 때문에, 부모의 자녀교육권은 '자녀교육에 대한 부모의 책임'으로도 표현될 수 있다. 21 소간   O | X

자녀의 교육에 관한 부모의 '**권리와 의무**'는 서로 불가분의 관계에 있고 **자녀교육권의 본질**을 결정하는 구성요소이기 때문에, 부모의 자녀교육권은 '**자녀교육에 대한 부모의 책임**'으로도 표현될 수 있다. 따라서 자녀교육권은 부모가 자녀교육에 대한 책임을 어떠한 방법으로 이행할 것인가에 관하여 자유롭게 결정할 수 있는 권리로서 교육의 목표와 수단에 관한 결정권을 뜻한다(헌재 2000. 4. 27. 98헌가16 등).

3049 학교교육에 관한 한, 국가는 헌법 제31조에 의하여 부모의 교육권에서 원칙적으로 독립된 교육권한을 부여받았기 때문에 학교교육에 관한 넓은 형성의 자유를 인정한다. 11 국회 8   O | X

학교교육에 관한 한, **국가**는 헌법 제31조에 의하여 부모의 교육권으로부터 원칙적으로 독립된 **독자적인 교육권한을 부여**받았고, 따라서 **학교교육에 관한 광범위한 형성권**을 가지고 있다. 그러므로 국가에 의한 의무교육의 도입이나 취학연령의 결정은 헌법적으로 하자가 없다(헌재 2000. 4. 27. 98헌가16 등).

3050 학교제도에 관한 국가의 규율권한과 부모의 교육권이 서로 충돌하는 경우 어떠한 법익이 우선하는가의 문제는 구체적인 경우마다 법익형량을 통하여 판단해야 한다. 21 입시   O | X

학교제도에 관한 **국가의 규율권한과 부모의 교육권이 서로 충돌**하는 경우, 어떠한 법익이 우선하는가의 문제는 구체적인 경우마다 **법익형량을 통하여 판단**해야 하는데, 자녀가 의무교육을 받아야 할지의 여부와 그의 취학연령을 부모가 자유롭게 결정할 수 없다는 것은 부모의 교육권에 대한 과도한 제한이 아니다(헌재 2000. 4. 27. 98헌가16 등).

3051 부모가 자녀의 이익을 가장 잘 보호할 수 있다는 점에 비추어 자녀가 의무교육을 받아야 할 지 여부를 부모가 자유롭게 결정할 수 없도록 하는 것은 부모의 교육권에 대한 침해이다. 13 변호사   O | X

학교제도에 관한 국가의 규율권한과 부모의 교육권이 서로 충돌하는 경우, 어떠한 법익이 우선하는가의 문제는 구체적인 경우마다 법익형량을 통하여 판단해야 하는데, **자녀가 의무교육을 받아야 할지의 여부**와 그의 **취학연령을 부모가 자유롭게 결정할 수 없다는** 것은 **부모의 교육권에 대한 과도한 제한이 아니다**(헌재 2000. 4. 27. 98헌가16 등).

3052 자녀의 교육은 헌법상 부모와 국가에 공동으로 부과된 과제이므로 부모와 국가의 상호연관적인 협력관계를 필요로 한다. 12 국회 8   O | X

자녀의 교육은 헌법상 **부모와 국가에게 공동으로 부과된 과제**이므로 **부모와 국가의 상호연관적인 협력관계를 필요로 한다**. 자녀의 교육은 일차적으로 부모의 권리이자 의무이지만, 헌법은 부모외에도 국가에게 자녀의 교육에 대한 과제와 의무가 있다는 것을 규정하고 있다(헌재 2000. 4. 27. 98헌가16 등).

3053 자녀의 양육과 교육에 있어서 부모의 교육권은 교육의 모든 영역에서 존중되어야 하며, 다만, 학교교육의 범주내에서는 국가의 교육권한이 헌법적으로 독자적인 지위를 부여받음으로써 부모의 교육권과 함께 자녀의 교육을 담당하지만, 학교 밖의 교육영역에서는 원칙적으로 부모의 교육권이 우위를 차지한다. 20 변호사   O | X

정답 3048. O   3049. O   3050. O   3051. X [부모의 교육권 침해 X]   3052. O   3053. O

자녀의 양육과 교육에 있어서 부모의 교육권은 교육의 모든 영역에서 존중되어야 하며, 다만, 학교교육의 범주내에서는 국가의 교육권한이 헌법적으로 독자적인 지위를 부여받음으로써 부모의 교육권과 함께 자녀의 교육을 담당하지만, 학교 밖의 교육영역에서는 원칙적으로 부모의 교육권이 우위를 차지한다(헌재 2000. 4. 27. 98헌가16 등).

3054 학교교육에 관한 한, 국가는 헌법 제31조에 의하여 부모의 교육권으로부터 원칙적으로 독립된 독자적인 교육권한을 부여받음으로써 부모의 교육권과 함께 자녀의 교육을 담당한다. 23 입시, 13 변호사
O | X

3054-1 학교교육에 관한 한, 국가는 헌법 제31조에 의하여 부모의 교육권으로부터 원칙적으로 독립된 독자적인 교육권한을 부여받음으로써 부모의 교육권보다 우위를 차지하지만, 학교 밖의 영역에서는 원칙적으로 부모의 교육권이 우위를 차지한다. 14 국가 7
O | X

3054-2 학교교육에 관한 한, 국가는 헌법 제31조에 의하여 부모의 교육권으로부터 원칙적으로 독립된 독자적인 교육권한을 부여받음으로써 부모의 교육권과 함께 자녀의 교육을 담당하므로 학교 밖의 교육영역에서도 국가의 교육권한은 부모의 교육권보다 언제나 우위를 차지한다. 22 입시
O | X

3054-3 학교 내·외의 교육영역에서 국가는 헌법 제31조에 의하여 원칙적으로 독립된 독자적인 교육권한을 부여받았고, 학교 밖의 교육영역에서는 원칙적으로 부모의 교육권보다 국가의 교육권한이 우위를 차지한다. 21 경정
O | X

자녀의 양육과 교육에 있어서 부모의 교육권은 교육의 모든 영역에서 존중되어야 하며, 다만, 학교교육에 관한 한, 국가는 헌법 제31조에 의하여 부모의 교육권으로부터 원칙적으로 독립된 독자적인 교육권한을 부여받음으로써 부모의 교육권과 함께 자녀의 교육을 담당하지만, 학교 밖의 교육영역에서는 원칙적으로 부모의 교육권이 우위를 차지한다(헌재 2000. 4. 27. 98헌가16 등).

3055 부모는 자녀의 교육에 있어서 자녀의 정신적, 신체적 건강을 고려하여 교육의 목적과 그에 적합한 수단을 선택해야 할 것이고, 부모가 자녀의 건강에 반하는 방향으로 자녀교육권을 행사할 경우에는 헌법 제31조는 부모 외에도 국가에게 자녀의 교육에 대한 과제와 의무가 있다는 것을 규정하고 있으므로 국가는 부모의 자녀교육권을 제한할 수 있다. 23 경찰 2차
O | X

3055-1 부모의 자녀교육권은 부모의 자기결정권에 근거하는 것이 아니라 자녀의 보호와 인격발현을 위하여 부여되는 것이므로, 부모의 자녀교육권의 행사가 자녀의 행복을 추구하는 것에 합치하지 아니하는 경우에는 국가가 이를 제한할 수 있다. 14 국회 9
O | X

부모의 자녀교육권은 다른 기본권과는 달리, 기본권의 주체인 부모의 자기결정권이라는 의미에서 보장되는 자유가 아니라, 자녀의 보호와 인격발현을 위하여 부여되는 기본권이다. 다시 말하면, 부모의 자녀교육권은 자녀의 행복이란 관점에서 보장되는 것이며, 자녀의 행복이 부모의 교육에 있어서 그 방향을 결정하는 지침이 된다. 따라서 부모는 자녀의 교육에 있어서 자녀의 정신적, 신체적 건강을 고려하여 교육의 목적과 그에 적합한 수단을 선택해야 할 것이고, 부모가 자녀의 건강에 반하는 방향으로 자녀교육권을 행사할 경우에는 헌법 제31조는 부모 외에도 국가에게 자녀의 교육에 대한 과제와 의무가 있다는 것을 규정하고 있으므로 국가는 부모의 자녀교육권을 제한할 수 있다(헌재 2009. 10. 29. 2008헌마635).

정답 3054. O 3054-1. X [부모의 교육권보다 우위 X] 3054-2. X [학교 밖 : 부모의 교육권이 우위] 3054-3. X [학교내·외의 교육영역 X → 학교교육에 관한 한 O / 학교 밖 부모의 교육권 우위] 3055. O 3055-1. O

3056 국가는 학교교육에 관한 한, 교육제도의 형성에 관한 폭넓은 권한을 가지고 있지만, 학교교육 밖의 사적인 교육영역에서는 원칙적으로 부모의 자녀교육권이 우위를 차지하고, 국가 또한 헌법이 지향하는 문화국가이념에 비추어, 학교교육과 같은 제도교육 외에 사적인 교육의 영역에서도 사인의 교육을 지원하고 장려해야 할 의무가 있으므로 사적인 교육영역에 대한 국가의 규율권한에는 한계가 있다. 23 국가 7   O|X

국가는 학교교육에 관한 한, 교육제도의 형성에 관한 **폭넓은 권한**을 가지고 있지만, **학교교육 밖의 사적인 교육영역**에서는 원칙적으로 **부모의 자녀교육권이 우위**를 차지하고, 국가 또한 헌법이 지향하는 **문화국가이념**에 비추어, 학교교육과 같은 제도교육 외에 **사적인 교육의 영역**에서도 사인의 교육을 지원하고 장려해야 할 의무가 있으므로 **사적인 교육영역에 대한 국가의 규율권한에는 한계가 있다** (헌재 2009. 10. 29. 2008헌마635).

03 관련판례

3057 이른바 고교평준화지역에서 일반계 고등학교에 진학하는 학생을 교육감이 학교군별로 추첨에 의하여 배정하도록 하는 법령은 학부모의 자녀 학교선택권을 침해하는 것이 아니다. 10 법원 9   O|X

3057-1 고교평준화지역에서 일반계 고등학교에 진학하는 학생을 교육감이 학교군별로 추첨에 의하여 배정한 것은 교육을 받을 권리에 대한 침해이다. 18 서울 7   O|X

이 사건 시행령조항의 입법목적은 고등학교 교육 기회의 균등 제공, 고등학교 입시의 폐지로 인한 중학교 교육의 정상화 등으로서 정당하고, 교육감에 의한 입학전형 및 학교군별 추첨에 의한 배정방식 입법목적의 달성에 기여하므로 수단의 적절성도 인정되며, … 이 사건 시행령조항은 과잉금지원칙에 위반되지 아니하며 청구인들의 **학교선택권을 침해한다고 할 수 없다**(헌재 2012. 11. 29. 2011헌마827).

3058 (구)「지방교육자치에 관한 법률」에서 국·공립 초·중등학교의 경우 학교운영위원회의 설치를 의무화하면서 사립학교의 경우에는 그 설치를 임의적인 것으로 규정한 것은 학부모에게 헌법상 보장된 교육참여권과 평등권을 침해하는 것은 아니다. 14 국회 9   O|X

3058-1 국·공립학교와는 달리 사립학교의 경우에 학교운영위원회의 설치를 임의적인 사항으로 하는 것은 자의금지원칙 위반으로 평등권과 학부모의 교육참여권을 침해하는 것이다. 23 입시   O|X

(1) 사립학교에도 국·공립학교처럼 의무적으로 운영위원회를 두도록 할 것인지, 아니면 임의단체인 기존의 육성회 등으로 하여금 유사한 역할을 계속할 수 있게 하고 법률에서 규정된 운영위원회를 재량사항으로 하여 그 구성을 유도할 것인지의 여부는 **입법자의 입법형성영역인 정책문제**에 속하고, 그 재량의 한계를 현저하게 벗어나지 않는 한 헌법위반으로 단정할 것은 아니다. 청구인이 위 조항으로 인하여 사립학교의 운영위원회에 참여하지 못하였다고 할지라도 그로 인하여 **교육참여권이 침해되었다고 볼 수 없다**(헌재 1999. 3. 25. 97헌마130).
(2) 입법자가 국·공립학교와는 달리 사립학교를 설치·경영하는 학교법인 등이 당해학교에 운영위원회를 둘 것인지의 여부를 스스로 결정할 수 있도록 한 것은 사립학교의 특수성과 자주성을 존중하는데 그 목적이 있으므로 결국 위 조항이 국·공립학교의 학부모에 비하여 **사립학교의 학부모를 차별취급**한 것은 합리적이고 정당한 사유가 있어 **평등권을 침해한 것이 아니다**(헌재 1999. 3. 25. 97헌마130).

정답 3056. O   3057. O   3057-1. X [교육을 받을 권리 침해 X]   3058. O   3058-1. X [평등권과 교육참여권을 침해 X]

3059 학원의 교습시간을 05:00부터 22:00로 제한한 서울시 조례는 인격의 자유로운 발현권, 직업의 자유 등을 침해하지 않는다. 10 법원 9   O | X

3059-1 학교교과교습학원 및 교습소의 교습시간을 05:00부터 22:00까지 규정하고 있는 조례는 학부모의 자녀교육권을 침해하지 않는다. 20 국회 9   O | X

> 학원의 교습시간을 제한하여 학생들의 수면시간 및 휴식시간을 확보하고, 학교교육을 정상화하며, 학부모의 경제적 부담을 덜어주려는 이 사건 조례의 입법목적의 정당성 및 수단의 적합성이 인정되고, 원칙적으로 학원에서의 교습은 보장하면서 심야에 한하여 교습시간을 제한하면서 다른 사교육 유형은 제한하지 않으므로 청구인들의 기본권을 과도하게 제한하는 것이라고 볼 수 없으며, … 이 사건 조항이 학교교과교습학원 및 교습소의 교습시간을 제한하였다고 하여 청구인들의 **인격의 자유로운 발현권, 자녀교육권** 및 **직업수행의 자유를 침해하였다고 볼 수 없다**(헌재 2009. 10. 29. 2008헌마635).

POINT 167 학생의 학습의 자유와 교사의 수업권

01 학생의 학습의 자유

3060 헌법은 국가의 교육권한과 부모의 교육권의 범주 내에서 학생에게도 자신의 교육에 관하여 스스로 결정할 권리, 즉 자유롭게 교육을 받을 권리를 부여하고, 학생은 국가의 간섭을 받지 아니하고 자신의 능력과 개성, 적성에 맞는 학교를 자유롭게 선택할 권리를 가진다. 23 경찰 1차, 22 변호사, 17 경정, 16 법무사   O | X

> 헌법 제10조에 의하여 보장되는 행복추구권은 일반적인 행동의 자유와 인격의 자유로운 발현권을 포함하는바, 학생은 교육을 받음에 있어서 자신의 인격, 특히 성향이나 능력을 **자유롭게 발현할 수 있는 권리**가 있다. … 따라서 **헌법은 국가의 교육권한과 부모의 교육권의 범주 내에서 학생에게도 자신의 교육에 관하여 스스로 결정할 권리, 즉 자유롭게 교육을 받을 권리를 부여하고, 학생은 국가의 간섭을 받지 아니하고 자신의 능력과 개성, 적성에 맞는 학교를 자유롭게 선택할 권리를 가진다**(헌재 2012. 11. 29. 2011헌마827).

3061 「학교폭력예방 및 대책에 관한 법률」에서 학교폭력 가해학생에 대하여 수개의 조치를 병과할 수 있도록 하고, 출석정지기간의 상한을 두지 아니한 부분은 과잉금지원칙에 위배되어 청구인들의 학습의 자유를 침해한다. 23 경간   O | X

> 학교폭력예방법에 따른 학교폭력사안 처리 절차 및 기준, 그 처리 과정에서 가해학생측에게 보장된 각종 기회 및 권리구제절차 등에 비추어 볼 때, 이 사건 징계조치 조항이 **가해학생에 대하여 수개의 조치를 병과**할 수 있도록 하고 **출석정지조치를 취함에 있어 기간의 상한을 두고 있지 않다**고 하더라도, 가해학생의 학습의 자유에 대한 제한이 입법 목적 달성에 필요한 최소한의 정도를 넘는다고 볼 수 없다. 따라서 이 사건 징계조치 조항은 **침해의 최소성 원칙에 위반되지 아니한다**. … 이 사건 징계조치 조항은 **학습의 자유를 침해하지 아니한다**(헌재 2019. 4. 11. 2017헌바140 등).

02 교사의 수업권

3062 학교교육에 있어서 교사의 가르치는 권리를 수업권이라고 한다면 그것은 자연법적으로는 학부모에게 속하는 자녀에 대한 교육권을 신탁받은 것이고, 실정법상으로는 공교육의 책임이 있는 국가의 위임에 의한 것이다. 18 5급, 15 경정   O | X

정답 3059. O 3059-1. O 3060. O 3061. X [학습의 자유 침해 X] 3062. O

학교교육에 있어서 **교사의 가르치는 권리를 수업권**이라고 한다면 그것은 **자연법적으로는 학부모에게 속하는 자녀에 대한 교육권을 신탁받은 것이고, 실정법상으로는 공교육의 책임이 있는 국가의 위임에 의한 것이다**(헌재 1992. 11. 12. 89헌마88).

3063 국민의 수학권을 보장하기 위하여 교사의 수업권은 일정범위 내에서 제약을 받으므로 초·중·고등학교의 교사는 수업의 자유를 내세워 자신이 연구한 결과를 학생들에게 여과 없이 전파할 수는 없다. 15 법무사 O | X

3063-1 초·중·고교 교사는 수업의 자유를 내세워 헌법과 법률이 지향하는 자유민주적 기본질서를 침해할 수 없다. 22 해경, 17 국회 8 O | X

수학권은 헌법상 보장된 기본권의 하나로서 보다 존중되어야 하며, 그것이 왜곡되지 않고 올바로 행사될 수 있게 하기 위한 범위내에서는 **수업권도 어느 정도의 범위내에서 제약을 받지 않으면 안될 것이다.** … 따라서 수업의 자유는 무제한 보호되기는 어려우며 **초·중·교등학교의 교사는 자신이 연구한 결과**에 대하여 스스로 확신을 갖고 있다고 하더라도 그것을 학회에서 보고하거나 학술지에 기고하거나 스스로 저술하여 책자를 발행하는 것은 별론 **수업의 자유를 내세워 함부로 학생들에게 여과(濾過)없이 전파할 수는 없다**고 할 것이고, 나아가 헌법과 법률이 지향하고 있는 **자유민주적 기본질서를 침해할 수 없음**은 물론 사회상규나 윤리도덕을 일탈할 수 없으며, 따라서 가치편향적이거나 반도덕적인 내용의 교육은 할 수 없는 것이라고 할 것이다(헌재 1992. 11. 12. 89헌마88).

3064 초·중등학교 교사인 청구인들이 교육과정에 따라 학생들을 가르치고 평가하여야 하는 법적인 부담이나 제약을 받는다고 하더라도 이는 헌법상 보장된 기본권에 대한 제한이라고 보기 어렵다. 23 해경, 21 국가 7 O | X

법률이 **교사의 학생교육권(수업권)**을 인정하고 보장하는 것은 헌법상 당연히 허용된다 할 것이나, 초·중등학교에서의 학생교육은 교사 자신의 인격의 발현 또는 학문과 연구의 자유를 위한 것이라기보다는 교사의 직무에 기초하여 초·중등학교의 교육목표를 실현하기 위한 것이므로, **교사인 청구인들이 이 사건 교육과정에 따라 학생들을 가르치고 평가하여야 하는 법적인 부담이나 제한을 받는다고 하더라도 이는 헌법상 보장된 기본권에 대한 제한이라고 보기 어려워** 기본권침해 가능성이 인정되지 아니한다(헌재 2021. 5. 27. 2018헌마1108).

POINT 168 의무교육 B

01 의무교육

3065 모든 국민은 능력에 따라 균등하게 교육을 받을 권리를 가진다. 모든 국민은 그 보호하는 자녀에게 적어도 초등교육과 법률이 정하는 교육을 받게 할 의무를 진다. 22 국회 9 O | X

3065-1 헌법은 초등교육과 중등교육을 의무교육으로 실시하도록 명문으로 규정하고 있다. 18 5급 O | X

헌법 제31조 ① 모든 국민은 **능력**에 따라 **균등**하게 **교육을 받을 권리**를 가진다.
② **모든 국민**은 그 보호하는 자녀에게 적어도 **초등교육**과 **법률이 정하는 교육**을 받게 할 의무를 진다.

● 정답 3063. O   3063-1. O   3064. O   3065. O   3065-1. X [중등교육 X → 법률이 정하는 교육 O]

3066 교육의 의무의 주체는 학령아동의 친권자 또는 그 후견인이다. 17 서울 7   O | X

독립하여 생활할 수 없는 취학연령에 있는 미성년자의 교육을 받을 권리를 실효성 있게 확보하기 위하여 **학령아동의 친권자 또는 후견인**에 대해 그 보호아동에게 교육을 받게 할 의무를 부과하고, 그 의무교육을 무상으로 하고 있다(헌재 1994. 2. 24. 93헌마192).

3067 의무교육제도는 교육의 자주성·전문성·정치적 중립성 등을 지도원리로하여 국민의 교육을 받을 권리를 뒷받침하기 위한, 헌법상의 교육기본권에 부수되는 제도보장이다. 19 법무사   O | X

헌법은 이를 보장하기 위하여 국민에게는 그 보호하는 자녀를 초등교육과 법률이 정하는 교육에 취학시킬 의무를 부과하고 있으며 특히 오늘날 공교육제도를 수립하고 정비할 책임을 지고 있는 국가에 대하여는 의무교육의 무상실시와 시설확보의무를 부담시키고 있다. 이러한 **의무교육제도는** 교육의 자주성·전문성·정치적 중립성 등을 지도원리로하여 **국민의 교육을 받을 권리를 뒷받침**하기 위한, 헌법상 **교육기본권에 부수되는 제도보장**이라 할 것이다(헌재 1991. 2. 11. 90헌가27).

3068 의무교육제도는 국민에 대하여는 그 보호하는 자녀에게 적어도 초등교육과 법률이 정하는 교육을 받게 할 의무를 부과하고, 국가에 대하여는 인적·물적 교육시설을 정비하고 교육환경을 개선하여야 할 의무를 부과한다. 13 국회 9   O | X

헌법은 이를 보장하기 위하여 **국민에게는** 그 보호하는 자녀를 초등교육과 법률이 정하는 교육에 **취학시킬 의무**를 부과하고 있으며 특히 오늘날 공교육제도를 수립하고 정비할 책임을 지고 있는 **국가에 대하여는 의무교육의 무상실시와 시설확보의무**를 부담시키고 있다. … **의무교육제도는** 국민에 대하여 보호하는 자녀들을 취학시키도록 한다는 **의무부과의 면보다는 국가**에 대하여 **인적·물적 교육시설을 정비**하고 **교육환경을 개선**하여야 한다는 **의무부과의 측면**이 보다 더 중요한 의미를 갖는다(헌재 2005. 3. 31. 2003헌가20).

3069 의무교육제도는 국민에 대하여 보호하는 자녀들을 취학시키도록 한다는 의무부과의 면보다는 국가에 대하여 인적·물적 교육시설을 정비하고 교육환경을 개선하여야 한다는 의무부과의 측면이 보다 더 중요한 의미를 갖는다. 23 5급   O | X

헌법은 이를 보장하기 위하여 **국민에게는** 그 보호하는 자녀를 초등교육과 법률이 정하는 교육에 **취학시킬 의무**를 부과하고 있으며 특히 오늘날 공교육제도를 수립하고 정비할 책임을 지고 있는 **국가에 대하여는 의무교육의 무상실시와 시설확보의무**를 부담시키고 있다. … **의무교육제도는** 국민에 대하여 보호하는 자녀들을 취학시키도록 한다는 **의무부과의 면보다는 국가**에 대하여 **인적·물적 교육시설을 정비**하고 **교육환경을 개선**하여야 한다는 **의무부과의 측면**이 보다 더 중요한 의미를 갖는다(헌재 2005. 3. 31. 2003헌가20).

02 무상교육의 범위

3070 헌법 제31조 제2항은 초등교육과 법률이 정하는 교육을 의무교육으로서 실시하도록 규정하였으므로 초등교육 이외에 어느 범위의 교육을 의무교육으로 할 것인가에 대한 결정은 입법자에게 위임되어 있다. 초등교육 이외의 의무교육은 구체적으로 법률에서 이에 관한 규정이 제정되어야 가능하고 초등교육 이외의 의무교육의 실시 범위를 정하는 것은 입법자의 형성의 자유에 속한다. 19 법무사   O | X

헌법 제31조 제2항은 초등교육과 법률이 정하는 교육을 의무교육으로서 실시하도록 규정하였으므로 **초등교육 이외에 어느 범위의 교육을 의무교육으로 할 것인가에 대한 결정은 입법자에게 위임되어 있다** 할 것이다. **초등교육 이외의 의무교육은 구체적으로 법률**에서 이에 관한 규정이 제정되어야 가능하고 초등교육 이외의 의무교육의 실시 범위를 정하는 것은 **입법자의 형성의 자유**에 속한다(헌재 1991. 2. 11. 90헌가27).

정답 3066. O 3067. O 3068. O 3069. O 3070. O

3071 "의무교육은 무상으로 한다."는 제31조 제3항은 초등교육에 관하여는 직접적인 효력규정으로서, 이로부터 개인은 국가에 대하여 초등학교의 입학금·수업료 등을 면제받을 수 있는 헌법상의 권리를 가진다. 17 경정, 11 법원 9   O | X

의무교육의 실시범위와 관련하여 의무교육의 무상원칙을 규정한 헌법 제31조 제3항은 **초등교육에 관하여는 직접적인 효력규정**으로서 개인이 국가에 대하여 **입학금·수업료 등을 면제**받을 수 있는 헌법상의 권리라고 볼 수 있다(헌재 1991. 2. 11. 90헌가27).

3072 무상의 중등교육을 받을 권리는 법률에서 중등교육을 의무교육으로서 시행하도록 규정하기 전에는 헌법상 권리로서 보장되는 것은 아니다. 12 국회 8   O | X

3072-1 입법자가 중학교교육에 대한 의무교육을 단계적으로 실시하는 것으로 규정함에 따라 아직 중학교교육의 무상 실시라는 혜택을 받지 못하는 지역이 있더라도 이는 그 지역의 주민들에 대하여는 이러한 혜택이 현재로서는 구체적인 헌법상의 권리로서 보장되지 않고 있는 것이며, 그들의 헌법상 보장된 권리가 국가에 의하여 침해되었다고 볼 수는 없다. 19 법무사   O | X

3072-2 특정지역에 대하여 우선적으로 중학교 의무교육을 실시한 것은 교육을 받을 권리에 대한 침해이다. 18 서울 7   O | X

3072-3 중학교 의무교육을 일시에 전면 실시하는 대신 단계적으로 확대실시하도록 한 것은 실질적 평등의 원칙에 부합되지 않는다. 09 국가 7   O | X

(1) 중등교육의 경우에는 초등교육과는 달리 헌법 제31조 제2항에서 직접 중학교교육 또는 고등학교교육 등 중등교육을 지칭하지 아니하고 단지 법률이 정하는 교육이라고 규정하였을 뿐이므로 무상의 의무교육중 초등교육을 넘는 중학교교육 이상의 교육에 대하여는 국가의 재정형편 등을 고려하여 입법권자가 법률로 정한 경우에 한하여 인정될 수 있는 것이다. 따라서 **무상의 중등교육을 받을 권리**는 법률에서 중등교육을 의무교육으로서 **시행하도록 규정하기 전에는 헌법상 권리로서 보장되는 것은 아니다**(헌재 1991. 2. 11. 90헌가27).
(2) 입법자가 **중학교교육에 대한 의무교육을 단계적으로 실시**하는 것으로 규정함에 따라 **아직 중학교교육의 무상 실시라는 혜택을 받지 못하는 지역**이 있더라도 이는 그 지역의 주민들에 대하여는 이러한 혜택이 현재로서는 **구체적인 헌법상의 권리로서 보장되지 않고 있는 것**이며, 그들의 **헌법상 보장된 권리**가 국가에 의하여 **침해되고 있다고 볼 수 없다**(헌재 1991. 2. 11. 90헌가27).
(3) 중학교 의무교육을 일시에 전면실시하는 대신 **단계적으로 확대실시**하도록 한 것은 **주로 전면실시에 따르는 국가의 재정적 부담을 고려한 것으로 실질적 평등의 원칙에 부합된다**(헌재 1991. 2. 11. 90헌가27).

3073 헌법 제31조 제1항이 보장하는 국민의 교육을 받을 권리로부터 국가 및 지방자치단체에게 사립유치원에 대한 교사 인건비, 운영비 및 영양사 인건비를 예산으로 지원하라는 작위의무가 도출된다. 22 지방 7   O | X

국가 및 지방자치단체에게 **사립유치원**에 대한 **교사 인건비, 운영비 및 영양사 인건비**를 예산으로 지원하라는 헌법상 명문규정이 **없음은 분명하다.** 그리고 헌법 제31조 제1항은 국민의 교육을 받을 권리를 보장하고 있지만 그 권리는 통상 국가에 의한 **교육조건의 개선·정비**와 교육기회의 균등한 보장을 적극적으로 요구할 수 있는 권리로 이해되고 있을 뿐이고, 그로부터 위와 같은 작위의무가 헌법해석상 바로 도출된다고 볼 수 없다(헌재 2006. 10. 26. 2004헌마13).

정답 3071. O   3072. O   3072-1. O   3072-2. X [교육을 받을 권리 침해 X]   3072-3. X [실질적 평등원칙에 부합]   3073. X [작위의무 도출 X]

03 무상비용의 범위

3074 헌법 제31조 제3항에 규정된 의무교육의 무상원칙에 있어서 의무교육 무상의 범위는 원칙적으로 헌법상 교육의 기회균등을 실현하기 위해 필수불가결한 비용, 즉 모든 학생이 의무교육을 받음에 있어서 경제적인 차별 없이 수학하는 데 반드시 필요한 비용에 한한다. 14 법무사   O | X

> 헌법 제31조 제3항에 규정된 **의무교육의 무상원칙**에 있어서 **의무교육 무상의 범위는** 원칙적으로 **헌법상 교육의 기회균등을 실현하기 위해 필수불가결한 비용,** 즉 모든 학생이 의무교육을 받음에 있어서 **경제적인 차별 없이 수학하는 데 반드시 필요한 비용에 한한다**(헌재 2012. 4. 24. 2010헌바164).

3075 헌법 제31조 제3항의 의무교육의 무상의 범위는 국가의 재정상황과 국민의 소득수준, 학부모의 경제적 수준 및 사회적 합의 등을 고려하여 입법정책적으로 결정할 수 있다. 23 입시   O | X

> 의무교육에 있어서 본질적이고 필수불가결한 비용 **이외의 비용을 무상의 범위에** 포함시킬 것인지는 **국가의 재정상황과 국민의 소득수준, 학부모들의 경제적 수준 및 사회적 합의** 등을 고려하여 입법자가 **입법정책적으로 해결**해야 할 문제이다(헌재 2012. 4. 24. 2010헌바164).

3076 의무교육에 있어서 무상의 범위에는 의무교육이 실질적이고 균등하게 이루어지기 위한 본질적 항목으로, 수업료나 입학금의 면제, 학교와 교사 등 인적·물적 시설 및 그 시설을 유지하기 위한 인건비와 시설유지비 등의 부담제외가 포함된다. 14 법무사   O | X

> 의무교육에 있어서 무상의 범위에는 의무교육이 실질적이고 균등하게 이루어지기 위한 본질적 항목으로, **수업료나 입학금의 면제,** 학교와 교사 등 인적·물적 시설 및 그 시설을 유지하기 위한 **인건비와 시설유지비, 신규시설투자비** 등의 재원 부담으로부터의 면제가 포함된다 할 것이며, 그 외에도 의무교육을 받는 과정에 수반하는 비용으로서 의무교육의 실질적인 균등보장을 위해 필수불가결한 비용은 무상의 범위에 포함된다(헌재 2012. 4. 24. 2010헌바164).

3077 학교운영지원비는 운영상 교원연구비와 같은 교사의 인건비 일부와 학교회계직원의 인건비 일부 등 의무교육과정의 인적 기반을 유지하기 위한 비용을 충당하는데 사용되고 있으므로 의무교육 무상의 범위에 포함되어야 한다. 19 서울 7(추)   O | X

3077-1 학교운영지원비는 학부모의 경제적 부담능력, 물가에 미치는 영향 및 수업료 인상률, 학교의 재정수요 등을 고려하여 학교운영위원회의 심의를 거쳐 결정되는 자발적 협찬금의 성격을 지니고 있으므로 이를 중학교 학생으로부터 징수하도록 하는「초·중등교육법」규정은 의무교육의 무상원칙에 위배되지 않는다. 22 입시   O | X

> **학교운영지원비**는 그 운영상 교원연구비와 같은 **교사의 인건비 일부**와 **학교회계직원의 인건비 일부** 등 **의무교육과정의 인적기반을 유지하기 위한 비용을 충당**하는데 사용되고 있다는 점, 학교회계의 세입상 현재 의무교육기관에서는 국고지원을 받고 있는 입학금, 수업료와 함께 같은 항에 속하여 분류되고 있음에도 불구하고 학교운영지원비에 대해서만 학생과 학부모의 부담으로 남아있다는 점, **학교운영지원비는** 기본적으로 학부모의 자율적 협찬금의 외양을 갖고 있음에도 그 조성이나 징수의 자율성이 완전히 보장되지 않아 기본적이고 필수적인 학교 교육에 필요한 비용에 가깝게 운영되고 있다는 점 등을 고려해보면 이 사건 세입조항은 헌법 제31조 제3항에 규정되어 있는 **의무교육의 무상원칙에 위배되어 헌법에 위반된다**(헌재 2012. 8. 23. 2010헌바220).

정답 3074. O   3075. O   3076. O   3077. O   3077-1. X [의무교육의 무상원칙 위배]

3078 의무교육 대상인 중학생의 학부모에게 급식 관련 비용 일부를 부담하도록 규정한 구「학교급식법」의 조항은 헌법상 의무교육의 무상원칙에 반하지 않는다. 22 지방 7   O|X

3078-1 헌법상 의무교육 무상의 범위는 교육의 기회균등을 실현하기 위해 필수불가결한 비용을 말하므로, 단순한 영양공급 차원을 넘어 교육적 성격을 가지는 학교급식은 무상의 의무교육 내용에 포함된다. 19 서울 7(추)   O|X

3078-2 급식활동이 의무교육에 있어서 필수불가결한 교육 과정이며 이에 소요되는 경비가 의무교육의 실질적인 균등보장을 위한 본질적이고 핵심적인 항목에 해당하므로, 이에 관한 모든 재원마련도 전적으로 국가와 지방자치단체의 몫이 되어야 하므로 급식에 관한 경비를 전면무상으로 하지 않고 그 일부를 학부모의 부담으로 정하고 있는 법률조항들은 의무교육의 무상원칙에 위배된다. 19 법무사   O|X

> 학교급식은 학생들에게 한 끼 식사를 제공하는 영양공급 차원을 넘어 교육적인 성격을 가지고 있지만, 이러한 교육적 측면은 기본적이고 필수적인 학교 교육 이외에 부가적으로 이루어지는 식생활 및 인성교육으로서의 보충적 성격을 가지므로 의무교육의 실질적인 균등보장을 위한 본질적이고 핵심적인 부분이라고까지는 할 수 없다. 이 사건 법률조항들은 비록 중학생의 학부모들에게 급식관련 비용의 일부를 부담하도록 하고 있지만, 학부모에게 급식에 필요한 경비의 일부를 부담시키는 경우에 있어서도 학교급식 실시의 기본적 인프라가 되는 부분은 배제하고 있으며, 국가나 지방자치단체의 지원으로 학부모의 급식비 부담을 경감하는 조항이 마련되어 있고, 특히 저소득층 학생들을 위한 지원방안이 마련되어 있다는 점 등을 고려해 보면, 이 사건 법률조항들이 입법형성권의 범위를 넘어 헌법상 의무교육의 무상원칙에 반하는 것으로 보기는 어렵다(헌재 2012. 4. 24. 2010헌바164).

04 의무교육 경비 부담

3079 의무교육에 관한 한 일반재정이 아닌 부담금과 같은 별도의 재정수단을 동원하여 특정한 집단으로부터 그 비용을 추가로 징수하여 충당하는 것은 의무교육의 무상성을 선언한 헌법에 반한다. 10 지방 7   O|X

3079-1 의무교육에 필요한 학교용지의 부담금을 개발사업지역 내 주택의 수분양자들에게 부과·징수하는 것은 의무교육의 무상원칙에 위배되어 위헌이다. 12 국회 8   O|X

3079-2 의무교육이 아닌 중등교육에 관한 교육재정과 관련하여 재정조달목적의 부담금을 징수할 수 있다고 하더라도, 수분양자들의 구체적 사정을 거의 고려하지 않은 채 수분양자 모두를 일괄적으로 동일한 의무집단에 포함시켜 동일한 학교용지부담금을 부과하는 것은 합리적 근거가 없는 차별에 해당한다. 16 국가 7   O|X

> (1) 의무교육에 필요한 학교시설은 국가의 일반적 과제이고, 학교용지는 의무교육을 시행하기 위한 물적 기반으로서 필수조건임은 말할 필요도 없으므로 이를 달성하기 위한 비용은 국가의 일반재정으로 충당하여야 한다. 따라서 적어도 의무교육에 관한 한 일반재정이 아닌 부담금과 같은 별도의 재정수단을 동원하여 특정한 집단으로부터 그 비용을 추가로 징수하여 충당하는 것은 의무교육의 무상성을 선언한 헌법에 반한다(헌재 2005. 3. 31. 2003헌가20).
> (2) 의무교육이 아닌 중등교육에 관한 교육재정과 관련하여 재정조달목적의 부담금을 징수할 수 있다고 하더라도 … 학교용지확보 필요성에 있어서 주택건설촉진법상의 수분양자들의 구체적 사정을 거의 고려하지 않은 채 수분양자 모두를 일괄적으로 동일한 의무자집단에 포함시켜 동일한 학교용지부담금을 부과하는 것은 합리적 근거가 없는 차별에 해당하고, … 이 사건 법률조항은 학교용지부담금 부과대상 개발사업을 신규 주택의 공급 여부가 아닌 단순히 주택 공급의 근거 법률이 무엇이냐에 따라 정하고 있는바, 이는 합리성이 없는 기준에 의하여 자의적으로 제청신청인들을 불리하게 대우하는 것이다(헌재 2005. 3. 31. 2003헌가20).

● 정답 3078. O   3078-1. X [학교급식 : 의무교육 무상 범위 포함 X]   3078-2. X [의무교육 무상원칙 위배 X]   3079. O   3079-1. O   3079-2. O

3080 헌법 제31조 제3항의 의무교육 무상의 원칙은 교육을 받을 권리를 보다 실효성 있게 보장하기 위하여 의무교육 비용을 학령아동의 보호자 개개인의 직접적 부담에서 공동체 전체의 부담으로 이전하라는 명령일 뿐, 의무교육의 비용을 오로지 국가 또는 지방자치단체의 예산으로 해결해야 함을 의미하는 것은 아니다. 23 경찰 1차, 22 해간, 21 지방 7   O|X

> 의무교육무상에 관한 헌법 제31조 제3항은 교육을 받을 권리를 보다 실효성 있게 보장하기 위하여 의무교육 비용을 학령아동의 보호자 개개인의 직접적 부담에서 **공동체 전체의 부담으로 이전**하라는 명령일 뿐이고 의무교육의 비용을 **오로지 국가 또는 지방자치단체의 예산, 즉 조세로 해결해야 함을 의미하는 것은 아니다**(헌재 2008. 9. 25. 2007헌가9).

3081 의무교육의 무상성에 관한 헌법 규정은 교육을 받을 권리를 보다 실효성 있게 보장하기 위해 의무교육 비용을 학령아동 보호자의 부담으로부터 공동체 전체의 부담으로 이전하라는 명령일 뿐 의무교육의 모든 비용을 조세로 해결해야 함을 의미하는 것은 아니므로, 학교용지부담금의 부과대상을 수분양자가 아닌 개발사업자로 정하는 것은 의무교육의 무상원칙에 위배되지 않는다. 19 서울 7(추)   O|X

3081-1 개발사업지역에서 100세대 규모 이상의 주택건설용 토지를 조성·개발하거나 공동주택을 건설하는 사업자에 대하여 학교용지부담금을 부과하는 것은 헌법상 의무교육의 무상원칙에 위배되지 않는다. 18 5급   O|X

3081-2 학교용지부담금의 부과대상을 수분양자가 아닌 개발사업자로 정하고 있는 구「학교용지 확보 등에 관한 특례법」조항은 의무교육의 무상원칙에 위배된다. 20 경정, 17 서울 7   O|X

> 의무교육의 무상성에 관한 헌법상 규정은 교육을 받을 권리를 보다 실효성 있게 보장하기 위해 의무교육 비용을 학령아동 보호자의 부담으로부터 공동체 전체의 부담으로 이전하라는 명령일 뿐 의무교육의 모든 비용을 조세로 해결해야 함을 의미하는 것은 아니므로, **학교용지부담금의 부과대상을 수분양자가 아닌 개발사업자로** 정하고 있는 이 사건 법률조항은 **의무교육의 무상원칙에 위배되지 아니한다**(헌재 2008. 9. 25. 2007헌가1).

3082 개발사업자는 개발사업을 통해 이익을 얻었다는 점에서 개발사업 지역에서의 학교시설 확보라는 특별한 공익사업에 대해 밀접한 관련성을 가지고 있을 뿐만 아니라 이에 대해 일정한 부담을 져야 할 책임도 가지고 있는바, 개발사업자에 대한 학교용지부담금 부과는 평등원칙에 위배되지 아니하고, 개발사업자의 재산권을 과도하게 침해한다고 볼 수도 없다. 16 법원 9   O|X

> **개발사업자는 개발사업을 통해 이익을** 얻었다는 점에서 개발사업 지역에서의 학교시설 확보라는 특별한 공익사업에 대해 밀접한 관련성을 가지고 있을 뿐만 아니라 이에 대해 일정한 부담을 져야 할 책임도 가지고 있는바, **개발사업자에 대한 학교용지부담금 부과는 평등원칙에 위배되지 아니한다.** 이 사건 법률조항에 의한 학교용지부담금은 학교용지 확보를 위한 새로운 재원의 마련이라는 정당한 입법목적을 달성하기 위한 적절한 수단으로서 교육의 기회를 균등하게 보장해야 한다는 공익과 개발사업자의 재산적 이익이라는 사익을 적절히 형량하고 있으므로 이 사건 법률조항은 개발사업자의 **재산권을 과도하게 침해하지 아니한다**(헌재 2008. 9. 25. 2007헌가1).

● 정답 3080. O   3081. O   3081-1. O   3081-2. X [의무교육 무상원칙 위배 X]   3082. O

3083 의무교육 무상의 원칙이 의무교육을 위탁받은 사립학교를 설치·운영하는 학교법인 등과의 관계에서 이미 학교법인이 부담하도록 규정되어 있는 경비까지 국가나 지방자치단체의 부담으로 한다는 취지로 볼 수는 없다. 19 서울 7(추) O | X

의무교육 등에 소요되는 경비의 재원에 관한 지방교육자치에 관한 법률 제37조, 지방교육재정교부금법 제11조 제1항은 헌법이 규정한 의무교육 무상의 원칙에 따라 경제적 능력에 관계없이 교육기회를 균등하게 보장하기 위하여 의무교육대상자의 학부모 등이 교직원의 보수 등 의무교육에 관련된 경비를 부담하지 않도록 **국가와 지방자치단체**에 교육재정을 형성·운영할 책임을 부여하고, 그 재원 형성의 구체적인 내용을 규정하고 있는 데 그칠 뿐, 더 나아가 **의무교육을 위탁받은 사립학교를 설치·운영하는 학교법인** 등과의 관계에서 관련 법령에 의하여 **이미 학교법인이 부담하도록 규정되어 있는 경비**까지 **종국적으로 국가나 지방자치단체의 부담으로 한다는 취지까지 규정한 것으로 볼 수 없다**(대판 2015. 1. 29. 2012두7387).

POINT 169 교육의 자주성·전문성·정치적 중립성 및 대학의 자율성 B

01 교육의 자주성·전문성·정치적 중립성

3084 교육의 자주성·전문성·정치적 중립성 및 대학의 자율성은 법률이 정하는 바에 의하여 보장된다. 14 법원 9 O | X

헌법 제31조 ④ 교육의 **자주성·전문성·정치적 중립성** 및 **대학의 자율성**은 **법률이 정하는 바에 의하여 보장**된다.

3085 헌법 제31조 제4항에 의해 보장되는 교육의 자주성과 전문성은 '교육기관의 자유'와 '교육의 자유'를 보장함으로써 비로소 달성할 수 있는데, '교육기관의 자유'는 교육을 담당하는 교육기관의 교육운영에 관한 자주적인 결정권을 그 내용으로 하고, '교육의 자유'는 교육내용이나 교육방법 등에 관한 자주적인 결정권을 그 내용으로 한다. 23 경찰 2차 O | X

헌법 제31조 제4항에 의해 보장되는 교육의 자주성과 전문성은 '**교육기관의 자유**'와 '**교육의 자유**'를 보장함으로써 비로소 달성할 수 있는데, '**교육기관의 자유**'는 교육을 담당하는 교육기관의 **교육운영에 관한 자주적인 결정권**을 그 내용으로 하고, '**교육의 자유**'는 **교육내용이나 교육방법 등에 관한 자주적인 결정권을 그 내용으로 한다**(헌재 2013. 5. 30. 2011헌바227).

3086 학원의 종류 중 '유아를 대상으로 교습하는 학원'을 학교교과교습학원으로 분류한 것은 교육을 받을 권리에 대한 침해이다. 18 서울 7 O | X

헌법 제31조 제4항에 의해 보장되는 교육의 자주성과 전문성은 '교육기관의 자유'와 '교육의 자유'를 보장함으로써 비로소 달성할 수 있는데, '**교육기관의 자유**'는 교육을 담당하는 교육기관의 교육운영에 관한 자주적인 결정권을 그 내용으로 하고, '**교육의 자유**'는 교육내용이나 교육방법 등에 관한 자주적인 결정권을 그 내용으로 한다. 그런데 심판대상 법률조항은 **교육기관의 교육운영에 관한 자주적인 결정권**을 제한하거나 **교육내용이나 교육방법**을 제한하는 규정이 아니므로 **교육의 권리를 제한한다고 볼 여지가 없다**(헌재 2013. 5. 30. 2011헌바227).

정답 3083. ○ 3084. ○ 3085. ○ 3086. X [교육을 받을 권리 침해 X (제한도 X)]

02 사립학교 운영의 자유

3087 헌법재판소는 비록 헌법에 명문의 규정은 없지만 학교법인을 설립하고 이를 통하여 사립학교를 설립·경영하는 것을 내용으로 하는 사학의 자유가 헌법 제10조, 제31조 제1항, 제4항에서 도출되는 기본권임을 확인한 바 있다. 23 지방 7 O | X

3087-1 헌법 제31조 제6항은 "교육제도와 그 운영에 관한 기본적인 사항은 법률로 정한다."고 규정함으로써 국가는 모든 학교제도의 조직, 계획, 운영, 감독에 관한 포괄적인 권한을 부여받았기 때문에, 사립학교 운영의 자유는 헌법상의 기본권으로 인정되지 아니한다. 11 법원 9 O | X

> **헌법재판소**는 사립학교에 대한 위와 같은 인식을 바탕으로, 비록 헌법에 명문의 규정은 없지만 **학교법인을 설립**하고 이를 통하여 **사립학교를 설립·경영**하는 것을 내용으로 하는 **사학의 자유**가 헌법 제10조, **제31조 제1항, 제4항**에서 도출되는 **기본권임을 확인**하는 한편, 학교 교육이 개인·사회·국가에 지대한 영향을 미친다는 점에서 사립학교도 국·공립학교와 본질적으로 다를 바 없음을 밝힌 바 있다(헌재 2019. 4. 11. 2018헌마221).

3088 사립학교는 그 설립자의 특별한 설립이념을 구현하거나 독자적인 교육방침에 따라 개성 있는 교육을 실시할 수 있을 뿐만 아니라 공공의 이익을 위한 재산출연을 통하여 정부의 공교육 실시를 위한 재정적 투자능력의 한계를 자발적으로 보완해 주는 역할을 담당하므로, 사립학교 설립의 자유와 운영의 독자성을 보장할 필요가 있다. 22 국회 8 O | X

> **사립학교**는 그 설립자의 특별한 설립이념을 구현하거나 독자적인 교육방침에 따라 **개성 있는 교육을 실시할 수 있을 뿐만 아니라** 공공의 이익을 위한 재산출연을 통하여 정부의 공교육 실시를 위한 재정적 투자능력의 한계를 자발적으로 보완해 주는 역할을 담당하므로, **사립학교 설립의 자유와 운영의 독자성을 보장할 필요가 있다**(헌재 2021. 11. 25. 2019헌마542 등).

3089 사립학교도 공교육의 일익을 담당한다는 점에서 국·공립학교와 본질적인 차이가 있을 수 없기 때문에 공적인 학교 제도를 보장하여야 할 책무를 진 국가가 일정한 범위 안에서 사립학교의 운영을 관리·감독할 권한과 책임을 진다. 22 국회 8 O | X

> **사립학교도 공교육의 일익을 담당한다는** 점에서 **국·공립학교와 본질적인 차이가 있을 수 없기** 때문에 공적인 학교 제도를 보장하여야 할 책무를 진 국가가 일정한 범위 안에서 **사립학교의 운영을 관리·감독할 권한과 책임**을 지는 것 또한 당연하다 할 것이고, 그 규율의 정도는 그 시대의 사정과 각급 학교의 형편에 따라 다를 수밖에 없는 것이므로, 교육의 본질을 침해하지 않는 한 궁극적으로는 입법권자의 형성의 자유에 속한다(헌재 2021. 11. 25. 2019헌마542 등).

3090 학교법인 운영의 투명성, 효율성은 사립학교 및 그에 의해 수행되는 교육의 공공성과 직결되므로, 이를 제고하기 위하여 사적 자치를 넘어서는 새로운 제도를 형성하거나 학교법인의 자율적인 조직구성권 및 학교운영권에 공법적 규제를 가하는 것까지도 교육이나 사학의 자유의 본질적 내용을 침해하지 않는 한 궁극적으로는 입법자의 형성의 자유에 속하는 것으로 허용된다 할 것이다. 23 지방 7 O | X

> 학교법인은 교육의 실시를 목적으로 설립되고 고도의 공공성을 지닌 사립학교를 설치·경영한다는 점에서 사법인이라는 그 법적 형식에도 불구하고 대단히 공익적인 역할을 수행한다. **학교법인 운영의 투명성, 효율성**은 사립학교 및 그에 의해 수행되는 **교육의 공공성과 직결**되므로, 이를 제고하기 위하여 사적 자치를 넘어서는 **새로운 제도를 형성**하거나 **학교법인의 자율적인 조직구성권 및 학교운영권에 공법적 규제**를 가하는 것까지도 교육이나 사학의 자유의 본질적 내용을 침해하지 않는 한 궁극적으로는 **입법자의 형성의 자유에 속하는 것으로 허용된다** 할 것이고, 이는 우리 헌법이 예정하고 있는 공교육의 주관자로서의 국가의 책무이기도 하다(헌재 2013. 11. 28. 2007헌마1189 등).

정답 3087. O   3087-1. X [헌법상 기본권으로 인정]   3088. O   3089. O   3090. O

3091 임시이사가 선임된 학교법인의 정상화를 위한 이사 선임에 관하여 사학분쟁조정위원회의 심의를 거치도록 하는 것은, 사학분쟁조정위원회 구성에 공정성과 전문성이 갖추어진 점, 학교법인의 정체성 및 정상화 심의과정에서 사학분쟁조정위원회가 종전이사 등의 의견을 청취할 수 있는 점 등을 고려할 때, 학교법인과 종전이사의 사학의 자유를 침해하지 않는다. 21 변호사 O│X

임시이사가 선임된 학교법인의 정상화를 위한 이사 선임에 관하여 **사학분쟁조정위원회의 심의**를 거치도록 한 사립학교법 제25조의3 제1항은, 사학분쟁조정위원회가 그 인적 구성과 기능에 있어 공정성 및 전문성을 갖추고 있다는 점, 학교법인의 정체성은 설립자로부터 이어지는 이사의 인적 연속성보다는 설립 목적이 화체된 정관을 통하여 유지·계승된다는 점, 사학분쟁조정위원회는 정상화 심의과 정에서 종전이사 등의 의견을 청취할 수 있다는 점 등을 고려할 때 **학교법인과 종전이사 등의 사학의 자유를 침해한다고 볼 수 없다**(헌재 2013. 11. 28. 2007헌마1189 등).

3092 우리나라는 사립학교도 공교육체계에 편입시켜 국가 등의 지도·감독을 받도록 함과 동시에 그 기능에 충실하도록 많은 재정적 지원과 각종 혜택을 부여하고 있는바, 목적의 달성이 불가능하여 그 존재 의의를 상실한 학교법인은 적법한 절차를 거쳐 해산시키는 것이 필요하므로 구「사립학교법」상의 해산명령조항은 과잉금지원칙에 반하지 않는다. 23 지방 7 O│X

이 사건 해산명령조항은 학교법인으로 하여금 사립학교의 설치·경영이라는 목적 달성에 충실하도록 하며, 비정상적으로 운영되는 사립학교의 존립 가능성을 사전에 차단함으로써, 전체 교육의 수준을 일정 수준 이상으로 유지하기 위한 것이다. 학교법인이 목적의 달성이 불가능하다면 그 자체로 해당 학교법인은 이미 존재의의를 상실한 것이다. 특히 우리나라는 사립학교도 공교육체계에 편입시켜 **국가 등의 지도·감독**을 받도록 함과 동시에 그 기능에 충실하도록 많은 **재정적 지원과 각종 혜택을 부여**하고 있다. 따라서 **목적의 달성이 불가능**하여 그 존재 의의를 상실한 학교법인은 **적법한 절차를 거쳐 해산시키는 것이** 필요하고, 이를 그대로 존치시키는 것은 사회 전체적으로 볼 때 바람직하지 않다. … 따라서 이 사건 해산명령조항은 **과잉금지원칙에 반하지 않는다**(헌재 2018. 12. 27. 2016헌바217).

3093 사립학교법인이 의무의 부담을 하고자 할 때 관할청의 허가를 받도록 하는「사립학교법」규정은 사립학교 운영의 자유를 침해하지 않는다. 20 국회 9 O│X

3093-1 사립학교 법인이 의무의 부담을 하고자 할 때에는 관할청의 허가를 받도록 하는 것은 사립학교 운영의 자유를 침해하는 것이므로 위헌이다. 15 경정 O│X

이 사건 법률조항이 **학교법인으로 하여금 의무의 부담**을 하고자 할 때 **관할청의 허가**를 받도록 하고 있어 **사립학교운영에 관한 자유를 제한**하고 있다 하더라도, 이는 공공복리를 위하여 필요한 권리를 제한한 경우에 해당하는 것이며, 일정액 미만의 넓은 범위에서 허가를 받지 않도록 예외를 두고 있고 시행상 일반적인 학교운영과 관련된 통상적인 의무부담은 허가에서 제외하고 있으며 일정액이상이라도 허가를 받아 자유롭게 처리할 수 있는 점 등을 보면 합리적인 **입법한계를 일탈**하였거나 **기본권의 본질적인 부분을 침해**하였다고 **볼 수 없다**(헌재 2001. 1. 18. 99헌바63).

3094 국·공립학교처럼 사립학교에도 학교운영위원회를 의무적으로 설치하도록 한 것은 현저히 자의적이거나 비합리적으로 사립학교의 공공성만을 강조하고 사립학교의 자율성을 제한한 것이라 보기 어렵다. 18 5급 O│X

3094-1 공립학교뿐만 아니라 사립학교에 있어서도 학부모가 참여하는 학교운영위원회를 의무적으로 설치하도록 하는 것은 사립학교의 자율성과 재산권을 침해하는 것으로서 위헌이다. 10 지방 7 O│X

정답 3091. O 3092. O 3093. O 3093-1. X [사립학교운영의 자유 침해 X] 3094. O 3094-1. X [모두 침해 X]

비록 심판대상조항에 의하여 사립학교 교육의 자주성·전문성이 어느 정도 제한된다고 하더라도, 그 입법취지 및 학교운영위원회의 구성과 성격 등을 볼 때, 사립학교 학교운영위원회제도가 현저히 자의적이거나 비합리적으로 사립학교의 공공성만을 강조하고 사립학교의 자율성을 제한한 것이라 보기 어렵다(헌재 2001. 11. 29. 2000헌마278).

3095 사립유치원에 「사학기관 재무·회계 규칙」을 적용하여 수입 및 지출할 수 있는 비용의 항목이 한정되는 등 엄격한 재무·회계관리가 이루어진다고 하더라도, 이로 인해 사립유치원 운영의 자율성이 완전히 박탈되는 것은 아니다. 22 국회 8   O|X

3095-1 사립유치원은 공교육이라는 공익적 서비스를 제공함에 따라 국가 및 지방자치단체로부터 그 운영재원의 대부분에 해당하는 재정지원 및 다양한 세제혜택을 받고 있으므로 사립유치원의 재정 및 회계의 투명성은 그 유치원에 의하여 수행되는 교육의 공공성과 직결된다. 22 국회 8   O|X

3095-2 사립유치원의 공통적인 세입·세출 자료가 없는 경우 관할청의 지도·감독에는 한계가 존재할 수밖에 없다는 이유로 사립유치원의 회계를 국가가 관리하는 공통된 회계시스템을 이용하여 처리하도록 하는 것은 개인사업자인 사립유치원의 자유로운 회계처리 방법 선택권을 과도하게 침해한다. 22 국회 8   O|X

(1) 사립유치원이 심판대상조항의 적용으로 수입 및 지출할 수 있는 비용의 항목이 한정되는 등 엄격한 재무·회계관리가 이루어진다고 하더라도 이로 인해 사립유치원 운영의 자율성이 완전히 박탈되는 것은 아니다(헌재 2019. 7. 25. 2017헌마1038 등).
(2) 개인이 설립한 사립유치원 역시 사립학교법·유아교육법상 학교로서 공교육 체계에 편입되어 그 공공성이 강조되고 공익적인 역할을 수행한다. 사립유치원은 공교육이라는 공익적 서비스를 제공함에 따라 국가 및 지방자치단체로부터 그 운영재원의 대부분에 해당하는 재정지원 및 다양한 세제혜택을 받고 있다. 따라서 사립유치원의 재정 및 회계의 투명성은 그 유치원에 의하여 수행되는 교육의 공공성과 직결된다고 할 것이다(헌재 2019. 7. 25. 2017헌마1038 등).
(3) 심판대상조항이 규정한 예산과목의 내용은 유치원의 재정 건전성 확보를 위해 그 필요성이 인정되고, 일정 부분 사립유치원에 운영의 자율성을 보장하고 있으며, 교육감이 예산과목 구분을 조정할 수 있도록 함으로써 구체적 타당성도 도모하고 있다. 비록 심판대상조항의 사립유치원 세입·세출예산 과목에 청구인들이 주장하는 바와 같은 항목들을(유치원 설립을 위한 차입금 및 상환금, 유치원 설립자에 대한 수익배당, 통학 및 업무용 차량 이외의 설립자 개인 차량의 유류대 등)을 두지 않았다고 하더라도, 그러한 사정만으로는 심판대상조항이 현저히 불합리하거나 자의적이라고 볼 수 없다. 따라서 심판대상조항이 입법형성의 한계를 일탈하여 사립유치원 설립·경영자의 사립유치원 운영의 자유를 침해한다고 볼 수 없다(헌재 2019. 7. 25. 2017헌마1038 등).

03 대학의 자율성

1 주체

3096 헌법 제31조 제4항이 보장하는 대학의 자율성이란 대학의 운영에 관한 모든 사항을 외부의 간섭 없이 자율적으로 결정할 수 있는 자유를 말한다. 22 소간   O|X

헌법 제31조 제4항이 보장하는 대학의 자율성이란 대학의 운영에 관한 모든 사항을 외부의 간섭 없이 자율적으로 결정할 수 있는 자유를 말한다. 국립대학인 세무대학은 공법인으로서 사립대학과 마찬가지로 대학의 자율권이라는 기본권의 보호를 받으므로, 세무대학은 국가의 간섭 없이 인사·학사·시설·재정 등 대학과 관련된 사항들을 자주적으로 결정하고 운영할 자유를 갖는다(헌재 2001. 2. 22. 99헌마613).

정답 3095. O   3095-1. O   3095-2. X [사립학교 운영의 자유 침해 X]   3096. O

3097 교육의 자주성이나 대학의 자율성은 헌법이 보장하고 있는 학문의 자유의 확실한 보장수단으로 꼭 필요한 것으로서 대학에게 부여된 헌법상 기본권이다. 14 서울 7   O | X

3097-1 헌법 제31조 제4항의 교육의 자주성이나 대학의 자율성은 헌법 제22조 제1항이 보장하고 있는 학문의 자유의 확실한 보장수단으로 꼭 필요하지만 이는 대학에게 부여된 헌법상의 기본권은 아니다. 15 법무사   O | X

> 교육의 자주성이나 대학의 자율성은 헌법 제22조 제1항이 보장하고 있는 학문의 자유의 확실한 보장수단으로 꼭 필요한 것으로서 이는 대학에게 부여된 헌법상의 기본권이다(헌재 1992. 10. 1. 92헌마68 등).

3098 국립대학은 사립대학과 마찬가지로 대학의 자율권이라는 기본권의 보호를 받으므로 국립대학도 국가의 간섭 없이 인사·학사·시설·재정 등 대학과 관련된 사항들을 자주적으로 결정하고 운영할 자유를 갖는다. 13 변호사   O | X

> 국립대학인 세무대학은 공법인으로서 사립대학과 마찬가지로 대학의 자율권이라는 기본권의 보호를 받으므로, 세무대학은 국가의 간섭 없이 인사·학사·시설·재정 등 대학과 관련된 사항들을 자주적으로 결정하고 운영할 자유를 갖는다. 그러나 대학의 자율성은 그 보호영역이 원칙적으로 당해 대학 자체의 계속적 존립에까지 미치는 것은 아니다(헌재 2001. 2. 22. 99헌마613).

3099 대학의 자치의 주체를 기본적으로 대학으로 본다고 하더라도 교수나 교수회의 주체성이 부정된다고 볼 수는 없고, 가령 학문의 자유를 침해하는 대학의 장에 대한 관계에서는 교수나 교수회가 주체가 될 수 있고, 또한 국가에 의한 침해에 있어서는 대학 자체 외에도 대학 전구성원이 자율성을 갖는 경우도 있을 것이므로 문제되는 경우에 따라서 대학, 교수, 교수회 모두가 단독, 혹은 중첩적으로 주체가 될 수 있다. 18 법무사   O | X

3099-1 대학의 자율성은 대학에게 부여된 헌법상의 기본권이다. 따라서 대학자치의 주체 역시 대학에 한정되므로 국립대학교수나 교수회는 대학의 자율과 관련한 기본권 주체성이 없으며, 학문의 자유를 침해하는 대학의 장에 대한 관계에서도 국립대학의 교수나 교수회는 기본권의 주체가 될 수 없다. 11 지방 7   O | X

> 헌법재판소는 대학의 자율성은 헌법 제22조 제1항이 보장하고 있는 학문의 자유의 확실한 보장수단으로 꼭 필요한 것으로서 대학에게 부여된 헌법상의 기본권으로 보고 있다. 그러나 대학의 자치의 주체를 기본적으로 대학으로 본다고 하더라도 교수나 교수회의 주체성이 부정된다고 볼 수는 없고, 가령 학문의 자유를 침해하는 대학의 장에 대한 관계에서는 교수나 교수회가 주체가 될 수 있고, 또한 국가에 의한 침해에 있어서는 대학 자체 외에도 대학 전구성원이 자율성을 갖는 경우도 있을 것이므로 문제되는 경우에 따라서 대학, 교수, 교수회 모두가 단독, 혹은 중첩적으로 주체가 될 수 있다고 보아야 할 것이다(헌재 2006. 4. 27. 2005헌마1047 등).

3100 대학의 자율성 즉, 대학의 자치란 대학이 그 본연의 임무인 연구와 교수를 외부의 간섭 없이 수행하기 위하여 인사·학사·시설·재정 등의 사항을 자주적으로 결정하여 운영하는 것을 말한다. 따라서 연구·교수활동의 담당자인 교수가 그 핵심주체라 할 것이나, 연구·교수활동의 범위를 좁게 한정할 이유가 없으므로 학생, 직원 등도 포함될 수 있다. 22 경찰 1차   O | X

3100-1 대학자치의 주체는 원칙적으로 교수 기타 연구자 조직이나 학생과 학생회도 학습활동과 직접 관련된 학생회 활동 기타 자치활동의 범위 내에서 그 주체가 될 수 있다고 보아야 한다. 15 경정   O | X

● 정답   3097. O   3097-1. X [대학에게 부여된 헌법상 기본권임]   3098. O   3099. O   3099-1. X [교수·교수회도 기본권 주체가 될 수 있음]   3100. O   3100-1. O

대학의 자율성 즉, 대학의 자치란 대학이 그 본연의 임무인 **연구와 교수**를 외부의 간섭 없이 수행하기 위하여 **인사·학사·시설·재정** 등의 사항을 **자주적으로 결정**하여 운영하는 것을 말한다. 따라서 연구·교수활동의 담당자인 **교수가 그 핵심주체**라 할 것이나, 연구· 교수활동의 범위를 좁게 한정할 이유가 없으므로 **학생, 직원 등도 포함**될 수 있다(헌재 2013. 11. 28. 2007헌마1189 등).

2 보호영역

3101 대학의 자율은 대학시설의 관리·운영만이 아니라 전반적인 것이라야 하므로, 연구와 교육의 내용, 그 방법과 대상, 교과과정의 편성, 학생의 선발과 전형뿐만 아니라 교원의 임면에 관한 사항도 자율의 범위에 속한다. 15 경정, 14 서울 7   O | X

3101-1 대학의 자율은 연구와 교육의 내용, 그 방법과 대상, 교과과정의 편성, 학생의 선발과 전형 및 교원의 임면에 관한 사항을 포함하는 것으로 대학시설의 관리·운영은 대학의 자율에 포함되지 않는다. 14 지방 7   O | X

교육의 자주성이나 대학의 자율성은 헌법 제22조 제1항이 보장하고 있는 학문의 자유의 확실한 보장수단으로 꼭 필요한 것으로서 이는 대학에게 부여된 헌법상의 기본권이다. 여기서 대학의 자율은 **대학시설의 관리·운영만이 아니라 전반적인 것이라야 하므로 연구와 교육의 내용, 그 방법과 대상, 교과과정의 편성, 학생의 선발과 전형 및 특히 교원의 임면에 관한 사항도 자율의 범위에 속한다**(헌재 1992. 10. 1. 92헌마68 등).

3102 대학 본연의 기능인 학술의 연구나 교수, 학생선발·지도 등과 관련된 교무·학사행정의 영역에서는 대학구성원의 결정이 우선한다고 볼 수 있으나, 대학의 재정, 시설 및 인사 등의 영역에서는 학교법인이 기본적인 윤곽을 결정하게 되므로, 대학구성원에게는 이러한 영역에 대한 참여권이 인정될 여지가 없다. 22 경찰 1차   O | X

대체로 보자면, **대학 본연의 기능인 학술의 연구나 교수, 학생선발·지도 등과 관련된 교무·학사행정의 영역에서는 대학구성원의 결정이 우선**한다고 볼 수 있으나, **학교법인**으로서도 설립 목적을 구현하는 차원에서 조정적 개입은 가능하다고 할 것이고, 우리 법제상 학교법인에게만 권리능력이 인정되므로 각종 법률관계의 형성이나 법적 분쟁의 해결에는 법인이 대학을 대표하게 될 것이다. 한편, **대학의 재정, 시설 및 인사 등의 영역에서는 학교법인이 기본적인 윤곽을 결정**하되, **대학구성원에게는 이러한 영역에 대하여 일정 정도 참여권을 인정하는 것이 필요**하다(헌재 2013. 11. 28. 2007헌마1189 등).

3103 대학의 자유에는 대학이 계속적으로 존속하는 것은 포함되지 않는다. 10 국가 7   O | X

3103-1 국립대학도 국가의 간섭 없이 인사·학사·시설·재정 등 대학과 관련된 사항들을 자주적으로 결정하고 운영할 자유를 가지며, 이러한 대학의 자율성은 원칙적으로 대학 자체의 계속적 존립에까지 미친다. 15 경정   O | X

국립대학인 세무대학은 공법인으로서 사립대학과 마찬가지로 대학의 자율권이라는 기본권의 보호를 받으므로, 세무대학은 국가의 간섭 없이 인사·학사·시설·재정 등 대학과 관련된 사항들을 자주적으로 결정하고 운영할 자유를 갖는다. 그러나 **대학의 자율성은 그 보호영역이 원칙적으로 당해 대학 자체의 계속적 존립에까지 미치는 것은 아니다**(헌재 2001. 2. 22. 99헌마613).

정답 3101. O   3101-1. X [대학의 자율에 포함됨]   3102. X [일정 정도 참여권 인정이 필요]   3103. O   3103-1. X [대학 자체의 계속적 존립에 미치지 않음]

3104 헌법상 대학의 자율은 대학에게 대학의 장 후보자 선정과 관련하여 반드시 직접선출 방식을 보장하여야 하는 것은 아니다. 19 변호사 O | X

> 대학의장임용추천위원회에서의 선정은 원칙적인 방식이 아닌 교원의 합의된 방식과 선택적이거나 혹은 실제로는 보충적인 방식으로 규정되어 있는 점, 대학의 장 후보자 선정과 관련하여 대학에게 반드시 직접선출 방식을 보장하여야 하는 것은 아니며, 다만 대학교원들의 합의된 방식으로 그 선출방식을 정할 수 있는 기회를 제공하면 족하다고 할 것인데, 교육공무원법 제24조 제4항은 대학의 장 후보자 선정을 위원회에서 할 것인지, 아니면 교원의 합의된 방식에 의할 것인지를 대학에서 우선적으로 결정하도록 하여 이를 충분히 보장하고 있는 점, … 위 규정이 매우 자의적인 것으로서 합리적인 입법한계를 일탈하였거나 대학의 자율의 본질적인 부분을 침해하였다고 볼 수 없다(헌재 2006. 4. 27. 2005헌마1047 등).

3105 대학의 장 후보자를 추천할 때 해당 대학 교원의 합의된 방식과 절차에 따라 직접선거로 선정하는 경우, 해당 대학은 선거관리에 관하여 그 소재지를 관할하는 「선거관리위원회법」에 따른 구·시·군 선거관리위원회에 선거관리를 위탁하여야 한다. 16 지방 7 O | X

3105-1 대학의 장 후보자를 추천할 때 해당 대학 교원의 합의된 방식과 절차에 따라 직접선거로 선정하는 경우 해당 대학은 선거관리에 관하여 중앙선거관리위원회에 선거관리를 위탁할 수 있다. 18 변호사 O | X

> **교육공무원법 제24조의3(대학의 장 후보자 추천을 위한 선거사무의 위탁)** ① 대학의 장 후보자를 추천할 때 제24조제3항제2호에 따라 해당 대학 교원의 합의된 방식과 절차에 따라 직접선거로 선정하는 경우 해당 대학은 선거관리에 관하여 그 소재지를 관할하는 「선거관리위원회법」에 따른 구·시·군선거관리위원회(이하 "구·시·군선거관리위원회"라 한다)에 선거관리를 위탁하여야 한다.

3106 국립대학의 장 후보자 선정을 직접선거의 방법으로 실시하기로 해당 대학 교원의 합의가 있는 경우 그 선거관리를 선거관리위원회에 의무적으로 위탁시키는 「교육공무원법」 조항은, 선거의 공정성과 선거에 관한 모든 사항을 선거관리위원회에 위탁하는 것이 아니라 선거관리만을 위탁하는 것이고 그 외 선거권·피선거권·선출방식 등은 여전히 대학이 자율적으로 정할 수 있는 점 등을 고려할 때 대학의 자율의 본질적인 부분을 침해하였다고 볼 수 없다. 21 변호사 O | X

3106-1 국립대학의 장 후보자 선정을 위한 직접선거과정에서 선거관리를 그 대학소재지 관할 선거관리위원회에 위탁하게 정한 「교육공무원법」의 규정은 대학의 자율성을 침해한다. 14 지방 7 O | X

> 국가의 예산과 공무원이라는 인적조직에 의하여 운용되는 국립대학에서 선거관를 공정하게 하기 위하여 중립적 기구인 선거관리위원회에 선거관리를 위탁하는 것은 선거의 공정성을 확보하기 위한 적절한 방법인 점, 선거관리위원회에 위탁하는 경우는 대학의 장 후보자를 선정함에 있어서 교원의 합의된 방식과 절차에 따라 직접선거에 의하는 경우로 한정되어 있는 점, 선거에 관한 모든 사항을 선거관리위원회에 위탁하는 것이 아니라 선거관리만을 위탁하는 것이고 그 외 선거권, 피선거권, 선출방식 등은 여전히 대학이 자율적으로 정할 수 있는 점, … 고려하면, 교육공무원법 제24조의3 제1항이 매우 자의적인 것으로서 합리적인 입법한계를 일탈하였거나 대학의 자율의 본질적인 부분을 침해하였다고 볼 수 없다(헌재 2006. 4. 27. 2005헌마1047 등).

● 정답 3104. O   3105. O   3105-1. X [구·시·군 선관위에 위탁하여야 함]   3106. O   3106-1. X [대학의 자율성 침해 X]

3107 이사회와 재경위원회에 일정 비율 이상의 외부인사를 포함하는 내용 등을 담고 있는 구「국립대학법인 서울대학교 설립·운영에 관한 법률」규정의 이른바 '외부인사 참여 조항'이 대학의 자율의 본질적인 부분을 침해하였다고 볼 수 없다. 22 경찰 1차   O | X

학교법인의 이사회 등에 외부인사를 참여시키는 것은 다양한 이해관계자의 참여를 통해 개방적인 의사결정을 보장하고, 외부의 환경 변화에 민감하게 반응함과 동시에 외부의 감시와 견제를 통해 대학의 투명한 운영을 보장하기 위한 것이며, 대학 운영의 투명성과 공공성을 높이기 위해 정부도 의사형성에 참여하도록 할 필요가 있는 점, 사립학교의 경우 이사와 감사의 취임 시 관할청의 승인을 받도록 하고, 관련법령을 위반하는 경우 관할청이 취임 승인을 취소할 수 있도록 하고 있는 점 등을 고려하면, <u>외부인사 참여 조항은 대학의 자율의 본질적인 부분을 침해하였다고 볼 수 없다</u>(헌재 2014. 4. 24. 2011헌마612).

3 국가의 권한과 위헌심사기준

3108 대학의 자율권은 헌법상의 기본권이므로 기본권제한의 일반적 법률유보의 원칙을 규정한 헌법 제37조 제2항에 따라 제한될 수 있고, 대학의 자율의 구체적인 내용은 법률이 정하는 바에 의하여 보장된다. 23 경찰 2차   O | X

3108-1 국가는 헌법 제31조 제6항에 따라 모든 학교제도의 조직, 계획, 운영, 감독에 관한 포괄적인 권한 즉, 학교제도에 관한 전반적인 형성권과 규율권을 부여받았다. 13 법무사   O | X

3108-2 대학의 자율성에 대한 규율의 정도는 그 시대의 사정과 각급 학교에 따라 다를 수밖에 없는 것이므로 교육의 본질을 침해하지 않는 한 궁극적으로는 입법권자의 형성의 자유에 속한다. 18 법무사   O | X

<u>대학의 자율도 헌법상의 기본권</u>이므로 기본권제한의 일반적 법률유보의 원칙을 규정한 <u>헌법 제37조 제2항에 따라 제한될 수 있고, 대학의 자율</u>의 구체적인 내용은 <u>법률이 정하는 바에 의하여 보장</u>되며, 또한 <u>국가는</u> 헌법 제31조 제6항에 따라 <u>모든 학교제도의 조직, 계획, 운영, 감독에 관한 포괄적인 권한</u> 즉, 학교제도에 관한 전반적인 <u>형성권과 규율권을 부여받았다</u>고 할 수 있고, 다만 그 규율의 정도는 <u>그 시대의 사정과 각급 학교에 따라 다를 수 밖에 없는 것이므로 교육의 본질을 침해하지 않는 한 궁극적으로는 입법권자의 형성의 자유</u>에 속하는 것이라 할 수 있다(헌재 2006. 4. 27. 2005헌마1047 등).

3109 법률조항이 대학의 자유를 제한하고 있다고 하더라도 그 위헌 여부는 입법자가 기본권을 제한함에 있어 헌법 제37조 제2항에 의한 한계를 벗어나 자의적으로 그 본질적 내용을 침해하였는지 여부에 따라 판단되어야 한다. 13 법무사   O | X

<u>이 사건 법률조항이 대학의 자유를 제한</u>하고 있다고 하더라도 그 위헌 여부는 입법자가 기본권을 제한함에 있어 헌법 제37조 제2항에 의한 합리적인 입법한계를 벗어나 <u>자의적으로 그 본질적 내용을 침해하였는지 여부</u>에 따라 판단되어야 할 것이고, 다만 법 제24조 제7항에 대하여는 포괄위임입법금지의 원칙 등이 그 심사기준이 될 것이다(헌재 2006. 4. 27. 2005헌마1047 등).

3110 대학의 자율성에 대한 침해 여부를 심사함에 있어서는 대학의 자치보장을 위하여 엄격한 심사를 하여야 하므로, 입법자가 입법형성의 한계를 넘는 자의적인 입법을 하였는지 여부만을 판단하여서는 아니된다. 23 지방 7   O | X

3110-1 대학의 자율의 구체적인 내용은 법률이 정하는 바에 의하여 보장되며, 국가는 헌법 제31조 제6항에 따라 모든 학교제도의 조직·계획·운영·감독에 관한 포괄적인 권한을 부여받지만, 대학의 자율성 보장은 대학자치의 본질이므로 대학의 자율에 대한 침해 여부를 심사함에 있어서는 엄격한 과잉금지원칙을 적용하여야 한다. 18 변호사   O | X

정답 3107. O 3108. O 3108-1. O 3108-2. O 3109. O 3110. X [엄격한 심사 X → 입법형성의 한계일탈여부 심사 O] 3110-1. X [엄격한 과잉금지원칙 X → 입법형성의 한계일탈여부 O]

대학의 자율의 구체적인 내용은 **법률이 정하는 바**에 의하여 보장되며, 국가는 헌법 제31조 제6항에 따라 모든 학교제도의 조직·계획·운영·감독에 관한 포괄적인 권한, 즉 학교제도에 관한 **전반적인 형성권과 규율권**을 부여받는다. 다만 그 규율의 정도는 그 시대와 각급 학교의 사정에 따라 다를 수밖에 없으므로 교육의 본질을 침해하지 않는 한 궁극적으로는 **입법권자의 형성의 자유**에 속한다. 따라서 **대학의 자율에 대한 침해 여부를 심사함에 있어서는 입법자가 입법형성의 한계를 넘는 자의적인 입법을 하였는지 여부를 판단하여야 한다**(헌재 2014. 4. 24. 2011헌마612).

POINT 170 교육제도·교원지위 법정주의   Ⓒ

01 교육제도 법정주의

3111 헌법 제31조 제6항의 교육제도 법정주의는 교육의 영역에서 의회유보의 원칙을 규정한 것임과 동시에 국가에 대해 학교제도에 관한 포괄적인 규율권한을 부여한 것이다. 21 입시   O | X

헌법 제31조 제6항은 "학교교육 및 평생교육을 포함한 교육제도와 그 운영, 교육재정 및 교원의 지위에 관한 기본적인 사항은 법률로 정한다."라고 하여 교육제도 법정주의를 규정하고 있는바, **교육제도 법정주의는 소극적으로는 교육의 영역에서 본질적이고 중요한 결정은 입법자에게 유보되어야 한다는 의회유보의 원칙**을 규정한 것이지만, 한편 **적극적으로는 헌법이 국가에 학교제도를 통한 교육을 시행하도록 위임하고 있다는 점에서 학교제도에 관한 포괄적인 국가의 규율권한을 부여한 것이기도 하다**(헌재 2012. 11. 29. 2011헌마827).

3112 헌법 제31조 제6항의 교육제도 법정주의는 교육제도에 관한 기본방침을 제외한 나머지 세부적인 사항까지 반드시 형식적 의미의 법률만으로 정하여야 한다는 것은 아니고, 입법자가 정한 기본방침을 구체화하거나 이를 집행하기 위한 세부시행 사항은 하위법령에 위임하는 것이 가능하다. 21 변호사   O | X

3112-1 헌법상 교육제도 법정주의는 교육제도에 관한 기본방침뿐만 아니라 나머지 세부적인 사항까지 반드시 형식적 의미의 법률로 정하여야 한다는 것을 의미한다. 21 국회 8   O | X

헌법 제31조 제6항은 "학교교육 및 평생교육을 포함한 교육제도와 그 운영, 교육재정 및 교원의 지위에 관한 기본적인 사항은 법률로 정한다."고 하여 교육제도 법정주의를 규정하고 있다. … 그런데 헌법 제31조 제6항 소정의 **교육제도 법정주의는 교육제도에 관한 기본방침을 제외한 나머지 세부적인 사항까지 반드시 형식적 의미의 법률만으로 정하여야 한다는 의미는 아니다.** 그러므로 입법자가 정한 **기본방침을 구체화**하거나 이를 집행하기 위한 **세부시행 사항은 하위법령에 위임이 가능**하다(헌재 2019. 4. 11. 2018헌마221).

3113 자율형 사립고등학교를 후기학교로 정하여 신입생을 일반고와 동시에 선발하도록 하고(동시선발 조항), 자사고를 지원한 학생에게 평준화지역 후기학교에 중복지원하는 것을 금지(중복지원금지 조항)한 것은 교육제도 법정주의에 위반하여 학생, 학부모, 학교법인의 기본권을 침해한다. 21 국회 8   O | X

초·중등교육법은 고등학교 교육제도와 그 운영에 관하여 기본적인 사항을 이미 규정하고 있고, 다만 고등학교의 입학방법과 절차 등 입학전형에 관한 사항은 각 지역과 시점에 따라 달라지는 고등학교 교육에 대한 수요 및 공급의 상황과, 각종 고등학교별 특성 등을 고려하여야 할 필요성으로 인하여 행정입법에 위임하고 있다(제47조 제2항). 따라서 **심판대상조항이 신입생 선발시기와 지원방법을 대통령령으로 규정한 것 자체가 교육제도 법정주의에 위반된다고 보기는 어렵다**(헌재 2019. 4. 11. 2018헌마221).

정답 3111. ○   3112. ○   3112-1. ×[세부사항 위임 가능]   3113. ×[교육제도법정주의 위반 × (but 학생 및 학부모의 평등권 침해함)]

3114 초등학교 교육과정의 편제와 수업시간은 교육현장을 가장 잘 파악하고 교육과정에 대해 적절한 수요 예측을 할 수 있는 해당 부처에서 정하도록 할 필요가 있으므로, 「초·중등교육법」 제23조 제2항이 교육과정의 기준과 내용에 관한 기본적인 사항을 교육부장관이 정하도록 위임한 것 자체가 교육제도 법정주의에 반한다고 보기 어렵다. 20 경정, 18 변호사 O|X

초등학교 교육과정의 편제와 수업시간은 교육여건의 변화에 따른 시의적절한 대처가 필요하므로 교육현장을 가장 잘 파악하고 교육과정에 대해 적절한 수요 예측을 할 수 있는 해당 부처에서 정하도록 할 필요가 있다. 따라서 초·중등교육법 제23조 제2항이 교육과정의 기준과 내용에 관한 기본적인 사항을 교육부장관이 정하도록 위임한 것 자체가 교육제도 법정주의에 반한다고 보기 어렵다(헌재 2016. 2. 25. 2013헌마838).

3115 국가는 학교에서의 교육목표, 학습계획, 학습방법, 학교조직 등 교육제도를 정하는 데 포괄적 규율 권한과 폭넓은 입법형성권을 가진다. 21 소간 O|X

3115-1 대학 입학전형자료의 하나인 수능시험은 고등학교 교육과정에 대한 최종적이고 종합적인 평가로서 학교교육 제도와 밀접한 관계가 있기 때문에, 수능시험의 출제 방향이나 원칙을 어떻게 정할 것인지에 대하여 국가는 폭넓은 재량권을 갖는다. 22 변호사 O|X

국가는 학교에서의 교육목표, 학습계획, 학습방법, 학교조직 등 교육제도를 정하는 데 포괄적 규율권한과 폭넓은 입법형성권을 갖는다. 대학 입학전형자료의 하나인 수능시험은 대학 진학을 위해 필요한 것이지만, 고등학교 교육과정에 대한 최종적이고 종합적인 평가로서 학교교육 제도와 밀접한 관계에 있다. 따라서 국가는 수능시험의 출제 방향이나 원칙을 어떻게 정할 것인지에 대해서도 폭넓은 재량권을 갖는다(헌재 2018. 2. 22. 2017헌마691).

3116 국가의 교육시설은 그 물적·인적 한계 등으로 인하여 입학자격조건을 정하는 경우에 능력에 따른 차별이 가능한 영역으로서 입법재량의 범위가 넓은 영역이다. 13 국회 9 O|X

'각자의 능력에 따라 교육시설에 입학하여 배울 수 있는 권리'의 대상인 국가의 교육시설은 그 물적, 인적한계 등으로 말미암아 입학자격조건을 정하는 데 있어서 능력에 따른 차별이 가능한 영역으로서, 입법적 재량범위가 넓은 영역이라고 할 것이다(헌재 2011. 6. 30. 2010헌마503).

02 교원지위 법정주의

3117 헌법 제31조 제6항이 규정하고 있는 교원지위법정주의는 교원의 권리 혹은 지위의 보장에 관한 것만이 아니라 교원의 기본권 제한의 근거규정이 되기도 한다. 14 국회 9 O|X

3117-1 교원의 지위를 포함한 교육제도 등의 법정주의를 규정하고 있는 헌법 제31조 제6항은 교원의 기본권 보장 내지 지위보장뿐만 아니라 교원의 기본권을 제한하는 근거가 될 수도 있다. 24 경정 O|X

이 헌법조항에 근거하여 교원의 지위를 정하는 법률을 제정함에 있어서는 교원의 기본권보장 내지 지위보장과 함께 국민의 교육을 받을 권리를 보다 효율적으로 보장하기 위한 규정도 반드시 함께 담겨 있어야 할 것이다. 그러므로 위 헌법조항을 근거로 하여 제정되는 법률에는 교원의 신분보장·경제적·사회적 지위보장 등 교원의 권리에 해당하는 사항 뿐만 아니라 국민의 교육을 받을 권리를 저해할 우려있는 행위의 금지 등 교원의 의무에 관한 사항도 당연히 규정할 수 있는 것이므로 결과적으로 교원의 기본권을 제한하는 사항까지도 규정할 수 있게 되는 것이다(헌재 1991. 7. 22. 89헌가106).

정답 3114. O 3115. O 3115-1. O 3116. O 3117. O 3117-1. O

3118 교원지위법정주의(헌법 제31조 제6항)에 의하여 입법자가 법률로 정하여야 할 교원지위의 기본적 사항에는 대학교원의 신분이 부당하게 박탈되지 않도록 하는 최소한의 절차적 보장에 관한 사항이 포함되어야 한다. 11 법원 9 O│X

교육이 수행하는 이와 같은 중요한 기능에 비추어 우리 헌법은 제31조에서 학교교육 및 평생교육을 포함한 교육제도와 그 운영, 교육재정 및 교원의 지위에 관한 기본적 사항을 법률로 정하도록(제6항) 한 것이다. 따라서, 입법자가 법률로 정하여야 할 교원지위의 기본적 사항에는 교원의 신분이 부당하게 박탈되지 않도록 하는 최소한의 보호의무에 관한 사항이 포함된다(헌재 2003. 2. 27. 2000헌바26).

3119 법률상 대학교원의 재임용 거부사유 및 사후의 구제절차 등에 관하여 아무런 규정을 하지 않은 경우에는 교원지위법정주의에 반한다. 11 국회 8 O│X

3119-1 교수의 재임용을 절차적 보장이 없더라도 임용권자의 의사에 맡긴 것은 위헌이 아니다. 10 국가 7 O│X

객관적인 기준의 재임용 거부사유와 재임용에서 탈락하게 되는 교원이 자신의 입장을 진술할 수 있는 기회 그리고 재임용거부를 사전에 통지하는 규정 등이 없으며, 나아가 재임용이 거부되었을 경우 사후에 그에 대해 다툴 수 있는 제도적 장치를 전혀 마련하지 않고 있는 이 사건 법률조항은, 현대사회에서 대학교육이 갖는 중요한 기능과 그 교육을 담당하고 있는 대학교원의 신분의 부당한 박탈에 대한 최소한의 보호요청에 비추어 볼 때 헌법 제31조 제6항에서 정하고 있는 교원지위법정주의에 위반된다고 볼 수밖에 없다(헌재 2003. 2. 27. 2000헌바26).

3120 임용기간이 만료한 교수에 대한 재임용거부를 재심청구대상으로 법률에 명시하지 않은 것은 교원지위법정주의에 위반된다. 14 지방 7 O│X

3120-1 임용기간이 만료한 대학교원에 대한 재임용거부를 재심청구의 대상으로 명시하지 않았다 하여 교원지위법정주의의 본질을 훼손하여 헌법에 합치하지 아니한다고는 볼 수 없다. 22 경채 O│X

임기만료 교원에 대한 재임용거부는 이 사건 교원지위법조항 소정의 "징계처분 기타 그 의사에 반하는 불리한 처분"에 버금가는 효과를 가진다고 보아야 하므로 이에 대하여는 마땅히 교육인적자원부 교원징계재심위원회의 재심사유, 나아가 법원에 의한 사법심사의 대상이 되어야 한다. 그럼에도 불구하고 이 사건 교원지위법조항은 이에 대하여 아무런 규정을 하고 있지 아니하므로, 입법자가 법률로 정하여야 할 교원지위의 기본적 사항에는 교원의 신분이 부당하게 박탈되지 않도록 하는 최소한의 보호의무에 관한 사항이 포함되어야 한다는 헌법 제31조 제6항 소정의 교원지위법정주의에 위반된다고 할 것이다(헌재 2003. 12. 18. 2002헌바14 등).

3121 교원 재임용의 심사요소로 학생교육・학문연구・학생지도를 언급하되 이를 모두 필수요소로 강제하지 않는 「사립학교법」 제53조의2 제7항 전문은 교원의 신분에 대한 부당한 박탈을 방지함과 동시에 대학의 자율성을 도모한 것으로서 교원지위법정주의에 위반되지 아니한다. 19 서울 7(추), 15 국가 7 O│X

이 사건 법률조항이 교원 재임용 심사에 학생교육・학문연구・학생지도라는 3가지 기준을 예시하는 한편 이를 바탕으로 대학이 객관적이고 적절한 평가기준을 마련할 수 있도록 한 것은, 교원의 신분에 대한 부당한 박탈을 방지함과 동시에 대학의 자율성을 도모한 것으로서 교원지위법정주의에 위반되지 아니한다(헌재 2014. 4. 24. 2012헌바336).

● 정답 3118. ○ 3119. ○ 3119-1. ×[교원지위법정주의 위반] 3120. ○ 3120-1. ×[교원지위법정주의 본질 훼손 → 위헌] 3121. ○

POINT 171 근로의 권리

01 근로기본권

3122 헌법 제32조 및 제33조에 각 규정된 근로기본권은 근로자의 근로조건을 개선함으로써 그들의 경제적·사회적 지위의 향상을 기하기 위한 것으로서 자유권적 기본권으로서의 성격보다는 생존권 내지 사회적 기본권으로서의 측면이 보다 강한 것으로서 그 권리의 실질적 보장을 위해서는 국가의 적극적인 개입과 뒷받침이 요구되는 기본권이다. 22 경찰 2차 O | X

헌법 제32조 및 제33조에 각 규정된 **근로기본권**은 근로자의 **근로조건**을 개선함으로써 그들의 **경제적·사회적 지위의 향상**을 기하기 위한 것으로서 자유권적 기본권으로서의 성격보다는 **생존권 내지 사회권적 기본권으로서의 측면**이 보다 강한 것으로서 그 권리의 실질적 보장을 위해서는 **국가의 적극적인 개입과 뒷받침이 요구**되는 기본권이다(헌재 1991. 7. 22. 89헌가106).

02 근로의 권리

3123 근로의 권리란 인간이 자신의 의사와 능력에 따라 근로관계를 형성하고, 타인의 방해를 받음이 없이 근로관계를 계속 유지하며, 근로의 기회를 얻지 못한 경우에는 국가에 대하여 근로의 기회를 제공하여 줄 것을 요구할 수 있는 권리를 말한다. 20 5급, 17 법무사 O | X

근로의 권리란 인간이 자신의 의사와 능력에 따라 **근로관계를 형성**하고, 타인의 방해를 받음이 없이 **근로관계를 계속 유지**하며, 근로의 기회를 얻지 못한 경우에는 국가에 대하여 **근로의 기회를 제공하여 줄 것을 요구**할 수 있는 권리를 말하며, 이러한 근로의 권리는 생활의 기본적인 수요를 충족시킬 수 있는 생활수단을 확보해 주고 나아가 인격의 자유로운 발현과 인간의 존엄성을 보장해 주는 것으로서 사회권적 기본권의 성격이 강하므로 이에 대한 외국인의 기본권주체성을 전면적으로 인정하기는 어렵다(헌재 2007. 8. 30. 2004헌마670).

3124 근로의 권리는 사회적 기본권으로서, 국가에 대하여 직접 일자리를 청구하거나 일자리에 갈음하는 생계비의 지급청구권을 의미하는 것이 아니라, 고용증진을 위한 사회적·경제적 정책을 요구할 수 있는 권리에 그치는 것이다. 20 경정, 19 서울 7(추), 16 국회 8 O | X

3124-1 근로의 권리는 사회적 기본권으로서, 고용증진을 위한 사회적·경제적 정책을 요구할 수 있는 권리뿐만 아니라, 국가에 대하여 직접 일자리(직장)를 청구하거나 일자리에 갈음하는 생계비의 지급청구권을 의미한다. 22 5급 O | X

헌법 제32조 제1항이 규정하는 **근로의 권리**는 사회적 기본권으로서 국가에 대하여 **직접 일자리를 청구**하거나 일자리에 갈음하는 **생계비의 지급청구권**을 의미하는 것이 **아니라** 고용증진을 위한 **사회적·경제적 정책을 요구할 수 있는 권리**에 그치며, 근로의 권리로부터 국가에 대한 직접적인 직장존속청구권이 도출되는 것도 아니다(헌재 2011. 7. 28. 2009헌마408).

정답 3122. O 3123. O 3124. O 3124-1. X [일자리청구권 및 생계비지급청구권 의미 X]

3125 근로의 권리와 관련하여 현행 헌법은 국가의 고용증진의무를 명문으로 규정하고 있다. 21 법원 9, 18 법원 9

O | X

> 헌법 제32조 ① 모든 국민은 근로의 권리를 가진다. 국가는 사회적·경제적 방법으로 근로자의 **고용의 증진**과 적정임금의 보장에 노력하여야 하며, 법률이 정하는 바에 의하여 **최저임금제를 시행**하여야 한다.
> ② 모든 국민은 근로의 의무를 진다. 국가는 근로의 의무의 내용과 조건을 민주주의원칙에 따라 법률로 정한다.
> ③ **근로조건의 기준**은 **인간의 존엄성**을 보장하도록 법률로 정한다.

3126 최저임금제 시행은 헌법에서 명문으로 규정하고 있다. 21 법원 9

O | X

3126-1 헌법에는 최저임금제에 관한 규정이 없지만, 근로자에 대하여 임금의 최저수준을 보장하여 근로자의 생활안정과 노동력의 질적 향상을 도모하고자 최저임금제를 실시하고 있다. 24 5급

O | X

> **헌법**은 국가에게 근로자의 **적정임금의 보장**에 노력할 것과 법률이 정하는 바에 의하여 **최저임금제를 시행할 의무**를 부과하고 있으며(제32조 제1항), 최저임금법은 근로자에 대하여 임금의 최저수준을 보장하여 근로자의 생활안정과 노동력의 질적 향상을 꾀함으로써 국민경제의 건전한 발전에 이바지하는 것을 목적으로 한다(헌재 2023. 2. 23. 2020헌바11 등).

3127 헌법 제32조 제3항의 근로조건 법정주의에서 근로조건이란 근로계약에 의하여 근로자가 근로를 제공하고 임금을 수령하는데에 관한 조건들로서, 근로조건에 관한 기준을 법률로써 정한다는 것은 근로조건에 관하여 법률이 최저한의 제한을 설정한다는 의미이다. 23 입시

O | X

> 헌법 제32조 제3항은 "근로조건의 기준은 인간의 존엄성을 보장하도록 법률로 정한다"고 규정하고 있다. **근로조건**이라 함은 임금과 그 지불방법, 취업시간과 휴식시간, 안전시설과 위생시설, 재해보상 등 **근로계약에 의하여 근로자가 근로를 제공하고 임금을 수령하는데 관한 조건들**로서, 근로조건에 관한 기준을 법률로써 정한다는 것은 **근로조건에 관하여 법률이 최저한의 제한을 설정**한다는 의미이다(헌재 2003. 7. 24. 2002헌바51).

3128 현행 헌법은 근로의 권리와 관련하여 여자와 연소자 근로의 특별한 보호를 명문으로 규정하고 있다. 23 경정

O | X

> 헌법 제32조 ① 모든 국민은 근로의 권리를 가진다. 국가는 사회적·경제적 방법으로 근로자의 **고용의 증진**과 적정임금의 보장에 노력하여야 하며, 법률이 정하는 바에 의하여 **최저임금제를 시행**하여야 한다.
> ④ **여자의 근로**는 특별한 보호를 받으며, 고용·임금 및 근로조건에 있어서 부당한 차별을 받지 아니한다.
> ⑤ **연소자의 근로**는 특별한 보호를 받는다.

3129 근로의 권리와 관련하여 현행 헌법은 장애인 근로자의 특별한 보호를 명문으로 규정하고 있다. 18 법원 9

O | X

> 헌법 제34조 ⑤ **신체장애자** 및 질병·노령 기타의 사유로 생활능력이 없는 국민은 법률이 정하는 바에 의하여 **국가의 보호**를 받는다.

> **보충설명** 헌법은 신체장애자에 대한 국가의 보호는 규정하고 있으나 장애인 근로자의 특별한 보호는 명문규정이 없다.

정답 3125. O 3126. O 3126-1. X [헌법에 최저임금제 규정 있음] 3127. O 3128. O 3129. X [장애인 근로자 특별 보호 규정 無]

3130 근로의 권리와 관련하여 현행 헌법은 국가유공자 등에 대한 근로기회 우선보장을 명문으로 규정하고 있다. 18 법원 9   O | X

3130-1 헌법에서는 국가유공자의 유가족, 상이군경의 유가족 및 전몰군경의 유가족은 법률이 정하는 바에 의하여 우선적으로 근로의 기회를 부여받는다고 규정하고 있다. 20 5급   O | X

> 헌법 제32조 ⑥ **국가유공자·상이군경** 및 **전몰군경의 유가족**은 법률이 정하는 바에 의하여 **우선적으로 근로의 기회를 부여**받는다.

3131 헌법 제32조 제6항의 "국가유공자·상이군경 및 전몰군경의 유가족은 법률이 정하는 바에 의하여 우선적으로 근로의 기회를 부여받는다."라는 규정은 엄격하게 해석할 필요가 있고, 이러한 관점에서 위 조항의 대상자는 조문의 문리해석대로 "국가유공자", "상이군경", 그리고 "전몰군경의 유가족"이라고 봄이 상당하다. 19 변호사   O | X

3131-1 헌법 제32조 제6항의 '법률이 정하는 바에 의하여 우선적으로 근로의 기회가 부여되는 대상'이 누구인가에 대하여 헌법재판소는 국가유공자, 상이군경, 전몰군경의 유가족, 국가유공자의 유가족, 상이군경의 유가족이 포함된다고 판시하고 있다. 19 서울 7(추), 16 국회 8   O | X

> 오늘날 가산점의 대상이 되는 국가유공자와 그 가족의 수가 과거에 비하여 비약적으로 증가하고 있는 현실과, 취업보호대상자에서 가족이 차지하는 비율, 공무원시험의 경쟁이 갈수록 치열해지는 상황을 고려할 때, 위 조항의 폭넓은 해석은 필연적으로 일반 응시자의 공무담임의 기회를 제약하게 되는 결과가 될 수 있으므로 위 조항은 엄격하게 해석할 필요가 있다. 이러한 관점에서 위 조항의 대상자는 조문의 문리해석대로 "<u>국가유공자</u>", "<u>상이군경</u>", 그리고 "<u>전몰군경의 유가족</u>"이라고 봄이 상당하다(헌재 2006. 2. 23. 2004헌마675 등).

03 추상적 기본권

3132 근로자가 최저임금을 청구할 수 있는 권리는 헌법상 바로 도출되는 것이 아니라 「최저임금법」 등 관련 법률이 구체적으로 정하는 바에 따라 비로소 인정될 수 있다. 21 경정   O | X

3132-1 최저임금제는 법률이 정하는 바에 의하여 보장되는 것이므로, 근로자가 최저임금을 청구할 수 있는 권리가 헌법상 근로의 권리로서 바로 보장되는 것은 아니다. 21 법무사   O | X

3132-2 근로자가 최저임금을 청구할 수 있는 권리는 헌법에서 직접 도출된다. 15 법원 9   O | X

> 헌법 제32조 제1항 후단은 "국가는 사회적·경제적 방법으로 근로자의 고용의 증진과 적정임금의 보장에 노력하여야 하며, 법률이 정하는 바에 의하여 최저임금제를 시행하여야 한다."라고 규정하고 있어서 근로자가 **최저임금을 청구할 수 있는 권리도 헌법상 바로 도출되는 것이 아니라** 최저임금법 등 관련 **법률이 구체적으로 정하는 바에 따라 비로소 인정될 수 있다**(헌재 2012. 10. 25. 2011헌마307).

정답 3130. O   3130-1. X [국가유공자의 유가족 및 상이군경의 유가족 제외]   3131. O   3131-1. X [국가유공자의 유가족 및 상이군경의 유가족 제외]   3132. O   3132-1. O   3132-2. X [헌법에서 직접 도출 X]

3133 근로자가 퇴직급여를 청구할 수 있는 권리는 헌법상 바로 도출되는 것이 아니라 「근로자퇴직급여 보장법」 등 관련 법률이 구체적으로 정하는 바에 따라 비로소 인정될 수 있는 것이므로 계속근로기간 1년 미만인 근로자가 퇴직급여를 청구할 수 있는 권리는 헌법 제32조 제1항에 의하여 보장된다고 보기 어렵다. 22 입시   O | X

3133-1 근로자가 퇴직급여를 청구할 수 있는 권리는 헌법 제32조 제1항의 근로의 권리의 본질적인 내용에 해당하므로, 모든 근로자는 헌법상 권리로서 퇴직급여 청구권을 갖는다. 21 법무사   O | X

3133-2 근로자가 퇴직급여를 청구할 수 있는 권리는 헌법에서 직접 도출된다. 15 법원 9   O | X

> 근로자가 퇴직급여를 청구할 수 있는 권리도 헌법상 바로 도출되는 것이 아니라 퇴직급여법 등 관련 법률이 구체적으로 정하는 바에 따라 비로소 인정될 수 있는 것이므로 계속근로기간 1년 미만인 근로자가 **퇴직급여를 청구할 수 있는 권리가 헌법 제32조 제1항에 의하여 보장된다고 보기는 어렵다**(헌재 2011. 7. 28. 2009헌마408).

04 보호영역

3134 근로의 권리가 '일할 자리에 관한 권리'만이 아니라 '일할 환경에 관한 권리'도 내포하고 있는바, 후자는 건강한 작업환경, 일에 대한 정당한 보수, 합리적인 근로조건의 보장을 요구할 수 있는 권리를 포함한다. 15 국가 7   O | X

3134-1 근로의 권리는 일할 자리에 관한 권리일 뿐 일할 환경에 관한 권리는 내포하고 있지 않다. 23 해간   O | X

> 근로의 권리가 **"일할 자리에 관한 권리"**만이 아니라 **"일할 환경에 관한 권리"**도 함께 내포하고 있는바, 후자는 인간의 존엄성에 대한 침해를 방어하기 위한 자유권적 기본권의 성격도 갖고 있어 **건강한 작업환경, 일에 대한 정당한 보수, 합리적 근로조건의 보장 등을 요구할 수 있는 권리 등을 포함한다**고 할 것이므로 외국인 근로자라고 하여 이 부분에까지 기본권 주체성을 부인할 수는 없다(헌재 2007. 8. 30. 2004헌마670).

3135 근로관계 종료 전 사용자로 하여금 근로자에게 해고예고를 하도록 하는 것은 개별 근로자의 인간 존엄성을 보장하기 위한 최소 근로조건 가운데 하나에 해당하므로, 해고예고에 관한 권리는 근로의 권리의 내용에 포함된다. 22 해간, 17 지방 7   O | X

3135-1 해고예고제도는 근로자의 인간 존엄성을 보장하기 위한 합리적 근로조건에 해당한다고 보기 힘들므로, 해고예고에 관한 권리는 근로자가 향유하는 근로의 권리의 내용에 포함되지 않는다. 17 서울 7   O | X

> 근로기준법에 마련된 **해고예고제도는** 근로조건의 핵심적 부분인 해고와 관련된 사항일 뿐만 아니라, 근로자가 갑자기 직장을 잃어 생활이 곤란해지는 것을 막는 데 목적이 있으므로, 근로자의 인간 존엄성을 보장하기 위한 **합리적 근로조건**에 해당한다. 따라서 **근로관계 종료 전 사용자로 하여금 근로자에게 해고예고를 하도록 하는 것은 개별 근로자의 인간 존엄성을 보장하기 위한 최소한의 근로조건 가운데 하나에 해당하므로, 해고예고에 관한 권리는 근로의 권리의 내용에 포함된**다(헌재 2015. 12. 23. 2014헌바3).

● 정답 3133. O 3133-1. X [헌법상 권리 X → 법률상 권리 O] 3133-2. X [법률이 정하는 바에 따라 인정됨] 3134. O 3134-1. X [일할 환경에 관한 권리도 내포함] 3135. O 3135-1. X [근로의 권리의 내용에 포함됨]

3136 합리적 이유 없이 "월급근로자로서 6개월이 되지 못한 자"를 해고예고제도의 적용대상에서 제외한 것은 근무기간이 6개월 미만인 월급근로자의 근로의 권리를 침해하고, 평등원칙에도 위배된다. 18 5급   O | X

3136-1 헌법재판소는 월급근로자로서 6개월이 되지 못한 자를 해고예고제도의 적용에서 배제시키는 것은 평등원칙에 위반되지 않는다고 하였다가 평등원칙에 위반된다고 하였다. 19 국가 7   O | X

3136-2 월급근로자로서 6개월이 되지 못한 자를 해고예고제도의 적용 예외 사유로 규정하고 있는「근로기준법」조항은 근로자보호와 사용자의 효율적인 기업경영 및 기업의 생산성이라는 측면의 조화를 고려한 합리적 규정이므로 헌법에 위배되지 않는다. 22 입시   O | X

> 6개월 미만 근무한 월급근로자 또한 전직을 위한 시간적 여유를 갖거나 실직으로 인한 경제적 곤란으로부터 보호받아야 할 필요성이 있다. 그럼에도 불구하고 합리적 이유 없이 "<u>월급근로자로서 6개월이 되지 못한자</u>"를 해고예고제도의 적용대상에서 제외한 이 사건 법률조항은 근무기간이 6개월 미만인 월급근로자의 <u>근로의 권리를 침해</u>하고, <u>평등원칙에도 위배된다</u>. … 심판대상조항과 실질적으로 동일한 내용을 규정한 구 근로기준법 제35조 제3호가 헌법에 위반되지 아니한다고 판시하였던 <u>종전의 선례는 이 결정과 저촉되는 범위에서 이를 변경한다</u>(헌재 2015. 12. 23. 2014헌바3).

3137 일용근로자로서 3개월을 계속 근무하지 아니한 자를 해고예고제도의 적용제외사유로 규정하고 있는「근로기준법」조항은 일용근로자의 근로의 권리를 침해한다고 보기 어렵다. 23 국회 8   O | X

3137-1 해고예고제도의 적용제외사유 중 하나로 일용근로자로서 3개월을 계속 근무하지 아니한 자를 규정하고 있는「근로기준법」조항은 해당 일용근로자의 근로의 권리를 침해한다. 22 5급   O | X

> 해고예고는 본질상 일정기간 이상을 계속하여 사용자에게 고용되어 근로제공을 하는 것을 전제로 하는데, 일용근로자는 계약한 1일 단위의 근로기간이 종료되면 해고의 절차를 거칠 것도 없이 근로관계가 종료되는 것이 원칙이므로, 그 성질상 해고예고의 예외를 인정한 것에 상당한 이유가 있다. … 따라서 <u>심판대상조항이 청구인의 근로의 권리를 침해한다고 보기 어렵다</u>(헌재 2017. 5. 25. 2016헌마640).

3138 연차유급휴가는 근로자의 건강하고 문화적인 생활의 실현에 이바지할 수 있도록 여가를 부여하는 데 그 목적이 있는 것으로, 인간의 존엄성을 보장하기 위한 합리적인 근로조건에 해당하므로 연차유급휴가에 관한 권리는 근로의 권리의 내용에 포함된다. 23 입시, 17 지방 7   O | X

3138-1 연차유급휴가에 관한 권리는 인간의 존엄성을 보장받기 위한 최소한의 근로조건을 요구할 수 있는 권리로서 근로의 권리의 내용에 포함된다. 21 소간   O | X

3138-2 연차유급휴가는 근로자의 건강하고 문화적인 생활의 실현에 이바지할 수 있도록 여가를 부여하는 데 그 목적이 있지만, 인간의 존엄성을 보장하기 위한 합리적인 근로조건에 해당하지 않으므로 연차유급휴가에 관한 권리는 근로의 권리의 내용에 포함되지 않는다. 22 국회 9   O | X

3138-3 연차유급휴가에 관한 권리는 인간의 존엄성을 보장받기 위한 최소한의 근로조건을 요구할 수 있는 권리가 아니므로 근로의 권리의 내용에 포함되지 않는다. 23 경정   O | X

정답 3136. O   3136-1. O   3136-2. X [헌법에 위배됨]   3137. O   3137-1. X [근로의 권리 침해 X]   3138. O   3138-1. O   3138-2. X [근로의 권리에 포함]   3138-3. X [근로의 권리의 내용에 포함]

헌법 제32조 제3항은 위와 같은 근로의 권리가 실효적인 것이 될 수 있도록 "근로조건의 기준은 인간의 존엄성을 보장하도록 법률로 정한다."고 하여 근로조건의 법정주의를 규정하고 있고, 이에 따라 근로기준법 등에 규정된 연차유급휴가는 근로자의 건강하고 문화적인 생활의 실현에 이바지할 수 있도록 여가를 부여하는데 그 목적이 있으므로 이는 인간의 존엄성을 보장하기 위한 합리적인 근로조건에 해당한다. 따라서 연차유급휴가에 관한 권리는 인간의 존엄성을 보장받기 위한 최소한의 근로조건을 요구할 수 있는 권리로서 근로의 권리의 내용에 포함된다 할 것이다(헌재 2008. 9. 25. 2005헌마586).

3139 계속근로기간 1년 이상인 근로자가 근로연도 중도에 퇴직한 경우 중도퇴직 전 1년 미만의 근로에 대하여 유급휴가를 보장하지 않는 것은 근로의 권리를 침해하지 않는다. 22 국회 8   O | X

3139-1 연차유급휴가는 최소한의 인간의 존엄성을 보장하기 위한 핵심적인 근로조건에 해당하므로 근로연도 중도퇴직자의 중도퇴직 전 근로에 대해 유급휴가를 보장하지 않는 것이 근로의 권리를 침해하는지 여부는 과잉금지의 원칙에 의해 엄격히 심사되어야 한다. 19 서울 7. 17 경정   O | X

3139-2 계속근로기간 1년 이상인 근로자가 근로연도 중도에 퇴직한 경우 중도퇴직 전 1년 미만의 근로에 대하여 유급휴가를 보장하지 않는 것은 근로의 권리를 침해한다. 22 입시   O | X

(1) 유급휴가권의 구체적 내용을 형성함에 있어 입법자는 국가적 노동 상황, 경영계(사용자)의 의견, 국민감정, 인정 대상자의 업무와 지위, 기타 여러 가지 사회적·경제적 여건 등을 함께 고려해야 할 것이므로 유급휴가를 어느 범위에서 인정하고, 어느 경우에 제한할 것인지 등에 대하여는 입법자 또는 입법에 의하여 다시 위임을 받은 행정부 등 해당기관의 재량에 맡겨져 있다고 할 것이다. 따라서 이 사건 법률조항이 근로연도 중도퇴직자의 중도퇴직 전 근로에 대해 유급휴가를 보장하지 않음으로써 청구인의 근로의 권리를 침해하는지 여부는 이것이 현저히 불합리하여 헌법상 용인될 수 있는 재량의 범위를 명백히 일탈하고 있는지 여부에 달려있다고 할 수 있다(헌재 2015. 5. 28. 2013헌마619).

(2) 구연차유급휴가의 판단기준으로 근로연도 1년간의 재직 요건을 정한 이상, 이 요건을 충족하지 못한 근로연도 중도퇴직자의 중도퇴직 전 근로에 관하여 반드시 그 근로에 상응하는 등의 유급휴가를 보장하여야 하는 것은 아니므로, 근로연도 중도퇴직자의 중도퇴직 전 근로에 대해 1개월 개근 시 1일의 유급휴가를 부여하지 않더라도 이것이 청구인의 근로의 권리를 침해한다고 볼 수 없다(헌재 2015. 5. 28. 2013헌마619).

3140 정직기간을 연가일수에서 공제할 때 어떠한 비율에 따라 공제할 것인지에 관하여는 입법자에게 재량이 부여되어 있기 때문에, 정직처분을 받은 공무원에 대하여 정직일수를 연차유급휴가인 연가일수에서 공제하도록 규정하는 법령조항은 공무원인 근로자의 근로의 권리를 침해하지 않는다. 17 국가 7(추)   O | X

정직기간을 연가일수에서 공제할 때 어떠한 비율에 따라 공제할 것인지에 관하여는 입법자에게 재량이 부여되어 있다 할 것이므로 정직기간의 비율에 따른 일수가 공제되는 일반휴직자와 달리, 공무원으로서 부담하는 의무를 위반하여 징계인 정직처분을 받은 자에 대하여 입법자가 정직일수 만큼의 일수를 연가일수에서 공제하였다고 하여 재량을 일탈할 것이라고 볼 수 없으므로 이 사건 법령조항이 청구인의 근로의 권리를 침해한다고 볼 수 없다(헌재 2008. 9. 25. 2005헌마586).

◆ 정답 3139. O   3139-1. X [엄격한 과잉금지원칙 심사 X → 완화된 합리성 심사 O]   3139-2. X [근로의 권리 침해 X]   3140. O

3141 매월 1회 이상 정기적으로 지급하는 상여금 등 및 복리후생비의 일부를 새롭게 최저임금에 산입하도록 한 「최저임금법」상 산입조항은 헌법상 용인될 수 있는 입법재량의 범위를 명백히 일탈하였다고 볼 수 없으므로 근로자들의 근로의 권리를 침해하지 아니한다. 22 경찰 2차 O | X

이 사건 산입조항 및 부칙조항은 근로자들이 실제 지급받는 임금과 최저임금 사이의 괴리를 극복하고, 근로자 간 소득격차 해소에 기여하며, 최저임금 인상으로 인한 사용자의 부담을 완화하고자 한 것이다. **매월 1회 이상 정기적으로 지급하는 상여금 등이나 복리후생비**는 그 성질이나 실질적 기능 면에서 기본급과 본질적인 차이가 있다고 보기 어려우므로, 이를 **최저임금에 산입**하는 것은 그 합리성을 수긍할 수 있다. … 따라서 이 사건 산입조항 및 부칙조항이 **입법재량의 범위를 일탈**하여 청구인 **근로자들의 근로의 권리를 침해한다고 볼 수 없다**(헌재 2021. 12. 23. 2018헌마629 등).

3142 동물의 사육 사업 근로자에 대하여 「근로기준법」 제4장에서 정한 근로시간 및 휴일 규정의 적용을 제외하도록 한 구 「근로기준법」 조항은 축산업에 종사하는 근로자의 근로의 권리를 침해하지 않는다. 23 국회 8 O | X

3142-1 축산업 근로자들에게 육체적·정신적 휴식을 보장하고 장시간 노동에 대한 경제적 보상을 해야 할 필요성이 요청됨에도 동물의 사육 사업 근로자에 대하여 근로시간 및 휴일 규정의 적용을 제외하도록 한 것은 근로의 권리를 침해한다. 22 국회 8 O | X

축산업은 가축의 양육 및 출하에 있어 기후 및 계절의 영향을 강하게 받으므로, 근로시간 및 근로내용에 있어 일관성을 담보하기 어렵고, 축산업에 종사하는 근로자의 경우에도 휴가에 관한 규정은 여전히 적용되며, 사용자와 근로자 사이의 근로시간 및 휴일에 관한 사적 합의는 심판대상조항에 의한 제한을 받지 않는다. 현재 우리나라 축산업의 상황을 고려할 때, 축산업 근로자들에게 근로기준법을 전면적으로 적용할 경우, 인건비 상승으로 인한 경제적 부작용이 초래될 위험이 있다. 위 점들을 종합하여 볼 때, 심판대상조항이 입법자가 입법재량의 한계를 일탈하여 인간의 존엄을 보장하기 위한 최소한의 근로조건을 마련하지 않은 것이라고 보기 어려우므로, 심판대상조항은 청구인의 **근로의 권리를 침해하지 않는다**(헌재 2021. 8. 31. 2018헌마563).

3143 「근로기준법」 제23조제1항의 부당해고제한조항을 4인 이하 사업장에 적용되는 조항으로 포함하지 않은 것은 근로자보호의 필요성이 크고 4인 이하 사업장에 그다지 큰 경제적 부담 전가가 되지 않으므로 4인 이하 사업장을 5인 이상 사업장과 달리 차별하는 데에 합리적인 이유를 인정할 수 없어 청구인의 평등권을 침해한다. 22 입시 O | X

3143-1 근로자 4명 이하 사용 사업장에 적용될 「근로기준법」 조항을 정하고 있는 「근로기준법 시행령」 조항이 정당한 이유 없는 해고를 금지하는 제23조제1항과 노동위원회 구제절차에 관한 제28조제1항을 근로자 4명 이하 사용 사업장에 적용되는 조항으로 나열하지 않은 것은, 근로자 4명 이하 사용 사업장에 종사하는 근로자의 근로의 권리를 침해한다. 23 국회 8 O | X

(1) 심판대상조항이 **부당해고제한조항과 노동위원회 구제절차를 4인 이하 사업장에 적용되는 근로기준법 조항으로 나열하지 않음으로써** 4인 이하 사업장을 5인 이상 사업장에 비해 차별취급한 것은, 근로기준법의 확대적용을 위한 지속적인 노력을 기울이는 과정에서 한편으로 일부 영세사업장의 열악한 현실을 고려하고, 근로기준법의 법규범성을 실질적으로 관철하기 위한 **입법정책적 결정**으로서 거기에는 **나름대로의 합리적 이유가 있다**(헌재 2019. 4. 11. 2017헌마820).
(2) 4인 이하 사업장에 부당해고제한조항이나 노동위원회 구제절차를 적용되는 근로기준법 조항으로 나열하지 않았다 하여 헌법상 용인될 수 있는 재량의 범위를 벗어난 것이라고 볼 수 없으므로, 심판대상조항은 청구인의 **근로의 권리를 침해하지 아니한다**(헌재 2019. 4. 11. 2017헌마820).

정답 3141. O   3142. O   3142-1. X [근로의 권리 침해 X]   3143. X [합리적 이유 有 → 평등권 침해 X]   3143-1. X [근로의 권리 침해 X]

3144 4주간을 평균하여 1주간의 소정근로시간이 15시간 미만인 근로자, 즉 이른바 '초단시간근로자'를 퇴직급여제도의 적용 대상에서 제외하고 있는 「근로자퇴직급여 보장법」 조항은 근로조건의 기준은 인간의 존엄성을 보장하도록 법률로 정하도록 한 헌법 제32조 제3항에 위배되는 것으로 볼 수 없다. 23 국회 8   O | X

3144-1 퇴직급여제도가 갖는 사회보장적 급여의 성격과 근로자의 장기간 복무 및 충실한 근무를 유도하는 기능을 감안하더라도, 소정근로시간이 1주간 15시간 미만인 이른바 '초단시간근로자'에 대해 퇴직급여제도 적용대상에서 제외하는 것은 "근로조건의 기준은 인간의 존엄성을 보장하도록 법률로 정하도록 규정"한 헌법 제32조 제3항에 위배된다. 22 경찰 2차   O | X

> 심판대상조항이 **퇴직급여제도**의 설정에 있어 4주간을 평균한 1주간의 소정근로시간을 기준으로 **15시간 미만인 근로자를 그 적용대상에서 배제**하고 있는 것은 퇴직급여제도의 성격 및 기능에 비추어 사용자의 부담을 경감하기 위한 기준을 설정한 것으로, **이것이 헌법상 용인될 수 있는 입법재량의 범위를 현저히 일탈**한 것이라고 볼 수 **없으므로, 헌법 제32조 제3항에 위배되는 것으로 볼 수 없다**(헌재 2021. 11. 25. 2015헌바334 등).

3145 정리해고의 요건은 엄격하게 해석하여야 하므로 정리해고 요건 중 '긴박한 경영상의 필요'란 반드시 기업의 도산을 회피하기 위한 경우로 한정되고, 장래에 올 수도 있는 위기에 미리 대처하기 위하여 인원삭감이 필요한 경우는 포함되지 않는다. 23 해간   O | X

> 정리해고의 요건 중 **긴박한 경영상의 필요**란 반드시 **기업의 도산을 회피**하기 위한 경우에 한정되지 아니하고, 장래에 올 수도 있는 **위기에 미리 대처하기 위하여 인원삭감**이 필요한 경우도 **포함**하지만, 그러한 인원삭감은 객관적으로 보아 합리성이 있다고 인정되어야 한다(대판 2019. 11. 28. 2018두44647).

05 보호영역이 아닌 경우

3146 헌법 제32조 제1항이 규정하는 근로의 권리는 사회적 기본권으로서 국가에 대하여 직접 일자리를 청구하거나 일자리에 갈음하는 생계비의 지급청구권을 의미하는 것이 아니라 고용증진을 위한 사회적·경제적 정책을 요구할 수 있는 권리에 그치며, 근로의 권리로부터 국가에 대한 직접적인 직장존속청구권이 도출되는 것도 아니다. 19 서울 7   O | X

> 헌법 제32조 제1항이 규정하는 근로의 권리는 사회적 기본권으로서 국가에 대하여 직접 일자리를 청구하거나 일자리에 갈음하는 생계비의 지급청구권을 의미하는 것이 아니라 고용증진을 위한 사회적·경제적 정책을 요구할 수 있는 권리에 그치며, **근로의 권리로부터 국가에 대한 직접적인 직장존속청구권이 도출되는 것도 아니다**(헌재 2011. 7. 28. 2009헌마408).

3147 근로의 권리는 국가에 대하여 직접적인 직장존속보장청구권을 보장하는 것은 아니다. 17 법무사   O | X

3147-1 헌법 제15조의 직업의 자유 또는 헌법 제32조의 근로의 권리, 사회국가원리 등에 근거하여 근로자에게 국가에 대한 직접적인 직장존속보장청구권이 인정된다. 20 법무사   O | X

> 헌법 제15조의 **직업의 자유** 또는 헌법 제32조의 **근로의 권리, 사회국가원리** 등에 근거하여 **실업방지 및 부당한 해고로부터 근로자를 보호**하여야 할 국가의 의무를 도출할 수는 있을 것이나, 국가에 대한 **직접적인 직장존속보장청구권**을 근로자에게 인정할 **헌법상 근거는 없다**(헌재 2002. 11. 28. 2001헌바50).

정답 3144. O   3144-1. X [초단시간근로자 배제 합헌]   3145. X [포함됨]   3146. O   3147. O   3147-1. X [직장존속보장청구권 인정 X]

3148 근로의 권리로부터 국가에 대한 직접적인 직장존속청구권을 도출할 수는 없지만, 사용자의 처분에 따른 직장상실에 대하여 최소한의 보호를 제공하여야 할 의무를 국가에 지우는 것으로 볼 수는 있다. 23 입시 〇│✕

근로의 권리를 직접적인 일자리 청구권으로 이해하는 것은 사회주의적 통제경제를 배제하고, 사기업 주체의 경제상의 자유를 보장하는 우리 헌법의 경제질서 내지 기본권규정들과 조화될 수 없다. 마찬가지 이유로 근로의 권리로부터 국가에 대한 직접적인 **직장존속청구권**을 도출할 수도 **없다**. 단지 위에서 본 직업의 자유에서 도출되는 보호의무와 마찬가지로 사용자의 처분에 따른 직장 상실에 대하여 **최소한의 보호를 제공하여야 할 의무를** 국가에 지우는 것으로 볼 수는 있을 것이나, 이 경우에도 입법자가 그 보호의무를 전혀 이행하지 않거나 사용자와 근로자의 상충하는 기본권적 지위나 이익을 현저히 부적절하게 형량한 경우에만 위헌 여부의 문제가 생길 것이다(헌재 2002. 11. 28. 2001헌바50).

3149 헌법 제15조의 직업의 자유 또는 헌법 제32조의 근로의 권리, 사회국가원리 등에 근거하여 실업방지 및 부당한 해고로부터 근로자를 보호하여야 할 국가의 의무를 도출할 수 있으므로, 국가에 대한 직접적인 직장존속보장청구권을 근로자에게 인정할 헌법상의 근거가 있다. 따라서 근로관계의 당연승계를 보장하는 입법을 반드시 하여야 할 헌법상의 의무를 인정할 수 있다. 23 법원 9 〇│✕

3149-1 국가는 헌법 제32조의 근로의 권리, 사회국가원리 등에 근거하여 실업방지 및 부당한 해고로부터 근로자를 보호하여야 할 의무가 있다. 그리고 우리 헌법상 국가는 근로관계의 존속보호를 위하여 최소한의 보호를 제공하여야 할 의무를 지고 있다. 그러므로 국가가 법률로 국가보조연구기관을 통폐합함에 있어 재산상의 권리·의무만 승계시키고, 근로관계의 당연승계조항을 두고 있지 아니한 것은 위헌이다. 11 법원 9 〇│✕

헌법 제15조의 직업의 자유 또는 헌법 제32조의 근로의 권리, 사회국가원리 등에 근거하여 실업방지 및 부당한 해고로부터 근로자를 보호하여야 할 국가의 의무를 도출할 수는 있을 것이나, **국가에 대한 직접적인 직장존속보장청구권**을 근로자에게 인정할 **헌법상의 근거는 없다**. 이와 같이 우리 헌법상 국가에 대한 직접적인 직장존속보장청구권을 인정할 근거는 없으므로 **근로관계의 당연승계를 보장하는 입법**을 반드시 하여야 할 **헌법상의 의무를 인정할 수 없다**. 따라서 한국보건산업진흥법 부칙 제3조가 기존 연구기관의 재산상의 권리·의무만을 새로이 설립되는 한국보건산업진흥원에 승계시키고, **직원들의 근로관계가 당연히 승계되는 것으로 규정하지 않았다** 하여 **위헌이라 할 수 없다**(헌재 2002. 11. 28. 2001헌바50).

3150 근로의 권리는 국가에게 사용자의 처분에 따른 직장 상실에 대하여 최소한의 보호를 제공해 줄 의무를 지우는 것으로 여기에서 곧바로 직장 상실로부터 근로자를 보호하여 줄 것을 청구할 수 있는 헌법상의 권리가 나오지는 않는다. 15 국회 9 〇│✕

헌법 제15조 **직업의 자유**와 제32조 **근로의 권리**는 국가에게 단지 **사용자의 처분에 따른 직장 상실에 대하여 최소한의 보호를 제공해 줄 의무를** 지울 뿐이고, 여기에서 **직장 상실로부터 근로자를 보호하여 줄 것을 청구**할 수 있는 권리가 나오지는 않는다. 따라서 직업의 자유, 근로의 권리 침해 문제는 이 사건에서 발생하지 않는다(헌재 2013. 10. 24. 2010헌마219 등).

● 정답 3148. 〇   3149. ✕ [헌법상의 근거 ✕, 헌법상의 의무 인정 ✕]   3149-1. ✕ [근로관계 당연승계 미규정 : 합헌]   3150. 〇

3151 사용자로 하여금 2년을 초과하여 기간제 근로자를 사용할 수 없도록 한「기간제 및 단시간근로자 보호 등에 관한 법률」조항은 근로의 권리 침해 문제를 발생시키지 않는다. 23 경정 O|X

3151-1 사업주가 기간제 근로자를 정규직으로 전환하지 않는 한 2년 이상 사용할 수 없도록 제한하는 법률규정에 대하여 해당 기간제 근로자들의 한 직장에서 계속해서 일할 권리를 보장하지 못한다 할지라도 근로의 권리를 침해하고 있는 것은 아니다. 15 국회 9 O|X

3151-2 사용자로 하여금 2년을 초과하여 기간제근로자를 사용할 수 없도록 한「기간제 및 단시간근로자 보호 등에 관한 법률」조항은 해당 기간제근로자의 계약의 자유를 침해하지 않는다. 22 5급 O|X

(1) 헌법 제15조 직업의 자유와 제32조 근로의 권리는 국가에게 단지 사용자의 처분에 따른 직장 상실에 대하여 최소한의 보호를 제공해 줄 의무를 지울 뿐이고, 여기에서 직장 상실로부터 근로자를 보호하여 줄 것을 청구할 수 있는 권리가 나오지는 않는다. 따라서 직업의 자유, 근로의 권리 침해 문제는 이 사건에서 발생하지 않는다(헌재 2013. 10. 24. 2010헌마219 등).

(2) 사용자로 하여금 2년을 초과하여 기간제 근로자를 사용할 수 없도록 한 심판대상조항으로 인해 경우에 따라서는 개별 근로자들에게 일시 실업이 발생할 수 있으나, 이는 기간제근로자의 무기계약직 전환 유도와 근로조건 개선을 위해 불가피한 것이고, 심판대상조항이 전반적으로는 고용불안 해소나 근로조건 개선에 긍정적으로 작용하고 있다는 것을 부인할 수 없으므로 기간제 근로자의 계약의 자유를 침해한다고 볼 수 없다(헌재 2013. 10. 24. 2010헌마219 등).

06 주체

3152 기본권 주체성의 인정 문제와 기본권 제한의 정도는 별개의 문제이므로 외국인에게 근로의 권리에 대한 기본권 주체성을 인정한다는 것이 곧바로 우리 국민과 동일한 수준의 보장을 한다는 것을 의미하는 것은 아니다. 20 지방 7 O|X

3152-1 기본권 주체성의 인정 문제와 기본권 제한의 정도는 밀접한 관련이 있으므로 외국인에게 근로의 권리에 대한 기본권 주체성을 인정한다는 것은 곧바로 우리 국민과 동일한 수준의 보장을 한다는 것을 의미한다. 22 경채 O|X

기본권 주체성의 인정 문제와 기본권 제한의 정도는 별개의 문제이므로 외국인에게 근로의 권리에 대한 기본권 주체성을 인정한다는 것이 곧바로 우리 국민과 동일한 수준의 보장을 한다는 것을 의미하는 것은 아니다(헌재 2016. 3. 31. 2014헌마367).

3153 '일할 환경에 관한 권리'는 인간의 존엄성에 대한 침해를 방어하기 위한 권리로서 외국인 근로자에게도 인정되며, 건강한 작업환경, 일에 대한 정당한 보수, 합리적인 근로조건의 보장 등을 요구할 수 있는 권리 등을 포함한다. 여기서의 근로조건은 임금과 그 지불방법, 취업시간과 휴식시간 등 근로계약에 의하여 근로자가 근로를 제공하고 임금을 수령하는 데 관한 조건들이고, 출국만기보험금은 퇴직금의 성질을 가지고 있어서 그 지급시기에 관한 것은 근로조건의 문제이므로 외국인 근로자에게도 기본권 주체성이 인정된다. 22 경채 O|X

3153-1 고용 허가를 받아 국내에 입국한 외국인근로자의 출국만기보험금을 출국 후 14일 이내에 지급하도록 한 것에 대하여 해당 외국인근로자는 근로의 권리가 침해됨을 주장할 수 없다. 20 국회 8 O|X

3153-2 출국만기보험금의 지급시기에 관한 것은 근로조건의 문제이고 생존권적 성격을 가지므로 외국인에게는 기본권 주체성이 인정되지 않는다. 22 소간 O|X

● 정답 3151. O   3151-1. O   3151-2. O   3152. O   3152-1. X [밀접 X → 별개의 문제 O / 동일한 수준의 보장 의미 X]   3153. O
3153-1. X [주장할 수 있음]   3153-2. X [기본권 주체성 인정]

헌법상 근로의 권리는 '일할 자리에 관한 권리'만이 아니라 '일할 환경에 관한 권리'도 의미하는데, '일할 환경에 관한 권리'는 인간의 존엄성에 대한 침해를 방어하기 위한 권리로서 외국인에게도 인정되며, 건강한 작업환경, 일에 대한 정당한 보수, 합리적인 근로조건의 보장 등을 요구할 수 있는 권리 등을 포함한다. 여기서의 근로조건은 임금과 그 지불방법, 취업시간과 휴식시간 등 근로계약에 의하여 근로자가 근로를 제공하고 임금을 수령하는 데 관한 조건들이고, 이 사건 출국만기보험금은 퇴직금의 성질을 가지고 있어서 그 지급시기에 관한 것은 근로조건의 문제이므로 외국인인 청구인들에게도 기본권 주체성이 인정된다(헌재 2016. 3. 31. 2014헌마367).

3154 고용허가를 받아 국내에 입국한 외국인근로자의 출국만기보험금을 출국 후 14일 이내에 지급하도록 한 「외국인근로자의 고용 등에 관한 법률」 조항은 외국인근로자의 근로의 권리를 침해한다고 보기 어렵다. 23 국회 8   O | X

3154-1 근로관계가 종료된 후 퇴직금이 신속하게 지급되지 않는다면 퇴직근로자 및 그 가족의 생활은 곤경에 빠질 수밖에 없는데, 이러한 퇴직금의 성질을 가진 출국만기보험금의 지급시기를 무조건 출국과 연계하는 것은 퇴직금의 본질적 성격에 반하므로 외국인 근로자의 근로의 권리를 침해한다. 22 경채   O | X

3154-2 출국만기보험금의 지급시기를 출국한 때부터 14일 이내로 정하여 외국인 근로자에게 퇴직금으로서의 기능을 전혀 하지 못하게 하는 것은 외국인 근로자와 내국인 근로자를 불합리하게 차별하는 것으로서 외국인 근로자의 평등권을 침해한다. 22 경채   O | X

(1) 외국인근로자의 불법체류가 증가하여 이로 인한 사회문제가 심각해지자 이를 방지하기 위한 특단의 조치가 필요하게 되었고, 입법자는 심판대상조항을 신설하여 출국만기보험금의 지급시기를 출국과 연계시키게 되었다. 이러한 점을 종합하면 심판대상조항이 외국인근로자의 출국만기보험금의 지급시기를 출국 후 14일 이내로 정한 것이 청구인들의 근로의 권리를 침해한다고 볼 수 없다(헌재 2016. 3. 31. 2014헌마367).
(2) 외국인근로자의 경우 체류기간 만료가 퇴직과 직결되고, 체류기간이 만료되면 출국한다는 것을 전제로 고용허가를 받았다는 점에서 출국만기보험금의 지급시기를 출국 후 14일 이내로 정한 것이 근로자퇴직급여보장법이나 근로기준법상의 퇴직금 지급시기와 다르게 정한 것이라고 보기 어렵다. 즉, 심판대상조항은 고용허가를 받아 국내에 들어온 외국인근로자의 특수한 지위에서 기인하는 것이므로, 심판대상조항이 외국인근로자에 대하여 내국인근로자와 달리 규정하였다고 하여 청구인들의 평등권을 침해한다고 볼 수 없다(헌재 2016. 3. 31. 2014헌마367).

3155 근로의 권리는 국가의 개입·간섭을 받지 않고 자유로이 근로를 할 자유와, 국가에 대하여 근로의 기회를 제공하는 정책을 수립해 줄 것을 요구할 수 있는 권리 등을 기본적인 내용으로 하고 있고, 이 때 근로의 권리는 근로자를 개인의 차원에서 보호하기 위한 권리로서 개인인 근로자가 근로의 권리의 주체가 되는 것이고, 노동조합은 그 주체가 될 수 없다. 22 경찰 1차   O | X

3155-1 근로의 권리는 국가의 개입·간섭을 받지 않고 자유로이 근로를 할 자유와 국가에 대하여 근로의 기회를 제공하는 정책을 수립해 줄 것을 요구할 수 있는 권리 등을 기본적인 내용으로 하므로 개인인 근로자는 물론 노동조합도 그 주체가 될 수 있다. 23 입시   O | X

헌법 제32조 제1항은 "모든 국민은 근로의 권리를 가진다. 국가는 사회적·경제적 방법으로 근로자의 고용의 증진과 적정임금의 보장에 노력하여야 하며, 법률이 정하는 바에 의하여 최저임금제를 시행하여야 한다."라고 규정하고 있다. 이는 국가의 개입·간섭을 받지 않고 자유로이 근로를 할 자유와, 국가에 대하여 근로의 기회를 제공하는 정책을 수립해 줄 것을 요구할 수 있는 권리 등을 기본적인 내용으로 하고 있고, 이 때 근로의 권리는 근로자를 개인의 차원에서 보호하기 위한 권리로서 개인인 근로자가 근로의 권리의 주체가 되는 것이고, 노동조합은 그 주체가 될 수 없는 것으로 이해되고 있다(헌재 2009. 2. 26. 2007헌바27).

● 정답   3154. O   3154-1. X [근로의 권리 침해 X]   3154-2. X [평등권 침해 X]   3155. O   3155-1. X [노동조합은 주체 X]

POINT 172 근로3권

01 근로3권

3156 근로자는 근로조건의 향상을 위하여 자주적인 단결권·단체교섭권 및 단체행동권을 가진다. 21 법원 9
O | X

> 헌법 제33조 ① 근로자는 근로조건의 향상을 위하여 자주적인 단결권·단체교섭권 및 단체행동권을 가진다.

3157 제헌헌법은 근로자의 단결, 단체교섭과 단체행동의 자유는 법률의 범위 내에서 보장된다고 규정하였다.
16 법무사
O | X

> 제헌헌법(1948년) 제18조 근로자의 단결, 단체교섭과 단체행동의 자유는 법률의 범위내에서 보장된다.

3158 헌법재판소는 단결권·단체교섭권·단체행동권의 자유권적 성격을 강조하여 그 법적 성격을 근로3권은 사회적 보호기능을 담당하는 자유권 또는 사회권적 성격을 띤 자유권이라고 밝힌 바 있다.
16 경정, 14 서울 7
O | X

근로자는 노동조합과 같은 근로자단체의 결성을 통하여 집단으로 사용자에 대항함으로써 사용자와 대등한 세력을 이루어 근로조건의 형성에 영향을 미칠 수 있는 기회를 가지게 되므로 이러한 의미에서 근로3권은 '**사회적 보호기능을 담당하는 자유권**' 또는 '**사회권적 성격을 띤 자유권**'이라고 말할 수 있다(헌재 1998. 2. 27. 94헌바13 등).

3159 근로3권은 자유권적 성격과 사회권적 성격을 함께 갖고 있으며, 근로3권이 자유권적 성격을 가진다는 것은 국가가 근로자의 단결권을 존중하고 부당하게 침해해서는 안 된다는 것을 의미한다. 19 국회 9
O | X

3159-1 노동3권은 사회권적 성격을 갖고 있으며, 이는 입법조치를 통하여 근로자의 헌법적 권리를 보장하여야 할 국가의 의무로 나타난다. 12 국회 8
O | X

근로3권의 성격은 국가가 단지 **근로자의 단결권을 존중**하고 **부당한 침해를 하지 아니함**으로써 보장되는 **자유권적 측면인 국가로부터의 자유**뿐이 아니라, 근로자의 권리행사의 실질적 조건을 형성하고 유지해야 할 국가의 적극적인 활동을 필요로 한다. 따라서 **근로3권의 사회권적 성격**은 **입법조치**를 통하여 **근로자의 헌법적 권리를 보장할 국가의 의무**에 있다(헌재 1998. 2. 27. 94헌바13 등).

3160 노동조합이 비과세 혜택을 받을 권리는 헌법 제33조 제1항이 당연히 예상한 권리에 포함된다고 보기 어렵고, 위 헌법조항으로부터 그러한 권리가 파생된다거나 이에 상응하는 국가의 조세법규범 정비의무가 발생한다고 보기도 어렵다. 19 입시
O | X

청구인이 주장하는 것과 같은 **노동조합이 비과세 혜택을 받을 권리**는 노사간의 세력 균형을 이루게 하고 근로3권이 실질적으로 기능하게 하기 위하여 **헌법 제33조 제1항**이 당연히 예상한 권리의 내용에 포함된다고 보기 어렵고, 또 근로3권을 규정한 헌법 제33조 제1항으로부터 노동조합이 조세법상 **비과세 혜택을 받을 권리가 파생**한다거나 이에 상응하는 **국가의 조세법규범 정비의무**가 발생한다고 보기도 **어렵다**(헌재 2009. 2. 26. 2007헌바27).

정답 3156. O 3157. O 3158. O 3159. O 3159-1. O 3160. O

02 주체

3161 근로3권을 향유하는 근로자는 노동을 제공하고 그 대가를 받는 자이면 족하므로 육체적·정신적 노동자를 포괄한다. 19 국회 9 O|X

근로3권을 향유하는 자는 **근로자**이다. 근로자는 직업의 종류를 불문하고 임금·급료 기타 이에 준하는 수입에 의하여 생활하는 자를 말하고, **노동을 제공하고 그 대가를 받는 자**이면 족하므로 **육체적·정신적 노동자를 포괄한다.**

3162 노동조합 및 노동관계조정법상 근로자란 타인과의 사용종속관계하에서 근로를 제공하고 그 대가로 임금 등을 받아 생활하는 사람을 의미하며, 특정한 사용자에게 고용되어 현실적으로 취업하고 있는 사람뿐만 아니라 일시적으로 실업 상태에 있는 사람이나 구직 중인 사람을 포함하여 노동3권을 보장할 필요성이 있는 사람도 여기에 포함되는 것으로 보아야 한다. 23 법원 9 O|X

노동조합법상 근로자란 **타인과의 사용종속관계하**에서 **근로를 제공**하고 **그 대가로 임금 등을 받아 생활하는 사람**을 의미하며, 특정한 사용자에게 고용되어 **현실적으로 취업**하고 있는 사람뿐만 아니라 **일시적으로 실업 상태**에 있는 사람이나 **구직 중인 사람**을 포함하여 **노동3권을 보장할 필요성이 있는 사람**도 여기에 포함되는 것으로 보아야 한다(대판 2015. 6. 25. 2007두4995).

3163 출입국관리 법령에서 외국인고용제한규정을 두고 있는 것은 취업활동을 할 수 있는 체류자격 없는 외국인의 고용이라는 사실적 행위 자체를 금지하고자 하는 것뿐이지, 나아가 취업자격 없는 외국인이 사실상 제공한 근로에 따른 권리나 이미 형성된 근로관계에서 근로자로서의 신분에 따른 노동관계법상의 제반 권리 등의 법률효과까지 금지하려는 것으로 보기는 어렵다. 23 법원 9 O|X

출입국관리 법령에서 **외국인고용제한규정**을 두고 있는 것은 취업활동을 할 수 있는 체류자격(이하 '취업자격'이라고 한다) 없는 **외국인의 고용이라는 사실적 행위 자체를 금지**하고자 하는 것뿐이지, 나아가 **취업자격 없는 외국인**이 사실상 제공한 **근로에 따른 권리**나 이미 형성된 근로관계에서 근로자로서의 신분에 따른 노동관계법상의 제반 권리 등의 **법률효과까지 금지하려는 것으로 보기는 어렵다**(대판 2015. 6. 25. 2007두4995).

3164 타인과의 사용종속관계 하에서 근로를 제공하고 그 대가로 임금 등을 받아 생활하는 사람은 노동조합 및 노동관계조정법상 근로자에 해당하고, 노동조합법상의 근로자성이 인정되는 한, 그러한 근로자가 외국인인지 여부나 취업자격의 유무에 따라 노동조합법상 근로자의 범위에 포함되지 아니한다고 볼 수는 없다. 23 법원 9 O|X

3164-1 출입국관리법령에서 외국인고용제한규정을 두고 있으므로 취업자격 없는 외국인은 「노동조합 및 노동관계조정법」상의 근로자의 범위에 포함되지 아니한다. 24 경간 O|X

타인과의 사용종속관계하에서 근로를 제공하고 그 대가로 임금 등을 받아 생활하는 사람은 노동조합법상 근로자에 해당하고, **노동조합법상의 근로자성이 인정되는 한**, 그러한 근로자가 **외국인인지 여부나 취업자격의 유무에 따라 노동조합법상 근로자의 범위에 포함되지 아니한다고 볼 수는 없다**(대판 2015. 6. 25. 2007두4995).

3165 헌법 제33조 제1항은 단결권·단체교섭권·단체행동권의 주체로서 근로자만을 명시적으로 규정하고 있을 뿐, 사용자에 대해서는 규정하고 있지 않다. 14 서울 7 O|X

정답 3161. O 3162. O 3163. O 3164. O 3164-1. X [근로자의 범위에 포함됨] 3165. O

> 헌법 제33조 ① **근로자**는 근로조건의 향상을 위하여 자주적인 단결권·단체교섭권 및 단체행동권을 가진다.

> **보충설명** 사용자는 단체행동권의 주체가 될 수 없다.

POINT 173 단결권·단체교섭권 및 단체행동권

01 단결권

1 단결권

3166 단결권은 '사회적 보호기능을 담당하는 자유권' 또는 '사회권적 성격을 띤 자유권'으로서의 성격을 가지고 있다. 19 지방 7, 10 법원 9 ○ | ×

근로자는 노동조합과 같은 근로자단체의 결성을 통하여 집단으로 사용자에 대항함으로써 사용자와 대등한 세력을 이루어 근로조건의 형성에 영향을 미칠 수 있는 기회를 갖게 된다는 의미에서 **단결권은 '사회적 보호기능을 담당하는 자유권'** 또는 '**사회권적 성격을 띤 자유권**'으로서의 성격을 가지고 있고 일반적인 시민적 자유권과는 질적으로 다른 권리로서 설정되어 헌법상 그 자체로서 이미 결사의 자유에 대한 특별법적인 지위를 승인받고 있다(헌재 2005. 11. 24. 2002헌바95 등).

3167 헌법 제33조 제1항에 의하면 단결권의 주체는 단지 개인인 것처럼 표현되어 있지만, 근로자 개인뿐만이 아니라 단체 자체의 단결권도 보장하고 있는 것으로 보아야 한다. 12 국회 8 ○ | ×

헌법 제33조 제1항에 의하면 **단결권의 주체는** 단지 개인인 것처럼 표현되어 있지만, 만일 헌법이 개인의 단결권만을 보장하고 조직된 단체의 권리를 인정하지 않는다면, 즉 국가가 임의로 단체의 존속과 활동을 억압할 수 있다면 개인의 단결권 보장은 무의미하게 된다. 따라서 헌법 제33조 제1항은 **근로자 개인의 단결권**만이 아니라 **단체 자체의 단결권도** 보장하고 있는 것으로 보아야 한다(헌재 1999. 11. 25. 95헌마154).

3168 헌법 제33조 제1항의 단결권에는 개별 근로자가 노동조합 등 근로자단체를 조직하거나 그에 가입하여 활동할 수 있는 개별적 단결권뿐만 아니라 근로자단체가 존립하고 활동할 수 있는 집단적 단결권도 포함된다. 21 경정 ○ | ×

3168-1 단결권은 개별 근로자가 노동조합 등 근로자단체를 조직하거나 그에 가입하여 활동할 수 있는 개별적 단결권만을 의미하는 것으로, 근로자단체가 존립하고 활동할 수 있는 것은 단결권이 아닌 헌법 제21조 결사의 자유에 의하여 보장된다. 22 국회 9 ○ | ×

근로3권 중 **단결권에는 개별 근로자가** 노동조합 등 근로자단체를 **조직**하거나 그에 **가입하여 활동**할 수 있는 **개별적 단결권**뿐만 아니라 **근로자단체가 존립**하고 활동할 수 있는 **집단적 단결권도 포함된다**(헌재 2015. 5. 28. 2013헌마671).

3169 근로3권 중 근로자의 단결권은 결사의 자유가 근로의 영역에서 구체화된 것으로서, 근로자의 단결권도 국민의 결사의 자유에 포함되며, 사용자와의 관계에서 특별한 보호를 받아야 할 경우에는 헌법 제33조가 우선적으로 적용되지만, 그렇지 않은 통상의 결사 일반에 대한 문제일 경우에는 헌법 제21조 제2항의 결사에 대한 허가제금지원칙이 적용된다. 14 지방 7 ○ | ×

3169-1 노동조합에는 헌법 제21조 제2항의 결사에 대한 허가제금지원칙이 적용되지 않는다. 21 법원 9 ○ | ×

● 정답 3166. ○ 3167. ○ 3168. ○ 3168-1. ×[단체의 단결권도 단결권으로 보장됨] 3169. ○ 3169-1. ×[적용됨]

노동3권 중 근로자의 **단결권**은 **결사의 자유가 근로의 영역**에서 **구체화**된 것으로서, 근로자의 단결권에 대해서는 헌법 제33조가 우선적으로 적용된다. **근로자의 단결권**도 국민의 결사의 자유 속에 포함되나, 헌법이 노동3권과 같은 특별 규정을 두어 별도로 단결권을 보장하는 것은 근로자의 단결에 대해서는 일반 결사의 경우와 다르게 특별한 보장을 해준다는 뜻으로 해석된다. … 따라서 근로자의 단결권이 근로자 단결체로서 사용자와의 관계에서 **특별한 보호**를 받아야 할 경우에는 **헌법 제33조가 우선적으로 적용**되지만, 그렇지 않은 **통상의 결사 일반**에 대한 문제일 경우에는 **헌법 제21조 제2항이 적용**되므로 노동조합에도 **헌법 제21조 제2항의 결사에 대한 허가제금지원칙이 적용**된다(헌재 2012. 3. 29. 2011헌바53).

3170 노동조합을 설립할 때에 행정관청에 설립신고서를 제출하도록 하고 그 요건을 충족하지 못하는 경우 설립신고서를 반려하도록 규정하고 있는 노동조합법 규정은 노동조합법상 요구되는 요건만 충족하면 노동조합의 설립이 자유롭다는 점에서 헌법에서 금지하는 결사에 대한 허가제에 해당하지 않는다. 17 5급 O | X

노동조합법상 요구되는 **요건만** 충족되면 그 **설립이 자유롭다**는 점에서 일반적인 금지를 특정한 경우에 해제하는 **허가와는 개념적으로 구분**되고, 더욱이 행정관청의 설립신고서 수리 여부에 대한 결정은 재량 사항이 아니라 의무 사항으로 그 요건 충족이 확인되면 설립신고서를 수리하고 그 신고증을 교부하여야 한다는 점에서 단체의 설립 여부 자체를 사전에 심사하여 특정한 경우에 한해서만 그 설립을 허용하는 '허가'와는 다르다. 따라서 이 사건 법률조항의 **노동조합 설립신고서 반려제도**가 헌법 제21조 제2항 후단에서 금지하는 **결사에 대한 허가제라고 볼 수 없다**(헌재 2012. 3. 29. 2011헌바53).

3171 노동조합이 노동조합으로서 자주성 등을 갖추고 있는지를 심사하여 이를 갖추지 못한 단체의 설립신고서를 반려하도록 하는 것은 근로자의 단결권을 침해한다고 볼 수 없다. 21 입시 O | X

3171-1 노동조합을 설립할 때 행정관청에 설립신고서를 제출하게 하고 그 요건을 충족하지 못하는 경우 행정관청이 설립신고서를 반려하도록 규정한 구 노동조합 및 노동관계조정법 조항은 단체결성에 대한 허가제를 금지하는 헌법 제21조 제2항에 위배되지는 아니하나, 근로자의 단결권에 대한 과도한 침해로서 헌법 제33조 제1항에 위배된다. 16 법무사 O | X

노동조합 설립신고에 대한 심사와 그 신고서 반려는 근로자들이 자주적이고 민주적인 단결권을 행사하도록 하기 위한 것으로서 만약 노동조합의 설립을 단순한 신고나 등록 등으로 족하게 하고, 노동조합에 요구되는 자주성이나 민주성 등의 요건에 대해서는 사후적으로 차단하는 제도만을 두게 된다면, 노동조합법상의 특권을 누릴 수 없는 자들에게까지 특권을 부여하는 결과를 야기하게 될 뿐만 아니라 노동조합의 실체를 갖추지 못한 노동조합들이 난립하는 사태를 방지할 수 없게 되므로 **노동조합이 그 설립 당시부터 노동조합으로서 자주성 등을 갖추고 있는지를 심사하여 이를 갖추지 못한 단체의 설립신고서를 반려하도록 하는 것은 과잉금지원칙에 위반되어 근로자의 단결권을 침해한다고 볼 수 없다**(헌재 2012. 3. 29. 2011헌바53).

3172 노동조합으로 하여금 행정관청이 요구하는 경우 결산결과와 운영상황을 보고하도록 하고 그 위반 시 과태료에 처하도록 하는 것은 노동조합의 단결권을 침해하는 것이 아니다. 18 국회 8 O | X

3172-1 노동조합의 규약 및 결의처분에 대한 행정관청의 시정명령이나 회계감사원의 회계감사 등이 있음에도 불구하고 노동조합이 결산결과와 운영상황에 대한 보고의무를 위반한 경우, 이에 대하여 과태료를 부과하는 것은 노동조합의 민주성을 보장하는 데 불필요한 것으로서 과잉금지원칙에 위반되어 단결권을 침해하는 것이다. 14 지방 7 O | X

노동조합의 재정 집행과 운영에 있어서의 적법성, 민주성 등을 확보하기 위해서는 조합자치 또는 규약자치에만 의존할 수는 없고 행정관청의 감독이 보충적으로 요구되는바, 이 사건 법률조항은 노동조합의 재정 집행과 운영의 적법성, 투명성, 공정성, 민주성 등을 보장하기 위한 것으로서 정당한 입법목적을 달성하기 위한 적절한 수단이다.… 따라서 이 사건 법률조항은 **과잉금지원칙을 위반하여 노동조합의 단결권을 침해하지 아니한다**(헌재 2013. 7. 25. 2012헌바116).

● 정답 3170. O   3171. O   3171-1. X [단결권 침해 아님]   3172. O   3172-1. X [단결권 침해 X]

2 소극적 단결권

3173 소극적 단결권은 헌법 제33조 제1항의 단결권에 포함되지 않는다. 14 서울 7   O|X

3173-1 근로자에게 보장된 단결권의 내용에는 단결할 자유뿐만 아니라 노동조합을 결성하지 아니할 자유나 노동조합에 가입을 강제당하지 아니할 자유, 그리고 가입한 노동조합을 탈퇴할 자유도 포함된다. 20 경정, 18 국회 8   O|X

> 근로자가 **노동조합을 결성하지 아니할 자유**나 **노동조합에 가입을 강제당하지 아니할 자유**, 그리고 가입한 **노동조합을 탈퇴할 자유**는 근로자에게 보장된 **단결권의 내용에 포섭되는 권리로서가 아니라** 헌법 제10조의 행복추구권에서 파생되는 **일반적 행동의 자유** 또는 제21조 제1항의 **결사의 자유**에서 그 근거를 찾을 수 있다(헌재 2005. 11. 24. 2002헌바95 등).

3174 근로자가 노동조합을 결성하지 아니할 자유나 노동조합에 가입을 강제당하지 아니할 자유는 단결권의 내용에 포섭되는 것이 아니라, 일반적 행동자유권 또는 결사의 자유에서 그 근거를 찾을 수 있다. 17 5급   O|X

3174-1 소위 '소극적 단결권'이란 헌법 제33조 제1항의 단결권에 포함되지 아니하므로, 근로자가 노동조합에 가입하지 아니할 권리 내지 이미 가입한 노동조합에서 탈퇴할 권리는 노동조합의 지위를 약화시키려는 정치적 논리일 뿐 헌법상 기본권으로서 보호되는 권리라고 볼 수 없다. 17 경정   O|X

> 근로자가 **노동조합을 결성하지 아니할 자유**나 **노동조합에 가입을 강제당하지 아니할 자유**, 그리고 가입한 **노동조합을 탈퇴할 자유**는 근로자에게 보장된 **단결권의 내용에 포섭되는 권리로서가 아니라** 헌법 제10조의 행복추구권에서 파생되는 **일반적 행동의 자유** 또는 제21조 제1항의 **결사의 자유**에서 그 근거를 찾을 수 있다(헌재 2005. 11. 24. 2002헌바95 등).

3 노조의 표현의 자유

3175 노동조합이 단결권에 의하여 보호받는 고유한 활동영역을 떠나서 개인이나 다른 사회단체와 마찬가지로 정치적 의사를 표명하거나 정치적으로 활동하는 경우에는 모든 개인과 단체를 똑같이 보호하는 일반적인 기본권인 의사표현의 자유 등의 보호를 받을 뿐이다. 19 소간   O|X

> 노동조합이 근로자의 근로조건과 경제조건의 개선이라는 목적을 위하여 활동하는 한, 헌법 제33조의 단결권의 보호를 받지만, **단결권에 의하여 보호받는 고유한 활동영역을 떠나서 개인이나 다른 사회단체와 마찬가지로 정치적 의사를 표명하거나 정치적으로 활동**하는 경우에는 모든 개인과 단체를 똑같이 보호하는 일반적인 기본권인 **의사표현의 자유 등의 보호를 받을 뿐이다**(헌재 1999. 11. 25. 95헌마154).

3176 노동단체의 정치자금 기부를 금지한 법률조항은 노동단체가 단지 단체교섭 및 단체협약 등의 방법으로 '근로조건의 향상'이라는 본연의 과제만을 수행해야 하고 그 외의 모든 정치적 활동을 해서는 안 된다는 사고에 바탕을 둔 것으로, 헌법상 보장된 정치적 자유의 의미 및 그 행사가능성을 공동화시키는 것이다. 19 소간   O|X

3176-1 노동단체가 정당에 정치자금을 기부하는 것을 금지하는 법률조항은 노동단체의 단결권이 아니라 표현의 자유를 침해하는 것이다. 19 국회 8   O|X

● 정답 3173. O   3173-1. X [소극적 단결권 포함 X]   3174. O   3174-1. X [단결권이 아닐 뿐 헌법상 기본권으로서 보호됨]   3175. O   3176. O   3176-1. O

(1) 노동단체가 단지 단체교섭 및 단체협약 등의 방법으로 '근로조건의 향상'이라는 본연의 과제만을 수행해야 하고 그외의 모든 정치적 활동을 해서는 안된다는 사고에 바탕을 둔 이 사건 법률조항의 입법목적은, 법의 개정에 따라 그 근거를 잃었을 뿐만 아니라 헌법상 보장된 정치적 자유의 의미 및 그 행사가능성을 공동화시키는 것이다(헌재 1999. 11. 25. 95헌마154).

(2) 구이 사건 법률조항의 입법목적인 "노동단체의 정치화 방지'나 '노동단체 재정의 부실우려'는 헌법상 보장된 정치적 자유의 의미에 비추어 입법자가 헌법상 추구할 수 있는 정당한 입법목적의 범위를 벗어난 것으로 판단된다. … 따라서 노동단체의 기부금지를 정당화하는 중대한 공익을 인정하기 어려우므로 이 사건 법률조항은 노동단체인 청구인의 표현의 자유 및 결사의 자유의 본질적 내용을 침해하는 위헌적인 규정이다(헌재 1999. 11. 25. 95헌마154).

02 단체교섭권

3177 헌법 제33조 제1항이 "근로자는 근로조건의 향상을 위하여 자주적인 단결권, 단체교섭권, 단체행동권을 가진다."고 규정하여 비록 단체협약체결권을 명시하고 있지 않지만, 단체교섭권에는 단체협약체결권이 포함되어 있다고 보아야 한다. 15 서울 7   O | X

비록 헌법이 위 조항에서 '단체협약체결권'을 명시하여 규정하고 있지 않다고 하더라도 근로조건의 향상을 위한 근로자 및 그 단체의 본질적인 활동의 자유인 '단체교섭권'에는 단체협약체결권이 포함되어 있다고 보아야 한다(헌재 1998. 2. 27. 94헌바13 등).

3178 국가의 행정관청이 사법상 근로계약을 체결한 경우 국가는 그러한 근로계약관계에 있어서 사업주로서 단체교섭의 당사자의 지위에 있는 사용자에 해당한다. 16 경정   O | X

국가의 행정관청이 사법상 근로계약을 체결한 경우 그 근로계약관계의 권리·의무는 행정주체인 국가에 귀속되므로, 국가는 그러한 근로계약관계에 있어서 노동조합 및 노동관계조정법 제2조 제2호에 정한 사업주로서 단체교섭의 당사자의 지위에 있는 사용자에 해당한다(대판 2008. 9. 11. 2006다40935).

3179 단체교섭권은 헌법 제37조 제2항에 의하여 국가안전보장·질서유지 또는 공공복리 등의 공익상의 이유로 제한이 가능하다. 14 법원 9   O | X

헌법 제33조 제1항이 보장하는 단체교섭권은 어떠한 제약도 허용되지 아니하는 절대적인 권리가 아니라 헌법 제37조 제2항에 의하여 국가안전보장·질서유지 또는 공공복리 등의 공익상의 이유로 제한이 가능하며, 그 제한은 노동기본권의 보장과 공익상의 필요를 구체적인 경우마다 비교형량하여 양자가 서로 적절한 균형을 유지하는 선에서 결정된다(헌재 2004. 8. 26. 2003헌바58 등).

3180 교섭창구단일화제도는 근로조건의 결정권이 있는 사업 또는 사업장 단위에서 복수 노동조합과 사용자 사이의 교섭절차를 일원화하고, 소속 노동조합과 관계없이 조합원들의 근로조건을 통일하기 위한 것이므로 교섭대표노동조합이 되지 못한 소수 노동조합의 단체교섭권을 침해하는 것은 아니다. 14 지방 7   O | X

3180-1 하나의 사업 또는 사업장에 두 개 이상의 노동조합이 있는 경우 단체교섭에 있어 그 창구를 단일화하도록 하고 교섭대표가 된 노동조합에게만 단체교섭권을 부여하고 있는 교섭창구단일화제도는 노사의 자율성을 부정하는 것이므로 단체교섭권을 침해하는 것이다. 17 서울 7   O | X

정답 3177. O   3178. O   3179. O   3180. O   3180-1. X [단체교섭권 침해 X]

교섭창구단일화제도는 근로조건의 결정권이 있는 사업 또는 사업장 단위에서 복수 노동조합과 사용자 사이의 교섭절차를 일원화하여 효율적이고 안정적인 교섭체계를 구축하고, 소속 노동조합이 어디든 관계없이 조합원들의 근로조건을 통일하고자 하는 데 그 목적이 있는바, 그 목적의 정당성은 인정되고, 교섭창구를 단일화하여 교섭에 임하는 경우 효율적으로 교섭을 할 수 있으며, 통일된 근로조건을 형성할 수 있다는 점에서 수단의 적절성도 인정된다. … 노동조합에 대한 단체교섭권 보장은 사회적 약자인 근로자가 사용자와의 사이에 대등성을 확보하여 적정한 근로조건을 형성할 수 있도록 하는 수단이므로, 반드시 모든 노동조합에게 각별로 단체교섭권을 보장하여야 하는 것은 아니고, 교섭대표노동조합이 사용자와의 사이에서 노사관계의 안정과 적정한 근로조건을 형성하는 기능을 충분히 담당할 수 있다면, 그러한 기능을 할 수 있는 노동조합에 단체교섭권을 인정하는 것이 노동3권을 기본권으로 보장하는 취지에 더 부합할 수 있다. … 이 사건 법률조항의 교섭창구단일화제도는 노동조합의 교섭력을 담보하여 교섭의 효율성을 높이고 통일적인 근로조건을 형성하기 위한 불가피한 제도라는 점에서 최소침해성 원칙에 위반된다고 볼 수 없다. … 따라서 위 '노동조합 및 노동관계조정법' 조항들이 과잉금지원칙을 위반하여 청구인들의 단체교섭권을 침해한다고 볼 수 없다(헌재 2012. 4. 24. 2011헌마338).

3181 노동조합의 대표자 또는 노동조합으로부터 위임받은 자에게 단체교섭권과 함께 단체협약체결권을 부여한 것은 헌법에 위반된다. 13 서울 7 O | X

노동조합의 대표자 또는 노동조합으로부터 위임을 받은 자에게 단체교섭권과 함께 단체협약체결권을 부여한 규정으로 말미암아 노동조합의 자주성이나 단체자치가 제한되는 경우가 있다고 하더라도 이는 근로3권의 기능을 보장함으로써 산업평화를 유지하고자 하는 중대한 공익을 위한 것으로서 그 수단 또한 필요·적정한 것이라 할 것이므로 헌법에 위반된다고 할 수 없다(헌재 1998. 2. 27. 94헌바13 등).

3182 노조전임자에 대한 급여 지원을 금지하는 것은 노조전임자나 노동조합의 단체교섭권 및 단체행동권을 침해하지 않는다. 21 입시 O | X

이 사건 노조법 조항들은 노조전임자에 대한 비용을 원칙적으로 노동조합 스스로 부담하도록 함으로써 노동조합의 자주성 및 독립성 확보에 기여하는 한편, 사업장 내에서의 노동조합 활동을 일정 수준 계속 보호·지원하기 위한 것이다. … 따라서 이 사건 노조법 조항들이 과잉금지원칙에 위반되어 노사자치의 원칙 또는 청구인들의 단체교섭권 및 단체행동권을 침해한다고 볼 수 없다(헌재 2014. 5. 29. 2010헌마606).

03 단체행동권

3183 노동관계 당사자가 쟁의행위를 함에 있어서는 그 목적, 방법 및 절차상의 한계를 벗어나지 아니한 범위 안에서 관계자들의 민사상 및 형사상 책임이 면제된다. 22 해간, 17 지방 7 O | X

노동관계 당사자가 쟁의행위를 함에 있어서는 그 목적·방법 및 절차상의 한계를 존중하지 않으면 아니되며, 그 한계를 벗어나지 아니하는 범위안에서 관계자들의 민사상 및 형사상의 책임이 면제되는 것이다(헌재 1990. 1. 15. 89헌가103).

3184 쟁의행위는 업무의 저해라는 속성상 그 자체로 「형법」상의 여러 가지 범죄의 구성요건에 해당될 수 있음에도 불구하고 그것이 정당성을 가지는 경우에는 형사책임이 면제되지만, 민사상 손해배상책임은 면제되지 아니한다. 15 서울 7 O | X

단체행동권이라 함은 노동쟁의가 발생한 경우 쟁의행위를 할 수 있는 쟁의권을 의미하며, 이는 근로자가 그의 주장을 관철하기 위하여 업무의 정상적인 운영을 저해하는 행위를 할 수 있는 권리라고 할 수 있다. 따라서 쟁의행위는 업무의 저해라는 속성상 그 자체 시민형법상의 여러 가지 범죄의 구성요건에 해당될 수 있음에도 불구하고 그것이 정당성을 가지는 경우에는 형사책임이 면제되며, 민사상 손해배상 책임도 발생하지 않는다(헌재 1998. 7. 16. 97헌바23).

정답 3181. X [헌법 위반 X] 3182. O 3183. O 3184. X [민사상 손배책임도 면제됨]

3185 사인간 기본권 충돌의 경우 입법자에 의한 규제와 개입은 개별 기본권 주체에 대한 기본권 제한의 방식으로 흔하게 나타나며, 노사관계의 경우에도 국가의 개입이 기본권을 침해하는지 여부가 문제될 수는 있으나, 사적 계약관계라는 이유로 국가가 개입할 수 없다고 볼 것은 아니다. 23 소간 O | X

> 사인간 기본권 충돌의 경우 **입법자에 의한 규제와 개입**은 개별 기본권 주체에 대한 **기본권 제한의 방식**으로 흔하게 나타나며, 노사관계의 경우도 마찬가지이다. 예컨대, 사용자와 근로자는 근로계약 체결단계에서부터 계약상 의무 위반에 이르기까지 근로기준법, 최저임금법 등 노동 관계법령에 의한 국가적 개입을 받고 있으며, 이러한 국가의 개입이 기본권을 침해하는지 여부가 문제될 수는 있으나, **사적 계약관계**라는 이유로 **국가가 개입할 수 없다고 볼 것은 아니다**(헌재 2022. 5. 26. 2012헌바66).

3186 근로자들의 단체행동권은 집단적 실력행사로서 위력의 요소를 가지고 있으므로, 사용자의 재산권이나 직업의 자유, 경제활동의 자유를 현저히 침해하고, 거래질서나 국가 경제에 중대한 영향을 미치는 일정한 단체행동권의 행사에 대하여는 제한이 가능하다. 23 경찰 2차 O | X

> **근로자 집단의 단체행동권 행사**는 단순히 개인적 차원의 권리 행사가 아니라 일시에 **집단적으로 행해지는 실력행사**로써 상대방에 대한 통일적 압력으로 작용하게 되므로 **위력의 요소**를 가지고 있다. … 따라서 단체행동권 행사라는 이유로 무조건 형사책임이나 민사책임이 면제된다고 보기는 어려우며, 사용자의 재산권이나 직업의 자유, 경제활동의 자유를 **현저히 침해**하고, 거래질서나 국가 경제에 **중대한 영향**을 미치는 일정한 단체행동권의 행사에 대한 **제한은 가능**하다(헌재 2022. 5. 26. 2012헌바66).

3187 「형법」상 업무방해죄는 모든 쟁의행위에 대하여 무조건 적용되는 것이 아니라, 단체행동권의 내재적 한계를 넘어 정당성이 없다고 판단되는 쟁의행위에 대하여만 적용되는 조항임이 명백하다고 할 것이므로, 그 목적이나 방법 및 절차상 한계를 넘어 업무방해의 결과를 야기시키는 쟁의행위에 대하여만 이 사건 법률조항을 적용하여 형사처벌하는 것은 헌법상 단체행동권을 침해하였다고 볼 수 없다. 11 법원 9 O | X

> 형법상 업무방해죄는 모든 쟁의행위에 대하여 무조건 적용되는 것이 아니라, 단체행동권의 내재적 한계를 넘어 **정당성이 없다고 판단되는 쟁의행위에 대하여만 적용**되는 조항임이 명백하다고 할 것이므로, 그 목적이나 방법 및 절차상 한계를 넘어 업무방해의 결과를 야기시키는 쟁의행위에 대하여만 이 사건 법률조항을 적용하여 형사처벌하는 것은 **헌법상 단체행동권을 침해하였다고 볼 수 없다**(헌재 2010. 4. 29. 2009헌바168).

3188 특수경비원에게 경비업무의 정상적인 운영을 저해하는 쟁의행위를 금지하는 「경비업법」 규정은 단체행동권을 침해하는 것이 아니다. 11 국회 8 O | X

3188-1 업무의 공공성과 특수성을 이유로, 공항·항만 등 국가중요시설의 경비업무를 담당하는 특수경비원에게 경비업무의 정상적인 운영을 저해하는 일체의 쟁의행위를 금지하는 것은, 단체행동권을 전면 박탈하는 것으로 과잉금지원칙에 위배된다. 23 변호사 O | X

3188-2 공항·항만 등 국가중요시설의 경비업무를 담당하는 특수경비원에게 경비업무의 정상적인 운영을 저해하는 일체의 쟁의행위를 금지하는 「경비업법」 해당 조항에 의한 단체행동권의 제한은 근로3권에 관한 헌법 제33조 제2항과 제3항의 개별유보조항에 의한 제한이다. 24 경간 O | X

정답 3185. O 3186. O 3187. O 3188. O 3188-1. X [과잉금지원칙에 위배되지 않음] 3188-2. X [헌법 제33조 제2항과 제3항의 개별적 유보 X → 헌법 제37조 제2항의 일반적 유보 O]

(1) 헌법 제33조 제1항에서는 근로자의 단결권·단체교섭권 및 단체행동권을 보장하고 있는바, 현행 헌법에서 **공무원 및 법률이 정하는 주요방위산업체에 종사하는 근로자**와는 달리 **특수경비원**에 대해서는 단체행동권 등 근로3권의 제한에 관한 **개별적 제한규정을 두고 있지 않다**고 하더라도, **헌법 제37조 제2항의 일반유보조항**에 따른 기본권제한의 원칙에 의하여 특수경비원의 근로3권 중 하나인 단체행동권을 제한할 수 있다(헌재 2009. 10. 29. 2007헌마1359).

(2) 이 사건 법률조항으로 인하여 특수경비원의 단체행동권이 제한되는 불이익을 받게 되는 것을 부정할 수는 없으나 국가나 사회의 중추를 이루는 중요시설 운영에 안정을 기함으로써 얻게 되는 국가안전보장, 질서유지, 공공복리 등의 공익이 매우 크다고 할 것이므로, 이 사건 법률조항에 의한 기본권제한은 법익의 균형성 원칙에 위배되지 아니한다. 따라서 이 사건 법률조항은 **과잉금지원칙에 위배되지 아니**하므로 **헌법에 위반되지 아니한다**(헌재 2009. 10. 29. 2007헌마1359).

POINT 174 공무원 등의 근로3권 Ⓑ

01 공무원인 근로자

3189 공무원인 근로자는 법률이 정하는 자에 한하여 단결권·단체교섭권 및 단체행동권을 가진다.
21 법원 9, 10 법원 9
O | X

3189-1 단결권·단체교섭권 및 단체행동권을 가지는 공무원의 범위를 법률로 정할 경우 헌법에 위반된다.
11 국가 7
O | X

> 헌법 제33조 ② **공무원인 근로자는 법률이 정하는 자**에 한하여 **단결권·단체교섭권 및 단체행동권**을 가진다.

3190 공무원이란 직접 또는 간접적으로 국민에 의하여 선출 또는 임용되어 국가나 공공단체와 공법상의 근무관계를 맺고 공공적 업무를 담당하고 있는 사람들을 가리킨다고 할 수 있고, 공무원도 각종 노무의 대가로 얻는 수입에 의존하여 생활하는 사람이라는 점에서 통상적인 의미의 근로자적인 성격을 지니고 있으므로, 헌법 제33조 제2항 역시 공무원의 근로자적 성격을 인정하는 것을 전제로 규정하고 있다.
17 국가 7(추)
O | X

> 일반적으로 말하여 공무원이란 직접 또는 간접적으로 국민에 의하여 선출 또는 임용되어 국가나 공공단체와 공법상의 근무관계를 맺고 공공적 업무를 담당하고 있는 사람들을 가리킨다고 할 수 있고, 공무원도 **각종 노무의 대가로 얻는 수입에 의존**하여 생활하는 사람이라는 점에서는 **통상적인 의미의 근로자적인 성격**을 지니고 있으므로 헌법 제33조 제2항 역시 **공무원의 근로자적 성격을 인정하는 것을 전제로 규정**하고 있다(헌재 1992. 4. 28. 90헌바27).

3191 헌법 제33조 제2항에 따라 공무원인 근로자에게 단결권·단체교섭권·단체행동권을 인정할 것인가의 여부, 어떤 형태의 행위를 어느 범위에서 인정할 것인가 등에 대하여 국가는 광범위한 입법형성의 자유를 가진다. 18 서울 7(추)
O | X

3191-1 국회는 헌법 제33조 제2항에 따라 공무원인 근로자에게 단결권·단체교섭권·단체행동권을 인정할 것인가의 여부, 어떤 형태의 행위를 어느 범위에서 인정할 것인가 등에 대하여 필요한 한도에서만 공무원의 근로3권을 제한할 수 있을 뿐 광범위한 입법형성의 자유를 갖는 것은 아니다. 17 국가 7
O | X

정답 3189. O   3189-1. X [헌법 위반 X]   3190. O   3191. O   3191-1. X [광범위한 입법형성의 자유 有]

우리 헌법은 제33조 제1항에서 근로자의 자주적인 노동3권을 보장하고 있으면서도, 같은 조 제2항에서 공무원인 근로자에 대하여는 법률에 의한 제한을 예정하고 있는바, 이는 공무원의 국민 전체에 대한 봉사자로서의 지위 및 그 직무상의 공공성을 고려하여 합리적인 공무원제도의 보장과 이와 관련된 주권자의 권익을 공공복리의 목적 아래 통합 조정하려는 것이다. 따라서 국회는 헌법 제33조 제2항에 따라 **공무원인 근로자에게 단결권·단체교섭권·단체행동권을 인정할 것인가**의 여부, **어떤 형태의 행위를 어느 범위에서 인정할 것인가** 등에 대하여 **광범위한 입법형성의 자유를 가진다**(헌재 2008. 12. 26. 2005헌마971 등).

3192 국가공무원 중 사실상 노무에 종사하는 공무원은 노동운동을 할 수 있다. 20 국회 9   O | X

3192-1 모든 공무원은 단체행동권을 가질 수 없다. 22 법무사   O | X

> 국가공무원법 제66조(집단 행위의 금지) ① **공무원**은 **노동운동**이나 그 밖에 공무 외의 일을 위한 집단 행위를 하여서는 아니 된다. 다만, **사실상 노무에 종사하는 공무원**은 예외로 한다.

3193 「국가공무원법」상 '노동운동'의 개념은 근로자의 근로조건의 향상을 위한 단결권·단체교섭권·단체행동권 등 근로3권을 기초로 하여 이에 직접 관련된 행위를 의미하는 것으로 좁게 해석하여야 한다. 21 소간   O | X

위 법률조항이 규정하고 있는 **"노동운동"**의 개념은 그 근거가 되는 헌법 제33조 제2항의 취지에 비추어 **근로자의 근로조건의 향상을 위한 단결권·단체교섭권·단체행동권** 등 이른바 **노동3권을 기초로** 하여 이에 **직접 관련된 행위를 의미하는 것으로 좁게 해석하는 것이 상당**하다(헌재 1992. 4. 28. 90헌바27).

3194 사실상 노무에 종사하는 공무원 중 대통령령 등이 정하는 자에 한하여 근로3권을 인정하는 국가공무원법 조항은, 근로3권이 보장되는 공무원의 범위를 사실상 노무에 종사하는 공무원으로 한정하고 있으나, 이는 헌법 제33조 제2항에 근거한 것으로, 전체국민의 공공복리와 사실상 노무에 종사하는 공무원의 직무의 내용, 노동조건 등을 고려해 보았을 때 입법자에게 허용된 입법재량권의 범위를 벗어난 것이라 할 수 없다. 23 법원 9   O | X

헌법 제33조 제2항이 직접 '법률이 정하는 자'만이 노동3권을 향유할 수 있다고 규정하고 있어서 '법률이 정하는 자' 이외의 공무원은 노동3권의 주체가 되지 못하므로, '법률이 정하는 자' 이외의 공무원에 대해서도 노동3권이 인정됨을 전제로 하여 헌법 제37조 제2항의 과잉금지원칙을 적용할 수는 없는 것이다. 한편, 법 제66조제1항은 근로3권이 보장되는 공무원의 범위를 **사실상 노무에 종사하는 공무원에 한정**하고 있으나, 이는 헌법 제33조제2항에 근거한 것이고, 전체국민의 공공복리와 사실상 노무에 공무원의 직무의 내용, 노동조건 등을 고려해 보았을 때 입법자에게 허용된 **입법재량권의 범위를 벗어난 것이라 할 수 없다**(헌재 2007. 8. 30. 2003헌바51).

3195 공무원노동조합은 정책결정에 관한 사항이나 임용권의 행사 등 근무조건과 직접 관련이 없는 사항에 대해서는 정부측 교섭대표 및 지방자치단체의 장과 교섭하고 단체협약을 체결한다. 20 국회 9   O | X

> 공무원의 노동조합 설립 및 운영 등에 관한 법률 제8조(교섭 및 체결 권한 등) ① 노동조합의 대표자는 그 노동조합에 관한 사항 또는 조합원의 보수·복지, 그 밖의 근무조건에 관하여 국회사무총장·법원행정처장·헌법재판소사무처장·중앙선거관리위원회사무총장·인사혁신처장(행정부를 대표한다)·특별시장·광역시장·특별자치시장·도지사·특별자치도지사·시장·군수·구청장(자치구의 구청장을 말한다) 또는 특별시·광역시·특별자치시·도·특별자치도의 교육감 중 어느 하나에 해당하는 사람(이하 "**정부교섭대표**"라 한다)과 각각 교섭하고 단체협약을 체결할 권한을 가진다. 다만, 법령 등에 따라 **국가나 지방자치단체가 그 권한으로 행하는 정책결정에 관한 사항, 임용권의 행사** 등 그 기관의 관리·운영에 관한 사항으로서 **근무조건과 직접 관련되지 아니하는 사항은 교섭의 대상이 될 수 없다.**

● 정답 3192. O 3192-1. X [사실상 노무에 종사하는 공무원: 노동운동 可] 3193. O 3194. O 3195. X [정책결정사항 & 근무조건과 무관한 사항: 교섭대상 아님]

3196 근무조건과 직접 관련되지 않는 정책결정이나 임용권의 행사와 같은 기관의 관리·운영에 관한 사항은 행정기관이 전권을 가지고 자신의 권한과 책임 하에 집행해야 할 사항으로서, 이를 교섭대상에서 배제하여도 공무원노조의 단체교섭권에 대한 과도한 제한이라고 보기 어렵다. 14 지방 7   O | X

3196-1 법령 등에 의하여 국가 또는 지방자치단체가 그 권한으로 행하는 정책결정에 관한 사항, 임용권의 행사 등 그 기관의 관리·운영에 관한 사항으로서 근무조건과 직접 관련되지 아니하는 사항을 공무원노동조합의 단체교섭 대상에서 제외하고 있는 「공무원의노동조합 설립 및 운영 등에 관한 법률」 조항이 명확성의 원칙에 위반되는 것은 아니다. 23 경찰 2차   O | X

3196-2 국가 또는 지방자치단체의 정책결정에 관한 사항이나 기관의 관리·운영에 관한 사항으로서 근무조건과 직접 관련되지 아니하는 사항을 공무원노동조합의 단체교섭 대상에서 제외하고 있는 「공무원의 노동조합 설립 및 운영 등에 관한 법률」 제8조 제1항 단서 중 '직접' 부분은 명확성원칙에 위반된다. 19 서울 7   O | X

(1) 이 사항들 중 근무조건과 '**직접**' 관련되어 교섭대상이 되는 사항은 **공무원이 공무를 제공하는 조건이 되는 사항 그 자체를** 의미하는 것이므로, 이 사건 규정에서 말하는 공무원노조의 비교섭대상은 정책결정에 관한 사항과 기관의 관리·운영에 관한 사항 중 그 자체가 공무를 제공하는 조건이 되는 사항을 제외한 사항이 될 것이다. 따라서 이 사건 규정 상의 '직접'의 의미가 법집행 기관의 자의적인 법집행을 초래할 정도로 불명확하다고 볼 수 없으므로 **명확성원칙에 위반된다고 볼 수 없다**(헌재 2013. 6. 27. 2012헌바169).
(2) 이 사항들은 모두 국가 또는 지방자치단체가 행정책임주의 및 법치주의원칙에 따라 자신의 권한과 책임 하에 전권을 행사하여야 할 사항으로서 이를 교섭대상으로 한다면 행정책임주의 및 법치주의원칙에 반하게 되고, 설령 교섭대상으로 삼아 단체협약을 체결한다 하더라도 무효가 되어 교섭대상으로서의 의미를 가지지 못하기 때문이다. 이러한 상황이 발생하는 것을 방지하기 위해서는 위 사항들을 **교섭대상에서 제외**하는 것이 부득이하므로 이 사건 규정 **과잉금지원칙에 위반된다고 볼 수 없다**(헌재 2013. 6. 27. 2012헌바169).

3197 공무원노동조합이 체결하는 단체협약의 내용 중 법령·조례 또는 예산에 의해 규정되는 것은 단체협약으로서의 효력이 인정되지 않는다. 20 국회 9   O | X

공무원의 노동조합 설립 및 운영 등에 관한 법률 제10조(단체협약의 효력) ① 제9조에 따라 체결된 단체협약의 내용 중 **법령·조례 또는 예산에 의하여 규정되는 내용**과 법령 또는 조례에 의하여 위임을 받아 규정되는 내용은 **단체협약으로서의 효력을 가지지 아니한다.**

3198 공무원인 근로자 중 법률이 정하는 자 이외의 공무원은 노동3권의 주체가 되지 못하므로 노동3권이 인정됨을 전제로 하여 헌법 제37조 제2항의 과잉금지원칙을 적용할 수는 없다. 12 국회 8   O | X

3198-1 공무원인 근로자의 노동3권을 인정할 것인가의 여부와 그 인정 범위는 과잉금지의 원칙에 따라서 심사된다. 12 국회 9   O | X

헌법 제33조 제2항이 직접 '법률이 정하는 자'만이 노동3권을 향유할 수 있다고 규정하고 있어서 '**법률이 정하는 자' 이외의 공무원은 노동3권의 주체가 되지 못하므로**, 노동3권이 인정됨을 전제로 하는 헌법 제37조 제2항의 **과잉금지원칙은 적용이 없는 것으로 보아야 할 것이다**(헌재 2008. 12. 26. 2005헌마971 등).

정답 3196. O   3196-1. O   3196-2. X [명확성원칙 위반 X]   3197. O   3198. O   3198-1. X [과잉금지원칙 적용 不可]

3199 5급 이상 공무원의 노동조합가입을 금지하고 6급 이하의 공무원 중에서도 인사·보수 등 행정기관의 입장에 서는 자 등의 노동조합가입을 금지하는 것은 공무원들의 단결권을 침해하지 않는다. 20 국회 9   O | X

노동조합 가입범위에 관한 공노법 제6조는 통상 5급 이상의 공무원이 제반 주요정책을 결정하고 그 소속 하위직급자들을 지휘·명령하여 분장사무를 처리하는 역할을 하는 공무원의 업무수행 현실, 6급 이하의 공무원 중에서도 '지휘감독권 행사자' 등은 '항상 사용자의 이익을 대표하는 자'의 입장에 있거나 그 업무의 공공성·공익성이 큰 점 등을 고려하여 위 공무원들을 노동조합 가입대상에서 제외한 것으로, 헌법 제33조 제2항이 입법자에게 부여하고 있는 **형성적 재량권의 범위를 일탈**하여 청구인들의 **단결권을 침해한다고 볼 수 없다**(헌재 2008. 12. 26. 2005헌마971 등).

3200 소방공무원을 노동조합 가입대상에서 제외한 「공무원의 노동조합 설립 및 운영 등에 관한 법률」 조항이 소방공무원들의 단결권을 침해한다. 23 경정   O | X

심판대상조항은 **소방공무원**이 그 업무의 성격상 사회공공의 안녕과 질서유지에 미치는 영향력이 크고, 그 책임 및 직무의 중요성, 신분 및 근로조건의 특수성이 인정되므로, 노동조합원으로서의 지위를 가지고 업무를 수행하는 것이 적절하지 아니하다고 보아 **노동조합 가입대상에서 제외**한 것이다. … 또한 소방공무원은 특정직 공무원으로서 '소방공무원법'에 의하여 신분보장이나 대우 등 근로조건의 면에서 일반직공무원에 비하여 두텁게 보호받고 있다. 따라서 심판대상조항이 **헌법 제33조 제2항의 입법형성권의 한계를 일탈하여 소방공무원인 청구인의 단결권을 침해한다고 볼 수 없다**(헌재 2008. 12. 26. 2006헌마462).

3201 공무원 노동조합의 설립 최소단위를 '행정부'로 규정하여 노동부만의 노동조합 결성을 제한한 것은 단결권 및 평등권을 침해하지 않는다. 12 국가 7   O | X

공무원 노동조합의 설립 최소단위를 '행정부'로 규정하여 노동부만의 노동조합결성을 제한한 것이 **단결권을 침해하는 것은 아니며**, 행정부 소속 공무원을 국회·법원 등 다른 헌법기관 소속 공무원과 **합리적인 이유 없이 차별하였다고 볼 수 없다**(헌재 2008. 12. 26. 2006헌마518).

02 주요방위산업체에 종사하는 근로자

3202 법률이 정하는 주요방위산업체에 종사하는 근로자의 단체행동권은 법률이 정하는 바에 의하여 이를 제한하거나 인정하지 아니할 수 있다. 24 5급. 23 경정. 21 법원 9   O | X

3202-1 헌법은 "법률이 정하는 주요방위산업체에 종사하는 근로자의 단결권은 법률이 정하는 바에 의하여 이를 제한하거나 인정하지 아니할 수 있다."라고 규정하고 있다. 18 5급   O | X

3202-2 법률이 정하는 주요방위산업체에 종사하는 근로자의 단체교섭권은 법률이 정하는 바에 의하여 이를 제한하거나 인정하지 아니할 수 있다. 17 5급   O | X

3202-3 법률이 정하는 주요방위산업체에 종사하는 근로자의 근로3권은 법률이 정하는 바에 의하여 이를 제한하거나 인정하지 않을 수 있다. 15 서울 7   O | X

헌법 제33조 ③ 법률이 정하는 **주요방위산업체에 종사하는 근로자**의 **단체행동권**은 법률이 정하는 바에 의하여 이를 제한하거나 인정하지 아니할 수 있다.

정답 3199. O   3200. X [단결권 침해 X]   3201. O   3202. O   3202-1. X [단결권 X → 단체행동권 O]   3202-2. X [단체교섭권 X → 단체행동권 O]   3202-3. X [근로3권 X → 단체행동권 O]

3203 「노동조합 및 노동관계조정법」상 「방위사업법」에 의하여 지정된 주요방위산업체에 종사하는 근로자 중 전력, 용수 및 주로 방산물자를 생산하는 업무에 종사하는 자는 단체교섭을 할 수 없다. 23 경찰 2차   O│X

> 노동조합 및 노동관계조정법 제41조(쟁의행위의 제한과 금지) ② 「방위사업법」에 의하여 지정된 **주요방위산업체에 종사하는 근로자** 중 전력, 용수 및 주로 방산물자를 생산하는 업무에 종사하는 자는 **쟁의행위를 할 수 없으며** 주로 방산물자를 생산하는 업무에 종사하는 자의 범위는 대통령령으로 정한다.
>
> 헌법 제33조 ③ 법률이 정하는 **주요방위산업체에 종사하는 근로자의 단체행동권**은 법률이 정하는 바에 의하여 이를 제한하거나 인정하지 아니할 수 있다.

POINT 175 근로3권의 제한

01 근로3권의 제한

3204 헌법 제37조 제2항에 의하여 근로자의 근로3권에 대해 일부 제한이 가능하다 하더라도, '공무원 또는 주요방위사업체 근로자'가 아닌 근로자의 근로3권을 전면적으로 부정하는 것은 본질적 내용 침해금지에 위반된다. 17 국가 7(추)   O│X

3204-1 국가비상사태 하에서라도 단체교섭권·단체행동권이 제한되는 근로자의 범위를 구체적으로 제한함이 없이 그 허용 여부를 주무관청의 조정결정에 포괄적으로 위임하고 이에 위반할 경우 형사처벌하도록 규정하는 것은 근로3권의 본질적인 내용을 침해하는 것이다. 18 국회 8   O│X

> (1) 헌법 제33조는 제1항에서 근로3권을 규정하되, 제2항 및 제3항에서 '공무원인 근로자' 및 '법률이 정하는 주요방위산업체 근로자'에 한하여 근로3권의 예외를 규정한다. 그러므로 헌법 제37조 제2항 전단에 의하여 **근로자의 근로3권에 대해 일부 제한**이 가능하다 하더라도, '공무원 또는 주요방위사업체 근로자'가 아닌 **근로자의 근로3권을 전면적으로 부정**하는 것은 헌법 제37조 제2항 후단의 **본질적 내용 침해금지에 위반**된다(헌재 2015. 3. 26. 2014헌가5).
>
> (2) 심판대상조항은 단체교섭권·단체행동권이 제한되는 근로자의 범위를 구체적으로 제한함이 없이, 단체교섭권·단체행동권의 행사요건 및 한계 등에 관한 기본적 사항조차 법률에서 정하지 아니한 채, 그 허용 여부를 **주무관청의 조정결정에 포괄적으로 위임**하고 이에 위반할 경우 형사처벌하도록 하고 있는바, 이는 **모든 근로자의 단체교섭권·단체행동권을 사실상 전면적으로 부정**하는 것으로서 헌법에 규정된 **근로3권의 본질적 내용을 침해**하는 것이다(헌재 2015. 3. 26. 2014헌가5).

02 청원경찰

3205 모든 청원경찰의 근로3권을 전면적으로 제한하는 법률조항은 청원경찰의 근로3권을 제한함에 목적의 정당성 및 수단의 적합성이 인정되지 않는다. 18 법원 9   O│X

> 심판대상조항은 청원경찰의 근로3권을 제한함으로써 청원경찰이 관리하는 **중요시설의 안전을 도모**하려는 것이므로 **목적의 정당성이 인정**될 수 있고, 근로3권의 제한은 위와 같은 목적달성에 기여할 수 있으므로 **수단의 적합성도 인정**될 수 있다(헌재 2017. 9. 28. 2015헌마653).

정답 3203. X [단체교섭 X → 쟁의행위 O] 3204. O 3204-1. O 3205. X [목·수 인정됨]

3206 청원경찰은 청원주와의 고용계약에 의한 근로자일 뿐, 국민 전체에 대한 봉사자로서 국민에 대하여 책임을 지며 그 신분과 정치적 중립성이 법률에 의해 보장되는 공무원 신분이 아니므로, 기본적으로 헌법 제33조 제1항에 따라 근로3권을 보장받아야 한다. 18 법원 9   O | X

청원경찰은 사용자인 청원주와의 고용계약에 의한 근로자일 뿐, 국민전체에 대한 봉사자로서 국민에 대하여 책임을 지며 그 신분과 정치적 중립성이 법률에 의해 보장되는 공무원 신분이 아니다. 법률이 정하는 바에 따라 근로3권이 제한적으로만 인정되는 헌법 제33조 제2항의 공무원으로 볼 수는 없는 이상, 일반근로자인 청원경찰에게는 기본적으로 헌법 제33조 제1항에 따라 근로3권이 보장되어야 한다(헌재 2017. 9. 28. 2015헌마653).

3207 국가기관이나 지방자치단체 이외의 곳에서 근무하는 청원경찰은 근로조건에 관하여 공무원뿐만 아니라 국가기관이나 지방자치단체에 근무하는 청원경찰에 비해서도 낮은 수준의 법적 보장을 받고 있으므로, 이들에 대해서는 근로3권이 허용되어야 할 필요성이 더욱 크다. 18 법원 9   O | X

청원경찰은 일반근로자일 뿐 공무원이 아니므로 원칙적으로 헌법 제33조 제1항에 따라 근로3권이 보장되어야 한다. 청원경찰은 제한된 구역의 경비를 목적으로 필요한 범위에서 경찰관의 직무를 수행할 뿐이며, 그 신분보장은 공무원에 비해 취약하다. 또한 국가기관이나 지방자치단체 이외의 곳에서 근무하는 청원경찰은 근로조건에 관하여 공무원뿐만 아니라 국가기관이나 지방자치단체에 근무하는 청원경찰에 비해서도 낮은 수준의 법적 보장을 받고 있으므로, 이들에 대해서는 근로3권이 허용되어야 할 필요성이 크다(헌재 2017. 9. 28. 2015헌마653).

3208 청원경찰에 대하여 직접행동을 수반하지 않는 단결권과 단체교섭권을 인정하더라도 시설의 안전 유지에 지장이 된다고 단정할 수 없다. 21 입시   O | X

청원경찰에 대하여 직접행동을 수반하지 않는 단결권과 단체교섭권을 인정하더라도 시설의 안전 유지에 지장이 된다고 단정할 수 없다. 헌법은 주요방위산업체 근로자들의 경우에도 단체행동권만을 제한하고 있고, 경비업법은 무기를 휴대하고 국가중요시설의 경비 업무를 수행하는 특수경비원의 경우에도 쟁의행위를 금지할 뿐이다(헌재 2017. 9. 28. 2015헌마653).

3209 모든 청원경찰의 근로3권을 전면적으로 제한하는 법률조항을 통해 청원경찰이 경비하는 중요시설의 안전을 도모할 수 있음은 분명하나, 이로 인해 받는 불이익은 모든 청원경찰에 대한 근로3권의 전면적 박탈이라는 점에서, 심판대상조항은 법익의 균형성이 인정되지 아니한다. 18 법원 9   O | X

심판대상조항으로 말미암아 청원경찰이 경비하는 중요시설의 안전을 도모할 수 있음은 분명하나, 이로 인해 받는 불이익은 모든 청원경찰에 대한 근로3권의 전면적 박탈이라는 점에서, 심판대상조항은 법익의 균형성도 인정되지 아니한다(헌재 2017. 9. 28. 2015헌마653).

3210 청원경찰의 복무에 관하여 「국가공무원법」 제66조 제1항을 준용함으로써 노동운동을 금지하는 「청원경찰법」 제5조 제4항 중 「국가공무원법」 제66조 제1항 가운데 '노동운동' 부분을 준용하는 부분은 국가기관이나 지방자치단체 이외의 곳에서 근무하는 청원경찰의 근로3권을 침해한다. 19 지방 7   O | X

청원경찰은 일반근로자일 뿐 공무원이 아니므로 원칙적으로 헌법 제33조 제1항에 따라 근로3권이 보장되어야 한다. 청원경찰은 제한된 구역의 경비를 목적으로 필요한 범위에서 경찰관의 직무를 수행할 뿐이며, 그 신분보장은 공무원에 비해 취약하다. 또한 국가기관이나 지방자치단체 이외의 곳에서 근무하는 청원경찰은 근로조건에 관하여 공무원뿐만 아니라 국가기관이나 지방자치단체에 근무하는 청원경찰에 비해서도 낮은 수준의 법적 보장을 받고 있으므로, 이들에 대해서는 근로3권이 허용되어야 할 필요성이 크다. … 이상을 종합하여 보면, 심판대상조항이 모든 청원경찰의 근로3권을 전면적으로 제한하는 것은 과잉금지원칙을 위반하여 청구인들의 근로3권을 침해하는 것이다(헌재 2017. 9. 28. 2015헌마653).

● 정답   3206. O   3207. O   3208. O   3209. O   3210. O

3211 청원경찰로서 「국가공무원법」 제66조 제1항의 규정에 위반하여 노동운동 기타 공무 이외의 일을 위한 집단적 행위를 한 자를 형사처벌하도록 규정한 「청원경찰법」 제11조는 과잉금지의 원칙을 위배하여 청원경찰의 근로3권을 침해한다. 15 지방 7 O | X

청원경찰법 제11조는 청원경찰의 근로3권을 제한함으로써 청원경찰들이 관리하는 국가 등의 중요시설의 안전을 기하려고 하는 것으로서 그 입법목적의 정당성과 수단의 적정성을 인정할 수 있다. … 유사한 집단행위 또는 쟁의행위에 대한 처벌 규정에 비추어 볼 때 과잉형벌의 문제를 제기하지 아니하며, 형벌체계상의 균형을 상실하였다거나 책임과 형벌 간의 비례원칙에 위반된다고 보기도 어렵다. 따라서, 이 사건 청원경찰법 조항이 **과잉금지의 원칙**이나 **책임과 형벌 간의 비례성원칙**에 위반되어 청구인들의 **근로3권을 침해한다고 인정되지 아니한다**(헌재 2008. 7. 31. 2004헌바9).

🔖 **보충설명** 청원경찰의 노동운동을 금지하는 법률조항은 근로3권을 침해하나 이에 대한 형사처벌조항은 근로3권을 침해하지 아니한다.

03 교원노조

3212 교원은 학생들에 대한 지도·교육이라는 노무에 종사하고 그 대가로 받는 임금·급료 그 밖에 이에 준하는 수입으로 생활하는 사람이므로 근로자에 해당한다. 22 국회 9 O | X

헌법 제33조 제1항은 "근로자는 근로조건의 향상을 위하여 자주적인 단결권·단체교섭권 및 단체행동권을 가진다."고 하여 근로자의 근로3권을 보호하고 있다. **교원도 학생들에 대한 지도·교육이라는 노무에 종사**하고 그 대가로 받는 **임금·급료 그 밖에 이에 준하는 수입으로 생활하는 사람**이므로 **근로자에 해당한다**(헌재 2015. 5. 28. 2013헌마671 등).

3213 헌법은 사립학교 교원의 단체행동권을 제한하는 명문 규정을 두고 있지 않다. 16 법무사 O | X

헌법은 공무원인 근로자의 근로3권과 주요방위산업체에 종사하는 근로자의 단체행동권을 제한하는 명문규정을 두고 있으나 사립학교 교원의 단체행동권을 제한하는 명문 규정은 두고 있지 않다.

> 헌법 제33조 ② **공무원인 근로자**는 **법률이 정하는 자**에 한하여 **단결권·단체교섭권 및 단체행동권**을 가진다.
> ③ 법률이 정하는 **주요방위산업체에 종사하는 근로자의 단체행동권**은 법률이 정하는 바에 의하여 이를 제한하거나 인정하지 아니할 수 있다.

3214 교원의 노동권, 노동조합 등에 관하여는 헌법 제31조 제6항의 교원지위법정주의 조항이 헌법 제33조의 노동3권 조항보다 우선하여 적용된다. 14 국회 9 O | X

헌법 제31조 제6항은 국민의 교육을 받을 기본적 권리를 보다 효과적으로 보장하기 위하여 교원의 보수 및 근무조건 등을 포함하는 개념인 "교원의 지위"에 관한 기본적인 사항을 법률로써 정하도록 한 것이므로 **교원의 지위에 관련된 사항**에 관한한 위 헌법조항이 근로기본권에 관한 **헌법 제33조 제1항에 우선하여 적용**된다(헌재 1991. 7. 22. 89헌가106).

정답 3211. X [처벌조항 근로3권 침해 X] 3212. O 3213. O 3214. O

3215 「교원의 노동조합 설립 및 운영 등에 관한 법률」에 의하면 사립학교 교원은 단결권과 단체교섭권이 인정되고 단체행동권이 금지되지만, 국·공립학교 교원은 근로3권이 모두 부인된다. 19 국회 9, 19 지방 7 O | X

> 교원의 노동조합 설립 및 운영 등에 관한 법률 제2조(정의) 이 법에서 "교원"이란 다음 각 호의 어느 하나에 해당하는 사람을 말한다.
> 1. 「유아교육법」 제20조제1항에 따른 교원
> 2. 「초·중등교육법」 제19조제1항에 따른 교원
> 3. 「고등교육법」 제14조제2항 및 제4항에 따른 교원. 다만, 강사는 제외한다.
>
> 교원의 노동조합 설립 및 운영 등에 관한 법률 제8조(쟁의행위의 금지) 노동조합과 그 조합원은 파업, 태업 또는 그 밖에 업무의 정상적인 운영을 방해하는 어떠한 쟁의행위(爭議行爲)도 하여서는 아니 된다.
>
> **보충설명** 교원노조법상 사립학교 교원과 교육공무원인 국·공립학교 교원 모두 단결권과 단체교섭권이 인정되고 단체행동권이 부인된다.

3216 「고등교육법」에서 규율하는 대학 교원들에게 단결권을 인정하지 않는 것은, 교원노조를 설립하거나 가입하여 활동할 수 있는 자격을 초·중등교원으로 한정함으로써 교육공무원 아닌 대학 교원에 대해서 근로기본권의 핵심인 단결권조차 부정한 것으로 목적의 정당성을 인정할 수 없고, 수단의 적합성도 인정할 수 없다. 23 변호사 O | X

3216-1 「교원의 노동조합 설립 및 운영 등에 관한 법률」의 적용대상을 「초·중등교육법」 제19조 제1항의 교원이라고 규정함으로써 「고등교육법」에서 규율하는 대학 교원들의 단결권을 인정하지 않는 것은 그 입법목적의 정당성을 인정하기 어렵다. 24 경간 O | X

> (1) 교원노조를 설립하거나 가입하여 활동할 수 있는 자격을 **초·중등교원으로 한정**함으로써 **교육공무원이 아닌 대학 교원**에 대해서는 근로기본권의 핵심인 **단결권조차 전면적으로 부정**한 측면에 대해서는 그 **입법목적의 정당성**을 인정하기 어렵고, **수단의 적합성 역시 인정할 수 없다.** … 최근 들어 대학 사회가 다층적으로 변화하면서 대학 교원의 사회·경제적 지위의 향상을 위한 요구가 높아지고 있는 상황에서 단결권을 행사하지 못한 채 개별적으로만 근로조건의 향상을 도모해야 하는 불이익은 중대한 것이므로, 심판대상조항은 **과잉금지원칙에 위배**된다(헌재 2018. 8. 30. 2015헌가38).
> (2) **교육공무원인 대학 교원**에 대하여 보더라도, 교육공무원의 직무수행의 특성과 헌법 제33조 제1항 및 제2항의 정신을 종합해 볼 때, **교육공무원에게 근로3권을 일체 허용하지 않고 전면적으로 부정**하는 것은 합리성을 상실한 과도한 것으로서 **입법형성권의 범위를 벗어나 헌법에 위반**된다(헌재 2018. 8. 30. 2015헌가38).

3217 교육공무원인 대학 교원을 「교원의 노동조합 설립 및 운영 등에 관한 법률」의 적용대상에서 배제한 것이 교육공무원인 대학교원의 단결권을 침해하는지 여부는 과잉금지원칙 위배 여부를 기준으로 심사한다. 20 국가 7 O | X

3217-1 교육공무원에게 근로3권을 일체 허용하지 않고 전면적으로 부정하는 것은 입법형성권의 범위를 벗어난다. 19 입시 O | X

정답 3215. ×[국·공립·사립 모두 단체행동권만 부인] 3216. ○ 3216-1. ○ 3217. ×[입법형성범위 일탈여부 심사] 3217-1. ○

(1) 이 사건에서는 대학 교원을 교육공무원 아닌 대학 교원과 교육공무원인 대학 교원으로 나누어, 각각의 단결권에 대한 제한이 헌법에 위배되는지 여부에 관하여 살펴보기로 하되, **교육공무원 아닌 대학 교원**에 대해서는 **과잉금지원칙 위배 여부**를 기준으로, **교육공무원인 대학 교원**에 대해서는 **입법형성의 범위를 일탈하였는지 여부**를 기준으로 나누어 심사하기로 한다(헌재 2018. 8. 30. 2015헌가38).

(2) **교육공무원인 대학 교원**에 대하여 보더라도, 교육공무원의 직무수행의 특성과 헌법 제33조 제1항 및 제2항의 정신을 종합해 볼 때, **교육공무원에게 근로3권을 일체 허용하지 않고 전면적으로 부정**하는 것은 합리성을 상실한 과도한 것으로서 **입법형성권의 범위를 벗어나 헌법에 위반**된다(헌재 2018. 8. 30. 2015헌가38).

3218 교육공무원이 아닌 대학 교원의 단결권을 인정하지 않는 것은 헌법에 위배되지만, 교육공무원인 대학 교원의 단결권을 인정하지 않는 것은 헌법에 위배되지 않는다. 23 경정, 21 입시 O I X

(1) **교원노조를 설립하거나 가입하여 활동할 수 있는 자격을 초·중등교원으로 한정**함으로써 교육공무원이 아닌 대학 교원에 대해서는 근로기본권의 핵심인 **단결권조차 전면적으로 부정**한 측면에 대해서는 그 **입법목적의 정당성**을 인정하기 어렵고, **수단의 적합성 역시 인정할 수 없다.** … 최근 들어 대학 사회가 다층적으로 변화하면서 대학 교원의 사회·경제적 지위의 향상을 위한 요구가 높아지고 있는 상황에서 단결권을 행사하지 못한 채 개별적으로만 근로조건의 향상을 도모해야 하는 불이익은 중대한 것이므로, **심판대상조항은 과잉금지원칙에 위배**된다(헌재 2018. 8. 30. 2015헌가38).

(2) **교육공무원인 대학 교원**에 대하여 보더라도, 교육공무원의 직무수행의 특성과 헌법 제33조 제1항 및 제2항의 정신을 종합해 볼 때, **교육공무원에게 근로3권을 일체 허용하지 않고 전면적으로 부정**하는 것은 합리성을 상실한 과도한 것으로서 **입법형성권의 범위를 벗어나 헌법에 위반**된다(헌재 2018. 8. 30. 2015헌가38).

3219 초·중등교육법 상의 교원과는 달리 법률로써 고등교육법에서 규율하는 대학 교원들의 단결권을 인정하지 않더라도, 대학 교원은 헌법과 법률로써 신분이 보장되고 정당가입과 선거운동 등이 가능하므로 평등권을 침해하는 것은 아니다. 23 5급 O I X

이 사건의 쟁점은 이와 같이 근로기본권의 핵심적인 권리인 단결권조차 인정되지 아니하는 대학 교원에 대한 기본권의 제한이 헌법적으로 정당화될 수 있는지 여부이다. **평등원칙** 위배에 관한 제청이유는 초·중등교원과 달리 대학 교원의 단결권 등을 인정하지 않는 것의 위헌성에 관한 주장으로서, **단결권 침해의 위헌성에 대한 주장과 실질적으로 같다**고 할 것이므로 **별도로 살펴보지 아니한다**(헌재 2018. 8. 30. 2015헌가38).

3220 단결권에는 근로자단체가 존립하고 활동할 수 있는 집단적 단결권도 포함되므로, 교원노조를 설립하거나 그에 가입하여 활동할 수 있는 자격을 초·중등학교에 재직 중인 교원으로 한정하는 것은, 해직 교원이나 실업·구직 중에 있는 교원 및 이들을 조합원으로 하여 교원노조를 조직·구성하려고 하는 교원노조의 단결권을 제한하는 것이다. 23 변호사 O I X

근로3권 중 단결권에는 개별 근로자가 노동조합 등 근로자단체를 조직하거나 그에 가입하여 활동할 수 있는 **개별적 단결권**뿐만 아니라 근로자단체가 존립하고 활동할 수 있는 **집단적 단결권**도 포함된다. 이 사건 법률조항은 교원의 근로조건에 관하여 정부 등을 상대로 단체교섭 및 단체협약을 체결할 권한을 가진 교원노조를 설립하거나 그에 가입하여 활동할 수 있는 자격을 **초·중등학교에 재직 중인 교원으로 한정**하고 있으므로, **해직 교원이나 실업·구직 중에 있는 교원** 및 이들을 조합원으로 하여 **교원노조를 조직·구성하려고 하는 교원노조의 단결권을 제한**한다(헌재 2015. 5. 28. 2013헌마671 등).

● 정답 3218. X [둘다 헌법에 위배됨] 3219. X [평등권 심사 안 함] 3220. O

3221 「교원의 노동조합 설립 및 운영 등에 관한 법률」의 적용을 받는 교원의 범위를 초·중등학교에 재직 중인 교원으로 한정하고 있는 「교원의 노동조합 설립 및 운영 등에 관한 법률」 제2조가 교원의 근로조건과 직접 관련이 없는 교원이 아닌 사람을 교원노조의 조합원 자격에서 배제하는 것이 단결권의 지나친 제한이라고 볼 수 없다. 16 법원 9 O|X

3221-1 「교원의 노동조합 설립 및 운영 등에 관한 법률」의 적용을 받는 교원의 범위를 초·중등학교에 재직 중인 교원으로 한정하고 해직교원을 제외하는 것은 전국교직원노동조합 및 해직교원들의 단결권을 침해하지 않는다. 16 지방 7 O|X

교원노조는 교원을 대표하여 단체교섭권을 행사하는 등 교원의 근로조건에 직접적이고 중대한 영향력을 행사하고, 교원의 근로조건의 대부분은 법령이나 조례 등으로 정해지므로 **교원의 근로조건과 직접 관련이 없는 교원이 아닌 사람을 교원노조의 조합원 자격에서 배제**하는 것이 단결권의 지나친 제한이라고 볼 수 없고, 교원으로 취업하기를 희망하는 사람들이 '노동조합 및 노동관계조정법'에 따라 노동조합을 설립하거나 그에 가입하는 데에는 아무런 제한이 없으므로 이들의 단결권이 박탈되는 것도 아니다. … **이 사건 법률조항은** 청구인들의 **단결권을 침해하지 아니한다**(헌재 2015. 5. 28. 2013헌마671 등).

3222 교원이 아닌 사람이 교원노조에 일부 포함되어 있다는 이유로 이미 설립신고를 마치고 활동 중인 노동조합을 법외노조로 할 것인지 여부는 법외노조통보 조항이 정하고 있고, 법원은 법외노조통보 조항에 따른 행정당국의 판단이 적법한 재량의 범위 안에 있는 것인지 판단할 수 있다. 15 국회 9 O|X

3222-1 교원이 아닌 사람이 교원노조에 일부 포함되어 있다는 이유로 이미 설립신고를 마치고 활동 중인 노동조합을 법외노조로 하도록 정하는 것은 과잉금지의 원칙에 반한다고 할 것이다. 16 법원 9 O|X

교원이 아닌 사람이 교원노조에 일부 포함되어 있다는 이유로 이미 설립신고를 마치고 활동 중인 노동조합을 **법외노조로 할 것인지 여부**는 법외노조통보 조항이 정하고 있고, **법원**은 법외노조통보 조항에 따른 **행정당국의 판단이 적법한 재량**의 범위 안에 있는 것인지 **충분히 판단할 수 있으므로**, 이미 설립신고를 마친 교원노조의 법상 지위를 박탈할 것인지 여부는 이 사건 법외노조통보 조항의 해석 내지 법 집행의 운용에 달린 문제라 할 것이다. … **이 사건 법률조항은** 청구인들의 **단결권을 침해하지 아니한다**(헌재 2015. 5. 28. 2013헌마671 등).

3223 구 「사립학교법」상 교원은 노동조합 결성 등 집단행동이 금지되었는데 이는 헌법에 위반된다. 18 서울 7(추) O|X

이 사건 심판의 대상이 된 위 각 법률조항은 근로자인 사립학교 교원에게 비록 헌법 제33조 제1항에 정한 근로3권의 행사를 제한 또는 금지하고 있다고 하더라도 이로써 **사립학교 교원**이 가지는 **근로기본권의 본질적 내용을 침해한 것으로는 볼 수 없고**, 그 제한은 입법자가 앞서 본 교원지위의 특수성과 우리의 역사적 현실을 종합하여 공공의 이익인 교육제도의 본질을 지키기 위하여 결정한 것으로서 필요하고 적정한 범위내의 것이라 할 것이므로 **헌법 제33조 제1항**은 물론 **헌법 제37조 제2항에도 위반되지 아니한다**(헌재 1991. 7. 22. 89헌가106).

POINT 176 환경권

01 환경권

3224 모든 국민은 건강하고 쾌적한 환경에서 생활할 권리를 가지며, 국가와 국민은 환경보전을 위하여 노력하여야 한다. 22 해간, 20 국회 8 O|X

정답 3221. O 3221-1. O 3222. O 3222-1. X [과잉금지원칙 위반 X] 3223. X [헌법 위반 X] 3224. O

> 헌법 제35조 ① 모든 국민은 **건강하고 쾌적한 환경에서 생활할 권리**를 가지며, **국가와 국민은 환경보전을 위하여 노력하여야 한다.**

3225 환경권의 내용과 행사에 관하여는 법률로 정한다. 21 법원 9 O | X

> 헌법 제35조 ② 환경권의 **내용과 행사**에 관하여는 **법률**로 정한다.

3226 국가는 주택개발정책 등을 통하여 모든 국민이 쾌적한 주거생활을 할 수 있도록 노력하여야 한다.
21 법원 9 O | X

> 헌법 제35조 ③ 국가는 **주택개발정책** 등을 통하여 모든 국민이 **쾌적한 주거생활**을 할 수 있도록 노력하여야 한다.

3227 환경권을 행사함에 있어 국민은 국가로부터 건강하고 쾌적한 환경을 향유할 수 있는 자유를 침해당하지 않을 권리를 행사할 수 있고, 일정한 경우 국가에 대하여 건강하고 쾌적한 환경에서 생활할 수 있도록 요구할 수 있는 권리가 인정되기도 하는 바, 환경권은 그 자체 종합적 기본권으로서의 성격을 지닌다. 24 경간, 23 경채, 21 법원 9 O | X

환경권을 행사함에 있어 국민은 국가로부터 **건강하고 쾌적한 환경**을 향유할 수 있는 자유를 **침해당하지 않을 권리**를 행사할 수 있고, 일정한 경우 국가에 대하여 **건강하고 쾌적한 환경**에서 생활할 수 있도록 **요구할 수 있는 권리**가 인정되기도 하는바, **환경권**은 그 자체 **종합적 기본권**으로서의 성격을 지닌다(헌재 2019. 12. 27. 2018헌마730).

3228 환경권은 생명·신체의 자유를 보호하는 토대를 이루며, 궁극적으로 '삶의 질' 확보를 목표로 하는 권리이다. 23 경채, 21 소간 O | X

헌법은 "모든 국민은 건강하고 쾌적한 환경에서 생활할 권리를 가지며, 국가와 국민은 환경보전을 위하여 노력하여야 한다."고 규정하여(제35조 제1항) 국민의 환경권을 보장함과 동시에 국가에게 국민이 건강하고 쾌적하게 생활할 수 있는 양호한 환경을 유지하기 위하여 노력하여야 할 의무를 부여하고 있다. 이러한 **환경권은 생명·신체의 자유를 보호하는 토대**를 이루며, 궁극적으로 **'삶의 질' 확보를 목표로 하는 권리이다**(헌재 2019. 12. 27. 2018헌마730).

3229 '건강하고 쾌적한 환경에서 생활할 권리'를 보장하는 환경권의 보호대상이 되는 환경에는 자연환경뿐만 아니라 인공적 환경과 같은 생활환경도 포함되므로, 일상생활에서 소음을 제거·방지하여 정온한 환경에서 생활할 권리는 환경권의 한 내용을 구성한다. 21 소간 O | X

3229-1 '건강하고 쾌적한 환경에서 생활할 권리'를 보장하는 환경권의 보호대상이 되는 환경에는 자연환경만 포함될 뿐 인공적 환경과 같은 생활환경은 포함되지 않는다. 23 해간 O | X

'**건강하고 쾌적한 환경에서 생활할 권리**'를 보장하는 환경권의 보호대상이 되는 환경에는 **자연환경**뿐만 아니라 인공적 환경과 같은 **생활환경도 포함**되므로(환경정책기본법 제3조), 일상생활에서 소음을 제거·방지하여 '**정온한 환경에서 생활할 권리**'는 환경권의 한 내용을 구성한다(헌재 2019. 12. 27. 2018헌마730).

🔑 정답 3225. ○   3226. ○   3227. ○   3228. ○   3229. ○   3229-1. X [인공적 환경과 같은 생활환경도 포함]

3230 환경권의 내용과 행사는 법률에 의해 구체적으로 정해지는 것이기는 하나(헌법 제35조 제2항), 이 헌법조항의 취지는 특별히 명문으로 헌법에서 정한 환경권을 입법자가 그 취지에 부합하도록 법률로써 내용을 구체화하도록 한 것이지 환경권이 완전히 무의미하게 되는데도 그에 대한 입법을 전혀 하지 아니하거나, 어떠한 내용이든 법률로써 정하기만 하면 된다는 것은 아니다. 22 경찰 1차   O | X

> 환경권의 내용과 행사는 법률에 의해 구체적으로 정해지는 것이기는 하나(헌법 제35조 제2항), 이 헌법조항의 취지는 특별히 명문으로 헌법에서 정한 환경권을 입법자가 그 취지에 부합하도록 법률로써 내용을 구체화하도록 한 것이지 환경권이 완전히 무의미하게 되는데도 그에 관한 입법을 전혀 하지 아니하거나, 어떠한 내용이든 법률로써 정하기만 하면 된다는 것은 아니다. 그러므로 일정한 요건이 충족될 때 환경권 보호를 위한 입법이 없거나 현저히 불충분하여 국민의 환경권을 침해하고 있다면 헌법재판소에 그 구제를 구할 수 있다고 해야 할 것이다(헌재 2020. 3. 26. 2017헌마1281).

3231 환경권은 명문의 법률규정이나 관계 법령의 규정 취지 및 조리에 비추어 권리의 주체, 대상, 내용, 행사 방법 등이 구체적으로 정립될 수 있어야만 인정되는 것이므로, 사법상의 권리로서의 환경권을 인정하는 명문의 규정이 없는데도 환경권에 기하여 직접 방해배제청구권을 인정할 수 없다. 23 해간, 18 법무사   O | X

3231-1 환경권을 구체화하는 명문의 법률규정이 없더라도, 헌법 제35조 제1항을 근거로 하여 환경권 침해의 배제를 구하는 민사소송을 제기할 수 있다. 13 서울 7   O | X

> 환경권은 명문의 법률규정이나 관계 법령의 규정 취지 및 조리에 비추어 권리의 주체, 대상, 내용, 행사 방법 등이 구체적으로 정립될 수 있어야만 인정되는 것이므로, 사법상의 권리로서의 환경권을 인정하는 명문의 규정이 없는데도 환경권에 기하여 직접 방해배제청구권을 인정할 수 없다(대판 1997. 7. 22. 96다56153).

02 환경보전의무

3232 환경보전은 단순히 국가의 노력만으로 이루어지기는 어려우므로 헌법은 국민의 환경보전 노력 의무도 규정하고 있다. 18 법무사   O | X

3232-1 헌법 제35조 제1항은 "모든 사람은 건강하고 쾌적한 환경에서 생활할 권리를 침해받지 아니하며, 국가는 환경보전을 위하여 노력하여야 한다."라고 규정하고 있다. 24 경간   O | X

3232-2 우리 헌법은 환경보전을 위해 노력할 의무를 국가에게만 부여할 뿐 국민에게는 부여하지 않고 있다. 23 해간   O | X

> 헌법 제35조 제1항은 "모든 국민은 건강하고 쾌적한 환경에서 생활할 권리를 가지며, 국가와 국민은 환경보전을 위하여 노력하여야 한다"고 규정하여, 국민의 환경권을 보장함과 아울러 국가와 국민에게 환경보전을 위하여 노력할 의무를 부과하고 있다(헌재 1998. 12. 24. 98헌가1).

3233 헌법 제35조 제1항은 국민의 환경권의 보장, 국가와 국민의 환경보전의무를 규정하고 있는데, 이는 국가뿐만 아니라 국민도 오염방지와 오염된 환경의 개선에 관한 책임을 부담함을 의미한다. 23 소간   O | X

> 헌법 제35조 제1항은 국민의 환경권의 보장, 국가와 국민의 환경보전의무를 규정하고 있다. 이는 국가뿐만 아니라 국민도 오염방지와 오염된 환경의 개선에 관한 책임을 부담함을 의미한다(헌재 2012. 8. 23. 2010헌바167).

정답 3230. O   3231. O   3231-1. X [법률로 구체화 필요]   3232. O   3232-1. X [국가 X → 국가와 국민 O]   3232-2. X [국민에게도 부여]   3233. O

3234 헌법이 환경권에 대하여 국가의 보호의무를 인정한 것은, 환경피해가 생명·신체의 보호와 같은 중요한 기본권적 법익 침해로 이어질 수 있다는 점 등을 고려한 것이므로, 환경권 침해 내지 환경권에 대한 국가의 보호의무위반도 궁극적으로는 생명·신체의 안전에 대한 침해로 귀결된다. 20 국회 8   O | X

3234-1 환경권 침해 내지 환경권에 대한 국가의 보호의무위반이 궁극적으로 생명·신체의 안전에 대한 침해로 귀결된다고 보기는 어렵다. 23 해간   O | X

후자와 같이 환경권에 대하여 국가의 보호의무를 인정한 것은, 환경피해는 생명·신체의 보호와 같은 중요한 기본권적 법익 침해로 이어질 수 있다는 점 등을 고려한 것이므로, 환경권 침해 내지 환경권에 대한 국가의 보호의무위반도 궁극적으로는 생명·신체의 안전에 대한 침해로 귀결된다(헌재 2015. 9. 24. 2013헌마384).

3235 국가는 노인의 특성에 적합한 주택정책을 복지향상차원에서 개발하여 노인으로 하여금 쾌적한 주거활동을 할 수 있도록 노력하여야 할 의무를 부담한다. 17 지방 7   O | X

헌법 제34조 제1항은 모든 국민은 인간다운 생활을 할 권리를 가진다고 하여 인간다운 생활을 할 권리를 보장하고, 동조 제4항은 국가는 노인과 청소년의 복지향상을 위하여 정책을 실시할 의무를 진다고 하고 있다. 한편, 헌법은 제35조 제3항에서 국가는 주택정책개발을 통하여 모든 국민이 쾌적한 주거생활을 할 수 있도록 노력해야 한다고 규정한다. 따라서 국가는 노인의 특성에 적합한 주택정책을 복지향상차원에서 개발하여 노인으로 하여금 쾌적한 주거활동을 할 수 있도록 노력하여야 할 의무를 부담한다(헌재 2016. 6. 30. 2015헌바46).

3236 헌법 제35조 제1항은 환경정책에 관한 국가적 규제와 조정을 뒷받침하는 헌법적 근거가 되며 국가는 환경정책 실현을 위한 재원마련과 환경침해적 행위를 억제하고 환경보전에 적합한 행위를 유도하기 위한 수단으로 환경부담금을 부과·징수하는 방법을 선택할 수 있다. 22 해간, 20 국회 8   O | X

헌법 제35조 제1항은 환경정책에 관한 국가적 규제와 조정을 뒷받침하는 헌법적 근거가 되며 국가는 환경정책 실현을 위한 재원마련과 환경침해적 행위를 억제하고 환경보전에 적합한 행위를 유도하기 위한 수단으로 환경부담금을 부과·징수하는 방법을 선택할 수 있다(헌재 2007. 12. 27. 2006헌바25).

3237 비사업용자동차의 타인광고를 제한하는 것은, 자동차 이용 광고물의 난립을 방지하여 도시미관과 도로안전 등을 확보함으로써 국민이 안전하고 쾌적한 환경에서 생활할 수 있도록 하기 위한 것이다. 23 소간   O | X

심판대상조항이 비사업용자동차의 타인광고를 제한하는 것은, 자동차 이용 광고물의 난립을 방지하여 도시미관과 도로안전 등을 확보함으로써 국민이 안전하고 쾌적한 환경에서 생활할 수 있도록 하기 위한 것이다(헌재 2022. 1. 27. 2019헌마327).

3238 교통수단을 이용하여 타인의 광고를 할 수 없도록 하고 있는 '옥외광고물등관리법시행령' 규정은 표현의 자유를 침해한다. 20 법원 9   O | X

옥외광고물등관리법은 옥외광고물의 표시장소·표시방법과 게시시설의 설치·유지 등에 관하여 필요한 사항을 규정함으로써 미관풍치와 미풍양속을 유지하고 공중에 대한 위해를 방지함을 목적으로 하고 있는바, 자동차에 무제한적으로 광고를 허용하게 되면, 교통의 안전과 도시미관을 해칠 수가 있으며 운전자들의 운전과 보행자들에게 산란함을 야기하여 운전과 보행에 방해가 됨으로써 도로안전에 영향을 미칠 수 있다. 따라서 도로안전과 환경·미관을 위하여 자동차에 광고를 부착하는 것을 제한하는 것은 일반 국민들과 운전자들의 공공복리를 위한 것이라 할 수 있고, 이러한 이유로 제한이 가능하다 할 것이다. … 따라서 표현의 자유를 침해한다고 볼 수 없다(헌재 2002. 12. 18. 2000헌마764).

● 정답   3234. O   3234-1. X [생명·신체의 안전에 대한 침해로 귀결됨]   3235. O   3236. O   3237. O   3238. X [표현의 자유 침해 X]

3239 악취가 배출되는 사업장이 있는 지역을 악취관리지역으로 지정함으로써 악취방지를 위한 예방적·관리적 조치를 할 수 있도록 한 것은 헌법상 국가와 국민의 환경보전의무를 바탕으로 주민의 건강과 생활환경의 보전을 위하여 사업장에서 배출되는 악취를 규제·관리하기 위한 적합한 수단이다. 23 경간

O | X

> 심판대상조항은 헌법상 국가와 국민의 환경보전의무를 바탕으로 주민의 건강과 생활환경의 보전을 위하여 사업장에서 배출되는 악취를 규제·관리하고자 하는 데 그 목적이 있으므로, 정당성이 인정된다. 그리고 심판대상조항이 악취가 배출되는 사업장이 있는 지역을 악취관리지역으로 지정함으로써 악취방지를 위한 예방적·관리적 조치를 할 수 있도록 한 것은 이러한 목적을 달성하기에 **적합한 수단**이다. … 심판대상조항은 과잉금지원칙에 위반되어 악취배출시설 운영자인 청구인들의 **직업수행의 자유를 침해하지 않는다**(헌재 2020. 12. 23. 2019헌바25).

3240 보조금 지원을 받아 배출가스저감장치를 부착한 자동차소유자가 자동차 등록을 말소하려면 배출가스저감장치 등을 서울특별시장등에게 반납하여야 한다고 규정한 구 「수도권 대기환경개선에 관한 특별법」 규정 중 '배출가스저감장치'에 관한 부분은 지역주민의 건강을 보호하고 쾌적한 생활환경을 조성하기 위한 것이다. 23 소간

O | X

3240-1 구 「수도권 대기환경개선에 관한 특별법」 조항은, 특정경유 자동차에 배출가스저감장치를 부착하여 운행하고 있는 소유자에 대하여 위 조항의 개정 이후 '폐차나 수출 등을 위한 자동차등록의 말소'라는 별도의 요건사실이 충족되는 경우에 배출가스저감장치를 반납하도록 하고 있는데, 이는 부진정소급입법에 해당한다. 24 변호사

O | X

> (1) 심판대상조항은 더 이상 보조금 지원 목적에 사용되지 않는 **배출가스저감장치를 회수**함으로써 대기환경개선에 소요되는 자원을 재활용하고 그에 투입되는 예산을 절감하며, 나아가 대기오염이 심각한 수도권지역의 대기환경을 개선하고 대기오염원을 체계적으로 관리함으로써 **지역주민의 건강을 보호하고 쾌적한 생활환경을 조성**하기 위한 것이다. … 그러므로 심판대상조항이 과잉금지원칙을 위반하여 차량소유자들의 **재산권을 침해한다고 볼 수 없다**(헌재 2019. 12. 27. 2015헌바45).
> (2) 심판대상조항은 이미 종료된 사실·법률관계가 아니라, 현재 진행 중인 사실관계, 즉 **특정경유자동차에 출가스저감장치를 부착하여 운행하고 있는 소유자에 대하여 심판대상조항의 신설 또는 개정 이후에 '폐차나 수출 등을 위한 자동차등록의 말소'라는 별도의 요건사실이 충족되는 경우에 배출가스저감장치를 반납**하도록 한 것으로서 **부진정소급입법에 해당**하며, 이 조항이 신설되기 전에 이미 배출가스저감장치를 부착하였던 소유자들이 자동차 등록 말소 후 경제적 잔존가치가 있는 장치의 사용 및 처분에 관한 신뢰를 가졌다고 하더라도, 위와 같은 공익의 중요성이 더 크다고 할 것이므로, 이 조항이 신뢰보호원칙을 위반하여 재산권을 침해한다고 보기도 어렵다(헌재 2019. 12. 27. 2015헌바45).

3241 독서실과 같이 정온을 요하는 사업장의 실내소음 규제기준을 만들어야 할 입법의무가 헌법의 해석상 곧바로 도출된다고 보기는 어렵다. 22 경찰 1차

O | X

3241-1 독서실과 같이 특별히 정온을 요하는 사업장에 대해서는 실내소음 규제기준을 만들어야 할 입법의무가 헌법의 해석상 곧바로 도출된다. 24 입시

O | X

> 정온을 요하는 사업장의 실내소음 규제기준을 마련할 것인지 여부나 소음을 제거·방지할 수 있는 다양한 수단과 방법 중 어떠한 방법을 채택하고 결합할 것인지 여부는 당시의 기술 수준이나 경제적·사회적·지역적 여건 등을 종합적으로 고려하지 않을 수 없으므로, 독서실과 같이 정온을 요하는 사업장의 **실내소음 규제기준을 만들어야 할 입법의무가 헌법의 해석상 곧바로 도출된다고 보기도 어렵다**(헌재 2017. 12. 28. 2016헌마45).

● 정답 3239. O   3240. O   3240-1. O   3241. O   3241-1. X [입법의무 도출 안됨]

03 관련판례

3242 교정시설 내 자살사고는 이를 방지할 필요성이 매우 크고, 그에 비해 수용자에게 가해지는 불이익은 채광·통풍이 다소 제한되는 정도에 불과하므로 교도소장이 교도소 독거실 내 화장실 창문과 철격자 사이에 안전철망을 설치한 행위는 수용자의 환경권을 침해하지 않는다. 23 소간 O | X

3242-1 교도소 독거실 내 화장실 창문과 철격자 사이에 안전 철망을 설치한 행위는 수용자의 햇빛과 통풍 등과 관련한 환경권을 침해한다. 24 입시 O | X

> 이 사건 설치행위는 수용자의 자살을 방지하여 생명권을 보호하고 교정시설 내의 안전과 질서를 보호하기 위한 것이다. … 교정시설 내 자살사고는 수용자 본인이 생명을 잃는 중대한 결과를 초래할 뿐만 아니라 다른 수용자들에게도 직접적으로 부정적인 영향을 미치고 나아가 교정시설이나 교정정책 전반에 대한 불신을 야기할 수 있다는 점에서 이를 방지할 필요성이 매우 크고, 그에 비해 청구인에게 가해지는 불이익은 채광·통풍이 다소 제한되는 정도에 불과하다. 따라서 이 사건 설치행위는 청구인의 **환경권 등 기본권을 침해하지 아니한다**(헌재 2014. 6. 26. 2011헌마150).

POINT 177 혼인과 가족에 관한 권리

01 혼인과 가족에 관한 권리

3243 현행헌법은 혼인과 가족생활에 대한 국가의 보장의무를 규정하고 있다. 13 법무사 O | X

> 헌법 제36조 ① **혼인과 가족생활**은 **개인의 존엄**과 **양성의 평등**을 기초로 성립되고 유지되어야 하며, **국가는 이를 보장**한다.

3244 헌법상 개인의 존엄과 양성의 평등에 기초한 혼인 및 가족제도에 관한 규정은 혼인과 가족생활을 스스로 결정하고 형성할 수 있는 자유를 함께 보장하고 있다. 19 법무사 O | X

3244-1 헌법 제36조 제1항은 "혼인과 가족생활은 개인의 존엄과 양성의 평등을 기초로 성립되고 유지되어야 하며, 국가는 이를 보장한다."라고 규정하고 있는데, 위 헌법 규정은 혼인과 가족에 대한 제도를 보장하는 것이지, 혼인과 가족생활을 스스로 결정하고 형성할 수 있는 자유를 기본권으로서 보장하는 것은 아니다. 14 법무사 O | X

3244-2 헌법 제36조 제1항은 혼인과 가족에 관련되는 공법 및 사법의 모든 영역에 영향을 미치는 헌법원리 내지 원칙규범으로서의 성격을 가질 뿐, 위 조항으로부터 혼인과 가족생활을 스스로 결정하고 형성할 수 있는 자유까지 도출되지는 않는다. 23 변호사 O | X

3244-3 헌법 제36조 제1항은 혼인과 가족생활을 스스로 결정하고 형성할 수 있는 자유를 기본권으로서 보장하는 것일 뿐, 혼인과 가족에 대한 제도를 보장하는 것은 아니다. 24 입시 O | X

정답 3242. O 3242-1. X [환경권 침해 아님] 3243. O 3244. O 3244-1. X [제도 + 기본권으로 보장] 3244-2. X [혼인과 가족생활을 스스로 결정하고 형성할 수 있는 자유를 보장] 3244-3. X [혼인과 가족에 대한 제도도 보장]

헌법 제36조 제1항은 "혼인과 가족생활은 개인의 존엄과 양성의 평등을 기초로 성립되고 유지되어야 하며, 국가는 이를 보장한다."라고 규정하고 있는데, **헌법 제36조 제1항은 혼인과 가족생활을 스스로 결정하고 형성할 수 있는 자유를 기본권으로서 보장**하고, **혼인과 가족에 대한 제도를 보장**한다. 그리고 헌법 제36조 제1항은 혼인과 가족에 관련되는 공법 및 사법의 모든 영역에 영향을 미치는 **헌법원리 내지 원칙규범으로서의 성격**도 가지는데, 이는 적극적으로는 적절한 조치를 통해서 혼인과 가족을 지원하고 제삼자에 의한 침해 앞에서 혼인과 가족을 보호해야 할 국가의 과제를 포함하며, 소극적으로는 불이익을 야기하는 제한조치를 통해서 혼인과 가족을 차별하는 것을 금지해야 할 국가의 의무를 포함한다(헌재 2002. 8. 29. 2001헌바82).

3245 헌법 제36조 제1항은 혼인과 가족에 관련되는 공법 및 사법의 모든 영역에 영향을 미치는 헌법원리 내지 원칙규범으로서의 성격도 가지는데, 이는 적극적으로는 적절한 조치를 통해서 혼인과 가족을 지원하고 제삼자에 의한 침해 앞에서 혼인과 가족을 보호해야 할 국가의 과제를 포함하며, 소극적으로는 불이익을 야기하는 제한조치를 통해서 혼인과 가족을 차별하는 것을 금지해야 할 국가의 의무를 포함한다. 23 소간 O | X

헌법 제36조 제1항은 혼인과 가족에 관련되는 공법 및 사법의 모든 영역에 영향을 미치는 **헌법원리 내지 원칙규범으로서의 성격**도 가지는데, 이는 **적극적**으로는 **적절한 조치를 통해서 혼인과 가족을 지원**하고 제삼자에 의한 침해 앞에서 혼인과 가족을 **보호해야 할 국가의 과제**를 포함하며, **소극적**으로는 불이익을 야기하는 제한조치를 통해서 혼인과 가족을 **차별하는 것을 금지**해야 할 국가의 **의무를 포함한다**(헌재 2002. 8. 29. 2001헌바82).

3246 "혼인과 가족생활은 개인의 존엄과 양성의 평등을 기초로 성립되고 유지되어야 하며, 국가는 이를 보장한다."라고 규정한 헌법 제36조 제1항이 내포하고 있는 차별금지명령은, 헌법 제11조 제1항에서 보장되는 평등원칙을 혼인과 가족생활 영역에서 더 구체화함으로써 혼인과 가족을 부당한 차별로부터 특별히 더 보호하려는 목적을 지닌다. 17 국가 7(추) O | X

헌법 제36조 제1항은 혼인과 가족에 관련되는 공법 및 사법의 모든 영역에 영향을 미치는 **헌법원리 내지 원칙규범**으로서의 성격도 가지는데, 이는 적극적으로는 적절한 조치를 통해서 혼인과 가족을 지원하고 제삼자에 의한 침해 앞에서 혼인과 가족을 보호해야 할 국가의 과제를 포함하며, 소극적으로는 불이익을 야기하는 제한조치를 통해서 혼인과 가족을 차별하는 것을 금지해야 할 국가의 의무를 포함한다. … 이러한 헌법원리로부터 도출되는 차별금지명령은 **헌법 제11조 제1항에서 보장되는 평등원칙**을 **혼인과 가족생활영역에서 더욱 더 구체화**함으로써 혼인과 가족을 부당한 차별로부터 **특별히 더 보호하려는 목적**을 가진다(헌재 2002. 8. 29. 2001헌바82).

3247 헌법 제36조 제1항은 혼인제도와 가족제도에 관한 헌법원리를 규정한 것으로서 혼인제도와 가족제도는 인간의 존엄성 존중과 민주주의의 원리에 따라 규정되어야 함을 천명한 것이다. 24 소간 O | X

헌법 제36조 제1항은 **혼인제도와 가족제도에 관한 헌법원리**를 규정한 것으로서 혼인제도와 가족제도는 **인간의 존엄성 존중**과 **민주주의 원리**에 따라 규정되어야 함을 천명한 것이다. 이 규정은 가족생활이 '양성의 평등'을 기초로 성립, 유지될 것을 명문화한 것으로 이해되므로 입법자가 가족제도를 형성함에 있어서는 이를 반드시 고려할 것을 요구하고 있다(헌재 2000. 8. 31. 97헌가12).

● 정답 3245. O   3246. O   3247. O

02 혼인

1 법률혼

3248 헌법 제36조 제1항에서 규정하는 '혼인'이란 양성이 평등하고 존엄한 개인으로서 자유로운 의사의 합치에 의하여 생활공동체를 이루는 것으로서 법적으로 승인받은 것을 말하므로, 법적으로 승인되지 아니한 사실혼은 헌법 제36조 제1항의 보호범위에 포함된다고 보기 어렵다. 22 법원 9   O | X

3248-1 헌법 제36조 제1항에서 규정하는 '혼인'이란 양성이 평등하고 존엄한 개인으로서 자유로운 의사의 합치에 의하여 생활공동체를 이루는 것을 말하므로, 법적으로 승인되지 아니한 사실혼도 헌법 제36조 제1항의 보호범위에 포함된다. 17 변호사   O | X

헌법 제36조 제1항에서 규정하는 **'혼인'**이란 양성이 평등하고 존엄한 개인으로서 자유로운 의사의 합치에 의하여 생활공동체를 이루는 것으로서 **법적으로 승인받은 것을 말하므로, 법적으로 승인되지 아니한 **사실혼**은 헌법 제36조 제1항의 **보호범위에 포함된다고 보기 어렵다**(헌재 2014. 8. 28. 2013헌바119).

3249 사실혼에 대하여 혼인의 효과 가운데 신고를 전제로 하는 것이 인정되지 아니하는 것과 마찬가지로 조세나 과징금 부과 등의 공법관계에서는 획일성이 요청되므로 사실혼을 법률혼과 동일하게 취급할 수 없다. 14 법무사   O | X

사실혼에 대하여 혼인의 효과 가운데 신고를 전제로 하는 것이 인정되지 아니하는 것과 마찬가지로 **조세나 과징금 부과 등의 공법관계에서는 획일성이 요청되므로 사실혼을 법률혼과 동일하게 취급할 수 없다.** 따라서 이 사건 법률조항이 사실혼 배우자에게 명의신탁한 사람을 법률혼 배우자에게 명의신탁한 사람에 비하여 불리하게 차별취급하는 데는 합리적인 이유가 있고 이를 가리켜 자의적인 차별이라고 할 수 없다(헌재 2010. 12. 28. 2009헌바400).

3250 사실혼 배우자는 혼인신고를 함으로써 상속권을 가질 수 있고, 증여나 유증을 받는 방법으로 상속에 준하는 효과를 얻을 수 있으며, 「근로기준법」, 「국민연금법」 등에 근거한 급여를 받을 권리 등이 인정된다는 측면에서 볼 때, 사실혼 배우자에게 상속권을 인정하지 않는 「민법」 조항이 사실혼 배우자인 청구인의 상속권을 침해하는 것은 아니다. 23 경찰 2차   O | X

3250-1 사실혼 배우자에게 상속권을 인정하지 않는 「민법」 제1003조 제1항 중 '배우자' 부분이 사실혼 배우자의 상속권 및 평등권을 침해하고, 헌법 제36조 제1항에 위반된다. 23 경간   O | X

이 사건 법률조항이 사실혼 우자에게 상속권을 인정하지 아니하는 것은 상속인에 해당하는지 여부를 객관적인 기준에 의하여 파악할 수 있도록 함으로써 상속을 둘러싼 분쟁을 방지하고, 상속으로 인한 법률관계를 조속히 확정시키며, 거래의 안전을 도모하기 위한 것이다. 사실혼 배우자는 **혼인신고**를 함으로써 상속권을 가질 수 있고, **증여나 유증**을 받는 방법으로 상속에 준하는 효과를 얻을 수 있으며, 근로기준법, 국민연금법 등에 근거한 **급여를 받을 권리** 등이 인정된다. 따라서 이 사건 법률조항이 사실혼 배우자의 **상속권을 침해한다고 할 수 없다.** 법률혼주의를 채택한 취지에 비추어 볼 때 제3자에게 영향을 미쳐 명확성과 획일성이 요청되는 상속과 같은 법률관계에서는 사실혼을 법률혼과 동일하게 취급할 수 없으므로, **이 사건 법률조항이 사실혼 배우자의 평등권을 침해한다고 보기 어렵다.** 법적으로 승인되지 아니한 사실혼은 헌법 제36조 제1항의 보호범위에 포함되지 아니하므로, 이 사건 법률조항은 **헌법 제36조 제1항에 위반되지 않는다**(헌재 2014. 8. 28. 2013헌바119).

● 정답 │ 3248. O   3248-1. X [사실혼은 제외됨]   3249. O   3250. O   3250-1. X [모두 침해 및 위반 X]

3251 8촌 이내의 혈족 사이에서는 혼인할 수 없도록 하는 「민법」 제809조 제1항은 입법목적의 달성에 필요한 범위를 넘는 과도한 제한으로서 침해의 최소성을 충족하지 못하므로 혼인의 자유를 침해한다. 24 경간 O|X

3251-1 8촌 이내 혈족 사이의 혼인금지조항을 위반한 혼인을 전부 무효로 하는 「민법」 조항은 과잉금지원칙을 위배하여 혼인의 자유를 침해한다. 23 경채 O|X

3251-2 8촌 이내의 혈족 사이에서는 혼인할 수 없도록 하는 「민법」 조항 및 이를 위반한 혼인을 무효로 하는 「민법」 조항은 가족질서를 보호하고 유지한다는 공익이 매우 중요하므로 법익균형성에 위반되지 아니하므로 혼인의 자유를 침해하지 않는다. 23 소간 O|X

(1) 이 사건 금혼조항은 위와 같이 근친혼으로 인하여 가까운 혈족 사이의 상호 관계 및 역할, 지위와 관련하여 발생할 수 있는 혼란을 방지하고 가족제도의 기능을 유지하기 위한 것이므로 그 입법목적이 정당하다. 또한 8촌 이내의 혈족 사이의 법률상의 혼인을 금지한 것은 근친혼의 발생을 억제하는 데 기여하므로 입법목적 달성에 적합한 수단에 해당한다. … 그렇다면 이 사건 금혼조항은 과잉금지원칙에 위배하여 혼인의 자유를 침해하지 않는다(헌재 2022. 10. 27. 2018헌바115).

(2) 이 사건 무효조항의 입법목적은 가령 직계혈족 및 형제자매 사이의 혼인과 같이 근친혼이 가족제도의 기능을 심각하게 훼손하는 경우에 한정하여 무효로 하고 그 밖의 근친혼에 대하여는 혼인이 소급하여 무효가 되지 않고 혼인의 취소를 통해 장래를 향하여 해소할 수 있도록 규정함으로써 기왕에 형성된 당사자나 자녀의 법적 지위를 보장하더라도 충분히 달성할 수 있다. … 그럼에도 이 사건 무효조항은 이 사건 금혼조항을 위반한 경우를 전부 무효로 하고 있으므로 침해최소성과 법익균형성에 반한다. 따라서 이 사건 무효조항은 과잉금지원칙에 위배하여 혼인의 자유를 침해한다(헌재 2022. 10. 27. 2018헌바115).

2 중혼

3252 「민법」 조항에 중혼을 혼인취소의 사유로 정하면서 그 취소청구권의 제척기간 또는 소멸사유를 규정하지 않았더라도 현저히 입법재량의 범위를 일탈하여 후혼배우자의 인격권 및 행복추구권을 침해하지 아니한다. 23 소간 O|X

3252-1 중혼을 혼인취소의 사유로 정하면서 그 취소청구권의 제척기간 또는 소멸사유를 규정하지 않은 민법 제816조 제1호 중 '제810조의 규정에 위반한 때' 부분은 중혼의 당사자를 언제든지 혼인의 취소를 당할 수 있는 불안정한 지위로 만들고, 그로 인해 후혼배우자의 인격권과 행복추구권을 침해하며, 다른 혼인 취소사유와 달리 취급하여 평등원칙에 반한다. 16 법무사 O|X

(1) 이 사건 법률조항은 우리 사회의 중대한 공익이며 헌법 제36조 제1항으로부터 도출되는 일부일처제를 실현하기 위한 것이다. … 따라서 중혼 취소청구권의 소멸에 관하여 아무런 규정을 두지 않았다 하더라도, 이 사건 법률조항이 현저히 입법재량의 범위를 일탈하여 후혼배우자의 인격권 및 행복추구권을 침해하지 아니한다(헌재 2014. 7. 24. 2011헌바275).

(2) 다른 혼인취소사유에 비해 중혼의 반사회성·반윤리성이 훨씬 무겁다는 점에서 중혼과 동의 없는 혼인·근친혼 등은 본질적으로 그 성격과 차원을 달리 하므로, 이들 사이에 평등원칙 위배 여부를 논할 비교집단이 설정된다고 보기 어렵다. 따라서 이 사건 법률조항은 평등원칙에 위반되지 않는다(헌재 2014. 7. 24. 2011헌바275).

●정답 3251. X [혼인의 자유 침해 X]   3251-1. ○   3251-2. X [금혼조항 합헌, 무효조항 위헌]   3252. ○   3252-1. X [인격권 및 행복추구권 침해 X / 평등원칙 위반 X]

3253 중혼취소청구권의 소멸사유나 제척기간을 두지 않고 언제든지 중혼을 취소할 수 있게 하는 것은 헌법 제36조 제1항의 규정에 의하여 국가에 부과된 개인의 존엄과 양성의 평등을 기초로 한 혼인과 가족생활의 유지·보장의무 이행과 직접적으로 관련되므로, 더 나아가 과잉금지원칙 위배 여부를 판단하여야 한다. 22 법원 9   O | X

중혼을 무효사유로 볼 것인가, 아니면 취소사유로 볼 것인가, 취소사유로 보는 경우 어떠한 범위 내에서 취소청구권을 인정할 것인가 하는 문제는 중혼의 반사회성·반윤리성과 가족생활의 사실상 보호라는 공익과 사익을 어떻게 규율할 것인가의 문제로서 기본적으로 **입법형성의 자유가 넓게 인정되는 영역**이다. 따라서 이 사건 법률조항의 위헌 여부는 중혼을 취소사유로 정하면서 그 취소 청구권에 제척기간 또는 권리소멸사유를 규정하지 않은 것이 입법형성의 한계를 벗어나 현저히 부당한 것인지 여부를 심사함으로써 결정해야 할 것이다(헌재 2014. 7. 24. 2011헌바275).

3 관련판례

3254 누진과세제도 하에서 혼인한 부부에게 조세부담의 증가를 초래하는 부부자산소득합산과세를 규정하고 있는 구 소득세법 제80조 제1항 제2호는 혼인한 부부를 비례의 원칙에 반하여 사실혼관계의 부부나 독신자에 비하여 차별하는 것으로서 헌법 제36조 제1항에 위반된다. 16 법무사   O | X

부부자산소득합산과세가 추구하는 공익은 입법정책적 법익에 불과한 반면, 이로 인하여 침해되는 것은 헌법이 강도 높게 보호하고자 하는 혼인을 근거로 한 차별금지라는 헌법적 가치이므로, 달성하고자 하는 공익과 침해되는 사익 사이에 적정한 균형관계를 인정할 수 없다. 그러므로 **부부자산소득합산과세는 혼인한 부부를 비례의 원칙에 반하여** 사실혼관계의 부부나 독신자에 비하여 차별하는 것으로서 **헌법 제36조 제1항에 위반된다**(헌재 2005. 5. 26. 2004헌가6).

3255 자산소득이 있는 모든 납세의무자 가운데 혼인한 부부에 대하여만 사실혼관계의 부부나 독신자에 비하여 더 많은 조세부담을 가하여 소득을 재분배하도록 강요하는 것은 입법목적달성을 위한 적절한 방법이라 볼 수 없다. 12 법원 9   O | X

자산소득의 인위적인 분산에 의한 조세회피행위 방지라는 목적은 상속세및증여세법상의 증여추정규정 또는 부동산실권리자명의등기에관한법률상 조세포탈 목적으로 배우자에게 명의신탁한 경우 부동산에 관한 물권변동을 무효로 하는 규정 등에 의해서 충분히 달성할 수 있다. 그리고, 자산소득이 있는 모든 납세의무자 가운데 **혼인한 부부에 대하여만 사실혼관계의 부부나 독신자에 비하여 더 많은 조세부담**을 가하여 **소득을 재분배하도록 강요**하는 것은 위와 같은 **입법목적 달성을 위한 적절한 방법이라 볼 수 없다**(헌재 2005. 5. 26. 2004헌가6).

3256 부부의 자산소득을 합산하여 과세함으로써 누진율에 따른 추가적인 조세부담을 안기는 법률조항은 혼인한 자를 혼인하지 않은 자에 비해 불리하게 차별취급하는 조항으로서 허용되지 아니한다. 23 해간, 11 법원 9   O | X

3256-1 부부 자산소득 합산과세제도는 헌법 제11조 제1항에서 보장하는 평등원칙을 혼인과 가족생활에서 더 구체화함으로써 혼인한 자의 차별을 금지하고 있는 헌법 제36조 제1항에 위반된다. 17 국가 7   O | X

이 사건 법률조항이 자산소득합산과세제도를 통하여 합산대상 자산소득을 가진 혼인한 부부를 소득세부과에서 차별취급하는 것은 중대한 합리적 근거가 존재하지 아니하므로 헌법상 정당화되지 아니한다. 따라서 혼인관계를 근거로 자산소득합산과세를 규정하고 있는 이 사건 법률조항은 **혼인한 자의 차별**을 금지하고 있는 **헌법 제36조 제1항에 위반된다**(헌재 2002. 8. 29. 2001헌바82).

● 정답   3253. X [과잉금지 심사 X → 입법형성권 일탈여부 심사 O]   3254. O   3255. O   3256. O   3256-1. O

3257 자산소득이 있는 모든 납세의무자 중에서 부부가 혼인하였다는 이유만으로 혼인하지 않은 자보다 더 많은 조세부담을 하여 소득을 재분배하도록 강요받는 것은 부당하다. 23 국회 9 　　O | X

3257-1 부부자산소득 합산과세제도에 따라 부부(夫婦)가 합산과세로 인하여 개인과세되는 독신자 등 다른 사람들보다 더 많은 조세를 부담하게 하는 것은 부부간의 인위적인 자산 명의의 분산과 같은 가장행위(假裝行爲)를 방지한다는 사회적 공익이 혼인한 부부에게 가하는 조세부담의 증가라는 불이익보다 크지 않기 때문에 혼인과 가족생활을 보장하는 헌법 제36조 제1항에 위반된다. 14 변호사 　　O | X

부부간의 인위적인 자산 명의의 분산과 같은 가장행위 등은 상속세및증여세법상 증여의제규정 등을 통해서 방지할 수 있고, 부부의 공동생활에서 얻어지는 절약가능성을 담세력과 결부시켜 조세의 차이를 두는 것은 타당하지 않으며, 자산소득이 있는 모든 납세의무자 중에서 혼인한 부부가 혼인하였다는 이유만으로 혼인하지 않은 자산소득자보다 더 많은 조세부담을 하여 소득을 재분배하도록 강요받는 것은 부당하며, 부부 자산소득 합산과세를 통해서 혼인한 부부에게 가하는 조세부담의 증가라는 불이익이 자산소득합산과세를 통하여 달성하는 사회적 공익보다 크다고 할 것이므로, 소득세법 제61조 제1항이 자산소득합산과세의 대상이 되는 혼인한 부부를 혼인하지 않은 부부나 독신자에 비하여 차별취급하는 것은 헌법상 정당화되지 아니하기 때문에 헌법 제36조 제1항에 위반된다(헌재 2002. 8. 29. 2001헌바82).

3258 1세대 3주택 이상에 해당하는 주택에 대하여 양도소득세 중과세를 규정하고 있는 구「소득세법」조항은 헌법 제36조 제1항이 정하고 있는 혼인에 따른 차별금지원칙에 위배되고, 혼인의 자유를 침해한다. 21 경정 　　O | X

혼인으로 새로이 1세대를 이루는 자를 위하여 상당한 기간 내에 보유 주택수를 줄일 수 있도록 하고 그러한 경과규정이 정하는 기간 내에 양도하는 주택에 대해서는 혼인 전의 보유 주택수에 따라 양도소득세를 정하는 등의 완화규정을 두는 것과 같은 손쉬운 방법이 있음에도 이러한 완화규정을 두지 아니한 것은 최소침해성원칙에 위배된다고 할 것이고, … 결국 이 사건 법률조항은 과잉금지원칙에 반하여 헌법 제36조 제1항이 정하고 있는 혼인에 따른 차별금지원칙에 위배되고, 혼인의 자유를 침해한다(헌재 2011. 11. 24. 2009헌바146).

3259 공동사업 합산과세제도를 정하고 있는 법률조항은 공동사업이라는 특정한 사업형태에 대하여 단지 조세회피행위에 대처하기 위한 입법정책적 법익만을 내세워 혼인한 부부를 사실혼관계의 부부나 독신자에 비하여 차별하는 것으로 헌법 제36조 제1항에 위반된다. 12 법원 9 　　O | X

공동사업 합산과세제도는 공동사업이라는 특정한 사업형태에 대한 소득세 조세규율에 있어 조세회피방지라는 목적을 위해 특수한 관계에 있는 자들을 예외적으로 규율하는 것으로 이러한 관계 속에 배우자나 가족이 들어간다 하여도 이것이 혼인이나 가족관계를 결정적 근거로 한 차별 취급이라고 볼 수 없으며 단지 합리적인 조세제도 운용에 있어 파생된 부수적인 결과물이다. 이 사건 법률조항은 헌법 제36조 제1항에 위반되지 않는다. … 반증의 기회를 제공하지 않음으로써 납세자에게 회복할 수 없는 피해를 초래할 가능성이 높아 이를 통해 달성하려는 입법 목적과 사용된 수단 사이의 비례 관계가 적정하지 아니하여 헌법상 과잉금지원칙에 위반된다(헌재 2006. 4. 27. 2004헌가19).

3260 배우자로부터 증여를 받은 때에 '300만 원에 결혼년수를 곱하여 계산한 금액에 3천만원을 합한 금액'을 증여세과세가액에서 공제하도록 하는 것은 혼인과 가족생활 보장 및 양성의 평등에 위반되지 아니한다. 14 지방 7 　　O | X

이 사건 증여재산공제 조항이 실질적 조세법률주의 등에 반하여 재산권을 침해한다고 보기 어렵다. 이 사건 증여재산공제 조항은 부부간 증여의 경우 일정한 혜택을 부여한 규정이고, 남녀를 구별하지 않고 적용되는 규정이므로, 헌법상 혼인과 가족생활 보장 및 양성의 평등원칙에 반한다고 할 수도 없다(헌재 2012. 12. 27. 2011헌바132).

정답 3257. O　3257-1. O　3258. O　3259. X [헌법 제36조 제1항 위반 X, 과잉금지원칙 위반 O]　3260. O

3261 「민법」 시행 이전의 "여호주가 사망하거나 출가하여 호주상속이 없이 절가된 경우, 유산은 그 절가된 가(家)의 가족이 승계하고 가족이 없을 때는 출가녀(出家女)가 승계한다"는 구 관습법이 절가된 가의 유산 귀속순위를 정함에 있어 합리적 이유 없이 출가한 여성을 그 가적에 남아 있는 가족과 차별하여 평등원칙에 위배되었다고 볼 수 없다. 23 소간   O | X

민법 시행 전까지 효력이 있던 구 관습법은 상당수가 현행 헌법을 기준으로 보면 평등원칙에 어긋나는 것일 수 있다. 그러나 헌법 시행 이전에 성립된 평등원칙에 어긋나는 구 관습법이 헌법 제정과 동시에 모두 위헌이 되고 소급하여 실효된다고 볼 수는 없다. … 만약 헌법재판소의 재판부가 새로 구성될 때마다 구 관습법의 위헌성에 관하여 달리 판단한다면, 구 관습법의 적용을 기초로 순차 형성된 무수한 법률관계를 불안정하게 함으로써 국가 전체의 법적 안정성이 무너지는 결과를 초래할 수도 있다. 이상과 같은 사정을 종합하여 보면, 민법 시행으로 폐지된 이 사건 관습법이 절가된 가의 유산 귀속순위를 정함에 있어 합리적 이유 없이 출가한 여성을 그 가적에 남아 있는 가족과 차별하여 **평등원칙에 위배되었다고 볼 수 없다**(헌재 2016. 4. 28. 2013헌바396).

03 자녀의 양육과 가족생활

3262 태어난 즉시 '출생등록될 권리'는 '출생 후 아동이 보호를 받을 수 있는 최대한 빠른 시점'에 아동의 출생과 관련된 기본적인 정보를 국가가 관리할 수 있도록 등록할 권리이다. 23 경채   O | X

3262-1 태어난 즉시 출생등록될 권리는 헌법 제10조뿐만 아니라, 헌법 제34조 제1항의 인간다운 생활을 할 권리, 헌법 제36조 제1항의 가족생활의 보장, 헌법 제34조 제4항의 국가의 청소년 복지향상을 위한 정책실시의무 등에도 근거가 있다. 24 입시   O | X

3262-2 '출생등록될 권리'는 헌법에 명시되지 아니한 독자적 기본권으로서, 자유로운 인격실현을 보장하는 자유권적 성격과 아동의 건강한 성장과 발달을 보장하는 사회적 기본권의 성격을 함께 지닌다. 23 경채   O | X

태어난 즉시 **출생등록될 권리**는 '출생 후 곧바로' 등록될 권리를 뜻하는 것이 아니라 '**출생 후 아동이 보호를 받을 수 있는 최대한 빠른 시점**'에 아동의 출생과 관련된 **기본적인 정보를 국가가 관리할 수 있도록 등록할 권리**로서, 아동이 사람으로서 인격을 자유로이 발현하고, 부모와 가족 등의 보호하에 건강한 성장과 발달을 할 수 있도록 최소한의 보호장치를 마련하도록 요구할 수 있는 권리이다. 이는 헌법 제10조의 인간의 존엄과 가치 및 행복추구권으로부터 도출되는 일반적 인격권을 실현하기 위한 기본적인 전제로서 **헌법 제10조뿐만 아니라, 헌법 제34조 제1항의 인간다운 생활을 할 권리, 헌법 제36조 제1항의 가족생활의 보장, 헌법 제34조 제4항의 국가의 청소년 복지향상을 위한 정책실시의무** 등에도 근거가 있다. 이와 같은 태어난 즉시 '출생등록될 권리'는 앞서 언급한 기본권 등의 어느 하나에 완전히 포섭되지 않으며, 이들을 이념적 기초로 하는 헌법에 명시되지 아니한 **독자적 기본권**으로서, 자유로운 인격실현을 보장하는 **자유권적 성격**과 아동의 건강한 성장과 발달을 보장하는 **사회적 기본권**의 성격을 함께 지닌다(헌재 2023. 3. 23. 2021헌마975).

3263 태어난 즉시 '출생등록될 권리'는 입법자가 출생등록제도를 통하여 형성하고 구체화하여야 할 권리이며, 입법자는 출생등록제도를 형성함에 있어 단지 출생등록의 이론적 가능성을 허용하는 것에 그쳐서는 아니되며, 실효적으로 출생등록될 권리가 보장되도록 하여야 한다. 23 경채   O | X

태어난 즉시 '**출생등록될 권리**'는 입법자가 **출생등록제도를 통하여 형성하고 구체화**하여야 할 권리이다. 그러나 태어난 즉시 '출생등록될 권리'의 실현은 일반적인 사회적 기본권과 달리 국가 자원 배분의 문제와는 직접적인 관련이 없고, 이를 제한하여야 할 다른 공익을 상정하기 어려우며, 출생등록이 개인의 인격 발현에 미치는 중요한 의미를 고려할 때, 입법자는 **출생등록제도를 형성함에 있어 단지 출생등록의 이론적 가능성을 허용하는 것에 그쳐서는 아니되며, 실효적으로 출생등록될 권리가 보장되도록 하여야 한다**(헌재 2023. 3. 23. 2021헌마975).

정답 3261. ◯   3262. ◯   3262-1. ◯   3262-2. ◯   3263. ◯

3264 대한민국 국민으로 태어난 아동은 태어난 즉시 '출생등록될 권리'를 가지며, 이러한 권리는 '법 앞에 국민으로 인정받을 권리'로서 법률로써 제한할 수 있을 뿐이다. 24 경간   O | X

현대사회에서 개인이 국가가 운영하는 제도를 이용하려면 주민등록과 같은 사회적 신분을 갖추어야 하고, 사회적 신분의 취득은 개인에 대한 출생신고에서부터 시작한다. 대한민국 국민으로 태어난 아동은 태어난 즉시 '**출생등록될 권리**'를 가진다. 이러한 권리는 '**법 앞에 인간으로 인정받을 권리**'로서 모든 기본권 보장의 전제가 되는 기본권이므로 **법률로써도 이를 제한하거나 침해할 수 없다**(대결 2020. 6. 8. 2020스575).

3265 태어난 즉시 '출생등록 될 권리'는 헌법상의 기본권이 아니라 법률상의 권리이므로 '혼인 중 여자와 남편 아닌 남자 사이에서 출생한 자녀에 대한 생부의 출생신고'를 허용하도록 규정하지 아니한 「가족관계의 등록 등에 관한 법률」 조항이 혼인외 출생자인 청구인들의 태어난 즉시 '출생등록 될 권리'를 침해하는 것은 아니다. 23 경찰 2차   O | X

3265-1 혼인 중인 여자와 남편 아닌 남자 사이에서 출생한 자녀의 경우에 모와 생부를 차별하여 혼인 외 출생자의 신고의무를 모에게만 부과하고, 남편 아닌 남자인 생부에게 자신의 혼인 외 자녀에 대해서 출생신고를 하도록 규정하지 아니한 것은 합리적인 이유가 없어 생부의 평등권을 침해한다. 23 경채   O | X

(1) 이는 헌법에 명시되지 아니한 **독자적 기본권**으로서, 자유로운 인격실현을 보장하는 **자유권적 성격**과 아동의 건강한 성장과 발달을 보장하는 **사회적 기본권**의 성격을 함께 지닌다. … 따라서 심판대상조항들은 입법형성권의 한계를 넘어서서 실효적으로 출생등록될 권리를 보장하고 있다고 볼 수 없으므로, 혼인 중 여자와 남편 아닌 남자 사이에서 출생한 자녀에 해당하는 **혼인 외 출생자**인 청구인들의 **태어난 즉시 '출생등록될 권리'를 침해한다**(헌재 2023. 3. 23. 2021헌마975).
(2) 심판대상조항들이 혼인 중인 여자와 남편 아닌 남자 사이에서 출생한 자녀의 경우에 **혼인 외 출생자의 신고의무를 모에게만 부과**하고, **남편 아닌 남자인 생부**에게 자신의 혼인 외 자녀에 대해서 **출생신고를 할 수 있도록 규정하지 아니한 것**은 모는 출산으로 인하여 그 출생자와 혈연관계가 형성되는 반면에, 생부는 그 출생자와의 혈연관계에 대한 확인이 필요할 수도 있고, 그 출생자의 출생사실을 모를 수도 있다는 점에 있으며, 이에 따라 가족관계등록법은 모를 중심으로 출생신고를 규정하고, **모가 혼인 중일 경우에 그 출생자는 모의 남편의 자녀로 추정**하도록 한 민법의 체계에 따르도록 규정하고 있는 점에 비추어 **합리적인 이유가 있다**. 그렇다면, 심판대상조항들은 **생부인 청구인들의 평등권을 침해하지 않는다**(헌재 2023. 3. 23. 2021헌마975).

3266 부모가 자녀의 이름을 지어주는 것은 자녀의 양육과 가족생활을 위하여 필수적인 것이고, 가족생활의 핵심적 요소라 할 수 있으므로, '부모가 자녀의 이름을 지을 자유'는 혼인과 가족생활을 보장하는 헌법 제36조 제1항과 행복추구권을 보장하는 헌법 제10조에 의하여 보호받는다. 24 5급, 23 법무사, 23 경찰 2차, 23 법원 9, 23 소간, 21 경정, 19 국가 7, 17 변호사   O | X

3266-1 이름(성명)은 개인의 정체성과 개별성을 나타내는 인격의 상징으로서 개인이 사회 속에서 자신의 생활영역을 형성하고 발현하는 기초가 되므로, 부모가 자녀의 이름을 지을 자유는 혼인과 가족생활을 보장하는 헌법 제36조 제1항이 아니라 일반적 인격권 및 행복추구권을 보장하는 헌법 제10조에 의하여 보호받는다. 20 변호사   O | X

부모가 자녀의 이름을 지어주는 것은 자녀의 양육과 가족생활을 위하여 필수적인 것이고, 가족생활의 핵심적 요소라 할 수 있으므로, '**부모가 자녀의 이름을 지을 자유**'는 혼인과 가족생활을 보장하는 **헌법 제36조 제1항**과 행복추구권을 보장하는 **헌법 제10조**에 의하여 보호받는다(헌재 2016. 7. 28. 2015헌마964).

● 정답 3264. X [법률로써도 제한하거나 침해할 수 없음]   3265. X [출생등록 될 권리를 침해함]   3265-1. X [평등권을 침해 X]   3266. O
3266-1. X [헌법 제36조 제1항에 의하여도 보호됨]

3267 이름은 인간의 모든 사회적 생활관계 형성의 기초가 된다는 점에서 중요한 사회질서에 속한다. 이름의 특정은 사회 전체의 법적 안정성의 기초이므로 이를 위해 국가는 개인이 사용하는 이름에 대해 일정한 규율을 가할 수 있다. 23 법원 9   O | X

이름은 인간의 모든 사회적 생활관계 형성의 기초가 된다는 점에서 **중요한 사회질서**에 속한다. 이름의 특정은 사회 전체의 법적 안정성의 기초이므로 이를 위해 국가는 개인이 사용하는 **이름에 대해 일정한 규율**을 가할 수 있다(헌재 2016. 7. 28. 2015헌마964).

3268 출생신고 시 자녀의 이름에 사용할 수 있는 한자의 범위를 대법원규칙이 정하는 '인명용 한자'로 한정하는 것은 헌법 제36조 제1항에 의하여 보호되는 '부모의 자녀 이름을 지을 자유'를 침해한다. 23 변호사   O | X

심판대상조항은 자녀의 이름에 사용할 수 있는 한자를 정함에 있어 총 8,142자를 '인명용 한자'로 지정하고 있는데 이는 결코 적지 아니하고, '인명용 한자'의 범위를 일정한 절차를 거쳐 계속 확대함으로써 이름에 한자를 사용함에 있어 불편함이 없도록 하는 보완장치를 강구하고 있다. 또한 **인명용 한자**가 아닌 한자를 사용하였다고 하더라도, 출생신고나 출생자 이름 자체가 불수리되는 것은 아니고, 가족관계등록부에 해당 이름이 한글로만 기재되어 종국적으로 해당 한자가 함께 기재되지 않는 제한을 받을 뿐이며, 가족관계등록부나 그와 연계된 공적 장부 이외에 사적 생활의 영역에서 해당 한자 이름을 사용하는 것을 금지하는 것도 아니다. 따라서 심판대상조항은 **자녀의 이름을 지을 자유를 침해하지 않는다**(헌재 2016. 7. 28. 2015헌마964).

3269 부모의 자녀에 대한 양육권은 헌법에 명문으로 규정되어 있지는 아니하지만, 혼인과 가족생활을 보장하는 헌법 제36조 제1항, 행복추구권을 보장하는 헌법 제10조 및 '국민의 자유와 권리는 헌법에 열거되지 아니한 이유로 경시되지 아니한다.'고 규정한 헌법 제37조 제1항에서 나오는 기본권이다. 22 국회 9   O | X

자녀에 대한 부모의 양육권은 비록 헌법에 명문으로 규정되어 있지는 아니하지만, 이는 모든 인간이 누리는 불가침의 인권으로서 혼인과 가족생활을 보장하는 **헌법 제36조 제1항**, 행복추구권을 보장하는 **헌법 제10조** 및 '국민의 자유와 권리는 헌법에 열거되지 아니한 이유로 경시되지 아니한다.'고 규정한 **헌법 제37조 제1항**에서 나오는 중요한 **기본권**이다(헌재 2008. 10. 30. 2005헌마1156).

3270 자녀에 대한 부모의 양육권은 공권력으로부터 자녀의 양육을 방해받지 않을 권리라는 점에서는 자유권적 기본권으로서의 성격을, 자녀의 양육에 관하여 국가의 지원을 요구할 수 있는 권리라는 점에서는 사회권적 기본권으로서의 성격을 아울러 가진다. 14 지방 7   O | X

양육권은 공권력으로부터 자녀의 양육을 방해받지 않을 권리라는 점에서는 **자유권적 기본권**으로서의 성격을, 자녀의 양육에 관하여 국가의 지원을 요구할 수 있는 권리라는 점에서는 **사회권적 기본권**으로서의 성격을 아울러 가진다(헌재 2008. 10. 30. 2005헌마1156).

3271 헌법 제36조 제1항은 혼인과 가족을 보호해야 한다는 국가의 일반적 과제를 규정하였을 뿐, 청구인들의 주장과 같이 양육비 채권의 집행권원을 얻었음에도 양육비 채무자가 이를 이행하지 아니하는 경우 그 이행을 용이하게 확보하도록 하는 내용의 구체적이고 명시적인 입법의무를 부여하였다고 볼 수 없다. 24 경간   O | X

3271-1 양육비 대지급제 등 양육비 이행의 실효성을 더 높이는 내용의 법률을 제정할 헌법의 명시적인 입법위임이 존재한다고 볼 수 없고, 헌법해석상 기존의 양육비 이행을 확보하기 위하여 마련된 여러 입법 이외에 양육비 대지급제 등과 같은 구체적·개별적 사항에 대한 입법의무가 새롭게 발생된다고도 볼 수 없다. 23 법무사   O | X

● 정답   3267. O   3268. X [부모의 자녀 이름 지을 자유 침해 X]   3269. O   3270. O   3271. O   3271-1. O

우선 헌법 제36조 제1항은 혼인과 가족을 보호해야 한다는 국가의 일반적 과제를 규정하였을 뿐, 청구인들의 주장과 같이 양육비 채권의 집행권원을 얻었음에도 양육비 채무자가 이를 이행하지 아니하는 경우 그 이행을 용이하게 확보하도록 하는 내용의 구체적이고 명시적인 입법의무를 부여하였다고 볼 수 없다. … 양육비 대지급제 등 양육비 이행의 실효성을 더 높이는 내용의 법률을 제정할 헌법의 명시적인 입법위임이 존재한다고 볼 수 없고, 헌법해석상 기존의 양육비 이행을 확보하기 위하여 마련된 여러 입법 이외에 양육비 대지급제 등과 같은 구체적·개별적 사항에 대한 입법의무가 새롭게 발생된다고도 볼 수 없으므로, 이 사건 심판청구는 헌법 소원의 대상이 될 수 없는 진정입법부작위를 심판대상으로 한 것으로서 부적법하다(헌재 2021. 12. 23. 2019헌마168).

3272 헌법 제36조 제1항은 혼인과 가족생활을 스스로 결정하고 형성할 수 있는 자유를 기본권으로서 보장하며, 친양자 입양의 경우에도 친양자로 될 사람이 그의 의사에 따라 스스로 입양의 대상이 될 것인지 여부를 결정할 수 있는 자유를 보장한다. 17 변호사 O│X

헌법 제36조 제1항은 혼인과 가족생활을 스스로 결정하고 형성할 수 있는 자유를 기본권으로서 보장한다. 친양자 입양의 경우에도 친양자로 될 사람이 그의 의사에 따라 스스로 입양의 대상이 될 것인지 여부를 결정할 수 있는 자유가 보장되므로, 친양자로 될 사람은 자신의 양육에 보다 적합한 가정환경에서 양육받을 것을 선택할 권리를 가진다(헌재 2013. 9. 26. 2011헌가42).

3273 친양자로 될 자와 마찬가지로 친생부모 역시 그로부터 출생한 자와의 가족 및 친족관계의 유지에 관하여 헌법 제36조 제1항에 의하여 인정되는 혼인과 가정생활의 자유로운 형성에 대한 기본권을 가진다. 17 변호사 O│X

친양자로 될 자와 마찬가지로, 친생부모 역시 그로부터 출생한 자와의 가족 및 친족관계의 '유지'에 관하여 헌법 제10조에 의하여 인정되는 가정생활과 신분관계에 대한 인격권 및 행복추구권 및 헌법 제36조 제1항에 의하여 인정되는 혼인과 가정생활의 자유로운 형성에 대한 기본권을 가진다는 점에 대해서는 별다른 의문이 없다(헌재 2012. 5. 31. 2010헌바87).

3274 친양자 입양을 청구하기 위해서는 친생부모의 친권상실, 사망 기타 동의할 수 없는 사유가 없는 한 친생부모의 동의를 반드시 요하도록 하는 것은 친양자가 될 자의 가족생활에 관한 기본권을 침해하지 않는다. 22 해간, 18 지방 7 O│X

이 사건 법률조항은 친양자 입양에 있어 무조건 친생부모의 동의를 요하도록 하고 있는 것이 아니라, '친생부모의 친권이 상실되거나 사망 기타 그 밖의 사유로 동의할 수 없는 경우'에는 그 동의 없이도 친양자 입양이 가능하도록 예외규정을 두어 기본권 제한의 비례성을 준수하고 있으므로 헌법에 위반되지 아니한다(헌재 2012. 5. 31. 2010헌바87).

3275 헌법재판소는 원칙적으로 3년 이상 혼인 중인 부부만이 친양자 입양을 할 수 있도록 규정하여 독신자는 친양자 입양을 할 수 없도록 한 것이 독신자의 가족생활의 자유를 침해하지 않는다고 하면서, 편친 가정에 대한 사회적 편견 내지 불안감 때문에 독신자 가정에서 양육되는 자녀는 성장 과정에서 사회적으로 어려움을 겪게 될 가능성이 높다는 점을 그 근거의 하나로 제시하고 있다. 23 경정 O│X

3275-1 원칙적으로 3년 이상 혼인 중인 부부만이 친양자 입양을 할 수 있도록 규정하여 독신자는 친양자 입양을 할 수 없도록 한 구「민법」조항은 독신자의 가족생활의 자유를 침해한다. 21 경정 O│X

한편, 이미 위에서 본 것처럼 독신자 가정은 기혼자 가정에 비하여 양자의 양육에 있어 불리할 가능성이 높다. 또한 독신자를 양친으로 하면 처음부터 편친가정을 이루게 하고 사실상 혼인 외 자를 만드는 결과가 발생하므로, 편친가정에 대한 사회적 편견 내지 불안감으로 인하여 양자의 양육에 부정적인 영향이 미칠 수 있다. 이처럼 친양자의 양친을 기혼자로 한정하면 양자가 사회적 편견으로부터 벗어나 더 나은 양육환경에서 성장할 수 있게 되므로 양자의 복리가 증진될 가능성이 높아진다. 따라서 독신자를 친양자의 양친에서 제외하는 것은 친양자제도의 입법목적을 달성하기 위한 적절한 수단이라 할 것이다. … 결국 심판대상조항은 과잉금지원칙에 위반하여 독신자의 가족생활의 자유를 침해한다고 볼 수 없다(헌재 2013. 9. 26. 2011헌가42).

정답 3272. O 3273. O 3274. O 3275. O 3275-1. X [독신자의 가족생활의 자유 침해 X]

3276 육아휴직신청권은 헌법 제36조제1항 등으로부터 개인에게 직접 주어지는 헌법적 차원의 권리라고 볼 수는 없고, 입법자가 여러 가지 요소를 고려하여 제정하는 입법에 적용요건, 적용대상, 기간 등 구체적인 사항이 규정될 때 비로소 형성되는 법률상의 권리이다. 23 5급 O|X

3276-1 육아휴직신청권은 비록 헌법에 명문으로 규정되어 있지는 아니하지만, 이는 모든 인간이 누리는 불가침의 인권으로서 혼인과 가족생활을 보장하는 헌법 제36조 제1항, 행복추구권을 보장하는 헌법 제10조 및 '국민의 자유와 권리는 헌법에 열거되지 아니한 이유로 경시되지 아니한다.'고 규정한 헌법 제37조 제1항에서 나오는 중요한 기본권이다. 24 경간 O|X

> **육아휴직신청권**은 헌법 제36조 제1항 등으로부터 개인에게 직접 주어지는 **헌법적 차원의 권리라고 볼 수는 없고**, 입법자가 입법의 목적, 수혜자의 상황, 국가예산, 전체적인 사회보장수준, 국민정서 등 여러 요소를 고려하여 제정하는 입법에 적용요건, 적용대상, 기간 등 구체적인 사항이 규정될 때 비로소 형성되는 법률상의 권리이다(헌재 2008. 10. 30. 2005헌마1156).

3277 단기복무군인 중 여성에게만 육아휴직을 허용하는 것은 성별에 의한 차별로 볼 수 없다.
15 경정, 13 국회 8 O|X

> 병역의무를 이행하고 있는 남성 단기복무군인과 달리 장교를 포함한 여성 단기복무군인은 지원에 의하여 직업으로서 군인을 선택한 것이므로, 남성 단기복무장교를 육아휴직 허용 대상에서 제외하고 있는 <u>이 사건 법률조항이 육아휴직과 관련하여 단기복무군인 중 남성과 여성을 차별하는 것은 성별에 근거한 차별이 아니라 의무복무군인과 직업군인이라는</u> **복무형태에 따른 차별로 봄이 타당하다**(헌재 2008. 10. 30. 2005헌마1156).

04 관련판례

3278 출생 직후의 자(子)에게 성을 부여할 당시 부(父)가 이미 사망하였거나 부모가 이혼하여 모가 단독으로 친권을 행사하고 양육할 것이 예상되는 경우에도 부의 성을 사용할 것이 강제되도록 한 법률 조항은 헌법에 합치하지 아니한다. 11 법원 9 O|X

3278-1 입양이나 재혼 등과 같이 가족관계의 변동과 새로운 가족관계의 형성에 있어서 구체적인 사정들에 따라서는 양부 또는 계부의 성으로의 변경이 개인의 인격적 이익과 매우 밀접한 관계를 가짐에도 부성(父姓)의 사용만을 강요하여 성의 변경을 허용하지 않는 것은 개인의 인격권을 침해한다. 23 경찰 1차 O|X

> (1) 출생 직후의 자(子)에게 성을 부여할 당시 부(父)가 이미 사망하였거나 부모가 이혼하여 모가 단독으로 친권을 행사하고 양육할 것이 예상되는 경우, 혼인외의 자를 부가 인지하였으나 여전히 모가 단독으로 양육하는 경우 등과 같은 사례에 있어서도 **일방적으로 부의 성을 사용할 것을 강제**하면서 모의 성의 사용을 허용하지 않고 있는 것은 **개인의 존엄과 양성의 평등을 침해한다**(헌재 2005. 12. 22. 2003헌가5 등).
>
> (2) 입양이나 재혼 등과 같이 가족관계의 변동과 새로운 가족관계의 형성에 있어서 구체적인 사정들에 따라서는 양부 또는 계부 성으로의 변경이 개인의 인격적 이익과 매우 밀접한 관계를 가짐에도 **부성의 사용만을 강요**하여 성의 변경을 허용하지 않는 것은 **개인의 인격권을 침해한다**(헌재 2005. 12. 22. 2003헌가5 등).

정답 3276. ○ 3276-1. ×[헌법적 차원의 권리 × → 법률상 권리 ○] 3277. ○ 3278. ○ 3278-1. ○

3279 입양신고 시 신고사건 본인이 시·읍·면에 출석하지 아니하는 경우에는 신고사건 본인의 신분증명서를 제시하도록 한 「가족관계등록법」 규정은 입양당사자의 가족생활의 자유를 침해한다고 보기 어렵다. 23 경채 O | X

이 사건 법률조항은 입양의 당사자가 출석하지 않아도 입양신고를 하여 **가족관계를 형성할 수 있는 자유를 보장**하면서도, 출석하지 아니한 당사자의 신분증명서를 제시하도록 하여 **입양당사자의 신고의사의 진실성을 담보**하기 위한 조항이다. … 신분증명서를 부정 사용하여 입양신고가 이루어질 경우 형법에 따라 형사처벌되고, 그렇게 이루어진 허위입양은 언제든지 입양무효확인의 소를 통하여 구제받을 수 있다. 비록 출석하지 아니한 당사자의 신분증명서를 요구하는 것이 허위의 입양을 방지하기 위한 완벽한 조치는 아니라고 하더라도 이 사건 법률조항이 원하지 않는 가족관계의 형성을 방지하기에 전적으로 부적합하거나 매우 부족한 수단이라고 볼 수는 없다. 따라서 이 사건 법률조항이 입양당사자의 **가족생활의 자유를 침해한다고 보기 어렵다**(헌재 2022. 11. 24. 2019헌바108).

3280 「민법」 제847조 제1항 중 '친생부인의 사유가 있음을 안 날부터 2년 이내 부분'은 친생부인의 소의 제척기간에 관한 입법재량의 한계를 일탈하지 않은 것으로서 양성의 평등에 기초한 혼인과 가족생활에 관한 기본권을 침해하지 아니한다. 15 국가 7 O | X

3280-1 친생부인의 소의 제척기간을 규정한 「민법」 규정 중 "부(夫)가 그 사유가 있음을 안 날부터 2년내" 부분은 부(夫)가 가정생활과 신분관계에서 누려야 할 인격권을 침해한다. 22 경찰 1차 O | X

2년이란 기간은 자녀의 불안정한 지위를 장기간 방치하지 않기 위한 것으로서 지나치게 짧다고 볼 수 없다. 따라서 민법 제847조 제1항 중 "부(夫)가 그 사유가 있음을 안 날부터 2년내" 부분은 친생부인의 소의 제척기간에 관한 입법재량의 한계를 일탈하지 않은 것으로서 **헌법에 위반되지 아니한다**. … 부(夫)가 가정생활과 신분관계에서 누려야 할 **인격권, 행복추구권** 및 개인의 존엄과 양성의 평등에 기초한 **혼인과 가족생활에 관한 기본권을 침해하지 아니한다**(헌재 2015. 3. 26. 2012헌바357).

3281 1991. 1. 1.부터 그 이전에 성립된 계모자 사이의 법정혈족관계를 소멸시키도록 한 「민법」 부칙 조항은 계자의 친부와 계모의 혼인에 따라 가족생활을 자유롭게 형성할 권리를 침해하지 않는다. 23 경정 O | X

이 사건 법률조항은 계자의 친부와 계모의 혼인의사를 일률적으로 계자에 대한 입양 또는 그 대리의 의사로 간주하기는 어려우므로, **계자의 친부와 계모의 혼인에 따라 가족생활을 자유롭게 형성할 권리를 침해하지 아니하고**, 또한 개인의 존엄과 양성평등에 반하는 전래의 가족제도를 개선하기 위한 입법이므로 가족제도를 보장하는 헌법 제36조 제1항에 위반된다고 볼 수도 없다(헌재 2011. 2. 24. 2009헌바89 등).

POINT 178 모성보호 및 보건에 관한 권리

3282 모든 국민은 보건에 관하여 국가의 보호를 받는다. 21 5급 O | X

헌법 제36조 ③ 모든 국민은 **보건**에 관하여 **국가의 보호**를 받는다.

정답 3279. O 3280. O 3280-1. ×[인격권 침해 ×] 3281. O 3282. O

3283 우리 헌법은 1948년 제헌헌법에서 "가족의 건강은 국가의 특별한 보호를 받는다."라고 규정한 이래 1962년 제3공화국 헌법에서 "모든 국민은 보건에 관하여 국가의 보호를 받는다."라고 정하여 현행 헌법까지 이어져 오고 있다. 22 경찰 2차 O│X

> 제헌헌법(1948년) 제20조 혼인은 남녀동권을 기본으로 하며 혼인의 순결과 **가족의 건강**은 **국가의 특별한 보호**를 받는다.
> 제5차 개정헌법(1962년) 제31조 모든 국민은 혼인의 순결과 **보건에 관하여 국가의 보호**를 받는다.
> 헌법 제36조 ③ 모든 국민은 **보건에 관하여 국가의 보호**를 받는다.

3284 국민의 보건에 관한 권리는 국민이 자신의 건강을 유지하는데 필요한 국가적 급부와 배려까지 요구할 수 있는 권리를 포함하는 것은 아니다. 21 5급 O│X

3284-1 국가는 국민의 건강을 소극적으로 침해하여서는 아니 될 의무를 부담하는 것에서 한 걸음 더 나아가 적극적으로 국민의 보건을 위한 정책을 수립하고 시행하여야 할 의무를 부담한다. 21 5급 O│X

> 헌법 제36조 제3항이 규정하고 있는 **국민의 보건에 관한 권리**는 국민이 자신의 건강을 유지하는 데 필요한 **국가적 급부와 배려를 요구할 수 있는 권리**를 말하는 것으로서, 국가는 국민의 건강을 **소극적으로 침해하여서는 아니 될 의무**를 부담하는 것에서 한걸음 더 나아가 **적극적으로** 국민의 보건을 위한 **정책을 수립하고 시행하여야 할 의무**를 부담한다는 것을 의미한다(헌재 2012. 2. 23. 2011헌마123).

3285 헌법 제36조 제3항은 "모든 국민은 보건에 관하여 국가의 보호를 받는다."고 규정하여 국가의 국민보건에 관한 보호의무를 명시하고 있으므로 국가는 국민보건의 양적, 질적 향상을 위하여 제반 인적·물적 의료시설을 확충하는 등 높은 수준의 국민보건증진 의료정책을 수립·시행하여야 한다. 13 법원 9 O│X

> 헌법 제36조 제3항은 "모든 국민의 보건에 관하여 국가의 보호를 받는다."고 규정하여 **국가의 국민보건에 관한 보호의무**를 명시하고 있으므로 국가는 국민보건의 양적, 질적 향상을 위하여 제반 인적·물적 의료시설을 확충하는 등 **높은 수준의 국민보건증진 의료정책을 수립·시행**하여야 할 것이나, 이 국가의 보호의무가 바로 국민의 현실적, 구체적인 기본권인지 프로그램(입법방침)적 내지는 추상적 기본권인지의 여부는 일응 접어 두더라도, 이 헌법조항에 의한 권리를 헌법소원을 통하여 주장할 수 있는 자는 직접 자신의 보건이나 의료문제가 국가에 의해 보호받지 못하고 있는 의료수혜자(受惠者)적 지위에 있는 안과의사가 자기고유의 업무범위를 주장하여 다투는 이 사건은 이에 해당된다고 볼 수 없어 자기관련성을 인정하기 어려운 것이다(헌재 1993. 11. 25. 92헌마87).

3286 국민의 생명·신체의 안전이 질병 등으로부터 위험받거나 받게 될 우려가 있는 경우 국가로서는 그 위험의 원인과 정도에 따라 사회·경제적인 여건 및 재정사정 등을 감안하여 국민의 생명·신체의 안전을 보호하기에 필요한 적절하고 효율적인 입법·행정상의 조치를 취하여 그 침해의 위험을 방지하고 이를 유지할 포괄적인 의무를 진다. 22 경찰 2차 O│X

3286-1 국민의 생명·신체의 안전이 질병 등으로부터 위협받거나 받게 될 우려가 있는 경우, 국가는 국민의 생명·신체의 안전을 보호하기 위하여 필요한 적절하고 효율적인 입법·행정상의 조치를 취함으로써 침해의 위험을 방지하고 이를 유지할 구체적이고 직접적인 의무를 진다. 20 국회 8 O│X

정답 3283. O 3284. X [급부·배려 요구권 포함] 3284-1. O 3285. O 3286. O 3286-1. X [구체적·직접적 의무 X → 포괄적 의무 O]

생명·신체의 안전에 관한 권리는 인간의 존엄과 가치의 근간을 이루는 기본권일 뿐만 아니라, 헌법은 "모든 국민은 보건에 관하여 국가의 보호를 받는다."고 규정하여 질병으로부터 생명·신체의 보호 등 보건에 관하여 특별히 국가의 보호의무를 강조하고 있으므로(제36조 제3항), **국민의 생명·신체의 안전**이 질병 등으로부터 위협받거나 받게 될 우려가 있는 경우 국가로서는 그 위험의 원인과 정도에 따라 사회·경제적인 여건 및 재정사정 등을 감안하여 **국민의 생명·신체의 안전을 보호하기에 필요한 적절하고 효율적인 입법·행정상의 조치**를 취하여 그 침해의 위험을 방지하고 이를 유지할 **포괄적인 의무를 진다** 할 것이다(헌재 2008. 12. 26. 2008헌마419 등).

> **보충설명** 국가의 보호의무는 입법자의 책임범위에 속하므로 구체적이고 직접적인 의무가 아니라 포괄적인 의무를 진다.

3287 무면허 의료행위를 일률적, 전면적으로 금지하고 이를 위반하는 경우에는 그 치료결과에 관계없이 형사처벌을 받게 하는 규제방법은 헌법 제10조가 규정하는 인간으로서의 존엄과 가치를 보장하고 헌법 제36조 제3항이 규정하는 국민보건에 관한 국가의 보호의무를 다하고자 하는 것으로서, 국민의 생명권, 건강권, 보건권 및 그 신체활동의 자유 등을 보장하는 규정이지, 이를 제한하거나 침해하는 규정이라고 할 수 없다. 22 경채   O|X

무면허 의료행위를 일률적, 전면적으로 금지하고 이를 위반한 경우에는 그 치료결과에 관계없이 형사처벌을 받게 하는 이 법의 규제방법은, "대안이 없는 유일한 선택"으로서 실질적으로도 비례의 원칙에 합치되는 것이다. 그렇다면 이 사건 법률조항은 헌법 제10조가 규정하는 **인간으로서의 존엄과 가치를 보장**하고 헌법 제36조 제3항이 규정하는 **국민보건에 관한 국가의 보호의무**를 다하고자 하는 것으로서, 국민의 **생명권, 건강권, 보건권** 및 그 **신체활동의 자유** 등을 보장하는 규정이지, 이를 **제한하거나 침해하는 규정이라고 할 수 없다**(헌재 1996. 10. 31. 94헌가7).

3288 의료인이 아닌 자의 무면허의료행위를 일률적·전면적으로 금지한 구「의료법」조항은 국민의 생명권과 건강권을 보호하고 국민의 보건에 관한 국가의 보호의무를 이행하기 위한 조치로서, 이러한 기본권의 제한은 비례의 원칙에 부합한다. 23 경간   O|X

의료인이 아닌 자의 의료행위를 전면적으로 금지한 것은 매우 중대한 헌법적 법익인 **국민의 생명권과 건강권을 보호**하고 **국민의 보건에 관한 국가의 보호의무**(헌법 제36조 제3항)를 이행하기 위하여 **적합한 조치로서**, 위와 같은 중대한 공익이 국민의 기본권을 보다 적게 침해하는 다른 방법으로는 효율적으로 실현될 수 없으므로, 이러한 기본권의 제한은 **비례의 원칙에 부합**하는 것으로서 헌법적으로 정당화되는 것이다(헌재 2005. 5. 26. 2003헌바86).

3289 국가의 국민보건에 관한 보호의무를 명시한 헌법 제36조 제3항에 의한 권리를 헌법소원을 통하여 주장할 수 있는 자는 직접 자신의 보건이나 의료문제가 국가에 의해 보호받지 못하고 있는 의료 수혜자적 지위에 있는 국민이라고 할 것이므로, 의료시술자적 지위에 있는 안과의사가 자기 고유의 업무범위를 주장하여 다투는 경우에는 위 헌법규정을 원용할 수 없다. 22 경찰 2차   O|X

국가의 국민보건에 관한 보호의무를 명시(明示)한 헌법 제36조 제3항에 의한 권리를 **헌법소원을 통하여 주장할 수 있는 자**는 직접 자신의 보건이나 의료문제가 국가에 의해 보호받지 못하고 있는 **의료 수혜자적 지위에 있는 국민**이라고 할 것이므로 청구인과 같은 **의료시술자적 지위에 있는 안과의사**가 자기 고유의 업무범위를 주장하여 다투는 경우에는 **위 헌법규정을 원용할 수 없다**(헌재 1993. 11. 25. 92헌마87).

정답 3287. O 3288. O 3289. O

Chapter 07 청구권

POINT 179 청원권

01 청원권

3290 헌법은 모든 국민에게 법률이 정하는 바에 의하여 국가기관에 문서로 청원할 권리를 부여하고, 국가에 청원에 대하여 심사할 의무를 부여한다. 23 국회 9 O|X

3290-1 현행 헌법규정에 의하면 청원은 문서 또는 구두(口頭)로 할 수 있다. 23 국가 7 O|X

> 헌법 제26조 ① 모든 **국민**은 법률이 정하는 바에 의하여 **국가기관**에 **문서로 청원할 권리**를 가진다.
> ② **국가**는 **청원**에 대하여 **심사할 의무**를 진다.

3291 제헌헌법에서 모든 국민은 국가 각기관에 대하여 문서로써 청원을 할 권리가 있으며, 청원에 대하여 국가는 심사할 의무를 진다고 규정하였다. 23 국가 7 O|X

현대 민주국가에서의 기본적 인권인 청원권은 민주주의를 강화하고 국민의 권리보장을 실질화하는 수단이 된다. 우리 헌법은 제헌헌법 이래 청원권을 규정하여 왔다.

> **제헌헌법(1948년) 제21조** 모든 국민은 국가 각기관에 대하여 **문서로써 청원을 할 권리**가 있다.
> 청원에 대하여 **국가는 심사할 의무**를 진다.

3292 정부에 제출 또는 회부된 정부의 정책에 관계되는 청원의 심사는 국무회의의 심의를 거쳐야 한다. 24 경간, 22 해간, 22 법원 9, 21 경정, 17 지방 7, 15 경정, 13 국가 7 O|X

3292-1 '정부에 제출 또는 회부된 정부의 정책에 관계되는 청원의 심사'는 국무회의의 심의사항이 아니다. 23 5급 O|X

3292-2 정부에 제출된 정부의 정책에 관계되는 청원의 심사와는 달리, 정부에 회부된 정부의 정책에 관계되는 청원의 심사는 반드시 국무회의의 심의를 거쳐야 하는 것은 아니다. 24 경정 O|X

3292-3 정부에 제출되는 정부의 정책에 관계되는 청원의 심사는 「청원법」에 따라 국무회의의 심사를 거칠 수 있다. 13 법원 9 O|X

> **헌법 제89조** 다음 사항은 **국무회의의 심의**를 거쳐야 한다.
> 15. 정부에 **제출 또는 회부된** 정책에 관계되는 **청원의 심사**

정답 | 3290. O 3290-1. X [구두 규정 無] 3291. O 3292. O 3292-1. X [필수적 심의사항] 3292-2. X [둘 다 국무회의 심의를 거쳐야 함] 3292-3. X [청원법 X → 헌법 O / 거칠수 있다 X → 거쳐야 한다 O]

3293 헌법상 보장된 청원권은 공권력과의 관계에서 일어나는 여러가지 이해관계, 의견, 희망 등에 관하여 적법한 청원을 한 모든 국민에게 국가기관이 청원을 수리할 뿐만 아니라 이를 심사하여 청원자에게 적어도 그 처리결과를 통지할 것을 요구할 수 있는 권리를 말한다. 18 법무사, 12 국회 8   O | X

헌법은 제26조 제1항에서 "모든 국민은 법률이 정하는 바에 의하여 국가기관에 문서로 청원할 권리를 가진다."라고 하여 청원권을 보장하고 있는바 **청원권**은 공권력과의 관계에서 일어나는 여러 가지 이해관계, 의견, 희망 등에 관하여 **적법한 청원을 한 모든 국민**에게 국가기관이(그 주관관서가) **청원을 수리**할 뿐만 아니라 이를 **심사**하여 청원자에게 그 **처리결과를 통지**할 것을 **요구할 수 있는 권리를 말한다**(헌재 2023. 3. 23. 2018헌마460 등).

3294 헌법상 보장된 청원권의 주체는 국민이고, 국민에는 법인도 포함된다. 18 법무사   O | X

헌법상 보장된 청원권의 주체는 **국민**으로 규정되어 있지만, **법인**은 물론 **외국인**도 청원권의 주체가 될 수 있다.

3295 청원권의 행사는 자신이 직접 하든 아니면 제3자인 중개인이나 대리인을 통해서 하든 청원권으로서 보호된다. 23 경채   O | X

3295-1 국민이 여러 가지 이해관계 또는 국정에 관해서 자신의 의견이나 희망을 해당 기관에 직접 진술하여야 하며, 본인을 대리하거나 중개하는 제3자를 통해 진술하는 것은 청원권으로서 보호되지 않는다. 24 경간   O | X

청원권의 행사는 **자신이 직접** 하든 아니면 **제3자**인 중개인이나 대리인을 통해서 하든 **청원권으로서 보호**된다. 우리 헌법은 문서로 청원을 하도록 한 것 이외에 그 형식을 제한하고 있지 않으며, 청원권의 행사방법이나 그 절차를 구체화하고 있는 청원법도 제3자를 통해 하는 방식의 청원을 금지하고 있지 않다. 따라서 국민이 여러 가지 이해관계 또는 국정에 관해서는 **자신의 의견이나 희망을 해당 기관에 직접 진술**하는 외에 그 본인을 대리하거나 중개하는 제3자를 통해 진술하더라도 이는 **청원권으로서 보호**될 것이다(헌재 2005. 11. 24. 2003헌바108).

3296 헌법에서는 청원에 대하여 심사할 의무만을 규정하므로 국가기관은 청원에 대하여 그 결과를 통지하여야 할 의무를 지지 않는다. 16 국가 7   O | X

헌법 제26조와 청원법의 규정에 의할 때, 헌법상 보장된 청원권은 공권력과의 관계에서 일어나는 여러 가지 이해관계, 의견, 희망 등에 관하여 적법한 청원을 한 모든 국민에게, 국가기관이 청원을 수리·심사하여 그 결과를 통지할 것을 요구할 수 있는 권리를 말하므로, **청원서를 접수한 국가기관은 이를 수리·심사하여 그 결과를 통지**하여야 할 **헌법에서 유래하는 작위의무**를 지고 있고, 이에 상응하여 청원인에게는 청원에 대하여 위와 같은 적정한 처리를 할 것을 요구할 수 있는 권리가 있다(헌재 2004. 5. 27. 2003헌마851).

3297 국민이면 누구든지 널리 제기할 수 있는 민중적 청원제도는 재판청구권 및 기타 준사법적 구제청구와는 성질을 달리하는 것이기 때문에 당해 국가기관이 「청원법」이 정하는 절차와 범위 내에서 청원사항을 성실·공정·신속히 심사하고 청원인에게 그 청원을 어떻게 처리하였거나 처리하려 하는지를 알 수 있을 정도로 결과를 통지함으로써 충분하며 청원권의 보호범위에 청원사항의 처리결과에 심판서나 재결서에 준하여 이유를 명시할 것까지를 요구하는 것은 포함되지 않는다. 12 국회 8   O | X

3297-1 청원권의 보호범위에는 청원사항의 처리결과에 심판서나 재결서에 준하여 이유를 명시할 것을 요구하는 것이 포함된다. 23 입시   O | X

3297-2 청원사항의 처리결과에 대하여 재결서에 준하는 이유를 명시할 의무는 있으나, 청원인이 청원한 내용대로의 결과를 통지할 의무는 없다. 22 해간, 22 법원 9   O | X

정답 3293. O 3294. O 3295. O 3295-1. X [제3자를 통한 진술도 보호] 3296. X [결과통지의무 있음] 3297. O 3297-1. X [심판서나 재결서에 준하는 이유 명시 의무 X] 3297-2. X [재결서에 준하는 이유 명시 의무 X]

청원권의 보호범위에는 청원사항의 처리결과에 **심판서나 재결서에 준하여 이유를 명시할 것**까지를 요구하는 것은 **포함되지 아니한다**고 할 것이다. 왜냐하면 국민이면 누구든지 널리 제기할 수 있는 **민중적 청원제도**는 재판청구권 기타 준사법적 구제청구와는 완전히 **성질을 달리하는 것**이기 때문이다. 그러므로 청원소관서는 청원법이 정하는 절차와 범위 내에서 청원사항을 성실·공정·신속히 심사하고 청원인에게 그 청원을 어떻게 처리하였거나 처리하려 하는지를 알 수 있을 정도로 **결과 통지함으로써 충분**하다고 할 것이다(헌재 1994. 2. 24. 93헌마213 등).

3298 청원사항의 처리내용이 청원인이 기대하는 바에 미치지 않는다고 하더라도 헌법소원의 대상이 되는 공권력의 행사 내지 불행사라고 볼 수 없으므로 헌법소원의 대상이 되지 않는다. 22 해간   O | X

3298-1 청원소관관서는 청원법이 정하는 절차와 범위 내에서 청원사항을 성실·공정·신속히 심사하고 청원인에게 그 처리결과를 통지할 의무가 있고, 그 처리내용은 공권력의 행사 또는 불행사에 해당하므로 청원인은 그 처리내용이 기대하는 바에 미치지 못하는 경우라면 헌법소원심판을 제기하는 것이 허용된다. 18 법무사   O | X

청원소관서는 청원법이 정하는 절차와 범위 내에서 청원사항을 성실·공정·신속히 심사하고 청원인에게 그 청원을 어떻게 처리하였거나 처리하려 하는지를 알 수 있을 정도로 결과통지함으로써 충분하다고 할 것이다. 따라서 적법한 청원에 대하여 국가기관이 **수리, 심사**하여 **그 처리결과를 청원인 등에게 통지**하였다면 이로써 당해 국가기관은 헌법 및 청원법상의 **의무이행을 필한 것**이라 할 것이고, 비록 그 처리내용이 청원인 등이 기대한 바에 미치지 않는다고 하더라도 더이상 **헌법소원의 대상이 되는 공권력의 행사 내지 불행사라고는 볼 수 없다**(헌재 1994. 2. 24. 93헌마213 등).

3299 공무원이 취급하는 사건 또는 사무에 관하여 사건 해결의 청탁 등을 명목으로 금품을 수수하는 행위를 규제하는 조항은 일반적 행동자유권뿐만 아니라 청원권을 제한한다. 22 법원 9   O | X

3299-1 청원권 행사를 위한 청원사항이나 청원방식, 청원절차 등에 관해서는 입법자가 그 내용을 자유롭게 형성할 재량권을 가지고 있으므로 공무원이 취급하는 사건 또는 사무에 관한 사항의 청탁에 관해 금품을 수수하는 등의 행위를 청원권의 내용으로서 보장할지 여부에 대해서도 입법자에게 폭넓은 재량권이 주어져 있다. 21 경정   O | X

(1) 이 사건 법률조항은 공무원의 직무에 속하는 사항에 관하여 **금품을 대가로 다른 사람을 중개하거나 대신**하여 그 이해관계나 의견 또는 희망을 해당 기관에 진술할 수 없게 하므로, **일반적 행동자유권 및 청원권을 제한한다.** … 이 사건 법률조항은 일반적 행동의 자유 내지 청원권을 침해하지 아니한다(헌재 2012. 4. 24. 2011헌바40).
(2) 청원권 행사를 위한 청원사항이나 청원방식, 청원절차 등에 관해서는 **입법자가 그 내용을 자유롭게 형성할 재량권**을 가지고 있으므로 공무원이 취급하는 사건 또는 사무에 관한 사항의 청탁에 관해 금품을 수수하는 등의 행위를 청원권의 내용으로서 보장할지 여부에 대해서도 **입법자에게 폭넓은 재량권**이 주어져 있다. 또한 금전적 대가를 받는 청탁 등 로비활동을 합법적으로 보장할 것인지 여부도 그 시대 국민의 법 감정이나 사회적 상황에 따라 입법자가 판단할 사항이므로 위 제도의 도입 여부나 시기에 대한 판단 역시 입법자의 재량이 폭넓게 인정되는 분야이다(헌재 2012. 4. 24. 2011헌바40).

3300 교도소 수형자의 서신을 통한 청원을 아무런 제한 없이 허용한다면 수용자가 이를 악용하여 검열 없이 외부에 서신을 발송하는 탈법수단으로 이용할 수 있게 되므로 이에 대한 검열은 수용목적을 달성하기 위한 불가피한 것으로서 청원권의 본질적 내용을 침해하는 것은 아니다. 21 소간   O | X

3300-1 수용자가 발송하는 서신이 국가기관에 대한 청원적 성격을 가지고 있는 경우에 교도소장의 허가를 받도록 한 것은, 교도소 수용자가 수용생활 중 부당한 대우를 당하여 국가기관에 이에 대한 조사와 시정을 요구할 목적으로 서신을 보내는 경우 이를 사전에 교도소장의 허가를 받도록 요구하는 것으로 수용자에게 보장된 청원권을 침해하는 것이다. 23 경찰 1차   O | X

● 정답 3298. O   3298-1. X [공권력의 행사·불행사 X → 헌소 제기 不可]   3299. O   3299-1. O   3300. O   3300-1. X [청원권 침해 X]

헌법상 청원권이 보장된다 하더라도 청원권의 구체적 내용은 입법활동에 의하여 형성되며 입법형성에는 폭넓은 재량권이 있으므로 입법자는 수용 목적 달성을 저해하지 않는 범위 내에서 교도소 수용자에게 청원권을 보장하는 합리적인 수단을 선택할 수 있다고 할 것인바, **서신을 통한 수용자의 청원**을 아무런 제한 없이 허용한다면 수용자가 이를 악용하여 **검열 없이 외부에 서신을 발송하는 탈법수단으로 이용**할 수 있게 되므로 **이에 대한 검열은 수용 목적 달성을 위한 불가피**한 것으로서 **청원권의 본질적 내용을 침해한다고 할 수 없다**(헌재 2001. 11. 29. 99헌마713).

3301 청원이 단순한 호소나 요청이 아닌 구체적인 권리행사로서의 성질을 갖는 경우라면, 그에 대한 국가기관의 거부행위는 헌법소원의 대상이 되는 공권력의 행사라고 할 수 있다. 17 경정   O | X

3301-1 청원이 단순한 호소나 요청이 아닌 구체적인 권리행사로서의 성질을 갖더라도 그에 대한 국가기관의 거부행위가 당연히 헌법소원의 대상이 되는 공권력의 행사라고 할 수는 없다. 24 경정   O | X

3301-2 국가유공자가 철도청장에게 자신을 기능직공무원으로 임용하여 줄 것을 청원하는 경우에 취업보호대상자의 기능직공무원 채용의무비율 규정이 있는 때에는 그 국가유공자가 채용시험 없이 바로 자신을 임용해 줄 것을 요구할 수 있는 구체적인 신청권을 갖고 있는 것으로 볼 수 있다. 24 경간   O | X

(1) 청구인의 청원이 단순한 호소나 요청이 아닌 **구체적인 권리행사**로서의 성질을 갖는 경우라면 그에 대한 위 **피청구인의 거부행위**는 청구인의 법률관계나 법적 지위에 영향을 미치는 것으로서 당연히 **헌법소원의 대상이 되는 공권력의 행사**라고 할 수 있을 것이다(헌재 2004. 10. 28. 2003헌마898).
(2) 국민의 신청에 대한 행정청의 거부행위가 헌법소원심판의 대상인 공권력의 행사가 되기 위해서는 국민이 행정청에 대하여 신청에 따른 행위를 해 줄 것을 요구할 수 있는 권리가 있어야 한다. 구 국가유공자등예우및지원에관한법률과 동법시행령은 국가기관의 취업보호대상자에 대한 우선채용에 대해서 규정하면서 기능직공무원 정원의 20퍼센트를 취업보호대상자로 우선 채용하도록 하고 있을 뿐, 구체적인 신청절차나 채용기준 및 방법 등에 관한 구체적인 내용을 규정하고 있지 아니하다. 따라서 청구인이 **취업보호대상자의 기능직공무원 채용의무비율 규정**만을 근거로 피청구인 철도청장에 대해 국가공무원법에 따른 채용시험 없이 바로 자신을 임용해 줄 것을 요구할 수 있는 **구체적인 신청권**을 갖고 있는 것으로 **볼 수는 없다**(헌재 2004. 10. 28. 2003헌마898).

02 청원법의 내용

1 청원권의 행사

3302 국민은 지방자치단체와 그 소속 기관에 청원을 제출할 수 있다. 23 국가 7   O | X

청원법 제4조(청원기관) 이 법에 따라 국민이 청원을 제출할 수 있는 기관(이하 "**청원기관**"이라 한다)은 다음 각 호와 같다.
1. **국회·법원·헌법재판소·중앙선거관리위원회, 중앙행정기관**(대통령 소속 기관과 국무총리 소속 기관을 포함한다)과 **그 소속 기관**
2. **지방자치단체와 그 소속 기관**

3303 국민은 법령에 따라 행정권한을 위임 또는 위탁받은 개인에게 청원을 제출할 수는 없다. 21 지방 7   O | X

청원법 제4조(청원기관) 이 법에 따라 국민이 청원을 제출할 수 있는 기관(이하 "**청원기관**"이라 한다)은 다음 각 호와 같다.
3. **법령에 따라 행정권한을 가지고 있거나 행정권한을 위임 또는 위탁받은 법인·단체 또는 그 기관이나 개인**

●정답 3301. O 3301-1. X [공권력 행사 O] 3301-2. X [구체적인 신청권 X] 3302. O 3303. X [개인에게 제출 가능]

3304 「청원법」상 국민은 공무원의 위법·부당한 행위에 대한 시정이나 징계의 요구에 대하여 청원기관에 청원할 수 있다. 23 경채 O | X

3304-1 국민은 공무원의 위법·부당한 행위에 대한 시정이나 징계의 요구를 청원할 수 없다. 23 국가 7 O | X

> **청원법 제5조(청원사항)** 국민은 다음 각 호의 어느 하나에 해당하는 사항에 대하여 **청원기관에 청원할 수 있다.**
> 1. **피해의 구제**
> 2. **공무원의 위법·부당한 행위**에 대한 **시정이나 징계의 요구**

3305 법률·명령·조례·규칙 등의 제정·개정 또는 폐지에 대하여 청원기관에 청원할 수 있다. 21 지방 7 O | X

3305-1 법률·명령·조례·규칙 등의 제정·개정 또는 폐지는 「청원법」상 청원사항에 해당하지 않는다. 21 경정 O | X

> **청원법 제5조(청원사항)** 국민은 다음 각 호의 어느 하나에 해당하는 사항에 대하여 **청원기관에 청원할 수 있다.**
> 3. **법률·명령·조례·규칙** 등의 **제정·개정** 또는 **폐지**

3306 공공의 제도 또는 시설의 운영에 관한 청원은 가능하다. 12 국회 9 O | X

> **청원법 제5조(청원사항)** 국민은 다음 각 호의 어느 하나에 해당하는 사항에 대하여 **청원기관에 청원할 수 있다.**
> 4. **공공의 제도** 또는 **시설의 운영**
> 5. 그 밖에 **청원기관의 권한**에 속하는 사항

3307 청원기관의 장은 청원이 감사·수사·재판·행정심판·조정·중재 등 다른 법령에 의한 조사·불복 또는 구제절차가 진행 중인 사항인 경우에는 처리를 하지 아니할 수 있다. 23 경간 O | X

> **청원법 제6조(청원 처리의 예외)** 청원기관의 장은 청원이 다음 각 호의 어느 하나에 해당하는 경우에는 **처리를 하지 아니할 수 있다.** 이 경우 사유를 청원인(제11조제3항에 따른 공동청원의 경우에는 대표자를 말한다)에게 알려야 한다.
> 1. 국가기밀 또는 **공무상 비밀**에 관한 사항
> 2. **감사·수사·재판·행정심판·조정·중재** 등 다른 법령에 의한 **조사·불복** 또는 **구제절차**가 **진행 중인** 사항

3308 「청원법」에 따르면 청원기관의 장은 청원이 허위의 사실로 타인으로 하여금 형사처분 또는 징계처분을 받게 하는 사항에 해당하는 경우에는 처리를 하지 아니한다. 24 경간 O | X

> **청원법 제6조(청원 처리의 예외)** 청원기관의 장은 청원이 다음 각 호의 어느 하나에 해당하는 경우에는 **처리를 하지 아니할 수 있다.** 이 경우 사유를 청원인(제11조제3항에 따른 공동청원의 경우에는 대표자를 말한다)에게 알려야 한다.
> 3. 허위의 사실로 타인으로 하여금 **형사처분** 또는 **징계처분**을 받게 하는 사항
> 4. 허위의 사실로 **국가기관** 등의 **명예를** 실추시키는 사항

정답 3304. O 3304-1. X [공무원의 위법·부당한 행위에 대한 시정이나 징계의 요구 청원 可] 3305. O 3305-1. X [청원사항에 해당함]
3306. O 3307. O 3308. X [아니한다 X → 아니할 수 있다 O]

3309 「청원법」에 따르면 청원이 사인간의 권리관계 또는 개인의 사생활에 관한 사항인 때에는 처리하지 아니할 수 있다. 13 법원 9(변형) O|X

> 청원법 제6조(청원 처리의 예외) 청원기관의 장은 청원이 다음 각 호의 어느 하나에 해당하는 경우에는 **처리를 하지 아니할 수 있다.** 이 경우 사유를 청원인(제11조제3항에 따른 공동청원의 경우에는 대표자를 말한다)에게 알려야 한다.
> 5. **사인간의 권리관계** 또는 **개인의 사생활**에 관한 사항
> 6. 청원인의 성명, 주소 등이 불분명하거나 청원내용이 불명확한 사항

3310 모해청원, 반복청원, 이중청원, 국가기관권한사항청원, 개인사생활사항청원 등의 경우에는 처리하지 아니할 수 있다. 19 국가 7(변형) O|X

> 청원법 제6조(청원 처리의 예외) 청원기관의 장은 청원이 다음 각 호의 어느 하나에 해당하는 경우에는 **처리를 하지 아니할 수 있다.** 이 경우 사유를 청원인(제11조제3항에 따른 공동청원의 경우에는 대표자를 말한다)에게 알려야 한다.
> 5. **사인간의 권리관계** 또는 **개인의 사생활**에 관한 사항
> 청원법 제25조(모해의 금지) 누구든지 타인을 **모해(謀害)**할 목적으로 **허위의 사실을 적시한 청원**을 하여서는 **아니 된다.**

🔎 보충설명] 반복청원, 이중청원, 국가기관권한사항청원은 청원 처리의 예외가 아니다.

2 청원의 심사·통지

3311 청원은 청원서에 청원인의 성명과 주소 또는 거소를 적고 서명한 문서(「전자문서 및 전자거래 기본법」에 따른 전자문서를 포함한다)로 하여야 한다. 23 경간 O|X

3311-1 청원은 청원인의 성명과 주소 또는 거소를 적고 서명한 문서로 하여야 하고, 전자문서로 한 청원은 효력이 없다. 23 입시 O|X

> 청원법 제9조(청원방법) ① 청원은 청원서에 청원인의 **성명**(법인인 경우에는 명칭 및 대표자의 성명을 말한다)과 **주소 또는 거소**를 적고 **서명한 문서**(「전자문서 및 전자거래 기본법」에 따른 **전자문서**를 포함한다)로 하여야 한다.

3312 다수 청원인이 공동으로 청원을 하는 경우에는 그 처리결과를 통지받을 3명 이하의 대표자를 선정하여 이를 청원서에 표시하여야 한다. 23 해간 O|X

> 청원법 제11조(청원서의 제출) ① 청원인은 청원서를 해당 청원사항을 담당하는 청원기관에 제출하여야 한다.
> ② 청원인은 청원사항이 제5조제3호 또는 제4호에 해당하는 경우 청원의 내용, 접수 및 처리 상황과 결과를 온라인청원시스템에 공개하도록 청원(이하 "공개청원"이라 한다)할 수 있다. 이 경우 청원서에 공개청원으로 표시하여야 한다.
> ③ **다수 청원인**이 **공동으로 청원**(이하 "공동청원"이라 한다)을 하는 경우에는 그 **처리결과를 통지**받을 **3명 이하의 대표자를 선정**하여 이를 청원서에 표시하여야 한다.

정답 3309. O   3310. X [반복·이중·국가기관권한사항 청원 : 처리 예외 아님]   3311. O   3311-1. X [전자문서로 청원 가능함]   3312. O

3313 공개청원을 접수한 청원기관의 장은 접수일부터 15일 이내에 청원심의회의 심의를 거쳐 공개 여부를 결정하고 결과를 청원인에게 알려야 한다. 23 경간 O|X

> 청원법 제13조(공개청원의 공개 여부 결정 통지 등) ① 공개청원을 접수한 청원기관의 장은 접수일부터 15일 이내에 청원심의회의 심의를 거쳐 공개 여부를 결정하고 결과를 청원인(공동청원의 경우 대표자를 말한다)에게 알려야 한다.

3314 「청원법」 규정에 의하면 청원기관의 장은 공개청원의 공개결정일부터 60일간 청원사항에 관하여 국민의 의견을 들어야 한다. 23 경간 O|X

> 청원법 제13조(공개청원의 공개 여부 결정 통지 등) ② 청원기관의 장은 공개청원의 공개결정일부터 30일간 청원사항에 관하여 국민의 의견을 들어야 한다.

3315 청원기관의 장은 청원사항이 다른 기관 소관인 경우에는 청원인에게 청원서를 반려하여야 한다.
16 국회 9(변형) O|X

> 청원법 제15조(청원서의 보완 요구 및 이송) ② 청원기관의 장은 청원사항이 다른 기관 소관인 경우에는 지체 없이 소관 기관에 청원서를 이송하고 이를 청원인(공동청원의 경우 대표자를 말한다)에게 알려야 한다.

3316 청원기관의 장은 동일인이 같은 내용의 청원서를 같은 청원기관에 2건 이상 제출한 반복청원의 경우에는 나중에 제출된 청원서를 반려하거나 종결처리할 수 있다. 19 소간(변형) O|X

3316-1 동일인이 같은 내용의 청원서를 같은 기관에 2건 이상 제출하거나 2개 이상의 청원기관에 제출한 경우 청원에 대한 심사 의무가 발생하지 않는다. 16 국회 9(변형) O|X

3316-2 「청원법」은 국민이 편리하게 청원권을 행사하고 국민이 제출한 청원이 객관적이고 공정하게 처리되도록 함을 그 목적으로 하므로, 동일인이 같은 내용의 청원서를 같은 청원기관에 2건 이상 제출한 반복청원의 경우라도 청원기관의 장은 나중에 제출된 청원서를 반려하거나 종결처리하여서는 아니 된다. 23 경정 O|X

> 청원법 제16조(반복청원 및 이중청원) ① 청원기관의 장은 동일인이 같은 내용의 청원서를 같은 청원기관에 2건 이상 제출한 반복청원의 경우에는 나중에 제출된 청원서를 반려하거나 종결처리할 수 있고, 종결처리하는 경우 이를 청원인에게 알려야 한다.

3317 동일인이 같은 내용의 청원서를 2개 이상의 청원기관에 제출한 경우 소관이 아닌 청원기관의 장은 청원서를 소관 청원기관의 장에게 이송하여야 한다. 12 국회 9(변형) O|X

> 청원법 제16조(반복청원 및 이중청원) ② 동일인이 같은 내용의 청원서를 2개 이상의 청원기관에 제출한 경우 소관이 아닌 청원기관의 장은 청원서를 소관 청원기관의 장에게 이송하여야 한다. 이 경우 반복청원의 처리에 관하여는 제1항을 준용한다.

정답 3313. O　3314. ✕ [60일 ✕ → 30일 O]　3315. ✕ [반려 ✕ → 소관 기관에 이송 후 통지 O]　3316. O　3316-1. ✕ [심사 의무는 有]　3316-2. ✕ [반려·종결처리 가능]　3317. O

3318 「청원법」에 따르면 청원기관의 장은 청원을 접수한 때에는 특별한 사유가 없으면 90일 이내에 처리결과를 청원인에게 알려야 한다. 13 법원 9(변형) O | X

3318-1 청원기관의 장은 청원을 접수한 때에는 특별한 사유가 없으면 60일 이내에 처리결과를 청원인에게 알려야 한다. 이 경우 공개청원의 처리결과는 온라인청원시스템에 공개하여야 한다. 23 경간 O | X

> 청원법 제21조(청원의 처리 등) ② 청원기관의 장은 **청원을 접수한 때**에는 특별한 사유가 없으면 **90일 이내**(제13조제1항에 따른 공개청원의 공개 여부 결정기간 및 같은 조 제2항에 따른 국민의 의견을 듣는 기간을 제외한다)에 **처리결과를 청원인**(공동청원의 경우 대표자를 말한다)에게 **알려야 한다**. 이 경우 공개청원의 처리결과는 **온라인청원시스템에 공개**하여야 한다.

3319 청원기관의 장이 「청원법」상 처리기간 내에 청원을 처리하지 못한 경우 청원인은 처리기간이 경과한 날부터 30일 이내에 청원기관의 장에게 문서로 이의신청을 할 수 있다. 21 경정, 16 국가 7(변형) O | X

> 청원법 제22조(이의신청) ① 청원인은 다음 각 호의 어느 하나에 해당하는 경우로서 **공개 부적합 결정 통지를 받은 날** 또는 제21조에 따른 **처리기간이 경과한 날**부터 **30일 이내에 청원기관의 장에게 문서로 이의신청**을 할 수 있다.
> 1. 청원기관의 장의 **공개 부적합 결정**에 대하여 **불복**하는 경우
> 2. 청원기관의 장이 제21조에 따른 **처리기간 내에 청원을 처리하지 못한 경우**

03 국회 및 지방의회 청원

3320 국회에 청원을 하려는 자는 의원의 소개를 받거나 국회규칙으로 정하는 기간 동안 국회규칙으로 정하는 일정한 수 이상의 국민의 동의를 받아 청원서를 제출하여야 한다. 21 소간 O | X

3320-1 국회에 청원을 하려는 자는 국회의원의 소개를 받지 않더라도 청원할 수 있다. 21 변호사 O | X

3320-2 국회에 청원을 하려는 자는 반드시 의원의 소개를 받아야 한다. 23 입시 O | X

> 국회법 제123조(청원서의 제출) ① **국회에 청원**을 하려는 자는 **의원의 소개**를 받거나 **국회규칙으로 정하는 기간** 동안 국회규칙으로 정하는 **일정한 수 이상의 국민의 동의**를 받아 **청원서를 제출**하여야 한다.

3321 국회에 청원을 하려는 자는 국회의원의 소개를 얻어서, 지방의회에 청원을 하려는 자는 지방의회의원의 소개를 받아 청원서를 제출하도록 하는 것은 청원권을 침해하지 아니한다. 16 국가 7 O | X

3321-1 국회나 지방의회에 대한 청원에 국회의원이나 지방의회의원의 소개를 얻도록 규정한 법률조항은 청원 심사의 효율성을 확보하기 위한 적절한 수단이지만, 의원 모두가 소개되기를 거절한 경우에 청원권을 행사할 수 없게 된다는 점에서 헌법에 위반된다. 20 소간 O | X

> (1) 청원은 일반의안과 같이 처리되므로 청원서 제출단계부터 의원의 관여가 필요하고, 의원의 소개가 없는 민원의 경우에는 진정으로 접수하여 처리하고 있으며, 청원의 소개의원은 1인으로 족한 점 등을 감안할 때 이 사건 법률조항이 **국회에 청원을 하려는 자의 청원권을 침해한다고 볼 수 없다**(헌재 2006. 6. 29. 2005헌마604).
> (2) 지방의회 의원 모두가 소개의원이 되기를 거절하였다면 그 청원내용에 찬성하는 의원이 없는 것이므로 지방의회에서 심사하더라도 인용가능성이 전혀 없어 심사의 실익이 없으며, **청원의 소개의원도 1인으로 족한 점**을 감안하면 이러한 정도의 제한은 공공복리를 위한 **필요·최소한의 것**이라고 할 수 있다(헌재 1999. 11. 25. 97헌마54).

정답 3318. O 3318-1. X [60일 X → 90일 O] 3319. O 3320. O 3320-1. O 3320-2. X [국민동의청원도 가능] 3321. O 3321-1. X [청원권 침해 X]

3322 전자청원의 경우, 공개된 청원서는 공개된 날부터 30일 이내에 5만 명 이상의 동의를 받은 경우 국민동의청원으로 접수된 것으로 본다. 21 국회 9(변형)   O|X

> 국민동의청원의 경우 전자청원시스템에 청원서를 등록해야 하고, 청원서가 등록일부터 30일 이내에 100명 이상의 찬성을 받은 경우 일반인에게 공개한다. 공개된 청원서는 공개된 날부터 30일 이내에 5만 명 이상의 동의를 받은 경우 국민동의청원으로 접수된 것으로 본다.
>
> 국회청원심사규칙 제2조의2(국민동의청원의 제출) ① **국민동의청원**을 하려는 자는 **전자청원시스템**에 정해진 서식에 따라 청원의 취지와 이유, 내용을 기재한 **청원서를 등록**하여야 한다. 이 경우 청원서와 관련한 참고자료를 첨부할 수 있다.
> ② 제1항에 따른 청원서가 등록일부터 **30일 이내에 100명 이상의 찬성**을 받고 제3조에 따른 불수리사항이 아닌 것으로 결정된 경우 의장은 제3항에 따른 동의절차를 위하여 **해당 청원서를 지체 없이 일반인에게 공개**한다. 이 경우 의장은 100명 이상의 찬성을 받은 날부터 7일 이내에 제3조에 따른 불수리사항 해당 여부를 판단하여야 한다.
> ③ 제2항에 따라 공개된 청원서는 공개된 날부터 **30일 이내에 5만 명 이상의 동의**를 받은 경우 **국민동의청원으로 접수**된 것으로 본다.

3323 국회에 청원하는 방법을 정한 「국회법」 조항 중 '국회규칙으로 정하는 기간 동안 국회규칙으로 정하는 일정한 수 이상의 국민의 동의를 받아' 부분은 국회규칙으로 규정될 내용 및 범위의 기본사항을 구체적으로 규정하고 있지 않아 그 대강을 예측할 수 없으므로 포괄위임금지원칙에 위반되어 청원권을 침해한다. 24 경정   O|X

3323-1 청원서의 일반인에 대한 공개를 위해 30일 이내에 100명 이상의 찬성을 받도록 하고, 청원서가 일반인에게 공개되면 그로부터 30일 이내에 10만 명 이상의 동의를 받도록 한 「국회청원심사규칙」 조항은 청원의 요건을 지나치게 까다롭게 설정하여 국민의 청원권을 침해한다. 23 국가 7   O|X

> (1) 국민의 의견을 효과적으로 반영하여 청원제도의 목적을 높은 수준으로 달성하기 위해서는 국회가 국회의 한정된 자원과 심의역량 등을 고려하여 국민동의기간이나 인원 등 국민동의 요건을 탄력적으로 정할 필요가 있으므로, 그 구체적인 내용을 **하위법령에 위임할 필요성**이 인정된다. 아울러 국회규칙에서는 국회가 처리할 수 있는 범위 내에서 국민의 의견을 취합하여 국민 다수가 동의하는 의제가 효과적으로 국회의 논의 대상이 될 수 있도록 적정한 수준으로 구체적인 국민동의 요건과 절차가 설정될 것임을 예측할 수 있다. 따라서 **국민동의조항은 포괄위임금지원칙에 위반되어 청원권을 침해하지 않는다**(헌재 2023. 3. 23. 2018헌마460 등).
> (2) 국민동의법령조항들이 청원서의 일반인에 대한 공개를 위해 **30일 이내에 100명 이상의 찬성을 받도록 한** 것은 일종의 사전동의 제도로서, 중복게시물을 방지하고 비방, 욕설, 혐오표현, 명예훼손 등 부적절한 청원을 줄이며 국민의 목소리를 효율적으로 담아내고자 함에 그 취지가 있다. 다음으로, 청원서가 일반인에게 공개되면 그로부터 **30일 이내에 10만 명 이상의 동의를 받도록 한** 것은 국회의 한정된 심의 역량과 자원의 효율적 배분을 고려함과 동시에, 일정 수준 이상의 인원에 해당하는 국민 다수가 관심을 갖고 동의하는 의제가 논의 대상이 되도록 하기 위한 것이다. … 따라서 **국민동의법령조항들은** 입법재량을 일탈하여 **청원권을 침해하였다고 볼 수 없다**(헌재 2023. 3. 23. 2018헌마460 등).

3324 「국회법」은 청원의 심사를 본회의 직무로 규정한다. 23 국회 9   O|X

> 국회법 제36조(상임위원회의 직무) **상임위원회**는 그 소관에 속하는 **의안과 청원** 등의 **심사**, 그 밖에 법률에서 정하는 직무를 수행한다.

정답 3322. O 3323. ×[포괄위임금지원칙 위반 ×, 청원권 침해 ×] 3323-1. ×[청원권 침해 ×] 3324. ×[본회의 직무 × → 상임위원회의 직무 O]

3325 국회의 전문위원은 위원회에서 청원에 관련하여 검토보고를 하거나 관련자료의 수집·조사·연구를 수행한다. 23 국회 9   O | X

> **국회법 제42조(전문위원과 공무원)** ④ **전문위원**은 **위원회**에서 의안과 **청원** 등의 심사, 국정감사, 국정조사, 그 밖의 소관 사항과 관련하여 **검토보고** 및 **관련 자료의 수집·조사·연구**를 수행한다.

3326 국회의장은 청원을 접수하였을 때에는 청원요지서를 작성하여 인쇄하거나 전산망에 입력하는 방법으로 각 국회의원에게 배부하는 동시에 그 청원서를 소관 위원회에 회부하여 심사하게 한다. 21 지방 7   O | X

> **국회법 제124조(청원요지서의 작성과 회부)** ① **의장**은 **청원**을 **접수**하였을 때에는 **청원요지서를 작성**하여 인쇄하거나 전산망에 입력하는 방법으로 **각 의원에게 배부**하는 동시에 그 **청원서를 소관 위원회에 회부**하여 **심사하게 한다**.

3327 「국회법」에 의한 청원은 일반의안과는 달리 소관위원회의 심사를 거칠 필요가 없으며 심사절차도 일반의안과 다른 절차를 밟는데, 청원을 소개한 국회의원은 필요할 경우 「국회법」 제125조 제3항에 의해 청원의 취지를 설명해야 하고 질의가 있을 경우 답변을 해야 한다. 19 국가 7   O | X

> **국회법 제124조(청원요지서의 작성과 회부)** ① **의장**은 **청원**을 **접수**하였을 때에는 **청원요지서를 작성**하여 인쇄하거나 전산망에 입력하는 방법으로 **각 의원에게 배부**하는 동시에 그 **청원서를 소관 위원회에 회부**하여 **심사하게 한다**.
>
> **국회법 제125조(청원 심사·보고 등)** ③ **청원을 소개한 의원**은 **소관 위원회 또는 청원심사소위원회의 요구**가 있을 때에는 청원의 취지를 설명하여야 한다.
>
> 📝 **보충설명** 일반의안과 동일하게 소관상임위원회의 심사를 거치며 심사절차도 일반의안과 같은 절차를 거친다.

3328 청원을 소개한 국회의원은 소관 위원회 또는 청원심사소위원회의 요구가 있을 때에는 청원의 취지를 설명하여야 한다. 21 지방 7   O | X

> **청원법 제125조(청원 심사·보고 등)** ③ **청원을 소개한 의원**은 **소관 위원회 또는 청원심사소위원회의 요구**가 있을 때에는 **청원의 취지를 설명**하여야 한다.

3329 「국회법」상 위원회에서 본회의에 부의할 필요가 없다고 결정한 청원은 그 처리 결과를 의장에게 보고하고, 의장은 청원인에게 알려야 한다. 다만, 폐회 또는 휴회 기간을 제외한 10일 이내에 의원 30명 이상의 요구가 있을 때에는 이를 본회의에 부의한다. 21 소간   O | X

> **국회법 제125조(청원 심사·보고 등)** ⑦ 위원회에서 **본회의에 부의하기로 결정한 청원**은 의견서를 첨부하여 **의장에게 보고**한다. ⑧ 위원회에서 **본회의에 부의할 필요가 없다**고 결정한 청원은 그 처리 결과를 **의장에게 보고**하고, 의장은 **청원인에게 알려야** 한다. 다만, 폐회 또는 휴회 기간을 제외한 **7일 이내**에 의원 **30명 이상**의 요구가 있을 때에는 이를 **본회의에 부의**한다.

정답 3325. O   3326. O   3327. X [일반의안과 동일하게 소관상임위 심사절차를 거침]   3328. O   3329. X [10일 이내 X → 7일 이내 O]

3330 국회의장은 국회가 심의 중인 청원에 대해 국회의원에게 본회의에서 5분자유발언을 하게 할 수 있다.
23 국회 9   O | X

> **국회법 제105조(5분자유발언)** ① 의장은 본회의가 개의된 경우 그 개의시부터 1시간을 초과하지 아니하는 범위에서 의원에게 국회가 심의 중인 **의안과 청원**, 그 밖의 중요한 관심 사안에 대한 **의견을 발표**할 수 있도록 하기 위하여 **5분 이내의 발언**(이하 "5분자유발언"이라 한다)을 허가할 수 있다. 다만, 의장은 당일 본회의에서 심의할 의안이 여러 건 있는 경우 등 효율적인 의사진행을 위하여 필요하다고 인정하는 경우에는 각 교섭단체 대표의원과 협의하여 개의 중에 5분자유발언을 허가할 수 있다.

3331 지방의회에 청원을 하려는 자는 지방의회의원의 소개를 받아 청원서를 제출하여야 한다. 22 경채   O | X

3331-1 청원권은 특히 국회와 국민의 유대를 지속시켜 주는 수단이기 때문에 국회의 경우에는 국회의원의 소개를 받아서 청원을 하여야 하지만, 지방의회의 경우에는 지방의회의원의 소개를 얻지 않고서 가능하다. 16 국회 9   O | X

> **지방자치법 제85조(청원서의 제출)** ① **지방의회에 청원**을 하려는 자는 **지방의회의원의 소개**를 받아 **청원서를 제출**하여야 한다.
> **국회법 제123조(청원서의 제출)** ① **국회에 청원**을 하려는 자는 **의원의 소개**를 받거나 **국회규칙으로 정하는 기간 동안 국회규칙으로 정하는 일정한 수 이상의 국민의 동의**를 받아 **청원서를 제출**하여야 한다.

3332 「지방자치법」에 따라 지방의회 위원회가 청원을 심사하여 본회의에 부칠 필요가 없다고 결정하면 그 처리결과를 지방의회 의장에게 보고하고, 지방의회 위원회는 청원한 자에게 이를 알려야 한다. 19 국가 7   O | X

> **지방자치법 제87조(청원의 심사·처리)** ① **지방의회의 의장**은 청원서를 접수하면 **소관 위원회나 본회의에 회부**하여 **심사를 하게** 한다.
> ③ 위원회가 청원을 심사하여 본회의에 부칠 필요가 없다고 결정하면 그 처리 결과를 지방의회의 의장에게 보고하고, **지방의회의 의장은 청원한 자에게 알려야 한다.**

POINT 180 재판청구권

01 재판청구권

3333 모든 국민은 헌법과 법률이 정한 법관에 의하여 법률에 의한 재판을 받을 권리를 가진다.
20 법무사, 16 국회 8   O | X

3333-1 모든 국민은 법률이 정한 법관에 의하여 공개재판을 받을 권리를 가진다. 23 경찰 2차   O | X

> **헌법 제27조** ① 모든 국민은 **헌법과 법률이 정한 법관**에 의하여 **법률에 의한 재판**을 받을 권리를 가진다.

● 정답 3330. O   3331. O   3331-1. X [국회청원: 소개 없이도 가능 / 지방의회청원: 소개 필수]   3332. X [지방의회 의장이 청원인에게 통지]   3333. O   3333-1. X [법률이 정한 법관 X → 헌법과 법률이 정한 법관 O / 공개재판 X → 법률에 의한 재판 O]

3334 재판청구권은 재판이라는 국가적 행위를 청구할 수 있는 적극적 측면과 헌법과 법률이 정한 법관이 아닌 자에 의한 재판이나 법률에 의하지 아니한 재판을 받지 아니하는 소극적 측면을 아울러 가지고 있다. 22 법무사, 19 국회 9. 17 입시 O | X

> 재판청구권은 재판이라는 국가적 행위를 청구할 수 있는 적극적 측면과 헌법과 법률이 정한 법관이 아닌 자에 의한 재판이나 법률에 의하지 아니한 재판을 받지 아니하는 소극적 측면을 아울러 가지고 있다(헌재 1998. 5. 28. 96헌바4).

3335 재판청구권은 공권력이나 사인에 의해서 기본권이 침해당하거나 침해당할 위험에 처해있을 경우 이에 대한 구제나 그 예방을 요청할 수 있는 권리라는 점에서 다른 기본권의 보장을 위한 기본권이라는 성격을 가지고 있다. 21 법원 9. 15 경정, 14 법원 9 O | X

> 헌법 제27조 제1항은 "모든 국민은 헌법과 법률이 정한 법관에 의하여 법률에 의한 재판을 받을 권리를 가진다."고 규정함으로써 모든 국민은 헌법과 법률이 정한 자격과 절차에 의하여 임명되고 물적 독립과 인적 독립이 보장된 법관에 의하여 합헌적인 법률이 정한 내용과 절차에 따라 재판을 받을 권리를 보장하고 있다. 이러한 재판청구권은 공권력이나 사인에 의해서 기본권이 침해당하거나 침해당할 위험에 처해 있을 경우 그에 대한 구제 또는 예방을 요청할 수 있는 권리라는 점에서 다른 기본권의 보장을 위한 기본권이라는 성격을 가지고 있다(헌재 2011. 6. 30. 2009헌바430).

3336 헌법 제27조 제1항의 재판청구권은 법적 분쟁의 해결을 가능하게 하는 적어도 한번의 권리구제절차가 개설될 것을 요청할 뿐 아니라 그를 넘어서 소송절차의 형성에 있어서 실효성 있는 권리보호를 제공하기 위하여 그에 필요한 절차적 요건을 갖출 것을 요청한다. 22 법원 9 O | X

> 재판청구권은 법적 분쟁의 해결을 가능하게 하는 적어도 한번의 권리구제절차가 개설될 것을 요청할 뿐 아니라 그를 넘어서 소송절차의 형성에 있어서 실효성 있는 권리보호를 제공하기 위하여 그에 필요한 절차적 요건을 갖출 것을 요청한다. 비록 재판절차가 국민에게 개설되어 있다 하더라도, 절차적 규정들에 의하여 법원에의 접근이 합리적인 이유로 정당화될 수 없는 방법으로 어렵게 된다면, 재판청구권은 사실상 형해화될 수 있으므로, 바로 여기에 입법형성권의 한계가 있다(헌재 2002. 10. 31. 2001헌바40).

3337 재판청구권은 권리구제절차를 규정하는 절차법에 의해서 구체적으로 형성·실현되며 동시에 이에 의하여 제한된다. 16 국회 9 O | X

> 재판청구권은 권리보호절차의 개설과 개설된 절차에의 접근의 효율성에 관한 절차법적 요청으로서, 권리구제절차 내지 소송절차를 규정하는 절차법에 의하여 구체적으로 형성·실현되며, 또한 이에 의하여 제한되는 것인바, 이 사건 법률조항은 행정상 즉시강제에 관한 근거규정으로서 권리구제절차 내지 소송절차를 규정하는 절차법적 성격을 전혀 갖고 있지 아니하기 때문에, 이 사건 법률조항에 의하여는 재판청구권이 침해될 여지가 없다(헌재 2002. 10. 31. 2000헌가12).

3338 재판청구권과 같은 절차적 기본권은 원칙적으로 제도적 보장의 성격이 강하기 때문에, 자유권적 기본권 등 다른 기본권의 경우와 비교하여 볼 때 상대적으로 광범위한 입법형성권이 인정되므로, 관련 법률에 대한 위헌심사기준은 과잉금지원칙이 적용된다. 22 국회 8 O | X

3338-1 재판청구권과 같은 절차적 기본권은 원칙적으로 제도적 보장의 성격이 강하기 때문에, 자유권적 기본권의 경우와 비교하여 볼 때 상대적으로 축소된 입법형성권이 인정된다. 22 경찰 2차 O | X

> 재판청구권과 같은 절차적 기본권은 원칙적으로 제도적 보장의 성격이 강하기 때문에, 자유권적 기본권 등 다른 기본권의 경우와 비교하여 볼 때 상대적으로 광범위한 입법형성권이 인정되므로, 관련 법률에 대한 위헌심사기준은 합리성원칙 내지 자의금지원칙이 적용된다(헌재 2015. 3. 26. 2013헌바186).

정답 3334. O 3335. O 3336. O 3337. O 3338. X [합리성원칙 내지 자의금지원칙 적용] 3338-1. X [광범위한 입법형성권 인정]

02 '법관'에 의한 재판을 받을 권리

3339 재판이라 함은 구체적 사건에 관하여 사실의 확정과 그에 대한 법률의 해석적용을 그 본질적인 내용으로 하는 일련의 과정이므로, 법관에 의한 재판을 받을 권리를 보장한다고 함은 법관이 사실을 확정하고 법률을 해석·적용하는 재판을 받을 권리를 보장한다는 뜻이다. 18 경정, 16 변호사 O | X

3339-1 법관에 의한 재판을 받을 권리를 보장한다고 함은 결국 법관이 사실을 확정하고 법률을 해석·적용하는 재판을 받을 권리를 보장한다는 뜻이고, 그와 같은 법관에 의한 사실확정과 법률의 해석적용의 기회에 접근하기 어렵도록 제약이나 장벽을 쌓는 것은 허용되지 않는다. 17 법무사 O | X

> 재판이라 함은 **구체적 사건**에 관하여 **사실의 확정**과 그에 대한 **법률의 해석적용**을 그 본질적인 내용으로 하는 일련의 과정이다. 따라서 **법관에 의한 재판을 받을 권리**를 보장한다고 함은 결국 **법관이 사실**을 확정하고 **법률을 해석·적용**하는 재판을 받을 권리를 보장한다는 뜻이고, 그와 같은 법관에 의한 **사실확정과 법률의 해석적용**의 기회에 접근하기 어렵도록 **제약이나 장벽을 쌓아서는 아니된다**고 할 것이며, 만일 그러한 보장이 제대로 이루어지지 아니한다면 헌법상 보장된 재판을 받을 권리의 본질적 내용을 침해하는 것으로서 우리 헌법상 허용되지 아니한다(헌재 1995. 9. 28. 92헌가11 등).

3340 대한변호사협회징계위원회에서 징계를 받은 변호사는 법무부변호사징계위원회에서의 이의절차를 밟은 후 곧바로 대법원에 즉시항고 하도록 한 법률조항은 법무부변호사징계위원회를 사실확정에 관한 한 사실상 최종심으로 기능하게 하므로 헌법에 위반된다. 16 변호사 O | X

> 대한변호사협회변호사징계위원회나 법무부변호사징계위원회의 징계에 관한 결정은 비록 그 징계위원 중 일부로 법관이 참여한다고 하더라도 이를 헌법과 법률이 정한 법관에 의한 재판이라고 볼 수 없으므로, **법무부변호사징계위원회의 결정**이 법률에 위반된 것을 이유로 하는 경우에 한하여 **법률심인 대법원에 즉시항고**할 수 있도록 한 변호사법 제100조 제4항 내지 제6항은, **법관에 의한 사실확정 및 법률적용의 기회를 박탈**한 것으로서 헌법상 국민에게 보장된 "**법관에 의한**" 재판을 받을 **권리를 침해**하는 위헌규정이다(헌재 2002. 2. 28. 2001헌가18).

3341 법관에 대한 대법원장의 징계처분 취소청구소송을 대법원에 의한 단심재판에 의하도록 규정하고 있는 구「법관징계법」조항은 독립적으로 사법권을 행사하는 법관이라는 지위의 특수성과 법관에 대한 징계절차의 특수성을 감안하여 재판의 신속을 도모하기 위한 것으로 그 합리성을 인정할 수 있고, 사실확정도 대법원의 권한에 속하여 법관에 의한 사실확정의 기회가 박탈되었다고 볼 수 없으므로, 헌법 제27조 제1항의 재판청구권을 침해하지 아니한다. 21 지방 7 O | X

> 구 법관징계법 제27조는 **법관에 대한 대법원장의 징계처분 취소청구소송을 대법원에 의한 단심재판에 의하도록 규정하고 있는바**, 이는 독립적으로 사법권을 행사하는 **법관이라는 지위의 특수성**과 **법관에 대한 징계절차의 특수성**을 감안하여 **재판의 신속을 도모하기 위한 것**으로 그 합리성을 인정할 수 있고, **대법원이 법관에 대한 징계처분 취소청구소송을 단심으로 재판**하는 경우에는 **사실확정도 대법원의 권한**에 속하여 법관에 의한 사실확정의 기회가 박탈되었다고 볼 수 없으므로, 헌법 제27조 제1항의 **재판청구권을 침해하지 아니한다**(헌재 2012. 2. 23. 2009헌바34).

3342 특허쟁송에 있어서 특허청의 심판과 항고심판을 거쳐 곧바로 법률심인 대법원의 재판을 받게 하는 것은 법관에 의한 재판을 받을 권리를 침해한다. 18 변호사 O | X

> 특허청의 심판절차에 의한 심결이나 보정각하결정은 특허청의 행정공무원에 의한 것으로서 이를 헌법과 법률이 정한 법관에 의한 재판이라고 볼 수 없으므로 특허법 제186조 제1항은 **법관에 의한 사실확정 및 법률적용의 기회를 박탈**한 것으로서 헌법상 국민에게 보장된 "**법관에 의한**" 재판을 받을 **권리의 본질적 내용을 침해**하는 위헌규정이다(헌재 1995. 9. 28. 92헌가11 등).

정답 3339. O 3339-1. O 3340. O 3341. O 3342. O

3343 통고처분에 대해 별도로 행정소송을 인정하지 않더라도 헌법이 보장하는 법관에 의한 재판을 받을 권리를 침해하는 것은 아니다. 20 국회 9 O│X

3343-1 관세청의 통고처분을 행정소송의 대상에서 제외한 「관세법」 규정은 재판청구권 침해가 아니다. 17 국회 9 O│X

통고처분에 대하여 이의가 있으면 통고내용을 이행하지 않음으로써 고발되어 **형사재판절차**에서 통고처분의 위법·부당함을 얼마든지 다툴 수 있기 때문에 관세법 제38조 제3항 제2호가 **법관에 의한 재판받을 권리를 침해한다든가 적법절차의 원칙에 저촉된다고 볼 수 없다**(헌재 1998. 5. 28. 96헌바4).

3344 단독판사와 합의부의 심판권을 어떻게 분배할 것인지 등에 관한 문제는 기본적으로 입법형성권을 가진 입법자가 사법정책을 고려하여 결정할 사항으로, 입법자는 국민의 권리가 효율적으로 보호되고 재판 제도가 적정하게 운용되도록 법원조직에 따른 재판사무 범위를 배분·확정하여야 한다. 23 법무사, 21 변호사 O│X

헌법 제27조 제1항은 "모든 국민은 헌법과 법률이 정한 법관에 의하여 법률에 의한 재판을 받을 권리를 가진다."라고 규정하고 있을 뿐, 합의부에 의한 재판을 받을 권리를 명문화하고 있는 헌법상 규정은 존재하지 않는다. 결국 **단독판사와 합의부의 심판권을 어떻게 분배할 것인지** 등에 관한 문제는 기본적으로 **입법형성권을 가진 입법자가 사법정책을 고려하여 결정할 사항으로**, 다만 입법자는 **국민의 권리가 효율적으로 보호되고 재판제도가 적정하게 운용**되도록 법원조직에 따른 **재판사무 범위를 배분·확정하여야 한다**. … 따라서 이 사건 관할조항이 재판사무 배분에 관한 입법형성의 재량을 일탈하였다고 볼 수 없으므로, **국민의 재판받을 권리를 침해하지 않는다**(헌재 2019. 7. 25. 2018헌바209 등).

3345 법관이 아닌 사법보좌관이 소송비용액 확정결정절차를 처리하도록 한 법률조항은, 동일 심급 내에서 법관으로부터 다시 재판받을 수 있는 권리가 보장되고 있으므로, 헌법 제27조 제1항의 재판청구권을 침해하지 않는다. 16 변호사 O│X

법원조직법 제54조 제3항 등에서는 **사법보좌관의 처분에 대한 이의신청을 허용**함으로써 동일 심급 내에서 **법관으로부터 다시 재판받을 수 있는 권리**를 보장하고 있는데, 이 사건 조항에 의한 소송비용액 확정결정절차의 경우에도 이러한 이의절차에 의하여 법관에 의한 판단을 거치도록 함으로써 법관에 의한 사실확정과 법률해석의 기회를 보장하고 있다. … 따라서 **사법보좌관에게 소송비용액 확정결정절차**를 처리하도록 한 이 사건 조항이 그 입법재량권을 현저히 불합리하게 또는 자의적으로 행사하였다고 단정할 수 없으므로 **헌법 제27조 제1항에 위반된다고 할 수 없다**(헌재 2009. 2. 26. 2007헌바8 등).

3346 사법보좌관에게 민사소송법에 따른 독촉절차에서의 법원의 사무를 처리할 수 있도록 규정한 법원조직법 제54조 제2항 제1호 중 '민사소송법에 따른 독촉절차에서의 법원의 사무'에 관한 부분은 법관에 의한 재판받을 권리를 침해하지 않는다. 23 법원 9 O│X

사법보좌관의 처분에 대하여는 법원조직법에서 법관에게 이의신청을 할 수 있음을 명시하고 있고, 사법보좌관규칙에서 그 이의절차에 관하여 상세히 규정하고 있는바, 이를 통해 법관에 의한 사실확정과 법률의 해석·적용의 기회를 보장하고 있다. … 따라서 **이 사건 법원조직법 조항이 입법재량권의 한계를 벗어난 자의적인 입법으로 법관에 의한 재판받을 권리를 침해한다고 할 수 없다**(헌재 2020. 12. 23. 2019헌바353).

정답 3343. O   3343-1. O   3344. O   3345. O   3346. O

3347 행정기관인 청소년보호위원회 및 각 심의기관에 '청소년유해매체물'의 결정권한을 부여하는 것은 법관에 의한 재판을 받을 권리를 침해하는 것이다. 15 경정, 14 국회 9   O | X

법관은 청소년보호위원회 등의 결정이 적법하게 이루어진 것인지에 관하여 독자적으로 판단하여 이를 기초로 재판할 수도 있으므로 청소년유해매체물의 결정권한을 청소년보호위원회 등에 부여하고 있다고 하여 **법관에 의한 재판을 받을 권리를 침해하는 것이라고는 볼 수 없다**(헌재 2000. 6. 29. 99헌가16).

03 '법률'에 의한 재판을 받을 권리

3348 헌법 제27조 제1항이 규정하는 '법률에 의한' 재판청구권을 보장하기 위해서는 입법자에 의한 재판청구권의 구체적 형성이 불가피하므로 입법자의 광범위한 입법재량이 인정되며, 그러한 입법을 함에 있어서 헌법 제37조 제2항의 비례의 원칙은 적용되지 않는다. 22 국가 7   O | X

헌법 제27조 제1항이 규정하는 **"법률에 의한"** 재판청구권을 보장하기 위해서는 입법자에 의한 **재판청구권의 구체적 형성이 불가피**하므로 **입법자의 광범위한 입법재량이 인정되기는 하나**, 그러한 입법을 함에 있어서는 비록 **완화된 의미에서일지언정** 헌법 제37조 제2항의 **비례의 원칙은 준수되어야 한다**(헌재 2001. 6. 28. 2000헌바77).

3349 법관은 형사재판, 민사재판, 행정재판 등 모든 재판에 있어 형식적 의미의 법률뿐만 아니라 관습법 및 조리와 같은 불문법에 따라 심판하여야 한다. 17 입시   O | X

법관은 민사재판, 행정재판 등에서는 형식적 의미의 법률뿐만 아니라 관습법 및 조리와 같은 불문법에 따라 심판할 수 있으나, 형사재판에서는 죄형법정주의가 적용되므로 불문법에 따라 심판할 수 없다.

> **관련판례** "법률에 의한 재판"이라 함은 합헌적인 법률로 정한 내용과 절차에 따라, 즉 합헌적인 실체법과 절차법에 따라 행하여지는 재판을 의미한다. 따라서 **형사재판에 있어서 합헌적인 실체법과 절차법**에 따라 행하여지는 재판이라고 하려면, 적어도 그 기본원리라고 할 수 있는 **죄형법정주의**와 위에서 살펴본 **적법절차주의**에 위반되지 아니하는 **실체법과 절차법에 따라 규율되는 재판**이 되어야 할 것이다(헌재 1993. 7. 29. 90헌바35).

04 '재판'을 받을 권리

3350 공정한 재판을 받을 권리는 헌법 제27조의 재판청구권에 의하여 함께 보장되고, 재판청구권에는 민사재판, 형사재판, 행정재판뿐만 아니라 헌법재판을 받을 권리도 포함되므로, 헌법상 보장되는 기본권인 '공정한 재판을 받을 권리'에는 '공정한 헌법재판을 받을 권리'도 포함된다. 24 경정   O | X

3350-1 재판청구권은 민사재판·형사재판·행정재판을 받을 권리를 의미하므로, 헌법상 보장되는 기본권인 '공정한 재판을 받을 권리'에는 '공정한 헌법재판을 받을 권리'는 포함되지 아니한다. 22 입시   O | X

공정한 재판을 받을 권리는 헌법 제27조의 **재판청구권에 의하여 함께 보장**되고, **재판청구권에는** 민사재판, 형사재판, 행정재판뿐만 아니라 **헌법재판을 받을 권리도 포함**되므로, 헌법상 보장되는 기본권인 **'공정한 재판을 받을 권리'**에는 **'공정한 헌법재판을 받을 권리'도 포함된다**(헌재 2014. 4. 24. 2012헌마2).

● 정답 | 3347. X [법관에 의한 재판을 받을 권리 침해 X]   3348. X [완화된 의미의 비례원칙 적용]   3349. X [형사재판 : 불문법으로 심판 불가]   3350. O   3350-1. X [공정한 헌법재판을 받을 권리 포함]

3351 재판청구권은 기본권의 침해에 대한 구제절차가 반드시 헌법소원의 형태로 독립된 헌법재판기관에 의하여 이루어질 것만을 요구하지는 않는다. 14 법원 9   O | X

재판청구권은 사실관계와 법률관계에 관하여 최소한 한번의 재판을 받을 기회가 제공될 것을 국가에게 요구할 수 있는 절차적 기본권을 뜻하므로 기본권의 침해에 대한 구제절차가 **반드시 헌법소원의 형태로 독립된 헌법재판기관에 의하여 이루어 질 것만을 요구하지는 않는다**(헌재 1997. 12. 24. 96헌마172 등).

3352 헌법 제27조에서 규정한 재판을 받을 권리에 모든 사건에 대해 상소법원의 구성 법관에 의한, 상소심 절차에 의한 재판을 받을 권리까지도 당연히 포함된다고 단정할 수는 없다. 17 5급   O | X

상소심에서 심판을 받을 권리를 헌법상 명문화한 규정이 없고 상소문제가 일반 법률에 맡겨진 우리 법제 하에서 헌법 제27조에서 규정한 재판을 받을 권리에 모든 사건에 대해 **상소법원의 구성법관에 의한, 상소심 절차에 의한 재판을 받을 권리까지도 당연히 포함된다고 단정할 수 없을 것**이고, 모든 사건에 대해 획일적으로 상소할 수 있게 하느냐 여부는 특단의 사정이 없는 한 입법정책의 문제로서 입법부에 광범위한 입법재량 내지 형성의 자유가 인정되어야 할 사항이라고 할 것이다(헌재 1996. 3. 28. 93헌바27).

3353 재판청구권에 상급심재판을 받을 권리나 사건의 경중을 가리지 않고 모든 사건에 대하여 반드시 대법원 또는 상급법원을 구성하는 법관에 의한 균등한 재판을 받을 권리가 포함되어 있다고 할 수는 없다. 15 경정, 14 법원 9   O | X

재판청구권에는 **상급심재판을 받을 권리**나 사건의 경중을 가리지 않고 **모든 사건에 대하여 반드시 대법원 또는 상급법원을 구성하는 법관에 의한 균등한 재판을 받을 권리가 포함되어 있다고 할 수는 없다**(헌재 1996. 10. 31. 94헌바3).

3354 "대법원과 각급 법원의 조직은 법률로 정한다."라고 규정한 헌법 제102조 제3항에 따라 법률로 정해지는 '대법원과 각급 법원의 조직'에는 그 관할에 관한 사항도 포함되므로 대법원이 어떤 사건을 제1심으로서 또는 상고심으로서 관할할 것인지는 법률로 정할 수 있는 것으로 보아야 한다. 21 입시   O | X

3354-1 헌법이 대법원을 최고법원으로 규정하였다고 하여 곧바로 대법원이 모든 사건을 상고심으로 관할하여야 하는 것은 아니며, 대법원이 어떤 사건을 1심 또는 상고심으로 관할할 것인지는 원칙적으로 입법자의 형성의 자유에 속하는 사항이다. 22 입시   O | X

헌법이 위와 같이 **대법원을 최고법원으로 규정하였다**고 하여 **곧바로 대법원이 모든 사건을 상고심으로서 관할하여야 한다는 결론이 당연히 도출되는 것은 아니다.** 헌법 제102조 제3항에 따라 법률로 정할 "대법원과 각급 법원의 조직"에는 **그 관할에 관한 사항도 포함되며,** 따라서 **대법원이 어떤 사건을 제1심으로서 또는 상고심으로서 관할할 것인지는 법률로 정할 수 있는 것으로 보아야 하기 때문이다.** … 심급제도는 사법에 의한 권리보호에 관하여 한정된 법발견자원의 합리적인 분배의 문제인 동시에 재판의 적정과 신속이라는 서로 상반되는 두가지의 요청을 어떻게 조화시키느냐의 문제로 돌아가므로 기본적으로 **입법자의 형성의 자유에 속하는 사항이다**(헌재 1995. 1. 20. 90헌바1).

●정답 3351. O   3352. O   3353. O   3354. O   3354-1. O

3355 헌법 제27조 제1항에서 말하는 '헌법과 법률이 정한 법관에 의하여 법률에 의한 재판을 받을 권리'가 사건의 경중을 가리지 않고 모든 사건에 대하여 대법원을 구성하는 법관에 의한 균등한 재판을 받을 권리를 의미한다거나 또는 상고심재판을 받을 권리를 의미하는 것은 아니다. 15 법무사, 10 국회 8   O | X

3355-1 헌법 제27조 제1항의 '헌법과 법률이 정한 법관에 의하여 법률에 의한 재판을 받을 권리'는 사건의 경중을 가리지 않고 모든 사건에 대하여 대법원을 구성하는 법관에 의한 균등한 재판을 받을 권리를 의미한다. 21 법원 9   O | X

3355-2 재판청구권은 모든 사건에 대하여 대법원에 의한 재판을 받을 권리를 포함한다. 17 입시   O | X

3355-3 헌법이 대법원을 최고법원으로 규정하고 있다는 점과 함께 절차법이 정한 절차에 따라 실체법이 정한 내용대로 재판을 받을 권리를 보장하고자 하는 헌법 제27조의 취지에서 본다면, 재판청구권에는 대법원이 모든 사건을 상고심으로서 관할하여야 한다는 결론을 당연히 도출할 수 있다. 24 경정   O | X

헌법이 대법원을 최고법원으로 규정하고 있다고 하여 대법원이 곧바로 모든 사건을 상고심으로서 관할하여야 한다는 결론이 당연히 도출되는 것은 아니며, 헌법 제27조 제1항이 보장하는 재판청구권으로서 **"헌법과 법률이 정하는 법관에 의하여 법률에 의한 재판을 받을 권리"**가 **사건의 경중을 가리지 아니하고 모든 사건에 대하여 대법원을 구성하는 법관에 의한 균등한 재판을 받을 권리를** 의미한다거나 또는 **상고심재판을 받을 권리를** 의미하는 것이라고 할 수 **없다**(헌재 2005. 9. 29. 2005헌마567).

3356 「상고심절차에 관한 특례법」 제4조 등의 심리불속행제도는 상고허가제로서 위헌이다. 08 국가 7   O | X

「상고심절차에 관한 특례법」 제4조는 재판의 신속성 확보, 대법원의 심리부담 경감이라는 차원에서 대법원의 재판을 받을 권리를 제한하는 것으로 **입법재량의 범위 내에 속하는 사항이다**(헌재 1997. 10. 30. 97헌바37).

3357 항소심에서 심판대상이 된 사항에 한하여 법령위반의 상고이유로 삼을 수 있도록 상고를 제한하는 「형사소송법」 규정은 재판청구권을 침해하여 위헌이다. 17 5급   O | X

모든 사건의 제1심 형사재판 절차에서는 법관에 의한 사실적·법률적 심리검토의 기회가 충분히 보장되어 있고, 피고인이 제1심 재판결과를 인정하여 항소심에서 다투지 아니하였다면, 심판대상조항에 의하여 상고가 제한된다 하더라도 형사피고인의 재판청구권을 과도하게 제한하는 것은 아니다. … 그렇다면 심판대상조항이 합리적인 입법재량의 한계를 일탈하여 청구인들의 **재판청구권을 침해하였다고 볼 수 없다**(헌재 2015. 9. 24. 2012헌마798).

3358 대법원의 최고법원성을 존중하면서 민사, 가사, 행정 등 소송사건에 있어서 상고심재판을 받을 수 있는 객관적 기준을 정함에 있어 개별적 사건에서의 권리구제보다 법령해석의 통일을 더 우위에 두는 것은 그 합리성이 있다고 할 수 없으므로 헌법에 위반된다. 19 국회 8   O | X

상고심절차에관한특례법 제4조 제1항 및 제3항과 제5조 제1항 및 제2항은 비록 국민의 재판청구권을 제약하고 있기는 하지만 위 심급제도와 대법원의 기능에 비추어 볼 때 헌법이 요구하는 **대법원의 최고법원성을 존중하면서 민사, 가사, 행정 등 소송사건에 있어서 상고심 재판을 받을 수 있는 객관적인 기준을** 정함에 있어 개별적 사건에서의 권리구제보다 **법령해석의 통일을 더 우위에 둔 규정**으로서 그 합리성이 있다고 할 것이므로 **헌법에 위반되지 아니한다**(헌재 2001. 9. 27. 2000헌바93).

정답 3355. O   3355-1. X [모든 사건 X]   3355-2. X [모든 사건 X]   3355-3. X [대법원이 모든 사건을 상고심으로서 관할 도출 X]
3356. X [위헌 X]   3357. X [재판청구권 침해 X]   3358. X [합리성 있음 / 헌법 위반 X]

3359 상고심 재판을 받을 수 있는 객관적인 기준으로서 대법원판례 위반여부를 한 요소로 삼을 것인가의 여부는 원칙적으로 입법자의 형성의 자유에 속한다. 16 경정, 11 국회 8   O | X

3359-1 대법원판례 위반을 대법원의 심리불속행의 예외사유로 규정하고 있는 법률조항은, 법규범성이 없는 대법원판례를 재판규범으로 삼아 상고심재판을 배척하고 있는 것으로서 헌법에 위반된다. 19 국회 8   O | X

> 심급제도는 사법에 의한 권리보호에 관하여 한정된 법 발견자원의 합리적인 분배의 문제인 동시에 재판의 적정과 신속이라는 서로 상반되는 두 가지의 요청을 어떻게 조화시키느냐의 문제로 돌아가므로 원칙적으로 **입법자의 형성의 자유**에 속하는 사항에 속하고, 개별적 사건에서의 권리구제보다 법령해석의 통일을 더 우위에 둔 입법자의 판단에 따라 **상고심 재판을 받을 수 있는 객관적인 기준에 대법원판례 위반 여부를 한 요소로 삼은 것은 그 합리성이 인정**될 뿐만 아니라, 판례의 법원성을 인정하지 않는 대륙법계 국가라는 이유로 실체법이 아닌 절차법인 이 사건 법률조항의 일부로 편입하여 대법원판례 위반을 심리불속행의 예외사유의 하나로 규정할 수 없는 것이 아니고, 또한 이로 인하여 새로운 권리침해가 발생하는 것도 아니다(헌재 2002. 6. 27. 2002헌마18).

3360 '사형, 무기 또는 10년 이상의 징역이나 금고가 선고된 사건'에 한하여 중대한 사실오인 또는 양형부당을 이유로 한 상고를 허용한 형사소송법 제383조 제4호는 재판청구권을 침해하지 아니한다. 23 법원 9   O | X

> 한정된 사법자원을 효율적으로 분배하고 상고심 재판의 법률심 기능을 제고할 필요성이 있고, 당사자는 제1심과 제2심에서 사실오인이나 양형부당을 다툴 충분한 기회를 부여받고 있으므로, 심판대상조항은 입법형성권의 범위 내에 있어 **재판청구권을 침해하지 아니한다**(헌재 2020. 7. 16. 2020헌바14).

3361 심리불속행 상고기각판결의 경우 판결이유를 생략할 수 있도록 규정한「상고심절차에 관한 특례법」조항은 헌법 제27조 제1항에서 보장하는 재판청구권 등을 침해하지 않는다. 19 경정   O | X

3361-1 심리불속행 상고기각판결의 경우 판결이유를 생략할 수 있도록 규정한 상고심절차에 관한 특례법 조항은 재판의 본질에 반하여 당사자의 재판청구권을 침해한다. 22 국가 7   O | X

> 심리불속행 상고기각판결에 이유를 기재한다고 해도, 당사자의 상고이유가 법률상의 상고이유를 실질적으로 포함하고 있는지 여부만을 심리하는 심리불속행 재판의 성격 등에 비추어 현실적으로 특례법 제4조의 심리속행사유에 해당하지 않는다는 정도의 이유기재에 그칠 수밖에 없고, 나아가 그 이상의 이유기재를 하게 하더라도 이는 법령해석의 통일을 주된 임무로 하는 상고심에게 불필요한 부담만 가중시키는 것으로서 심리불속행제도의 입법취지에 반하는 결과를 초래할 수 있으므로, 특례법 제5조 제1항은 **재판청구권 등을 침해하여 위헌이라고 볼 수 없다**(헌재 2012. 5. 31. 2010헌마625 등).

3362 상고심에서 재판을 받을 권리를 헌법상 명문화한 규정이 없는 이상, 헌법 제27조에서 규정한 재판을 받을 권리에 모든 사건에 대해 상고심 재판을 받을 권리까지도 포함된다고 단정할 수 없고, 모든 사건에 대해 획일적으로 상고할 수 있게 할지 여부는 입법재량의 문제라고 할 것이므로 소액사건심판법 제3조가 소액사건에 대하여 상고의 이유를 제한하였다고 하여 그것만으로 재판청구권을 침해하였다고 볼 수 없다. 23 법원 9   O | X

> 상고심에서 재판을 받을 권리를 헌법상 명문화한 규정이 없는 이상, 헌법 제27조에서 규정한 재판을 받을 권리에 **모든 사건**에 대해 **상고심 재판을 받을 권리**까지도 포함된다고 단정할 수 **없고**, 모든 사건에 대해 획일적으로 상고할 수 있게 할지 여부는 **입법재량의 문제**라고 할 것이므로 소액사건심판법 제3조가 소액사건에 대하여 상고의 이유를 제한하였다고 하여 그것만으로 **재판청구권을 침해하였다고 볼 수 없다**(헌재 2012. 12. 27. 2011헌마161).

정답 3359. O 3359-1. ×[헌법 위반 ×] 3360. O 3361. O 3361-1. ×[재판청구권 침해 ×] 3362. O

3363 재심은 확정판결에 대한 특별한 불복방법이고 확정판결에 대한 법적 안정성의 요청은 미확정판결에 대한 그것보다 훨씬 크다고 할 것이므로, 재심을 청구할 권리가 헌법 제27조에서 규정한 재판을 받을 권리에 당연히 포함된다고 볼 수는 없다. 20 법원 9   O | X

3363-1 재심은 상소와는 달리 확정판결에 대한 불복방법이고 확정판결에 대한 법적 안정성의 요청은 미확정 판결에 대한 그것보다 훨씬 크기 때문에, 재심청구권은 상고심재판을 받을 권리와는 다르게 재판을 받을 권리에 포함된다. 15 국회 8   O | X

> **재심청구권**도 입법형성권의 행사에 의하여 비로소 창설되는 법률상의 권리일 뿐, 청구인의 주장과 같이 헌법 제27조 제1항, 제37조 제1항에 의하여 **직접 발생되는 기본적 인권은 아니다**. … **재심은 확정판결에 대한 특별한 불복방법**이고, 확정판결에 대한 **법적 안정성의 요청**은 미확정판결에 대한 그것보다 훨씬 크다고 할 것이므로 **재심을 청구할 권리**가 헌법 제27조에서 규정한 **재판을 받을 권리에 당연히 포함된다고 할 수 없다**. … 심판대상법조항이 헌법재판소법 제68조 제2항에 의한 헌법소원을 청구하여 인용결정을 받지 않은 사람에게는 재심의 기회를 부여하지 않는다고 하여 청구인의 재판청구권이나 평등권, 재산권과 행복추구권을 침해하였다고는 볼 수 없다(헌재 2000. 6. 29. 99헌바66).

3364 재심은 판결에 대한 불복방법의 하나인 점에서는 상소와 마찬가지라고 할 수 있지만, 확정판결에 대한 불복방법인 점에서 상소와 다르고, 확정판결에 대한 법적 안정성의 요청은 미확정판결에 대한 그것보다 훨씬 크기 때문에, 상소보다 더 예외적으로 인정되어야 한다는 점에서 본질적인 차이가 있다. 23 법무사   O | X

> 재심은 확정된 종국판결에 재심이유에 해당하는 중대한 하자가 있는 경우 그 판결의 취소와 이미 종결되었던 사건의 심판을 구하는 비상의 불복신청방법으로서, 그와 같은 중대한 하자가 있는 예외적인 경우에 한하여 법적 안정성을 후퇴시키고 구체적 정의를 실현하기 위하여 마련된 것이다. **재심은 판결에 대한 불복방법의 하나인** 점에서는 **상소와 마찬가지**라고 할 수 있지만, 상소와는 달리 **확정판결에 대한 불복방법**이고, 확정판결에 대한 법적 안정성의 요청은 미확정판결에 대한 그것보다 훨씬 크기 때문에, **상소보다 더 예외적으로 인정**되어야 한다는 점에서 차이가 있다(헌재 2022. 2. 24. 2020헌바148).

3365 재심제도의 규범적 형성에 있어서는 재판의 적정성과 정의의 실현이라는 법치주의의 요청에 의해 입법자의 입법형성의 자유가 축소된다. 21 경정   O | X

3365-1 정의의 실현 및 재판의 적정성이라는 법치주의의 요청에 의해 재심제도의 규범적 형성에 있어서는 입법자의 형성적 자유가 축소된다. 14 법원 9   O | X

> **재심제도의 규범적 형성**에 있어서, 입법자는 확정판결을 유지할 수 없을 정도의 중대한 하자가 무엇인지를 구체적으로 가려내야 하는바, 이는 사법에 의한 권리보호에 관하여 한정된 사법자원의 합리적인 분배의 문제인 동시에 법치주의에 내재된 두 가지의 대립적 이념 즉, **법적 안정성**과 **정의의 실현**이라는 상반된 요청을 어떻게 조화시키느냐의 문제로 돌아가므로, 결국 이는 불가피하게 **입법자의 형성적 자유가 넓게 인정되는 영역**이라고 할 수 있다(헌재 2016. 12. 29. 2016헌바43).

> 🔍 **보충설명** 법적 안정성의 요청에 의하면 입법자의 형성의 자유가 축소되나 정의의 실현 및 재판의 적정성의 요청에 의하면 입법자의 형성의 자유가 확대된다.

정답 3363. ○   3363-1. ✕ [재심청구권 포함 ✕]   3364. ○   3365. ✕ [입법형성의 자유 넓게 인정]   3365-1. ✕ [입법형성의 자유 넓게 인정]

3366 재심청구권은 재판을 받을 권리에 당연히 포함된다고 할 수 없고, 어떤 사유를 재심사유로 정하여 재심을 허용할 것인가는 입법자가 확정판결에 대한 법적 안정성, 재판의 신속·적정성, 법원의 업무부담 등을 고려하여 결정하여야 할 입법정책의 문제이다. 15 법무사 O | X

상소심에서 심판을 받을 권리를 헌법상 명문화한 규정이 없고 상소문제가 일반 법률에 맡겨진 우리 법제 하에서 재판청구권에 모든 사건에 대해 상소심 절차에 의한 재판을 받을 권리까지도 당연히 포함된다고 할 수는 없고, 마찬가지로 **재심청구권** 역시 헌법 제27조에서 규정한 **재판을 받을 권리**에 **당연히 포함**된다고 할 수 **없으며**, **어떤 사유를 재심사유**로 정하여 재심을 허용할 것인가는 입법자가 확정판결에 대한 법적 안정성, 재판의 신속·적정성, 법원의 업무부담 등을 고려하여 결정하여야 할 **입법정책의 문제**이다(헌재 2004. 12. 16. 2003헌바105).

3367 재심사유의 위헌성은 입법자가 분쟁의 신속한 해결을 통한 법적 안정성의 확보에만 매몰되어 재판의 적정성이라는 법치주의의 또 다른 이념을 현저히 희생함으로써, 제반 기본권의 실현을 위한 기본권으로서의 재판청구권의 본질을 심각하게 훼손하는 등 입법형성권의 한계를 일탈하여 그 내용이 현저히 자의적인 것이 아닌 한 인정되기 어렵다. 23 법무사 O | X

재심제도와 관련하여 인정되는 입법적 재량을 감안한다면, 민사소송법상 재심사유의 소극적 요건에 대하여 규정하고 있는 **이 사건 법률조항의 위헌성에 대한 판단은, 입법자가 분쟁의 신속한 해결을 통한 법적 안정성의 확보에만 매몰되어 재판의 적정성**이라는 **법치주의의 또 다른 이념을 현저히 희생**함으로써, 제반 기본권의 실현을 위한 기본권으로서의 **재판청구권의 본질을 심각하게 훼손하는 등 입법형성권의 한계를 일탈**하여 그 내용이 **현저히 자의적인지 여부에 의하여 결정**되어야 할 것이다(헌재 2012. 12. 27. 2011헌바5).

3368 판결주문에 영향이 없는 당사자의 공격방어방법에 대한 판단이 누락된 경우에는, 판결주문에 간접적으로만 연관되는 판단이유가 누락된 경우와 달리 재심의 소를 통하여 기판력 등 확정된 판결의 효력을 배제하는 것을 허용해야 할 만큼 정의의 요청이 절박하다고 할 수 없다. 23 법무사 O | X

판결주문에 **영향이 없는** 당사자의 공격방어방법에 대한 **판단이 누락**된 경우나, 판결주문과 **간접적으로만 연관**되는 **판단이유가 누락**된 경우에 **재심의 소를 통하여 확정된 판결의 효력을 배제하는 것을 허용**해야 할 만큼 **정의의 요청이 절박하다고 할 수 없다**. 오히려 판결의 결론에 영향을 미칠 수 없는 불필요한 재심이 제기되어 재심제도의 취지에 어긋날 수 있다. … 이상을 종합하면, '판단이유의 누락'이 아니라 '판단누락'을 재심사유로 규정하였다 하여도 재판의 적정성을 현저히 희생하였다고 보기는 어렵다. 따라서 심판대상 조항은 재판청구권을 침해하지 아니한다(헌재 2016. 12. 29. 2016헌바43).

3369 과학기술의 발전으로 인해 기존의 확정판결에서 인정된 사실과는 다른 새로운 사실이 드러난 경우를 「민사소송법」상 재심의 사유로 인정하고 있지 않는 「민사소송법」 조항은 입법자의 합리적인 재량의 범위를 벗어나 재판청구권을 침해한다고 할 수 없다. 21 경정 O | X

과학의 진전을 통하여 기존의 확정판결에서 인정된 사실과는 다른 **새로운 사실이 발견**된다 하더라도, 이는 확정판결 이후 언제라도 일어날 수 있는 일이므로 이를 **재심사유로 인정**하는 것은 확정판결에 기초하여 형성된 복잡·다양한 사법적(私法的) 관계들을 항시 **불안전한 상태로 두는 것**이라 할 수 있다. 또한, 시효제도 등 다소간 실체적 진실의 희생이나 양보 하에 법적 안정성을 추구하는 여러 법적 제도들이 있다는 점 등을 함께 고려해 볼 때, 이 사건 법률조항은 입법자의 합리적인 재량의 범위를 벗어나 **재판청구권 내지 평등권을 침해한다고 할 수 없다**(헌재 2009. 4. 30. 2007헌바121).

3370 재심사유를 알고도 주장하지 아니한 때에는 재심의 소를 제기할 수 없도록 규정한 「민사소송법」 규정은 재판청구권을 침해하지 않는다. 17 5급 O | X

정답 3366. O 3367. O 3368. X [간접적인 판단이유가 누락된 경우도 정의의 요청이 절박하다고 할 수 없음] 3369. O 3370. O

상소를 제기할 수 있는 때 재심사유의 존재를 알고도 상소심에서 그 사유를 주장하지 아니하였거나 상소 자체를 제기하지 아니한 경우에는 상소심에서 재심사유에 관하여 판단 받을 기회를 스스로 포기한 것이므로, 이러한 경우까지 재심을 통하여 구제를 허용할 필요성은 거의 없다. 따라서 이러한 경우 재심의 소를 제기할 수 없도록 한 입법자의 판단이 현저히 자의적이라고 보기도 어려우므로, 심판대상 조항 중 '이를 알고도 주장하지 아니한 경우' 부분 역시 **재판청구권을 침해하지 않는다**(헌재 2013. 6. 27. 2012헌바414).

3371 법원이 직권으로 치료감호를 선고할 수 있는지 여부는 재판청구권의 적극적 측면은 물론 소극적 측면에도 해당하지 않는다. 따라서 '피고인 스스로 치료감호를 청구할 수 있는 권리' 뿐만 아니라 '법원으로부터 직권으로 치료감호를 선고받을 수 있는 권리'는 헌법상 재판청구권의 보호범위에 포함된다고 보기 어렵다. 22 법무사   O | X

3371-1 '피고인 스스로 치료감호를 청구할 수 있는 권리'뿐만 아니라 '법원으로부터 직권으로 치료감호를 선고받을 수 있는 권리'는 헌법상 재판청구권의 보호범위에 포함된다. 24 경간   O | X

법원이 직권으로 치료감호를 선고할 수 있는지 여부는 재판청구권의 적극적 측면은 물론 소극적 측면에도 해당하지 않는다. 따라서 청구인이나 제청법원이 주장하는 '피고인 스스로 치료감호를 청구할 수 있는 권리'뿐만 아니라 '법원으로부터 직권으로 치료감호를 선고받을 수 있는 권리'는 헌법상 재판청구권의 보호범위에 포함된다고 보기 어렵다(헌재 2021. 1. 28. 2019헌가24 등).

3372 재판청구권에 '피고인 스스로 치료감호를 청구할 수 있는 권리'가 포함된다고 보기 어렵고, 피고인에게까지 치료감호 청구권을 주어야만 절차의 적법성이 담보되는 것은 아니므로 치료감호청구권자를 검사로 한정하는 법률규정은 재판청구권을 침해하지 않는다. 17 경정   O | X

3372-1 피고인에게 스스로에 대한 치료감호를 청구할 기회를 부여하지 아니한 「치료감호법」 관련규정은 치료감호 대상자의 재판청구권을 침해한다고 볼 수 있다. 12 법원 9   O | X

'피고인 스스로 치료감호를 청구할 수 있는 권리'가 헌법상 재판청구권의 보호범위에 포함된다고 보기는 어렵고, 검사뿐만 아니라 피고인에게까지 치료감호 청구권을 주어야만 절차의 적법성이 담보되는 것도 아니므로, 이 사건 법률조항이 청구인의 재판청구권을 침해하거나 적법절차의 원칙에 반한다고 볼 수 없다(헌재 2010. 4. 29. 2008헌마622).

3373 피고인 스스로 치료감호를 청구할 수 있는 권리나, 법원으로부터 직권으로 치료감호를 선고받을 수 있는 권리는 헌법상 재판청구권의 보호범위에 포함되지 않는다. 공익의 대표자로서 준사법기관적 성격을 가지고 있는 검사에게만 치료감호 청구권한을 부여한 것은, 본질적으로 자유박탈적이고 침익적 처분인 치료감호와 관련하여 재판의 적정성 및 합리성을 기하기 위한 것이므로 적법절차원칙에 반하지 않는다. 23 법무사   O | X

3373-1 검사만 치료감호를 청구할 수 있고, 법원은 검사에게 치료감호청구를 요구할 수 있다고만 규정한 '치료감호 등에 관한 법률' 조항은 자의적 행정처분의 가능성을 초래하므로 적법절차원칙에 위반된다. 23 법원 9   O | X

피고인 스스로 치료감호를 청구할 수 있는 권리나, 법원으로부터 직권으로 치료감호를 선고받을 수 있는 권리는 헌법상 재판청구권의 보호범위에 포함되지 않는다. 공익의 대표자로서 준사법기관적 성격을 가지고 있는 **검사에게만 치료감호 청구권한을 부여한 것은**, 본질적으로 자유박탈적이고 침익적 처분인 치료감호와 관련하여 재판의 적정성 및 합리성을 기하기 위한 것이므로 **적법절차원칙에 반하지 않는다.** 그렇다면 이 사건 법률조항들은 재판청구권을 침해하거나 적법절차원칙에 반한다고 보기 어렵다(헌재 2021. 1. 28. 2019헌가24).

정답 3371. O   3371-1. X [재판청구권의 보호범위에 포함 X]   3372. O   3372-1. X [재판청구권 침해 X]   3373. O   3373-1. X [적법절차원칙 위반 X]

3374 검사만 치료감호를 청구할 수 있고 법원은 검사에게 치료감호청구를 요구할 수 있다고만 정하여 치료감호대상자의 치료감호청구권이나 법원의 직권에 의한 치료감호를 인정하지 않은 것은 국민의 보건에 관한 국가의 보호의무에 반한다. 22 국회 8 O|X

3374-1 치료감호 청구권자를 검사로 한정하고, 피고인의 치료감호 청구권을 따로 인정하지 않는 구「치료감호법」조항은 국민의 보건에 관한 권리를 침해하는 것이다. 22 경찰 2차 O|X

'정신건강증진 및 정신질환자 복지서비스 지원에 관한 법률', '형의 집행 및 수용자의 처우에 관한 법률'에 있는 다른 제도들을 통하여 국민의 정신건강을 유지하는 데에 필요한 국가적 급부와 배려가 이루어지고 있으므로, 이 사건 법률조항들에서 치료감호대상자의 치료감호 청구권이나 법원의 직권에 의한 치료감호를 인정하지 않는다 하더라도 국민의 보건에 관한 국가의 보호의무에 반한다고 보기 어렵다(헌재 2021. 1. 28. 2019헌가24 등).

3375 재판청구권을 규정한 헌법 제27조 제1항의 규정만으로 헌법이 기소유예처분에 대하여 피의자가 불복하여 재판을 받을 수 있는 절차를 마련하여야 할 명시적인 입법의무를 부여하였다고 볼 수 없다. 23 해경 O|X

헌법 제27조 제1항이 규정한 재판청구권이나 헌법 제12조 제1항에 규정된 적법절차 원칙이 입법자에게 반드시 기소유예처분을 받은 피의자가 무죄를 주장하여 일반법원에서 법관에 의한 재판을 받을 수 있는 절차를 마련해야 할 입법자의 행위의무 내지 보호의무를 부여한다고 볼 수 없다(헌재 2013. 9. 26. 2011헌마472).

POINT 181 신속·공개재판을 받을 권리

01 신속·공개재판을 받을 권리

3376 형사피고인은 상당한 이유가 없는 한 지체없이 공개재판을 받을 권리를 가진다. 23 입시 O|X

3376-1 모든 국민은 신속한 재판을 받을 권리를 가진다. 형사피고인은 정당한 이유가 없는 한 지체없이 공정한 재판을 받을 권리를 가진다. 23 경찰 2차 O|X

3376-2 헌법에 재판청구권의 내용으로 신속한 재판을 받을 권리가 명시적으로 규정되어 있지 않다. 20 법무사 O|X

헌법 제27조 ③ 모든 국민은 **신속한 재판**을 받을 권리를 가진다. 형사피고인은 **상당한 이유**가 없는 한 지체없이 **공개재판**을 받을 권리를 가진다.

3377 우리 헌법은 공정하고 신속한 공개재판을 받을 권리를 보장하고 있다. 20 법원 9 O|X

우리 헌법은 **제27조 제1항**에서 "모든 국민은 헌법과 법률이 정한 법관에 의하여 법률에 의한 재판을 받을 권리를 가진다"라고 규정하고, 같은 조 **제3항**에서 "모든 국민은 신속한 재판을 받을 권리를 가진다. 형사피고인은 상당한 이유가 없는 한 지체없이 공개재판을 받을 권리를 가진다"라고 규정하여, **공정**하고 **신속한 공개재판을 받을 권리**를 보장하고 있다(헌재 1998. 12. 24. 94헌바46).

정답 3374. X [기본권보호의무 위반 X] 3374-1. X [보건에 관한 권리 침해 X] 3375. O 3376. O 3376-1. X [정당한 이유 X → 상당한 이유 O / 공정한 재판 X → 공개재판 O] 3376-2. X [헌법 규정 有] 3377. O

3378 신속한 재판을 받을 권리의 실현을 위해서는 구체적인 입법형성이 필요하며, 다른 사법절차적 기본권에 비하여 폭넓은 입법재량이 허용되므로, 법률에 의한 구체적 형성 없이는 신속한 재판을 위한 어떤 직접적이고 구체적인 청구권이 발생하지 아니한다. 24 경정   O | X

3378-1 헌법 제27조 제3항은 '모든 국민은 신속한 재판을 받을 권리를 가진다'고 규정하고 있으므로 모든 국민은 법률에 의한 구체적 형성이 없어도 직접 신속한 재판을 청구할 수 있는 권리를 가진다. 15 경정   O | X

헌법 제27조 제3항 제1문은 "모든 국민은 신속한 재판을 받을 권리를 가진다"라고 규정하고 있다. 그러나 신속한 재판을 받을 권리의 실현을 위해서는 구체적인 입법형성이 필요하며, 다른 사법절차적 기본권에 비하여 폭넓은 입법재량이 허용된다. 특히 신속한 재판을 위해서 적정한 판결선고기일을 정하는 것은 법률상 쟁점의 난이도, 개별사건의 특수상황, 접수된 사건량 등 여러 가지 요소를 복합적으로 고려하여 결정되어야 할 사항인데, 이때 관할 법원에게는 광범위한 재량권이 부여된다. 따라서 법률에 의한 구체적 형성 없이는 신속한 재판을 위한 어떤 직접적이고 구체적인 청구권이 발생하지 아니한다(헌재 1999. 9. 16. 98헌마75).

3379 구속기간의 제한은 수사를 촉진시켜 형사피의자의 신체구속이라는 고통을 감경시켜 주고 신속한 공소제기 및 그에 따른 신속한 재판을 가능하게 한다는 점에서 헌법에서 보장한 신속한 재판을 받을 권리의 실현을 위하여서도 불가결한 조건이다. 21 소간   O | X

신체의 자유를 최대한 보장하려는 헌법정신 특히 무죄추정의 원칙(헌법 제27조 제4항)으로 인하여 형사절차는 불구속수사·불구속재판을 원칙으로 하고 있다. 구속수사 또는 구속재판이 허용될 경우라도 인신의 구속은 가능한 한 최소한에 그쳐야 한다. 특히 수사기관에 의한 신체구속은 신체적·정신적 고통 외에도 자백강요, 사술, 유도, 고문 등의 사전예방을 위하여서도 최소한에 그쳐야 한다. 구속기간의 제한은 수사를 촉진시켜 형사피의자의 신체구속이라는 고통을 감경시켜 주고 신속한 공소제기 및 그에 따른 신속한 재판을 가능하게 한다는 점에서 헌법 제27조 제3항에서 보장한 신속한 재판을 받을 권리의 실현을 위하여서도 불가결한 조건이다(헌재 1997. 8. 21. 96헌마48).

02 관련판례

3380 학교법인의 기본재산을 매도함에 있어 관할청의 허가를 받도록 하는 「사립학교법」 규정은 강제경매 절차를 통하여 사법적 청구권을 실현하려는 채권자 내지 최고가매수신고인의 신속한 재판을 받을 권리를 침해한다. 22 입시   O | X

학교법인의 기본재산에 대한 강제경매의 경우에 학교법인의 전반적인 재정상태에 대해 파악하고 있는 관할청으로 하여금 사립학교법 제28조 제1항의 입법취지 등을 고려하여 그 허가 여부를 최종 결정하도록 함으로써 확보하려는 학교재정의 건전화라는 공익상의 필요가 학교법인의 채권자가 입는 절차의 지연이라는 희생보다 더 크고, 학교법인의 채권자 등으로서는 학교법인의 정관이나 재산목록을 열람하여 이 사건 법률조항으로 인한 불측의 손해를 어느 정도 예방할 수 있다고 보여지므로, 위와 같은 제한이 필요한 정도를 넘는 과도한 제한이라고 보기는 어렵다. 따라서 이 사건 법률조항은 학교법인의 채권자 등의 신속한 재판을 받을 권리를 침해하지 아니한다(헌재 2012. 2. 23. 2011헌바14).

● 정답 3378. O   3378-1. X [법률로 구체화 필요]   3379. O   3380. X [신속한 재판을 받을 권리 침해 X]

3381 선거범죄에 대한 재정신청절차에서 사전에 「검찰청법」상의 항고를 거치도록 한 것은 신속한 재판을 받을 권리를 침해한다. 23 5급   O | X

> 형사소송법 제260조 제2항의 **항고전치주의**는 **재정신청 남용의 폐해를 줄이기 위한 방안**으로 도입된 것인데, 검찰 항고제도는 상급 검찰청이 해당 불기소처분을 재검토하여 항고가 이유 있다고 인정할 경우에는 그 처분을 경정하도록 함으로써 **사건관계인의 신속한 권리구제에 이바지하는 측면**이 있다. … 형사소송법 제260조 제2항의 **항고전치주의**가 합리적 근거없이 자의적으로 **신속한 재판을 받을 권리를 침해하는 것이라고 볼 수 없다**(헌재 2015. 2. 26. 2014헌바181).

POINT 182 재판청구권 관련판례

01 소송제한

3382 디엔에이감식시료채취영장 발부 과정에서 채취대상자에게 자신의 의견을 밝히거나 영장 발부 후 불복할 수 있는 절차 등에 관하여 규정하지 아니한 「디엔에이신원확인정보의 이용 및 보호에 관한 법률」의 규정은 과잉금지원칙을 위반하여 채취대상자의 재판청구권을 침해한다. 22 경정   O | X

3382-1 디엔에이감식시료채취영장 발부 과정에서 채취대상자에게 자신의 의견을 밝히거나 영장 발부 후 불복할 수 있는 절차 등에 관하여 규정하지 아니한 「디엔에이신원확인정보의 이용 및 보호에 관한 법률」 조항은 청구인들의 재판청구권을 침해하지 않는다. 19 경정   O | X

> 이 사건 영장절차 조항은 채취대상자에게 **디엔에이감식시료채취영장 발부 과정**에서 **자신의 의견을 진술할 수 있는 기회**를 절차적으로 보장하고 있지 않을 뿐만 아니라, **발부 후 그 영장 발부에 대하여 불복할 수 있는 기회**를 주거나 채취행위의 위법성 확인을 청구할 수 있도록 하는 **구제절차마저 마련하고 있지 않다.** 위와 같은 입법상의 불비가 있는 이 사건 영장절차 조항은 채취대상자인 청구인들의 재판청구권을 과도하게 제한하므로, 침해의 최소성 원칙에 위반된다. … 따라서 이 사건 영장절차 조항은 과잉금지원칙을 위반하여 **청구인들의 재판청구권을 침해한다**(헌재 2018. 8. 30. 2016헌마344).

3383 교원징계재심위원회의 재심결정에 대하여 교원에게만 행정소송을 제기할 수 있도록 하고 학교법인을 제외한 것은 학교법인의 재판청구권을 침해한다. 22 경정, 16 경정   O | X

> 학교법인에게 재심결정에 불복할 제소권한을 부여한다고 하여 이 사건 법률조항이 추구하는 사립학교 교원의 신분보장에 특별한 장애사유가 생긴다든가 그 권리구제에 공백이 발생하는 것도 아니므로 이 사건 법률조항은 **분쟁의 당사자**이자 **재심절차의 피청구인인 학교법인의 재판청구권을 침해한다**(헌재 2006. 2. 23. 2005헌가7 등).

3384 출정비용을 예납하지 않았다는 이유로 행정소송 변론기일에 수형자를 출정시키지 아니한 것은 수형자의 재판청구권을 침해한다. 15 서울 7   O | X

3384-1 교도소장이 수형자가 출정비용을 예납하지 않았거나 영치금과의 상계에 동의하지 않았다는 이유로 행정소송 변론기일에 출정을 제한한 행위는 형벌의 집행을 위한 것으로 수형자의 재판청구권을 침해하였다고 볼 수 없다. 18 변호사   O | X

정답 3381. X [신속한 재판을 받을 권리 침해 X] 3382. O 3382-1. X [재판청구권 침해] 3383. O 3384. O 3384-1. X [재판청구권 침해]

교도소장은 수형자가 출정비용을 예납하지 않았거나 영치금과의 상계에 동의하지 않았다고 하더라도, 우선 수형자를 출정시키고 사후에 출정비용을 받거나 영치금과의 상계를 통하여 출정비용을 회수하여야 하는 것이지, 이러한 이유로 **수형자의 출정을 제한할 수 있는 것은 아니다.** 그러므로 피청구인이, 청구인이 출정하기 이전에 여비를 납부하지 않았거나 출정비용과 영치금과의 상계에 미리 동의하지 않았다는 이유로 이 사건 출정제한행위를 한 것은, 피청구인에 대한 업무처리지침 내지 사무처리준칙인 이 사건 지침을 위반하여 청구인이 직접 재판에 출석하여 변론할 권리를 침해함으로써, 형벌의 집행을 위하여 필요한 한도를 벗어나서 청구인의 **재판청구권을 과도하게 침해**하였다고 할 것이다(헌재 2012. 3. 29. 2010헌마475).

3385 법원 직권으로 원고에게 소송비용에 대한 담보제공을 명할 수 있도록 하고, 원고가 담보를 제공하지 않을 경우 변론 없이 판결로 소를 각하할 수 있다고 규정한 민사소송법 조항은 재판청구권을 침해하지 않는다. 17 서울 7   O | X

심판대상조항은 원고의 소송비용 상환의무 이행을 미리 확보하여 피고의 소송비용을 보전하는 한편, 부당한 소송 또는 남상소를 제한하기 위한 것이다. 심판대상조항에 따라 법원 직권으로 담보 제공을 명할 수 있는 사유는 엄격히 제한되어 있고, 원고를 위한 담보제공명령 불복절차가 마련되어 있다. … 이와 같은 사정을 종합하여 보면, 심판대상조항이 **재판청구권을 침해한다고 할 수 없다**(헌재 2016. 2. 25. 2014헌바366).

02 기간제한

3386 재판청구기간에 관한 입법자의 재량과 관련하여 제소기간 또는 불복기간을 너무 짧게 정하여 재판을 제기하거나 불복하는 것을 사실상 불가능하게 하거나 합리적인 이유로 정당화될 수 없는 방법으로 이를 어렵게 한다면 재판청구권을 사실상 형해화될 수 있으므로, 이러한 점에서 입법형성권의 한계가 있다. 22 국회 8   O | X

재판을 청구할 수 있는 기간 또는 재판에 불복할 수 있는 기간을 정하는 것 역시 입법자가 그 입법형성재량에 기초한 정책적 판단에 따라 결정할 문제라고 할 것이고, 그것이 입법부에 주어진 합리적인 재량의 한계를 일탈하지 아니하는 한 위헌이라고 할 수 없다. 다만, 이러한 **입법재량도 제소기간 또는 불복기간을 너무 짧게 정하여 재판을 제기하거나 불복하는 것을 사실상 불가능**하게 하거나 합리적인 이유로 정당화될 수 없는 방법으로 이를 어렵게 한다면 **재판청구권은 사실상 형해화**될 수 있으므로, 이러한 점에서 **입법형성권의 한계가 있다**(헌재 2015. 3. 26. 2013헌바186).

3387 「형사소송법」상 즉시항고 제기기간을 3일로 제한하고 있는 것은 헌법상 재판청구권을 공허하게 하므로 입법재량의 한계를 일탈하여 재판청구권을 침해한다. 21 국회 8   O | X

3387-1 「형사소송법」상 즉시항고 제기기간을 3일로 제한하고 있는 것은 과잉금지원칙을 위반한 것이 아니므로 재판청구권을 침해하지 않는다. 20 입시   O | X

3387-2 재판에 대한 불복기간의 제한은 입법자가 상소심의 구조와 성격 등을 고려하여 결정할 입법재량의 문제이므로, 즉시항고 제기기간에 관하여 민사소송법은 1주로 규정하고 있음에도 형사소송법이 그 절반 가량인 3일로 규정한 것은 상대적으로 신속한 확정이 필요한 형사재판의 특성을 반영한 것으로서 그 차별취급에 합리적 이유가 있다. 22 법무사   O | X

민사소송, 민사집행, 행정소송, 형사보상절차 등의 즉시항고기간 1주나, 외국의 입법례와 비교하더라도 **3일이라는 제기기간은 지나치게 짧다.** 즉시항고 자체가 형사소송법상 명문의 규정이 있는 경우에만 허용되므로 기간 연장으로 인한 폐해가 크다고 볼 수도 없는 점 등을 고려하면, 심판대상조항은 즉시항고 제도를 단지 형식적이고 이론적인 권리로서만 기능하게 함으로써 헌법상 재판청구권을 공허하게 하므로 입법재량의 한계를 일탈하여 **재판청구권을 침해**하는 규정이다(헌재 2018. 12. 27. 2015헌바77 등).

정답 3385. ○   3386. ○   3387. ○   3387-1. ×[재판청구권 침해]   3387-2. ×[합리적 이유 × → 재판청구권 침해]

3388 「인신보호법」상 피수용자인 구제청구자의 즉시항고 제기기간을 3일로 정한 것은 피수용자의 재판청구권을 침해한다. 18 지방 7 O | X

인신보호법상 피수용자인 구제청구자는 자기 의사에 반하여 수용시설에 수용되어 인신의 자유가 제한된 상태에 있으므로 … 우편으로 즉시항고장을 접수하는 방법도 즉시항고장을 작성하는 시간과 우편물을 발송하고 도달하는 데 소요되는 시간을 고려하면 3일의 기간이 충분하다고 보기 어렵다. … 나아가 즉시항고 제기기간을 3일보다 조금 더 긴 기간으로 정한다고 해도 피수용자의 신병에 관한 법률관계를 조속히 확정하려는 이 사건 법률조항의 입법목적이 달성되는 데 큰 장애가 생긴다고 볼 수 없으므로, 이 사건 법률조항은 피수용자의 재판청구권을 침해한다(헌재 2015. 9. 24. 2013헌가21).

3389 정식재판 청구기간을 '약식명령의 고지를 받은 날로부터 7일 이내'로 정하고 있는 형사소송법 제453조 제1항 중 피고인에 관한 부분이 합리적인 입법재량의 범위를 벗어나 약식명령 피고인의 재판청구권을 침해한다고 볼 수 없다. 16 법무사 O | X

3389-1 정식재판 청구기간을 약식명령의 고지를 받은 날로부터 7일 이내로 정하고 있는 형사소송법 조항은 합리적인 입법재량의 범위를 벗어나 약식명령 피고인의 재판청구권을 침해한다. 22 국가 7 O | X

약식명령에 대하여 단기의 불복기간을 설정한 것은, 경미하고 간이한 사건들을 신속하게 처리하게 함으로써 사법자원의 효율적인 배분을 통하여 국민의 재판청구권을 충실하게 보장하고자 하는 것으로서 그 합리성이 인정된다. 형사 입건된 피의자로서는 수사 및 재판에 관한 서류를 정확하게 송달받을 수 있도록 스스로 조치하여야 하므로, 입법자가 그러한 전제 하에 불복기간을 정하였더라도 입법재량을 현저하게 일탈하였다고 할 수 없다. … 따라서 이 사건 법률조항이 합리적인 입법재량의 범위를 벗어나 약식명령 피고인의 재판청구권을 침해한다고 볼 수 없다(헌재 2013. 10. 24. 2012헌바428).

3390 사법보좌관의 지급명령에 대한 이의신청기간을 2주 이내로 규정한 「민사소송법」 조항은 재판청구권을 침해한다. 23 경간 O | X

재판을 청구할 수 있는 기간을 정하는 것은 입법자가 그 입법형성재량에 기초한 정책적 판단에 따라 결정할 문제이고 합리적인 재량의 한계를 일탈하지 아니하는 한 위헌이라고 판단할 것은 아니다. … 이러한 사정들을 종합하면, 사법보좌관의 지급명령에 대한 2주의 이의신청 기간이 지나치게 짧아 입법재량의 한계를 일탈함으로써 재판청구권을 침해한다고 할 수 없다(헌재 2020. 12. 23. 2019헌바353).

3391 특허무효심결에 대한 소(訴)는 심결의 등본을 송달받은 날로부터 30일 이내에 제기하도록 규정한 「특허법」 조항은 재판청구권을 침해하지 않는다. 23 경간 O | X

3391-1 특허법이 규정하고 있는 30일의 제소기간은 90일의 제소기간을 규정하고 있는 행정소송법에 비하여 지나치게 짧아 특허무효심결에 대하여 소송으로 다투고자 하는 당사자의 재판청구권 행사를 불가능하게 하거나 현저히 곤란하게 하여 헌법에 위반된다. 22 법원 9 O | X

특허권의 효력 여부에 대한 분쟁은 신속히 확정할 필요가 있는 점, 특허무효심판에 대한 심결은 특허법이 열거하고 있는 무효사유에 대해 특허법이 정한 방법과 절차에 따라 청구인과 특허권자가 다툰 후 심결의 이유를 기재한 서면에 의하여 이루어지는 것이므로, 당사자가 그 심결에 대하여 불복할 것인지를 결정하고 이를 준비하는 데 그리 많은 시간이 필요하지 않은 점, 특허법은 심판장으로 하여금 30일의 제소기간에 부가기간을 정할 수 있도록 하고 있고, 제소기간 도과에 대하여 추후보완이 허용되기도 하는 점 등을 종합하여 보면, 이 사건 제소기간 조항이 정하고 있는 30일의 제소기간이 지나치게 짧아 특허무효심결에 대하여 소송으로 다투고자 하는 당사자의 재판청구권 행사를 불가능하게 하거나 현저히 곤란하게 한다고 할 수 없으므로, 재판청구권을 침해하지 아니한다(헌재 2018. 8. 30. 2017헌바258).

● 정답 3388. O   3389. O   3389-1. X [재판청구권 침해 X]   3390. X [재판청구권 침해 X]   3391. O   3391-1. X [재판청구권 침해 X]

3392 지방공무원의 면직처분에 대해 불복할 경우 소청심사청구기간을 처분사유 설명서 교부일로부터 30일 이내로 정한 것은 일반행정심판 청구기간 또는 행정소송 제기기간인 처분이 있음을 안 날부터 90일보다 짧기는 하나, 지방공무원의 권리구제를 위한 재판청구권의 행사를 불가능하게 하거나 형해화한다고 볼 수는 없다. 22 국회 8   O|X

당해 처분의 당사자로서는 그 설명서를 받는 즉시 자신이 면직처분 등을 받은 이유 등을 상세히 알 수 있고, 30일이면 그 면직처분을 소청심사 등을 통해 다툴지 여부를 충분히 숙고할 수 있다고 할 것이어서 처분사유 설명서 교부일부터 30일 이내 소청심사를 청구하도록 한 것이 지나치게 짧아 청구인의 권리구제를 위한 재판청구권의 행사를 불가능하게 하거나 형해화한다고 볼 수 없으므로 이 사건 청구기간 조항은 청구인의 재판청구권을 침해하지 아니한다(헌재 2015. 3. 26. 2013헌바186).

3393 국가배상사건인 당해사건 확정판결에 대해 헌법재판소 위헌결정을 이유로 한 재심의 소를 제기할 경우 재심제기기간을 재심사유를 안 날부터 30일 이내로 한 「헌법재판소법」 조항은 재판청구권을 침해하지 않는다. 23 경간   O|X

재심에 있어 제소기간을 둘 것인가 등은 확정판결에 대한 법적 안정성, 재판의 신속·적정성 등을 고려하여 결정하여야 할 입법정책의 문제로, 위헌결정을 이유로 한 재심의 소에서 재심제기기간을 둔 것이 입법형성권을 현저히 일탈하였다고 볼 수 없다. 그리고 위헌결정을 받은 당사자는 스스로 재심사유가 있음을 충분히 알거나 알 수 있는 점, 위헌결정을 이유로 한 재심의 소를 제기하기 위하여 관련 기록이나 증거를 면밀히 검토할 필요가 크지 않은 점, 30일의 재심제기기간은 불변기간이어서 추후보완이 허용되는 점 등을 종합하면, 재심사유가 있음을 안 날로 30일이라는 재심제기기간이 재심청구를 현저히 곤란하게 하거나 사실상 불가능하게 할 정도로 짧다고 보기도 어렵다. 심판대상조항은 재판청구권을 침해하지 않는다(헌재 2020. 9. 24. 2019헌바130).

3394 토지수용위원회의 수용재결서를 받은 날로부터 60일 이내에 보상금증감청구소송을 제기하도록 한 「공익사업을 위한 토지 등의 취득 및 보상에 관한 법률」 규정은, 제소기간이 지나치게 짧다고 할 수 없어 토지소유자의 재판청구권을 침해하지 않는다. 20 국회 9   O|X

3394-1 토지수용위원회의 수용재결서를 받은 날로부터 60일 이내에 보상금증감청구소송을 제기하도록 한 「공익사업을 위한 토지 등의 취득 및 보상에 관한 법률」 조항은 보상금증감청구소송을 제기하려는 토지소유자의 재판청구권을 침해한다. 18 지방 7   O|X

공익사업의 안정적인 시행을 위하여서는 수용대상토지의 수용여부 못지 않게 보상금을 둘러싼 분쟁 역시 조속히 확정하여야 할 필요가 있다. 또한 토지소유자는 협의 및 수용재결 단계를 거치면서 오랜 기간 보상금 액수에 대하여 다투어 왔으므로, 수용재결의 보상금 액수에 관하여 보상금증감청구소송을 제기할 것인지 결정하는 데에 많은 시간이 필요하지 않다. 따라서 이 사건 법률조항이 정한 60일의 제소기간은 입법재량의 한계를 벗어났다고 보기 어려우므로, 보상금증감청구소송을 제기하려는 토지소유자의 재판청구권을 침해한다고 볼 수 없다(헌재 2016. 7. 28. 2014헌바206).

3395 취소소송의 제소기간을 처분 등이 있음을 안 때로부터 90일 이내로 규정한 것은 지나치게 짧은 기간이라고 보기 어렵고 행정법 관계의 조속한 안정을 위해 필요한 방법이므로 재판청구권을 침해하지 않는다. 20 경정, 19 서울 7(추)   O|X

처분의 상대방은 처분 등이 있음을 알게 되고 당해 처분 등이 위법할 수 있다는 의심이 드는 경우, 취소소송을 제기한 후 재판 과정에서 해당 처분 등의 위법성을 입증·확인할 수 있고, 당해 처분 등이 위법할 수 있다는 의심을 갖는데 있어 90일의 기간은 지나치게 짧은 기간이라고 보기 어렵다. … 심판대상조항이 '처분 등의 위법성'을 알게 된 시점이 아니라 '처분 등이 있음'을 안 시점을 제소기간의 기산점으로 둔 것은 행정법 관계의 조속한 안정을 도모하기 위해 필요하고도 효과적인 방법이라고 볼 수 있다. … 따라서 심판대상조항이 '처분 등이 있음을 안 날'을 제소기간의 기산점으로 정한 것은 입법형성의 한계를 벗어나지 않았다고 할 것이므로, 심판대상조항은 청구인의 재판청구권을 침해하지 아니한다(헌재 2018. 6. 28. 2017헌바66).

● 정답   3392. O   3393. O   3394. O   3394-1. X [재판청구권 침해 X]   3395. O

03 재판상 화해

3396 「국가배상법」상 신청인이 동의한 때 배상심의회의 배상결정에 「민사소송법」 규정에 의한 재판상의 화해 효력을 부여한 것은 행정상의 손해배상에 관한 분쟁을 신속히 종결·이행시키기 위한 것으로 헌법에 위반되지 아니한다. 18 서울 7(추)   O | X

사법절차에 준한다고 볼 수 있는 각종 중재·조정절차와는 달리 배상결정절차에 있어서는 심의회의 제3자성·독립성이 희박한 점, 심의절차의 공정성·신중성도 결여되어 있는 점, 심의회에서 결정되는 배상액이 법원의 그것보다 하회하는 점 및 불제소합의의 경우와는 달리 신청인의 배상결정에 대한 동의에 재판청구권을 포기할 의사까지 포함되는 것으로 볼 수도 없는 점을 종합하여 볼 때, 이는 <u>신청인의 재판청구권을 과도하게 제한</u>하는 것이어서 헌법 제37조 제2항에서 규정하고 있는 기본권 제한입법에 있어서의 <u>과잉입법금지의 원칙에 반할 뿐 아니라,</u> … 헌법의 정신에도 충실하지 못한 것이다(헌재 1995. 5. 25. 91헌가7).

3397 심의위원회의 배상금 등 지급결정에 신청인이 동의한 때에는 국가와 신청인 사이에 「민사소송법」에 따른 재판상 화해가 성립된 것으로 보는 「4·16 세월호참사 피해구제 및 지원 등을 위한 특별법」 규정은 신청인의 재판청구권을 침해하지 않는다. 20 입시   O | X

세월호피해지원법 제16조가 지급결정에 재판상 화해의 효력을 인정함으로써 확보되는 배상금 등 지급을 둘러싼 분쟁의 조속한 종결과 이를 통해 확보되는 피해구제의 신속성 등의 공익은 그로 인한 신청인의 불이익에 비하여 작다고 보기는 어려우므로, 법익의 균형성도 갖추고 있다. 따라서 세월호피해지원법 제16조는 청구인들의 <u>재판청구권을 침해하지 않는다</u>(헌재 2017. 6. 29. 2015헌마654).

3398 「특수임무수행자 보상에 관한 법률」에 규정된 재판상 화해조항에 의하면 보상금 등의 지급결정은 신청인이 동의한 때에는 특수임무수행 또는 이와 관련한 교육훈련으로 입은 피해에 대하여 「민사소송법」의 규정에 따른 재판상 화해가 성립된 것으로 본다고 하였는데, 이는 재판청구권을 침해하지 아니한다. 14 국가 7   O | X

3398-1 특수임무수행 등으로 인하여 입은 피해에 대해 특수임무수행자보상심의회의 보상금 등 지급결정에 대해 동의한 때에는 재판상 화해가 성립된다고 보는 「특수임무수행자 보상에 관한 법률」상 조항은 재판청구권을 침해한다. 23 경간   O | X

개정 보상법상의 위원회는 국무총리 소속으로 관련분야의 전문가들로 구성되고, 임기가 보장되며, 국무총리의 위원에 대한 지휘·감독권 규정이 없는 등 제3자성 및 독립성이 보장되어 있는 점, 위원회가 보상금 지급심사를 함에 있어서 심의절차의 공정성·신중성이 충분히 갖추어져 있는 점, … 감안하여 볼 때, <u>이 사건 재판상 화해조항으로 인하여 청구인들의 동의 과정에 실체법상 무효 또는 취소사유가 있더라도 재심절차 이외에는 더 이상 재판을 청구할 수 있는 길이 막히게 된다고 하더라도, 위 재판상 화해조항이 합리적인 범위를 벗어나 청구인들의 재판청구권을 과도하게 제한하였다고 보기는 어렵다</u>(헌재 2009. 4. 30. 2006헌마1322).

04 기타

3399 교정시설 내 수용자와 변호사 사이의 접견교통권의 보장은 헌법상 보장되는 재판청구권의 한 내용 또는 그로부터 파생되는 권리로 볼 수 있다. 22 경찰 2차, 19 국회 8   O | X

현대 사회의 복잡다단한 소송에서의 법률전문가의 증대되는 역할, 민사법상 무기 대등의 원칙 실현, 헌법소송의 변호사강제주의 적용 등을 감안할 때 <u>교정시설 내 수용자와 변호사 사이의 접견교통권의 보장은 헌법상 보장되는 재판청구권의 한 내용 또는 그로부터 파생되는 권리로 볼 수 있다</u>(헌재 2013. 8. 29. 2011헌마122).

● 정답   3396. X [헌법에 위반됨]   3397. O   3398. O   3398-1. X [재판청구권 침해 X]   3399. O

3400 변호사와 접견하는 경우에도 수용자의 접견은 원칙적으로 접촉차단시설이 설치된 장소에서 하도록 규정하고 있는 형의 집행 및 수용자의 처우에 관한 법률 시행령 조항은 과잉금지원칙에 위배하여 청구인의 재판청구권을 지나치게 제한하고 있으므로, 헌법에 위반된다. 19 소간 O│X

3400-1 변호사 접견권을 악용하는 수형자들로 인한 부작용을 배제하기 위하여, 수용자 일반을 접촉차단시설이 설치된 장소에서 변호인을 접견하게 하는 행위는 정당화된다. 14 국회 8 O│X

이 사건 접견조항에 따르면 수용자는 효율적인 재판준비를 하는 것이 곤란하게 되고, 특히 교정시설 내에서의 처우에 대하여 국가 등을 상대로 소송을 하는 경우에는 소송의 상대방에게 소송자료를 그대로 노출하게 되어 무기대등의 원칙이 훼손될 수 있다. … 따라서 이 사건 접견조항은 과잉금지원칙에 위배하여 청구인의 **재판청구권을 지나치게 제한**하고 있으므로, **헌법에 위반된다**(헌재 2013. 8. 29. 2011헌마122).

3401 수형자와 소송대리인인 변호사의 접견을 일반접견에 포함시켜 시간은 30분 이내로, 횟수는 월 4회로 제한한 것은 수형자의 재판청구권을 침해한다. 24 경간 O│X

3401-1 수형자와 소송대리인인 변호사와의 접견 시간은 일반 접견과 동일하게 회당 30분 이내로, 횟수는 다른 일반 접견과 합하여 월 4회로 제한하고 있는 (구)「형의 집행 및 수용자의 처우에 관한 법률」 및 동법 시행령 등의 규정은 이에 대해 폭넓은 예외를 인정함으로써 그로 인한 피해를 최소화할 수 있는 장치를 마련하고 있으므로 수형자의 재판청구권을 침해하는 것이 아니다. 16 국회 8 O│X

수형자의 재판청구권을 실효적으로 보장하기 위해서는 소송대리인인 변호사와의 접견 시간 및 횟수를 적절하게 보장하는 것이 필수적이다. … 이와 같이 심판대상조항들은 법률전문가인 변호사와의 소송상담의 특수성을 고려하지 않고 소송대리인인 **변호사와의 접견**을 그 성격이 전혀 다른 **일반 접견에 포함시켜 접견 시간 및 횟수를 제한**함으로써 청구인의 **재판청구권을 침해한다**(헌재 2015. 11. 26. 2012헌마858).

3402 수형자인 청구인이 헌법소원 사건의 국선대리인인 변호사를 접견함에 있어서 그 접견내용을 녹음, 기록한 피청구인의 행위는 청구인의 재판을 받을 권리를 침해한다. 16 법무사 O│X

3402-1 수형자가 국선대리인인 변호사를 접견하는데 교도소장이 그 접견내용을 녹음, 기록하였다고 해도 재판을 받을 권리를 침해하는 것은 아니다. 20 경정, 18 국회 9 O│X

소송의 상대방이 국가나 교도소 등의 구금시설로서 그 내용이 구금시설 등의 부당처우를 다투는 내용일 경우에 접견내용에 대한 녹음, 녹화는 실질적으로 당사자대등의 원칙에 따른 무기평등을 무력화시킬 수 있다. … 이 사건에 있어서 청구인과 헌법소원 사건의 국선대리인인 변호사의 접견내용에 대해서는 접견의 목적이나 접견의 상대방 등을 고려할 때 녹음, 기록이 허용되어서는 아니 될 것임에도, 이를 **녹음, 기록한 행위**는 청구인의 **재판을 받을 권리를 침해한다**(헌재 2013. 9. 26. 2011헌마398).

3403 재정신청절차의 신속하고 원활한 진행을 위하여 구두변론의 실시여부를 법관의 재량에 맡기는 것은 재판청구권을 침해하지 않는다. 19 서울 7(추) O│X

재정신청절차의 효율적 진행과 법률관계의 신속한 확정으로 형사피해자와 피의자의 법적 안정성을 조화시킨다는 심판대상조항의 입법목적은 정당하고, 이를 위해 법관에게 재량을 부여한 입법수단도 적절하다. … 심판대상조항이 청구인의 **재판절차진술권과 재판청구권을 침해한다고 볼 수 없다**(헌재 2018. 4. 26. 2016헌마1043).

● **정답** 3400. O 3400-1. X [재판청구권 침해] 3401. O 3401-1. X [재판청구권 침해] 3402. O 3402-1. X [재판을 받을 권리 침해] 3403. O

3404 소액사건은 소액사건심판법이 절차의 신속성과 경제성에 중점을 두어 규정한 심리절차의 특칙에 따라 소송당사자가 소송절차를 남용할 가능성이 다른 민사사건에 비하여 크다고 할 수 있는바, 소송기록에 의하여 청구가 이유 없음이 명백한 때 법원이 변론 없이 청구를 기각할 수 있도록 규정한 소액사건심판법 조항은 소액사건에서 남소를 방지하고 이러한 소송을 신속히 종결하고자 필요적 변론 원칙의 예외를 규정한 것이므로 재판청구권의 본질적 내용을 침해한다고 볼 수 없다. 23 법원 9   O | X

소액사건은 소액사건심판법이 절차의 신속성과 경제성에 중점을 두어 규정한 심리절차의 특칙에 따라 소송당사자가 소송절차를 남용할 가능성이 다른 민사사건에 비하여 크다고 할 수 있는바, 심판대상조항은 소액사건에서 남소를 방지하고 이러한 소송을 신속히 종결하고자 필요적 변론 원칙의 예외를 규정하였다. 심판대상조항에 의하더라도 남소로 판단되는 사건의 구두변론만이 제한될 뿐 준비서면, 각종 증거방법을 제출할 권리가 제한되는 것은 아니고 법관에 의한 서면심리가 보장되며 구두변론을 거칠 것인지 여부를 법원의 판단에 맡기고 있으므로 심판대상조항이 재판청구권의 본질적 내용을 침해한다고 볼 수 없다(헌재 2021. 6. 24. 2019헌바133 등).

3405 공판기일의 소송절차로서 공판조서에 기재된 것은 그 조서만으로써 증명한다고 하여 공판조서의 절대적 증명력을 규정한 「형사소송법」 제56조가 재판을 받을 권리를 침해하는 것은 아니다. 15 국가 7   O | X

이 사건 법률조항은 상소심에서 사건의 실체심리가 지연되거나 심리의 초점이 흐려지는 위험을 방지하고자 공판조서의 기재에 절대적 증명력을 부여하는 것이므로 목적의 정당성 및 수단의 적절성이 인정된다. … 피해의 최소성과 함께 법익균형성의 요건도 갖추었다 할 것이므로, 이 사건 법률조항이 청구인의 재판을 받을 권리를 침해한다고 볼 수 없다(헌재 2012. 4. 24. 2010헌바379).

3406 무죄판결이 확정된 형사피고인에게 국선변호인의 보수에 준하여 변호사 보수를 보상하여 주도록 규정한 「형사소송법」 규정은 재판청구권을 침해하지 않는다. 17 5급   O | X

이 사건 법률조항은 무제한적인 비용보상으로 인한 국가의 지나친 재정부담을 방지하고, 비용보상제도를 신속하고 안정적으로 운영하기 위한 것으로 입법목적이 정당하고, 수단의 적절성도 인정된다. … 국선변호인의 보수는 사안의 난이·수행직무의 내용 등을 참작하여 증액될 수도 있으며, 사법기관의 귀책사유가 있는 경우에는 국가배상청구 등을 통해 추가로 배상받을 수 있으므로 이 사건 법률조항은 침해최소성 및 법익균형성의 원칙에 반하지 않는다. 따라서 이 사건 법률조항은 과잉금지원칙에 위배하여 청구인의 재판청구권을 침해하지 아니한다(헌재 2013. 8. 29. 2012헌바168).

3407 소취하간주의 경우 소송비용을 원칙적으로 원고가 부담하도록 한 민사소송법 제114조 제2항 중 제98조를 준용하는 부분 가운데 '소취하간주'에 관한 부분은 재판청구권을 침해하지 아니한다. 19 소간   O | X

이 사건 준용조항은 소취하간주의 경우 피고가 지출한 소송비용을 원고로부터 상환받게 함으로써, 원고의 제소로 인해 비용을 지출한 피고에게 실효적인 권리구제를 보장하고, 부당한 제소를 방지하여 사법제도의 적정하고 합리적인 운영을 도모하려는 데에 그 취지가 있다고 할 것이므로 그 입법목적이 정당하다. 그리고 이로써 원고는 소송비용의 부담으로 인하여 부당한 제소나 기일해태를 자제하게 되어 입법목적의 달성에 실효적인 수단이 된다고 할 것이므로 수단의 적절성도 인정된다. … 따라서 이 사건 준용조항이 청구인의 재판청구권을 침해하여 헌법에 위반된다고 볼 수 없다(헌재 2017. 7. 27. 2015헌바1).

정답 3404. O   3405. O   3406. O   3407. O

3408 항소심 확정판결에 대한 재심소장에 붙일 인지액을 항소장에 붙일 인지액과 같게 정한 민사소송 등 인지법 조항은 항소심 확정판결에 대해서 재심을 청구하는 사람의 재판청구권을 침해하지 아니한다.
22 국가 7   O | X

항소심 확정판결에 대한 재심을 청구하는 사람에게 재심 대상 판결의 심급과 소송목적물의 값에 따라 결정된 인지액을 부담시킴으로써 재판유상주의를 실현하고, 재판 업무의 완성도 및 효율을 보장하며, 확정판결의 법적 안정성을 확보하여야 할 공익은 매우 중요하다. 반면 심판대상조항에 의한 재판청구권 제한은 상대적으로 적다. 따라서 심판대상조항은 법익의 균형성 요건도 충족한다. 심판대상조항은 과잉금지원칙에 위배하여 재판청구권을 침해한다고 볼 수 없다(헌재 2017. 8. 31. 2016헌바447).

3409 이해관계인에 대한 매각기일 및 매각결정기일의 통지는 집행기록에 표시된 이해관계인의 주소에 발송하도록 한 민사집행법 제104조 제3항의 이해관계인 중 '민사집행법 제90조 제3호의 등기부에 기입된 부동산 위의 권리자'에 관한 부분은 재판청구권을 침해한다. 23 법원 9   O | X

다수의 이해관계인이 얽혀 있는 경매절차에서 통상의 송달방법에 의하여서만 경매절차를 진행시켜야 한다면 그 절차의 진행은 지연될 수밖에 없다. 담보권설정등기를 마친 후 주소가 변경된 담보권자는 자신의 권리의 온전한 실현을 위하여 등기명의인표시변경등기를 할 수 있고 이를 과도한 부담이라고 보기 어렵다. 따라서 심판대상조항은 재판청구권을 침해하지 아니한다(헌재 2021. 4. 29. 2017헌바390).

3410 군인이 상관의 지시나 명령에 대하여 재판청구권을 행사하는 경우에 그것이 위법·위헌인 지시와 명령을 시정하려는 데 목적이 있을 뿐, 군 내부의 상명하복관계를 파괴하고 명령불복종 수단으로서 재판청구권의 외형만을 빌리거나 그 밖에 다른 불순한 의도가 있지 않다면, 정당한 기본권의 행사이므로 군인의 복종의무를 위반하였다고 볼 수 없다. 22 법원 9   O | X

군인이 상관의 지시나 명령에 대하여 재판청구권을 행사하는 경우에 그것이 위법·위헌인 지시와 명령을 시정하려는 데 목적이 있을 뿐, 군 내부의 상명하복관계를 파괴하고 명령불복종 수단으로서 재판청구권의 외형만을 빌리거나 그 밖에 다른 불순한 의도가 있지 않다면, 정당한 기본권의 행사이므로 군인의 복종의무를 위반하였다고 볼 수 없다(대판 2018. 3. 22. 2012두26401).

POINT 183 공정한 재판을 받을 권리   **B**

01 공정한 재판을 받을 권리

3411 헌법에 '공정한 재판'에 관한 명문의 규정은 없지만, 재판청구권이 국민에게 효율적인 권리보호를 제공하기 위해서는 법원에 의한 재판이 공정하여야 할 것임은 당연하므로 '공정한 재판을 받을 권리'는 헌법 제27조의 재판청구권에 의하여 함께 보장된다고 보아야 한다. 22 법무사   O | X

헌법에 '공정한 재판'에 관한 명문의 규정은 없지만 재판청구권이 국민에게 효율적인 권리보호를 제공하기 위해서는, 법원에 의한 재판이 공정하여야만 할 것은 당연한 전제이므로 '공정한 재판을 받을 권리'는 헌법 제27조의 재판청구권에 의하여 함께 보장된다(헌재 2013. 3. 21. 2011헌바219).

정답 3408. O   3409. X [재판청구권 침해 X]   3410. O   3411. O

3412 재판청구권은 재판절차를 규율하는 법률과 재판에서 적용될 실체적 법률이 모두 합헌적이어야 한다는 의미에서의 법률에 의한 재판을 받을 권리뿐만 아니라, 비밀재판을 배제하고 일반국민의 감시하에서 심리와 판결을 받음으로써 공정한 재판을 받을 권리를 포함하고 있다. 10 법원 9   O | X

재판청구권은 **재판절차를 규율하는 법률**과 재판에서 적용될 실체적 법률이 모두 합헌적이어야 한다는 의미에서의 **법률에 의한 재판을 받을 권리**뿐만 아니라, 비밀재판을 배제하고 일반 국민의 감시 하에서 심리와 판결을 받음으로써 **공정한 재판을 받을 수 있는 권리를 포함하고 있다**(헌재 1996. 12. 26. 94헌바1).

3413 공정한 재판을 받을 권리 속에는 신속하고 공개된 법정의 법관의 면전에서 모든 증거자료가 조사·진술되고 이에 대하여 피고인이 공격·방어할 수 있는 기회가 보장되는 재판, 원칙적으로 당사자주의와 구두변론주의가 보장되어 당사자가 공소사실에 대한 답변과 입증 및 반증을 하는 등 공격, 방어권이 충분히 보장되는 재판을 받을 권리가 포함되어 있다. 21 국가 7   O | X

공정한 재판을 받을 권리 속에는 신속하고 공개된 법정의 **법관의 면전에서 모든 증거자료가 조사·진술**되고 이에 대하여 **피고인이 공격·방어**할 수 있는 기회가 보장되는 재판, 즉 원칙적으로 **당사자주의와 구두변론주의가 보장**되어 당사자가 공소사실에 대한 **답변과 입증 및 반증**하는 등 **공격·방어권이 충분히 보장되는 재판을 받을 권리**가 포함되어 있다(헌재 1996. 12. 26. 94헌바1).

3414 헌법은 피고인의 반대신문권을 미국이나 일본과 같이 헌법상의 기본권으로까지 규정하지는 않았으나, 형사소송법은 제161조의2에서 피고인의 반대신문권을 포함한 교호신문권을 명문으로 규정하여 피고인에게 불리한 증거에 대하여 반대신문할 수 있는 권리를 원칙적으로 보장하고 있는바, 이는 헌법 제12조 제1항, 제27조 제1항, 제3항 및 제4항에 의한 공정한 재판을 받을 권리를 구현한 것이다. 23 법원 9   O | X

헌법은 **피고인의 반대신문권**을 미국이나 일본과 같이 헌법상의 기본권으로까지 규정하지는 않았으나, **형사소송법**은 제161조의2에서 **피고인의 반대신문권을 포함한 교호신문권**을 명문으로 규정하여 피고인에게 불리한 증거에 대하여 반대신문할 수 있는 권리를 원칙적으로 보장하고 있는바, 이는 **헌법 제12조 제1항, 제27조 제1항, 제3항 및 제4항에 의한 공정한 재판을 받을 권리를 구현한 것이다**(헌재 2012. 7. 26. 2010헌바62).

3415 법무부장관의 출국금지결정은 피고인의 공격·방어권 행사와 직접 관련되지 않고, 공정한 재판을 받을 권리에 외국에 나가 증거를 수집할 권리가 포함된다고 보기도 어려워 공정한 재판을 받을 권리를 침해한다고 볼 수 없다. 21 국회 9   O | X

3415-1 공정한 재판을 받을 권리가 보장되기 위해서는 피고인이 자신에게 유리한 증거를 제한 없이 수집할 수 있어야 하므로, 공정한 재판을 받을 권리에는 외국에 나가 증거를 수집할 권리가 포함된다. 17 변호사   O | X

헌법 제27조 제1항이 보장하는 **공정한 재판을 받을 권리**에는 당사자주의와 구두변론주의가 보장되어 당사자가 공소사실에 대한 답변과 입증 및 반증을 하는 등 **공격, 방어권이 충분히 보장되는 재판을 받을 권리**가 포함되어 있다. 청구인은 심판대상조항이 외국에 유리한 증거가 있는 피고인의 증거수집과 제출을 어렵게 하여 방어권을 제한함으로써 공정한 재판을 받을 권리를 침해한다는 취지로 주장한다. 그러나 심판대상조항은 법무부장관으로 하여금 피고인의 출국을 금지할 수 있도록 하는 것일 뿐 피고인의 공격·방어권 행사와 직접 관련이 있다고 할 수 없고, **공정한 재판을 받을 권리에 외국에 나가 증거를 수집할 권리가 포함된다고 보기도 어렵다**(헌재 2015. 9. 24. 2012헌바302).

정답 3412. O   3413. O   3414. O   3415. O   3415-1. X [외국에 나가 증거를 수집할 권리 포함 X]

02 관련판례

3416 국가보안법위반죄로 구속기소된 청구인의 변호인이 청구인의 변론준비를 위하여 피청구인인 검사에게 그가 보관중인 수사기록일체에 대한 열람·등사신청을 하였으나 피청구인은 국가기밀의 누설이나 증거인멸, 증인협박, 사생활침해의 우려 등 정당한 사유를 밝히지 아니한 채 이를 전부 거부한 것은 청구인의 신속·공정한 재판을 받을 권리와 변호인의 조력을 받을 권리를 침해하는 것으로 헌법에 위반된다 할 것이다. 23 법원 9   O | X

이 사건에 있어서 청구인의 변호인 김선수가 1994. 3. 22. 국가보안법위반죄로 구속기소된 청구인의 변론준비를 위하여 피청구인인 검사에게 그가 보관중인 수사기록일체에 대한 열람·등사신청을 하였으나 같은 달 26. **피청구인은 국가기밀의 누설이나 증거인멸, 증인협박, 사생활침해의 우려 등 정당한 사유를 밝히지 아니한 채 이를 전부 거부한 것은 청구인의 신속·공정한 재판을 받을 권리와 변호인의 조력을 받을 권리를 침해하는 것으로 헌법에 위반된다 할 것이다**(헌재 1997. 11. 27. 94헌마60).

3417 항소법원에 기록송부 시 검사를 거치도록 하는 것은 법관의 재판상 독립에 영향을 주는 것으로서 신속·공정한 재판을 받을 권리를 침해하여 위헌이다. 11 국회 8   O | X

형사소송법 제361조제1항, 제2항은 그 입법목적을 달성하기 위하여 「형사소송법」의 다른 규정만으로 충분한데도 구태여 항소법원에의 기록송부시 검사를 거치도록 함으로써 피고인의 헌법상 기본권을 침해하고 법관의 재판상 독립에도 영향을 주는 것으로 과잉금지의 원칙에 반하여 피고인의 **신속·공정한 재판을 받을 기본권을 침해**하는 위헌의 법률조항이다(헌재 1995. 11. 30. 92헌마44).

3418 검사가 법원의 증인으로 채택된 수감자를 그 증언에 이르기까지 거의 매일 검사실로 하루 종일 소환하여 피고인 측 변호인이 접근하는 것을 차단하고, 검찰에서의 진술을 번복하는 증언을 하지 않도록 회유·압박하는 한편, 때로는 검사실에서 그에게 편의를 제공하기도 한 행위는 피고인의 공정한 재판을 받을 권리를 침해한다. 16 법무사   O | X

3418-1 검사가 법원의 증인으로 채택된 수감자를 그 증언에 이르기까지 거의 매일 검사실로 하루 종일 소환하여 피고인측 변호인이 접근하는 것을 차단하고 검찰에서의 진술을 번복하는 증언을 하지 않도록 회유·압박하는 행위는, 증인의 증언 전에 일방 당사자만이 증인과의 접촉을 독점하여 상대방은 증인이 어떠한 내용을 증언할 것인지를 알 수 없어 그에 대한 방어를 준비할 수 없게 되므로 적법절차원칙에 위배된다. 23 경찰 1차   O | X

(1) 이 사건에서, 검사가 정당한 수사를 위하여 증인으로 채택된 자를 소환한 것 이외에 그가 검찰진술을 번복하지 않도록 회유·압박하거나 청구인(피고인)측이 그의 검찰진술을 번복시키려고 접근하는 것을 예방·차단하기 위하여 또는 그에게 면회·전화 등의 편의를 제공하는 기회로 이용하기 위하여 그를 자주 소환한 사실이 인정되는바, … 검사와 피고인 쌍방 중 어느 한편에게만 증인과의 접촉을 독점하거나 상대방의 접근을 차단하는 것을 허용한다면 상대방의 **"공정한 재판을 받을 권리"를 침해**하게 된다(헌재 2001. 8. 30. 99헌마496).

(2) 증인의 증언 전에 일방 당사자만이 증인과의 접촉을 독점하게 되면, 상대방은 증인이 어떠한 내용을 증언할 것인지를 알 수 없어 그에 대한 방어를 준비할 수 없게 되며 상대방이 가하는 예기치 못한 공격에 그대로 노출될 수밖에 없으므로, 헌법이 규정한 **"적법절차의 원칙"에도 반한다**(헌재 2001. 8. 30. 99헌마496).

정답 3416. O   3417. O   3418. O   3418-1. O

3419 획일적인 궐석재판의 허용이나, 미결수용자가 수감되어 있는 동안 수사 또는 재판을 받을 때에도 사복을 입지 못하게 하고 재소자용 의류를 입게 하는 것, 검사가 증인으로 수감된 자를 매일 소환하는 것 모두 공정한 재판을 받을 권리를 침해하는 것이다. 10 법원 9 ○|✕

(1) 피고인의 공판기일출석권을 제한하고 있는 이 사건 법률조항은 피고인 불출석 상태에서 중형이 선고될 수도 있는 가능성을 배제하고 있지 아니할 뿐만 아니라 … 이 사건 법률조항은 피고인의 불출석 사유를 구체적으로 따지지 아니한 채 **획일적으로 궐석재판의 가능성을 열어 두고 있다는 것에 문제점이 있다**(헌재 1998. 7. 16. 97헌바22).

(2) 심리적인 위축으로 방어권을 제대로 행사할 수 없게 하여 실체적 진실의 발견을 저해할 우려가 있으므로, … **무죄추정의 원칙에 반하고** 인간으로서의 존엄과 가치에서 유래하는 **인격권과 행복추구권, 공정한 재판을 받을 권리를 침해**하는 것이다(헌재 1999. 5. 27. 97헌마137 등).

(3) 법원에 의하여 채택된 증인은 비록 검사측 증인이라고 하더라도 검사만을 위하여 증언하는 것이 아니며 오로지 그가 경험한 사실대로 증언하여야 하는 것이고 검사든 피고인이든 공평하게 증인에 접근할 기회가 보장되어야 할 것이므로, 검사와 피고인 쌍방 중 어느 한편에게만 증인과의 접촉을 독점하거나 상대방의 접근을 차단하는 것을 허용한다면 상대방의 **"공정한 재판을 받을 권리"를 침해**하게 된다(헌재 2001. 8. 30. 99헌마496).

3420 영상물에 수록된 미성년 피해자 진술에 있어서 원진술자인 미성년 피해자에 대한 피고인의 반대신문권을 실질적으로 배제하여 피고인의 방어권을 과도하게 제한하는 구「성폭력범죄의 처벌 및 피해자 보호 등에 관한 법률」조항은 피해의 최소성 요건을 갖추지 못하였다. 23 경간 ○|✕

피고인의 **반대신문권을 보장**하면서도 **미성년 피해자를 보호**할 수 있는 조화적인 방법을 상정할 수 있음에도, 영상물의 원진술자인 미성년 피해자에 대한 **피고인의 반대신문권을 실질적으로 배제**하여 피고인의 방어권을 과도하게 제한하는 심판대상조항은 **피해의 최소성 요건을 갖추지 못하였다.** … 이와 같은 사정을 고려할 때, 심판대상조항으로 달성하고자 하는 공익이 그로 인하여 제한되는 피고인의 사익보다 우월하다거나 중요하다고 쉽게 단정할 수 없으므로, 심판대상조항은 법익의 균형성 요건을 충족하지 못하였다. **심판대상조항은 과잉금지원칙을 위반하여 청구인의 공정한 재판을 받을 권리를 침해**한다(헌재 2021. 12. 23. 2018헌바524).

3421 소환된 증인 또는 그 친족 등이 보복을 당할 우려가 있는 경우 재판장은 당해 증인의 인적 사항의 전부 또는 일부를 공판조서에 기재하지 않게 할 수 있고, 이때 증인의 인적사항이 증인신문의 모든 과정에서 공개되지 아니하도록 한「특정범죄신고자 등 보호법」조항들 및 피고인을 퇴정시키고 증인신문을 행할 수 있도록 규정한 같은 법 조항들은 피고인의 공정한 재판을 받을 권리를 침해하지 않는다. 19 경정 ○|✕

3421-1 소환된 증인 또는 그 친족 등이 보복을 당할 우려가 있는 경우, 재판장은 피고인을 퇴정시키고 증인신문을 행할 수 있도록 규정한「특정범죄신고자 등 보호법」조항은 피고인의「형사소송법」상의 반대신문권을 제한하고 있어 피고인의 공정한 재판을 받을 권리를 침해한다. 22 경찰 1차 ○|✕

이 사건 법률조항들은 특정범죄에 관한 형사절차에서 국민이 안심하고 자발적으로 협조할 수 있도록 그 범죄신고자 등을 실질적으로 보호함으로써 피해자의 진술을 제약하는 요소를 제거하고 이를 통해 범죄로부터 사회를 방위함에 이바지함과 아울러 **실체적 진실의 발견을 용이하게** 하기 위한 것으로서, 그 목적의 정당성 및 수단의 적합성이 인정되며, … **공정한 재판을 받을 권리를 침해한다고 할 수 없다**(헌재 2010. 11. 25. 2009헌바57).

● 정답 3419. ○ 3420. ○ 3421. ○ 3421-1. ✕ [공정한 재판을 받을 권리 침해 ✕]

3422 특별검사가 공소제기한 사건의 재판기간과 상소절차 진행기간을 일반사건보다 단축하는 것은 공정한 재판을 받을 권리를 침해하지 않는다. 17 국회 9   O | X

3422-1 특별검사가 공소제기한 사건의 재판기간과 상소절차 진행기간을 일반사건보다 단축하는 것은 공정한 재판을 받을 권리를 침해한다. 20 국회 9   O | X

이 사건 법률 제10조가 재판기간을 단기간으로 규정한 것은 사안의 성격과 **특별검사제도의 특수성**을 감안하여 위 기간 내에 가능한 **신속하게 재판을 종결함**으로써 국민적 의혹을 조기에 해소하고 정치적 혼란을 수습하자는 것일 뿐, 피고인의 방어권이나 적정절차를 보장하지 않은 채 재판이 위 기간 내에 종결되어야 한다거나 위 기간이 도과하면 재판의 효력이 상실된다는 취지는 아니다. … 그렇다면 이 사건 법률 제10조가 **공정한 재판을 받을 권리를 침해한다 할 수 없고**, 이 사건 법률에 의한 특별검사에 의하여 공소제기된 사람을 일반 형사재판을 받는 사람에 비하여 달리 취급하였다 하여 평등권을 침해한다 할 수 없다(헌재 2008. 1. 10. 2007헌마1468).

3423 변호인이 있는 때에 피고인에게 따로 공판조서열람청구를 인정하지 않아도 기본권을 침해하는 것이 아니다. 17 국회 9   O | X

공판조서는 공판절차의 증명과 피고인의 방어권 행사에 중요한 자료가 되므로 변호인이 없는 경우에는 적어도 피고인에게 직접 그 열람청구권을 부여하여야 하겠지만, 변호인이 있는 경우에는 변호인을 통하여 피고인이 공판조서의 내용을 알 수 있고 그 기재의 정확성도 보장할 수 있으며 … 형사소송법 제55조 제1항이 **변호인이 있는** 피고인에게 변호인과는 **별도로 공판조서열람권**을 부여하지 않는다고 하여 피고인의 **공정한 재판을 받을 권리가 침해된다고 할 수는 없다**(헌재 1994. 12. 29. 92헌바31).

3424 간이기각제도는 형사소송절차의 신속성이라는 공익을 달성하는 데 필요하고 적절한 방법으로써 즉시항고에 의한 불복도 가능하므로, 소송의 지연을 목적으로 함이 명백한 기피신청의 경우 그 신청을 받은 법원 또는 법관이 결정으로 기각할 수 있도록 한 형사소송법 제20조 제1항은 공정한 재판을 받을 권리를 침해하지 아니한다. 23 법원 9   O | X

심판대상조항은 **기피신청이 소송의 지연을 목적으로 함이 명백**한 경우에는 그러한 신청을 받은 법원 또는 법관이 스스로 **신속하게 신청을 기각할 수 있도록 하**는 간이기각제도에 관하여 정하고 있는데, 이는 소송절차의 지연을 목적으로 한 기피신청의 남용을 방지하여 형사소송절차의 신속성의 실현이라는 공익을 달성하기 위한 것이다. … 간이기각제도는 형사소송절차의 신속성이라는 공익을 달성하는 데 필요하고 적절한 방법으로써 즉시항고에 의한 불복도 가능하므로, 심판대상조항은 **공정한 재판을 받을 권리를 침해하지 아니한다**(헌재 2021. 2. 25. 2019헌바551).

3425 기피신청에 대한 재판을 그 신청을 받은 법관의 소속 법원 합의부에서 하도록 한 「민사소송법」 규정은 공정한 재판을 받을 권리를 침해하지 않는다. 17 5급   O | X

3425-1 기피신청에 대한 재판을, 그 신청을 받은 법관의 소속 법원 합의부에서 하도록 한 「민사소송법」 조항은 공정한 재판을 받을 권리를 침해한다. 18 국회 8   O | X

이 사건 법률조항은 기피를 신청하는 당사자의 공정한 재판을 받을 권리를 보장함과 동시에 상대방 당사자의 신속한 재판을 받을 권리도 조화롭게 보장하기 위하여 기피재판을 당해 법관 소속 법원의 합의부에서 하도록 하고 있다. … 따라서 이 사건 법률조항은 **공정한 재판을 받을 권리를 침해하지 아니한다**(헌재 2013. 3. 21. 2011헌바219).

정답 3422. O   3422-1. X [공정한 재판을 받을 권리 침해 X]   3423. O   3424. O   3425. O   3425-1. X [공정한 재판을 받을 권리 침해 X]

3426 공시송달의 방법으로 기일통지서를 송달받은 당사자가 변론기일에 출석하지 아니한 경우 자백간주 규정을 준용하지 않는 「민사소송법」 규정은 상대방의 효율적이고 공정한 재판을 받을 권리를 침해한다. 22 입시 O|X

이 사건 법률조항에서 공시송달로 기일통지를 받은 당사자가 불출석한 경우 자백으로 간주되지 않도록 규정한 것은, 공시송달의 경우 당사자가 기일이 있음을 현실적으로 알았다고 볼 수 없으므로 당사자의 자백의사가 있었다고도 볼 수 없다는 데에 기초한 것으로, 이는 입법자가 민사소송절차를 변론주의에 따라 합리적으로 형성한 결과이다. 이 사건 법률조항에 따라 자백간주가 배제된다고 하더라도, 그 상대방 당사자는 자신이 주장하는 사실을 증명하는 데에 지장이 없으므로, 민사소송을 통한 상대방 당사자의 실체적 권리구제의 실효성은 충분히 보장된다. … 따라서 이 사건 법률조항은 공시송달로 기일통지를 받은 당사자의 대립당사자가 가지는 효율적이고 **공정한 재판을 받을 권리를 침해하지 아니한다**(헌재 2013. 3. 21. 2012헌바128).

3427 상속재산분할에 관한 사건은 상속재산의 범위 등 실체법상 권리관계의 확정을 전제로 하므로 가사소송절차에 따라야 함에도 불구하고 이를 가사비송사건으로 분류하고 있는 「가사소송법」의 규정은 입법재량의 한계를 일탈하여 상속재산분할에 관한 사건을 제기하고자 하는 자의 공정한 재판을 받을 권리를 침해한다. 22 경정 O|X

상속재산분할에 관한 사건의 결과는 가족공동체의 안정에 커다란 영향을 미친다는 특수성을 감안할 때, 구체적인 상속분의 확정과 분할의 방법에 관하여서는 가정법원이 당사자의 주장에 구애받지 않고 후견적 재량을 발휘하여 합목적적으로 판단하여야 할 필요성이 인정된다. … 따라서 가사비송 조항이 입법재량의 한계를 일탈하여 상속재산분할에 관한 사건을 제기하고자 하는 자의 **공정한 재판을 받을 권리를 침해한다고 볼 수 없다**(헌재 2017. 4. 27. 2015헌바24).

POINT 184 재판절차진술권

01 재판절차진술권

3428 형사피해자는 법률이 정하는 바에 의하여 당해 사건의 재판절차에서 진술할 수 있다. 21 법원 9, 20 법무사, 19 국회 9 O|X

헌법 제27조 ⑤ **형사피해자는 법률이 정하는 바에 의하여** 당해 사건의 **재판절차에서 진술**할 수 있다.

3429 헌법 제27조 제5항에서 정한 형사피해자의 재판절차진술권은 범죄피해자가 당해 사건의 재판절차에 증인으로 출석하여 자신이 입은 피해의 내용과 사건에 관하여 의견을 진술할 수 있는 권리를 말한다. 12 법원 9 O|X

3429-1 재판절차진술권은 형사피해자로 하여금 당해 사건의 형사재판절차에 참여하여 증언하는 이외에 형사사건에 관한 의견진술을 할 수 있는 청문의 기회를 부여함으로써 형사사법의 절차적 적정성을 확보하기 위한 것이다. 12 법원 9 O|X

형사피해자의 재판절차진술권은 **범죄로 인한 피해자**가 당해 사건의 재판절차에 **증인으로 출석**하여 자신이 입은 피해의 내용과 사건에 관하여 **의견을 진술할 수 있는 권리**를 말하는데, 이는 피해자 등에 의한 사인소추를 전면 배제하고 형사소추권을 검사에게 독점시키고 있는 현행 기소독점주의의 형사소송체계 아래에서 형사피해자로 하여금 당해 사건의 형사재판절차에 참여하여 증언하는 이외에 형사사건에 관한 의견진술을 할 수 있는 **청문의 기회를 부여함으로써 형사사법의 절차적 적정성을 확보**하기 위하여 이를 기본권으로 보장하는 것이다(헌재 2003. 9. 25. 2002헌마533).

정답 3426. X [공정한 재판을 받을 권리 침해 X] 3427. X [공정한 재판을 받을 권리 침해 X] 3428. O 3429. O 3429-1. O

3430 헌법 제27조 제5항이 정한 법률유보는 기본권으로서의 재판절차진술권을 보장하고 있는 헌법규범의 의미와 내용을 법률로써 구체화하기 위한 것이다. 12 법원 9 O│X

3430-1 헌법 제27조 제5항이 정한 법률유보는 법률에 의한 기본권의 제한을 목적으로 하는 자유권적 기본권에 대한 법률유보의 경우와 같이 보아야 한다. 12 법원 9 O│X

3430-2 재판절차진술권에 관한 헌법 제27조 제5항이 정한 법률유보는 법률에 의한 기본권의 제한을 목적으로 하는 자유권적 기본권에 대한 법률유보의 경우와 달리 기본권으로서의 재판절차진술권을 보장하고 있는 헌법규범의 의미와 내용을 법률로써 구체화하기 위한 이른바 기본권 형성적 법률유보에 해당하지 않는다. 14 국회 8 O│X

재판절차진술권에 관한 헌법 제27조 제5항이 정한 법률유보는 법률에 의한 기본권의 제한을 목적으로 하는 자유권적 기본권에 대한 법률유보의 경우와는 달리 기본권으로서의 재판절차진술권을 보장하고 있는 헌법규범의 의미와 내용을 법률로써 구체화하기 위한 이른바 기본권 형성적 법률유보에 해당한다(헌재 1993. 3. 11. 92헌마48).

02 형사피해자

3431 청구인이 검사의 "무혐의" 불기소처분으로 말미암아 헌법상 보장된 재판절차진술권을 침해받았다고 주장하여 그 취소를 구하는 헌법소원심판을 청구할 수 있기 위하여는 헌법 제27조 제5항에 의하여 재판절차진술권이 보장되는 형사피해자이어야 한다. 23 법무사 O│X

검사의 불기소처분으로 말미암아 헌법상 보장된 재판절차진술권 등을 침해받았다고 주장하여 그 취소를 구하는 헌법소원을 제기할 수 있는 자는 원칙적으로 헌법 제27조 제5항에 의한 재판절차진술권을 가지는 형사피해자이어야 한다. 여기서 형사피해자라 함은 문제된 범죄행위로 말미암아 법률상 불이익을 받게 되는 자를 말한다. 따라서 단순한 고발인 기타 형사피해자에 해당하지 아니하는 자가 제기한 헌법소원심판청구는 자기관련성이 없어 허용되지 아니한다(헌재 2019. 1. 11. 2018헌마1210).

3432 형사실체법상으로 직접적인 보호법익의 주체로 해석되지 않는 자는 문제되는 범죄 때문에 법률상 불이익을 받게 되는 자라 하더라도 헌법상 형사피해자의 재판절차진술권의 주체가 될 수 없다. 16 경정, 14 국가 7 O│X

형사피해자의 개념은 헌법이 형사피해자의 재판절차진술권을 독립된 기본권으로 인정한 취지에 비추어 넓게 해석할 것으로 반드시 형사실체법상의 보호법익을 기준으로 한 피해자 개념에 의존하여 결정하여야 할 필요는 없다. 다시 말하여 형사실체법상으로는 직접적인 보호법익의 주체로 해석되지 않는 자라 하여도 문제되는 범죄 때문에 법률상 불이익을 받게 되는 자라면 헌법상 형사피해자의 재판절차진술권의 주체가 될 수 있고 따라서 검사의 불기소처분에 대하여 헌법소원심판을 청구할 수 있는 청구인 적격을 가진다고 할 것이다(헌재 1992. 2. 25. 90헌마91).

3433 교통사고로 사망한 사람의 부모는 헌법상 재판절차진술권이 보장되는 형사피해자의 범주에 속한다. 16 국회 8 O│X

교통사고로 사망한 사람의 부모는 형사소송법상 고소권자의 지위에 있을 뿐만 아니라, 비록 교통사고처리특례법의 보호법익인 생명의 주체는 아니라고 하더라도, 그 교통사고로 자녀가 사망함으로 인하여 극심한 정신적 고통을 받은 법률상 불이익을 입게 된 자임이 명백하므로, 헌법상 재판절차진술권이 보장되는 **형사피해자의 범주에 속한다**(헌재 2002. 10. 31. 2002헌마453).

정답 3430. O 3430-1. X [달리 보아야 함] 3430-2. X [기본권 형성적 법률유보에 해당함] 3431. O 3432. X [주체가 될 수 있음]
3433. O

3434 형사피해자의 재판절차진술권의 형사피해자는 범죄피해자구조청구권의 범죄피해자보다 넓은 개념이다. 18 국회 9 　O | X

> 헌법 **제27조 제5항**의 형사피해자는 **모든 범죄행위로 인한 피해자**를 의미하지만, **제30조**의 범죄피해자는 **생명과 신체에 피해를 입은 자**에 한정된다. 따라서 헌법 제27조 제5항 형사피해자의 **재판절차진술권의 형사피해자**는 헌법 제30조 **범죄피해자구조청구권의 범죄피해자**보다 **넓은 개념**이다.

03 관련판례

3435 형사피해자에게 약식명령을 고지하지 않도록 규정한 것은 형사피해자의 재판절차진술권과 정식재판청구권을 침해하는 것으로서, 입법자가 입법재량을 일탈·남용하여 형사피해자의 재판을 받을 권리를 침해하는 것이다. 21 국가 7　O | X

> (1) 약식명령은 경미하고 간이한 사건을 대상으로 하기 때문에, 대부분 범죄사실에 다툼이 없는 경우가 많고, 형사피해자도 이미 범죄사실을 충분히 인지하고 있어, 범죄사실에 대한 별도의 확인 없이도 얼마든지 법원이나 수사기관에 의견을 제출할 수 있으며, 직접 범죄사실의 확인을 원하는 경우에는 소송기록의 열람·등사를 신청하는 것도 가능하므로, **형사피해자가 약식명령을 고지받지 못한다**고 하여 형사재판절차에서의 참여기회가 완전히 봉쇄되어 있다고 볼 수 없다. 따라서 이 사건 **고지조항**은 형사피해자의 **재판절차진술권을 침해하지 않는다**(헌재 2019. 9. 26. 2018헌마1015).
> (2) 형사피해자에게 정식재판청구권을 인정하게 된다면 공공의 이익을 위하여 실현되어야 할 형벌권을 형사피해자의 사적 응보관념에 의존하게 만들어 형벌의 목적에 부합하지 않을 뿐만 아니라, 남소로 인한 법원의 업무량 폭증으로 본래 약식절차를 도입함으로써 달성하고자 하였던 신속한 재판과 사법자원의 효율적인 배분을 통한 국민의 재판청구권 보장이라는 목적을 저해할 위험도 있다. … 따라서 이 사건 **정식재판청구조항**은 형사피해자의 **재판절차진술권을 침해하지 않는다**(헌재 2019. 9. 26. 2018헌마1015).

POINT 185　군사재판　B

01 군사재판

3436 군인 또는 군무원이 아닌 국민은 대한민국의 영역 안에서는 중대한 군사상 기밀·초병·초소·유독음식물공급·포로·군용물에 관한 죄 중 법률이 정한 경우와 비상계엄이 선포된 경우를 제외하고는 군사법원의 재판을 받지 아니한다. 20 법무사, 20 소간, 19 국회 9, 15 국회 8　O | X

3436-1 군인 또는 군무원이 아닌 국민은 대한민국의 영역 안에서는 중대한 군사상 기밀·초병·초소·유독음식물공급·포로·군용물에 관한 죄중 법률이 정한 경우와 계엄, 긴급명령이 선포된 경우를 제외하고는 군사법원의 재판을 받지 아니한다. 23 경찰 2차　O | X

> 헌법 제27조 ② **군인 또는 군무원이 아닌 국민**은 대한민국의 영역안에서는 중대한 군사상 **기밀·초병·초소·유독음식물공급·포로·군용물**에 관한 죄중 법률이 정한 경우와 **비상계엄이 선포된 경우**를 제외하고는 **군사법원의 재판을 받지 아니한다**.

● 정답 3434. O　3435. X [모두 침해 X]　3436. O　3436-1. X [계엄, 긴급명령 X → 비상계엄 O]

02 관련판례

3437 군사시설 중 전투용에 공하는 시설을 손괴한 일반 국민이 항상 군사법원에서 재판받도록 하는 군사법원법 조항은 헌법과 법률이 정한 법관에 의한 재판을 받을 권리를 침해한다. 19 법원 9   O | X

3437-1 '군사시설' 중 '전투용에 공하는 시설'을 손괴한 군인 또는 군무원이 아닌 국민이 항상 군사법원에서 재판받도록 규정한 법률조항은 군사법원의 재판을 받지 아니할 권리를 침해한다. 14 국가 7   O | X

3437-2 '군사시설' 중 '전투용에 공하는 시설'을 손괴한 일반국민(군인 또는 군무원이 아닌 국민)이 군사법원에서 재판받도록 하는 것은 헌법과 법률이 정한 법관에 의한 재판을 받을 권리를 침해하지 아니한다. 22 경채   O | X

> '군사시설' 중 '전투용에 공하는 시설'을 손괴한 **일반 국민이 항상 군사법원에서 재판받도록** 하는 이 사건 법률조항은, 비상계엄이 선포된 경우를 제외하고는 '군사시설'에 관한 죄를 범한 군인 또는 군무원이 아닌 일반 국민은 군사법원의 재판을 받지 아니하도록 규정한 헌법 제27조 제2항에 위반되고, 국민이 헌법과 법률이 정한 **법관에 의한 재판을 받을 권리를 침해한다**(헌재 2013. 11. 28. 2012헌가10).

3438 군인 또는 군무원이 아닌 국민에 대한 군사법원의 예외적인 재판권을 정한 헌법 제27조 제2항에 규정된 군용물에는 군사시설이 포함된다. 18 국가 7   O | X

> 구 군형법 제69조 중 '전투용에 공하는 시설'은 '군사목적에 직접 공용되는 시설'로 항상 '군사시설'에 해당한다. … **군인 또는 군무원이 아닌 국민에 대한 군사법원의 예외적인 재판권을 정한 헌법 제27조 제2항에 규정된 군용물에는 군사시설이 포함되지 않는다**(헌재 2013. 11. 28. 2012헌가10).

3439 현역병의 군대 입대 전 범죄에 대한 군사법원의 재판권을 규정하고 있는 「군사법원법」의 관련규정은 현역 복무 중인 군인의 재판청구권을 침해하지 아니한다. 16 경정   O | X

3439-1 현역병의 군대 입대 전 범죄에 대한 군사법원의 재판권을 규정하고 있는 「군사법원법」 조항은 일반법원에서 재판받을 권리를 봉쇄하므로, 재판청구권을 침해하여 헌법에 위반된다. 19 경정   O | X

> 군대는 각종 훈련 및 작전수행 등으로 인해 근무시간이 정해져 있지 않고 집단적 병영(兵營) 생활 및 작전위수(衛戍)구역으로 인한 생활공간적인 제약 등, 군대의 특수성으로 인하여 일단 군인신분을 취득한 군인이 군대 외부의 일반법원에서 재판을 받는 것은 군대 조직의 효율적인 운영을 저해하고, … 이 사건 법률조항이 군사법원의 재판권과 군인의 재판청구권을 형성함에 있어 **그 재량의 헌법적 한계를 벗어났다고 볼 수 없다.** … 그렇다면, 이 사건 법률조항이 입법형성의 한계를 일탈하여 청구인의 헌법 제27조 제1항에 의한 **재판청구권을 침해한다고 볼 수 없다**(헌재 2009. 7. 30. 2008헌바162).

정답 3437. O   3437-1. O   3437-2. X [법관에 의한 재판을 받을 권리를 침해]   3438. X [군사시설 포함 X]   3439. O   3439-1. X [재판청구권 침해 X]

POINT 186 행정심판

01 행정심판

3440 재판의 전심절차로서 행정심판을 할 수 있으며 행정심판의 절차는 법률로 정하되, 사법절차가 준용되어야 한다. 24 5급, 17 5급 O | X

3440-1 현행 헌법은 행정심판에 관하여 규정을 두고 있지 않으나, 재판의 전심절차로서 행정심판을 할 수 있으며, 행정심판의 절차에는 사법절차가 준용되어야 한다. 19 국가 7 O | X

> 헌법 제107조 ③ **재판의 전심절차로서 행정심판**을 할 수 있다. **행정심판의 절차**는 **법률**로 정하되, **사법절차가 준용**되어야 한다.

3441 입법자가 행정심판을 전심절차가 아니라 종심절차로 규정할 경우 이는 헌법 제107조 제3항에 위반될 뿐 아니라 재판청구권을 보장하고 있는 헌법 제27조에도 위반된다. 15 국회 8 O | X

3441-1 행정심판이 재판의 전심절차로서 기능할 뿐만 아니라 사실확정에 관한 한 사실상 최종심으로 기능하더라도 재판청구권을 침해하는 것은 아니다. 24 경간 O | X

> 입법자가 행정심판을 **전심절차**가 아니라 **종심절차로 규정**함으로써 정식재판의 기회를 배제하거나, 어떤 행정심판을 필요적 전심절차로 규정하면서도 그 절차에 사법절차가 준용되지 않는다면 이는 **헌법 제107조 제3항**, 나아가 **재판청구권**을 보장하고 있는 **헌법 제27조에도 위반된다** 할 것이다(헌재 2001. 6. 28. 2000헌바30).

3442 입법자는 행정심판을 통한 권리구제의 실효성, 행정청에 의한 자기 시정의 개연성, 문제되는 행정처분의 특수성 등을 고려하여 행정심판을 임의적 전치절차로 할 것인지, 아니면 필요적 전치절차로 할 것인지를 결정할 입법형성권을 가지고 있다. 22 국회 8 O | X

> 입법자는 행정심판을 통한 권리구제의 실효성, 행정청에 의한 자기 시정의 개연성, 문제되는 행정처분의 특수성 등을 고려하여 행정심판을 **임의적 전치절차**로 할 것인지, 아니면 **필요적 전치절차**로 할 것인지를 결정할 **입법형성권**을 가지고 있다(헌재 2015. 3. 26. 2013헌바186).

3443 행정심판이 필요적 전심절차로 규정되어 있는 경우에는 반드시 사법절차가 준용되어야 하지만, 임의적 전심절차로 규정되어 있는 경우에는 당사자의 선택권이 보장되어 있으므로 그러하지 아니하다. 15 법무사 O | X

3443-1 행정심판절차의 구체적 형성에 관한 입법자의 입법형성의 한계를 고려할 때, 필요적 전심절차로 규정되어 있는 경우뿐만 아니라 임의적 전심절차로 규정되어 있는 경우에도 반드시 사법절차가 준용되어야 한다. 17 서울 7 O | X

> 입법자가 행정심판을 전심절차가 아니라 종심절차로 규정함으로써 정식재판의 기회를 배제하거나, 어떤 행정심판을 **필요적 전심절차**로 규정하면서도 그 절차에 **사법절차가 준용되지 않는다면** 이는 **헌법 제107조 제3항**, 나아가 재판청구권을 보장하고 있는 **헌법 제27조에도 위반된다** 할 것이다. 반면 어떤 행정심판절차에 **사법절차가 준용되지 않는다** 하더라도 **임의적 전치제도로 규정함에 그치고 있다면 위 헌법조항에 위반된다 할 수 없다.** 그러한 행정심판을 거치지 아니하고 곧바로 행정소송을 제기할 수 있는 선택권이 보장되어 있기 때문이다(헌재 2001. 6. 28. 2000헌바30).

정답 3440. O   3440-1. X [행정심판 헌법규정 有]   3441. O   3441-1. X [재판청구권 침해]   3442. O   3443. O   3443-1. X [임의적 전심절차 : 반드시 사법절차 준용 X]

3444 어떤 행정심판절차에 사법절차가 준용되지 않는다 하더라도 임의적 전치제도로 규정함에 그치고 있다면, 행정심판절차에 사법절차가 준용되어야 할 것을 규정하고 있는 헌법 제107조 제3항에 위반되지 아니한다. 19 국회 9 O|X

3444-1 행정심판절차에 사법절차가 준용되지 않는다 하더라도 임의적 전치제도로 그치고 있다면 당사자의 재판청구권을 침해한다고 할 수 없다. 18 국회 9 O|X

3444-2 어떤 행정심판을 필요적 전심절차로 규정하는 경우에는 그 절차에 사법절차가 준용되지 않는다 하더라도 헌법 제107조 제3항에 위반되지 않는다. 21 입시 O|X

입법자가 행정심판을 전심절차가 아니라 종심절차로 규정함으로써 정식재판의 기회를 배제하거나, 어떤 행정심판을 **필요적 전심절차로 규정하면서도 그 절차에 사법절차가 준용되지 않는다면** 이는 헌법 제107조 제3항, 나아가 재판청구권을 보장하고 있는 **헌법 제27조에도 위반된다** 할 것이다. 반면 어떤 행정심판절차에 **사법절차가 준용되지 않는다** 하더라도 **임의적 전치제도로 규정함에 그치고 있다면 위 헌법조항에 위반된다 할 수 없다.** 그러한 행정심판을 거치지 아니하고 곧바로 행정소송을 제기할 수 있는 선택권이 보장되어 있기 때문이다(헌재 2001. 6. 28. 2000헌바30).

02 필요적 전치주의 관련판례

3445 지방세심의위원회의 이의신청 및 심사청구를 거치지 아니하고는 지방세부과처분에 대한 행정소송을 제기할 수 없도록 하는 것은 재판청구권을 침해한다. 11 국회 8 O|X

지방세법상의 **이의신청·심사청구제도**는 헌법 제107조 제3항에서 요구하는 **"사법절차 준용"의 요청을 외면**하고 있다고 할 것인데, 「지방세법」 제78조제2항은 이러한 이의신청 및 심사청구라는 2중의 행정심판을 거치지 아니하고서는 행정소송을 제기하지 못하도록 하고 있으므로 위 헌법조항에 위반될 뿐만 아니라, 재판청구권을 보장하고 있는 헌법 제27조 제3항에도 위반된다 할 것이며, … 국민의 **재판청구권을 침해**한다 할 것이다(헌재 2001. 6. 28. 2000헌바30).

3446 「국세기본법」 해당 조항 중 「주세법」 규정에 따른 의제주류판매업면허의 취소처분에 대하여 필요적 행정심판전치주의를 채택한 것이 재판청구권을 침해하는 것은 아니다. 24 경간 O|X

주세법의 규정 중 주세의 부과·징수에 관한 부분과 주류의 제조·유통과정을 규율하기 위한 부분은 모두 국가재정 확보 및 국민보건 향상이라는 주세법의 입법목적을 달성하는 데 있어서 유기적·체계적으로 관련되어 있다. 주세법에 따른 의제주류판매업면허취소처분에 대한 불복절차에 관하여는, 주류의 특성, 주류의 제조 및 유통과정에 대한 지식과 주세법의 관련 내용, 주류의 제조·유통과정에서 부과되는 각종 조세에 관한 관련법령의 내용 등을 감안하여야 하는 **전문성과 기술성**이 요구되고, **대량·반복적**으로 이루어지는 주류판매업면허 및 그 취소처분에 관한 행정의 통일성을 기하여야 하므로, **행정소송 전에 먼저 행정심판을 거치게 하는 것이 적절하다.** … 따라서 심판대상조항이 **재판청구권을 침해한다고 할 수 없다**(헌재 2016. 12. 29. 2015헌바229).

3447 교원의 신분과 관련되는 징계처분의 적법성 판단에 있어서는 교육의 자주성·전문성이 요구되는바, 교원징계처분에 관하여 교원징계재심위원회의 재심을 거치지 않으면 행정소송을 제기할 수 없도록 한 법률조항은 헌법 제27조의 재판청구권을 침해하지 않는다. 16 변호사 O|X

3447-1 교원징계에 대한 항고소송을 제기하기 전에 소청위원회 소청절차를 거치도록 한 것은 재판청구권을 침해하는 것이다. 17 국회 9 O|X

정답 3444. O 3444-1. O 3444-2. X [헌법 제107조 제3항 위반] 3445. O 3446. O 3447. O 3447-1. X [재판청구권 침해 X]

교원에 대한 징계처분은 그 적법성을 판단함에 있어서 전문성과 자주성에 기한 사전심사가 필요하고, 판단기관인 재심위원회의 독립성 및 공정성이 확보되어 있고 심리절차에 있어서도 상당한 정도로 사법절차가 준용되어 권리구제절차로서의 실효성을 가지고 있으며, 재판청구권의 제약은 경미한 데 비하여 그로 인하여 달성되는 공익은 크므로, 재심제도가 입법형성권의 한계를 벗어나 국민의 **재판청구권을 침해하는 제도라고 할 수 없다**(헌재 2007. 1. 17. 2005헌바86).

3448 지방공무원이 면직처분에 대해 불복할 경우 행정소송 제기에 앞서 반드시 소청심사를 거치도록 규정한 것은 행정심판의 특수성 등에 기인하는 것이고, 지방공무원에 대하여 합리성을 결여한 자의적인 차별을 하고 있다고 볼 수 없어 평등원칙에 위반되지 않는다. 15 법무사   O | X

직권면직처분을 받은 지방공무원이 그에 대해 불복할 경우 행정소송의 제기에 앞서 반드시 소청심사를 거치도록 규정한 것은 행정기관 내부의 인사행정에 관한 전문성 반영, 행정기관의 자율적 통제, 신속성 추구라는 행정심판의 목적에 부합한다. … 이 사건 **필요적 전치조항**은 입법형성의 한계를 벗어나 **재판청구권을 침해하거나 평등원칙에 위반된다고 볼 수 없다**(헌재 2015. 3. 26. 2013헌바186).

3449 「도로교통법」상 주취운전을 이유로 한 운전면허취소처분에 대하여 행정심판의 재결을 거치지 아니하면 행정소송을 제기할 수 없도록 한 것은, 재판청구권을 침해한 것으로서 위헌이다. 15 법원 9   O | X

교통관련 행정처분의 적법성 여부에 관하여 판단하는 경우, 전문성과 기술성이 요구되므로, 법원으로 하여금 행정기관의 전문성을 활용케 할 필요가 있으며, 도로교통법에 의한 운전면허취소처분은 대량적·반복적으로 행해지는 처분이라는 점에서도 행정심판에 의하여 행정의 통일성을 확보할 필요성이 인정된다. … 이 사건 법률조항에 의한 재판청구권의 제한은 정당한 공익의 실현을 위하여 필요한 정도의 제한에 해당하는 것으로 헌법 제37조 제2항의 비례의 원칙에 위반되어 국민의 **재판청구권을 과도하게 침해하는 위헌적인 규정이라 할 수 없다**(헌재 2002. 10. 31. 2001헌바40).

POINT 187   국민참여재판

01 국민참여재판

3450 국민참여재판은 사법권의 민주적 정당성을 위한 것으로서 모든 국가권력이 국민의 의사에 기초해야 한다는 국민주권주의에 근거하고 있다. 18 서울 7   O | X

국민주권주의는 모든 국가권력이 국민의 의사에 기초해야 한다는 의미로, **사법권의 민주적 정당성**을 위한 **국민참여재판을 도입**한 근거가 되고 있으나, 그렇다고 하여 국민주권주의 이념이 곧 사법권을 포함한 모든 권력을 국민이 직접 행사하여야 하고 이에 따라 모든 사건을 국민참여재판으로 할 것을 요구한다고 볼 수 없다. 따라서 국민참여재판의 대상을 제한하는 심판대상조항이 국민주권주의에 위배될 여지가 없다(헌재 2016. 12. 29. 2015헌바63).

3451 헌법과 법률이 정한 법관에 의한 재판을 받을 권리는 직업법관에 의한 재판을 주된 내용으로 하는 것이므로, 국민참여재판을 받을 권리가 헌법 제27조 제1항에서 규정한 재판을 받을 권리의 보호범위에 속한다고 볼 수 없다. 21 경정, 18 변호사, 15 국회 8   O | X

3451-1 우리 헌법상 헌법과 법률이 정한 직업법관에 의한 재판을 받을 권리는 법관에 의한 재판을 주된 내용으로 하는 것이므로, 국민참여재판을 받을 권리는 헌법 제27조 제1항에서 규정한 재판을 받을 권리의 보호범위에 속한다. 19 소간   O | X

●정답 3448. O   3449. X [재판청구권 침해 X]   3450. O   3451. O   3451-1. X [국민참여재판을 받을 권리 포함 X]

우리 헌법상 헌법과 법률이 정한 법관에 의한 재판을 받을 권리는 **직업법관에 의한 재판**을 주된 내용으로 하는 것이므로 **국민참여재판을 받을 권리**가 헌법 제27조 제1항에서 규정한 **재판을 받을 권리의 보호범위에 속한다고 볼 수 없다**(헌재 2009. 11. 26. 2008헌바12).

3452 형사소송절차에서 국민참여재판제도는 사법의 민주적 정당성과 신뢰를 높이기 위하여 배심원이 사실심 법관의 판단을 돕기 위한 권고적 효력을 가지는 의견을 제시하는 제한적 역할을 수행하게 되고, 따라서 헌법상 재판을 받을 권리의 보호범위에 국민참여재판을 받을 권리가 포함되는 것은 아니다. 15 법원 9   O|X

3452-1 우리 헌법상 재판을 받을 권리의 보호범위에는 배심재판을 받을 권리가 포함되지 않는다. 21 지방 7, 19 경정   O|X

형사소송절차에서 **국민참여재판제도는 사법의 민주적 정당성과 신뢰**를 높이기 위하여 배심원이 사실심 법관의 판단을 돕기 위한 **권고적 효력을 가지는 의견을 제시**하는 제한적 역할을 수행하게 되고, 헌법상 **재판을 받을 권리의 보호범위에는 배심재판을 받을 권리가 포함되지 아니한다**(헌재 2014. 1. 28. 2012헌바298).

3453 형사소송에서 배심원제도를 채택할 것을 헌법이 명시적으로 입법 위임한 바 없지만, 헌법의 해석을 통해서 입법자에게 그와 같은 입법의무가 인정되는 것으로 볼 수 있다. 11 국회 8   O|X

형사소송에서 배심원제도를 채택할 것을 **우리 헌법이 명시적으로 입법 위임**한 바 없을 뿐 아니라 **헌법의 해석**을 통해서도 **입법자에게 그와 같은 입법의무가 인정되는 것으로 볼 수 없다**(헌재 2006. 4. 27. 2006헌마187).

02 대상사건

3454 「국민의 형사재판 참여에 관한 법률」에서 정하는 대상사건에 해당하는 피고인은 국민참여재판을 받을 헌법상 권리를 가진다. 15 국가 7   O|X

3454-1 형사소송절차상의 권리로서 국민참여재판을 받을 권리를 배제함에 있어서는 헌법상 적법절차의 원칙이 적용될 여지가 없다. 18 서울 7   O|X

국민참여재판을 받을 권리는 **헌법상 기본권**으로서 보호될 수는 없지만, 재판참여법에서 정하는 대상 사건에 해당하는 한 피고인은 원칙적으로 **국민참여재판으로 재판을 받을 법률상 권리**를 가진다고 할 것이고, 이러한 **형사소송절차상의 권리를 배제**함에 있어서는 헌법에서 정한 **적법절차원칙을 따라야 한다**(헌재 2014. 1. 28. 2012헌바298).

3455 법률이 국민참여재판 신청권을 부여하면서 단독판사 관할사건으로 재판받는 피고인과 합의부 관할사건으로 재판받는 피고인을 다르게 취급하는 것은 합리적인 이유가 있다. 18 서울 7   O|X

형사사건의 다수를 차지하는 단독판사 관할사건까지 국민참여재판의 대상사건으로 할 경우, 한정된 인적·물적자원만으로는 현실적으로 제도 운영에 어려움이 있는 점, 합의부 관할사건이 일반적으로 단독판사 관할사건보다 사회적 파급력이 큰 점 등에 비추어 보면, 이 사건 법률조항이 **단독판사 관할사건**으로 재판받는 피고인과 **합의부 관할사건**으로 재판받는 피고인을 다르게 취급하고 있는 것은 **합리적인 이유**가 있으므로 이 사건 법률조항은 **평등권을 침해하지 않는다**(헌재 2015. 7. 30. 2014헌바447).

정답 3452. O   3452-1. O   3453. X [입법의무 인정 X]   3454. X [헌법상 권리 X → 법률상 권리 O]   3454-1. X [적법절차원칙 적용됨]
3455. O

3456 입법자가 외부의 침략으로부터 국가를 보존한다는 목적을 위해 존재하는 집단인 군의 특수성을 고려하여 「군사법원법」에 의한 군사재판을 국민참여재판 대상사건에서 제외한 것은 평등원칙에 위배되지 아니한다. 21 국회 9 ⟶ O | X

> 입법자는 헌법 제110조 제1항에 따라 법률로 군사법원을 설치함에 있어 군사재판의 특수성을 고려하여 그 조직·권한 및 재판관의 자격 등을 일반법원과 달리 정하는 것이 허용되는바, 입법자가 광범위한 입법재량 내에서 외부의 침략으로부터 국가를 보존한다는 목적을 위해 존재하는 집단인 **군의 특수성**을 고려하여 **군사법원법에 의한 군사재판을 국민참여재판 대상사건에서 제외한 이상** … 따라서 심판대상조항은 **평등원칙에 위배되지 아니한다**(헌재 2021. 6. 24. 2020헌바499).

03 배심원의 역할

3457 「국민의 형사재판 참여에 관한 법률」에 의한 국민참여재판의 경우 심리에 관여한 배심원은 유·무죄에 관하여 전원의 의견이 일치하지 아니하는 때에는 평결을 하기 전에 심리에 관여한 판사의 의견을 들어야 하며, 이 경우 유·무죄의 평결은 다수결의 방법으로 한다. 14 국가 7 ⟶ O | X

> 국민의 형사재판 참여에 관한 법률 제46조(재판장의 설명·평의·평결·토의 등) ③ 배심원은 **유·무죄에 관하여 전원의 의견이 일치하지 아니하는 때에는 평결을 하기 전에 심리에 관여한 판사의 의견을 들어야 한다. 이 경우 유·무죄의 평결은 다수결의 방법으로 한다.** 심리에 관여한 판사는 평의에 참석하여 의견을 진술한 경우에도 평결에는 참여할 수 없다.

3458 국민의 형사재판참여제도에서 배심원의 평결과 양형에 관한 의견은 법원을 기속하지 아니한다. 13 서울 7 ⟶ O | X

> 국민의 형사재판 참여에 관한 법률 제46조(재판장의 설명·평의·평결·토의 등) ⑤ 제2항부터 제4항까지의 **평결과 의견은 법원을 기속하지 아니한다.**

3459 「국민의 형사재판 참여에 관한 법률」에서 국민참여재판 배심원의 자격을 만 20세 이상으로 규정한 것은 국민참여제도의 취지와 배심원의 권한 및 의무 등 여러 사정을 종합적으로 고려하여 만 20세에 이르기까지 교육 및 경험을 쌓은 자로 하여금 배심원의 책무를 담당하도록 한 것이므로 만 20세 미만의 자를 자의적으로 차별한 것은 아니다. 24 경정 ⟶ O | X

3459-1 국민참여재판 배심원의 자격을 만 20세 이상으로 정한 것은 민법상 성년연령이 만 19세로 개정된 점이나 선거권 연령이 만 18세로 개정된 점을 고려해 볼 때, 만 19세 및 만 18세의 국민을 합리적인 이유 없이 차별취급하는 것이다. 23 해간, 22 5급 ⟶ O | X

> 배심원으로서의 권한을 수행하고 의무를 부담할 능력과 민법상 행위능력, 선거권 행사능력, 군 복무능력, 연소자 보호와 연계된 취업능력 등이 동일한 연령기준에 따라 판단될 수 없고, 각 법률들의 입법취지와 해당 영역에서 고려하여야 할 제반사정, 대립되는 관련 이익들을 교량하여 입법자가 각 영역마다 그에 상응하는 연령기준을 달리 정할 수 있다. 따라서 심판대상조항이 우리나라 국민참여재판제도의 취지와 배심원의 권한 및 의무 등 **여러 사정을 종합적으로 고려하여** 만 20세에 이르기까지 교육 및 경험을 쌓은 자로 하여금 배심원의 책무를 담당하도록 정한 것은 **입법형성권의 한계 내의 것으로 자의적인 차별이라고 볼 수 없다**(헌재 2021. 5. 27. 2019헌가19).

● 정답 3456. O 3457. O 3458. O 3459. O 3459-1. X [합리적 이유 없는 차별 X]

POINT 188 형사보상청구권

01 형사보상청구권

3460 형사피의자 또는 형사피고인으로서 구금되었던 자가 법률이 정하는 불기소처분을 받거나 무죄판결을 받은 때에는 법률이 정하는 바에 의하여 국가에 정당한 보상을 청구할 수 있다.
23 해간, 23 경찰 2차, 22 소간, 20 국회 8, 20 소간   O|X

> 헌법 제28조 형사피의자 또는 형사피고인으로서 구금되었던 자가 법률이 정하는 불기소처분을 받거나 무죄판결을 받은 때에는 법률이 정하는 바에 의하여 국가에 정당한 보상을 청구할 수 있다.

3461 형사보상은 과실책임의 원리에 의하여 고의·과실로 인한 위법행위와 인과관계 있는 모든 손해를 배상하는 손해배상과는 달리, 형사사법절차에 내재하는 불가피한 위험에 대하여 형사사법기관의 귀책사유를 따지지 않고 형사보상청구권자가 입은 손실을 보상하는 제도이다. 17 법무사   O|X

3461-1 형사보상청구권을 인정하는 헌법적 본질은 국민의 인신권을 침해하는 결과를 발생시킨 국가의 그릇된 형사사법작용에 대한 원인책임을 추궁하기 위한 것이다. 13 국회 8   O|X

> 형사보상은 **과실책임의 원리**에 의하여 **고의·과실로 인한 위법행위**와 인과관계 있는 모든 손해를 배상하는 **손해배상**과는 달리, 형사사법절차에 내재하는 **불가피한 위험**에 대하여 형사사법기관의 귀책사유를 따지지 않고 **형사보상청구권자가 입은 손실을 보상하는 것**이다(헌재 2010. 10. 28. 2008헌마514 등).
>
> 🔎 보충설명 형사보상청구권을 인정하는 헌법적 본질은 국민의 인신권을 침해하는 결과를 발생시킨 국가의 그릇된 형사사법작용에 대한 원인책임을 추궁하기 위한 손해배상과는 다르다.

3462 형사피고인으로서 구금되었던 자가 법률이 정한 무죄판결을 받은 경우에 국가에 대하여 물질적·정신적 피해에 대한 정당한 보상을 청구할 수 있는 권리를 보장하여 국가의 형사사법작용에 의하여 신체의 자유가 침해된 국민에게 그 구제를 인정하여 국민의 기본권 보호를 강화하는데 그 목적이 있다.
22 소간   O|X

> 헌법 제28조는 "형사피의자 또는 형사피고인으로서 구금되었던 자가 법률이 정하는 불기소처분을 받거나 무죄판결을 받은 때에는 법률이 정하는 바에 의하여 국가에 정당한 보상을 청구할 수 있다."고 규정함으로써, 형사피고인으로서 구금되었던 자가 법률이 정한 무죄판결을 받은 경우에 국가에 대하여 **물질적·정신적 피해에 대한 정당한 보상**을 청구할 수 있는 권리를 보장하고 있다. 형사보상청구권은 **국가의 형사사법작용**에 의하여 **신체의 자유가 침해된** 국민에게 그 구제를 인정하여 **국민의 기본권 보호를 강화하는 데 그 목적이 있다**(헌재 2010. 7. 29. 2008헌가4).

3463 형사보상청구권은 국가의 형사사법작용에 의해 신체의 자유라는 중대한 법익을 침해받은 국민을 구제하기 위하여 헌법상 보장된 국민의 기본권이므로 일반적인 사법상의 권리보다 더 확실하게 보호되어야 할 권리이다. 20 국회 8   O|X

> 형사보상청구권은 **국가의 형사사법작용**에 의해 **신체의 자유라는 중대한 법익을 침해받은** 국민을 구제하기 위하여 헌법상 보장된 국민의 기본권이므로 **일반적인 사법상의 권리보다 더 확실하게 보호되어야 할 권리이다**(헌재 2010. 7. 29. 2008헌가4).

▶ 정답 3460. O   3461. O   3461-1. X [형사보상청구권 X, 손해배상에 대한 설명]   3462. O   3463. O

3464 형사보상청구권은 국가의 공권력 작용에 의하여 신체의 자유를 침해받은 국민에 대해 금전적인 보상을 청구할 권리를 인정하는 것이므로, 형사보상청구권이 제한됨으로 인하여 침해되는 국민의 기본권은 단순히 금전적인 권리에 불과한 것이라기보다는 실질적으로 국민의 신체의 자유와 밀접하게 관련된 중대한 기본권이다. 21 법원 9 O | X

헌법 제28조의 형사보상청구권은 국가의 형사사법권이라는 공권력에 의해 인신구속이라는 중대한 법익의 침해가 발생한 국민에게 그 피해를 보상해주는 기본권이다. 이러한 형사보상청구권은 국가의 공권력 작용에 의하여 **신체의 자유를 침해받은** 국민에 대해 **금전적인 보상을 청구할 권리**를 인정하는 것이므로 형사보상청구권이 제한됨으로 인하여 침해되는 국민의 기본권은 단순히 금전적인 권리에 불과한 것이라기보다는 **실질적으로 국민의 신체의 자유와 밀접하게 관련된 중대한 기본권**이라고 할 것이다(헌재 2010. 7. 29. 2008헌가4).

3465 형사보상청구권과 직접적인 이해관계를 가진 당사자는 형사피고인과 국가밖에 없는데, 국가가 무죄판결을 선고받은 형사피고인에게 넓게 형사보상청구권을 인정함으로써 감수해야 할 공익은 경제적인 것에 불과하다. 20 국회 8 O | X

형사보상청구권과 직접적인 이해관계를 가진 당사자는 **형사피고인과 국가**밖에 없는데, 국가가 무죄판결을 선고받은 형사피고인에게 **넓게 형사보상청구권을 인정함으로써 감수해야 할 공익은 경제적인 것에 불과**하고 그 액수도 국가 전체 예산규모에 비추어 볼 때 미미하다고 할 것이다. 또한 형사피고인에게 넓게 형사보상청구권을 인정한다고 하여 법적 혼란이 초래될 염려도 전혀 없다(헌재 2010. 7. 29. 2008헌가4).

3466 입법자는 형사보상청구권의 구체적인 내용과 절차를 정함에 있어 광범위한 입법형성의 자유를 가진다. 따라서 형사보상청구권의 구체적인 내용과 절차를 정한 법률의 위헌심사에서는 그 심사기준으로 자의금지원칙이 적용된다. 22 법무사 O | X

형사보상청구권이라 하여도 '법률이 정하는 바에 의하여' 행사되므로(헌법 제28조) 그 내용은 법률에 의하여 정해지는바, 이 과정에서 **입법자에게 일정한 입법재량이 부여**될 수 있고, 따라서 형사보상의 구체적 내용과 금액 및 절차에 관한 사항은 **입법자가 정하여야 할 사항**이라 할 것이다. 그러나 이러한 입법을 함에 있어서는 **비록 완화된 의미일지언정 헌법 제37조 제2항의 비례의 원칙**이 준수되어야 한다. 형사보상청구권은 국가가 형사사법절차를 운영함에 있어 결과적으로 무고한 사람을 구금한 것으로 밝혀진 경우 구금당한 개인에게 인정되는 권리이고, 헌법 제28조는 이에 대하여 '정당한 보상'을 명문으로 보장하고 있으므로, 따라서 법률에 의하여 제한되는 경우에도 이러한 본질적인 내용은 침해되어서는 아니되기 때문이다(헌재 2010. 10. 28. 2008헌마514 등).

3467 무죄판결이 확정된 피고인에게 국선변호인 보수를 기준으로 소송비용의 보상을 청구할 수 있는 권리는 구금되었음을 전제로 하는 헌법 제28조의 형사보상청구권과는 달리 헌법적 차원의 권리라고 볼 수는 없고, 입법자가 입법의 목적, 국가의 경제적·사회적·정책적 사정들을 참작하여 제정하는 법률에 적용요건, 적용대상, 범위 등 구체적인 사항이 규정될 때 비로소 형성되는 법률상의 권리에 불과하다. 23 경찰 2차 O | X

이 사건 법률조항이 규정하고 있는 **'소송비용'의 보상**은 형사사법절차에 내재된 위험에 의해 발생되는 손해를 국가가 보상한다는 취지에서 비롯된 것이다. 그러나 구금되었음을 전제로 하는 헌법 제28조의 형사보상청구권과는 달리 소송비용의 보상을 청구할 수 있는 권리는 **헌법적 차원의 권리라고 볼 수는 없고**, 입법자가 입법의 목적, 국가의 경제적·사회적·정책적 사정들을 참작하여 제정하는 법률에 적용요건, 적용대상, 범위 등 구체적인 사항이 규정될 때 비로소 형성되는 **법률상의 권리에 불과하다**(헌재 2012. 3. 29. 2011헌바19).

● 정답 3464. O 3465. O 3466. X [완화된 비례심사 적용] 3467. O

3468 비용보상청구권의 제척기간을 무죄판결이 확정된 날부터 6개월로 제한한 구「형사소송법」은 과잉금지원칙에 위반되어 청구인의 재판청구권 및 재산권을 침해하지 않는다. 23 경정 O│X

3468-1 무죄판결이 확정된 피고인이 구금 여부와 상관없이 재판에 들어간 비용의 보상을 법원에 청구할 수 있도록 하는 내용의 비용보상청구권의 제척기간을 무죄판결이 확정된 날부터 6개월로 규정한 법률조항은 형사보상청구권을 제한한다. 21 변호사 O│X

> (1) 이 사건 법률조항이 **비용보상청구에 관한 제척기간을 규정**한 것은 비용보상에 관한 국가의 채무관계를 조속히 확정하여 국가재정을 합리적으로 운영하기 위한 것으로 입법목적의 정당성 및 수단의 적합성이 인정된다. … 이 사건 법률조항을 통해 달성하려고 하는 비용보상에 관한 국가 채무관계를 조기에 확정하여 국가재정을 합리적으로 운영한다는 공익이 청구인 등이 입게 되는 경제적 불이익에 비해 작다고 단정하기도 어려워 법익의 균형성도 갖추었다. 따라서 이 사건 법률조항은 과잉금지원칙에 위반되어 청구인의 **재판청구권 및 재산권을 침해하지는 않는다**(헌재 2015. 4. 30. 2014헌바408 등).
>
> (2) 형사소송법 제194조의2 내지 제194조의5에 따른 **비용보상청구 제도**는 형사사법절차에 내재하는 불가피한 위험성으로 인해 손해를 입은 사람에게 그 위험에 관한 부담을 덜어주기 위해 국가의 고의나 과실 여부를 불문하고 **그 손해를 보상해주는 것**이다. 이는 구금되었음을 전제로 하는 헌법 제28조의 형사보상청구권이나 국가의 귀책사유를 전제로 하는 헌법 제29조의 국가배상청구권이 헌법적 차원에서 명시적으로 규정되어 보호되고 있는 것과 달리, 입법자가 입법의 목적, 국가의 경제적·사회적·정책적 사정들을 참작하여 제정하는 **법률**에 적용요건, 적용대상, 범위 등 구체적인 사항이 규정될 때 **비로소 형성되는 권리**이다. … 심판대상조항은 무죄판결이 확정된 경우 피고인이 비용보상청구권을 재판상 행사할 수 있는 기간을 제한하는 규정이므로 기본적으로 **청구권자의 재판청구권을 제한한다**(헌재 2015. 4. 30. 2014헌바408 등).

02 피고인보상

3469 「형사소송법」에 의한 일반절차 또는 재심(再審)이나 비상상고(非常上告) 절차에서 무죄재판을 받아 확정된 사건의 피고인이 미결구금을 당하였을 때에는 국가에 대하여 그 구금에 관한 보상을 청구할 수 있다. 10 법원 9 O│X

> 형사보상 및 명예회복에 관한 법률 제2조(보상 요건) ① 「형사소송법」에 따른 일반 절차 또는 재심(再審)이나 비상상고(非常上告) 절차에서 **무죄재판**을 받아 확정된 사건의 **피고인**이 **미결구금(未決拘禁)**을 당하였을 때에는 이 법에 따라 국가에 대하여 **그 구금에 대한 보상을 청구**할 수 있다.

3470 면소나 공소기각 재판을 받은 피고인도 일정한 경우 형사보상을 청구할 수 있다. 23 해간 O│X

3470-1 면소나 공소기각의 재판을 받은 경우에는 무죄재판의 경우와는 달리 형사보상을 청구할 수 없다. 10 법원 9 O│X

> 형사보상 및 명예회복에 관한 법률 제26조(면소 등의 경우) ① 다음 각 호의 어느 하나에 해당하는 경우에도 국가에 대하여 **구금에 대한 보상**을 청구할 수 있다.
> 1. 「형사소송법」에 따라 **면소(免訴)** 또는 **공소기각(公訴棄却)**의 재판을 받아 확정된 **피고인**이 **면소** 또는 **공소기각**의 재판을 할 만한 사유가 없었더라면 무죄재판을 받을 만한 **현저한 사유**가 있었을 경우

● 정답 | 3468. ○ 3468-1. ✕ [형사보상청구권 ✕ → 재판청구권 제한] 3469. ○ 3470. ○ 3470-1. ✕ [일정한 경우 형사보상 청구 가능]

3471 「형사보상 및 명예회복에 관한 법률」에 따라 보상을 청구할 수 있는 자가 그 청구를 하지 아니하고 사망하였을 때에는 그 상속인이 이를 청구할 수 있다. 22 경채 O|X

3471-1 형사보상청구권은 일신전속적 권리이므로, 청구권자 본인이 사망한 경우에는 상속인은 청구할 수 없다. 17 법무사 O|X

> 형사보상 및 명예회복에 관한 법률 제3조(상속인에 의한 보상청구) ① 제2조에 따라 **보상을 청구할 수 있는 자가 그 청구를 하지 아니하고** 사망하였을 때에는 **그 상속인이 이를 청구**할 수 있다.

3472 「형사보상 및 명예회복에 관한 법률」에 따르면 본인이 수사 또는 심판을 그르칠 목적으로 거짓 자백을 하거나 다른 유죄의 증거를 만듦으로써 기소, 미결구금 또는 유죄재판을 받게 된 것으로 인정된 경우에는 법원은 재량으로 보상청구의 전부 또는 일부를 기각할 수 있다. 22 경찰 1차 O|X

3472-1 1개의 재판으로 경합범의 일부에 대하여 무죄재판을 받고 다른 부분에 대하여 유죄재판을 받았을 경우 법원은 보상청구의 전부를 인용하여야 한다. 16 국가 7 O|X

> 형사보상 및 명예회복에 관한 법률 제4조(보상하지 아니할 수 있는 경우) 다음 각 호의 어느 하나에 해당하는 경우에는 **법원은 재량(裁量)으로 보상청구의 전부 또는 일부를 기각(棄却)**할 수 있다.
> 1. 「형법」 제9조(**형사미성년자**) 및 제10조(**심신장애인**)제1항의 사유로 무죄재판을 받은 경우
> 2. 본인이 수사 또는 심판을 그르칠 목적으로 **거짓 자백**을 하거나 다른 유죄의 증거를 만듦으로써 **기소(起訴), 미결구금 또는 유죄재판을 받게 된 것으로 인정된 경우**
> 3. 1개의 재판으로 **경합범(競合犯)의 일부에 대하여 무죄재판을 받고 다른 부분에 대하여 유죄재판을 받았을 경우**

3473 형사피고인으로서 구금되었던 자의 형사보상청구 사건은 무죄재판을 한 법원이 관할한다. 22 법무사 O|X

3473-1 형사보상청구는 무죄재판을 한 법원의 상급법원에 대하여 하여야 한다. 21 5급 O|X

> 형사보상 및 명예회복에 관한 법률 제7조(관할법원) 보상청구는 **무죄재판을 한 법원**에 대하여 하여야 한다.

3474 형사피고인으로서 구금되었던 자의 형사보상청구는 무죄재판이 확정된 사실을 안 날부터 3년, 무죄재판이 확정된 때부터 5년 이내에 하여야 한다. 22 법무사 O|X

3474-1 형사보상청구는 무죄재판이 확정된 때로부터 1년 이내에 하여야 한다. 21 경정, 13 국회 8 O|X

3474-2 형사보상의 청구는 무죄재판이 확정된 때로부터 3년 이내에 하여야 한다. 18 경정 O|X

> 형사보상 및 명예회복에 관한 법률 제8조(보상청구의 기간) 보상청구는 무죄재판이 **확정된 사실을 안 날부터 3년, 무죄재판이 확정된 때부터 5년** 이내에 하여야 한다.

정답 3471. O 3471-1. X [일신전속 X → 상속인이 청구 可] 3472. O 3472-1. X [전부 또는 일부 기각 가능] 3473. O 3473-1. X [무죄재판을 한 법원에 청구] 3474. O 3474-1. X [1년 X → 5년 O] 3474-2. X [3년 X → 5년 O]

3475 형사보상청구는 대리인을 통하여 할 수 없다. 21 5급 O | X

> 형사보상 및 명예회복에 관한 법률 제13조(대리인에 의한 보상청구) 보상청구는 **대리인**을 통하여서도 할 수 있다.

3476 「형사보상 및 명예회복에 관한 법률」은 법원의 형사보상 결정에 대하여는 1주일 이내에 즉시항고를 할 수 있으나, 형사보상청구기각 결정에 대하여는 즉시항고를 할 수 없다고 규정하고 있다. 23 경찰 2차 O | X

> 형사보상 및 명예회복에 관한 법률 제20조(불복신청) ① 제17조(보상 또는 청구기각의 결정)제1항에 따른 **보상결정**에 대하여는 **1주일 이내**에 **즉시항고**(卽時抗告)를 할 수 있다.
> ② 제17조(보상 또는 청구기각의 결정)제2항에 따른 **청구기각 결정**에 대하여는 **즉시항고**를 할 수 있다.

03 관련판례

3477 헌법 제28조는 '불기소처분을 받거나 무죄판결을 받은 때' 구금에 대한 형사보상을 청구할 수 있는 권리를 헌법상 기본권으로 명시하고 있으므로, 외형상·형식상으로 무죄재판이 없었다면 형사사법절차에 내재하는 불가피한 위험으로 인하여 국민의 신체의 자유에 관한 피해가 발생하였다 하더라도 형사보상청구권을 인정할 수 없다. 23 경정 O | X

> 헌법 제28조는 "형사피의자 또는 형사피고인으로서 구금되었던 자가 법률이 정하는 불기소처분을 받거나 무죄판결을 받은 때에는 법률이 정하는 바에 의하여 국가에 정당한 보상을 청구할 수 있다."고 규정하여 '불기소처분을 받거나 무죄판결을 받은 때' 구금에 대한 형사보상을 청구할 수 있는 권리를 헌법상 기본권으로 명시하고 있다. … 헌법 제28조의 형사보상청구권이 국가의 형사사법작용에 의하여 신체의 자유가 침해된 국민에게 그 구제를 인정하여 국민의 기본권 보호를 강화하는 데 그 목적이 있는 점에 비추어 보면, **외형상·형식상으로 무죄재판이 없다고 하더라도 형사사법절차에 내재하는 불가피한 위험으로 인하여 국민의 신체의 자유에 관하여 피해가 발생하였다면 형사보상청구권을 인정하는 것이 타당**하다(헌재 2022. 2. 24. 2018헌마998 등).

3478 형사보상청구에 관하여 어느 정도의 제척기간을 둘 것인가의 문제는 원칙적으로 입법권자의 재량에 맡겨져 있는 것이지만, 그 청구기간이 지나치게 단기간이거나 불합리하여 무죄재판이 확정된 형사피고인이 형사보상을 청구하는 것을 현저히 곤란하게 하거나 사실상 불가능하게 한다면 이는 입법재량의 한계를 넘어서는 것으로서 헌법이 보장하는 형사보상청구권을 침해하는 것이라 하지 않을 수 없다. 22 소간 O | X

> 형사보상청구에 관하여 어느 정도의 **제척기간**을 둘 것인가의 문제는 원칙적으로 **입법권자의 재량**에 맡겨져 있는 것이지만, 그 청구기간이 **지나치게 단기간이거나 불합리**하여 무죄재판이 확정된 형사피고인이 형사보상을 청구하는 것을 **현저히 곤란하게 하거나 사실상 불가능**하게 한다면 이는 **입법재량의 한계**를 넘어서는 것으로서 헌법이 보장하는 **형사보상청구권을 침해**하는 것이라 하지 않을 수 **없다**(헌재 2010. 7. 29. 2008헌가4).

정답 3475. ×[대리인을 통하여 가능] 3476. ×[청구기각 결정에 대하여도 즉시항고 가능] 3477. ×[형사보상청구권 인정] 3478. ○

3479 형사보상의 청구를 무죄재판이 확정된 때로부터 1년 이내에 하도록 규정하고 있는 「형사보상법」조항은 입법재량의 한계를 일탈하여 청구인의 형사보상청구권을 침해한다. 22 경찰 1차   O | X

3479-1 권리의 행사가 용이하고 일상 빈번히 발생하는 것이거나 권리의 행사로 인하여 상대방의 지위가 불안정해지는 경우 또는 법률관계를 보다 신속히 확정하여 분쟁을 방지할 필요가 있는 경우에는 특별히 짧은 소멸시효나 제척기간을 인정할 필요가 있기에 형사보상의 청구를 무죄재판이 확정된 때로부터 1년 이내에 하도록 하는 것은 헌법 제28조를 침해하지 않는다. 22 소간   O | X

> 권리의 행사가 용이하고 일상 빈번히 발생하는 것이거나 권리의 행사로 인하여 상대방의 지위가 불안정해지는 경우 또는 법률관계를 보다 신속히 확정하여 분쟁을 방지할 필요가 있는 경우에는 특별히 짧은 소멸시효나 제척기간을 인정할 필요가 있으나, 이 사건 법률조항은 위의 어떠한 사유에도 해당하지 아니하는 등 달리 합리적인 이유를 찾기 어렵고, 일반적인 사법상의 권리보다 더 확실하게 보호되어야 할 권리인 형사보상청구권의 보호를 저해하고 있다. … 따라서 이 사건 법률조항은 입법재량의 한계를 일탈하여 청구인의 형사보상청구권을 침해한 것이다(헌재 2010. 7. 29. 2008헌가4).

3480 형사보상의 청구에 대하여 한 보상의 결정에 대하여는 불복을 신청할 수 없도록 하여 형사보상의 결정을 단심재판으로 규정한 형사보상법 조항은 형사보상청구권 및 재판청구권을 침해한다. 18 경정   O | X

3480-1 형사보상액의 산정에 기초되는 사실인정이나 보상액에 관한 판단에서 오류나 불합리성이 발견되는 경우에도 그 시정을 구하는 불복신청을 할 수 없도록 하는 것은 형사보상청구권 및 그 실현을 위한 기본권으로서의 재판청구권의 본질적 내용을 침해하는 것이다. 14 법무사   O | X

3480-2 형사보상청구에 대하여 한 보상의 결정에 대하여는 불복을 신청할 수 없도록 하여 형사보상의 결정을 단심재판으로 규정한 형사보상법 조항은 형사보상청구권 및 재판청구권을 침해한다고 볼 수 없다. 21 법원 9   O | X

> 이 사건 불복금지조항은 형사보상의 청구에 대하여 한 보상의 결정에 대하여는 불복을 신청할 수 없도록 하여 형사보상의 결정을 단심재판으로 규정하고 있다. … 보상액의 산정에 기초되는 사실인정이나 보상액에 관한 판단에서 오류나 불합리성이 발견되는 경우에도 그 시정을 구하는 불복신청을 할 수 없도록 하는 것은 형사보상청구권 및 그 실현을 위한 기본권으로서의 재판청구권의 본질적 내용을 침해하는 것이라 할 것이고, … 이 사건 불복금지조항은 형사보상청구권 및 재판청구권을 침해한다고 할 것이다(헌재 2010. 10. 28. 2008헌마514 등).

04 정당한 보상

3481 헌법 제28조는 형사보상에 있어서의 정당한 보상을 명문으로 규정하고 있다. 14 법무사   O | X

> 헌법 제28조 형사피의자 또는 형사피고인으로서 구금되었던 자가 법률이 정하는 불기소처분을 받거나 무죄판결을 받은 때에는 법률이 정하는 바에 의하여 국가에 정당한 보상을 청구할 수 있다.

3482 헌법이 명하는 정당한 보상이라 함은 구금 중에 받은 적극적인 재산상의 손실과 구금으로 인한 정신적·물질적 피해에 대한 보상을 요구할 수 있다는 것이며, 구금되지 않았더라면 얻을 수 있었던 소극적인 이익이나 기대이익의 상실 등은 청구할 수 없다. 13 국회 8   O | X

정답 3479. O   3479-1. X [헌법 제28조 침해]   3480. O   3480-1. O   3480-2. X [모두 침해]   3481. O   3482. X [모두 청구 가능]

헌법이 명하는 정당한 보상이란 구금 중에 받은 **정신적·물질적 피해**에 대한 보상을 요구할 수 있다는 것을 의미한다. 구금기간 중에 입은 **적극적인 재산상의 손실** 뿐만 아니라 구금되지 않았더라면 얻을 수 있었던 **소극적 이익이나 기대이익의 상실**도 청구할 수 있다.

> **형사보상 및 명예회복에 관한 법률 제5조(보상의 내용)** ② 법원은 제1항의 보상금액을 산정할 때 다음 각 호의 사항을 고려하여야 한다.
> 1. 구금의 종류 및 기간의 장단(長短)
> 2. 구금기간 중에 입은 **재산상의 손실과 얻을 수 있었던 이익의 상실** 또는 **정신적인 고통과 신체 손상**
> 3. 경찰·검찰·법원의 각 기관의 고의 또는 과실 유무
> 4. 무죄재판의 실질적 이유가 된 사정
> 5. 그 밖에 보상금액 산정과 관련되는 모든 사정

3483 사형 집행에 대한 보상을 할 때에는 집행 전 구금에 대한 보상금 외에 3천만 원 이내에서 모든 사정을 고려하여 법원이 타당하다고 인정하는 금액을 더하여 보상하며, 이 경우 본인의 사망으로 인하여 발생한 재산상의 손실액이 증명되었을 때에는 그 손실액도 보상한다. 24 경간 O | X

> **형사보상 및 명예회복에 관한 법률 제5조(보상의 내용)** ③ 사형 집행에 대한 보상을 할 때에는 집행 전 구금에 대한 보상금 외에 3천만원 이내에서 모든 사정을 고려하여 **법원이 타당하다고 인정하는 금액**을 더하여 보상한다. 이 경우 **본인의 사망**으로 인하여 발생한 **재산상의 손실액이 증명**되었을 때에는 그 **손실액도 보상**한다.

3484 형사보상청구권에 관한 헌법 제28조에서 규정하는 '정당한 보상'은 헌법 제23조 제3항에서 재산권의 침해에 대하여 규정하는 '정당한 보상'과는 차이가 있다. 22 법무사 O | X

3484-1 형사보상은 형사피고인 등의 신체의 자유를 제한한 것에 대하여 사후적으로 그 손해를 보상하는 것인바, 구금으로 인하여 침해되는 가치는 객관적으로 평가하기 어려운 것이므로, 그에 대한 보상을 어떻게 할 것인지는 국가의 경제적, 사회적, 정책적 사정들을 참작하여 입법재량으로 결정할 수 있는 사항이고, 이러한 점에서 헌법 제28조에서 규정하는 '정당한 보상'은 헌법 제23조 제3항에서 재산권의 침해에 대하여 규정하는 '정당한 보상' 과 동일한 의미를 가진다. 17 경정 O | X

형사보상은 형사피고인 등의 **신체의 자유를 제한**한 것에 대하여 **사후적으로 그 손해를 보상**하는 것인바, 구금으로 인하여 침해되는 가치는 객관적으로 평가하기 어려운 것이므로, 그에 대한 보상을 어떻게 할 것인지는 국가의 경제적, 사회적, 정책적 사정들을 참작하여 **입법재량으로 결정할 수 있는 사항**이라 할 것이다. 이러한 점에서 **헌법 제28조에서 규정하는 '정당한 보상'은 헌법 제23조 제3항**에서 **재산권의 침해**에 대하여 규정하는 **'정당한 보상'과는 차이가 있다** 할 것이다(헌재 2010. 10. 28. 2008헌마514 등).

05 손해배상과의 관계

3485 「형사보상 및 명예회복에 관한 법률」 규정에 의하면 형사보상을 받을 자는 다른 법률에 따라 손해배상을 청구하는 것이 금지되지 아니한다. 23 경간 O | X

3485-1 형사보상을 청구하는 경우에는 국가배상을 청구할 수 없다. 21 5급 O | X

> **형사보상 및 명예회복에 관한 법률 제6조(손해배상과의 관계)** ① 이 법은 **보상을 받을 자**가 다른 법률에 따라 **손해배상을 청구**하는 것을 **금지하지 아니한다.**

● 정답 3483. O 3484. O 3484-1. X [서로 차이가 있음] 3485. O 3485-1. X [국가배상도 청구 可]

3486 형사보상제도는 「국가배상법」상의 손해배상과는 그 근거와 요건을 달리하므로 형사보상금을 수령한 피고인은 다시 「국가배상법」에 의한 손해배상을 청구할 수 있다. 10 법원 9   O | X

3486-1 형사보상제도에 따라 형사보상금을 수령한 피고인은 다시 「국가배상법」에 의한 손해배상을 청구할 수 없다. 21 경정, 18 서울 7(추)   O | X

> 형사보상은 형사사법절차에 내재하는 **불가피한 위험으로 인한 피해에 대한 보상**으로서 국가의 형사사법행위가 **고의·과실, 위법행위**임을 전제로 하는 「**국가배상법**」상의 **손해배상**과는 그 근거와 요건을 **달리한다.** 따라서 형사보상제도에 따라 **형사보상금을 수령한 피고인**은 다시 「**국가배상법**」에 의한 **손해배상**을 **청구할 수 있다.**

3487 「형사보상 및 명예회복에 관한 법률」에 따른 보상을 받을 자가 같은 원인에 대하여 다른 법률에 따라 손해배상을 받은 경우에 그 손해배상의 액수가 「형사보상 및 명예회복에 관한 법률」에 따라 받을 보상금의 액수와 같거나 그보다 많을 때에는 보상하지 아니한다. 24 경간   O | X

> 형사보상 및 명예회복에 관한 법률 제6조(손해배상과의 관계) ② 이 법에 따른 **보상을 받을 자**가 같은 원인에 대하여 다른 법률에 따라 **손해배상**을 받은 경우 그 **손해배상의 액수**가 이 법에 따라 받을 **보상금의 액수**와 같거나 그보다 많을 때에는 **보상하지 아니한다.** 그 손해배상의 액수가 이 법에 따라 받을 보상금의 액수보다 적을 때에는 그 손해배상 금액을 빼고 보상금의 액수를 정하여야 한다.

3488 다른 법률에 따라 손해배상을 받을 자가 같은 원인에 대하여 「형사보상 및 명예회복에 관한 법률」에 따른 보상을 받았을 때에는 그 보상금의 액수를 빼고 손해배상의 액수를 정하여야 한다. 16 국가 7   O | X

> 형사보상 및 명예회복에 관한 법률 제6조(손해배상과의 관계) ③ 다른 법률에 따라 **손해배상을 받을 자**가 같은 원인에 대하여 이 법에 따른 **보상을 받았을 때**에는 그 **보상금의 액수**를 빼고 **손해배상의 액수**를 정하여야 한다.

3489 형사보상청구권은 국가기관의 고의 또는 과실을 전제로 하지 않는다는 점에서 국가배상청구권과는 구별되나, 그 보상의 범위는 국가배상에서의 손해배상과 동일하여야 한다. 14 법무사   O | X

> 형사피고인 등으로서 적법하게 구금되었다가 후에 무죄판결 등을 받음으로써 발생하는 신체의 자유 제한에 대한 보상은 형사사법절차에 내재하는 불가피한 위험으로 인한 피해에 대한 보상으로서, 국가의 **위법·부당한 행위를 전제로 하는 국가배상과는 그 취지 자체가 상이**한 것이고, 따라서 **그 보상 범위도 손해배상의 범위와 동일하여야 하는 것이 아니다**(헌재 2010. 10. 28. 2008헌마514 등).

3490 국가의 형사사법행위가 고의·과실로 인한 것으로 인정되는 경우에는 국가배상청구 등 별개의 절차에 의하여 인과관계 있는 모든 손해를 배상받을 수 있으므로, 형사보상절차로써 인과관계 있는 모든 손해를 보상하지 않는다고 하여 반드시 부당하다고 할 수는 없다. 22 경찰 1차   O | X

> 국가의 형사사법행위가 **고의·과실**로 인한 것으로 인정되는 경우에는 **국가배상청구 등 별개의 절차**에 의하여 인과관계 있는 **모든 손해**를 **배상**받을 수 있으므로, 형사보상절차로써 인과관계 있는 모든 손해를 보상하지 않는다고 하여 반드시 부당하다고 할 수는 없을 것이다(헌재 2010. 10. 28. 2008헌마514 등).

● 정답 3486. O   3486-1. X [다시 국가배상 청구 가능]   3487. O   3488. O   3489. X [보상범위도 동일하지 않음]   3490. O

3491 형사보상의 구체적 내용과 금액 및 절차에 관한 사항은 입법자가 정하여야 할 사항으로 형사보상금을 일정한 범위 내로 한정하고 있는 형사보상법 조항은 형사보상청구권을 침해한다고 볼 수 없다. 21 법원 9 O | X

3491-1 형사보상은 국가배상과는 그 취지 자체가 상이하므로 형사보상절차로서 인과관계 있는 모든 손해를 보상하지 않는다고 하여 반드시 부당하다고 할 수 없다. 23 경정 O | X

> 형사보상청구권은 헌법 제28조에 따라 '법률이 정하는 바에 의하여' 행사되므로 그 내용은 법률에 의해 정해지는바, **형사보상의 구체적 내용과 금액 및 절차에 관한 사항은 입법자가 정하여야 할 사항**이다. 이 사건 보상금조항 및 이 사건 보상금 시행령조항은 **보상금을 일정한 범위 내로 한정**하고 있는데, 형사보상은 형사사법절차에 내재하는 불가피한 위험으로 인한 피해에 대한 보상으로서 국가의 **위법·부당한 행위를 전제로 하는 국가배상과는 그 취지 자체가 상이**하므로 형사보상절차로서 인과관계 있는 모든 손해를 보상하지 **않는다고 하여 반드시 부당하다고 할 수는 없으며**, … 이 사건 보상금조항 및 이 사건 보상금시행령조항은 청구인들의 **형사보상청구권을 침해한다고 볼 수 없다**(헌재 2010. 10. 28. 2008헌마514 등).

06 피의자보상

3492 피고인으로서 구금되었다가 무죄판결을 받은 자 뿐만 아니라, 피의자로 구금되었다가 검사로부터 불기소처분(기소중지, 기소유예 제외)을 받은 자도 형사보상의 대상이 된다. 17 법무사 O | X

3492-1 형사피의자와 형사피고인이 형사보상청구권을 주장하기 위해서는 무죄판결을 받아야 한다. 18 국회 9 O | X

3492-2 형사피의자로서 구금되었다가 검사의 불기소처분으로 풀려난 사람은 설령 검사의 공소제기가 있었더라면 무죄판결을 받았을 것이 명백한 경우에도 그 구금에 대한 보상을 청구할 수 없다. 13 국회 8 O | X

> **형사보상 및 명예회복에 관한 법률 제27조(피의자에 대한 보상)** ① **피의자로서 구금되었던 자** 중 **검사로부터 불기소처분**을 받거나 사법경찰관으로부터 불송치결정을 받은 자는 국가에 대하여 그 **구금에 대한 보상**(이하 "**피의자보상**"이라 한다)을 **청구할 수 있다**. 다만, 구금된 이후 불기소처분 또는 불송치결정의 사유가 있는 경우와 해당 불기소처분 또는 불송치결정이 종국적(終局的)인 것이 아니거나 「형사소송법」 제247조에 따른 것일 경우에는 그러하지 아니하다.

3493 형사피의자로서 구금되었던 자에게 보상을 하는 것이 선량한 풍속 그 밖에 사회질서에 위배된다고 인정할 특별한 사정이 있는 경우라도 피의자보상의 전부를 지급하여야 한다. 21 경정 O | X

> **형사보상 및 명예회복에 관한 법률 제27조(피의자에 대한 보상)** ② 다음 각 호의 어느 하나에 해당하는 경우에는 **피의자보상의 전부 또는 일부를 지급**하지 **아니할 수 있다**.
> 1. 본인이 수사 또는 재판을 그르칠 목적으로 **거짓 자백**을 하거나 **다른 유죄의 증거를 만듦**으로써 구금된 것으로 인정되는 경우
> 2. 구금기간 중에 **다른 사실**에 대하여 수사가 이루어지고 그 사실에 관하여 **범죄가 성립**한 경우
> 3. 보상을 하는 것이 **선량한 풍속**이나 그 밖에 **사회질서에 위배**된다고 인정 특별한 사정이 있는 경우

3494 형사보상의 청구는 무죄재판이 확정된 때로부터 또는 검사로부터 공소를 제기하지 아니하는 처분의 고지나 통지를 받은 날로부터 6개월 이내에 하여야 한다. 18 서울 7(추) O | X

● 정답 3491. ○   3491-1. ○   3492. ○   3492-1. ×[피의자는 불기소처분]   3492-2. ×[보상 청구 가]   3493. ×[전부 or 일부 지급하지 않을 수 있음]   3494. ×[무죄재판 확정 사~5년 / 불기소처분 고지~3년]

형사보상 및 명예회복에 관한 법률 제87조(보상청구의 기간) 보상청구는 무죄재판이 확정된 사실을 안 날부터 3년, 무죄재판이 확정된 때부터 5년 이내에 하여야 한다.
형사보상 및 명예회복에 관한 법률 제28조(피의자보상의 청구 등) ③ 피의자보상의 청구는 검사로부터 공소를 제기하지 아니하는 처분의 고지(告知) 또는 통지를 받은 날부터 3년 이내에 하여야 한다.

POINT 189 국가배상청구권

01 국가배상청구권

3495 헌법상 국가배상청구권에 관한 규정은 국가배상청구권을 청구권적 기본권으로 보장하며, 그 요건에 해당하는 사유가 발생한 개별 국민에게는 금전청구권으로서의 재산권으로서도 보장된다. 21 법원 9
O | X

3495-1 헌법상 국가배상청구권에 관한 규정은 국가배상청구권을 청구권적 기본권으로 보장하나 그 요건에 해당하는 사유가 발생한 개별 국민에게는 금전청구권으로서의 재산권으로 보장되는 것은 아니다. 23 해간
O | X

헌법상의 국가배상청구권에 관한 규정은 국가배상청구권을 청구권적 기본권으로 보장하며, 국가배상청구권은 그 요건에 해당하는 사유가 발생한 개별 국민에게는 금전청구권으로서의 재산권으로 보장된다(헌재 2015. 4. 30. 2013헌바395).

02 성립요건

3496 국가배상법 제2조 소정의 "공무원"이라 함은 국가공무원법이나 지방공무원법에 의하여 공무원으로서의 신분을 가진 자에 국한하지 않고, 널리 공무를 위탁받아 실질적으로 공무에 종사하고 있는 일체의 자를 가리키는 것이라고 봄이 상당하다. 23 법무사
O | X

3496-1 국가배상청구권의 성립요건으로서 '공무원의 불법행위'에서 말하는 공무원에는 국가공무원과 지방공무원이 모두 포함되나, 공무를 위탁받아 실질적으로 공무를 수행하는 자는 포함되지 아니한다. 14 국회 9
O | X

국가배상법 제2조 소정의 '공무원'이라 함은 국가공무원법이나 지방공무원법에 의하여 공무원으로서의 신분을 가진 자에 국한하지 않고, 널리 공무를 위탁받아 실질적으로 공무에 종사하고 있는 일체의 자를 가리키는 것으로서, 공무의 위탁이 일시적이고 한정적인 사항에 관한 활동을 위한 것이어도 달리 볼 것은 아니다(대판 2001. 1. 5. 98다39060).

3497 「국가배상법」이 정한 손해배상청구의 요건인 '공무원의 직무'에는 국가나 지방자치단체의 권력적 작용뿐만 아니라 비권력적 작용도 포함되지만 단순한 사경제의 주체로서 하는 작용은 포함되지 않는다. 18 지방 7
O | X

3497-1 국가배상청구의 요건인 '공무원의 직무'에는 권력적 작용, 비권력적 작용 이외에 사경제주체의 활동도 포함된다. 21 경정
O | X

◆ 정답 3495. O   3495-1. X [재산권으로 보장됨]   3496. O   3496-1. X [공무수탁사인도 해당]   3497. O   3497-1. X [사경제 주체로서의 활동 제외]

국가배상법이 정한 손해배상청구의 요건인 '**공무원의 직무**'에는 국가나 지방자치단체의 **권력적 작용**뿐만 아니라 **비권력적 작용**도 포함되지만 단순한 **사경제의 주체로서 하는 작용은 포함되지 않는다**(대판 2004. 4. 9. 2002다10691).

3498 국가 또는 지방자치단체라 할지라도 공권력의 행사가 아니고 단순한 사경제의 주체로 활동하였을 경우에는 그 손해배상책임에 국가배상법이 적용될 수 없고 민법상의 사용자책임 등이 인정된다. 23 법무사

O | X

국가 또는 지방자치단체라 할지라도 공권력의 행사가 아니고 단순한 **사경제의 주체로 활동**하였을 경우에는 그 손해배상책임에 **국가배상법이 적용될 수 없고** 민법상의 사용자책임 등이 인정되는 것이고 국가의 철도운행사업은 국가가 공권력의 행사로서 하는 것이 아니고 사경제적 작용이라 할 것이므로, 이로 인한 사고에 공무원이 관여하였다고 하더라도 국가배상법을 적용할 것이 아니고 일반 민법의 규정에 따라야 한다(대판 1997. 7. 22. 95다6991).

3499 행위자의 행위가 실질적으로 직무행위가 아니거나 주관적으로 공무집행의 의사가 없었다 할지라도 외관상 객관적으로 공무원의 직무행위로 보여지는 경우라면 직무상 불법행위라고 보아야 한다. 10 국회 9

O | X

3499-1 국가배상 성립요건의 직무집행판단은 행위자의 주관적 의사를 고려하여 실질적으로 직무집행 행위인지에 따라 판단해야 한다. 18 서울 7(추)

O | X

국가배상법 제2조제1항의 "직무를 집행함에 당하여"라 함은 직접 공무원의 직무집행행위이거나 그와 밀접한 관계에 있는 행위를 포함하고, 이를 판단함에 있어서는 행위 자체의 외관을 **객관적으로 관찰**하여 공무원의 직무행위로 보여질 때에는 비록 그것이 **실질적으로 직무행위**가 아니거나 또는 행위자로서는 **주관적으로 공무집행의 의사**가 없었다고 하더라도 그 행위는 공무원이 "**직무를 집행함에 당하여**"한 것으로 보아야 한다(대판 1995. 4. 21. 93다14240).

3500 국가배상청구권의 성립요건으로서 공무원의 고의 또는 과실을 규정한 국가배상법 조항은, 법률로 이미 형성된 국가배상청구권의 행사 및 존속을 '제한'하는 것이라기보다는 국가배상청구권의 내용을 '형성' 하는 것이므로, 헌법상 국가배상제도의 정신에 부합하게 국가배상청구권을 형성하였는지의 관점에서 심사하여야 한다. 21 법원 9

O | X

3500-1 국가배상청구권의 성립요건으로서 공무원의 고의 또는 과실을 규정한 것은 원활한 공무집행을 위한 입법정책적 고려에 따라 법률로 이미 형성된 국가배상청구권의 행사 및 존속을 제한한 것이다. 24 경정

O | X

3500-2 국가배상청구권의 성립 요건으로서 공무원의 고의 또는 과실을 규정함으로써 무과실책임을 인정하지 않은 「국가배상법」 조항이 입법자의 입법형성권의 자의적 행사로서 국가배상청구권을 침해한다고 볼 수 없다. 23 경찰 2차

O | X

3500-3 「국가배상법」 조항이 국가배상청구권의 성립요건으로서 공무원의 고의 또는 과실을 규정한 것은 법률로 이미 형성된 국가배상청구권의 행사 및 존속을 제한할 뿐만 아니라, 국가배상청구권의 내용을 새롭게 형성하는 것이라고 할 것이므로, 「국가배상법」 조항이 국가배상청구권의 성립요건으로서 공무원의 고의 또는 과실을 요구함으로써 무과실책임을 인정하지 않은 것은 입법형성의 범위를 벗어나 헌법 제29조에서 규정한 국가배상청구권을 침해한다. 22 경찰 2차

O | X

정답 3498. O 3499. O 3499-1. X [주관적 의사 고려 X → 외형적으로 직무집행 행위인지 판단] 3500. O 3500-1. X [국가배상청구권의 행사 및 존속을 제한 X → 내용을 형성 O] 3500-2. O 3500-3. X [행사·존속 제한 X, 국가배상청구권 침해 X]

심판대상조항이 국가배상청구권의 성립요건으로서 **공무원의 고의 또는 과실을 규정**한 것은 법률로 이미 형성된 **국가배상청구권의 행사 및 존속을 제한**한다고 보기 보다는 **국가배상청구권의 내용을 형성**하는 것이라고 할 것이므로, 헌법상 국가배상제도의 정신에 부합하게 **국가배상청구권을 형성**하였는지의 관점에서 심사하여야 한다. … 이 사건 법률조항이 **국가배상청구권의 성립요건**으로서 **공무원의 고의 또는 과실을 규정**한 것을 두고 **입법형성의 범위**를 벗어나 헌법 제29조에서 규정한 **국가배상청구권을 침해한다고 보기는 어렵다**(헌재 2020. 3. 26. 2016헌바55 등).

3501 국가배상청구권의 성립요건으로서 공무원의 고의 또는 과실을 규정한 국가배상법 조항은 헌법에서 규정한 국가배상청구권을 침해한다고 보기 어려우나, 인권침해가 극심하게 이루어진 긴급조치 발령과 그 집행과 같이 국가의 의도적·적극적 불법행위에 대하여는 국가배상청구의 요건을 완화하여 공무원의 고의 또는 과실에 대한 예외를 인정하여야 한다. 21 법원 9 O | X

청구인들이 심판대상조항의 위헌성을 주장하게 된 계기를 제공한 국가배상청구 사건은, **인권침해가 극심하게** 이루어진 **긴급조치 발령과 그 집행을 근거로 한 것이므로 다른 일반적인 법 집행 상황과는 다르다는 점에서 이러한 경우에는 국가배상청구 요건을 완화하여야 한다는 주장**이 있을 수 있다. … 그러나 위와 같은 경우라 하여 국가배상청구권 성립요건에 **공무원의 고의 또는 과실에 대한 예외가 인정되어야 한다고 보기는 어렵다.** … 심판대상조항이 헌법상 국가배상청구권을 침해하지 않는다고 판단한 헌법재판소의 선례는 여전히 타당하고, 이 사건에서 선례를 변경해야 할 특별한 사정이 있다고 볼 수 없다(헌재 2020. 3. 26. 2016헌바55 등).

3502 일반적으로 법률이 헌법에 위반된다는 사정은 헌법재판소의 위헌결정이 있기 전에는 객관적으로 명백한 것이라고 할 수 없어, 법률이 헌법에 위반되는지 여부를 심사할 권한이 없는 공무원으로서는 행위 당시의 법률에 따를 수밖에 없으므로, 행위의 근거가 된 법률조항에 대하여 위헌결정이 선고되더라도 위 법률조항에 따라 행위한 당해 공무원에게는 고의 또는 과실이 있다 할 수 없어 국가배상책임은 성립되지 아니한다. 21 법원 9 O | X

3502-1 행위의 근거가 된 법률조항에 대하여 위헌결정이 선고된 경우에는 위 법률조항에 따라 행위한 당해 공무원에게 고의 또는 과실이 있는 것이므로 국가배상책임이 성립한다. 24 경간 O | X

헌법재판소는, 일반적으로 법률이 헌법에 위반된다는 사정은 헌법재판소의 위헌결정이 있기 전에는 객관적으로 명백한 것이라고 할 수 없어 법률이 헌법에 위반되는지 여부를 심사할 권한이 없는 공무원으로서는 행위 당시의 법률에 따를 수밖에 없다 할 것이므로, **행위의 근거가 된 법률조항**에 대하여 **위헌결정이 선고**된다 하더라도 위 법률조항에 따라 행위한 당해 공무원에게는 **고의 또는 과실이** 있다 할 수 **없어 국가배상책임은 성립되지 아니하고,** … 판단하여 왔다(헌재 2014. 4. 24. 2011헌바56).

3503 당초 유효한 법률에 근거한 공무원의 직무집행이 사후에 그 근거가 되는 법률에 대한 헌법재판소의 위헌결정으로 위법하게 된 경우, 이에 이르는 과정에 있어 공무원의 고의, 과실을 어느 정도 인정할 수 있고, 그로써 국가의 청구인들에 대한 손해배상책임이 성립한다고 볼 수 있다. 22 경찰 2차 O | X

법률에 근거한 행정처분이 사후에 그 처분의 근거가 되는 법률에 대한 **헌법재판소의 위헌결정으로 결과적으로 위법하게 집행된 처분**이 될지라도, 이에 이르는 과정에 있어서 **공무원의 고의, 과실을 인정할 수는 없다** 할 것이다. 헌법재판소가 이 사건 법률조항을 위헌으로 결정하여 당해사건에서 위헌법률에 근거하여 행한 세무공무원의 직무집행 행위인 국세가산금 환급처분이 결과적으로 위법한 것으로 된다하더라도, 세무공무원이 국세가산금을 청구인에게 환급해 줄 당시에는 법률을 집행하는 세무공무원으로서 법률이 헌법에 위반되는지 여부를 심사할 권한이 없고, 이 사건 법률조항 및 그 위임을 받은 하위 법규의 취지에 따라 계산된 국세가산금 환급액을 지급하기만 할 뿐이어서 당해 세무공무원에게 고의 또는 과실이 있다 할 수 없으므로, 국가의 청구인에 대한 **손해배상책임은 성립되지 아니한다 할 것이다**(헌재 2008. 4. 24. 2006헌바72).

● 정답 3501. X [예외를 인정하여야 한다고 보기 어려움]   3502. O   3502-1. X [고의 또는 과실 X → 국가배상책임 성립 X]   3503. X [고의·과실 인정 불가 → 손배책임 성립 X]

3504 국회의원의 입법행위는 그 입법 내용이 헌법의 문언에 명백히 위반됨에도 불구하고 국회가 굳이 당해 입법을 한 것과 같은 특수한 경우가 아닌 한 국가배상법 제2조 제1항 소정의 위법행위에 해당된다고 볼 수 없다. 23 법무사 O | X

국회의원은 입법에 관하여 원칙적으로 국민 전체에 대한 관계에서 정치적 책임을 질 뿐 국민 개개인의 권리에 대응하여 법적 의무를 지는 것은 아니므로, <u>국회의원의 입법행위는 그 입법 내용이 헌법의 문언에 명백히 위반됨에도 불구하고 국회가 굳이 당해 입법을 한 것과 같은 특수한 경우가 아닌 한 국가배상법 제2조 제1항 소정의 위법행위에 해당된다고 볼 수 없다</u>(대판 1997. 6. 13. 96다56115).

3505 「국가배상법」은 법치국가원리에 따라 국가의 공권력 행사는 적법해야 함을 전제로 모든 공무원의 직무행위상 불법행위로 발생한 손해에 대해 국가가 책임지도록 규정한 것이므로, 조항의 의미와 목적을 살펴볼 때 법관과 다른 공무원은 본질적으로 다른 집단이라고 볼 수는 없다. 21 국회 9 O | X

<u>국가배상법은 법치국가원리에 따라 국가의 공권력 행사는 적법해야 함을 전제로 모든 공무원의 직무행위상 불법행위로 발생한 손해에 대해 국가가 책임지도록 규정</u>한 것이다. 이에 대한 예외는 헌법 제29조 제2항에 따른 국가배상법 제2조 제1항 단서의 경우뿐이다. 이러한 심판대상조항의 의미와 목적을 살펴볼 때 <u>법관과 다른 공무원은 본질적으로 다른 집단이라고 볼 수는 없다</u>(헌재 2021. 7. 15. 2020헌바1).

3506 법관이 행하는 재판사무의 특수성과 그 재판과정의 잘못에 대하여는 따로 불복절차에 의하여 시정될 수 있는 제도적 장치가 마련되어 있는 점 등에 비추어 보면, 특별한 경우가 아닌 한 법관의 재판에 법령의 규정을 따르지 아니한 잘못이 있다 하더라도 이로써 바로 그 재판상 직무행위가 「국가배상법」 제2조 제1항에서 말하는 위법한 행위로 되어 국가의 손해배상책임이 발생하는 것은 아니다. 21 변호사 O | X

3506-1 법관의 재판에 법령의 규정을 따르지 않은 잘못이 있다면 이로써 바로 그 재판상 직무행위가 「국가배상법」에서 말하는 위법한 행위로 되어 국가의 손해배상책임이 발생하는 것이다. 24 경간 O | X

법관이 행하는 재판사무의 특수성과 그 재판과정의 잘못에 대하여는 따로 불복절차에 의하여 시정될 수 있는 제도적 장치가 마련되어 있는 점 등에 비추어 보면, <u>법관의 재판에 법령의 규정을 따르지 아니한 잘못</u>이 있다 하더라도 이로써 바로 그 재판상 직무행위가 국가배상법 제2조 제1항에서 말하는 위법한 행위로 되어 <u>국가의 손해배상책임이 발생하는 것은 아니고</u>, 그 국가배상책임이 인정되려면 당해 법관이 위법 또는 부당한 목적을 가지고 재판을 하는 등 법관이 그에게 부여된 권한의 취지에 명백히 어긋나게 이를 행사하였다고 인정할 만한 특별한 사정이 있어야 한다고 해석함이 상당하다(대판 2001. 4. 24. 2000다16114).

3507 청구기간 내에 제기된 헌법소원심판청구 사건에서 헌법재판소 재판관이 청구기간을 오인하여 각하결정을 한 경우, 이에 대한 불복절차 내지 시정절차가 없는 때에는 국가배상책임을 인정할 수 있다. 24 경정 O | X

<u>재판에 대하여 불복절차 내지 시정절차 자체가 없는 경우</u>에는 부당한 재판으로 인하여 불이익 내지 손해를 입은 사람은 국가배상 이외의 방법으로는 자신의 권리 내지 이익을 회복할 방법이 없으므로, 이와 같은 경우에는 위에서 본 배상책임의 요건이 충족되는 한 <u>국가배상책임을 인정</u>하지 않을 수 없다 할 것이다(대판 2003. 7. 11. 99다24218).

정답 3504. ○ 3505. ○ 3506. ○ 3506-1. × [바로 손해배상책임 발생 X] 3507. ○

03 손해의 산정

3508 「민주화보상법」이 보상금 등 산정에 있어 정신적 손해에 대한 배상을 전혀 반영하지 않고 있으므로, 이와 무관한 보상금 등을 지급한 다음 정신적 손해에 대한 배상청구마저 금지하는 것은 법익의 균형성에 위반된다. 19 국회 9   O | X

3508-1 「민주화운동 관련자 명예회복 및 보상 등에 관한 법률」상 위원회의 보상금 등 지급결정에 동의한 때 '민주화운동과 관련하여 입은 피해'에 대해 재판상 화해의 성립을 간주하여 정신적 손해에 대한 국가배상청구를 금지하더라도 적극적·소극적 손해에 상응하는 배상이 이루어졌으므로 민주화운동 관련자와 유족의 국가배상청구권이 침해되었다고 볼 수 없다. 22 경채   O | X

3508-2 '민주화운동 관련자 명예회복 및 보상 심의위원회'의 보상금 등 지급결정에 동의한 때 재판상 화해의 성립을 간주함으로써 법관에 의하여 법률에 의한 재판을 받을 권리를 제한하는 법규정은 재판청구권을 침해하지 않는다. 19 서울 7(추)   O | X

> (1) 민주화보상법은 보상금 등 산정에 있어 정신적 손해에 대한 배상을 전혀 반영하지 않고 있으므로, 이와 무관한 보상금 등을 지급한 다음 정신적 손해에 대한 배상청구마저 금지하는 것은 적절한 손해배상을 전제로 한 관련자의 신속한 구제와 지급결정에 안정성 부여라는 공익에 부합하지 않음에 반하여, … 그러므로 심판대상조항 중 **정신적 손해**에 관한 부분은 **법익의 균형성에도 위반**된다. 따라서 심판대상조항의 '민주화운동과 관련하여 입은 피해' 중 **적극적·소극적 손해**에 관한 부분은 과잉금지원칙에 위반되지 아니하나, **정신적 손해**에 관한 부분은 **과잉금지원칙에 위반**되어 관련자와 그 유족의 **국가배상청구권을 침해**한다(헌재 2018. 8. 30. 2014헌바180 등).
> (2) 민주화보상법은 위원회의 중립성·독립성을 보장하고 있고, 심의절차에 전문성·공정성을 제고하고 있으며, 신청인에게 지급결정 동의의 법적효과를 안내하면서 검토할 시간을 보장하여 이를 통해 그 동의 여부를 자유롭게 선택하도록 하고 있으므로, 심판대상조항이 입법형성권의 한계를 일탈하여 **재판청구권을 침해한다고 볼 수도 없다**(헌재 2018. 8. 30. 2014헌바180 등).
>
> **보충설명** 재판청구권은 침해하지 않으나, 정신적 손해에 대한 국가배상청구권은 침해한다.

3509 보상금 등의 지급결정에 동의한 때 "민주화운동과 관련하여 입은 피해"에 대해 재판상 화해의 성립을 간주하는 구 「민주화운동 관련자 명예회복 및 보상 등에 관한 법률」 조항은 적극적·소극적 손해에 관한 부분에 있어서는 민주화운동 관련자와 유족의 국가배상청구권을 침해하지 않는다. 24 경정   O | X

> 민주화보상법상 보상금 등에는 **적극적·소극적 손해**에 대한 배상의 성격이 포함되어 있는바, 관련자와 유족이 위원회의 보상금 등 지급결정이 일응 적절한 배상에 해당된다고 판단하여 이에 동의하고 보상금 등을 수령한 경우 보상금 등의 성격과 중첩되는 적극적·소극적 손해에 대한 국가배상청구권의 추가적 행사를 제한하는 것은, 동일한 사실관계와 손해를 바탕으로 이미 적절한 배상을 받았음에도 불구하고 다시 동일한 내용의 손해배상청구를 금지하는 것이므로, 이를 **지나치게 과도한 제한으로 볼 수 없다**(헌재 2018. 8. 30. 2014헌바180 등).

3510 5.18 민주화운동 보상심의위원회의 보상금지급결정에 동의하면 정신적 손해에 관한 부분도 재판상 화해가 성립된 것으로 보는 구 「광주민주화운동 관련자 보상에 관한 법률」상 조항은 국가배상청구권을 침해한다. 23 경간   O | X

3510-1 5·18 민주화운동과 관련하여 사망하거나 행방불명된 자 및 상이를 입은 자 또는 그 유족이 적극적·소극적 손해의 배상에 상응하는 보상금 등 지급결정에 동의하였다는 사정만으로 재판상 화해의 성립을 간주하는 것은 국가배상청구권에 대한 과도한 제한이다. 24 경간   O | X

정답 3508. O   3508-1. X [정신적 손해에 대한 국가배상청구권 침해함]   3508-2. O   3509. O   3510. O   3510-1. O

심판대상조항은 **정신적 손해**에 대해 적절한 배상이 이루어지지 않은 상태에서, 5·18민주화운동과 관련하여 사망하거나 행방불명된 자 및 상이를 입은 자 또는 그 유족이 **적극적·소극적 손해**의 배상에 상응하는 보상금 등 지급결정에 동의하였다는 사정만으로 **재판상 화해**의 성립을 간주하고 있다. 이는 **국가배상청구권에 대한 과도한 제한**이고, 해당 손해에 대한 적절한 배상이 이루어졌음을 전제로 하여 국가배상청구권 행사를 제한하려 한 5·18보상법의 입법목적에도 부합하지 않는다. 따라서 이 조항이 5·18보상법상 보상금 등의 성격과 중첩되지 않는 **정신적 손해**에 대한 **국가배상청구권의 행사**까지 금지하는 것은 **국가배상청구권을 침해한다**(헌재 2021. 5. 27. 2019헌가17).

3511 특수임무수행자는 보상금등 산정과정에서 국가 행위의 불법성이나 구체적인 손해 항목 등을 주장·입증할 필요가 없고 특수임무수행자의 과실이 반영되지도 않으며, 국가배상청구에 상당한 시간과 비용이 소요되는 데 반해 보상금등 지급결정은 비교적 간이·신속한 점까지 고려하면, 「특수임무수행자 보상에 관한 법률」이 정한 보상금을 지급받는 것이 국가배상을 받는 것에 비해 일률적으로 과소 보상된다고 할 수 없으므로 국가배상청구권 또는 재판청구권을 침해한다고 보기 어렵다. 22 경찰 2차

O | X

3511-1 특수임무수행자 등이 보상금 등의 지급결정에 동의한 때에는 특수임무수행 또는 이와 관련한 교육훈련으로 입은 피해에 대하여 재판상 화해가 성립된 것으로 보는 「특수임무수행자 보상에 관한 법률」 제17조의2 가운데 특수임무수행 또는 이와 관련한 교육훈련으로 입은 피해 중 '정신적 손해'에 관한 부분이 과잉금지원칙을 위반하여 국가배상청구권을 침해한다고 보기 어렵다. 23 경찰 2차

O | X

보상금 중 기본공로금은 채용·입대경위, 교육훈련여건, 특수임무종결일 이후의 처리사항 등을 고려하여 위원회가 정한 금액으로 지급되는데, 위원회는 음성적 모집 여부, 기본권 미보장 여부, 인권유린, 종결 후 사후관리 미흡 등을 참작하여 구체적인 액수를 정하므로, 여기에는 특수임무교육훈련에 관한 **정신적 손해 배상 또는 보상에 해당하는 금원이 포함**된다. 특수임무수행자는 보상금등 산정과정에서 국가 행위의 불법성이나 구체적인 손해 항목 등을 주장·입증할 필요가 없고 특수임무수행자의 과실이 반영되지도 않으며, 국가배상청구에 상당한 시간과 비용이 소요되는 데 반해 보상금등 지급결정은 비교적 간이·신속한 점까지 고려하면, 특임자보상법령이 정한 보상금등을 지급받는 것이 국가배상을 받는 것에 비해 일률적으로 과소 보상된다고 할 수도 없다. 따라서 **심판대상조항이 과잉금지원칙을 위반하여 국가배상청구권 또는 재판청구권을 침해한다고 보기 어렵다**(헌재 2021. 9. 30. 2019헌가28).

04 배상 실시

3512 생명·신체의 침해로 인한 국가배상청구권은 양도·압류하지 못한다. 18 국회 9

O | X

3512-1 생명·신체·재산의 침해로 인한 국가배상을 받을 권리는 양도하거나 압류하지 못한다. 23 해간, 18 지방 7

O | X

국가배상법 제4조(양도 등 금지) 생명·신체의 침해로 인한 **국가배상을 받을 권리**는 **양도**하거나 **압류**하지 못한다.

3513 「국가배상법」은 외국인이 피해자인 경우에는 해당 국가와 상호 보증이 있을 때에만 「국가배상법」을 적용한다고 규정하고 있다. 23 경찰 2차

O | X

국가배상법 제7조(외국인에 대한 책임) 이 법은 **외국인**이 피해자인 경우에는 해당 국가와 **상호 보증**이 있을 때에만 적용한다.

정답 3511. O 3511-1. O 3512. O 3512-1. X [재산 X] 3513. O

05 3514 현행「국가배상법」에서는 당사자가 배상심의회에 배상신청을 하여 그 결과에 불복할 경우 소송을 제기할 수도 있고, 배상심의회를 거치지 아니하고 바로 법원에 소송을 제기할 수도 있다. 14 국회 9

O | X

3514-1 「국가배상법」에 따른 손해배상의 소송은 배상심의회에 배상신청을 하여야만 제기할 수 있다.
23 해간. 21 경찰

O | X

> **국가배상법 제9조(소송과 배상신청의 관계)** 이 법에 따른 손해배상의 소송은 **배상심의회**(이하 "심의회"라 한다)에 **배상신청을** 하지 **아니하고도 제기**할 수 있다.

3515 헌법재판소는「국가배상법」상의 배상결정전치주의가 법관에 의한 재판을 받을 권리와 신속한 재판을 받을 권리를 침해한다고 하였고, 이에 따라「국가배상법」상의 배상결정전치주의가 폐지되었다.
18 지방 7

O | X

> 국가배상법에 의한 손해배상청구에 관한 시간, 노력, 비용의 절감을 도모하여 배상사무의 원활을 기하며 피해자로서도 신속, 간편한 절차에 의하여 배상금을 지급받을 수 있도록 하는 한편, 국고손실을 절감하도록 하기 위한 이 사건 법률조항에 의해 달성되는 공익과, 배상절차의 합리성 및 적정성의 정도, 그리고 한편으로는 배상신청을 하는 국민이 치루어야 하는 수고나 시간의 소모를 비교하여볼 때, 이 사건 법률조항이 헌법 제37조의 기본권제한의 한계에 관한 규정을 위배하여 국민의 **재판청구권을 침해하는 정도에는 이르지 않는다**(헌재 2000. 2. 24. 99헌바17 등).
> **● 보충설명** 과거 국가배상법 제9조는 배상결정전치주의를 채택한 바 있으며, 이에 대해 헌법재판소는 기본권을 침해하지 않는다는 결정을 내렸다. 이후 배상결정전치주의가 폐지가 되고 임의적(선택적) 전치주의로 국가배상법이 개정되었다.

02 3516 「국가배상법」에 소멸시효에 관한 규정을 두지 않고 소멸시효에 관해서는「민법」규정을 준용하도록 한「국가배상법」조항은 헌법에 위반되지 않는다. 21 경찰

O | X

3516-1 구「국가배상법」제8조가 "국가 또는 지방자치단체의 손해배상 책임에 관하여는 이 법의 규정에 의한 것을 제외하고는 민법의 규정에 의한다."고 규정하여, 소멸시효에 관하여 별도의 규정을 두지 아니함으로써 국가배상청구권에도 소멸시효에 관한 일반「민법」제766조가 적용되게 된 것은 입법자의 입법재량 범위를 벗어난 것으로 국가배상청구권의 본질적인 내용을 침해한다고 볼 수 있다. 22 경찰 2차

O | X

> **국가배상법 제8조**가 '국가 또는 지방자치단체의 손해배상책임에 관하여는 이 법의 규정에 의한 것을 제외하고는 민법의 규정에 의한다. …… (생략) ……'고 하고 **소멸시효에 관하여 별도의 규정을 두고 아니함**으로써 국가배상청구권에도 소멸시효에 관한 민법상의 규정인 민법 제766조가 적용되게 되었다 하더라도 이는 국가배상청구권의 성격과 책임의 본질, 소멸시효제도의 존재이유 등을 종합적으로 고려한 입법재량 범위 내에서의 입법자의 결단의 산물인 것으로 국가배상청구권의 본질적인 내용을 침해하는 것이라고는 볼 수 없고 기본권 제한에 있어서의 한계를 넘어서는 것이라고 볼 수도 없으므로 **헌법에 위반되지 아니한다**(헌재 1997. 2. 20. 96헌바24).

02 3517 국가배상청구에 있어서도 오랜 기간의 경과로 인한 과거 사실 증명의 곤란으로부터 채무자를 구제하고 또 권리행사를 게을리 한 자에 대한 제재 및 장기간 불안정한 상태에 놓이게 되는 가해자를 보호하기 위하여 소멸시효제도의 적용은 필요하므로 헌법에 위반되지 아니한다. 18 서울 7(추)

O | X

● 정답 3514. O   3514-1. X [배상심의회에 배상신청 없이 소송 可]   3515. X [위헌결정에 따른 폐지 X → 현재 임의적 전치로 개정됨]
3516. O   3516-1. X [국가배상청구권 침해 X]   3517. O

민법상의 소멸시효제도의 존재이유는 그대로 국가배상청구권의 경우에도 적용되는 것이다. 즉, 국가배상청구에 있어서도 오랜 기간의 경과로 인한 과거사실에 대한 증명의 곤란으로부터 **채무자를 구제**하고 또 **권리행사를 게을리 한 자**에 대한 제재 및 장기간 불안정한 상태에 놓이게 되는 **가해자의 보호**를 위하여 **소멸시효제도의 적용은 필요**하므로 그대로 인정되어야 하기 때문이다. … 기본권제한의 한계를 규정한 **헌법 제37조 제2항에 위반된다고 볼 수도 없다**(헌재 1997. 2. 20. 96헌바24).

3518 「진실·화해를 위한 과거사 정리 기본법」상 민간인 집단희생사건, 중대한 인권침해·조작의혹사건에 「민법」상 소멸시효 조항의 객관적 기산점이 적용되도록 하는 것은 청구인들의 국가배상청구권을 침해한다. 23 경간 O|X

민법 제166조 제1항, 제766조 제2항의 **객관적 기산점**을 과거사정리법 제2조 제1항 제3, 4호의 **민간인 집단희생사건, 중대한 인권침해·조작의혹사건에 적용**하도록 규정하는 것은, 소멸시효제도를 통한 법적 안정성과 가해자 보호만을 지나치게 중시한 나머지 합리적 이유 없이 위 사건 유형에 관한 국가배상청구권 보장 필요성을 외면한 것으로서 입법형성의 한계를 일탈하여 청구인들의 **국가배상청구권을 침해한다**(헌재 2018. 8. 30. 2014헌바148 등).

05 공무원의 책임

3519 공무원의 직무상 불법행위로 손해를 받은 국민이 법률이 정하는 바에 의하여 국가 또는 공공단체에 정당한 배상을 청구하였을 때 공무원 자신의 책임은 면제된다. 17 입시 O|X

헌법 제29조 ① 공무원의 **직무상 불법행위**로 손해를 받은 **국민**은 법률이 정하는 바에 의하여 **국가 또는 공공단체**에 **정당한 배상을 청구**할 수 있다. 이 경우 **공무원 자신의 책임**은 면제되지 아니한다.

3520 헌법 제29조 제1항 제1문은 '공무원의 직무상 불법행위'로 인한 국가 또는 공공단체의 책임을 규정하고 제2문은 '이 경우 공무원 자신의 책임은 면제되지 아니한다'고 규정하고 있으므로 헌법상 국가배상책임은 공무원의 책임을 일정 부분 전제하는 것으로 해석될 수 있다. 21 법원 9 O|X

헌법 제29조 제1항 제1문은 '공무원의 직무상 불법행위'로 인한 **국가 또는 공공단체의 책임**을 규정하면서 제2문은 '이 경우 공무원 자신의 책임은 면제되지 아니한다'고 규정하여 헌법상 **국가배상책임**은 **공무원의 책임**을 **일정 부분 전제**하는 것으로 해석될 수 있고, 헌법 제29조 제1항에 법률유보 문구를 추가한 것은 국가재정을 고려하여 국가배상책임의 범위를 법률로 정하도록 한 것으로 해석된다 (헌재 2015. 4. 30. 2013헌바395).

06 이중배상금지

3521 군인·군무원·경찰공무원 기타 법률이 정하는 자가 전투·훈련 등 직무집행과 관련하여 받은 손해에 대하여는 법률이 정하는 보상 외에 국가 또는 공공단체에 공무원의 직무상 불법행위로 인한 배상은 청구할 수 없다. 22 국회 9 O|X

3521-1 군인·군무원·경찰공무원 기타 법률이 정하는 자가 전투·훈련 등 직무집행과 관련하여 받은 손해에 대하여는 법률이 정하는 보상 외에 국가 또는 공공단체에 공무원의 직무상 불법행위로 인한 정당한 배상을 청구할 수 있다. 23 경찰 2차 O|X

●정답 3518. O 3519. X[공무원 자신 면책 X] 3520. O 3521. O 3521-1. X[보상 외 배상청구 불가]

헌법 제29조 ② **군인·군무원·경찰공무원** 기타 법률이 정하는 자가 **전투·훈련등 직무집행**과 관련하여 받은 손해에 대하여는 **법률이 정하는 보상 외에** 국가 또는 공공단체에 공무원의 직무상 불법행위로 인한 **배상은 청구할 수 없다.**

POINT 190 범죄피해자구조청구권 Ⓑ

01 범죄피해자구조청구권

3522 타인의 범죄행위로 인하여 생명·신체에 대한 피해를 받은 국민은 법률이 정하는 바에 의하여 국가로부터 구조를 받을 수 있다. 23 해간, 22 경정, 20 소간 O|X

헌법 제30조 **타인의 범죄행위**로 인하여 **생명·신체에 대한 피해**를 받은 국민은 법률이 정하는 바에 의하여 **국가로부터 구조를** 받을 수 있다.

3523 범죄피해자구조청구권이라 함은 타인의 범죄행위로 인하여 생명·신체에 대한 피해를 입은 국민이 가해자로부터 충분한 배상을 받지 못한 경우에 국가에 대하여 경제적 구조를 청구할 수 있는 권리를 말한다. 12 지방 7 O|X

3523-1 범죄피해자구조청구권은 생존권적 기본권으로서의 성격을 가지는 청구권적 기본권이다. 24 경찰 1차 O|X

헌법 제30조는 "타인의 범죄행위로 인하여 생명·신체에 대한 피해를 받은 국민은 법률이 정하는 바에 의하여 국가로부터 구조를 받을 수 있다."라고 규정하고 있다. 범죄피해자구조청구권이라 함은 **타인의 범죄행위**로 말미암아 **생명**을 잃거나 **신체**상의 피해를 입은 **국민**이나 그 유족이 가해자로부터 충분한 피해배상을 받지 못한 경우에 **국가에 대하여 일정한 보상을 청구**할 수 있는 권리이며, 그 법적 성격은 **생존권적 기본권**으로서의 성격을 가지는 **청구권적 기본권**이라고 할 것이다(헌재 2011. 12. 29. 2009헌마354).

3524 범죄피해자구조청구권의 주체는 자연인과 법인이며, 외국인은 상호보증이 있는 경우에 한하여 주체가 될 수 있다. 22 법원 9 O|X

3524-1 범죄피해자구조청구권은 국민의 권리로서 외국인에게는 인정되지 않는 권리이므로 외국인이 「범죄피해자 보호법」에 따른 범죄피해구조금을 신청할 수는 없다. 24 경찰 1차 O|X

범죄피해자구조청구권의 주체는 **생명 또는 신체를 해하는 범죄행위**로 인하여 **장해 또는 중상해를 당한 본인** 또는 **사망한 자의 유족**이다. 따라서 **법인**은 범죄피해자구조청구권의 **주체가 될 수 없다.**

범죄피해자 보호법 제23조(외국인에 대한 구조) 이 법은 **외국인**이 **구조피해자**이거나 **유족**인 경우에는 해당 국가의 **상호보증**이 있는 경우에만 적용한다.

3525 범죄피해자구조는 피해자가 사망한 경우에는 유족이, 중상해 등을 당한 경우에는 본인이 청구한다. 15 경정 O|X

정답 3522. O   3523. O   3523-1. O   3524. X [법인 X]   3524-1. X [해당 국가의 상호보증 있는 경우 可]   3525. O

피해자가 **사망**한 경우 사망한 피해자의 유족은 **유족구조금** 지급 대상이 되며, **장해 또는 중상해**를 당한 경우 상해 정도에 따라 **장해구조금 또는 중상해구조금** 지급대상이 된다. 따라서 범죄피해자 구조는 피해자가 **사망**한 경우에는 **유족**이 청구하고, **중상해 등**을 당한 경우에는 **본인이 청구**한다.

3526 타인의 범죄행위로 피해를 당한 사람과 그 배우자, 직계친족뿐만 아니라 범죄피해 방지 및 범죄피해자 구조 활동으로 피해를 당한 사람도 범죄피해자로 본다. 22 해간, 22 법원 9   O | X

> 범죄피해자 보호법 제3조(정의) ① 이 법에서 사용하는 용어의 뜻은 다음과 같다.
> 1. "**범죄피해자**"란 타인의 범죄행위로 **피해를 당한 사람**과 그 **배우자**(사실상의 혼인관계를 포함한다), **직계친족** 및 **형제자매**를 말한다.
> ② 제1항제1호에 해당하는 사람 외에 **범죄피해 방지 및 범죄피해자 구조 활동**으로 **피해를 당한 사람**도 범죄피해자로 본다.

3527 외국인이 구조피해자이거나 유족인 경우에는 해당 국가의 상호보증이 있는 경우에 한하여 범죄피해자구조청구권을 행사할 수 있다. 23 해간, 19 5급   O | X

3527-1 범죄피해자인 외국인은 인간으로서의 존엄을 보장받을 권리가 있기 때문에 해당 국가의 상호보증 여부와 관계없이 범죄피해자구조를 청구할 수 있다. 15 법무사   O | X

3527-2 「범죄피해자 보호법」에 의할 때 외국인이 구조피해자이거나 유족인 경우에는 구조를 청구할 수 없다. 15 경정   O | X

> 범죄피해자 보호법 제23조(외국인에 대한 구조) 이 법은 **외국인**이 **구조피해자이거나 유족**인 경우에는 해당 국가의 **상호보증**이 있는 경우에만 적용한다.

3528 구조대상 범죄피해란 대한민국의 영역 안에서 또는 대한민국의 영역 밖에 있는 대한민국의 선박이나 항공기 안에서 행하여진 사람의 생명 또는 신체를 해치는 죄에 해당하는 행위로 인하여 사망하거나 장해 또는 중상해를 입은 것을 말한다. 15 경정   O | X

3528-1 범죄피해자구조청구권은 대한민국의 주권이 미치는 영역에서 발생한 범죄로 인한 피해자만이 주체가 될 수 있다. 18 국회 9   O | X

3528-2 구조대상 범죄피해는 대한민국 영역 안에서 또는 대한민국 영역 밖에서 행하여진 범죄로 인한 피해를 말한다. 19 5급   O | X

> 범죄피해자 보호법 제3조(정의) ① 이 법에서 사용하는 용어의 뜻은 다음과 같다.
> 4. "**구조대상 범죄피해**"란 **대한민국의 영역 안**에서 또는 대한민국의 영역 밖에 있는 대한민국의 선박이나 항공기 안에서 행하여진 사람의 **생명 또는 신체를 해치는 죄**에 해당하는 행위(「형법」 제9조(형사미성년자의 행위), 제10조제1항(심신장애자의 행위), 제12조(강요된 행위), 제22조제1항(긴급피난)에 따라 처벌되지 아니하는 행위를 포함하며, 같은 법 **제20조(정당행위)** 또는 **제21조제1항(정당방위)**에 따라 처벌되지 아니하는 행위 및 **과실에 의한 행위는 제외**한다)로 인하여 **사망**하거나 **장해 또는 중상해**를 입은 것을 말한다.

정답 3526. O 3527. O 3527-1. X [상호보증이 있어야 함] 3527-2. X [상호보증 있을 시 청구 가능] 3528. O 3528-1. O 3528-2. X [대한민국 영역 밖 X]

3529 국가의 주권이 미치지 못하고 국가의 경찰력 등을 행사할 수 없거나 행사하기 어려운 해외에서 발생한 범죄에 대하여 국가에 그 방지책임이 없다고 보기는 어렵다. 24 경간   O | X

3529-1 범죄피해구조금은 국가의 재정에 기반을 두고 있는 바, 구조금청구권의 행사대상을 우선적으로 대한민국의 영역 안의 범죄피해에 한정하고, 향후 구조금의 확대에 따라서 해외에서 발생한 범죄피해의 경우에도 구조를 하는 방향으로 운영하는 것은 입법형성의 재량의 범위 내라고 할 수 있다. 18 지방 7   O | X

3529-2 범죄피해자구조청구권의 대상이 되는 범죄피해에 해외에서 발생한 범죄피해의 경우를 포함하고 있지 아니한 것이 현저하게 불합리한 자의적인 차별이라고 볼 수 없어 평등원칙에 위배되지 아니한다. 23 해간, 20 경정, 18 경정   O | X

> 국가의 주권이 미치지 못하고 국가의 경찰력 등을 행사할 수 없거나 행사하기 어려운 **해외에서 발생한 범죄**에 대하여는 **국가에 그 방지책임이 있다**고 보기 **어렵고**, 상호보증이 있는 외국에서 발생한 범죄피해에 대하여는 국민이 그 외국에서 피해구조를 받을 수 있으며, **국가의 재정에 기반**을 두고 있는 구조금에 대한 청구권 행사대상을 우선적으로 대한민국의 영역 안의 범죄피해에 한정하고, 향후 해외에서 발생한 범죄피해의 경우에도 구조를 하는 방향으로 운영하는 것은 **입법형성의 재량의 범위 내**라고 할 것이다. 따라서 범죄피해자구조청구권의 대상이 되는 범죄피해에 **해외에서 발생한 범죄피해의 경우를 포함하고 있지 아니한 것**이 현저하게 불합리한 자의적인 차별이라고 볼 수 없어 **평등원칙에 위배되지 아니한다**(헌재 2011. 12. 29. 2009헌마354).

3530 범죄피해자구조대상이 되는 범죄피해의 범위에는 형법 제20조 또는 제21조 제1항에 따라 처벌되지 아니하는 행위, 과실에 의한 행위는 제외한다. 22 해간, 22 법원 9   O | X

3530-1 대한민국의 영역 안에서 과실에 의한 행위로 사망하거나 장해 또는 중상해를 입은 경우에도 범죄피해자구조청구권이 인정된다. 18 지방 7   O | X

> **범죄피해자 보호법 제3조(정의)** ① 이 법에서 사용하는 용어의 뜻은 다음과 같다.
> 4. "**구조대상 범죄피해**"란 대한민국의 영역 안에서 또는 대한민국의 영역 밖에 있는 대한민국의 선박이나 항공기 안에서 행하여진 사람의 **생명 또는 신체를 해치는 죄**에 해당하는 행위(「형법」 제9조(형사미성년자의 행위), 제10조제1항(심신장애자의 행위), 제12조(강요된 행위), 제22조제1항(긴급피난)에 따라 처벌되지 아니하는 행위를 포함하며, 같은 법 **제20조(정당행위)** 또는 **제21조제1항(정당방위)**에 따라 처벌되지 아니하는 행위 및 **과실에 의한 행위**는 **제외**한다)로 인하여 **사망**하거나 **장해 또는 중상해**를 입은 것을 말한다.

3531 범죄피해자구조청구권은 생명, 신체에 대한 피해를 입은 경우에 적용되는 것은 물론이고 재산상 피해를 입은 경우에도 적용된다. 20 경정, 19 5급   O | X

> **헌법 제30조** 타인의 **범죄행위**로 인하여 **생명·신체에 대한 피해**를 받은 국민은 법률이 정하는 바에 의하여 **국가로부터 구조**를 받을 수 있다.

● 정답 3529. X [있다고 보기 어려움] 3529-1. O 3529-2. O 3530. O 3530-1. X [과실에 의한 행위 제외] 3531. X [재산상 피해 제외]

02 성립 요건

3532 자기 또는 타인의 형사사건의 수사 또는 재판에서 고소·고발 등 수사단서를 제공하거나 진술, 증언 또는 자료를 제출하다가 구조피해자가 된 경우에 범죄피해구조금을 지급한다. 18 경정 O | X

> **범죄피해자 보호법 제16조(구조금의 지급요건)** 국가는 구조대상 범죄피해를 받은 사람(이하 "구조피해자"라 한다)이 다음 각 호의 어느 하나에 해당하면 구조피해자 또는 그 유족에게 범죄피해 구조금(이하 "구조금"이라 한다)을 지급한다.
> 1. 구조피해자가 피해의 전부 또는 일부를 배상받지 못하는 경우
> 2. 자기 또는 타인의 형사사건의 수사 또는 재판에서 고소·고발 등 수사단서를 제공하거나 진술, 증언 또는 자료제출을 하다가 구조피해자가 된 경우

3533 범죄행위 당시 구조피해자와 가해자 사이에 사실상의 혼인관계가 있는 경우에도 구조피해자에게 구조금을 지급한다. 23 해간, 20 경정, 18 지방 7 O | X

> **범죄피해자 보호법 제19조(구조금을 지급하지 아니할 수 있는 경우)** ① 범죄행위 당시 **구조피해자와 가해자 사이**에 다음 각 호의 어느 하나에 해당하는 친족관계가 있는 경우에는 **구조금을 지급하지 아니한다.**
> 1. **부부**(사실상의 혼인관계를 포함한다)

3534 구조대상 범죄피해를 받은 사람 또는 그 유족과 가해자 사이의 관계, 그 밖의 사정을 고려하여 구조금의 전부 또는 일부를 지급하는 것이 사회통념에 위배된다고 인정될 때에는 구조금의 전부 또는 일부를 지급하지 아니한다. 24 경간 O | X

> **범죄피해자 보호법 제19조(구조금을 지급하지 아니할 수 있는 경우)** ⑥ 구조피해자 또는 그 유족과 가해자 사이의 관계, 그 밖의 사정을 고려하여 **구조금의 전부 또는 일부**를 지급하는 것이 **사회통념에 위배**된다고 인정될 때에는 **구조금의 전부 또는 일부를 지급하지 아니할 수 있다.**

3535 구조대상 범죄피해를 받은 사람이나 유족이 해당 구조대상 범죄피해를 원인으로 하여 「국가배상법」이나 그 밖의 법령에 따른 급여 등을 받을 수 있는 경우에는 대통령령으로 정하는 바에 따라 구조금을 지급하지 아니한다. 24 경간 O | X

> **범죄피해자 보호법 제20조(다른 법령에 따른 급여 등과의 관계)** 구조피해자나 유족이 해당 구조대상 범죄피해를 원인으로 하여 「**국가배상법**」이나 그 밖의 법령에 따른 급여 등을 받을 수 있는 경우에는 대통령령으로 정하는 바에 따라 **구조금을 지급하지 아니한다.**

3536 「범죄피해자 보호법」에 따르면 국가는 구조피해자나 유족이 해당 구조대상 범죄피해를 원인으로 하여 손해배상을 받았으면 그 범위에서 구조금을 지급하지 아니한다. 22 경정 O | X

> **범죄피해자 보호법 제21조(손해배상과의 관계)** ① 국가는 구조피해자나 유족이 해당 **구조대상 범죄피해**를 원인으로 하여 **손해배상**을 받았으면 그 범위에서 **구조금을 지급하지 아니한다.**

정답 3532. O 3533. X [지급하지 아니함] 3534. X [아니한다 X → 아니할 수 있다 O] 3535. O 3536. O

03 지급신청과 소멸시효

3537 「범죄피해자 보호법」에 따르면 구조금의 지급신청은 해당 구조대상 범죄피해의 발생을 안 날부터 3년이 지나거나 해당 구조대상 범죄피해가 발생한 날부터 10년이 지나면 할 수 없다. 22 경정 O│X

3537-1 「범죄피해자 보호법」에 따르면 구조금의 지급신청은 해당 구조대상 범죄피해의 발생을 안 날부터 3년이 지나거나 해당 구조대상 범죄피해가 발생한 날부터 5년이 지나면 할 수 없다. 22 해간 O│X

> 범죄피해자 보호법 제25조(구조금의 지급신청) ② 제1항에 따른 신청은 해당 구조대상 범죄피해의 발생을 **안 날부터 3년**이 지나거나 해당 구조대상 범죄피해가 **발생한 날부터 10년**이 지나면 할 수 없다.

3538 「범죄피해자 보호법」에서 제척기간을 범죄피해가 발생한 날부터 5년으로 정하더라도, 5년이라는 기간이 지나치게 단기라든지 불합리하여 범죄피해자의 구조청구권 행사를 현저히 곤란하게 하거나 사실상 불가능하게 하는 것으로는 볼 수 없다. 24 경찰 1차 O│X

> 위 법률조항은 제척기간을 범죄피해가 발생한 날부터 5년으로 정하고 있는바, 오늘날 현대사회에서 인터넷의 보급 등 교통·통신수단이 상대적으로 매우 발달하여 여러 정보에 대한 접근이 용이해진 점과 일반 국민의 권리의식이 신장된 점 등에 비추어 보면, **5년이라는 기간**이 지나치게 단기라든지 불합리하여 범죄피해자의 구조청구권 행사를 **현저히 곤란**하게 하거나 **사실상 불가능**하게 하는 것으로는 **볼 수 없다.** 비록 범죄피해자 보호법 제25조가 그 신청기간을 범죄피해발생일부터 10년으로 확장하였지만, 이 역시 입법재량의 범위 내라고 할 수 있을 뿐이고, 종래 그 기간을 5년으로 정한 것 자체가 불합리하다고 보기는 어렵다고 할 것이다(헌재 2011. 12. 29. 2009헌마354).

3539 범죄피해자구조금을 받을 권리는 그 구조결정이 해당 신청인에게 송달된 날로부터 2년간 행사하지 않으면 시효로 인하여 소멸된다. 18 경정 O│X

3539-1 범죄피해구조금을 받을 권리는 해당 구조대상 범죄피해의 발생을 안 날부터 2년간 행사하지 아니하면 시효로 인하여 소멸된다. 24 경간 O│X

3539-2 범죄피해구조금을 받을 권리는 그 구조결정이 해당 신청인에게 송달된 날부터 1년간 행사하지 아니하면 시효로 인하여 소멸된다. 20 경정, 18 지방 7 O│X

> 범죄피해자 보호법 제31조(소멸시효) 구조금을 받을 권리는 그 **구조결정**이 해당 신청인에게 송달된 날부터 2년간 행사하지 아니하면 **시효로 인하여 소멸**된다.

3540 범죄피해구조금을 받을 권리는 그 2분의 1 상당액에 한하여 양도 또는 담보로 제공하거나 압류할 수 있다. 18 경정 O│X

> 범죄피해자 보호법 제32조(구조금 수급권의 보호) 구조금을 받을 권리는 **양도**하거나 **담보로 제공**하거나 **압류**할 수 **없다.**

정답 3537. O 3537-1. X [발생한 날부터 5년 X → 발생한 날부터 10년 O] 3538. O 3539. O 3539-1. X [범죄피해 발생을 안 날 X → 구조결정이 신청인에게 송달된 날 O] 3539-2. X [1년간 X → 2년간 O] 3540. X [2분의 1 상당액에 한하여 X → 전부 불가]

Chapter 08 국민의 기본의무

POINT 191 국민의 기본의무

01 국민의 기본의무

3541 기본적 의무에 관한 헌법규정은 모든 국민과 국가기관을 구속할 수 있는 직접적 효력을 가지고 있다. 12 국회 8

국민의 기본적 의무의 내용은 헌법에 의해서 직접 정해지는 것이 아니고, 법률에 의해서 비로소 구체적으로 정해진다. 따라서 **기본적 의무에 관한 헌법규정**은 기본적 의무를 규정하는 구체적인 입법의 헌법적 근거가 된다는 의미에서 **간접적 효력**을 가지는 것이지 모든 국민과 국가기관을 구속할 수 있는 **직접적 효력**을 가지고 있는 것은 **아니다**.

3542 재산권행사의 공공복리적합의무는 헌법상의 의무로서, 입법형성권의 행사에 의해 현실적인 의무로 구체화된다. 12 국회 8

재산권행사의 공공복리 적합의무는 **헌법상의 의무로써 입법형성권의 행사에 의해 현실적인 의무로 구체화**되고 있는데, 이 사건 「국토이용관리법」 외에도 「국토건설종합계획법」, 「도시계획법」, 「건축법」, 「주택건설촉진법」, 「토지수용법」, 「지방공업개발법」, 「낙농진흥법」, 「농촌근대화촉진법」, 「농업기본법」, 「농지개혁법」, 「산림법」, 「환경보전법」 기타 여러 법률에서 토지소유자에게 여러 가지 의무와 부담을 과하고 있는 것이다(헌재 1989. 12. 22. 88헌가13).

3543 근로의 의무는 국민뿐만 아니라 외국인도 그 주체가 된다. 12 국회 8

근로의 의무의 주체는 **모든 국민**이다. 외국인은 근로의 의무의 주체가 될 수 없다.

3544 납세의 의무, 국방의 의무, 근로의 의무는 제헌헌법에서부터 규정되었고, 교육을 받게 할 의무는 1962년 제3공화국 헌법에서 처음 규정되었다. 22 경찰 2차

납세의 의무, 국방의 의무, 근로의 의무는 제헌헌법에서부터 규정되었고, 교육을 받게 할 의무는 제5차 개정헌법(1962년)에서 처음 규정되었다.

> 제헌헌법(1948년) 제17조 모든 국민은 **근로의 권리와 의무**를 가진다.
> 제헌헌법(1948년) 제29조 모든 국민은 법률의 정하는 바에 의하여 **납세의 의무**를 진다.
> 제헌헌법(1948년) 제30조 모든 국민은 법률의 정하는 바에 의하여 **국토방위의 의무**를 진다.
> 제5차 개정헌법(1962년) 제27조 ② 모든 국민은 그 보호하는 어린이에게 **초등교육을 받게 할 의무**를 진다.

정답 3541. X [직접적 효력 X] 3542. ○ 3543. X [외국인 주체성 부정] 3544. ○

02 납세의 의무

3545 조세는 국가 또는 지방자치단체가 재정수요를 충족시키거나 경제적·사회적 특수정책의 실현을 위하여 국민 또는 주민에 대하여 아무런 특별한 반대급부 없이 강제적으로 부과징수하는 과징금을 의미한다. 22 경정, 22 경찰 2차 O|X

헌법이나 국세기본법에 조세의 개념정의는 없으나 **조세는 국가 또는 지방자치단체가 재정수요를 충족시키거나 경제적·사회적 특수정책의 실현을 위하여 국민 또는 주민에 대하여 아무런 특별한 반대급부 없이 강제적으로 부과징수하는 과징금을 의미하는 것이다**(헌재 1990. 9. 3. 89헌가95).

3546 세금의 사용에 대해 이의를 제기하거나 잘못된 사용의 중지를 요구하는 내용의 기본권은 인정되지 않는다. 19 5급 O|X

3546-1 납세의무자인 국민은 자신이 납부한 세금을 국가가 효율적으로 사용하는지 여부를 감시하고 이에 대하여 이의를 제기하거나 잘못 사용되는 세금에 대하여 그 사용을 중지할 것을 요구할 수 있는 헌법상의 권리를 가진다. 24 경찰 1차 O|X

헌법상 조세의 효율성과 타당한 사용에 대한 감시는 국회의 주요책무이자 권한으로 규정되어 있어(헌법 제54조, 제61조) 재정지출의 효율성 또는 타당성과 관련된 문제에 대한 국민의 관여는 선거를 통한 간접적이고 보충적인 것에 한정된다. 따라서 **헌법상 납세의 의무가 부과되어 있다는 이유만으로 국민에게 자신이 납부한 세금을 국가가 효율적으로 적재적소에 사용하고 있는가를 감시하고, 이에 대하여 이의를 제기하거나, 잘못 사용되고 있는 세금에 대하여 그 사용을 중지할 것을 요구할 수 있는 헌법상 권리가 인정된다고 볼 수 없다**(헌재 2006. 6. 29. 2005헌마165 등).

3547 조세를 비롯한 공과금 부과에서의 평등원칙은, 공과금 납부의무자가 법률에 의하여 법적인 평등 부담뿐만 아니라 사실적으로도 평등하게 부담을 받을 것을 요청한다. 22 경찰 2차 O|X

조세를 비롯한 공과금의 부과에서의 평등원칙은 공과금 납부의무자가 법률에 의하여 법적 및 사실적으로 평등하게 부담을 받을 것을 요청한다(헌재 2000. 6. 29. 99헌마289).

3548 조세의 부과·징수로 인해 납세의무자의 사유재산에 관한 이용·수익 처분권이 중대한 제한을 받게 되는 경우에는 재산권의 침해가 될 수 있다. 20 경정, 16 국가 7 O|X

조세의 부과·징수는 국민의 납세의무에 기초하는 것으로서 원칙으로 재산권의 침해가 되지 않지만 **그로 인하여 납세의무자의 사유재산에 관한 이용, 수익, 처분권이 중대한 제한을 받게 되는 경우에는 그것도 재산권의 침해가 될 수 있다**(헌재 1997. 12. 24. 96헌가19 등).

03 국방의 의무

3549 국방의 의무는 외부 적대세력의 직·간접적인 침략행위로부터 국가의 독립을 유지하고 영토를 보전하기 위한 의무로서, 현대전이 고도의 과학기술과 정보를 요구하고 국민전체의 협력을 필요로 하는 이른바 총력전인 점에 비추어 단지 병역법에 의하여 군복무에 임하는 등의 직접적인 병력형성의무만을 가리키는 것이 아니라, 병역법·향토예비군설치법·민방위기본법·비상대비자원관리법 등에 의한 간접적인 병력형성의무 및 병력형성이후 군작전명령에 복종하고 협력하여야 할 의무도 포함하는 개념이다. 16 법무사 O|X

● 정답   3545. O   3546. O   3546-1. X [헌법상 권리 인정되지 않음]   3547. O   3548. O   3549. O

국방의 의무라 함은 북한을 포함한 외부의 적대세력의 직접적 간접적인 침략행위로부터 국가의 독립을 유지하고 영토를 보전하기 위한 의무로서 현대전이 고도의 과학기술과 정보를 요구하고 **국민전체의 협력을 필요로 하는 이른바 총력전**인 점에 비추어 단지 병역법 등에 의하여 군복무에 임하는 등의 **직접적인 병력형성의무**만을 가리키는 것으로 좁게 볼 것이 아니라, 향토예비군설치법, 민방위기본법, 비상대비자원관리법, 병역법 등에 의한 **간접적인 병력형성의무 및 병력형성이후 군작전명령에 복종하고 협력하여야 할 의무**도 포함하는 넓은 의미의 것으로 보아야 할 것이므로, … 여러 가지 사정을 고려하여 합목적적으로 정할 사항이다(헌재 1995. 12. 28. 91헌마80).

3550 「향토예비군설치법」에 따라 예비군훈련소집에 응하여 훈련을 받는 것은 국민이 마땅히 하여야 할 의무를 다하는 것일 뿐 국가나 공익목적을 위하여 특별한 희생을 하는 것이라고 할 수 없다. 24 경찰 1차

O | X

3550-1 「향토예비군설치법」에 따라 예비군훈련소집에 응하여 훈련을 받는 것은 국민의 의무를 다하는 것일 뿐만 아니라 국가나 공익목적을 위하여 특별한 희생을 하는 것이므로 보상하여야 한다. 22 경찰 2차

O | X

헌법 제39조 제1항은 "모든 국민은 법률이 정하는 바에 의하여 국방의 의무를 진다"고 규정하고 있는바, 이러한 국방의 의무는 외부 적대세력의 직·간접적인 침략행위로부터 국가의 독립을 유지하고 영토를 보전하기 위한 의무로서, 헌법에서 이러한 국방의 의무를 국민에게 부과하고 있는 이상 향토예비군설치법에 따라 **예비군훈련소집에 응하여 훈련을 받는 것은 국민이 마땅히 하여야 할 의무를 다하는 것일 뿐, 국가나 공익목적을 위하여 특별한 희생을 하는 것이라고 할 수 없다**(헌재 2003. 6. 26. 2002헌마484).

3551 병역의무는 국민 전체의 인간으로서의 존엄과 가치를 보장하기 위한 것이므로, 양심적 병역거부자의 양심의 자유가 국방의 의무보다 우월한 가치라고 할 수 없다. 20 경정, 11 법원 9

O | X

이 사건 법률조항은 바로 이와 같이 가장 기본적인 국민의 국방의 의무를 구체화하기 위하여 마련된 것이다. 그리고 이와 같은 병역의무가 제대로 이행되지 않아 국가의 안전보장이 이루어지지 않는다면 국민의 인간으로서의 존엄과 가치도 보장될 수 없음은 불을 보듯 명확한 일이다. 따라서 **병역의무는, 궁극적으로는 국민 전체의 인간으로서의 존엄과 가치를 보장**하기 위한 것이라 할 것이고, 피고인의 **양심의 자유가** 위와 같은 헌법적 법익보다 **우월한 가치라고는 할 수 없다**(헌재 2004. 10. 28. 2004헌바61 등).

3552 헌법 제39조 제2항이 금지하는 '불이익한 처우'라 함은 단순한 사실상, 경제상의 불이익을 모두 포함하는 것이 아니라 법적인 불이익을 의미하는 것으로 보아야 한다. 16 법무사

O | X

3552-1 헌법은 국방의 의무를 국민에게 부과하면서 병역의무의 이행을 이유로 불이익한 처우를 하는 것을 금지하고 있는데, 여기서 '불이익한 처우'라 함은 법적인 불이익뿐만이 아니라 사실상, 경제상의 불이익을 모두 포함하는 것으로 이해해야 한다. 24 경찰 1차

O | X

헌법 제39조 제2항은 병역의무를 이행한 사람에게 보상조치를 취하거나 특혜를 부여할 의무를 국가에게 지우는 것이 아니라, 법문 그대로 병역의무의 이행을 이유로 불이익한 처우를 하는 것을 금지하고 있을 뿐이다. 그리고 이 조항에서 금지하는 "**불이익한 처우**"라 함은 **단순한 사실상, 경제상의 불이익**을 모두 포함하는 것이 아니라 **법적인 불이익**을 의미하는 것으로 보아야 한다(헌재 1999. 12. 23. 98헌마363).

● 정답   3550. O   3550-1. X [보상을 요하는 특별한 희생 X]   3551. O   3552. O   3552-1. X [사실상·경제상 불이익 불포함]

3553 병역의무 그 자체를 이행하느라 받는 불이익은 "누구든지 병역의무 이행으로 인하여 불이익한 처우를 받지 아니한다."고 규정하고 있는 헌법 제39조 제2항과 관련이 없다. 11 법원 9   O | X

병역의무 그 자체를 이행하느라 받는 불이익은 병역의무의 이행으로 인한 불이익한 처우의 금지(헌법 제39조 제2항)와는 무관한 바, 예비역이 「병역법」에 의하여 병력동원훈련 등을 위하여 소집을 받는 것은 헌법과 법률에 따른 국방의 의무를 이행하는 것이고, 그 동안 「군형법」의 적용을 받는 것 또한 국방의 의무를 이행하는 중에 범한 군사상의 범죄에 대하여 형벌이라는 제재를 받는 것이므로, 어느 것이나 헌법 제39조 제1항에 규정된 국방의 의무를 이행하느라 입는 불이익이라고 할 수는 있을지언정, 병역의무의 이행으로 불이익한 처우를 받는 것이라고는 할 수 없다(헌재 1999. 2. 25. 97헌바3).

3554 공무원 시험의 응시자격을 '군복무를 필한 자'라고 하여 군복무 중에는 그 응시기회를 제한하는 것은 병역의무의 이행을 이유로 불이익을 주는 것이다. 20 경정   O | X

이 사건 공고는 현역군인 신분자에게 다른 직종의 시험응시기회를 제한하고 있으나 이는 병역의무 그 자체를 이행하느라 받는 불이익으로서 병역의무 중에 입는 불이익에 해당될 뿐, 병역의무의 이행을 이유로 한 불이익은 아니므로 이 사건 공고로 인하여 현역군인이 타 직종에 시험응시를 하지 못하는 것은 헌법 제39조 제2항에서 금지하는 '불이익한 처우'라 볼 수 없다(헌재 2007. 5. 31. 2006헌마627).

3555 군복무로 인한 휴직기간을 법무사의 일부 면제에 관한 「법무사법」 제5조의2제1항의 공무원 근무 경력에 산입하지 아니한 것은 병역의무의 이행으로 인한 불이익처우금지를 규정한 헌법 제39조 제2항을 위반한 것이다. 11 법원 9   O | X

군복무로 인하여 휴직함으로써 법원사무직렬 공무원으로 실제 근무하지 못하게 된 사정과 법무사시험의 제1차 시험면제의 취지에 비추어 보면, 군복무로 인한 휴직기간을 법무사시험의 일부 면제에 관한 「법무사법」 제5조의2제1항의 공무원 근무경력에 산입하지 아니하였다고 하여 이를 두고 병역의무의 이행으로 인하여 불이익한 처우를 받지 아니한다고 규정한 헌법 제39조 제2항 위반이라고 할 수 없다(대판 2006. 6. 30. 2004두4802).

● 정답 3553. O   3554. X [병역의무의 이행을 이유로 한 불이익 X]   3555. X [헌법 제39조 제2항 위반 X]

김건호 헌법

비교불가
헌법
기출지문OX

정치제도 | 헌법재판소 **3**

CHAPTER 08 사회·경제·문화국가원리

POINT 039	사회국가원리	C	187
POINT 040	사회적 시장경제질서	S	189
POINT 041	사회적 시장경제질서 구체화	A	198
POINT 042	문화국가원리	B	204

CHAPTER 09 국제법 존중주의

POINT 043	조약	B	210
POINT 044	국제법규	C	215
POINT 045	외국인 지위 보장	C	216
POINT 046	평화통일주의	B	217

CHAPTER 10 제도적 보장

| POINT 047 | 제도적 보장 | C | 221 |

CHAPTER 11 정당설립의 자유와 정당제도

POINT 048	정당제도	B	223
POINT 049	정당설립의 자유	S	224
POINT 050	정당등록·취소	A	230
POINT 051	정당의 당원	A	234
POINT 052	정당의 특권과 정치자금	C	239
POINT 053	국고보조금	C	244
POINT 054	위헌정당강제해산제도	S	246

CHAPTER 12 선거제도

POINT 055	선거와 선거권	A	260
POINT 056	보통선거의 원칙	A	264
POINT 057	재외선거제도	B	270
POINT 058	피선거권	B	274
POINT 059	후보자	C	276
POINT 060	기탁금 납부 및 반환	C	279
POINT 061	예비후보자	C	281
POINT 062	평등선거의 원칙	B	284
POINT 063	선거구획정	B	286
POINT 064	직접선거의 원칙	C	288
POINT 065	비밀선거의 원칙	C	290
POINT 066	자유선거의 원칙	C	291
POINT 067	공무원의 선거중립의무	C	294
POINT 068	선거운동의 기간제한	C	297
POINT 069	선거운동의 인적제한	C	299
POINT 070	선거운동의 방법제한	C	302
POINT 071	대통령선거	S	304
POINT 072	국회의원선거 및 지방선거	A	307
POINT 073	투표	C	312
POINT 074	선거공영제와 선거범죄	C	314
POINT 075	선거쟁송	B	316

CHAPTER 13 직업공무원제도와 공무담임권

| POINT 076 | 직업공무원제도 | A | 319 |
| POINT 077 | 공무담임권 | S | 325 |

CHAPTER 14 지방자치제도

POINT 078	지방자치제도	C	343
POINT 079	지방자치단체	A	344
POINT 080	지방자치단체의 사무와 지방자치권	B	349

CHAPTER 08 사회·경제·문화국가원리

- POINT 039 사회국가원리 C ⋯ 187
- POINT 040 사회적 시장경제질서 S ⋯ 189
- POINT 041 사회적 시장경제질서 구체화 A ⋯ 198
- POINT 042 문화국가원리 B ⋯ 204

CHAPTER 09 국제법 존중주의

- POINT 043 조약 B ⋯ 210
- POINT 044 국제법규 C ⋯ 215
- POINT 045 외국인 지위 보장 C ⋯ 216
- POINT 046 평화통일주의 B ⋯ 217

CHAPTER 10 제도적 보장

- POINT 047 제도적 보장 C ⋯ 221

CHAPTER 11 정당설립의 자유와 정당제도

- POINT 048 정당제도 B ⋯ 223
- POINT 049 정당설립의 자유 S ⋯ 224
- POINT 050 정당등록·취소 A ⋯ 230
- POINT 051 정당의 당원 A ⋯ 234
- POINT 052 정당의 특권과 정치자금 C ⋯ 239
- POINT 053 국고보조금 C ⋯ 244
- POINT 054 위헌정당강제해산제도 S ⋯ 246

CHAPTER 12 선거제도

- POINT 055 선거와 선거권 A ⋯ 260
- POINT 056 보통선거의 원칙 A ⋯ 264
- POINT 057 재외선거제도 B ⋯ 270
- POINT 058 피선거권 B ⋯ 274
- POINT 059 후보자 C ⋯ 276
- POINT 060 기탁금 납부 및 반환 C ⋯ 279
- POINT 061 예비후보자 C ⋯ 281
- POINT 062 평등선거의 원칙 B ⋯ 284
- POINT 063 선거구획정 B ⋯ 286
- POINT 064 직접선거의 원칙 C ⋯ 288
- POINT 065 비밀선거의 원칙 C ⋯ 290
- POINT 066 자유선거의 원칙 C ⋯ 291
- POINT 067 공무원의 선거중립의무 C ⋯ 294
- POINT 068 선거운동의 기간제한 C ⋯ 297
- POINT 069 선거운동의 인적제한 C ⋯ 299
- POINT 070 선거운동의 방법제한 C ⋯ 302
- POINT 071 대통령선거 S ⋯ 304
- POINT 072 국회의원선거 및 지방선거 A ⋯ 307
- POINT 073 투표 C ⋯ 312
- POINT 074 선거공영제와 선거범죄 C ⋯ 314
- POINT 075 선거쟁송 B ⋯ 316

CHAPTER 13 직업공무원제도와 공무담임권

- POINT 076 직업공무원제도 A ⋯ 319
- POINT 077 공무담임권 S ⋯ 325

CHAPTER 14 지방자치제도

- POINT 078 지방자치제도 C ⋯ 343
- POINT 079 지방자치단체 A ⋯ 344
- POINT 080 지방자치단체의 사무와 지방자치권 B ⋯ 349

조례제정권	A ···	353
2 지방의회	C ···	358
083 지방자치단체의 장	B ···	360
084 주민자치	C ···	362
NT 085 주민투표제	C ···	364
NT 086 주민소환제	B ···	366
OINT 087 국가의 지도·감독	B ···	369

Part II 국민의 권리와 의무

CHAPTER 01 기본권 일반이론

POINT 088 기본권주체 (자연인)	S ···	378
POINT 089 기본권주체 (사법인)	S ···	387
POINT 090 기본권주체 (공법인)	S ···	392
POINT 091 기본권제한의 일반적 법률유보	C ···	398
POINT 092 기본권제한의 명확성원칙	A ···	400
POINT 093 기본권제한의 과잉금지원칙과 본질적 내용 침해금지	B ···	403
POINT 094 기본권경합	B ···	408
POINT 095 기본권충돌	S ···	412
POINT 096 기본권보호의무	S ···	420
POINT 097 국가인권위원회	C ···	430

CHAPTER 02 포괄적 기본권

POINT 098 헌법에 열거되지 않은 기본권	C ···	433
POINT 099 인간의 존엄과 가치	C ···	434
POINT 100 일반적 인격권	S ···	436
POINT 101 행복추구권	B ···	447
POINT 102 일반적 행동자유권	S ···	450
POINT 103 인격의 자유로운 발현권	C ···	469
POINT 104 자기결정권	A ···	471
POINT 105 계약의 자유	C ···	480

CHAPTER 03 평등권

POINT 106 평등원칙 및 평등권	A ···	483
POINT 107 평등여부위반 심사	B ···	487

POINT 108	자의금지원칙	A … 489
POINT 109	비례원칙	A … 499
POINT 110	평등권 관련판례	S … 505

CHAPTER 04 자유권

POINT 111	생명권	C … 533
POINT 112	신체의 자유	C … 535
POINT 113	죄형법정주의	C … 536
POINT 114	형벌불소급원칙	B … 540
POINT 115	죄형법정주의의 명확성원칙	C … 545
POINT 116	명확성원칙 관련판례	S … 549
POINT 117	책임과 형벌의 비례원칙	A … 563
POINT 118	이중처벌금지	B … 575
POINT 119	연좌제금지	B … 581
POINT 120	신체의 자유 관련판례	A … 587
POINT 121	적법절차원칙	A … 593
POINT 122	적법절차원칙 관련판례	B … 598
POINT 123	영장주의	S … 605
POINT 124	진술거부권	C … 620
POINT 125	변호인의 조력을 받을 권리	A … 622
POINT 126	변호인의 조력을 받을 권리 내용	S … 626
POINT 127	기타 형사절차상 적법절차	C … 636
POINT 128	무죄추정원칙	A … 637
POINT 129	주거의 자유	C … 644
POINT 130	사생활의 비밀과 자유	S … 647
POINT 131	개인정보자기결정권	S … 659
POINT 132	통신의 비밀	S … 680
POINT 133	양심의 자유	S … 694

POINT 134	양심의 자유 관련판례	A … 704
POINT 135	종교의 자유	A … 710
POINT 136	국교부인과 정교분리원칙	C … 719
POINT 137	학문과 예술의 자유	C … 721
POINT 138	언론·출판의 자유	B … 723
POINT 139	사전검열금지	S … 729
POINT 140	표현의 자유의 제한	C … 738
POINT 141	표현의 자유 관련판례	A … 740
POINT 142	언론기관의 자유	B … 752
POINT 143	알 권리	A … 758
POINT 144	집회의 자유	S … 766
POINT 145	집회허가금지와 집회의 제한	B … 772
POINT 146	집회신고제	B … 777
POINT 147	집시법상 옥외집회·시위의 제한	A … 782
POINT 148	결사의 자유	B … 790
POINT 149	거주·이전의 자유	B … 794
POINT 150	직업선택의 자유	S … 800
POINT 151	직업의 자유의 제한	S … 808
POINT 152	직업선택의 자유 관련판례	A … 820
POINT 153	직업수행의 자유 관련판례	S … 832
POINT 154	재산권	S … 843
POINT 155	재산권의 내용 형성과 제한	C … 857
POINT 156	토지재산권	C … 860
POINT 157	재산권 관련판례	A … 866
POINT 158	공용침해와 손실보상	B … 881

CHAPTER 05 참정권 (정치권)

| POINT 159 | 국민투표제도와 국민투표권 | B … 889 |
| POINT 160 | 중요정책 국민투표 | A … 892 |

CONTENTS

CHAPTER 06 사회적 기본권

POINT 161 사회적 기본권 C … 897
POINT 162 인간다운 생활을 할 권리 A … 897
POINT 163 사회보장수급권 A … 904
POINT 164 국가의 사회보장·사회복지 의무 C … 912
POINT 165 교육을 받을 권리 A … 913
POINT 166 부모의 자녀교육권 B … 920
POINT 167 학생의 학습의 자유와 교사의 수업권 C … 926
POINT 168 의무교육 B … 927
POINT 169 교육의 자주성·전문성·정치적 중립성 및 대학의 자율성 B … 933
POINT 170 교육제도·교원지위 법정주의 C … 941
POINT 171 근로의 권리 S … 944
POINT 172 근로3권 C … 955
POINT 173 단결권·단체교섭권 및 단체행동권 A … 957
POINT 174 공무원 등의 근로3권 B … 963
POINT 175 근로3권의 제한 C … 967
POINT 176 환경권 B … 972
POINT 177 혼인과 가족에 관한 권리 S … 977
POINT 178 모성보호 및 보건에 관한 권리 C … 988

CHAPTER 07 청구권

POINT 179 청원권 S … 991
POINT 180 재판청구권 S … 1001
POINT 181 신속·공개재판을 받을 권리 C … 1012
POINT 182 재판청구권 관련판례 A … 1014
POINT 183 공정한 재판을 받을 권리 B … 1021
POINT 184 재판절차진술권 C … 1026
POINT 185 군사재판 B … 1028
POINT 186 행정심판 C … 1030
POINT 187 국민참여재판 C … 1032
POINT 188 형사보상청구권 A … 1035
POINT 189 국가배상청구권 B … 1044
POINT 190 범죄피해자구조청구권 B … 1052

CHAPTER 08 국민의 기본의무

POINT 191 국민의 기본의무 C … 1057

Part III 정치제도

CHAPTER 01 정치제도 일반이론

POINT 192	대의제도	C	1064
POINT 193	권력분립원칙	A	1064
POINT 194	정부형태론	C	1069

CHAPTER 02 국회

POINT 195	국회의장·부의장	S	1071
POINT 196	위원회제도	C	1077
POINT 197	상임위원회	S	1078
POINT 198	특별위원회	C	1084
POINT 199	국회위원회 운영	B	1088
POINT 200	교섭단체	C	1092
POINT 201	국회의 운영	S	1093
POINT 202	의사공개원칙	B	1097
POINT 203	의사공개원칙의 예외	B	1100
POINT 204	회기계속원칙	B	1104
POINT 205	다수결원칙	S	1105
POINT 206	일사부재의	C	1114
POINT 207	법률안 제출	B	1116
POINT 208	위원회 심사	S	1119
POINT 209	본회의 심의·의결	S	1127
POINT 210	정부이송	S	1134
POINT 211	조세법률주의	A	1139
POINT 212	조세평등주의	C	1147
POINT 213	부담금	C	1148
POINT 214	예산과 법률	C	1150
POINT 215	예산심의·확정권	S	1152
POINT 216	준예산, 계속비·예비비 및 추가경정예산	A	1157
POINT 217	기채 사전동의권 및 결산심사권	C	1160
POINT 218	국정감사·조사권	S	1160
POINT 219	국정감사·조사권의 행사	B	1167
POINT 220	헌법기관 구성권 (인사권)	B	1169
POINT 221	탄핵소추 (국회)	S	1173
POINT 222	탄핵심판 (헌법재판소)	S	1182
POINT 223	해임건의	B	1190
POINT 224	출석요구권 및 기타 국정통제권	B	1192
POINT 225	국회의원의 지위	B	1194
POINT 226	국회의원의 권한 (심의·표결권)	S	1198
POINT 227	국회의원의 면책특권	S	1213
POINT 228	국회의원의 불체포특권	S	1217
POINT 229	국회의원의 의무	B	1220
POINT 230	국회자율권	C	1224
POINT 231	국회의원 자격심사·징계	A	1225

CHAPTER 03 정부

POINT 232	대통령의 지위	C	1229
POINT 233	불소추특권	C	1233
POINT 234	대통령의 의무	C	1235
POINT 235	사면권	S	1237
POINT 236	일반사면	C	1241
POINT 237	특별사면	A	1243
POINT 238	감형·복권	C	1247
POINT 239	기타 대통령의 권한과 권한의 통제	B	1248
POINT 240	자문회의	B	1250

POINT 241	국무총리	S … 1252
POINT 242	국무위원	B … 1258
POINT 243	국무회의	A … 1261
POINT 244	국무회의 심의사항	C … 1263
POINT 245	행정각부	C … 1266
POINT 246	감사원	S … 1270
POINT 247	감사원의 권한	A … 1275
POINT 248	선거관리위원회	S … 1280

CHAPTER 04 법원

POINT 249	사법권	C … 1289
POINT 250	통치행위	S … 1290
POINT 251	대법원	C … 1293
POINT 252	대법원장·대법관과 일반법관	A … 1294
POINT 253	임기제와 정년제	S … 1298
POINT 254	대법원의 권한	A … 1302
POINT 255	법원의 독립	C … 1307
POINT 256	법관의 재판상 독립 (물적독립)	A … 1309
POINT 257	법관의 신분보장 (인적독립)	S … 1315
POINT 258	각급법원	C … 1320
POINT 259	군사법원	C … 1322
POINT 260	법원의 권한	B … 1325
POINT 261	재판 관련 제도	C … 1327

Part IV 헌법재판소

CHAPTER 01 헌법재판소 일반이론

POINT 262	헌법재판소의 구성과 운영	S … 1332

CHAPTER 02 헌법재판소의 일반심판절차

POINT 263	일반심판절차	S … 1338
POINT 264	가처분	B … 1347
POINT 265	종국결정 및 결정의 효력	B … 1351
POINT 266	헌법재판의 재심	C … 1355

CHAPTER 03 위헌법률심판

POINT 267	위헌법률심판제청	S … 1358
POINT 268	위헌제청의 대상	S … 1364
POINT 269	재판의 전제성	S … 1375
POINT 270	위헌법률심판의 종국결정	C … 1384
POINT 271	위헌결정의 효력 발생시기	S … 1387
POINT 272	변형결정	C … 1393

CHAPTER 04 헌법소원심판

POINT 273	위헌심사형 헌법소원	S … 1398
POINT 274	권리구제형 헌법소원	A … 1407
POINT 275	헌법소원심판의 대상	C … 1412
POINT 276	헌법소원심판의 대상 (국회)	B … 1414
POINT 277	헌법소원심판의 대상 (행정부)	S … 1417
POINT 278	헌법소원심판의 대상 (행정기관의 행위)	S … 1428

POINT 279	헌법소원심판의 대상 (검사의 처분)	B ··· 1437
POINT 280	헌법소원심판의 대상(사법작용)과 원행정처분	B ··· 1440
POINT 281	헌법소원심판의 청구권자	C ··· 1445
POINT 282	자기관련성	S ··· 1447
POINT 283	헌법소원의 현재성과 청구기간	A ··· 1459
POINT 284	직접성	A ··· 1465
POINT 285	헌법소원심판의 보충성	A ··· 1472
POINT 286	보충성의 예외	B ··· 1476
POINT 287	헌법소원심판의 권리보호이익	B ··· 1480
POINT 288	종국결정	C ··· 1485

CHAPTER 05 권한쟁의심판

POINT 289	권한쟁의심판	C ··· 1486
POINT 290	권한쟁의심판의 당사자	S ··· 1488
POINT 291	피청구인의 처분 또는 부작위	B ··· 1495
POINT 292	헌법 또는 법률상 권한의 침해 또는 침해할 현저한 위험	A ··· 1498
POINT 293	권한쟁의심판의 심리 등	B ··· 1503
POINT 294	권한쟁의심판의 결정	B ··· 1505

PART

III

정치제도

CHAPTER	01	정치제도 일반이론
CHAPTER	02	국회
CHAPTER	03	정부
CHAPTER	04	법원

Chapter 01 정치제도 일반이론

POINT 192 대의제도 C

3556 직접민주제는 대의제가 안고 있는 문제점과 한계를 극복하기 위하여 예외적으로 도입된 제도라 할 것이므로 법률에 의하여 직접민주제를 도입하는 경우에는 기본적으로 대의제와 조화를 이루어야 하고, 대의제의 본질적인 요소나 근본적인 취지를 부정하여서는 아니된다. 22 입시   O | X

직접민주제는 대의제가 안고 있는 문제점과 한계를 극복하기 위하여 예외적으로 도입된 제도라 할 것이므로, 헌법적인 차원에서 직접민주제를 직접 헌법에 규정하는 것은 별론으로 하더라도 법률에 의하여 직접민주제를 도입하는 경우에는 기본적으로 대의제와 조화를 이루어야 하고, 대의제의 본질적인 요소나 근본적인 취지를 부정하여서는 아니된다는 내재적인 한계를 지닌다 할 것이다(헌재 2009. 3. 26. 2007헌마843).

POINT 193 권력분립원칙 A

01 현대적 의미

1 기능적 권력분립

3557 현대사회에서 고전적 의미의 3권분립은 그 의미가 약화되고 통치권을 행사하는 여러 권한과 기능들의 실질적인 분산과 상호 간의 조화를 도모하는 기능적 권력분립이 중요한 의미를 갖게 되었다. 18 서울 7   O | X

현대사회에서 고전적 의미의 3권분립은 그 의미가 약화되고 통치권을 행사하는 여러 권한과 기능들의 실질적인 분산과 상호 간의 조화를 도모하는 이른바 기능적 권력분립이 중요한 의미를 갖게 되었는데, 지방자치제도는 중앙정부와 지방자치단체 간에 권력을 기능적으로 나누어 가짐으로써 오늘날 민주주의 헌법이 통치기구의 구성원리로 보편적으로 받아들이고 있는 권력분립의 실현에도 기여한다(헌재 2014. 1. 28. 2012헌바216).

2 지방자치제도

3558 지방자치제도는 중앙정부와 지방자치단체 간에 권력을 기능적으로 나누어 가짐으로써 권력분립의 실현에도 기여한다. 18 서울 7   O | X

현대사회에서 고전적 의미의 3권분립은 그 의미가 약화되고 통치권을 행사하는 여러 권한과 기능들의 실질적인 분산과 상호 간의 조화를 도모하는 이른바 기능적 권력분립이 중요한 의미를 갖게 되었는데, 지방자치제도는 중앙정부와 지방자치단체 간에 권력을 기능적으로 나누어 가짐으로써 오늘날 민주주의 헌법이 통치기구의 구성원리로 보편적으로 받아들이고 있는 권력분립의 실현에도 기여한다(헌재 2014. 1. 28. 2012헌바216).

정답 3556. O   3557. O   3558. O

3559 헌법상 권력분립의 원리는 지방의회와 지방자치단체의 장 사이에서도 상호견제와 균형의 원리로서 실현되고 있다. 18 서울 7   O│X

헌법상 권력분립의 원리는 **지방의회와 지방자치단체의 장 사이**에서도 **상호견제와 균형**의 **원리로서 실현되고 있다**(헌재 2014. 1. 28. 2012헌바216).

3560 권력분립의 원칙은 인적 측면에서도 입법과 행정의 분리를 요청하므로, 행정공무원의 경우는 지방의회의원의 입후보제한이나 겸직금지가 필요하다. 17 입시   O│X

권력분립의 원리는 **인적 측면**에서도 **입법과 행정의 분리를 요청**하고, 만일 행정공무원이 지방입법기관에서라도 입법에 참여하면 권력분립의 원칙에 배치되게 되는 것으로, **공무원의 경우는 지방의회의원의 입후보제한이나 겸직금지가 필요**하다(헌재 1991. 3. 11. 90헌마28).

3 특별검사제도

3561 권력분립의 원칙이란 국가권력의 기계적 분립과 엄격한 절연을 의미하는 것이 아니라, 권력 상호 간의 견제와 균형을 통한 국가권력의 통제를 의미하는 것이며, 특정한 국가기관을 구성함에 있어서 입법부, 행정부, 사법부가 그 권한을 나누어 가지거나 기능적인 분담을 하는 것은 권력분립의 원칙에 반하는 것이 아니다. 13 변호사   O│X

3561-1 특정한 국가기관을 구성함에 있어 입법부, 행정부, 사법부가 그 권한을 나누어 가지거나 기능적인 분담을 하는 것은 권력분립의 원칙에 반한다. 17 경정, 16 경정, 15 경정 등   O│X

헌법상 권력분립의 원칙이란 국가권력의 기계적 분립과 엄격한 절연을 의미하는 것이 아니라, **권력 상호 간의 견제와 균형**을 통한 **국가권력의 통제를 의미하는 것**이다. 따라서 **특정한 국가기관을 구성함에 있어 입법부, 행정부, 사법부가 그 권한을 나누어 가지거나 기능적인 분담**을 하는 것은 권력분립의 원칙에 반하는 것이 아니라 **권력분립의 원칙을 실현하는 것**으로 볼 수 있다(헌재 2008. 1. 10. 2007헌마1468).

3562 검찰의 기소독점주의 및 기소편의주의에 대한 예외로서 특별검사제도를 인정할지 여부의 판단에는 본질적으로 국회의 폭넓은 재량이 인정된다. 12 국가 7   O│X

특별검사제도의 장단점 및 우리나라 특별검사제도의 연혁에 비추어 볼 때, 검찰의 기소독점주의 및 기소편의주의에 대한 예외로서 **특별검사제도를 인정할지 여부**는 물론, … 특별검사제도의 장단점, 당해 사건에 대한 국민적 관심과 요구 등 제반 사정을 고려하여 결정할 문제로서 그 판단에는 본질적으로 **국회의 폭넓은 재량이 인정**된다(헌재 2008. 1. 10. 2007헌마1468).

●정답 3559. O 3560. O 3561. O 3561-1. X [권력분립 원칙에 반하지 않음] 3562. O

3563 대법원장으로 하여금 특별검사 후보자 2인을 추천하고 대통령은 그 추천후보자 중에서 1인을 특별검사로 임명하도록 한 법률조항은 적법절차원칙·권력분립원칙에 위배되지 않는다. 19 국회 8   O|X

3563-1 특별검사제도의 도입 여부를 입법부가 독자적으로 결정하고, 특별검사의 임명과정에서 대법원장이 추천한 자 중 1인을 대통령이 임명할 수밖에 없도록 하여 특별검사 임명에 관한 권한을 헌법기관 간에 분산시키는 것은 권력분립원칙에 반하지 않는다. 24 경정   O|X

3563-2 정치적 사건을 담당하게 될 특별검사의 임명에 대법원장을 관여시키는 것이 헌법상 권력분립의 원칙에 어긋난다거나 입법재량의 범위에 속하지 않는다고는 할 수 없다. 22 변호사   O|X

3563-3 본질적으로 권력통제의 기능을 가진 특별검사제도의 취지와 기능에 비추어 볼 때 특별검사제도의 도입 여부를 입법부가 독자적으로 결정하고 특별검사 임명에 관한 권한을 헌법기관 간에 분산시키는 것이 권력분립의 원칙에 반한다고 볼 수 없으나, 정치적 사건을 담당하게 될 특별검사의 임명에 정치적 중립성을 엄격하게 지켜야 할 대법원장을 관여시키는 것에 대한 국회의 정치적·정책적 판단은 헌법상 권력분립의 원칙에 어긋난다. 22 입시   O|X

3563-4 대법원장이 특별검사 후보자 2인을 추천하고 대통령은 그 추천 후보자 중에서 1인을 특별검사로 임명하도록 하는 것은 사실상 대법원장에게 특별검사 임명권을 부여한 것으로 권력분립원칙에 위배되어 대통령의 공무원 임명권을 침해한다. 23 변호사   O|X

본질적으로 권력통제의 기능을 가진 특별검사제도의 취지와 기능에 비추어 볼 때, **특별검사제도의 도입 여부를 입법부가 독자적으로 결정**하고 특별검사 임명에 관한 권한을 **헌법기관 간에 분산시키는 것이 권력분립원칙에 반한다고 볼 수 없다.** 한편 정치적 중립성을 엄격하게 지켜야 할 대법원장의 지위에 비추어 볼 때 정치적 사건을 담당하게 될 **특별검사의 임명에 대법원장을 관여시키는 것**이 과연 바람직한 것인지에 대하여 논란이 있을 수 있으나, 그렇다고 국회의 이러한 정치적·정책적 판단이 헌법상 권력분립원칙에 어긋난다거나 입법재량의 범위에 속하지 않는다고는 할 수 없다. 그렇다면 이 사건 법률 제3조는 **적법절차원칙에 위반되거나 권력분립원칙에 위반되지 아니하므로 청구인들의 기본권을 침해하지 않는다**(헌재 2008. 1. 10. 2007헌마1468).

4 고위공직자범죄수사처

3564 헌법원칙으로서의 권력분립원칙은 구체적인 헌법질서와 분리하여 파악될 수 없는 것으로서 권력분립원칙의 구체적 내용은 헌법으로부터 나오므로 어떠한 국가행위가 권력분립원칙에 위배되는지 여부는 구체적인 헌법규범을 토대로 판단되어야 한다. 24 경정, 22 입시   O|X

헌법원칙으로서의 권력분립원칙은 구체적인 헌법질서와 분리하여 파악될 수 없는 것으로 권력분립원칙의 구체적 내용은 헌법으로부터 나오므로, 어떠한 국가행위가 **권력분립원칙에 위배되는지 여부는 구체적인 헌법규범을 토대로 판단되어야 한다**(헌재 2021. 1. 28. 2020헌마264 등).

3565 고위공직자범죄수사처를 독립된 형태로 설치하도록 규정한 것은 고위공직자범죄수사처가 행정부 소속의 중앙행정기관으로서 여러 기관에 의한 통제가 충실히 이루어질 수 있으므로 권력분립의 원칙에 위배되지 않는다. 22 변호사   O|X

수사처는 '고위공직자범죄수사처 설치 및 운영에 관한 법률'이라는 입법을 통해 도입되었으므로 의회는 법률의 개폐를 통하여 수사처에 대한 시원적인 통제권을 가지고, 수사처 구성에 있어 입법부, 행정부, 사법부를 비롯한 다양한 기관이 그 권한을 나누어 가지므로 기관 간 견제와 균형이 이루어질 수 있으며, 국회, 법원, 헌법재판소에 의한 통제가 가능할 뿐 아니라 행정부 내부적 통제를 위한 여러 장치도 마련되어 있다. … **수사처의 권한 행사에 대하여는 여러 기관으로부터의 통제가 충실히 이루어질 수 있으므로, 단순히 수사처가 독립된 형태로 설치되었다는 이유만으로 권력분립원칙에 반한다고 볼 수 없다**(헌재 2021. 1. 28. 2020헌마264 등).

정답 3563. O   3563-1. O   3563-2. O   3563-3. X [권력분립원칙에 어긋나지 않음]   3563-4. X [대통령의 공무원 임명권을 침해하지 않음]   3564. O   3565. O

3566 전통적으로 권력분립원칙은 입법권, 행정권, 사법권의 분할과 이들 간의 견제와 균형의 원리이므로, 설령 고위공직자범죄수사처의 설치로 말미암아 고위공직자범죄수사처와 기존의 다른 수사기관과의 관계가 문제된다 하더라도 동일하게 행정부 소속인 고위공직자범죄수사처와 다른 수사기관 사이의 권한배분의 문제는 헌법상 권력분립원칙의 문제라고 볼 수 없다. 23 경정   O|X

> 전통적으로 권력분립원칙은 **입법권, 행정권, 사법권의 분할**과 이들 간의 **견제와 균형**의 원리이므로, 설령 수사처의 설치로 말미암아 수사처와 기존의 다른 수사기관과의 관계가 문제된다 하더라도 동일하게 **행정부 소속인 수사처와 다른 수사기관 사이의 권한 배분의 문제는 헌법상 권력분립원칙의 문제라고 볼 수 없다**(헌재 2021. 1. 28. 2020헌마264 등).

02 관련판례

3567 특정 사안에 있어 법관으로 하여금 증거조사에 의한 사실판단도 하지 말고, 최초의 공판기일에 공소사실과 검사의 의견만을 듣고 결심하여 형을 선고하도록 규정한 「반국가행위자의 처벌에 관한 특별조치법」 조항은 입법에 의해서 사법의 본질적인 중요부분을 대체시켜 버리는 것에 다름 아니어서 헌법상 권력분립의 원칙에 반한다. 23 경정   O|X

3567-1 입법자가 법원으로 하여금 증거조사도 하지 말고 형을 선고하도록 하는 법률을 제정하는 것은 헌법이 정한 입법권의 한계를 유월하여 사법작용의 영역을 침범한 것이라고 할 것이다. 15 국회 8   O|X

3567-2 특정 사안에 한하여 입법자가 법관으로 하여금 최초의 공판기일에 공소사실과 검사의 의견만 듣고 결심하여 형을 선고하도록 법률을 제정하더라도 그 자체로 위헌인 것은 아니다. 10 국회 8   O|X

> 특정 사안에 있어 법관으로 하여금 증거조사에 의한 사실판단도 하지말고, 최초의 공판기일에 **공소사실과 검사의 의견만을 듣고 결심하여 형을 선고**하라는 것은 입법에 의해서 사법의 본질적인 중요부분을 대체시켜 버리는 것에 다름 아니어서 우리 헌법상의 **권력분립원칙에 어긋나는 것이다**. 우리 헌법은 권력 상호간의 견제와 균형을 위하여 명시적으로 규정한 예외를 제외하고는 입법부에게 사법작용을 수행할 권한을 부여하지 않고 있다. 그런데도 입법자가 법원으로 하여금 **증거조사도 하지 말고 형을 선고**하도록 하는 법률을 제정한 것은 헌법이 정한 **입법권의 한계를 유월**하여 **사법작용의 영역을 침범한 것**이라고 할 것이다(헌재 1996. 1. 25. 95헌가5).

3568 법원이 엄격한 증거조사와 사실심리를 거쳐 무죄 등의 판결을 선고하는 경우에도, 검사의 10년 이상 구형이 있기만 하면 중대한 피고사건으로 간주되어 구속이 계속되는 것은 권력분립의 원칙에 위배되는 것이다. 17 입시   O|X

> 법원이 엄격한 증거조사와 사실심리를 거쳐 무죄 등의 판결을 선고하는 경우에는 피고사건이 중대하지 않다고 판단을 내린 것이라고 보아야 함에도 불구하고 **검사의 10년 이상 구형**이 있기만 하면 중대한 피고사건으로 간주되어 **구속이 계속된다면 권력분립에 의한 사법권의 행사**를 통하여 법치주의를 구현하려는 헌법의 **기본원칙에 위배되는 것**이라 아니할 수 없다(헌재 1992. 12. 24. 92헌가8).

정답 3566. O   3567. O   3567-1. O   3567-2. X [권력분립원칙에 어긋나 위헌]   3568. O

3569 금융기관의 연체대출금에 대하여 「회사정리법」의 규정에도 불구하고 경매를 진행할 수 있게 한 「금융기관의 연체대출금에 관한 특별조치법」 제7조의3 규정은 「회사정리법」상의 법원의 권한을 무력화시키고 금융기관의 의사에 따르지 않을 수 없게 하여 사법권 독립에 위협의 소지가 될 수 있다. 12 국회 8 O│X

3569-1 회사정리절차의 개시와 진행여부에 관한 법관의 판단을 금융기관 내지 성업공사 등 이해당사자의 의사에 실질적으로 종속시키는 법 조항은 사법권을 형해화하는 것이고 사법권의 독립을 위협할 소지가 있다. 19 변호사 O│X

회사정리절차의 개시와 진행의 여부를 실질적으로 금융기관의 의사에 종속시키는 위 규정은, 회사의 갱생가능성 및 정리계획의 수행가능성의 판단을 오로지 법원에게 맡기고 있는 회사정리법의 체계에 위반하여 사법권을 형해화시키는 것으로서, 지시로부터의 독립도 역시 그 내용으로 하는 사법권의 독립에 위협의 소지가 있다(헌재 1990. 6. 25. 89헌가98 등).

3570 부보(附保)금융기관 파산 시 법원으로 하여금 예금보험공사나 그 임직원을 의무적으로 파산관재인으로 선임하도록 하고, 예금보험공사가 파산관재인으로 선임된 경우 「파산법」상의 파산관재인에 대한 법원의 해임권과 허가권 등 법원의 감독을 배제하는 법 조항은 법원의 사법권 내지 사법권 독립을 침해하는 것이다. 19 변호사 O│X

예금보험공사 ('예보') 측을 금융기관에 대한 파산관재인으로 선임하면, 예보가 지닌 금융경제질서의 안정을 위한 공적 기능의 과제와 그 의사결정과 업무수행에 관한 정부의 참여와 감독을 고려할 때, 보다 효율적이고 신속한 공적자금의 회수에 기여할 것이라고 인정될 수 있다. 그러므로 이 사건 조항은 객관적으로 자의적인 것이라거나 비합리적인 것이라 볼 수 없다. … 또한 이 사건 조항이 예보가 파산관재인이 될 경우 파산법상의 법원의 해임권 등을 배제하고 있으나, 예금자보호법상 예보의 의사결정과정, 파산관리절차에 관한 지휘체계, 예보에 대한 국가기관의 감독장치, 이 사건 조항의 입법목적과 내용 등을 고려할 때, 그러한 감독권 배제가 자의적이거나 불합리하게 법원의 사법권을 제한한 것이라 보기 어렵다(헌재 2001. 3. 15. 2001헌가1 등).

3571 방송통신위원회의 「정보통신망 이용촉진 및 정보보호 등에 관한 법률」상 불법정보에 대한 취급거부·정지·제한명령은 행정처분으로서 행정소송을 통한 사법적 사후심사가 보장되어 있고, 그 자체가 법원의 재판이나 고유한 사법작용이 아니므로 사법권을 법원에 둔 권력분립원칙에 위반되지 않는다. 20 경정, 15 국가 7 O│X

방송통신위원회의 취급거부·정지·제한명령은 행정처분으로서 행정소송을 통한 사법적 사후심사가 보장되어 있고, 그 자체가 법원의 재판이나 고유한 사법작용이 아니므로 사법권을 법원에 둔 권력분립원칙에 위반되지 아니한다(헌재 2014. 9. 25. 2012헌바325).

3572 「보안관찰법」 제6조제1항 전문 후단은 보안관찰처분대상자에게 출소 후 신고의무를 법 집행기관의 구체적 처분이 아닌 법률로 직접 부과하고 있어서 이른바 처분적 법률에 해당하므로 권력분립원칙에 위반된다. 18 국가 7 O│X

3572-1 보안관찰처분대상자에게 출소 후 신고의무를 법 집행기관의 구체적 처분이 아닌 법률로 직접 부과하고 있는 「보안관찰법」 제6조 제1항 전문 후단은 권력분립의 원칙에 위반된다. 20 경정, 17 입시 O│X

보안관찰법 제6조 제1항 전문 후단이 보안관찰처분대상자에게 출소 후 신고의무를 법 집행기관의 구체적 처분(예컨대 신고의무부과처분)이 아닌 법률로 직접 부과하고 있기는 하나 위 조항은 보안관찰처분대상자 중에서 일부 특정 대상자에게만 적용되는 것이 아니라 위 대상자 모두에게 적용되는 일반적이고 추상적인 법률규정이므로 법률이 직접 출소 후 신고의무를 부과하고 있다고 하더라도 처분적 법률 내지 개인적 법률에 해당된다고 볼 수 없으므로 권력분립원칙에 위반되지 아니한다(헌재 2003. 6. 26. 2001헌가17 등).

● 정답 3569. O 3569-1. O 3570. X [사법권 내지 사법권 독립 침해 아님] 3571. O 3572. X [처분적 법률 X, 권력분립원칙 위반 아님] 3572-1. X [권력분립의 원칙 위반 아님]

POINT 194 정부형태론

01 대통령제

3573 대통령제에서는 국민이 대통령과 의회의 의원을 각각 선출하므로, 국가권력에게 민주적 정당성을 부여하는 방식이 이원화되어 있다. 20 국가 7   O | X

대통령제에서 국가권력에 대한 민주적 정당성 부여체계는 '국민 → 대통령'과 '국민 → 의회'라는 서로 분리된 구조를 가지고 있다. 따라서 대통령제에서는 국민이 대통령과 의회의 의원을 각각 따로 선출하여 행정부와 입법부를 각각 구성하므로 국가권력에게 민주적 정당성을 부여하는 방식이 이원화되어 있다.

3574 순수 대통령제는 국회와 집행부가 상호 독립성을 유지하는 정부형태이다. 10 국회 9   O | X

대통령제에서는 고전적인 권력분립사상에 입각하여 국가권력간의 엄격한 권력분립이 유지되고, 통치기관의 조직상·기능상의 독립성이 최대로 보장된다. 순수 대통령제는 국회와 집행부가 상호 독립성을 유지하는 정부형태이다.

3575 대통령제에서는 경성형 권력분립, 즉 대통령과 의회에 대한 상호독립성으로 말미암아 통상적으로 의회의 정부불신임권과 집행부의 의회해산권이 존재하지 않는다. 17 서울 7   O | X

대통령제에서는 고전적인 권력분립사상에 입각하여 국가권력간의 엄격한 권력분립이 유지되고, 통치기관의 조직상·기능상의 독립성이 최대로 보장된다. 대통령제는 대통령이 의회에 대하여 정치적 책임을 지지 않는 정부형태로서 대통령제에서는 경성형 권력분립, 즉 대통령과 의회에 대한 상호독립성으로 말미암아 통상적으로 의회의 정부불신임권과 집행부의 의회해산권이 존재하지 않는다.

3576 순수 대통령제는 국무위원이 의원을 겸직할 수 있는 정부형태이다. 10 국회 9   O | X

대통령제는 원칙적으로 국무위원이 의원을 겸직할 수 없는 정부형태이다.

3577 대통령제는 대통령의 임기를 보장하기 때문에 행정부의 안정성을 유지할 수 있는 장점이 있지만, 대통령과 국회가 충돌할 때 이를 조정할 수 있는 제도적 장치의 구비가 상대적으로 미흡하다. 20 국가 7   O | X

대통령제는 대통령의 임기를 보장하기 때문에 행정부의 안정성을 유지할 수 있는 장점이 있고, 이는 국가정책의 계속성과 강력한 정책집행의 원동력이 된다. 다만, 대통령이 방대한 권력을 가지면서 임기 중 국회에 대하여 책임을 지지 않으므로 대통령과 국회가 충돌할 때 이를 조정할 수 있는 제도적 장치의 구비가 상대적으로 미흡하여 정국의 불안정을 초래할 수 있다.

3578 순수 대통령제는 국무회의에 의결권한이 부여되지 않는 정부형태이다. 10 국회 9   O | X

대통령제는 원칙적으로 국무회의에 의결권한이 부여되지 않는 정부형태이다.

정답 3573. O   3574. O   3575. O   3576. X [겸직 불가능한 정부형태]   3577. O   3578. O

02 의원내각제

3579 의원내각제에서 일반적으로 국민의 대표기관인 의회는 행정부불신임권으로 행정부를 견제하고 행정부는 의회해산권으로 이에 대응한다. 20 국가 7   O | X

의회에 대한 내각의 정치적 책임 즉, 행정부불신임권은 의원내각제의 본질적인 요소이다. 의원내각제에서 일반적으로 국민의 대표기관인 의회는 행정부불신임권으로 행정부를 견제하고 행정부는 의회해산권으로 이에 대응한다. 행정부의 의회해산권은 행정부와 입법부간의 분쟁해결수단의 기능을 한다.

3580 고전적 의원내각제의 병폐인 정국 불안정을 해소하고자 의원내각제 합리화의 방안으로 독일은 연방의회 재적의원 과반수의 찬성으로 차기 수상을 선임하지 아니하고는 내각을 불신임할 수 없는 제도를 도입하고 있다. 17 서울 7   O | X

고전적 의원내각제의 병폐인 정국 불안정을 해소하고자 의원내각제 합리화의 방안이 헌법의 틀 속으로 들어왔다. 특히 독일의 건설적 불신임투표제도는 의원내각제의 합리화를 위한 대표적인 헌법적 장치로 평가되고 있다. 독일은 연방의회 재적의원 과반수의 찬성으로 차기 수상을 선임하지 아니하고는 내각을 불신임할 수 없는 제도를 도입하고 있다.

03 이원정부제

3581 프랑스에서는 의원내각제 합리화의 방안으로 이원정부제를 운영하고 있는데, 대통령제의 요소로서 국민의 보통선거에 의한 대통령 직선제를 도입하고 있기 때문에 의회의 정부불신임권은 인정되지 않는다. 17 서울 7   O | X

이원집행부제란 집행부가 대통령과 내각으로 이원적으로 구성되어 대통령과 내각이 각 집행에 관한 실질적인 권한을 나누어 가지는 정부형태를 말하며, 프랑스에서는 의원내각제 합리화의 방안으로 이원정부제를 운영하고 있다. 프랑스의 이원정부제는 대통령제의 요소로서 국민의 보통선거에 의한 대통령 직선제를 도입하고 있고 의원내각제의 요소로서는 의회의 정부불신임권이 인정되며 대통령은 의회를 해산할 수 있다.

정답 3579. O 3580. O 3581. X [의회의 정부불신임권 인정]

Chapter 02 국회

POINT 195 국회의장·부의장

01 국회의장·부의장

3582 국회는 1인의 의장과 2인의 부의장을 선출한다. 10 국가 7 　　　　O | X

3582-1 국회의장과 부의장의 수는 헌법규정사항이므로 법률로 변경할 수 없다. 11 국가 7 　　O | X

> 헌법 제48조 국회는 **의장 1인**과 **부의장 2인**을 **선출**한다.

3583 국회의 기관인 의장·부의장 선거와 사임처리, 교섭단체와 위원회 구성 등은 모두 자율적인 국회 내부의 조직구성행위이지만, 국회 부의장을 3인으로 하기 위해서는 헌법을 개정하여야 한다. 21 변호사

O | X

3583-1 국회의장은 헌법에 규정되어 있는 헌법기관이지만, 부의장은 헌법에 규정되어 있지 않은 법률상 기관에 불과하여 국회부의장을 3인으로 하기 위해서는 헌법개정 없이 「국회법」을 개정하는 것으로 족하다.
23 변호사　　　　O | X

> 국회는 중요한 헌법기관으로서 스스로의 문제를 자주적으로 처리할 수 있는 폭넓은 자율권을 갖는다. … 이 중 국회가 외부의 간섭 없이 독자적으로 그 내부조직을 할 수 있는 권능, 즉 국회의 기관인 **의장 1인과 부의장 2인**을 선거하고 그 궐위시에 보궐선거를 실시하고 **의장·부의장의 사임**을 **처리**하며, 필요할 때 임시의장을 선출하고 그 직원을 임면하고 **교섭단체와 위원회를 구성**하는 것 등은 모두 **자율적인 국회내부의 조직구성행위**이다(헌재 2003. 10. 30. 2002헌라1).

> 헌법 제48조 국회는 **의장 1인**과 **부의장 2인**을 **선출**한다.

> 🔍 보충설명 국회부의장의 수는 헌법규정사항이므로 국회부의장을 3인으로 하기 위해서는 헌법을 개정하여야 한다.

3584 국회의장과 부의장은 국회에서 무기명투표로 선거하되 재적의원 과반수의 득표로 당선된다.
24 입시, 16 경정　　　　O | X

3584-1 국회의장과 부의장은 국회에서 기명투표로 선거하되, 재적의원 과반수의 득표로 당선된다. 18 법무사

O | X

3584-2 국회의장과 부의장은 국회에서 무기명투표로 선거하되, 재적의원 과반수 출석과 출석의원 과반수의 득표로 당선된다. 19 입시, 18 서울 7, 18 5급　　　　O | X

> 국회법 제15조(의장·부의장의 선거) ① **의장과 부의장**은 국회에서 **무기명투표**로 선거하고 **재적의원 과반수**의 득표로 당선된다.

정답 3582. O 3582-1. O 3583. O 3583-1. X [헌법개정 필요] 3584. O 3584-1. X [무기명 투표로 선거] 3584-2. X [재적의원 과반수의 득표로 당선]

3585 국회의원 총선거 후 처음 선출된 의장과 부의장의 임기는 그 선출된 날부터 개시하여 의원의 임기 개시 후 2년이 되는 날까지로 한다. 22 5급 O│X

3585-1 국회의장의 임기는 4년으로 하고 보궐선거로 당선된 의장의 임기는 전임자 임기의 남은 기간으로 한다. 10 국회 9(변형) O│X

3585-2 국회의원 총선거 후 처음 선출된 의장과 부의장의 임기는 의원의 임기 개시 후 2년이 되는 날까지로 하며, 보궐선거로 당선된 의장 또는 부의장의 임기는 선출된 날로부터 2년으로 한다. 20 지방 7 O│X

> 국회법 제9조(의장·부의장의 임기) ① 의장과 부의장의 **임기**는 **2년으로 한다.** 다만, **국회의원 총선거 후 처음 선출된 의장과 부의장의 임기는 그 선출된 날부터 개시**하여 **의원의 임기 개시 후 2년이 되는 날까지로 한다.**
> ② **보궐선거로 당선된 의장 또는 부의장의 임기는 전임자 임기의 남은 기간으로 한다.**

02 국회의장의 지위·권한

3586 국회의장은 위원회에 출석하여 발언할 수 있다. 다만, 표결에는 참가할 수 없다. 24 입시 O│X

3586-1 의장은 국회를 대표하고 의사를 정리하며, 질서를 유지하고 사무를 감독한다. 의장은 위원회에 출석하여 발언할 수 있고, 표결에 참가할 수 있다. 20 지방 7 O│X

> 국회법 제10조(의장의 직무) 의장은 **국회를 대표**하고 **의사를 정리**하며, **질서를 유지**하고 **사무를 감독**한다.
> 국회법 제11조(의장의 위원회 출석과 발언) 의장은 **위원회에 출석하여 발언할 수 있다.** 다만, **표결에는 참가할 수 없다.**

3587 국회의장은 국회를 대표하고 의사를 정리하며 질서를 유지하고 사무를 감독할 지위에 있고, 위원회 위원의 선임 및 개선은 이와 같은 국회의장의 직무 중 의사정리권한에 속한다. 22 국회 8 O│X

> **국회의장**은 헌법 제48조에 따라 국회에서 선출되는 헌법상의 국가기관이다. 헌법과 법률에 의하여 **국회를 대표**하고 **의사를 정리**하며, **질서를 유지**하고 **사무를 감독할 지위에 있고**(법 제10조), 이러한 지위에서 본회의 개의일시의 변경, 의사일정의 작성과 변경, 의안의 상정, 의안의 가결선포 등의 권한을 행사한다. 이 사건과 같은 **상임위원의 선임 또는 개선**은 이와 같은 국회의장의 직무 중 **의사정리권한에 속하는 것이다**(헌재 2003. 10. 30. 2002헌라1).

3588 의장이 토론에 참가할 때에는 의장석에서 물러나야 하며, 그 안건에 대한 표결이 끝날 때까지 의장석으로 돌아갈 수 없다. 20 국가 7 O│X

3588-1 의장은 국회의 운영의 책임자이기에 의원들 간의 토론을 진행시킬 수는 있으나 본인이 직접 토론에 참가할 수는 없다. 12 지방 7 O│X

3588-2 의장은 토론에 참가하더라도 의장석에서 계속 토론·진행하여야 한다. 17 입시 O│X

> 국회법 제107조(의장의 토론참가) 의장이 토론에 참가할 때에는 **의장석에서 물러나야** 하며, 그 안건에 대한 표결이 끝날 때까지 의장석으로 돌아갈 수 없다.

정답 3585. O 3585-1. X [국회의장의 임기는 2년] 3585-2. X [보궐선거 : 전임자의 남은 기간] 3586. O 3586-1. X [표결에는 참가 불가능] 3587. O 3588. O 3588-1. X [의장도 토론 참가 가능] 3588-2. X [의장석에서 물러나야 토론 참가 가능]

3589 국회 소속 공무원은 국회의장이 임용하되, 국회규칙으로 정하는 바에 따라 그 임용권의 일부를 소속 기관의 장에게 위임할 수 있다. 21 국회 8, 17 입시   O | X

> 국가공무원법 제32조(임용권자) ④ 국회 소속 공무원은 **국회의장이 임용**하되, 국회규칙으로 정하는 바에 따라 그 **임용권의 일부**를 소속 기관의 장에게 위임할 수 있다.

3590 사무총장은 의장이 각 교섭단체 대표의원과의 협의를 거쳐 본회의의 승인을 받아 임면한다. 18 국회 9   O | X

> 국회법 제21조(국회사무처) ③ **사무총장은** 의장이 각 교섭단체 대표의원과의 협의를 거쳐 **본회의의 승인**을 받아 **임면(任免)**한다.

3591 국회의 예비금은 사무총장이 관리하되, 국회운영위원회의 동의와 국회의장의 승인을 받아 지출한다. 다만, 폐회 중일 때에는 국회의장의 승인을 받아 지출하고 다음 회기 초에 국회운영위원회에 보고한다. 23 지방 7   O | X

> 국회법 제23조(국회의 예산) ④ 국회의 **예비금은 사무총장이** 관리하되, **국회운영위원회의 동의와 의장의 승인**을 받아 지출한다. 다만, **폐회** 중일 때에는 **의장의 승인**을 받아 지출하고 다음 회기 초에 **국회운영위원회**에 보고한다.

3592 국회의장이 행한 처분에 대하여는 행정소송을 제기할 수 없다. 11 국회 9   O | X

3592-1 국회의장의 처분에 대한 행정소송의 피고는 국회의장이다. 17 입시   O | X

> 국회사무처법 제4조(사무총장) ③ **의장이 한 처분**에 대한 **행정소송의 피고는 사무총장**으로 한다.

3593 국회의장과 위원장은 국회안에서 경호권을 행한다. 17 국회 8   O | X

> 국회법 제143조(의장의 경호권) 의장은 회기 중 **국회의 질서를 유지**하기 위하여 **국회 안에서 경호권을 행사**한다.

> 🔖 보충설명 경호권은 의장의 권한으로 위원장은 경호권이 없다.

3594 국회의 경호업무는 의장의 지휘를 받아 수행하되, 경위는 회의장 건물 안에서, 경찰공무원은 회의장 건물 밖에서 경호한다. 21 5급   O | X

> 국회법 제144조(경위와 경찰관) ③ 경호업무는 **의장의 지휘**를 받아 수행하되, **경위는 회의장 건물 안**에서, **경찰공무원은 회의장 건물 밖**에서 경호한다.

◆ 정답 3589. O   3590. O   3591. O   3592. X [행정소송가능]   3592-1. X [피고는 사무총장]   3593. X [위원장은 경호권 없음]   3594. O

03 국회의장 직무대리

3595 국회의장이 사고가 있을 때에는 국회의장이 지정하는 부의장이 그 직무를 대리하며, 국회의장이 심신상실 등 부득이한 사유로 의사표시를 할 수 없어 직무대리자를 지정할 수 없는 때에는 소속의원 수가 많은 교섭단체 소속인 부의장의 순으로 의장의 직무를 대행한다. 17 경정 O│X

3595-1 국회의장이 사고가 있을 때에는 소속의원 수가 많은 교섭단체 소속인 부의장의 순으로 의장의 직무를 대행한다. 18 국회 9, 18 법원 9 O│X

3595-2 국회의장이 사고가 있을 때에는 연장자인 국회부의장이 그 직무를 대리한다. 18 입시 O│X

3595-3 의장이 심신상실 등 부득이한 사유로 의사표시를 할 수 없게 되어 직무대리자를 지정할 수 없는 때에는 나이가 많은 부의장의 순으로 의장의 직무를 대행한다. 20 지방 7 O│X

3595-4 의장이 심신상실 등 부득이한 사유로 의사표시를 할 수 없게 되어 직무대리자를 지정할 수 없을 때에는 임시의장을 선출하여 의장의 직무를 대행하게 한다. 22 5급 O│X

> 국회법 제12조(부의장의 의장 직무대리) ① 의장이 사고(事故)가 있을 때에는 의장이 지정하는 부의장이 그 직무를 대리한다.
> ② 의장이 심신상실 등 부득이한 사유로 의사표시를 할 수 없게 되어 **직무대리자를 지정할 수 없을 때에는 소속 의원 수가 많은 교섭단체 소속 부의장의 순으로 의장의 직무를 대행**한다.

3596 의장과 부의장이 모두 사고가 있을 때에는 임시의장을 선출하여 의장의 직무를 대행하게 한다. 22 소간, 18 국회 9 O│X

> 국회법 제12조(부의장의 의장 직무대리) ① 의장이 사고(事故)가 있을 때에는 의장이 지정하는 부의장이 그 직무를 대리한다.
> ② 의장이 심신상실 등 부득이한 사유로 의사표시를 할 수 없게 되어 **직무대리자를 지정할 수 없을 때에는 소속 의원 수가 많은 교섭단체 소속 부의장의 순으로 의장의 직무를 대행**한다.
> 국회법 제13조(임시의장) **의장과 부의장이 모두 사고가 있을 때에는 임시의장을 선출**하여 의장의 직무를 대행하게 한다.

3597 의장과 부의장은 국회에서 재적의원 과반수의 득표로 당선자를 결정하며, 임시의장은 재적의원 과반수의 출석과 출석의원 다수득표자를 당선자로 한다. 18 국회 9 O│X

> 국회법 제15조(의장·부의장의 선거) ① **의장과 부의장**은 국회에서 **무기명투표**로 선거하고 **재적의원 과반수의 득표로 당선**된다.
> 국회법 제17조(임시의장 선거) 임시의장은 **무기명투표**로 선거하고 **재적의원 과반수의 출석과 출석의원 다수득표자를 당선자**로 한다.

04 국회의장 직무대행

3598 국회의원 총선거 후 처음 선출된 의장과 부의장의 임기만료일까지 부득이한 사유로 의장이나 부의장을 선출하지 못한 경우와 폐회 중에 의장·부의장이 모두 궐위된 경우에는, 사무총장이 임시회 집회 공고에 관하여 의장의 직무를 대행한다. 18 국회 9 O│X

정답 3595. O 3595-1. X [의장이 지정하는 부의장이 직무를 대리] 3595-2. X [의장이 지정하는 부의장이 직무를 대리] 3595-3. X [소속 의원 수가 많은 교섭단체 소속 부의장의 순으로 직무 대행] 3595-4. X [소속 의원 수가 많은 교섭단체 소속 부의장의 순으로 직무 대행] 3596. O 3597. O 3598. O

> 국회법 제14조(사무총장의 의장 직무대행) 국회의원 총선거 후 의장이나 부의장이 선출될 때까지는 사무총장이 임시회 집회 공고에 관하여 의장의 직무를 대행한다. 처음 선출된 의장과 부의장의 **임기만료일까지** 부득이한 사유로 **의장이나 부의장을 선출하지 못한 경우**와 폐회 중에 의장·부의장이 모두 궐위(闕位)된 경우에도 또한 같다.

3599 국회의원 총선거 후 최초로 의장과 부의장을 선거할 때에는 출석의원 중 최다선의원이, 최다선의원이 2인 이상인 때에는 그 중 연장자가 의장의 직무를 대행한다. 18 법원 9 O I X

> 국회법 제18조(의장 등 선거 시의 의장 직무대행) 의장 등의 선거에서 다음 각 호의 어느 하나에 해당할 때에는 **출석의원 중 최다선(最多選) 의원**이, 최다선 의원이 2명 이상인 경우에는 그 중 **연장자**가 의장의 직무를 대행한다.
> 1. 국회의원 총선거 후 **처음으로** 의장과 부의장을 선거할 때
> 2. 제15조제2항에 따라 처음 선출된 의장 또는 부의장의 임기가 만료되는 경우 그 임기만료일 5일 전에 의장과 부의장의 선거가 실시되지 못하여 그 임기 만료 후 의장과 부의장을 선거할 때
> 3. 의장과 부의장이 모두 궐위되어 그 보궐선거를 할 때

3600 국회의장권한대행은 의장으로서 의사진행의 원활을 기하기 위하여 의사진행발언 및 산회 선포 등의 권한을 가진다. 17 국회 8 O I X

국회의장권한대행의 권한은 **새로운 의장단을 선출**하는 데 있지만, 새로운 의장단을 선출하기까지 의장으로서 일련의 권한을 행사할 수밖에 없다. 이 때 국회의장권한대행의 권한은 정식의장의 권한과 동일한 권한을 가지는 것은 아니라고 하더라도, 의장으로서 의사진행의 원활을 기하기 위하여 **의사진행발언 및 산회 선포 등의 권한을** 가진다.

05 국회의장·부의장 비교

3601 국회의장과 부의장은 국회의 동의를 받아 그 직을 사임할 수 있다. 24 입시, 20 5급 O I X

3601-1 의장은 국회의 동의를 얻어 그 직을 사임할 수 있으나, 부의장은 사임의 경우 국회의 동의를 얻을 필요가 없다. 11 국회 9 O I X

> 국회법 제19조(의장·부의장의 사임) **의장과 부의장**은 **국회의 동의**를 받아 **그 직을 사임할 수 있다.**

3602 국회의장과 부의장은 특별히 법률로 정한 경우를 제외하고는 국회의원 외의 직을 겸할 수 없다. 20 5급 O I X

3603 국회부의장은 국무위원의 직을 겸할 수 있다. 18 서울 7, 16 경정, 11 국가 7 O I X

> 국회법 제20조(의장·부의장의 겸직제한) ① **의장과 부의장**은 특별히 법률로 정한 경우를 제외하고는 **의원 외의 직을 겸할 수 없다.**

정답 3599. O 3600. O 3601. O 3601-1. X[의장·부의장 모두 동의 필요] 3602. O 3603. X[겸할 수 없음]

3604 의원이 의장으로 당선된 때에는 당선된 다음 날부터 의장으로 재직하는 동안은 당적(黨籍)을 가질 수 없다. 다만, 국회의원 총선거에서 「공직선거법」 제47조에 따른 정당추천후보자로 추천을 받으려는 경우에는 의원 임기만료일 90일 전부터 당적을 가질 수 있다. 21 입시   O | X

3604-1 정당에 소속된 국회의원이 국회부의장으로 당선되더라도 그 직에 있는 동안 당적을 가질 수 있다.
18 서울 7   O | X

3604-2 국회의원이 국회의장 또는 부의장으로 당선된 때에는 당선된 다음 날부터 국회의장 또는 부의장으로 재직하는 동안 당적을 가질 수 없다. 23 변호사, 20 5급   O | X

3604-3 의원이 의장으로 당선된 때에는 당선된 날로부터 의장으로 재직하는 동안은 당적을 가질 수 없다. 다만, 국회의원총선거에서 정당추천후보자로 추천을 받으려는 경우에는 의원 임기만료일 90일 전부터 당적을 가질 수 있다. 22 소간   O | X

> 국회법 제20조의2(의장의 당적 보유 금지) ① 의원이 **의장으로 당선된 때에는 당선된 다음 날부터 의장으로 재직하는 동안은 당적(黨籍)을 가질 수 없다.** 다만, 국회의원 총선거에서 「공직선거법」 제47조에 따른 **정당추천후보자로 추천을 받으려는 경우에**는 **의원 임기만료일 90일 전부터 당적을 가질 수 있다.**

🔖 **보충설명** 국회의장은 당적을 가질 수 없으나 국회부의장은 당적을 가질 수 있다.

3605 비례대표국회의원이 국회의장으로 당선된 경우에는 의원직 상실을 방지하기 위해 당적을 가질 수 있도록 허용하고 있다. 24 입시   O | X

> 국회법 제20조의2(의장의 당적 보유 금지) ① 의원이 **의장으로 당선된 때에는 당선된 다음 날부터 의장으로 재직하는 동안은 당적(黨籍)을 가질 수 없다.** 다만, 국회의원 총선거에서 「공직선거법」 제47조에 따른 정당추천후보자로 추천을 받으려는 경우에는 의원 임기만료일 90일 전부터 당적을 가질 수 있다.
> 공직선거법 제192조(피선거권상실로 인한 당선무효 등) ④ 비례대표국회의원 또는 비례대표지방의회의원이 소속정당의 합당·해산 또는 제명외의 사유로 당적을 이탈·변경하거나 2 이상의 당적을 가지고 있는 때에는 「국회법」 제136조(퇴직) 또는 「지방자치법」 제90조(의원의 퇴직)의 규정에 불구하고 퇴직된다. 다만, **비례대표국회의원**이 **국회의장으로 당선**되어 「국회법」 규정에 의하여 **당적을 이탈한 경우에**는 **그러하지 아니하다.**

3606 의원은 둘 이상의 상임위원회 위원이 될 수 있으며, 국회의장은 상임위원이 될 수 없지만 국회부의장은 상임위원이 될 수 있다. 13 국회 8   O | X

3606-1 의원은 둘 이상의 상임위원회 위원이 될 수 있다. 다만, 의장 및 부의장은 상임위원이 될 수 없다.
22 입시   O | X

> 국회법 제39조(상임위원회의 위원) ① **의원**은 **둘 이상의 상임위원**이 될 수 있다.
> ③ **의장**은 **상임위원이 될 수 없다.**

정답 3604. O   3604-1. O   3604-2. X [국회부의장은 당적을 가질 수 있음]   3604-3. X [당선된 다음 날부터 당적을 가질 수 없음]   3605. X [당적을 가질 수 없으나 의원직이 상실되지 않음]   3606. O   3606-1. X [부의장은 상임위원이 될 수 있음]

POINT 196 위원회제도

3607 우리나라 국회의 의안 심의는 본회의 중심이 아닌 소관 상임위원회를 중심으로 이루어지는 '위원회 중심주의'를 채택하고 있는데, 위원회의 역할은 국회의 예비적 심사기관으로서 회부된 안건을 심사하고 그 결과를 본회의에 보고하여 본회의의 판단자료를 제공하는 것이다. 22 국회 8 O | X

우리나라 국회의 의안 심의는 **본회의 중심이 아닌 소관 상임위원회 중심**으로 이루어지며, 이른바 **'위원회 중심주의'**를 채택하고 있다. 위원회의 역할은 **국회의 예비적 심사기관**으로서 회부된 안건을 **심사**하고 그 결과를 본회의에 **보고**하여 **본회의의 판단자료를 제공**하는 데 있다(헌재 2010. 12. 28. 2008헌라7).

3608 우리 「국회법」은 위원회 중심주의와 본회의 결정주의를 취하고 있다. 13 국회 9 O | X

3608-1 상임위원회는 국회의 내부기관인 동시에 본회의 심의 전에 회부된 안건을 심사하거나 그 소관에 속하는 의안을 입안하는 국회의 합의제기관으로, 회부된 안건을 심사하고 그 결과를 본회의에 보고하여 본회의의 판단자료를 제공한다. 이처럼 우리나라 국회의 법률안 심의는 본회의 중심주의를 채택하고 있다. 19 법무사 O | X

상임위원회를 포함한 **위원회**는 국회의원 가운데서 소수의 위원을 선임하여 구성되는 **국회의 내부기관**인 동시에 **본회의의 심의 전에 회부된 안건을 심사**하거나 **그 소관에 속하는 의안을 입안**하는 **국회의 합의제기관**이다. 위원회의 역할은 국회의 예비적 심사기관으로서 **회부된 안건을 심사**하여 **본회의에 회부할 것인지 여부를 결정**하고, 심사결과 안건이 본회의에 부의될 경우 그 심사결과를 본회의에 보고하여 **본회의의 판단자료를 제공**하는 데 있다. 비록 헌법 제53조 제1항의 국회에서 의결된 법률안의 의미가 국회 본회의에서 의결된 법률안이라 하더라도, 우리나라 국회의 법률안 심의는 본회의가 아닌 소관 상임위원회를 중심으로 이루어지고, 국회에 접수된 안건 중 상당수가 위원회 단계에서 폐기되는 대신 위원회 심사를 거친 안건에 대하여는 **본회의**에서 거의 소관상임위원회에서 **심사·의결된 내용 그대로 가부(可否) 표결**만 하는 이른바 **'위원회 중심주의'를 채택**하고 있다(헌재 2016. 5. 26. 2015헌라1).

3609 국회의 위원회는 상임위원회와 특별위원회 두 종류로 한다. 16 경찰, 13 법원 9 O | X

국회법 제35조(위원회의 종류) 국회의 위원회는 **상임위원회**와 **특별위원회** 두 종류로 한다.

3610 국회의 위원회제도는 본회의에서 복잡하고 기술적인 사항을 심의하기에 적합하지 않아 의사진행의 전문성과 효율성을 높이기 위한 제도이다. 17 국회 8, 14 국가 7 O | X

국회의 위원회제도는 본회의에서 복잡하고 기술적인 사항을 심의하기에 적합하지 않아 **의사진행의 전문성과 효율성을 높이기 위한 제도**이다. 위원회의 역할은 국회의 예비적 심사기관으로서 회부된 안건을 심사하여 본회의에 회부할 것인지 여부를 결정하고, 심사결과 안건이 본회의에 부의될 경우 그 심사결과를 본회의에 보고하여 본회의의 판단자료를 제공하는 데 있다.

3611 국회의 위원회제도는 당리당략적인 의사방해를 용이하게 하며, 국회의원들의 폭넓은 국정심의 기회를 박탈하는 등 국회의 기능을 약화시키는 역기능의 측면이 있다. 14 국가 7 O | X

국회의 위원회 제도는 소수의 위원회 위원이 심의를 진행함으로써 **당리당략적인 의사방해를 용이**하게 하며, 본회의가 형식화될 경우 **국회의원들의 폭넓은 국정심의 기회를 박탈**하는 등 **국회의 기능을 약화**시키는 역기능의 측면이 있다.

정답 3607. O 3608. O 3608-1. X [위원회 중심주의를 채택함] 3609. O 3610. O 3611. O

POINT 197 상임위원회

01 상임위원회와 소관

3612 「국회법」과 국회규칙에 관한 사항은 국회운영위원회의 소관사항이다. 18 법무사   O | X

3612-1 「국회법」과 국회규칙에 관한 사항은 국회 법제사법위원회의 소관사항이다. 21 법원 9   O | X

> 국회법 제37조(상임위원회와 그 소관) ① 상임위원회의 종류와 소관 사항은 다음과 같다.
> 1. 국회운영위원회
>   나. 「국회법」과 국회규칙에 관한 사항

3613 국회사무처 소관에 속하는 사항에 대한 의안은 국회운영위원회에서 심사한다. 22 국회 8   O | X

> 국회법 제37조(상임위원회와 그 소관) ① 상임위원회의 종류와 소관 사항은 다음과 같다.
> 1. 국회운영위원회
>   다. 국회사무처 소관에 속하는 사항

3614 대통령경호처 소관에 속하는 사항은 국회운영위원회 소관사항이다. 14 국회 9   O | X

> 국회법 제37조(상임위원회와 그 소관) ① 상임위원회의 종류와 소관 사항은 다음과 같다.
> 1. 국회운영위원회
>   사. 대통령비서실, 국가안보실, 대통령경호처 소관에 속하는 사항

3615 국가인권위원회 소관에 속하는 사항은 국회운영위원회 소관사항이다. 19 서울 7(추)   O | X

3615-1 국가인권위원회 소관에 속하는 사항은 법제사법위원회 소관사항이다. 20 법무사   O | X

> 국회법 제37조(상임위원회와 그 소관) ① 상임위원회의 종류와 소관 사항은 다음과 같다.
> 1. 국회운영위원회
>   아. 국가인권위원회 소관에 속하는 사항

3616 법제처 소관에 속하는 사항은 국회 법제사법위원회 소관사항이다. 20 법무사   O | X

> 국회법 제37조(상임위원회와 그 소관) ① 상임위원회의 종류와 소관 사항은 다음과 같다.
> 2. 법제사법위원회
>   나. 법제처 소관에 속하는 사항

정답 3612. O   3612-1. X [국회운영위원회의 소관사항임]   3613. O   3614. O   3615. O   3615-1. X [국회운영위원회 소관사항임]   3616. O

3617 감사원 소관에 속하는 사항은 법제사법위원회 소관사항이다. 21 법원 9, 20 법무사, 19 서울 7 O|X

> **국회법 제37조(상임위원회와 그 소관)** ① 상임위원회의 종류와 소관 사항은 다음과 같다.
> 2. **법제사법위원회**
>   다. **감사원** 소관에 속하는 사항

3618 헌법재판소 사무에 관한 사항은 국회 법제사법위원회 소관사항이다. 20 법무사 O|X

> **국회법 제37조(상임위원회와 그 소관)** ① 상임위원회의 종류와 소관 사항은 다음과 같다.
> 2. **법제사법위원회**
>   마. **헌법재판소** 사무에 관한 사항

3619 법원·군사법원의 사법행정에 관한 사항은 국회 법제사법위원회의 소관사항이다. 21 법원 9 O|X

> **국회법 제37조(상임위원회와 그 소관)** ① 상임위원회의 종류와 소관 사항은 다음과 같다.
> 2. **법제사법위원회**
>   바. **법원·군사법원의 사법행정**에 관한 사항

3620 탄핵소추에 관한 사항은 국회 법제사법위원회 소관사항이다. 20 법무사 O|X

> **국회법 제37조(상임위원회와 그 소관)** ① 상임위원회의 종류와 소관 사항은 다음과 같다.
> 2. **법제사법위원회**
>   사. **탄핵소추**에 관한 사항

3621 법률안·국회규칙안의 체계·형식과 자구의 심사에 관한 사항은 국회 법제사법위원회의 소관사항이다. 21 법원 9 O|X

> **국회법 제37조(상임위원회와 그 소관)** ① 상임위원회의 종류와 소관 사항은 다음과 같다.
> 2. **법제사법위원회**
>   아. **법률안·국회규칙안의 체계·형식과 자구의 심사**에 관한 사항

3622 정무위원회는 대통령비서실과 국무총리비서실의 소관사항을 관장한다. 21 5급 O|X

> **국회법 제37조(상임위원회와 그 소관)** ① 상임위원회의 종류와 소관 사항은 다음과 같다.
> 1. **국회운영위원회**
>   사. **대통령비서실**, 국가안보실, 대통령경호처 소관에 속하는 사항
> 3. **정무위원회**
>   가. 국무조정실, **국무총리비서실** 소관에 속하는 사항

정답 3617. O 3618. O 3619. O 3620. O 3621. O 3622. X [대통령비서실의 소관사항은 국회운영위원회가 관장]

3623 공정거래위원회, 금융위원회, 국민권익위원회 소관에 속하는 사항은 정무위원회의 소관사항이다.
21 국회 9 O|X

> 국회법 제37조(상임위원회와 그 소관) ① 상임위원회의 종류와 소관 사항은 다음과 같다.
> 3. 정무위원회
>   다. **공정거래위원회** 소관에 속하는 사항
>   라. **금융위원회** 소관에 속하는 사항
>   마. **국민권익위원회** 소관에 속하는 사항

3624 기획재정부와 한국은행 소관에 속하는 사항은 기획재정위원회의 소관 사항이고, 금융위원회 소관에 속하는 사항은 정무위원회의 소관 사항이다. 24 소간 O|X

3624-1 금융위원회 소관에 속하는 사항은 기획재정위원회 소관 사항이다. 19 서울 7, 14 국회 9 O|X

> 국회법 제37조(상임위원회와 그 소관) ① 상임위원회의 종류와 소관 사항은 다음과 같다.
> 3. 정무위원회
>   라. **금융위원회** 소관에 속하는 사항
> 4. 기획재정위원회
>   가. **기획재정부** 소관에 속하는 사항
>   나. **한국은행** 소관에 속하는 사항

3625 국민권익위원회 소관에 속하는 사항은 정무위원회 소관사항이다. 14 국회 9 O|X

3625-1 어느 상임위원회에도 속하지 아니하는 사항은 국회의장이 국회운영위원회와 협의하여 소관상임위원회를 정하며, 국민권익위원회에 관한 사항은 국회운영위원회의 소관사무에 속한다. 17 지방 7 O|X

> 국회법 제37조(상임위원회와 그 소관) ① 상임위원회의 종류와 소관 사항은 다음과 같다.
> 3. 정무위원회
>   마. **국민권익위원회** 소관에 속하는 사항
> ② 의장은 **어느 상임위원회에도 속지 아니하는 사항**은 **국회운영위원회와 협의**하여 소관 상임위원회를 정한다.

3626 원자력안전위원회 소관에 속하는 사항은 과학기술정보방송통신위원회 소관사항이다. 14 국회 9 O|X

> 국회법 제37조(상임위원회와 그 소관) ① 상임위원회의 종류와 소관 사항은 다음과 같다.
> 6. 과학기술정보방송통신위원회
>   다. **원자력안전위원회** 소관에 속하는 사항

3627 중앙선거관리위원회 사무에 관한 사항은 행정안전위원회 소관사항이다. 19 서울 7 O|X

> 국회법 제37조(상임위원회와 그 소관) ① 상임위원회의 종류와 소관 사항은 다음과 같다.
> 9. 행정안전위원회
>   다. **중앙선거관리위원회** 사무에 관한 사항

정답 3623. O 3624. O 3624-1. X [정무위원회 소관사항임] 3625. O 3625-1. X [국민권익위원회에 관한 사항은 정무위원회 소관사무]
3626. O 3627. O

3628 국가정보원 소관에 속하는 사항은 정보위원회 소관사항이다. 14 국회 9 O | X

> 국회법 제37조(상임위원회와 그 소관) ① 상임위원회의 종류와 소관 사항은 다음과 같다.
> 16. **정보위원회**
>   가. **국가정보원** 소관에 속하는 사항

3629 국회의장은 어느 상임위원회에도 속하지 아니하는 사항은 국회운영위원회와 협의하여 소관 상임위원회를 정한다. 20 국회 8, 17 변호사 O | X

3629-1 국회의장은 어느 상임위원회에도 속하지 아니하는 사항에 대해 국회운영위원회와 협의 없이 단독으로 소관 상임위원회를 정할 수 있다. 19 입시 O | X

3629-2 국회의장은 어느 상임위원회에도 속하지 아니하는 사항은 각 교섭단체 대표의원과 협의하여 소관 상임위원회를 정한다. 19 국회 8 O | X

> 국회법 제37조(상임위원회와 그 소관) ② 의장은 어느 상임위원회에도 속하지 아니하는 사항은 국회운영위원회와 협의하여 소관 상임위원회를 정한다.

02 상임위의 구성

3630 상임위원회의 위원 정수(定數)는 국회규칙으로 정한다. 다만, 정보위원회의 위원 정수는 12명으로 한다. 22 국가 7, 22 국회 8, 17 경정 O | X

3630-1 상임위원회의 위원 정수는 「국회법」으로 정한다. 다만, 정보위원회의 위원 정수는 12명으로 한다. 11 지방 7 O | X

> 국회법 제38조(상임위원회의 위원정수) 상임위원회의 위원 정수(定數)는 **국회규칙**으로 정한다. 다만, **정보위원회의 위원 정수는 12명**으로 한다.

3631 국회의원은 둘 이상의 상임위원이 될 수 있고, 각 교섭단체 대표의원은 국회운영위원회의 위원이 된다. 다만, 국회의장은 상임위원이 될 수 없다. 24 변호사 O | X

3631-1 국회의원은 둘 이상의 상임위원회의 위원이 될 수 없다. 18 법무사, 10 국회 9 O | X

> 국회법 제39조(상임위원회의 위원) ① **의원은 둘 이상의 상임위원회의 위원**이 될 수 있다.
> ② **각 교섭단체 대표의원은 국회운영위원회의 위원**이 된다.
> ③ **의장은 상임위원**이 될 수 없다.

3632 국무위원의 직을 겸한 국회의원은 국회 상임위원회의 위원을 사임할 수 있다. 18 5급 O | X

3632-1 의원은 둘 이상의 상임위원이 될 수 있으나 의장은 상임위원이 될 수 없으며, 국무총리 또는 국무위원의 직을 겸한 의원은 상임위원을 사임하여야 한다. 24 소간 O | X

◆ 정답 3628. O 3629. O 3629-1. X [단독 불가능, 협의하여 정함] 3629-2. X [국회운영위원회와 협의하여 정함] 3630. O 3630-1. X [위원정수는 국회규칙으로 정함] 3631. O 3631-1. X [둘 이상 상임위원 될 수 있음] 3632. O 3632-1. X [사임하여야 함 X → 사임할 수 있음 O]

> 국회법 제39조(상임위원회의 위원) ① 의원은 둘 이상의 상임위원이 될 수 있다.
> ③ 의장은 상임위원이 될 수 없다.
> ④ 국무총리 또는 국무위원의 직을 겸한 의원은 상임위원을 사임할 수 있다.

3633 상임위원의 임기는 2년으로 하지만 국회의원 총선거 후 처음 선임된 위원의 임기는 선임된 날부터 개시하여 의원의 임기 개시 후 2년이 되는 날까지로 한다. 24 소간 O | X

> 국회법 제40조(상임위원의 임기) ① 상임위원의 임기는 2년으로 한다. 다만, 국회의원 총선거 후 처음 선임된 위원의 임기는 선임된 날부터 개시하여 의원의 임기 개시 후 2년이 되는 날까지로 한다.

3634 상임위원은 교섭단체 소속 의원 수의 비율에 따라 각 교섭단체 대표의원의 요청으로 의장이 선임하거나 개선하고, 어느 교섭단체에도 속하지 아니하는 의원의 상임위원 선임은 의장이 한다. 18 국가 7 O | X

3634-1 상임위원회 위원은 교섭단체 소속의원 수의 비율에 의하여 각 의원의 요청으로 국회의장이 선임 및 개선한다. 18 서울 7 O | X

> 국회법 제48조(위원의 선임 및 개선) ① 상임위원은 교섭단체 소속 의원 수의 비율에 따라 각 교섭단체 대표의원의 요청으로 의장이 선임하거나 개선한다. 이 경우 각 교섭단체 대표의원은 국회의원 총선거 후 첫 임시회의 집회일부터 2일 이내에 의장에게 상임위원 선임을 요청하여야 하고, 처음 선임된 상임위원의 임기가 만료되는 경우에는 그 임기만료일 3일 전까지 의장에게 상임위원 선임을 요청하여야 하며, 이 기한까지 요청이 없을 때에는 의장이 상임위원을 선임할 수 있다.
> ② 어느 교섭단체에도 속하지 아니하는 의원의 상임위원 선임은 의장이 한다.

3635 어느 교섭단체에도 속하지 아니하는 의원의 상임위원의 선임은 국회의장이 한다. 19 5급, 11 국회 8 O | X

3635-1 국회의장은 어느 교섭단체에도 속하지 아니하는 의원을 각 교섭단체 대표의원의 요청이 없음에도 단독으로 특정 상임위원으로 선임할 수 있다. 19 입시 O | X

> 국회법 제48조(위원의 선임 및 개선) ② 어느 교섭단체에도 속하지 아니하는 의원의 상임위원 선임은 의장이 한다.

3636 정보위원회의 위원은 의장이 각 교섭단체 대표의원으로부터 해당 교섭단체 소속 의원 중에서 후보를 추천받아 부의장 및 각 교섭단체 대표의원과 협의하여 선임하거나 개선하며, 각 교섭단체 대표의원은 정보위원회의 위원이 된다. 21 5급 O | X

3636-1 정보위원회 위원은 국회부의장이 각 교섭단체 대표의원으로부터 당해 교섭단체 소속의원 중에서 후보를 추천받아 각 교섭단체 대표의원과 협의하여 선임 또는 개선한다. 17 지방 7 O | X

> 국회법 제48조(위원의 선임 및 개선) ③ 정보위원회의 위원은 의장이 각 교섭단체 대표의원으로부터 해당 교섭단체 소속 의원 중에서 후보를 추천받아 부의장 및 각 교섭단체 대표의원과 협의하여 선임하거나 개선한다. 다만, 각 교섭단체 대표의원은 정보위원회의 위원이 된다.

● 정답 3633. O   3634. O   3634-1. X [각 의원의 요청 X → 교섭단체 대표의원의 요청 O]   3635. O   3635-1. O   3636. O   3636-1. X [국회의장이 국회 부의장 및 각 교섭단체 대표의원과 협의]

3637 교섭단체소속 국회의원만 국회 정보위원회 위원이 될 수 있도록 한 「국회법」 조항에 대한 무소속 국회의원의 헌법소원심판청구는 부적법하다. 19 입시 O | X

3637-1 무소속 국회의원으로서 교섭단체소속 국회의원과 동등하게 대우받을 권리는 입법권을 행사하는 국가기관인 국회를 구성하는 국회의원의 지위에서 향유할 수 있는 권한인 동시에 헌법이 일반국민에게 보장하고 있는 기본권이라고 할 수 있다. 22 국가 7 O | X

3637-2 교섭단체소속 국회의원만 국회 정보위원회 위원이 될 수 있도록 한 「국회법」 조항은 교섭단체소속이 아닌 국회의원의 평등권을 제한한다. 15 변호사 O | X

> 청구인이 이 사건 법률조항에 의하여 침해당하였다고 주장하는 기본권은 청구인이 국회 상임위원회에 소속하여 활동할 권리, 청구인이 무소속 국회의원으로서 교섭단체소속 국회의원과 동등하게 대우받을 권리라는 것으로서 이는 입법권을 행사하는 국가기관인 국회를 구성하는 **국회의원의 지위에서 주장하는 권리일지언정** 헌법이 일반국민에게 보장하고 있는 **기본권이라고 할 수는 없다**. 그러므로 국회의 구성원인 지위에서 공권력작용의 주체가 되어 오히려 국민의 기본권을 보호 내지 실현할 책임과 의무를 지는 국회의원이 위와 같은 권한을 침해당하였다고 하더라도 이는 헌법재판소법 제68조 제1항에서 말하는 기본권의 침해에는 해당하지 않으므로, 이러한 경우 국회의원은 개인의 권리구제수단인 **헌법소원을 청구할 수 없다**고 할 것이다(헌재 2000. 8. 31. 2000헌마156).

3638 상임위원회 위원을 선임한 후 교섭단체 소속 의원 수가 변동되었을 때에는 국회의장은 상임위원회의 교섭단체별 할당 수를 변경하여 위원을 개선할 수 있다. 21 입시 O | X

> 국회법 제48조(위원의 선임 및 개선) ⑤ 위원을 선임한 후 **교섭단체 소속 의원 수가 변동**되었을 때에는 **의장**은 위원회의 **교섭단체별 할당 수를 변경**하여 **위원을 개선**할 수 있다.

3639 상임위원회의 위원을 개선할 때 임시회의 경우에는 회기 중에 개선될 수 없고, 정기회의 경우에는 선임 또는 개선 후 50일 이내에는 개선될 수 없다. 다만, 위원이 질병 등 부득이한 사유로 의장의 허가를 받은 경우에는 그러하지 아니하다. 22 소간 O | X

> 국회법 제48조(위원의 선임 및 개선) ⑥ 제1항부터 제4항까지에 따라 **위원을 개선**할 때 **임시회의 경우에는 회기 중에 개선될 수 없고**, **정기회의 경우에는 선임 또는 개선 후 30일 이내에는 개선될 수 없다**. 다만, 위원이 질병 등 부득이한 사유로 의장의 허가를 받은 경우에는 그러하지 아니하다.

3640 「국회법」은 상임위원회의 상임위원을 개선함에 있어 '임시회'의 경우에는 회기 중에 개선할 수 없도록 하고 있는데, 여기에서의 '회기'는 '개선의 대상이 되는 해당 위원이 선임 또는 개선된 임시회의 회기'를 의미하는 것으로 해석된다. 21 입시 O | X

> 국회법 제48조 제6항 본문 중 "위원을 개선할 때 임시회의 경우에는 회기 중에 개선될 수 없고" 부분은 개선의 대상이 되는 해당 위원이 '위원이 된(선임 또는 보임된) 임시회의 회기 중'에 개선을 금지하는 것이다. 이는 국회법 제48조 제6항 본문 중 "정기회의 경우에는 선임 또는 개선 후 30일 이내에는 개선될 수 없다." 부분이 '선임 또는 개선된 때로부터' '30일' 동안 개선을 금지하는 것과 마찬가지이다. 그러므로 국회법 제48조 제6항 본문 중 **"임시회의 경우에는 회기 중에 개선될 수 없고"**라는 문언에서 개선될 수 없는 '회기'는 **'개선의 대상이 되는 해당 위원이 선임 또는 개선된 임시회의 회기'**를 의미하는 것으로 해석된다(헌재 2020. 5. 27. 2019헌라1).

정답 3637. O 3637-1. X [일반 국민에게 보장하는 기본권 X → 국회의원의 권한 O] 3637-2. X [평등권 제한 아님] 3638. O 3639. X [50일 이내 X → 30일 이내 O] 3640. O

03 상임위원장

3641 상임위원회 위원장은 당해 상임위원회 회의에서 선거하되 재적의원 과반수의 출석과 출석의원 다수의 득표로 당선된다. 18 서울 7 O|X

3641-1 상임위원회의 위원장은 당해 상임위원 중에서 임시의장 선거의 예에 준하여 상임위원회에서 선거한다. 11 지방 7 O|X

3641-2 상임위원장은 당해 상임위원회에서 호선하고 본회의에 보고한다. 13 법원 9 O|X

3641-3 국회의원은 2 이상의 상임위원회의 위원이 될 수 있으며, 각 상임위원회의 위원장은 교섭단체 대표의원의 요청으로 국회본회의 의결을 거쳐 국회의장이 임명한다. 18 법무사 O|X

> 국회법 제41조(상임위원장) ② **상임위원장**은 제48조(위원의 선임 및 개선)제1항부터 제3항까지에 따라 **선임된 해당 상임위원 중에서 임시의장 선거의 예에 준하여 본회의에서 선거**한다.
> 국회법 제17조(임시의장 선거) 임시의장은 **무기명투표로** 선거하고 재적의원 과반수의 출석과 출석의원 **다수득표자를** 당선자로 한다.

3642 상임위원장은 해당 상임위원 중에서 임시의장 선거의 예에 준하여 국회의 본회의에서 선거하고 의장의 허가를 받아 사임한다. 22 국회 8 O|X

> 국회법 제41조(상임위원장) ② **상임위원장**은 제48조(위원의 선임 및 개선)제1항부터 제3항까지에 따라 **선임된 해당 상임위원 중에서 임시의장 선거의 예에 준하여 본회의에서 선거**한다.
> ⑤ 상임위원장은 **본회의의 동의를 받아 그 직을** 사임할 수 있다. 다만, **폐회 중에는 의장의 허가를 받아 사임**할 수 있다.

POINT 198 특별위원회

01 특별위원회 : 비상설특위

3643 국회는 둘 이상의 상임위원회와 관련된 안건이거나 특히 필요하다고 인정한 안건을 효율적으로 심사하기 위하여 본회의의 의결로 특별위원회를 둘 수 있다. 13 법원 9(변형) O|X

> 국회법 제44조(특별위원회) ① 국회는 **둘 이상의 상임위원회와 관련된 안건**이거나 **특히 필요하다고 인정한 안건을 효율적으로 심사하기 위하여 본회의의 의결로 특별위원회를 둘 수 있다.**

3644 국회가 둘 이상의 상임위원회와 관련된 안건이거나 특히 필요하다고 인정한 안건을 효율적으로 심사하기 위하여 특별위원회를 구성할 때에는 그 활동기간을 정하여야 하며, 다만 본회의 의결로 그 기간을 연장할 수 있다. 24 소간 O|X

● 정답] **3641.** X [상임위원회 회의에서 X → 본회의에서 O] **3641-1.** X [상임위원회에서 X → 본회의에서 O] **3641-2.** X [호선 X → 본회의에서 선거 O] **3641-3.** X [임시의장 선거의 예에 준하여 국회의 본회의에서 선거] **3642.** X [본회의의 동의를 받아 사임함 (폐회 중에만 의장 허가로 사임)] **3643.** O **3644.** O

> 국회법 제44조(특별위원회) ① 국회는 둘 이상의 **상임위원회와 관련된 안건**이거나 **특히 필요하다고 인정한 안건**을 효율적으로 심사하기 위하여 **본회의 의결로 특별위원회를 둘 수 있다**.
> ② 제1항에 따른 특별위원회를 구성할 때에는 그 **활동기간**을 정하여야 한다. 다만, **본회의 의결로 그 기간을 연장할 수 있다**.

3645 상임위원회의 위원장은 국회의 본회의에서 선거를 통하여 선출하지만, 예산결산특별위원회를 제외한 모든 특별위원회의 위원장은 위원회에서 호선하고 본회의에 보고한다. 11 국회 8   O | X

3645-1 예산결산특별위원장은 국회 본회의에서 선출하고, 인사청문특별위원장과 윤리특별위원장은 위원회에서 호선하고 본회의에 보고한다. 17 경정   O | X

> 국회법 제41조(상임위원장) ② **상임위원장**은 제48조(위원의 선임 및 개선)제1항부터 제3항까지에 따라 **선임된 해당 상임위원 중**에서 임시의장 선거의 예에 준하여 **본회의에서 선거**한다.
> 국회법 제45조(예산결산특별위원회) ④ **예산결산특별위원회의 위원장**은 예산결산특별위원회의 위원 중에서 **임시의장 선거의 예에 준하여 본회의에서 선거**한다.
> 국회법 제47조(특별위원회의 위원장) ① **특별위원회에 위원장** 1명을 두되, **위원회에서 호선하고 본회의에 보고**한다.

3646 특별위원회 위원은 교섭단체 소속 의원 수의 비율에 따라 각 교섭단체 대표의원의 요청으로 의장이 상임위원 중에서 선임한다. 20 국회 8   O | X

3646-1 특별위원회 위원은 각 교섭단체 대표의원이 선임한다. 14 국회 8   O | X

> 국회법 제48조(위원의 선임 및 개선) ① 상임위원은 **교섭단체 소속 의원 수의 비율**에 따라 **각 교섭단체 대표의원의 요청으로 의장이 선임하거나 개선**한다. 이 경우 각 교섭단체 대표의원은 국회의원 총선거 후 첫 임시회의 집회일부터 2일 이내에 의장에게 상임위원 선임을 요청하여야 하고, 처음 선임된 상임위원의 임기가 만료되는 경우에는 그 임기만료일 3일 전까지 의장에게 상임위원 선임을 요청하여야 하며, 이 기한까지 요청이 없을 때에는 의장이 상임위원을 선임할 수 있다.
> ② **어느 교섭단체에도 속하지 아니하는 의원의 상임위원 선임은 의장**이 한다.
> ④ **특별위원회의 위원**은 제1항과 제2항에 따라 **의장이 상임위원 중에서 선임**한다. 이 경우 그 선임은 특별위원회 구성결의안이 본회의에서 의결된 날부터 5일 이내에 하여야 한다.

3647 윤리심사자문위원회는 위원장 1명을 포함한 8명의 위원으로 구성되고, 위원은 의원 중에서 각 교섭단체 대표의원의 추천에 따라 의장이 위촉한다. 20 국회 8   O | X

> 제46조의2(윤리심사자문위원회) ① 다음 각 호의 사무를 수행하기 위하여 **국회에 윤리심사자문위원회**를 둔다.
> 1. 의원의 겸직, 영리업무 종사와 관련된 의장의 자문
> 2. 의원 징계에 관한 윤리특별위원회의 자문
> 3. 의원의 이해충돌 방지에 관한 사항
> ② 윤리심사자문위원회는 위원장 1명을 포함한 **8명의 자문위원**으로 구성하며, 자문위원은 **각 교섭단체 대표의원의 추천**에 따라 **의장**이 위촉한다.
> ⑥ **의원**은 윤리심사자문위원회의 **자문위원이 될 수 없다**.

● 정답 3645. O 3645-1. O 3646. O 3646-1. X [의장이 선임함] 3647. X [의원 중에서 X (의원은 자문위원이 될 수 없음)]

3648 각 교섭단체 대표의원이 추천하는 윤리심사자문위원회의 자문위원 수는 교섭단체 소속 의원 수의 비율에 따른다. 이 경우 소속 의원 수가 가장 많은 교섭단체 대표의원이 추천하는 자문위원 수는 그 밖의 교섭단체 대표의원이 추천하는 자문위원 수와 같아야 한다. 17 지방 7 O|X

> 국회법 제46조의2(윤리심사자문위원회) ④ 각 교섭단체 대표의원이 추천하는 자문위원 수는 **교섭단체 소속 의원 수의 비율**에 따른다. 이 경우 **소속 의원 수가 가장 많은 교섭단체 대표의원이 추천하는 자문위원 수는 그 밖의 교섭단체 대표의원이 추천하는 자문위원 수와 같아야** 한다.

3649 윤리특별위원회와 예산결산특별위원회는 「국회법」이 명시한 특별위원회인 반면에, 인사청문특별위원회는 본회의의 의결로 청문사안이 있을 때 일시적으로 설치하는 비상설위원회이다. 17 국회 8 O|X

> 국회법 제46조(윤리특별위원회) ① **의원의 자격심사 · 징계에 관한 사항**을 심사하기 위하여 제44조(특별위원회)제1항에 따라 **윤리특별위원회를 구성**한다.
> 인사청문회법 제3조(인사청문특별위원회) ① 국회법 제46조의3의 규정에 의한 **인사청문특별위원회는 임명동의안등**(국회법 제65조의2제2항의 규정에 의하여 다른 법률에서 국회의 인사청문을 거치도록 한 공직후보자에 대한 인사청문요청안을 제외한다)이 **국회에 제출된 때에 구성**된 것으로 본다.

> 🔖 보충설명 윤리특별위원회는 의원의 자격심사 · 징계에 관한 사항을 심사하기 위하여 본회의의 의결로 일시적으로 설치하는 비상설특별위원회이고, 인사청문특별위원회는 임명동의안 등이 국회에 제출된 때에 구성되는 것으로 보는 비상설특별위원회이다.

3650 인사청문특별위원회는 13인의 국회의원으로 구성되며, 어느 교섭단체에도 속하지 않는 국회의원은 교섭단체 대표들이 협의하여 위원을 선임한다. 14 지방 7 O|X

> 인사청문회법 제3조(인사청문특별위원회) ② **인사청문특별위원회의 위원정수는 13인**으로 한다.
> ③ **인사청문특별위원회의 위원**은 교섭단체 등의 의원수의 비율에 의하여 **각 교섭단체대표의원의 요청으로 국회의장**(이하 "의장"이라 한다)이 **선임 및 개선**(改選)한다. 이 경우 각 교섭단체대표의원은 인사청문특별위원회가 구성된 날부터 2일 이내에 의장에게 위원의 선임을 요청하여야 하며, 이 기한내에 요청이 없는 때에는 의장이 위원을 선임할 수 있다.
> ④ **어느 교섭단체에도 속하지 아니하는 의원**의 위원선임은 **의장**이 이를 행한다.

02 상설특별위원회 : 예산결산특별위원회

3651 예산결산특별위원회는 국가의 예산 · 결산심사를 더욱 충실하게 하고 정부예산에 대한 연중 통제를 위한 상설위원회이다. 18 법무사 O|X

3651-1 현행 「국회법」상 예산결산특별위원회와 윤리특별위원회는 활동기간을 정하여 구성되지 아니하므로 상설로 운영된다. 18 국가 7 O|X

3651-2 「국회법」상 상설특별위원회로는 예산결산특별위원회와 국정조사특별위원회가 있고, 윤리특별위원회와 인사청문특별위원회는 한시적 특별위원회에 속한다. 15 변호사 O|X

✅ 정답 3648. O   3649. X [인사특위는 임명동의안 국회 제출 시 구성됨]   3650. X [교섭단체 대표들이 협의 X → 의장이 선임 O]   3651. O
3651-1. X [윤리특위는 비상설 운영]   3651-2. X [국정조사특별위는 비상설 운영]

국회법상 예산결산특별위원회만 상설특별위원회이다.

> **국회법 제44조(특별위원회)** ② 제1항에 따른 특별위원회를 구성할 때에는 그 **활동기간**을 정하여야 한다. 다만, 본회의 의결로 그 기간을 연장할 수 있다.
> ③ **특별위원회는 활동기한의 종료 시까지 존속한다**. 다만, 활동기한의 종료 시까지 제86조에 따라 법제사법위원회에 체계·자구 심사를 의뢰하였거나 제66조에 따라 심사보고서를 제출한 경우에는 해당 안건이 본회의에서 의결될 때까지 존속하는 것으로 본다.
> **국회법 제45조(예산결산특별위원회)** ⑤ **예산결산특별위원회**에 대해서는 **제44조(특별위원회)제2항 및 제3항을 적용하지 아니한다**.
> **국회법 제46조(윤리특별위원회)** ① 의원의 자격심사·징계에 관한 사항을 심사하기 위하여 **제44조(특별위원회)제1항**에 따라 **윤리특별위원회를 구성한다**.

3652 예산결산특별위원회의 위원 수는 50명으로 하고 위원장은 교섭단체 소속 의원 수의 비율과 상임위원회 위원 수의 비율에 따라 각 교섭단체 대표의원의 요청으로 위원을 선임한다. 22 국가 7   O | X

3652-1 「국회법」은 예산결산특별위원회의 위원 수를 국회규칙으로 정하도록 하고 있으며, 국회의장은 교섭단체 소속 의원 수의 비율과 상임위원회 위원 수의 비율에 따라 각 교섭단체 대표의원의 요청으로 예산결산특별위원회 위원을 선임한다. 18 지방 7   O | X

> **국회법 제45조(예산결산특별위원회)** ② 예산결산특별위원회의 **위원 수는 50명**으로 한다. 이 경우 **의장**은 교섭단체 소속 의원 수의 비율과 상임위원회 위원 수의 비율에 따라 **각 교섭단체 대표의원의 요청으로 위원을 선임**한다.

3653 예산결산특별위원회의 위원수는 50인으로 하며, 예산결산특별위원회의 위원의 임기는 1년이나 보임 또는 개선된 위원의 임기는 전임자의 남은 기간으로 한다. 17 변호사   O | X

3653-1 예산결산특별위원회의 위원 수는 50명으로 하며, 위원의 임기는 2년으로 한다. 21 국회 9   O | X

> **국회법 제45조(예산결산특별위원회)** ② 예산결산특별위원회의 **위원 수는 50명**으로 한다. 이 경우 **의장**은 교섭단체 소속 의원 수의 비율과 상임위원회 위원 수의 비율에 따라 **각 교섭단체 대표의원의 요청으로 위원을 선임**한다.
> ③ 예산결산특별위원회 **위원의 임기는 1년**으로 한다. 다만, 국회의원 총선거 후 처음 선임된 위원의 임기는 선임된 날부터 개시하여 의원의 임기 개시 후 1년이 되는 날까지로 하며, 보임되거나 개선된 위원의 임기는 **전임자 임기의 남은 기간**으로 한다.

3654 예산결산특별위원회의 위원장은 위원회에서 호선하고, 위원의 선임은 교섭단체 소속 의원 수의 비율과 상임위원회의 위원 수의 비율에 의하여 각 교섭단체 대표의원의 요청으로 국회부의장이 행한다. 17 지방 7   O | X

> **국회법 제45조(예산결산특별위원회)** ② 예산결산특별위원회의 **위원 수는 50명**으로 한다. 이 경우 **의장**은 교섭단체 소속 의원 수의 비율과 상임위원회 위원 수의 비율에 따라 **각 교섭단체 대표의원의 요청으로 위원을 선임**한다.
> ④ **예산결산특별위원회의 위원장**은 예산결산특별위원회의 위원 중에서 **임시의장 선거의 예에 준하여 본회의에서 선거**한다.

정답 3652. X [위원장 X → 의장이 선임 O] 3652-1. X [국회규칙 X → 국회법상 50인 O] 3653. O 3653-1. X [임기는 1년] 3654. X [예결위원장 : 본회의 선거 / 국회의장이 위원 선임]

POINT 199 국회위원회 운영

01 개회·발언·의결

3655 위원회는 본회의의 의결이 있거나 의장 또는 위원장이 필요하다고 인정할 때, 재적위원 4분의 1 이상의 요구가 있을 때 개회한다. 11 지방 7 O | X

> 국회법 제52조(위원회의 개회) **위원회**는 다음 각 호의 어느 하나에 해당할 때에 **개회**한다.
> 1. **본회의의 의결**이 있을 때
> 2. **의장이나 위원장이 필요**하다고 인정할 때
> 3. **재적위원 4분의 1 이상의 요구**가 있을 때

3656 위원회는 재적위원 5분의 1 이상의 요구가 있을 때, 재적위원 4분의 1 이상의 출석으로 개회한다. 19 국회 8 O | X

> 국회법 제52조(위원회의 개회) **위원회**는 다음 각 호의 어느 하나에 해당할 때에 **개회**한다.
> 3. **재적위원 4분의 1 이상의 요구**가 있을 때
> 국회법 제54조(위원회의 의사정족수·의결정족수) 위원회는 **재적위원 5분의 1 이상의 출석으로 개회**하고, **재적위원 과반수의 출석과 출석위원 과반수의 찬성으로 의결**한다.

3657 위원회는 재적위원 5분의 1 이상의 출석으로 개회하고, 재적위원 과반수의 출석과 출석위원 과반수의 찬성으로 의결한다. 21 국회 9, 13 법원 9 O | X

3657-1 위원회는 재적위원 4분의 1 이상의 출석으로 개회하고, 재적위원 과반수의 출석과 출석위원 과반수의 찬성으로 의결한다. 23 국회 8 O | X

3657-2 위원회는 재적위원 과반수의 출석으로 개회하고, 재적위원 과반수의 출석과 출석위원 과반수의 찬성으로 의결한다. 10 국회 8 O | X

3657-3 위원회는 재적위원 5분의 1 이상의 출석으로 개회하고, 출석위원 과반수의 찬성으로 의결한다. 17 경정 O | X

> 국회법 제54조(위원회의 의사정족수·의결정족수) 위원회는 **재적위원 5분의 1 이상의 출석으로 개회**하고, **재적위원 과반수의 출석과 출석위원 과반수의 찬성으로 의결**한다.

3658 위원회는 본회의 의결이 있거나 의장이 필요하다고 인정하여 각 교섭단체 대표의원과 협의한 경우를 제외하고는 본회의 중에는 개회할 수 없다. 다만, 국회운영위원회는 그러하지 아니하다. 19 국회 8 O | X

3658-1 국회운영위원회는 본회의 의결이 있거나 의장이 필요하다고 인정하여 각 교섭단체 대표의원과 협의한 경우를 제외하고는 본회의 중에는 개회할 수 없다. 19 5급 O | X

정답 3655. O 3656. X [재적 1/4 이상 요구 시, 재적 1/5 이상 출석으로 개회] 3657. O 3657-1. X [재적위원 4분의 1 이상 X → 재적위원 5분의 1 이상 O] 3657-2. X [과반수 출석 X → 재적 5분의 1 이상의 출석 O] 3657-3. X [출석위원 과반수 X → 재적과반수 출석/출석과반수 찬성 O] 3658. O 3658-1. X [국회운영위원회 본회의 중 개회 可]

국회법 제56조(본회의 중 위원회의 개회) **위원회**는 본회의 의결이 있거나 의장이 필요하다고 인정하여 각 교섭단체 대표의원과 협의한 경우를 제외하고는 **본회의 중에는 개회할 수 없다.** 다만, **국회운영위원회는 그러하지 아니하다.**

3659 위원회는 소관 사항을 분담·심사하기 위하여 상설소위원회를 둘 수 있고, 필요한 경우 특정한 안건의 심사를 위하여 소위원회를 둘 수 있다. 특히 예산결산특별위원회는 소위원회 외에 심사를 위하여 필요한 경우에는 이를 여러 개의 분과위원회로 나눌 수 있다. 23 국회 8   O | X

국회법 제57조(소위원회) ① 위원회는 **소관 사항을 분담·심사**하기 위하여 **상설소위원회**를 둘 수 있고, 필요한 경우 **특정한 안건의 심사**를 위하여 **소위원회**를 둘 수 있다. 이 경우 소위원회에 대하여 국회규칙으로 정하는 바에 따라 필요한 인원 및 예산 등을 지원할 수 있다.
⑨ **예산결산특별위원회**는 제1항의 소위원회 외에 심사를 위하여 필요한 경우에는 이를 여러 개의 **분과위원회로 나눌 수 있다.**

3660 소위원회는 폐회 중에는 활동할 수 없으며, 법률안을 심사하는 소위원회는 매월 2회 이상 개회한다.
21 5급   O | X

국회법 제57조(소위원회) ⑥ **소위원회**는 **폐회 중에도 활동할 수 있으며, 법률안을 심사하는 소위원회는 매월 3회 이상 개회**한다. 다만, 국회운영위원회, 정보위원회 및 여성가족위원회의 법률안을 심사하는 소위원회의 경우에는 소위원장이 개회 횟수를 달리 정할 수 있다.

3661 국회의원은 위원회에서 같은 의제(議題)에 대하여 횟수 및 시간 등에 제한 없이 발언할 수 있다.
18 법무사   O | X

국회법 제60조(위원의 발언) ① **위원**은 위원회에서 **같은 의제(議題)**에 대하여 **횟수 및 시간 등에 제한 없이 발언**할 수 있다. 다만, 위원장은 발언을 원하는 위원이 2명 이상일 경우에는 간사와 협의하여 15분의 범위에서 각 위원의 첫 번째 발언시간을 균등하게 정하여야 한다.

3662 위원회에서 위원장은 발언을 원하는 위원이 2인 이상인 경우 운영위원회와 협의하여 10분의 범위안에서 각 위원의 첫 번째 발언시간을 균등하게 정하여야 한다. 18 국회 8   O | X

국회법 제60조(위원의 발언) ① 위원은 위원회에서 같은 의제(議題)에 대하여 횟수 및 시간 등에 제한 없이 발언할 수 있다. 다만, **위원장**은 발언을 원하는 **위원이 2명 이상**일 경우에는 **간사와 협의**하여 **15분의 범위**에서 각 위원의 첫 번째 발언시간을 균등하게 정하여야 한다.

정답 3659. O   3660. X [폐회 중에 활동 가능, 법률안 심사 소위원회 : 매월 3회 이상 개회]   3661. O   3662. X [간사와 협의, 15분 범위 내]

02 연석회의

3663 소관 위원회는 다른 위원회와 협의하여 연석회의를 열고 의견을 교환할 수 있으나 표결은 할 수 없다. 18 입시, 10 국회 9
O | X

3663-1 소관 위원회는 다른 위원회와 협의하여 연석회의를 열고 의안을 심의, 의결할 수 있다. 13 국회 9
O | X

3663-2 소관 위원회는 다른 위원회와 협의하여 연석회의를 열고 의견을 교환하거나 표결을 할 수 있으며, 세입예산안과 관련 있는 법안을 회부받은 위원회는 예산결산특별위원회 위원장의 요청이 있을 경우에는 연석회의를 열어야 한다. 23 국회 8
O | X

> **국회법 제63조(연석회의)** ① 소관 위원회는 **다른 위원회와 협의**하여 **연석회의(連席會議)**를 열고 **의견을 교환**할 수 있다. 다만, **표결은 할 수 없다.**
> ④ **세입예산안과 관련 있는 법안을 회부받은 위원회는 예산결산특별위원회 위원장의 요청**이 있을 때에는 **연석회의를 열어야 한다.**

03 전원위원회

3664 국회는 위원회의 심사를 거치거나 위원회가 제안한 의안 중 정부조직에 관한 법률안, 조세 또는 국민에게 부담을 주는 법률안 등 주요 의안의 본회의 상정 전이나 본회의 상정 후에 재적의원 4분의 1 이상의 요구가 있는 때에는 그 심사를 위하여 의원 전원으로 구성되는 전원위원회를 개회할 수 있다. 07 국가 7
O | X

> **국회법 제63조의2(전원위원회)** ① 국회는 위원회의 심사를 거치거나 위원회가 제안한 의안 중 **정부조직에 관한 법률안, 조세 또는 국민에게 부담을 주는 법률안** 등 주요 의안의 본회의 상정 전이나 본회의 상정 후에 **재적의원 4분의 1 이상이 요구**할 때에는 그 심사를 위하여 **의원 전원으로 구성**되는 **전원위원회(全院委員會)**를 개회할 수 있다. 다만, 의장은 주요 의안의 심의 등 필요하다고 인정하는 경우 각 교섭단체 대표의원의 동의를 받아 전원위원회를 개회하지 아니할 수 있다.

3665 전원위원회는 의안에 대한 수정안을 제출할 수 있다. 이 경우 해당 수정안은 전원위원장이 제안자가 된다. 20 국회
O | X

3665-1 국회는 위원회의 심사를 거치거나 위원회가 제안한 의안 중 정부조직에 관한 법률안, 조세 또는 국민에게 부담을 주는 법률안 등 주요 의안의 본회의 상정 전이나 본회의 상정 후에 재적의원 4분의 1 이상이 요구할 때 전원위원회를 개회할 수 있으며, 전원위원회는 의안에 대한 수정안을 제출할 수 없다. 23 국회 8
O | X

> **국회법 제63조의2(전원위원회)** ① 국회는 위원회의 심사를 거치거나 위원회가 제안한 의안 중 정부조직에 관한 법률안, 조세 또는 국민에게 부담을 주는 법률안 등 주요 의안의 본회의 상정 전이나 본회의 상정 후에 재적의원 4분의 1 이상이 요구할 때에는 그 심사를 위하여 의원 전원으로 구성되는 전원위원회(全院委員會)를 개회할 수 있다. 다만, 의장은 주요 의안의 심의 등 필요하다고 인정하는 경우 각 교섭단체 대표의원의 동의를 받아 전원위원회를 개회하지 아니할 수 있다.
> ② 전원위원회는 제1항에 따른 의안에 대한 **수정안을 제출**할 수 있다. 이 경우 해당 수정안은 **전원위원장이 제안자**가 된다.

정답 3663. O 3663-1. X [의결 불가] 3663-2. X [표결 불가] 3664. O 3665. O 3665-1. X [전원위원회 수정안 제출 가능]

3666 전원위원회는 재적위원 5분의 1 이상의 출석으로 개회하고, 재적위원 4분의 1 이상의 출석과 출석위원 과반수의 찬성으로 의결한다. 21 입시 14 국회 8 　　　　　　　　　　　　　　　　　O|X

> 국회법 제63조의2(전원위원회) ④ **전원위원회**는 제54조에도 불구하고 **재적위원 5분의 1 이상의 출석으로 개회**하고, **재적위원 4분의 1 이상의 출석과 출석위원 과반수의 찬성으로 의결**한다.

04 공청회·청문회

3667 공청회는 중요한 안건 또는 전문지식이 필요한 안건을 심사하기 위하여 이해관계인 또는 학식·경험이 있는 자의 의견을 듣는 것이다. 08 국가 7 　　　　　　　　　　　　　　　　　O|X

3667-1 위원회는 중요한 안건 또는 전문지식이 필요한 안건을 심사하기 위하여 그 의결 또는 재적위원 4분의 1 이상의 요구로 공청회를 열고 이해관계자 또는 학식·경험이 있는 자 등으로부터 의견을 들을 수 있다. 16 국회 9 　　　　　　　　　　　　　　　　　O|X

> 국회법 제64조(공청회) ① **위원회**(소위원회를 포함한다. 이하 이 조에서 같다)는 **중요한 안건** 또는 **전문지식이 필요한 안건**을 심사하기 위하여 그 **의결** 또는 **재적위원 3분의 1 이상의 요구로 공청회**를 열고 **이해관계자 또는 학식·경험이 있는 사람** 등(이하 "**진술인**"이라 한다)으로부터 **의견을 들을 수 있다**. 다만, 제정법률안과 전부개정법률안의 경우에는 제58조제6항에 따른다.

3668 위원회에서 공청회를 열 때에는 안건·일시·장소·진술인·경비 그 밖의 참고사항을 적은 문서로 국회의장에게 보고하여야 한다. 08 국가 7 　　　　　　　　　　　　　　　　　O|X

> 국회법 제64조(공청회) ② **위원회에서 공청회를 열 때에는** 안건·일시·장소·진술인·경비, 그 밖의 참고사항을 적은 **문서로 의장에게 보고**하여야 한다.

3669 청문회는 중요한 안건의 심사에 필요한 경우 증인·감정인·참고인으로부터 증언·진술을 청취하고 증거를 채택하기 위해 개최된다. 08 국가 7 　　　　　　　　　　　　　　　　　O|X

> 국회법 제65조(청문회) ① **위원회**(소위원회를 포함한다. 이하 이 조에서 같다)는 **중요한 안건의 심사와 국정감사 및 국정조사에 필요한 경우 증인·감정인·참고인**으로부터 **증언·진술을 청취**하고 **증거를 채택**하기 위하여 **위원회 의결로 청문회를 열 수 있다.**

정답 3666. O　　3667. O　　3667-1. X [재적 4분의 1 이상 X → 재적 3분의 1 이상 O]　　3668. O　　3669. O

POINT 200 　교섭단체

3670 국회에 20인 이상의 소속의원을 가진 정당은 하나의 교섭단체가 된다. 그러나 다른 교섭단체에 속하지 아니하는 20인 이상의 의원으로 따로 교섭단체를 구성할 수 있다. 24 입시   O | X

3670-1 국회에 10인 이상의 소속의원을 가진 정당은 하나의 교섭단체가 된다. 11 국회 9   O | X

> 국회법 제33조(교섭단체) ① 국회에 **20명 이상의 소속 의원을 가진 정당**은 **하나의 교섭단체**가 된다. 다만, **다른 교섭단체에 속하지 아니하는 20명 이상의 의원**으로 **따로 교섭단체를 구성**할 수 있다.

3671 각 소속의원 20인 미만인 2개 이상의 정당이 연합하여 따로 교섭단체를 구성하는 것은 허용된다. 18 입시   O | X

3671-1 교섭단체는 정당소속 의원들의 원내 행동통일을 통하여 정당의 정책을 의안심의에 최대한 반영하는 기능을 갖는 단체로서「국회법」상 동일한 정치적 신념을 가진 정당소속 의원들로 구성할 수 있으므로 무소속 의원 20인으로 하나의 교섭단체를 구성할 수는 없다. 18 국가 7   O | X

3671-2 국회에 20명 이상의 소속의원을 가진 정당은 하나의 교섭단체가 되지만, 다른 교섭단체에 속하지 아니한 20명 이상의 의원으로 따로 교섭단체를 구성할 수 없다. 19 경정   O | X

3671-3 교섭단체는 반드시 동일한 정당의 20인 이상의 의원으로만 구성될 수 있다. 10 국회 9   O | X

> 국회법 제33조(교섭단체) ① 국회에 **20명 이상의 소속 의원을 가진 정당**은 **하나의 교섭단체**가 된다. 다만, **다른 교섭단체에 속하지 아니하는 20명 이상의 의원**으로 **따로 교섭단체를 구성**할 수 있다.

3672 어느 교섭단체에도 속하지 아니하는 의원이 당적을 취득하거나 소속 정당을 변경한 때에는 그 사실을 즉시 의장에게 보고하여야 한다. 21 국회 9   O | X

3672-1 어느 교섭단체에도 속하지 아니하는 의원이 당적을 취득하거나 소속 정당을 변경한 때에는 그 사실을 즉시 의장에게 보고할 필요는 없다. 11 국회 9   O | X

> 국회법 제33조(교섭단체) ③ **어느 교섭단체에도 속하지 아니하는** 의원이 당적을 취득하거나 소속 정당을 변경한 때에는 그 사실을 **즉시 의장에게 보고**하여야 한다.

3673 교섭단체 소속 의원의 입법 활동을 보좌하기 위하여 교섭단체에 정책연구위원을 두며, 정책연구위원은 해당 교섭단체 대표의원의 제청에 따라 의장이 임면한다. 21 국회 9   O | X

> 국회법 제34조(교섭단체 정책연구위원) ① 교섭단체 소속 의원의 **입법 활동을 보좌**하기 위하여 **교섭단체에 정책연구위원**을 둔다.
> ② 정책연구위원은 해당 교섭단체 대표의원의 제청(提請)에 따라 **의장이 임면**한다.

● 정답　3670. O　3670-1. X [10인 X → 20인 O]　3671. O　3671-1. X [무소속 의원으로 하나의 교섭단체 구성 가능]　3671-2. X [따로 교섭단체 구성할 수 있음]　3671-3. X [반드시 동일하지 않아도 됨]　3672. O　3672-1. X [즉시 보고해야 함]　3673. O

3674 교섭단체 대표의원은 국회운영위원회의 위원이며 동시에 정보위원회의 위원이 된다. 21 변호사 O | X

> 국회법 제39조(상임위원회의 위원) ② 각 **교섭단체 대표의원**은 **국회운영위원회의 위원**이 된다.
> 국회법 제48조(위원의 선임 및 개선) ③ 정보위원회의 위원은 의장이 각 교섭단체 대표의원으로부터 해당 교섭단체 소속 의원 중에서 후보를 추천받아 부의장 및 각 교섭단체 대표의원과 협의하여 선임하거나 개선한다. 다만, **각 교섭단체 대표의원**은 **정보위원회의 위원**이 된다.

3675 교섭단체는 의원의 정당기속을 강화하여 정당정책을 의안심의에 최대한 반영하기 위한 기능을 한다. 21 국회 9 O | X

> 오늘날 교섭단체가 정당국가에서 **의원의 정당기속을 강화**하는 하나의 수단으로 기능할 뿐만 아니라 정당소속 의원들의 원내 행동통일을 기함으로써 **정당의 정책을 의안심의에서 최대한으로 반영**하기 위한 기능도 갖는다는 점에 비추어 볼 때, 국회의장이 국회의 의사(議事)를 원활히 운영하기 위하여 상임위원회의 구성원인 위원의 선임 및 개선에 있어 교섭단체대표의원과 협의하고 그의 "요청"에 응하는 것은 국회운영에 있어 본질적인 요소라고 아니할 수 없다(헌재 2003. 10. 30. 2002헌라1).

POINT 201 국회의 운영

01 정기회와 임시회

3676 국회가 의안을 처리하기 위해서 집회한 날로부터 폐회하는 날까지 활동할 수 있는 기간을 회기라 한다. 15 국회 9 O | X

3676-1 회기는 선거를 통해 국회가 구성된 때부터 의원의 임기가 만료될 때까지 존속하는 의회기 혹은 입법기와는 구별된다. 15 국회 9 O | X

> **의회기(입법기)**는 선거를 통해 **국회가 구성된 때부터 의원의 임기가 만료될 때**까지의 기간을 말하며, **회기**는 **국회가 의안을 처리하기 위해서 집회한 날로부터 폐회하는 날**까지 활동할 수 있는 기간을 말한다.

3677 국회의 정기회는 법률이 정하는 바에 의하여 매년 1회 집회되며, 국회의 임시회는 대통령 또는 국회재적의원 4분의 1 이상의 요구에 의하여 집회된다. 23 법무사, 23 국회 9, 21 소간, 19 서울 7(추), 16 법원 9, 16 법무사 O | X

3677-1 국회의 정기회는 법률이 정하는 바에 의하여 매년 1회 집회되며, 임시회는 국회재적의원 5분의 1 이상의 요구에 의하여 집회된다. 19 5급 O | X

3677-2 국회의 임시회는 대통령 또는 국회재적의원 3분의 1 이상의 요구에 의하여 집회된다. 15 법무사 O | X

> 헌법 제47조 ① 국회의 **정기회**는 법률이 정하는 바에 의하여 **매년 1회 집회**되며, 국회의 **임시회**는 **대통령** 또는 **국회재적의원 4분의 1 이상의 요구**에 의하여 집회된다.
> ② 정기회의 회기는 100일을, **임시회의 회기는 30일을 초과할 수 없다.**

● 정답 3674. O 3675. O 3676. O 3676-1. O 3677. O 3677-1. X [임시회 : 대통령 or 재적 1/4 이상 요구 시 집회] 3677-2. X [3분의 1 X → 4분의 1 O]

3678 정기회의 회기는 100일을, 임시회의 회기는 30일을 초과할 수 없다. 19 법원 9, 16 법무사 O|X

3678-1 국회의 정기회의 회기는 120일을, 임시회의 임기는 30일을 초과할 수 없다. 15 법무사 O|X

> 헌법 제47조 ② 정기회의 회기는 100일을, 임시회의 회기는 30일을 초과할 수 없다.

3679 국회의 정기회는 법률이 정하는 바에 의하여 매년 1회 집회되며, 임시회는 대통령 또는 국회재적의원 4분의 1 이상의 요구에 의하여 집회된다. 대통령이 임시회의 집회를 요구할 때에는 기간과 집회요구의 이유를 명시하여야 한다. 21 법무사 O|X

3679-1 대통령이 임시회의 집회를 요구할 때에는 기간과 집회요구의 이유를 명시할 필요가 없다. 19 서울 7(추) O|X

> 헌법 제47조 ① 국회의 정기회는 법률이 정하는 바에 의하여 매년 1회 집회되며, 국회의 임시회는 대통령 또는 국회재적의원 4분의 1 이상의 요구에 의하여 집회된다.
> ③ 대통령이 임시회의 집회를 요구할 때에는 기간과 집회요구의 이유를 명시하여야 한다.

3680 의장은 임시회의 집회 요구가 있는 경우 집회기일 2일 전에 공고하며, 이 경우 둘 이상의 집회 요구가 있을 때에는 그 요구서가 먼저 제출된 것을 공고한다. 22 5급 O|X

> 국회법 제5조(임시회) ① 의장은 임시회의 집회 요구가 있을 때에는 집회기일 3일 전에 공고한다. 이 경우 둘 이상의 집회 요구가 있을 때에는 집회일이 빠른 것을 공고하되, 집회일이 같은 때에는 그 요구서가 먼저 제출된 것을 공고한다.

3681 국회의장은 임시회의 집회 요구가 있을 때에는 집회기일 3일 전에 공고한다. 다만, 국회의장은 내우외환, 천재지변 또는 중대한 재정·경제상의 위기가 발생한 경우나 국가의 안위에 관계되는 중대한 교전 상태나 전시·사변 또는 이에 준하는 국가비상사태인 경우에는 집회기일 1일 전에 공고할 수 있다. 20 입시 O|X

> 국회법 제5조(임시회) ① 의장은 임시회의 집회 요구가 있을 때에는 집회기일 3일 전에 공고한다. 이 경우 둘 이상의 집회 요구가 있을 때에는 집회일이 빠른 것을 공고하되, 집회일이 같은 때에는 그 요구서가 먼저 제출된 것을 공고한다.
> ② 의장은 제1항에도 불구하고 다음 각 호의 어느 하나에 해당하는 경우에는 집회기일 1일 전에 공고할 수 있다.
> 1. 내우외환, 천재지변 또는 중대한 재정·경제상의 위기가 발생한 경우
> 2. 국가의 안위에 관계되는 중대한 교전 상태나 전시·사변 또는 이에 준하는 국가비상사태인 경우

3682 국회의원 총선거 후 첫 임시회는 의원의 임기 개시 후 7일에 집회하며, 처음 선출된 의장의 임기가 폐회 중에 만료되는 경우에는 늦어도 임기만료일 5일 전까지 집회한다. 다만, 그 날이 공휴일인 때에는 그 다음 날에 집회한다. 19 5급 O|X

정답 3678. O 3678-1. X [정기회 100일 초과 불가] 3679. O 3679-1. X [명시해야 함] 3680. X [집회기일 3일 전 공고 / 요구서가 먼저 제출된 것 X → 집회일이 빠른 것 O] 3681. O 3682. O

> 국회법 제5조(임시회) ③ 국회의원 **총선거** 후 첫 임시회는 의원의 임기 개시 후 7일에 집회하며, 처음 선출된 의장의 임기가 폐회 중에 만료되는 경우에는 늦어도 **임기만료일 5일 전**까지 집회한다. 다만, 그 날이 공휴일인 때에는 그 다음 날에 집회한다.

02 연중 상시 운영체제

3683 국회의 운영에 관하여 회기제를 채택하고 있더라도, 국회의 상설화는 가능하다. 16 국회 8 　O | X

3683-1 국회의 운영에 관하여는 회기제를 채택하고 있으므로 국회의 연(年)중 상시 운영은 불가능하다. 13 지방 　O | X

> 국회법 제5조의2(연간 국회 운영 기본일정 등) ① 의장은 **국회의 연중 상시 운영**을 위하여 각 교섭단체 대표의원과의 협의를 거쳐 매년 12월 31일까지 다음 연도의 국회 운영 기본일정(국정감사를 포함한다)을 정하여야 한다. 다만, 국회의원 총선거 후 처음 구성되는 국회의 해당 연도 국회 운영 기본일정은 6월 30일까지 정하여야 한다.

3684 국회의 정기회의 회기는 100일을, 임시회의 회기는 30일을 초과할 수 없고, 정기회·임시회를 합하여 연 150일을 초과하여 개최할 수 없다. 22 소간 　O | X

제4·5공화국 헌법은 국회의 연간 총회기일수를 150일로 제한하여 국회의 상설화를 차단한 바 있으나, 현행헌법은 회기제한 규정이 없어 국회의 상설화가 가능하다.

> 헌법 제47조 ② **정기회의 회기는 100일을, 임시회의 회기는 30일**을 초과할 수 없다.
> 제7차 개정헌법(1972년) 제82조 ③ 국회는 정기회·임시회를 합하여 **년 150일을 초과**하여 개회할 수 **없다**. 다만, 대통령이 집회를 요구한 임시회의 일수는 이에 산입하지 아니한다.

3685 국회의장은 국회의 연중 상시 운영을 위하여 각 교섭단체 대표의원과의 협의를 거쳐 매년 12월 31일까지 다음 연도의 국회 운영 기본일정을 정하여야 한다. 다만, 국회의원 총선거 후 처음 구성되는 국회의 당해 연도의 국회 운영 기본일정은 6월 30일까지 정하여야 한다. 15 국회 8 　O | X

> 국회법 제5조의2(연간 국회운영기본일정등) ① **의장**은 국회의 연중 상시 운영을 위하여 **각 교섭단체 대표의원과의 협의를 거쳐 매년 12월 31일**까지 다음 연도의 **국회 운영 기본일정**(국정감사를 포함한다)을 정하여야 한다. 다만, **국회의원 총선거 후 처음 구성되는** 국회의 해당 연도 국회 운영 기본일정은 **6월 30일까지** 정하여야 한다.

3686 연간 국회 운영 기본일정에 따라 국회는 2월·3월·4월·5월·6월 및 8월의 1일에 임시회를 집회한다. 22 국가 7 　O | X

3686-1 「국회법」에서는 연간 국회 운영 기본일정으로 국회의원 총선거가 있는 월의 경우를 제외하고 연 3회의 임시회 집회일이 명시되어 있다. 18 국회 8 　O | X

◆ 정답　3683. O　3683-1. ×[국회 연중 상시 운영 可]　3684. ×[연 150일 초과 가능 (현행헌법 회기제한 규정 無)]　3685. O　3686. ×[8월은 16일]　3686-1. ×[연 6회의 임시회 집회일 명시]

> 국회법 제5조의2(연간 국회 운영 기본일정 등) ② 제1항의 연간 국회 운영 기본일정은 다음 각 호의 기준에 따라 작성한다.
> 1. 2월·3월·4월·5월 및 6월 1일과 8월 16일에 임시회를 집회한다. 다만, 국회의원 총선거가 있는 경우 임시회를 집회하지 아니하며, 집회일이 공휴일인 경우에는 그 다음 날에 집회한다.

🖉 보충설명 연 6회의 임시회 집회일이 명시되어 있다.

03 회기제

3687 국회의 회기는 의결로 정하되 의결로 연장할 수 있으며 국회는 집회 후 즉시 회기를 정하여야 한다.
15 국회 9   O | X

> 국회법 제7조(회기) ① 국회의 회기는 의결로 정하되, 의결로 연장할 수 있다.
> ② 국회의 회기는 집회 후 즉시 정하여야 한다.

3688 국회는 의결로 기간을 정하여 휴회할 수 있으나, 휴회 중이라도 대통령의 요구가 있을 때, 의장이 긴급한 필요가 있다고 인정할 때 또는 재적의원 4분의 1 이상의 요구가 있을 때에는 회의를 재개한다.
17 국가 7   O | X

3688-1 국회는 휴회 중에는 대통령의 요구가 있더라도 본회의를 재개하지 않는다. 20 국회 9   O | X

3688-2 국회가 휴회 중인 경우, 「국회법」에 따르면 대통령의 요구나 재적의원 4분의 1 이상의 요구가 없는 한 국회의 회의를 재개할 수 없다. 20 국회 8   O | X

> 국회법 제8조(휴회) ① 국회는 의결로 기간을 정하여 휴회할 수 있다.
> ② 국회는 휴회 중이라도 대통령의 요구가 있을 때, 의장이 긴급한 필요가 있다고 인정할 때 또는 재적의원 4분의 1 이상의 요구가 있을 때에는 국회의 회의(이하 "본회의"라 한다)를 재개한다.

●정답 3687. O   3688. O   3688-1. ✕ [대통령 요구 시 재개함]   3688-2. ✕ [+ 의장이 긴급한 필요 인정 시]

POINT 202　의사공개원칙

01　의사공개원칙

3689　국회의 회의는 공개한다. 다만, 출석의원 과반수의 찬성이 있거나 의장이 국가의 안전보장을 위하여 필요하다고 인정할 때에는 공개하지 아니할 수 있다. 24 입시, 23 5급, 22 소간, 21 법무사   O | X

3689-1　국회의 회의는 공개한다. 다만, 재적의원 과반수의 찬성이 있거나 의장이 국가의 안전보장을 위하여 필요하다고 인정할 때에는 공개하지 아니할 수 있다. 21 소간, 20 법원 9   O | X

3689-2　국회의 회의는 공개한다. 다만, 출석의원 4분의 1 이상의 찬성이 있거나 의장이 국가의 안전보장을 위하여 필요하다고 인정할 때에는 공개하지 아니할 수 있다. 17 5급   O | X

3689-3　국회의 회의는 출석의원 과반수의 찬성이 있거나 의장이 국가의 안전보장 또는 안녕질서를 방해하거나 선량한 풍속을 해할 염려가 있다고 인정할 때에는 공개하지 아니할 수 있다. 11 국회 9   O | X

3689-4　의장이 국가의 안전보장 또는 공공의 질서유지를 위하여 필요하다고 인정할 때에는 회의를 공개하지 아니할 수 있다. 18 입시   O | X

> 헌법 제50조 ① **국회의 회의는 공개**한다. 다만, **출석의원 과반수의 찬성**이 있거나 **의장이 국가의 안전보장을 위하여 필요**하다고 인정할 때에는 **공개하지 아니할 수 있다.**

3690　우리 헌법은 제50조 제1항 본문에서 "국회의 회의는 공개한다."라고 하여 국회 의사공개의 원칙을 천명하고 있다. 14 법원 9   O | X

> 우리 헌법은 제50조 제1항 본문에서 "국회의 회의는 공개한다"라고 하여 국회 의사공개의 원칙을 천명하고 있다. 이는 방청 및 보도의 자유와 회의록의 공개 등을 그 내용으로 한다(헌재 2009. 9. 24. 2007헌바17).

3691　의사공개의 원칙은 의사진행의 내용과 의원의 활동을 국민에게 공개함으로써 민의에 따른 국회운영을 실천한다는 민주주의적 요청에서 유래한다. 18 입시   O | X

3691-1　의사를 공개하는 것은 회의의 내용과 의원의 활동을 국민에게 공개함으로써 국민의 비판과 감시를 받게 하기 위함이다. 07 국가 7   O | X

> 의사공개의 원칙은 **의사진행의 내용**과 **의원의 활동**을 국민에게 공개함으로써 **민의에 따른 국회운영**을 실천한다는 민주주의적 요청에서 유래하는 것으로서 국회에서의 토론 및 정책결정의 과정이 공개되어야 주권자인 국민의 정치적 의사형성과 참여, 의정활동에 대한 **감시와 비판**이 가능하게 될 뿐더러, 의사의 공개는 의사결정의 공정성을 담보하고 정치적 야합과 부패에 대한 방부제 역할을 하기도 하는 것이다(헌재 2000. 6. 29. 98헌마443 등).

정답　3689. ○　3689-1. ×[재과찬 X → 출과찬 O]　3689-2. ×[4분의 1 이상 X → 과반수 O]　3689-3. ×[안녕질서 및 선량한 풍속 X]　3689-4. ×[공공의 질서유지 X]　3690. ○　3691. ○　3691-1. ○

02 적용범위 : 모든 회의

3692 헌법 제50조 제1항의 의사공개의 원칙은 단순한 행정적 회의를 제외한 국회의 헌법적 기능과 관련한 모든 회의가 원칙적으로 국민에게 공개되어야 함을 천명한 것으로 국회 본회의뿐만 아니라 위원회의 회의에도 적용된다. 22 법원 9 O|X

3692-1 의사공개의 원칙은 본회의에만 적용되고 위원회에는 적용되지 않는다. 16 국회 9 O|X

> 헌법 제50조 제1항은 "**국회의 회의는 공개한다**"라고 하여 의사공개의 원칙을 규정하고 있는바, 이는 <u>단순한 행정적 회의를 제외하고 국회의 헌법적 기능과 관련된 모든 회의는 원칙적으로 국민에게 공개되어야</u> 함을 천명한 것으로서, 의사공개원칙의 헌법적 의미, 오늘날 국회기능의 중점이 본회의에서 위원회로 옮겨져 위원회중심주의로 운영되고 있는 점, 국회법 제75조 제1항 및 제71조의 규정내용에 비추어 <u>본회의든 위원회의 회의든 국회의 회의는 원칙적으로 공개</u>되어야 하고, 원하는 모든 국민은 원칙적으로 그 회의를 방청할 수 있다(헌재 2000. 6. 29. 98헌마443 등).

> **국회법 제71조(준용규정)** 위원회에 관하여는 이 장에서 규정한 사항 외에 **제6장(회의)과 제7장(회의록)**의 규정을 **준용**한다. 다만, 위원회에서의 동의(動議)는 특별히 다수의 찬성자가 있어야 한다는 규정에도 불구하고 동의자 외 1명 이상의 찬성으로 의제가 될 수 있으며, 표결은 거수로 할 수 있다.

3693 소위원회의 회의는 공개한다. 다만, 소위원회의 의결로 공개하지 아니할 수 있다. 07 국가 7 O|X

> **국회법 제57조(소위원회)** ⑤ **소위원회의 회의는 공개**한다. 다만, **소위원회의 의결**로 공개하지 **아니할 수 있다**.

3694 오늘날 국회기능의 중점이 본회의에서 위원회로 이동하여 위원회 중심으로 운영되고 있고, 법안 등의 의안에 대한 실질적인 심의가 위원회에서 이루어지고 있는 현실에서, 국회 의사공개의 원칙은 위원회의 회의에도 적용되며, 소위원회의 회의에도 당연히 적용된다. 20 입시 O|X

3694-1 헌법이 요구하는 의사공개의 원칙은 본회의에 적용되는 것이며 위원회와 소위원회에는 원칙적으로 적용되지 않는다. 21 국회 8 O|X

3694-2 국회의 의사에 적용되는 회의공개의 원칙은 본회의, 위원회에 적용되며, 소위원회의 경우 회의를 공개하지 않는 것이 원칙이다. 10 국회 9 O|X

> 오늘날 국회기능의 중점이 본회의에서 위원회로 이동하여 위원회 중심으로 운영되고 있고, 법안 등의 의안에 대한 실질적인 심의가 위원회에서 이루어지고 있는 현실에서, <u>헌법 제50조 제1항 본문이 천명한 **국회 의사공개의 원칙은 위원회의 회의에도 적용되며, 소위원회의 회의에도 당연히 적용**되는 것으로 보아야 한다</u>(헌재 2009. 9. 24. 2007헌바17).

3695 「국회법」제57조 제5항 본문에서 "소위원회의 회의는 공개한다"라고 규정한 것은 헌법 제50조 제1항 본문에서 천명한 국회 의사공개의 원칙을 확인한 것에 불과하다. 17 서울 7 O|X

> 헌법 제50조 제1항 본문이 천명한 국회 의사공개의 원칙은 위원회의 회의에도 적용되며, 소위원회의 회의에도 당연히 적용되는 것으로 보아야 한다. 따라서 <u>국회법 제57조 제5항 본문에서 "**소위원회의 회의는 공개한다**"라고 규정한 것은 헌법 제50조 제1항 본문에서 천명한 **국회 의사공개의 원칙을 확인**한 것에 불과하다</u>(헌재 2009. 9. 24. 2007헌바17).

정답 3692. O 3692-1. X [위원회에도 적용] 3693. O 3694. O 3694-1. X [모두 적용됨] 3694-2. X [소위원회도 공개가 원칙] 3695. O

03 내용

3696 의사공개원칙은 방청의 자유, 보도의 자유, 의사록의 공표·배포의 자유를 내용으로 한다. 17 국회 8

O | X

의사공개의 원칙은 의회민주주의의 핵심적인 기본원리일 뿐 아니라 대의제도의 이념에 따라 주권자인 국민이 국회의원의 의정활동을 감시하고 비판함으로써 책임정치를 실현시킬 수 있는 불가결의 전제조건이며, 공개성은 의사결정의 공정성을 담보하고 정치적 야합과 부패에 대한 방부제 역할을 한다. **의사공개의 원칙은** 구체적으로는 **방청의 자유, 보도의 자유, 중계방송의 자유, 회의록 열람 공표의 자유 등을 포함한다**(헌재 2010. 12. 28. 2008헌라7).

3697 의사공개의 원칙은 방청 및 보도의 자유를 의미하는 것으로 회의록의 공표까지 포함하는 것은 아니다. 18 입시

O | X

의사공개의 원칙은 **방청 및 보도의 자유**와 **회의록의 공표**를 그 내용으로 하는데 다만, 의사공개의 원칙은 절대적인 것이 아니므로, **출석의원 과반수의 찬성**이 있거나 **의장이 국가의 안전보장을 위하여 필요**하다고 인정할 때에는 **공개하지 아니할 수 있다**(헌재 2000. 6. 29. 98헌마443 등).

3698 단순한 행정적 회의를 제외하고 국회의 헌법적 기능과 관련된 모든 회의는 본회의든 위원회의 회의든 원칙적으로 국민에게 공개되어야 하고, 또한 원하는 국민은 그 회의를 방청할 수 있다. 09 국가 7

O | X

헌법 제50조 제1항은 "국회의 회의는 공개한다"라고 하여 의사공개의 원칙을 규정하고 있는바, 이는 **단순한 행정적 회의를 제외하고 국회의 헌법적 기능과 관련된 모든 회의는 원칙적으로 국민에게 공개되어야** 함을 천명한 것으로서, 의사공개원칙의 헌법적 의미, 오늘날 국회기능의 중점이 본회의에서 위원회로 옮겨져 위원회중심주의로 운영되고 있는 점, 국회법 제75조 제1항 및 제71조의 규정내용에 비추어 본회의든 위원회의 회의든 국회의 회의는 원칙적으로 공개되어야 하고, **원하는 모든 국민**은 원칙적으로 **그 회의를 방청**할 수 있다(헌재 2000. 6. 29. 98헌마443 등).

3699 본회의 또는 위원회의 의결로 공개하지 아니하기로 한 경우를 제외하고는 의장이나 위원장은 회의장 안(본회의장은 방청석으로 한정한다)에서의 녹음·녹화·촬영 및 중계방송을 국회규칙에서 정하는 바에 따라 허용할 수 있다. 13 국회 9, 07 국가 7

O | X

국회법 제149조의2(중계방송의 허용 등) ① **본회의 또는 위원회**의 의결로 공개하지 아니하기로 한 경우를 제외하고는 **의장이나 위원장**은 **회의장 안**(본회의장은 방청석으로 한정한다)에서의 **녹음·녹화·촬영 및 중계방송**을 국회규칙에서 정하는 바에 따라 허용할 수 있다.

정답 3696. O   3697. X [회의록의 공표 포함]   3698. O   3699. O

POINT 203 의사공개원칙의 예외

01 의사공개원칙의 예외

3700 의사공개의 원칙 및 알 권리는 절대적인 것이 아니므로 헌법유보 조항인 헌법 제21조 제4항과 일반적 법률유보 조항인 헌법 제37조 제2항에 의하여 제한될 수 있고, 헌법 제50조 제1항 단서에 의해 출석의원 과반수의 찬성이 있거나 의장이 국가의 안전보장을 위하여 필요하다고 인정할 때에는 회의를 공개하지 아니할 수 있다. 14 법원 9 O│X

3700-1 국회의 회의는 알 권리를 위하여 언제나 국민에게 공개되어야 한다. 19 법원 9 O│X

의사공개의 원칙 및 알 권리 역시 절대적인 것이 아니고 헌법유보 조항인 헌법 제21조 제4항과 일반적 법률유보 조항인 헌법 제37조 제2항에 의하여 제한될 수 있음은 물론이며, 알 권리에서 파생되는 일반적 정보공개청구권 역시 마찬가지이다. 헌법 제50조 제1항 단서에서 "출석의원 과반수의 찬성이 있거나 의장이 국가의 안전보장을 위하여 필요하다고 인정할 때에는 공개하지 아니할 수 있다"라고 규정하여 의사공개의 원칙에 대하여 예외를 둔 것은 의사공개의 원칙 및 알 권리에 대한 헌법유보에 해당한다. 동항 단서에서는 '출석의원 과반수의 찬성'에 의한 회의 비공개의 경우에 그 비공개 사유에 대하여는 아무런 제한을 두지 아니하여 의사의 공개 여부에 관한 국회의 재량을 인정하고 있다(헌재 2009. 9. 24. 2007헌바17).

3701 의사공개의 원칙은 방청 및 보도의 자유와 회의록의 공표를 그 내용으로 하지만 출석의원 3분의 1 이상의 찬성이 있거나 의장이 국가의 안전보장을 위하여 필요하다고 인정할 때에는 공개하지 아니한다. 21 국가 7 O│X

의사공개의 원칙은 방청 및 보도의 자유와 회의록의 공표를 그 내용으로 하는데 다만, 의사공개의 원칙은 절대적인 것이 아니므로, 출석의원 과반수의 찬성이 있거나 의장이 국가의 안전보장을 위하여 필요하다고 인정할 때에는 공개하지 아니할 수 있다(헌재 2000. 6. 29. 98헌마443 등).

3702 의사공개원칙과 마찬가지로 예외적인 회의 비공개에 관한 규정도 본회의뿐만 아니라 위원회, 소위원회에도 적용된다. 19 국회 9 O│X

헌법 제50조 제1항 본문의 의사공개 원칙이 위원회와 소위원회에도 적용되는 것과 마찬가지로, 동항 단서의 예외적인 회의비공개에 관한 규정 역시 본회의 뿐 아니라 위원회, 소위원회에 적용되는 것으로 봄이 마땅하다(헌재 2009. 9. 24. 2007헌바17).

3703 우리 헌법은 출석의원 과반수의 찬성이 있을 경우 회의를 비공개할 수 있도록 규정하면서 그 비공개 사유에 대하여 제한을 두지 않아 의사의 공개 여부에 관한 국회의 재량을 인정하고 있다. 10 국회 8 O│X

헌법 제50조 제1항 단서에서 "출석의원 과반수의 찬성이 있거나 의장이 국가의 안전보장을 위하여 필요하다고 인정할 때에는 공개하지 아니할 수 있다."라고 규정하여 의사공개의 원칙에 대하여 예외를 둔 것은 의사공개의 원칙 및 알권리에 대한 헌법유보에 해당한다. 동항 단서에서는 '출석의원 과반수의 찬성'에 의한 회의 비공개의 경우에 그 비공개 사유에 대하여는 아무런 제한을 두지 아니하여 의사의 공개 여부에 관한 국회의 재량을 인정하고 있다(헌재 2009. 9. 24. 2007헌바17).

정답 3700. O   3700-1. X [비공개 가능]   3701. X [출석 1/3 X → 출석과반수 찬성 O]   3702. O   3703. O

3704 헌법은 출석의원 과반수의 찬성으로 국회의 회의를 공개하지 않는 경우에 대해서는 사후공개를 정당화하는 사유를 명시적으로 언급하고 있다. 19 지방 7   O | X

> 헌법 제50조 ① 국회의 회의는 공개한다. 다만, 출석의원 과반수의 찬성이 있거나 의장이 국가의 안전보장을 위하여 필요하다고 인정할 때에는 공개하지 아니할 수 있다.

3705 공개되지 아니한 회의의 내용은 공표되어서는 아니 된다. 10 국회 8   O | X

> 헌법 제50조 ② 공개하지 아니한 회의내용의 공표에 관하여는 법률이 정하는 바에 의한다.
> 국회법 제118조(회의록의 배부·반포) ④ 공개하지 아니한 회의의 내용은 공표되어서는 아니 된다. 다만, 본회의 의결 또는 의장의 결정으로 제1항 단서의 사유가 소멸되었다고 판단되는 경우에는 공표할 수 있다.

02 본회의의 비공개

3706 본회의는 공개하며, 의장의 제의 또는 의원 10명 이상의 연서에 의한 동의(動議)로 본회의 의결이 있거나 의장이 각 교섭단체 대표의원과 협의하여 국가의 안전보장을 위하여 필요하다고 인정할 때에는 공개하지 아니할 수 있다. 22 지방 7   O | X

3706-1 본회의는 공개하지만 의장의 제의 또는 의원 10인 이상의 연서에 의한 동의로 본회의 의결이 있거나 의장이 각 정당의 대표의원과 협의하여 국가의 안전보장을 위하여 필요하다고 인정할 때에는 공개하지 아니할 수 있다. 12 지방 7   O | X

3706-2 국회 본회의는 공개하나, 의장의 제의 또는 의원 10명 이상의 연서에 의한 동의(動議)로 본회의 의결이 있는 경우 공개하지 아니할 수 있으며 그 제의나 동의에 대하여 토론을 거쳐 표결한다. 18 국가 7   O | X

> 국회법 제75조(회의의 공개) ① 본회의는 공개한다. 다만, 의장의 제의 또는 의원 10명 이상의 연서에 의한 동의(動議)로 본회의 의결이 있거나 의장이 각 교섭단체 대표의원과 협의하여 국가의 안전보장을 위하여 필요하다고 인정할 때에는 공개하지 아니할 수 있다.
> ② 제1항 단서에 따른 제의나 동의에 대해서는 토론을 하지 아니하고 표결한다.

3707 의장은 회의장 내 질서를 방해하는 방청인의 퇴장을 명할 수 있으며, 방청석이 소란할 때에는 의장은 모든 방청인을 퇴장시킬 수 있다. 10 국회 8   O | X

> 국회법 제154조(방청인에 대한 퇴장명령) ① 의장은 회의장 내 질서를 방해하는 방청인의 퇴장을 명할 수 있으며 필요할 때에는 국가경찰관서에 인도할 수 있다.
> ② 방청석이 소란할 때에는 의장은 모든 방청인을 퇴장시킬 수 있다.

● 정답 3704. X [헌법에 사후공개 정당화 사유 언급 없음] 3705. O 3706. O 3706-1. X [의장이 각 교섭단체 대표의원과 협의] 3706-2. X [토론을 거치지 않고 표결] 3707. O

03 위원회의 비공개

3708 헌법 제50조 제1항의 의사공개원칙은 모든 국회의 회의를 항상 공개하여야 하는 것은 아니나 이를 공개하지 아니할 경우에는 헌법에서 정하고 있는 일정한 요건을 갖추어야 함을 의미하는 것이며, 헌법 제50조 제1항 단서가 정하고 있는 회의의 비공개를 위한 절차나 사유는 그 문언이 매우 구체적이므로 예외적인 비공개 사유는 문언에 따라 엄격하게 해석되어야 한다. 22 5급 O | X

헌법 제50조 제1항의 구조에 비추어 볼 때, 헌법상 **의사공개원칙은 모든 국회의 회의를 항상 공개하여야 하는 것은 아니나 이를 공개하지 아니할 경우에는 헌법에서 정하고 있는 일정한 요건을 갖추어야 함을 의미한다.** 또한 헌법 제50조 제1항 단서가 정하고 있는 **회의의 비공개를 위한 절차나 사유는** 그 문언이 매우 구체적이어서, **이에 대한 예외는 엄격하게 인정되어야 한다**(헌재 2022. 1. 27. 2018헌마1162 등).

3709 특정한 내용의 국회 회의나 특정 위원회의 회의를 일률적으로 비공개한다고 정하여 공개의 여지를 차단하는 것은 헌법에 부합하지 않는다. 24 입시 O | X

이러한 점에 비추어 보면 헌법 제50조 제1항으로부터 일체의 공개를 불허하는 절대적인 비공개가 허용된다고 볼 수는 없는바, 특정한 내용의 국회의 회의나 특정 위원회의 회의를 **일률적으로 비공개**한다고 정하면서 **공개의 여지를 차단**하는 것은 **헌법 제50조 제1항에 부합하지 아니한다**(헌재 2022. 1. 27. 2018헌마1162 등).

3710 국회 회의의 비공개 사유는 회의마다 충족되어야 하므로, 국회 정보위원회의 비공개특례를 규정한 「국회법」 조항이 입법과정에서 재적의원 과반수의 출석과 출석의원 과반수의 찬성으로 의결 되었다는 사실만으로 헌법 제50조 제1항 단서의 '출석의원 과반수의 찬성'이라는 요건을 충족하는 것으로 해석할 수 없다. 24 입시 O | X

심판대상조항은 정보위원회의 회의 일체를 비공개 하도록 정함으로써 정보위원회 활동에 대한 국민의 감시와 견제를 사실상 불가능하게 하고 있다. 또한 헌법 제50조 제1항 단서에서 정하고 있는 **비공개사유는** 각 회의마다 충족되어야 하는 **요건으로 입법과정에서 재적의원 과반수의 출석과 출석의원 과반수의 찬성으로 의결되었다는 사실만으로 헌법 제50조 제1항 단서의 '출석위원 과반수의 찬성'이라는 요건이 충족되었다고 볼 수도 없다.** 따라서 심판대상조항은 헌법 제50조 제1항에 위배되는 것으로 과잉금지원칙 위배 여부에 대해서는 더 나아가 판단할 필요 없이 청구인들의 알 권리를 침해한다(헌재 2022. 1. 27. 2018헌마1162 등).

3711 국회 정보위원회 회의는 국가기밀에 관한 사항과 직·간접적으로 관련되어 있으므로 이를 공개하지 않도록 하고 있는 국회법 조항은 의사공개의 원칙에 반하지 않는다. 22 법원 9 O | X

3711-1 국회 정보위원회의 모든 회의는 실질적으로 국가기밀에 관한 사항과 직·간접적으로 관련되어 있으므로 국가안전보장을 위하여 회의 일체를 비공개로 하더라도 정보취득의 제한을 이유로 알 권리에 대한 침해로 볼 수는 없다. 22 지방 7 O | X

심판대상조항은 정보위원회의 회의 일체를 비공개 하도록 정함으로써 정보위원회 활동에 대한 국민의 감시와 견제를 사실상 불가능하게 하고 있다. 또한 헌법 제50조 제1항 단서에서 정하고 있는 비공개사유는 각 회의마다 충족되어야 하는 요건으로 입법과정에서 재적의원 과반수의 출석과 출석의원 과반수의 찬성으로 의결되었다는 사실만으로 헌법 제50조 제1항 단서의 '출석위원 과반수의 찬성'이라는 요건이 충족되었다고 볼 수도 없다. 따라서 심판대상조항은 **헌법 제50조 제1항에 위배되는 것으로** 과잉금지원칙 위배 여부에 대해서는 더 나아가 판단할 필요 없이 **청구인들의 알 권리를 침해한다**(헌재 2022. 1. 27. 2018헌마1162 등).

▶정답 3708. O   3709. O   3710. O   3711. X [의사공개원칙 위반]   3711-1. X [알 권리 침해]

3712 위원회에서는 의원이 아닌 자는 위원장의 허가를 받아 방청할 수 있다. 17 국회 8 O│X

> 국회법 제55조(위원회에서의 방청 등) ① 의원이 아닌 사람이 위원회를 방청하려면 위원장의 허가를 받아야 한다.

3713 위원회에서 의원 아닌 사람의 방청허가에 관한 「국회법」 규정은 위원회의 공개원칙을 전제로 한 것이지, 비공개를 원칙으로 하여 위원장의 자의에 따라 공개여부를 결정케 한 것이 아닌바, 회의의 질서유지를 위하여 필요한 경우에 한하여 방청을 불허할 수 있는 것으로 제한적으로 풀이하여야 한다. 19 지방 7 O│X

3713-1 '위원회에서 의원이 아닌 자는 위원장의 허가를 받아 방청할 수 있다.'는 「국회법」 제55조 제1항은 위원회의 비공개원칙을 전제로 한 것이므로, 위원회의 위원장은 그 재량으로 방청불허 결정을 할 수 있다. 17 입시 16 국회 8 O│X

국회법 제55조 제1항은 **위원회의 공개원칙을 전제로** 한 것이지, **비공개를 원칙으로 하여 위원장의 자의에 따라 공개여부를 결정케 한 것이 아닌바**, 위원장이라고 하여 **아무런 제한없이 임의로 방청불허 결정**을 할 수 있는 것이 **아니라**, 회의장의 장소적 제약으로 불가피한 경우, 회의의 원활한 진행을 위하여 필요한 경우 등 결국 **회의의 질서유지를 위하여 필요한 경우**에 한하여 **방청을 불허할 수 있는 것으로 제한적으로 풀이**되며, 이와 같이 이해하는 한, 위 조항은 헌법에 규정된 의사공개의 원칙에 저촉되지 않으면서도 국민의 방청의 자유와 위원회의 원활한 운영간에 적절한 조화를 꾀하고 있다고 할 것이므로 국민의 기본권을 침해하는 위헌조항이라 할 수 없다(헌재 2000. 6. 29. 98헌마443 등).

3714 방청불허의 사유 자체는 제한적이지만 그러한 사유의 구비여부에 대한 판단에 관하여는 국회의 자율성 존중의 차원에서 폭넓은 재량을 인정하여야 할 것이다. 09 국가 7 O│X

국회법 제55조 제1항을 위원장에게 아무런 사유의 제한없이 방청을 불허할 수 있는 재량권을 부여한 것으로 풀이한다면 헌법과 국회법에서 정한 위원회공개의 원칙이 공동화되어 부당하다. 이와 같이 **방청불허를 할 수 있는 사유 자체는 제한적**이지만 그러한 **사유가 구비되었는지에 관한 판단**, 즉 회의의 질서유지를 위하여 방청을 금지할 필요성이 있는지에 관한 판단은 **국회의 자율권 존중의 차원에서 위원장에게 폭넓은 판단재량**을 인정하여야 할 것이다(헌재 2000. 6. 29. 98헌마443 등).

04 소위원회의 비공개

3715 출석의원 과반수의 찬성이 있거나 의장이 국가의 안정보장을 위하여 필요하다고 인정할 때에는 국회의 회의를 공개하지 아니할 수 있다고 규정한 헌법 제50조 제1항 단서가 국회 소위원회에도 적용되므로, 국회 소위원회의 의결로 회의를 비공개할 수 있도록 규정한 「국회법」 조항은 과잉금지원칙에 위배되는 위헌적인 규정이라 할 수 없다. 24 변호사 O│X

헌법 제50조 제1항 본문에서 천명하고 있는 국회 의사공개의 원칙이 소위원회의 회의에 적용되는 것과 마찬가지로, **출석의원 과반수의 찬성이 있거나 의장이 국가의 안전보장을 위하여 필요하다고 인정할 때에는 국회 회의를 공개하지 아니할 수 있다고 규정한 동항 단서 역시 소위원회의 회의에 적용**된다. 국회법 제57조 제5항 단서는 헌법 제50조 제1항 단서가 국회의사공개원칙에 대한 예외로서의 비공개 요건을 규정한 내용을 소위원회 회의에 관하여 그대로 이어받아 규정한 것에 불과하므로, **헌법 제50조 제1항에 위반하여 국회 회의에 대한 국민의 알 권리를 침해하는 것이라거나 과잉금지의 원칙을 위배하는 위헌적인 규정이라 할 수 없다**(헌재 2009. 9. 24. 2007헌바17).

정답 3712. O 3713. O 3713-1. X [공개원칙 전제] 3714. O 3715. O

3716 「국회법」은 소위원회의 회의 비공개 사유 및 절차 등 요건을 헌법이 규정한 회의 비공개요건에 비하여 더 완화시키고 있다. 18 국회 8   O | X

소위원회의 비공개의결에는 **출석위원 과반수의 찬성**이라는 절차적 요건이 충족되어야 하며, 이는 국회회의의 비공개의결에 출석의원 과반수의 찬성을 요하도록 절차적 통제를 가한 **헌법의 규정과 궤를 같이하는 것**이라고 볼 수 있다. … 국회법 제57조 제5항 단서는 **회의 비공개의 사유 및 절차 등 요건을 헌법이 규정한 비공개요건에 비하여 더 완화시키고 있는 것이 아니므로**, 기본권을 법률로서 제한할 때 문제되는 과잉금지의 원칙에 어긋난다고 볼 여지가 없다. … 국회법에서 소위원회 회의의 비공개 요건을 헌법이 규정한 것보다 더욱 엄격하게 규정함으로써 헌법상 규정된 국회 의사공개의 원칙을 확대하여 관철하는 것은 물론, 국회법 제57조 제5항 단서와 같이 **헌법의 규정과 동등한 수준으로 규정**하는 것은 위헌의 소지가 발생하지 않는다고 보아야 할 것이다(헌재 2009. 9. 24. 2007헌바17).

3717 헌법은 국회 회의의 공개 여부에 관하여 회의 구성원의 자율적 판단을 허용하고 있으므로, 소위원회 회의의 공개여부 또한 소위원회 또는 소위원회가 속한 위원회에서 여러 가지 사정을 종합하여 합리적으로 결정할 수 있다. 23 지방 7, 22 지방 7   O | X

소위원회의 회의도 가능한 한 국민에게 공개하는 것이 바람직하나, 전문성과 효율성을 위한 제도인 소위원회의 회의를 공개할 경우 우려되는 부정적 측면도 외면할 수 없고, 헌법은 국회회의의 공개여부에 관하여 **회의 구성원의 자율적 판단을 허용**하고 있으므로, 소위원회 회의의 공개여부 또한 **소위원회 또는 소위원회가 속한 위원회**에서 여러 가지 사정을 종합하여 **합리적으로 결정할 수 있다** 할 것인바, … 이 사건 소위원회 방청불허행위를 헌법이 설정한 국회 의사자율권의 범위를 벗어난 위헌적인 공권력의 행사라고 할 수 없다(헌재 2000. 6. 29. 98헌마443 등).

POINT 204 회기계속원칙 B

01 회기계속원칙

3718 국회에 제출된 법률안 기타의 의안은 회기 중에 의결되지 못한 이유로 폐기되지 아니하는 것이 원칙이다. 20 법원 9   O | X

3718-1 우리나라는 회기계속의 원칙을 취하고 있으므로 동일 입법기 내에서 회기 중에 의결되지 못한 의안이라도 폐기되지 않고 다음 회기에 이어서 심의를 계속할 수 있다. 23 국회 9   O | X

3718-2 회기계속의 원칙은 헌법에 명시적으로 규정되어 있다. 10 국회 9   O | X

3718-3 우리 헌법은 국회에 제출된 의안이 회기중에 의결되지 못한 경우에는 폐기된다는 회기불계속의 원칙을 취하고 있다. 21 법무사   O | X

헌법 제51조 국회에 제출된 법률안 기타의 의안은 회기중에 의결되지 못한 이유로 폐기되지 아니한다. 다만, 국회의원의 임기가 만료된 때에는 그러하지 아니하다.

3719 1948년 건국헌법 이래 회기계속의 원칙을 채택해 오고 있다. 10 국회 9   O | X

회기계속의 원칙은 **제5차 개정헌법(1962년)**에서 채택하였다.

정답 3716. X [완화 X → 동등 O]   3717. O   3718. O   3718-1. O   3718-2. O   3718-3. X [회기계속의 원칙 명시]   3719. X [제5차 개정에서 채택]

02 회기계속원칙의 예외

3720 국회에 제출된 법률안 기타의 의안은 회기중에 의결되지 못한 이유로 폐기되지 아니한다. 다만, 국회의원의 임기가 만료된 때에는 그러하지 아니한다. 24 입시, 23 5급, 22 소간, 22 국회 9   O│X

3720-1 헌법은 국회에 제출된 법률안 기타의 의안은 회기 중에 의결되지 못한 이유로 폐기되지 아니한다고 하여 회기계속의 원칙을 채택하고 있지만, 국회의원의 임기가 만료된 때에는 그러하지 아니하다는 규정을 두고 있다. 19 지방 7   O│X

> 헌법 제51조 국회에 제출된 **법률안 기타의 의안**은 회기중에 의결되지 못한 이유로 폐기되지 아니한다. 다만, **국회의원의 임기가 만료된 때에는 그러하지 아니하다.**

3721 국회에 제출된 법률안 기타의 의안은 회기 중에 의결되지 못한 이유로 폐기되지 아니한다는 회기계속의 원칙은 의원의 임기만료 시에는 예외가 인정된다. 16 국회 9   O│X

3721-1 헌법은 의회기 중에는 회기계속의 원칙을 택하고 있으나 의회기가 종료되는 경우에는 예외적으로 회기불계속의 원칙을 택하고 있다. 15 국회 8   O│X

3721-2 국회의원의 임기가 만료된 때에도 회기계속의 원칙이 적용된다. 13 지방 7   O│X

> 헌법 제51조 국회에 제출된 **법률안 기타의 의안**은 회기중에 의결되지 못한 이유로 폐기되지 아니한다. 다만, **국회의원의 임기가 만료된 때에는 그러하지 아니하다.**

3722 국회의원이 국회에 법률안을 제출한 이후 국회의원의 임기가 만료된 경우에는 제출된 당해 법률안은 자동적으로 폐기된다. 13 국회 9   O│X

3722-1 회기불계속의 원칙을 채택하고 있는 미국과는 달리 현행 헌법은 회기계속의 원칙을 채택하고 있으므로 국회의원의 임기만료로 입법기가 달라지더라도 국회에 제출된 법률안 기타의 의안은 폐기되지 않는다. 11 국회 9   O│X

> 헌법 제51조 국회에 제출된 **법률안 기타의 의안**은 회기중에 의결되지 못한 이유로 폐기되지 아니한다. 다만, **국회의원의 임기가 만료된 때에는 그러하지 아니하다.**

POINT 205 다수결원칙

01 다수결원칙

3723 회의체의 회의진행과 의사결정에 필요한 최소한의 인원수를 정족수라고 하는데 회의를 개의할 때 필요한 의사정족수와 의안을 결정할 때 필요한 의결정족수가 있다. 23 국회 9   O│X

> 정족수란 다수인으로 구성되는 합의체에서 **회의진행과 의사결정에 필요한 최소한의 인원수**를 말한다. 정족수에는 의사정족수와 의결정족수가 있다. <u>의사정족수는 회의를 개의할 때 필요한 의원수</u>를 말하고 <u>의결정족수는 의안을 결정할 때 필요한 정족수</u>를 말한다.

정답 3720. O   3720-1. O   3721. O   3721-1. O   3721-2. ×[적용 ×]   3722. O   3722-1. ×[입법기 달라지면 폐기]   3723. O

3724 국회는 헌법 또는 법률에 특별한 규정이 없는 한 재적의원 과반수의 출석과 출석의원 과반수의 찬성으로 의결한다. 가부동수인 때에는 부결된 것으로 본다. 24 소간, 22 소간, 19 서울 7(추), 18 입시 17 5급 O | X

3724-1 의결에 관한 일반정족수는 헌법에 명시적으로 규정되어 있다. 10 국회 9 O | X

3724-2 국회는 헌법 또는 법률에 특별한 규정이 없는 한 재적의원 과반수의 출석과 출석의원 과반수의 찬성으로 의결하며, 가부동수인 때에는 가결된 것으로 본다. 23 국가 7 O | X

3724-3 국회 본회의에서 법률안을 표결에 부친 결과 재적 300명, 출석 280명, 찬성 140명, 반대 130명, 무효 10명으로 나타난 경우, 이 법률안은 가결된다. 22 변호사 O | X

> 헌법 제49조 국회는 헌법 또는 법률에 특별한 규정이 없는 한 **재적의원 과반수의 출석과 출석의원 과반수의 찬성으로 의결**한다. **가부동수인 때에는 부결**된 것으로 본다.

3725 국회의장은 예외적으로 확정법률의 공포권과 본회의나 위원회의 의결시 가부동수인 때에 결정권을 갖는다. 12 국회 9 O | X

3725-1 국회 본회의에서 260명의 국회의원이 출석하여 법률안에 대해 표결한 결과 찬성 130명, 반대 130명으로 의결이 이루어져 가부동수인 경우, 국회의장이 결정권을 가진다. 21 국회 8 O | X

> 헌법 제49조 국회는 헌법 또는 법률에 특별한 규정이 없는 한 재적의원 과반수의 출석과 출석의원 과반수의 찬성으로 의결한다. **가부동수인 때에는 부결된 것으로 본다.**
> 헌법 제53조 ⑥ 대통령은 제4항과 제5항의 규정에 의하여 확정된 법률을 지체없이 공포하여야 한다. 제5항에 의하여 법률이 확정된 후 또는 제4항에 의한 확정법률이 정부에 이송된 후 5일 이내에 대통령이 공포하지 아니할 때에는 **국회의장이 이를 공포한다.**

3726 일반정족수는 다수결의 원리를 실현하는 국회의 의결방식 중 하나로서 국회의 의사결정 시 합의에 도달하기 위한 최소한의 기준일 뿐 이를 헌법상 절대적 원칙이라고 볼 수는 없다. 20 국회 8 O | X

다수결의 원리를 실현하는 국회의 의결방식은 헌법이나 법률에 특별한 규정이 없는 한 재적의원 과반수의 출석과 출석의원 과반수의 찬성을 요하는 일반정족수를 기본으로 한다. 일반정족수는 국회의 의결이 유효하기 위한 최소한의 출석의원 또는 찬성의원의 수를 의미하므로, 의결대상 사안의 중요성과 의미에 따라 헌법이나 법률에 의결의 요건을 달리 규정할 수 있다. 즉 **일반정족수는 다수결의 원리를 실현하는 국회의 의결방식 중 하나로서 국회의 의사결정시 합의에 도달하기 위한 최소한의 기준일 뿐 이를 헌법상 절대적 원칙이라고 보기는 어렵다**(헌재 2016. 5. 26. 2015헌라1).

3727 일반정족수는 다수결의 원리를 실현하는 국회의 의결방식으로서 헌법상의 원칙에 해당한다. 21 국가 7 O | X

일반정족수는 다수결원리를 실현하는 **국회의 의결방식 중 하나에 불과**하고, 그 자체가 **헌법상의 원칙이나 원리라고 볼 수는 없다.** 나아가 국회가 자신의 의사절차에 관한 제도를 스스로 입안하면서 가중다수결과 일반다수결 중 어느 것을 선택할 것인지는 국회의 자율영역에 속한다고 보아야 한다(헌재 2016. 5. 26. 2015헌라1).

● 정답 3724. O 3724-1. O 3724-2. X [부결됨] 3724-3. X [부결됨] 3725. X [가부동수인 때에는 부결됨] 3725-1. X [가부동수인 경우 부결됨] 3726. O 3727. X [헌법상의 원칙 X]

3728 법률안에 대한 본회의 표결이 종료되어 재적의원 과반수의 출석에 미달되었음이 확인된 경우에는 출석의원 과반수의 찬성에 미달한 경우와 마찬가지로 국회의 의사는 부결로 확정되었다고 보아야 한다. 16 국회 9   O | X

국회의원이 특정 의안에 반대하는 경우 회의장에 출석하여 반대투표하는 방법 뿐만 아니라 회의에 불출석하는 방법으로도 반대 의사를 표시할 수 있으므로, '재적의원 과반수의 출석'과 '출석의원 과반수의 찬성'의 요건이 국회의 의결에 대하여 가지는 의미나 효력을 달리 할 이유가 없다. 전자투표에 의한 표결의 경우 국회의장의 투표종료선언에 의하여 투표 결과가 집계됨으로써 안건에 대한 표결절차는 실질적으로 종료되므로, 투표의 집계 결과 **출석의원 과반수의 찬성에 미달**한 경우는 물론 **재적의원 과반수의 출석에 미달**한 경우에도 **국회의 의사는 부결로 확정**되었다고 볼 수밖에 없다(헌재 2009. 10. 29. 2009헌라8 등).

3729 본회의는 재적의원 5분의 1 이상의 출석으로 개의하고, 의사는 헌법이나 「국회법」에 특별한 규정이 없으면 재적의원 과반수의 출석과 출석의원 과반수의 찬성으로 의결한다. 22 5급   O | X

국회법 제73조(의사정족수) ① **본회의는 재적의원 5분의 1 이상의 출석**으로 개의한다.
국회법 제109조(의결정족수) 의사는 헌법이나 이 법에 특별한 규정이 없으면 **재적의원 과반수의 출석과 출석의원 과반수의 찬성**으로 의결한다.

3730 본회의는 재적의원 5분의 1 이상의 출석으로 개의하고, 위원회는 재적위원 5분의 1 이상의 출석으로 개회한다. 24 소간   O | X

3730-1 국회 위원회의 의사정족수와 본회의 의사정족수는 같다. 20 법무사, 16 법무사   O | X

3730-2 국회 본회의는 재적의원 4분의 1 이상의 출석으로 개의한다. 18 법무사   O | X

국회법 제54조(위원회의 의사정족수·의결정족수) 위원회는 **재적위원 5분의 1 이상의 출석**으로 개회하고, 재적위원 과반수의 출석과 출석위원 과반수의 찬성으로 의결한다.
국회법 제73조(의사정족수) ① **본회의는 재적의원 5분의 1 이상의 출석**으로 개의한다.

3731 국회의장이 본회의 중 출석의원이 재적의원의 5분의 1에 미치지 못하자 산회를 선포하는 것은 현행 「국회법」에서 허용된다. 16 국회 8   O | X

3731-1 본회의는 재적의원 5분의 1 이상의 출석으로 개의하므로, 회의 중 의원들의 퇴장으로 정족수에 달하지 못할 때에는 반드시 산회해야 한다. 19 국회 9   O | X

국회법 제73조(의사정족수) ③ 회의 중 제1항의 **정족수에 미치지 못할 때에는 의장은** 회의의 중지 **또는 산회를** 선포한다. 다만, 의장은 교섭단체 대표의원이 의사정족수의 충족을 요청하는 경우 외에는 **효율적인 의사진행을 위하여 회의를 계속할 수 있다.**

● 정답   3728. O   3729. O   3730. O   3730-1. O   3730-2. ✕[재적 5분의 1 이상]   3731. O   3731-1. ✕[회의계속 可]

02 주요 정족수

3732 국회의원의 제명의결과 대통령에 대한 탄핵소추의결의 정족수는 같다. 21 지방 7 O | X

3732-1 국회의원 제명정족수와 헌법개정안 의결정족수는 같다. 20 법무사, 16 법무사 O | X

3732-2 헌법개정안의 국회의결과 대통령 탄핵소추의결은 정족수가 같다. 14 국회 9 O | X

> 헌법 제64조 ③ 의원을 제명하려면 국회재적의원 3분의 2 이상의 찬성이 있어야 한다.
>
> 헌법 제65조 ② 제1항의 탄핵소추는 국회재적의원 3분의 1 이상의 발의가 있어야 하며, 그 의결은 국회재적의원 과반수의 찬성이 있어야 한다. 다만, 대통령에 대한 탄핵소추는 국회재적의원 과반수의 발의와 국회재적의원 3분의 2 이상의 찬성이 있어야 한다.
>
> 헌법 제130조 ① 국회는 헌법개정안이 공고된 날로부터 60일 이내에 의결하여야 하며, 국회의 의결은 재적의원 3분의 2 이상의 찬성을 얻어야 한다.

3733 국회는 국회 재적의원 3분의 2 이상의 찬성으로 의원자격이 없는 것을 의결하거나 의원을 제명할 수 있다. 18 법원 9 O | X

3733-1 의원의 제명과 의원자격상실의 결정의 정족수는 동일하다. 18 입시 O | X

> 헌법 제64조 ③ 의원을 제명하려면 국회재적의원 3분의 2 이상의 찬성이 있어야 한다.
>
> 국회법 제142조(의결) ③ 본회의는 심사대상 의원의 자격 유무를 의결로 결정하되, 그 자격이 없는 것으로 의결할 때에는 재적의원 3분의 2 이상의 찬성이 있어야 한다.

3734 대통령 탄핵소추 발의와 헌법개정안 의결과 국회의원 제명의 정족수는 각각 모두 다르다. 20 국회 8 O | X

> 헌법 제65조 ② 제1항의 탄핵소추는 국회재적의원 3분의 1 이상의 발의가 있어야 하며, 그 의결은 국회재적의원 과반수의 찬성이 있어야 한다. 다만, 대통령에 대한 탄핵소추는 국회재적의원 과반수의 발의와 국회재적의원 3분의 2 이상의 찬성이 있어야 한다.
>
> 헌법 제130조 ① 국회는 헌법개정안이 공고된 날로부터 60일 이내에 의결하여야 하며, 국회의 의결은 재적의원 3분의 2 이상의 찬성을 얻어야 한다.
>
> 헌법 제64조 ③ 의원을 제명하려면 국회재적의원 3분의 2 이상의 찬성이 있어야 한다.

3735 국회의원 제명, 대통령에 대한 탄핵소추의결, 법률안 재의결은 헌법상 정족수가 같다. 21 국가 7 O | X

> 헌법 제64조 ③ 의원을 제명하려면 국회재적의원 3분의 2 이상의 찬성이 있어야 한다.
>
> 헌법 제65조 ② 제1항의 탄핵소추는 국회재적의원 3분의 1 이상의 발의가 있어야 하며, 그 의결은 국회재적의원 과반수의 찬성이 있어야 한다. 다만, 대통령에 대한 탄핵소추는 국회재적의원 과반수의 발의와 국회재적의원 3분의 2 이상의 찬성이 있어야 한다.
>
> 헌법 제53조 ④ 재의의 요구가 있을 때에는 국회는 재의에 붙이고, 재적의원과반수의 출석과 출석의원 3분의 2 이상의 찬성으로 전과 같은 의결을 하면 그 법률안은 법률로서 확정된다.

정답 3732. O 3732-1. O 3732-2. O 3733. O 3733-1. O 3734. X [헌법개정안 의결 = 국회의원 제명] 3735. X [법률안 재의결 다름]

3736 신속처리안건지정동의의 의결과 무제한토론종결동의의 의결의 정족수는 동일하다. 18 입시   O | X

> **국회법 제85조의2(안건의 신속처리)** ① 위원회에 회부된 안건(체계·자구 심사를 위하여 법제사법위원회에 회부된 안건을 포함한다)을 제2항에 따른 신속처리대상안건으로 지정하려는 경우 의원은 재적의원 과반수가 서명한 신속처리대상안건 지정요구 동의(動議)(이하 이 조에서 "**신속처리안건 지정동의**"라 한다)를 의장에게 제출하고, 안건의 소관 위원회 소속 위원은 소관 위원회 재적위원 과반수가 서명한 신속처리안건 지정동의를 소관 위원회 위원장에게 제출하여야 한다. 이 경우 의장 또는 안건의 소관 위원회 위원장은 지체 없이 신속처리안건 지정동의를 무기명투표로 표결하되, **재적의원 5분의 3 이상** 또는 안건의 소관 위원회 **재적위원 5분의 3 이상의 찬성으로 의결**한다.
> **국회법 제106조의2(무제한 토론의 실시 등)** ⑥ 제5항에 따른 **무제한토론의 종결동의**는 동의가 제출된 때부터 24시간이 지난 후에 무기명투표로 표결하되 **재적의원 5분의 3 이상의 찬성으로 의결**한다. 이 경우 무제한토론의 종결동의에 대해서는 토론을 하지 아니하고 표결한다.

3737 계엄해제 요구, 법관에 대한 탄핵소추 의결, 헌법개정안 의결은 헌법상 정족수가 같다. 21 국가 7   O | X

> **헌법 제77조** ⑤ 국회가 **재적의원 과반수의 찬성으로 계엄의 해제를 요구**한 때에는 대통령은 이를 해제하여야 한다.
> **헌법 제65조** ② 제1항의 **탄핵소추는 국회재적의원 3분의 1 이상의 발의**가 있어야 하며, 그 의결은 **국회재적의원 과반수의 찬성**이 있어야 한다. 다만, 대통령에 대한 탄핵소추는 국회재적의원 과반수의 발의와 국회재적의원 3분의 2 이상의 찬성이 있어야 한다.
> **헌법 제130조** ① 국회는 **헌법개정안**이 공고된 날로부터 60일 이내에 의결하여야 하며, **국회의 의결은 재적의원 3분의 2 이상의 찬성**을 얻어야 한다.

3738 국회의장 선출에 필요한 득표수와 국회의원 제명처분 의결에 필요한 정족수는 동일하다. 15 지방 7   O | X

> **국회법 제15조(의장·부의장의 선거)** ① **의장과 부의장**은 국회에서 무기명투표로 선거하고 **재적의원 과반수**의 득표로 당선된다.
> **헌법 제64조** ③ **의원을 제명**하려면 **국회재적의원 3분의 2 이상의 찬성**이 있어야 한다.

3739 국정조사요구와 국회의원의 제명처분의 의결을 위한 정족수는 동일하다. 16 서울 7   O | X

> **헌법 제64조** ③ **의원을 제명**하려면 **국회재적의원 3분의 2 이상의 찬성**이 있어야 한다.
> **국정감사 및 조사에 관한 법률 제3조(국정조사)** ① 국회는 재적의원 4분의 1 이상의 요구가 있는 때에는 특별위원회 또는 상임위원회로 하여금 국정의 특정사안에 관하여 **국정조사**(이하 "조사"라 한다)를 하게 한다.

3740 헌법개정안 발의, 계엄해제 요구, 국무총리·국무위원 해임건의안 의결, 대통령에 대한 탄핵소추 발의는 재적의원 과반수의 찬성을 필요로 한다. 13 국회 8   O | X

3740-1 헌법개정안 발의, 국무총리·국무위원 해임건의 의결, 대통령에 대한 탄핵소추 발의는 헌법상 정족수가 같다. 21 국가 7   O | X

3740-2 계엄의 해제 요구와 헌법개정안 발의의 정족수는 같다. 21 지방 7   O | X

정답 3736. O   3737. X [헌법개정안 의결만 다름]   3738. X [다름]   3739. X [다름]   3740. O   3740-1. O   3740-2. O

> 헌법 제128조 ① 헌법개정은 국회재적의원 과반수 또는 대통령의 발의로 제안된다.
> 헌법 제77조 ⑤ 국회가 재적의원 과반수의 찬성으로 계엄의 해제를 요구한 때에는 대통령은 이를 해제하여야 한다.
> 헌법 제63조 ② 제1항의 해임건의는 국회재적의원 3분의 1 이상의 발의에 의하여 국회재적의원 과반수의 찬성이 있어야 한다.
> 헌법 제65조 ② 제1항의 탄핵소추는 국회재적의원 3분의 1 이상의 발의가 있어야 하며, 그 의결은 국회재적의원 과반수의 찬성이 있어야 한다. 다만, 대통령에 대한 탄핵소추는 국회재적의원 과반수의 발의와 국회재적의원 3분의 2 이상의 찬성이 있어야 한다.

3741 국무위원에 대한 국회의 해임건의와 탄핵소추의 의결정족수는 동일하다. 24 5급   O│X

3741-1 국무총리의 해임건의 의결과 법관에 대한 탄핵소추 의결의 정족수는 같다. 21 지방 7   O│X

3741-2 계엄의 해제요구와 국무총리·국무위원 등에 대한 탄핵소추의 의결의 정족수는 동일하다. 18 입시   O│X

> 헌법 제77조 ⑤ 국회가 재적의원 과반수의 찬성으로 계엄의 해제를 요구한 때에는 대통령은 이를 해제하여야 한다.
> 헌법 제65조 ② 제1항의 탄핵소추는 국회재적의원 3분의 1 이상의 발의가 있어야 하며, 그 의결은 국회재적의원 과반수의 찬성이 있어야 한다. 다만, 대통령에 대한 탄핵소추는 국회재적의원 과반수의 발의와 국회재적의원 3분의 2 이상의 찬성이 있어야 한다.

3742 국회의장 선출정족수와 계엄해제 요구정족수는 같다. 20 법무사, 16 법무사   O│X

3742-1 국회의 헌법개정안 발의와 국회부의장 선출은 정족수가 같다. 14 국회 9   O│X

> 헌법 제77조 ⑤ 국회가 재적의원 과반수의 찬성으로 계엄의 해제를 요구한 때에는 대통령은 이를 해제하여야 한다.
> 헌법 제128조 ① 헌법개정은 국회재적의원 과반수 또는 대통령의 발의로 제안된다.
> 국회법 제15조(의장·부의장의 선거) ① 의장과 부의장은 국회에서 무기명투표로 선거하고 재적의원 과반수의 득표로 당선된다.

3743 계엄해제 요구, 헌법개정안 발의, 감사위원 탄핵소추 발의의 정족수는 모두 동일하다. 20 국회 8   O│X

> 헌법 제77조 ⑤ 국회가 재적의원 과반수의 찬성으로 계엄의 해제를 요구한 때에는 대통령은 이를 해제하여야 한다.
> 헌법 제128조 ① 헌법개정은 국회재적의원 과반수 또는 대통령의 발의로 제안된다.
> 헌법 제65조 ② 제1항의 탄핵소추는 국회재적의원 3분의 1 이상의 발의가 있어야 하며, 그 의결은 국회재적의원 과반수의 찬성이 있어야 한다. 다만, 대통령에 대한 탄핵소추는 국회재적의원 과반수의 발의와 국회재적의원 3분의 2 이상의 찬성이 있어야 한다.

3744 법관 탄핵소추 발의정족수와 헌법개정안 발의정족수와 국무총리·국무위원 해임건의 발의정족수는 모두 동일하다. 20 국회 8   O│X

●정답 3741. O   3741-1. O   3741-2. O   3742. O   3742-1. O   3743. X [감사위원 탄핵소추 발의 다름]   3744. X [헌법개정안 발의 다름]

헌법 제65조 ② 제1항의 **탄핵소추**는 **국회재적의원 3분의 1 이상의 발의**가 있어야 하며, 그 의결은 국회재적의원 과반수의 찬성이 있어야 한다. 다만, 대통령에 대한 탄핵소추는 국회재적의원 과반수의 발의와 국회재적의원 3분의 2 이상의 찬성이 있어야 한다.

헌법 제128조 ① **헌법개정**은 **국회재적의원 과반수** 또는 대통령의 발의로 제안된다.

헌법 제63조 ② 제1항의 **해임건의**는 **국회재적의원 3분의 1 이상의 발의**에 의하여 국회재적의원 과반수의 찬성이 있어야 한다.

3745 법률안 재의결 정족수와 국무총리·국무위원 해임건의 발의정족수와 헌법개정안 발의의 정족수는 각각 다르다. 20 국회 8   O | X

헌법 제53조 ④ 재의의 요구가 있을 때에는 **국회는 재의**에 붙이고, **재적의원과반수의 출석과 출석의원 3분의 2 이상의 찬성으로** 전과 같은 의결을 하면 그 법률안은 법률로서 확정된다.

헌법 제128조 ① **헌법개정**은 **국회재적의원 과반수** 또는 대통령의 발의로 제안된다.

헌법 제63조 ② 제1항의 **해임건의**는 **국회재적의원 3분의 1 이상의 발의**에 의하여 국회재적의원 과반수의 찬성이 있어야 한다.

3746 국무총리에 대한 해임건의 발의정족수와 탄핵소추 발의정족수는 같다. 20 법무사, 16 법무사   O | X

헌법 제63조 ② 제1항의 **해임건의**는 **국회재적의원 3분의 1 이상의 발의**에 의하여 **국회재적의원 과반수의 찬성**이 있어야 한다.

헌법 제65조 ② 제1항의 **탄핵소추**는 **국회재적의원 3분의 1 이상의 발의**가 있어야 하며, 그 의결은 **국회재적의원 과반수의 찬성**이 있어야 한다. 다만, 대통령에 대한 탄핵소추는 국회재적의원 과반수의 발의와 국회재적의원 3분의 2 이상의 찬성이 있어야 한다.

3747 국회 임시회 소집 요구, 계엄해제 요구, 감사위원 탄핵소추 의결정족수는 동일하다. 20 국회 8   O | X

헌법 제47조 ① 국회의 정기회는 법률이 정하는 바에 의하여 매년 1회 집회되며, 국회의 **임시회**는 대통령 또는 **국회재적의원 4분의 1 이상**의 요구에 의하여 집회된다.

헌법 제77조 ⑤ 국가가 **재적의원 과반수의 찬성으로 계엄의 해제를 요구**한 때에는 대통령은 이를 해제하여야 한다.

헌법 제65조 ② 제1항의 **탄핵소추**는 **국회재적의원 3분의 1 이상의 발의**가 있어야 하며, 그 의결은 **국회재적의원 과반수의 찬성**이 있어야 한다. 다만, **대통령에 대한 탄핵소추는 국회재적의원 과반수의 발의**와 **국회재적의원 3분의 2 이상의 찬성**이 있어야 한다.

3748 국회임시의장·상임위원장 선거와 국회의장·부의장 선거의 정족수는 동일하다. 18 입시   O | X

국회법 제17조(임시의장의 선거) 임시의장은 무기명투표로 선거하되 **재적의원 과반수의 출석과 출석의원 다수득표자**를 당선자로 한다.

국회법 제41조(상임위원장) ② **상임위원장**은 제48조제1항부터 제3항까지에 따라 선임된 해당 상임위원 중에서 **임시의장 선거의 예**에 준하여 본회의에서 선거한다.

국회법 제15조(의장·부의장의 선거) ① **의장과 부의장**은 국회에서 무기명투표로 선거하고 **재적의원 과반수**의 득표로 당선된다.

● 정답 3745. O 3746. O 3747. ×[다름] 3748. ×[다름]

3749 국무총리·국무위원 해임건의 발의, 법관에 대한 탄핵소추 발의, 국회임시회 소집 요구는 헌법상 정족수가 같다. 21 국가 7 O|X

3749-1 국회의 임시회 집회 요구와 국무위원의 해임건의 발의의 정족수는 같다. 21 지방 7 O|X

> **헌법 제63조** ② 제1항의 **해임건의**는 **국회재적의원 3분의 1 이상의 발의**에 의하여 국회재적의원 과반수의 찬성이 있어야 한다.
> **헌법 제65조** ② 제1항의 **탄핵소추**는 **국회재적의원 3분의 1 이상의 발의**가 있어야 하며, 그 의결은 국회재적의원 과반수의 찬성이 있어야 한다. 다만, 대통령에 대한 탄핵소추는 국회재적의원 과반수의 발의와 국회재적의원 3분의 2 이상의 찬성이 있어야 한다.
> **헌법 제47조** ① 국회의 정기회는 법률이 정하는 바에 의하여 매년 1회 집회되며, **국회의 임시회**는 대통령 또는 **국회재적의원 4분의 1 이상의 요구**에 의하여 집회된다.

3750 국정조사 요구, 국무총리·국무위원의 해임건의 발의, 대통령 이외의 자에 대한 탄핵소추 발의는 재적의원 3분의 1 이상의 찬성을 필요로 한다. 21 지방 7 O|X

> **헌법 제63조** ② 제1항의 **해임건의**는 **국회재적의원 3분의 1 이상의 발의**에 의하여 국회재적의원 과반수의 찬성이 있어야 한다.
> **헌법 제65조** ② 제1항의 **탄핵소추**는 **국회재적의원 3분의 1 이상의 발의**가 있어야 하며, 그 의결은 국회재적의원 과반수의 찬성이 있어야 한다. 다만, 대통령에 대한 탄핵소추는 국회재적의원 과반수의 발의와 국회재적의원 3분의 2 이상의 찬성이 있어야 한다.
> **국정감사 및 조사에 관한 법률 제3조(조사)** ① 국회는 **재적의원 4분의 1 이상의 요구가 있는** 때에는 특별위원회 또는 상임위원회로 하여금 국정의 특정사안에 관하여 **국정조사**(이하 "조사"라 한다)를 하게 한다.

3751 임시회 소집 요구와 전원위원회 소집 요구는 정족수가 같다. 14 국회 9 O|X

> **헌법 제47조** ① 국회의 정기회는 법률이 정하는 바에 의하여 매년 1회 집회되며, 국회의 **임시회**는 대통령 또는 **국회재적의원 4분의 1 이상의 요구**에 의하여 집회된다.
> **국회법 제63조의2(전원위원회)** ① 국회는 위원회의 심사를 거치거나 위원회가 제안한 의안 중 정부조직에 관한 법률안, 조세 또는 국민에게 부담을 주는 법률안 등 주요 의안의 본회의 상정 전이나 본회의 상정 후에 **재적의원 4분의 1 이상이 요구**할 때에는 그 심사를 위하여 의원 전원으로 구성되는 **전원위원회(全院委員會)를 개회**할 수 있다. 다만, 의장은 주요 의안의 심의 등 필요하다고 인정하는 경우 각 교섭단체 대표의원의 동의를 받아 전원위원회를 개회하지 아니할 수 있다.

3752 대통령이 환부한 법률안의 재의결과 번안동의의 의결의 정족수는 동일하다. 18 입시 O|X

> **헌법 제53조** ④ 재의의 요구가 있을 때에는 국회는 재의에 붙이고, **재적의원과반수의 출석과 출석의원 3분의 2 이상의 찬성으로** 전과 같은 의결을 하면 그 법률안은 법률로서 확정된다.
> **국회법 제91조(번안)** ① 본회의에 있어서의 **번안동의**는 의안을 발의한 의원이 그 의안을 발의할 때의 발의의원 및 찬성의원 3분의 2 이상의 동의로, 정부 또는 위원회가 제출한 의안은 소관위원회의 의결로, 각각 그 안을 갖춘 서면으로 제출하되 **재적의원 과반수의 출석과 출석의원 3분의 2 이상의 찬성으로** 의결한다. 그러나 의안이 정부에 이송된 후에는 번안할 수 없다.

정답 3749. ×[국회임시회 소집 요구 다름] 3749-1. ×[다름] 3750. ×[국정조사 요구 재적 4분의 1 이상] 3751. ○ 3752. ○

3753 대통령이 거부권을 행사한 법률안에 대한 재의결과 회기 중의 국회의원 체포동의의 의결에 필요한 정족수는 동일하다. 15 지방 7 O | X

> 헌법 제53조 ④ 재의의 요구가 있을 때에는 국회는 재의에 붙이고, **재적의원과반수의 출석과 출석의원 3분의 2 이상의 찬성으로** 전과 같은 의결을 하면 그 법률안은 법률로서 확정된다.
> 헌법 제44조 ① 국회의원은 현행범인인 경우를 제외하고는 회기중 **국회의 동의없이** 체포 또는 구금되지 아니한다.
> 헌법 제49조 국회는 헌법 또는 법률에 특별한 규정이 없는 한 **재적의원 과반수의 출석과 출석의원 과반수의 찬성**으로 의결한다. 가부동수인 때에는 부결된 것으로 본다.
>
> ◈ 보충설명 회기 중의 국회의원 체포동의에 대해 헌법과 법률에 특별한 규정이 없으므로 재적의원 과반수의 출석과 출석의원 과반수의 찬성으로 의결한다.

3754 법률안의결, 예산안의결, 조약동의, 일반사면동의, 예비비승인은 재적의원 과반수의 출석과 출석의원 과반수의 찬성을 필요로 한다. 13 국회 8 O | X

> 헌법 제49조 국회는 헌법 또는 법률에 특별한 규정이 없는 한 **재적의원 과반수의 출석과 출석의원 과반수의 찬성으로 의결**한다. 가부동수인 때에는 부결된 것으로 본다.

3755 의원이 다른 의원의 자격에 대하여 이의가 있을 때에는 30명 이상의 연서로 의장에게 자격심사를 청구할 수 있으며, 의원이 체포 또는 구금된 의원의 석방 요구를 발의할 때에는 재적의원 4분의 1 이상의 연서(連書)로 그 이유를 첨부한 요구서를 의장에게 제출하여야 한다. 20 국가 7 O | X

> 국회법 제138조(자격심사의 청구) 의원이 다른 의원의 **자격에 대하여 이의**가 있을 때에는 **30명 이상의 연서**로 의장에게 자격심사를 청구할 수 있다.
> 국회법 제28조(석방요구의 절차) 의원이 체포 또는 구금된 의원의 **석방 요구를 발의**할 때에는 **재적의원 4분의 1 이상의 연서(連書)**로 그 이유를 첨부한 요구서를 의장에게 제출하여야 한다.

3756 국회의원의 자격심사 청구, 예산안에 대한 수정동의는 각각 의원 50명 이상의 찬성이 있어야 한다. 21 5급 O | X

3756-1 국회의원의 자격심사의 청구정족수와 예산안에 대한 수정동의 정족수는 같다. 20 법무사, 16 법무사 O | X

> 국회법 제138조(자격심사의 청구) 의원이 다른 의원의 자격에 대하여 이의가 있을 때에는 **30명 이상의 연서**로 의장에게 자격심사를 청구할 수 있다.
> 국회법 제95조(수정동의) ① 의안에 대한 수정동의(修正動議)는 그 안을 갖추고 이유를 붙여 30명 이상의 찬성 의원과 연서하여 미리 의장에게 제출하여야 한다. 다만, **예산안에 대한 수정동의**는 의원 **50명 이상의 찬성**이 있어야 한다.

정답 3753. X [다름] 3754. O 3755. O 3756. X [자격심사 30명 이상 연서] 3756-1. X [다름]

POINT 206 일사부재의

01 일사부재의

3757 부결된 안건은 같은 회기 중에 다시 발의하거나 제출할 수 없다. 23 소간, 19 국회 9, 13 지방 7, 11 국회 9 O|X

3757-1 「국회법」은 국회에서 부결된 안건은 같은 회기 중에 다시 발의하거나 제출할 수 있도록 규정하고 있다. 10 국회 9 O|X

> 국회법 제92조(일사부재의) 부결된 안건은 같은 회기 중에 다시 발의하거나 제출할 수 없다.

3758 의사공개의 원칙, 회기계속의 원칙은 헌법상의 원칙인 반면에 일사부재의의 원칙은 「국회법」상의 원칙이다. 10 지방 7 O|X

3758-1 회기계속의 원칙은 헌법에 명시되어 있으나 일사부재의의 원칙은 「국회법」에 명시되어 있다. 18 국회 8 O|X

> 헌법 제50조 ① 국회의 회의는 공개한다. 다만, 출석의원 과반수의 찬성이 있거나 의장이 국가의 안전보장을 위하여 필요하다고 인정할 때에는 공개하지 아니할 수 있다.
> 헌법 제51조 국회에 제출된 법률안 기타의 의안은 회기중에 의결되지 못한 이유로 폐기되지 아니한다. 다만, 국회의원의 임기가 만료된 때에는 그러하지 아니하다.
> 국회법 제92조(일사부재의) 부결된 안건은 같은 회기 중에 다시 발의하거나 제출할 수 없다.

3759 「국회법」은 소수파에 의한 의사방해를 배제하기 위하여 부결된 안건은 같은 회기 중에 다시 발의 또는 제출하지 못한다고 하는 일사부재의(一事不再議)의 원칙을 명문화하고 있다. 20 입시 O|X

3759-1 일사부재의의 원칙은 의회에서 일단 부결된 의안은 동일회기 중에 다시 발의하거나 심의하지 못한다는 원칙을 말하는데, 현행 헌법은 일사부재의의 원칙을 명시적으로 규정하고 있다. 21 국가 7 O|X

3759-2 국회의 일사부재의의 원칙은 의회의 원활한 운영을 도모하고 소수파에 의한 의사진행 방해를 배제하기 위한 헌법상의 원칙으로서 「국회법」 개정만으로 폐기될 수는 없다. 14 지방 7 O|X

> 국회법 제92조는 "부결된 안건은 같은 회기 중에 다시 발의 또는 제출하지 못한다."고 규정하여 일사부재의원칙을 선언하고 있다. 만일 같은 회기 중에 동일 안건을 몇 번이고 회의에 부의하게 된다면 특정 사안에 대한 국회의 의사가 확정되지 못한 채 표류하게 되므로, 일사부재의원칙은 국회의 의사의 단일화, 회의의 능률적인 운영 및 소수파에 의한 의사방해 방지 등을 위하여 중요한 의의를 가진다(헌재 2009. 10. 29. 2009헌라8 등).

> 국회법 제92조(일사부재의) 부결된 안건은 같은 회기 중에 다시 발의하거나 제출할 수 없다.

●정답 3757. O   3757-1. X [제출할 수 없음]   3758. O   3758-1. O   3759. O   3759-1. X [국회법 규정]   3759-2. X [헌법상의 원칙 X, 폐기 가능]

02 일사부재의의 적용

3760 일사부재의원칙을 경직되게 적용하는 경우에는 국정운영이 왜곡되고 다수에 의해 악용되어 다수의 횡포를 합리화하는 수단으로 전락할 수도 있으므로, 일사부재의원칙은 신중한 적용이 요청된다. 23 지방 7 O | X

국회법 제92조는 "부결된 안건은 같은 회기 중에 다시 발의 또는 제출하지 못한다."고 규정하여 일사부재의원칙을 선언하고 있다. 만일 같은 회기 중에 동일 안건을 몇 번이고 회의에 부의하게 된다면 특정 사안에 대한 국회의 의사가 확정되지 못한 채 표류하게 되므로, 일사부재의원칙은 국회의 의사의 단일화, 회의의 능률적인 운영 및 소수파에 의한 의사방해 방지 등을 위하여 중요한 의의를 가진다. 그런데 일사부재의원칙을 경직되게 적용하는 경우에는 국정운영이 왜곡되고 다수에 의해 악용되어 다수의 횡포를 합리화하는 수단으로 전락할 수도 있으므로, 일사부재의원칙은 신중한 적용이 요청된다고 할 것이다(헌재 2009. 10. 29. 2009헌라8 등).

3761 가부동수가 된 안건을 같은 회기 중 다시 발의하는 것은 일사부재의 원칙에 위배된다. 16 국회 9
O | X

3761-1 가부동수로 부결된 안건은 같은 회기 중에 다시 발의할 수 있다. 10 국회 8 O | X

가부동수가 된 안건은 부결된 안건이므로 같은 회기 중에 다시 발의하거나 제출할 수 없다. 같은 회기 중에 다시 발의하거나 제출하는 경우 일사부재의 원칙에 위배된다.

3762 법안에 대한 투표가 종료된 결과 재적의원 과반수의 출석이라는 의결정족수에 미달된 경우에는 법안에 대한 국회의 의결이 유효하게 성립되었다고 할 수 없으므로, 국회의장이 법안에 대한 재표결을 실시하여 그 결과에 따라 법안의 가결을 선포한 것은 일사부재의의 원칙에 위배되지 않는다. 17 국가 7
O | X

투표의 집계 결과 출석의원 과반수의 찬성에 미달한 경우는 물론 재적의원 과반수의 출석에 미달한 경우에도 국회의 의사는 부결로 확정되었다고 볼 수밖에 없다. 결국 방송법 수정안에 대한 1차 투표가 종료되어 재적의원 과반수의 출석에 미달되었음이 확인된 이상, 방송법 수정안에 대한 국회의 의사는 부결 확정되었다고 보아야 하므로, 피청구인이 이를 무시하고 재표결을 실시하여 그 표결 결과에 따라 방송법안의 가결을 선포한 행위는 일사부재의 원칙(국회법 제92조)에 위배하여 청구인들의 표결권을 침해한 것이다(헌재 2009. 10. 29. 2009헌라8).

3763 한 번 철회된 안건의 재의를 요청하는 것은 일사부재의의 원칙에 반하지 아니한다. 11 국가 7 O | X

3763-1 이미 회의의 안건으로 논의된 의안을 의결이 이루어지기 전에 철회한 경우에는 같은 회기 중에 다시 발의 또는 제출하지 못한다. 13 국회 9
O | X

이미 회의의 안건으로 논의된 의안을 의결이 이루어지기 전에 철회한 경우 철회된 안건은 부결된 안건이 아니므로 같은 회기 중에 다시 발의하거나 제출할 수 있다. 따라서 철회된 안건의 재의를 요청하는 것은 일사부재의의 원칙에 반하지 아니한다.

정답 3760. O   3761. O   3761-1. X [없음]   3762. X [위배됨]   3763. O   3763-1. X [철회한 경우 가능]

3764 본회의에서 부결된 안건은 같은 회기 중에 다시 발의하거나 제출할 수 없으나, 회기를 달리하여 이를 제출하는 것은 허용된다. 18 국가 7 O | X

3764-1 회기 중에 부결된 안건은 일사부재의의 원칙에 따라 다음 회기에 다시 발의할 수 없다. 23 국회 9 O | X

3764-2 국회에서 한 번 부결된 법률안은 같은 입법기에 다시 발의 또는 제출하지 못한다. 20 국회 9 O | X

국회에서 의안이 발의되고 부결된 경우 부결된 안건은 같은 회기 중에 다시 발의하거나 제출할 수 없다. 그러나 <u>부결된 안건이라도 회기를 달리하여 발의하거나 제출</u>하는 것은 <u>허용</u>된다.

3765 국회는 한 번 부결된 안건은 같은 회기 중에 다시 발의 또는 제출하지 못한다. 그러나 동일 의안이더라도 새로이 발생한 사유로 재차 심의할 수 있다. 17 국회 8 O | X

국회는 한 번 부결된 안건은 같은 회기 중에 다시 발의 또는 제출하지 못한다. 그러나 동일 의안이더라도 제안이유, 목적, 달성방법 등을 달리하는 경우와 같은 <u>새로이 발생한 사유로 재차 심의할 수 있다.</u>

POINT 207 법률안 제출 Ⓑ

01 입법권(의회중심주의)

3766 헌법 제40조 "입법권은 국회에 속한다."의 의미는 적어도 국민의 권리와 의무의 형성에 관한 사항을 비롯하여 국가의 통치조직과 작용에 관한 기본적이고 본질적인 사항은 반드시 국회가 정하여야 한다는 것이다. 23 지방 7 O | X

우리 헌법 제40조는 "입법권은 국회에 속한다"라고 규정하면서, 아울러 제75조는 "대통령은 법률에서 구체적으로 범위를 정하여 위임받은 사항과 법률을 집행하기 위하여 필요한 사항에 관하여 대통령령을 발할 수 있다", 제95조는 "국무총리 또는 행정각부의 장은 소관사무에 관하여 법률이나 대통령령의 위임 또는 직권으로 총리령 또는 부령을 발할 수 있다"고 각 규정함으로서 행정기관으로의 위임입법을 인정하고 있는데, <u>우리 헌법 제40조의 의미는 적어도 국민의 권리와 의무의 형성에 관한 사항을 비롯하여 국가의 통치조직과 작용에 관한 기본적이고 본질적인 사항은 반드시 국회가 정하여야 한다는</u> 것이다(헌재 1998. 5. 28. 96헌가1).

02 국회의원·정부

3767 헌법상 국회의원이 의안을 발의하기 위해서는 의원 10인 이상의 찬성을 얻어야 한다. 22 소간 O | X

3767-1 헌법 제52조는 "20명 이상의 국회의원과 정부는 법률안을 제출할 수 있다."고 규정하고 있다. 23 지방 7 O | X

> 헌법 제52조 **국회의원**과 **정부**는 법률안을 제출할 수 있다.
> 국회법 제79조(의안의 발의 또는 제출) ① **의원**은 **10명 이상**의 찬성으로 의안을 발의할 수 있다.

●정답 3764. O   3764-1. X [다음 회기 X → 같은 회기 O]   3764-2. X [제출 가능]   3765. O   3766. O   3767. X [헌법상 X → 국회법상 O]
3767-1. X [헌법 20명 X → 국회법 10명 O]

3768 국회의원이 법률안을 제출하는 경우에는 발의자를 포함하여 국회의원 10인 이상의 찬성으로 발의할 수 있다. 15 국회 9 O | X

3768-1 국회의원은 예산상의 조치를 수반하는 경우에도 10인 이상의 찬성을 얻으면 법률안을 제출할 수 있다. 15 서울 7 O | X

3768-2 국회의원이 법률안을 발의하기 위해서는 의원 20인 이상의 찬성이 필요하다. 15 법무사 O | X

> 헌법 제52조 **국회의원**과 **정부**는 법률안을 제출할 수 있다.
> 국회법 제79조(**의안의 발의 또는 제출**) ① **의원**은 **10명 이상**의 찬성으로 의안을 발의할 수 있다.
>
> 🖉 보충설명 │ 헌법은 법률안 제출권이 국회의원과 정부에 있음을 규정하고 있고, 국회법은 의원발의 법률안은 발의자를 포함하여 의원 10명 이상의 찬성으로 발의할 수 있도록 규정하고 있다.

3769 의안을 발의하는 국회의원은 그 안을 갖추고 이유를 붙여 찬성자와 연서하여 이를 국회의장에게 제출하여야 한다. 23 지방 7 O | X

> 국회법 제79조(**의안의 발의 또는 제출**) ② 의안을 발의하는 의원은 그 안을 갖추고 **이유**를 붙여 **찬성자와 연서**하여 이를 **의장**에게 제출하여야 한다.

3770 의원이 법률안을 발의하는 때에는 발의의원과 찬성의원을 구분하되, 당해 법률안에 대하여 그 제명의 부제로 발의의원의 성명을 기재한다. 13 국회 8 O | X

> 국회법 제79조(**의안의 발의 또는 제출**) ③ 의원이 **법률안을 발의**할 때에는 **발의의원과 찬성의원을 구분**하되, **법률안 제명의 부제**(副題)로 **발의의원의 성명을 기재**한다.
> ④ 제3항에 따라 발의의원의 성명을 기재할 때 **발의의원이 2명 이상**인 경우에는 **대표발의의원 1명을 명시**(明示)하여야 한다. 다만, **서로 다른 교섭단체**에 속하는 의원이 **공동**으로 발의하는 경우(교섭단체에 속하는 의원과 어느 교섭단체에도 속하지 아니하는 의원이 공동으로 발의하는 경우를 포함한다) **소속 교섭단체가 다른 대표발의의원**(어느 교섭단체에도 속하지 아니하는 의원을 포함할 수 있다)을 **3명 이내**의 범위에서 명시할 수 있다.

3771 국회의원이 발의한 법률안 중 국회에서 의결된 제정법률안 또는 전부개정법률안을 공표하거나 홍보하는 경우에는 해당 법률안의 부제를 함께 표기할 수 있다. 23 지방 7 O | X

> 국회법 제79조(**의안의 발의 또는 제출**) ⑤ **의원이 발의한 법률안** 중 국회에서 의결된 제정법률안 또는 전부개정법률안을 공표하거나 홍보하는 경우에는 **해당 법률안의 부제**를 함께 표기할 수 있다.

● 정답 3768 ○ 3768-1. ○ 3768-2. ×[20명 × → 10명 ○] 3769. ○ 3770. ○ 3771. ○

A
05 3772 일정 수 이상의 국회의원의 찬성 요건 없이 국회의 위원회도 소관사항에 관하여 위원장을 제출자로 하여 법률안을 제출할 수 있다. 15 국회 9 ○|✕

3772-1 국회의원 10인 이상, 정부 또는 국회 상임위원회는 법률안을 제출할 수 있다. 18 5급 ○|✕

3772-2 10인 이상의 국회의원과 정부는 법률안 제출권을 가지지만, 위원회는 법률안을 심의할 뿐 제출권은 가지지 않는다. 07 국가 7 ○|✕

3772-3 법률안의 발의 또는 제출은 국회의원, 위원회, 정부가 할 수 있는데, 위원회의 경우 법률안의 제출자는 각 위원회 소속의 발의의원이 된다. 13 국회 8 ○|✕

> 헌법 제52조 **국회의원**과 **정부**는 법률안을 제출할 수 있다.
> 국회법 제51조(위원회의 제안) ① **위원회**는 그 소관에 속하는 사항에 관하여 **법률안과 그 밖의 의안을 제출**할 수 있다.
> ② 제1항의 의안은 **위원장이 제안자**가 된다.
> 국회법 제79조(의안의 발의 또는 제출) ① **의원은 10명 이상의** 찬성으로 의안을 발의할 수 있다.

C
03 3773 국회의원은 법률안제출권을 가지고 있지만 정부는 법률안제출권을 갖지 않는다. 20 국회 9 ○|✕

3773-1 국회의원만이 법률안을 제출할 수 있다. 22 법무사 ○|✕

3773-2 국회의원과 정부는 법률안을 제출할 수 있으며, 정부의 법률안 제출권은 미국식 대통령제 정부형태의 요소이다. 19 변호사 ○|✕

> 헌법 제52조 **국회의원**과 **정부**는 법률안을 제출할 수 있다.
> 🖉 보충설명 정부의 법률안 제출권은 미국식 대통령제 정부형태에서 찾아볼 수 없는 의원내각제 정부형태의 요소이다.

C
02 3774 정부가 법률안을 제출하는 경우 국무회의의 심의를 거쳐 대통령이 서명하고, 국무총리와 관계국무위원이 부서하여 제출한다. 14 국회 8 ○|✕

> 헌법 제52조 **국회의원**과 **정부**는 법률안을 제출할 수 있다.
> 헌법 제82조 대통령의 국법상 행위는 문서로써 하며, 이 문서에는 **국무총리와 관계 국무위원이 부서**한다. 군사에 관한 것도 또한 같다.
> 헌법 제89조 다음 사항은 **국무회의의 심의**를 거쳐야 한다.
> 3. 헌법개정안·국민투표안·조약안·**법률안** 및 대통령령안

C
03 3775 정부는 부득이한 경우를 제외하고는 매년 1월 31일까지 해당 연도에 제출할 법률안에 관한 계획을 통지하여야 하며, 계획이 변경된 경우에는 분기별로 주요 사항을 국회에 통지하여야 한다. 16 국회 8 ○|✕

> 국회법 제5조의3(법률안 제출계획의 통지) ① 정부는 부득이한 경우를 제외하고는 **매년 1월 31일까지** 해당 연도에 제출할 **법률안에 관한 계획을 국회에 통지**하여야 한다.
> ② 정부는 제1항에 따른 **계획을 변경**하였을 때에는 **분기별로 주요 사항을 국회에 통지**하여야 한다.

● 정답 3772. ○ 3772-1. ○ 3772-2. ✕ [위원회 제출권 있음] 3772-3. ✕ [제출자는 위원장] 3773. ✕ [정부 제출권 ○] 3773-1. ✕ [정부도 가능] 3773-2. ✕ [의원내각제 정부형태 요소] 3774. ○ 3775. ○

03 예산 등 수반 법률안의 발의 (법률과 예산의 불일치 조정)

3776 국회의원이 예산상 또는 기금상의 조치를 수반하는 의안을 발의하는 경우에는 그 의안의 시행에 수반될 것으로 예상되는 비용에 관한 국회예산정책처의 추계서 또는 국회예산정책처에 대한 추계요구서를 함께 제출하여야 한다. 23 소간, 16 국회 8, 15 국회 8 　　　　　　　　　　　　　　O | X

> **국회법 제79조(의안의 발의 또는 제출)** ① 의원은 10명 이상의 찬성으로 의안을 발의할 수 있다.
> **국회법 제79조의2(의안에 대한 비용추계 자료 등의 제출)** ① 의원이 예산상 또는 기금상의 조치를 수반하는 의안을 발의하는 경우에는 그 의안의 시행에 수반될 것으로 예상되는 비용에 관한 국회예산정책처의 추계서 또는 국회예산정책처에 대한 추계요구서를 함께 제출하여야 한다.

3777 정부가 예산상 또는 기금상의 조치를 수반하는 의안을 제출하는 경우에는 그 법률안의 시행에 수반될 것으로 예상되는 비용에 관한 추계서와 이에 상응하는 재원조달방안에 관한 자료를 의안에 첨부하여야 한다. 17 변호사, 17 지방 7 　　　　　　　　　　　　　　　　　　　　O | X

3777-1 정부가 예산상 또는 기금상의 조치가 수반되는 법률안을 제출하는 경우에는 재원조달방안을 비용추계서로 갈음하여 제출할 수 있다. 16 국회 9 　　　　　　　　　　　　　　　　　　　　　　　O | X

> **국회법 제79조의2(의안에 대한 비용추계 자료 등의 제출)** ④ 정부가 예산상 또는 기금상의 조치를 수반하는 의안을 제출하는 경우에는 그 의안의 시행에 수반될 것으로 예상되는 비용에 관한 추계서와 이에 상응하는 재원조달방안에 관한 자료를 의안에 첨부하여야 한다.

POINT 208 위원회 심사

01 위원회 회부

1 위원회 회부

3778 국회의장은 법률안이 제출되면 이를 의원에게 배부하고 본회의에 보고하며 소관 상임위원회에 회부한다. 16 국회 9 　　　　　　　　　　　　　　　　　　　　　　　　　　　O | X

3778-1 제출된 법률안은 소관 상임위원회와 법제사법위원회의 심사·의결을 거쳐 본회의에 부의된다. 14 국회 9 　　　　　　　　　　　　　　　　　　　　　　　　　　　　　　　　O | X

> **국회법 제81조(상임위원회 회부)** ① 의장은 의안이 발의되거나 제출되었을 때에는 이를 인쇄하거나 전산망에 입력하는 방법으로 의원에게 배부하고 본회의에 보고하며, 소관 상임위원회에 회부하여 그 심사가 끝난 후 본회의에 부의한다. 다만, 폐회 또는 휴회 등으로 본회의에 보고할 수 없을 때에는 보고를 생략하고 회부할 수 있다.
> **국회법 제86조(체계·자구의 심사)** ① 위원회에서 법률안의 심사를 마치거나 입안을 하였을 때에는 법제사법위원회에 회부하여 체계와 자구에 대한 심사를 거쳐야 한다. 이 경우 법제사법위원회 위원장은 간사와 협의하여 심사에서 제안자의 취지 설명과 토론을 생략할 수 있다.

정답 3776. O　3777. O　3777-1. X [갈음하여 제출 X]　3778. O　3778-1. O

3779 의장은 안건이 어느 상임위원회의 소관에 속하는지 명백하지 아니할 때에는 각 교섭단체 대표의원과 협의하여 상임위원회에 회부하되 협의가 이루어지지 아니할 때에는 의장이 소관상임위원회를 결정한다. 22 국회 9, 19 경정, 18 국회 8, 14 국회 8   O|X

3779-1 의장은 안건이 어느 상임위원회의 소관에 속하는지 명백하지 아니할 때에는 국회 법제사법위원회와 협의하여 상임위원회에 회부하되 협의가 이루어지지 아니할 때에는 의장이 소관 상임위원회를 결정한다. 12 지방 7   O|X

> 국회법 제81조(상임위원회 회부) ② **의장**은 안건이 **어느 상임위원회의 소관에 속하는지 명백하지 아니할 때에는 국회운영위원회와 협의**하여 **상임위원회에 회부**하되, 협의가 이루어지지 아니할 때에는 **의장이 소관 상임위원회를 결정**한다.

3780 의장은 특히 필요하다고 인정하는 안건에 대해서는 국회운영위원회와 협의하여 이를 특별위원회에 회부한다. 21 입시   O|X

> 국회법 제82조(특별위원회 회부) ① **의장은 특히 필요하다고 인정하는 안건에 대해서는 본회의 의결을 거쳐 이를 특별위원회에 회부**한다.

3781 위원회에서 제출한 의안은 그 위원회에 회부하지 아니한다. 다만, 의장은 국회운영위원회의 의결에 따라 그 의안을 다른 위원회에 회부할 수 있다. 19 국회 8, 12 지방 7   O|X

> 국회법 제88조(위원회의 제출의안) **위원회에서 제출한 의안은 그 위원회에 회부**하지 **아니한다**. 다만, **의장은 국회운영위원회의 의결**에 따라 그 의안을 **다른 위원회에 회부**할 수 있다.

2 심사기간의 지정 (직권상정)

3782 천재지변, 전시·사변 또는 이에 준하는 국가비상사태의 경우에는 국회의장은 각 교섭단체 대표의원과 협의하여 위원회의 안건에 대하여 심사기간을 지정할 수 있다. 15 국회 9   O|X

> 국회법 제85조(심사기간) ① **의장**은 다음 각 호의 어느 하나에 해당하는 경우에는 **위원회에 회부하는 안건** 또는 **회부된 안건**에 대하여 **심사기간을 지정**할 수 있다. 이 경우 제1호 또는 제2호에 해당할 때에는 의장이 **각 교섭단체 대표의원과 협의**하여 해당 호와 관련된 안건에 대해서만 **심사기간을 지정**할 수 있다.
> 1. **천재지변**의 경우
> 2. **전시·사변** 또는 이에 준하는 **국가비상사태**의 경우
> 3. **의장**이 **각 교섭단체 대표의원과 합의**하는 경우

정답 3779. X [교섭대표 X → 운영위 O] 3779-1. X [법사위 X → 운영위 O] 3780. X [운영위 협의 X → 본회의 의결 O] 3781. O 3782. O

3783 「국회법」에서 국회의장의 심사기간 지정사유를 엄격하게 제한하고 있는 것은, 국회의장의 직권상정권한이 신속입법을 위한 우회적 절차로 활용되는 것을 방지하여 물리적 충돌을 막고, 수정안을 공동으로 만들어 대화와 타협에 의한 의회정치의 정상화를 도모하고자 함에 있다. 20 국회 8   O | X

국회법 제85조 제1항은 **국회의장의 심사기간 지정사유를 엄격하게 제한**하고 있다. 그 취지는 국회의장의 직권상정권한이 신속입법을 위한 우회적 절차로 활용되는 것을 방지하여 **물리적 충돌**을 막고, 여야 간 합의를 통해 상대방을 설득하고 합의할 수 있는 수정안을 공동으로 만들어 **대화와 타협에 의한 의회정치의 정상화를** 도모하고자 함에 있다(헌재 2016. 5. 26. 2015헌라1).

3784 「국회법」 제85조 제1항 각 호의 심사기간 지정사유는 국회의장의 직권상정권한을 제한하는 역할을 할 뿐 국회의원의 국회 본회의에서의 법안에 대한 심의·표결권을 제한하는 내용을 담고 있지는 않다. 17 변호사   O | X

국회법 제85조 제1항 각 호의 **심사기간 지정사유는 국회의장의 직권상정권한을 제한**하는 역할을 할 뿐 **국회의원의 법안에 대한 심의·표결권을 제한**하는 내용을 담고 있지는 **않다**(헌재 2016. 5. 26. 2015헌라1).

3785 의장은 각 교섭단체대표의원과 합의하는 경우에는 위원회에 회부하는 안건 또는 회부된 안건에 대하여 심사기간을 지정할 수 있지만, 위원회가 이유 없이 그 기간 내에 심사를 마치지 아니한 때에는, 의장은 중간보고를 들은 후 다른 위원회에 회부하거나 바로 본회의에 부의할 수 있다. 17 국가 7(추)   O | X

> **국회법 제85조(심사기간)** ① **의장**은 다음 각 호의 어느 하나에 해당하는 경우에는 **위원회에 회부하는 안건** 또는 **회부된 안건**에 대하여 **심사기간을 지정**할 수 있다. 이 경우 제1호 또는 제2호에 해당할 때에는 **의장**이 **각 교섭단체 대표의원과 협의**하여 해당 호와 관련된 안건에 대해서만 **심사기간을 지정**할 수 있다.
> 3. **의장**이 **각 교섭단체 대표의원과 합의**하는 경우
> ② 제1항의 경우 위원회가 이유 없이 지정된 **심사기간 내에 심사를 마치지 아니**하였을 때에는 의장은 **중간보고를 들은 후 다른 위원회에 회부**하거나 바로 **본회의에 부의**할 수 있다.

3786 본회의 직권상정에 앞서 중간보고를 듣는 목적은 위원회의 심사상황을 파악하고 앞으로 심사전망 등을 판단하기 위한 것으로, 그 형식은 서면 외에 구두로도 할 수 있다. 20 국회 8   O | X

본회의 직권 상정에 앞서 **중간보고를 듣는 목적은 위원회의 심사상황을 파악**하고 앞으로의 **심사전망 등을 판단**하기 위한 것으로, 그 형식은 **서면 외에 구두로도 할 수 있다**(헌재 2008. 4. 24. 2006헌라2).

3787 국회의장의 직권상정권한은 국회의 수장이 국회의 비상적인 헌법적 장애상태를 회복하기 위하여 가지는 권한으로 국회의장의 의사정리권에 속하고, 의안 심사에 관하여 위원회 중심주의를 채택하고 있는 우리 국회에서는 비상적·예외적 의사절차에 해당한다. 21 지방 7, 17 변호사   O | X

국회법 제85조 제1항의 **직권상정권한**은 국회의 수장이 국회의 비상적인 **헌법적 장애상태를 회복**하기 위하여 가지는 권한으로 **국회의장의 의사정리권**에 속하고, 의안 심사에 관하여 **위원회 중심주의**를 채택하고 있는 우리 국회에서는 **비상적·예외적 의사절차에 해당한다**. 국회법 제85조 제1항 각 호의 심사기간 지정사유는 국회의장의 직권상정권한을 제한하는 역할을 할 뿐 국회의원의 법안에 대한 심의·표결권을 제한하는 내용을 담고 있지는 않다(헌재 2016. 5. 26. 2015헌라1).

정답 3783. O 3784. O 3785. O 3786. O 3787. O

3 신속처리안건지정

3788 의원이 재적의원 과반수가 서명한 신속처리대상안건 지정요구 동의를 의장에게 제출한 경우 의장은 지체 없이 신속처리안건지정동의를 무기명투표로 표결하되 재적의원 5분의 3 이상의 찬성으로 의결한다. 13 국회 8 ○|×

3788-1 위원회에 회부된 안건을 신속처리대상안건으로 지정하려는 경우, 안건의 소관 위원회 소속 위원은 소관 위원회 재적위원 과반수가 서명한 신속처리안건 지정동의를 소관 위원회 위원장에게 제출해야 하고, 위원장은 신속처리안건 지정동의를 무기명투표로 표결하되 안건의 소관 위원회 재적위원 5분의 3 이상의 찬성으로 의결한다. 17 국가 7(추) ○|×

3788-2 위원회에 회부된 안건을 신속처리대상안건으로 지정하려는 경우 의원은 재적의원 과반수가 서명한 신속처리안건지정동의를 의장에게 제출하여야 하고 의장은 지체없이 신속처리안건 지정동의를 기명투표로 표결하되 재적의원 5분의 3 이상의 찬성으로 의결한다. 20 국가 7 ○|×

3788-3 신속처리안건에 대한 지정동의가 소관 위원회 위원장에게 제출된 경우 안건의 소관 위원회 위원장은 지체 없이 신속처리안건 지정동의를 기명투표로 표결한다. 21 5급 ○|×

> **국회법 제85조의2(안건의 신속처리)** ① 위원회에 회부된 안건(체계·자구 심사를 위하여 법제사법위원회에 회부된 안건을 포함한다)을 제2항에 따른 신속처리대상안건으로 지정하려는 경우 **의원은 재적의원 과반수가** 서명한 **신속처리대상안건 지정요구 동의**(動議)(이하 이 조에서 "**신속처리안건 지정동의**"라 한다)를 의장에게 제출하고, **안건의 소관 위원회 소속 위원**은 **소관 위원회 재적위원 과반수**가 서명한 **신속처리안건 지정동의를 소관 위원회 위원장에게 제출**하여야 한다. 이 경우 의장 또는 안건의 소관 위원회 위원장은 지체 없이 신속처리안건 지정동의를 **무기명투표로 표결**하되, **재적의원 5분의 3 이상** 또는 안건의 **소관 위원회 재적위원 5분의 3 이상의 찬성**으로 의결한다.
> ② 의장은 제1항 후단에 따라 **신속처리안건 지정동의가 가결**되었을 때에는 그 안건을 제3항의 기간 내에 심사를 마쳐야 하는 **안건으로 지정**하여야 한다. 이 경우 위원회가 전단에 따라 지정된 안건(이하 "신속처리대상안건"이라 한다)에 대한 대안을 입안한 경우 그 대안을 신속처리대상안건으로 본다.

3789 안건신속처리제도는 여야 간 쟁점안건이 심의대상도 되지 못하고 위원회에 장기간 계류되는 상황을 최소화하기 위한 제도적 장치로서, 신속처리대상으로 지정된 안건에 대해서는 일정기간이 경과하면 자동으로 다음 단계로 진행하도록 하여 입법의 효율성을 제고하고자 도입된 것이다. 19 법무사 ○|×

3789-1 「국회법」상 안건신속처리제도는 여야 간 쟁점안건이 심의대상도 되지 못하고 위원회에 장기간 계류되는 상황을 최소화하기 위한 제도적 장치로, 위원회 중심주의를 존중하면서도 입법의 효율성을 제고하고자 도입된 것이다. 20 국회 8 ○|×

> **안건신속처리제도**는 여야 간 쟁점안건이 심의대상도 되지 못하고 **위원회에 장기간 계류되는 상황을 최소화**하기 위한 제도적 장치로서, **신속처리대상으로 지정된 안건에 대해서는 일정기간이 경과하면 자동으로 다음 단계로 진행**하도록 하여 **위원회 중심주의를 존중**하면서도 **입법의 효율성을 제고**하고자 도입된 것이다(헌재 2016. 5. 26. 2015헌라1).

3790 사법개혁특별위원회의 신속처리안건 지정동의안에 대한 표결 전에 그 대상이 되는 법안의 배포나 별도의 질의·토론 절차를 거치지 않았다면 그 표결은 절차상 위법하다. 22 국가 7 ○|×

> 신속처리안건 지정동의안의 표결 전에 **국회법상 질의나 토론이 필요하다는 규정은 없다**. 따라서 이 사건 사개특위의 **신속처리안건 지정동의안에 대한 표결 전에 그 대상이 되는 법안의 배포나 별도의 질의·토론 절차를 거치지 않았으므로 그 표결이 절차상 위법하다는 주장은** 더 나아가 살펴볼 필요 없이 **이유가 없다**(헌재 2020. 5. 27. 2019헌라3).

● 정답 3788. ○ 3788-1. ○ 3788-2. ×[무기명투표] 3788-3. ×[무기명투표] 3789. ○ 3789-1. ○ 3790. ×[위법 ×]

3791 위원회(법제사법위원회는 제외한다)가 신속처리대상안건에 대한 심사를 그 지정일부터 180일 이내에 마치지 아니하였을 때에는 그 기간이 끝난 다음 날에 소관 위원회에서 심사를 마치고 체계·자구 심사를 위하여 법제사법위원회로 회부된 것으로 본다. 19 국회 8   O | X

3791-1 위원회는 신속처리대상안건에 대한 심사를 그 지정일부터 120일 이내에 마쳐야 한다. 14 국회 8   O | X

3791-2 소관 위원회는 원칙적으로 신속처리대상안건에 대한 심사를 그 지정일부터 90일 이내에 마쳐야 한다. 21 5급   O | X

> **국회법 제85조의2(안건의 신속 처리)** ③ **위원회**는 신속처리대상안건에 대한 심사를 그 지정일부터 **180일 이내**에 마쳐야 한다. 다만, 법제사법위원회는 신속처리대상안건에 대한 체계·자구 심사를 그 지정일, 제4항에 따라 회부된 것으로 보는 날 또는 제86조제1항에 따라 회부된 날부터 90일 이내에 마쳐야 한다.
> ④ 위원회(법제사법위원회는 제외한다)가 신속처리대상안건에 대하여 제3항 본문에 따른 **기간 내에 심사를 마치지 아니하였을 때에는 그 기간이 끝난 다음 날에 소관 위원회에서** 심사를 마치고 체계·자구 심사를 위하여 **법제사법위원회로 회부된 것으로 본다.** 다만, 법률안 및 국회규칙안이 아닌 안건은 바로 본회의에 부의된 것으로 본다.

3792 법제사법위원회의 신속처리대상안건에 대한 체계·자구 심사 기한은 90일이다. 20 입시   O | X

3792-1 법제사법위원회가 신속처리대상안건에 대하여 그 지정일부터 60일 이내에 심사를 마치지 아니하였을 때에는 그 기간이 끝난 다음 날에 법제사법위원회에서 심사를 마치고 바로 본회의에 부의된 것으로 본다. 21 5급   O | X

> **국회법 제85조의2(안건의 신속처리)** ③ 위원회는 신속처리대상안건에 대한 심사를 그 지정일부터 180일 이내에 마쳐야 한다. 다만, **법제사법위원회**는 신속처리대상안건에 대한 체계·자구 심사를 그 지정일, 제4항에 따라 회부된 것으로 보는 날 또는 제86조제1항에 따라 회부된 날부터 **90일 이내**에 마쳐야 한다.
> ⑤ **법제사법위원회가** 신속처리대상안건(체계·자구 심사를 위하여 법제사법위원회에 회부되었거나 제4항 본문에 따라 회부된 것으로 보는 신속처리대상안건을 포함한다)에 대하여 제3항 단서에 따른 **기간(90일) 내에 심사를 마치지 아니하였을 때에는 그 기간이 끝난 다음 날에 법제사법위원회에서 심사를 마치고 바로 본회의에 부의된 것으로 본다.**

02 위원회 심사·의결

3793 위원회의 위원장은 간사와 협의하여 회부된 법률안(체계·자구 심사를 위해 법제사법위원회에 회부된 법률안은 제외한다)에 대하여 원칙적으로 입법예고하여야 한다. 16 국회 9   O | X

> **국회법 제82조의2(입법예고)** ① 위원장은 **간사와 협의**하여 **회부된 법률안**(체계·자구 심사를 위하여 법제사법위원회에 회부된 법률안은 제외한다)의 입법 취지와 주요 내용 등을 국회공보 또는 국회 인터넷 홈페이지 등에 게재하는 방법 등으로 **입법예고하여야 한다.** 다만, 다음 각 호의 어느 하나에 해당하는 경우에는 위원장이 간사와 협의하여 입법예고를 하지 아니할 수 있다.

3794 입법예고기간은 10일 이상으로 한다. 다만, 위원장은 긴급히 입법을 하여야 하는 경우나 입법 내용의 성질 또는 그 밖의 사유로 입법예고가 필요 없거나 곤란하다고 판단되는 경우에는 간사와 협의 없이 직권으로 입법예고를 하지 아니할 수 있다. 22 국회 8   O | X

정답 3791. O   3791-1. X [120일 X → 180일 O]   3791-2. X [90일 X → 180일 O]   3792. O   3792-1. X [60일 X → 90일 O]   3793. O   3794. X [직권 X → 간사와 협의 O]

> 국회법 제82조의2(입법예고) ① **위원장**은 간사와 협의하여 회부된 법률안(체계·자구 심사를 위하여 법제사법위원회에 회부된 법률안은 제외한다)의 입법 취지와 주요 내용 등을 국회공보 또는 국회 인터넷 홈페이지 등에 게재하는 방법 등으로 **입법예고하여야 한다**. 다만, 다음 각 호의 어느 하나에 해당하는 경우에는 위원장이 **간사와 협의**하여 입법예고를 하지 아니할 수 있다.
> 1. **긴급히 입법**을 하여야 하는 경우
> 2. 입법 내용의 성질 또는 그 밖의 사유로 **입법예고가 필요 없거나 곤란**하다고 판단되는 경우
> ② 입법예고기간은 **10일 이상**으로 한다. 다만, 특별한 사정이 있는 경우에는 단축할 수 있다.

3795 위원회는 의안이 그 위원회에 회부된 날부터 일부개정법률안은 15일, 제정·전부개정법률안은 20일, 법제사법위원회 체계·자구심사의 경우 5일, 법률안 외의 의안은 20일의 기간이 경과하지 아니한 때에는 이를 상정할 수 없다. 15 국회 8   O | X

3795-1 위원회는 긴급하고 불가피한 사유로 위원회의 의결이 있는 경우를 제외하고는 의안이 그 위원회에 회부된 날부터 일부개정법률안은 15일, 제정법률안·전부개정법률안 및 폐지법률안은 20일, 체계자구심사를 위하여 법제사법위원회에 회부된 법률안은 5일의 기간이 경과하지 않으면 의안을 상정할 수 없다. 15 국회 9   O | X

3795-2 위원회는 일부개정법률안의 경우 의안이 그 위원회에 회부된 날부터 20일이 경과되지 아니한 때는 이를 상정할 수 없다. 20 국가 7, 17 경정   O | X

3795-3 소관위원회는 발의 또는 제출된 제정법률안이 그 위원회에 회부된 후 20일을 경과하지 아니한 때라도 언제든지 이를 의사일정으로 상정할 수 있다. 09 국가 7   O | X

> 국회법 제59조(의안의 상정시기) **위원회**는 의안(예산안, 기금운용계획안 및 임대형 민자사업 한도액안은 제외한다. 이하 이 조에서 같다)이 위원회에 회부된 날부터 다음 각 호의 구분에 따른 기간이 지나지 아니하였을 때에는 **그 의안을 상정할 수 없다**. 다만, 긴급하고 불가피한 사유로 위원회의 의결이 있는 경우에는 그러하지 아니하다.
> 1. **일부개정법률안**: 15일
> 2. **제정법률안, 전부개정법률안 및 폐지법률안**: 20일
> 3. 체계·자구 심사를 위하여 **법제사법위원회에 회부된 법률안**: 5일
> 4. **법률안 외의 의안**: 20일

3796 위원회는 안건을 심사할 때 그 취지 설명과 전문위원 검토보고를 듣고 대체토론, 축조심사 및 찬반토론을 거쳐 표결한다. 18 국회 9, 17 국가 7(추)   O | X

> 국회법 제58조(위원회의 심사) ① **위원회**는 안건을 심사할 때 먼저 **그 취지의 설명**과 **전문위원의 검토보고**를 듣고 **대체토론**[안건 전체에 대한 문제점과 당부(當否)에 관한 일반적 토론을 말하며 제안자와의 질의·답변을 포함한다]과 **축조심사** 및 **찬반토론**을 거쳐 **표결**한다.

3797 상임위원회는 안건을 심사할 때 소위원회에 회부하여 이를 심사·보고하도록 한다. 18 국회 9   O | X

> 국회법 제58조(위원회의 심사) ② **상임위원회**는 안건을 심사할 때 **소위원회에 회부**하여 이를 **심사·보고하도록 한다**.

●정답 3795. O   3795-1. O   3795-2. ×[20일 × → 15일 O]   3795-3. ×[20일 이후 상정 가능]   3796. O   3797. O

3798 위원회는 대체토론이 끝난 후에만 안건을 소위원회에 회부할 수 있다. 18 국회 9   O | X

> 국회법 제58조(위원회의 심사) ③ 위원회는 제1항에 따른 **대체토론이 끝난 후에만** 안건을 **소위원회에 회부**할 수 있다.

3799 대체토론은 안건에 대한 전반적인 문제점과 당부에 관한 일반적인 의견을 제시하는 것으로, 그 목적은 소위원회 회부 전에 소위원회에서 심의할 방향이나 문제점의 시정을 위한 여러 가지 수정 방향을 제시해 주는 데 있다. 22 국회 8   O | X

> **대체토론**은 안건에 대한 **전반적인 문제점**과 당부에 관한 **일반적인 의견**을 제시하는 것으로, 그 목적은 **소위 회부 전에 소위에서 심의할 방향**이나 문제점의 시정을 위한 **여러 가지 수정방향을 제시**해 주는 데 있다. 실질이고 심도 있는 안건심사를 기대하기 위하여 제14대 국회의 개정국회법(1994. 6. 28.)에서 채택한 제도로서, 위원회는 대체토론을 마친 후라야만 법률안을 소위원회에 회부할 수 있다(헌재 2010. 12. 28. 2008헌라7).

⑤ 3800 축조심사는 위원회 의결로 생략할 수 있으나 제정법률안과 전부개정법률안에 대해서는 생략할 수 없다. 18 국회 9   O | X

3800-1 위원회는 제정법률안과 전부개정법률안에 대하여는 공청회 또는 청문회를 개최하여야 한다. 다만, 위원회의 의결로 이를 생략할 수 있다. 07 국가 7   O | X

3800-2 제정법률안과 전부개정법률안에 대해서 위원회 의결로 축조심사를 생략할 수 있으나, 공청회 또는 청문회는 생략할 수 없다. 20 국가 7   O | X

> 국회법 제58조(위원회의 심사) ⑤ 제1항에 따른 **축조심사**는 위원회의 **의결로 생략할 수 있다**. 다만, **제정법률안과 전부개정법률안**에 대해서는 **그러하지 아니하다**.
> ⑥ 위원회는 **제정법률안과 전부개정법률안에 대해서는 공청회 또는 청문회를 개최하여야 한다**. 다만, **위원회의 의결로 이를 생략**할 수 있다.

3801 소위원회에 관하여는 「국회법」에서 다르게 정하거나 그 성질에 반하지 아니하는 한 위원회에 관한 규정을 적용하지만, 축조심사는 생략할 수 있다. 07 국가 7   O | X

> 국회법 제57조(소위원회) ⑧ **소위원회**에 관하여는 이 법에서 다르게 정하거나 성질에 반하지 아니하는 한 **위원회에 관한 규정을 적용**한다. 다만, 소위원회는 **축조심사(逐條審査)를 생략해서는 아니 된다**.

3802 위원회는 이견을 조정할 필요가 있는 안건(예산안, 기금운용계획안, 임대형 민자사업 한도액안, 체계·자구 심사를 위하여 법제사법위원회에 회부된 법률안, 안건조정위원회를 거친 안건은 제외한다)을 심사하기 위하여 안건조정위원회를 구성할 수 있다. 20 입시   O | X

> 국회법 제57조의2(안건조정위원회) ① **위원회**는 **이견을 조정할 필요가 있는 안건**(예산안, 기금운용계획안, 임대형 민자사업 한도액안 및 체계·자구 심사를 위하여 법제사법위원회에 회부된 법률안은 제외한다. 이하 이 조에서 같다)을 심사하기 위하여 **재적위원 3분의 1 이상의 요구로 안건조정위원회**(이하 이 조에서 "조정위원회"라 한다)를 구성하고 해당 안건을 제58조제1항에 따른 **대체토론(大體討論)이 끝난 후 조정위원회에 회부**한다. 다만, 조정위원회를 거친 안건에 대해서는 그 심사를 위한 조정위원회를 구성할 수 없다.

정답 3798. O   3799. O   3800. O   3800-1. O   3800-2. X [축조심사 생략 X, 공청회·청문회 생략 O]   3801. X [생략 불가]   3802. O

3803 신속처리대상안건을 심사하는 안건조정위원회는 그 안건이 관련 규정에 따라 법제사법위원회에 회부되거나 바로 본회의에 부의된 것으로 보는 경우에는 안건조정위원회의 활동기한이 남았더라도 그 활동을 종료한다. 21 5급 O|X

> **국회법 제57조의2(안건조정위원회)** ⑨ 제85조의2(안건의 신속 처리)제2항에 따른 **신속처리대상안건을 심사하는 조정위원회**는 그 안건이 같은 조 제4항 또는 제5항에 따라 **법제사법위원회에 회부되거나 바로 본회의에 부의된 것으로 보는 경우**에는 제2항에 따른 **활동기한이 남았더라도 그 활동을 종료**한다.
>
> **국회법 제85조의2(안건의 신속 처리)** ② 의장은 제1항 후단에 따라 **신속처리안건 지정동의가 가결**되었을 때에는 그 안건을 제3항의 기간 내에 심사를 마쳐야 하는 **안건으로 지정**하여야 한다. 이 경우 위원회가 전단에 따라 지정된 안건(이하 "신속처리대상안건"이라 한다)에 대한 대안을 입안한 경우 그 대안을 신속처리대상안건으로 본다.

3804 「국회법」상 안건조정위원회의 활동기한 90일은 국회 소수세력의 안건처리 지연을 통한 의사 저지 수단을 제도적으로 보장한 것으로서 90일을 초과할 수 없고, 그 축소도 안건조정위원회를 구성할 때 안건조정위원회의 위원장과 간사가 합의한 경우에만 가능하므로, 안건조정위원회의 활동기한이 만료되기 전 안건조정위원회가 안건에 대한 조정 심사를 마쳐서 조정안을 의결하여 안건조정위원회 위원장이 그 조정안의 가결을 선포한 것은 「국회법」 위반이다. 23 지방 7 O|X

> 국회법상 **안건조정위원회의 활동기한**은 그 활동할 수 있는 기간의 상한을 의미한다고 보는 것이 타당하고, **안건조정위원회의 활동기한이 만료되기 전**이라고 하더라도 **안건조정위원회가 안건에 대한 조정 심사를 마치면 조정안을 의결**할 수 있다. 이 사건에서 **국회법상 90일** 또는 신속처리대상안건의 심사기간과 같은 안건조정위원회의 **활동기한이 도래하지 않았음에도** 피청구인 조정위원장이 이 사건 **조정안의 가결을 선포**하였다는 사정만으로 **국회법을 위반하였다고 볼 수는 없다**(헌재 2020. 5. 27. 2019헌라5).

3805 위원회에서 법률안의 심사를 마치거나 입안을 하였을 때에는 법제사법위원회에 회부하여 체계와 자구에 대한 심사를 거쳐야 한다. 이 경우 법제사법위원회 위원장은 간사와 협의하여 심사에서 제안자의 취지 설명과 토론을 생략할 수 있다. 19 국회 8 O|X

> **국회법 제86조(체계·자구의 심사)** ① **위원회에서 법률안의 심사를 마치거나 입안을 하였을 때에는 법제사법위원회에 회부**하여 **체계와 자구에 대한 심사**를 거쳐야 한다. 이 경우 법제사법위원회 위원장은 **간사와 협의**하여 심사에서 **제안자의 취지 설명과 토론을 생략**할 수 있다.

3806 위원회에서 본회의에 부의할 필요가 없다고 결정된 의안은 본회의에 부의하지 아니한다. 다만, 위원회의 결정이 본회의에 보고된 날부터 폐회 또는 휴회 중의 기간을 제외한 7일 이내에 의원 30명 이상의 요구가 있을 때에는 그 의안을 본회의에 부의하여야 한다. 22 국회 8, 22 국회 9, 19 국회 8, 18 국가 7 O|X

3806-1 위원회에서 심사를 마치고 진행된 표결에서 본회의에 부의할 필요가 없다고 결정한 의안은 그대로 폐기된다. 15 국회 9 O|X

> **국회법 제87조(위원회에서 폐기된 의안)** ① 위원회에서 **본회의에 부의할 필요가 없다고 결정**된 의안은 **본회의에 부의하지 아니한다**. 다만, 위원회의 결정이 본회의에 보고된 날부터 폐회 또는 휴회 중의 기간을 제외한 **7일 이내에 의원 30명 이상의 요구**가 있을 때에는 **그 의안을 본회의에 부의**하여야 한다.
> ② 제1항 단서의 **요구가 없을 때에는 그 의안은 폐기**된다.

정답 3803. O 3804. X [국회법 위반 아님] 3805. O 3806. O 3806-1. X [요구가 없을 때 폐기]

3807 위원회에서 본회의에 부의할 필요가 없다고 결정된 의안을 본회의에서 다시 심의하더라도 이는 동일 사안의 재의가 아니다. 16 국회 9   O|X

위원회에서 본회의에 부의할 필요가 없다고 결정된 의안이라도 위원회의 결정이 본회의에 보고된 날부터 폐회 또는 휴회 중의 기간을 제외한 7일 이내에 의원 30명 이상의 요구가 있을 때에는 본회의에 부의하여야 한다. 상임위에서 부결된 안건을 본회의에 부의하는 것이므로 동일 사안의 재의가 아니며 일사부재의 원칙에 위배되지 않는다.

> 국회법 제87조(위원회에서 폐기된 의안) ① 위원회에서 본회의에 부의할 필요가 없다고 결정된 의안은 본회의에 부의하지 아니한다. 다만, 위원회의 결정이 본회의에 보고된 날부터 폐회 또는 휴회 중의 기간을 제외한 7일 이내에 의원 30명 이상의 요구가 있을 때에는 그 의안을 본회의에 부의하여야 한다.

3808 위원회에서의 번안동의(飜案動議)는 위원의 동의(動議)로 그 안을 갖춘 서면으로 제출하되, 재적위원 과반수의 출석과 출석위원 3분의 2 이상의 찬성으로 의결하지만, 본회의에서 의제가 된 후에는 번안할 수 없다. 18 국가 7   O|X

> 국회법 제91조(번안) ② 위원회에서의 번안동의는 위원의 동의(動議)로 그 안을 갖춘 서면으로 제출하되, 재적위원 과반수의 출석과 출석위원 3분의 2 이상의 찬성으로 의결한다. 다만, 본회의에서 의제가 된 후에는 번안할 수 없다.

POINT 209 본회의 심의·의결

01 본회의의 개의와 산회

3809 본회의는 오전 10시(토요일은 오후 2시)에 개의하나 국회의장은 각 교섭단체 대표의원과 협의하여 그 개의시(開議時)를 변경할 수 있다. 23 소간   O|X

3809-1 본회의는 오후 2시(토요일은 오전 10시)에 개의하지만, 의장은 각 상임위원회 위원장과 협의하여 그 개의시를 변경할 수 있다. 20 지방 7   O|X

> 국회법 제72조(개의) 본회의는 오후 2시(토요일은 오전 10시)에 개의한다. 다만, 의장은 각 교섭단체 대표의원과 협의하여 그 개의시(開議時)를 변경할 수 있다.

3810 의장이 산회를 선포한 당일에는 다시 개의할 수 없으나, 내우외환, 천재지변 또는 중대한 재정·경제상의 위기, 국가의 안위에 관계되는 중대한 교전 상태나 전시·사변 또는 이에 준하는 국가비상사태의 경우에는 의장이 교섭단체 대표의원과 합의 없이도 회의를 다시 개의할 수 있다. 20 국가 7   O|X

> 국회법 제74조(산회) ① 의사일정에 올린 안건의 의사가 끝났을 때에는 의장은 산회를 선포한다.
> ② 산회를 선포한 당일에는 회의를 다시 개의할 수 없다. 다만, 내우외환, 천재지변 또는 중대한 재정·경제상의 위기, 국가의 안위에 관계되는 중대한 교전 상태나 전시·사변 또는 이에 준하는 국가비상사태로서 의장이 각 교섭단체 대표의원과 합의한 경우에는 그러하지 아니하다.

● 정답 3807. O   3808. O   3809. X [본회의는 오후 2시 (토요일은 오전 10시)]   3809-1. X [상임위원장 X → 교섭대표 O]   3810. X [교섭단체 대표의원과 합의 필요]

02 본회의 심의

3811 의원 20명 이상의 연서에 의한 동의로 본회의 의결이 있거나 의장이 각 교섭단체 대표의원과 협의하여 필요하다고 인정할 때에는 의장은 회기 전체 의사일정의 일부를 변경하거나 당일 의사일정의 안건 추가 및 순서 변경을 할 수 있다. 24 입시 O|X

3811-1 의원 10명 이상의 연서에 의한 동의로 본회의의 의결이 있거나 의장이 각 교섭단체 대표의원과 협의하여 필요하다고 인정할 때에는 의장은 회기 전체 의사일정의 일부를 변경하거나 당일 의사일정의 안건 추가 및 순서 변경을 할 수 있다. 17 국가 7 O|X

> 국회법 제77조(의사일정의 변경) 의원 20명 이상의 연서에 의한 동의(動議)로 본회의 의결이 있거나 의장이 각 교섭단체 대표의원과 협의하여 필요하다고 인정할 때에는 의장은 회기 전체 의사일정의 일부를 변경하거나 당일 의사일정의 안건 추가 및 순서 변경을 할 수 있다. 이 경우 의원의 동의에는 이유서를 첨부하여야 하며, 그 동의에 대해서는 토론을 하지 아니하고 표결한다.

3812 정부가 본회의 또는 위원회에서 의제가 된 정부제출의 의안을 수정 또는 철회할 때에는 본회의 또는 위원회의 동의를 얻어야 한다. 20 지방 7 O|X

> 국회법 제90조(의안·동의의 철회) ③ 정부가 본회의 또는 위원회에서 의제가 된 정부제출 의안을 수정하거나 철회할 때에는 본회의 또는 위원회의 동의를 받아야 한다.

3813 팩스로 제출이 시도되었던 법률안의 접수가 완료되지 않아 동일한 법률안을 제출하기 전에 철회 절차가 필요 없다고 보는 것은 발의된 법률안을 철회하는 요건을 정한 국회법 규정에 반하지 않는다. 22 국가 7 O|X

의안의 발의와 접수의 세부적인 절차는 국회의 의사자율권의 영역에 있으므로, 발의된 법률안이 철회의 대상이 될 수 있는 시점에 대해서도 국회가 의사자율의 영역에서 규칙 또는 자율적인 법해석으로 정할 수 있다. 따라서 팩스로 제출이 시도되었던 법률안의 접수가 완료되지 않아 동일한 법률안을 제출하기 전에 철회 절차가 필요 없다고 보는 것은 국회법 제90조에 반하지 않는다(헌재 2020. 5. 27. 2019헌라3).

3814 국회의장이 특별한 사유로 각 교섭단체 대표의원과의 협의를 거쳐 정한 경우를 제외하고, 본회의는 위원회가 법률안에 대한 심사를 마치고 국회의장에게 그 보고서를 제출한 후 1일을 경과하지 아니한 때에는 이를 의사일정으로 상정할 수 없다. 18 5급 O|X

> 국회법 제93조의2(법률안의 본회의 상정시기) 본회의는 위원회가 법률안에 대한 심사를 마치고 의장에게 그 보고서를 제출한 후 1일이 지나지 아니하였을 때에는 그 법률안을 의사일정으로 상정할 수 없다. 다만, 의장이 특별한 사유로 각 교섭단체 대표의원과의 협의를 거쳐 이를 정한 경우에는 그러하지 아니하다.

●정답 3811. O 3811-1. X [10명 X → 20명 O] 3812. O 3813. O 3814. O

3815 본회의는 안건을 심의할 때 그 안건을 심사한 위원장의 심사보고를 듣고 질의·토론을 거쳐 표결하나, 다만 위원회의 심사를 거치지 아니한 안건에 대해서는 제안자가 그 취지를 설명하여야 하고, 위원회의 심사를 거친 안건에 대해서는 의결로 질의와 토론을 모두 생략하거나 그 중 하나를 생략할 수 있다. 23 소간, 21 지방 7   O|X

3815-1 본회의에서 위원회의 심사를 거치지 않은 안건을 심의하는 경우에는 질의와 토론을 생략할 수 없다. 13 국회 9   O|X

3815-2 본회의의 안건심의에 있어서 위원회의 심사를 거치지 아니한 안건은 제안자가 취지 설명을 하고 의결로써 질의와 토론을 모두 생략하거나 그 중의 하나를 생략할 수 있다. 14 국회 9   O|X

> 국회법 제93조(안건심의) 본회의는 안건을 심의할 때 그 **안건을 심사한 위원장의 심사보고를** 듣고 **질의·토론을** 거쳐 **표결**한다. 다만, **위원회의 심사를 거치지 아니한 안건**에 대해서는 **제안자가 그 취지를 설명**하여야 하고, **위원회의 심사를 거친 안건**에 대해서는 **의결로 질의와 토론을 모두 생략**하거나 **그 중 하나를 생략**할 수 있다.

3816 국회 본회의는 위원장의 보고를 받은 후 필요하다고 인정할 때에는 그 의결로 다시 그 안건을 같은 위원회 또는 다른 위원회에 회부할 수 있다. 16 지방 7   O|X

3816-1 본회의는 위원장의 보고를 받은 후에는 그 의결로 다시 그 안건을 같은 위원회에 회부할 수 없다. 15 국회 8   O|X

> 국회법 제94조(재회부) **본회의는 위원장의 보고를** 받은 후 필요하다고 인정할 때에는 **의결로 다시 안건을 같은 위원회** 또는 **다른 위원회에 회부**할 수 있다.

3817 의원의 발언시간은 15분을 초과하지 아니하는 범위에서 의장이 정한다. 이런 발언시간의 제한을 받지 않는 무제한토론을 하려면 재적의원 3분의 1 이상이 서명한 요구서를 국회의장에 제출하여야 한다. 22 국회 9   O|X

> 국회법 제104조(발언 원칙) ① 정부에 대한 질문을 제외하고는 **의원의 발언 시간은 15분을 초과하지 아니하는 범위에서 의장이 정한다.** 다만, 의사진행발언, 신상발언 및 보충발언은 5분을, 다른 의원의 발언에 대한 반론발언은 3분을 초과할 수 없다.
> 국회법 제106조의2(무제한 토론의 실시 등) ① 의원이 본회의에 부의된 안건에 대하여 이 법의 다른 규정에도 불구하고 시간의 제한을 받지 아니하는 토론(이하 이 조에서 "**무제한토론**"이라 한다)을 하려는 경우에는 **재적의원 3분의 1 이상이 서명한 요구서를 의장에게 제출**하여야 한다. 이 경우 의장은 해당 안건에 대하여 무제한토론을 실시하여야 한다.

3818 교섭단체에 속하는 의원의 경우와는 달리, 교섭단체에 속하지 아니하는 의원의 발언시간 및 발언자 수는 국회의장이 각 교섭단체 대표의원과 협의하지 않고 직권으로 정할 수 있다. 19 경정   O|X

> 국회법 제104조(발언 원칙) ③ **의장은 각 교섭단체 대표의원과 협의**하여 같은 의제에 대한 **총 발언시간을** 정하여 **교섭단체별로 소속 의원 수의 비율에 따라 할당**한다. 이 경우 각 교섭단체 대표의원은 할당된 시간 내에서 발언자 수와 발언자별 발언시간을 정하여 미리 의장에게 통보하여야 한다.
> ⑤ **교섭단체에 속하지 아니하는 의원의 발언시간 및 발언자 수는 의장이 각 교섭단체 대표의원과 협의**하여 정한다.

● 정답 3815. O 3815-1. O 3815-2. X [심사를 거친 안건] 3816. O 3816-1. X [회부 가능] 3817. O 3818. X [각 교섭단체 대표의원과 협의]

3819 의원이 본회의에 부의된 안건에 대하여 「국회법」의 다른 규정에도 불구하고 시간의 제한을 받지 아니하는 토론을 하려는 경우 재적의원 3분의 1 이상이 서명한 요구서를 의장에게 제출하여야 한다. 이 경우 의장은 해당 안건에 대하여 무제한토론을 실시하여야 한다. 14 국회 8 〇|×

3819-1 의원이 본회의에 부의된 안건에 대하여 무제한토론을 하려는 경우 재적의원 3분의 1 이상이 서명한 요구서를 의장에게 제출하여야 하며, 이 경우 의원은 1인당 1회에 한정하여 토론할 수 있다. 13 국회 8 〇|×

3819-2 의원이 본회의에 부의된 안건에 대하여 「국회법」의 다른 규정에도 불구하고 시간의 제한을 받지 아니하는 토론을 하려는 경우 재적의원 4분의 1 이상이 서명한 요구서를 의장에게 제출하여야 한다. 14 국가 7 〇|×

3819-3 의원이 본회의에 부의된 안건에 대하여 무제한토론을 하려는 경우 재적의원 3분의 1 이상이 서명한 요구서를 의장에게 제출하여야 하며, 이 경우 의장은 각 교섭단체 대표의원과의 협의를 거쳐 무제한토론 실시여부를 결정한다. 23 입시 〇|×

> **국회법 제106조의2(무제한 토론의 실시 등)** ① 의원이 **본회의에 부의된 안건**에 대하여 이 법의 다른 규정에도 불구하고 **시간의 제한을 받지 아니하는 토론**(이하 이 조에서 "**무제한토론**"이라 한다)을 하려는 경우에는 **재적의원 3분의 1 이상**이 서명한 요구서를 **의장에게 제출하여야 한다**. 이 경우 **의장은 해당 안건**에 대하여 **무제한토론을 실시하여야 한다.**
> ③ 의원은 제1항에 따른 요구서가 제출되면 해당 안건에 대하여 무제한토론을 할 수 있다. 이 경우 **의원 1명당 한 차례**만 토론할 수 있다.

3820 무제한토론을 실시하는 본회의는 무제한토론의 종결 선포 전까지 산회하지 않고 회의를 계속하며, 회의 중 재적의원 5분의 1 이상이 출석하지 아니하였을 때에도 같다. 20 입시 〇|×

> **국회법 제106조의2(무제한토론의 실시 등)** ④ 무제한토론을 실시하는 본회의는 제7항에 따른 **무제한토론 종결 선포 전까지 산회하지 아니하고 회의를 계속**한다. 이 경우 제73조제3항 본문에도 불구하고 회의 중 **재적의원 5분의 1 이상이 출석**하지 아니하였을 때에도 **회의를 계속**한다.

3821 의원은 무제한토론을 실시하는 안건에 대하여 재적의원 3분의 1 이상의 서명으로 무제한토론의 종결동의(終結動議)를 의장에게 제출할 수 있다. 20 국가 7 〇|×

3821-1 본회의에 부의된 안건에 대하여 시간의 제한을 받지 아니하는 토론을 하려는 경우, 의원은 재적의원 3분의 1 이상이 서명한 요구서를 의장에게 제출하여 무제한토론을 실시할 수 있고, 무제한토론의 종결동의는 동의가 제출된 때부터 24시간이 경과한 후에 재적의원 과반수 찬성으로 의결한다. 17 국가 7(추) 〇|×

3821-2 국회 본회의에서의 무제한토론 종료를 위한 의결에는 재적의원 3분의 2 이상의 찬성을 요한다. 19 국회 9 〇|×

정답 3819. 〇 3819-1. 〇 3819-2. ×[재적 4분의 1 × → 재적 3분의 1 〇] 3819-3. ×[각 교섭단체 대표의원과 협의하여 실시여부 결정 ×, 실시하여야 함 〇] 3820. 〇 3821. 〇 3821-1. ×[재적과반수 × → 재적 5분의 3 이상 〇] 3821-2. ×[재적 3분의 2 × → 재적 5분의 3 이상 〇]

> 국회법 제106조의2(무제한 토론의 실시 등) ⑤ 의원은 무제한토론을 실시하는 안건에 대하여 재적의원 3분의 1 이상의 서명으로 무제한토론의 종결동의(終結動議)를 의장에게 제출할 수 있다.
> ⑥ 제5항에 따른 무제한토론의 종결동의는 동의가 제출된 때부터 24시간이 지난 후에 무기명투표로 표결하되 재적의원 5분의 3 이상의 찬성으로 의결한다. 이 경우 무제한토론의 종결동의에 대해서는 토론을 하지 아니하고 표결한다.

3822 무제한토론을 실시하는 중에 해당 회기가 종료되는 때에는 무제한토론은 종결 선포된 것으로 본다. 이 경우 해당 안건은 바로 다음 회기에서 지체 없이 표결하여야 한다. 19 법무사 O | X

> 국회법 제106조의2(무제한토론의 실시 등) ⑧ 무제한토론을 실시하는 중에 해당 회기가 끝나는 경우에는 무제한토론의 종결이 선포된 것으로 본다. 이 경우 해당 안건은 바로 다음 회기에서 지체 없이 표결하여야 한다.

3823 '회기결정의 건'에 대하여 무제한토론이 실시되면 무제한토론이 '회기결정의 건'의 처리 자체를 봉쇄하는 결과가 초래되므로, '회기결정의 건'은 「국회법」 제106조의2에 따른 무제한토론의 대상이 되지 않는다. 21 입시 O | X

3823-1 '회기결정의 건'을 무제한토론에서 배제하는 법률조항과 관행이 존재하지 않고 '회기결정의 건'의 성격도 무제한토론에 부적합하다고 볼 수 없으므로, '회기결정의 건'은 무제한토론의 대상이 된다. 23 변호사 O | X

> '회기결정의 건'에 대하여 무제한토론이 실시되는 경우, 무제한토론으로 인하여 '회기결정의 건'이 폐기되는 결과가 발생한다. 이는 무제한토론이 '회기결정의 건'의 처리 자체를 봉쇄하는 것이어서, 당초 특정 안건에 대한 처리 자체를 불가능하게 하는 것이 아니라 최대 다음 회기까지 처리를 지연시키는 수단으로 도입된 무제한토론제도의 취지에 반할 뿐만 아니라, 국회가 집회 후 즉시 의결로 회기를 정하도록 규정한 국회법 제7조에도 정면으로 위배된다. … '회기결정의 건'은 그 본질상 국회법 제106조의2에 따른 무제한토론의 대상이 되지 않는다고 보는 것이 타당하다(헌재 2020. 5. 27. 2019헌라6 등).

3824 의안에 대한 수정동의는 그 안을 갖추고 이유를 붙여 국회의원 30명 이상의 찬성 의원과 연서하여 미리 국회의장에게 제출하여야 하나, 예산안에 대한 수정동의는 국회의원 50명 이상의 찬성이 있어야 한다. 18 5급 O | X

3824-1 법률안에 대한 수정동의는 그 안을 갖추고 이유를 붙여 20명 이상의 찬성의원과 연서하여 미리 의장에게 제출하여야 한다. 19 변호사 O | X

3824-2 법률안과 예산안에 대한 수정동의는 그 안을 갖추고 이유를 붙여 30명 이상의 찬성 의원과 연서하여 미리 국회의장에게 제출하여야 한다. 20 국회 9 O | X

> 국회법 제95조(수정동의) ① 의안에 대한 수정동의(修正動議)는 그 안을 갖추고 이유를 붙여 30명 이상의 찬성 의원과 연서하여 미리 의장에게 제출하여야 한다. 다만, 예산안에 대한 수정동의는 의원 50명 이상의 찬성이 있어야 한다.

3825 위원회는 소관 사항 외의 안건에 대해서는 수정안을 제출할 수 없다. 22 국회 9 O | X

> 국회법 제95조(수정동의) ③ 위원회는 소관 사항 외의 안건에 대해서는 수정안을 제출할 수 없다.

●정답 3822. O 3823. O 3823-1. X [무제한토론의 대상이 되지 않음] 3824. O 3824-1. X [20명 X → 30명 O] 3824-2. X [법률안 수정 : 30명 이상, 예산안 수정 : 50명 이상] 3825. O

3826 같은 의제에 대하여 여러 건의 수정안이 제출되었을 때에는 위원회의 수정안을 의원의 수정안보다 먼저 표결하며, 수정안이 전부 부결되었을 때에는 원안을 표결한다. 19 국회 8   O | X

> **국회법 제96조(수정안의 표결 순서)** ① 같은 의제에 대하여 여러 건의 수정안이 제출되었을 때에는 의장은 다음 각 호의 기준에 따라 표결의 순서를 정한다.
> 1. **가장 늦게 제출된 수정안**부터 먼저 표결한다.
> 2. **의원의 수정안**은 **위원회의 수정안**보다 먼저 표결한다.
> 3. 의원의 수정안이 여러 건 있을 때에는 **원안과 차이가 많은 것**부터 먼저 표결한다.
> ② **수정안이 전부 부결**되었을 때에는 **원안을 표결**한다.

3827 어떠한 의안으로 인하여 원안이 본래의 취지를 잃고 전혀 다른 의미로 변경되는 정도에까지 이르지 않는다면 이를 「국회법」상의 수정안에 해당하는 것으로 보아 의안을 처리할 수 있다는 해석이 가능하므로, 헌법상 보장된 국회의 자율권을 근거로 개별적인 수정안에 대한 평가와 그 처리에 대한 국회의 장의 판단은 명백히 법에 위반되지 않는 한 존중되어야 한다. 18 변호사   O | X

3827-1 국회의장이 원안과 별개의 의안을 수정안으로 보아 가결을 선포하였더라도 원안이 본래의 취지를 잃고 전혀 다른 의미로 변경되지 않았다면 국회의원들의 심의·표결권을 침해하였다고 볼 수 없다. 19 입시   O | X

국회법상 수정안의 범위에 대한 어떠한 제한도 규정되어 있지 않은 점과 국회법 규정에 따른 문언의 의미상 수정이란 원안에 대하여 다른 의사를 가하는 것으로 새로 추가, 삭제, 또는 변경하는 것을 모두 포함하는 개념이라는 점에 비추어, **어떠한 의안으로 인하여 원안이 본래의 취지를 잃고 전혀 다른 의미로 변경**되는 정도에까지 이르지 않는다면 이를 **국회법상의 수정안에 해당**하는 것으로 보아 의안을 처리할 수 있는 것으로 볼 수 있다. … 따라서 이 사건 **가결선포행위**가 국회법에 위반되어 청구인들의 법률안에 대한 **심의·표결권을 침해하였다고 볼 수는 없다**(헌재 2006. 2. 23. 2005헌라6).

3828 국회 본회의에서 수정동의를 지나치게 넓은 범위에서 인정할 경우, 국회가 의안 심의에 관한 국회운영의 원리로 채택하고 있는 위원회 중심주의를 저해할 우려가 있다. 23 지방 7   O | X

국회법 제95조가 본회의에서 수정동의를 제출할 수 있도록 한 취지는 일정한 범위 내에서 국회의원이 본회의에 상정된 의안에 대한 수정 의사를 위원회의 심사절차를 거치지 아니하고 곧바로 본회의의 심의과정에서 표시할 수 있도록 허용함으로써 의안 심의의 효율성을 제고하기 위한 것이다. 그런데 **수정동의를 지나치게 넓은 범위에서 인정할 경우 위원회의 심사 대상이 되지 않았던 의안이 바로 본회의에 상정**됨으로써 국회가 의안 심의에 관한 국회운영의 원리로 채택하고 있는 **위원회 중심주의를 저해**할 우려가 있는바, 앞서 살펴본 입법경과를 종합하여 보면, 국회법 제95조 제5항은 원안에 대한 위원회의 심사절차에서 심사가 이루어질 여지가 없는 경우에는 수정동의 제출을 제한함으로써 위원회 중심주의를 공고히 하려는 데에 그 입법취지가 있다고 할 것이다(헌재 2020. 5. 27. 2019헌라6 등).

3829 수정동의를 통해 발의할 수 있는 적법한 수정안은 '원안의 취지와 수정안의 취지 사이의 직접 관련성', '원안의 취지와 수정안의 내용 사이의 직접 관련성', '원안의 내용과 수정안의 내용 사이의 직접 관련성'을 모두 갖추어야 한다. 23 변호사   O | X

● **정답** 3826. X [의원 수정안을 먼저 표결]   3827. O   3827-1. O   3828. O   3829. X [원안에 대한 위원회 심사절차에서 수정안의 내용까지 심사할 수 있었는지 여부가 기준]

국회법 제95조 제5항의 입법취지는 원안에 대한 위원회의 심사절차에서 심사가 이루어질 여지가 없는 경우에는 수정동의의 제출을 제한함으로써 위원회 중심주의를 공고히 하는 것이다. 국회법 제95조 제5항 본문의 문언, 입법취지, 입법경과를 종합적으로 고려하면, 위원회의 심사를 거쳐 본회의에 부의된 법률안의 취지 및 내용과 직접 관련이 있는지 여부는 '원안에서 개정하고자 하는 조문에 관한 추가, 삭제 또는 변경으로서, **원안에 대한 위원회의 심사절차에서 수정안의 내용까지 심사할 수 있었는지 여부**'를 기준으로 판단하는 것이 타당하다(헌재 2020. 5. 27. 2019헌라6 등).

📝 **보충설명** 해당 지문은 4명의 반대의견의 입장이다.

03 본회의 의결

3830 중요한 안건으로서 국회의장의 제의 또는 국회의원의 동의로 본회의의 의결이 있거나 재적의원 5분의 1 이상의 요구가 있을 때에는 기명·호명 또는 무기명투표로 표결한다. 18 5급   O|X

> 국회법 제112조(표결방법) ① 표결할 때에는 **전자투표에 의한 기록표결**로 가부(可否)를 결정한다. 다만, 투표기기의 고장 등 특별한 사정이 있을 때에는 기립표결로 가부를 결정할 수 있다.
> ② **중요한 안건**으로서 **의장의 제의 또는 의원의 동의(動議)**로 본회의의 의결이 있거나 **재적의원 5분의 1 이상의 요구**가 있을 때에는 **기명투표·호명투표(呼名投票)** 또는 **무기명투표**로 표결한다.

3831 법률안에 대한 표결은 전자투표에 의한 기록표결로 하되, 대통령으로부터 환부된 법률안은 무기명투표로 표결한다. 13 지방 7   O|X

3831-1 중요한 안건으로서 재적의원 5분의 1 이상의 요구가 있는 때에는 기명·호명 또는 무기명투표로 표결하지만, 대통령으로부터 환부된 법률안은 기명투표로 표결한다. 16 국회 8   O|X

> 헌법 제53조 ② 법률안에 이의가 있을 때에는 대통령은 **제1항의 기간내에 이의서를 붙여 국회로 환부하고, 그 재의를 요구할 수 있다.** 국회의 폐회중에도 또한 같다.
> 국회법 제112조(표결방법) ① 표결할 때에는 **전자투표에 의한 기록표결**로 가부(可否)를 결정한다. 다만, 투표기기의 고장 등 특별한 사정이 있을 때에는 기립표결로 가부를 결정할 수 있다.
> ② 중요한 안건으로서 **의장의 제의 또는 의원의 동의(動議)**로 본회의의 의결이 있거나 **재적의원 5분의 1 이상의 요구**가 있을 때에는 **기명투표·호명투표(呼名投票)** 또는 **무기명투표**로 표결한다.
> ⑤ **대통령으로부터 환부(還付)된 법률안과 그 밖에 인사에 관한 안건은 무기명투표로 표결한다.** 다만, 겸직으로 인한 의원 사직과 위원장 사임에 대하여 의장이 각 교섭단체 대표의원과 협의한 경우에는 그러하지 아니하다.

04 의안의 정리와 번안

3832 국회의 위임 의결이 없더라도 국회의장은 국회에서 의결된 법률안의 조문이나 자구·숫자, 법률안의 체계나 형식 등의 정비가 필요한 경우 의결된 내용이나 취지를 변경하지 않는 범위 안에서 이를 정리할 수 있다고 봄이 상당하고, 이렇듯 국회의장이 국회의 위임 없이 법률안을 정리하더라도 그러한 정리가 국회에서 의결된 법률안의 실질적 내용에 변경을 초래하는 것이 아닌 한 헌법이나 「국회법」상의 입법절차에 위반된다고 볼 수 없다. 21 국가 7   O|X

3832-1 국회의장이 본회의의 위임 없이 법률안을 정리한 경우, 그러한 정리가 본회의에서 의결된 법률안의 실질적 내용에 변경을 초래하지 아니하였더라도, 본회의의 명시적인 위임이 없는 것이므로 헌법이나 「국회법」상의 입법절차에 위반된다. 20 변호사   O|X

정답 3830. O   3831. O   3831-1. X [무기명투표]   3832. O   3832-1. X [입법절차 위반 아님]

국회의 위임 의결이 없더라도 국회의장은 국회에서 의결된 법률안의 조문이나 자구·숫자, 법률안의 체계나 형식 등의 정비가 필요한 경우 의결된 내용이나 취지를 변경하지 않는 범위 안에서 이를 정리할 수 있다고 봄이 상당하고, 이렇듯 국회의장이 국회의 위임 없이 법률안을 정리하더라도 그러한 정리가 국회에서 의결된 법률안의 실질적 내용에 변경을 초래하는 것이 아닌 한 헌법이나 국회법상의 입법절차에 위반된다고 볼 수 없다(헌재 2009. 6. 25. 2007헌마451).

3833 발언한 의원은 회의록이 배부된 날의 다음 날 오후 5시까지 회의록에 적힌 자구의 정정을 의장에게 요구할 수 있으나, 발언의 취지를 변경할 수 없다. 20 국가 7   O | X

> 국회법 제117조(자구의 정정과 이의의 결정) ① 발언한 의원은 회의록이 배부된 날의 다음 날 오후 5시까지 회의록에 적힌 자구의 정정을 의장에게 요구할 수 있다. 다만, 발언의 취지를 변경할 수 없다.

POINT 210 정부이송 Ⓢ

01 15일 이내 대통령 공포

3834 국회에서 의결된 법률안은 정부에 이송되어 15일 이내에 대통령이 공포한다. 24 입시, 22 국회 9, 17 5급, 17 법무사   O | X

3834-1 국회에서 의결된 법률안이 정부에 이송되면, 이송 후 20일 이내에 대통령은 이를 공포하여야 한다. 19 서울 7(추)   O | X

> 헌법 제53조 ① 국회에서 의결된 법률안은 정부에 이송되어 15일 이내에 대통령이 공포한다.

02 대통령의 거부권행사

3835 대통령의 법률안거부권은 정부의 입법관여권의 하나로서 의원내각제 정부형태에서 볼 수 있는 전형적인 권한이라 할 수 있다. 10 국회 9   O | X

> 대통령의 법률안거부권은 대통령제 국가인 미국에서 행정부가 입법부에 대해 가지는 견제수단으로 발달하였다. 따라서 대통령의 법률안 거부권은 대통령제 정부형태에서 볼 수 있는 전형적인 권한이라고 할 수 있다.

3836 대통령의 법률안 거부권은 단원제를 채택한 제헌헌법과 양원제를 채택한 1952년 헌법(제1차 개헌)에서도 인정되었다. 19 경정   O | X

> 제헌헌법(1948년) 제40조 국회에서 의결된 법률안은 정부로 이송되어 15일 이내에 대통령이 공포한다. 단, 이의가 있는 때에는 대통령은 이의서를 부하여 국회로 환부하고 국회는 재의에 부한다. 재의의 결과 국회의 재적의원 3분지 2 이상의 출석과 출석의원 3분지 2 이상의 찬성으로 전과 동일한 의결을 한 때에는 그 법률안은 법률로써 확정된다.
> 제1차 개정헌법(1952년) 제40조 이송된 법률안에 대하여 이의가 있는 때에는 대통령은 이의서를 부하여 양원중의 일원에 환부하여 국회의 재의에 부한다. 국회에서 각원이 그 재적의원 3분지 2 이상의 출석과 출석의원 3분지 2 이상의 찬성으로써 전과 같이 가결한 때에는 그 법률안은 법률로서 확정된다.

정답 3833. O   3834. O   3834-1. X [20일 X → 15일 O]   3835. X [의원내각제 X → 대통령제 O]   3836. O

3837 현재 대통령의 법률안거부권 행사의 실질적 요건에 대하여 명문의 규정은 없다. 10 국회 9   O | X

3837-1 헌법은 대통령의 재의요구 사유로 헌법위반, 기본권 침해의 법률안, 실현불가능한 법률안, 국익에 위배되는 법률안의 경우라고 명문으로 규정한다. 23 국회 9   O | X

> 헌법에는 대통령의 법률안거부권 행사의 실질적 요건인 재의요구 사유에 대하여 명문규정은 없다. 다만, 제도의 취지를 볼 때 재의요구에는 정당한 사유가 있어야 하고, 헌법위반, 기본권 침해의 법률안, 실현불가능한 법률안, 국익에 위배되는 법률안의 경우이어야 한다는 것이 일반적 견해이다.

3838 대통령은 국회에서 의결된 법률안에 이의가 있을 때에는 정부에 이송된 후 15일 이내에 이의서를 붙여 국회로 환부하여 그 재의를 요구할 수 있다. 21 법무사   O | X

3838-1 본회의에서 의결되어 정부에 이송된 법률안에 대해 대통령은 10일 이내에 재의요구권을 행사할 수 있다. 14 국회 9   O | X

3838-2 국회에서 의결된 법률안에 이의가 있을 때에는 대통령은 정부에 이송된 후 20일 내에 이의서를 붙여 국회로 환부하고, 그 재의를 요구할 수 있다. 22 입시   O | X

> 헌법 제53조 ① 국회에서 의결된 법률안은 정부에 이송되어 15일 이내에 대통령이 공포한다.
> ② 법률안에 이의가 있을 때에는 대통령은 제1항의 기간내에 이의서를 붙여 국회로 환부하고, 그 재의를 요구할 수 있다. 국회의 폐회중에도 또한 같다.

3839 법률안에 이의가 있을 때에는 대통령은 정부에 이송된 때로부터 15일 이내에 이의서를 붙여 국회로 환부하고, 그 재의를 요구할 수 있으며, 국회의 폐회 중에도 또한 같다. 23 5급   O | X

3839-1 법률안에 이의가 있을 때에는 대통령은 정부에 이송된 후 15일 이내에 이의서를 붙여 국회로 환부하고 재의를 요구할 수 있으나, 국회의 폐회 중에는 환부할 수 없다. 19 변호사   O | X

3839-2 대통령은 국회에서 의결한 법률안에 이의가 있을 때에는 15일 내에 이의서를 붙여 국회로 환부하고 재의를 요구할 수 있으나, 국회가 폐회 중인 때는 먼저 임시국회의 소집을 요구하여야 한다. 17 법원 9   O | X

3839-3 법률안에 이의가 있을 때에는 대통령은 15일 이내에 이의서를 붙여 국회로 환부하고, 그 재의를 요구할 수 있다. 국회가 폐회 중이면 국회에 환부하는 기간인 15일은 차기 국회 개회일까지 정지된다. 16 국회 8   O | X

> 헌법 제53조 ① 국회에서 의결된 법률안은 정부에 이송되어 15일 이내에 대통령이 공포한다.
> ② 법률안에 이의가 있을 때에는 대통령은 제1항의 기간내에 이의서를 붙여 국회로 환부하고, 그 재의를 요구할 수 있다. 국회의 폐회중에도 또한 같다.

● 정답 3837. O   3837-1. X [헌법에 재의요구 사유 규정 없음]   3838. O   3838-1. X [10일 X → 15일 O]   3838-2. X [20일 X → 15일 O]
3839. O   3839-1. X [폐회 중 환부 가능]   3839-2. X [임시국회 소집 X]   3839-3. X [정지 X]

3840 대통령의 법률안거부는 법률안 전체를 대상으로 하여야 하며, 법률안 일부에 대한 거부나 법률안 내용을 수정하는 거부는 인정되지 않는다. 17 입시 ◯|✕

3840-1 국회에서 의결된 법률안은 정부에 이송되어 15일 이내에 대통령이 공포하되, 법률안에 이의가 있을 때에는 대통령은 위 기간 내에 이의서를 붙여 국회로 환부하고 재의를 요구할 수 있다. 이 경우 대통령은 법률안의 일부에 대하여 또는 법률안을 수정하여 재의를 요구할 수 있다. 23 입시, 16 법원 9 ◯|✕

3840-2 대통령이 법률안의 일부를 수정하여 재의를 요구하면 국회는 재적의원 과반수의 출석과 출석의원 3분의 2 이상의 찬성으로 전과 같은 의결을 하여 법률안을 법률로서 확정할 수 있다. 11 법원 9 ◯|✕

> 헌법 제53조 ① 국회에서 의결된 법률안은 정부에 이송되어 15일 이내에 대통령이 공포한다.
> ② **법률안에 이의가 있을 때에는 대통령은** 제1항의 기간내에 **이의서를 붙여 국회로 환부**하고, 그 **재의를 요구할 수 있다.** 국회의 폐회중에도 또한 **같다.**
> ③ **대통령은 법률안의 일부**에 대하여 또는 **법률안을 수정**하여 **재의를 요구할 수 없다.**

3841 법률안에 대한 대통령의 재의의 요구가 있을 때에는 국회는 재의에 붙이고, 재적의원과반수의 출석과 출석의원 3분의 2 이상의 찬성으로 전과 같은 의결을 하면 그 법률안은 법률로서 확정된다. 23 입시, 22 소간, 21 법무사, 19 변호사, 17 5급, 16 지방 7 ◯|✕

3841-1 정부로 이송된 법률안에 대해 대통령이 재의를 요구하면 국회는 재의에 붙이고, 재적의원 과반수의 출석과 출석의원 과반수의 찬성으로 전과 같은 의결을 하면 그 법률안은 법률로서 확정된다. 24 입시 ◯|✕

3841-2 대통령이 법률안에 대하여 재의를 요구한 경우 국회는 재의에 붙이고, 재적의원 3분의 2 이상의 출석과 출석의원 3분의 2 이상의 찬성으로 전과 같은 의결을 하면 그 법률안은 법률로서 확정된다. 22 법무사 ◯|✕

3841-3 법률안에 대한 대통령의 재의 요구가 있을 때에는 국회는 재의에 붙여야 하며, 이 경우 재적의원 3분의 2 이상의 찬성으로 전과 같은 의결을 해야 그 법률안은 법률로서 확정될 수 있다. 17 국가 7 ◯|✕

3841-4 대통령이 재의요구한 법률안은 국회에서 재적의원 과반수의 발의와 재적의원 3분의 2의 찬성으로 재의결함으로써 법률로 확정될 수 있다. 14 국회 9 ◯|✕

> 헌법 제53조 ① **국회에서 의결된 법률안은 정부에 이송되어** 15일 이내에 대통령이 공포한다.
> ② **법률안에 이의가 있을 때에는 대통령은** 제1항의 기간내에 **이의서를 붙여 국회로 환부**하고, 그 **재의를 요구**할 수 있다. 국회의 폐회중에도 또한 같다.
> ④ **재의의 요구**가 있을 때에는 국회는 재의에 붙이고, **재적의원과반수의 출석과 출석의원 3분의 2 이상의 찬성으로 전과 같은 의결**을 하면 그 법률안은 **법률로서 확정**된다.

정답 3840. ◯ 3840-1. ✕ [일부·수정 재의요구 불가] 3840-2. ✕ [일부·수정 재의요구 ✕] 3841. ◯ 3841-1. ✕ [재적의원 과반수의 출석과 출석의원 과반수 ✕ → 재과출, 출2/3찬 ◯] 3841-2. ✕ [재적의원 3분의 2 이상의 출석과 출석의원 3분의 2 이상 ✕ → 재과출, 출2/3찬 ◯] 3841-3. ✕ [재적의원 3분의 2 이상 ✕ → 재과출, 출2/3찬 ◯] 3841-4. ✕ [재적의원 과반수의 발의와 재적의원 3분의 2의 찬성 ✕ → 재과출, 출2/3찬 ◯]

3842 정부에 이송된 법률안에 대해 대통령이 재의를 요구하는 경우, 국회가 재적의원 3분의 2 이상의 찬성으로 전과 같은 의결을 하면 대통령은 더 이상 재의를 요구할 수 없고 지체 없이 공포하여야 하며, 대통령이 공포함으로써 법률안은 법률로서 확정된다. 23 국회 8, 22 변호사   O | X

> 헌법 제53조 ④ 재의의 요구가 있을 때에는 국회는 재의에 붙이고, 재적의원과반수의 출석과 출석의원 3분의 2 이상의 찬성으로 전과 같은 의결을 하면 그 법률안은 법률로서 확정된다.
> ⑥ 대통령은 제4항과 제5항의 규정에 의하여 확정된 법률을 지체없이 공포하여야 한다. 제5항에 의하여 법률이 확정된 후 또는 제4항에 의한 확정법률이 정부에 이송된 후 5일 이내에 대통령이 공포하지 아니할 때에는 국회의장이 이를 공포한다.

3843 재의결되어 확정된 법률이 정부에 이송된 후 5일 이내에 대통령이 공포하지 아니할 때에는 국회의장이 이를 공포한다. 23 국회 9   O | X

3843-1 국회에서 재의결되어 확정된 법률이 정부에 이송된 후 10일 이내에 대통령이 공포하지 아니할 때에는 국회의장이 이를 공포한다. 14 법원 9   O | X

3843-2 국회의 재의결에 의한 확정법률이 정부에 이송된 후 15일 이내에 대통령이 공포하지 아니할 때에는 국회의장이 이를 공포한다. 17 법무사   O | X

3843-3 대통령이 거부한 법률안에 대하여 국회가 재의결하여 확정된 법률이 정부에 이송된 후라면 국회의장이 당연히 공포권을 갖는다. 17 변호사   O | X

3843-4 국회에서 확정된 법률이 정부에 이송된 후 5일 이내에 대통령이 공포하지 아니할 때에는 국무총리가 이를 공포한다. 17 5급   O | X

> 헌법 제53조 ⑥ 대통령은 제4항과 제5항의 규정에 의하여 확정된 법률을 지체없이 공포하여야 한다. 제5항에 의하여 법률이 확정된 후 또는 제4항에 의한 확정법률이 정부에 이송된 후 5일 이내에 대통령이 공포하지 아니할 때에는 국회의장이 이를 공포한다.

03 15일 이내 공포나 재의요구 불이행

3844 대통령이 국회에서 의결되어 정부에 이송된 법률안에 대해 15일 이내에 공포나 재의의 요구를 하지 아니한 때에는 그 법률안은 법률로서 확정된다. 23 5급   O | X

3844-1 정부로 이송된 법률안에 대해 대통령이 15일 동안 아무런 조치를 취하지 않는 경우 국회는 법률안을 재의결할 수 있다. 10 국가 7   O | X

> 헌법 제53조 ① 국회에서 의결된 법률안은 정부에 이송되어 15일 이내에 대통령이 공포한다.
> ⑤ 대통령이 제1항의 기간내에 공포나 재의의 요구를 하지 아니한 때에도 그 법률안은 법률로서 확정된다.

◆정답 3842. X [재적의원과반수의 출석과 출석의원 3분의 2 찬성으로 의결, 대통령이 공포함으로써 확정 X → 국회의결 시 확정 O]   3843. O   3843-1. X [10일 X → 5일 O]   3843-2. X [15일 X → 5일 O]   3843-3. X [대통령이 먼저 공포권 가짐]   3843-4. X [국회의장이 공포]   3844. O   3844-1. X [법률로서 확정됨]

3845 국회에서 의결된 법률안이 정부에 이송되어 15일 이내에 대통령이 공포나 재의의 요구를 하지 아니한 때에는 그 법률안은 법률로서 확정되며, 이와 같이 확정된 법률은 그 법률이 확정된 후 5일 이내에 국회의장이 공포한다. 21 입시 O | X

3845-1 법률안이 정부에 이송된 후 15일 이내에 대통령이 공포나 재의의 요구를 하지 아니한 때는 국회의장이 공포권을 가진다. 10 국회 9 O | X

> 확정된 법률은 대통령이 지체없이 공포하여야 하며, 5일 이내 대통령이 공포하지 아니할 때에는 국회의장이 공포한다.
>
> 헌법 제53조 ① 국회에서 의결된 법률안은 정부에 이송되어 **15일 이내**에 대통령이 공포한다.
> ⑤ 대통령이 **제1항의 기간내에 공포나 재의의 요구**를 하지 아니한 때에도 그 **법률안은 법률로서 확정**된다.
> ⑥ **대통령**은 제4항과 제5항의 규정에 의하여 **확정된 법률을 지체없이 공포하여야** 한다. 제5항에 의하여 **법률이 확정된 후** 또는 제4항에 의한 **확정법률이 정부에 이송된 후 5일 이내에 대통령이 공포하지 아니할 때에는 국회의장이 이를 공포**한다.

04 법률의 공포와 효력발생

3846 국회의장의 법률안 공포권은 헌법이 채택하고 있는 제도이다. 11 국회 9 O | X

3846-1 법률안의 공포는 대통령의 권한에 속하므로, 모든 법률안은 반드시 대통령이 공포하여야 법률로서 확정될 수 있다. 15 서울 7 O | X

> 헌법 제53조 ⑥ **대통령**은 제4항과 제5항의 규정에 의하여 **확정된 법률을 지체없이 공포하여야** 한다. 제5항에 의하여 **법률이 확정된 후** 또는 제4항에 의한 **확정법률이 정부에 이송된 후 5일 이내에 대통령이 공포하지 아니할 때에는 국회의장이 이를 공포**한다.

3847 법률은 특별한 규정이 없는 한 공포한 날로부터 20일을 경과함으로써 효력을 발생한다. 23 국가 7, 23 입시, 21 입시, 17 법무사, 12 법원 9 O | X

3847-1 법률의 효력발생시기는 헌법에서 명문으로 규정하고 있다. 15 법무사 O | X

3847-2 법률에 시행일이 명시된 경우에 시행일까지 공포되지 않으면 그 법률은 시행일부터 효력을 발생한다. 23 5급 O | X

> 헌법 제53조 ⑦ 법률은 특별한 규정이 없는 한 **공포한 날로부터 20일을 경과함으로써 효력을 발생**한다.

3848 대통령이 정부에 이송되어온 법률안을 15일 이내에 공포도 하지 아니하고 재의의 요구도 하지 않음으로써 확정된 법률이나 국회의 재의결로 확정된 법률이 정부에 이송된 후 5일 이내에 공포되지 아니하면, 법률은 공포일 다음날부터 곧바로 효력을 발생한다. 16 국회 8 O | X

3848-1 국회에서 의결되어 정부에 이송된 법률안에 대해 대통령이 15일 이내에 공포나 재의의 요구를 하지 않은 때에 그 법률안은 법률로서 확정되고, 이 경우에 공포 없이도 그 효력이 발생한다. 21 국회 8 O | X

● 정답 3845. ×[대통령이 먼저 공포권 가짐] 3845-1. ×[대통령이 먼저 공포권 가짐] 3846. ○ 3846-1. ×[정부 이송 후 15일 경과 시 or 국회 재의 시 → 공포없어도 확정] 3847. ○ 3847-1. ○ 3847-2. ×[공포가 되어야 효력 발생] 3848. ×[공포해야 효력 발생] 3848-1. ×[공포해야 효력 발생]

> **헌법 제53조** ① 국회에서 의결된 법률안은 정부에 이송되어 15일 이내에 대통령이 공포한다.
> ⑤ 대통령이 제1항의 기간내에 공포나 재의의 요구를 하지 아니한 때에도 그 법률안은 법률로서 확정된다.
> ⑥ 대통령은 제4항과 제5항의 규정에 의하여 확정된 법률을 지체없이 공포하여야 한다. 제5항에 의하여 법률이 확정된 후 또는 제4항에 의한 확정법률이 정부에 이송된 후 5일 이내에 대통령이 공포하지 아니할 때에는 국회의장이 이를 공포한다.

3849 관보의 내용 해석 및 적용 시기 등에 대하여 종이관보와 전자관보는 동일한 효력을 가진다. 23 5급   O | X

> **법령 등 공포에 관한 법률 제11조(공포 및 공고의 절차)** ④ 관보의 내용 해석 및 적용 시기 등에 대하여 종이관보와 전자관보는 동일한 효력을 가진다.

3850 법률의 공포일은 해당 법률을 게재한 관보 또는 신문이 발행된 날로 한다. 23 5급   O | X

> **법령 등 공포에 관한 법률 제12조(공포일·공고일)** 제11조의 법령 등의 공포일 또는 공고일은 해당 법령 등을 게재한 관보 또는 신문이 발행된 날로 한다.

3851 국민의 권리 제한 또는 의무 부과와 직접 관련되는 법률은 긴급히 시행하여야 할 특별한 사유가 있는 경우를 제외하고는 공포일부터 적어도 30일이 경과한 날부터 시행되도록 하여야 한다. 23 5급   O | X

> **법령 등 공포에 관한 법률 제13조의2(법령의 시행유예기간)** 국민의 권리 제한 또는 의무 부과와 직접 관련되는 법률, 대통령령, 총리령 및 부령은 긴급히 시행하여야 할 특별한 사유가 있는 경우를 제외하고는 공포일부터 적어도 30일이 경과한 날부터 시행되도록 하여야 한다.

POINT 211 조세법률주의

01 조세법률주의

3852 조세의 부과와 징수는 국민의 재산권에 대한 중대한 제한을 초래하므로, 헌법은 조세와 관한 사항을 국민의 대표기관인 국회가 제정한 법률에 의하도록 하는 조세법률주의를 취하고 있다. 18 국회 8   O | X

3852-1 조세법률주의는 헌법에서 명문으로 규정하고 있다. 21 법원 9, 14 법원 9   O | X

헌법 제38조는 "모든 국민은 법률이 정하는 바에 의하여 납세의 의무를 진다"고 규정하고, 헌법 제59조는 "조세의 종목과 세율은 법률로 정한다"고 규정하여 조세법률주의를 명문으로 규정하고 있다. 이처럼 조세의 부과와 징수는 국민의 재산권에 대한 중대한 제한을 초래하므로, 헌법은 조세와 관한 사항을 국민의 대표기관인 국회가 제정한 법률에 의하도록 하는 조세법률주의를 취하고 있다.

> **헌법 제38조** 모든 국민은 법률이 정하는 바에 의하여 납세의 의무를 진다.
> **헌법 제59조** 조세의 종목과 세율은 법률로 정한다.

정답 3849. O   3850. O   3851. O   3852. O   3852-1. O

3853 조세법률주의는 조세평등주의와 함께 조세법의 기본원칙으로서, 법률의 근거 없이 국가는 조세를 부과·징수할 수 없고, 국민은 조세의 납부를 요구받지 않는다는 원칙이다. 22 경정 　○｜×

조세법률주의는 조세평등주의와 함께 조세법의 기본원칙으로서, 법률의 근거없이 국가는 조세를 부과·징수할 수 없고, 국민은 조세의 납부를 요구받지 않는다는 원칙이다(헌재 1989. 7. 21. 89헌마38).

3854 헌법 제59조의 조세법률주의는 조세평등주의와 함께 조세법의 기본원칙으로 과세요건 법정주의와 과세요건 명확주의를 핵심내용으로 한다. 22 법원 9　○｜×

조세법률주의는 조세평등주의와 함께 조세법의 기본원칙으로서 과세요건을 법률로 규정하여 국민의 재산권을 보장하고 과세요건을 명확하게 규정하여 국민생활의 법적 안정성과 예측가능성을 보장하기 위한 것이므로, 과세요건 법정주의와 과세요건 명확주의를 그 핵심내용으로 하고 있다(헌재 2007. 4. 26. 2006헌바71).

3855 조세법률주의의 이념은 과세요건을 법률로 규정하여 국민의 재산권을 보장하고, 과세요건을 명확하게 규정하여 국민생활의 법적 안정성과 예측가능성을 보장함에 있다. 22 경정　○｜×

과세요건법정주의와 과세요건명확주의를 핵심내용으로 하는 조세법률주의의 이념은 과세요건을 법률로 명확하게 규정함으로써 국민의 재산권을 보장함과 동시에 국민의 경제생활에 법적 안정성과 예측가능성을 보장함에 있다(헌재 2006. 6. 29. 2005헌바76).

3856 헌법 제38조, 제59조가 선언하는 조세법률주의는 실질적 적법절차가 지배하는 법치주의를 뜻하므로, 비록 과세요건이 법률로 명확히 정해진 것일지라도 그것만으로 충분한 것은 아니고 조세법의 목적이나 내용이 기본권 보장의 헌법이념과 이를 뒷받침하는 헌법상 요구되는 제 원칙에 합치되어야 한다. 22 해간, 17 국가 7　○｜×

헌법 제38조, 제59조가 선언하는 조세법률주의도 이러한 실질적 적법절차가 지배하는 법치주의를 뜻하므로, 비록 과세요건이 법률로 명확히 정해진 것일지라도 그것만으로 충분한 것은 아니고 조세법의 목적이나 내용이 기본권 보장의 헌법이념과 이를 뒷받침하는 헌법상 요구되는 제 원칙에 합치되어야 한다(헌재 1994. 6. 30. 93헌바9).

3857 조세에 관한 법규의 해석에 있어서는 유추해석은 물론이고 확장해석도 허용되지 아니한다. 17 국회 9　○｜×

3857-1 조세법률주의의 핵심은 과세요건의 법정주의와 명확주의이다. 조세법률주의의 요청에 따라 조세법규의 해석에 있어서는 유추해석은 허용되지 않지만 확장해석은 가능하다. 12 국회 9　○｜×

조세의 요건과 그 부과·징수절차는 국민의 대표기관인 국회가 제정한 법률에 의하여 규정되어야 하고 나아가 그 법률의 집행에 있어서도 이것이 엄격하게 해석·적용되어야 하며 행정편의적인 확장해석이나 유추해석은 허용되지 않음을 명백히 한 것이다(헌재 1990. 9. 3. 89헌가95).

3858 조세법규의 해석에 있어 유추해석이나 확장해석은 허용되지 아니하고 엄격히 해석하여야 하는 것은 조세법률주의에 비추어 당연한 것이지만 조세법규에 있어서도 법규 상호간의 해석을 통하여 그 의미를 명백히 할 필요가 있다. 21 소간　○｜×

▶ 정답　3853. ○　3854. ○　3855. ○　3856. ○　3857. ○　3857-1. × [확장해석 불가]　3858. ○

조세법규의 해석에 있어 **유추해석이나 확장해석은 허용되지 아니하고** 엄격히 해석하여야 하는 것은 조세법률주의에 비추어 당연한 것이지만 조세법규에 있어서도 **법규 상호간의 해석을 통하여 그 의미를 명백히 할 필요**가 있는 것은 다른 법률의 경우와 마찬가지이고, 그와 같은 조세법규의 해석에 의하여 조세의 부과, 면제 여부를 확정하는 것은 유추해석 또는 확장해석에 의하여 조세의 부과나 면제범위를 확장, 감축하는 것과는 전혀 다른 문제이다(헌재 1996. 8. 29. 95헌바41).

3859 헌법 제38조는 "모든 국민은 법률이 정하는 바에 의하여 납세의무를 진다"라고 규정하는 한편, 헌법 제59조는 "조세의 종목과 세율은 법률로 정한다"라고 규정하여 조세법률주의를 선언하고 있는데, 이는 납세의무가 존재하지 않았던 과거에 소급하여 과세하는 입법을 금지하는 원칙을 포함하는 것이다. 19 국가 7 O | X

우리 헌법 제38조는 모든 국민은 법률이 정하는 바에 의하여 납세의무를 진다고 규정하는 한편, 헌법 제59조는 조세의 종목과 세율은 법률로 정한다고 규정하여, 조세법률주의를 선언하고 있는데, 이는 납세의무가 존재하지 않았던 <u>과거에 소급하여 과세하는 입법을 금지</u>하는 원칙을 포함하며, 이러한 소급입법 과세금지원칙은 조세법률관계에 있어서 법적 안정성을 보장하고 납세자의 신뢰이익의 보호에 기여한다(헌재 2004. 7. 15. 2002헌바63).

3860 소급과세금지의 원칙은 그 조세법령의 효력발생 이전에 완성된 과세요건사실에 대하여 당해 법령을 적용할 수 없음을 말한다. 17 국회 8 O | X

<u>조세법령에 있어 소급과세금지원칙은 그 **조세법령의 효력발생 전에** 완성된 **과세요건사실**에 대하여 **당해 법령을 적용할 수 없다는 의미이다.** …</u> 이러한 소급과세금지원칙은 조세법률관계에 있어서 법적 안정성을 보장하고 납세자의 신뢰이익의 보호에 기여한다. 따라서 새로운 입법으로 과거에 소급하여 과세하거나 또는 이미 납세의무가 존재하는 경우에도 소급하여 중과세하는 것은 소급과세금지원칙에 위반된다(헌재 2016. 7. 28. 2014헌바372 등).

3861 새로운 입법으로 과거에 소급하여 과세하는 것은 소급입법금지 원칙에 위반되지만, 이미 납세의무가 존재하는 경우에 소급하여 중과세하는 것은 소급입법금지원칙에 위반되지 않는다. 13 지방 7 O | X

새로운 입법으로 과거에 **소급하여 과세**하거나 또는 이미 납세의무가 존재하는 경우에도 **소급하여 중과세**하도록 하는 것은 **헌법 제13조 제2항에 위반된다고** 할 것이다(헌재 1995. 3. 23. 93헌바18).

3862 이미 성립한 납세의무의 구체적인 내용을 변경하지 않은 채 국세 부과권의 제척기간을 연장하였다는 것만으로는 조세법률주의의 소급과세원칙에 위반되지 않는다. 16 서울 7 O | X

국세기본법 제26조의2 제1항의 개정규정은 <u>이미 성립한 납세의무의 구체적인 내용을 변경하는 것이 아니라 **국세 부과권의 제척기간만을 연장**한 것이다. 이 사건 부칙조항은 연장된 제척기간을 개정법 시행 이후 부과제척기간의 기산일이 도래하는 증여세에 적용한다는 것이고, 이미 제척기간이 진행 중에 있거나 제척기간이 경과한 것에는 적용되지 않으므로, <u>**소급과세금지원칙** 등에 반하여 재산권을 침해한다고 **할 수 없다**</u>(헌재 2012. 12. 27. 2011헌바132).

3863 현대국가에서 조세의 유도적·형성적 기능은 국민이 공동의 목표로 삼고 있는 일정한 방향으로 국가사회를 유도하고 그러한 상태를 형성하기 위한 기능을 의미하고 이 같은 기능은 모든 국민으로 하여금 '인간다운 생활을 할 권리'를 보장한 헌법 제34조 제1항에 의하여 그 헌법적 정당성이 뒷받침되고 있다. 12 국회 8 O | X

3863-1 헌법의 경제질서 조항은 보다 적극적인 목적을 가지고 조세를 부과하는 이른바 조세의 유도적·형성적 기능의 헌법적 정당성을 뒷받침한다. 18 국회 8 O | X

정답 3859. O 3860. O 3861. X [소급입법금지원칙에 위반됨] 3862. O 3863. O 3863-1. O

현대에 있어서의 조세의 기능은 국가재정 수요의 충당이라는 고전적이고도 소극적인 목표에서 한걸음 더 나아가, 국민이 공동의 목표로 삼고 있는 일정한 방향으로 국가사회를 유도하고 그러한 상태를 형성한다는 보다 적극적인 목적을 가지고 부과되는 것이 오히려 일반적인 경향이 되고 있다. 이러한 조세의 유도적·형성적 기능은 우리 헌법상 "국민생활의 균등한 향상"을 기하도록 한 헌법전문(前文), 모든 국민으로 하여금 "인간다운 생활을 할 권리"를 보장한 제34조 제1항, "균형 있는 국민경제의 성장 및 안정과 적정한 소득의 분배를 유지하고, 시장의 지배와 경제력의 남용을 방지하며, 경제주체간의 조화를 통한 경제의 민주화를 위하여" 국가로 하여금 경제에 관한 규제와 조정을 할 수 있도록 한 제119조 제2항, "국토의 효율적이고 균형 있는 이용·개발과 보전을 위하여" 국가로 하여금 필요한 제한과 의무를 과할 수 있도록 한 제122조 등에 의하여 그 헌법적 정당성이 뒷받침되고 있다(헌재 1994. 7. 29. 92헌바49 등).

3864 조세가 소득 재분배, 자원의 적정배분, 경기조정 등 기능을 가지고 있으며 국민의 조세부담을 정하는 과정에서 국정 전반에 걸친 종합적 정책판단을 하여야 하지만, 조세법규라고 하여 위헌여부 판단을 위한 비례심사의 강도가 다소 완화될 필요는 없다. 21 소간 O | X

조세 관련 법률의 목적이나 내용은 기본권 보장의 헌법이념과 이를 뒷받침하는 과잉금지원칙 등 헌법상 제반 원칙에 합치되어야 하므로, 헌법 제38조에 의한 국민의 납세의무에도 불구하고 과잉금지원칙 등에 어긋나 국민의 재산권을 침해하는 것은 헌법상 허용되지 아니한다. 다만, 오늘날 조세는 국가의 재정수요를 충족시킨다고 하는 본래의 기능 외에도 소득의 재분배, 자원의 적정배분, 경기의 조정 등 여러 가지 기능을 가지고 있어 국민의 조세부담을 정함에 있어서 재정·경제·사회정책 등 국정전반에 걸친 종합적인 정책판단을 필요로 하므로 그 비례심사의 강도는 다소 완화될 필요가 있다(헌재 2015. 3. 26. 2012헌바381 등).

3865 텔레비전 수신료는 아무런 반대급부 없이 국민으로부터 강제적·의무적으로 징수되고 있는 실질적인 조세로서 조세법률주의에 따라 법률의 형식으로 규정되어야 한다. 16 국가 7 O | X

수신료는 공영방송사업이라는 특정한 공익사업의 경비조달에 충당하기 위하여 수상기를 소지한 특정집단에 대하여 부과되는 특별부담금에 해당한다고 할 것이다. … 수신료는 앞에서 본 바와 같이 조세라고 할 수 없으므로 그 조세임을 전제로 이 법 제35조가 조세법률주의에 위반된다는 청구인의 주장은 타당하지 아니하나, … 이상과 같은 이유로 이 법 제36조 제1항은 법률유보원칙(의회유보원칙)에 어긋나는 것이어서, 헌법 제37조 제2항과 법치주의원리 및 민주주의원리에 위반된다 아니할 수 없다(헌재 1999. 5. 27. 98헌바70).

3866 사회보험료인 구 「국민건강보험법」상의 보험료는 특정의 반대급부 없이 금전납부의무를 부담하는 세금과는 달리, 반대급부인 보험급여를 전제로 하고 있고, 부과주체가 국가 또는 지방자치단체가 아니며, 그 징수절차가 조세와 다르므로 조세법률주의가 적용되지 않는다. 15 변호사 O | X

청구인은 이 사건 법률조항이 조세법률주의에 위반된다고 주장하나, 보험료는 특정의 반대급부 없이 금전납부의무를 부담하는 세금과는 달리, 반대급부인 보험급여를 전제로 하고 있고, 부과주체가 국가 또는 지방자치단체가 아니며, 그 징수절차가 조세와 다르므로 위 헌법재판소의 결정에서와 같이 조세법률주의가 적용되지 않는다고 할 것이다(헌재 2007. 4. 26. 2005헌바51).

02 관련판례

3867 28년 간의 혼인생활 끝에 협의이혼하면서 재산분할을 청구하여 받은 재산액 중 상속세의 배우자 인적공제액을 초과하는 부분에 대하여 증여세를 부과하는 것은, 증여세의 본질에 반하여 증여라는 과세원인이 없음에도 불구하고 증여세를 부과하는 것이어서 실질적 조세법률주의에 위배된다. 14 변호사 O | X

3867-1 이혼을 사유로 한 재산분할에 대하여 증여로 의제하여 그 재산에 증여세를 부과하는 것은 실질적 조세법률주의에 위배되지 않는다. 12 국회 8 O | X

● 정답 3864. X [완화될 필요 있음] 3865. X [조세법률주의 X] 3866. O 3867. O 3867-1. X [위배됨]

이혼시 재산분할을 청구하여 상속세 인적공제액을 초과하는 재산을 취득한 경우 그 초과부분에 대하여 증여세를 부과하는 것은, 증여세제의 본질에 반하여 증여라는 과세원인 없음에도 불구하고 증여세를 부과하는 것이어서 현저히 불합리하고 자의적이며 재산권보장의 헌법이념에 부합하지 않으므로 실질적 조세법률주의에 위배된다(헌재 1997. 10. 30. 96헌바14).

3868 미신고 또는 누락된 상속세에 대하여 상속세 부과요건이 성립된 시점인 상속이 개시된 때가 아니라 상속세 부과 당시의 가액을 과세대상인 상속재산의 가액으로 하는 것은 일정한 제재의 의미도 가미되어 있으므로 조세법률주의에 위반되지 않는다. 17 국가 7   O | X

이 사건 법률조항과 같이 상속재산(증여재산)의 가액을 상속세(증여세)부과당시의 가액으로 평가하도록 한 것은, 이미 객관적으로 확정된 과세원인사실의 발생시점 즉 사람의 사망시나 어떤 재산의 증여시기를 법률로 바꾸겠다는 것과 같은 것이어서 매우 불합리할 뿐만 아니라, … 그렇다면 과세표준과 세율 등 과세요건이 조세법률주의에 의하여 법률로 결정되는 것이 아니라 과세관청(행정청)의 의사나 행위에 따라 좌우되는 결과가 될 것이고, 이는 과세관청의 자의에 의한 과세를 방지하고 국민의 경제생활에 법적안정성과 예측가능성을 부여하기 위하여 헌법이 선언하고 있는 조세법률주의에 정면으로 위반된다고 할 것이다(헌재 1992. 12. 24. 90헌바21).

3869 「토지초과이득세법」상의 토지초과이득세는 양도소득세와 같은 소득세의 일종으로서 그 과세대상 또한 양도소득세 과세대상의 일부와 완전히 중복되고 양세의 목적 또한 유사하여 어느 의미에서는 토초세가 양도소득세의 예납적 성격을 가지고 있는데도 「토지초과이득세법」이 토초세액 전액을 양도소득세에서 공제하지 않도록 규정한 것은 조세법률주의상의 실질과세의 원칙에 반한다. 18 국회 8   O | X

토초세는 양도소득세와 같은 소득세의 일종으로서 그 과세대상 또한 양도소득세 과세대상의 일부와 완전히 중복되고 양세의 목적 또한 유사하여 어느 의미에서는 토초세가 양도소득세의 예납적 성격을 가지고 있다 봄이 상당한데도 토초세법 제26조 제1항과 제4항이 토초세액 전액을 양도소득세에서 공제하지 않도록 규정한 것은 조세법률주의상의 실질과세의 원칙에 반한다(헌재 1994. 7. 29. 92헌바49 등).

3870 과세대상인 자본이득의 범위에 미실현 이득을 포함시킬 것인가의 여부는 입법정책의 문제이며, 포함되더라도 헌법상의 조세개념에 저촉되거나 그와 양립할 수 없는 모순이 있는 것으로는 볼 수 없다. 13 국회 8   O | X

3870-1 과세대상인 자본이득의 범위에 실현된 소득뿐만 아니라 미실현 이득까지 포함시키는 것은 과세목적, 과세소득의 특성, 과세기술상의 문제 등을 고려할 때 헌법상의 조세개념에 저촉되거나 그와 양립할 수 없는 모순이 발생하여 위헌이다. 22 경정   O | X

과세대상인 자본이득의 범위를 실현된 소득에 국한할 것인가 혹은 미실현이득을 포함시킬 것인가의 여부는, 과세목적·과세소득의 특성·과세기술상의 문제 등을 고려하여 판단할 입법정책의 문제일 뿐, 헌법상의 조세개념에 저촉되거나 그와 양립할 수 없는 모순이 있는 것으로는 볼 수 없다(헌재 1994. 7. 29. 92헌바49 등).

3871 증여세 회피 목적의 명의신탁 등기에 대해 증여로 간주하여 증여세를 부과하는 것은 실질적 조세법률주의에 위배되지 않는다. 12 국회 8   O | X

증여를 받지 아니한 사람에게 증여세를 부과하는 것은 실질과세의 원칙에 어긋날 수 있으나 증여를 은폐하는 수단으로 명의신탁을 이용한 경우에 이를 제재하는 방법으로 증여세를 부과하는 것은 조세정의와 조세의 공평을 실현하기 위한 적절한 방법으로서 그 합리성이 인정되므로 실질과세의 원칙에 대한 예외로서 허용되며, … 명의수탁자와 일반 수증자가 서로 동일하지 않음에도 불구하고 동일하게 평가하여 동일한 세율의 증여세를 부과하는 차별취급은 합리적인 이유가 있으므로 평등 원칙에 어긋나지 않는다(헌재 2004. 11. 25. 2002헌바66).

정답 3868. X [위반됨]   3869. O   3870. O   3870-1. X [모순 발생 X]   3871. O

3872 부가가치세를 사실상 누가 부담하며, 어떻게 전가시킬 것인가 하는 문제는 조세법에 따라 결정되는 사항이 아니고 거래당사자간의 약정 또는 거래관행 등에 의하여 결정될 사항이다. 17 국회 9 O|X

부가가치세의 납세의무자는 사업자이므로 재화 또는 용역을 공급받는 거래상대방은 재정학상 사실상의 담세자로서의 지위를 갖고 있을 뿐 조세법상 납세의무자로서의 지위에 있는 것은 아니다. **부가가치세를 사실상 누가 부담하며 어떻게 전가시킬 것인가 하는 문제는 거래당사자간의 약정 또는 거래관행 등에 의하여 결정될 사항이지, 조세법에 따라 결정되는 사항은 아니다**(헌재 2000. 3. 30. 98헌바7 등).

03 과세요건 법정주의

3873 조세법률주의는 납세의무를 성립시키는 납세의무자, 과세물건, 과세표준, 과세기간, 세율 등의 모든 과세요건과 조세의 부과·징수 절차는 모두 국민의 대표기관인 국회가 제정한 법률로 이를 규정하여야 한다는 과세요건 법정주의를 내용으로 한다. 23 입시 19 5급 O|X

3873-1 과세요건, 즉 납세의무자, 과세물건, 과세표준, 과세기간, 세율 등은 법률로 규정해야 하지만 조세의 부과나 징수절차까지 법률로 규정할 필요는 없다. 12 국회 8 O|X

조세법률주의는 조세는 국민의 재산권을 침해하는 것이 되므로, **납세의무를 성립시키는 납세의무자, 과세물건, 과세표준, 과세기간, 세율 등의 과세요건과 조세의 부과 징수절차는 모두 국민의 대표기관인 국회가 제정한 법률로써 이를 규정하여야 한다**는 과세요건법정주의와 아울러 과세요건을 법률로 규정하였다고 하더라도 그 규정내용이 지나치게 추상적이고 불명확하면 과세관청의 자의적인 해석과 집행을 초래할 염려가 있으므로 그 규정내용이 명확하고 일의적이어야 한다는 과세요건명확주의를 그 핵심적 내용으로 하고 있다(헌재 2006. 6. 29. 2005헌바76).

3874 특정인이나 특정계층에 대하여 정당한 이유없이 조세감면의 우대조치를 하는 것은 특정한 납세자군이 조세의 부담을 다른 납세자군의 부담으로 떠맡기는 것에 다름아니므로 조세감면의 근거 역시 법률로 정하여야만 하는 것이 국민주권주의나 법치주의의 원리에 부응하는 것이다. 20 국가 7 O|X

3874-1 조세법률주의는 국가기관의 자의적 과세를 방지하여 국민을 보호하려는 의도에서 성립한 것이므로, 조세의 감면에는 법률주의가 적용될 필요가 없다. 16 서울 7 O|X

3874-2 특정인이나 특정계층에 대하여 조세감면조치를 취하는 것은 국민의 재산권에 대한 제한이 아니기 때문에 법률로 규정하지 않더라도 언제나 가능하다. 15 변호사 O|X

조세의 감면에 관한 규정은 조세의 부과·징수의 요건이나 절차와 직접 관련되는 것은 아니지만, 조세란 공공경비를 국민에게 강제적으로 배분하는 것으로서 납세의무자 상호간에는 조세의 전가관계가 있으므로 특정인이나 특정계층에 대하여 정당한 이유없이 **조세감면의 우대조치를 하는 것은 특정한 납세자군이 조세의 부담을 다른 납세자군의 부담으로 떠맡기는 것에 다름아니므로 조세감면의 근거 역시 법률로 정하여야만 하는 것**이 국민주권주의나 법치주의의 원리에 부응하는 것이다(헌재 1996. 6. 26. 93헌바2).

● 정답 3872. O 3873. O 3873-1. X [조세 부과나 징수절차도 법률로 규정] 3874. O 3874-1. X [조세감면도 적용] 3874-2. X [법률로 규정해야 함]

3875 조세법률주의를 견지하면서도 조세평등주의와의 조화를 위하여 경제현실에 응하여 공정한 과세를 할 수 있게 하고 탈법적인 조세회피행위에 대처하기 위해서는 납세의무의 중요한 사항 내지 본질적인 내용에 관련된 것이라 하더라도 그 중 경제현실의 변화나 전문적 기술의 발달 등에 즉응하여야 하는 세부적인 사항에 관하여는 국회제정의 형식적 법률보다 더 탄력성이 있는 행정입법에 이를 위임할 필요가 있다. 17 국가 7 O | X

3875-1 조세법률주의의 원칙상 조세의 부과요건, 부과·징수의 절차는 국민의 대표기관인 국회가 제정한 법률로 정해야 하지만 이에 관련된 사항이라도 행정입법에 위임하는 것이 허용될 수 있다. 13 국회 9 O | X

> 조세법률주의를 견지하면서도 **조세평등주의와의 조화**를 위하여 **경제현실에 응하여 공정한 과세**를 할 수 있게 하고 **탈법적인 조세회피행위에 대처**하기 위해서는 **납세의무의 중요한 사항이나 본질적인 내용에 관련된 것**이라 하더라도 그 중 **경제현실의 변화나 전문적 기술의 발달 등에 즉응**하여야 하는 **세부적인 사항**에 관하여는 국회 제정의 형식적 법률보다 더 탄력성이 있는 **행정입법에 이를 위임할 필요가 있다**(헌재 2013. 6. 27. 2011헌바386).

3876 조세법률주의에서도 조세부과와 관련되는 모든 법규를 예외 없이 형식적인 법률에 의할 것을 요구하는 것은 아니며 경제현실의 변화나 전문기술의 발달에 즉시 대응하여야 할 필요 등 부득이한 사정이 있는 경우 행정입법에 위임하는 것도 가능하다. 18 국회 8 O | X

3876-1 경제현실의 변화나 전문적 기술의 발달에 즉시 대응하여야 할 필요 등 부득이한 사정이 있는 경우에는 법률로 규정하여야 할 사항에 관하여 행정입법에 위임하였더라도 조세법률주의 위반으로 볼 수 없다. 22 법원 9 O | X

3876-2 조세법률주의를 채택하고 있다하더라도 포괄위임금지원칙 등 위임입법의 한계 내에서 행정입법에 위임할 수 있다. 16 서울 7 O | X

> 헌법 제38조 및 제59조에 명시된 **조세법률주의**에도 불구하고 사회현상의 복잡다기화와 국회의 전문적·기술적 능력의 한계 및 시간적 적응능력의 한계로 인하여 조세부과에 관련된 **모든 법규를 예외 없이 형식적인 법률**에 의하여 규정하는 것은 사실상 **불가능**할 뿐만 아니라 실제에 **적합하지도 아니하다**. 따라서 **경제현실의 변화**나 **전문 기술의 발달**에 즉시 대응하여야 할 필요 등 부득이한 사정이 있는 경우에는 법률로 규정하여야 할 사항에 관하여 국회 제정의 형식적 법률보다 더 **탄력성이 있는 행정입법에 위임함이 허용된다**(헌재 2008. 9. 25. 2007헌바74).

3877 납세의무의 중요한 사항 내지 본질적인 내용에 관련된 것이라 하더라도 그 중 경제현실의 변화나 전문적 기술의 발달 등에 즉응하여야 하는 세부적인 사항에 관하여는 국회 제정의 형식적 법률보다 더 탄력성이 있는 행정입법에 이를 위임할 필요가 있으나 법률로 규정하여야 할 사항을 대통령령 등 하위법규에 위임하는 경우에 일반적이고 포괄적인 위임을 허용한다면 이는 사실상 입법권을 백지 위임하는 것이나 다름없어 의회입법의 원칙이나 법치주의를 부인하는 것이 되고 아무런 제한 없이 행하여지는 행정권의 자의로 말미암아 기본권이 침해될 위험이 있다. 21 소간 O | X

정답 3875. O   3875-1. O   3876. O   3876-1. O   3876-2. O   3877. O

납세의무의 중요한 사항 내지 본질적인 내용에 관련된 것이라 하더라도 그 중 **경제현실의 변화나 전문적 기술의 발달 등에 즉응하여야 하는 세부적인 사항**에 관하여는 국회 제정의 형식적 법률보다 더 탄력성이 있는 행정입법에 이를 위임할 필요가 있으나 법률로 규정하여야 할 사항을 대통령령 등 하위법규에 위임하는 경우에 **일반적이고 포괄적인 위임을 허용**한다면 이는 사실상 입법권을 백지위임하는 것이나 다름없어 **의회입법의 원칙이나 법치주의를 부인**하는 것이 되고 아무런 제한 없이 행하여지는 행정권의 자의로 말미암아 **기본권이 침해될 위험**이 있으므로, 헌법 제75조는 "대통령은 법률에서 구체적으로 범위를 정하여 위임받은 사항……에 관하여 대통령령을 발할 수 있다"라고 규정하여 조세행정분야뿐만 아니라 국정 전반에 걸쳐 이러한 필요성이 있음을 확인하고 위와 같은 **위임입법의 근거를 헌법상 명시**하는 한편 **"구체적으로 범위를 정하여"** 위임하도록 하여 위임에 있어서 일정한 한계가 있음을 명시하고 있다(헌재 1995. 11. 30. 91헌바1 등).

04 과세요건 명확주의

3878 과세요건 명확주의는 과세요건을 법률로 규정하였다고 하더라도 그 규정내용이 지나치게 추상적이고 불명확하다면 과세관청의 자의적인 해석과 집행을 초래할 염려가 있으므로 그 규정 내용이 명확하고 일의적이어야 한다는 것이다. 17 국가 7   O | X

조세법률주의는 조세는 국민의 재산권을 침해하는 것이 되므로, 납세의무를 성립시키는 납세의무자, 과세물건, 과세표준, 과세기간, 세율 등의 과세요건과 조세의 부과 징수절차는 모두 국민의 대표기관인 국회가 제정한 법률로써 이를 규정하여야 한다는 과세요건법정주의와 아울러 **과세요건을 법률로 규정하였다고 하더라도 그 규정내용이 지나치게 추상적이고 불명확하면 과세관청의 자의적인 해석과 집행을 초래할 염려가 있으므로 그 규정내용이 명확하고 일의적이어야 한다는 과세요건명확주의**를 그 핵심적 내용으로 하고 있다(헌재 1998. 12. 24. 97헌바33 등).

3879 과세요건 명확주의의 문제는 납세자의 입장에서 어떠한 행위가 당해 문구에 해당하여 과세의 대상이 되는지 예견할 수 있는가, 당해 문구의 불확정성이 행정관청의 입장에서 자의적이고 차별적으로 법률을 적용할 가능성을 부여하는가 등의 기준에 따른 종합적인 판단을 요한다. 23 입시   O | X

과세요건 명확주의 문제는, 납세자의 입장에서 어떠한 행위가 당해 문구에 해당하여 과세의 대상이 되는 것인지 예견할 수 있을 것인가, 당해 문구의 불확정성이 행정관청의 입장에서 자의적이고 차별적으로 법률을 적용할 가능성을 부여하는가, 입법 기술적으로 보다 확정적인 문구를 선택할 것을 기대할 수 있을 것인가 여부 등의 기준에 따른 **종합적인 판단을 요한다**고 할 것이다(헌재 2002. 5. 30. 2000헌바81).

3880 법 문언에 어느 정도의 모호함이 내포되어 있다 하더라도 법관의 보충적인 가치판단을 통해서 그 의미내용을 확인할 수 있고, 그러한 보충적 해석이 해석자의 개인적인 취향에 따라 좌우될 가능성이 없다면 과세요건 명확주의에 반한다고 볼 수 없다. 22 법원 9   O | X

법치국가 원리의 한 표현인 명확성원칙은 모든 기본권제한 입법에 대하여 요구되나, 명확성원칙을 산술적으로 엄격히 관철하도록 요구하는 것은 입법기술상 불가능하거나 현저히 곤란하므로 입법기술상 추상적인 일반조항과 불확정개념의 사용은 불가피하다. 따라서 **법문언에 어느 정도의 모호함**이 내포되어 있다고 하더라도 **법관의 보충적인 가치판단**을 통해서 법문언의 의미 내용을 확인할 수 있고 그러한 보충적 해석이 해석자의 개인적인 취향에 따라 좌우될 가능성이 없다면 **명확성원칙에 반한다고 할 수 없다**(대판 2019. 10. 17. 2018두104).

3881 조세법규에 있어서도, 법규 상호간의 해석을 통하여 그 의미를 명백히 할 필요성은 다른 법률과 다를 바 없으므로, 당해 조세법규의 체계 및 입법취지 등에 비추어 그 의미가 분명하여질 수 있다면 그 규정이 과세요건 명확주의에 위반된다고 할 수 없다. 23 입시   O | X

● 정답 3878. O   3879. O   3880. O   3881. O

조세법규는 해석상 애매함이 없도록 명확히 규정될 것이 요청되지만, 조세법규에 있어서도 법규 상호간의 해석을 통하여 그 의미를 명백히 할 필요가 있는 것은 다른 법률의 경우와 다를 바 없으므로, 당해 조세법규의 체계 및 입법취지 등에 비추어 그 의미가 분명 하여질 수 있다면 이러한 경우에도 명확성을 결여하였다고 하여 그 규정이 과세요건 명확주의에 위반된다고 할 수는 없다(헌재 2002. 6. 27. 2001헌바44).

3882 지방세법이 사치성재산에 대해 중과세를 하면서 '고급오락장용 건축물'을 과세대상으로 규정한 경우, '오락'의 개념이 추상적이기는 하지만 '고급'이라는 한정적 수식어가 있을 뿐만 아니라 어느 정도의 규모와 설비를 갖춘 오락장이 위 개념에 포섭되는지를 법관의 보충적 해석을 통해 확인할 수 있으므로 과세요건명확주의를 내용으로 하는 조세법률주의에 위배되지 않는다. 14 변호사   O│X

위 법 제188조 제1항 제2호 (2)목 중 "고급오락장용 건축물" 부분은 "**고급오락장**"의 개념이 지나치게 추상적이고 불명확하여 고급오 락장용 건축물이 무엇인지를 예측하기가 어렵고, 과세관청의 자의적인 해석과 집행을 초래할 염려가 있으므로 헌법 제38조, 제59조 에 규정된 **조세법률주의에 위배**된다(헌재 1999. 3. 25. 98헌가11 등).

3883 소득세의 과세대상이 되는 근로소득의 범위에 관하여 '근로의 제공으로 인하여 받는 봉급·급료·보 수·세비·임금·상여·수당과 이와 유사한 성질의 급여'라고 규정하고 있는 (구)「소득세법」 제21조 제1항 제1호는 과세요건명확주의에 위반되지 않는다. 12 국회 8   O│X

위 법률조항은 입법취지와 소득세법의 체계 및 사용된 문구의 사전적 의미 등에 비추어 볼 때 그 각 구성요소의 의미와 법률조항 전체의 의미가 모두 명확하게 드러나 있어 일반 국민에게 예측가능성이 충분히 보장되어 있을 뿐만 아니라 과세관청의 자의적인 확대해석의 염려도 존재하지 아니하므로 **과세요건 명확주의에 위반되지 않는다**(헌재 2002. 9. 19. 2001헌바74).

POINT 212 조세평등주의

3884 조세평등주의가 요구하는 담세능력에 따른 과세의 원칙(응능부담의 원칙)은 한편으로 동일한 소득은 원칙적으로 동일하게 과세될 것을 요청하며(수평적 조세정의), 다른 한편으로 소득이 다른 사람들 간의 공평한 조세부담의 배분을 요청한다(수직적 조세정의). 14 변호사   O│X

조세평등주의가 요구하는 **담세능력에 따른 과세의 원칙**(또는 응능부담의 원칙)은 한편으로 동일한 **소득**은 원칙적으로 **동일하게 과세** 될 것을 요청하며 (이른바 **'수평적 조세정의'**), 다른 한편으로 **소득이 다른 사람들간의 공평한 조세부담의 배분**을 요청한다(이른바 **'수직적 조세정의'**)(헌재 1999. 11. 25. 98헌마55).

3885 담세능력에 따른 과세의 원칙은 담세능력이 큰 자는 담세능력이 작은 자에 비하여 더 많은 세금을 낼 것과, 최저생계를 위하여 필요한 경비는 과세로부터 제외되어야 한다는 최저생계를 위한 공제를 요청할 뿐, 입법자로 하여금 소득세법에 있어서 반드시 누진세율을 도입할 것까지 요구하는 것은 아니다. 14 변호사   O│X

담세능력의 원칙은 소득이 많으면 그에 상응하여 많이 과세되어야 한다는 것, 즉 **담세능력이 큰 자**는 담세능력이 작은 자에 비하여 **더 많은 세금을 낼 것과**, 최저생계를 위하여 필요한 경비는 과세로부터 제외되어야 한다는 **최저생계를 위한 공제를 요청할 뿐** 입법자 로 하여금 소득세법에 있어서 반드시 **누진세율을 도입할 것까지 요구하는 것은 아니다.** 소득에 단순비례하여 과세할 것인지 아니면 누진적으로 과세할 것인지는 입법자의 정책적 결정에 맡겨져 있다(헌재 1999. 11. 25. 98헌마55).

●정답 3882. X [위배됨]   3883. O   3884. O   3885. O

3886 입법자가 골프장을 스키장 및 승마장보다 사치성 재산이라고 보아 중과세하고 있는 것은 정책형성권의 한계를 일탈한 자의적인 조치라고 보기는 어려우므로 조세평등주의에 위배되지 않는다. 12 국회 8

O | X

골프장에 대한 취득세 중과세 제도는 사치성 재산의 소비 및 취득을 억제하는 제도로서 어떠한 시설에 사치성이 있다고 판단되는 경우에도 그 중 어느 범위내의 것을 우선적 중과세의 대상으로 할 것인지 그리고 이에 대하여 어느 정도의 부담을 과할 것인지에 관하여는 입법자에게 광범위한 정책판단의 권한이 부여되어 있다할 것인데, 입법자가 골프장을 스키장 및 승마장보다 사치성 재산이라고 보아 중과세하고 있는 것은 시설이용의 대중성, 녹지와 환경에 대한 훼손의 정도, 일반국민의 인식 등을 종합하여 볼 때 정책형성권의 한계를 일탈한 자의적인 조치라고 보기는 어려우므로 조세평등주의에 위배되지 아니한다(헌재 1999. 2. 25. 96헌바64).

3887 유사석유제품 제조자와 석유제품 제조자 모두에게 교통·에너지·환경세를 부과하면서 동일하게 제조량을 과세표준으로 삼은 것은 조세평등주의에 위배되지 않는다. 15 변호사

O | X

환경오염원이자 교통혼잡의 원인인 자동차등의 연료를 제조·판매하여 이익을 얻는 자에게 과세하고자 하는 입법취지에 비추어 보면, 유사석유제품 제조자는 자동차등의 연료를 제조·판매하여 수익을 얻고 있으므로 석유제품 제조자와 본질적으로 동일한 집단이다. 따라서 과세물품조항과 납세의무자조항이 유사석유제품 제조자와 석유제품 제조자 모두에게 교통·에너지·환경세를 과세하면서 동일하게 제조량을 과세표준으로 삼은 것은 조세평등주의에 위배되지 아니한다(헌재 2014. 7. 24. 2013헌바177).

POINT 213 부담금

01 부담금

3888 부담금은 그 부과목적과 기능에 따라 ㈎ 순수하게 재정조달의 목적만 가지는 재정조달목적 부담금과 ㈏ 재정조달 목적뿐만 아니라 부담금의 부과 자체로써 국민의 행위를 특정한 방향으로 유도하거나 특정한 공법적 의무의 이행 또는 공공출연으로부터의 특별한 이익과 관련된 집단 간의 형평성 문제를 조정하여 특정한 사회·경제정책을 실현하기 위한 정책실현목적 부담금으로 구분될 수 있다. ㈎의 경우에는 공적 과제가 부담금 수입의 지출 단계에서 비로소 실현되나, ㈏의 경우에는 공적 과제의 전부 혹은 일부가 부담금의 부과 단계에서 이미 실현된다. 20 법무사

O | X

3888-1 정책실현목적 부담금의 경우에는 공적 과제가 부담금 수입의 지출 단계에서 비로소 실현되나, 재정조달목적 부담금의 경우에는 공적 과제의 전부 혹은 일부가 부담금의 부과 단계에서 이미 실현된다. 24 입시

O | X

부담금은 그 부과목적과 기능에 따라 ① 순수하게 재정조달의 목적만 가지는 재정조달목적 부담금과 ② 재정조달 목적뿐만 아니라 부담금의 부과 자체로써 국민의 행위를 특정한 방향으로 유도하거나 특정한 공법적 의무의 이행 또는 공공출연으로부터의 특별한 이익과 관련된 집단 간의 형평성 문제를 조정하여 특정한 사회·경제정책을 실현하기 위한 정책실현목적 부담금으로 구분될 수 있다. 전자의 경우에는 공적 과제가 부담금 수입의 지출 단계에서 비로소 실현되나, 후자의 경우에는 공적 과제의 전부 혹은 일부가 부담금의 부과 단계에서 이미 실현된다(헌재 2008. 11. 27. 2007헌마860).

● 정답 3886. O 3887. O 3888. O 3888-1. X [정책실현목적 부담금 ↔ 재정조달목적 부담금 내용 바뀜]

02 부담금의 정당화 요건 (재정조달목적 부담금)

3889 어떤 공과금이 조세인지 아니면 부담금인지는 단순히 법률에서 그것을 무엇으로 성격 규정하고 있느냐를 기준으로 할 것이 아니라, 그 실질적인 내용을 결정적인 기준으로 삼아야 한다. 20 국가 7, 20 법무사

O | X

부담금관리기본법은 제3조에서 "부담금은 별표에 규정된 법률의 규정에 의하지 아니하고는 이를 설치할 수 없다."라고 규정하고, 별표 제44호에서 "먹는물관리법 제28조의 규정에 의한 수질개선부담금"을 동법에서 말하는 부담금 중 하나로서 열거하고 있다. 그러나 어떤 공과금이 조세인지 아니면 부담금인지는 단순히 법률에서 그것을 무엇으로 성격 규정하고 있느냐를 기준으로 할 것이 아니라, 그 실질적인 내용을 결정적인 기준으로 삼아야 한다(헌재 2004. 7. 15. 2002헌바42).

3890 부담금은 조세에 대한 관계에서 어디까지나 예외적으로만 인정되어야 하며, 어떤 공적 과제에 관한 재정조달을 조세로 할 것인지 아니면 부담금으로 할 것인지에 관하여 입법자의 자유로운 선택권을 허용하여서는 안 된다. 17 국회 9

O | X

3890-1 부담금은 조세에 대한 관계에서 예외적으로 인정되어야 하지만, 어떤 공적 과제에 관한 재정조달을 조세로 할 것인지 아니면 부담금으로 할 것인지에 관한 입법자의 자유로운 선택권은 허용된다. 23 국회 9

O | X

부담금은 조세에 대한 관계에서 어디까지나 예외적으로만 인정되어야 하며, 어떤 공적 과제에 관한 재정조달을 조세로 할 것인지 아니면 부담금으로 할 것인지에 관하여 입법자의 자유로운 선택권을 허용하여서는 안 된다. 부담금 납부의무자는 재정조달 대상인 공적 과제에 대하여 일반국민에 비해 '특별히 밀접한 관련성'을 가져야 하며, 부담금이 장기적으로 유지되는 경우에 있어서는 그 징수의 타당성이나 적정성이 입법자에 의해 지속적으로 심사될 것이 요구된다(헌재 2004. 7. 15. 2002헌바42).

3891 재정조달목적 부담금은 특정한 반대급부 없이 부과될 수 있다는 점에서 조세와 매우 유사하므로 헌법 제38조가 정한 조세법률주의, 헌법 제11조 제1항이 정한 법 앞의 평등원칙에서 파생되는 공과금 부담의 형평성, 헌법 제54조 제1항이 정한 국회의 예산심의·확정권에 의한 재정감독권과의 관계에서 오는 한계를 고려하여, 그 부과가 헌법적으로 정당화되기 위하여는 ㈎ 조세에 대한 관계에서 예외적으로만 인정되어야 하며 국가의 일반적 과제를 수행하는 데에 부담금 형식을 남용하여서는 아니 되고, ㈏ 부담금 납부의무자는 일반 국민에 비해 부담금을 통해 추구하고자 하는 공적 과제에 대하여 특별히 밀접한 관련성을 가져야 하며, ㈐ 부담금이 장기적으로 유지되는 경우 그 징수의 타당성이나 적정성이 입법자에 의해 지속적으로 심사되어야 한다. 20 법무사

O | X

재정조달목적 부담금은 특정한 반대급부 없이 부과될 수 있다는 점에서 조세와 매우 유사하므로 헌법 제38조가 정한 조세법률주의, 헌법 제11조 제1항이 정한 법 앞의 평등원칙에서 파생되는 공과금 부담의 형평성, 헌법 제54조 제1항이 정한 국회의 예산심의·확정권에 의한 재정감독권과의 관계에서 오는 한계를 고려하여, 그 부과가 헌법적으로 정당화되기 위하여는 ① 조세에 대한 관계에서 예외적으로만 인정되어야 하며 국가의 일반적 과제를 수행하는 데에 부담금 형식을 남용하여서는 아니 되고, ② 부담금 납부의무자는 일반 국민에 비해 부담금을 통해 추구하고자 하는 공적 과제에 대하여 특별히 밀접한 관련성을 가져야 하며, ③ 부담금이 장기적으로 유지되는 경우 그 징수의 타당성이나 적정성이 입법자에 의해 지속적으로 심사되어야 한다(헌재 2008. 11. 27. 2007헌마860).

정답 3889. O   3890. O   3890-1. X [입법자의 자유로운 선택권을 허용하여서는 안 됨]   3891. O

3892 특별부담금은 그 특정과제의 수행을 위하여 별도로 지출·관리되어야 하며 국가의 일반적 재정수입에 포함시켜 일반적 국가과제를 수행하는 데 사용할 수 없다. 17 국회 8   O | X

이러한 부담금의 부과를 통하여 수행하고자 하는 특정한 경제적·사회적 과제에 대하여 특별히 객관적으로 밀접한 관련이 있는 특정 집단에 국한하여 부과되어야 하고, 이와 같이 부과·징수된 부담금은 그 특정과제의 수행을 위하여 별도로 지출·관리되어야 하며 국가의 일반적 재정수입에 포함시켜 일반적 국가과제를 수행하는 데 사용하여서는 아니 된다(헌재 1999. 10. 21. 97헌바84).

3893 부담금은 국민의 재산권을 제한하는 성격을 가지고 있으므로 부담금을 부과함에 있어서도 평등원칙이나 비례성원칙과 같은 기본권제한입법의 한계는 준수되어야 한다. 20 법무사   O | X

부담금은 국민의 재산권을 제한하는 성격을 가지고 있으므로 부담금을 부과함에 있어서도 평등원칙이나 비례성원칙과 같은 재산권제한 입법의 한계 역시 준수되어야 한다(헌재 2008. 9. 25. 2007헌가1).

POINT 214 예산과 법률

01 예산

3894 예산은 법률의 형식을 취하지 않고 있기 때문에 법규범이 아니라 행정부 내부의 훈령이다. 20 국회 9   O | X

예산을 행정부 내부의 훈령으로 보는 견해는 예산을 군주주의시대에 국가원수의 행위로 이해하는 것으로 오늘날 주장하는 학자는 없다. 예산은 법률의 형식을 취하지 않고 있지만 국가기관을 구속하는 **일종의 법규범**으로 본다.

> 관련판례 예산은 일종의 **법규범**이고 법률과 마찬가지로 국회의 의결을 거쳐 제정되지만 법률과 달리 국가기관만을 구속할 뿐 **일반국민을 구속하지 않는다**(헌재 2006. 4. 25. 2006헌마409).

3895 예산에 관해서는 그것을 법률의 형식으로 의결하는 예산법률주의와 법률과는 다른 특수한 형식으로 의결하는 예산특수의결주의(예산비법률주의)가 있는데, 우리나라는 예산법률주의를 채택하고 있다. 19 소간   O | X

예산에 관하여 예산을 **법률의 형식**으로 의결하는 **예산법률주의**와 **법률과는 다른 특수한 형식**으로 의결하는 예산특수의결주의(**예산비법률주의**)가 있다. 미국·영국·독일·프랑스 등 다수의 국가에서 예산법률주의를 채택하고 있으나, 우리나라는 헌법 제40조의 국회입법권과는 별도로 제54조에 국회의 예산심의권을 규정하고 있어 **법률과 예산의 형식을 구별**하고 있기 때문에 **예산비법률주의를 채택**하고 있다.

3896 우리 헌법은 법률과 예산의 형식을 구별하고 있기 때문에, 만일 예산법률주의를 채택하고자 하는 경우에는 헌법을 개정하여야 한다. 09 국가 7   O | X

우리나라는 **헌법 제40조**의 국회입법권과는 별도로 제54조에 국회의 예산심의권을 규정하고 있어 **법률과 예산의 형식을 구별**하고 있기 때문에 **예산비법률주의를 채택**하고 있다. 따라서 만일 **예산법률주의를 채택**하고자 하는 경우 **헌법을 개정**하여야 한다.

● 정답   3892. O   3893. O   3894. X [법규범임]   3895. X [예산비법률주의 채택]   3896. O

3897 예산은 법률과 달리 일년예산주의, 예산총계주의, 예산단일주의 등을 채택하고 있다. 11 국회 8 ○|×

예산은 법률과 달리 **일년예산주의, 예산총계주의, 예산단일주의** 등을 채택하고 있다. **일년예산주의**는 예산은 1회계연도마다 편성하여야 한다는 것이고, **예산총계주의**는 국가재정의 총수입과 총지출, 즉 모든 수지는 예산에 반영하여야 한다는 것이며, **단일예산주의**는 국가의 모든 수입과 지출이 하나의 예산에 편성되어야 한다는 원칙이다.

3898 예산총계주의는 국가재정의 모든 수지를 예산에 반영함으로써 그 전체를 분명하게 하고 국회와 국민에 의한 재정상의 감독을 용이하게 하려는 것이다. 20 5급 ○|×

예산회계법 제18조 제2항 본문은 "세입세출은 모두 예산에 계상하여야 한다."라고 규정하여 **예산총계주의원칙**을 선언하고 있다. 이는 국가재정의 <u>모든 수지를 예산에 반영</u>함으로써 그 전체를 <u>분명하게</u> 함과 동시에 국회와 국민에 의한 <u>재정상의 감독을 용이</u>하게 하자는 데 그 의의가 있다(헌재 2004. 7. 15. 2002헌바42).

02 예산과 법률의 관계

3899 예산과 법률은 형식, 성립절차 및 규율대상이 다르기 때문에 예산으로 법률을 변경하거나 법률로 예산을 변경할 수 없다. 09 국가 7 ○|×

예산과 법률은 국법형식이 다르고 성립절차 및 규율대상이 다르므로 **예산으로써 법률을 변경하거나 법률로써 예산을 변경할 수 없다.** 예산과 법률은 상호변경이 불가능하며 상호 독립적이다.

3900 세출예산은 예산으로 성립하여 있다고 하더라도 그 경비의 지출을 인정하는 법률이 없는 경우 정부는 지출행위를 할 수 없다. 22 지방 7 ○|×

3900-1 예산과 법률은 별도의 형식으로 존재하므로, 법률에 예산 집행의 근거가 없어도 정부는 그 예산의 지출을 할 수 있다. 20 소간 ○|×

현행헌법에서 **예산과 법률은 별도의 형식으로 존재하므로 세출예산이 성립하였더라도 법률에 예산 집행의 근거가 없는 경우** 정부는 그 **예산을 집행할 수 없다.** 또한 세입예산이 성립하였더라도 세입의 근거가 되는 법률이 없으면 징수할 수 없다.

3901 공무원이 국가를 상대로 실질이 보수에 해당하는 금원의 지급을 구하려면 공무원의 '근무조건 법정주의'에 따라 국가공무원법령 등 공무원의 보수에 관한 법률에 지급근거가 되는 명시적 규정이 존재하여야 하고, 나아가 해당 보수 항목이 국가예산에도 계상되어 있어야만 한다. 19 법원 9 ○|×

3901-1 「국가공무원법」은 공무원의 보수 등에 관하여 '근무조건 법정주의'를 규정하고 있지 않아, 국가 예산에 계상되어 있으면 공무원 보수 지급이 가능하다. 24 변호사 ○|×

국가공무원법은 공무원의 보수 등에 관하여 이른바 '**근무조건 법정주의**'를 규정하고 있다. … 공무원 보수 등 근무조건은 법률로 정하여야 하고, 국가예산에 계상되어 있지 아니하면 공무원 보수의 지급이 불가능한 점 등에 비추어 볼 때, **공무원이 국가를 상대로 실질이 보수에 해당하는 금원의 지급**을 구하려면 공무원의 '근무조건 법정주의'에 따라 국가공무원법령 등 공무원의 보수에 관한 **법률에 지급근거가 되는 명시적 규정이 존재**하여야 하고, 나아가 해당 보수 항목이 **국가예산에도 계상되어 있어야만 한다**(대판 2016. 8. 25. 2013두14610).

정답 3897. ○   3898. ○   3899. ○   3900. ○   3900-1. ×[지출할 수 없음]   3901. ○   3901-1. ×[근무조건 법정주의 규정]

3902 일반적으로 예산과 법률은 효력의 시간적 범위에 있어 차이가 있다. 10 국회 9　　○|×

> 예산은 1회계연도에 한해서 효력을 가지나, 법률은 원칙적으로 폐지되지 않는 한 영구적 효력을 가진다. 따라서 **일반적으로 예산과 법률은 효력의 시간적 범위에 있어 차이가 있다**.

POINT 215 예산심의 · 확정권

01 예산안 편성 · 제출 : 정부의 권한

3903 정부는 회계연도마다 예산안을 편성하여 회계연도 개시 90일전까지 국회에 제출하고, 국회는 회계연도 개시 30일전까지 이를 의결하여야 한다. 22 국가 7, 18 지방 7, 15 법무사, 10 국회 9 등　　○|×

3903-1 정부는 회계연도마다 예산안을 편성하여 회계연도 개시 60일 전까지 국회에 제출하고 국회는 회계연도 개시 30일 전까지 이를 의결하여야 한다. 23 변호사, 21 입시 19 법무사, 19 소간, 18 법원 9 등　　○|×

3903-2 정부는 회계연도마다 예산안을 편성하여 회계연도 개시 80일 전까지 국회에 제출하고, 국회는 회계연도 개시 30일 전까지 이를 의결하여야 한다. 24 입시　　○|×

3903-3 정부는 회계연도마다 예산안을 편성하여 회계연도 개시 100일 전까지 국회에 제출하고, 국회는 회계연도 개시 30일 전까지 이를 의결하여야 한다. 24 소간　　○|×

3903-4 정부는 회계연도마다 예산안을 편성하여 회계연도 개시 120일 전까지 국회에 제출하여야 하고, 국회는 회계연도 개시 60일 전까지 예산안을 의결해야 한다. 19 소간　　○|×

3903-5 정부는 회계연도마다 예산안을 편성하여 회계연도 개시 90일 전까지 국회에 제출하고, 국회는 회계연도 개시 60일 전까지 이를 의결하여야 한다. 14 법원 9　　○|×

3903-6 국회는 예산안에 대하여 회계연도 개시일까지는 이를 의결하여야 한다. 17 법원 9　　○|×

> 헌법 제54조 ② 정부는 회계연도마다 **예산안을 편성**하여 **회계연도 개시 90일전**까지 **국회에 제출**하고, **국회는 회계연도 개시 30일전까지 이를 의결하여야** 한다.

3904 「국가재정법」에서는 정부가 예산안을 편성하여 회계연도 개시 120일 전까지 국회에 제출하도록 규정하고 있지만, 헌법은 회계연도 개시 90일 전까지 국회에 제출하고, 국회는 회계연도 개시 전까지 이를 의결하도록 규정하고 있다. 17 국가 7　　○|×

> 헌법 제54조 ② 정부는 회계연도마다 **예산안을 편성**하여 **회계연도 개시 90일전**까지 **국회에 제출**하고, **국회는 회계연도 개시 30일전까지 이를 의결하여야** 한다.
> 국가재정법 제33조(예산안의 국회제출) 정부는 제32조의 규정에 따라 **대통령의 승인을 얻은 예산안을 회계연도 개시 120일 전까지 국회에 제출하여야** 한다.

정답 3902. ○　3903. ○　3903-1. × [60일 × → 90일 ○]　3903-2. × [80일 × → 90일 ○]　3903-3. × [100일 × → 90일 ○]　3903-4. × [120일 × → 90일 ○ / 60일 × → 30일 ○]　3903-5. × [60일 × → 30일 ○]　3903-6. × [회계연도 개시일 × → 30일 ○]　3904. × [회계연도 개시 30일 전까지 의결]

3905 국가의 예산안을 편성·제출하는 권한은 정부가 가지고 국회는 예산편성권을 가지지 못한다. 17 법원 9
O | X

3905-1 국회는 예산안을 제출할 수 없다. 20 국회 9
O | X

3905-2 법원의 예산은 법원행정처가 아닌 정부가 편성하여 국회에 제출한다. 20 입시
O | X

3905-3 국회의원과 정부가 국회에 예산안을 제출할 수 있으며, 정부가 제출하는 예산안은 국무회의 심의사항이다. 18 5급
O | X

> 헌법 제54조 ② 정부는 회계연도마다 **예산안을 편성**하여 회계연도 개시 **90일전까지** 국회에 **제출**하고, 국회는 회계연도 개시 **30일전까지** 이를 **의결**하여야 한다.
> 헌법 제89조 다음 사항은 **국무회의의 심의**를 거쳐야 한다.
> 4. **예산안**·결산·국유재산처분의 기본계획·국가의 부담이 될 계약 기타 재정에 관한 중요사항
>
> 🔎 보충설명 국가의 예산안을 편성하여 국회에 제출할 수 있는 권한은 정부만 가진다.

3906 정부는 독립기관의 예산을 편성함에 있어 당해 독립기관의 장의 의견을 최대한 존중하여야 하며, 국가재정상황 등에 따라 조정이 필요한 때에는 당해 독립기관의 장과 미리 협의하여야 한다. 15 지방 7
O | X

3906-1 정부는 중앙선거관리위원회의 예산을 편성함에 있어 중앙선거관리위원회 위원장의 의견을 최대한 존중하여야 하며, 국가재정상황 등에 따라 조정이 필요한 때에는 중앙선거관리위원회 위원장과 미리 협의하여야 한다. 19 국가 7
O | X

> 국가재정법 제40조(독립기관의 예산) ① 정부는 **독립기관의 예산을 편성**할 때 해당 **독립기관의 장의 의견을 최대한 존중**하여야 하며, 국가재정상황 등에 따라 **조정이 필요한 때에는** 해당 **독립기관의 장과 미리 협의하여야** 한다.
> 국가재정법 제6조(독립기관 및 중앙관서) ① 이 법에서 "**독립기관**"이라 함은 **국회·대법원·헌법재판소** 및 **중앙선거관리위원회**를 말한다.

3907 정부는 예산안을 국회에 제출한 후 부득이한 사유로 인하여 그 내용의 일부를 수정하고자 하는 때에는 국무회의의 심의를 거쳐 대통령의 승인을 얻은 수정예산안을 국회에 제출할 수 있다. 15 지방 7
O | X

3907-1 정부는 예산안을 국회에 제출한 후 부득이한 사유로 인하여 그 내용의 일부를 수정하고자 하는 때에는 국무회의의 심의를 거쳐 국무총리의 승인을 얻은 수정예산안을 국회에 제출할 수 있다. 22 지방 7
O | X

3907-2 정부는 한번 제출한 예산안을 수정 또는 철회할 수 있지만 그러기 위해서는 반드시 국회 본회의의 동의를 얻어야 한다. 12 지방 7
O | X

> 국가재정법 제35조(국회제출 중인 예산안의 수정) 정부는 **예산안을 국회에 제출한 후** 부득이한 사유로 인하여 **그 내용의 일부를 수정**하고자 하는 때에는 **국무회의의 심의**를 거쳐 **대통령의 승인**을 얻은 **수정예산안을 국회에 제출**할 수 있다.
>
> 🔎 보충설명 수정예산안은 본 예산안과 동일하게 국무회의 심의와 대통령의 승인을 거쳐 국회에 제출되고, 수정예산안이 제출되면 기존에 제출된 예산안은 자동으로 철회된다.

정답 3905. O 3905-1. O 3905-2. O 3905-3. X [국회의원 예산안 제출 불가] 3906. O 3906-1. O 3907. O 3907-1. X [국무총리 X → 대통령 O] 3907-2. X [국회 본회의 동의 X]

02 예산안 심의·확정 : 국회의 권한

3908 국회는 국가의 예산안을 심의·확정한다. 19 소간 O | X

> 헌법 제54조 ① 국회는 국가의 예산안을 심의·확정한다.

3909 예산안이 국회에 제출되면, 국회는 예산안을 소관상임위원회에 회부하고, 소관상임위원회는 예비심사를 하여 그 결과를 의장에게 보고하며, 예산안에 대해 본회의에서 정부의 시정연설을 듣는다. 17 입시 O | X

> 국회법 제84조(예산안·결산의 회부 및 심사) ① 예산안과 결산은 **소관 상임위원회**에 회부하고, 소관 상임위원회는 예비심사를 하여 그 결과를 의장에게 보고한다. 이 경우 예산안에 대해서는 본회의에서 정부의 시정연설을 듣는다.

3910 예산안은 법제사법위원회의 체계·자구 심사를 거치지 않는다. 20 입시 O | X

법률안은 상임위원회의 심사를 마친 때에는 법제사법위원회에 회부하여 체계와 자구에 대한 심사를 거쳐야 하나, 예산안은 소관상임위원회의 예비심사와 예산결산특별위원회의 종합심사를 거친다.

3911 예산결산특별위원회가 소관상임위원회에서 삭감한 세출예산 각항의 금액을 증가하게 하거나 새 비목을 설치할 경우에는 소관상임위원회의 동의를 얻어야 한다. 21 입시 O | X

> 국회법 제84조(예산안·결산의 회부 및 심사) ⑤ 예산결산특별위원회는 소관 상임위원회의 **예비심사 내용을 존중**하여야 하며, **소관 상임위원회에서 삭감**한 세출예산 각 항의 **금액을 증가**하게 하거나 새 **비목(費目)**을 설치할 경우에는 **소관 상임위원회의 동의를 받아야** 한다. 다만, 새 비목의 설치에 대한 동의 요청이 소관 상임위원회에 회부되어 회부된 때부터 72시간 이내에 동의 여부가 예산결산특별위원회에 통지되지 아니한 경우에는 소관 상임위원회의 동의가 있는 것으로 본다.

3912 예산결산특별위원회는 예산안, 기금운용계획안 및 결산에 대하여 공청회를 개최하여야 한다. 다만, 추가경정예산안, 기금운용계획변경안 또는 결산의 경우에는 위원회의 의결로 공청회를 생략할 수 있다. 22 국회 8 O | X

> 국회법 제84조의3(예산안·기금운용계획안 및 결산에 대한 공청회) **예산결산특별위원회**는 예산안, 기금운용계획안 및 결산에 대하여 **공청회를 개최**하여야 한다. 다만, 추가경정예산안, 기금운용계획변경안 또는 결산의 경우에는 **위원회의 의결로 공청회를 생략**할 수 있다.

3913 위원회는 예산안의 심사를 매년 11월 30일까지 마쳐야 하며, 위원회가 이때까지 심사를 마치지 아니하였을 때에는 그 다음날에 위원회에서 심사를 마치고 바로 본회의에 부의된 것으로 본다. 다만, 의장이 각 교섭단체 대표의원과 합의한 경우에는 그러하지 아니하다. 21 입시, 19 입시 O | X

3913-1 위원회는 예산안, 기금운용계획안, 임대형 민자사업 한도액안과 세입예산안 부수 법률안의 심사를 매년 10월 30일까지 마쳐야 한다. 14 국회 8 O | X

▶정답 3908. O 3909. O 3910. O 3911. O 3912. O 3913. O 3913-1. ×[11월 30일]

국회법 제85조의3(예산안 등의 본회의 자동 부의 등) ① 위원회는 예산안, 기금운용계획안, 임대형 민자사업 한도액안(이하 "예산안등"이라 한다)과 제4항에 따라 지정된 세입예산안 부수 법률안의 심사를 매년 11월 30일까지 마쳐야 한다.
② 위원회가 예산안등과 제4항에 따라 지정된 세입예산안 부수 법률안(체계·자구 심사를 위하여 법제사법위원회에 회부된 법률안을 포함한다)에 대하여 제1항에 따른 기한까지 심사를 마치지 아니하였을 때에는 그 다음 날에 위원회에서 심사를 마치고 바로 본회의에 부의된 것으로 본다. 다만, 의장이 각 교섭단체 대표의원과 합의한 경우에는 그러하지 아니하다.

3914 국회의원이나 정부가 세입예산안에 부수하는 법률안을 발의하거나 제출하는 경우 세입예산안 부수 법률안 여부를 표시하여야 하고, 국회의장은 국회예산정책처의 의견을 들어 세입예산안 부수 법률안으로 지정한다. 19 경정, 17 국가 7 O|X

국회법 제85조의3(예산안등 본회의 자동부의 등) ④ 의원이나 정부가 세입예산안에 부수하는 법률안을 발의하거나 제출하는 경우 세입예산안 부수 법률안 여부를 표시하여야 하고, 의장은 국회예산정책처의 의견을 들어 세입예산안 부수 법률안으로 지정한다.

3915 국회는 정부의 동의없이 정부가 제출한 지출예산 각항의 금액을 증가하거나 새 비목을 설치할 수 없다.
21 5급, 21 경정, 21 국회 9, 20 5급, 22 국회 9 등 O|X

3915-1 국회는 정부의 동의를 얻어 정부가 제출한 지출예산 각항의 금액을 증가하거나 새로운 비목을 설치할 수 있다. 19 경정, 14 지방 7 O|X

3915-2 국회는 정부가 제출한 지출예산 각 항의 금액을 삭제 또는 감액할 수 있으나, 정부의 동의없이 이를 증가하거나 새 비목(費目)을 설치할 수 없다. 17 법원 9 O|X

3915-3 국회는 정부의 동의 없이 정부가 제출한 지출예산 각 항의 금액을 증가하거나 새 비목을 설치할 수 있다. 23 5급, 19 법무사, 19 소간, 18 법원 9 등 O|X

3915-4 국회는 정부의 동의 없이 정부가 제출한 지출예산 각항의 금액을 증가할 수 있으나 새 비목을 설치할 수는 없다. 22 지방 7 O|X

3915-5 국회는 정부의 동의 없이 정부가 제출한 지출예산 각항의 금액을 증가할 수는 없지만, 새 비목은 설치할 수 있다. 22 국가 7 O|X

3915-6 국회는 정부의 동의 없이 정부가 제출한 지출예산 각항의 금액을 감액할 수 없다. 23 변호사 O|X

헌법 제57조 국회는 정부의 동의없이 정부가 제출한 지출예산 각항의 금액을 증가하거나 새 비목을 설치할 수 없다.

보충설명 국회는 예산안에 대하여 감액 또는 삭제와 같은 소극적 수정은 가능하나, 증액 또는 새 비목을 설치하는 적극적 수정은 할 수 없다. 다만 정부의 동의를 얻어 적극적 수정을 할 수 있다.

3916 국회는 정부가 제출한 기금운용계획안의 주요항목 지출금액을 증액하거나 새로운 과목을 설치하고자 하는 때에는 미리 정부의 동의를 얻어야 한다. 15 지방 7 O|X

국가재정법 제69조(증액 동의) 국회는 정부가 제출한 기금운용계획안의 주요항목 지출금액을 증액하거나 새로운 과목을 설치하고자 하는 때에는 미리 정부의 동의를 얻어야 한다.

● 정답 3914. O 3915. O 3915-1. O 3915-2. O 3915-3. X [금액 증가 및 새 비목 설치 불가] 3915-4. X [금액 증가 불가] 3915-5. X [새 비목 설치 불가] 3915-6. X [감액 가] 3916. O

3917 국회는 예산심의를 전면 거부할 수 없으며, 대통령도 법률안거부권 행사와 같이 국회에서 통과된 예산안을 국회에 환송하여 재심의를 요구하는 거부권을 행사할 수 없다. 17 입시 O|X

3917-1 대통령은 국회에서 의결된 예산안에 대해 그 재의를 요구할 수 있으며, 국회는 재적의원 과반수의 출석과 출석의원 3분의 2 이상의 찬성으로 재의결할 수 있다. 14 지방 7 O|X

3917-2 대통령은 예산안과 법률안에 대하여 모두 거부권을 행사할 수 있다. 10 국회 9 O|X

> 국회는 예산심의를 전면 거부할 수 없으며, 대통령도 법률안거부권 행사와 같이 국회에서 통과된 **예산안을 국회에 환송하여 재심의를 요구하는 거부권을 행사할 수 없다.**

3918 예산도 일종의 법규범이고 법률과 마찬가지로 국회의 의결을 거쳐 제정되나, 법률과 달리 국가기관만을 구속할 뿐 일반국민을 구속하지 않는다. 21 입시 O|X

3918-1 예산 역시 일종의 법규범이고 법률과 마찬가지로 국회의 의결을 거쳐 제정되므로 국가기관과 국민을 모두 구속한다. 22 지방 7 O|X

> 예산도 일종의 **법규범**이고 법률과 마찬가지로 국회의 의결을 거쳐 제정되지만 **예산은 법률과 달리 국가기관만을 구속할 뿐 일반국민을 구속하지 않는다**(헌재 2006. 4. 25. 2006헌마409).

3919 국회가 의결한 예산 또는 국회의 예산안 의결은 헌법재판소법 제68조 제1항 헌법소원심판의 대상이 되지 않는다. 19 소간 O|X

3919-1 예산은 일반국민을 구속하지 않으므로 국회의 예산안 의결행위는 헌법소원의 대상이 되지 않는다. 21 법무사 O|X

3919-2 예산은 일종의 법규범이고 법률과 마찬가지로 국회의 의결을 거쳐 제정되고 국가기관과 일반국민을 모두 구속하므로, 국회의 예산안 의결은 헌법소원의 대상이 된다. 20 5급 O|X

> 예산은 일종의 법규범이고 법률과 마찬가지로 국회의 의결을 거쳐 제정되지만 법률과 달리 국가기관만을 구속할 뿐 **일반국민을 구속하지 않는다. 국회가 의결한 예산 또는 국회의 예산안 의결**은 헌법재판소법 제68조 제1항 소정의 '공권력의 행사'에 해당하지 않고 따라서 **헌법소원의 대상이 되지 아니한다**(헌재 2006. 4. 25. 2006헌마409).

3920 예산 및 예산 외 국고부담계약 공고문의 전문에는 국회의 의결을 받은 사실을 적고, 대통령이 서명한 후 대통령인을 찍고 그 공고일을 명기하여 국무총리와 관계 국무위원이 부서하여야 한다. 12 지방 7 O|X

> 법령 등 공포에 관한 법률 제8조(예산 등) 예산 및 예산 외 **국고부담계약 공고문의 전문에는 국회의 의결을 받은 사실을 적고, 대통령이 서명**한 후 대통령인을 찍고 그 공고일을 명기하여 **국무총리와 관계 국무위원이 부서하여야** 한다.

● 정답 3917. O   3917-1. X[예산안 재의 요구 불가]   3917-2. X[예산안 거부 불가]   3918. O   3918-1. X[국가기관만 구속]   3919. O   3919-1. O   3919-1. X[국가기관만 구속, 헌법소원 대상 아님]   3920. O

3921 예산은 관보로써 공고하도록 되어있을 뿐, 공포가 그 효력발생요건은 아니다. 20 국회 9 O│X

3921-1 법률은 공포가 효력발생요건이나 예산은 공고가 효력발생요건이 아니다. 10 국회 9 O│X

3921-2 법률의 효력발생요건은 공포이지만 예산안의 효력발생요건은 관보의 공고이다. 11 국회 8 O│X

예산은 관보로써 공고하도록 되어 있으나 **공고가 효력발생요건은 아니다.** 그러나 법률은 공포가 효력발생요건이다.

POINT 216 준예산, 계속비·예비비 및 추가경정예산

01 준예산

3922 새로운 회계연도가 개시될 때까지 예산안이 의결되지 못한 때에는 정부는 국회에서 예산안이 의결될 때까지 헌법이나 법률에 의하여 설치된 기관 또는 시설의 유지 운영, 법률상 지출의무의 이행, 이미 예산으로 승인된 사업의 계속의 목적을 위한 경비는 전년도 예산에 준하여 집행할 수 있다.
18 지방 7, 15 법무사   O│X

3922-1 새로운 회계연도가 개시될 때까지 예산안이 의결되지 못한 때에는 정부는 국회에서 예산안이 의결될 때까지 헌법에 의하여 설치된 기관 또는 시설의 유지·운영의 목적을 위한 경비는 전년도 예산에 준하여 집행할 수 있으나, 법률에 의하여 설치된 기관 또는 시설의 유지·운영의 목적을 위한 경비는 전년도 예산에 준하여 집행할 수 없다. 21 변호사   O│X

3922-2 새로운 회계연도가 개시될 때까지 예산안이 의결되지 못한 경우, 정부는 국회에서 예산안이 의결될 때까지 법률상 지출의무를 위한 경비를 아직 의결되지 못한 예산안에 따라 집행할 수 있다.
21 경정, 18 5급   O│X

3922-3 새로운 회계연도가 개시될 때까지 예산안이 의결되지 못한 경우, 정부는 국회에서 예산안이 의결될 때까지 헌법이나 법률에 의하여 설치된 기관 또는 시설의 유지·운영, 법률상 지출의무의 이행의 목적을 위한 경비에 대해서만 전년도 예산에 준하여 집행할 수 있다. 19 소간   O│X

3922-4 새로운 회계연도가 개시될 때까지 예산안이 의결되지 못한 경우, 이미 예산으로 승인된 사업의 계속을 위한 경비에 대해서는 국회에서 예산안이 의결될 때까지 정부는 아직 의결되지 못한 그 예산안에 따라 집행할 수 있다. 22 국가 7   O│X

3922-5 새로운 회계연도가 개시될 때까지 예산안이 의결되지 못한 때에는 정부는 국회에서 예산안이 의결될 때까지 가예산을 편성하여 국회의 의결을 얻어 집행할 수 있다. 24 소간   O│X

> 헌법 제54조 ③ 새로운 회계연도가 개시될 때까지 **예산안이 의결되지 못한 때에는** 정부는 국회에서 예산안이 의결될 때까지 다음의 목적을 위한 경비는 **전년도 예산에 준하여 집행**할 수 있다.
> 1. 헌법이나 **법률**에 의하여 설치된 **기관 또는 시설의 유지·운영**
> 2. 법률상 **지출의무**의 이행
> 3. 이미 **예산으로 승인된** 사업의 계속

●정답 3921. O   3921-1. O   3921-2. X[예산안은 공고가 효력발생요건은 아님]   3922. O   3922-1. X[집행 가능]   3922-2. X[전년도 예산에 준하여 집행]   3922-3. X[+ 이미 예산으로 승인된 사업의 경우에도 가능함]   3922-4. X[전년도 예산에 준하여 집행]   3922-5. X[가예산 X → 준예산 O]

02 계속비

3923 한 회계연도를 넘어 계속하여 지출할 필요가 있을 때에는 정부는 연한을 정하여 계속비로서 국회의 의결을 얻어야 한다. 24 입시, 24 소간, 19 소간, 18 법원 9, 19 법무사 등 O | X

3923-1 우리나라는 예산 1년주의를 취하면서 헌법에서 그 예외로 계속비를 규정하고 있으나, 정부가 계속비로서 국회의 의결을 얻기 위해서는 그 연한을 정하여야만 한다. 14 지방 7 O | X

3923-2 한 회계연도를 넘어 계속하여 지출할 필요가 있을 때에는 정부는 연한을 정함이 없이 계속비로서 국회의 의결을 얻어 지출할 수 있다. 23 변호사, 20 국가 7 O | X

3923-3 한 회계연도를 넘어 계속하여 지출할 필요가 있을 때에는 정부는 연한을 정하여 준예산으로서 국회의 의결을 얻어야 한다. 14 국회 9 O | X

3923-4 한 회계연도를 넘어 계속하여 지출할 필요가 있을 때에는 정부는 연한을 정하여 예비비로서 국회의 의결을 얻어야 한다. 21 경정 O | X

> 헌법 제55조 ① 한 회계연도를 넘어 **계속하여 지출**할 필요가 있을 때에는 정부는 **연한**을 정하여 **계속비**로서 **국회의 의결**을 얻어야 한다.

03 예비비

3924 예비비는 총액으로 국회의 의결을 얻어야 하고 예비비 지출은 차기국회의 승인을 얻어야 하며, 예비비의 관리는 기획재정부장관이 한다. 14 지방 7 O | X

3924-1 예비비는 총액으로 국회의 의결을 얻어야 한다. 예비비의 지출은 차기국회의 승인을 얻어야 한다. 22 국회 9 O | X

3924-2 예비비는 항목별로 국회의 의결을 얻어야 하며, 예비비의 지출은 사전에 국회의 동의를 얻어야 한다. 18 5급 O | X

3924-3 예비비는 총액으로 미리 국회의 의결을 얻어야 하며, 그 지출은 차년도 국회의 승인을 얻어야 한다. 20 소간 O | X

> 헌법 제55조 ② **예비비는 총액으로 국회의 의결**을 얻어야 한다. 예비비의 지출은 **차기국회의 승인**을 얻어야 한다.
> 국가재정법 제51조(예비비의 관리와 사용) ① 예비비는 **기획재정부장관이** 관리한다.

● 정답 3923. O 3923-1. O 3923-2. X [연한 정함] 3923-3. X [준예산 X → 계속비 O] 3923-4. X [예비비 X → 계속비 O] 3924. O
3924-1. O 3924-2. X [총액으로 국회의결, 차기국회의 승인] 3924-3. X [차년도 국회 X → 차기국회 O]

3925 정부는 예측할 수 없는 예산 외 지출 또는 예산초과지출에 충당하기 위하여 일반회계 예산총액의 100분의 1 이내의 금액을 예비비로 계상할 수 있는데, 공무원의 보수 인상을 위한 인건비 충당을 위하여는 예비비 사용목적을 지정할 수 없다. 17 국가 7   O | X

3925-1 정부는 예측할 수 없는 예산 외의 지출 또는 예산초과지출에 충당하기 위하여 일반회계 예산총액의 100분의 1 이내의 금액을 예비비로 계상할 수 있고, 공무원의 보수 인상을 위한 인건비 충당을 위하여 예비비의 사용목적을 지정할 수 있다. 19 경정   O | X

3925-2 정부는 예측할 수 없는 예산 외의 지출 또는 예산초과지출에 충당하기 위하여 일반회계 예산총액의 100분의 1 이내의 금액을 예비비로 세입세출예산에 계상할 수 있는데, 이 경우 예비비의 지출은 차기 국회의 승인을 얻을 필요가 없다. 17 입시   O | X

> **헌법 제55조** ② 예비비는 총액으로 국회의 의결을 얻어야 한다. 예비비의 지출은 차기국회의 승인을 얻어야 한다.
> **국가재정법 제22조(예비비)** ① 정부는 예측할 수 없는 예산 외의 지출 또는 예산초과지출에 충당하기 위하여 일반회계 예산총액의 100분의 1 이내의 금액을 예비비로 세입세출예산에 계상할 수 있다. 다만, 예산총칙 등에 따라 미리 사용목적을 지정해 놓은 예비비는 본문에도 불구하고 별도로 세입세출예산에 계상할 수 있다.
> ② 제1항 단서에도 불구하고 공무원의 보수 인상을 위한 인건비 충당을 위하여는 예비비의 사용목적을 지정할 수 없다.

04 추가경정예산

3926 국회는 정부의 동의 없이 정부가 제출한 지출예산 각항의 금액을 증가하거나 새 비목을 설치할 수 없으며, 예산에 변경을 가할 필요가 있다 하더라도 직접 추가경정예산안을 제출, 의결할 수는 없다. 23 법무사   O | X

3926-1 정부는 예산에 변경을 가할 필요가 있을 때에는 수정예산안을 편성하여 국회에 제출할 수 있다. 19 법무사, 18 법원 9   O | X

3926-2 정부는 예산에 변경을 가할 필요가 있을 때에는 예비비를 편성하여 국회에 제출할 수 있다. 24 입시   O | X

> **헌법 제57조** 국회는 정부의 동의없이 정부가 제출한 지출예산 각항의 금액을 증가하거나 새 비목을 설치할 수 없다.
> **헌법 제56조** 정부는 예산에 변경을 가할 필요가 있을 때에는 추가경정예산안을 편성하여 국회에 제출할 수 있다.

3927 정부는 법령에 따라 국가가 지급하여야 하는 지출이 발생하거나 증가하여 이미 확정된 예산에 변경을 가할 필요가 있는 경우에는 추가경정예산안을 편성할 수 있으며, 국회에서 추가경정예산안이 확정되기 전에 이를 미리 배정하거나 집행할 수 없다. 19 경정, 17 국가 7   O | X

3927-1 정부는 대내·외 여건에 중대한 변화가 발생할 우려가 있는 긴급한 경우에는 국회에서 추가경정예산안이 확정되기 전이라도 이를 배정하거나 집행할 수 있다. 14 국회 9   O | X

3927-2 정부는 국회에서 추가경정예산을 확정하기 전에 이를 미리 배정할 수는 있으나 집행할 수는 없다. 20 소간   O | X

● **정답** 3925. O   3925-1. X [사용목적 지정 불가]   3925-2. X [차기국회 승인 받아야 함]   3926. O   3926-1. X [수정예산안 X → 추가경정예산안 O]   3926-2. X [예비비 X → 추가경정예산안 O]   3927. O   3927-1. X [확정 전 배정 및 집행 불가]   3927-2. X [배정도 불가]

> **국가재정법 제89조(추가경정예산안의 편성)** ① 정부는 다음 각 호의 어느 하나에 해당하게 되어 **이미 확정된 예산에 변경을** 가할 필요가 있는 경우에는 **추가경정예산안을** 편성할 수 있다.
> 1. **전쟁이나 대규모 재해**(「재난 및 안전관리 기본법」 제3조에서 정의한 자연재난과 사회재난의 발생에 따른 피해를 말한다)가 발생한 경우
> 2. 경기침체, 대량실업, 남북관계의 변화, 경제협력과 같은 **대내·외 여건에 중대한 변화**가 발생하였거나 발생할 우려가 있는 경우
> 3. 법령에 따라 국가가 지급하여야 하는 **지출이 발생하거나 증가**하는 경우
> ② 정부는 국회에서 추가경정예산안이 확정되기 전에 이를 미리 배정하거나 집행할 수 **없다.**

POINT 217 기채 사전동의권 및 결산심사권

3928 국채를 모집하거나 예산외에 국가의 부담이 될 계약을 체결하려 할 때에는 정부는 미리 국회의 의결을 얻어야 한다. 22 5급, 20 법원 9, 19 5급, 17 법원 9, 16 국가 7   O | X

3928-1 정부가 국채를 모집하거나 예산 외에 국가에 부담이 될 계약을 체결한 때에는 지체 없이 국회에 보고하고 그 승인을 얻어야 한다. 15 지방 7   O | X

> **헌법 제58조** 국채를 모집하거나 **예산외에 국가의 부담이 될 계약을 체결**하려 할 때에는 정부는 미리 **국회의 의결을 얻어야** 한다.

3929 결산의 심사결과 위법 또는 부당한 사항이 있는 때에 국회는 본회의 의결 후 정부 또는 해당기관에 변상 및 징계조치 등 그 시정을 요구하고, 정부 또는 해당기관은 시정요구를 받은 사항을 지체없이 처리하여 그 결과를 국회에 보고하여야 한다. 17 입시 12 지방 7   O | X

> **국회법 제84조(예산안·결산의 회부 및 심사)** ② 의장은 예산안과 결산에 제1항의 보고서를 첨부하여 이를 예산결산특별위원회에 회부하고 그 심사가 끝난 후 본회의에 부의한다. 결산의 심사 결과 **위법하거나 부당한 사항이 있는** 경우에 국회는 본회의 의결 후 정부 또는 해당 기관에 **변상 및 징계조치 등 그 시정을 요구**하고, **정부 또는 해당 기관**은 시정 요구를 받은 사항을 **지체 없이** 처리하여 그 결과를 국회에 보고하여야 한다.

POINT 218 국정감사·조사권

01 국정감사·조사

3930 국회는 국정을 감사하거나 특정한 국정사안에 대하여 조사할 수 있으며, 이에 필요한 서류의 제출 또는 증인의 출석과 증언이나 의견의 진술을 요구할 수 있다. 23 국회 9, 12 국회 8   O | X

3930-1 국회는 특정 국정사안에 대하여 조사하기 위하여 필요한 서류의 제출, 증인 출석, 증언·의견진술 요구 및 압수·수색을 할 수 있다. 16 경정   O | X

3930-2 헌법은 국정조사권에 대하여 명문의 규정을 두고 있지 않지만, 국회 입법권의 보조권한으로서 당연히 인정된다. 19 소간   O | X

● 정답 3928. O   3928-1. X [보고하고 승인 X → 미리 국회의 의결 O]   3929. O   3930. O   3930-1. X [압수·수색 X]   3930-2. X [명문 규정 있음]

> 헌법 제61조 ① 국회는 **국정을 감사**하거나 **특정한 국정사안**에 대하여 **조사**할 수 있으며, 이에 필요한 **서류의 제출** 또는 **증인의 출석과 증언이나 의견의 진술**을 요구할 수 있다.

3931 국회는 국정감사, 조사권의 행사를 통해서 국정운영의 실태를 정확히 파악하고 입법과 예산심의를 위한 자료를 수집하며 국정의 잘못된 부분을 적발, 시정함으로써 입법, 예산심의, 국정통제 기능의 효율적인 수행을 도모할 수 있다. 18 국회 8   O | X

3931-1 국회는 입법을 위하여 필요한 사항에 관하여 감사권과 조사권을 행사할 수 있다. 08 국가 7   O | X

국회는 국민의 대표기관으로서 국가권력의 정당한 행사 여부를 조사하며, 국정에 관한 자료와 정보를 수집하고, 국회의 권한에 상응한 책임추궁을 한다. 따라서 국회는 국정감사, 조사권의 행사를 통해서 **국정운영의 실태를 정확히 파악**하고 **입법과 예산심의를 위한 자료를 수집**하며 **국정의 잘못된 부분을 적발, 시정**함으로써 **입법, 예산심의, 국정통제 기능의 효율적인 수행을 도모**할 수 있다.

3932 국정감사 및 국정조사의 주체는 국회인데, 그 의미는 국회의 상임위원회와 특별위원회를 말하며 국회 본회의를 포함하지 않는다. 19 소간   O | X

국정감사 및 **국정조사의 주체는 국회**이다. 여기서 국회란 **국회본회의, 상임위원회, 특별위원회**가 국정감사·조사권을 가진다는 의미이다.

> 헌법 제61조 ① **국회**는 국정을 **감사**하거나 특정한 국정사안에 대하여 **조사**할 수 있으며, 이에 필요한 서류의 제출 또는 증인의 출석과 증언이나 의견의 진술을 요구할 수 있다.

3933 국정조사는 다른 나라에서 유례를 찾기 어려운 우리나라에서 특유하게 발달한 제도이나, 국정감사와 달리 그 기능에서 예산안 심사와 연계하여 국회의 기능을 실효성 있게 하고 권력을 효율적으로 통제할 수 있다는 점에 그 제도적 의의가 있다. 14 국회 8   O | X

국정감사는 다른 나라에서 유례를 찾기 어려운 **우리나라에서 특유**하게 발달한 제도이나, 국정조사와 달리 그 기능에서 **예산안 심사와 연계**하여 **국회의 기능을 실효성 있게 하고 권력을 효율적으로 통제**할 수 있다는 점에 그 제도적 의의가 있다.

3934 우리나라에서는 제헌헌법 및 1962년 헌법에서 영국, 프랑스, 미국, 일본 등과 상이하게 일반적인 국정감사권을 제도화하였다. 이러한 국정감사제도는 1972년 유신헌법에서는 삭제되었다가, 제9차 개정헌법에 의하여 부활되었다. 18 국회 8   O | X

우리나라에서는 **제헌헌법** 및 **제5차 개정헌법(1962년)**에서 영국, 프랑스, 미국, 일본 등과는 달리 **일반적인 국정감사권을 제도화**하였다. 제5차 개정헌법(1962년)에서는 "다만 재판과 진행 중인 범죄수사, 소추에 간섭할 수 없다"는 단서조항이 추가되었다. 이러한 국정감사제도는 **1972년 유신헌법에서 삭제**되었다가, 현행헌법인 **제9차 개정헌법(1987년)에 의하여** 부활되었다.

3935 현행 헌법에서는 국정감사, 조사권의 명문화뿐만 아니라 구 헌법에 규정되었던 "다만 재판과 진행 중인 범죄수사, 소추에 간섭할 수 없다"는 단서조항을 그대로 유지하고 있다. 18 국회 8   O | X

현행 헌법은 국정감사, 조사권을 명문화 하고 있으나, 제5차 개정헌법(1962년)의 "다만 재판과 진행 중인 범죄수사, 소추에 간섭할 수 없다"라는 **단서조항 규정하고 있지 않다.** 이는 현행 헌법에 규정되지 않고 '국정감사 및 조사에 관한 법률'에서 같은 취지를 규정하고 있다.

● 정답 3931. O   3931-1. O   3932. X [본회의 포함함]   3933. X [국정조사 ↔ 국정감사 설명 바뀜]   3934. O   3935. X [단서조항 규정 없음]

3936 국정감사 및 조사는 개인의 사생활을 침해하거나 계속 중인 재판 또는 수사 중인 사건의 소추에 관여할 목적으로 행사되어서는 아니 된다. 23 경정, 17 입시, 15 경정, 12 국회 8   O|X

> 국정감사 및 조사에 관한 법률 제8조(감사 또는 조사의 한계) 감사 또는 조사는 개인의 사생활을 침해하거나 계속 중인 재판 또는 수사 중인 사건의 소추(訴追)에 관여할 목적으로 행사되어서는 아니 된다.

3937 국회가 특정한 국정사안에 관한 조사를 하는 국정조사제도가 최초로 헌법에 명시된 것은 제8차 개정헌법 때이다. 11 국회 8   O|X

3937-1 국정감사제도는 1689년 영국의 의회에서 고안된 것으로, 우리의 경우 1980년 헌법에서 채택되었다. 12 국가 7   O|X

> 국정조사제도는 1689년 영국의 의회가 특별위원회를 구성한 것에서 기원하며, 1919년 바이마르공화국 헌법에서 최초로 규정되었다. 국정조사권은 헌법상 명문규정이 없더라도 국회 입법권의 보조권한으로서 당연히 인정되어야 한다는 것이 일반적인 견해였으며 국회가 특정한 국정사안에 관한 조사를 하는 국정조사제도가 최초로 헌법에 명시된 것은 제8차 개정헌법(1980년)이다.

02 국정감사와 국정조사 비교

3938 국정감사는 국정 전반에 관하여 시행하나, 국정조사는 특정 사안에 관하여 시행한다. 18 법원 9   O|X

3938-1 국정감사는 매년 정기적으로 시행하나, 국정조사는 재적의원 4분의 1 이상의 요구가 있는 때에 시행한다. 18 법원 9   O|X

3938-2 국정감사권과 국정조사권은 그 본질, 주체, 행사방법에서 대동소이하나 국정감사가 부정기적 특정국정조사라면 국정조사는 정기적 일반국정조사라는 점에서 구별된다. 12 국가 7   O|X

3938-3 국정감사는 부정기적으로 특정 사안에 대한 것이고, 국정조사는 정기적으로 국정 전반을 대상으로 하는 점에서 구별된다. 19 소간   O|X

> 국정감사 및 조사에 관한 법률 제2조(국정감사) ① 국회는 국정전반에 관하여 소관 상임위원회별로 매년 정기회 집회일 이전에 국정감사(이하 "감사"라 한다) 시작일부터 30일 이내의 기간을 정하여 감사를 실시한다. 다만, 본회의 의결로 정기회 기간 중에 감사를 실시할 수 있다.
> 국정감사 및 조사에 관한 법률 제3조(국정조사) ① 국회는 재적의원 4분의 1 이상의 요구가 있는 때에는 특별위원회 또는 상임위원회로 하여금 국정의 특정사안에 관하여 국정조사(이하 "조사"라 한다)를 하게 한다.

3939 국정감사는 소관 상임위원회별로 시행하나, 국정조사는 특별위원회를 구성하여 시행할 수 있다. 18 법원 9   O|X

3939-1 국정조사는 소관 상임위원회별로 시행하나, 국정감사는 특별위원회를 구성하여 시행할 수 있다. 21 국가 7   O|X

정답 3936. O 3937. O 3937-1. X [국정감사 X → 국정조사 O] 3938. O 3938-1. O 3938-2. X [국정조사 ↔ 국정감사 설명 바뀜]
3938-3. X [국정조사 ↔ 국정감사 설명 바뀜] 3939. O 3939-1. X [국정조사 ↔ 국정감사 설명 바뀜]

> **국정감사 및 조사에 관한 법률 제2조(국정감사)** ① 국회는 **국정전반**에 관하여 **소관 상임위원회별**로 매년 정기회 집회일 이전에 국정감사(이하 "**감사**"라 한다) 시작일부터 30일 이내의 기간을 정하여 감사를 실시한다. 다만, 본회의 의결로 정기회 기간 중에 감사를 실시할 수 있다.
>
> **국정감사 및 조사에 관한 법률 제3조(국정조사)** ① 국회는 **재적의원 4분의 1 이상의 요구**가 있는 때에는 **특별위원회 또는 상임위원회**로 하여금 국정의 특정사안에 관하여 국정조사(이하 "**조사**"라 한다)를 하게 한다.

03 국정감사

3940 국회는 국정전반에 관하여 소관 상임위원회별로 매년 정기회 집회일 이전에 국정감사 시작일부터 30일 이내의 기간을 정하여 감사를 실시하나, 본회의 의결로 정기회 기간 중에 감사를 실시할 수 있다. 23 소간, 18 국회 8, 15 국회 8, 12 지방 7   O|X

3940-1 국정감사의 실시기간은 20일로 법률에 규정되어 있다. 12 국회 8   O|X

3940-2 국회는 국정전반에 관하여 소관 상임위원회별로 매년 정기회 집회일 이전에 국정감사 시작일부터 30일 이내의 기간을 정하여 감사를 실시하므로, 정기회 기간 중에는 국정조사만 인정된다. 21 국회 8   O|X

> **국정감사 및 조사에 관한 법률 제2조(국정감사)** ① 국회는 **국정전반**에 관하여 **소관 상임위원회별**로 **매년 정기회 집회일 이전**에 국정감사(이하 "**감사**"라 한다) 시작일부터 **30일 이내의 기간**을 정하여 감사를 실시한다. 다만, **본회의 의결**로 정기회 기간 중에 **감사를 실시할 수 있다.**

3941 국정감사는 상임위원장이 국회운영위원회와 협의하여 작성한 감사계획서에 의하여 행한다. 14 국회 8   O|X

3941-1 국회는 국정전반에 대하여 소관 상임위원회별로 매년 정기회 집회일 이전에 국정감사 시작일부터 30일 이내의 기간을 정하여 감사를 실시하며, 이때 감사는 상임위원장이 각 교섭단체 대표의원과 협의하여 작성한 감사계획서에 따라 한다. 20 경정, 19 국회 8   O|X

> **국정감사 및 조사에 관한 법률 제2조(국정감사)** ① 국회는 국정전반에 관하여 소관 상임위원회별로 **매년 정기회 집회일 이전**에 국정감사(이하 "**감사**"라 한다) 시작일부터 **30일 이내의 기간**을 정하여 감사를 실시한다. 다만, **본회의 의결**로 정기회 기간 중에 **감사를 실시할 수 있다.**
> ② 제1항의 감사는 **상임위원장**이 **국회운영위원회와 협의**하여 작성한 **감사계획서**에 따라 한다. 국회운영위원회는 상임위원회 간에 감사대상기관이나 감사일정의 중복 등 특별한 사정이 있는 때에는 이를 조정할 수 있다.

● 정답 3940. O   3940-1. X [20일 X → 30일 O]   3940-2. X [본회의 의결로 정기회 기간 중 국정감사 가능]   3941. O   3941-1. X [교섭대표 X → 운영위 O]

3942 국정감사는「정부조직법」기타 법률에 의하여 설치된 국가기관 등을 대상으로 국정전반에 걸쳐서 시행한다. 15 국회 8   O | X

> 국정감사 및 조사에 관한 법률 제2조(국정감사) ① 국회는 **국정전반**에 관하여 소관 상임위원회별로 **매년 정기회 집회일 이전**에 국정감사(이하 "**감사**"라 한다) 시작일부터 **30일 이내의 기간**을 정하여 감사를 실시한다. 다만, **본회의 의결로 정기회 기간 중에 감사를 실시할 수 있다.**
> 국정감사 및 조사에 관한 법률 제7조(감사의 대상) 감사의 대상기관은 다음 각호와 같다.
> 1. 「정부조직법」, 그 밖의 법률에 따라 설치된 **국가기관**

3943 지방자치단체 중 특별시·광역시·도에 대한 국정감사의 범위는 국가위임사무와 국가가 보조금 등 예산을 지원하는 사업으로 한정된다. 22 지방 7   O | X

3943-1 「국정감사 및 조사에 관한 법률」에 따르면 국정감사의 대상기관 중 지방자치단체는 본회의가 특히 필요하다고 의결하지 않은 이상 특별시·광역시·도이다. 20 지방 7   O | X

3943-2 감사대상 범위에서 지방자치단체 중 특별시·광역시·도의 감사범위는 국가위임사무에 한정된다. 15 국회 8   O | X

3943-3 지방자치단체 중 특별시·광역시·도는 국정감사의 대상 기관이다. 감사범위는 국가위임사무와 관할 구역의 자치사무로 한다. 18 서울 7(추)   O | X

> 국정감사 및 조사에 관한 법률 제7조(감사의 대상) 감사의 대상기관은 다음 각 호와 같다.
> 2. **지방자치단체** 중 **특별시·광역시·도**. 다만, 그 감사범위는 **국가위임사무**와 국가가 보조금 등 **예산을 지원하는 사업**으로 한다.
> 3. 「공공기관의 운영에 관한 법률」제4조에 따른 **공공기관**, 한국은행, 농업협동조합중앙회, 수산업협동조합중앙회
> 4. 제1호부터 제3호까지 외의 **지방행정기관**, **지방자치단체**, 「감사원법」에 따른 감사원의 감사대상기관. 이 경우 본회의가 특히 필요하다고 의결한 경우로 한정한다.

3944 국회 본회의가 특히 필요하다고 의결한 경우라도 「감사원법」에 따른 감사원의 감사대상기관에 대하여 국정감사를 실시할 수는 없다. 20 경정, 19 국가 7   O | X

> 국정감사 및 조사에 관한 법률 제7조(감사의 대상) 감사의 대상기관은 다음 각 호와 같다.
> 4. 제1호부터 제3호까지 외의 지방행정기관, 지방자치단체, 「감사원법」에 따른 **감사원의 감사대상기관**. 이 경우 **본회의**가 특히 필요하다고 **의결**한 경우로 **한정**한다.

3945 지방자치단체에 대한 감사는 둘 이상의 위원회가 합동으로 반을 구성하여 할 수 있다. 19 국회 8   O | X

> 국정감사 및 조사에 관한 법률 제7조의2(지방자치단체에 대한 감사) 지방자치단체에 대한 감사는 **둘 이상의 위원회**가 합동으로 **반을 구성**하여 할 수 있다.

정답 3942. O   3943. O   3943-1. O   3943-2. X [+ 예산 지원 사업도 가능함]   3943-3. X [자치사무 X → 예산지원사업 O]   3944. X [실시할 수 있음]   3945. O

04 국정조사

3946 국회는 재적의원 4분의 1 이상의 요구가 있는 때에는 특별위원회 또는 상임위원회로 하여금 국정의 특정사안에 관하여 국정조사를 하게 한다. 23 소간, 18 서울 7(추), 17 지방 7, 16 국가 7 O|X

3946-1 국정조사는 국회 재적의원 3분의 1 이상이 조사요구서를 국회의장에게 제출하여야 시행될 수 있다. 14 국회 8 O|X

> 국정감사 및 조사에 관한 법률 제3조(국정조사) ① 국회는 **재적의원 4분의 1 이상의 요구**가 있는 때에는 **특별위원회 또는 상임위원회**로 하여금 **국정의 특정사안**에 관하여 국정조사(이하 "**조사**"라 한다)를 하게 한다.
> ② 제1항에 따른 조사 요구는 조사의 목적, 조사할 사안의 범위와 조사를 할 위원회 등을 기재하여 **요구의원이 연서(連署)**한 서면(이하 "**조사요구서**"라 한다)으로 하여야 한다.

3947 국회의장은 조사요구서가 제출되면 지체 없이 본회의에 보고하고 각 교섭단체 대표의원과 협의하여 조사를 할 특별위원회를 구성하거나 해당 상임위원회에 회부하여 조사를 할 위원회를 확정한다. 23 국회 9 O|X

> 국정감사 및 조사에 관한 법률 제3조(국정조사) ③ 의장은 **조사요구서가 제출되면** 지체 없이 **본회의에 보고**하고 **각 교섭단체 대표의원과 협의**하여 조사를 할 **특별위원회를 구성**하거나 **해당 상임위원회**(이하 "**조사위원회**"라 한다)에 **회부**하여 **조사를 할 위원회를 확정**한다. 이 경우 국회가 폐회 또는 휴회 중일 때에는 조사요구서에 따라 국회의 집회 또는 재개의 요구가 있는 것으로 본다.

3948 국정조사를 위한 조사위원회는 조사의 목적, 조사할 사안의 범위와 조사방법 등이 포함된 조사계획서를 본회의에 제출하여 승인을 얻어야 하는데, 본회의는 조사계획서를 의결로써 승인하거나 반려할 수 있다. 13 변호사 O|X

> 국정감사 및 조사에 관한 법률 제3조(국정조사) ④ **조사위원회**는 조사의 **목적**, 조사할 **사안의 범위**와 **조사방법**, 조사에 필요한 **기간 및 소요경비** 등을 기재한 **조사계획서를 본회의에 제출하여 승인**을 받아 조사를 한다.
> ⑤ 본회의는 제4항의 **조사계획서를 검토**한 다음 의결로써 이를 **승인하거나 반려**한다.

3949 국회는 재적의원 4분의 1 이상의 요구가 있는 때에는 특별위원회 또는 상임위원회로 하여금 국정의 특정사안에 관하여 조사를 하게 하는바, 이 경우 국정조사를 위한 특별위원회는 교섭단체의원 수의 비율에 따라 구성하여야 하나, 조사에 참여하기를 거부하는 교섭단체의 의원은 제외할 수 있다. 21 경정 O|X

> 국정감사 및 조사에 관한 법률 제3조(국정조사) ① 국회는 **재적의원 4분의 1 이상의 요구**가 있는 때에는 **특별위원회 또는 상임위원회**로 하여금 국정의 특정사안에 관하여 국정조사(이하 "**조사**"라 한다)를 하게 한다.
> 국정감사 및 조사에 관한 법률 제4조(조사위원회) ① 제3조제3항의 **특별위원회**는 **교섭단체의원수의 비율**에 따라 구성하여야 한다. 다만, **조사에 참여하기를 거부**하는 **교섭단체의 의원은 제외**할 수 있다.

● 정답 3946. O 3946-1. X [3분의 1 X → 4분의 1 O] 3947. O 3948. O 3949. O

3950 조사위원회의 위원장이 사고가 있거나 그 직무를 수행하기를 거부 또는 기피하여 조사위원회가 활동하기 어려운 때에는 위원장이 소속하지 아니하는 교섭단체 소속의 간사 중에서 소속 의원 수가 많은 교섭단체 소속인 간사의 순으로 위원장의 직무를 대행한다. 20 지방 7, 17 지방 7   O|X

3950-1 조사위원회의 위원장이 사고가 있거나 그 직무를 수행하기를 거부 또는 기피하여 조사위원회가 활동하기 어려운 때에는 위원장이 소속한 교섭단체 소속의 간사가 위원장의 직무를 대행한다.
21 경정, 20 경정, 18 지방 7   O|X

3950-2 조사위원회의 위원장이 사고가 있거나 그 직무를 수행하기를 거부 또는 기피하여 조사위원회가 활동하기 어려운 때에는 의원수가 많은 교섭단체 소속인 간사의 순으로 위원장의 직무를 대행한다. 23 경정   O|X

> 국정감사 및 조사에 관한 법률 제4조(조사위원회) ③ 조사위원회의 위원장이 사고가 있거나 그 직무를 수행하기를 거부 또는 기피하여 조사위원회가 활동하기 어려운 때에는 위원장이 소속하지 아니하는 교섭단체 소속의 간사 중에서 소속 의원 수가 많은 교섭단체 소속인 간사의 순으로 위원장의 직무를 대행한다.

3951 본회의는 의결로써 조사위원회의 활동기간을 연장할 수 있다. 17 지방 7, 17 입시   O|X

3951-1 본회의는 조사위원회의 중간보고를 받고 조사를 장기간 계속할 필요가 없다고 인정되는 경우에는 의결로 조사위원회의 활동기간을 단축할 수 있다. 23 소간   O|X

3951-2 국회는 본회의의 의결로써 조사위원회의 활동기간을 연장할 수 있으나 이를 단축할 수는 없다.
23 국회 9, 21 국가 7   O|X

3951-3 「국정감사 및 조사에 관한 법률」에 따르면 본회의는 조사위원회의 중간보고를 받고 조사를 장기간 계속할 필요가 없다고 인정되는 경우에는 의결 없이 조사위원회의 활동기간을 단축할 수 있다.
20 지방 7   O|X

> 국정감사 및 조사에 관한 법률 제9조(조사위원회의 활동기간) ① 조사위원회의 활동기간 연장은 본회의 의결로 할 수 있다. ② 본회의는 조사위원회의 중간보고를 받고 조사를 장기간 계속할 필요가 없다고 인정되는 경우에는 의결로 조사위원회의 활동기간을 단축할 수 있다.

3952 국정조사위원회는 조사를 하기 전에 전문위원이나 그 밖의 국회사무처 소속 직원 또는 조사대상기관의 소속이 아닌 전문가 등으로 하여금 예비조사를 하게 할 수 있다. 19 국가 7, 15 경정   O|X

> 국정감사 및 조사에 관한 법률 제9조의2(예비조사) 위원회는 조사를 하기 전에 전문위원이나 그 밖의 국회사무처 소속 직원 또는 조사대상기관의 소속이 아닌 전문가 등으로 하여금 예비조사를 하게 할 수 있다.

● 정답) 3950. O   3950-1. X [위원장이 소속하지 않는 교섭단체 소속 간사 중에서 소속 의원 수가 많은 교섭단체 소속의 간사]   3950-2. X [위원장이 소속하지 않는 교섭단체 소속 간사 중에서 소속 의원 수가 많은 교섭단체 소속의 간사]   3951. O   3951-1. O   3951-2. X [활동기간 연장·단축 모두 가능]   3951-3. X [의결 거쳐야 함]   3952. O

POINT 219 국정감사·조사권의 행사   Ⓑ

01 감사·조사 방법

3953 국정감사 또는 조사를 하는 위원회는 그 의결로 필요한 경우 2명 이상의 위원으로 별도의 소위원회나 반을 구성하여 감사 또는 조사를 하게 할 수 있다. 19 국회 8, 17 변호사 O|X

> **국정감사 및 조사에 관한 법률 제5조(소위원회등)** ① **감사 또는 조사**를 하는 위원회(이하 "**위원회**"라 한다)는 **위원회의 의결로 필요한 경우 2명 이상의 위원으로 별도의 소위원회나 반을 구성**하여 **감사 또는 조사**를 하게 할 수 있다. 위원회가 상임위원회인 경우에는 「국회법」 제57조제2항에 따른 상설소위원회로 하여금 감사 또는 조사를 하게 할 수 있다.

3954 국정감사·조사권은 행정부와 아울러 사법부에 대해서도 행사할 수 있다. 10 지방 7 O|X

3954-1 현재 재판이 진행 중인 사건과 동일한 사실의 조사의 경우에도 그 조사의 목적이 정치적 책임의 추궁, 입법자료의 수집 등과 같이 법관의 재판에 직접적인 영향을 미치지 않는다면 국정조사가 허용된다. 11 국회 8 O|X

3954-2 국회의 국정조사는 입법·행정·재정에 관한 사항에 대하여 할 수 있을 뿐, 사법에 관한 사항에 대해서는 할 수 없다. 13 서울 7 O|X

3954-3 국정조사권은 행정부에 대한 입법부의 통제수단으로서 사법부에는 행사할 수 없는 한계가 있다. 19 소간 O|X

> 국회는 매년 정기적으로 국정 전반에 대해 **국정감사**를 할 수 있고, 특정한 국정사안에 대하여 **국정조사**를 할 수 있다. 그 범위는 **입법·행정·재정·사법**의 **모든 국정영역**에 걸쳐 있고, 국회 내부의 자율적 사항에 관해서도 행사할 수 있다. **국가적으로 의혹이 있는 사안에 대하여 국정의 비판과 감시를 위한 국정감사·조사는 사법권독립의 본질적 내용을 침해하지 않는 범위 내에서 사법부에 대해서도 행사할 수 있다.** 사법권독립이라는 이유만으로 국민의 주권적 대표기관인 국회의 비판과 감사의 대상으로부터 완전히 벗어날 수 없다.

3955 검찰사무의 대부분은 행정작용이기에 국정감사 및 조사의 대상이 되지만 수사 중인 사건의 소추에 관여할 목적의 국정감사 및 조사는 허용되지 않는다. 12 지방 7 O|X

> **국정감사 및 조사에 관한 법률 제8조(감사 또는 조사의 한계)** 감사 또는 조사는 **개인의 사생활을 침해**하거나 **계속 중인 재판** 또는 **수사 중인 사건의 소추(訴追)**에 관여할 목적으로 **행사되어서는 아니 된다**.

3956 위원회는 그 의결로 감사 또는 조사와 관련된 보고 또는 서류 등의 제출을 관계인 또는 그 밖의 기관에 요구하고, 증인·감정인·참고인의 출석을 요구하고 검증을 할 수 있다. 다만, 위원회가 감사 또는 조사와 관련된 서류 등의 제출을 요구하는 경우에는 재적위원 3분의 1 이상의 요구로 할 수 있다. 19 국회 8 O|X

3956-1 위원회가 감사 또는 조사와 관련된 서류제출요구를 하는 경우에는 재적위원 4분의 1 이상의 요구로 할 수 있다. 23 소간 O|X

● 정답 3953. O   3954. O   3954-1. O   3954-2. X [사법도 가능함]   3954-3. X [사법부에 행사 가능함]   3955. O   3956. O   3956-1. X [재적 4분의 1 X → 재적 3분의 1 O]

> 국정감사 및 조사에 관한 법률 제10조(감사 또는 조사의 방법) ① 위원회, 제5조제1항에 따른 소위원회 또는 반은 감사 또는 조사를 위하여 그 의결로 감사 또는 조사와 관련된 **보고** 또는 **서류등의 제출**을 관계인 또는 그 밖의 기관에 요구하고, **증인·감정인·참고인의 출석을 요구**하고 검증을 할 수 있다. 다만, 위원회가 감사 또는 조사와 관련된 **서류등의 제출 요구**를 하는 경우에는 **재적위원 3분의 1 이상의 요구**로 할 수 있다.

3957 국정감사 및 국정조사는 공개로 한다. 다만, 위원회의 의결로 달리 정할 수 있다. 19 소간, 17 입시, 12 지방 7 등   O | X

3957-1 국정감사 또는 조사는 비공개를 원칙으로 한다. 15 경정   O | X

3957-2 국정감사는 원칙적으로 공개하나, 국정조사는 원칙적으로 비공개하며, 위원회의 의결로 달리 정할 수 있다. 18 법원 9   O | X

3957-3 국정감사 및 국정조사는 국가안보에 관한 사항을 제외하고 언제나 공개로 한다. 18 서울 7(추)   O | X

> 국정감사 및 조사에 관한 법률 제12조(공개원칙) **감사 및 조사는 공개**한다. 다만, **위원회의 의결**로 달리 정할 수 있다.

02 감사·조사 사후조치

3958 위원회가 국정감사 또는 조사를 마쳤을 때에는 지체 없이 그 감사 또는 조사 보고서를 작성하여 의장에게 제출하여야 하며, 보고서를 제출받은 의장은 이를 지체 없이 본회의에 보고하여야 한다. 19 국회 8   O | X

3958-1 국정감사 또는 국정조사를 마친 때에는 위원회는 지체 없이 그 감사 또는 조사보고서를 작성하여 국회의장과 대통령에게 제출하여야 한다. 10 지방 7   O | X

> 국정감사 및 조사에 관한 법률 제15조(감사 또는 조사 결과의 보고) ① 감사 또는 조사를 마쳤을 때에는 **위원회**는 지체 없이 그 **감사 또는 조사 보고서**를 작성하여 **의장에게 제출**하여야 한다.
> ③ 제1항의 **보고서를 제출받은 의장**은 이를 지체 없이 **본회의**에 **보고**하여야 한다.

3959 국회는 감사 또는 조사 결과 위법하거나 부당한 사항이 있을 때에는 그 정도에 따라 정부 또는 해당 기관에 변상, 징계조치, 제도개선, 예산조정 등 시정을 요구하고, 정부 또는 해당 기관에서 처리함이 타당하다고 인정되는 사항은 정부 또는 해당 기관에 이송한다. 23 소간, 19 국가 7   O | X

> 국정감사 및 조사에 관한 법률 제16조(감사 또는 조사 결과에 대한 처리) ② 국회는 감사 또는 조사 결과 **위법하거나 부당한 사항**이 있을 때에는 그 정도에 따라 정부 또는 해당 기관에 **변상, 징계조치, 제도개선, 예산조정 등 시정**을 요구하고, 정부 또는 **해당 기관에서 처리함**이 타당하다고 인정되는 사항은 **정부 또는 해당 기관에 이송**한다.

정답 3957. O 3957-1. X [공개 원칙] 3957-2. X [국정조사도 공개 원칙] 3957-3. X [위원회 의결로 비공개 가능] 3958. O 3958-1. X [대통령 X] 3959. O

3960 국회의 국정감사·조사 후 국회로부터 시정요구를 받은 정부 또는 해당기관은 이를 지체 없이 처리하고 그 결과를 대통령에게 보고하여야 한다. 13 국가 7   O | X

> 국정감사 및 조사에 관한 법률 제16조(감사 또는 조사결과에 대한 처리) ③ **정부 또는 해당 기관**은 제2항에 따른 **시정요구**를 받거나 **이송받은 사항**을 지체 없이 처리하고 **그 결과를 국회에 보고**하여야 한다.

POINT 220 헌법기관 구성권 (인사권) Ⓑ

01 인사권

3961 대통령은 헌법재판소 재판관, 대법관 및 감사위원을 임명할 때는 국회의 동의를 얻어야 한다. 18 5급   O | X

> 헌법 제111조 ② 헌법재판소는 법관의 자격을 가진 9인의 재판관으로 구성하며, **재판관은 대통령이 임명**한다.
> ④ **헌법재판소의 장은 국회의 동의를** 얻어 **재판관 중에서 대통령이 임명**한다.
> 헌법 제104조 ② 대법관은 **대법원장의 제청**으로 **국회의 동의**를 얻어 **대통령이 임명**한다.
> 헌법 제98조 ③ **감사위원은 원장의 제청으로 대통령이 임명**하고, 그 임기는 4년으로 하며, 1차에 한하여 중임할 수 있다.
> 🔎 보충설명 모든 헌법재판관이 아니라 헌법재판관 중 헌법재판소장만 국회의 동의를 얻어 임명하고, 감사위원은 국회의 동의없이 감사원장의 제청으로 임명한다.

3962 국회는 헌법재판소 재판관 3인 및 중앙선거관리위원회 위원 3인에 대한 선출권을 보유한다. 16 법원 9   O | X

> 헌법 제111조 ③ 제2항의 **재판관 중 3인은 국회에서 선출하는 자**를, 3인은 대법원장이 지명하는 자를 임명한다.
> 헌법 제114조 ② **중앙선거관리위원회**는 대통령이 임명하는 3인, **국회에서 선출하는 3인**과 대법원장이 지명하는 3인의 위원으로 구성한다. 위원장은 위원중에서 호선한다.

3963 헌법 해석상 국회가 선출하여 임명된 헌법재판소의 재판관 중 공석이 발생한 경우에 국회가 공정한 헌법재판을 받을 권리의 보장을 위하여 공석인 재판관의 후임자를 선출하여야 할 구체적 작위의무를 부담한다고 볼 수는 없다. 21 지방 7   O | X

헌법 제27조가 보장하는 재판청구권에는 **공정한 헌법재판을 받을 권리**도 포함되고, 헌법 제111조 제2항은 헌법재판소가 9인의 재판관으로 구성된다고 명시하여 다양한 가치관과 헌법관을 가진 9인의 재판관으로 구성된 합의체가 헌법재판을 담당하도록 하고 있으며, 같은 조 제3항은 재판관 중 3인은 국회에서 선출하는 자를 임명한다고 규정하고 있다. 그렇다면 헌법 제27조, 제111조 제2항 및 제3항의 **해석상**, 피청구인이 선출하여 임명된 **재판관 중 공석이 발생**한 경우, **국회는** 공정한 헌법재판을 받을 권리의 보장을 위하여 **공석인 재판관의 후임자를 선출**하여야 할 **구체적 작위의무를 부담**한다고 할 것이다(헌재 2014. 4. 24. 2012헌마2).

● 정답 3960. X [대통령 보고 X → 국회에 보고 O] 3961. X [헌법재판관 중 헌재소장만 국회 동의 O, 감사위원 국회 동의 X] 3962. O 3963. X [작위의무 부담함]

02 국회의 동의 · 선출 (인사청문특별위원회)

3964 우리 헌법은 대법원장, 대법관, 헌법재판소장, 국무총리, 감사원장에 대하여는 그 임명시 인사청문회를 실시하도록 규정하고 있으나, 국세청장, 검찰총장, 경찰청장 등에 대하여는 헌법이 아닌 국회법에 인사청문회의 실시근거를 두고 있다. 22 법무사   O | X

3964-1 헌법은 국무총리, 국무위원의 임명을 위한 절차로서 인사청문위원회와 관련한 근거조항을 두고 있다.
11 국회 8   O | X

> 헌법은 헌법기관의 임명을 위한 절차로서 인사청문위원회와 관련한 근거조항을 두고 있지 않다. 인사청문위원회와 관련한 근거조항은 「국회법」과 「인사청문회법」에 규정되어 있다.

3965 국회는 헌법에 따라 그 임명에 국회의 동의를 요하는 대법원장 · 헌법재판소장 · 국무총리 · 감사원장 및 대법관에 대한 임명동의안을 심사하기 위하여 인사청문특별위원회를 둔다. 19 서울 7   O | X

> **국회법 제46조의3(인사청문특별위원회)** ① 국회는 다음 각 호의 **임명동의안** 또는 의장이 각 교섭단체 대표의원과 협의하여 제출한 **선출안** 등을 심사하기 위하여 **인사청문특별위원회**를 둔다. 다만, 「대통령직 인수에 관한 법률」 제5조제2항에 따라 대통령당선인이 국무총리 후보자에 대한 인사청문의 실시를 요청하는 경우에 의장은 각 교섭단체 대표의원과 협의하여 그 인사청문을 실시하기 위한 인사청문특별위원회를 둔다.
> 1. 헌법에 따라 그 임명에 **국회의 동의가** 필요한 **대법원장 · 헌법재판소장 · 국무총리 · 감사원장** 및 **대법관**에 대한 **임명동의안**
> 2. 헌법에 따라 **국회에서 선출**하는 **헌법재판소 재판관** 및 **중앙선거관리위원회 위원**에 대한 **선출안**

3966 「대통령직 인수에 관한 법률」 제5조제2항에 따라 대통령당선인이 국무총리 후보자에 대한 인사청문의 실시를 요청하는 경우에 국회의장은 각 교섭단체 대표의원과 협의하여 그 인사청문을 실시하기 위한 인사청문특별위원회를 둔다. 21 국가 7   O | X

3966-1 인사청문 요청은 임명권자 내지 지명권자가 하는 것이 원칙이므로, 대통령과 대법원장은 후보자에 대한 인사청문을 요청할 수 있으나, 임기가 개시되지 아니하여 법률적 지위가 부여되기 이전인 대통령당선인은 인사청문 요청을 할 수 없다. 22 법무사   O | X

> **국회법 제46조의3(인사청문특별위원회)** ① 국회는 다음 각 호의 임명동의안 또는 의장이 각 교섭단체 대표의원과 협의하여 제출한 선출안 등을 심사하기 위하여 **인사청문특별위원회를 둔다.** 다만, 「대통령직 인수에 관한 법률」 제5조제2항에 따라 **대통령당선인**이 **국무총리 후보자**에 대한 **인사청문의 실시를 요청**하는 경우에 의장은 각 교섭단체 대표의원과 협의하여 그 인사청문을 실시하기 위한 **인사청문특별위원회를 둔다.**
> **국회법 제65조의2(인사청문회)** ② 상임위원회는 다른 법률에 따라 다음 각 호의 어느 하나에 해당하는 공직후보자에 대한 인사청문 요청이 있는 경우 인사청문을 실시하기 위하여 각각 **인사청문회를 연다.**
> 2. **대통령당선인**이 「대통령직 인수에 관한 법률」 제5조제1항에 따라 지명하는 **국무위원 후보자**

● 정답 3964. X [헌법에 근거조항 규정 없음]   3964-1. X [헌법에 근거조항 규정 없음]   3965. O   3966. O   3966-1. X [대통령당선인 인사청문 요청 가능]

3967 헌법재판소장은 국회의 동의를 얻어 재판관 중에서 대통령이 임명하며, 인사청문특별위원회에서 인사청문회를 실시한다. 14 서울 7   O│X

3967-1 국무총리는 국회의 동의를 얻어 대통령이 임명하며, 인사청문특별위원회에서 인사청문회를 실시한다. 14 서울 7   O│X

3967-2 감사원장은 국회의 동의를 얻어 대통령이 임명하며, 법제사법위원회에서 인사청문회를 한다. 14 서울 7   O│X

3967-3 대법관은 대법원장의 제청으로 국회의 동의를 얻어 대통령이 임명하며, 인사청문특별위원회에서 인사청문회를 한다. 14 서울 7   O│X

3967-4 대법원장, 대법관, 헌법재판소장에 대한 인사청문회는 국회법제사법위원회에서 실시하고, 국무총리, 감사원장에 대한 인사청문회는 국회 정무위원회에서 실시한다. 22 법무사   O│X

3967-5 대통령이 국무총리·대법원장·헌법재판소장·감사원장·국가정보원장·검찰총장 후보자에 대한 인사청문을 요청한 경우 인사청문특별위원회에서 인사청문을 실시한다. 15 국가 7   O│X

> **국회법 제46조의3(인사청문특별위원회)** ① 국회는 다음 각 호의 **임명동의안** 또는 의장이 각 교섭단체 대표의원과 협의하여 제출한 **선출안** 등을 심사하기 위하여 **인사청문특별위원회**를 둔다. 다만, 「대통령직 인수에 관한 법률」 제5조제2항에 따라 대통령당선인이 국무총리 후보자에 대한 인사청문의 실시를 요청하는 경우에 의장은 각 교섭단체 대표의원과 협의하여 그 인사청문을 실시하기 위한 인사청문특별위원회를 둔다.
> 1. 헌법에 따라 그 임명에 **국회의 동의가 필요한 대법원장 · 헌법재판소장 · 국무총리 · 감사원장** 및 **대법관**에 대한 **임명동의안**
> 2. 헌법에 따라 **국회에서 선출**하는 **헌법재판소 재판관** 및 **중앙선거관리위원회 위원**에 대한 **선출안**

03 국회의 인사청문권 (소관 상임위)

3968 국무위원은 국무총리의 제청으로 대통령이 임명하며, 해당 상임위원회에서 인사청문회를 실시한다. 14 서울 7   O│X

3968-1 대통령이 관련 법률에 따라 국가정보원장·경찰청장·합동참모의장의 후보자에 대한 인사청문을 요청한 경우에는 각각 소관 상임위원회별로 인사청문회를 연다. 19 입시   O│X

3968-2 대통령이 임명하는 국민권익위원회 위원장 후보자, 한국은행 총재 후보자 등에 대한 인사청문 요청이 있는 경우 각 소관 상임위원회의 인사청문을 거쳐야 한다. 19 서울 7   O│X

> **국회법 제65조의2(인사청문회)** ② **상임위원회**는 다른 법률에 따라 다음 각 호의 어느 하나에 해당하는 **공직후보자에 대한 인사청문 요청**이 있는 경우 **인사청문을 실시하기 위하여 각각 인사청문회**를 연다.
> 1. 대통령이 임명하는 헌법재판소 재판관, 중앙선거관리위원회 위원, **국무위원**, 방송통신위원회 위원장, **국가정보원장**, 공정거래위원회 위원장, 금융위원회 위원장, **국가인권위원회 위원장**, 고위공직자범죄수사처장, 국세청장, 검찰총장, **경찰청장**, **합동참모의장**, **한국은행 총재**, 특별감찰관 또는 한국방송공사 사장의 후보자
> 2. 대통령당선인이 「대통령직 인수에 관한 법률」 제5조제1항에 따라 지명하는 국무위원 후보자
> 3. 대법원장이 지명하는 헌법재판소 재판관 또는 중앙선거관리위원회 위원의 후보자

● **정답** 3967. O   3967-1. O   3967-2. X [법사위 X → 인사특위 O]   3967-3. O   3967-4. X [모두 인사청문특위에서 실시]   3967-5. X [국정원장 정보위, 검찰총장 법사위]   3968. O   3968-1. O   3968-2. X [권익위원장 후보자 인사청문 대상 아님]

04 인사청문절차

3969 국회는 임명동의안 등이 제출된 날로부터 20일 이내에 그 심사 또는 인사청문을 마쳐야 한다.
14 지방 7
O|X

3969-1 국회는 임명동의안 등이 제출된 날부터 20일 이내에 그 심사 또는 인사청문을 마쳐야 하고, 부득이한 사유로 그 기간 이내에 국회가 인사청문경과보고서를 송부하지 못한 경우 임명권자는 15일 이내의 범위에서 기간을 정하여 인사청문경과보고서 송부를 요청할 수 있다. 22 법무사
O|X

> **인사청문회법 제6조(임명동의안등의 회부등)** ② **국회는 임명동의안등이 제출된 날부터 20일 이내에 그 심사 또는 인사청문을 마쳐야 한다.**
> ③ 부득이한 사유로 제2항의 규정에 의한 기간 이내에 헌법재판소 재판관·중앙선거관리위원회 위원·국무위원·방송통신위원회 위원장·국가정보원장·공정거래위원회 위원장·금융위원회 위원장·**국가인권위원회 위원장**·국세청장·검찰총장·경찰청장·합동참모의장·한국은행 총재·특별감찰관 또는 한국방송공사 사장(이하 "헌법재판소재판관등"이라 한다)의 후보자에 대한 인사청문을 마치지 못하여 **국회가 인사청문경과보고서를 송부하지 못한 경우에** 대통령·대통령당선인 또는 대법원장은 제2항에 따른 기간의 다음날부터 **10일 이내의 범위에서 기간을** 정하여 **인사청문경과보고서를 송부하여 줄 것을 국회에** 요청할 수 있다.

3970 국회가 국가인권위원회 위원장 후보자의 인사청문경과보고서를 송부하지 아니하여 대통령이 인사청문경과보고서를 송부하여 줄 것을 국회에 요청하였음에도 불구하고 국회가 송부하지 아니한 경우에는 대통령은 국가인권위원회 위원장을 임명할 수 있다. 14 지방 7
O|X

3970-1 대통령은 「인사청문회법」 소정의 기간 이내에 국무위원 후보자에 대한 인사청문경과보고서를 국회가 송부하지 않은 경우 그 후보자를 국무위원으로 임명할 수 없다. 19 지방 7
O|X

> **인사청문회법 제6조(임명동의안등의 회부등)** ④ 제3항의 규정에 의한 기간 이내에 헌법재판소재판관등의 후보자에 대한 **인사청문경과보고서를 국회가 송부하지 아니한 경우에** 대통령 또는 대법원장은 헌법재판소재판관등으로 **임명 또는 지명할 수 있다.**

3971 국회에 선출권이나 동의권이 없는 공직후보자에 관한 국회 인사청문경과보고서는 임명권자의 판단을 구속하지 아니하므로, 임명권자는 국회의 의견과 다르게 후보자를 임명하거나 임명하지 않을 수 있다.
22 법무사
O|X

3971-1 국회 인사청문위원회가 국가정보원장에 대하여 부적격판정을 하였더라도 대통령이 이를 수용해야 할 법적 의무는 없다. 16 법원 9
O|X

국회 인사청문경과보고서는 구속력이 없다.

> **관련판례** 대통령은 그의 지휘·감독을 받는 행정부 구성원을 임명하고 해임할 권한(헌법 제78조)을 가지고 있으므로, 국가정보원장의 임명행위는 **헌법상 대통령의 고유권한**으로서 법적으로 국회 인사청문회의 견해를 **수용해야 할 의무를 지지는 않는다.** 따라서 대통령은 국회 인사청문회의 판정을 수용하지 않음으로써 국회의 권한을 침해하거나 헌법상 권력분립원칙에 위배되는 등 헌법에 위반한 바가 없다(헌재 2004. 5. 14. 2004헌나1).

● 정답 3969. O 3969-1. X [15일 X → 10일 O] 3970. O 3970-1. X [임명 가능함] 3971. O 3971-1. O

3972 국회인사청문회의 결정이나 국회의 해임건의는 법적 구속력이 없는 정치적 요청이기 때문에 대통령이 이를 수용하지 않는다고 해서 헌법이나 법률에 위반된다고 할 수 없다. 17 국회 9 O | X

대통령이 **국회인사청문회의 결정**이나 **국회의 해임건의를** 수용할 것인지의 문제는 대의기관인 국회의 결정을 **정치적으로 존중할 것인지의 문제**이지 법적인 문제가 아니다. 따라서 대통령의 이러한 행위는 헌법이 규정하는 권력분립구조 내에서의 대통령의 정당한 권한행사에 해당하거나 또는 헌법규범에 부합하는 것으로서 헌법이나 법률에 **위반되지 아니한다**(헌재 2004. 5. 14. 2004헌나1).

POINT 221 탄핵소추 (국회)

01 탄핵제도

3973 탄핵심판은 고위공직자가 권한을 남용하여 헌법이나 법률을 위반하는 경우 그 권한을 박탈함으로써 헌법질서를 지키는 헌법재판이고, 탄핵결정은 대상자를 공직으로부터 파면함에 그치고 형사상 책임을 면제하지 아니한다는 점에서 탄핵심판절차는 형사절차나 일반 징계절차와는 성격을 달리한다. 22 변호사 O | X

탄핵심판은 고위공직자가 권한을 남용하여 **헌법이나 법률을 위반**하는 경우 그 **권한을 박탈**함으로써 **헌법질서를 지키는 헌법재판**이고, 탄핵결정은 대상자를 공직으로부터 파면에 그치고 형사상 책임을 면제하지 아니한다(헌법 제65조 제4항)는 점에서 **탄핵심판절차는 형사절차**나 **일반 징계절차**와는 성격을 달리 한다(헌재 2017. 3. 10. 2016헌나1).

3974 탄핵제도라 함은 일반사법절차에 따라 소추하거나 징계절차로써 징계하기가 곤란한 일반직 행정공무원이 직무상 비위를 범한 경우에 파면하는 제도를 말한다. 19 서울 7 O | X

3974-1 탄핵심판은 고위직 공무원의 정치적 과오에 대한 형사법적 제재의 성격을 가진다. 14 국회 8 O | X

탄핵심판은 일반적인 사법절차나 **징계절차**에 따라 소추 또는 징계하기 곤란한 **행정부의 고위공직자나 법관 등**과 같이 신분이 보장된 공무원이 직무상 헌법 또는 법률 위배행위를 한 경우 그에 대한 **법적 책임을 추궁하여 파면**함으로써 침해된 헌법질서를 회복하고 수호하기 위한 절차이다(헌재 2021. 10. 28. 2021헌나1).

3975 헌법 제65조는 행정부와 사법부의 고위공직자에 의한 헌법위반이나 법률위반에 대하여 탄핵소추의 가능성을 규정함으로써, 그들에 의한 헌법위반을 경고하고 사전에 방지하는 기능을 하며, 국민에 의하여 국가권력을 위임받은 국가기관이 그 권한을 남용하여 헌법이나 법률에 위반하는 경우에는 다시 그 권한을 박탈하는 기능을 한다. 즉, 공직자가 직무수행에 있어서 헌법에 위반한 경우 그에 대한 법적 책임을 추궁함으로써, 헌법의 규범력을 확보하고자 하는 것이 바로 탄핵심판절차의 목적과 기능인 것이다. 23 법무사 O | X

헌법 제65조는 행정부와 사법부의 고위공직자에 의한 헌법위반이나 법률위반에 대하여 탄핵소추의 가능성을 규정함으로써, 그들에 의한 **헌법위반을 경고하고 사전에 방지하는 기능**을 하며, 국민에 의하여 국가권력을 위임받은 국가기관이 그 권한을 남용하여 헌법이나 법률에 위반하는 경우에는 **다시 그 권한을 박탈하는 기능**을 한다. 즉, 공직자가 직무수행에 있어서 헌법에 위반한 경우 그에 대한 **법적 책임**을 추궁함으로써, 헌법의 규범력을 확보하고자 하는 것이 바로 **탄핵심판절차의 목적과 기능**인 것이다(헌재 2004. 5. 14. 2004헌나1).

● 정답 3972. O 3973. O 3974. X [일반직 행정공무원 X → 고위공직자 O] 3974-1. X [정치적 과오에 대한 형사법적 제재 X → 법적 책임을 추궁하여 파면 O] 3975. O

3976 현행 헌법에 의하면 탄핵소추의 발의는 국회가 담당하지만, 소추의 의결과 심판은 헌법재판소가 담당한다. 19 서울 7   O | X

> **헌법 제65조** ② 제1항의 탄핵소추는 **국회재적의원 3분의 1 이상의 발의**가 있어야 하며, 그 **의결**은 **국회재적의원 과반수의 찬성**이 있어야 한다. 다만, **대통령**에 대한 탄핵소추는 **국회재적의원 과반수의 발의**와 **국회재적의원 3분의 2 이상의 찬성**이 있어야 한다.
>
> **헌법 제111조** ① **헌법재판소**는 다음 사항을 관장한다.
> 2. 탄핵의 **심판**

02 탄핵소추대상

3977 대통령·국무총리·국무위원·행정각부의 장·헌법재판소 재판관·법관·중앙선거관리위원회 위원·감사원장·감사위원 기타 법률이 정한 공무원이 그 직무집행에 있어서 헌법이나 법률을 위배한 때에는 국회는 탄핵의 소추를 의결할 수 있다. 14 법원 9   O | X

3977-1 국회의원과 헌법재판소 재판관은 각각 탄핵소추와 탄핵심판에 직접 관여하므로 탄핵소추의 대상자에서 제외된다. 10 국회 8   O | X

3977-2 헌법재판소 재판관과 대법관은 그 직무집행에 있어서 헌법이나 법률을 위배한 때에는 해임건의의 대상이 될 수 있다. 11 국가 7   O | X

> **헌법 제65조** ① **대통령·국무총리·국무위원·행정각부의 장·헌법재판소 재판관·법관·중앙선거관리위원회 위원·감사원장·감사위원** 기타 법률이 정한 공무원이 그 직무집행에 있어서 헌법이나 법률을 위배한 때에는 국회는 탄핵의 소추를 의결할 수 있다.

3978 헌법은 탄핵소추의 대상자로서 대통령·국무총리·국무위원·행정각부의 장·헌법재판소 재판관·법관·중앙선거관리위원회 위원장·감사원장·감사위원·기타 법률이 정한 공무원으로 규정하고 있고, 「선거관리위원회법」에서 중앙선거관리위원회 및 각급선거관리위원회 위원을 탄핵소추의 대상으로 포함하고 있다. 20 지방 7   O | X

> **헌법 제65조** ① 대통령·국무총리·국무위원·행정각부의 장·헌법재판소 재판관·법관·**중앙선거관리위원회 위원**·감사원장·감사위원 기타 법률이 정한 공무원이 그 직무집행에 있어서 헌법이나 법률을 위배한 때에는 국회는 탄핵의 소추를 의결할 수 있다.
>
> **선거관리위원회법 제9조(위원의 해임사유) 각급선거관리위원회의 위원**은 다음 각호의 1에 해당할 때가 아니면 해임·해촉 또는 파면되지 아니한다.
> 2. **탄핵결정**으로 파면된 때

3979 국회의 탄핵소추의 대상이 되는 고위직 공무원의 범위에 대한 헌법규정은 예시규정이며 검사는 헌법에 명시되어 있지 않지만 탄핵소추의 대상이 된다. 15 국가 7   O | X

3979-1 검사와 검찰총장은 헌법상 탄핵의 대상으로 명시되어 있는 공무원이다. 19 소간   O | X

● 정답 3976. X [발의와 의결은 국회 담당, 심판은 헌재 담당] 3977. O 3977-1. X [헌법재판소 재판관은 포함됨] 3977-2. X [해임건의 X → 탄핵 O] 3978. X [중앙선관위 위원은 헌법에 규정] 3979. O 3979-1. X [헌법에 명시 X]

국회의 탄핵소추의 대상이 되는 고위직 공무원의 범위에 대한 헌법규정은 **예시규정**이며 검사는 헌법에 명시되어 있지 않지만 **개별법상 탄핵소추의 대상**이 된다.

> **검찰청법 제37조(신분보장) 검사**는 **탄핵**이나 금고 이상의 형을 선고받은 경우를 제외하고는 파면되지 아니하며, 징계처분이나 적격심사에 의하지 아니하고는 해임·면직·정직·감봉·견책 또는 퇴직의 처분을 받지 아니한다.

3980 국회는 직무집행에 있어서 헌법이나 법률을 위배한 검사뿐만 아니라 고위공직자범죄수사처의 검사에 대하여도 탄핵소추를 의결할 수 있다. 23 법무사 O│X

국회의 탄핵소추의 대상이 되는 고위직 공무원의 범위에 대한 헌법규정은 예시규정이며 검사뿐만 아니라 고위공직자범죄수사처의 검사는 헌법에 명시되어 있지 않지만 개별법상 탄핵소추의 대상이 된다.

> **검찰청법 제37조(신분보장) 검사**는 **탄핵**이나 금고 이상의 형을 선고받은 경우를 제외하고는 파면되지 아니하며, 징계처분이나 적격심사에 의하지 아니하고는 해임·면직·정직·감봉·견책 또는 퇴직의 처분을 받지 아니한다.
>
> **고위공직자범죄수사처 설치 및 운영에 관한 법률 제14조(신분보장)** 처장, 차장, **수사처검사**는 **탄핵**이나 금고 이상의 형을 선고받은 경우를 제외하고는 파면되지 아니하며, 징계처분에 의하지 아니하고는 해임·면직·정직·감봉·견책 또는 퇴직의 처분을 받지 아니한다.

3981 검찰총장과 경찰청장은 헌법에 탄핵대상자로 명시되어 있다. 20 국회 9 O│X

> **검찰청법 제37조(신분보장) 검사**는 **탄핵**이나 금고 이상의 형을 선고받은 경우를 제외하고는 파면되지 아니하며, 징계처분이나 적격심사에 의하지 아니하고는 해임·면직·정직·감봉·견책 또는 퇴직의 처분을 받지 아니한다.
>
> **경찰법 제14조(경찰청장)** ⑤ **경찰청장**이 직무를 집행하면서 헌법이나 법률을 위배하였을 때에는 국회는 **탄핵 소추**를 의결할 수 있다.

🖊 **보충설명** 검찰총장과 경찰청장은 헌법에 탄핵대상자로 명시되어 있지 않다. 다만 검찰총장은 검찰청법상, 경찰청장은 경찰법상 탄핵의 대상으로 규정되어 있다.

3982 검사와 각군 참모총장은 헌법규정에 탄핵대상자로 명시되어 있다. 19 지방 7 O│X

> **검찰청법 제37조(신분보장) 검사**는 **탄핵**이나 금고 이상의 형을 선고받은 경우를 제외하고는 파면되지 아니하며, 징계처분이나 적격심사에 의하지 아니하고는 해임·면직·정직·감봉·견책 또는 퇴직의 처분을 받지 아니한다.

🖊 **보충설명** 검사는 헌법에 탄핵대상자로 명시되어 있지 않지만 검찰청법상 탄핵의 대상으로 규정되어 있다. 각군 참모총장은 헌법과 법률에 탄핵대상으로 규정되어 있지 않으나 탄핵대상이 되는 고위공직자로 보는 것이 일반적인 견해이다.

3983 탄핵소추의 대상을 규정하고 있는 헌법 제65조 제1항의 '기타법률이 정한 공무원'에는 원자력안전위원회 위원장, 방송통신위원회 위원장이 포함된다. 17 국회 8 O│X

> **원자력안전위원회의 설치 및 운영에 관한 법률 제6조(위원장)** ⑤ 국회는 **위원장**이 그 직무를 집행함에 있어 헌법이나 법률을 위반한 때에는 **탄핵의 소추를 의결**할 수 있다.
>
> **방송통신위원회의 설치 및 운영에 관한 법률 제6조(위원장)** ⑤ 국회는 **위원장**이 그 직무를 집행하면서 헌법이나 법률을 위배한 때에는 **탄핵의 소추를 의결**할 수 있다.

● 정답 3980. O   3981. X [헌법에 명시 X]   3982. X [헌법에 명시 X]   3983. O

03 탄핵소추사유

3984 헌법이 정하고 있는 탄핵소추의 사유는 해당 공무원이 직무집행에 있어서 헌법이나 법률을 위배한 경우다. 10 국회 8 〇|×

3984-1 탄핵소추는 위헌·위법성을 요건으로 할 뿐 직무 관련성을 필수적 요건으로 하는 것은 아니다. 19 서울 7 〇|×

> **헌법 제65조** ① 대통령·국무총리·국무위원·행정각부의 장·헌법재판소 재판관·법관·중앙선거관리위원회 위원·감사원장·감사위원 기타 법률이 정한 **공무원**이 그 **직무집행**에 있어서 **헌법이나 법률을 위배**한 때에는 국회는 **탄핵의 소추를 의결**할 수 있다.

3985 탄핵사유가 되는 직무집행에서 직무는 법제상 소관 직무에 속하는 고유 업무 및 통념상 이와 관련된 업무를 말한다. 따라서 직무상의 행위란 법령·조례 또는 행정관행·관례에 의하여 그 지위의 성질상 필요로 하거나 수반되는 모든 행위나 활동을 의미한다. 20 지방 7 〇|×

헌법 제65조에 규정된 탄핵사유를 구체적으로 살펴보면, '직무집행에 있어서'의 '**직무**'란, **법제상 소관 직무에 속하는 고유 업무** 및 **통념상 이와 관련된 업무를 말한다.** 따라서 **직무상의 행위란**, 법령·조례 또는 행정관행·관례에 의하여 **그 지위의 성질상 필요로 하거나 수반되는 모든 행위나 활동을 의미한다**(헌재 2004. 5. 14. 2004헌나1).

3986 헌법 제65조는 대통령이 '그 직무집행에 있어서 헌법이나 법률을 위배한 때'를 탄핵사유로 규정하고 있다. 여기에서 '직무'란 법제상 소관 직무에 속하는 고유 업무와 사회통념상 이와 관련된 업무를 말하고, 법령에 근거한 행위뿐만 아니라 대통령의 지위에서 국정수행과 관련하여 행하는 모든 행위를 포괄하는 개념이다. 23 국회 8 〇|×

헌법 제65조는 대통령이 '그 직무집행에 있어서 헌법이나 법률을 위배한 때'를 탄핵사유로 규정하고 있다. 여기에서 '직무'란 법제상 소관 직무에 속하는 고유 업무와 사회통념상 이와 관련된 업무를 말하고, 법령에 근거한 행위뿐만 아니라 **대통령의 지위에서 국정수행과 관련하여 행하는 모든 행위를 포괄**하는 개념이다. 또 '헌법'에는 명문의 헌법규정뿐만 아니라 헌법재판소의 결정에 따라 형성되어 확립된 불문헌법도 포함되고, '법률'에는 형식적 의미의 법률과 이와 동등한 효력을 가지는 국제조약 및 일반적으로 승인된 국제법규 등이 포함된다(헌재 2017. 3. 10. 2016헌나1).

3987 대통령의 공식기자회견은 탄핵요건인 직무수행의 범주에 속한다. 18 입시 〇|×

위 기자회견들은 대통령이 사인이나 정치인으로서가 아니라 대통령의 신분으로서 가진 것이며, 대통령은 이 과정에서 대통령의 지위가 부여하는 정치적 비중과 영향력을 이용하여 특정 정당을 지지하는 발언을 한 것이다. 따라서 위 **기자회견에서의 대통령의 발언은** 헌법 제65조 제1항의 의미에서의 '**그 직무집행에 있어서' 한 행위에 해당**한다(헌재 2004. 5. 14. 2004헌나1).

3988 헌법 제65조 제1항은 '직무집행에 있어서'라고 하여, 탄핵사유의 요건을 '직무' 집행으로 한정하고 있으므로, 대통령의 직위를 보유하고 있는 상태에서 범한 법위반행위만 소추사유가 될 수 있다. 23 국가 7 〇|×

3988-1 대통령으로 당선된 후 취임 전에 대통령당선인의 직무수행으로 한 위헌·위법행위는 대통령 취임 후 그에 대한 탄핵의 사유가 된다. 14 국가 7 〇|×

● 정답 3984. 〇 · 3984-1. ×[직무 관련성 필수 요건임] 3985. 〇 3986. 〇 3987. 〇 3988. 〇 3988-1. ×[취임 전 행위는 탄핵사유 안 됨]

헌법 제65조 제1항은 '대통령…이 그 직무집행에 있어서'라고 하여, 탄핵사유의 요건을 '**직무**' 집행으로 한정하고 있으므로, 위 규정의 해석상 **대통령의 직위를 보유하고 있는 상태**에서 범한 법위반행위만이 **소추사유**가 될 수 있다고 보아야 한다. 따라서 **당선 후 취임 시까지의 기간**에 이루어진 **대통령의 행위도 소추사유가 될 수 없다**(헌재 2004. 5. 14. 2004헌나1).

3989 헌법은 탄핵소추의 사유를 '헌법이나 법률에 대한 위배'로 명시하고 헌법재판소가 탄핵심판을 관장하게 함으로써 탄핵절차를 정치적 심판절차가 아니라 규범적 심판절차로 규정하였고, 이에 따라 탄핵심판절차의 목적은 '정치적 이유가 아니라 법위반을 이유로 하는' 파면임을 밝히고 있다. 24 변호사   O | X

헌법 제65조는 탄핵소추의 사유를 '**헌법이나 법률에 대한 위배**'로 명시하고 헌법재판소가 탄핵심판을 관장하게 함으로써 탄핵절차를 정치적 심판절차가 아니라 **규범적 심판절차**로 규정하였고, 이에 따라 **탄핵심판절차의 목적**은 '정치적 이유가 아니라 **법위반을 이유로 하는**' 파면임을 밝히고 있다(헌재 2021. 10. 28. 2021헌나1).

3990 '그 직무집행에 있어서 헌법이나 법률을 위배한 때'를 탄핵사유로 규정하고 있는 헌법 제65조 제1항의 '헌법'에는 명문의 헌법규정뿐만 아니라 헌법재판소의 결정에 따라 형성되어 확립된 불문헌법도 포함되고, '법률'에는 형식적 의미의 법률과 이와 동등한 효력을 가지는 국제조약 및 일반적으로 승인된 국제법규 등이 포함된다. 18 변호사   O | X

3990-1 헌법 제65조 제1항은 탄핵사유를 '헌법이나 법률을 위배한 때'로 규정하고 있는데, '헌법'에는 명문의 헌법규정만이 포함되고, 헌법재판소의 결정에 의하여 형성되어 확립된 불문헌법은 포함되지 않는다. 23 국가 7   O | X

3990-2 헌법 제65조는 대통령이 '그 직무집행에 있어서 헌법이나 법률을 위배한 때'를 탄핵사유로 규정하고 있는데, 그 중 '헌법'은 명문의 헌법규정을, '법률'은 형식적 의미의 법률을 지칭한다고 해석하는 것이 명확성 원칙에 부합한다. 18 법무사   O | X

3990-3 헌법 제65조 제1항이 정하고 있는 탄핵소추사유는 '공무원이 그 직무집행에 있어서 헌법이나 법률을 위배한' 사실이지만, 여기서 법률은 원칙적으로 형사법에 한정된다. 21 소간   O | X

헌법은 탄핵사유를 "헌법이나 법률에 위배한 때"로 규정하고 있는데, '**헌법**'에는 **명문의 헌법규정**뿐만 아니라 헌법재판소의 결정에 의하여 형성되어 확립된 **불문헌법도 포함**된다. '**법률**'이란 단지 형식적 의미의 법률 및 그와 동등한 효력을 가지는 **국제조약, 일반적으로 승인된 국제법규 등**을 의미한다(헌재 2004. 5. 14. 2004헌나1).

3991 대통령 취임선서에서 규정한 '직책을 성실히 수행할 의무'는 헌법적 의무에 해당하지만, 규범적으로 그 이행이 관철될 수 있는 성격의 의무가 아니므로 원칙적으로 사법적 판단의 대상이 되기는 어렵다. 20 국가 7   O | X

3991-1 대통령의 '직책을 성실히 수행할 의무'는 헌법적 의무에 해당하므로 대통령이 국민의 신임을 배반하지 않을 정도로 직책을 성실히 수행하였는지 여부는 탄핵심판절차의 판단대상이 된다. 18 서울 7(추)   O | X

3991-2 대통령의 '성실한 직책수행의무'는 헌법적 의무에 해당하고 규범적으로 그 이행이 관철될 수 있는 성격의 의무이므로, '성실한 직책수행의무' 위반은 탄핵사유가 된다. 12 지방 7   O | X

정답 3989. O   3990. O   3990-1. X [불문헌법도 포함]   3990-2. X [형식적 의미의 법률만 지칭 X]   3990-3. X [형사법에 한정 X]   3991. O
3991-1. X [탄핵심판절차 판단대상 X]   3991-2. X [탄핵사유 안 됨]

헌법 제69조는 대통령의 취임선서의무를 규정하면서, 대통령으로서 '**직책을 성실히 수행할 의무**'를 언급하고 있다. 비록 <u>대통령의 '**성실한 직책수행의무**'는 헌법적 의무에 해당</u>하나, '**헌법을 수호해야 할 의무**'와는 달리, 규범적으로 그 이행이 관철될 수 있는 성격의 의무가 아니므로, 원칙적으로 <u>사법적 판단의 대상이 될 수 없다</u>고 할 것이다(헌재 2004. 5. 14. 2004헌나1).

3992 대통령의 '직책을 성실히 수행할 의무'는 헌법적 의무에 해당하지만, '헌법을 수호해야 할 의무'와는 달리 규범적으로 그 이행이 관철될 수 있는 성격의 의무가 아니므로 원칙적으로 사법적 판단의 대상이 되기 어렵다. 22 국가 7, 17 국가 7(추)　　O│X

3992-1 대통령이 '직책을 성실히 수행할 의무'는 헌법적 의무로서 '헌법을 수호해야 할 의무'와 마찬가지로 그 이행이 관철될 수 있는 규범적 성격의 의무이므로 사법적 판단의 대상이 된다. 17 지방 7　O│X

3992-2 헌법 제66조 제2항의 대통령의 '헌법을 수호해야 할 책무'는 그 이행이 관철될 수 있는 성격의 의무가 아니므로, 원칙적으로 사법적 판단의 대상이 될 수 없다. 21 국회 9　　O│X

헌법 제69조는 대통령의 취임선서의무를 규정하면서, 대통령으로서 '**직책을 성실히 수행할 의무**'를 언급하고 있다. 비록 <u>대통령의 '**성실한 직책수행의무**'는 헌법적 의무에 해당</u>하나, '**헌법을 수호해야 할 의무**'와는 달리, 규범적으로 그 이행이 관철될 수 있는 성격의 의무가 아니므로, 원칙적으로 <u>사법적 판단의 대상이 될 수 없다</u>고 할 것이다(헌재 2004. 5. 14. 2004헌나1).

3993 헌법 제65조 제1항은 탄핵사유를 "헌법이나 법률을 위배한 때"로 제한하고 있고, 헌법재판소의 탄핵심판절차는 법적인 관점에서 단지 탄핵사유의 존부만을 판단하는 것이므로 정치적 무능력이나 정책결정상의 잘못 등 직책수행의 성실 여부는 그 자체로서 소추사유가 될 수 없다. 16 국회 8　O│X

3993-1 대통령이 권한을 행사하면서 사안을 올바로 이해하지 못하거나 판단을 잘못하여 국가와 국민에게 피해를 가져올 수도 있지만, 이러한 정책판단이나 정책집행상의 오류에 대해서는 법적인 책임이 면제된다. 14 서울 7　　O│X

3993-2 대통령의 직무집행상 헌법 위반뿐만 아니라 정치적 무능력이나 정책결정상의 잘못 등 직책수행의 불성실성 역시 탄핵소추사유가 될 수 있다. 13 변호사　　O│X

3993-3 대통령 당선 전의 행위는 탄핵소추의 사유가 되지 아니하나, 정책결정상의 과오를 이유로 한 탄핵소추는 허용된다. 21 국회 9　　O│X

비록 대통령의 '성실한 직책수행의무'는 헌법적 의무에 해당하나, '헌법을 수호해야 할 의무'와는 달리, 규범적으로 그 이행이 관철될 수 있는 성격의 의무가 아니므로, 원칙적으로 사법적 판단의 대상이 될 수 없다고 할 것이다. 헌법 제65조 제1항은 탄핵사유를 '**헌법이나 법률에 위배한 때**'로 제한하고 있고, 헌법재판소의 탄핵심판절차는 <u>법적인 관점</u>에서 단지 탄핵사유의 존부만을 판단하는 것이므로, 이 사건에서 청구인이 주장하는 바와 같은 **정치적 무능력이나 정책결정상의 잘못** 등 직책수행의 성실성여부는 그 자체로서 <u>소추사유</u>가 될 수 <u>없어, 탄핵심판절차의 판단대상이 되지 아니한다</u>(헌재 2004. 5. 14. 2004헌나1).

● 정답 3992. O　3992-1. X [사법적 판단 대상 X]　3992-2. X [헌법을 수호해야 할 책무는 사법적 판단 대상이 됨]　3993. O　3993-1. O
3993-2. X [탄핵소추사유 안 됨]　3993-3. X [정책결정상 과오를 이유로 탄핵소추 X]

04 탄핵소추 (국회)

1 탄핵소추의 발의와 의결

3994 탄핵소추는 국회재적의원 3분의 1 이상의 발의가 있어야 하며, 그 의결은 국회재적의원 과반수의 찬성이 있어야 한다. 다만, 대통령에 대한 탄핵소추는 국회재적의원 과반수의 발의와 국회재적의원 3분의 2 이상의 찬성이 있어야 한다. 14 법원 9 O|X

3994-1 대통령, 국무총리, 법관 또는 감사위원이 그 직무집행에 있어서 헌법이나 법률을 위배한 경우에 국회의 탄핵소추는 국회재적의원 3분의 1 이상의 발의가 있어야 하며, 그 의결은 국회재적의원 과반수의 찬성이 있어야 한다. 13 국가 7 O|X

3994-2 대통령, 국무총리, 국무위원, 행정각부의 장, 헌법재판소 재판관, 법관, 중앙선거관리위원회 위원, 감사원장, 감사위원 기타 법률이 정한 공무원에 대한 탄핵소추는 국회재적의원 과반수의 발의와 국회재적의원 3분의 2 이상의 찬성으로 의결한다. 22 국회 9 O|X

3994-3 헌법재판소 재판관에 대한 탄핵소추의결은 국회재적의원 3분의 1 이상의 찬성이 필요하다. 15 지방 7 O|X

3994-4 대통령에 대한 탄핵소추는 재적의원 3분의 1 이상의 발의와 국회재적의원 3분의 2 이상의 찬성의결이 있어야 한다. 11 법원 9 O|X

> **헌법 제65조** ① 대통령·국무총리·국무위원·행정각부의 장·헌법재판소 재판관·법관·중앙선거관리위원회 위원·감사원장·감사위원 기타 법률이 정한 공무원이 그 직무집행에 있어서 헌법이나 법률을 위배한 때에는 국회는 탄핵의 소추를 의결할 수 있다.
> ② 제1항의 탄핵소추는 **국회재적의원 3분의 1 이상의 발의**가 있어야 하며, 그 의결은 **국회재적의원 과반수의 찬성**이 있어야 한다. 다만, **대통령**에 대한 탄핵소추는 **국회재적의원 과반수의 발의**와 **국회재적의원 3분의 2 이상의 찬성**이 있어야 한다.

3995 정치적 또는 정책적인 기준에 따른 탄핵소추는 허용되지 않는다. 다만 탄핵소추의 사유가 존재하는 경우에도 탄핵소추의 발의 및 의결을 할 것인가의 여부는 전적으로 국회의 자율적인 판단의 대상이다. 12 국회 9 O|X

3995-1 탄핵소추의 사유가 존재하는 경우에는 국회는 탄핵소추를 발의하고 의결하여야 한다. 20 국회 9 O|X

> 국회에게 대통령의 헌법 등 위배행위가 있을 경우에 **탄핵소추의결을 하여야 할 헌법상의 작위의무**가 있다거나 청구인에게 탄핵소추의결을 청구할 헌법상 기본권이 있다고 할 수 **없다.** 왜냐하면 헌법은 "대통령……이 그 직무집행에 있어서 헌법이나 법률을 위배한 때에는 국회는 탄핵의 소추를 의결할 수 있다."(제65조 제1항)라고 규정함으로써 명문규정상 **국회의 탄핵소추의결이 국회의 재량행위임**을 밝히고 있고 … 때문이다(헌재 1996. 2. 29. 93헌마186).

● 정답 3994. O 3994-1. X [대통령은 재과 발의, 재적 3분의 2 이상 찬성 의결] 3994-2. X [대통령만 해당함] 3994-3. X [재과찬으로 의결]
3994-4. X [재적 과반수 발의, 재적 2/3 찬성] 3995. O 3995-1. X [의결할 수 있음]

3996 탄핵소추안을 각 소추사유별로 나누어 발의할 것인지 아니면 여러 소추사유를 포함하여 하나의 안으로 발의할 것인지는 소추안을 발의하는 의원들의 자유로운 의사에 달린 것이므로, 대통령이 헌법이나 법률을 위배한 사실이 여러 가지일 때 그 중 한 가지 사실만으로도 충분히 파면결정을 받을 수 있다고 판단되면 그 한 가지 사유만으로 탄핵소추안을 발의할 수 있다. 18 변호사 O│X

> 탄핵소추안을 각 소추사유별로 나누어 발의할 것인지 아니면 여러 소추사유를 포함하여 하나의 안으로 발의할 것인지는 소추안을 발의하는 의원들의 자유로운 의사에 달린 것이다. 대통령이 헌법이나 법률을 위배한 사실이 여러 가지일 때 그 중 한 가지 사실만으로도 충분히 파면 결정을 받을 수 있다고 판단되면 그 한 가지 사유만으로 탄핵소추안을 발의할 수도 있고, 여러 가지 소추사유를 종합할 때 파면할 만하다고 판단되면 여러 가지 소추사유를 함께 묶어 하나의 탄핵소추안으로 발의할 수도 있다(헌재 2017. 3. 10. 2016헌나1).

3997 탄핵소추가 발의되었을 때에는 국회의장은 발의된 후 처음 개의하는 본회의에 보고하고, 본회의는 의결로 법제사법위원회에 회부하여 조사하게 할 수 있다. 22 소간, 16 국회 8 O│X

> 국회법 제130조(탄핵소추의 발의) ① 탄핵소추가 발의되었을 때에는 의장은 발의된 후 처음 개의하는 본회의에 보고하고, 본회의는 의결로 법제사법위원회에 회부하여 조사하게 할 수 있다.

3998 본회의가 탄핵소추안을 법제사법위원회에 회부하기로 의결하지 아니한 경우에는 본회의에 보고된 때부터 24시간 이후 72시간 이내에 탄핵소추 여부를 무기명투표로 표결하되, 이 기간 내에 표결하지 아니한 탄핵소추안은 폐기된 것으로 본다. 22 지방 7 O│X

> 국회법 제130조(탄핵소추의 발의) ② 본회의가 제1항에 따라 탄핵소추안을 법제사법위원회에 회부하기로 의결하지 아니한 경우에는 본회의에 보고된 때부터 24시간 이후 72시간 이내에 탄핵소추 여부를 무기명투표로 표결한다. 이 기간 내에 표결하지 아니한 탄핵소추안은 폐기된 것으로 본다.

3999 국회의 의사절차에 헌법이나 법률을 명백히 위반한 흠이 있는 경우가 아니면 국회 의사절차의 자율권은 권력분립의 원칙상 존중되어야 하고, 국회법 제130조 제1항은 탄핵소추의 발의가 있을 때 그 사유 등에 대한 조사 여부를 국회의 재량으로 규정하고 있으므로, 국회가 탄핵소추사유에 대하여 별도의 조사를 하지 않았다거나 국정조사결과나 특별검사의 수사결과를 기다리지 않고 탄핵소추안을 의결하였다고 하여 그 의결이 헌법이나 법률을 위반한 것이라고 볼 수 없다. 23 법무사, 19 법원 9 O│X

3999-1 「국회법」 제130조 제1항이 탄핵소추의 발의가 있을 때 그 사유 등에 대한 조사 여부를 국회의 재량으로 규정하고 있더라도, 국회가 탄핵소추사유에 대하여 별도의 조사를 하지 않았다거나 국정조사결과나 특별검사의 수사결과를 기다리지 않고 탄핵소추안을 의결하였다면 헌법이나 법률을 위반한 것이다. 20 국가 7 O│X

> 국회의 의사절차에 헌법이나 법률을 명백히 위반한 흠이 있는 경우가 아니면 국회 의사절차의 자율권은 권력분립의 원칙상 존중되어야 하고, 국회법 제130조 제1항은 탄핵소추의 발의가 있을 때 그 사유 등에 대한 조사 여부를 국회의 재량으로 규정하고 있으므로, 국회가 탄핵소추사유에 대하여 별도의 조사를 하지 않았다거나 국정조사결과나 특별검사의 수사결과를 기다리지 않고 탄핵소추안을 의결하였다고 하여 그 의결이 헌법이나 법률을 위반한 것이라고 볼 수 없다(헌재 2017. 3. 10. 2016헌나1).

정답 3996. O 3997. O 3998. O 3999. O 3999-1. X [위반 아님]

4000 탄핵소추를 의결하기 전에 조사여부는 국회의 재량이므로 국회가 탄핵소추사유에 대하여 별도의 조사를 하지 않아도 헌법이나 법률에 위반되지 않고, 탄핵소추의결도 개별 사유별로 하지 않고 전체를 하나의 안건으로 표결할 수 있다. 18 서울 7   O | X

국회가 탄핵소추사유에 대하여 별도의 조사를 하지 않았다거나 국정조사결과나 특별검사의 수사결과를 기다리지 않고 탄핵소추안을 의결하였다고 하여 그 의결이 헌법이나 법률을 위반한 것이라고 볼 수 없다. … 본회의에 상정된 의안에 대하여 표결절차에 들어갈 때 국회의장에게는 '표결할 안건의 제목을 선포'할 권한만 있는 것이지(국회법 제110조 제1항), 직권으로 이 사건 탄핵소추안에 포함된 개개 소추사유를 분리하여 여러 개의 탄핵소추안으로 만든 다음 이를 각각 표결에 부칠 수는 없다(헌재 2017. 3. 10. 2016헌나1).

4001 여러 개의 탄핵사유가 포함된 하나의 탄핵소추안을 발의하고 안건 수정 없이 그대로 본회의에 상정된 경우에, 국회의장은 '표결할 안건의 제목을 선포'할 권한만 있는 것이지, 직권으로 탄핵소추안에 포함된 개개 소추사유를 분리하여 여러 개의 탄핵소추안으로 만든 다음 이를 각각 표결에 부칠 수는 없다. 18 변호사   O | X

이 사건과 같이 국회 재적의원 과반수에 해당하는 171명의 의원이 여러 개 탄핵사유가 포함된 하나의 탄핵소추안을 마련한 다음 이를 발의하고 안건 수정 없이 그대로 본회의에 상정된 경우에는 그 탄핵소추안에 대하여 찬반 표결을 하게 된다. 그리고 본회의에 상정된 의안에 대하여 표결절차에 들어갈 때 국회의장에게는 '표결할 안건의 제목을 선포'할 권한만 있는 것이지(국회법 제110조 제1항), 직권으로 이 사건 탄핵소추안에 포함된 개개 소추사유를 분리하여 여러 개의 탄핵소추안으로 만든 다음 이를 각각 표결에 부칠 수는 없다(헌재 2017. 3. 10. 2016헌나1).

4002 「국회법」에 탄핵소추안에 대하여 표결 전에 반드시 토론을 거쳐야 한다는 명문 규정이 있다. 22 변호사   O | X

국회법에 탄핵소추안에 대하여 표결 전에 반드시 토론을 거쳐야 한다는 명문 규정은 없다. 또 이 사건 소추의결 당시 토론을 희망한 의원이 없었기 때문에 탄핵소추안에 대한 제안 설명만 듣고 토론 없이 표결이 이루어졌을 뿐, 의장이 토론을 희망하는 의원이 있었는데도 토론을 못하게 하거나 방해한 사실은 없다(헌재 2017. 3. 10. 2016헌나1).

2 탄핵소추의 의결의 효과

4003 탄핵소추의 의결을 받은 자는 탄핵심판이 있을 때까지 그 권한행사가 정지된다.
24 입시, 17 법원 9, 14 법원 9, 13 법무사   O | X

4003-1 탄핵심판이 있을 때까지 탄핵소추의 의결을 받은 자의 권한행사가 정지되는지 여부에 대하여 헌법상 명문으로 규정하고 있지 않다. 21 5급   O | X

4003-2 국회에서 탄핵소추의 대상으로 발의된 자는 그때부터 헌법재판소의 심판이 있을 때까지 그 권한 행사가 정지된다. 22 지방 7   O | X

> 헌법 제65조 ③ 탄핵소추의 의결을 받은 자는 탄핵심판이 있을 때까지 그 권한행사가 정지된다.
> 국회법 제134조(소추의결서의 송달과 효과) ② 소추의결서가 송달되었을 때에는 소추된 사람의 권한 행사는 정지되며, 임명권자는 소추된 사람의 사직원을 접수하거나 소추된 사람을 해임할 수 없다.

● 정답 4000. O   4001. O   4002. X [명문 규정 없음]   4003. O   4003-1. X [헌법상 명문 규정 있음]   4003-2. X [발의된 자 X → 의결을 받은 자 O]

4004 국회에서 탄핵소추의결이 있는 때에는 소추위원은 지체없이 소추의결서 정본을 국회의장에게 송달하여야 한다. 17 입시   O | X

> 국회법 제134조(소추의결서의 송달과 효과) ① 탄핵소추가 의결되었을 때에는 의장은 지체 없이 소추의결서 정본(正本)을 법제사법위원장인 소추위원에게 송달하고, 그 등본(謄本)을 헌법재판소, 소추된 사람과 그 소속 기관의 장에게 송달한다.

4005 소추의결서가 송달되었을 때에는 소추된 사람의 권한 행사는 정지되며, 임명권자는 소추된 사람의 사직원을 접수하거나 소추된 사람을 해임할 수 없다. 17 국회 8   O | X

4005-1 탄핵소추의결서가 송달되었을 때에도 임명권자는 소추된 사람의 사직원을 접수하거나 소추된 사람을 해임할 수 있다. 14 국회 9   O | X

4005-2 소추의결서가 송달되었을 때에는 임명권자는 소추된 사람을 해임할 수 있으나 소추된 사람이 사임할 수는 없다. 17 입시   O | X

> 국회법 제134조(소추의결서의 송달과 효과) ② 소추의결서가 송달되었을 때에는 소추된 사람의 권한 행사는 정지되며, 임명권자는 소추된 사람의 사직원을 접수하거나 소추된 사람을 해임할 수 없다.

POINT 222 탄핵심판 (헌법재판소)

01 탄핵심판

4006 탄핵심판에서는 국회 법제사법위원회의 위원장이 소추위원이 된다. 23 입시, 22 소간, 20 5급, 20 법원 9, 20 소간, 17 입시, 10 법원 9   O | X

4006-1 탄핵심판에서는 국회의장이 소추위원이 된다. 18 경정, 18 5급   O | X

> 헌법재판소법 제49조(소추위원) ① 탄핵심판에서는 국회 법제사법위원회의 위원장이 소추위원이 된다.

4007 탄핵심판에서는 국회 법제사법위원회 위원장이 소추위원이 되고, 소추위원은 헌법재판소에 소추의결서 정본을 제출하여 탄핵심판을 청구하며, 심판의 변론에서 피청구인을 신문할 수 있다. 23 국가 7   O | X

4007-1 탄핵심판절차는 국회 법제사법위원회 위원장인 소추위원이 소추의결서 정본을 헌법재판소에 제출하여 탄핵심판이 청구됨으로써 개시된다. 19 서울 7   O | X

> 헌법재판소법 제49조(소추위원) ① 탄핵심판에서는 국회 법제사법위원회의 위원장이 소추위원이 된다.
> ② 소추위원은 헌법재판소에 소추의결서의 정본을 제출하여 탄핵심판을 청구하며, 심판의 변론에서 피청구인을 신문할 수 있다.

정답 4004. X [의장이 법사위원장인 소추위원에게 송달] 4005. O 4005-1. X [없음] 4005-2. X [해임할 수 없음] 4006. O 4006-1. X [법제사법위원장] 4007. O 4007-1. O

4008 탄핵심판 대상자에 대한 탄핵심판 청구와 동일한 사유로 형사소송이 진행되고 있는 경우 헌법재판소는 탄핵심판절차를 정지할 수 있다. 19 입시, 11 지방 7 O | X

4008-1 피청구인에 대한 탄핵심판 청구와 동일한 사유로 형사소송이 진행되고 있는 경우에는 재판부는 심판절차를 정지하여야 한다. 23 법무사, 22 소간 O | X

4008-2 탄핵심판은 서면으로 심리하며, 동일한 사유로 형사소송이 진행되고 있는 경우 재판부는 심판 청구를 각하해야 한다. 20 국회 9 O | X

> 헌법재판소법 제30조(심리의 방식) ① **탄핵의 심판**, 정당해산의 심판 및 권한쟁의의 심판은 **구두변론**에 의한다.
> 헌법재판소법 제51조(심판절차의 정지) 피청구인에 대한 탄핵심판 청구와 **동일한 사유로 형사소송이 진행**되고 있는 경우에는 재판부는 **심판절차를 정지할 수 있다.**

4009 헌법재판소의 탄핵심판은 서면심리를 원칙으로 한다. 17 입시 O | X

> 헌법재판소법 제30조(심리의 방식) ① **탄핵의 심판**, 정당해산의 심판 및 권한쟁의의 심판은 **구두변론**에 의한다.

4010 당사자가 탄핵심판 변론기일에 출석하지 아니하면 다시 기일을 정하여야 하고 다시 정한 기일에도 당사자가 출석하지 아니하면 그의 출석 없이 심리할 수 있다. 17 법원 9, 10 법원 9 O | X

4010-1 탄핵심판절차는 형사소송법이 준용되므로 당사자의 출석 없이는 변론을 진행할 수 없다. 20 법원 9 O | X

> 헌법재판소법 제52조(당사자의 불출석) ① 당사자가 **변론기일에 출석하지 아니하면 다시 기일**을 정하여야 한다.
> ② **다시 정한 기일**에도 당사자가 **출석하지 아니하면** 그의 **출석 없이 심리할 수 있다.**

02 탄핵소추의결서

4011 헌법은 물론 형사법이 아닌 법률의 규정이 형사법과 같은 구체성과 명확성을 가지지 않은 경우가 많으므로 탄핵소추사유를 형사소송법상 공소사실과 같이 특정하도록 요구할 수는 없다. 21 소간 O | X

4011-1 소추의결서에는 탄핵소추사유의 대상 사실을 다른 사실과 명백하게 구분할 수 있을 정도의 구체적 사정이 기재되면 족한 것이지, 피청구인이 방어권을 행사할 수 있을 정도로 사실관계가 구체적으로 기재될 필요는 없다. 21 소간 O | X

> 헌법 제65조 제1항이 정하고 있는 탄핵소추사유는 '공무원이 그 직무집행에 있어서 헌법이나 법률을 위배한' 사실이고, 여기에서 법률은 형사법에 한정되지 아니한다. 그런데 <u>헌법은 물론 **형사법이 아닌 법률**의 규정이 형사법과 같은 구체성과 명확성을 가지지 않은 경우가 많으므로 탄핵소추사유를 형사소송법상 공소사실과 같이 특정하도록 요구할 수는 없고</u>, 소추의결서에는 피청구인이 **방어권을 행사**할 수 있고 헌법재판소가 **심판대상을 확정**할 수 있을 정도로 **사실관계를 구체적으로 기재**하면 된다고 보아야 한다. 공무원 징계의 경우 징계사유의 특정은 그 대상이 되는 비위사실을 다른 사실과 구별될 정도로 기재하면 충분하므로, <u>탄핵소추사유도 그 대상 사실을 **다른 사실과 명백하게 구분**할 수 있을 정도의 **구체적 사정이 기재되면 충분하다**</u>(헌재 2017. 3. 10. 2016헌나1).

● 정답 4008. O   4008-1. X [정지하여야 한다 X → 정지할 수 있다 O]   4008-2. X [구두변론, 정지할 수 있음]   4009. X [구두변론]   4010. O   4010-1. X [다시 기일 정하고도 출석하지 않으면 可]   4011. O   4011-1. X [사실관계 구체적으로 기재되어야 함]

4012 탄핵심판절차에서 헌법재판소는 탄핵소추의결서에 기재되지 아니한 소추사유를 판단의 대상으로 삼을 수 없다. 14 국회 9   O | X

4012-1 헌법재판소는 원칙적으로 국회의 소추의결서에 기재된 소추사유에 의하여 구속을 받지 아니하고, 소추의결서에 기재되지 아니한 소추사유를 판단의 대상으로 삼을 수 있다. 17 서울 7   O | X

헌법재판소는 사법기관으로서 원칙적으로 탄핵소추기관인 국회의 **탄핵소추의결서에 기재된 소추사유**에 의하여 **구속을 받는다**. 따라서 헌법재판소는 **탄핵소추의결서에 기재되지 아니한 소추사유를 판단의 대상으로 삼을 수 없다**. 그러나 탄핵소추의결서에서 그 위반을 주장하는 '법규정의 판단'에 관하여 헌법재판소는 원칙적으로 구속을 받지 않으므로, 청구인이 그 위반을 주장한 법규정 외에 다른 관련 법규정에 근거하여 탄핵의 원인이 된 사실관계를 판단할 수 있다(헌재 2004. 5. 14. 2004헌나1).

4013 탄핵소추의결서에서 그 위반을 주장하는 '법규정의 판단'에 관하여 헌법재판소는 원칙적으로 구속을 받지 않으므로, 청구인이 그 위반을 주장하는 법규정 외에 다른 관련 법규정에 근거하여 탄핵의 원인이 된 사실관계를 판단할 수 있다. 23 국회 8, 22 변호사   O | X

헌법재판소는 사법기관으로서 원칙적으로 탄핵소추기관인 국회의 탄핵소추의결서에 기재된 소추사유에 의하여 구속을 받는다. 따라서 헌법재판소는 탄핵소추의결서에 기재되지 아니한 소추사유를 판단의 대상으로 삼을 수 없다. 그러나 **탄핵소추의결서에서 그 위반을 주장하는 '법규정의 판단'**에 관하여 헌법재판소는 원칙적으로 **구속을 받지 않으므로**, 청구인이 **그 위반을 주장한 법규정 외에 다른 관련 법규정**에 근거하여 **탄핵의 원인이 된 사실관계를 판단**할 수 있다(헌재 2004. 5. 14. 2004헌나1).

4014 헌법재판소는 소추사유의 판단에 있어서 국회의 탄핵소추의결서에서 분류된 소추사유의 체계에 의하여 구속을 받지 않으므로, 소추사유를 어떠한 연관관계에서 법적으로 고려할 것인가의 문제는 전적으로 헌법재판소의 판단에 달려있다. 20 국가 7   O | X

헌법재판소는 **소추사유의 판단**에 있어서 국회의 **탄핵소추의결서에서 분류된 소추사유의 체계**에 의하여 **구속을 받지 않으므로**, **소추사유를 어떠한 연관관계에서 법적으로 고려할 것인가의 문제는 전적으로 헌법재판소의 판단에 달려있다**(헌재 2004. 5. 14. 2004헌나1).

4015 국회가 탄핵심판을 청구한 뒤 별도의 의결절차 없이 소추사유를 추가하거나 기존의 소추사유와 동일성이 인정되지 않는 정도로 소추사유를 변경하는 것은 허용되지 아니한다. 18 경정   O | X

국회가 탄핵심판을 청구한 뒤 별도의 의결절차 없이 **소추사유를 추가**하거나 기존의 소추사유와 동일성이 인정되지 않는 정도로 **소추사유를 변경**하는 것은 **허용되지 아니한다**. 따라서 청구인이 2017. 2. 1. 제출한 준비서면 등에서 주장한 소추사유 중 소추의결서에 기재되지 아니한 소추사유를 추가하거나 변경한 것으로 볼 여지가 있는 부분은 이 사건 판단 범위에서 제외한다(헌재 2017. 3. 10. 2016헌나1).

정답 4012. O   4012-1. X [소추사유에 구속됨, 삼을 수 없음]   4013. O   4014. O   4015. O

03 탄핵결정

4016 헌법재판은 9인의 재판관으로 구성된 재판부에 의하여 이루어지는 것이 원칙이나, 헌법재판관 1인이 결원되어 8인의 재판관으로 재판부가 구성되더라도 탄핵심판을 심리·결정하는 데 헌법과 법률상 아무런 문제가 없다. 18 입시   O | X

4016-1 헌법과 「헌법재판소법」은 재판관 중 결원이 발생한 경우에도 헌법재판소의 헌법 수호 기능이 중단되지 않도록 8명 이상의 재판관이 출석하면 사건을 심리하고 결정할 수 있음을 분명히 하고 있다. 23 국회 8   O | X

4016-2 탄핵의 결정을 하기 위해서는 재판관 6인 이상의 찬성이 있어야 하는데, 헌법재판관 1인이 결원이 되어 8인의 재판관으로 재판부가 구성되면 결원 상태인 1인의 재판관은 사실상 탄핵에 찬성하지 않는 의견을 표명한 것과 같은 결과를 가져오므로, 8인의 재판관으로 구성된 재판부는 탄핵심판을 심리하고 결정할 수 없다. 20 지방 7   O | X

> 헌법재판은 <u>9인의 재판관으로 구성된 재판부에 의하여 이루어지는 것이 원칙이다</u>. 그러나 현실적으로는 일부 재판관이 재판에 참여할 수 없는 경우가 발생할 수밖에 없다. 이에 헌법과 헌법재판소법은 <u>재판관 중 결원이 발생한 경우에도 헌법재판소의 헌법 수호 기능이 중단되지 않도록 7명 이상의 재판관이 출석하면 사건을 심리하고 결정할 수 있음을 분명히 하고 있다</u>. 그렇다면 헌법재판관 1인이 결원이 되어 <u>8인의 재판관으로 재판부가 구성되더라도 탄핵심판을 심리하고 결정하는 데 헌법과 법률상 아무런 문제가 없다</u>. … 탄핵의 결정을 하기 위해서는 재판관 6인 이상의 찬성이 있어야 하는데 결원 상태인 1인의 재판관은 사실상 탄핵에 찬성하지 않는 의견을 표명한 것과 같은 결과를 가져 오므로, 재판관 결원 상태가 오히려 피청구인에게 유리하게 작용할 것이라는 점에서 피청구인의 공정한 재판받을 권리가 침해된다고 보기도 어렵다(헌재 2017. 3. 10. 2016헌나1).

4017 헌법재판소에서 탄핵의 결정을 할 때에는 법률의 위헌결정과 마찬가지로 재판관 6인 이상의 찬성이 있어야 한다. 20 법원 9   O | X

4017-1 탄핵결정은 헌법재판소 재판관 과반수의 찬성으로 한다. 14 국회 8   O | X

> **헌법재판소법 제23조(심판정족수)** ② 재판부는 종국심리(終局審理)에 관여한 재판관 과반수의 찬성으로 사건에 관한 결정을 한다. 다만, 다음 각 호의 어느 하나에 해당하는 경우에는 **재판관 6명 이상의 찬성**이 있어야 한다.
> 1. **법률의 위헌결정, 탄핵의 결정, 정당해산의 결정** 또는 **헌법소원에 관한 인용결정(認容決定)**을 하는 경우
> 2. 종전에 헌법재판소가 판시한 헌법 또는 법률의 해석 적용에 관한 **의견을 변경**하는 경우

4018 탄핵심판의 경우 국정의 혼란을 방지하기 위하여 소수의견을 표시할 수 없다. 20 국회 9   O | X

> **헌법재판소법 제36조(종국결정)** ③ 심판에 관여한 재판관은 **결정서에 의견을 표시**하여야 한다.

4019 탄핵심판 청구가 이유 있는 경우에는 헌법재판소는 피청구인을 해당 공직에서 파면하는 결정을 선고한다. 17 법원 9   O | X

4019-1 「헌법재판소법」은 탄핵소추사유가 있는 경우 해당 공직자를 파면하는 결정을 한다고 하여 탄핵소추사유와 파면사유를 차별하여 규율하지 않고 있다. 12 국회 9   O | X

● 정답 4016. O 4016-1. X [8명 이상 X → 헌재법에 7명 이상 O] 4016-2. X [결정할 수 있음] 4017. O 4017-1. X [6명 이상의 찬성] 4018. X [소수 의견 표시해야 함] 4019. O 4019-1. O

> **헌법 제65조** ① 대통령·국무총리·국무위원·행정각부의 장·헌법재판소 재판관·법관·중앙선거관리위원회 위원·감사원장·감사위원 기타 법률이 정한 공무원이 그 **직무집행**에 있어서 **헌법이나 법률을 위배한 때**에는 국회는 **탄핵의 소추를 의결**할 수 있다.
>
> **헌법재판소법 제53조(결정의 내용)** ① 탄핵심판 청구가 이유 있는 경우에는 헌법재판소는 피청구인을 해당 공직에서 **파면하는 결정**을 선고한다.

4020 공무원의 사소한 법위반을 이유로 탄핵결정을 하게 되면 법익형량의 원칙에 위반된다. 10 국회 8   O | X

「헌법재판소법」은 제53조제1항에서 '탄핵심판청구가 이유 있는 때에는 헌법재판소는 피청구인을 당해 공직에서 파면하는 결정을 선고한다.'고 규정하고 있는데, 위 규정은 헌법 제65조 제1항의 탄핵사유가 인정되는 모든 경우에 자동적으로 파면결정을 하도록 규정하고 있는 것으로 문리적으로 해석할 수 있으나, 직무행위로 인한 모든 **사소한 법위반**을 이유로 파면을 해야 한다면, 이는 피청구인의 책임에 상응하는 헌법적 징벌의 요청 즉, **법익형량의 원칙에 위반**된다(헌재 2004. 5. 14. 2004헌나1).

4021 「헌법재판소법」 제53조 제1항의 탄핵심판청구가 이유 있는 경우란, 모든 법위반의 경우가 아니라, 공직자의 파면을 정당화할 정도의 중대한 법위반의 경우를 말한다. 19 입시   O | X

4021-1 「헌법재판소법」 제53조 제1항의 '탄핵심판청구가 이유 있는 때'란 공직자의 파면을 정당화할 정도의 '중대한' 법위반의 경우뿐만 아니라, 모든 법위반의 경우를 말한다. 11 지방 7   O | X

직무행위로 인한 모든 사소한 법위반을 이유로 파면을 해야 한다면, 이는 피청구인의 책임에 상응하는 헌법적 징벌의 요청 즉, 법익형량의 원칙에 위반된다. 따라서 헌법재판소법 제53조 제1항의 '**탄핵심판청구가 이유 있는 때**'란, **모든 법위반의 경우가 아니라,** 단지 공직자의 파면을 정당화할 정도로 '**중대한**' **법위반의 경우를** 말한다(헌재 2004. 5. 14. 2004헌나1).

4022 대통령을 탄핵하기 위해서는 대통령의 법 위배 행위가 헌법질서에 미치는 부정적 영향과 해악이 중대하여 대통령을 파면함으로써 얻는 헌법 수호의 이익이 대통령 파면에 따르는 국가적 손실을 압도할 정도로 커야 한다. 즉, '탄핵심판청구가 이유 있는 경우'란 대통령의 파면을 정당화할 수 있을 정도로 중대한 헌법이나 법률 위배가 있는 때를 말한다. 19 법원 9   O | X

4022-1 대통령이라고 하더라도 직무행위로 인한 모든 사소한 법 위반의 경우 탄핵심판청구가 이유 있는 것으로 보는 것이 원칙이다. 14 국회 8   O | X

4022-2 대통령에 대한 탄핵심판청구는 대통령 본인의 직무집행과 관련한 중대한 헌법이나 법률 위배를 이유로 하는 경우에만 적법요건을 갖춘 것이다. 18 변호사   O | X

대통령을 탄핵하기 위해서는 대통령의 법 위배 행위가 헌법질서에 미치는 부정적 영향과 해악이 중대하여 대통령을 파면함으로써 얻는 **헌법 수호의 이익**이 대통령 파면에 따르는 **국가적 손실을 압도**할 정도로 커야 한다. 즉, '**탄핵심판청구가 이유 있는 경우**'란 **대통령의 파면을 정당화**할 수 있을 정도로 **중대한 헌법이나 법률 위배가 있는 때를 말한다**(헌재 2017. 3. 10. 2016헌나1).

정답 4020. O 4021. O 4021-1. X [모든 법위반 X] 4022. O 4022-1. X [사소한 법 위반은 이유 없음] 4022-2. X ["중대한" 적법요건 X → 본안요건]

4023 대통령 탄핵심판에 있어서 대통령에 대한 파면의 효과는 대통령에게 부여한 '민주적 정당성'을 임기 중 다시 박탈하는 효과를 가지는 등 중대하기 때문에, 파면결정을 정당화하는 사유도 이에 상응하는 중대성을 가져야 한다. 17 국가 7(추) O│X

4023-1 대통령이 탄핵심판의 대상인 경우에는 특히 대통령은 국민에 의하여 직접 선출되었다는 사실, 그리고 대통령은 헌법수호의 책무를 진다는 점이 고려되어야 한다. 12 국회 9 O│X

4023-2 대통령에 대한 탄핵심판에 있어서 파면결정은 그 사유가 파면효과의 중대성에 상응하는 중대성을 가지는 경우에만 정당화되는 것이다. 16 경정, 10 국가 7 O│X

대통령에 대한 파면결정은, 국민이 선거를 통하여 대통령에게 부여한 '민주적 정당성'을 임기 중 다시 박탈하는 효과를 가지며, 직무수행의 단절로 인한 국가적 손실과 국정 공백은 물론이고, 국론의 분열현상 즉, 대통령을 지지하는 국민과 그렇지 않은 국민간의 분열과 반목으로 인한 정치적 혼란을 가져올 수 있다. 따라서 대통령에 대한 파면효과가 이와 같이 중대하다면, 파면결정을 정당화하는 사유도 이에 상응하는 중대성을 가져야 한다(헌재 2004. 5. 14. 2004헌나1).

4024 대통령을 제외한 다른 공직자의 경우에는 파면결정으로 인한 효과가 일반적으로 적기 때문에 상대적으로 경미한 법위반행위에 의해서도 파면이 정당화될 가능성이 큰 반면, 대통령의 경우에는 파면결정의 효과가 지대하기 때문에 파면결정을 하기 위해서는 이를 압도할 수 있는 중대한 법위반이 존재해야 한다. 21 지방 7 O│X

대통령을 제외한 다른 공직자의 경우에는 파면결정으로 인한 효과가 일반적으로 적기 때문에 상대적으로 경미한 법위반행위에 의해서도 파면이 정당화될 가능성이 큰 반면, 대통령의 경우에는 파면결정의 효과가 지대하기 때문에 파면결정을 하기 위해서는 이를 압도할 수 있는 중대한 법위반이 존재해야 한다(헌재 2004. 5. 14. 2004헌나1).

4025 대통령에 대한 파면결정은 대통령의 직을 유지하는 것이 더 이상 헌법수호의 관점에서 용납될 수 없거나 대통령이 국민의 신임을 배신하여 국정을 담당할 자격을 상실한 경우에 한하여 정당화된다. 23 입시 O│X

'대통령을 파면할 정도로 중대한 법위반이 어떠한 것인지'에 관하여 일반적으로 규정하는 것은 매우 어려운 일이나, 대통령의 직을 유지하는 것이 더 이상 헌법수호의 관점에서 용납될 수 없거나 대통령이 국민의 신임을 배신하여 국정을 담당할 자격을 상실한 경우에 한하여, 대통령에 대한 파면결정은 정당화되는 것이다(헌재 2004. 5. 14. 2004헌나1).

4026 탄핵심판절차에 따른 파면결정으로 피청구인이 된 행정부나 사법부의 고위공직자는 공직을 박탈당하게 되는데, 이는 공무담임권의 제한에 해당한다. 24 변호사 O│X

4026-1 헌법재판소의 탄핵결정에 의한 파면은 그 요건과 절차가 준수될 경우 공직의 부당한 박탈이 되지 않으며, 권력분립원칙에 따른 균형을 훼손하지 않는다. 24 변호사 O│X

탄핵심판절차에 따른 파면결정으로 피청구인이 된 행정부나 사법부의 고위공직자는 공직을 박탈당하게 되는데, 이는 공무담임권의 제한에 해당한다. 헌법재판소의 탄핵심판은 공직자가 직무집행에 있어서 중대한 위헌·위법행위를 한 경우 이에 대한 법적 책임을 추궁함으로써 헌법의 규범력을 확보하기 위한 것이므로, 탄핵심판이익의 존부에 대한 판단까지 포함하여 그 결정의 내용이 기본권 보장이나 권력분립의 측면에서도 헌법질서에 부합하여야 한다. 헌법에 명문의 근거가 있는 '헌법재판소의 탄핵결정에 의한 파면'은 그 요건과 절차가 준수될 경우 '공직의 부당한 박탈'이 되지 않을 것이고, 권력분립원칙에 따른 균형을 훼손하지 않을 것이다(헌재 2021. 10. 28. 2021헌나1).

◆ 정답 4023. O 4023-1. O 4023-2. O 4024. O 4025. O 4026. O 4026-1. O

4027 탄핵심판에서 피청구인이 결정 선고 전에 해당 공직에서 파면되었을 때에는 헌법재판소는 심판청구를 기각하여야 한다. 23 입시, 22 소간 O | X

4027-1 피청구인이 결정 선고 전에 해당 공직에서 파면되었을 때에는 헌법재판소는 심판청구를 각하하여야 한다. 20 국가 7 O | X

4027-2 피청구인이 결정 선고 전에 해당 공직에서 파면되었을지라도 헌법재판소는 심판청구를 인용할 수 있다. 17 법원 9 O | X

> 헌법재판소법 제53조(결정의 내용) ② 피청구인이 **결정 선고 전**에 **해당 공직에서 파면**되었을 때에는 헌법재판소는 심판청구를 **기각**하여야 한다.

4028 국회가 법관에 대한 탄핵소추를 의결한 후 해당 법관이 임기만료로 법관의 직에서 퇴직하였더라도 헌법적 해명의 필요성이 인정되므로 심판의 이익이 있어 헌법재판소는 본안심사에 들어간다. 23 입시 O | X

4028-1 탄핵소추 당시 피청구인이 공직에 있어 적법하게 소추되었더라도 탄핵심판 계속 중 그 직에서 퇴직하였다면 이는 심판절차의 계속을 저지하는 사유이므로 주문에서 심판절차종료선언을 하여야 한다. 24 변호사 O | X

이 사건에서, 국회는 2021. 2. 4. 피청구인에 대한 탄핵소추를 의결한 후 같은 날 헌법재판소에 탄핵심판청구를 하였고, 피청구인은 2021. 2. 28. 임기만료로 2021. 3. 1. 법관의 직에서 퇴직하여 더 이상 해당 공직을 보유하지 않게 되었다. 피청구인이 임기만료 퇴직으로 법관직을 상실함에 따라 본안심리를 마친다 해도 파면결정이 불가능해졌으므로, 공직 박탈의 관점에서 **심판의 이익을 인정할 수 없다.** 임기만료라는 일상적 수단으로 민주적 정당성이 상실되었으므로, 민주적 정당성의 박탈의 관점에서도, 탄핵이라는 비상적인 수단의 역할 관점에서도 심판의 이익을 인정할 수 없다. 결국 이 사건 심판청구는 탄핵심판의 이익이 인정되지 아니하여 **부적법하므로 각하해야 한다**(헌재 2021. 10. 28. 2021헌나1).

🔍 **보충설명** 헌법재판소 전원재판부의 의견은 재판관 4인의 각하의견, 재판관 1인의 각하의견, 재판관 1인의 심판절차종료의견, 재판관 3인의 인용의견으로 나누어졌으나, 9인의 관여 재판관 중 **과반수인 5인의 재판관이 각하에 찬성**하였으므로, 결국 이 사건 심판청구를 '**각하**'하는 것으로 결정되었다.

4029 탄핵심판의 이익을 인정하기 위해서는 탄핵결정 선고 당시까지 피청구인이 해당 공직을 보유하는 것이 필요하다. 24 변호사 O | X

헌법과 헌법재판소법 등에 의하면, **탄핵심판의 이익**을 인정하기 위해서는 탄핵결정 선고 당시까지 피청구인이 '**해당 공직을 보유**하는 것'이 필요하다(헌재 2021. 10. 28. 2021헌나1).

● **정답** 4027. O 4027-1. X [기각해야 함] 4027-2. X [기각해야 함] 4028. X [탄핵심판의 이익 부정되므로 각하] 4028-1. X [심판절차종료 X → 각하 O] 4029. O

04 결정의 효과

4030 탄핵결정이 있더라도 민·형사상 책임이 면제되는 것은 아니다. 19 서울 7 O|X

4030-1 국무총리가 탄핵결정을 받은 때에는 공직으로부터 파면함에 그치지만, 이에 의하여 민사상이나 형사상의 책임이 면제되지는 아니한다. 21 5급 O|X

4030-2 탄핵결정은 공직으로부터 파면함에 그치며, 이에 의하여 민사상이나 형사상의 책임은 면제된다. 15 국회 8, 14 법원 9 O|X

4030-3 탄핵결정의 내용은 공직으로부터 파면하는 것이며, 이로써 민사상의 책임은 면제되나 형사상의 책임은 면제되지 아니한다. 19 입시 O|X

> 헌법 제65조 ④ 탄핵결정은 공직으로부터 **파면함**에 그친다. 그러나, 이에 의하여 **민사상**이나 **형사상의 책임**이 **면제되지는 아니한다.**

4031 탄핵심판과 민·형사재판 사이에는 일사부재리의 원칙이 적용되지 않는다. 14 국회 8, 14 국회 9 O|X

> 탄핵결정은 공직으로부터 파면함에 그치고 탄핵결정으로 민사상이나 형사상의 책임이 면제되지 않는다. 탄핵심판의 결정으로 파면되었더라도 민·형사상 책임을 부과하기 위해 민·형사재판이 청구될 수 있으므로 탄핵심판과 민·형사재판 사이에는 **일사부재리의 원칙이 적용되지 않는다.**

4032 탄핵심판절차와 형사소송절차는 동일한 사안에서 같은 공직자를 대상으로 하더라도 서로 별개로 진행되고 각각 독자적 결론에 도달할 수 있으므로, 탄핵심판의 결정은 법원을 기속하지 않는다. 24 입시 O|X

> 헌법재판소법의 명문 규정에 따라 헌법재판소의 결정에 기속력이 인정되는 위헌법률심판, 헌법소원심판 및 권한쟁의심판의 경우 그 기속력이 미치는 것은 법원을 비롯한 국가기관과 지방자치단체, 즉 공권력 주체에 한한다. … **탄핵심판절차와 형사소송절차는 동일한 사안에서 같은 공직자를 대상으로 하더라도 서로 별개로 진행되고 각각 독자적 결론에 도달할 수 있으므로, 탄핵심판의 결정은 법원을 기속하지 않는다**(헌재 2021. 10. 28. 2021헌나1).

4033 탄핵결정에 의하여 파면된 사람은 결정 선고가 있는 날부터 5년이 지나지 아니하면 공무원이 될 수 없다. 22 소간, 20 지방 7 O|X

> 헌법재판소법 제54조(결정의 효력) ② **탄핵결정**에 의하여 **파면**된 사람은 결정 선고가 있는 날부터 **5년**이 지나지 아니하면 **공무원이 될 수 없다.**

4034 「사면법」은 탄핵결정으로 파면된 자가 대통령의 사면대상이 되는지 여부에 대하여 규정하고 있지 않다. 17 국회 8 O|X

4034-1 우리 헌법은 탄핵결정에 의하여 파면된 자에 대한 사면을 명문으로 금하고 있다. 13 서울 7 O|X

4034-2 현행 「사면법」은 헌법재판소의 탄핵결정을 받은 공무원에 대한 대통령의 사면권을 규정하고 있다. 20 국회 9 O|X

> 헌법 또는 「사면법」은 헌법재판소의 **탄핵결정으로 파면**된 자가 대통령의 사면대상이 되는지 여부에 대하여 **규정하고 있지 않다.**

● 정답 4030. ○ 4030-1. ○ 4030-2. ✕ [민·형사상 책임은 면제되지 아니함] 4030-3. ✕ [민·형사상 책임은 면제되지 아니함] 4031. ○ 4032. ○ 4033. ○ 4034. ○ 4034-1. ✕ [헌법 명문 규정 無] 4034-2. ✕ [규정 無]

POINT 223 해임건의

01 해임건의

4035 국회는 국무총리 또는 국무위원의 해임을 대통령에게 건의할 수 있다. 20 법원 9

4035-1 국회의 해임건의는 국무총리 또는 국무위원에 대하여 개별적 또는 일괄적으로 할 수 있다. 13 서울 7

4035-2 국회의 정부위원에 대한 해임건의권은 헌법에서 명문으로 규정하고 있다. 15 법무사

4035-3 국회는 대통령에게 행정각부의 장의 해임을 건의할 수 있으나 국무위원의 해임은 건의할 수 없다. 21 지방 7

> 헌법 제63조 ① 국회는 국무총리 또는 국무위원의 해임을 대통령에게 건의할 수 있다.

4036 국무총리와 국무위원에 대한 해임건의의 본질이나 연원은 의원내각제에 그 뿌리를 두고 있다. 11 국가 7

국회의 국무총리와 국무위원에 대한 해임건의는 정부가 국회 앞에 지는 정치적 책임의 일종으로 국회의 대정부 정치적 책임추궁수단으로서 **의원내각제**에 그 뿌리를 두고 있다.

02 내용

4037 국회가 국무총리 또는 국무위원의 해임을 대통령에게 건의하려면 국회재적의원 3분의 1 이상의 발의에 의하여 국회재적의원 과반수의 찬성이 있어야 한다. 24 소간

4037-1 국무총리 해임건의는 국회재적의원 과반수의 발의와 재적의원 3분의 2 이상의 찬성이 있어야 한다. 17 5급

4037-2 국회는 국회재적의원 3분의 1 이상의 찬성으로 대통령에게 국무총리의 해임을 건의할 수 있다. 10 국회 9

4037-3 국회는 국회재적의원 과반수의 발의와 국회재적의원 3분의 2 이상의 찬성으로 국무위원의 해임을 대통령에게 건의할 수 있다. 22 법무사

4037-4 국무위원에 대한 해임건의는 국회재적의원 과반수의 발의와 출석의원 과반수의 찬성이 있어야 한다. 15 국회 8

4037-5 국회의 국무위원에 대한 해임건의는 국회재적의원 4분의 1 이상의 발의와 국회재적의원 과반수의 찬성이 있어야 한다. 22 소간

> 헌법 제63조 ① 국회는 국무총리 또는 국무위원의 해임을 대통령에게 건의할 수 있다.
> ② 제1항의 해임건의는 국회재적의원 3분의 1 이상의 발의에 의하여 국회재적의원 과반수의 찬성이 있어야 한다.

● 정답 4035. ○ 4035-1. ○ 4035-2. ×[정부위원 규정 無] 4035-3. ×[행정각부의 장 규정 無, 국무위원 규정 有] 4036. ○ 4037. ○ 4037-1. ×[재적 1/3 이상 발의, 재과찬] 4037-2. ×[재적 1/3 이상 발의, 재과찬] 4037-3. ×[재적 1/3 이상 발의, 재과찬] 4037-4. ×[재적 1/3 이상 발의, 재과찬] 4037-5. ×[재적 1/3 이상 발의, 재과찬]

4038 국무총리나 국무위원에 대한 해임건의는 위헌이나 위법행위가 아닌 정치적 책임을 묻기 위해서도 할 수 있고, 국회재적의원 3분의 1 이상의 발의에 의하여 국회재적의원 과반수의 찬성이 있어야 한다. 18 서울 7 　　O | X

4038-1 해임건의의 사유에 관해서는 명문의 규정이 없으나, 탄핵소추의 사유보다 좁게 해석되어야 한다. 11 국가 7 　　O | X

4038-2 국무총리에 대한 해임건의는 국무총리가 그 직무집행에 있어서 헌법이나 법률을 위배한 때에 한한다. 15 국회 8 　　O | X

> **헌법 제63조** ② 제1항의 해임건의는 **국회재적의원 3분의 1 이상의 발의**에 의하여 **국회재적의원 과반수의 찬성**이 있어야 한다.
>
> **보충설명** 국회의 국무총리와 국무위원에 대한 해임건의의 사유에 관하여 **명문의 규정이 없다.** 해임건의의 사유는 탄핵소추의 사유인 **직무집행에 있어서 헌법이나 법률을 위배한 때** 뿐만 아니라, 정책의 수립이나 집행에 있어서 중대한 과오를 범한 경우, 직무집행에 있어서의 능력부족, 부하직원의 과오나 범법행위에 대하여 정치적 책임을 추궁하는 경우, 국무회의 구성원으로서의 **정치적 책임 등을 널리 포함**한다.

4039 국무총리 또는 국무위원의 해임건의안이 발의된 때에는 본회의에 보고된 때로부터 24시간 이후 72시간 이내에 무기명투표로 표결하며 이 기간 내에 표결하지 아니한 때에는 그 해임건의안은 폐기된 것으로 본다. 21 국회 9, 15 국가 7 　　O | X

4039-1 국회에서 국무총리의 해임건의안이 발의되었을 때에는 국회의장은 그 해임건의안이 발의된 후 처음 개의하는 본회의에 그 사실을 보고하고, 본회의에 보고된 때부터 24시간 이후 48시간 이내에 기명투표로 표결한다. 19 국가 7 　　O | X

> **국회법 제112조(표결방법)** ⑦ 국무총리 또는 국무위원의 **해임건의안이 발의**되었을 때에는 의장은 그 해임건의안이 발의된 후 **처음 개의하는 본회의에 그 사실을 보고**하고, 본회의에 보고된 때부터 **24시간 이후 72시간 이내에 무기명투표로 표결**한다. 이 기간 내에 표결하지 아니한 **해임건의안은 폐기**된 것으로 본다.

4040 국회는 국무총리나 국무위원에 대한 해임을 건의할 수 있으나, 국회의 해임건의는 대통령을 기속하는 해임결의권이 아니라, 아무런 법적 구속력이 없는 단순한 해임건의권에 불과하다. 18 변호사 　　O | X

4040-1 헌법은 대통령에게 국회해산권을 부여하고 있지 않기 때문에 해임건의권에 법적 구속력을 인정할 경우 권력분립질서와 조화되기 어렵다. 15 국회 8 　　O | X

4040-2 국회는 국무총리나 국무위원에 대한 해임을 건의할 수 있고 국회의 해임건의는 대통령에 대한 법적 구속력이 있다. 20 경정 　　O | X

4040-3 국무위원에 대한 해임건의안이 국회에서 통과된 경우, 이 해임건의는 법적 구속력이 없는 것으로 볼 수 없으므로 대통령은 특별한 사유가 없는 한 이에 응하여야 한다. 21 국회 9 　　O | X

4040-4 국회의 국무총리 해임건의는 대통령에게 법적 구속력을 가지며 대통령이 국무총리를 해임할 경우 국무위원 전체를 해임해야 한다. 14 지방 7 　　O | X

● **정답** 4038. O 　4038-1. X [탄핵소추 사유보다 넓음] 　4038-2. X [정치적 책임 등 널리 포함함] 　4039. O 　4039-1. X [24시간 이후 72시간 이내 무기명투표] 　4040. O 　4040-1. O 　4040-2. X [법적 구속력 없음] 　4040-3. X [법적 구속력 없음] 　4040-4. X [법적 구속력 X, 국무위원 전체 해임 X]

국회는 국무총리나 국무위원의 **해임을 건의**할 수 있으나(헌법 제63조), 국회의 해임건의는 대통령을 기속하는 해임결의권이 아니라, **아무런 법적 구속력이 없는 단순한 해임건의에 불과**하다. 우리 헌법 내에서 '해임건의권'의 의미는, 임기 중 아무런 정치적 책임을 물을 수 없는 대통령 대신에 그를 보좌하는 국무총리·국무위원에 대하여 정치적 책임을 추궁함으로써 대통령을 간접적이나마 견제하고자 하는 것에 지나지 않는다. 헌법 제63조의 해임건의권을 **법적 구속력 있는 해임결의권**으로 해석하는 것은 **법문과 부합할 수 없을** 뿐만 아니라, 대통령에게 **국회해산권**을 부여하고 있지 않는 현행 헌법상의 **권력분립질서와도 조화될 수 없다**(헌재 2004. 5. 14. 2004헌나1).

POINT 224 　출석요구권 및 기타 국정통제권　Ⓑ

01 　출석·답변요구권

4041 국회나 그 위원회의 요구가 있을 때에는 국무총리·국무위원 또는 정부위원은 출석·답변하여야 하며, 국무총리 또는 국무위원이 출석요구를 받은 때에는 국무위원 또는 정부위원으로 하여금 출석·답변하게 할 수 있다. 23 법무사, 23 입시, 16 지방 7　O | X

4041-1 국회 위원회의 국무총리 등에 대한 출석, 답변요구권은 헌법에서 명문으로 규정하고 있다. 15 법무사　O | X

4041-2 국무총리·국무위원 또는 정부위원은 국회에 출석하여 국정처리상황을 보고하거나 의견을 진술하고 질문에 응답할 수 있으나, 국회 위원회에는 출석할 수 없다. 24 5급　O | X

4041-3 헌법 제62조에 따르면 국무총리나 국무위원 외에 정부위원도 국회에 출석하여 답변할 수 있으며, 정부위원은 다른 정부위원으로 하여금 출석·답변하게 할 수 있다. 19 국가 7　O | X

> **헌법 제62조** ① **국무총리·국무위원** 또는 **정부위원**은 **국회나 그 위원회**에 출석하여 **국정처리상황**을 보고하거나 **의견을 진술**하고 **질문에 응답**할 수 있다.
> ② **국회나 그 위원회의 요구**가 있을 때에는 **국무총리·국무위원** 또는 **정부위원**은 **출석·답변**하여야 하며, **국무총리** 또는 **국무위원**이 출석요구를 받은 때에는 **국무위원** 또는 **정부위원**으로 하여금 출석·답변하게 할 수 있다.

4042 국회는 본회의 의결로 국무총리, 국무위원 또는 정부위원의 출석을 요구할 수 있다. 20 5급　O | X

4042-1 국회 본회의는 의결로 국무총리의 출석을 요구할 수 있으며, 이 경우 그 발의는 국회의원 20명 이상이 이유를 구체적으로 밝힌 서면으로 하여야 한다. 19 국가 7　O | X

4042-2 국회의 본회의는 그 의결로 대통령, 국무총리, 국무위원 또는 정부위원의 출석을 요구할 수 있다. 13 국가 7　O | X

4042-3 본회의는 의결로 국무총리, 국무위원 또는 정부위원의 출석을 요구할 수 있으며, 이 경우 그 발의는 의원 10명 이상이 이유를 구체적으로 밝힌 서면으로 하여야 한다. 21 국가 7　O | X

> **국회법 제121조(국무위원 등의 출석 요구)** ① 본회의는 의결로 **국무총리, 국무위원** 또는 **정부위원**의 출석을 요구할 수 있다. 이 경우 그 발의는 의원 **20명 이상**이 이유를 구체적으로 밝힌 **서면**으로 하여야 한다.

●정답　4041. O　4041-1. O　4041-2. X [위원회에도 출석 可]　4041-3. X [정부위원은 다른 정부위원이 출석·답변하도록 할 수 없음]
　　　　4042. O　4042-1. O　4042-2. X [대통령 출석 요구 X]　4042-3. X [10명 X → 20명 O]

4043 국회의 본회의 또는 위원회는 특정한 사안에 대하여 질문하기 위하여 대법원장이나 헌법재판소장의 출석을 요구할 수 있다. 13 국가 7 O│X

4043-1 본회의는 그 의결로 국무총리, 국무위원, 정부위원, 대법원장, 헌법재판소장, 중앙선거관리위원회 위원장, 감사원장 등의 출석을 요구할 수 있으며, 그 발의는 의원 20인 이상이 이유를 명시한 서면으로 하여야 한다. 20 경정, 18 서울 7 O│X

> 국회법 제121조(국무위원 등의 출석 요구) ① 본회의는 의결로 국무총리, 국무위원 또는 정부위원의 출석을 요구할 수 있다. 이 경우 그 발의는 의원 20명 이상이 이유를 구체적으로 밝힌 서면으로 하여야 한다.
> ⑤ 본회의나 위원회는 특정한 사안에 대하여 질문하기 위하여 대법원장, 헌법재판소장, 중앙선거관리위원회 위원장, 감사원장 또는 그 대리인의 출석을 요구할 수 있다. 이 경우 위원장은 의장에게 그 사실을 보고하여야 한다.

> 보충설명 「국회법」은 본회의는 의결로 국무총리, 국무위원 또는 정부위원의 출석을 요구할 수 있으며, 그 발의는 의원 20인 이상이 이유를 명시한 서면으로 하여야 한다고 규정하고 있다. 그리고 본회의나 위원회는 특정한 사안에 대하여 질문하기 위하여 대법원장, 헌법재판소장, 중앙선거관리위원회 위원장, 감사원장 또는 그 대리인의 출석을 요구할 수 있다고 규정하고 있으나, 출석요구에 대한 발의 정족수에 대해서는 국회법에 별도로 규정하고 있지 않다.

4044 국회의원은 20인 이상의 찬성으로 회기 중 현안이 되고 있는 중요한 사항을 대상으로 정부에 대하여 질문을 할 것을 의장에게 요구할 수 있다. 13 변호사 O│X

4044-1 국회의원 10인 이상의 찬성으로 회기 중 현안이 되고 있는 중요한 사항을 대상으로 정부에 대하여 질문할 것을 의장에게 요구할 수 있다. 20 경정, 16 국가 7 O│X

> 국회법 제122조의3(긴급현안질문) ① 의원은 20명 이상의 찬성으로 회기 중 현안이 되고 있는 중요한 사항을 대상으로 정부에 대하여 질문(이하 이 조에서 "긴급현안질문"이라 한다)을 할 것을 의장에게 요구할 수 있다.

02 외교·국방정책 사전동의권

4045 국회는 선전포고, 국군의 외국에의 파견 또는 외국 군대의 대한민국 영역 안에서의 주류에 대한 동의권을 가진다. 22 5급, 20 법무사 O│X

4045-1 국회는 국군의 외국에의 파견에 대한 동의권을 가진다. 24 5급 O│X

> 헌법 제60조 ① 국회는 상호원조 또는 안전보장에 관한 조약, 중요한 국제조직에 관한 조약, 우호통상항해조약, 주권의 제약에 관한 조약, 강화조약, 국가나 국민에게 중대한 재정적 부담을 지우는 조약 또는 입법사항에 관한 조약의 체결·비준에 대한 동의권을 가진다.
> ② 국회는 선전포고, 국군의 외국에의 파견 또는 외국군대의 대한민국 영역안에서의 주류에 대한 동의권을 가진다.

4046 헌법은 대통령이 선전포고 및 국군의 외국에의 파견의 경우 국회의 동의를 받도록 하여 대통령의 국군통수권 행사에 신중을 기하게 함으로써 자의적인 전쟁수행이나 해외파병을 방지하도록 하고 있다. 14 서울 7 O│X

4046-1 대통령은 국가의 안위에 관계되는 긴급한 경우를 제외하고는 국회의 동의 없이 독자적으로 국군을 외국에 파견할 수 없다. 10 지방 7 O│X

● 정답 4043. O   4043-1. X [대법원장, 헌재소장, 중선위원장, 감사원장 출석요구 발의 정족수 규정 X]   4044. O   4044-1. X [10명 X → 20명 O]   4045. O   4045-1. O   4046. O   4046-1. X [긴급한 경우에도 국회 동의 필요함]

헌법은 대통령에게 다른 나라와의 외교관계에 대한 권한과 함께 선전포고와 강화를 할 수 있는 권한을 부여하고 있고(제73조) 헌법과 법률이 정하는 바에 따라 국군을 통수하는 권한을 부여하면서도(제74조 제1항) 선전포고 및 국군의 외국에의 파견의 경우 국회의 동의를 받도록 하여(제60조 제2항) 대통령의 국군통수권 행사에 신중을 기하게 함으로써 자의적인 전쟁수행이나 해외파병을 방지하도록 하고 있다(헌재 2004. 4. 29. 2003헌마814).

03 국가긴급권 사후통제권

4047 국회는 긴급명령 승인권, 계엄해제요구권 등 대통령의 권한 행사에 대해 통제할 권한을 가진다. 10 국회 9
O | X

> 헌법 제76조 ③ 대통령은 제1항과 제2항의 처분 또는 명령을 한 때에는 지체없이 국회에 보고하여 그 승인을 얻어야 한다.
> 헌법 제77조 ⑤ 국회가 재적의원 과반수의 찬성으로 계엄의 해제를 요구한 때에는 대통령은 이를 해제하여야 한다.

POINT 225 국회의원의 지위 B

01 국회의원의 헌법상 지위

1 자유위임 (국민대표)

4048 국회의원이 지역구에서 선출되더라도 지역구의 이익보다는 국가 전체의 이익을 우선하여야 한다는 원칙은 양원제가 아닌 단원제를 채택하고 있는 현행 헌법 하에서도 동일하게 적용된다. 19 경정
O | X

4048-1 지역구 국회의원은 해당 지역구 국민을 대표하지만, 비례대표 국회의원은 전체 국민을 대표한다. 12 법원 9
O | X

> 국회의원이 지역구에서 선출되더라도 추구하는 목표는 지역구의 이익이 아닌 국가 전체의 이익이어야 한다는 원리는 이미 논쟁의 단계를 넘어선 확립된 원칙으로 자리 잡고 있으며, 이러한 원칙은 양원제가 아닌 단원제를 채택하고 있는 우리 헌법 하에서도 동일하게 적용된다(헌재 2014. 10. 30. 2012헌마192 등).

4049 헌법 제7조 제1항(공무원책임조항), 제45조(면책특권조항), 제46조 제2항(국가이익우선의무조항) 등의 규정에 비추어 국회의원의 지위를 자유위임의 원칙하에 두고 있다고 보는 것이 헌법재판소의 입장이다. 11 국회 8
O | X

4049-1 국민에 의해서 선출된 국회의원은 특정한 지역민이나 계층을 대표하는 것이 아니라, 전체국민의 이익을 고려해야 하므로 명령적 위임에 따르지 아니한다. 15 국회 8
O | X

4049-2 국회의원은 선거를 통해 일단 당선된 이후에는 자신이 선출된 지역의 발전을 위해 활동할 법적 의무가 없다. 11 국회 9
O | X

4049-3 국민과 국회의원은 자유위임관계에 있는 것이 아니라 명령적 위임관계에 있다. 21 5급
O | X

● 정답 4047. O 4048. O 4048-1. X [지역구 국회의원도 전체 국민 대표] 4049. O 4049-1. O 4049-2. O 4049-3. X [자유위임관계]

헌법 제7조 제1항의 "공무원은 국민전체에 대한 봉사자이며 국민에 대해 책임을 진다."는 규정, 제45조의 "국회의원은 국회에서 직무상 행한 발언과 표결에 관하여 국회 외에서 책임을 지지 아니한다."는 규정 및 제46조 제2항의 "국회의원은 국가이익을 우선하여 양심에 따라 직무를 행한다."는 규정들을 종합하여 볼 때, 헌법은 국회의원을 자유위임의 원칙하에 두었다(헌재 1994. 4. 28. 92헌마153).

4050 현대의 민주주의가 순수한 대의제 민주주의에서 정당국가적 민주주의의 경향으로 변화하여 사실상 정당에 의하여 국회가 운영되고 있다고 하더라도 국회의원의 전체국민대표성 자체를 부정할 수는 없다. 19 지방 7 O | X

현대의 민주주의가 순수한 대의제 민주주의에서 정당국가적 민주주의의 경향으로 변화하여 사실상 정당에 의하여 국회가 운영되고 있다. 따라서 오늘날 정당국가에서 국회의원의 자유위임원칙은 정당국가의 현실에 의하여 제약을 받을 수밖에 없다. 그러나 국회의원의 전체국민대표성 자체를 부정할 수는 없으며, 소속의원에게 특정한 행위를 해야 할 의무를 부과하고 이를 법적으로 강제하는 '직접적 강제'는 헌법상 자유위임에 반하므로 허용되지 않는다.

4051 국회의원은 자신이 소속된 정당의 지시에 따르지 않고 자신의 소신에 따라 활동할 수 있다. 11 국회 9 O | X

4051-1 국회의원이 항상 자신이 소속된 정당의 이익을 위해 행동해야 할 의무가 있는 것이 아니다. 11 국회 9 O | X

헌법이 국회의원은 국가의 이익을 우선하여 직무를 수행하여야 한다고 정하고 있기 때문에 국회의원은 어떤 경우에도 정당의 이익을 국가이익에 우선시킬 수 없다. 따라서 국회의원이 항상 자신이 소속된 정당의 이익을 위해 행동해야 할 의무가 있는 것이 아니므로 국회의원은 자신이 소속된 정당의 지시에 따르지 않고 자신의 소신에 따라 활동할 수 있다.

4052 자유위임원칙은 헌법이 추구하는 가치를 보장하고 실현하기 위한 통치구조의 구성원리 중 하나이므로, 다른 헌법적 이익에 언제나 우선하는 것은 아니고, 국회의 기능 수행을 위해서 필요한 범위 내에서 제한될 수 있다. 24 변호사, 23 지방 7 O | X

통치구조의 구성원리는 자기목적적인 것이 아니라 국민의 기본권과 헌법이 추구하는 가치를 보장하고 실현하기 위한 수단의 성격을 가지는 것이다. 따라서 자유위임원칙 역시 무제한적으로 보장되는 것은 아니며, 국회의 기능을 수행하기 위해서 필요한 범위 내에서 불가피하게 제한될 수밖에 없는 것이다(헌재 2020. 5. 27. 2019헌라1).

2 정당기속

4053 자유위임의 원칙에 불구하고 국회의원은 당내에서 민주적으로 결정된 의사로부터 완전히 자유롭다고 할 수 없다. 11 국회 9 O | X

오늘날 정당국가에서 자유위임의 원칙은 정당국가의 현실에 의하여 제약을 받을 수 밖에 없다. 국회의원은 자유위임에 근거하여 법적으로는 자유롭게 결정할 수 있으나, 정치적으로는 소속정당에 책임을 져야 하고, 소속 정당의 노선으로부터 벗어나는 경우 정치적 불이익을 감수해야 한다. 따라서 자유위임의 원칙에 불구하고 국회의원은 당내에서 민주적으로 결정된 의사로부터 완전히 자유롭다고 할 수 없다.

정답 4050. O 4051. O 4051-1. O 4052. O 4053. O

4054 자유위임은 의회 내에서의 정치의사형성에 정당의 협력을 배척하는 것이 아니며, 국회의원이 정당과 교섭단체의 지시에 기속되는 것을 배제하는 근거가 되는 것도 아니다. 24 경정 O│X

4054-1 국회의원의 원내활동을 기본적으로 각자에 맡기는 자유위임은 의회내에서의 정치의사형성에 정당의 협력을 배척하는 것이 아니나, 의원이 정당과 교섭단체의 지시에 기속되는 것을 배제하는 근거가 된다. 22 5급 O│X

4054-2 현대의 민주주의가 종래의 순수한 대의제 민주주의에서 정당국가적 민주주의 경향으로 변화하고 있음을 부인할 수 없다고 하더라도, 대의제 민주주의 원리에 기초한 자유위임은 최소한 국회 운영과 관련되는 한 정당과 교섭단체의 지시에 국민대표기관인 국회의원이 기속되는 것을 배제하는 근거가 된다. 13 변호사 O│X

> 현대의 민주주의가 종래의 **순수한 대의제 민주주의**에서 **정당국가적 민주주의의 경향**으로 변화하고 있음은 주지하는 바와 같다. … 국회의원의 원내활동을 기본적으로 각자에 맡기는 **자유위임**은 자유로운 토론과 의사형성을 가능하게 함으로써 당내민주주의를 구현하고 정당의 독재화 또는 과두화를 막아주는 순기능을 갖는다. 그러나 **자유위임**은 의회내에서의 정치의사형성에 **정당의 협력**을 배척하는 것이 **아니며**, 의원이 **정당과 교섭단체의 지시에 기속되는 것**을 배제하는 근거가 되는 것도 **아니다**(헌재 2003. 10. 30. 2002헌라1).

4055 국회의원의 국민대표성을 중시하는 입장에서도 특정 정당에 소속된 국회의원에 대하여 정당 내부의 사실상의 강제 또는 소속 정당으로부터의 제명은 가능하다. 15 지방 7 O│X

4055-1 국회의원이 소속정당의 결정에 위반되는 행위를 한 이유로 제재를 받는 경우, 국회의원의 지위를 상실하게 할 수는 없으나 정당 내부의 사실상의 강제 또는 정당으로부터의 제명은 가능하다. 11 국회 8 O│X

4055-2 국회의원에게 적용되는 자유위임의 원칙이 국회의원의 정당기속성보다 우위에 있으므로, 특정 정당에 소속된 국회의원이 정당기속 내지는 교섭단체의 결정에 위반하는 정치활동을 한 이유로 제재를 받는 경우, 국회의원 신분을 상실하게 할 수 없을 뿐만 아니라, '정당내부의 사실상의 강제' 또는 '소속 정당으로부터의 제명'도 불가능하다. 10 국회 8 O│X

4055-3 국회의원은 국민의 대표자로서 소속 정당의 의사에 기속되지 않고 양심에 따라 자유로이 투표할 수 있으므로 당론을 위반하는 정치활동에 대한 정당 내부의 사실상의 강제도 허용되지 않는다. 15 경정 O│X

> 자유위임은 의회내에서의 정치의사형성에 정당의 협력을 배척하는 것이 아니며, 의원이 정당과 교섭단체의 지시에 기속되는 것을 배제하는 근거가 되는 것도 아니다. 또한 **국회의원의 국민대표성을 중시하는 입장에서도 특정 정당에 소속된 국회의원**이 정당기속 내지는 교섭단체의 결정(소위 '**당론**')에 **위반하는 정치활동**을 한 이유로 제재를 받는 경우, **국회의원 신분을 상실**하게 할 수는 **없으나** "**정당내부의 사실상의 강제**" 또는 소속 "**정당으로부터의 제명**"은 가능하다고 보고 있다(헌재 2003. 10. 30. 2002헌라1).

4056 정당이 그 소속 국회의원을 제명하기 위해서는 당헌이 정하는 절차를 거치는 외에 그 소속 국회의원 전원의 2분의 1 이상의 찬성이 있어야 한다. 21 경정, 18 변호사, 17 경정, 13 국회 9 O│X

4056-1 정당이 그 소속 국회의원을 제명하기 위해서는 당헌이 정하는 절차를 거치는 외에 그 소속 국회의원 전원의 3분의 1 이상의 찬성이 있어야 한다. 22 국가 7 O│X

4056-2 정당이 그 소속 국회의원을 제명하기 위해서는 당헌이 정하는 절차를 거치는 외에 그 소속 국회의원 전원의 3분의 2 이상의 찬성이 있어야 한다. 18 5급 O│X

● **정답** 4054. O   4054-1. X [근거 아님]   4054-2. X [근거 아님]   4055. O   4055-1. O   4055-2. X [사실상 강제 또는 제명 可]   4055-3. X [사실상 강제 허용됨]   4056. O   4056-1. X [3분의 1 X → 2분의 1 O]   4056-2. X [3분의 2 X → 2분의 1 O]

> 정당법 제32조(서면결의의 금지) ① 대의기관의 결의와 소속 국회의원의 제명에 관한 결의는 서면이나 대리인에 의하여 의결할 수 없다.
>
> 정당법 제33조(정당소속 국회의원의 제명) 정당이 그 소속 국회의원을 제명하기 위해서는 당헌이 정하는 절차를 거치는 외에 그 소속 국회의원 전원의 2분의 1 이상의 찬성이 있어야 한다.

02 국회의원의 신분상 지위

4057 국회의원이 회기 중 국회의원직을 사직하고자 할 때에는 국회의장의 허가를 받아야 한다. 14 지방 7 O|X

> 국회법 제135조(사직) ① 국회는 의결로 의원의 사직을 허가할 수 있다. 다만, 폐회 중에는 의장이 허가할 수 있다.

4058 비례대표국회의원 또는 비례대표지방의회의원이 소속정당의 합당·해산 또는 제명 외의 사유로 당적을 이탈·변경하거나 2 이상의 당적을 가지고 있는 때에는 퇴직된다. 다만 비례대표국회의원이 국회의장으로 당선되어 「국회법」 규정에 의하여 당적을 이탈한 경우에는 그러하지 아니하다. 16 법원 9 O|X

4058-1 비례대표국회의원이 소속정당의 합당·해산 또는 제명 외의 사유로 당적을 이탈·변경하거나 2 이상의 당적을 가지고 있는 때에는 의원직을 상실하도록 한 것은 그 해당 비례대표국회의원에 대한 정당기속을 실현하기 위한 제도적 장치라고 볼 수 있다. 13 국회 9 O|X

4058-2 국회의원은 정당의 대표가 아니라 국민 전체의 대표이기 때문에 당선 당시의 당적을 이탈·변경하더라도 국회의원의 직을 상실하지 않는다. 16 국회 9 O|X

4058-3 비례대표국회의원이 소속정당에서 제명되어 당적을 이탈한 경우에는 퇴직된다. 13 법원 9 O|X

> 공직선거법 제192조(피선거권상실로 인한 당선무효 등) ④ 비례대표국회의원 또는 비례대표지방의회의원이 소속정당의 합당·해산 또는 제명외의 사유로 당적을 이탈·변경하거나 2 이상의 당적을 가지고 있는 때에는 「국회법」 제136조(퇴직) 또는 「지방자치법」 제90조(의원의 퇴직)의 규정에 불구하고 퇴직된다. 다만, 비례대표국회의원이 국회의장으로 당선되어 「국회법」 규정에 의하여 당적을 이탈한 경우에는 그러하지 아니하다.

4059 「공직선거법」 제192조 제4항에 따라 비례대표국회의원은 소속 정당의 해산 시에 그 의원직을 유지하는데, 여기서 말하는 해산에는 헌법재판소의 해산결정에 따른 해산이 포함된다. 19 입시 O|X

비례대표국회의원이 의원직을 유지하는 정당의 해산은 '자진 해산'을 말하고, 헌법재판소의 해산결정에 따른 '강제 해산'은 포함되지 않는다.

> **관련판례** 공직선거법 제192조 제4항은 비례대표 국회의원에 대하여 소속 정당의 '해산' 등 이외의 사유로 당적을 이탈하는 경우 퇴직된다고 규정하고 있는데, 이 규정의 의미는 정당이 스스로 해산하는 경우에 비례대표 국회의원은 퇴직되지 않는다는 것으로서, 국회의원의 국민대표성과 정당기속성 사이의 긴장관계를 적절하게 조화시켜 규율하고 있다(헌재 2014. 12. 19. 2013헌다1).

● 정답 4057. X [회기 중 사직은 국회 의결로 可] 4058. O 4058-1. O 4058-2. X [비례대표는 상실함] 4058-3. X [제명의 경우 퇴직 안됨] 4059. X [강제 해산 포함 X]

POINT 226　국회의원의 권한 (심의·표결권)

01　국회의원의 권한

4060　국회의원은 국민의 선거에 의하여 선출된 헌법상의 국가기관으로서 그 개개인이 법률안 제출권, 법률안 심의·표결권 등 여러 가지 독자적인 권한을 부여받고 있다. 16 서울 7　　O | X

4060-1　국회의원은 국회의 구성원일 뿐 헌법에 의하여 독자적인 권한을 부여받고 있는 국가기관으로서의 지위를 가진다고 볼 수 없다. 22 입시 12 법원 9　　O | X

이 사건 심판청구의 청구인인 **국회의원**은 헌법 제41조 제1항에 따라 국민의 선거에 의하여 선출된 **헌법상의 국가기관**으로서 헌법과 법률에 의하여 **법률안 제출권, 법률안 심의·표결권** 등 여러 가지 독자적인 권한을 부여받고 있으며, 피청구인인 국회의장도 헌법 제48조에 따라 국회에서 선출되는 헌법상의 국가기관으로서 헌법과 법률에 의하여 국회를 대표하고 의사를 정리하며, 질서를 유지하고 사무를 감독할 지위에 있고, 이러한 지위에서 본회의 개의시의 변경, 의사일정의 작성과 변경, 의안의 상정, 의안의 가결선포 등의 권한을 행사하게 되어 있다(헌재 1997. 7. 16. 96헌라2).

4061　국회의원의 심의·표결권은 국회가 의결의 형태로 권한을 행사하는 경우에 당연히 존재한다.
15 국회 9　　O | X

국민을 대표하는 합의체 결정기관인 국회의 구성원으로서 **국회의원이 갖는 이러한 심의·표결권**은, 비단 법률안에 대하여 의결을 하는 경우뿐만 아니라, … **국회가 의결의 형태로 권한을 행사**하는 **모든 경우에 당연히 존재**하는 것이다(헌재 2012. 2. 23. 2010헌라6 등).

4062　국회의원의 법률안 심의·표결권은 비록 헌법에는 이에 관한 명문의 규정이 없지만 의회민주주의의 원리, 헌법 제40조 및 제41조 제1항 등으로부터 당연히 도출되는 헌법상의 권한이다. 18 5급, 15 국회 9　　O | X

국회의원의 법률안 심의·표결권은 비록 헌법에는 이에 관한 **명문의 규정**이 없지만 **의회민주주의의 원리**, 입법권을 국회에 귀속시키고 있는 **헌법 제40조**, 국민에 의하여 선출되는 국회의원으로 국회를 구성한다고 규정하고 있는 **헌법 제41조 제1항으로부터 당연히 도출되는 헌법상의 권한**이다. 그리고 이러한 국회의원의 법률안 심의·표결권은 국회의 다수파의원에게만 보장되는 것이 아니라 소수파의원과 특별한 사정이 없는 한 국회의원 개개인에게 모두 보장되는 것임도 당연하다(헌재 1997. 7. 16. 96헌라2).

4063　민주주의원칙의 실현을 위해 매우 중요한 국회의원의 법률안 심의·표결권은 헌법상 권한으로서 국회 다수파의원뿐만 아니라 소수파의원과 특별한 사정이 없는 한 국회의원 개개인에게 모두 보장된다.
22 국회 9　　O | X

이러한 **국회의원의 법률안 심의·표결권**은 국회의 다수파의원에게만 보장되는 것이 아니라 **소수파의원**과 특별한 사정이 없는 한 **국회의원 개개인에게 모두 보장되는** 것임도 당연하다. 따라서 새정치국민회의 및 자유민주연합 소속 국회의원인 청구인들에게 법률안 심의·표결의 권한이 있음은 의문의 여지가 없다(헌재 1997. 7. 16. 96헌라2).

●정답　4060. O　4060-1. X [헌법상 국가기관임]　4061. O　4062. O　4063. O

4064 법률안 심의·표결권은 국회의원으로 구성된 국회에 부여된 것이지 국회의원 각자에게 보장된 것은 아니다. 22 법무사 O | X

> 국회의원의 법률안 심의·표결권은 의회민주주의의 원리, 입법권을 국회에 귀속시키고 있는 헌법 제40조, 국민에 의하여 선출되는 국회의원으로 국회를 구성한다고 규정한 헌법 제41조 제1항 및 국회의결에 관하여 규정한 헌법 제49조로부터 당연히 도출되는 헌법상의 권한이고, 이러한 국회의원의 법률안 심의·표결권은 헌법기관으로서의 국회의원 각자에게 모두 보장됨은 물론이다(헌재 2011. 8. 30. 2009헌라7).

4065 국회의원의 법률안 심의·표결권은 국민에 의하여 선출된 국가기관으로서 국회의원이 그 본질적 임무인 입법에 관한 직무를 수행하기 위해서 보유하는 권한으로서의 성격을 갖고 있으므로 국회의원의 개별적인 의사에 따라 포기할 수 있는 것은 아니다. 20 변호사, 14 국가 7 O | X

4065-1 국회의원의 법률안 심의·표결권은 국회의원 각자에게 보장되는 법률상 권한이라는 것 또한 의문의 여지가 없으므로, 이는 국회의원의 개별적 의사에 따라 포기할 수 있는 성질의 것이다. 23 국가 7 O | X

4065-2 국회의원의 법률안 심의·표결권은 헌법기관으로서의 국회의원 각자에게 모두 보장되는 헌법상 권한이므로, 국회의원의 개별적인 의사에 따라 포기할 수 있다. 24 경정 O | X

> 국회의원의 법률안 심의·표결권은 국민에 의하여 선출된 국가기관으로서 국회의원이 그 본질적 임무인 입법에 관한 직무를 수행하기 위하여 보유하는 권한으로서의 성격을 갖고 있으므로 국회의원의 개별적 의사에 따라 포기할 수 있는 것은 아니다(헌재 2009. 10. 29. 2009헌라8 등).

02 국회의원의 권한 침해와 권한쟁의심판

4066 국회의원과 국회의장은 헌법 제111조 제1항 제4호의 "국가기관"에 해당하므로 권한쟁의심판의 당사자가 될 수 있다. 16 국회 9 O | X

4066-1 국회의원과 국회의장 사이에 권한의 존부와 범위를 둘러싼 분쟁은 국가기관 상호간의 분쟁이 아닌 국회 구성원 내부의 분쟁이므로 권한쟁의심판청구를 할 수 없다. 22 법원 9 O | X

> 국회의장과 국회의원 간에 그들의 권한의 존부 또는 범위에 관하여 분쟁이 생길 수 있고, 이와 같은 분쟁은 단순히 국회의 구성원인 국회의원과 국회의장 간의 국가기관 내부문제가 아니라 헌법상 별개의 국가기관이 각자 그들의 권한의 존부 또는 범위를 둘러싼 분쟁이다. 이 분쟁은 권한쟁의심판 이외에 이를 해결할 수 있는 다른 수단이 없으므로 국회의원과 국회의장은 헌법 제111조 제1항 제4호 소정의 권한쟁의심판의 당사자가 될 수 있다(헌재 2000. 2. 24. 99헌라1).

● 정답 4064. X [국회의원 각자에게 보장 O, 국회에 부여 X]   4065. O   4065-1. X [법률상 권한 X → 헌법상 권한 O / 포기할 수 없음]
4065-2. X [포기할 수 없음]   4066. O   4066-1. X [권한쟁의심판청구 가능함]

4067 국가기관 상호간의 권한쟁의심판에 관하여 규정하고 있는 헌법재판소법 제62조 제1항 제1호의 "국회, 정부, 법원 및 중앙선거관리위원회 상호간의 권한쟁의심판"은 예시적인 조항으로 해석되므로, 국회의원이 국회의장을 상대로 제기한 권한쟁의심판은 적법하다. 14 변호사 O | X

4067-1 국회의원과 국회의장은 헌법에 의하여 설치되고 헌법과 법률에 의하여 권한이 부여되어 있으며, 그들 사이의 권한다툼을 해결할 수 있는 별도의 기관이나 방법이 없다는 점을 고려할 때 국회의원이 국회의장을 상대로 제기한 권한쟁의심판청구도 적법하다. 18 국회 9 O | X

4067-2 「헌법재판소법」제62조 제1항 제1호의 규정은 한정적 열거조항이므로, 국회의원과 국회의장은 권한쟁의심판의 당사자가 될 수 없다. 15 서울 7 O | X

헌법재판소법 제62조 제1항 제1호가 국가기관 상호간의 권한쟁의심판을 "국회, 정부, 법원 및 중앙선거관리위원회 상호간의 권한쟁의심판"이라고 규정하고 있더라도 이는 한정적, 열거적인 조항이 아니라 예시적인 조항이라고 해석하는 것이 헌법에 합치되므로 이들 기관외에는 권한쟁의심판의 당사자가 될 수 없다고 단정할 수 없다. 헌법 제111조 제1항 제4호 소정의 "국가기관"에 해당하는지 여부는 그 국가기관이 헌법에 의하여 설치되고 헌법과 법률에 의하여 독자적인 권한을 부여받고 있는지, 헌법에 의하여 설치된 국가기관 상호간의 권한쟁의를 해결할 수 있는 적당한 기관이나 방법이 있는지 등을 종합적으로 고려하여야 할 것인바, 이러한 의미에서 국회의원과 국회의장은 위 헌법조항 소정의 "국가기관"에 해당하므로 권한쟁의심판의 당사자가 될 수 있다(헌재 1997. 7. 16. 96헌라2).

4068 국가기관 상호간의 권한쟁의심판에서 국회뿐만 아니라 국회의장, 국회의원, 국회위원회 등도 당사자능력을 가질 수 있다. 18 서울 7 O | X

국회의 경우 전체기관으로서의 국회뿐만 아니라 국회의장(헌법 제48조), 국회의원(헌법 제41조 제1항), 국회의 각 위원회(헌법 제62조), 국회의 상임위원회 위원장 등이 독립한 헌법기관으로서 권한쟁의심판에서 당사자능력을 가진다.

03 국회 내부기관에 의한 권한침해

1 상임위원 사·보임

4069 국회의장이 특정 국회의원을 그 의사에 반하여 국회 보건복지위원회에서 사임시키고 환경노동위원회로 보임한 행위(사·보임행위)는 권한쟁의심판의 대상이 되는 처분에 해당한다. 22 경정 O | X

4069-1 국회의장이 교섭단체대표의원의 요청에 따라 그 소속국회의원을 국회 보건복지위원회에서 강제로 사임시킨 행위는 국회의 자율권에 속하는 행위로서 사법심사의 대상에서 제외되어야 한다. 12 국가 7, 12 국회 8 O | X

피청구인은 2001. 12. 24. 한나라당 교섭단체대표의원이 요청한, 같은 한나라당 의원으로서 국회 보건복지위원회 소속이던 청구인과 환경노동위원회 소속이던 박○○의원을 서로 맞바꾸는 내용의 상임위원회 위원 사·보임 요청서에 결재를 하였고, 이는 국회법 제48조 제1항에 규정된 바와 같이 교섭단체대표의원의 요청에 따른 상임위원 개선행위이다. 위와 같은 피청구인의 개선행위에 따라 청구인은 같은 날부터 보건복지위원회에서 사임되고, 위 박○○ 의원이 동 위원회에 보임되었다. 따라서, 청구인의 상임위원 신분의 변경을 가져온 피청구인의 이 사건 사·보임행위는 권한쟁의심판의 대상이 되는 처분이라고 할 것이다(헌재 2003. 10. 30. 2002헌라1).

정답 4067. O 4067-1. O 4067-2. X [예시조항, 될 수 있음] 4068. O 4069. O 4069-1. X [사법심사 대상임]

4070 국회의장은 교섭단체 대표의원의 요청이 있으면 법률에 위반되는 것이 아닌 한 상임위원을 강제 사임시키고 다른 의원을 보임할 수 있다. 11 국회 8   O | X

4070-1 국회의원이 계속 특정 상임위원회에서 활동하기를 원하고 있다면 그 위원회와 관련하여 위법하거나 부당한 행위를 한 사실이 인정되는 경우가 아닌 한 본인의 의사에 반하여 강제로 위원회에서 사임시킬 수는 없다. 21 5급   O | X

> 교섭단체대표의원의 "요청"이 헌법 또는 법률에 명백히 위반되는 것이 아닌 한, 교섭단체대표의원이 상임위원의 개선에 있어 청구인의 주장대로 "당해 위원이 위원회의 구성원으로서의 지위를 계속 유지하기에 적합하지 않다고 판단될 만한 **불법 또는 부당한 사유를 가지고 있는 경우에**" 한하여 그의 개선을 요청할 수 있다고 볼 것은 아니다. 교섭단체대표의원의 상임위원 개선 **"요청"**이 헌법 또는 법률에 위반되는 것이 아닌 한 **국회의장이 이에 따르는 것은** 정당국가에서 차지하는 교섭단체의 의의와 기능을 고려할 때 **입법취지에도 부합하는 것이다**(헌재 2003. 10. 30. 2002헌라1).

4071 교섭단체 대표의원의 요청에 따른 국회의장의 상임위원 개선행위는 그 요청이 위헌이나 위법이 아닌 한 해당 국회의원의 법률안의 심의·표결권의 침해로 볼 수 없다. 17 국회 8, 14 국가 7   O | X

4071-1 국회의장이 교섭단체의 필요에 따라 국회의원을 다른 상임위원회로 강제 전임하는 조치는 헌법을 위반하여 해당 국회의원의 원소속 상임위원회에서의 법률안 심의·표결권을 침해하는 것이 아니다. 21 입시   O | X

4071-2 소속 정당의 의사를 따르지 않는 국회의원에 대해서 국회의원의 신분에 변동을 가하지 않으면서 본인의 의사에 반하여 소속 상임위원회를 변경하는 조치는 국회의원의 권한을 침해하는 것은 아니다. 16 국회 9   O | X

4071-3 당론과 다른 견해를 가진 소속 국회의원을 당해 교섭단체의 필요에 따라 다른 상임위원회로 전임(사·보임)하는 조치는 해당 국회의원의 법률안 심의·표결 권한을 침해한 것이다. 19 경정   O | X

> 피청구인의 이 사건 사·보임행위는 청구인이 소속된 정당내부의 사실상 강제에 터 잡아 교섭단체대표의원이 상임위원회 사·보임 요청을 하고 이에 따라 이른바 의사정리권한의 일환으로 이를 받아들인 것으로서, **그 절차·과정에 헌법이나 법률의 규정을 명백하게 위반하여 재량권의 한계를 현저히 벗어나 청구인의 권한을 침해한 것으로는 볼 수 없다**고 할 것이다(헌재 2003. 10. 30. 2002헌라1).

4072 국회의장이 국회의원을 특정 상임위원회 위원으로 선임하는 행위는 헌법소원의 대상이 되는 공권력 행사에 해당한다. 14 국회 9   O | X

4072-1 국회의장이 국회의원을 일방적으로 특정 상임위원회 위원으로 선임하는 행위는 헌법소원심판청구의 대상이 될 수 있다. 10 지방 7   O | X

> 국회의장이 국회의원을 국회 상임위원회 위원으로 선임한 행위는 「국회법」 제48조에 근거한 행위로서 **국회 내부의 조직을 구성하는 행위**에 불과할 뿐 국민의 권리의무에 대하여 직접적인 법률효과를 발생시키는 행위라고 할 수 없으므로, **헌법소원심판의 대상이 되지 아니한다**(헌재 1999. 6. 24. 98헌마472).

● 정답   4070. O   4070-1. X [사임시킬 수 있음]   4071. O   4071-1. O   4071-2. O   4071-3. X [침해 X]   4072. X [공권력 행사 X → 헌소대상 아님]   4072-1. X [헌소대상 아님]

4073 국회의원이 국회의장에게 상임위원회 위원으로 선임해 달라고 요청하였다가 거절된 경우, 당해 국회의원은 기본권침해를 이유로 헌법소원을 제기할 수 있다. 16 경정, 12 법원 9 O | X

국회의 구성원인 지위에서 공권력작용의 주체가 되어 오히려 국민의 기본권을 보호 내지 실현할 책임과 의무를 지는 국회의원이 위와 같은 권한을 침해당하였다고 하더라도 이는 「헌법재판소법」 제68조제1항에서 말하는 기본권의 침해에는 해당하지 않으므로, 이러한 경우 국회의원은 개인의 권리구제수단인 **헌법소원을 청구할 수 없다**고 할 것이다(헌재 2000. 8. 31. 2000헌마156).

2 본회의 의사절차의 하자

4074 입법절차의 하자를 둘러싼 분쟁은 본질적으로 국회의장이 국회의원의 권한을 침해한 것인가 그렇지 않은가에 관한 다툼으로서 그 법률에 대한 심의·표결권을 침해받은 국회의원이 국회의장을 상대로 권한쟁의심판을 청구하여 해결하여야 할 사항이다. 12 국가 7 O | X

4074-1 국회 의사 절차상 하자인 날치기통과에 대하여 국회의원은 헌법상 국가기관에 해당하므로 권한쟁의 심판을 청구할 수 있다. 17 지방 7 O | X

청구인들이 주장하는 입법절차의 하자는 야당소속 국회의원들에게는 개의시간을 알리지 않음으로써 법률안의 심의에 참여할 수 있는 기회를 주지 아니한 채 여당소속 국회의원들만 출석한 가운데 국회의장이 본회의를 개의하고 법률안을 상정하여 가결선포하였다는 것이므로 그와 같은 **입법절차의 하자를 둘러싼 분쟁은** 본질적으로 법률안의 심의·표결에 참여하지 못한 **국회의원**이 **국회의장을 상대로 권한쟁의에 관한 심판을 청구**하여 해결하여야 할 사항이다(헌재 1998. 8. 27. 97헌마8 등).

4075 법률안에 대한 질의권·토론권·표결권이 침해되었다고 주장하는 경우에는 국회의장을 상대로 헌법재판소에 권한쟁의심판을 청구할 수 있으며, 이때 심판을 청구하는 청구권자는 이를 주장하는 정당의 원내교섭단체의 대표의원이 된다. 11 국회 8 O | X

법률안에 대한 질의권·토론권·표결권이 침해되었다고 주장하는 권한쟁의심판의 경우 청구권자는 이를 주장하는 **국회의원**이다(헌재 2000. 2. 24. 99헌라1).

4076 법률안의 심의·표결의 의사진행을 방해하고 다른 국회의원들의 투표를 방해하기까지 한 국회의원에게는 자신의 심의·표결권의 침해를 다투는 권한쟁의심판의 청구인적격이 인정되지 않는다. 19 입시 O | X

이 사건 권한쟁의심판의 경우는 헌법상의 권한질서 및 국회의 의사결정체제와 기능을 수호·유지하기 위한 공익적 쟁송으로서의 성격이 강하므로, 청구인들 중 일부가 자신들의 정치적 의사를 관철하려는 과정에서 **피청구인의 의사진행을 방해**하거나 **다른 국회의원들의 투표를 방해**하였다 하더라도, 그러한 사정만으로 이 사건 심판청구 자체가 **소권의 남용**에 해당하여 **부적법하다고 볼 수는 없다**(헌재 2009. 10. 29. 2009헌라8 등).

● 정답 4073. X [제기 불가함] 4074. O 4074-1. O 4075. X [교섭대표 X → 국회의원 O] 4076. X [인정됨]

4077 국회부의장은 국회의장의 직무를 대리하여 법률안을 가결·선포할 수 있을 뿐 법률안 가결·선포행위에 따른 법적 책임을 지는 주체가 될 수 없으므로, 국회부의장에 대한 권한쟁의심판청구는 피청구인적격이 인정되지 아니한 자를 상대로 제기된 것이어서 부적법하다. 22 국회 9, 19 국회 8   O | X

4077-1 국회부의장이 국회의장의 직무를 대리하여 법률안 가결선포행위를 하면서 질의·토론의 기회를 봉쇄하여 국회의원의 법률안 심의·표결권을 침해한 경우, 국회의원은 자신의 법률안 심의·표결권을 침해받았다는 이유로 국회의장을 상대로 하여 권한쟁의심판을 청구하여야 한다. 14 변호사   O | X

4077-2 국회부의장이 국회의장의 위임에 따라 그 직무를 대리하여 법률안 가결선포행위를 하였다면, 국회부의장은 법률안 가결선포행위에 따른 법적 책임을 지는 주체가 될 수 있으므로 권한쟁의심판의 피청구인 적격이 인정된다. 23 법원 9   O | X

4077-3 국회부의장이 국회의장의 직무를 대리하여 법률안 가결선포행위를 한 경우 심의·표결권 침해를 주장하는 국회의원은 국회부의장을 피청구인으로 하여 권한쟁의심판을 제기하여야 한다. 24 입시   O | X

4077-4 국회의장의 직무를 대리하여 법률안 가결을 선포한 국회부의장의 행위로 자신의 법률안 심의·표결권이 침해되었다고 주장하면서 국회의원이 국회부의장을 상대로 제기한 권한쟁의심판은 적법하다. 19 입시   O | X

권한쟁의심판에서는 처분 또는 부작위를 야기한 기관으로서 법적 책임을 지는 기관만이 피청구인적격을 가지므로, 이 사건 심판은 의안의 상정·가결선포 등의 권한을 갖는 **국회의장을 상대로 제기되어야** 한다. **국회부의장은** 국회의장의 **직무를** 대리하여 **법률안을 가결선포할 수 있을뿐**(국회법 제12조 제1항), 법률안 가결선포행위에 따른 **법적 책임을 지는 주체가 될 수 없으므로**, **국회부의장에 대한 이 사건 심판청구는 피청구인 적격이 인정되지 아니한 자를 상대로 제기되어 부적법하다**(헌재 2009. 10. 29. 2009헌라8 등).

4078 입법절차상의 하자로 국회의원의 법률안 심의·표결권이 침해되었음이 권한쟁의심판에서 확인된 경우에는 국회의장에게 그 권한침해행위에 내재하는 위헌·위법성을 제거할 적극적 조치를 취할 법적 의무가 발생한다. 13 국회 8   O | X

국회의장의 법률안 가결선포행위가 청구인들의 **법률안 심의·표결권을 침해한 것임을 확인한** 권한침해확인결정의 기속력으로 국회의장이 구체적인 **특정한 조치를 취할 작위의무를** 부담한다고는 볼 수 **없다**(헌재 2010. 11. 25. 2009헌라12).

4079 국회의 입법과 관련하여 일부 국회의원들의 권한이 침해되었다 하더라도 그것이 다수결의 원칙(헌법 제49조)과 회의공개의 원칙(헌법 제50조)과 같은 입법절차에 관한 헌법의 규정을 명백히 위반한 흠에 해당하는 것이 아니라면 그 법률안의 가결선포행위를 곧바로 무효로 볼 것은 아니다. 21 변호사, 17 서울 7   O | X

4079-1 법률안의 가결선포행위의 효력은 입법절차상 헌법규정을 명백히 위반한 하자가 있었는지에 따라 결정되어야 할 것이고, 입법절차에 관한 법률에 대한 경미한 위반이 있다고 하여 무효라고 할 수는 없다. 16 국회 8   O | X

국회의 입법과 관련하여 **일부 국회의원들의 권한이** 침해되었다 하더라도 그것이 **다수결의 원칙**(헌법 제49조)과 **회의공개의 원칙**(헌법 제50조)과 같은 **입법절차에 관한 헌법의 규정을 명백히 위반한** 흠에 해당하는 것이 아니라면 그 **법률안의 가결 선포행위를 곧바로 무효로 볼 것은 아닌데**, 피청구인의 이 사건 법률안들에 대한 가결 선포행위는 그것이 입법절차에 관한 헌법규정을 위반하였다는 등 가결 선포행위를 취소 또는 무효로 할 정도의 하자에 해당한다고 보기는 어렵다(헌재 2011. 8. 30. 2009헌라7).

● 정답 4077. O   4077-1. O   4077-2. X [법적 책임을 지는 주체 X, 피청구인 적격 부정]   4077-3. X [국회의장을 상대로 제기]   4077-4. X [부적법함]   4078. X [법적 의무 발생 X]   4079. O   4079-1. O

4080 국회의장이 적법한 반대토론 신청이 있었음에도 반대토론을 허가하지 않고 토론절차를 생략하기 위한 의결을 거치지도 않은 채 법률안들에 대한 표결절차를 진행하여 가결을 선포한 행위는 국회의원의 법률안 심의·표결권을 침해한 것이다. 20 소간 O | X

4080-1 국회의장이 적법한 반대토론 신청이 있었음에도 반대토론을 허가하지 않고 토론절차를 생략하기 위한 의결을 거치지도 않은 채 법률안들에 대한 표결절차를 진행하였다고 하더라도 다수결의 원칙과 회의공개의 원칙 등 입법절차에 관한 헌법의 규정을 위반한 것은 아니므로 국회의원의 법률안 심의·표결권을 침해한 것으로는 볼 수 없다. 22 입시 O | X

'한국정책금융공사법안' 및 '신용정보의 이용 및 보호에 관한 법률 전부개정법률안(대안)'은 위원회의 심사를 거친 안건이지만 청구인으로부터 적법한 반대토론 신청이 있었으므로 원칙적으로 피청구인이 그 반대토론 절차를 생략하기 위해서는 반드시 본회의 의결을 거쳐야 할 것인데(국회법 제93조 단서), 피청구인은 청구인의 반대토론 신청이 적법하게 이루어졌음에도 이를 허가하지 않고 나아가 토론절차를 생략하기 위한 의결을 거치지도 않은 채 이 사건 법률안들에 대한 표결절차를 진행하였으므로, 이는 국회법 제93조 단서를 위반하여 청구인의 법률안 심의·표결권을 침해하였다(헌재 2011. 8. 30. 2009헌라7).

4081 국회의장이 적법한 반대토론 신청이 있었음에도 반대토론을 허가하지 않고 토론절차를 생략하기 위한 의결을 거치지도 않은 채 법률안들에 대한 표결절차를 진행한 것은 국회의원의 법률안 심의·표결권을 침해한 것이며, 국회의원의 법률안 심의·표결권 침해가 확인된 이상 그 법률안의 가결선포행위는 무효이다. 20 변호사 O | X

피청구인은 청구인의 반대토론 신청이 적법하게 이루어졌음에도 이를 허가하지 않고 나아가 토론절차를 생략하기 위한 의결을 거치지도 않은 채 이 사건 법률안들에 대한 표결절차를 진행하였으므로, 이는 국회법 제93조 단서를 위반하여 청구인의 법률안 심의·표결권을 침해하였다. 국회의 입법과 관련하여 일부 국회의원들의 권한이 침해되었다 하더라도 그것이 다수결의 원칙(헌법 제49조)과 회의공개의 원칙(헌법 제50조)과 같은 입법절차에 관한 헌법의 규정을 명백히 위반한 흠에 해당하는 것이 아니라면 그 법률안의 가결 선포행위를 곧바로 무효로 볼 것은 아닌데, 피청구인의 이 사건 법률안들에 대한 가결 선포행위는 그것이 입법절차에 관한 헌법규정을 위반하였다는 등 가결 선포행위를 취소 또는 무효로 할 정도의 하자에 해당한다고 보기는 어렵다(헌재 2011. 8. 30. 2009헌라7).

4082 법률안 가결 선포는 국회 본회의에서 이루어지는 법률안 의결절차의 종결행위로서 이를 권한쟁의의 심판대상으로 삼아 이에 이르기까지 일련의 심의·표결 절차상의 하자들을 다툴 수 있는 이상, 하나의 법률안 의결과정에서 국회의장이 행한 중간처분에 불과한 반대토론 불허행위를 별도의 판단대상으로 삼을 필요가 없다. 18 변호사 O | X

청구인은 피청구인이 이 사건 법률안들에 대한 청구인의 반대토론을 허가하지 않은 것에 따른 권한침해의 확인도 구하고 있으나, 법률안의 가결 선포는 국회 본회의에서 이루어지는 법률안 의결절차의 종결행위로서 이를 심판대상으로 삼아 이에 이르기까지 일련의 심의·표결 절차상의 하자들을 다툴 수 있는 이상, 하나의 법률안 의결과정에서 피청구인이 행한 중간처분에 불과한 반대토론 불허행위를 별도의 판단대상으로 삼을 필요가 없으므로 이 사건 법률안들과 관련하여 문제되는 피청구인의 처분은 위 각 가결 선포행위로 한정하기로 한다(헌재 2011. 8. 30. 2009헌라7).

4083 의사진행 방해로 의안상정·제안설명 등 의사진행이 정상적으로 이루어지지 못하고 질의신청을 하는 의원도 없는 상황에서 국회의장이 '질의신청 유무'에 대한 언급 없이 단지 '토론신청이 없으므로 바로 표결하겠다'고 한 행위가, 위원회 심의를 거치지 않은 안건에 대하여 질의, 토론을 거치도록 정한 「국회법」 제93조에 위반하여 국회의원들의 심의·표결권을 침해할 정도에 이르렀다고는 보기 어렵다. 18 변호사 O | X

정답 4080. O 4080-1. X [침해함] 4081. X [법률안 심의·표결권 침해 but 가결선포행위 무효 X] 4082. O 4083. O

의사진행 방해로 의안상정·제안설명 등 의사진행이 정상적으로 이루어지지 못하고 질의신청을 하는 의원도 없는 상황에서 피청구인이 '**질의신청 유무**'에 대한 언급 없이 단지 '**토론신청이 없으므로 바로 표결하겠다**'라고 한 행위가 위원회 심의를 거치지 않은 안건에 대하여 **질의, 토론**을 거치도록 정한 국회법 제93조에 위반하여 청구인 국회의원들의 **심의·표결권을 침해할 정도에 이르렀다고는 보기 어렵다**(헌재 2008. 4. 24. 2006헌라2).

4084 국회의장이 야당 의원들에게 본회의 개의 일시를 적법하게 통지하지 않고 법률안을 가결선포한 행위는 야당 의원들의 법률안 심의·표결 권한을 침해하여 위헌·무효다. 24 입시 O | X

국회의장이 야당의원들에게 **본회의 개의일시**를 국회법에 규정된 대로 **적법하게 통지하지 않음**으로써 그들이 본회의에 출석할 기회를 잃게 되었고, 그 결과 법률안의 심의 표결과정에 참여하지 못하게 되었다면 이로써 야당의원들의 헌법에 의하여 부여된 **법률안 심의 표결의 권한이 침해**된 것이다. … 피청구인이 이 사건 본회의를 개의하고 이 사건 법률안을 상정하여 가결선포한 행위는 헌법에 의하여 부여받은 청구인들의 법률안 심의·표결의 권한을 침해한 것이므로 그 확인을 구하는 심판청구는 이유있어 이를 받아 들이고, 청구인들의 나머지 청구는 인용의견이 재판관 과반수에 이르지 못하므로 이를 **기각**하기로 하여 주문과 같이 결정하는 것이다(헌재 1997. 7. 16. 96헌라2).

🖉 **보충설명** 헌법재판소는 법률안 심의·표결의 권한은 침해한다고 보았으나, 법률안 가결선포행위의 위헌 여부에 대하여는 인용의견이 과반수(각하 3, 기각 3, 인용 3)에 이르지 아니하여 기각하였다.

3 위원회 의사절차의 하자

4085 국회의 의결을 요하는 안건에 대하여 국회의장이 본회의 의결에 앞서 소관위원회에 안건을 회부하는 것은 국회의 심의권을 위원회에 위양하는 것이므로, 국회 상임위원회 위원장이 위원회를 대표해서 의안을 심사하는 권한은 국회의장으로부터 위임된 것이다. 20 경정, 18 변호사 O | X

국회의 의결을 요하는 안건에 대하여 의장이 본회의 의결에 앞서 **소관위원회에 안건을 회부**하는 것은 국회의 심의권을 위원회에 위양하는 것이 아니고, 그 안건이 본회의에 최종적으로 부의되기 이전의 한 단계로서, **소관위원회**가 발의 또는 제출된 의안에 대한 **심사권한을 행사**하여 사전 심사를 할 수 있도록 소관위원회에 송부하는 행위라 할 수 있다. 상임위원회는 그 소관에 속하는 의안, 청원 등을 심사하므로, 국회의장이 안건을 위원회에 **회부함으로써 상임위원회에 심사권이 부여되는 것이 아니고, 심사권 자체는 법률상 부여된 위원회의 고유한 권한**으로 볼 수 있다. 따라서 국회 상임위원회 위원장이 위원회를 대표해서 의안을 심사하는 권한이 국회의장으로부터 위임된 것임을 전제로 한 **국회의장에 대한 이 사건 심판청구**는 피청구인적격이 없는 자를 상대로 한 청구로서 **부적법**하다(헌재 2010. 12. 28. 2008헌라7 등).

4086 국회 상임위원회 위원장이 위원회를 대표해서 의안을 심사하는 권한이 국회의장으로부터 위임된 것임을 전제로 하는 국회의장에 대한 권한쟁의 심판청구는 피청구인 적격이 없는 자를 상대로 한 청구로서 부적법하다. 22 지방 7 O | X

4086-1 국회 상임위원회가 그 소관에 속하는 의안, 청원 등을 심사하는 권한은 국회의장이 안건을 위원회에 회부함으로써 부여된 것이므로, 법률상 부여된 위원회의 고유한 권한으로 볼 수 없다. 24 입시 O | X

국회 상임위원회가 그 소관에 속하는 **의안, 청원 등을 심사하는 권한**은 **법률상 부여된 위원회의 고유한 권한**이므로, 국회 상임위원회 위원장이 위원회를 대표해서 의안을 심사하는 권한이 국회의장으로부터 위임된 것임을 전제로 한 **국회의장에 대한 이 사건 심판청구**는 피청구인적격이 없는 자를 상대로 한 청구로서 **부적법**하다(헌재 2010. 12. 28. 2008헌라7 등).

● **정답** 4084. X [권한침해 but 위헌·무효 아님] 4085. X [위원회에 위양 X, 심사권은 위원회 고유의 권한임] 4086. O 4086-1. X [국회의장으로부터 위임 X → 위원회의 고유한 권한 O]

4087 상임위원회 위원장이 질서유지권을 발동하여 소수당 의원들의 회의장 출입을 봉쇄한 상태에서 상임위원회 전체회의를 개의하여 의안을 상정하고 법안심사소위원회에 회부하였다면, 상임위원회 의사절차의 주재자로서 질서유지권과 의사정리권의 귀속주체인 상임위원회 위원장에게 권한쟁의심판청구의 피청구인적격이 인정된다. 22 국회 8 O | X

4087-1 국회 상임위원회 위원장에게는 권한쟁의심판의 피청구인적격이 인정되지 않는다. 12 국회 8 O | X

권한쟁의심판에 있어서는 처분 또는 부작위를 야기한 기관으로서 법적 책임을 지는 기관만이 피청구인적격을 가지므로, 권한쟁의심판청구는 이들 기관을 상대로 제기하여야 한다. 피청구인 외통위 위원장은 외통위 의사절차의 주재자로서 질서유지권(국회법 제49조 제1항, 제145조), 의사정리권(국회법 제49조 제1항, 제2항, 제52조, 제53조 제4항 등)의 귀속주체이므로 이 사건 심판청구의 피청구인적격이 인정될 것이나, 피청구인 국회의장에게 피청구인적격이 있다고 인정할 것인지는 따로 검토할 필요가 있다(헌재 2010. 12. 28. 2008헌라7 등).

4088 국회 외교통상통일위원회 위원장의 위법한 의사진행으로 인하여 소속 일부 상임위원들의 심의표결권이 침해되었음을 이유로 상임위원인 국회의원이 상임위원회 위원장을 상대로 제기한 권한쟁의심판청구는 적법하다. 18 국회 9 O | X

설령 청구인들 중 일부가 자신들의 정치적 의사를 관철하려는 의도로 민주당 당직자 등의 회의개최 방해행위를 종용하거나 방조하였다 하더라도, 그러한 사정만으로 이 사건 심판청구 자체가 권한쟁의심판 제도의 취지와 전혀 부합되지 않는 소권의 남용에 해당되어 심판청구의 이익이 없어 부적법하다고 볼 수는 없다. 그렇다면, 이와 배치되는 피청구인의 주장은 받아들일 수 없고, 청구인들의 피청구인에 대한 이 사건 심판청구는 적법하다 할 것이므로, 본안 판단에 나아가기로 한다(헌재 2010. 12. 28. 2008헌라7 등).

4089 국가기관의 권한쟁의심판 청구를 소권의 남용이라고 평가하기 위해서는 그것이 권한쟁의심판 제도의 취지와 전혀 부합되지 않는다고 볼 극히 예외적인 사정이 인정되어야 할 것이므로, 국회의원들이 자신들의 정치적 의사를 관철하려는 의도로 소속 정당 당직자 등의 회의개최 방해행위를 종용하거나 방조하였다 하더라도, 그들의 권한쟁의심판청구를 소권의 남용이라고 볼 수 없다. 18 국회 9 O | X

국가기관의 권한쟁의심판 청구를 소권의 남용이라고 평가하기 위해서는, 그것이 권한쟁의심판 제도의 취지와 전혀 부합되지 않는다고 볼 극히 예외적인 사정이 인정되어야 할 것인바, 설령 청구인들 중 일부가 자신들의 정치적 의사를 관철하려는 의도로 민주당 당직자 등의 회의개최 방해행위를 종용하거나 방조하였다 하더라도, 그러한 사정만으로 이 사건 심판청구 자체가 권한쟁의심판 제도의 취지와 전혀 부합되지 않는 소권의 남용에 해당되어 심판청구의 이익이 없어 부적법하다고 볼 수는 없다(헌재 2010. 12. 28. 2008헌라7 등).

4090 국회 상임위원회 위원장이 회의장 출입문을 폐쇄하여 소수당 소속 상임위원회 위원들의 출입을 봉쇄한 상태에서 상임위원회 전체회의를 개의하여 안건을 상정한 행위 및 소위원회로 안건심사를 회부한 행위는 그 회의에 참석하지 못한 소수당 소속 상임위원회 위원들의 조약비준동의안에 대한 심의권을 침해한다. 17 입시 O | X

피청구인이 청구인들의 출입을 봉쇄한 상태에서 이 사건 회의를 개의하여 한미 FTA 비준동의안을 상정한 행위 및 위 동의안을 법안심사소위원회에 심사회부한 행위는 헌법 제49조의 다수결의 원리, 헌법 제50조 제1항의 의사공개의 원칙과 이를 구체적으로 구현하는 국회법 제54조, 제75조 제1항에 반하는 위헌, 위법한 행위라 할 것이고, 그 결과 청구인들은 이 사건 동의안 심의과정(대체토론)에 참여하지 못하게 됨으로써, 이 사건 상정·회부행위로 인하여 헌법에 의하여 부여받은 이 사건 동의안의 심의권을 침해당하였다 할 것이다(헌재 2010. 12. 28. 2008헌라7 등).

정답 4087. O 4087-1. X [인정됨] 4088. O 4089. O 4090. O

4091 국회 상임위원회 위원장이 조약비준동의안을 심의함에 있어서 야당 소속 상임위원회 위원들의 출입을 봉쇄한 상태에서 상임위원회 전체회의를 개의하여 안건을 상정하고 소위원회로 안건심사를 회부한 행위는 야당 소속 상임위원회 위원들의 조약비준동의안에 대한 심의권을 침해한 것으로 무효이다. 15 국가 7   O|X

이 사건 상정·회부행위로 인하여 헌법에 의하여 부여받은 이 사건 동의안의 심의권을 침해당하였다 할 것이다. … 이 사건 동의안은 외통위 법안심사소위원회와 전체회의에서 가결되어 현재 국회 본회의에 계류되어 있고, 이 사건 동의안 처리의 전체 과정에서 이 사건 상정·회부 행위는 초기단계 내지 중간단계에 해당하여, … 따라서, 청구인들이 피청구인을 상대로 구한 이 사건 상정·회부행위에 대한 무효확인청구는 이유 없으므로 이를 모두 기각하여야 할 것이다(헌재 2010. 12. 28. 2008헌라7 등).

📎 **보충설명** 심의권을 침해하지만 무효는 아니다.

04 국회외부기관에 의한 침해

1 국회의 권한과 국회의원의 권한

4092 조약의 체결·비준에 대한 동의권은 국회에 있으며, 조약의 체결·비준 동의안에 대한 심의·표결권은 국회의원에게 있다. 20 입시   O|X

4092-1 국회가 조약의 체결·비준에 대한 동의권을 행사하는 경우, 국회의원은 조약의 체결·비준 동의안에 대하여 심의·표결할 권한을 가진다. 17 입시   O|X

국회가 헌법 제60조 제1항에 따라서 조약의 체결·비준에 대한 동의권한을 행사하는 경우에, 국회의원은 헌법 제40조 및 제41조 제1항과 국회법 제93조 및 제109조 내지 제112조에 따라서 조약의 체결·비준 동의안에 대하여 심의·표결할 권한을 가진다(헌재 2007. 7. 26. 2005헌라8).

2 외부기관에 의한 국회의원 권한침해 가능성 부정

4093 국회의 동의권이 침해되었다고 하여 동시에 국회의원의 심의·표결권이 침해된다고 할 수 없고, 또 국회의원의 심의·표결권은 국회의 대내적인 관계에서 행사되고 침해될 수 있을 뿐 다른 국가기관과의 대외적인 관계에서는 침해될 수 없다. 23 법원 9, 21 변호사   O|X

4093-1 국회의원의 심의·표결권한은 국회의장이나 다른 국회의원이 아닌 국회 외부의 국가기관에 의하여는 침해될 수 없는 것이다. 15 서울 7   O|X

국회의 동의권이 침해되었다고 하여 동시에 국회의원의 심의·표결권이 침해된다고 할 수 없고, 국회의원의 심의·표결권은 국회의 대내적인 관계에서 행사되고 침해될 수 있을 뿐 다른 국가기관과의 대외적인 관계에서는 침해될 수 없는 것이므로, 국회의원들 상호간 또는 국회의원과 국회의장 사이와 같이 국회 내부적으로만 직접적인 법적 연관성을 발생시킬 수 있을 뿐이고, 대통령 등 국회 이외의 국가기관과의 사이에서는 권한침해의 직접적인 법적 효과를 발생시키지 아니한다(헌재 2011. 8. 30. 2011헌라2).

4094 국회의원의 심의·표결권은 국회의원들 상호간 또는 국회의원과 국회의장 사이와 같이 국회 내부적으로 직접적인 법적 연관성을 발생시킬 수 있을 뿐만 아니라 대통령 등 국회 이외의 국가기관 사이에서도 권한침해의 직접적인 법적 효과를 발생시킨다. 21 경정, 16 국회 8   O|X

● **정답** 4091. X [심의권 침해하지만 무효 아님]   4092. O   4092-1. O   4093. O   4093-1. O   4094. X [직접적 법적효과 발생 X]

국회의 동의권이 침해되었다고 하여 동시에 국회의원의 심의·표결권이 침해된다고 할 수 없고, **국회의원의 심의·표결권**은 국회의 대내적인 관계에서 행사되고 침해될 수 있을 뿐 다른 국가기관과의 대외적인 관계에서는 침해될 수 없는 것이므로, **국회의원들 상호간 또는 국회의원과 국회의장 사이**와 같이 **국회 내부적으로만 직접적인 법적 연관성**을 발생시킬 수 있을 뿐이고, **대통령 등 국회 이외의 국가기관과의 사이에서는** 권한침해의 **직접적인 법적 효과를 발생시키지 아니한다**(헌재 2011. 8. 30. 2011헌라2).

4095 국회의원의 심의·표결권은 국회의 대내적인 관계에서 행사되고 침해될 수 있을 뿐 다른 국가기관과의 대외적인 관계에서는 침해될 수 없는 것이므로, 대통령이 국회의 동의 없이 조약을 체결·비준하였다 하더라도 국회의원의 심의·표결권이 침해될 가능성은 없다. 19 국회 8   O | X

4095-1 조약의 체결·비준의 주체인 대통령이 국회의 동의를 필요로 하는 조약에 대하여 국회의 동의 절차를 거치지 아니한 채 체결·비준하는 경우 조약안에 대한 국회의원의 심의·표결권이 침해된다. 19 소간   O | X

국회의원의 심의·표결권은 국회의 대내적인 관계에서 행사되고 침해될 수 있을 뿐 **다른 국가기관과의 대외적인 관계에서는 침해될 수 없는 것**이므로, 국회의원들 상호간 또는 국회의원과 국회의장 사이와 같이 국회 내부적으로만 직접적인 법적 연관성을 발생시킬 수 있을 뿐이고 대통령 등 국회 이외의 국가기관과 사이에서는 권한침해의 직접적인 법적 효과를 발생시키지 아니한다. 따라서 피청구인인 **대통령이 국회의 동의 없이 조약을 체결·비준**하였다 하더라도 국회의원인 청구인들의 **심의·표결권이 침해될 가능성은 없다** (헌재 2007. 7. 26. 2005헌라8).

4096 대통령이 국회의 동의 절차를 거치지 아니한 채 입법사항에 관한 조약을 체결·비준한 경우, 국회의 조약에 대한 체결·비준 동의권이 침해되었을 뿐 아니라 국회의원 개인의 심의·표결권이 침해되었으므로 국회의원은 대통령을 피청구인으로 하여 권한쟁의심판을 청구할 수 있다. 20 변호사   O | X

피청구인 **대통령이 국회의 동의 없이 조약을 체결·비준**하였다 하더라도 **국회의 체결·비준 동의권이 침해될 수는 있어도 국회의원** 인 청구인들의 **심의·표결권이 침해될 가능성은 없다**고 할 것이므로, 청구인들의 이 부분 **심판청구 역시 부적법하다**(헌재 2007. 7. 26. 2005헌라8).

4097 정부가 국회의 동의 없이 예산 외에 국가의 부담이 될 계약을 체결한 경우에는 국회의 동의권이 침해될 뿐만 아니라, 국회의원 자신의 심의·표결권이 침해된다. 17 입시   O | X

국회의원들 상호간 또는 국회의원과 국회의장 사이와 같이 국회 내부적으로만 직접적인 법적 연관성을 발생시킬 수 있을 뿐이고 대통령 등 국회 이외의 국가기관과 사이에서는 권한침해의 직접적인 법적 효과를 발생시키지 아니한다. 그렇다면 **정부가 국회의 동의 없이 예산 외에 국가의 부담이 될 계약을 체결하였다 하더라도 국회의 동의권이 침해될 수는 있어도 국회의원인 청구인들 자신의 심의·표결권이 침해될 가능성은 없다**(헌재 2008. 1. 17. 2005헌라10).

4098 국회의원들이 국민안전처 등을 이전대상 제외 기관으로 명시할 것인지에 관한 법률안에 대하여 심의를 하던 중, 행정자치부 장관이 국민안전처 등을 세종시로 이전하는 내용의 처분을 할 경우 국회의원인 청구인들의 법률안에 대한 심의, 표결권이 침해될 가능성이 있다. 18 국회 8   O | X

4098-1 국회의원들이 국민안전처 등을 이전대상 제외 기관으로 명시할 것인지에 관한 법률안에 대하여 심의를 하던 중, 행정자치부 장관이 국민안전처 등을 세종시로 이전하는 내용의 처분을 한 경우 국회의원인 청구인들의 법률안에 대한 심의·표결권이 침해된다. 19 경정   O | X

정답 4095. O   4095-1. X [심의·표결권 침해 X]   4096. X [심의·표결권 침해 X → 심판청구 불가]   4097. X [심의·표결권 침해 X]
4098. X [없음]   4098-1. X [침해 X]

청구인들이 국민안전처 등을 이전대상 제외 기관으로 명시할 것인지에 관한 법률안에 대하여 심의를 하던 중에 피청구인이 국민안전처 등을 세종시로 이전하는 내용의 이 사건 처분을 하였다고 하더라도 **국회의원인 나머지 청구인들의 위 법률안에 대한 심의·표결권이 침해될 가능성은 없으므로**, 나머지 청구인들의 이 부분 **심판청구 역시 모두 부적법하다**(헌재 2016. 4. 28. 2015헌라5).

3 제3자 소송담당 부정

4099 권한쟁의심판에 있어 '제3자 소송담당'을 허용하는 명문의 규정이 없는 현행법 체계 하에서 국회의 구성원인 국회의원이 국회의 권한침해를 이유로 권한쟁의심판을 청구할 수 없다. 22 소간, 20 입시, 19 국회 8
O | X

4099-1 국회의 구성원인 국회의원이 국회를 위하여 국회의 권한침해를 주장하는 권한쟁의심판의 청구는 그 권능이 권력분립원칙과 소수자보호의 이념으로부터 도출될 수 있으므로, 「헌법재판소법」에 명문의 규정이 없더라도 적법하다고 보아야 한다. 23 국가 7
O | X

헌법재판소법은 **국가기관의 부분기관이 자신의 이름으로 소속기관의 권한을 주장할 수 있는 '제3자 소송담당'의 가능성을 명시적으로 규정하고 있지 않다.** … 권한쟁의심판에서 국회의원이 국회의 권한침해를 주장하여 심판청구를 하는 이른바 '제3자 소송담당'을 허용하는 명문의 규정이 없고, 다른 법률의 준용을 통해서 이를 인정하기도 어려운 현행법 체계 하에서, 국회의 의사가 다수결로 결정되었음에도 다수결의 결과에 반하는 소수의 국회의원에게 권한쟁의심판을 청구할 수 있게 하는 것은 다수결의 원리와 의회주의의 본질에 어긋날 뿐만 아니라, 국가기관이 기관 내부에서 민주적인 토론을 통해 기관의 의사를 결정하는 대신 모든 문제를 사법적 수단에 의해 해결하려는 방향으로 남용될 우려도 있다. … 이러한 사정을 종합하여 볼 때 권한쟁의심판에 있어 '제3자 소송담당'을 허용하는 명문의 규정이 없는 현행법 체계하에서 국회의 구성원인 국회의원이 국회의 권한침해를 이유로 권한쟁의심판을 청구할 수 있다고 보기는 어려우므로, 청구인들의 이 부분 심판청구는 청구인적격이 없어 부적법하다(헌재 2015. 11. 26. 2013헌라3).

4100 국가기관의 부분기관이 자신의 이름으로 소속기관의 권한을 주장할 수 있는 '제3자 소송담당'을 명시적으로 허용하는 법률의 규정이 없는 현행법 체계 하에서는 국회의 구성원인 국회의원이 국회의 조약에 대한 체결·비준동의권의 침해를 주장하는 권한쟁의심판을 청구할 수 없다. 23 지방 7, 16 국회 8
O | X

4100-1 대통령이 조약 체결·비준에 대한 국회의 동의를 요구하지 않았다고 하더라도 국회의 구성원인 국회 의원은 국회의 조약 체결·비준 동의권 침해를 주장하는 권한쟁의심판에서 청구인 적격이 없다. 18 서울 7(추)
O | X

4100-2 현행법은 국가기관의 부분 기관이 자신의 이름으로 소속기관의 권한을 주장할 수 있는 '제3자 소송담당'을 명시적으로 허용하고 있으므로 국회의 구성원인 국회의원이 국회의 조약에 대한 체결·비준 동의권의 침해를 주장하는 권한쟁의심판을 청구할 수 있다. 23 경정
O | X

4100-3 대통령이 국회의 동의 없이 조약을 체결·비준한 경우 국회의 체결·비준 동의권이 침해될 수는 있어도 국회의원의 심의·표결권이 침해될 가능성은 없어서 국회의원이 그 심의·표결권의 침해를 주장하는 권한쟁의심판을 청구할 수 없지만, 국회의원이 국회 구성원의 지위에서 국회가 가지는 조약에 대한 체결·비준 동의권의 침해를 주장하는 권한쟁의심판을 청구할 수는 있다. 13 변호사
O | X

4100-4 다수결의 결과에 반대하는 소수의 국회의원들은 헌법상 권한배분질서를 유지하고 권력분립의 원리를 보장하기 위하여 국회를 대신하여 국회의 조약체결·비준 동의권 침해를 다툴 수 있는 청구인 적격이 있다. 21 경정
O | X

4100-5 국회의 구성원인 국회의원들이 국회의 조약 체결·비준에 대한 동의권의 침해를 주장하며 대통령을 상대로 제기한 권한쟁의심판청구는 적법하다. 13 국가 7
O | X

● 정답 4099. ○   4099-1. X [부적법함]   4100. ○   4100-1. ○   4100-2. X [명시적 허용 X, 권한쟁의심판 청구 불가]   4100-3. X [권한쟁의심판 청구 불가]   4100-4. X [청구인 적격 없음]   4100-5. X [부적법함]

국회의 의사가 다수결에 의하여 결정되었음에도 다수결의 결과에 반대하는 소수의 국회의원에게 권한쟁의심판을 청구할 수 있게 하는 것은 **다수결의 원리와 의회주의의 본질**에 어긋날 뿐만 아니라, 국가기관이 기관 내부에서 민주적인 방법으로 토론과 대화에 의하여 기관의 의사를 결정하려는 노력 대신 모든 문제를 사법적 수단에 의해 해결하려는 방향으로 남용될 우려도 있으므로, 국가기관의 부분 기관이 자신의 이름으로 소속기관의 권한을 주장할 수 있는 '**제3자 소송담당**'을 명시적으로 허용하는 **법률의 규정이 없는 현행법 체계하에서는** 국회의 구성원인 국회의원이 국회의 조약에 대한 체결·비준 동의권의 침해를 주장하는 권한쟁의심판을 청구할 수 없다(헌재 2007. 7. 26. 2005헌라8).

4101 국회의원은 국회의원의 권한이 아닌 국회의 권한 침해를 주장하며 권한쟁의심판을 청구할 수 없으므로 국회의 권한인 입법권 자체의 침해를 주장하며 권한쟁의심판을 청구할 수는 없다. 13 법무사 O | X

헌법 제40조는 "입법권은 국회에 속한다."고 규정하고 있는바, 국회의원은 국회의원의 권한이 아닌 **국회의 권한 침해를 주장하며 권한쟁의심판을 청구할 수 없으므로**, 청구인은 **국회의 권한인 입법권 자체의 침해를 주장하며 권한쟁의심판을 청구할 수는 없다**(헌재 2010. 7. 29. 2010헌라1).

4102 권한쟁의심판에서 '제3자 소송담당'을 허용하는 법률의 규정이 없는 현행법 체계에서, '예산 외에 국가의 부담이 될 계약'의 체결에 있어 국회의 동의권이 침해되었다고 주장하는 국회의원들의 권한쟁의심판청구는 청구인적격이 없어 부적법하다. 24 변호사 O | X

4102-1 예산 외에 국가의 부담이 될 계약체결에 대한 동의권은 국회에 속하나, 국회의원에게도 국회의 예산 외에 국가의 부담이 될 계약의 체결에 있어 동의권의 침해를 주장하는 권한쟁의심판의 청구인적격이 인정된다. 15 변호사 O | X

권한쟁의심판의 청구인은 청구인의 권한침해만을 주장할 수 있도록 하고 있을 뿐, 국가기관의 부분기관이 자신의 이름으로 소속기관의 권한을 주장할 수 있는 '**제3자 소송담당**'의 가능성을 명시적으로 규정하고 있지 않은 현행법 체계에서 국회의 구성원인 청구인들은 국회의 '**예산 외에 국가의 부담이 될 계약**'의 체결에 있어 동의권의 침해를 주장하는 **권한쟁의심판을 청구할 수 없다**(헌재 2008. 1. 17. 2005헌라10).

4103 국정감사권과 국정조사권은 국회의 권한이고, 국회의원의 권한이라 할 수 없으므로 국회의원이 국정감사권 또는 국정조사권 자체에 대한 침해를 이유로 하는 권한쟁의심판청구는 부적법하다. 16 경정 O | X

4103-1 국정감사권과 국정조사권은 국회의원의 권한일뿐 국회의 권한이라 할 수 없으므로 국회의원은 법원을 상대로 국정감사권 또는 국정조사권 자체에 관한 침해를 이유로 권한쟁의심판을 청구할 수 있다. 21 국가 7 O | X

청구인은 헌법 제61조에 의해 부여받은 권한의 침해도 주장하고 있으나, 헌법 제61조는 제1항에서 "국회는 국정을 감사하거나 특정한 국정사안에 대하여 조사할 수 있으며, 이에 필요한 서류의 제출 또는 증인의 출석과 증언이나 의견의 진술을 요구할 수 있다."고 규정하고, 제2항에서 "국정감사 및 조사에 관한 절차 기타 필요한 사항은 법률로 정한다."고 규정하고 있는바, "**국정감사권**"과 "**국정조사권**"은 국회의 권한이고, 국회의원의 권한이라 할 수 없으므로 국회의원인 청구인으로서는 **국정감사권 또는 국정조사권 자체에 관한 침해를 들어 권한쟁의심판을 청구할 수 없다**(헌재 2010. 7. 29. 2010헌라1).

● 정답 4101. O   4102. O   4102-1. X [청구인적격 없음]   4103. O   4103-1. X [국회의원 권한 X → 국회 권한 O, 권한쟁의심판 청구 불가]

4104 국회의 교섭단체가 국회의 권한 침해를 주장하여 정부를 상대로 권한쟁의심판을 청구할 수는 없다. 13 국회 8 O|X

4104-1 국회의 구성원인 국회의원이 국회를 위하여 국회의 권한 침해를 주장하는 '제3자 소송담당'은 헌법상의 권력분립이 명목적 원리로 전락하는 예외적 상황에서는 국회의 교섭단체에 허용된다. 19 입시 O|X

현행법상 제3자 소송담당을 명시적으로 허용하는 규정도 없고, 제3자 소송담당을 인정할 경우 다수결의 원리와 의회주의의 본질에 어긋나므로 국회의 교섭단체가 국회의 권한 침해를 주장하여 정부를 상대로 권한쟁의심판을 청구할 수는 없다.

> **관련판례** 권한쟁의심판에 있어 '**제3자 소송담당**'을 허용하는 **명문의 규정이 없는 현행법 체계하**에서 **국회의 구성원인 국회의원이 국회의 권한침해를 이유로 권한쟁의심판을 청구**할 수 있다고 보기는 **어려우므로**, 청구인들의 이 부분 심판청구는 청구인적격이 없어 부적법하다(헌재 2015. 11. 26. 2013헌라3).

05 헌법소원심판

4105 국회의원이 국회 내에서 행하는 질의권·토론권 및 표결권 등은 입법권 등 공권력을 행사하는 국가기관인 국회의 구성원의 지위에 있는 국회의원에게 부여된 권한이지 국회의원 개인에게 헌법이 보장하는 권리 즉 기본권으로 인정된 것이라고 할 수는 없다. 23 국회 9 O|X

4105-1 국회의원이 국회 내에서 행하는 질의권·토론권 및 표결권 등은 입법권 등 공권력을 행사하는 국가기관인 국회의 구성원의 지위에 있는 국회의원 개인에게 헌법이 보장하는 권리, 즉 기본권으로 인정된 것이라고 할 수 있다. 23 지방 7 O|X

4105-2 국회의원은 국회 구성원의 지위에서 질의권·토론권·표결권 등의 기본권 주체가 될 수 있다. 21 국회 8 O|X

입법권은 헌법 제40조에 의하여 국가기관으로서의 국회에 속하는 것이고, **국회의원이 국회내에서 행사하는 질의권·토론권 및 표결권 등**은 입법권 등 공권력을 행사하는 국가기관인 **국회의 구성원의 지위**에 있는 **국회의원에게 부여된 권한**으로서 국회의원 개인에게 헌법이 보장하는 권리 즉 **기본권으로 인정된 것이라고 할 수는 없다**(헌재 1995. 2. 23. 91헌마231).

4106 질의권·토론권·표결권 등은 공권력을 행사하는 국가기관인 국회의 구성원의 지위에 있는 국회의원에게 부여된 권한으로 국회의원 개인에게 헌법이 보장하는 권리가 아니므로 질의권·토론권·표결권이 침해된 것을 이유로 하는 헌법소원은 청구할 수 없다. 11 국회 8 O|X

4106-1 국회의원이 국회의 의안처리과정에서 질의권·토론권 및 표결권을 침해당하였다면 이를 이유로 「헌법재판소법」 제68조 제1항에 따른 헌법소원심판을 청구할 수 있다. 24 소간 O|X

4106-2 소위 법률안 날치기통과와 관련하여, 국회의 의안처리과정에서 질의권, 토론권, 표결권을 침해당한 국회의원은 헌법소원심판을 청구할 수 있다. 19 경정 O|X

● 정답 4104. ○ 4104-1. ×[허용 ×] 4105. ○ 4105-1. ×[권한이지 기본권 아님] 4105-2. ×[될 수 없음] 4106. ○ 4106-1. ×[헌법소원 청구 불가] 4106-2. ×[헌법소원 청구 불가]

입법권은 헌법 제40조에 의하여 국가기관으로서의 국회에 속하는 것이고, 국회의원이 국회내에서 행사하는 **질의권·토론권 및 표결권 등**은 입법권 등 공권력을 행사하는 국가기관인 국회의 구성원의 지위에 있는 **국회의원에게 부여된 권한**으로서 국회의원 개인에게 헌법이 보장하는 권리 즉 **기본권으로 인정된 것이라고 할 수는 없다.** 따라서 국회의 구성원인 지위에서 공권력작용의 주체가 되어 오히려 국민의 기본권을 보호 내지 실현할 책임과 의무를 지는 국회의원이 **국회의 의안처리과정**에서 위와 같은 **권한을 침해**당하였다고 하더라도 이는 헌법재판소법 제68조 제1항에서 말하는 "**기본권의 침해**"에는 해당하지 않으므로, 이러한 경우 국회의원은 개인의 권리 구제수단인 **헌법소원을 청구할 수 없다**(헌재 1995. 2. 23. 91헌마231).

4107 국회의장의 불법적인 의안처리행위로 헌법의 기본원리가 훼손되었다고 하더라도 그로 인하여 헌법상 보장된 구체적 기본권을 침해당한 바 없는 국회의원에게 헌법소원심판청구가 허용되지 않는다. 16 경정, 13 법원 9 ○|×

4107-1 국회의장의 불법적인 의안처리로 헌법의 기본원리가 훼손되었다면 그로 인하여 구체적 기본권을 침해당했는지 여부와 상관없이 국회의원의 헌법소원심판청구는 허용된다. 23 5급 ○|×

국회의원이 국회 내에서 행하는 질의권·토론권 및 표결권 등은 입법권 등 공권력을 행사하는 국가기관인 국회의 구성원의 지위에 있는 국회의원에게 부여된 권한이지 국회의원 개인에게 헌법이 보장하는 권리 즉 기본권으로 인정된 것이라고 할 수 없으므로, 설사 **국회의장의 불법적인 의안처리행위로 헌법의 기본원리가 훼손**되었다고 하더라도 그로 인하여 헌법상 보장된 구체적 기본권을 침해당한 바 없는 **국회의원인 청구인들에게 헌법소원심판청구가 허용된다고 할 수 없다**(헌재 1995. 2. 23. 90헌마125).

4108 법률의 입법절차가 헌법이나 「국회법」에 위반된다고 하더라도 그러한 사유만으로는 그 법률로 인하여 국민의 기본권이 현재, 직접적으로 침해받는다고 볼 수 없으므로, 법률의 입법절차의 하자로 인하여 기본권을 침해받았음을 전제로 한 헌법소원심판 청구는 적법하지 않다. 24 입시 ○|×

4108-1 입법절차의 하자는 직접적으로 국민의 기본권뿐만 아니라 법률의 심의·표결에 참여하지 못한 국회의원의 법률안 심의·표결 등의 권한을 침해한다. 15 국회 9 ○|×

4108-2 이른바 날치기 법률안처리와 같은 입법절차의 하자를 둘러싼 분쟁은 국회의원이 청구한 헌법소원심판을 통하여 해결할 수 있다. 10 지방 7 ○|×

법률의 입법절차가 헌법이나 국회법에 위반된다고 하더라도 그러한 사유만으로는 그 법률로 인하여 **국민의 기본권이 현재, 직접적으로 침해받는다고 볼 수 없으므로 헌법소원심판을 청구할 수 없다.** … 그와 같은 입법절차의 하자를 둘러싼 분쟁은 본질적으로 법률안의 심의·표결에 참여하지 못한 국회의원이 국회의장을 상대로 **권한쟁의에 관한 심판을 청구**하여 해결하여야 할 사항이다(헌재 1998. 8. 27. 97헌마8 등).

4109 국가보위입법회의에서 제정된 법률의 내용이 현행 헌법에 저촉된다고 하여 이를 다투는 것은 별론으로 하고 그 제정절차에 하자가 있음을 이유로 하여 이를 다툴 수는 없다. 16 서울 7 ○|×

1987.10.29. 공포된 현행 헌법 부칙 제5조는 현행 헌법 시행당시의 법령은 현행 헌법에 위배되지 아니하는 한 효력을 지속한다고 하여 법령의 지속효에 관한 규정을 두고 있는바, 그렇다면 **국가보위입법회의에서 제정된 법률의 내용이 현행 헌법에 저촉된다고 하여 다투는 것은 별론으로 하되 현행 헌법하에서도 제정 절차에 위헌적 하자가 있음을 다툴 수는 없다**고 보아야 할 것이므로 청구인의 위 주장은 그 이유없다(헌재 1992. 4. 14. 90헌바23).

정답 4107. ○ 4107-1. ×[헌법소원 청구 불가] 4108. ○ 4108-1. ×[기본권·권한 침해 아님] 4108-2. ×[헌법소원심판 × → 권한쟁의 심판 ○] 4109. ○

POINT 227 국회의원의 면책특권

01 면책특권

4110 국회의원은 국회에서 직무상 행한 발언과 표결에 관하여 국회 외에서 책임을 지지 아니한다.
16 법무사, 13 국회 9
O | X

> 헌법 제45조 국회의원은 국회에서 직무상 행한 발언과 표결에 관하여 국회 외에서 책임을 지지 아니한다.

4111 국회의원은 국회에서 직무상 행한 발언과 표결에 관하여 국회 외에서 책임을 지지 아니 하는데, 그 취지는 국회의원이 국민의 대표자로서 국회 내에서 자유롭게 발언하고 표결할 수 있도록 보장함으로써 국회가 입법 및 국정통제 등 헌법에 의하여 부여된 권한을 적정하게 행사하고 그 기능을 원활하게 수행할 수 있도록 보장하는 데에 있다. 17 법무사, 17 법원 9
O | X

헌법 제45조는 "국회의원은 국회에서 직무상 행한 발언과 표결에 관하여 국회 외에서 책임을 지지 아니한다"고 규정하여 국회의원의 면책특권을 인정하고 있다. 그 취지는 국회의원이 **국민의 대표자로서 국회 내에서 자유롭게 발언하고 표결할 수 있도록 보장함**으로써 국회가 입법 및 국정통제 등 **헌법에 의하여 부여된 권한을 적정하게 행사**하고 그 **기능을 원활하게 수행할 수 있도록 보장하는 데에 있다**(대판 2011. 5. 13. 2009도14442).

02 면책특권의 요건

4112 국회의원이 직무상 국회 내에서 행한 발언내용이 허위라는 점을 인식하지 못했다면 비록 발언내용에 다소 근거가 부족하거나 진위 여부를 확인하기 위한 조사를 제대로 하지 않았다고 하더라도, 그것이 직무 수행의 일환으로 이뤄진 것인 이상 이는 면책특권의 대상이 된다. 21 입시, 11 국회 8
O | X

4112-1 국회의원 면책특권의 목적 및 취지 등에 비추어 볼 때, 발언 내용이 허위라는 점을 인식하지 못하였더라도 발언 내용에 근거가 부족하거나 진위 여부를 확인하기 위한 조사를 제대로 하지 않았다면 그 것이 직무 수행의 일환으로 이루어진 것일지라도 이는 면책특권의 대상이 되지 아니한다. 17 지방 7
O | X

면책특권의 목적 및 취지 등에 비추어 볼 때, 발언 내용 자체에 의하더라도 직무와는 아무런 관련이 없음이 분명하거나, 명백히 허위임을 알면서도 허위의 사실을 적시하여 타인의 명예를 훼손하는 경우 등까지 면책특권의 대상이 될 수는 없지만, **발언 내용이 허위라는 점을 인식하지 못하였다면 비록 발언 내용에 다소 근거가 부족**하거나 **진위 여부를 확인하기 위한 조사를 제대로 하지 않았다고 하더라도, 그것이 직무 수행의 일환으로 이루어진 것 이상 이는 면책특권의 대상이 된다**(대판 2007. 1. 12. 2005다57752).

4113 발언 내용 자체에 의하더라도 직무와는 아무런 관련이 없음이 분명하거나, 명백히 허위임을 알면서도 허위의 사실을 적시하여 타인의 명예를 훼손하는 경우까지 면책특권의 대상이 될 수는 없다. 17 국회 9
O | X

4113-1 면책특권의 대상이 되는 행위는 직무상 행위이기 때문에 의사당 내에서 행한 발언일지라도 의제와 관계없는 발언은 면책의 대상이 되지 아니한다. 10 국가 7
O | X

●정답 4110. O 4111. O 4112. O 4112-1. ×[면책특권의 대상이 됨] 4113. O 4113-1. O

면책특권의 목적 및 취지 등에 비추어 볼 때, 발언 내용 자체에 의하더라도 **직무와는 아무런 관련이 없음이 분명**하거나, **명백히 허위임을 알면서도 허위의 사실을 적시하여 타인의 명예를 훼손**하는 경우 등까지 **면책특권의 대상이 될 수는 없지만**, 발언 내용이 허위라는 점을 인식하지 못하였다면 비록 발언 내용에 다소 근거가 부족하거나 진위 여부를 확인하기 위한 조사를 제대로 하지 않았다고 하더라도, 그것이 직무 수행의 일환으로 이루어진 것 이상 이는 면책특권의 대상이 된다(대판 2007. 1. 12. 2005다57752).

4114 국회의원이 국회 예산결산위원회 회의장에서 법무부장관을 상대로 대정부질의를 하던 중 대통령 측근에 대한 대선자금 제공 의혹과 관련하여 이에 대한 수사를 촉구하는 과정에서 한 발언은 국회의원의 면책특권의 대상이 된다. 19 국가 7 O│X

국회의원이 국회 예산결산위원회 회의장에서 법무부장관을 상대로 대정부질의를 하던 중 대통령 측근에 대한 **대선자금 제공 의혹과 관련하여 이에 대한 수사를 촉구**하는 과정에서 한 **발언**이 **국회의원의 면책특권의 대상이 된다**(대판 2007. 1. 12. 2005다57752).

4115 국회의원의 면책특권의 대상이 되는 행위는 국회의 직무수행에 필수적인 국회의원의 국회 내에서의 직무상 발언과 표결이라는 의사표현행위 자체에만 국한되지 아니하고 이에 통상적으로 부수하여 행하여지는 행위까지 포함된다. 24 경정, 20 경정 O│X

4115-1 면책특권의 대상이 되는 행위는 국회의 직무수행에 필수적인 국회의원의 국회 내에서의 직무상 발언과 표결이라는 의사표현행위 자체에만 국한되는 것이므로, 이에 통상적으로 부수하여 행하여지는 행위까지 포함하는 것은 아니다. 19 국가 7 O│X

면책특권의 대상이 되는 행위는 국회의 직무수행에 필수적인 국회의원의 국회 내에서의 **직무상 발언과 표결이라는 의사표현행위 자체에만 국한되지 아니하고 이에 통상적으로 부수하여 행하여지는 행위까지 포함**하며, 그와 같은 부수행위인지 여부는 구체적인 행위의 목적·장소·태양 등을 종합하여 개별적으로 판단하여야 한다(대판 2011. 5. 13. 2009도14442).

4116 국회의원이 본회의장에서 발언할 내용을 인쇄한 문건을 본회의장에 들어가기 직전에 의사당 내의 기자실에서 배포하고 본회의장에서 그대로 발언한 경우에 발언문건의 사전배포행위는 직무상 부수행위에 포함되므로 면책된다. 15 국회 8 O│X

4116-1 본회의나 위원회에서 발언할 내용을 직전에 원내기자실에서 출입기자들에게 배포하는 행위는 면책되지 않는다. 11 국회 9 O│X

원고의 내용이 공개회의에서 행할 발언내용이고(회의의 공개성), 원고의 배포시기가 당초 발언하기로 예정된 회의 시작 30분 전으로 근접되어 있으며(시간적 근접성), 원고 배포의 장소 및 대상이 국회의사당 내에 위치한 기자실에서 국회출입기자들만을 상대로 한정적으로 이루어지고(장소 및 대상의 한정성), 원고 배포의 목적이 보도의 편의를 위한 것(목적의 정당성)이라면, **국회의원이 국회본회의에서 질문할 원고를 사전에 배포한 행위는 면책특권의 대상이 되는 직무부수행위에 해당**한다(대판 1992. 9. 22. 91도3317).

4117 국회의원이 공개된 법제사법위원회에서 발언할 내용이 담긴 보도자료를 법제사법위원회 개의 당일 국회 의원회관에서 기자들에게 사전에 배포한 행위는 면책특권의 대상이 된다. 20 입시 O│X

4117-1 국회의원이 타인들 간의 사적대화를 불법 녹음한 자료를 입수한 후 녹음된 대화내용을 담은 보도자료를 작성하여, 국회상임위원회 개의 당일 상임위원회에서 발언하기 전에 국회의원회관에서 사전에 기자들에게 배포한 행위는 면책특권의 대상이 되는 직무부수행위가 아니다. 11 지방 7 O│X

정답 4114. O   4115. O   4115-1. X [부수행위까지 포함함]   4116. O   4116-1. X [면책됨]   4117. O   4117-1. X [직무부수행위에 해당함]

국회의원인 피고인이, (구)국가안전기획부 내 정보수집팀이 대기업 고위관계자와 중앙일간지 사주 간의 사적 대화를 불법 녹음한 자료를 입수한 후 그 대화 내용과, 전직 검찰간부인 피해자가 위 대기업으로부터 이른바 떡값 명목의 금품을 수수하였다는 내용이 게재된 보도자료를 작성하여 국회 법제사법위원회 개의 당일 국회 의원회관에서 기자들에게 배포한 사안에서, 피고인이 국회 법제사법위원회에서 발언할 내용이 담긴 위 보도자료를 사전에 배포한 행위는 국회의원 면책특권의 대상이 되는 직무부수행위에 해당한다 (대판 2011. 5. 13. 2009도14442).

4118 면책특권의 대상이 되는 행위는 국회의 직무수행에 필수적인 국회의원의 국회 내에서의 직무상 발언과 표결이라는 의사표현행위 자체에만 국한되지 않고 이에 통상적으로 부수하여 행하여지는 행위까지 포함되므로, 국회의원이 장관에게 대정부 질문이나 질의를 준비하기 위해 자료제출을 요구하는 행위는 헌법상 국회의원의 면책특권의 대상이 될 수 있다. 16 변호사 O | X

국회의원이 국회의 위원회나 국정감사장에서 국무위원·정부위원 등에 대하여 하는 질문이나 질의는 국회의 입법활동에 필요한 정보를 수집하고 국정통제기능을 수행하기 위한 것이므로 면책특권의 대상이 되는 발언에 해당함은 당연하고, 또한 국회의원이 국회 내에서 하는 정부·행정기관에 대한 자료제출의 요구는 국회의원이 입법 및 국정통제 활동을 수행하기 위하여 필요로 하는 것이므로 그것이 직무상 질문이나 질의를 준비하기 위한 것인 경우에는 직무상 발언에 부수하여 행하여진 것으로서 면책특권이 인정되어야 한다(대판 1996. 11. 8. 96도1742).

03 효과 (국회 외에서 책임 ×)

4119 면책특권은 민사책임만이 아니라 형사책임까지 포함하는 것이며 임기 종료 후에도 책임을 지지 않는다.
10 지방 7 O | X

4119-1 면책특권은 영구적으로 형사책임이 면제되는 특권이다. 19 국회 9 O | X

4119-2 국회의원은 국회에서 직무상 행한 발언과 표결에 관하여 그 임기 중에 한정하여 국회 밖에서도 민·형사상 책임이 면제된다. 19 입시 O | X

4119-3 국회의원의 면책특권은 임기 중에만 인정되는 것이므로 임기 후에는 임기 중 행위에 관해 민·형사상 책임을 부담한다. 20 법원 9 O | X

4119-4 국회의원의 면책특권은 자유롭고 원활한 의정활동을 보장하기 위한 것으로서 특별한 사정이 없는 한 임기 중에 그 효력을 발하며 임기가 끝난 후의 민·형사상 책임으로부터 당연히 벗어나는 것은 아니다. 16 지방 7 O | X

4119-5 국회의원의 발언이 헌법상 국회의원의 면책특권에 해당되는 행위로 인정되었더라도, 만약 국회의원이 나중에 위 발언에 대한 도의적 책임을 지고 국회의원직에서 사퇴하였을 경우에는 국회의원은 위 발언에 대해 더 이상 헌법상 국회의원의 면책특권을 누릴 수 없게 된다. 16 변호사 O | X

4119-6 국회의원이 본회나 위원회에서 발언할 내용을 직전에 원내 기자실에서 국회출입기자들에게 배포하는 행위는 면책특권에 포함되는데, 이 면책의 시기는 임기 종료 후에도 적용되어 상당한 기간 책임을 지지 않는다. 18 서울 7(추) O | X

국회의원의 면책특권은 국회의원의 발언·표결이 비록 민·형사상의 책임이나 범죄를 구성한다고 하더라도 국회 외에서 민사책임만이 아니라 형사책임까지 포함하여 일체의 책임을 지우지 않는 것이다. 국회의원 임기 중 발언과 표결에 대해서는 이미 책임이 면제되었기 때문에 임기 종료 후 또는 퇴직한 이후에도 적용되어 영구적으로 민·형사상 책임을 지지 않게 된다.

정답 4118. O 4119. O 4119-1. O 4119-2. ×[영구적 민·형사상 책임 면제] 4119-3. ×[임기 후에도 영구적 민·형사상 책임 면제]
4119-4. ×[임기 끝나도 영구적 민·형사상 책임 면제] 4119-5. ×[누릴 수 있음] 4119-6. ×[상당한 기간 × → 영구적 면책]

4120 국회의원의 면책특권은 범죄의 성립요건은 충족하나 그에 대한 형벌권 발생이 저지되어 소추되지 아니하는 경우로 인적 처벌조각사유에 해당한다. 18 서울 7(추) O | X

국회의원의 면책특권은 국회의원의 발언·표결이 비록 민·형사상의 책임이나 범죄를 구성한다고 하더라도 국회 외에서 민사책임만이 아니라 형사책임까지 포함하여 일체의 책임을 지우지 않는 것이다. 즉 **국회의원의 면책특권은 범죄의 성립요건은 충족**하나 그에 대한 **형벌권 발생이 저지되어 소추되지 아니하는 경우로 인적 처벌조각사유에 해당**한다.

4121 국회의원의 발언이 헌법상 국회의원의 면책특권에 해당된다는 전제 하에 국회의원의 발언에 대해 공소가 제기되었다면, 이는 공소권이 없음에도 공소가 제기된 것이므로 그 공소는 기각되어야 한다. 16 변호사 O | X

4121-1 국회의원의 면책특권에 속하는 행위에 대하여 공소가 제기된 경우 법원은 재판권이 없는 때에 해당하는 사유를 적용할 것이 아니라 공소제기의 절차가 법률의 규정에 위반하여 무효인 때에 해당하는 사유로 공소기각판결을 하여야 한다. 14 국가 7 O | X

4121-2 국회의원의 면책특권이 적용되는 행위에 대하여 공소가 제기된 경우 형사처벌할 수 없는 행위에 대하여 공소가 제기된 것이므로 무죄를 선고하여야 한다. 22 입시 O | X

국회의원의 면책특권에 속하는 행위에 대하여는 공소를 제기할 수 없으며 이에 반하여 공소가 제기된 것은 결국 **공소권이 없음에도 공소가 제기**된 것이 되어 형사소송법 제327조 제2호의 "**공소제기의 절차가 법률의 규정에 위반하여 무효인 때**"에 해당되므로 **공소를 기각하여야 한다**(대판 1992. 9. 22. 91도3317).

🔎 **보충설명** 대통령의 불소추특권에 해당하는 행위에 대하여 공소가 제기된 경우 법원은 재판권이 없는 때에 해당하는 사유를 적용하여 공소기각판결을 하나, 국회의원의 면책특권에 해당하는 행위에 대하여는 공소권이 없음에도 공소가 제기된 것이므로 공소제기의 절차가 법률의 규정에 위반하여 무효인 때에 해당하는 사유로 공소기각판결을 하여야 한다.

4122 국회의원은 국회에서 직무상 행한 발언과 표결에 관하여 국회 내에서 책임을 지지 아니한다. 24 5급, 23 5급, 20 5급, 19 5급 O | X

4122-1 면책특권은 국회 외에서 형사책임을 묻지 못한다는 것뿐이므로 민사책임을 추궁하거나 국회 내에서 또는 소속정당에서 징계책임을 묻는데 장애가 되지 않는다. 11 국회 9 O | X

국회의원의 면책특권은 국회의원의 발언·표결이 비록 민·형사상의 책임이나 범죄를 구성한다고 하더라도 **국회 외에서 민·형사상의 책임을 지우지 않는 것이다**. 따라서 **국회 내에서 또는 소속정당에서 징계책임을 물을 수 있다**.

4123 국회의원의 면책특권에도 불구하고 국회의원이 본회의 또는 위원회에서 다른 사람을 모욕하거나 다른 사람의 사생활에 대한 발언을 하였을 경우에는 국회 내에서 징계를 받을 수 있다. 10 국회 9 O | X

4123-1 국회의 자율권을 보장하더라도 면책특권의 범위 내에 포함되는 국회의원의 행위는 국회의 징계대상이 될 수 없다. 13 지방 7 O | X

> **국회법 제155조(징계)** 국회는 의원이 다음 각 호의 어느 하나에 해당하는 행위를 하였을 때에는 윤리특별위원회의 심사를 거쳐 그 의결로써 **징계할 수 있다**. 다만, 의원이 제10호에 해당하는 행위를 하였을 때에는 윤리특별위원회의 심사를 거치지 아니하고 그 의결로써 징계할 수 있다.
> 9. 제146조를 위반하여 본회의 또는 위원회에서 **다른 사람을 모욕**하거나 **다른 사람의 사생활에 대한 발언**을 하였을 때

●정답 4120. O 4121. O 4121-1. O 4121-2. X [무죄 X → 공소기각 O] 4122. X [국회 내 X → 국회 외 O] 4122-1. X [민사책임 추궁 X] 4123. O 4123-1. X [징계 가능함]

POINT 228 국회의원의 불체포특권

01 불체포특권

4124 국회의원은 현행범인 경우를 제외하고는 회기 중 국회의 동의없이 체포 또는 구금되지 아니하며 회기 전에 체포 또는 구금된 때에는 현행범이 아닌 한 국회의 요구가 있으면 회기 중 석방된다. 23 경정, 21 국회 8, 18 경정, 17 법원 9, 17 법무사 O|X

> 헌법 제44조 ① 국회의원은 현행범인인 경우를 제외하고는 회기중 국회의 동의없이 체포 또는 구금되지 아니한다.
> ② 국회의원이 회기전에 체포 또는 구금된 때에는 현행범인이 아닌 한 국회의 요구가 있으면 회기중 석방된다.

4125 불체포특권은 국회의원의 직무수행에 있어서 자주성과 독립성을 확보하게 하려는 국회의원 개인의 특권이므로 국회의원 자신은 이를 포기할 수 있다. 10 지방 7 O|X

불체포특권은 국회의원의 직무수행에 있어서 자주성과 독립성을 확보하게 하려는 국회의원 개인의 특권임과 동시에 의회의 정상적 기능을 보장하기 위한 제도적 장치이다. 불체포특권은 의원의 신체의 자유를 보장함으로써, 의원의 자유로운 의정활동을 보장하여 행정부로부터 자유로운 국회기능을 보장하려는데 그 의의가 있다. 따라서 국회의원이 개인적으로 불체포특권을 포기할 수 없다.

4126 범법행위를 행한 국회의원에 대한 국가의 소추권까지 제한하지는 않는다. 11 국회 9 O|X

4126-1 헌법상 국회의원의 불체포특권은 불수사특권이나 불기소특권을 의미하는 것은 아니므로, 회기 중에 유죄 판결이 확정되면 그 형을 집행할 수 있다. 17 법무사 O|X

4126-2 국회의원이 불구속으로 기소되어 징역형이 확정된 경우에도 국회의 회기 중에는 그 형을 집행할 수 없다. 22 입시 O|X

헌법상 국회의원의 불체포특권은 불수사특권이나 불기소특권을 의미하는 것이 아니다. 범법행위를 행한 국회의원에 대한 국가의 소추권까지 제한하는 것은 아니므로 불체포특권이 인정되는 국회의원에 대해서도 불구속으로 수사와 기소를 할 수 있다. 그리고 회기 중에 유죄 판결이 확정되면 그 형을 집행할 수 있다.

02 체포동의 → 회기 중 체포

4127 국회의원에게는 헌법 제44조에 따른 불체포특권이 있으므로, 현행범이 아닌 국회의원을 구속하여 수사하려면 회기 종료를 기다릴 수밖에 없다. 19 입시 O|X

4127-1 어떠한 경우에도 회기 중에는 국회의원을 체포 또는 구금할 수 없다. 11 국회 9 O|X

> 헌법 제44조 ① 국회의원은 현행범인인 경우를 제외하고는 회기중 국회의 동의없이 체포 또는 구금되지 아니한다.

보충설명 국회의 동의가 있으면 회기 중에도 국회의원을 체포·구금할 수 있다.

●정답 4124. ○ 4125. X[포기 불가] 4126. ○ 4126-1. ○ 4126-2. X[집행 가능함] 4127. X[국회 동의 있으면 회기 중 가능]
4127-1. X[국회 동의 있으면 가능]

4128 국회의원의 불체포특권은 휴회 중에도 인정된다. 10 지방 7   O | X

4128-1 국회의원은 회기 중에 체포 또는 구금되지 아니하므로 휴회 기간 중에는 체포 또는 구금할 수 있다.
11 국회 9   O | X

> 국회의원은 현행범인인 경우를 제외하고는 **회기 중** 국회의 동의없이 체포 또는 구금되지 아니한다. 여기에서 '**회기 중**'이란 집회일로부터 폐회일까지의 기간으로 **휴회기간을 당연히 포함**하므로 **휴회기간 중에도 국회의 동의없이 체포 또는 구금할 수 없다.**

4129 국회의원을 체포 또는 구금하기 위하여 국회의 동의를 얻으려고 할 때에는 관할법원의 판사는 영장을 발부하기 전에 체포동의 요구서를 정부에 제출하여야 하며, 정부는 이를 수리한 후 지체 없이 그 사본을 첨부하여 국회에 체포동의를 요청하여야 한다. 24 변호사, 18 경정, 16 법원 9   O | X

4129-1 국회의원을 체포하거나 구금하기 위하여 국회의 동의를 받으려고 할 때에는 관할법원의 판사는 영장을 발부하기 전에 체포동의 요구서를 국회에 제출하여야 한다. 22 국가 7   O | X

> **국회법 제26조(체포동의요청의 절차)** ① **의원을 체포하거나 구금**하기 위하여 **국회의 동의**를 받으려고 할 때에는 **관할법원의 판사는 영장을 발부하기 전**에 **체포동의 요구서를 정부에 제출**하여야 하며, **정부**는 이를 수리(受理)한 후 지체 없이 그 사본을 첨부하여 **국회에 체포동의를 요청**하여야 한다.

4130 「국회법」상 정부가 국회에 국회의원의 체포동의를 요청하는 경우 의장은 체포동의를 요청받은 후 처음 개의하는 본회의에 이를 보고하고, 본회의에 보고된 때부터 24시간 이후 72시간 이내에 표결한다. 16 지방 7   O | X

4130-1 국회의장은 정부로부터 체포동의를 요청받은 후 처음 개의하는 본회의에 이를 보고하고, 본회의에 보고된 때부터 24시간 이후 72시간 이내에 표결하여야 하는데, 체포동의안이 72시간 이내에 표결되지 아니한 경우에는 체포동의안은 폐기된 것으로 본다. 19 국가 7   O | X

> **국회법 제26조(체포동의요청의 절차)** ② 의장은 제1항에 따른 **체포동의를 요청받은 후 처음 개의하는 본회의에 이를 보고**하고, **본회의에 보고된 때부터 24시간 이후 72시간 이내에 표결**한다. 다만, 체포동의안이 **72시간 이내에 표결되지 아니하는 경우**에는 그 이후에 최초로 개의하는 **본회의에 상정하여 표결**한다.

4131 국회가 재적의원 과반수의 출석과 출석의원 과반수의 찬성으로 동의를 하면 회기 중에도 국회의원을 체포 또는 구금할 수 있다. 15 서울 7, 13 지방 7   O | X

4131-1 회기 중 국회의원 체포안에 대한 동의에는 국회의원 재적의원 과반수의 찬성이 필요하다.
18 경정, 17 법원 9, 17 법무사   O | X

> 회기 중의 국회의원 체포동의에 대해 **헌법과 법률에 특별한 규정이 없으므로** 재적의원 과반수의 출석과 출석의원 과반수의 찬성인 일반정족수에 따라 의결한다.

> **헌법 제49조** 국회는 헌법 또는 법률에 특별한 규정이 없는 한 **재적의원 과반수의 출석과 출석의원 과반수의 찬성**으로 의결한다. 가부동수인 때에는 부결된 것으로 본다.

● **정답** 4128. O 4128-1. X [없음] 4129. O 4129-1. X [정부에 제출] 4130. O 4130-1. X [표결 안되면 그 이후 최초 개의하는 본회의에 상정 표결] 4131. O 4131-1. X [재적과반수 X → 일반정족수 O]

4132 계엄 시행 중 국회의원은 현행범인인 경우를 제외하고는 체포 또는 구금되지 아니한다.
19 국회 9, 16 지방 7, 15 지방 7   O | X

> 계엄법 제13조(국회의원의 불체포특권) 계엄 시행 중 국회의원은 현행범인인 경우를 제외하고는 체포 또는 구금되지 아니한다.

03 회기전 체포 → 석방요구

4133 정부는 체포 또는 구금된 국회의원이 있을 때에는 지체 없이 국회의장에게 영장의 사본을 첨부하여 이를 통지하여야 한다. 다만 구속기간의 연장이 있을 때에는 그러하지 아니하다. 16 법원 9   O | X

> 국회법 제27조(의원체포의 통지) 정부는 체포 또는 구금된 의원이 있을 때에는 지체 없이 의장에게 영장 사본을 첨부하여 이를 통지하여야 한다. 구속기간이 연장되었을 때에도 또한 같다.

4134 국회의원이 체포 또는 구금된 의원의 석방 요구를 발의할 때에는 재적의원 4분의 1 이상의 연서(連書)로 그 이유를 첨부한 요구서를 의장에게 제출하여야 한다.
24 변호사, 24 소간, 21 지방 7, 20 법원 9, 16 법원 9, 11 지방 7   O | X

4134-1 국회의원이 회기 전에 구속된 경우 국회의 회기가 개시된다고 하더라도 자동적으로 석방되는 것은 아니다. 11 국가 7   O | X

4134-2 국회의원이 회기 전에 체포 또는 구금된 때에는 국회의 요구가 있으면 회기 중 석방된다. 이 경우 체포 또는 구금된 의원의 석방요구를 발의할 때에는 재적의원 20인 이상의 연서로 그 이유를 첨부한 요구서를 국회의장에게 제출하여야 한다. 13 국가 7   O | X

> 헌법 제44조 ② 국회의원이 회기전에 체포 또는 구금된 때에는 현행범인이 아닌 한 국회의 요구가 있으면 회기중 석방된다.
> 국회법 제28조(석방요구의 절차) 의원이 체포 또는 구금된 의원의 석방 요구를 발의할 때에는 재적의원 4분의 1 이상의 연서(連書)로 그 이유를 첨부한 요구서를 의장에게 제출하여야 한다.

04 현행범인

4135 국회의원이 현행범인인 경우에는 회기 중 국회의 동의없이 체포 또는 구금될 수 있다. 24 5급
                                                                                                    O | X

4135-1 국회의원은 현행범인인 경우에도 회기 중 국회의 동의 없이 체포 또는 구금되지 아니한다. 16 법무사
                                                                                                    O | X

4135-2 국회의원은 현행범인인 경우라도 국회의 동의가 있어야만 회기 중 체포 또는 구금된다. 20 5급
                                                                                                    O | X

> 헌법 제44조 ① 국회의원은 현행범인인 경우를 제외하고는 회기중 국회의 동의없이 체포 또는 구금되지 아니한다.
>
> ✏️ **보충설명** 국회의원이 현행범인인 경우에는 불체포특권이 인정되지 않는다. 현행범인인 경우 불체포특권을 누리지 못하므로 국회의 동의없이 회기 중 체포 또는 구금된다.

● **정답** 4132. O   4133. X [구속기간 연장되어도 통지함]   4134. O   4134-1. O   4134-2. X [20인 X → 재적 4분의 1 O]   4135. O
4135-1. X [국회 동의 없이 체포·구금 可]   4135-2. X [국회 동의 없이 체포·구금 可]

4136 국회의원이 회기 전에 체포 또는 구금된 때에는 국회의 요구가 있으면 회기 중 석방되나, 현행범인인 경우에는 그러하지 아니하다. 15 법원 9 O | X

4136-1 국회의원이 회기 전에 체포 또는 구금된 때에는 현행범인이라도 국회의 요구가 있으면 회기 중 석방된다. 24 5급 O | X

4136-2 현행범으로 구금된 국회의원은 재적의원 4분의 1 이상의 의결이 있을 때, 회기 중 석방된다. 19 경정 O | X

4136-3 회기 중 현행범으로 구금된 국회의원에 대하여 일반의결정족수의 의결로써 국회의 석방요구가 있으면 석방된다. 15 국회 8 O | X

> 헌법 제44조 ② 국회의원이 **회기전**에 **체포 또는 구금**된 때에는 **현행범인이 아닌 한** 국회의 요구가 있으면 **회기중 석방된다.**

> 🔎 보충설명 국회의원이 현행범인 경우에는 불체포특권이 인정되지 않는다. 현행범인 경우 국회는 석방요구를 할 수 없고 석방요구가 있더라도 석방되지 않는다.

4137 경위나 경찰공무원은 국회 안에 현행범인이 있을 때에는 체포한 후 의장의 지시를 받아야 한다. 다만, 회의장 안에서는 의장의 명령 없이 의원을 체포할 수 없다. 23 경정, 22 입시, 17 입시, 15 경정, 13 지방 7 O | X

4137-1 국회의원이 현행범인이라고 하더라도 회의장 내에 있는 경우 의장의 명령 없이는 의원을 체포할 수 없다. 19 국회 9 O | X

4137-2 국회의원인 현행범인은 회의장 내에서라도 의장의 명령 없이 이를 체포할 수 있다. 13 국회 9 O | X

4137-3 현행범인에게는 불체포특권이 인정되지 않으므로 국회의원이 현행범인으로 회의장 안에 있는 경우에 경위 또는 경찰공무원은 이를 체포한 후 의장의 지시를 받아야 한다. 15 서울 7 O | X

> 국회법 제150조(현행범인의 체포) 경위나 경찰공무원은 **국회 안에 현행범인**이 있을 때에는 **체포한 후 의장의 지시**를 받아야 한다. 다만, **회의장 안에서는 의장의 명령 없이 의원을 체포할 수 없다.**

POINT 229 국회의원의 의무

01 겸직금지의무

4138 국회의원은 법률이 정하는 직을 겸할 수 없다. 23 5급 O | X

4138-1 국회의원의 겸직금지의무는 헌법에서 명문으로 규정하고 있다. 15 법무사 O | X

> 헌법 제43조 국회의원은 법률이 정하는 **직을 겸할 수 없다.**

● 정답 4136. O   4136-1. X [현행범은 석방요구 불가, 석방 X]   4136-2. X [현행범 석방요구 불가, 석방 X]   4136-3. X [현행범 석방요구 불가, 석방 X]   4137. O   4137-1. O   4137-2. X [회의장 內 의장 명령 없이 의원 체포 불가]   4137-3. X [회의장 內 의장 명령 없이 의원 체포 불가]   4138. O   4138-1. O

4139 현행 「국회법」상 국회의원의 겸직은 일정한 예외를 제외하고는 원칙적으로 허용된다. 14 서울 7 O | X

4139-1 국회의원은 국무위원의 직을 겸직할 수 있으나, 국무총리의 직은 겸직할 수 없다. 15 법원 9 O | X

4139-2 현행 「국회법」상 국회의원은 국무위원과 겸직은 금지된다. 14 서울 7 O | X

4139-3 국회의원은 대통령, 헌법재판소 재판관, 감사위원을 겸직할 수는 없지만, 국무총리, 국무위원, 지방자치단체의 장을 겸직할 수 있다. 22 입시 O | X

> **국회법 제29조(겸직 금지)** ① 의원은 **국무총리 또는 국무위원 직 외의 다른 직을 겸할 수 없다.** 다만, 다음 각 호의 어느 하나에 해당하는 경우에는 그러하지 아니하다.
>
> 📎 **보충설명** 현행 국회의원의 겸직은 일정한 예외를 제외하고 원칙적으로 금지된다. 현행 국회법상 국회의원은 국무총리 또는 국무위원의 직은 겸할 수 있다.

4140 국회의원은 국무총리 및 국무위원 이외의 다른 직의 겸직이 금지되지만 공익 목적의 명예직이나 「정당법」에 따른 정당의 직등은 허용된다. 21 국회 8 O | X

4140-1 국회의원은 국무총리 또는 국무위원 직 외의 다른 직을 겸할 수 없으나, 다른 법률에서 국회의원이 임명·위촉되도록 정한 직은 겸할 수 있다. 21 지방 7 O | X

> **국회법 제29조(겸직 금지)** ① 의원은 **국무총리 또는 국무위원 직 외의 다른 직을 겸할 수 없다.** 다만, 다음 각 호의 어느 하나에 해당하는 경우에는 그러하지 아니하다.
> 1. 공익 목적의 **명예직**
> 2. 다른 법률에서 **의원이 임명·위촉되도록** 정한 직
> 3. 「정당법」에 따른 **정당의 직**

4141 국회의원은 「공공기관의 운영에 관한 법률」 제4조에 따른 공공기관(한국은행을 포함한다)의 임직원을 겸직할 수 없다. 13 법원 9 O | X

4141-1 정당의 당원이 될 수 있는 교원의 직을 가진 자가 국회의원에 당선된 경우에는 임기개시일 전까지 그 직을 사직하여야 한다. 15 국회 8 O | X

> **국회법 제29조(겸직 금지)** ② 의원이 당선 전부터 제1항 각 호의 직 외의 직을 가진 경우에는 임기개시일 전까지(재선거·보궐선거 등의 경우에는 당선이 결정된 날의 다음 날까지를 말한다. 이하 이 항에서 같다) 그 직을 **휴직하거나 사직**하여야 한다. 다만, 다음 각 호의 어느 하나의 직을 가진 경우에는 임기개시일 전까지 **그 직을 사직하여야 한다.**
> 1. 「공공기관의 운영에 관한 법률」 제4조에 따른 **공공기관**(한국은행을 포함한다)의 **임직원**
> 2. 「농업협동조합법」, 「수산업협동조합법」에 따른 조합, 중앙회와 그 자회사(손자회사를 포함한다)의 **임직원**
> 3. 「정당법」 제22조제1항에 따라 **정당의 당원이 될 수 있는 교원**

정답 4139. X [원칙적 겸직금지] 4139-1. X [국무총리 겸직 가능] 4139-2. X [가능함] 4139-3. X [지방자치단체 장 겸직 X] 4140. O 4140-1. O 4141. O 4141-1. O

4142 현행 「국회법」상 국회의장은 국회의원의 겸직내용을 공개할 필요가 없다. 14 서울 7   O | X

> 국회법 제29조(겸직 금지) ⑦ **의장**은 제4항에 따라 의원에게 통보한 날부터 15일 이내(본회의 의결 또는 의장의 추천·지명 등에 따라 임명·위촉된 경우에는 해당 의원이 신고한 날부터 15일 이내)에 **겸직 내용**을 국회공보 또는 국회 인터넷 홈페이지 등에 게재하는 방법으로 **공개하여야 한다**.

4143 현행 「국회법」상 국회의원의 겸직이 허용되는 경우에는 그에 따른 보수(실비변상 포함)를 받을 수 있다. 14 서울 7   O | X

> 국회법 제29조(겸직 금지) ⑧ 의원이 제1항 각 호의 직을 겸하는 경우에는 그에 따른 **보수를 받을 수 없다**. 다만, **실비 변상**은 받을 수 **있다**.

02 기타 국회의원의 의무

4144 국회의원의 청렴 의무는 헌법에 명문으로 규정되어 있다. 13 법원 9   O | X

> 헌법 제46조 ① 국회의원은 **청렴의 의무**가 있다.

4145 직무수행에 있어서 국가이익 우선의무는 헌법상의 의무이다. 14 국회 8   O | X

4145-1 국회의원의 양심에 따른 직무수행은 헌법에서 명문으로 규정하고 있다. 15 법무사   O | X

4145-2 양심에 따른 직무수행의무는 법률상의 의무이다. 14 국회 8   O | X

> 헌법 제46조 ② 국회의원은 **국가이익을 우선**하여 **양심에 따라 직무**를 행한다.

4146 국회의원은 그 지위를 남용하여 국가·공공단체 또는 기업체와의 계약이나 그 처분에 의하여 재산상의 권리·이익 또는 직위를 취득하거나 타인을 위하여 그 취득을 알선할 수 없다. 23 5급, 22 5급, 21 국회 8   O | X

4146-1 지위남용 금지의무는 헌법상의 의무이다. 14 국회 8   O | X

> 헌법 제46조 ③ 국회의원은 그 **지위를 남용**하여 국가·공공단체 또는 기업체와의 **계약이나** 그 **처분**에 의하여 **재산상의 권리·이익 또는 직위를 취득**하거나 타인을 위하여 그 **취득을 알선할 수 없다**.

4147 국회의원의 청렴의 의무, 지위남용의 금지는 헌법상 의무이고, 품위유지의 의무와 영리 업무종사 금지는 「국회법」상의 의무이다. 15 지방 7   O | X

4147-1 국회의원의 청렴의무, 지위남용 금지의무, 품위유지의무, 겸직금지의무는 헌법에 규정되어 있다. 20 입시   O | X

● 정답 4142. X [공개해야 함] 4143. X [보수 X, 실비변상 O] 4144. O 4145. O 4145-1. O 4145-2. X [헌법상 의무] 4146. O 4146-1. O 4147. O 4147-1. X [품위유지의무 X]

> 헌법 제46조 ① 국회의원은 **청렴의 의무**가 있다.
> ② 국회의원은 **국가이익을 우선**하여 **양심에 따라 직무**를 행한다.
> ③ 국회의원은 그 **지위를 남용**하여 국가·공공단체 또는 기업체와의 **계약이나** 그 처분에 의하여 **재산상의 권리·이익 또는 직위**를 **취득**하거나 타인을 위하여 그 **취득**을 알선할 수 **없다**.
> 헌법 제43조 국회의원은 법률이 정하는 **직을 겸할 수 없다**.
> 국회법 제25조(품위유지의 의무) 의원은 의원으로서의 **품위를 유지**하여야 한다.
> 국회법 제29조의2(영리업무 종사 금지) ① 의원은 그 직무 외에 **영리를 목적으로 하는 업무에 종사할 수 없다**. 다만, 의원 본인 소유의 토지·건물 등의 재산을 활용한 임대업 등 영리업무를 하는 경우로서 의원의 직무수행에 지장이 없는 경우에는 그러하지 아니하다.

4148 국회의원은 그 직무 외에 영리를 목적으로 하는 업무에 종사할 수 없으나, 다만 국회의원 본인 소유의 토지·건물 등의 재산을 활용한 임대업 등 영리업무를 하는 경우로서 국회의원 직무수행에 지장이 없는 경우에는 그러하지 아니하다. 21 지방 7 O | X

4148-1 의원은 직무수행에 지장이 없는 경우라고 하더라도 예외 없이 영리업무에 종사할 수 없다. 20 국회 9 O | X

> 국회법 제29조의2(영리업무 종사 금지) ① 의원은 그 직무 외에 **영리를 목적으로 하는 업무에 종사할 수 없다**. 다만, 의원 본인 소유의 토지·건물 등의 재산을 활용한 **임대업 등 영리업무**를 하는 경우로서 **의원의 직무수행에 지장이 없는 경우에는 그러하지 아니하다**.

4149 국회의원이 당선 전부터 영리업무에 종사하였다면 당선인으로 결정된 날부터 1년 이내에 그 영리업무를 휴업한 후 이를 지체없이 의장에게 서면으로 신고하여야 한다. 22 5급 O | X

국회의원이 당선 전부터 영리업무에 종사하고 있는 경우 임기 개시 후 6개월 이내에 휴업하거나 폐업하여야 하고, 임대업 등 영리업무에 종사하고 있는 경우 임기 개시 후 1개월 이내에 의장에게 서면으로 신고하여야 한다.

> 국회법 제29조의2(영리업무 종사 금지) ① 의원은 그 직무 외에 **영리를 목적으로 하는 업무에 종사할 수 없다**. 다만, 의원 본인 소유의 토지·건물 등의 재산을 활용한 **임대업 등 영리업무**를 하는 경우로서 **의원의 직무수행에 지장이 없는 경우에는 그러하지 아니하다**.
> ② 의원이 당선 전부터 **제1항 단서의 영리업무 외의 영리업무**에 종사하고 있는 경우에는 **임기 개시 후 6개월 이내**에 그 **영리업무를 휴업하거나 폐업하여야 한다**.
> ③ 의원이 당선 전부터 **제1항 단서의 영리업무**에 종사하고 있는 경우에는 **임기 개시 후 1개월 이내에**, 임기 중에 제1항 단서의 **영리업무에 종사하게 된 경우에는 지체 없이** 이를 **의장에게 서면으로 신고하여야** 한다.

4150 국회의원은 자신의 사적인 이해관계와 국민에 대한 공적인 이해관계가 충돌할 경우 당연히 후자를 우선하여야 할 이해충돌회피의무 내지 직무전념의무를 지게 되는바, 이를 국회의원 개개인의 양심에만 맡겨둘 것이 아니라 국가가 제도적으로 보장할 필요성 또한 인정된다. 19 지방 7 O | X

국회의원에 대해서는 겸직금지의무(헌법 제43조), 청렴의무(헌법 제46조 제1항), 국가이익 우선의무(헌법 제46조 제2항), 지위남용 금지의무(헌법 제46조 제3항) 조항 등을 통해 이를 더욱 강조하고 있다. 따라서 국회의원은 자신의 **사적인 이해관계**와 국민에 대한 **공적인 이해관계가 충돌**할 경우 당연히 후자를 우선하여야 할 **이해충돌회피의무 내지 직무전념의무**를 지게 되는바, 이를 국회의원 개개인의 양심에만 맡겨둘 것이 아니라 **국가가 제도적으로 보장할 필요성 또한 인정**된다(헌재 2012. 8. 23. 2010헌가65).

● 정답 4148. O   4148-1. X [임대업 可]   4149. X [영리업무 6개월 내 휴업·폐업 / 임대업 1개월 내 신고]   4150. O

4151 국회 상임위원은 소관 상임위원회의 직무와 관련한 영리행위를 하여서는 아니 된다. 다만, 국회 윤리심사자문위원회의 심사를 거쳐 윤리심사자문위원회 위원장의 허가를 받은 경우에는 예외로 한다. 24 변호사 O|X

> 국회법 제40조의2(상임위원의 직무 관련 영리행위 금지) 상임위원은 소관 상임위원회의 직무와 관련한 영리행위를 하여서는 아니 된다.

POINT 230 국회자율권

01 국회규칙제정권

4152 국회는 법률에 저촉되지 아니하는 범위 안에서 의사와 내부규율에 관한 규칙을 제정할 수 있다. 23 5급, 22 국회 9, 17 입시 O|X

4152-1 국회에 대해 현행헌법이 명문으로 규칙제정권을 부여하고 있다. 16 국회 9 O|X

4152-2 국회는 법률의 위임범위 내에서 의사와 내부규율에 관한 규칙을 제정할 수 있다. 18 법원 9 O|X

> 헌법 제64조 ① 국회는 **법률에 저촉**되지 아니하는 범위안에서 **의사와 내부규율**에 관한 **규칙을 제정**할 수 있다.

02 의사자율권

4153 국회는 어떠한 사항에 대하여 언제, 어떻게 입법할지 여부를 스스로 판단하여 결정할 입법형성의 자유를 가지며, 법안심의를 위한 의사절차와 규칙을 스스로 결정할 수 있는 자율권을 가지고 있다. 24 5급 O|X

> **국회**는 어떠한 사항에 대하여 언제, 어떻게 입법할지 여부를 **스스로** 판단하여 결정할 **입법형성의 자유**를 가지며, **법안심의**를 위한 **의사절차와 규칙**을 **스스로 결정**할 수 있는 **자율권**을 가지고 있다(헌재 2016. 5. 26. 2015헌라1 등).

4154 국회의 자율권도 헌법이나 법률을 위반하지 않는 범위 내에서 허용되어야 하고, 국회의 의사절차나 입법절차에 헌법이나 법률의 규정을 명백히 위반한 경우에는 자율권을 가진다고 할 수 없다. 21 국회 9, 13 지방 7 O|X

4154-1 국회의 의사절차나 입법절차에 헌법이나 법률의 규정을 명백히 위반한 흠이 있는 경우에는 헌법재판소가 심사할 수 없는 국회 내부의 자율에 관한 문제라고 할 수는 없다. 17 입시 O|X

4154-2 국회의 의사자율권은 헌법상 국회의 독자적인 자율영역이기 때문에 국회의 의사절차나 입법절차에 헌법이나 법률의 규정을 명백히 위반한 흠이 있는 경우에도 헌법재판소가 이를 이유로 해당 절차에 대해 위헌결정을 할 수 없다. 18 국가 7 O|X

● 정답 4151. X [예외없이 안 됨] 4152. O 4152-1. O 4152-2. X [법률에 위임 X → 법률에 저촉 O] 4153. O 4154. O 4154-1. O 4154-2. X [할 수 있음]

국회는 국민의 대표기관, 입법기관으로서 폭넓은 자율권을 가지고 있고, 그 자율권은 권력분립의 원칙이나 국회의 지위, 기능에 비추어 존중되어야 하는 것이지만, 한편 법치주의의 원리상 모든 국가기관은 헌법과 법률에 의하여 기속을 받는 것이므로 **국회의 자율권도 헌법이나 법률을 위반하지 않는 범위내에서 허용되어야** 하고 따라서 국회의 의사절차나 입법절차에 **헌법이나 법률의 규정을 명백히 위반한 흠**이 있는 경우에도 **국회가 자율권을 가진다고는 할 수 없다**(헌재 1997. 7. 16. 96헌라2).

POINT 231 국회의원 자격심사 · 징계

01 자격심사 · 징계 · 제명

4155 국회는 의원의 자격을 심사하며, 의원을 징계할 수 있다. 의원을 제명하려면 국회재적의원 3분의 2 이상의 찬성이 있어야 하는데, 제명처분에 대하여는 법원에 제소할 수 없다. 19 법무사 O|X

4155-1 국회는 국회의원을 제명하려면 국회재적의원 과반수의 찬성이 있어야 한다. 23 5급 O|X

4155-2 국회의원을 제명하려면 국회재적의원 과반수 출석과 출석의원 3분의 2 이상의 찬성이 있어야 한다. 23 국가 7 O|X

> **헌법 제64조** ② 국회는 의원의 **자격을 심사**하며, 의원을 **징계**할 수 있다.
> ③ 의원을 **제명**하려면 **국회재적의원 3분의 2 이상의 찬성**이 있어야 한다.
> ④ 제2항과 제3항의 처분에 대하여는 **법원에 제소할 수 없다.**

02 제소금지

4156 국회는 국회의원의 자격심사 · 징계 · 제명을 할 수 있으며, 이러한 처분에 대하여는 법원에 제소할 수 없다. 17 5급 O|X

4156-1 헌법은 국회의원의 자격심사나 제명은 법원에 제소할 수 없다고 명문으로 규정하고 있다. 17 국회 9 O|X

> **헌법 제64조** ② 국회는 의원의 **자격을 심사**하며, 의원을 **징계**할 수 있다.
> ③ 의원을 **제명**하려면 **국회재적의원 3분의 2 이상의 찬성**이 있어야 한다.
> ④ 제2항과 제3항의 처분에 대하여는 **법원에 제소할 수 없다.**

정답 4155. O 4155-1. ×[재적과반수 × → 재적 3분의 2 O] 4155-2. ×[재적과반수 출석과 출석의원 3분의 2 × → 재적 3분의 2 O]
4156. O 4156-1. O

4157 국회의원 제명은 헌법상 국회재적의원 3분의 2 이상의 찬성이 있어야 하고, 제명처분에 대해서는 법원에 제소할 수 없다. 20 입시   O|X

4157-1 국회는 재적의원 3분의 2 이상의 찬성을 얻어 국회의원을 제명하였고, 국회의원은 이 제명에 불복하여 법원에 가처분을 신청한 경우, 이 신청에 대해 법원은 각하하여야 한다. 13 변호사   O|X

4157-2 국회의원이 국회로부터 제명된 경우, 그 절차에 중대한 하자가 있으면 법원에 제소하여 구제받을 수 있다. 11 국회 8   O|X

4157-3 헌법은 국회가 재적의원 3분의 2 이상의 찬성으로 국회의원을 제명한 경우 헌법재판소에 제소할 수 없다고 규정하고 있다. 24 5급   O|X

> 헌법 제64조 ② 국회는 의원의 **자격을 심사**하며, 의원을 **징계**할 수 있다.
> ③ 의원을 **제명**하려면 **국회재적의원 3분의 2 이상의 찬성**이 있어야 한다.
> ④ 제2항과 제3항의 처분에 대하여는 **법원에 제소할 수 없다.**

4158 국회의원에 대한 국회의 징계처분에 대해서는 법원에 제소할 수 없다. 20 5급   O|X

4158-1 국회의원에 대하여 국회의 징계가 이루어진 경우 중 특히 당사자인 국회의원 신분에 변동이 생기는 경우, 당사자인 국회의원은 징계의 효력을 다투는 행정소송을 제기할 수 없다. 18 서울 7(추)   O|X

4158-2 국회의원에 대해서는 공개회의에서의 경고, 공개회의에서의 사과, 30일 이내의 출석정지, 제명의 4가지 징계가 가능한데, 제명 이외의 징계에 대해서는 법원에 제소할 수 있다. 19 입시   O|X

> 헌법 제64조 ② 국회는 의원의 **자격을 심사**하며, 의원을 **징계**할 수 있다.
> ③ 의원을 **제명**하려면 **국회재적의원 3분의 2 이상의 찬성**이 있어야 한다.
> ④ 제2항과 제3항의 처분에 대하여는 **법원에 제소할 수 없다.**

4159 헌법 제64조에서 국회의원의 징계와 제명에 대해 법원에 제소할 수 없도록 규정한 것은 사법권의 실정헌법상 한계로서 국회의 자율성 존중이라는 권력분립적 고려에 기초한 것이다. 22 지방 7   O|X

4159-1 법원은 국회에 대한 견제수단으로서 국회의원의 자격심사·징계·제명에 대한 사법심사권을 가진다. 19 국회 9   O|X

> 국회는 다른 기관의 간섭을 받지 않고 헌법·법률과 국회규칙에 따라 국회의 조직과 활동 및 내부사항을 자율적으로 결정할 수 있다. 국회의 자율적 권한은 권력분립의 원리에 따라 국회 내부에 관한 사항을 자율적으로 행할 수 있는 권한이다. 법원의 사법권은 헌법상 다른 기관의 권한으로 규정하거나 법원의 사법심사에서 제외되는 실정법상 한계가 있는데, 헌법 제64조에서 국회의원의 징계와 제명에 대해 법원에 제소할 수 없도록 규정한 것은 **사법권의 실정헌법상 한계로서 국회의 자율성 존중이라는 권력분립적 고려에 기초한 것이다.**

4160 국회의원에 대한 국회의 징계는 헌법상 사법심사의 대상이 되지 않지만, 지방의회의원에 대한 지방의회의 징계의결은 행정소송의 대상이 된다. 13 지방 7   O|X

4160-1 지방의회의원에 대해서는 헌법 제64조와 같이 '법원에 제소할 수 없다'는 규정이 없으나, 대법원은 지방의회의 의원징계의결에 대해서도 행정소송으로 다툴 수 없다는 입장이다. 12 국회 8   O|X

● 정답   4157. O   4157-1. O   4157-2. X [제소 불가]   4157-3. X [헌법재판소 X → 법원 O]   4158. O   4158-1. O   4158-2. X [제소 불가]   4159. O   4159-1. X [사법심사권 없음]   4160. O   4160-1. X [다툴 수 있음]

「지방자치법」제78조 내지 제81조의 규정에 의거한 **지방의회의 의원징계의결은** 그로인해 의원의 권리에 직접 법률효과를 미치는 **행정처분의 일종으로서 행정소송의 대상**이 되고, 그와 같은 의원징계의결의 당부를 다투는 소송의 관할법원에 관하여는 동법에 특별한 규정이 없으므로 일반법인 「**행정소송법**」의 규정에 따라 지방의회의 소재지를 관할하는 고등법원이 그 소송의 제1심 관할법원이 된다(대판 1993. 11. 26. 93누7341).

03 자격심사 · 징계 · 제명 절차

4161 국회의원이 다른 국회의원의 자격에 대하여 이의가 있을 때에는 30명 이상의 연서로 의장에게 자격심사를 청구할 수 있다. 24 소간, 23 국가 7   O | X

> **국회법 제138조(자격심사의 청구)** 의원이 다른 의원의 **자격에 대하여 이의**가 있을 때에는 **30명 이상의 연서**로 의장에게 자격심사를 청구할 수 있다.

4162 국회가 의원의 자격 유무를 심사하여 그 자격이 없는 것으로 의결할 때에는 재적의원 3분의 2 이상의 찬성이 있어야 한다. 19 5급   O | X

> **국회법 제142조(의결)** ③ 본회의는 **심사대상 의원의 자격 유무를 의결로 결정**하되, 그 **자격이 없는 것으로 의결**할 때에는 **재적의원 3분의 2 이상의 찬성**이 있어야 한다.

4163 국회는 국회의원이 본회의 또는 위원회의 회의장에서 「국회법」 또는 국회규칙을 위반하여 회의장 질서를 어지럽히는 행위를 하거나 이에 대한 국회의장 또는 위원장의 조치에 따르지 아니하였을 경우에는 윤리특별위원회의 심사를 거치지 아니하고 징계할 수 있다. 21 입시   O | X

4163-1 국회는 의원이 의장석 또는 위원장석을 점거하고 점거 해제를 위한 의장 또는 위원장의 조치에 불응하거나 의원의 본회의장 또는 위원회 회의장 출입을 방해한 때에는 윤리특별위원회의 심사를 거치지 아니하고 의결로써 징계할 수 있다. 13 국회 8   O | X

> **국회법 제155조(징계)** 국회는 의원이 다음 각 호의 어느 하나에 해당하는 행위를 하였을 때에는 **윤리특별위원회의 심사를 거쳐** 그 의결로써 징계할 수 있다. 다만, 의원이 제10호에 해당하는 행위를 하였을 때에는 **윤리특별위원회의 심사를 거치지 아니하고** 그 의결로써 징계할 수 있다.
> 8. 제145조제1항에 해당되는 **회의장의 질서를 어지럽히는 행위**를 하거나 이에 대한 **의장 또는 위원장의 조치에 따르지 아니하였을 때**
> 10. 제148조의2를 위반하여 **의장석 또는 위원장석을 점거**하고 **점거 해제**를 위한 제145조에 따른 **의장 또는 위원장의 조치에 따르지 아니하였을 때**
> 11. 제148조의3을 위반하여 **의원의 본회의장 또는 위원회 회의장 출입을 방해하였을 때**

✏️ **보충설명** 의장석 또는 위원장석을 점거하고 점거 해제를 위한 의장 또는 위원장의 조치에 따르지 아니하였을 때에만 윤리특별위원회의 심사를 거치지 아니하고 그 의결로써 징계할 수 있다.

●정답 4161. O 4162. O 4163. ✕ [심사 거쳐야 함] 4163-1. ✕ [회의장 출입 방해한 때에는 심사 거쳐야 함]

4164 의원이 징계대상자에 대한 징계를 요구하려는 경우에는 의원 20명 이상의 찬성으로 그 사유를 적은 요구서를 의장에게 제출하여야 한다. 21 입시 ○|×

> 국회법 제156조(징계의 요구와 회부) ③ 의원이 징계대상자에 대한 **징계를 요구**하려는 경우에는 **의원 20명 이상의 찬성**으로 그 사유를 적은 **요구서를 의장에게 제출**하여야 한다.

4165 국회의원은 자기의 징계안에 관한 본회의 또는 위원회에 출석하여 변명할 수 있으나, 다른 의원으로 하여금 변명하게 할 수는 없다. 18 5급 ○|×

> 국회법 제160조(변명) **의원**은 자기의 징계안에 관한 **본회의 또는 위원회에 출석하여 변명**하거나 **다른 의원으로 하여금 변명**하게 할 수 있다. 이 경우 의원은 변명이 끝난 후 회의장에서 퇴장하여야 한다.

4166 현행 「국회법」상 징계에는 공개회의에서의 경고, 공개회의에서의 사과, 30일(겸직금지, 영리업무 종사 금지 위반에 해당하는 의원에 대한 징계의 경우에는 90일) 이내의 출석정지, 제명이 있다. 13 국회 9 ○|×

> 국회법 제163조(징계의 종류와 선포) ① 제155조에 따른 징계의 종류는 다음과 같다.
> 1. 공개회의에서의 **경고**
> 2. 공개회의에서의 **사과**
> 3. **30일**(제155조제2호 또는 제3호에 해당하는 행위를 한 의원에 대한 징계는 **90일**) 이내의 **출석정지**. 이 경우 출석정지기간에 해당하는 「국회의원의 보좌직원과 수당 등에 관한 법률」에 따른 수당·입법활동비 및 특별활동비(이하 "수당등"이라 한다)는 2분의 1을 감액한다.
> 4. **제명**(除名)

4167 헌법은 국회의원의 제명에 필요한 요건을 헌법과 법률을 위반한 경우로 한정하고 있고, 제명된 국회 의원은 그로 인하여 결원된 의원의 보궐선거에 입후보할 수 없다. 15 지방 7 ○|×

> 헌법 제64조 ③ 의원을 **제명**하려면 **국회재적의원 3분의 2 이상의 찬성**이 있어야 한다.
> 국회법 제164조(제명된 자의 입후보제한) 제163조에 따른 **징계로 제명**된 사람은 그로 인하여 **궐원된 의원의 보궐선거에서 후보자가 될 수 없다.**

> 📎 보충설명 | 헌법은 국회의원의 제명에 필요한 요건으로 국회재적의원 3분의 2 이상의 찬성이라고만 규정하고 있을 뿐 실질적인 요건은 규정하고 있지 않다.

4168 국회의원이었다가 징계로 제명된 사람은 그로 인하여 궐원된 국회의원의 보궐선거에서 후보자가 될 수 없다. 19 입시 ○|×

> 국회법 제164조(제명된 자의 입후보제한) 제163조에 따른 **징계로 제명**된 사람은 그로 인하여 **궐원된 의원의 보궐선거에서 후보자가 될 수 없다.**

● 정답 4164. ○ 4165. ×[변명하게 할 수 있음] 4166. ○ 4167. ×[헌법에 제명 요건 無] 4168. ○

Chapter 03 정부

POINT 232　대통령의 지위

01 대통령의 지위

4169　대통령은 국가의 원수이며, 외국에 대하여 국가를 대표한다. 21 법원 9　　O | X

> 헌법 제66조 ① 대통령은 **국가의 원수**이며, 외국에 대하여 **국가를 대표**한다.
> ④ 행정권은 대통령을 수반으로 하는 정부에 속한다.

4170　대통령은 행정권이 속한 정부의 수반으로서, 정부를 조직하고 통할하는 행정에 관한 최고책임자이다. 10 국가 7　　O | X

> 이 사건 법률에 의하면 행정중심복합도시가 건설된다고 하더라도 국회와 대통령은 여전히 서울에 소재한다. 국회는 국민의 대의기관으로서 입법기능을 담당하며 모든 국가작용은 헌법상의 법치국가원칙에 따라 법률에 기속되며, **대통령은 행정권이 속한 정부의 수반으로서 정부를 조직하고 통할하는 행정에 관한 최고책임자**로서 행정과 법집행에 관한 최종적인 결정을 하고 정부의 구성원에 대하여 최고의 지휘·감독권을 행사한다(헌재 2005. 11. 24. 2005헌마579 등).

4171　우리 헌정사상 대통령직이 폐지된 예는 한 번도 없다. 14 법무사　　O | X

> **우리 헌정사상 대통령직이 폐지된 예는 한 번도 없다.** 제3~4차 개정헌법의 의원내각제를 제외하고 1948년 제헌헌법이래로 대통령제를 채택하였으며, 제3~4차 개정헌법에도 양원합동회의에서 간선으로 선출된 대통령이 있었다.

02 대통령당선인

4172　대통령 선거 결과 대통령당선인이 확정된 후 대통령 취임 시까지 대통령당선인의 법적 지위에 관한 헌법과 법률상의 규정이 없다. 19 서울 7(추)　　O | X

> 대통령직 인수에 관한 법률 제1조(목적) 이 법은 **대통령당선인**으로서의 **지위와 권한**을 명확히 하고 **대통령직 인수**를 원활하게 하는 데에 필요한 사항을 규정함으로써 국정운영의 계속성과 안정성을 도모함을 목적으로 한다.

🖉 보충설명　대통령 선거 결과 대통령당선인이 확정된 후 대통령 취임 시까지 대통령당선인의 법적 지위에 관한 헌법상의 규정은 없으나 대통령직 인수에 관한 법률에 규정되어 있다.

4173　대통령당선인은 대통령당선인으로 결정된 때부터 대통령 임기 시작일 전날까지 그 지위를 가진다. 14 국가 7　　O | X

> 대통령직 인수에 관한 법률 제3조(대통령당선인의 지위와 권한) ① **대통령당선인은 대통령당선인으로 결정된 때부터 대통령 임기 시작일 전날까지 그 지위를 갖는다.**

● 정답　4169. O　4170. O　4171. O　4172. X [대통령직인수법상 규정 있음]　4173. O

4174 대통령당선인은 대통령직 인수를 위하여 필요한 권한을 가지며, 대통령당선인은 임기 시작 전에 국무총리 및 국무위원 후보자를 지명함으로써 국회의 인사청문 절차를 거칠 수 있도록 「대통령직 인수에 관한 법률」에 규정하고 있다. 12 국회 9   O | X

4174-1 대통령당선인은 대통령 임기 시작 전에 국회의 인사청문 절차를 거치게 하기 위하여 국무총리 및 국무위원 후보자를 지명할 수 있으며, 이 경우 국무위원 후보자에 대하여는 국무총리 후보자의 추천이 있어야 한다. 16 국가 7, 12 지방 7   O | X

> 대통령직 인수에 관한 법률 제3조(대통령당선인의 지위와 권한) ② 대통령당선인은 이 법에서 정하는 바에 따라 대통령직 인수를 위하여 필요한 권한을 갖는다.
> 대통령직 인수에 관한 법률 제5조(국무총리 후보자의 지명 등) ① 대통령당선인은 대통령 임기 시작 전에 국회의 인사청문 절차를 거치게 하기 위하여 국무총리 및 국무위원 후보자를 지명할 수 있다. 이 경우 국무위원 후보자에 대하여는 국무총리 후보자의 추천이 있어야 한다.

4175 대통령직인수위원회는 대통령당선인을 보좌하여 대통령직 인수와 관련된 업무를 담당한다. 17 국회 8   O | X

> 대통령직 인수에 관한 법률 제6조(대통령직인수위원회의 설치 및 존속기한) ① 대통령당선인을 보좌하여 대통령직 인수와 관련된 업무를 담당하기 위하여 대통령직인수위원회(이하 "위원회"라 한다)를 설치한다.

4176 대통령직인수위원회는 대통령 임기 시작일 이후 30일의 범위에서 존속한다. 21 국회 8   O | X

4176-1 대통령직인수위원회는 대통령 당선이 결정된 날로부터 대통령 임기 시작일 전날까지 존속한다. 17 국회 8   O | X

> 대통령직 인수에 관한 법률 제6조(대통령직인수위원회의 설치 및 존속기한) ② 위원회는 대통령 임기 시작일 이후 30일의 범위에서 존속한다.

4177 대통령직인수위원회는 정부의 조직·기능 및 예산현황의 파악, 새 정부의 정책기조를 설정하기 위한 준비, 대통령의 취임행사 등 관련업무의 준비, 그 밖의 대통령직 인수에 필요한 사항 등에 관한 업무를 담당한다. 19 서울 7(추)   O | X

> 대통령직 인수에 관한 법률 제7조(업무) 위원회는 다음 각 호의 업무를 수행한다.
> 1. 정부의 조직·기능 및 예산현황의 파악
> 2. 새 정부의 정책기조를 설정하기 위한 준비
> 3. 대통령의 취임행사 등 관련 업무의 준비
> 4. 대통령당선인의 요청에 따른 국무총리 및 국무위원 후보자에 대한 검증
> 5. 그 밖에 대통령직 인수에 필요한 사항

정답 4174. O   4174-1. O   4175. O   4176. O   4176-1. X [임기 시작일 이후 30일 범위에서 존속]   4177. O

4178 대통령직인수위원회는 위원장 1명, 부위원장 1명 및 24명 이내의 위원으로 구성하고 대통령당선인이 임명한다. 19 서울 7(추) O | X

4178-1 대통령직인수위원회는 대통령당선인을 보좌하여 대통령직 인수와 관련된 업무를 담당하며, 대통령 임기 개시일 이후까지 존속할 수 있고, 인수위원회 위원장과 부위원장 및 위원은 명예직으로서 대통령당선인이 임명한다. 14 국가 7 O | X

> 대통령직 인수에 관한 법률 제6조(대통령직인수위원회의 설치 및 존속기한) ① 대통령당선인을 보좌하여 대통령직 인수와 관련된 업무를 담당하기 위하여 대통령직인수위원회(이하 "위원회"라 한다)를 설치한다.
> ② 위원회는 대통령 임기 시작일 이후 30일의 범위에서 존속한다.
> 대통령직 인수에 관한 법률 제8조(위원회의 구성 등) ① 위원회는 위원장 1명, 부위원장 1명 및 24명 이내의 위원으로 구성한다.
> ② 위원장·부위원장 및 위원은 명예직으로 하고, 대통령당선인이 임명한다.

03 대통령 권한대행

4179 대통령이 궐위되거나 사고로 인하여 직무를 수행할 수 없을 때에는 국무총리, 법률이 정한 국무위원의 순서로 그 권한을 대행한다. 19 소간, 18 국가 7, 14 법원 9 O | X

4179-1 대통령의 궐위나 사고 시 국회의장, 국무총리, 「정부조직법」에 정한 국무위원의 순서에 따라 권한을 대행한다. 07 국가 7 O | X

4179-2 대통령의 임기가 만료되거나 궐위된 때 또는 대통령 당선자가 사망하거나 판결 기타의 사유로 그 자격을 상실한 때에는 일정기간 이내에 후임자를 선거하여야 하며, 대통령이 사고로 인하여 직무를 수행할 수 없는 경우에도 마찬가지이다. 24 변호사 O | X

> 헌법 제68조 ① 대통령의 임기가 만료되는 때에는 임기만료 70일 내지 40일 전에 후임자를 선거한다.
> ② 대통령이 궐위된 때 또는 대통령 당선자가 사망하거나 판결 기타의 사유로 그 자격을 상실한 때에는 60일 이내에 후임자를 선거한다.
> 헌법 제71조 대통령이 궐위되거나 사고로 인하여 직무를 수행할 수 없을 때에는 국무총리, 법률이 정한 국무위원의 순서로 그 권한을 대행한다.

4180 대통령이 헌법재판소의 탄핵결정으로 파면된 경우는 궐위에 해당한다. 17 입시 O | X

4180-1 대통령의 궐위는 대통령으로 취임한 후 사망 또는 사임하여 대통령직이 비어 있는 경우, 국회의 탄핵소추의결로 헌법재판소의 탄핵결정이 있을 때까지 권한행사가 정지된 경우 그리고 대통령 취임 후 피선자격의 상실 및 판결 기타 사유로 자격을 상실한 때를 포괄한다. 17 서울 7 O | X

> 대통령의 궐위는 사망·사임·헌법재판소의 탄핵결정으로 인한 파면 등으로 대통령이 재직하지 않는 경우를 말한다. 즉, 대통령으로 취임한 후 사망 또는 사임하여 대통령직이 비어 있는 경우, 대통령이 헌법재판소의 탄핵결정으로 파면된 경우 그리고 대통령 취임 후 피선자격의 상실 및 판결 기타 사유로 자격을 상실한 때를 포괄한다. 대통령이 국회의 탄핵소추의결로 헌법재판소의 탄핵결정이 있을 때까지 권한행사가 정지된 경우는 사고에 해당한다.

● 정답 4178. O   4178-1. O   4179. O   4179-1. X [국회의장 X]   4179-2. X [사고시 후임자 선거 X → 권한대행 O]   4180. O   4180-1. X [탄핵결정 있을 때까지 권한행사 정지된 경우 : 사고]

4181 대통령이 국회의 탄핵소추의결로 권한행사가 정지된 경우는 사고에 해당한다. 17 입시 　　O | X

대통령의 사고란 해외순방·질병·국회의 탄핵소추의결 등으로 재직하지만 직무수행을 하지 못하는 경우를 말한다. **대통령이 국회의 탄핵소추의결**로 헌법재판소의 탄핵결정이 있을 때까지 **권한행사가 정지된 경우는 사고에 해당**한다.

4182 헌법은 대통령 권한대행의 요건 중 "대통령이 사고로 인하여 직무를 수행할 수 없을 때"의 판단 주체가 누구인지에 관하여 규정하고 있지 않다. 20 입시 　　O | X

4182-1 헌법은 대통령이 사고로 인하여 직무를 수행할 수 없을 때 대통령 권한대행 개시 및 기간에 관한 결정권을 헌법재판소에 부여하고 있다. 17 국가 7(추) 　　O | X

대통령의 해외순방, 국회의 탄핵소추의결로 권한행사가 정지된 경우 등 대통령의 사고가 명백한 경우에는 특별히 문제될 것이 없다. 그러나 대통령이 질병 등의 사고로 인하여 직무를 수행할 수 없을 때 **대통령의 권한대행의 필요 여부, 개시 및 기간**에 대한 **판단주체**가 있어야 하는데 어떤 방법과 절차를 거쳐 누가 결정할 것인가에 관하여 **헌법이나 법률**에서 이에 대해 **규정하고 있지 않아 법적공백 상태에 있다.** 우리나라의 경우 헌법정책상 이에 관한 결정권을 헌법재판소에 부여하자는 견해가 유력하다.

4183 「정부조직법」은 대통령권한대행의 직무범위를 '국가의 현상유지에 필요한 잠정적 조치에 한한다'라고 규정하고 있다. 17 입시 　　O | X

대통령권한대행의 직무범위에 대해 헌법이나 「정부조직법」에 **명문규정을 두고 있지 않다.** 다만, 대통령권한대행의 직무범위를 국가의 현상유지에 필요한 잠정적 조치에 한한다고 보는 것이 학설의 일반적인 견해이다.

04 전직대통령 예우

4184 대통령이 재직 중 탄핵결정을 받아 퇴임한 경우 '필요한 기간의 경호 및 경비'를 제외하고는 「전직대통령 예우에 관한 법률」에 따른 전직대통령으로서의 예우를 하지 아니한다. 21 5급 　　O | X

4184-1 전직대통령이 재직 중 탄핵결정을 받아 퇴임한 경우와 금고 이상의 형이 확정된 경우 및 사퇴한 경우에는 필요한 기간의 경호 및 경비를 제외하고는 「전직대통령 예우에 관한 법률」에 따른 전직대통령으로서의 예우를 하지 아니한다. 17 국가 7 　　O | X

4184-2 전직대통령이 재직 중 탄핵결정을 받아 퇴임한 경우에는 '필요한 기간의 경호 및 경비'와 '본인 및 그 가족에 대한 치료'에 따른 예우를 제외하고는 「전직대통령 예우에 관한 법률」에 따른 전직대통령으로서의 예우를 하지 아니한다. 21 소간 　　O | X

전직대통령 예우에 관한 법률 제6조(그 밖의 예우) ④ 전직대통령 또는 그 유족에게는 관계 법령에서 정하는 바에 따라 다음 각 호의 예우를 할 수 있다.
1. 필요한 기간의 **경호 및 경비(警備)**
3. 본인 및 그 가족에 대한 **치료**

전직대통령 예우에 관한 제7조(권리의 정지 및 제외 등) ② 전직대통령이 다음 각 호의 어느 하나에 해당하는 경우에는 **제6조제4항제1호**에 따른 **예우를 제외**하고는 이 법에 따른 전직대통령으로서의 **예우를 하지 아니한다.**
1. 재직 중 **탄핵결정을 받아 퇴임**한 경우
2. **금고 이상의 형이 확정**된 경우
3. 형사처분을 회피할 목적으로 **외국정부에 도피처 또는 보호**를 요청한 경우
4. **대한민국의 국적을 상실**한 경우

정답 4181. O　4182. O　4182-1. X [판단주체 규정 無]　4183. X [명문규정 無]　4184. O　4184-1. X [사퇴한 경우 X]　4184-2. X [본인 및 그 가족에 대한 치료 X]

POINT 233 불소추특권

01 불소추특권

4185 대통령은 내란 또는 외환의 죄를 범한 경우를 제외하고는 재직 중 형사상의 소추를 받지 아니한다. 20 5급, 17 5급
O | X

4185-1 대통령이 내란 또는 외환의 죄를 범한 경우에는 재직 중 형사상의 소추를 받을 수 있다. 20 소간
O | X

4185-2 대통령은 내란 또는 외환의 죄를 범한 경우에도 재직 중에는 형사상의 소추를 받지 아니한다. 24 소간
O | X

> 헌법 제84조 대통령은 **내란 또는 외환의 죄를 범한 경우**를 제외하고는 **재직중 형사상의 소추를 받지 아니한다.**

4186 헌법 제84조는 "대통령은 내란 또는 외환의 죄를 범한 경우를 제외하고는 재직 중 형사상의 소추를 받지 아니한다."라고 하여, 대통령의 형사상 특권을 규정하고 있다. 이는 대통령의 형사상 특권은 사법권(재판권)이 미치지 아니하는 예외적인 경우를 규정한 것이다. 14 서울 7
O | X

4186-1 사법부는 내란 또는 외환의 죄를 범한 경우를 제외하고는 대통령에 대하여 그 신분보유기간 중에는 형사재판권을 행사할 수 없다. 15 국회 9
O | X

> 대통령의 불소추특권은 대통령에 대하여 그 신분보유기간 중에는 **사법권(재판권)이 미치지 않는 예외적인 경우**를 규정한 것이다. 따라서 **사법부는 내란 또는 외환의 죄를 범한 경우를 제외하고는 대통령에 대하여 그 신분보유기간 중에는 형사재판권을 행사할 수 없다.** 불소추특권에도 불구하고 만약 대통령에 대하여 형사소추가 있을 경우에는 형사소송법 제327조 제1호의 "피고인에 대하여 재판권이 없는 때" 즉 **재판권 부존재**를 이유로 **공소기각의 판결**을 하여야 한다.

4187 대통령에게 불소추특권이 부여된 것은 대통령이라는 특수한 직책의 원활한 수행을 보장하고 그 권위를 확보하여 국가의 체면과 권위를 유지하여야 할 실제상의 필요 때문이다. 17 국회 9
O | X

4187-1 대통령의 형사상 불소추특권은 대통령으로 재직 중인 동안만 형사상 특권을 부여하고 있는 것에 불과하다. 18 서울 7
O | X

4187-2 대통령의 불소추특권은 대통령이라는 특수한 신분에 따라 일반국민과는 달리 대통령 개인에게 특권을 부여한 것으로 볼 수 있다. 24 경정
O | X

> 대통령의 불소추특권에 관한 헌법의 규정(헌법 제84조)이 대통령이라는 특수한 신분에 따라 **일반국민과는 달리 대통령 개인에게 특권을 부여한 것으로 볼 것이 아니라** 단지 국가의 원수로서 외국에 대하여 국가를 대표하는 지위에 있는 **대통령이라는 특수한 직책의 원활한 수행을 보장하고, 그 권위를 확보하여 국가의 체면과 권위를 유지하여야 할 실제상의 필요 때문에 대통령으로 재직중인 동안만 형사상 특권을 부여하고 있음**에 지나지 않는 것으로 보아야 할 것이다(헌재 1995. 1. 20. 94헌마246).

정답 4185. O   4185-1. O   4185-2. X [소추 가능]   4186. O   4186-1. O   4187. O   4187-1. O   4187-2. X [대통령 개인의 특권 아님]

4188 헌법 제84조가 정하는 대통령의 형사상 불소추특권은 대통령이 내란 또는 외환의 죄에 해당하지 아니하는 죄를 범한 경우에는 재직 중에는 기소되어 법원의 재판을 받지 않는다는 의미이므로 형사상의 책임이 면제되는 것은 아니다. 14 서울 7 ㅇ|X

4188-1 대통령에게 재직 중 내란 또는 외환의 죄를 제외하고는 형사소추 되지는 않는다는 형사상 특권이 인정된다고 하더라도 퇴직 후에는 형사소추가 가능하다. 12 지방 7 ㅇ|X

> 헌법 제84조가 정하는 대통령의 형사상 불소추특권은 대통령이 내란 또는 외환의 죄에 해당하지 아니하는 죄를 범한 경우에는 재직 중에는 기소되어 법원의 재판을 받지 않는다는 의미이므로 형사상의 책임이 면제되는 것은 아니며, 퇴직 후에는 형사상 소추가 가능하다.

4189 대통령은 내란 또는 외환의 죄를 범한 경우를 제외하고는 재직 중 형사상 소추와 민사상 책임을 지지 않는다. 20 지방 7 ㅇ|X

4189-1 대통령은 재직 중에는 민사상·행정상의 책임을 지지 않는 특권이 있다. 19 소간 ㅇ|X

> 헌법 제84조 대통령은 내란 또는 외환의 죄를 범한 경우를 제외하고는 재직중 형사상의 소추를 받지 아니한다.

4190 대통령이 내란 또는 외환의 죄에 해당하지 않는 죄를 범한 때에는 재직 중 형사상의 소추를 받지 않지만 국회에 의해 탄핵소추를 받을 수 있다. 22 국회 9 ㅇ|X

> 헌법 제84조 대통령은 내란 또는 외환의 죄를 범한 경우를 제외하고는 재직중 형사상의 소추를 받지 아니한다.
> 헌법 제65조 ① 대통령·국무총리·국무위원·행정각부의 장·헌법재판소 재판관·법관·중앙선거관리위원회 위원·감사원장·감사위원 기타 법률이 정한 공무원이 그 직무집행에 있어서 헌법이나 법률을 위배한 때에는 국회는 탄핵의 소추를 의결할 수 있다.

02 공소시효의 정지

4191 헌법이나 법률에 대통령의 재직중 공소시효의 진행이 정지된다고 명백히 규정되어 있지는 않다고 하더라도, 대통령의 재직중에는 공소시효의 진행이 당연히 정지되는 것으로 보아야 한다. 19 서울 7(추) ㅇ|X

4191-1 헌법 제84조에 의하여 대통령 재직 중에는 공소시효의 진행이 당연히 정지되지는 않는다. 14 서울 7 ㅇ|X

> 헌법 제84조의 규정취지와 함께 공소시효제도나 공소시효정지제도의 본질에 비추어 보면, 비록 헌법 제84조에는 "대통령은 내란 또는 외환의 죄를 범한 경우를 제외하고는 재직중 형사상의 소추를 받지 아니한다"고만 규정되어 있을 뿐 헌법이나 형사소송법 등의 법률에 대통령의 재직중 공소시효의 진행이 정지된다고 명백히 규정되어 있지는 않다고 하더라도, 위 헌법규정은 바로 공소시효진행의 소극적 사유가 되는 국가의 소추권행사의 법률상 장애사유에 해당하므로, 대통령의 재직중에는 공소시효의 진행이 당연히 정지되는 것으로 보아야 한다(헌재 1995. 1. 20. 94헌마246).

● 정답 4188. ㅇ 4188-1. ㅇ 4189. X [민사상 책임 면제 X] 4189-1. X [민사상·행정상 책임 면제 X] 4190. ㅇ 4191. ㅇ 4191-1. X [당연히 정지됨]

4192 대통령이 내란죄를 범한 경우 검사의 기소가 없더라도 재직 중 공소시효가 진행되는 것은 아니다.
07 국가 7   O | X

> 헌정질서 파괴범죄의 공소시효 등에 관한 특례법 제2조(정의) 이 법에서 "**헌정질서 파괴범죄**"란「형법」제2편제1장 **내란의 죄**, 제2장 **외환의 죄**와「군형법」제2편제1장 반란의 죄, 제2장 이적(利敵)의 죄를 말한다.
>
> 헌정질서 파괴범죄의 공소시효 등에 관한 특례법 제3조(공소시효의 적용 배제) 다음 각 호의 범죄에 대하여는「형사소송법」제249조부터 제253조까지 및「군사법원법」제291조부터 제295조까지에 규정된 **공소시효를 적용하지 아니한다.**
> 1. 제2조의 **헌정질서 파괴범죄**
>
> 🖉 보충설명 내란 또는 외환의 죄는「헌정질서파괴범죄의 공소시효 등에 관한 특례법」상 공소시효를 적용하지 않는 범죄이다.

4193 1979년 12월 12일과 1980년 5월 18일을 전후하여 발생한「헌정질서파괴범죄의 공소시효 등에 관한 특례법」제2조의 헌정질서파괴행위에 의하여 국가의 소추권 행사에 장애사유가 존재한 기간은 공소시효의 진행이 정지된 것으로 보고 있는「5·18 민주화운동 등에 관한 특별법」제2조가 헌법위반이 아니다. 14 서울 7   O | X

특별법이 공소시효가 완성된 뒤에 시행된 사후적 소급입법이라고 하더라도 위에서 살펴본 바와 같이 죄형법정주의에 반하지 <u>않음</u>은 물론, 법치국가의 원리, 평등원칙, 적법절차의 원리에도 반하지 아니하고, 따라서 **헌법에 위반되지 아니한다**(헌재 1996. 2. 16. 96헌가2).

POINT 234 대통령의 의무 Ⓒ

01 대통령의 의무

4194 대통령은 국가의 독립·영토의 보전·국가의 계속성과 헌법을 수호할 책무를 진다. 21 법원 9   O | X

4194-1 헌법을 준수하고 수호해야 할 대통령의 의무는 헌법에 명시적으로 규정되어 있지 않다. 17 입시   O | X

> 헌법 제66조 ② 대통령은 **국가의 독립·영토의 보전·국가의 계속성**과 **헌법을 수호할 책무**를 진다.
>
> 헌법 제69조 대통령은 **취임에 즈음**하여 **다음의 선서**를 한다.
> "나는 **헌법을 준수**하고 국가를 보위하며 조국의 평화적 통일과 국민의 자유와 복리의 증진 및 민족문화의 창달에 노력하여 대통령으로서의 직책을 성실히 수행할 것을 국민 앞에 엄숙히 선서합니다."

4195 대통령은 조국의 평화적 통일을 위한 성실한 의무를 지며, 이에 대해 취임에 즈음하여 선서한다. 21 5급   O | X

> 헌법 제66조 ③ 대통령은 **조국의 평화적 통일**을 위한 **성실한 의무**를 진다.
>
> 헌법 제69조 대통령은 **취임에 즈음**하여 **다음의 선서**를 한다.
> "나는 헌법을 준수하고 국가를 보위하며 **조국의 평화적 통일**과 국민의 자유와 복리의 증진 및 민족문화의 창달에 노력하여 대통령으로서의 직책을 성실히 수행할 것을 국민 앞에 엄숙히 선서합니다."

● 정답 4192. O 4193. O 4194. O 4194-1. X [명시됨] 4195. O

4196 헌법 제69조는 단순히 대통령의 취임선서의무만을 규정한 것이 아니라, 헌법 제66조 제2항 및 제3항에 규정된 대통령의 헌법적 책무를 구체화하고 강조하는 실체적 내용을 지닌 규정이다. 19 변호사   O | X

헌법은 제66조 제2항에서 대통령에게 '국가의 독립·영토의 보전·국가의 계속성과 헌법을 수호할 책무'를 부과하고, 같은 조 제3항에서 '조국의 평화적 통일을 위한 성실한 의무'를 지우면서, 제69조에서 이에 상응하는 내용의 취임선서를 하도록 규정하고 있다. 헌법 제69조는 단순히 대통령의 취임선서의무만을 규정한 것이 아니라, 헌법 제66조 제2항 및 제3항에 규정된 대통령의 헌법적 책무를 구체화하고 강조하는 실체적 내용을 지닌 규정이다(헌재 2004. 5. 14. 2004헌나1).

4197 대통령은 국무총리·국무위원·행정각부의 장 기타 법률이 정하는 공사의 직을 겸할 수 없으며, 내란 또는 외환의 죄를 범한 경우를 제외하고는 재직 중 형사상의 소추를 받지 아니한다. 21 국회 9   O | X

헌법 제83조 대통령은 국무총리·국무위원·행정각부의 장 기타 법률이 정하는 공사의 직을 겸할 수 없다.
헌법 제84조 대통령은 내란 또는 외환의 죄를 범한 경우를 제외하고는 재직중 형사상의 소추를 받지 아니한다.

4198 위헌적인 법률을 법질서로부터 제거하는 권한은 헌법상 단지 헌법재판소에 부여되어 있으므로, 설사 행정부가 특정 법률에 대하여 위헌의 의심이 있다 하더라도 헌법재판소에 의하여 법률의 위헌성이 확인될 때까지는 법을 존중하고 집행하기 위한 모든 노력을 기울여야 한다. 13 변호사   O | X

위헌적인 법률을 법질서로부터 제거하는 권한은 헌법상 단지 헌법재판소에 부여되어 있으므로, 설사 행정부가 특정 법률에 대하여 위헌의 의심이 있다 하더라도, 헌법재판소에 의하여 법률의 위헌성이 확인될 때까지는 법을 존중하고 집행하기 위한 모든 노력을 기울여야 한다(헌재 2004. 5. 14. 2004헌나1).

4199 대통령은 '국민 전체'에 대한 봉사자이므로 특정 정당, 자신이 속한 계급·종교·지역·사회단체, 자신과 친분 있는 세력의 특수한 이익 등으로부터 독립하여 국민 전체를 위하여 공정하고 균형 있게 업무를 수행할 의무가 있다. 17 국가 7(추)   O | X

대통령은 '국민 전체'에 대한 봉사자이므로 특정 정당, 자신이 속한 계급·종교·지역·사회단체, 자신과 친분 있는 세력의 특수한 이익 등으로부터 독립하여 국민 전체를 위하여 공정하고 균형 있게 업무를 수행할 의무가 있다(헌재 2017. 3. 10. 2016헌나1).

02 관련 판례

4200 대통령의 기자회견 시 특정 정당에 대한 지지 발언은 「공직선거법」상 공무원의 선거운동금지 규정 위반이나 공무원의 정치적 중립의무 위반은 아니다. 18 국회 8   O | X

선거에 임박한 시기이기 때문에 공무원의 정치적 중립성이 어느 때보다도 요청되는 때에, 공정한 선거관리의 궁극적 책임을 지는 대통령이 기자회견에서 전 국민을 상대로, 대통령직의 정치적 비중과 영향력을 이용하여 특정 정당을 지지하는 발언을 한 것은, 대통령의 지위를 이용하여 선거에 대한 부당한 영향력을 행사하고 이로써 선거의 결과에 영향을 미치는 행위를 한 것이므로, 선거에서의 중립의무를 위반하였다. … 이 사건의 발언이 이루어진 시기인 2004. 2. 18.과 2004. 2. 24.에는 아직 정당의 후보자가 결정되지 아니하였으므로, 후보자의 특정이 이루어지지 않은 상태에서 특정 정당에 대한 지지발언을 한 것은 선거운동에 해당한다고 볼 수 없다(헌재 2004. 5. 14. 2004헌나1).

🔎 **보충설명** 기자회견에서 특정정당을 지지한 대통령의 발언은 공무원의 정치적 중립의무에 위반되나, 공무원의 선거운동금지를 규정하는 공선법 제60조에 위반되지 않는다.

▶ 정답 4196. O   4197. O   4198. O   4199. O   4200. X [정치적 중립의무 위반 O, 선거운동금지 규정 위반 X]

4201 중앙선거관리위원회의 선거법 위반 결정에 대한 대통령의 선거법 폄하 발언은 대통령의 헌법수호의무 위반은 아니다. 18 국회 8   O|X

대통령이 선거법위반행위로 말미암아 중앙선거관리위원회로부터 경고를 받는 상황에서 그에 대한 반응으로서 현행 선거법을 폄하하는 발언을 하는 것은 법률을 존중하는 태도라고 볼 수 없는 것이다. … 결론적으로, 대통령이 국민 앞에서 현행법의 정당성과 규범력을 문제삼는 행위는 **법치국가의 정신**에 반하는 것이자, **헌법을 수호해야 할 의무를 위반**한 것이다(헌재 2004. 5. 14. 2004헌나1).

4202 대통령이 특정인의 국정개입을 허용하고 그 특정인의 이익을 위해 대통령으로서의 지위와 권한을 남용한 행위는 공무원의 공익실현의무 위반이다. 18 국회 8   O|X

피청구인이 최○원의 국정 개입을 허용하고 국민으로부터 위임받은 권한을 남용하여 최○원 등의 사익 추구를 도와주는 한편 이러한 사실을 철저히 은폐한 것은, 대의민주제의 원리와 법치주의의 정신을 훼손한 행위로서 **대통령으로서의 공익실현의무를 중대하게 위반한 것**이다(헌재 2017. 3. 10. 2016헌나1).

POINT 235 사면권

01 사면권

4203 사면은 형의 선고의 효력 또는 공소권을 상실시키거나, 형의 집행을 면제시키는 국가원수의 고유한 권한을 의미하며, 사법부의 판단을 변경하는 제도로서 권력분립의 원리에 대한 예외가 된다.
23 법무사, 19 변호사, 13 지방 7   O|X

사면은 **형의 선고의 효력 또는 공소권을 상실시키거나, 형의 집행을 면제시키는 국가원수의 고유한 권한**을 의미하며, 사법부의 판단을 변경하는 제도로서 **권력분립의 원리에 대한 예외가** 된다. 사면제도는 역사적으로 절대군주인 국왕의 은사권(恩赦權)에서 유래하였으며, 대부분의 근대국가에서도 유지되어 왔고, 대통령제국가에서는 미국을 효시로 대통령에게 사면권이 부여되어 있다. 사면권은 전통적으로 국가원수에게 부여된 고유한 은사권이며, 국가원수가 이를 시혜적으로 행사한다(헌재 2000. 6. 1. 97헌바74).

4204 협의의 사면이라 함은 「형사소송법」이나 그 밖의 형사법규의 절차에 의하지 아니하고, 형의 선고의 효과 또는 공소권을 소멸시키거나 형집행을 면제시키는 국가원수의 특권을 의미한다. 넓은 의미의 사면은 협의의 사면은 물론이고 감형과 복권까지 포괄하는 개념이다. 18 국회 8   O|X

사면은 본래 의미의 **협의의 사면**과 협의의 사면은 물론이고 **감형과 복권**을 포괄하는 **넓은 의미의 사면**으로 나누어 볼 수 있다. **협의의 사면**이라 함은 「형사소송법」이나 그 밖의 형사법규의 절차에 의하지 아니하고, **형의 선고의 효과 또는 공소권을 소멸**시키거나 **형집행을 면제시키는 국가원수의 특권**을 의미한다. 협의의 사면에는 다시 일반사면과 특별사면이 있다.

4205 우리 헌법 제79조 제1항은 "대통령은 법률이 정하는 바에 의하여 사면·감형 또는 복권을 명할 수 있다."고 대통령의 사면권을 규정하고 있고, 제3항은 "사면·감형 또는 복권에 관한 사항은 법률로 정한다."고 규정하여 사면의 구체적 내용과 방법 등을 법률에 위임하고 있다. 그러므로 사면의 종류, 대상, 범위, 절차, 효과 등은 범죄의 죄질과 보호법익, 일반국민의 가치관 내지 법감정, 국가이익과 국민화합의 필요성, 권력분립의 원칙과의 관계 등 제반사항을 종합하여 입법자가 결정할 사항으로서 광범위한 입법재량 내지 형성의 자유가 부여되어 있다. 23 법무사   O|X

● 정답 4201. ✕ [헌법수호의무 위반] 4202. ○ 4203. ○ 4204. ○ 4205. ○

우리 헌법 제79조 제1항은 "대통령은 법률이 정하는 바에 의하여 사면·감형 또는 복권을 명할 수 있다"고 대통령의 사면권을 규정하고 있고, 제3항은 "사면·감형 또는 복권에 관한 사항은 법률로 정한다"고 규정하여 사면의 구체적 내용과 방법 등을 법률에 위임하고 있다. 그러므로 **사면의 종류, 대상, 범위, 절차, 효과 등**은 범죄의 죄질과 보호법익, 일반국민의 가치관 내지 법감정, 국가이익과 국민화합의 필요성, 권력분립의 원칙과의 관계 등 **제반사항을 종합하여 입법자가 결정할 사항으로서 광범위한 입법재량 내지 형성의 자유가 부여**되어 있다(헌재 2000. 6. 1. 97헌바74).

4206 대통령은 법률이 정하는 바에 의하여 사면·감형 또는 복권을 명할 수 있으나, 일반사면을 명하려면 국회의 동의를 얻어야 한다. 23 입시, 19 서울 7(추), 18 경정 O | X

4206-1 대통령의 사면권행사는 권력분립의 원리에 대한 예외로서 이를 존중하기 위해 국회의 동의를 받을 필요가 없다. 23 법무사 O | X

4206-2 일반사면과 특별사면에 대한 국회의 동의권은 헌법에서 명문으로 규정하고 있다. 21 법원 9, 14 법원 9 O | X

4206-3 대통령은 법률이 정하는 바에 의하여 사면·감형 또는 복권을 명할 수 있으며, 일반사면의 경우 국회의 동의 없이 행할 수 있다. 20 지방 7 O | X

4206-4 대통령의 일반사면은 국회의 사전적 동의가 불필요하나, 특별사면은 평등권의 문제가 있으므로 국회의 사전적 동의가 필요하다. 24 입시 O | X

4206-5 대통령은 법률이 정하는 바에 의하여 사면·감형 또는 복권을 명할 수 있고, 「사면법」에 따라 일반사면, 일반감형 또는 일반복권을 할 경우 국회의 동의를 얻어야 한다. 24 변호사 O | X

4206-6 대통령은 법률이 정하는 바에 의하여 사면·감형 또는 복권을 명할 수 있고, 사면·감형 또는 복권을 명하려면 국회의 동의를 얻어야 한다. 18 법원 9, 17 5급 O | X

> **헌법 제79조** ① 대통령은 법률이 정하는 바에 의하여 **사면·감형** 또는 **복권**을 명할 수 있다.
> ② **일반사면**을 명하려면 **국회의 동의**를 얻어야 한다.
> **사면법 제2조(사면의 종류)** 사면은 **일반사면**과 **특별사면**으로 구분한다.

4207 대통령의 사면·감형과 복권은 국무회의의 필수적 심의사항이다. 19 소간 O | X

> **헌법 제89조** 다음 사항은 **국무회의의 심의**를 거쳐야 한다.
> 9. **사면·감형과 복권**

4208 사면에는 일반사면과 특별사면이 있으며 모두 국무회의의 심의사항이다. 16 서울 7, 14 국회 9, 07 국가 7 O | X

> **헌법 제89조** 다음 사항은 **국무회의의 심의**를 거쳐야 한다.
> 9. **사면·감형과 복권**
> **사면법 제2조(사면의 종류)** 사면은 **일반사면**과 **특별사면**으로 구분한다.

정답 4206. O 4206-1. X [일반사면 국회 동의 필요] 4206-2. X [일반사면만 국회 동의 필요] 4206-3. X [일반사면 국회 동의 필요] 4206-4. X [일반사면 국회 동의 필요, 특별사면 국회 동의 불필요] 4206-5. X [헌법상 일반사면만 국회 동의 필요] 4206-6. X [일반사면만 국회 동의 필요] 4207. O 4208. O

02 사면권 행사와 효력

4209 일반사면은 죄를 범한 자를, 특별사면 및 감형은 형을 선고받은 자를, 복권은 형의 선고로 인하여 법령에 따른 자격이 상실되거나 정지된 자를 대상으로 한다. 22 소간   O | X

> **사면법 제3조(사면 등의 대상)** 사면, 감형 및 복권의 대상은 다음 각 호와 같다.
> 1. 일반사면 : 죄를 범한 자
> 2. 특별사면 및 감형 : 형을 선고받은 자
> 3. 복권 : 형의 선고로 인하여 법령에 따른 자격이 상실되거나 정지된 자

4210 행정법규 위반에 대한 범칙(犯則) 또는 과벌(科罰)의 면제와 징계법규에 따른 징계 또는 징벌의 면제에 관하여는 「사면법」의 사면에 관한 규정을 준용한다. 23 소간   O | X

4210-1 사면은 죄를 범한 자에 대한 것이므로 행정법규 위반에 대한 범칙 또는 과벌의 면제와 징계법규에 따른 징계 또는 징벌의 면제에 관하여는 사면에 관한 규정을 준용하지 않는다. 17 법원 9   O | X

> **사면법 제4조(사면규정의 준용)** 행정법규 위반에 대한 범칙(犯則) 또는 과벌(科罰)의 면제와 징계법규에 따른 징계 또는 징벌의 면제에 관하여는 이 법의 사면에 관한 규정을 준용한다.

4211 원칙적으로 일반사면은 형 선고의 효력이 상실되고, 형을 선고받지 아니한 자에 대하여는 공소권이 상실되며, 특별사면은 형의 집행이 면제된다. 13 법무사   O | X

> **사면법 제5조(사면 등의 효과)** ① 사면, 감형 및 복권의 효과는 다음 각 호와 같다.
> 1. 일반사면 : 형 선고의 효력이 상실되며, 형을 선고받지 아니한 자에 대하여는 공소권(公訴權)이 상실된다. 다만, 특별한 규정이 있을 때에는 예외로 한다.
> 2. 특별사면 : 형의 집행이 면제된다. 다만, 특별한 사정이 있을 때에는 이후 형 선고의 효력을 상실하게 할 수 있다.

4212 형의 선고에 따른 기성(旣成)의 효과는 사면, 감형 및 복권으로 인하여 변경되지 아니한다. 23 소간, 19 소간, 16 서울 7, 16 법원 9 등   O | X

> **사면법 제5조(사면 등의 효과)** ② 형의 선고에 따른 기성(旣成)의 효과는 사면, 감형 및 복권으로 인하여 변경되지 아니한다.

4213 형의 집행유예를 선고받은 자에 대하여는 형 선고의 효력을 상실하게 하는 특별사면 또는 형을 변경하는 감형을 하거나 그 유예기간을 단축할 수 있다. 23 소간, 21 지방 7, 17 법원 9, 13 법무사   O | X

4213-1 형의 집행유예를 선고받은 자에 대하여는 형을 변경하는 감형을 하거나 그 유예기간을 단축할 수 없다. 17 경정   O | X

> **사면법 제7조(집행유예를 선고받은 자에 대한 사면 등)** 형의 집행유예를 선고받은 자에 대하여는 형 선고의 효력을 상실하게 하는 특별사면 또는 형을 변경하는 감형을 하거나 그 유예기간을 단축할 수 있다.

● 정답   4209. ○   4210. ○   4210-1. ×[준용함]   4211. ○   4212. ○   4213. ○   4213-1. ×[할 수 있음]

4214 일반사면, 죄 또는 형의 종류를 정하여 하는 감형 및 일반에 대한 복권은 대통령령으로 한다. 17 경정, 10 국회 8   O | X

> 사면법 제8조(일반사면 등의 실시) 일반사면, 죄 또는 형의 종류를 정하여 하는 **감형** 및 **일반에 대한 복권**은 **대통령령**으로 한다. 이 경우 일반사면은 **죄의 종류**를 정하여 한다.

4215 일반사면은 대통령이 국회의 동의를 얻어 대통령령으로 행하지만, 특별사면은 국회의 동의를 요하지 않고 대통령이 행한다. 13 서울 7   O | X

> 헌법 제79조 ② **일반사면**을 명하려면 **국회의 동의**를 얻어야 한다.
> 사면법 제8조(일반사면 등의 실시) **일반사면**, 죄 또는 형의 종류를 정하여 하는 **감형** 및 **일반에 대한 복권**은 **대통령령**으로 한다. 이 경우 일반사면은 **죄의 종류**를 정하여 한다.
> 사면법 제9조(특별사면 등의 실시) **특별사면**, **특정한 자**에 대한 **감형 및 복권**은 **대통령**이 한다.

03 사법심사 : 부정

4216 타인에 대한 특별사면권 행사에 관하여 일반국민은 기본권침해의 자기관련성·직접성을 인정받기 어려우므로, 이에 대한 헌법소원심판청구는 부적법하다. 22 법원 9   O | X

4216-1 대통령의 특별사면권의 행사가 그 한계를 현저히 일탈하였다고 판단될 경우에 국민은 이러한 사면권 행사에 대하여 헌법소원심판을 통하여 통제할 수 있다. 10 지방 7   O | X

4216-2 전두환, 노태우 전대통령에 대한 특별사면 위헌확인 사건에서 헌법재판소는 일반국민이 특별사면으로 인하여 자신의 법적 이익 또는 권리를 직접적으로 침해당했기 때문에 헌법소원심판 청구의 적법성을 인정했다. 18 국회 8   O | X

> 청구인들은 대통령의 특별사면에 관하여 **일반국민의 지위**에서 사실상의 또는 간접적인 이해관계를 가진다고 할 수는 있으나 대통령의 청구외인들에 대한 **특별사면**으로 인하여 청구인들 자신의 법적이익 또는 권리를 직접적으로 침해당한 피해자라고 볼 수 없으므로 이 사건 심판청구는 **자기관련성, 직접성이 결여**되어 **부적법하다**(헌재 1998. 9. 30. 97헌마404).

●정답 4214. O   4215. O   4216. O   4216-1. X [헌법소원청구 가능]   4216-2. X [자기관련성 & 직접성 결여로 부적법함]

POINT 236 일반사면

01 일반사면

4217 일반사면이란 범죄의 종류를 지정하여, 이에 해당하는 모든 범죄인에 대하여 형의 선고의 효과를 전부 또는 일부 소멸시키거나, 형의 선고를 받지 아니한 자에 대해서는 공소권을 소멸시키는 것을 말한다.
18 국회 8
O | X

> **사면법 제3조(사면 등의 대상)** 사면, 감형 및 복권의 대상은 다음 각 호와 같다.
> 1. **일반사면: 죄를 범한 자**
>
> **사면법 제5조(사면 등의 효과)** ① 사면, 감형 및 복권의 효과는 다음 각 호와 같다.
> 1. **일반사면: 형 선고의 효력이 상실**되며, **형을 선고받지 아니한 자**에 대하여는 **공소권(公訴權)이 상실**된다. 다만, 특별한 규정이 있을 때에는 예외로 한다.
>
> **사면법 제8조(일반사면 등의 실시)** 일반사면, **죄 또는 형의 종류**를 정하여 하는 **감형** 및 **일반에 대한 복권**은 **대통령령**으로 한다. 이 경우 **일반사면은 죄의 종류**를 정하여 한다.

4218 일반사면은 일정한 종류의 죄를 범한 자를 대상으로, 형의 선고의 효력을 상실케 하거나 형의 선고를 받지 않은 자에 대하여 공소권을 소멸시키는 것으로서, 국회의 동의를 얻어 대통령령으로 행한다.
23 경정, 15 경정, 10 법원 9
O | X

4218-1 일반사면은 대통령령으로 죄의 종류를 정하여 행하여야 하되, 국회의 동의를 거칠 필요는 없다.
16 법원 9
O | X

> **헌법 제79조** ② 일반사면을 명하려면 **국회의 동의**를 얻어야 한다.
>
> **사면법 제3조(사면 등의 대상)** 사면, 감형 및 복권의 대상은 다음 각 호와 같다.
> 1. **일반사면: 죄를 범한 자**
>
> **사면법 제5조(사면 등의 효과)** ① 사면, 감형 및 복권의 효과는 다음 각 호와 같다.
> 1. **일반사면: 형 선고의 효력이 상실**되며, **형을 선고받지 아니한 자**에 대하여는 **공소권(公訴權)이 상실**된다. 다만, 특별한 규정이 있을 때에는 예외로 한다.
>
> **사면법 제8조(일반사면 등의 실시)** 일반사면, **죄 또는 형의 종류**를 정하여 하는 **감형** 및 **일반에 대한 복권**은 **대통령령**으로 한다. 이 경우 일반사면은 **죄의 종류**를 정하여 한다.

● 정답] 4217. ○   4218. ○   4218-1. X [국회 동의 필요]

4219 대통령이 행하는 일반사면은 국무회의의 필수적 심의를 거친 후에 국회의 동의를 얻어 대통령령으로 한다. 18 국가 7 O|X

4219-1 일반사면은 헌법상 국무회의의 필수적 심의를 거친 후에 국회의 동의를 얻어 법률의 형식으로 행한다. 22 법원 9 O|X

> **헌법 제79조** ② 일반사면을 명하려면 **국회의 동의**를 얻어야 한다.
> **헌법 제89조** 다음 사항은 **국무회의의 심의**를 거쳐야 한다.
> 9. **사면·감형과 복권**
> **사면법 제3조(사면 등의 대상)** 사면, 감형 및 복권의 대상은 다음 각 호와 같다.
> 1. **일반사면** : 죄를 범한 자
> **사면법 제8조(일반사면 등의 실시)** 일반사면, 죄 또는 형의 종류를 정하여 하는 **감형 및 일반에 대한 복권**은 **대통령령**으로 한다. 이 경우 일반사면은 **죄의 종류**를 정하여 한다.

02 일반사면의 효과

4220 특별한 규정이 없는 한 대통령의 일반사면은 형 선고의 효력이 상실되며 형을 선고받지 아니한 자에 대하여는 공소권이 상실된다. 16 국회 9 O|X

> **사면법 제5조(사면 등의 효과)** ① 사면, 감형 및 복권의 효과는 다음 각 호와 같다.
> 1. **일반사면** : **형 선고의 효력이 상실**되며, 형을 선고받지 아니한 자에 대하여는 **공소권(公訴權)이 상실**된다. 다만, 특별한 규정이 있을 때에는 예외로 한다.

03 기성의 효과

4221 확정판결의 죄에 대하여 일반사면이 있었더라도 일사부재리의 효력은 여전히 존속한다. 16 법원 9 O|X

단지 형의 선고의 법률적 효과가 없어진다는 것일 뿐 형의 선고가 있었다는 기왕의 사실 자체의 모든 효과까지 소멸한다는 뜻은 아니다. 확정판결의 죄에 대하여 일반사면이 있다 하더라도 일사부재리의 효력 등은 여전히 계속 존속하는 것이고, 확정판결이 있었던 사실에 의하여 그 전의 죄와 후의 죄 등이 형법 제37조 후단의 경합범관계에 있었다고 하는 효과도 일반사면에 의하여 좌우되는 것은 아니다(대판 1995. 12. 22. 95도2446).

4222 징계를 받은 공무원에 대하여 일반사면령이 공포된 경우에는 사면에 의하여 징계의 효력이 상실될 뿐만 아니라, 징계처분의 기성의 효과에도 영향을 미치므로 위 사면사실로써 징계처분을 취소·변경할 수 있다. 11 지방 7 O|X

징계를 받은 공무원에 대한 일반사면령이 공포된 경우에는 동 사면에 의하여 징계의 효력이 상실되나 징계처분의 기성의 효과에는 아무런 변경도 있을 수 없으므로 위 사면사실만으로써는 징계처분을 취소변경할 수는 없다(대판 1981. 7. 28. 80누594).

정답 4219. O   4219-1. X [대통령령의 형식]   4220. O   4221. O   4222. X [기성의 효과에 영향 X, 징계처분 취소·변경 X]

POINT 237　특별사면

01　특별사면

4223　사면에는 일반사면과 특별사면이 있으며, 특별사면은 이미 형의 선고를 받은 특정인에 대하여 형의 집행을 면제하거나, 선고의 효력을 상실케 하는 사면이다. 23 법무사　O|X

4223-1　특별사면 시 형의 선고를 받지 않은 자에 대하여는 공소권이 상실된다. 10 국회 8　O|X

> 사면법 제2조(사면의 종류) 사면은 **일반사면**과 **특별사면**으로 구분한다.
> 사면법 제3조(사면 등의 대상) 사면, 감형 및 복권의 대상은 다음 각 호와 같다.
> 2. **특별사면** 및 감형 : **형을 선고받은 자**
> 사면법 제5조(사면 등의 효과) ① 사면, 감형 및 복권의 효과는 다음 각 호와 같다.
> 2. **특별사면** : **형의 집행이 면제**된다. 다만, 특별한 사정이 있을 때에는 **이후 형 선고의 효력을 상실**하게 할 수 있다.

4224　특별사면은 형의 집행을 면제하거나 형의 선고의 효력을 상실케 하는 시혜적 조치로, 국회의 동의 없이 국무회의의 심의를 거쳐 대통령이 행하며, 잔형집행면제는 특별사면의 한 종류이다. 07 국가 7　O|X

4224-1　특별사면은 원칙적으로 형의 집행을 면제하는 것으로, 법무부장관이 사면심사위원회의 심사를 거쳐 대통령에 상신하여 국무회의의 심의를 거쳐 대통령이 명한다. 19 소간　O|X

> 헌법 제89조 다음 사항은 **국무회의의 심의**를 거쳐야 한다.
> 9. **사면·감형과 복권**
> 사면법 제5조(사면 등의 효과) ① 사면, 감형 및 복권의 효과는 다음 각 호와 같다.
> 2. **특별사면** : **형의 집행이 면제**된다. 다만, 특별한 사정이 있을 때에는 이후 **형 선고의 효력을 상실**하게 할 수 있다.
> 사면법 제9조(특별사면 등의 실시) **특별사면**, **특정한 자**에 대한 **감형 및 복권은 대통령이** 한다.
> 사면법 제10조(특별사면 등의 상신) ① **법무부장관은 대통령에게 특별사면**, **특정한 자**에 대한 **감형 및 복권을 상신(上申)**한다.
> ② **법무부장관은** 제1항에 따라 **특별사면**, **특정한 자**에 대한 **감형 및 복권**을 상신할 때에는 제10조의2에 따른 **사면심사위원회의 심사**를 거쳐야 한다.

4225　선고된 형 전부를 사면할 것인지 또는 일부만을 사면할 것인지를 결정하는 것은 사면권자의 전권사항에 속하는 것이다. 22 법원 9　O|X

4225-1　선고된 형의 전부를 사면할 것인지 또는 일부만을 사면할 것인지를 결정하는 것은 사면권자의 전권사항에 속하는 것이 아니라, 사면의 내용에 대한 해석문제에 불과하다. 22 소간　O|X

4225-2　대통령이 특별사면을 하는 경우에 선고된 형의 일부에 대해서만 사면을 하는 것은 사면권의 남용으로 허용되지 않는다. 18 서울 7　O|X

●정답　4223. O　4223-1. X [형의 선고를 받지 않은 자 특별사면 불가]　4224. O　4224-1. O　4225. O　4225-1. X [사면권자 전권사항]
4225-2. X [일부 사면 가능함]

선고된 형의 **전부를 사면**할 것인지 또는 **일부만을 사면**할 것인지를 결정하는 것은 **사면권자의 전권사항**에 속하는 것이고, 징역형의 집행유예에 대한 사면이 병과된 벌금형에도 미치는 것으로 볼 것인지 여부는 **사면의 내용에 대한 해석문제**에 불과하다 할 것이다. … 결론적으로 사면의 은사적 성격 및 특별사면의 입법취지 등을 종합하면 병과된 형의 **일부만을 사면**하는 것은 **헌법에 위반된다고 볼 수 없다**(헌재 2000. 6. 1. 97헌바74).

4226 특별사면은 국가원수인 대통령이 형의 집행을 면제하거나 선고의 효력을 상실케 하는 시혜적 조치로서, 형의 전부 또는 일부에 대하여 하거나, 중한 형 또는 가벼운 형에 대하여만 할 수도 있다. 21 지방 7
O | X

4226-1 대통령이 특별사면을 할 때, 중한 형에 대하여 사면을 하면서 그보다 가벼운 형에 대하여 사면을 하지 않는다고 하여도 형평의 원칙에 반하지 않는다. 21 입시
O | X

특별사면은 위에서 본 바와 같이 **국가원수인 대통령**이 형의 집행을 면제하거나 **선고의 효력을 상실**케 하는 **시혜적 조치**로서, **형의 전부 또는 일부**에 대하여 하거나, **중한 형 또는 가벼운 형**에 대하여만 할 수도 있는 것이다. 그러므로 **중한 형에 대하여 사면**을 하면서 그보다 **가벼운 형**에 대하여 사면을 하지 않는 것이 **형평의 원칙에 반한다고 할 수도 없다**(헌재 2000. 6. 1. 97헌바74).

4227 수형자 개인에게는 특별사면이나 감형을 요구할 수 있는 주관적 권리가 없으므로 대통령이나 법무부장관 등에게 수형자를 특별사면하거나 감형하여야 할 헌법에서 유래하는 작위의무 또는 법률상의 의무가 존재하지 아니한다. 24 변호사
O | X

사면법에 따르면 특별사면, 특정한 자에 대한 감형은 형의 집행을 지휘한 검찰관과 수형자의 재감하는 형무소장이 검찰총장에게 보고하고, 검찰총장은 법무부장관에게 상신신청을 하고, 법무부장관이 대통령에게 상신하여, 대통령이 행함으로써 이루어질 뿐, 수형자 개인에게 **특별사면이나 감형을 요구할 수 있는 주관적 권리가 있지 아니하므로, 대통령이나 법무부장관 등에게 청구인을 특별사면하거나 감형하여야 할 헌법에서 유래하는 작위의무 또는 법률상의 의무가 존재하지 아니한다**. 그렇다면 청구인을 특별사면하거나 감형하지 아니하였다고 하여 그것이 곧 헌법소원심판의 대상이 되는 공권력의 불행사에 해당한다고 볼 수 없어, 이 부분 심판청구는 행정권력의 부작위에 대한 헌법소원의 요건을 충족시키지 못하여 부적법하다(헌재 2005. 2. 22. 2005헌마111).

02 특별사면의 효과

4228 특별사면은 형의 집행을 면제하는 것을 말하나, 특별한 사정이 있는 경우에는 이후 형 선고의 효력을 상실하게 할 수 있다. 13 국가 7
O | X

4228-1 특별사면의 효과로 형의 집행이 면제되나, 어떠한 경우에도 이후 형 선고의 효력을 상실하게 할 수는 없다. 22 소간
O | X

> **사면법 제5조(사면 등의 효과)** ① 사면, 감형 및 복권의 효과는 다음 각 호와 같다.
> 2. **특별사면 : 형의 집행**이 면제된다. 다만, **특별한 사정**이 있을 때에는 이후 **형 선고의 효력**을 **상실**하게 할 수 있다.

● 정답 4226. ○ 4226-1. ○ 4227. ○ 4228. ○ 4228-1. ×[특별한 경우 형 선고 효력 상실 가능]

03 기성의 효과

4229 여러 개의 형이 병과된 사람에 대하여 그 병과형 중 일부의 집행을 면제하거나 그에 대한 형의 선고의 효력을 상실케 하는 특별사면이 있는 경우, 그 특별사면의 효력이 병과된 나머지 형에까지 미치는 것은 아니므로 징역형의 집행유예와 벌금형이 병과된 사람에 대하여 징역형의 집행유예의 효력을 상실케 하는 내용의 특별사면이 그 벌금형의 선고의 효력까지 상실케 하는 것은 아니다. 14 변호사 O|X

형법 제41조, 사면법 제5조 제1항 제2호, 제7조 등의 규정의 내용 및 취지에 비추어 보면, **여러 개의 형이 병과된 사람에 대하여 그 병과형 중 일부의 집행을 면제하거나 그에 대한 형의 선고의 효력을 상실케 하는 특별사면이 있는 경우, 그 특별사면의 효력이** 병과된 나머지 형에까지 미치는 것은 아니므로 **징역형의 집행유예와 벌금형이 병과된 신청인에 대하여 징역형의 집행유예의 효력을 상실케 하는 내용의 특별사면이 그 벌금형의 선고의 효력까지 상실케 하는 것은 아니다**(대판 1997. 10. 13. 96모33).

4230 유죄판결 확정 후에 형 선고의 효력을 상실케 하는 대통령의 특별사면이 있었다고 하더라도, 형 선고의 법률적 효과만 장래를 향하여 소멸될 뿐이고 확정된 유죄판결에서 이루어진 사실인정과 그에 따른 유죄 판단까지 없어지는 것은 아니다. 16 지방 7 O|X

4230-1 유죄판결 확정 후 형 선고의 효력을 상실케 하는 특별사면이 있으면 재심을 청구할 수 있다. 22 법원 9 O|X

4230-2 유죄의 확정판결 후 형 선고의 효력을 상실케 하는 특별사면이 있었다면 이미 재심청구의 대상이 존재하지 아니하므로, 그러한 판결이 여전히 유효하게 존재함을 전제로 하는 재심청구는 부적법하다. 21 지방 7 O|X

유죄판결 확정 후에 **형 선고의 효력을 상실케 하는 특별사면**이 있었다고 하더라도, **형 선고의 법률적 효과만 장래를 향하여 소멸될 뿐**이고 확정된 유죄판결에서 이루어진 **사실인정과** 그에 따른 **유죄 판단**까지 **없어지는 것은 아니므로**, 유죄판결은 형 선고의 효력만 상실된 채로 여전히 존재하는 것으로 보아야 하고, 한편 형사소송법 제420조 각 호의 재심사유가 있는 피고인으로서는 재심을 통하여 특별사면에도 불구하고 여전히 남아 있는 불이익, 즉 유죄의 선고는 물론 형 선고가 있었다는 기왕의 경력 자체 등을 제거할 필요가 있다. … 따라서 **특별사면으로 형 선고의 효력이 상실된 유죄의 확정판결도** 형사소송법 제420조의 '유죄의 확정판결'에 해당하여 **재심청구의 대상이 될 수 있다**(대판 2015. 5. 21. 2011도1932).

04 사면심사위원회

4231 「사면법」에 의하면 법무부장관이 특별사면, 특정한 자에 대한 감형 및 복권을 대통령에게 상신할 때에는 사면심사위원회의 심사를 거쳐야 하고, 대통령이 특별사면, 특정한 자에 대한 감형 및 복권을 할 때에는 국회의 동의를 필요로 하지 않는다. 24 변호사 O|X

4231-1 특별사면은 검찰총장의 상신으로 대통령이 행한다. 13 국가 7 O|X

4231-2 사면심사위원회가 대통령에게 특정한 자에 대한 감형 및 복권을 상신할 때에는 법무부장관의 허가를 받아야 한다. 22 소간 O|X

> 사면법 제10조(특별사면 등의 상신) ① **법무부장관은** 대통령에게 **특별사면, 특정한 자에 대한 감형 및 복권을 상신(上申)**한다.
> ② **법무부장관은** 제1항에 따라 **특별사면, 특정한 자에 대한 감형 및 복권을** 상신할 때에는 제10조의2에 따른 **사면심사위원회의 심사를 거쳐야 한다**.

● 정답 4229. O 4230. O 4230-1. O 4230-2. X [재심청구 대상] 4231. O 4231-1. X [법무부장관의 상신] 4231-2. X [법무부장관이 사면심사위 심사 거쳐 대통령에게 상신]

4232 특별사면 상신의 적정성을 심사하기 위하여 법무부장관 소속으로 사면심사위원회를 둔다. 13 국가 7
O | X

4232-1 일반사면, 죄 또는 형의 종류를 정하여 하는 감형 및 일반에 대한 복권 상신의 적정성을 심사하기 위하여 법무부장관 소속으로 사면심사위원회를 둔다. 23 소간
O | X

> 사면법 제10조의2(사면심사위원회) ① 제10조제1항에 따른 **특별사면, 특정한 자**에 대한 **감형 및 복권 상신의 적정성을 심사**하기 위하여 **법무부장관 소속**으로 **사면심사위원회**를 둔다.

4233 법무부장관이 대통령에게 특별사면을 상신할 때에는, 위원장 1명을 포함한 9명의 위원으로 구성된 사면심사위원회의 심사를 거쳐야 한다. 19 국회 8
O | X

> 사면법 제10조(특별사면 등의 상신) ② **법무부장관**은 제1항에 따라 **특별사면, 특정한 자**에 대한 **감형 및 복권**을 **상신**할 때에는 제10조의2에 따른 **사면심사위원회의 심사**를 거쳐야 한다.
> 사면법 제10조의2(사면심사위원회) ② 사면심사위원회는 **위원장 1명**을 포함한 **9명의 위원**으로 구성한다.

4234 사면심사위원회는 위원장 1명을 포함한 9명의 위원으로 구성하며, 위원장은 법무부장관이 되고, 위원은 대통령이 임명하거나 위촉하되, 공무원이 아닌 위원을 4명 이상 위촉하여야 한다. 19 5급
O | X

4234-1 사면심사위원회는 위원장인 법무부장관을 포함한 9명의 위원으로 구성되며, 위원은 법무부장관이 임명하거나 위촉하되, 공무원이 아닌 위원 3명 이상을 위촉하여야 한다. 16 국가 7
O | X

> 사면법 제10조의2(사면심사위원회) ② 사면심사위원회는 **위원장 1명**을 포함한 **9명의 위원**으로 구성한다.
> ③ **위원장은 법무부장관**이 되고, **위원**은 **법무부장관**이 **임명**하거나 **위촉**하되, **공무원이 아닌 위원**을 **4명 이상** 위촉하여야 한다.

4235 법무부장관은 검찰총장으로부터 특별사면의 상신신청을 받은 후 스스로 그 상신의 적정성을 심사하여 적정하다고 판단되면 대통령에게 특별사면을 상신한다. 17 경정, 13 법무사
O | X

> 사면법 제10조(특별사면 등의 상신) ① **법무부장관**은 대통령에게 **특별사면, 특정한 자**에 대한 **감형 및 복권**을 **상신(上申)**한다.
> ② **법무부장관**은 제1항에 따라 **특별사면, 특정한 자**에 대한 **감형 및 복권**을 상신할 때에는 제10조의2에 따른 **사면심사위원회의 심사**를 거쳐야 한다.
> 사면법 제11조(특별사면 등 상신의 신청) **검찰총장**은 **직권**으로 또는 형의 집행을 지휘한 검찰청 **검사의 보고** 또는 수형자가 수감되어 있는 **교정시설의 장의 보고**에 의하여 **법무부장관**에게 **특별사면** 또는 **특정한 자**에 대한 **감형을 상신할 것을 신청**할 수 있다.

● 정답 4232. O   4232-1. X [일반사면 및 죄 또는 형의 종류를 정하여 하는 감형 및 일반에 대한 복권 X]   4233. O   4234. X [법무부장관이 임명하거나 위촉함]   4234-1. X [4명 이상 위촉]   4235. X [사면심사위 심사 거쳐 상신함]

POINT 238 감형·복권

01 감형

4236 일반에 대한 감형에서는 특별한 규정이 없는 경우 형이 변경되지만, 특정한 자에 대한 감형에서는 특별한 사정이 있는 경우를 제외하고는 형의 집행이 경감된다. 19 5급 ○|×

> 사면법 제5조(사면 등의 효과) ① 사면, 감형 및 복권의 효과는 다음 각 호와 같다.
> 3. 일반(一般)에 대한 감형: 특별한 규정이 없는 경우에는 형을 변경한다.
> 4. 특정한 자에 대한 감형: 형의 집행을 경감한다. 다만, 특별한 사정이 있을 때에는 형을 변경할 수 있다.

02 복권

4237 복권이란 형의 선고로 인하여 법령에 따른 자격이 상실되거나 정지된 자격을 회복시키는 것을 말하고, 형의 집행이 끝나지 아니한 자 또는 집행이 면제되지 아니한 자에 대하여는 하지 아니한다. 23 법무사 ○|×

> 사면법 제5조(사면 등의 효과) ① 사면, 감형 및 복권의 효과는 다음 각 호와 같다.
> 5. 복권: 형 선고의 효력으로 인하여 상실되거나 정지된 자격을 회복한다.
> 사면법 제6조(복권의 제한) 복권은 형의 집행이 끝나지 아니한 자 또는 집행이 면제되지 아니한 자에 대하여는 하지 아니한다.

4238 복권의 효과는 장래에 향하여 발생할 뿐 형의 선고 시로 소급하지 않는다. 13 법무사 ○|×

> 사면법 제5조(사면 등의 효과) ② 형의 선고에 따른 기성(旣成)의 효과는 사면, 감형 및 복권으로 인하여 변경되지 아니한다.

4239 복권은 형의 집행이 끝나지 아니한 자 또는 집행이 면제되지 아니한 자에 대하여는 하지 아니한다. 24 변호사, 23 경정, 19 5급, 18 국회 8, 17 법원 9 등 ○|×

4239-1 복권은 형의 집행이 끝나지 아니한 자 또는 집행이 면제되지 아니한 자에 대해서도 할 수 있다. 19 소간 ○|×

> 사면법 제6조(복권의 제한) 복권은 형의 집행이 끝나지 아니한 자 또는 집행이 면제되지 아니한 자에 대하여는 하지 아니한다.

4240 검찰총장은 직권으로 또는 형의 집행을 지휘한 검찰청 검사의 보고 또는 사건 본인의 출원(出願)에 의하여 법무부장관에게 특정한 자에 대한 복권을 상신할 것을 신청할 수 있다. 23 소간 ○|×

> 사면법 제15조(복권 상신의 신청) ① 검찰총장은 직권으로 또는 형의 집행을 지휘한 검찰청 검사의 보고 또는 사건 본인의 출원(出願)에 의하여 법무부장관에게 특정한 자에 대한 복권을 상신할 것을 신청할 수 있다.

정답 4236. ○ 4237. ○ 4238. ○ 4239. ○ 4239-1. ×[할 수 없음] 4240. ○

POINT 239 기타 대통령의 권한과 권한의 통제

4241 행정기관 소속 5급 이상 공무원은 소속 장관의 제청으로 인사혁신처장과 협의를 거친 후에 국무총리를 거쳐 대통령이 임용하되, 국세청장은 국회의 인사청문을 거쳐 대통령이 임명한다. 18 서울 7(추) O | X

> 국가공무원법 제32조(임용권자) ① 행정기관 소속 **5급 이상 공무원** 및 **고위공무원단**에 속하는 일반직공무원은 **소속 장관의 제청**으로 **인사혁신처장과 협의**를 거친 후에 **국무총리**를 거쳐 **대통령이 임용**하되, 고위공무원단에 속하는 일반직공무원의 경우 소속 장관은 해당 기관에 소속되지 아니한 공무원에 대하여도 임용제청할 수 있다. 이 경우 **국세청장**은 **국회의 인사청문**을 거쳐 **대통령이 임명**한다.

4242 각 행정기관에 배치할 공무원의 종류와 정원, 고위공무원단에 속하는 공무원으로 보하는 직위와 고위공무원단에 속하는 공무원의 정원, 공무원배치의 기준 및 절차 그 밖에 필요한 사항은 대통령령으로 정하나, 대통령비서실 및 국가안보실에 배치하는 정무직공무원의 경우에는 법률로 정한다. 19 국가 7 O | X

> 정부조직법 제8조(공무원의 정원 등) ① 각 행정기관에 배치할 **공무원의 종류와 정원**, **고위공무원단**에 속하는 공무원으로 보하는 **직위**와 고위공무원단에 속하는 **공무원의 정원, 공무원배치의 기준 및 절차** 그 밖에 필요한 사항은 **대통령령**으로 정한다. 다만, 각 행정기관에 배치하는 **정무직공무원(대통령비서실 및 국가안보실**에 배치하는 **정무직공무원은 제외**한다)의 경우에는 **법률**로 정한다.

4243 대통령은 국무총리와 중앙행정기관의 장의 명령이나 처분이 위법 또는 부당하다고 인정하면 국무회의의 심의를 거쳐 이를 중지 또는 취소하여야 한다. 21 국가 7 O | X

> 정부조직법 제11조(대통령의 행정감독권) ② **대통령**은 국무총리와 중앙행정기관의 장의 **명령이나 처분**이 위법 **또는 부당**하다고 인정하면 이를 **중지 또는 취소**할 수 있다.

4244 대통령은 국회의 임시회 집회를 요구할 수 있다. 이 경우에는 국무회의의 심의를 거쳐야 하고, 기간과 집회요구의 이유를 명시하여야 한다. 18 서울 7(추) O | X

> 헌법 제47조 ① 국회의 정기회는 법률이 정하는 바에 의하여 매년 1회 집회되며, **국회의 임시회는 대통령 또는 국회재적의원 4분의 1 이상의 요구**에 의하여 집회된다.
> ③ **대통령이 임시회의 집회를 요구**할 때에는 **기간**과 **집회요구의 이유를 명시**하여야 한다.
> 헌법 제89조 다음 사항은 **국무회의의 심의**를 거쳐야 한다.
> 7. 국회의 임시회 집회의 요구

4245 대통령은 국회에 출석하여 발언하거나 서한으로 의견을 표시할 수 있다. 24 입시, 23 5급, 21 법무사, 20 국회 9 O | X

4245-1 대통령은 국회에 출석하여 발언할 수 있으나 서한으로 의견을 표시할 수는 없다. 20 지방 7 O | X

> 헌법 제81조 **대통령**은 **국회**에 **출석**하여 **발언**하거나 **서한**으로 **의견**을 **표시**할 수 있다.

● 정답 4241. O   4242. X [대통령비서실 및 국가안보실 배치 정무직공무원은 대통령령으로 정함]   4243. X [국무회의 심의 불필요, 중지 또는 취소할 수 있음]   4244. O   4245. O   4245-1. X [의견 표시 가능]

4246 대통령은 국회에 출석하여 발언하거나 서한으로 의견을 표시할 수 있으나, 국회의 요구가 있을 때 국회에 출석·답변할 헌법상 의무가 있는 것은 아니다. 23 국가 7   O | X

4246-1 국회의 요구가 있을 때에는 대통령은 출석·답변하여야 하며, 대통령이 출석요구를 받은 때에는 국무총리 또는 국무위원으로 하여금 출석·답변하게 할 수 있다. 22 5급   O | X

4246-2 대통령은 국회에 출석하여 발언할 수 있으며, 만일 국회가 출석요구를 하는 경우 대통령은 그에 응할 법적 의무도 있다. 17 서울 7   O | X

> 헌법 제62조 ② 국회나 그 위원회의 요구가 있을 때에는 **국무총리·국무위원** 또는 **정부위원**은 **출석·답변**하여야 하며, **국무총리** 또는 **국무위원**이 출석요구를 받은 때에는 **국무위원** 또는 **정부위원**으로 하여금 출석·답변하게 할 수 있다.
> 헌법 제81조 **대통령**은 **국회에 출석**하여 **발언**하거나 **서한**으로 **의견**을 **표시**할 수 있다.

4247 대통령은 조약을 체결·비준하고, 외교사절을 신임·접수 또는 파견하며, 선전포고와 강화를 한다. 21 5급   O | X

4247-1 대통령은 외교사절을 신임·접수 또는 파견하고, 이를 위해서는 국회의 동의가 필요하다. 21 국회 8   O | X

> 헌법 제73조 대통령은 **조약을 체결·비준**하고, **외교사절을 신임·접수 또는 파견**하며, **선전포고와 강화**를 한다.

4248 대통령은 헌법과 법률이 정하는 바에 의하여 국군을 통수한다. 21 법무사   O | X

> 헌법 제74조 ① **대통령**은 헌법과 법률이 정하는 바에 의하여 **국군을 통수**한다.

4249 헌법은 국군의 조직과 편성을 대통령령으로 정하도록 규정하고 있다. 20 입시   O | X

> 헌법 제74조 ② **국군의 조직과 편성**은 **법률**로 정한다.

🖉 **보충설명** 국군의 조직과 편성은 국가의 재정에 중대한 영향을 주며 또 국민의 권리의무와 중대한 관계가 있기 때문에 헌법은 국군의 조직과 편성을 명령으로 하지 못하고 반드시 법률로 정하도록 하고 있다.

4250 국군통수권은 군령(軍令)과 군정(軍政)에 관한 권한을 포괄하고, 여기서 군령이란 국방목적을 위하여 군을 현실적으로 지휘·명령하고 통솔하는 용병작용(用兵作用)을, 군정이란 군을 조직·유지·관리하는 양병작용(養兵作用)을 말한다. 21 국가 7   O | X

우리 헌법 제74조 제1항은 "대통령은 헌법과 법률이 정하는 바에 의하여 국군을 통수한다."라고 규정함으로써, 대통령이 국군의 최고사령관이자 최고의 지휘·명령권자임을 밝히고 있다. **국군통수권은 군령(軍令)과 군정(軍政)에 관한 권한을 포괄하고, 여기서 군령이란 국방목적을 위하여 군을 현실적으로 지휘·명령하고 통솔하는 용병작용(用兵作用)을, 군정이란 군을 조직·유지·관리하는 양병작용(養兵作用)을 말한다**(헌재 2016. 2. 25. 2013헌바111).

● 정답 4246. O 4246-1. X [대통령 출석·답변 의무 없음] 4246-2. X [법적 의무 X] 4247. O 4247-1. X [국회 동의 필요 X] 4248. O 4249. X [법률로 정함] 4250. O

4251 대통령은 법률이 정하는 바에 의하여 훈장 기타의 영전을 수여한다. 21 법무사 O|X

> 헌법 제80조 대통령은 법률이 정하는 바에 의하여 훈장 기타의 영전을 수여한다.

01 문서주의와 부서

4252 대통령의 국법상 행위는 문서로써 하며, 이 문서에는 국무총리와 관계 국무위원이 부서한다. 군사에 관한 것도 또한 같다. 22 국가 7, 20 변호사 O|X

4252-1 대통령의 국법상 행위는 문서로써 하여야 하며, 이 문서에는 국무총리와 관계 국무위원이 부서한다. 다만 군사에 관한 것은 그러하지 아니하다. 17 국가 7 O|X

> 헌법 제82조 대통령의 국법상 행위는 문서로써 하며, 이 문서에는 국무총리와 관계 국무위원이 부서한다. 군사에 관한 것도 또한 같다.

POINT 240 자문회의

01 국가안전보장회의

4253 국가안전보장에 관련되는 대외정책·군사정책과 국내정책의 수립에 관하여 국무회의의 심의에 앞서 대통령의 자문에 응하기 위하여 국가안전보장회의를 둔다. 21 5급, 15 법원 9, 13 법원 9 O|X

4253-1 국가안전보장회의는 헌법에서 정한 대통령의 필수적 자문기구이다. 17 5급, 14 법무사 O|X

4253-2 국가안전보장에 관련되는 대외정책·군사정책과 국내정책의 수립에 관해 대통령의 자문에 응하기 위하여 국가안전보장회의를 둘 수 있으며, 국가안전보장회의는 대통령이 주재한다. 17 국가 7(추) O|X

4253-3 국가안전보장에 관련되는 대외정책·군사정책과 국내정책의 수립에 관하여 국무회의의 심의에 앞서 대통령의 자문에 응하기 위하여 국가안전보장회의를 두며, 국가안전보장회의는 국무총리가 주재한다. 18 5급 O|X

> 헌법 제91조 ① 국가안전보장에 관련되는 대외정책·군사정책과 국내정책의 수립에 관하여 국무회의의 심의에 앞서 대통령의 자문에 응하기 위하여 국가안전보장회의를 둔다.
> ② 국가안전보장회의는 대통령이 주재한다.

02 임의적 자문회의

4254 "국정의 중요한 사항에 관한 대통령의 자문에 응하기 위하여 국가원로로 구성되는 국가원로자문회의를 둔다."는 헌법에 규정된 내용이다. 14 법원 9 O|X

4254-1 국가원로자문회의는 헌법에서 정한 대통령의 필수적 자문기구이다. 17 5급, 14 법무사 O|X

● 정답 4251. O   4252. O   4252-1. X [군사도 같음]   4253. O   4253-1. O   4253-2. X [둘 수 있으며 X → 두며 O]   4253-3. X [국무총리 주재 → 대통령이 주재]   4254. X [둔다 X → 둘 수 있다 O]   4254-1. X [임의적 자문기구]

> 헌법 제90조 ① 국정의 중요한 사항에 관한 대통령의 자문에 응하기 위하여 국가원로로 구성되는 국가원로자문회의를 둘 수 있다.

4255 국가원로자문회의의 의장은 직전대통령이 된다. 13 법원 9 　　O | X

4255-1 국가원로자문회의의 의장은 전직대통령이 된다. 다만 전직대통령이 없는 때에는 대통령이 지명한다.
20 소간 　　O | X

4255-2 국가원로자문회의의 의장은 직전대통령이 된다. 다만, 직전대통령이 없을 때에는 국무총리가 대행한다.
19 서울 7(추) 　　O | X

> 헌법 제90조 ② 국가원로자문회의의 의장은 직전대통령이 된다. 다만, 직전대통령이 없을 때에는 대통령이 지명한다.

4256 평화통일정책의 수립에 관한 대통령의 자문에 응하기 위하여 민주평화통일자문회의를 두어야 하며, 그 조직·직무범위 기타 필요한 사항은 법률로 정한다. 15 국회 8 　　O | X

4256-1 민주평화통일자문회의는 헌법에서 정한 대통령의 필수적 자문기구이다. 17 5급, 14 법무사 　　O | X

> 헌법 제92조 ① 평화통일정책의 수립에 관한 대통령의 자문에 응하기 위하여 민주평화통일자문회의를 둘 수 있다.
> ② 민주평화통일자문회의의 조직·직무범위 기타 필요한 사항은 법률로 정한다.

4257 국민경제자문회의는 국민경제의 발전을 위한 중요정책의 수립에 관하여 대통령의 자문에 응하기 위하여 설치되는 것으로 헌법상 필수기관이다. 23 입시 　　O | X

> 헌법 제93조 ① 국민경제의 발전을 위한 중요정책의 수립에 관하여 대통령의 자문에 응하기 위하여 국민경제자문회의를 둘 수 있다.

4258 현행 헌법상 대통령의 자문에 응하기 위하여 둘 수 있는 임의기관에는 국가원로자문회의, 국가안전보장회의, 민주평화통일자문회의, 국민경제자문회의가 있다. 15 지방 7 　　O | X

> 헌법 제90조 ① 국정의 중요한 사항에 관한 대통령의 자문에 응하기 위하여 국가원로로 구성되는 국가원로자문회의를 둘 수 있다.
> 헌법 제91조 ① 국가안전보장에 관련되는 대외정책·군사정책과 국내정책의 수립에 관하여 국무회의의 심의에 앞서 대통령의 자문에 응하기 위하여 국가안전보장회의를 둔다.
> 헌법 제92조 ① 평화통일정책의 수립에 관한 대통령의 자문에 응하기 위하여 민주평화통일자문회의를 둘 수 있다.
> 헌법 제93조 ① 국민경제의 발전을 위한 중요정책의 수립에 관하여 대통령의 자문에 응하기 위하여 국민경제자문회의를 둘 수 있다.

●정답　4255. O　4255-1. X [전직대통령 X → 직전대통령 O]　4255-2. X [국무총리 대행 X → 대통령이 지명 O]　4256. X [두어야 하며 X → 둘 수 있으며 O]　4256-1. X [임의적 자문기구]　4257. X [임의기관]　4258. X [국가안전보장회의 필수기관]

03 법률상 자문회의

4259 헌법은 대통령 자문기관으로 국가안전보장회의, 민주평화통일자문회의, 국민경제자문회의, 국가과학기술자문회의를 규정하고 있다. 20 입시 O | X

4259-1 헌법은 임의적 자문기구로, 국가과학기술자문회의와 국가원로자문회의를 명시하고 있다. 13 서울 7 O | X

4259-2 국가과학기술자문회의는 헌법에서 정한 대통령의 필수적 자문기구이다. 14 법무사 O | X

> 헌법 제90조 ① 국정의 중요한 사항에 관한 대통령의 자문에 응하기 위하여 국가원로로 구성되는 국가원로자문회의를 둘 수 있다.
>
> 헌법 제91조 ① 국가안전보장에 관련되는 대외정책·군사정책과 국내정책의 수립에 관하여 국무회의의 심의에 앞서 대통령의 자문에 응하기 위하여 국가안전보장회의를 둔다.
>
> 헌법 제92조 ① 평화통일정책의 수립에 관한 대통령의 자문에 응하기 위하여 민주평화통일자문회의를 둘 수 있다.
>
> 헌법 제93조 ① 국민경제의 발전을 위한 중요정책의 수립에 관하여 대통령의 자문에 응하기 위하여 국민경제자문회의를 둘 수 있다.
>
> 헌법 제127조 ① 국가는 과학기술의 혁신과 정보 및 인력의 개발을 통하여 국민경제의 발전에 노력하여야 한다.
> ③ 대통령은 제1항의 목적을 달성하기 위하여 필요한 자문기구를 둘 수 있다.

✎ 보충설명 국가과학기술자문회의는 헌법에 규정된 자문회의가 아니라 법률에 규정되어 있고, 임의적 자문기구이다.

POINT 241 국무총리

01 헌법상 지위

4260 우리 헌법이 대통령중심제의 정부형태를 취하면서도 국무총리제도를 두게 된 주된 이유는 대통령의 강력한 권력을 견제하기 위함이다. 16 경정 O | X

> 우리 헌법이 **대통령중심제**의 정부형태를 취하면서도 **국무총리제도를 두게 된 주된 이유가 부통령제를 두지 않았기 때문에 대통령 유고시에 그 권한대행자가 필요**하고 또 대통령제의 기능과 능률을 높이기 위하여 대통령을 보좌하고 그 의견을 받들어 정부를 통할·조정하는 **보좌기관이 필요**하다는 데 있었던 점과 대통령에게 법적 제한 없이 국무총리해임권이 있는 점(헌법 제78조, 제86조 제1항 참조) 등을 고려하여 총체적으로 보면 … 행정권 행사에 대한 최후의 결정권자는 대통령이라고 해석하는 것이 타당하다고 할 것이다 (헌재 1994. 4. 28. 89헌마221).

02 신분상 지위

4261 대통령은 국회의 동의를 얻어 국무총리를 임명하며, 국무총리의 제청으로 국무위원을 임명한다. 19 지방 7 O | X

> 헌법 제86조 ① 국무총리는 국회의 동의를 얻어 대통령이 임명한다.
>
> 헌법 제87조 ① 국무위원은 국무총리의 제청으로 대통령이 임명한다.

● 정답 4259. X [국가과학기술자문회의 법률기관]   4259-1. X [국가과학기술자문회의 법률기관]   4259-2. X [헌법 규정 X, 임의적 자문기구]
4260. X [권력 견제 X → 대통령 권한대행 및 보좌기관의 필요성 O]   4261. O

4262 대통령이 국회의 동의를 얻어 국무총리를 임명할 때, 국회 재적의원 과반수의 출석과 출석의원 과반수의 찬성을 얻어야 한다. 18 5급   O | X

> 헌법 제86조 ① **국무총리는 국회의 동의를** 얻어 **대통령이 임명**한다.
> 헌법 제49조 국회는 **헌법 또는 법률에 특별한 규정**이 없는 한 **재적의원 과반수의 출석과 출석의원 과반수의 찬성으로 의결**한다. 가부동수인 때에는 부결된 것으로 본다.
>
> 🖉 보충설명 헌법과 법률에 특별한 규정이 없으므로 일반정족수로 의결한다.

4263 국무총리는 국회의 동의를 얻어 대통령이 임명하지만, 국무총리의 해임은 국회의 동의를 요하지 않는다. 21 국회 9   O | X

> 헌법 제86조 ① **국무총리는 국회의 동의를** 얻어 **대통령이 임명**한다.
>
> 🖉 보충설명 대통령에게는 법적 제한 없이 국무총리해임권이 인정되며, 이 경우 국회의 동의를 요하지 않는다.

⑥ 4264 헌법은 군인은 현역을 면한 후가 아니면 국무총리 또는 국무위원으로 임명될 수 없다고 명문으로 규정하고 있다. 20 국회 8   O | X

> 헌법 제86조 ③ **군인은 현역을 면한 후가** 아니면 **국무총리로 임명**될 수 없다.
> 헌법 제87조 ④ **군인은 현역을 면한 후가** 아니면 **국무위원으로 임명**될 수 없다.

4265 헌법은 국무총리가 국회의원을 겸할 수 있음을 분명히 규정하고 있지 않다. 10 국가 7   O | X

> 헌법 제43조 **국회의원은 법률이 정하는 직을 겸할 수 없다.**

Ⓑ 4266 국무총리와 장관은 국회의원을 겸직할 수 있다. 18 입시   O | X

4266-1 국무위원은 국회의원의 직을 겸할 수 있는 데 비하여 국무총리는 국회의원의 직을 겸할 수 없다. 18 서울 7   O | X

4266-2 국무총리의 국회의원 겸직은 행정부에 대한 국회의 통제라는 측면에서 금지하는 것이 타당하며 현행법도 이를 금지하고 있다. 14 지방 7   O | X

> 국회법 제29조(겸직 금지) ① **의원은 국무총리 또는 국무위원** 직 외의 다른 직을 겸할 수 없다. 다만, 다음 각 호의 어느 하나에 해당하는 경우에는 그러하지 아니하다.

🔹 정답 4262. O 4263. O 4264. O 4265. O 4266. O 4266-1. X [국무총리 국회의원 겸직 가능] 4266-2. X [금지하고 있지 않음]

4267 국무총리가 사고로 직무를 수행할 수 없는 경우에는 기획재정부장관이 겸임하는 부총리, 교육부장관이 겸임하는 부총리의 순으로 직무를 대행하고, 국무총리와 부총리가 모두 사고로 직무를 수행할 수 없는 경우에는 대통령의 지명이 있으면 그 지명을 받은 국무위원이, 지명이 없는 경우에는 「정부조직법」 제26조 제1항에 규정된 순서에 따른 국무위원이 그 직무를 대행한다. 15 경정(변형) O|X

4267-1 국무총리가 사고로 직무를 수행할 수 없는 경우에는 교육부장관이 겸임하는 부총리, 기획재정부장관이 겸임하는 부총리의 순으로 직무를 대행하고, 국무총리와 부총리가 모두 사고로 직무를 수행할 수 없는 경우에는 대통령의 지명이 있으면 그 지명을 받은 국무위원이, 지명이 없는 경우에는 「정부조직법」 제26조 제1항에 규정된 순서에 따른 국무위원이 그 직무를 대행한다. 24 변호사 O|X

4267-2 국무총리가 사고로 직무를 수행할 수 없는 경우 대통령의 지명이 있으면 그 지명을 받은 국무위원이, 지명이 없는 경우에는 부총리가 그 직무를 대행한다. 17 경정 O|X

4267-3 국무총리가 사고로 직무를 수행할 수 없는 경우에 대통령의 지명이 있으면 그 지명을 받은 국무위원이, 지명이 없으면 「정부조직법」상의 순서에 따른 국무위원이 그 직무를 대행한다. 20 소간 O|X

4267-4 국무총리가 사고로 직무를 수행할 수 없는 경우에는 「정부조직법」에 규정된 순서에 따른 국무위원이 그 직무를 대행한다. 13 국가 7 O|X

> 정부조직법 제22조(국무총리의 직무대행) 국무총리가 사고로 직무를 수행할 수 없는 경우에는 **기획재정부장관이 겸임하는 부총리, 교육부장관이 겸임하는 부총리**의 순으로 직무를 대행하고, 국무총리와 부총리가 모두 사고로 직무를 수행할 수 없는 경우에는 **대통령의 지명**이 있으면 **그 지명을 받은 국무위원**이, 지명이 없는 경우에는 제26조제1항에 규정된 순서에 따른 국무위원이 그 직무를 대행한다.

4268 국무총리는 국무위원 및 행정각부의 장 임명제청권, 대통령의 국법상 행위에 관한 문서에의 부서권 등 대통령의 권한행사에 견제적 기능을 지닌 대통령의 보좌기관이다. 15 국가 7 O|X

4268-1 우리 헌법에서 국무총리는 국무위원 및 행정각부의 장 임명제청권, 대통령의 국법상 행위에 관한 문서에의 부서권 등 실질적인 행정부 통할권을 가지므로, 대통령의 보좌기관이 아니며 대통령과의 관계에서 독자적인 권한을 행사한다. 13 변호사 O|X

> **국무위원은 국무총리의 제청**으로 대통령이 임명(헌법 제87조 제1항)하고 **행정각부의 장**은 국무위원 중에서 **국무총리의 제청**으로 대통령이 임명(헌법 제94조)하며 대통령의 국법상 행위에 관한 **문서에의 부서권**(헌법 제82조)이 있는바 국무총리에 관한 헌법상 위의 제 규정을 종합하면 **국무총리의 지위**가 **대통령의 권한행사에 다소의 견제적 기능**을 할 수 있다고 보여지는 것이 있기는 하나, … 국무총리는 단지 대통령의 첫째 가는 보좌기관으로서 **행정에 관하여 독자적인 권한을 가지지 못하고** 대통령의 명을 받아 행정각부를 통할하는 기관으로서의 지위만을 가지며, 행정권 행사에 대한 최후의 결정권자는 대통령이라고 해석하는 것이 타당하다고 할 것이다(헌재 1994. 4. 28. 89헌마221).

4269 행정권은 헌법상 대통령에게 귀속되고, 국무총리는 단지 대통령의 첫째 가는 보좌기관으로서 행정에 관하여 독자적인 권한을 가지지 못하고 대통령의 명을 받아 행정각부를 통할하는 기관으로서의 지위만을 가지며, 행정권 행사에 대한 최후의 결정권자는 대통령이라고 해석하는 것이 타당하다. 18 변호사 O|X

4269-1 국무총리는 대통령의 첫째 가는 보좌기관으로서 행정에 관하여 독자적인 권한을 가지고 대통령의 명을 받아 행정각부를 통할하는 기관으로서의 지위를 가진다. 20 지방 7 O|X

● 정답 4267. O 4267-1. X [기획재정부 ↔ 교육부 순서 바뀜] 4267-2. X [부총리 먼저 직무대행] 4267-3. X [부총리 먼저 직무대행]
4267-4. X [부총리 먼저 직무대행] 4268. O 4268-1. X [대통령 보좌기관 O, 독자적 권한 X] 4269. O 4269-1. X [독자적 권한 X]

내각책임제 밑에서의 행정권이 수상에게 귀속되는 것과는 달리 우리나라의 **행정권은 헌법상 대통령에게 귀속**되고, 국무총리는 단지 **대통령의 첫째 가는 보좌기관으로서** 행정에 관하여 독자적인 권한을 가지지 못하고 대통령의 명을 받아 행정각부를 통할하는 기관으로서의 지위만을 가지며, 행정권 행사에 대한 **최후의 결정권자는 대통령**이라고 해석하는 것이 타당하다고 할 것이다(헌재 1994. 4. 28. 89헌마221).

4270 국무총리는 국무회의의 부의장이지만 국무위원이 아니며, 국회의원은 국무총리를 겸할 수 있다. 18 5급

O | X

4270-1 국무총리는 국무회의를 구성하는 국무위원으로서 국무회의 부의장의 지위를 갖는다. 15 지방 7

O | X

> 헌법 제86조 ② **국무총리는 대통령을 보좌**하며, 행정에 관하여 **대통령의 명**을 받아 **행정각부를 통할**한다.
> 헌법 제88조 ② **국무회의는 대통령·국무총리와 15인 이상 30인 이하의 국무위원**으로 구성한다.
> ③ **대통령**은 국무회의의 **의장**이 되고, **국무총리는 부의장**이 된다.
> 국회법 제29조(겸직 금지) ① **의원**은 **국무총리 또는 국무위원** 직 외의 다른 직을 겸할 수 없다. 다만, 다음 각 호의 어느 하나에 해당하는 경우에는 그러하지 아니하다.
>
> 🔍 보충설명 | 대통령과 국무총리는 국무회의의 구성원이지만 국무위원은 아니다.

4271 국무총리는 대통령을 보좌하는 최상위의 지위에서 국무회의 의장으로서 이를 주재한다. 17 5급

O | X

4271-1 국무총리는 국무회의의 의장이 되며, 행정에 관하여 대통령의 명을 받아 행정각부를 통할한다. 19 5급, 19 소간

O | X

> 헌법 제86조 ② **국무총리는 대통령을 보좌**하며, 행정에 관하여 **대통령의 명**을 받아 **행정각부를 통할**한다.
> 헌법 제88조 ③ **대통령**은 국무회의의 **의장**이 되고, **국무총리는 부의장**이 된다.

4272 국무총리의 권한과 위상은 기본적으로 지리적인 소재지와는 직접적으로 관련이 있다고 할 수 없고, 국무총리의 소재지는 헌법적으로 중요한 기본적 사항이라 보기 어렵고 나아가 이러한 규범이 존재한다는 국민적 의식이 형성되었는지조차 명확하지 않으므로 이러한 관습헌법의 존재를 인정할 수 없다. 19 국가 7

O | X

4272-1 국무총리는 헌법상 대통령의 보좌기관으로서 행정각부를 통할한다는 점 등을 고려할 때, 국무총리의 소재지는 헌법적으로 중요한 기본적 사항이라 보아야 하고, 국무총리가 서울에 소재해야 한다는 규범에 대한 국민적 의식이 형성되었다고 할 수 있으므로 이러한 관습헌법의 존재를 인정할 수 있다. 21 변호사

O | X

국무총리의 권한과 위상은 기본적으로 **지리적인 소재지와는** 직접적으로 **관련이 있다고 할 수 없고**, 비록 이 사건 법률에 의하여 결과적으로 국무총리의 권한이 일부 강화될 가능성이 있다고 하더라도 이를 대통령제 정부형태를 다른 형태의 제도로 변경하는 것으로 볼 수는 없다. 청구인들은 국무총리제도가 채택된 이래 줄곧 대통령과 국무총리가 서울이라는 하나의 도시에 소재하고 있었다는 사실을 들어 이에 대한 관습헌법이 존재한다고 주장한다. 그러나 **국무총리의 소재지는** 헌법적으로 중요한 **기본적 사항이라 보기 어렵고** 나아가 이러한 규범이 존재한다는 **국민적 의식이** 형성되었는지 조차 **명확하지 않으므로** 이러한 **관습헌법의 존재를 인정할 수 없다**(헌재 2005. 11. 24. 2005헌마579 등).

● 정답 | 4270. O 4270-1. X [국무위원 X] 4271. X [국무총리는 부의장] 4271-1. X [국무총리는 부의장] 4272. O 4272-1. X [기본적 사항 X, 관습헌법의 존재 인정 X]

03 국무총리 권한

4273 국무총리는 대통령이 궐위되거나 사고로 인하여 직무를 수행할 수 없을 경우에 제1순위의 권한대행권을 가진다. 13 서울 7, 10 국가 7 O | X

> 헌법 제71조 대통령이 궐위되거나 사고로 인하여 직무를 수행할 수 없을 때에는 국무총리, 법률이 정한 국무위원의 순서로 그 권한을 대행한다.
> 헌법 제86조 ② 국무총리는 대통령을 보좌하며, 행정에 관하여 대통령의 명을 받아 행정각부를 통할한다.

4274 국무총리는 군사에 관한 것도 포함하여 대통령의 모든 국법상 행위에 대해 부서할 수 있는 권한을 갖는다. 18 서울 7 O | X

> 헌법 제82조 대통령의 국법상 행위는 문서로써 하며, 이 문서에는 국무총리와 관계 국무위원이 부서한다. 군사에 관한 것도 또한 같다.

4275 국무총리는 대통령을 보좌하며, 행정에 관하여 대통령의 명을 받아 행정각부를 통할한다. 16 경정 O | X

> 헌법 제86조 ① 국무총리는 국회의 동의를 얻어 대통령이 임명한다.
> ② 국무총리는 대통령을 보좌하며, 행정에 관하여 대통령의 명을 받아 행정각부를 통할한다.

4276 국무총리는 대통령의 명을 받아 각 중앙행정기관의 장을 지휘·감독한다. 21 국가 7, 14 법무사 O | X

> 정부조직법 제18조(국무총리의 행정감독권) ① 국무총리는 대통령의 명을 받아 각 중앙행정기관의 장을 지휘·감독한다.

4277 국무총리는 중앙행정기관의 장의 명령이나 처분이 위법 또는 부당하다고 인정될 경우에는 대통령의 승인을 받아 이를 중지 또는 취소할 수 있다. 20 지방 7, 20 소간, 20 경정, 16 지방 7, 14 법무사 O | X

4277-1 국무총리는 대통령의 명을 받아 각 중앙행정기관의 장을 지휘·감독하며, 중앙행정기관의 장의 명령이나 처분이 위법한 경우로 인정될 때에는 대통령의 승인을 얻지 않고 이를 중지 또는 취소할 수 있다. 24 변호사 O | X

4277-2 국무총리는 대통령 다음가는 상급행정관청으로서 중앙행정기관의 장의 명령이나 처분이 위법·부당하다고 인정할 때에는 직권으로 이를 중지 또는 취소할 수 있다. 18 국회 9 O | X

4277-3 국무총리는 중앙행정기관의 장의 명령이나 처분이 위법 또는 부당하다고 인정될 경우에는 독자적 권한으로 이를 중지 또는 취소할 수 있다. 13 국가 7 O | X

> 정부조직법 제18조(국무총리의 행정감독권) ① 국무총리는 대통령의 명을 받아 각 중앙행정기관의 장을 지휘·감독한다.
> ② 국무총리는 중앙행정기관의 장의 명령이나 처분이 위법 또는 부당하다고 인정될 경우에는 대통령의 승인을 받아 이를 중지 또는 취소할 수 있다.

● 정답 4273. O 4274. O 4275. O 4276. O 4277. O 4277-1. X [대통령의 승인 필요] 4277-2. X [직권 X, 대통령 승인] 4277-3. X [독자적 권한 X, 대통령 승인]

S 07 4278 국무총리는 대통령에 대해 국무위원의 임명에 대한 제청권과 국무위원 해임에 대한 건의권 모두 행사할 수 있다. 18 서울 7 O│X

4278-1 국무총리는 국무위원의 해임을 대통령에게 제청할 수 있다. 18 경정 O│X

4278-2 국무총리가 대통령에게 국무위원의 해임을 건의하는 경우 국회의 동의를 얻어야 한다. 22 5급 O│X

> 헌법 제87조 ① 국무위원은 국무총리의 제청으로 대통령이 임명한다.
> ③ 국무총리는 국무위원의 해임을 대통령에게 건의할 수 있다.

4279 국무총리의 국무위원 임명제청은 대통령을 법적으로 기속하지 않는다는 것이 지배적 견해이다. 09 국가 7 O│X

대통령의 임명권이 국무총리의 제청권보다 상위의 권한이므로 국무총리의 국무위원 임명제청은 대통령을 법적으로 기속하지 않는다는 것이 지배적 견해이다.

4280 국무총리는 집행부의 제2인자로서 행정각부장관 임명제청권을 가지고 있다. 19 국회 9 O│X

> 헌법 제94조 행정각부의 장은 국무위원 중에서 국무총리의 제청으로 대통령이 임명한다.

4281 국무총리는 대통령의 명을 받아 상급행정관청으로서 행정각부를 통할할 권한을 가지지만, 행정각부와 동등한 지위를 가지는 독임제행정관청으로서 그 소관사무를 처리하지는 않는다. 13 서울 7 O│X

국무총리는 대통령의 명을 받아 상급행정관청으로서 행정각부를 통할할 권한 뿐만 아니라 행정각부와 동등한 지위를 가지는 독임제행정관청으로서 그 소관사무를 처리한다.

G 02 4282 인사혁신처, 법제처, 식품의약품안전처는 국무총리 소속기관이다. 19 국가 7(변형) O│X

> 정부조직법 제22조의3(인사혁신처) ① 공무원의 인사·윤리·복무 및 연금에 관한 사무를 관장하기 위하여 국무총리 소속으로 인사혁신처를 둔다.
> ② 인사혁신처에 처장 1명과 차장 1명을 두되, 처장은 정무직으로 하고, 차장은 고위공무원단에 속하는 일반직공무원으로 보한다.
> 정부조직법 제23조(법제처) ① 국무회의에 상정될 법령안·조약안과 총리령안 및 부령안의 심사와 그 밖에 법제에 관한 사무를 전문적으로 관장하기 위하여 국무총리 소속으로 법제처를 둔다.
> 정부조직법 제25조(식품의약품안전처) ① 식품 및 의약품의 안전에 관한 사무를 관장하기 위하여 국무총리 소속으로 식품의약품안전처를 둔다.

S 06 4283 국무총리 또는 행정각부의 장은 소관사무에 관하여 법률이나 대통령령의 위임 또는 직권으로 총리령 또는 부령을 발할 수 있다. 17 지방 7, 16 법무사 O│X

4283-1 국무총리는 소관 사무에 관하여 법률이나 대통령령의 위임이 없이는 총리령을 발할 수 없다. 15 지방 7 O│X

> 헌법 제95조 국무총리 또는 행정각부의 장은 소관사무에 관하여 법률이나 대통령령의 위임 또는 직권으로 총리령 또는 부령을 발할 수 있다.

● 정답 4278. O 4278-1. X [제청 X → 건의 O] 4278-2. X [국회 동의 X] 4279. O 4280. O 4281. X [처리함] 4282. O 4283. O
4283-1. X [직권으로 가능함]

4284 국무총리는 국회나 그 위원회에 출석하여 국정처리상황을 보고하거나 의견을 진술하고 질문에 응답할 수 있다. 19 5급, 19 소간 O|X

4284-1 국무총리는 국회가 출석·답변을 요구하는 경우에는 그에 따라야 하지만, 그 이외의 경우에는 국회나 그 위원회에 출석하여 국정처리상황을 보고하거나 의견을 진술할 수 없다. 08 국가 7 O|X

> 헌법 제62조 ① **국무총리·국무위원** 또는 **정부위원**은 **국회나 그 위원회에 출석**하여 국정처리상황을 **보고**하거나 **의견을 진술**하고 **질문에 응답**할 수 있다.
> ② **국회나 그 위원회의 요구**가 있을 때에는 **국무총리·국무위원** 또는 **정부위원**은 **출석·답변**하여야 하며, **국무총리** 또는 **국무위원**이 출석요구를 받은 때에는 **국무위원** 또는 **정부위원**으로 하여금 출석·답변하게 할 수 있다.

POINT 242 국무위원 B

01 국무위원

4285 국무위원은 국정에 관하여 대통령을 보좌하며, 국무회의의 구성원으로서 국정을 심의한다. 23 입시, 22 소간, 20 소간 O|X

4285-1 국무위원은 국정에 관하여 국무총리를 보좌하며, 국무회의의 구성원으로서 국정을 심의한다. 13 법원 9 O|X

> 헌법 제87조 ② **국무위원**은 국정에 관하여 **대통령을 보좌**하며, **국무회의의 구성원**으로서 **국정을 심의**한다.

4286 국무위원은 대통령을 주로 정책적으로 보좌하며, 특별한 경우를 제외하고 행정각부의 장으로서 특정한 행정업무를 담당하는 2중적 지위에 있다. 15 국가 7 O|X

> 헌법 제87조 ② **국무위원**은 국정에 관하여 **대통령을 보좌**하며, **국무회의의 구성원**으로서 **국정을 심의**한다.
> 헌법 제94조 행정각부의 장은 **국무위원** 중에서 **국무총리의 제청**으로 **대통령이 임명**한다.

4287 국무총리가 특별히 위임하는 사무를 수행하기 위하여 부총리 2명을 두며, 부총리는 국무위원으로 보한다. 23 지방 7 O|X

> 정부조직법 제19조(부총리) ① 국무총리가 특별히 위임하는 사무를 수행하기 위하여 **부총리 2명**을 둔다.
> ② **부총리**는 **국무위원**으로 보한다.

4288 총리와 부총리는 모두 국무회의의 구성원이기는 하나, 국무위원은 아니다. 14 법무사 O|X

> 헌법 제88조 ② **국무회의**는 대통령·**국무총리**와 **15인 이상 30인 이하**의 **국무위원**으로 구성한다.
> 정부조직법 제19조(부총리) ② **부총리**는 **국무위원**으로 보한다.

● 정답 │ 4284. O   4284-1. X [할 수 있음]   4285. O   4285-1. X [대통령을 보좌]   4286. O   4287. O   4288. X [부총리는 국무위원임]

02 신분상 지위

4289 국무위원은 국무총리의 제청으로 대통령이 임명하며, 군인은 현역을 면한 후가 아니면 국무위원으로 임명될 수 없다. 20 소간   O | X

4289-1 국무위원은 국무총리의 제청으로 대통령이 임명하며, 군인도 현역을 면한 후에는 국무위원으로 임명될 수 있다. 18 지방 7   O | X

4289-2 행정각부의 장과는 달리 국무위원으로 임명되기 위해서는 국무총리의 제청이 필수적인 것은 아니다. 20 법무사, 16 법무사, 15 법무사   O | X

4289-3 국무위원은 국무총리의 제청으로 국회의 동의를 얻어 대통령이 임명한다. 24 5급   O | X

4289-4 국무위원은 국무총리의 동의를 얻어 대통령이 임명한다. 22 소간   O | X

> 헌법 제87조 ① 국무위원은 국무총리의 제청으로 대통령이 임명한다.
> ④ 군인은 현역을 면한 후가 아니면 국무위원으로 임명될 수 없다.

4290 군인은 현역을 면한 후가 아니면 국무위원으로 임명될 수 없다. 23 입시 21 5급   O | X

4290-1 군인은 현역을 면한 후가 아니더라도 국무위원으로 임명될 수 있다. 22 소간   O | X

4290-2 국무위원은 군인의 경우 현역을 면한 후가 아니면 임명될 수 없으며, 국회의 해임의결에 의해 해임된다. 10 지방 7   O | X

> 헌법 제87조 ④ 군인은 현역을 면한 후가 아니면 국무위원으로 임명될 수 없다.

📝 **보충설명** 국무위원은 임면권자인 대통령이 해임할 수 있으며, 국회의 해임의결에 의해 해임되는 것이 아니다.

4291 현행 헌법은 행정각부의 장이 아닌 국무위원의 임명 가능성을 열어두고 있다. 17 국회 9   O | X

4291-1 대통령은 행정각부의 장이 아닌 국무위원을 임명할 수 있다. 15 국가 7   O | X

4291-2 국무위원은 행정각부의 장 중에서 국무총리의 제청으로 대통령이 임명한다. 22 5급, 21 지방 7, 18 5급   O | X

> 헌법 제94조 행정각부의 장은 국무위원 중에서 국무총리의 제청으로 대통령이 임명한다.

📝 **보충설명** 국무위원 중에서 행정각부의 장을 임명하므로, 헌법 해석상 행정각부의 장이 아닌 국무위원을 임명할 수 있다고 본다.

● 정답 4289. ○ 4289-1. ○ 4289-2. ×[제청 필수적임] 4289-3. ×[국회 동의 불필요] 4289-4. ×[동의 × → 제청 ○] 4290. ○ 4290-1. ×[임명 불가능] 4290-2. ×[대통령만 국무위원 해임 可] 4291. ○ 4291-1. ○ 4291-2. ×[국무위원 ↔ 행정각부의 장 위치 바뀜]

4292 국무위원의 해임은 헌법 제89조에서 직접 명시적으로 규정하고 있는 국무회의 심의사항이다. 17 법원 9
O│X

> 헌법 제89조 다음 사항은 **국무회의 심의**를 거쳐야 한다.
> 16. **검찰총장·합동참모의장·각군참모총장·국립대학교총장·대사** 기타 법률이 정한 공무원과 **국영기업체관리자**의 임명
>
> 📝 보충설명 대통령에게는 법적 제한 없이 국무위원해임권이 인정되며, 국무위원의 해임은 국무회의 심의사항이 아니다.

4293 국무위원은 국무총리의 제청으로 대통령이 임명하고, 국무총리와 국회는 국무위원의 해임을 대통령에게 건의할 수 있다. 23 지방 7
O│X

4293-1 국무위원은 임명권자가 해임할 수 있으며, 국무위원에 대한 해임건의권의 행사는 국회에 전속된다. 20 경정, 15 국가 7
O│X

> 헌법 제87조 ① **국무위원**은 **국무총리**의 제청으로 **대통령**이 **임명**한다.
> ③ **국무총리**는 **국무위원의 해임을 대통령에게 건의**할 수 있다.
> 헌법 제63조 ① **국회**는 국무총리 또는 **국무위원의 해임을 대통령에게 건의**할 수 있다.

03 권한과 의무

4294 국무위원은 국무회의의 의안을 제출할 수 있으며, 국회나 그 위원회에 출석하여 국정처리상황을 보고하거나 의견을 진술할 수 있다. 24 소간
O│X

4294-1 국무위원은 정무직으로 하며 의장에게 의안을 제출하고 국무회의 소집을 요구할 수 있다. 19 5급
O│X

4294-2 국무위원은 정무직으로 하며 의장에게 의안을 제출할 수 있으나, 국무회의 소집을 요구할 수는 없다. 21 5급
O│X

> 헌법 제62조 ① **국무총리·국무위원** 또는 **정부위원**은 국회나 그 위원회에 **출석**하여 **국정처리상황**을 **보고**하거나 **의견**을 **진술**하고 질문에 응답할 수 있다.
> 정부조직법 제12조(국무회의) ③ **국무위원**은 **정무직**으로 하며 **의장**에게 **의안**을 **제출**하고 **국무회의 소집**을 요구할 수 있다.

4295 국무위원은 국무회의의 구성원으로서, 국무회의 의안 제출권, 대통령의 국법상 행위에 대한 부서권, 국회 출석·발언권 등을 가진다. 18 지방 7
O│X

> 헌법 제62조 ① **국무총리·국무위원** 또는 **정부위원**은 **국회나 그 위원회에 출석**하여 **국정처리상황**을 **보고**하거나 **의견**을 **진술**하고 질문에 응답할 수 있다.
> 헌법 제82조 대통령의 국법상 행위는 문서로써 하며, 이 문서에는 **국무총리와 관계 국무위원**이 **부서**한다. 군사에 관한 것도 또한 같다.
> 헌법 제87조 ② **국무위원**은 국정에 관하여 **대통령**을 **보좌**하며, **국무회의 구성원**으로서 **국정**을 **심의**한다.
> 정부조직법 제12조(국무회의) ③ **국무위원**은 **정무직**으로 하며 **의장**에게 **의안**을 **제출**하고 **국무회의 소집**을 요구할 수 있다.

● 정답 4292. X [국무회의 심의 X] 4293. O 4293-1. X [해임건의 국무총리도 可] 4294. O 4294-1. O 4294-2. X [소집 요구 가능]
4295. O

POINT 243 국무회의

01 국무회의

4296 국무회의는 행정부 내 최고의 정책 심의기관이지만 의결기관은 아니다. 22 법무사 O|X

국무회의는 행정부 내 최고의 정책 심의기관이지만 의결기관은 아니다. 따라서 헌법이 규정하는 심의사항은 국무회의의 심의를 반드시 거쳐야 하나, 국무회의의 의결은 대통령에 대하여 법적인 구속력은 없다.

> 헌법 제88조 ① 국무회의는 정부의 권한에 속하는 **중요한 정책을 심의**한다.

4297 국무회의는 정부의 권한에 속하는 중요한 정책을 심의하며, 대통령·국무총리와 15인 이상 30인 이하의 국무위원으로 구성된다. 17 5급, 15 국회 8 O|X

4297-1 국무회의는 헌법상 필수기관이다. 17 국회 9 O|X

> 헌법 제88조 ① 국무회의는 **정부의 권한**에 속하는 **중요한 정책을 심의**한다.
> ② 국무회의는 **대통령·국무총리**와 **15인 이상 30인 이하**의 **국무위원**으로 구성한다.

4298 국무회의는 대통령·국무총리와 15인 이상 30인 이하의 국무위원으로 구성한다.
22 법무사, 22 소간, 21 5급, 20 법무사, 17 지방 7 등 O|X

4298-1 헌법상 국무회의는 대통령·국무총리와 15인 이상 30인 이하의 국무위원으로 구성하므로, 최대인원은 32인이다. 23 입시 O|X

4298-2 국무회의는 대통령·국무총리를 포함한 15인 이상 30인 이하의 국무위원으로 구성한다. 23 5급 O|X

4298-3 국무회의는 대통령과 15인 이상 30인 이하의 국무위원으로 구성한다. 13 국가 7 O|X

4298-4 국무회의는 대통령·국무총리와 20인 이상 30인 이하의 국무위원으로 구성한다. 16 서울 7 O|X

4298-5 국무회의는 대통령·국무총리와 15인 이상 25인 이하의 국무위원으로 구성한다. 19 서울 7(추) O|X

4298-6 국무회의는 최대 30인 이상으로 구성될 수 없다. 12 지방 7 O|X

4298-7 국무위원의 수를 15인으로 하려면 헌법을 개정하여야만 할 수 있다. 20 5급 O|X

> 헌법 제88조 ② 국무회의는 **대통령·국무총리**와 **15인 이상 30인 이하**의 **국무위원**으로 구성한다.
> ③ **대통령**은 국무회의의 **의장**이 되고, **국무총리**는 **부의장**이 된다.

4299 대통령은 국무회의의 의장이 되고, 국무총리는 부의장이 된다. 20 법원 9 O|X

> 헌법 제88조 ③ **대통령**은 국무회의의 **의장**이 되고, **국무총리**는 **부의장**이 된다.

● 정답 4296. ○ 4297. ○ 4297-1. ○ 4298. ○ 4298-1. ○ 4298-2. ×[대통령·국무총리 포함 X] 4298-3. ×[국무총리도 포함] 4298-4. ×[15인 이상 30인 이하] 4298-5. ×[15인 이상 30인 이하] 4298-6. ×[최대 32인까지 가능함] 4298-7. ×[헌법 개정 없어도 가능] 4299. ○

4300 국무회의에서 대통령은 국무위원과 대등한 관계에 있다. 18 입시 O|X

국무회의는 정부의 권한에 속하는 중요한 정책을 심의하는 합의제기관이므로, 자유롭게 정책을 심의하기 위하여 국무회의에서 대통령·국무총리·국무위원은 대등한 관계에 있다고 본다.

02 국무회의의 구성원

4301 대통령은 국무회의 의장으로서 회의를 소집하고 이를 주재한다. 20 법무사 O|X

정부조직법 제12조(국무회의) ① 대통령은 국무회의 의장으로서 회의를 소집하고 이를 주재한다.

4302 대통령은 국무회의 의장으로서 회의를 소집하고 이를 주재하나, 사고로 직무를 수행할 수 없는 경우에는 부의장인 국무총리가 그 직무를 대행한다. 다만 의장과 부의장이 모두 사고로 직무를 수행할 수 없는 경우에는 기획재정부장관이 겸임하는 부총리, 교육부장관이 겸임하는 부총리 및 「정부조직법」 제26조제1항에 규정된 순서에 따라 국무위원이 그 직무를 대행한다. 23 국회 8 O|X

정부조직법 제12조(국무회의) ① 대통령은 국무회의 의장으로서 회의를 소집하고 이를 주재한다.
정부조직법 제12조(국무회의) ② 의장이 사고로 직무를 수행할 수 없는 경우에는 부의장인 국무총리가 그 직무를 대행하고, 의장과 부의장이 모두 사고로 직무를 수행할 수 없는 경우에는 기획재정부장관이 겸임하는 부총리, 교육부장관이 겸임하는 부총리 및 제26조제1항에 규정된 순서에 따라 국무위원이 그 직무를 대행한다.

4303 대통령은 국무회의 의장으로서 회의를 주재하지만, '사고'로 직무를 수행할 수 없는 경우에는 국무총리가 그 직무를 대행하는데, 대통령의 해외순방은 일시적으로 직무를 수행할 수 없는 경우로서 위 '사고'에 해당한다. 15 법원 9 O|X

대통령은 국무회의 의장으로서 회의를 소집하고 이를 주재하지만 대통령이 사고로 직무를 수행할 수 없는 경우에는 국무총리가 그 직무를 대행할 수 있고, 대통령이 해외 순방 중인 경우는 '사고'에 해당되므로, 대통령의 직무상 해외 순방 중 국무총리가 주재한 국무회의에서 이루어진 정당해산심판청구서 제출안에 대한 의결은 위법하지 아니하다(헌재 2014. 12. 19. 2013헌다1).

4304 국무조정실장·인사혁신처장·법제처장·식품의약품안전처장 그 밖에 법률로 정하는 공무원은 필요한 경우 국무회의에 출석하여 발언할 수 있다. 19 5급(변형) O|X

4304-1 식품의약품안전처장은 필요한 경우 국무회의에 출석하여 발언할 수 있으며, 소관사무에 관하여 국무총리에게 의안의 제출을 건의할 수 있다. 14 국가 7 O|X

정부조직법 제13조(국무회의의 출석권 및 의안제출) ① 국무조정실장·인사혁신처장·법제처장·식품의약품안전처장 그 밖에 법률로 정하는 공무원은 필요한 경우 국무회의에 출석하여 발언할 수 있다
② 제1항에 규정된 공무원은 소관사무에 관하여 국무총리에게 의안의 제출을 건의할 수 있다.

● 정답   4300. ◯   4301. ◯   4302. ◯   4303. ◯   4304. ◯   4304-1. ◯

03 국무회의의 운영

4305 국무회의는 구성원 과반수의 출석으로 개의하고, 출석구성원 3분의 2 이상의 찬성으로 의결한다. 17 경정, 12 지방 7   O | X

4305-1 국무회의는 구성원 3분의 2 이상의 출석으로 개의하고, 출석구성원 과반수의 찬성으로 의결한다. 19 국회 8   O | X

4305-2 국무회의는 구성원 과반수의 출석으로 개의하고, 출석구성원 과반수의 찬성으로 의결하되, 구성원이 동영상 및 음성이 송수신되는 장치가 갖추어진 서로 다른 장소에 출석하여 진행하는 원격영상회의 방식으로 할 수 있다. 14 국가 7   O | X

> 국무회의 규정 제6조(의사정족수 및 의결정족수 등) ① 국무회의는 **구성원 과반수의 출석으로 개의(開議)**하고, **출석구성원 3분의 2 이상의 찬성으로 의결**한다.
> ② 국무회의는 구성원이 동영상 및 음성이 동시에 송수신되는 장치가 갖추어진 서로 다른 장소에 출석하여 진행하는 **원격영상회의 방식**으로 할 수 있다. 이 경우 국무회의의 구성원은 동일한 회의장에 출석한 것으로 본다.

4306 국무위원이 국무회의에 출석하지 못할 때에는 각 부의 차관이 대리하여 출석하고, 대리 출석한 차관은 관계 의안에 관하여 발언할 수 있으나 표결에는 참가할 수 없다. 14 국가 7   O | X

4306-1 국무위원이 국무회의에 출석하지 못할 때에는 각 부의 차관이 대리하여 출석하고, 대리 출석한 차관은 관계 의안에 관하여 발언하고, 표결에도 참가할 수 있다. 15 경정   O | X

> 국무회의 규정 제7조(대리 출석) ① **국무위원이 국무회의에 출석하지 못할 때**에는 **각 부의 차관**(행정안전부의 재난안전관리사무에 관하여는 이를 담당하는 본부장을 포함한다)이 **대리하여 출석**한다.
> ② **대리 출석한 차관**은 관계 의안에 관하여 **발언**할 수 있으나 **표결에는 참가할 수 없다.**

POINT 244 국무회의 심의사항 C

01 심의사항

4307 국회의 임시회 집회의 요구, 헌법개정안·국민투표안·조약안·법률안 및 대통령령안은 국무회의의 심의를 거쳐야 한다. 19 서울 7(추)   O | X

> 헌법 제89조 다음 사항은 **국무회의의 심의를 거쳐야** 한다.
> 3. **헌법개정안·국민투표안·조약안·법률안 및 대통령령안**
> 7. **국회의 임시회 집회의 요구**

4308 '예산안·결산·국유재산처분의 기본계획·국가의 부담이 될 계약 기타 재정에 관한 중요사항'은 국무회의의 심의를 거쳐야 한다. 23 5급   O | X

정답 4305. O 4305-1. X [구성원 과반수 출석 개의, 출석 3분의 2 이상 찬성 의결] 4305-2. X [구성원 과반수 출석, 출석 2/3 이상 찬성 의결] 4306. O 4306-1. X [표결 참가 X] 4307. O 4308. O

> 헌법 제89조 다음 사항은 **국무회의 심의**를 거쳐야 한다.
> 4. 예산안·결산·**국유재산처분의 기본계획**·국가의 부담이 될 계약 기타 재정에 관한 중요사항

4309 대통령의 영전수여권과 외교사절의 신임·접수권은 행정부 수반에게 주어진 고유권한이므로 국무회의의 심의사항이 아니다. 15 서울 7 O | X

> 헌법 제73조 대통령은 조약을 체결·비준하고, **외교사절을 신임·접수** 또는 파견하며, 선전포고와 강화를 한다.
> 헌법 제80조 대통령은 법률이 정하는 바에 의하여 훈장 기타의 **영전을 수여**한다.
> 헌법 제89조 다음 사항은 **국무회의 심의**를 거쳐야 한다.
> 8. 영전수여
>
> 🔎 **보충설명** 대통령의 영전수여권과 외교사절의 신임·접수권은 행정부의 수반에게 주어진 권한이 아니라 국가원수로서의 대통령에게 주어진 고유권한이다. 다만 외교사절의 신임·접수는 국무회의의 심의사항이 아니나, 영전수여는 국무회의의 심의사항이다.

4310 행정각부 간의 권한의 획정은 국무회의 심의사항이다. 08 국가 7 O | X

> 헌법 제89조 다음 사항은 **국무회의 심의**를 거쳐야 한다.
> 10. **행정각부간의 권한의 획정**

4311 국정처리상황의 평가·분석 및 정부에 제출 또는 회부된 정부의 정책에 관계되는 청원의 심사는 헌법상 국무회의의 필수적 심의사항이다. 17 5급 O | X

> 헌법 제89조 다음 사항은 **국무회의 심의**를 거쳐야 한다.
> 12. **국정처리상황의 평가·분석**
> 15. 정부에 제출 또는 회부된 **정부의 정책에 관계되는 청원의 심사**

4312 정당해산의 제소는 헌법 제89조에서 직접 명시적으로 규정하고 있는 국무회의 심의사항이다. 19 소간 O | X

> 헌법 제89조 다음 사항은 **국무회의 심의**를 거쳐야 한다.
> 14. **정당해산의 제소**

4313 검찰총장·합동참모의장·각군참모총장·국립대학교총장·대사 기타 법률이 정한 공무원과 국영기업체관리자의 임명은 국무회의의 심의를 거쳐야 한다. 23 국가 7, 22 소간 O | X

4313-1 검찰총장의 임명은 헌법이 직접 정하고 있는 국무회의 심의대상이 아니다. 15 법원 9 O | X

4313-2 대통령의 대법관 임명은 국무회의의 심의사항으로 헌법상 명시되어 있다. 17 국회 8 O | X

> 헌법 제89조 다음 사항은 **국무회의 심의**를 거쳐야 한다.
> 16. **검찰총장·합동참모의장·각군참모총장·국립대학교총장·대사** 기타 법률이 정한 공무원과 **국영기업체관리자**의 임명

정답 4309. × [국가원수로서 권한, 영전수여는 국무회의 심의사항] 4310. ○ 4311. ○ 4312. ○ 4313. ○ 4313-1. × [심의대상임] 4313-2. × [심의대상 아님]

4314 구체적으로 어떤 정책을 필수적으로 국무회의 심의를 거쳐야 하는 중요한 정책으로 보아야 하는지는 국무회의에 의안을 상정할 수 있는 권한자인 대통령이나 국무위원에게 일정 정도의 판단재량이 인정되는 것으로 보아야 하고, 그에 관한 대통령이나 국무위원의 일차적 판단이 명백히 비합리적이거나 자의적인 것이 아닌 한 존중되어야 한다. 22 법무사   O | X

구체적으로 어떤 정책을 필수적으로 국무회의 심의를 거쳐야 하는 **중요한 정책으로 보아야 하는지**는 국무회의에 의안을 상정할 수 있는 권한자인 **대통령이나 국무위원**에게 일정 정도의 **판단재량이 인정**되는 것으로 보아야 하고, 그에 관한 대통령이나 국무위원의 일차적 판단이 **명백히 비합리적이거나 자의적인 것이 아닌 한 존중**되어야 한다(헌재 2022. 1. 27. 2016헌마364).

4315 대통령이 개성공단의 운영중단 결정 과정에서 국무회의 심의를 거치지 않았더라도 그 결정에 헌법과 법률이 정한 절차를 위반한 하자가 있다거나, 적법절차원칙에 따라 필수적으로 요구되는 절차를 거치지 않은 흠결이 있다고 할 수 없다. 24 변호사   O | X

피청구인 대통령이 개성공단의 운영 중단 결정 과정에서 **국무회의의 심의**를 거치지 않았더라도 그 결정에 **헌법과 법률이 정한 절차를 위반한 하자**가 있다거나, **적법절차원칙**에 따라 필수적으로 요구되는 절차를 거치지 않은 **흠결이 있다고 할 수 없다**(헌재 2022. 1. 27. 2016헌마364).

02 효력 및 사법심사

4316 대통령은 합의제기관인 국무회의의 구성원이므로 국무회의의 의결에 법적으로 구속된다. 18 입시   O | X

대통령은 합의제기관인 국무회의의 구성원이나 국무회의는 **심의기관**이므로 대통령은 **국무회의의 의결**에 법적으로 **구속되지 않는다.**

⑤4317 국무회의의 의결은 국가기관의 내부적 의사결정행위에 불과하므로 그 자체로 국민에 대한 직접적인 법률효과를 발생시키지 않는다. 17 국가 7, 17 5급   O | X

4317-1 국군을 해외에 파병하기로 하는 정책에 관한 국무회의의 의결은 그 자체로 국민에 대하여 직접적인 법률효과를 발생시키는 행위가 아니므로「헌법재판소법」제68조 제1항에서 말하는 공권력의 행사에 해당하지 않는다. 15 법원 9   O | X

4317-2 국무회의의 의결은 국가기관의 외부적 의사결정 행위이므로 그 자체로 국민에 대하여 직접적인 법률효과를 발생시킨다. 23 5급   O | X

4317-3 대통령이 국회에 파병동의안을 제출하기 전에 대통령을 보좌하기 위하여 파병정책을 심의, 의결한 국무회의의 의결은 국가기관의 내부적 의사결정행위에 해당하지만, 국민에 대하여 직접적인 법률효과를 발생할 수 있는 행위이므로 헌법소원의 대상이 되는 공권력의 행사에 해당한다. 23 지방 7   O | X

대통령이 국회에 파병동의안을 제출하기 전에 대통령을 보좌하기 위하여 파병 정책을 심의, 의결한 **국무회의의 의결은 국가기관의 내부적 의사결정행위**에 불과하여 그 자체로 국민에 대하여 **직접적인 법률효과를 발생시키는 행위가 아니므로** 헌법재판소법 제68조 제1항에서 말하는 **공권력의 행사에 해당하지 아니한다**(헌재 2003. 12. 18. 2003헌마225).

● 정답 4314. O   4315. O   4316. X [구속 X]   4317. O   4317-1. O   4317-2. X [내부적 의사결정행위, 직접적인 법률효과 발생 X]
4317-3. X [직접적인 법률효과 발생 X, 공권력행사 아님]

POINT 245 행정각부

01 행정각부

4318 군인은 현역을 면한 후가 아니면 국무위원으로 임명될 수 없고 국무위원이 아닌 자는 행정각부의 장이 될 수 없으므로, 현역을 면하지 않은 군인은 국방부장관도 될 수 없다. 24 소간 O|X

> 헌법 제87조 ④ 군인은 현역을 면한 후가 아니면 국무위원으로 임명될 수 없다.
> 헌법 제94조 행정각부의 장은 국무위원 중에서 국무총리의 제청으로 대통령이 임명한다.

4319 행정각부의 장은 국무위원 중에서 임명해야 하므로, 행정각부의 장에 대한 임명에는 국무위원의 경우와 달리 국무총리의 제청이 별도로 요구되지 않는다. 18 지방 7 O|X

> 헌법 제94조 행정각부의 장은 국무위원 중에서 국무총리의 제청으로 대통령이 임명한다.

4320 현행 헌법상 설치가능한 행정각부의 최대 숫자는 30개이다. 18 국회 9 O|X

> 헌법 제88조 ② 국무회의는 대통령·국무총리와 15인 이상 30인 이하의 국무위원으로 구성한다.
> 헌법 제94조 행정각부의 장은 국무위원 중에서 국무총리의 제청으로 대통령이 임명한다.
>
> 📎 **보충설명** 행정각부의 장은 국무위원 중에서 임명하고 국무위원은 30인 이하이므로 현행 헌법상 설치가능한 행정각부의 최대 숫자는 30개이다.

4321 헌법은 행정각부의 설치뿐만 아니라 행정각부의 조직과 직무범위도 법률로 정하도록 규정하고 있다. 24 소간 O|X

4321-1 행정각부의 설치·조직과 직무범위는 법령으로 정한다. 20 소간 O|X

> 헌법 제96조 행정각부의 설치·조직과 직무범위는 법률로 정한다.

4322 대통령과 행정부, 국무총리에 관한 헌법 규정의 해석상 국무총리는 행정에 관하여 독자적인 권한을 가지지 못하고 대통령의 명을 받아 행정각부를 통할하는 기관으로서의 지위만을 가지며 행정권 행사에 대한 최후의 결정권자는 대통령으로 보아야 할 것이므로, 국무총리의 통할을 받는 '행정각부'에 모든 행정기관이 포함된다고 볼 수 없다. 22 국회 8 O|X

4322-1 헌법 제86조 제2항은 대통령의 명을 받은 국무총리가 행정각부를 통할하도록 규정하고 있는데, 대통령과 행정부, 국무총리에 관한 헌법 규정의 해석상 국무총리의 통할을 받는 '행정각부'에는 모든 행정기관이 포함된다. 22 입시 O|X

● 정답 4318. O   4319. X [국무총리 제청 필요]   4320. O   4321. O   4321-1. X [법률로 정함]   4322. O   4322-1. X [모든 행정기관 포함 X]

내각책임제 밑에서의 행정권이 수상에게 귀속되는 것과는 달리 우리 나라의 행정권은 헌법상 대통령에게 귀속되고, **국무총리**는 단지 대통령의 첫째 가는 보좌기관으로서 **행정에 관하여 독자적인 권한을 가지지 못하고** 대통령의 명을 받아 행정각부를 통할하는 기관으로서의 지위만을 가지며, **행정권 행사에 대한 최후의 결정권자는 대통령**이라고 해석하는 것이 타당하다고 할 것이다. 이와 같은 헌법상의 대통령과 국무총리의 지위에 비추어 보면 **국무총리의 통할을 받는 행정각부에 모든 행정기관**이 포함된다고 볼 **수 없다** 할 것이다 (헌재 1994. 4. 28. 89헌마221).

4323 헌법 제86조 제2항은 그 위치와 내용으로 보아 국무총리의 헌법상 주된 지위가 대통령의 보좌기관이라는 것과 그 보좌기관인 지위에서 행정에 관하여 대통령의 명을 받아 행정각부를 통할할 수 있다는 것을 규정한 것일 뿐, 국가의 공권력을 집행하는 행정부의 조직은 헌법상 예외적으로 열거되어 있거나 그 성질상 대통령의 직속 기관으로 설치할 수 있는 것을 제외하고는 모두 국무총리의 통할을 받아야 하며, 그 통할을 받지 않는 행정기관은 법률에 의하더라도 이를 설치할 수 없음을 의미한다고는 볼 수 없다. 21 5급   O | X

4323-1 국무총리의 통할을 받지 않는 행정기관은 헌법상 예외적으로 열거된 경우 외에도 법률에 의해 이를 설치할 수 있다. 16 경정, 10 지방 7   O | X

헌법 제86조제2항은 그 위치와 내용으로 보아 국무총리의 헌법상 주된 지위가 대통령의 보좌기관이라는 것과 그 보좌기관인 지위에서 행정에 관하여 대통령의 명을 받아 행정각부를 통할할 수 있다는 것을 규정한 것일 뿐, 국가의 공권력을 집행하는 행정부의 조직은 헌법상 예외적으로 열거되어 있거나 그 성질상 대통령의 직속기관으로 설치할 수 있는 것을 제외하고는 **모두 국무총리의 통할을 받아야** 하며, 그 **통할을 받지 않은 행정기관**은 법률에 의하더라도 이를 **설치할 수 없음을 의미한다고는 볼 수 없다**(헌재 1994. 4. 28. 89헌마221).

4324 입법권자는 헌법 제96조에 의하여 법률로써 행정을 담당하는 행정기관을 설치함에 있어, 국무총리가 대통령의 명을 받아 통할하는 기관 외에는 대통령이 직접 통할하는 기관을 설치할 수 없다. 19 국가 7   O | X

입법권자는 헌법 제96조에 의하여 법률로써 행정을 담당하는 **행정기관을 설치함**에 있어 그 기관이 관장하는 사무의 성질에 따라 **국무총리가 대통령의 명을 받아 통할하는** 기관으로 설치할 수도 있고 또는 **대통령이 직접 통할하는** 기관으로 설치할 수도 있다 할 것이므로 헌법 제86조 제2항과 제94조에서 말하는 행정각부는 입법권자가 헌법 제96조에 의하여 법률로써 행정기관 중 국무총리의 통할을 받도록 설치한 행정각부만을 의미한다고 할 것이다(헌재 1994. 4. 28. 89헌마221).

4325 국무총리의 통할을 받는 행정각부에는 모든 행정기관이 포함된다고 볼 수 없고, 헌법에서 말하는 국무총리의 통할을 받는 행정각부는 헌법에서 위임받은 「정부조직법」에 의하여 설치하는 행정각부만을 의미한다. 17 국가 7   O | X

4325-1 헌법 제86조 제2항 및 제94조에서 말하는 국무총리의 통할을 받는 행정각부는 입법권자가 헌법 제96조의 위임을 받은 「정부조직법」 제26조에 의하여 설치하는 행정각부만을 의미하는 것은 아니다. 16 국가 7   O | X

헌법상의 대통령과 국무총리의 지위에 비추어 보면 **국무총리의 통할을 받는 행정각부에 모든 행정기관**이 포함된다고 볼 수 **없다** 할 것이다. … 헌법 제86조 제2항 및 제94조에서 말하는 **국무총리의 통할을 받는 행정각부**는 입법권자가 헌법 제96조의 위임을 받은 **정부조직법 제26조에 의하여 설치하는 행정각부만**을 의미한다고 할 것이다(헌재 1994. 4. 28. 89헌마221).

● 정답   4323. O   4323-1. O   4324. X [설치 가능함]   4325. O   4325-1. X [「정부조직법」 제26조에 의해 설치하는 행정각부만을 의미함]

4326 대통령직속의 헌법기관이 별도로 규정되어 있다는 이유만을 들어 법률에 의하더라도 헌법에 열거된 헌법기관 이외에는 대통령직속의 행정기관을 설치할 수 없다든가 또는 모든 행정기관은 헌법상 예외적으로 열거된 경우 등 이외에는 반드시 국무총리의 통할을 받아야 한다고는 말할 수 없다. 22 국가 7

O | X

대통령직속의 헌법기관이 별도로 규정되어 있다는 이유만을 들어 법률에 의하더라도 헌법에 열거된 헌법기관 이외에는 **대통령직속의 행정기관을 설치**할 수 없다든가 또는 모든 행정기관은 헌법상 예외적으로 열거된 경우 등 이외에는 **반드시 국무총리의 통할을 받아야** 한다고는 **말할 수 없다** 할 것이고 이는 현행 헌법상 대통령중심제의 정부조직원리에도 들어맞는 것이라 할 것이다(헌재 1994. 4. 28. 89헌마221).

4327 성질상 정부의 구성단위인 중앙행정기관이라 할지라도, 법률상 그 기관의 장(長)이 국무위원이 아니라든가 또는 국무위원이라 하더라도 그 소관사무에 관하여 부령을 발할 권한이 없는 경우에는, 그 기관은 우리 헌법이 규정하는 실정법적 의미의 행정각부로는 볼 수 없다. 24 경정

O | X

4327-1 법률상 그 기관의 장이 국무위원이 아니라든가 또는 국무위원이지만 그 소관사무에 관하여 부령을 발할 권한이 없다 하더라도, 그 기관이 성질상 정부의 구성단위인 중앙행정기관인 경우에는 우리 헌법이 규정하는 실정법적 의미의 행정각부에 해당된다. 17 국가 7

O | X

4327-2 「정부조직법」상 정부의 구성단위로서 그 권한에 속하는 사항을 집행하는 모든 중앙행정기관이 곧 헌법 제86조 제2항 소정의 행정각부라고 할 것이다. 21 5급

O | X

성질상 정부의 구성단위인 **중앙행정기관**이라 할지라도, 법률상 그 **기관의 장(長)이 국무위원**이 아니라든가 또는 국무위원이라 하더라도 그 소관사무에 관하여 **부령을 발할 권한**이 없는 경우에는, 그 기관은 우리 헌법이 규정하는 실정법적 의미의 **행정각부로는 보지 아니**하는 헌법상의 간접적인 개념제한이 있음을 알 수 있다. 따라서 정부의 구성단위로서 그 권한에 속하는 사항을 집행하는 **모든 중앙행정기관**이 곧 **헌법 제86조 제2항 소정의 행정각부는 아니**라 할 것이다(헌재 1994. 4. 28. 89헌마86).

4328 「정부조직법」 제26조에 행정각부로 규정되지 아니한 국가정보원은 행정각부가 아니다. 17 경정

O | X

4328-1 국가정보원도 행정각부에 속한다. 13 지방 7

O | X

국가안전기획부는 국무총리의 행정각부 통할권을 규정한 헌법 제86조 제2항 소정의 "**행정각부**"에 **포함되지 아니한다** 할 것이므로 이 조항에 의거한 국무총리의 통할을 받지 않는 것은 당연하고 따라서 국가안전기획부를 대통령직속기관으로 규정한 정부조직법 제14조가 헌법 제86조 제2항에 위반된다고 할 수 없다(헌재 1994. 4. 28. 89헌마86).

4329 정부의 구성단위로서 그 권한에 속하는 사항을 집행하는 중앙행정기관을 반드시 국무총리의 통할을 받는 '행정각부'의 형태로 설치하거나 '행정각부'에 속하는 기관으로 두어야 하는 것이 헌법상 강제되는 것은 아니므로, 법률로써 '행정각부'에 속하지 않는 독립된 형태의 행정기관을 설치하는 것이 헌법상 금지된다고 할 수 없다. 23 지방 7

O | X

헌법 제66조 제4항은 "행정권은 대통령을 수반으로 하는 정부에 속한다."고 규정하고 있는데, 여기서의 '정부'란 입법부와 사법부에 대응하는 넓은 개념으로서의 집행부를 일컫는다 할 것이다. 그리고 헌법 제86조 제2항은 대통령의 명을 받은 국무총리가 행정각부를 통할하도록 규정하고 있는데, 대통령과 행정부, 국무총리에 관한 헌법 규정의 해석상 국무총리의 통할을 받는 '행정각부'에 모든 행정기관이 포함된다고 볼 수 없다. 즉 정부의 구성단위로서 그 권한에 속하는 사항을 집행하는 **중앙행정기관**을 반드시 국무총리의 통할을 받는 **'행정각부'의 형태**로 설치하거나 **'행정각부'에 속하는 기관**으로 두어야 하는 것이 헌법상 강제되는 것은 아니므로, 법률로써 **'행정각부'에 속하지 않는 독립된 형태의 행정기관을 설치**하는 것이 **헌법상 금지된다고 할 수 없다**(헌재 2021. 1. 28. 2020헌마264 등).

정답 4326. O   4327. O   4327-1. X [행정각부 아님]   4327-2. X [행정각부 아님]   4328. O   4328-1. X [포함 X]   4329. O

4330 중앙행정기관이란 '국가의 행정사무를 담당하기 위하여 설치된 행정기관으로서 그 관할권의 범위가 전국에 미치는 행정기관'을 말하는데, 어떤 행정기관이 중앙행정기관에 해당하는지 여부는 기관 설치의 형식이 아니라 해당 기관이 실질적으로 수행하는 기능에 따라 결정되어야 한다. 22 국회 8   O | X

중앙행정기관이란 '국가의 행정사무를 담당하기 위하여 설치된 행정기관으로서 **그 관할권의 범위가 전국에 미치는 행정기관**'을 말하는데(행정기관의 조직과 정원에 관한 통칙 제2조 제1호), 어떤 행정기관이 중앙행정기관에 해당하는지 여부는 **기관 설치의 형식이** 아니라 해당 기관이 **실질적으로 수행하는 기능에 따라 결정**되어야 한다(헌재 2021. 1. 28. 2020헌마264 등).

4331 고위공직자범죄수사처가 직제상 대통령 또는 국무총리 직속기관 내지 국무총리의 통할을 받는 행정각부에 속하지 않는다고 하더라도 대통령을 수반으로 하는 행정부에 소속된 행정기관으로 보는 것이 타당하다. 22 국회 8   O | X

고위공직자범죄수사처가 직제상 대통령 또는 국무총리 직속기관 내지 국무총리의 통할을 받는 행정각부에 속하지 않는다고 하더라도 대통령을 수반으로 하는 **행정부에 소속된 행정기관**으로 보는 것이 타당하다(헌재 2021. 1. 28. 2020헌마264 등).

4332 「정부조직법」은 국가행정기관의 설치와 조직에 관한 일반법이지만 「고위공직자범죄수사처 설치 및 운영에 관한 법률」보다 상위의 법이라 할 수는 없다. 22 국회 8   O | X

정부조직법은 국가행정기관의 설치와 조직에 관한 **일반법**으로서 **공수처법보다 상위의 법이라 할 수 없고**, 정부조직법의 2020. 6. 9.자 개정도 정부조직 관리의 통일성을 확보하고 정부 구성에 대한 국민의 알 권리를 보장하기 위하여 중앙행정기관을 명시하는 일반원칙을 규정하기 위한 것으로 볼 수 있다(헌재 2021. 1. 28. 2020헌마264 등).

4333 대통령은 고위공직자범죄수사처장과 차장, 수사처검사의 임명권과 해임권 모두를 보유하고 있는데, 이들을 임명할 때 추천위원회나 인사위원회의 추천, 수사처장의 제청 등을 거치게 되어 있으므로 수사처 구성에 있어 대통령의 인사권은 형식적인 것이다. 22 국회 8   O | X

대통령은 수사처장과 차장, 수사처검사의 임명권과 해임권 모두를 보유하고 있는데, 이들을 임명할 때 추천위원회나 인사위원회의 추천, 수사처장의 제청 등을 거쳐야 한다는 이유만으로 **대통령이 형식적인 범위에서의 인사권**만 가지고 있다고 볼 수는 **없고, 수사처 구성**에 있어 **대통령의 실질적인 인사권이 인정**된다고 할 것이다(헌재 2021. 1. 28. 2020헌마264 등).

02 행정각부의 권한

4334 행정각부의 장은 소관사무에 관하여 법률이나 대통령령의 위임 또는 직권으로 부령을 발할 수 있으며, 소관사무에 관하여 지방행정의 장을 지휘·감독한다. 20 소간, 18 지방 7   O | X

4334-1 행정각부의 장은 소관사무에 관하여 법률이나 대통령령의 위임 또는 직권으로 부령을 발할 수 있다. 24 5급   O | X

4334-2 국무위원은 소관사무에 관하여 대통령령이나 총리령의 위임 또는 직권으로 부령을 발할 수 있다. 22 5급   O | X

> **헌법 제95조** 국무총리 또는 행정각부의 장은 소관사무에 관하여 **법률이나 대통령령의 위임** 또는 **직권으로 총리령 또는 부령**을 발할 수 있다.
> **정부조직법 제26조(행정각부)** ③ 장관은 소관사무에 관하여 **지방행정의 장을 지휘·감독**한다.

●정답 4330. O   4331. O   4332. O   4333. X [실질적 인사권 인정됨]   4334. O   4334-1. O   4334-2. X [국무위원 X, 행정각부의 장의 지위로 가능함]

POINT 246　감사원

01 감사원

4335 국가의 세입·세출의 결산, 국가 및 법률이 정한 단체의 회계검사와 행정기관 및 공무원의 직무에 관한 감찰을 하기 위하여 대통령 소속하에 감사원을 둔다. 17 지방 7　O | X

4335-1 감사원은 헌법기관으로서 대통령 소속하에 설치된 기관이다. 22 소간　O | X

4335-2 현행 헌법은 국가의 세입·세출의 결산, 국가 및 법률이 정한 단체의 회계검사와 행정기관 및 공무원의 직무에 관한 감찰을 하기 위하여 대통령으로부터 독립한 감사원을 두고 있다. 10 지방 7　O | X

4335-3 국가의 세입·세출의 결산, 국가 및 법률이 정한 단체의 회계검사와 행정기관 및 공무원의 직무에 관한 감찰을 하기 위하여 국무총리 소속하에 감사원을 둔다. 23 5급, 20 5급　O | X

4335-4 「감사원법」을 개정하여 감사원을 국회의 소속하에 둘 수 있다. 14 법원 9　O | X

> 헌법 제97조 국가의 세입·세출의 결산, 국가 및 법률이 정한 단체의 회계검사와 행정기관 및 공무원의 직무에 관한 감찰을 하기 위하여 대통령 소속하에 감사원을 둔다.

4336 감사원의 조직·직무범위·감사위원의 자격·감사대상공무원의 범위 기타 필요한 사항은 법률로 정한다. 22 소간　O | X

> 헌법 제100조 감사원의 조직·직무범위·감사위원의 자격·감사대상공무원의 범위 기타 필요한 사항은 법률로 정한다.

4337 1948년 제헌헌법에서는 국가의 수입지출의 결산을 검사하는 기관으로 심계원을 두었다. 20 소간, 18 변호사　O | X

4337-1 1948년 헌법은 국가의 세입·세출의 결산, 국가 및 법률에 정한 단체의 회계검사와 행정기관 및 공무원의 직무에 관한 감찰을 하기 위하여 대통령 소속 하에 감사원을 두도록 규정하였다. 23 변호사　O | X

> 제헌헌법(1948년) 제95조 국가의 수입지출의 결산은 매년 심계원에서 검사한다.
> 제5차 개정헌법(1962년) 제92조 국가의 세입·세출의 결산, 국가 및 법률에 정한 단체의 회계 검사와 행정기관 및 공무원의 직무에 관한 감찰을 하기 위하여 대통령소속하에 감사원을 둔다.
>
> **보충설명** 1948년 제헌헌법에서는 국가의 수입지출의 결산을 검사하는 심계원을 두었고, 「정부조직법」에 공무원의 직무를 감찰하는 감찰위원회가 설치되어 운영되다가 제5차 개정헌법(1962년)에서 심계원과 감찰위원회를 통합한 감사원이 설치되어 현행헌법까지 이어지고 있다.

● 정답　4335. O　4335-1. O　4335-2. ×[대통령 소속]　4335-3. ×[대통령 소속]　4335-4. ×[헌법 개정 필요]　4336. O　4337. O
　　　　4337-1. ×[감사원 : 제5차 개정헌법에 처음 규정]

4338 감사원은 대통령에 소속하되, 직무에 관하여는 독립의 지위를 가진다. 감사원 소속 공무원의 임용, 조직 및 예산의 편성에 있어서는 감사원의 독립성이 최대한 존중되어야 한다. 18 변호사, 10 법원 9   O│X

4338-1 감사원은 조직상 대통령에 소속하되, 직무에 관하여는 독립의 지위를 가진다. 22 법무사   O│X

4338-2 감사원은 기능적인 측면은 물론이고 그 조직적인 면에서도 독립기관이라 할 수 있다. 18 서울 7(추)   O│X

> **감사원법 제2조(지위)** ① 감사원은 **대통령에 소속**하되, **직무**에 관하여는 **독립의 지위**를 가진다.
> ② 감사원 소속 **공무원의 임용, 조직 및 예산의 편성**에 있어서는 **감사원의 독립성이 최대한 존중**되어야 한다.

4339 감사원은 대통령에 소속된 기관으로 국무총리의 통할을 받지 아니한다. 18 법무사, 11 국가 7   O│X

4339-1 감사원은 대통령 소속기관이므로 헌법 제86조에 따라 대통령을 보좌하며 행정에 관하여 대통령의 명을 받아 행정각부를 통할하는 국무총리의 통할을 받는다. 24 경정   O│X

4339-2 감사원은 국무회의나 국무총리에 대한 종속적 기관이 아니므로 그 권한행사에 있어서는 오직 대통령만이 구체적 지시를 할 수 있다. 18 서울 7(추)   O│X

4339-3 감사원은 대통령 직속기관이므로 직무에 관하여 국무총리의 통할 없이 대통령의 지휘·감독을 받는다. 19 소간   O│X

> **감사원법 제2조(지위)** ① 감사원은 **대통령에 소속**하되, **직무**에 관하여는 **독립의 지위**를 가진다.
> ② 감사원 소속 **공무원의 임용, 조직 및 예산의 편성**에 있어서는 **감사원의 독립성이 최대한 존중**되어야 한다.
>
> 📎 **보충설명** 감사원은 대통령에 소속된 기관이므로 국무총리의 통할을 받지 아니하며, 감사원은 직무에 관하여 독립의 지위를 가지므로 대통령의 지휘·감독도 받지 않는다.

4340 감사원은 감사원장을 포함한 5인 이상 11인 이하의 감사위원으로 구성한다. 19 소간, 18 법무사, 14 법원 9   O│X

4340-1 감사원은 감사원장과 5인 이상 11인 이하의 감사위원으로 구성된다. 19 입시   O│X

4340-2 감사원은 원장을 포함한 7인 이상 11인 이하의 감사위원으로 구성한다. 16 서울 7   O│X

4340-3 감사원 조직 확충을 위해 대통령이 감사원장을 포함하여 총 12인의 감사위원을 임명할 수 있다. 24 5급   O│X

> **헌법 제98조** ① 감사원은 **원장을 포함**한 **5인 이상 11인 이하**의 **감사위원**으로 구성한다.

● 정답 4338. O 4338-1. O 4338-2. X[조직면에서 대통령 소속] 4339. O 4339-1. X[국무총리의 통할 받지 않음] 4339-2. X[대통령도 지시 불가능] 4339-3. X[대통령 지휘·감독 받지 않음] 4340. O 4340-1. X[감사원장 포함] 4340-2. X[7인 X → 5인 O] 4340-3. X[헌법상 12인 감사위원 임명 불가]

4341 감사원의 감사위원을 12인으로 하려면 헌법을 개정하여야만 할 수 있다. 20 5급 O|X

4341-1 헌법을 개정하지 않고도 감사원의 감사위원 수를 12인으로 할 수 있다. 22 소간 O|X

4341-2 감사원은 감사원장과 7인의 감사위원으로 구성하며, 법률개정으로 감사위원의 수는 4인으로 축소하거나 12인으로 증원할 수 있다. 17 지방 7 O|X

> 헌법 제98조 ① 감사원은 **원장을 포함**한 **5인 이상 11인 이하의 감사위원**으로 구성한다.
> 감사원법 제3조(구성) 감사원은 **감사원장**(이하 "원장"이라 한다)을 **포함**한 **7명의 감사위원**으로 구성한다.

4342 헌법상 감사원은 원장을 포함한 5인 이상 11인 이하의 감사위원으로 구성하며, 「감사원법」상 감사원은 감사원장을 포함한 7명의 감사위원으로 구성한다. 20 경정 O|X

4342-1 감사원은 감사원장을 포함하여 7인의 감사위원으로 구성되는 합의제 헌법기관이다. 10 법원 9 O|X

> 헌법 제98조 ① 감사원은 **원장을 포함**한 **5인 이상 11인 이하의 감사위원**으로 구성한다.
> 감사원법 제3조(구성) 감사원은 **감사원장**(이하 "원장"이라 한다)을 **포함**한 **7명의 감사위원**으로 구성한다.

02 감사원장

4343 감사원장은 국회의 동의를 얻어 대통령이 임명하고, 그 임기는 4년으로 하며, 1차에 한하여 중임할 수 있다. 21 5급, 19 입시, 17 국가 7(추) O|X

4343-1 감사원은 원장을 포함한 5인 이상 11인 이하의 감사위원으로 구성되며, 원장은 국회의 동의 없이 대통령이 임명하고, 1차에 한하여 중임할 수 있다. 20 지방 7 O|X

4343-2 감사원장은 국회의 동의를 얻어 감사위원 중에서 대통령이 임명하고, 감사원장의 임기는 4년으로 하며, 중임할 수 없다. 18 변호사 O|X

4343-3 감사원장은 헌법에 임기가 6년으로 명시되어 있다. 12 국회 8 O|X

4343-4 감사원장은 국회의 동의를 얻어 대통령이 임명하며 중임할 수 없다. 20 소간 O|X

> 헌법 제98조 ① 감사원은 **원장을 포함**한 **5인 이상 11인 이하의 감사위원**으로 구성한다.
> ② **원장**은 **국회의 동의**를 얻어 **대통령이 임명**하고, 그 **임기는 4년**으로 하며, **1차에 한하여 중임**할 수 있다.

4344 감사원은 감사원장을 포함한 7명의 감사위원으로 구성하며, 감사원장은 국회의 동의를 받아 대통령이 임명한다. 13 국가 7 O|X

> 감사원법 제3조(구성) 감사원은 **감사원장**(이하 "원장"이라 한다)을 **포함**한 **7명의 감사위원**으로 구성한다.
> 감사원법 제4조(원장) ① **원장**은 **국회의 동의**를 받아 **대통령이 임명**한다.

정답 4341. O 4341-1. X [헌법 개정 필요] 4341-2. X [원장 포함 7인, 법률개정으로 축소·증원 불가] 4342. O 4342-1. O 4343. O 4343-1. X [국회 동의 필요] 4343-2. X [감사위원 중 임명 X, 1차 중임 가능함] 4343-3. X [임기 4년] 4343-4. X [1차 중임 가능] 4344. O

4345 감사원장이 궐위(闕位)되거나 사고(事故)로 인하여 직무를 수행할 수 없을 때에는 감사위원으로 최장기간 재직한 감사위원이 그 권한을 대행하며, 재직기간이 같은 감사위원이 2명 이상인 경우에는 연장자가 그 권한을 대행한다. 22 지방 7 O | X

4345-1 감사원장이 사고로 인하여 직무를 수행할 수 없을 때에는 감사위원 중 연장자가 그 권한을 대행한다. 24 경정 O | X

4345-2 원장이 사고로 인하여 직무를 수행할 수 없는 때에는 원장이 지정하는 감사위원이 그 직무를 대행한다. 20 지방 7 O | X

> **감사원법 제4조(원장)** ① 원장은 **국회의 동의**를 받아 **대통령이 임명**한다.
> ③ **원장이 궐위(闕位)**되거나 **사고(事故)**로 인하여 **직무를 수행할 수 없**을 때에는 감사위원으로 **최장기간 재직한 감사위원**이 그 **권한을 대행**한다. 다만, 재직기간이 같은 **감사위원이 2명 이상**인 경우에는 **연장자**가 그 **권한을 대행**한다.

03 감사위원

4346 대통령은 국회의 동의 절차 없이 감사원장의 제청으로 감사위원을 임명한다. 19 지방 7 O | X

4346-1 감사위원은 감사원장의 제청으로 국회의 동의를 얻어 대통령이 임명한다. 24 경정 · 17 입시 O | X

4346-2 감사위원은 대통령의 임명에 제청 절차가 필요하지 않다. 21 소간 O | X

4346-3 감사위원은 국무총리의 제청으로 대통령이 임명한다. 19 소간 O | X

> **헌법 제98조** ③ **감사위원**은 **원장의 제청**으로 **대통령이 임명**하고, 그 **임기는 4년**으로 하며, **1차에 한하여 중임**할 수 있다.

4347 감사위원은 원장의 제청으로 대통령이 임명하고, 그 임기는 4년으로 하며, 1차에 한하여 중임할 수 있다. 20 소간 O | X

4347-1 감사위원의 임기 연장은 헌법개정을 하지 않고서도 채택할 수 있다. 13 법무사 O | X

> **헌법 제98조** ③ **감사위원**은 **원장의 제청**으로 **대통령이 임명**하고, 그 **임기는 4년**으로 하며, **1차에 한하여 중임**할 수 있다.

4348 감사원장은 국회의 동의를 받아 대통령이 임명하나, 감사위원은 국회의 동의 없이 감사원장의 제청으로 대통령이 임명한다. 20 변호사, 19 서울 7 O | X

4348-1 감사원장과 감사위원은 국회의 동의를 얻어 대통령이 임명하고, 1차에 한하여 중임할 수 있다. 19 법원 9 O | X

> **헌법 제98조** ② **원장**은 **국회의 동의**를 얻어 **대통령이 임명**하고, 그 **임기는 4년**으로 하며, **1차에 한하여 중임**할 수 있다.
> ③ **감사위원**은 원장의 제청으로 **대통령이 임명**하고, 그 **임기는 4년**으로 하며, **1차에 한하여 중임**할 수 있다.

정답 4345. O 4345-1. X [연장자 X → 최장기간 재직 감사위원 O] 4345-2. X [최장기간 재직 감사위원이 권한 대행] 4346. O 4346-1. X [국회 동의 X] 4346-2. X [감사원장 제청 필요] 4346-3. X [감사원장의 제청] 4347. O 4347-1. X [헌법 개정 필요] 4348. O 4348-1. X [감사위원은 국회 동의 X]

4349 감사원장과 감사위원의 임기는 4년으로 하며, 1차에 한하여 중임할 수 있다. 22 소간 O|X

4349-1 감사원장과 감사위원의 임기는 헌법사항에 속하며, 4년으로 하고 있다. 20 경정, 18 서울 7(추) O|X

4349-2 감사원장과 감사위원의 임기는 6년이다. 19 소간 O|X

4349-3 감사원장의 임기는 4년으로 하며 1차에 한하여 중임할 수 있고, 감사위원의 임기는 4년으로 하며 법률이 정하는 바에 따라 연임할 수 있다. 19 경정, 13 국회 8 O|X

4349-4 감사원장은 중임할 수 없으나, 감사위원은 1차에 한하여 중임할 수 있다. 22 5급 O|X

> **헌법 제98조** ② 원장은 **국회의 동의**를 얻어 **대통령이 임명**하고, 그 **임기는 4년**으로 하며, **1차에 한하여 중임할 수 있다.**
> ③ **감사위원**은 원장의 제청으로 대통령이 임명하고, 그 **임기는 4년**으로 하며, **1차에 한하여 중임할 수 있다.**

4350 감사원장과 감사위원은 모두 70세를 정년으로 한다. 20 5급 O|X

> **감사원법 제6조(임기 및 정년)** ② **감사위원**의 정년은 65세로 한다. 다만, **원장**인 감사위원의 **정년은 70세**로 한다.

4351 감사위원은 탄핵결정이나 금고 이상의 형의 선고를 받거나 장기(長期)의 심신쇠약으로 직무를 수행할 수 없게 된 때가 아니면 본인의 의사에 반하여 면직되지 아니한다. 13 법무사 O|X

4351-1 감사위원은 탄핵결정이나 장기(長期)의 심신쇠약으로 직무를 수행할 수 없게 된 때가 아니면 본인의 의사에 반하여 면직되지 아니한다. 17 경정 O|X

> **감사원법 제8조(신분보장)** ① **감사위원**은 다음 각 호의 어느 하나에 해당하는 경우가 아니면 **본인의 의사**에 반하여 **면직되지 아니한다.**
> 1. 탄핵결정이나 금고 이상의 형의 선고를 받았을 때
> 2. 장기(長期)의 심신쇠약으로 직무를 수행할 수 없게 된 때

4352 감사원법이 감사위원의 정치운동을 금지하는 취지는 감사원의 독립성을 보장하기 위한 것이다. 19 법원 9 O|X

4352-1 감사위원은 정당에 가입할 수는 있지만 정치운동에 관여할 수는 없다. 13 법무사 O|X

감사원이 업무를 충실히 수행하는데 필요한 독립성과 중립성을 확보하기 위하여 감사위원의 정당가입이나 정치운동을 금지하고 있다.

> **감사원법 제10조(정치운동의 금지)** 감사위원은 **정당에 가입**하거나 **정치운동에 관여할 수 없다.**

4353 감사위원회의는 감사원장을 포함한 감사위원 전원으로 구성하며, 감사위원회의는 재적 감사위원 과반수의 찬성으로 의결한다. 18 지방 7 O|X

4353-1 감사위원회의는 재적 감사위원 과반수의 참석과 참석 감사위원 과반수의 찬성으로 의결한다. 20 지방 7 O|X

정답 4349. O 4349-1. O 4349-2. X [임기 4년] 4349-3. X [감사위원도 1차에 한해 중임 可] 4349-4. X [감사원장 1차에 한해 중임 가능함] 4350. X [감사위원은 65세] 4351. O 4351-1. X [금고 이상 형 선고의 경우도 포함됨] 4352. O 4352-1. X [정당 가입도 不可] 4353. O 4353-1. X [재적 과반수 찬성 의결]

헌법 제98조 ① 감사원은 **원장을 포함한 5인 이상 11인 이하**의 **감사위원**으로 구성한다.
감사원법 제11조(의장 및 의결) ① **감사위원회의**는 원장을 포함한 **감사위원 전원**으로 구성하며, 원장이 의장이 된다.
② 감사위원회의는 **재적 감사위원 과반수의 찬성**으로 의결한다.

4354 감사위원이 탄핵소추의 의결을 받았거나 형사재판에 계속되었을 때에는 그 탄핵의 결정 또는 재판이 확정될 때까지 그 권한행사가 정지된다. 13 국가 7   O|X

감사원법 제15조(감사위원의 제척) ② 감사위원이 **탄핵소추의 의결**을 받았거나 **형사재판에 계속**(係屬)되었을 때에는 그 **탄핵의 결정 또는 재판**이 확정될 때까지 그 **권한 행사가 정지**된다.

POINT 247 감사원의 권한

01 회계검사와 결산확인

4355 감사원은 세입·세출의 결산을 매년 검사하여 대통령과 차년도국회에 그 결과를 보고하여야 한다.
24 소간, 23 5급, 22 지방 7, 22 소간, 20 5급, 19 법원 9, 13 법무사, 11 국가 7   O|X

4355-1 감사원은 세입·세출의 결산을 매년 검사하여 대통령과 차기국회에 그 결과를 보고하여야 한다.
19 입시   O|X

헌법 제99조 감사원은 **세입·세출의 결산**을 매년 검사하여 **대통령**과 **차년도국회**에 그 결과를 보고하여야 한다.

4356 감사원은 국가, 지방자치단체 등의 회계를 상시 검사·감독하여 그 적정을 기하는 기능을 가진다.
21 국회 9   O|X

감사원법 제20조(임무) 감사원은 **국가의 세입·세출의 결산검사**를 하고, 이 법 및 다른 법률에서 정하는 **회계를 상시 검사·감독**하여 그 **적정**을 기하며, 행정기관 및 공무원의 직무를 감찰하여 행정 운영의 개선과 향상을 기한다.
감사원법 제22조(필요적 검사사항) ① 감사원은 다음 각 호의 사항을 **검사**한다.
1. **국가의 회계**
2. **지방자치단체의 회계**

●정답 4354. O   4355. O   4355-1. X [차기국회 X → 차년도국회 O]   4356. O

4357 법률이 정하는 경우 국가기관이 아닌 경우에도 감사원의 회계검사를 받아야 한다. 18 법무사, 11 국가 7

O | X

> **헌법 제97조** 국가의 세입·세출의 결산, 국가 및 법률이 정한 단체의 회계검사와 행정기관 및 공무원의 직무에 관한 감찰을 하기 위하여 대통령 소속하에 감사원을 둔다.
>
> **감사원법 제22조(필요적 검사사항)** ① 감사원은 다음 각 호의 사항을 검사한다.
> 1. 국가의 회계
> 2. 지방자치단체의 회계
> 3. 한국은행의 회계와 국가 또는 지방자치단체가 자본금의 2분의 1 이상을 출자한 법인의 회계
> 4. 다른 법률에 따라 감사원의 회계검사를 받도록 규정된 단체 등의 회계

4358 감사원은 필요하다고 인정하거나 국무총리의 요구가 있는 경우에는 국가 또는 지방자치단체가 자본금의 일부를 출자한 자의 회계를 검사할 수 있다. 22 지방 7

O | X

> **감사원법 제23조(선택적 검사사항)** 감사원은 필요하다고 인정하거나 국무총리의 요구가 있는 경우에는 다음 각 호의 사항을 검사할 수 있다.
> 1. 국가기관 또는 지방자치단체 외의 자가 국가 또는 지방자치단체를 위하여 취급하는 국가 또는 지방자치단체의 현금·물품 또는 유가증권의 출납
> 2. 국가 또는 지방자치단체가 직접 또는 간접으로 보조금·장려금·조성금 및 출연금 등을 교부(交付)하거나 대부금 등 재정 원조를 제공한 자의 회계
> 3. 제2호에 규정된 자가 그 보조금·장려금·조성금 및 출연금 등을 다시 교부한 자의 회계
> 4. 국가 또는 지방자치단체가 자본금의 일부를 출자한 자의 회계

4359 감사원의 변상판정처분에 대하여서는 행정소송을 제기할 수 없고, 재결에 해당하는 재심의 판결에 대하여서만 감사원을 당사자로 하여 행정소송을 제기할 수 있다. 16 국회 8

O | X

> **감사원법 제36조(재심의 청구)** ① 제31조에 따른 변상 판정에 대하여 위법 또는 부당하다고 인정하는 본인, 소속 장관, 감독기관의 장 또는 해당 기관의 장은 변상판정서가 도달한 날부터 3개월 이내에 감사원에 재심의를 청구할 수 있다.
>
> **감사원법 제40조(재심의의 효력)** ② 감사원의 재심의 판결에 대하여는 감사원을 당사자로 하여 행정소송을 제기할 수 있다. 다만, 그 효력을 정지하는 가처분결정은 할 수 없다.

4360 감사원이 직권으로 재심의한 것에 대하여는 재심의를 청구할 수 없다. 22 지방 7

O | X

> **감사원법 제39조(직권 재심의)** ① 감사원은 판정을 한 날부터 2년 이내에 계산서 및 증거서류 등의 오류·누락 등으로 그 판정이 위법 또는 부당함을 발견하였을 때에는 이를 직권으로 재심의할 수 있다.
>
> **감사원법 제40조(재심의의 효력)** ① 청구에 따라 재심의한 사건에 대하여는 또다시 재심의를 청구할 수 없다. 다만, 감사원이 직권으로 재심의한 것에 대하여는 재심의를 청구할 수 있다.

정답 4357. O 4358. O 4359. O 4360. ✗ [청구 가능함]

02 직무감찰 (사무+비위)

4361 감사원의 직무감찰기능에는 공무원의 비위감찰뿐만 아니라 법령·제도 또는 행정관리의 모순이나 문제점 개선 등에 관한 것도 포함된다. 21 국회 9   O|X

감사원은 행정기관 등의 사무와 그 소속 직원의 직무에 관한 감찰을 할 수 있는 직무감찰권을 가지고 있다. 직무감찰은 공무원의 비위 적발을 위한 비위감찰뿐만 아니라 법령·제도 또는 행정관리상의 모순이나 문제점의 개선 등에 관한 기능이 포함된다.

> 감사원법 제24조(감찰 사항) ① 감사원은 다음 각 호의 사항을 **감찰**한다.
> 1. 「정부조직법」 및 그 밖의 법률에 따라 설치된 **행정기관의 사무**와 그에 소속한 **공무원의 직무**
> 2. **지방자치단체의 사무**와 그에 소속한 **지방공무원의 직무**
>
> 직무감찰규칙(감사원규칙) 제2조(직무감찰의 정의) "**직무감찰**"이라 함은 법 제20조, 제24조의 규정에 의한 행정기관 등의 사무와 공무원 등의 직무 및 이와 관련된 행위에 대하여 조사·평가 등의 방법으로 **법령상, 제도상 또는 행정상의 모순이나 문제점을 적출**하여 이를 시정, 개선하기 위한 **행정사무감찰**과 **공무원 등의 위법·부당행위**를 적발하여 이를 바로잡기 위한 **대인감찰**을 말한다.

4362 감사원은 법령에 따라 국가 또는 지방자치단체가 위탁하거나 대행하게 한 사무에 대해서도 감찰한다. 18 변호사   O|X

> 감사원법 제24조(감찰 사항) ① 감사원은 다음 각 호의 사항을 **감찰**한다.
> 4. 법령에 따라 **국가 또는 지방자치단체**가 **위탁하거나 대행하게 한 사무**와 그 밖의 법령에 따라 공무원의 신분을 가지거나 공무원에 준하는 자의 직무

4363 직무감찰의 범위를 정한 감사원법 조항에 의하면, 지방자치단체의 사무와 그에 소속한 지방공무원의 직무는 감사원의 감찰사항에 포함되며, 여기에는 공무원의 비위사실을 밝히기 위한 비위감찰권뿐만 아니라 공무원의 근무평정·행정관리의 적부심사분석과 그 개선 등에 관한 행정감찰권까지 포함된다. 22 국가 7   O|X

직무감찰의 범위를 정한 감사원법 제24조 제1항 제2호에 의하면, **지방자치단체의 사무**와 그에 소속한 **지방공무원의 직무는 감사원의 감찰사항에 포함**되며, 여기에는 **공무원의 비위사실을 밝히기 위한 비위감찰권뿐만 아니라 공무원의 근무평정·행정관리의 적부심사분석과 그 개선 등에 관한 행정감찰권까지 포함**된다고 해석된다(헌재 2008. 5. 29. 2005헌라3).

⊚4364 감사원의 직무감찰권의 범위에 인사권자에 대하여 징계 등을 요구할 권한이 포함되고, 위법성뿐 아니라 부당성도 감사의 기준이 된다. 15 국가 7   O|X

4364-1 헌법은 공무원의 직무감찰 등을 하기 위하여 대통령 소속하에 감사원을 두고 있다. 감사원의 직무감찰권의 범위에는 인사권자에 대하여 징계를 요구할 권한이 포함되고, 위법성이 감사의 기준이 되며 부당성은 기준이 되지 않는다. 24 변호사   O|X

헌법은 국가의 세입·세출의 **결산**, 국가 및 법률이 정한 단체의 **회계검사**와 행정기관 및 공무원의 **직무에 대한 감찰**을 하기 위하여 **대통령 소속하에 감사원**을 두고(제97조), 감사원의 조직·직무범위·감사위원의 자격·감사대상 공무원의 범위 기타 필요한 사항은 법률로 정한다고 규정하고 있다(제100조). … 감사원법 규정들의 구체적 내용을 살펴보면 **감사원의 직무감찰권의 범위에 인사권자에 대하여 징계 등을 요구할 권한**이 포함되고, **위법성뿐 아니라 부당성도 감사의 기준이 되는 것**은 명백하며, 지방자치단체의 사무의 성격이나 종류에 따른 어떠한 제한이나 감사기준의 구별도 찾아볼 수 없다(헌재 2008. 5. 29. 2005헌라3).

● 정답   4361. O   4362. O   4363. O   4364. O   4364-1. X [부당성도 기준]

4365 감사원은 행정기관 및 공무원의 직무에 관한 감찰을 할 수 있으나, 국회·법원 및 헌법재판소에 소속한 공무원은 직무감찰의 대상이 아니다. 19 법원 9   Ο|X

4365-1 감사원은 국회·법원·헌법재판소에 소속된 공무원을 대상으로는 직무감찰을 할 수 없으나, 중앙선거관리위원회 소속 공무원을 대상으로는 직무감찰을 할 수 있다. 19 입시   Ο|X

4365-2 감사원은 행정기관 및 공무원의 직무에 관한 감찰을 담당하기 때문에 국회·법원·헌법재판소 소속 공무원을 직무감찰할 수 있다. 20 경정   Ο|X

4365-3 감사원은 행정 및 입법기관의 사무와 그에 소속한 공무원의 직무감찰권한을 갖는다. 21 국회 9   Ο|X

> 감사원법 제24조(감찰 사항) ① 감사원은 다음 각 호의 사항을 **감찰**한다.
> 1. 「정부조직법」 및 그 밖의 법률에 따라 설치된 **행정기관의 사무**와 그에 소속한 **공무원의 직무**
> 2. **지방자치단체의 사무**와 그에 소속한 **지방공무원의 직무**
> ③ 제1항의 공무원에는 **국회·법원 및 헌법재판소에 소속한 공무원은 제외**한다.

4366 감사원은 국무총리로부터 국가기밀에 속한다는 소명이 있는 사항이나 국방부장관으로부터 군기밀이거나 작전상 지장이 있다는 소명이 있는 사항은 감찰할 수 없다. 22 국가 7   Ο|X

> 감사원법 제24조(감찰 사항) ④ 제1항에 따라 감찰을 하려는 경우 다음 각 호의 어느 하나에 해당하는 사항은 **감찰할 수 없다.**
> 1. **국무총리**로부터 **국가기밀**에 속한다는 **소명**이 있는 사항
> 2. **국방부장관**으로부터 **군기밀**이거나 **작전상 지장**이 있다는 **소명**이 있는 사항

4367 감사원은 감사를 위하여 제출받은 개인의 신상이나 사생활에 관한 정보 또는 자료를 해당 감사 목적 외의 용도로 이용하여서는 아니된다. 다만, 본인 또는 자료를 제출한 기관의 장의 동의가 있는 경우에는 그러하지 아니하다. 22 국회 9   Ο|X

> 감사원법 제27조(출석답변·자료제출·봉인 등) ⑤ 감사원은 감사를 위하여 제출받은 **개인의 신상이나 사생활에 관한 정보 또는 자료를 해당 감사 목적 외의 용도로 이용하여서는 아니 된다.** 다만, 본인 또는 자료를 제출한 기관의 장의 동의가 있는 경우에는 그러하지 아니하다.

4368 감사원은 직무감찰결과 비위사실이 밝혀지더라도 해당 공무원에 대하여 직접 징계를 할 수는 없다. 22 법무사   Ο|X

> 감사원법 제32조(징계 요구 등) ① 감사원은 「국가공무원법」과 그 밖의 법령에 규정된 **징계 사유에 해당**하거나 정당한 사유 없이 이 법에 따른 **감사를 거부**하거나 **자료의 제출**을 게을리한 공무원에 대하여 그 **소속 장관 또는 임용권자**에게 **징계를 요구**할 수 있다.

4369 감사원은 감사 결과 위법 또는 부당하다고 인정되는 사실이 있을 때에는 소속 장관, 감독기관의 장 또는 해당 기관의 장에게 시정·주의 등을 요구할 수 있다. 22 국가 7, 12 국가 7   Ο|X

> 감사원법 제33조(시정 등의 요구) ① 감사원은 감사 결과 **위법 또는 부당**하다고 인정되는 사실이 있을 때에는 **소속 장관, 감독기관의 장** 또는 해당 기관의 장에게 **시정·주의 등을 요구**할 수 있다.

● 정답 4365. Ο   4365-1. Ο   4365-2. X [직무감찰 불가]   4365-3. X [입법기관 직무감찰 불가]   4366. Ο   4367. Ο   4368. Ο   4369. Ο

4370 감사원은 감사 결과 법령상·제도상 또는 행정상 모순이 있거나 그 밖에 개선할 사항이 있다고 인정할 때에는 국무총리, 소속 장관, 감독기관의 장 또는 해당 기관의 장에게 법령 등의 제정·개정 또는 폐지를 위한 조치나 제도상 또는 행정상의 개선을 요구할 수 있다. 20 지방 7 O | X

4370-1 감사원은 행정감찰권을 가지고 있으나, 법령 등의 제정·개정 또는 폐지를 위한 조치나 제도상 또는 행정상의 개선을 요구할 수는 없다. 08 국가 7 O | X

> **감사원법 제34조(개선 등의 요구)** ① 감사원은 감사 결과 **법령상·제도상** 또는 **행정상** 모순이 있거나 그 밖에 개선할 사항이 있다고 인정할 때에는 **국무총리, 소속 장관, 감독기관의 장** 또는 **해당 기관의 장**에게 **법령 등의 제정·개정** 또는 폐지를 위한 조치나 **제도상 또는 행정상의 개선**을 요구할 수 있다.

4371 감사원 감사를 받는 사람이 불합리한 규제의 개선 등 공공의 이익을 위하여 업무를 적극적으로 처리한 결과에 대하여 그의 행위에 고의나 중대한 과실이 없는 경우에는 이 법에 따른 징계 요구 또는 문책 요구 등 책임을 묻지 아니한다. 22 국회 9 O | X

4371-1 감사원 감사를 받는 사람이 불합리한 규제의 개선 등 공공의 이익을 위하여 업무를 적극적으로 처리한 결과에 대하여 그의 행위에 중대한 과실이 있더라도 「감사원법」에 따른 징계 요구 또는 문책 요구 등 책임을 묻지 아니한다. 18 5급 O | X

> **감사원법 제34조의3(적극행정에 대한 면책)** ① 감사원 감사를 받는 사람이 불합리한 규제의 개선 등 **공공의 이익**을 위하여 **업무를 적극적으로 처리**한 결과에 대하여 그의 행위에 **고의나 중대한 과실이 없는 경우**에는 이 법에 따른 **징계 요구 또는 문책 요구 등 책임**을 묻지 **아니한다**.

4372 감사원은 감사 결과 범죄혐의가 있다고 인정할 때에는 이를 수사기관에 고발하여야 한다. 13 국회 8 O | X

> **감사원법 제35조(고발)** 감사원은 감사 결과 **범죄 혐의가** 있다고 인정할 때에는 이를 **수사기관에 고발하여야 한다**.

03 감사요구·청구

4373 국회는 그 의결로 감사원에 대하여 「감사원법」에 정한 감사원의 직무범위에 속하는 사항 중 사안을 특정하여 감사를 요구할 수 있다. 이 경우 감사원은 감사요구를 받은 날부터 3월 이내에 감사결과를 국회에 보고하여야 한다. 17 경정 O | X

4373-1 감사원은 독립기관이므로 국회는 의결로 감사원에 대하여 감사원법에 의한 감사원의 직무범위에 속하는 사항 중 사안을 특정하여 감사를 요구할 수 없다. 18 국회 9 O | X

> **국회법 제127조의2(감사원에 대한 감사요구 등)** ① 국회는 **그 의결**로 감사원에 대하여 감사원법에 의한 감사원의 직무범위에 속하는 사항중 **사안을 특정**하여 **감사를** 요구할 수 있다. 이 경우 감사원은 감사요구를 받은 날부터 **3월 이내에 감사결과를 국회에 보고**하여야 한다.

● 정답 4370. O   4370-1. X [요구 가능]   4371. O   4371-1. X [중대 과실이 없어야 면책]   4372. O   4373. O   4373-1. X [특정 사안 감사 요구 가능]

4374 18세 이상의 국민은 공공기관의 사무처리가 법령위반 또는 부패행위로 인하여 공익을 현저히 해하는 경우 대통령령으로 정하는 일정한 수 이상의 국민의 연서로 감사원에 감사를 청구할 수 있으나, 사적인 권리관계 또는 개인의 사생활에 관한 사항은 감사청구의 대상에서 제외된다. 18 변호사 O | X

> 부패방지 및 국민권익위원회의 설치와 운영에 관한 법률 제72조(감사청구권) ① **18세 이상의 국민**은 공공기관의 사무처리가 법령위반 또는 부패행위로 인하여 **공익을 현저히 해하는 경우** 대통령령으로 정하는 일정한 수 이상의 국민의 연서로 **감사원에 감사를 청구**할 수 있다. 다만, 국회·법원·헌법재판소·선거관리위원회 또는 감사원의 사무에 대하여는 국회의장·대법원장·헌법재판소장·중앙선거관리위원회 위원장 또는 감사원장(이하 "당해 기관의 장"이라 한다)에게 감사를 청구하여야 한다.
> ② 제1항에도 불구하고 다음 각호의 어느 하나에 해당하는 사항은 **감사청구의 대상에서 제외**한다.
> 1. 국가의 기밀 및 안전보장에 관한 사항
> 2. 수사·재판 및 형집행(보안처분·보안관찰처분·보호처분·보호관찰처분·보호감호처분·치료감호처분·사회봉사명령을 포함한다)에 관한 사항
> 3. **사적인 권리관계** 또는 **개인의 사생활**에 관한 사항

04 감사원규칙 제정권

4375 감사원은 스스로 규칙을 제정할 수 있는 권한이 있다. 18 법무사 O | X

4375-1 헌법은 감사원이 법률에 저촉되지 않는 범위 안에서 감사에 관한 절차, 감사원의 내부 규율과 감사사무 처리에 관한 규칙을 제정할 수 있도록 규정하고 있다. 19 입시 O | X

> 감사원법 제52조(감사원규칙) **감사원**은 감사에 관한 절차, 감사원의 내부 규율과 감사사무 처리에 관한 **규칙을 제정**할 수 있다.

> 🔎 **보충설명** 감사원의 규칙제정권은 헌법에 규정되어 있지 않고 「감사원법」에 규정되어 있다.

POINT 248 선거관리위원회

01 중앙선거관리위원회

4376 선거와 국민투표의 공정한 관리 및 정당에 관한 사무를 처리하기 위하여 선거관리위원회를 둔다. 21 법무사, 20 5급 O | X

4376-1 선거관리위원회는 헌법 개정 없이는 폐지할 수 없다. 07 국가 7 O | X

> 헌법 제114조 ① **선거와 국민투표**의 공정한 관리 및 **정당**에 관한 사무를 처리하기 위하여 **선거관리위원회를 둔다.**

정답 4374. O 4375. O 4375-1. X [헌법 X, 감사원법에 규정 O] 4376. O 4376-1. O

4377 선거관리위원회의 종류에는 중앙선거관리위원회, 특별시·광역시·도선거관리위원회, 구·시·군선거관리위원회 및 읍·면·동선거관리위원회가 있다. 18 5급 O│X

> **선거관리위원회법 제2조(설치)** ① 선거관리위원회의 종류와 위원회별위원의 정수는 다음과 같다.
> 1. 중앙선거관리위원회 9인
> 2. 특별시·광역시·도선거관리위원회 9인
> 3. 구·시·군선거관리위원회 9인
> 4. 읍·면·동선거관리위원회 7인

4378 중앙선거관리위원회는 대통령이 임명하는 3인, 국회에서 선출하는 3인과 대법원장이 지명하는 3인의 위원으로 구성한다. 20 5급, 13 법무사 O│X

4378-1 중앙선거관리위원은 대통령의 임명에 제청 절차가 필요하지 않다. 21 소간 O│X

4378-2 중앙선거관리위원회는 국무총리의 제청에 따라 대통령이 임명하는 3인, 국회에서 선출하는 3인, 대법원장이 지명하는 3인의 위원으로 구성한다. 18 법무사 O│X

4378-3 중앙선거관리위원회는 대통령이 임명하는 9인의 위원으로 구성하고, 위원장은 위원 중에서 호선한다. 21 법무사 O│X

4378-4 중앙선거관리위원회는 대통령이 임명하는 9인의 위원으로 구성되며 위원 중 3인은 국회에서 선출하는 자를, 3인은 대법원장이 추천하는 자를 임명한다. 22 입시 O│X

4378-5 중앙선거관리위원회 위원은 모두 대통령이 임명하는데, 위원 중 3인은 국회에서 선출하는 자를, 3인은 대법원장이 지명하는 자를 임명한다. 23 국가 7 O│X

> **헌법 제114조** ② 중앙선거관리위원회는 **대통령이 임명하는 3인, 국회에서 선출하는 3인과 대법원장이 지명하는 3인**의 위원으로 구성한다. **위원장은 위원중에서 호선**한다.

4379 중앙선거관리위원회 위원 중 국회에서 선출하는 3인은 인사청문특별위원회의 인사청문을 거치고, 대통령이 임명하는 3인과 대법원장이 지명하는 3인은 소관 상임위원회의 인사청문을 거친다. 18 국가 7 O│X

> **국회법 제46조의3(인사청문특별위원회)** ① 국회는 다음 각 호의 임명동의안 또는 **의장**이 각 교섭단체 대표의원과 협의하여 제출한 **선출안 등을 심사**하기 위하여 **인사청문특별위원회를 둔다**. 다만, 「대통령직 인수에 관한 법률」 제5조제2항에 따라 대통령당선인이 국무총리 후보자에 대한 인사청문의 실시를 요청하는 경우에 의장은 각 교섭단체 대표의원과 협의하여 그 인사청문을 실시하기 위한 인사청문특별위원회를 둔다.
> 2. 헌법에 따라 **국회에서 선출**하는 헌법재판소 재판관 및 **중앙선거관리위원회 위원**에 대한 **선출안**
>
> **국회법 제65조의2(인사청문회)** ② **상임위원회**는 다른 법률에 따라 다음 각 호의 어느 하나에 해당하는 공직후보자에 대한 **인사청문 요청**이 있는 경우 인사청문을 실시하기 위하여 각각 **인사청문회**를 연다.
> 1. **대통령이 임명**하는 헌법재판소 재판관, **중앙선거관리위원회 위원**, 국무위원, 방송통신위원회 위원장, 국가정보원장, 공정거래위원회 위원장, 금융위원회 위원장, 국가인권위원회 위원장, 고위공직자범죄수사처장, 국세청장, 검찰총장, 경찰청장, 합동참모의장, 한국은행 총재, 특별감찰관 또는 한국방송공사 사장의 후보자
> 3. **대법원장이 지명**하는 헌법재판소 재판관 또는 **중앙선거관리위원회 위원**의 후보자

● 정답 4377. O 4378. O 4378-1. O 4378-2. X [국무총리 제청 X] 4378-3. X [대통령 임명 3인, 국회 선출 3인, 대법원장 지명 3인으로 구성] 4378-4. X [대통령 임명 3인, 국회 선출 3인, 대법원장 지명 3인으로 구성] 4378-5. X [대통령이 모두 임명 X → 3인 임명 O] 4379. O

4380 대법원장이 지명하는 중앙선거관리위원회 위원 3인은 법제사법위원회의 인사청문회를 거쳐야 하며 대통령의 임명에 국회의 동의가 필요하다. 22 지방 7 O│X

> **헌법 제114조** ② 중앙선거관리위원회는 대통령이 임명하는 3인, 국회에서 선출하는 3인과 **대법원장이 지명하는 3인의 위원**으로 구성한다. 위원장은 위원중에서 호선한다.
> **국회법 제65조의2(인사청문회)** ② **상임위원회**는 다른 법률에 따라 다음 각 호의 어느 하나에 해당하는 공직후보자에 대한 인사청문 요청이 있는 경우 인사청문을 실시하기 위하여 **각각 인사청문회**를 연다.
> 3. **대법원장이 지명**하는 헌법재판소 재판관 또는 **중앙선거관리위원회 위원**의 후보자

🖉 **보충설명** 대법원장이 지명하는 중앙선거관리위원회 위원 3인은 행정안전위원회의 인사청문을 거쳐야 하고, 대통령이 임명하지 않으며 국회의 동의가 필요없다.

4381 중앙선거관리위원회는 대통령이 임명하는 3인, 국회에서 선출하는 3인과 대법원장이 지명하는 3인의 위원으로 구성되고, 위원장은 위원 중에서 호선한다. 21 5급, 20 입시 O│X

4381-1 중앙선거관리위원회는 대통령이 임명하는 3인, 국회에서 선출하는 3인과 대법원장이 지명하는 3인의 위원으로 구성하며, 위원장은 위원 중에서 대통령이 임명한다. 24 5급 O│X

4381-2 중앙선거관리위원회는 대통령이 임명하는 3인, 국회에서 선출하는 3인과 대법원장이 지명하는 3인의 위원으로 구성한다. 위원장은 국회의 동의를 얻어 위원 중에서 대통령이 임명한다. 22 국가 7 O│X

4381-3 중앙선거관리위원회는 대통령이 임명하는 3인, 국회에서 선출하는 3인과 대법원장이 지명하는 3인의 위원으로 구성되며, 위원의 임기는 6년이고, 위원장은 위원 중에서 대통령이 지명한다. 17 5급 O│X

4381-4 중앙선거관리위원회의 위원장은 중앙선거관리위원 중에서 대법원장이 지명한다. 18 법무사 O│X

> **헌법 제114조** ② **중앙선거관리위원회**는 **대통령이 임명하는 3인, 국회에서 선출하는 3인과 대법원장이 지명하는 3인**의 위원으로 구성한다. **위원장은 위원중에서 호선**한다.

4382 중앙선거관리위원회 위원은 헌법에 임기가 6년으로 명시되어 있다. 12 국회 8 O│X

4382-1 중앙선거관리위원회 위원의 임기는 5년으로 한다. 23 소간, 20 법무사 O│X

4382-2 중앙선거관리위원회 위원의 임기는 4년이다. 20 입시 O│X

4382-3 중앙선거관리위원회 위원의 임기는 6년으로 하며, 법률이 정하는 바에 의하여 연임할 수 있다. 21 5급 O│X

> **헌법 제114조** ③ 위원의 **임기는 6년**으로 한다.

🖉 **보충설명** 헌법은 임기만 규정하고 있고, 연임·중임에 관하여 아무런 규정을 두고 있지 않다.

정답 4380. X [행안위의 인사청문 O, 대통령 임명 X, 국회 동의 X] 4381. O 4381-1. X [중선위 위원장은 위원 중에서 호선] 4381-2. X [중선위 위원장은 위원 중에서 호선] 4381-3. X [중선위 위원장은 위원 중에서 호선] 4381-4. X [중선위 위원장은 위원 중에서 호선] 4382. O 4382-1. X [5년 X → 6년 O] 4382-2. X [4년 X → 6년 O] 4382-3. X [연임 규정 X]

4383 중앙선거관리위원회 위원은 정당에 가입하거나 정치에 관여할 수 없고, 탄핵 또는 금고 이상의 형의 선고에 의하지 아니하고는 파면되지 아니한다. 20 경정, 17 5급, 13 법무사   O | X

> 헌법 제114조 ③ 위원의 **임기는 6년**으로 한다.
> ④ 위원은 **정당**에 **가입**하거나 **정치**에 **관여할 수 없다**.
> ⑤ 위원은 **탄핵** 또는 **금고 이상의 형의 선고**에 의하지 아니하고는 **파면되지 아니한다**.

4384 국회는 중앙선거관리위원회 위원에 대해서도 탄핵소추를 의결할 수 있으며, 위원은 헌법재판소의 탄핵결정으로 파면된다. 14 지방 7   O | X

> 헌법 제65조 ① 대통령·국무총리·국무위원·행정각부의 장·헌법재판소 재판관·법관·**중앙선거관리위원회 위원**·감사원장·감사위원 기타 법률이 정한 공무원이 그 직무집행에 있어서 헌법이나 법률을 위배한 때에는 **국회**는 **탄핵의 소추를 의결할 수** 있다.
> 헌법 제114조 ⑤ 위원은 **탄핵** 또는 **금고 이상의 형의 선고**에 의하지 아니하고는 **파면되지 아니한다**.

4385 중앙선거관리위원장이 사고가 있을 때에는 상임위원이 그 직무를 대행하며 위원장, 상임위원이 모두 사고가 있을 때에는 위원 중에서 임시위원장을 호선하여 위원장의 직무를 대행하게 한다. 18 법원 9   O | X

4385-1 각급선거관리위원회의 위원장·상임위원·부위원장이 모두 사고가 있을 때에는 위원 중에서 임시위원장을 호선하여 위원장의 직무를 대행하게 한다. 22 국가 7   O | X

4385-2 감사원장이 사고가 있을 때에는 최장기간 재직한 감사위원이, 중앙선거관리위원장이 사고가 있을 때에는 최장기간 재직한 선거관리위원이 그 직무를 대행한다. 16 국회 8   O | X

> 선거관리위원회법 제5조(위원장) ⑤ **위원장이 사고**가 있을 때에는 **상임위원** 또는 **부위원장**이 그 **직무를 대행**하며 위원장·상임위원·부위원장이 모두 사고가 있을 때에는 위원중에서 **임시위원장을 호선**하여 위원장의 **직무를 대행**하게 한다.

4386 각급선거관리위원회는 위원과반수의 출석으로 개의하고 출석위원 과반수의 찬성으로 의결한다. 위원장은 표결권을 가지며, 가부동수인 때에는 결정권을 가진다. 23 지방 7, 18 지방 7, 18 국가 7, 16 국회 8   O | X

4386-1 중앙선거관리위원회 위원장은 중앙선거관리위원회 회의를 소집하고, 표결권과 가부동수인 경우 결정권을 가진다. 18 5급   O | X

4386-2 각급선거관리위원회는 위원과반수의 출석으로 개의하고 출석위원 과반수의 찬성으로 의결하며, 가부동수인 때에는 부결된 것으로 본다. 23 소간   O | X

4386-3 각급선거관리위원회는 위원과반수의 출석으로 개의하고 출석위원 과반수의 찬성으로 의결하며, 위원장은 가부동수인 경우 결정권을 행사하지 못한다. 19 지방 7   O | X

● 정답   4383. O   4384. O   4385. O   4385-1. O   4385-2. X [선관위 : 상임위원 직무대행]   4386. O   4386-1. O   4386-2. X [위원장은 가부동수인 때에는 결정권을 가짐]   4386-3. X [위원장은 가부동수인 때에는 결정권을 가짐]

> **선거관리위원회법 제10조(위원회의 의결정족수)** ① 각급선거관리위원회는 위원과반수의 출석으로 개의하고 출석위원 과반수의 찬성으로 의결한다.
> ② 위원장은 표결권을 가지며 가부동수인 때에는 결정권을 가진다.
>
> **선거관리위원회법 제11조(회의소집)** ① 각급선거관리위원회의 회의는 당해 위원장이 소집한다. 다만, 위원 3분의 1 이상의 요구가 있을 때에는 위원장은 회의를 소집하여야 하며 위원장이 회의소집을 거부할 때에는 회의소집을 요구한 3분의 1 이상의 위원이 직접 회의를 소집할 수 있다.

4387 각급선거관리위원회의 회의는 당해 위원장이 소집한다. 다만, 위원 3분의 1 이상의 요구가 있을 때에는 위원장은 회의를 소집하여야 하며 위원장이 회의소집을 거부할 때에는 회의소집을 요구한 3분의 1 이상의 위원이 직접 회의를 소집할 수 있다. 23 지방 7, 20 지방 7   O|X

> **선거관리위원회법 제10조(위원회의 의결정족수)** ② 위원장은 표결권을 가지며 가부동수인 때에는 결정권을 가진다.
> **선거관리위원회법 제11조(회의소집)** ① 각급선거관리위원회의 회의는 당해 위원장이 소집한다. 다만, 위원 3분의 1 이상의 요구가 있을 때에는 위원장은 회의를 소집하여야 하며 위원장이 회의소집을 거부할 때에는 회의소집을 요구한 3분의 1 이상의 위원이 직접 회의를 소집할 수 있다.

4388 각급선거관리위원회위원 중 상임위원이 아닌 위원은 명예직으로 한다. 07 국가 7   O|X

> **선거관리위원회법 제12조(위원의 대우)** ① 각급선거관리위원회위원중 상임이 아닌 위원은 명예직으로 한다. 다만, 일당·여비 기타의 실비보상을 받을 수 있다.

4389 중앙선거관리위원회 위원은 현행범인이 아니면 체포·구속·소추되지 아니한다. 18 법무사   O|X

> **선거관리위원회법 제13조(위원의 신분보장)** 각급선거관리위원회의 위원은 선거인명부작성기준일 또는 국민투표안공고일로부터 개표종료시까지 내란·외환·국교·폭발물·방화·마약·통화·유가증권·우표·인장·살인·폭행·체포·감금·절도·강도 및 국가보안법위반의 범죄에 해당하는 경우를 제외하고는 현행범인이 아니면 체포 또는 구속되지 아니하며 병역소집의 유예를 받는다.

02 각급 선관위

4390 시·도선거관리위원회의 위원은 국회의원의 선거권이 있고 정당원이 아닌 자 중에서 국회에 교섭단체를 구성한 정당이 추천한 사람과 당해 지역을 관할하는 지방법원장이 추천하는 법관 2인을 포함한 3인과 교육자 또는 학식과 덕망이 있는 자 중에서 3인을 중앙선거관리위원회가 위촉한다. 14 지방 7   O|X

> **선거관리위원회법 제4조(위원의 임명 및 위촉)** ② 시·도선거관리위원회의 위원은 국회의원의 선거권이 있고 정당원이 아닌 자 중에서 국회에 교섭단체를 구성한 정당이 추천한 사람과 당해 지역을 관할하는 지방법원장이 추천하는 법관 2인을 포함한 3인과 교육자 또는 학식과 덕망이 있는 자중에서 3인을 중앙선거관리위원회가 위촉한다.

정답 4387. O 4388. O 4389. X [소추 X → 병역소집의 유예 O] 4390. O

4391 법관과 법원공무원 및 교육공무원 이외의 공무원은 각급선거관리위원회의 위원이 될 수 없다. 23 5급, 14 지방 7   O|X

4391-1 법관과 법원공무원 이외의 공무원은 각급선거관리위원회의 위원이 될 수 없다. 22 국가 7   O|X

4391-2 헌법상 중앙선거관리위원회 위원은 정당에 가입하거나 정치에 관여할 수 없고, 다른 공직을 겸직할 수 없다. 18 법무사   O|X

> **헌법 제114조** ④ 위원은 **정당에 가입**하거나 **정치에 관여할 수 없다.**
> **선거관리위원회법 제4조(위원의 임명 및 위촉)** ⑥ **법관과 법원공무원 및 교육공무원 이외의 공무원**은 각급선거관리위원회의 위원이 될 수 **없다.**

📎 **보충설명** 법관과 법원공무원 및 교육공무원은 선거관리위원회 위원을 겸직할 수 있다.

4392 구·시·군선거관리위원회 위원의 임기는 3년으로 하되, 한 차례만 연임할 수 있다. 19 지방 7   O|X

> **선거관리위원회법 제8조(위원의 임기)** 각급선거관리위원회위원의 **임기는 6년으로** 한다. 다만, **구·시·군선거관리위원회 위원의** 임기는 3년으로 하되, **한 차례만 연임**할 수 있다.

4393 중앙선거관리위원회 위원은 국회의 탄핵소추 대상이 되나 구·시·군선거관리위원회 위원은 국회의 탄핵소추 대상이 되지 아니한다. 19 국가 7   O|X

> **선거관리위원회법 제9조(위원의 해임사유) 각급선거관리위원회의 위원**은 다음 각호의 1에 해당할 때가 아니면 해임·해촉 또는 **파면되지 아니한다.**
> 1. 정당에 가입하거나 정치에 관여한 때
> 2. **탄핵결정으로 파면**된 때
> 3. 금고이상의 형의 선고를 받은 때

📎 **보충설명** 중앙선거관리위원회 위원은 헌법에서 탄핵대상으로 규정하고 있고 각급 선거관리위원회 위원은 개별법인 선거관리위원회법에서 탄핵대상으로 규정하고 있다.

4394 정당추천위원으로서 추천정당이 국회에 교섭단체를 구성할 수 없게 되더라도 각급선거관리위원회의 위원은 해임·해촉 또는 파면되지 아니한다. 23 소간   O|X

> **선거관리위원회법 제9조(위원의 해임사유)** 각급선거관리위원회의 위원은 다음 각호의 1에 해당할 때가 아니면 **해임·해촉 또는 파면되지 아니한다.**
> 4. **정당추천위원으로서** 그 추천정당의 요구가 있거나 **추천정당이 국회에 교섭단체를 구성할 수 없게 된 때**와 국회의원선거권이 **없음이 발견**된 때

정답 4391. O   4391-1. X [교육공무원 가능]   4391-2. X [겸직 가능한 경우 有]   4392. O   4393. X [구·시·군선거관리위원회 위원도 탄핵소추 대상]   4394. X [해임·해촉 또는 파면 될 수 있음]

03 권한

4395 중앙선거관리위원회는 법령의 범위 안에서 선거관리·국민투표관리 또는 정당사무에 관한 규칙을 제정할 수 있으며, 법률에 저촉되지 아니하는 범위안에서 내부규율에 관한 규칙을 제정할 수 있다. 22 소간, 20 5급, 20 입시, 20 법무사, 19 지방 7 등 ○│X

4395-1 중앙선거관리위원회에 대해 현행헌법이 명문으로 규칙제정권을 부여하고 있다. 16 국회 9 ○│X

4395-2 중앙선거관리위원회는 법률의 범위 안에서 선거관리·국민투표관리 또는 정당사무에 관한 규칙을 제정할 수 있으며, 법령에 저촉되지 아니하는 범위 안에서 내부규율에 관한 규칙을 제정할 수 있다. 14 지방 7 ○│X

4395-3 중앙선거관리위원회는 법령에 저촉되지 아니하는 범위 안에서 내부규율에 관한 규칙을 제정할 수 있다. 18 5급 ○│X

4395-4 중앙선거관리위원회는 법령의 범위 안에서 선거관리·국민투표관리·정당사무 또는 내부규율에 관한 규칙을 제정할 수 있다. 09 국가 7 ○│X

> 헌법 제114조 ⑥ 중앙선거관리위원회는 법령의 범위안에서 선거관리·국민투표관리 또는 정당사무에 관한 규칙을 제정할 수 있으며, 법률에 저촉되지 아니하는 범위안에서 내부규율에 관한 규칙을 제정할 수 있다.

4396 「공직선거관리규칙」은 중앙선거관리위원회가 헌법 제114조 제6항 소정의 규칙제정권에 의하여 「공직선거법」에서 위임된 사항과 대통령·국회의원·지방의회의원 및 지방자치단체의 장의 선거의 관리에 필요한 세부사항을 규정함을 목적으로 하여 제정된 법규명령이다. 16 국회 8 ○│X

> 공직선거관리규칙은 중앙선거관리위원회가 헌법 제114조 제6항 소정의 규칙제정권에 의하여 공직선거및선거부정방지법에서 위임된 사항과 대통령·국회의원·지방의회의원 및 지방자치단체의 장의 선거의 관리에 필요한 세부사항을 규정함을 목적으로 하여 제정된 법규명령이라고 할 것이나, 1995. 6. 27. 실시한 제1회 전국동시지방선거를 위하여 중앙선거관리위원회가 각급 선거관리위원회에 배포한 '개표관리요령'은 개표관리 및 투표용지의 유·무효를 가리는 업무에 종사하는 각급 선거관리위원회 직원 등에 대한 업무처리지침 내지 사무처리준칙에 불과할 뿐 국민이나 법원을 구속하는 효력은 없다(대판 1996. 7. 12. 96우16).

4397 「공직선거에 관한 사무처리예규」는 개표관리 및 투표용지의 유·무효를 가리는 업무에 종사하는 각급선거관리위원회 직원 등에 대한 업무처리지침 내지 사무처리준칙에 불과할 뿐 국민이나 법원을 구속하는 효력이 없는 행정규칙이므로 헌법소원의 대상이 되지 않는다. 19 지방 7 ○│X

4397-1 공정한 선거관리 및 개표관리 등을 위한 「공직선거관리규칙」이나 「공직선거에 관한 사무처리예규」는 중앙선거관리위원회의 규칙제정권에 근거하여 만들어진 것으로서 모두 법규명령으로서의 성격을 갖는다. 20 경정 ○│X

● 정답 4395. ○ 4395-1. ○ 4395-2. X [법령의 범위 ↔ 법률에 저촉 위치 바뀜] 4395-3. X [법령에 저촉 X → 법률에 저촉 ○] 4395-4. X [내부규율 X] 4396. ○ 4397. ○ 4397-1. X [「공직선거에 관한 사무처리 예규」는 행정규칙]

(1) **공직선거관리규칙**은 중앙선거관리위원회가 헌법 제114조 제6항 소정의 규칙제정권에 의하여 공직선거및선거부정방지법에서 위임된 사항과 대통령·국회의원·지방의회의원 및 지방자치단체의 장의 **선거의 관리에 필요한 세부사항을 규정**함을 목적으로 하여 제정된 **법규명령**이라고 할 것이나, 1995. 6. 27. 실시한 제1회 전국동시지방선거를 위하여 중앙선거관리위원회가 각급 선거관리위원회에 배포한 '개표관리요령'은 개표관리 및 투표용지의 유·무효를 가리는 업무에 종사하는 각급 선거관리위원회 직원 등에 대한 업무처리지침 내지 사무처리준칙에 불과할 뿐 국민이나 법원을 구속하는 효력은 없다(대판 1996. 7. 12. 96우16).

(2) **공직선거에관한사무처리예규**는, 각급선거관리위원회와 그 위원 및 직원이 공직선거에 관한 사무를 표준화·정형화하고, 관련법규의 구체적인 운용기준을 마련하는 등 선거사무의 처리에 관한 통일적 기준과 지침을 제공함으로써 공정하고 원활한 선거관리를 기함을 목적으로 하는 것이므로, 개표관리 및 투표용지의 유·무효를 가리는 업무에 종사하는 각급 선거관리위원회 직원 등에 대한 **업무처리지침 내지 사무처리준칙**에 불과할 뿐 국민이나 법원을 구속하는 효력이 없는 **행정규칙**이라고 할 것이어서 이 예규부분은 헌법소원 심판대상이 되지 아니한다(헌재 2000. 6. 29. 2000헌마325).

4398 각급 선거관리위원회는 선거인명부의 작성 등 선거사무와 국민투표사무에 관하여 관계 행정기관에 필요한 지시를 할 수 있고, 그 지시를 받은 당해 행정기관은 이에 응하여야 한다. 23 지방 7, 20 입시, 20 경정, 17 5급   O|X

4398-1 선거관리위원회가 선거인명부 작성 등 선거사무와 국민투표사무에 관하여 관계 행정기관에 지시하는 것은 비구속적인 행정행위에 해당하므로 행정기관이 이에 따라야 할 의무는 원칙적으로 인정되지 않는다. 22 법원 9   O|X

> **헌법 제115조** ① **각급 선거관리위원회**는 선거인명부의 작성등 **선거사무와 국민투표사무**에 관하여 **관계 행정기관**에 필요한 **지시**를 할 수 있다.
> ② 제1항의 지시를 받은 당해 행정기관은 이에 **응하여야 한다.**

4399 각급 선거관리위원회가 선거사무를 위하여 인원·장비의 지원 등이 필요한 경우, 지시 또는 협조요구를 받은 행정기관이나 협조요구를 받은 공공단체 및 개표 사무종사원을 위촉받은 「은행법」 제2조의 은행은 우선적으로 그에 응하여야 한다. 16 국회 8   O|X

> **선거관리위원회법 제16조(선거사무등에 대한 지시·협조요구)** ② **각급선거관리위원회**는 선거사무를 위하여 인원·장비의 지원 등이 필요한 경우에는 **행정기관에 대하여는 지시 또는 협조요구**를, 공공단체 및 「은행법」 제2조에 따른 **은행**(개표사무종사원을 **위촉**하는 경우에 한한다)에 대하여는 **협조요구**를 할 수 있다.
> ③ 제1항 및 제2항의 규정에 의하여 **지시를 받거나 협조요구**를 받은 **행정기관·공공단체등은 우선적으로 이에 응하여야 한다.**

4400 각급선거관리위원회의 위원·직원은 직무수행중에 선거법위반행위를 발견한 때에는 중지·경고 또는 시정명령을 하여야 하며, 그 위반행위가 선거의 공정을 현저하게 해치는 것으로 인정되거나 중지·경고 또는 시정명령을 불이행하는 때에는 관할수사기관에 수사의뢰 또는 고발할 수 있다. 23 소간   O|X

> **선거관리위원회법 제14조의2(선거법위반행위에 대한 중지·경고등)** 각급선거관리위원회의 위원·직원은 직무수행중에 선거법 위반행위를 발견한 때에는 **중지·경고** 또는 **시정명령을 하여야 하며**, 그 위반행위가 선거의 공정을 현저하게 해치는 것으로 인정되거나 중지·경고 또는 시정명령을 불이행하는 때에는 **관할수사기관에 수사의뢰 또는 고발할 수 있다.**

● **정답** 4398. O   4398-1. X [의무 인정됨]   4399. O   4400. O

4401 행정기관이 선거·국민투표 및 정당관계법령을 제정·개정 또는 폐지하고자 할 때에는 미리 당해 법령안을 중앙선거관리위원회에 송부하여 그 의견을 구하여야 한다. 18 법무사, 13 법무사 O | X

> 선거관리위원회법 제17조(법령에 관한 의견표시등) ① 행정기관이 **선거**(위탁선거를 포함한다. 이하 이 조에서 같다)·**국민투표** 및 **정당관계법령을** 제정·개정 또는 폐지하고자 할 때에는 미리 당해 법령안을 **중앙선거관리위원회에** 송부하여 그 **의견을 구하여야 한다.**

4402 중앙선거관리위원회는 주민투표·주민소환관계법률의 제정·개정 등이 필요하다고 인정하는 경우에는 국회에 그 의견을 구두 또는 서면으로 제출할 수 있다. 23 지방 7 O | X

> 선거관리위원회법 제17조(법령에 관한 의견표시등) ② **중앙선거관리위원회는** 다음 각 호의 어느 하나에 해당하는 **법률의 제정·개정** 등이 필요하다고 인정하는 경우에는 **국회에** 그 **의견을 서면으로** 제출할 수 있다.
> 1. **선거·국민투표·정당관계법률**
> 2. **주민투표·주민소환관계법률.** 이 경우 선거관리위원회의 관리 범위에 한정한다.

4403 「정치자금법」 제27조(보조금의 배분)의 규정에 따라 보조금의 배분대상이 되는 정당이 당내경선사무 중 경선운동, 투표 및 개표에 관한 사무의 관리를 당해 선거의 관할선거구선거관리위원회에 위탁하는 경우 모든 수탁관리비용은 당해 정당이 부담한다. 19 국가 7 O | X

> 공직선거법 제57조의4(당내경선사무의 위탁) ① 「정치자금법」 제27조(보조금의 배분)의 규정에 따라 보조금의 배분대상이 되는 정당은 **당내경선사무** 중 **경선운동, 투표 및 개표에 관한 사무의 관리를** 당해 선거의 **관할선거구선거관리위원회에** 위탁할 수 있다.
> ② 관할선거구선거관리위원회가 제1항에 따라 **당내경선의 투표 및 개표에 관한 사무를 수탁관리**하는 경우에는 그 비용은 **국가가 부담**한다. 다만, **투표 및 개표참관인의 수당은** 당해 **정당이 부담**한다.
>
> 🖉 보충설명 ┃ 당내경선의 투표 및 개표에 관한 사무의 수탁관리비용은 국가가 부담한다.

4404 국가보조금의 배분대상이 되는 정당의 중앙당이 그 대표자 선출을 위한 선거사무 중 투표 및 개표에 관한 사무의 관리를 중앙선거관리위원회에 위탁하는 경우 선거공영제의 원칙에 따라 당내경선의 투표 및 개표참관인의 수당에 관한 비용은 국가가 부담한다. 18 국가 7 O | X

> 정당법 제48조의2(당대표경선사무의 위탁) ① 「정치자금법」 제27조에 따라 보조금의 배분대상이 되는 **정당의 중앙당은** 그 대표자의 선출을 위한 **선거**(이하 이 조에서 "**당대표경선**"이라 한다)사무 중 **투표 및 개표에 관한 사무의 관리를 중앙선거관리위원회에 위탁할** 수 있다.
> ② 중앙선거관리위원회가 제1항에 따라 **당대표경선의 투표 및 개표에 관한 사무를 수탁관리**하는 경우 그 **비용은 해당 정당이 부담**한다.
>
> 🖉 보충설명 ┃ 당대표경선의 투표 및 개표에 관한 사무의 수탁관리비용은 해당 정당이 부담한다.

● 정답 4401. O   4402. X [구두 또는 서면 X → 서면 O]   4403. X [참관인 수당 제외 국가 부담]   4404. X [정당 부담]

Chapter 04 법원

POINT 249 사법권

01 사법권

4405 사법의 본질은 법 또는 권리에 관한 다툼이 있거나 법이 침해된 경우에 독립적인 법원이 원칙적으로 직접 조사한 증거를 통한 객관적 사실인정을 바탕으로 법을 해석·적용하여 유권적인 판단을 내리는 작용이다. 19 지방 7, 13 국회 8 O│X

사법(司法)의 본질은 **법 또는 권리에 관한 다툼**이 있거나 **법이 침해**된 경우에 독립적인 **법원**이 원칙적으로 **직접 조사한 증거를 통한 객관적 사실인정**을 바탕으로 **법을 해석·적용**하여 **유권적인 판단**을 내리는 작용이다(헌재 1996. 1. 25. 95헌가5).

4406 일체의 법률적 쟁송을 심리 재판하는 작용인 사법작용은 헌법 그 자체에 의한 유보가 없는 한 오로지 대법원을 최고법원으로 하는 법원만이 담당할 수 있다. 21 입시 O│X

우리 헌법이 국가권력의 남용을 방지하고 국민의 자유와 권리를 확보하기 위한 기본원리로서 채택한 3권분립주의의 구체적 표현으로서 일체의 법률적 쟁송을 심리 재판하는 작용인 **사법작용**은 헌법 그 자체에 의한 유보가 없는 한 오로지 **대법원을 최고법원으로 하는**(헌법 제101조 제2항) **법원만이 담당할** 수 있고, 또 행정심판은 어디까지나 법원에 의한 재판의 전심절차로서만 기능하여야 함을 의미한다(헌재 2000. 6. 29. 99헌가9).

4407 행정심판의 판단에 대하여는 법원에 의한 사실적 측면과 법률적 측면의 심사가 모두 가능하여야만 사법권이 법원에 속한다고 할 수 있다. 21 입시 O│X

법무부변호사징계위원회의 징계결정이나 기각결정은 그 판단주체 및 기능으로 보아 행정심판에 불과함이 분명하고, 이러한 행정심판에 대하여는 **법원에 의한 사실적 측면과 법률적 측면의 심사**가 가능하여야만 비로소 변호사징계사건에 대한 **사법권 내지는 재판권이 법원에 속한다**고 할 수 있을 것인바, 이 사건 법률조항은 이러한 행정심판에 대한 법원의 사실적 측면과 법률적 측면에 대한 심사를 배제하고, 대법원으로 하여금 변호사징계사건의 최종심 및 법률심으로서 단지 법률적 측면의 심사만을 할 수 있도록 하고, 재판의 전심절차로서만 기능해야 할 법무부변호사징계위원회를 사실확정에 관한 한 사실상 최종심으로 기능하게 하고 있는 것은, 앞에서 본 바와 같이 일체의 법률적 쟁송에 대한 재판기능을 대법원을 최고법원으로 하는 법원에 속하도록 규정하고 있는 헌법 제101조 제1항 및 제107조 제3항에 위반된다고 하지 아니할 수 없다(헌재 2000. 6. 29. 99헌가9).

● 정답 4405. ○   4406. ○   4407. ○

02 사법권의 한계

4408 유신헌법(1972년 헌법)은 긴급조치가 사법적 심사의 대상이 되지 않는다고 명문 규정을 두고 있었다.
17 국회 9
O | X

> **제7차 개정헌법(1972년) 제53조** ① 대통령은 천재·지변 또는 중대한 재정·경제상의 위기에 처하거나, 국가의 안전보장 또는 공공의 안녕질서가 중대한 위협을 받거나 받을 우려가 있어, 신속한 조치를 할 필요가 있다고 판단할 때에는 내정·외교·국방·경제·재정·사법등 국정전반에 걸쳐 필요한 **긴급조치**를 할 수 있다.
> ② 대통령은 제1항의 경우에 필요하다고 인정할 때에는 이 헌법에 규정되어 있는 국민의 자유와 권리를 잠정적으로 정지하는 **긴급조치**를 할 수 있고, 정부나 법원의 권한에 관하여 **긴급조치**를 할 수 있다.
> ③ 제1항과 제2항의 긴급조치를 한 때에는 대통령은 지체없이 국회에 통고하여야 한다.
> ④ 제1항과 제2항의 **긴급조치**는 **사법적 심사의 대상**이 되지 **아니한다**.

POINT 250 통치행위

01 통치행위

4409 통치행위는 일반적으로 고도의 정치적 결단에 의한 국가행위로서 사법적 심사의 대상이 되기에 적절하지 못한 행위를 일컫는 개념이다. 14 지방 7
O | X

> 통치행위란 <u>고도의 정치적 결단에 의한 국가행위로서 사법적 심사의 대상으로 삼기에 적절하지 못한 행위</u>라고 일반적으로 정의되고 있는바, … 대통령이 고도의 정치적 결단을 요하고 가급적 그 결단이 존중되어야 할 것임은 법무부장관의 의견과 같다(헌재 1996. 2. 29. 93헌마186).

02 헌법재판소의 판례

4410 이른바 이라크전쟁이 국제규범에 어긋나는 침략전쟁인지 여부 등에 대한 판단은 대의기관인 대통령과 국회의 몫이고, 성질상 한정된 자료만을 가지고 있는 헌법재판소가 판단하는 것은 바람직하지 않다.
14 서울 7
O | X

> 이 사건 파견결정이 헌법에 위반되는지의 여부 즉 국가안보에 보탬이 됨으로써 궁극적으로는 국민과 국익에 이로운 것이 될 것인지 여부 및 <u>이른바 **이라크전쟁**이 국제규범에 어긋나는 침략전쟁인지 여부 등에 대한 판단은 **대의기관인 대통령과 국회의 몫**이고, 성질상 한정된 자료만을 가지고 있는 <u>우리 재판소가 판단하는 것은 바람직하지 않다</u>고 할 것이며, 우리 재판소의 판단이 대통령과 국회의 그것보다 더 옳다거나 정확하다고 단정짓기 어려움은 물론 재판결과에 대하여 국민들의 신뢰를 확보하기도 어렵다고 하지 않을 수 없다(헌재 2004. 4. 29. 2003헌마814).

정답 4408. O 4409. O 4410. O

4411 대통령이 국군을 이라크에 파견하기로 한 결정은 그 성격상 국방 및 외교에 관련된 고도의 정치적 결단을 요하는 문제로서 헌법과 법률이 정한 절차를 지켜 이루어진 것임이 명백하므로, 대통령과 국회의 판단은 존중되어야 하고 헌법재판소가 사법적 기준만으로 이를 심판하는 것은 자제되어야 한다. 22 입시 ○|×

4411-1 국군의 외국에의 파견결정과 같이 성격상 외교 및 국방에 관련된 고도의 정치적 결단이 요구되는 사안에 대한 국민의 대의기관의 결정은 헌법소원심판의 대상이 될 수 없다. 23 입시 ○|×

4411-2 외국에 국군을 파견하는 결정과 같이 성격상 외교 및 국방에 관련된 고도의 정치적 결단이 요구되는 사안에 대한 국민의 대의기관의 결정은, 비록 헌법과 법률이 정한 절차를 지켰음이 명백하더라도, 헌법이 침략적 전쟁을 부인하는 이상 사법심사가 자제되어야 할 대상이 되지 않는다. 16 변호사 ○|×

4411-3 대통령에 의한 국군의 이라크 파병은 고도의 정치적 결단에 의한 국가작용이라 하더라도 국민의 기본권침해와 직접 관련된 경우이므로 이에 대한 헌법소원심판청구는 각하하지 않고 본안판단을 하여야 할 것이다. 13 변호사 ○|×

4411-4 이라크 파병 결정은 고도의 정치적 결단을 요하는 문제이므로, 그것이 헌법과 법률이 정한 절차를 준수했는지, 그리고 이라크 전쟁이 국제규범에 어긋나는 침략전쟁인지 등에 대하여 사법적 기준으로 심판하는 것은 자제되어야 한다. 23 변호사 ○|×

이 사건 파병결정은 대통령이 파병의 정당성뿐만 아니라 북한 핵 사태의 원만한 해결을 위한 동맹국과의 관계, 우리나라의 안보문제, 국·내외 정치관계 등 국익과 관련한 여러 가지 사정을 고려하여 파병부대의 성격과 규모, 파병기간을 국가안전보장회의 자문을 거쳐 결정한 것으로, 그 후 국무회의 심의·의결을 거쳐 국회의 동의를 얻음으로써 헌법과 법률에 따른 절차적 정당성을 확보했음을 알 수 있다. 이 사건 파견결정은 그 성격상 국방 및 외교에 관련된 고도의 정치적 결단을 요하는 문제로서, 헌법과 법률이 정한 절차를 지켜 이루어진 것임이 명백하므로, 대통령과 국회의 판단은 존중되어야 하고 헌법재판소가 사법적 기준만으로 이를 심판하는 것은 자제되어야 한다(헌재 2004. 4. 29. 2003헌마814).

4412 대통령의 긴급재정경제명령은 국가긴급권의 일종으로서 고도의 정치적 결단에 의하여 발동되는 행위이고 그 결단을 존중하여야 할 필요성이 있는 행위라는 의미에서 통치행위에 속한다. 20 5급 ○|×

4412-1 금융실명제실시의 효과를 목적으로 한 긴급재정경제명령과 같이 국가긴급권에 관련된 고도의 정치적 결단이 요구되는 사안에 대한 대통령의 결정은 통치행위라도 헌법소원심판의 대상이 될 수 있다. 23 입시 ○|×

대통령의 긴급재정경제명령은 국가긴급권의 일종으로서 고도의 정치적 결단에 의하여 발동되는 행위이고 그 결단을 존중하여야 할 필요성이 있는 행위라는 의미에서 이른바 통치행위에 속한다고 할 수 있으나, 통치행위를 포함하여 모든 국가작용은 국민의 기본권적 가치를 실현하기 위한 수단이라는 한계를 반드시 지켜야 하는 것이고, 헌법재판소는 헌법의 수호와 국민의 기본권 보장을 사명으로 하는 국가기관이므로 비록 고도의 정치적 결단에 의하여 행해지는 국가작용이라고 할지라도 그것이 국민의 기본권 침해와 직접 관련되는 경우에는 당연히 헌법재판소의 심판대상이 된다(헌재 1996. 2. 29. 93헌마186).

●정답 4411. ○ 4411-1. ○ 4411-2. ×[사법심사 자제되어야 함] 4411-3. ×[헌법소원심판청구 각하함] 4411-4. ×[헌법과 법률이 정한 절차를 준수 여부 심판 可] 4412. ○ 4412-1. ○

4413 모든 국가작용은 국민의 기본권적 가치를 실현하기 위한 수단이라는 한계를 지켜야 하므로 아무리 고도의 정치적 결단에 의하여 행해지는 국가작용이라도 그것이 국민의 기본권침해와 관련되는 경우에는 헌법재판소의 심판대상이 된다. 14 지방 7   O | X

4413-1 고도의 정치적 행위로서 사법심사가 적절하지 않은 대통령에 의한 통치행위에 대해서는 사법심사가 자제되어야 하기 때문에 관련 통치행위가 국민의 기본권 침해와 관련된다고 볼 수 있는 경우에도 헌법소원의 대상이 될 수는 없다. 17 서울 7   O | X

대통령의 긴급재정경제명령은 국가긴급권의 일종으로서 고도의 정치적 결단에 의하여 발동되는 행위이고 그 결단을 존중하여야 할 필요성이 있는 행위라는 의미에서 이른바 통치행위에 속한다고 할 수 있으나, 통치행위를 포함하여 <u>모든 국가작용은 국민의 기본권적 가치를 실현하기 위한 수단</u>이라는 한계를 반드시 지켜야 하는 것이고, 헌법재판소는 헌법의 수호와 국민의 기본권 보장을 사명으로 하는 국가기관이므로 비록 <u>고도의 정치적 결단에 의하여 행해지는 국가작용</u>이라고 할지라도 그것이 <u>국민의 기본권 침해와 직접 관련되는 경우에는</u> 당연히 <u>헌법재판소의 심판대상이</u> 된다(헌재 1996. 2. 29. 93헌마186).

4414 대통령이 개성공단의 운영을 즉시 전면 중단하기로 결정하고, 통일부장관은 대통령의 지시에 따라 철수계획을 마련하여 관련 기업인들에게 통보한 다음 개성공단 전면중단 성명을 발표하고, 이에 대응한 북한의 조치에 따라 개성공단에 체류 중인 국민들 전원을 대한민국 영토 내로 귀환하도록 한 일련의 행위로 이루어진 개성공단 전면중단 조치는 고도의 정치적 결단을 요하는 통치행위에 해당하여 헌법소원심판의 대상이 될 수 없다. 23 입시   O | X

<u>개성공단 전면중단 조치가 고도의 정치적 결단을 요하는 문제</u>이기는 하나, 조치 결과 개성공단 투자기업인 청구인들에게 <u>기본권 제한이 발생</u>하였고, 국민의 기본권 제한과 직접 관련된 공권력의 행사는 고도의 정치적 고려가 필요한 행위라도 헌법과 법률에 따라 결정하고 집행하도록 견제하는 것이 헌법재판소 본연의 임무이므로, 그 한도에서 <u>헌법소원심판의 대상</u>이 될 수 있다(헌재 2022. 1. 27. 2016헌마364).

4415 한미연합사령부의 창설 및 한미연합연습 양해각서의 체결 이후 연례적으로 실시되어 온 한미연합 군사훈련의 일종인 전시증원연습을 하기로 한 대통령의 결정은 국방에 관련되는 고도의 정치적 결단을 요하는 통치행위에 해당된다고 보기 어려워 헌법소원심판의 대상이 될 수 있다. 23 입시   O | X

4415-1 한미연합사령부가 연례적으로 실시하고 있는 전시증원연습과 이와 연계된 연합합동 야외기동훈련인 독수리연습을 실시하기로 한 대통령의 결정은 고도의 정치적 결단에 해당하여 사법심사의 대상이 되지 않는다. 12 국가 7   O | X

<u>한미연합 군사훈련</u>은 1978. 한미연합사령부의 창설 및 1979. 2. 15. 한미연합연습 양해각서의 체결 이후 연례적으로 실시되어 왔고, 특히 이 사건 연습은 대표적인 한미연합 군사훈련으로서, 피청구인이 2007. 3.경에 한 이 사건 <u>연습결정</u>이 새삼 국방에 관련되는 <u>고도의 정치적 결단</u>에 해당하여 <u>사법심사를 자제</u>하여야 하는 <u>통치행위에 해당된다고 보기 어렵다</u>(헌재 2009. 5. 28. 2007헌마369).

03 대법원 판례

4416 통치행위의 개념을 인정한다고 하더라도 과도한 사법심사의 자제가 기본권을 보장하고 법치주의 이념을 구현하여야 할 법원의 책무를 태만히 하거나 포기하는 것이 되지 않도록 그 인정을 지극히 신중하게 하여야 하며, 그 판단은 오로지 사법부만에 의하여 이루어져야 한다. 14 지방 7   O | X

● 정답 4413. O   4413-1. X [기본권 침해 관련되면 헌법소원 가능]   4414. X [통치행위 but 헌소대상 인정]   4415. O   4415-1. X [사법심사 대상임]   4416. O

법원이 정치문제에 개입되어 그 중립성과 독립성을 침해당할 위험성도 부인할 수 없으므로, 고도의 정치성을 띤 국가행위에 대하여는 이른바 통치행위라 하여 법원 스스로 사법심사권의 행사를 억제하여 그 심사대상에서 제외하는 영역이 있으나, 이와 같이 **통치행위의 개념을 인정**한다고 하더라도 과도한 사법심사의 자제가 기본권을 보장하고 법치주의 이념을 구현하여야 할 법원의 책무를 태만히 하거나 포기하는 것이 되지 않도록 **그 인정을 지극히 신중하게** 하여야 하며, **그 판단은 오로지 사법부만**에 의하여 이루어져야 한다(대판 2004. 3. 26. 2003도7878).

4417 남북정상회담의 개최는 고도의 정치적 성격을 지니고 있는 행위이므로 특별한 사정이 없는 한 그 당부를 심판하는 것은 사법권의 내재적, 본질적 한계를 넘어서는 것이지만, 남북정상회담의 개최과정에서 관할 주무관청에 신고하지 아니하거나 관할 주무관청의 협력사업 승인을 얻지 아니한 채 북한 측에 사업권의 대가 명목으로 송금한 행위 자체는 헌법상 법치국가원리와 평등원칙에 비추어 볼 때 사법심사의 대상이 된다. 23 입시 15 법무사 O|X

4417-1 남북정상회담의 개최과정에서 재정경제부장관에게 신고하지 아니하거나 통일부장관의 협력사업 승인을 얻지 아니한 채 북한 측에 사업권의 대가 명목으로 송금한 행위 자체는 사법심사의 대상이 아니다. 12 국가 7 O|X

4417-2 남북정상회담의 개최 및 이 과정에서 정부의 승인을 얻지 아니한 채 북한 측에 사업권의 대가 명목으로 송금한 행위 등은 고도의 정치적 성격을 지니고 있는 행위라 할 것이므로 특별한 사정이 없는 한 그 당부를 심판하는 것은 사법권의 내재적·본질적 한계를 넘어서는 것으로서 사법심사의 대상이 될 수 없다. 13 변호사 O|X

남북정상회담의 개최는 고도의 정치적 성격을 지니고 있는 행위라 할 것이므로 특별한 사정이 없는 한 그 당부를 심판하는 것은 사법권의 내재적·본질적 한계를 넘어서는 것이 되어 적절하지 못하지만, 남북정상회담의 개최과정에서 재정경제부장관에게 신고하지 아니하거나 통일부장관의 협력사업 승인을 얻지 아니한 채 북한측에 사업권의 대가 명목으로 송금한 행위 자체는 헌법상 법치국가의 원리와 법 앞에 평등원칙 등에 비추어 볼 때 사법심사의 대상이 된다(대판 2004. 3. 26. 2003도7878).

POINT 251 대법원

4418 대법관의 수는 대법원장을 포함하여 14명으로 한다. 22 입시 O|X

4418-1 대법관의 수는 대법원장을 포함하여 13인으로 한다. 20 국회 8, 15 지방 7, 13 법무사 O|X

4418-2 대법관의 수는 대법원장을 제외하고 14명으로 한다. 17 법무사, 12 국회 9 O|X

4418-3 대법원은 대법원장 1명과 대법관 14명으로 구성한다. 21 국가 7 O|X

4418-4 대법관 수를 12인으로 하려면 헌법을 개정하여야만 할 수 있다. 20 5급 O|X

> 헌법 제102조 ② **대법원**에 **대법관**을 둔다. 다만, **법률이 정하는 바**에 의하여 **대법관이 아닌 법관**을 둘 수 있다.
> 법원조직법 제4조(대법관) ② **대법관의 수는 대법원장을 포함**하여 **14명**으로 한다.

●정답 4417. O 4417-1. ×[사법심사 대상임] 4417-2. ×[사법심사 대상임] 4418. O 4418-1. ×[대법원장 포함 14인] 4418-2. ×[대법원장 포함 14인] 4418-3. ×[대법원장 포함 14인] 4418-4. ×[법률로도 가능]

4419 대법원에 대법관을 둔다. 다만, 법률이 정하는 바에 의하여 대법관이 아닌 법관을 둘 수 있다. 21 소간 O | X

4419-1 대법원에 대법관이 아닌 법관을 두는 것을 법률로 정할 경우 헌법에 위반된다. 11 국가 7 O | X

> 헌법 제102조 ② 대법원에 대법관을 둔다. 다만, 법률이 정하는 바에 의하여 대법관이 아닌 법관을 둘 수 있다.

4420 대법원에는 법률이 정하는 바에 의하여 대법관이 아닌 법관을 둘 수 있으나 재판연구관을 언제나 판사로 보하여야 하는 것은 아니다. 17 법원 9 O | X

> 헌법 제102조 ② 대법원에 대법관을 둔다. 다만, 법률이 정하는 바에 의하여 대법관이 아닌 법관을 둘 수 있다.
> 법원조직법 제24조(재판연구관) ① 대법원에 재판연구관을 둔다.
> ③ 재판연구관은 판사로 보하거나 3년 이내의 기간을 정하여 판사가 아닌 사람 중에서 임명할 수 있다.

POINT 252 　대법원장·대법관과 일반법관

01 대법원장 임명

4421 대법원장은 국회의 동의를 얻어 대통령이 임명한다. 19 소간 O | X

4421-1 대법원장은 국회의 동의를 얻어 대법관 중에서 대통령이 임명한다. 18 서울 7 O | X

4421-2 대법원장은 대법원장추천회의의 추천을 거쳐 대통령이 임명한다. 17 5급 O | X

> 헌법 제104조 ① 대법원장은 국회의 동의를 얻어 대통령이 임명한다.

4422 대법원장이 궐위되거나 부득이한 사유로 직무를 수행할 수 없을 때에는 선임대법관이 그 권한을 대행한다. 21 국회 8, 18 국가 7, 19 경정 O | X

4422-1 대법원장이 궐위되거나 부득이한 사유로 직무를 수행할 수 없을 때에는 수석대법관, 선임대법관이 그 권한을 대행한다. 21 국가 7 O | X

4422-2 대법원장이 궐위되거나 부득이한 사유로 직무를 수행할 수 없을 때에는 법원행정처장이 그 권한을 대행한다. 19 법무사, 19 소간 O | X

4422-3 대법원장이 궐위되거나 부득이한 사유로 직무를 수행할 수 없을 때에는 대법관 중 최연장자가 그 권한을 대행한다. 15 국가 7 O | X

> 법원조직법 제13조(대법원장) ③ 대법원장이 궐위되거나 부득이한 사유로 직무를 수행할 수 없을 때에는 선임대법관이 그 권한을 대행한다.

정답 4419. O　4419-1. X [위반 X]　4420. O　4421. O　4421-1. X [대법관 중에서 X]　4421-2. X [대법원장추천회의 추천 X → 국회 동의 O]　4422. O　4422-1. X [수석대법관 X]　4422-2. X [선임대법관이 권한 대행]　4422-3. X [선임대법관이 권한 대행]

4423 대법원장이 궐위되거나 사고로 인하여 직무를 수행할 수 없을 때에는 선임대법관이 그 권한을 대행하며, 대법원장이 행한 처분에 대한 행정소송의 피고는 법원행정처장으로 한다. 11 지방 7   O│X

> **법원조직법 제13조(대법원장)** ③ 대법원장이 궐위되거나 부득이한 사유로 직무를 수행할 수 없을 때에는 **선임대법관이 그 권한을 대행**한다.
> **법원조직법 제70조(행정소송의 피고)** 대법원장이 한 처분에 대한 행정소송의 **피고는 법원행정처장**으로 한다.

02 대법관 임명

4424 대법관은 대법원장의 제청으로 국회의 동의를 얻어 대통령이 임명한다. 22 국회 9, 20 법무사, 19 소간, 13 법무사   O│X

4424-1 모든 대법관은 대통령이 임명한다. 17 국회 8   O│X

4424-2 대법관은 대통령의 임명에 제청 절차가 필요하지 않다. 21 소간   O│X

4424-3 대법관은 국무총리의 제청으로 국무회의의 심의를 거쳐 대통령이 임명한다. 23 5급   O│X

> **헌법 제104조** ② 대법관은 **대법원장의 제청**으로 **국회의 동의**를 얻어 **대통령이 임명**한다.

4425 대법원장은 국회의 동의를 얻어 대통령이 임명하고, 대법관은 대법원장의 제청으로 국회의 동의를 얻어 대통령이 임명한다. 23 국가 7   O│X

4425-1 대법관을 임명할 때는 인사청문회를 거쳐야 하지만, 대법원장처럼 국회의 동의까지 요구되지는 않는다. 15 서울 7   O│X

4425-2 대통령은 국회의 동의를 얻어 대법원장을 임명하고, 대법관을 임명할 때에는 국회의 인사청문회를 거치는 것으로 국회 동의 절차를 갈음한다. 19 지방 7   O│X

> **헌법 제104조** ① **대법원장은 국회의 동의**를 얻어 **대통령이 임명**한다.
> ② **대법관은 대법원장의 제청**으로 **국회의 동의**를 얻어 **대통령이 임명**한다.
> **보충설명** 대통령이 대법관을 임명하려면 국회의 동의를 얻어야 하는데, 이 경우 국회 본회의에서 일반정족수로 의결한다.

정답 4423. O 4424. O 4424-1. O 4424-2. X [대법원장 제청 필요] 4424-3. X [대법원장의 제청으로 국회의 동의를 얻어야 함]
4425. O 4425-1. X [국회 동의 필요] 4425-2. X [국회 동의 필요]

4426 대법관은 임명에 앞서 국회 인사청문특별위원회에서 인사청문을 실시한다. 17 국회 8 O | X

4426-1 대법관에 대한 인사청문 요청이 있는 경우 법제사법위원회에서 인사청문회를 연다. 20 국회 8 O | X

> 헌법 제104조 ① 대법원장은 **국회의 동의**를 얻어 **대통령이 임명**한다.
> ② **대법관**은 **대법원장의 제청**으로 **국회의 동의**를 얻어 **대통령이 임명**한다.
>
> 국회법 제46조의3(인사청문특별위원회) ① 국회는 다음 각 호의 **임명동의안** 또는 의장이 각 교섭단체 대표의원과 협의하여 제출한 선출안 등을 심사하기 위하여 **인사청문특별위원회를 둔다**. 다만, 「대통령직 인수에 관한 법률」 제5조제2항에 따라 대통령당선인이 국무총리 후보자에 대한 인사청문의 실시를 요청하는 경우에 의장은 각 교섭단체 대표의원과 협의하여 그 인사청문을 실시하기 위한 인사청문특별위원회를 둔다.
> 1. 헌법에 따라 그 **임명에 국회의 동의**가 필요한 대법원장·헌법재판소장·국무총리·감사원장 및 **대법관**에 대한 임명동의안

4427 대법관후보추천위원회는 선임대법관·법원행정처장·대한변호사협회장 등으로 구성되는데, 사법부의 독립을 위하여 행정부 소속 공무원은 대법관후보추천위원회의 위원이 될 수 없다. 21 변호사 O | X

> 법원조직법 제41조의2(대법관후보추천위원회) ③ 위원은 다음 각 호에 해당하는 사람을 **대법원장**이 **임명**하거나 **위촉**한다.
> 1. **선임대법관**
> 2. **법원행정처장**
> 3. **법무부장관**
> 4. **대한변호사협회장**
> 5. 사단법인 **한국법학교수회 회장**
> 6. 사단법인 **법학전문대학원협의회 이사장**
> 7. 대법관이 아닌 법관 1명
> 8. 학식과 덕망이 있고 각계 전문 분야에서 경험이 풍부한 사람으로서 **변호사 자격을 가지지 아니한 사람 3명**. 이 경우 1명 이상은 여성이어야 한다.

보충설명 행정부 소속 공무원인 법무부장관이 포함된다.

4428 대법원장이 대법관 후보자의 임명을 제청할 때에는 대법관후보추천위원회에서 추천한 후보자를 존중한다. 17 국회 8 O | X

4428-1 대법관은 대법원장의 제청으로 국회의 동의를 받아 대통령이 임명하는데, 대법원장은 대법관후보추천위원회가 추천하는 대법관후보자 중에서 제청하여야 한다. 21 국회 8 O | X

> 헌법 제104조 ② **대법관**은 **대법원장의 제청**으로 **국회의 동의**를 얻어 **대통령이 임명**한다.
> 법원조직법 제41조의2(대법관후보추천위원회) ① 대법원장이 제청할 대법관 후보자의 추천을 위하여 대법원에 대법관후보추천위원회(이하 "**추천위원회**"라 한다)를 둔다.
> ⑦ **대법원장**은 **대법관 후보자를 제청**하는 경우에는 **추천위원회의 추천 내용을 존중**한다.

4429 대법원장과 대법관은 20년 이상 판사·검사·변호사의 직(職)에 있던 40세 이상의 사람 중에서 임용한다. 22 국회 9 O | X

4429-1 46세의 21년 경력의 변호사는 대법관 임용자격을 갖춘 사람이다. 17 국회 8 O | X

정답 4426. O 4426-1. X [법제사위 X → 인사특위 O] 4427. X [법무부장관 포함됨] 4428. O 4428-1. X [추천 내용 존중함] 4429. X [45세 이상] 4429-1. O

> 법원조직법 제42조(임용자격) ① 대법원장과 대법관은 20년 이상 다음 각 호의 직(職)에 있던 45세 이상의 사람 중에서 임용한다.
> 1. 판사·검사·변호사
> 2. **변호사 자격이 있는 사람**으로서 국가기관, 지방자치단체, 「공공기관의 운영에 관한 법률」 제4조에 따른 공공기관, 그 밖의 법인에서 법률에 관한 사무에 종사한 사람
> 3. **변호사 자격이 있는 사람**으로서 공인된 대학의 법률학 조교수 이상으로 재직한 사람

03 법관의 임명

4430 법관의 자격은 법률로 정하고, 대법원장과 대법관이 아닌 법관은 대법관회의의 동의를 얻어 대법원장이 임명한다. 10 국가 7   O│X

4430-1 대법관이 아닌 법관은 국회의 동의를 얻어 대법원장이 임명한다. 17 국회 9   O│X

4430-2 대법원장과 대법관이 아닌 법관은 인사위원회의 동의를 얻어 대법원장이 임명한다. 19 서울 7(추)   O│X

4430-3 대통령은 사법부를 구성할 권한을 가지므로, 국회의 동의를 얻어 대법원장과 대법관을 임명하며, 대법원장의 제청으로 일반 법관을 임명한다. 21 국회 8   O│X

> 헌법 제101조 ③ **법관의 자격**은 **법률**로 정한다.
> 헌법 제104조 ① 대법원장은 **국회의 동의**를 얻어 **대통령이 임명**한다.
> ② **대법관**은 대법원장의 제청으로 **국회의 동의**를 얻어 **대통령이 임명**한다.
> ③ 대법원장과 대법관이 아닌 **법관**은 **대법관회의의 동의**를 얻어 **대법원장이 임명**한다.

4431 대법관은 대법원장의 제청으로 국회의 동의를 받아 대통령이 임명하며, 판사는 대법원 법관인사위원회의 심의를 거치고 대법관회의의 동의를 받아 대법원장이 임명한다. 24 소간   O│X

> 헌법 제104조 ② **대법관**은 **대법원장의 제청**으로 **국회의 동의**를 얻어 **대통령이 임명**한다.
> ③ 대법원장과 대법관이 아닌 **법관**은 **대법관회의의 동의**를 얻어 **대법원장이 임명**한다.
> 법원조직법 제41조(법관의 임명) ③ 판사는 **인사위원회의 심의**를 거치고 **대법관회의의 동의**를 받아 **대법원장이 임명**한다.

4432 법관의 인사에 관한 중요 사항을 심의하기 위하여 대법원에 법관인사위원회를 두며, 법관인사위원회의 위원장은 위원 중에서 대법원장이 임명하거나 위촉한다. 20 국가 7   O│X

> 법원조직법 제25조의2(법관인사위원회) ① **법관의 인사**에 관한 **중요 사항**을 심의하기 위하여 **대법원**에 **법관인사위원회**(이하 "인사위원회"라 한다)를 둔다.
> ⑤ **위원장**은 **위원 중**에서 **대법원장이 임명**하거나 **위촉**한다.

● 정답 4430. O 4430-1. X [대법관회의 동의] 4430-2. X [대법관회의의 동의] 4430-3. X [일반법관은 대법원장이 임명] 4431. O
4432. O

4433 법관의 독립은 법관의 임용, 전보 등 인사에서 법원 이외의 외부적 영향으로부터 독립되어야 하는 것이므로, 법관인사위원회 등에 법관이 아닌 외부인을 참여케 하는 것은 불가능하다. 12 지방 7 O│X

> 법원조직법 제25조의2(법관인사위원회) ④ **위원**은 다음 각 호에 해당하는 사람을 **대법원장이 임명하거나 위촉**한다.
> 1. **법관 3명**
> 2. 법무부장관이 추천하는 **검사 2명**. 다만, 제2항제2호의 판사의 신규 임명에 관한 심의에만 참여한다.
> 3. 대한변호사협회장이 추천하는 **변호사 2명**
> 4. 사단법인 한국법학교수회 회장과 사단법인 법학전문대학원협의회 이사장이 각각 1명씩 추천하는 **법학교수 2명**
> 5. 학식과 덕망이 있고 각계 전문 분야에서 경험이 풍부한 사람으로서 **변호사의 자격이 없는 사람 2명**. 이 경우 1명 이상은 여성이어야 한다.

4434 금고 이상의 형을 선고받은 사람은 법관으로 임용할 수 없다. 21 지방 7 O│X

4434-1 탄핵에 의하여 파면된 법관은 결정 선고가 있는 날부터 5년이 지나지 아니하면 법관에 임용될 수 없다. 18 서울 7(추) O│X

> 법원조직법 제43조(결격사유) 다음 각 호의 어느 하나에 해당하는 사람은 법관으로 임용할 수 없다.
> 2. **금고 이상의 형을 선고받은 사람**
> 3. **탄핵으로 파면**된 후 **5년**이 지나지 아니한 사람
> 4. 대통령비서실 소속의 공무원으로서 **퇴직 후 3년**이 지나지 아니한 사람

POINT 253 임기제와 정년제

01 임기제

4435 대법원장의 임기는 6년으로 하며, 법률이 정하는 바에 의하여 연임할 수 있다. 21 지방 7 O│X

4435-1 대법원장의 임기는 6년이며, 연임은 불가능하나 중임은 가능하다. 08 국가 7 O│X

> 헌법 제105조 ① **대법원장의 임기는 6년**으로 하며, **중임할 수 없다**.

4436 대법관의 임기는 6년이고, 법률이 정하는 바에 의하여 연임할 수 있다. 21 법무사 O│X

4436-1 대법관의 임기는 6년이고, 연임할 수 없다. 17 5급 O│X

> 헌법 제105조 ② **대법관의 임기는 6년**으로 하며, 법률이 정하는 바에 의하여 **연임할 수 있다**.
> 법원조직법 제45조(임기·연임·정년) ② 대법관의 임기는 6년으로 하며, **연임할 수 있다**.

● 정답 4433. ×[가능함] 4434. ○ 4434-1. ○ 4435. ×[중임 불가] 4435-1. ×[중임 불가] 4436. ○ 4436-1. ×[연임 가능]

4437 대법원장과 대법관의 임기는 6년으로 같지만, 대법관은 법률이 정하는 바에 의하여 연임할 수 있으나 대법원장은 중임할 수 없다. 24 소간   O | X

4437-1 대법원장과 대법관의 임기는 6년이며, 대법원장과 대법관은 법률이 정하는 바에 의해 연임할 수 있다. 17 서울 7   O | X

4437-2 대법원장과 대법관의 임기는 각 6년이고, 일반법관의 임기는 10년이며, 대법원장과 대법관, 일반법관은 법률이 정하는 바에 의하여 중임 및 연임할 수 있다. 23 입시, 16 법원 9   O | X

> 헌법 제105조 ① **대법원장의 임기**는 6년으로 하며, **중임할 수 없다.**
> ② **대법관의 임기**는 6년으로 하며, 법률이 정하는 바에 의하여 **연임**할 수 있다.
> ③ 대법원장과 대법관이 아닌 **법관의 임기**는 10년으로 하며, 법률이 정하는 바에 의하여 **연임**할 수 있다.

4438 대법원장과 대법관이 아닌 법관의 임기는 10년으로 하며, 법률이 정하는 바에 의하여 연임할 수 있다. 21 입시, 21 법원 9, 17 5급, 13 국회 8   O | X

4438-1 법관은 헌법에 임기가 6년으로 명시되어 있다. 12 국회 8   O | X

> 헌법 제105조 ③ 대법원장과 대법관이 아닌 **법관의 임기**는 10년으로 하며, 법률이 정하는 바에 의하여 **연임**할 수 있다.

4439 법관의 임기 연장은 헌법개정을 하지 않고서도 채택할 수 있다. 13 법무사   O | X

4439-1 헌법을 개정하지 않고도 대법원장과 대법관이 아닌 법관의 임기를 5년으로 할 수 있다. 22 소간   O | X

4439-2 국회는 사법권의 독립을 강화하기 위하여 대법원장과 대법관이 아닌 법관의 임기제를 폐지하고 70세를 정년으로 하는 「법원조직법」을 의결할 수 있다. 24 5급   O | X

> 헌법 제105조 ③ 대법원장과 대법관이 아닌 **법관의 임기**는 10년으로 하며, 법률이 정하는 바에 의하여 **연임**할 수 있다.
> ④ **법관의 정년**은 **법률**로 정한다.
> 법원조직법 제45조(임기·연임·정년) ④ **대법원장과 대법관의 정년**은 각각 **70세**, **판사의 정년**은 **65세**로 한다.

4440 대법원장을 제외한 대법관이나 일반법관은 연임할 수 있을 뿐만 아니라 법률이 연임횟수에 제한을 두지 않고 있어서 정년까지 연임할 수도 있다. 12 지방 7   O | X

> 헌법 제105조 ② **대법관의 임기**는 6년으로 하며, 법률이 정하는 바에 의하여 **연임**할 수 있다.
> ③ 대법원장과 대법관이 아닌 **법관의 임기**는 10년으로 하며, 법률이 정하는 바에 의하여 **연임**할 수 있다.
> 법원조직법 제45조(임기·연임·정년) ② **대법관의 임기**는 6년으로 하며, **연임**할 수 있다.
> ③ 판사의 임기는 10년으로 하며, **연임**할 수 있다.

● 정답 4437. O   4437-1. X [대법원장 중임 불가능]   4437-2. X [대법원장 중임 불가능]   4438. O   4438-1. X [임기 10년]   4439. X [헌법개정필요]   4439-1. X [헌법개정필요]   4439-2. X [임기제 폐지는 헌법개정필요]   4440. O

4441 임기가 끝난 판사는 인사위원회의 심의를 거치고 대법관회의의 동의를 받아 대법원장의 연임발령으로 연임한다. 20 지방 7, 16 법원 9 ○ | ✕

4441-1 임기가 만료된 판사는 대법관회의의 동의 없이 대법원장의 연임발령으로 연임한다. 08 국가 7 ○ | ✕

> 법원조직법 제45조의2(판사의 연임) ① 임기가 끝난 판사는 인사위원회의 심의를 거치고 대법관회의의 동의를 받아 대법원장의 연임발령으로 연임한다.

4442 근무성적이 현저히 불량하여 판사로서 정상적인 직무를 수행할 수 없는 경우에 연임발령을 하지 않도록 규정한 구 「법원조직법」은 사법의 독립을 침해한다고 볼 수 없다. 20 변호사 ○ | ✕

4442-1 근무성적이 현저히 불량하여 판사로서 정상적인 직무를 수행할 수 없는 판사를 연임대상에서 제외하도록 규정한 구 법원조직법 조항은 법관의 신분보장에 미흡하므로 사법권의 독립을 침해한다. 24 경정 ○ | ✕

> 이 사건 연임결격조항은 근무성적이 현저히 불량하여 판사로서 정상적인 직무를 수행할 수 없는 판사를 연임대상에서 제외하도록 하고 있는바, 이는 직무를 제대로 수행하지 못하는 판사를 그 직에서 배제하여 사법부 조직의 효율성을 유지하기 위한 것으로 그 정당성이 인정된다. … 결국 이 사건 연임결격조항의 취지, 연임사유로 고려되는 근무성적평정의 대상기간, 평정사항의 제한, 연임심사 과정에서의 절차적 보장 등을 종합적으로 고려하면, 이 사건 **연임결격조항**이 **근무성적이 현저히 불량**하여 판사로서의 정상적인 직무를 수행할 수 없는 판사를 연임할 수 없도록 규정하였다는 점만으로 **사법의 독립을 침해한다고 볼 수 없다**(헌재 2016. 9. 29. 2015헌바331).

02 정년제

4443 법관의 정년은 법률로 정한다. 20 법무사 ○ | ✕

4443-1 헌법은 법관의 정년은 법률로 정한다고만 규정할 뿐 대법원장, 대법관의 정년도 명시적으로 정하지 않고 있다. 19 법원 9 ○ | ✕

4443-2 헌법은 대법관의 정년을 70세, 판사의 정년을 65세로 규정하고 있다. 17 입시 ○ | ✕

4443-3 법관의 정년을 연장하려면 헌법을 개정해야 한다. 21 지방 7, 20 입시 ○ | ✕

> 헌법 제105조 ④ **법관의 정년은 법률로** 정한다.
> 법원조직법 제45조(임기ㆍ연임ㆍ정년) ④ **대법원장과 대법관의 정년은 각각 70세, 판사의 정년은 65세로 한다.**

4444 대법원장과 대법관의 정년은 각각 70세이며, 판사의 정년은 65세로 한다. 20 입시 ○ | ✕

4444-1 대법원장의 정년은 70세, 대법관의 정년은 65세, 판사의 정년은 63세로 한다. 17 법원 9 ○ | ✕

> 헌법 제105조 ④ **법관의 정년은 법률로** 정한다.
> 법원조직법 제45조(임기ㆍ연임ㆍ정년) ④ **대법원장과 대법관의 정년은 각각 70세, 판사의 정년은 65세로 한다.**

정답 4441. ○ 4441-1. ✕ [대법관회의 동의 필요] 4442. ○ 4442-1. ✕ [사법권의 독립 침해 아님] 4443. ○ 4443-1. ○ 4443-2. ✕ [헌법에 정년 규정 無] 4443-3. ✕ [법률 개정으로 가능] 4444. ○ 4444-1. ✕ [대법관 70세, 판사 65세]

4445 우리나라는 법관의 임기제도와 정년제도를 둘 다 두고 있다. 07 국가 7 　O|X

4445-1 대법원장과 대법관의 임기는 6년, 판사의 임기는 10년으로 하며, 대법원장과 대법관의 정년은 각각 70세, 판사의 정년은 65세로 한다. 19 국가 7 　O|X

4445-2 대법관의 임기는 6년이고 연임할 수 있으며, 정년은 70세이다. 11 지방 7 　O|X

> 헌법 제105조 ① 대법원장의 임기는 6년으로 하며, 중임할 수 없다.
> ② 대법관의 임기는 6년으로 하며, 법률이 정하는 바에 의하여 연임할 수 있다.
> ③ 대법원장과 대법관이 아닌 법관의 임기는 10년으로 하며, 법률이 정하는 바에 의하여 연임할 수 있다.
> ④ 법관의 정년은 법률로 정한다.
> 법원조직법 제45조(임기·연임·정년) ④ 대법원장과 대법관의 정년은 각각 70세, 판사의 정년은 65세로 한다.

4446 헌법은 사법권의 독립을 보장하기 위하여 대법원장의 중임제한, 대법관의 수, 대법관의 정년 및 법관의 임기를 직접 규정하고 있다. 21 소간 　O|X

4446-1 헌법은 사법권의 독립을 보장하기 위하여 대법원장의 임기, 중임제한 및 정년을 직접 규정하고 있다. 13 지방 7 　O|X

> 헌법 제105조 ① 대법원장의 임기는 6년으로 하며, 중임할 수 없다.
> ② 대법관의 임기는 6년으로 하며, 법률이 정하는 바에 의하여 연임할 수 있다.
> ③ 대법원장과 대법관이 아닌 법관의 임기는 10년으로 하며, 법률이 정하는 바에 의하여 연임할 수 있다.
> ④ 법관의 정년은 법률로 정한다.
> 법원조직법 제4조(대법관) ② 대법관의 수는 대법원장을 포함하여 14명으로 한다.
> 법원조직법 제45조(임기·연임·정년) ④ 대법원장과 대법관의 정년은 각각 70세, 판사의 정년은 65세로 한다.
>
> 🖉 보충설명 　헌법은 대법원장·대법관·일반법관의 임기, 대법원장의 중임제한은 직접 규정하고 있으나, 대법관의 수, 대법원장·대법관·일반법관의 정년은 법원조직법에서 규정하고 있다.

4447 법관정년제 자체의 위헌성 판단은 헌법재판소의 위헌판단의 대상이 되지 않는다. 20 국회 8 　O|X

4447-1 법관정년제 자체의 위헌성 판단은 헌법규정에 대한 위헌주장으로 헌법재판소의 위헌판단의 대상이 되지 아니하며, 법관의 정년연령을 규정한 법률의 구체적인 내용도 헌법재판소의 위헌판단의 대상이 될 수 없다. 18 지방 7 　O|X

'법관정년제' 자체를 헌법에서 명시적으로 채택하고 있으며, 다만, 구체적인 정년연령을 법률로 정하도록 위임하고 있을 뿐이다. 따라서 '법관정년제' 자체의 위헌성 판단은 헌법규정에 대한 위헌주장으로, 종전 우리 헌법재판소 판례에 의하면, 위헌판단의 대상이 되지 아니한다. 물론 이 경우에도 법관의 정년연령을 규정한 법률의 구체적인 내용에 대하여는 위헌판단의 대상이 될 수 있다(헌재 2002. 10. 31. 2001헌마557).

● 정답 　4445. O　4445-1. O　4445-2. O　4446. X [대법관 수 & 대법관의 정년은 법률 규정]　4446-1. X [정년은 법률 규정]　4447. O
　4447-1. X [법률의 구체적 내용은 위헌판단 대상 可]

4448 법관의 정년을 설정함에 있어서는 헌법상 설정된 법관의 성격과 그 업무의 특수성에 합치되어야 하나, 관료제도를 근간으로 하는 계층구조적인 일반 행정공무원과 달리 보아야 할 이유는 없다. 20 경정, 17 국가 7

O|X

법관의 정년을 설정함에 있어서, 입법자는 위와 같은 헌법상 설정된 법관의 성격과 그 업무의 특수성에 합치되어야 하고, 관료제도를 근간으로 하는 계층구조적인 일반 행정공무원과 달리 보아야 함은 당연하므로, 고위법관과 일반법관을 차등하여 정년을 설정함은 일응 문제가 있어 보이나, 사법도 심급제도를 염두에 두고 있다는 점과 위에서 살펴본 몇 가지 이유를 감안하여 볼 때, 일반법관의 정년을 대법원장이나 대법관보다 낮은 63세로, 대법관의 정년을 대법원장보다 낮은 65세로 설정한 것이 위헌이라고 단정할 만큼 불합리하다고 보기는 어렵다고 할 것이다(헌재 2002. 10. 31. 2001헌마557).

4449 구 「법원조직법」이 법관의 정년을 직위에 따라 대법원장 70세, 대법관 65세, 그 이외의 법관 63세로 정한 것은 법관 업무의 성격과 특수성, 평균수명, 조직체 내의 질서 등을 고려하여 정한 것으로 그 차별에 합리적인 이유가 있다. 15 변호사

O|X

4449-1 법관의 정년을 직위에 따라 순차적으로 낮게 설정한 것은 법관의 공무담임권을 침해하는 것이 아니다. 12 국회 9

O|X

4449-2 법관의 정년을 규정한 법원조직법 제45조 제4항의 규정은 헌법 제106조의 법관 신분보장 규정에 위반되지 아니한다. 14 법무사

O|X

(1) 이 사건 법률조항은 법관의 정년을 직위에 따라 대법원장 70세, 대법관 65세, 그 이외의 법관 63세로 하여 법관 사이에 약간의 차이를 두고 있는 것으로, … 그와 같이 법관의 정년을 직위에 따라 순차적으로 낮게 차등하게 설정한 것은 법관 업무의 성격과 특수성, 평균수명, 조직체 내의 질서 등을 고려하여 정한 것으로 그 차별에 합리적인 이유가 있다고 할 것이므로, 청구인의 평등권을 침해하였다고 볼 수 없다(헌재 2002. 10. 31. 2001헌마557).
(2) 이 사건 법률조항이 규정한 법관의 정년은 60세 내지 65세로 되어 있는 다른 국가공무원의 정년보다 오히려 다소 높고, 정년제를 두고 있는 외국의 법관 정년연령(65세 내지 70세)을 비교하여 보아도 일반법관의 정년이 지나치게 낮다고 볼 수도 없다. 그렇다면, 이 사건 법률조항은 직업선택의 자유 내지 공무담임권을 침해하고 있다고 할 수 없다(헌재 2002. 10. 31. 2001헌마557).
(3) 헌법 제105조 제4항에 따라 입법자가 법관의 정년을 결정한 이 사건 법률조항은 그것이 입법자의 입법재량을 벗어나지 않고 기본권을 침해하지 않는 한 헌법에 위반된다고 할 수 없고, 위에서 본 바와 같이 그 입법 자체가 평등권, 직업선택의 자유나 공무담임권 등 기본권을 침해하였다고 볼 수 없어, 결국 신분보장 규정에도 위배된다고 할 수 없다(헌재 2002. 10. 31. 2001헌마557).

POINT 254 대법원의 권한

01 대법원의 심판권 (재판)

4450 대법원의 심판은 대법관 전원의 3분의 2 이상으로 구성되고 대법원장이 재판장이 되는 합의체에서 행한다. 그러나 대법원의 업무 부담으로 인하여 대부분 사건의 경우에는 대법관 3인 이상으로 구성된 부에서 재판한다. 12 국회 9

O|X

> **법원조직법 제7조(심판권의 행사)** ① 대법원의 심판권은 대법관 전원의 3분의 2 이상의 합의체에서 행사하며, 대법원장이 재판장이 된다. 다만, 대법관 3명 이상으로 구성된 부(部)에서 먼저 사건을 심리(審理)하여 의견이 일치한 경우에 한정하여 다음 각 호의 경우를 제외하고 그 부에서 재판할 수 있다.

●정답 4448. X [달리 보아야 함] 4449. O 4449-1. O 4449-2. O 4450. O

4451 명령·규칙이 헌법에 위반된다고 인정하는 경우뿐 아니라 명령·규칙이 법률에 위반된다고 인정하는 경우에도 대법원의 심판권은 대법관 전원의 3분의 2 이상의 합의체에서 행사한다. 18 국회 8 O│X

4451-1 대법관 3명 이상으로 구성된 부(部)에서는 그 의견이 일치하더라도 명령 또는 규칙이 헌법 또는 법률에 위반된다고 인정하는 사건을 심리하여 재판할 수 없다. 20 국회 9 O│X

4451-2 명령 또는 규칙이 헌법이나 법률에 위반함을 인정하는 경우, 종전에 대법원에서 판시한 헌법·법률·명령 또는 규칙의 해석적용에 관한 의견을 변경할 필요가 있음을 인정하는 경우에는 반드시 대법관 전원의 3분의 2 이상의 합의체에서 심판하여야 한다. 13 법무사 O│X

4451-3 대법원의 심판권은 대법관 전원의 3분의 2 이상의 합의체에서 행사하나, 명령 또는 규칙이 법률에 위반된다고 인정하는 경우에 한해 대법관 3명 이상으로 구성된 부에서 먼저 사건을 심리하여 의견이 일치한 경우에 한정하여 그 부에서 재판할 수 있다. 23 지방 7 O│X

> **법원조직법 제7조(심판권의 행사)** ① 대법원의 심판권은 대법관 전원의 3분의 2 이상의 합의체에서 행사하며, 대법원장이 재판장이 된다. 다만, 대법관 3명 이상으로 구성된 부(部)에서 먼저 사건을 심리(審理)하여 의견이 일치한 경우에 한하여 다음 각 호의 경우를 제외하고 그 부에서 재판할 수 있다.
> 1. 명령 또는 규칙이 헌법에 위반된다고 인정하는 경우
> 2. 명령 또는 규칙이 법률에 위반된다고 인정하는 경우
> 3. 종전에 대법원에서 판시(判示)한 헌법·법률·명령 또는 규칙의 해석 적용에 관한 의견을 변경할 필요가 있다고 인정하는 경우
> 4. 부에서 재판하는 것이 적당하지 아니하다고 인정하는 경우

4452 명령 또는 규칙이 법률에 위반함을 인정하는 경우에는 대법관 전원의 3분의 2 이상의 합의체에서 심판하여야 하는데, 여기서 말하는 명령 또는 규칙은 법규로서의 성질을 가지는 명령 또는 규칙을 의미한다. 15 국가 7 O│X

4452-1 명령 또는 규칙이 법률에 위반한 경우에는 대법관 전원의 2/3 이상의 합의체에서 심판하도록 규정한 「법원조직법」 제7조 제1항 제2호에서 말하는 명령 또는 규칙이라 함은 국가와 국민에 대하여 일반적 구속력을 가지는 이른바 법규로서의 성질을 가지는 명령 또는 규칙을 의미하므로 행정기관 내부의 행정사무처리기준을 정한 것에 불과한 훈령은 여기서 말하는 명령 또는 규칙이라 볼 수 없다. 14 국가 7 O│X

> 명령 또는 규칙이 법률에 위반한 경우에는 대법관 전원의 2/3 이상의 합의체에서 심판하도록 규정한 법원조직법 제7조 제1항 제2호에서 말하는 명령 또는 규칙이라 함은 국가와 국민에 대하여 일반적 구속력을 가지는 이른바 법규로서의 성질을 가지는 명령 또는 규칙을 의미한다 할 것인바, 수산업에관한어업면허사무취급규정(수산청훈령 제434호)은 행정기관 내부의 행정사무처리기준을 정한 것에 불과하고 이른바 법규로서의 성질을 가지는 명령 또는 규칙이라 볼 수 없으므로 위 규정을 무효라고 판단한 이 사건 재심대상판결이 대법원 전원합의체에서 이루어진 것이 아니라 하더라도 법률에 의하여 구성되지 아니한 판결이라고 할 수 없다(대판 1990. 2. 27. 88재누55).

4453 종전에 대법원에서 판시한 헌법·법률·명령 또는 규칙의 해석적용에 관한 의견을 변경할 필요가 있음을 인정하는 경우에는 대법원 전원합의체에서 재판을 한다. 14 서울 7 O│X

4453-1 종전에 대법원에서 판시한 헌법·법률·명령 또는 규칙의 해석 적용에 관한 의견을 변경할 필요가 있음을 인정하는 경우, 대법관 3인 이상으로 구성된 부에서 먼저 사건을 심리하여 의견이 일치한 때에는 그 부에서 재판할 수 있다. 20 국가 7, 13 국가 7 O│X

● 정답 4451. O 4451-1. O 4451-2. O 4451-3. X [부에서 재판할 수 없음] 4452. O 4452-1. O 4453. O 4453-1. X [전원합의체 재판]

> 법원조직법 제7조(심판권의 행사) ① 대법원의 심판권은 대법관 전원의 3분의 2 이상의 합의체에서 행사하며, 대법원장이 재판장이 된다. 다만, 대법관 3명 이상으로 구성된 부(部)에서 먼저 사건을 심리(審理)하여 의견이 일치한 경우에 한정하여 다음 각 호의 경우를 제외하고 그 부에서 재판할 수 있다.
> 3. 종전에 대법원에서 판시(判示)한 헌법·법률·명령 또는 규칙의 해석 적용에 관한 의견을 변경할 필요가 있다고 인정하는 경우
> 4. 부에서 재판하는 것이 적당하지 아니하다고 인정하는 경우

4454 대법원장은 필요하다고 인정하는 경우에 특정한 부로 하여금 행정·조세·노동·군사·특허 등의 사건을 전담하여 심판하게 할 수 있다. 20 국회 9 O | X

> 법원조직법 제7조(심판권의 행사) ② 대법원장은 필요하다고 인정하는 경우에 특정한 부로 하여금 행정·조세·노동·군사·특허 등의 사건을 전담하여 심판하게 할 수 있다.

4455 대법원 재판서(裁判書)에는 합의에 관여한 모든 대법관의 의견을 표시하여야 한다. 23 소간, 17 지방 7 O | X

> 법원조직법 제15조(대법관의 의사표시) 대법원 재판서(裁判書)에는 합의에 관여한 모든 대법관의 의견을 표시하여야 한다.

4456 대법원의 심판권은 대법관전원의 3분의 2 이상의 합의체에서 행하며, 심판의 합의는 공개하지 아니한다. 08 국가 7 O | X

> 법원조직법 제7조(심판권의 행사) ① 대법원의 심판권은 대법관 전원의 3분의 2 이상의 합의체에서 행사하며, 대법원장이 재판장이 된다. 다만, 대법관 3명 이상으로 구성된 부(部)에서 먼저 사건을 심리(審理)하여 의견이 일치한 경우에 한정하여 다음 각 호의 경우를 제외하고 그 부에서 재판할 수 있다.
> 법원조직법 제65조(합의의 비공개) 심판의 합의는 공개하지 아니한다.

4457 대법관 과반수 이상으로 구성한 대법관 전원합의체의 결정은 3분의 2 이상의 찬성으로 결정한다. 20 국회 9 O | X

> 법원조직법 제7조(심판권의 행사) ① 대법원의 심판권은 대법관 전원의 3분의 2 이상의 합의체에서 행사하며, 대법원장이 재판장이 된다. 다만, 대법관 3명 이상으로 구성된 부(部)에서 먼저 사건을 심리(審理)하여 의견이 일치한 경우에 한정하여 다음 각 호의 경우를 제외하고 그 부에서 재판할 수 있다.
> 법원조직법 제66조(합의의 방법) ① 합의심판은 헌법 및 법률에 다른 규정이 없으면 과반수로 결정한다.

02 대법원(장)의 사법행정권

4458 대법원장은 대법관의 임명제청권을 가지며, 대법관이 아닌 법관은 대법관회의의 동의를 얻어 대법원장이 임명한다. 19 법무사, 12 국회 9 O | X

정답 4454. ○ 4455. ○ 4456. ○ 4457. ✕ [대법관 전원 3분의 2 이상 합의체, 과반수로 결정] 4458. ○

> 헌법 제104조 ② 대법관은 대법원장의 제청으로 국회의 동의를 얻어 대통령이 임명한다.
> ③ 대법원장과 대법관이 아닌 법관은 대법관회의의 동의를 얻어 대법원장이 임명한다.

4459 중앙선거관리위원회는 구성원의 임명절차에서 대법원장이 지명권을 행사하는 국가기관이다. 17 법원 9
O | X

> 헌법 제114조 ② 중앙선거관리위원회는 대통령이 임명하는 3인, 국회에서 선출하는 3인과 대법원장이 지명하는 3인의 위원으로 구성한다. 위원장은 위원중에서 호선한다.

4460 헌법재판소는 구성원의 임명절차에서 대법원장이 지명권을 행사하는 국가기관이다. 17 법원 9   O | X

> 헌법 제111조 ① 헌법재판소는 다음 사항을 관장한다.
> ③ 제2항의 재판관중 3인은 국회에서 선출하는 자를, 3인은 대법원장이 지명하는 자를 임명한다.

4461 국가인권위원회는 구성원의 임명절차에서 대법원장이 지명권을 행사하는 국가기관이다. 17 법원 9
O | X

> 국가인권위원회법 제5조(위원회의 구성) ② 위원은 다음 각 호의 사람을 대통령이 임명한다.
> 1. 국회가 선출하는 4명(상임위원 2명을 포함한다)
> 2. 대통령이 지명하는 4명(상임위원 1명을 포함한다)
> 3. 대법원장이 지명하는 3명

4462 대법원장은 사법행정사무를 총괄하며, 사법행정사무에 관하여 관계 공무원을 지휘·감독한다.
19 소간, 14 서울 7
O | X

4462-1 법원행정처장은 사법행정사무를 총괄하며, 사법행정사무에 관하여 관계 공무원을 지휘·감독한다.
22 법원 9
O | X

> 법원조직법 제9조(사법행정사무) ① 대법원장은 사법행정사무를 총괄하며, 사법행정사무에 관하여 관계 공무원을 지휘·감독한다.

4463 대법원장은 법원의 조직, 인사, 운영, 재판절차, 등기, 가족관계등록, 그 밖의 법원 업무와 관련된 법률의 제정 또는 개정이 필요하다고 인정하는 경우에는 국회에 서면으로 그 의견을 제출할 수 있다.
15 국가 7
O | X

> 법원조직법 제9조(사법행정사무) ③ 대법원장은 법원의 조직, 인사, 운영, 재판절차, 등기, 가족관계등록, 그 밖의 법원 업무와 관련된 법률의 제정 또는 개정이 필요하다고 인정하는 경우에는 국회에 서면으로 그 의견을 제출할 수 있다.

● 정답 4459. O   4460. O   4461. O   4462. O   4462-1. X [법원행정처장 X → 대법원장 O]   4463. O

4464 대법원장은 대법원의 일반사무를 관장하며, 대법원의 직원과 각급 법원 및 그 소속 기관의 사법행정사무에 관하여 직원을 지휘·감독한다. 20 법무사 ○|X

4464-1 법원행정처장은 대법원의 일반사무를 관장하며, 대법원의 직원과 각급 법원 및 그 소속 기관의 사법행정사무에 관하여 직원을 지휘·감독한다. 23 소간 ○|X

> 법원조직법 제13조(대법원장) ② 대법원장은 대법원의 일반사무를 관장하며, 대법원의 직원과 각급 법원 및 그 소속 기관의 사법행정사무에 관하여 직원을 지휘·감독한다.

4465 법관 외의 법원공무원은 대법원장이 임명하며, 그 수는 대법원규칙으로 정한다. 21 국회 8 ○|X

4465-1 법관 외의 법원공무원은 법원행정처장이 임명한다. 22 법원 9 ○|X

> 법원조직법 제53조(법원직원) 법관 외의 법원공무원은 대법원장이 임명하며, 그 수는 대법원규칙으로 정한다.

03 대법관회의

4466 대법원장은 대법관회의의 의장이 되고 의결에 있어서 표결권을 가지며 가부동수인 때에는 결정권을 가진다. 20 경정 ○|X

> 법원조직법 제16조(대법관회의의 구성과 의결방법) ① 대법관회의는 대법관으로 구성되며, 대법원장이 그 의장이 된다.
> ② 대법관회의는 대법관 전원의 3분의 2 이상의 출석과 출석인원 과반수의 찬성으로 의결한다.
> ③ 의장은 의결에서 표결권을 가지며, 가부동수(可否同數)일 때에는 결정권을 가진다.

4467 대법관회의는 대법관 전원의 3분의 2 이상의 출석과 출석인원 과반수 찬성으로 의결한다. 의장은 의결에서 표결권을 가지며, 가부동수일 때에는 결정권을 가진다. 22 국회 9, 18 지방 7, 15 지방 7, 13 지방 7
○|X

4467-1 대법관회의는 대법관 전원의 과반수 출석과 출석인원의 과반수 찬성으로 의결하고, 의장인 대법원장은 의결에서 표결권을 가지며 가부동수일 때는 결정권을 가진다. 22 입시 ○|X

4467-2 대법관회의는 대법관 전원의 과반수의 출석과 출석인원 3분의 2 이상의 찬성으로 의결한다. 14 법무사 ○|X

4467-3 대법관회의는 대법관 전원의 출석과 출석인원 과반수의 찬성으로 의결한다. 13 국가 7 ○|X

4467-4 판사의 임명 및 연임 동의를 위해서는 대법관회의에서 대법관 전원의 3분의 2 이상의 출석과 출석인원 전원의 찬성으로 의결되어야 한다. 17 법무사 ○|X

●정답 4464. ○ 4464-1. X [법원행정처장 X → 대법원장 ○] 4465. ○ 4465-1. X [법원행정처장 X → 대법원장 ○] 4466. ○ 4467. ○ 4467-1. X [대법관 전원 3분의 2 이상 출석] 4467-2. X [대법관 전원의 3분의 2 이상 출석과 출석 과반수의 찬성] 4467-3. X [대법관 전원 3분의 2 이상 출석] 4467-4. X [출석 과반수 찬성 의결]

> 법원조직법 제16조(대법관회의의 구성과 의결방법) ① 대법관회의는 대법관으로 구성되며, 대법원장이 그 의장이 된다.
> ② 대법관회의는 대법관 전원의 3분의 2 이상의 출석과 출석인원 과반수의 찬성으로 의결한다.
> ③ 의장은 의결에서 표결권을 가지며, 가부동수(可否同數)일 때에는 결정권을 가진다.
> 법원조직법 제17조(대법관회의의 의결사항) 다음 각 호의 사항은 대법관회의의 의결을 거친다.
> 1. 판사의 임명 및 연임에 대한 동의

4468 대법원 전원합의체는 판사의 임명 및 연임에 대한 동의, 대법원규칙의 제정과 개정 등에 관한 사항, 판례의 수집·간행에 관한 사항, 예산요구, 예비금지출과 결산에 관한 사항 등을 심의·의결한다. 23 소간   O | X

4468-1 대법원장은 판례의 수집·간행에 관한 사항, 예산요구, 예비금지출과 결산에 관한 사항에 대해서 결정권을 갖는다. 다만 판사의 임명에 대한 동의와 대법원규칙의 제정과 개정에 관한 사항은 대법관회의의 의결을 거쳐야 한다. 20 소간   O | X

> 법원조직법 제17조(대법관회의의 의결사항) 다음 각 호의 사항은 대법관회의의 의결을 거친다.
> 1. 판사의 임명 및 연임에 대한 동의
> 2. 대법원규칙의 제정과 개정 등에 관한 사항
> 3. 판례의 수집·간행에 관한 사항
> 4. 예산 요구, 예비금 지출과 결산에 관한 사항
>
> **보충설명** 대법원장은 판사의 임명에 대한 동의와 대법원규칙의 제정과 개정에 관한 사항 뿐만 아니라 판례의 수집·간행에 관한 사항, 예산요구, 예비금지출과 결산에 관한 사항도 대법관회의의 의결을 거쳐야 한다.

POINT 255 법원의 독립

01 규칙제정권

4469 대법원은 법률에서 저촉되지 아니하는 범위안에서 소송에 관한 절차, 법원의 내부규율과 사무처리에 관한 규칙을 제정할 수 있다. 23 입시, 21 국회 8, 20 5급, 17 서울 7, 13 지방 7   O | X

4469-1 대법원에 대해 현행헌법이 명문으로 규칙제정권을 부여하고 있다. 16 국회 9   O | X

4469-2 대법원은 법령에 저촉되지 아니하는 범위 안에서 소송에 관한 절차, 법원의 내부규율과 사무처리에 관한 규칙을 제정할 수 있다. 18 국회 8   O | X

4469-3 대법원은 법률의 근거가 있는 경우에만 소송에 관한 절차, 법원의 내부규율과 사무처리에 관한 규칙을 제정할 수 있다. 15 법원 9   O | X

> 헌법 제108조 대법원은 법률에 저촉되지 아니하는 범위안에서 소송에 관한 절차, 법원의 내부규율과 사무처리에 관한 규칙을 제정할 수 있다.

정답 4468. X [전원합의체 X → 대법관회의 O] 4468-1. X [판례 수집·간행, 예산요구, 예비금 지출과 결산 사항 모두 대법관회의 의결 거침] 4469. O 4469-1. O 4469-2. X [법령에 저촉 X → 법률에 저촉 O] 4469-3. X [법률에 근거 X → 법률에 저촉 O]

4470 대법원은 법원의 내부규율과 사무처리에 관한 사항에 한하여 대법원규칙으로 정할 수 있다. 20 국회 9
O | X

4470-1 사법부의 독립성 및 전문성 요청을 감안하여 헌법은 대법원이 법률에 저촉되지 아니하는 범위 안에서 법관의 임기와 정년, 소송에 관한 절차, 법원의 내부규율과 사무처리에 관한 규칙을 제정하도록 명문으로 규정하고 있다. 16 변호사
O | X

> 헌법 제105조 ① 대법원장의 임기는 6년으로 하며, 중임할 수 없다.
> ② 대법관의 임기는 6년으로 하며, 법률이 정하는 바에 의하여 연임할 수 있다.
> ③ 대법원장과 대법관이 아닌 법관의 임기는 10년으로 하며, 법률이 정하는 바에 의하여 연임할 수 있다.
> 헌법 제108조 대법원은 법률에 저촉되지 아니하는 범위안에서 소송에 관한 절차, 법원의 내부규율과 사무처리에 관한 규칙을 제정할 수 있다.

🔹 보충설명 법관의 임기는 헌법이 규정하고 있고, 법관의 정년은 법률로 정한다.

4471 「민사소송법」 제109조 제1항은 헌법 제108조에서 열거하고 있는 사항은 물론, 열거하고 있지 않은 사항에 대해서도 이를 대법원규칙에서 정하도록 위임할 수 있으므로, 소송비용에 관한 사항이 소송절차에 관련된 사항인지와 관계없이 이를 대법원규칙에 위임하였다 하여 헌법 제108조를 위반한다고 볼 수는 없다. 17 국가 7(추)
O | X

헌법이 위임입법의 형태로 제75조와 제95조에서 열거하고 있는 대통령령, 총리령 또는 부령 등의 행정입법은 예시적인 것으로 보아야 한다. 따라서 법률은 헌법 제108조에서 열거하고 있는 사항은 물론, 열거하고 있지 않은 사항에 대해서도 이를 대법원규칙에서 정하도록 위임할 수 있으므로, 소송비용에 관한 사항이 소송절차에 관련된 사항인지와 관계없이 심판대상조항이 이를 대법원규칙에 위임하였다 하여 헌법 제108조를 위반한다고 볼 수는 없다(헌재 2016. 6. 30. 2013헌바370 등).

02 정부

4472 정부는 법원의 예산을 편성함에 있어서 사법부의 독립성과 자율성을 존중하여야 한다. 정부가 대법원의 세출예산요구액을 감액하고자 할 때에는 국무회의에서 대법원장의 의견을 구하여야 한다. 12 국회 8
O | X

4472-1 법원예산편성권은 법원이 가지고 있으며, 법원의 예산을 편성함에 있어서는 사법부의 독립과 자율성을 존중하여야 한다. 17 입시
O | X

4472-2 사법권을 집행부로부터 독립하게 하기 위해서 법원의 독자적인 예산편성권을 인정하고 있으므로 정부는 대법원의 세출예산요구액을 감액할 수 없다. 19 국회 9
O | X

● 정답 4470. X [소송에 관한 절차도 可] 4470-1. X [임기는 헌법, 정년은 법률로 규정] 4471. O 4472. O 4472-1. X [법원예산편성권은 정부가 가짐] 4472-2. X [독자적 예산편성권 X, 감액 가능]

법원조직법 제82조(법원의 경비) ② 법원의 예산을 편성할 때에는 **사법부의 독립성과 자율성을 존중**하여야 한다.

국가재정법 제40조(독립기관의 예산) ① **정부는 독립기관의 예산**을 편성할 때 해당 독립기관의 장의 의견을 최대한 존중하여야 하며, 국가재정상황 등에 따라 조정이 필요한 때에는 해당 독립기관의 장과 미리 협의하여야 한다.
② 정부는 제1항의 규정에 따른 협의에도 불구하고 독립기관의 **세출예산요구액을 감액**하고자 할 때에는 **국무회의에서 해당 독립기관의 장의 의견**을 들어야 하며, 정부가 독립기관의 **세출예산요구액을 감액**한 때에는 그 규모 및 이유, 감액에 대한 **독립기관의 장의 의견을 국회에 제출**하여야 한다.

📝 보충설명 | 법원의 예산편성권은 정부가 가지고 있으며, 정부는 국무회의에서 대법원장의 의견을 듣고 세출예산요구액을 감액할 수 있다.

03 국회

4473 법원의 조직 및 법관의 자격을 법률로 정하는 것은 입법부가 사법부를 임의로 통제할 수 있게 하는 것을 의미하므로 사법부의 독립을 침해하는 것이다. 18 서울 7(추)   O│X

법원의 조직 및 법관의 자격을 법률로 정하는 것은 입법부가 사법부를 임의로 통제할 수 있게 하는 것을 의미하는 것이 아니라 **입법부의 사법부에 대한 민주적 통제로서 법치주의의 당연한 결과로서 사법부의 독립을 침해하는 것이 아니다.**

POINT 256 법관의 재판상 독립 (물적독립) Ⓐ

01 재판상 독립

4474 법관은 헌법과 법률에 의하여 그 양심에 따라 독립하여 심판한다. 23 5급   O│X

4474-1 법관은 헌법 또는 법률에 의하여 그 양심에 따라 독립하여 심판한다. 20 소간   O│X

> 헌법 제103조 **법관은 헌법과 법률**에 의하여 **그 양심에 따라 독립하여 심판**한다.

4475 법관으로서의 양심이라 함은 공정성과 합리성에 바탕한 법해석을 직무로 하는 자의 법리적·객관적 양심을 말한다. 10 국가 7   O│X

헌법 제103조의 양심은 법관으로서의 양심을 의미한다. **법관으로서의 양심**이라 함은 공정성과 합리성에 바탕한 **법해석을 직무로 하는 자**의 법조적 양심인 **법리적·객관적 양심**을 말한다. 인간으로서의 도덕적·윤리적 확신과 법관으로서의 법리적 확신이 일치하지 아니할 경우 법관은 법리적 확신을 우선시켜야 한다.

4476 법관의 인적독립이란 소송당사자나 타국가기관 등 외부작용으로부터의 심판의 독립을 의미한다. 07 국가 7   O│X

법관의 물적 독립(헌법 제103조)이란 법관이 재판을 함에 있어서 오직 헌법과 법률에 의하여 그 양심에 따라 할 뿐, **소송당사자나 타국가기관 등 외부작용으로부터의 심판의 독립**을 의미한다. **법관의 인적독립**(헌법 제106조)이란 정당한 법적 절차에 따르지 않은 법관의 파면이나 정직·감봉 내지 불이익처분의 금지를 의미하는 **법관의 신분보장**을 말한다.

● 정답 | 4473. X [침해 X]   4474. O   4474-1. X [헌법 또는 법률 X → 헌법과 법률 O]   4475. O   4476. X [인적독립 X → 물적독립 O]

4477 형사재판에 있어서 사법권의 독립은 심판기관인 법원과 소추기관인 검찰청의 분리를 요구함과 동시에 법관이 실제 재판에 있어서 소송당사자인 검사와 피고인으로부터 부당한 간섭을 받지 않은 채 독립하여야 할 것을 요구한다. 23 법무사, 21 5급, 18 변호사 O | X

4477-1 형사재판에 있어서 사법권독립은 법관이 실제 재판에 있어서 소송당사자인 검사와 피고인으로부터 부당한 간섭을 받지 않은 채 독립하여야 할 것을 요구하는 것으로, 심판기관인 법원과 소추기관인 검찰청의 분리까지 요구하는 것은 아니다. 24 5급 O | X

헌법 제101조, 제103조, 제106조는 사법권독립을 보장하고 있는바, 형사재판에 있어서 사법권독립은 심판기관인 법원과 소추기관인 검찰청의 분리를 요구함과 동시에 법관이 실제 재판에 있어서 소송당사자인 검사와 피고인으로부터 부당한 간섭을 받지 않은 채 독립하여야 할 것을 요구한다(헌재 1995. 11. 30. 92헌마44).

4478 법관의 독립은 다른 국가기관이나 사법부 내부의 간섭으로부터의 독립뿐만 아니라 사회적 세력으로부터의 독립도 포함한다. 20 소간 O | X

법관의 독립은 공정한 재판을 위한 필수 요소로서 다른 국가기관이나 사법부 내부의 간섭으로부터의 독립뿐만 아니라 사회적 세력으로부터의 독립도 포함한다(헌재 2018. 7. 26. 2018헌바137).

02 상급법원의 재판

4479 법관은 헌법과 법률에 의하여 그 양심에 따라 독립하여 심판하지만, 상급법원 재판에서의 판단은 해당 사건에 관하여 하급심을 기속한다. 10 지방 7 O | X

4479-1 하급법원이 상급법원의 지시에 따라 재판을 해야 하는 것은 아니지만, 상급법원 재판에서의 판단은 해당 사건에 관하여 하급심을 기속한다. 13 지방 7 O | X

4479-2 상급법원 재판에서의 판단은 해당 사건에 관하여 하급심을 기속하지 않는다. 14 서울 7 O | X

4479-3 상급법원 재판에서의 판단은 해당 사건 및 동종사건에 관하여 하급심(下級審)을 기속(羈束)한다. 23 소간 O | X

법원조직법 제8조(상급심 재판의 기속력) 상급법원 재판에서의 판단은 해당 사건에 관하여 하급심(下級審)을 기속(羈束)한다.

4480 상고심으로부터 사건을 환송받은 법원은 그 사건을 재판함에 있어서 상고법원이 파기이유로 한 사실상 및 법률상의 판단에 대하여 기속된다. 17 국회 8 O | X

4480-1 상고심으로부터 사건을 환송받은 법원은 그 사건을 재판함에 있어서 상고법원이 파기이유로 한 사실상 및 법률상의 판단에 대하여 기속되지 아니한다. 16 서울 7 O | X

4480-2 상고심으로부터 사건을 파기환송받은 법원은 그 사건을 재판함에 있어서 그 상고심판결의 파기이유가 된 법률상의 판단에는 기속되지만, 그 사실상의 판단에는 기속되지 않는다. 20 경정, 19 경정 O | X

● 정답 4477. O   4477-1. X [법원과 검찰청의 분리까지 요구]   4478. O   4479. O   4479-1. O   4479-2. X [기속함]   4479-3. X [동종사건 X]   4480. O   4480-1. X [기속됨]   4480-2. X [사실상 판단에도 기속됨]

> **민사소송법 제436조(파기환송, 이송)** ① 상고법원은 상고에 정당한 이유가 있다고 인정할 때에는 원심판결을 파기하고 사건을 원심법원에 **환송**하거나, 동등한 다른 법원에 이송하여야 한다.
> ② 사건을 **환송**받거나 이송받은 법원은 다시 변론을 거쳐 재판하여야 한다. 이 경우에는 **상고법원이 파기의 이유로 삼은 사실상 및 법률상 판단에 기속**된다.

4481 「법원조직법」 제8조는 "상급법원의 재판에 있어서의 판단은 당해 사건에 관하여 하급심을 기속한다"고 규정하지만 이는 심급제도의 합리적 유지를 위하여 당해 사건에 한하여 구속력을 인정한 것이고 그 후의 동종의 사건에 대한 선례로서의 구속력에 관한 것은 아니다. 21 지방 7, 20 경정, 19 5급 O|X

4481-1 「법원조직법」의 "상급법원의 재판에 있어서의 판단은 당해사건에 관하여 하급심을 기속한다."라는 규정은 당해사건을 포함한 동종의 사건에 대한 선례로서의 구속력을 인정함으로써 심급제도의 합리적 유지 및 법원판단의 통일성 유지를 위한 것이다. 24 경정 O|X

4481-2 상급법원의 재판에 있어서의 판단은 동종 사건에 관하여 하급심을 기속하는 것이므로, 하급심은 사실판단이나 법률판단에 있어서 상급심의 선례를 존중하여야 한다. 18 국회 8, 16 지방 7 O|X

4481-3 상급법원의 재판에 있어서의 판단은 하급심을 기속하는 것이므로 하급심은 사실판단이나 법률판단에 있어서 상급심의 선례를 존중할 법적 의무가 있다. 18 서울 7(추) O|X

4481-4 상급법원의 재판상 판단은 당해사건에 관하여 하급심을 기속할 뿐만 아니라, 대법원의 판례는 당해사건 이외의 하급심을 구속하는 일반적 효력도 가진다. 10 국가 7 O|X

법원조직법 제8조는 "상급법원의 재판에 있어서의 판단은 당해사건에 관하여 하급심을 기속한다."고 규정하지만 이는 심급제도의 합리적 유지를 위하여 <u>당해사건에 한하여 구속력을 인정</u>한 것이고 그 후의 <u>동종의 사건에 대한 선례로서의 구속력에 관한 것은 아니다</u> (헌재 2002. 6. 27. 2002헌마18).

03 형사재판과 양형결정권

4482 형벌에 대한 입법자의 입법정책적 결단은 기본적으로 존중되어야 하므로 형사법상 법관에게 주어진 양형권한도 입법자가 만든 법률에 규정되어 있는 내용과 방법에 따라 그 한도 내에서 재판을 통해 형벌을 구체화하는 것으로 볼 수 있다. 24 경정 O|X

형사재판에서 법관의 양형결정이 법률에 기속되는 것은 법률에 따라 심판한다는 헌법 제103조에 의한 것으로 법치국가원리의 당연한 귀결이다. 헌법상 어떠한 행위가 범죄에 해당하고 이를 어떻게 처벌할 것인지 여부를 정할 권한은 국회에 부여되어 있고 그에 대하여는 광범위한 입법재량 내지 형성의 자유가 인정되고 있으므로 형벌에 대한 입법자의 <u>입법정책적 결단</u>은 기본적으로 존중되어야 한다. 따라서 형사법상 <u>법관에게 주어진 양형권한</u>도 입법자가 만든 법률에 규정되어 있는 내용과 방법에 따라 그 <u>한도내에서 재판을 통해 형벌을 구체화</u>하는 것으로 볼 수 있다(헌재 2005. 3. 31. 2004헌가27 등).

● 정답 4481. O 4481-1. X [동종 사건 구속력 X] 4481-2. X [동종사건 기속 X] 4481-3. X [선례 존중 법적 의무 X] 4481-4. X [당해 사건만 구속함] 4482. O

4483 약식절차에서 피고인이 정식재판을 청구한 경우 약식명령보다 더 중한 형을 선고할 수 없도록 한 형사소송법 조항에 의하여 법관의 양형결정권이 침해된다고 볼 수 없다. 22 국가 7

4483-1 약식절차에서 피고인이 정식재판을 청구한 경우 약식명령의 형보다 중한 형을 선고할 수 없도록 한 것은, 피고인이 정식재판을 청구하는 경우 법관에게 부여된 형종에 대한 선택권이 검사의 일반적인 약식명령 청구에 의하여 심각하게 제한되므로 법관의 양형결정권을 침해한다. 21 지방 7, 20 국회 8, 18 변호사

이 사건 법률조항은 오히려 **피고인의 공정한 재판을 받을 권리**를 실질적으로 보장하는 기능을 하며 그 입법목적이나 효과의 면에서 피고인의 권리를 제한하는 것으로 볼 수 없다. … 검사의 약식명령청구사안이 적당하지 않다고 판단될 경우 법원은 직권으로 통상의 재판절차로 사건을 넘겨 재판절차를 진행시킬 수 있고 이 재판절차에서 법관이 자유롭게 형량을 결정할 수 있으므로 이러한 점들을 종합해보면 이 사건 법률조항에 의하여 **법관의 양형결정권**이 **침해된다고 볼 수 없다**(헌재 2005. 3. 31. 2004헌가27 등).

4484 입법자가 법정형 책정에 관한 여러 가지 요소를 종합적으로 고려하여 법률 그 자체로 법관에 의한 양형재량의 범위를 좁혀놓았다고 하더라도, 그것이 당해 범죄의 보호법익과 죄질에 비추어 범죄와 형벌 간의 비례의 원칙상 수긍할 수 있는 합리성이 있다면 이러한 법률을 위헌이라고 할 수 없다. 24 경정

4484-1 필요적 병과를 규정한 법률이 법관의 양형결정권을 침해한 것인지 여부를 판단함에 있어, 비례의 원칙상 수긍할 수 있을 정도의 합리성이 있다면 위헌이라고 할 수 없다. 11 국회 8

입법자가 법정형 책정에 관한 여러 가지 요소의 종합적 고려에 따라 법률 그 자체로 **법관에 의한 양형재량의 범위를 좁혀 놓았다** 하더라도 그것이 당해 범죄의 보호법익과 죄질에 비추어 **범죄와 형벌간의 비례의 원칙**상 수긍할 수 있는 정도의 합리성이 있다면 이러한 법률을 **위헌이라고 할 수 없을 것**인데, 입법자가 이 사건 규정에서 **벌금형을 필요적으로 병과**하도록 하고 있는 것은 일정액 이상의 조세포탈범에 대하여 그 위법성과 비난가능성의 정도를 높게 평가하여 징벌의 강도를 높이고자 한 결단에서 비롯된 것이므로 **법관의 양형재량권**을 침해하고 있다고 볼 수 **없다**(헌재 2005. 7. 21. 2003헌바98).

4485 법관이 형사재판의 양형에 있어 법률에 기속되는 것은, 법률에 따라 심판한다고 하는 헌법규정에 따른 것으로 헌법이 요구하는 법치국가원리의 당연한 귀결이며, 법관의 양형판단재량권 특히 집행유예 여부에 관한 재량권은 어떠한 경우에도 제한될 수 없다고 볼 성질의 것은 아니다. 22 입시, 19 국회 8

이 사건 법률조항이 작량감경을 하더라도 별도의 법률상 감경사유가 없는 한 집행유예의 선고를 할 수 없도록 그 법정형의 하한을 높여 놓았다 하더라도 이는 강도상해죄를 범한 범죄자에 대하여는 반드시 장기간 사회에서 격리시키도록 하는 입법자의 입법정책적 결단으로 존중되어야 하고, 또한 법관이 **형사재판의 양형**에 있어 **법률에 기속**되는 것은, 법률에 따라 심판한다고 하는 헌법규정(제103조)에 따른 것으로 헌법이 요구하는 **법치국가원리의 당연한 귀결**이며, **법관의 양형판단재량권** 특히 **집행유예 여부**에 관한 **재량권**은 어떠한 경우에도 **제한될 수 없다고 볼 성질의 것은 아니다**(헌재 1997. 8. 21. 93헌바60).

정답 4483. ○ 4483-1. ×[침해 ×] 4484. ○ 4484-1. ○ 4485. ○

4486 「형법」 조항이 집행유예의 요건을 '3년 이하의 징역 또는 금고의 형을 선고할 경우'로 한정하고 있는 것은 법관의 양형판단권을 근본적으로 제한하거나 사법권의 본질을 침해하지 아니한다. 15 변호사

O | X

그 입법형성이 입법재량의 한계를 명백히 벗어난 것이 아닌 한 헌법위반이라고는 할 수 없는 바 형법 제62조 제1항 본문 중 "3년 이하의……"라는 요건제한은 위에서 본 제반사정에 비추어 입법재량의 한계를 벗어난 것이라고 볼 수 없다. … 또 형법 제62조 제1항 본문 중 "3년 이하의 징역 또는 금고의 형을 선고할 경우"라는 집행유예의 요건한정부분은 법관의 양형판단권을 근본적으로 제한하거나 사법권의 본질을 침해한 위헌법률조항이라 할 수 없다(헌재 1997. 8. 21. 93헌바60).

4487 금고 이상의 형의 선고를 받아 집행을 종료한 후 또는 집행이 면제된 후로부터 5년을 경과하지 아니한 자에 대해서는 집행유예를 하지 못하도록 규정하고 있는 「형법」 제62조 제1항 단서가 법관의 양심에 따른 재판권을 침해한다고 볼 수는 없다. 12 국회 8

O | X

4487-1 금고 이상의 형의 선고를 받아 집행을 종료한 후 또는 집행이 면제된 후로부터 5년을 경과하지 아니한 자에 대해서는 집행유예를 하지 못하도록 규정하고 있는 「형법」 제62조 제1항 단서는 정당한 재판을 받을 권리 및 법관의 양심에 따른 재판권을 침해한다. 17 국회 8

O | X

우리 형법은 경합범 관계에 있는 수죄를 한꺼번에 처벌하는 경우 그 형을 가중하도록 하고 있고(형법 제37조, 제38조), 범죄의 정상에 참작할 사유가 있는 경우에는 작량하여 그 형을 감경할 수 있도록 하고 있으므로(형법 제53조), 분리기소되는 경우의 실형기간이 일괄기소되는 경우에 비하여 항상 길다고만은 할 수 없을 뿐만 아니라 분리기소되더라도 법관은 일괄기소되는 경우와의 형평을 고려하여 양형을 통해 그 형량을 조절할 수 있다. 따라서, 위와 같은 경우에도 경합범 관계에 있는 수죄와 관련하여 한꺼번에 기소되는 경우와 분리기소되는 경우를 차별한다거나 정당한 재판을 받을 권리를 침해한다거나 나아가 법관의 양심에 따른 재판권을 침해한다고는 볼 수 없다(헌재 2005. 6. 30. 2003헌바49 등).

4488 작량감경을 하여도 집행유예를 선고할 수 없도록 법정형을 정한 것은 법관의 양형결정권을 침해하여 법관독립의 원칙에 위배된다. 19 5급

O | X

4488-1 별도의 법률상 감경사유가 없는 한 작량감경만으로는 집행유예를 선고할 수 없도록 한 법률규정은 법관의 양형선택권과 판단권을 제한하므로 위헌이다. 16 국회 8

O | X

입법자가 법정형(法定形) 책정에 관한 여러 가지 요소의 종합적 고려에 따라 법률 그 자체로 법관에 의한 양형재량의 범위를 좁혀 놓았다고 하더라도 그것이 당해 범죄의 보호법익과 죄질에 비추어 범죄와 형벌간의 비례의 원칙상 수긍할 수 있는 정도의 합리성이 있다면 이러한 법률을 위헌이라고 할 수 없다. 이 사건 법률조항이 작량감경을 하더라도 별도의 법률상 감경사유가 없는 한 집행유예의 선고를 할 수 없도록 그 법정형의 하한을 높여 놓았다 하여 곧 그것이 법관의 양형결정권을 침해하였다거나 법관독립의 원칙에 위배된다고 할 수 없고 나아가 법관에 의한 재판을 받을 권리를 침해하는 것이라고도 할 수 없다(헌재 1995. 4. 20. 93헌바40).

4489 수뢰액이 5천만 원 이상인 때에는 무기 또는 10년 이상의 징역에 처하도록 한 「특정범죄 가중처벌 등에 관한 법률」 조항은 별도의 법률상 감경사유가 없는 한 집행유예의 선고를 할 수 없도록 그 법정형의 하한을 높였다고 하더라도 법관의 양형결정권을 침해하였다거나 법관독립의 원칙에 위배된다고 할 수 없다. 20 변호사

O | X

4489-1 입법자가 뇌물죄에 대하여 가중처벌을 규정하고 그 법정형을 살인죄보다 무겁게 하여, 작량감경을 하여도 집행유예를 선고할 수 없도록 규정하였다면 이는 법관의 양형결정권을 침해하는 것이다. 16 서울 7

O | X

● 정답 4486. O   4487. O   4487-1. X [침해 X]   4488. X [법관독립 원칙 위배 X]   4488-1. X [위헌 X]   4489. O   4489-1. X [침해 X]

뇌물죄가 국가와 사회에 미치는 병폐는 수뢰액이 많으면 많을수록 가중된다는 점에서 볼 때, 수뢰액의 다과를 뇌물죄 경중을 가리는 가장 중요한 기준으로 삼은 것은 합리적 이유가 있는 것이고, 수뢰액이 5,000만 원 이상인 경우에만 적용되는 이 사건 법률조항은 수뢰액의 상한에 제한을 두지 아니하면서도 그 법정형에 사형이 없어, **살인죄와 비교**하여 형벌체계상 균형을 잃었다고 할 정도로 **과중하다고는 볼 수 없다.** … 이 사건 법률조항이 작량감경을 하더라도 별도의 법률상 감경사유가 없는 한 **집행유예의 선고를 할 수 없도록 그 법정형의 하한을 높여 놓았다** 하여 곧 그것이 **법관의 양형결정권**을 침해하였다거나 **법관독립의 원칙**에 위배된다고 **할 수 없고** 법관에 의한 재판을 받을 권리를 침해하는 것이라고도 할 수 없다(헌재 2006. 12. 28. 2005헌바35).

4490 강도상해죄를 범한 자에 대하여는 법률상의 감경사유가 없는 한 집행유예의 선고가 불가능하게 하였다 하더라도, 입법재량의 한계를 명백히 벗어난 것이 아닌 한, 사법권의 독립 및 법관의 양형판단재량권을 침해 내지 박탈하여 헌법에 위반된다고 할 수 없다. 20 국회 8 O X

4490-1 강도상해죄의 법정형의 하한을 '7년 이상의 징역'으로 정하고 있는 「형법」 조항은 법정형의 하한을 살인죄의 그것보다 높였다고 해서 사법권의 독립 및 법관의 양형판단권을 침해하는 것은 아니다. 19 변호사 O X

4490-2 강도상해죄를 범한 자에 대하여는 법률상 감경사유가 없는 한 집행유예의 선고가 불가능하도록 한 것은 사법권의 독립 및 법관의 양형판단재량권을 침해하여 위헌이다. 19 서울 7 O X

어느 범죄에 대한 법정형의 하한도 여러 가지 기준의 종합적 고려에 의해 정해지는 것으로서, **강도상해죄의 법정형의 하한을 살인죄의 그것보다 높였다고 해서 바로 헌법상의 합리성과 비례성의 원칙을 위배하였다고 볼 수는 없다.** 법관이 형사재판의 양형에 있어 법률에 기속되는 것은 헌법 제103조의 규정에 따른 것으로서 헌법이 요구하는 법치국가원리의 당연한 귀결이며, 법관의 양형판단재량권 특히 집행유예 여부에 관한 재량권은 어떠한 경우에도 제한될 수 없다고 볼 성질의 것이 아니므로, **강도상해죄를 범한 자에 대하여는 법률상의 감경사유가 없는 한 집행유예의 선고가 불가능**하도록 한 것이 **사법권의 독립 및 법관의 양형판단재량권**을 침해 내지 박탈하는 것으로서 **헌법에 위반된다고는 볼 수 없다**(헌재 2001. 4. 26. 99헌바43).

04 양형위원회의 양형기준

4491 형을 정할 때 국민의 건전한 상식을 반영하고 국민이 신뢰할 수 있는 공정하고 객관적인 양형을 실현하기 위하여 각급법원에 양형위원회를 둔다. 11 지방 7 O X

> 법원조직법 제81조의2(양형위원회의 설치) ① 형(刑)을 정할 때 국민의 건전한 상식을 반영하고 국민이 신뢰할 수 있는 **공정하고 객관적인 양형(量刑)을 실현**하기 위하여 **대법원에 양형위원회**(이하 "위원회"라 한다)를 둔다.

4492 대법원에 두는 양형위원회는 위원장 1명을 포함한 14명의 위원으로 구성하되, 위원장이 아닌 위원 중 1명은 상임위원으로 한다. 23 지방 7 O X

> 법원조직법 제81조의2(양형위원회의 설치) ① 형(刑)을 정할 때 국민의 건전한 상식을 반영하고 국민이 신뢰할 수 있는 공정하고 객관적인 양형(量刑)을 실현하기 위하여 **대법원**에 **양형위원회**(이하 "위원회"라 한다)를 둔다.
> 법원조직법 제81조의3(위원회의 구성) ① 위원회는 **위원장 1명을 포함한 13명의 위원**으로 구성하되, **위원장이 아닌 위원 중 1명은 상임위원**으로 한다.

●정답 4490. O   4490-1. O   4490-2. X [위헌 X]   4491. X [각급법원 X → 대법원 O]   4492. X [14명 X → 13명 O]

4493 대법원 양형위원회의 양형기준은 그 내용의 타당성에 의하여 일반적인 설득력을 가지는 것으로 예정되어 있으므로 법관의 양형에 있어서 그 존중이 요구되는 것일 뿐 법적 구속력을 가지지 아니한다. 16 서울 7 ○|×

4493-1 「법원조직법」에 따라 마련된 대법원 양형위원회의 양형기준은 법관이 합리적인 양형을 정하는 데 참고할 수 있는 구체적이고 객관적인 기준이므로 법적 구속력을 갖는다. 24 경정 ○|×

> 법원조직법 제81조의2 이하의 규정에 의하여 마련된 대법원 양형위원회의 양형기준은 법관이 합리적인 양형을 정하는 데 참고할 수 있는 구체적이고 객관적인 기준으로 마련된 것이다. 위 양형기준은 법적 구속력을 가지지 아니하고, 단지 위와 같은 취지로 마련되어 그 내용의 타당성에 의하여 일반적인 설득력을 가지는 것으로 예정되어 있으므로 법관의 양형에 있어서 그 존중이 요구되는 것일 뿐이다(대판 2009. 12. 10. 2009도11448).

4494 법원이 양형기준을 벗어난 판결을 하는 경우에는 판결서에 양형의 이유를 적어야 하나, 약식절차 또는 즉결심판절차에 의하여 심판하는 경우에는 그러하지 아니하다. 17 국가 7(추) ○|×

> **법원조직법 제81조의7(양형기준의 효력 등)** ① 법관은 형의 종류를 선택하고 형량을 정할 때 양형기준을 존중하여야 한다. 다만, 양형기준은 법적 구속력을 갖지 아니한다.
> ② 법원이 양형기준을 벗어난 판결을 하는 경우에는 판결서에 양형의 이유를 적어야 한다. 다만, 약식절차 또는 즉결심판절차에 따라 심판하는 경우에는 그러하지 아니하다.

POINT 257 법관의 신분보장 (인적독립)

01 신분보장

4495 사법권의 독립은 재판상의 독립, 즉 법관이 재판을 함에 있어서 오직 헌법과 법률에 의하여 그 양심에 따라 할 뿐, 어떠한 외부적인 압력이나 간섭도 받지 않는다는 것뿐만 아니라, 재판의 독립을 위해 법관의 신분보장도 차질 없이 이루어져야 함을 의미한다. 19 지방 7 ○|×

> 사법권의 독립은 권력분립을 그 중추적 내용의 하나로 하는 자유민주주의 체제의 특징적 지표이고 법치주의의 요소를 이룬다. 사법권의 독립은 재판상의 독립, 즉 법관이 재판을 함에 있어서 오직 헌법과 법률에 의하여 그 양심에 따라 할 뿐, 어떠한 외부적인 압력이나 간섭도 받지 않는다는 것뿐만 아니라, 재판의 독립을 위해 법관의 신분보장도 차질 없이 이루어져야 함을 의미한다(헌재 2016. 9. 29. 2015헌바331).

4496 헌법은 법관의 독립을 보장하기 위하여 법관의 신분보장에 관한 사항을 규정하고 있다. 24 5급 ○|×

4496-1 헌법이 사법의 독립을 보장하는 것은 그것이 법치주의와 민주주의의 실현을 위한 전제가 되기 때문이지, 그 자체가 궁극적인 목적이 되는 것은 아니다. 24 5급 ○|×

> 이에 헌법은 법관의 독립을 보장하기 위하여 법관의 신분보장에 관한 사항을 규정하고 있는바, 사법의 독립을 실질적으로 보장하는 것은 헌법 제27조에 의하여 보장되고 있는 국민의 재판청구권이 올바로 행사될 수 있도록 하기 위한 측면에서도 그 의의가 있다. 그런데 헌법이 사법의 독립을 보장하는 것은 그것이 법치주의와 민주주의의 실현을 위한 전제가 되기 때문이지, 그 자체가 궁극적인 목적이 되는 것은 아니다(헌재 2016. 9. 29. 2015헌바331).

● 정답 4493. ○ 4493-1. ×[법적 구속력 없음] 4494. ○ 4495. ○ 4496. ○ 4496-1. ○

4497 법관의 신분보장은 법관의 재판상의 독립을 보장하는데 있어서 필수적인 전제로서 정당한 법절차에 따르지 않은 법관의 파면이나 면직처분 내지 불이익처분의 금지를 의미한다. 23 5급 O | X

4497-1 법관의 신분보장이라 함은 정당한 법적 절차에 따르지 않은 법관의 파면이나 정직·감봉 내지는 불이익처분의 금지를 의미한다. 12 지방 7 O | X

사법권의 독립은 재판상의 독립 즉 법관이 재판을 함에 있어서 오직 헌법과 법률에 의하여 그 양심에 따라 할 뿐 어떠한 외부적인 압력이나 간섭도 받지 않는다는 것 뿐만 아니라 그 수단으로서 법관의 신분보장도 차질없이 이루어져야 함을 의미하는 것이다. 특히 **신분보장은** 법관의 **재판상의 독립**을 보장하는데 있어서 필수적인 전제로서 정당한 법절차에 따르지 않은 **법관의 파면**이나 **면직처분** 내지 **불이익처분의 금지를 의미하는 것이다**(헌재 1992. 11. 12. 91헌가2).

02 파면의 제한

4498 법관은 탄핵 또는 금고 이상의 형의 선고에 의하지 아니하고는 파면되지 아니하며, 징계처분에 의하지 아니하고는 정직·감봉 기타 불리한 처분을 받지 아니한다. 24 5급, 24 소간, 23 입시, 21 법무사, 20 소간, 18 지방 7, 17 지방 7 O | X

4498-1 법관은 탄핵 또는 벌금 이상의 형의 선고에 의하지 아니하고는 파면되지 아니하며, 징계처분에 의하지 아니하고는 정직·감봉 기타 불리한 처분을 받지 아니한다. 22 소간 O | X

4498-2 법관은 징역 이상의 형의 선고에 의하지 아니하고는 파면되지 아니한다. 15 변호사 O | X

> 헌법 제106조 ① 법관은 **탄핵** 또는 **금고 이상의 형의 선고**에 의하지 아니하고는 **파면**되지 아니하며, **징계처분**에 의하지 아니하고는 **정직·감봉** 기타 **불리한 처분**을 받지 아니한다.

4499 법관의 파면은 탄핵 또는 금고 이상의 형의 선고에 의해서만 가능하며 징계처분에 의해서는 법관을 파면할 수 없다. 10 지방 7 O | X

4499-1 법관은 탄핵, 금고 이상의 형의 선고 또는 징계처분에 의하지 아니하고는 파면되지 아니한다. 19 경정, 16 국회 8 O | X

> 헌법 제106조 ① 법관은 **탄핵** 또는 **금고 이상의 형의 선고**에 의하지 아니하고는 **파면**되지 아니하며, **징계처분**에 의하지 아니하고는 **정직·감봉** 기타 **불리한 처분**을 받지 아니한다.

03 징계처분

4500 법관은 징계처분에 의하지 아니하고는 정직·감봉 또는 불리한 처분을 받지 않는다. 17 변호사 O | X

4500-1 법관은 탄핵 또는 금고 이상의 형의 선고에 의하지 아니하고는 정직·감봉·기타 불리한 처분을 받지 아니한다. 20 국회 8 O | X

4500-2 법관에게 정직·감봉 기타 불리한 처분을 하려면 탄핵결정에 의해야 한다. 11 지방 7 O | X

● 정답 4497. O   4497-1. O   4498. O   4498-1. X [벌금 X → 금고 O]   4498-2. X [징역 X → 탄핵 또는 금고 이상의 형의 선고 O]   4499. O   4499-1. X [징계처분 X]   4500. O   4500-1. X [탄핵 또는 금고 이상의 형의 선고 X → 징계처분 O]   4500-2. X [탄핵결정 X → 징계처분 O]

> 헌법 제106조 ① 법관은 **탄핵** 또는 **금고 이상의 형의 선고**에 의하지 아니하고는 **파면**되지 아니하며, **징계처분**에 의하지 아니하고는 **정직·감봉** 기타 **불리한 처분**을 받지 아니한다.

4501 법관의 징계종류는 일반 공무원과 달리 견책·감봉 그리고 정직의 3가지로 제한된다. 16 법원 9
O | X

4501-1 법관에 대한 징계처분에는 해임·정직·감봉의 세 종류가 있으며, 징계처분에 대하여 불복하려는 경우에는 징계처분이 있음을 안 날로부터 14일 이내에 전심 절차를 거치지 아니하고 대법원에 징계처분의 취소를 청구하여야 한다. 18 국회 8
O | X

4501-2 법관은 탄핵이나 금고 이상의 형을 선고받은 경우를 제외하고는 파면되지 아니하며, 징계처분이나 적격심사에 의하지 아니하고는 해임·면직·정직·감봉·견책 또는 퇴직의 처분을 받지 아니한다. 23 소간
O | X

> 헌법 제106조 ① 법관은 **탄핵** 또는 **금고 이상의 형의 선고**에 의하지 아니하고는 **파면**되지 아니하며, **징계처분**에 의하지 아니하고는 **정직·감봉** 기타 **불리한 처분**을 받지 아니한다.
> 법관징계법 제3조(징계처분의 종류) ① 법관에 대한 **징계처분**은 **정직·감봉·견책**의 세 종류로 한다.
> 법관징계법 제27조(불복절차) ① 피청구인이 **징계등 처분에 대하여 불복**하려는 경우에는 징계등 처분이 있음을 **안 날부터 14일 이내**에 전심(前審) 절차를 거치지 아니하고 **대법원에 징계등 처분의 취소를 청구**하여야 한다.

4502 법관징계위원회의 징계등 처분에 대하여 불복하려는 경우에는 징계등 처분이 있음을 안 날부터 14일 이내에 전심 절차를 거치지 아니하고 대법원에 징계등 처분의 취소를 청구하여야 한다. 19 서울 7(추), 16 지방 7
O | X

> 법관징계법 제27조(불복절차) ① 피청구인이 **징계등 처분에 대하여 불복**하려는 경우에는 징계등 처분이 있음을 **안 날부터 14일 이내**에 전심(前審) 절차를 거치지 아니하고 **대법원에 징계등 처분의 취소를 청구**하여야 한다.
> ② 대법원은 제1항의 취소청구사건을 **단심**(單審)으로 재판한다.

04 장해퇴직

4503 법관이 중대한 심신상의 장해로 직무를 수행할 수 없을 때에는 법률이 정하는 바에 의하여 퇴직하게 할 수 있다. 21 5급, 17 입시 07 국가 7
O | X

> 헌법 제106조 ② 법관이 **중대한 심신상의 장해**로 직무를 수행할 수 없을 때에는 **법률이 정하는 바**에 의하여 **퇴직**하게 할 수 있다.

● 정답 4501. O   4501-1. X [해임 X → 견책 O]   4501-2. X [적격심사 X, 해임·면직 또는 퇴직 X]   4502. O   4503. O

4504 법관이 중대한 신체상 또는 정신상의 장애로 직무를 수행할 수 없을 때에는, 대법관인 경우에는 대법원장의 제청으로 대통령이 퇴직을 명할 수 있고, 판사인 경우에는 법관인사위원회의 심의를 거쳐 대법원장이 퇴직을 명할 수 있다. 23 변호사, 21 국가 7, 20 경정, 20 입시, 20 국회 8 등 O | X

4504-1 판사가 중대한 신체상 또는 정신상의 장해로 직무를 수행할 수 없을 때에는, 대법원장의 제청으로 대통령이 퇴직을 명할 수 있다. 16 법원 9 O | X

4504-2 대법관이 중대한 심신상의 장해로 직무를 수행할 수 없을 때에는 대법원장이 퇴직을 명할 수 있다. 14 법무사 O | X

4504-3 대법관이 중대한 심신상의 장해로 직무를 수행할 수 없을 때에는 대법원장의 허가를 얻어 퇴직할 수 있다. 18 국회 8 O | X

4504-4 법관이 중대한 신체상 또는 정신상의 장해로 직무를 수행할 수 없을 때에는, 대법관인 경우에는 법원행정처장의 제청으로 대법원장이 퇴직을 명할 수 있고, 판사인 경우에는 인사위원회의 심의를 거쳐 판사가 소속된 법원의 법원장이 퇴직을 명할 수 있다. 22 소간 O | X

> **법원조직법 제47조(심신상의 장해로 인한 퇴직)** 법관이 중대한 신체상 또는 정신상의 장해로 직무를 수행할 수 없을 때에는, 대법관인 경우에는 대법원장의 제청으로 대통령이 퇴직을 명할 수 있고, 판사인 경우에는 인사위원회의 심의를 거쳐 대법원장이 퇴직을 명할 수 있다.

05 관련판례

4505 「1980년 해직공무원의 보상 등에 관한 특별조치법」 제2조제2항제1호의 '차관급 상당 이상의 보수를 받은 자'에 법관을 포함시켜 법관을 보상대상에서 제외한 것은 헌법 제106조 제1항의 법관의 신분보장규정에 위반되지 아니한다. 12 국회 8 O | X

1980년 「해직공무원의 보상 등에 관한 특별조치법」 제2조제2항제1호의 **"차관급 상당 이상의 보수를 받은 자"**에 법관을 포함시켜 **법관을 보상대상에서 제외한** 것은, 법관의 신분을 직접 가중적으로 보장하고 있는 헌법 제106조 제1항의 **법관의 신분보장규정에 위반**되고, 직업공무원으로서 그 신분이 보장되고 있는 일반직 공무원과 비교하더라도 그 처우가 차별되고 있는 것이어서 헌법 제11조의 평등권의 보장규정에 위반된다(헌재 1992. 11. 12. 91헌가2).

● 정답 4504. O 4504-1. X [판사 X → 대법관 O] 4504-2. X [대법원장 제청으로 대통령이 퇴직 명함] 4504-3. X [대법원장 제청으로 대통령이 퇴직 명함] 4504-4. X [대법관은 대통령이, 판사는 대법원장이 퇴직 명함] 4505. X [위반됨]

06 법관의 보직과 신분상 지위

4506 「법원조직법」은 법관의 인적 독립 보장을 위해서 법관의 의사에 반하여 전보발령처분을 할 수 없도록 명시적으로 규정하고 있다. 17 변호사 ◯|✕

4506-1 법관은 징계처분에 의하지 아니하고는 불리한 처분을 받지 아니하므로, 징계처분에 의하지 아니하고는 법관을 원치 않는 임지(任地)로 전보발령할 수 없다. 18 서울 7(추) ◯|✕

법원조직법에는 대법원장의 판사의 보직에 대한 권한을 제한하는 규정이 없다. 따라서 대법원장은 판사의 보직에 관하여 아무런 제약 없이 전권을 행사할 수 있고 법관의 의사에 반하여 법관을 원치 않는 임지로 전보발령할 수 있다.

> **법원조직법 제44조(보직)** ① 판사의 보직(補職)은 대법원장이 행한다.

4507 대법원장이 행한 법관의 보직에 관한 인사처분에 대해 소청심사나 행정소송을 거치지 아니한 채 제기한 헌법소원심판청구는 부적합하다. 16 서울 7 ◯|✕

4507-1 대법원장의 판사보직권 행사에 대해서는 소청심사와 행정소송을 거칠 필요 없이 헌법소원심판청구가 가능하다. 14 지방 7 ◯|✕

법관인 청구인은 위 각 법률조항이 정한 절차에 따라 인사처분에 대하여 그 구제를 청구할 수 있고, 그 절차에서 구제를 받지 못한 때에는 국가공무원법 제16조, 법원조직법 제70조, 행정소송법 제1조의 규정에 미루어 다시 **행정소송**을 제기하여 그 구제를 청구할 수 있음에도 불구하고, 청구인이 위와 같은 **구제절차를 거치지 아니한 채** 제기한 **헌법소원심판청구는 부적법한 심판청구**가 아니할 수 없다(헌재 1993. 12. 23. 92헌마247).

4508 법관은 재직 중 대법원장의 허가가 없더라도 보수를 받지 않는다면 국가기관 외의 법인·단체에 임원으로 취임할 수 있다. 21 지방 7 ◯|✕

> **법원조직법 제49조(금지사항)** 법관은 재직 중 다음 각 호의 **행위를 할 수 없다.**
> 6. **대법원장의 허가를** 받지 아니하고 **보수의 유무에 상관없이** 국가기관 외의 **법인·단체 등의 고문, 임원, 직원 등의 직위에 취임**하는 일

4509 대법원장은 다른 국가기관으로부터 법관의 파견근무 요청을 받은 경우에 업무의 성질상 법관을 파견하는 것이 타당하다고 인정되고 해당 법관이 파견근무에 동의하는 경우에는 그 기간을 정하여 이를 허가할 수 있다. 21 국회 8 ◯|✕

4509-1 대법원장은 다른 국가기관으로부터 법관의 파견근무 요청을 받은 경우에 업무의 성질상 법관을 파견하는 것이 타당하다고 인정되면 해당 법관이 파견근무에 동의하지 않는 경우에도 이를 허가할 수 있다. 21 5급 ◯|✕

> **법원조직법 제50조(파견근무)** 대법원장은 **다른 국가기관**으로부터 **법관의 파견근무** 요청을 받은 경우에 업무의 성질상 **법관을 파견하는 것이 타당**하다고 인정되고 해당 **법관이 파견근무에 동의**하는 경우에는 **그 기간을 정하여 이를 허가**할 수 있다.

● **정답** 4506. ✕ [명시적 규정 ✕] 4506-1. ✕ [전보발령 가능] 4507. ◯ 4507-1. ✕ [소청심사나 행정소송 거쳐야 함] 4508. ✕ [보수유무 상관없이 대법원장 허가 받아야 함] 4509. ◯ 4509-1. ✕ [파견근무에 동의해야 함]

4510 법관은 대통령비서실에 파견되거나 대통령비서실의 직위를 겸임할 수 있다. 22 지방 7　　○│✕

> 법원조직법 제50조의2(법관의 파견 금지 등) ① 법관은 대통령비서실에 파견되거나 대통령비서실의 직위를 겸임할 수 없다.

4511 법관으로서 퇴직 후 2년이 지나지 아니한 사람은 대통령비서실의 직위에 임용될 수 없다. 21 국회 8　　○│✕

4511-1 법관으로서 퇴직 후 3년이 지나지 아니한 사람은 대통령비서실의 직위에 임용될 수 없다. 22 소간　　○│✕

4511-2 「법원조직법」상 법관으로서 퇴직 후 2년 6개월이 된 사람은 대통령비서실의 직위에 임용될 자격이 없다. 21 소간　　○│✕

> 법원조직법 제50조의2(법관의 파견 금지 등) ② 법관으로서 퇴직 후 2년이 지나지 아니한 사람은 대통령비서실의 직위에 임용될 수 없다.

4512 대법원장은 법관을 사건의 심판 외의 직(재판연구관을 포함한다)에 보하거나 그 직을 겸임하게 할 수 있다. 19 5급　　○│✕

> 법원조직법 제52조(겸임 등) ① 대법원장은 법관을 사건의 심판 외의 직(재판연구관을 포함한다)에 보하거나 그 직을 겸임하게 할 수 있다.

POINT 258　각급법원

01　각급법원

4513 법원의 종류로는 대법원, 고등법원, 특허법원, 지방법원, 가정법원, 행정법원, 회생법원 7가지가 존재한다. 16 법원 9　　○│✕

4513-1 특허법원, 가정법원, 행정법원, 회생법원은 법률로써 설치된 특수법원이다. 10 법원 9　　○│✕

4513-2 헌법 제101조 제2항의 각급법원에는 고등법원, 특허법원, 지방법원, 가정법원, 행정법원, 회생법원 및 군사법원이 포함된다. 20 국가 7　　○│✕

● 정답　4510. ✕ [겸임 ✕]　4511. ○　4511-1. ✕ [3년 ✕ → 2년 ○]　4511-2. ✕ [자격 있음]　4512. ○　4513. ○　4513-1. ○　4513-2. ✕ [군사법원 ✕]

> **헌법 제101조** ② 법원은 최고법원인 **대법원**과 **각급법원**으로 조직된다.
>
> **헌법 제110조** ① 군사재판을 관할하기 위하여 **특별법원**으로서 **군사법원**을 둘 수 있다.
>
> **법원조직법 제3조(법원의 종류)** ① 법원은 다음의 **7종류**로 한다.
> 1. 대법원
> 2. 고등법원
> 3. 특허법원
> 4. 지방법원
> 5. 가정법원
> 6. 행정법원
> 7. 회생법원

보충설명 법원의 종류로 최고법원인 대법원과 각급법원인 고등법원·특허법원·지방법원·가정법원·행정법원·회생법원이 있다. 일반법원인 대법원·고등법원·지방법원이 기본적인 3심 구조를 이루며, 특허법원·가정법원·행정법원·회생법원은 특수법원(전문법원)이다. 또한 각급법원은 아니지만 군사재판을 관할하기 위한 특별법원으로서 군사법원이 있다.

02 심판권의 행사와 판사회의

4514 행정법원의 심판권은 판사 3명으로 구성된 합의부에서 행사한다. 다만, 단독판사가 심판할 것으로 행정법원 합의부가 결정한 사건의 심판권은 단독판사가 행사한다. 17 법무사 O│X

4514-1 고등법원·특허법원 및 행정법원의 심판권은 반드시 판사 3인으로 구성된 합의부에서 이를 행한다. 13 국가 7 O│X

> **법원조직법 제7조(심판권의 행사)** ③ **고등법원·특허법원** 및 **행정법원**의 심판권은 **판사 3명으로 구성된 합의부**에서 행사한다. 다만, **행정법원**의 경우 **단독판사가** 심판할 것으로 **행정법원 합의부가 결정**한 사건의 심판권은 **단독판사가 행사**한다.

4515 행정법원은 다른 법률에 의하여 행정법원의 권한에 속하는 사건을 제1심으로 심판한다. 08 국가 7 O│X

> **법원조직법 제40조의4(심판권)** 행정법원은 「행정소송법」에서 정한 **행정사건**과 다른 법률에 따라 **행정법원의 권한에 속하는 사건을 제1심으로 심판**한다.

4516 고등법원·특허법원·지방법원·가정법원·행정법원 및 군사법원과 대법원규칙으로 정하는 지원에 사법행정에 관한 자문기관으로 판사로 구성된 판사회의를 두며, 판사회의의 조직과 운영에 필요한 사항은 「법원조직법」으로 정한다. 23 지방 7 O│X

> **법원조직법 제9조의2(판사회의)** ① 고등법원·특허법원·지방법원·가정법원·행정법원 및 회생법원과 대법원규칙으로 정하는 지원에 **사법행정에 관한 자문기관**으로 판사회의를 둔다.
> ② 판사회의는 **판사로 구성**하되, 그 조직과 운영에 필요한 사항은 **대법원규칙**으로 정한다.

정답 4514. O 4514-1. X [행정법원은 단독판사 행사 가능] 4515. O 4516. X [군사법원 X → 회생법원 O / 법원조직법 X → 대법원규칙 O]

POINT 259 군사법원

01 군사법원

4517 헌법은 군사재판을 관할하기 위하여 필수적으로 군사법원을 두도록 하고 있으며, 군사법원의 상고심은 대법원에서 관할한다. 24 5급

> 헌법 제110조 ① 군사재판을 관할하기 위하여 **특별법원**으로서 **군사법원**을 둘 수 있다.
> 헌법 제110조 ② **군사법원의 상고심**은 **대법원**에서 **관할**한다.

4518 군사법원은 현행 헌법이 명문으로 인정하고 있는 유일한 특별법원으로서 이론상 예외법원이다. 10 법원 9

군사법원은 일반법원과 조직·권한 및 재판관의 자격을 달리하여 설치할 수 있는 현행 헌법이 명문으로 인정하고 있는 유일한 특별법원으로서 이론상 예외법원이다.

> 헌법 제110조 ① 군사재판을 관할하기 위하여 **특별법원**으로서 **군사법원**을 둘 수 있다.

4519 군사법원의 상고심에 대한 대법원의 관할은 헌법에서 명문으로 규정하고 있다. 14 법원 9

4519-1 군사법원의 상고심은 고등법원에서 관할한다. 20 국회 8

> 헌법 제110조 ② **군사법원의 상고심**은 **대법원**에서 **관할**한다.

4520 비상계엄하의 군사재판은 군인·군무원의 범죄나 군사에 관한 간첩죄의 경우와 초병·초소·유독음식물공급·포로에 관한 죄 중 법률이 정한 경우에 한하여 단심으로 할 수 있으나, 사형을 선고한 경우에는 그러하지 아니하다. 24 5급, 22 지방 7, 19 5급

4520-1 비상계엄이 선포된 때에는 법률이 정하는 바에 의하여 법원의 권한에 관하여 특별한 조치를 할 수 있으며, 비상계엄하의 군사재판은 군인·군무원의 범죄에 한하여 단심으로 할 수 있다. 20 지방 7

4520-2 비상계엄하의 군인·군무원의 범죄에 대한 군사재판은 사형을 선고한 경우에도 단심으로 할 수 있다. 23 국가 7

> 헌법 제77조 ③ **비상계엄이 선포**된 때에는 법률이 정하는 바에 의하여 **영장제도, 언론·출판·집회·결사의 자유, 정부나 법원의 권한**에 관하여 **특별한 조치**를 할 수 있다.
> 헌법 제110조 ④ **비상계엄하의 군사재판**은 군인·군무원의 범죄나 군사에 관한 간첩죄의 경우와 **초병·초소·유독음식물공급·포로**에 관한 죄중 법률이 정한 경우에 한하여 **단심**으로 할 수 있다. 다만, **사형**을 선고한 경우에는 **그러하지 아니하다.**

보충설명 비상계엄하의 군사재판은 군인·군무원의 범죄나 민간인의 군사에 관한 간첩죄의 경우와 초병·초소·유독음식물공급·포로에 관한 죄중 법률이 정한 경우에 한하여 단심으로 할 수 있다.

●정답 4517. X [필수적 아님]　4518. ○　4519. ○　4519-1. X [고등법원 X → 대법원 ○]　4520. ○　4520-1. X [군사에 관한 죄도 단심 가능]　4520-2. X [사형 선고 시 단심 불가]

4521 헌법 제110조 제1항에서 "특별법원으로서 군사법원을 둘 수 있다"는 의미를 군사법원을 일반법원과 조직·권한 및 재판관의 자격을 달리하여 특별법원으로 설치할 수 있다는 뜻으로 해석한다. 23 5급, 20 지방 7   O|X

4521-1 헌법 제110조 제1항에 따라 특별법원으로서 군사법원을 둘 수 있지만, 법률로 군사법원을 설치함에 있어서 군사재판의 특수성을 고려하여 그 조직·권한 및 재판관의 자격을 일반법원과 달리 정하는 것은 헌법상 허용되지 않는다. 21 국가 7   O|X

헌법 제110조 제1항에서 "**특별법원으로서 군사법원을 둘 수 있다.**"는 의미는 군사법원을 일반법원과 **조직·권한 및 재판관의 자격**을 달리하여 **특별법원으로 설치**할 수 있다는 뜻으로 해석되므로, 법률로 군사법원을 설치함에 있어서 군사재판의 특수성을 고려하여 그 조직·권한 및 재판관의 자격을 일반법원과 달리 정하는 것이 헌법상 **허용된다**(헌재 2009. 7. 30. 2008헌바162).

4522 군사법원의 조직·권한 및 재판관의 자격을 일반법원과 달리 정할 수 있다고 하여도 그것은 사법권의 독립 등 헌법의 근본원리에 위반되거나 기본권의 본질적 내용을 침해하여서는 아니 되는 헌법적 한계가 있다. 16 변호사   O|X

아무리 **군사법원의 조직·권한 및 재판관의 자격**을 일반법원과 달리 정할 수 있다고 하여도 그것이 아무런 한계 없이 입법자의 자의에 맡겨 질 수는 없는 것이고 **사법권의 독립 등** 헌법의 근본원리에 위반되거나 헌법 제27조 제1항의 재판청구권, 헌법 제11조 제1항의 평등권, 헌법 제12조의 신체의 자유 등 **기본권의 본질적 내용**을 침해하여서는 안 될 **헌법적 한계가 있다**고 할 것이다(헌재 2009. 7. 30. 2008헌바162).

4523 평시에 군사법원을 설치하여 군인 또는 군무원에 대한 재판권을 행사하는 것은 합헌이다. 14 서울 7   O|X

헌법 제110조 제1항, 제3항의 위임에 따라 군사법원을 특별법원으로 설치함에 있어서 **군대조직 및 군사재판의 특수성을 고려하고 군사재판을 신속, 적정하게 하여 군기를 유지하고 군지휘권을 확립하기 위한 것으로서 필요하고 합리적인 이유가 있다고 할 것이다** (헌재 1996. 10. 31. 93헌바25).

02 조직 및 권한

4524 대법원은 군사법원운영위원회의 의결을 거쳐 군사법원의 재판에 관한 내부규율과 사무처리에 관한 사항을 군사법원규칙으로 정하는데, 군사법원운영위원회는 재적위원 3분의 2 이상의 출석으로 개의하고, 출석위원 과반수의 찬성으로 의결한다. 19 국가 7(변형)   O|X

군사법원법 제4조(대법원의 규칙제정권) 대법원은 제4조의2에 따른 **군사법원운영위원회의 의결**을 거쳐 **군사법원의 재판**에 관한 내부규율과 사무처리에 관한 사항을 **군사법원규칙**으로 정한다.
군사법원법 제4조의2(군사법원운영위원회) ③ **군사법원운영위원회**는 재적위원 3분의 2 이상의 출석으로 개의(開議)하고, 출석위원 과반수의 찬성으로 의결한다.

정답 4521. O   4521-1. X [허용됨]   4522. O   4523. O   4524. O

4525 군사법원은 고등군사법원과 보통군사법원 두 종류로 한다. 12 국회 9   O | X

> **군사법원법 제6조(군사법원의 설치 및 관할구역)** ① **군사법원**은 **국방부장관** 소속으로 하며, 중앙지역군사법원·제1지역군사법원·제2지역군사법원·제3지역군사법원 및 제4지역군사법원으로 구분하여 설치하되, 그 소재지는 별표 1과 같다.

🖉 **보충설명** 군사법원법 개정으로 고등군사법원을 폐지하고, 항소심을 민간법원인 고등법원으로 이관하였다.

4526 군사법원의 경우, 재판관은 군판사와 심판관으로 구성되는데, 군판사는 군법무관 중에서 임명하며, 심판관은 장교 중에서 임명한다. 16 지방 7   O | X

> **군사법원법 제22조(군사법원의 재판관)** ① **군사법원**에서는 **군판사 3명**을 **재판관**으로 한다.
> **군사법원법 제24조(군판사의 임용자격)** ① **군사법원장**은 **군법무관**으로서 15년 이상 복무한 영관급 이상의 장교 중에서 임명한다.
> ② **군판사**는 **군법무관**으로서 10년 이상 복무한 영관급 이상의 장교 중에서 임명한다. 이 경우 「군인사법」제33조에 따른 임시계급을 포함한다.

🖉 **보충설명** 군사법원법 개정으로 군판사 외의 일반장교 및 지휘관을 군사재판에 참여시킨 근거가 되었던 심판관 제도 및 관할관 제도를 폐지하고, 군사법원도 민간 법원과 같이 법률가인 군판사 3명으로 재판부를 구성하도록 하였다.

4527 군사법원에서 심판관을 일반장교로 임명할 수 있도록 규정하는 것이 재판청구권을 침해하는 것은 아니다. 16 국회 9   O | X

4527-1 군사법원의 경우, 관할관 등이 군판사 및 심판관의 임명권과 재판관의 지정권을 갖고 심판관은 일반장교 중에서 임명하도록 하고 있어 법관에 의한 재판을 받을 권리를 침해한다. 13 국회 8   O | X

군사법원에 **관할관**을 두고 군검찰관에 대한 임명, 지휘, 감독권을 가지고 있는 관할관이 **심판관의 임명권** 및 **재판관의 지정권**을 가지며 **심판관은 일반장교 중에서 임명**할 수 있도록 규정하였다고 하여 바로 위 조항들 자체가 **군사법원의 헌법적 한계**를 일탈하여 사법권의 독립과 재판의 독립을 침해하고 죄형법정주의에 반하거나 인간의 존엄과 가치, 행복추구권, 평등권, 신체의 자유, 정당한 재판을 받을 권리 및 정신적 자유를 **본질적으로 침해하는 것이라고 할 수 없다**(헌재 1996. 10. 31. 93헌바25).

정답 4525. X [고등군사법원 폐지됨]   4526. X [심판관 제도 폐지]   4527. O   4527-1. X [침해 X]

POINT 260　법원의 권한

01　명령·규칙 심사권

4528　명령·규칙 또는 처분이 헌법이나 법률에 위반되는 여부가 재판의 전제가 된 경우에는 대법원은 이를 최종적으로 심사할 권한을 가진다. 22 지방 7, 21 5급, 20 법무사, 20 법원 9, 19 경정　O | X

4528-1　법률·명령·규칙이 헌법이나 법률에 위반되는 여부가 재판의 전제가 된 경우에는 대법원은 이를 최종적으로 심사할 권한을 가진다. 17 5급　O | X

4528-2　명령·규칙 또는 처분이 헌법에 위반되는 여부가 법원의 재판의 전제가 된 경우에는 헌법재판소가 이를 최종적으로 심사할 권한을 가진다. 18 지방 7　O | X

4528-3　법률이나 명령이 헌법에 위반되는 여부가 재판의 전제가 된 경우에는 법원은 헌법재판소에 제청하여 그 심판에 의하여 재판한다. 24 5급　O | X

4528-4　명령·규칙 또는 처분이 헌법이나 법률에 위반되는 여부가 재판의 전제가 된 경우에는 법원은 헌법재판소에 제청하여 그 심판에 의하여 재판한다. 23 법무사　O | X

4528-5　명령이 법률에 위반되는 여부가 재판의 전제가 된 경우에는 대법원이 이를 최종적으로 심사할 권한을 가지고, 명령이 헌법에 위반되는 여부가 재판의 전제가 된 경우에는 헌법재판소가 이를 최종적으로 심사할 권한을 가진다. 21 변호사　O | X

> 헌법 제107조 ① **법률**이 **헌법에 위반되는 여부**가 **재판의 전제**가 된 경우에는 **법원은 헌법재판소에 제청**하여 그 **심판에 의하여 재판**한다.
> ② **명령·규칙** 또는 **처분**이 **헌법이나 법률에 위반되는 여부**가 **재판의 전제**가 된 경우에는 **대법원은 이를 최종적으로 심사**할 권한을 가진다.

4529　대법원을 비롯한 각급법원은 명령이나 규칙이 헌법에 위반되는 여부에 대해 심사할 권한이 있다. 15 서울 7　O | X

4529-1　헌법 제107조 제2항에 근거하여 법원이 갖는 명령·규칙의 위헌·위법심사권과 관련하여 각급 법원은 위헌·위법심사권을 행사할 수 없다. 18 5급　O | X

> 헌법 제107조 ② **명령·규칙** 또는 **처분**이 **헌법이나 법률에 위반되는 여부**가 **재판의 전제**가 된 경우에는 **대법원은 이를 최종적으로 심사**할 권한을 가진다.

4530　헌법 제107조 제2항에 근거하여 법원이 갖는 명령·규칙의 위헌·위법심사권과 관련하여 이 제도는 구체적 규범통제로 볼 수 있다. 18 5급　O | X

4530-1　헌법 제107조 제2항은 명령·규칙 또는 처분이 헌법이나 법률에 위반되는지 여부는 대법원이 이를 최종적으로 심사할 권한을 가진다고 규정하고 있으므로, 「행정소송법」은 명령·규칙의 위헌 여부심사는 재판의 전제가 되지 않는 경우에도 법원이 담당한다고 규정하고 있다. 17 국가 7　O | X

정답　4528. O　4528-1. ×[법률 ×]　4528-2. ×[대법원이 최종 심사]　4528-3. ×[명령은 대법원이 최종 심사]　4528-4. ×[대법원이 최종 심사함]　4528-5. ×[헌법재판소 × → 대법원 O]　4529. O　4529-1. ×[행사 가능함]　4530. O　4530-1. ×[재판의 전제가 되는 경우에만 가능함]

헌법 제107조 제2항에 근거한 법원의 명령·규칙 심사는 구체적인 소송사건의 심판을 위한 선결문제로서 재판의 전제가 된 명령·규칙의 위헌·위법 여부를 심사하는 구체적 규범통제로 볼 수 있다. **법원의 명령·규칙 심사는 재판의 전제가 되는 경우에만 가능하고 재판의 전제가 되지 않는 경우에는 불가능하다.**

> 헌법 제107조 ② **명령·규칙** 또는 **처분**이 헌법이나 법률에 위반되는 여부가 **재판의 전제**가 된 경우에는 **대법원은 이를 최종적으로 심사할 권한**을 가진다.

4531 명령·규칙심사의 대상이 되는 명령은 국민에 대하여 일반적 구속력을 가지는 법규명령을 의미한다.
20 법원 9   O│X

법원조직법 제7조 제1항 제2호는 명령 또는 규칙이 법률에 위반함을 인정하는 경우에는 대법관 전원의 2/3 이상의 합의체에서 심판하도록 규정하고 있는 바, 여기에서 말하는 명령 또는 규칙이라 함은 국가와 국민에 대하여 **일반적 구속력**을 가지는 이른바 **법규로서의 성질을 가지는 명령 또는 규칙**을 의미한다 할 것이다(대판 1990. 2. 27. 88재누55).

4532 법원은 대통령령이 헌법이나 법률에 위반되는지의 여부가 재판의 전제가 된 경우에 이를 심사함으로써 대통령의 권한행사를 통제한다. 15 지방 7   O│X

4532-1 대통령령이 헌법 또는 법률에 위배되는 경우 법원은 재판에 있어 이의 적용을 거부할 수 있다.
12 국가 7   O│X

4532-2 대통령령이 헌법에 위반되는지 여부가 재판의 전제가 된 경우에는 법원은 헌법재판소에 제청하여 그 심판에 의하여 재판한다. 17 법무사   O│X

> 헌법 제107조 ② **명령·규칙** 또는 **처분**이 **헌법이나 법률에 위반되는** 여부가 **재판의 전제**가 된 경우에는 **대법원은 이를 최종적으로 심사할 권한**을 가진다.

🖉 **보충설명** 명령·규칙에 대한 위헌·위법심사는 구체적 사건에 관한 재판의 전제로서 당해 명령·규칙의 위헌·위법 여부를 판단하고 개별적으로 적용 배제하는 부수적 통제 방식에 의하고 있다. 따라서 **대통령령이 헌법이나 법률에 위반되는 여부가 재판의 전제가 된 경우에는 법원은 이를 심사하여, 헌법 또는 법률에 위배되는 경우 대통령령을 그 사건에 적용을 거부할 수 있다.**

4533 헌법재판소규칙이 헌법이나 법률에 위반되는 여부가 재판의 전제가 된 경우에는 법원은 이를 심사할 권한을 가진다. 15 법원 9   O│X

> 헌법 제107조 ② **명령·규칙** 또는 **처분**이 헌법이나 법률에 위반되는 여부가 **재판의 전제**가 된 경우에는 **대법원은 이를 최종적으로 심사할 권한**을 가진다.

4534 법률의 내용을 보충하고 있는 행정규칙은 그 형식에 불구하고 대외적 구속력을 가지며, 법원의 위헌·위법 명령·규칙심사권의 대상이 된다. 07 국가 7   O│X

그와 같은 행정규칙, 규정은 행정규칙이 갖는 일반적 효력으로서가 아니라, 행정기관에 법령의 구체적 내용을 보충할 권한을 부여한 법령규정의 효력에 의하여 그 내용을 보충하는 기능을 갖게 된다 할 것이므로 이와 같은 행정규칙, 규정은 당해 법령의 위임한계를 벗어나지 아니하는 한 그것들과 결합하여 **대외적인 구속력**이 있는 **법규명령으로서의 효력**을 갖게 된다(대판 1987. 9. 29. 86누484).

🖉 **보충설명** 대외적 구속력을 가지는 법규로서의 성질을 가지는 행정규칙은 법원의 위헌·위법 명령·규칙심사권의 대상이 된다.

정답 4531. O   4532. O   4532-1. O   4532-2. X [법원이 심사]   4533. O   4534. O

POINT 261 재판 관련 제도

01 심급제도

4535 심급제도 자체는 헌법상 필수적인 것이지만 반드시 모든 재판이 3심제이어야 하는 것은 아니다. 13 법무사 ○|×

헌법은 "법원은 대법원과 각급법원으로 조직된다"고 하여 심급제도를 규정하고 있기 때문에 **심급제도 자체는 헌법상 필수적인 것이다.** 그러나 **3심제는** 법원조직법이 법률적 차원에서 규정한 것에 불과하므로 반드시 모든 재판이 **3심제이어야 하는 것은 아니다.**

> 헌법 제101조 ② 법원은 최고법원인 **대법원**과 **각급법원**으로 조직된다.

4536 심급제도가 몇 개의 심급으로 형성되어야 하는가에 관하여 헌법이 전혀 규정하는 바가 없으므로, 이는 입법자의 광범위한 형성권에 맡겨져 있는 것이며, 모든 구제절차나 법적 분쟁에서 반드시 보장되는 것은 아니다. 22 경채 ○|×

적어도 한번의 재판을 받을 권리, 적어도 하나의 심급을 요구할 권리인 것이며, 그 구체적인 형성은 입법자의 광범위한 입법재량에 맡겨져 있는 것이다. 즉 **심급제도가 몇 개의 심급**으로 형성되어야 하는가에 관하여 헌법이 전혀 규정하는 바가 없으므로, 이는 **입법자의 광범위한 형성권**에 맡겨져 있는 것이며, 모든 구제절차나 법적분쟁에서 반드시 보장되는 것은 아니다(헌재 2005. 3. 31. 2003헌바34).

4537 심급제도는 하급심에서 잘못된 재판을 하였을 때 상소심으로 하여금 이를 바로잡게 하는 것이 재판청구권을 실질적으로 보장하는 방법이 된다는 의미에서 재판청구권을 보장하기 위한 하나의 수단이며, 사법에 의한 권리보호에 관하여 한정된 사법자원의 합리적인 분배의 문제인 동시에 재판의 적정과 신속이라는 상반되는 요청을 어떻게 조화시키느냐의 문제에 속한다. 21 변호사 ○|×

4537-1 심급제도는 한정된 법 발견 자원의 합리적 분배의 문제인 동시에 재판의 적정과 신속이라는 서로 상반되는 두 가지 요청을 어떻게 조화시키는지의 문제이므로, 원칙적으로 입법자의 형성의 자유에 속하는 사항이다. 20 경정, 17 국가 7(추) ○|×

심급제도는 하급심에서 잘못된 재판을 하였을 때에는 상소심으로 하여금 이를 바로잡게 하는 것이 **재판청구권을 실질적으로 보장하는 방법**이 된다는 의미에서 **재판청구권을 보장하기 위한 하나의 수단**이나, 심급의 반복에 의한 절차의 지연은 헌법 제27조 제3항에 의한 '신속한 재판을 받을 권리'라는 재판청구권의 또 다른 측면과 배치될 수 있고, 모든 사건에 대하여 아무런 제한 없이 상소를 허용하는 것은 제한된 사법자원의 효율적 활용과 합리적 분배를 저해할 수 있다. 따라서 **심급제도는** 사법에 의한 권리보호에 관하여 **한정된 사법자원의 합리적인 분배의 문제인 동시에 재판의 적정과 신속이라는 상반되는 요청을 어떻게 조화시키느냐의 문제로서 원칙적으로 입법자의 형성의 자유에 속하는 사항이다**(헌재 2020. 3. 26. 2018헌바202).

4538 심리불속행 재판은 상고각하의 형식판단과 상고이유를 심리한 결과 이유 없다고 인정되는 경우에 내려지는 상고기각의 실체판단과의 중간적 지위를 가진 재판이다. 19 지방 7 ○|×

상고제기의 절차가 적법히 이루어졌는지를 검토하여 부적법한 경우에 선고되는 상고각하의 재판과는 달리, 심리불속행재판은 상고제기의 절차가 적법함을 전제로 하여 상고장에 기재된 상고이유가 법률상의 상고이유를 실질적으로 포함하고 있는가를 판단하는 것이므로 그 범위에서 실체판단의 성격을 가진다고 할 것이다. 결론적으로 **심리불속행재판은 상고각하의 형식판단과 상고이유를 심리한 결과 이유없다고 인정되는 경우에 내려지는 상고기각의 실체판단과의 중간적 지위를 가진 재판**이라 할 것이다(헌재 1997. 10. 30. 97헌바37 등).

정답 4535. ○ 4536. ○ 4537. ○ 4537-1. ○ 4538. ○

02 재판공개제

4539 재판의 심리와 판결은 공개한다. 다만, 심리는 국가의 안전보장 또는 안녕질서를 방해하거나 선량한 풍속을 해할 염려가 있을 때에는 법원의 결정으로 공개하지 아니할 수 있다. 23 법무사   O | X

4539-1 재판의 심리와 판결은 공개한다. 다만, 국가의 안전보장 또는 안녕질서를 방해하거나 선량한 풍속을 해할 염려가 있을 때에는 법원의 결정으로 심리와 판결을 공개하지 아니할 수 있다. 21 국가 7   O | X

> 헌법 제109조 재판의 **심리**와 **판결**은 **공개**한다. 다만, **심리**는 국가의 **안전보장** 또는 **안녕질서**를 방해하거나 **선량한 풍속**을 해할 염려가 있을 때에는 **법원의 결정**으로 **공개하지 아니할 수 있다**.
>
> **보충설명** 심리는 공개하지 아니할 수 있으나 판결은 공개하지 아니할 수 없다.

4540 재판의 심리와 판결은 공개한다. 다만 심리는 국가의 안전보장, 안녕질서, 선량한 풍속 또는 공공복리를 해할 염려가 있을 때에는 법원의 결정으로 공개하지 아니할 수 있다. 11 지방 7   O | X

> 법원조직법 제57조(재판의 공개) ① 재판의 심리와 판결은 공개한다. 다만, **심리**는 국가의 **안전보장, 안녕질서** 또는 **선량한 풍속**을 해칠 우려가 있는 경우에는 **결정으로 공개하지 아니할 수 있다**.

4541 국가의 안전보장 또는 안녕질서를 방해하거나 선량한 풍속을 해할 염려가 있을 때에는 당사자의 청구가 있어야만 법원의 결정에 의해서 심리를 공개하지 않을 수 있다. 22 해간, 20 5급   O | X

4541-1 재판의 심리와 판결은 공개한다. 다만, 국가의 안전보장 또는 안녕질서를 방해하거나 선량한 풍속을 해할 염려가 있을 때에는 대법원규칙으로 심리를 공개하지 않을 사항을 미리 정한다. 19 법원 9   O | X

> 헌법 제109조 재판의 **심리**와 **판결**은 **공개**한다. 다만, **심리**는 국가의 **안전보장** 또는 **안녕질서**를 방해하거나 **선량한 풍속**을 해할 염려가 있을 때에는 **법원의 결정**으로 **공개하지 아니할 수 있다**.

4542 법원은 재판의 심리와 판결이 아닌 공판준비절차, 소송법상의 결정이나 명령을 공개할 필요가 없다. 13 지방 7   O | X

> 재판의 심리와 판결은 공개하는 것이 원칙이다. 심리란 원고와 피고의 심문과 변론을 말하고 판결은 실체에 대한 법원의 판단을 말한다. 공개의 대상은 재판의 심리와 판결이므로 법원은 재판의 심리와 판결이 아닌 **공판준비절차, 소송법상의 결정이나 명령을 공개할 필요가 없다**.

정답 4539. O   4539-1. X [판결 비공개 불가]   4540. X [공공복리 X]   4541. X [당사자 청구 불필요]   4541-1. X [법원 결정으로 심리 비공개]   4542. O

03 사법보좌관 제도

4543 사법보좌관은 법관의 감독을 받아 업무를 수행하며, 사법보좌관의 처분에 대해서는 대법원규칙으로 정하는 바에 따라 법관에게 이의신청을 할 수 있다. 13 국가 7   O | X

> 법원조직법 제54조(사법보좌관) ③ **사법보좌관**은 법관의 감독을 받아 업무를 수행하며, **사법보좌관의 처분**에 대해서는 대법원규칙으로 정하는 바에 따라 **법관에게 이의신청**을 할 수 있다.

4544 대법원과 각급 법원에 사법보좌관을 둘 수 있고, 지방법원 및 그 지원에 집행관을 둔다. 22 법원 9   O | X

> 법원조직법 제54조(사법보좌관) ① **대법원과 각급 법원에 사법보좌관**을 둘 수 있다.
> 법원조직법 제55조(집행관) ① **지방법원 및 그 지원에 집행관**을 두며, **집행관**은 법률에서 정하는 바에 따라 **소속 지방법원장이 임면(任免)**한다.

4545 집행관은 소속 지방법원장의 추천으로 관할 고등법원장이 임면한다. 22 법원 9   O | X

> 법원조직법 제55조(집행관) ① **지방법원 및 그 지원에 집행관**을 두며, **집행관**은 법률에서 정하는 바에 따라 **소속 지방법원장이 임면(任免)**한다.

◆ 정답 4543. O   4544. O   4545. X [소속 지방법원장이 임면]

PART

IV

헌법재판소

CHAPTER	01	헌법재판소 일반이론
CHAPTER	02	헌법재판소의 일반심판절차
CHAPTER	03	위헌법률심판
CHAPTER	04	헌법소원심판
CHAPTER	05	권한쟁의심판

Chapter 01 헌법재판소 일반이론

POINT 262 헌법재판소의 구성과 운영

01 헌법재판소의 구성

4546 헌법재판소는 법관의 자격을 가진 9인의 재판관으로 구성하고, 재판관은 대통령이 임명한다. 21 법무사, 20 법무사 ○|×

4546-1 법관의 자격을 가지지 않은 자도 헌법재판관이 될 수 있다. 08 국가 7 ○|×

> 헌법 제111조 ② 헌법재판소는 **법관의 자격**을 가진 **9인의 재판관**으로 구성하며, 재판관은 **대통령이 임명**한다.

4547 헌법재판소 재판관은 모두 대통령이 임명하는데, 재판관 중 3인은 국회에서 선출하는 자를, 3인은 대법원장이 지명하는 자를 임명한다. 23 국가 7 ○|×

4547-1 대통령은 헌법재판관 중 3인만 임명할 수 있다. 3인은 국회에서 선출하는 자가, 3인은 대법원장이 지명하는 자가 헌법재판관이 된다. 22 국회 9 ○|×

4547-2 헌법재판관은 대통령, 국회, 대법원장이 각 3인씩을 임명하고, 헌법재판소장은 국회의 동의를 얻어 재판관 중에서 대통령이 임명한다. 19 법원 9 ○|×

4547-3 헌법재판소 재판관은 헌법재판소장의 제청으로 국회의 동의를 얻어 대통령이 임명한다. 24 5급 ○|×

> 헌법 제111조 ② 헌법재판소는 **법관의 자격**을 가진 **9인의 재판관**으로 구성하며, 재판관은 **대통령이 임명**한다.
> ③ 제2항의 재판관중 **3인은 국회에서 선출**하는 자를, **3인은 대법원장이 지명**하는 자를 임명한다.

4548 헌법재판소는 법관의 자격을 가진 9인의 재판관으로 구성하고, 대법원은 대법원장을 포함하여 14인의 대법관으로 구성한다. 19 법무사 ○|×

4548-1 대법관의 수를 개정하기 위해서는 법률개정으로 가능하나, 헌법재판소 재판관의 수를 개정하기 위해서는 헌법을 개정하여야 한다. 18 5급 ○|×

4548-2 헌법개정 없이 헌법재판의 활성화를 위하여 헌법재판소 재판관의 수를 12인으로 증원할 수 있다. 24 5급 ○|×

> 헌법 제111조 ② 헌법재판소는 **법관의 자격**을 가진 **9인의 재판관**으로 구성하며, **재판관은 대통령이 임명**한다.
> 법원조직법 제4조(대법관) ② **대법관의 수**는 **대법원장을 포함하여 14명**으로 한다.

보충설명 대법관 수는 법률에 규정되어 있으나, 헌법재판관 수는 헌법이 규정하고 있다.

● 정답 4546. ○ 4546-1. ×[될 수 없음] 4547. ○ 4547-1. ×[재판관 9인 모두 대통령이 임명] 4547-2. ×[재판관 9인 모두 대통령이 임명] 4547-3. ×[헌법재판소장 제청 ×, 국회 동의 ×] 4548. ○ 4548-1. ○ 4548-2. ×[헌법개정 필요]

4549 금고 이상의 형을 선고받은 사람이라도 헌법재판소 재판관으로 임명될 수 있다. 22 소간 O|X

> **헌법재판소법 제5조(재판관의 자격)** ② 다음 각 호의 어느 하나에 해당하는 사람은 재판관으로 임명할 수 없다.
> 1. 탄핵결정이 된 경우
> 2. 금고 이상의 형을 선고받은 사람

4550 헌법재판소의 재판관은 대통령이 임명한다. 이 경우 재판관 중 3인은 국회에서 선출하는 자를, 3인은 대법원장이 지명하는 자를 임명하고, 국회의 인사청문을 거쳐 임명·선출 또는 지명하여야 한다. 11 법원 9 O|X

4550-1 헌법재판소 재판관은 대통령의 임명 전에 9인 모두 국회의 인사청문절차를 거쳐야 한다. 11 국가 7 O|X

4550-2 헌법재판소 재판관이 모두 국회 인사청문회를 거쳐 임명되는 것은 아니다. 24 5급 O|X

> **헌법재판소법 제6조(재판관의 임명)** ① 재판관은 대통령이 임명한다. 이 경우 재판관 중 3명은 국회에서 선출하는 사람을, 3명은 대법원장이 지명하는 사람을 임명한다.
> ② 재판관은 국회의 인사청문을 거쳐 임명·선출 또는 지명하여야 한다. 이 경우 대통령은 재판관(국회에서 선출하거나 대법원장이 지명하는 사람은 제외한다)을 임명하기 전에, 대법원장은 재판관을 지명하기 전에 인사청문을 요청한다.

4551 국회에서 선출하는 헌법재판관 3인은 인사청문특별위원회의 인사청문회를 거쳐야 한다. 22 지방 7 O|X

4551-1 모든 헌법재판소 재판관이 국회 인사청문특별위원회의 인사청문을 거쳐야만 하는 것은 아니다. 14 지방 7 O|X

4551-2 대통령이 임명하는 헌법재판소 재판관은 모두 국회 인사청문특별위원회의 인사청문을 거쳐야 한다. 17 국가 7 O|X

> **국회법 제46조의3(인사청문특별위원회)** ① 국회는 다음 각 호의 임명동의안 또는 의장이 각 교섭단체 대표의원과 협의하여 제출한 선출안 등을 심사하기 위하여 인사청문특별위원회를 둔다. 다만, 「대통령직 인수에 관한 법률」 제5조제2항에 따라 대통령당선인이 국무총리 후보자에 대한 인사청문의 실시를 요청하는 경우에 의장은 각 교섭단체 대표의원과 협의하여 그 인사청문을 실시하기 위한 인사청문특별위원회를 둔다.
> 1. 헌법에 따라 그 임명에 국회의 동의가 필요한 대법원장·헌법재판소장·국무총리·감사원장 및 대법관에 대한 임명동의안
> 2. 헌법에 따라 국회에서 선출하는 헌법재판소 재판관 및 중앙선거관리위원회 위원에 대한 선출안

> **보충설명** 대통령의 임명에 국회의 동의를 요하는 헌법재판소장과 국회에서 선출하는 헌법재판소 재판관만 인사청문특별위원의 인사청문을 거친다.

정답 4549. X [될 수 없음] 4550. O 4550-1. O 4550-2. X [모두 인사청문 거쳐 임명됨] 4551. O 4551-1. O 4551-2. X [국회선출과 헌재소장만 인사특위]

4552 대법원장이 지정하는 헌법재판관 3인은 법제사법위원회의 인사청문회를 거쳐야 하나 대통령의 임명에 국회의 동의가 필요한 것은 아니다. 22 지방 7 O | X

> 헌법 제111조 ② 헌법재판소는 법관의 자격을 가진 9인의 재판관으로 구성하며, **재판관은 대통령이 임명**한다.
> 국회법 제65조의2(인사청문회) ② **상임위원회**는 다른 법률에 따라 다음 각 호의 어느 하나에 해당하는 공직후보자에 대한 인사청문 요청이 있는 경우 인사청문을 실시하기 위하여 **각각 인사청문회**를 연다.
> 3. **대법원장이 지명**하는 **헌법재판소 재판관** 또는 중앙선거관리위원회 위원의 후보자

4553 헌법재판소의 장은 국회의 동의를 얻어 재판관 중에서 대통령이 임명한다. 22 소간, 20 법원 9, 18 서울 7 O | X

4553-1 헌법재판소장과 대법원장은 모두 국회의 동의를 얻어 대통령이 임명한다. 18 5급 O | X

> 헌법 제111조 ④ **헌법재판소의 장은 국회의 동의를 얻어 재판관중**에서 **대통령이 임명**한다.
> 헌법 제104조 ① **대법원장은 국회의 동의를 얻어 대통령이 임명**한다.

4554 헌법재판소 재판관 후보자가 헌법재판소장 후보자를 겸하는 경우에는 인사청문특별위원회의 인사청문회를 연다. 20 입시 O | X

> 국회법 제65조의2(인사청문회) ⑤ **헌법재판소 재판관 후보자**가 **헌법재판소장 후보자**를 겸하는 경우에는 제2항제1호에도 불구하고 제1항에 따른 **인사청문특별위원회**의 **인사청문회**를 연다. 이 경우 제2항에 따른 소관 상임위원회의 인사청문회를 겸하는 것으로 본다.

4555 헌법재판소장이 궐위(闕位)되거나 부득이한 사유로 직무를 수행할 수 없을 때에는 다른 재판관이 법률이 정하는 순서에 따라 그 권한을 대행한다. 17 경정 O | X

4555-1 헌법재판소장의 궐위 시 임명일자 순으로 권한대행을 하며 임명일자가 같을 시에는 연장자 순으로 한다. 19 5급 O | X

4555-2 헌법재판소장이 궐위되거나 사고로 말미암아 직무를 수행할 수 없을 때에는 다른 재판관이 연장자순으로 대행한다. 18 국가 7 O | X

> 헌법재판소법 제12조(헌법재판소장) ④ 헌법재판소장이 **궐위(闕位)되거나 부득이한 사유로 직무를 수행할 수 없을 때에는 다른 재판관이 헌법재판소규칙으로 정하는 순서**에 따라 그 권한을 대행한다.
> 헌법재판소장의 권한대행에 관한 규칙 제2조(일시 유고 시의 대행) 헌법재판소장이 **일시적인 사고**로 인하여 직무를 수행할 수 없을 때에는 헌법재판소 재판관 중 **임명일자 순으로** 그 권한을 대행한다. 다만, 임명일자가 같을 때에는 **연장자 순으로** 대행한다.
> 헌법재판소장의 권한대행에 관한 규칙 제3조(궐위 시 등의 대행) ① 헌법재판소장이 궐위되거나 **1개월 이상 사고**로 인하여 직무를 수행할 수 없을 때에는 헌법재판소 재판관 중 **재판관회의에서 선출된 사람**이 그 권한을 대행한다. 다만, 그 대행자가 선출될 때까지는 제2조에 해당하는 사람이 헌법재판소장의 권한을 대행한다.

● 정답 4552. ○ 4553. ○ 4553-1. ○ 4554. ○ 4555. X [법률 X → 헌재규칙 ○] 4555-1. X [궐위 X → 사고 ○] 4555-2. X [궐위 : 재판관회의 선출 / 사고 : 임명일자 순 → 연장자 순]

02 헌법재판관과 헌법재판소장

4556 헌법재판소 재판관의 임기는 6년으로 하며, 법률이 정하는 바에 의하여 연임할 수 있다. 20 법무사 O|X

4556-1 헌법재판소 재판관의 임기는 7년으로 한다. 22 소간 O|X

> 헌법 제112조 ① 헌법재판소 **재판관의 임기**는 **6년**으로 하며, 법률이 정하는 바에 의하여 **연임할 수 있다.**

4557 헌법재판소 재판관과 대법관은 법률이 정하는 바에 의하여 연임할 수 있다. 18 5급 O|X

4557-1 대법관은 연임할 수 있지만, 헌법재판소 재판관은 연임할 수 없다. 11 국가 7 O|X

> 헌법 제105조 ② **대법관의 임기**는 6년으로 하며, 법률이 정하는 바에 의하여 **연임할 수 있다.**
> 헌법 제112조 ① **헌법재판소 재판관의 임기**는 **6년**으로 하며, 법률이 정하는 바에 의하여 **연임할 수 있다.**
> 법원조직법 제45조(임기·연임·정년) ② **대법관의 임기**는 **6년**으로 하며, **연임할 수 있다.**
> 헌법재판소법 제7조(재판관의 임기) ① **재판관의 임기**는 **6년**으로 하며, **연임할 수 있다.**

4558 헌법재판소 재판관의 임기는 6년으로 하며, 정년은 70세로 한다. 23 경정 O|X

4558-1 헌법재판소 재판관의 임기는 6년으로 하며, 정년은 65세로 한다. 17 5급 O|X

> 헌법 제112조 ① 헌법재판소 **재판관의 임기**는 **6년**으로 하며, 법률이 정하는 바에 의하여 **연임할 수 있다.**
> 헌법재판소법 제7조(재판관의 임기) ② **재판관의 정년**은 **70세**로 한다.

4559 현행 헌법에는 헌법재판소장의 임기와 연임가능여부에 대한 명시적 규정이 없다. 14 법무사 O|X

4559-1 헌법재판소장의 임기는 6년으로 중임할 수 없으나, 헌법재판관의 임기는 6년으로 법률이 정하는바에 의하여 연임할 수 있다고 헌법에 규정되어 있다. 15 국회 8 O|X

4559-2 헌법재판소장은 헌법에 임기가 6년으로 명시되어 있다. 12 국회 8 O|X

> 헌법 제112조 ① 헌법재판소 **재판관의 임기**는 **6년**으로 하며, 법률이 정하는 바에 의하여 **연임할 수 있다.**
> 헌법재판소법 제7조(재판관의 임기) ② **재판관의 정년**은 **70세**로 한다.
>
> **보충설명** 현행 헌법에는 헌법재판소 재판관의 임기와 연임가능여부에 대해서는 명시적으로 규정하고 있으나, 헌법재판소장의 임기와 연임가능여부에 대한 명시적 규정이 없다.

정답 4556. O 4556-1. X [7년 X → 6년 O] 4557. O 4557-1. X [연임 가능] 4558. O 4558-1. X [65세 X → 70세 O] 4559. O 4559-1. X [헌재소장 임기와 연임가능여부 규정 無] 4559-2. X [명시 X]

4560 대법원장과 헌법재판소장은 중임할 수 없다. 11 국가 7 Ⓞ|Ⅹ

> 헌법 제105조 ① **대법원장의 임기**는 6년으로 하며, **중임할 수 없다.**
> 헌법 제112조 ① 헌법재판소 **재판관의 임기**는 6년으로 하며, 법률이 정하는 바에 의하여 **연임할 수 있다.**
> 헌법재판소법 제7조(재판관의 임기) ① **재판관의 임기**는 6년으로 하며, **연임할 수 있다.**

🔍 보충설명 헌법재판소의 장은 헌법재판소 재판관이므로 헌법재판관과 동일하게 연임할 수 있다.

4561 헌법재판소장은 국회의 동의를 얻어 재판관 중에서 대통령이 임명하고, 정년은 70세이다. 11 법원 9 Ⓞ|Ⅹ

> 헌법 제111조 ④ **헌법재판소의 장은 국회의 동의**를 얻어 **재판관중**에서 **대통령이** 임명한다.
> 헌법재판소법 제7조(재판관의 임기) ② **재판관의 정년**은 **70세**로 한다.

4562 헌법재판관 및 헌법재판소장의 정년은 헌법재판소법에 규정되어 있으므로 헌법을 개정하지 않고도 변경이 가능하다. 18 입시 Ⓞ|Ⅹ

> 헌법재판소법 제7조(재판관의 임기) ② **재판관의 정년**은 **70세**로 한다.

4563 헌법재판소 재판관과 중앙선거관리위원회 위원은 헌법상 정당에 가입하거나 정치에 관여할 수 없다. 21 소간 Ⓞ|Ⅹ

4563-1 헌법재판소 재판관 중 국회에서 선출되는 3인은 정당에 가입을 할 수 있다. 20 5급 Ⓞ|Ⅹ

> 헌법 제112조 ② **헌법재판소 재판관**은 **정당에 가입**하거나 **정치에 관여**할 수 없다.
> 헌법 제114조 ④ **위원은 정당에 가입**하거나 **정치에 관여**할 수 없다.

4564 헌법재판소 재판관은 탄핵 또는 금고 이상의 형의 선고에 의하지 아니하고는 파면되지 아니한다. 20 5급, 20 법무사, 14 법무사 Ⓞ|Ⅹ

4564-1 헌법재판소 재판관은 탄핵에 의해서만 파면될 수 있다. 17 5급 Ⓞ|Ⅹ

4564-2 헌법재판소 재판관은 직무에 흠결이 있으면 징계에 의해 파면될 수 있다. 20 입시 Ⓞ|Ⅹ

> 헌법 제112조 ③ **헌법재판소 재판관**은 **탄핵** 또는 **금고 이상의 형의 선고**에 의하지 아니하고는 **파면되지 아니한다.**

● 정답 4560. Ⅹ [헌재소장 연임 가능] 4561. ○ 4562. ○ 4563. ○ 4563-1. Ⅹ [정당 가입 불가] 4564. ○ 4564-1. Ⅹ [탄핵 또는 금고 이상 형 선고] 4564-2. Ⅹ [징계로 파면 Ⅹ]

4565 헌법재판소 재판관은 탄핵결정이 되거나 금고 이상의 형을 선고받은 경우가 아니면 그 의사에 반하여 해임되지 아니한다. 21 법원 9   O | X

> 헌법재판소법 제8조(재판관의 신분 보장) 재판관은 다음 각 호의 어느 하나에 해당하는 경우가 아니면 그 의사에 반하여 **해임되지 아니한다.**
> 1. **탄핵결정**이 된 경우
> 2. **금고 이상의 형을 선고받은** 경우

4566 "헌법재판관이 중대한 심신상의 장해로 직무를 수행할 수 없을 때에는 법률이 정하는 바에 의하여 퇴직하게 할 수 있다."는 헌법에 규정된 내용이다. 14 법원 9   O | X

> 헌법 제106조 ② 법관이 중대한 심신상의 장해로 직무를 수행할 수 없을 때에는 법률이 정하는 바에 의하여 퇴직하게 할 수 있다.

> **보충설명** 법관의 퇴직은 헌법에 규정되어 있으나, 헌법재판관의 퇴직에 대해서는 헌법과 헌법재판소법에 규정되어 있지 않다.

03 규칙제정권

4567 헌법재판소는 법률에 저촉되지 아니하는 범위안에서 심판에 관한 절차, 내부규율과 사무처리에 관한 규칙을 제정할 수 있다. 20 입시   O | X

4567-1 헌법재판소에 대해 현행헌법이 명문으로 규칙제정권을 부여하고 있다. 16 국회 9   O | X

> 헌법 제113조 ② 헌법재판소는 법률에 저촉되지 아니하는 범위안에서 심판에 관한 절차, 내부규율과 사무처리에 관한 규칙을 제정할 수 있다.

04 재판관회의

4568 헌법재판소 재판관회의는 재판관 전원으로 구성하며, 재판관회의는 재판관 전원의 3분의 2를 초과하는 인원의 출석과 출석인원 과반수의 찬성으로 의결한다. 18 지방 7(변형)   O | X

4568-1 재판관회의는 재판관 전원으로 구성하며, 헌법재판소장이 의장이 되고 의결에서 표결권도 가진다. 17 경정   O | X

4568-2 재판관회의는 재판관 7명 이상의 출석과 출석인원 과반수의 찬성으로 의결한다. 21 국회 8   O | X

> 헌법재판소법 제16조(재판관회의) ① 재판관회의는 **재판관 전원**으로 구성하며, **헌법재판소장**이 의장이 된다.
> ② 재판관회의는 **재판관 전원의 3분의 2를 초과하는** 인원의 출석과 **출석인원 과반수의 찬성**으로 의결한다.
> ③ 의장은 의결에서 **표결권**을 가진다.

정답 4565. O   4566. X [헌법재판관 X → 법관 O]   4567. O   4567-1. O   4568. O   4568-1. O   4568-2. X [7명 이상 → 3분의 2 초과 출석]

Chapter 02 헌법재판소의 일반심판절차

POINT 263 일반심판절차

01 재판부와 심판정족수

4569 「헌법재판소법」에 특별한 규정이 있는 경우를 제외하고는 헌법재판소의 심판은 재판관 전원으로 구성되는 재판부에서 관장한다. 23 경정, 17 경정, 11 법원 9   O│X

> 헌법재판소법 제22조(재판부) ① 이 법에 특별한 규정이 있는 경우를 제외하고는 **헌법재판소의 심판은 재판관 전원으로 구성되는 재판부에서 관장**한다.

4570 헌법재판소 재판관의 수는 9인이며, 전원재판부는 7인 이상의 출석으로 사건을 심리한다. 17 경정   O│X

4570-1 헌법재판소는 9명의 재판관으로 구성되는 재판부에서 재판관 6명 이상의 출석으로 사건을 심리한다. 17 국회 8   O│X

> 헌법재판소법 제3조(구성) 헌법재판소는 **9명의 재판관**으로 구성한다.
> 헌법재판소법 제23조(심판정족수) ① 재판부는 **재판관 7명 이상의 출석**으로 사건을 심리한다.

4571 헌법재판소에서 법률의 위헌결정, 탄핵의 결정, 정당해산의 결정 또는 헌법소원에 관한 인용결정을 할 때에는 재판관 5인 이상의 찬성이 있어야 한다. 20 법무사   O│X

4571-1 헌법재판소에서 법률의 합헌결정 또는 헌법소원에 관한 인용결정을 할 때에는 재판관 전원의 3분의 2 이상의 찬성이 있어야 한다. 22 입시   O│X

4571-2 헌법재판소에서 법률의 위헌결정, 탄핵의 결정, 권한쟁의에 관한 인용결정 또는 헌법소원에 관한 인용결정을 할 때에는 재판관 6인 이상의 찬성이 있어야 한다. 22 5급   O│X

> 헌법 제113조 ① **헌법재판소에서 법률의 위헌결정, 탄핵의 결정, 정당해산의 결정 또는 헌법소원에 관한 인용결정**을 할 때에는 **재판관 6인 이상의 찬성**이 있어야 한다.

정답 4569. O 4570. O 4570-1. X [6명 X → 7명 O] 4571. X [5인 X → 6인 O] 4571-1. X [법률의 합헌결정 X → 위헌결정 O / 3분의 2 이상 X → 6인 이상 O] 4571-2. X [권한쟁의에 관한 인용결정 X]

4572 헌법재판소 전원재판부는 종국심리에 관여한 재판관 과반수의 찬성으로 사건에 관한 결정을 한다. 다만, 법률의 위헌결정, 탄핵의 결정, 정당해산의 결정 또는 헌법소원의 인용결정을 하는 경우와 종전에 헌법재판소가 판시한 헌법 또는 법률의 해석 적용에 관한 의견을 변경하는 경우에는 재판관 6명 이상의 찬성이 있어야 한다. 23 지방 7   O|X

4572-1 권한쟁의심판의 인용결정과 심판청구에 대한 각하결정은 종국심리에 관여한 재판관 과반수의 찬성으로 사건에 관한 결정을 한다. 다만 탄핵의 결정, 종전에 헌법재판소가 판시한 헌법 또는 법률의 해석 적용에 관한 의견 변경, 헌법소원에 관한 인용결정은 재판관 6인 이상의 찬성이 있어야 한다. 22 국회 8   O|X

4572-2 전원재판부는 종국심리에 관여한 재판관 과반수의 찬성으로 사건에 관한 결정을 한다. 다만 법률의 위헌결정, 탄핵의 결정, 정당해산의 결정, 헌법소원의 인용결정, 권한쟁의 심판청구의 인용결정을 하는 경우에는 재판관 6인 이상의 찬성이 있어야 한다. 15 경정   O|X

4572-3 헌법재판소 재판부는 법률의 위헌결정, 탄핵의 결정, 정당해산의 결정 또는 헌법소원에 관한 인용결정을 하는 경우 이외에는 모두 재판관 과반수의 찬성으로 결정한다. 12 지방 7   O|X

> 헌법재판소법 제23조(심판정족수) ① 재판부는 **재판관 7명 이상의 출석으로 사건을 심리**한다.
> ② 재판부는 **종국심리(終局審理)**에 관여한 **재판관 과반수의 찬성으로 사건에 관한 결정**을 한다. 다만, 다음 각 호의 어느 하나에 해당하는 경우에는 **재판관 6명 이상의 찬성**이 있어야 한다.
> 1. **법률의 위헌결정, 탄핵의 결정, 정당해산의 결정** 또는 **헌법소원에 관한 인용결정(認容決定)**을 하는 경우
> 2. **종전에 헌법재판소가** 판시한 헌법 또는 법률의 해석 적용에 관한 **의견을 변경**하는 경우

4573 권한쟁의심판에 있어서 재판부는 재판관 7명 이상의 출석으로 사건을 심리하고, 종국심리에 관여한 재판관 과반수의 찬성으로 사건에 관한 결정을 한다. 18 5급   O|X

4573-1 권한쟁의심판이 인용되기 위해서는 종국심리에 관여한 재판관 과반수의 찬성이 있어야 한다. 16 경정   O|X

4573-2 정당해산결정과 달리 권한쟁의심판은 재판관 6인이 찬성하지 않은 경우에도 인용할 수 있다. 22 법원 9   O|X

4573-3 권한쟁의심판에서 청구를 인용하는 결정을 하기 위해서는 헌법재판관 6인 이상의 찬성이 있어야 한다. 21 국회 8   O|X

> 헌법재판소법 제23조(심판정족수) ① 재판부는 **재판관 7명 이상의 출석으로 사건을 심리**한다.
> ② 재판부는 **종국심리(終局審理)**에 관여한 **재판관 과반수의 찬성으로 사건에 관한 결정**을 한다. 다만, 다음 각 호의 어느 하나에 해당하는 경우에는 **재판관 6명 이상의 찬성**이 있어야 한다.
> 1. **법률의 위헌결정, 탄핵의 결정, 정당해산의 결정** 또는 **헌법소원에 관한 인용결정(認容決定)**을 하는 경우
> 2. **종전에 헌법재판소가** 판시한 헌법 또는 법률의 해석 적용에 관한 **의견을 변경**하는 경우
>
> 보충설명 권한쟁의심판에 있어서 재판부는 재판관 7명 이상의 출석으로 사건을 심리하고, 종국심리에 관여한 재판관 과반수의 찬성으로 사건에 관한 결정을 한다.

정답 4572. O   4572-1. O   4572-2. X [권한쟁의에 관한 인용결정 X]   4572-3. X [판례 변경 시에도 6인 이상 찬성 필요]   4573. O   4573-1. O   4573-2. O   4573-3. X [과반수 찬성]

02 기피

4574 재판관에게 공정한 심판을 기대하기 어려운 사정이 있는 경우 당사자는 기피신청을 할 수 있으나, 변론기일에 출석하여 본안에 관한 진술을 한 때에는 기피신청을 할 수 없다. 20 국가 7   O|X

4574-1 변론기일에 출석하여 본안에 관한 진술을 한 때에도 재판관에게 공정한 심판을 기대하기 어려운 사정이 있는 경우라면 당사자는 기피신청을 할 수 있다. 22 국가 7   O|X

> 헌법재판소법 제24조(제척·기피 및 회피) ③ 재판관에게 공정한 심판을 기대하기 어려운 사정이 있는 경우 당사자는 기피(忌避)신청을 할 수 있다. 다만, 변론기일(辯論期日)에 출석하여 본안(本案)에 관한 진술을 한 때에는 그러하지 아니하다.

4575 당사자는 동일한 사건에 대하여 2명 이상의 재판관을 기피할 수 없다. 23 국가 7, 21 국회 9, 17 변호사   O|X

4575-1 재판관에게 공정한 심판을 기대하기 어려운 사정이 있는 경우 당사자는 기피신청을 할 수 있으며 동일한 사건에 대하여 재판관을 2명까지 기피할 수 있다. 18 국회 8   O|X

> 헌법재판소법 제23조(심판정족수) ① 재판부는 재판관 7명 이상의 출석으로 사건을 심리한다.
> 헌법재판소법 제24조(제척·기피 및 회피) ③ 재판관에게 공정한 심판을 기대하기 어려운 사정이 있는 경우 당사자는 기피(忌避)신청을 할 수 있다. 다만, 변론기일(辯論期日)에 출석하여 본안(本案)에 관한 진술을 한 때에는 그러하지 아니하다.
> ④ 당사자는 동일한 사건에 대하여 2명 이상의 재판관을 기피할 수 없다.
>
> **보충설명** 2명 이상의 재판관을 기피할 수 없으므로 1명만 가능하다.

03 대표자·대리인 (변호사강제주의)

4576 각종 심판절차에서 당사자인 국가기관 또는 지방자치단체는 변호사 또는 변호사의 자격이 있는 소속 직원을 대리인으로 선임하여 심판을 수행하게 할 수 있다. 13 법무사   O|X

4576-1 각종 심판절차에서 당사자인 국가기관 또는 지방자치단체는 변호사의 자격이 있는 소속 직원을 대리인으로 선임하여 심판을 수행하게 할 수 없다. 22 지방 7   O|X

> 헌법재판소법 제25조(대표자·대리인) ② 각종 심판절차에서 당사자인 국가기관 또는 지방자치단체는 변호사 또는 변호사의 자격이 있는 소속 직원을 대리인으로 선임하여 심판을 수행하게 할 수 있다.

4577 각종 심판절차에서 당사자인 사인(私人)은 변호사를 대리인으로 선임하지 아니하면 심판청구를 하거나 심판수행을 하지 못한다. 다만, 그가 변호사의 자격이 있는 경우에는 그러하지 아니하다. 22 국회 9   O|X

4577-1 사인(私人)은 변호사를 대리인으로 선임하지 아니하면 헌법소원심판청구를 하거나 심판수행을 하지 못하지만, 그가 변호사의 자격이 있는 경우에는 그러하지 아니하다. 21 법원 9   O|X

> 헌법재판소법 제25조(대표자·대리인) ③ 각종 심판절차에서 당사자인 사인(私人)은 변호사를 대리인으로 선임하지 아니하면 심판청구를 하거나 심판 수행을 하지 못한다. 다만, 그가 변호사의 자격이 있는 경우에는 그러하지 아니하다.

정답 4574. O   4574-1. X [기피신청 불가]   4575. O   4575-1. X [2명 이상 불가]   4576. O   4576-1. X [할 수 있음]   4577. O   4577-1. O

4578 헌법재판소의 각종 심판절차에서는 변호사강제주의가 적용된다. 11 지방 7   O | X

4578-1 변호사강제주의는 헌법소원뿐만 아니라 탄핵심판의 경우에도 적용된다. 13 국회 8   O | X

4578-2 헌법재판에는 변호사강제주의가 적용되므로 모든 청구인은 반드시 변호사를 대리인으로 선임하여야 한다. 17 법원 9   O | X

> 헌법재판소법 제25조(대표자·대리인) ③ **각종 심판절차**에서 **당사자인 사인(私人)**은 **변호사를 대리인으로 선임**하지 아니하면 **심판청구**를 하거나 **심판 수행**을 하지 못한다. 다만, **그가 변호사의 자격**이 있는 경우에는 **그러하지 아니하다.**

4579 위헌법률심판제청신청은 당사자가 사인인 경우이므로 변호사 강제주의가 적용된다. 24 변호사   O | X

헌법재판소법 제25조 변호사강제주의는 절차의 특성상 주로 헌법소원심판에서 문제된다. 당해사건을 담당하는 법원에 대한 당사자의 위헌제청신청은 헌법재판소의 심판절차가 아니므로 변호사강제주의가 적용되지 않는다.

> 헌법재판소법 제25조(대표자·대리인) ③ **각종 심판절차**에서 **당사자인 사인(私人)**은 **변호사를 대리인으로 선임**하지 아니하면 **심판청구**를 하거나 **심판 수행**을 하지 못한다. 다만, 그가 변호사의 자격이 있는 경우에는 그러하지 아니하다.
> 헌법재판소법 제41조(위헌 여부 심판의 제청) ② 제1항의 **당사자의 신청**은 제43조(제청서의 기재사항)제2호부터 제4호까지의 사항을 적은 **서면**으로 한다.

4580 변호사가 선임되어 있는 경우에는 당사자 본인이 스스로의 주장과 자료를 헌법재판소에 제출하여 재판청구권을 행사하는 것은 허용되지 아니한다. 21 법원 9   O | X

헌법재판 중 헌법소원의 경우에는 당사자가 변호사를 대리인으로 선임할 자격이 없는 때 또는 공익상 필요한 때에는 국가의 비용으로 변호사를 대리인으로 선임하여 주는 광범위한 국선대리인제도가 마련되어 있다는 점(법 제70조), **변호사가 선임되어 있는 경우에도 당사자 본인이 스스로의 주장과 자료를 헌법재판소에 제출하여 재판청구권을 행사**하는 것은 전혀 봉쇄되어 있지 않다는 점, 변호사는 본질적으로 당사자 본인의 재판청구권행사를 도와주는 것이지 이를 막거나 제한하는 것이 아니라는 점 등을 고려하면 더욱 그렇다. 그렇다면 변호사 강제주의를 규정한 법 제25조 제3항은 공공복리를 위하여 필요한 합리적인 규정이므로 헌법에 위반되지 아니한다 (헌재 2004. 4. 29. 2003헌마783).

4581 변호사강제주의는 무자력자의 헌법재판을 받을 권리를 제한하는 것이 아니며, 국선대리인 제도라는 대상조치가 별도로 마련되어 있는 이상 재판을 받을 권리의 본질적 내용을 침해하는 것도 아니다. 19 국회 9   O | X

헌법재판소법 제70조에서는 국선대리인제도를 두어 헌법소원심판청구에서 변호사를 대리인으로 선임할 자격이 없는 경우에는 당사자의 신청에 의하여 국고에서 그 보수를 지급하게 되는 국선대리인을 선정해 주도록 되어 있다. 따라서 **무자력자의 헌법재판을 받을 권리를 크게 제한하는 것**이라 하여도 이와 같이 **국선대리인 제도라는** 대상조치가 별도로 마련되어 있는 이상 그러한 제한을 두고 **재판을 받을 권리의 본질적 내용의 침해라고는 볼 수 없을 것이다**(헌재 2018. 6. 28. 2016헌마1151).

● 정답   4578. O   4578-1. O   4578-2. X [자신이 변호사 자격이 있는 경우는 제외]   4579. X [변호사강제주의 적용 안됨]   4580. X [허용됨]
4581. X [무자력자의 헌법재판 받을 권리 크게 제한함]

04 심판의 청구

4582 헌법재판소에의 심판청구는 심판절차별로 정하여진 청구서를 헌법재판소에 제출함으로써 한다. 다만, 위헌법률심판에서는 법원의 제청서, 탄핵심판에서는 국회의 소추의결서의 정본으로 청구서를 갈음한다.
18 법원 9
O | X

> 헌법재판소법 제26조(심판청구의 방식) ① 헌법재판소에의 **심판청구**는 심판절차별로 정하여진 **청구서**를 헌법재판소에 제출함으로써 한다. 다만, **위헌법률심판에서는 법원의 제청서**, 탄핵심판에서는 **국회의 소추의결서**(訴追議決書)의 **정본**(正本)으로 **청구서**를 **갈음**한다.

4583 재판장은 심판청구가 부적법하나 보정할 수 있다고 인정되는 경우에는 상당한 기간을 정하여 보정을 요구하여야 하며, 이에 따른 보정이 있는 경우에는 처음부터 적법한 심판청구가 있은 것으로 본다.
12 지방 7
O | X

> 헌법재판소법 제28조(심판청구의 보정) ① 재판장은 **심판청구가 부적법**하나 **보정**(補正)**할 수 있다고 인정**되는 경우에는 상당한 기간을 정하여 **보정을 요구하여야 한다.**
> ③ 제1항에 따른 보정이 있는 경우에는 **처음부터 적법한 심판청구**가 있은 것으로 본다.

4584 탄핵심판, 정당해산심판의 경우에는 청구기간의 제한이 없으나, 권한쟁의심판, 헌법소원심판의 경우에는 청구기간의 제한이 있다. 19 법원 9
O | X

> 헌법재판소법 제63조(청구기간) ① **권한쟁의의 심판**은 그 사유가 있음을 **안 날부터 60일 이내**에, 그 사유가 **있은 날부터 180일 이내**에 청구하여야 한다.
> 헌법재판소법 제69조(청구기간) ① **제68조제1항에 따른 헌법소원의 심판**은 그 사유가 있음을 안 날부터 **90일 이내**에, 그 사유가 있는 날부터 **1년 이내**에 청구하여야 한다. 다만, **다른 법률에 따른 구제절차**를 거친 헌법소원의 심판은 그 최종결정을 통지받은 날부터 **30일 이내**에 청구하여야 한다.
> ② **제68조제2항에 따른 헌법소원심판**은 위헌 여부 심판의 제청신청을 기각하는 결정을 **통지받은 날부터 30일 이내**에 청구하여야 한다.

●정답 4582. O   4583. O   4584. O

05 심리 · 심판절차

1 심리

4585 탄핵의 심판, 정당해산의 심판 및 권한쟁의의 심판은 구두변론에 의하고, 위헌법률의 심판과 헌법소원에 관한 심판은 서면심리에 의한다. 17 변호사   O | X

4585-1 위헌법률의 심판, 헌법소원에 관한 심판 및 권한쟁의의 심판은 서면심리에 의하고, 탄핵의 심판과 정당해산의 심판은 구두변론에 의한다. 19 경정, 18 5급   O | X

4585-2 탄핵의 심판, 정당해산의 심판 및 위헌법률의 심판은 구두변론에 의하여야 하고 서면심리에 의할 수 없다. 17 법원 9   O | X

4585-3 탄핵의 심판, 정당해산의 심판, 헌법소원에 관한 심판은 원칙적으로 구두변론에 의한다. 22 국회 9, 18 국회 8   O | X

4585-4 탄핵심판, 위헌법률심판 및 권한쟁의의 심판은 구두변론을 거쳐야 한다. 21 국회 8   O | X

4585-5 탄핵심판, 권한쟁의심판, 헌법소원심판은 반드시 구두변론을 거쳐야 한다. 15 변호사   O | X

4585-6 위헌법률의 심판과 헌법소원에 관한 심판은 구두변론에 의하고, 탄핵의 심판, 정당해산의 심판 및 권한쟁의의 심판은 서면심리에 의한다. 23 국가 7   O | X

> **헌법재판소법 제23조(심판정족수)** ① 재판부는 재판관 7명 이상의 출석으로 사건을 심리한다.
> **헌법재판소법 제30조(심리의 방식)** ① 탄핵의 심판, 정당해산의 심판 및 권한쟁의의 심판은 구두변론에 의한다.
> ② 위헌법률의 심판과 헌법소원에 관한 심판은 서면심리에 의한다. 다만, 재판부는 필요하다고 인정하는 경우에는 변론을 열어 당사자, 이해관계인, 그 밖의 참고인의 진술을 들을 수 있다.

4586 위헌법률의 심판과 헌법소원에 관한 심판은 서면심리에 의한다. 다만, 재판부는 필요하다고 인정하는 경우에는 변론을 열어 당사자, 이해관계인, 그 밖의 참고인의 진술을 들을 수 있다. 20 국가 7, 20 소간   O | X

4586-1 위헌법률의 심판과 권한쟁의에 관한 심판은 서면심리에 의한다. 다만, 재판부는 필요하다고 인정하는 경우에는 변론을 열어 당사자, 이해관계인, 그 밖의 참고인의 진술을 들을 수 있다. 22 국가 7   O | X

> **헌법재판소법 제30조(심리의 방식)** ② 위헌법률의 심판과 헌법소원에 관한 심판은 서면심리에 의한다. 다만, 재판부는 필요하다고 인정하는 경우에는 변론을 열어 당사자, 이해관계인, 그 밖의 참고인의 진술을 들을 수 있다.

● 정답 4585. O 4585-1. X [권한쟁의심판 구두변론] 4585-2. X [위헌법률심판 서면심리] 4585-3. X [헌법소원심판 서면심리] 4585-4. X [위헌법률심판 서면심리] 4585-5. X [헌법소원심판 서면심리] 4585-6. X [구두변론 ↔ 서면심리 위치 바뀜] 4586. O 4586-1. X [권한쟁의심판 구두변론]

4587 재판부는 사건의 심리를 위하여 필요하다고 인정하는 경우에는 직권 또는 당사자의 신청에 의하여 증거조사를 할 수 있다. 13 법무사   O | X

4587-1 헌법재판소는 당사자의 신청을 기다려 증거조사를 하고, 직권으로 증거조사를 할 수는 없다.
19 법원 9, 22 국회 9   O | X

4587-2 헌법소원심판에서는 공권력의 행사 또는 불행사에 의한 기본권 침해가 있었는지를 규명하여야 하므로 증거조사가 필수적이지만, 위헌법률심판은 법률의 특정 조항이 헌법의 규정이나 객관적 헌법질서에 합치되는지를 심사하는 것이므로 서면심리에 의하고 증거조사를 할 수 없다. 17 법원 9   O | X

> **헌법재판소법 제31조(증거조사)** ① 재판부는 사건의 심리를 위하여 필요하다고 인정하는 경우에는 **직권** 또는 **당사자의 신청**에 의하여 다음 각 호의 **증거조사를 할 수 있다.**
> 1. 당사자 또는 증인을 신문(訊問)하는 일
> 2. 당사자 또는 관계인이 소지하는 문서·장부·물건 또는 그 밖의 증거자료의 제출을 요구하고 영치(領置)하는 일
> 3. 특별한 학식과 경험을 가진 자에게 감정을 명하는 일
> 4. 필요한 물건·사람·장소 또는 그 밖의 사물의 성상(性狀)이나 상황을 검증하는 일

4588 재판부는 결정으로 다른 국가기관 또는 공공단체 기관에 심판에 필요한 사실을 조회하거나, 기록의 송부나 자료의 제출을 요구할 수 있다. 다만, 재판·소추 또는 범죄수사가 진행 중인 사건의 기록에 대하여는 송부를 요구할 수 없다. 22 지방 7, 18 서울 7(추)   O | X

> **헌법재판소법 제32조(자료제출 요구 등)** 재판부는 결정으로 **다른 국가기관 또는 공공단체의 기관**에 심판에 필요한 **사실을 조회**하거나, **기록의 송부**나 **자료의 제출**을 요구할 수 있다. 다만, **재판·소추** 또는 **범죄수사가** 진행 중인 사건의 기록에 대하여는 **송부를 요구할 수 없다.**

2 심판의 장소 및 공개

4589 헌법재판소장이 필요하다고 인정하는 경우에는 변론 또는 종국결정을 심판정 외의 장소에서 할 수 있다. 21 국회 8   O | X

4589-1 심판의 변론과 종국결정의 선고는 심판정에서 해야 한다. 다만, 종국결정의 선고와 달리 변론은 헌법재판소장이 필요하다고 인정하는 경우 심판정 외에서 행해질 수 있다. 18 경정, 15 변호사   O | X

> **헌법재판소법 제33조(심판의 장소)** **심판의 변론**과 **종국결정의 선고**는 **심판정**에서 한다. 다만, **헌법재판소장이** 필요하다고 인정하는 경우에는 **심판정 외의 장소**에서 **변론 또는 종국결정의 선고**를 할 수 있다.

●정답 4587. O   4587-1. X[직권 가능]   4587-2. X[필수적 X, 할 수 없음 X → 증거조사 할 수 있음]   4588. O   4589. O   4589-1. X[종국결정도 심판정 외에서 가능]

4590 헌법재판소의 심판의 변론과 결정의 선고는 공개한다. 다만, 서면심리와 평의는 공개하지 아니한다. 18 경정, 13 법무사 O│X

4590-1 심판의 변론, 서면심리와 결정의 선고는 공개한다. 22 국회 9, 19 경정 O│X

4590-2 헌법재판소의 재판부는 재판관 7인 이상의 출석으로 사건을 심리하고 종국심리에 관여한 재판관의 과반수 찬성으로 사건에 관한 결정을 한다. 그리고 심판의 변론과 결정의 선고 및 평의는 공개한다. 11 법원 9 O│X

> **헌법재판소법 제23조(심판정족수)** ① 재판부는 **재판관 7명 이상의 출석으로 사건을** 심리한다.
> ② 재판부는 **종국심리(終局審理)**에 관여한 **재판관 과반수의 찬성으로 사건에 관한 결정**을 한다. 다만, 다음 각 호의 어느 하나에 해당하는 경우에는 **재판관 6명 이상의 찬성**이 있어야 한다.
> **헌법재판소법 제34조(심판의 공개)** ① **심판의 변론**과 **결정의 선고는 공개한다.** 다만, **서면심리**와 **평의(評議)는 공개하지 아니한다.**

4591 헌법재판소의 심판의 변론과 결정의 선고는 공개한다. 다만 국가의 안전보장, 안녕질서 또는 선량한 풍속을 해칠 우려가 있는 경우에는 결정으로 변론을 공개하지 아니할 수 있다. 19 법원 9 O│X

4591-1 모든 심리와 평의는 공개가 원칙이나, 국가안전보장, 안녕질서 또는 선량한 풍속을 해칠 우려가 있는 경우에는 결정으로 공개하지 아니할 수 있다. 23 변호사 O│X

> **헌법재판소법 제34조(심판의 공개)** ① **심판의 변론**과 **결정의 선고는 공개한다.** 다만, **서면심리**와 **평의(評議)는 공개하지 아니한다.**
> ② 헌법재판소의 심판에 관하여는 「법원조직법」 제57조제1항 단서와 같은 조 제2항 및 제3항을 준용한다.
> **법원조직법 제57조(재판의 공개)** ① 재판의 심리와 판결은 공개한다. 다만, 심리는 국가의 **안전보장, 안녕질서** 또는 **선량한 풍속**을 해칠 우려가 있는 경우에는 **결정으로 공개하지 아니할 수 있다.**
>
> 🔍 **보충설명** 헌법재판소의 심판의 변론과 결정의 선고는 공개한다. 다만 법원조직법을 준용하여 심판의 변론은 국가의 안전보장, 안녕질서 또는 선량한 풍속을 해칠 우려가 있는 경우에는 결정으로 공개하지 아니할 수 있다.

06 심판비용과 심판기간

4592 헌법재판은 예외적이고 특별한 권리구제절차이기는 하나, 그것이 권리구제절차인 이상, 패소자가 심판비용을 부담하는 것이 원칙이다. 17 법원 9 O│X

> **헌법재판소법 제37조(심판비용 등)** ① **헌법재판소의 심판비용은 국가부담**으로 한다. 다만, 당사자의 신청에 의한 증거조사의 비용은 헌법재판소규칙으로 정하는 바에 따라 그 신청인에게 부담시킬 수 있다.

4593 헌법재판소는 헌법소원심판의 청구인에게 헌법재판소규칙으로 정하는 공탁금의 납부를 명할 수 있다. 11 지방 7 O│X

> **헌법재판소법 제37조(심판비용 등)** ② 헌법재판소는 **헌법소원심판의 청구인**에 대하여 헌법재판소규칙으로 정하는 **공탁금의 납부**를 명할 수 있다.

● 정답 4590. O   4590-1. X [서면심리 비공개]   4590-2. X [평의 비공개]   4591. O   4591-1. X ['서면심리'와 '평의'는 비공개 / 모든 심리와 평의 X → 심판의 변론 O]   4592. X [국가부담]   4593. O

4594 재판부는 심판사건을 접수한 날부터 180일 이내에 종국결정의 선고를 하여야 한다. 다만 재판관의 궐위로 7명의 출석이 불가능한 경우에는 그 궐위된 기간은 심판기간에 산입하지 아니한다. 18 입시, 14 국회 8 ○|×

4594-1 헌법재판소는 위헌법률심판제청서, 탄핵소추의결서, 정당해산·권한쟁의·헌법소원에 관한 청구서를 접수한 날로부터 180일 이내에 종국결정을 선고하여야 한다. 21 국회 8 ○|×

4594-2 헌법재판소는 심판사건을 접수한 날부터 90일 이내에 종국결정의 선고를 하여야 한다. 22 국회 9 ○|×

4594-3 헌법재판소는 심판사건을 접수한 날부터 180일 이내에 종국결정의 선고를 하여야 하나, 재판관 1인의 궐위로 8명의 출석이 가능한 경우에는 그 궐위된 기간은 심판기간에 산입하지 아니한다. 22 지방 7 ○|×

> **헌법재판소법 제38조(심판기간)** 헌법재판소는 **심판사건을 접수한 날부터 180일 이내에 종국결정의 선고를** 하여야 한다. 다만, 재판관의 궐위로 **7명의 출석이 불가능**한 경우에는 그 **궐위된 기간은 심판기간에 산입하지 아니한다.**

🔎 **보충설명** 7명의 출석이 불가능한 경우 그 궐위된 기간은 심판기간에 산입하지 않는다.

4595 헌법재판소는 심판사건을 접수한 날로부터 180일 이내에 종국결정을 선고하여야하나 이는 훈시규정으로 해석되고 있다. 12 지방 7 ○|×

헌법재판이 국가작용 및 사회 전반에 미치는 파급효과 등의 중대성에 비추어 볼 때, 180일의 심판기간은 개별사건의 특수성 및 현실적인 제반여건을 불문하고 모든 사건에 있어서 공정하고 적정한 헌법재판을 하는 데 충분한 기간이라고는 볼 수 없고, 심판기간 경과 시의 제재 등 특별한 법률효과의 부여를 통하여 심판기간의 준수를 강제하는 규정을 두지 아니하므로, **심판대상조항은 헌법재판의 심판기간에 관하여 지침을 제시하는 훈시적 규정**이라 할 것이다(헌재 2009. 7. 30. 2007헌마732).

4596 헌법재판의 심판기간을 180일로 정한 조항이 훈시규정임을 전제로 한 소송실무가 정착되어 있다면, 그 조항이 훈시규정임을 전제로 청구인의 신속한 재판을 받을 권리를 침해한다고 주장하고 있는 헌법소원심판 청구는 법률조항을 대상으로 한 헌법소원이다. 20 소간 ○|×

심판대상조항이 훈시규정임을 전제로 한 소송실무가 정착되어 있다면, 심판대상조항이 훈시규정임을 전제로 청구인의 신속한 재판을 받을 권리를 침해한다고 주장하고 있는 이 사건 **헌법소원심판 청구는 법률조항을 대상으로 하여 그 위헌성을 다투는 헌법소원**이라 할 것이다(헌재 2009. 7. 30. 2007헌마732).

● **정답** 4594. ○ 4594-1. ○ 4594-2. ×[90일 × → 180일 ○] 4594-3. ×[8명 출석 가능 × → 7명 출석 불가 ○] 4595. ○ 4596. ○

07 준용규정

4597 헌법재판소의 심판절차에 관하여 「헌법재판소법」에 특별한 규정이 있는 경우를 제외하고는 헌법재판의 성질에 반하지 아니하는 한도에서 민사소송에 관한 법령을 준용하며, 탄핵심판의 경우에는 형사소송에 관한 법령을 준용하고, 권한쟁의심판 및 헌법소원심판의 경우에는 「행정소송법」을 함께 준용한다. 23 국가 7 ○|×

4597-1 헌법재판소의 심판절차에 관하여는 헌법재판소법에 특별한 규정이 있는 경우를 제외하고는 헌법재판의 성질에 반하지 아니하는 한도에서 행정소송에 관한 법령을 준용한다. 이 경우 탄핵심판의 경우에는 형사소송에 관한 법령을 준용하고, 권한쟁의심판 및 헌법소원심판의 경우에는 민사소송법을 함께 준용한다. 13 법무사 ○|×

> **헌법재판소법 제40조(준용규정)** ① 헌법재판소의 심판절차에 관하여는 이 법에 특별한 규정이 있는 경우를 제외하고는 헌법재판의 성질에 반하지 아니하는 한도에서 **민사소송에 관한 법령을 준용**한다. 이 경우 탄핵심판의 경우에는 **형사소송에 관한 법령을 준용**하고, **권한쟁의심판 및 헌법소원심판**의 경우에는 「**행정소송법」을 함께 준용**한다.
> ② 제1항 후단의 경우에 형사소송에 관한 법령 또는 「행정소송법」이 민사소송에 관한 법령에 저촉될 때에는 민사소송에 관한 법령은 준용하지 아니한다.

POINT 264 가처분 Ⓑ

01 가처분

4598 가처분이란 헌법재판에서 선고되는 종국결정의 실효성을 확보하고 잠정적인 권리보호를 위해서 일정한 사전조치가 필요한 경우 재판부가 행하는 잠정적 조치를 말한다. 10 국가 7 ○|×

가처분이란 헌법재판에서 선고되는 **종국결정의 실효성을 확보**하고 **잠정적인 권리보호**를 위해서 **일정한 사전조치가 필요한 경우 재판부가 행하는 잠정적 조치**를 말한다. 본안결정이 있기까지 상당한 기간이 소요되는 헌법재판에서는 상황변화로 인해 청구가 받아들여지더라도 소기의 목적을 달성할 수 없게 될 우려가 있다. 즉, 본안결정 전에 사실관계가 완결되어 더 이상 돌이킬 수 없는 단계에 이르면 심판청구의 당사자에게나 헌법질서에 회복하기 어려운 손해가 발생할 수 있다. 따라서 본안결정의 실효성을 확보하고 잠정적인 권리보호를 위해 본안결정이 있기까지 잠정적으로 임시의 법적 관계를 정하는 가처분 절차가 필요하다.

● 정답 4597. ○   4597-1. ×[민사소송 준용이 원칙, 권한쟁의·헌법소원 : 행정소송법 함께 준용]   4598. ○

02 인정범위와 결정절차

4599 「헌법재판소법」은 정당해산심판과 권한쟁의심판에 관해서만 가처분에 관한 규정을 두고 있고, 다른 헌법재판절차에서도 가처분이 허용되는가에 관하여는 명문의 규정이 없다. 12 지방 7   O | X

4599-1 현행 헌법재판소법은 모든 헌법재판에서 가처분에 관한 규정을 두지 않고 정당해산심판, 권한쟁의심판과 헌법소원심판의 경우에만 가처분규정을 두고 있다. 10 국가 7   O | X

4599-2 「헌법재판소법」은 권한쟁의심판과 헌법소원심판과는 달리 정당해산심판에 관하여는 명문으로 가처분을 규정하고 있지 않다. 24 경정   O | X

4599-3 헌법재판소법은 정당해산심판과 헌법소원심판에 대해서만 명문으로 가처분 규정을 두고 있다. 22 국가 7   O | X

4599-4 「헌법재판소법」은 헌법재판의 본안사건에 대한 결정의 실효성을 확보하기 위하여 권한쟁의심판과 헌법소원심판에 관하여 가처분을 규정하고 있다. 11 지방 7   O | X

> **헌법재판소법 제30조(심리의 방식)** ① 탄핵의 심판, 정당해산의 심판 및 권한쟁의의 심판은 구두변론에 의한다.
> **헌법재판소법 제57조(가처분)** 헌법재판소는 정당해산심판의 청구를 받은 때에는 직권 또는 청구인의 신청에 의하여 종국결정의 선고 시까지 피청구인의 활동을 정지하는 결정을 할 수 있다.
> **헌법재판소법 제65조(가처분)** 헌법재판소가 권한쟁의심판의 청구를 받았을 때에는 직권 또는 청구인의 신청에 의하여 종국결정의 선고 시까지 심판 대상이 된 피청구인의 처분의 효력을 정지하는 결정을 할 수 있다.

🖉 **보충설명** 「헌법재판소법」은 정당해산심판과 권한쟁의심판에 관해서만 가처분에 관한 규정을 두고 있다.

4600 「헌법재판소법」 제68조 제1항에 의한 헌법소원심판절차에 있어서도 가처분의 필요성은 있을 수 있고, 달리 가처분을 허용하지 아니할 상당한 이유를 찾아볼 수 없으므로 헌법소원심판청구사건에서도 가처분은 허용된다. 22 지방   O | X

4600-1 가처분은 정당해산심판과 권한쟁의심판에 있어서는 물론 헌법소원심판에 있어서도 허용된다. 11 국회 9   O | X

헌법재판소법은 정당해산심판과 권한쟁의심판에 관해서만 가처분에 관한 규정을 두고 있지만(제57조, 제65조) 헌법재판소법 제68조 제1항에 의한 **헌법소원심판절차**에 있어서도 가처분의 필요성은 있을 수 있고, 달리 가처분을 허용하지 아니할 상당한 이유를 찾아볼 수 없으므로 헌법소원심판청구사건에서도 **가처분은 허용된다**(헌재 2006. 2. 23. 2005헌사754).

4601 탄핵소추의결을 받은 자의 직무집행을 정지하기 위한 가처분은 인정될 여지가 없다. 18 변호사   O | X

헌법에서 탄핵소추의 의결을 받은 자는 탄핵심판이 있을 때까지 그 권한행사가 정지된다고 직접 규정하고 있다. 따라서 **탄핵소추의결로 직무집행이 정지**되므로 탄핵소추의결을 받은 자의 **직무집행을 정지하기 위한 가처분은 인정될 여지가 없다.**

4602 가처분심판에는 재판관 7인 이상이 출석해야 하고 종국심리에 관여한 재판관 과반수의 찬성으로 결정한다. 10 국가 7   O | X

4602-1 가처분심판에서 6명의 재판관이 출석하여 4명의 재판관이 인용의견을 냈다면 가처분심판 인용결정이 내려진다. 24 입시 21 변호사   O | X

● **정답** 4599. O   4599-1. X [헌법소원 X]   4599-2. X [헌법소원 가처분 규정 無, 정당해산 가처분 규정 有]   4599-3. X [헌법소원 X → 권한쟁의 O]   4599-4. X [헌법소원 X → 정당해산 O]   4600. O   4600-1. O   4601. O   4602. X [6명 X → 7명 O / 4명 X → 과반수 O]

> **헌법재판소법 제23조(심판정족수)** ① 재판부는 **재판관 7명 이상의 출석**으로 **사건**을 **심리**한다.
> ② 재판부는 **종국심리(終局審理)**에 관여한 **재판관 과반수의 찬성**으로 **사건에 관한 결정**을 한다. 다만, 다음 각 호의 어느 하나에 해당하는 경우에는 **재판관 6명 이상의 찬성**이 있어야 한다.
> 1. **법률의 위헌결정, 탄핵의 결정, 정당해산의 결정** 또는 **헌법소원**에 관한 **인용결정(認容決定)**을 하는 경우
> 2. **종전에 헌법재판소가 판시한 헌법 또는 법률의 해석 적용에 관한 의견을 변경**하는 경우

🔍 **보충설명** 가처분심판에 있어서 재판부는 재판관 7명 이상의 출석으로 사건을 심리하고, 종국심리에 관여한 재판관 과반수의 찬성으로 사건에 관한 결정을 한다.

03 권리구제형 헌법소원에서의 가처분

4603 헌법재판소는 가처분심판의 인용결정을 전원재판부에서만 하였다. 21 변호사 O | X

가처분에 관한 심판은 원칙적으로 전원재판부에서 하여야 하나 헌법소원심판사건에서 지정재판부가 가처분에 관한 심판을 할 수 있는지가 문제된다. 이에 관하여 헌법재판소는 **가처분신청을 인용하는 결정은 전원재판부**에서만 하고 있으며, **지정재판부**가 헌법소원심판청구에 대해 **각하결정**을 할 경우 함께 **가처분신청을 기각하는 결정**을 하고 있다.

4604 법령의 위헌확인을 청구하는 헌법소원심판의 가처분에 관하여는 헌법재판의 성질에 반하지 아니하는 한도 내에서 「민사소송법」의 가처분 규정과 「행정소송법」의 집행정지 규정이 준용된다. 18 입시 O | X

헌법재판소법 제40조 제1항에 따라 준용되는 <u>행정소송법 제23조 제2항의 집행정지규정</u>과 <u>민사소송법 제714조의 가처분규정</u>에 의하면, 법령의 위헌확인을 청구하는 **헌법소원심판에서의 가처분**은 위헌이라고 다투어지는 법령의 효력을 그대로 유지시킬 경우 회복하기 어려운 손해가 발생할 우려가 있어 가처분에 의하여 임시로 그 법령의 효력을 정지시키지 아니하면 안될 필요가 있을 때 허용되고, 다만 현재 시행되고 있는 법령의 효력을 정지시키는 것일 때에는 그 효력의 정지로 인하여 파급적으로 발생되는 효과가 클 수 있으므로 비록 일반적인 보전의 필요성이 인정된다고 하더라도 공공복리에 중대한 영향을 미칠 우려가 있을 때에는 인용되어서는 안될 것이다(헌재 2002. 4. 25. 2002헌사129).

4605 「헌법재판소법」 제68조 제1항에 의한 헌법소원심판의 가처분에서는 현상유지로 인한 회복하기 어려운 손해 예방의 필요성, 효력정지의 긴급성 요건이 충족되어야 하며, 가처분을 인용한 뒤 본안심판이 기각되었을 때 발생하게 될 불이익과 가처분을 기각한 뒤 본안심판이 인용되었을 때 발생하게 될 불이익을 비교형량하여 인용 여부를 결정한다. 18 변호사 O | X

위 가처분의 요건은 헌법소원심판에서 다투어지는 '**공권력 행사 또는 불행사**'의 **현상을 그대로 유지시킴**으로 인하여 생길 **회복하기 어려운 손해를 예방할 필요**가 있어야 한다는 것과 그 **효력을 정지시켜야 할 긴급한 필요**가 있어야 한다는 것 등이 된다. 따라서 **본안심판이 부적법**하거나 **이유없음이 명백**하지 않는 한, 위와 같은 가처분의 요건을 갖춘 것으로 인정되면, **가처분을 인용한 뒤 종국결정에서 청구가 기각되었을 때 발생하게 될 불이익**과 **가처분을 기각한 뒤 청구가 인용되었을 때 발생하게 될 불이익을 비교형량하여 후자가 전자보다 큰 경우에, 가처분을 인용할 수 있다**(헌재 2000. 12. 8. 2000헌사471).

4606 법령의 위헌확인을 청구하는 「헌법재판소법」 제68조제1항에 따른 헌법소원심판에서의 가처분은 위헌이라고 다투어지는 법령의 효력을 그대로 유지시킬 경우 회복하기 어려운 손해가 발생할 우려가 있어 가처분에 의하여 임시로 그 법령의 효력을 정지시키지 아니하면 안될 필요가 있을 때 허용되고, 다만 일반적인 보전의 필요성이 인정된다고 하더라도 공공복리에 중대한 영향을 미칠 우려가 있을 때에는 인용되어서는 안될 것이다. 24 입시 O | X

● 정답 4603. ○ 4604. ○ 4605. ○ 4606. ○

헌법재판소법 제40조 제1항에 따라 준용되는 행정소송법 제23조 제2항의 집행정지규정과 민사소송법 제714조의 가처분규정에 의하면, 법령의 위헌확인을 청구하는 헌법소원심판에서의 가처분은 위헌이라고 다투어지는 법령의 효력을 그대로 유지시킬 경우 회복하기 어려운 손해가 발생할 우려가 있어 가처분에 의하여 임시로 그 법령의 효력을 정지시키지 아니하면 안될 필요가 있을 때 허용되고, 다만 현재 시행되고 있는 법령의 효력을 정지시키는 것일 때에는 그 효력의 정지로 인하여 파급적으로 발생되는 효과가 클 수 있으므로 비록 일반적인 보전의 필요성이 인정된다고 하더라도 공공복리에 중대한 영향을 미칠 우려가 있을 때에는 인용되어서는 안될 것이다(헌재 2002. 4. 25. 2002헌사129).

4607 본안심판이 부적법하거나 이유 없음이 명백한 경우에는 가처분을 인용할 수 없다. 21 변호사 O│X

본안사건이 명백히 부적법하거나 명백히 이유 없는 경우에는 가처분 결정을 할 수 없다. 살피건대, 본안사건은 헌법소원의 대상이 되지 않는 법원의 재판을 심판대상으로 한 것으로 명백히 부적법한 경우에 해당한다(헌재 2020. 3. 10. 2020헌사274).

04 관련판례

4608 입국불허결정을 받은 외국인이 인천공항출입국관리사무소장을 상대로 난민인정심사불회부결정취소의 소를 제기한 후 그 소송수행을 위하여 변호인 접견신청을 하였으나 거부되자, 변호인접견 거부의 효력정지를 구하는 가처분 신청을 한 사건에서, 헌법재판소는 변호인 접견을 허가하여야 한다는 가처분 인용결정을 하였다. 18 변호사 O│X

신청인이 위 소송 제기 후 5개월 이상 변호인을 접견하지 못하여 공정한 재판을 받을 권리가 심각한 제한을 받고 있는데, 이러한 상황에서 피신청인의 재항고가 인용될 경우 신청인은 변호인 접견을 하지 못한 채 불복의 기회마저 상실하게 되므로 회복하기 어려운 중대한 손해를 입을 수 있다. 위 인신보호청구의 소는 재항고에 대한 결정이 머지않아 날 것으로 보이므로 손해를 방지할 긴급한 필요 역시 인정되고, 이 사건 신청을 기각한 뒤 본안 청구가 인용 될 경우 발생하게 될 불이익이 크므로 이 사건 신청을 인용함이 상당하다(헌재 2014. 6. 5. 2014헌사592).

4609 「군사법원법」에 따라 재판을 받는 미결수용자의 면회 횟수를 주 2회로 정한 「군행형법 시행령」 조항의 효력을 정지시키는 가처분을 신청한 사건에서, 헌법재판소는 국방에 관한 국가기밀이 누설될 우려가 있고 미결수용자의 접견을 교도관이 참여하여 감시할 수도 없다는 이유로 가처분 신청을 기각하였다. 18 변호사 O│X

이 사건 규정에 대한 가처분신청이 인용된다면 군인의 신분이거나 군형법의 적용을 받는 미결수용자가 외부인과의 잦은 접촉을 통해 공소제기나 유지에 필요한 증거를 인멸하거나 국가방위와 관련된 중요한 국가기밀을 누설할 우려가 있을 수 있다. 그러나 수용기관은 면회에 교도관을 참여시켜 감시를 철저히 한다거나(군행형법시행령 제46조 제3항), 필요한 경우에는 면회를 일시 불허(군행형법 제15조 제2항)함으로써 증거인멸이나 국가기밀누설을 방지할 수 있으므로 이 사건 가처분을 인용한다 하여 공공복리에 중대한 영향을 미칠 우려는 없다고 할 것이다. 그러므로 면회의 횟수를 제한하고 있는 이 사건 규정에 관한 이 사건 가처분 신청은 인용되어야 할 것이다(헌재 2002. 4. 25. 2002헌사129).

4610 「헌법재판소법」은 정당해산심판과 권한쟁의심판에 관해서만 가처분에 관한 규정을 두고 있으므로, 헌법소원의 청구인은 「사법시험령」 제4조에 대하여 헌법소원심판 청구를 할 수 있을 뿐 이를 본안으로 하여 위 「사법시험령」 제4조의 효력정지를 구하는 가처분을 헌법재판소에 신청할 수 없다. 15 변호사 O│X

● 정답 4607. O   4608. O   4609. X [인용하였음]   4610. X [가처분신청 허용]

헌법재판소법은 명문의 규정을 두고 있지는 않으나, 같은 법 제68조 제1항 **헌법소원심판절차**에서도 가처분의 필요성이 있을 수 있고 또 이를 허용하지 아니할 상당한 이유를 찾아볼 수 없으므로, **가처분이 허용된다.** … 사법시험령 제4조 제3항이 효력을 유지하면, 신청인들은 곧 실시될 차회 사법시험에 응시할 수 없어 합격기회를 봉쇄당하는 돌이킬 수 없는 손해를 입게 되어 이를 정지시켜야 할 긴급한 필요가 인정되는 반면 효력정지로 인한 불이익은 별다른 것이 없으므로, 이 사건 **가처분신청은 허용함이 상당하다**(헌재 2000. 12. 8. 2000헌사471).

POINT 265 종국결정 및 결정의 효력 ®

01 종국결정

4611 헌법재판소의 결정은 심판에 관여한 재판관 전원이 서명·날인한 결정서로 하며, 탄핵심판과 정당해산심판의 경우까지도 그 결정서에 주문 및 결정 이유와 재판관의 의견 등이 표시되어야 한다. 19 국회 9

O | X

4611-1 탄핵심판과 정당해산심판은 다른 헌법재판과 달리 정치적 성격이 강하므로 재판의 독립성을 확보하기 위해 종국결정에 관여한 재판관이 개별의견을 표시하지 않는 것이 허용된다. 10 국회 8

O | X

개정 전의 헌법재판소법 제36조 제3항은 "법률의 위헌심판, 권한쟁의심판 및 헌법소원심판에 관여한 재판관은 결정서에 의견을 표시하여야 한다."라고 규정하고 있었다. 그래서 대통령 탄핵사건(2004헌나1)에서 재판관의 개별적 의견 및 그 의견의 수를 결정문에 표시할 수 없었다. 그러나 현재의 내용으로 헌법재판소법 제36조 제3항을 개정하였고, 그에 따라 통합진보당에 대한 해산결정에서 기각의견과 보충의견을 표시하였다. **다른 심판절차와 달리 탄핵심판과 정당해산심판에서만 소수의견을 표시하지 못할 특별한 이유가 있는 것은 아니므로 그 결정서에 재판관의 의견이 표시되어야 한다.**

> **헌법재판소법 제36조(종국결정)** ① 재판부가 **심리를 마쳤을 때**에는 **종국결정**을 한다.
> ② 종국결정을 할 때에는 다음 각 호의 사항을 적은 **결정서를 작성**하고 **심판에 관여한 재판관 전원이 이에 서명날인**하여야 한다.
> 1. 사건번호와 사건명
> 2. 당사자와 심판수행자 또는 대리인의 표시
> 3. 주문(主文)
> 4. 이유
> 5. 결정일
> ③ **심판에 관여한 재판관은 결정서에 의견을 표시하여야 한다.**

4612 헌법재판소는 발족 이래 오늘에 이르기까지 예외 없이 주문합의제를 취해 왔다. 17 국회 8

O | X

5인 재판관의 위헌의견은 헌법재판의 합의방법에 관하여 쟁점별 합의를 하여야 한다는 이론을 펴고 있으나 **우리 재판소는 발족 이래 오늘에 이르기까지 예외 없이 주문합의제를 취해 왔으므로** 위헌의견이 유독 이 사건에서 주문합의제에서 쟁점별 합의제로 변경 하여야 한다는 이유를 이해할 수 없고, 새삼 판례를 변경하여야 할 다른 사정이 생겼다고 판단되지 아니한다(헌재 1994. 6. 30. 92헌바23).

정답 4611. O 4611-1. X [표시하여야 함] 4612. O

02 결정의 효력

1 확정력

4613 헌법재판소는 이미 심판을 거친 동일한 사건에 대하여는 다시 심판할 수 없다. 21 국회 9 O | X

> 헌법재판소법 제39조(일사부재리) 헌법재판소는 이미 심판을 거친 동일한 사건에 대하여는 다시 심판할 수 없다.

4614 헌법소원심판청구가 부적법하다고 하여 각하된 후 그 결정에서 판시한 요건의 흠결을 보완하지 않고 다시 청구한 것은 일사부재리의 원칙상 허용되지 아니한다. 24 경정 O | X

청구인은 이 사건 유권해석의 위헌 확인을 구하는 헌법소원심판을 청구하였다가 헌법재판소로부터 각하 결정을 받았음에도, 위와 같은 요건의 흠결을 보완하지 않고 청구취지의 표현만 달리한 채 다시 동일한 내용의 심판청구를 되풀이하였으므로, 이는 일사부재리 원칙에 위배된다(헌재 2022. 9. 27. 2022헌마1225).

4615 「헌법재판소법」 제68조 제2항에 의한 헌법소원에 있어서 이미 헌법재판소의 심판을 거친 종전 사건과 당사자와 심판대상이 동일하다면 당해 사건이 다른 경우에도 동일한 사건에 해당하므로 일사부재리 원칙이 적용된다. 22 경정 O | X

헌법재판소법 제68조 제2항에 의한 헌법소원에 있어서 당사자와 심판대상이 동일하더라도 당해 사건이 다른 경우에는 동일한 사건이 아니므로 일사부재리의 원칙이 적용되지 아니한다(헌재 2006. 5. 25. 2003헌바115 등).

4616 헌법재판소가 동일한 사건에서 한번 결정을 선고하면 그것으로 재판은 확정되고, 헌법재판소는 당해 절차에서 그 결정을 취소하거나 철회할 수 없으며 변경할 수도 없다. 10 국회 8 O | X

4616-1 법률에 대한 위헌결정은 대법원을 비롯한 각급법원과 그 밖의 국가기관·지방자치단체를 기속할 뿐이어서 헌법재판소는 자신이 내린 결정을 철회·변경할 수 있다. 14 국회 8 O | X

헌법재판소가 동일한 사건에서 한번 결정을 선고하면 그것으로 재판은 확정되고, 헌법재판소는 당해 절차에서 그 결정을 취소하거나 철회할 수 없으며 변경할 수도 없다. 불가변력(자기기속력)은 동일한 심판에서 헌법재판소가 스스로 내린 결정에 직접 구속된다는 점에서 후행 심판과의 관계에서 문제되는 기판력과 구별된다.

> **관련판례** 헌법재판소가 이미 행한 결정에 대해서는 이를 취소, 변경할 수 없으므로 이에 대한 헌법소원심판청구는 부적법하다(헌재 1989. 7. 24. 89헌마141).

2 기속력

4617 헌법재판소법에 의하면, 위헌법률심판에서의 위헌결정은 법원과 그 밖의 국가기관 및 지방자치단체를 기속하고, 권한쟁의심판의 결정과 헌법소원의 인용결정은 모든 국가기관과 지방자치단체를 기속한다. 18 경정, 14 변호사 O | X

> 헌법재판소법 제47조(위헌결정의 효력) ① 법률의 위헌결정은 법원과 그 밖의 국가기관 및 지방자치단체를 기속(羈束)한다.
> 헌법재판소법 제67조(결정의 효력) ① 헌법재판소의 권한쟁의심판의 결정은 모든 국가기관과 지방자치단체를 기속한다.
> 헌법재판소법 제75조(인용결정) ① 헌법소원의 인용결정은 모든 국가기관과 지방자치단체를 기속한다.

정답 4613. O 4614. O 4615. X [적용 안됨] 4616. O 4616-1. X [철회·변경 불가] 4617. O

4618 법률의 위헌결정은 법원과 그 밖의 국가기관 및 지방자치단체를 기속(羈束)한다. 22 소간, 20 지방 7, 18 국회 9
O | X

4618-1 헌법재판소법에 의하면, 위헌법률심판에서의 모든 결정은 법원과 그 밖의 국가기관 및 지방자치단체를 기속한다. 13 변호사
O | X

> 헌법재판소법 제47조(위헌결정의 효력) ① **법률의 위헌결정은** 법원과 그 밖의 **국가기관 및 지방자치단체를 기속(羈束)한다.**

4619 헌법재판소는 이미 합헌으로 선언된 법률조항에 대한 위헌법률심판제청을 적법한 것으로 받아들임으로써 합헌결정에 대한 기속력을 인정하지 않는다. 17 국회 8
O | X

4619-1 이미 헌법재판소가 합헌결정을 한 법률조항에 대해 다시 헌법소원심판을 청구하는 것은 헌법재판소 결정의 기속력에 반하므로 각하한다. 18 법무사
O | X

4619-2 합헌결정된 법률에 대해 또다시 위헌법률심판제청이 있는 경우 이미 내려진 결정에 대해 계속 논의하는 것은 법적 안정성을 해치므로 각하한다. 13 국회 8
O | X

4619-3 헌법재판소가 특정 법률 조항에 대하여 합헌결정을 한 경우 그 조항에 대하여 재차 위헌제청을 하는 것은 부적법하다. 23 입시
O | X

4619-4 제청법원은 합헌결정의 기속력 때문에 합헌으로 결정된 법률에 대해 위헌이라고 할 수 없을 뿐만 아니라 동일 심급에서 다시 제청할 수 없다. 12 국회 8
O | X

> 헌법재판소법 제47조(위헌결정의 효력) ① **법률의 위헌결정은** 법원과 그 밖의 **국가기관 및 지방자치단체를 기속(羈束)한다.**
>
> 🔍 보충설명 헌법재판소는 이미 합헌으로 선언된 법령조항에 대하여 이를 달리 판단하여야 할 사정변경이 있다고 인정되지 아니한 경우 이를 각하하지 않고 동일한 취지의 합헌결정을 하여 왔으며, **합헌결정에는 기속력이 인정되지 않는다**고 보는 것이 일반적이다.

4620 헌법소원심판은 인용결정이 있는 경우에만 기속력이 발생하지만, 권한쟁의심판의 경우 기각결정도 기속력이 인정된다. 19 국회 8
O | X

4620-1 헌법재판소의 권한쟁의심판의 결정은 모든 국가기관과 지방자치단체를 기속한다. 23 국가 7, 15 서울 7
O | X

4620-2 권한쟁의심판결정은 인용결정의 경우에 한하여 모든 국가기관과 지방자치단체를 기속한다. 10 법원 9
O | X

> 헌법재판소법 제67조(결정의 효력) ① 헌법재판소의 **권한쟁의심판의 결정은** 모든 **국가기관과 지방자치단체를 기속한다.**
> 헌법재판소법 제75조(인용결정) ① **헌법소원의 인용결정은** 모든 **국가기관과 지방자치단체를 기속한다.**

4621 헌법소원의 인용결정은 모든 국가기관과 지방자치단체를 기속한다. 19 소간
O | X

> 헌법재판소법 제75조(인용결정) ① **헌법소원의 인용결정은** 모든 **국가기관과 지방자치단체를 기속한다.**

● 정답 4618. O 4618-1. X [위헌결정만 기속함] 4619. O 4619-1. X [합헌결정 기속력 無, 본안판단함] 4619-2. X [합헌결정 기속력 無, 본안판단함] 4619-3. X [합헌결정 기속력 無, 적법함] 4619-4. X [합헌결정 기속력 無] 4620. O 4620-1. O 4620-2. X [인용결정에 한하지 않음] 4621. O

4622 모든 국가기관은 헌법재판소의 위헌결정에 따라야 하고, 헌법재판소의 결정에서 문제된 심판대상 뿐만 아니라, 동일한 사정에서 동일한 이유에 근거한 동일내용의 공권력행사가 금지된다. 10 지방 7   O | X

기속력은 모든 국가기관이 헌법재판소의 구체적인 결정에 따라야 하며, 그들이 장래에 어떤 처분이나 조치를 할 때 헌법재판소의 결정을 존중하고 이를 실현하는 방향으로 행동할 것을 요청하는 **결정준수의무**와 또한 기속력은 모든 국가기관이 헌법재판소의 결정에서 문제된 심판대상 뿐만 아니라 동일하거나 유사한 사안에서 헌법재판소 결정의 취지에 저촉되는 행위의 반복을 금지하는 **반복금지의무**를 내용으로 한다. 따라서 모든 국가기관은 헌법재판소의 위헌결정에 따라야 하고, 헌법재판소의 결정에서 문제된 심판대상 뿐만 아니라, 동일한 사정에서 동일한 이유에 근거한 동일내용의 공권력행사가 금지된다.

4623 법률조항에 대해 단순위헌결정이 내려지더라도, 입법자가 동일한 사정 하에서 동일한 이유에 근거한 동일한 내용의 법률을 다시 제정하는 것은 위헌결정의 기속력에 반하지 않는다. 21 국회 8   O | X

기속력은 모든 국가기관이 헌법재판소의 구체적인 결정에 따라야 하며, 그들이 장래에 어떤 처분이나 조치를 할 때 헌법재판소의 결정을 존중하고 이를 실현하는 방향으로 행동할 것을 요청하는 **결정준수의무**와 또한 기속력은 모든 국가기관이 헌법재판소의 결정에서 문제된 심판대상 뿐만 아니라 동일하거나 유사한 사안에서 헌법재판소 결정의 취지에 저촉되는 행위의 반복을 금지하는 **반복금지의무**를 내용으로 한다. 따라서 법률조항에 대해 단순위헌결정이 내려진 경우 입법자가 동일한 사정 하에서 동일한 이유에 근거한 동일한 내용의 법률을 다시 제정하는 것은 위헌결정의 기속력에 반한다.

4624 헌법재판소법 제47조 제1항 및 제75조 제1항에 규정된 법률의 위헌결정 및 헌법소원 인용결정의 기속력과 관련하여, 입법자인 국회에게 기속력이 미치는지 여부, 나아가 결정주문뿐 아니라 결정이유에까지 기속력을 인정할지 여부는 헌법재판소의 헌법재판권 내지 사법권의 범위와 한계, 국회의 입법권의 범위와 한계 등을 고려하여 신중하게 접근할 필요가 있다. 16 법무사   O | X

헌법재판소법 제47조 제1항 및 제75조 제1항에 규정된 **법률의 위헌결정 및 헌법소원 인용결정의 기속력**과 관련하여, **입법자인 국회에게 기속력이 미치는지 여부**, 나아가 **결정주문**뿐 아니라 **결정이유에까지 기속력을 인정할지 여부**는 **헌법재판소의 헌법재판권 내지 사법권의 범위와 한계**, **국회의 입법권의 범위와 한계** 등을 고려하여 **신중하게 접근할 필요가 있다**(헌재 2006. 5. 25. 2003헌마715 등).

4625 설령 헌법재판소 위헌결정의 결정이유에까지 기속력을 인정한다고 하더라도, 결정이유의 기속력을 인정하기 위해서는 결정주문을 뒷받침하는 결정이유에 대하여 적어도 위헌결정의 정족수인 재판관 6인 이상의 찬성이 있어야 할 것이고, 이에 미달할 경우에는 결정이유에 대하여 기속력을 인정할 여지가 없다. 22 변호사   O | X

헌법재판소의 위헌결정의 기속력은 결정주문에 미친다는 것은 의문의 여지가 없지만, 결정이유에도 기속력이 미치는가에 관하여는 견해가 대립하며, 헌법재판소도 이에 관하여 명시적으로 견해를 밝힌 바가 없다. 다만, 헌법재판소 결정문의 결정이유에 대하여 재판관 5인만이 찬성한 경우에는 결정이유의 기속력을 인정할 여지가 없게 된다.

> **관련판례** 이 사건의 경우 위헌결정 이유 중 비맹제외기준이 **과잉금지원칙에 위반**한다는 점에 대하여 **기속력을 인정할 수 있**으려면, 결정주문을 뒷받침하는 결정이유에 대하여 적어도 **위헌결정의 정족수인 재판관 6인 이상의 찬성**이 있어야 할 것이고, 이에 미달할 경우에는 결정이유에 대하여 기속력을 인정할 여지가 없다고 할 것인바, 앞서 본 바와 같이 2003헌마715등 사건의 경우 재판관 7인의 의견으로 주문에서 비맹제외기준이 헌법에 위반된다는 결정을 선고하였으나, 그 이유를 보면 비맹제외기준이 법률유보원칙에 위반한다는 의견과 과잉금지원칙에 위반한다는 의견으로 나뉘면서 비맹제외기준이 과잉금지원칙에 위반한다는 점과 관련하여서는 **재판관 5인만이 찬성하였을 뿐**이므로 위 **과잉금지원칙 위반의 점**에 대하여 **기속력이 인정될 여지가 없다고 할 것이다**(헌재 2008. 10. 30. 2006헌마1098 등).

● 정답 4622. O   4623. X [기속력에 반함]   4624. O   4625. O

3 일반적 구속력 (법규적 효력)

4626 일반적 효력은 헌법재판소의 위헌결정의 효력이다. 14 서울 7   O | X

4626-1 위헌법률심판절차에서 위헌제청된 법률이 위헌으로 결정되면 그 법률은 당해사건에서만 그 적용이 배제된다. 11 법원 9   O | X

일반적 효력(법규적 효력)은 법규범에 대한 헌법재판소의 위헌결정이 일반국민에게도 효력을 미치는 일반적 구속성을 의미한다(대세적 효력). 즉, 헌법재판소의 결정은 당사자뿐만 아니라 모든 사람을 구속하며, 국가기관뿐만 아니라 일반사인에게도 기속력이 확장된다. 따라서 **위헌으로 선언된 법률 또는 법률조항**은 당해사건에서만 그 적용이 배제되는 것이 아니라 더 이상 국민생활을 규율하는 법규범이 아니므로 **일반국민**은 위헌으로 선언된 법규범에 더 이상 **구속되지 않는다.**

> 헌법재판소법 제47조(위헌결정의 효력) ② 위헌으로 결정된 법률 또는 법률의 조항은 그 결정이 있는 날부터 **효력을 상실한다.**

POINT 266 헌법재판의 재심

01 재심의 허용

4627 헌법재판에 대해서는 일사부재리 원칙이 적용되지만 예외적으로 재심이 허용되는 경우가 발생할 수 있다. 17 법원 9   O | X

재심은 이미 확정력이 발생한 헌법재판소 결정의 취소와 사건의 재심판을 구하는 비상의 불복절차를 말한다. 헌법재판소 결정에 대한 재심의 허용 여부에 관하여 헌법재판소법에는 별도의 규정은 없다. 헌법재판에 대해서는 일사부재리 원칙이 적용된다고 하더라도 재심의 가능성이 부정되는 것은 아니며, **예외적으로 재심이 허용**되는 경우가 발생할 수 있다.

> **관련판례** 헌법재판은 그 심판의 종류에 따라 그 절차의 내용과 결정의 효과가 한결같지 아니하기 때문에 **재심의 허용여부 내지 허용정도 등**은 심판절차의 종류에 따라서 **개별적으로 판단될 수밖에 없다**고 할 것이다(헌재 1995. 1. 20. 93헌아1).

4628 헌법재판은 그 심판의 종류에 따라 그 절차의 내용과 결정의 효과가 한결같지 아니하기 때문에 재심의 허용여부 내지 허용정도 등은 심판절차의 종류에 따라서 개별적으로 판단될 수밖에 없다. 23 국가 7   O | X

헌법재판소법은 헌법재판소의 결정에 대한 재심절차의 허용 여부에 관하여 별도의 명문규정을 두고 있지 않다. 따라서 민사소송법상의 재심에 관한 규정을 준용하여 헌법재판소의 결정에 대한 재심을 허용할 수 있을 것인지 여부에 관하여 논의가 있을 수 있으나, 헌법재판은 그 심판의 종류에 따라 그 절차의 내용과 결정의 효과가 한결같지 아니하기 때문에 **재심의 허용여부 내지 허용정도 등은 심판절차의 종류에 따라서 개별적으로 판단될 수밖에 없다**(헌재 2015. 3. 3. 2015헌아22).

4629 개별 공권력의 작용에 대한 권리구제형 헌법소원심판의 경우 「민사소송법」을 준용하여 재심을 허용함이 상당하다. 22 경정   O | X

이 사건의 재심대상사건과 같이 헌법재판소법 제68조 제1항에 의한 헌법소원 중 **공권력의 작용을 대상으로 하는 권리구제형 헌법소원절차**에 있어서는, 그 결정의 효력이 원칙적으로 당사자에게만 미치기 때문에 법령에 대한 헌법소원과는 달리 일반법원의 재판과 같이 **민사소송법의 재심에 관한 규정을 준용하여 재심을 허용함이 상당하다**고 할 것이다(헌재 2001. 9. 27. 2001헌아3).

● 정답 4626. O   4626-1. X [당해사건에만 배제 X → 일반적 효력 부인 O]   4627. O   4628. O   4629. O

4630 공권력의 작용에 대한 권리구제형 헌법소원심판절차에 있어서 '헌법재판소의 결정에 영향을 미칠 중대한 사항에 관하여 판단을 유탈한 때'를 재심사유로 허용하는 것이 헌법재판의 성질에 반한다고 볼 수 없으므로 「민사소송법」 규정을 준용하여 '판단유탈'도 재심사유로 허용되어야 한다. 23 국가 7

O | X

4630-1 행정작용을 포함한 공권력 작용을 대상으로 한 권리구제형 헌법소원에 있어서 판단유탈은 재심사유가 되지 아니한다. 20 지방 7

O | X

공권력의 작용에 대한 권리구제형 헌법소원심판절차에 있어서 '헌법재판소의 결정에 영향을 미칠 중대한 사항에 관하여 판단을 유탈한 때'를 재심사유로 허용하는 것이 헌법재판의 성질에 반한다고 볼 수는 없으므로, 「민사소송법」 제422조제1항제9호를 준용하여 "판단유탈"도 재심사유로 허용되어야 한다. 따라서 종전에 이와 견해를 달리하여 행정작용에 속하는 공권력 작용을 대상으로 한 권리구제형 헌법소원에 있어서 판단유탈은 재심사유가 되지 아니한다는 취지의 의견은 이를 변경하기로 한다(헌재 2001. 9. 27. 2001헌아3).

02 재심의 부정

4631 당해사건에서 법원으로 하여금 위헌법률심판을 제청하도록 신청을 한 사람은 위헌법률심판사건의 당사자가 아니다. 17 지방 7

O | X

4631-1 위헌법률심판은 법원이 헌법재판소에 제청하는 것이기 때문에 당해 사건의 당사자는 위헌법률심판사건의 당사자라고 할 수 없으나, 위헌법률심판제청신청을 한 사람은 위헌법률심판제청에 따른 헌법재판소 결정의 효력을 받는 자로서 권리구제를 위한 구체적 타당성의 요청이 현저한 경우에 헌법재판소 결정에 대하여 재심을 청구할 수 있다. 14 변호사

O | X

위헌법률심판의 제청은 법원이 헌법재판소에 대하여 하는 것이기 때문에 당해사건에서 법원으로 하여금 위헌법률심판을 제청하도록 신청을 한 사람은 위헌법률심판사건의 당사자라고 할 수 없다. 원래 재심은 재판을 받은 당사자에게 이를 인정하는 특별한 불복절차이므로 청구인처럼 위헌법률심판이라는 재판의 당사자가 아닌 사람은 그 재판에 대하여 재심을 청구할 수 있는 지위 내지 적격을 갖지 못한다(헌재 2004. 9. 23. 2003헌아61).

⊘ **보충설명** 재심은 재판을 받은 당사자에게 인정되는 특별한 불복절차이므로 당사자를 따로 상정할 수 없는 위헌법률심판에서 재심청구는 부적법하다.

4632 위헌법률심판을 구하는 헌법소원에 대한 헌법재판소의 결정에 대하여는 재심을 허용하지 아니함으로써 얻을 수 있는 법적 안정성의 이익이 재심을 허용함으로써 얻을 수 있는 구체적 타당성의 이익보다 훨씬 높을 것으로 예상할 수 있으므로 헌법재판소의 이러한 결정에는 재심에 의한 불복방법이 그 성질상 허용될 수 없다. 23 국가 7

O | X

위헌법률심판을 구하는 헌법소원에 대한 헌법재판소의 결정에 대하여는 재심을 허용하지 아니함으로써 얻을 수 있는 법적 안정성의 이익이 재심을 허용함으로써 얻을 수 있는 구체적 타당성의 이익보다 훨씬 높을 것으로 쉽사리 예상할 수 있으므로, 헌법재판소의 이러한 결정에는 재심에 의한 불복방법이 그 성질상 허용될 수 없다고 보는 것이 상당하다고 할 것이다(헌재 2015. 3. 3. 2015헌아22).

● 정답 4630. ○   4630-1. ×[재심사유가 됨]   4631. ○   4631-1. ×[재심 청구 불가]   4632. ○

4633 법률에 대한 헌법소원심판에 대해서는 재심이 허용되지 않는다. 19 국회 8   O│X

4633-1 헌법재판소법 제68조 제2항의 위헌법률심판을 구하는 헌법소원에 대해서는 헌법재판소법 제68조 제1항의 권리구제형 헌법소원심판의 경우와는 달리 재심이 허용될 수 있다. 18 입시   O│X

<u>헌법재판소 제68조 제2항에 의한 헌법소원사건에 관한 헌법재판소의 결정에 대하여는 재심을 허용하지 아니함으로써 얻을 수 있는 법적 안정성의 이익이 재심을 허용함으로써 얻을 수 있는 구체적 타당성의 이익보다 높기 때문에 사안의 성질상 재심을 허용할 수 없다</u>(헌재 1992. 12. 8. 92헌아3).

4634 법령에 관한 「헌법재판소법」 제68조 제1항의 헌법소원심판에서는 재심이 허용되지 않는다. 14 국회 8   O│X

<u>법령에 관한 헌법재판소법 제68조 제1항의 헌법소원에 있어서도 그 인용결정은 일반적 기속력과 대세적·법규적 효력을 가지며, 위헌법률심판을 구하는 헌법소원에 대한 헌법재판소의 결정에 대하여는 재심을 허용하지 아니함으로써 얻을 수 있는 법적 안정성의 이익이 재심을 허용함으로써 얻을 수 있는 구체적 타당성의 이익보다 훨씬 높을 것으로 예상할 수 있으므로 헌법재판소의 이러한 결정에는 재심에 의한 불복방법이 그 성질상 허용될 수 없다</u>(헌재 2006. 9. 26. 2006헌아37).

정답   4633. O   4633-1. X [위헌심사형 헌소는 재심 불가]   4634. O

Chapter 03 위헌법률심판

POINT 267 위헌법률심판제청

01 위헌법률심판제청

4635 법률이 헌법에 위반되는 여부가 재판의 전제가 된 경우에는 법원은 헌법재판소에 제청하여 그 심판에 의하여 재판한다. 21 소간, 18 지방 7 〇│✕

4635-1 법률의 위헌심사에 있어서 추상적 규범통제를 인정하는 것은 헌법개정을 하지 않고서도 채택할 수 있다. 20 경정 〇│✕

> 헌법 제107조 ① 법률이 헌법에 위반되는 여부가 재판의 전제가 된 경우에는 법원은 헌법재판소에 제청하여 그 심판에 의하여 재판한다.
>
> 🔖 보충설명 헌법은 위헌법률심판제도를 구체적 규범통제로 규정하고 있으므로 법률의 위헌심사에 있어서 추상적 규범통제를 인정하기 위해서는 헌법을 개정하여야 한다.

4636 법률이 헌법에 위반되는지 여부가 재판의 전제가 된 경우에는 당해 사건을 담당하는 법원(군사법원을 포함한다)은 직권 또는 당사자의 신청에 의한 결정으로 헌법재판소에 위헌 여부 심판을 제청한다. 19 5급 〇│✕

> 헌법재판소법 제41조(위헌 여부 심판의 제청) ① 법률이 헌법에 위반되는지 여부가 재판의 전제가 된 경우에는 당해 사건을 담당하는 법원(군사법원을 포함한다. 이하 같다)은 직권 또는 당사자의 신청에 의한 결정으로 헌법재판소에 위헌 여부 심판을 제청한다.

4637 군사재판을 관할하는 군사법원은 헌법에 근거를 둔 특별법원으로 당연히 위헌법률심판제청권이 있다. 17 국회 8 〇│✕

4637-1 법률이 헌법에 위반되는지 여부가 재판의 전제가 된 경우에는 당해 사건을 담당하는 법원(군사법원은 제외한다)은 직권 또는 당사자의 신청에 의한 결정으로 헌법재판소에 위헌 여부 심판을 제청한다. 22 소간 〇│✕

4637-2 법률이 헌법에 위반되는지 여부가 재판의 전제가 된 경우에는 당해 사건을 담당하는 군사법원은 헌법재판소에 위헌 여부 심판을 제청할 수 없다. 18 5급 〇│✕

> 헌법재판소법 제41조(위헌 여부 심판의 제청) ① 법률이 헌법에 위반되는지 여부가 재판의 전제가 된 경우에는 당해 사건을 담당하는 법원(군사법원을 포함한다. 이하 같다)은 직권 또는 당사자의 신청에 의한 결정으로 헌법재판소에 위헌 여부 심판을 제청한다.

정답 4635. 〇 4635-1. ✕ [헌법 개정해야 함] 4636. 〇 4637. 〇 4637-1. ✕ [군사법원 포함] 4637-2. ✕ [할 수 있음]

4638 법원은 당사자의 신청이 없이 직권으로도 헌법재판소에 위헌법률심판을 제청할 수 있다. 16 경정, 13 국회 9

O | X

> **헌법재판소법 제41조(위헌 여부 심판의 제청)** ① 법률이 헌법에 위반되는지 여부가 재판의 전제가 된 경우에는 당해 사건을 담당하는 법원(군사법원을 포함한다. 이하 같다)은 직권 또는 당사자의 신청에 의한 결정으로 헌법재판소에 위헌 여부 심판을 제청한다.

4639 수소법원뿐만 아니라 집행법원도 위헌법률심판제청권이 있으며, 헌법에 근거를 둔 특별법원인 군사법원과, 헌법 제107조 제3항 및 「행정심판법」 등에 근거를 두고 설치되어 행정심판을 담당하는 각종 행정심판기관도 제청권한을 갖는다. 19 입시

O | X

위헌법률심판제청권자인 "법원"에는 수소법원은 물론 집행법원도 포함되며, 비송사건의 담당법관도 소송사건의 법관과 마찬가지로 제청권이 있다고 보아야 할 것이다. 군사재판을 관할하기 위한 군사법원은 헌법에 근거를 둔 특별법원으로 당연히 제청권이 있다. 그러나 헌법 제107조 제3항 및 「행정심판법」 등에 근거를 두고 행정심판을 담당하는 각종 행정심판기관은 제청권을 갖는 법원이라고 볼 수 없다.

4640 법률조항의 위헌성을 발견한 경우에도 행정부는 법률의 위헌심판제청을 할 수 없다. 10 국가 7   O | X

> **헌법재판소법 제41조(위헌 여부 심판의 제청)** ① 법률이 헌법에 위반되는지 여부가 재판의 전제가 된 경우에는 당해 사건을 담당하는 법원(군사법원을 포함한다. 이하 같다)은 직권 또는 당사자의 신청에 의한 결정으로 헌법재판소에 위헌 여부 심판을 제청한다.

보충설명 위헌법률심판제청권은 당해 사건을 담당하는 법원이 가지는 권한이므로, 법률조항의 위헌성을 발견한 경우에도 행정부는 법률의 위헌법률심판제청을 할 수 없다.

4641 당사자는 직접 헌법재판소에 위헌법률심판을 제청할 수 있다. 21 국회 9   O | X

> **헌법재판소법 제41조(위헌 여부 심판의 제청)** ① 법률이 헌법에 위반되는지 여부가 재판의 전제가 된 경우에는 당해 사건을 담당하는 법원(군사법원을 포함한다. 이하 같다)은 직권 또는 당사자의 신청에 의한 결정으로 헌법재판소에 위헌 여부 심판을 제청한다.

보충설명 위헌법률심판제청권은 당해 사건을 담당하는 법원이 가지는 권한이므로, 당사자는 직접 헌법재판소에 위헌법률심판을 제청할 수 없다. 다만 당해 사건의 당사자는 법원에 위헌법률심판제청 신청을 할 수 있다.

4642 당사자의 위헌법률심판제청신청은 당해 사건을 담당하는 법원에 서면으로 한다. 18 변호사   O | X

> **헌법재판소법 제41조(위헌 여부 심판의 제청)** ② 제1항의 당사자의 신청은 제43조(제청서의 기재사항)제2호부터 제4호까지의 사항을 적은 서면으로 한다.

정답 4638. O   4639. X [행정심판기관은 제청권한 X]   4640. O   4641. X [직접 제청 X → 법원에 제청 신청 O]   4642. O

4643 민사소송에서 사건의 당사자가 아닌 보조참가인도 피참가인의 소송행위와 저촉되지 아니하는 한 일체의 소송행위를 할 수 있으므로 위헌법률심판제청신청을 할 수 있는 '당사자'에 해당한다. 21 입시   O|X

4643-1 당해사건의 보조참가인은 피참가인의 소송행위와 저촉되지 아니하는 한 일체의 소송행위를 할 수 있지만, 위헌법률심판제청을 신청할 수 있는 '당사자'에는 해당하지 않는다. 17 국회 8   O|X

> 헌법재판소법 제40조에 의하여 준용되는 민사소송법에 의하면 **보조참가인**은 피참가인의 소송행위와 저촉되지 아니하는 한 소송에 관하여 공격·방어·이의·상소, 기타 **일체의 소송행위를 할 수 있는 자**(민사소송법 제76조 제1항 본문)이므로 헌법재판소법 소정의 **위헌심판제청신청의 '당사자'에 해당**한다고 할 것이고, 이와 같이 해석하는 것이 구체적 규범통제형 위헌심사제의 입법취지 및 기능에도 부합한다고 할 것이다(헌재 2003. 5. 15. 2001헌바98).

4644 행정청이 행정처분 단계에서 당해 처분의 근거가 되는 법률이 위헌이라고 판단하여 그 적용을 거부하는 것은 권력분립의 원칙상 허용될 수 없지만, 행정처분에 대한 소송절차에서는 행정청도 당해 처분의 근거가 되는 법률의 위헌 여부에 대한 심판의 제청을 신청할 수 있다. 17 경정   O|X

4644-1 행정처분의 주체인 행정청도 헌법의 최고규범력에 따른 구체적 규범통제를 위하여 근거법률의 위헌 여부에 대한 심판의 제청을 신청할 수 있고, 「헌법재판소법」 제68조 제2항의 헌법소원을 제기할 수 있다. 19 서울 7   O|X

4644-2 행정청이 행정처분 단계에서 당해 처분의 근거가 되는 법률이 위헌이라고 판단하여 그 적용을 거부하는 것은 권력분립의 원칙상 허용될 수 있지만, 행정처분에 대한 소송절차에서 행정청은 당해 처분의 근거가 되는 법률의 위헌 여부에 대한 심판의 제청을 신청할 수 없다. 23 경정   O|X

> **행정청**이 **행정처분** 단계에서 당해 처분의 근거가 되는 **법률이 위헌이라고 판단**하여 그 **적용을 거부**하는 것은 **권력분립의 원칙상 허용될 수 없지만**, 행정처분에 대한 소송절차에서는 행정처분의 적법성·정당성뿐만 아니라 그 근거 법률의 헌법적합성까지도 심판 대상으로 되는 것이므로, **행정처분에 불복하는 당사자**뿐만 아니라 **행정처분의 주체인 행정청**도 헌법의 최고규범력에 따른 구체적 규범통제를 위하여 **근거 법률의 위헌 여부에 대한 심판의 제청을 신청할 수 있고 헌법재판소법 제68조 제2항의 헌법소원을 제기할 수 있다**고 봄이 상당하다(헌재 2008. 4. 24. 2004헌바44).

4645 위헌법률심판의 제청신청을 한 당사자는 위헌 여부 심판의 제청에 관한 결정에 대하여는 항고할 수 없다. 18 지방 7   O|X

4645-1 위헌법률심판의 제청신청 당사자는 위헌 여부 심판의 제청에 대한 결정에 대하여 항고할 수 있다. 20 입시   O|X

> 헌법재판소법 제41조(위헌 여부 심판의 제청) ④ 위헌 여부 심판의 **제청에 관한 결정**에 대하여는 **항고할 수 없다.**
>
> 헌법재판소법 제68조(청구 사유) ② 제41조제1항에 따른 법률의 위헌 여부 심판의 **제청신청이 기각**된 때에는 **그 신청을 한 당사자는 헌법재판소에 헌법소원심판을 청구**할 수 있다. 이 경우 그 당사자는 당해 사건의 소송절차에서 동일한 사유를 이유로 다시 위헌 여부 심판의 제청을 신청할 수 없다.

정답 4643. O 4643-1. X [당사자에 해당함] 4644. O 4644-1. O 4644-2. X [행정처분 단계에서 적용 거부 불가, 심판 제청 신청 가] 4645. O 4645-1. X [항고 불가]

4646 위헌법률심판제청신청이 기각된 경우, 그 기각결정에 대하여 민사소송에 의한 항고나 재항고를 할 수 없을 뿐만 아니라 특별항고도 할 수 없다. 24 변호사 O | X

4646-1 위헌법률심판제청을 신청한 당사자는 당해 법원이 제청신청을 기각한 결정에 대하여 항고할 수 없다.
21 입시, 19 국회 8, 16 지방 7 O | X

4646-2 위헌법률심판제청을 신청한 당사자는 당해 법원이 제청신청을 기각한 결정에 대하여 항고할 수 있고, 헌법재판소법 제68조 제2항에 의한 헌법소원심판을 청구할 수 있다. 17 경정 O | X

> 헌법재판소법 제41조 제4항은 위헌여부심판의 제청에 관한 결정에 대하여는 항고할 수 없다고 규정하고 있으므로 **위헌제청신청을 기각하는 결정**에 대하여는 **민사소송에 의한 항고나 재항고를 할 수 없다**. 재판의 전제가 되는 어떤 법률이 위헌인지의 여부는 재판을 담당한 법원이 직권으로 심리하여야 하는 것이어서 당사자가 그 본안사건에 대하여 상소를 제기한 때에는 위 법률이 위헌인지 여부는 상소심이 독자적으로 심리판단하여야 하는 것이므로 **위헌제청신청 기각결정**은 본안에 대한 종국재판과 함께 상소심의 심판을 받는 중간적 재판의 성질을 갖는 것으로서 **특별항고의 대상이 되는 불복을 신청할 수 없는 결정에는 해당되지 않는다**(대결 1993. 8. 25. 93그34).

4647 대법원 외의 법원이 헌법재판소에 위헌 여부 심판을 제청할 때에는 대법원을 거쳐야 한다. 22 소간 O | X

4647-1 대법원 이외의 법원은 대법원을 거칠 필요 없이 직접 헌법재판소에 「헌법재판소법」 제41조제1항의 위헌법률심판을 제청할 수 있다. 22 입시 O | X

> 헌법재판소법 제41조(위헌 여부 심판의 제청) ⑤ **대법원 외의 법원**이 제1항의 제청을 할 때에는 **대법원을 거쳐야 한다.**

4648 하급심법원이 위헌법률심판제청을 할 때에는 반드시 대법원을 경유하여야 하며, 대법원은 반드시 위헌 여부에 관한 판단을 헌법재판소에 제시하여야 한다. 16 국회 8 O | X

4648-1 법원의 위헌법률심판제청서는 대법원을 경유하여야 하며, 이때 대법원은 하급법원의 제청에 대하여 심사권을 가진다. 13 서울 7 O | X

> 헌법재판소법 제41조(위헌 여부 심판의 제청) ⑤ **대법원 외의 법원**이 제1항의 제청을 할 때에는 **대법원을 거쳐야 한다.**

> **보충설명** 대법원 이외의 하급심 법원이 헌법재판소에 위헌법률심판 제청을 하기 위해서는 위헌제청결정서 정본을 대법원의 법원행정처장에게 송부하여야 한다. 이 경우 대법원은 하급심법원의 제청에 대하여 심사권을 가지고 있지 않으며 위헌 여부에 관한 판단을 헌법재판소에 제시하여야 하는 것도 아니다.

정답 4646. O 4646-1. O 4646-2. X [항고 불가] 4647. O 4647-1. X [대법원을 거쳐야 함] 4648. X [위헌여부 판단 제시 X] 4648-1. X [심사권 X]

02 재판의 정지

4649 법원이 법률의 위헌 여부 심판을 헌법재판소에 제청한 때에는 당해 소송사건의 재판은 헌법재판소의 위헌 여부의 결정이 있을 때까지 정지된다. 다만, 법원이 긴급하다고 인정하는 경우에는 종국재판 외의 소송절차를 진행할 수 있다. 22 소간 O|X

4649-1 법원이 법률의 위헌 여부의 심판을 헌법재판소에 제청한 때에는 당해 소송사건의 재판은 헌법재판소의 위헌여부의 결정이 있을 때까지 정지되므로 법원이 긴급하다고 인정하는 경우에도 종국재판 외의 소송절차를 진행할 수 없다. 23 국회 8 O|X

4649-2 법원이 헌법재판소에 위헌법률심판제청을 하면 당해 소송에 관한 일체의 절차가 정지된다. 16 국회 8 O|X

4649-3 법원이 법률의 위헌 여부 심판을 헌법재판소에 제청한 때에는 당해 소송사건의 재판은 헌법재판소의 위헌 여부의 결정이 있을 때까지 정지되지만, 법원이 긴급하다고 인정하는 경우에는 종국재판도 할 수 있다. 18 경정 O|X

> **헌법재판소법 제42조(재판의 정지 등)** ① 법원이 **법률의 위헌 여부 심판을 헌법재판소에 제청한 때에는** 당해 **소송사건의 재판은** 헌법재판소의 **위헌 여부의 결정이 있을 때까지 정지된다.** 다만, **법원이 긴급하다고 인정하는** 경우에는 **종국재판 외의 소송절차를 진행할 수 있다.**

4650 헌법재판소는 위헌법률심판의 제청이 있은 때에는 법무부장관 및 당해 소송사건의 당사자에게 그 제청서의 등본을 송달한다. 17 국회 8 O|X

> **헌법재판소법 제27조(청구서의 송달)** ② **위헌법률심판의 제청**이 있으면 **법무부장관 및 당해 소송사건의 당사자에게 그 제청서의 등본을 송달**한다.

03 심사대상의 확정 및 심사기준

1 제청서의 기재사항

4651 법원이 법률의 위헌 여부 심판을 헌법재판소에 제청할 때에는 제청서에 제청법원의 표시, 사건 및 당사자의 표시 및 피청구인을 적어야 한다. 16 지방 7 O|X

> **헌법재판소법 제43조(제청서의 기재사항)** 법원이 법률의 위헌 여부 심판을 헌법재판소에 제청할 때에는 **제청서**에 다음 각 호의 사항을 적어야 한다.
> 1. **제청법원의 표시**
> 2. **사건 및 당사자**의 표시
> 3. 위헌이라고 해석되는 **법률 또는 법률의 조항**
> 4. 위헌이라고 해석되는 **이유**
> 5. 그 밖에 필요한 사항

● 정답 4649. ○ 4649-1. ×[종국재판 외 소송절차 진행 可] 4649-2. ×[종국재판 외 소송절차 진행 可] 4649-3. ×[종국재판 不可] 4650. ○ 4651. ×[피청구인 ×]

4652 법원은 문제되는 법률조항이 합리적으로 의심의 여지가 없을 만큼 명백한 경우에만 위헌심판제청을 할 수 있다. 13 서울 7 ○|×

4652-1 법원이 어떤 법률조항에 대하여 위헌제청을 하려면 그 위헌성을 확신하여야 한다. 17 국회 9 ○|×

4652-2 손해배상청구소송의 담당 법관은 「국가배상법」 조항에 관하여 단순한 위헌의 의심을 갖게 된 경우에도 헌법재판소에 위헌법률심판을 제청해야 한다. 24 변호사 ○|×

헌법 제107조 제1항, 헌법재판소법 제41조, 제43조 등의 규정취지는 <u>법원은 문제되는 법률조항이 담당법관 스스로의 법적 견해에 의하여 단순한 의심을 넘어선 합리적인 위헌의 의심</u>이 있으면 <u>위헌여부심판을 제청</u>을 하라는 취지이고, 헌법재판소로서는 제청법원의 이 고유판단을 될 수 있는 대로 존중하여 제청신청을 받아들여 헌법판단을 하는 것이다(헌재 1993. 12. 23. 93헌가2).

2 심사대상의 변경·축소·확대

4653 헌법재판소가 제청이 없었던 법률조항에 대하여 직권으로 심판대상을 다른 법률규정으로 바꾸거나, 축소 또는 확대하는 것은 직권주의의 한계를 벗어난 것으로 볼 수 없다. 12 법원 9 ○|×

4653-1 헌법재판소는 법질서의 통일성과 소송경제적인 측면에서 필요한 경우 제청법률의 심판범위를 확대하거나 축소할 수도 있다. 11 국가 7 ○|×

주관적 권리구제를 우선적인 목적으로 하는 모든 사법작용에는 일반적으로 신청주의가 적용된다. 그러나 헌법재판은 단순히 제청신청인이나 청구인의 권리구제에만 목적이 있는 것이 아니라, 헌법질서 수호와 헌법문제의 해명이라는 성격도 아울러 가지고 있고, 법적 명확성과 통일성의 확보, 소송경제의 관점에서 신청주의를 그대로 관철할 수 없다. 따라서 헌법재판소는 법질서의 통일성과 소송경제적인 측면에서 필요한 경우 <u>제청법률의 심판범위를 축소하거나 확대</u>할 수도 있다. 또한 필요한 경우 제청이 없었던 <u>법률조항에 대하여 직권으로 심판대상을 다른 법률규정으로 변경</u>하기도 한다.

4654 법률조항 중 관련사건의 재판에서 적용되지 않는 내용이 들어 있는 경우에도 제청법원이 단일 조문 전체를 위헌제청하고 그 조문 전체가 같은 심사척도가 적용될 위헌 심사대상인 때에는 그 조문 전체가 심판대상이 된다. 09 국가 7 ○|×

재판의 전제성과 관련하여 <u>법률조항 중 관련사건의 재판에서 적용되지 않는 내용</u>이 들어 있는 경우에도 그 조항 전체가 위헌심사의 대상이 될 수 있는지 여부에 관하여 <u>제청법원이 단일 조문 전체를 위헌제청</u>하고 그 조문 전체가 <u>같은 심사척도가 적용될 위헌 심사대상인 경우 그 조문 전체가 심판대상이 된다</u>고 할 것이며, 관세법 제182조 제2항과 같이 병렬적으로 적용대상이 규정되어 있는 경우라도 그 내용이 서로 밀접한 관련이 있어 같은 심사척도가 적용될 위헌심사 대상인 경우 그 내용을 분리하여 따로 판단하는 것이 적절하지 아니하다고 할 것이다(헌재 1996. 11. 28. 96헌가13).

3 심사기준

4655 위헌법률심판절차에 있어서 규범의 위헌성은 제청법원이나 제청신청인이 주장하는 법적 관점에서만이 아니라 심판대상규범의 법적 효과를 고려한 모든 헌법적 관점에서 심사된다. 19 서울 7 ○|×

4655-1 법원이 위헌법률심판을 제청하는 경우에는 제청서에 위헌이라고 해석되는 법률 또는 법률의 조항 및 위헌이라고 해석되는 이유를 기재해야 하는바, 헌법재판소는 제청서에 기재된 심판의 대상과 위헌심사의 기준에 구속된다. 19 지방 7 ○|×

● 정답 | 4652. ×[명백한 경우 × → 합리적 위헌 의심 ○] 4652-1. ×[확신 × → 합리적 위헌 의심 ○] 4652-2. ×[단순한 의심 × → 합리적 위헌 의심 ○] 4653. ○ 4653-1. ○ 4654. ○ 4655. ○ 4655-1. ×[위헌심사 기준 구속 ×]

헌법재판소는 위헌법률심판절차에 있어서 규범의 위헌성을 **제청법원이나 제청신청인이 주장하는 법적 관점**에서만 아니라 심판대상 규범의 법적 효과를 고려하여 **모든 헌법적 관점**에서 심사한다. **법원의 위헌제청을 통하여 제한되는 것은 오로지 심판의 대상인 법률 조항**이지 **위헌심사의 기준이 아니다**(헌재 1996. 12. 26. 96헌가18).

POINT 268 위헌제청의 대상

01 법률

4656 법률은 법원의 제청에 의한 위헌법률심판의 대상이 된다. 18 서울 7 O | X

> 헌법 제107조 ① **법률**이 **헌법에 위반되는 여부**가 **재판의 전제**가 된 경우에는 **법원**은 헌법재판소에 제청하여 **그 심판에 의하여 재판한다**.

4657 폐지된 법률도 그 위헌여부가 관련 소송사건의 재판의 전제가 되어 있다면 당연히 헌법재판소의 위헌 법률심판의 대상이 된다. 21 국회 9, 21 소간 O | X

4657-1 폐지된 법률도 재판의 전제성이 인정될 수 있다. 19 변호사 O | X

4657-2 폐지된 법률은 위헌심사의 대상이 되지 아니한다. 22 국회 9, 16 국회 8 O | X

폐지된 법률도 그 위헌 여부가 관련 소송사건의 **재판의 전제**가 되어 있다면 당연히 헌법재판소의 **위헌심판의 대상이 된다**(헌재 1994. 6. 30. 92헌가18).

4658 폐지된 법률에 대한 헌법소원은 원칙적으로 부적법하나, 폐지된 법률의 위헌 여부가 관련 소송사건의 재판의 전제가 되어 있다면 위헌심판의 대상이 된다. 22 국회 8 O | X

폐지된 법률에 대한 헌법소원은 원칙적으로 **부적법**하지만, 그 위헌 여부가 관련 소송사건 **재판의 전제**가 되어 있다면 **위헌심판대상이 된다**(헌재 2015. 6. 5. 2015헌바194).

4659 폐지되거나 개정된 법률의 경우에도 국민의 침해된 법익을 보호하기 위하여 그 위헌 여부를 가려야 할 필요가 있는 때에는 심판의 대상으로 인정된다. 16 경정, 14 국회 8 O | X

4659-1 폐지된 법률이라도 그 법률에 의하여 법익침해상태가 계속되는 경우에는 위헌법률심판의 대상이 된다. 19 국회 8, 15 법원 9 O | X

4659-2 헌법소원심판의 대상인 법률은 현행 법률에 한정되며, 폐지되거나 개정된 법률은 어떠한 경우에도 심판의 대상이 될 수 없다. 19 소간 O | X

폐지된 법률(실효된 법률)이라도 헌법재판소법 제68조 제2항의 헌법소원심판청구인들의 **침해된 법익**을 보호하기 위하여 그 위헌여 부가 가려져야 할 필요가 있는 때에는 **심판의 대상이 된다**(헌재 1989. 12. 18. 89헌마32 등).

● 정답 4656. O 4657. O 4657-1. O 4657-2. X [재판 전제 시 대상 O] 4658. O 4659. O 4659-1. O 4659-2. X [될 수 있음]

4660 위헌법률심판 제청 당시에 공포는 되었으나 시행되지 않았고, 결정 당시에는 이미 폐지되어 효력이 상실된 법률은 위헌여부 심판의 대상 법률에서 제외되는 것으로 해석함이 상당하다. 18 입시 O | X

4660-1 위헌법률심판 대상 법률이 제청 당시에 공포되었으나 시행되지 않았고, 위헌법률심판 계속 중에 해당 법률이 폐지된 경우에는 그 폐지된 법률도 원칙적으로 위헌법률심판의 대상이 될 수 있다. 21 소간 O | X

우리 헌법이 채택하고 있는 구체적 규범통제인 위헌법률심판은 최고규범인 헌법의 해석을 통하여 헌법에 위반되는 법률의 효력을 상실시키는 것이므로 이와같은 위헌법률심판 제도의 기능의 속성상 **법률의 위헌여부심판의 제청대상 법률**은 특별한 사정이 없는 한 **현재 시행중**이거나 **과거에 시행되었던 것**이어야 하기 때문에 **제청당시에 공포**는 되었으나 **시행되지 않았고** 이 **결정당시에는 이미 폐지되어 효력이 상실된 법률**은 **위헌여부심판의 대상법률에서 제외**되는 것으로 해석함이 상당하다(헌재 1997. 9. 25. 97헌가4).

4661 헌법재판소법 제68조 제2항에 의한 헌법소원심판은 현재 시행되고 있는 유효한 법률만을 심판 대상으로 할 수 있으므로, 시행 후 폐지된 법률과 공포되었으나 시행되지 않고 이미 폐지된 법률은 심판의 대상이 될 수 없다. 14 변호사 O | X

위헌법률심판제청 또는 위헌심사형 헌법소원의 대상은 원칙적으로 현재 시행되고 있는 유효한 법률이어야 하므로 공포되었으나 시행되지 않고 이미 폐지된 법률은 심판의 대상이 될 수 없다. 다만 **시행 후 폐지된 법률**은 국민의 침해된 법익을 보호하기 위하여 그 위헌 여부를 가려야 할 필요가 있는 때에는 **심판의 대상**으로 인정될 수 있다.

> **관련판례** (1) 위헌법률심판 제도의 기능의 속성상 법률의 위헌여부심판의 **제청대상 법률**은 특별한 사정이 없는 한 **현재 시행 중**이거나 **과거에 시행되었던 것**이어야 하기 때문에 **제청당시에 공포**는 되었으나 **시행되지 않았고** 이 **결정당시에는 이미 폐지되어 효력이 상실된 법률**은 **위헌여부심판의 대상법률에서 제외**되는 것으로 해석함이 상당하다(헌재 1997. 9. 25. 97헌가4).
>
> (2) **폐지된 법률**(실효된 법률)이라도 헌법재판소법 제68조 제2항의 헌법소원심판청구인들의 **침해된 법익을 보호**하기 위하여 그 위헌여부가 가려져야 할 필요가 있는 때에는 **심판의 대상이 된다**(헌재 1989. 12. 18. 89헌마32 등).

4662 위헌결정이 있었던 법률은 위헌법률심판의 대상이 되지 않는다. 15 법원 9 O | X

4662-1 헌법재판소에서 이미 위헌결정이 선고된 법률조항에 대한 위헌법률심판제청은 부적법하다. 22 경정 O | X

4662-2 헌법재판소가 위헌이라고 선고하여 효력을 상실한 법률이라고 하더라도 법원의 제청이 있는 한 원칙적으로 심판의 대상으로 인정된다. 14 국회 8 O | X

4662-3 이미 위헌결정된 법률에 대하여 법원의 위헌법률심판제청이 있는 경우, 형식적으로 법률조항이 존재하므로 헌법재판소는 이를 각하하지 않고 동일한 취지의 위헌확인결정을 한다. 10 지방 7 O | X

개정전 사회보호법 제5조 제1항에 관하여는 당 재판소가 1989.7.14. 선고한 88헌가5, 8, 89헌가44(병합)사건의 결정에서 위 법률의 조항이 <u>헌법에 위반된다고 이미 판시한 바 있어</u> 위 법률의 조항의 위헌 여부는 <u>더 이상 심판의 대상이 될 수 없고</u>, 따라서 이 사건 <u>위헌심판제청중 위 법률의 조항에 관한 부분은 부적법</u>하다 할 것이다(헌재 1989. 9. 29. 89헌가86).

정답 4660. O 4660-1. X [될 수 없음] 4661. X [시행 후 폐지된 법률은 可] 4662. O 4662-1. O 4662-2. X [심판 대상 부정] 4662-3. X [부적법하므로 각하함]

02 법률효를 갖는 규범

4663 위헌법률심판의 대상이 되는 '법률'인지 여부는 그 제정 형식이나 명칭이 아니라 규범의 효력을 기준으로 판단하여야 한다. 18 입시 O|X

4663-1 위헌법률심판제청의 대상은 형식적 의미의 법률에 한정된다. 13 서울 7 O|X

4663-2 위헌법률심판의 대상은 형식적 의미의 법률에 한정되기 때문에 조약과 긴급명령은 포함되지 아니한다. 22 국회 9 O|X

> 일정한 규범이 위헌법률심판 또는 헌법재판소법 제68조 제2항에 의한 헌법소원심판의 대상이 되는 '**법률**'인지 여부는 그 제정 형식이나 명칭이 아니라 그 <u>규범의 효력을 기준</u>으로 판단하여야 한다. 따라서 <u>헌법이 **법률과 동일한 효력**을 가진다고 규정한 **긴급재정경제명령**(제76조 제1항) 및 **긴급명령**(제76조 제2항)</u>은 물론, 헌법상 형식적 의미의 법률은 아니지만 국내법과 동일한 효력이 인정되는 '헌법에 의하여 체결·공포된 <u>**조약**</u>과 일반적으로 승인된 <u>**국제법규**</u>'(제6조)의 위헌 여부의 심사권한도 <u>헌법재판소에 전속된다</u>고 보아야 한다(헌재 2013. 3. 21. 2010헌바70 등).

4664 법률과 동일한 효력을 갖는 긴급명령 및 긴급재정경제명령의 위헌여부 심사권한은 헌법재판소에 전속된다. 18 서울 7 O|X

> <u>헌법이 **법률과 동일한 효력**을 가진다고 규정한 **긴급재정경제명령**(제76조 제1항) 및 **긴급명령**(제76조 제2항)</u>은 물론, 헌법상 형식적 의미의 법률은 아니지만 국내법과 동일한 효력이 인정되는 '헌법에 의하여 체결·공포된 <u>**조약**</u>과 일반적으로 승인된 <u>**국제법규**</u>'(제6조)의 <u>위헌 여부의 심사권한도 헌법재판소에 전속된다</u>고 보아야 한다(헌재 2013. 3. 21. 2010헌바70 등).

4665 대법원은 유신헌법에 근거한 긴급조치가 입법권의 행사라는 실질을 갖추지 못하여 '법률'에 해당하지 않으므로, 그 위헌 여부에 대한 심사권은 최종적으로 대법원에 속한다고 보았으나, 헌법재판소는 긴급조치가 법률과 동일한 효력을 갖는 것으로서 그에 대한 위헌심사권은 헌법재판소가 가진다고 판단하였다. 17 국가 7 O|X

4665-1 위헌법률심판 또는 규범통제형 헌법소원심판의 대상이 되는 '법률'인지 여부는 그 제정 형식이나 명칭이 아니라 규범의 효력을 기준으로 판단하여야 하고, '법률'에는 국회의 의결을 거친 이른바 형식적 의미의 법률은 물론이고 그 밖에 조약 등 '형식적 의미의 법률과 동일한 효력'을 갖는 규범들도 모두 포함되므로, 최소한 법률과 동일한 효력을 가지는 유신헌법하의 긴급조치들에 대한 위헌 여부 심사권한도 헌법재판소에 전속된다. 17 국가 7(추) O|X

4665-2 대법원은 유신헌법에 근거한 긴급조치는 국회의 입법권 행사라는 실질을 전혀 가지지 못한 것으로서, 헌법재판소의 위헌심판대상이 되는 법률에 해당하지 않기 때문에 긴급조치의 위헌 여부에 대한 심사권은 최종적으로 대법원에 속한다고 판단하였다. 14 법무사, 13 국가 7 O|X

4665-3 헌법재판소에 의한 위헌심사의 대상이 되는 법률이란 국회의 의결을 거친 이른바 형식적 의미의 법률을 의미하므로, 1972년 유신헌법상 긴급조치의 위헌 여부에 대한 심사권은 최종적으로 대법원에 속한다. 23 변호사 O|X

● 정답 4663. O 4663-1. X [형식 X, 규범의 효력 기준으로 판단함] 4663-2. X [포함됨] 4664. O 4665. O 4665-1. O 4665-2. O 4665-3. X [헌법재판소에 전속함]

(1) 이 조항에 규정된 '**법률**'인지 여부는 그 제정 형식이나 명칭이 아니라 규범의 효력을 기준으로 판단하여야 하고, '법률'에는 국회의 의결을 거친 이른바 형식적 의미의 법률은 물론이고 그 밖에 조약 등 '형식적 의미의 법률과 동일한 효력'을 갖는 규범들도 모두 포함된다. 따라서 최소한 법률과 동일한 효력을 가지는 이 사건 긴급조치들의 위헌 여부 심사권한도 헌법재판소에 전속한다(헌재 2013. 3. 21. 2010헌바132 등).

(2) 구 대한민국헌법(유신헌법) 제53조 제3항은 대통령이 긴급조치를 한 때에는 지체 없이 국회에 통고하여야 한다고 규정하고 있을 뿐, 사전적으로는 물론이거니와 사후적으로도 긴급조치가 그 효력을 발생 또는 유지하는 데 국회의 동의 내지 승인 등을 얻도록 하는 규정을 두고 있지 아니하고, 실제로 국회에서 긴급조치를 승인하는 등의 조치가 취하여진 바도 없다. 따라서 유신헌법에 근거한 긴급조치는 국회의 입법권 행사라는 실질을 전혀 가지지 못한 것으로서, 헌법재판소의 위헌심판대상이 되는 '**법률**'에 해당한다고 할 수 없고, 긴급조치의 위헌 여부에 대한 심사권은 최종적으로 대법원에 속한다(대판 2010. 12. 16. 2010도5986).

보충설명 대법원은 긴급조치를 법률에 해당하지 않는다고 보아 위헌법률심판제청신청을 기각하였으나, 헌법재판소는 긴급조치를 법률과 동일한 효력을 갖는 규범으로 보아 위헌심사형헌법소원의 대상으로 인정하였다.

4666 헌법 및 「헌법재판소법」에 의하면 위헌심판의 대상을 '법률'이라고 규정하고 있는데, 여기서 '법률'이라고 함은 국회의 의결을 거친 이른바 형식적 의미의 법률뿐만 아니라 법률과 동일한 효력을 갖는 조약 등도 포함된다. 22 국회 8 O | X

4666-1 헌법재판소는 국내법과 같은 효력을 가지는 조약이 위헌법률심판의 대상이 된다고 전제하여 그에 관한 본안판단을 한 바 있다. 12 국가 7 O | X

4666-2 조약은 국회의 동의를 얻어 체결·비준되었더라도 형식적 의미의 법률이 아닌 이상 헌법재판소의 위헌법률심판대상이 될 수 없다. 17 국가 7 O | X

헌법 제107조 제1항, 제2항은 법원의 재판에 적용되는 규범의 위헌 여부를 심사할 때, '법률'의 위헌 여부는 헌법재판소가, 법률의 하위 규범인 '명령·규칙 또는 처분' 등의 위헌 또는 위법 여부는 대법원이 그 심사권한을 갖는 것으로 권한을 분배하고 있다. 이 조항에 규정된 '**법률**'인지 여부는 그 제정 형식이나 명칭이 아니라 규범의 효력을 기준으로 판단하여야 하고, '**법률**'에는 국회의 의결을 거친 이른바 형식적 의미의 법률은 물론이고 그 밖에 조약 등 '형식적 의미의 법률과 동일한 효력'을 갖는 규범들도 모두 포함된다 (헌재 2013. 3. 21. 2010헌바70 등).

4667 일반적으로 승인된 국제법규는 위헌법률심판의 대상이 된다. 19 법무사 O | X

4667-1 '헌법에 의하여 체결·공포된 조약과 일반적으로 승인된 국제법규'는 헌법상 형식적 의미의 법률이 아니므로 위헌법률심판의 대상이 되지 않는다. 21 입시 O | X

헌법이 법률과 동일한 효력을 가진다고 규정한 긴급재정경제명령(제76조 제1항) 및 긴급명령(제76조 제2항)은 물론, 헌법상 형식적 의미의 법률은 아니지만 국내법과 동일한 효력이 인정되는 헌법에 의하여 체결·공포된 조약과 일반적으로 승인된 국제법규(제6조)의 위헌 여부의 심사권한도 헌법재판소에 전속된다고 보아야 한다(헌재 2013. 3. 21. 2010헌바70 등).

4668 국제통화기금 임직원의 공적 행위에 대한 재판권 면제 등을 규정한 국제통화기금협정 제9조 제3항은 위헌법률심판의 대상이 된다. 19 법무사 O | X

4668-1 국제통화기금협정상 각 회원국의 재판권으로부터 국제통화기금 임직원의 공적인 행위를 면제하도록 하는 조항은 성질상 국내에 바로 적용될 수 있는 법규범이 아니어서 위헌법률심판의 대상이 되지 않는다. 16 변호사 O | X

정답 4666. O 4666-1. O 4666-2. X [될 수 있음] 4667. O 4667-1. X [대상이 됨] 4668. O 4668-1. X [대상이 됨]

이 사건 조항 {국제통화기금협정 제9조(지위, 면제 및 특권) 제3항(사법절차의 면제) 및 제8항(직원 및 피용자의 면제와 특권), 전문기구의특권과면제에관한협약 제4절, 제19절(a)}은 각 **국회의 동의를 얻어 체결**된 것으로서, 헌법 제6조 제1항에 따라 국내법적, **법률적 효력을 가지는 바**, 가입국의 재판권 면제에 관한 것이므로 성질상 국내에 바로 적용될 수 있는 법규범으로서 **위헌법률심판의 대상이 된다**(헌재 2001. 9. 27. 2000헌바20).

4669 대한민국과 아메리카합중국 간의 상호방위조약 제4조에 의한 시설과 구역 및 대한민국에서의 합중국군대의 지위에 관한 협정 제2조 제1의 (나)항은 위헌법률심판의 대상이 된다. 19 법무사 O | X

이 사건 조약은 그 명칭이 "협정"으로 되어 있어 국회의 관여없이 체결되는 행정협정처럼 보이기도 하나 우리나라의 입장에서 볼 때에는 **외국군대의 지위에 관한 것**이고, 국가에게 재정적 부담을 지우는 내용과 입법사항을 포함하고 있으므로 **국회의 동의를 요하는 조약으로 취급되어야 한다**(헌재 1999. 4. 29. 97헌가14).

④ 4670 법원의 판결에 의하여 법률과 같이 재판규범으로 적용되어 온 법률적 효력이 있는 관습법도 위헌법률심판의 대상이 된다. 17 국회 9 O | X

4670-1 실질적으로 법률과 같은 효력을 가지는 관습법도 「헌법재판소법」 제68조 제2항에 의한 헌법소원심판의 대상이 된다. 18 서울 7 O | X

4670-2 위헌법률심판제도는 국회의 입법권을 통제하기 위한 것이므로, 국회가 제정한 형식적 의미의 법률이 아니라 법원 판결에 의하여 법률과 같이 재판규범으로 적용되어 온 관습법은 위헌법률심판의 대상이 되지 않는다. 16 변호사 O | X

4670-3 관습법은 사회의 거듭된 관행으로 생성한 사회생활규범이 사회의 법적 확신과 인식에 의하여 법적 규범으로 승인되고 강행되기에 이른 것을 말하는데, 그러한 관습법은 법원(法源)으로서 법령에 저촉되지 아니하는 한 법칙으로서의 효력이 있는 것이다. 따라서 관습법은 형식적 의미의 법률과 동일한 효력이 없으므로 헌법재판소의 위헌법률심판이나 헌법재판소법 제68조 제2항에 따른 헌법소원심판의 대상이 될 수 없다. 16 법무사 O | X

법률과 동일한 효력을 갖는 조약 등을 위헌법률심판의 대상으로 삼는 것은 헌법을 최고규범으로 하는 법질서의 통일성과 법적 안정성을 확보할 수 있을 뿐만 아니라, 합헌적인 법률에 의한 재판을 가능하게 하여 궁극적으로는 국민의 기본권 보장에 기여할 수 있다. 그런데 이 사건 **관습법은 민법 시행 이전에 상속을 규율하는 법률이 없는 상황에서 재산상속에 관하여 적용된 규범으로서 비록 형식적 의미의 법률**은 아니지만 **실질적으로는 법률과 같은 효력을 갖는 것이므로 위헌법률심판의 대상이 된다**(헌재 2013. 2. 28. 2009헌바129).

④ 4671 분재청구권에 관한 관습법은 「민법」 시행 이전에 상속을 규율하는 법률이 없는 상황에서 재산상속에 관하여 적용된 규범으로서 비록 형식적 의미의 법률은 아니지만 실질적으로는 법률과 같은 효력을 가지므로 위헌법률심판의 대상이 된다. 15 국가 7. 18 입시 O | X

4671-1 호주가 사망한 경우 딸에게는 분재청구권을 인정하지 아니하는 내용의 관습법은 실질적으로 법률과 같은 효력을 갖는 것으로서 「헌법재판소법」 제68조 제2항에 의한 헌법소원심판의 대상이 된다. 19 경정 O | X

4671-2 호주가 사망한 경우 딸에게 분재청구권을 인정하지 아니한 구 관습법은 실질적으로는 법률과 같은 효력을 갖지만 형식적 의미의 법률은 아니기 때문에 위헌법률심판의 대상이 될 수 없다. 17 서울 7 O | X

정답 4669. O 4670. O 4670-1. O 4670-2. X [대상이 됨] 4670-3. X [대상이 됨] 4671. O 4671-1. O 4671-2. X [대상이 됨]

법률과 동일한 효력을 갖는 조약 등을 위헌법률심판의 대상으로 삼는 것은 헌법을 최고규범으로 하는 법질서의 통일성과 법적 안정성을 확보할 수 있을 뿐만 아니라, 합헌적인 법률에 의한 재판을 가능하게 하여 궁극적으로는 국민의 기본권 보장에 기여할 수 있다. 그런데 이 사건 **관습법**은 민법 시행 이전에 상속을 규율하는 법률이 없는 상황에서 재산상속에 관하여 적용된 규범으로서 비록 **형식적 의미의 법률**은 아니지만 **실질적으로는 법률과 같은 효력**을 갖는 것이므로 **위헌법률심판의 대상이 된다**(헌재 2013. 2. 28. 2009헌바129).

4672 '여호주가 사망하거나 출가하여 호주상속 없이 절가된 경우 유산은 그 절가된 가(家)의 가족이 승계하고 가족이 없을 때에는 출가녀(出家女)가 승계한다'는 구 관습법은 위헌법률심판의 대상이 된다. 19 법무사
O | X

4672-1 관습법은 형식적 의미의 법률과 동일한 효력이 없으므로, 「민법」 시행 이전의 구 관습법 중 "여호주가 사망하거나 출가하여 호주상속인 없이 절가된 경우, 유산은 그 절가된 가(家)의 가족이 승계하고 가족이 없을 때는 출가녀(出家女)가 승계한다."라는 부분은 「헌법재판소법」 제68조 제2항에 따른 헌법소원심판의 대상이 될 수 없다. 17 변호사
O | X

민법 시행 이전의 "여호주가 사망하거나 출가하여 호주상속이 없이 절가된 경우, 유산은 그 절가된 가(家)의 가족이 승계하고 가족이 없을 때는 출가녀(出家女)가 승계한다."는 **구 관습법**은 민법 시행 이전에 상속 등을 규율하는 법률이 없는 상황에서 절가된 가(家)의 재산분배에 관하여 적용된 규범으로서, 비록 **형식적 의미의 법률**은 아니지만 **실질적으로는 법률과 같은 효력**을 갖는다. 그렇다면 법률과 같은 효력을 가지는 이 사건 **관습법도 헌법소원심판의 대상**이 되고, 단지 형식적 의미의 법률이 아니라는 이유로 그 예외가 될 수는 없다(헌재 2016. 4. 28. 2013헌바396 등).

4673 헌법재판소는 관습법도 위헌법률심판의 대상이 된다고 보고 있으며, 대법원도 관습법이 헌법재판소의 위헌법률심판 대상이 된다고 인정하고 있다. 21 경정, 16 지방 7
O | X

헌법재판소는 관습법이 위헌법률심판의 대상이 된다고 보고 있으나, 대법원은 관습법은 헌법재판소의 위헌법률심판 대상이 되지 않는다고 보고 있다.

> **관련판례** (1) 법률과 동일한 효력을 갖는 조약 등을 위헌법률심판의 대상으로 삼는 것은 헌법을 최고규범으로 하는 법질서의 통일성과 법적 안정성을 확보할 수 있을 뿐만 아니라, 합헌적인 법률에 의한 재판을 가능하게 하여 궁극적으로는 국민의 기본권 보장에 기여할 수 있다. 그런데 이 사건 **관습법**은 민법 시행 이전에 상속을 규율하는 법률이 없는 상황에서 재산상속에 관하여 적용된 규범으로서 비록 **형식적 의미의 법률**은 아니지만 **실질적으로는 법률과 같은 효력**을 갖는 것이므로 **위헌법률심판의 대상이 된다**(헌재 2013. 2. 28. 2009헌바129).
>
> (2) 헌법 제111조 제1항 제1호 및 헌법재판소법 제41조 제1항에서 규정하는 위헌심사의 대상이 되는 법률은 국회의 의결을 거친 이른바 형식적 의미의 법률을 의미하고, 또한 민사에 관한 관습법은 법원에 의하여 발견되고 성문의 법률에 반하지 아니하는 경우에 한하여 보충적인 법원(法源)이 되는 것에 불과하여(민법 제1조) **관습법이 헌법에 위반되는 경우 법원이 그 관습법의 효력을 부인할 수 있으므로, 결국 관습법은 헌법재판소의 위헌법률심판의 대상이 아니라 할 것이다**(대판 2009. 5. 28. 2007카기134).

● 정답 4672. O   4672-1. X [대상이 됨]   4673. X [대법원 인정 X]

03 한정위헌청구

4674 위헌법률심판 제청법원이나 「헌법재판소법」 제68조 제2항에 의한 헌법소원심판 청구인이 심판대상 법률조항의 특정한 해석이나 적용부분의 위헌성을 주장하는 한정위헌청구는 원칙적으로 적법하다. 17 서울 7 O | X

4674-1 헌법합치적 법률해석의 원칙상 법률조항 중 위헌성이 있는 부분에 한정하여 위헌결정을 하는 것은 입법권에 대한 자제와 존중으로서 당연하고 불가피한 결론이므로, 이러한 한정위헌결정을 구하는 한정위헌청구는 원칙적으로 적법하다고 보아야 한다. 11 법원 9 O | X

4674-2 제청법원이 법률조항 자체의 위헌판단을 구하는 것이 아니라 심판대상 법률조항의 특정한 해석이나 적용부분의 위헌성을 주장하는 한정위헌청구를 하는 경우에는 원칙적으로 부적법하다고 보아야 한다. 19 지방 7 O | X

4674-3 헌법재판소법 제41조 제1항의 위헌법률심판제청신청과 제68조 제2항의 헌법소원의 대상은 '법률'이지 '법률의 해석'이 아니므로 법률조항 자체의 위헌판단을 구하는 것이 아니라 '법률조항을 … 으로(이라고) 해석하는 한 위헌'이라고 청구하는 소위 한정위헌청구는 원칙적으로 부적법하다. 19 서울 7, 18 입시 13 국가 7 O | X

구체적 규범통제절차에서 제청법원이나 헌법소원청구인이 심판대상 법률조항의 특정한 해석이나 적용부분의 위헌성을 주장하는 한정위헌청구 역시 원칙적으로 적법한 것으로 보아야 할 것이다. … 법률의 의미는 결국 개별·구체화된 법률해석에 의해 확인되는 것이므로 법률과 법률의 해석을 구분할 수는 없고, 재판의 전제가 된 법률에 대한 규범통제는 해석에 의해 구체화된 법률의 의미와 내용에 대한 헌법적 통제로서 헌법재판소의 고유권한이며, 헌법합치적 법률해석의 원칙상 법률조항 중 위헌성이 있는 부분에 한정하여 위헌결정을 하는 것은 입법권에 대한 자제와 존중으로서 당연하고 불가피한 결론이므로, 이러한 한정위헌결정을 구하는 한정위헌청구는 원칙적으로 적법하다고 보아야 한다(헌재 2012. 12. 27. 2011헌바117).

4675 「형법」상 뇌물죄의 주체가 되는 '공무원'에 (구)「제주특별자치도 설치 및 국제자유도시 조성을 위한 특별법」상의 제주특별자치도 통합영향평가심의위원회 심의위원 중 위촉위원이 포함되는 것으로 해석하는 한 헌법에 위반된다. 16 법원 9 O | X

국가공무원법·지방공무원법에 따른 공무원이 아님에도 법령에 기하여 공무에 종사한다는 이유로 공무원 의제규정이 없는 사인(私人)을 이 사건 법률조항의 '공무원'에 포함된다고 해석하는 것은 처벌의 필요성만을 지나치게 강조하여 범죄와 형벌에 대한 규정이 없음에도 구성요건을 확대한 것으로서 죄형법정주의와 조화될 수 없다. 따라서 이 사건 법률조항의 '공무원'에 국가공무원법·지방공무원법에 따른 공무원이 아니고 공무원으로 간주되는 사람도 아닌 제주자치도 위촉위원이 포함된다고 해석하는 것은 법률해석의 한계를 넘은 것으로서 죄형법정주의에 위배된다(헌재 2012. 12. 27. 2011헌바117).

4676 구체적 규범통제절차에서 법률조항에 대한 특정한 해석이나 적용부분의 위헌성을 다투는 한정위헌청구는 원칙적으로 적법하지만, 재판소원을 금지하는 「헌법재판소법」 제68조 제1항의 취지에 비추어, 당해 사건 재판의 기초가 되는 사실관계의 인정이나 평가 또는 개별적·구체적 사건에서 단순히 법률조항의 포섭이나 적용의 문제를 다투거나, 의미 있는 헌법문제에 대한 주장 없이 단지 재판결과를 다투는 헌법소원 심판청구는 허용되지 않는다. 17 변호사 O | X

4676-1 개별적·구체적 사건에서 법률조항의 단순한 포섭·적용에 관한 문제를 다투는 것도 적법한 헌법소원 심판청구에 해당한다. 21 법무사 O | X

● 정답 4674. O 4674-1. O 4674-2. X [한정위헌청구 원칙적 적법함] 4674-3. X [한정위헌청구 원칙적 적법함] 4675. O 4676. O 4676-1. X [부적법]

구체적 규범통제절차에서 법률조항에 대한 특정적 해석이나 적용부분의 위헌성을 다투는 한정위헌청구가 원칙적으로 적법하다고 하더라도, 재판소원을 금지하고 있는 '법' 제68조 제1항의 취지에 비추어 한정위헌청구의 형식을 취하고 있으면서도 실제로는 당해사건 재판의 기초가 되는 사실관계의 인정이나 평가 또는 개별적·구체적 사건에서의 법률조항의 단순한 포섭·적용에 관한 문제를 다투거나 의미있는 헌법문제를 주장하지 않으면서 법원의 법률해석이나 재판결과를 다투는 경우 등은 모두 현행의 규범통제제도에 어긋나는 것으로서 허용될 수 없는 것이다(헌재 2012. 12. 27. 2011헌바117).

4677 어떤 국세가 「국세기본법」상 당해세 중 우선징수권이 인정되는 '당해 재산의 소유 그 자체를 과세의 대상으로 하여 부과하는 국세와 가산금'에 해당하는지에 관한 구체적·세부적 판단 문제는 개별법령의 해석·적용의 권한을 가진 법원의 영역에 속하므로, 헌법재판소가 가려서 답변할 성질의 것이 아니다. 16 변호사 ○|×

어떤 국세가 우선징수권이 인정되는 "당해 재산의 소유 그 자체를 과세의 대상으로 하여 부과하는 국세와 가산금"에 해당되는지에 관한 구체적·세부적인 판단 문제는 개별법령의 해석·적용의 권한을 가진 법원의 영역에 속하므로, 헌법재판소가 가려서 답변할 성질의 것이 아니다(헌재 1999. 5. 27. 97헌바8 등).

04 입법부작위

4678 헌법재판소법 제68조 제2항에 의한 헌법소원은 '법률'의 위헌성을 적극적으로 다투는 제도이므로 '법률의 부존재' 즉 입법부작위를 다투는 것은 그 자체로 허용되지 아니하지만 법률이 불완전·불충분하게 규정되었음을 근거로 법률 자체의 위헌을 다투는 취지로 이해될 경우에는 그 법률이 당해사건의 재판의 전제가 된다는 것을 요건으로 허용될 수 있다. 18 입시, 17 변호사 ○|×

4678-1 「헌법재판소법」 제68조 제2항에 의한 헌법소원은 어떠한 사항에 대하여 규율하는 법률이 부존재하는 것을 다툴 수 있음은 물론, 어떠한 사항에 대하여 법률이 존재하기는 하나 불완전·불충분하게 규율되고 있음을 이유로 해당 법률조항 자체를 대상으로 하여 다툴 수도 있다. 19 경정 ○|×

헌법재판소법 제68조 제2항에 의한 헌법소원은 '법률'의 위헌성을 적극적으로 다투는 제도이므로 '법률의 부존재' 즉, 입법부작위를 다투는 것은 그 자체로 허용되지 아니하고, 다만 법률이 불완전·불충분하게 규정되었음을 근거로 법률 자체의 위헌성을 다투는 취지로 이해될 경우에는 그 법률이 당해 사건의 재판의 전제가 된다는 것을 요건으로 허용될 수 있다(헌재 2008. 10. 30. 2006헌바80).

4679 진정입법부작위를 「헌법재판소법」 제68조 제2항에 의한 헌법소원심판의 대상으로 하는 것은 그 자체로서 허용될 수 없다. 24 소간 ○|×

4679-1 진정입법부작위는 위헌법률심판의 대상이 되지 않고, 부진정입법부작위의 경우에는 불완전한 법률조항 자체가 위헌심사의 대상이 된다. 10 국가 7 ○|×

4679-2 '법률의 부존재' 자체가 국민의 기본권을 침해할 수 있으므로 진정입법부작위를 다투는 「헌법재판소법」 제68조 제2항의 헌법소원심판은 허용된다. 24 경정 ○|×

헌법재판소법 제68조 제2항에 의한 헌법소원은 '법률'의 위헌성을 적극적으로 다투는 제도이므로 '법률의 부존재' 즉, 진정입법부작위를 다투는 것은 그 자체로 허용되지 아니하고, 다만 법률이 불완전·불충분하게 규정되었음을 근거로 법률 자체의 위헌성을 다투는 취지 즉, 부진정입법부작위를 다투는 것으로 이해될 경우에는 그 법률이 당해 사건의 재판의 전제가 된다는 것을 요건으로 허용될 수 있다(헌재 2019. 12. 10. 2019헌바459).

● 정답 4677. ○   4678. ○   4678-1. ×[법률의 부존재 다툴 수 없음]   4679. ○   4679-1. ○   4679-2. ×[진정입법부작위 헌법소원심판 不可]

4680 국회의 부진정입법부작위는 입법자의 헌법 구체화의무 관점에서 입법부작위를 대상으로 하여 위헌법률심판제청의 대상이 된다. 14 국회 8 O | X

법률이 불완전·불충분하여 결함이 있는 이른바 '**부진정입법부작위**'는 **입법부작위**로 다툴 것이 아니라 **불완전한 법률조항 자체를 대상으로 위헌제청이나 헌법소원을 제기**하여야 한다.

4681 제청법원이 법률에 대한 위헌법률심판을 구하면서 동시에 토지수용의 경우에 가압류가 소멸함에도 그에 대한 보상의 방법과 절차를 전혀 규정하지 않아 가압류 채권자의 재산권을 침해하고 있다는 이른바 입법부작위로 인한 위헌법률심판제청은 부적법하다. 17 국회 8 O | X

제청법원은 토지수용의 경우에 가압류가 소멸함에도 그에 대한 보상 방법과 절차를 전혀 규정하지 않아 가압류 채권자의 재산권을 침해하고 있다는 이른바 입법부작위를 위헌의 이유로 덧붙이고 있으나, 헌법재판소법 제41조에 의한 법원의 위헌제청은 법률이나 법률조항이 헌법에 위반되는지 여부를 적극적으로 다투는 제도이므로 법률의 부존재, 즉 입법부작위를 그 심판의 대상으로 하는 것은 그 자체로서 허용될 수 없다(헌재 2007. 12. 27. 2005헌가9).

4682 특수형태근로종사자인 캐디에 대하여 「근로기준법」이 전면적으로 적용되어야 한다는 주장은, 캐디와 같이 「근로기준법」상 근로자에 해당하지 않지만 이와 유사한 지위에 있는 사람을 「근로기준법」의 적용대상에 포함시키지 않은 부진정입법부작위의 위헌성을 다투는 것이므로 「헌법재판소법」 제68조 제2항의 헌법소원심판을 청구하는 것이 허용된다. 19 변호사 O | X

이 사건 심판청구는 성질상 근로기준법이 전면적으로 적용되지 못하는 특수형태근로종사자의 노무조건·환경 등에 대하여 근로기준법과 동일한 정도의 전면적 보호를 내용으로 하는 **새로운 입법을 하여 달라는 것**에 다름 아니므로, 실질적으로 **진정입법부작위**를 다투는 것에 해당한다. 이 사건 심판청구는 **진정입법부작위**를 다투는 것이고, 헌법재판소법 제68조 제2항에 의한 헌법소원에서 진정입법부작위를 다투는 것은 그 자체로 허용되지 않으므로, 이를 다투는 **이 사건 심판청구는 모두 부적법하다**(헌재 2016. 11. 24. 2015헌바413 등).

4683 (구)「태평양전쟁 전후 국외 강제동원희생자 등 지원에 관한 법률」 제2조 제1호 나목에 대한 심판청구는 평등원칙의 관점에서 입법자가 동법률의 위로금 적용대상에 '국내' 강제동원자도 '국외' 강제동원자와 같이 포함시켰어야 한다는 주장에 터 잡은 것이므로, 이는 위로금 지급대상인 일제하 강제동원자의 범위를 불완전하게 규율하고 있는 부진정입법부작위를 다투는 헌법소원으로 보아야 한다. 16 국가 7 O | X

이 사건 심판청구는 평등원칙의 관점에서 입법자가 구 국외강제동원자지원법의 위로금 적용대상에 '국내' 강제동원자도 '국외' 강제동원자와 같이 포함시켰어야 한다는 주장에 터잡은 것이므로, 이는 헌법적 입법의무에 근거한 진정입법부작위에 관한 헌법소원이 아니라 위로금 지급대상인 일제하 **강제동원자의 범위를 불완전하게 규율**하고 있는 **부진정입법부작위를 다투는 헌법소원으로 볼 것이다**(헌재 2012. 7. 26. 2011헌바352).

4684 수사기관에서 수사 중인 사건에 대하여 징계절차를 진행하지 아니함을 징계 혐의자인 지방공무원에게 통보하지 않아도 징계시효가 연장되는 것이 위헌이라는 주장은, 「지방공무원법」에서 징계시효 연장을 규정하면서 징계절차를 진행하지 아니함을 통보하지 아니한 경우에는 징계시효가 연장되지 않는다는 예외규정을 두지 아니한 부진정입법부작위의 위헌성을 다투는 것이므로 「헌법재판소법」 제68조 제2항의 헌법소원심판을 청구하는 것이 허용된다. 19 변호사 O | X

● 정답   4680. X [입법부작위 대상 안됨]   4681. O   4682. X [진정입법부작위이므로 심판청구 불허]   4683. O   4684. O

청구인은 지방공무원법 제73조 제2항, 제3항, 제73조의2 제1항, 제2항 전부에 대하여 심판청구를 하면서, 수사기관에서 수사 중인 사건에 대하여 징계절차를 진행하지 아니함을 징계 혐의자에게 통보하지 않아도 징계시효가 연장되는 것이 위헌이라는 취지로 다투고 있다. 이는 제73조의2 제2항에서 징계시효 연장을 규정하면서, 징계절차를 진행하지 아니함을 통보하지 아니한 경우에는 징계시효가 연장되지 않는다는 예외규정을 두지 아니한 입법의 불완전성·불충분성, 즉 부진정입법부작위의 위헌성을 다투는 것이다. 따라서 청구인의 주장과 가장 밀접하게 관련되는 제73조의2 제2항만을 심판대상으로 삼기로 한다(헌재 2017. 6. 29. 2015헌마29).

4685 국내에 주민등록이 되어 있는 국민에 대해서만 선거권을 인정하고 국내에 주민등록이 되어 있지 아니한 재외국민에 대해서 선거권을 인정하고 있지 않은 구「공직선거및선거부정방지법」제37조 제1항은 부진정입법부작위에 해당한다. 23 국회 8   O | X

공직선거및선거부정방지법 제37조 제1항은 국민 중 국내에 주민등록이 되어 있는 국민에 대하여 선거권을 인정하고 있을 뿐 국내에 주민등록이 되어 있지 아니한 재외국민에 대하여서는 선거권을 인정할 수 없음을 분명히 하고 있으므로 이른바 **부진정입법부작위에 해당**한다(헌재 1999. 1. 28. 97헌마253).

4686 선거범죄로 인하여 100만 원 이상의 벌금형이 선고되면 임원의 결격사유가 됨에도, 선거범죄와 다른 죄가 병합되어 경합범으로 재판하게 되는 경우 선거범죄를 분리 심리하여 따로 선고하는 규정을 두지 않은 것을 다투는 것은 부진정입법부작위에 대한「헌법재판소법」제68조 제2항에 의한 헌법소원심판에 해당한다. 16 지방 7   O | X

이 사건 심판청구는, 새마을금고법상 '선거범죄를 범하여' 징역형 또는 100만 원 이상의 벌금형을 선고받은 사람에 대하여 임원의 자격을 제한하도록 규정하면서도, 이 사건 법률조항이 선거범죄와 다른 죄의 경합범인 경우에 **분리 선고하도록 하는 규정을 두지 않음**으로써 **불완전, 불충분 또는 불공정한 입법**을 한 것임을 다투고 있으므로 **부진정 입법부작위를 다투는 헌법소원에 해당**한다(헌재 2014. 9. 25. 2013헌바208).

05 명령 · 규칙 · 조례

4687 규범통제형 헌법소원심판청구는 법률이 헌법에 위반되는지 여부가 재판의 전제가 된 때에 소송사건의 당사자가「헌법재판소법」제41조 제1항에 의한 위헌여부심판의 제청신청을 하였음에도 불구하고 법원이 이를 배척한 경우, 법원의 제청에 갈음하여 당사자가 직접 헌법재판소에 헌법소원의 형태로 그 법률의 위헌 여부의 심판을 구하는 것이므로, 그 심판의 대상은 재판의 전제가 되는 법률이지 대통령령이나 규칙은 그 대상이 될 수 없다. 17 국가 7(추)   O | X

4687-1 「헌법재판소법」제68조 제2항에 의한 헌법소원심판의 경우, 법률은 물론이고 명령이나 규칙도 심판의 대상이 된다. 18 서울 7   O | X

헌법재판소법 제68조 제2항의 규정에 의한 헌법소원심판청구는 법률이 헌법에 위반되는 여부가 재판의 전제가 된 때에 소송사건의 당사자가 같은 법 제41조 제1항에 의한 위헌여부 심판의 제청신청을 하였음에도 불구하고 법원이 이를 배척한 경우 법원의 제청에 갈음하여 당사자가 직접 헌법재판소에 헌법소원의 형태로 그 법률의 위헌여부의 심판을 구하는 것이므로 그 심판의 대상은 **재판의 전제가 되는 법률**이지 **대통령령이나 규칙**은 그 대상이 **될 수 없다**(헌재 2003. 6. 26. 2001헌바54).

보충설명 명령 · 규칙의 위헌여부는 법원 스스로 판단할 수 있으므로 명령 · 규칙은 위헌제청의 대상이 되지 않고, 위헌심사형 헌법소원의 대상이 될 수 없다.

정답 4685. O   4686. O   4687. O   4687-1. X [대상 X]

4688 「헌법재판소법」 제68조 제2항에 따른 헌법소원심판의 대상은 당해 사건의 재판의 전제가 되는 법률이므로 지방자치단체의 조례는 그 대상이 될 수 없다. 20 입시 ○|×

4688-1 지방자치단체의 조례는 위헌법률심판이나 「헌법재판소법」 제68조 제2항에 의한 헌법소원심판의 대상이 될 수 없다. 22 국회 9 ○|×

> 헌법재판소법 제68조 제2항에 의한 헌법소원의 대상은 당해 사건의 **재판의 전제가 되는 '법률'**인 것이므로 지방자치단체의 **조례**는 그 **대상이 될 수 없다**(헌재 1998. 10. 15. 96헌바77).

06 헌법개별법규

4689 위헌심사의 대상이 되는 규범으로서의 '법률'이라 함은 국회의 의결을 거쳐 제정된 이른바 형식적 의미의 법률을 의미하므로, 헌법의 개별규정 자체는 헌법소원에 의한 위헌심사의 대상이 아니다. 16 경정, 10 국가 7 ○|×

4689-1 이념적·논리적으로는 헌법규범 상호 간의 우열을 인정할 수 있다 하더라도 그러한 규범 상호 간의 우열이 헌법의 어느 특정규정이 다른 규정의 효력을 전면적으로 부인할 수 있을 정도의 개별적 헌법규정 상호 간에 효력 상의 차등을 의미하는 것이라고 볼 수 없으므로, 헌법의 개별규정에 대한 위헌심사는 허용될 수 없다. 17 국가 7 ○|×

4689-2 헌법개정을 통해 실질적인 헌법의 침해가 발생하더라도 당해 헌법규정을 위헌법률심판의 대상으로 할 수는 없다. 10 국회 9 ○|×

4689-3 헌법규정도 위헌제청의 적법한 대상이 된다. 22 국회 9, 17 국회 9 ○|×

4689-4 헌법의 각 개별조항 간에는 이념적·논리적으로 규범 상호 간의 우열을 인정할 수 있으므로 특정한 헌법조항은 다른 헌법조항이 개정될 경우 그 위헌 여부를 심사할 수 있는 기준이 될 수 있다. 11 법원 9 ○|×

> 위헌심사의 대상이 되는 법률이 국회의 의결을 거친 이른바 **형식적 의미의 법률을** 의미하는 것에 아무런 의문이 있을 수 없으므로, **헌법의 개별규정 자체는** 헌법소원에 의한 **위헌심사의 대상이 아니다.** 헌법은 전문과 각 개별조항이 서로 밀접한 관련을 맺으면서 하나의 통일된 가치 체계를 이루고 있는 것으로서, 헌법의 제규정 가운데는 헌법의 근본가치를 보다 추상적으로 선언한 것도 있고, 이를 보다 구체적으로 표현한 것도 있으므로 **이념적·논리적으로는 규범상호간의 우열을 인정할 수 있는** 것이 사실이다. 그러나, 이때 인정되는 규범상호간의 우열은 추상적 가치규범의 구체화에 따른 것으로 헌법의 통일적 해석에 있어서는 유용할 것이지만, 그것이 헌법의 어느 특정규정이 다른 규정의 효력을 전면적으로 부인할 수 있을 정도의 **개별적 헌법규정상호간에 효력상의 차등을** 의미하는 것이라고는 **볼 수 없다**(헌재 1995. 12. 28. 95헌바3).

●정답 4688. ○ 4688-1. ○ 4689. ○ 4689-1. ○ 4689-2. ○ 4689-3. ×[대상 ×] 4689-4. ×[될 수 없음]

POINT 269   재판의 전제성

01 재판의 전제성

4690 「헌법재판소법」 제41조 제1항에 규정된 법률의 위헌 여부에 대한 재판의 전제성이라 함은 구체적인 사건이 법원에 현재 계속 중이어야 하고, 위헌 여부가 문제되는 법률 또는 법률조항이 당해 소송사건의 재판과 관련하여 적용되는 것이어야 하며, 그 법률이 헌법에 위반되는지 여부에 따라 당해 사건을 담당한 법원이 다른 내용의 재판을 하게 되는 경우를 말한다. 22 경정   O|X

4690-1 구체적인 사건이 법원에 계속 중이거나 현재 계속 중은 아니라도 계속될 것이 확실해야 한다. 15 국회 9   O|X

재판의 전제성이라 함은, 첫째 구체적인 사건이 **법원에 계속중**이어야 하고, 둘째 위헌여부가 문제되는 **법률이 당해 소송사건의 재판과 관련하여 적용**되는 것이어야 하며, 셋째 그 법률이 헌법에 위반되는지의 여부에 따라 당해 사건을 담당한 **법원이 다른 내용의 재판**을 하게 되는 경우를 말한다(헌재 1992. 12. 24. 92헌가8).

02 재판의 전제성의 요건

1 구체적인 사건이 법원에 계속 중

4691 법원에 계속 중인 당해 사건이 부적법한 것인 경우에는 법률의 위헌 여부를 따져 볼 필요 없이 각하를 면할 수 없는 것으로서 재판의 전제성이 인정되지 않는다. 12 국회 8   O|X

당해 사건이 부적법한 것이어서 법률의 위헌 여부를 따져볼 필요조차 없이 **각하를 면할 수 없는 것**일 때에는 위헌여부심판의 제청신청은 적법요건인 **재판의 전제성을 흠결**한 것으로서 각하될 수밖에 없고 이러한 경우 제기된 헌법소원심판청구는 결국 **재판의 전제성을 갖추지 못하여 부적법**하다(헌재 2004. 6. 24. 2001헌바104).

2 당해 소송사건의 재판에 적용

4692 심판대상법률은 당해 사건에 직접 적용되는 것이어야 하지만, 예외적으로 간접 적용되는 법률도 재판의 전제성을 충족할 수 있다. 14 국가 7   O|X

4692-1 심판대상조항이 당해 사건의 재판에 직접 적용되지는 않더라도 그 위헌 여부에 따라 당해 사건의 재판의 효력과 내용에 관한 법률적 의미가 달라지는 경우 재판의 전제성이 인정된다. 19 국회 8   O|X

4692-2 심판의 대상이 되는 법률은 반드시 당해 사건 재판에 직접 적용되는 법률이어야 한다. 12 국회 8   O|X

4692-3 제청 또는 심판청구된 법률조항이 법원의 당해사건의 재판에 직접 적용되지 않는 경우, 그 위헌 여부에 따라 당해 사건의 재판에 직접 적용되는 법률조항의 위헌여부가 결정되더라도 간접 적용되는 법률규정에 대하여는 재판의 전제성을 인정할 수 없다. 12 국회 8   O|X

제청 또는 청구된 법률조항이 법원의 당해사건의 재판에 **직접 적용되지는 않더라도** 그 위헌여부에 따라 당해사건의 재판에 **직접 적용되는 법률조항의 위헌여부가 결정되**거나, **당해재판의 결과가 좌우되는 경우** 등과 같이 양 규범 사이에 내적 관련이 있는 경우에는 **간접 적용되는 법률규정**에 대하여도 **재판의 전제성을 인정할 수 있다**(헌재 2001. 10. 25. 2000헌바5).

● 정답   4690. O   4690-1. X [계속 중이어야 함]   4691. O   4692. O   4692-1. O   4692-2. X [간접 적용되어도 가능]   4692-3. X [인정할 수 있음]

4693 법률조항이 당해 사건의 재판에 간접 적용되더라도, 그 위헌여부에 따라 당해 사건의 재판에 직접 적용되는 법률조항의 위헌여부가 결정되거나, 당해 재판의 결과가 좌우되는 경우 등 양 규범 사이에 내적 관련이 인정된다면 재판의 전제성을 인정할 수 있다. 22 국회 8 O | X

법률조항이 당해 사건의 재판에 **간접 적용**되더라도, 그 위헌여부에 따라 당해 사건의 재판에 **직접 적용되는 법률조항의 위헌여부가 결정되거나**, **당해 재판의 결과가 좌우되는 경우 등 양 규범 사이에 내적 관련이 인정된다면 재판의 전제성을 인정할 수 있다**(헌재 2021. 5. 27. 2019헌바332).

4694 공소장에 적시되지 아니한 법률조항이라 하더라도 법원이 공소장 변경 없이 실제 적용한 법률조항은 재판의 전제성이 인정된다. 12 국회 8 O | X

4694-1 공소장에 적시된 법률조항이라 하더라도 구체적 소송사건에서 법원이 적용하지 아니한 법률조항은 재판의 전제성이 인정되지 않는다. 19 경정, 14 국가 7 O | X

4694-2 형사사건에 있어서 원칙적으로 공소가 제기되지 아니한 법률조항의 위헌 여부는 당해 형사사건의 재판의 전제가 될 수 없으나 공소장에 적용법조로 기재되었다면 재판의 전제성을 인정할 수 있다. 22 국가 7 O | X

형사사건에 있어서는, 원칙적으로 공소가 제기되지 아니한 법률조항의 위헌 여부는 당해 형사사건의 재판의 전제가 될 수 없으나, **공소장에 적용법조로 기재되었다는 이유만으로 재판의 전제성을 인정할 수도 없다**. 즉, 공소장의 변경 없이 법원이 직권으로 공소장 기재와는 다른 법조를 적용할 수 있는 경우가 있으므로 **공소장에 적시되지 않은 법률조항**이라 하더라도 법원이 공소장변경 없이 **실제 적용한 법률조항**은 재판의 전제성이 인정되는 반면, 비록 **공소장에 적시된 법률조항**이라 하더라도 **법원이 적용하지 않은 법률조항은 재판의 전제성이 부인되는 것이다**(헌재 2002. 4. 25. 2001헌가27).

4695 공소가 제기되지 아니한 사실에 적용되는 법률조항의 위헌 여부는 다른 특별한 사정이 없는 한 당해 형사사건에서 재판의 전제가 될 수 있다. 17 법무사 O | X

어떤 법률규정이 위헌의 의심이 있다 할지라도 그것이 당해 사건에 적용되는 것이 아니라면 원칙적으로 재판의 전제성이 부정된다. 특히 청구인들에 대한 **공소사실에 관하여 적용되지 아니한 법률이나 법률조항의 위헌 여부는 다른 특별한 사정이 없는 한 청구인들이 재판을 받고 있는 당해 형사사건에 있어서 그 재판의 전제가 되었다고 할 수 없다**(헌재 2006. 2. 23. 2003헌바84).

4696 범죄 후 형벌 법규가 개정되어 행위가 범죄를 구성하지 아니하거나 형이 구법보다 경하게 된 때에는 구법상 법률규정은 위헌법률심판의 대상이 되지 아니한다. 21 소간 O | X

형법 제1조 제2항은 "**범죄 후 법률의 변경에 의하여 그 행위가 범죄를 구성하지 아니하거나 형이 구법보다 경한 때에는 신법에 의한다**."라고 규정하고 있고, 이는 '전체적으로 보아 신법이 구법보다 피고인에게 유리하게 변경된 것이라면 신법을 적용하여야 한다.'라는 취지라고 봄이 타당하다. … 이와 같이 **당해 사건에 개정된 신법이 적용되는 이상, 당해 사건에 적용되지 않는 심판대상조항은 재판의 전제성을 상실하였다고 할 것이다**(헌재 2015. 6. 25. 2014헌가17).

정답 4693. O 4694. O 4694-1. O 4694-2. × [전제성 부정] 4695. × [전제성 부정] 4696. O

4697 범죄 후 양벌규정에 면책조항이 추가되는 형식으로 피고인에게 유리하게 법률이 개정된 경우, 당해 사건에는 신법이 적용되고 당해 사건에 적용되지 않는 구법은 재판의 전제성을 상실하게 된다. 19 경정

O | X

형법 제1조 제2항은 '전체적으로 보아 신법이 구법보다 피고인에게 유리하게 변경된 것이라면 신법을 적용하여야 한다.'는 취지이므로, 이 사건과 같이 양벌규정에 면책조항이 추가되어 무과실책임규정이 과실책임규정으로 피고인에게 유리하게 변경되었다면 당해 사건에는 형법 제1조 제2항에 의하여 신법이 적용된다 할 것이고, 결국 당해 사건에 적용되지 않는 구법인 심판대상조항들은 재판의 전제성을 상실하게 되었다 할 것이다(헌재 2010. 9. 2. 2009헌가15 등).

4698 자술서에 대한 증거능력 인정여부는 원칙적으로 「형사소송법」에 따라 결정되고, 심판대상조항은 증거채부 또는 증거능력에 관한 규정이 아니므로 보호신청을 한 북한이탈주민에 대해 그 밖의 필요한 조치를 취할 수 있게 한 해당 조항에 대한 심판청구는 재판의 전제성이 인정되지 아니한다. 20 국회 8

O | X

당해사건에 적용되는 법률은 국가보안법 제4조 제2항, 제1항 제2호 나목, 제6조 제2항이고, 심판대상조항(북한이탈주민의 보호 및 정착지원에 관한 법률 제7조 제3항)은 북한을 이탈하여 보호를 신청한 자를 임시로 보호하고 그 밖의 필요한 조치를 할 수 있다는 내용으로 당해사건의 재판에 적용되는 법률이 아니다. 청구인은 심판대상조항이 위헌으로 결정된다면, 국가보안법위반(간첩) 등에 대한 형사재판에서 유죄의 증거로 채택된 구 중앙합동신문센터에서 작성한 진술서의 증거능력이 부정되어 다른 내용의 재판을 할 수 있다는 취지로 주장한다. 그런데 위 자술서의 임의성이 문제된다면 그에 대한 증거능력 인정 여부는 원칙적으로 형사소송법 제309조 이하의 해석·적용에 따라 결정되는 점, 심판대상조항은 증거채부 또는 증거능력에 관한 규정이 아닌 점, 청구인은 구 중앙합동신문센터에서의 자백을 법정에서 번복하지 않고 오히려 임시보호조치기간 이후 1심 및 2심에서 법정자백하며 자수감경을 요구한 점 등을 종합적으로 고려할 때, 심판대상조항의 위헌 여부에 따라 당해사건을 담당한 법원이 다른 내용의 재판을 하게 된다고 보기 어렵다. 따라서 심판대상조항은 재판의 전제성이 인정되지 아니한다(헌재 2018. 4. 26. 2014헌바449).

4699 당내경선에서 「공직선거법」상 허용되는 경선운동 방법을 위반하여 확성장치인 마이크를 사용해 경선운동을 하였다는 범죄사실로 유죄판결을 받은 당해사건에 「공직선거법」상 확성장치사용 조항들에 대한 심판청구는 재판의 전제성이 인정된다. 20 국회 8

O | X

확성장치사용 조항들은, 청구인이 당내경선에서 공직선거법상 허용되는 경선운동방법을 위반하여 확성장치인 마이크를 사용해 경선운동을 하였다는 범죄사실로 유죄판결을 받은 당해사건에 적용되지 아니하였고, 확성장치사용 조항들의 위헌 여부에 따라 당해사건을 담당한 법원이 다른 내용의 재판을 하게 된다고 볼 수도 없다. 따라서 확성장치사용 조항들의 위헌 여부는 당해사건 재판의 전제가 되지 아니한다(헌재 2019. 4. 11. 2016헌바458 등).

4700 (구) 「성폭력범죄의 처벌 등에 관한 특례법」상 성폭력범죄자의 신상정보 등록의 근거규정에 의하면 일정한 성폭력범죄로 유죄판결이 확정된 자는 신상정보 등록대상자가 되는바, 유죄판결이 확정되기 전 단계인 당해 형사사건에서는 위 신상정보등록 근거규정의 재판의 전제성은 인정되지 않는다. 15 국가 7

O | X

신상정보 등록의 근거규정에 의하면, 일정한 성폭력범죄로 유죄판결이 확정된 자는 신상정보 등록대상자가 되는바, 유죄판결이 확정되기 전 단계인 당해 형사사건 재판에서 신상정보 등록 근거규정이 적용된다고 볼 수 없으므로 이에 관한 청구는 재판의 전제성이 인정되지 아니한다(헌재 2013. 9. 26. 2012헌바109).

● 정답 4697. O 4698. O 4699. X [전제성 부정] 4700. O

4701 당해 사건이 고등법원의 재정신청기각결정에 대한 재항고사건인 경우 재정신청이 이유 있으면 공소제기 결정을 하도록 규정한 형사소송법 조항에 관하여 재판의 전제성이 인정된다. 17 법원 9 O | X

당해사건은 고등법원의 재정신청기각결정에 대한 재항고사건이므로 심판대상조항은 당해사건에 직접 적용될 법률이 아니다. 또한, 심판대상조항이 위헌으로 결정되어 재정신청이 이유 있는 경우 공소제기 명령을 하는 대신 불기소처분을 취소하는 것으로 제도가 변경된다고 하여 불기소처분의 적법성과 타당성을 심사하는 법관의 재량적 판단이 달라질 것이라고 보기는 어렵다. … 더구나 청구인들의 주장과 같이 심판대상조항이 개정되고 그 효력이 소급된다고 하더라도, 당해사건에서 대법원이 고등법원의 재정신청기각결정이 헌법이나 법률에 위반된다고 판단할 것이라고 추단할 수 없다. 따라서 심판대상조항은 당해사건에서 재판의 전제성이 인정되지 않는다 (헌재 2015. 1. 29. 2012헌바434).

4702 법원이 심판대상조항을 적용함이 없이 다른 법리를 통하여 재판을 한 경우 심판대상조항의 위헌 여부는 당해사건법원의 재판에 직접 적용되거나 관련되는 것이 아니어서 재판의 전제성이 인정되지 않는다. 22 국가 7 O | X

구 국세징수법 제47조 제2항은 부동산등에 대한 압류는 압류의 등기 또는 등록을 한 후에 발생한 체납액에 대하여도 효력이 미친다는 내용임에 반하여, 당해사건의 법원은 압류등기 후에 압류부동산을 양수한 소유자에게 압류처분의 취소를 구할 당사자적격이 있는지에 관한 법리 및 압류해제, 결손처분에 관한 법리를 통하여 당해사건을 판단하였고, 그러한 당해사건법원의 판단은 그대로 대법원에 의하여 최종적으로 확정되었는 바, 그렇다면 위 법률조항의 위헌여부는 당해사건법원의 재판에 직접 적용되거나 관련되는 것이 아니어서 그 재판의 전제성이 없다(헌재 2001. 11. 29. 2000헌바49).

4703 헌법불합치결정에서 정한 잠정적용기간 동안 헌법불합치결정을 받은 법률조항에 따라 퇴직연금환수처분이 이루어졌고 환수처분의 후행처분으로 압류처분이 내려진 경우, 압류처분의 무효확인을 구하는 당해 소송에서 헌법불합치결정에 따라 개정된 법률조항은 당해소송의 재판의 전제가 된다. 21 경정, 15 국가 7 O | X

구 공무원연금법 제64조 제1항 제1호에 대하여 헌법재판소가 헌법불합치결정을 하면서, 2008. 12. 31.까지 잠정적용을 명하였는데, 청구인에 대한 공무원 퇴직연금 환수처분은 위 조항에 근거하여 잠정적용기간 내인 2008. 9. 12.에 이루어졌으므로 법률상 근거가 있는 처분이다. 그리고 청구인에 대한 압류처분은 위와 같이 유효한 환수처분을 선행처분으로 한 것이므로, 압류처분의 무효확인을 구하는 당해 소송에서는 개정된 공무원연금법 제64조 제1항 제1호가 적용될 여지가 없다. 따라서 개정된 공무원연금법 제64조 제1항 제1호는 당해 사건의 재판에 적용되지 아니하므로, 재판의 전제성이 인정되지 아니한다(헌재 2013. 8. 29. 2010헌바241).

4704 확인신청 기간제한 조항은 직접생산 확인을 취소하는 처분을 받은 중소기업자에 대하여 일정기간 그 중소기업자가 생산하는 모든 제품에 대하여 직접생산 여부의 확인을 신청하지 못하도록 법률상 제한을 가하는 규정일 뿐이므로 해당 조항에 대한 부분은 재판의 전제성이 인정되지 아니한다. 20 국회 8 O | X

확인신청 기간제한 조항은 직접생산 확인을 취소하는 처분의 근거법률이 아니라 직접생산 확인을 취소하는 처분을 받은 중소기업자에 대하여 직접생산 확인이 취소된 날부터 6개월간 그 중소기업자가 생산하는 모든 제품에 대하여 직접생산 여부의 확인을 신청하지 못하도록 법률상 제한을 가하는 규정이다. 따라서 위 조항은 직접생산 확인 취소 처분을 다투는 당해 사건에 적용되지 아니하고, 그 위헌 여부에 따라 당해 사건의 재판의 주문이나 내용·효력에 관한 법률적 의미가 달라지는 경우에도 해당하지 아니하므로, 심판청구 중 확인신청 기간제한 조항에 대한 부분은 재판의 전제성 요건이 인정되지 아니한다(헌재 2018. 11. 29. 2016헌바353).

● 정답 4701. X [전제성 부정] 4702. O 4703. X [전제성 부정] 4704. O

4705 당해 사건에는 구법조항이 적용되었는데 법원이 동일한 내용의 신법조항을 제청한 경우에 신법조항의 위헌 여부는 당해사건에 적용되지 않으므로 재판의 전제성이 없다. 17 법무사 O | X

제청신청인이 당해사건에서 반환을 구하는 부당이득금의 원인이 된 것은 중학교수업료 징수행위인데, 그 수업료 징수의 근거가 된 것은 교육기본법 제8조 제1항 단서가 아니라 제청신청인의 자녀가 중학교에 재학중일 당시 시행되던 구 교육법 제8조의2이다. 따라서 위 교육기본법 조항은 당해사건 재판에 적용될 법률이 아니며, 그 위헌여부는 당해사건의 재판과 아무런 관련이 없으므로 재판의 전제성 요건을 흠결한 것임이 분명하다(헌재 2001. 4. 26. 2000헌가4).

4706 유류분반환청구와 기여분결정 심판청구는 별개의 절차로 진행되고 기여분이 결정되어 있다고 하더라도 유류분산정에 있어서 기여분이 공제될 수 없으므로, 기여분결정 심판청구와 관련된 「민법」 제1008조의2제4항에 대한 심판청구는 재판의 전제성이 인정되지 아니한다. 20 국회 8 O | X

유류분반환청구와 기여분결정 심판청구는 별개의 절차로 진행되고 기여분이 결정되어 있다고 하더라도 유류분산정에 있어서 기여분이 공제될 수 없으므로, 기여분결정 심판청구와 관련된 심판대상조항은 당해사건인 유류분반환청구사건의 적법여부의 판단 및 유류분액 산정 등 본안판단에는 적용되지 않는다. … 그러므로 이 사건 심판청구는 당해사건에서 재판의 전제성이 인정되지 않는다(헌재 2018. 2. 22. 2016헌바86).

4707 여권발부조건에 해당하는지 여부를 심사하기 위한 신원조회 때문에 여권이 뒤늦게 발부되어 출국을 못한 경우, 여권발부 지연으로 인한 손해배상소송에서는 여권발부 거부의 근거 규정의 위헌성을 다툴 만한 재판의 전제성이 인정될 수 없다. 09 국가 7 O | X

여권이 뒤늦게 발부된 경우라면, 비록 그 지연 이유가 「여권법」 제8조제1항제5호상의 여권발급 거부 조건으로서 '대한민국의 이익이나 공공의 안전을 현저히 해할 상당한 이유'가 있는지 여부를 판단하기 위한 것이었다고 해도, 당해사건은 위 조항이 적용되는 사안이 아니라고 보아야 할 것이다(헌재 2002. 3. 28. 2000헌바90).

4708 아직 법원에 의하여 그 해석이 확립된 바 없어 제청대상 법률조항이 당해 사건 재판에 적용 여부가 불확실한 경우, 법원이 적용가능성을 전제로 위헌법률심판제청을 하였더라도 재판의 전제성이 인정되지 않는다. 19 경정 O | X

아직 법원에 의하여 그 해석이 확립된 바 없어 당해 형사사건에의 적용 여부가 불명인 상태에서 검사가 그 적용을 주장하며 공소장에 적용법조로 적시하였고, 법원도 적용가능성을 전제로 재판의 전제성을 긍정하여 죄형법정주의 위반 등의 문제점을 지적하면서 위헌법률심판제청을 하여 온 이상, 헌법재판소로서는 그 법령을 해석하여 이에 대한 판단을 하여야 하고 법원은 그 판단을 전제로 당해사건을 재판하게 되는 것이므로, 위 각 규정은 그 해석에 의하여 당해 형사사건에의 적용 여부가 결정된다는 측면에서 재판의 전제성을 인정하여야 한다(헌재 2002. 4. 25. 2001헌가27).

4709 조합이 주택재개발사업을 시행하기 위하여 필요한 경우 토지·물건 또는 그 밖의 권리를 취득하거나 사용할 수 있도록 한 구「도시정비법」 조항은 수용재결처분의 근거조항으로 그 위헌 여부에 따라 재판의 결론이나 내용과 효력에 관한 법률적 의미가 달라질 가능성이 있으므로 재판의 전제성이 인정된다. 20 국회 8 O | X

정답 4705. ○ 4706. ○ 4707. ○ 4708. ✕ [전제성 인정] 4709. ○

구 도시정비법 제38조 본문 '사업시행자' 부분 중 제8조 제1항에 따라 조합이 주택재개발사업을 시행하는 경우에 관한 부분과 토지보상법 제4조 제8호 중 [별표] 제36호 가운데 도시정비법 제38조에 따라 조합이 주택재개발사업을 시행하는 경우에 관한 부분(이하 총칭하여 '이 사건 **수용조항**'이라 한다)은 이 사건 **토지수용재결처분의 근거조항**으로 수용재결처분의 무효확인 내지 취소를 구하는 **당해 사건 재판에 적용**되고 그 위헌 여부에 따라 재판의 결론이나 내용과 효력에 관한 법률적 의미가 달라질 가능성이 있다. 또한, 당해사건은 2018. 6. 15.에 확정되었으나, 이 경우에도 당해사건에 적용되는 법률이 위헌으로 결정되면 재심청구가 가능하다(헌법재판소법 제75조 제7항). 따라서 위 조항들은 **재판의 전제성이 인정**되고, 그 밖의 적법요건도 모두 갖추었으며 달리 **부적법하다고 볼 사정이 없다**(헌재 2019. 11. 28. 2017헌바241).

3 당해 소송사건을 담당하는 법원이 다른 내용의 재판

4710 재판의 전제성이란 구체적 사건이 법원에 계속되어 있었거나 현재 계속 중이어야 하고, 위헌여부가 문제되는 법률 또는 법률조항이 당해 소송사건의 재판과 관련하여 적용되는 것이어야 하며, 그 법률이 헌법에 위반되는지의 여부에 따라 당해 사건을 담당한 법원이 다른 내용의 재판을 하게 되는 경우를 의미한다. 여기서 법원이 다른 내용의 재판을 하게 되는 경우라 함은 당해 사건의 재판의 결론이나 주문에 영향을 주거나, 재판의 결론을 이끌어 내는 이유를 달리하는 데 관련이 있거나, 재판의 내용과 효력에 관한 법률적 의미가 달라지는 경우를 말한다. 23 국회 8   O | X

4710-1 재판의 전제성과 관련하여 법원이 다른 내용의 재판을 하게 되는 경우라 함은 문제된 법률의 위헌 여부가 당해 사건의 재판의 결론이나 주문에 영향을 주는 것뿐만 아니라, 재판의 주문에 영향을 미치지 않아도 재판의 내용과 효력에 관한 법률적 의미가 달라지는 경우도 포함한다. 20 경정, 17 법무사   O | X

4710-2 재판의 전제성이 인정되기 위한 요건으로서 '법률의 위헌여부에 따라 법원이 다른 내용의 재판을 하게 되는 경우'는 제청법원에 계속 중인 당해사건의 재판의 주문에 영향을 주는 경우에 한정된다. 21 경정
O | X

4710-3 재판의 전제성이란 그 법률의 위헌 여부가 재판의 주문과 이유에 어떤 영향을 미치는 것을 의미하고, 법률의 위헌 여부에 따라 재판내용의 법률적 의미가 달라지는 경우까지 포함하는 것은 아니다. 11 국가 7
O | X

법원이 "다른 내용의" 재판을 하게 되는 경우라 함은 원칙적으로 법원이 심리중인 당해 사건의 **재판의 결론**이나 **주문에 어떠한 영향**을 주는 것뿐만이 아니라, 문제된 법률의 위헌여부가 비록 재판의 **주문 자체에는 아무런 영향을 주지 않는다**고 하더라도 **재판의 결론을 이끌어 내는 이유**를 달리 하는데 관련되어 있거나 또는 **재판의 내용과 효력에 관한 법률적 의미가 전혀 달라지는 경우**도 **포함한다** 할 것이다(헌재 1993. 5. 13. 92헌가10 등).

4711 해당 법률규정의 위헌여부에 따라 비록 판결주문의 형식적 내용이 달라지는 것은 아니라 하더라도 그 판결의 실질적 효력에 차이가 있게 되는 경우, 위헌법률심판제청의 적법요건으로서 재판의 전제성이 있다. 09 국가 7   O | X

해당 법률규정의 위헌 여부에 따라 비록 **판결주문의 형식적 내용**이 달라지는 것은 아니라 하더라도 그 **판결의 실질적 효력**(피고인의 석방 여부)에 차이가 있게 되는 것이므로, 위 단서규정의 위헌 여부는 제청법원이 관련사건에 대한 재판을 함에 있어서 **재판의 전제성이 있다**(헌재 2001. 6. 28. 2001헌바16).

● 정답 4710. O   4710-1. O   4710-2. X [이유를 달리하거나 법률적 의미 달라지는 경우 포함]   4710-3. X [법률적 의미 달라지는 경우 포함]
4711. O

4712 당해 사건을 담당하는 법원이 당해 법률의 위헌 여부와 관계없이 각하하여야 할 사건이라면 당해 법률이 헌법에 위반되는지 여부에 따라 법원이 다른 내용의 재판을 하게 되는 경우라고 할 수 없으므로 재판의 전제성이 인정되지 않는다. 22 경정 O|X

법률에 대한 위헌제청이 적법하려면 법원에 계속중인 구체적인 사건에 적용할 법률이 헌법에 위반되는 여부가 재판의 전제로 되어야 한다. 당해사건을 담당하는 법원이 당해 법률의 위헌 여부와 관계없이 **각하를 하여야 할 사건**이라면 당해 법률이 헌법에 위반되는지의 여부에 따라 당해 사건을 담당하는 **법원이 다른 내용의 재판을 하게 되는 경우라고 할 수 없으므로 재판의 전제성이 인정될 수 없다**(헌재 2003. 10. 30. 2002헌가24).

4713 병역의 종류를 규정한 「병역법」조항이 대체복무제를 포함하고 있지 않다는 이유로 위헌으로 결정된다면, 양심적 병역거부자가 현역입영 또는 소집 통지서를 받은 후 3일 내에 입영하지 아니하거나 소집에 불응하더라도 대체복무의 기회를 부여받지 않는 한 당해 사건인 형사재판을 담당하는 법원이 무죄를 선고할 가능성이 있으므로, 위 「병역법」조항은 재판의 전제성이 인정된다. 20 변호사 O|X

병역종류조항이 대체복무제를 포함하고 있지 않다는 이유로 **위헌으로 결정**된다면, 양심적 병역거부자가 현역입영 또는 소집 통지서를 받은 후 3일 내에 입영하지 아니하거나 소집에 불응하더라도 대체복무의 기회를 부여받지 않는 한 **당해 형사사건을 담당하는 법원**이 **무죄를 선고할 가능성**이 있으므로, **병역종류조항은 재판의 전제성이 인정된다**(헌재 2018. 6. 28. 2011헌바379 등).

03 재판의 의미

4714 「헌법재판소법」 제41조 제1항의 위헌법률심판에서의 재판이라 함은 판결·결정·명령 등 그 형식 여하와 본안에 관한 재판이거나 소송절차에 관한 재판이거나를 불문하며 심급을 종국적으로 종결시키는 종국재판뿐만 아니라 중간재판도 이에 포함된다. 22 입시 O|X

4714-1 위헌법률심판의 적법요건으로서의 재판의 전제성에서 '재판'이라 함은 판결·결정·명령 등 그 형식 여하와 본안에 관한 재판이거나 소송절차에 관한 재판인지를 불문하나, 심급을 종국적으로 종결시키지 아니하는 중간재판은 이에 포함되지 않는다. 20 경정, 19 입시 O|X

헌법재판소법 제41조 제1항은 "법률이 헌법에 위반되는 여부가 재판의 전제가 된 때에는 당해 사건을 담당하는 법원은 직권 또는 당사자의 신청에 의한 결정으로 헌법재판소에 위헌여부의 심판을 제청한다."라고 규정하고 있으므로, 법률에 대한 위헌제청이 적법하기 위해서는 법원에 계속중인 구체적인 사건에 적용할 법률이 헌법에 위반되는 여부가 재판의 전제로 되어야 한다. 여기서 "**재판**"이라 함은 판결·결정·명령 등 그 형식 여하와 **본안에 관한 재판**이거나 **소송절차에 관한 재판**이거나를 불문하며, 심급을 종국적으로 종결시키는 **종국재판**뿐만 아니라 **중간재판도 이에 포함된다**(헌재 2001. 6. 28. 99헌가14).

4715 「헌법재판소법」 제41조 제1항의 재판에는 종국판결 뿐만 아니라 「형사소송법」 제201조에 의한 지방법원판사의 영장발부에 관한 재판도 포함된다고 해석되므로 지방법원판사가 구속영장발부단계에서 한 위헌여부심판제청은 적법하다. 22 경정 O|X

4715-1 위헌법률심판제청은 법률이 헌법에 위반되는지 여부가 재판의 전제가 된 경우에 할 수 있으므로 지방법원판사의 구속영장발부 여부에 관한 재판에서는 위헌법률심판제청을 할 수 없다. 13 서울 7 O|X

위헌여부심판의 제청에 관하여 규정하고 있는 「헌법재판소법」 제41조제1항의 '재판'에는 **종국판결** 뿐만 아니라 「형사소송법」 제201조에 의한 **지방법원판사의 영장발부 여부에 관한 재판**도 포함된다고 해석되므로 지방법원판사가 구속영장발부 단계에서 한 **위헌여부심판제청은 적법하다**(헌재 1993. 3. 11. 90헌가70).

●정답 4712. ○   4713. ○   4714. ○   4714-1. ×[중간재판도 포함]   4715. ○   4715-1. ×[할 수 있음]

4716 위헌법률심판절차에서 말하는 당해 법원의 '재판'이란 판결·결정·명령 등 그 형식 여하와 본안에 관한 재판이거나 소송절차에 관한 재판이거나를 불문하고, 심급을 종국적으로 종결시키는 종국재판뿐만 아니라 중간재판도 이에 포함되며, 법원이 행하는 구속기간갱신결정도 이러한 '재판'에 해당된다. 16 변호사 O | X

4716-1 법원이 행하는 구속기간갱신결정은 당해 사건을 종국적으로 종결시키는 재판이 아니어서, 그 자체가 소송절차에 관한 재판에 해당하는 법원의 의사결정으로서 「헌법재판소법」 제41조 제1항에 규정된 재판에 해당되지 않는다. 22 경정 O | X

여기서 "재판"이라 함은 판결·결정·명령 등 그 형식 여하와 본안에 관한 재판이거나 소송절차에 관한 재판이거나를 불문하며, 심급을 종국적으로 종결시키는 종국재판뿐만 아니라 중간재판도 이에 포함된다. … 그러므로 이 사건 법률조항에 의하여 **법원이 행하는 구속기간갱신결정도** 당해 소송사건을 종국적으로 종결시키는 재판은 아니라고 하더라도, 그 자체가 **소송절차에 관한 재판에 해당하는 법원의 의사결정으로서** 헌법 제107조 제1항과 헌법재판소법 제41조 제1항에 **규정된 재판에 해당된다**고 할 것이다(헌재 2001. 6. 28. 99헌가14).

4717 위헌법률심판 제청이 적법하기 위해서는 법원에 계속 중인 구체적인 사건에 적용할 법률이 헌법에 위반되는 여부가 재판의 전제로 되어야 하는데 여기서 '재판'에는 법원의 증거채부결정과 같은 중간재판도 포함된다. 19 지방 7 O | X

"재판"이라 함은 판결·결정·명령 등 그 형식 여하와 본안에 관한 재판이거나 소송절차에 관한 재판이거나를 불문하며, 심급을 종국적으로 종결시키는 종국재판뿐만 아니라 중간재판도 이에 포함된다. 법 제295조에 의하여 **법원이 행하는 증거채부결정은** 당해 소송사건을 종국적으로 종결시키는 재판은 아니라고 하더라도, **그 자체가 법원의 의사결정으로서** 헌법 제107조 제1항과 「헌법재판소법」 제41조제1항 및 제68조제2항에 **규정된 재판에 해당된다**(헌재 1996. 12. 26. 94헌바1).

04 재판의 전제성에 대한 판단

4718 위헌법률심판이나 위헌심사형 헌법소원심판에 있어서 위헌여부가 문제되는 법률이 재판의 전제성 요건을 갖추고 있는지의 여부는 헌법재판소가 별도로 독자적인 심사를 하기보다는 되도록 법원의 이에 관한 법률적 견해를 존중해야 할 것이며, 다만 그 전제성에 관한 법률적 견해가 명백히 유지될 수 없을 때에만 헌법재판소는 이를 직권으로 조사할 수 있다. 23 국회 8 O | X

4718-1 헌법재판소는 법원의 위헌법률심판제청에 있어서 재판의 전제성에 관한 제청법원의 법률적 견해를 존중하여야 하므로, 비록 이러한 제청법원의 견해가 명백히 유지될 수 없더라도 직권으로 조사할 수 없다. 23 변호사 O | X

위헌법률심판이나 헌법재판소법 제68조 제2항의 규정에 의한 헌법소원심판에 있어서 **위헌여부가 문제되는 법률이 재판의 전제성 요건을 갖추고 있는지의 여부는** 헌법재판소가 별도로 독자적인 심사를 하기보다는 되도록 법원의 이에 관한 법률적 견해를 존중해야 할 것이며, 다만 그 전제성에 관한 **법률적 견해가 명백히 유지될 수 없을 때에만 헌법재판소는 이를 직권으로 조사할 수 있다** 할 것이다(헌재 1993. 5. 13. 92헌가10 등).

●정답 4716. O   4716-1. X [해당됨]   4717. O   4718. O   4718-1. X [직권 조사 可]

4719 법원의 위헌법률심판제청에 있어 위헌 여부가 문제되는 법률 또는 법률조항이 재판의 전제성 요건을 갖추고 있는지 여부는 되도록 제청법원의 이에 관한 법률적 견해를 존중해야 하는 것이 원칙이나, 그 전제성에 관한 법률적 견해가 명백히 유지될 수 없을 경우에는 헌법재판소가 이를 부정할 수 있다. 19 입시 O | X

4719-1 법원의 위헌법률심판제청에 있어 위헌 여부가 문제되는 법률 또는 법률조항이 재판의 전제성 요건을 갖추고 있는지 여부는 되도록 제청법원의 이에 관한 법률적 견해를 존중해야 하는 것이 원칙이므로, 그 전제성에 관한 법률적 견해가 명백히 유지될 수 없을 경우이더라도 헌법재판소가 이를 부정할 수 없다. 20 경정 O | X

4719-2 법원이 당해 사건에 적용되는 법률에 대하여 헌법재판소에 위헌법률심판을 제청한 경우 헌법재판소는 해당 법률이 재판의 전제성이 있는지 여부에 관하여 당해 법원과 달리 판단할 수 없다. 22 국회 9, 16 변호사 O | X

4719-3 재판의 전제성은 법률의 당해 사건과의 관계에 관한 문제이므로 이에 대한 판단은 법원이 하며, 법원의 판단은 헌법재판소를 기속한다. 21 국회 9 O | X

4719-4 법원의 위헌여부심판제청에서 위헌 여부가 문제가 되는 법률이나 법률조항이 재판의 전제성 요건을 갖추고 있는지는 제청법원의 법률적 견해에 따라야 한다. 19 5급 O | X

> 법원의 위헌법률심판제청에 있어 위헌 여부가 문제되는 법률 또는 법률조항이 재판의 전제성 요건을 갖추고 있는지 여부는 되도록 **제청법원의 이에 관한 법률적 견해를 존중**해야 하는 것이 원칙이고, 다만 그 전제성에 관한 **법률적 견해가 명백히 유지될 수 없을 경우에만** 헌법재판소가 이를 부정할 수 있는 것이다(헌재 2007. 6. 28. 2006헌가14).

4720 법원이 위헌법률심판제청을 한 경우 재판의 전제성 요건을 갖추었는지 여부에 대하여 되도록 제청법원의 법률적 견해를 존중해야 하지만, 재판의 전제성에 관한 제청법원의 법률적 견해가 명백하게 유지될 수 없을 때에는 헌법재판소가 그 제청을 부적법하다고 하여 각하할 수 있다. 17 법무사 O | X

> 법원의 위헌여부심판제청에 있어서 위헌여부가 문제되는 법률 또는 법률조항이 재판의 전제성 요건을 갖추고 있는지 여부는, 되도록 **제청법원의 이에 관한 법률적 견해를 존중**해야 할 것이며, 다만 그 전제성에 관한 **법률적 견해가 명백히 유지될 수 없을 때에만** 헌법재판소가 그 제청을 **부적법하다 하여 각하**할 수 있다(헌재 1996. 10. 4. 96헌가6).

4721 재판의 전제성은 법원에 의한 위헌법률심판제청시만이 아니라 헌법재판소에 의한 위헌법률심판 종료시에도 충족되어야 하는 것이 원칙이다. 23 변호사 O | X

4721-1 재판의 전제성은 법원에 의한 법률의 위헌심판제청 당시에만 구비되어 있으면 되고, 헌법재판소의 위헌법률심판의 시점까지 계속 충족되어야 하는 것은 아니다. 20 경정, 19 입시 O | X

> 재판의 전제성이라 함은 원칙적으로 ① 구체적인 사건이 법원에 계속 중이어야 하고, ② 위헌 여부가 문제되는 법률이 당해 소송사건의 재판에 적용되는 것이어야 하며, ③ 그 법률이 헌법에 위반되는지의 여부에 따라 당해 사건을 담당하는 법원이 다른 내용의 재판을 하게 되는 경우를 말한다. … 그리고 위 **재판의 전제성은 법률의 위헌여부심판제청시만 아니라 심판시에도 갖추어져야 함이 원칙이다**(헌재 1993. 12. 23. 93헌가2).

● 정답 4719. O   4719-1. X [부정할 수 있음]   4719-2. X [달리 판단 가능]   4719-3. X [기속하지 않음]   4719-4. X [법률적 견해 따라야 X, 부정 可]   4720. O   4721. O   4721-1. X [충족돼야 함]

4722 위헌법률심판제청 당시 재판의 전제성이 있었다가 심리기간 중 재판의 전제성이 소멸되었더라도 위헌법률심판제청된 법률조항에 의하여 침해된다는 기본권이 중요하여 해당 법률조항의 위헌 여부의 해명이 헌법적으로 중요성이 있음에도 그 해명이 없다면, 예외적으로 그 위헌 여부를 판단할 수 있다. 21 입시 O|X

위헌여부심판이 제청된 법률조항에 의하여 침해된다는 기본권이 중요하여 동 법률조항의 위헌 여부의 해명이 헌법적으로 중요성이 있는데도 그 해명이 없거나, 동 법률조항으로 인한 기본권의 침해가 반복될 위험성이 있는데도 좀처럼 그 법률조항에 대한 위헌여부심판의 기회를 갖기 어려운 경우에는 설사 그 심리기간 중 그 후의 사태진행으로 당해 소송이 종료되었더라도 헌법재판소로서는 제청 당시 전제성이 인정되는 한 예외적으로 객관적인 헌법질서의 수호·유지를 위하여 심판의 필요성을 인정하여 적극적으로 그 위헌 여부에 대한 판단을 하는 것이 헌법재판소의 존재이유에도 부합하고 그 임무를 다하는 것이 될 것이다(헌재 1993. 12. 23. 93헌가2).

4723 위헌법률심판 제청 당시부터 재판의 전제성이 없는 경우라도 기본권 침해가 중대하고 그 헌법적 해명이 긴요한 경우 예외적으로 위헌 여부를 판단할 수 있다. 12 법원 9 O|X

심판대상 법률조항에 재판의 전제성이 없음에도 불구하고 객관적인 헌법질서의 수호·유지를 위하여 예외적으로 그 위헌 여부에 대한 판단을 하는 것은 위헌법률심판 제청 당시 재판의 전제성을 갖춘 경우에 한한다고 보아야 할 것인데, 위헌법률심판 제청 당시부터 재판의 전제성이 인정되지 않은 경우에는 위와 같은 예외적인 경우에 해당하지 않는다(헌재 2006. 11. 30. 2005헌바55).

POINT 270 위헌법률심판의 종국결정 C

01 종국결정

4724 헌법재판소는 제청된 법률 또는 법률 조항의 위헌 여부만을 결정한다. 다만, 법률 조항의 위헌결정으로 인하여 해당 법률 전부를 시행할 수 없다고 인정될 때에는 그 전부에 대하여 위헌결정을 할 수 있다. 22 소간, 21 소간 O|X

4724-1 헌법재판소는 입법자가 아니므로 제청된 법률 또는 법률조항의 위헌 여부만을 결정해야지, 해당 법률 전부에 대하여 위헌결정을 할 수 없다. 19 소간 O|X

> 헌법재판소법 제45조(위헌결정) 헌법재판소는 제청된 법률 또는 법률 조항의 위헌 여부만을 결정한다. 다만, 법률 조항의 위헌결정으로 인하여 해당 법률 전부를 시행할 수 없다고 인정될 때에는 그 전부에 대하여 위헌결정을 할 수 있다.

4725 헌법재판소는 위헌법률심판에서 결정유형으로 각하결정, 기각결정, 합헌결정, 변형결정, 위헌결정을 사용하고 있다. 16 지방 7 O|X

위헌법률심판절차에 있어서 내려질 수 있는 종국결정의 기본적 유형은 각하결정, 합헌결정 및 단순위헌결정 그리고 한정합헌·한정위헌결정, 헌법불합치결정이 있다.

🔖 보충설명 기각결정은 위헌법률심판에서 결정유형이 아니다.

정답 4722. O 4723. X [판단 불가능] 4724. O 4724-1. X [전부 위헌결정 가능] 4725. X [기각결정 X]

4726 헌법재판소는 결정일부터 14일 이내에 결정서 정본을 제청한 법원에 송달한다. 이 경우 제청한 법원이 대법원이 아닌 경우에는 대법원을 거쳐야 한다. 19 소간   O | X

> **헌법재판소법 제46조(결정서의 송달)** 헌법재판소는 **결정일부터 14일 이내**에 **결정서** 정본을 **제청한 법원에 송달**한다. 이 경우 제청한 법원이 대법원이 아닌 경우에는 **대법원을 거쳐야 한다**.

02 주문별 합의제

4727 심리의 결과 재판관 5인이 위헌, 2인이 헌법불합치, 2인이 합헌의견을 제시한 경우 헌법재판소 위헌결정, 헌법불합치결정, 합헌결정 중 헌법불합치결정을 주문으로 채택한다. 23 경정   O | X

4727-1 헌법재판소는 단순위헌의견이 5인, 헌법불합치의견이 2인인 경우 주문의 표시에 단순위헌결정을 하고 있다. 11 법원 9   O | X

합의에 관한 의견이 3개 이상의 설(設)로 나뉘어 각각 결정정족수에 이르지 못한 경우 「법원조직법」 제66조 제2항을 준용하여 결정정족수에 이르기까지 청구인에게 가장 유리한 의견의 수에 차례로 불리한 의견의 수를 더하여 결정정족수를 충족하는 때의 가장 유리한 의견이 결정주문이 된다. 당사자에게 유리한 의견 순서대로 위헌의견 5인에 헌법불합치의견 2인을 합산하면 법률의 위헌결정 정족수인 6인에 이르게 되므로 헌법재판소는 **헌법불합치결정**을 주문으로 채택한다.

4728 헌법재판관 중 5인은 단순위헌결정의견, 1인은 헌법불합치결정의견, 3인은 합헌결정의견일 때, 헌법재판소의 결정형식은 헌법불합치결정이다. 10 지방 7   O | X

당사자에게 유리한 의견 순서대로 위헌의견 5인에 헌법불합치의견 1인을 합산하면 법률의 위헌결정 정족수인 6인에 이르게 되므로 헌법재판소는 **헌법불합치결정**을 주문으로 채택한다.

4729 5명의 재판관이 위헌의견이고 4명의 재판관이 헌법불합치의견이면 헌법불합치결정을 한다. 11 국회 8   O | X

당사자에게 유리한 의견 순서대로 위헌의견 5인에 헌법불합치의견 4인을 합산하면 법률의 위헌결정 정족수인 6인에 이르게 되므로 헌법재판소는 **헌법불합치결정**을 주문으로 채택한다.

4730 헌법재판관들의 의견이 위헌 3인, 헌법불합치 4인, 합헌 2인으로 나뉘는 경우 헌법재판소는 심판대상조항의 헌법불합치를 주문에서 선고하여야 한다. 21 5급   O | X

당사자에게 유리한 의견 순서대로 위헌의견 3인에 헌법불합치의견 4인을 합산하면 법률의 위헌결정 정족수인 6인에 이르게 되므로 헌법재판소는 **헌법불합치결정**을 주문으로 채택한다.

● 정답   4726. O   4727. O   4727-1. X [헌법불합치]   4728. O   4729. O   4730. O

4731 위헌법률심판에서 헌법재판소 재판관 9인 중 전부위헌의견이 1인, 한정합헌의견이 5인, 단순합헌의견이 3인인 경우 결정주문은 한정합헌이다. 13 국가 7 O | X

4731-1 각하의견 3인, 한정합헌의견 5인, 위헌의견 1인인 위헌법률심판에서 주문은 한정합헌이다. 12 국회 9 O | X

당사자에게 유리한 의견 순서대로 위헌의견 1인에 한정합헌의견 5인을 합산하면 법률의 위헌결정 정족수인 6인에 이르게 되므로 헌법재판소는 **한정합헌결정**을 주문으로 채택한다.

4732 재판관의 의견이 한정위헌의견 5명, 헌법불합치의견 1명, 단순위헌의견 3명으로 나눠진 경우 헌법불합치결정의 견해에 따라 주문이 결정된다. 17 국회 8 O | X

당사자에게 유리한 의견 순서대로 위헌의견 3인에 헌법불합치의견 1인을 합산하고 한정위헌의견 5인을 추가로 합산하면 법률의 위헌결정 정족수인 6인에 이르게 되므로 헌법재판소는 **한정위헌결정**을 주문으로 채택한다.

4733 특정 법률조항에 대한 헌법재판관의 의견이 단순위헌의견 1인, 일부위헌의견 1인, 적용중지 헌법불합치의견 2인, 잠정적용 헌법불합치의견 5인인 때에 결정주문은 적용중지 헌법불합치결정이다. 17 법원 9 O | X

당사자에게 유리한 의견 순서대로 단순위헌의견 1인, 일부위헌의견 1인, 적용중지 헌법불합치의견 2인, 잠정적용 헌법불합치의견 5인을 합산하면 법률의 위헌결정 정족수인 6인에 이르게 되므로 헌법재판소는 **잠정적용 헌법불합치결정**을 주문으로 채택한다.

4734 각하의견 2인, 합헌의견 5인, 위헌의견 2인인 위헌법률심판의 주문은 합헌이다. 12 국회 9 O | X

합헌의견 5인이 결정정족수인 과반수이므로 헌법재판소는 **합헌결정**을 주문으로 채택한다.

4735 재판관 5인이 위헌의견을 제시하고 나머지 4인이 합헌의견을 제시한 경우에도, 심판대상법률은 "헌법에 위반되지 아니한다."라는 주문의 결정을 한다. 20 국회 9 O | X

재판관 5인이 위헌의견을 제시하고 나머지 4인이 합헌의견을 제시한 경우에도, 재판관 5인이 위헌의견으로 다수이지만 법률에 대한 위헌결정을 위한 위헌결정정족수인 6인에 이르지 못하여 **헌법에 위반되지 아니한다.**라는 주문의 결정을 한다.

4736 각하의견 4인, 헌법불합치의견 4인, 위헌의견 1인인 위헌법률심판의 주문은 헌법불합치이다. 12 국회 9 O | X

위헌의견 1인과 헌법불합치의견 4인을 합산하더라도 법률의 위헌결정 정족수인 6인에 이르지 못하므로 위헌결정과 헌법불합치결정은 주문으로 채택될 수 없다. 각하의견도 4인으로 일반 결정정족수인 과반수에 이르지 못하므로 각하결정도 주문으로 채택할 수 없다. 이러한 경우 헌법에 위반된다고 할 수 없으므로 헌법재판소는 **합헌결정**을 주문으로 채택한다.

● 정답 4731. O   4731-1. O   4732. ×[한정위헌결정]   4733. ×[잠정적용 헌법불합치]   4734. O   4735. O   4736. ×[합헌결정]

POINT 271 위헌결정의 효력 발생시기

01 일반법규

1 원칙적 장래효

4737 위헌으로 결정된 법률 또는 법률의 조항은 그 결정이 있는 날부터 효력을 상실한다. 다만 형벌에 관한 법률 또는 법률의 조항은 소급하여 그 효력을 상실한다. 13 국가 7   O|X

4737-1 위헌으로 결정된 법률 또는 법률의 조항은 그 결정이 있는 날의 다음 날부터 효력을 상실한다. 23 경정   O|X

4737-2 헌법재판소가 형벌법규 이외의 법률조항에 대해 위헌결정을 한 경우에 당해 법률조항은 소급하여 효력을 상실한다. 17 경정, 13 국회 9   O|X

4737-3 헌법재판소의 위헌결정의 효력은 원칙적으로 소급효이며 예외적으로 장래효를 인정한다. 14 국회 8   O|X

> **헌법재판소법 제47조(위헌결정의 효력)** ② 위헌으로 결정된 법률 또는 법률의 조항은 그 결정이 있는 날부터 효력을 상실한다.
> ③ 제2항에도 불구하고 형벌에 관한 법률 또는 법률의 조항은 소급하여 그 효력을 상실한다. 다만, 해당 법률 또는 법률의 조항에 대하여 종전에 합헌으로 결정한 사건이 있는 경우에는 그 결정이 있는 날의 다음 날로 소급하여 효력을 상실한다.

4738 헌법재판소에 의하여 위헌으로 선고된 법률 또는 법률의 조항이 제정 당시로 소급하여 효력을 상실하는가 아니면 장래에 향하여 효력을 상실하는가의 문제는 특단의 사정이 없는 한 헌법적합성의 문제라기보다는 입법자가 법적 안정성과 개인의 권리구제 등 제반이익을 비교형량하여 가면서 결정할 입법정책의 문제이다. 22 국회 8   O|X

> 헌법재판소에 의하여 위헌으로 선고된 법률 또는 법률의 조항이 제정 당시로 소급하여 효력을 상실하는가 아니면 장래에 향하여 효력을 상실하는가의 문제는 특단의 사정이 없는 한 헌법적합성의 문제라기보다는 입법자가 법적 안정성과 개인의 권리구제 등 제반이익을 비교형량하여 가면서 결정할 입법정책의 문제인 것으로 보인다(헌재 1993. 5. 13. 92헌가10 등).

4739 헌법재판소의 위헌결정에 소급효를 인정할 것인가의 문제는 특별한 사정이 없는 한 헌법적합성의 문제라기보다는 입법정책의 문제이므로, 형벌법규에 대한 위헌결정의 경우를 제외하고 법적 안정성을 더 높이 평가한 입법자의 판단은 헌법상 법치주의원칙에서 파생된 법적 안정성 내지 신뢰보호의 원칙에 의하여 정당화된다. 14 변호사   O|X

4739-1 법률조항에 대한 위헌결정에 원칙적으로 소급효를 인정하는 것은 정의의 요청보다는 법적 안정성을 중시한 결과이다. 14 지방 7   O|X

> 헌법재판소에 의하여 위헌으로 선고된 법률 또는 법률의 조항이 제정 당시로 소급하여 효력을 상실하는가 아니면 장래에 향하여 효력을 상실하는가의 문제는 특단의 사정이 없는 한 헌법적합성의 문제라기 보다는 입법자가 법적 안정성과 개인의 권리구제 등 제반이익을 비교형량하여 가면서 결정할 입법정책의 문제인 것으로 보인다. 우리의 입법자는 헌법재판소법 제47조 제2항 본문의 규정을 통하여 형벌법규를 제외하고는 법적 안정성을 더 높이 평가하는 방안을 선택하였는바, 이에 의하여 구체적 타당성이나 평등의 원칙이 완벽하게 실현되지 않는다고 하더라도 헌법상 법치주의 원칙의 파생된 법적 안정성 내지 신뢰보호의 원칙에 의하여 정당화된다 할 것이고, 특단의 사정이 없는 한 이로써 헌법이 침해되는 것은 아니라 할 것이다(헌재 1993. 5. 13. 92헌가10 등).

● 정답 4737. O   4737-1. X [다음 날 X → 결정이 있는 날 O]   4737-2. X [소급효 X → 장래효 O]   4737-3. X [원칙적 장래효, 예외적 소급효]   4738. O   4739. O   4739-1. X [소급효 X → 장래효 O]

2 예외적 소급효

4740 형벌법규 이외의 일반법규에 관하여 위헌결정에 불소급의 원칙을 채택한 「헌법재판소법」 제47조 제2항 본문의 규정 자체는 합헌이라고 하더라도 예외적인 소급효의 인정을 부인하는 것으로 보아서는 안 된다. 11 국회 8   O | X

형벌법규 이외의 일반 법규에 관하여 위헌결정에 불소급의 원칙을 채택한 법 제47조 제2항 본문의 규정 자체에 대해 기본적으로 그 합헌성에 의문을 갖지 않지만 위에서 본바 효력이 다양할 수밖에 없는 위헌결정의 특수성때문에 예외적으로 그 적용을 배제시켜 부분적인 소급효의 인정을 부인해서는 안 될 것이다(헌재 1993. 5. 13. 92헌가10 등).

4741 구체적 규범통제의 실효성 보장의 견지에서 법원의 제청, 헌법소원의 청구 등을 통하여 헌법재판소에 법률의 위헌결정을 위한 계기를 부여한 당해 사건, 위헌결정이 있기 전에 이와 동종의 위헌 여부에 관하여 헌법재판소에 위헌제청을 하였거나 법원에 위헌제청신청을 한 경우의 당해 사건, 그리고 따로 위헌제청신청을 아니하였지만 당해 법률 또는 법률의 조항이 재판의 전제가 되어 법원에 계속 중인 사건은 위헌결정의 소급효가 인정된다. 14 변호사   O | X

4741-1 세법조항이 단순위헌으로 결정되면, 그 세법조항은 위헌결정이 있는 날로부터 효력을 상실하기 때문에, 위헌결정의 소급효가 인정되지 않아 당해사건의 당사자는 구제를 받지 못한다. 21 국회 8   O | X

구체적 규범통제의 실효성의 보장의 견지에서 법원의 제청·헌법소원 청구 등을 통하여 헌법재판소에 법률의 위헌결정을 위한 계기를 부여한 당해 사건, 위헌결정이 있기 전에 이와 동종의 위헌여부에 관하여 헌법재판소에 위헌제청을 하였거나 법원에 위헌제청신청을 한 경우의 당해 사건, 그리고 따로 위헌제청신청을 아니하였지만 당해 법률 또는 법률의 조항이 재판의 전제가 되어 법원에 계속 중인 사건에 대하여는 소급효를 인정하여야 할 것이다(헌재 1993. 5. 13. 92헌가10 등).

4742 대법원은 헌법재판소 위헌결정의 효력을 위헌제청을 한 당해 사건뿐만 아니라, 위헌결정이 있기 전에 이미 법원에 제소되어 있는 동종사건에도 미친다고 보고 있다. 07 국가 7   O | X

헌법재판소의 위헌결정의 효력은 위헌제청을 한 당해사건, 위헌결정이 있기 전에 이와 동종의 위헌 여부에 관하여 헌법재판소에 위헌여부심판제청을 하였거나 법원에 위헌여부심판제청신청을 한 동종사건과 따로 위헌제청신청은 아니하였지만 당해 법률 또는 법률조항이 재판의 전제가 되어 법원에 계속중인 병행사건뿐만 아니라, 위헌결정 이후에 위와 같은 이유로 제소된 일반사건에도 미친다고 할 것이나, 위헌결정의 효력은 그 미치는 범위가 무한정일 수는 없고 다른 법리에 의하여 그 소급효를 제한하는 것까지 부정되는 것은 아니라 할 것이며, 법적 안정성의 유지나 당사자의 신뢰보호를 위하여 불가피한 경우에 위헌결정의 소급효를 제한하는 것은 오히려 법치주의적 원칙상 요청되는 바라 할 것이다(대판 2005. 11. 10. 2005두5628).

4743 당사자의 권리구제를 위한 구체적 타당성의 요청이 현저한 반면에 소급효를 인정하여도 법적 안정성을 침해할 우려가 없고 소급효의 부인이 오히려 정의와 형평 등 헌법적 이념에 심히 배치되는 때에는 소급효를 인정할 수 있다. 14 지방 7   O | X

또 다른 한가지의 불소급의 원칙의 예외로 볼 것은, 당사자의 권리구제를 위한 구체적 타당성의 요청이 현저한 반면에 소급효를 인정하여도 법적 안정성을 침해할 우려가 없고 나아가 구법에 의하여 형성된 기득권자의 이익이 해처질 사안이 아닌 경우로서 소급효의 부인이 오히려 정의와 형평 등 헌법적 이념에 심히 배치되는 때라고 할 것으로, 이 때에 소급효의 인정은 법 제47조 제2항 본문의 근본취지에 반하지 않을 것으로 생각한다(헌재 1993. 5. 13. 92헌가10 등).

정답 4740. O 4741. O 4741-1. X [소급효 인정 구제 가능] 4742. O 4743. O

4744 위헌인 법률 조항에 근거한 행정처분이 항상 무효인 것은 아니고 그 무효 여부는 당해사건을 재판하는 법원이 판단할 사항이므로 법률 조항이 위헌으로 결정되었더라도 그 조항에 근거하였던 처분이 무효인지 여부는 법원이 판단할 사항이다. 20 소간 O|X

위헌·무효인 법령에 기한 행정처분이 항상 무효인 것은 아니고, 그 무효 여부는 당해 사건을 재판하는 법원이 판단할 사항인바, 국가보위에관한특별조치법 제5조 제4항이 헌법재판소 1994. 6. 30. 선고, 92헌가18 결정에 의하여 위헌으로 결정되었다고 하더라도 동 조항에 근거한 이 사건 각 수용처분이 무효인지 여부는 법원이 판단하여야 할 사항이지 헌법재판소에서 결정할 사항은 아니다 (헌재 1998. 4. 30. 95헌마93 등).

4745 행정처분의 근거가 된 법률이 위헌으로 결정되어도 이미 취소소송의 제기기간을 경과하여 확정력이 발생한 행정처분의 경우에는 위헌결정의 소급효가 미치지 않는다. 13 국가 7 O|X

위헌인 법률에 근거한 행정처분이 당연무효인지의 여부는 위헌결정의 소급효와는 별개의 문제로서, 위헌결정의 소급효가 인정된다고 하여 위헌인 법률에 근거한 행정처분이 당연무효가 된다고는 할 수 없고, 오히려 이미 취소소송의 제기기간을 경과하여 확정력이 발생한 행정처분에는 위헌결정의 소급효가 미치지 않는다고 보아야 한다(대판 1994. 10. 28. 92누9463).

02 형벌법규

1 원칙적 소급효

4746 위헌으로 결정된 형벌에 관한 법률 또는 법률의 조항은 소급하여 그 효력을 상실한다. 다만, 해당 법률 또는 법률의 조항에 대하여 종전에 합헌으로 결정한 사건이 있는 경우에는 그 결정이 있는 날의 다음 날로 소급하여 효력을 상실한다. 21 입시, 18 법원 9 O|X

4746-1 위헌으로 결정된 형벌에 관한 법률 또는 법률의 조항은 그 결정이 있는 날부터 효력을 상실한다. 18 국회 9 O|X

4746-2 형벌에 관한 법률 또는 법률의 조항에 대하여 위헌 결정이 있는 경우에는 소급하여 그 효력을 상실하나, 해당 법률 또는 법률의 조항에 대하여 종전에 합헌으로 결정한 사건이 있는 경우에는 그 결정이 있는 날로 소급하여 효력을 상실한다. 24 경정 O|X

4746-3 위헌결정이 선고된 형벌에 관한 법률에 대하여 종전에 합헌으로 결정한 사건이 있는 경우, 위헌결정된 그 법률은 종전의 합헌결정이 있는 날 이전까지 소급하여 효력을 상실한다. 15 서울 7 O|X

4746-4 대한민국 국회는 1953년 9월 18일 A법률을 제정하였고, 이 법률은 1953년 10월 3일부터 시행되었다. 헌법재판소는 2015년 2월 26일 A법률의 B조항을 위헌으로 결정하였다. B조항이 형벌에 관한 법률의 조항인 경우 B조항에 대하여 2008년 10월 30일에 합헌으로 결정한 사건이 있는 경우에는 2008년 10월 30일로 소급하여 효력을 상실한다. 22 경정 O|X

> 헌법재판소법 제47조(위헌결정의 효력) ③ 제2항에도 불구하고 형벌에 관한 법률 또는 법률의 조항은 소급하여 그 효력을 상실한다. 다만, 해당 법률 또는 법률의 조항에 대하여 종전에 합헌으로 결정한 사건이 있는 경우에는 그 결정이 있는 날의 다음 날로 소급하여 효력을 상실한다.

● 정답 4744. ○ 4745. ○ 4746. ○ 4746-1. ×[소급하여 효력 상실] 4746-2. ×[그 결정이 있는 날 × → 그 결정이 있는 날의 다음 날 ○] 4746-3. ×[합헌결정 있는 날의 다음 날로 소급하여 효력 상실] 4746-4. ×[2008년 10월 31일로 소급]

4747 입법자는 형벌조항에 대한 위헌결정의 효력과 관련하여 과거의 완전 소급효 입장을 버리고 종전에 합헌결정이 있었던 시점까지 그 소급효를 제한하는 부분 소급효로 입장을 변경하였는데, 이는 법적 안정성보다는 정의에 더 중점을 둔 것이다. 22 국회 8 O | X

입법자는 2014. 5. 20. '형벌법규에 대하여 종전에 합헌으로 결정한 사건이 있는 경우에는 그 결정이 있는 날의 다음 날로 소급하여 효력을 상실'하도록 하는 내용의 심판대상조항을 신설함으로써, 형벌조항에 대한 위헌결정의 효력과 관련하여 과거의 완전 소급효 입장을 버리고 종전에 합헌결정이 있었던 시점까지 그 소급효를 제한하는 부분 소급효로 입장을 변경하였다. 헌법재판소의 합헌결정을 통해 과거의 어느 시점에서는 합헌이었음이 인정된 형벌조항에 대하여는 위헌결정의 소급효를 제한함으로써 그동안 쌓아 온 규범에 대한 사회적인 신뢰와 법적 안정성을 확보할 수 있도록 한 것이다(헌재 2016. 4. 28. 2015헌바216).

4748 헌법재판소가 특정 형벌법규에 대하여 과거에 합헌결정을 하였다는 것은, 적어도 그 당시에는 당해 행위를 처벌할 필요성에 대한 사회구성원의 합의가 유효하였다는 것을 확인한 것이므로, 합헌결정이 있었던 시점 이전까지로 위헌결정의 소급효를 인정할 근거가 없다. 22 국회 8 O | X

헌법재판소가 당대의 법 감정과 시대상황을 고려하여 합헌이라는 유권적 확인을 하였다면, 그러한 사실 자체에 대하여 법적 의미를 부여하고 그것을 존중할 필요가 있다. 헌법재판소가 특정 형벌법규에 대하여 과거에 합헌결정을 하였다는 것은, 적어도 그 당시에는 당해 행위를 처벌할 필요성에 대한 사회구성원의 합의가 유효하다는 것을 확인한 것이므로, 합헌결정이 있었던 시점 이전까지로 위헌결정의 소급효를 인정할 근거가 없다(헌재 2016. 4. 28. 2015헌바216).

4749 종전에 합헌으로 결정한 사건이 있는 형벌조항에 대하여 위헌결정이 선고된 경우, 그 합헌결정이 있는 날의 다음 날로 소급하여 효력을 상실하도록 한 헌법재판소법 제47조 제3항 단서는 평등원칙에 위배되지 않는다. 19 소간 O | X

현재의 상황에서는 위헌이라 하더라도 과거의 어느 시점에서 합헌결정이 있었던 형벌조항에 대하여는 위헌결정의 소급효를 제한함으로써 그동안 쌓아 온 규범에 대한 사회적인 신뢰와 법적 안정성을 확보하는 것이 중요하다는 입법자의 결단에 따라, 심판대상조항에서 위헌결정의 소급효를 제한한 것이므로 이러한 소급효 제한이 불합리하다고 보기는 어렵다. 결국 심판대상조항이 종전에 합헌결정이 있었던 형벌법규의 경우 위헌결정의 소급효를 제한하여 합헌결정이 없었던 경우와 달리 취급하는 것에는 합리적 이유가 있으므로 이를 평등원칙에 반한다고 보기 어렵다(헌재 2016. 4. 28. 2015헌바216).

⑥ 4750 헌법재판소에 의해 위헌으로 결정된 형벌에 관한 법률 또는 법률의 조항에 근거한 유죄의 확정판결을 받았던 자는 재심을 청구할 수 있다. 19 소간 O | X

4750-1 위헌결정된 법률에 의하여 이미 유죄의 확정판결을 받은 자는 원칙적으로 법원에 재심을 청구할 수 없다. 11 법원 9 O | X

> **헌법재판소법 제47조(위헌결정의 효력)** ③ 제2항에도 불구하고 형벌에 관한 법률 또는 법률의 조항은 소급하여 그 효력을 상실한다. 다만, 해당 법률 또는 법률의 조항에 대하여 종전에 합헌으로 결정한 사건이 있는 경우에는 그 결정이 있는 날의 다음 날로 소급하여 효력을 상실한다.
> ④ 제3항의 경우에 위헌으로 결정된 법률 또는 법률의 조항에 근거한 유죄의 확정판결에 대하여는 재심을 청구할 수 있다.

●정답 4747. × [법적 안정성 ↔ 정의 위치 바뀜]　4748. ○　4749. ○　4750. ○　4750-1. × [재심 청구 可]

4751 형사재판 유죄확정판결이 있은 후 당해 처벌 근거조항에 대해 위헌결정이 내려진 경우 유죄판결을 받은 자는 재심청구를 통하여 유죄의 확정판결을 다툴 수 있다. 23 법무사, 22 변호사 O│X

4751-1 「헌법재판소법」 제68조 제2항에 의한 헌법소원심판에서 위헌결정이 선고되는 경우 결정 선고 이전에 심판대상조항에 의하여 유죄의 확정판결을 받은 사람들은 당연히 구제되는 것은 아니고 법원에 개별적으로 재심을 청구하여야 한다. 21 5급 O│X

헌법재판소법 제47조 제3항이 법원에 의하여 이미 선언된 유죄판결을 그 자체로 무효로 만든다거나 유죄확정판결의 집행을 정지 또는 진행 중인 형의 집행을 금지시키는 것은 아니고, 다만 유죄판결을 받은 자가 재심청구를 통하여 유죄의 확정판결을 다툴 수 있을 뿐이다.

> **헌법재판소법 제47조(위헌결정의 효력)** ③ 제2항에도 불구하고 형벌에 관한 법률 또는 법률의 조항은 소급하여 그 효력을 상실한다. 다만, 해당 법률 또는 법률의 조항에 대하여 종전에 합헌으로 결정한 사건이 있는 경우에는 그 결정이 있는 날의 다음 날로 소급하여 효력을 상실한다.
> ④ 제3항의 경우에 위헌으로 결정된 법률 또는 법률의 조항에 근거한 유죄의 확정판결에 대하여는 재심을 청구할 수 있다.

4752 위헌으로 결정된 법률 또는 법률의 조항에 근거한 유죄의 확정판결에 대하여는 재심을 청구할 수 있지만, 위 유죄의 확정판결이란 헌법재판소의 위헌결정으로 인하여 헌법재판소법 제47조 제3항의 규정에 의하여 소급하여 효력을 상실하는 법률 또는 법률의 조항을 적용한 유죄의 확정판결을 의미한다. 18 법원 9 O│X

헌법재판소법 제47조 제4항에 따라 재심을 청구할 수 있는 '위헌으로 결정된 법률 또는 법률의 조항에 근거한 유죄의 확정판결'이란 헌법재판소의 위헌결정으로 인하여 같은 조 제3항의 규정에 의하여 소급하여 효력을 상실하는 법률 또는 법률의 조항을 적용한 유죄의 확정판결을 의미한다(대판 2016. 11. 10. 2015모1475).

4753 위헌으로 결정된 법률 또는 법률의 조항이 헌법재판소법 제47조 제3항 단서에 의하여 종전의 합헌결정이 있는 날의 다음 날로 소급하여 효력을 상실하는 경우, 그 합헌결정이 있는 날의 다음 날 이후에 유죄 판결이 선고되어 확정되었더라도 범죄행위가 그 이전에 행하여졌다면 이에 대하여는 재심을 청구할 수 없다. 18 법원 9 O│X

위헌으로 결정된 법률 또는 법률의 조항이 같은 조 제3항 단서에 의하여 종전의 합헌결정이 있는 날의 다음 날로 소급하여 효력을 상실하는 경우 그 합헌결정이 있는 날의 다음 날 이후에 유죄 판결이 선고되어 확정되었다면, 비록 범죄행위가 그 이전에 행하여졌다 하더라도 그 판결은 위헌결정으로 인하여 소급하여 효력을 상실한 법률 또는 법률의 조항을 적용한 것으로서 '위헌으로 결정된 법률 또는 법률의 조항에 근거한 유죄의 확정판결'에 해당하므로 이에 대하여 재심을 청구할 수 있다고 보아야 한다(대판 2016. 11. 10. 2015모1475).

4754 형벌에 관한 법령이 헌법재판소의 위헌결정으로 인하여 소급하여 그 효력을 상실하였거나 법원에서 위헌·무효로 선언된 경우, 법원은 당해 법령을 적용하여 공소가 제기된 피고사건에 대하여 형사소송법 제325조(무죄의 판결)에 따라 무죄를 선고하여야 한다. 14 변호사 O│X

4754-1 위헌결정으로 인하여 형벌에 관한 법률 또는 법률조항이 소급하여 효력을 상실한 경우, 그 법조를 적용하여 기소한 사건에 대해서는 「형사소송법」 제326조 제4호 소정의 '범죄 후의 법령개폐로 형이 폐지되었을 때'에 해당하여 무죄판결을 선고하여야 한다. 12 국회 8 O│X

정답 4751. O 4751-1. O 4752. O 4753. X [재심 청구 可] 4754. O 4754-1. X [범죄로 되지 아니한 때에 해당함]

(1) 법원은, 형벌에 관한 법령이 헌법재판소의 **위헌결정**으로 인하여 소급하여 그 효력을 상실하였거나 법원에서 **위헌·무효로 선언**된 경우, 당해 법령을 적용하여 공소가 제기된 피고사건에 대하여 같은 법 제325조에 따라 **무죄를 선고하여야** 한다(대판 2010. 12. 16. 2010도5986).

(2) **위헌결정**으로 인하여 형벌에 관한 법률 또는 법률조항이 **소급하여 그 효력을 상실**한 경우에는 당해 법조를 적용하여 기소한 피고사건이 **범죄로 되지 아니한 때**에 해당한다고 할 것이고, 범죄 후의 법령의 개폐로 형이 폐지 되었을 때에 해당한다거나, 혹은 공소장에 기재된 사실이 진실하다 하더라도 범죄가 될 만한 사실이 포함되지 아니하는 때에 해당한다고는 할 수 없다(대판 1992. 5. 8. 91도2825).

2 형벌법규의 범위

4755 「헌법재판소법」 제47조 제2항 단서의 소급효가 인정되는 형벌에 관한 법률 또는 법률의 조항의 범위는 실체적인 형벌법규에 한정하여야 하고 「형사소송법」이나 「법원조직법」 등 절차법에는 동 조항 단서가 적용되지 않는다. 12 국회 8 　　O | X

4755-1 형사실체법 규정에 대한 위헌선언만이 소급효를 가지는 것은 아니며, 「법원조직법」이나 「형사소송법」 등 형사절차법 규정에 대한 위헌선언의 경우에도 소급효가 인정된다. 14 지방 7 　　O | X

여기의 '형벌에 관한 법률 또는 법률의 조항'이라 함은 위 규정의 문언과 같은 조 제3항의 취지 등에 비추어 보면, 범죄의 성립과 처벌에 관한 **실체적인** 법률 또는 법률의 조항을 의미하는 것으로 해석하여야 할 것이고, 「형사소송법」 등 **절차적 법률 또는 법률의 조항**은 비록 그 법률의 내용이나 성질상 실체적인 법률 또는 법률의 조항과 동일시 될 수 있을 정도의 중대한 것이라고 하더라도 **여기에 포함되는 것으로는 해석될 수 없다**(대판 1999. 8. 9. 98모143).

4756 불처벌의 특례를 규정한 법률조항은 형벌에 관한 것이기는 하지만 위헌결정의 소급효를 인정할 경우 오히려 형사처벌을 받지 않았던 자들에게 형사상의 불이익이 미치게 되므로 위헌결정의 소급효가 인정되지 않는다. 15 서울 7, 13 변호사 　　O | X

4756-1 불처벌의 특례를 규정한 형벌규정에 대한 위헌결정도 당연히 소급효가 인정된다. 11 법원 9 　　O | X

4756-2 형벌조항이 위헌으로 결정되면 소급효를 가지게 되어, 일정한 범죄에 대하여 공소권이 없음을 규정한 조항이 위헌으로 결정되면 그동안 공소권이 없어 기소하지 못한 범죄행위에 대해서도 소급적으로 공소가 이뤄지게 된다. 07 국가 7 　　O | X

4756-3 불처벌의 특례를 규정한 형벌규정에 대해 위헌결정이 내려지면, 종래 그 특례의 적용을 받았던 사람에 대해 형사처벌을 할 수 있다. 21 국회 8 　　O | X

특례법 제4조 제1항은 비록 형벌에 관한 것이기는 하지만 **불처벌의 특례**를 규정한 것이어서 위 법률조항에 대한 **위헌결정의 소급효를 인정**할 경우 오히려 형사처벌을 받지 않았던 자들에게 **형사상의 불이익**이 미치게 되므로 이와 같은 경우까지 헌법재판소법 제47조 제2항 단서의 적용범위에 포함시키는 것은 그 규정취지에 반하고, 따라서 **위 법률조항이 헌법에 위반된다고 선고되더라도 형사처벌을 받지 않았던 자들을 소급하여 처벌할 수 없다**(헌재 1997. 1. 16. 90헌마110 등).

정답 4755. O　 4755-1. X [절차법 조항은 소급효 부정]　 4756. O　 4756-1. X [소급효 부정]　 4756-2. X [소급효 부정]　 4756-3. X [형사처벌 불가]

POINT 272 변형결정

01 변형결정

4757 한정합헌과 한정위헌은 「헌법재판소법」에 명문의 규정을 두고 있지만, 헌법불합치결정에 대하여는 명문의 규정이 없다. 11 법원 9   O | X

> **헌법재판소법 제45조(위헌결정)** 헌법재판소는 **제청된 법률 또는 법률 조항의 위헌 여부만을 결정**한다. 다만, 법률 조항의 위헌결정으로 인하여 해당 법률 전부를 시행할 수 없다고 인정될 때에는 그 전부에 대하여 위헌결정을 할 수 있다.

> **보충설명** 현행 「헌법재판소법」은 법률에 대한 위헌결정에 있어서 합헌결정과 위헌결정의 두 가지 결정방식만을 규정하고 있다. 단순위헌결정 이외의 한정합헌·한정위헌결정 및 헌법불합치결정은 「헌법재판소법」에 명문의 규정이 없다.

4758 헌법재판소는 헌법재판소가 선고하는 위헌결정에는 단순위헌결정은 물론, 한정합헌, 한정위헌결정과 헌법불합치결정도 포함되고, 이들은 모두 기속력을 가진다고 본다. 22 경정   O | X

4758-1 위헌법률심사에서 한정위헌결정이 내려지면 한정위헌결정도 위헌결정에 속하므로 일반적 기속력을 가진다. 13 국회 8   O | X

4758-2 변형결정은 「헌법재판소법」 제47조 제1항이 정한 위헌결정의 일종이며, 타 국가기관에 대하여 기속력을 가진다. 13 지방 7   O | X

> 헌법재판소의 법률에 대한 **위헌결정**에는 **단순위헌결정**은 물론, **한정합헌**, **한정위헌결정**과 **헌법불합치결정**도 포함되고 이들은 모두 당연히 **기속력을 가진다**(헌재 1997. 12. 24. 96헌마172 등).

02 한정위헌·한정합헌결정

4759 한정합헌결정은 위헌법률심판의 대상이 된 법률 또는 그 법률조항의 해석에 있어서 다의적인 해석이 가능한 경우에 그 법률의 해석·적용에 있어서 헌법에 위반되는 의미를 배제시키고 합헌적인 내용으로 축소·한정하여 해석하여 그 의미로서만 해당 법률의 효력을 유지하게 하는 결정이다. 따라서 한정합헌결정은 합헌결정에 해당하므로 제청법원은 이에 구속되지 아니한다. 11 법원 9   O | X

> 합헌한정해석에 대하여 제청법원은 적어도 이 사건 제청당사자로서 위 심판의 기판력을 받을 것임은 물론, 헌법 제107조 제1항의 규정상 제청법원이 본안재판을 함에 있어서 헌법재판소의 심판에 의거하게 되어 있는 이상 위 헌법규정에 의하여서도 직접 **제청법원**은 이에 의하여 재판하지 않으면 안될 **구속을 받는다** 할 것이다(헌재 1990. 6. 25. 90헌가11).

> **보충설명** 헌법재판소의 한정합헌결정은 위헌결정에 해당하므로 제청법원은 이에 구속된다.

정답 4757. × [한정합헌과 한정위헌도 명문 규정 X]   4758. ○   4758-1. ○   4758-2. ○   4759. × [한정합헌 : 위헌결정에 해당. 기속력 인정]

4760 대법원의 판례에 따르면, 한정위헌 결정에 의하여 법률이나 법률조항이 폐지되는 것이 아니라 그 문언이 전혀 달라지지 않은 채 그대로 존속하고 있는 것이므로 이는 법률 또는 법률조항의 의미·내용과 그 적용범위를 정하는 법률해석이라 할 수 있으며, 헌법재판소의 견해를 일응 표명한 것에 불과하여 법원에 전속되어 있는 법령의 해석·적용 권한에 대하여 어떠한 영향을 미치거나 기속력을 가질 수 없다. 14 변호사 O | X

4760-1 대법원은 헌법재판소의 한정위헌결정에 대하여 위헌결정으로서의 효력을 인정하고 있다. 14 법무사 O | X

한정위헌 결정의 경우에는 헌법재판소의 결정에 불구하고 법률이나 법률조항은 그 문언이 전혀 달라지지 않은 채 그냥 존속하고 있는 것이므로 이와 같이 법률이나 법률조항의 문언이 변경되지 아니한 이상 이러한 한정위헌 결정은 법률 또는 법률조항의 의미, 내용과 그 적용범위를 정하는 법률해석이라고 이해하지 않을 수 없다. … 그러므로 한정위헌 결정에 표현되어 있는 헌법재판소의 법률해석에 관한 견해는 법률의 의미·내용과 그 적용범위에 관한 헌법재판소의 견해를 일응 표명한 데 불과하여 이와 같이 법원에 전속되어 있는 법령의 해석·적용 권한에 대하여 어떠한 영향을 미치거나 기속력도 가질 수 없다(대판 1996. 4. 9. 95누11405).

4761 대법원은 실지거래가액에 의한 양도소득세 산정을 규정한 (구)「소득세법」조항에 대한 헌법재판소의 한정위헌결정에 대하여 그 기속력을 부인한 바 있다. 13 지방 7 O | X

한정위헌 결정에 표현되어 있는 헌법재판소의 법률해석에 관한 견해는 법률의 의미·내용과 그 적용범위에 관한 헌법재판소의 견해를 일응 표명한 데 불과하여 이와 같이 법원에 전속되어 있는 법령의 해석·적용 권한에 대하여 어떠한 영향을 미치거나 기속력도 가질 수 없다(대판 1996. 4. 9. 95누11405).

03 헌법불합치결정

1 헌법불합치결정

4762 헌법불합치결정은 법률의 위헌성을 인정하면서도 법적 공백상태 내지 혼란상태를 피하기 위하여 당해 법률의 잠정적인 계속효를 인정하는 결정형식이다. 10 지방 7 O | X

헌법불합치결정은 법률에 대한 위헌결정의 일종으로서 심판대상이 된 법률이 위헌이라 할지라도 입법자의 형성권을 존중하여 그 법률에 대하여 단순위헌결정을 선고하지 아니하고 헌법에 합치하지 아니한다는 선언에 하는 결정형식으로서, 법률의 위헌성을 인정하면서도 법적 공백상태 내지 혼란상태를 피하기 위하여 당해 법률의 잠정적인 계속효를 인정한다.

4763 법률이 헌법에 위반되는 경우, 헌법의 규범성을 보장하기 위하여 원칙적으로 그 법률에 대하여 위헌결정을 하여야 하지만, 위헌결정을 통해 법률조항을 법질서에서 제거하는 것이 법적공백이나 혼란을 초래할 우려가 있는 경우에는 위헌조항의 잠정적 적용을 명하는 헌법불합치결정을 할 수 있다. 11 지방 7 O | X

법률이 헌법에 위반되는 경우 헌법의 규범성을 보장하기 위하여 원칙적으로 그 법률에 대하여 위헌결정을 하여야 하는 것이지만, 위헌결정을 통하여 법률조항을 법질서에서 제거하는 것이 법적 공백이나 혼란을 초래할 우려가 있는 경우에는 위헌조항의 잠정적 적용을 명하는 헌법불합치결정을 할 수 있다(헌재 1999. 10. 21. 97헌바26).

● 정답 4760. O   4760-1. X [기속력 부정]   4761. O   4762. O   4763. O

4764 헌법재판소가 법률에 대하여 헌법불합치결정을 하는 때에는 입법개선촉구의 결정을 함께 하기도 한다. 20 국회 9

O | X

헌법불합치결정은 위헌적 상태를 조속한 시일 내에 제거해야 할 **입법자의 입법개선의무를 수반**하게 된다. 따라서 헌법재판소가 법률에 대하여 **헌법불합치결정**을 하는 때에는 **입법개선촉구의 결정**을 함께 하기도 한다.

4765 차별조항의 위헌성이 그 차별의 효과가 지나치다는 것에 기인할 때에는, 그 위헌성의 제거는 입법부가 행하여야 할 것이므로 헌법재판소는 그 조항에 대하여 헌법불합치결정을 하여야 한다. 18 서울 7(추)

O | X

이 사건 조항의 위헌성은 국가유공자 등과 그 가족에 대한 가산점제도 자체가 입법정책상 전혀 허용될 수 없다는 것이 아니고, 그 **차별의 효과가 지나치다**는 것에 기인한다. 그렇다면 입법자는 공무원시험에서 국가유공자의 가족에게 부여되는 가산점의 수치를, 그 차별효과가 일반 응시자의 공무담임권 행사를 지나치게 제약하지 않는 범위 내로 낮추고, 동시에 가산점 수혜 대상자의 범위를 재조정 하는 등의 방법으로 그 위헌성을 치유하는 방법을 택할 수 있을 것이다. 따라서 이 사건 조항의 **위헌성의 제거는 입법부가 행하여야 할 것**이므로 이 사건 조항에 대하여는 **헌법불합치결정을 하기로 한다**(헌재 2006. 2. 23. 2004헌마675 등).

4766 평등권을 침해하는 법률의 경우에는 자유권 침해의 경우와는 달리 입법자의 형성권이 존재하지 않는 것이 원칙이므로 헌법불합치결정을 할 필요가 없다. 13 지방 7

O | X

법률이 **평등원칙에 위반**된 경우가 헌법재판소의 **불합치결정을 정당화**하는 대표적인 사유라고 할 수 있다. 반면에, **자유권을 침해하는 법률**이 위헌이라고 생각되면 무효선언을 통하여 자유권에 대한 침해를 제거함으로써 합헌성이 회복될 수 있고, 이 경우에는 평등원칙 위반의 경우와는 달리 헌법재판소가 결정을 내리는 과정에서 고려해야 할 **입법자의 형성권은 존재하지 않음**이 원칙이다(헌재 2002. 5. 30. 2000헌바81).

4767 법률규정에 있어서 합헌부분과 위헌부분의 경계가 불분명하여 헌법재판소의 단순위헌결정으로는 적절하게 구분하여 대처하기 어렵고, 입법자에게는 민주주의원칙의 관점에서 위헌적인 상태를 제거할 수 있는 여러 가지의 가능성이 인정된다면, 입법자로 하여금 문제점을 해결하도록 하기 위해 헌법불합치결정을 하는 것이 타당하다. 13 국가 7

O | X

법률의 합헌부분과 위헌부분의 경계가 불분명하여 헌법재판소의 단순위헌결정으로는 적절하게 구분하여 대처하기가 어렵고, 다른 한편으로는 권력분립의 원칙과 민주주의원칙의 관점에서 **입법자에게 위헌적인 상태를 제거할 수 있는 여러 가지의 가능성을 인정할 수 있는 경우**에는, 자유권의 침해에도 불구하고 예외적으로 **입법자의 형성권**이 **헌법불합치결정을 정당화**하는 근거가 될 수 있다(헌재 2002. 5. 30. 2000헌바81).

4768 헌법재판소는 특별부가세의 과세대상의 범위를 시행령에 포괄위임하고 있는 (구)「법인세법」 규정에 대해 헌법불합치결정을 하면서 적용중지를 명한 바 있다. 13 지방 7

O | X

위 법률조항들은 헌법에 위반되므로 원칙으로 위헌결정을 하여야 할 것이나, 이에 대하여 단순위헌결정을 선고하여 당장 그 효력을 상실시킬 경우에는 위 법률조항들에 의한 특별부가세를 부과할 수 없게 되는 법적 공백상태가 되고, 이에 따라 조세수입을 감소시켜 국가재정에 막대한 영향을 줄 뿐 아니라, 이미 위 법률조항들에 따른 특별부가세를 납부한 납세의무자들과 사이에 형평에 어긋나는 결과를 초래하는 데다가, 위 법률조항들의 위헌성은 국회에서 법률로 제정하지 아니한 입법형식의 잘못에 기인하는 것이므로, 우리 재판소는 단순위헌결정을 하지 아니하고 **헌법불합치 결정**을 하면서 법원 기타 국가기관 및 지방자치단체에 대하여 위 법률조항들의 **적용중지를 명한다**(헌재 2000. 1. 27. 96헌바95 등).

● 정답 4764. O 4765. O 4766. X [평등권 ↔ 자유권 위치 바뀜] 4767. O 4768. O

4769 순경 공채시험, 소방사 등 채용시험, 그리고 소방간부 선발시험의 응시연령의 상한을 '30세 이하'로 규정하여 공무담임권을 제한하는 것은 침해의 최소성 원칙에 위배되지만 국민의 생명과 재산을 보호하기 위하여 필요한 최소한도의 제한은 허용되어야 한다. 그 한계는 경찰 및 소방업무의 특성 및 인사제도 그리고 인력수급 등의 상황을 고려하여 입법기관이 결정할 사항이므로 헌법불합치결정을 하는 것이 타당하다. 13 국가 7 O│X

이 사건 심판대상 조항들이 순경 공채시험, 소방사 등 채용시험, 그리고 소방간부 선발시험의 응시연령의 상한을 '30세 이하'로 규정하고 있는 것은 합리적이라고 볼 수 없으므로 **침해의 최소성 원칙에 위배**되어 청구인들의 **공무담임권을 침해**한다. 그렇다고 하여, 순경 공채시험, 소방사 등 채용시험, 소방간부 선발시험에서 응시연령의 상한을 제한하는 것이 전면적으로 허용되지 않는다고 단정하기 어렵고, 경찰 또는 소방공무원의 채용 및 공무수행의 효율성을 도모하여 국민의 생명과 재산을 보호하기 위하여 **필요한 최소한도의 제한은** 허용되어야 할 것인바, 그 한계는 경찰 및 소방업무의 특성 및 인사제도 그리고 인력수급 등의 상황을 고려하여 **입법기관이 결정할 사항**이다. … 이 사건 심판대상 조항들에 대하여 재판관 6인의 찬성으로 **헌법불합치 선고를** 한다. … 이 사건 심판대상 조항들의 **잠정적용을** 명하기로 한다(헌재 2012. 5. 31. 2010헌마278 등).

4770 주민등록번호 변경에 관한 규정을 두고 있지 않은 주민등록법의 위헌성은 주민등록번호 변경에 관하여 규정하지 아니한 부작위에 있으므로, 「주민등록법」에 대하여 단순위헌결정을 할 경우 주민등록번호제도 자체에 관한 근거규정이 사라지게 되어 법적공백이 생기게 된다는 점 등을 고려하면, 헌법불합치결정을 선고하면서 입법자가 개선입법을 할 때까지 계속적용을 명할 수 있다. 19 변호사 O│X

심판대상조항의 위헌성은 **주민등록번호 변경**이 필요한 경우가 있음에도 그 **변경에 관하여 규정하지 아니한 부작위**에 있다. 그런데 위와 같은 부작위의 위헌성을 이유로 심판대상조항에 대해 **단순위헌결정**을 할 경우 주민등록번호제도 자체에 관한 근거규정이 사라지게 되어 용인하기 어려운 **법적 공백**이 생기게 된다. 더욱이 입법자는 주민등록번호 변경제도를 형성함에 있어 기술적인 문제나 소요되는 비용 등을 고려하여 어떤 경우에 변경을 허용할 것인지, 변경 절차나 방법을 어떻게 할 것인지, 변경 허용 여부에 관한 판단을 누가 하도록 할 것인지 등에 관하여 광범위한 입법재량을 가진다. 따라서 심판대상조항에 대하여 단순위헌결정을 하는 대신 **헌법불합치결정을** 선고하되, 다만 입법자의 개선입법이 이루어질 때까지 **계속적용을** 명하기로 한다(헌재 2015. 12. 23. 2013헌바68 등).

2 헌법불합치 결정의 효력

4771 헌법재판소와 대법원은 변형결정의 하나인 헌법불합치결정의 경우에도 위헌결정과 동일하게 소급효를 인정하고 있다. 12 국회 8 O│X

헌법불합치결정은 위헌결정의 일종이므로 위헌결정과 동일하게 소급효가 인정된다. 대법원도 헌법불합치결정을 하게 된 당해사건 등에 대하여는 비록 개선입법의 부칙에 소급적용에 대한 경과조치를 두고 있지 않더라도 개선입법이 소급하여 적용된다는 입장이다.

> **관련판례** (1) 헌법불합치결정의 취지나 위헌심판에서의 구체적 규범통제의 실효성 보장이라는 측면을 고려할 때, 적어도 헌법불합치결정을 하게 된 **당해 사건** 및 그 결정 당시에 법률조항의 위헌 여부가 쟁점이 되어 **법원에 계속중인 사건**에 대하여는 **헌법불합치결정의 소급효가 미친다**(헌재 2006. 6. 29. 2004헌가3).
> (2) 이 사건 헌법불합치결정을 하게 된 **당해 사건** 및 이 사건 헌법불합치결정 당시에 구법 조항의 위헌 여부가 쟁점이 되어 **법원에 계속 중인 사건**에 대하여는 이 사건 **헌법불합치결정의 소급효가 미친다**(대판 2011. 9. 29. 2008두18885).

●정답 4769. O 4770. O 4771. O

4772 헌법재판소의 헌법불합치결정은 법률조항에 대한 위헌결정에 해당하므로, 형벌에 관한 법률조항을 이루게 되는 집회 및 시위에 관한 법률 조항에 대하여 헌법불합치결정이 선고된 경우 헌법재판소가 위 조항에 대하여 잠정적용을 명한 경우라 하더라도 형벌에 관한 법률조항에 대하여 위헌결정이 선고된 경우 그 조항이 소급하여 효력을 상실한다고 규정한 헌법재판소법 조항에 따라 위 조항은 소급하여 효력을 상실한다. 23 법무사 O | X

헌법재판소의 헌법불합치결정은 헌법과 헌법재판소법이 규정하고 있지 않은 변형된 형태이지만 법률조항에 대한 위헌결정에 해당하고, 집회 및 시위에 관한 법률 제23조 제1호는 집회 주최자가 집시법 제10조 본문을 위반할 것을 구성요건으로 삼고 있어 집시법 제10조 본문은 집시법 제23조 제1호와 결합하여 **형벌에 관한 법률조항**을 이루게 되므로, 집시법의 위 조항들에 대하여 선고된 헌법불합치결정은 **형벌에 관한 법률조항에 대한 위헌결정**이다. 그리고 헌법재판소법 제47조 제2항 단서는 **형벌에 관한 법률조항에 대하여 위헌결정**이 선고된 경우 그 조항이 **소급하여 효력을 상실**한다고 규정하고 있으므로, 형벌에 관한 법률조항이 **소급하여 효력을 상실**한 경우에 당해 조항을 적용하여 공소가 제기된 피고사건은 범죄로 되지 아니한 때에 해당하고, 법원은 이에 대하여 형사소송법 제325조 전단에 따라 **무죄를 선고하여야 한다**(대판 2011. 6. 23. 2008도7562).

4773 헌법불합치결정에 따른 개선입법의 소급적용 여부와 소급적용의 범위는 원칙적으로 입법자의 재량에 달린 것이지만, 적어도 헌법불합치결정을 하게 된 당해 사건 및 그 결정 당시에 법률조항의 위헌 여부가 쟁점이 되어 법원에 계속 중인 사건에 대하여는 헌법불합치결정의 소급효가 미친다. 19 국회 9 O | X

4773-1 개정법률의 소급적용 여부는 입법형성의 범위에 속하는 것이기 때문에 헌법불합치결정에 따른 개선입법이 제한 없이 소급적용 되어야 하는 것은 아니다. 11 국회 8 O | X

헌법재판소가 어떠한 법률조항에 대하여 헌법불합치결정을 하여 입법자에게 그 법률조항을 합헌적으로 개정 또는 폐지하는 임무를 입법자의 형성 재량에 맡긴 이상, 그 **개선입법의 소급적용 여부**와 **소급적용의 범위**는 원칙적으로 **입법자의 재량**에 달린 것이기는 하지만, 그 헌법불합치결정의 취지나 위헌심판에서의 구체적 규범통제의 실효성 보장이라는 측면을 고려할 때, 적어도 헌법불합치결정을 하게 된 **당해 사건** 및 그 결정 당시에 법률조항의 위헌 여부가 쟁점이 되어 **법원에 계속 중인 사건**에 대하여는 **헌법불합치결정의 소급효가 미친다**(헌재 2006. 6. 29. 2004헌가3).

정답 4772. O 4773. O 4773-1. O

Chapter 04 헌법소원심판

POINT 273 위헌심사형 헌법소원

01 위헌심사형 헌법소원

4774 헌법재판소법 제41조 제1항에 따른 법률의 위헌 여부 심판의 제청신청이 기각된 때에는 그 신청을 한 당사자는 헌법재판소에 헌법소원심판을 청구할 수 있다. 23 5급 O | X

4774-1 어떤 법률이 헌법에 위반되는지 여부를 심판해줄 것을 헌법재판소에 일반 국민이 직접 청구하는 것은 허용되지 않는다. 15 서울 7 O | X

> 헌법재판소법 제68조(청구 사유) ② 제41조제1항에 따른 법률의 위헌 여부 심판의 제청신청이 기각된 때에는 그 신청을 한 당사자는 헌법재판소에 헌법소원심판을 청구할 수 있다. 이 경우 그 당사자는 당해 사건의 소송절차에서 동일한 사유를 이유로 다시 위헌 여부 심판의 제청을 신청할 수 없다.

4775 법률의 위헌 여부 심판의 제청신청이 기각된 때에는 신청 당사자는 「헌법재판소법」 제68조 제2항에 따른 헌법소원심판을 제기할 수 있으나 이 경우 당해 사건의 소송절차에서 동일한 사유를 이유로 다시 위헌 여부 심판의 제청을 신청할 수 없다. 20 입시 O | X

> 헌법재판소법 제68조(청구 사유) ② 제41조제1항에 따른 법률의 위헌 여부 심판의 제청신청이 기각된 때에는 그 신청을 한 당사자는 헌법재판소에 헌법소원심판을 청구할 수 있다. 이 경우 그 당사자는 당해 사건의 소송절차에서 동일한 사유를 이유로 다시 위헌 여부 심판의 제청을 신청할 수 없다.

4776 위헌법률심판의 제청신청이 기각된 때에 그 신청을 한 당사자는 당해 사건의 같은 심급뿐만 아니라 상소심의 소송절차에서도 동일한 사유로 다시 위헌법률심판의 제청신청을 할 수 없다. 14 변호사 O | X

4776-1 법률의 위헌여부심판의 제청신청이 기각된 때에는 당사자는 당해 사건의 소송절차에서 동일한 사유를 이유로 다시 위헌여부심판의 제청을 신청할 수 없는데, 이 때 당해 사건의 소송절차란 동일한 심급만을 의미하는 것이고, 당해 사건의 상소심 소송절차를 포함하는 것은 아니다. 17 변호사 O | X

헌법재판소법 제68조 제2항은 법률의 위헌여부심판의 제청신청이 기각된 때에는 그 신청을 한 당사자는 헌법재판소에 헌법소원심판을 청구할 수 있으나, 다만 이 경우 그 당사자는 당해 사건의 소송절차에서 동일한 사유를 이유로 다시 위헌여부심판의 제청을 신청할 수 없다고 규정하고 있는바, 이 때 당해 사건의 소송절차란 당해 사건의 상소심 소송절차를 포함한다 할 것이다(헌재 2007. 7. 26. 2006헌바40).

● 정답 4774. O 4774-1. X [제청신청 기각 시 위헌헌소 청구 可] 4775. O 4776. O 4776-1. X [포함됨]

4777 헌법재판소법 제68조 제2항 후문은 당사자가 당해 사건의 소송절차에서 동일한 사유를 이유로 다시 위헌법률심판을 제청신청할 수 없다고 규정하고 있는데, 여기서 당해 사건의 소송절차란 당해 사건의 상소심 소송절차는 물론 대법원에 의해 파기환송되기 전후의 소송절차를 모두 포함한다. 16 법무사
O|X

헌법재판소법 제68조 제2항 후문은 당사자가 당해 사건의 소송절차에서 동일한 사유를 이유로 다시 위헌법률심판을 제청신청할 수 없다고 규정하고 있다. 여기서 당해 사건의 소송절차란 당해 사건의 상소심 소송절차는 물론 대법원에 의해 파기환송되기 전후의 소송절차를 모두 포함한다(헌재 2013. 6. 27. 2011헌바247).

4778 「헌법재판소법」 제68조 제2항은 당해 법원에 의해 위헌법률심판제청신청이 기각된 법률조항에 대해서 헌법소원심판을 청구할 수 있다고 규정하므로, 당해 법원이 재판의 전제성을 부정하여 각하한 조항에 대해서는 위 헌법소원심판청구가 허용되지 않는다. 16 변호사
O|X

4778-1 법원이 재판의 전제성이 없다는 이유로 위헌법률심판제청의 신청을 각하한 경우 신청인이 「헌법재판소법」 제68조 제2항에 의한 헌법소원을 청구하면 헌법재판소는 재판의 전제성 유무에 대한 법원의 판단을 번복할 수 없다. 17 국가 7
O|X

「헌법재판소법」 제68조 제2항은 당해 법원에 의해 위헌법률심판 제청신청이 기각된 법률조항에 대해서 헌법소원심판을 청구할 수 있다고 규정하고 있다. 그러나 헌법재판소는 법원이 실질적으로 제청신청된 법률조항의 위헌 여부에 대하여 판단한 결과인 기각결정뿐만 아니라 법원이 재판의 전제성이 없다는 이유로 위헌법률심판 제청신청을 부적법하다고 각하한 경우에도 적법한 청구로 받아들인다. 헌법재판소는 기각결정인지 각하결정인지의 형식에 구애됨이 없이 해당 청구의 적법성을 직권으로 심사하여 청구의 적법성이 인정되면 재판의 전제성 등 적법요건을 갖춘 것으로 보고 본안판단으로 나아간다.

4779 「헌법재판소법」 제68조 제2항에 의한 헌법소원심판에서 청구인이 당해 소송법원에 위헌여부심판의 제청신청을 하지 않았고 따라서 법원의 각하 또는 기각결정도 없었던 부분에 대한 심판청구는 심판청구요건을 갖추지 못하여 부적법하다. 15 국회 8
O|X

헌법재판소법 제68조 제2항에 의한 헌법소원심판의 청구는 같은 법 제41조 제1항에 의한 법률의 위헌여부심판의 제청신청을 법원이 각하 또는 기각한 경우에만 청구할 수 있고, 청구인이 당해 소송법원에 위헌여부심판의 제청신청을 하지 않았고 따라서 법원의 각하 또는 기각결정도 없었던 부분에 대한 심판청구는 그 심판청구요건을 갖추지 못하여 부적법하다(헌재 2010. 12. 28. 2009헌바258).

4780 「헌법재판소법」 제68조 제2항에 의한 헌법소원심판에서 청구인들이 심판을 요청한 법률조항은 재판의 전제성이 없는 경우, 다른 법률조항이 재판의 전제성을 충족하더라도 헌법재판소는 이를 각하한다. 15 국회 8
O|X

「헌법재판소법」 제68조 제2항에 의한 헌법소원심판에서 청구인들이 심판을 요청한 법률조항이 재판의 전제성이 없는 경우 이를 각하하지 않고, 심판청구의 이유, 법원에서의 위헌제청신청사건의 경과, 당해사건 재판과의 관련성의 정도, 이해관계기관의 의견 등 여러 사정을 종합하여, 직권으로 청구인이 구한 심판대상을 변경하여 확정하는 경우가 있다.

● 정답 4777. O 4778. X [허용됨] 4778-1. X [직권 심사하여 번복 가능] 4779. O 4780. X [심판대상 변경하여 판단 가능]

4781 명시적으로 위헌제청신청을 한 조항과 필연적 연관관계를 맺고 있는 법률조항이라 하더라도, 당사자가 그 법률조항을 위헌법률심판제청신청의 대상으로 삼지 않았고 당해 법원이 기각결정의 대상으로 삼지 않았다면, 그 법률조항에 대해 당해 법원이 묵시적으로나마 위헌제청신청으로 판단한 것으로 볼 여지가 없다. 22 국회 8   O | X

헌법재판소법 제68조 제2항의 헌법소원은 법률의 위헌여부심판의 제청신청을 하여 그 신청이 기각된 때에만 청구할 수 있는 것이므로, 청구인이 특정 법률조항에 대한 위헌여부심판의 제청신청을 하지 않았고 따라서 법원의 기각결정도 없었다면 비록 헌법소원심판청구에 이르러 위헌이라고 주장하는 법률조항에 대한 헌법소원은 원칙적으로 심판청구요건을 갖추지 못하여 부적법한 것이나, **예외적으로 위헌제청신청을 기각 또는 각하한 법원이 위 조항을 실질적으로 판단하였거나 위 조항이 명시적으로 위헌제청신청을 한 조항과 필연적 연관관계를 맺고 있어서 법원이 위 조항을 묵시적으로나마 위헌제청신청으로 판단을 하였을 경우**에는 헌법재판소법 **제68조 제2항의 헌법소원으로서 적법한 것이다**(헌재 2005. 2. 24. 2004헌바24).

4782 「헌법재판소법」 제68조 제2항에 따른 헌법소원심판은 위헌 여부 심판의 제청신청을 기각하는 결정을 통지받은 날부터 30일 이내에 청구하여야 한다. 22 소간, 20 입시   O | X

4782-1 「헌법재판소법」 제68조 제2항에 따른 헌법소원심판은 위헌 여부 심판의 제청신청을 기각하는 결정을 한 날부터 30일 이내에 청구하여야 한다. 23 변호사   O | X

4782-2 「헌법재판소법」 제68조 제2항에 따른 헌법소원심판은 위헌 여부 심판의 제청신청을 기각하는 결정을 통지받은 날부터 60일 이내에 청구하여야 한다. 18 5급   O | X

4782-3 법원이 위헌법률심판제청신청을 기각한 경우 당사자는 기각결정을 통지받은 날부터 90일 이내에 헌법재판소에 헌법소원심판을 청구할 수 있다. 17 경정   O | X

헌법재판소법 제69조(청구기간) ② 제68조제2항에 따른 헌법소원심판은 위헌 여부 심판의 제청신청을 기각하는 결정을 통지받은 날부터 30일 이내에 청구하여야 한다.

4783 공판정에서 청구인이 출석한 가운데 재판서에 의하여 위헌법률심판제청신청을 기각하는 취지의 주문을 낭독하는 방법으로 재판의 선고를 한 경우, 청구인은 이를 통하여 위헌법률심판제청신청에 대한 기각결정을 통지받았다고 보아야 하므로 그로부터 30일이 경과한 후 제기된 헌법소원 심판청구는 청구기간을 경과한 것으로서 부적법하다. 22 국회 8   O | X

공판정에서 청구인이 출석한 가운데 재판서에 의하여 위헌법률심판제청신청을 기각하는 취지의 **주문을 낭독**하는 방법으로 재판의 선고를 한 경우, 청구인은 이를 통하여 위헌법률심판제청신청에 대한 **기각 결정을 통지**받았다고 보아야 하므로 **그로부터 30일이 경과한 후 제기된 헌법소원 심판청구는 청구기간을 경과한 것으로서 부적법하다**(헌재 2018. 8. 30. 2016헌바316).

정답 4781. X [여지 있음]   4782. O   4782-1. X [결정일 X → 결정통지일 O]   4782-2. X [60일 X → 30일 O]   4782-3. X [90일 X → 30일 O]   4783. O

02 재판의 전제성

1 구체적 사건이 법원에 계속 중

4784 당해 소송사건에 적용되는 재판규범 중 위헌제청신청대상이 아닌 관련 법률에서 규정한 소송요건을 구비하지 못하여 부적법 각하될 수밖에 없는 때에는 소각하판결이 확정되지 않았다고 하더라도 헌법재판소법 제68조 제2항에 의한 헌법소원심판청구는 재판의 전제성 요건이 흠결되어 부적법하다. 17 법원 9 ○|×

4784-1 위헌법률심판청구의 계기가 된 당해 사건에 대하여 소각하판결이 확정되지 않았더라도 당해 소송사건이 부적법하여 각하될 수밖에 없는 경우 '재판의 전제성' 요건이 흠결되어 「헌법재판소법」 제68조 제2항의 헌법소원심판청구가 부적법하다. 23 입시 ○|×

법원에서 당해 소송사건에 적용되는 재판규범 중 위헌제청신청대상이 아닌 **관련 법률에서 규정한 소송요건을 구비하지 못하였기 때문에 부적법**하다는 이유로 소각하 판결을 선고하고 그 판결이 확정되거나, 소각하판결이 확정되지 않았더라도 당해 소송사건이 **부적법하여 각하될 수밖에 없는 경우**에는 당해 소송사건에 관한 **재판의 전제성 요건이 흠결되어 부적법**하다(헌재 2005. 3. 31. 2003헌바113).

4785 법원에서 당해 소송사건에 적용되는 재판규범 중 위헌제청신청대상이 아닌 관련 법률에서 규정한 소송요건을 구비하지 못하였기 때문에 부적법하다는 이유로 소각하 판결을 선고하고 그 판결이 확정되거나, 소각하 판결이 확정되지 않았더라도 당해 소송사건이 부적법하여 각하될 수밖에 없는 경우, 당해 소송사건이 각하될 것이 불분명한 경우에는 당해 소송사건에 관한 '재판의 전제성' 요건이 흠결된 것으로 본다. 22 국가 7 ○|×

법원에서 당해 소송사건에 적용되는 재판규범 중 **위헌제청신청대상이 아닌 관련 법률**에서 규정한 **소송요건을 구비하지 못하였기 때문에 부적법**하다는 이유로 **소각하 판결을 선고**하고 **그 판결이 확정**되거나, 소각하 판결이 확정되지 않았더라도 당해 소송사건이 **부적법하여 각하될 수밖에 없는 경우**에는 당해 소송사건에 관한 '**재판의 전제성**' 요건이 흠결되어 헌법재판소법 제68조 제2항의 헌법소원심판청구가 부적법하다 할 것이나, 이와는 달리 당해 소송사건이 **각하될 것이 불분명한 경우**에는 '**재판의 전제성**'이 흠결되었다고 단정할 수 없는 것이다(헌재 2013. 11. 28. 2011헌바136 등).

4786 소송대리권을 수여한 사실이 인정되지 않아 당해사건이 부적법하다는 이유로 소 각하 판결이 확정된 일부 청구인들의 심판청구는 법률의 위헌 여부를 따져 볼 필요 없이 각하를 면할 수 없으므로, 재판의 전제성이 인정되지 않아 부적법하다. 22 국회 8 ○|×

법무법인 ○○에게 소송대리권을 수여한 사실이 인정되지 않아 **당해사건이 부적법**하다는 이유로 **소 각하 판결이 확정**된 일부 청구인들의 심판청구는 **법률의 위헌 여부를 따져 볼 필요 없이 각하**를 면할 수 없으므로, 재판의 전제성이 인정되지 않아 **부적법하다**(헌재 2020. 3. 26. 2016헌바55 등).

● 정답 4784. ○ 4784-1. ○ 4785. ×[각하될 것이 불분명한 경우는 흠결된 것으로 단정 ×] 4786. ○

4787 제1심인 당해사건에서 헌법소원심판을 청구하였는데, 당해사건의 항소심에서 당사자들 간에 임의조정이 성립되어 소송이 종결되었더라도 심판대상조항이 당해사건인 제1심 판결에 적용되었다면 재판의 전제성이 인정된다. 19 변호사 O|X

당해사건의 **당사자들에 의해** 그 소송이 종결되었다면 구체적인 사건이 법원에 계속 중인 경우라 할 수 없을 뿐 아니라, 조정의 성립에 이 사건 법률조항이 적용된 바도 없으므로 위 법률조항에 대하여 위헌 결정이 있다 하더라도 청구인으로서는 당해사건에 대하여 재심을 청구할 수 없어 종국적으로 당해사건의 결과에 대하여 이를 다툴 수 없게 되었다 할 것이므로, 이 사건 법률조항이 헌법에 위반되는지 여부는 당해사건과의 관계에서 재판의 전제가 되지 못한다 할 것이다(헌재 2010. 2. 25. 2007헌바34).

4788 제1심인 당해사건에서 헌법소원심판을 청구하였는데, 당해사건의 항소심에서 소를 취하하는 경우 당해사건이 종결되어 심판대상조항이 당해사건에 적용될 여지가 없으므로 재판의 전제성이 인정되지 않는다. 19 변호사 O|X

청구인들은 이 사건 헌법소원심판을 청구한 후 **당해사건의 항소심**에서 **소를 취하**하여 당해사건이 2011. 4. 14. 종결되었으므로(서울고등법원 2010누34080), 이 사건 법률조항은 당해사건에 적용될 여지가 없게 되었고, 따라서 청구인들의 이 사건 심판청구는 재판의 전제성을 갖추지 못한 것이어서 부적법하다(헌재 2011. 11. 24. 2010헌바412).

4789 제1심인 당해사건에서 「헌법재판소법」 제68조 제2항의 헌법소원을 청구하였는데, 당해사건의 항소심에서 항소를 취하하여 원고 패소의 원심판결이 확정된 경우에도 재판의 전제성은 인정된다. 24 경정 O|X

4789-1 제1심인 당해사건에서 헌법소원심판을 청구하였는데, 당해사건의 항소심에서 항소를 취하하는 경우 당해사건이 종결되어 심판대상조항이 당해사건에 적용될 여지가 없으므로 재판의 전제성이 인정되지 않는다. 19 변호사 O|X

청구인들은 제1심인 당해사건에서 헌법재판소법 제68조 제2항의 헌법소원을 제기하였는데, **당해사건의 항소심**에서 **항소를 취하**하여 원고 패소의 원심판결이 확정되었다. 이 경우에도 당해사건에 적용되는 법률이 위헌으로 결정되면 확정된 원심판결에 대하여 재심청구가 가능하므로(헌법재판소법 제75조 제7항) 원심판결의 주문이 달라질 수 있다. 따라서 청구인들이 당해사건의 항소심에서 항소를 취하하였다고 하더라도 이 사건에서 재판의 전제성이 인정된다(헌재 2015. 10. 21. 2014헌바170).

4790 당해소송이 제1심과 항소심에서 심판대상법률이 아닌 다른 법률에서 규정한 소송요건이 결여되었다는 이유로 각하되었지만, 상고심에서 그 각하판결이 유지될지 불분명한 경우에도 재판의 전제성이 인정될 수 있다. 18 국가 7 O|X

헌법재판소는 당해사건의 제1심과 항소심 법원에서 행정소송법상 원고적격이 없다는 이유로 각하하였으나, 당해사건에 직접 원용할 만한 확립된 대법원 판례가 존재하지 않아 해석에 따라서는 당해사건의 청구인들의 원고적격이 인정될 여지도 충분히 있으므로, 일단 청구인들이 당해소송에서 원고적격을 가질 수 있다는 전제 하에 재판의 전제성 요건을 갖춘 것으로 보고 본안에 대한 판단을 할 수 있다고 판시한 바 있다.

> **관련판례** 당해사건에 직접 원용할 만한 확립된 대법원 판례는 아직까지 존재하지 않아 해석에 따라서는 당해소송에서 청구인들의 원고적격이 인정될 여지도 충분히 있고, 헌법재판소가 이에 관하여 법원의 최종적인 법률해석에 앞서 불가피하게 판단할 수밖에 없는 경우에는 헌법재판소로서는 일단 청구인들이 당해소송에서 원고적격을 가질 수 있다는 전제하에 **재판의 전제성 요건을 갖춘 것으로 보고 본안에 대한 판단을 할 수 있다**(헌재 2004. 10. 28. 99헌바91).

● 정답 4787. X [전제성 부정] 4788. O 4789. O 4789-1. X [전제성 인정] 4790. O

2 당해 소송사건의 재판에 적용

4791 확정된 유죄판결에서 처벌의 근거가 된 법률조항은 재심의 개시 여부를 결정하는 재판에서는 재판의 전제성이 인정되지 않는 것이 원칙이다. 24 소간 O | X

4791-1 확정된 유죄판결에서 처벌의 근거가 된 법률조항은 원칙적으로 '재심의 청구에 대한 심판', 즉 재심의 개시 여부를 결정하는 재판에서는 재판의 전제성이 인정되지만, 재심 개시 결정 이후의 '본안사건에 대한 심판'에 있어서는 재판의 전제성이 인정되지 않는다. 20 변호사 O | X

4791-2 형사처벌의 근거로 된 법률의 위헌 여부는 확정된 유죄판결에 대한 재심사유의 존부와 재심청구의 당부에 대하여 직접적인 영향을 미치는 것이므로, 당해사건 재심재판에서 재심사유의 존부 및 재심청구의 당부에 대한 재판의 전제가 된다. 17 서울 7 O | X

형사소송법은 재심의 절차를 '재심의 청구에 대한 심판'과 '본안사건에 대한 심판'이라는 두 단계 절차로 구별하고 있다. 따라서 확정된 유죄판결에서 처벌의 근거가 된 법률조항은 원칙적으로 '재심의 청구에 대한 심판', 즉 재심의 개시 여부를 결정하는 재판에서는 재판의 전제성이 인정되지 않고, 재심의 개시 결정 이후의 '본안사건에 대한 심판'에 있어서만 재판의 전제성이 인정된다(헌재 2013. 3. 21. 2010헌바132 등).

4792 당해사건이 재심사건인 경우, 심판대상조항이 '재심청구 자체의 적법 여부에 대한 재판'에 적용되는 법률조항이 아니라 '본안 사건에 대한 재판'에 적용될 법률조항이라면 '재심청구가 적법하고, 재심의 사유가 인정되는 경우'에 한하여 재판의 전제성이 인정될 수 있다. 19 서울 7, 18 국가 7 O | X

당해 사건이 **재심사건**인 경우, 심판대상조항이 '**재심청구 자체의 적법 여부에 대한 재판**'에 적용되는 법률조항이 아니라 '**본안 사건에 대한 재판**'에 적용될 법률조항이라면 '**재심청구가 적법**하고' '**재심의 사유가 인정되는 경우에**' 한하여 **재판의 전제성이 인정될 수 있다**(헌재 2007. 12. 27. 2006헌바73).

3 당해 소송사건을 담당하는 법원이 다른 내용의 재판

4793 형사사건에서 무죄의 확정판결을 받은 때에는 처벌조항의 위헌확인을 구하는 헌법소원이 인용되더라도 재심을 청구할 수 없고, 청구인에 대한 무죄판결은 종국적으로 다툴 수 없게 되므로 재판의 전제성이 인정되지 않는다. 19 경정, 15 국회 8 O | X

4793-1 「헌법재판소법」제68조 제2항에 의한 헌법소원심판 청구인이 당해사건인 형사사건에서 무죄의 확정판결을 받은 때에도 헌법재판소는 그 처벌조항의 위헌 여부에 대해 본안판단을 한다. 17 서울 7 O | X

헌법재판소법 제68조 제2항에 의한 헌법소원심판 청구인이 당해사건인 형사사건에서 **무죄의 확정판결**을 받은 때에는 **처벌조항의 위헌확인**을 구하는 헌법소원이 인용되더라도 **재심을 청구할 수 없고**, 청구인에 대한 무죄판결은 종국적으로 다툴 수 없게 되므로 법률의 위헌 여부에 따라 당해 사건 재판의 주문이 달라지거나 재판의 내용과 효력에 관한 법률적 의미가 달라지는 경우에 해당한다고 볼 수 없으므로 **더 이상 재판의 전제성이 인정되지 아니하는 것으로 보아야 한다**(헌재 2009. 5. 28. 2006헌바109 등).

● 정답 4791. O   4791-1. X [재심의 청구에 대한 심판 ↔ 본안사건에 대한 심판 위치 바뀜]   4791-2. X [전제성 부정]   4792. O   4793. O   4793-1. X [본안판단 안함]

4794 헌법소원심판의 청구인이 당해사건에서 무죄의 확정판결을 받은 때에는 처벌조항의 위헌확인을 구하는 헌법소원이 인용되더라도 재심을 청구할 수 없어 재판의 전제성이 인정되지 않으나, 예외적으로 객관적인 헌법질서의 수호·유지 및 관련 당사자의 권리구제를 위하여 심판의 필요성을 인정하여 재판의 전제성을 인정한 사례가 있다. 20 변호사 O|X

4794-1 청구인이 당해사건인 형사사건에서 무죄의 확정판결을 받은 때에는 원칙적으로 재판의 전제성이 인정되지 아니하나, 예외적으로 객관적인 헌법질서의 수호·유지 및 관련 당사자의 권리구제를 위하여 심판의 필요성이 인정되는 경우에는 재판의 전제성을 인정할 수 있다. 19 변호사 O|X

4794-2 재심사건을 제외한 당해사건인 형사사건에서 무죄의 확정판결을 받은 때라도 처벌조항에 대한 헌법적 해명이 긴요한 경우라면, 그 처벌조항의 위헌확인을 구하는 헌법소원심판절차에서 재판의 전제성을 인정하여야 한다. 18 국가 7 O|X

헌법재판소법 제68조 제2항에 의한 헌법소원심판 청구인이 당해사건인 형사사건에서 무죄의 확정판결을 받은 때에는 처벌조항의 위헌확인을 구하는 헌법소원이 인용되더라도 재심을 청구할 수 없고, 청구인에 대한 무죄판결은 종국적으로 다툴 수 없게 되므로 법률의 위헌 여부에 따라 당해사건 재판의 주문이 달라지거나 재판의 내용과 효력에 관한 법률적 의미가 달라지는 경우에 해당한다고 볼 수 없으므로, 원칙적으로 더 이상 재판의 전제성이 인정되지 아니한다. … 그러나 앞에서 본 바와 같이 법률과 같은 효력이 있는 유신헌법에 따른 긴급조치의 위헌 여부를 심사할 권한은 본래 헌법재판소의 전속적 관할 사항인 점, 법률과 같은 효력이 있는 규범인 긴급조치의 위헌 여부에 대한 헌법적 해명의 필요성이 있는 점, 당해사건의 대법원판결은 대세적 효력이 없는 데 비하여 형벌조항에 대한 헌법재판소의 위헌결정은 대세적 기속력을 가지고 유죄 확정판결에 대한 재심사유가 되는 점(헌법재판소법 제47조 제1항, 제3항) 등에 비추어 볼 때, 이 사건에서는 긴급조치 제1호, 제2호에 대하여 예외적으로 객관적인 헌법질서의 수호·유지 및 관련 당사자의 권리구제를 위하여 심판의 필요성을 인정하여 적극적으로 그 위헌 여부를 판단하는 것이 헌법재판소의 존재 이유에도 부합하고 그 임무를 다하는 것이 되므로, 당해사건에서 재판의 전제성을 인정함이 타당하다(헌재 2013. 3. 21. 2010헌바132 등).

4795 당해 사건 계속 중 공소가 취소되어 공소기각 결정이 확정된 경우 그 공소의 근거 법률에 관하여 재판의 전제성이 인정되지 않는다. 17 법원 9 O|X

당해 사건 계속 중 의료법 제56조 제2항 제11호 위반의 점에 관한 공소가 취소됨에 따라 공소기각 결정이 내려지고 그 결정이 확정되었으므로, 의료법 제89조 중 제56조 제2항 제11호 부분은 재판의 전제성이 인정되지 아니한다(헌재 2014. 9. 25. 2013헌바28).

4796 당해 사건에 관하여 청구인에게 유리한 승소판결이 확정되었다면 재판의 전제성이 인정되지 않는다. 12 법원 9 O|X

헌법소원사건에 있어서는 당해사건에서 청구인에게 유리한 판결이 확정된 이상 심판대상 법률조항의 위헌 여부에 따라 재판의 주문이 달라지는 경우에 해당하지 않고, 당해사건에서 그 위헌 여부가 결정되지 아니한 채 다른 이유로 재판이 종결되었다 하여 그 재판의 법적효력이 불명확한 상태로 남아있는 것이 아니어서 그 위헌 여부에 따라 재판의 내용과 효력에 관한 법률적 의미가 달라지는 경우에도 해당하지 않으므로, 결국 이 심판청구는 결정 당시 재판의 전제성이 없어 부적법하다(헌재 2001. 6. 28. 2000헌바61).

4797 당해 사건 재판에서 청구인이 승소판결을 받아 그 판결이 확정된 경우 청구인은 재심을 청구할 법률상 이익이 없고, 심판대상조항에 대하여 위헌결정이 선고되더라도 당해사건재판의 결론이나 주문에 영향을 미칠 수 없으므로 그 심판청구는 재판의 전제성이 인정되지 아니하나, 당해사건에 관한 재판에서 승소판결을 받았다고 하더라도 그 판결이 확정되지 아니한 이상 상소절차에서 그 주문이 달라질 수 있으므로, 파기환송 전 항소심에서 승소판결을 받았다는 사정만으로는 법률조항의 위헌여부에 관한 재판의 전제성이 부정된다고 할 수 없다. 23 국회 8 O|X

● 정답 4794. O   4794-1. O   4794-2. X [재심사건 외 전제성 인정 사례 없음]   4795. O   4796. O   4797. O

당해 사건 재판에서 청구인이 승소판결을 받아 그 판결이 확정된 경우 청구인은 재심을 청구할 법률상 이익이 없고, 심판대상조항에 대하여 위헌결정이 선고되더라도 당해 사건 재판의 결론이나 주문에 영향을 미칠 수 없으므로 그 심판청구는 재판의 전제성이 인정되지 아니하나, 파기환송 전 항소심에서 승소판결을 받았다고 하더라도 그 판결이 확정되지 아니한 이상 상소절차에서 그 주문이 달라질 수 있으므로, 심판대상조항의 위헌 여부에 관한 재판의 전제성이 인정된다(헌재 2013. 6. 27. 2011헌바247).

4798 과태료를 자진납부함으로써 해당 질서위반행위에 대한 과태료 부과 및 징수절차가 종료하였고 행정소송 그 밖에 권리구제절차를 통하여 과태료 부과처분을 다툴 수 없게 되었다면, 과태료 부과처분의 근거법률인 심판대상조항이 위헌이라 하더라도 다른 특별한 사정이 없는 한 과태료 부과처분의 효력에 영향이 없어 재판의 전제성이 인정되지 아니한다. 18 국가 7   O | X

청구인들은 과태료를 자진납부함으로써 해당 질서위반행위에 대한 과태료 부과 및 징수절차는 종료하였고(질서위반행위규제법 제18조 제2항) 행정소송 그 밖에 다른 권리구제절차를 통하여 과태료 부과처분을 다툴 수 없게 되었다. 따라서 설령 청구인들에 대한 과태료 부과처분의 근거 법률인 심판대상조항이 위헌이라 하더라도, 다른 특별한 사정이 없는 한 위 과태료 부과처분의 효력에 영향이 없어 재판의 전제성이 인정되지 아니한다(헌재 2015. 7. 30. 2014헌바420 등).

4799 행정처분의 근거 법률이 헌법에 위반된다는 사정은 헌법재판소의 위헌결정이 있기 전에는 객관적으로 명백한 것이라고 할 수 없으므로 특별한 사정이 없는 한 그러한 하자는 행정처분의 취소사유에 해당할 뿐 당연무효사유는 아니어서, 제소기간이 경과한 뒤에는 행정처분의 근거 법률이 위헌임을 이유로 무효확인소송 등을 제기하더라도 행정처분의 효력에는 영향이 없음이 원칙이다. 따라서 행정처분의 근거가 된 법률조항은 당해 행정처분의 무효확인을 구하는 당해 사건에서 재판의 전제가 되지 않는다. 20 변호사   O | X

행정처분의 근거법률이 헌법에 위반된다는 사정은 헌법재판소의 위헌결정이 있기 전에는 객관적으로 명백한 것이라고 할 수는 없으므로 특별한 사정이 없는 한 그러한 하자는 행정처분의 취소사유에 해당할 뿐 당연무효사유는 아니어서, 제소기간이 경과한 뒤에는 행정처분의 근거 법률이 위헌임을 이유로 무효확인소송 등을 제기하더라도 행정처분의 효력에는 영향이 없음이 원칙이다. 따라서 행정처분의 근거가 된 법률조항의 위헌 여부에 따라 당해 행정처분의 무효확인을 구하는 당해 사건 재판의 주문이 달라지거나 재판의 내용과 효력에 관한 법률적 의미가 달라지는 것은 아니므로 재판의 전제성이 인정되지 아니한다(헌재 2014. 1. 28. 2010헌바251).

4800 행정처분에 대한 제소기간이 도과한 후, 그 처분의 근거법률이 위헌임을 이유로 그 처분에 대한 무효확인 및 후행처분의 취소를 구하는 소를 제기한 때에는 당해 행정처분의 근거가 된 법률조항은 재판의 전제성이 인정되지 않는다. 19 경정   O | X

행정처분의 근거법률이 헌법에 위반된다는 사정은 헌법재판소의 위헌결정이 있기 전에는 객관적으로 명백한 것이라고 할 수는 없으므로, 특별한 사정이 없는 한 그러한 하자는 행정처분의 취소사유에 해당할 뿐 당연무효사유는 아니다. 제소기간이 경과한 뒤에는 행정처분의 근거 법률이 위헌임을 이유로 무효확인소송 등을 제기하더라도 행정처분의 효력에는 영향이 없으며, 그 하자가 당연무효사유가 아닌 한 후행처분에 승계되는 것이 아니다. 따라서 처분의 근거가 된 법률조항의 위헌 여부에 따라 당해 사건 재판의 주문이 달라지거나 재판의 내용과 효력에 관한 법률적 의미가 달라지는 경우로 볼 수 없으므로 재판의 전제성이 인정되지 아니한다(헌재 2014. 3. 27. 2011헌바232).

4801 행정처분의 근거가 된 법률이 헌법재판소에서 위헌으로 결정된 경우에는 그 전에 이미 집행이 종료된 행정처분이라 하더라도 당연무효가 되는 것으로 보아야 한다. 19 입시   O | X

원칙적으로, 행정처분의 근거가 된 법률이 헌법재판소에서 위헌으로 선고된다고 하더라도 그 전에 이미 집행이 종료된 행정처분이 당연무효가 되지는 않으므로 쟁송기간이 경과한 후에는 행정처분의 근거법률이 위헌임을 이유로 무효확인소송 등을 제기하더라도 행정처분의 효력에는 영향이 없다(헌재 1999. 9. 16. 92헌바9).

● 정답   4798. O   4799. O   4800. O   4801. X [당연무효 아님]

4802 유죄확정판결에 의하여 몰수된 재산의 반환을 구하는 민사재판에서 유죄확정판결의 근거가 된 형벌조항의 위헌성을 다툴 수 없어, 그 형벌조항은 재판의 전제성이 인정되지 않는다. 18 변호사 O | X

> 헌법재판소가 한 형벌에 관한 법률 또는 법률조항에 대한 위헌결정은 비록 소급하여 그 효력을 상실하지만, 그 법률 또는 법률조항에 근거한 유죄의 확정판결에 대하여는 재심을 청구할 수 있을 뿐이어서(헌법재판소법 제47조 제1,2,3항) **확정판결에 적용된 법률조항에 대한 위헌결정**이 있다고 하더라도 바로 유죄의 확정판결이 당연무효로 되는 것은 아니기 때문에 그 법률조항의 위헌 여부는 그 확정판결상의 몰수형이 무효라는 이유로 몰수된 재산의 반환을 구하는 민사재판의 **전제가 되지 않는다**(헌재 1993. 7. 29. 92헌바34).

03 재판의 진행 및 재판확정에 따른 재심의 청구

4803 헌법재판소법 제68조 제2항에 의한 헌법소원심판이 청구된 경우 당해 소송사건의 재판은 헌법재판소의 위헌 여부의 결정이 있을 때까지 정지된다. 다만, 법원이 긴급하다고 인정하는 경우에는 종국재판 외의 소송절차를 진행할 수 있다. 14 변호사 O | X

4803-1 헌법소원이 제기되어 헌법재판소로부터 그 통지를 받은 법원은 헌법재판소의 결정이 있을 때까지 재판을 정지하여야 한다. 13 법무사 O | X

> 헌법소원이 제기되어 헌법재판소로부터 그 통지를 받았다고 하더라도 **재판의 진행을 정지**하여야 하는 것은 **아니다**(대판 2002. 6. 25. 2002도45).

4804 「헌법재판소법」 제68조 제2항의 규정에 의한 헌법소원이 인용된 경우에 당해 헌법소원과 관련된 소송사건이 이미 확정된 때에는 당사자는 재심을 청구할 수 있다. 23 5급, 15 서울 7, 13 변호사 O | X

> 헌법재판소법 제75조(인용결정) ⑦ 제68조제2항에 따른 **헌법소원이 인용**된 경우에 해당 헌법소원과 **관련된 소송사건이 이미 확정**된 때에는 **당사자는 재심을 청구**할 수 있다.

4805 소송 계속 중에 적용 법률에 대하여 위헌법률심판제청신청을 하여 헌법소원심판까지 이르게 된 경우 헌법재판소의 위헌결정이 있게 되면 당해 소송사건이 이미 확정된 때라도 당사자는 재심을 청구할 수 있으므로 재판의 전제성은 인정된다. 15 국회 8 O | X

4805-1 헌법재판소법 제68조 제2항에 의한 위헌심사형 헌법소원에서 헌법재판소의 종국결정 이전에 당해 사건 재판이 확정되어 종료되었다면 재판의 전제성은 부정된다. 17 법원 9 O | X

> 헌법재판소법 제68조 제2항에 따른 헌법소원의 경우에는 당해 소송사건이 헌법소원의 제기로 정지되지 않기 때문에 헌법소원심판의 종국결정 이전에 당해 **소송사건이 확정되어 종료**되는 경우가 있을 수 있다. 그러나 헌법재판소법에 따라 **헌법소원이 인용**된 경우에는 **당해사건이 이미 확정**된 때라도 **당사자는 재심을 청구**할 수 있으므로, 판결이 확정되었더라도 **재판의 전제성이 소멸된다고 볼 수 없다**.

정답 4802. O   4803. X [위헌헌소는 정지안됨]   4803-1. X [위헌헌소는 정지안됨]   4804. O   4805. O   4805-1. X [전제성 인정]

POINT 274 권리구제형 헌법소원

01 권리구제형 헌법소원

4806 공권력의 행사 또는 불행사로 인하여 헌법상 보장된 기본권을 침해받은 자는 법원의 재판을 제외하고는 헌법소원심판을 청구할 수 있다. 13 법무사 O|X

> **헌법재판소법 제68조(청구 사유)** ① 공권력의 행사 또는 불행사(不行使)로 인하여 헌법상 보장된 기본권을 침해받은 자는 법원의 재판을 제외하고는 헌법재판소에 헌법소원심판을 청구할 수 있다. 다만, 다른 법률에 구제절차가 있는 경우에는 그 절차를 모두 거친 후에 청구할 수 있다.

4807 「헌법재판소법」 제68조 제1항의 헌법소원심판청구는 청구인의 구체적인 기본권 침해와 무관하게 법률 등 공권력이 헌법에 합치하는지 여부를 추상적으로 심판하고 통제하는 절차이다. 21 변호사 O|X

> 헌법소원제도는 공권력작용으로 인하여 헌법상의 권리를 침해받은 자가 그 권리를 구제받기 위하여 심판을 구하는 이른바 주관적 권리구제절차라는 점을 본질적 요소로 하고 있는 것으로서, 청구인의 구체적인 기본권 침해와 무관하게 법률 등 공권력이 헌법에 합치하는지 여부를 추상적으로 심판하고 통제하는 절차가 아니다(헌재 2018. 3. 20. 2018헌마212).

4808 권리구제형 헌법소원은 개인의 주관적 권리보호 뿐 아니라 객관적 헌법질서의 수호·유지를 목적으로 한다. 23 국회 9 O|X

> 청구인은 이 사건이 헌법재판소에 적법 계속중인 1992.12.31.로서 공무원 연령정년이 되었으므로 이 사건 헌법소원이 가사 인용된다고 할지라도 공직에 복귀할 수 없어 소원의 전제가 된 법원에서의 쟁송사건과의 관련에서 볼 때 권리보호의 이익이 없다고 할 것이나, 헌법소원제도는 개인의 주관적인 권리구제에만 그 목적이 있는 것이 아니고 객관적인 헌법질서의 유지·수호에도 있다고 할 것인 바, 이 사건 헌법소원에서 문제되고 있는 5급이상 공무원 특별채용 배제 문제는 비단 청구인 한 사람에게만 국한된 것이 아니고 비슷한 처지에 있는 1980년도 해직공무원 1,367명에게 이해관계가 있고 헌법적 해명(解明)이 필요한 중요한 의미를 지니고 있는 사안이므로 본안판단(의 필요성이 있다(헌재 1993. 9. 27. 92헌바21).

4809 권리구제형 헌법소원을 청구하기 위해서는 재판의 전제성이라는 요건이 필요하다. 23 국회 9 O|X

> 헌법재판소는 위헌심사형 헌법소원을 청구하기 위해서는 재판의 전제성이라는 요건을 요구함으로써 위헌법률심판이라는 입장이다.

4810 헌법소원의 심판청구서에는 침해된 권리와 청구이유를 기재하여야 한다. 11 지방 7 O|X

> **헌법재판소법 제71조(청구서의 기재사항)** ① 제68조제1항에 따른 헌법소원의 심판청구서에는 다음 각 호의 사항을 적어야 한다.
> 1. 청구인 및 대리인의 표시
> 2. 침해된 권리
> 3. 침해의 원인이 되는 공권력의 행사 또는 불행사
> 4. 청구 이유
> 5. 그 밖에 필요한 사항

● 정답 4806. O 4807. X [아님] 4808. O 4809. X [권리구제형 헌법소원 X → 위헌법률심판 or 위헌심사형 헌법소원 O] 4810. O

4811 「헌법재판소법」 제68조 제1항에 의한 헌법소원심판이 청구된 경우 헌법재판소는 심판청구서에 기재된 청구취지에 기속되어 심판대상을 확정해야 한다. 18 서울 7(추) O | X

헌법재판소는 청구인의 심판청구서에 기재된 피청구인이나 **청구취지에 구애됨이 없이** 청구인의 주장요지를 종합적으로 판단하여야 하며 청구인이 주장하는 **침해된 기본권**과 **침해의 원인**이 되는 **공권력**을 직권으로 조사하여 피청구인과 심판대상을 확정하여 판단하여야 한다(헌재 1993. 5. 13. 91헌마190).

02 병합제기와 공동심판참가

4812 하나의 심판청구로 「헌법재판소법」 제68조 제1항에 의한 헌법소원심판청구와 「헌법재판소법」 제68조 제2항에 의한 헌법소원심판청구를 함께 병합하여 제기할 수 있다. 11 법원 9 O | X

4812-1 헌법재판소법 제68조 제1항 소정의 권리구제형 헌법소원과 같은 조 제2항 소정의 위헌심사형 헌법소원은 별개의 사건부호가 부여되는 등 법적 성격을 달리하므로 하나의 심판청구에 양자를 병합하여 제기하는 것은 허용되지 아니한다. 17 법원 9 O | X

헌법재판소법 제68조 제1항에 의한 헌법소원과 헌법재판소법 제68조 제2항에 의한 헌법소원은 비록 그 요건과 대상은 다르다고 하더라도 헌법재판소라는 동일한 기관에서 재판을 받고, 개인에 의한 심판청구라는 헌법소원의 측면에서는 그 성질이 동일한 점, … **하나의 헌법소원으로 헌법재판소법 제68조 제1항에 의한 청구**와 **헌법재판소법 제68조 제2항에 의한 청구**를 함께 **병합하여 제기함이 가능하다**고 할 것이다(헌재 2010. 3. 25. 2007헌마933).

4813 법령에 대한 헌법소원심판에서 민사소송법 제83조 제1항과 같은 공동심판참가신청은 허용되지 않는다. 17 법원 9 O | X

헌법재판소법 제40조 제1항에 의해서 준용될 수 있는 민사소송법 제83조 제1항에 의해서 현재 계속 중인 헌법소원심판에 공동청구인으로서 참가를 하려면 그 청구기간 내에 참가 신청을 하여야 하고, 헌법소원심판의 당사자적격을 갖춘 자들이 그 청구기간 내에 자신들을 청구인으로 추가하여 줄 것을 요청하는 내용의 '청구인추가신청서'를 제출한 경우, 이들에게도 사실상 위헌결정의 효력이 미친다면 **합일확정의 필요가 인정**되므로 적법한 **공동심판참가신청으로 보아 허용**할 수 있다(헌재 2008. 2. 28. 2005헌마872 등).

03 헌법소원의 국선대리인제도

4814 헌법소원심판을 청구하려는 자가 변호사를 대리인으로 선임할 자력이 없는 경우에는 헌법재판소에 국선대리인을 선임하여 줄 것을 신청할 수 있다. 헌법재판소는 그 심판청구가 명백히 부적법하거나 이유 없는 경우 또는 권리의 남용이라고 인정되는 경우에는 국선대리인을 선정하지 아니할 수 있다. 15 국회 8 O | X

4814-1 「헌법재판소법」은 헌법소원심판에 대해서만 국선대리인제도를 직접 규정하고 있다. 21 국회 8, 15 변호사 O | X

4814-2 위헌법률심판제청신청이 기각되어 헌법소원심판을 청구하려고 할 때, 변호사를 대리인으로 선임할 자력이 없는 경우 헌법재판소에 국선대리인을 선임하여 줄 것을 신청할 수 있다. 24 변호사 O | X

4814-3 헌법소원심판을 청구하고자 하는 자가 변호사를 대리인으로 선임할 자력이 없는 경우에는 헌법재판소가 국선대리인을 직권으로 선임하여야 한다. 13 국회 8 O | X

정답 4811. X [청구취지에 기속 X]　4812. O　4812-1. X [병합 제기 허용]　4813. X [허용]　4814. O　4814-1. O　4814-2. O　4814-3. X [직권 X → 신청 가능 O]

> **헌법재판소법 제70조(국선대리인)** ① 헌법소원심판을 청구하려는 자가 변호사를 대리인으로 선임할 **자력(資力)이 없는 경우**에는 헌법재판소에 **국선대리인을 선임하여 줄 것을 신청**할 수 있다. 이 경우 제69조에 따른 청구기간은 국선대리인의 선임신청이 있는 날을 기준으로 정한다.
> ③ 헌법재판소는 제1항의 신청이 있는 경우 또는 제2항의 경우에는 헌법재판소규칙으로 정하는 바에 따라 변호사 중에서 국선대리인을 선정한다. 다만, 그 심판청구가 명백히 부적법하거나 **이유 없는 경우** 또는 **권리의 남용**이라고 인정되는 경우에는 **국선대리인을 선정하지 아니할 수 있다.**

4815 헌법재판소는 공익상 필요하다고 인정할 때에는 국선대리인을 선임할 수 있다. 〈18 5급〉 O | X

4815-1 헌법소원심판을 청구하려는 자가 변호사를 대리인으로 선임할 자력이 없는 경우에는 헌법재판소에 국선대리인을 선임해 줄 것을 신청할 수 있고, 헌법재판소가 공익상 필요가 있다고 인정할 때에는 자력이 충분한 청구인에게도 국선대리인을 선임해 줄 수 있다. 〈21 법원 9〉 O | X

> **헌법재판소법 제70조(국선대리인)** ① 헌법소원심판을 청구하려는 자가 변호사를 대리인으로 선임할 **자력(資力)이 없는 경우**에는 헌법재판소에 **국선대리인을 선임하여 줄 것을 신청**할 수 있다. 이 경우 제69조에 따른 청구기간은 국선대리인의 선임신청이 있는 날을 기준으로 정한다.
> ② 제1항에도 불구하고 헌법재판소가 **공익상 필요하다고 인정**할 때에는 **국선대리인을 선임**할 수 있다.

4816 헌법소원심판을 청구하려는 자가 변호사를 대리인으로 선임할 자력이 없는 경우에는 헌법재판소에 국선대리인을 선임하여 줄 것을 신청할 수 있다. 이 경우 「헌법재판소법」 제69조에 따른 청구기간은 국선대리인이 심판청구서를 제출한 날이 아니라 국선대리인의 선임신청이 있는 날을 기준으로 정한다. 〈17 변호사〉 O | X

4816-1 헌법소원심판을 청구하려는 자가 변호사를 대리인으로 선임할 자력이 없는 경우에는 헌법재판소에 국선대리인을 선임하여 줄 것을 신청할 수 있는데, 이 경우 「헌법재판소법」 제69조에 따른 청구기간은 소송 지연을 방지하기 위하여 국선대리인이 심판청구서를 제출한 날을 기준으로 정한다. 〈18 서울 7(추)〉 O | X

> **헌법재판소법 제70조(국선대리인)** ① 헌법소원심판을 청구하려는 자가 변호사를 대리인으로 선임할 자력(資力)이 없는 경우에는 헌법재판소에 국선대리인을 선임하여 줄 것을 신청할 수 있다. 이 경우 제69조에 따른 **청구기간**은 **국선대리인의 선임신청이 있는 날**을 기준으로 정한다.
> ⑤ 제3항에 따라 선정된 국선대리인은 선정된 날부터 **60일 이내**에 제71조에 규정된 사항을 적은 **심판청구서를 헌법재판소에 제출**하여야 한다.

4817 헌법소원심판의 청구가 청구기간 내에 청구되지 않았다면 그 청구기간 내에 국선변호인 선임신청이 있었다 하더라도 청구기간을 도과한 것이다. 〈13 국회 8〉 O | X

국선대리인의 헌법소원심판청구서가 그 선임통지를 받은 날로부터 60일이 경과한 후에 제출되었다고 하더라도 헌법소원심판청구는 국선대리인선임신청일에 제기된 것으로 보아야 한다(헌재 1998. 8. 27. 96헌마398).

● 정답 4815. O   4815-1. O   4816. O   4816-1. X [심판청구서 제출일 X → 선임신청일 O]   4817. X [청구기간 도과 아님]

4818 헌법소원심판에서 헌법재판소가 국선대리인을 선정하지 아니한다는 결정을 한 때에는 지체 없이 그 사실을 신청인에게 통지하여야 한다. 이 경우 신청인이 선임신청을 한 날부터 그 통지를 받은 날까지의 기간은 헌법재판소법 제69조의 청구기간에 산입하지 아니한다. 22 국가 7   O X

> **헌법재판소법 제70조(국선대리인)** ④ 헌법재판소가 국선대리인을 선정하지 아니한다는 결정을 한 때에는 지체 없이 그 사실을 신청인에게 통지하여야 한다. 이 경우 신청인이 선임신청을 한 날부터 그 통지를 받은 날까지의 기간은 제69조의 청구기간에 산입하지 아니한다.

04 헌법소원의 사전심사

4819 헌법재판소장은 헌법재판소에 재판관 3명으로 구성되는 지정재판부를 두어 헌법소원심판의 사전심사를 담당하게 할 수 있다. 18 5급, 11 지방 7   O X

4819-1 탄핵심판절차에서 재판관 3인으로 구성되는 지정재판부를 두어 사전심사를 담당하게 하는 것은 허용되지 않는다. 18 법무사   O X

4819-2 「헌법재판소법」 제68조 제1항에 의한 헌법소원에서는 지정재판부가 사전심사를 하나, 「헌법재판소법」 제68조 제2항에 의한 헌법소원에서는 지정재판부가 사전심사를 하지 아니한다. 16 지방 7   O X

4819-3 위헌법률심판과 헌법소원심판의 경우 재판관 3인으로 구성되는 지정재판부를 두어 사전심사를 담당하게 할 수 있다. 19 경정   O X

4819-4 헌법재판소장은 헌법재판소에 재판관 3명으로 구성되는 지정재판부를 두어 헌법소원심판의 사전심사를 담당하게 하여야 한다. 18 법원 9   O X

> **헌법재판소법 제72조(사전심사)** ① 헌법재판소장은 헌법재판소에 재판관 3명으로 구성되는 지정재판부를 두어 헌법소원심판의 사전심사를 담당하게 할 수 있다.

4820 「헌법재판소법」 제68조 제2항에 의한 헌법소원심판에서 지정재판부의 사전심사를 거쳐야 하는 것은 아니며, 변호사강제주의가 적용되지도 않는다. 23 5급   O X

> **헌법재판소법 제72조(사전심사)** ① 헌법재판소장은 헌법재판소에 재판관 3명으로 구성되는 지정재판부를 두어 헌법소원심판의 사전심사를 담당하게 할 수 있다.
> **헌법재판소법 제25조(대표자·대리인)** ③ 각종 심판절차에서 당사자인 사인(私人)은 변호사를 대리인으로 선임하지 아니하면 심판청구를 하거나 심판 수행을 하지 못한다. 다만, 그가 변호사의 자격이 있는 경우에는 그러하지 아니하다.

●정답 4818. O   4819. O   4819-1. O   4819-2. X [제68조 제2항도 사전심사 가능]   4819-3. X [위헌법률심판 불가]   4819-4. X [해야 한다 X → 할 수 있다 O]   4820. X [사전심사 가능, 변호사강제주의 적용]

4821 지정재판부는 다른 법률에 따른 구제절차가 있는 경우 그 절차를 모두 거치지 아니하거나 또는 법원의 재판에 대하여 헌법소원의 심판이 청구된 경우, 지정재판부 재판관 전원의 일치된 의견에 의한 결정으로 헌법소원의 심판청구를 각하한다. 20 국가 7   O | X

4821-1 헌법재판소장은 헌법재판소에 재판관 3명으로 구성되는 지정재판부를 두어 헌법소원심판의 사전심사를 담당하게 할 수 있고, 지정재판부는 헌법소원심판청구가 명백히 부적법하거나 이유 없는 경우에는 전원의 일치된 의견으로 각하한다. 14 변호사   O | X

> **헌법재판소법 제72조(사전심사)** ① 헌법재판소장은 헌법재판소에 재판관 3명으로 구성되는 지정재판부를 두어 헌법소원심판의 사전심사를 담당하게 할 수 있다.
> ③ 지정재판부는 다음 각 호의 어느 하나에 해당되는 경우에는 지정재판부 재판관 전원의 일치된 의견에 의한 결정으로 헌법소원의 심판청구를 각하한다.
> 1. 다른 법률에 따른 구제절차가 있는 경우 그 절차를 모두 거치지 아니하거나 또는 법원의 재판에 대하여 헌법소원의 심판이 청구된 경우
> 2. 제69조의 청구기간이 지난 후 헌법소원심판이 청구된 경우
> 3. 제25조에 따른 대리인의 선임 없이 청구된 경우
> 4. 그 밖에 헌법소원심판의 청구가 부적법하고 그 흠결을 보정할 수 없는 경우

4822 헌법소원심판의 청구 후 30일이 지날 때까지 지정재판부의 각하결정이 없는 때에는 심판에 회부하는 결정이 있는 것으로 본다. 19 국회 8, 19 경정, 18 국회 8   O | X

4822-1 헌법소원심판에서 사전심사를 담당하는 지정재판부는 재판관의 과반수 이상의 결정으로 심판청구를 각하할 수 있으나, 헌법소원심판의 청구 후 30일이 경과할 때까지 각하결정이 없는 때에는 심판에 회부하는 결정이 있는 것으로 본다. 17 지방 7   O | X

4822-2 헌법소원심판에서 지정재판부는 지정재판부 재판관 전원의 일치된 의견에 의한 결정으로 심판청구를 각하한다. 헌법소원심판의 청구 후 30일 이후까지 각하결정이 없는 때에는 청구된 헌법소원은 재판부의 심판에 회부되지 않는다. 15 국회 8   O | X

> **헌법재판소법 제72조(사전심사)** ③ 지정재판부는 다음 각 호의 어느 하나에 해당되는 경우에는 지정재판부 재판관 전원의 일치된 의견에 의한 결정으로 헌법소원의 심판청구를 각하한다.
> 3. 제25조에 따른 대리인의 선임 없이 청구된 경우
> ④ 지정재판부는 전원의 일치된 의견으로 제3항의 각하결정을 하지 아니하는 경우에는 결정으로 헌법소원을 재판부의 심판에 회부하여야 한다. 헌법소원심판의 청구 후 30일이 지날 때까지 각하결정이 없는 때에는 심판에 회부하는 결정(이하 "심판회부결정"이라 한다)이 있는 것으로 본다.

4823 지정재판부는 헌법소원을 각하하거나 심판회부결정을 한 때에는 그 결정일부터 30일 이내에 청구인 또는 그 대리인 및 피청구인에게 그 사실을 통지하여야 한다. 19 국회 8   O | X

> **헌법재판소법 제73조(각하 및 심판회부 결정의 통지)** ① 지정재판부는 헌법소원을 각하하거나 심판회부결정을 한 때에는 그 결정일부터 14일 이내에 청구인 또는 그 대리인 및 피청구인에게 그 사실을 통지하여야 한다. 제72조제4항 후단의 경우에도 또한 같다.

● 정답 4821. O   4821-1. X [명백히 부적법하거나 이유없는 경우 X → 부적법한 경우 O]   4822. O   4822-1. X [과반수 X → 전원 일치 O]   4822-2. X [회부간주]   4823. X [30일 X → 14일 O]

POINT 275 헌법소원심판의 대상

01 국가기관의 공권력 작용

4824 「헌법재판소법」제68조 제1항에서 말하는 공권력이란 입법권·행정권·사법권을 행사하는 모든 국가기관·공공단체 등의 고권적 작용을 말한다. 21 소간   O | X

헌법재판소법 제68조 제1항에 의한 헌법소원심판의 대상이 되는 것은 "공권력의 행사 또는 불행사"이다. 여기서 **공권력**이란 **입법권·행정권·사법권을 행사하는 모든 국가기관·공공단체 등의 고권적 작용을 말한다**(헌재 2019. 4. 2. 2019헌마275).

4825 헌법소원심판의 대상이 되는 행위는 국가기관의 공권력 작용에 속하여야 하고, 여기서 국가기관은 입법·행정·사법 등의 모든 기관을 포함하며, 공법상의 사단, 재단 등의 공법인, 국립대학교와 같은 영조물 등의 작용도 헌법소원의 대상이 된다. 13 법무사   O | X

헌법재판소법 제68조 제1항에 의하여 <u>헌법소원의 대상이 되는 행위는 **국가기관의 공권력작용**에 속하여야 한다</u>. 여기서의 <u>국가기관은 **입법·행정·사법 등의 모든 기관**을 포함하며</u>, 간접적인 국가행정, 예를 들어 <u>공법상의 사단, 재단 등의 **공법인**, 국립대학교와 같은 **영조물** 등의 작용도 **헌법소원의 대상**</u>이 된다고 할 것이다(헌재 1998. 8. 27. 97헌마372 등).

4826 헌법소원의 대상이 되는 공권력의 행사는 국민의 권리·의무에 대해 직접적인 법률효과를 발생시키는 행위를 말한다. 16 법원 9   O | X

여기에서 '**공권력**'이란 입법권·행정권·사법권을 행사하는 모든 국가기관·공공단체 등의 고권적 작용을 말하고, 그 <u>행사 또는 불행사로 국민의 권리와 의무에 대하여 **직접적인 법률효과를 발생**시켜 청구인의 **법률관계 내지 법적 지위**를 불리하게 변화시키는 것이어야 한다</u>(헌재 2008. 1. 17. 2007헌마700).

02 관련판례

4827 변호사 등록제도는 그 연혁이나 법적 성질에 비추어 보건대, 원래 국가의 공행정의 일부라 할 수 있으나, 국가가 행정상 필요로 인해 대한변호사협회에 관련 권한을 이관한 것이므로 대한변호사협회는 변호사 등록에 관한 한 공법인으로서 공권력 행사의 주체이다. 20 국가 7   O | X

4827-1 대한변호사협회가 변호사 등록사무의 수행과 관련하여 정립한 규범은 단순한 내부 기준이라 볼 수 있으므로 변호사 등록을 하려는 자와의 관계에서 대외적 구속력을 가지는 공권력 행사에 해당한다고 할 수 없다. 22 국가 7   O | X

변호사 등록제도는 그 연혁이나 법적 성질에 비추어 보건대, 원래 **국가의 공행정의 일부**라 할 수 있으나, 국가가 행정상 필요로 인해 **대한변호사협회에 관련 권한을 이관한** 것이다. 따라서 **변협**은 변호사 등록에 관한 한 공법인으로서 **공권력 행사의 주체**이다. 또한 변호사법의 관련 규정, 변호사 등록의 법적 성질, 변호사 등록을 하려는 자와 변협 사이의 법적 관계 등을 고려했을 때 <u>변호사 등록에 관한 한 공법인 성격을 가지는 **변협이 등록사무의 수행과 관련하여 정립한 규범**을 단순히 내부 기준이라거나 사법적인 성질을 지니는 것이라 볼 수는 없고, 변호사 등록을 하려는 자와의 관계에서 **대외적 구속력**을 가지는 **공권력 행사에 해당**</u>한다고 할 것이다(헌재 2019. 11. 28. 2017헌마759).

정답 4824. O 4825. O 4826. O 4827. O 4827-1. X [대외적 구속력을 가지는 공권력 행사]

4828 변호사 또는 소비자로부터 금전·기타 경제적 대가를 받고 법률상담 또는 사건 등을 소개·알선·유인하기 위하여 변호사 등을 광고·홍보·소개하는 행위를 금지하는 대한변호사협회의 변호사 광고에 관한 규정은 헌법소원의 대상이 되는 공권력의 행사에 해당한다. 23 법무사 O | X

변협은 위와 같이 변호사법에서 위임받은 변호사 광고에 관한 규제를 설정함에 있어 공법인으로서 공권력 행사의 주체가 된다. 나아가, 변협의 구성원인 변호사등은 위 규정을 준수하여야 할 의무가 있고, 이를 위반하게 되면 변호사법 제91조 등 관련 규정에 따라 변협 및 법무부에 설치된 변호사징계위원회에 의하여 변호사법 제90조에서 정한 징계를 받게 되는바, 이 사건 규정이 단순히 변협 내부 기준이라거나 사법적인 성질을 지니는 것이라 보기 어렵고, 수권법률인 변호사법과 결합하여 대외적 구속력을 가진다고 할 것이다. 따라서 변협이 변호사 광고에 관한 규제와 관련하여 정립한 규범인 심판대상조항은 헌법소원의 대상이 되는 공권력의 행사에 해당한다(헌재 2022. 5. 26. 2021헌마619).

4829 법학전문대학원협의회의 법학적성시험 시행계획 공고는 헌법소원심판의 대상이 되는 공권력의 행사에 해당한다. 21 지방 7 O | X

법학전문대학원협의회는 교육과학기술부장관으로부터 적성시험의 주관 및 시행업무를 위임받아 매년 1회 이상의 적성시험을 실시하므로, 최소한 적성시험의 주관 및 시행에 관해서는 교육과학기술부장관의 지정 및 권한의 위탁에 의해 관련 업무를 수행하는 공권력 행사의 주체라고 할 것이며, 2010학년도 적성시험의 구체적인 시험 일시는 위 공고에 따라 비로소 확정되는 것으로 위 공고는 헌법소원의 대상이 되는 공권력의 행사에 해당한다(헌재 2010. 4. 29. 2009헌마399).

4830 변호인이 피의자 신문 종료후 검찰수사관에게 피의자와 이야기 해도 되는지를 문의하였는데 변호인 접견신청서를 제출하여야 한다는 말을 듣고 피의자와 접견을 하지 않은 경우, 변호인이 피의자와 접견을 하지 않은 행위는 스스로 접견을 하지 않기로 결정한 것으로 검찰수사관의 접견불허행위가 있었다고 볼 수는 없다. 18 국회 8 O | X

청구인은 변호인 접견신청서를 제출하라는 말에 그날 접견은 하지 않은 채 피의자에게 다음 날 구치소로 찾아가겠다고 말한 사실은 앞서 본 바와 같은바, 사정이 그러하다면, 청구인이 스스로 접견을 하지 않기로 결정한 것이지 피청구인의 접견 불허행위가 있었다고 보기는 어려우므로, 이 사건 접견불허행위에 대하여 공권력의 행사가 존재한다고 할 수 없어, 이 부분 헌법소원심판청구는 부적법하다(헌재 2017. 11. 30. 2016헌마503).

4831 헌법소원사건의 결정서 정본을 국선대리인에게만 송달하고 청구인에게 송달하지 않은 부작위의 위헌확인을 구하는 헌법소원심판청구는 공권력 불행사가 존재하지 않는 경우에 해당하여 부적법하다. 16 서울 7 O | X

헌법소원사건에서도 민사소송과 마찬가지로 변호사인 대리인이 선임되어 있는 경우에는 대리인에게 결정서 정본을 송달함으로써 그 송달의 효과가 당사자에게 미치게 되므로 당사자에게 따로 송달을 하여야 할 작위의무가 있다고 할 수 없으므로, 이 사건 심판청구는 공권력 불행사가 존재하지 않는 경우에 해당하여 부적법하다(헌재 2012. 11. 29. 2011헌마693).

4832 헌법소원심판의 대상이 되는 공권력의 행사 또는 불행사는 헌법소원의 본질상 대한민국 국가기관의 공권력 작용을 의미하고 외국이나 국제기관의 공권력 작용은 이에 포함되지 아니한다. 13 법무사 O | X

헌법소원심판의 대상이 되는 공권력의 행사 또는 불행사는 헌법소원의 본질상 대한민국 국가기관의 공권력 작용을 의미하고 외국이나 국제기관의 공권력 작용은 이에 포함되지 아니한다 할 것이다(헌재 1997. 9. 25. 96헌마159).

● 정답 4828. O 4829. O 4830. O 4831. O 4832. O

4833 국민투표에 의하여 확정된 현행 헌법의 성립과정과 헌법 제130조 제2항이 헌법의 개정을 국민투표에 의하여 확정하도록 하고 있으므로, 헌법은 그 전체로서 주권자인 국민의 결단 내지 국민적 합의의 결과라고 보아야 할 것으로, 헌법의 규정을 「헌법재판소법」 제68조 제1항 소정의 공권력 행사의 결과라고 볼 수 없다. 23 국회 8 O | X

4833-1 군인 등의 국가배상청구를 제한하고 있는 헌법 제29조 제2항은 헌법소원심판의 대상이 되는 공권력 행사 등에 해당한다. 19 법무사 O | X

헌법은 그 전체로서 주권자인 국민의 결단 내지 국민적 합의의 결과라고 보아야 할 것이며, 헌법의 개별규정을 헌법재판소법 제68조 제1항 소정의 공권력 행사의 결과라고 볼 수도 없고, 따라서 국회가 헌법 제29조 제2항을 개정하지 아니하고 있는 것이 헌법재판소법 제68조 제1항 소정의 공권력의 불행사에 해당한다고 할 수 없다(헌재 1996. 6. 13. 94헌마118 등).

POINT 276 헌법소원심판의 대상 (국회)

01 법률

4834 법률안이 거부권 행사에 의하여 최종적으로 폐기되었다면 모르되, 그렇지 아니하고 공포되었다면 법률안은 그 동일성을 유지하여 법률로 확정되는 것이라고 보아야 하므로 청구 당시의 공포 여부를 문제삼아 헌법소원의 대상성을 부인할 수는 없다. 17 변호사 O | X

법률안이 거부권 행사에 의하여 최종적으로 폐기되었다면 모르되, 그렇지 아니하고 공포되었다면 법률안은 그 동일성을 유지하여 법률로 확정되는 것이라고 보아야 한다. 나아가, 우리 재판소가 위헌제청 당시 존재하지 아니하였던 신법의 경과규정까지 심판대상을 확장하였던 선례에 비추어 보면, 심판청구 후에 유효하게 공포·시행되었고 그 법률로 인하여 평등권 등 기본권을 침해받게 되었다고 주장하는 이상 청구 당시의 공포 여부를 문제삼아 헌법소원의 대상성을 부인할 수는 없다(헌재 2001. 11. 29. 99헌마494).

4835 폐지되거나 개정된 법률이라 하더라도 이로 인해 국민의 권리침해가 있을 경우에는 심판의 대상이 된다. 13 서울 7 O | X

4835-1 폐지된 법률은 심판대상 자체가 존재하지 아니하므로 권리침해가 있는 경우에도 헌법소원심판의 대상이 아니다. 10 국가 7 O | X

폐지된 법률조항이 헌법에 위반되는지 여부에 대하여 헌법적 해명이 이루어진 바가 없고, 또한 그 법률조항이 청구인의 기본권을 침해하는 것으로 판단된다면, 폐지된 법률조항에 대하여도 본안판단의 필요성이 인정된다고 할 것이지만, 이 사건 민사소송법 조항들은 민사소송법이 2002. 1. 26. 법률 제6626호로 개정되면서 폐지되어 유동화전문회사가 청구인을 상대로 제소명령을 신청할 당시 이미 효력을 상실한 조항들이다(헌재 2012. 3. 29. 2010헌마693).

4836 위헌결정이 선고된 법률에 대한 헌법소원심판청구는 이미 효력을 상실한 법률조항에 대한 것이므로 더 이상 헌법소원 심판의 대상이 될 수 없어 부적법하나, 위헌결정이 선고되기 이전에 심판청구된 법률조항의 경우에는 「헌법재판소법」 제68조 제1항의 헌법소원심판의 대상이 된다. 20 변호사 O | X

위헌결정이 선고된 법률에 대한 헌법소원심판청구는, 비록 위헌결정이 선고되기 이전에 심판청구된 것일지라도 더 이상 심판의 대상이 될 수 없으므로 부적법하다(헌재 1994. 4. 28. 92헌마280).

● 정답 4833. O   4833-1. X [공권력 행사 아님]   4834. O   4835. O   4835-1. X [헌소 대상]   4836. X [헌소 대상 아님]

4837 헌법소원의 대상이 되는 공권력에는 입법작용도 포함되므로 입법기관의 소관사항인 법률의 개정 및 폐지를 요구하는 것은 헌법소원심판의 대상이 된다. 22 국가 7   O | X

법률의 개폐는 입법기관의 소관사항이므로 헌법소원심판청구의 대상이 될 수 없다. 청구인이 주장하는 헌법상의 청원권이나 청원법 제4조 제3호에 의한 법률개폐의 청원도 동법 제7조에 규정한바; 그 청원사항을 주관하는 관서, 즉 입법부에 제출하는 것이지 입법기관이 아닌 헌법재판소에 헌법소원의 방법으로 청원할 수 있는 것도 아니다. 따라서 위 법률조문들을 개폐하는 심판을 구하는 헌법소원심판청구는 헌법소원심판청구의 대상이 될 수 없는 사항에 대한 헌법소원심판청구이어서 이 또한 부적법하다(헌재 1992. 6. 26. 89헌마132).

02 입법부작위

4838 진정입법부작위에 대한 헌법소원심판청구는 헌법에서 기본권보장을 위하여 법률에 명시적으로 입법위임을 하였음에도 입법자가 이를 이행하지 아니한 경우이거나, 헌법해석상 특정인에게 구체적인 기본권이 생겨 이를 보장하기 위한 국가의 행위의무 내지 보호의무가 발생하였음이 명백함에도 불구하고 입법자가 아무런 입법조치를 취하지 아니한 경우에 한하여 허용된다. 23 법무사   O | X

진정입법부작위에 대한 헌법소원은, 헌법에서 기본권보장을 위하여 법령에 명시적인 입법위임을 하였음에도 입법자가 이를 이행하지 아니한 경우이거나, 헌법해석상 특정인에게 구체적인 기본권이 생겨 이를 보장하기 위한 국가의 행위의무 내지 보호의무가 발생하였음이 명백함에도 불구하고 입법자가 아무런 입법조치를 취하지 아니한 경우에 한하여 허용된다(헌재 2003. 6. 26. 2002헌마624).

4839 지방자치단체장은 특정 정당을 정치적 기반으로 하여 선거에 입후보할 수 있고 선거에 의하여 선출되는 공무원이라는 점에서 헌법 제7조 제2항에 따라 신분보장이 필요하고 정치적 중립성이 요구되는 공무원에 해당한다고 보기 어려우므로 헌법 제7조의 해석상 지방자치단체장을 위한 퇴직급여제도를 마련하여야 할 입법적 의무가 도출된다고 볼 수 없다. 22 경정   O | X

4839-1 지방자치단체장을 위한 별도의 퇴직급여제도를 마련하지 않은 것은 진정입법부작위에 해당하지만, 헌법해석상 입법적 의무가 도출되지 않아 헌법소원의 대상이 될 수 없다. 16 국가 7   O | X

4839-2 지방자치단체장을 위한 별도의 퇴직급여제도를 마련하지 않은 입법부작위는 헌법소원의 대상에 해당한다. 18 국회 8   O | X

지방자치단체장을 위한 별도의 퇴직급여제도를 마련하지 않은 것은 진정입법부작위에 해당하는데, 헌법상 지방자치단체장을 위한 퇴직급여제도에 관한 사항을 법률로 정하도록 위임하고 있는 조항은 존재하지 않는다. … 헌법 제7조의 해석상 지방자치단체장을 위한 퇴직급여제도를 마련하여야 할 입법적 의무가 도출된다고 볼 수 없고, 그 외에 헌법 제34조나 공무담임권 보장에 관한 헌법 제25조로부터 위와 같은 입법의무가 도출되지 않는다. 따라서 이 사건 입법부작위는 헌법소원의 대상이 될 수 없는 입법부작위를 그 심판대상으로 한 것으로 부적법하다(헌재 2014. 6. 26. 2012헌마459).

4840 형사피의자에 대해서 국선변호인제도를 규정하지 않고 있는 입법부작위는 헌법소원심판의 대상이 될 수 없다. 16 서울 7   O | X

형사피의자의 국선변호인에 관하여는 아무런 입법위임을 하지 않았고, 헌법의 다른 조항들을 살펴보아도 형사피의자를 위한 국선변호인에 관하여 헌법이 명시적인 입법위임을 하지 않았음은 명백하다. 나아가 다른 헌법조항 전부를 해석해 보아도 국가가 형사피의자를 위한 국선변호인제도를 입법하여야 할 헌법적 의무가 있다고 볼 수는 없다. 따라서 형사피의자에 대해서 국선변호인제도를 규정하지 않고 있는 입법부작위는 헌법소원심판의 대상이 될 수 없다(헌재 2008. 7. 1. 2008헌마428).

● 정답 4837. X [헌소 대상 아님]   4838. O   4839. O   4839-1. O   4839-2. X [입법의무 없으므로 헌소 대상 X]   4840. O

4841 법원이 구속영장이 청구된 피의자의 사선변호인에게 구속 전 피의자심문(영장실질심사) 기일 이전에 피의사실의 요지를 미리 고지하도록 규정하지 아니한 입법부작위에 대한 헌법소원심판청구는 부적법하다. 20 법원 9   O | X

구속영장이 청구된 피의자의 사선변호인에 대하여 법원이 구속 전 피의자심문기일 이전에 미리 피의사실의 요지를 고지하도록 규정하여야 할 입법자의 입법의무를 인정할 수 없는 이상, 입법부작위에 대한 심판청구 부분은 부적법하다(헌재 2015. 12. 23. 2013헌마182).

4842 의료인이 아닌 사람도 문신시술을 업으로 행할 수 있도록 그 자격 및 요건을 법률로 제정하도록 하는 내용의 명시적인 입법위임은 헌법에 존재하지 않으며, 문신시술을 위한 별도의 자격제도를 마련할지 여부는 여러 가지 사회적·경제적 사정을 참작하여 입법부가 결정할 사항으로, 그에 관한 입법의무가 헌법해석상 도출된다고 보기는 어렵다. 23 법무사   O | X

의료인이 아닌 사람도 문신시술을 업으로 행할 수 있도록 그 자격 및 요건을 법률로 제정하도록 하는 내용의 명시적인 입법위임은 헌법에 존재하지 않으며, 문신시술을 위한 별도의 자격제도를 마련할지 여부는 여러 가지 사회적·경제적 사정을 참작하여 입법부가 결정할 사항으로, 그에 관한 입법의무가 헌법해석상 도출된다고 보기는 어렵다. 따라서 이 사건 입법부작위에 대한 심판청구는 입법자의 입법의무를 인정할 수 없다(헌재 2022. 3. 31. 2017헌마1343 등).

4843 의료인이 아닌 자도 문신시술을 업으로 행할 수 있도록 자격 및 요건을 법률로 정하지 않은 것은 진정입법부작위에 해당하나, 헌법이 명시적으로 그러한 법률을 만들어야 할 입법의무를 부여하였다고 볼 수 없고, 그러한 입법의무가 헌법해석상 도출된다고 볼 수 없다. 19 변호사   O | X

청구인은 청구인이 처벌을 받게 된 근거조항인 '보건범죄단속에 관한 특별조치법' 제5조와 구 의료법 제25조의 내용 자체의 불완전성을 다투고 있는 것이 아니라, 비의료인도 문신시술을 업으로 할 수 있도록 그 자격 및 요건에 관하여 입법을 하지 아니한 것이 청구인의 기본권을 침해한다고 주장하며 이를 적극적으로 다투고 있는바, 이는 진정입법부작위에 해당하나, 헌법이 명시적으로 비의료인의 문신시술업에 관한 법률을 만들어야 할 입법의무를 부여하였다고 볼 수 없고, 그러한 입법의무가 헌법해석상 도출된다고 볼 수 없으므로 이 사건 심판청구는 부적법하다(헌재 2007. 11. 29. 2006헌마876).

4844 전직 경찰관이라는 신분으로 인하여 6·25전쟁 당시 인민군에 의해 처형된 자를 국가유공자에 준하여 구제하는 법률을 제정하지 않은 국회의 입법부작위에 대한 헌법소원 심판청구는 부적법하다. 18 입시   O | X

국가유공자에 대한 국가의 우선적 보호이념을 명시하는 헌법 제32조 제6항이 전직 경찰관이라는 신분으로 인하여 인민군에 의해 처형된 자를 국가유공자에 준하여 예우하도록 법률에 위임하고 있다고는 볼 수 없을 뿐만 아니라 그 밖에 우리 헌법 어디에도 그러한 내용의 입법위임을 하는 규정이 없으며, 헌법해석상 그러한 법률을 제정함으로써 전직 경찰관의 신분으로 인하여 사망한 자 및 그 유족인 청구인의 기본권을 보호하여야 하여야 할 입법자의 행위의무 내지 보호의무가 발생하였다고 볼 여지가 없으므로 이 사건은 진정입법부작위 헌법소원을 제기할 수 있는 경우에 해당하지 아니한다(헌재 2003. 6. 26. 2002헌마624).

03 부진정입법부작위

4845 부진정입법부작위를 대상으로 하여 헌법소원을 제기하려면 그 결함이 있는 당해 입법규정 그 자체를 대상으로 하여 그 헌법위반을 내세워 적극적인 헌법소원을 제기하여야 한다. 17 지방   O | X

4845-1 부진정입법부작위도 부작위로서 헌법소원의 대상이 된다. 10 국회 9   O | X

정답 4841. O   4842. O   4843. O   4844. O   4845. O   4845-1. X [부작위 X → 불완전한 법규정 자체 대상 O]

전자인 진정입법부작위는 입법부작위로서 헌법소원의 대상이 될 수 있지만, 후자인 **부진정입법부작위의 경우에는 그 불완전한 법규정 자체를 대상으로 하여 그것이 헌법위반이라는 적극적인 헌법소원을 청구할 수 있을 뿐 이를 입법부작위**라 하여 **헌법소원을 제기할 수 없다**(헌재 2003. 5. 15. 2000헌마192 등).

4846 입법자가 어떤 사항에 관하여 입법은 하였으나 문언상 명백하지 않고 반대해석으로만 그 규정의 입법취지를 알 수 있도록 함으로써 불완전, 불충분 또는 불공정하게 규율한 경우에도 진정입법부작위로도 볼 수 있다. 11 법원 9 O|X

이는 행정입법자가 어떤 사항에 관하여 입법은 하였으나 문언 상 명백히 하지 않고 반대해석으로만 그 규정의 입법취지를 알 수 있도록 함으로써 **불완전, 불충분 또는 불공정**하게 **규율**한 경우에 불과하므로, 이를 '**부진정입법부작위**'라고는 할 수 있을지언정 '**진정입법부작위**'에 해당한다고는 **볼 수 없다**(헌재 2009. 7. 14. 2009헌마349).

4847 주민등록번호의 잘못된 이용에 대비한 '주민등록번호 변경'에 대하여 아무런 규정을 두고 있지 않은 것이 헌법에 위반된다는 주장은 주민등록번호 부여제도에 대하여 입법을 하였으나 주민등록번호 변경에 대하여는 아무런 규정을 두지 아니한 부진정입법부작위가 위헌이라는 것이어서, 「주민등록법」 제7조가 기본권을 침해하는지 여부가 심판대상이다. 19 변호사 O|X

4847-1 「주민등록법」에서 주민등록번호의 부여에 관한 규정을 두고 있으나 주민등록번호의 잘못된 이용에 대비한 '주민등록번호 변경'에 대하여 아무런 규정을 두고 있지 않은 것이 헌법에 위반된다는 이유로 그 위헌확인을 구하는 「헌법재판소법」 제68조 제1항의 헌법소원심판청구는 진정입법부작위를 다투는 청구이다. 21 변호사 O|X

청구인들이 주장하는 것은 위 조항들의 내용이 위헌이라는 것이 아니라, 주민등록번호의 잘못된 이용에 대비한 '**주민등록번호 변경**'에 대하여 아무런 규정을 두고 있지 않은 것이 헌법에 위반된다는 것이므로, 이는 **주민등록번호 부여제도에 대하여 입법을 하였으나 주민등록번호의 변경**에 대하여는 아무런 규정을 두지 아니한 **부진정 입법부작위가 위헌이라는 것이다.** 따라서 청구인들의 이러한 주장과 가장 밀접하게 관련되는 조항인 주민등록법 제7조 전체를 심판대상으로 삼고, 나머지 조항들은 심판대상에서 제외하기로 한다(헌재 2015. 12. 23. 2013헌바68 등).

POINT 277 헌법소원심판의 대상 (행정부)

01 조약

4848 조약에 대한 위헌여부의 심사는 「헌법재판소법」 제41조 제1항에 따른 위헌법률심판과 「헌법재판소법」 제68조 제2항에 따른 위헌심사형 헌법소원의 형태로는 가능하지만, 「헌법재판소법」 제68조 제1항에 따른 권리구제형 헌법소원의 형태로는 불가능하다. 10 국회 8 O|X

법률적 효력을 가지는 조약에 대한 위헌여부의 심사는 「헌법재판소법」 제41조 제1항에 따른 위헌법률심판과 「헌법재판소법」 제68조 제2항에 따른 위헌심사형 헌법소원의 형태로 가능하다. 또한 「헌법재판소법」 제68조 제1항에 따른 권리구제형 헌법소원의 대상이 될 수도 있다.

> **관련판례** 이 사건 협정은 법령을 집행하는 행위가 존재하지 아니하고 바로 법령으로 말미암아 직접 기본권이 침해되는 예외적인 경우에 해당한다 할 것이고, 이 사건 협정에 대한 **헌법소원심판의 청구는 일응 적법하다** 할 것이다(헌재 2001. 3. 21. 99헌마139 등).

정답 4846. X [부진정입법부작위에 해당] 4847. O 4847-1. X [진정 X → 부진정 O] 4848. X [권리구제형 헌소로도 청구 可]

4849 대한민국과 일본국 간의 어업에 관한 협정은 우리나라 정부가 일본 정부와의 사이에서 어업에 관해 체결·공포한 조약으로서 국내법과 같은 효력을 가지므로, 그 협정의 체결행위는 '공권력의 행사'에 해당한다. 20 소간 O | X

4849-1 '조약체결행위' 등은 국제정치에 해당하는 외교권에 속하므로 원칙적으로 헌법소원심판의 대상이 되지 아니한다. 10 국가 7 O | X

4849-2 대한민국과 일본국 간의 어업에 관한 협정은 국민의 권리·의무관계가 아닌 국가간의 권리·의무관계를 내용으로 하는 조약에 해당되므로 그 체결행위는 헌법소원심판의 대상이 되는 공권력 행사에 해당되지 않는다. 16 변호사 O | X

이 사건 협정은 우리나라 정부가 일본 정부와의 사이에서 어업에 관해 체결·공포한 조약(조약 제1477호)으로서 헌법 제6조 제1항에 의하여 국내법과 같은 효력을 가지므로, 그 체결행위는 고권적 행위로서 '공권력의 행사'에 해당한다(헌재 2001. 3. 21. 99헌마139 등).

4850 대한민국 외교부장관과 일본국 외무부대신이 공동발표한 일본군 위안부 피해자 문제 관련 합의는 헌법소원심판 청구의 대상이 아니다. 21 소간 O | X

이 사건 합의는 양국 외교장관의 공동발표와 정상의 추인을 거친 공식적인 약속이지만, 서면으로 이루어지지 않았고, 통상적으로 조약에 부여되는 명칭이나 주로 쓰이는 조문 형식을 사용하지 않았으며, 헌법이 규정한 조약체결 절차를 거치지 않았다. 또한 합의 내용상 합의의 효력에 관한 양 당사자의 의사가 표시되어 있지 않을 뿐만 아니라, 구체적인 법적 권리·의무를 창설하는 내용을 포함하고 있지도 않다. 이 사건 합의를 통해 일본군 '위안부' 피해자들의 권리가 처분되었다거나 대한민국 정부의 외교적 보호권이 소멸하였다고 볼 수 없는 이상 이 사건 합의가 일본군 '위안부' 피해자들의 법적 지위에 영향을 미친다고 볼 수 없으므로 위 피해자들의 배상청구권 등 기본권을 침해할 가능성이 있다고 보기 어렵고, 따라서 이 사건 합의를 대상으로 한 헌법소원심판청구는 허용되지 않는다(헌재 2019. 12. 27. 2016헌마253).

02 법규명령

4851 행정부에서 제정한 명령·규칙도 그것이 별도의 집행을 기다리지 않고 직접 기본권을 침해하는 것일 때에는 헌법소원의 대상이 된다. 22 변호사 O | X

헌법재판소법 제68조 제1항에 규정된 헌법소원심판의 대상으로서의 공권력이란 입법권, 행정권 등 모든 공권력을 말하는 것으로서 행정부에서 제정한 명령·규칙은 별도의 집행행위를 기다리지 않고 직접 기본권을 침해하는 것일 때에는 모두 헌법소원심판의 대상이 될 수 있다(헌재 2007. 2. 22. 2005헌마548).

4852 헌법재판소 판례에 의하면, 헌법 제107조 제2항이 규정한 명령·규칙에 대한 대법원의 최종심사권이란 구체적인 소송사건에서 명령·규칙의 위헌여부가 재판의 전제가 되었을 경우 법률의 경우와는 달리 헌법재판소에 제청할 것 없이 대법원이 최종적으로 심사할 수 있다는 의미이며, 명령·규칙 그 자체에 의하여 직접 기본권이 침해되었음을 이유로 하여 헌법소원심판을 청구하는 것은 위 헌법규정과는 아무런 상관이 없는 문제이다. 19 국회 8 O | X

4852-1 우리 헌법은 명령이 헌법이나 법률에 위반되는지 여부의 최종심판권을 대법원에 부여하고 있으므로 당해 명령이 집행을 매개로 하지 않고 직접 개인의 기본권을 침해하는 경우에도 헌법소원을 청구할 수는 없다. 15 지방 7 O | X

● 정답 4849. O 4849-1. X [헌소대상] 4849-2. X [공권력 행사에 해당] 4850. O 4851. O 4852. O 4852-1. X [기본권 침해된 경우 헌소 대상 O]

헌법 제107조 제2항이 규정한 명령·규칙에 대한 대법원의 최종심사권이란 구체적인 소송사건에서 명령·규칙의 위헌여부가 재판의 전제가 되었을 경우 법률의 경우와는 달리 헌법재판소에 제청할 것 없이 대법원이 최종적으로 심사할 수 있다는 의미이며, 명령·규칙 그 자체에 의하여 직접 기본권이 침해되었음을 이유로 하여 헌법소원심판을 청구하는 것은 위 헌법규정과는 아무런 상관이 없는 문제이다. 따라서 입법부·행정부·사법부에서 제정한 규칙이 별도의 집행행위를 기다리지 않고 직접 기본권을 침해하는 것일 때에는 모두 헌법소원심판의 대상이 될 수 있는 것이다(헌재 1990. 10. 15. 89헌마178).

4853 대통령이 제정한 행정입법은 법원의 위헌·위법심사나 헌법재판소의 헌법소원심판에 의하여 통제할 수 있다. 10 지방 7   O|X

4853-1 법규명령적 성격을 가지는 대통령령도 헌법소원심판의 대상이 될 수 있다. 12 국가 7   O|X

4853-2 시행령에 관해서는 국무회의 심의 및 국무총리와 관계 국무위원의 부서를 통해서 일정한 통제가 이루어지고, 법원에 의한 위헌·위법 명령·규칙 심사의 대상이 되지만, 헌법재판소의 심판대상이 되지는 않는다. 07 국가 7   O|X

대통령령은 행정내부적으로 국무회의 심의 및 국무총리와 관계 국무위원의 부서를 통해서 일정한 통제가 이루어진다. 또한 제정된 대통령령은 법원에 의한 위헌·위법심사의 대상이 될 뿐만 아니라 대통령령이 별도의 집행행위 없이 그 자체에 의하여 직접 기본권이 침해된 경우 헌법소원심판의 대상이 될 수 있다.

> **관련판례** 대통령령과 같은 행정부에서 제정한 명령도 별도의 집행행위를 기다리지 않고 직접 기본권을 침해하는 경우에는 헌법소원의 심판대상이 될 수 있는 것이므로, 이 사건 경우에도 청구인들은 적법하게 헌법소원을 제기할 수 있다(헌재 2001. 4. 26. 2000헌마262).

4854 대법원은 헌법 제108조에 근거하여 사법권의 독립이나 사법권의 자율성을 위하여 규칙제정권을 가지기 때문에, 대법원규칙은 「헌법재판소법」 제68조 제1항에 의한 헌법소원심판의 대상이 될 수 없다. 17 국가 7   O|X

4854-1 대법원은 법률에 저촉되지 아니하는 범위 안에서 소송에 관한 절차, 법원의 내부규율과 사무처리에 관한 규칙을 제정할 수 있으며, 대법원규칙은 사법심사의 대상이 되지 않는다. 24 소간   O|X

대법원규칙도 그 자체에 의하여 직접 기본권이 침해되었음을 이유로 하는 때에는 헌법소원심판의 대상이 된다(헌재 1995. 2. 23. 90헌마214).

> **헌법 제108조** 대법원은 법률에 저촉되지 아니하는 범위 안에서 소송에 관한 절차, 법원의 내부규율과 사무처리에 관한 규칙을 제정할 수 있다.

4855 변호사보수를 일정액까지만 소송비용에 산입하여 패소한 당사자로부터 상환받을 수 있도록 규정한 변호사보수의 소송비용 산입에 관한 대법원규칙은 사법부의 자율적 입법권에 기해 제정된 것이므로 이에 대한 헌법소원심판청구는 부적법하다. 18 법원 9   O|X

입법부·행정부·사법부에서 제정한 규칙이 별도의 집행행위를 기다리지 않고 직접 기본권을 침해하는 것일 때에는 모두 헌법소원심판의 대상이 될 수 있는 것이다. 그렇다면 소가에 따라 일정한 비율만큼 소송비용을 상환받도록 규정하여 그 내용이 일의적이고 명백한 이 사건 조항에 대하여는 별도의 소송비용액 확정결정을 기다릴 필요 없이 그 조항 자체에 의하여 직접 기본권이 침해되었음을 이유로 하여 헌법소원심판의 대상으로 삼을 수 있다고 할 것이다(헌재 2008. 12. 26. 2006헌마384).

● 정답 4853. O   4853-1. O   4853-2. X [직접 기본권 침해된 경우 헌소 대상 O]   4854. X [직접 기본권 침해된 경우 헌소 대상 O]
4854-1. X [직접 기본권 침해된 경우 헌소 대상 O]   4855. X [헌소 대상 O]

4856 어떤 국가기관이나 기구의 기본조직 및 직무범위 등을 규정한 조직규범은 원칙으로 그 조직의 구성원이나 구성원이 되려는 자 등 외에 일반국민을 수범자로 하지 아니하고, 일반국민은 그러한 조직규범의 공포로써 자기의 헌법상 보장된 기본권이 직접적으로 침해되었다고 할 수 없다. 15 국가 7   O | X

어떤 국가기관이나 기구의 기본조직 및 직무범위 등을 규정한 **조직규범은** 원칙으로 그 조직의 구성원이나 구성원이 되려는 자 등 외에 **일반국민을 수범자(受範者)로 하지 아니한다.** 그러므로 **일반국민은** 그러한 조직규범의 공포로써 자기의 헌법상 보장된 **기본권이 직접적으로 침해되었다고 할 수 없다**(헌재 2006. 6. 29. 2005헌마165 등).

03 행정규칙

4857 행정규칙은 일반적으로 행정조직 내부에서만 효력을 가질 뿐 대외적인 구속력을 가지지 않으므로 원칙적으로 헌법소원의 대상이 되지 않는다. 07 국가 7   O | X

이른바 **행정규칙은** 일반적으로 **행정조직 내부에서만 효력을 가지는 것이고 대외적인 구속력을 갖는 것이 아니어서** 원칙적으로 **헌법소원의 대상이 아니다**(헌재 2008. 7. 22. 2008헌마496).

4858 '변호인의 피의자신문 참여 운영 지침'은 검찰청 내부의 업무처리지침으로 헌법소원심판의 대상이 될 수 없다. 18 국회 8   O | X

이 사건 지침은 피의자신문 시 변호인 참여와 관련된 제반 절차를 규정한 **검찰청 내부의 업무처리지침 내지 사무처리준칙으로서** 청구인에게도 효력이 미치는 규정이라고 보기 어려울 뿐만 아니라, 실무상으로도 변호인이 피의자신문에 참여할 때 피의자 옆에 앉기도 하고 뒤에 앉기도 하는 등 각양각색으로 신문참여가 이루어지고 있는 만큼 **이 사건 지침을 가리켜 공권력의 행사라고 볼 수 있는 대외적인 구속력을 가지고 있다고 볼 수 없으므로 헌법소원심판의 대상이 될 수 없다**(헌재 2017. 11. 30. 2016헌마503).

4859 법령의 직접적인 위임에 따라 수임행정기관이 그 법령을 시행하는데 필요한 구체적 사항을 정한 것이면, 그 제정형식이 고시, 훈령, 예규 등과 같은 행정규칙이더라도 그것이 상위법령의 위임한계를 벗어나지 아니하는 한, 상위법령과 결합하여 대외적인 구속력을 갖는 법규명령으로서 기능하고 있는 것으로 볼 수 있으므로 「헌법재판소법」 제68조 제1항에 의한 헌법소원의 대상이 되는 공권력 행사에 해당한다. 17 변호사   O | X

법령의 직접적 위임에 따라 수임행정기관이 그 법령을 시행하는데 필요한 구체적 사항을 정한 것이면, 그 제정형식은 비록 법규명령이 아닌 고시·훈령·예규 등과 같은 행정규칙이더라도 그것이 상위법령의 위임한계를 벗어나지 않는 한 **상위법령과 결합하여 대외적인 구속력을 갖는 법규명령으로서 기능하게 된다고 보아야 할 것인 바, 헌법소원의 청구인이 법령과 예규의 관계규정으로 말미암아 직접 기본권을 침해받았다면 이에 대하여 헌법소원을 청구할 수 있다**(헌재 2002. 7. 18. 2001헌마605).

4860 행정규칙은 원칙적으로 헌법소원의 대상이 될 수 없으나, 예외적으로 법령의 규정에 의하여 행정관청에 법령의 구체적 내용을 보충할 권한을 부여한 경우나, 재량권행사의 준칙으로서 그 정한 바에 따라 되풀이 시행되어 행정관행이 형성됨으로써 평등의 원칙이나 신뢰보호의 원칙에 따라 행정기관이 그 상대방에 대한 관계에서 그 규칙에 따라야 할 자기구속을 당하게 되는 경우에는 헌법소원의 대상이 될 수도 있다. 22 법무사   O | X

● 정답   4856. O   4857. O   4858. O   4859. O   4860. O

행정규칙은 원칙적으로 헌법소원의 심판대상이 될 수 없으나, 예외적으로 행정규칙이 법령의 규정에 의하여 **행정관청에 법령의 구체적 내용을 보충할 권한을 부여한 경우**나, **재량권행사의 준칙인 규칙**이 그 정한 바에 따라 되풀이 시행되어 **행정관행이 형성되어** 행정기관이 그 상대방에 대한 관계에서 그 규칙에 따라야 할 **자기구속**을 당하게 되는 경우에는 **헌법소원의 대상**이 될 수도 있다(헌재 1990. 9. 3. 90헌마13 등).

04 조례

4861 조례는 지방자치단체가 그 자치입법권에 근거하여 자주적으로 지방의회의 의결을 거쳐 제정한 법규이기 때문에 조례 자체로 인하여 직접 그리고 현재 자기의 기본권을 침해받은 자는 그 권리구제의 수단으로서 조례에 대한 헌법소원을 제기할 수 있다. 23 법원 9   O|X

조례는 지방자치단체가 그 자치입법권에 근거하여 자주적으로 지방의회의 의결을 거쳐 제정한 **법규**이기 때문에 **조례 자체로 인하여 직접 그리고 현재 자기의 기본권을 침해받은 자**는 그 권리구제의 수단으로서 **조례에 대한 헌법소원을 제기할 수 있다**(헌재 1995. 4. 20. 92헌마264).

4862 국민의 권리의무에 직접 관계되지 않는 조례에 대하여도 달리 다툴 수 있는 절차가 없기 때문에 헌법소원의 대상이 된다. 13 서울 7   O|X

국민의 권리의무에 직접 관계되지 않는 조례는 헌법소원의 대상이 아니다.

> **관련판례** 조례가 별도의 구체적인 집행행위를 기다리지 않고, **직접 그리고 현재 자기의 기본권을 침해**하는 경우에 **헌법소원을 제기할 수 있다**(헌재 1995. 4. 26. 92헌마264).

05 행정계획

4863 비구속적 행정계획안도 원칙적으로는 공권력의 행사는 아니지만, 그것이 국민의 기본권에 직접적으로 영향을 끼치고, 앞으로 법령의 뒷받침에 의하여 그대로 실시될 것이 틀림없을 것으로 예상될 수 있을 때에는 헌법소원의 대상이 되는 공권력의 행사에 해당한다. 13 국회 9   O|X

4863-1 비구속적 행정계획안이나 행정지침이라도 국민의 기본권에 직접적으로 영향을 끼치고, 앞으로 법령의 뒷받침에 의하여 그대로 실시될 것이 틀림없을 것으로 예상될 수 있을 때에는, 공권력행사로서 예외적으로 헌법소원의 대상이 된다. 15 변호사   O|X

비구속적 행정계획안이나 행정지침이라도 국민의 **기본권에 직접적으로 영향**을 끼치고, 앞으로 **법령의 뒷받침**에 의하여 **그대로 실시될 것이 틀림없을 것으로 예상**될 수 있을 때에는 **공권력행위로서 예외적으로 헌법소원의 대상이 될 수 있다**(헌재 2000. 6. 1. 99헌마538 등).

4864 서울시민 인권헌장 초안의 발표계획에 대한 서울시장의 무산 선언은 헌법소원의 대상에 해당한다. 18 국회 8   O|X

그 법적 성격은 국민의 권리·의무나 법적 지위에 직접 영향을 미치지 아니하는 **비구속적 행정계획안**이라 할 것이고, 이 사건 무산 선언은 당초 2014. 12. 10. 세계인권선언의 날에 맞춰 선포하려던 서울시민 인권헌장이 성소수자 차별금지 조항에 대한 이견으로 합의에 실패하여 예정된 날짜에 선포될 수 없음을 알리는 행위로서 그 자체로는 직접적으로 청구인의 법적 지위에 영향을 미치지 아니하므로, **이 사건 무산 선언은 헌법소원심판의 대상이 되는 공권력 행사에 해당되지 아니한다**(헌재 2015. 3. 31. 2015헌마213).

정답 4861. O   4862. X [헌소대상 X]   4863. O   4863-1. O   4864. X [헌소 대상 아님]

4865 기획재정부장관이 6차에 걸쳐 공공기관 선진화 추진계획을 확정, 공표한 행위는 헌법소원의 대상에 해당한다. 18 국회 8   O|X

이 사건 **선진화 계획**은 그 법적 성격이 **행정계획**이라고 할 것인바, 국민의 기본권에 직접적인 영향을 미친다고 볼 수 없고, 장차 법령의 뒷받침에 의하여 그대로 실시될 것이 틀림없을 것으로 예상된다고 보기도 어려우므로, 헌법소원의 대상이 되는 **공권력의 행사에 해당한다고 할 수 없다**(헌재 2011. 12. 29. 2009헌마330 등).

4866 국립대학인 서울대학교의 "94학년도 대학입학고사주요요강"은 사실상의 준비행위 내지 사전안내로서 헌법재판소법 제68조 제1항 소정의 공권력의 행사에 해당되지 않는다. 20 법원 9   O|X

국립대학인 서울대학교의 "94학년도 대학입학고사주요요강"은 **사실상의 준비행위 내지 사전안내로서** 행정쟁송의 대상이 될 수 있는 행정처분이나 공권력의 행사는 될 수 없지만 그 내용이 **국민의 기본권에 직접 영향**을 끼치는 내용이고 앞으로 **법령의 뒷받침**에 의하여 **그대로 실시될 것이 틀림없을 것으로 예상**되어 그로 인하여 직접적으로 기본권 침해를 받게 되는 사람에게는 사실상의 규범작용으로 인한 위험성이 이미 현실적으로 발생하였다고 보아야 할 것이므로 이는 헌법소원의 대상이 되는 헌법재판소법 제68조 제1항 소정의 **공권력의 행사에 해당된다**고 할 것이며, 이 경우 헌법소원외에 달리 구제방법이 없다(헌재 1992. 10. 1. 92헌마68 등).

06 행정지도

4867 방송통신심의위원회가 방송사업자에 대하여 관련규정을 준수하라는 내용의 의견제시를 한 행위는 헌법소원의 대상이 되는 공권력의 행사에 해당한다. 19 국회 8   O|X

4867-1 방송통신심의위원회가 「방송법」 제100조 제1항 단서에 따라 한 '의견제시'는 헌법소원의 대상이 되는 공권력의 행사에 해당하며, 위 조항은 기본권 침해의 직접성이 인정된다. 20 경정   O|X

(1) 이 사건 **의견제시**는 행정기관인 피청구인에 의한 **비권력적 사실행위**로서, 방송사업자인 청구인의 권리와 의무에 대하여 직접적인 법률효과를 발생시켜 청구인의 법률관계 내지 법적 지위를 불리하게 변화시킨다고 보기는 어렵고, 이 사건 의견제시의 법적성질 등에 비추어 이 사건 의견제시가 청구인의 표현의 자유를 제한하는 정도의 위축효과를 초래하였다고도 볼 수 없다. 따라서 이 사건 **의견제시**는 헌법소원의 대상이 되는 '**공권력 행사**'에 **해당하지 않는다**(헌재 2018. 4. 26. 2016헌마46).
(2) 이 사건 법률조항은 해당 방송프로그램이 심의규정에 위반되는 경우에 그 위반 정도 등을 고려하여 구 방송법 제100조 제1항 각 호에 따른 제재조치가 아니라 의견제시를 할 수 있도록 피청구인에게 '재량'을 부여하고 있다. 따라서 이 사건 법률조항은 그 자체에 의하여 청구인과 같은 방송사업자에게 의무를 부과하거나 권리 또는 법적 지위를 박탈하는 것이 아니라, **피청구인의 심의·의결을 거친 '의견제시'**라는 **구체적인 집행행위**를 통해 비로소 영향을 미치게 되므로, 기본권 침해의 **직접성이 인정되지 아니한다**(헌재 2018. 4. 26. 2016헌마46).

4868 인터넷 언론사가 대선예비주자 초청 대담·토론회를 개최하고자 한데 대하여 서울특별시선거관리위원회 위원장이 '선거법위반행위에 대한 중지촉구' 공문을 보내자 당해 언론사가 언론의 자유와 평등권 침해를 이유로 헌법소원심판을 청구한 경우 헌법소원은 적법하다. 12 국회 8   O|X

'중지촉구' 공문은 국민에 대하여 직접적인 법률효과를 발생시키지 않는 **단순한 권고적, 비권력적 행위**로서, 헌법소원의 심판대상이 될 수 있는 '**공권력의 행사'에 해당하지 않는다**(헌재 2003. 2. 27. 2002헌마106).

● 정답 4865. X [헌소 대상 아님]   4866. X [공권력 행사임]   4867. X [공권력 행사 아님]   4867-1. X [공권력 행사 X, 기본권 침해 직접성 X]
4868. X [공권력 행사 아니므로 헌소 부적법]

4869 감사원장이 60개 공공기관에 대하여 공공기관 선진화 계획의 이행실태, 노사관계 선진화 추진실태 등을 점검하고 공공기관 감사책임자회의에서 자율시정하도록 개선방향을 제시한 행위는 그 자체로 일정한 법적 효과의 발생을 목적으로 하는 것이므로 그 법적 성질은 행정지도로서의 한계를 넘어 규제적·구속적 성격을 강하게 갖는다. 22 국가 7   O│X

이 사건 점검·개선 제시 중, **개선 제시**는 점검을 한 60개 공공기관의 감사책임자들에게 공공기관을 구체적으로 거명하지 않은 채 문제점의 유형을 설명하고 자율시정토록 개선방향을 제시하는 한편, 향후 점검결과 자료를 감사자료로 계속 유지, 관리하고 감사시 체크리스트로 사용하겠다는 향후 처리지침을 밝힌 것으로서, 이러한 내용만으로 위 개선 제시를 따르지 않을 경우의 **불이익을 명시적으로 예정**하고 있다고는 보기 **어려우므로**, 이 사건 개선 제시가 행정지도로서의 한계를 넘어 규제적·구속적 성격을 강하게 갖는다고 **볼 수 없다**. 그렇다면, 이 사건 점검·개선 제시는 헌법소원의 대상이 되는 공권력의 행사라고 보기 어렵고, 따라서 이 사건 점검·개선 제시에 대한 **심판청구 역시 부적법**하다(헌재 2011. 12. 29. 2009헌마330).

4870 행정지도가 이를 따르지 않을 경우 일정한 불이익조치를 예정하고 있어 사실상 상대방에게 그에 따를 의무를 부과하는 것과 다를 바 없어 단순한 행정지도로서의 한계를 넘어 규제적·구속적 성격을 상당히 강하게 갖게 되는 경우에는 이를 헌법소원의 대상이 되는 공권력의 행사로 볼 수 있다. 15 변호사   O│X

4870-1 교육인적자원부장관의 대학총장들에 대한 학칙시정요구는 헌법소원의 대상이 되는 공권력의 행사에 해당한다. 19 경정   O│X

교육인적자원부장관의 대학총장들에 대한 이 사건 학칙시정요구는 고등교육법 제6조 제2항, 동법시행령 제4조 제3항에 따른 것으로서 그 법적 성격은 대학총장의 임의적인 협력을 통하여 사실상의 효과를 발생시키는 **행정지도의 일종**이지만, 그에 따르지 않을 경우 **일정한 불이익조치를 예정**하고 있어 사실상 상대방에게 그에 따를 의무를 부과하는 것과 다를 바 없으므로 단순한 행정지도로서의 한계를 넘어 **규제적·구속적 성격**을 상당히 강하게 갖는 것으로서 **헌법소원의 대상이 되는 공권력의 행사**라고 볼 수 있다(헌재 2003. 6. 26. 2002헌마337 등).

4871 중앙선거관리위원회 위원장이 중앙선거관리위원회 전체회의의 심의를 거쳐 대통령의 위법사실을 확인한 후 그 재발방지를 촉구하는 내용으로 대통령에게 선거중립의무 준수요청 조치를 한 것은 단순한 권고적 행위가 아니라 헌법소원의 대상이 되는 공권력 행사에 해당한다. 22 법원 9   O│X

4871-1 중앙선거관리위원회의 대통령의 선거중립의무 준수요청 조치는 중앙선거관리위원회의 공명선거 협조 요청에 불과하여 대통령에게 법적 효과를 미치는 것은 아니므로 공권력 행사성이 없다. 16 변호사   O│X

중앙선거관리위원회 위원장이 중앙선거관리위원회 전체회의의 심의를 거쳐 **대통령의 위법사실을 확인**한 후 **그 재발방지를 촉구**하는 내용의 이 사건 조치를 청구인 대통령에 대하여 직접 발령한 것이 **단순한 권고적·비권력적 행위라든가** 대통령인 청구인의 법적 지위에 불리한 효과를 주지 않았다고 보기는 **어렵다.** … 공권력의 주체인 피청구인이 뒤에서 보는 바와 같이 청구인의 기본권을 제한하는 처분을 한 것이므로 이는 기본권침해 가능성이 있는 **공권력의 행사라고 할 것이다**(헌재 2008. 1. 17. 2007헌마700).

정답   4869. ×[규제적·구속적 성격 아님]   4870. ○   4870-1. ○   4871. ○   4871-1. ×[공권력 행사에 해당]

07 행정입법부작위

4872 행정입법의 진정입법부작위에 대한 헌법소원은, 행정청에게 헌법에서 유래하는 행정입법의 작위의무가 있고 상당한 기간이 경과하였음에도 불구하고 행정입법의 제정권이 행사되지 않은 경우에 인정된다. 16 변호사 O | X

행정입법의 부작위에 대한 헌법소원이 인정되기 위하여는 첫째, 행정청에게 헌법에서 유래하는 행정입법의 작위의무가 있어야 하고 둘째, 상당한 기간이 경과하였음에도 불구하고 셋째, 행정입법의 제정(개정)권이 행사되지 않아야 한다(헌재 2002. 7. 18. 2000헌마707).

4873 행정입법의 지체가 위법으로 되어 그에 대한 법적 통제가 가능하기 위하여는 우선 행정청에게 시행명령을 제정·개정할 법적 의무가 있어야 하고, 상당한 기간이 지났음에도 불구하고 명령제정·개정권이 행사되지 않아야 한다. 22 국가 7 O | X

행정입법의 지체가 위법으로 되어 그에 대한 법적 통제가 가능하기 위하여는 우선 행정청에게 시행명령을 제정·개정할 법적 의무가 있어야 하고, 상당한 기간이 지났음에도 불구하고 명령제정·개정권이 행사되지 않아야 한다(헌재 2018. 5. 31. 2016헌마626).

4874 법률이 행정청에 일정한 사항을 위임하였는데, 행정청이 그 위임에 따른 행정입법을 하지 아니하는 경우 그 부작위도 헌법소원의 대상이 된다. 22 변호사 O | X

행정입법인 명령, 규칙 등이 공권력의 행사로서 헌법소원의 대상이 되는 것처럼 행정입법부작위도 공권력의 불행사로서 헌법소원의 대상이 될 수 있다. 삼권분립의 원칙, 법치행정의 원칙을 당연한 전제로 하고 있는 우리 헌법 하에서 행정권의 행정입법 등 법집행의무는 헌법적 의무라고 보아야 할 것이다(헌재 2019. 11. 28. 2017헌마597).

4875 행정입법의 제정이 법률의 집행에 필수불가결한 경우로서 행정입법을 제정하지 아니하는 것이 곧 행정권에 의한 입법권 침해의 결과를 초래하는 경우, 행정권의 행정입법 등 법집행의무는 헌법적 의무라고 할 수 있다. 16 변호사 O | X

삼권분립의 원칙, 법치행정의 원칙을 당연한 전제로 하고 있는 우리 헌법 하에서 행정권의 행정입법 등 법집행의무는 헌법적 의무라고 보아야 할 것이다. 그런데 이는 행정입법의 제정이 법률의 집행에 필수불가결한 경우로서 행정입법을 제정하지 아니하는 것이 곧 행정권에 의한 입법권 침해의 결과를 초래하는 경우를 말하는 것이므로, 만일 하위 행정입법의 제정 없이 상위 법령의 규정만으로도 집행이 이루어질 수 있는 경우라면 하위 행정입법을 하여야 할 헌법적 작위의무는 인정되지 아니한다(헌재 2005. 12. 22. 2004헌마66).

4876 상위 법령에서 하위 행정입법의 제정을 예정하고 있더라도 하위 행정입법의 제정 없이 상위 법령의 규정만으로도 집행이 이루어질 수 있는 경우에는 하위 행정입법을 하여야 할 헌법적 작위의무는 인정되지 아니한다. 22 변호사 O | X

4876-1 하위 행정입법의 제정 없이 상위 법령의 규정만으로도 집행이 이루어질 수 있는 경우라면 하위 행정입법을 하여야 할 헌법적 작위의무는 인정되지 아니하므로 입법부작위로 인한 헌법소원은 부적법하다. 14 지방 7 O | X

4876-2 삼권분립의 원칙, 법치행정의 원칙을 당연한 전제로 하고 있는 우리 헌법 하에서 행정권의 행정입법 등 법집행의무는 헌법적 의무라고 보아야 할 것이므로, 하위 행정입법의 제정 없이 상위 법령의 규정만으로 집행이 이루어질 수 있는 경우라도 하위 행정입법을 하여야 할 헌법적 작위의무는 인정된다. 17 변호사 O | X

● 정답 4872. O 4873. O 4874. O 4875. O 4876. O 4876-1. O 4876-2. X [작위의무 부정]

삼권분립의 원칙, 법치행정의 원칙을 당연한 전제로 하고 있는 우리 헌법 하에서 행정권의 행정입법 등 법집행의무는 헌법적 의무라고 보아야 할 것이다. 그런데 이는 행정입법의 제정이 법률의 집행에 필수불가결한 경우로서 행정입법을 제정하지 아니하는 것이 곧 행정권에 의한 입법권 침해의 결과를 초래하는 경우를 말하는 것이므로, 만일 하위 행정입법의 제정 없이 **상위 법령의 규정만으로도 집행**이 이루어질 수 있는 경우라면 **하위 행정입법**을 하여야 할 **헌법적 작위의무는 인정되지 아니한다**(헌재 2005. 12. 22. 2004헌마66).

4877 우리 헌법은 자유민주주의 헌법의 원리에 따라 국가의 기능을 입법·행정·사법으로 분립하여 견제와 균형을 이루게 하는 권력분립제도를 채택하고 있어 행정과 사법은 법률에 기속되므로, 국회가 특정한 사항에 대하여 행정부에 위임하였음에도 불구하고 행정부가 정당한 이유 없이 이를 이행하지 않는다면 권력분립의 원칙과 법치국가의 원칙에 위배되는 것이다. 22 입시   O | X

우리 헌법은 국가권력의 남용으로부터 국민의 자유와 권리를 보호하려는 법치국가의 실현을 기본이념으로 하고 있고, 자유민주의 헌법의 원리에 따라 국가의 기능을 입법·행정·사법으로 분립하여 견제와 균형을 이루게 하는 **권력분립제도를 채택**하고 있어, **행정과 사법은 법률에 기속**되므로, **국회가 특정한 사항에 대하여 행정부에 위임하였음에도 불구하고 행정부가 정당한 이유 없이 이를 이행하지 않는다면 권력분립의 원칙과 법치국가의 원칙에 위배되는 것이다**(헌재 2004. 2. 26. 2001헌마718).

4878 입법부가 법률로써 행정부에게 특정한 사항을 위임했음에도 불구하고, 행정부가 정당한 이유 없이 법률에서 위임한 시행령을 제정하지 않은 것은 그 법률에서 인정된 권리를 침해하는 불법행위가 될 수 있다. 16 변호사   O | X

입법부가 **법률로써 행정부에게 특정한 사항을 위임했음에도 불구하고 행정부가 정당한 이유 없이 이를 이행하지 않는다면** 권력분립의 원칙과 법치국가 내지 법치행정의 원칙에 위배되는 것으로서 **위법함과 동시에 위헌적인 것**이 되는바, … 따라서 **행정부가 정당한 이유 없이 시행령을 제정하지 않은 것은** 위 보수청구권을 침해하는 **불법행위에 해당**한다(대판 2007. 11. 29. 2006다3561).

4879 행정부가 위임입법에 따른 시행명령을 제정하지 않거나 개정하지 않은 것에 정당한 이유가 있다고 하려면 그 위임입법 자체가 헌법에 위반된다는 것이 누가 보아도 명백하거나, 위임입법에 따른 행정입법의 제정이나 개정이 당시 실시되고 있는 전체적인 법질서 체계와 조화되지 아니하여 그 위임입법에 따른 행정입법 의무의 이행이 오히려 헌법질서를 파괴하는 결과를 가져옴이 명백할 정도는 되어야 한다. 23 국회 8   O | X

행정부가 위임입법에 따른 **시행명령을 제정하지 않거나 개정하지 않은 것에 정당한 이유가 있었다면** 그런 경우에는 헌법재판소가 위헌확인을 할 수는 없다. 그러한 정당한 이유가 인정되기 위해서는 그 **위임입법 자체가 헌법에 위반된다는 것이 명백**하거나, **행정입법 의무의 이행이 오히려 헌법질서를 파괴하는 결과를 가져옴이 명백**할 정도는 되어야 할 것이다(헌재 2004. 2. 26. 2001헌마718).

4880 법률이 행정입법을 당연한 전제로 규정하고 있고 그 법률의 시행을 위하여 그러한 행정입법이 필요함에도 불구하고 행정권이 그 취지에 따라 행정입법을 하지 아니함으로써 법령의 공백상태를 방치하고 있는 경우에는 행정권에 의하여 입법권이 침해될 수 있다. 23 국회 8   O | X

산업재해보상보험법 제4조 제2호 단서 및 근로기준법시행령 제4조는 근로기준법과 같은법시행령에 의하여 근로자의 평균임금을 산정할 수 없는 경우에 노동부장관으로 하여금 평균임금을 정하여 고시하도록 규정하고 있으므로, 노동부장관으로서는 그 취지에 따라 평균임금을 정하여 고시하는 내용의 행정입법을 하여야 할 의무가 있다고 할 것인바, 노동부장관의 그러한 작위의무는 직접 헌법에 의하여 부여된 것은 아니나, **법률이 행정입법을 당연한 전제로 규정**하고 있음에도 불구하고 행정권이 그 취지에 따라 **행정입법을 하지 아니함으로써 법령의 공백상태를 방치**하고 있는 경우에는 **행정권에 의하여 입법권이 침해되는** 결과가 되는 것이므로, 노동부장관의 그러한 행정입법 작위의무는 헌법적 의무라고 보아야 한다(헌재 2002. 7. 18. 2000헌마707).

정답 4877. O   4878. O   4879. O   4880. O

4881 「산업재해보상보험법」 및 「근로기준법 시행령」은 「근로기준법」과 같은 법 시행령에 의하여 근로자의 평균임금을 산정할 수 없는 경우 노동부장관으로 하여금 평균임금을 정하여 고시하도록 하고 있는데, 노동부장관은 그 취지에 따라 평균임금을 정하여 고시할 행정입법의무가 있으며, 이는 헌법적 의무라고 보아야 한다. 21 변호사 O | X

4881-1 근로자의 평균임금을 산정할 수 없는 경우에 노동부장관이 평균임금을 정하여 고시하여야 하는 작위의무는 직접 헌법에 의하여 부여된 것은 아니나, 법률이 행정입법을 당연한 전제로 규정하고 있음에도 불구하고 행정권이 그 취지에 따라 행정입법을 하지 아니함으로써 법령의 공백상태를 방치하고 있는 경우에는 행정권에 의하여 입법권이 침해되는 결과가 되는 것이므로, 노동부장관의 그러한 행정입법 작위의무는 헌법적 의무라고 보아야 한다. 22 경채 O | X

> 산업재해보상보험법 제4조 제2호 단서 및 근로기준법시행령 제4조는 근로기준법과 같은법시행령에 의하여 근로자의 평균임금을 산정할 수 없는 경우에 **노동부장관으로 하여금 평균임금을 정하여 고시**하도록 규정하고 있으므로, **노동부장관으로서는 그 취지에 따라 평균임금을 정하여 고시**하는 내용의 **행정입법을 하여야 할 의무가 있다**고 할 것인바, 노동부장관의 그러한 작위의무는 직접 헌법에 의하여 부여된 것은 아니나, 법률이 행정입법을 당연한 전제로 규정하고 있음에도 불구하고 행정권이 그 취지에 따라 행정입법을 하지 아니함으로써 법령의 공백상태를 방치하고 있는 경우에는 행정권에 의하여 입법권이 침해되는 결과가 되는 것이므로, 노동부장관의 그러한 **행정입법 작위의무는 헌법적 의무라고 보아야 한다**(헌재 2002. 7. 18. 2000헌마707).

4882 「초·중등교육법」 제23조 제3항의 위임에 따른 동법 시행령 제43조가 의무교육인 초·중등학교의 교육과목을 규정함에 있어 헌법 과목을 의무교육과정의 필수과목으로 지정하도록 하지 아니한 입법부작위에 대한 헌법소원심판청구는 부적법하다. 16 국가 7 O | X

> 초·중등교육법 제23조 제3항의 위임에 따라 동 교육법 시행령 제43조가 의무교육인 초·중등학교의 교육과목을 규정함에 있어 헌법과목을 필수과목으로 규정하고 있지 않다 하더라도, 이는 입법행위에 결함이 있는 '**부진정 입법부작위**'에 해당하여 **구체적인 입법을 대상으로 헌법소원 심판청구**를 해야 할 것이므로, 이 부분 **입법부작위 위헌확인 심판청구**는 허용되지 않는 것을 대상으로 한 것으로서 **부적법하다**(헌재 2011. 9. 29. 2010헌바66).

08 행정부작위

4883 행정권력의 부작위에 대한 헌법소원은 공권력의 주체에게 헌법에서 유래하는 작위의무가 특별히 구체적으로 규정되어 이에 의거하여 기본권의 주체가 행정행위 내지 공권력의 행사를 청구할 수 있음에도 공권력의 주체가 그 의무를 해태하는 경우에 허용된다. 22 법원 9, 22 법무사 O | X

> **행정권력의 부작위**에 대한 헌법소원은 공권력의 주체에게 **헌법에서 유래하는 작위의무**가 특별히 구체적으로 규정되어 이에 의거하여 기본권의 주체가 **행정행위 내지 공권력의 행사를 청구**할 수 있음에도 공권력의 주체가 **그 의무를 해태하는 경우**에 한하여 허용된다 (헌재 2018. 2. 6. 2017헌마1353).

4884 행정권력의 부작위에 대한 헌법소원에 있어서 '헌법에서 유래하는 작위의무가 특별히 구체적으로 규정되어 있는 경우'라 함은 헌법상 명문으로 공권력 주체의 작위의무가 규정되어 있는 경우, 헌법의 해석상 공권력 주체의 작위의무가 도출되는 경우, 공권력 주체의 작위의무가 법령에 구체적으로 규정되어 있는 경우 등을 포괄한다. 21 경정 O | X

정답 4881. O 4881-1. O 4882. O 4883. O 4884. O

"공권력의 주체에게 헌법에서 유래하는 작위의무가 특별히 구체적으로 규정되어"가 의미하는 바는 첫째, 헌법상 명문으로 공권력 주체의 작위의무가 규정되어 있는 경우 둘째, 헌법의 해석상 공권력 주체의 작위의무가 도출되는 경우 셋째, 공권력 주체의 작위의무가 법령에 구체적으로 규정되어 있는 경우 등을 포괄하고 있는 것으로 볼 수 있다(헌재 2004. 10. 28. 2003헌마898).

4885 피청구인의 작위의무 이행은 이행행위 그 자체만을 가리키는 것이지 이를 통해 청구인들이 원하는 결과까지 보장해 주는 이행을 의미하지는 않으므로, 피청구인에게 헌법에서 유래하는 작위의무가 있더라도 피청구인이 이를 이행하고 있는 상태라면 부작위에 대한 헌법소원심판청구는 부적법하다.
22 법원 9   O | X

피청구인에게 헌법에서 유래하는 작위의무가 있음을 인정할 수 있다 하더라도, 피청구인이 이를 이행하고 있는 상태라면, 부작위에 대한 헌법소원심판청구는 부적법하다. 피청구인의 작위의무 이행은 이행행위 그 자체만을 가리키는 것이지 이를 통해 청구인들이 원하는 결과까지 보장해 주는 이행을 의미하는 것은 아니다(헌재 2019. 12. 27. 2012헌마939).

4886 일본국에 대한 일본군위안부의 배상청구권이 한일청구권협정에 의하여 소멸되었는지 여부에 관한 한·일 양국 간 해석상 분쟁을 위 협정이 정한 절차에 따라 해결하지 아니하고 있는 행정권력의 부작위가 위헌인지 여부와 관련하여, 헌법 제10조의 국민의 인권을 보장할 의무, 제2조 제2항의 재외국민 보호의무, 헌법 전문은 국가의 국민에 대한 일반적·추상적 의무를 선언한 것이거나 국가의 기본적 가치질서를 선언한 것일 뿐이어서, 이들 조항 자체로부터 국가의 국민에 대한 구체적인 작위의무가 나올 수 없다고 할 것이다. 21 변호사   O | X

헌법 전문, 제2조 제2항, 제10조와 이 사건 협정 제3조의 문언에 비추어 볼 때, 피청구인이 이 사건 협정 제3조에 따라 분쟁해결의 절차로 나아갈 의무는 일본국에 의해 자행된 조직적이고 지속적인 불법행위에 의하여 인간의 존엄과 가치를 심각하게 훼손당한 자국민들이 배상청구권을 실현하도록 협력하고 보호하여야 할 헌법적 요청에 의한 것으로서, 그 의무의 이행이 없으면 청구인들의 기본권이 중대하게 침해될 가능성이 있으므로, 피청구인의 작위의무는 헌법에서 유래하는 작위의무로서 그것이 법령에 구체적으로 규정되어 있는 경우라고 할 것이다. … 결국 이 사건 협정 제3조에 의한 분쟁해결절차로 나아가는 것만이 국가기관의 기본권 기속성에 합당한 재량권 행사라 할 것이고, 피청구인의 부작위로 인하여 청구인들에게 중대한 기본권의 침해를 초래하였다 할 것이므로, 이는 헌법에 위반된다(헌재 2011. 8. 30. 2006헌마788).

4887 형사입건된 사실을 피의자에게 통지하지 않은 수사기관의 부작위는 헌법소원의 대상으로서 작위의무가 인정되는 공권력의 행사에 해당한다. 21 경정   O | X

4887-1 검찰청으로부터 갑작스럽게 출석요구를 받고 충분한 시간을 확보하지 못한 채 피의자신문을 받아 피의자로서의 방어권을 제대로 행사하지 못한 경우, 형사입건 사실을 그 피의자에게 사전에 통지하지 않은 수사기관의 부작위는 헌법소원의 대상이 된다. 15 국가 7   O | X

우리 헌법에서 '입건'에 대하여 명시적으로 규정하고 있지 아니하므로 헌법상 형사입건 사실을 통지하여야 할 수사기관의 작위의무는 인정되지 아니한다. 그리고 형사입건은 수사기관이 사건을 범죄사건부에 등재하는 내부적 행위로서, 피의자의 지위는 입건 여부와 상관 없이 수사기관이 범죄혐의를 인정하여 수사에 해당하는 행위를 개시한 때에 인정되는 것이며, 입건 그 자체로 직접적으로 국민의 권리의무에 영향을 미치거나 법률상 지위에 변동을 일으키지 아니하므로, 헌법의 해석상으로도 수사기관에 특별히 입건사실을 통지하여야 할 작위의무가 부여되어 있다고 보기 어렵다. 따라서 이 사건 헌법소원심판청구는 작위의무가 인정되지 않는 공권력의 불행사에 대한 심판청구로서 부적법하다(헌재 2014. 10. 14. 2014헌마701).

● 정답 4885. O   4886. X [국민에 대한 구체적 작위의무 도출]   4887. X [작위의무 부정, 공권력 행사 아님]   4887-1. X [헌소 대상 아님]

4888 코로나의 예방 및 확산 방지를 위해 교도소장이 수용자에게 일회용 마스크를 정기적으로 지급할 의무는 헌법에서 유래하는 작위의무로서 특별히 구체적으로 규정되어 있다거나 헌법 해석상 도출된다고 볼 수 없으므로, 일회용 마스크를 미지급하는 교도소장의 부작위는 헌법소원의 대상이 되는 공권력의 불행사에 해당하지 않는다. 22 소간 O|X

코로나의 예방 및 확산 방지를 위해 **교도소장이 수용자에게 일회용 마스크를 정기적으로 지급할 의무**가 **헌법에서 유래하는 작위의무**로서 특별히 **구체적으로 규정**되어 있다거나 **헌법 해석상 도출**된다고 볼 수 **없으므로**, 청구인이 다투는 피청구인의 **부작위는 헌법소원의 대상**이 되는 **공권력의 불행사에 해당하지 않는다**(헌재 2020. 11. 17. 2020헌마1505).

POINT 278 헌법소원심판의 대상 (행정기관의 행위) S

01 권력적 사실행위

4889 행정청이 우월적 지위에서 일방적으로 강제하는 '권력적 사실행위'는 헌법소원의 대상이 될 수 있다. 21 법무사 O|X

4889-1 권력적 사실행위는 법적 효력이 없는 사실상의 행위이기 때문에 헌법소원의 대상이 되지 않는다. 13 서울 7 O|X

행정청의 사실행위는 경고·권고·시사와 같은 정보제공 행위나 단순한 행정지도와 같이 대외적 구속력이 없는 '비권력적 사실행위'와 행정청이 우월적 지위에서 일방적으로 강제하는 '**권력적 사실행위**'로 나눌 수 있고, 이 중에서 권력적 사실행위만 **헌법소원의 대상이 되는 공권력의 행사**에 해당하고 비권력적 사실행위는 공권력의 행사에 해당하지 아니한다(헌재 2012. 11. 6. 2012헌마828).

4890 경찰관이 기자들의 취재 요청에 응하여 구속된 피의자가 경찰서 조사실에서 양손에 수갑을 찬 채 조사받는 모습을 촬영할 수 있도록 허용한 행위는 공권력의 행사에 해당한다. 20 입시 O|X

수사기관이 촬영에 협조하지 않는 이상 기자들이 수사관서 내에서 피의자의 조사장면을 촬영하는 것은 불가능하고, 수사기관이 피의자 개인보다 훨씬 더 우월적 지위에 있어 취재 및 촬영과정에서 사실상 피의자의 의사가 반영되기 어렵다. 피청구인이 청구인의 의사에 관계없이 언론사의 취재 요청에 응하여 청구인의 모습을 **촬영할 수 있도록 허용**한 이상, 이미 청구인으로서는 수갑을 차고 얼굴을 드러낸 상태에서 조사받는 모습을 **언론사에 공개**당하는 불이익을 입게 된 것이다. 결국 심판대상 행위들은 **권력적 사실행위로서 헌법소원심판청구의 대상**이 되는 **공권력의 행사에 해당**한다(헌재 2014. 3. 27. 2012헌마652).

4891 유치장 수용자에 대한 신체수색은 유치장의 관리주체인 경찰이 우월적 지위에서 피의자 등에게 일방적으로 강제하는 성격을 가진다고 보기 어려우므로 「헌법재판소법」 제68조 제1항의 공권력의 행사에 포함되지 아니한다. 17 변호사 O|X

유치장 수용자에 대한 신체수색은 유치장의 관리주체인 경찰이 피의자 등을 유치함에 있어 피의자 등의 생명·신체에 대한 위해를 방지하고, 유치장 내의 안전과 질서유지를 위하여 실시하는 것으로서 그 우월적 지위에서 피의자 등에게 일방적으로 강제하는 성격을 가진 것이므로 **권력적 사실행위**라 할 것이며, 이는 헌법소원심판청구의 대상의 되는 헌법재판소법 제68조 제1항의 **공권력의 행사에 포함된다**(헌재 2002. 7. 18. 2000헌마327).

정답 4888. O 4889. O 4889-1. X [헌소 대상] 4890. O 4891. X [공권력 행사]

4892 검사조사실에서 수용자가 조사를 받은 동안 계구를 사용하는 행위는 공력력의 행사에 해당하지 않는다.
20 입시
O | X

구속된 피의자가 검사조사실에서 수갑 및 포승을 사용한 상태로 피의자신문을 받도록 한 이 사건 **수갑 및 포승 사용행위는** 이미 종료된 **권력적 사실행위**로서 행정심판이나 행정소송의 대상으로 인정되기 어려워 **헌법소원심판을 청구**하는 외에 달리 효과적인 구제 방법이 없으므로 보충성의 원칙에 대한 예외에 해당한다(헌재 2005. 5. 26. 2001헌마728).

4893 교도소 수형자에게 소변을 받아 제출하게 한 것은 형을 집행하는 우월적인 지위에서 외부와 격리된 채 형의 집행에 관한 지시, 명령에 복종하여야 할 관계에 있는 자에게 행한 권력적 사실행위로 「헌법재판소법」 제68조 제1항의 공권력의 행사에 해당한다. 18 서울 7(추)
O | X

교도소 수형자에게 소변을 받아 제출하게 한 것은, 형을 집행하는 우월적인 지위에서 외부와 격리된 채 형의 집행에 관한 지시, 명령을 복종하여야 할 관계에 있는 자에게 행해진 것으로서 그 목적 또한 교도소 내의 안전과 질서유지를 위하여 실시하였고, 일방적으로 강제하는 측면이 존재하며, 응하지 않을 경우 직접적인 징벌 등의 제재는 없다고 하여도 불리한 처우를 받을 수 있다는 심리적 압박이 존재하리라는 것을 충분이 예상할 수 있는 점에 비추어, **권력적 사실행위로서 헌법재판소법 제68조 제1항의 공권력의 행사에 해당한다**(헌재 2006. 7. 27. 2005헌마277).

4894 변호인이 피의자신문에 참여하면서 피의자 옆에 앉으려고 하자 검찰수사관이 변호인에게 피의자 뒤에 앉으라고 요구한 후방착석요구행위는 권력적 사실행위로서 헌법소원의 대상이 되는 공권력의 행사에 해당한다. 18 국회 8
O | X

이 사건 **후방착석요구행위는** 피청구인이 자신의 우월한 지위를 이용하여 청구인에게 일방적으로 강제한 것으로서 **권력적 사실행위에 해당한다**. 따라서 이 사건 **후방착석요구행위는** 헌법소원의 대상이 되는 **공권력의 행사에 해당한다**(헌재 2017. 11. 30. 2016헌마503).

4895 변호인이 피의자신문에 참여하려고 하자 검찰수사관이 변호인 참여신청서의 작성을 요구한 행위는 비권력적 사실행위에 불과하여 헌법소원의 대상이 되는 공권력의 행사에 해당하지 않는다. 18 국회 8
O | X

4895-1 검찰수사관이 피의자신문에 참여한 변호인에게 참여신청서의 작성을 요구한 행위는 공권력의 행사에 해당한다. 20 입시
O | X

청구인은 이 사건 **참여신청서요구행위**에 따라 수사관이 출력해 준 신청서에 인적사항을 기재하여 제출하였는데, 이는 청구인이 피의자의 변호인임을 밝혀 피의자신문에 참여할 수 있도록 하기 위한 검찰 내부 절차를 수행하는 과정에서 이루어진 **비권력적 사실행위에** 불과하므로, **헌법소원의 대상이 되는 공권력의 행사에 해당하지 않는다**(헌재 2017. 11. 30. 2016헌마503).

4896 교도소장이 수용자에 대하여 실시한 생활지도 명목의 이발지도행위는 교도소장이 두발 등을 단정하게 유지할 것을 지도·교육한 것에 불과하고 교도소장의 우월적 지위에서 일방적으로 수용자에게 이발을 강제한 것이 아니므로, 헌법소원심판의 대상인 공권력의 행사라고 보기 어렵다. 23 경정
O | X

4896-1 교도소장이 수용자에 대하여 지속적이고 조직적으로 실시한 생활지도 명목의 이발지도행위는, 우월한 지위에 있는 교도소장이 일방적으로 수용자에게 두발 등을 단정하게 유지하도록 강제하는 것으로서 헌법소원심판의 대상인 공권력의 행사에 해당한다. 16 법원 9
O | X

교도소 내 이발지도행위는 교도소장이 두발 등을 단정하게 유지할 것을 **지도·교육한 것에 불과**하고 피청구인의 우월적 지위에서 일방적으로 청구인에게 이발을 강제한 것이 아니므로, 헌법소원심판의 대상인 **공권력의 행사라고 보기 어렵다**(헌재 2012. 4. 24. 2010헌마751).

정답 4892. X [공권력 행사] 4893. O 4894. O 4895. O 4895-1. X [공권력 행사 아님] 4896. O 4896-1. X [공권력 행사 아님]

4897 교도소장이 교도소 사동 순시 중 수형자들을 정렬시킨 후 거실 내 봉사원의 구호에 따라 "안녕하십니까"라고 하도록 하는 행위는 헌법소원심판의 대상이 되는 공권력의 행사에 해당하지 않는다. 15 경정
O | X

기록상 이 사건 인사행위에 불복하는 경우 수형자가 무엇인가 불리한 처우를 받을 수 있다는 점을 인정할 만한 자료가 없고, 청구인 또한 이에 대하여 어떠한 입증도 하고 있지 않다. … 더욱이, 이 사건 인사행위를 거부하더라도 징벌대상행위에 해당하지 아니하고, 최근 10년간 인사를 하지 아니하였다는 이유로 징벌을 받은 사례를 찾아 볼 수 없다. 그렇다면 이 사건 **인사행위**는 단순한 **비권력적 사실행위**에 불과하여 헌법소원의 대상이 되는 **공권력의 행사에 해당하지 아니한다**(헌재 2012. 7. 26. 2011헌마332).

4898 서울특별시립 지원센터에서 감염병 확산을 방지하고 시설을 차질 없이 운영하기 위하여 보건복지부 및 서울특별시의 협조 요청에 따라 시설 이용자들을 대상으로 코로나19 검사 결과를 확인하는 것은 센터가 우월적인 지위에서 일방적으로 강제하는 권력적 사실행위에 해당하기에 헌법소원의 대상이 된다. 22 소간
O | X

청구인이 받은 **코로나19 검사 결과를 확인하는** 행위는 국내 코로나19 감염 확산을 방지하고 이 사건 지원센터가 안전하게 시설운영을 유지하기 위한 행위로서, 청구인의 권리를 제한하거나 의무의 부담을 명하는 것과 같이 청구인의 법률상 지위에 직접적인 법률적 변동을 일으키는 행위가 아니어서 이를 두고 행정처분이라고 할 수 없으며, **행정상의 사실행위에 불과**하다고 할 것이다(헌재 2021. 5. 18. 2021헌마468).

4899 서울특별시립 지원센터에서 시설 출입자의 체온을 측정하기 위해 수 초간 안면인식 열화상 카메라를 응시하도록 하는 것은 헌법소원의 대상이 되는 공권력의 행사에 해당하지 않는다. 22 소간
O | X

체온측정을 위해 **수 초간 안면인식 열화상 카메라를 응시**하는 것이 청구인에게 약간의 불편함을 넘어 어떠한 기본권이나 법률상 지위를 변동시키거나 기타 불이익한 영향을 준다고 보기는 어렵다. 그렇다면 이 사건 **체온측정행위**는 헌법소원의 대상이 되는 **공권력의 행사에 해당한다고 보기 어려우므로** 이 부분에 대한 심판청구는 부적법하다(헌재 2021. 5. 18. 2021헌마468).

4900 수사기관의 장이 전기통신사업자에게 통신자료의 제공을 요청하여 취득한 행위는 강제력이 개입되지 아니한 임의수사에 해당하는 것이어서 헌법소원심판의 대상이 되는 공권력의 행사에 해당하지 않는다. 15 경정
O | X

이 사건 통신자료 취득행위의 근거가 된 이 사건 법률조항은 전기통신사업자에게 이용자에 관한 통신자료를 수사관서의 장의 요청에 응하여 합법적으로 제공할 수 있는 권한을 부여하고 있을 뿐이지 어떠한 의무도 부과하고 있지 않으므로, 전기통신사업자는 수사관서의 장의 요청이 있더라도 이에 응하지 아니할 수 있고, 이 경우 아무런 제재도 받지 아니한다. 그러므로 이 사건 **통신자료 취득행위**는 **강제력이 개입되지 아니한 임의수사**에 해당하는 것이어서 헌법재판소법 제68조 제1항에 의한 헌법소원의 대상이 되는 **공권력의 행사에 해당하지 아니한다**고 할 것이므로 이에 대한 심판청구는 부적법하다(헌재 2012. 8. 23. 2010헌마439).

4901 서울용산경찰서장이 국민건강보험공단에게 요양급여내역의 제공을 요청한 행위는 헌법소원의 대상이 되는 공권력의 행사에 해당한다. 19 경정
O | X

이 사건 사실조회행위만으로는 청구인들의 법률관계 내지 법적 지위를 불리하게 변화시킨다고 볼 수 없고 국민건강보험공단의 자발적인 협조가 있어야만 비로소 청구인들의 개인정보자기결정권이 제한되는 것이므로, 이 사건 **사실조회행위**는 헌법재판소법 제68조 제1항에 의한 헌법소원의 대상이 되는 **공권력의 행사에 해당하지 않는다**(헌재 2018. 8. 30. 2014헌마368).

[정답] 4897. O 4898. X [행정상의 사실행위에 불과, 헌소대상 아님] 4899. O 4900. O 4901. X [공권력 행사 아님]

4902 경찰서장이 시장에게 활동보조인과 수급자의 인적사항, 휴대전화번호 등을 확인할 수 있는 자료를 요청한 것에 대하여 시장은 협조할 의무를 부담하지 않으므로 경찰서장의 위와 같은 요청행위는 공권력 행사성이 인정되지 않는다. 22 법무사 O | X

김포시장은 김포경찰서장의 사실조회에 응하거나 협조하여야 할 의무를 부담하지 않는다. 따라서 이 사건 사실조회행위만으로는 청구인들의 법적 지위에 어떠한 영향을 미친다고 보기 어렵고, 김포시장의 자발적인 협조가 있어야만 비로소 청구인들의 개인정보자기결정권이 제한된다. 그러므로 이 사건 사실조회행위는 공권력 행사성이 인정되지 않는다(헌재 2018. 8. 30. 2016헌마483).

02 단순한 사실의 고지

4903 중앙선거관리위원회가 홈페이지 사이트에 제19대 국회의원 선거 투표일을 공고한 것은 선출직 공직자의 지위 발생이라는 청구인들의 권리·의무에 영향을 미치거나 청구인의 법적 지위의 변동과 관련된 것이어서 「헌법재판소법」 제68조 제1항 소정의 공권력행사에 해당한다. 21 소간 O | X

국회의원선거일은 이 사건 선거일조항에 의하여 이미 정해진 것이므로, 중앙선관위의 홈페이지 사이트에서 "투표일 2016. 4. 13. (수)"로 공고한 것은 이 사건 선거일조항이 정한 선거일을 구체적으로 계산하여 그 날짜를 확인한 것에 불과하다. 따라서 이 사건 공고가 새로이 위 청구인들의 권리·의무에 영향을 미치거나 청구인들의 법적 지위에 변동을 가하는 것이라고 볼 수 없으므로, 이 사건 공고는 헌법재판소법 제68조 제1항 소정의 공권력의 행사에 해당하지 아니한다(헌재 2016. 4. 28. 2015헌마1177 등).

4904 중앙선거관리위원회가 '비례○○당'의 명칭이 정당법에서 금지하는 유사명칭에 해당하여 정당의 명칭으로 사용할 수 없다고 결정·공표한 행위는 정당의 법적 지위에 영향을 미치므로 헌법소원의 대상이 되는 공권력의 행사에 해당한다. 22 법무사 O | X

중앙선거관리위원회가 그 사무에 관하여 정당법 제41조 제3항에서 금지하는 유사명칭에 해당하여 정당의 명칭으로 사용할 수 없다고 결정·공표한 행위는 청구인의 법적 지위에 어떠한 영향을 미친다고 보기 어려우므로, 헌법소원의 대상이 되는 공권력의 행사에 해당하지 않는다(헌재 2021. 3. 25. 2020헌마94).

4905 법원행정처장의 민원인에 대한 법령 질의회신은 법규나 행정처분과 같은 법적 구속력을 갖는 것이라고는 보여지지 아니하므로 이에 대한 헌법소원심판청구는 부적법하다. 20 법원 9 O | X

법원행정처장의 민원인에 대한 법령 질의회신이란 법규나 행정처분과 같은 법적 구속력을 갖는 것이라고는 보여지지 아니하므로 이에 대한 헌법소원심판청구는 부적법하다(헌재 1989. 7. 28. 89헌마1).

4906 공립중학교당국이 "미납공납금을 완납하지 아니할 경우에 졸업증 교부 및 졸업증명서 발급을 하지 않겠다"고 통고한 것은 「헌법재판소법」 제68조 제1항에 의한 헌법소원심판의 청구대상으로서 공권력 행사에 해당한다. 21 경정 O | X

학교당국이 미납공납금을 완납하지 아니할 경우에 졸업증의 교부와 증명서를 발급하지 않겠다고 통고한 것은 일종의 비권력적 사실행위로서 헌법재판소법 제68조 제1항에서 헌법소원심판의 청구대상으로서의 '공권력'에는 해당된다고 볼 수 없다(헌재 2001. 10. 25. 2001헌마113).

정답 4902. O   4903. X [공권력 행사 아님]   4904. X [법적 지위에 영향 X, 공권력 행사 X]   4905. O   4906. X [공권력 행사 아님]

03 거부행위

4907 검사가 변호인에 대하여 한 피의자 접견불허행위는 헌법소원의 대상이 되는 공권력의 행사에 해당한다.
19 국회 8
O | X

담당교도관의 접견 불허 통보 이후 피청구인 검사가 별다른 조치를 취하지 아니한 것은 실질적으로 청구인의 접견신청을 불허한 것과 동일하게 평가할 수 있으므로, 이 사건 검사의 접견불허행위는 헌법소원의 대상이 되는 공권력의 행사로서 존재한다고 할 것이다(헌재 2019. 2. 28. 2015헌마1204).

4908 관할 경찰서장의 옥외집회신고서 반려행위는 주무 행정기관에 의한 행위로서 기본권침해 가능성이 있는 공권력의 행사에 해당한다. 13 국회 8
O | X

4908-1 옥외집회의 신고는 수리를 요하지 아니하는 정보제공적 신고이므로, 경찰서장이 이미 접수된 옥외집회 신고서를 반려하는 행위는 공권력의 행사에 해당하지 아니한다. 21 법원 9, 12 법원 9
O | X

4908-2 옥외집회를 주최하고자 하는 자는 집시법에서 정한 시간 전에 관할 경찰관서장에게 집회신고서를 제출하여 접수시키기만 하면 원칙적으로 옥외집회를 할 수 있으므로, 옥외집회신고서를 반려한 행위가 동일한 경위로 반복적으로 이루어졌다 하더라도 이 반려행위는 헌법소원의 대상이 될 수 없다. 23 변호사
O | X

(1) 이러한 반려행위에 대하여, 청구인들의 입장에서는 피청구인이 위 옥외집회신고의 접수를 거부하거나 집회의 금지를 통고하는 것으로 보지 않을 수 없고, 그 결과 위와 같은 형사적 처벌이나 집회의 해산을 받지 않기 위하여 위 집회의 개최를 포기할 수 밖에 없었다고 할 것이다. 결국 피청구인의 이 사건 반려행위는 주무(主務) 행정기관에 의한 행위로서 청구인들의 집회의 자유를 침해하였다고 할 것이므로, 이는 기본권침해 가능성이 있는 공권력의 행사에 해당한다고 할 것이다(헌재 2008. 5. 29. 2007헌마712).
(2) 이 사건 반려행위는 관할경찰관서장에 의하여 아무런 법적 근거 없이 반복되어 왔을 뿐 아니라 그 편의성 때문에 앞으로도 반복될 가능성이 높고, 위 반려행위의 법적 성격과 효과에 관하여 아직 법원의 확립된 해석도 없다. 그렇다면 이 사건 반려행위가 부당한 공권력의 행사로서 청구인들의 기본권을 침해하는지 여부에 관하여 헌법적으로 해명할 필요성이 존재한다. … 이 사건 심판청구는 객관적 권리보호이익이 있는 적법한 청구라고 할 것이다(헌재 2008. 5. 29. 2007헌마712).

4909 수용거실의 지정은 교도소장의 재량적 판단사항이며 수용자에게 수용거실의 변경을 신청할 권리 내지 특정 수용거실에 대한 신청권이 있다고 볼 수 없으므로, 교도소장의 독거수용 거부는 헌법소원심판의 대상이 되는 공권력의 행사에 해당하지 아니한다. 16 법무사
O | X

수용거실의 지정은 교도소장의 재량적 판단사항이며 수용자에게 수용거실의 변경을 신청할 권리 내지 특정 수용거실에 대한 신청권이 있다고 볼 수 없다. 따라서 교도소장의 독거수용 거부는 헌법소원심판의 대상이 되는 공권력의 행사에 해당하지 아니한다(헌재 2013. 8. 29. 2012헌마886).

4910 동장이 사진이 첨부된 주민등록표 등본은 발급근거가 없어 발급해 줄 수 없다고 통지하는 것은 법적 지위에 영향을 미치지 않으므로 헌법소원의 대상이 되는 공권력의 행사가 아니다. 14 지방 7
O | X

현재의 법적 상황에 대한 행정청의 의견을 표명하면서, 청구인이 요청하는 증명서를 발급할 수 없음을 단순히 알려주는 정도의 내용에 불과한 것으로서 청구인의 법률관계나 법적 지위에 영향을 미친 바 없으므로 이를 헌법소원의 대상이 되는 공권력의 행사라고 할 수 없다(헌재 2003. 7. 24. 2002헌마508).

● 정답 4907. O 4908. O 4908-1. X [공권력 행사] 4908-2. X [헌소 대상] 4909. O 4910. O

04 위원회의 결정 등

4911 공정거래위원회의 심사불개시결정 및 심의절차종료결정은 헌법소원의 대상이 되는 공권력의 행사에 해당한다. 19 경정, 18 국회 8   O | X

공정거래위원회의 **심사불개시결정 및 심의절차종료결정** 역시 **공권력의 행사에 해당**되고, 그것이 자의적일 경우 피해자(신고인)의 평등권을 침해할 수 있으므로, **헌법소원의 대상**이 된다고 할 것이다(헌재 2011. 12. 29. 2011헌마100).

4912 감사원의 국민감사청구에 대한 기각결정은 공권력주체의 고권적 처분이라는 점에서 헌법소원의 대상이 될 수 있는 공권력행사라고 볼 수 있고 따라서 헌법소원의 대상이 된다. 13 국회 9   O | X

「부패방지법」상의 국민감사청구제도는 일정한 요건을 갖춘 국민들이 감사청구를 한 경우에 감사원장으로 하여금 감사청구된 사항에 대하여 감사실시 여부를 결정하고 그 결과를 감사청구인에게 통보하도록 의무를 지운 것이므로, 이러한 **국민감사청구에 대한 기각결정은 공권력주체의 고권적 처분**이라는 점에서 헌법소원의 대상이 될 수 있는 **공권력행사라고 보아야 할 것**이다(헌재 2006. 2. 23. 2004헌마414).

05 행정기관 내부의 의사결정과 감독작용

4913 대통령의 법률안 제출행위는 국가기관간의 내부적 행위에 불과하고 국민에 대하여 직접적인 법률효과를 발생시키는 행위가 아니므로 「헌법재판소법」 제68조 제1항의 헌법소원심판의 대상이 되는 공권력의 행사에 해당되지 않는다. 17 변호사   O | X

4913-1 대통령이 국회에 법률안을 제출하는 행위는 공권력의 행사에 해당하므로 이를 대상으로 한 「헌법재판소법」 제68조 제1항에 따른 헌법소원심판은 적법하다. 21 국회 8   O | X

공권력의 행사에 대하여 헌법소원심판 청구하기 위하여는, 공권력의 주체에 의한 공권력의 발동으로서 국민의 권리의무에 대하여 직접적인 법률효과를 발생시키는 행위가 있어야 한다. 그런데 **대통령의 법률안 제출행위는 국가기관간의 내부적 행위에 불과**하고 국민에 대하여 직접적인 법률효과를 발생시키는 행위가 아니므로 헌법재판소법 제68조에서 말하는 **공권력의 행사에 해당되지 않는다**(헌재 1994. 8. 31. 92헌마174).

4914 법률안 제출은 국가기관 상호 간의 행위이며, 이로써 국민에 대하여 직접적인 법률효과를 발생시키는 것이므로, 정부가 법률안을 제출하지 아니하는 것은 헌법소원의 대상이 되는 공권력의 불행사에 해당한다. 20 변호사   O | X

비록 국무회의가 법률안을 심의할 수 있고(헌법 제89조 제3호), 정부가 법률안을 제출할 수 있다 하더라도(헌법 제52조) 그와 같이 제출된 법률안이 법률로서 확정되기 위하여서는 반드시 국회의 의결과 대통령의 공포절차를 거쳐야 하므로, 그러한 **법률안의 제출은 국가기관 상호간의 내부적인 행위에 불과**하고 이로써 국민에 대하여 직접적인 법률효과를 발생시키는 것이 아니어서, 그 **불행사는 헌법소원심판의 대상이 되는 공권력의 불행사에 해당되지 아니한다**(헌재 2009. 2. 10. 2009헌마65).

● 정답 4911. O 4912. O 4913. O 4913-1. X [공권력 행사 아님, 헌소 부적법] 4914. X [공권력의 불행사 아님]

4915 국가기관의 예산편성 행위는 국민에 대하여 직접적인 법률효과를 발생시키는 행위라고 볼 수 없으므로, 헌법소원의 심판대상이 되는 공권력의 행사에 해당하지 않는다. 19 입시 O | X

4915-1 2016년도 정부 예산안 편성행위 중 4·16세월호참사 특별조사위원회에 대해 2016. 7. 1. 이후 예산을 편성하지 아니한 부작위는 헌법소원의 대상에 해당한다. 19 경정 18 국회 8 O | X

이 사건 예산편성 행위는 헌법 제54조 제2항, 제89조 제4호, 국가재정법 제32조 및 제33조에 따른 것으로, 국무회의의 심의, 대통령의 승인 및 국회의 예산안 심의·확정을 위한 전 단계의 행위로서 국가기관 간의 내부적 행위에 불과하므로, 헌법소원의 대상이 되는 '공권력의 행사'에 해당하지 않는다(헌재 2017. 5. 25. 2016헌마383).

4916 대통령이 국회 본회의에서 행한 시정연설에서 정책과 결부하지 않고 단순히 대통령의 신임 여부만을 묻는 국민투표를 실시하고자 한다고 밝힌 것은 대통령의 권한으로 국민투표를 실시하겠다는 명백한 의사결정을 대외적으로 표시한 것으로 헌법소원의 대상이 되는 공권력의 행사에 해당한다. 19 서울 7 O | X

피청구인이 대통령으로서 국회 본회의 시정연설에서 자신에 대한 신임국민투표를 실시하고자 한다고 밝혔다 하더라도, 그것이 공고와 같이 법적인 효력이 있는 행위가 아니라 단순한 정치적 제안의 피력에 불과하다고 인정되는 이상 이를 두고 헌법소원의 대상이 되는 '공권력의 행사'라고 할 수는 없으므로, 이에 대한 취소 또는 위헌확인을 구하는 청구인들의 심판청구는 모두 부적법하다(헌재 2003. 11. 27. 2003헌마694 등).

4917 대통령권한대행이 대통령지정기록물의 보호기간을 지정하는 행위 자체는 국가기관 사이의 행위로서 국민을 상대로 행하는 직접적 공권력작용에 해당한다고 보기는 어렵다. 22 경정 O | X

이 사건 지정행위는 대통령기록물법에 따라 이루어진 국가기관 사이의 내부적인 기록물의 분류 및 통보행위로서, 개별 기록물에 대하여 이관행위 이전에 이루어지고, 이때 어떤 대통령지정기록물에 대해 보호기간이 지정되는지는 대외적으로 공개·공표되지 않는다. 보호기간 지정행위 자체는 국가기관 사이의 행위로서, 국민을 상대로 행하는 직접적 공권력작용에 해당한다고 보기는 어려우며, 이 사건 지정행위만으로는 청구인들의 기본권 침해의 법적 관련성이 인정된다고 보기 어렵다(헌재 2019. 12. 27. 2017헌마359 등).

4918 대통령기록물 소관 기록관이 대통령기록물을 중앙기록물관리기관으로 이관하는 행위는 법률이 정하는 권한분장에 따라 업무수행을 하기 위한 국가기관 사이의 내부적·절차적 행위에 불과하므로 헌법소원심판의 대상이 되는 공권력의 행사에 해당한다고 볼 수 없다. 22 국회 8 O | X

이 사건 이관행위는 '대통령기록물관리에 관한 법률'에 따른 대통령기록물 관리업무 수행 기관의 변경행위로서, 법률이 정하는 권한분장에 따라 업무수행을 하기 위한 국가기관 사이의 내부적·절차적 행위에 불과하므로 헌법소원심판의 대상이 되는 공권력의 행사에 해당한다고 볼 수 없다(헌재 2019. 12. 27. 2017헌마359 등).

4919 법무부에 설치된 변호사시험 관리위원회의 의결은 헌법소원의 대상이 되는 공권력의 행사에 해당한다. 19 국회 8 O | X

변호사시험 관리위원회는 변호사시험에 관한 법무부장관의 의사결정을 보좌하기 위하여 법무부에 설치된 자문위원회로서, 일정한 심의사항에 관하여 의결절차를 거쳐 위원회의 의사를 표명하더라도 그것은 단순히 법무부장관에 대한 권고에 불과하여 그 자체로서는 법적 구속력이나 외부효과가 발생하지 않는 의견진술 정도의 의미를 가지는 데 지나지 않으므로, 변호사시험 관리위원회의 의결은 헌법소원의 대상이 되는 공권력 행사로 볼 수 없다(헌재 2012. 3. 29. 2009헌마754).

● 정답 4915. O   4915-1. X [헌소 대상 아님]   4916. X [공권력 행사 아님]   4917. O   4918. O   4919. X [공권력 행사 아님]

4920 수사기관에 의한 비공개 지명수배조치는 수사기관 내부의 단순한 공조 내지 의사연락에 불과할 뿐이므로 헌법소원의 대상이 되는 공권력의 행사에 해당하지 않는다. 21 국회 9   O|X

4920-1 수사기관에 의한 비공개 지명수배조치는 헌법소원의 대상이 되는 공권력 행사에 해당한다.
19 법원 9, 14 국회 9   O|X

'수사과정에서의 비공개 지명수배' 조치는 수사기관 내부의 단순한 공조(共助) 내지 의사연락에 불과할 뿐이고 그 자체만으로는 아직 국민에 대하여 직접 효력을 가지는 것이라 할 수 없다. 또한 수사기관간에 비공개리에 이루어지는 지명수배 조치의 속성상 이로 인하여 피의자가 거주·이전의 자유에 제약을 받는다고 보기도 어렵거니와 설사 그러한 제약적 효과가 있다 하더라도 이는 지명수배자가 그 소재발견을 회피하려는 데 따른 선택적 결과에 불과할 뿐 지명수배 조치로 인한 필연적·직접적인 효과로 보기 어려우므로, 이는 헌법소원심판의 대상이 되는 '**공권력의 행사**'에 해당한다고 볼 수 없다(헌재 2002. 9. 19. 99헌마181).

4921 국회의원 총선거에 관하여 국회의장이 선거구획정위원회 위원을 선임·위촉하지 않은 부작위 및 선거구획정위원회가 선거구획정안을 국회의장에게 제출하지 않은 부작위에 대해서는 헌법소원심판을 통한 사법심사가 가능하다. 10 국회 8   O|X

국회의 기관내부의 행위에 불과하여 국민의 권리 의무에 대하여 직접적인 법률효과를 발생시키는 행위가 아닌 **선거구획정위원회 위원 선임 및 선거구획정위원회의 선거구획정안 제출행위를 하지 않은 부작위**는, **국가기관의 내부적 의사결정행위에 불과**하여 그 자체로 국민에 대하여 직접적인 법률효과를 발생시키는 행위가 아니므로 헌법소원의 대상이 되는 「헌법재판소법」 제68조제1항 소정의 **공권력의 불행사에 해당되지 아니한다**(헌재 2004. 2. 26. 2003헌마285).

06 사법상 행위

4922 행정기관의 행위라도 사법(私法)상의 행위는 헌법소원의 대상이 되지 않는다. 20 국회 9   O|X

4922-1 기본권의 대국가적 효력을 고려하면 행정청의 사법상(私法上) 행위는 헌법소원의 대상이 된다.
13 서울 7   O|X

기본권의 대국가적 효력을 고려하면 행정기관의 행위라도 사법(私法)상의 행위는 헌법소원의 대상이 되지 않는다.

> 관련판례 협의취득에 따르는 보상금의 지급행위는 토지 등의 권리이전에 대한 반대급여의 교부행위에 지나지 아니하므로 그 역시 **사법상의 행위**라고 볼 수밖에 없으므로 이는 헌법소원심판의 대상이 되는 **공권력의 행사라고 볼 수 없다**(헌재 1992. 11. 12. 90헌마160).

4923 한국증권거래소의 상장폐지확정결정은 헌법소원의 대상이 되는 공권력의 행사에 해당하지 않는다.
10 국회 8   O|X

4923-1 한국증권거래소의 상장법인인 회사에 대한 상장폐지확정결정은 헌법소원심판의 대상이 되는 공권력의 행사에 해당한다. 21 지방 7   O|X

유가증권의 상장은 피청구인과 상장신청법인 사이의 "상장계약"이라는 **사법상의 계약**에 의하여 이루어지는 것이고, 상장폐지결정 및 상장폐지확정결정 또한 그러한 **사법상의 계약관계를 해소**하려는 피청구인의 일방적인 의사표시라고 봄이 상당하다고 할 것이다. 따라서, 피청구인의 청구인회사에 대한 이 사건 **상장폐지확정결정**은 헌법소원의 대상이 되는 **공권력의 행사에 해당하지 아니하므로** 이를 대상으로 한 심판청구는 부적법하다(헌재 2005. 2. 24. 2004헌마442).

● 정답 4920. O 4920-1. X [공권력 행사 아님] 4921. X [공권력 불행사 아니므로 헌소 청구 불가] 4922. O 4922-1. X [헌소 대상 아님] 4923. O 4923-1. X [공권력 행사 아님]

4924 법학전문대학원은 교육기관으로서의 성격과 함께 법조인 양성이라는 국가의 책무를 일부 위임받은 직업교육기관으로서의 성격을 가지고 있기는 하나, 이화여자대학교는 사립대학으로서 국가기관이나 공법인, 국립대학교와 같은 공법상의 영조물에 해당하지 아니하고, 일반적으로 사립대학과 그 학생과의 관계는 사법상의 계약관계이므로 학교법인 이화학당을 공권력의 주체라거나 그 모집요강을 공권력의 행사라고 볼 수 없다. 따라서 사립대학인 학교법인 이화학당의 법학전문대학원 모집요강은 헌법소원심판의 대상이 되는 공권력의 행사라고 볼 수 없다. 16 법원 9   O | X

법학전문대학원은 교육기관으로서의 성격과 함께 법조인 양성이라는 국가의 책무를 일부 위임받은 직업교육기관으로서의 성격을 가지고 있기는 하나, 이화여자대학교는 사립대학으로서 국가기관이나 공법인, 국립대학교와 같은 공법상의 영조물에 해당하지 아니하고, 일반적으로 사립대학과 그 학생과의 관계는 **사법상의 계약관계**이므로 학교법인 이화학당을 **공권력의 주체**라거나 **그 모집요강을 공권력의 행사라고 볼 수 없다**. 따라서 이 사건 모집요강은 헌법소원심판의 대상이 되는 **공권력의 행사라고 볼 수 없다**(헌재 2013. 5. 30. 2009헌마514).

4925 한국방송공사의 예비사원 채용공고는 헌법소원심판의 대상이 되는 공권력의 행사에 해당한다. 21 지방 7   O | X

한국방송공사의 직원 채용관계는 특별한 공법적 규제 없이 한국방송공사의 자율에 맡겨진 셈이 되므로 이는 **사법적인 관계**에 해당한다고 봄이 상당하다. 또한 직원 채용관계가 사법적인 것이라면, 그러한 채용에 필수적으로 따르는 사전절차로서 **채용시험의 응시자격을 정한 이 사건 공고** 또한 **사법적인 성격**을 지닌다고 할 것이다. 이 사건 공고는 헌법소원으로 다툴 수 있는 **공권력의 행사에 해당하지 않는다**(헌재 2006. 11. 30. 2005헌마855).

4926 정부투자기관이 출자한 회사가 내부 인사규정에 의하여 한 인사상의 차별 및 해고는 공권력 행사에 해당하여 「헌법재판소법」 제68조 제1항에 의한 헌법소원의 대상이 된다. 14 지방 7   O | X

정부투자기관(한국○○공사)의 출자로 설립된 회사(한국□□신탁) **내부의 근무관계(인사상의 차별 및 해고)**에 관한 사항은, 이를 규율하는 특별한 공법적 규정이 존재하지 않는 한, **원칙적으로 사법관계**에 속하므로 헌법소원의 대상이 되는 **공권력 작용이라고 볼 수 없다**(헌재 2002. 3. 28. 2001헌마464).

4927 강북구청장이 한 '4·19혁명 국민문화제 2015 전국 대학생 토론대회' 공모는 민법상 우수현상광고 또는 이와 유사한 성격의 법률행위라고 봄이 상당하고, 이 사건 공고가 법률상 근거에 따른 법집행작용의 일환이라고 보기도 어려우며, 국민에게 어떠한 권리나 의무를 부여하는 것으로 볼 수 없는 점 등을 종합하면, 이 사건 공고는 사법상 법률행위에 불과하고 공권력 행사의 주체라는 우월적 지위에서 한 것으로서 헌법재판소법 제68조 제1항에 따른 헌법소원심판의 대상인 '공권력의 행사'라고 볼 수 없다. 16 법무사   O | X

강북구청장이 한 **"4·19혁명 국민문화제 2015 전국 대학생 토론대회" 공모**는 민법상 우수현상광고 또는 이와 유사한 성격의 법률행위라고 봄이 상당하고, 이 사건 공고가 법률상 근거에 따른 법집행작용의 일환이라고 보기도 어려우며, 국민에게 어떠한 권리나 의무를 부여하는 것으로 볼 수 없는 점 등을 종합하면, 이 사건 공고는 **사법상 법률행위에 불과**하고 공권력 행사의 주체라는 우월적 지위에서 한 것으로서 헌법재판소법 제68조 제1항에 따른 헌법소원심판의 대상인 '**공권력의 행사**'라고 볼 수 없다(헌재 2015. 10. 21. 2015헌마214).

● 정답   4924. O   4925. X [공권력 행사 아님]   4926. X [공권력 행사 아님]   4927. O

POINT 279 | 헌법소원심판의 대상 (검사의 처분)　B

01 불기소처분

1 피해자

4928 형사피해자인 고소인은 검사의 형사피의자에 대한 혐의없음 처분에 관하여 「검찰청법」에 따른 항고를 거친 후 그 검사 소속의 지방검찰청 소재지를 관할하는 고등법원에 재정신청을 할 수 있으므로, 위 혐의없음 처분에 대한 헌법소원은 부적법하다. 16 변호사　O|X

4928-1 고소인이 법률에 따라 재정신청을 할 수 있음에도 이를 거치지 않은 채 검사 불기소처분의 취소를 구하는 헌법소원심판청구는 적법한 것이다. 16 서울 7　O|X

고소인이 검사로부터 공소를 제기하지 아니한다는 통지를 받은 때에는 **검찰청법 소정의 항고**를 거쳐 그 검사 소속의 지방검찰청 소재지를 관할하는 **고등법원에 그 당부에 관한 재정을 신청**할 수 있는데(형사소송법 제260조 제1항, 제2항), **청구인은 재정신청 절차를 거치지 않은 채** 이 부분 **헌법소원심판을 청구**하였으므로, 이 부분 심판청구는 **법률에 의한 구제절차를 거치지 않고 제기된 것이어서 부적법하다**(헌재 2013. 11. 19. 2013헌마736).

4929 피해자의 고소가 아닌 수사기관의 인지 등에 의하여 수사가 개시된 피의사건에서 검사의 불기소처분이 이루어진 경우 그 불기소처분의 취소를 구하기 위해 별도의 고소 없이 곧바로 제기된 피해자의 헌법소원은 보충성 원칙의 예외로서 적법하다. 19 경정　O|X

4929-1 피해자의 고소가 아닌 수사기관의 인지 등에 의하여 수사가 개시된 피의사건에서 검사의 불기소처분이 이루어진 경우, 고소하지 아니한 피해자가 그 불기소처분의 취소를 구하는 헌법소원심판을 곧바로 청구하는 것은 보충성을 결여하여 부적법하다. 18 국회 8　O|X

피해자의 고소가 아닌 수사기관의 인지 등에 의해 수사가 개시된 피의사건에서 **검사의 불기소처분**이 이루어진 경우, 고소하지 아니한 피해자로 하여금 **별도의 고소 및 이에 수반되는 권리구제절차**를 거치게 하는 방법으로는 종래의 불기소처분 자체의 취소를 구할 수 없고 당해 수사처분 자체의 위법성도 치유될 수 없다는 점에서 이를 본래 의미의 사전 권리구제절차라고 볼 수 없고, 고소하지 아니한 피해자는 검사의 불기소처분을 다툴 수 있는 **통상의 권리구제수단도 경유할 수 없**으므로, 그 불기소처분의 취소를 구하는 헌법소원의 사전 권리구제절차라는 것은 형식적·실질적 측면에서 모두 존재하지 않을 뿐만 아니라, 별도의 고소 등은 그에 수반되는 비용과 권리구제가능성 등 현실적인 측면에서 볼 때에도 불필요한 우회절차를 강요함으로써 피해자에게 지나치게 가혹할 수 있으므로, **고소하지 아니한 피해자는** 예외적으로 **불기소처분의 취소**를 구하는 **헌법소원심판을 곧바로 청구**할 수 있다(헌재 2010. 6. 24. 2008헌마716).

4930 검사의 불기소처분에 대하여 기소처분을 구하는 취지에서 헌법소원을 제기할 수 있는 자는 원칙적으로 헌법상 재판절차진술권의 주체인 형사피해자이어야 하고, 형사피해자에 해당하지 아니하는 자가 불기소처분에 대하여 헌법소원심판청구를 하는 것은 자기관련성 요건의 결여로 허용될 수 없다. 24 소간　O|X

검사의 불기소처분에 대하여 기소처분을 구하는 취지로 헌법소원심판을 청구할 수 있는 자는 원칙적으로 헌법상의 **재판절차진술권의 주체인 형사피해자**이어야 하고, 여기서 형사피해자라 함은 문제된 범죄행위로 말미암아 **법률상 불이익을 받게 되는 자**를 말하며, **형사피해자에 해당하지 아니하는 자**가 불기소처분에 대하여 헌법소원심판청구를 하는 것은 **자기관련성 요건의 결여로 허용될 수 없다**(헌재 2004. 12. 21. 2004헌마907).

● 정답　4928. O　4928-1. X [보충성 원칙 위반 부적법]　4929. O　4929-1. X [보충성 원칙 위반 아님]　4930. O

2 피의자

4931 형사피의자는 자신에 대한 기소유예처분이 자의적이라고 주장하면서 기소유예처분에 대한 헌법소원을 제기할 수 있다. 16 변호사 O|X

4931-1 검사로부터 기소유예처분을 받은 피의자는「검찰청법」소정의 항고를 거쳐 그 검사 소속의 지방검찰청 소재지를 관할하는 고등법원에 그 당부에 관한 재정을 신청할 수 있으므로 그와 같은 구제절차를 모두 거치지 않은 채 기소유예처분의 취소를 구하는 헌법소원심판 청구는 부적법하다. 15 변호사 O|X

4931-2 기소유예처분을 받은 피의자는 수사기관에 진정을 제기할 수 있으므로, 그러한 절차 없이 그 처분의 취소를 구하는 헌법소원심판을 청구하는 것은 헌법재판소법 제68조 제1항 단서에 규정된 '다른 법률에서 정한 구제절차'를 거치지 아니한 것이므로, 보충성 요건을 갖추지 못하여 부적법하다. 16 법무사 O|X

검사의 불기소처분에 대한 검찰청법 소정의 항고 및 재항고는 그 피의사건의 고소인 또는 고발인만이 할 수 있을 뿐, **기소유예처분을 받은 피의자**가 범죄혐의를 부인하면서 **무고함을 주장**하는 경우에는 검찰청법이나 다른 법률에 이에 대한 권리구제절차가 마련되어 있지 아니하므로, 검사의 기소유예처분의 취소를 구하는 헌법소원심판을 청구하는 경우에는 보충성원칙의 예외에 해당한다(헌재 2010. 6. 24. 2008헌마716).

3 고발인

4932 검사의 불기소처분에 관하여 헌법재판소는 고발인의 헌법소원청구인적격을 부인하였다. 10 국가 7 O|X

범죄 피해자가 아닌 **고발인**에게는 개인적 주관적인 권리나 재판절차에서의 진술권따위의 기본권이 허용될 수 없으므로 검사가 자의적으로 불기소처분을 하였다고 하여 달리 특별한 사정이 없으면 헌법소원심판청구의 요건인 **자기관련성이 없다**(헌재 1989. 12. 22. 89헌마145).

02 기소처분 등

4933 현재 수사 중인 사건은 검사의 공소권이 행사되고 있지 아니하므로 헌법소원의 대상이 될 수 없다. 16 경정, 12 법원 9 O|X

현재 수사 중인 사건이라면 특단의 사정이 없는 한 구체적인 공권력의 행사 또는 불행사가 있다고 볼 수 없으므로 이에 관한 **헌법소원심판청구는 부적법**하다(헌재 1989. 9. 11. 89헌마169).

4934 검사의 기소처분은 헌법소원의 대상성이 인정된다. 12 국회 9 O|X

어떠한 범죄사실에 대하여 어떠한 죄명과 법조를 적용할 것인가 하는 것은 검사와 판사의 직권에 속하는 사항이라고 할 수 있는 것으로서 설사 피청구인이 죄명과 적용법조를 잘못 기재하였다고 할지라도 당해 형사재판절차에서 시정될 수 있는 것이고, 법원의 재판을 대상으로 하여서는 헌법소원의 심판을 청구할 수 없게 되어 있으므로 결국 검사의 기소처분에 대한 **헌법소원심판청구는 부적법**하다(헌재 1992. 12. 15. 92헌마275).

● 정답 4931. O 4931-1. X [기소유예 피의자 : 법원에 재정신청 불가 → 헌소 可 (보충성원칙의 예외)] 4931-2. X [보충성원칙 예외, 적법함]
4932. O 4933. O 4934. X [헌소 대상 아님]

4935 검사의 공소제기도 공권력의 행사이므로 이에 대한 헌법소원이 가능하다. 12 법원 9   O | X

검사의 공소제기처분은 법원에 공소가 제기된 이후에는 법원의 재판절차에 흡수되어 그 적법성에 대하여 충분한 사법적 조사를 받게 되므로 그 독자적 합헌성을 심사할 필요성이 상실된 것이라 아니할 수 없어 검사의 공소제기 자체에 대한 헌법소원심판청구는 부적법하다(헌재 1992. 12. 24. 90헌마158).

4936 진정사건의 내사종결처리는 구속력이 없는 진정사건에 대한 수사기관의 내부적 사건처리방식에 지나지 아니하는 것이고 진정인의 권리행사에 아무런 영향을 미치는 것이 아니므로 헌법소원심판의 대상이 될 수 없다. 21 소간   O | X

4936-1 수사기관의 진정에 대한 내사종결처리는 헌법소원의 대상성이 인정된다. 12 국회 9   O | X

진정에 기하여 이루어진 내사사건의 종결처리는 진정사건에 대한 구속력이 없는 수사기관의 내부적 사건처리방식에 지나지 아니하므로 진정인의 고소 또는 고발의 권리행사에 아무런 영향을 미치는 것이 아니어서 헌법소원심판의 대상이 되는 공권력의 행사라고 할 수 없다(헌재 1990. 12. 26. 89헌마277).

4937 진정은 그 자체가 법률의 규정에 따른 법률상의 권리행사로 인정되는 것이 아니고 진정을 기초로 하여 수사소추기관의 적의 처리를 요망하는 의사표시에 지나지 아니하므로 진정종결처분은 헌법소원심판의 대상이 되는 공권력의 행사라고 할 수 없다. 24 소간   O | X

진정은 그 자체가 법률의 규정에 따른 법률상의 권리행사로 인정되는 것이 아니고 진정을 기초로 하여 수사소추기관의 적의 처리를 요망하는 의사표시에 지나지 아니한 것이므로, 진정에 따라 이루어진 진정사건의 종결처리는 구속력이 없는 진정사건에 대한 수사기관의 내부적 사건처리방식에 지나지 않는다. 그러므로 진정사건의 종결처리는 진정인의 권리행사에 영향을 미치는 것이 아니라는 점에서 헌법소원심판의 대상이 되는 공권력의 행사라고 할 수 없다(헌재 2014. 9. 24. 2014헌마710).

4938 검사가 형사피해자의 고소사건을 진정사건으로 수리하여 내사종결처분한 것은 수사기관의 내부적 사건처리방식에 지나지 않으므로 헌법소원심판의 대상이 되는 공권력 행사라고 할 수 없다. 16 변호사   O | X

다시 고소를 제기하였으나 피청구인이 이를 다시 진정사건으로 접수하여 종결처분을 한 경우에는, 진정사건 그 자체를 종결처분한 것이 헌법적으로 정당한지 여부를 다투는 것과는 달리 고소사건을 진정사건으로 접수함으로써 정당한 고소사건에 대해서 그 수사를 회피할 목적으로 진정종결처분을 남용한 것은 아닌지 여부가 문제될 수 있기 때문에, 이와 같은 행위는 단순한 각하사항이 아니라 본안 판단의 사항이 된다고 할 것이다(헌재 2001. 7. 19. 2001헌마37).

4939 검사의 기소처분, 구형, 약식명령, 내사종결처분, 수사재기결정, 형기종료일 지정처분은 헌법소원의 대상이 된다. 13 서울 7   O | X

(1) 검사의 기소처분에 대한 헌법소원심판청구는 부적법하다(헌재 1992. 12. 15. 92헌마275).
(2) 검사의 구형 그 자체는 독립하여 헌법소원심판의 청구대상이 될 수 없다(헌재 2004. 9. 23. 2000헌마453).
(3) 검사의 약식명령청구도 공소제기의 일종인 것은 법리상 분명하므로 이에 대한 헌법소원심판청구는 부적법하다(헌재 1993. 6. 2. 93헌마104).
(4) 진정에 기하여 이루어진 내사사건의 종결처리는 진정사건에 대한 구속력이 없는 수사기관의 내부적 사건처리방식에 지나지 아니하므로 … 헌법소원심판의 대상이 되는 공권력의 행사라고 할 수 없다(헌재 1990. 12. 26. 89헌마277).
(5) 검사의 수사재기결정은 수사기관 내부의 의사결정에 불과하고 … 헌법소원심판을 청구할 수 없다(헌재 1996. 2. 29. 96헌마32 등).
(6) 검사의 수형자에 대한 형기종료일 지정처분은 … 이 사건 헌법소원 심판청구는 부적법하다(헌재 2012. 5. 31. 2010헌아292).

정답 4935. × [헌소 청구 불가] 4936. ○ 4936-1. × [헌소 대상 아님] 4937. ○ 4938. × [헌소 대상 인정] 4939. × [헌소 대상 아님]

POINT 280 헌법소원심판의 대상(사법작용)과 원행정처분

01 재판소원 원칙금지

4940 법원의 재판을 헌법소원심판의 대상으로 하는 것은 헌법개정을 하지 않고서도 채택할 수 있다. 20 경정

○ | ×

법원의 재판을 헌법소원심판의 대상으로 하는 것은 헌법개정을 하지 않고서도 **헌법재판소법의 개정**만으로 채택할 수 있다.

> **헌법재판소법 제68조(청구 사유)** ① 공권력의 행사 또는 불행사(不行使)로 인하여 헌법상 보장된 기본권을 침해받은 자는 **법원의 재판을 제외**하고는 헌법재판소에 헌법소원심판을 청구할 수 있다. 다만, 다른 법률에 구제절차가 있는 경우에는 그 절차를 모두 거친 후에 청구할 수 있다.

4941 법원의 재판에 대하여는 원칙적으로 헌법소원심판을 청구할 수 없으며, 여기서 법원의 재판이라 함은 사건을 종국적으로 해결하기 위한 종국판결 외에 본안전 소송판결 및 중간판결이 모두 포함된다. 21 법원 9

○ | ×

'법원의 재판'은 헌법재판소가 위헌으로 결정한 법령을 적용함으로써 국민의 기본권을 침해한 재판에 해당하지 않는 한 헌법소원심판의 대상이 될 수 없다. 여기서 '**법원의 재판**'이란 사건을 종국적으로 해결하기 위한 **종국판결** 외에 **본안전 소송판결 및 중간판결이 모두 포함**되고, 기타 소송절차의 파생적·부수적인 사항에 대한 공권적 판단도 포함된다(헌재 2018. 8. 30. 2016헌마344 등).

4942 헌법재판소법 제68조 제1항에서 규정하고 있는 '법원의 재판'에는 군사법원의 재판도 포함된다. 18 법원 9

○ | ×

헌법재판소법 제68조 제1항은 권리구제형 헌법소원의 대상으로 법원의 재판을 제외하고 있다. 여기에서 말하는 법원의 재판은 소송사건을 해결하기 위하여 법원이 행하는 판단의 표시를 의미하고, 일반법원의 재판뿐만 아니라 군사법원의 재판도 당연히 포함된다.

> **관련판례** 청구인은 군무이탈죄로 기소되어 2007. 12. 11. 제32사단 **보통군사법원**에서 징역6월형을 선고받았는바(2007고40 군무이탈 사건), … 헌법재판소법 제68조 제1항 본문에 의하면, 공권력의 행사 또는 불행사로 인하여 헌법상 보장된 기본권을 침해받은 자는 법원의 재판을 제외하고는 헌법재판소에 헌법소원심판을 청구할 수 있다고 규정하고 있으므로, 원칙적으로 **법원의 재판**을 대상으로 하는 **헌법소원심판청구는 허용되지 아니한다**(헌재 2008. 4. 15. 2008헌마267).

4943 법원의 재판에는 재판절차에 관한 법원의 판단이 포함되나, 재판의 지연은 법원의 재판절차에 관한 것으로 볼 수 없으므로 헌법소원의 대상이 된다. 21 법원 9

○ | ×

원칙적으로 법원의 재판을 대상으로 하는 헌법소원심판청구는 허용되지 아니하고(헌법재판소법 제68조 제1항), 위 규정의 '**법원의 재판**'에는 **재판 자체** 뿐만 아니라 **재판절차에 관한 법원의 판단도 포함**되는 것으로 보아야 한다. 따라서 위 **재심청구기각 결정은 법원의 재판 자체**에 해당하고 위 재청구한 재심사건에서의 **재판지연은 법원의 재판절차**에 관한 것이므로 모두 **헌법소원의 대상이 될 수 없다**(헌재 2009. 7. 14. 2009헌마332).

● 정답 4940. ○ 4941. ○ 4942. ○ 4943. ×[재판의 지연은 헌소 대상 아님]

4944 판사의 디엔에이감식시료채취영장 발부는 헌법소원의 대상이 되는 공권력의 행사에 해당한다. 19 경정

O | X

이 사건 **영장 발부**는 검사의 청구에 따라 판사가 디엔에이감식시료채취의 필요성이 있다고 판단하여 이루어진 **재판**으로서, 헌법소원심판의 대상이 될 수 있는 **예외적인 재판에 해당하지 아니함이 명백하다.** 따라서 2016헌마344 사건 청구인들의 이 부분 심판청구는 모두 부적법하다(헌재 2018. 8. 30. 2016헌마344 등).

4945 통신제한조치에 대한 법원의 허가는 통신비밀보호법에 근거한 소송절차 이외의 파생적 사항에 관한 법원의 공권적 법률판단으로 헌법재판소법 제68조 제1항에서 헌법소원의 대상에서 제외하고 있는 법원의 재판에 해당하므로, 이에 대한 헌법소원심판청구는 부적법하다. 23 법원 9

O | X

통신제한조치에 대한 법원의 허가는 통신비밀보호법에 근거한 소송절차 이외의 파생적 사항에 관한 **법원의 공권적 법률판단**으로 헌법재판소법 제68조 제1항에서 헌법소원의 대상에서 제외하고 있는 **법원의 재판에 해당**하므로, 이에 대한 **심판청구는 부적법**하다 (헌재 2018. 8. 30. 2016헌마263).

4946 임원취임승인 취소처분에 대한 행정소송에서 소의 이익이 없다는 이유로 각하하여 법원에서는 더 이상의 권리구제수단이 없는 대법원 판결은 헌법소원의 대상이 된다. 13 지방 7

O | X

원칙적으로 **법원의 재판**을 대상으로 하는 헌법소원심판 청구는 **허용되지 아니하고** 다만 헌법재판소가 위헌으로 결정한 법령을 적용함으로써 국민의 기본권을 침해한 재판에 대하여만 헌법재판소법 제68조 제1항에 의한 헌법소원심판을 청구할 수 있다(헌재 2010. 4. 29. 2003헌마283).

4947 소액사건 담당판사가 판결을 선고하면서 판결이유의 요지를 구술로 설명하지 아니한 부작위는 판결의 선고행위를 구성하는 행위로서 결국 법원의 재판에 해당하는 것이어서 이를 대상으로 하는 헌법소원심판청구는 부적법하다. 18 법원 9

O | X

이 사건 **부작위**는 법원의 재판작용에 속하거나 또는 종국판결에 흡수·포함되어 일체를 이루는 것으로서 그에 대한 불복은 종국판결에 대한 상소의 방법으로만 가능하므로, 이 부분 심판청구는 결국 법원의 재판을 대상으로 한 헌법소원에 해당하여 **부적법하다**(헌재 2004. 9. 23. 2003헌마19).

4948 법원이 국민참여재판 대상사건의 피고인에게 「국민의 형사재판 참여에 관한 규칙」에 따른 피고인 의사의 확인을 위한 안내서를 송달하지 않은 부작위는 헌법소원의 대상이 되는 공권력의 행사 또는 불행사에 해당한다. 13 국가 7

O | X

헌법재판소법 제68조 제1항은 법원의 재판을 대상으로 하는 헌법소원심판 청구를 원칙적으로 허용하지 아니한다. 그런데 이 사건 **송달부작위**에 대한 심판청구는 법원의 소송행위를 문제 삼는 것으로서 이는 법원의 재판절차를 통해 시정되어야 하므로 법원에서 상소의 방법으로 그 판단을 구해야 할 부분이다. 그렇다면 이 부분 청구는 결국 **법원의 재판을 대상**으로 한 심판청구에 해당한다고 볼 수밖에 없어 **부적법하다**(헌재 2012. 11. 29. 2012헌마53).

● 정답 4944. X [공권력 행사 아님] 4945. O 4946. X [헌소 청구 안됨] 4947. O 4948. X [공권력 아님]

02 재판소원의 예외적 허용

4949 「헌법재판소법」 제68조 제1항 본문 중 '법원의 재판을 제외하고는' 부분은 헌법재판소가 위헌으로 결정한 법령을 적용함으로써 국민의 기본권을 침해한 재판이 포함되는 것으로 해석하는 한 헌법에 위반된다. 21 입시 〇 | ✕

> 헌법재판소는 헌법재판소법 제68조 제1항 본문 중 '법원의 재판을 제외하고는' 부분에 대하여도 이미 '법원의 재판'에 헌법재판소가 위헌으로 결정한 법령을 적용함으로써 국민의 기본권을 침해한 재판을 포함되는 것으로 해석하는 한도 내에서 헌법에 위반된다는 취지의 한정위헌결정을 선고하여 위헌 부분을 제거하면서 그 나머지 부분이 합헌임을 밝힌 바가 있다(헌재 2007. 11. 29. 2005헌바12).

4950 법원의 재판은 헌법소원심판의 대상이 되지 아니함이 원칙이지만, 헌법재판소가 위헌으로 결정한 법령을 적용함으로써 국민의 기본권을 침해한 재판에 대하여는 헌법재판소법 제68조 제1항에 의한 헌법소원심판을 청구할 수 있다. 18 입시 13 국회 8 〇 | ✕

4950-1 「헌법재판소법」 제68조 제1항은 법원의 재판을 헌법소원심판대상에서 제외하고 있으므로, 헌법재판소가 위헌으로 결정하여 그 효력을 전부 또는 일부 상실한 법률을 적용함으로써 국민의 기본권을 침해한 법원의 재판에 대해서도 「헌법재판소법」 제68조 제1항에 의한 헌법소원이 허용되지 않는다. 17 국가 7 〇 | ✕

> 원칙적으로 법원의 재판을 대상으로 하는 헌법소원심판청구는 허용되지 아니하고, 다만 헌법재판소가 위헌으로 결정한 법령을 적용함으로써 국민의 기본권을 침해한 재판에 대하여만 헌법재판소법 제68조 제1항에 의한 헌법소원심판을 청구할 수 있다(헌재 2016. 11. 29. 2016헌마971).

4951 법령에 대한 헌법재판소의 한정위헌결정의 기속력을 준수하지 않은 대법원 판결은 헌법소원의 대상이 된다. 13 지방 7 〇 | ✕

> 이 사건 대법원판결은 헌법재판소가 이 사건 법률조항에 대하여 한정위헌결정을 선고함으로써 이미 부분적으로 그 효력이 상실된 법률조항을 적용한 것으로서 위헌결정의 기속력에 반하는 재판임이 분명하므로 이에 대한 헌법소원은 허용된다 할 것이고, 또한 이 사건 대법원판결로 말미암아 청구인의 헌법상 보장된 기본권인 재산권 역시 침해되었다 할 것이다. 따라서 이 사건 대법원판결은 「헌법재판소법」 제75조제3항에 따라 취소되어야 마땅하다(헌재 1997. 12. 24. 96헌마172 등).

4952 한정위헌결정의 기속력을 부인하여 청구인들의 재심청구를 기각한 법원의 재판은 '법률에 대한 위헌결정의 기속력에 반하는 재판'으로 이에 대한 헌법소원이 허용될 뿐 아니라 헌법상 보장된 재판청구권을 침해하였으므로 「헌법재판소법」 제75조제3항에 따라 취소되어야 한다. 23 국가 7 〇 | ✕

> 이 사건 한정위헌결정은 형벌 조항의 일부가 헌법에 위반되어 무효라는 내용의 일부위헌결정으로, 법원과 그 밖의 국가기관 및 지방자치단체에 대하여 기속력이 있다. 이 사건 한정위헌결정의 기속력을 부인하여 청구인들의 재심청구를 기각한 법원의 재판은 '법률에 대한 위헌결정의 기속력에 반하는 재판'으로 이에 대한 헌법소원은 허용되고 청구인들의 헌법상 보장된 재판청구권을 침해하였으므로 법 제75조 제3항에 따라 취소되어야 한다(헌재 2022. 6. 30. 2014헌마760 등).

● 정답 4949. 〇 4950. 〇 4950-1. ✕ [헌법소원 허용됨] 4951. 〇 4952. 〇

4953 법률에 대한 헌법재판소의 한정위헌결정 이전에 그 법률을 적용하여 확정된 유죄판결은 '헌법재판소가 위헌으로 결정한 법령을 적용하여 국민의 기본권을 침해한 재판'에는 해당하지 않지만, '위헌결정의 기속력에 반하는 재판'이므로 그 판결을 대상으로 한 헌법소원 심판청구는 적법하다. 23 국가 7

O | X

형벌 조항은 위헌결정으로 소급하여 그 효력을 상실하지만, 위헌결정이 있기 이전의 단계에서 그 법률을 판사가 적용하는 것은 제도적으로 정당성이 보장되므로 아직 헌법재판소에 의하여 위헌으로 선언된 바가 없는 법률이 적용된 재판을 그 뒤에 위헌결정이 선고되었다는 이유로 위법한 공권력의 행사라고 하여 헌법소원심판의 대상으로 삼을 수는 없다. 따라서 이 사건 한정위헌결정 이전에 확정된 청구인들에 대한 유죄판결은 법률에 대한 위헌결정의 기속력에 반하는 재판이라고 볼 수 없으므로 이에 대한 심판청구는 부적법하다(헌재 2022. 6. 30. 2014헌마760 등).

03 법원의 재판을 거쳐 확정된 행정처분 (원행정처분)

4954 원행정처분에 대한 헌법소원심판청구를 허용하는 것은 명령, 규칙, 처분의 위헌·위법 여부가 재판의 전제가 된 경우 대법원이 최종적인 심사권을 갖는다는 헌법 규정이나 원칙적으로 헌법소원심판의 대상에서 법원의 재판을 제외하고 있는 「헌법재판소법」 규정의 취지에 어긋난다. 12 국가 7

O | X

원행정처분에 대한 헌법소원심판청구를 허용하는 것은, "명령·규칙 또는 처분이 헌법이나 법률에 위반되는 여부가 재판의 전제가 된 경우에는 대법원은 이를 최종적으로 심사 할 권한을 가진다."고 규정한 헌법 제107조 제2항이나, 원칙적으로 헌법소원심판의 대상에서 법원의 재판을 제외하고 있는 헌법재판소법 제68조 제1항의 취지에도 어긋난다(헌재 1998. 5. 28. 91헌마98 등).

4955 공권력행사인 행정처분에 대하여 구제절차로서 법원의 재판을 거친 경우, 그 처분의 기초가 된 사실관계의 인정과 평가, 단순한 일반법규의 해석·적용의 문제는 원칙적으로 헌법재판소의 심판사항이라고 볼 수 없다. 10 국가 7

O | X

4955-1 행정처분에 대하여 행정소송을 제기하여 법원의 판결을 받는 등 구제절차를 모두 거쳤다면, 당해 행정처분을 심판대상으로 삼아 헌법소원을 제기한 것은 적법하다. 12 법원 9

O | X

공권력의 행사인 행정처분에 대하여 구제절차로서 법원의 재판을 거치는 경우, 그 처분의 기초가 된 사실관계의 인정과 평가, 단순한 일반법규의 해석, 적용의 문제는 원칙적으로 헌법소원심판사항이라고 할 수 없다는 것이 헌법재판소의 확립된 판례인데, 청구인 남문학원의 이 사건 헌법소원도 결국 위 처분의 근거규정 등을 위헌이라고 주장하면서, 실질적으로는 일반법규의 해석, 적용에 관한 문제에 대하여 헌법소원을 제기한 것이라고 할 것이므로, 역시 부적법하다(헌재 1993. 7. 29. 89헌마123).

4956 원행정처분에 대하여 법원에 행정소송을 제기하여 패소판결을 받고 그 판결이 확정된 경우에는 확정판결의 기판력으로 인하여 원행정처분은 헌법소원의 대상이 되지 않는 것이 원칙이다. 12 국가 7

O | X

원행정처분에 대하여 법원에 행정소송을 제기하여 패소판결을 받고 그 판결이 확정된 경우에는 당사자는 그 판결의 기판력에 의한 기속을 받게 되므로, 별도의 절차에 의하여 위 판결의 기판력이 제거되지 아니하는 한, 행정처분의 위법성을 주장하는 것은 확정판결의 기판력에 어긋나므로 원행정처분은 헌법소원심판의 대상이 되지 아니한다고 할 것이며, … 헌법 제107조제2항이나, 원칙적으로 헌법소원심판의 대상에서 법원의 재판을 제외하고 있는 「헌법재판소법」 제68조제1항의 취지에도 어긋난다(헌재 1998. 5. 28. 91헌마98).

● 정답 4953. X [위헌결정의 기속력에 반하는 재판이 아니므로 헌소청구 부적법] 4954. O 4955. O 4955-1. X [부적법함] 4956. O

4957 원행정처분을 대상으로 한 행정소송이 소의 이익이 없다는 이유로 소각하 판결을 받아 확정된 경우, 이 판결에는 기판력이 발생하지 않으므로 원행정처분에 대한 헌법소원이 원칙적으로 허용될 수 있다. 21 경정, 12 국가 7 O|X

이 사건에서 청구인들은 앞서 본 바와 같이 이 사건 **취임승인 취소처분**의 취소를 구하는 행정소송을 제기하였다가 **소의 이익이 없다는 이유로 각하의 판결**을 선고받아 확정되었고, 이 사건 각 판결이 헌법재판소가 위헌으로 결정한 법령을 적용한 것도 아니어서 그 재판 자체가 헌법소원심판에 의하여 취소되어야 할 예외적인 경우에 해당한다고 볼 수도 없으므로, 이 사건 **취임승인 취소처분**에 대한 **헌법소원심판 청구는 부적법**하다(헌재 2010. 4. 29. 2003헌마283).

4958 법원의 재판을 거쳐 확정된 행정처분인 경우, 당해 행정처분을 심판의 대상으로 삼았던 법원의 재판이 예외적으로 헌법소원심판의 대상이 되어 그 재판 자체가 취소되는 경우에는 그 당해 행정처분 역시 헌법소원심판의 대상이 된다. 15 변호사 O|X

4958-1 원행정처분에 대한 헌법소원심판청구를 받아들여 이를 취소하는 것은 원행정처분을 심판의 대상으로 삼았던 법원의 재판이 예외적으로 헌법소원심판의 대상이 되어 그 재판 자체가 취소되는 경우에 한한다. 12 국가 7 O|X

4958-2 행정처분의 취소를 구하는 행정소송을 제기하였으나 청구기각의 판결이 확정되어 법원의 소송절차에 의하여서는 더 이상 이를 다툴 수 없게 된 경우에, 그 행정처분을 심판대상으로 삼았던 법원의 그 재판 자체가 취소되지 않더라도 당해 행정처분은 헌법소원심판의 대상이 된다. 21 변호사 O|X

행정처분의 취소를 구하는 행정소송이 **청구기각의 판결이 확정**되어 법원의 소송절차에 의하여서는 더 이상 이를 다툴 수 없게 된 경우에, 당해 행정처분 자체의 위헌성 또는 그 근거법규의 위헌성을 주장하면서 그 취소를 구하는 **헌법소원심판청구**는 원행정처분을 심판의 대상으로 삼았던 **법원의 재판이 예외적으로 헌법소원심판의 대상**이 되어 그 **재판 자체가 취소되는 경우**에 한하여 **허용**되고, 이와 달리 **법원의 재판이 취소되지 아니하는 경우**에는 확정판결의 기판력으로 인하여 **원행정처분은 헌법소원심판의 대상이 되지 아니한다**고 할 것이다(헌재 2006. 7. 18. 2006헌마723).

4959 「헌법재판소법」제68조 제1항의 헌법소원은 행정처분에 대하여도 청구할 수 있는 것이나, 그것이 법원의 재판을 거쳐 확정된 행정처분인 경우에는 당해 행정처분을 심판의 대상으로 삼았던 법원의 재판이 예외적으로 헌법소원심판의 대상이 되어 그 재판 자체가 취소되는 경우에 한하여 심판이 가능한 것이고, 이와 달리 법원의 재판이 취소될 수 없는 경우에는 당해 행정처분 역시 헌법소원심판청구의 대상이 되지 아니한다. 23 국가 7 O|X

헌법재판소법 제68조 제1항의 헌법소원은 **행정처분**에 대하여도 청구할 수 있는 것이나 그것이 **법원의 재판을 거쳐 확정된 행정처분**인 경우에는 당해 행정처분을 심판의 대상으로 삼았던 **법원의 재판이 예외적으로 헌법소원의 대상**이 되어서 **그 재판 자체가 취소되는 경우**에 한하여 그 **심판청구가 가능한** 것이고, 이와 달리 **법원의 재판이 취소될 수 없는 경우**에는 당해 행정처분에 대한 **헌법소원심판청구도 허용되지 아니한다** 할 것이다(헌재 1998. 6. 25. 98헌마17).

● 정답 4957. X [헌법소원심판 청구 부적법] 4958. O 4958-1. O 4958-2. X [재판 자체가 취소되는 경우만 허용됨] 4959. O

4960 행정소송으로 행정처분의 취소를 구한 청구인의 청구를 받아들이지 아니한 법원의 판결에 대해 헌법소원의 청구가 예외적으로 허용되어 그 재판이 취소되는 경우에는 원래의 행정처분에 대한 헌법소원심판의 청구도 이를 인용하는 것이 상당하다. 16 서울 7 O | X

행정처분이 헌법에 위반되는 것이라는 이유로 그 취소를 구하는 행정소송을 제기하였으나 법원에 의하여 그 청구가 받아들여지지 아니한 후 다시 원래의 행정처분에 대하여 헌법소원심판을 청구하는 것이 원칙적으로 허용될 수 있는지의 여부에 관계없이, 이 사건의 경우와 같이 행정소송으로 행정처분의 취소를 구한 청구인의 청구를 받아들이지 아니한 **법원의 판결에 대한 헌법소원심판의 청구가 예외적으로 허용**되어 그 재판이 헌법재판소법 제75조 제3항에 따라 취소되는 경우에는 **원래의 행정처분에 대한 헌법소원심판의 청구도 이를 인용**하는 것이 상당하다(헌재 1997. 12. 24. 96헌마172 등).

POINT 281 헌법소원심판의 청구권자 Ⓒ

01 기본권 주체성

4961 중학교나 고등학교는 교육을 위한 시설에 불과하여 민법상 권리능력이나 「민사소송법」상 당사자능력이 없으므로 학교법인 외에 별도로 헌법소원심판의 청구인이 될 수 없다. 16 서울 7 O | X

청구인 **남문중·상업고등학교는 교육을 위한 시설에 불과**하여 우리 **민법상 권리능력**이나 **민사소송법상 당사자능력이 없다**고 할 것인바, 위 시설에 관한 권리의무의 주체로서 당사자능력이 있는 청구인 **남문학원**이 헌법소원을 제기하여 권리구제를 받는 절차를 밟음으로써 족하다고 할 것이고, **위 학교에 대하여 별도로 헌법소원의 당사자능력을 인정하여야 할 필요는 없다**고 할 것이므로 동 학교의 이 사건 헌법소원심판청구는 부적법하다(헌재 1993. 7. 29. 89헌마123).

4962 사이버대학은 「사립학교법」 및 「고등교육법」을 근거로 설립된 교육시설에 불과하여 헌법소원심판을 제기할 청구인능력이 없다. 21 소간 O | X

사이버대학은 사립학교법 및 고등교육법을 근거로 설립된 **교육시설에 불과**하여 헌법소원심판을 제기할 **청구인능력이 없다**(헌재 2016. 10. 27. 2014헌마1037).

02 헌법상 기본권의 침해 또는 침해의 가능성

4963 대한민국 국적의 성인 남자가 서울시청 앞 광장(서울광장)을 가로질러 통행하려고 했으나, 경찰이 때마침 서울광장에서 이루어진 대규모 집회를 통제하기 위하여 경찰버스 수십대로 서울광장을 둘러싸는 차벽을 설치하여 통행을 하지 못하게 하였는데 경찰의 차벽 설치로 인하여 청구인의 기본권 침해 가능성이 인정된다. 17 법무사 O | X

서울특별시장이 한 위와 같은 실질적인 불허처분은, 위 추모위원회가 추모제를 개최하기 위하여 서울광장을 사용하는 것을 허가하지 않은 것일 뿐, 위 사용신청자와는 별개이며 일반시민인 청구인들이 통행 내지 여가활동 등의 목적으로 서울광장을 이용하고자 하는 것까지 불허한 것이라고는 할 수 없다. 따라서 청구인들이 서울광장을 사용하지 못하게 된 것은 **서울특별시장의 위 불허처분에 의한 것이 아니라** 피청구인의 **이 사건 통행제지행위에 의한 것**이라고 할 것이므로, **이 사건 통행제지행위의 기본권침해 가능성을 부인할 수 없다**(헌재 2011. 6. 30. 2009헌마406).

정답 4960. ○ 4961. ○ 4962. ○ 4963. ○

4964 국회의원선거구 획정의 위헌 여부는 국민의 기본권과 직접적인 관련이 없기 때문에 헌법재판소의 심판대상이 아니다. 13 변호사 O|X

국회의원선거구 획정의 위헌 여부는 국민의 선거권, 평등권과 직접적인 관련이 있기 때문에 헌법재판소의 심판대상이 된다.

> **관련판례** 현재의 시점에서 헌법이 허용하는 인구편차의 기준을 인구편차 상하 33⅓%를 넘어서지 않는 것으로 봄이 타당하다. 따라서 심판대상 선거구구역표 중 인구편차 상하 33⅓%의 기준을 넘어서는 선거구에 관한 부분은 위 선거구가 속한 지역에 주민등록을 마친 청구인들의 선거권 및 평등권을 침해한다(헌재 2014. 10. 30. 2012헌마192 등).

4965 구「G20 정상회의 경호안전을 위한 특별법」에 의한 경호안전구역의 공고는 경호안전구역 지정조항에 의거하여 경호안전구역을 지정하여 알린 행위인 바, 경호안전구역으로 지정되었다는 사정 그 자체에 의하여 바로 기본권이 침해될 가능성이 생긴다고 볼 수 없다. 15 경정 O|X

청구인들의 집회의 자유는 어떠한 장소가 경호안전구역으로 지정되었다는 이유만으로 제한되는 것이 아니라, 집회제한조항에 따라 피청구인이 관할 경찰관서의 장에게 경호안전구역에서 개최될 일정한 집회 및 시위를 제한해 달라고 요청하고, 관할 경찰관서의 장이 이에 따라 집회 및 시위를 제한하는 조치를 함에 따라 비로소 제한되는 것이다. 따라서 경호안전구역으로 지정되었다는 사정 그 자체에 의하여 바로 기본권이 침해될 가능성이 생긴다고 볼 수 없으므로 이 사건 공고의 기본권 침해가능성을 인정할 수 없다(헌재 2012. 2. 23. 2010헌마660 등).

4966 '국무총리가 확진자 중 증세가 있는 확진자의 비율을 파악하지 않고 감염 시기를 특정할 수 없는 확진자의 수를 기준으로 방역단계를 설정하는 등 직무유기하여 헌법에 위반하였다'는 취지에서 제기된 헌법소원 심판청구에 대해서, 헌법재판소는 기본권 침해의 가능성을 확인할 수 있을 정도로 청구인의 어떠한 기본권이 구체적으로 어떻게 침해받았는지에 대한 명확한 주장이 없다는 이유로 각하하였다. 22 소간 O|X

4966-1 '코로나 백신을 맞지 않아도 며칠 만에 인간의 면역력에 의해 자연 치유되는 것을 알면서도 인간을 사망에 이르게 하는 등 위험한 코로나 백신을 전 국민에게 접종하려는 행위가 헌법에 위반된다'는 취지에서 제기된 헌법소원 심판청구에 대해서, 헌법재판소는「헌법재판소법」제72조 제3항 제4호에 따라 각하하였다. 22 소간 O|X

청구인은 국무총리가 확진자 중 증세가 있는 확진자의 비율을 파악하지 않고 감염 시기를 특정할 수 없는 확진자의 수를 기준으로 방역단계를 설정하는 등 직무유기하며, 코로나 백신을 맞지 않아도 며칠 만에 인간의 면역력에 의해 자연치유되는 것을 알면서도 인간을 사망에 이르게 하는 등 위험한 코로나 백신을 전 국민에게 접종하려는 행위가 헌법에 위반된다는 취지에서 막연하고 모호한 주장을 할 뿐, 기본권 침해의 가능성을 확인할 수 있을 정도로 청구인의 어떠한 기본권이 구체적으로 어떻게 침해받았는지에 대한 명확한 주장을 하지 않고 있다. 이 사건 심판청구는 부적법하므로 헌법재판소법 제72조 제3항 제4호에 따라 이를 각하하기로 하여, 관여 재판관 전원의 일치된 의견으로 주문과 같이 결정한다(헌재 2021. 3. 9. 2021헌마242).

정답 4964. X [기본권과 관련 있어 헌소 심판 대상] 4965. O 4966. O 4966-1. O

POINT 282 자기관련성

01 자기관련성

4967 기본권침해의 자기관련성이란 심판대상규정에 의하여 청구인의 기본권이 침해될 가능성이 있는가에 관한 것이고, 헌법소원은 주관적 기본권보장과 객관적 헌법보장 기능을 함께 가지고 있으므로 권리귀속에 대한 소명만으로써 자기관련성 구비 여부를 판단할 수 있다. 15 변호사 O | X

기본권침해의 자기관련성이란 심판대상규정에 의하여 청구인들의 기본권이 '침해될 가능성'이 있는가에 관한 것이고, 헌법소원은 주관적 기본권보장과 객관적 헌법보장 기능을 함께 가지고 있으므로 권리귀속에 대한 소명만으로써 자기관련성을 구비한 여부를 판단할 수 있다(헌재 2001. 11. 29. 99헌마494).

4968 공권력의 행사로 인하여 헌법소원을 청구하고자 하는 자가 법적 지위에 아무런 영향을 받지 않거나 단순히 사실적 또는 경제적인 이해관계로만 관련되어 있는 경우 그 공권력의 행사를 대상으로 헌법소원을 청구하는 것은 허용되지 아니한다. 15 국회 8 O | X

공권력의 행사로 인하여 헌법소원을 청구하고자 하는 자가 법적 지위에 아무런 영향을 받지 않거나 단순히 사실적 또는 경제적인 이해관계로만 관련되어 있는 경우 그 공권력의 행사를 대상으로 헌법소원을 청구하는 것은 허용되지 아니한다(헌재 2004. 12. 16. 2002헌마579).

4969 「헌법재판소법」 제68조 제1항의 "기본권을 침해 받은 자"라 함은 공권력의 행사 또는 불행사로 인하여 자기의 기본권이 현재 그리고 직접적으로 침해받은 자를 의미하며 단순히 간접적, 사실적 또는 경제적인 이해관계가 있을 뿐인 제3자는 이에 해당하지 않는다. 22 소간 O | X

4969-1 헌법소원심판의 청구인적격으로서 기본권을 침해받은 자라 함은 기본권을 직접적으로 침해받은 자에 한하지 않고 간접적으로 불이익을 받은 자를 포함한다. 10 법원 9 O | X

헌법재판소법 제68조 제1항에 따르면 헌법소원심판은 공권력의 행사 또는 불행사로 인하여 헌법상 보장된 기본권을 침해받은 자가 청구하여야 한다. 여기에서 기본권을 침해받은 자라 함은 공권력의 행사 또는 불행사로 인하여 자기의 기본권을 현재 그리고 직접적으로 침해받은 자를 의미하며 단순히 간접적, 사실적 또는 경제적인 이해관계가 있을 뿐인 제3자는 이에 해당하지 않는다(헌재 2016. 11. 1. 2016헌마857).

4970 공권력의 작용이 단지 간접적, 사실적 또는 경제적 이해관계로만 관련되어 있는 제3자에게는 자기관련성이 인정되지 않는다. 22 국회 8 O | X

4970-1 자기가 관련되지 아니한 제3자에 대한 기본권침해에 관하여 헌법소원심판을 청구하는 것은 부적법하지만, 공권력 작용이 단지 간접적, 사실적 또는 경제적 이해관계로만 관련되어 있는 제3자에게는 자기관련성이 인정된다. 15 법무사 O | X

4970-2 공권력 작용의 직접적인 상대방은 자유의 제한, 의무의 부과, 권리 또는 법적 지위의 제약이 가해지면 자기관련성이 인정되며, 제3자의 경우 사실적·경제적 이해관계나 영향이 존재한다면 자기관련성이 인정된다. 19 지방 7 O | X

● 정답 4967. O   4968. O   4969. O   4969-1. X [간접적 X]   4970. O   4970-1. X [자기관련성 부정]   4970-2. X [사실적·경제적 이해관계의 제3자는 자기관련성 부정됨]

헌법소원에 있어서는 원칙적으로 공권력의 행사 또는 불행사의 직접적인 상대방만이 자기관련성이 인정되고, <u>공권력의 작용에 단지 간접적이나 사실적 또는 경제적인 이해관계가 있을 뿐인 제3자의 경우에는 자기관련성이 인정되지 않는다</u>(헌재 2016. 12. 13. 2016헌마1011).

4971 공권력 작용의 직접적인 상대방이 아닌 제3자라고 하더라도 공권력 작용이 그 제3자의 기본권을 직접적이고 법적으로 침해하고 있는 경우에는 예외적으로 그 제3자에게 기본권 침해의 자기관련성이 인정될 수 있다. 19 입시   O | X

4971-1 공권력의 작용의 직접적인 상대방이 아닌 제3자는 공권력의 작용이 그 제3자의 기본권을 직접적이고 법적으로 침해하는 경우라 하더라도 그 제3자에게 자기관련성이 인정되지 않는다. 21 국가 7   O | X

<u>공권력 작용의 **직접적인 상대방이 아닌 제3자**라고 하더라도 공권력 작용이 **그 제3자의 기본권을 직접적이고 법적으로 침해하고 있는 경우에는 예외적으로 그 제3자에게 자기관련성이 있다**고 할 것인바</u>, 이러한 기본권침해의 자기관련성 판단은 입법의 목적, 실질적인 규율대상, 법 규정에서의 제한이나 금지가 제3자에게 미친 효과나 진지성의 정도 및 규범의 직접적인 수규자에 의한 헌법소원 제기의 기대가능성 등을 종합적으로 고려하여 판단하여야 할 것이다(헌재 2011. 10. 25. 2010헌마661).

4972 법률에 의한 기본권 침해의 경우 제3자의 자기관련성을 어떠한 경우에 인정할 수 있는가의 문제는 입법의 목적 및 실질적인 규율대상, 법규정에서의 제한이나 금지가 제3자에게 미치는 효과나 진지성의 정도 및 규범의 직접적인 수규자에 의한 헌법소원제기의 기대가능성 등을 종합적으로 고려하여 판단하여야 한다. 13 변호사   O | X

법률에 의한 기본권침해의 경우에 원칙적으로 법률에 의하여 직접 기본권을 침해당하고 있는 자만이 헌법소원심판청구를 할 수 있다고 할 것이고 제3자는 특단의 사정이 없는 한 기본권침해에 직접 관련되었다고 볼 수 없다. 어떠한 경우에 <u>제3자의 자기관련성을 인정할 수 있는가의 문제는 무엇보다도 **법의 목적 및 실질적인 규율대상**, 법규정에서의 제한이나 금지가 **제3자에게 미치는 효과나 진지성의 정도**, 규범의 **직접적인 수규자에 의한 헌법소원제기의 기대가능성 등을 종합적으로 고려하여 판단해야 한다**</u>(헌재 1997. 9. 25. 96헌마133).

4973 수혜적 법령의 경우에는 수혜범위에서 제외된 자가 자신이 평등원칙에 반하여 수혜대상에서 제외되었다는 주장을 하거나, 비교집단에게 혜택을 부여하는 법령이 위헌이라고 선고되어 그러한 혜택이 제거된다면 비교집단과의 관계에서 자신의 법적 지위가 상대적으로 향상된다고 볼 여지가 있을 때에는 그 법령의 직접적인 적용을 받는 자가 아니라고 할지라도 자기관련성을 인정할 수 있다. 21 변호사, 18 국회 8   O | X

일반적으로 <u>수혜적 법령의 경우에는 **수혜범위에서 제외된 자가** 자신이 **평등원칙**에 반하여 수혜대상에서 제외되었다는 주장을 하거나, 비교집단에게 혜택을 부여하는 법령이 위헌이라고 선고되어 그러한 혜택이 제거된다면 **비교집단과의 관계에서 자신의 법적 지위가 상대적으로 향상**된다고 볼 여지가 있는 때에는 그 법령의 직접적인 적용을 받는 자가 아니라고 할지라도 **자기관련성을 인정할 수 있다**</u>(헌재 2013. 12. 26. 2010헌마789).

●정답 4971. O   4971-1. X [자기관련성 인정됨]   4972. O   4973. O

02 자기관련성 인정여부

1 직접적인 상대방

4974 사전심의를 받은 방송광고에 한하여 방송할 수 있도록 규정한 법률 조항으로 인하여 자신이 원하는 방송광고를 할 수 없게 된 광고주가 표현의 자유 침해를 이유로 헌법소원심판을 청구한 경우는 헌법소원심판에서 자기관련성이 인정된다. 12 국회 8 O|X

청구인과 같이 방송을 통해 광고를 하고자 하는 자는 이 사건 규정들 때문에 반드시 사전에 심의를 거쳐야 하고, 그렇지 않을 경우 자신이 원하는 방송광고를 할 수 없게 되므로 청구인과 같은 광고주의 경우도 이 사건 규정들에 의해 자신의 기본권을 제한받고 있다고 할 것이다(헌재 2008. 6. 26. 2005헌마506).

4975 「신행정수도의 건설을 위한 특별조치법」의 공포·시행에 의하여 수도이전은 법률적으로 확정되므로 대한민국 국민은 국민투표권이라는 기본권을 침해받을 개연성이 있으므로 자기관련성을 갖는다. 12 법원 9 O|X

이 사건 법률은 본안에 관한 판단에서 수도가 서울인 점에 대한 관습헌법성이 확인된다면 헌법개정에 의하여 규율되어야 할 사항을 단순 법률의 형태로 규율하여 헌법개정에 필수적으로 요구되는 국민투표를 배제한 것이 되므로 국민들의 위 투표권이 침해될 수 있다. 그렇다면 이 사건 법률은 헌법개정에 있어서 청구인들이 갖는 참정권적 기본권인 국민투표권을 침해할 소지가 있으므로 그 권리침해의 개연성이 인정된다. … 여기서 침해되는 기본권은 국민으로서 가지는 참정권의 하나인 헌법개정의 국민투표권인바, 이 권리는 대한민국 국민인 청구인들 각 개인이 갖는 기본권이므로 청구인들이 이 사건 법률에 대하여 권리 침해의 자기관련성이 있음은 명백하다(헌재 2004. 10. 21. 2004헌마554 등).

4976 불공정거래행위로 피해를 입었다고 주장하는 자가 공정거래위원회에 공정거래법 위반을 신고하였으나 공정거래위원회가 고발권을 행사하지 않은 것에 대해, 당해 신고자가 그 위헌여부를 다툰 경우는 헌법소원심판에서 자기관련성이 인정되었다. 17 국회 9 O|X

청구인은 청구외 회사와의 사이에 존재하였던 대리점계약의 일방당사자로서 청구외 회사의 이 사건 불공정거래행위라는 범죄로 인하여 위와 같은 대리점계약상의 지위를 상실하는 법률상의 불이익을 받고 있으므로, 청구인이 비록 공정거래법이라는 형사실체법상의 보호법익의 주체는 아니라고 하더라도 헌법상 재판절차진술권의 주체인 피해자에는 해당한다고 보아야 한다 … 그러므로 청구인의 이 사건 심판청구는 자기관련성을 갖추었다고 할 것이다(헌재 1995. 7. 21. 94헌마136).

2 제3자

4977 미국산 쇠고기를 수입하는 자에게 적용할 수입위생조건을 정하고 있는 농림수산식품부 고시인 「미국산 쇠고기 수입위생조건」의 경우 쇠고기 소비자는 직접적인 수범자가 아니고, 위 고시로 인해 소비자들이 자신도 모르게 미국산 쇠고기를 섭취하게 될 가능성이 있다고 할지라도 이는 단순히 사실적이고 추상적인 이해관계에 불과한 것이므로, 쇠고기 소비자들은 위 고시와 관련하여 기본권침해의 자기관련성이 인정되지 아니한다. 17 변호사 O|X

이 사건 고시는 소비자의 생명·신체의 안전을 보호하기 위한 조치의 일환으로 행하여진 것이어서 실질적인 규율 목적 및 대상이 쇠고기 소비자와 관련을 맺고 있으므로 쇠고기 소비자는 이에 대한 구체적인 이해관계를 가진다 할 것인바, 일반소비자인 청구인들에 대해서는 이 사건 고시가 생명·신체의 안전에 대한 보호의무를 위반함으로 인하여 초래되는 기본권 침해와의 자기관련성을 인정할 수 있고, 또한 이 사건 고시의 위생조건에 따라 수입검역을 통과한 미국산 쇠고기는 별다른 행정조치 없이 유통·소비될 것이 예상되므로, 청구인들에게 이 사건 고시가 생명·신체의 안전에 대한 보호의무에 위반함으로 인하여 초래되는 기본권 침해와의 현재관련성 및 직접관련성도 인정할 수 있다(헌재 2008. 12. 26. 2008헌마419 등).

● 정답 4974. ○ 4975. ○ 4976. ○ 4977. ×[생명·신체 기본권 관련 자기관련성 인정]

4978 방송통신위원회가 지원금 상한액에 대한 기준 및 한도를 정하여 고시하도록 하고, 이동통신사업자가 방송통신위원회가 정하여 고시한 상한액을 초과한 지원금을 지급할 수 없도록 하는 등을 정한 「이동통신단말장치 유통구조 개선에 관한 법률」 조항들에 대하여, 이동통신단말장치를 구입하고자 하는 이동통신서비스 이용자들이 계약의 자유가 침해된다고 주장하면서 청구한 헌법소원심판은 자기관련성이 인정된다. 23 변호사 O | X

이동통신단말장치의 판매가는 출고가에서 이동통신사업자 등이 이용자에게 지급하는 지원금을 차감한 금액이 되므로, **지원금 상한조항은** 지원금의 상한액의 기준과 한도를 제한함으로써 **이용자들이 이동통신단말장치를 구입하는 가격에 직접 영향을 미치게 되는데,** 이를 단순히 사실적이고 경제적인 불이익에 불과한 것이라고 단언할 수 없다. … 이처럼 지원금 상한 조항의 입법목적, 지원금 상한의 통제가 이용자들인 청구인들에게 미치는 효과나 그 진지성의 정도, 직접적인 수범자에 의한 헌법소원 제기의 기대가능성을 종합적으로 고려할 때, **지원금 상한 조항에 대한 청구인들의 기본권침해의 자기관련성을 인정함이 상당하다**(헌재 2017. 5. 25. 2014헌마844).

4979 정보통신망을 통하여 공개된 정보로 말미암아 사생활 등을 침해받은 자가 삭제요청을 하면 정보통신서비스 제공자는 임시조치를 하여야 한다고 정한 조항은 직접적 수범자를 정보통신서비스 제공자로 하나, 위 임시조치로 정보게재자가 게재한 정보는 접근이 차단되므로, 정보게재자에 대해서도 자기관련성이 인정된다. 19 변호사 O | X

4979-1 정보통신망을 통하여 공개된 정보로 말미암아 사생활 등을 침해받은 자가 삭제요청을 하면 정보통신서비스 제공자는 해당 정보에 대한 접근을 임시적으로 차단하는 조치를 하여야 한다고 정한 법률조항은 직접적 수범자를 정보통신서비스 제공자로 하기 때문에, 정보게재자는 제3자에 해당하여 위 임시조치로 정보게재자가 게재한 정보는 접근이 차단되는 불이익을 받더라도 정보게재자의 자기관련성은 인정되지 않는다. 22 국회 8 O | X

이 사건 법률조항의 문언상 직접적인 수범자는 '**정보통신서비스 제공자**'이고, **정보게재자인 청구인은 제3자**에 해당하나, 사생활이나 명예 등 자기의 권리가 침해되었다고 주장하는 자로부터 침해사실의 소명과 더불어 그 정보의 삭제등을 요청받으면 정보통신서비스 제공자는 지체 없이 임시조치를 하도록 규정하고 있는 이상, **위 임시조치로 청구인이 게재한 정보는 접근이 차단되는 불이익을 받게 되었으므로,** 이 사건 법률조항의 입법목적, 실질적인 규율대상, 제한이나 금지가 제3자에게 미치는 효과나 진지성의 정도를 종합적으로 고려할 때, **이 사건 법률조항으로 인한 기본권침해와 관련하여 청구인의 자기관련성을 인정할 수 있다**(헌재 2012. 5. 31. 2010헌마88).

4980 「변호사법」 규정의 위임을 받아 변호사 광고에 관한 구체적인 규제사항 등을 정한 대한변호사협회의 「변호사 광고에 관한 규정」에 대하여, 그 규정의 수범자인 변호사를 상대로 법률서비스 온라인 플랫폼을 운영하며 변호사 등의 광고·홍보·소개 등에 관한 영업행위를 하고 있는 업체가 영업의 자유가 침해된다고 주장하면서 청구한 헌법소원심판은 자기관련성이 인정된다. 23 변호사 O | X

청구인 회사는 심판대상조항의 직접적인 수범자는 아니지만, 수범자인 변호사의 상대방으로서 법률서비스 온라인 플랫폼을 운영하며 변호사등의 **광고·홍보·소개 등에 관한 영업행위**를 하고 있는바, 이 사건 규정의 수범자인 변호사가 준수해야 하는 광고방법,내용 등의 제약을 그대로 이어받게 된다. 이는 실질적으로는 변호사등과 거래하는 위와 같은 사업자의 광고 수주 활동을 제한하거나 해당 부문 영업을 금지하는 것과 다르지 않다. … 심판대상조항의 개정목적을 살펴보더라도 가장 주요한 것이 청구인 회사가 운영하는 △△ 서비스와 같은 온라인 플랫폼을 규제하는 것이었고, 변협은 이 사건 규정 개정을 전후하여 그러한 입장을 여러 차례에 걸쳐 밝혔다. 따라서 **심판대상조항은 청구인 회사의 영업의 자유 내지 법적 이익에 불리한 영향을 주는 것이므로, 기본권침해의 자기관련성을 인정할 수 있다**(헌재 2022. 5. 26. 2021헌마619).

정답 4978. O   4979. O   4979-1. X [자기관련성 인정]   4980. O

4981 관할 경찰서장의 옥외집회신고서 반려행위는 노동조합을 상대방으로 한 것이므로 노동조합의 조합원은 단지 위 옥외집회에 참가하려고 하였다는 이유만으로는 기본권침해의 자기관련성을 인정할 수 없다. 13 국회 8   O I X

청구인 이○훈은 위 HK지회의 **지회장**이고, 청구인 최○조는 위 **지회의 회원**으로 이 사건 집회의 주최자는 아니나, 모두 ○○합섬HK 지회의 구성원으로서 이 사건 집회에 참가하고자 하였는데 **이 사건 반려행위**로 인하여 옥외집회에 참가할 수 없게 되었으므로, 역시 이 사건 심판청구와 관련하여 **자기관련성이 인정**된다(헌재 2008. 5. 29. 2007헌마712).

4982 요양급여비용의 액수를 인하하는 조치를 내용으로 하는 조항의 직접적인 수범자는 요양기관이나, 요양기관의 피고용자인 의사도 유사한 정도의 직업적 불이익을 받게 된다고 볼 수 있으므로 자기관련성이 인정된다. 19 변호사   O I X

이 사건 개정고시는 의사로서 전문적 의료행위를 제공한 데 대한 대가인 **진료비의 수가를 일괄적으로 감소시키는** 것을 내용으로 하기 때문에 청구인들에게는 단순한 경제적 이해를 넘어서는 진지한 직업적 손실효과가 초래된다. 그렇다면 **이 사건 개정고시는 요양기관의 개설자**가 아닌 **일반의사인 위 청구인들**에게도 단순히 간접적, 사실적 또는 경제적 이해관계만으로 관련된 것이 아니며 그 수규자에 대한 것과 거의 동일한 정도의 심각성을 지니는 법적 효과를 미치고 있으므로 **청구인들의 자기관련성은 인정**된다(헌재 2003. 12. 18. 2001헌마543).

4983 자신의 형사재판의 증인으로 채택된 수감자를 매일 소환한 검사의 행위에 대한 피고인은 헌법재판소가 기본권 침해의 자기관련성을 인정하였다. 17 국회 8   O I X

검사인 피청구인이 이○학을 수시로 소환하여 청구인 자신의 재판에 증인으로 채택된 자에 대한 증거조사의 공정성, 신속성을 해침으로써 청구인 자신의 기본권인 공정한 재판을 받을 권리 및 신속한 재판을 받을 권리 등을 침해하였다는 것이므로, **청구인은 피청구인의 이○학에 대한 위 공권력작용에 대하여 자기관련성을 가지고 있음**을 부정할 수 없다(헌재 2001. 8. 30. 99헌마496).

4984 일반적으로 침해적 법령에 있어서는 법령의 수규자가 당사자로서 기본권침해를 주장하게 되지만, 예술·체육 분야 특기자들에게 병역 혜택을 주는 수혜적 법령의 경우에는, 수혜범위에서 제외된 자가 자신이 평등원칙에 반하여 수혜대상에서 제외되었다는 주장을 하는 경우 등에는 그 법령의 직접적인 적용을 받는 자가 아니라고 할지라도 자기관련성을 인정할 수 있다. 11 법원 9   O I X

일반적으로 **침해적 법령**에 있어서는 **법령의 수규자가 당사자로서 자신의 기본권침해를 주장**하게 되지만, 예술·체육 분야 특기자들에게 **병역 혜택**을 주는 이 사건 법령조항과 같은 **수혜적 법령**의 경우에는, **수혜범위에서 제외된 자**가 자신이 평등원칙에 반하여 수혜대상에서 제외되었다는 주장을 하거나, 비교집단에게 혜택을 부여하는 법령이 위헌이라고 선고되어 그러한 혜택이 제거된다면 비교집단과의 관계에서 **청구인의 법적 지위가 상대적으로 향상**된다고 볼 여지가 있는 때에 비로소 청구인이 그 법령의 직접적인 적용을 받는 자가 아니라고 할지라도 **자기관련성을 인정할 수 있다**(헌재 2010. 4. 29. 2009헌마340).

● 정답 4981. X [자기관련성 인정] 4982. O 4983. O 4984. O

4985 대통령의 지시로 대통령 비서실장 등이, 야당 소속 후보를 지지하였거나 정부에 비판적 활동을 한 문화예술인이나 단체를 정부의 문화예술 지원사업에서 배제할 목적으로 한국문화예술위원회 등의 공공기관 소속 직원들로 하여금 특정 개인이나 단체를 문화예술인 지원사업에서 배제하도록 한 일련의 지시 행위에 대하여, 그 배제 대상이 된 문화예술인들이 표현의 자유가 침해된다고 주장하면서 청구한 헌법소원심판은 자기관련성이 인정된다. 23 변호사 O | X

피청구인들의 이 사건 지원배제 지시는 형식적으로는 예술위 등에 대하여 이루어진 것이었으나, 그 실질은 청구인들에 대한 문화예술 지원배제라는 일정한 목적을 관철하기 위하여 단지 예술위 등을 이용한 것에 불과하고 청구인들은 그에 따라 **문화예술 지원 대상에서 제외되었으므로**, 청구인들의 **자기관련성이 인정되고**, 이러한 점에서 **기본권 침해의 직접성도 인정된다**(헌재 2020. 12. 23. 2017헌마416).

4986 국가의 국립대학에 대한 재정지원행위에 대하여 그 공권력 행사의 상대방이 아닌 사립대학측에서 평등권위반을 이유로 헌법소원심판을 청구한 경우 자기관련성을 인정할 수 있다. 18 경정 O | X

국가의 국립대학에 대한 재정지원행위는 당해 국립대학을 수급자로 하여 행해지는 것이지 사립대학에 대한 것이 아니지만, 이와 같이 혜택을 주는 법규정 또는 공권력행사의 경우에는 **수혜범위에서 제외된 청구인**이 국가가 다른 집단에게 부여한 혜택으로부터 자신이 속한 집단을 평등원칙에 위배되게 배제하였다는 주장을 하여 **헌법재판소가 심판대상의 평등권위반을 확인한다면 그 결과로 혜택규정에 의하여 배제되었던 혜택에 참여할 가능성이 있는 경우에는 청구인의 자기관련성을 인정할 수 있다**(헌재 2003. 6. 26. 2002헌마312).

4987 종업원의 복리를 위하여 기업체가 출연하여 설립한 자율형 사립고가 2014 신입생 모집요강을 작성하면서 임직원 자녀 전형 70%, 사회배려자 전형 20%, 일반전형 10%를 각각 배정하고 관할 교육감으로부터 신입생모집요강을 승인받았는데 기업 임직원이 아닌 일반인의 2015 졸업예정자인 중학생 아들은 교육감의 신입생 모집요강 승인처분의 직접적인 상대방이 아니므로 자기관련성이 인정되지 않는다. 16 국가 7 O | X

4987-1 자율형사립고등학교 법인 이사장을 상대로 이루어진 교육감의 입학전형요강 승인처분에 대하여 해당 학교의 입시를 준비 중인 자는 기본권 침해의 자기관련성이 인정되지 않는다. 21 입시 O | X

이 사건 **승인처분의 직접적인 상대방은 학교법인** ○○학원이사장이지만, 승인의 대상이 된 이 사건 입학전형요강과 직접적인 이해관계를 갖는 자들은 **충남○○고 지원예정자들**이므로, 충남○○고에 지원하고자 하는 청구인들이 승인처분의 직접적인 상대방이 아닌 제3자에 해당한다고 하여 무조건 자기관련성을 배척할 것은 아니다. … 이 사건 **입학전형요강과 그 승인처분**이 위 청구인들에게 미치는 효과나 진지성의 정도 등을 고려할 때, 입시 준비 중인 위 **청구인들에게 기본권침해의 자기관련성이 인정된다**고 봄이 상당하다(헌재 2015. 11. 26. 2014헌마145).

4988 법학전문대학원의 총 입학정원이 한정되어 있는 상태에서 여성만이 진학할 수 있는 법학전문대학원의 설치를 인가한 것은 남성들이 진학할 수 있는 법학전문대학원의 정원에 영향을 미치므로, 법학전문대학원 입학을 준비 중인 남성들은, 교육부장관이 여성만이 진학할 수 있는 대학에 법학전문대학원 설치를 인가한 처분의 직접적인 상대방이 아니더라도 기본권침해의 자기관련성이 인정된다. 22 변호사 O | X

교육부장관의 이 사건 인가처분은 학교법인 이화학당에 대한 것으로서 청구인들은 이 사건 인가처분의 직접적인 상대방이 아니다. … 전체 법학전문대학원의 총 입학정원이 한정되어 있는 상태에서 이 사건 인가처분이 여성만이 진학할 수 있는 여자대학에 법학전문대학원 설치를 인가한 것은, 결국 **청구인들과 같은 남성들**이 진학할 수 있는 법학전문대학원의 정원이 여성에 비하여 적어지는 결과를 초래하여 청구인들의 **직업선택의 자유, 평등권을 침해할 가능성이 있으므로**, 이 사건 **인가처분의 직접적인 상대방이 아닌 제3자인 청구인들에게도 기본권 침해의 자기관련성이 인정된다**(헌재 2013. 5. 30. 2009헌마514).

● 정답 4985. O   4986. O   4987. X [자기관련성 인정]   4987-1. X [자기관련성 인정]   4988. O

4989 신규 법무사의 수요가 경력직 공무원과 시험합격자라는 두 가지 공급원을 통하여 충당되고, 법무사의 선발인원이 수급상 필요에 따라 결정되어 경력직 공무원에 대한 충원이 중단된다면 시험합격자에 의한 충원의 기회가 늘어날 가능성이 있다고 하더라도, 법무사를 준비 중인 사람은 경력직 공무원에게 법무사 자격을 부여하는 법률조항의 수범자가 아니므로, 이를 다툴 자기관련성이 인정되지 아니한다. 14 변호사 O|X

법무사법 제4조 제1항 제1호는 신규 법무사의 수요를 충당하는 두 개의 공급원 즉, 하나는 경력공무원이고 다른 하나는 시험합격자라고 하는 두 개의 공급원을 규정하고 있으므로 이 두 개의 공급원은 어떤 형태와 어떤 정도에 의해서든 개념상 서로 상관관계를 가질 수밖에 없다. 따라서 경력공무원에 의한 신규 법무사의 충원이 중단된다면 시험합격자에 의한 충원의 기회는 개념상 늘어날 수 밖에 없어서 청구인들의 법적 지위가 상대적으로 향상된다고 볼 여지가 있으므로, 청구인들은 이 사건 법률조항의 위헌 여부에 대하여 자기관련성을 갖는다(헌재 2001. 11. 29. 2000헌마84).

3 자기관련성 부정 사례

4990 죽음에 임박한 환자로서 무의미한 연명치료에서 벗어나 자연스럽게 죽음을 맞이할 연명치료의 중단 등에 관한 법률을 제정하지 아니한 국회의 입법부작위의 위헌성을 다투는 헌법소원에서, 환자의 자녀들은 정신적 고통을 감수하고 경제적 부담을 진다는 점에서 이해관계를 가지고 있으나, 이러한 이해관계는 간접적, 사실적 이해관계에 불과하여 위 입법부작위를 다툴 자기관련성이 인정되지 아니한다. 14 변호사 O|X

4990-1 연명치료 중인 환자의 자녀들은 연명치료의 중단에 관한 기준, 절차 및 방법 등에 관한 법률의 입법부작위 위헌확인에 관한 기본권침해의 자기관련성이 있다. 15 경정, 11 법원 9 O|X

위 입법부작위(또는 입법의무의 이행에 따른 입법행위)의 직접적인 상대방은 연명치료 중단으로 사망에 이르는 환자이고, 그 자녀들은 위 입법부작위로 말미암아 '환자가 무의미한 연명치료로 자연스런 죽음을 뒤로한 채 병상에 누워있는 모습'을 지켜보아야 하는 정신적 고통을 감수하고, 환자의 부양의무자로서 연명치료에 소요되는 의료비 등 경제적 부담을 안을 수 있다는 점에 이해관계를 갖지만, 이와 같은 정신적 고통이나 경제적 부담은 간접적, 사실적 이해관계에 그친다고 보는 것이 타당하므로, 연명치료중인 환자의 자녀들이 제기한 이 사건 입법부작위에 관한 헌법소원은 자신 고유의 기본권의 침해에 관련되지 아니하여 부적법하다(헌재 2009. 11. 26. 2008헌마385).

4991 법학자, 윤리학자, 철학자, 의사 등의 직업인들이 보존기간이 경과한 잔여배아를 각종 연구에 사용할 수 있도록 허용하고 있는 생명윤리 및 안전에 관한 법률 조항에 의해 불편을 겪는다고 하더라도, 이는 사실적·간접적 불이익에 불과하여 기본권침해의 가능성 및 자기관련성을 인정할 수 없다. 17 법무사 O|X

4991-1 배아를 임신 목적뿐만 아니라 연구 목적으로 이용할 수 있도록 허용하는 법률이 시행되자 산부인과 의사가 인간의 존엄과 가치 침해를 이유로 헌법소원심판을 청구한 경우는 헌법소원심판에서 자기관련성이 인정된다. 12 국회 8 O|X

법학자, 윤리학자, 철학자, 의사 등의 직업인으로 이루어진 청구인들의 청구는 청구인들이 이 사건 심판대상 조항으로 인해 불편을 겪는다고 하더라도 사실적·간접적 불이익에 불과한 것이고, 청구인들에 대한 기본권침해의 가능성 및 자기관련성을 인정하기 어렵다 (헌재 2010. 5. 27. 2005헌마346).

● 정답 4989. X [법적 지위 향상 여지 있으므로 자기관련성 인정] 4990. O 4990-1. X [자기관련성 부정] 4991. O 4991-1. X [자기관련성 부정]

4992 이른바 「제주4.3특별법」에 근거한 희생자 결정은 제주4.3사건 진압작전에 참가하였던 군인이나 그 유족들의 명예를 훼손하지 않으므로 명예권 침해를 주장하는 이들의 헌법소원심판청구는 자기관련성이 없어 부적법하다. 13 국가 7 O | X

> 제주4·3특별법은 제주4·3사건의 진상규명과 희생자 명예회복을 통해 인권신장과 민주발전 및 국민화합에 이바지함을 목적으로 제정되었고, 위령사업의 시행과 의료지원금 및 생활지원금의 지급 등 희생자들에 대한 최소한의 시혜적 조치를 부여하는 내용을 가지고 있는바, 그에 근거한 이 사건 희생자 결정이 청구인들의 사회적 평가에 부정적 영향을 미쳐 헌법이 보호하고자 하는 명예가 훼손되는 결과가 발생한다고 할 수는 없다. 따라서 이 사건 심판청구는 명예권 등 기본권침해의 자기관련성을 인정할 수 없어 부적법하다(헌재 2010. 11. 25. 2009헌마147).

4993 이라크전쟁에 국군을 파견하기로 한 국무회의 결정에 대하여 이라크 파병당사자가 아닌 일반국민은 자기관련성이 인정되지 않는다. 12 법원 9 O | X

4993-1 정부의 이라크전쟁 파병결정에 대한 시민단체 대표는 기본권 침해의 자기관련성이 인정된다. 17 국회 8 O | X

> 청구인들은 시민단체나 정당의 간부 및 일반 국민들로서 이 사건 파견결정으로 인해 파견될 당사자가 아님은 청구인들 스스로 인정하는 바와 같다. 그렇다면, 청구인들은 이 사건 파견결정에 관하여 일반 국민의 지위에서 사실상의 또는 간접적인 이해관계를 가진다고 할 수는 있으나, 이 사건 파견결정으로 인하여 청구인들이 주장하는 바와 같은 인간의 존엄과 가치, 행복추구권 등 헌법상 보장된 청구인들 자신의 기본권을 현재 그리고 직접적으로 침해받는다고는 할 수 없다. … 따라서 청구인들은 이 사건 파견결정에 대해 적법하게 헌법소원을 제기할 수 있는 자기관련성이 있다고 할 수 없어 이 사건 헌법소원 심판청구는 모두 부적법하다(헌재 2003. 12. 18. 2003헌마255 등).

4994 「담배사업법」에 따른 담배의 제조 및 판매는 비흡연자들이 간접흡연을 하게 되는 데 있어 간접적이고 2차적인 원인이 된 것에 불과하여, 담배의 제조 및 판매에 관하여 규율하는 「담배사업법」에 대해 간접흡연의 피해를 주장하는 임신 중인 자의 기본권 침해의 자기관련성을 인정할 수 없다. 18 국가 7 O | X

4994-1 담배 판매와 제조를 허용하고 있는 구 「담배사업법」조항에 대하여 간접흡연자는 기본권 침해의 자기관련성이 인정된다. 17 국회 8 O | X

> 간접흡연으로 인한 폐해는 담배의 제조 및 판매와는 간접적이고 사실적인 이해관계를 형성할 뿐, 직접적 혹은 법적인 이해관계를 형성하지는 못한다. 또한, 청구인 박○갑, 명○권은 의료인으로서 담배로 인한 질병을 치료하면서 그 폐해의 심각성을 인지하게 되었다고만 할 뿐 구체적인 기본권침해 주장은 하지 않고 있고, 담배의 제조 및 판매가 허용되어 흡연이 가능하게 되었다는 것만으로 위 청구인들에게 어떠한 기본권침해가 있다고 보기도 어렵다. 따라서 청구인 김○정, 전○영, 박○갑, 명○권의 심판청구는 기본권침해의 자기관련성을 인정할 수 없다(헌재 2015. 4. 30. 2012헌마38).

4995 간행물을 판매하는 자로 하여금 실제로 판매한 간행물 가격의 10%까지 소비자에게 이익을 제공할 수 있도록 한 규정에 대하여 출판업자는 자기관련성이 인정되지 않는다. 12 법원 9 O | X

4995-1 간행물 판매업자에게 간행물 가격의 10%까지 소비자에게 경제상 이익을 제공할 수 있도록 한 규정에 대하여 출판업자들이 위헌 여부를 다툰 경우는 헌법소원심판에서 자기관련성이 인정되었다. 17 국회 9 O | X

정답 4992. O   4993. O   4993-1. X [자기관련성 부정]   4994. O   4994-1. X [자기관련성 부정]   4995. O   4995-1. X [자기관련성 부정]

이 사건 심판대상 규칙의 **직접적인 수범자는** 간행물 판매업자이고, **출판사를 경영하는 출판업자는** 이 사건 심판대상의 직접적인 수범자라고 볼 수 없다. 설사 간행물 판매업자들의 과도한 할인에 따른 이윤폭의 감소로 발생한 손해가 출판사에 전가되어 출판업자가 출판을 영위할 수 없게 되는 중대한 손실을 입게 된다고 하더라도 이는 간접적·사실적·경제적인 이해관계에 불과하므로 **출판업자들의 청구부분은** 기본권 침해의 **자기관련성이 결여되었다**(헌재 2011. 4. 28. 2010헌마602).

4996 신문사업자를 일반사업자에 비하여 더 쉽게 시장지배적 사업자로 추정되도록 하는 내용의 법률이 시행되자 시장지배적 사업자로 추정되는 신문의 독자가 알 권리 침해를 이유로 헌법소원심판을 청구한 경우는 헌법소원심판에서 자기관련성이 인정된다. 12 국회 8   O | X

위 청구인들은 「신문법」과 「언론중재법」의 심판대상조항에 대하여 **간접적·사실적 이해관계를** 가지는데 불과할 뿐 직접적·법률적 이해관계를 가진다고 할 수 없으므로, 기본권침해의 **자기관련성이 인정되지 않는다**(헌재 2006. 6. 29. 2005헌마165 등).

4997 언론사와 언론보도로 인한 피해자 사이의 분쟁 해결에 관한 조항, 편집권보호에 관한 조항은 신문사를 규율대상으로 하지만, 신문사의 기자들도 그 실질적인 규율대상에 해당한다고 할 수 있으므로 자기관련성이 인정된다. 19 변호사   O | X

신문법은 정기간행물사업자, 즉 **일간신문을 경영하는 법인**으로서의 신문사를 규율대상으로 하고 있고, 언론중재법도 **언론사와 언론보도로 인한 피해자** 사이의 분쟁을 해결하고자 규율하는 법률로서, **그 규율의 대상이 되는 주체는 언론사에 소속되어 있는 기자가** 아니라 **언론사 자체**이다. 따라서 **신문사의 기자인 청구인들은** 심판대상조항에 대하여 **자기관련성이 인정되지 않는다**(헌재 2006. 6. 29. 2005헌마165 등).

4998 후보자가 자신이 선거운동원으로 활용하고자 하는 자의 선거운동을 금하고 있는 법률규정은 기본권 침해의 자기관련성이 인정된다. 17 국회 9   O | X

청구인이 입는 이러한 불이익은 청구인의 법적 지위에 대한 직접적 침해가 아니라 청구인이 단순히 일정 생활관계에 필연적으로 관련됨으로써 파생하는 간접적, 사실적 연관성에 불과하다. 따라서 청구인에게는 이 사건규정의 위헌여부를 다툴 **기본권침해의 자기관련성이 결여되어 있다고 할 것이다**(헌재 1997. 9. 25. 96헌마133).

4999 무면허 의료행위를 금지하고 처벌하는 의료법 조항의 직접적인 수범자는 무면허 의료행위자이므로 제3자에 불과한 의료소비자는 자기관련성이 인정되지 아니한다. 17 법원 9   O | X

심판대상조항은 **무면허의료행위를 금지하고 처벌**하는 것이므로 **그 직접적인 수범자는 무면허 의료행위자**이다. **의료소비자는** 무면허 의료행위의 금지·처벌과 직접적인 법률관계를 갖지 않아 심판대상조항의 직접적인 수범자가 아닌 **제3자에 불과**하므로, 심판대상조항에 대하여 **자기관련성이 인정되지 아니한다**(헌재 2014. 8. 28. 2013헌마359).

5000 식품접객업소에서 배달 등의 경우에 합성수지 재질의 도시락 용기의 사용을 금지하는 조항의 직접적인 수범자는 식품접객업주이나, 위 조항으로 인해 합성수지 도시락 용기의 생산업자들도 직업수행의 자유를 제한받으므로 자기관련성이 인정된다. 19 변호사   O | X

이 사건 심판대상 규정은 식품접객업소에서의 2003. 7. 1.부터 합성수지 도시락 용기의 사용을 금지하는 것으로서 **그 직접적인 수범자는 식품접객업주**이므로 청구인들 중 합성수지 도시락 용기의 **생산업자들은 원칙적으로 제3자에 불과**하며, 또한 합성수지 도시락 용기의 사용제한으로 인하여 입게 되는 영업매출의 감소 위험은 직접적, 법률적인 이해관계로 보기는 어렵고 **간접적, 사실적 혹은 경제적인 이해관계라고** 볼 것이므로 **자기관련성을 인정하기 어렵다**(헌재 2007. 2. 22. 2003헌마428 등).

● 정답 4996. X [자기관련성 부정]   4997. X [자기관련성 부정]   4998. X [자기관련성 부정]   4999. O   5000. X [자기관련성 부정]

5001 세무대학교폐지법률에 대하여 이 대학에 입학을 목표로 공부하는 고등학생들은 기본권 침해의 자기관련성이 인정된다. 17 국회 9 O | X

고등학교 학생인 청구인들의 경우, 세무대학 진학을 목표로 공부를 해 왔다는 사실만으로는 아직 세무대학에서 학업할 수 있는 자격을 확정적으로 부여받았다고 볼 수 없어 청구인적격(자기관련성)이 인정될 수 없으므로 이들의 심판청구는 부적법하다(헌재 2001. 2. 22. 99헌마613).

5002 학교법인에 대한 과세처분에 관하여 재학생들은 기본권 침해의 자기관련성이 인정된다. 17 국회 9 O | X

이 사건 과세처분의 상대방은 청구인 남문학원이고, 위 과세처분으로 말미암아 위 학교에 재학 중인 학생들인 청구인들은 단지 간접적이고 사실적이며 경제적인 이해관계가 있는 자들일 뿐, 법적인 이해관계인이 아니라고 할 것이므로 그들에게는 동 처분에 관하여 자기관련성이 인정되지 않는다(헌재 1993. 7. 29. 89헌마123).

5003 학교법인 이사의 학교법인 재산의 횡령행위에 있어 대학교수나 교수협의회는 기본권 침해의 자기관련성을 인정되었다. 17 국회 8 O | X

피의자가 저질렀다고 하는 횡령행위로 인한 피해자는 학교법인(청석학원)이고, 그 횡령행위로 인하여 위 학교법인이 설립·운영하는 (청주)대학교의 운영에 어려움이 생김으로써 동 대학교의 교수인 청구인이나 그가 대표로 있는 동 대학교 교수협의회에게 어떠한 불이익이 발생하였다고 하더라도 그것은 간접적인 사실상의 불이익에 불과할 뿐 그 사실만으로 청구인이나 위 교수협의회가 위 횡령행위로 인한 "형사피해자"에 해당한다고 할 수 없다(헌재 1997. 2. 20. 95헌마295).

5004 2012학년도 대학교육역량강화사업 기본계획의 수범자는 국공립대학이나, 당해 계획은 근본적으로 대학에 소속된 교수나 교수회를 비롯한 각 대학 구성원들이 자유롭게 총장후보자 선출방식을 정하고 그에 따라 총장을 선출할 수 있는 권리를 제한하고 있으므로, 당해 기본계획에 대한 헌법소원을 청구하는 데 있어 대학에 소속된 교수나 교수회의 자기관련성을 인정할 수 있다. 17 서울 7 O | X

이 사건 제외조치의 상대방은 이 사건 대학들이며, 이 사건 대학들에 근무하는 교수나 교수회는 제3자에 불과하므로 이 사건 제외조치로 인하여 직접 영향을 받는다고 볼 수 없다. 따라서 청구인들에게 이 사건 제외조치를 다툴 기본권 침해의 자기관련성이 있다고 볼 수 없다(헌재 2016. 10. 27. 2013헌마576).

5005 '2021학년도 대학입학전형기본사항' 중 재외국민특별전형 지원자격 가운데 학생 부모의 해외체류 요건 부분으로 인해 학부모가 지게 되는 부담은 직접적인 법률상 불이익에 해당하므로 학부모의 기본권 침해 자기관련성이 인정된다. 23 소간 O | X

이 사건 전형사항으로 인해 재외국민 특별전형 지원을 제한받는 사람은 각 대학의 2021학년도 재외국민 특별전형 지원(예정)자이다. 학부모인 청구인의 부담은 간접적인 사실상의 불이익에 해당하므로, 이 사건 전형사항으로 인한 기본권침해의 자기관련성이 인정되지 않는다(헌재 2020. 3. 26. 2019헌마212).

정답 5001. X [자기관련성 부정]　5002. X [자기관련성 부정]　5003. X [자기관련성 부정]　5004. X [자기관련성 부정]　5005. X [자기관련성 부정]

5006 의료사고 피해자의 아버지나 남편(피해자가 사망하지 않은 경우)은 기본권 침해의 자기관련성이 인정된다. 17 국회 8   O | X

이 사건 심판청구인 중 청구인 갑은 이 사건 **의료사고의 피해자인 을의 아버지**일 뿐 의료사고의 직접적인 법률상의 피해자가 아니므로 결국 청구인 갑은 이 사건 **불기소처분**으로 인하여 자기의 헌법상 보장된 기본권을 직접 침해받은 자가 아니며 이 사건 불기소처분에 대하여 **자기관련성이 없는 자**라 할 것이고 따라서 청구인 갑의 심판청구 부분은 심판청구를 할 적격 없는 자의 청구로서 부적법하다(헌재 1993. 11. 25. 93헌마81).

5007 구속된 피고인의 변호인은 '피고인이 도망할 염려가 있다고 믿을 만한 충분한 이유가 있는 때'를 필요적 보석의 예외사유로 정하고 있는 「형사소송법」 규정에 대하여 기본권 침해의 자기관련성이 있다.
23 경정, 15 경정, 11 법원 9   O | X

이 사건 법률조항은 구속된 피고인에게 보석을 허가할 것인지를 결정함에 있어 일정한 제한을 가하여 피고인을 보석허가의 대상에서 제외함으로써 **피고인의 자유나 권리 또는 법적 지위에 영향**을 미칠 뿐이고 보석의 청구와 그 재판절차 과정에서 변호인이 피고인을 위해 할 수 있는 여러 조력행위에 대하여는 어떠한 제한도 가하고 있지 않으며 보석청구가 기각됨으로써 청구인이 **변호사로서 받는 불이익은 간접적, 사실적, 경제적인 이해관계**에 불과하여 청구인은 이 사건 법률조항에 대하여 **자기관련성이 없다**(헌재 2004. 4. 29. 2002헌마756).

03 법인·단체의 자기관련성

5008 법인이나 단체는 그 자신의 기본권을 직접 침해당한 경우에만 헌법소원심판을 청구할 수 있으며, 법인이나 단체의 구성원을 위하여 또는 구성원을 대신하여 청구할 수 없다. 15 국회 8   O | X

5008-1 단체는 원칙적으로 단체 자신의 기본권을 직접 침해당한 경우에만 그의 이름으로 헌법소원을 청구할 수 있는 것이 아니라 구성원을 위하여 또는 구성원을 대신하여서도 헌법소원을 청구할 수 있다. 16 국회 9   O | X

단체는 특별한 예외적인 경우를 제외하고는 헌법소원심판제도가 가진 기능에 미루어 원칙적으로 **단체 자신의 기본권을 직접 침해당한 경우에만** **그의 이름으로 헌법소원심판을 청구**할 수 있을 뿐이고, 그 **구성원을 위하여 또는 구성원을 대신**하여 **헌법소원심판을 청구할 수 없는 것**으로 보아야 할 것이다(헌재 1991. 6. 3. 90헌마56).

5009 중개보조원이 중개의뢰인과 직접 거래하는 것을 금지하는 「공인중개사법」 조항에 대하여, 부동산중개법인이 소속 중개보조원과 중개의뢰인 사이의 거래를 중개할 수 없어 직업수행의 자유가 침해된다고 주장하면서 청구한 헌법소원심판은 자기관련성이 인정된다. 23 변호사   O | X

헌법재판소의 심판에 있어서는 반드시 그 청구서에 표시된 권리에 구애되는 것이 아니라 청구인이 주장하는 침해된 기본권과 침해의 원인이 되는 공권력의 행사를 직권으로 조사하여 판단할 수 있는 것인데, 심판대상조항이 **중개보조원과 중개의뢰인 사이의 직접 거래를 금지**함에 따라 청구인은 자신의 중개의뢰인과 중개보조원 사이의 거래를 중개할 수 없게 되었으므로, **적어도 법인인 청구인의 직업수행의 자유(영업의 자유) 등을 제한**하고 있다고 판단되고, 이러한 측면에서 **직권으로 청구인에게 자기관련성을 인정할 수 있다**(헌재 2019. 11. 28. 2016헌마188).

● 정답 5006. ×[자기관련성 부정]   5007. ×[자기관련성 부정됨]   5008. ○   5008-1. ×[구성원 위하여 또는 대신하여 헌소 청구 불가]
5009. ○

5010 언론인을 공직자 등에 포함시켜 이들에 대한 부정청탁을 금지한 것은 언론인 등 자연인을 수범자로 하고 있을 뿐이어서 사단법인 한국기자협회는 자신의 기본권을 직접 침해당할 가능성이 없다. 22 국회 8   O | X

5010-1 자연인을 수범자로 하는 법률조항에 대하여 민법상 비영리사단법인인 한국기자협회가 청구한 헌법소원심판은 기본권침해의 자기관련성을 인정할 수 없어 부적법하다. 18 서울 7(추)   O | X

5010-2 언론인이 직무관련 여부 및 기부·후원·증여 등 그 명목에 관계없이 동일인으로부터 일정 금액을 초과하는 금품 등을 받거나 요구 또는 약속하는 것을 금지하는 「부정청탁 및 금품등 수수의 금지에 관한 법률」조항은 자연인을 수범자로 하고 있을 뿐이어서, 사단법인 한국기자협회가 위 조항으로 인하여 자기의 기본권을 직접 침해당할 가능성은 없다고 할 것이나, 법인은 그 구성원을 위하여 또는 구성원을 대신하여 헌법소원심판을 청구할 수 있으므로, 사단법인 한국기자협회는 위 조항과 관련하여 기본권침해의 자기관련성이 인정된다. 17 변호사   O | X

심판대상조항은 **언론인 등 자연인을 수범자로** 하고 있을 뿐이어서 **청구인 사단법인 한국기자협회는** 심판대상조항으로 인하여 **자신의 기본권을 직접 침해당할 가능성이 없다.** 또 사단법인 한국기자협회가 그 **구성원인 기자들을 대신하여 헌법소원을 청구할 수도 없으므로,** 위 청구인의 심판청구는 기본권 침해의 **자기관련성을 인정할 수 없어 부적법하다**(헌재 2016. 7. 28. 2015헌마236 등).

5011 전국수렵인총연합회는 엽총을 소지하는 자로 하여금 수렵기간을 제외하고 이를 관할경찰서에 보관하도록 한 관련법령에 대하여 헌법소원을 제기할 기본권침해의 자기관련성이 없다. 15 경정   O | X

5011-1 전국수렵인총연합회는 엽총을 소지하는 자로 하여금 수렵기간을 제외하고 이를 관할경찰서에 보관하도록 한 관련법령에 대하여 헌법소원을 제기할 기본권침해의 자기관련성을 가진다. 11 법원 9   O | X

엽총을 소지하는 자로 하여금 수렵기간을 제외하고는 이를 관할경찰서에 보관하도록 한 「총포·도검·화약류 등 단속법」 제47조제2항 및 같은 법 시행령 제70조의2제2항, 제4항의 **규율대상은 자연인 개인**이고, **청구인 전국수렵인총연합회는** 그 규율대상이 아니므로, 청구인 전국수렵인총연합회의 심판청구는 **자기관련성을 인정할 수 없다**(헌재 2010. 9. 30. 2008헌마586).

5012 일반게임제공업자가 게임물의 버튼 등 입력장치를 자동으로 조작하여 게임을 진행하는 장치 또는 소프트웨어를 제공하거나 게임물 이용자로 하여금 이를 이용하게 하는 행위를 금지하는 「게임산업진흥에 관한 법률 시행령」 조항에 대하여, 일반게임제공업자를 회원으로 하는 단체인 사단법인이 직업의 자유가 침해된다고 주장하면서 청구한 헌법소원심판은 자기관련성이 인정된다. 23 변호사   O | X

심판대상조항의 **수범자는 일반게임제공업자**인데 청구인 사단법인은 이에 해당하지 않고, **청구인 사단법인은 그 구성원과 별개의 독립된 인격체로서 구성원인 일반게임제공업자 회원들의 기본권 구제를 위하여 이 사건 심판을 청구할 수 없다**(헌재 2022. 5. 26. 2020헌마670 등).

5013 학교급식의 운영방식을 원칙적으로 학교장의 직영방식으로 한 「학교급식법」에 대하여 사단법인 한국급식협회는 자기관련성이 인정된다. 12 법원 9   O | X

청구인 사단법인 한국급식협회가 문제 삼고 있는 직업의 자유와 평등권의 내용은 **협회의 구성원인 위탁급식업자**의 직업의 자유나 평등권에 관련된 것이지, 협회 자체의 기본권에 관련된 것은 아니므로 **청구인 협회의 이 사건 심판청구는 자기관련성이 결여되어 부적법하다**(헌재 2008. 2. 28. 2006헌마1028).

● 정답 5010. O 5010-1. O 5010-2. X [구성원 대신하여 헌소 청구 불가, 자기관련성 부정] 5011. O 5011-1. X [자기관련성 부정] 5012. X [자기관련성 부정] 5013. X [자기관련성 부정]

5014 서울특별시 및 경기도의 초등교사 임용시험에서 지역가산점을 부여하는 공권력행사에 대하여 간접적·사실적 및 경제적 이해관계를 갖는 데 불과한 부산교육대학교는 자기관련성이 인정되지 않는다. 17 법원 9   O | X

이 사건 임용시험에서 청구인 부산교육대학교 학생들이 지역가산점의 불이익을 받아 임용시험 합격률이 낮아지더라도, 그로 인하여 청구인 부산교육대학교가 받는 불이익은 간접적이고 사실적이며 경제적인 이해관계에 불과하므로, 청구인 부산교육대학교는 이 사건 지역가산점 규정과 관련하여 자기관련성이 인정되지 않는다(헌재 2014. 4. 24. 2010헌마747).

POINT 283 헌법소원의 현재성과 청구기간

01 현재성

5015 원칙적으로 헌법소원심판의 청구인은 공권력 작용과 현재 관련이 있어야 하며, 장래 어느 때인가 관련될 수 있을 것이라는 것만으로는 헌법소원을 제기하기에 족하지 않으므로, 기본권의 침해가 장래에 발생하고 그 침해가 틀림없을 것으로 현재 확실히 예측되더라도 침해의 현재성을 인정할 수는 없다. 22 입시   O | X

원칙적으로 헌법소원심판의 청구인은 공권력의 작용과 현재 관련이 있어야 하며, 장래 어느 때인가 관련될 수 있을 것이라는 것만으로는 헌법소원을 제기하기에 족하지 않다. 다만, 기본권의 침해가 장래에 발생하더라도 그 침해가 틀림없을 것으로 현재 확실히 예측된다면, 기본권구제의 실효성을 위하여 침해의 현재성을 인정할 수 있다(헌재 2017. 1. 24. 2017헌마27).

5016 기본권 침해의 발생이 확실히 예측된다면 그 침해가 아직 발생하지 않았더라도 기본권 침해의 현재성을 구비한 것으로 볼 수 있다. 22 법원 9   O | X

법령에 대하여 곧바로 헌법소원심판을 청구하려면 당해 규정에 의해 현재 기본권의 침해를 받아야 한다. 다만 기본권의 침해가 장래에 발생하더라도 그 침해가 틀림없을 것으로 현재 확실히 예측된다면 기본권 구제의 실효성을 위하여 침해의 현재성이 인정된다(헌재 2017. 2. 21. 2017헌마81).

5017 개인택시면허의 양도 및 상속을 금지하는 「여객자동차 운수사업법」 규정에 대하여 장래 개인택시면허를 취득하려는 자가 헌법소원심판을 청구한 경우 기본권 침해의 현재성이 인정되지 않는다. 21 입시   O | X

아직 개인택시면허를 취득하지 아니한 청구인들도 장래 면허의 취득이 예정되어 있다는 이유로 헌법소원심판을 청구하였다. 그러나 개인택시면허를 받으려는 사람은 운전 경력, 무사고 운전, 거주지 등의 요건을 갖추어야 하고, 관할관청이 지역실정을 고려하여 따로 정하는 면허기준이 있는 경우에는 그 요건도 충족시켜야 하는바, 이러한 점에 비추어 보면 개인택시면허를 취득하지 아니한 청구인들은 기본권 침해의 현재성을 구비하였다고 할 수 없다(헌재 2012. 3. 29. 2010헌마443).

5018 장래 실시가 확실한 대학입시요강은 현재성이 인정된다. 10 법원 9   O | X

고등학교에서 일본어를 배우고 있는 청구인들은 서울대학교 대학별 고사의 선택과목에서 일본어가 제외되어 있는 입시요강으로 인하여 그들이 94학년도 또는 94학년도에 서울대학교 일반계열 입학을 지원할 경우 불이익을 입게 될 수도 있다는 것을 현재의 시점에서 충분히 예측할 수 있는 이상 기본권침해의 현재성을 인정하여 헌법소원심판청구의 이익을 인정하는 것이 옳을 것이다(헌재 1992. 10. 1. 92헌마68 등).

● 정답 5014. O   5015. X [확실히 예측되면 침해의 현재성 인정]   5016. O   5017. O   5018. O

5019 종업원의 복리를 위하여 기업체가 출연하여 설립한 자율형 사립고가 2014년 신입생 모집요강을 작성하면서 임직원 자녀 전형 70%, 사회배려자 전형 20%, 일반전형 10%를 각각 배정한 것에 대해 기업 임직원이 아닌 일반인의 2015년 졸업예정자인 중학생 아들은 기본권 침해의 현재성이 인정되지 않아 헌법소원심판청구는 부적법하다. 16 국가 7   O | X

청구인 8과 9는 **2015년도 졸업예정자**로서 2014학년도 입학전형요강과 직접적인 관련은 없다고 할 것이나, **2015학년도 입학전형에서도 동일한 비율로 선발인원이 배정될 것이 충분히 예측가능**하고, 2015학년도 입학전형요강이 공고되기를 기다려 그 승인처분을 다투게 한다면 **권리구제의 실효성을 기대할 수 없으므로** 이 사건 입학전형요강과 그 승인처분이 위 청구인들에게 미치는 효과나 진지성의 정도 등을 고려할 때, 입시 준비 중인 위 청구인들에게 **기본권침해의 자기관련성이 인정된다**고 봄이 상당하다(헌재 2015. 11. 26. 2014헌마145).

5020 심판청구 당시 청구인은 7급 국가공무원 공채시험에 응시하기 위하여 준비 중에 있었기 때문에 「국가유공자 등 예우 및 지원에 관한 법률」 등의 관련 규정으로 인한 기본권침해를 현실적으로 받았던 것은 아니지만, 청구인이 국가공무원 공채시험에 응시할 경우 장차 그 합격 여부를 가리는 데 있어 국가유공자 가산점제도가 적용될 것임은 심판청구 당시에 이미 확실히 예측되는 것이었으므로 기본권침해의 현재성의 요건은 갖춘 것이다. 16 국회 8   O | X

심판청구 당시 청구인은 7급 국가공무원 공채시험에 응시하기 위하여 준비 중에 있었기 때문에 이 사건 법률조항으로 인한 기본권침해를 현실적으로 받았던 것은 아니다. 그러나 청구인이 국가공무원 공채시험에 응시할 경우 장차 그 합격 여부를 가리는 데 있어 이 사건 **가산점제도가 적용될 것임은** 심판청구 당시에 **이미 확실히 예측되는** 것이었으므로, **기본권침해의 현재성의 요건도 갖춘 것으로 보아야 한다**(헌재 2001. 2. 22. 2000헌마25).

5021 중앙인사위원회, 소청심사위원회 등 각종 위원회 위원자격에서 판사·검사·변호사와 달리 군법무관을 원천적으로 배제하고 있는 (구)「국가공무원법」 등의 관련 규정에 대한 헌법소원의 청구인인 군법무관들은, 장차 언젠가는 특정 법률의 규정으로 인하여 권리침해를 받을 우려가 있다 하더라도, 단순히 장래 잠재적으로 나타날 수도 있는 것에 불과하여 권리침해의 현재성을 구비하였다고 할 수 없으므로 (구)「국가공무원법」 등의 관련 규정에 대한 기본권 침해의 현재성이 인정되지 않는다. 16 국회 8   O | X

이 사건 제1법률은 군법무관들을 해당 위원의 자격에서 원천적으로 배제하고 있는데, 군법무관들도 각종 위원회의 위원직을 수행할 수 있는 법률적 소양과 나름대로의 경험을 지니고 있는 점, 군법무관도 판사·검사·변호사와 동일한 시험을 통해 선발되었고 그 업무도 유사한 점, 대부분의 위원직이 해당 기관의 선정에 의하여 결정되고 여하한 신청권도 인정되지 않는 점 … 등을 고려할 때, 이 사건에서는 장래 청구인들의 권리 침해가능성이 **현재로서 확실히 예상**된다고 보아 청구인들에게 '**현재성'을 인정함이 상당하다**(헌재 2007. 5. 31. 2003헌마422).

5022 장래의 선거에서 부재자투표 여부가 확정되는 선거인명부작성 기간이 아직 도래하지 않아 부재자투표를 할 것인지 여부가 확정되지 않았다하더라도 주기적으로 반복되는 선거의 특성과 기본권 구제의 실효성 측면을 고려할 때, 부재자투표소 투표의 기간을 제한하고 있는 법률조항은 기본권침해의 현재성을 갖추었다. 16 국회 8   O | X

청구인이 비록 장래의 선거에 관해 아직 **부재자투표 여부가 확정되지 않았다** 하더라도 **주기적으로 반복되는 선거의 특성**과 기본권 구제의 실효성 측면을 고려할 때, **기본권 침해의 현재성을 갖춘 것으로 보아야 할 것이다**(헌재 2010. 4. 29. 2008헌마438).

● 정답 5019. X [현재성 인정]   5020. O   5021. X [현재성 인정]   5022. O

5023 선거권연령을 20세로 한「공직선거법」규정에 대하여 18세인 자가 국회의원선거 2개월 전에 헌법소원심판을 청구한 경우 기본권 침해의 현재성이 인정된다. 21 입시   O | X

> 청구인들은 본건 헌법소원심판청구 당시 18, 19세로서 이 사건 법률조항의 선거권연령 제한과 법적으로 관련되어 있고, 본건 심판청구 후 2개월 내에 국회의원 선거가 실시될 예정이었으므로 기본권침해가 틀림없을 것으로 예측되어 그 현재성도 인정된다 할 것이며, 별도의 구체적인 집행행위를 기다리지 아니하고 이 사건 법률조항에 의하여 청구인들의 평등권 등 기본권이 직접 침해를 받는 경우이므로 그 직접성도 인정할 수 있다(헌재 2001. 6. 28. 2000헌마111).

5024 혼인을 앞둔 예비신랑은「가정의례에 관한 법률」의 관련 규정으로 인하여 현재 기본권을 침해받고 있지는 않으나, 결혼식 때에는 하객들에게 주류 및 음식물을 접대할 수 없는 불이익을 받게 되는 것이 현재 시점에서 충분히 예측될 수 있으므로 예외적으로 침해의 현재성을 인정할 수 있다. 16 국회 8   O | X

> 청구인은 예비신랑으로서 비록 현재 기본권을 침해받고 있지는 않으나, 가정의례에관한법률 제4조 제1항 제7호의 규정으로 인하여 1998. 10. 17. 결혼식 때에는 하객들에게 주류 및 음식물을 접대할 수 없는 불이익을 받게 되는 것이 현재 시점에서 충분히 예측할 수 있으므로 이 사건 심판청구는 현재성의 예외인 경우로서 적법하다(헌재 1998. 10. 15. 98헌마168).

02 청구기간

5025 「헌법재판소법」제68조 제1항에 따른 헌법소원의 심판은 그 사유가 있음을 안 날부터 90일 이내에, 그 사유가 있는 날부터 1년 이내에 청구하여야 한다. 다만 다른 법률에 따른 구제절차를 거친 헌법소원의 심판은 그 최종결정을 통지받은 날부터 30일 이내에 청구하여야 한다. 21 입시 18 입시 13 국가 7   O | X

5025-1 기본권침해를 사유로 하는 헌법소원심판의 청구기간은 원칙적으로 그 사유가 있음을 안 날로부터 60일 이내, 그 사유가 있는 날로부터 180일 이내이고,「헌법재판소법」제68조 제2항의 헌법소원심판의 청구기간은 위헌법률심판의 제청신청을 기각하는 결정을 통지받은 날부터 30일 이내이다. 19 경정   O | X

> **헌법재판소법 제69조(청구기간)** ① 제68조제1항에 따른 헌법소원의 심판은 그 사유가 있음을 안 날부터 90일 이내에, 그 사유가 있는 날부터 1년 이내에 청구하여야 한다. 다만, 다른 법률에 따른 구제절차를 거친 헌법소원의 심판은 그 최종결정을 통지받은 날부터 30일 이내에 청구하여야 한다.
> ② 제68조제2항에 따른 헌법소원심판은 위헌 여부 심판의 제청신청을 기각하는 결정을 통지받은 날부터 30일 이내에 청구하여야 한다.

5026 헌법소원심판청구가 비록 청구기간을 경과하여서 한 것이라 하더라도, 일반적 주의를 다하여도 그 기간을 준수할 수 없는 사유가 있는 경우에는 이를 허용하는 것이 헌법소원제도의 취지와「헌법재판소법」제40조에 의하여 준용되는「행정소송법」제20조 제2항 단서에 부합하는 해석이라 할 것이다. 22 국회 8   O | X

5026-1 「헌법재판소법」제40조 제1항에 따라「행정소송법」이 헌법소원심판에 준용되므로 정당한 사유가 있는 경우에는 청구기간의 도과에도 불구하고 헌법소원심판청구는 적법하다. 23 변호사   O | X

● 정답 5023. O 5024. O 5025. O 5025-1. X [60일 X → 90일 O / 180일 X → 1년 O] 5026. O 5026-1. O

이 사건 심판청구가 비록 **청구기간을 경과**하여서 한 것이라 하더라도 **정당한 사유가 있는 경우**에는 이를 허용하는 것이 **헌법소원제도의 취지**와 헌법재판소법 제40조에 의하여 준용되는 **행정소송법 제20조 제2항 단서에 부합**하는 해석이라 할 것이다. 여기서 **정당한 사유**라 함은 청구기간 도과의 원인 등 여러 가지 사정을 종합하여 지연된 심판청구를 허용하는 것이 **사회통념상으로 보아 상당한 경우**를 뜻하는 것으로, 일반적으로 천재 기타 피할 수 없는 사정과 같은 **객관적 불능의 사유**와 이에 준할 수 있는 사유뿐만 아니라 **일반적 주의**를 다하여도 **그 기간을 준수할 수 없는 사유**를 포함한다고 할 것이다(헌재 2020. 12. 23. 2017헌마416).

5027 공권력의 불행사로 인한 기본권침해는 그 불행사가 계속되는 한 기본권침해의 부작위가 계속된다 할 것이므로, 공권력의 불행사에 대한 헌법소원심판은 그 불행사가 계속되는 한 기간의 제약없이 적법하게 청구할 수 있다. 22 5급, 21 국가 7   O|X

5027-1 공권력의 불행사로 인한 기본권침해의 경우에도 공권력의 불행사에 대한 헌법재판소법 제68조 제1항에 의한 헌법소원심판은 청구기간의 제한을 받는다. 15 법무사   O|X

헌법재판소법 제69조에서는 헌법소원 전반에 관한 청구기간을 규정하고 있기 때문에 공권력의 불행사에 대한 헌법소원도 청구기간의 제한이 있는 것이 아닌가 하는 의문이 있으나 공권력의 행사는 그 행사가 있을 때 기본권 침해행위는 종료하고 그 위법상태가 계속될 수 있음에 비하여 **공권력의 불행사**는 그 불행사가 계속되는 한 기본권침해의 부작위가 계속된다 할 것이므로, 공권력의 불행사에 대한 헌법소원심판은 **그 불행사가 계속되는 한 기간의 제약이 없이 적법하게 청구할 수 있다** 할 것이다(헌재 1994. 12. 29. 89헌마2).

5028 진정입법부작위에 대한「헌법재판소법」제68조 제1항의 헌법소원심판은 그 부작위가 계속되는 한 기간의 제약 없이 적법하게 청구할 수 있다. 23 변호사   O|X

입법부작위에 대한 헌법소원은 공권력의 불행사상태가 계속되는한 **청구기간의 제한이 없다**(헌재 1996. 10. 31. 94헌마204).

5029 「의료법」에서 치과의사로서 전문의 자격인정 및 전문과목에 관하여 필요한 사항은 대통령령으로 위임하고 있고, 대통령령은 전문의자격시험의 방법 등 필요한 사항을 보건복지부령으로 정하도록 위임하고 있음에도 위 대통령령에 따른 시행규칙의 입법을 하지 않고 있는 것은 진정입법부작위에 해당하므로, 이 부분에 대한「헌법재판소법」제68조 제1항의 헌법소원심판청구는 청구기간의 제한을 받지 않는다. 21 변호사   O|X

치과의사로서 전문의가 되고자 하는 자는 대통령령이 정하는 수련을 거쳐 보건복지부장관의 자격인정을 받아야 하고 전문의의 자격인정 및 전문과목에 관하여 필요한 사항은 대통령령으로 정하는바, 위 대통령령인 '규정' 제2조의2 제2호는 치과전문의의 전문과목을 "구강악안면외과·치과보철과·치과교정과·소아치과·치주과·치과보존과·구강내과·구강악안면방사선과·구강병리과 및 예방치과"로 정하고, 제17조에서는 전문의자격의 인정에 관하여 "일정한 수련과정을 이수한 자로서 전문의자격시험에 합격"할 것을 요구하고 있는데도, '**시행규칙**'이 **위 규정에 따른 개정입법 및 새로운 입법을 하지 않고 있는 것은 진정입법부작위에 해당**하므로 이 부분에 대한 **심판청구는 청구기간의 제한을 받지 않는다**(헌재 1998. 7. 16. 96헌마246).

5030 행정입법에 대한 헌법소원이 부진정입법부작위를 심판대상으로 하는 경우에도「헌법재판소법」제69조 제1항에 정한 청구기간을 준수하여야 한다. 11 법원 9   O|X

5030-1 불완전입법에 대하여 재판상 다툴 경우에는 그 입법규정자체를 대상으로 하여 그것의 헌법위반이라는 적극적인 헌법소원을 제기하여야 한다. 이때는 헌법재판소법 제69조 제1항 소정의 청구기간의 적용을 받지 않는다. 18 입시   O|X

정답 5027. O   5027-1. X [불행사는 기간 제약 X]   5028. O   5029. O   5030. O   5030-1. X [청구기간 적용 받음]

청구인과 같은 입장에 처해 있는 사람에게 아무런 입법을 하지 않은 채 방치되어 있는 진정입법부작위의 경우라기 보다는 입법은 하였으나 문언상 명백히 하지 않고 반대해석으로 그 규정의 취의를 알 수 있도록 한 경우에 해당할 것으로, 이처럼 **불완전입법**에 대하여 재판상 다툴 경우에는 그 입법규정 즉, 이 사건의 경우는 위 부칙 제3항 **자체를 대상**으로 하여 그것이 헌법위반이라는 **적극적인 헌법소원을 제기**하여야 할 것이고, 이 때에는 헌법재판소법 제69조 제1항 소정의 **청구기간의 적용을 받는다**(헌재 1993. 3. 11. 89헌마79).

5031 입법자가 불충분하게 규율한 이른바 부진정입법부작위에 대하여 헌법소원을 제기하려면 그것이 평등의 원칙에 위배된다는 등 헌법위반을 내세워 적극적인 헌법소원을 제기하여야 하며, 이 경우에는 기본권 침해 상태가 계속되고 있으므로 헌법재판소법 소정의 청구기간을 준수할 필요는 없다. 23 법원 9   O|X

"**부진정입법부작위**"를 대상으로, 즉 입법의 내용·범위·절차등의 결함을 이유로 헌법소원을 제기하려면 이 경우에는 결함이 있는 **당해 입법규정 그 자체를 대상**으로 하여 그것이 **평등의 원칙에 위배된다**는 등 헌법위반을 내세워 **적극적인 헌법소원**을 제기하여야 하며, 이 경우에는 헌법재판소법 소정의 **제소기간(청구기간)을 준수**하여야 한다(헌재 1996. 10. 31. 94헌마204).

5032 아직 기본권의 침해는 없으나 장래에 확실히 기본권침해가 예측되는 경우에는 미리 헌법소원심판청구가 가능하고, 이때 별도로 청구기간 도과에 관한 문제는 발생하지 않는다. 22 변호사   O|X

청구기간을 준수하였는지 여부는 이미 기본권침해가 발생한 경우에 비로소 문제될 수 있는 것인데, 이 사건의 경우와 같이 아직 기본권의 침해는 없으나 **장래 확실히 기본권침해가 예측**되므로 미리 앞당겨 현재의 법적 관련성을 인정하는 경우에는 **청구기간 도과의 문제가 발생할 여지가 없다**(헌재 2001. 2. 22. 2000헌마25).

03 법령헌법소원의 청구기간

5033 법규정립행위는 그것이 국회입법이든 행정입법이든 막론하고 일종의 법률행위이므로, 그 행위의 속성상 행위 자체는 한번에 끝나는 것이고, 그러한 입법행위의 결과인 권리침해 상태가 계속될 수 있을 뿐이다. 23 법원 9. 20 변호사   O|X

법규정립행위(입법행위)는 그것이 국회입법이든 행정입법이든 막론하고 **일종의 법률행위**이므로 행위의 속성상 **행위자체는 한번에 끝나는 것**이고, 그러한 입법행위의 결과인 **권리침해상태가 계속될 수 있을 뿐**이라고 보아야 한다(헌재 1992. 6. 26. 91헌마25).

5034 교육공무원의 정년을 65세에서 62세로 단축하는 개정법률이 공포되어 같은 날 시행된 경우, 개정법 시행 당시 60세인 중등교원에게 위 개정법으로 인한 기본권 침해가 발생한 시점은 그가 62세에 달하여 실제 정년퇴직에 이르렀을 때가 아니라 위 개정법이 공포되고 시행된 날이다. 16 변호사   O|X

청구인은 이 사건 법률조항의 시행으로 인하여 그 **즉시 정년이 62세로 단축된 중등교원의 지위**를 갖게 된 것이지, 이후 62세에 달하여 실제 정년퇴직에 이르러서야 비로소 기본권의 제한을 받게 되었다고 할 것은 아니므로, **청구기간의 기산점**은 이 사건 법률조항의 **공포일(시행일)**로 보는 것이 타당하다(헌재 2002. 1. 31. 2000헌마274).

● 정답   5031. X [청구기간 준수해야 함]   5032. O   5033. O   5034. O

5035 법령에 대한 헌법소원심판은 법령이 시행된 후에 비로소 그 법령에 해당하는 사유가 발생하여 기본권의 침해를 받게 된 경우에는 그 사유가 발생하였음을 안 날부터 90일 이내에, 그 사유가 발생한 날부터 1년 이내에 청구하여야 한다. 13 변호사 O|X

법령에 대한 헌법소원은 법령의 시행과 동시에 기본권의 침해를 받게 되는 경우에는 그 법령이 시행된 사실을 안 날로부터 90일 이내에, 법령이 시행된 날로부터 1년 이내에 청구하여야 하고, 법령이 시행된 뒤에 비로소 그 **법령에 해당되는 사유가 발생**하여 기본권의 침해를 받게 되는 경우에는 **그 사유가 발생하였음을 안 날로부터 90일** 이내에, **그 사유가 발생한 날로부터 1년** 이내에 **청구하여야 한다**(헌재 2006. 7. 27. 2004헌마655).

5036 선거범으로서 100만원이상의 벌금형을 선고받아 확정되면 5년 동안 피선거권이 제한되는 규정에 의한 기본권침해의 발생 시기는 벌금형이 확정되었을 때이다. 14 국회 8 O|X

이 사건 법률조항은 선거범으로서 100만 원 이상의 벌금형을 선고받아 확정되면 5년 동안 피선거권이 제한된다는 내용의 규정이므로, 위 조항에 의한 기본권의 침해는 **벌금형이 확정되었을 때 발생**한다 할 것이다(헌재 2008. 1. 17. 2004헌마41).

5037 법령이 헌법소원의 대상이 되려면 현재 시행 중인 유효한 법령이어야 함이 원칙이지만, 법령이 일반적 효력을 발생하기 전이라도 공포되어 있고 그로 인하여 사실상의 위험성이 이미 발생한 경우에는 예외적으로 침해의 현재성을 인정할 수 있다. 18 국회 8 O|X

5037-1 법률이 일반적 효력을 발생하기 전이라고 한다면 이미 공포되어 있다고 하더라도 현재성 요건으로 인하여 그 법률에 대하여 헌법소원심판을 청구할 수 없다. 15 법무사 O|X

법률이 헌법소원의 대상이 되려면 **현재 시행 중인 유효한 법률**이어야 함이 원칙이나, 법률이 일반적 효력을 발생하기 전이라도 **공포**되어 있고, 그로 인하여 **사실상의 위험성이 이미 발생한 경우**에는 **예외적으로 침해의 현재성**을 인정하여, 이에 대하여 곧 헌법소원을 제기할 수 있다고 보아야 할 것이다(헌재 2000. 6. 1. 99헌마553).

5038 법령에 대한 헌법소원에 있어서 아직 그 법령에 의해 기본권침해가 발생하지 않았으나 장래 그 침해가 확실히 예상되어 기본권침해의 현재성 요건을 예외적으로 충족한 경우에는 기본권 침해가 없더라도 청구기간이 개시된 것이다. 19 경정 O|X

이 사건 법률조항에 의한 청구인들의 기본권침해 여부가 문제되는 상황, 즉 합격 여부의 결정이 장래에 발생할 것이 확실히 예측되고 따라서 기본권침해를 예방하기 위하여 청구인들이 미리 헌법소원을 제기하는 것을 허용할 필요가 있는데 이러한 경우에는 청구기간의 준수여부는 문제되지 않는다. 왜냐하면 청구기간의 준수여부에 대한 심사는 기본권침해 여부가 문제되는 상황이 과거에 이미 발생한 경우를 전제로 하는 것이므로 **기본권침해 여부가 문제되는 상황이 장래에 발생할 것이 확실하여 미리 앞당겨 헌법소원의 제기를 허용**하는 경우에는 **청구기간은 아직 그 진행이 개시조차 된 것이 아니기** 때문이다(헌재 2001. 11. 29. 2000헌마84).

5039 법령에 대한 헌법소원에 있어서 아직 그 법령에 의해 기본권침해가 발생하지 않았으나 장래 그 침해가 확실히 예상되어 기본권침해의 현재성 요건을 예외적으로 충족한 경우에는 기본권 침해가 없더라도 청구기간의 도과문제가 발생할 수 있다. 16 변호사 O|X

장래 확실히 기본권침해가 예측되어 현재성을 인정하는 이상 청구기간의 도과여부는 문제되지 아니한다. 청구기간의 준수여부에 대한 심사는 '이미' 기본권침해가 발생한 경우에 비로소 문제가 되는데, **이 사건의 경우 아직 기본권침해가 없지만 '장래' 확실히 기본권 침해가 예상**되어 미리 앞당겨 그 법적 관련성을 인정하기 때문이다(헌재 2005. 4. 28. 2004헌마219).

●정답 5035. ○ 5036. ○ 5037. ○ 5037-1. ×[침해의 현재성 인정, 헌소청구 可] 5038. ×[청구기간 개시 X] 5039. ×[청구기관 도과문제 발생 X]

5040 법령의 시행과 관련된 유예기간이 있는 경우, 해당 법령에 대한 「헌법재판소법」 제68조 제1항에 따른 헌법소원심판의 청구기간 기산점은 그 법령 시행일이 아니라 시행 유예기간 경과일이다. 23 변호사

O | X

5040-1 법령의 시행일 이후 일정한 유예기간을 둔 경우 유예기간과 관계없이 이미 그 법령 시행일에 기본권의 침해를 받은 것이므로 이에 대한 헌법소원심판 청구기간의 기산점은 법령의 시행일이다. 21 국회 8

O | X

유예기간을 경과하기 전까지 청구인들은 이 사건 보호자동승조항에 의한 보호자동승의무를 부담하지 않는다. 이 사건 보호자동승조항이 구체적이고 현실적으로 청구인들에게 적용된 것은 유예기간을 경과한 때부터라 할 것이므로, 이때부터 청구기간을 기산함이 상당하다. 종래 이와 견해를 달리하여, 법령의 시행일 이후 일정한 유예기간을 둔 경우 이에 대한 헌법소원심판 청구기간의 기산점을 법령의 시행일이라고 판시한 우리 재판소 결정들은, 이 결정의 취지와 저촉되는 범위 안에서 변경한다(헌재 2020. 4. 23. 2017헌마479).

POINT 284 직접성

01 직접성

5041 법령은 일반적으로 구체적인 집행행위를 매개로 하여 비로소 기본권을 침해하게 되므로 기본권의 침해를 받은 개인은 우선 그 집행행위를 대상으로 하여 일반 쟁송의 방법으로 기본권 침해에 대한 구제절차를 밟는 것이 헌법소원의 성격상 요청된다. 24 변호사

O | X

법령에 대한 헌법소원에 있어서 '기본권침해의 직접성'을 요구하는 이유는, 법령은 일반적으로 구체적인 집행행위를 매개로 하여 비로소 기본권을 침해하게 되므로 기본권의 침해를 받은 개인은 먼저 일반 쟁송의 방법으로 집행행위를 대상으로 하여 기본권침해에 대한 구제절차를 밟는 것이 헌법소원의 성격상 요청되기 때문이다(헌재 1998. 4. 30. 97헌마141).

5042 직접성이 요구되는 법규범에는 형식적 의미의 법률뿐만 아니라 조약, 명령·규칙, 헌법소원의 대상성이 인정되는 행정규칙, 조례 등이 포함된다. 19 지방 7

O | X

헌법재판소법 제68조 제1항에 따른 헌법소원은 공권력작용으로 인하여 직접적으로 기본권을 침해받은 자만이 청구할 수 있다. 헌법소원심판청구와 관련하여 직접성이 요구되는 법령에는 형식적인 의미의 법률뿐만 아니라 조약, 명령·규칙, 헌법소원의 대상성이 인정되는 행정규칙, 조례 등이 모두 포함된다.

5043 부진정 입법부작위를 다투는 형태의 헌법소원심판 청구의 경우에도 해당 법률 또는 법령 조항 자체를 심판의 대상으로 삼는 것이므로 원칙적으로 법령소원에 있어서 요구되는 기본권침해의 직접성 요건을 갖추어야 한다. 17 서울 7

O | X

5043-1 부진정 입법부작위를 다투는 형태의 헌법소원심판 청구의 경우에는 해당 법률 또는 법령 조항 자체를 심판의 대상으로 삼는 것이므로 법령소원에 있어서 요구되는 기본권침해의 직접성 요건을 갖추지 않아도 된다. 23 소간

O | X

부진정 입법부작위를 다투는 형태의 헌법소원심판 청구의 경우에도 해당 법률 또는 법령 조항 자체를 심판의 대상으로 삼는 것이므로 원칙적으로 법령소원에 있어서 요구되는 기본권침해의 직접성 요건을 갖추어야 한다(헌재 2010. 7. 29. 2009헌마51).

● **정답** 5040. O 5040-1. X [법령 시행일 X → 유예기간 경과일 O] 5041. O 5042. O 5043. O 5043-1. X [직접성 요건을 갖춰야 함]

5044 법률조항 자체가 「헌법재판소법」 제68조 제1항의 헌법소원의 대상이 될 수 있으려면 그 법률조항에 의하여 구체적인 집행행위를 기다리지 아니하고 직접 자기의 기본권을 침해받아야 하며 집행행위에는 입법행위도 포함되므로, 법률규정이 그 규정의 구체화를 위하여 하위규범의 시행을 예정하고 있는 경우에는 원칙적으로 당해 법률의 직접성은 부인된다. 21 지방 7   O | X

5044-1 기본권침해의 직접성에서 말하는 집행행위에는 행정부에 의한 입법작용도 포함되므로 법령이 그 규정의 구체화를 위하여 하위규범의 시행을 예정하고 있는 경우에는 당해 법령의 직접성은 원칙적으로 인정된다. 23 소간   O | X

법률조항 자체가 헌법재판소법 제68조 제1항의 헌법소원의 대상이 될 수 있으려면 그 법률조항에 의하여 구체적인 집행행위를 기다리지 아니하고 직접 자기의 기본권을 침해받아야 한다. 집행행위에는 입법행위도 포함되므로 법률규정이 그 규정의 구체화를 위하여 하위규범의 시행을 예정하고 있는 경우에는 원칙적으로 당해 법률의 직접성은 부인된다(헌재 2019. 3. 26. 2019헌마196).

5045 국민에게 일정한 행위의무 또는 행위금지의무를 부과하는 법규정을 정한 후 이를 위반할 경우 제재수단으로서 형벌 또는 행정벌 등을 부과할 것을 정한 경우에, 그 형벌이나 행정벌의 부과를 직접성에서 말하는 집행행위라고는 할 수 없다. 19 지방 7   O | X

법률 또는 법률조항이 구체적인 집행행위를 예정하고 있는 경우에는 직접성의 요건이 결여된다. 그러나 국민에게 행위의무 또는 금지의무를 부과한 후 그 위반행위에 대한 제재로서 형벌, 행정벌 등을 부과할 것을 정한 경우에 그 형벌이나 행정벌의 부과를 위 직접성에서 말하는 집행행위라고는 할 수 없다. 국민은 별도의 집행행위를 기다릴 필요 없이 제재의 근거가 되는 법률의 시행 자체로 행위의무 또는 금지의무를 직접 부담하는 것이기 때문이다(헌재 1996. 2. 29. 94헌마213).

5046 기본권침해의 직접성이란 집행행위에 의하지 아니하고 법률 그 자체에 의하여 자유의 제한, 의무의 부과, 권리 또는 법적 지위의 박탈이 생긴 경우를 말하므로, 법규범이 정하고 있는 법률효과가 구체적으로 발생함에 있어 사인의 행위를 요건으로 하고 있다고 한다면 직접성이 인정되지 아니한다. 21 변호사   O | X

법규범이 구체적인 집행행위를 기다리지 아니하고 직접 기본권을 침해한다고 할 때의 집행행위란 공권력행사로서의 집행행위를 의미하는 것이므로 법규범이 정하고 있는 법률효과가 구체적으로 발생함에 있어 법무사의 해고행위와 같이 공권력이 아닌 사인의 행위를 요건으로 하고 있다고 할지라도 법규범의 직접성을 부인할 수 없는 것이다(헌재 1996. 4. 25. 95헌마331).

5047 법무사의 사무원 총수는 5인을 초과하지 못한다고 규정한 「법무사법 시행규칙」 조항은 사무원 해고 효과를 직접 발생시키지 않으므로 기본권 침해의 직접성이 인정되지 않는다. 24 변호사   O | X

이 사건 심판대상 조항 자체에 의하여 청구인들이 직접 해고되지 아니하는 것은 사실이나 법무사 최군호는 이 사건 심판대상 조항에 의하여 사무원 중 5인을 초과하는 사무원을 해고하여야 하는 법률상 의무를 직접 부담하므로 이 사건 심판대상 조항은 직접 기본권을 침해하는 법 조항이라 할 것이고, 위 해고의 대상 중에 포함되어 있어 해고의 위험을 부담하는 것이 분명한(해고의 가능성이 100%가 아니라는 것 뿐이다) 청구인들 또한 이 사건 심판대상 조항에 의하여 직접적이고 법적인 침해를 받게 되는 것이다(헌재 1996. 4. 25. 95헌마331).

● 정답 5044. O   5044-1. X [직접성 부인]   5045. O   5046. X [직접성 인정]   5047. X [직접성 인정]

5048 헌법소원심판청구에 있어서 직접성 요건의 불비는 사후에 치유될 수 없다. 18 변호사   O|X

청구인은 자신이 반민규명위원회를 상대로 이 사건 결정의 취소를 구하는 행정소송을 제기하여 그 소송계속 중 당해 사건을 담당하는 법원으로부터 위헌제청신청기각결정까지 받은 만큼, 직접성의 요건을 충족하지 못한 하자는 사후에 치유된 것이라고 주장하나, 헌법재판소법 제68조 제1항에 의한 헌법소원심판청구에 있어서 직접성 요건의 불비는 사후에 치유될 수 있는 성질의 것이라 볼 수 없다 (헌재 2009. 9. 24. 2006헌마1298).

02 직접성의 예외

5049 법령이 집행행위를 예정하고 있더라도, 법령이 일의적이고 명백한 것이어서 집행기관이 심사와 재량의 여지없이 그 법령에 따라 일정한 집행행위를 하여야 하는 경우와 당해 집행행위를 대상으로 하는 구제절차가 없거나, 구제절차가 있다고 하더라도 권리구제의 기대가능성이 없고 기본권 침해를 당한 청구인에게 불필요한 우회절차를 강요하는 것밖에 되지 않는 경우에는 예외적으로 당해 법령의 직접성을 인정할 수 있다. 21 지방 7   O|X

법령에 대한 법규범이 집행행위를 예정하고 있더라도, 첫째, 법령이 일의적이고 명백한 것이어서 집행기관이 심사와 재량의 여지없이 그 법령에 따라 일정한 집행행위를 하여야 하는 경우와 둘째, 당해 집행행위를 대상으로 하는 구제절차가 없거나, 구제절차가 있다고 하더라도 권리구제의 기대가능성이 없고 다만 기본권 침해를 당한 청구인에게 불필요한 우회절차를 강요하는 것밖에 되지 않는 경우에는 예외적으로 당해 법령의 직접성을 인정할 수 있다(헌재 2016. 11. 24. 2013헌마403).

5050 법규범이 집행행위를 예정하고 있더라도 법규범의 내용이 집행행위 이전에 이미 국민의 권리관계를 직접 변동시키거나 국민의 법적 지위를 결정적으로 정하는 것이어서 국민의 권리관계가 집행행위의 유무나 내용에 의하여 좌우될 수 없을 정도로 확정된 상태라면 그 법규범의 권리침해의 직접성이 인정된다. 19 지방 7   O|X

법규범이 집행행위를 예정하고 있더라도 법규범의 내용이 집행행위 이전에 이미 국민의 권리관계를 직접 변동시키거나 국민의 법적 지위를 결정적으로 정하는 것이어서 국민의 권리관계가 집행행위의 유무나 내용에 의하여 좌우될 수 없을 정도로 확정된 상태라면 그 법규범의 권리침해의 직접성이 인정된다(헌재 1997. 7. 16. 97헌마38).

5051 의료인에게 하나의 의료기관만을 개설할 수 있도록 한 「의료법」 규정에 대하여 의사 및 한의사의 복수면허를 가진 의료인이 헌법소원심판을 청구한 경우 기본권 침해의 직접성이 인정된다. 21 입시   O|X

이 사건 법률조항은 의료인에게 '하나의' 의료기관만을 개설할 수 있도록 함으로써 의사 및 한의사의 복수면허 의료인이라고 하더라도, 양방 또는 한방 중 그 선택에 따라 어느 '하나의' 의료기관 이외에 다른 의료기관의 개설을 금지한다. 이는 의료기관 개설에 있어서 집행행위 이전에 미리 의료인의 법적 지위를 결정적으로 정하고 있을 뿐만 아니라, '하나를 초과하는' 의료기관을 개설하고자 할 경우 행정청에게 그 개설신고나 허가신청을 반려하거나 거부하도록 하여 행정청의 집행행위를 형식적인 것에 그치게 한다. 따라서 이 사건 법률조항은 집행행위가 예정되어 있음에도 예외적으로 기본권침해의 직접성을 인정할 수 있다(헌재 2007. 12. 27. 2004헌마1021).

5052 「가석방심사 등에 관한 규칙」 조항은 가석방심사위원회의 준법서약서 제출요구를 규정하고 있지만, 수형자가 준법서약서 제출요구 행위를 대상으로 한 행정소송 등을 통하여 권리구제를 받을 것을 기대할 수는 없으므로 사전구제절차를 이행하지 않았다는 이유로 기본권침해의 직접성을 부인할 수 없다.
13 변호사   O|X

● 정답 │ 5048. O   5049. O   5050. O   5051. O   5052. O

가석방심사위원회의 준법서약서 제출요구는 당해 수형자에게 준법서약서의 제출을 권유 내지 유도하는 권고적 성격의 중간적 조치에 불과하여 행정소송의 대상이 되는 독립한 행정처분으로서의 외형을 갖춘 행위라고 보기 어렵다. 그렇다면 청구인들이 이 사건 심판청구 전에 가석방심사위원회의 준법서약서 제출요구행위를 대상으로 한 행정소송 등 사전구제절차를 통하여 권리구제를 받을 것을 기대할 수는 없다 할 것이어서 동 구제절차를 이행하지 아니하였다는 이유로 기본권침해의 직접성이 없다고 할 수 없으며, 따라서 이 사건 심판청구들은 권리침해의 직접성의 측면에서는 모두 적법하다(헌재 2002. 4. 25. 98헌마425 등).

03 법령의 유형과 직접성 인정여부

1 행정처분의 근거법령과 직접성

5053 법령에 근거한 구체적인 집행행위가 재량행위인 경우에 법령은 집행기관에게 기본권침해의 가능성만을 부여할 뿐 법령 스스로가 기본권의 침해행위를 규정하고 행정청이 이에 따르도록 구속하는 것이 아니고, 이때의 기본권의 침해는 집행기관의 의사에 따른 집행행위, 즉 재량권의 행사에 의하여 비로소 이루어지고 현실화되므로 이러한 경우에는 법령에 의한 기본권침해의 직접성이 인정될 여지가 없다. 21 지방 7, 18 국회 8 O|X

법령에 근거한 구체적인 집행행위가 재량행위인 경우에는 법령은 집행기관에게 기본권 침해의 가능성만 부여할 뿐, 법령 스스로가 기본권의 침해행위를 규정하고 행정청이 이에 따르도록 구속하는 것이 아니고, 이때의 기본권의 침해는 집행기관의 의사에 따른 집행행위, 즉 재량권의 행사에 의하여 비로소 이루어지고 현실화되므로 이러한 경우에는 법령에 의한 기본권 침해의 직접성이 인정될 여지가 없다(헌재 2009. 3. 26. 2007헌마988 등).

5054 도서관의 관장 등이 승인 또는 허가하면 대학구성원이 아닌 사람에 대하여도 도서 대출 및 열람실 이용이 가능하도록 한 도서관규정에 대하여 대학구성원이 아닌 사람이 헌법소원심판을 청구한 경우 기본권 침해의 직접성이 인정되지 않는다. 21 입시 O|X

5054-1 대학구성원이 아닌 사람의 도서관 이용에 관하여 대학도서관의 관장이 승인 또는 허가할 수 있도록 규정한 국·공립대학교의 도서관규정은, 대학구성원이 아닌 사람에 대하여 도서 대출이나 열람실 이용을 확정적으로 제한하는 것이다. 17 국가 7(추) O|X

이 사건 도서관규정은 대학구성원이 아닌 사람에 대하여 도서 대출이나 열람실 이용을 확정적으로 제한하는 것이 아니고 피청구인들이 승인 또는 허가하면 도서 대출 및 열람실 이용이 가능하도록 규정하고 있다. 청구인은 이 사건 도서관규정으로 인하여 도서 대출 및 열람실 이용을 하지 못하는 것이 아니고 피청구인들의 승인거부 회신에 따라 비로소 이 사건 도서관 이용이 제한된 것이다. 따라서 이 사건 도서관 규정은 기본권 침해의 직접성이 인정되지 아니하므로 이에 대한 헌법소원심판청구는 부적법하다(헌재 2016. 11. 24. 2014헌마977).

5055 「교원의 노동조합 설립 및 운영 등에 관한 법률 시행령」 제9조 제1항 중 「노동조합 및 노동관계조정법 시행령」 제9조 제2항에 관한 부분은 시정요구 및 법외노조통보라는 별도의 집행행위를 예정하고 있으므로, 법외노조통보 조항에 대한 헌법소원은 기본권 침해의 직접성이 인정되지 아니한다. 16 법원 9 O|X

'교원의 노동조합 설립 및 운영 등에 관한 법률 시행령'(2013. 3. 23. 대통령령 제24447호로 개정된 것) 제9조 제1항 중 '노동조합 및 노동관계조정법 시행령' 제9조 제2항에 관한 부분(이하 '법외노조통보 조항'이라 한다)은 시정요구 및 법외노조통보라는 별도의 집행행위를 예정하고 있으므로, 법외노조통보 조항에 대한 헌법소원은 기본권 침해의 직접성이 인정되지 아니한다(헌재 2015. 5. 28. 2013헌마671 등).

● 정답 5053. O 5054. O 5054-1. X [확정적 제한 X, 직접성 부정] 5055. O

5056 국회의원총선거에 참여하여 의석을 얻지 못하고 유효투표총수의 100분의 2 이상을 득표하지 못한 때 등록을 취소한다는 정당법 등록취소규정은 그 자체에 의하여 곧바로 정당이 소멸되는 것이 아니라, 중앙선거관리위원회의 심사 및 그에 이은 등록취소라는 집행행위에 의하여 비로소 정당이 소멸하게 되므로 이 법규정은 기본권침해의 직접성이 없다. 13 변호사 O | X

이 사건 등록취소규정에 의하여 청구외 사회당이 소멸하여 그 결과 청구인 주장의 기본권이 침해되는 것이 아니라 위 규정 소정의 등록취소사유에 해당되는지 여부에 대한 **중앙선거관리위원회의 심사** 및 그에 이은 **등록취소라는** 집행행위에 의하여 비로소 정당이 소멸하게 된다. … 따라서 이 사건 등록취소규정은 **기본권 침해의 직접성이 없다**(헌재 2006. 4. 27. 2004헌마562).

5057 의료인 면허의 필요적 취소사유와 면허취소 후 재교부금지기간을 규정하고 있는 「의료법」 조항에 따르면 면허취소 또는 면허재교부 거부라는 구체적인 집행행위가 있을 때 기본권 침해가 발생하게 되므로, 이 조항 자체만으로는 기본권이 직접 침해된다고 볼 수 없다. 15 국가 7 O | X

청구인이 주장하는 기본권 침해는 심판대상조항에 의하여 직접 발생하는 것이 아니라 심판대상조항에 따른 **면허취소 또는 면허재교부 거부라는 구체적인 집행행위**가 있을 때 비로소 현실적으로 나타난다. … 따라서 심판대상조항을 직접 대상으로 하는 이 사건 헌법소원심판은 **직접성 요건을 갖추지 못하여 부적법하다**(헌재 2013. 7. 25. 2012헌마934).

5058 검사 징계위원회의 위원 구성을 정한 「검사징계법」 조항은 동법에서 별도의 징계처분을 예정하고 있기 때문에 기본권 침해의 직접성이 인정되지 않는다. 24 변호사 O | X

심판대상조항은 국가기관인 징계위원회의 구성에 관한 사항을 규정한 **조직규범**으로서, 청구인이 주장하는 기본권침해는 **심판대상조항 자체에 의하여 직접 발생**하는 것이 **아니라**, 심판대상조항에 의하여 구성된 징계위원회가 청구인에 대한 징계의결을 현실적으로 행하고 이에 따른 **구체적인 집행행위**, 즉 법무부장관의 제청으로 대통령이 행하는 해임, 면직, 정직 등의 **징계처분이 있을 때 비로소 발생**하는 것이다. … 심판대상조항은 해임, 면직, 정직 등의 징계처분이 있기 이전에 이미 청구인의 권리관계를 직접 변동시키거나 법적 지위를 확정시키는 경우에 해당한다고 볼 수 없다. 해임, 면직, 정직 등의 징계처분은 항고소송의 대상이 되며, 청구인은 자신이 받은 정직의 징계처분에 대하여 취소소송을 제기하였다. 따라서 집행행위에 대한 구제절차가 없거나 그 구제절차에서는 권리구제의 기대가능성이 없어 청구인에게 불필요한 우회절차를 강요하는 경우라고 보기도 어렵다. 그렇다면 이 사건 심판청구는 **직접성 요건을 갖추지 못하여 부적법**하다(헌재 2021. 6. 24. 2020헌마1614).

2 권력적 사실행위의 근거법령과 직접성

5059 교도소장의 서신개봉 재량을 부여하고 있는 「형의 집행 및 수용자의 처우에 관한 법률 시행령」 조항은 교도소장의 금지물품 확인 행위와 같은 구체적인 집행행위를 예정하고 있으므로 수용자의 기본권 침해의 직접성이 인정되지 않는다. 24 변호사 O | X

5059-1 교도소장으로 하여금 수용자가 주고받는 서신에 금지물품이 들어 있는지를 확인할 수 있도록 규정하고 있는 「형의 집행 및 수용자의 처우에 관한 법률」 제43조 제3항은 청구인의 기본권을 직접 침해한다고 볼 수 있다. 13 서울 7 O | X

수용자의 서신에 금지물품이 들어 있는지 여부에 대한 확인을 **교도소장의 재량**에 맡기고 있으므로 **교도소장의 금지물품 확인**이라는 **구체적인 집행행위**를 매개로 하여 수용자인 청구인의 권리에 영향을 미치게 되는바, 위 법률조항이 청구인의 기본권을 **직접 침해한다고 할 수 없다**(헌재 2012. 2. 23. 2009헌마333).

● 정답 5056. O   5057. O   5058. O   5059. O   5059-1. X [직접성 부정]

5060 살수차의 사용요건 등을 정한 「경찰관 직무집행법」 조항은 집회·시위 현장에서 경찰의 살수행위라는 구체적 집행행위를 예정하고 있으므로 기본권 침해의 직접성이 인정되지 않는다. 24 변호사 O | X

이 사건 근거조항들은 살수차의 사용요건 등을 정한 것으로서 집회·시위 현장에서 경찰의 살수행위라는 구체적 집행행위를 예정하고 있다. 경찰관은 이 사건 근거조항들에 의하여 직사살수를 할 것인지 여부를 개별적·구체적 집회 또는 시위 현장에서 재량적 판단에 따라 결정하므로, 기본권에 대한 침해는 이 사건 근거조항들이 아니라 **구체적 집행행위인 '직사살수행위'**에 의하여 비로소 발생하는 것이다. 따라서 청구인들의 이 사건 근거조항들에 대한 심판청구는 **기본권 침해의 직접성을 인정할 수 없으므로 부적법**하다(헌재 2020. 4. 23. 2015헌마149).

5061 「채증활동규칙」은 집회·시위 현장에서 불법행위의 증거자료를 확보하기 위해 행정조직의 내부에서 상급행정기관이 하급행정기관에 대하여 발령한 내부기준으로 행정규칙이지만 직접 집회참가자들의 기본권을 제한하므로 이에 대한 헌법소원심판청구는 기본권 침해의 직접성 요건을 충족하였다.
23 국가 7 O | X

이 사건 채증규칙은 법률의 구체적인 위임 없이 제정된 **경찰청 내부의 행정규칙**에 불과하고, 청구인들은 **구체적인 촬영행위**에 의해 비로소 기본권을 제한받게 되므로, 이 사건 채증규칙이 **직접 기본권을 침해한다고 볼 수 없다**(헌재 2018. 8. 30. 2014헌마843).

5062 국방부장관 등의 '군내 불온서적 차단대책 강구 지시'는 그 지시를 받은 하급 부대장이 일반 장병을 대상으로 하여 그에 따른 구체적인 집행행위를 하지 않더라도 곧바로 일반 장병의 기본권을 제한하는 직접적인 공권력 행사에 해당하므로 기본권 침해의 직접성이 인정된다. 21 지방 7 O | X

이 사건 **지시를 받은 하급 부대장**이 일반 장병을 대상으로 하여 이 사건 지시에 따른 **구체적인 집행행위**를 함으로써 비로소 청구인들을 비롯한 **일반 장병의 기본권제한의 효과가 발생**한다 할 것이다. … 이 사건 지시 자체는 **군 지휘조직 내부의 행위**로서 청구인들을 비롯한 일반 장병에 대한 **직접적인 공권력 행사라고 볼 수 없고**, 따라서 이 사건 심판청구 중 이 사건 지시 부분은 기본권침해의 **직접성 요건을 흠결 하였다** 할 것이다(헌재 2010. 10. 28. 2008헌마638).

3 위임규정과 직접성

5063 지방자치단체가 조례로 관할 구역 안의 일정한 장소를 금연구역으로 지정할 수 있게 하는 법률규정에 대한 권리구제형 헌법소원심판청구는, 지방자치단체의 조례에 따른 금연구역 지정을 통하여 비로소 기본권 침해의 효과가 발생하는 것이므로, 기본권 침해의 직접성 요건을 갖추지 못하여 부적법하다.
17 국가 7(추) O | X

어떤 장소를 금연구역으로 지정할 것인지 여부는 지방자치단체의 재량에 맡겨져 있으므로 **기본권 침해의 효과는 지방자치단체가 조례를 통하여 금연구역을 지정할 때 비로소 발생**한다. 따라서 지정조항에 대한 심판청구는 기본권 침해의 **직접성 요건을 갖추지 못하여 부적법하다**(헌재 2014. 9. 25. 2013헌마411 등).

●정답 5060. O   5061. X [직접성 부정]   5062. X [직접성 부정]   5063. O

4 형벌 및 제재규정과 직접성

5064 형벌조항의 경우 국민이 그 형벌조항을 위반하기 전이라면, 그 위헌성을 다투기 위해 그 형벌조항을 실제로 위반하여 재판을 통한 형벌의 부과를 받게 되는 위험을 감수할 것을 국민에게 요구할 수 없다. 18 변호사 O|X

형벌조항의 경우 국민이 그 형벌조항을 위반하기 전이라면 그 형벌조항을 실제로 위반하여 재판을 통한 형벌의 부과를 받게 되는 위험을 감수할 것을 국민에게 요구할 수 없다는 점에서, 그 형벌조항을 위반하였으나 기소되기 전이라면 재판과정에서 그 형벌조항의 위헌 여부에 관한 판단을 구할 수 없다는 점에서 각 구제절차가 없거나 있다고 하더라도 권리구제의 기대가능성이 없는 경우에 해당한다고 볼 여지가 있지만, 그 형벌조항을 위반하여 기소된 후에는 재판과정에서 그 형벌조항이 법률인 경우에는 위헌법률심판제청신청을 통하여 헌법재판소에 그 위헌 여부에 관한 판단을 구할 수 있고, 명령·규칙인 경우에는 곧바로 법원에 그 위헌 여부에 관한 판단을 구할 수 있다는 점에서(헌법 제107조 제2항) 구제절차가 없거나 있다고 하더라도 권리구제의 기대가능성이 없는 경우에 해당한다고 볼 수가 없다고 할 것이다(헌재 2016. 11. 24. 2013헌마403).

5065 형벌조항을 위반하여 기소되었다면, 그 집행행위인 형벌부과를 대상으로 한 구제절차가 없거나 있다고 하더라도 권리구제의 기대가능성이 없는 경우에 해당하므로, 형벌조항에 대하여 예외적으로 직접성을 인정할 수 있다. 18 변호사 O|X

형벌조항의 경우 국민이 그 형벌조항을 위반하기 전이라면 그 형벌조항을 실제로 위반하여 재판을 통한 형벌의 부과를 받게 되는 위험을 감수할 것을 국민에게 요구할 수 없다는 점에서, 그 형벌조항을 위반하였으나 기소되기 전이라면 재판과정에서 그 형벌조항의 위헌 여부에 관한 판단을 구할 수 없다는 점에서 각 구제절차가 없거나 있다고 하더라도 권리구제의 기대가능성이 없는 경우에 해당한다고 볼 여지가 있지만, 그 형벌조항을 위반하여 기소된 후에는 재판과정에서 그 형벌조항이 법률인 경우에는 위헌법률심판제청신청을 통하여 헌법재판소에 그 위헌 여부에 관한 판단을 구할 수 있고, 명령·규칙인 경우에는 곧바로 법원에 그 위헌 여부에 관한 판단을 구할 수 있다는 점에서(헌법 제107조 제2항) 구제절차가 없거나 있다고 하더라도 권리구제의 기대가능성이 없는 경우에 해당한다고 볼 수가 없다고 할 것이다(헌재 2016. 11. 24. 2013헌마403).

5066 벌칙·과태료 조항의 전제가 되는 구성요건 조항이 벌칙·과태료 조항과 별도로 규정되어 있는 경우, 벌칙·과태료 조항에 대하여 그 법정형 또는 행정질서벌이 체계정당성에 어긋난다거나 과다하다는 등 그 자체가 위헌임을 주장하지 않는 한 직접성을 인정할 수 없다. 18 변호사 O|X

5066-1 구성요건조항과 구성요건조항 위반에 대한 벌칙·과태료 조항이 별도로 규정되어 있는 경우, 청구인이 벌칙·과태료 조항에 대하여 그 법정형이나 액수가 과다하여 그 자체가 위헌임을 주장하였더라도 그 벌칙·과태료 조항에 대해서는 기본권침해의 직접성을 인정할 수 없다. 22 변호사 O|X

벌칙·과태료 조항의 전제가 되는 구성요건조항이 별도로 규정되어 있는 경우에, 벌칙·과태료 조항에 대하여는 청구인들이 그 법정형 또는 행정질서벌이 체계정당성에 어긋난다거나 과다하다는 등 그 자체가 위헌임을 주장하지 않는 한 직접성을 인정할 수 없다(헌재 2017. 10. 12. 2017헌마1064).

● 정답 5064. O 5065. X [권리구제 기대가능성 없는 경우 아님. 직접성 부정] 5066. O 5066-1. X [그 자체가 위헌임을 주장하면 직접성 인정]

POINT 285　헌법소원심판의 보충성

01 보충성

5067　권리구제형 헌법소원은 다른 법률에 의한 구제절차가 있는 경우에는, 그 절차를 모두 거친 후에 적법하게 청구할 수 있는데 이를 보충성의 원칙이라고 한다. 23 국회 9　O | X

5067-1　헌법은 다른 법률에 의한 구제절차가 있는 경우에는 그 절차를 모두 거친 후가 아니면 헌법소원심판 청구를 할 수 없도록 규정하여 보충성의 원칙을 인정하고 있다. 09 국가 7　O | X

보충성의 원칙은 헌법이 아니라「헌법재판소법」제68조 제1항에 규정되어 있다.

> **헌법재판소법 제68조(청구 사유)** ① 공권력의 행사 또는 불행사(不行使)로 인하여 헌법상 보장된 기본권을 침해받은 자는 법원의 재판을 제외하고는 헌법재판소에 헌법소원심판을 청구할 수 있다. 다만, **다른 법률에 구제절차**가 있는 경우에는 **그 절차를 모두 거친 후에 청구할 수 있다.**

5068　헌법소원은 기본권구제를 위한 다른 수단이 없는 경우나 헌법재판소에 제소하지 아니하고는 달리 기본권구제를 할 수 있는 법적 절차나 방법이 없는 경우에 예외적으로 인정되는 예비적이고 보충적인 최후의 기본권보장수단이다. 10 지방 7　O | X

보충성원칙이란 공권력의 행사・불행사로 기본권이 침해되어 헌법소원을 청구하고자 할 때 기본권침해에 대한 다른 법률의 구제절차가 있는 경우에는 이러한 절차를 모두 경유 해야 한다는 원칙을 말한다. **헌법소원**은 기본권구제를 위한 다른 수단이 없는 경우나 헌법재판소에 제소하지 아니하고는 달리 기본권구제를 할 수 있는 법적 절차나 방법이 없는 경우에 **예외적으로 인정**되는 **예비적이고 보충적인 최후의 기본권보장수단**이다.

5069　「헌법재판소법」제68조 제2항 소정의 헌법소원은 그 본질이 헌법소원이라기보다는 위헌법률심판이므로「헌법재판소법」제68조 제1항 소정의 헌법소원에서 요구되는 보충성의 원칙은 적용되지 아니한다. 18 국가 7　O | X

> **헌법재판소법 제68조(청구 사유)** ① 공권력의 행사 또는 불행사(不行使)로 인하여 헌법상 보장된 기본권을 침해받은 자는 법원의 재판을 제외하고는 헌법재판소에 헌법소원심판을 청구할 수 있다. 다만, **다른 법률에 구제절차**가 있는 경우에는 **그 절차를 모두 거친 후에 청구할 수 있다.**

◎ 보충설명 권리구제형 헌법소원는 기본권구제를 위한 수단으로서 보충성의 원칙이 적용되나 위헌심사형 헌법소원은 구체적 규범통제의 유형으로 보충성의 원칙이 적용되지 않는다.

정답 5067. O　5067-1. X [헌법 X → 헌법재판소법 O]　5068. O　5069. O

02 다른 법률에 의한 구제절차

5070 보충성 요건에서 말하는 사전의 다른 권리구제절차는 공권력의 행사 또는 불행사를 직접 대상으로 하여 그 효력을 다툴 수 있는 권리구제절차를 의미하는 것이지, 사후적·보충적 구제수단인 손해배상청구나 손실보상청구를 의미하는 것은 아니다. 15 법무사 O | X

5070-1 손해배상청구나 손실보상청구, 진정, 형의 집행 및 수용자의 처우에 관한 법률상 청원제도는 헌법재판소법 제68조 제1항 단서의 '다른 법률에서 정한 구제절차'에 해당하지 아니한다. 19 법무사 O | X

5070-2 다른 구제절차란 공권력의 행사 또는 불행사를 직접 대상으로 하여 그 효력을 다툴 수 있는 권리구제절차 뿐만 아니라 사후적·보충적 구제수단인 손해배상청구나 손실보상청구와 같은 우회적인 구제수단도 포함한다. 09 국가 7 O | X

> 보충성 요건에서 말하는 사전의 다른 권리구제절차는 공권력의 행사 또는 불행사를 직접 대상으로 하여 그 효력을 다툴 수 있는 권리구제절차를 의미하는 것이므로 **사후적·보충적 구제수단인 손해배상청구나 손실보상청구**와 같은 우회적 권리구제수단을 의미하는 것은 **아니다**. 또한 피청구인의 직권발동을 촉구하는 의사표시에 불과한 **진정**, 형의 집행 및 수용자의 처우에 관한 법률상 **청원제도**, 형사피의자로 입건되었던 자의 **진정서 또는 탄원서의 제출 및 수사재기 신청** 등은 헌법재판소법 제68조 제1항에 따른 '**다른 법률에서 정한 구제절차**'에 해당하지 **않는다**.

5071 헌법소원심판청구에 앞서 거쳐야 하는 '다른 법률에 의한 구제절차'가 부적법한 경우는 보충성 요건을 갖추었다고 볼 수 없다. 12 법원 9 O | X

> '다른 법률에 의한 구제절차를 거친 후'란 다른 법률에 의한 구제절차를 '**적법하게**' 거친 경우를 말하므로, 과세처분의 취소를 구하는 행정소송을 제기하였다가 그 소송을 취하하였거나 취하간주된 경우 그 과세처분의 취소를 구하는 <u>헌법소원심판청구는 다른 법률에 의한 적법한 구제절차를 거쳤다고 볼 수 없어 부적법</u>하다(헌재 1999. 9. 16. 98헌마265).

5072 다른 법률이 정한 절차에 따라 침해된 기본권의 구제를 받기 위한 모든 수단을 다하지 아니한 채 헌법소원을 제기하였더라도 종국결정 전에 권리구제절차를 거쳤다면 사전에 구제절차를 거치지 않은 하자가 치유될 수 있다. 19 법무사 O | X

5072-1 헌법소원심판청구 시에 보충성 요건이 흠결된 경우라도, 헌법재판소의 종국결정 전에 다른 법률에 규정된 권리구제절차를 거친 경우에는 보충성 요건의 흠결이 치유될 수 있다. 22 국회 8 O | X

5072-2 사전에 권리구제절차를 거쳐야 하므로 헌법소원을 제기한 후에 권리구제절차를 거쳤다고 하여 그 하자가 치유되는 것은 아니다. 13 국회 8 O | X

5072-3 청구인이 헌법소원을 청구할 때 보충성원칙이 결여되어 있으면 심리종결시까지 사전구제절차를 충족하더라도 헌법재판소는 헌법소원심판청구를 각하하여야 한다. 09 국가 7 O | X

> 헌법소원이 **헌법재판소에 계속 중** 청구인들이 **다른 법률에 정한 구제절차를 모두 거친 경우** 청구당시에 존재하였던 **적법요건 흠결의 하자는 치유된다**(헌재 1995. 4. 20. 91헌마52).

● 정답 5070. ○   5070-1. ○   5070-2. × [손해배상청구나 손실보상청구 포함 X]   5071. ○   5072. ○   5072-1. ○   5072-2. × [하자 치유됨]
5072-3. × [하자 치유되어 본안 판단]

03 보충성 관련판례

1 행정처분

5073 국가인권위원회의 진정에 대한 각하 및 기각결정은 「국가인권위원회법」에 따른 법률상 신청권이 있는 진정인의 권리행사에 중대한 지장을 초래하는 것으로 항고소송의 대상이 되는 행정처분에 해당하므로 헌법소원의 보충성 요건을 충족하지 못한다. 16 서울 7, 11 법원 9   O | X

5073-1 진정에 대한 국가인권위원회의 각하 및 기각결정은 피해자인 진정인의 권리행사에 중대한 지장을 초래하는 것으로서 항고소송의 대상이 되는 행정처분에 해당하므로, 그에 대한 다툼은 우선 행정심판이나 행정소송에 의하여야 할 것이다. 14 지방 7   O | X

5073-2 진정에 대한 국가인권위원회의 기각결정은 항고소송의 대상이 되는 행정처분에 해당하지 않으므로 「헌법재판소법」 제68조 제1항에 의한 헌법소원의 대상이 된다. 21 경정   O | X

5073-3 국가인권위원회가 진정에 대해 각하 또는 기각결정을 하면 이 결정은 헌법소원의 대상이 되고 헌법소원의 보충성 요건을 충족한다. 20 경정   O | X

5073-4 행정심판이나 행정소송 등의 사전구제절차를 거치지 아니하고 청구한 국가인권위원회의 진정에 대한 각하 또는 기각결정의 취소를 구하는 헌법소원심판청구가 보충성 요건을 충족하지 않는다고 하였다가 보충성 요건을 충족한다고 하였다. 19 국가 7   O | X

(1) 진정에 대한 국가인권위원회의 **각하 및 기각결정**은 피해자인 진정인의 권리행사에 중대한 지장을 초래하는 것으로서 **항고소송의 대상이 되는 행정처분**에 해당하므로, 그에 대한 다툼은 우선 **행정심판이나 행정소송**에 의하여야 할 것이다. 따라서 이 사건 심판청구는 행정심판이나 행정소송 등의 **사전 구제절차**를 모두 거친 후 청구된 것이 아니므로 **보충성 요건을 충족하지 못하였다**(헌재 2015. 3. 26. 2013헌마214 등).

(2) 헌법재판소는 종전 결정에서 국가인권위원회의 진정 각하 또는 기각결정에 대해 **보충성 요건을 충족**하였다고 보고 본안판단은 한 바 있으나, 이 결정의 견해와 저촉되는 부분은 **변경한다**(헌재 2015. 3. 26. 2013헌마214 등).

5074 지목변경신청반려행위가 항고소송의 대상이 되는 처분행위에 해당한다는 변경된 대법원 판례에 따르면, 지목변경신청반려행위에 대하여 행정소송을 거치지 않고 제기된 헌법소원심판청구는 보충성의 요건을 흠결한 것이다. 17 서울 7   O | X

지목변경신청반려행위가 **항고소송의 대상이 되는 처분행위**에 해당한다는 변경된 대법원 판례에 따르면, **지목변경신청반려행위**에 대하여 행정소송을 거치지 않고 제기된 헌법소원심판청구는 **보충성의 요건을 흠결하여 각하되어야 한다**(헌재 2004. 6. 24. 2003헌마723).

5075 교도소장의 서신발송거부행위는 행정심판 및 행정소송의 대상이 되므로, 이러한 사전구제절차를 거치지 아니하고 서신발송거부행위에 대하여 헌법소원심판을 청구하는 것은 보충성 원칙에 위배되어 부적법하다. 14 변호사   O | X

헌법소원심판은 다른 법률에 구제절차가 있는 경우에는 그 절차를 모두 거친 후가 아니면 청구할 수 없게 되어 있다. 피청구인의 **서신발송거부행위**에 대하여는 행정심판법 및 행정소송법에 의한 **심판이나 소송이 가능할 것이므로 이 절차를 거치지 아니한 채 제기**된 이 심판청구부분은 **부적법**하다(헌재 1998. 8. 27. 96헌마398).

정답 5073. O   5073-1. O   5073-2. X [행정처분이므로 보충성 결여되어 헌소 부적법]   5073-3. X [헌소 대상 X, 보충성 결여]   5073-4. X [보충성 요건 충족 → 부정으로 변경]   5074. O   5075. O

5076 고용노동부장관의 청구인 전국교직원노동조합에 대한 2013. 9. 23.자 시정요구는 청구인 전국교직원노동조합의 권리·의무에 변동을 일으키는 행정행위에 해당하나, 청구인 전교조는 이 사건 시정요구에 대하여 다른 불복절차를 거치지 아니하고 곧바로 헌법소원심판을 청구하였으므로, 이에 대한 헌법소원은 보충성 요건을 결하였다. 16 법원 9, 16 법무사 O | X

고용노동부장관의 청구인 전국교직원노동조합에 대한 2013. 9. 23.자 **시정요구**(이하 '이 사건 시정요구'라 한다)는 청구인 전국교직원노동조합(이하 '전교조'라 한다)의 권리·의무에 변동을 일으키는 **행정행위에 해당**하나, 청구인 전교조는 이 사건 시정요구에 대하여 다른 불복절차를 거치지 아니하고 **곧바로 헌법소원심판을 청구**하였으므로, 이에 대한 헌법소원은 **보충성 요건을 결하였다**(헌재 2015. 5. 28. 2013헌마671 등).

5077 방송통신심의위원회의 시정요구는 단순한 행정지도로서의 한계를 넘어 규제적·구속적 성격을 갖는 것으로서 헌법소원 또는 항고소송의 대상이 되는 공권력의 행사에 해당한다. 13 법원 9 O | X

5077-1 행정기관인 방송통신심의위원회의 시정요구는 단순한 행정지도에 불과하여 헌법소원 또는 항고소송의 대상이 되는 공권력의 행사라고 볼 수 없다. 16 서울 7 O | X

행정기관인 피청구인의 **시정요구**는 서비스제공자 등에게 **조치결과 통지의무**를 부과하고 있고, 서비스제공자 등이 이에 따르지 않는 경우 방송통신위원회의 **해당 정보의 취급거부·정지 또는 제한명령**이라는 법적 조치가 내려질 수 있으며, 행정기관인 피청구인이 표현의 자유를 제한하게 되는 결과의 발생을 의도하거나 또는 적어도 예상하였다 할 것이므로, 이는 단순한 행정지도로서의 한계를 넘어 **규제적·구속적 성격**을 상당히 강하게 갖는 것으로서 **헌법소원 또는 항고소송의 대상이 되는 공권력의 행사**라고 봄이 상당하다(헌재 2012. 2. 23. 2008헌마500).

5078 「방송통신위원회의 설치 및 운영에 관한 법률」 조항에 근거한 방송통신심의위원회의 시정요구는 서비스제공자 등에게 조치결과 통지의무를 부과하고 있고, 서비스제공자 등이 이에 따르지 않는 경우 방송통신위원회의 해당 정보의 취급거부·정지 또는 제한명령이라는 법적 조치가 내려질 수 있다. 이러한 시정요구에 대하여는 동법상 별도의 불복절차가 마련되어 있지만, 청구인에게 그에 의한 권리구제절차를 밟을 것을 기대하기는 곤란하기 때문에 보충성 원칙의 예외로서 적법하다. 19 경정 O | X

5078-1 방송통신심의위원회의 시정요구는 단순한 행정지도로서 항고소송의 대상이 되는 공권력의 행사라고 볼 수 없으므로 시정요구에 대하여 행정소송을 제기하지 않고 헌법소원심판을 청구하더라도 적법하다. 21 국회 8 O | X

이 사건 **시정요구를 공권력의 행사**라고 보는 이상 이는 **항고소송의 대상에 해당하는 행정처분**이라 할 것이고, 청구인들은 이 사건 시정요구에 의하여 표현의 자유를 침해받을 우려가 있으며, 이 사건 시행령도 이용자인 청구인들의 이의신청권을 규정하고 있는 점(제8조 제5항) 등에 비추어 보면, 청구인들의 원고적격도 인정할 수 있으므로, 청구인들은 이 사건 시정요구에 대하여 **행정소송을 제기할 수 있다**. 따라서 이러한 권리구제절차를 거치지 아니하고 제기된 이 부분 심판청구는 **보충성을 결여하여 부적법하다**고 할 것이다(헌재 2012. 2. 23. 2008헌마500).

5079 공공기관의 정보공개에 관한 법률에 별도의 불복절차가 마련되어 있으므로, 피청구인의 정보비공개 결정에 대하여 청구인이 위 불복절차를 거치지 아니하고 곧바로 이 사건 헌법소원심판을 청구한 것은 보충성 요건을 결여한 것이다. 16 법무사 O | X

● 정답 5076. ○ 5077. ○ 5077-1. × [공권력 행사] 5078. × [보충성 결여하여 부적법] 5078-1. × [행정처분으로 보충성 결여하여 부적법]
5079. ○

'공공기관의 정보공개에 관한 법률'은 정보공개 청구인이 정보공개와 관련하여 공공기관의 결정에 대하여 불복이 있는 때에는 **이의신청**(제18조), **행정심판**(제19조), **행정소송**(제20조)의 구제절차를 밟을 수 있도록 규정하고 있다. 그런데 청구인은 피청구인의 위 **정보비공개결정**에 대하여 이의신청이나 행정심판 및 행정소송의 사전구제절차를 거치지 아니한 채, **곧바로 이 사건 헌법소원심판을 청구**하였으므로, 이 부분 심판청구는 **보충성 요건을 결여하여 부적법하다**(헌재 2012. 3. 29. 2010헌마599).

2 기타 구제절차

5080 체포에 대하여는 헌법과 「형사소송법」이 정한 체포적부심사라는 구제절차가 존재하므로, 체포적부심사절차를 거치지 않고 제기한 「헌법재판소법」 제68조 제1항에 의한 헌법소원심판청구는 보충성의 원칙에 반하여 부적법하다. 16 지방 7 O | X

5080-1 현행범인으로 체포되어 경찰서 유치장에 48시간 가까이 구금되었으나 체포적부심사를 청구하지 않고 있다가 구속영장이 청구되지 않고 석방된 자가 제기한 헌법소원심판청구는 보충성 원칙에 위배되어 부적법하다. 13 국회 8 O | X

체포에 대하여는 헌법과 형사소송법이 정한 **체포적부심사**라는 구제절차가 존재함에도 불구하고, **체포적부심사절차를 거치지 않고 제기된 헌법소원심판청구**는 법률이 정한 구제절차를 거치지 않고 제기된 것으로서 **보충성의 원칙에 반하여 부적법하다**(헌재 2010. 9. 30. 2008헌마628).

5081 사법경찰관인 피청구인이 청구인에 관한 보도자료를 기자들에게 배포한 행위는 수사기관이 공소제기 이전에 피의사실을 대외적으로 알리는 것으로서, 이것이 형법 제126조의 피의사실공표죄에 해당하는 범죄행위라면 청구인은 이를 수사기관에 고소하고 그 처리결과에 따라 검찰청법에 따른 항고를 거쳐 재정신청을 할 수 있으므로, 위와 같은 권리구제절차를 거치지 아니한 채 제기한 보도자료 배포행위에 대한 심판청구는 보충성 요건을 갖추지 못하여 부적법하다. 16 법무사 O | X

보도자료 배포행위는 수사기관이 공소제기 이전에 피의사실을 대외적으로 알리는 것으로서, 이것이 형법 제126조의 **피의사실공표죄에 해당하는 범죄행위**라면 청구인은 이를 **수사기관에 고소**하고 그 처리결과에 따라 **검찰청법에 따른 항고**를 거쳐 **재정신청**을 할 수 있으므로, **위와 같은 권리구제절차를 거치지 아니한 채 제기한 보도자료 배포행위에 대한 심판청구는 보충성 요건을 갖추지 못하여 부적법하다**(헌재 2014. 3. 27. 2012헌마652).

POINT 286 보충성의 예외 B

01 보충성의 예외

5082 법률에 의하여 직접 기본권이 침해당한 경우 다른 법적 구제 절차가 없으므로 바로 헌법소원을 제기할 수 있다. 21 국회 9 O | X

5082-1 법률 자체에 의한 직접적인 기본권 침해 여부가 문제되었을 경우에는 다른 권리구제절차를 거치지 않더라도 바로 헌법소원을 제기할 수 있다. 18 국가 7 O | X

5082-2 법률 자체에 의한 직접적인 기본권침해가 문제될 때에는 보충성의 예외가 인정된다. 10 지방 7 O | X

정답 5080. O   5080-1. O   5081. O   5082. O   5082-1. O   5082-2. O

법률자체에 의한 직접적인 기본권침해가 문제될 때에는 그 법률자체의 효력을 직접 다투는 것을 소송물로 하여 일반 법원에 소송을 제기하는 길이 없으므로 다른 구제절차를 거칠 것 없이 바로 헌법소원을 제기할 수 있다(헌재 1990. 6. 25. 89헌마220).

5083 행정관청의 고시는 일반적·추상적 성격을 가지므로 다른 구제절차를 거칠 것 없이 바로 헌법소원심판을 청구할 수 있다. 19 법무사   O│X

고시가 일률적으로 일반적·추상적 성격을 가지는 것이 아니다. 일반적·추상적 성격을 가지고 법규명령에 해당하는 고시는 다른 구제절차를 거칠 것 없이 바로 헌법소원을 청구할 수 있으나, 구체적인 규율의 성격을 가지는 **행정처분인 고시**는 행정소송의 대상이 되므로 바로 헌법소원을 제기할 수 없다.

> **관련판례** 고시의 법적 성질은 일률적으로 판단될 것이 아니라 고시에 담겨진 내용에 따라 구체적인 경우마다 달리 결정된다. 즉, 고시가 **일반·추상적 성격**을 가질 때에는 **법규명령** 또는 **행정규칙**에 해당하지만, 고시가 **구체적인 규율**의 성격을 갖는다면 **행정처분**에 해당한다(헌재 2008. 11. 27. 2005헌마161 등).

5084 법률이 세부적인 사항을 대통령령으로 정하도록 위임하였으나 대통령령이 아직 제정되지 않은 경우 이러한 행정입법부작위는 행정소송의 대상이 되지 않으므로 헌법소원심판의 대상이 된다. 16 변호사   O│X

5084-1 행정입법부작위에 대하여는 다른 권리구제절차를 거치지 아니하고는 헌법소원심판을 청구하는 것이 불가능하다. 19 법원 9   O│X

행정입법부작위에 대한 행정소송의 적법여부에 관하여 대법원은 이를 부적법한 것으로 보고 있다. … 그 밖에 피청구인의 **행정입법부작위**를 대상으로 하여 그 위헌 또는 위법 여부를 직접 다툴 수 있는 **권리구제절차는 없다.** 물론 행정입법부작위를 원인으로 한 국가배상 등의 청구가 전혀 불가능한 것은 아니지만 이러한 사후적·보충적 권리구제수단은 헌법재판소법 제68조 제1항 단서 소정의 "다른 권리구제절차"에 해당하지 아니한다. 따라서 이 사건 헌법소원 심판청구는 다른 법률에 구제절차가 없는 경우에 해당하므로 **보충성의 요건을 흠결하였다고 볼 수 없다**(헌재 2002. 7. 18. 2000헌마707).

5085 당사자가 권리구제절차를 밟을 것이라 기대하기 어려운 권력적 사실행위인 경우 보충성의 예외가 인정된다. 10 지방 7   O│X

이 사건 국제그룹 해체와 그 정리조치가 형식상으로는 사법인인 제일은행이 행한 행위이므로 당시 시행되던 구 행정소송법상의 행정소송의 대상이 된다고 단정하기 어렵고, 따라서 당사자에게 그에 의한 **권리구제절차를 밟을 것을 기대하기는 곤란**하므로 이와 같은 범주의 **권력적 사실행위**의 경우에는 **보충성의 원칙의 예외**로서 소원의 제기가 가능하다(헌재 1993. 7. 29. 89헌마31).

5086 헌법소원심판의 청구인이 그의 불이익으로 돌릴 수 없는 정당한 이유가 있는 착오라도 전심절차를 거치지 않은 경우에는 법적 안정성을 위하여 보충성의 예외가 인정되지 아니한다. 10 지방 7   O│X

헌법소원심판청구에 있어서 청구인이 그의 불이익으로 돌릴 수 없는 **정당한 이유가 있는 착오**로 전심절차를 밟지 않은 경우 또는 전심절차로 **권리가 구제될 가능성**이 거의 없거나 권리구제절차가 허용되는지의 여부가 객관적으로 불확실하여 **전심절차이행의 기대가능성**이 없을 때에는 **보충성의 예외가 인정**된다(헌재 1999. 12. 23. 97헌마136).

정답 5083. X [행정처분인 고시는 바로 헌소제기 불가]   5084. O   5084-1. X [헌소 가능]   5085. O   5086. X [보충성 예외 인정]

02 관련판례

1 법령헌법소원

5087 「사법시험령」 자체의 효력을 직접 다투는 것을 소송물로 하여 일반법원에 소를 제기하는 길이 없어 구제절차가 있는 경우가 아니므로, 다른 구제절차를 거치지 않고 바로 헌법소원심판을 청구할 수 있다. 15 변호사   O | X

이 사건에서와 같이 법령 자체에 의한 직접적인 기본권침해가 문제될 때에는 그 법령 자체의 효력을 직접 다투는 것을 소송물로 하여 일반법원에 소송을 제기하는 길이 없어 구제절차가 있는 경우가 아니므로 **보충성의 예외로서 다른 구제절차를 거칠 것 없이 바로 헌법소원심판을 청구할 수 있다**(헌재 2005. 2. 3. 2003헌마930).

5088 금치처분을 받은 자에 대하여 금치기간 중에는 집필을 금지하고 있는 형의 집행 및 수용자의 처우에 관한 법률 시행령 조항에 대해서는 다른 구제절차 없이 바로 헌법소원심판을 청구할 수 있다. 19 법무사   O | X

명령·규칙에 의한 기본권 침해가 문제되는 경우에는 그 명령·규칙 자체의 효력을 다투는 행정소송의 길이 없으므로 **곧바로 헌법소원을 청구할 수 있다.** 따라서 이 부분 심판청구는 **보충성 요건을 구비**하고 있다(헌재 2005. 2. 24. 2003헌마289).

2 권력적 사실행위 (이미 종료)

5089 대한민국 국적의 성인 남자가 서울시청 앞 광장(서울광장)을 가로질러 통행하려고 했으나, 경찰이 때마침 서울광장에서 이루어진 대규모 집회를 통제하기 위하여 경찰버스 수십대로 서울광장을 둘러싸는 차벽을 설치하여 통행을 하지 못하게 하였는데 경찰의 차벽 설치 행위는 이른바 '권력적 사실행위'에 해당하여 행정소송의 대상이 되나 이미 경찰의 차벽설치행위가 종료되고 서울광장 통행이 재개되어 행정소송을 제기해도 소의 이익이 부정될 가능성이 높아서 예외적으로 보충성의 원칙이 인정된다. 17 법무사   O | X

이 사건 **통행제지행위**는 직접 상대방의 신체 또는 재산에 실력을 가하여 행정상 필요한 상태를 실현하는 행정상의 즉시강제로서 **권력적 사실행위**에 해당하므로 행정쟁송의 대상이 된다. 그러나 청구인들의 통행이 제지된 다음날 피청구인이 서울광장을 둘러싸고 있던 **경찰버스들을 철수시키고 통행제지행위를 중지함**에 따라 청구인들이 행정쟁송을 제기하더라도 **소의 이익이 부정될 가능성**이 높아 그 절차에 의한 권리구제의 가능성이 거의 없다고 보여지는바, 이러한 경우에도 사전구제절차의 이행을 요구하는 것은 불필요한 우회절차를 강요하는 셈이 되는 것이므로, 청구인들이 행정쟁송 절차를 거치지 아니하고 바로 이 사건 심판청구를 제기하였다고 하더라도 이는 **보충성의 예외로서 허용된다**고 할 것이다(헌재 2011. 6. 30. 2009헌마406).

5090 구속된 피의자가 검사조사실에서 수갑 및 포승을 사용(施用)한 상태로 피의자신문을 받도록 한 행위는 이미 종료된 권력적 사실행위로서 행정심판이나 행정소송의 대상으로 인정되기 어려워 헌법소원심판을 청구하는 외에 달리 효과적인 구제방법이 없으므로 보충성 원칙에 대한 예외에 해당한다. 19 법무사   O | X

구속된 피의자가 검사조사실에서 수갑 및 포승을 사용한 상태로 피의자신문을 받도록 한 이 사건 **수갑 및 포승 사용행위**는 이미 종료된 **권력적 사실행위**로서 행정심판이나 행정소송의 대상으로 인정되기 어려워 헌법소원심판을 청구하는 외에 달리 효과적인 구제방법이 없으므로 **보충성의 원칙에 대한 예외에 해당한다**(헌재 2005. 5. 26. 2001헌마728).

● 정답 5087. O   5088. O   5089. O   5090. O

5091 서신검열행위는 이른바 권력적 사실행위로서 행정심판이나 행정소송의 대상이 되는 행정처분으로 볼 수 있으나, 위 검열행위가 이미 완료되어 행정심판이나 행정소송을 제기하더라도 소의 이익이 부정될 수밖에 없으므로 헌법소원심판을 청구하는 외에 다른 효과적인 구제방법이 있다고 보기 어렵기 때문에 보충성 원칙의 예외에 해당한다. 14 변호사 　　O | X

5091-1 교도소장 서신검열행위는 이른바 권력적 사실행위로서 행정심판이나 행정소송의 대상이 되는 행정처분으로 볼 수 있다. 22 경정 　　O | X

수형자의 서신을 교도소장이 검열하는 행위는 이른바 권력적 사실행위로서 행정심판이나 행정소송의 대상이 되는 행정처분으로 볼 수 있으나, 위 검열행위가 이미 완료되어 행정심판이나 행정소송을 제기하더라도 소의 이익이 부정될 수 밖에 없으므로 헌법소원심판을 청구하는 외에 다른 효과적인 구제방법이 있다고 보기 어렵기 때문에 보충성의 원칙에 대한 예외에 해당한다(헌재 1998. 8. 27. 96헌마398).

5092 교도소장의 미결수용자에 대한 화상접견시간 단축행위, 외부 재판 출정 시 운동화 착용 불허행위는 이른바 권력적 사실행위로서 행정심판이나 행정소송의 대상이 된다고 단정하기 어려울 뿐만 아니라, 이미 종료된 행위로서 소의 이익이 부정될 가능성이 많아 달리 효과적인 구제방법이 있다고 보기 어려우므로 이에 대한 헌법소원은 보충성원칙의 예외에 해당한다. 19 입시 　　O | X

(1) 이 사건 각 화상접견시간 부여행위는 이미 종료된 권력적 사실행위로서 행정심판이나 행정소송의 대상으로 인정되기 어려울 뿐만 아니라 설사 그 대상이 된다고 하더라도 소의 이익이 부정될 가능성이 많고, 구 행형법 제6조 제1항에 의한 청원제도 역시 처리기관이나 절차 및 효력의 면에서 권리구제절차로서는 불충분하고 우회적인 제도여서 헌법소원에 앞서 반드시 거쳐야 하는 사전 구제절차라고 보기 어렵다. 그렇다면 청구인으로서는 헌법소원심판을 청구하는 외에 달리 효과적인 구제방법이 있다고 보기 어려우므로 보충성원칙의 예외에 해당한다 할 것이다(헌재 2009. 9. 24. 2007헌마738).

(2) 이 사건 운동화착용불허행위는 이미 종료된 행위로서 헌법소원심판을 청구하는 외에는 달리 효과적인 구제방법이 있다고 보기 어려우므로 보충성의 원칙에 대한 예외에 해당하며, 수용자들이 외부 재판에 출정할 때 이와 같은 행위가 반복될 소지가 있어 그 헌법적 해명이 헌법질서의 수호·유지를 위하여 중요한 의미를 가지므로 심판청구의 이익을 인정할 수 있다(헌재 2011. 2. 24. 2009헌마209).

5093 수용자의 출정을 제한한 행위는 권력적 사실행위로서 행정소송의 대상이 된다고 단정하기 어렵고, 설사 행정소송의 대상이 된다고 하더라도 이미 종료된 행위로서 소의 이익이 부정되어 각하될 가능성이 많으므로, 청구인에게 그에 의한 권리구제절차를 밟을 것을 기대하기는 곤란하다. 따라서 이에 대한 헌법소원은 보충성 원칙의 예외에 해당된다. 19 경정 　　O | X

헌법소원은 다른 법률에 구제절차가 있는 경우에는 그 절차를 모두 거친 후에 심판청구를 하여야 하는바, 이 사건 각 출정제한행위는 권력적 사실행위로서 행정소송의 대상이 된다고 단정하기 어렵고, 가사 행정소송의 대상이 된다고 하더라도 이미 종료된 행위로서 소의 이익이 부정되어 각하될 가능성이 많으므로, 청구인에게 그에 의한 권리구제절차를 밟을 것을 기대하기는 곤란하다. 따라서 이에 대한 헌법소원은 보충성 원칙의 예외로서 적법하다 할 것이다(헌재 2012. 3. 29. 2010헌마475).

5094 장기간 불법체류를 해 온 외국인에 대한 긴급보호 및 강제퇴거는 이미 종료된 권력적 사실행위로서 행정소송을 통해 구제될 가능성이 거의 없고 헌법소원심판 이외에 달리 효과적인 구제방법을 찾기 어려우므로, 헌법소원심판청구가 보충성 원칙에 위반된다고 할 수 없다. 17 법무사 　　O | X

이 사건 보호 및 강제퇴거는 이미 종료한 권력적 사실행위로서 행정소송을 통해 구제될 가능성이 거의 없고 헌법소원심판 이외에 달리 효과적인 구제방법을 찾기 어려우므로 이 사건 심판청구가 보충성 원칙에 위반된다고 할 수 없다(헌재 2012. 8. 23. 2008헌마430).

정답 5091. O　5091-1. O　5092. O　5093. O　5094. O

3 기타

5095 중앙선거관리위원회의 대통령의 선거중립의무 준수요청 조치는 항고소송에 의한 권리구제절차를 거칠 수 있는 행정행위에 속하므로 헌법소원의 보충성의 요청에 의해 해당 절차를 거친 후에야만 헌법소원 심판을 청구할 수 있다. 16 변호사   O | X

이 사건 법률조항과 같이 금지의무만이 있을 뿐 그 위반에 대한 처벌조항이 없는 경우, 이를 위반하였다는 내용의 이 사건 조치가 법원에서 **항고소송의 대상**으로 인정받은 바 없을 뿐 아니라 이에 해당하는지 여부도 **불투명**하다. 결국 청구인에게 항고소송에 의한 권리구제절차를 거치도록 요구하거나 기대할 수 없으므로 **보충성의 예외를 인정**하여 **헌법소원을 허용함이 상당하다**(헌재 2008. 1. 17. 2007헌마700).

POINT 287 헌법소원심판의 권리보호이익

01 권리보호이익

5096 권리보호이익은 소송제도에 필연적으로 내재하는 요청으로 헌법소원제도의 목적상 필수적인 요건이라고 할 것이어서, 헌법소원심판청구의 적법요건 중의 하나로 권리보호이익을 요구하는 것이 청구인의 재판을 받을 권리를 침해한다고 볼 수는 없다. 21 변호사   O | X

권리보호이익은 소송제도에 필연적으로 내재하는 요청으로 **헌법소원제도의 목적상 필수적인 요건**이라고 할 것이어서 이로 인하여 본안판단을 받지 못한다고 하여도 재판을 받을 권리의 본질적인 부분에 대한 침해가 있다고 보기 어렵다. … 헌법재판소는 비록 권리보호이익이 없을 때에도 반복위험이나 헌법적 해명이 필요한 경우에는 본안판단을 할 수 있는 예외를 인정하고 있다. 따라서 헌법소원심판청구의 **적법요건** 중의 하나로 **권리보호이익을 요구**하는 것이 청구인의 **재판을 받을 권리를 침해한다고 볼 수는 없다** (헌재 2001. 9. 27. 2001헌마152).

5097 헌법소원제도는 개인의 주관적인 권리구제뿐만 아니라 헌법질서를 보장하는 기능도 있으므로 주관적 권리보호이익은 소멸하였다고 하더라도, 그러한 침해행위가 앞으로도 반복될 위험이 있거나 당해 분쟁의 해결이 헌법질서의 수호·유지를 위하여 긴요한 사항이어서 헌법적으로 그 해명이 중대한 의미를 지니는 경우에는 심판청구의 이익을 인정할 수 있다. 22 5급   O | X

헌법소원제도는 **개인의 주관적인 권리구제**뿐만 아니라 **헌법질서를 보장하는 기능**도 갖고 있으므로, 헌법소원이 주관적 권리구제에는 별 도움이 되지 않는다 하더라도 그러한 **침해행위가 앞으로도 반복될 위험**이 있거나 당해 분쟁의 해결이 **헌법질서의 수호·유지를 위하여 긴요한 사항**이어서 **헌법적으로 그 해명이 중대한 의미를 지니는 경우**에는 **심판청구의 이익을 인정할 수 있다**(헌재 2016. 12. 29. 2013헌마142).

5098 헌법소원심판청구 후 심판대상이 되었던 법령조항이 개정되어 더 이상 청구인에게 적용될 여지가 없게 된 경우에는 심판대상인 구법 조항에 대하여 위헌결정을 받을 주관적 권리보호이익이 소멸된다. 22 변호사   O | X

헌법재판소법 제68조 제1항의 헌법소원은 기본권침해를 구제하는 제도이므로 그 헌법소원심판청구가 적법하려면 심판청구 당시는 물론 그 결정 당시에도 권리보호의 이익이 있어야 함이 원칙이다. 따라서 **헌법소원심판청구 후 심판의 대상이 되었던 법령조항이 개정되어 더 이상 청구인에게 적용될 여지가 없게 된 경우에는**, 특별한 사정이 없는 한 심판대상인 구법조항에 대하여 위헌결정을 **받을 주관적 권리보호의 이익은 소멸**하므로, 그러한 헌법소원 심판청구는 **부적법**하다(헌재 2009. 4. 30. 2007헌마103).

● 정답 5095. X [행정행위 불분명, 보충성 예외 인정] 5096. O 5097. O 5098. O

5099 청구인의 헌법소원심판 청구 당시 권리보호이익이 인정되더라도 심판 계속 중에 「사법시험령」 제4조가 폐지되어 더 이상 응시횟수의 제한이 없게 되는 등 사실관계 또는 법률관계의 변동으로 말미암아 청구인이 주장하는 기본권침해가 종료된 경우에는 원칙적으로 권리보호이익이 없다. 15 변호사 O | X

청구인들은 헌법소원심판청구를 통하여 달성하고자 하는 주관적 목적을 이미 달성하였고, 이로써 심판대상의 위헌여부를 가릴 실익이 없어졌다고 할 것이며, 달리 동종의 기본권침해의 위험이 상존한다거나, 새로운 법령이 이 사건 조항과 유사한 내용을 규정하고 있어, 그에 의한 기본권침해의 위험을 사전에 제거하는 등 헌법질서의 수호·유지를 위하여 헌법적 해명이 요구되는 경우도 아니다. 따라서, 이 사건의 경우에는 기본권의 침해를 받은 청구인들이 그 구제를 받기 위하여 헌법소원심판을 청구한 뒤 관계법령의 개정으로 말미암아 **기본권의 침해행위가 배제되어** 청구인들이 더 이상 기본권을 침해받고 있지 아니한 때에 해당하여 더 이상 **본안에 대하여 심판을 받을 이익이 없다**고 보아야 할 것이므로, 결국 이 사건 심판청구는 **부적법하여 이를 각하**하기로 한다(헌재 2001. 4. 26. 2000헌마262).

5100 국회의원 선거구에 관한 법률을 제정하지 아니한 입법부작위의 위헌확인을 구하는 심판청구에 대하여 심판청구 이후 국회가 국회의원 선거구를 획정함으로써 청구인들의 주관적 목적이 달성되었다 할지라도 헌법적 해명의 필요성이 있어 권리보호이익이 존재한다. 16 국가 7 O | X

헌법소원심판청구가 적법하려면 심판청구 당시는 물론 결정 당시에도 권리보호이익이 존재해야 하는데, 2016. 3. 2. 피청구인이 선거구를 획정함으로써 선거구에 관한 법률을 제정하지 아니하고 있던 피청구인의 **입법부작위 상태는 해소되었고**, 획정된 선거구에서 **국회의원후보자로 출마**하거나 **선거권자로서 투표**하고자 하였던 청구인들의 **주관적 목적이 달성되었으므로**, 청구인들의 이 사건 입법부작위에 대한 심판청구는 **권리보호이익이 없어 부적법하다**(헌재 2016. 4. 28. 2015헌마1177 등).

5101 가족이 북한 내 정치범수용소에 억류되어 있는 북한이탈주민 등이 이른바 '북한인권법'을 제정하지 아니한 입법부작위가 청구인들의 기본권을 침해한다고 주장하며 제기한 헌법소원심판 계속 중에 국회가 북한인권법을 제정하였다면, 더 이상 권리보호이익이 존재한다고 보기 어렵고, 달리 헌법적 해명의 필요성도 찾아보기 어려우므로 헌법소원심판청구는 부적법하다. 23 법무사 O | X

헌법소원제도는 국민의 기본권 침해를 구제하기 위한 제도이므로 그 제도의 목적에 비추어 권리보호이익이 있는 경우에만 이를 제기할 수 있다. 권리보호이익은 헌법재판소의 결정 당시에도 존재해야 하므로, 헌법소원심판청구 당시 권리보호이익이 인정되더라도 심판 계속 중에 사실관계 또는 법률관계의 변동으로 말미암아 **청구인이 주장하는 기본권의 침해가 종료**된 경우에는 원칙적으로 **권리보호이익이 없으므로 헌법소원이 부적법**한 것으로 된다. … 피청구인이 '북한주민 등에 대한 인권유린의 증거조사 및 기록보존을 위한 제도적 장치를 마련하고, 인권유린의 중단 및 예방조치를 강구하기 위한 법률'을 마련하지 않음으로써 자신들의 기본권이 침해되었다는 청구인들의 주장은 위와 같은 **북한인권법의 제정으로 모두 해소되었으므로**, 이 사건 심판청구의 **권리보호이익은 소멸되었**고, 달리 **헌법적 해명의 필요성도 찾아보기 어렵다**(헌재 2016. 4. 28. 2013헌마266).

5102 미결수용자와 같은 지위에 있는 수형자가 발송하려고 제출한 서신을 교도소장이 서신 제출일 16:00시에 일괄 수리하여 그 다음 날에 발송한 행위에 관한 심판청구는 수형자가 주장하는 기본권 침해가 종료되지 않았으므로 위헌확인을 구할 주관적 권리보호이익을 인정할 수 있다. 23 소간 O | X

헌법소원은 국민의 기본권 침해를 구제하는 제도이므로 헌법소원심판청구가 적법하려면 심판청구 당시는 물론 결정 당시에도 권리보호이익이 있어야 함이 원칙이다. 그런데 이 사건 서신익일발송행위는 그 제출일인 2019. 10. 21., 같은 달 24., 같은 달 31., 같은 해 11. 5. 및 2020. 1. 22. 의 각 다음 날에 이루어진 것으로서 청구인이 주장하는 **기본권 침해가 이미 종료되었으므로**, 청구인이 이 사건 **서신익일발송행위**에 대하여 위헌확인을 구할 **주관적 권리보호이익을 인정할 수 없다**(헌재 2021. 10. 28. 2019헌마973).

● 정답 5099. O   5100. X [주관적 목적 달성되어 권리보호이익 부정]   5101. O   5102. X [기본권 침해 행위 이미 종료로 주관적 권리보호이익 부정]

5103 피청구인 부산광역시 기장군의회 운영행정위원장이 2015. 10. 26. 및 2015. 10. 28. 청구인들에게 한 부산광역시 기장군의회 운영행정위원회 제209회 제1차, 제3차 임시회의 방청불허행위는 헌법적으로 해명이 중대한 의미를 지니는 경우로 보기 어려우므로 헌법소원심판청구의 권리보호이익이 인정되지 않는다. 18 경정 O | X

5103-1 '지방의회 위원회 위원장이 행하는 방청불허행위'의 헌법적 한계를 확정짓고 합헌적 기준을 제시하는 문제는 알 권리 및 의사공개원칙의 범위를 확인하는 것이므로, 헌법적 해명이 필요하여 헌법소원심판청구의 권리보호이익이 있다. 22 소간 O | X

이 사건 방청불허행위에서 문제된 운영행정위원회 제209회 제1차, 제3차 **임시회는 모두 종료되었으므로 권리보호이익이 소멸하였다.** 지방의회 위원회 위원장은 특정 방청신청에 대하여 구체적 사정을 고려하여 허가 여부를 결정하고, 위원회 회의는 논의가 속행되지 않는 이상 개별 회의마다 성격이 다르므로 이 사건 방청불허행위와 **동일한 행위가 반복될 위험성은 없다.** 설령 반복 위험성이 있더라도 이 사건에서는 이 사건 방청불허행위가 지방자치법 제60조 제1항의 적법한 요건을 갖추고 있는가에 관한 **위법성이 문제될** 뿐이므로, **헌법적으로 해명이 중대한 의미를 지니는 경우로 보기 어렵다.** 따라서 이 사건 방청불허행위에 대한 심판청구는 **권리보호이익이 없고, 심판청구의 이익도 인정되지 않는다**(헌재 2017. 7. 27. 2016헌마53).

5104 단순히 '행정청의 행위가 법률이 정한 바에 부합하는가'라는 점을 문제 삼는 경우와 같이 법률의 해석·적용 또는 포섭을 다투는 경우에는 헌법적 해명의 필요성이 인정되지 아니하고, 설사 유사한 침해행위가 앞으로도 반복될 위험이 있다 하더라도 공권력 행사의 위헌 여부를 확인할 실익이 없어 심판청구의 이익이 부인된다. 23 소간 O | X

'헌법적 해명이 중대한 의미를 가지는 경우'는 당해 사건을 떠나 일반적이고 중요한 의미를 지니고 있어 헌법질서의 유지·수호를 위하여 그 해명이 긴요한 경우를 의미하는바, 행정청이 적용 법률의 해석에 있어서 법 규정에 미치는 기본권의 효력을 간과하거나 오해함으로써 법 규정을 위헌적으로 해석·적용한 경우에는 헌법적 해명의 필요성이 인정된다. 그러나 **단순히 '행정청의 행위가 법률이 정한 바에 부합하는가'라는 점을 문제 삼는 경우와 같이 법률의 해석·적용 또는 포섭을 다투는 경우에는 헌법적 해명의 필요성이 인정되지 아니하고, 설사 유사한 침해행위가 앞으로도 반복될 위험이 있다 하더라도 공권력 행사의 위헌 여부를 확인할 실익이 없어 심판청구의 이익이 부인된다**(헌재 2022. 1. 27. 2020헌마497).

02 예외적 권리보호이익 인정

1 권력적 사실행위 (이미 종료)

5105 이미 종료된 권력적 사실행위에 대한 헌법소원심판청구의 경우에, 침해행위가 앞으로도 반복될 위험이 있거나 당해 분쟁의 해결이 헌법질서의 수호·유지를 위하여 긴요한 사항이어서 그 해명이 중대한 의미를 지니는 경우에는 심판청구의 이익을 인정할 수 있다. 17 국가 7(추) O | X

이 사건 심판대상행위는 피청구인이 우월적 지위에서 일방적으로 강제하는 성격을 가진 것으로서 **권력적 사실행위**라 할 것이며, … 청구인들에 대한 **침해행위는 이미 종료**되어 이 사건 심판대상행위에 대하여 위헌확인을 하더라도 청구인들에 대한 권리구제는 불가능한 상태이어서 **주관적 권리보호의 이익은 소멸**되었다고 할 것이다. … 헌법소원이 주관적 권리구제에는 별 도움이 되지 않는다 하더라도 그러한 침해행위가 앞으로도 **반복될 위험이** 있거나 당해 분쟁의 해결이 **헌법질서의 수호·유지**를 위하여 **긴요한 사항이어서 헌법적으로 그 해명이 중대한 의미**를 지니고 있는 경우에는 **심판청구의 이익을 인정**할 수 있다고 할 것이다(헌재 2001. 7. 19. 2000헌마546).

정답 5103. O   5103-1. X [권리보호이익 부정]   5104. O   5105. O

5106 대한민국 국적의 성인 남자가 서울시청 앞 광장(서울광장)을 가로질러 통행하려고 했으나, 경찰이 때마침 서울광장에서 이루어진 대규모 집회를 통제하기 위하여 경찰버스 수십 대로 서울광장을 둘러싸는 차벽을 설치하여 통행을 하지 못하게 하였는데 헌법소원은 주관적 권리구제뿐만 아니라 객관적 헌법질서의 보장 기능도 겸하고 있으므로 비록 경찰의 차벽설치행위가 종료되었다고 하여도 이와 같은 행위가 다시 반복될 것이 예상되므로 권리보호의 이익이 인정된다. 17 법무사   O | X

헌법소원은 **주관적 권리구제** 뿐만 아니라 **객관적인 헌법질서 보장의 기능**도 겸하고 있으므로, 가사 청구인의 주관적 권리구제에는 도움이 되지 아니한다고 하더라도 같은 유형의 침해행위가 앞으로도 반복될 위험이 있고, 헌법질서의 수호·유지를 위하여 그에 대한 헌법적 해명이 긴요한 사항에 대하여는 심판청구의 이익을 인정하여야 하는 것이다. … 이 사건 통행제지행위 당시 피청구인이 불법·폭력 집회를 막는다는 이유로 서울광장을 봉쇄하여 일반시민들의 통행을 제지하는 것이 **헌법적으로 정당한지 여부**는 헌법질서의 수호·유지를 위하여 **헌법적 해명이 긴요한 사항**에 해당하고, 따라서 이 사건 심판청구는 **심판의 이익이 있다**고 할 것이다(헌재 2011. 6. 30. 2009헌마406).

5107 변호인이 피의자신문에 참여하면서 피의자 옆에 앉으려고 하자 검찰수사관이 변호인에게 피의자 뒤에 앉으라고 요구한 후방착석요구행위는 이미 종료되어 권리보호이익이 소멸하였으므로 심판이익은 인정될 수 없다. 18 국회 8   O | X

이 사건 **후방착석요구행위는 2016. 4. 21. 종료**되었으므로, 이에 대한 심판청구가 인용된다고 하더라도 청구인의 권리구제에는 도움이 되지 아니한다. 그러나 기본권 침해행위가 장차 반복될 위험이 있거나 당해 분쟁의 해결이 헌법질서의 유지·수호를 위하여 긴요한 사항이어서 헌법적으로 그 해명이 중대한 의미를 지니고 있는 때에는 예외적으로 심판이익을 인정할 수 있다. … 그렇다면 이 사건 **후방착석요구행위**에 대한 **권리보호이익은 소멸**하였으나, **심판이익은 인정**될 수 있다(헌재 2017. 11. 30. 2016헌마503).

5108 미결수용자에 대한 서신검열행위가 이미 종료된 경우 객관적 헌법질서의 유지를 위한 헌법소원심판청구의 이익이 없다. 11 지방 7   O | X

미결수용자의 서신에 대한 검열이나 지연발송 및 지연교부행위는 헌법상 보장된 통신의 자유나 비밀을 침해받지 아니할 권리 및 변호인의 조력을 받을 권리와의 관계에서 해명되어야 할 중요한 문제이고, 또 검열행위는 「행형법」의 규정에 따라 앞으로도 계속될 것으로 보이므로, 이러한 **침해행위가 이미 종료**되었다 하더라도, 이 사건 심판청구는 **헌법질서의 수호·유지를 위하여 긴요한 사항**으로서 **그 해명이 중대한 의미**를 지니고 있고 **동종행위의 반복위험성**도 있어서 **심판청구의 이익이 있다**(헌재 1995. 7. 21. 92헌마144).

2 기타

5109 기소유예처분을 받은 피의자가 불복하여 헌법소원심판을 청구하였으나 그 후 그 처분의 대상이 된 범죄의 공소시효가 완성되었다고 하더라도 그 사실만으로 피의자가 제기한 헌법소원의 권리보호의 이익이 없다고 할 수 없다. 21 국회 9   O | X

기소유예처분을 받은 **피의자가** 검사의 피의사실 인정에 불복하고 자기의 **무고함을 주장**하여 헌법소원을 제기한 경우 그 피의사실에 대한 **공소시효가 완성된 때**에는, 헌법재판소가 이를 인용하여 그 처분을 취소하더라도 검사로서는 "**공소권없음**"의 처분을 할 것으로 보이나, 기소유예처분이 그 피의자에 대하여 피의사실을 인정하는 것과는 달리 "공소권없음"의 처분은 범죄혐의의 유무에 관한 실체적 판단을 하는 것이 아니고 단지 공소권이 없다는 형식적 판단을 하는 것으로서 **기소유예처분보다는 피의자에게 유리한 것이므로,** 비록 그 범행에 관한 **공소시효가 이미 완성**되었다고 하더라도, 그 사실만으로 피의자가 제기한 헌법소원이 **권리보호이익이 없다고 할 수 없다**(헌재 2012. 7. 26. 2011헌마214).

● 정답   5106. O   5107. X [심판이익 인정]   5108. X [심판이익 인정]   5109. O

5110 기소유예처분의 대상인 피의사실에 대하여 일반사면이 있은 경우 그 처분의 취소를 구하는 헌법소원의 경우에는 권리보호의 이익이 있다고 볼 수 없으므로 헌법소원심판청구는 적법하지 않다. 14 변호사   O | X

1995. 12. 2. 대통령령 제14818호로 공포·시행된 **일반사면령** 제1조 제1항 제11호에 의하면 청구인의 **이 사건 도로교통법위반 범행은 사면**되었는 바, 만약 우리 재판소가 이 사건 심판청구를 받아들여 "**기소유예**" 처분을 취소하면 피청구인은 "**공소권없음**"의 결정을 할 것으로 짐작되는데, "기소유예" 처분은 피의사실은 인정되나 정상을 참작하여 단지 그 소추를 유예하는 처분임에 반하여, "공소권없음" 처분은 검사에게 피의사실에 대한 공소권이 없음을 선언하는 형식적 판단으로서 피의자의 범죄 혐의 유무에 관하여 실체적 판단을 하는 것이 아니다. 그렇다면 **비록 청구인의 이 사건 음주운전 소위에 대하여 일반사면**이 있었다고 하더라도 이 사건 심판청구는 **권리보호의 이익이 있다**(헌재 1996. 10. 4. 95헌마318).

5111 불기소처분의 대상이 된 피의사실의 공소시효가 이미 완성되었으면, 피해자의 그에 대한 헌법소원심판청구는 권리보호의 이익이 없다. 10 국가 7   O | X

불기소처분의 대상이 된 피의사실의 **공소시효가 이미 완성**되었으면 그에 대한 헌법소원심판청구는 **권리보호의 이익이 없다**(헌재 1989. 4. 17. 88헌마3).

5112 내사종결처분에 대한 헌법소원사건에서 결정선고 시점에서 이미 공소시효가 완성되었다면, 내사종결처분 이전이든 그 이후이든, 그 사건은 종국적으로 권리구제 목적인 공소제기를 할 수 없음이 확정된 것이므로, 권리보호이익이 없다. 24 소간   O | X

피청구인이 공소시효의 완성을 이유로 내사종결처분을 한 이 사건에서 청구인은 **공소시효가 완성되지 않았다고 주장**하면서 범죄의 성립여부를 판단하지 아니한 채 공소시효가 완성되었다고 판단한 피청구인의 처분을 다투고 있으므로 **권리보호이익을 인정함이 상당하다.** 이와 달리 만일 공소시효의 완성 여부를 적법요건으로 본다면, 피청구인이 실체를 판단하지 아니한 채 공소시효의 완성 여부만을 판단한 이 사건에서는 본안의 판단 대상이 없게 되므로 공소시효 완성여부는 적법요건이 아니라 본안 심판의 대상이 된다. 따라서 이 사건 심판청구는 적법요건을 충족하였다(헌재 2014. 9. 25. 2012헌마175).

5113 교정시설 내 과밀수용행위를 다투고 있는 수형자가 형기만료로 이미 석방되었으므로, 심판청구가 인용되더라도 그 권리구제는 불가능한 상태이고, 그 침해가 계속 반복될 우려가 없어 심판의 이익을 인정할 수 없다. 18 국가 7   O | X

청구인은 **형기만료로 이미 석방**되었으므로, 이 사건 심판청구가 인용되더라도 청구인의 권리구제는 불가능한 상태이다. 그러나 **이 사건에서 문제되는 교정시설 내 과밀수용행위는 계속 반복될 우려**가 있고, 수형자들에 대한 기본적 처우에 관한 중요한 문제로서 그에 대한 **헌법적 해명의 필요성**이 있으므로 **예외적으로 심판의 이익을 인정할 수 있다**(헌재 2016. 12. 29. 2013헌마142).

5114 가석방심사 시 준법서약서 제출을 요구하는 「가석방심사 등에 관한 규칙」 제14조 제2항은 수형자가 이미 석방된 경우라 할지라도, 같은 유형의 침해행위가 앞으로도 반복될 위험이 있고 그에 대한 헌법적 해명이 긴요한 사항인 경우에는 심판청구의 이익을 인정할 수 있다. 13 변호사   O | X

헌법소원은 주관적 권리구제 뿐만 아니라 객관적인 헌법질서보장의 기능도 겸하고 있으므로 가사 청구인들의 주관적 권리구제에는 도움이 되지 아니한다 하더라도 **같은 유형의 침해행위가 앞으로도 반복될 위험**이 있고, **헌법질서의 수호·유지**를 위하여 그에 대한 **헌법적 해명이 긴요한 사항**에 대하여는 **심판청구의 이익을 인정**하여야 할 것이다(헌재 2002. 4. 25. 98헌마425 등).

● 정답 5110. X [권리보호이익 인정] 5111. O 5112. X [공소시효 미완성 주장 시 권리보호이익 인정 可] 5113. X [반복 우려 있어 예외적 심판 이익 인정] 5114. O

POINT 288 종국결정

5115 각하의견 4인, 인용의견 5인인 헌법소원심판의 주문은 기각이다. 12 국회 9   O | X

5115-1 헌법소원심판에서 재판관들의 각하의견이 4인, 인용의견이 5인인 경우 각하결정이 내려진다. 14 국회 8   O | X

재판관 5인의 의견은 헌법소원 심판청구를 인용하여야 한다는 의견이고 재판관 4인의 의견은 심판청구가 부적법하므로 각하하여야 한다는 의견인 경우 헌법재판소법 제23조 제2항 제1호에 규정된 헌법소원 인용결정의 정족수에 미달하므로 심판청구를 기각할 수밖에 없다(헌재 2000. 2. 24. 97헌마13 등).

5116 헌법재판소는 헌법재판소법 제68조 제1항에 따른 헌법소원을 인용할 때에는 인용결정서의 주문에 침해된 기본권과 침해의 원인이 된 공권력의 행사 또는 불행사를 특정하여야 하며, 그 경우에 공권력의 행사 또는 불행사가 위헌인 법률 또는 법률의 조항에 기인한 것이라고 인정될 때에는 인용결정에서 해당 법률 또는 법률의 조항이 위헌임을 선고할 수 있다. 22 국가 7   O | X

5116-1 헌법재판소는 공권력의 행사 또는 불행사가 위헌인 법률 또는 법률의 조항에 기인한 것이라고 인정될 경우에도 인용결정에서 해당 법률 또는 법률의 조항에 대해 위헌임을 선고할 수 없다. 11 지방 7   O | X

> 헌법재판소법 제75조(인용결정) ② 제68조제1항에 따른 헌법소원을 인용할 때에는 인용결정서의 주문에 침해된 기본권과 침해의 원인이 된 공권력의 행사 또는 불행사를 특정하여야 한다.
> ⑤ 제2항의 경우에 헌법재판소는 공권력의 행사 또는 불행사가 위헌인 법률 또는 법률의 조항에 기인한 것이라고 인정될 때에는 인용결정에서 해당 법률 또는 법률의 조항이 위헌임을 선고할 수 있다.

5117 헌법소원제도에는 객관적인 헌법질서를 수호·유지하는 기능도 있으므로 헌법소원심판청구가 취하되었다고 하더라도 헌법적 해명이 긴요한 때에는 종국결정을 선고할 수 있다. 17 법원 9   O | X

청구인들이 헌법소원심판청구를 취하하면 헌법소원심판절차는 종료되며, 헌법재판소로서는 헌법소원심판청구가 적법한 것인지 여부와 이유가 있는 것인지 여부에 대하여 판단할 수 없게 된다(헌재 1995. 12. 14. 95헌마221 등).

정답 5115. O   5115-1. X [기각결정]   5116. O   5116-1. X [선고 가능]   5117. X [심판절차 종료]

Chapter 05 권한쟁의심판

POINT 289 권한쟁의심판

01 권한쟁의심판

5118 권한쟁의는 국가기관과 지방자치단체간 및 지방자치단체 상호간의 권한 분쟁을 해결하는 절차이므로 국가기관 상호간의 권한분쟁은 심판대상이 되지 않는다. 21 국회 8 O|X

5118-1 지방자치단체 상호간의 권한 다툼은 법원에 속하는 권한이다. 11 법원 9 O|X

> 헌법 제111조 ① 헌법재판소는 다음 사항을 관장한다.
> 4. 국가기관 상호간, 국가기관과 지방자치단체간 및 지방자치단체 상호간의 권한쟁의에 관한 심판

5119 국가기관 상호간, 국가기관과 지방자치단체간 및 지방자치단체 상호간에 권한의 존부 또는 범위에 관하여 다툼이 있을 때에는 당해 국가기관 또는 지방자치단체는 헌법재판소에 권한쟁의심판을 청구할 수 있다. 15 법원 9, 15 경정, 14 서울 7 O|X

> 헌법재판소법 제61조(청구 사유) ① 국가기관 상호간, 국가기관과 지방자치단체 간 및 지방자치단체 상호간에 권한의 유무 또는 범위에 관하여 다툼이 있을 때에는 해당 국가기관 또는 지방자치단체는 헌법재판소에 권한쟁의심판을 청구할 수 있다.

5120 권한쟁의심판을 청구하려면 청구인과 피청구인 상호간에 헌법 또는 법률에 의하여 부여받은 권한의 존부 또는 범위에 관하여 다툼이 있어야 하고, 피청구인의 처분 또는 부작위가 헌법 또는 법률에 의하여 부여받은 청구인의 권한을 침해하였거나 침해할 현저한 위험이 있는 경우이어야 한다. 22 5급 O|X

권한쟁의심판을 청구하려면 **청구인과 피청구인 상호간에 헌법 또는 법률에 의하여 부여받은 권한의 존부 또는 범위에 관하여 다툼**이 있어야 하며, **피청구인의 처분 또는 부작위**가 헌법 또는 법률에 의하여 부여받은 청구인의 권한을 침해하였거나 침해할 현저한 위험이 있는 경우이어야 한다(헌재 2015. 11. 26. 2013헌라3).

5121 권한쟁의심판제도는 국가기관 사이, 국가기관과 지방자치단체 사이 또는 지방자치단체 사이에 권한의 존부 또는 범위에 관하여 다툼이 발생한 경우에, 헌법재판소가 이를 유권적으로 심판함으로써 각 기관에게 주어진 권한을 보호함과 동시에 객관적 권한질서의 유지를 통해서 국가기능의 수행을 원활히 하고, 수평적·수직적 권력 상호간의 견제와 균형을 유지하려는데 그 제도적 의의가 있다. 19 법원 9 O|X

권한쟁의심판은 국가기관 상호간 또는 국가기관과 지방자치단체 간 그리고 지방자치단체 상호간에 헌법과 법률에 따른 권한의 유무와 범위에 관하여 다툼이 발생한 경우에, 헌법소송을 통하여 이를 유권적으로 심판함으로써 각 기관에게 주어진 **권한을 보호함과 동시에** 객관적 권한질서의 유지를 통해서 **국가기능의 수행**을 원활히 하고, 국가기관 및 지방자치단체라는 **수평적 및 수직적 권력 상호간의 견제와 균형을 유지**시켜 헌법이 정한 권능질서의 규범적 효력을 보호하기 위한 제도이다(헌재 2014. 3. 27. 2012헌라4).

● 정답 5118. X [심판대상이 됨] 5118-1. X [헌법재판소 권한] 5119. O 5120. O 5121. O

5122 오늘날 의회와 정부가 다수당을 중심으로 통합되어 가는 정당국가적 경향에 따라서 권한쟁의심판제도는 정치과정에서 소수파가 다수파의 월권적 행위를 헌법을 통해 통제할 수 있는 수단으로서의 기능도 가지게 되었다. 19 법원 9   O|X

권한쟁의심판제도는 연혁적으로 **정부와 의회 간의 다툼**을 중립적 헌법수호자인 헌법재판소가 권력분립제도의 취지에 따라 해결하는 것에서 출발하였다. 이러한 의미에서 권한쟁의심판제도는 최고국가기관 간의 의견차이로 다툼이 발생한 경우 헌법해석을 통하여 분쟁을 해결함으로써 정치적 평화에 기여하고 정치적 통일을 확보하는데 제도적 의의가 있었다. 오늘날 의회와 정부가 다수당을 중심으로 통합되어 가는 **정당국가적 경향**에 따라서 의회의 정부에 대한 통제기능이 약화되고, 권력의 통제 및 견제의 메커니즘이 **여당과 야당의 구도**로 변하게 되자, 권한쟁의심판제도는 정치과정에서 **소수파가 다수파의 월권적 행위를 헌법을 통해 통제**할 수 있는 수단으로서의 기능도 가지게 되었다.

02 권한쟁의심판의 특징

5123 국가 또는 공공단체의 기관상호간에 있어서의 권한의 존부 또는 그 행사에 관한 다툼이 있을 때에는 기관소송을 제기할 수 있으나, 「헌법재판소법」 제2조의 규정에 의하여 헌법재판소의 관장사항으로 되는 소송은 기관소송의 대상에서 제외된다. 20 소간, 15 변호사   O|X

5123-1 공유수면에 인접한 두 지방자치단체의 어업면허처분과 관련된 권한쟁의심판에서 「행정소송법」 제45조는 법률이 정한 경우에 법률에 정한 자가 기관소송을 제기할 수 있도록 규정하고 있는바, 만약 지방자치단체의 권한쟁의심판청구가 기관소송을 거치지 않고 제기되었다면 권한쟁의심판의 보충성에 위배되어 부적법하다. 16 변호사   O|X

> **행정소송법 제3조(행정소송의 종류)** 행정소송은 다음의 네가지로 구분한다.
> 4. **기관소송** : **국가 또는 공공단체의 기관상호간**에 있어서의 **권한의 존부 또는 그 행사에 관한 다툼**이 있을 때에 이에 대하여 제기하는 소송. 다만, 헌법재판소법 제2조의 규정에 의하여 **헌법재판소의 관장사항**으로 되는 **소송은 제외**한다.

보충설명 법원을 통한 일차적 권리구제를 거치도록 요구하는 보충성 요건을 설정한 헌법소원제도와는 달리, 권한쟁의심판과 중첩될 여지가 큰 행정소송법상의 기관소송과 관련하여 헌법재판소의 관장사항이 되는 심판대상을 기관소송의 대상에서 제외함으로써 권한쟁의심판에 있어서 헌법재판소는 원칙적이고 포괄적인 관할권을 갖는다.

5124 심판대상이 되는 권한쟁의는 헌법상의 분쟁만이 아니라 법률상의 분쟁을 포함한다. 15 국회 8   O|X

5124-1 일반 법원의 기관소송 관할권과 중복을 피하기 위하여 권한쟁의 심판에서는 헌법상의 권한분쟁만을 대상으로 하고 법률상의 권한분쟁은 그 대상이 되지 않는다. 21 국회 8   O|X

5124-2 헌법재판소에 의한 권한쟁의심판의 대상이 되는 법적 분쟁은 헌법상의 분쟁에 국한되고, 법률상의 분쟁은 일반 법원의 행정소송에서 다루어지므로 양 사법기관의 관할권의 중복은 발생하지 않는다. 19 법원 9   O|X

권한쟁의심판의 대상이 되는 법적 분쟁은 **헌법상의 분쟁**뿐 아니라 **법률상의 분쟁도 포함**된다(헌법재판소법 제61조 제2항). 따라서 헌법재판소의 권한쟁의심판권은 **일반법원의 행정소송 관할권과 중복될 가능성**이 있다. 예를 들어 지방자치단체도 **항고소송**의 원고가 될 수 있으므로 국가나 다른 지방자치단체의 처분이 법령에 위반된다고 보는 경우에 지방자치단체는 그 처분의 취소를 구하는 항고소송을 제기할 수 있다. 따라서 권한쟁의심판과 행정재판의 관할이 중첩될 수 있다.

정답 5122. O   5123. O   5123-1. X [헌재 심판대상이면 기관소송 불가능하므로 권한쟁의심판 적법]   5124. O   5124-1. X [법률상 권한 분쟁 포함]   5124-2. X [법률상 분쟁 포함되어 중복 가능성 있음]

POINT 290　권한쟁의심판의 당사자

01　국가기관 상호간의 권한쟁의

5125　국가기관 상호간의 권한쟁의심판에 있어서 국가기관에는 국회, 정부, 법원 및 중앙선거관리위원회도 포함된다. 20 경정　　O | X

5125-1　「헌법재판소법」 제62조제1항제1호는 국가기관 상호간의 권한쟁의심판의 당사자로 국회, 정부, 법원만을 규정한다. 23 국회 9　　O | X

> **헌법재판소법 제62조(권한쟁의심판의 종류)** ① 권한쟁의심판의 종류는 다음 각 호와 같다.
> 1. **국가기관** 상호간의 권한쟁의심판
> **국회, 정부, 법원** 및 **중앙선거관리위원회** 상호간의 권한쟁의심판

5126　헌법재판소법 제62조 제1항 제1호가 국가기관 상호간의 권한쟁의심판을 '국회, 정부, 법원 및 중앙선거관리위원회 상호간의 권한쟁의심판'이라고 규정하고 있더라도 이는 한정적, 열거적인 조항이 아니라 예시적인 조항이라고 해석하는 것이 헌법에 합치된다. 18 경정, 16 국회 9　　O | X

5126-1　국가기관 상호간의 권한쟁의심판을 '국회, 정부, 법원 및 중앙선거관리위원회 상호간의 권한쟁의심판'이라고 규정하고 있는 「헌법재판소법」 제62조 제1항 제1호는 열거조항으로 해석된다. 22 경정　　O | X

5126-2　「헌법재판소법」 제62조 제1항 제1호가 국가기관 상호간의 권한쟁의심판을 '국회, 정부, 법원 및 중앙선거관리위원회 상호간의 권한쟁의심판'이라고 규정하고 있으므로, 이들 기관 외에는 권한쟁의심판의 당사자가 될 수 없다. 21 5급　　O | X

> 헌법재판소법 제62조 제1항 제1호가 **국가기관** 상호 간의 권한쟁의심판을 "**국회, 정부, 법원** 및 **중앙선거관리위원회** 상호 간의 권한쟁의심판"이라고 규정하고 있더라도 이는 한정적, 열거적인 조항이 아니라 예시적인 조항이라고 해석하는 것이 헌법에 합치되므로 이들 기관 외에는 권한쟁의심판의 당사자가 될 수 없다고 단정할 수 없다(헌재 1997. 7. 16. 96헌라2).

5127　입법자인 국회는 권한쟁의심판의 종류나 당사자를 제한할 입법형성의 자유가 있다고 할 수 없고, 권한쟁의심판의 당사자가 될 수 있는 국가기관의 범위는 결국 헌법해석을 통해 확정하여야 한다. 18 입시　　O | X

> **입법자인 국회**는 권한쟁의심판의 종류나 당사자를 제한할 **입법형성의 자유가 있다고 할 수 없고**, 헌법 제111조 제1항 제4호에서 말하는 **국가기관의 의미**와 권한쟁의심판의 당사자가 될 수 있는 **국가기관의 범위**는 결국 **헌법해석을 통하여 확정**하여야 할 문제이다 (헌재 1997. 7. 16. 96헌라2).

5128　헌법 제111조 제1항 제4호 소정의 '국가기관'에 해당하는지 여부는 그 국가기관이 헌법에 의하여 설치되고 헌법과 법률에 의하여 독자적인 권한을 부여받고 있는지, 헌법에 의하여 설치된 국가기관 상호간의 권한쟁의를 해결할 수 있는 적당한 기관이나 방법이 있는지 등을 종합적으로 고려하여야 할 것이다. 24 입시　　O | X

●정답　5125. O　5125-1. X [중선위도 규정]　5126. O　5126-1. X [열거조항 X → 예시조항 O]　5126-2. X [당사자 될 수 있음]　5127. O　5128. O

헌법 제111조 제1항 제4호 소정의 "**국가기관**"에 해당하는지 여부는 그 국가기관이 **헌법에 의하여 설치되고 헌법과 법률에 의하여 독자적인 권한을 부여받고 있는지**, 헌법에 의하여 설치된 국가기관 상호 간의 **권한쟁의를 해결할 수 있는 적당한 기관이나 방법이 있는지 등을 종합적으로 고려**하여야 할 것인바, 이러한 의미에서 국회의원과 국회의장은 위 헌법조항 소정의 "국가기관"에 해당하므로 권한쟁의심판의 당사자가 될 수 있다(헌재 1997. 7. 16. 96헌라2).

5129 국회의 소위원회 및 그 위원장도 권한쟁의심판의 당사자능력이 인정된다. 23 국회 9 O|X

헌법 제62조는 '국회의 위원회'(이하 '위원회'라 한다)를 명시하고 있으나 '국회의 소위원회'(이하 '소위원회'라 한다)는 명시하지 않고 있다. 소위원회는 국회법에 설치근거를 두고 있는데, 국회법 제57조 제1항은 위원회로 하여금 '소관 사항을 분담·심사하기 위하여' 또는 '필요한 경우 특정한 안건의 심사를 위하여' 소위원회를 둘 수 있도록 하고 있고, 같은 조 제4항은 소위원회의 활동을 위원회가 의결로 정하는 범위로 한정하고 있다. 이처럼 **국회법 제57조를 설치근거**로 하고, 또한 그 설치·폐지 및 권한이 원칙적으로 위원회의 의결에 따라 결정될 뿐인 **소위원회는 위원회의 부분기관에 불과하여 헌법에 의하여 설치된 국가기관에 해당한다고 볼 수 없다.** 따라서 소위원회가 설치된 뒤에야 비로소 존재할 수 있는 그 **소위원회 위원장** 또한 **헌법에 의하여 설치된 국가기관에 해당한다고 볼 수 없다.** … 이상과 같은 점들을 종합하면, 소위원회 위원장은 헌법 제111조 제1항 제4호 및 헌법재판소법 제62조 제1항 제1호의 '국가기관'에 해당한다고 볼 수 없으므로, **권한쟁의심판에서의 청구인능력이 인정되지 않는다**(헌재 2020. 5. 27. 2019헌라4).

5130 「국회법」상의 안건조정위원회 위원장은 헌법과 「헌법재판소법」이 정하는 권한쟁의심판을 청구할 수 있는 국가기관에 해당하지 않으므로, 권한쟁의심판에서의 당사자능력이 인정되지 않는다. 24 변호사 O|X

5130-1 안건조정위원회의 위원장은 「국회법」 제57조의 소위원회 위원장과 마찬가지로 헌법에 의하여 설치된 국가기관에 해당한다고 볼 수 없다. 21 국회 9 O|X

안건조정위원회는 국회법에 그 구성 요건 및 활동기간 등에 관한 별도의 조항을 두고 있으나, 역시 헌법이 아닌 **국회법에 설치근거**가 있고, 소위원회가 필요한 경우 특정한 안건의 심사를 위하여 설치될 수 있는 것과 마찬가지로 안건조정위원회도 이견을 조정할 필요가 있는 안건을 심사하기 위하여 위원회 재적위원 3분의 1의 요구에 따라 **임의로 설치**되는 점에 비추어 볼 때, **위원회의 부분기관**인 것은 다른 소위원회와 같다. 또한, 안건조정위원회의 위원장도 안건조정위원회가 구성된 뒤에야 비로소 조정위원 중에서 선출된다. 따라서 **안건조정위원회의 위원장**은 국회법 제57조의 **소위원회 위원장과 마찬가지로 헌법에 의하여 설치된 국가기관에 해당한다고 볼 수 없다.** … 국회법 제57조의2에 근거한 안건조정위원회 위원장은 국회법상 소위원회의 위원장으로서 헌법 제111조 제1항 제4호 및 헌법재판소법 제62조 제1항 제1호의 '**국가기관**'에 해당한다고 볼 수 없으므로, 청구인들의 피청구인 조정위원장의 가결선포행위에 대한 청구는 권한쟁의심판의 당사자가 될 수 없는 피청구인을 대상으로 하는 청구로서 **부적법**하다(헌재 2020. 5. 27. 2019헌라5).

5131 교섭단체가 갖는 권한은 원활한 국회 의사진행을 위하여 헌법이 인정하는 권한이므로, 교섭단체는 그 권한침해를 이유로 권한쟁의심판의 당사자가 될 수 있다. 21 5급 O|X

헌법은 권한쟁의심판청구의 당사자로 국회의원들의 모임인 **교섭단체**에 대해서 **규정하고 있지 않다**. 국회는 교섭단체와 같이 국회의 내부 조직을 자율적으로 구성하고 그에 일정한 권한을 부여할 수 있으나, 헌법은 국회의원들이 교섭단체를 구성하여 활동하는 것까지 예정하고 있지 아니하다. **교섭단체가 갖는 권한**은 원활한 국회 의사진행을 위하여 **국회법에서 인정하고 있는 권한**일 뿐이다. 또한 교섭단체의 권한 침해는 교섭단체에 속한 국회의원 개개인의 심의·표결권 등 권한 침해로 이어질 가능성이 높은바, **교섭단체와 국회의장 등 사이에 분쟁이 발생하더라도 국회의원과 국회의장 등 사이의 권한쟁의심판으로 해결할 수 있다**. 따라서 위와 같은 분쟁을 해결할 적당한 기관이나 방법이 없다고 할 수 없다. 이러한 점을 종합하면, **교섭단체는 그 권한침해를 이유로 권한쟁의심판을 청구할 수 없다**(헌재 2020. 5. 27. 2019헌라6 등).

● 정답 5129. × [당사자능력 부정]   5130. ○   5130-1. ○   5131. × [당사자능력 부정]

5132 정당은 국민의 자발적 조직으로, 그 법적 성격은 일반적으로 사적·정치적 결사 내지는 법인격 없는 사단으로서 공권력의 행사 주체로서 국가기관의 지위를 갖는다고 볼 수 없으므로, 정당이 국회 내에서 교섭단체를 구성하고 있다고 하더라도 권한쟁의심판의 당사자능력이 인정되지 않는다. 22 입시, 21 국가 7 O | X

5132-1 일반 정당과 달리 국회 내에서 교섭단체를 구성하고 있는 정당은 헌법 제111조 제1항 제4호 및 「헌법재판소법」 제62조 제1항 제1호의 국가기관에 해당한다고 볼 수 있으므로, 권한쟁의심판의 당사자능력이 인정된다. 22 경정 O | X

5132-2 정당은 권한쟁의심판절차의 당사자가 될 수 없으나, 정당이 교섭단체가 될 경우 교섭단체는 권한쟁의심판의 당사자능력이 인정된다. 21 변호사 O | X

정당은 국민의 자발적 조직으로, 그 법적 성격은 일반적으로 사적·정치적 결사 내지는 법인격 없는 사단으로서 공권력의 행사 주체로서 **국가기관의 지위를 갖는다고 볼 수 없다.** 정당이 국회 내에서 **교섭단체를 구성**하고 있다고 하더라도, 헌법은 권한쟁의심판청구의 당사자로서 국회의원들의 모임인 교섭단체에 대해서 규정하고 있지 않고, 교섭단체의 권한 침해는 교섭단체에 속한 국회의원 개개인의 심의·표결권 등 권한 침해로 이어질 가능성이 높아 그 분쟁을 해결할 적당한 기관이나 방법이 없다고 할 수 없다. 따라서 정당은 헌법 제111조 제1항 제4호 및 헌법재판소법 제62조 제1항 제1호의 '국가기관'에 해당한다고 볼 수 없으므로, **권한쟁의심판의 당사자능력이 인정되지 아니한다**(헌재 2020. 5. 27. 2019헌라6 등).

5133 국민 개인이 대법원장을 상대로 제기한 국가기관 간의 권한쟁의심판에서 '국민'인 청구인은 그 자체로는 헌법에 의하여 설치되고 헌법과 법률에 의하여 독자적인 권한을 부여받은 기관이라고 할 수 없으므로, '국민'인 청구인은 권한쟁의심판의 당사자가 되는 '국가기관'이 아니다. 22 5급 O | X

5133-1 국민은 국민주권주의에 의해 헌법에 의하여 설치되고 헌법과 법률에 의하여 독자적인 권한을 부여받은 기관으로 해석할 수 있으므로 권한쟁의심판의 당사자가 되는 국가기관에 해당할 수 있다. 18 국회 8 O | X

헌법재판소가 권한쟁의심판을 청구할 수 있는 국가기관의 종류와 범위에 관해 확립한 기준에 비추어 볼 때, '국민'인 청구인은 그 자체로는 헌법에 의하여 설치되고 헌법과 법률에 의하여 독자적인 권한을 부여받은 기관이라고 할 수 없으므로, **'국민'인 청구인은 권한쟁의심판의 당사자가 되는 '국가기관'이 아니다**(헌재 2017. 5. 25. 2016헌라2).

5134 헌법상 국가에 부여된 임무 또는 의무를 수행하고 그 독립성이 보장된 국가기관이라고 하더라도, 오로지 법률에 설치근거를 둔 국가기관은 '헌법에 의하여 설치되고 헌법과 법률에 의하여 독자적인 권한을 부여받은 국가기관'이라고 할 수 없다. 23 소간 O | X

5134-1 권한쟁의심판의 당사자능력은 헌법에 의하여 설치된 국가기관에 한정하여 인정되고, 법률에 의하여 설치된 국가기관에게는 권한쟁의심판의 당사자능력이 인정되지 아니한다. 19 국회 8 O | X

5134-2 권한쟁의심판을 청구할 수 있는 국가기관인지를 판별함에 있어서 오로지 법률에 설치근거를 둔 국가기관이라고 하더라도 헌법상 국가에게 부여된 임무 또는 의무를 수행하고 그 독립성이 보장된 국가기관이라면 권한쟁의심판의 당사자능력이 인정되는 국가기관이라고 할 수 있다. 16 국회 8 O | X

5134-3 법률에만 설치 근거를 둔 국가기관이라 하더라도 헌법상 국가에게 부여된 임무 또는 직무를 수행하고 그 독립성이 보장되었다면 권한쟁의심판을 청구할 수 있다. 18 국회 9 O | X

● 정답 5132. O   5132-1. X [국가기관 아니므로 당사자능력 부정]   5132-2. X [당사자능력 부정]   5133. O   5133-1. X [국가기관 아님]
5134. O   5134-1. O   5134-2. X [국가기관 아님, 당사자능력 부정]   5134-3. X [청구 불가]

헌법상 국가에게 부여된 임무 또는 의무를 수행하고 그 독립성이 보장된 국가기관이라고 하더라도 <u>오로지 법률에 설치근거를 둔</u> 국가기관이라면 국회의 입법행위에 의하여 존폐 및 권한범위가 결정될 수 있으므로 이러한 국가기관은 '헌법에 의하여 설치되고 헌법과 법률에 의하여 독자적인 권한을 부여받은 <u>국가기관'이라고 할 수 없다.</u> 즉, 청구인이 수행하는 업무의 헌법적 중요성, 기관의 독립성 등을 고려한다고 하더라도, 국회가 제정한 국가인권위원회법에 의하여 비로소 설립된 청구인은 국회의 위 법률 개정행위에 의하여 존폐 및 권한범위 등이 좌우되므로 헌법 제111조 제1항 제4호 소정의 헌법에 의하여 설치된 국가기관에 해당한다고 할 수 없다. 결국, 권한쟁의심판의 당사자능력은 헌법에 의하여 설치된 국가기관에 한정하여 인정하는 것이 타당하므로, 법률에 의하여 설치된 청구인에게는 <u>권한쟁의심판의 당사자능력이 인정되지 아니한다</u>(헌재 2010. 10. 28. 2009헌라6).

5135 국가인권위원회는 법률에 설치근거를 둔 국가기관이고, 헌법에 의하여 설치되고 헌법과 법률에 의하여 독자적인 권한을 부여받은 국가기관이라고 할 수는 없으므로, 독립성이 보장된 기관이기는 하더라도 그 기관이 갖는 권한의 침해 여부에 대해 국가를 상대로 권한쟁의심판을 청구할 당사자능력은 없다. 11 법원 9   O | X

5135-1 국가인권위원회는 헌법에 의하여 설치되고 헌법과 법률에 의하여 독자적인 권한을 부여받은 국가기관이므로 권한쟁의심판의 당사자능력이 인정된다. 23 경정, 18 경정   O | X

헌법상 국가에게 부여된 임무 또는 의무를 수행하고 그 독립성이 보장된 국가기관이라고 하더라도 오로지 법률에 설치근거를 둔 국가기관이라면 국회의 입법행위에 의하여 존폐 및 권한범위가 결정될 수 있으므로 이러한 국가기관은 '헌법에 의하여 설치되고 헌법과 법률에 의하여 독자적인 권한을 부여받은 국가기관'이라고 할 수 없다. … 결국, <u>권한쟁의심판의 당사자능력은 헌법에 의하여 설치된 국가기관에 한정</u>하여 인정하는 것이 타당하므로, <u>법률에 의하여 설치된 청구인에게는 권한쟁의심판의 당사자능력이 인정되지 아니한다</u>(헌재 2010. 10. 28. 2009헌라6).

5136 국회가 제정한 「국가경찰과 자치경찰의 조직 및 운영에 관한 법률」에 의하여 설립된 국가경찰위원회는 국가기관 상호간의 권한쟁의심판의 당사자능력이 있다. 23 국가 7   O | X

5136-1 '행정안전부장관의 소속청장 지휘에 관한 규칙인 행정안전부령 제348호의 제정행위가 국가경찰위원회의 권한을 침해한다'는 취지의 권한쟁의심판청구에서 국가경찰위원회는 권한쟁의심판을 청구할 당사자능력이 있다. 23 소간   O | X

국회가 제정한 경찰법에 의하여 비로소 설립된 청구인은 국회의 경찰법 개정행위에 의하여 존폐 및 권한범위 등이 좌우되므로, 헌법 제111조 제1항 제4호 소정의 헌법에 의하여 설치된 국가기관에 해당한다고 할 수 없다. … 따라서 <u>권한쟁의심판의 당사자능력은 헌법에 의하여 설치된 국가기관에 한정하여 인정</u>하는 것이 타당하므로, <u>법률에 의하여 설치된 청구인 국가경찰위원회에게는 권한쟁의심판의 당사자능력이 인정되지 아니한다</u>(헌재 2022. 12. 22. 2022헌라5).

02 국가기관과 지방자치단체 간의 권한쟁의

5137 국가기관과 지방자치단체 간 권한쟁의심판의 당사자에 관한 헌법재판소법 제62조 제1항 제2호의 '정부'는 예시규정이므로, 정부 뿐 아니라 정부의 부분기관, 국회, 법원도 당사자가 될 수 있다. 23 법무사   O | X

헌법재판소법 제62조 제1항 제2호는 국가기관과 지방자치단체 간의 권한쟁의심판에 대한 국가기관측 당사자로 '<u>정부</u>'만을 규정하고 있지만, <u>이 규정의 '정부'는 예시적인 것이므로</u> 대통령이나 행정각부의 장 등과 같은 <u>정부의 부분기관뿐</u> 아니라 <u>국회도</u> 국가기관과 지방자치단체 간 <u>권한쟁의심판의 당사자가</u> 될 수 있다(헌재 2008. 6. 26. 2005헌라7).

정답 5135. O 5135-1. X [당사자능력 부정] 5136. X [당사자능력 부정] 5136-1. X [당사자능력 부정] 5137. O

5138 각급 구·시·군 선거관리위원회도 헌법에 의하여 설치된 기관으로서 헌법과 법률에 의하여 독자적인 권한을 부여받은 기관에 해당하고, 따라서 권한쟁의심판청구의 당사자능력이 인정된다. 18 국회 9 O | X

5138-1 중앙선거관리위원회와 각급 선거관리위원회는 권한쟁의심판의 당사자가 될 수 있다. 18 입시 O | X

5138-2 중앙선거관리위원회 외에 각급 구·시·군 선거관리위원회는 헌법에 의하여 설치된 기관이 아니므로 권한쟁의심판의 당사자능력이 없다. 15 국가 7 O | X

중앙선거관리위원회 외에 각급 구·시·군 선거관리위원회도 헌법에 의하여 설치된 기관으로서 헌법과 법률에 의하여 독자적인 권한을 부여받은 기관에 해당하고, 따라서 피청구인 강남구선거관리위원회도 당사자 능력이 인정된다(헌재 2008. 6. 26. 2005헌라7).

5139 지방자치단체의 장이 국가위임사무에 대해 국가기관의 지위에서 처분을 행한 경우에는 권한쟁의심판청구의 당사자가 될 수 있다. 16 국회 9 O | X

(1) 권한쟁의 심판청구는 헌법과 법률에 의하여 권한을 부여받은 자가 그 권한의 침해를 다투는 헌법소송으로서 이러한 권한쟁의심판을 청구할 수 있는 자에 대하여는 헌법 제111조 제1항 제4호와 헌법재판소법 제62조 제1항 제3호가 정하고 있는바, 이에 의하면 지방자치단체의 장은 원칙적으로 권한쟁의 심판청구의 당사자가 될 수 없다. 다만 지방자치단체의 장이 국가위임 사무에 대해 국가기관의 지위에서 처분을 행한 경우에는 권한쟁의 심판청구의 당사자가 될 수 있다(헌재 2006. 8. 31. 2003헌라1).
(2) 이 사건의 쟁점은 피청구인이 재결청의 지위에서 행정심판법 제37조 제2항의 규정에 따라 행한 직접처분이 청구인의 권한을 침해하는가 여부이다. 따라서 이 사건은 지방자치단체인 청구인(성남시)과 국가기관인 재결청으로서의 피청구인(경기도지사) 사이의 권한쟁의 사건이라고 할 것이다(헌재 1999. 7. 22. 98헌라4).

03 지방자치단체 상호 간의 권한쟁의

5140 지방자치단체 상호간의 권한쟁의심판을 규정하는 「헌법재판소법」 제62조 제1항 제3호를 예시적으로 해석할 필요성은 없다. 18 국회 8 O | X

5140-1 지방자치단체 상호간의 권한쟁의심판을 규정하고 있는 「헌법재판소법」 제62조 제1항 제3호의 경우에는 이를 예시적으로 해석하여야 한다. 22 지방 7 O | X

헌법은 '국가기관'과는 달리 '지방자치단체'의 경우에는 그 종류를 법률로 정하도록 규정하고 있으며(헌법 제117조 제2항), 지방자치법은 지방자치단체의 종류를 특별시, 광역시, 특별자치시, 도, 특별자치도와 시, 군, 구로 정하고 있고(지방자치법 제2조 제1항), 헌법재판소법은 이를 감안하여 권한쟁의심판의 종류를 정하고 있다. 즉, 지방자치법은 헌법의 위임을 받아 지방자치단체의 종류를 규정하고 있으므로, 지방자치단체 상호간의 권한쟁의심판을 규정하는 헌법재판소법 제62조 제1항 제3호를 예시적으로 해석할 필요성 및 법적 근거가 없다(헌재 2016. 6. 30. 2014헌라1).

● 정답 5138. O 5138-1. O 5138-2. X [당사자능력 인정] 5139. O 5140. O 5140-1. X [열거적 해석]

5141 권한쟁의가 「지방교육자치에 관한 법률」 제2조에 따른 교육·학예에 관한 지방자치단체의 사무에 관한 것인 경우에는 교육감이 국가기관과 지방자치단체 간의 권한쟁의심판 및 지방자치단체 상호 간의 권한쟁의심판의 당사자가 된다. 21 지방 7   O | X

> **헌법재판소법 제62조(권한쟁의심판의 종류)** ① 권한쟁의심판의 종류는 다음 각 호와 같다.
> 2. 국가기관과 **지방자치단체** 간의 권한쟁의심판
> 3. **지방자치단체** 상호간의 권한쟁의심판
> ② 권한쟁의가 「지방교육자치에 관한 법률」 제2조에 따른 **교육·학예에 관한 지방자치단체의 사무**에 관한 것인 경우에는 **교육감**이 제1항제2호 및 제3호의 **당사자**가 된다.

보충설명 교육감이 당사자가 된다는 의미는 교육감이 지방자치단체를 대표한다는 취지이며, 헌법재판소도 '청구인 또는 피청구인을 지방자체단체, 대표자 교육감'으로 표시하고 있다.

5142 공유수면에 인접한 두 지방자치단체의 어업면허처분과 관련된 권한쟁의심판에서 권한쟁의심판의 당사자는 지방자치단체가 된다. 16 국가 7   O | X

청구인(홍성군)과 피청구인(태안군)은 지방자치단체들로서 **권한쟁의심판의 당사자능력**이 있고, 이 사건 어업면허처분들로 인해 이 사건 쟁송해역에 대한 관할권한이 침해되었다고 주장하는 청구인에게는 청구인적격이, 이 사건 쟁송해역에 대한 관할권한이 자신에게 있으므로 위 어업면허처분들은 정당하다고 주장하는 피청구인에게는 피청구인적격이 각 인정된다(헌재 2015. 7. 30. 2010헌라2).

5143 공유수면에 인접한 두 지방자치단체의 어업면허처분과 관련된 권한쟁의심판에서 어업면허사무가 자치사무일 경우 지방자치단체장에게는 권한쟁의심판의 당사자 적격이 인정된다. 16 국가 7   O | X

5143-1 「헌법재판소법」은 지방자치단체 상호 간의 권한쟁의심판을 규정하고 있지만 이는 예시적인 것이므로, 지방자치단체의 장인 군수도 권한쟁의심판의 당사자가 될 수 있다. 16 변호사   O | X

권한쟁의 심판청구는 헌법과 법률에 의하여 권한을 부여받은 자가 그 권한의 침해를 다투는 헌법소송으로서 이러한 권한쟁의심판을 청구할 수 있는 자에 대하여는 헌법 제111조 제1항 제4호와 헌법재판소법 제62조 제1항 제3호가 정하고 있는바, 이에 의하면 **지방자치단체의 장은** 원칙적으로 **권한쟁의 심판청구의 당사자가 될 수 없다**(헌재 2006. 8. 31. 2003헌라1).

5144 교육감과 해당 지방자치단체 상호 간의 권한쟁의심판은 '상이한 권리주체 간'의 권한쟁의심판으로 볼 수 없으므로, 헌법재판소가 관장하는 지방자치단체 상호간의 권한쟁의심판에 속하지 않는다. 24 입시   O | X

5144-1 시·도의 교육·학예에 관한 집행기관인 교육감과 해당 지방자치단체 사이의 내부적 분쟁과 관련된 심판청구는 헌법재판소가 관장하는 권한쟁의심판에 속하지 아니한다. 17 변호사   O | X

5144-2 교육감과 해당 지방자치단체 사이의 내부적 분쟁과 관련한 권한쟁의심판청구는 '서로 상이한 권리주체 간'의 권한쟁의심판청구로서 헌법재판소가 관장하는 권한쟁의심판에 해당한다. 17 국가 7(추)   O | X

5144-3 교육·학예에 관한 집행기관인 교육감과 해당 지방자치단체 사이의 내부적 분쟁과 관련된 심판청구는 권한쟁의심판에 속한다. 20 입시   O | X

정답 5141. O   5142. O   5143. X [지자체장 : 권한쟁의심판 당사자 X]   5143-1. X [예시적 X → 열거적 O, 당사자능력 부정]   5144. O   5144-1. O   5144-2. X [상이한 권리주체 간 권한쟁의심판 X]   5144-3. X [권한쟁의심판 X]

'지방교육자치에 관한 법률'은 **교육감**을 시·도의 교육·학예에 관한 사무의 '**집행기관**'으로 규정하고 있으므로, **교육감과 해당 지방자치단체** 상호 간의 권한쟁의심판은 '**서로 상이한 권리주체 간**'의 권한쟁의심판청구로 볼 수 없다. … 따라서 시·도의 교육·학예에 관한 **집행기관인 교육감**과 해당 **지방자치단체** 사이의 **내부적 분쟁**과 관련된 심판청구는 헌법재판소가 관장하는 **권한쟁의심판에 속하지 아니한다**(헌재 2016. 6. 30. 2014헌라1).

5145 지방자치단체의 의결기관인 지방의회를 구성하는 지방의회의원과 그 지방의회의 대표자인 지방의회 의장 간의 권한쟁의심판은 헌법 및 「헌법재판소법」에 의하여 헌법재판소가 관장하는 지방자치단체 상호 간의 권한쟁의심판의 범위에 속한다고 볼 수 없으므로 부적법하다. 11 국가 7   O | X

5145-1 지방자치단체의 의결기관인 지방의회를 구성하는 지방의회 의원과 그 지방의회의 대표자인 지방의회 의장 간의 권한쟁의심판은 헌법 및 「헌법재판소법」에 의하여 헌법재판소가 관장하는 지방자치단체 상호 간의 권한쟁의심판의 범위에 속한다. 20 변호사, 13 법무사   O | X

지방자치단체의 의결기관인 지방의회를 구성하는 **지방의회 의원**과 그 지방의회의 대표자인 **지방의회 의장** 간의 권한쟁의심판은 헌법 및 헌법재판소법에 의하여 헌법재판소가 관장하는 **지방자치단체 상호 간의 권한쟁의심판의 범위에 속한다고 볼 수 없으므로 부적법하다**(헌재 2010. 4. 29. 2009헌라11).

5146 지방자치단체의 의결기관인 지방의회와 지방자치단체의 집행기관인 지방자치단체장 간의 내부적 분쟁도 「헌법재판소법」에 의하여 헌법재판소가 관장하는 지방자치단체 상호 간의 권한쟁의심판에 해당한다고 볼 수 있다. 22 5급   O | X

5146-1 동일 지방자치단체의 장과 의회 간의 권한분쟁은 헌법재판소 권한쟁의심판의 대상이다.
11 국회 9, 08 국가 7   O | X

지방자치단체의 의결기관인 **지방의회**와 지방자치단체의 집행기관인 **지방자치단체장** 간의 **내부적 분쟁**은 **지방자치단체 상호 간의 권한쟁의심판의 범위에 속하지 아니하고**, 달리 **국가기관 상호 간**의 권한쟁의심판이나 **국가기관과 지방자치단체 상호간**의 권한쟁의심판에 **해당한다고 볼 수도 없다**(헌재 2018. 7. 26. 2018헌라1).

5147 국가기관과 지방자치단체 간, 지방자치단체 상호 간 권한쟁의심판의 당사자에 관한 헌법재판소법 제2조 제1항 제3호의 '지방자치단체'는 예시규정이라 할 수 없으므로, 지방의회나 교육감은 당사자가 될 수 없다. 23 법무사   O | X

5147-1 지방자치단체 상호 간의 권한쟁의심판에는 교육감과 지방의회 상호 간 권한의 유무 또는 범위에 관한 다툼도 포함된다. 22 소간   O | X

(1) 지방자치법은 헌법의 위임을 받아 지방자치단체의 종류를 규정하고 있으므로, **지방자치단체 상호간의 권한쟁의심판을 규정하는** 헌법재판소법 제62조 제1항 제3호를 **예시적으로 해석할 필요성 및 법적 근거가 없다**. 따라서 시·도의 교육·학예에 관한 집행기관인 **교육감**과 해당 지방자치단체 사이의 내부적 분쟁과 관련된 심판청구는 헌법재판소가 관장하는 **권한쟁의심판에 속하지 아니한다**(헌재 2016. 6. 30. 2014헌라1).

(2) 이 사건과 같이 **지방자치단체의 의결기관인 지방의회**와 지방자치단체의 집행기관인 지방자치단체장 간의 내부적 분쟁은 헌법재판소법에 의하여 **헌법재판소가 관장하는 지방자치단체 상호간의 권한쟁의심판의 범위에 속하지 아니하고**, 달리 헌법재판소법 제62조 제1항 제1호의 국가기관 상호간의 권한쟁의심판이나 같은 법 제62조 제1항 제2호의 국가기관과 지방자치단체 상호간의 권한쟁의심판에 해당한다고 볼 수도 없다(헌재 2018. 7. 26. 2018헌라1).

●정답 5145. O   5145-1. X [권한쟁의심판 해당 X]   5146. X [권한쟁의심판 해당 X]   5146-1. X [권한쟁의심판 해당 X]   5147. O
5147-1. X [권한쟁의심판 해당 X]

POINT 291　피청구인의 처분 또는 부작위

01　피청구인

5148 권한쟁의심판은 피청구인의 처분 또는 부작위가 헌법 또는 법률에 의하여 부여받은 청구인의 권한을 침해하였거나 침해할 현저한 위험이 있는 경우에만 청구할 수 있다. 21 5급　　O | X

> 헌법재판소법 제61조(청구 사유) ② 제1항의 심판청구는 피청구인의 처분 또는 부작위(不作爲)가 헌법 또는 법률에 의하여 부여받은 청구인의 권한을 침해하였거나 침해할 현저한 위험이 있는 경우에만 할 수 있다.

5149 권한쟁의심판에 있어서는 처분 또는 부작위를 야기한 기관으로서 법적 책임을 지는 기관만이 피청구인적격을 가지므로 권한쟁의심판청구는 이들 기관을 상대로 제기하여야 한다. 19 국회 8　　O | X

권한쟁의심판에 있어서는 처분 또는 부작위를 야기한 기관으로서 법적 책임을 지는 기관만이 피청구인적격을 가지므로, 권한쟁의심판청구는 이들 기관을 상대로 제기하여야 한다(헌재 2010. 12. 28. 2008헌라7 등).

5150 권한쟁의심판에서는 처분 또는 부작위를 야기한 기관으로서 법적 책임을 지는 기관만이 피청구인적격을 가지므로 법률의 제·개정 행위를 다투는 권한쟁의심판의 경우에는 국회가 피청구인적격을 가진다. 23 변호사　　O | X

5150-1 법률의 제·개정 행위를 다투는 권한쟁의심판의 경우 국회의장이 피청구인적격을 가진다. 18 국회 8　　O | X

법률의 제·개정 행위를 다투는 권한쟁의심판의 경우에는 국회가 피청구인적격을 가지므로, 청구인들이 국회의장 및 기재위 위원장에 대하여 제기한 이 사건 국회법 개정행위에 대한 심판청구는 피청구인적격이 없는 자를 상대로 한 청구로서 부적법하다(헌재 2016. 5. 26. 2015헌라1).

5151 국회의원은 국회를 피청구인으로 하여 법률의 제·개정 행위를 다툴 수 있다. 21 변호사　　O | X

권한쟁의심판은 피청구인의 처분 또는 부작위가 청구인의 권한을 침해하였거나 침해할 현저한 위험이 있는 경우에만 청구할 수 있다. 피청구인 국회가 이 사건 공직선거법을 개정한 행위는 국회입법으로서 헌법재판소법 제61조 제2항의 처분에 해당하고, 따라서 권한쟁의심판의 대상이 될 수 있다. … 그런데 이 사건 공직선거법 개정행위로 개정된 공직선거법의 내용은 선거권자의 연령을 낮추고, 국회의원선거와 관련하여 부분적으로 준연동형 비례대표제를 도입하여 비례대표국회의원의 선출방식을 변경하는 등 선거와 관련된 내용만을 담고 있어, 국회의원을 선출하는 방법과 관련되어 문제될 뿐이고, 청구인 국회의원들이 침해되었다고 주장하는 법률안 심의·표결권과는 아무런 관련이 없다. 그렇다면 피청구인 국회의 이 사건 공직선거법 개정행위로 인하여 청구인 국회의원들의 법률안 심의·표결권이 침해될 가능성은 없다고 할 것이므로, 이 부분 심판청구는 부적법하다(헌재 2020. 5. 27. 2019헌라6 등).

5152 항만구역의 명칭결정에 관한 권한쟁의심판에서 해양수산부장관의 명을 받아 소관 사무를 통할하고 소속공무원을 지휘·감독하는 부산지방해양수산청장은 당사자가 될 수 없다. 17 입시　　O | X

부산지방해양수산청장은 해양수산부장관의 명을 받아 소관사무를 통할하고 소속공무원을 지휘·감독하는 자로서 지방에서의 해양수산부장관의 일부 사무를 관장할 뿐, 항만에 관한 독자적인 권한을 가지고 있지 못하므로 항만구역의 명칭결정에 관한 이 사건 권한쟁의심판의 당사자가 될 수 없다(헌재 2008. 3. 27. 2006헌라1).

● 정답　5148. O　5149. O　5150. O　5150-1. X [피청구인은 국회]　5151. O　5152. O

02 처분

5153 권한쟁의심판청구는 피청구인의 처분 또는 부작위가 헌법 또는 법률에 의하여 부여받은 청구인의 권한을 침해하였거나 침해할 현저한 위험이 있는 때에 한하여 할 수 있는데, 여기서 '처분'이란 법적 중요성을 지닌 것에 한하는 것으로 청구인의 법적 지위에 구체적으로 영향을 미칠 가능성이 있는 행위여야 한다. 24 변호사   O | X

헌법재판소법 제61조 제2항에 의하면, 권한쟁의 심판청구는 **피청구인의 처분 또는 부작위가 헌법 또는 법률에 의하여 부여받은 청구인의 권한을 침해**하였거나 **침해할 현저한 위험이 있는 때에 한하여** 이를 할 수 있다. 여기서 **'처분'**이란 **법적 중요성을 지닌 것에 한하는 것으로**, 청구인의 **법적 지위에 구체적으로 영향을 미칠 가능성이 있는 행위여야 한다**(헌재 2008. 6. 26. 2005헌라7).

5154 권한쟁의심판의 대상으로서의 처분은 입법행위와 같은 법률의 제정 또는 개정과 관련된 권한의 존부 및 행사상의 다툼, 행정처분은 물론 행정입법과 같은 모든 행정작용 그리고 법원의 재판 및 사법행정작용 등을 포함하는 넓은 의미의 공권력처분을 의미하는 것으로 보아야 한다. 18 경정, 16 국회 9   O | X

헌법재판소법 제61조 제2항에 따라 권한쟁의심판을 청구하려면, 피청구인의 처분 또는 부작위가 존재하여야 한다. 여기서의 **처분은** 입법행위와 같은 **법률의 제정과 관련된 권한**의 존부 및 행사상의 다툼, **행정처분은 물론 행정입법과 같은 모든 행정작용** 그리고 **법원의 재판 및 사법행정작용** 등을 포함하는 **넓은 의미의 공권력처분**을 의미하는 것으로 보아야 할 것이다(헌재 2006. 5. 25. 2005헌라4).

5155 권한쟁의심판의 적법요건으로서의 피청구인의 '처분'에는 개별적 행위뿐만 아니라 규범을 제정하는 행위가 포함되며, 입법영역에서는 법률의 제정행위 및 법률 자체를, 행정영역에서는 법규명령 및 모든 개별적인 행정적 행위를 포함한다. 20 입시   O | X

적법요건으로서의 **"처분"**에는 **개별적 행위**뿐만 아니라 **규범을 제정하는 행위**도 포함되며, 입법영역에서는 **법률의 제정행위 및 법률 자체를**, 행정영역에서는 **법규명령 및 모든 개별적인 행정적 행위를** 포함한다(헌재 2006. 8. 31. 2004헌라2).

5156 지방자치단체의 권한에 부정적인 영향을 주어서 법적으로 문제되는 경우에는 사실행위나 내부적인 행위도 권한쟁의심판의 대상이 되는 처분에 해당한다. 15 국회 8   O | X

청구인의 **권한에 부정적인 영향**을 주어서 **법적으로 문제되는 경우**에는 **사실행위나 내부적인 행위도 권한쟁의심판의 대상**이 되는 **처분에 해당한다**고 할 것이므로, 피청구인의 이 사건 결정은, 그것이 행정소송의 대상이 되는 처분인지 여부는 별론으로 하고, 권한쟁의심판의 대상이 되는 처분에 해당한다고 할 것이다(헌재 2006. 3. 30. 2003헌라2).

5157 권한쟁의심판을 청구하려면 피청구인의 처분 또는 부작위가 존재하여야 하고, 여기서 '처분'이란 법적 중요성을 지닌 것에 한하므로, 청구인의 법적 지위에 구체적으로 영향을 미칠 가능성이 없는 행위는 '처분'이라 할 수 없어 이를 대상으로 하는 권한쟁의심판청구는 허용되지 않는다. 13 변호사   O | X

헌법재판소법 제61조 제2항에 따라 권한쟁의심판을 청구하려면 피청구인의 처분 또는 부작위가 존재하여야 하고, 여기서 **"처분"**이란 **법적 중요성을 지닌 것에 한하므로**, 청구인의 **법적 지위에 구체적으로 영향을 미칠 가능성이 없는 행위**는 **"처분"이라 할 수 없어** 이를 대상으로 하는 **권한쟁의심판청구는 허용되지 않는다**(헌재 2005. 12. 22. 2004헌라3).

정답 5153. O   5154. O   5155. O   5156. O   5157. O

5158 정부가 법률안을 제출하는 행위는 입법을 위한 하나의 사전 준비행위에 불과하고, 권한쟁의심판의 독자적 대상이 되기 위한 법적 중요성을 지닌 행위로 볼 수 없으므로, 정부가 개정법률안을 국회에 제출한 행위를 다투는 권한쟁의심판 청구는 부적법하다. 15 변호사　　　　　　　　　　○│×

5158-1 권한쟁의심판청구에서의 피청구인의 처분이라 함은 청구인의 권한 침해를 야기할 만한 법적 중요성을 지니는 처분을 의미하는 것으로 정부가 법률안을 제출하는 행위는 권한쟁의심판의 독자적 대상이 되는 법적 중요성을 지닌 행위로 볼 수 있다. 23 국회 8　　　　　　　　　　○│×

정부가 법률안을 제출하였다 하더라도 그것이 법률로 성립되기 위해서는 국회의 많은 절차를 거쳐야 하고, 법률안을 받아들일지 여부는 전적으로 헌법상 입법권을 독점하고 있는 의회의 권한이다. 따라서 **정부가 법률안을 제출하는 행위는** 입법을 위한 하나의 **사전 준비행위에 불과하고**, 권한쟁의심판의 독자적 대상이 되기 위한 **법적 중요성을 지닌 행위로 볼 수 없다**(헌재 2005. 12. 22. 2004헌라3).

5159 권한쟁의심판을 청구하기 위해서는 피청구인의 처분 또는 부작위가 요구되므로, 정부의 법률안 제출행위, 행정안전부장관의 단순한 견해표명 또는 업무연락은 처분성이 인정되지 아니하여 권한쟁의심판의 대상이 되지 아니한다. 23 법무사　　　　　　　　　　○│×

(1) 헌법재판소법 제61조 제2항에 따라 권한쟁의심판을 청구하려면 피청구인의 **처분 또는 부작위가 존재**하여야 하고, 여기서 "처분"이란 법적 중요성을 지닌 것에 한하므로, 청구인의 법적 지위에 구체적으로 영향을 미칠 가능성이 없는 행위는 "처분"이라 할 수 없어 이를 대상으로 하는 권한쟁의심판청구는 허용되지 않는다. … 따라서 **정부가 법률안을 제출하는 행위는** 입법을 위한 하나의 사전 준비행위에 불과하고, 권한쟁의심판의 독자적 대상이 되기 위한 **법적 중요성을 지닌 행위로 볼 수 없다**(헌재 2005. 12. 22. 2004헌라3).

(2) **행정자치부장관**이 '행정부시장·부지사 회의'를 개최하여 행정자치부에서 작성한 표준안대로 복무조례를 개정할 것을 울산광역시 동구 및 북구에 요청한 것은 각 지방자치단체가 참고할 수 있도록 표준안을 제시한 것에 불과하여 **단순한 업무협조 요청에 불과**하고, '징계업무처리지침' 및 '병·연가불허지시'를 통보한 것도 상호 협력의 차원에서 **조언·권고**한 것이거나 **단순히 '업무연락'**을 한 것이지, 각 지방자치단체를 법적으로 규제하는 강제적·명령적 조치를 취한 것이라 보기 어려우며, 기자회견을 통해 '총파업가담자에 대한 처벌과 정부의 방침에 소극적으로 대처하는 지방자치단체에 대하여 특별교부세 지원중단 등의 행정적·재정적 불이익 조치를 취할 것'이라는 것을 주된 내용으로 하는 담화문을 발표한 것 또한 단지 파업의 대응방침을 천명한 것으로 **단순한 견해의 표명**에 지나지 않는다 할 것이다. **이러한 행위들은 권한쟁의심판의 대상이 되는 처분이라 할 수 없으므로, 이를 대상으로 한 권한쟁의심판청구는 부적법**하다(헌재 2006. 3. 30. 2005헌라1).

5160 국무총리 소속 기관인 사회보장위원회가 '지방자치단체 유사·중복 사회보장사업 정비 추진방안'을 의결한 행위에 대한 기초지방자치단체의 권한쟁의심판청구는 적법하다. 19 국가 7　　　　　　　　　　○│×

이 사건 의결행위는 보건복지부장관이 광역지방자치단체의 장에게 통보한 '지방자치단체 유사·중복 사회보장사업 정비지침'의 근거가 되는 **지방자치단체 유사·중복 사회보장사업 정비 추진방안**을 사회보장위원회가 **내부적으로 의결한 행위에 불과**하므로, 이 사건 의결행위가 청구인들의 법적 지위에 직접 영향을 미친다고 보기 어렵다. 따라서 이 사건 의결행위는 권한쟁의심판의 대상이 되는 **'처분'이라고 볼 수 없으므로**, 이 부분 심판청구는 **부적법하다**(헌재 2018. 7. 26. 2015헌라4).

03 부작위

5161 권한쟁의심판청구의 적법요건으로서의 '부작위'는 단순한 사실상의 부작위가 아니고 헌법상 또는 법률상의 작위의무가 있는데도 불구하고 이를 이행하지 아니하는 것을 말한다. 24 변호사　　　　　　　　　　○│×

적법요건으로서의 **"부작위"는 단순한 사실상의 부작위**가 아니고 **헌법상 또는 법률상의 작위의무**가 있는데도 불구하고 이를 **이행하지 아니하는 것**을 말한다(헌재 2006. 8. 31. 2004헌라2).

● 정답　5158. ○　5158-1. ×[법적 중요성을 지닌 행위 아님]　5159. ○　5160. ×[부적법]　5161. ○

5162 「헌법재판소법」제61조 제2항에 의하면 권한쟁의심판은 피청구인의 처분 또는 부작위가 헌법 또는 법률에 의하여 부여받은 청구인의 권한을 침해하였거나 침해할 현저한 위험이 있는 때에 이를 청구할 수 있는 것인데, 피청구인의 부작위에 의하여 청구인의 권한이 침해당하였다고 주장하는 권한쟁의심판은 피청구인에게 헌법상 또는 법률상 유래하는 작위의무가 있음에도 불구하고 피청구인이 그러한 의무를 다하지 아니한 경우에 허용된다. 13 법원 9   O | X

권한쟁의심판은 피청구인의 처분이나 부작위로 인하여 청구인의 권한이 침해당하였거나 침해당할 현저한 위험이 있는 경우에 청구할 수 있음은 위에서 본 바와 같고, **피청구인의 부작위에 의하여 청구인의 권한이 침해당하였다고 주장하는 권한쟁의심판은 피청구인에게 헌법상 또는 법률상 유래하는 작위의무가 있음에도 불구하고 피청구인이 그러한 의무를 다하지 아니한 경우에 허용된다**(헌재 1998. 7. 14. 98헌라3).

5163 「국회법」제85조 제1항에 국회 재적의원 과반수가 의안에 대하여 심사기간 지정을 요청하는 경우 국회의장이 그 의안에 대하여 의무적으로 심사기간을 지정하도록 규정하지 아니한 것은 법률의 내용이 불완전·불충분한 '부진정입법부작위'에 해당한다. 17 변호사   O | X

5163-1 헌법의 명문규정 및 해석상 국회 재적의원 과반수의 요구가 있는 경우 국회의장이 심사기간을 지정하고 본회의에 부의해야 한다는 헌법상 의무가 도출된다. 17 변호사   O | X

국회법 제85조 제1항에 국회 재적의원 과반수가 의안에 대하여 심사기간 지정을 요청하는 경우 국회의장이 그 의안에 대하여 의무적으로 심사기간을 지정하도록 규정하지 아니한 입법부작위는 입법자가 재적의원 과반수의 요구에 의해 위원회의 심사를 배제할 수 있는 비상입법절차와 관련하여 아무런 입법을 하지 않음으로써 입법의 공백이 발생한 '**진정입법부작위**'에 해당한다. … 만일 이 사건 입법부작위의 위헌 여부를 선결문제로 판단하더라도, 헌법의 명문규정이나 해석상 국회 재적의원 과반수의 요구가 있는 경우 국회의장이 심사기간을 지정하고 본회의에 부의해야 한다는 **의무는 도출되지 않으므로**, 국회법 제85조 제1항에서 이러한 내용을 규정하지 않은 것이 다수결의 원리, 나아가 의회민주주의에 반한다고도 볼 수 없다(헌재 2016. 5. 26. 2015헌라1).

POINT 292 헌법 또는 법률상 권한의 침해 또는 침해할 현저한 위험

01 헌법상 또는 법률상 권한 : 독자적 권능

5164 헌법이나 법률에 의하여 부여받은 청구인의 권한이 현재 침해되지 않았더라도 앞으로 침해될 현저한 위험이 있는 경우에는 권한쟁의심판청구를 할 수 있다. 22 법원 9   O | X

5164-1 권한쟁의심판청구는 피청구인의 처분 또는 부작위가 헌법에 의해서 부여받은 청구인의 권한을 침해하였거나 침해할 현저한 위험이 있는 경우에만 할 수 있다. 23 국회 8   O | X

5164-2 권한쟁의심판청구는 피청구인의 처분 또는 부작위(不作爲)가 헌법 또는 법률에 의하여 부여받은 청구인의 권한을 침해할 현저한 위험이 있는 경우에만 할 수 있다. 22 소간   O | X

> **헌법재판소법 제61조(청구 사유)** ② 제1항의 심판청구는 피청구인의 **처분 또는 부작위(不作爲)**가 **헌법 또는 법률에 의하여 부여받은 청구인의 권한을 침해하였거나 침해할 현저한 위험**이 있는 경우에만 할 수 있다.

●정답 5162. O 5163. X [진정입법부작위에 해당] 5163-1. X [헌법상 의무 도출 안됨] 5164. O 5164-1. X [법률상 권한도 포함] 5164-2. X [권한을 침해한 경우에도 가능]

5165 권한쟁의심판을 청구하기 위한 요건으로서 '권한을 침해할 현저한 위험'이란 아직 침해라고는 할 수 없으나 조만간 권한침해에 이르게 될 개연성이 상당히 높은 상황을 말한다. 21 입시 O | X

'권한의 침해'란 피청구인의 처분 또는 부작위로 인한 청구인의 권한침해가 과거에 발생하였거나 현재까지 지속되는 경우를 의미하고, '권한을 침해할 현저한 위험'이란 아직 침해라고는 할 수 없으나 조만간 권한침해에 이르게 될 개연성이 상당히 높은 상황, 즉 현재와 같은 상황의 발전이 중단되지 않는다면 조만간에 권한침해가 발생할 것이 거의 확실하게 예상되며, 이미 구체적인 법적 분쟁의 존재를 인정할 수 있을 정도로 권한침해가 그 내용에 있어서나 시간적으로 충분히 구체화된 경우를 말한다(헌재 2019. 4. 11. 2016헌라3).

5166 국가기관의 행위라 할지라도 헌법과 법률에 의해 그 국가기관에게 부여된 독자적인 권능을 행사하는 경우가 아닌 때에는 비록 국가기관의 행위가 제한을 받더라도 권한쟁의심판에서 말하는 권한이 침해될 가능성은 없는 것이다. 13 법무사 O | X

5166-1 국가기관의 행위가 헌법과 법률에 의해 그 국가기관에 부여된 독자적인 권능의 행사에 해당하는지와 상관없이 그러한 국가기관의 행위가 다른 국가기관에 의하여 제한을 받는 경우 권한쟁의심판에서 말하는 권한이 침해될 가능성이 인정될 수 있다. 24 변호사 O | X

5166-2 권한쟁의심판에서 말하는 권한이란 헌법 또는 법률이 특정한 국가기관에 대하여 부여한 독자적인 권능을 의미하므로 특정 정보를 인터넷 홈페이지에 게시하거나 언론에 알리는 것도 국회의원의 독자적인 권능이라 할 수 있다. 16 국회 8 O | X

권한쟁의심판에서 다툼의 대상이 되는 권한이란 헌법 또는 법률이 특정한 국가기관에 대하여 부여한 독자적인 권능을 의미하므로, 국가기관의 모든 행위가 권한쟁의심판에서 의미하는 권한의 행사가 될 수는 없으며, 국가기관의 행위라 할지라도 헌법과 법률에 의해 그 국가기관에게 부여된 독자적인 권능을 행사하는 경우가 아닌 때에는 비록 그 행위가 제한을 받더라도 권한쟁의심판에서 말하는 권한이 침해될 가능성은 없는바, 특정 정보를 인터넷 홈페이지에 게시하거나 언론에 알리는 것과 같은 행위는 헌법과 법률이 특별히 국회의원에게 부여한 국회의원의 독자적인 권능이라고 할 수 없고 국회의원 이외의 다른 국가기관은 물론 일반 개인들도 누구든지 할 수 있는 행위로서, 그러한 행위가 제한된다고 해서 국회의원의 권한이 침해될 가능성은 없다(헌재 2010. 7. 29. 2010헌라1).

5167 교원들의 교원단체가입현황과 같은 특정 정보를 인터넷 홈페이지에 게시하거나 언론에 알리는 것과 같은 행위는 헌법과 법률이 특별히 국회의원에게 부여한 국회의원의 독자적인 권능이라고 할 수 없고 국회의원 이외의 다른 국가기관은 물론 일반 개인들도 누구든지 할 수 있는 행위로서, 그러한 행위가 제한된다고 해서 국회의원의 국정감사 또는 조사에 관한 권한이 침해될 가능성은 없다. 18 국회 8 O | X

5167-1 국회의원이 교원들의 교원단체 가입현황을 자신의 인터넷 홈페이지에 게시하여 공개하려 하였으나, 법원이 그 공개로 인한 기본권침해를 주장하는 교원들의 신청을 받아들여 그 공개의 금지를 명하는 가처분 및 그 가처분에 따른 의무이행을 위한 간접강제 결정을 한 것에 대해, 국회의원이 헌법 제40조, 제46조 제2항, 제61조에 의하여 부여받은 국회의원으로서의 권한을 침해받았다고 주장하며 법원을 상대로 제기한 권한쟁의심판의 청구는 적법하다. 11 지방 7 O | X

특정 정보를 인터넷 홈페이지에 게시하거나 언론에 알리는 것과 같은 행위는 헌법과 법률이 특별히 국회의원에게 부여한 국회의원의 독자적인 권능이라고 할 수 없고 국회의원 이외의 다른 국가기관은 물론 일반 개인들도 누구든지 할 수 있는 행위로서, 그러한 행위가 제한된다고 해서 국회의원의 권한이 침해될 가능성은 없다. … 이 사건 가처분재판과 이 사건 간접강제재판은 국정감사 또는 조사와 관련된 국회의원의 권한에 대해서도 아무런 제한을 가하지 않고 있어, 국정감사 또는 조사와 관련된 국회의원으로서의 권한이 침해될 가능성 또한 없다(헌재 2010. 7. 29. 2010헌라1).

● 정답 5165. O   5166. O   5166-1. X [독자적 권능이어야 함]   5166-2. X [독자적 권능 아님]   5167. O   5167-1. X [부적법함]

5168 법무부장관은 헌법상 소관 사무에 관하여 부령을 발할 수 있고 「정부조직법」상 법무에 관한 사무를 관장하지만, 「검찰청법」과 「형사소송법」 개정행위에 대해 권한쟁의심판을 청구할 청구인 적격이 인정되지는 않는다. 24 입시 ○│✕

법무부장관은 헌법상 소관 사무에 관하여 부령을 발할 수 있고 정부조직법상 법무에 관한 사무를 관장하지만, 이 사건 **법률개정행위는** 이와 같은 **법무부장관의 권한을 제한하지 아니한다.** 물론 법무부장관은 일반적으로 검사를 지휘·감독하고 구체적 사건에 대하여는 검찰총장만을 지휘·감독할 권한이 있으나, 이 사건 법률개정행위가 이와 같은 법무부장관의 지휘·감독 권한을 제한하는 것은 아니다. 따라서 **법무부장관은** 이 사건 법률개정행위에 대해 **권한쟁의심판을 청구할 적절한 관련성**이 인정되지 아니하므로, **청구인적격이 인정되지 아니한다**(헌재 2023. 3. 23. 2022헌라4).

5169 국가기관의 법률상 권한은 국회의 입법행위에 의하여 형성·부여된 권한일 뿐, 역으로 국회의 입법행위를 구속하는 기준이 될 수 없으므로 침해의 원인이 '국회의 입법행위'인 경우에 '법률상 권한'을 침해의 대상으로 삼는 심판청구는 그 권한침해가능성을 인정할 수 없다. 23 법무사 ○│✕

국가기관의 **'헌법상 권한'**은 국회의 **입법행위**를 비롯한 다양한 국가기관의 행위로 **침해될 수 있다.** 그러나 국가기관의 **'법률상 권한'**은, 다른 국가기관의 행위로 침해될 수 있음은 별론으로 하고, 국회의 **입법행위로는 침해될 수 없다.** 국가기관의 **'법률상 권한'**은 **국회의 입법행위에 의해 비로소 형성·부여된 권한**일 뿐, 역으로 국회의 입법행위를 구속하는 기준이 될 수 없기 때문이다. 따라서 문제 된 침해의 원인이 **'국회의 입법행위'**인 경우에는 **'법률상 권한'을 침해의 대상으로 삼는 심판청구는 권한침해가능성을 인정할 수 없다**(헌재 2023. 3. 23. 2022헌라4).

5170 현행 사법제도상 국가기관과 지방자치단체 간의 소극적 권한쟁의를 해결할 수 있는 다른 사법절차가 마련되어 있지 않다는 점에서, 헌법재판소는 소극적 권한쟁의심판 청구의 적법성을 적극적으로 인정하고 있다. 20 소간 ○│✕

권한쟁의에서 '권한의 유무 또는 범위에 대한 다툼'은 일반적으로 특정 사안에 대하여 자신이 권한을 가지고 있다고 주장하거나 권한이 침해되었다고 주장하는 **적극적 권한쟁의**를 의미한다. 이에 대하여 특정 사안에 대하여 **자신의 권한이 아니라고** 주장하는 **소극적 권한쟁의**가 인정될 수 있을 것인지가 문제된다. 현행 사법제도상 국가기관과 지방자치단체 간의 소극적 권한쟁의를 해결할 수 있는 **다른 사법절차가 마련되어 있지 않고**, **헌법재판소**는 소극적 권한쟁의가 가능한지에 관하여 명시적으로 입장을 밝히지는 않았으나, **간접적으로 소극적 권한쟁의를 부정하는 태도**를 취하고 있는 것으로 보인다.

5171 지방자치단체인 청구인이 기관위임사무를 수행하면서 지출한 경비에 대하여 기획재정부장관인 피청구인에게 예산배정요청을 하였으나 피청구인이 이를 거부한 경우 위 거부처분에 대한 권한쟁의심판 청구는 부적법하다. 13 법무사 ○│✕

5171-1 지방자치단체가 기관위임사무를 수행하면서 지출한 경비에 대하여 예산배정요청을 하였으나 기획재정부장관이 이를 거부한 경우 위 거부처분에 대한 권한쟁의심판청구는 적법하다. 18 서울 7(추) ○│✕

이 사건 분쟁의 본질은, **국유지를 관리하면서 발생한 비용**의 **최종 부담자**가 **직접 관리행위를 한 청구인**인지 아니면 **그 권한을 위임한 피청구인**인지의 문제인데, 이와 같은 문제는 주관적인 권리·의무에 관한 다툼, 즉 관리비용 부담을 둘러싼 **청구인과 피청구인 사이의 단순한 채권채무관계에 관한 다툼**에 불과하다. 따라서 이 사건 심판청구는 이 사건 토지에 대한 관리권한이나 자치재정권 등 권한의 존부 또는 범위에 관한 다툼이라고 할 수 없다. … 결국, **이 사건 권한쟁의심판청구는 권한쟁의심판을 청구할 수 있는 요건을 갖추지 못한 것으로서 부적법하다**(헌재 2010. 12. 28. 2009헌라2).

🔖 **보충설명** 헌법재판소가 간접적으로 소극적 권한쟁의를 부정하는 태도를 취한다고 평가하는 판례이다.

정답 5168. ○ 5169. ○ 5170. ✕ [소극적 권한쟁의 부정] 5171. ○ 5171-1. ✕ [부적법]

02 권한의 침해 인정 여부

1 국회의원의 권한

5172 법률안 수리행위에 대한 권한쟁의심판청구가 법률안에 대한 위원회 회부나 안건 상정, 본회의 부의 등과는 별도로 오로지 전자정보시스템으로 제출된 법률안을 접수하는 수리행위만을 대상으로 하는 한, 사법개혁특별위원회 및 정치개혁특별위원회 위원인 청구인들의 법률안 심의·표결권이 침해될 가능성이나 위험성이 없으므로 권한쟁의심판청구는 부적법하다. 22 입시   O | X

5172-1 법률안 수리행위에 대한 권한쟁의심판청구가 법률안에 대한 위원회 회부나 안건 상정, 본회의 부의 등과는 별도로 오로지 전자정보시스템으로 제출된 법률안을 접수하는 수리행위만을 대상으로 하고 있지만 사법개혁특별위원회 및 정치개혁특별위원회 위원인 청구인들의 법률안 심의·표결권이 침해될 가능성이나 위험성이 있으므로 권한쟁의심판청구는 적법하다. 21 국가 7   O | X

이 사건 **법률안 수리행위**에 대한 권한쟁의심판청구가 법률안에 대한 위원회 회부나 안건 상정, 본회의 부의 등과는 별도로 오로지 **전자정보시스템으로 제출된 법률안을 접수하는 수리행위만을 대상으로 하는 한,** 그러한 법률안 수리행위만으로는 사개특위 및 정개특위 위원인 청구인들의 **법률안 심의·표결권이 침해될 가능성이나 위험성이 없다.** 이 부분 심판 청구는 모두 **부적법하다**(헌재 2020. 5. 27. 2019헌라3 등).

5173 국회 기획재정위원회(기재위) 위원장이 서비스산업발전 기본법안에 대한 신속처리대상안건 지정 요청에 대해 기재위 재적위원 과반수가 서명한 신속처리안건지정동의가 아니라는 이유로 표결실시를 거부한 행위는 기재위 소속 위원의 신속처리안건지정동의에 대한 표결권을 침해한다. 19 국회 8   O | X

국회법 제85조의2 제1항에 의하면, 소관 위원회 재적위원 과반수가 서명한 신속처리안건지정동의가 소관 위원회 위원장에게 제출되어야 위원장은 무기명투표로 표결을 실시할 의무를 부담하게 되는 것이고, 소관 위원회 소속 위원들도 비로소 신속처리안건지정동의를 표결할 권한을 가지게 된다. 이 사건의 경우 신속처리대상안건 지정동의가 적법한 요건을 갖추지 못하였으므로, 이 사건 표결실시 거부행위로 인하여 기재위 소속 위원인 청구인 나ㅇㅇ린의 신속처리안건지정동의에 대한 표결권이 직접 침해당할 가능성은 없다. … 따라서 이 사건 **표결실시 거부행위는** 청구인 나ㅇㅇ린의 신속처리안건지정동의에 대한 **표결권을 침해하거나 침해할 위험성이 없으므로** 이에 대한 **심판청구는 부적법하다**(헌재 2016. 5. 26. 2015헌라1).

2 지방자치단체의 사무에 관한 권한

5174 지방자치단체가 권한쟁의심판을 청구하기 위해서는 헌법 또는 법률에 의하여 부여받은 지방자치단체의 사무에 관한 권한이 침해되거나 침해될 우려가 있어야 한다. 16 경정   O | X

권한쟁의심판이 적법하기 위해서는 헌법 또는 법률에 의하여 부여받은 청구인의 권한이 존재하여야 한다. **지방자치단체가 권한쟁의심판을 청구**하기 위해서는 헌법 또는 법률에 의하여 부여받은 그의 권한 즉, **지방자치단체의 사무에 관한 권한이 침해되거나 침해될 우려가 있는 때에** 한하여 권한쟁의심판을 청구할 수 있다(헌재 2004. 9. 23. 2000헌라2).

●정답 5172. O   5172-1. X [침해 가능성 X, 심판청구 부적법함]   5173. X [표결권 침해 위험성 X]   5174. O

5175 지방자치단체는 국회의 법률제정행위가 자신의 자치권한을 침해했다고 주장하면서 권한쟁의심판을 청구할 수 있다. 17 입시 15 변호사 O│X

지방선거의 선거비용을 국가가 부담하여야 하는 것임에도 불구하고 피청구인 국회가 이 사건 법률개정을 통해 지방선거의 선거경비를 청구인들과 같은 지방자치단체에 부담시킨 것이라면, 이는 청구인들과 같은 지방자치단체의 자치재정권을 침해할 개연성이 높다고 할 것이다. 따라서 이 사건 심판청구 중 피청구인 국회의 이 사건 법률개정 행위는 권한침해가능성 요건을 충족시키고 있다(헌재 2008. 6. 26. 2005헌라7).

5176 종래 기초자치단체에게 귀속되던 조세를 기초자치단체와 광역자치단체에게 공동으로 귀속시키도록 변경하는 법률규정은 그로 인하여 기초자치단체의 자치재정권이 유명무실하게 될 정도가 아닐지라도 기초자치단체의 지방자치권의 본질적 내용을 침해한 것이다. 13 국가 7 O│X

특별시의 관할구역 안에 있는 구의 재산세를 특별시 및 구세로 하여 특별시와 자치구가 100분의 50씩 공동 과세하도록 하는 「지방세법」 제6조의2와 특별시분 재산세 전액을 관할구역 안의 자치구에 교부하도록 하는 「지방세법」 제6조의3을 국회가 제정한 행위는 헌법상 보장된 기초자치단체의 지방자치권을 침해하지 않는다(헌재 2010. 10. 28. 2007헌라4).

5177 지방세 과세권의 귀속 여부 등에 대하여 관계 지방자치단체의 장의 의견이 서로 다른 경우 행정자치부장관이 행한 과세권 귀속 결정에 법적 구속력이 없다면 지방자치단체의 자치재정권 등 자치권한이 침해될 가능성이 없다. 15 국가 7 O│X

이 사건 과세권 귀속 결정은 지방세 과세권의 귀속 여부 등에 대하여 관계 지방자치단체의 장의 의견이 서로 다른 경우 피청구인의 행정적 관여 내지 공적인 견해 표명에 불과할 뿐, 그 결정에 법적 구속력이 있다고 보기 어렵다. 청구인은 피청구인의 이 사건 과세권 귀속 결정에도 불구하고, 이 사건 리스회사에 대하여 과세처분을 할 수 있으며, 이미 한 과세처분의 효력에도 아무런 영향이 없다. 따라서 피청구인의 이 사건 과세권 귀속 결정으로 말미암아 청구인의 자치재정권 등 자치권한이 침해될 가능성이 없으므로 이 사건 권한쟁의심판청구는 부적법하다(헌재 2014. 3. 27. 2012헌라4).

5178 지방자치단체는 기관위임사무의 집행에 관한 권한의 존부 및 범위에 관한 권한분쟁을 이유로 기관위임사무를 집행하는 국가기관 또는 다른 지방자치단체의 장을 상대로 권한쟁의심판청구를 할 수 없다. 24 입시, 23 경정, 21 입시, 19 국회 8, 18 경정, 17 변호사 등 O│X

5178-1 국가사무로서의 성격을 가지고 있는 기관위임사무의 집행권한의 존부 및 범위에 관하여 지방자치단체가 청구한 권한쟁의심판청구는 지방자치단체의 권한에 속하지 아니하는 사무에 관한 심판청구로서 그 청구가 부적법하다. 19 지방 7 O│X

5178-2 지방자치단체는 국가로부터 위임된 기관위임사무에 관한 권한이 침해되거나 침해될 우려가 있는 때에도 권한쟁의심판을 청구할 수 있다. 13 법원 9 O│X

지방자치단체는 기관위임사무의 집행에 관한 권한의 존부 및 범위에 관한 권한분쟁을 이유로 기관위임사무를 집행하는 국가기관 또는 다른 지방자치단체의 장을 상대로 권한쟁의심판청구를 할 수 없다고 할 것이다. 결국 국가사무로서의 성격을 가지고 있는 기관위임사무의 집행권한의 존부 및 범위에 관하여 지방자치단체가 청구한 권한쟁의심판청구는 지방자치단체의 권한에 속하지 아니하는 사무에 관한 심판청구로서 그 청구가 부적법하다고 할 것이다(헌재 2004. 9. 23. 2000헌라2).

● 정답 5175. O 5176. X [지방자치권 침해 아님] 5177. O 5178. O 5178-1. O 5178-2. X [청구 불가]

5179 고등학교의 설치, 운영 및 지도에 관한 사무는 자치사무로 보아야 할 것이고, 대학의 설립 및 대학생 정원 증원 등 운영에 관한 사무는 국가적 이익에 관한 것으로서 국가사무로 보아야 할 것이다. 15 국가 7 ○|X

5179-1 사립대학의 신설이나 학생정원 증원은 국가사무이므로, 교육과학기술부장관의 '수도권 사립대학 정원 규제'는 경기도의 권한을 침해하거나 침해할 현저한 위험이 없다. 따라서 교육과학기술부장관을 상대로 제기한 경기도의 권한쟁의심판청구는 부적법하다. 13 국가 7 ○|X

5179-2 대학의 설립 및 대학생 정원 증원 등 운영에 관한 사무는 자치사무로 보아야 하므로 수도권 소재 사립대학의 학생 정원 증원을 제한하는 교육과학기술부장관의 학생 정원 조정계획은 지방자치단체의 권한을 침해할 현저한 위험이 있다. 16 국회 8 ○|X

청구인의 학교 설치, 운영 및 지도에 관한 사무는 지역적 특성에 따라 달리 다루어야 할 필요성이 있는 사무로서 **유아원부터 고등학교 및 이에 준하는 학교에 관한 사무**에 한하여 이를 **자치사무**로 보아야 할 것이고, **대학의 설립 및 대학생정원 증원 등 운영에 관한 사무**는 국가적 이익에 관한 것으로서 전국적인 통일을 기할 필요성이 있는 **국가사무**로 보아야 할 것이다. 따라서 국가사무인 사립대학의 신설이나 학생정원 증원에 관한 이 사건 **수도권 사립대학 정원규제**는 청구인의 권한을 침해하거나 침해할 현저한 위험이 있다고 할 수 없으므로, 이 사건 **심판청구는 부적법하다**(헌재 2012. 7. 26. 2010헌라3).

5180 군 공항 이전사업은 국가사무이므로 관할 지방자치단체의 의사를 고려하지 않고 진행된다고 하더라도 해당 지방자치단체의 자치권한을 침해하였다거나 침해할 현저한 위험이 있다고 볼 수 없다. 18 서울 7(추) ○|X

5180-1 군 공항 이전사업에 의해 예비이전후보지가 관할 내에 선정된 지방자치단체의 의사를 고려하지 않고 사업이 진행된다면 그 지방자치단체의 자치권한을 침해할 현저한 위험이 인정된다. 18 국회 8 ○|X

이 사건 **공항의 예비이전후보지 선정사업**은 국방에 관한 사무이므로 그 성격상 **국가사무**임이 분명하다. 군공항이전법도 이 사건 공항의 예비이전후보지 선정사업이 국가사무임을 전제로 하고 있다. 따라서 **국가사무인 군 공항 이전사업**이 청구인의 의사를 고려하지 않고 진행된다고 하더라도 이로써 지방자치단체인 **청구인의 자치권한**을 침해하였다거나 침해할 현저한 위험이 있다고 보기 **어렵다**(헌재 2017. 12. 28. 2017헌라2).

POINT 293 권한쟁의심판의 심리 등 Ⓑ

01 청구기간

5181 권한쟁의 심판청구는 그 사유가 있음을 안 날부터 60일 이내에, 그 사유가 있은 날부터 180일 이내에 청구하여야 하고 이 기간은 불변기간이다. 17 법원 9, 15 국회 8, 11 국회 8 ○|X

5181-1 권한쟁의심판청구는 그 사유가 있음을 안 날로부터 90일 이내에, 그 사유가 있은 날로부터 180일 이내에 청구하여야 하며, 이 기간은 불변기간으로 한다. 23 국회 8 ○|X

5181-2 권한쟁의의 심판은 그 사유가 있음을 안 날부터 90일 이내에, 그 사유가 있은 날부터 1년 이내에 청구하여야 한다. 18 국회 8, 16 지방 7 ○|X

5181-3 권한쟁의의 심판은 그 사유가 있음을 안 날부터 30일 이내에, 그 사유가 있은 날부터 90일 이내에 청구하여야 한다. 22 소간 ○|X

● 정답 5179. ○   5179-1. ○   5179-2. X [권한 침해 위험 X]   5180. ○   5180-1. [자치권한 침해 위험 X]   5181. ○   5181-1. X [90일 X → 60일 ○]   5181-2. X [90일 X → 60일 ○ / 1년 X → 180일 ○]   5181-3. X [30일 X → 60일 ○ / 90일 X → 180일 ○]

> **헌법재판소법 제63조(청구기간)** ① 권한쟁의 심판은 그 사유가 있음을 **안 날부터 60일** 이내에, 그 사유가 **있은 날부터 180일** 이내에 청구하여야 한다.
> ② 제1항의 기간은 **불변기간**으로 한다.

5182 피청구인의 장래처분을 대상으로 하는 심판청구는 원칙적으로 허용되지 아니하나, 피청구인의 장래처분이 확실하게 예정되어 있고, 피청구인의 장래처분에 의해서 청구인의 권한이 침해될 위험성이 있어서 청구인의 권한을 사전에 보호해 주어야 할 필요성이 매우 큰 예외적인 경우에는 피청구인의 장래처분에 대해서도 권한쟁의심판을 청구할 수 있다. 17 변호사   O | X

5182-1 권한쟁의심판은 이미 행하여진 처분을 대상으로 하므로, 피청구인의 처분이 확실하게 예정되어 있고 그로 인해서 청구인의 권한 침해의 위험성을 사전에 예방할 필요성이 큰 예외적인 경우라 해도 이러한 장래처분은 권한쟁의심판에서 말하는 피청구인의 '처분'으로 인정되지 않는다. 16 변호사   O | X

피청구인의 장래처분에 의해서 청구인의 권한침해가 예상되는 경우에 청구인은 원칙적으로 이러한 장래처분이 행사되기를 기다린 이후에 이에 대한 권한쟁의심판청구를 통해서 침해된 권한의 구제를 받을 수 있으므로, 피청구인의 **장래처분을** 대상으로 하는 심판청구는 **원칙적으로 허용되지 아니한다.** 그러나 피청구인의 **장래처분이 확실하게 예정**되어 있고, 피청구인의 장래처분에 의해서 청구인의 **권한이 침해될 위험성**이 있어서 청구인의 **권한을 사전에 보호해 주어야 할 필요성이 매우 큰 예외적인 경우**에는 피청구인의 장래처분에 대해서도 헌법재판소법 제61조 제2항에 의거하여 **권한쟁의심판을 청구할 수 있다**(헌재 2004. 9. 23. 2000헌라2).

5183 권한쟁의심판은 그 사유가 있음을 안 날부터 60일 이내에, 그 사유가 있은 날부터 180일 이내에 청구하여야 한다. 그러나 장래처분에 의한 권한침해 위험성이 있음을 이유로 예외적으로 허용되는 장래처분에 대한 권한쟁의심판청구는 아직 장래처분이 내려지지 않은 상태이므로 위와 같은 청구기간의 제한이 적용되지 않는다. 13 변호사   O | X

피청구인의 장래처분이 확실하게 예정되어 있고, 피청구인의 장래처분에 의해서 청구인의 권한이 침해될 위험성이 있어서 청구인의 권한을 사전에 보호해 주어야 할 필요성이 매우 큰 예외적인 경우에는 피청구인의 장래처분에 대해서도 헌법재판소법 제61조 제2항에 의거하여 권한쟁의심판을 청구할 수 있다. … 피청구인의 **장래처분에 의한 권한침해 위험성이 발생하는 경우에는 장래처분이 내려지지 않은 상태**이므로 **청구기간의 제한이 없다**고 보아야 한다(헌재 2004. 9. 23. 2000헌라2).

02 심판의 이익

5184 권한쟁의심판은 주관적 권리구제뿐만 아니라 객관적인 헌법질서 보장의 기능도 겸하고 있으므로, 청구인에 대한 권한침해 상태가 이미 종료하여 이를 취소할 여지가 없어졌다 하더라도 같은 유형의 침해행위가 앞으로도 반복될 위험이 있고, 헌법질서의 수호·유지를 위하여 그에 대한 헌법적 해명이 긴요한 사항에 대하여는 심판청구의 이익을 인정할 수 있다. 13 변호사   O | X

헌법소원심판과 마찬가지로 권한쟁의심판도 **주관적 권리구제**뿐만 아니라 **객관적인 헌법질서 보장**의 기능도 겸하고 있으므로, 청구인에 대한 **권한침해 상태가 이미 종료**하여 이를 취소할 여지가 없어졌다 하더라도 같은 유형의 침해행위가 앞으로도 **반복될 위험**이 있고, 헌법질서의 수호·유지를 위하여 그에 대한 **헌법적 해명이 긴요한 사항**에 대하여는 **심판청구의 이익을 인정**할 수 있다고 할 것이다 (헌재 2003. 10. 30. 2002헌라1).

● 정답   5182. O   5182-1. X [처분으로 인정됨]   5183. O   5184. O

5185 자신의 의사에 반하여 A위원회에 사임하고 B위원회로 보임하도록 한 국회의장의 행위를 권한쟁의심판으로 다투고 있는 국회의원이 다시 A위원회로 배정되어 활동하고 있다면 권한쟁의심판 청구의 이익이 없다. 19 입시   O | X

현재의 제16대 국회는 4년 임기중 전반기를 이미 마쳤고, 후반기 들어 2002. 7.경 새로이 각 상임위원회의 위원배정이 이루어졌으며, 이 때 청구인은 다시 보건복지위원회에 배정되어 현재까지 동 위원회에서 활동하고 있다. 그러므로 청구인이 이 사건 권한쟁의심판 청구에 의하여 달성하고자 하는 목적은 이미 이루어져 청구인이 주장하는 권리보호이익은 소멸하였다. 그러나 <u>이 사건과 같이 상임위원회 위원의 개선, 즉 사·보임행위는 법률의 근거하에 국회관행상 빈번하게 행해지고 있고 그 과정에서 당해 위원의 의사에 반하는 사·보임이 이루어지는 경우도 얼마든지 예상할 수 있으므로 청구인에게 뿐만 아니라 일반적으로도 다시 반복될 수 있는 사안이어서 헌법적 해명의 필요성이 있으므로 이 사건은 심판의 이익이 있다</u>(헌재 2003. 10. 30. 2002헌라1).

5186 지방자치단체가 이미 이루어진 자율형 사립고등학교 지정·고시 처분을 취소하고, 이에 대하여 국가기관이 재량권의 일탈·남용을 이유로 시정명령을 하는 경우에 발생하는 권한분쟁은 일반적으로 반복될 수 있는 사안으로서 헌법적 해명이 필요한 경우이다. 13 국가 7   O | X

지방자치단체가 자율형 사립고등학교 지정·고시처분을 취소하고 이에 대하여 국가기관이 재량권의 일탈·남용을 이유로 **시정명령을 하는 경우가 반복될 것이라고 보기는 어려울 뿐 아니라**, 그런 경우가 다시 발생하더라도 구체적인 사안마다 국가기관과 지방자치단체 간 권한침해의 사실관계, 즉, 각 자율형 사립고등학교 지정·고시처분 및 그 취소처분의 경위와 사유 등이 모두 다를 것이어서 재량권의 일탈·남용 여부에 대한 판단 역시 동일하게 이루어질 수 없으므로, 청구인에게 뿐만 아니라 일반적으로도 <u>다시 반복될 수 있는 사안으로서 헌법적 해명의 필요성이 있는 경우라고 볼 수 없다</u>(헌재 2011. 8. 30. 2010헌라4).

03 가처분

5187 헌법재판소가 권한쟁의심판의 청구를 받았을 때에는 직권 또는 청구인의 신청에 의하여 종국결정의 선고 시까지 심판 대상이 된 피청구인의 처분의 효력을 정지하는 결정을 할 수 있다.
24 입시, 24 소간, 23 국가 7, 22 지방 7, 20 경정, 14 서울 7, 13 법원 9   O | X

5187-1 권한쟁의심판절차에서는 종국결정의 선고 시까지 심판대상이 된 피청구인의 처분의 효력을 정지하는 가처분이 인정되지 않는다. 21 국회 8   O | X

> **헌법재판소법 제65조(가처분)** 헌법재판소가 **권한쟁의심판의 청구**를 받았을 때에는 **직권** 또는 **청구인의 신청**에 의하여 **종국결정의 선고 시까지** 심판 대상이 된 **피청구인의 처분의 효력을 정지**하는 결정을 할 수 있다.

POINT 294 권한쟁의심판의 결정   Ⓑ

01 결정

5188 각하의견 3인, 인용의견 3인, 기각의견 3인인 권한쟁의심판에서 주문은 기각이다. 12 국회 9   O | X

5188-1 권한쟁의심판사건에서 각하의견·기각의견·인용의견이 각 재판관 3명씩으로 나누어진 경우 인용 주문을 낸다. 17 국회 8   O | X

각하의견과 인용의견이 권한쟁의심판의 정족수인 재판관 과반수에 이르지 못하였으므로 **기각이 결정주문**이 된다.

● 정답 5185. × [심판이익 인정]   5186. × [헌법적 해명 필요 ×]   5187. ○   5187-1. × [인정됨]   5188. ○   5188-1. × [기각 주문]

5189 헌법재판소는 권한쟁의심판의 대상이 된 국가기관 또는 지방자치단체의 권한의 유무 또는 범위에 관하여 판단한다. 국가기관 또는 지방자치단체의 처분을 취소하는 결정은 그 처분의 상대방에 대하여 이미 생긴 효력에 영향을 미치지 아니한다. 15 국회 8, 13 법무사   O|X

5189-1 헌법재판소는 권한쟁의심판의 대상이 된 국가기관 또는 지방자치단체의 권한의 유무 또는 범위에 관하여 판단하며, 그 결정은 모든 국가기관과 지방자치단체를 기속한다. 15 경정   O|X

> **헌법재판소법 제66조(결정의 내용)** ① 헌법재판소는 심판의 대상이 된 **국가기관 또는 지방자치단체**의 권한의 유무 또는 범위에 관하여 판단한다.
> **헌법재판소법 제67조(결정의 효력)** ① 헌법재판소의 권한쟁의심판의 결정은 **모든 국가기관과 지방자치단체를 기속**한다.
> ② 국가기관 또는 지방자치단체의 처분을 **취소하는 결정**은 그 처분의 상대방에 대하여 **이미 생긴 효력에 영향을 미치지 아니한다**.

5190 공유수면에 인접한 두 지방자치단체의 어업면허처분과 관련된 권한쟁의심판에서 헌법재판소는 위 어업면허처분의 대상해역에 대한 관할권한이 특정 지방자치단체에게 속함을 확인하는 결정을 할 수 있지만, 위 어업면허처분의 무효확인은 법원의 관할이므로 헌법재판소가 할 수 없다. 16 변호사   O|X

> 태안군수가 행한 태안마을 제136호, 제137호의 **어업면허처분** 중 청구인의 관할권한에 속하는 구역에 대해서 이루어진 부분은 **청구인의 지방자치권을 침해**하여 권한이 없는 자에 의하여 이루어진 것이므로 **그 효력이 없다**(헌재 2015. 7. 30. 2010헌라2).

> **헌법재판소법 제66조(결정의 내용)** ① 헌법재판소는 심판의 대상이 된 **국가기관 또는 지방자치단체**의 권한의 유무 또는 범위에 관하여 판단한다.
> ② 제1항의 경우에 헌법재판소는 권한침해의 원인이 된 피청구인의 **처분을 취소**하거나 **그 무효를 확인**할 수 있고, 헌법재판소가 부작위에 대한 심판청구를 인용하는 결정을 한 때에는 피청구인은 결정 취지에 따른 처분을 하여야 한다.

5191 헌법재판소가 부작위에 대한 권한쟁의심판청구를 인용하는 결정을 하면 피청구인은 결정 취지에 따른 처분을 하여야 하며, 그 결정은 모든 국가기관과 지방자치단체를 기속한다. 24 소간   O|X

5191-1 헌법재판소가 부작위에 대한 심판청구를 인용하는 결정을 한 때에는 피청구인의 부작위가 위헌임을 확인하는 데 그치고, 피청구인에게 구체적 처분을 해야 할 의무는 발생하지 않는다. 15 국회 8   O|X

> **헌법재판소법 제66조(결정의 내용)** ② 제1항의 경우에 헌법재판소는 권한침해의 원인이 된 피청구인의 **처분을 취소**하거나 그 **무효를 확인**할 수 있고, 헌법재판소가 **부작위에 대한 심판청구를 인용**하는 결정을 한 때에는 피청구인은 **결정 취지에 따른 처분**을 하여야 한다.
> **헌법재판소법 제67조(결정의 효력)** ① 헌법재판소의 **권한쟁의심판의 결정**은 모든 **국가기관과 지방자치단체를 기속**한다.

5192 헌법재판소의 권한쟁의심판의 결정은 모든 국가기관과 지방자치단체를 기속하지만, 국가기관 또는 지방자치단체의 처분을 취소하는 권한쟁의심판결정은 그 처분의 상대방에 대하여 이미 생긴 효력에 영향을 미치지 아니한다. 23 국회 8   O|X

5192-1 권한쟁의심판에서 국가기관 또는 지방자치단체의 처분을 취소하는 결정은 그 처분의 상대방인 제3자에 대하여 이미 생긴 효력에 영향을 미친다. 23 변호사   O|X

● 정답 5189. O   5189-1. O   5190. X [무효 확인 가능함]   5191. O   5191-1. X [구체적 처분 의무 발생함]   5192. O   5192-1. X [이미 생긴 효력에 영향 無]

> **헌법재판소법 제67조(결정의 효력)** ① 헌법재판소의 권한쟁의심판의 결정은 **모든 국가기관과 지방자치단체를 기속**한다.
> ② 국가기관 또는 지방자치단체의 처분을 **취소하는 결정**은 그 처분의 상대방에 대하여 **이미 생긴 효력에 영향을 미치지 아니한다**.

5193 법률상 권한침해의 여부가 다투어지는 '지방자치 단체 상호 간의 권한쟁의'에서 헌법재판소는 부수적 규범통제를 진행하여 권한의 근거규범인 법률에 대해서도 위헌여부를 판단하고 있다. 20 소간 O | X

헌법재판소법 제61조 제2항이 권한쟁의심판의 대상을 법률상 권한분쟁으로 확대하고 있기 때문에 권한쟁의의 당사자가 법률상 권한침해를 주장하는 경우 헌법재판소로서는 권한침해의 여부를 확인하기 위해서는 그 선행적 작업으로서 권한의 근거규범인 법률의 위헌여부를 판단하여야 한다. 따라서 법률상 권한의 침해여부를 다투는 모든 권한쟁의심판은 부수적 규범통제절차를 수반하게 된다. 특히 **법률상 권한침해의 여부가 다투어지는 '지방자치 단체 상호간의 권한쟁의'에서 헌법재판소는 부수적 규범통제를 진행**하여 권한의 근거규범인 **법률에 대해서도 위헌여부를 판단**하고 있다.

02 심판절차의 종료

5194 권한쟁의심판이 공익적 성격을 갖고 있다고 하더라도 심판청구의 취하는 청구인의 의사에 의하여 자유롭게 할 수 있다. 11 국회 8 O | X

5194-1 국회의원의 법률안에 대한 심의·표결권의 침해 여부를 다투는 권한쟁의심판은 국회의원의 객관적 권한을 보호함으로써 헌법적 가치질서를 수호·유지하기 위한 공익적 성격이 강하므로, 그러한 심판청구의 취하는 허용되지 아니한다. 14 변호사 O | X

법률안에 대한 심의·표결권의 행사 여부가 국회의원 스스로의 판단에 맡겨져 있는 사항일 뿐만 아니라, 그러한 심의·표결권이 침해당한 경우에 권한쟁의심판을 청구할 것인지 여부도 국회의원의 판단에 맡겨져 있어서 심판청구의 자유가 인정되고 있는 만큼, 권한쟁의심판의 공익적 성격만을 이유로 **이미 제기한 심판청구**를 스스로의 의사에 기하여 **자유롭게 철회할 수 있는 심판청구의 취하를 배제**하는 것은 **타당하지 않다**(헌재 2001. 5. 8. 2000헌라1).

5195 권한쟁의심판은 주관적 권리구제뿐만 아니라 객관적인 헌법질서 보장의 기능도 겸하고 있으므로, 소의 취하에 관한「민사소송법」제239조는 권한쟁의심판절차에 준용되지 않는다고 보아야 한다. 19 국회 8 O | X

헌법재판소법 제40조 제1항은 "헌법재판소의 심판절차에 관하여는 이 법에 특별한 규정이 있는 경우를 제외하고는 민사소송에 관한 법령의 규정을 준용한다. 이 경우 탄핵심판의 경우에는 형사소송에 관한 법령을, 권한쟁의심판 및 헌법소원심판의 경우에는 행정소송법을 함께 준용한다"고 규정하고, 같은 조 제2항은 "제1항 후단의 경우에 형사소송에 관한 법령 또는 행정소송법이 민사소송에 관한 법령과 저촉될 때에는 민사소송에 관한 법령은 준용하지 아니한다"고 규정하고 있다. 그런데 헌법재판소법이나 행정소송법에 **권한쟁의심판청구의 취하**와 이에 대한 피청구인의 동의나 그 효력에 관하여 **특별한 규정이 없으므로**, 소의 취하에 관한 **민사소송법 제239조**는 이 사건과 같은 **권한쟁의심판절차에 준용된다고 보아야 한다**(헌재 2001. 6. 28. 2000헌라1).

정답 5193. O 5194. O 5194-1. X [허용됨] 5195. X [준용됨]

5196 국회의원의 심의·표결권은 성질상 일신전속적인 것으로 당사자가 사망한 경우 승계되거나 상속될 수 없어 그에 관련된 권한쟁의심판절차 또한 수계될 수 없으므로, 권한쟁의심판청구는 청구인의 사망과 동시에 그 심판절차가 종료된다. 19 경정, 16 지방 7 O | X

5196-1 국회의원이 법률안 심의·표결권 침해를 이유로 권한쟁의심판을 청구했다가 심판절차 계속 중 사망한 경우, 국회의원의 법률안 심의·표결권은 국가기관으로서의 권한이므로 권한쟁의심판 절차는 종국결정까지 진행된다. 24 입시 O | X

5196-2 국회의원이 법률안 심의·표결권의 주체인 국가기관으로서의 국회의원 자격으로 권한쟁의심판을 청구하였다가 심판절차 계속 중 사망한 경우, 국회의원의 법률안 심의·표결권은 성질상 주관적인 권리가 아니라 객관적인 권한의 침해 여부에 관한 다툼이므로 국회의원 개인의 사망으로 그 심판절차는 종료되지 않는다. 11 국가 7 O | X

청구인이 법률안 심의·표결권의 주체인 국가기관으로서의 국회의원 자격으로 권한쟁의심판을 청구하였다가 **심판절차 계속 중 사망한 경우**, 국회의원의 법률안 심의·표결권은 성질상 **일신전속적**인 것으로 당사자가 사망한 경우 **승계되거나 상속될 수 없어** 그에 관련된 권한쟁의심판절차 또한 수계될 수 없으므로, 권한쟁의심판청구는 청구인의 사망과 동시에 **당연히 그 심판절차가 종료된다**(헌재 2010. 11. 25. 2009헌라12).

5197 권한쟁의심판을 청구한 국회의원이 심판절차 계속 중 의원직을 상실한 경우에는 심판절차가 종료된다. 21 변호사 O | X

5197-1 국회의원의 법률안 심의·표결권은 국회의 동의권을 구성하는 것으로 성질상 일신전속적인 것이라고 볼 수 없으므로 이에 관련된 권한쟁의심판절차는 수계될 수 있다. 따라서 국회의원이 입법권의 주체인 국회의 구성원으로서, 또한 법률안 심의·표결권의 주체인 국회의원 자격으로서 권한쟁의심판을 청구하였다가 그 심판계속 중 국회의원직을 상실하였다고 할지라도 당연히 그 심판절차가 종료되는 것은 아니다. 17 변호사 O | X

위 청구인은 입법권의 주체인 국회의 구성원으로서, 또한 법률안 심의·표결권의 주체인 국회의원 자격으로서 이 사건 권한쟁의심판을 청구한 것인바, 국회의원의 국회에 대한 소송수행권(이는 아래에서 보는 바와 같이 인정되지 아니한다) 및 국회의원의 법률안 **심의·표결권은** 성질상 **일신전속적**인 것으로서 **국회의원직을 상실한 경우 승계되거나 상속될 수 있는 것이 아니다.** 따라서 그에 관련된 이 사건 권한쟁의심판절차 또한 수계될 수 있는 성질의 것이 아니므로, 위 청구인의 이 사건 심판청구는 위 청구인의 **국회의원직 상실과 동시에 당연히 그 심판절차가 종료되었다고 할 것이다**(헌재 2016. 4. 28. 2015헌라5).

● 정답 5196. O 5196-1. X [심판절차 종료됨] 5196-2. X [일신전속적이므로 종료됨] 5197. O 5197-1. X [일신전속적이므로 심판절차 종료]